le Robert & van Dale

Dictionnaire
français - néerlandais et
néerlandais - français

le Robert & van Dale

Dictionnaire
français - néerlandais et
néerlandais - français

deuxième édition
sous la direction de

Paul Bogaards

Composition par
TEFF, Van Dale Uitgevers

ISBN 978-2-84902-286-3

Dictionnaires Le Robert
25, avenue Pierre de Coubertin / 75211 Paris cedex 13
www.lerobert.com

Van Dale Uitgevers
Postbus 19232 / 3501 DE Utrecht, Pays-Bas
Ternesselei 326 / 2160 Wommelgem (Anvers), Belgique
www.vandale.nl / www.vandale.be

Introduction

Ce dictionnaire est spécialement conçu pour le public francophone, qui y trouvera toutes les informations nécessaires pour comprendre le néerlandais ou pour s'exprimer dans cette langue.

Prononciation et orthographe – La prononciation des mots du néerlandais suit des règles relativement simples. Dans la partie néerlandais – français la voyelle qui porte l'accent a été soulignée. En plus, on trouvera des transcriptions complètes pour tous les mots qui s'écartent des règles de base. Dans ces cas on se sert des symboles de l'alphabet phonétique international. Pour faciliter une prononciation correcte, mais aussi pour indiquer comment les mots peuvent être coupés, les syllabes sont séparées par des petits points. Tous les mots néerlandais sont orthographiés selon les règles de la dernière réforme de l'orthographe (août 1996) et les rectifications récentes (octobre 2005).

Données grammaticales – Tous les noms du néerlandais sont marqués pour le genre. On trouvera les abréviations *nm* et *nf* pour les noms masculins et féminins respectivement, *het* pour les noms neutres. Dans les cas où l'on trouve l'article *de*, cela veut dire que le nom est masculin *et* féminin. On trouvera également la forme du pluriel des noms. Les verbes sont classés comme transitifs, intransitifs, pronominaux ou impersonnels. Pour chaque verbe on trouvera, en outre, la forme du participe passé précédée de *h.* ou *i.* selon que le verbe est conjugué avec l'auxiliaire *hebben* (*heeft*) ou *zijn* (*is*). Dans les cas où les formes du comparatif ou du superlatif d'un adjectif ne suivent pas la règle de suffixation la plus simple (*-er, -est*), ces formes sont données dans l'article, par exemple:

raar *adj, adv (raarder, raarst)*

Pour toutes les catégories, on trouvera les prépositions fixes du néerlandais, par exemple:

insister *vi* .... nadruk leggen (op)
indépendant *adj* ....onafhankelijk (van)

Subdivisions sémantiques – Beaucoup de mots ont plusieurs sens, qui se traduisent par des mots différents dans l'autre langue. Pour permettre de choisir la traduction correcte dans un contexte donné, chacun des sens des mots français est brièvement défini. Ainsi on trouvera:

campagne *nf* **1** *(région rurale)* platteland *het* **2** *(action)* campagne *de*

Si on doit se servir de traductions différentes en fonction des mots avec lesquels le mot de départ est combiné, on trouvera également les indications nécessaires, par exemple:

essuyer *vt* **1** *(frotter)* afdrogen, *(meubles)* afstoffen, *(larmes)* drogen **2** *(subir)* te verduren hebben, *(pertes)* lijden

Traductions – En règle générale on ne trouvera qu'une seule traduction pour chaque sens. Quand il n'existe pas d'équivalent dans l'autre langue, la traduction sera précédée du signe ±. Ainsi on trouvera:

eerstegraadsleraar *nm* ± professeur agrégé

Quand une traduction approximative n'est pas possible, on trouvera une explication, par exemple:

banket *het* … **2** ⟨*pâtisserie feuilletée fourrée de pâte d'amandes*⟩

Alphabet phonétique

Après chaque symbole figure un mot néerlandais qui contient le son correspondant. Les mots néerlandais sont suivis, dans la mesure du possible, de mots français qui contiennent (à peu près) le même son.

a	*aa*p	p*a*tte
ɑ	p*a*d	p*â*te
b	*b*oot	*b*eau
c	ka*tje*	moi*tié*
d	*d*oe	*d*oux
e	*ee*t	*été*
ɛ	*e*lf	*e*lle
ɛi	w*ij*	v*eille*
ə	d*e*	l*e*
f	*f*ee	*f*ée
g	goal	goût
χ	gram	–
h	*h*uis	–
i	*ie*p	*i*l
ɪ	*i*k	–
j	*j*a	p*i*ed
k	*k*oe	*c*ou
l	*l*ied	*l*it
m	*m*oeder	*m*ou
n	*n*et	*n*et
ɲ	ora*nj*e	vi*gn*e
ŋ	campi*ng*	campi*ng*
o	*o*ver	*o*ser
ɔ	b*o*t	b*o*tte
ɑu	b*ou*wen	r*ou*nd
p	*p*oot	*p*eau
r	*r*oos	*r*ose
s	*s*oep	*s*oupe
ʃ	mei*sj*e	*ch*ou
t	*t*oer	*t*our
u	k*oe*	c*ou*
y	b*uu*rt	b*u*t
ø	d*eu*k	d*eu*x
œ	fr*eu*le	fl*eu*r
ʌ	p*u*t	p*eu*r
œy	b*ui*ten	f*euille*
v	*v*oet	*v*oûte
w	*w*ie	*ou*i
z	*z*eer	*z*éro
:	indique que la voyelle précédente est longue	
~	indique qu'il s'agit d'une voyelle nasale	

Liste des symboles

[...] contient la transcription phonétique dans la partie néerlandais-français

(...) renferme les commentaires lexicographiques ou les explications

_ la voyelle de la syllabe qui porte l'accent est soulignée

→ renvoie à d'autres articles du dictionnaire

↑ indique que la traduction néerlandaise se situe à un niveau de langue supérieur

↓ indique que la traduction néerlandaise se situe à un niveau de langue inférieur

~ remplace l'entrée dans les exemples

◆ sépare les expressions idiomatiques des autres traductions

± indique qu'il existe un écart entre le mot de la langue de départ et celui de la langue d'arrivée

· indique les endroits où les mots néerlandais peuvent être coupés

| précède la partie du mot qui peut varier

* précède la première partie d'un mot composé en néerlandais

® marque déposée. Les termes qui constituent à notre connaissance une marque déposée ont été désignés comme tels. La présence ou absence de cette désignation ne peut toutefois pas être considérée comme ayant valeur juridique

Abréviations

abrév.	abréviation
abstr.	abstrait
adj	adjectif
adv	adverbe
agric.	agriculture
archit.	architecture
art	article
arts	beaux arts
astrol.	astrologie
astron.	astronomie
astronaut.	astronautique
aux	auxiliaire
aviat.	aviation
Belg.	terme employé en Belgique
biol.	biologie
bot.	botanique
cathol.	catholique
cf.	comparez
ch. de fer	chemins de fer
chim.	chimie
cin.	cinéma
circul.	circulation
cm	centimètre
com.	communication, média
conc.	concernant
concr.	concret
conj	conjonction
cuis.	cuisine
dém	démonstratif
dram.	dramaturgie, théâtre
écon.	économie
édit.	édition, livres
enf.	enfants
enseign.	enseignement
env.	environ
etc.	et cetera
euph.	euphémique
f.	féminin
f.B.	terme employé en Belgique
fam.	familier
fig.	figuré
fin.	finance
form.	formel
géo.	géographie, géologie
h.	heeft
hist.	histoire
i.	is
id.	idem
impers	impersonnel
imprim.	imprimerie
indéf	indéfini
indic.	indicatif
indus.	industrie
inf.	infinitif

inform.	informatique
interj	interjection
interr	interrogatif
intrans.	intransitif (ou transitif indirect)
invar.	invariable
iron.	ironique
irrég.	irrégulier
jur.	juridique
km	kilomètre
ling.	linguistique
litt.	littérature
m	mètre
m.	masculin
M.	Monsieur
mar.	maritime, navigation
math.	mathématiques
méd.	médecine
météo.	météorologie
milit.	militaire
mines	mines, industrie minière
mus.	musique
myth.	mythologie
n	nom
n.	neutre
n.B.	terme employé en Belgique
nég.	négatif
numér.	numéral
p.	participe
p.ex.	par exemple
péj.	péjoratif
pers	personnel
pharm.	pharmacie
philo.	philosophie
phot.	photographie
phys.	physique
plaisant.	plaisanterie
plur	pluriel
polit.	politique
poss	possessif
pr.	propre
prép	préposition
prés.	présent
pron	pronom
prot.	protestant
prov	proverbe
psycho.	psychologie
qch	quelque chose
qn	quelqu'un
qp	quelque part
récipr.	réciproque
réfl.	réfléchi
rel	relatif
relig.	religion
sc.	sciences
sing.	singulier
socio.	sociologie
spécialt.	spécialement
sports	sports, jeux
subj.	subjonctif
subst.	substantivé
techn.	technique
technol.	technologie
tr. pub.	travaux publics
trans.	transitif (direct)
vb	verbe
vi	verbe intransitif
vpr	verbe pronominal
vt	verbe transitif
vti	vebe transitif et intransitif
vulg.	vulgaire
zool.	zoologie

Dictionnaire français-néerlandais

a

a *nm* a *de;* **a comme Anatole** de a van Anna; **prouver qch par a plus b** iets glashelder bewijzen
à *prép* **1** *(objet indirect)* aan, voor *(ne se traduit pas);* **donner qch ~ qn** iem iets geven, iets aan iem geven **2** *(lieu)* in, te, op; **au bureau** op kantoor; **~ l'étranger** in het buitenland; **être assis ~ la fenêtre** bij, voor het raam zitten; **~ la maison** thuis **3** *(direction)* naar; **voyage ~ Lyon** reis naar Lyon **4** *(temps)* om; **~ son arrivée** bij zijn aankomst; **de cinq ~ six heures** van vijf tot zes (uur), tussen vijf en zes; **~ midi** om twaalf uur ('s middags); **~ Noël** met Kerstmis; **au XXe siècle** in de 20e eeuw; **~ ce soir** tot vanavond **5** *(+ inf.)* te, om (te) *(ne se traduit pas);* **apprendre ~ marcher** leren lopen; **donner ~ boire** te drinken geven; **travail ~ refaire** werk dat overgemaakt moet worden **6** *(instrument, manière)* met; **venir ~ dix** met zijn tienen komen **7** *(appartenance)* van, (toebehorend) aan; **ce livre est ~ Paul** dit boek is van Paul; **il a un style ~ lui** hij heeft een (heel) eigen stijl; **c'est gentil ~ vous** dat is aardig van u **8** *(joignant deux noms) (ne se traduit pas);* **timbre ~ 50 centimes** postzegel van 50 centime; **tasse ~ thé** theekopje **9** *(prix)* voor; **je vous le fais ~ dix euros** u krijgt het voor tien euro van me **10** *(par)* per, voor; **faire du 100 ~ l'heure** 100 km per uur rijden; **un ~ un** één voor één ♦ **cinq ~ six ans** vijf à zes jaar, vijf tot zes jaar; **au feu!** brand!; **~ l'américaine** op z'n Amerikaans; **relativement ~** met betrekking tot; **au secours!** help!
abaissement *nm* **1** *(action d'abaisser)* (het) neerlaten **2** *(diminution)* daling *nf*
abaisser¹ *vt* **1** *(faire descendre)* lager maken **2** *(diminuer la valeur de)* verlagen *(en mus. aussi)* **3** *(humilier)* vernederen
s'abaisser² *vpr* **1** *(descendre)* dalen; **vitre qui s'abaisse** raam dat naar beneden opengaat **2** *(s'humilier)* zich vernederen, *(+ à)* zich verlagen (tot)
abandon *nm* **1** *(action de quitter)* (het) in de steek laten **2** *(action de céder)* (het) afstand doen **3** *(cessation)* (het) opgeven, *(sports)* (het) uitvallen **4** *(laisser-aller)* losheid *nf*, ongedwongenheid *nf* ♦ **jardin à l'~** verwilderde tuin; **laisser à l'~** verwaarlozen
abandonné *adj* **1** *(délaissé)* in de steek gelaten, verwaarloosd; **~ à soi-même** aan zichzelf overgelaten **2** *(désert)* verlaten
abandonner¹ *vt* **1** *(quitter)* verlaten, *(laisser dans l'embarras)* in de steek laten; **~ un enfant** een kind te vondeling leggen **2** *(renoncer à)* opgeven; **~ une charge** een ambt neerleggen **3** *(laisser à)* overleveren (aan)
s'abandonner² *vpr* **1** *(se laisser aller à)* zich overgeven (aan); **s'~ à ses pensées** zijn gedachten de vrije loop laten **2** *(perdre courage)* de moed verliezen
abasourdir *vt* **1** *(étourdir par le bruit)* verdoven **2** *(stupéfier)* verbijsteren
abat-jour *nm* lampenkap *de*
abats *nm* orgaanvlees *het*
abattage *nm* **1** *(arbres)* (het) hakken, (het) vellen **2** *(animaux de boucherie)* (het) slachten
abattement *nm* **1** *(rabais)* vermindering *nf* **2** *(épuisement)* uitputting *nf* **3** *(découragement)* neerslachtigheid *nf*
abattoir *nm* slachthuis *het*
abattre¹ *vt* **1** *(faire tomber)* neerhalen **2** *(un arbre)* omhakken **3** *(démolir)* slopen **4** *(un avion)* neerhalen **5** *(qn avec une arme à feu)* neerschieten, *(animal blessé)* afmaken **6** *(épuiser)* uitputten **7** *(décourager)* neerslachtig maken; **se laisser ~** de moed verliezen
s'abattre² *vpr* **1** *(tomber)* neerstorten **2** *(+ sur) (se laisser tomber sur)* neerdalen (op) **3** *(se jeter sur)* zich storten (op)
abattu *adj* **1** *(faible)* verzwakt, uitgeput **2** *(triste)* bedrukt **3** *(détruit en vol)* neergehaald
abbaye *nf* abdij *nf*
abbé *nm* **1** *(supérieur d'un monastère)* abt *nm* **2** *(prêtre)* geestelijke *nm*, priester *nm*
abbesse *nf* abdis *nf*
abc *nm* **1** *(livre)* abc-boek *het* **2** *(rudiments)* (eerste) beginselen *plur*
abcès *nm* abces *het*

abdication *nf* **1** *(renonciation à la couronne)* troonsafstand *nm* **2** *(renonciation à)* (het) afstand doen (van)
abdiquer *vt* **1** *(renoncer au pouvoir)* afstand doen van; **le roi a abdiqué** de koning is afgetreden **2** *(renoncer à (une chose))* opgeven; **j'abdique** ik geef het op
abdomen *nm* **1** *(ventre)* buik *nm* **2** *(insectes)* achterlijf *het*
abdominal *adj* buik-; **faire des abdominaux** buikspieroefeningen doen
abeille *nf* (honing)bij *de*
aberrant *adj* **1** *(anormal)* afwijkend **2** *(insensé)* absurd
aberration *nf* dwaasheid *nf*
abêtir[1] *vt* dom(mer) maken
s'abêtir[2] *vpr* dom worden, afstompen
abîme *nm* **1** *(précipice)* afgrond *nm; (fig.)* **être au bord de l'~** aan de rand van de afgrond staan **2** *(divergence)* (diepe) kloof *de*
abîmer[1] *vt* **1** *(endommager (qch))* beschadigen **2** *(amocher (qn))* lelijk toetakelen
s'abîmer[2] *vpr* stukgaan
abject *adj* verachtelijk
abjurer *vt* afzweren
ablation *nf (méd.)* wegneming *nf*
abnégation *nf* zelfverloochening *nf*, zelfopoffering *nf*
aboiement *nm* geblaf *het*
abois *nm* ♦ **être aux** ~ ten einde raad zijn
abolir *vt* afschaffen
abolition *nf* afschaffing *nf*
abominable *adj* afschuwelijk
abomination *nf* gruwel *nm*
abondance *nf* overvloed (van) *nm;* **en** ~ in overvloed, meer dan genoeg
abondant *adj* overvloedig, rijkelijk
abonder *vi* **1** *(foisonner)* overvloedig zijn **2** *(+ en) (avoir en quantité)* (iets) in overvloed hebben
abonné, -ée *n* abonnee *nm*, abonnementhouder *nm;* **être aux ~s absents** niet thuis zijn; **j'y suis** ~ ik ben erop geabonneerd *(aussi au fig.)*
abonnement *nm* abonnement *het*
abonner[1] *vt* (iem) abonneren, een abonnement geven aan (iem)
s'abonner[2] **(à)** *vpr* zich abonneren (op), een abonnement nemen (op)
abord *nm* **1** *(plur.) (alentours)* directe omgeving *nf*, omtrek *nm* **2** *(manière d'aborder)* benadering *nf;* **être d'un ~ difficile** moeilijk te benaderen zijn ♦ **au premier** ~ op het eerste gezicht; **d'~** eerst, in de eerste plaats; **tout d'~** allereerst
abordable *adj* **1** *(accessible)* toegankelijk **2** *(pas cher)* schappelijk
abordage *nm* **1** *(assaut)* entering *nf;* **à l'~!** enteren! **2** *(collision)* aanvaring *nf*
aborder[1] *vi (arriver au rivage)* landen, aanleggen
aborder[2] *vt* **1** *(arriver à)* bereiken, naderen; ~ **un virage** een bocht ingaan **2** *(accoster)* aanspreken **3** *(entamer)* aansnijden **4** *(accrocher)* enteren
aborigène *nm* inboorling *nm* ♦ **plante** ~ inheemse plant
aboutir *vi* **1** *(+ à) (se terminer dans)* uitkomen (op), uitmonden (in) **2** *(+ à) (mener à)* uitlopen (op), leiden (tot); **n'~ à rien** nergens toe leiden **3** *(réussir)* slagen; **faire ~ qch** iets tot een goed einde brengen; **le projet n'a pas abouti** het project is niet doorgegaan
aboutissement *nm* **1** *(résultat)* (eind)resultaat *het* **2** *(fait d'avoir un résultat)* (het) slagen
aboyer *vi* blaffen (naar, tegen)
abrasif *adj* schuur-; **l'abrasif** het schuurmiddel
abrégé *nm* samenvatting *nf;* **en** ~ in het kort *(en résumé)*, afgekort *(en abréviation)*
abréger *vt* korter maken; **pour** ~ kortom; ~ **un texte** een tekst inkorten; ~ **ses vacances** zijn vakantie afbreken
abreuver[1] *vt* **1** *(faire boire)* drenken **2** *(combler de)* overstelpen (met)
s'abreuver[2] *vpr* overvloedig drinken
abreuvoir *nm* drinkplaats *de*
abréviation *nf* afkorting *nf*
abri *nm* **1** *(lieu où l'on est à couvert)* schuilplaats *de;* **être à l'~** in veiligheid zijn; **à l'~ de** beschut tegen *(concr.)*, gevrijwaard tegen *(abstr.);* **se mettre à l'~** schuilen, dekking zoeken **2** *(refuge de voyageurs)* wachthuisje *het*, overdekte halte *de* **3** *(blockhaus)* bunker *nm*
abricot *nm* abrikoos *de*
abricotier *nm* abrikozenboom *nm*
abriter[1] *vt* **1** *(protéger de)* beschermen (tegen), beschutten (tegen) **2** *(héberger)* herbergen
s'abriter[2] *vpr (se préserver de)* schuilen (voor) ♦ **s'~ derrière qn** zich achter iem verschuilen
abroger *vt (une loi)* intrekken
abrupt *adj* **1** *(escarpé)* steil **2** *(trop direct)* kortaf
abruti *adj* **1** *(assommé)* afgestompt, suf **2** *(stupide)* stom; *(subst.)* **espèce d'~** sufferd die je bent
abrutir[1] *vt* **1** *(assommer)* afstompen **2** *(abêtir)* dom maken
s'abrutir[2] *vpr* zich afstompen
abrutissant *adj* geestdodend
ABS *nm* ♦ **système** ~ ABS, antiblokkeersysteem
absence *nf* **1** *(fait d'être absent, manquant)* afwezigheid *nf;* **en l'~ de** bij afwezigheid van **2** *(distraction)* verstrooidheid *nf;* **il a souvent des ~s** hij is er vaak niet bij met z'n gedachten
absent *adj* **1** *(manquant)* afwezig; **l'absent(e)** de afwezige **2** *(distrait)* verstrooid
absentéisme *nm* absenteïsme *het*, opzettelijk verzuim *het*
s'absenter *vpr* (tijdelijk) afwezig zijn
absolu *adj* **1** *(total(ement))* absoluut; **confiance ~e** onbeperkt vertrouwen; *(philo.)* **l'absolu** het absolute; **~ment!** beslist! **2** *(parfait)* volkomen; **c'est ~ment faux** dat is volkomen onjuist

absorbant *adj* **1** *(qui absorbe qch)* absorberend **2** *(qui occupe qn)* alle aandacht vergend

absorber[1] *vt* **1** *(retenir)* opnemen, absorberen **2** *(ingérer)* tot zich nemen **3** *(engloutir)* verslinden **4** *(occuper)* geheel en al in beslag nemen

s'absorber[2] *vpr* zich verdiepen (in)

absorption *nf* **1** *(action de retenir)* absorptie *nf*, opname *de (dans le sang)* **2** *(ingestion)* (het) tot zich nemen

absoudre *vt* (iem iets) vergeven, *(relig.)* de zonden kwijtschelden aan (iem)

s'abstenir *vpr* **1** *(ne pas faire)* afzien (van) **2** *(ne pas voter)* zich onthouden (bij) **3** *(renoncer à)* zich onthouden (van)

abstention *nf* onthouding *nf*

abstentionnisme *nm* stemonthouding *nf*

abstinence *nf* **1** *(privation volontaire)* (het) vasten **2** *(sobriété)* matigheid *nf*

abstraction *nf* abstractie *nf;* **faire ~ de qch** iets buiten beschouwing laten; **~ faite de** afgezien van

abstrait *adj* abstract; **dans l'~** in abstracto, abstract (bezien)

absurde *adj* ongerijmd, absurd; **démonstration par l'~** bewijs uit het ongerijmde

absurdité *nf* ongerijmdheid *nf;* **dire des ~s** onzin praten

abus *nm* misbruik (van) *het;* **~ d'alcool** alcoholmisbruik; **~ de confiance** misbruik van vertrouwen ♦ **il y a de l'~!** het loopt de spuigaten uit!

abuser[1] **(de)** *vi* **1** *(user mal)* misbruik maken (van); **vous abusez** u gaat te ver **2** *(violer)* misbruiken

abuser[2] *vt (duper)* misleiden

s'abuser[3] *vpr* zich vergissen

abusif *adj* verkeerd, *(comme adv. aussi)* ten onrechte ♦ **mère abusive** bazige moeder; **prix ~** woekerprijs

acabit *nm* ♦ **du même ~** van hetzelfde slag

acacia *nm* acacia *nm*

académicien, -ienne *n* lid *het (m), het (f)* van de Académie (française)

académie *nf* **1** *(société savante)* academie *nf* **2** *(circonscription)* onderwijsdistrict *het*

académique *adj* **1** *(conventionnel)* schools, conventioneel **2** *(savant)* academisch

acajou *nm* **1** *(arbre)* mahonieboom *nm* **2** *(bois)* mahoniehout *het*

acariâtre *adj* kregel

accablant *adj* **1** *(accusateur)* verpletterend **2** *(écrasant)* drukkend

accablement *nm* neerslachtigheid *nf*

accabler *vt* **1** *(combler de)* overladen (met); **être accablé de fatigue** hondsmoe zijn; **être accablé de travail** tot over zijn oren in het werk zitten **2** *(abreuver de)* overladen (met); **~ qn d'injures** iem de huid vol schelden

accalmie *nf* **1** *(mar.)* korte windstilte *nf* **2** *(fig.)* rustpauze *de*

accaparant *adj* **1** *(qui occupe l'attention)* alle aandacht opeisend **2** *(qui prend du temps)* tijdrovend

accaparer *vt* **1** *(écon.)* wegkopen **2** *(monopoliser)* in beslag nemen; **~ qn** beslag leggen op iem

accéder (à) *vi* **1** *(à une fonction, un état)* bereiken; **~ à l'indépendance** onafhankelijk worden; **~ au pouvoir** aan de macht komen **2** *(avoir accès à)* toegang hebben (tot) **3** *(consentir)* inwilligen

accélérateur *nm* gaspedaal *het/de (m);* **lâcher l'~** gas terugnemen

accélération *nf* versnelling *nf*

accéléré *nm* versneld afgedraaid (film)-fragment *het;* **en ~** versneld *(adj.)*

accélérer[1] *vi* **1** *(prendre de la vitesse)* optrekken **2** *(augmenter la vitesse)* gas geven

accélérer[2] *vt* versnellen; **service accéléré** expresdienst

s'accélérer[3] *vpr* sneller gaan

accent *nm* **1** *(mise en relief; aussi au fig.)* klemtoon *nm*, nadruk *nm;* **~ tonique** klemtoon **2** *(écart de prononciation)* accent *het;* **avoir l'~ anglais** met een Engels accent spreken **3** *(signe graphique)* accent *het;* **~ aigu é, grave è, circonflexe ê** accent aigu, grave, circonflexe

accentuation *nf* **1** *(signes graphiques)* plaatsing *nf* van accenten **2** *(mise en relief)* nadruk *nm* **3** *(augmentation)* verscherping *nf*

accentué *adj* **1** *(portant l'accent)* beklemtoond **2** *(marqué)* duidelijk, scherp (uitkomend); **des traits ~s** scherpe gelaatstrekken

accentuer[1] *vt* **1** *(mettre en relief)* de klemtoon leggen op **2** *(inscrire le signe sur)* het accent plaatsen op **3** *(augmenter)* versterken

s'accentuer[2] *vpr* sterker worden

acceptable *adj* aanvaardbaar

acceptation *nf* **1** *(consentement)* goedkeuring *nf* **2** *(résignation)* aanvaarding *nf*

accepter *vt* **1** *(recevoir volontiers)* aannemen; **~ pour époux** tot echtgenoot nemen **2** *(supporter)* aanvaarden **3** *(consentir)* toestemmen in; **~ de venir** erin toestemmen te komen

acception *nf* betekenis *nf;* **dans toute l'~ du mot** in de volle zin des woords

accès *nm* **1** *(entrée; aussi au fig., inform.)* toegang *nm;* **voie d'~** toegangsweg, invalsweg **2** *(crise)* aanval *nm*, vlaag *de;* **~ de colère** woede-uitbarsting

accessible *adj* **1** *(où l'on peut entrer; à portée de main)* toegankelijk, bereikbaar **2** *(abordable)* schappelijk **3** *(+ à) (qui peut être compris par)* begrijpelijk (voor) **4** *(qu'on peut rencontrer)* benaderbaar

accession *nf* (het) bereiken (van); **~ au trône** (de) troonsbestijging

accessoire *adj (adj.)* bijkomend, *(adv.)* bijkomstig; *(fig.)* **l'accessoire** de bijzaak; **les ~s** de accessoires, *(au théâtre)* de rekwisieten

accident *nm* **1** *(catastrophe)* ongeval *het,*

ongeluk *het;* ~ **de la route** verkeersongeval **2** *(hasard)* toeval *het;* **par** ~ toevallig **3** *(géo.)* oneffenheid *nf*

accidenté *adj* **1** *(endommagé)* verongelukt; **l'~(e) (de la route)** het verkeersslachtoffer **2** *(géo.)* geaccidenteerd

accidentel *adj* **1** *(dû à un malheur)* door een ongeval veroorzaakt **2** *(imprévu(e))* toevallig

acclamation *nf* toejuiching *nf*, bijval *nm*

acclamer *vt* toejuichen

s'acclimater *vpr* acclimatiseren

accolade *nf* **1** *(signe typographique)* accolade *nf* **2** *(légère étreinte)* omhelzing *nf*

accommodant *adj* inschikkelijk

accommoder[1] *vt* **1** *(adapter à)* aanpassen (aan) **2** *(apprêter)* toebereiden

s'accommoder[2] *vpr* **1** *(s'adapter à)* zich aanpassen (aan) **2** *(se contenter de)* zich schikken (in)

accompagnateur, -trice *n (guide)* begeleid(st)er *nm (nf) (aussi mus.)*

accompagnement *nm* **1** *(mus.)* begeleiding *nf* **2** *(garniture)* groentegerecht *het*

accompagner *vt* **1** *(se joindre à qn)* begeleiden, vergezellen **2** *(+ de) (ajouter qch) (cuis.)* garneren (met) **3** *(mus.)* begeleiden

accompli *adj* volmaakt, perfect

accomplir[1] *vt (devoir, tâche, souhait)* vervullen, *(projet, ordre)* uitvoeren; ~ **sa peine** zijn straf uitzitten

s'accomplir[2] *vpr* geschieden

accomplissement *nm* vervulling *nf*

accord *nm* **1** *(entente)* overeenstemming *nf;* **d'un commun** ~ eenstemmig; **d'~** in orde, afgesproken; **tomber, se mettre d'~** het eens worden **2** *(arrangement)* overeenkomst *nf;* **conclure un** ~ een akkoord sluiten **3** *(autorisation)* toestemming *nf;* **donner son ~ à qch** met iets instemmen **4** *(mus.)* akkoord *het*

accordéon *nm* accordeon *het/de (m)*

accorder[1] *vt* **1** *(assortir à)* in overeenstemming brengen **2** *(admettre)* toegeven, erkennen **3** *(octroyer; attribuer)* toekennen; ~ **une faveur à qn** iem een gunst bewijzen **4** *(+ avec) (ling.)* doen overeenstemmen (met) **5** *(mettre au diapason)* stemmen

s'accorder[2] *vpr* **1** *(être assortis)* bij elkaar passen **2** *(tomber d'accord)* het eens worden dat ..., tot overeenstemming komen om ... **3** *(+ avec) (ling.)* overeenstemmen (met), zich richten (naar) ♦ **s'~ qch** zich iets gunnen

accoster[1] *vi* aanleggen

accoster[2] *vt (mar.; astronaut.)* langszij komen van

accotement *nm* berm *nm*

accouchement *nm* bevalling *nf*

accoucher[1] *vi* **1** *(donner naissance à)* bevallen (van) **2** *(produire)* met moeite eruit persen

accoucher[2] *vt (aider à accoucher)* verlossen

accoucheur, -euse *n* verloskundige *nm*

s'accouder *vpr* met de elleboog, ellebogen leunen (op)

accoudoir *nm* armsteun *nm*

accouplement *nm* **1** *(saillie)* paring *nf* **2** *(assemblage)* koppeling *nf*

accoupler[1] *vt* **1** *(joindre par deux)* koppelen **2** *(faire s'unir)* laten paren

s'accoupler[2] *vpr* paren (met)

accourir *vi* toesnellen

accoutrement *nm* rare kledij *nf*

s'accoutrer *vpr* zich uitdossen

accoutumance *nf* gewenning (aan) *nf*

accoutumé *adj* gebruikelijk

accoutumer[1] *vt* (doen) wennen (aan)

s'accoutumer[2] *vpr* wennen (aan)

accréditer *vt* **1** *(rendre plausible)* geloofwaardig maken **2** *(donner autorité à qn)* accrediteren ♦ **être accrédité auprès d'un banquier** krediet hebben bij een bankier

accro *n* junk(ie) *nm;* **être** ~ hooked zijn

accroc *nm* **1** *(déchirure)* winkelhaak *nm*, scheur *de* **2** *(difficulté)* kink *nm* in de kabel; **sans** ~ probleemloos

accrochage *nm* **1** *(léger accident)* lichte aanrijding *nf* **2** *(dispute)* ruzietje *het*

accrocher[1] *vi* **1** *(fonctionner mal)* blijven steken **2** *(retenir l'attention)* blikvanger zijn

accrocher[2] *vt* **1** *(pendre)* ophangen **2** *(retenir par un crochet)* blijven haken, *(bas)* ophalen, *(voiture)* licht aanrijden; ~ **une voiture** een lichte aanrijding met een auto hebben **3** *(aborder)* aanklampen, *(attention)* weten te vangen

s'accrocher[3] *vpr* **1** *(se cramponner à)* zich vastklampen (aan) *(aussi au fig.)*, zich vastgrijpen (aan); **s'~ à qn** aan iem blijven plakken **2** *(ne pas céder)* volharden ♦ **s'~ avec qn** met iem in aanvaring komen

accrocheur *adj* **1** *(très tenace)* hardnekkig **2** *(qui retient l'attention)* opvallend

accroissement *nm* groei *nm*, toename *de*

accroître[1] *vt* doen groeien

s'accroître[2] *vpr* (aan)groeien

s'accroupir *vpr* (neer)hurken; **elle s'était accroupie** ze zat gehurkt; **l'homme accroupi** de hurkende man

accru *adj* groter, sterker

accueil *nm* **1** *(fait de recevoir)* ontvangst *nf*, *(Belg.)* onthaal *het;* **centre d'~** opvangcentrum; **faire bon ~ à qn** iem goed ontvangen; **terre d'~** gastland **2** *(comptoir)* receptie *nf*, *(Belg.)* onthaal *het*

accueillant *adj* **1** *(personnes)* gastvrij **2** *(choses)* gezellig

accueillir *vt* **1** *(recevoir)* ontvangen **2** *(recevoir bien ou mal)* een onthaal vinden; **être bien accueilli** een goed onthaal vinden

accumulateur *nm* accu(mulator) *nm*

accumulation *nf* opeenhoping *nf*

accumuler[1] *vt* opeenhopen

s'accumuler[2] *vpr* zich ophopen

accusateur *adj* beschuldigend; **l'accusateur, l'accusatrice** de aanklager, aanklaagster

accusation *nf* **1** *(action d'accuser)* beschuldiging *nf* **2** *(plainte)* aanklacht *de*
accusé[1] *nm* ♦ ~ **de réception** bericht van ontvangst
accusé[2], **-ée** *n* beschuldigde *nm*, verdachte *nm*
accusé[3] *adj* scherp uitkomend, geprononceerd
accuser[1] *vt* **1** *(+ de) (incriminer)* beschuldigen (van), aanklagen (wegens); **tout l'accuse** alles spreekt tegen hem **2** *(blâmer qch)* de schuld geven aan **3** *(accentuer)* doen uitkomen ♦ ~ **réception** ontvangst berichten
s'accuser[2] *vpr* **1** *(+ de) (s'avouer coupable)* zichzelf de schuld geven (van); **s'~ d'avoir fait qch** zichzelf iets verwijten **2** *(s'accentuer)* duidelijker uitkomen **3** *(s'incriminer mutuellement)* elkaar beschuldigen
acerbe *adj* scherp
acéré *adj* scherp, puntig
achalandé *adj* ♦ **bien** ~ goed gesorteerd
acharné *adj* hardnekkig; **être** ~ **à qch** hardnekkig bezig zijn met iets
acharnement *nm* hardnekkigheid *nf;* **avec** ~ hardnekkig
s'acharner *vpr* hardnekkig volhouden (met); **le sort s'acharne contre lui** het noodlot achtervolgt hem steeds
achat *nm* **1** *(action d'acheter)* (het) kopen; **faire l'~ de qch** iets aanschaffen, kopen **2** *(plur.) (emplettes)* inkopen *plur*, boodschappen *plur*
acheminer[1] *vt* verzenden (naar)
s'acheminer[2] **(vers)** *vpr* zich begeven (naar), *(fig.)* op weg zijn (naar)
acheter[1] *vt* **1** *(obtenir à prix d'argent; acquérir)* kopen; ~ **qch à qn** iets van iem kopen *(être client)*, iets voor iem kopen *(faire un achat destiné à qn)* **2** *(corrompre)* omkopen
s'acheter[2] *vpr* **1** *(s'offrir)* (iets) voor zichzelf kopen **2** *(pouvoir être acheté)* te koop zijn
acheteur, -euse *n* **1** *(client)* koper, koopster *nm,f* **2** *(agent d'un commerçant)* inkoper, inkoopster *nm,f*
achevé *adj* **1** *(parfait)* volkomen, volmaakt **2** *(terminé)* beëindigd
achèvement *nm* voltooiing *nf*
achever[1] *vt* **1** *(terminer)* beëindigen; **avoir achevé** klaar hebben, *(livre)* uit hebben, *(plat, un repas)* op hebben **2** *(tuer)* afmaken **3** *(donner le coup de grâce à)* de genadeslag geven aan
s'achever[2] *vpr* eindigen
acide *adj* zuur; **l'acide** het zuur
acidité *nf* **1** zuurheid *nf*, zure smaak *nm* **2** *(chim.)* zuurte *nf*
acidulé *adj* rins, zuurachtig; **bonbons ~s** zuurtjes
acier *nm* **1** *(produit)* staal *het;* **d'~** stalen *(aussi au fig.)* **2** *(industrie)* staalindustrie *nf*
aciérie *nf* staalfabriek *nf*
acné *nf* (vet)puistje *het;* ~ **juvénile** jeugdpuistjes
acolyte *nm* kornuit *nm*
acompte *nm* voorschot *het*, aanbetaling *nf*
à-côté *nm* **1** *(point accessoire de)* bijkomstigheid (bij) *nf*, bijzaak (naast) *de* **2** *(gain d'appoint)* bijverdienste *nf*
à-coup *nm* stoot *nm;* **par ~s** bij vlagen; **sans ~s** regelmatig, gladjes
acoustique *adj* **1** *(sonore)* akoestisch, geluids-; **l'acoustique** *(phys.)* de geluidsleer, *(d'un local)* de akoestiek **2** *(qui sert à l'audition)* gehoor(s)-
acquéreur *nm* koper, koopster *nm,f*
acquérir *vt* **1** *(obtenir)* verkrijgen, verwerven; ~ **de l'expérience** ervaring opdoen **2** *(acheter)* kopen
acquiescement *nm* toestemming *nf*, instemming *nf (l'article indéfini est exclu)*
acquiescer *vi* instemmen (met), toestemmen (in)
acquis *adj* **1** *(obtenu)* verkregen, verworven; **l'acquis** de verworven kennis **2** *(définitif)* vaststaand ♦ **il est** ~ **à notre projet** hij staat geheel achter ons plan
acquisition *nf* **1** *(achat)* aankoop *nm;* **faire l'~ de qch** iets kopen, iets aanschaffen **2** *(fait d'obtenir)* verwerving *nf*
acquit *nm* kwitantie *nf* ♦ **par** ~ **de conscience** voor alle zekerheid; **pour** ~ voldaan
acquittement *nm* **1** *(paiement)* vereffening *nf*, betaling *nf* **2** *(décharge d'une accusation)* vrijspraak *de*
acquitter[1] *vt* **1** *(payer)* vereffenen, betalen **2** *(décharger d'une accusation)* vrijspreken
s'acquitter[2] *vpr (accomplir)* zich kwijten (van); **s'~ de ses engagements** zijn verplichtingen nakomen
âcre *adj* wrang
acrobate *n* acro|baat, -bate *nm,f*
acrobatie *nf* acrobatiek *nf*
acrobatique *adj* acrobatisch
acte *nm* **1** *(pièce écrite)* akte *de;* **dont** ~ waarvan akte; **prendre** ~ **de qch** iets constateren **2** *(action)* handeling *nf*, daad *de;* **faire** ~ **de présence** zich kortstondig ergens vertonen; **faire** ~ **de candidature** zich kandidaat stellen; **passer aux ~s** overgaan tot handelen **3** *(partie d'une pièce; épisode)* bedrijf *het*
acteur, -trice *n* **1** *(comédien)* acteur, actrice *nm,f*, toneel|speler, -speelster *nm,f* **2** *(protagoniste)* medespeler *nm*
actif[1] *nm* **1** *(patrimoine)* activa *plur;* **avoir à son** ~ op zijn naam hebben staan **2** *(ling.)* bedrijvende vorm *nm*
actif[2] *adj* actief; **population active** beroepsbevolking; *(ling.)* **la voix active** de bedrijvende vorm
action *nf* **1** *(acte)* daad *de;* **une bonne** ~ een goede daad; **entrer en** ~ tot handelen overgaan **2** *(effet)* inwerking *nf* **3** *(activité; combat)* actie *nf;* **en** ~ in (volle) actie; **mettre en** ~ in werking stellen; **passer à l'~** in actie komen **4** *(en justice)* (rechts)vordering *nf* **5** *(titre)* aandeel *het* **6** *(intrigue)* handeling *nf*

actionnaire *n* aandeelhoud(st)er *nm (nf)*
actionner *vt* in bedrijf stellen
activer[1] *vt* **1** *(accélérer)* versnellen **2** *(stimuler)* aanwakkeren
s'activer[2] *vpr* **1** *(s'affairer)* druk in de weer zijn **2** *(se presser)* zich (voort)haasten
activité *nf* **1** *(dynamisme; occupations)* activiteit *nf*, bedrijvigheid *nf;* **en** ~ in werking; **en pleine** ~ volop in bedrijf; ~ **professionnelle** beroep(sbezigheid) **2** *(vie active)* beroepsleven *het;* **en** ~ in actieve dienst
actualiser *vt* **1** *(concrétiser)* verwezenlijken **2** *(moderniser)* herzien **3** *(écon.)* omrekenen naar het huidige prijspeil
actualité *nf* **1** *(intérêt; événements)* actualiteit *nf;* **être d'**~ actueel zijn; **sujet d'**~ actueel onderwerp **2** *(plur.) (nouvelles)* nieuws *het*
actuel *adj* **1** *(présent)* tegenwoordig, *(adj. aussi)* huidig; **à l'heure ~le** tegenwoordig **2** *(de faits récents)* actueel
acuité *nf* scherpte *nf;* ~ **visuelle** gezichtsscherpte
acuponcture, acupuncture *nf* acupunctuur *nf*
adaptable *adj* aanpasbaar
adaptateur *nm* adapter *nm*
adaptation *nf* **1** *(accommodation)* aanpassing *nf* **2** *(arts)* bewerking *nf*
adapter[1] *vt* **1** *(accorder à)* aanpassen (aan) **2** *(ajuster à)* bevestigen (op) **3** *(arts)* bewerken
s'adapter[2] *vpr* **1** *(s'habituer à)* zich aanpassen (aan) **2** *(s'ajuster à)* precies passen (op)
additif *adj* additief; **l'**~ **(à)** de toevoeging (aan)
addition *nf* **1** *(note)* rekening *nf;* **régler l'**~ afrekenen; **garçon, l'**~**, s'il vous plaît!** ober, afrekenen graag! **2** *(somme)* optelling *nf;* **faire une** ~ een optelling maken **3** *(adjonction; ajout)* toevoeging *nf*
additionner *vt* **1** *(faire l'addition)* optellen (bij); ~ **qch à qch** iets bij iets optellen **2** *(ajouter à)* toevoegen (aan)
adepte *n* volgeling(e) *nm (nf)*, aanhanger *nm*
adéquat *adj* adequaat (voor)
adhérence *nf (pneus)* grip *nm*
adhérent *adj* **1** *(qui colle à)* (vast)klevend (aan) **2** *(qui est membre de)* aangesloten (bij); **l'**~ **du club** het lid van de club
adhérer *vi* **1** *(être d'accord avec)* instemmen (met), *(Belg.)* bijtreden **2** *(s'inscrire à)* lid worden (van), zich aansluiten (bij) **3** *(coller (à la route))* grip hebben (op)
adhésif *adj* zelfklevend, plak-; **l'adhésif** het plakkertje; **pansement** ~ hechtpleister; **ruban** ~ (zelfklevend) plakband
adhésion *nf* **1** *(inscription à)* aansluiting (bij) *nf*, toetreding (tot) *nf;* **bulletin d'**~ aanmeldingsformulier **2** *(accord avec)* instemming (met) *nf* **3** *(phys.)* adhesie *nf*
adieu[1] *nm* afscheid *het;* **faire ses ~x à qn** afscheid nemen van iem
adieu[2] *interj* vaarwel!, tot weerziens!; **dire** ~ **à qch** iets opgeven
adjacent *adj* aangrenzend, belendend
adjectif *adj* bijvoeglijk; **l'adjectif** het bijvoeglijk naamwoord
adjoindre *vt* toevoegen (aan)
adjoint, -ointe *n* **1** *(assistant)* adjunct *nm*, medewerk(st)er *nm (nf);* **directeur** ~ adjunct-directeur **2** *(adjoint au maire)* wethouder *nm*
adjonction *nf* toevoeging (aan) *nf*
adjudant *nm* adjudant(-onderofficier) *nm*
adjudication *nf* **1** *(marché)* aanbesteding *nf*, gunning *nf;* **mettre qch en** ~ iets aanbesteden **2** *(enchères)* (openbare) veiling *nf*
adjuger[1] *vt* toewijzen; **adjugé (vendu)!** verkocht!
s'adjuger[2] *vpr* zich toe-eigenen
admettre *vt* **1** *(accepter de recevoir)* toelaten; **être admis à l'examen** voor het examen geslaagd zijn **2** *(reconnaître)* toegeven; **chose communément admise** algemeen aanvaard iets **3** *(supposer)* aannemen; **admettons que vous ayez raison** laten we even aannemen dat u gelijk hebt **4** *(tolérer)* dulden; **le règlement n'admet aucune exception** het reglement duldt geen uitzonderingen; **n'**~ **aucun retard** geen uitstel kunnen lijden
administrateur, -trice *n* beheerder, beheerster *nm,f;* ~ **délégué** afgevaardigd beheerder
administratif *adj* **1** *(des tâches d'administration)* administratief **2** *(de l'Administration)* overheids- *(adj.)*, van overheidswege *(adv.)*
Administration *nf* **1** *(gouvernement)* bestuur *het* **2** *(services publics)* overheidsapparaat *het*, *(Belg.)* administratie
administration *nf* beheer *het*
administrer *vt* **1** *(gérer)* beheren **2** *(gouverner)* besturen **3** *(donner à)* toedienen (aan)
admirable *adj* bewonderenswaardig
admirateur *adj* bewonderend; **l'admirateur, l'admiratrice** de bewonderaar(ster)
admiratif *adj* bewonderend
admiration *nf* bewondering *nf;* **être en** ~ **devant qch** vol bewondering zijn voor iets
admirer *vt* bewonderen
admissible *adj* toelaatbaar ♦ **candidat déclaré** ~ tot het mondeling toegelaten kandidaat
admission *nf* toelating *nf*
ADN *nm* DNA *het*
adolescence *nf* jeugd *de*
adolescent, -ente, ado *n* jongere *nm*, tiener *nm*
s'adonner (à) *vpr* **1** *(s'appliquer)* zich helemaal wijden (aan) **2** *(être dépendant)* verslaafd zijn (aan)
adopter *vt* **1** *(prendre pour enfant)* adopteren **2** *(faire sien)* aannemen, overnemen **3** *(voter)* goedkeuren
adoptif *adj* **1** *(qui a été adopté)* aangeno-

men, adoptie- **2** *(qui a adopté)* adoptief-, pleeg-; **parents ~s** adoptiefouders
adoption *nf* **1** *(d'un enfant)* adoptie *nf;* **patrie d'~** tweede vaderland **2** *(d'une loi)* goedkeuring *nf*
adorable *adj* schattig; **tu es ~** je bent een schat
adorateur, -trice *n* aanbidder, aanbidster *nm,f* (van)
adoration *nf* **1** *(culte)* aanbidding *nf* **2** *(amour)* vurige liefde *nf;* **être en ~ devant qn** iem verafgoden
adorer *vt* **1** *(vénérer; aimer)* aanbidden **2** *(avoir un goût vif pour)* dol zijn op; **j'adore aller au cinéma** ik ga ontzettend graag naar de film
adosser[1] *vt* (met de achterkant) aanzetten (tegen); **être adossé à la porte** met de rug tegen de deur staan
s'adosser[2] *vpr* met de rug gaan staan (tegen)
adoucir[1] *vt* **1** *(rendre plus agréable)* verzachten **2** *(rendre moins calcaire)* ontharden
s'adoucir[2] *vpr* milder worden
adoucissant *adj* verzachtend; **l'adoucissant** de wasverzachter
adoucissement *nm* **1** *(l'action d'adoucir)* (het) milder maken **2** *(l'action de s'adoucir)* (het) milder worden **3** *(atténuation)* leniging (van) *nf* **4** *(de l'eau)* ontharding *nf*
adresse *nf* **1** *(domicile; inform.)* adres *het; (fig.)* **à l'~ de** aan het adres van **2** *(dextérité; finesse)* behendigheid *nf;* **avec ~** behendig
adresser[1] *vt* **1** *(émettre vers)* richten (tot) **2** *(faire parvenir à)* sturen (naar)
s'adresser[2] *vpr* **1** *(parler, avoir recours à)* zich richten (tot), zich wenden (tot) **2** *(être destiné à)* bestemd zijn (voor)
adroit *adj* handig, behendig
aduler *vt* ophemelen
adulte *adj* volwassen; **l'adulte** de volwassene
adultère *adj (personne)* overspelig, *(relation)* buitenechtelijk; *(infidélité)* **l'adultère** het overspel, de echtbreuk; *(infidèle)* **l'adultère** de echtbreker, echtbreekster
advenir *vb impers* gebeuren; *(prov)* **advienne que pourra** wat ervan komt, dat komt ervan; **quoi qu'il advienne** wat er ook gebeurt
adverbe *nm* bijwoord *het*
adverbial *adj* bijwoordelijk
adversaire *n* tegenstand(st)er *nm (nf)*
adverse *adj* tegengesteld, vijandig; **partie ~** tegenpartij
adversité *nf* tegenspoed *nm*
aération *nf* luchtverversing *nf*, ventilatie *nf*
aéré *adj* **1** *(ventilé)* gelucht **2** *(édit.)* gespatieerd
aérer[1] *vt* ventileren, luchten
s'aérer[2] *vpr* een luchtje scheppen
aérien *adj* **1** *(de l'air)* lucht- **2** *(de l'aviation)* lucht(vaart)-
aérobic *nf* aerobics *plur*
aérodrome *nm* vliegveld *het*
aérodynamique *adj* aerodynamisch; **l'aérodynamique** de aerodynamica; **profil ~** stroomlijn
aérogare *nf* luchthaventerminal *nm*
aéroglisseur *nm* hovercraft *de*, luchtkussenvoertuig *het*
aéronautique *adj* luchtvaarttechnisch; **l'aéronautique** de luchtvaarttechniek
aéronef *nm* luchtvaartuig *het*
aéroport *nm* luchthaven *de*
aéropostal *adj* luchtpost-
aérosol *nm* **1** *(dispersion)* aerosol *het/de (m)* **2** *(bombe)* spuitbus *de*
aérospatial *adj* lucht- en ruimtevaart-
affable *adj* beminnelijk
affabuler *vi* fantaseren
affaiblir[1] *vt* **1** *(diminuer)* verzwakken **2** *(atténuer)* doen afnemen
s'affaiblir[2] *vpr* zwakker worden
affaiblissement *nm* verzwakking *nf*
affaire *nf* **1** *(question; chose; commerce)* zaak *de;* **avoir ~ à qn** met iem te maken hebben; *(iron.)* **la belle ~** het is me wat!; **cela doit faire l'~** dat moet voldoende zijn; **j'en fais mon ~** ik neem het op me; **c'est l'~ d'une seconde** het is een kwestie van een seconde; **se tirer d'~** zich uit een moeilijke situatie redden **2** *(scandale)* affaire *de* **3** *(cause)* (rechts)zaak *de;* **~ criminelle** strafzaak **4** *(activité de l'Etat)* staatszaak *de;* **Affaires étrangères** Buitenlandse Zaken, BZ **5** *(plur.) (activités économiques)* zaken *plur* **6** *(plur.) (objets personnels)* spullen *plur*
affairé *adj* druk bezig
s'affairer *vpr* druk in de weer zijn
affaissement *nm* verzakking *nf*
s'affaisser *vpr* in elkaar zakken *(aussi au fig.)*
s'affaler *vpr* zich laten vallen
affamé *adj* **1** *(qui a grand faim)* uitgehongerd **2** *(avide de)* belust (op)
affamer *vt* uithongeren
affectation *nf* **1** *(destination)* bestemming *nf* **2** *(désignation à un poste)* aanstelling *nf* **3** *(pose)* gemaaktheid *nf*
affecté *adj* gemaakt
affecter *vt* **1** *(feindre)* voorwenden **2** *(destiner à)* bestemmen (voor) **3** *(désigner à)* aanstellen (bij) **4** *(frapper)* treffen
affectif *adj* gevoels-, gemoeds-; **vie affective** gevoelsleven
affection *nf* **1** *(attachement)* genegenheid *nf;* **prendre qn en ~** genegenheid voor iem opvatten **2** *(maladie)* aandoening *nf*
affectionner *vt* verknocht zijn aan
affectueux *adj* hartelijk, teder
affermir[1] *vt* verstevigen
s'affermir[2] *vpr* steviger worden
affichage *nm* **1** *(action de poser des affiches)* (het) aanplakken **2** *(inform.)* display *het*
affiche *nf* **1** *(feuille)* aanplakbiljet *het*, affiche *het;* **rester à l'~, tenir l'~** op het repertoire (blijven) staan **2** *(ensemble des artistes)* gezelschap *het*
afficher[1] *vt* **1** *(poser des affiches; placarder)*

aanplakken **2** *(faire étalage de)* te koop lopen met **3** *(inform.)* displayen
s'afficher[2] **(avec)** *vpr* zich in het openbaar vertonen (met)
affilée ♦ **d'~** achter elkaar
affiler *vt* slijpen
affiliation *nf* **1** *(fait d'adhérer)* toetreding (tot) *nf* **2** *(fait d'être membre)* lidmaatschap (van) *het*
affilié, -ée *n* lid *het (m), het (f)*
affilier[1] **(à)** *vt* doen toetreden (tot), tot lid maken (van); **société affiliée** dochtermaatschappij
s'affilier[2] **(à)** *vpr* toetreden (tot), lid worden (van)
affiner *vt* **1** *(technol.)* affineren **2** *(rendre plus subtil)* verfijnen
affinité *nf* verwantschap *nf*
affirmatif *adj* **1** *(catégorique)* beslist **2** *(ling.)* bevestigend ♦ **dans l'affirmative** zo ja
affirmation *nf* **1** *(assertion)* bewering *nf* **2** *(ling.)* bevestiging *nf*
affirmer *vt* **1** *(soutenir)* beweren; **~ son innocence** verzekeren dat men onschuldig is **2** *(manifester)* bevestigen **3** *(montrer)* duidelijk tonen
affliction *nf* droefenis *nf*
affligeant *adj* bedroevend
affliger *vt* (diep) bedroeven ♦ **être affligé de** behept zijn met
affluence *nf* toeloop (van) *nm*
affluent *nm* zijrivier *de*
affluer *vi* toestromen (naar)
afflux *nm* **1** *(fait d'affluer à)* aandrang (naar) *nm* **2** *(affluence vers)* toeloop (naar) *nm*
affolant *adj* **1** *(troublant)* verbijsterend **2** *(inquiétant)* verschrikkelijk
affolé *adj* radeloos
affolement *nm* radeloosheid *nf*
affoler[1] *vt* **1** *(bouleverser)* radeloos maken **2** *(paniquer)* zwaar ongerust maken
s'affoler[2] *vpr (paniquer)* de kluts kwijtraken
affranchir *vt* **1** *(rendre libre)* vrijmaken **2** *(un envoi postal)* frankeren
affranchissement *nm* **1** *(libération)* vrijmaking *nf* **2** *(apposition de timbre(s))* frankering *nf*
affréter *vt* charteren
affreux *adj* **1** *(terrible(ment))* afschuwelijk, verschrikkelijk **2** *(laid)* afzichtelijk
affront *nm* belediging *nf*; **faire un ~ à qn** iem publiekelijk beledigen
affrontement *nm* confrontatie *nf*
affronter[1] *vt* trotseren
s'affronter[2] *vpr* met elkaar in botsing komen; **les équipes s'affrontent demain** de twee ploegen komen morgen tegen elkaar uit
affubler[1] *vt* raar uitdossen
s'affubler[2] *vpr* zich raar uitdossen
affût *nm* **1** *(milit.)* affuit *het/de* **2** *(chasse)* loerplaats *de*; **être à l'~ de qch** op iets loeren
affûter *vt* slijpen
afghan *adj* Afghaans; **l'Afghan(e)** de Afghaan(se)
afin ♦ **~ de** om te; **~ que** opdat
a fortiori *adv* des te eerder
africain *adj* Afrikaans; **l'Africain(e)** de (zwarte) Afrikaan(se)
Afrique *nf* Afrika *n (sans art.)*
agaçant *adj* ergerlijk
agacement *nm* ergernis *nf*
agacer *vt* ergeren; **ça m'agace** ik word er gek van
âge *nm* **1** *(temps de la vie)* leeftijd *nm*; **vieux avant l'~** vroeg oud; **d'un certain ~** niet zo jong meer; **être en ~ de** oud genoeg zijn om; **enfant en bas ~** jong kind; **entre deux ~s** van middelbare leeftijd; **il fait plus jeune que son ~** hij ziet er jonger uit dan hij is; **~ ingrat** puberteit; **avoir passé l'~ de** te oud zijn om; **quel ~ a-t-elle?** hoe oud is zij?; **troisième ~** 65-plussers **2** *(ère)* eeuw *de*, tijdperk *het*; **d'~ en ~** van geslacht op geslacht; **~ d'or** gouden eeuw; **~ de pierre** stenen tijdperk
âgé *adj* **1** *(vieux)* oud, bejaard; **personnes ~es** bejaarden **2** *(qui a l'âge de)* oud *(après le nom)*; **il est ~ de quarante ans** hij is veertig (jaar oud)
agence *nf* agentschap *het*, bureau *het*; **~ immobilière** makelaarskantoor; **~ d'intérim** uitzendbureau; **~ matrimoniale** huwelijksbureau; **Agence Nationale pour l'Emploi, ANPE** nationaal arbeidsbureau; **~ de voyages** reisbureau
agencement *nm* indeling *nf*
agencer *vt* indelen
agenda *nm* agenda *de*
s'agenouiller *vpr* **1** *(se mettre à genoux)* knielen **2** *(fig.)* buigen (voor)
agent *nm* **1** *(policier)* (politie)agent *nm* **2** *(employé)* beambte *nm*; **~ d'assurances** verzekeringsagent; **~ de change** makelaar in effecten, wisselagent *(n.B.)* **3** *(envoyé)* agent *nm*; **~ double** dubbelagent; **~ secret** geheim agent **4** *(cause; facteur)* agens *het*
agglomération *nf* **1** *(ville et banlieue)* agglomeratie *nf*; **~ parisienne** Parijs en zijn voorsteden **2** *(habitations)* bebouwde kom *de*
aggloméré *nm* spaanplaat *de*
s'agglutiner *vpr* samendrommen, *(Belg.)* samentroepen
aggravation *nf* verergering *nf*; **~ de la peine** verzwaring van de straf
aggraver[1] *vt* verergeren
s'aggraver[2] *vpr* verslechteren
agile *adj* lenig; **il a un esprit ~** hij is vlug van begrip
agilité *nf* lenigheid *nf*
agir[1] *vi* **1** *(faire; se comporter)* handelen **2** *(influer sur)* invloed hebben (op) **3** *(produire un effet)* werken
agir[2] **(il s'agit de)** *vb impers, vpr* **1** *(être question de)* gaan (over), iets betreffen; **de quoi s'agit-il?** waar gaat het over?; **il s'agit dans ce livre de** het boek gaat over **2** *(importer)* erop aankomen; **il s'agit**

maintenant d'être sérieux het komt er nu op aan ernstig te zijn
agissements *plur* manipulaties *plur*
agitateur, -trice *n* agitaltor, -trice *nm,f*
agitation *nf* **1** *(animation)* drukte *nf* **2** *(excitation)* opwinding *nf* **3** *(troubles)* onrust (onder) *de*
agité *adj* onrustig; **esprits ~s** opgewonden geesten; **vie ~e** veelbewogen leven
agiter[1] *vt* **1** *(remuer)* heen en weer bewegen; **~ la main** zwaaien, wuiven; **~ la queue** kwispelen; **~ avant l'emploi** schudden voor het gebruik **2** *(inquiéter)* verontrusten
s'agiter[2] *vpr* **1** *(s'affairer)* druk bezig zijn **2** *(se dépenser)* zich druk maken ♦ **cesse de t'~ sur ta chaise** zit niet op je stoel te draaien
agneau *nm* **1** *(animal)* lam *het;* **doux comme un ~** zo mak als een lam(metje) **2** *(viande)* lamsvlees *het*
agonie *nf* doodsstrijd *nm;* **être à l'~** op sterven liggen
agoniser *vi* op sterven liggen
agrafe *nf* **1** *(vêtements)* haak *nm* **2** *(méd.)* hechtkram *de* **3** *(papiers)* nietje *het*
agrafer *vt* **1** *(vêtements)* dichthaken **2** *(papiers)* aan elkaar nieten, (vast)nieten **3** *(méd.)* hechten
agrafeuse *nf* nietmachine *nf*
agraire *adj* agrarisch, land-
agrandir[1] *vt* vergroten
s'agrandir[2] *vpr* groter worden
agrandissement *nm* **1** *(phot.)* vergroting *nf* **2** *(extension)* uitbreiding *nf*
agréable *adj* **1** *(qui plaît)* aangenaam **2** *(sympathique)* innemend
agréé *adj* officieel erkend
agréer *vt* **1** *(accepter)* aanvaarden; **veuillez ~ mes salutations distinguées** met de meeste hoogachting *(formule suivie d'une virgule, non d'un point)* **2** *(admettre)* toelaten
agrément *nm* **1** *(approbation)* (officiële) goedkeuring *nf* **2** *(attrait(s))* charme *nf* ♦ **voyage d'~** plezierreis
agrémenter *vt* versieren (met)
agrès *nm* gymnastiektoestellen *plur*
agresser *vt* aanvallen; **se sentir agressé** zich bedreigd voelen
agresseur *nm* aanvaller, aanvalster *nm,f*
agressif *adj* agressief
agression *nf* **1** *(attaque)* aanval *nm* **2** *(désagrément)* (over)last *nm*
agressivité *nf* agressiviteit *nf*
agricole *adj* landbouw-
agriculteur *nm* landbouwer *nm*
agriculture *nf* landbouw *nm*
agripper[1] *vt* (vast)grijpen
s'agripper[2] *vpr* zich vastgrijpen (aan)
agroalimentaire *adj* ♦ **industries ~s** voedingsmiddelenindustrie
agronome *n* landbouwkundige *nm;* **ingénieur ~** landbouwkundig ingenieur
agrumes *nm* citrusvruchten *plur*
aguerrir *vt* harden
aguets *nm* ♦ **être, rester aux ~** op zijn hoede zijn
aguicher *vt* uitdagen
ah *interj* ah!; **~ bon** ach zo; **~! non!** absoluut niet!; **~ oui?** o, ja?
ahuri *adj* verbouwereerd; *(subst.)* **une espèce d'~** een stom rund; **être ~** paf staan
ahurissant *adj* verbijsterend
aide[1] *n (assistant(e))* hulp *de;* **~ de camp** adjudant; **~ familiale** gezinshulp; **~ ménagère** hulp in de huishouding
aide[2] *nf (soutien)* hulp *de;* **à l'~!** help!; **à l'~ de** met behulp van; **appeler qn à son ~** iem te hulp roepen; **apporter son ~** hulp verlenen; **venir en ~ à qn** iem te hulp komen
aide- hulp-; **~comptable** assistent-boekhouder; **~ménagère** hulp in de huishouding; **~soignante** ziekenverzorgster
aide-mémoire *nm* uittreksel *het*
aider[1] *vi (contribuer à)* bijdragen (tot)
aider[2] **(dans)** *vt (assister)* helpen (bij); **la fatigue aidant** met daarbij nog de vermoeidheid
s'aider[3] *vpr* **1** *(se servir de)* zich bedienen (van), iets gebruiken; **en s'aidant de** met behulp van **2** *(s'entraider)* elkaar helpen
aïe! *interj* au!
aïeux *nm* voorouders *plur*
aigle *nm* arend *nm*, adelaar *nm*
aigre *adj* **1** *(acide)* zuur **2** *(mordant)* scherp; **d'un ton ~** op bitse toon
aigre-doux *adj* zuurzoet *(aussi au fig.)*
aigreur *nf* **1** *(acidité)* zuurheid *nf;* **~s d'estomac** maagzuur **2** *(animosité)* bitterheid *nf*
aigri *adj* verbitterd
aigrir[1] *vi (devenir acide)* zuur worden
aigrir[2] *vt* **1** *(rendre acide)* zuur maken **2** *(rendre acrimonieux)* verbitteren
s'aigrir[3] *vpr* **1** *(devenir acide)* zuur worden **2** *(devenir acrimonieux)* verbitterd worden
aigu *adj* **1** *(coupant)* scherp **2** *(d'une fréquence élevée)* hoog; *(mus.)* **les ~s** de hoge tonen **3** *(intense)* hevig; **maladie ~ë** acute ziekte **4** *(subtil)* slim; **intelligence ~ë** scherp verstand
aiguillage *nm* **1** *(manœuvre)* wisselbediening *nf* **2** *(appareil)* wissel *het/de (m)*
aiguille *nf* **1** *(tige pointue; feuille pointue)* naald *de;* **~ à tricoter** breinaald; **talons ~s** naaldhakken **2** *(pour indiquer)* wijzer *nm*, naald *de;* **dans le sens des ~s** met de klok mee **3** *(pic)* spits *de* **4** *(d'une balance)* evenaar *nm*
aiguiller *vt* **1** *(diriger (un train))* op een ander spoor brengen **2** *(orienter)* adviseren; **~ qn sur une fausse piste** iem op een dwaalspoor brengen
aiguilleur *nm* wisselwachter *nm* ♦ **~ du ciel** luchtverkeersleider
aiguiser *vt* **1** *(affûter)* scherpen **2** *(rendre plus vif)* aanscherpen; **~ l'appétit** de eetlust aanwakkeren
ail *nm* knoflook *het/de (m)*
aile *nf* **1** *(organe de vol; partie latérale)* vleugel *nm;* **battre de l'~** vleugellam zijn; **sous**

l'~ de qn onder iemands hoede **2** *(partie de carrosserie)* spatbord *het* **3** *(d'un moulin)* molenwiek *de*
aileron *nm* **1** *(avion)* rolroer *het* **2** *(requin)* borstvin *de*
ailier *nm* ♦ ~ **droit** rechtsbuiten
ailleurs *adv* elders, ergens anders; **d'~** trouwens; **par** ~ overigens
aimable *adj* vriendelijk
aimant¹ *nm* magneet *nm (aussi au fig.)*
aimant² *adj* liefhebbend
aimanter *vt* magnetiseren
aimer¹ *vt* **1** *(éprouver de l'amour pour)* liefhebben, houden van; *(sens affaibli)* ~ **aller au théâtre** graag naar de schouwburg gaan; *(sens affaibli)* **je t'aime bien** ik vind je heel aardig; ~ **mieux** liever hebben; ~ **que** graag zien dat **2** *(raffoler de, apprécier)* houden van
s'aimer² *vpr* **1** *(se plaire à soi-même)* van zichzelf houden **2** *(se plaire mutuellement)* van elkaar houden
aine *nf* lies *de*
aîné *adj* **1** *(né le premier)* oudst; **elle est l'~e** zij is de oudste (dochter) **2** *(plus âgé que)* ouder (dan); *(subst.)* **elle est mon ~e (de deux ans)** zij is (twee jaar) ouder dan ik
ainsi *adv* zo; **s'il en est** ~ als het er zo mee staat; **c'est ~ que ...** zodoende ...; **pour ~ dire** om zo te zeggen; ~ **qu'il a été dit** zoals gezegd is; **les garçons, ~ que les filles** de jongens en ook de meisjes; **et ~ de suite** enzovoort
air *nm* **1** *(gaz; ciel; ambiance)* lucht *de;* **elle a besoin de changer d'~** ze moet er even uit; ~ **conditionné** airconditioning; **s'élever dans l'~, les ~s** opstijgen; **regarder en l'~** omhoog kijken; **promesses en l'~** vage beloften; **être une tête en l'~** verstrooid zijn; **on manque d'~ ici** het is hier benauwd, *(fig.)* de sfeer is om te snijden; **en plein** ~ in de openlucht; **prendre l'~** een luchtje scheppen **2** *(vent)* wind *nm* **3** *(apparence)* uiterlijk *het;* **avoir l'~ (de)** er uitzien (als); **sans avoir l'~ de rien** alsof er niets aan de hand is; **d'un ~ décidé** vastbesloten; **ils ont un ~ de famille** zij lijken op elkaar; **prendre de grands ~s (avec qn)** hooghartig zijn (jegens iem) **4** *(mélodie)* wijsje *het*
airbag *nm* airbag *nm*
aire *nf* **1** *(zone)* gebied *het;* ~ **de jeu** speelterrein; ~ **de repos** halteplaats; ~ **de stationnement** parkeerplaats **2** *(superficie)* oppervlak *het* **3** *(aviat.)* terrein *het;* ~ **de lancement** lanceerplatform
aisance *nf* **1** *(facilité)* gemak *het;* **avec ~** vlot, gemakkelijk **2** *(fortune)* welstand *nm;* **vivre dans l'~** in goeden doen zijn
aise *nf (plur.)* comfort *het;* **prendre ses ~s** zich niet generen ♦ **se mettre à son** ~ zich ontdoen van wat hindert; **mal à l'~** niet op zijn gemak; **mettre qn à l'~** iem op zijn gemak stellen
aisé *adj* **1** *(facile(ment))* gemakkelijk **2** *(riche)* welgesteld, bemiddeld
aisselle *nf* oksel *nm*
ajonc *nm* steekbrem *nm*
ajourner *vt* **1** *(différer à)* uitstellen (tot), verdagen (tot) **2** *(assigner)* dagvaarden
ajout *nm* toevoegsel *het*
ajouter¹ *vi (accroître (qch))* (iets) vermeerderen; ~ **à la difficulté** (iets) nog moeilijker maken
ajouter² *vt* toevoegen (aan); **ajoutez à cela que** daar komt nog bij dat
s'ajouter³ *vpr* komen (bij, bovenop)
ajustement *nm* aanpassing *nf*
ajuster¹ *vt* **1** *(mettre en état)* passend maken, aanpassen; **vêtement ajusté** nauwsluitend kledingstuk **2** *(viser (qch))* aanleggen op (iets)
s'ajuster² *vpr* passen (bij)
alarme *nf* **1** *(signal)* alarm *het;* **donner l'~** alarm slaan **2** *(inquiétude)* ontsteltenis *nf*
alarmer¹ *vt* verontrusten
s'alarmer² **(de)** *vpr* zich (hevig) ongerust maken (over)
albanais *adj* Albanees; **l'albanais** het Albanees; **l'Albanais(e)** de Albanees, Albanese
Albanie *nf* Albanië *n (sans art.)*
albâtre *nm* albast *het*
albinos *n* albino *nm*
album *nm* album *het;* ~ **de bandes dessinées** stripboek
albumine *nf* eiwit *het*, eiwitstof *de*
alcalin *adj* alkalisch
alchimie *nf* alchemie *nf*
alchimiste *nm* alchemist *nm*
alcool *nm* **1** alcohol *nm* **2** *(alcool méthylique)* spiritus *nm;* ~ **à brûler** brandspiritus
alcoolémie *nf* alcoholgehalte *het* (in het bloed)
alcoolique *adj* **1** *(qui contient de l'alcool)* alcoholisch, alcohol- **2** *(qui boit trop d'alcool)* aan de drank verslaafd; **l'alcoolique** de alcoholist(e), alcoholicus, alcoholica
alcoolisé *adj* ♦ **boissons ~es** alcoholhoudende dranken
alcoolisme *nm* alcoholisme *het*, drankzucht *de*
alcootest® *nm* **1** *(épreuve)* ademtest *nm* **2** *(appareil)* blaaspijpje *het*
alcôve *nf* alkoof *de*
aléa *nm* onzekerheid *nf*
aléatoire *adj* onzeker, wisselvallig
alentour *adv* in den ronde
alentours *nm* omstreken *plur;* **aux ~ de la ville** in de omgeving van de stad ♦ **aux ~ de huit heures** tegen acht uur
alerte¹ *nf* alarm *het;* ~ **à la bombe** bomalarm; ~ **aérienne** luchtalarm; **donner l'~** alarm slaan; **fausse** ~ vals, loos alarm
alerte² *adj* kwiek
alerter *vt* waarschuwen
algèbre *nf* algebra *de*
algébrique *adj* algebraïsch
Algérie *nf* Algerije *n (sans art.)*
algérien *adj* Algerijns; **l'Algérien(ne)** de Algerijn(se)
algue *nf* wier *het*
alibi *nm* alibi *het*
aliénation *nf* **1** *(folie)* krankzinnigheid *nf;*

~ **mentale** krankzinnigheid **2** *(jur.; philo.)* vervreemding *nf*
aliéné, -ée *n* krankzinnige *nm*
alignement *nm* **1** *(fait de disposer)* (het) op een rij zetten **2** *(adaptation à)* aanpassing (aan) *nf;* ~ **monétaire** valuta-aanpassing
aligner[1] *vt* **1** *(disposer)* op een rij zetten **2** *(adapter à)* aanpassen (aan) ♦ **les pays non alignés** de niet-gebonden landen
s'aligner[2] *vpr* **1** *(se mettre sur une ligne)* in de rij gaan staan, *(milit.)* in 't gelid gaan staan **2** *(+ sur) (s'adapter à)* zich aanpassen (aan)
aliment *nm* **1** *(denrée)* voedingsmiddel *het* **2** *(plur.) (jur.)* (kosten *plur* van) levensonderhoud *het*
alimentaire *adj* **1** *(alimentation)* voedings- **2** *(pour fournir de quoi vivre)* onderhouds- *(aussi jur.)*
alimentation *nf* **1** *(ravitaillement, nourriture)* voeding *nf;* **rayon d'**~ levensmiddelenafdeling **2** *(approvisionnement)* voorziening *nf;* ~ **en électricité** elektriciteitsvoorziening
alimenter[1] *vt* **1** *(nourrir)* voeden **2** *(approvisionner en)* voorzien (van) **3** *(abstr.)* voedsel geven (aan); ~ **la conversation** het gesprek gaande houden
s'alimenter[2] *vpr* zich voeden
alinéa *nm* **1** *(paragraphe)* alinea *nf* **2** *(ligne en retrait)* inspringende regel *nm*
alité *adj* bedlegerig
allaitement *nm* (het) zogen; ~ **artificiel** het voeden met de fles; ~ **au sein** borstvoeding
allaiter *vt* voeden, de borst geven (aan)
allant *nm* voortvarendheid *nf*
allécher *vt* aanlokken
allée *nf* **1** *(chemin)* laan *de* **2** *(passage)* gangpad *het* ♦ **les ~s et venues** het gaan en komen
allégé *adj (aliments)* light
alléger *vt* verlichten
allégorie *nf* allegorie *nf*
allègre *adj* monter
allégresse *nf* vreugde *nf*
alléguer *vt* aanvoeren
alléluia *nm* alleluja *het*
Allemagne *nf* Duitsland *n (sans art.);* **l'**~ **fédérale** West-Duitsland, de Bondsrepubliek
allemand *adj* Duits; **l'allemand** het Duits; **l'Allemand(e)** de Duitser, Duitse
aller[1] *nm* **1** *(trajet qu'on fait)* heenreis *de;* **à l'**~ op de heenweg **2** *(billet)* enkele reis *de;* **un ~ (et) retour** een retourtje, *(gifle)* een draai om de oren *(n.B.)*
aller[2] *vi* **1** *(avancer)* gaan; ~ **à vélo** fietsen; ~ **qqp. à pied** ergens heen lopen; ~ **à son travail** naar zijn werk gaan; ~ **aux renseignements** op inlichtingen uitgaan; **tout va bien** alles is in orde; ~ **chez qn** iem een bezoek brengen; ~ **chez le coiffeur** naar de kapper gaan; ~ **de soi** vanzelf spreken; ~ **en bateau** varen; ~ **en France** naar Frankrijk gaan; ~ **en voiture** met de auto gaan; **se laisser** ~ de moed verliezen; **il ira loin** hij zal het ver schoppen; ~ **et venir** heen en weer lopen *(à pied);* **allez!** schiet op!; **allons, allons!** kom kom! *(pour calmer),* kop op! *(encouragement),* ben je mal! *(incrédulité);* **allez, Michèle, dis-moi** toe, Michèle, zeg eens **2** *(fonctionner)* functioneren; **ça va?** (hoe) gaat het?; **ça ne va pas?** is er iets?; **ça va pas, (la tête)?** ben je niet goed snik?; **comment allez-vous? ça va, merci** hoe maakt u het? goed, dank u; ~ **mal** *(qch)* slecht gaan, *(qn)* het slecht maken; **qu'est-ce qui ne va pas?** wat is er?; **il y a quelque chose qui ne va pas** er is iets mis; **allons-y** laten we starten; *(sports)* **vas-y, Robert!** hup, Rob!; **vas-y, allez-y** vooruit maar; **vous y allez un peu fort** nu overdrijft u een beetje **3** *(convenir à)* passen (bij); **la clef ne va pas à la serrure** die sleutel past niet in het slot; ~ **bien ensemble** goed bij elkaar passen; **ça vous va?** schikt u dat?; **est-ce que cette robe me va?** staat die jurk me? **4** *(futur proche)* zullen; **j'allais t'appeler** ik stond op het punt je op te bellen ♦ **il y va de votre bonheur** uw geluk staat op het spel; ~ **sur ses 40 ans** tegen de 40 lopen
s'en aller *vpr* **1** *(partir)* weggaan **2** *(disparaître)* verdwijnen
allergie *nf (aussi au fig.)* allergie (voor) *nf*
allergique *adj (aussi au fig.)* allergisch (voor)
alliage *nm* legering *nf*
alliance *nf* **1** *(pacte politique)* alliantie *nf* **2** *(engagement mutuel)* verbintenis *nf;* **faire ~ avec** een verbond sluiten met **3** *(mariage)* huwelijk *het;* **cousin par** ~ aangetrouwde neef **4** *(anneau)* trouwring *nm* **5** *(combinaison)* combinatie *nf*
allié *adj* **1** *(politiquement ami)* geallieerd; **l'allié** de bondgenoot; **les Alliés** de geallieerden **2** *(uni à)* verbonden (met); **les parents et ~s** bloed- en aanverwanten
allier[1] *vt* **1** *(associer des personnes)* verenigen **2** *(associer des métaux)* alliëren
s'allier[2] **(à)** *vpr* **1** *(contracter une alliance)* zich verbinden (met) **2** *(s'unir)* zich verenigen (met) **3** *(s'accorder)* bij elkaar passen
alligator *nm* alligator *nm*
allô *interj* hallo!
allocation *nf* **1** *(somme)* uitkering *nf;* ~ **de chômage** werkloosheidsuitkering; **les ~s familiales** de kinderbijslag, *(Belg.)* gezinsbijslag; ~ **(de) logement** ± huursubsidie **2** *(octroi)* toewijzing *nf*
allocution *nf* toespraak *de*
allongé *adj* lang; **mine ~e** lang gezicht
allonger[1] *vi (devenir plus long)* langer worden, *(jours)* lengen
allonger[2] *vt* **1** *(rendre plus long)* verlengen **2** *(rendre plus liquide)* aanlengen **3** *(coucher)* neerleggen ♦ ~ **le cou** reikhalzen
s'allonger[3] *vpr* **1** *(devenir plus long)* langer worden **2** *(se coucher)* gaan liggen; **être allongé** liggen; **restez allongé!** blijft u liggen!
allouer *vt* toewijzen
allumage *nm* **1** *(action de faire fonctionner)*

(het) aansteken *(feu, gaz)*, (het) aanzetten *(appareil)* **2** *(d'un moteur)* ontsteking *nf*
allume-cigare *nm* aansteker *nm*
allume-gaz *nm* gasaansteker *nm*
allumer[1] *vt* **1** aansteken; **la radio est allumée** de radio staat aan; **allumez dans l'entrée** doe het licht eens aan in de hal **2** *(exciter)* prikkelen **3** *(faire fonctionner)* aanzetten
s'allumer[2] *vpr* **1** *(devenir lumineux; se mettre en marche)* gaan branden, aangaan **2** *(prendre feu)* vlam vatten
allumette *nf* lucifer *nm*
allure *nf* **1** *(vitesse)* vaart *de*, snelheid *nf;* **à toute** ~ in volle vaart **2** *(maintien)* houding *nf* **3** *(air)* uiterlijk *het* **4** *(classe)* stijl *nm;* **avoir de l'**~ stijl hebben
allusion *nf* zinspeling (op) *nf*, toespeling (op) *nf;* **faire** ~ **à** zinspelen op
almanach *nm* almanak *nm*
aloi *nm* allooi *het;* **de mauvais** ~ van slecht gehalte
alors *adv* **1** *(à cette époque)* toen; ~ **que** terwijl **2** *(dans ce cas-là)* dan; **et (puis)** ~**?** en wat dan nog?; **ou** ~ of anders; ~**?** en? **3** *(interjection)* nou; **ça** ~ nee toch
alouette *nf* leeuwerik *nm*
alourdir[1] *vt* zwaarder maken
s'alourdir[2] *vpr* zwaarder worden
alourdissement *nm* verzwaring *nf*
Alpes *nf* Alpen *plur*
alphabet *nm* alfabet *het*
alphabétique *adj* alfabetisch
alphabétiser *vt* alfabetiseren
alpin *adj* alpen-
alpinisme *nm* alpinisme *het*, (het) bergbeklimmen
alpiniste *n* alpinist *nm*, bergbeklimmer *nm*
altération *nf* **1** *(détérioration)* verslechtering *nf*, *(d'un texte)* verminking *nf* **2** *(falsification)* vervalsing *nf* ♦ ~ **des traits** ontstelde (gelaats)uitdrukking
altercation *nf* heftige woordenwisseling *nf*
altérer *vt* **1** *(dégrader)* aantasten **2** *(falsifier)* vervalsen
altermondialisme *nm* antiglobalisme *het*
alternance *nf* **1** *(rotation)* (af)wisseling *nf;* **en** ~ **(avec)** afwisselend (met) **2** *(pol.)* (het) stuivertje-wisselen
alternatif *adj* afwisselend; **courant** ~ wisselstroom
alternative *nf* **1** *(dilemme)* dilemma *het* **2** *(plur.) (successions)* afwisseling *nf* **3** *(solution de rechange)* alternatief *het*
alterner[1] *vi (se relayer)* afwisselen (met)
alterner[2] *vt (faire se succéder)* (doen) afwisselen
altesse *nf* hoogheid *nf*
altitude *nf* hoogte *nf;* **en** ~ op grote hoogte
alto *nm* altviool *de*
altruisme *nm* onbaatzuchtigheid *nf*
altruiste *adj* onbaatzuchtig; **l'altruiste** de altruïst(e)
aluminium *nm* aluminium *het*
alunir *vi* op de maan landen
alvéole *nf* honingcel *de*
amabilité *nf* beminnelijkheid *nf;* **veuillez avoir l'**~ **de le prévenir** zou u zo vriendelijk willen zijn hem te waarschuwen?
amadouer *vt* paaien
amaigrir *vt* (doen) vermageren
amaigrissement *nm* vermagering *nf*
amalgame *nm* **1** *(mélange)* allegaartje *het* **2** *(alliage)* amalgaam *het*
amalgamer[1] *vt* samenvoegen
s'amalgamer[2] *vpr* zich combineren (met)
amande *nf* amandel *de;* **en** ~ amandelvormig; **pâte d'**~**s** amandelspijs, marsepein
amandier *nm* amandelboom *nm*
amant *nm* minnaar *nm*
amarre *nf* (meer)tros *nm*
amarrer *vt* **1** *(fixer avec des amarres)* (vast)meren **2** *(attacher avec des cordages)* vastsjorren
amas *nm* opeenhoping *nf*
amasser[1] *vt* ophopen
s'amasser[2] *vpr* zich ophopen
amateur *nm* **1** *(celui qui aime (qch))* liefhebber *nm;* ~ **de musique** muziekliefhebber **2** *(non professionnel)* amateur *nm;* **musiciens** ~**s** amateurmusici **3** *(dilettante)* dilettant *nm* ♦ **je suis** ~ ik ben geïnteresseerd
amateurisme *nm* **1** *(sports)* amateurisme *het* **2** *(péj.)* amateuristisch gedoe *het*
ambassade *nf* **1** *(représentation)* ambassade *nf* **2** *(mission)* missie *nf*
ambassadeur, -drice *n* ambassadeur, -drice *nm,f (aussi au fig.)*
ambiance *nf* sfeer *de;* **musique d'**~ achtergrondmuziek; **mettre de l'**~ een gezellige sfeer scheppen
ambiant *adj* omringend; **température** ~**e** omgevingstemperatuur
ambigu *adj* dubbelzinnig
ambiguïté *nf* dubbelzinnigheid *nf*
ambitieux *adj* eerzuchtig; **projet** ~ groots plan; **c'est un petit** ~ het is een strebertje
ambition *nf* **1** *(désir de réussir)* eerzucht *de* **2** *(but)* streven *het*
ambitionner *vt* **1** *(briguer)* ambiëren **2** *(désirer)* nastreven
ambivalent *adj* ambivalent
ambre *nm* amber *nm;* ~ **jaune** barnsteen
ambulance *nf* ambulance *de*
ambulancier, -ière *n* ambulancechauffeur *nm*, *(Belg.)* ambulancier
ambulant *adj* rondtrekkend, reizend
âme *nf* ziel *nf;* **dans l'**~ in hart en nieren; **en mon** ~ **et conscience** naar eer en geweten; **rendre l'**~ de geest geven; **sans** ~ gevoelloos; ~ **sœur** verwante ziel; **de toute son** ~ met zijn hele wezen
amélioration *nf* verbetering *nf*
améliorer[1] *vt* verbeteren; ~ **un texte** een tekst herzien
s'améliorer[2] *vpr* beter worden
aménagement *nm* **1** *(agencement)* in-

richting *nf;* **l'~ d'un parc** de aanleg van een park; ~ **du temps de travail** arbeidstijdregeling; **l'~ du territoire** de ruimtelijke ordening **2** *(ajustement)* aanpassing *nf* ♦ **~s fiscaux** belastingverlichting
aménager *vt* **1** *(agencer)* inrichten **2** *(ajuster)* aanpassen
amende *nf* (geld)boete *de*
amendement *nm* amendement *het*
amener[1] *vt* **1** *(conduire)* brengen; ~ **la conversation sur** het gesprek brengen op **2** *(venir avec)* meebrengen **3** *(entraîner)* tot gevolg hebben **4** *(conduire progressivement (à faire qch))* ertoe brengen (iets te doen)
s'amener[2] *vpr (venir)* komen aanzetten; **amène-toi ici** kom eens hier
s'amenuiser *vpr* verminderen
amer *adj* bitter *(aussi au fig.)*
américain *adj* Amerikaans; **l'américain** het Amerikaans; **l'Américain(e)** de Amerikaan(se)
Amérique *nf* Amerika *n (sans art.)*
amerrir *vi* op zee landen
amertume *nf* bitterheid *nf (aussi au fig.)*
ameublement *nm* meubilering *nf;* **tissu d'~** meubelstof
ameuter *vt* opruien; ~ **les gens contre qch** de mensen opzetten tegen iets
ami, -ie *n* **1** *(camarade; fiancé(e))* vriend(in) *nm (nf);* **un ~ d'enfance** een jeugdvriend; ~ **de la famille** huisvriend; ~ **intime** boezemvriend; **je suis très ~ avec elle** ik ben zeer met haar bevriend; **les troupes ~es** de bevriende troepen **2** *(fiancé(e); flirt)* vriendje, vriendinnetje *het (m), het (f);* **sa petite ~e** zijn vriendinnetje
amiable *adj* ♦ **à l'~** in der minne; **arrangement à l'~** minnelijke schikking
amiante *nm* asbest *het*
amical *adj* **1** *(en ami(e))* vriendschappelijk; **l'amicale** de vereniging **2** *(adv.) (formule de politesse)* met vriendelijke groet *(suivie d'une virgule et de la signature)*
amidon *nm* **1** *(empois)* stijfsel *het/de (m)* **2** *(glucide)* zetmeel *het*
amidonner *vt* stijven
amincir[1] *vi (devenir mince)* afslanken, slanker worden
amincir[2] *vt (faire paraître plus mince)* slank(er) maken
s'amincir[3] *vpr* slanker worden
amiral *nm* admiraal *nm;* **vaisseau** ~ vlaggenschip
amitié *nf* vriendschap *nf;* **se lier d'~ avec qn** vriendschap met iem sluiten; **par** ~ uit vriendschap ♦ **faites-moi l'~ d'assister à ma fête** doe me een genoegen en kom op mijn feestje; **faites mes ~s à vos parents** doe de groeten aan jullie ouders
ammoniaque *nf* ammonia(k) *nm*
amnésie *nf* geheugenverlies *het*
amnésique *adj* aan geheugenverlies lijdend; **l'amnésique** de amnesiepatiënt(e)
amniocentèse *nf* vruchtwaterpunctie *nf*
amniotique *adj* ♦ **liquide** ~ vruchtwater
amnistie *nf* amnestie *nf*
amnistier *vt* amnestie verlenen aan (iem), voor (iets)
amoindrir[1] *vt* kleiner maken
s'amoindrir[2] *vpr* afnemen
amollir[1] *vt* slap maken
s'amollir[2] *vpr* slap worden
amonceler[1] *vt* ophopen
s'amonceler[2] *vpr* zich ophopen
amont *nm* **1** *(d'un cours d'eau)* stroomopwaarts liggend deel *het;* **en** ~ stroomop(waarts); **en ~ de** boven **2** *(d'une pente)* bergopwaarts liggend deel *het*
amorce *nf* **1** *(détonateur)* slaghoedje *het* **2** *(début)* aanzet (tot) *nm* **3** *(appât)* (lok)aas *het*
amorcer[1] *vt* **1** *(garnir d'un appât)* aas slaan aan **2** *(appâter)* lokken **3** *(garnir d'une charge)* van een slaghoedje, ontsteking voorzien **4** *(une pompe)* aanzuigen **5** *(commencer à effectuer)* beginnen
s'amorcer[2] *vpr* beginnen
amorphe *adj* lusteloos
amortir *vt* **1** *(atténuer)* temperen; ~ **un bruit** een geluid dempen; ~ **un choc** een schok breken **2** *(reconstituer le capital de)* afschrijven **3** *(rembourser)* aflossen
amortissement *nm* **1** *(reconstitution du capital de)* afschrijving *nf* **2** *(remboursement)* aflossing *nf*
amortisseur *nm* schokbreker *nm*
amour *nm; parfois nf* **1** *(attachement à qn, qch)* liefde *nf;* **pour l'~ de** ter wille van; **pour l'~ de Dieu** om godswil, in vredesnaam; **l'~ de, envers qn** de liefde voor iem; **faire l'~ (avec)** vrijen (met); **son ~ pour** zijn liefde voor **2** *(passion de qch)* voorliefde (voor) *nf* **3** *(personne aimée)* schat *nm*, lieveling *nm*
s'amouracher *vpr* verkikkerd raken (op)
amourette *nf* flirt *nm*
amoureux *adj* **1** *(épris de)* verliefd (op); **l'amoureux** de geliefde; **tomber ~ de** verliefd worden op **2** *(propre à l'amour)* liefde(s)- **3** *(passionné de)* verzot (op); ~ **de la nature** natuurminnend **4** *(qui marque l'amour)* liefdevol
amour-propre *nm* gevoel *het* van eigenwaarde
amovible *adj* afneembaar
ampère *nm* ampère *nm*
amphétamine *nf* amfetamine *nf*
amphibie *adj* **1** *(zool.)* amfibisch; **l'amphibie** de amfibie **2** *(milit.)* amfibie-, amfibisch
amphithéâtre *nm* **1** *(salle de cours)* collegezaal *de* **2** *(endroit circulaire)* amfitheater *het*
amphore *nf* amfora *de*
ample *adj* **1** *(large)* wijd **2** *(détaillé; en détail)* uitgebreid **3** *(adv.) (largement)* ruimschoots
ampleur *nf* **1** *(largeur)* wijdte *nf* **2** *(importance)* omvang *nm;* **prendre de l'~** zich uitbreiden
ampli, amplificateur *nm* versterker *nm*
amplifier[1] *vt* versterken

s'amplifier[2] *vpr* sterker worden
amplitude *nf* amplitude *nf*
ampoule *nf* **1** *(lampe)* gloeilamp *de* **2** *(cloque)* blaar *de*, blaasje *het* **3** *(tube)* ampul *de*
amputation *nf* **1** *(d'un membre)* amputatie *nf* **2** *(fig.)* inkrimping (met) *nf*
amputer *vt* **1** *(enlever (un membre))* amputeren **2** *(diminuer)* besnoeien **3** *(priver de)* ontdoen (van)
amulette *nf* amulet *de*
amusant *adj* leuk
amuse-gueule *nm* borrelhapje *het*
amusement *nm* vermaak *het;* **avec ~** geamuseerd
amuser[1] *vt* **1** *(divertir)* vermaken, amuseren **2** *(distraire)* bezighouden
s'amuser[2] *vpr* **1** *(se divertir avec, à faire qch)* zich vermaken (met), zich amuseren (met); **pour s'~** voor de lol **2** *(perdre son temps)* zijn tijd verdoen
amygdale *nf* (keel)amandel *de*
an *nm* jaar *het;* **avoir neuf ~s** negen (jaar) zijn; **bon ~, mal ~** gemiddeld; **le nouvel ~** nieuwjaar(sdag); **par ~** per jaar
anachronique *adj* **1** *(désuet)* achterhaald **2** *(entaché d'anachronisme)* anachronistisch
anachronisme *nm* anachronisme *het*
anagramme *nf* anagram *het*
anal *adj* anaal
analgésique *nm* pijnstiller *nm*
analogie *nf* **1** *(ressemblance)* overeenkomst *nf* **2** *(ling.)* analogie *nf;* **par ~ avec** naar analogie van
analogique *adj (non digital)* analoog
analogue *adj* analoog (aan)
analphabète *adj* analfabeet; **l'analphabète** de analfabeet, analfabete
analphabétisme *nm* analfabetisme *het*
analyse *nf* **1** *(examen; raisonnement; math.)* analyse *nf;* **~ du sang** bloedonderzoek **2** *(sommaire)* (kritische) samenvatting *nf* ♦ **en dernière ~** tenslotte
analyser *vt* analyseren; **se faire ~** in psychoanalyse gaan
analyste *n* **1** *(en général)* analist(e) *nm (nf)* **2** *(psycho.)* (psycho)analyticus, -ca *nm,f*
analyste-programmeur *nm* analist-programmeur *nm*
ananas *nm* ananas *de*
anarchie *nf* anarchie *nf*
anarchique *adj* ordeloos
anarchiste *adj* anarchistisch; **l'anarchiste** de anarchist(e)
anatomie *nf* **1** *(étude scientifique)* anatomie *nf*, ontleedkunde *nf* **2** *(physique; corps)* lichaamsbouw *nm*
anatomique *adj* anatomisch
ancestral *adj* voorvaderlijk
ancêtre *n* voorvader *nm*, voorouder *nm*
anchois *nm* ansjovis *nm*
ancien[1], **-ienne** *n* **1** *(qui a de l'ancienneté de service)* oudste *nm* **2** *(plur.)* *(peuples)* oude volkeren *plur* **3** *(ancien(ne) élève)* oud-leerling(e) *nm (nf)* **4** *(mobilier ancien)* antiek *het*
ancien[2] *adj* **1** *(vieux)* oud; **à l'~ne** op de manier van vroeger; **le grec ~** het Oudgrieks; **les langues ~nes** de klassieke talen; **dans l'~ temps** vroeger **2** *(ex-)* oud- **3** *(objets)* antiek
anciennement *adv* voorheen
ancienneté *nf* **1** *(âge (de qch))* ouderdom *nm* **2** *(années de service)* anciënniteit *nf;* **à l'~** naar anciënniteit; **avoir dix ans d'~** tien dienstjaren hebben
ancre *nf* anker *het;* **jeter l'~** het anker uitwerpen; **lever l'~** *(partir en bateau)* het anker lichten, *(partir)* opstappen
ancrer[1] *vt* **1** *(retenir avec une ancre)* ankeren **2** *(enraciner)* verankeren; **une idée ancrée dans la tête** een diepgeworteld idee
s'ancrer[2] *vpr* **1** *(mouiller)* voor anker gaan **2** *(s'enraciner)* zich vastzetten
Andorre *nf* ♦ **(principauté d')~** Andorra
andouille *nf* **1** *(charcuterie)* ± worst *de* **2** *(imbécile)* sukkel *nm*
androgyne *adj* tweeslachtig; **l'androgyne** de androgyn
âne *nm* ezel *nm (aussi au fig.)*
anéantir *vt* **1** *(détruire complètement)* vernietigen **2** *(plonger dans l'abattement)* ontstellen
anéantissement *nm* **1** *(destruction)* vernietiging *nf* **2** *(abattement)* verslagenheid *nf*
anecdote *nf* anekdote *de*
anecdotique *adj* anekdotisch
anémie *nf* bloedarmoede *de*
anémique *adj (méd.)* bloedarm(oedig)
anémone *nf* anemoon *de*
ânerie *nf* stommiteit *nf;* **dire des ~s** onzin uitkramen
ânesse *nf* ezelin *nf*
anesthésie *nf* verdoving *nf*, narcose *nf*
anesthésier *vt* verdoven
anesthésique *adj* verdovend; **l'anesthésique** het verdovende middel
anesthésiste *n* anesthesist(e) *nm (nf)*, narcotiseur *nm*
aneth *nm* dille *de*
ange *nm* engel *nm;* **~s déchus** gevallen engelen; **être aux ~s** in de wolken zijn; **~ gardien** beschermengel; **mon ~** mijn schatje; **un ~ passe** er gaat een dominee voorbij; **rire aux ~s** gelukzalig lachen
angélique *adj* engelen-, engelachtig
angine *nf* angina *de*, keelontsteking *nf*
anglais *adj* Engels; **l'anglais** het Engels; **l'Anglais(e)** de Engelsman, Engelse ♦ **filer à l'~e** ertussenuit knijpen; **des ~es** pijpenkrullen
angle *nm* **1** *(coin)* hoek *nm;* **~ mort** dode hoek; **~ droit** rechte hoek; **~ visuel** gezichtshoek **2** *(point de vue)* gezichtshoek *nm*, standpunt *het;* **(vu) sous cet ~** vanuit die invalshoek (bekeken) ♦ **arrondir les ~s** de scherpe kantjes eraf halen
Angleterre *nf* Engeland *n (sans art.)*
anglicisme *nm* anglicisme *het*
angoissant *adj* beangstigend
angoisse *nf* angst *nm*
angoisser *vt* beangstigen
anguille *nf* paling *nm*, aal *nm;* **il y a ~**

sous roche er schuilt een addertje onder het gras
anguleux *adj* hoekig
animal[1] *nm* **1** *(bête)* dier *het*, beest *het;* ~ **domestique** huisdier **2** *(injure)* stommeling *nm*
animal[2] *adj* **1** *(de l'animal)* dierlijk, dieren- **2** *(bestial)* dierlijk, beestachtig; **confiance ~e** instinctief vertrouwen
animateur, -trice *n* **1** *(music-hall) (présentateur)* conferencier *nm*, *(radio, télé)* presentaltor, -trice *nm,f*, *(Belg.; d'un débat)* moderator *nm* **2** *(d'un groupe)* (jeugd)-leid(st)er *nm (nf)*
animation *nf* **1** *(mouvement)* drukte *nf (dans la rue)*, bedrijvigheid *nf;* **mettre de l'~ dans la réunion** leven in de bijeenkomst brengen **2** *(ardeur)* bezieling *nf* **3** *(conduite de groupe)* groepswerk *het* **4** *(cin.)* tekenfilmtechniek *nf;* **film d'~** tekenfilm
animé *adj* **1** *(agité)* druk, levendig **2** *(vivant)* levend
animer[1] *vt* **1** *(aviver (qch))* levendig(er) maken **2** *(stimuler (qn))* aansporen **3** *(douer de vie)* tot leven wekken **4** *(inspirer)* bezielen **5** *(diriger)* leiden, *(radio, télé)* presenteren
s'animer[2] *vpr* **1** *(s'aviver)* levendig(er) worden **2** *(bouger)* tot leven komen
animosité *nf* vijandigheid *nf*
anis *nm* anijs *nm*
ankyloser[1] *vt* stijf maken
s'ankyloser[2] *vpr* stijf worden
annales *nf* annalen *plur*
anneau *nm* ring *nm*, oog *het (aussi d'une clé)*, schakel *de (d'une chaîne)*
année *nf* **1** jaar *het;* ~ **bissextile** schrikkeljaar; **souhaiter la bonne** ~ een gelukkig nieuwjaar wensen; ~ **civile** kalenderjaar; **d'~ en** ~ van jaar tot jaar; ~ **scolaire** schooljaar **2** *(d'une publication)* jaargang *nm*
année-lumière *nf* lichtjaar *het*
annexe *adj* bij-, bijbehorend; **bâtiment** ~ bijgebouw; **l'annexe** het bijgebouw, de dependance; **les (pièces) ~s** de bijlagen
annexer *vt* **1** *(ajouter)* bijvoegen; ~ **des pièces à un dossier** stukken bij een dossier voegen **2** *(englober)* inlijven, annexeren
annexion *nf* annexatie *nf*
annihiler *vt* vernietigen, tenietdoen
anniversaire *nm* verjaardag *nm*, *(commémoration)* herdenkingsdag *nm;* **bon** ~ gefeliciteerd met je, uw verjaardag; **c'est mon** ~ ik ben jarig; ~ **de mariage** trouwdag
annonce *nf* **1** *(communication)* aankondiging *nf* **2** *(publicité)* advertentie *nf;* **insérer, mettre une** ~ een advertentie in een krant zetten; **petites ~s** advertentiekolommen **3** *(signe)* (voor)teken *het*
annoncer[1] *vt* **1** *(communiquer)* aankondigen, bekendmaken **2** *(signaler (visite))* aandienen; **se faire** ~ zich laten aandienen **3** *(présager)* een voorteken zijn van
s'annoncer[2] *vpr* **1** *(commencer)* beginnen; **s'~ bien** zich goed laten aanzien **2** *(se dessiner)* zich aankondigen
annonceur *nm* **1** *(dans un journal)* adverteerder *nm* **2** *(speaker)* omroeper
annotation *nf* **1** *(note explicative)* annotatie *nf* **2** *(note marginale)* kanttekening *nf*
annoter *vt* annoteren
annuaire *nm* jaarboek *het*, gids *de;* ~ **(téléphonique)** telefoonboek
annuel *adj* **1** *(qui revient chaque année)* jaarlijks; **revenu** ~ jaarinkomen **2** *(adj.) (qui dure un an)* eenjarig
annulaire *nm* ringvinger *nm*
annulation *nf* annulering *nf*, nietigverklaring *nf*
annuler[1] *vt* **1** *(supprimer)* annuleren, afzeggen **2** *(frapper de nullité)* nietig verklaren
s'annuler[2] *vpr* elkaar opheffen
anodin *adj* onschuldig, onbeduidend; **blessure ~e** onbetekenende wond
anomalie *nf* afwijking *nf*, onregelmatigheid *nf*
anonymat *nm* anonimiteit *nf;* **garder l'~** anoniem blijven
anonyme *adj* anoniem; **auteur** ~ onbekend schrijver
anorak *nm* anorak *de*
anorexie *nf* anorexia *nf*
anorexique *adj* anorectisch, lijdend aan anorexia; **l'anorexique** de anorexiapatiënt(e)
anormal *adj* abnormaal, ongewoon
anse *nf* **1** *(poignée)* handvat *het*, hengsel *het (d'un panier)*, oor *het (d'un pot, d'une tasse)* **2** *(petite baie)* inham *nm*, kreek *de*
antagoniste *adj* tegenstrijdig; **l'antagoniste** de tegenstander
antan ♦ **d'~** van weleer
antécédent *nm (plur.)* antecedenten *plur*, verleden *het*
antenne *nf* **1** *(radio, télévision)* antenne *de;* **être sur l'~** in de uitzending zitten; ~ **parabolique** schotelantenne; **passer l'~ à qn** overschakelen naar iem; **rendre l'~ au studio** teruggeven naar de studio **2** *(zool.)* voelhoorn *nm*, antenne *de* **3** *(poste avancé)* hulppost *de*
antérieur *adj* **1** *(précédent)* vroeger, *(comme adj. aussi)* voorafgaand; **~ement à** eerder dan **2** *(de devant)* voor-, voorste
anthologie *nf* bloemlezing *nf*
anthracite *nm* antraciet *het/de (m);* **une veste** ~ een antracietkleurig jasje
anthropologie *nf* antropologie *nf*
anthropophage *adj* mensenetend; **l'anthropophage** de menseneter, kannibaal
antiaérien *adj* luchtafweer-, luchtdoel-
antialcoolique *adj* drankbestrijders-
antiatomique *adj* antiatoom-; **abri** ~ atoomschuilkelder
antibiotique *adj* antibiotisch; **l'antibiotique** het antibioticum
antibrouillard *adj* ♦ **des (phares) ~s** mistlampen
antibruit *adj* geluiddempend
antichambre *nf* wachtkamer *de*
antichoc *adj* schokbestendig
anticipation *nf* (het) vooruitlopen (op); **par** ~ bij voorbaat, van tevoren

anticipé *adj* vervroegd, voortijdig; **joie ~e** voorpret; **avec mes remerciements ~s** bij voorbaat mijn dank
anticiper[1] *vi (empiéter sur)* vooruitlopen (op), anticiperen (op); **n'anticipons pas** laten we niet op de zaak vooruitlopen
anticiper[2] *vt* **1** *(avancer)* vervroegen; **~ un paiement d'une semaine** een week eerder betalen **2** *(éprouver à l'avance)* zien aankomen
anticonceptionnel *adj* voorbehoed-
anticonformiste *adj* non-conformistisch; **l'anticonformiste** de non-conformist
anticorps *nm* afweerstof *de*
anticyclone *nm* hogedrukgebied *het*
antidater *vt* antidateren
antidérapant *adj* antislip-; **l'antidérapant** het antislipmiddel; **pneus ~s** antislipbanden
antidopage, antidoping *adj* ♦ **contrôle ~** dopingcontrole
antidote *nm* tegengif *het*
antigel *nm* antivries(middel) *het*
antillais *adj* Antilliaans; **l'Antillais(e)** de Antilliaan(se)
antilope *nf* antilope *de*
antimite(s) *adj* mottenwerend; **l'antimite** het mottenbestrijdingsmiddel
antipathie *nf* afkeer *nm*
antipathique *adj* onsympathiek
antipelliculaire *adj* antiroos-
antipode *nm* **1** *(géo.)* tegenvoeter *nm;* **à l'~, aux ~s** aan het andere uiteinde van de wereld **2** *(opposé)* tegenpool *de;* **être à l'~, aux ~s de qch** het tegengestelde zijn van iets
antipollution *adj* milieuvervuiling bestrijdend
antiquaire *nm* antiquair *nm*
antique *adj* **1** *(archaïque)* antiek **2** *(de l'Antiquité)* klassiek; **la Grèce ~** het oude Griekenland
antiquité *nf* **1** *(temps très ancien)* oudheid *nf;* **l'Antiquité** de (Grieks-Romeinse) oudheid **2** *(plur.) (monuments, objets anciens)* antiquiteiten *plur*
antirides *adj* ♦ **crème ~** crème tegen rimpels
antirouille *adj* roestwerend; **l'antirouille** het roestwerende middel
antisémitisme *nm* antisemitisme *het,* Jodenhaat *nm*
antiseptique *adj* antiseptisch, bederfwerend; **l'antiseptique** het antisepticum
antitabac *adj* antirook-
antithèse *nf* tegenstelling *nf*
antivol *nm* stuurslot *het (voiture),* (ketting)slot *het (bicyclette)*
antre *nm* spelonk *de*
anus *nm* aars *nm,* anus *nm*
anxiété *nf* angst *nm,* bezorgdheid *nf*
anxieux *adj* angstig, ongerust; **être ~ de** ongeduldig wachten op
aorte *nf* aorta *de*
août *nm* augustus *nm;* **en ~** in augustus
apaisement *nm* (terugkeer *nm* naar de) kalmte *nf*
apaiser[1] *vt* tot bedaren brengen
s'apaiser[2] *vpr* bedaren, *(personnes aussi)* tot rust komen
apanage *nm* voorrecht *het*
aparté *nm* onderonsje *het;* **en ~** vertrouwelijk, onder vier ogen
apartheid *nm* apartheid *nf*
apathie *nf* lusteloosheid *nf,* onverschilligheid *nf*
apathique *adj* lusteloos, onverschillig
apatride *adj* staatloos; **l'apatride** de staatloze
apercevoir[1] *vt* **1** *(remarquer)* (op)merken; **laisser ~** laten zien **2** *(se rendre compte de)* zich bewust zijn van
s'apercevoir[2] *vpr* **1** *(+ de) (remarquer)* (iets) (be)merken; **s'~ que** merken dat **2** *(se voir mutuellement)* elkaar zien
aperçu *nm* kort overzicht *het*
apéritif *nm* aperitief *het*
apesanteur *nf* gewichtloosheid *nf*
à-peu-près, à peu près *nm* benadering *nf*
apeuré *adj* bang
aphone *adj* ♦ **être ~** zijn stem kwijt zijn
aphte *nm* afte *de,* mondzweertje *het*
s'apitoyer (sur) *vpr* medelijden krijgen (met)
aplanir *vt* **1** *(niveler)* vlak maken, effenen **2** *(résoudre)* uit de weg ruimen *(difficultés),* beslechten *(querelle)*
aplatir[1] *vt (rendre plat)* plat maken; **~ des plis au fer** plooien uitstrijken
s'aplatir[2] *vpr* **1** *(se coucher)* plat gaan liggen **2** *(ramper)* zich vernederen; **s'~ devant qn** voor iem kruipen
aplomb *nm* **1** *(verticalité)* loodrechte stand *nm;* **d'~** loodrecht, rechtop; **remettre d'~** er weer bovenop helpen **2** *(assurance)* zelfverzekerdheid *nf, (péj.)* onbeschaamdheid *nf;* **quel ~!** wat een lef!
apocalypse *nf* **1** *(écrit)* Apocalyps *nf* **2** *(fin du monde)* einde *het* van de wereld; **une vision d'~** een afgrijselijke aanblik
apogée *nm* hoogtepunt *het,* toppunt *het*
apolitique *adj* niet-politiek, apolitiek
apoplexie *nf* beroerte *nf*
a posteriori *adv* achteraf
apostrophe *nf* **1** *(signe graphique)* apostrof *de* **2** *(interpellation)* boze uitval *nm*
apostropher *vt* brutaal aanspreken
apothéose *nf* **1** *(apogée)* hoogtepunt *het* **2** *(triomphe)* verheerlijking *nf*
apôtre *nm* **1** *(relig.)* apostel *nm* **2** *(défenseur)* voorstander *nm*
apparaître[1] *vi* **1** *(devenir visible)* verschijnen, zichtbaar worden; **faire ~** tevoorschijn brengen **2** *(voir le jour)* aan het licht komen; **faire ~** aan het licht brengen **3** *(sembler)* lijken
apparaître[2] *vb impers (être clair)* duidelijk worden; **il apparaît que** het blijkt dat
apparat *nm* pracht *de,* praal *de;* **dîner d'~** galadiner; **discours d'~** feestrede
appareil *nm* **1** *(instrument)* apparaat *het,* toestel *het;* **~s ménagers** huishoudelijke apparaten; **~ photo** fototoestel **2** *(téléphone)* telefoontoestel *het;* **qui est à l'~?** met

wie spreek ik? **3** *(phot.)* fototoestel *het*, camera *de* **4** *(dentier)* kunstgebit *het;* ~ **(dentaire)** beugel **5** *(anatomie)* organen *plur;* ~ **digestif** spijsverteringsorganen **6** *(ensemble administratif)* apparaat *het* ♦ **dans le plus simple** ~ halfnaakt, geheel naakt
appareiller *vi (lever l'ancre)* zich gereedmaken voor vertrek, afvaren
apparemment *adv* naar 't schijnt, waarschijnlijk
apparence *nf* **1** *(allure)* uiterlijk *het*, voorkomen *het* **2** *(façade)* (uiterlijke) schijn *nm;* **en** ~ schijnbaar; **on ne doit pas se fier aux ~s** schijn bedriegt; **malgré l'~, les ~s** hoewel het niet zo lijkt; **sauver les ~s** de schijn ophouden; **selon toute** ~ naar alle waarschijnlijkheid
apparent *adj* **1** *(visible)* zichtbaar **2** *(évident)* duidelijk **3** *(trompeur)* schijnbaar, schijn-
apparenté *adj* verwant
s'apparenter (à) *vpr* verwant zijn (aan)
apparition *nf* **1** *(manifestation)* (het) verschijnen, verschijning *nf;* **faire son** ~ *(une personne, des symptômes)* zich vertonen, *(l'homme, les animaux)* op aarde verschijnen, *(une machine, un mot)* zijn intrede doen **2** *(fantôme)* (geest)verschijning *nf*, spook *het*
appartement *nm* appartement *het*, flat *nm;* ~ **de fonction** dienstwoning; **plantes d'**~ kamerplanten
appartenance *nf* (het) behoren (bij), lidmaatschap *het*
appartenir[1] *vi* **1** *(être à)* eigendom zijn (van), toebehoren (aan) **2** *(faire partie de)* horen (bij)
appartenir[2] *vb impers (convenir)* passen; **il ne m'appartient pas d'en décider** het is niet aan mij hierover te beslissen
appât *nm* **1** *(amorce)* (lok)aas *het* **2** *(attrait)* bekoring *nf;* **l'~ du gain** winstbejag
appâter *vt* lokken *(aussi au fig.)*
appauvrir[1] *vt* arm maken, verarmen
s'appauvrir[2] *vpr* arm worden, verarmen
appauvrissement *nm* verarming *nf*
appel *nm* **1** *(cri)* (op)roep *nm*, *(milit.)* appel *het;* **faire l'**~ het appel afnemen; **manquer à l'**~ op het appel ontbreken; ~ **d'offres** aanbesteding bij inschrijving; ~ **(téléphonique)** telefoontje **2** *(exhortation)* beroep *het (aussi jur.);* **faire ~ à qn** een beroep op iem doen; **décision sans** ~ onherroepelijk besluit **3** *(signe)* sein *het;* ~ **de phare** lichtsignaal ♦ ~ **d'air** trek(gat) van schoorsteen
appelé *adj* **1** *(+ à) (désigné pour)* geroepen (tot) **2** *(milit.)* dienstplichtig; **l'appelé** de dienstplichtige
appeler[1] *vi* ♦ **en ~ à** een beroep doen op
appeler[2] *vt* **1** *(faire venir)* roepen; ~ **à l'aide, au secours** om hulp roepen; ~ **qn (au téléphone)** iem opbellen; ~ **le médecin** de dokter laten komen **2** *(convoquer)* oproepen **3** *(téléphoner)* opbellen **4** *(nommer)* noemen; ~ **les choses par leur nom** het kind bij de naam noemen **5** *(requérir)* verlangen
s'appeler[3] *vpr (se nommer)* heten; **comment t'appelles-tu?** hoe heet je?
appellation *nf* benaming *nf;* ~ **d'origine** herkomstbenaming (van wijn)
appendice *nm* **1** *(annexe)* aanhangsel *het* **2** *(prolongement du caecum)* blindedarm *nm*
appendicite *nf* blindedarmontsteking *nf*
s'appesantir *vpr* **1** *(s'alourdir)* zwaar worden **2** *(insister)* de nadruk leggen (op); **s'~ sur qch** te lang uitweiden over iets
appétissant *adj* appetijtelijk, smakelijk uitziend
appétit *nm* trek (in) *nm*, eetlust *nm;* **bon ~!** smakelijk eten!; **couper l'**~ de eetlust benemen, *(fig.)* de lust ontnemen; **donner de l'**~ hongerig maken; **ouvrir l'~ à qn** iemands eetlust opwekken
applaudir[1] *vi* **1** *(battre des mains)* applaudisseren **2** *(donner son assentiment à)* (iets) toejuichen
applaudir[2] *vt* toejuichen
applaudissement *nm* **1** *(battement des mains)* applaus *het* **2** *(acclamation)* bijval *nm*
applicable *adj* toepasbaar (op); **être ~ à qn, à qch** op iem, op iets van toepassing zijn
application *nf* **1** *(mise en pratique)* toepassing *nf;* **mettre en** ~ in praktijk brengen, toepassen **2** *(zèle)* ijver *nm;* **avec** ~ ijverig **3** *(pose)* (het) aanbrengen
applique *nf* wandlamp *de*
appliqué *adj* **1** *(zélé)* ijverig **2** *(mis en pratique)* toegepast
appliquer[1] *vt* **1** *(poser)* aanbrengen **2** *(mettre en pratique)* toepassen, in praktijk brengen; ~ **la loi** de wet ten uitvoer brengen
s'appliquer[2] **(à)** *vpr* **1** *(se consacrer à)* zich wijden (aan) **2** *(s'efforcer de)* moeite doen (om); **cet élève s'applique** die leerling werkt hard **3** *(être applicable à)* van toepassing zijn (op)
appoint *nm* **1** *(monnaie)* pasmunt *de;* **faire l'**~ met gepast geld betalen **2** *(complément)* aanvulling *nf;* **salaire d'**~ bijverdienste
appointements *nm* salaris *het*
apport *nm* inbreng *nm*, aandeel *het*
apporter *vt* **1** *(amener)* brengen (naar), meebrengen **2** *(fournir)* verschaffen
apposer *vt (une affiche)* aanplakken ♦ ~ **sa signature** tekenen
apposition *nf (ling.)* bijstelling *nf;* **en** ~ als bijstelling
appréciable *adj* **1** *(visible)* merkbaar **2** *(important)* aanzienlijk
appréciation *nf* **1** *(estimation)* schatting *nf* **2** *(jugement)* beoordeling *nf*
apprécier *vt* **1** *(évaluer)* schatten **2** *(aimer)* waarderen, op prijs stellen, *(Belg.)* oplopen (met)
appréhender *vt* **1** *(craindre)* vrezen; ~ **de**

faire qch er tegen opzien iets te doen **2** *(arrêter)* arresteren
appréhension *nf* vrees *de*
apprendre[1] *vi* leren; ~ **à parler** leren praten; **cela vous apprendra!** dat zal je leren!
apprendre[2] *vt* **1** *(étudier)* leren; ~ **qch par cœur** iets uit het hoofd leren **2** *(enseigner)* leren, onderwijzen **3** *(être informé de)* vernemen, horen **4** *(communiquer)* meedelen
apprenti, -ie *n* **1** *(personne en apprentissage)* leerling(e) *nm (nf)* **2** *(débutant)* beginneling(e) *nm (nf)*
apprentissage *nm* **1** *(formation)* opleiding *nf;* **être en ~ chez qn** bij iem in de leer zijn; **faire son ~** stage lopen **2** *(psycho.)* leerproces *het*
apprêter[1] *vt* **1** *(préparer)* klaarmaken **2** *(soumettre à un apprêt)* opmaken, appreteren
s'apprêter[2] *vpr (se préparer à)* zich gereed maken (voor), zich voorbereiden (op); **s'~ à faire qch** zich ergens voor klaarmaken; **je m'apprêtais à partir** ik wilde net weggaan
apprivoiser[1] *vt* temmen
s'apprivoiser[2] *vpr* tam worden
approbateur *adj* goedkeurend
approbation *nf* **1** *(accord)* goedkeuring *nf*, toestemming *nf* **2** *(jugement favorable)* instemming *nf*, bijval *nm*
approchant *adj* soortgelijk, er dichtbij komend
approche *nf* **1** *(action d'approcher)* (be)nadering *nf (aussi au fig.);* **à l'~ de la nuit** bij het vallen van de nacht; **personne d'~ difficile** moeilijk te benaderen iem **2** *(plur.) (abords)* nabije omgeving *nf;* **aux ~s du printemps** als de lente nadert
approcher[1] *vi* dichtbij (iets) komen, (be)naderen; ~ **de la cinquantaine** tegen de vijftig lopen; ~ **du but** bijna het doel bereikt hebben
approcher[2] *vt* **1** *(rapprocher)* dichterbij brengen **2** *(entrer en contact avec)* benaderen
s'approcher[3] *vpr* **1** *(venir près)* (iets) naderen, dichterbij (iets) komen; **s'~ de qn, qch** naar iem/iets toegaan; **approche-toi** kom eens hier **2** *(être proche de)* (iets) benaderen
approfondir[1] *vt* **1** *(rendre plus profond)* dieper maken, uitdiepen **2** *(étudier à fond)* diepgaand bestuderen; **connaissances approfondies** uitgebreide kennis
s'approfondir[2] *vpr* dieper worden
approprié *adj* geschikt (voor), passend
s'approprier *vpr* zich toe-eigenen
approuver *vt* goedkeuren; ~ **de la tête** goedkeurend knikken; ~ **un projet de loi** een wetsontwerp aannemen; ~ **qn, qch** het met iem/iets eens zijn
approvisionnement *nm* **1** *(ravitaillement)* bevoorrading *nf* **2** *(plur.) (provisions)* voorraden *plur*
approvisionner[1] *vt* voorzien (van); ~ **son compte** geld op zijn rekening zetten; ~ **un pays en étain** (aan) een land tin leveren
s'approvisionner[2] *vpr* zich voorzien (van)
approximatif *adj* ruw geschat
approximation *nf* benadering *nf;* **par ~** ruw geschat
appui *nm* **1** *(support)* steun *nm;* ~ **de fenêtre** vensterbank **2** *(action d'appuyer, de s'appuyer)* (het) steunen; **point d'~** steunpunt; **prendre ~ sur qch** op iets steunen **3** *(aide)* hulp *de*
appuie-tête *nm* hoofdsteun *nm*
appuyer[1] *vi* **1** *(reposer)* steunen (op, tegen), leunen (op, tegen); ~ **contre le mur** steunen tegen de muur **2** *(presser)* drukken (op); ~ **sur l'accélérateur** het gaspedaal indrukken **3** *(accentuer)* beklemtonen **4** *(insister sur)* de nadruk leggen (op)
appuyer[2] *vt* **1** *(poser)* steunen (op, tegen), stutten; ~ **une échelle contre un mur** een ladder tegen een muur aan zetten **2** *(fonder)* baseren (op) **3** *(soutenir)* ondersteunen **4** *(presser sur)* drukken (op)
s'appuyer[3] **(sur)** *vpr* **1** *(utiliser comme appui)* steunen (op), leunen (op) **2** *(se baser sur)* zich baseren (op) **3** *(compter sur)* zich verlaten (op)
âpre *adj* **1** *(adj.) (rude)* wrang *(aussi au fig.)*, scherp, bitter **2** *(avide)* begerig; **être ~ au gain** op winst uit zijn
après[1] *adv* daarna, vervolgens; **cinq ans ~** vijf jaar later; **aussitôt ~** meteen daarop; **le jour d'~** de dag erop; **et ~!** en wat dan nog?, nou en?
après[2] *prép* na, achter(na); **l'un ~ l'autre** achtereenvolgens; ~ **avoir fait son café** na haar kopje koffie gezet te hebben; ~ **coup** achteraf; **d'~ eux** volgens hen; **peindre d'~ nature** naar de natuur schilderen; ~ **être partie, elle a dit** nadat ze vertrokken was, heeft ze gezegd; **être furieux ~ qn** woedend op iem zijn; **l'avant et l'~** wat ervoor en erna gebeurt; ~ **manger** na het eten; ~ **que** nadat; ~ **quoi** waarna; ~ **tout** eigenlijk
après-demain *adv* overmorgen
après-guerre *nm* naoorlogse periode *nf;* **d'~** naoorlogs
après-midi *n* (na)middag *nm;* **dans l'~** in de loop van de middag; **l'après-midi** 's middags
après-rasage *nm* aftershave *nm;* **lotion ~** aftershavelotion
après-ski *nm* moonboot *nm*
a priori[1] *nm* a priori *het*
a priori[2] *adv* a priori, van tevoren
à-propos *nm* opportuniteit *nf;* **avec ~** gevat
apte *adj* geschikt (voor, om), *(jur.)* bevoegd (tot)
aptitude *nf* **1** *(disposition naturelle)* geschiktheid *nf*, aanleg *nm;* **test d'~** vaardigheidstest **2** *(capacité acquise)* bevoegdheid *nf*
aquaplanage *nm* aquaplaning *het*, *(Belg.)* watergladheid *nf*

aquarelle *nf* aquarel *de;* **faire de l'~** aquarelleren
aquarium *nm* aquarium *het*
aquatique *adj* water-, in het water levend
aqueduc *nm* aquaduct *het*
arabe *adj* Arabisch; **l'arabe** het Arabisch; **l'Arabe** de Arabier, Arabische vrouw
Arabie *nf* Arabië *n (sans art.);* **l'~ Saoudite** Saudi-Arabië
arachide *nf* **1** *(plante)* aardnotenplant *de* **2** *(graine)* olienoot *de;* **huile d'~** arachideolie
araignée *nf* spin *de*
arbalète *nf* kruisboog *nm*
arbitrage *nm* arbitrage *nf (aussi écon.),* scheidsrechterlijke uitspraak *de*
arbitraire *adj* **1** *(non motivé)* willekeurig; **l'arbitraire** de willekeur **2** *(qui dépend du bon plaisir)* eigenmachtig
arbitre *nm* **1** *(jur.)* scheids|man, -vrouw *nm,f,* arbiter *nm* **2** *(sports)* scheidsrechter *nm* ♦ **libre** ~ vrije wil
arbitrer *vt* **1** *(juger)* arbitreren *(aussi écon.)* **2** *(sports)* leiden (als scheidsrechter)
arborer *vt* **1** *(hisser)* hijsen **2** *(porter ostensiblement)* tentoonspreiden; ~ **une décoration** met een onderscheiding pronken
arbre *nm* **1** *(végétal)* boom *nm;* ~ **fruitier** fruitboom; ~ **de Noël** kerstboom **2** *(axe)* as *de;* ~ **de transmission** transmissieas ♦ ~ **généalogique** stamboom
arbrisseau *nm* heester *nm*
arbuste *nm* struik *nm*
arc *nm* boog *nm;* ~ **de cercle** cirkelboog; ~ **de triomphe** triomfboog
arcade *nf (archit.)* booggewelf *het*
s'arc-bouter *vpr* zich schrap zetten
arc-en-ciel *nm* regenboog *nm*
archaïque *adj* archaïsch, verouderd
archange *nm* aartsengel *nm*
arche *nf* **1** *(voûte)* (brug)boog *nm* **2** *(vaisseau)* ark *de;* **l'~ de Noé** de ark van Noach
archéologie *nf* archeologie *nf*
archéologue *n* archeo|loog, -loge *nm,f*
archet *nm* strijkstok *nm*
archétype *nm* archetype *het*
archevêque *nm* aartsbisschop *nm*
archipel *nm* archipel *nm,* eilandengroep *de*
architecte *n* architect(e) *nm (nf);* ~ **d'intérieur** binnenhuisarchitect
architecture *nf* **1** *(art)* architectuur *nf,* bouwkunst *nf* **2** *(style)* bouwstijl *nm*
archives *nf* archief *het,* archieven *plur*
arctique *adj* noordpool-; **hémisphère** ~ noordelijk halfrond; **l'océan Arctique** de Noordelijke IJszee
ardent *adj* **1** *(adj.) (brûlant)* brandend, gloeiend **2** *(passionné)* vurig; **discussion ~e** heftige discussie
ardeur *nf* **1** *(chaleur)* hitte *nf,* gloed *nm* **2** *(fougue)* hartstocht *nm,* (geest)drift *de;* ~ **au travail** werklust; **avec** ~ hartstochtelijk •
ardoise *nf* **1** *(pierre)* leisteen *het/de (m)* **2** *(tablette)* (schrijf)lei *de* **3** *(crédit)* schuld *de*
ardu *adj* moeilijk, lastig
are *nm* are *de*
arène *nf* **1** *(amphithéâtre)* arena *de* **2** *(champ de bataille)* strijdperk *het (aussi au fig.)*
arête *nf* **1** *(squelette de poisson)* (vis)graat *de* **2** *(ligne d'intersection)* rib *de,* (scherpe) rand *nm;* **l'~ du nez** de neusrug **3** *(géo.)* bergkam *nm*
argent *nm* **1** *(métal)* zilver *het;* **d'~, en** ~ zilveren **2** *(monnaie)* geld *het;* **en avoir pour son** ~ waar voor zijn geld krijgen; **être à court d'~** krap (bij kas) zitten; **jeter l'~ par les fenêtres** met geld smijten; ~ **liquide** contant geld; **pour de l'~** tegen betaling
argenté *adj* **1** *(recouvert d'argent)* verzilverd **2** *(qui a la couleur de l'argent)* zilverkleurig, zilverwit *(cheveux)*
argenterie *nf* zilverwerk *het, (couverts)* tafelzilver *het*
argentin *adj* Argentijns; **l'Argentin(e)** de Argentijn(se)
Argentine *nf* Argentinië *n (sans art.)*
argile *nf* klei *de,* leem *het/de (m)*
argot *nm* **1** *(langue du milieu)* slang *het* **2** *(jargon)* jargon *het*
argument *nm* argument *het;* **être à court d'~s** geen argumenten meer hebben
argumentation *nf* bewijsvoering *nf,* argumentatie *nf*
argumenter *vi* **1** *(avancer des arguments)* argumenteren, redeneren **2** *(+ avec, contre) (discuter avec)* redetwisten (met)
argus *nm* (gespecialiseerde) catalogus *nm;* **l'~ de l'automobile** de autogids; **la valeur à l'~** de cataloguswaarde
aride *adj* **1** *(sec)* dor, droog **2** *(rébarbatif)* saai
aridité *nf* **1** *(sécheresse)* dorheid *nf,* droogte *nf* **2** *(sévérité)* saaiheid *nf*
aristocrate *n* aristocraat *nm*
aristocratie *nf* aristocratie *nf*
aristocratique *adj* aristocratisch
arithmétique *adj* rekenkundig, reken-; **l'arithmétique** de rekenkunde
armateur *nm* reder *nm*
armature *nf* **1** *(charpente)* wapening *nf,* geraamte *het;* **soutien-gorge à** ~ bustehouder met beugel **2** *(base)* grondgedachte *nf*
arme *nf* **1** *(instrument)* wapen *het (aussi au fig.),* geweer *het;* **aux ~s** te wapen; ~ **blanche** steekwapen; **déposer, rendre les ~s** zich overgeven; **~s à feu** vuurwapens; **par les ~s** met geweld; **passer l'~ à gauche** de pijp aan Maarten geven; **prendre les ~s** naar de wapens grijpen **2** *(plur.) (métier militaire)* krijgsdienst *nm;* **faire ses premières ~s** zijn eerste veldtocht maken, *(fig.)* zijn eerste proeve van bekwaamheid afleggen **3** *(plur.) (escrime)* schermkunst *nf;* **maître d'~s** schermmeester; **salle d'~s** schermlokaal **4** *(plur.) (armoiries)* wapen(schild) *het*
armé *adj* **1** *(muni d'une arme)* gewapend; ~ **jusqu'aux dents** tot de tanden toe bewa-

pend **2** *(pourvu de)* voorzien (van), uitgerust (met) **3** *(renforcé)* gewapend
armée *nf* **1** *(ensemble des forces militaires)* leger *het;* ~ **de l'air** luchtmacht; **être dans l'**~ bij het leger zijn; ~ **de mer** zeemacht; **l'Armée du Salut** het Leger des Heils; ~ **de terre** landmacht **2** *(multitude)* leger *het;* **une** ~ **de sauterelles** een leger sprinkhanen **3** *(plur.) (troupes)* strijdkrachten *plur*
armement *nm* **1** *(action d'armer)* bewapening *nf* **2** *(matériel)* oorlogsmateriaal *het*
armer[1] *vt* **1** *(pourvoir d'armes)* bewapenen **2** *(+ de) (équiper de)* uitrusten (met) **3** *(garnir d'une armature)* wapenen **4** *(équiper (un navire))* uitrusten **5** *(rendre prêt à tirer)* spannen **6** *(fig.) (donner comme défense à)* wapenen (met)
s'armer[2] **(de)** *vpr* **1** *(se munir d'armes)* zich wapenen (met) **2** *(se munir)* zich voorzien (van); **s'**~ **de patience** geduld oefenen
armistice *nm* wapenstilstand *nm*
armoire *nf* kast *de;* ~ **à pharmacie** medicijnkast
armoiries *nf* wapen(schild) *het*
armure *nf* **1** *(cuirasse)* wapenrusting *nf*, harnas *het* **2** *(fig.) (protection)* pantser *het*
armurerie *nf* **1** *(fabrication)* wapenfabriek *nf* **2** *(commerce)* wapenwinkel *nm*
armurier *nm* **1** *(fabricant)* wapenfabrikant *nm* **2** *(vendeur)* wapenhandelaar *nm*
arnaque *nm* oplichterij *nf;* **c'est de l'**~ dat is diefstal
arnaquer *vt* belazeren
arobase *nf* apenstaartje *het*
aromate *nm* specerij *nf*
aromatique *adj* geurig
aromatiser *vt* aromatiseren
arôme, arome *nm* aroma *het*, geur *nm*
arpenter *vt* ijsberen door
arqué *adj* boogvormig, gebogen; **jambes ~es** O-benen
arrache-pied ♦ **d'**~ onverdroten
arracher[1] *vt* **1** *(enlever en tirant)* (uit)trekken, *(avec force)* losrukken; ~ **les mauvaises herbes** het onkruid wieden **2** *(tirer de)* wegrukken (uit); ~ **qn à la mort** iem redden van de dood; ~ **qn au sommeil** iem uit zijn slaap rukken **3** *(soutirer)* lospeuteren, *(un aveu, une promesse)* afdwingen **4** *(prendre)* afpakken
s'arracher[2] *vpr* **1** *(se disputer qch, qn)* vechten (om iets, iem) **2** *(se soustraire à)* zich losrukken (uit) ♦ **s'**~ **les cheveux** zich de haren uit het hoofd trekken
arrangeant *adj* inschikkelijk
arrangement *nm* **1** *(disposition)* rangschikking *nf;* ~ **floral** bloemstuk **2** *(mus.)* arrangement *het* **3** *(accord)* schikking *nf*
arranger[1] *vt* **1** *(aménager)* inrichten; ~ **des fleurs** bloemen schikken **2** *(organiser)* organiseren **3** *(régler)* in orde brengen **4** *(convenir)* goed uitkomen; **ça m'arrange** dat komt me goed uit
s'arranger[2] *vpr* **1** *(prendre des dispositions)* maatregelen treffen; **s'**~ **pour** het zo aanleggen dat **2** *(se mettre d'accord)* het eens worden **3** *(+ de) (se contenter de)* zich tevredenstellen (met) **4** *(aller mieux)* in orde komen
arrestation *nf* arrestatie *nf*
arrêt *nm* **1** *(interruption)* stilstand *nm*, (het) stoppen; ~ **du cœur** hartstilstand; **sans** ~ zonder ophouden **2** *(endroit)* halte *de;* ~ **d'autobus** bushalte **3** *(arrestation)* arrestatie *nf;* **mettre qn aux ~s** iem arrest geven; **maison d'**~ huis van bewaring; **mandat d'**~ arrestatiebevel **4** *(arrêtoir)* pal *nm;* **cran d'**~ veiligheidspal **5** *(jugement)* vonnis *het*, uitspraak *de;* ~ **de mort** doodvonnis
arrêté *adj* vaststaand, besloten; **des idées bien ~es** een vaste mening; **l'arrêté** het besluit, de verordening
arrêter[1] *vi* **1** *(faire halte)* stilhouden **2** *(cesser de)* ophouden (met); ~ **de lire** ophouden met lezen
arrêter[2] *vt* **1** *(retenir)* tegenhouden; ~ **sa voiture** zijn auto tot stilstand brengen **2** *(appréhender)* arresteren **3** *(fixer)* bepalen; ~ **son choix** zijn keus bepalen
s'arrêter[3] *vpr* **1** *(stopper)* blijven staan, stoppen **2** *(cesser)* ophouden **3** *(fixer son attention sur)* zich ophouden (met); **s'**~ **à des détails** stil blijven staan bij details; **s'**~ **à une décision** bij een beslissing blijven
arrhes *plur* waarborg(som) *nm (de);* **verser des** ~ een aanbetaling doen
arrière[1] *nm* **1** *(derrière)* achterste gedeelte *het;* **à l'**~ achterin **2** *(plur.) (milit.)* achterste linie *nf* **3** *(sports)* achter(hoede)speler *nm*
arrière[2] *adv* achteruit; **en** ~ **(de)** achter(uit) *(aussi au fig.)*, naar achteren; **regarder en** ~ achteromkijken; **demeurer, rester en** ~ achterblijven *(aussi au fig.);* **avoir (le) vent** ~ de wind in de rug hebben
arriéré *adj* **1** *(impayé)* achterstallig; **l'arriéré** het achterstallige bedrag **2** *(rétrograde)* ouderwets **3** *(attardé)* achterlijk; **les ~(e)s** de geestelijk gehandicapten
arrière-boutique *nf* achterwinkel *nm*
arrière-cour *nf* achterplaats *de*
arrière-goût *nm* nasmaak *nm (aussi au fig.)*
arrière-grands-parents *plur* overgrootouders *plur*
arrière-pensée *nf* bijgedachte *nf*, bijbedoeling *nf*
arrière-petits-enfants *plur* achterkleinkinderen *plur*
arrière-plan *nm* achtergrond *nm*
arrière-saison *nf* naseizoen *het*
arrimer *vt* stuwen
arrivage *nm* aankomst *nf*, *(marchandises)* aanvoer *nm*
arrivant *nm* aankomende *nm;* **les nouveaux ~s** de nieuwkomers
arrivé *adj* **1** *(qui a réussi)* succesvol **2** *(venu)* aangekomen; **l'arrivé(e)** de aangekomene
arrivée *nf* **1** *(venue)* (aan)komst *nf;* **à l'**~ bij aankomst **2** *(technol.)* toevoer *nm;* ~ **d'air** luchtkoker **3** *(sports)* finish *nm;* **ligne d'**~ eindstreep

arriver *vi* **1** *(parvenir dans un lieu)* (aan)komen, *(sports)* finishen; **j'arrive** ik kom er aan; **nous voilà arrivés** daar zijn we dan **2** *(atteindre)* bereiken; **en ~ à** zover komen dat; **~ à faire qch** erin slagen om iets te doen; **il ne lui arrive pas à la cheville** hij kan niet aan hem tippen; **j'y arrive** het lukt me **3** *(se produire)* gebeuren; **il arrive que** het gebeurt dat; **il arrive à qn de** het overkomt iem dat; **il lui est arrivé qch** er is hem iets overkomen; **quoi qu'il arrive** wat er ook gebeurt; **tout arrive** alles is mogelijk
arriviste *n* streber *nm*, carrièremaker *nm*
ar(r)obas *nm (imprim.)* ↓ apenstaartje *het*
arrogance *nf* verwaandheid *nf*
arrogant *adj* verwaand
s'arroger *vpr* zich aanmatigen
arrondi *adj* afgerond, rond
arrondir[1] *vt* **1** *(rendre rond)* rondmaken, afronden *(aussi somme)* **2** *(augmenter)* vergroten; **~ à l'euro supérieur** naar boven afronden; **pour ~ les fins de mois** om er wat bij te verdienen
s'arrondir[2] *vpr* rond(er) worden
arrondissement *nm* arrondissement *het*
arroser *vt* **1** *(asperger)* (be)sproeien; **~ son repas (de vin)** wijn bij het eten drinken; **~ de la viande** vlees bedruipen **2** *(couler à travers)* stromen door **3** *(fêter en buvant)* drinken op; **ça s'arrose!** daar moet op gedronken worden!
arrosoir *nm* gieter *nm*
arsenal *nm* **1** *(milit.)* arsenaal *het* **2** *(panoplie)* grote hoeveelheid *nf*
arsenic *nm* arsenicum *het*
art *nm* kunst *nf;* **avec ~** bedreven, bekwaam; **d'~** kunst-; **~ de vivre** levenskunst; **avoir l'~ (et la manière) de** de kunst verstaan om; **les ~s** de schone kunsten; **~s ménagers** huishoudkunde
artère *nf* **1** *(vaisseau sanguin)* slagader *de* **2** *(rue importante)* verkeersader *de*
arthrite *nf* gewrichtsontsteking *nf*
arthrose *nf* artrose *nf*
artichaut *nm* artisjok *de*
article *nm* **1** *(journal)* artikel *het;* **~ de fond** hoofdartikel **2** *(partie d'un écrit)* punt *het*, artikel *het* **3** *(marchandise)* koopwaar *de;* **~s de bureau** bureaubenodigdheden **4** *(ling.)* lidwoord *het* ♦ **être à l'~ de la mort** op sterven liggen
articulation *nf* **1** *(organisme vivant)* gewricht *het*, *(zool.; bot.)* geleding *nf* **2** *(langue)* articulatie *nf*
articuler[1] *vt* articuleren
s'articuler[2] *vpr* een gewricht vormen (met)
artifice *nm* kunstgreep *nm*, list *de*
artificiel *adj* **1** *(intervention humaine)* kunstmatig, *(adj. aussi)* kunst- **2** *(affecté)* geforceerd, onnatuurlijk
artillerie *nf* artillerie *nf*
artisan, -ane *nm; parfois nf* **1** *(métier)* handwerksman *nm*, ambachtsman *nm* **2** *(cause, auteur)* bewerker *nm*
artisanal *adj* ambachtelijk, *(Belg.)* artisanaal
artisanat *nm* ambacht *het*
artiste *n* kunstelnaar, -nares *nm,f;* **entrée des ~s** artiesteningang; **~ peintre** kunstschilder
artistique *adj* artistiek, kunstzinnig
as *nm* **1** *(carte, dés)* aas *het* **2** *(champion)* kei *nm*, *(sports)* crack *nm*
ascendant *nm* **1** *(influence)* overwicht *het* **2** *(astrol.)* ascendant *nm* **3** *(plur.) (parents)* voorgeslacht *het*
ascenseur *nm* lift *nm*
ascension *nf* **1** *(montagne)* bestijging *nf* **2** *(réussite sociale)* weg *nm* naar de top **3** *(relig.)* hemelvaart *de*
ascète *n* asceet *nm*
aseptiser *vt* **1** *(une blessure)* ontsmetten **2** *(un pansement)* steriliseren
asiatique *adj* Aziatisch; **l'Asiatique** de Aziaat, Aziatische
Asie *nf* Azië *n (sans art.)*
asile *nm* **1** *(abri)* asiel *het*, toevluchtsoord *het* **2** *(établissement)* inrichting *nf*, tehuis *het;* **~ de vieillards** tehuis voor behoeftige ouden van dagen
asocial *adj* asociaal; **un(e) ~(e)** een asociaal persoon
aspect *nm* **1** *(vue)* uiterlijk *het;* **au premier ~** op het eerste gezicht; **avoir l'~ de** eruitzien als **2** *(angle)* aspect *het*, gezichtspunt *het*
asperge *nf* asperge *de*
asperger *vt* besproeien, besprenkelen
aspérité *nf* oneffenheid *nf*
asphalte *nm* asfalt *het*
asphyxie *nf* verstikking *nf*
asphyxier *vt* **1** *(concr.)* doen stikken **2** *(fig.)* verstikken
aspirant *n* kandildaat, -date *nm,f;* **~ ministre** kandidaat-minister
aspirateur *nm* stofzuiger *nm;* **passer l'~** stofzuigen
aspiration *nf* **1** *(désir)* streven *het* **2** *(respiration)* inademing *nf* **3** *(nettoyage)* (het) (weg)zuigen
aspirer[1] *vi* streven (naar)
aspirer[2] *vt* **1** *(inspirer)* inademen **2** *(ling.)* aanblazen **3** *(pomper)* opzuigen
aspirine *nf* aspirine *de*
s'assagir *vpr* bezadigder worden
assaillant *adj* aanvallend; **l'assaillant(e)** de aanvaller, aanvalster
assaillir *vt* **1** *(attaquer)* aanvallen **2** *(harceler de)* lastigvallen (met)
assainir *vt* gezond maken, saneren *(fig.)*
assaisonnement *nm* **1** *(action d'assaisonner)* (het) kruiden; **~ de la salade** (het) aanmaken van de sla **2** *(épices)* kruiderij *nf*
assaisonner *vt* **1** *(épicer)* kruiden; **très assaisonné** erg pittig **2** *(agrémenter de)* kruiden (met)
assassin *nm* moordenaar *nm;* **à l'~!** moord!
assassinat *nm* moord *de*
assassiner *vt* vermoorden, ombrengen
assaut *nm* bestorming *nf;* **char d'~** tank;

prendre d'~ stormenderhand nemen, bestormen *(aussi au fig.)*; **donner l'~ à** bestormen
assèchement *nm* drooglegging *nf*, droogmaking *nf*
assécher *vt* droogleggen
ASSEDIC, Assedic *nf* **1** *(association)* bureau *het* voor werkloosheidsuitkeringen **2** *(prestations)* werkloosheidsuitkeringen *plur*
assemblage *nm* **1** *(action)* (het) samenvoegen, assemblage *nf* **2** *(jonction)* verbinding *nf;* **~ par soudure** lasverbinding **3** *(ensemble)* verzameling *nf*
assemblée *nf* **1** *(réunion)* vergadering *nf;* **l'Assemblée (nationale)** de Nationale Vergadering **2** *(personnes réunies)* toehoorders *plur*
assembler[1] *vt* **1** *(faire tenir ensemble)* in elkaar zetten **2** *(réunir)* verenigen
s'assembler[2] *vpr* samenkomen, bijeenkomen
assener *vt* uitdelen, (toe)dienen
assentiment *nm* goedkeuring *nf*, toestemming *nf*
asseoir[1] *vt* **1** *(installer)* (neer)zetten; **faire ~ qn** iem laten plaatsnemen **2** *(établir)* ↓ grondvesten
s'asseoir[2] *vpr (prendre place)* gaan zitten; **s'~ à table** aan tafel gaan (zitten); **s'~ par terre** op de grond gaan zitten; **veuillez vous ~** gaat u zitten
assermenté *adj* beëdigd
assertion *nf* bewering *nf*
asservir *vt* onderwerpen
assez *adv* **1** *(suffisamment)* genoeg; **en avoir ~** er genoeg van hebben; **~ clair** duidelijk genoeg; **~ de** voldoende, genoeg; **~ de temps** tijd genoeg; **avoir ~ de qch** genoeg hebben aan iets; **c'(en) est ~** zo is 't wel genoeg; **pas ~ d'expérience** niet genoeg ervaring; **~ riche pour, pour que** rijk genoeg om te; **~!** hou op! **2** *(plutôt)* tamelijk, vrij
assidu *adj* **1** *(personnes)* nauwgezet **2** *(choses)* onafgebroken; **travail ~** nooit aflatende arbeid
assiduité *nf* **1** *(régularité)* nauwgezetheid *nf* **2** *(présence fréquente)* regelmatige aanwezigheid *nf;* **avec ~** zeer regelmatig **3** *(plur.) (auprès d'une femme)* opdringerigheid *nf*
assiéger *vt* **1** *(ville)* belegeren **2** *(personne)* lastigvallen
assiette *nf* bord *het;* **~ creuse** diep bord; **une ~ de potage** een bord soep; **~ à soupe** soepbord ♦ **ne pas être dans son ~** *(ne pas être dans son état normal)* niet in z'n gewone doen zijn, *(ne pas se sentir bien)* zich niet helemaal lekker voelen
assigner *vt* **1** *(attribuer)* toewijzen, toekennen **2** *(fixer)* bepalen **3** *(jur.)* dagvaarden
assimilation *nf* **1** *(comparaison)* gelijkstelling *nf* **2** *(peuples)* integratie *nf* **3** *(connaissances)* verwerking *nf*
assimiler[1] *vt* **1** *(comparer)* gelijkstellen (met) **2** *(intégrer)* integreren **3** *(connaissances)* opnemen, verwerken **4** *(biol.)* opnemen
s'assimiler[2] *vpr* zich aanpassen (aan)
assis *adj* zittend, gezeten; **être ~** zitten; **places ~es** zitplaatsen; **rester ~** blijven zitten
assise *nf* **1** *(construction)* fundering *nf* **2** *(base)* grondslag *nm*, fundament *het*
assises *nf (tribunal)* assisenhof *het (Belg. n.; n'existe pas aux Pays-Bas)*, hof *het* van assisen
assistance *nf* **1** *(auditoire)* publiek *het* **2** *(aide)* bijstand *nm* ♦ **enfant de l'Assistance** voogdijkind
assistant, -ante *n* assistent(e) *nm (nf);* **~e médicale** doktersassistente; **~(e) social(e)** maatschappelijk werk(st)er
assister[1] *vi (participer à)* (iets) bijwonen, aanwezig zijn (bij); **~ aux cours** de lessen volgen
assister[2] *vt* **1** *(aider)* bijstaan; **assisté par ordinateur** computerondersteund **2** *(jur.)* rechtskundige bijstand verlenen
association *nf* **1** *(groupe)* vereniging *nf*, bond *nm; (Belg.f.)* **~ sans but lucratif, a.s.b.l.** vereniging zonder winstoogmerk, vzw *(Belg.n.)*; **~ pour l'emploi dans l'industrie et le commerce, ASSEDIC** (bureau voor) werkloosheidsuitkering; **~ reconnue d'utilité publique** erkende instelling van algemeen nut **2** *(action de combiner)* verbinding *nf*, samenvoeging *nf* **3** *(collaboration)* samenwerking *nf*
associé, -ée *n* **1** *(d'une société commerciale)* vennoot, vennote *nm,f* **2** *(partenaire)* partner *nm* ♦ **membres ~s** buitengewone leden
associer[1] *vt* **1** *(joindre)* verenigen **2** *(rapprocher dans l'esprit)* verbinden (met), (met elkaar) in verband brengen **3** *(+ à) (faire participer à)* betrekken (bij, in)
s'associer[2] *vpr* **1** *(+ à) (adhérer à)* zich aansluiten (bij), *(coopérer avec)* een vennootschap aangaan (met) **2** *(+ à) (participer à)* deelnemen (aan)
assoiffé *adj* **1** *(qui a soif)* dorstig **2** *(avide (de))* dorstend (naar)
assombrir[1] *vt* **1** *(rendre obscur)* donker maken, verduisteren **2** *(rendre triste)* treurig maken
s'assombrir[2] *vpr* **1** *(devenir obscur)* donker worden **2** *(devenir triste)* somber worden
assommant *adj* **1** *(ennuyeux)* stom vervelend **2** *(éreintant)* dodelijk vermoeiend
assommer *vt* **1** *(frapper)* (dood)slaan; **être assommé par la chaleur** bevangen worden door de hitte **2** *(ennuyer)* vervelen; **il m'assomme avec ses questions** hij maakt me gek met zijn gevraag
assomption *nf* tenhemelopneming *nf;* **l'Assomption** Maria-Hemelvaart
assorti *adj* **1** *(harmonieux)* (bij elkaar) passend, (op elkaar) afgestemd **2** *(pourvu de)* voorzien (van) **3** *(plur.) (variés)* diverse
assortiment *nm* **1** *(combinaison)* schakering *nf* **2** *(service)* stel *het* **3** *(lot)* sortering *nf*

assortir *vt* op elkaar afstemmen; ~ **à** afstemmen op
assoupi *adj* sluimerend
s'assoupir *vpr* **1** *(s'endormir)* insluimeren **2** *(s'atténuer)* verdoofd worden
assouplir[1] *vt* **1** *(corps; objets)* soepel maken **2** *(caractère)* handelbaar maken **3** *(règles)* versoepelen
s'assouplir[2] *vpr* **1** *(objets)* soepel worden **2** *(caractère)* handelbaar worden **3** *(règles)* versoepeld worden
assouplissant *nm* wasverzachter *nm*
assouplissement *nm* **1** *(corps; objets)* (het) soepel maken; **exercices d'**~ lenigheidsoefeningen **2** *(règles)* versoepeling *nf*
assourdir *vt* **1** *(rendre sourd)* doof maken **2** *(amortir)* dempen
assourdissant *adj* oorverdovend
assouvir *vt* **1** *(faim)* verzadigen, stillen **2** *(désirs)* bevredigen
assujetti *adj* onderworpen; ~ **à l'impôt** belastingplichtig
assujettir *vt (+ à)* onderwerpen (aan)
assumer *vt* **1** *(se charger de)* aanvaarden, op zich nemen **2** *(accepter consciemment)* bewust accepteren
assurance *nf* **1** *(contrat)* verzekering *nf;* ~ **maladie** ziektekostenverzekering; ~ **tous risques** allriskverzekering, omniumverzekering *(Belg.n.)* **2** *(certitude)* zekerheid *nf* **3** *(confiance en soi)* zelfverzekerdheid *nf;* **avoir de l'**~ zelfverzekerd optreden **4** *(garantie)* garantie *nf*, waarborg *nm*
assuré *adj* **1** *(sûr de soi)* zelfverzekerd; **mal** ~ onzeker **2** *(certain)* zeker; **succès** ~ geheid succes **3** *(protégé contre)* verzekerd (tegen); **l'assuré(e)** de verzekerde
assurer[1] *vt* **1** *(+ de) (prier qn de ne pas douter de)* verzekeren (van); ~ **(à) qn que** iem ervan verzekeren dat **2** *(+ contre) (garantir par un contrat)* verzekeren (tegen) **3** *(rendre sûr)* waarborgen **4** *(faire que qch fonctionne)* belast zijn met; ~ **son service** dienstdoen, dienst hebben
s'assurer[2] *vpr* **1** *(+ contre) (se garantir par un contrat)* zich verzekeren (tegen) **2** *(+ de) (vérifier)* zich vergewissen (van); **s'**~ **que** zich ervan overtuigen dat
assureur *nm* verzekeraar *nm*
astérisque *nm* sterretje *het*
asthmatique *adj* astmatisch; **l'asthmatique** de astmapatiënt(e)
asthme *nm* astma *het/de*
asticot *nm (appât)* made *de*
astiquer *vt* (op)poetsen
astre *nm* ster *de*
astreignant *adj* veeleisend
astreindre[1] *vt* dwingen, verplichten
s'astreindre[2] *vpr* zich dwingen, zich verplichten
astrologie *nf* astrologie *nf*
astrologique *adj* astrologisch
astrologue *n* astrolloog, -loge *nm,f*
astronaute *n* astronaut *nm*
astronome *n* sterrenkundige *nm*
astronomie *nf* sterrenkunde *nf*
astronomique *adj* astronomisch ♦ **prix** ~ astronomisch hoge prijs
astuce *nf* **1** *(truc)* trucje *het;* **les ~s du métier** de fijne kneepjes van het vak **2** *(plaisanterie)* grapje *het* **3** *(ruse)* sluwheid *nf*
astucieux *adj* handig, slim
asymétrique *adj* asymmetrisch
atchoum! *interj* hatsjie!
atelier *nm* **1** *(usine)* werkplaats *de*, atelier *het* **2** *(groupe de travail)* workshop *nm* **3** *(arts)* atelier *het*
athée *adj* atheïstisch; **l'athéiste** de atheïst
athéisme *nm* atheïsme *het*
athénée *nm (Belg.f.)* atheneum *het*
athlète *n* atleet *nm*
athlétique *adj* atletisch, sterk gespierd
athlétisme *nm* atletiek *nf*
atlantique *adj* Atlantisch; **l'Atlantique** de Atlantische Oceaan
atlas *nm* atlas *nm*
atmosphère *nf* **1** *(ambiance)* sfeer *de*, stemming *nf* **2** *(géo.)* atmosfeer *de*
atmosphérique *adj* atmosferisch
atome *nm* atoom *het* ♦ **ils ont des ~s crochus** het klikt tussen hen
atomique *adj* atoom-, kern-
atomiseur *nm* verstuiver *nm*
atout *nm* troef *de (aussi au fig.)*
âtre *nm* haard *nm*
atroce *adj* **1** *(cruel)* gruwelijk, wreed **2** *(terrible)* vreselijk, ontzettend
atrocité *nf* gruwelijkheid *nf*, wreedheid *nf*, *(acte)* gruweldaad *de*
s'attabler *vpr* aan tafel gaan (zitten)
attachant *adj* aantrekkelijk
attache *nf* **1** *(objet)* bevestiging *nf* **2** *(plur.) (liens)* banden *plur* ♦ **point d'**~ aanhechtingspunt
attaché *adj* **1** *(sentiments)* gehecht (aan) **2** *(inhérent)* verbonden (aan, met) **3** *(lié, fixé à)* (vast)gebonden (aan) ♦ **l'attaché(e)** de attaché
attaché-case *nm* diplomatenkoffertje *het*
attachement *nm* gehechtheid *nf;* **avoir de l'**~ **pour qn** aan iem gehecht zijn
attacher[1] *vi* **1** *(coller au fond de la casserole)* aanbranden, aanbakken **2** *(coller)* blijven plakken
attacher[2] *vt* **1** *(faire tenir)* vastmaken, (vast)binden, *(bateau)* vastleggen, *(vêtements)* dichtknopen; ~ **les mains de qn, à qn** iemands handen boeien **2** *(retenir qn)* hechten
s'attacher[3] **(à)** *vpr* **1** *(aimer)* zich hechten (aan) **2** *(s'appliquer à)* zich toeleggen (op) **3** *(accorder de l'importance à)* (belang, waarde) hechten (aan); **s'**~ **à ce que** erop gesteld zijn dat; **s'**~ **trop à des détails** te lang bij details blijven stilstaan **4** *(coller à)* (vast)kleven (aan)
attaquant, -ante *n* aanvaller, aanvalster *nm,f*
attaque *nf* **1** *(offensive)* aanval (op) *nm;* ~ **aérienne** luchtaanval; **lancer une** ~ een aanval inzetten (tegen); **passer à l'**~ tot de aanval overgaan (tegen) **2** *(agres-*

sion) aanval (op) *nm;* ~ **à main armée** gewapende overval **3** *(méd.)* aanval *nm;* ~ **d'apoplexie** beroerte, attaque **4** *(mus.)* inzet *nm* ♦ **être d'~** fit zijn, in vorm zijn
attaquer[1] *vt* **1** aanvallen; ~ **qn en justice** iem een proces aandoen **2** *(commencer)* beginnen **3** *(chim.)* aantasten
s'attaquer[2] **(à)** *vpr* **1** *(combattre)* (iets, iem) aanvallen, (iets, iem) bestrijden **2** *(s'atteler à)* (iets) aanpakken
attardé *adj* **1** *(en retard)* (ver)laat **2** *(dépassé)* ouderwets **3** *(arriéré)* achterlijk; **un(e) ~(e)** een achterlijk kind
s'attarder *vpr* **1** *(se retarder)* zich verlaten **2** *(s'arrêter à)* (te) lang stilstaan (bij); **s'~ sur un sujet** over een onderwerp uitweiden
atteindre *vt* **1** *(arriver à)* bereiken; ~ **70 ans** 70 jaar worden; ~ **un livre sur l'armoire** bij een boek op de kast kunnen **2** *(toucher)* raken *(aussi au fig.)*, treffen
atteint *adj* aangetast (door), getroffen (door); **être ~ d'une maladie** aan een ziekte lijden
atteinte *nf* **1** *(outrage à)* aanslag (op) *nm;* **porter ~ à qch** iets schaden **2** *(portée)* bereik *het;* **hors d'~** buiten bereik
attelage *nm* span *het*
atteler[1] *vt* **1** *(bêtes de trait)* inspannen **2** *(véhicules)* koppelen **3** *(mettre à)* inzetten (op)
s'atteler[2] *vpr* zich wijden (aan), zich zetten (aan)
attenant *adj* aangrenzend, belendend; ~ **à** naast
attendant ♦ *(adv.)* **en ~** intussen
attendre[1] *vi* (af)wachten; **attends, attendez** wacht even, een ogenblik
attendre[2] *vt* **1** *(être dans l'attente de)* wachten op; **il attend d'avoir assez d'argent** hij wacht tot(dat) hij genoeg geld heeft; ~ **que** wachten tot(dat) **2** *(compter sur)* verwachten; ~ **qch de qn** iets van iem verwachten; ~ **un enfant** een kind verwachten ♦ **se faire ~** op zich laten wachten
s'attendre[3] *vpr (prévoir)* (iets) verwachten; **s'~ à ce que** verwachten dat; **je m'y attendais** dat dacht ik al
attendrir[1] *vt* **1** *(émouvoir)* (ont)roeren **2** *(viande)* mals maken
s'attendrir[2] *vpr* vertederd worden (door)
attendrissant *adj* (ont)roerend, aandoenlijk
attendrissement *nm* ontroering *nf*
attendu *prép* verwacht; ~ **que** aangezien
attentat *nm* **1** *(agression)* aanslag (op) *nm;* ~ **à la bombe** bomaanslag **2** *(jur.)* inbreuk (op) *de*
attente *nf* **1** *(fait d'attendre)* (het) (af)wachten, wachttijd *nm* **2** *(espoir)* verwachting *nf;* **contre toute ~** tegen alle verwachting
attenter *vi* een aanslag plegen (op), inbreuk maken (op); ~ **à ses jours** de hand aan zichzelf slaan; ~ **à la vie de qn** iem naar het leven staan
attentif *adj* **1** *(qui agit avec attention)* oplettend, aandachtig; **être ~ à qch** ergens aandacht voor hebben **2** *(prévenant)* attent **3** *(qui veille à)* zorgzaam (voor)
attention *nf* **1** *(concentration)* oplettendheid *nf*, aandacht *de;* **à l'~ de** ter attentie van, t.a.v.; **accorder peu d'~ à** weinig aandacht schenken aan; **attirer l'~ de** de aandacht trekken van; **fais ~!** let op!; **faire ~ que, à ce que** ervoor zorgen dat; **~!** let op!, *(Belg.)* aandacht! **2** *(plur.) (égards)* attentie *nf*, voorkomendheid *nf*
attentionné *adj* attent, voorkomend
atténuer *vt* verzachten, verminderen; ~ **la douleur** de pijn verlichten
atterrer *vt* verbijsteren
atterrir *vi* landen
atterrissage *nm* landing *nf;* ~ **forcé** noodlanding
attestation *nf* **1** *(certificat)* attest *het*, getuigschrift *het* **2** *(preuve)* bewijs *het*
attester *vt* **1** *(certifier)* bevestigen, verklaren **2** *(prouver)* bewijzen; ~ **que** aantonen dat
attifer *vt* uitdossen
attirail *nm* spullen *plur*, boel *nm*
attirance *nf* aantrekkelijkheid *nf*
attirant *adj* aantrekkelijk
attirer[1] *vt* **1** *(faire venir à soi)* (aan)trekken, (aan)lokken; ~ **l'attention de qn sur qch** iemands aandacht op iets vestigen; **il l'attire vers, à lui** hij trekt haar naar zich toe **2** *(causer)* bezorgen, veroorzaken
s'attirer[2] *vpr* **1** *(être attirant l'un à l'autre)* elkaar aantrekken **2** *(encourir)* zich op de hals halen, oplopen
attiser *vt* aanwakkeren, *(feu)* opstoken
attitré *adj* **1** *(chargé d'une fonction)* officieel (aangesteld) **2** *(habituel)* vast
attitude *nf* **1** *(posture)* houding *nf* **2** *(comportement)* gedrag *het*, houding *nf*
attouchement *nm* aanraking *nf*
attraction *nf* **1** *(phys.; fig.)* aantrekking(skracht) *nf (de)* **2** *(amusement)* attractie *nf*
attrait *nm* **1** *(séduction)* aantrekkingskracht *de*, bekoring *nf;* **l'~ de l'aventure** de lokroep van het avontuur **2** *(goût)* neiging (tot) *nf* **3** *(plur.) (charmes)* charme *nf*
attrape *nf* **1** *(duperie)* fopperij *nf* **2** *(objet)* schertsartikel *het*
attrape-nigaud *nm* ♦ **c'est un ~** dat is boerenbedrog
attraper *vt* **1** *(prendre)* pakken, grijpen, vangen; ~ **un accent** een accent overnemen; **se faire ~** gepakt worden; ~ **qn par le bras** iem bij de arm pakken **2** *(duper)* beetnemen; **il m'a bien attrapé** hij heeft me flink beetgenomen **3** *(surprendre)* betrappen (op), snappen (bij); ~ **qn à qch** iem op iets betrappen; **que je t'y attrape!** laat ik het niet merken! **4** *(contracter)* krijgen, *(froid)* opdoen, vatten **5** *(bus, train)* halen
attrayant *adj* aantrekkelijk
attribuer[1] *vt* **1** *(allouer; octroyer)* toekennen, toewijzen; ~ **de l'importance à qch** waarde hechten aan iets **2** *(considérer comme propre à qn)* toeschrijven

s'attribuer[2] *vpr* zich toe-eigenen, zich aanmatigen
attribut *nm (particularité)* kenmerk *het*
attribution *nf* **1** *(remise)* toewijzing *nf*, toekenning *nf* **2** *(plur.) (compétences)* bevoegdheid *nf;* **cela n'entre pas dans mes ~s** daartoe ben ik niet bevoegd
attrister *vi* bedroeven
attroupement *nm* samenscholing *nf*, oploop *nm*
s'attrouper *vpr* te hoop lopen, samenscholen
aubaine *nf* buitenkansje *het*
aube *nf* **1** dageraad *nm;* **se lever à l'~** vroeg in de morgen opstaan **2** *(vêtement)* albe *de*
aubépine *nf* meidoorn *nm*
auberge *nf* herberg *de*, *(Belg.)* afspanning; **~ de jeunesse, AJ** jeugdherberg, jh
aubergine *nf* aubergine *nf*
aubergiste *n* herbergier(ster) *nm (nf)*
aubette *nf (f.B.)* **1** *(kiosque)* kiosk *de* **2** *(abribus)* wachthuisje *het*
aucun[1] *adj indéf* **1** *(négatif)* geen enkel; **en ~ cas** in geen geval **2** *(positif)* enige
aucun[2] *pron indéf* **1** *(négatif)* geen enkele, geen een, niemand, iem **2** *(positif)* iem **3** *(quiconque)* enig ander; **d'~s** sommigen
aucunement *adv* geenszins
audace *nf* durf *nm*, stoutmoedigheid *nf*
audacieux *adj* dapper, gedurfd; **l'audacieux** de waaghals
au-dedans *adv* binnenin; **~ de lui-même** in zijn hart
au-dehors *adv* (van) buiten
au-delà[1] *nm* hiernamaals *het*
au-delà[2] *adv* verder(op), daarachter; **~ de cette quantité** boven die hoeveelheid
au-dessous *adv* daaronder, eronder; **~ de** onder, onderaan; **il est ~ de tout** hij kan niks
au-dessus *adv* erop, daarop, daar bovenop; **~ de** boven
au-devant *adv* tegemoet; **aller ~ de qn** iem tegemoet gaan; **aller ~ de qch** iets trotseren; **aller ~ des désirs de qn** iemands wensen voorkómen
audible *adj* hoorbaar
audience *nf* **1** *(assistance)* publiek *het*, luisteraars *plur* **2** *(entretien)* audiëntie *nf* **3** *(jur.)* (rechts)zitting *nf*
audiovisuel *adj* audiovisueel; **l'~** de geluids- en beeldmedia *(plur.)*
audit *nm* **1** *(contrôle)* accountantsonderzoek *het* **2** *(auditeur)* revisor *nm*
auditeur, -trice *n* **1** *(personne qui écoute)* toehoorder, toehoorster *nm,f*, luisteraar *nm;* **~ libre** toehoorder **2** *(audit)* revisor *nm*
auditif *adj* gehoor-, auditief
audition *nf* **1** *(ouïe)* (het) horen, gehoor *het* **2** *(jur.)* verhoor *het;* **~ publique** hoorzitting **3** *(essai)* auditie *nf;* **passer une ~** voorzingen *(chanter)*, voorspelen *(jouer)*
auditoire *nm (public)* publiek *het*, toehoorders *plur*
auditorium *nm* concertstudio *nm*
auge *nf* trog *nm*, voe(de)rbak *nm*
augmentation *nf* **1** *(accroissement)* vermeerdering *nf*, toeneming *nf* **2** *(accroissement de salaire)* loonsverhoging *nf*
augmenter[1] *vi* groter worden, toenemen, stijgen; **~ de 10 pour cent** met 10 procent stijgen; **la vie augmente beaucoup** het leven wordt veel duurder
augmenter[2] *vt* **1** *(hausser)* vermeerderen, verhogen; **~ un peu le chauffage** de verwarming wat hoger zetten **2** *(accroître le salaire de)* opslag geven (aan); **il a été augmenté** hij heeft opslag gekregen
augure *nm* voorteken *het*, voorspelling *nf;* **oiseau de bon ~** geluksbode; **être de mauvais ~** niet veel goeds beloven
aujourd'hui *adv* **1** *(ce jour même)* vandaag, heden; **d'~** huidig, van tegenwoordig **2** *(à présent)* tegenwoordig, nu
aumône *nf* aalmoes *de;* **faire l'~ à qn** iem een aalmoes geven
auparavant *adv* daarvoor, tevoren
auprès *prép* **1** *(à proximité de)* bij, naast **2** *(comparé à)* in vergelijking met **3** *(aux yeux de)* in de ogen van
aura *nf* aura *nf*
auréole *nf* (stralen)krans *nm*, aureool *het/de*
auriculaire *nm* pink *nm*
aurore *nf* **1** *(lever du soleil)* dageraad *nm*, morgenrood *het* **2** *(fig.) (commencement)* dageraad *nm*, begin *het*
ausculter *vt* ausculteren
auspices *nm* **1** *(plur.) (signe favorable)* voortekenen *plur;* **sous de favorables ~** onder gunstige voortekenen **2** *(patronage)* auspiciën *plur;* **sous les ~ de** onder de auspiciën van
aussi[1] *adv* **1** *(+ adj. ou adv.) (comparaison)* even, zo; **~ bien que** evenals, zowel als; **(tout) ~ bien** net zo goed, evengoed; **~ grand que** even groot als; **qch d'~ impressionnant** zoiets indrukwekkends **2** *(également)* ook, eveneens; **non seulement ... mais ~** niet alleen ... maar ook; **mais ~ pourquoi l'a-t-il accepté?** maar waarom heeft hij het eigenlijk aangenomen? **3** *(+ que) (bien que)* hoe ... ook; **~ bête qu'il soit** hoe dom hij ook is
aussi[2] *conj, en tête de phrase* daarom, dan ook
aussitôt *adv* dadelijk; **~ dit, ~ fait** zo gezegd, zo gedaan; **~ que** zodra
austère *adj* sober, streng
austérité *nf* strengheid *nf* ♦ **politique d'~** bezuinigingspolitiek
austral *adj* zuidelijk, zuid(er)-
Australie *nf* Australië *n (sans art.)*
australien *adj* Australisch; **l'Australien(ne)** de Australiër, Australische
autant *adv* **1** *(+ que) (en même quantité)* evenveel (... als), *(sans terme de comparaison)* zoveel; **il travaille ~ qu'il peut** hij werkt zoveel hij kan; **~ que possible** zoveel mogelijk **2** *(+ que) (au même degré)* evenzeer (... als), *(sans terme de comparaison)* zo zeer; **elle ne s'est jamais ~ amu-**

sée ze heeft zich nog nooit zo zeer vermaakt; ~ **que je sache** voor zover ik weet; **je souffre ~ que vous** ik lijd evenzeer als u **3** *(+ que) (de la même façon)* even goed (... als), *(sans terme de comparaison)* hetzelfde; ~ **dire que ...** dat komt op hetzelfde neer als ...; ~ **dire la vérité** je kunt net zo goed de waarheid vertellen; **tâchez d'en faire ~** probeer hetzelfde te doen **4** *(la même quantité de)* evenveel; **il y a ~ de garçons que de filles** er zijn evenveel jongens als meisjes **5** *(une telle quantité de)* zoveel; **je ne pensais pas qu'il aurait ~ de patience** ik dacht niet dat hij zoveel geduld zou hebben ♦ **d'~ plus!** daarom des te meer!; **pour** ~ daarom (echter); **d'~ que** daar; **d'~ plus que** des te meer daar; **d'~ moins que** des te minder daar

autel *nm* altaar *het/de (m)*

auteur *nm* **1** *(écrivain)* schrijver *nm*, auteur *nm;* **droits d'~** royalty **2** *(créateur)* schepper *nm* **3** *(responsable)* dader *nm*

authenticité *nf* echtheid *nf*, authenticiteit *nf*

authentifier *vt* voor echt verklaren

authentique *adj* oorspronkelijk, echt, authentiek

autisme *nm* autisme *het*

auto *nf* auto *nm;* ~ **tamponneuse** botsauto

autobiographie *nf* autobiografie *nf*

autobus *nm* (stads)bus *nm*

autocar *nm* bus *de*, touringcar *de*

autochtone *adj* autochtoon, inheems; **l'autochtone** de oorspronkelijke bewoner, bewoonster, de autochtoon

autocollant *adj* zelfklevend; **l'autocollant** de sticker

autocritique *nf* zelfkritiek *nf*

autocuiseur *nm* snelkookpan *de*

autodéfense *nf* zelfverdediging *nf*

autodidacte *adj* autodidactisch; **l'autodidacte** de autodidact

autodiscipline *nf* zelfdiscipline *nf*

auto-école *nf* (auto)rijschool *de*

autofinancement *nm* financiering *nf* uit eigen middelen

autographe *nm* autogram *het*

automate *nm* automaat *nm*

automatique *adj* automatisch

automatisation *nf* automatisering *nf*

automatiser *vt* automatiseren

automatisme *nm* automatisme *het*

automne *nm* herfst *nm (aussi au fig.)*, najaar *het;* **en** ~ in de herfst

automobile *nf* **1** *(voiture)* auto(mobiel) *nm;* **transports ~s** verkeer per auto en bus **2** *(industrie)* auto(mobiel)industrie *nf*

automobiliste *n* automobilist(e) *nm (nf)*

autonome *adj* autonoom, zelfstandig

autonomie *nf* autonomie *nf*, zelfbestuur *het*

autoportrait *nm* zelfportret *het*

autopsie *nf* lijkschouwing *nf*, autopsie *nf*

autoradio *nm* autoradio *nm*

autorail *nm* dieseltrein *nm*

autorisation *nf* vergunning *nf*, toestemming *nf;* **avoir l'~ de faire qch** toestemming hebben om iets te doen; ~ **de sortie** uitgaansverlof

autorisé *adj* **1** *(qui fait autorité)* gezaghebbend **2** *(compétent)* bevoegd; **je me crois ~ à dire que** ik geloof dat ik zeggen mag dat **3** *(permis)* toegestaan

autoriser *vt* **1** *(rendre licite)* vergunning geven (voor), toestaan; ~ **qn à faire qch** iem machtigen iets te doen **2** *(justifier)* rechtvaardigen

autoritaire *adj* autoritair, bazig

autorité *nf* **1** *(supériorité)* gezag *het*, autoriteit *nf*, macht *de;* **de sa propre ~** op eigen gezag, eigenmachtig; **faire ~** gezaghebbend zijn, als norm gelden **2** *(plur.) (officiels)* autoriteiten *plur*, overheid *nf*

autoroute *nf* auto(snel)weg *nm;* ~ **de l'information** informatiesnelweg

auto(-)stop *nm* (het) liften; **faire de l'~** liften

auto(-)stoppeur, -euse *n* lift(st)er *nm (nf)*

autour *adv* eromheen, rondom; ~ **de qn, qch** rond iem/iets, om iem/iets heen

autre *adj indéf* ander; **d'un moment à l'~** (op) ieder ogenblik; **aucun ~** geen ander; **j'en ai vu bien d'~s** ik heb heel wat andere dingen meegemaakt; ~ **chose** iets anders; **c'est (tout) ~ chose** dat is iets (heel) anders; **entre ~s** onder andere; **l'un l'~** elkaar; **c'est l'un ou l'~** het is een van beide; **ni l'un ni l'~ ne sont venus** geen van beiden is gekomen; **l'autre** de ander(e); **les ~s** de anderen; **personne d'~** niemand anders; **quelque chose d'~** iets anders; **quelqu'un d'~** iem anders; **sans ~s explications** zonder verdere uitleg; **tous les ~s passagers** alle overige passagiers; **tout ~** ieder ander; **il m'a pris pour un ~** hij heeft mij voor iem anders aangezien; **tu as mangé une pomme, en veux-tu une ~?** je hebt een appel gegeten, wil je er nog een? ♦ **nous ~s, Français** wij Fransen

autrefois *adv* vroeger

autrement *adv* **1** *(différemment; sinon)* anders; ~ **dit** anders gezegd; **(tout) ~ que** (heel) anders dan **2** *(+ négation) (guère)* niet erg; **il ne paraissait pas ~ surpris** hij leek niet al te verbaasd **3** *(beaucoup (plus))* heel wat; ~ **joli(e) que** veel knapper dan; **il a ~ plus de talent que moi** hij heeft heel wat meer talent dan ik

Autriche *nf* Oostenrijk *n (sans art.)*

autrichien *adj* Oostenrijks; **l'Autrichien(ne)** de Oostenrijker, Oostenrijkse

autruche *nf* struisvogel *nm*

autrui *pron indéf* de anderen, een ander

auvent *nm* afdak *het*, luifel *de*

auxiliaire *adj* hulp-; *(chose)* **l'auxiliaire** het hulpmiddel, *(ling.)* het hulpwerkwoord; *(personne)* **l'auxiliaire** de hulpkracht

s'avachir *vpr* **1** *(se déformer)* uit de vorm raken **2** *(se laisser aller)* slap worden

aval *nm (cours d'eau)* benedenloop *nm;*

être en ~ d'une ville stroomafwaarts van een stad liggen
avalanche *nf* lawine *nf*
avaler *vt* **1** *(par le gosier)* in-, doorslikken *(un solide)*, uit-, opdrinken *(un liquide)*, *(la fumée d'une cigarette)* inhaleren; **~ de travers** zich verslikken; **~ un roman** een roman verslinden **2** *(supporter, croire)* slikken; **faire ~ qch à qn** iem iets op de mouw spelden; **~ qch** iets (voor zoete koek) slikken
avance *nf* **1** *(progression)* voorsprong *nm;* **à l'~** van tevoren, vooraf; **d'~** van tevoren; **merci d'~** bij voorbaat dank; **être en ~ (d'une heure)** (een uur) te vroeg zijn; **une heure d'~** een uur voorsprong **2** *(acompte)* voorschot *het* **3** *(plur.) (approches)* avances *plur;* **faire des ~s à qn** bij iem avances maken
avancé *adj* **1** *(près de se terminer)* (ver)gevorderd; **il est d'un âge ~** hij is op leeftijd; **vous voilà bien ~** daar ben je mooi mee opgeschoten **2** *(évolué)* hoogontwikkeld; **enfant ~ pour son âge** vroegrijp kind **3** *(qui est en avant)* vooruitgeschoven; **poste ~** vooruitgeschoven post
avancement *nm* **1** *(progrès)* vooruitgang *nm* **2** *(promotion)* promotie *nf;* **avoir de l'~** promotie maken
avancer[1] *vi* **1** *(aller en avant)* vooruitgaan; **avancez vers moi** komt u dichterbij **2** *(faire saillie)* uitsteken **3** *(progresser)* vorderen, voortgang boeken; **~ dans son travail** opschieten met zijn werk **4** *(être en avance)* voorlopen *(d'une horloge)*
avancer[2] *vt* **1** *(approcher)* naar voren brengen; **avancez la voiture** rijd de wagen voor **2** *(proposer; affirmer)* naar voren brengen, opperen **3** *(hâter)* vervroegen, *(horloge, etc.)* voorzetten **4** *(faire progresser)* opschieten met; **à quoi cela vous ~a-t-il?** wat schiet je daar mee op? **5** *(prêter (de l'argent))* voorschieten
s'avancer[3] *vpr (s'approcher)* naar voren komen
avant[1] *nm* **1** *(partie antérieure)* voorkant *nm*, voorstuk *het;* **asseyez-vous à l'~** gaat u voorin zitten; **aller de l'~** vooruitgaan, *(fig.)* flink aanpakken; **roue ~** voorwiel **2** *(front)* voorhoede *de* **3** *(sports)* voorhoedespeler *nm*
avant[2] *adv* **1** *(auparavant)* van tevoren, eerder; **d'~** ervoor, daarvoor **2** *(plus loin)* vooruit, voorwaarts; **en ~** naar voren, vooruit; **plus ~** steeds verder ♦ **se mettre en ~** zich op de voorgrond plaatsen; **mettre qch en ~** iets naar voren brengen
avant[3] *prép* voor; **~ cela** daarvoor; **ne faites rien ~ d'avoir reçu ma lettre** doe niets voordat u mijn brief ontvangen hebt; **~ peu** binnenkort; **~ que** voordat
avantage *nm* **1** *(atout)* voordeel *het;* **à l'~ de qn** in iemands voordeel; **se montrer à son ~** zich van zijn beste kant laten zien; **~s fiscaux** belastingvoordeel *(sing.)* **2** *(dessus)* overwicht *het;* **prendre l'~** de overhand krijgen
avantager *vt* bevoordelen, bevoorrechten; **cette robe l'avantage** die jurk flatteert haar
avantageux *adj* **1** *(favorable)* gunstig, voordelig **2** *(flatteur)* flatteus
avant-bras *nm* onderarm *nm*
avant-centre *nm* midvoor *nm*
avant-coureur *adj* die, dat een voorbode is; **signe ~** voorteken
avant-dernier *adj* voorlaatste
avant-garde *nf* voorhoede *de;* **d'~** avantgardistisch
avant-goût *nm* voorproefje *het*
avant-hier *adv* eergisteren
avant-première *nf* voorvertoning *nf;* **en ~** in voorvertoning
avant-propos *nm* voorwoord *het*
avant-veille *nf* twee dagen tevoren; **l'~ de Noël** twee dagen voor Kerstmis
avare *adj* gierig; **~ de** zeer zuinig met; **l'avare** de gierigaard, vrek
avarice *nf* gierigheid *nf*
avarie *nf* averij *nf*
avarier *vt* **1** *(endommager)* beschadigen **2** *(gâter)* bederven
avatar *nm* tegenslag *nm*
avec *prép* met, bij; **et ~ ça il était enrhumé** en daarbij was hij ook nog verkouden; **et ~ cela, Madame?** anders nog iets, mevrouw?; **être ~ qn** in gezelschap van iem zijn, met iem samenleven; **~ vous, il n'y a que l'argent qui compte** als ik u zo hoor, telt alleen het geld
avenant[1] *nm (jur.)* aanhangsel *het*
avenant[2] *adj* innemend
avenant[3] ♦ *(adv.)* **à l'~** (dien)overeenkomstig
avènement *nm* **1** *(accession au trône)* troonsbestijging *nf;* **l'~ d'un nouveau régime** het aan het bewind komen van een nieuw regime **2** *(relig.)* komst *nf*
avenir *nm* toekomst *nf;* **à l'~** voortaan; **avoir de l'~** goede vooruitzichten hebben; **sans ~** uitzichtloos
avent *nm* advent *nm*
aventure *nf* **1** *(histoire)* avontuur *het;* **à l'~** op goed geluk; **dire la bonne ~ à qn** iem de toekomst voorspellen; **tenter l'~** zijn geluk beproeven **2** *(liaison)* liefdesavontuur(tje) *het* ♦ **d'~, par ~** ↓ bij toeval
aventurer[1] *vt* wagen
s'aventurer[2] *vpr* zich wagen; **s'~ dans** zich wagen aan; **s'~ sur un chemin glissant** zich op glad ijs begeven
aventureux *adj* avontuurlijk
aventurier, -ière *n* avonturier(ster) *nm (nf)*
avenue *nf* laan *de*
s'avérer *vpr* blijken te zijn
averse *nf* regenbui *de*, stortbui *de;* **laisser passer l'~** de bui laten overdrijven
aversion *nf* afkeer *nm;* **par ~ pour** uit afkeer van
averti *adj* **1** *(avisé)* oordeelkundig; **être ~ de qch** van iets op de hoogte zijn **2** *(prévenu)* gewaarschuwd
avertir *vt* **1** *(prévenir de)* waarschuwen (voor) **2** *(informer)* berichten; **~ qn que** iem meedelen dat

avertissement *nm* **1** *(mise en garde)* waarschuwing *nf*, *(impôt)* aanmaning *nf* **2** *(réprimande)* berisping *nf* **3** *(préface)* voorbericht *het*
avertisseur *nm* claxon *nm*
aveu *nm* bekentenis *nf;* **arracher des ~x à qn** iem een bekentenis afdwingen; **faire un** ~ iets bekennen; **passer aux ~x** een bekentenis afleggen
aveuglant *adj* verblindend
aveugle *adj (adj.)* blind, verblind, *(adv.)* blindelings; **en** ~ blindelings; **l'aveugle** de blinde
aveuglement *nm* verblinding *nf*
aveugler *vt* blind maken, verblinden *(aussi au fig.)*
aveuglette ♦ *(adv.)* **à l'~** blindelings, op goed geluk *(sans y voir clair; au hasard)*
aviateur, -trice *n* vliegenier(ster) *nm (nf)*
aviation *nf* **1** *(civile; commerciale)* luchtvaart *de;* ~ **de tourisme** sportvliegerij **2** *(armée de l'air)* luchtmacht *de*
avide *adj* gulzig, gretig; ~ **de sang** bloeddorstig; **être** ~ **de** belust zijn op *(+ inf.)*
avidité *nf* gulzigheid *nf*, gretigheid *nf*
avilir[1] *vt* vernederen
s'avilir[2] *vpr* zich verlagen (tot)
avilissant *adj* vernederend
avion *nm* vliegtuig *het;* **en** ~ met het vliegtuig; *(sur des lettres)* **par** ~ luchtpost; ~ **à réaction** straalvliegtuig; ~ **de tourisme** sportvliegtuig
aviron *nm* **1** *(rame)* (roei)riem *nm* **2** *(sport)* (het) roeien, roeisport *de;* **faire de l'~** (aan) roeien (doen)
avis *nm* **1** *(opinion)* mening *nf;* **à mon** ~ mijns inziens; **de l'~ de tous** naar ieders mening; *(prov)* **deux ~ valent mieux qu'un** twee weten meer dan één; **être d'~ que ...** denken dat het nuttig is dat ...; **je suis de votre** ~ ik deel uw mening **2** *(communiqué)* bericht *het;* ~ **au public** openbare bekendmaking; ~ **au lecteur** voorbericht; **pour** ~ ter kennisneming; ~ **de réception** ontvangstbevestiging; ~ **de recherche** opsporingsbericht; **sauf** ~ **contraire** behoudens tegenbericht **3** *(conseil)* raad *nm*, advies *het;* **sur l'~ de qn** op iemands advies
avisé *adj* bedachtzaam, verstandig
aviser[1] *vi (songer à)* nadenken (over), overwegen
aviser[2] *vt* ♦ ~ **qn de qch** iem iets mededelen
s'aviser[3] **(de)** *vpr* **1** *(s'apercevoir de)* gewaarworden **2** *(oser)* (het) wagen (om)
aviver *vt* **1** *(rehausser (des couleurs))* ophalen **2** *(activer)* aanwakkeren **3** *(rendre plus vif)* verscherpen
avocat[1] *nm* avocado *de*
avocat[2], **-ate** *n* **1** *(personne inscrite au barreau)* advolcaat, -cate *nm,f* **2** *(défenseur)* pleitbezorg(st)er *nm (nf)*, verdediger *nm*
avoine *nf* haver *de*
avoir[1] *nm* **1** *(bien)* bezit *het*, vermogen *het* **2** *(actif)* creditpost *nm*, activa *plur*
avoir[2] *vt* **1** *(posséder)* hebben, bezitten; **en ~ assez de qn** genoeg van iem hebben; **nous en avons pour deux heures** we hebben er twee uur voor nodig; ~ **pour ami** als vriend hebben; ~ **qn à déjeuner** iem te lunchen hebben; ~ **qch sur soi** iets bij zich hebben, *(Belg.)* iets bij hebben; ~ **de quoi vivre** geld hebben **2** *(obtenir)* krijgen, *(examen, train)* halen; ~ **un prix** een prijs krijgen **3** *(duper)* te pakken nemen; **se laisser** ~ zich laten beetnemen **4** *(porter (un vêtement))* aanhebben **5** *(être âgé de; mesurer)* zijn **6** *(clocher)* schelen; **qu'est-ce qu'elle a, cette télé?** wat mankeert er aan die televisie?
avoir[3] **(il y a)** *vb impers* **1** *(existence)* er is, zijn, er staat, staan, er ligt, liggen; **il y a eu de graves accidents** er zijn ernstige ongelukken gebeurd; **il y a cinq kilomètres d'ici au village** het dorp is vijf kilometer hiervandaan; **il n'y a qu'à** men hoeft maar te; **il n'y a pas de quoi** niets te danken; **il n'y a pas que lui** hij is niet de enige **2** *(temps)* geleden zijn; **il y a quelques années** enige jaren geleden
avoir[4] *aux* **1** *(auxiliaire de temps)* hebben, zijn; **j'ai été** ik ben geweest **2** *(devoir)* moeten, behoeven; ~ **à** moeten, behoeven te; **j'ai (fort) à faire** ik heb het (erg) druk; **je n'ai rien à faire** ik heb niets te doen; **vous n'avez qu'à tourner le bouton** u hoeft alleen maar de knop om te draaien
avoisinant *adj* aangrenzend
avoisiner *vt* grenzen aan
avortement *nm* abortus *nm*
avorter *vi* **1** een abortus hebben; **se faire** ~ abortus laten plegen **2** *(échouer)* mislukken
avoué *nm* procureur *nm*
avouer[1] *vt* bekennen, toegeven
s'avouer[2] *vpr* bekennen te zijn; **s'~ vaincu** zich gewonnen geven
avril *nm* april *nm;* **en** ~ in april
axe *nm* **1** *(technol.)* as *de (aussi math.)*, spil *de;* **tourner sur son** ~ om zijn, haar as draaien **2** *(route)* verkeersader *de* **3** *(direction générale)* hoofdlijn *de;* **être dans l'~ de qch** de lijn van iets volgen
axer *vt* richten (op)
axiome *nm* axioma *het*
ayant droit *nm* rechthebbende *nm*
azalée *nf* azalea *de*
azimut *nm* azimut *het* ♦ *(milit.)* **défense tous ~s** alzijdige verdediging; **(dans) tous les ~s** ↑ in alle windrichtingen
azote *nm* stikstof *de*
azur *nm* hemelsblauw *het*

b

b *nm* b *de;* **b comme Berthe** de b van Bernard
baba *adj* paf; **j'en suis resté** ~ ik stond paf
babiller *vi* **1** *(bavarder)* babbelen **2** *(gazouiller)* kwetteren
babines *nf* **1** *(lèvres d'animaux)* hanglippen *plur* **2** *(lèvres)* ↑ lippen *plur;* **s'en lécher les** ~ z'n lippen erbij aflikken
babiole *nf* **1** *(bibelot)* snuisterij *nf* **2** *(broutille)* kleinigheid *nf*
bâbord *nm* bakboord *het*
babouin *nm* baviaan *nm*
baby-foot *nm* tafelvoetbal *het*
baby-sitting *nm* (het) babysitten; **faire du** ~ babysitten
bac *nm* **1** *(bateau)* (veer)pont *de* **2** *(récipient)* bak *nm;* ~ **à légumes** groentela **3** *(examen)* baccalaureaat *het;* **passer le** ~ eindexamen doen
baccalauréat *nm* eindexamen *het* middelbare school
bâche *nf* dekzeil *het*
bachelier, -ière *n* ± baccalaureus *nm*
bâcher *vt* (met een zeil) afdekken
bachotage *nm* (het) stampen
bachoter *vi* blokken
bacille *nm* bacil *nm*
bâcler *vt* afraffelen
bactérie *nf* bacterie *nf*
badaud, -aude *n* baliekluiver *nm*, *(curieux)* nieuwsgierige *de*
badge *nm* badge *het/de (m)*, button *nm*
badigeonner *vt* **1** *(peindre)* witkalken, witten **2** *(méd.)* aanstippen
badiner *vi* schertsen
baffe *nf* oplawaai *de*, opdoffer *nm*
baffle *nm* luidsprekerbox *nm*
bafouer *vt* honen, bespotten
bafouiller *vti* hakkelen
bâfrer *vi* schransen
bagage *nm* bagage *nf;* **faire ses ~s** z'n koffers pakken; **plier** ~ z'n biezen pakken
bagarre *nf* **1** *(rixe)* opstootje *het*, relletje *het* **2** *(échange de coups)* vechtpartij *nf;* **chercher la** ~ ruzie zoeken
se bagarrer *vpr* vechten
bagatelle *nf* **1** *(futilité)* kleinigheid *nf* **2** *(somme dérisoire)* luttel bedrag *het;* **ça lui a coûté la** ~ **d'un million d'euros** dat heeft hem zo'n slordige één miljoen euro gekost; **j'ai acheté cela pour une** ~ ik heb dat voor een habbekrats gekocht
bagne *nm* strafkolonie *nf*
bagnole *nf* karretje *het*
bagou(t) *nm* ♦ **avoir du** ~ een vlotte babbel hebben
bague *nf* **1** *(anneau)* ring *nm* **2** *(pour cigare)* sigarenbandje *het*
baguette *nf* **1** *(bâton mince)* stokje *het;* **mener qn à la** ~ iem met harde hand aanpakken; ~ **de chef d'orchestre** dirigeerstokje; ~ **magique** toverstokje; **~s de tambour** trommelstokken, *(fig.)* zeer steil haar **2** *(pain long)* stokbrood *het*
bahut *nm* **1** *(coffre)* kist *de* **2** *(buffet)* boerenkast *de* **3** *(lycée)* gym *het*
baie *nf* **1** *(petit golfe)* baai *de* **2** *(ouverture)* deur-, vensteropening *nf;* ~ **vitrée** schuifpui **3** *(fruit)* bes *de*
baignade *nf* **1** *(action)* (het) zwemmen; ~ **interdite** verboden zwemwater **2** *(endroit)* zwemplaats *de*
baigner[1] *vi* baden (in) *(aussi au fig.)*
baigner[2] *vt* baden; ~ **un enfant** een kind in bad doen ♦ **baigné de sueur** nat van het zweet
se baigner[3] *vpr* **1** *(se laver)* baden, een bad nemen **2** *(nager)* zwemmen
baigneur, -euse *n* **1** *(nageur)* zwemmer, zwemster *nm,f* **2** *(m.) (poupée)* babypopje *het*
baignoire *nf* badkuip *de*
bail, baux *nm* **1** *(à loyer)* huurcontract *het* **2** *(à ferme)* pachtcontract *het* ♦ **cela fait un** ~ dat is een eeuwigheid geleden
bâillement *nm* (het) gapen, geeuw *nm*
bâiller *vi* **1** *(ouvrir la bouche)* gapen, geeuwen **2** *(être entrouvert)* (half) openstaan; **la porte bâille** de deur staat op een kier
bailleur, -eresse *n* **1** *(location)* verhuurder, verhuurster *nm,f* **2** *(fermage)* verpacht(st)er *nm (nf)* ♦ ~ **de fonds** geldschieter
bâillon *nm* prop *de*, knevel *nm (aussi au fig.)*

bâillonner *vt* een prop in de mond doen van, knevelen
bain *nm* **1** *(eau)* bad *het (aussi chim.; technol.)*; ~ **de bouche** mondspoeling; ~ **bouillonnant** bubbelbad; *(fig.)* **être dans le** ~ er 'in' zitten; *(fig.)* **être dans le même** ~ in hetzelfde schuitje zitten; **grand** ~ het diepe (bad); *(fig.)* **mettre qn dans le** ~ iem inwijden; **petit** ~ kikkerbadje; ~ **de pieds** voetbad **2** *(baignoire)* badkuip *de;* ~ **de siège** zitbad **3** *(plur.) (établissement)* badhuis *het* ♦ **prendre un** ~ **de foule** zich onder het volk begeven; ~ **de soleil** zonnebad
bain-marie *nm* bain-marie *het*, waterbad *het*
baïonnette *nf* bajonet *de*
baisemain *nm* handkus *nm;* **faire le** ~ **à une dame** een dame een handkus geven
baiser[1] *nm* kus *nm*, zoen *nm;* **bons ~s de Paris** veel liefs uit Parijs
baiser[2] *vt* **1** *(embrasser)* kussen; ~ **la main d'une dame** een dame de hand kussen **2** *(faire l'amour à)* neuken **3** *(duper)* verneuken
baisse *nf* daling *nf;* **la température est en** ~ de temperatuur daalt
baisser[1] *vi (diminuer)* dalen, zakken; ~ **de 10%** dalen met 10%; **le jour baisse** het wordt donker; **la mer baisse** het wordt eb; **le vin a baissé** de wijn is goedkoper geworden
baisser[2] *vt* **1** *(descendre)* neerlaten, laten zakken; ~ **la tête** het hoofd buigen; ~ **la vitre** het raampje naar beneden draaien; ~ **les yeux** de ogen neerslaan; **faire** ~ **les yeux à qn** iem beschaamd doen staan **2** *(diminuer l'intensité de)* verlagen *(ton, voix)*, lager zetten *(appareil)*
se baisser[3] *vpr* (zich) bukken
bal *nm* **1** *(réunion)* bal *nm;* **aller au** ~ naar een bal gaan **2** *(lieu)* balzaal *de*
balade *nf* wandeling *nf*
balader[1] *vt* **1** *(promener)* mee uit wandelen nemen **2** *(emporter)* meesleuren ♦ **envoyer** ~ **qn** iem laten ophoepelen
se balader[2] *vpr* wandelen
baladeur *nm* walkman® *de*
baladodiffusion *nf* podcasting *nm*
balafre *nf* **1** *(entaille)* houw *nm* **2** *(cicatrice)* litteken *het*
balafrer *vt* een houw geven in; **un visage balafré** een gekerfd gezicht
balai *nm* bezem *nm;* **passer le** ~ **(dans une pièce)** (een kamer) aanvegen
balai-brosse *nm* schrobber *nm*
Balance *nf* Weegschaal *de;* **il est** ~ hij is een Weegschaal
balance *nf* **1** *(instrument de pesage)* weegschaal *de*, balans *de (aussi écon.)*; **faire pencher la** ~ de balans doen doorslaan, *(fig.)* de doorslag geven; **peser dans la** ~ gewicht in de schaal leggen **2** *(équilibre)* evenwicht *het* **3** *(écon.)* balans *de;* ~ **commerciale** handelsbalans
balancer[1] *vi* aarzelen
balancer[2] *vt* **1** *(faire osciller)* (heen en weer) slingeren; ~ **les bras** met de armen zwaaien **2** *(se débarrasser de)* weggooien; **il y a des moments où j'ai envie de tout** ~ soms heb ik zin om de hele boel erbij neer te gooien
se balancer[3] *vpr* **1** *(osciller)* schommelen **2** *(s'équilibrer)* met elkaar in evenwicht zijn ♦ **je m'en balance** het kan me niet bommen
balancier *nm* **1** *(d'une pendule)* slinger *nm* **2** *(d'un équilibriste)* balanceerstok *nm*
balançoire *nf* **1** *(suspendue)* schommel *de* **2** *(bascule)* wip *de*
balayer *vt* **1** *(nettoyer)* bezemen, vegen; ~ **la neige** sneeuw ruimen **2** *(passer sur)* gaan over; **vent qui balaie la plaine** wind die over de vlakte jaagt **3** *(électronique)* aftasten, scannen
balayette *nf* stoffer *nm*, *(Belg.)* handborstel *nm*
balayeur, -euse *n* straat|veger, -veegster *nm,f*
balbutiement *nm* **1** *(bredouillement)* gestamel *het* **2** *(le plus souvent plur.) (début)* allereerste begin *het*
balbutier[1] *vi (bredouiller)* stamelen, stotteren
balbutier[2] *vt (dire en bredouillant)* stamelen, met moeite uitbrengen
balcon *nm* **1** balkon *het* **2** *(théâtre)* balkon *het*, galerij *nf*
baldaquin *nm* baldakijn *het/de (m);* **lit à** ~ hemelbed
baleine *nf* **1** *(zool.)* walvis *nm* **2** *(tige)* balein *de*
balèze *adj* potig
balise *nf* baken *het*, boei *de;* ~ **lumineuse** lichtbaken
baliser *vt* bebakenen
baliverne *nf* geleuter *het;* **débiter des ~s** wauwelen
ballade *nf* ballade *nf (aussi mus.)*
ballant *adj* los, slap neerhangend; **marcher les bras ~s** met loshangende armen lopen
ballast *nm* **1** *(chemins de fer)* ballast *nm* **2** *(mar.)* ballasttank *nm*
balle *nf* **1** *(ballon)* bal *nm;* **jouer à la** ~ met de bal spelen, kaatsen; **saisir la** ~ **au bond** de bal vangen, *(fig.)* de gelegenheid aangrijpen; **se renvoyer la** ~ de verantwoordelijkheid op elkaar afschuiven; *(fig.)* **renvoyer la** ~ **à qn** de bal terugkaatsen **2** *(projectile)* kogel *nm* **3** *(ballot)* baal *de* **4** *(plur.) (francs)* piek *nm*
ballerine *nf* **1** *(danseuse)* ballerina *nf*, balletdanseres *nf* **2** *(chaussure)* platte schoen *nm*
ballet *nm* ballet *het*
ballon *nm* **1** *(balle)* bal *nm;* **jouer au** ~ met de bal spelen **2** *(montgolfière)* (lucht)ballon *nm;* ~ **d'alcootest** blaaspijpje; ~ **d'essai** proefballon; *(fig.)* **lancer un** ~ **d'essai** een balletje over iets opgooien **3** *(chim.)* kolf *de* ♦ ~ **d'eau chaude** boiler
ballonné *adj* opgeblazen, opgezet
ballonnement *nm* opgezetheid *nf* van de buik
ballot *nm* **1** *(balle)* kleine baal *de*, pakje *het* **2** *(idiot)* idioot *nm*

ballottage *nm* onbesliste uitslag *nm;* **scrutin de** ~ herstemming
ballotter[1] *vi* naar alle kanten heen en weer geslingerd worden
ballotter[2] *vt* heen en weer slingeren; **être ballotté entre des sentiments contraires** ten prooi zijn aan tegenstrijdige gevoelens
balluchon *nm* ↑ bundeltje *het;* **faire son** ~ z'n boeltje pakken
balnéaire *adj* bad-; **station** ~ badplaats
balourd, -ourde *n* lomperik *nm*
balte *adj* Baltisch; **le, la Balte** de Balt(ische)
baltique *adj* Oostzee-
baluchon *nm* → **balluchon**
balustrade *nf* balustrade *nf*, leuning *nf*
bambin *nm* ventje *het (m)*
bambou *nm* bamboe *nm*, bamboeriet *het*
ban *nm* **1** *(plur.) (publication (de mariage))* officiële afkondiging *nf;* **publier les ~s** in ondertrouw gaan **2** *(applaudissements)* applaus *het;* **un** ~ **pour le vainqueur!** één hoeraatje voor de winnaar! **3** *(exil)* ban *nm;* **mettre qn au** ~ **de la société** iem uitstoten
banal *adj (plur. banals)* alledaags
banaliser *vt* alledaags maken ♦ **voiture (de police) banalisée** burgerauto van de politie
banalité *nf* **1** *(caractère banal)* alledaagsheid *nf* **2** *(plur.) (clichés)* gemeenplaatsen *plur*
banane *nf* **1** *(fruit)* banaan *de* **2** *(coiffure)* vetkuif *de* **3** *(sac-ceinture)* heuptasje *het*
bananier *nm* bananenboom *nm*
banc *nm* **1** *(siège; bâti)* bank *de;* ~ **des accusés** beklaagdenbank; ~ **d'essai** proefbank, *(fig.)* toets **2** *(de poissons)* school *de* **3** *(amas)* bank *de;* ~ **de coraux** koraalrif
bancaire *adj* bank-
bancal *adj* mank, *(fig.; meubles)* wankel; *(fig.)* **votre raisonnement est** ~ uw redenering gaat mank
bandage *nm (méd.)* verband *het*, zwachtel *nm*, *(Belg.)* windel *nm*
bande *nf* **1** *(ruban)* reep *nm*, strip *nm;* ~ **de journal** wikkel; ~ **magnétique** bandje, tape; ~ **sonore** geluidsband; ~ **Velpeau®** zwachtel, rekverband **2** *(de terrain, de chaussée, etc.)* baan *de;* ~ **d'arrêt d'urgence** vluchtstrook; ~ **dessinée, BD** strip **3** *(groupe)* bende *de*, troep *nm;* ~ **d'amis** stel vrienden; **être de la** ~ erbij horen; ~ **d'idiots!** stelletje stommelingen!; **faire** ~ **à part** zich afzonderen
bandé *adj* **1** *(couvert d'un bandeau)* geblinddoekt; **avoir les yeux ~s** geblinddoekt zijn **2** *(pansé)* verbonden
bande-annonce *nf* introductiefilmpje *het*
bandeau *nm* **1** *(front, tête)* hoofdband *nm* **2** *(yeux)* blinddoek *nm*
bander *vt* **1** *(méd.)* verbinden **2** *(yeux)* blinddoeken; ~ **les yeux d'un condamné** een ter dood veroordeelde blinddoeken **3** *(arc)* spannen
banderole *nf* wimpel *nm*, vaantje *het*
bande-son *nf* geluidsband *nm*
bandit *nm* schurk *nm*, bandiet *nm*
bandoulière *nf* draagband *nm;* **porter qch en** ~ iets schuin over de borst dragen
bang *interj* bang!
banlieue *nf* voorsteden *plur*, randgemeenten *plur*
banlieusard, -arde *n* forens *nm*
banni *adj* verbannen; **le** ~ de balling
bannière *nf* vaandel *het*
bannir *vt* **1** *(exiler)* verbannen; ~ **qn de son pays** iem uit zijn land verbannen **2** *(rejeter)* (uit)bannen; ~ **une coutume** een gewoonte afschaffen; ~ **un mot de son vocabulaire** een woord uit zijn vocabulaire schrappen
bannissement *nm* verbanning *nf*, ballingschap *nf*
banque *nf* **1** *(établissement)* bank *de;* ~ **de données** databank; **avoir un compte en** ~ een bankrekening hebben **2** *(de sang, de données)* bank *de;* ~ **de sperme** spermabank
banqueroute *nf* bankroet *het;* **faire** ~ bankroet gaan
banquet *nm* feestmaal *het*, banket *het*
banquette *nf* bankje *het;* **jouer devant les ~s** voor een lege zaal spelen
banquier *nm* **1** *(financier)* bankier *nm* **2** *(jeux)* bankhouder *nm*
banquise *nf* pakijs *het*
baptême *nm* doop *nm* ♦ ~ **de l'air** luchtdoop
baptiser *vt* **1** *(relig.)* dopen **2** *(appeler)* een naam geven **3** *(surnommer)* een bijnaam geven
baquet *nm* bakje *het*, kuipje *het*
bar *nm* bar *de*
baragouiner[1] *vi* **1** *(bafouiller)* brabbelen **2** *(parler un charabia)* koeterwalen
baragouiner[2] *vt* ♦ ~ **l'italien** gebroken Italiaans spreken
baraque *nf* **1** *(cabane)* houten barak *de;* ~ **de chantier** bouwkeet; ~ **de forains** kermiskraam **2** *(maison délabrée)* krot *de* **3** *(entreprise)* tent *de* ♦ **casser la** ~ een denderend succes hebben
baraqué *adj* ↑ goedgebouwd
baraquement *nm* barakkenkamp *het*
baratin *nm* (mooie) praatjes *plur;* **faire du** ~ **à qn** op iem inpraten
barbant *adj* ↑ stomvervelend
barbare *adj* **1** *(grossier)* onbeschaafd; **c'est un** ~ dat is een ongelikte beer **2** *(cruel)* wreed **3** *(incorrect)* onjuist; **terme** ~ on-Franse term
barbarie *nf* **1** *(état d'un peuple non civilisé)* onbeschaafdheid *nf* **2** *(grossièreté)* grofheid *nf* **3** *(cruauté)* wreedheid *nf*
barbe *nf* baard *nm;* ~ **à papa** suikerspin; **rire dans sa** ~ in z'n vuistje lachen ♦ **ah, la ~!** ik krijg er een sik van!; **quelle ~!** wat stomvervelend!
barbecue *nm* barbecue *nm*
barbelé *adj* van weerhaken voorzien; **fil**

de fer ~ prikkeldraad; **les ~s** de prikkeldraadversperring
barber[1] *vt* de keel uithangen
se barber[2] *vpr* zich stierlijk vervelen
barbiche *nf* sikje *het*
barbiturique *nm* barbituraat *het*
barboter *vi* plassen, spartelen
barboteuse *nf* speelpakje *het*
barbouiller *vt* **1** *(souiller)* bekladden, besmeren; **l'enfant était barbouillé de confiture** het kind zat onder de jam **2** *(peindre)* (slordig) schilderen ♦ **avoir l'estomac barbouillé** misselijk zijn; ~ **du papier** papier verknoeien
barbu *adj* met een baard; **le** ~ de man met een baard
barda *nm* **1** *(attirail)* boeltje *het* **2** *(équipement du soldat)* uitrusting *nf*
barder[1] *vi* ♦ **ça va** ~ het wordt hommeles
barder[2] *vt* **1** *(cuis.)* met vet spek omwikkelen **2** *(cuirasser)* pantseren; *(fig.)* **être bardé de décorations** behangen zijn met onderscheidingen
barème *nm* **1** *(tableaux numériques)* tabel *de* **2** *(ensemble de prix)* prijslijst *de* **3** *(échelle de salaires)* (salaris)schaal *de*, *(Belg.)* barema *het*
baril *nm* vat *het*, ton *de*; *(aussi au fig.)* ~ **de poudre** kruitvat
bariolé *adj* bont(gekleurd)
baromètre *nm* barometer *nm*
baron, -onne *n* baron(es) *nm (nf)*
baroque *adj* **1** *(bizarre)* grillig **2** *(style, art)* barok; **le** ~ de barok, barokkunst, barokstijl
barque *nf* bootje *het*; **mener la** ~ de zaak in handen hebben
barquette *nf* **1** *(pâtisserie)* taartje *het* **2** *(récipient)* schaaltje *het*
barrage *nm* **1** *(blocage)* versperring *nf*; **faire** ~ **à qch** iets tegenhouden; ~ **de police** politiekordon **2** *(ouvrage hydraulique)* stuwdam *nm*
barre *nf* **1** *(bâton)* staaf *de*, stang *de*; ~ **d'espacement** spatiebalk; **exercices à la** ~ oefeningen aan de barre; ~ **fixe** rekstok; *(inform.)* ~ **de menu** menubalk; *(inform.)* ~ **d'outils** werkbalk; **~s parallèles** brug met gelijke leggers **2** *(lingot)* baar *de* **3** *(mar.)* roer *het*, helmstok *nm*; **être à la** ~ aan het roer staan; **prendre la** ~ de leiding nemen **4** *(jur.)* balie *nf*; **comparaître à la** ~ voor de rechter verschijnen **5** *(trait)* streep *de* **6** *(seuil)* grens *de*; **le chômage a franchi la** ~ **des 10%** de werkloosheid heeft de grens van 10% overschreden ♦ ~ **de chocolat** reep chocolade
barré *adj* **1** *(bloqué)* versperd, afgesloten **2** *(chèque)* doorgestreept
barreau *nm* **1** *(barre)* tralie *nf*, spijl *de (d'une chaise)*; **sous les ~x** achter de tralies **2** *(ordre des avocats)* balie *nf*; **être inscrit au** ~ advocaat zijn
barrer[1] *vt* **1** *(bloquer)* versperren; ~ **le passage, la route à qn** iem de weg versperren **2** *(biffer)* doorhalen, doorstrepen
se barrer[2] *vpr (partir)* (af)nokken, pleite gaan
barrette *nf* **1** *(pince à cheveux)* haarspeld *de* **2** *(inform.)* geheugenkaart *de*
barreur, -euse *n* stuur|man, -vrouw *nm,f*
barricade *nf* barricade *nf*
barricader[1] *vt* **1** *(bloquer par des barricades)* barricaderen, versperren **2** *(fermer solidement)* goed (af)sluiten
se barricader[2] *vpr* **1** *(se retrancher derrière une barricade)* zich verschansen **2** *(s'enfermer)* zich opsluiten
barrière *nf* **1** *(clôture)* hek *het* **2** *(rails, douane, etc.)* boom *nm* **3** *(obstacle)* hinderpaal *nm*
barrique *nf* okshoofd *het*, vat *het*
barrir *vi* trompett(er)en
bas[1] *nm* kous *de*; ~ **de laine** wollen kous, *(fig.)* spaarkous
bas[2]**, basse** *adj* **1** *(peu élevé)* laag; **à** ~ **le fascisme!** weg met het fascisme!; **au** ~ **de** onder aan; **ciel** ~ laaghangende wolken; **du** ~ **jusqu'en haut** van beneden naar boven; **en** ~ (naar) beneden; **d'en** ~ van onder; **la tête en** ~ met het hoofd naar beneden; **il habite en** ~ hij woont beneden; **en** ~ **de la page** onder aan de bladzijde; **le malade est bien** ~ de zieke is heel minnetjes; **s'incliner très** ~ heel diep buigen; **le** ~ het laagst gelegen gedeelte; **par le** ~ van onder (naar boven); **le** ~ **du visage** de onderkant van het gezicht; **mettre** ~ jongen; **mettre** ~ **les armes** de wapens neerleggen, *(fig.)* zich gewonnen geven; **le** ~ **monde** het ondermaanse; **à** ~ **prix** voor een zacht prijsje, goedkoop; **le thermomètre est tombé très** ~ de thermometer is flink gezakt; **tomber bien** ~ diep zinken; **la ~se ville** de benedenstad; ~ **les pattes!** handen thuis! **2** *(vil)* laaghartig, gemeen **3** *(grave; doux)* zacht, niet luid; **parler** ~ zachtjes spreken ♦ **enfant en** ~ **âge** heel jong kind; **au** ~ **mot** op z'n minst, minstens; **plus** ~ verderop; **voyez plus** ~ zie verder
basané *adj* gebruind, getaand
bas-côté *nm* berm *nm*
bascule *nf* **1** *(balançoire)* wip(plank) *nm (de)*; **fauteuil à** ~ schommelstoel **2** *(balance)* brugbalans *de*
basculer *vi* **1** *(culbuter)* kantelen **2** *(changer)* omslaan; **faire** ~ **qch** iets een andere wending geven
base *nf* **1** *(assise)* basis *nf (aussi milit.)* **2** *(principe)* grondbeginsel *het*; **être à la** ~ **de qch** aan iets ten grondslag liggen; **il est à la** ~ **de cette initiative** dit initiatief is van hem uitgegaan; **de** ~ basis-; **poser les ~s d'une science** de grondslag leggen van een wetenschap; **sur la** ~ **de** op basis van **3** *(math.)* grondvlak *het*, basis *nf* **4** *(milit.)* basis *nf*; ~ **de lancement** lanceerbasis; ~ **navale** vlootbasis **5** *(pol.)* achterban *nm* ♦ ~ **de données** database
base-ball *nm* honkbal *het*, baseball *het*; **jouer au** ~ honkballen
baser[1] *vt* baseren (op)

se baser[2] *vpr* zich baseren (op)
bas-fond *nm* **1** *(eau)* ondiepte *nf* **2** *(plur.) (quartiers)* achterbuurt *de* **3** *(plur.) (couches sociales)* onderste lagen *plur* (van de maatschappij)
basilic *nm* basilicum *het*
basilique *nf* basiliek *nf*
basket[1] *nm* basketbal *het*
basket[2] *nf* basketbalschoen *nm* ♦ **lâche-moi les ~s!** schei toch uit met dat geklier!
basse *nf* **1** *(partie; voix)* bas *de* **2** *(chanteur)* bas *nm* **3** *(contrebasse)* (contra)bas *de*
basse-cour *nf* **1** *(endroit)* hoenderhof *nm* **2** *(animaux)* pluimvee *het*
bassement *adv* laag(hartig)
bassesse *nf* **1** *(caractère)* laagheid *nf*, gemeenheid *nf* **2** *(acte)* lage daad *de*
bassin *nm* **1** *(récipient)* bekken *het (aussi géo., anatomie)* **2** *(pièce d'eau)* bekken *het*, vijver *nm;* ~ **de natation** zwembassin **3** *(d'un port)* rede *de* **4** *(d'un fleuve)* stroomgebied *het*
bassine *nf* teil *de*
bassiste *n* bassist(e) *nm (nf)*
basson *n* **1** *(instrument)* fagot *nm* **2** *(musicien(ne))* fagottist(e) *nm (nf)*
bastingage *nm* reling *de*
bastion *nm* bolwerk *het*
bas-ventre *nm* onderbuik *nm*
bât *nm* (pak)zadel *het/de (m);* **c'est là que le ~ le blesse** daar wringt (hem) de schoen
bataclan *nm* rommel *nm;* **et tout le** ~ en de hele santenkraam
bataille *nf* **1** *(combat)* (veld)slag *nm* **2** *(bagarre)* gevecht *het;* ~ **électorale** verkiezingsstrijd ♦ **en** ~ overdwars; **cheveux en** ~ verward haar
batailler *vi* vechten
bataillon *nm* **1** *(unité militaire)* bataljon *het* **2** *(grand nombre)* troep *nm*
bâtard *adj* **1** *(enfant)* bastaard-; **le ~, la ~e** de bastaard **2** *(indéterminé)* halfslachtig; **solution ~e** compromisoplossing
batavia *nf* ijs(berg)sla *de*
bateau[1] *nm* boot *de*, schip *het;* **en** ~ met de boot; *(fig.)* **mener qn en** ~ iem in de maling nemen; **prendre le** ~ met de boot gaan; ~ **à vapeur** stoomboot; ~ **à voiles** zeilboot
bateau[2] *adj* afgezaagd
bateau-citerne *nm* tankschip *het*
bateau-mouche *nm* rondvaartboot *de*
bâti[1] *nm* **1** *(charpente)* frame *het* **2** *(couture)* rijgdraad *nm*
bâti[2] *adj* **1** *(terrain)* bebouwd; **terrain non** ~ onbebouwd stuk grond **2** *(personne)* gebouwd
bâtiment *nm* **1** *(construction)* gebouw *het* **2** *(secteur)* bouw(vak) *nm (het)* **3** *(grand bateau)* (zee)schip *het*
bâtir *vt* **1** *(construire)* bouwen; **terrain à** ~ bouwterrein **2** *(fig.) (établir)* opbouwen **3** *(coudre provisoirement)* in elkaar rijgen
bâtisse *nf* bouwsel *het*
bâtisseur, -euse *n* (groot) bouwer *nm*
bâton *nm* stok *nm*, staf *nm;* **parler à ~s rompus** van de hak op de tak springen; ~ **de craie** krijtje; **mettre des ~s dans les roues** een spaak in het wiel steken; ~ **de rouge à lèvres** lippenstift
bâtonnet *nm* staafje *het*, stokje *het*
battage *nm* schreeuwerige reclame *de*, tamtam *nm*
battant[1] *nm* **1** *(pièce de cloche)* klepel *nm* **2** *(vantail)* vleugel *nm* **3** *(personne combative)* vechter *nm*
battant[2] *adj* slaande; **le cœur** ~ met bonzend hart; **à deux heures ~es** om twee uur precies; **pluie ~e** slagregen; **porte ~e** klapdeur
batte *nf (base-ball)* knuppel *nm*
battement *nm* **1** *(coup)* (het) slaan; ~ **d'ailes** het klapwieken; ~ **des cils, des paupières** (het) knipperen van de ogen; ~ **du cœur** hartslag; **avoir des ~s de cœur** hartkloppingen hebben; ~ **du pouls** polsslag **2** *(intervalle)* tussenpoos *de*
batterie *nf* **1** *(milit.)* batterij *nf* **2** *(accumulateur)* accu *nm* **3** *(série)* serie *nf;* ~ **de cuisine** keukengerei; ~ **d'élevage** legbatterij **4** *(percussion)* slagwerk *het*
batteur *nm* **1** *(fouet)* handmixer *nm* **2** *(percussionniste)* slagwerker *nm*
batteuse *nf* dorsmachine *nf*
battre[1] *vi* slaan (tegen); **le cœur bat encore** het hart klopt nog; **l'oiseau battait des ailes** de vogel klapwiekte; ~ **des cils, des paupières** met de ogen knipperen; ~ **du tambour** de trommel slaan; **son cœur bat pour cette jeune fille** zijn hart behoort dat meisje toe
battre[2] *vt* **1** *(maltraiter)* slaan **2** *(vaincre)* verslaan; ~ **un adversaire** een tegenstander verslaan; ~ **un record** een record breken **3** *(frapper sur qch)* slaan (op, tegen); ~ **des blancs d'œufs en neige** eiwitten stijfkloppen; ~ **le blé** graan dorsen; ~ **les cartes** de kaarten schudden; ~ **le fer** ijzer smeden; ~ **la mesure** de maat slaan; ~ **un tapis** een kleed uitkloppen
se battre[3] *vpr (se bagarrer)* vechten; **se ~ avec un problème** met een probleem worstelen; **se ~ pour, contre qch** voor, tegen iets strijden
battu *adj* **1** *(personnes)* geslagen; **avoir l'air d'un chien** ~ eruitzien als een geslagen hond; **femmes ~es** (door hun partner) mishandelde vrouwen **2** *(choses)* aangestampt; **œufs ~s en neige** stijfgeklopte eiwitten; **suivre les sentiers ~s** platgetreden paden volgen; **ne pas se tenir pour** ~ zich niet gewonnen geven; **tennis en terre ~e** tennis op gravel
battue *nf* drijfjacht *de*
baudet *nm* ezeltje *het;* **être chargé comme un** ~ beladen zijn als een pakezel
baume *nm* **1** *(pommade)* balsem *nm* **2** *(consolation)* balsem *nm;* **mettre du ~ au cœur de qn** iem vertroosting bieden
bavard *adj* praatziek; **la ~e** de kletskous
bavardage *nm* **1** *(caquetage)* gepraat *het* **2** *(cancan)* roddelpraat *nm;* **il y a eu des ~s** er is gekletst

bavarder *vi* **1** *(causer)* babbelen **2** *(cancaner)* z'n mond voorbij praten **3** *(jacasser)* kletsen
bave *nf* **1** *(salive)* kwijl *het/de* **2** *(de l'escargot)* slijm *het/de (m)*
baver *vi* **1** *(saliver)* kwijlen **2** *(être ahuri de)* met zijn oren staan te klapperen; **il en bavait** hij stond er versteld van **3** *(tacher)* vlekken ♦ **en** ~ keihard moeten pezen
baveux *adj* **1** *(qui bave)* kwijlend **2** *(peu cuit)* (te) zacht
bavoir *nm* slabbetje *het*
bavure *nf* **1** *(erreur)* miskleun *nm;* **sans** ~**(s)** vlekkeloos **2** *(indus.) (barbe)* gietnaad *nm* **3** *(tache)* onzuiverheid *nf*
bazar *nm* **1** *(souk; magasin)* bazaar *nm* **2** *(désordre; barda)* rommel *nm;* **et tout le** ~ en de hele santenkraam
b.c.b.g., BCBG *adj* netjes, deftig; **le** ~ de yuppie
béant *adj* wijd open, gapend
béat *adj* **1** *(niais)* gelukzalig **2** *(bienheureux)* vroom
béatitude *nf* gelukzaligheid *nf*
beau *adj adv* **1** *(joli)* mooi; **le bel âge** de jeugd; **se faire** ~ zich met zorg kleden; **se faire belle** zich optutten; **il fait** ~ het is mooi weer; **faire le** ~ opzitten; ~ **parleur** mooiprater; **c'est la belle vie** dat is een lekker leventje **2** *(noble)* goed; **en dire de belles sur qn** niet veel goeds over iem vertellen; **c'est du ~!** 't is me wat moois!; **ce n'est pas** ~ **de mentir** je hoort niet te jokken **3** *(important)* flink, groot; **un bel âge** een hoge leeftijd; **une belle bronchite** een flinke bronchitis; **un bel égoïste** een grote egoïst; **une belle somme** een aardig bedrag; **c'est du** ~ **travail!** dat heb je knap gedaan! ♦ **j'ai** ~ **crier, il ne m'entend pas** al roep ik nog zo hard, hij hoort me niet; **vous avez** ~ **dire, ...** wat u ook zegt, toch ...; **avoir** ~ **faire qch** tevergeefs iets doen; **bel et bien** goed en wel; **l'échapper belle** op het nippertje ontsnappen; **au** ~ **milieu** precies in het midden; **de plus belle** opnieuw en nog sterker
beaucoup *adv* veel; ~ **de gens** veel mensen; **c'est** ~ **dire** dat is kras gezegd; **c'est déjà** ~ dat is al heel wat; **il s'en faut de** ~ dat scheelt veel; ~ **mieux** veel beter; **il y est pour** ~ het is in grote mate aan hem te danken; ~ **sont de notre avis** veel mensen zijn het met ons eens; **ils travaillent** ~ ze werken hard; ~ **trop** veel te veel; **merci** ~ dank u zeer
beau-fils *nm* **1** *(gendre)* schoonzoon *nm* **2** *(fils du conjoint)* stiefzoon *nm*
beau-frère *nm* zwager *nm*
beau-père *nm* **1** *(père du conjoint)* schoonvader *nm* **2** *(second mari de la mère)* stiefvader *nm*
beauté *nf* **1** schoonheid *nf;* **de toute** ~ wonderschoon; **mourir en** ~ waardig sterven; **se (re)faire une** ~ zich optutten; **pour la** ~ **du geste** vanwege het mooie gebaar **2** *(plur.) (belles choses)* mooie dingen *plur*
beaux-arts *nm* schone kunsten *plur*
beaux-parents *nm* schoonouders *plur*
bébé *nm* baby *nm*, zuigeling *nm;* **faire le** ~ zich kinderachtig gedragen
bébé-éprouvette *nm* reageerbuisbaby *nm*
bec *nm* **1** *(de l'animal)* snavel *nm* **2** *(de l'homme)* bek *nm;* **clouer le** ~ **à qn** iem de mond snoeren; **ouvrir le** ~ zijn waffel opendoen **3** *(extrémité)* punt *nm*, *(d'un instrument)* mondstuk *het*, *(d'une cruche)* tuit *de;* ~ **de gaz** gaslantaarn ♦ **être le** ~ **dans l'eau** uit het veld geslagen zijn; **tomber sur un** ~ **(de gaz)** op een onverwachte moeilijkheid stuiten
bécarre *nm* herstellingsteken *het;* **do** ~ c met een herstellingsteken
bêche *nf* spade *de*
bêcher *vt* ↑ omspitten
becquée *nf* snavelvol *nm;* **donner la** ~ **à** voeren
becqueter, becter *vt* (op)pikken
bedaine *nf* buikje *het*
bédé *nf* ↑ strip *nm*
bedonnant *adj* dikbuikig
bée *adj* ♦ **bouche** ~ (met) open mond
beffroi *nm* belfort *het*
bégaiement *nm* (het) stotteren
bégayer[1] *vi* stotteren
bégayer[2] *vt* stamelen
bégonia *nm* begonia *de*
bègue *adj* stotterend; **le, la** ~ de stotteraar(ster)
béguin *nm* vluchtige verliefdheid *nf;* **avoir le** ~ **pour qn** verkikkerd op iem zijn
beige *adj* beige; **le** ~ **lui va bien** beige staat hem goed
beignet *nm* beignet *de*
Bélarussie *nf* → **Biélorussie**
bêlement *nm* gemekker *het*, geblaat *het*
bêler *vi* mekkeren, blaten
belette *nf* wezel *de*
belge *adj* Belgisch; **le, la Belge** de Belg, Belgische
belgicisme *nm* belgicisme *het*
Belgique *nf* België *n (sans art.)*
Bélier *nm* Ram *nm;* **il est** ~ hij is een Ram
bélier *nm* ram *nm*
belle *nf* **1** *(liberté)* vrijheid *nf;* **se faire la** ~ ontsnappen **2** *(jeux)* beslissende wedstrijd *nm* ♦ **la Belle au bois dormant** Doornroosje
belle-fille *nf* **1** *(épouse d'un fils)* schoondochter *nf* **2** *(fille du conjoint)* stiefdochter *nf*
belle-mère *nf* **1** *(mère du conjoint)* schoonmoeder *nf* **2** *(seconde femme du père)* stiefmoeder *nf*
belle-sœur *nf* schoonzuster *nf*
belligérant *adj* oorlogvoerend; **les ~s** de oorlogvoerenden
belliqueux *adj* **1** *(qui aime la guerre)* oorlogszuchtig **2** *(agressif)* strijdlustig
belvédère *nm* uitzichttoren *nm*
bémol *nm* molteken *het*, mol *de*
bénédiction *nf* zegen *nm;* **donner sa** ~ **à**

qn iem zijn zegen geven; ~ **nuptiale** kerkelijke inzegening van een huwelijk
bénéfice *nm* **1** *(gain)* winst *nf* **2** *(avantage)* voordeel *het;* **au ~ de** ten bate van; **tirer ~ de qch** voordeel uit iets trekken **3** *(privilège)* (voor)recht *het*
bénéficiaire[1] *n* begunstigde *nm*
bénéficiaire[2] *adj* winstgevend, winst-
bénéficier *vt* voordeel trekken (uit), genieten (van); ~ **d'une remise de dix pour cent** tien procent korting krijgen
bénéfique *adj* heilzaam
bénévolat *nm* vrijwilligerswerk *het*
bénévole *adj* vrijwillig; **le, la** ~ de vrijwillig(st)er; **travailler ~ment** vrijwilligerswerk doen
bénin *adj* **1** *(méd.)* goedaardig **2** *(anodin)* onschadelijk
bénir *vt* **1** *(donner sa bénédiction à)* zegenen **2** *(louer)* loven
bénit *adj* gewijd; **eau ~e** wijwater
bénitier *nm* wijwatervat *het*
benjamin, -ine *n* benjamin *nm*
benne *nf* **1** *(wagonnet)* mijn(werkers)wagen *nm;* ~ **basculante** kiepwagen; ~ **à ordures** vuilnisauto **2** *(d'un camion)* laadbak *nm* **3** *(d'une grue)* grijper *nm* **4** *(téléphérique)* cabine *nf*
béquille *nf* **1** *(canne)* kruk *de* **2** *(vélo)* standaard *de, (caravane)* poot *de*
bercail *nm* schoot *nm* van het gezin; **rentrer au** ~ in de schoot van het gezin terugkeren
berceau *nm* **1** *(petit lit)* wieg *de;* **dès le** ~ van kindsbeen af **2** *(lieu de naissance)* bakermat *de*
bercer[1] *vt* **1** *(balancer)* wiegen **2** *(leurrer)* paaien
se bercer[2] *vpr* zich koesteren (in); **se ~ d'illusions** illusies koesteren
berceuse *nf* wiegeliedje *het*
béret *nm* baret *de;* ~ **basque** alpino(pet)
berge *nf* **1** *(rivage)* hoge oever *nm* **2** *(talus)* berm *nm* **3** *(année)* jaar *het*
berger[1] *nm (chien)* herder(shond) *nm, (Belg.)* scheper *nm*
berger[2]**, -ère** *n* (schaap)herder(in) *nm (nf)*
bergerie *nf* schaapskooi *de*
berline *nf* vierdeursauto *nm*
berlingot *nm* **1** *(bonbon)* kussentje *het* **2** *(emballage)* pak *het (lait)*
berlue *nf* ♦ **avoir la** ~ hersenschimmen hebben, *(fig.)* iets verkeerd beoordelen
bermuda(s) *nm* bermuda *nm*
berne *nf* ♦ **drapeau en** ~ vlag halfstok
berner *vt* beduvelen
besogne *nf* werk *het;* **abattre de la** ~ veel werk verzetten; **aller vite en** ~ voortvarend zijn
besoin *nm* **1** *(nécessité)* behoefte *nf;* **avoir ~ de** moeten; **avoir ~ de qn, de qch** iem/iets nodig hebben; **ne pas avoir ~ de faire qch** iets niet hoeven te doen; **il n'est pas ~ de dire que** onnodig te zeggen dat; **si ~ est, au** ~ zo nodig **2** *(nécessité d'uriner, etc.)* (natuurlijke) behoefte *nf;* **faire ses ~s** zijn behoeften doen **3** *(pauvreté)* behoeftigheid *nf;* **être dans le** ~ armoede lijden
bestial *adj* beestachtig
bestialité *nf* beestachtigheid *nf*
bestiau *nm (plur.)* vee *het*
bestiole *nf* beestje *het*
bétail *nm* vee *het*
bête[1] *nf* **1** *(animal)* beest *het*, dier *het;* **regarder qn comme une ~ curieuse** iem aangapen; **~s à cornes** hoornvee; ~ **à bon dieu** lieveheersbeestje; **c'est ma ~ noire** ik kan hem, haar niet uitstaan; **chercher la petite** ~ muggenziften; **~s sauvages, féroces** wilde dieren; ~ **de somme** lastdier **2** *(idiot)* domkop *nm;* **faire la** ~ zich van de domme houden; **grosse ~!** dommerd!
bête[2] *adj* **1** *(idiot)* dom; **pas si** ~ zo gek niet **2** *(insensé)* onzinnig **3** *(enfantin)* (dood)eenvoudig; **c'est ~ comme chou** dat is kinderspel; **tout ~ment** doodeenvoudig
bêtise *nf* **1** *(sottise)* domheid *nf;* **dire des ~s** onzin uitkramen **2** *(action sotte)* stommiteit *nf;* **faire des ~s** stommiteiten begaan **3** *(bagatelle)* kleinigheid *nf;* **se disputer pour une** ~ om niets ruzie maken
béton *nm* beton *het;* ~ **armé** gewapend beton; *(aussi au fig.)* **en** ~ keihard
bétonner *vt* beton aanbrengen op; ~ **un mur** een muur met beton versterken
bette *nf* snijbiet *de*
betterave *nf* biet *de;* ~ **rouge** rode biet, kroot; ~ **sucrière** suikerbiet
beuglement *nm* **1** *(mugissement)* geloei *het* **2** *(son puissant)* geblèr *het*
beugler[1] *vi* **1** *(mugir)* loeien **2** *(crier)* blèren
beugler[2] *vt (gueuler)* blèren
beur *nm* ↑ Arabier *nm*
beurre *nm* **1** *(matière grasse)* boter *de* **2** *(pâte)* pasta *het/de (m);* ~ **de cacahuète** pindakaas; ~ **de cacao** cacaoboter ♦ **faire son** ~ zich verrijken; **compter pour du** ~ voor spek en bonen meedoen; **ça met du ~ dans les épinards** dat is mooi meegenomen
beurrer *vt* beboteren
beurrier *nm* botervloot *de*
beuverie *nf* zuippartij *nf*
bévue *nf* flater *nm*
biais *nm* **1** *(oblique)* schuinte *nf;* **de, en** ~ schuin **2** *(aspect)* kant *nm* **3** *(détour)* kunstgreep *nm;* **par le ~ de** door middel van
bibelot *nm* snuisterij *nf*
biberon *nm* zuigfles *de*
bible *nf* Bijbel *nm (aussi au fig.)*
bibliobus, bibliocar *nm* bibliobus *nm*
bibliographie *nf* bibliografie *nf*
bibliothécaire *n* bibliothecalris, -resse *nm,f*
bibliothèque *nf* **1** *(meuble)* boekenkast *de* **2** *(bâtiment)* bibliotheekgebouw *het;* ~ **de prêt** uitleenbibliotheek **3** *(collection)* bibliotheek *nf*
biblique *adj* Bijbels
bic® *nm* balpen *de*, ballpoint *de*
bicarbonate *nm* bicarbonaat *het;* ~ **de soude** zuiveringszout

biceps *nm* biceps *nm*
biche *nf* **1** *(animal)* hinde *nf;* **yeux de ~** reeënogen **2** *(terme affectueux)* schatje *het (f)*
bichonner¹ *vt* opdoffen
se bichonner² *vpr* zich opdoffen
bicolore *adj* tweekleurig
bicoque *nf* krot *de*
bicyclette *nf* fiets *de;* **aller à, en ~** fietsen
bide *nm* **1** *(ventre)* pens *de* **2** *(échec)* flop *nm;* **la pièce a fait un ~** het stuk is een flop geworden
bidet *nm* bidet *nm*
bidon *nm* **1** *(récipient)* kan *de;* **~ d'essence** benzineblik, jerrycan **2** *(ventre)* pens *de* **3** *(bluff)* ↑ bluf *nm;* **un attentat ~** een schijnaanval; **c'est pas du ~** ik belazer je niet
se bidonner *vpr* zich rot lachen
bidonville *nm* sloppenwijk *de*
bidule *nm* ↑ ding(etje) *het*
bielle *nf* drijfstang *de*
bien¹ *nm* **1** *(abstr.)* weldaad *de;* **mener qch à ~** iets tot een goed einde brengen; **dire du ~ de qn** gunstig over iem spreken; **changer qch en ~** iets ten goede veranderen; **c'est un ~** dat is een geluk; **faire le ~** goed doen; **cela fait du ~** dat doet een mens goed; **pour son ~** voor zijn eigen bestwil; **vouloir le ~ de qn** het beste met iem voorhebben **2** *(concr.)* bezitting *nf*, vermogen *het; (jur.)* **~s communs** gemeenschap van goederen; **~s de consommation** verbruiksgoederen
bien² *adv* **1** *(de façon satisfaisante)* goed; **avoir l'air ~** er goed, mooi uitzien; **se conduire ~** zich netjes gedragen; **c'est ~ fait!** net goed!; **c'est ~ fait pour lui!** dat is z'n verdiende loon!; **être ~ avec qn** goed met iem kunnen opschieten; **faire ~ (de)** er goed aan doen (om); **on mange ~ ici** je kunt hier lekker eten; **ni ~ ni mal** tamelijk goed; **nous voilà ~!** nou zitten we mooi in de puree!; **nous sommes ~ ici** we voelen ons hier lekker; **un type ~** een aardige vent **2** *(très)* zeer; **elle est ~ jeune pour voyager seule** ze is wel heel jong om alleen te reizen; **~ souvent** heel vaak; **~ sûr** natuurlijk **3** *(beaucoup; largement)* heel veel; **~ d'autres** vele anderen; **~ de, ~ des** heel wat, (heel) veel; **il y a ~ une heure que ça dure** dat duurt al ruim een uur **4** *(vraiment)* werkelijk, echt; **c'est ~ lui** dat is echt iets voor hem; **il part ~ demain?** hij vertrekt toch morgen? ♦ **aussi ~ que** evenals; **eh ~!** welnu!; **il le fait ~, pourquoi pas moi?** hij doet het toch ook, waarom ik dan niet?; **j'irais ~ avec vous** ik zou wel met u mee willen; **ou ~** ofwel; **~ que** hoewel; **si ~ que** zodat; **nous verrons ~** we zullen wel zien
bien-aimé *adj* zeer geliefd; **le, la ~(e)** de geliefde
bien-être *nm* **1** *(bonheur)* (gevoel *het* van) welbehagen *het* **2** *(confort)* welzijn *het*
bienfaisance *nf* liefdadigheid *nf*
bienfaisant *adj* weldadig
bienfait *nm* weldaad *de*
bienfaiteur, -trice *n* weldoener *nm*
bien-fondé *nm* gegrondheid *nf*, *(jur.)* rechtmatigheid *nf*
bienheureux *adj* **1** *(heureux)* (zeer) gelukkig **2** *(béat)* (geluk)zalig; **les ~** de (geluk)zaligen
bienséance *nf* welvoeglijkheid *nf*
bientôt *adv* weldra, spoedig; **à ~** tot ziens; **c'est pour ~?** komt er nog wat van?; **très ~** heel gauw
bienveillance *nf* welwillendheid *nf*
bienveillant *adj* welwillend
bienvenu *adj* welkom; **soyez le ~** wees welkom
bienvenue *nf* welkom *het;* **cadeau de ~** welkomstgeschenk; **souhaiter la ~ à qn** iem welkom heten
bière *nf* **1** *(boisson)* bier *het;* **~ pression** tapbier; **~ blonde** licht bier; **~ en canettes** flessenbier **2** *(cercueil)* doodkist *de;* **mettre en ~** kisten
biffer *vt* doorhalen, schrappen
bifteck, biftèque *nm* biefstuk *nm;* **gagner son ~** ↑ zijn boterham verdienen
bifurcation *nf* splitsing *nf*, tweesprong *nm*
bifurquer *vi* splitsen, *(fig.)* een andere richting inslaan
bigame *adj* bigamisch; **le, la ~** de bigamist(e)
bigarré *adj* **1** *(bariolé)* bont **2** *(hétéroclite)* heterogeen
bigler *vi* **1** *(loucher)* ↑ loensen **2** *(regarder)* ↑ gluren
bigorneau *nm* alikruik *de*
bigot *adj* kwezelachtig; **la ~e** de kwezel
bigoudi *nm* krulspeld *de*
bijou *nm* juweel *het (aussi au fig.)*
bijouterie *nf* **1** *(magasin)* juwelierswinkel *nm* **2** *(bijoux)* juwelen *plur*
bijoutier, -ière *n* juwelier(ster) *nm (nf)*
bilan *nm* **1** *(écon.)* balans *de;* **déposer son ~** zijn faillissement aanvragen; **dresser le ~** de balans opmaken **2** *(résultat global)* balans *de*, overzicht *het;* **faire le ~ de qch** de balans van iets opmaken; **un ~ de santé** een check-up
bile *nf* **1** *(liquide)* gal *de* **2** *(colère)* woede *de;* **décharger sa ~** zijn gal spuwen ♦ **se faire de la ~** zich ongerust maken
bileux *adj* tobberig
bilieux *adj* **1** *(qui abonde en bile)* galachtig **2** *(colérique)* opvliegend **3** *(inquiet)* bezorgd
bilingue *adj* tweetalig; **le, la ~** de tweetalige
bilinguisme *nm* tweetaligheid *nf*
billard *nm* **1** *(jeu; table)* biljart *het;* **~ électrique** flipperkast; **faire un petit ~** een keutje leggen **2** *(table d'opération)* ↑ operatietafel *de;* **passer sur le ~** onder het mes komen
bille *nf* **1** *(boule de billard)* biljartbal *nm* **2** *(jeu)* knikker *nm*, *(plur.)* knikkerspel *het;* **jouer aux ~s** knikkeren **3** *(sphère métallique)* kogeltje *het*
billet *nm* **1** *(ticket)* plaatsbewijs *het;* **~ aller et retour** retourkaartje; **~ de faveur**

vrijkaartje; ~ **de loterie** lot, lootje; **prendre un** ~ een kaartje kopen **2** *(papier-monnaie)* (bank)biljet *het* **3** *(lettre)* briefje *het;* ~ **doux** liefdesbriefje
billetterie *nf* geldautomaat *nm*
binaire *adj* binair
biner *vt* schoffelen
binette *nf* **1** *(instrument)* schoffel *de* **2** *(figure)* tronie *nf*
biocarburant *nm* biobrandstof *de*
biochimie *nf* biochemie *nf*
biodéchets *plur* bioafval *het*
biodégradable *adj* biologisch afbreekbaar
biographie *nf* biografie *nf*
biographique *adj* biografisch
biologie *nf* biologie *nf*
biologique *adj* biologisch
biologiste *n* bioloog, biologe *nm,f*
bip *nm (signal acoustique)* bliep bliep *het;* **après le** ~ **sonore** na de piep
bique *nf* ↑ geit *nf*
bis[1] *adj* grijsbruin; **du pain** ~ bruinbrood
bis[2] *adv* bis; **le** ~ de herhaling
bisaïeul, -eule *n* ↓ over|grootvader, -grootmoeder *nm,f*
biscornu *adj* **1** *(tarabiscoté)* grillig **2** *(bizarre)* vreemd
biscotte *nf* beschuit *de*
biscuit *nm* koekje *het*, biscuitje *het;* ~**s salés** zoutjes
bise *nf* **1** *(vent)* noord(oost)enwind *nm* **2** *(bisou)* kusje *het*
biseau *nm* schuine kant *nm*
bisexué *adj* tweeslachtig
bison *nm* bizon *nm*
bisou *nm* kusje *het*
bissextile *adj* ♦ **année** ~ schrikkeljaar
bistouri *nm* scalpel *het*
bistro(t) *nm* kroeg *de*, café *het*
bit *nm* bit *de*
bitume *nm* asfalt *het*
bivouac *nm* bivak *het*
bizarre *adj* **1** *(qch)* eigenaardig **2** *(qn)* zonderling
bizarrerie *nf* eigenaardigheid *nf*
blabla(bla) *nm* geklets *het*
blafard *adj* bleek
blague *nf* ↑ grap *de;* ~ **à part** alle gekheid op een stokje; **faire une** ~ **à qn** ↑ een grap met iem uithalen; **sale** ~ rotstreek; **sans** ~**!** ↑ echt waar!
blaguer *vi* grapjassen
blagueur, -euse *n* grapjas *nm*
blaireau *nm* **1** *(mammifère)* das *nm* **2** *(brosse pour la barbe)* scheerkwast *nm*
blairer *vt* ♦ **je ne peux pas le** ~ ↑ ik kan hem niet luchten (of zien)
blâmable *adj* afkeurenswaardig
blâme *nm* **1** *(réprobation)* afkeuring *nf* **2** *(réprimande)* berisping *nf*
blâmer *vt* **1** *(réprouver)* afkeuren; ~ **qn de, pour son attitude** iemands houding afkeuren **2** *(réprimander)* berispen
blanc[1] *nm* **1** *(couleur blanche)* wit *het;* **tirer à** ~ met los kruit schieten; **chauffer à** ~ witgloeiend maken *(aussi au fig.);* **en** ~ onbeschreven; **chèque en** ~ blanco cheque; **laisser des** ~**s** stukken openlaten *(dans un texte); (échecs)* **les Blancs** wit *(sing.);* ~ **de l'œil** oogwit; ~ **d'œuf** eiwit; ~ **de poulet** kippenborst **2** *(linge)* wit linnengoed *het* **3** *(vin)* witte wijn *nm* ♦ **regarder qn dans le** ~ **des yeux** iem strak aankijken
blanc[2] *adj* **1** *(de couleur très pâle)* wit; **bois** ~ vurenhout; **donner carte** ~**he à qn** iem de vrije hand laten; **cheveux** ~**s** grijs haar; **être** ~ er bleek uitzien; **le** ~**, la** ~**he** de blanke **2** *(propre)* schoon, *(fig.)* onschuldig; ~ **comme neige** onschuldig als een lam; **draps** ~**s** schone lakens **3** *(fictif)* schijn-; **examen** ~ proefexamen; **mariage** ~ schijnhuwelijk
blanchâtre *adj* witachtig
blanche *nf (mus.)* halve noot *de*
Blanche-Neige Sneeuwwitje
blancheur *nf* witheid *nf*
blanchir[1] *vi (devenir blanc)* wit worden, grijs worden *(cheveux)*
blanchir[2] *vt* **1** *(rendre blanc)* wit maken, *(cuis.)* blancheren **2** *(nettoyer (du linge))* wassen; **être logé, nourri et blanchi** ↑ inwoning, kost en bewassing vrij hebben **3** *(disculper)* onschuldig verklaren **4** *(capitaux, argent)* witten
blanchissage *nm* (het) wassen
blanchisserie *nf* wasserij *nf*
blanchisseur, -euse *n* wasbaas, wasvrouw *nm,f*
blanquette *nf* ♦ ~ **de veau** kalfsragout
blasé *adj* afgestompt, onverschillig
blason *nm* wapen(schild) *het*, blazoen *het*
blasphème *nm* heiligschennis *nf*, godslastering *nf*
blasphémer *vi* godslasteringen uiten, vloeken
blatte *nf* kakkerlak *nm*
blé *nm* **1** *(céréale, grain)* tarwe *de* **2** *(argent)* poen *het/de* ♦ ~ **noir** boekweit
bled *nm* gat *het*
blême *adj* doodsbleek; ~ **de colère** wit van woede
blêmir *vi* doodsbleek worden, verbleken
blessant *adj* kwetsend
blessé, -ée *n* gewonde *nm;* **un grand** ~ een zwaargewonde
blesser[1] *vt* **1** *(causer une blessure à)* (ver)wonden **2** *(meurtrir)* pijn doen, knellen *(vêtements, souliers trop étroits)* **3** *(offenser)* kwetsen; ~ **l'orgueil de qn** iem in zijn trots kwetsen
se blesser[2] *vpr* **1** *(se faire mal)* zich verwonden **2** *(s'offusquer)* gekwetst zijn
blessure *nf* wond *de*
blet *adj* overrijp
bleu[1] *nm* **1** *(couleur)* blauw *het;* ~ **d'Auvergne** blauwe schimmelkaas uit de Auvergne; ~ **ciel** hemelsblauw **2** *(ecchymose)* blauwe plek *de* **3** *(salopette)* overall *nm;* ~ **de travail** overall
bleu[2] *adj* **1** *(de couleur bleue)* blauw **2** *(saignant)* rood *(bifteck)*
bleuet *nm* korenbloem *de*
bleuté *adj* blauwachtig

blindage *nm* (be)pantsering *nf*
blindé *adj* **1** *(protégé)* pantser-, gepantserd; **division ~e** pantserdivisie; **le ~** het pantservoertuig **2** *(endurci)* immuun
blinder *vt* **1** *(munir d'un blindage)* (be)pantseren **2** *(endurcir)* immuun maken
blizzard *nm* blizzard *nm*
bloc *nm* blok *het;* **à ~** geheel; **être gonflé à ~** keihard opgepompt zijn; **en ~** in zijn geheel; **le ~ de l'Est** het Oostblok; **faire ~ contre** één front vormen tegen
blocage *nm* **1** (het) blokkeren, bevriezing *nf (des salaires, prix);* **~ des prix** prijzenstop **2** *(psycho.)* geremdheid *nf*
blockhaus *nm* bunker *nm*
bloc-moteur *nm* motorblok *het*
bloc-notes *nm* blocnote *nm*
blocus *nm* blokkade *nf*
blog *nm (inform.)* blog *het/de (m)*
bloguer *vi (inform.)* bloggen
blogueur, -euse *n (inform.)* blogger *nm*
blond *adj* **1** *(de couleur blonde)* blond; **le, la ~(e)** de blonde man, vrouw **2** *(d'un jaune très doux)* licht, goudgeel; **une ~e** een pils *(bière),* een sigaret van lichte tabak
blondir[1] *vi* blond worden
blondir[2] *vt* blond maken
bloquer[1] *vt* **1** *(cerner; immobiliser)* blokkeren; **bloqué par la glace** vastgevroren, ingevroren; **~ les prix** een prijzenstop afkondigen; **~ les salaires** de lonen bevriezen **2** *(obstruer)* afsluiten **3** *(grouper)* groeperen ♦ *(psycho.)* **être bloqué** geremd zijn
se bloquer[2] *vpr (se caler)* geblokkeerd raken, blokkeren
se blottir *vpr* **1** *(se recroqueviller)* zich oprollen **2** *(se cacher)* wegkruipen **3** *(se serrer contre)* zich nestelen (tegen)
blouse *nf* **1** *(tablier)* stofjas *de;* **~ blanche** witte doktersjas **2** *(chemisier)* (dames)bloes *de*
blouson *nm* jak *het* ♦ **~ noir** nozem
blue-jean *nm* spijkerbroek *de*
bluff *nm* bluf *nm*
bluffer[1] *vi* (over)bluffen
bluffer[2] *vt (tenter de tromper)* bedriegen
boa *nm* boa *nm*
bobard *nm* leugentje *het*
bobine *nf* **1** *(canette)* (garen)klos *de* **2** *(rouleau)* (film)rolletje *het* **3** *(figure)* smoel *nm*
bobo *nm* **1** *(douleur physique)* pijn *de;* **se faire ~** zich pijn doen **2** *(égratignure)* wondje *het*
bocal *nm* **1** *(en verre)* (stop)fles *de* **2** *(pour poissons)* (goud)viskom *de*
bock *nm* glas *het* bier
bœuf *nm* **1** *(animal)* rund *het;* **fort comme un ~** sterk als een paard; **~ gras** carnavalsos **2** *(viande)* rundvlees *het*
bof! *interj* och!
bogue *n (inform.)* bug *nm*
bohémien *adj* **1** *(de Bohème)* Boheems; **le, la Bohémien(ne)** de Bohemer, Boheemse **2** *(aussi péj.)* zigeuner-; **le, la ~(ne)** de zigeuner(in)
boire *vt* **1** *(ingurgiter)* drinken; **il y a à ~ et à manger** er zijn voors en tegens **2** *(être alcoolique)* drinken; **il boit** hij is aan de drank **3** *(absorber)* opzuigen
bois *nm* **1** *(matière)* hout *het;* **~ de chauffage** brandhout; **on va voir de quel ~ je me chauffe** men zal mij nog leren kennen!; **~ de construction** timmerhout; **touchons du ~** even afkloppen **2** *(forêt)* bos *het* **3** *(plur.) (cornes)* gewei *het* **4** *(plur.) (instruments)* houten blaasinstrumenten *plur*
boisé *adj* bebost
boiser *vt* **1** *(garnir avec du bois)* betimmeren **2** *(planter d'arbres)* bebossen
boiserie *nf* houtwerk *het, (plur.)* lambrisering *nf*
boisson *nf* drank *nm;* **s'adonner à la ~** aan de drank zijn
boîte *nf* **1** *(récipient)* doos *de,* kistje *het;* **mettre en ~(s)** inblikken; **mettre qn en ~** iem voor de gek houden; **~ à gants** handschoenenkastje; **~ à idées** ideeënbus; **~ aux lettres** brievenbus; **~ à musique** speeldoos; **~ postale, BP** postbus; **~ à rythme(s)** ritmebox **2** *(organe contenant un mécanisme)* bak *nm;* **~ noire** zwarte doos; **~ de vitesses** versnellingsbak **3** *(bureau, école)* hok *het* **4** *(boîte de nuit)* (dans)tent *de;* **aller en ~** gaan dansen; **~ de nuit** nachtclub
boiter *vi* mank lopen, hinken
boiteux *adj* **1** *(qui boite)* mank; **le ~, la boiteuse** de hinkepoot **2** *(choses) (bancal)* wankel **3** *(fig.)* mankgaand
boîtier *nm* doos *de* (met vakjes)
bol *nm* **1** *(pièce de vaisselle)* kom *de;* **prendre un ~ d'air** een frisse neus halen **2** *(chance)* mazzel *nm* ♦ **en avoir ras le ~** het spuugzat zijn
bolide *nm* **1** racewagen *nm* **2** bolide *nf;* **passer comme un ~** voorbijflitsen
bombardement *nm* bombardement *het*
bombarder *vt* **1** *(pilonner)* bombarderen **2** *(+ de) (accabler de)* bestoken (met) **3** *(nommer brusquement)* bombarderen tot
bombe *nf* **1** *(projectile)* bom *de;* **~ à retardement** tijdbom; **~ atomique** atoombom; **éclater comme une ~, faire l'effet d'une ~** inslaan als een bom; **~ lacrymogène** traangasgranaat **2** *(atomiseur)* spuitbus *de* **3** *(casquette de cavalier)* ruiterpet *de*
bombé *adj* bol
bomber *vt* opbollen, bol maken; **~ le torse** een hoge borst opzetten
bon[1] *nm* bon *nm,* bewijsje *het;* **~ d'achat** waardebon; **~ de caisse** kassabon; **~ de livraison** reçu
bon[2], **bonne** *adj* **1** *(satisfaisant)* goed; **il n'est ~ à rien** hij deugt nergens voor; **avoir du ~** voordelen hebben; **c'est ~** oké, goed; **c'est ~!** zo is het wel genoeg!; **il est ~ que, de ...** het is wenselijk dat, om ...; **~ pour le service** goedgekeurd voor militaire dienst; **à quoi ~?** waarvoor?; **comme ~ vous semble** zoals u wilt; **tenir ~** weerstaan; **trouver ~** goedvinden; **un ~ à rien** een nietsnut **2** *(généreux)* goedaardig; **un homme ~** een goedhartige man; **les ~s et les méchants** de goeden en de

kwaden **3** *(brave)* naïef; **une ~ne femme** een vrouw(tje); **un ~ garçon** een goedige jongen **4** *(agréable)* lekker, heerlijk; **~ne année!** gelukkig nieuwjaar!; **il fait ~** het is lekker weer; **sentir ~** lekker ruiken **5** *(drôle)* grappig, leuk; **en avoir de ~nes** grapjes maken; **elle est bien ~ne!** die is goed! **6** *(correct)* juist; **au ~ moment** op het juiste ogenblik **7** *(grand)* groot, vol; **dix ~s kilomètres** ruim tien kilometer **8** *(fort)* hard; **une ~ne gifle** een harde klap **9** *(interj.)* goed!; **~!** goed, afgesproken!; **ah ~?** oh ja? ♦ **pour de ~** werkelijk

bonbon *nm* snoepje *het;* **~ acidulé** zuurtje

bonbonne *nf* **1** *(récipient pour liquides)* buikfles *de* **2** *(récipient pour gaz)* gasfles *de*

bonbonnière *nf* bonbonnière *de*

bond *nm* sprong *nm (aussi au fig.);* **d'un ~** met een sprong; **faire un ~** opspringen, *(fig.)* omhoogschieten; **ne faire qu'un ~** toesnellen ♦ **faire faux ~ à qn** iem in de steek laten

bonde *nf* **1** *(trou)* spongat *het* **2** *(fermeture)* afvoerstop *nm* **3** *(pour baignoires, etc.)* afvoergat *het*

bondé *adj* propvol

bondir *vi* (op)springen; **faire ~ qn** iem razend maken

bonheur *nm* geluk *het;* **avoir le ~ de** het genoegen hebben te; **par ~** gelukkig (maar); **au petit ~** op goed geluk; **porter ~** geluk brengen

bonhomie *nf* goedaardigheid *nf*

bonhomme[1] *nm* **1** *(homme)* vent *nm*, kerel *nm* **2** *(petit garçon)* ventje *het (m)* **3** *(figure humaine)* pop *de;* **~ de neige** sneeuwpop ♦ **aller son petit ~ de chemin** rustig z'n gangetje gaan

bonhomme[2] *adj* goedaardig

bonifier[1] *vt* verbeteren

se bonifier[2] *vpr* beter worden

bonjour *interj* goedendag!, goedemorgen!; **simple comme ~** doodsimpel; **donner le ~ à qn** iem de groeten doen

bonne *nf* dienstmeisje *het (f)* ♦ **~ d'enfants** kindermeisje

bonnement *adv* ♦ **tout ~** gewoon(weg)

bonnet *nm* **1** *(coiffure)* muts *de;* **~ de nuit** slaapmuts **2** *(de soutien-gorge)* cup *nm* ♦ **c'est ~ blanc et blanc ~** dat is lood om oud ijzer; **un gros ~** een hoge piet

bonsoir *interj* goedenavond!; **souhaiter le ~ à qn** iem goedenavond wensen

bonté *nf* **1** *(altruisme)* goedheid *nf;* **avoir la ~ de ...** zo goed willen zijn om ...; **~ divine!** mijn god! **2** *(plur.) (amabilités)* gunsten *plur*

bonus *nm* **1** *(assurance automobile)* noclaimkorting *nf* **2** *(sur le salaire)* premie *nf*

boomerang *nm* boemerang *nm;* **effet ~** boemerangeffect

bord *nm* **1** *(extrémité)* rand *nm;* **à ras ~** tot aan de rand gevuld; **au ~ de la mer** aan zee; **être au ~ des larmes** bijna huilen; **le ~ de la mer** de kust; **le ~ de la route** de kant van de weg; **sur les ~s** een beetje **2** *(mar.)* boord *het/de (m);* **virer de ~** overstag gaan *(aussi au fig.)* ♦ **être du même ~** dezelfde mening toegedaan zijn

bordeaux *nm* **1** *(vin)* bordeaux(wijn) *nm* **2** *(couleur)* bordeaux(rood) *het;* **un pull ~** een bordeauxrode trui

bordel *nm* **1** *(maison de prostitution)* bordeel *het* **2** *(désordre)* zwijnenstal *nm* **3** *(tapage)* ↑ hels lawaai *het*

bordélique *adj* chaotisch

border *vt* **1** *(être au bord de)* staan, liggen langs; **bordé d'arbres** met bomen erlangs **2** *(garnir d'un bord)* afzetten **3** *(faire (un lit))* goed opmaken; **~ qn** iem toedekken

bordereau *nm* lijst *de*, overzicht *het;* **~ d'achat** koopbriefje; **~ d'envoi** vrachtbrief

bordure *nf* rand *nm;* **en ~ de** langs; **~ de fleurs** border

boréal *adj* noordelijk, Noordpool-; **aurore ~e** noorderlicht

borgne *adj* aan één oog blind, eenogig; **le, la ~** de eenoog ♦ **café ~** obscuur kroegje

borne *nf* **1** *(marque qui délimite)* paal *nm*, *(frontière)* grenspaal *nm;* **~ téléphonique (d'urgence)** praatpaal **2** *(kilomètre)* ↑ kilometer *nm* **3** *(plur.) (limites)* grenzen *plur;* **dépasser les ~s, sortir des ~s** te ver gaan; **sans ~s** grenzeloos

borné *adj* beperkt, *(personnes)* bekrompen

borner[1] *vt* beperken, begrenzen

se borner[2] **(à)** *vpr* zich beperken (tot)

Bosnie-Herzégovine *nf* Bosnië-Hercegovina *n (sans art.)*

bosquet *nm* bosje *het*

bosse *nf* **1** *(enflure)* buil *de;* **se faire une ~** een buil oplopen **2** *(saillie du dos)* bochel *nm*, bult *nm; (fig.)* **rouler sa ~** rondzwalken **3** *(protubérance du crâne)* knobbel *nm;* **avoir la ~ de qch** een knobbel voor iets hebben **4** *(saillie du relief)* hobbel *nm* **5** *(modification de forme)* deuk *de*

bosser *vi* ↑ hard werken

bosseur, -euse *n* ↑ werkezel *nm*

bossu *adj* **1** *(qui a une bosse)* gebocheld; **le ~** de gebochelde **2** *(voûté)* krom; **être ~** krom zitten

botanique *adj* plant(en)-, botanisch; **jardin ~** botanische tuin; **la ~** de plantkunde

botte *nf* **1** *(gerbe)* bos *nm;* **~ de paille** bos stro **2** *(chaussure)* laars *de;* **lécher les ~s de, à qn** voor iem kruipen

botter *vt* **1** *(chausser de bottes)* laarzen aantrekken **2** *(donner un coup de pied à)* een schop geven; **~ le derrière à qn** iem een schop onder zijn gat geven **3** *(convenir)* passen; **ça me botte** ik vind het hartstikke leuk

bottier *nm* maatschoenmaker *nm*

bottin® *nm* telefoongids *nm*

bottine *nf* hoge schoen *nm*

bouc *nm* **1** *(animal)* bok *nm (aussi au fig.);* **~ émissaire** zondebok **2** *(barbiche)* sikje *het*

boucan *nm* herrie *de*

bouche *nf* **1** *(de l'homme)* mond *nm;* **rester ~ bée** versteld staan; **~ cousue!** mondje dicht!; **de ~ à oreille** van mond tot mond; **la ~ en cœur** met een schijnheilig gezicht; **~ en cul de poule** pruimenmondje; **être dans toutes les ~s** het onderwerp van gesprek zijn; **faire la fine ~** kieskeurig zijn; **avoir la ~ pâteuse** met dikke tong spreken **2** *(de l'animal)* bek *nm* **3** *(orifice)* opening *nf;* **~ d'égout** rioolrooster; **~ d'incendie** brandkraan; **~ de métro** metro-ingang

bouché *adj* **1** *(obstrué)* dichtgestopt, verstopt; **être ~** geen uitzicht op een aanstelling bieden *(emploi);* **l'évier est ~** de gootsteen is verstopt **2** *(temps) (couvert)* (dicht)-bewolkt; **le ciel est ~** de lucht is betrokken **3** *(borné)* bekrompen

bouche-à-bouche *nm* mond-op-mondbeademing *nf*

bouchée *nf* **1** *(quantité d'aliment)* hap *nm;* **ne faire qu'une ~ de qn** iem afmaken; **ne faire qu'une ~ de qch** iets opschrokken; **pour une ~ de pain** voor een habbekrats **2** *(friandise)* bonbon *nm* **3** *(cuis.)* pasteitje *het;* **une ~ à la reine** een kippenpasteitje ♦ **mettre les ~s doubles** ergens vaart achter zetten

boucher[1] *nm* slager *nm (aussi au fig.);* **garçon ~** slagershulp

boucher[2] *vt* **1** *(fermer (une ouverture))* (dicht)stoppen, dichtmaken **2** *(obstruer (le passage))* versperren; **~ la vue à qn** iem het uitzicht ontnemen

se boucher[3] *vpr (s'obstruer)* verstopt raken ♦ **se ~ les oreilles** z'n oren dichtstoppen, *(fig.)* iets niet willen horen

bouchère *nf* **1** *(femme de boucher)* slagersvrouw *nf* **2** *(femme boucher)* vrouw *nf* die een slagerij heeft

boucherie *nf* **1** *(commerce)* slagerij *nf* **2** *(carnage)* slachting *nf*

bouche-trou *nm* invaller *nm*

bouchon *nm* **1** *(fermeture)* dop *nm;* **pousser le ~ un peu loin** iets te ver gaan; **~ de liège** kurk **2** *(embouteillage)* opstopping *nf* **3** *(flotteur)* dobber *nm*

boucle *nf* **1** *(bijou)* ring *nm;* **~s d'oreilles** oorringen **2** *(mèche)* krul *de* **3** *(nœud)* lus *de* **4** *(anneau métallique)* gesp *de* **5** *(itinéraire)* circuit *het;* **boucler la ~** *(fig.)* weer terug zijn op het uitgangspunt

bouclé *adj* krullend, krul-

boucler[1] *vi (friser)* krullen

boucler[2] *vt* **1** *(attacher)* vastgespen; **~ sa valise** zijn koffer dichtdoen, *(fig.)* zijn koffers pakken **2** *(fermer)* dichtdoen; **la ~** z'n bek houden **3** *(emprisonner)* opsluiten **4** *(friser)* krullen zetten (in) **5** *(encercler)* omsingelen **6** *(terminer)* sluitend maken; **~ son budget** zijn budget sluitend maken

bouclier *nm* schild *het*

bouddhiste *n* boeddhist *nm;* **prêtre ~** boeddhistisch priester

bouder *vi* mokken

boudeur *adj* mokkend; **le ~** de chagrijn; **une mine boudeuse** een stuurse uitdrukking op het gezicht

boudin *nm* **1** *(charcuterie)* bloedworst *de;* **~ blanc** witte worst **2** *(bourrelet)* rol *de*

boudiner *vt* te nauw zitten

boudoir *nm* **1** *(salon)* boudoir *het* **2** *(biscuit)* lange vinger *nm*

boue *nf* modder *nm (aussi au fig.);* **traîner qn dans la ~** iem door het slijk halen

bouée *nf* boei *de; (aussi au fig.)* **~ de sauvetage** reddingsboei

boueux *adj* modderig

bouffant *adj* poffend, pof-; **pantalon ~** pofbroek

bouffe *nf* **1** (het) (vr)eten **2** *(aliments)* ↑ voedsel *het*

bouffée *nf* **1** *(exhalaison)* uitademing *nf* **2** *(souffle de vent)* vlaag *de;* **une ~ d'air froid** een stroom van koude lucht; **par ~s** bij vlagen **3** *(accès)* uitbarsting *nf; (méd.)* **~ de chaleur** opvlieging

bouffer[1] *vi* **1** *(se gonfler)* bol staan, opbollen **2** *(manger gloutonnement)* vreten

bouffer[2] *vt* **1** *(manger)* bikken **2** *(manger gloutonnement)* vreten *(aussi au fig.)*

bouffi *adj* opgeblazen

bouffon *nm* **1** *(farceur)* grappenmaker *nm;* **une scène ~ne** een grappig tafereeltje **2** *(fou du roi)* (hof)nar *nm*

bougeoir *nm* blaker *nm*

bougeotte *nf* reis- en treklust *nm;* **avoir la ~** geen zitvlees hebben

bouger[1] *vi* **1** *(remuer)* bewegen; **ne pas ~** *(ne pas changer)* niet veranderen, *(rester chez soi)* niet de deur uit gaan **2** *(changer)* veranderen; **ne pas ~ au lavage** kleurecht zijn **3** *(agir)* in beweging komen

bouger[2] *vt (déplacer)* verplaatsen; **sans ~ le petit doigt** zonder een vin te verroeren

se bouger[3] *vpr* zich verroeren, bewegen

bougie *nf* **1** *(chandelle)* kaars *de* **2** *(appareil d'allumage)* (auto)bougie *nf*

bougon *adj* knorrig; **le ~** de mopperpot

bougonner *vi* (binnensmonds) mopperen

bougre, bougresse *n* **1** *(individu)* vent *nm;* **un pauvre ~** een arme drommel **2** *(en apposition) (espèce)* rot-; **~ d'idiot!** stommeling!

bouillant *adj* **1** *(brûlant)* kokend (heet) **2** *(ardent)* onstuimig

bouille *nf* kop *nm*

bouillie *nf* pap *de;* **mettre qn en ~** iem tot moes slaan

bouillir *vi* **1** *(être en ébullition)* koken *(aussi au fig.);* **faire ~ du lait** melk koken **2** *(être en colère)* woedend worden, branden *(d'impatience)*

bouilloire *nf* (water)ketel *nm;* **~ électrique** waterkoker

bouillon *nm* **1** *(potage)* bouillon *nm* **2** *(bulle)* luchtbel *de;* **bouillir à gros ~s** hard koken

bouillonner *vi* **1** *(former des bouillons)* opborrelen, bruisen **2** *(s'agiter)* zich opwinden; **~ de colère** koken van woede

bouillotte *nf* (bed)kruik *de*

boulanger, -ère *n* bakker(svrouw) *nm (nf);* **garçon** ~ bakkersknecht
boulangerie *nf* **1** *(fabrication et commerce)* bakkerij *nf* **2** *(magasin)* bakkerswinkel *nm*
boulanger-pâtissier *nm* brood- en banketbakker *nm*
boule *nf* **1** *(sphère)* bol *nm*, bal *nm;* **en** ~ opgerold; **se mettre en** ~ boos worden; **faire** ~ **de neige** een sneeuwbaleffect hebben; ~ **de gomme** gombal; ~ **de neige** sneeuwbal; ~ **de Noël** kerstbal; **~s Quiès®** oordopjes **2** *(sports)* bal *nm;* **jouer aux ~s** het jeu-de-boulesspel spelen ♦ ~ **puante** stinkbom(metje)
bouleau *nm* berk *nm*
bouledogue *nm* buldog *nm*
boulet *nm* **1** *(projectile)* (kanons)kogel *nm* **2** *(boule des bagnards)* bal *nm*
boulette *nf* **1** *(petite boule)* balletje *het*, *(de papier)* propje *het* **2** *(erreur)* flater *nm*
boulevard *nm* boulevard *nm;* ~ **périphérique** ringweg, randweg, rondweg
bouleversant *adj* aangrijpend
bouleversement *nm* **1** *(action de bouleverser)* (het) omvergooien **2** *(changement)* ingrijpende verandering *nf* **3** *(émotion)* ontsteltenis *nf*
bouleverser *vt* **1** *(chambouler)* omvergooien **2** *(changer brutalement)* ingrijpend wijzigen **3** *(émouvoir)* van streek brengen; **être bouleversé** van streek zijn; **visage bouleversé** ontsteld gezicht
boulier *nm* telraam *het*
boulimie *nf* **1** *(méd.)* boulimie *nf*, vraatzucht *de* **2** *(faim extrême)* geeuwhonger *nm*
boulimique *adj* ♦ **faim** ~ buitengewone eetlust; **un(e)** ~ een hongerlap
boulon *nm* bout *nm*
boulonner[1] *vi (bosser)* pezen, *(Belg.)* labeuren
boulonner[2] *vt (technol.)* vastbouten
boulot[1] *nm* ↑ werk *het;* **petits ~s** tijdelijk werk
boulot[2] *adj* kort en dik; **la ~te** het dikkerdje
boum[1] *nf* feestje *het*, fuif *de*
boum[2] *interj* boem!; **ça a fait ~!** dat gaf een knal!; **le** ~ de dreun, *(fig.)* het knalsucces ♦ **être en plein** ~ op volle toeren draaien
bouquet *nm* **1** *(gerbe)* boeket *het/de (m)*, bosje *het;* ~ **garni** bosje tijm, laurier, peterselie **2** *(feu d'artifice) (finale)* slotstuk *het*, *(spectacle)* hoogtepunt *het;* **c'est le** ~ dat spant de kroon **3** *(arôme)* boeket *het/de (m)* **4** *(télévision)* pakket *het*
bouquin *nm* boek *het*
bouquiner *vi* lezen
bourbier *nm* **1** *(lieu plein de bourbe)* modderpoel *nm* **2** *(situation pénible)* hachelijke situatie *nf*
bourde *nf* blunder *nm*
bourdon *nm (zool.)* hommel *de* ♦ **avoir le** ~ in de put zitten; **faux** ~ dar
bourdonnement *nm* gegons *het (sing.)*, geroezemoes *het (sing.);* ~ **d'oreilles** oorsuizing
bourdonner *vi* gonzen; **j'ai les oreilles qui bourdonnent** mijn oren suizen
bourg *nm* stadje *het*, groot dorp *het*
bourgade *nf* dorpje *het*
bourgeois, -oise *n* **1** *(non péjoratif)* burger *nm;* **petit** ~ burgerman; **quartier** ~ deftige buurt **2** *(péjoratif)* bourgeois *nm;* **elle est devenue bien ~e** zij is heel burgerlijk geworden
bourgeoisie *nf* **1** *(ensemble des bourgeois)* burgerij *nf;* **la haute** ~ de gegoede burgerij; **la petite** ~ de middenstand **2** *(classe dominante)* bourgeoisie *nf*
bourgeon *nm* knop *nm*
bourgeonner *vi* uitbotten
bourgmestre *nm (Belg.f.)* burgemeester *nm*
bourgogne *nm* bourgogne(wijn) *nm*
bourlinguer *vi* rondzwerven
bourrade *nf* stomp *nm*
bourrage *nm* (het) opvullen; **le** ~ **de crâne** ↑ het volstoppen met (leugenachtige) ideeën
bourrasque *nf* rukwind *nm*, windstoot *nm*
bourratif *adj* machtig
bourré *adj* **1** *(rempli de)* vol (van), propvol **2** *(ivre)* bezopen
bourreau *nm* beul *nm;* ~ **des cœurs** donjuan; ~ **de travail** harde werker
bourrelet *nm* **1** *(pli de graisse)* vetrol *de* **2** *(bande de caoutchouc, etc.)* (tocht)strip *nm*
bourrer[1] *vt* **1** *(remplir)* (op)vullen, volstoppen; **gâteau qui bourre** taart die zwaar op de maag ligt; ~ **sa pipe** z'n pijp stoppen **2** *(tasser)* (weg)stoppen **3** *(frapper)* een opstopper geven; ~ **qn de coups** iem stompen
se bourrer[2] *vpr* **1** *(+ de) (se goinfrer de)* zich volproppen (met) **2** *(s'enivrer)* zich bezatten
bourrique *nf (ânesse)* ezelin *nf;* **têtu comme une** ~ zo koppig als een ezel ♦ **faire tourner qn en** ~ iem hoorndol maken
bourru *adj* nors
Bourse *nf (écon.)* beurs *de*, beursgebouw *het*
bourse *nf* **1** *(porte-monnaie)* beurs *de*, portemonnee *nm;* **sans** ~ **délier** zonder een cent uit te geven; **faire** ~ **à part** een gescheiden kas voeren; **la** ~ **ou la vie!** je geld of je leven! **2** *(pension)* (studie)beurs *de*
boursier[1]**, -ière** *n* beursstudent(e) *nm (nf)*
boursier[2] *adj* beurs-
boursouflé *adj* gezwollen *(aussi au fig.)*
boursouflure *nf* gezwollenheid *nf*
bousculade *nf* **1** *(désordre)* gedrang *het* **2** *(précipitation)* haast *de*
bousculer[1] *vt* **1** *(déranger)* verstoren **2** *(heurter)* omverlopen, stoten tegen **3** *(presser)* haasten
se bousculer[2] *vpr (se pousser)* elkaar verdringen

bouse *nf* koeienpoep *nm*
bousiller *vt* **1** *(casser)* mollen **2** *(gâcher)* verprutsen **3** *(tuer)* koud maken
boussole *nf* kompas *het; (fig.)* **perdre la** ~ de kluts kwijtraken
bout *nm* **1** *(extrémité)* einde *het*, uiteinde *het;* ~ **à** ~ tegen elkaar aan; **pousser qn à** ~ iem radeloos maken; **à tout** ~ **de champ** om de haverklap; **tirer à** ~ **portant** van heel dichtbij schieten; **aller jusqu'au** ~ **de ses idées** z'n ideeën doorvoeren; **tenir le bon** ~ op de goede weg zijn; **d'un** ~ **à l'autre, de** ~ **en** ~ van het begin tot het einde; **connaître qch sur le** ~ **des doigts** iets op z'n duimpje kennen; **joindre les deux ~s** de eindjes aan elkaar knopen; **avoir un mot sur le** ~ **de la langue** een woord voor op de tong hebben liggen; **parler du** ~ **des lèvres** prevelen; **le** ~ **du nez** het topje van de neus; **mener qn par le** ~ **du nez** iem naar z'n pijpen laten dansen; **le** ~ **du sein** de tepel **2** *(fin d'une durée)* einde *het;* **mener à** ~ tot een goed einde brengen; **être à** ~ ten einde raad zijn; **venir à** ~ **de qch** iets klaarspelen, iets bolwerken; **être à** ~ **de nerfs** op zijn van de zenuwen; **être à** ~ **de souffle** buiten adem zijn, *(fig.)* niet meer kunnen; **au** ~ **de** na (afloop van); **au** ~ **du compte** per slot van rekening; **aller jusqu'au** ~ tot het uiterste (door)gaan **3** *(morceau)* stukje *het;* **un** ~ **de chemin** een eind weegs; *(film)* ~ **d'essai** filmopname, screentest; **un bon** ~ **de temps** een flinke tijd
boutade *nf* geestigheid *nf*
boute-en-train *nm* gangImaker, -maakster *nm,f*
bouteille *nf* fles *de;* **mettre en ~s** bottelen; ~ **thermos®** thermosfles
boutique *nf* **1** *(magasin de prêt-à-porter)* boetiek *nf* **2** *(magasin)* winkel *nm*, zaak *de;* **fermer** ~ de winkel sluiten, *(fig.)* ophouden met z'n bezigheden
bouton *nm* **1** *(bourgeon)* knop *nm;* **en** ~ in de knop **2** *(pustule)* puistje *het;* ~ **de fièvre** koortsblaasje **3** *(vêtements)* knoop *nm* **4** *(poignée)* knop *nm* **5** *(commutateur)* (bedienings)knop *nm*
bouton-d'or *nm* boterbloem *de*
boutonner[1] *vt* dichtknopen
se boutonner[2] *vpr* **1** *(s'attacher avec des boutons)* een knoopsluiting hebben **2** *(boutonner ses vêtements)* z'n kleren dichtknopen
boutonneux *adj* puistig
boutonnière *nf* knoopsgat *het*
bouton-pression *nm* drukknoop *nm*
bouture *nf* stek *nm*
bovin *adj* runder-; **les ~s** de runderen
bowling *nm* bowling *nm*
box *nm* **1** *(compartiment cloisonné)* box *nm* **2** *(stalle d'écurie)* paardenbox *nm* **3** *(banc des accusés)* beklaagdenbank *de*
boxe *nf* (het) boksen; **faire de la** ~ aan boksen doen
boxer[1] *vi* boksen
boxer[2] *vt (frapper)* slagen toebrengen aan
boxeur *nm* bokser *nm*
boyau *nm* **1** *(intestin)* darm *nm;* **tordre les ~x**↑buikkrampen veroorzaken **2** *(conduit)* slang *de* **3** *(pneumatique)* binnenband *nm*
boycottage *nm* boycot *nm*
boycotter *vt* boycotten
bracelet *nm* armband *nm*
bracelet-montre *nm* armbandhorloge *het*
braconner *vi* stropen
braconnier *nm* stroper *nm*
brader *vt* verkwanselen *(aussi au fig.)*
braderie *nf* braderie *nf*
braguette *nf* gulp *de*
braille *nm* braille(schrift) *het*
brailler[1] *vi* blèren
brailler[2] *vt* uitschreeuwen
braire *vi* balken
braise *nf* gloeiende kooltjes *plur*
braiser *vt* stoven
brancard *nm* draagbaar *de*, brancard *nm*
brancardier *nm* ziekendrager *nm*
branchage *nm* takken *plur* van een boom
branche *nf* **1** *(arbre)* tak *nm* **2** *(organe, appareil)* vertakking *nf* **3** *(chandelier)* arm *nm* **4** *(compas)* been *het* **5** *(lunettes)* poot *nm* **6** *(discipline)* tak *nm*, sector *nm*
branché *adj* in; **boutique ~e** eigentijdse winkel; **une discothèque ~e** een trendy discotheek
branchement *nm* **1** *(circuit secondaire)* vertakking *nf* **2** *(raccordement)* aansluiting *nf*
brancher *vt* **1** *(connecter)* aansluiten; ~ **la prise** de stekker in het stopcontact steken **2** *(faire fonctionner)* inschakelen **3** *(intéresser vivement)* niet koud laten
branchie *nf* kieuw *de*
brandir *vt* (dreigend) zwaaien met, *(fig.)* dreigen met
branlant *adj* wankel
branle *nm* schommelende beweging *nf;* **mettre en** ~ in beweging brengen; **se mettre en** ~ in beweging komen
branle-bas *nm* opschudding *nf;* ~ **de combat** voorbereiding tot de strijd
branler *vi* wankelen
braquer[1] *vi (voiture)* wendbaar zijn
braquer[2] *vt* **1** *(+ sur) (pointer sur)* richten (op); **être braqué sur qch** volledig door iets in beslag genomen zijn **2** *(monter contre)* ophitsen (tegen); **être braqué contre qn** vooringenomen zijn tegen iem; **être braqué contre qch** vijandig tegenover iets staan **3** *(attaquer)* overvallen
se braquer[3] *vpr* zich verzetten
bras *nm* **1** *(membre de l'homme, de l'animal)* arm *nm*, *(animal)* poot *nm;* **baisser les** ~ (de moed) opgeven; **en** ~ **de chemise** in hemdsmouwen; **rester les** ~ **croisés** werkeloos toezien; ~ **dessus,** ~ **dessous** arm in arm; **être le** ~ **droit de qn** iemands rechterhand zijn; **avoir le** ~ **long** veel invloed hebben; **recevoir qn à** ~ **ouverts** iem met open armen ontvangen; **avoir qch, qn sur les** ~ opgescheept zitten met iets,

iem; **les ~ m'en tombent** nou breekt m'n klomp **2** *(partie d'un objet)* arm *nm (aussi d'un cours d'eau)*, handvat *het* **3** *(travailleur)* mankracht *de* ♦ **à bout de** ~ op eigen kracht; **à force de** ~ met de sterke arm
brasier *nm* vuurgloed *nm*
brassard *nm* (arm)band *nm*
brasse *nf* schoolslag *nm;* ~ **papillon** vlinderslag
brasser *vt* **1** *(fabriquer (la bière))* brouwen **2** *(mélanger)* (door elkaar) mengen, *(cartes)* schudden ♦ ~ **des affaires** veel zaken tegelijk doen; ~ **de l'argent** met grote geldbedragen omgaan
brasserie *nf* **1** *(fabrique de bière)* (bier)-brouwerij *nf* **2** *(grand café-restaurant)* café-restaurant *het*
brassière *nf* **1** *(chemise de bébé)* babytruitje *het* **2** *(gilet de sauvetage)* zwemvest *het*
bravade *nf* uitdaging *nf;* **par** ~ uit overmoed
brave *adj* **1** *(après le n.) (courageux)* dapper **2** *(uniquement adj.; avant le n.) (bon)* best, braaf; *(subst.)* **mon** ~ mijn beste man
braver *vt* **1** *(défier)* uitdagen, tarten **2** *(mépriser)* trotseren
bravo *interj* bravo!; **les ~s du public** de toejuichingen van het publiek
bravoure *nf* moed *nm*
break *nm* stationcar *nm*
brebis *nf* schaap *het*, ooi *nf* ♦ **une ~ galeuse** een schurftig schaap
brèche *nf* **1** *(ouverture)* gat *het* **2** *(entaille)* bres *de*, doorbraak *de;* **être toujours sur la** ~ steeds op de barricaden staan, *(fig.)* onafgebroken in de weer zijn
bredouille *adj* ♦ **rentrer, revenir** ~ met lege handen thuiskomen
bredouiller[1] *vi* stamelen
bredouiller[2] *vt* stamelen
bref *adj* **1** *(court)* kort; **en** ~ met weinig woorden; **enfin** ~ kortom; **pour être** ~ om kort te gaan; **soyez ~!** maak het kort!; **d'une voix brève, d'un ton** ~ kortaf **2** *(concis)* beknopt
Brésil *nm* Brazilië *n (sans art.)*
brésilien *adj* Braziliaans; **le** ~ het Braziliaans-Portugees; **le, la Brésilien(ne)** de Braziliaan(se)
bretelle *nf* **1** *(bandoulière)* schouderriem *nm* **2** *(plur.) (pantalon)* bretels *plur* **3** *(soutien-gorge, etc.)* schouderbandje *het* **4** *(voie de raccordement)* oprit *nm;* ~ **d'accès** oprit; ~ **de sortie** uitrit
breuvage *nm* brouwsel *het*, drankje *het*
brevet *nm* **1** *(diplôme)* getuigschrift *het*, diploma *het;* ~ **de pilote** vliegbrevet; ~ **de technicien supérieur, BTS** diploma na twee jaar hoger technisch onderwijs **2** *(propriété industrielle)* octrooi *het*, patent *het;* **déposer un** ~ octrooi aanvragen; ~ **d'invention** octrooi
breveté *adj* **1** *(diplômé)* gediplomeerd; **le, la ~(e)** de gediplomeerde **2** *(garanti par brevet)* gepatenteerd
breveter *vt* patenteren
bréviaire *nm* brevier *het*
bribe *nf* **1** *(fragment)* fragment *het;* **par ~s** bij stukjes en beetjes **2** *(plur.) (restes)* restjes *plur*
bric-à-brac *nm* **1** *(vieux objets)* oude rommel *nm* **2** *(boutique)* uitdragerij *nf*
bricolage *nm* **1** *(action de bricoler)* (het) knutselen **2** *(bâclage)* prutswerk *het*
bricole *nf* kleinigheidje *het;* **donner une ~ à qn** iem een aardigheidje geven
bricoler[1] *vi* **1** *(chez soi)* knutselen **2** *(pour gagner sa vie)* klussen, klusjes doen
bricoler[2] *vt* **1** *(rafistoler)* provisorisch repareren **2** *(trafiquer)* knoeien aan
bricoleur, -euse *n* knutselaar *nm*, doe-het-zelver *nm*
bride *nf* **1** *(pièce du harnais)* teugel *nm*, toom *nm;* **à ~ abattue** met losse teugel; *(fig.)* **lâcher la ~ à son imagination** z'n verbeelding de vrije loop laten; *(fig.)* **tenir qch en** ~ iets in toom houden **2** *(lien)* bandje *het*
bridé *adj* ♦ **yeux ~s** spleetogen
brider *vt* **1** *(mettre la bride à)* teugelen **2** *(fig.)* beteugelen
bridge *nm* **1** *(jeu de cartes)* bridge *het* **2** *(prothèse dentaire)* brug *de*
brièvement *adv* kort
brièveté *nf* kortstondigheid *nf*
brigade *nf* **1** *(unité militaire)* brigade *de* **2** *(équipe)* ploeg *de;* **la ~ des mœurs** de zedenpolitie; ~ **des stups** drugsbrigade
brigadier *nm* **1** *(caporal)* korporaal *nm* **2** *(gradé de police)* brigadier *nm*
brigand *nm* **1** *(voleur)* (struik)rover *nm* **2** *(coquin)* bengel *nm*
briguer *vt* ambiëren, dingen naar
brillant[1] *nm* **1** *(diamant)* briljant *nm* **2** *(éclat)* glans *nm*
brillant[2] *adj* **1** *(étincelant)* schitterend **2** *(remarquable)* briljant
briller *vi* **1** *(luire)* schitteren **2** *(se distinguer)* uitblinken
brimade *nf* **1** *(épreuve vexatoire)* ontgroening *nf* **2** *(tracasserie)* plagerij *nf;* **subir des ~s** getreiterd worden
brimer *vt* plagen
brin *nm* **1** *(filament)* draadje *het;* ~ **de paille** strootje **2** *(jeune pousse)* takje *het;* ~ **d'herbe** grassprietje **3** *(petite quantité)* beetje *het;* **un ~ de causette** een praatje; **un ~ de toilette** een kattenwasje
brindille *nf* twijgje *het*
bringue *nf* zuippartij *nf;* **faire la** ~ de bloemetjes buiten zetten
brio *nm* **1** *(virtuosité musicale)* brio *het/de (m)* **2** *(habileté)* talent *het;* **avec** ~ briljant
brioche *nf* **1** *(pâtisserie)* zoet luxebrood-(je) *het* **2** *(ventre)* buikje *het*
brique *nf* **1** baksteen *nm* **2** *(argent)* 1 miljoen oude franken *plur* ♦ ~ **de lait** pak melk, *(Belg.)* brik melk
briquer *vt* schrobben
briquet *nm* aansteker *nm*
bris *nm* (het) breken; **assurance contre les ~ de glace** glasverzekering; ~ **de vitres** (het) inslaan van ramen
brise *nf* briesje *het*, koel windje *het*
brisé *adj* uitgeput ♦ **ligne ~e** gebroken lijn

brise-glace *nm* ijsbreker *nm*
brise-lames *nm* golfbreker *nm*
briser[1] *vi (déferler)* breken
briser[2] *vt* **1** *(anéantir)* breken, tenietdoen; ~ **le cœur à qn** iem het hart breken; **je le, la ~ai** ik zal hem, haar wel klein krijgen; **ce voyage m'a brisé** deze reis heeft me uitgeput **2** *(casser)* breken, stukslaan; ~ **les os à qn** iem afrossen **3** *(interrompre brusquement)* afbreken
se briser[3] *vpr (se casser)* breken
briseur, -euse *n* iem die breekt; ~ **de grève** stakingsbreker
britannique *adj* Brits; **le, la Britannique** de Brit(se)
broc *nm* lampetkan *de*
brocante *nf* **1** *(objets)* curiosa *plur*, rariteiten *plur* **2** *(magasin)* handel *nm* in curiosa
brocanteur, -euse *n* handelaar *nm* in curiosa
broche *nf* **1** *(cuis.)* (braad)spit *het;* **à la** ~ aan het spit **2** *(bijou)* broche *de*, speld *de* **3** *(technol.)* spil *de* **4** *(méd.)* pen *de*
brocher *vt (relier)* innaaien
brochet *nm* snoek *nm*
brochette *nf* **1** *(petite broche pour viande)* spies *de* **2** *(morceaux embrochés)* stukjes *plur* vlees aan een spies
brochure *nf* brochure *de*
broder[1] *vi (exagérer)* overdrijven
broder[2] *vt* **1** *(orner (de broderies); exécuter en broderie)* borduren **2** *(embellir)* verfraaien
broderie *nf* borduurwerk *het*, borduursel *het*
bronche *nf* longpijp *de;* **les ~s** de bronchiën
broncher *vi* protesteren
bronchite *nf* bronchitis *nf*
bronzage *nm* **1** *(bain de soleil)* (het) zonnen **2** *(teint hâlé)* bruine kleur *de*
bronze *nm* brons *het*
bronzé *adj* **1** *(hâlé)* (ge)bruin(d) **2** *(de la couleur du bronze)* bronskleurig
bronzer[1] *vi* bruin worden; **lampe à** ~ hoogtezon
bronzer[2] *vt* bruin maken
se bronzer[3] *vpr* zonnen
brosse *nf* **1** *(ustensile de nettoyage)* borstel *nm;* ~ **à ongles** nagelborsteltje **2** *(pinceau)* (schilders)kwast *nm* **3** *(coiffure)* borstelkop *nm;* **cheveux en** ~ borstelhaar
brosser[1] *vt* **1** *(nettoyer)* (af)borstelen **2** *(peindre)* schilderen, schetsen *(aussi au fig.)*
se brosser[2] *vpr (brosser ses vêtements)* zich afborstelen; **se** ~ **les dents** z'n tanden poetsen; **se** ~ **les ongles** z'n nagels borstelen
brouette *nf* kruiwagen *nm*
brouhaha *nm* geroezemoes *het*
brouillard *nm* mist *nm;* **être dans le** ~ in het duister tasten
brouille *nf* onenigheid *nf*
brouiller[1] *vt* **1** *(rendre confus)* verwarren, in de war brengen; **avoir les yeux brouillés** een waas voor de ogen hebben **2** *(mélanger)* door elkaar halen; **œufs brouillés** roereieren; ~ **les pistes** de sporen uitwissen **3** *(désunir)* onmin zaaien tussen
se brouiller[2] *vpr* **1** *(devenir confus)* verward raken, troebel worden; **ma vue se brouille** ik kan niet meer duidelijk zien **2** *(se fâcher avec)* gebrouilleerd raken (met)
brouillon[1] *nm* klad *het;* **cahier de** ~ kladschrift
brouillon[2] *adj* warrig; **être** ~ slordig zijn
broussaille *nf* struikgewas *het* ♦ **cheveux en** ~ ongekamd haar
brousse *nf* wildernis *nf*, rimboe *de (aussi au fig.)*
brouter[1] *vi* grazen
brouter[2] *vt* afgrazen
broutille *nf* snuisterij *nf*
broyer *vt* fijnmalen, verbrijzelen
bru *nf* schoondochter *nf*
brugnon *nm* nectarine *nf*
bruine *nf* motregen *nm*
bruissement *nm* geritsel *het*, geruis *het*
bruit *nm* **1** *(son)* geluid *het;* ~ **de ferraille** gekletter; ~ **de voix** gegons van stemmen **2** *(rumeur)* gerucht *het;* **les ~s de couloir** wat in de wandelgangen wordt gezegd; **le** ~ **court** het gerucht gaat **3** *(retentissement)* ophef *nm;* **faire du** ~ opzien baren **4** *(vacarme)* lawaai *het;* **à grand** ~ met veel lawaai
bruitage *nm* (achtergrond)geluiden *plur*
brûlant *adj* **1** *(très chaud)* (gloeiend) heet, *(soleil)* brandend **2** *(délicat)* netelig **3** *(ardent)* vurig, hartstochtelijk
brûlé[1] *nm* ♦ **avoir un goût de** ~ aangebrand smaken; **odeur de** ~ brandlucht; **ça sent le** ~ het ruikt hier branderig, *(fig.)* daar zit een luchtje aan
brûlé[2] *adj* **1** verbrand **2** *(trop cuit)* aangebrand
brûle-pourpoint ♦ *(adv.)* **à** ~ op de man af
brûler[1] *vi* **1** *(se consumer)* (ver-, af)branden; **tu brûles** je brandt je **2** *(plats)* aanbranden **3** *(être brûlant)* branden; ~ **de fièvre** van koorts gloeien; *(fig.)* **les pieds lui brûlent** hij zit op hete kolen **4** *(personnes) (griller (de))* branden (van); ~ **de faire qch** vurig verlangen iets te doen
brûler[2] *vt* **1** *(détruire par le feu)* verbranden **2** *(consommer)* (ver)branden, *(charbon, bois)* verstoken, *(électricité)* verbruiken; ~ **un cierge à un saint** een kaars ontsteken voor een heilige **3** *(laisser trop cuire)* laten aanbranden *(plats)* **4** *(donner une sensation de brûlure à)* branden; **la fumée me brûle les yeux** de rook bijt me in de ogen **5** *(passer sans s'arrêter à)* (zonder te stoppen) voorbijgaan; ~ **le feu rouge** door het rode licht rijden
se brûler[3] *vpr* zich verbranden; **se** ~ **les doigts** zijn vingers branden *(aussi au fig.)*
brûleur *nm* brander *nm*
brûlure *nf* **1** *(lésion)* brandwond *de* **2** *(sensation)* (het) branden, zuur *het (estomac)* **3** *(trou)* brandgat *het*
brume *nf* (lichte) mist *nm*

brumeux *adj* **1** *(couvert de brume)* mistig **2** *(nébuleux)* niet helder, vaag
brun *adj* bruin; **le** ~ (het) bruin; **le, la ~(e)** de bruinharige
brushing *nm* watergolf *de*
brusque *adj* **1** *(uniquement adj.) (rude)* bars, nors **2** *(soudain)* plotseling, onverwacht(s)
brusquer *vt* **1** *(malmener (qn))* ruw bejegenen **2** *(précipiter)* overhaasten; ~ **les choses** overhaast te werk gaan
brusquerie *nf* ruwheid *nf*, norsheid *nf;* **avec** ~ bars
brut *adj adv* **1** *(non ouvragé)* ruw, onbewerkt; **champagne** ~ droge champagne **2** *(écon.)* bruto(-) **3** *(grossier)* grof
brutal *adj* **1** *(violent)* ruw, hard(handig) **2** *(soudain)* plotseling
brutaliser *vt* mishandelen
brutalité *nf* **1** *(caractère d'une personne)* ruwheid *nf*, hardheid *nf* **2** *(plur.) (sévices)* geweIddaad *de* **3** *(caractère d'une chose)* hardheid *nf*
brute *nf* **1** *(homme grossier)* botterik *nm* **2** *(homme brutal)* bruut *nm*, schoft *nm*
bruyant *adj* luidruchtig, lawaaierig
bruyère *nf* hei(de) *de*
buanderie *nf* washok *het*
buccal *adj* mond-, oraal
bûche *nf* houtblok *het;* ~ **de Noël** boomstam; **il reste là comme une** ~ hij staat daar maar te staan ♦ **ramasser une** ~ op z'n bek vallen
bûcheron *nm* houthakker *nm*
budget *nm* begroting *nf*, budget *het*
budgétaire *adj* budget-, begrotings-
buée *nf* (water)damp *nm;* **vitre couverte de** ~ beslagen ruit
buffet *nm* **1** *(meuble)* dressoir *het/de (m)* **2** *(mets dressés sur une table)* (koud of warm) buffet *het;* **un** ~ **campagnard** een koud buffet **3** *(café-restaurant)* (stations)-restauratie *nf*
buffle *nm* buffel *nm*
building *nm* flatgebouw *het*
buis *nm (arbre)* buks(boom) *nm*
buisson *nm* struik *nm*
bulbe *nm* **1** *(oignon)* (bloem)bol *nm* **2** *(biol.) (renflement)* bolvormige verdikking *nf*
bulgare *adj* Bulgaars; **le** ~ het Bulgaars; **le, la Bulgare** de Bulgaar(se)
Bulgarie *nf* Bulgarije *n (sans art.)*
bulldozer *nm* bulldozer *nm*
bulle *nf* **1** *(petite sphère)* bel *de*, belletje *het;* **faire des ~s** bruisen **2** *(phylactère)* tekstballon *nm* **3** *(cloque)* blaasje *het* ♦ **coincer la** ~ pitten, maffen
bulletin *nm* **1** *(communiqué)* (officieel) bericht *het*, bulletin *het;* ~ **météorologique** weerbericht **2** *(certificat)* bewijsje *het*, briefje *het;* ~ **de salaire** loonstrookje; ~ **de vote** stembiljet, kiesbrief *(n.B.)* **3** *(résultats scolaires)* rapport *het*
bulletin-réponse *nm (journal)* (antwoord)coupon *nm*, *(concours)* antwoordformulier *het*
buraliste *n* sigarenhandelaar(ster) *nm (nf)*
bureau *nm* **1** *(meuble)* bureau *het* **2** *(pièce de travail)* werkkamer *de*, kantoor *het*, *(Belg.)* bureel *het* **3** *(lieu de travail)* kantoor *het*, *(Belg.)* bureel *het;* **personnel de** ~ kantoorpersoneel; ~ **de poste** post(kantoor) **4** *(service)* bureau *het;* ~ **de placement** bureau voor arbeidsbemiddeling **5** *(guichet)* loket *het;* **jouer à ~x fermés** voor een uitverkochte zaal spelen; ~ **(de location)** plaatsbesprekingsbureau **6** *(organe exécutif)* (dagelijks) bestuur *het;* ~ **politique** partijbestuur, *(de partis communistes)* politbureau **7** *(écran d'ordinateur)* bureaublad *het* ♦ ~ **de tabac** sigarenwinkel; ~ **de vote** stemlokaal
bureaucrate *n* bureaucraat *nm*
bureaucratie *nf* bureaucratie *nf*
bureaucratique *adj* bureaucratisch
bureautique *nf* **1** *(action d'appliquer)* kantoorautomatisering *nf* **2** *(informatique spécialisée)* kantoorinformatica *de*
burin *nm* **1** *(ciseau pour graver)* graveernaald *de* **2** *(ciseau à métaux)* beitel *nm*
burlesque *adj* komisch; **quelle idée ~!** wat een bespottelijk idee!
bus *nm* bus *nm*
buse *nf* buizerd *nm*
buste *nm* **1** *(torse)* bovenlijf *het* **2** *(poitrine)* buste *de* **3** *(sculpture)* buste *de*, borstbeeld *het*
bustier *nm* **1** *(soutien-gorge)* (strapless) bustehouder *nm* **2** *(corsage)* topje *het*
but *nm* **1** *(objectif)* doel *het;* **aller droit au** ~ recht op zijn doel afgaan; **dans le** ~ **de** met het doel te; **se donner pour** ~ **de** zich ten doel stellen om; **à** ~ **lucratif** met winstoogmerk **2** *(sports) (limite de terrain)* doel *het*, goal *nm* **3** *(sports) (point marqué)* doelpunt *het;* **gagner par trois ~s à un** met drie tegen één winnen; **marquer un** ~ een doelpunt maken **4** *(cible)* doel(wit) *het*, mikpunt *het* ♦ **de** ~ **en blanc** rechtstreeks
butane *nm* butagas *het*
buté *adj* koppig, halsstarrig
buter[1] *vi* **1** *(+ contre) (heurter contre)* stoten (tegen, op), botsen (tegen) **2** *(+ contre, sur) (se heurter à une difficulté)* stuiten (op) **3** *(+ contre) (être calé contre)* steunen (tegen)
buter[2] *vt (tuer)* koud maken
se buter[3] **(à)** *vpr* **1** *(s'entêter)* hardnekkig volhouden **2** *(se heurter à)* stuiten (op)
buteur *nm* doelpuntmaker *nm*
butin *nm* buit *nm (aussi au fig.)*
butiner[1] *vi* honing verzamelen
butiner[2] *vt* inzamelen
butoir *nm* (deur)buffer *nm*, *(ch. de fer)* stootblok *het*
butte *nf* heuveltje *het* ♦ **être en** ~ **à qch** het mikpunt zijn van iets
buvable *adj* drinkbaar
buvard *nm* **1** *(papier)* vloeipapier *het;* **papier** ~ vloeipapier **2** *(sous-main)* onderlegger *nm*
buvette *nf* bar *de*
buveur, -euse *n* drinker, drinkster *nm,f*

C

c *nm* c *de;* **c cédille** c met een cedille; **c comme César** de c van Cornelis; **c comme Célestin** de c van Cornelis
ça *pron dém* **1** *(ceci)* dit; ~ **dépend** het hangt ervan af **2** *(cela)* dat **3** *(renforcement d'une interrogation)* dan; **qui ~?** wie dan? **4** *(approbation)* zo; **c'est comme** ~ het is nu eenmaal zo; **comme ci comme** ~ zozo; **c'est ~!** precies! ♦ ~ **alors!** goeie dag!; **et avec ~?** anders nog iets?; **c'est toujours ~ (de pris)** dat is alvast binnen; **pour ~, oui!** nou en of!; **il y a de** ~ er zit een kern van waarheid in
çà *adv* ♦ ~ **et là** hier en daar
cabane *nf* **1** *(baraque)* hok *het;* ~ **à lapins** konijnenhok, *(fig.)* hok, krot; ~ **à outils** gereedschapsschuurtje **2** *(prison)* nor *de;* **mettre qn en** ~ iem in de bajes gooien
cabaret *nm* club *de*
cabas *nm* **1** *(panier à fruits)* mandje *het* **2** *(sac à provisions)* boodschappentas *de*
cabillaud *nm* kabeljauw *nm*
cabine *nf* **1** *(réduit)* cabine *nf*, hokje *het;* ~ **d'ascenseur** liftkooi; ~ **de bain** badhokje; ~ **d'essayage** pashokje; ~ **téléphonique** telefooncel **2** *(mar.)* hut *de* **3** *(aviat.)* cockpit *nm*
cabinet *nm* **1** *(cagibi)* kamertje *het;* ~ **de toilette** wasruimte **2** *(bureau)* kantoor *het* **3** *(clientèle)* clientèle *de (d'un avocat)*, praktijk *de (d'un médecin);* ~ **de consultation** spreekkamer; ~ **de travail** werkkamer **4** *(gouvernement)* kabinet *het* **5** *(plur.) (toilettes)* toilet *het*
câble *nm* **1** *(corde; fil conducteur)* kabel *nm*, *(télédistribution)* kabel(televisie) *de;* **être abonné au** ~ op de kabel aangesloten zijn **2** *(pour tentures)* gordijnkoord *het*
câbler *vt* **1** *(pourvoir de télédistribution)* bekabelen **2** *(raccorder au réseau)* op het kabelnet aansluiten
cabosser *vt* deuken
se cabrer *vpr* **1** *(se dresser)* steigeren **2** *(se révolter contre)* in opstand komen (tegen), zich verzetten (tegen)
cabriole *nf* bokkensprong *nm*
cabriolet *nm* cabriolet *nm*
CAC *nf* ♦ **l'indice** ~ **40** de Parijse beursindex
caca *nm* bah *het*, poep *nm;* **faire** ~ bah doen, poepen *(aux Pays-Bas)*
cacahouète *nf* pinda *de*
cacao *nm* cacao *nm*
cachalot *nm* potvis *nm*
cache *nm* (af)dekblad *het*
caché *adj* **1** *(dissimulé)* verborgen, *(objet)* verstopt **2** *(secret)* geheim
cache-cache *nm* verstoppertje *het;* **jouer à** ~ verstoppertje spelen *(aussi au fig.)*
cache-cœur *nm* wikkelbloes *de*
cache-col *nm* (kleine) sjaal *nm*
cachemire, cachemere *nm* kasjmier *het*
cache-nez *nm* (grote, warme) sjaal *nm*
cache-pot *nm* sierbloempot *nm*
cacher[1] *vt* **1** *(dissimuler)* verbergen, verborgen houden; **cela cache qch** daar steekt iets achter **2** *(masquer)* aan het oog onttrekken; ~ **le jour à qn** iem in het licht staan; ~ **la vue (à qn)** (iem) het uitzicht belemmeren **3** *(taire)* verzwijgen; **ne pas ~ à qn que** iem ronduit zeggen dat
se cacher[2] *vpr* zich verbergen, zich verschuilen; *(dit aux enfants)* **va te ~!, cache-toi!** schaam je! ♦ **se ~ de qn** voor iem verborgen houden wat men doet of zegt; **où peut bien se ~ cette lettre?** waar kan die brief toch uithangen?
cachet *nm* **1** *(instrument)* stempel *nm* **2** *(empreinte)* stempel *nm;* ~ **de la poste** poststempel **3** *(sceau)* zegelafdruk *nm*, lakzegel *het* **4** *(signe caractéristique)* kenmerk *het* **5** *(rétribution)* gage *de* **6** *(comprimé)* tablet *het/de;* ~ **d'aspirine** aspirientje, *(fig.)* bleekscheet
cacheter *vt* dichtplakken, sluiten
cachette *nf* **1** *(personnes)* schuilplaats *de* **2** *(choses)* geheime bergplaats *de* ♦ **en** ~ stiekem; **en ~ de qn** achter iemands rug
cachot *nm* gevangeniscel *de*
cachotterie *nf* geheimzinnigdoenerij *nf;* **faire des ~s** geheimzinnig doen
cachottier *adj* stiekem; **le ~, la cachottière** de stiekemerd

cacophonie *nf* **1** *(bruits désagréables)* herrie *de* **2** *(rencontre de sons)* onwelluidende klankenreeks *de*
cactus *nm* **1** *(bot.)* cactus *nm* **2** *(difficulté)* gedonder *het;* **il y a un** ~ er is stront aan de knikker
c.-à-d. d.w.z., dat wil zeggen
cadastre *nm* kadaster *het*
cadavérique *adj* lijk-, doodsbleek
cadavre *nm* **1** *(homme)* kadaver *het*, lijk *het* **2** *(animal)* kreng *het*
caddie *nm* karretje *het*
cadeau *nm* cadeau *het*, geschenk *het;* **recevoir qch en** ~ iets cadeau krijgen; **faire** ~ **de qch à qn** iem iets schenken
cadenas *nm* hangslot *het*
cadenasser *vt* met een hangslot afsluiten
cadence *nf* **1** *(rythme)* ritme *het;* **en** ~ ritmisch; **marquer la** ~ de maat aangeven **2** *(vitesse)* tempo *het;* ~ **infernale** hels arbeidstempo **3** *(mus.)* cadens *de*
cadet, -ette *n* **1** *(frère, sœur plus jeune)* jongere broer, zuster *nm,f;* **frère** ~ jongere broer; *(fig.)* **c'est le** ~ **de mes soucis** dat zal mij een zorg zijn **2** *(benjamin)* jongste kind *het (m)*, *het (f)*, benjamin *nm* **3** *(sports)* aspirant(e) *nm (nf)* ♦ **il est mon** ~ **de deux ans** hij is twee jaar jonger dan ik
cadran *nm* **1** *(de montre)* wijzerplaat *de;* ~ **solaire** zonnewijzer **2** *(de téléphone)* kiesschijf *de* **3** *(partie graduée)*, (aflees)schaal *de;* **le** ~ **d'une boussole** de roos van een kompas
cadre *nm* **1** *(encadrement)* lijst *de* **2** *(limites imposées)* kader *het*, raam *het;* **dans le** ~ **de** in het kader van **3** *(décor)* omgeving *nf;* ~ **de vie** leefklimaat **4** *(salarié)* leidinggevende *de, (plur.)* leidinggevend personeel *het* **5** *(châssis)* raam(werk) *het*, frame *het, (Belg.)* kader *het;* ~ **d'une porte** deurkozijn
cadrer[1] **(avec)** *vi (s'accorder avec)* overeenstemmen (met); **faire** ~ in overeenstemming brengen; **ne pas** ~ **ensemble** niet bij elkaar passen
cadrer[2] *vt (phot.)* in beeld brengen, de camera instellen op; **mal cadré** slecht ingesteld
caduc *adj* **1** *(périmé)* verouderd **2** *(jur.)* nietig **3** *(biol.)* afvallend; **arbre à feuilles caduques** bladverliezende boom
cafard *nm* **1** *(insecte)* kakkerlak *nm* **2** *(déprime)* neerslachtigheid *nf;* **avoir le** ~ down zijn
cafarder *vt* verklikken
café *nm* **1** *(graine)* koffie *nm;* ~ **en grains** ongemalen koffie; ~ **soluble** oploskoffie **2** *(boisson)* koffie *nm;* ~ **crème** koffie met room; **faire le, du** ~ koffiezetten; ~ **au lait** koffie met (veel) melk **3** *(bistro)* café *het;* ~ **tabac** café met rookwarenverkoop *(en France)* ♦ **c'est fort de** ~ dat is te dol
caféine *nf* cafeïne *de*
cafétéria *nf* cafetaria *de*
café-théâtre *nm* kleinkunsttheater *het*
cafetière *nf* koffiepot *nm;* ~ **électrique** (elektrisch) koffiezetapparaat
cage *nf* **1** *(pour animaux)* kooi *de*, hok *het;* ~ **à lapin(s)** konijnenhok, *(fig.)* blokkendoos **2** *(d'ascenseur)* koker *nm;* ~ **d'ascenseur** liftkoker; ~ **d'escalier** trappenhuis **3** *(prison)* bajes *de;* **mettre qn en** ~ iem opsluiten **4** *(sports)* net *het* ♦ ~ **thoracique** borstkas
cageot *nm* kistje *het*, kratje *het*
cagibi *nm* (rommel)hok *het*
cagnotte *nf* **1** *(caisse)* pot *nm* **2** *(économies)* spaargeld *het*
cagoule *nf* **1** *(capuchon)* kap *de* **2** *(passe-montagne)* bivakmuts *de*
cahier *nm* **1** *(carnet)* schrift *het;* ~ **de brouillon** kladschrift; *(f.B.)* ~ **d'épargne** spaarboekje *(n.B.)*, spaarbankboekje; *(f.B.)* ~ **de mariage** trouwboekje **2** *(périodique)* katern *het/de*
cahin-caha *adv* **1** *(clopin-clopant)* met horten en stoten; **aller** ~ voortsukkelen **2** *(précaire)* maar zozo, niet zo best
cahot *nm* **1** *(secousse; difficulté)* schok *nm* **2** *(vicissitudes)* ups en downs *plur*
cahoter *vi* hobbelen, hotsen
cahoteux *adj* hobbelig
caïd *nm* bolleboos *nm;* **faire son** ~ de baas willen spelen
caille *nf* kwartel *de*
caillé *nm (lait)* gestremde melk *de*
cailler[1] *vi* **1** *(coaguler)* stremmen **2** *(avoir froid)* vernikkelen; **ça caille** het is (hier) berekoud
cailler[2] *vt (coaguler)* stremmen
caillot *nm* (bloed)stolseltje *het*
caillou *nm* **1** *(gravillon)* kiezel(steen) *nm*, steentje *het* **2** *(crâne)* (kale) knikker *nm*
caisse *nf* **1** *(boîte)* kist *de;* ~ **à bière** bierkrat **2** *(pour paiements)* kas *de*, kassa *de;* ~ **d'allocations familiales** kinderbijslagfonds; ~ **d'épargne** spaarbank; **faire sa** ~ de kas opmaken; ~ **de retraite** pensioenfonds **3** *(mus.)* trommel *de;* **grosse** ~ grote trom
caissier, -ière *n* **1** *(trésorier, -ière)* kassier(ster) *nm (nf)* **2** *(f.) (dans un magasin, etc.)* caissière *nf*
cajoler *vt* liefkozen
cajolerie *nf* liefkozing *nf*
cajou *nm* cashewnoot *de*
cake *nm* (vruchten)cake *nm*
calamité *nf* ramp *de (également iron.)*
calcaire *adj* kalk-, kalkhoudend; **eau** ~ hard water; **le** ~ de kalksteen
calciné *adj* verkoold
calcul *nm* **1** *(opération numérique)* berekening *nf (aussi au fig.)* **2** *(arithmétique)* (het) rekenen; **leçon de** ~ rekenles; ~ **mental** hoofdrekenen; ~ **des probabilités** waarschijnlijkheidsrekening **3** *(recherche d'un avantage)* berekening *nf;* **agir par** ~ uit berekening handelen **4** *(stratégie)* berekening *nf;* **mauvais** ~ misrekening **5** *(méd.)* steen *nm;* ~ **rénal** niersteen
calculateur[1], **-trice** *n* **1** *(qui sait faire des calculs)* rekenaar(ster) *nm (nf)* **2** *(qui combine des projets)* berekenend iem **3** *(m. ou f.) (machine)* rekenmachine *nf;* **calculatrice (de poche)** zakrekenmachine

calculateur[2] *adj* berekenend
calculé *adj* **1** *(compté)* berekend **2** *(intéressé)* berekenend
calculer[1] *vi* rekenen; ~ **de tête** uit het hoofd (be)rekenen
calculer[2] *vt* **1** *(chiffrer)* rekenen **2** *(supputer)* (in)schatten; ~ **ses chances** zijn kansen berekenen **3** *(peser le pour et le contre)* overwegen
calculette *nf* zakrekenmachientje *het*
cale *nf* **1** *(coin)* steuntje *het* **2** *(d'un navire)* (scheeps)ruim *het* **3** *(plan incliné)* scheepshelling *nf;* ~ **sèche** droogdok
calé *adj* **1** *(fort en)* knap (in); **être** ~ **en physique** een kei zijn in natuurkunde **2** *(difficile)* ingewikkeld
caleçon *nm* **1** *(sous-vêtement)* onderbroek *de* **2** *(pantalon moulant)* legging *nm*
calembour *nm* woordspeling *nf*
calendes *nf* ♦ **renvoyer aux** ~ **(grecques)** uitstellen tot sint-juttemis
calendrier *nm* **1** *(objet)* kalender *nm* **2** *(emploi du temps)* (tijd)schema *het*, programma *het*
cale-pied *nm* toeclip *nm*
calepin *nm* zakboekje *het*
caler[1] *vi* **1** *(moteur)* afslaan **2** *(personnes)* ↑ het opgeven
caler[2] *vt* **1** *(stabiliser)* rechtzetten **2** *(appuyer)* laten leunen (tegen), neerleggen (tegen); ~ **sa tête sur un oreiller** met z'n hoofd tegen een kussen leunen **3** *(f.B.)* *(jeter)* gooien
se caler[3] *vpr (s'installer confortablement)* op z'n gemak gaan zitten
calfeutrer *vt* tochtvrij maken
calibre *nm* **1** *(diamètre intérieur)* kaliber *het (d'armes à feu)*, binnendiameter *nm (d'un tuyau)* **2** *(grosseur)* grootte *nf* **3** *(acabit)* kaliber *het;* **être du même** ~ aan elkaar gewaagd zijn
califourchon ♦ *(adv.)* **à** ~ schrijlings
câlin *adj* **1** *(cajoleur)* aanhal(er)ig **2** *(caressant)* liefkozend; **un** ~ een liefkozing, streling; **faire un** ~ **à qn** iem liefkozen
câliner *vt* liefkozen, aanhalen
câlinerie *nf* liefkozing *nf*
calleux *adj* eeltig
calligraphie *nf* (het) schoonschrijven, kalligrafie *nf*
calmant *adj* kalmerend; **le** ~ het kalmeringsmiddel
calmar *nm* inktvis *nm*
calme[1] *nm* **1** *(choses)* rust *de;* **travailler dans le** ~ ongestoord werken **2** *(personnes)* rust *de;* **garder son** ~ kalm blijven; **du** ~**!** rustig maar! **3** *(accalmie)* windstilte *nf;* ~ **plat** volkomen windstilte
calme[2] *adj* kalm, rustig
calmer[1] *vt* **1** *(apaiser)* kalmeren, tot rust brengen; ~ **les soupçons de qn** iemands achterdocht wegnemen; **je vais te** ~**!** ik zal je mores leren! **2** *(soulager)* stillen
se calmer[2] *vpr* **1** *(s'apaiser)* kalmeren, bedaren; **calme-toi!** rustig maar! **2** *(diminuer)* afnemen, verminderen; **le vent se calme** de wind gaat liggen
calomnie *nf* laster *nm*, lastertaal *de*
calomnier *vt* kwaadspreken van, (be)lasteren
calomnieux *adj* lasterlijk
calorie *nf* calorie *nf*
calorifique *adj* warmte-, warmte gevend
calotte *nf* **1** *(bonnet)* kalotje *het* **2** *(claque)* opduvel *nm*
calque *nm* **1** *(copie)* overgetrokken tekening *nf* **2** *(papier)* overtrekpapier *het* **3** *(imitation)* nabootsing *nf*
calquer *vt* **1** *(décalquer)* overtrekken **2** *(imiter)* (slaafs) nabootsen
calumet *nm* vredespijp *de;* **fumer le** ~ **de la paix** de vredespijp roken
calvaire *nm* **1** *(épreuve)* lijdensweg *nm* **2** *(représentation)* kruisweg *nm*
calvitie *nf* kaal(hoofdig)heid *nf*
camarade *n* kameraad *nm (aussi pol.)*, makker *nm;* ~ **d'école** schoolvriendje
camaraderie *nf* kameraadschap *nf*, vriendschap *nf*
Cambodge *nm* Cambodja *n (sans art.)*
cambodgien *adj* Cambodjaans; **le** ~ het Cambodjaans; **le, la Cambodgien(ne)** de Cambodjaan(se)
cambouis *nm* (vuile) wagensmeer *het/de (m)*
cambré *adj* hol; **reins ~s** holle rug
cambrer[1] *vt* krommen
se cambrer[2] *vpr* zijn rug rechten
cambriolage *nm* inbraak *de*
cambrioler *vt* inbreken bij, in; ~ **une maison** in een huis inbreken; **ils ont été cambriolés** er is bij hen ingebroken; ~ **qn** bij iem inbreken
cambrioleur, -euse *n* inbreker, inbreekster *nm,f*
cambrousse *nf* boerenland *het;* **se perdre en pleine** ~ in de rimboe verdwalen
cambrure *nf* welving *nf*, holle kromming
came *nf* **1** *(technol.)* nok *de* **2** *(cocaïne)* sneeuw *de* **3** *(stupéfiant)* stuf *het*
camé, -ée *n* junk *nm*
caméléon *nm* kameleon *het/de (m)*
camélia *nm* camelia *de*
camelote *nf* **1** *(pacotille)* rommel *nm* **2** *(marchandise)* spul *het*
caméra *nf* camera *de*
cameraman, caméraman *nm* cameraman *nm*
camerounais *adj* Kameroens; **le, la Camerounais(e)** de Kameroener, Kameroense
caméscope® *nm* camcorder *nm*
camion *nm* vrachtwagen *nm*
camion-citerne *nm* tankwagen *nm*
camionnette *nf* bestelwagen *nm*, *(Belg.)* camionette
camionneur *nm* vrachtwagenbestuurder *nm*
camisole *nf* ♦ ~ **de force** dwangbuis
camomille *nf* kamille *de*
camouflage *nm* camouflage *nf*
camoufler *vt* **1** *(concr.)* camoufleren **2** *(abstr.)* verbergen
camp *nm* **1** *(campement)* kamp *het;*

fiche(-moi) le ~! hoepel op!; **lever le ~** opbreken **2** *(clan)* kamp *het*, partij *nf*
campagnard *adj* plattelands, landelijk; **le ~** de plattelander
campagne *nf* **1** *(région rurale)* platteland *het;* **en rase ~** midden in het land; **maison de ~** buitenhuis **2** *(champs)* grond *nm;* **battre la ~** een gebied grondig uitkammen, *(fig.)* raaskallen **3** *(action)* campagne *de;* **~ d'information** voorlichtingscampagne **4** *(expédition)* veldtocht *nm;* **se mettre en ~** te velde trekken, *(fig.)* op weg gaan
campement *nm* kamp *het*
camper[1] *vi* kamperen
camper[2] *vt* **1** *(poser; décrire)* stevig neerzetten **2** *(cantonner)* in een kamp onderbrengen
se camper[3] *vpr (se poser)* zelfverzekerd gaan staan; **se ~ devant qn** pal voor iem gaan staan
campeur, -euse *n* kampeerder, kampeerster *nm,f*
camphre *nm* kamfer *nm*
camping *nm* **1** *(activité)* (het) kamperen; **faire du ~** kamperen; **matériel de ~** kampeerbenodigdheden **2** *(terrain)* camping *nm*
camping-car *nm* camper *de*, mobilhome *nm (n.B.)*
camping-gaz *nm* kampeergasstel *het*
campus *nm* campus *nm*
canadien *adj* Canadees; **le, la Canadien(ne)** de Canadees, Canadese
canaille *nf* **1** *(crapule)* smeerlap *nm*, *(Belg.)* crapuul *het* **2** *(enfant espiègle)* boef *nm*
canal *nm* **1** *(cours d'eau artificiel)* kanaal *het*, *(au centre-ville)* gracht *de*, *(dans un polder)* vaart *de* **2** *(détroit)* (zee)straat *de* **3** *(conduit; biol.; média)* kanaal *het* ♦ **par le ~ de** via
canalisation *nf* **1** *(action)* kanalisering *nf* **2** *(tuyau)* leiding *nf*
canaliser *vt* **1** *(rendre navigable)* kanaliseren, bevaarbaar maken **2** *(sillonner de canaux)* van kanalen voorzien **3** *(diriger)* in banen leiden
canapé *nm* **1** *(long siège)* bank *de* **2** *(sandwich)* canapé *nm*
canard *nm* **1** *(oiseau)* eend *de;* **marcher comme un ~** waggelen **2** *(mâle de l'oiseau)* woerd *nm* **3** *(journal)* krantje *het* **4** *(fausse note)* ↑ valse noot *de* **5** *(fausse nouvelle)* leugenbericht *het*, *(Belg.)* kwakkel *de*
canari *nm* kanarie *nm*
cancan *nm* lasterpraatje *het*, geroddel *het*
Cancer *nm* Kreeft *de;* **il est ~** hij is een Kreeft
cancer *nm* kanker *nm*
cancéreux *adj* kanker-; **le ~, la cancéreuse** de kankerpatiënt(e)
cancérogène *adj* kankerverwekkend
cancre *nm* ↑ luie, slechte leerling *nm*
candélabre *nm* kandelaber *nm*
candeur *nf* argeloosheid *nf*
candi *adj* kandij-; **sucre ~** kandijsuiker
candidat, -ate *n* **1** *(à un poste, à un titre)* kandildaat, -date *nm,f;* **se porter ~ (à)** zich kandidaat stellen (voor), *(Belg.)* opkomen **2** *(à un emploi, à une reprise)* gegadigde *nm*, sollicitant *nm*
candidature *nf* kandidatuur *nf; (f.B.; enseign.)* **être en première ~** in eerste kandidatuur zitten *(n.B.);* **poser sa ~ (à)** zich kandidaat stellen (voor)
candide *adj* argeloos
cane *nf* (wijfjes)eend *nf*
caneton *nm* eendenkuiken *het*
canette *nf* **1** *(bière)* (bier)flesje *het*, pijpje *het* **2** *(bobine)* spoeltje *het*
canevas *nm* stramien *het (aussi au fig.)*
caniche *nm* poedel *nm*
canicule *nf* **1** *(époque de l'année)* hondsdagen *plur* **2** *(forte chaleur)* hitte *nf*
canif *nm* zakmes *het*
canin *adj* honden-
canine *nf* hoektand *nm*
caniveau *nm* goot *de*
canne *nf* **1** *(bot.)* riet *het;* **~ à sucre** suikerriet **2** *(bâton)* (wandel)stok *nm;* **~ blanche (d'aveugle)** blindenstok **3** *(pour la pêche)* hengel *nm;* **~ à pêche** vishengel
cannelle *nf* kaneel *het/de (m)*
cannibale *n* kannibaal *nm*, menseneter *nm;* **sauvage ~** mensenetende wilde
cannibalisme *nm* kannibalisme *het*
canoë *nm* kano *nm;* **faire du ~** kanovaren, kanoën
canon *nm* **1** *(arme)* kanon *het* **2** *(d'une arme à feu)* loop *nm* **3** *(relig.; mus.)* canon *nm* **4** *(norme)* norm *de*, regel *nm*
cañon *nm* cañon *nm*
canoniser *vt* heilig verklaren
canot *nm* bootje *het;* **~ automobile** motorbootje; **~ pneumatique** opblaasboot; **~ de sauvetage** reddingsboot, reddingssloep
cantatrice *nf* zangeres *nf*
cantine *nf* kantine *nf*
cantique *nm* kerkzang *nm*
canton *nm* kanton *het*
cantonade *nf* ♦ **dire qch à la ~** iets tegen niemand in het bijzonder zeggen
cantonnement *nm* **1** *(de troupes)* legering *nf* **2** *(chez l'habitant)* inkwartiering *nf* **3** *(lieu)* legerkamp *het*
cantonner[1] *vt* **1** *(établir qqp.)* legeren, inkwartieren *(chez l'habitant)* **2** *(confiner dans)* opsluiten (in)
se cantonner[2] *vpr* **1** *(se retirer)* zich afzonderen **2** *(+ dans) (se limiter)* zich beperken (tot)
canular *nm* grap *de*
caoutchouc *nm* **1** *(substance)* rubber *het/de (m);* **~ mousse®** schuimrubber **2** *(élastique)* elastiekje *het* **3** *(bot.)* ficus *nm*
cap *nm* **1** *(géo.)* kaap *de* **2** *(étape importante)* mijlpaal *nm;* **avoir passé le ~ de l'examen** het examen achter zich hebben liggen **3** *(limite)* grens *de;* **elle a passé le ~ de la cinquantaine** zij is over de vijftig **4** *(mar.; aviat.)* koers *nm;* **changer de ~** van richting veranderen; **mettre le ~ sur** de steven wenden naar
capable *adj* **1** *(+ de) (en état de)* in staat (tot); **elle est ~ de tout** zij is tot alles in staat **2** *(compétent)* bekwaam **3** *(+ de)*

(jur.) bevoegd (tot) ♦ **il est ~ de réussir** hij kan slagen
capacité *nf* **1** *(contenance)* capaciteit *nf* **2** *(compétence)* bekwaamheid *nf*
cape *nf* cape *de;* **rire sous ~** in zijn vuistje lachen
capharnaüm *nm* bende *de*
capillaire *adj* **1** *(relatif aux cheveux)* haar- **2** *(phys.; biol.)* capillair, haar-
capitaine *nm* **1** *(officier de l'armée, de la marine)* kapitein *nm;* **le ~ des pompiers** de brandweercommandant **2** *(commandant militaire)* veldheer *nm* **3** *(sports)* aanvoerder *nm*
capital[1] *nm* kapitaal *het;* **un riche ~ artistique** een schat aan artistiek talent; **entamer, manger son ~** op zijn kapitaal interen; **le ~** de bezittende klasse
capital[2] *adj* belangrijkst, voornaamst; **être d'un intérêt ~** van het grootste belang zijn ♦ **peine ~e** doodstraf; **il est ~ que** het is van het grootste belang dat
capitale *nf* **1** *(ville)* hoofdstad *de* **2** *(majuscule)* hoofdletter *de*
capitaliser[1] *vi* kapitaal vormen
capitaliser[2] *vt* **1** *(transformer en capital)* kapitaliseren **2** *(accumuler)* opsparen
capitalisme *nm* kapitalisme *het*
capitaliste *adj* kapitalistisch; **le ~** de kapitalist
capiteux *adj* **1** *(vin)* koppig **2** *(grisant)* bedwelmend
capitonner *vt* capitonneren
capitulation *nf* **1** *(reddition)* capitulatie *nf* **2** *(fait de céder)* (het) toegeven
capituler *vi (aussi au fig.)* capituleren
caporal *nm* korporaal *nm*
capot *nm* motorkap *de*
capote *nf* **1** *(manteau)* mantel *nm* met capuchon **2** *(d'un véhicule)* kap *de* ♦ **~ anglaise** kapotje
capoter *vi* **1** *(mar.)* kapseizen, omslaan **2** *(voiture, avion)* over de kop slaan **3** *(faire faillite)* over de kop gaan
câpre *nf* kappertje *het*
caprice *nm* **1** *(inconstance)* gril *de* **2** *(plur.) (changements)* spelingen *plur* **3** *(désir passager)* nuk *de;* **enfant qui fait des ~s** kind met kuren
capricieux *adj* **1** *(changeant)* grillig, wispelturig; **un ~, une capricieuse** een wispelturig persoon **2** *(irrégulier)* onregelmatig, onbestendig *(temps)*
Capricorne *nm* Steenbok *nm;* **il est ~** hij is een Steenbok
capsule *nf* **1** *(bouchon)* dop *nm* **2** *(pharm.)* capsule *de* **3** *(astronaut.)* ruimtecapsule *de*
capter *vt* **1** *(recueillir)* opvangen, *(Belg.)* capteren; **~ les eaux d'une rivière** het water van een rivier afleiden; **~ une émission** een uitzending oppikken **2** *(obtenir par artifice)* weten te winnen; **~ l'attention de qn** iemands aandacht weten te winnen
capteur *nm* ♦ **~ (solaire)** zonnecollector
captif *adj* **1** *(prisonnier)* (krijgs)gevangen; **le ~, la captive** de (krijgs)gevangene **2** *(d'un animal)* gevangen
captiver *vt* boeien
captivité *nf* (krijgs)gevangenschap *nf*
capture *nf* **1** *(action)* (het) gevangennemen **2** *(butin)* buit *nm*
capturer *vt* **1** *(qn)* gevangennemen **2** *(animaux)* vangen
capuche *nf* kapje *het*
capuchon *nm* **1** *(bonnet)* capuchon *nm*, kap *de (d'un manteau)* **2** *(bouchon)* dop *nm (d'un stylo, d'un tube, etc.)*
capucine *nf (bot.)* Oost-Indische kers *de*
caqueter *vi* **1** *(glousser)* kakelen **2** *(jacasser)* kletsen
car[1] *nm* bus *nm;* **~ de ramassage scolaire** schoolbus
car[2] *conj* want
carabine *nf* buks *de*, karabijn *de;* **~ à air comprimé** windbuks; **tirer à la ~** bukschieten
carabiné *adj* fiks
caractère *nm* **1** *(personnalité)* karakter *het*, aard *nm;* **avoir du ~** karakter hebben; **avoir (un) bon ~** een goed karakter hebben; **manquer de ~** karakterloos zijn; **avoir (un) mauvais ~** moeilijk zijn **2** *(caractéristique)* eigenschap *nf* **3** *(d'imprimerie)* letter *de*, lettertype *het;* **en gros ~s** in hoofdletters; **~s d'imprimerie** drukletters
caractériel *adj* **1** *(du caractère)* karakter- **2** *(inadapté)* moeilijk opvoedbaar; **le, la ~(le)** het moeilijk opvoedbare kind
caractériser[1] *vt (définir (qn))* karakteriseren
se caractériser[2] **(par)** *vpr* gekenmerkt worden (door)
caractéristique *adj* kenmerkend (voor), karakteristiek (voor); **la ~** het kenmerk, kenteken
carafe *nf* karaf *de;* **du vin en ~** open wijn
carambolage *nm* (ketting)botsing *nf*
caramel *nm* karamel *de*
carapace *nf* **1** *(zool.)* schild *het*, pantser *het* **2** *(armure)* pantser *het (aussi au fig.)*
carat *nm* karaat *het*
caravane *nf* **1** *(convoi)* karavaan *de* **2** *(groupe)* groep *de* **3** *(roulotte)* caravan *nm*
caravaning *nm* caravanning *de*
carbone *nm* **1** *(chim.)* koolstof *de* **2** *(papier)* carbon(papier) *de (het)*
carboniser *vt* **1** *(indus.)* verkolen **2** *(brûler complètement)* (geheel) verbranden
carburant *nm* brandstof *de*
carburateur *nm* carburateur *nm*
carcasse *nf* **1** *(squelette d'un animal)* geraamte *het*, skelet *het* **2** *(charpente)* geraamte *het*
carcéral *adj* gevangenis-
cardiaque *adj* hart-; **crise ~** hartaanval; **le, la ~** de hartpatiënt(e)
cardigan *nm* (gebreid) vest *het*
cardinal[1] *nm* kardinaal *nm*
cardinal[2] *adj* voornaamste, hoofd-

cardiologie *nf* cardiologie *nf*
cardiologue *n* hartspecialist(e) *nm (nf)*, cardioloog *nm*
carême *nm* **1** *(période)* vasten(tijd) *nm* **2** *(jeûne)* (het) vasten
carence *nf* **1** (het) tekortschieten; **la ~ du pouvoir** de lijdelijkheid van de overheid **2** *(insuffisance, manque)* tekort (aan) *het*, gebrek (aan) *het*
caressant *adj* **1** *(doux)* liefkozend, strelend **2** *(cajoleur)* aanhalig
caresse *nf* liefkozing *nf*, streling *nf*
caresser *vt* **1** *(effleurer)* liefkozen, strelen, aaien **2** *(entretenir)* koesteren; **~ un espoir** hoop koesteren
cargaison *nf* **1** *(chargement)* lading *nf* **2** *(grande quantité)* stoot *nm*
cargo *nm* vrachtschip *het*
cari *nm* **1** *(assaisonnement)* kerrie *nm* **2** curry *de*
caricatural *adj* **1** *(comique)* karikatuurachtig **2** *(chargé)* karikaturaal
caricature *nf* **1** *(dessin)* karikatuur *nf* **2** *(parodie, personne laide)* karikatuur *nf;* **~ de procès** schijnproces
caricaturer *vt* **1** *(dessiner)* een karikatuur maken van **2** *(charger)* belachelijk maken
carie *nf* cariës *de*, tandbederf *het*
carié *adj* aangetast door cariës; **dent ~e** rotte kies
carillon *nm* **1** *(ensemble de cloches)* carillon *het/de (m)*, klokkenspel *het* **2** *(système de sonnerie)* slagwerk *het*
caritatif *adj* **1** *(qui porte secours)* charitatief **2** *(relig.)* van naastenliefde
carlingue *nf* cabine *nf*
carmin *nm* karmijn(rood) *het*
carnage *nm* bloedbad *het*, slachting *nf*
carnassier *adj* roof-, vleesetend; **le ~** het roofdier
carnaval *nm* carnaval *het*
carnet *nm* **1** *(agenda)* (zak)boekje *het;* **~ de bord** dagboekje **2** *(feuilles détachables)* blok *het;* **~ de chèques** chequeboekje; **~ de métro** boekje met metrokaartjes
carnivore *adj* vleesetend; **le ~** het roofdier
carotide *nf* hoofdslagader *de*
carotte *nf* worteltje *het*, peen *de*
carpe *nf* karper *nm;* **rester muet comme une ~** geen mond open doen
carpette *nf (tapis)* (vloer)kleedje *het*
carré[1] *nm* **1** *(quadrilatère)* vierkant *het* **2** *(surface rappelant le carré)* vierkant oppervlak *het* **3** *(math.)* kwadraat *het;* **élever au ~** in het kwadraat verheffen **4** *(d'un jardin)* tuinbed *het*
carré[2] *adj* **1** *(qui forme un quadrilatère)* vierkant; **mètre ~** vierkante meter; **racine ~e** vierkantswortel **2** *(robuste)* hoekig; **aux épaules ~es** breedgeschouderd **3** duidelijk; **être ~ en affaires** eerlijk in zaken zijn
carreau *nm* **1** *(vitre)* (venster)ruit *de* **2** *(dalle)* (vloer)tegel *nm* **3** *(carrelage)* stenen vloer *nm;* **rester sur le ~** *(être tué ou très blessé)* voor dood blijven liggen, *(être abandonné)* achtergelaten worden **4** *(petit carré)* ruit *de*, *(jeux de cartes)* ruiten *de;* **à ~x** geruit, geblokt; **papier à ~x** ruitjespapier ♦ **se tenir à ~** op zijn hoede zijn
carrefour *nm* **1** *(croisement)* kruispunt *het* **2** *(choix important)* belangrijk keuzemoment *het;* **se trouver à un ~** voor een moeilijke beslissing staan
carrelage *nm* tegelvloer *nm*
carreler *vt* **1** *(paver)* betegelen **2** *(quadriller)* ruiten tekenen op
carrément *adv* **1** *(sans détours)* ronduit, zonder omwegen **2** *(complètement)* beslist
carrière *nf* **1** *(profession)* loopbaan *de*, carrière *de;* **embrasser une ~** een loopbaan kiezen; **militaire de ~** beroepsmilitair **2** *(lieu d'extraction)* steengroeve *de (pierre)*, zandafgraving *nf (sable)*
carrossable *adj* (voor voertuigen) begaanbaar, berijdbaar; **route ~** rijweg
carrosse *nm* koets *de*
carrosserie *nf* carrosserie *nf*
carrure *nf* **1** *(largeur du dos)* schouderbreedte *nf* **2** *(envergure)* kaliber *het*
cartable *nm* schooltas *de*
carte *nf* **1** *(carton; document; inform.)* kaart *de;* **~ bancaire** bankpasje, pinpas, *(Belg.)* bankkaart; **~ bleue®** ± creditcard; **~ de crédit** creditcard; **donner ~ blanche à qn** iem de vrije hand geven; **~ d'étudiant** collegekaart, studentenkaart *(n.B.);* **~ grise** kentekenbewijs deel II, inschrijvingsbewijs *(Belg.n.);* **~ d'identité** persoonsbewijs, identiteitskaart; **laisser sa ~** zijn visitekaartje afgeven; **~ de membre** lidmaatschapskaart; **~ postale** briefkaart, prentbriefkaart, postkaart; **~ à puce(s)** chipkaart, chipknip; **~ de séjour** verblijfsvergunning; **~ de téléphone** telefoonkaart, *(Belg.)* telekaart; **~ (de visite)** visitekaartje; **~ de vœux** wenskaart; *(f.B.)* **~ de zone** zonekaart, Z-kaart *(n.B.)* **2** *(carte à jouer)* (speel)kaart *de;* **battre, mélanger les ~s** de kaarten schudden; **brouiller les ~s** een rookgordijn aanleggen; **couper les ~s** couperen; **jouer aux ~s** kaarten; **jouer ~s sur table** open kaart spelen; **jouer sa dernière ~** zijn laatste troef uitspelen; **partie de ~** spelletje kaart; **tirer les ~s à qn** iem de kaart leggen; **avoir plus d'une ~ dans son jeu** meer dan één pijl op zijn boog hebben **3** *(géo.)* landkaart *de;* **~ routière** wegenkaart **4** *(menu)* spijskaart *de;* **à la ~** naar keuze, à la carte
cartésien *adj* **1** *(relatif à Descartes)* cartesiaans **2** *(rationnel)* rationeel
cartilage *nm* kraakbeen *het*
carton *nm* **1** *(matière)* karton *het* **2** *(boîte)* (kartonnen) doos *de;* **~ à dessin** tekenportefeuille **3** *(cible)* schietschijf *de;* **faire un ~** op een schijf schieten ♦ *(sports)* **~ jaune, rouge** gele, rode kaart; **recevoir un ~** een uitnodiging ontvangen
carton-pâte *nm* papier-maché *het;* **en ~** bordpapieren, *(fig.)* gekunsteld
cartouche *nf* **1** *(d'armes à feu)* (geweer)-

patroon *de* **2** *(recharge)* patroon *de*, vulling *nf* **3** *(de cigarettes)* slof *nm*
cas *nm* **1** *(circonstance)* geval *het*, kwestie *nf;* **au** ~ **où** ingeval; **le** ~ **échéant** in voorkomende gevallen; **en** ~ **de** in geval van; **en tout** ~ in elk geval; **en** ~ **de besoin** als 't nodig is; **c'est son** ~ **aussi** dat is met hem ook het geval; **c'est le** ~ **ou jamais** nu of nooit; **c'est (bien) le** ~ **de le dire** zeg dat wel; **faire** ~ **de qch** iets belangrijk vinden; **selon le** ~ naar omstandigheid; ~ **social** maatschappelijk probleemgeval **2** *(jur.)* zaak *de* **3** *(méd.)* (ziekte)geval *het* **4** *(difficulté d'ordre moral)* kwestie *nf;* ~ **de conscience** gewetenszaak **5** *(désinence)* naamval *nm*
casanier *adj* huiselijk
cascade *nf* **1** *(chute d'eau)* waterval *nm* **2** *(série)* stroom *nm* **3** *(au cinéma, etc.)* stunt *nm*
cascadeur, -euse *n* stunt|man, -vrouw *nm,f*
case *nf* **1** *(compartiment)* hokje *het*, vakje *het* **2** *(d'un échiquier, d'un damier, etc.)* veld *het* **3** *(hutte)* (neger)hut *de* ♦ **avoir une** ~ **en moins** niet goed snik zijn
caser[1] *vt* **1** *(placer)* ↑ plaatsen **2** *(marier)* uithuwelijken **3** *(loger)* ↑ onderdak brengen **4** *(trouver un emploi à)* ↑ onder de pannen brengen
se caser[2] *vpr* **1** *(se placer)* ↑ een plaats vinden, zich installeren **2** *(se marier)* trouwen
caserne *nf* kazerne *de*
cash *adv* cash
casier *nm* **1** *(case)* (post)vak(je) *het* **2** *(meuble à compartiments)* vak(ken)kast *de;* ~ **à bouteilles** flessenrek; ~ **à disques** platenrek **3** *(fichier)* register *het;* ~ **fiscal** (belasting)kohier; ~ **judiciaire** *(fichier)* strafregister, *(fiche de qn)* strafblad
casino *nm* casino *het*
casque *nm* **1** *(coiffure)* helm *de;* ~**s bleus** blauwhelmen **2** *(séchoir)* (droog)kap *nm* **3** *(écouteurs)* koptelefoon *nm*
casquer *vi* dokken
casquette *nf* pet *de*
cassant *adj* **1** *(cassable)* breekbaar, broos **2** *(brusque)* bits
cassation *nf* cassatie *nf*, vernietiging *nf;* **cour de** ~ hof van cassatie
casse[1] *nm (cambriolage)* kraak *nm*
casse[2] *nf* **1** *(action de casser)* breuk *de;* **payer la** ~ de (breuk)schade betalen **2** *(bagarre)* vechtpartij *nf;* **il va y avoir de la** ~ er zullen wel klappen vallen **3** *(ferraille)* schroot *het;* **mettre une voiture à la** ~ een auto naar de sloop brengen
cassé *adj* **1** *(brisé)* gebroken, stuk **2** *(en mauvais état)* gebroken; **voix** ~**e** zwakke, schorre stem ♦ **blanc** ~ gebroken wit
casse-cou *nm* waaghals *nm*
casse-croûte *nm* hapje *het* (uit het vuistje), boterhammetje *het*
casse-gueule *nm* riskant gedoe *het;* **c'est** ~ dat is bloedjelink
casse-noisettes, casse-noix *nm* notenkraker *nm*
casse-pieds *n* zeurpiet *nm;* **ce qu'ils sont** ~**!** wat een zeurpieten!
casser[1] *vi* breken, stukgaan
casser[2] *vt* **1** *(briser)* breken, kapotmaken; **film à tout** ~ buitengewone film; ~ **le moral à qn** ↑ iem ontmoedigen; **ça ne casse rien** ik ben er niet kapot van **2** *(annuler)* nietig verklaren
se casser[3] *vpr (se briser)* breken, stukgaan; **ça se casse** dat is breekbaar ♦ **ne pas se** ~ zich niet moe maken
casserole *nf* (steel)pan *de*
casse-tête *nm* hersenbreker *nm;* ~ **chinois** constructiepuzzel, *(fig.)* hersenbreker
cassette *nf* cassette *de;* ~ **vidéo** videocassette
casseur, -euse *n* **1** *(ferrailleur)* sloper *nm* **2** *(vandale)* herrieschopper *nm*
cassis *nm* **1** *(bot.)* zwarte bes *de* **2** *(liqueur)* zwartebessenlikeur *de*
cassure *nf* breuk *de*
castagnettes *nf* castagnetten *plur;* **jouer des** ~ met castagnetten klepperen
caste *nf* kaste *de*
castor *nm* **1** *(animal)* bever *de* **2** *(fourrure)* beverbont *het*
castrer *vt* castreren
cataclysme *nm* grote (natuur)ramp *de*
catacombe *nf (plur.)* catacomben *plur*
catalogue *nm* **1** *(liste méthodique)* catalogus *nm* **2** *(inform.)* directory *nm*
cataloguer *vt* **1** *(inscrire)* catalogiseren **2** *(classer)* classificeren; *(péj.)* ~ **qn comme paresseux** iem als lui doodverven
catalyser *vt* **1** *(chim.)* katalyseren **2** *(déclencher)* als katalysator werken op
catalyseur *nm* katalysator *nm*
catamaran *nm* catamaran *nm*
cataplasme *nm (méd.)* papje *het*
catapulte *nf* katapult *nm*
catapulter *vt* **1** *(lancer)* afschieten **2** *(projeter)* wegslingeren **3** *(promouvoir)* onverwacht wegpromoveren
cataracte *nf* **1** *(chute d'eau)* waterval *nm* **2** *(méd.)* grauwe staar *de*
catastrophe *nf* ramp *de;* ~ **aérienne** vliegramp; **courir à la** ~ zijn ondergang tegemoet gaan; **en** ~ in allerijl
catastrophé *adj* ↑ terneergeslagen; **d'un air** ~ ontsteld
catastrophique *adj* rampzalig, catastrofaal
catch *nm* catch(-as-catch-can) *nm*
catcheur, -euse *n* catcher *nm*
catéchisme *nm* catechismus *nm*
catégorie *nf* categorie *nf*, soort *het/de;* ~ **sociale** sociale groep
catégorique *adj* categorisch, stellig
cathédrale *nf* kathedraal *de*, domkerk *de*
catholicisme *nm* (rooms-)katholicisme *het*
catholique *adj* **1** *(chrétien)* (rooms-)katholiek; **un** ~ een katholiek **2** *(normal)* zoals het hoort; **cette affaire n'est pas très** ~ er zit een luchtje aan die zaak
catimini ♦ *(adv.)* **en** ~ heimelijk

cauchemar *nm* nachtmerrie *de;* **c'est mon** ~ daar ben ik als de dood voor; **faire un** ~ een nachtmerrie hebben
cauchemardesque *adj* gruwelijk
causant *adj* spraakzaam
cause *nf* **1** *(origine)* oorzaak *nf*, reden *de;* **à ~ de** door, wegens, vanwege; **être ~ de, être ~ que** er de oorzaak van zijn dat; **et pour ~!** en niet zonder reden!, en terecht!; **pour ~ de** wegens; **pour une ~ sérieuse** om een ernstige reden **2** *(procès)* (rechts)zaak *de; (fig.)* **être en** ~ in het geding zijn; *(fig.)* **remettre qch en** ~ terugkomen op iets; **mettre qn, qch en** ~ iem/iets verantwoordelijk stellen; **la ~ est entendue** het vonnis is geveld; **mettre hors de** ~ vrijpleiten **3** *(ensemble des intérêts)* zaak *de;* **faire ~ commune avec qn** gemene zaak met iem maken
causer[1] *vi* praten; ~ **avec qn, à qn** met iem praten; **cause toujours, tu m'intéresses** klets maar raak, ik trek me er toch niets van aan
causer[2] *vt (provoquer)* veroorzaken; ~ **des dépenses à qn** iem op kosten jagen; ~ **de la peine à qn** iem verdriet aandoen
causerie *nf* **1** *(conversation)* praatje *het* **2** *(discours)* praatje *het*, lezing *nf*
causette *nf* praatje *het;* **faire la** ~ een praatje maken
caustique *adj* bijtend
cautériser *vt* uitbranden
caution *nf* **1** *(garantie)* borg(tocht) *nm*, waarborg(som) *nm;* **mettre qn en liberté sous** ~ iem op borgtocht vrijlaten **2** *(garant)* borg(steller) *nm;* **se porter ~ pour qn** voor iem borg staan ♦ **sujet à** ~ onbetrouwbaar
cautionner *vt* **1** *(être garant de)* borg staan voor **2** *(approuver)* (onder)steunen
cavalcade *nf* **1** *(défilé)* ruiteroptocht *nm* **2** *(course)* ruiterwedstrijd *nm*
cavale *nf* uitbraak *de;* **être en** ~ uitgebroken zijn
cavaler *vi* pleite gaan
cavalerie *nf* cavalerie *nf*
cavalier[1], **-ière** *n* **1** *(écuyer, -ère)* ruiter, amazone *nm,f*, paardrijd(st)er *nm (nf)* **2** *(partenaire)* heer, dame *nm,f;* **faire ~ seul** op eigen houtje handelen **3** *(m.) (échecs)* paard *het*
cavalier[2] *adj* vrijpostig
cave *nf* **1** *(local souterrain)* kelder *nm* **2** *(cellier; vins)* wijnkelder *nm*
caveau *nm* **1** *(sépulture)* grafkelder *nm;* ~ **de famille** familiegraf **2** *(petite cave)* keldertje *het*
caverne *nf* grot *de*, hol *het;* **l'homme des ~s** de holenmens
caverneux *adj* hol(klinkend); **voix caverneuse** grafstem
caviar *nm* kaviaar *nm*
cavité *nf* holte *nf;* **les ~s des yeux** de oogkassen
CD *nm* cd *nm*
CD-ROM *nm* cd-rom *nm*
ce[1], **cet, cette, ces** *adj dém* **1** *(proximité)* deze, dit; **cet après-midi** vanmiddag; **cette femme-ci** deze vrouw; **un de ces jours** één dezer dagen; **ces derniers jours** de laatste dagen **2** *(éloignement)* die, dat; **cet homme-là** die man **3** *(exclamation)* wat (een); **cette réponse!** wat een antwoord!
ce[2], **c', ç'** *pron dém* **1** *(sujet; avec être)* het, dat; ~ **n'est pas que** niet dat; **qu'est-~ que c'est?** wat is dat?; **c'est lui le coupable** híj is de schuldige; **c'est une bonne idée** dat is een goed idee; **c'est à toi de jouer** het is jouw beurt; **si elle pleure c'est qu'elle est malheureuse** als ze huilt komt dat omdat ze ongelukkig is; **est-ce toi?** ben jij het?; **et** ~ en dat; ~ **sont eux** zij zijn het; **sur** ~ en met deze woorden **2** *(avec relatif)* (dat) wat; ~ **dont on parle** dat waarover men spreekt; **elle demande ~ que c'est qu'une île** zij vraagt wat een eiland is; ~ **que** (dat) wat; **tout ~ que** alles wat **3** *(+ que) (exclamation)* wat; ~ **que c'est beau!** wat is dat mooi! **4** *(complément d'objet direct)* dat; ~ **disant** met deze woorden
ceci *pron dém* **1** *(la chose la plus proche)* dit; ~ **dit, ...** afgezien daarvan ... **2** *(la chose désignée du doigt)* dit hier **3** *(ce qui va suivre)* het volgende
cécité *nf* blindheid *nf*
céder[1] *vi* **1** *(+ à) (se soumettre à)* toegeven (aan), zwichten (voor) **2** *(ne plus résister)* bezwijken
céder[2] *vt* afstaan (aan); ~ **la parole à qn** iem het woord geven; ~ **le passage** voorrang geven; ~ **son tour à qn** iem voor laten gaan ♦ **ne le ~ en rien à qn** niet voor iem onderdoen
cedex *nm* ⟨*snelle postbezorgingsdienst voor bedrijven*⟩
cédille *nf* cedille *de*
cèdre *nm* **1** *(arbre)* ceder *nm* **2** *(bois)* cederhout *het*
ceinture *nf* **1** *(bande pour serrer les vêtements)* riem *nm;* **desserrer sa** ~ zijn riem een gaatje verzetten; *(judo)* **être ~ noire** de zwarte band hebben; ~ **de sécurité** veiligheidsgordel; *(fig.)* **se serrer la** ~ de buikriem aanhalen **2** *(partie de vêtement)* band *nm* **3** *(taille)* middel *het* **4** *(ce qui entoure)* omsluiting *nf*
ceinturer *vt* **1** *(entourer de)* omringen (met) **2** *(prendre par la taille)* om het middel vatten
cela *pron dém* dat; **qu'à ~ ne tienne** dat hoeft geen belemmering te zijn; **avec** ~ bovendien; **avec ~?** anders nog iets?; **comme** ~ op die manier; **comment ~?** hoe bedoel je?; **il y a quelques mois de** ~ enkele maanden daarvoor
célébration *nf* **1** *(action de célébrer (une fête))* viering *nf* **2** *(de la messe)* celebratie *nf*, (het) opdragen ♦ ~ **d'un mariage** huwelijksinzegening
célèbre *adj* beroemd (om)
célébrer *vt* **1** *(une fête)* vieren **2** *(commémorer)* plechtig herdenken **3** *(un mariage)* voltrekken **4** *(la messe)* opdragen
célébrité *nf* beroemdheid *nf*
céleri *nm* selderie *nm;* ~ **en branches**

bleekselderij; ~ **rave** knolselderij, *(Belg.)* knolselder
céleste *adj* **1** *(cosmique)* hemel- **2** *(divin; surnaturel)* hemels
célibat *nm* celibaat *het*, ongehuwde staat *nm*
célibataire *n* ongehuwde *nm*, vrijgezel *nm;* ~ **endurci** verstokte vrijgezel
cellier *nm* provisiekast *de*
cellophane® *nf* cellofaan *het*
cellulaire *adj* **1** *(biol.)* cel- **2** *(pénitentiaire)* cel-, celstraf-; **régime** ~ (stelsel van) celstraf
cellule *nf* cel *de;* ~ **familiale** gezin; ~ **photo-électrique** foto-elektrische cel
cellulite *nf* cellulitis *nf*
celluloïd *nm* celluloid *het*
cellulose *nf* cellulose *de*, celstof *de*
celui, celle, ceux, celles *pron dém* **1** *(suivi de pron. rel.)* degene, datgene; **il fait ~ qui ne sait pas** hij doet alsof hij nergens wat van afweet **2** *(suivi de 'de')* die, dat
celui-ci, celle-ci, ceux-ci, celles-ci *pron dém* deze, dit
celui-là, celle-là, ceux-là, celles-là *pron dém* die, dat; **ah, celle-là est bonne!** ha, dat is een goede mop!
cendre *nf* as *de (uniquement sing.);* **réduire en ~s** in de as leggen
cendré *adj* askleurig; **cheveux d'un blond** ~ asblond haar
cendrier *nm* asbak *nm*
Cendrillon Assepoester
censé *adj* geacht; **nul n'est ~ ignorer la loi** eenieder wordt geacht de wet te kennen
censeur *nm* **1** *(qui applique la censure)* censor *nm* **2** *(critique)* criticus *nm*
censure *nf* **1** *((service de) contrôle)* censuur *nf* **2** *(psycho.)* (het) verdringen
censurer *vt* **1** *(interdire)* censureren **2** *(critiquer le gouvernement)* een motie van wantrouwen aannemen tegen
cent *adj num* honderd; **cinquante pour** ~ vijftig procent *(suivi d'un verbe au sing.);* **il est ~ pour ~ Français** het is op-en-top een Fransman
centaine *nf* honderdtal *het;* **par ~s** met, bij honderden; **des ~s de personnes** honderden mensen
centenaire[1] *nm* eeuwfeest *het;* **le huitième ~ d'une ville** het achthonderdjarig bestaan van een stad
centenaire[2] *adj* honderdjarig; **le, la** ~ de honderdjarige
centième *adj num* honderdste
centigramme *nm* centigram *het*
centilitre *nm* centiliter *nm*
centime *nm* eurocent *nm*
centimètre *nm* centimeter *nm*
central[1] *nm* telefooncentrale *de*
central[2] *adj* centraal, hoofd-; **l'Europe ~e** Midden-Europa; **problème** ~ kernprobleem; **quartier** ~ centraal gelegen wijk
centrale *nf* **1** *(usine)* (elektriciteits)-centrale *de;* ~ **nucléaire** kerncentrale **2** *(confédération)* vakcentrale *de*
centraliser *vt* centraliseren
centre *nm* **1** *(milieu)* centrum *het*, midden *het;* ~ **d'accueil** opvangcentrum; ~ **des affaires** zakenwijk; ~ **d'apprentissage** vormingscentrum; ~ **d'attraction** aantrekkingspunt; **au** ~ in het midden; ~ **commercial** winkelcentrum; ~ **culturel** cultureel centrum; **en plein** ~ midden in het centrum; ~ **de gravité** zwaartepunt; **voilà ses seuls ~s d'intérêt** dat zijn zijn, haar enige interesses **2** *(sports)* midvoor *nm*
centre-avant *nm* midvoor *nm*
centrer *vt* **1** *(mettre au centre)* centreren **2** *(axer sur)* richten (op) **3** *(sports)* voorzetten
centre-ville *nm* (stads)centrum *het*
centrifuge *adj* middelpuntvliedend, centrifugaal
centrifugeuse *nf* **1** *(linge)* centrifuge *de* **2** *(jus de fruits)* elektrische sapcentrifuge *de*
centuple *adj* honderdvoudig; **au** ~ honderdvoudig; **le** ~ het honderdvoud
cep *nm* wijnstok *nm*
cèpe *nm* eekhoorntjesbrood *het*
cependant *adv* echter, toch
céramique *nf* **1** *(technique)* keramiek *nf;* **l'industrie** ~ de keramische industrie **2** *(produit)* keramisch product *het;* **carreaux de** ~ aardewerken tegels
cerceau *nm* hoepel *nm*
cercle *nm* **1** *(disque)* cirkel *nm;* **décrire un** ~ een cirkel beschrijven; **en** ~ in een kring, in het rond **2** *(domaine; club)* kring *nm;* **former un ~ autour de qn** iem omringen **3** *(anneau)* ring *nm*, hoepel *nm (d'un tonneau)* ♦ ~ **vicieux** vicieuze cirkel
cercueil *nm* doodkist *de*
céréale *nf* **1** *(plante)* graangewas *het* **2** *(plur.) (flocons)* tarwevlokken *plur*
cérébral *adj* **1** *(intellectuel)* intellectueel **2** *(biol.)* hersen-
cérémonial *nm* ceremonieel *het*
cérémonie *nf* **1** *(événement solennel)* ceremonie *nf*, plechtigheid *nf* **2** *(componction)* plichtpleging *nf;* **sans** ~ simpel
cérémonieux *adj* **1** *(solennel)* plechtig **2** *(affecté)* vormelijk
cerf *nm* (edel)hert *het*
cerfeuil *nm* kervel *nm*
cerf-volant *nm* vlieger *nm;* **lancer un** ~ een vlieger oplaten
cerise *nf* kers *de*
cerisier *nm* **1** *(arbre)* kersenboom *nm* **2** *(bois)* kersenhout *het*, *(Belg.)* kerselaar *nm*
cerne *nm* kring *nm*
cerné *adj* ♦ **avoir les yeux ~s** kringen onder de ogen hebben
cerner *vt* **1** *(entourer)* omringen **2** *(entourer de troupes)* omsingelen
certain *adj* **1** *(sûr)* zeker, vast; **un homme d'un âge** ~ een man op gevorderde leeftijd; **il est ~ que** het staat vast dat; **preuve ~e** doorslaand bewijs; **je suis ~ que** ik weet zeker dat **2** *(difficile à évaluer)* bepaald, zeker, *(plur.)* sommige; **un ~ M. X** een zekere mijnheer X; **un ~ nombre de**

personnes een aantal mensen; ~**es personnes** sommige mensen, sommigen
certainement *adv* (vast en) zeker, ongetwijfeld; ~**!** natuurlijk!
certains, -es *pron indéf* sommigen; **certaines de ses amies** sommige van zijn, haar vriendinnen; ~ **disent** sommigen beweren
certes *adv* (voor)zeker, inderdaad
certificat *nm* getuigschrift *het*; ~ **d'arrêt de travail** arbeidsongeschiktheidsverklaring; ~ **médical** geneeskundige verklaring; ~ **de travail** werkverklaring, werkvergunning
certifier *vt* **1** *(affirmer)* de verzekering geven van, bevestigen; ~ **qch à qn** iem iets verzekeren **2** *(jur.)* waarborgen; **copie certifiée conforme** gewaarmerkt conform afschrift
certitude *nf* **1** *(vérité)* zekerheid *nf* **2** *(conviction)* (vaste) overtuiging *nf*; **avoir la** ~ **de qch** van iets overtuigd zijn
cerveau *nm* **1** *(biol.)* hersenen *plur* **2** *(centre)* brein *het*; ~ **électronique** elektronisch brein
cervelle *nf* **1** *(biol.)* hersens *plur*; *(fig.)* **se creuser la** ~ z'n hersens pijnigen; *(fig.)* **une** ~ **de moineau** een kip zonder kop **2** *(cuis.)* hersentjes *plur*
cervical *adj* hals-, nek-
césarienne *nf* keizersnede *de*
cessation *nf* onderbreking *nf*, (het) ophouden; ~ **de commerce** opheffing
cesse *nf* ♦ **sans** ~ onophoudelijk, voortdurend; **n'avoir de** ~ **que** niet rusten voordat
cesser[1] *vi (s'arrêter)* ophouden; **faire** ~ een einde maken aan; **ne pas** ~ **de faire qch** iets voortdurend doen
cesser[2] *vt (arrêter qch)* ophouden met (iets), staken
cessez-le-feu *nm* staakt-het-vuren *het*
cession *nf* overdracht *de*, afstand *nm*
c'est-à-dire *adv* **1** *(en d'autres termes)* dat wil zeggen **2** *(+ que) (en conséquence)* dus
cf. vgl., (men) vergelijk(e)
chacal *nm (aussi au fig.)* jakhals *nm*
chacun, -une *pron indéf* **1** *(chaque personne individuelle)* ieder, elk; ~ **des deux** elk van beiden, allebei **2** *(toute personne)* iedereen; **tout un** ~ eenieder
chagrin[1] *nm* verdriet *het*; ~ **d'amour** liefdesverdriet; **avoir du** ~ bedroefd zijn; **faire du** ~ **à qn** iem verdriet doen
chagrin[2] *adj* wrevelig
chagriner *vt* bedroeven, verdrietig maken
chahut *nm* lawaai *het*, herrie *de*
chahuter[1] *vi* lawaai maken, keet schoppen
chahuter[2] *vt* pesten
chahuteur, -euse *n* herrieschopper, -schopster *nm,f*; **élève** ~ leerling die graag herrie schopt
chaîne *nf* **1** *(suite d'anneaux)* ketting *de*, band *nm*; **à la** ~ aan de lopende band; ~ **de montage** lopende band **2** *(géo.)* (berg)keten *de* **3** *(série)* reeks *de*, *(chim.; télécommunications)* keten *de*; **en** ~ ketting- **4** *(télévision)* zender *nm*, kanaal *het* **5** *(de magasins)* winkelketen *de* **6** *(plur.) (de neige)* sneeuwkettingen *plur* ♦ **faire la** ~ een rij vormen; ~ **(stéréo)** stereo(-installatie)
chaînon *nm* schakel *de*; ~ **manquant** ontbrekende schakel, *(fig.)* missing link
chair *nf* **1** *(muscles)* vlees *het*; **en** ~ **et en os** in levenden lijve; **être bien en** ~ stevig in zijn vlees zitten **2** *(peau)* huid *de*; ~ **de poule** kippenvel **3** *(d'un fruit)* vruchtvlees *het*
chaire *nf* **1** *(relig.)* kansel *nm*, preekstoel *nm* **2** *(professorat)* leerstoel *nm*
chaise *nf* stoel *nm*; ~ **électrique** elektrische stoel; ~ **longue** ligstoel; ~ **roulante** rolstoel
châle *nm* omslagdoek *nm*
chalet *nm* chalet *het/de (m)*, huisje *het*
chaleur *nf* **1** *(température élevée; cordialité)* warmte *nf* **2** *(température extrêmement élevée)* hitte *nf* **3** *(rut)* loopsheid *nf*; **femelle en** ~ loops wijfje; **époque des** ~**s** bronsttijd **4** *(ardeur)* vuur *het*; **avec** ~ vurig
chaleureux *adj* warm, hartelijk; **être chaleureusement accueilli** een warm onthaal krijgen
chaloupe *nf* sloep *de*
chalumeau *nm* brander *nm*
chalutier *nm* trawler *nm*
chamade *nf* ♦ **battre la** ~ bonken
se chamailler *vpr* kibbelen
chambardement *nm* (het) ondersteboven halen; **un grand** ~ ↑ een omwenteling
chambouler *vt* in de war gooien
chambre *nf* **1** *(à coucher; pièce)* (slaap)kamer *de*; ~ **d'amis** logeerkamer; ~ **à coucher** slaapkamer; **faire** ~ **à part** gescheiden slapen; ~ **à deux lits** tweepersoonskamer **2** *(jur.; technol.)* kamer *de*; ~ **de commerce** Kamer van Koophandel; *(Belg.f.)* ~ **du conseil** raadkamer; **Chambre des députés** Kamer van Afgevaardigden *(Belg. n.)*; *(Belg.f.)* **Chambre des Représentants** Kamer van Volksvertegenwoordigers *(Belg.n.)* **3** *(enceinte)* ruimte *nf*; ~ **à air** binnenband; ~ **forte** kluis, safe; ~ **froide** koelruimte; *(phot.)* ~ **noire** camera obscura
chameau *nm* kameel *nm*
chamois *nm* **1** *(animal)* gems *de* **2** *(peau)* zeemleer *het*; **une peau de** ~ een zeem(lap)
champ *nm* **1** veld *het*; **à travers** ~**s** dwars door het veld; **en plein** ~ in het vrije veld, in de openlucht **2** veld *het*; ~ **d'action** actieradius; **le** ~ **d'application** de toepassingssfeer; ~ **d'aviation** vliegterrein; *(aussi au fig.)* ~ **de bataille** slagveld; ~ **de courses** (paarden)renbaan; **laisser plus de** ~ **à qn** iem meer speelruimte geven; **laisser le** ~ **libre à qn** iem vrij spel geven; ~ **magnétique** magnetisch veld
champagne *nm* champagne *nm*; **sabler le** ~ champagne drinken
champêtre *adj* landelijk, land-
champignon *nm* **1** *(bot.)* paddenstoel

nm, (moisissure) schimmel *nm;* ~ **de Paris** champignon; **pousser comme un** ~ als een paddenstoel uit de grond schieten; ~ **atomique** paddenstoelwolk **2** *(accélérateur)* gaspedaal *het/de (m);* **écraser le** ~ 'm op zijn staart trappen

champion, -onne *n* **1** *(vainqueur)* kampioen(e) *nm (nf)* **2** *(as)* ster *de;* **c'est ~!** petje af!

championnat *nm* kampioenschap *het*

chance *nf* **1** *(hasard)* kans *de;* **il faut lui donner sa** ~ je moet haar een kans geven; **la** ~ **a tourné** de kansen zijn gekeerd **2** *(éventualité)* kans *de;* **il y a des ~s** het is waarschijnlijk; **risquer sa** ~ een kansje wagen; **mettre toutes les ~s de son côté** niets aan het lot overlaten; **il y a vingt ~s sur cent que** twintig procent kans dat **3** *(veine)* geluk *het;* **avoir de la** ~ geluk hebben, boffen; **bonne ~!** succes!; **par** ~ gelukkig; **pas de ~!** pech gehad!; **porter** ~ geluk brengen

chancelier *nm* kanselier *nm*

chancellerie *nf* kanselarij *nf*

chanceux *adj* gelukkig, fortuinlijk; **être** ~ geluk hebben

chandail *nm* trui *de*

chandelier *nm* kandelaar *nm*

chandelle *nf* (vet)kaars *de* ♦ **il lui doit une fière** ~ hij mag hem, haar wel dankbaar zijn; **(en) voir trente-six ~s** sterretjes zien

change *nm* **1** *(de monnaies)* (het) wisselen, *(taux)* wisselkoers *nm;* **(bureau de)** ~ wisselkantoor **2** *(troc)* ruil *nm;* **gagner au** ~ erop vooruit gaan **3** *(f.B.) (petite monnaie)* wisselgeld *het*, pasgeld *het (n.B.)* ♦ **donner le** ~ **à qn** iem om de tuin leiden

changeant *adj* wisselend, veranderlijk; **être d'humeur ~e** een grillig humeur hebben

changement *nm* verandering *nf*, wijziging *nf;* ~ **d'adresse** adreswijziging; **aimer le** ~ van afwisseling houden; ~ **de décor** *(fig.)* plotselinge verandering; ~ **en mieux** verandering ten goede; ~ **de roue** (het) verwisselen van een band; **sans** ~ ongewijzigd; ~ **de temps** weersverandering; ~ **de vitesse(s)** versnellingsbak

changer[1] *vi* **1** *(évoluer)* veranderen, zich wijzigen; ~ **en mal** ten kwade veranderen; **pour** ~ voor de verandering; **le temps va** ~ er is ander weer op komst **2** *(+ de) (ne pas garder)* veranderen (van); ~ **de place avec qn** met iem van plaats ruilen; ~ **d'air** er tussenuit gaan; ~ **de train** overstappen; ~ **de couleur** van kleur verschieten; ~ **de vêtement** zich verkleden

changer[2] *vt* **1** *(remplacer)* (ver)wisselen, (om)ruilen; ~ **de l'argent** geld wisselen; ~ **les draps** het bed verschonen; ~ **une roue** een band verwisselen **2** *(modifier)* veranderen, wijzigen; ~ **les idées à qn** iemands gedachten verzetten; ~ **qch à qch d'autre** iets aan iets anders veranderen; **cette coiffure la change beaucoup** zij ziet er heel anders uit met dat kapsel; ~ **qch en** iets veranderen in; ~ **qch en bien** iets ten goede veranderen; **vous n'y ~ez rien** daar valt niets aan te doen ♦ ~ **un enfant** een kind verschonen

se changer[3] *vpr* zich verkleden, zich omkleden ♦ **se** ~ **en** veranderen in; **se** ~ **les idées** zijn gedachten verzetten

changeur *nm* geldwisselaar *nm*

chanson *nf* lied *het;* ~ **à boire** drinklied; **je connais la** ~ dat verhaal ken ik ♦ **c'est toujours la même** ~ het is altijd hetzelfde liedje

chant *nm* **1** *(le fait de chanter)* (het) zingen, gezang *het;* **au** ~ **du coq** bij het kraaien van de haan; **le** ~ **du grillon** het gesjirp van de krekel **2** *(air)* lied *het*

chantage *nm* chantage *nf;* **faire du** ~ **à qn** iem chanteren

chanter[1] *vi* **1** *(produire des sons musicaux)* zingen **2** *(cri du coq)* kraaien **3** *(bruit du grillon)* sjirpen ♦ **faire** ~ **qn** iem chanteren; **si ça vous chante** als u daar zin in hebt

chanter[2] *vt* **1** *(produire une chanson)* zingen; **qu'est-ce que tu nous chantes là?** wat vertel je (ons) nou? **2** *(célébrer)* bezingen

chanteur, -euse *n* zanger(es) *nm (nf)*

chantier *nm* **1** *(de construction)* bouwterrein *het; (travaux routiers)* **fin de** ~ einde werk in uitvoering **2** *(entrepôt)* opslagterrein *het;* ~ **de démolition** sloperij **3** *(mar.)* scheepshelling *nf;* ~ **de construction navale** scheepsbouwbedrijf **4** *(désordre)* janboel *nm*

chantilly *nf* slagroom *nm;* **crème** ~ slagroom

chantonner *vti* neuriën

chanvre *nm* hennep *nm*

chaos *nm* chaos *nm*, wanorde *de*

chaotique *adj* chaotisch

chaparder *vt* gappen

chapeau *nm* **1** *(coiffure; d'un champignon)* hoed *nm;* ~ **(bas)!** daar neem ik mijn petje voor af!; **enfoncer son** ~ z'n hoed diep over zijn ogen trekken; ~ **mou** slappe vilthoed; **faire porter le** ~ **à qn** iem de schuld in de schoenen schuiven; **démarrer sur les ~x de roue** wegscheuren; **tirer son** ~ **à qn** z'n petje voor iem afnemen **2** *(protection)* beschermkap *de;* ~ **de roue** wieldop; **prendre un virage sur les ~x de roue** door de bocht scheuren

chapelet *nm* **1** *(relig.)* rozenkrans *nm* **2** *(série)* rist *de;* **un** ~ **d'injures** een scheldkanonnade

chapelier, -ière *n* hoeden|maker, -maakster *nm,f*

chapelle *nf* kapel *de;* ~ **ardente** rouwkapel

chapelure *nf* paneermeel *het*

chaperon *nm* ♦ **le petit** ~ **rouge** Roodkapje

chapiteau *nm* circustent *de*

chapitre *nm* **1** *(partie d'un livre)* hoofdstuk *het* **2** *(sujet)* onderwerp *het;* **sur ce** ~ wat dat betreft

chapon *nm* kapoen *nm*

chaque *adj indéf* **1** *(tout)* elk, ieder; ~ **fois que** telkens als; ~ **trimestre** om het kwar-

taal **2** *(chacun)* per stuk, elk, ieder apart; **quinze centimes** ~ vijftien cent per stuk
char *nm* **1** *(tank)* tank *nm* **2** *(voiture décorée)* praalwagen *nm* **3** *(voiture romaine)* (strijd)wagen *nm*
charabia *nm* koeterwaals *het*
charade *nf* lettergreepraadsel *het*
charbon *nm* **1** *(combustible)* (steen)kool *de;* ~ **de bois** houtskool **2** *(morceau de charbon)* (steen)kooltje *het;* **être sur des ~s ardents** op hete kolen zitten
charcuterie *nf* **1** *(magasin)* varkensslagerij *nf* **2** *(préparations)* vleeswaren *plur*
charcutier, -ière *n* **1** *(commerçant(e))* varkensslager *nm* **2** *(chirurgien)* slager *nm*
chardon *nm* distel *de*
charge *nf* **1** *(chargement)* lading *nf;* ~ **utile d'un véhicule** nuttig laadvermogen van een voertuig **2** *(obligation)* last *nm;* **avoir qn à** ~ voor iem moeten zorgen; **être à la** ~ **de qn** van iem afhankelijk zijn; **les frais sont à sa** ~ de kosten voor zijn, haar rekening; **prendre qn en** ~ de zorg voor iem op zich nemen; **~s sociales** sociale lasten **3** *(mission)* opdracht *de*, taak *de;* **prendre qch en** ~ zich met iets belasten **4** *(fonction)* ambt *het* **5** *(accusation)* aanklacht *de;* **témoin à** ~ getuige à charge **6** *(assaut)* charge *de*, bestorming *nf* **7** *(d'armes à feu)* explosieve lading *nf* ♦ **à** ~ **de revanche** op voorwaarde van gelijke tegenprestatie
chargé[1] *nm* ♦ ~ **d'affaires** zaakgelastigde; ~ **de cours** universitair docent
chargé[2] *adj* **1** *(garni d'une charge)* belast, beladen **2** *(+ de) (rempli de)* overladen (met), vol (met) ♦ **langue ~e** beslagen tong
chargement *nm* **1** *(d'une voiture, d'un navire)* (het) laden **2** *(cargaison)* lading *nf*, vracht *de*
charger[1] *vt* **1** *(effectuer une charge; armer (un fusil))* laden, *(mettre dedans)* inladen **2** *(+ de) (mettre un poids sur; encombrer)* beladen (met); ~ **qn de reproches** iem overstelpen met verwijten **3** *(+ de) (revêtir d'une fonction)* belasten (met); ~ **qn de faire qch** iem opdragen iets te doen **4** *(déposer contre qn)* getuigen tegen **5** *(attaquer)* aanvallen **6** *(inform.)* laden
se charger[2] *vpr* ♦ **se** ~ **de qn** iem onder zijn hoede nemen; **se** ~ **de qch** iets op zich nemen
chargeur *nm* **1** *(d'une arme à répétition)* patroonhouder *nm* **2** *(à pellicule)* filmcassette *nf* ♦ ~ **(de batterie)** oplader
chariot *nm* **1** *(charrette)* wagentje *het*, karretje *het;* ~ **élévateur** vorkheftruck **2** *(d'une machine à écrire)* wagen *nm* **3** *(d'une machine-outil)* slee *de* ♦ **le Grand Chariot** de Grote Beer
charisme *nm* charisma *het*
charitable *adj* **1** *(bienveillant)* menslievend **2** *(qui a de la charité)* liefdadig
charité *nf* **1** *(secours)* liefdadigheid *nf;* **demander la** ~ bedelen **2** *(bonté)* menslievendheid *nf;* **faire la** ~ **à qn de l'écouter** zo goed zijn om naar iem te luisteren
charlatan *nm* kwakzalver *nm*
charmant *adj* **1** *(agréable)* alleraardigst, leuk **2** *(aimable)* aardig
charme *nm* **1** *(attrait)* bekoring *nf;* **faire du** ~ **à qn** proberen iem voor zich in te nemen **2** *(enchantement)* betovering *nf;* **se porter comme un** ~ blaken van gezondheid; **être sous le** ~ **de qn** in iemands ban zijn **3** *(plur.) (beauté)* schoonheid *nf*
charmer *vt* fascineren, boeien; **être charmé de** het aangenaam vinden om ♦ ~ **des serpents** slangen bezweren
charmeur *adj* innemend; **un grand** ~ een groot charmeur ♦ **le** ~ **de serpents** de slangenbezweerder
charnel *adj* **1** *(corporel)* lichamelijk **2** *(sensuel)* zinnelijk, vleselijk; **amour** ~ vleselijke liefde
charnier *nm* massagraf *het*
charnière *nf* **1** *(attache articulée)* scharnier *het* **2** *(point de jonction)* overgang *nm*
charnu *adj* vlezig
charogne *nf* kreng *het*
charpente *nf* **1** *(armature)* geraamte *het;* ~ **métallique** staalconstructie **2** *(squelette)* beendergestel *het*
charpentier *nm* timmerman *nm*
charpie *nf* ♦ **réduire qch en** ~ iets in kleine stukjes scheuren
charrette *nf* kar *de;* ~ **à bras** handkar, *(Belg.)* stootkar
charrier[1] *vi (exagérer)* ↑ overdrijven
charrier[2] *vt* **1** *(transporter)* verslepen **2** *(entraîner)* meeslepen **3** *(taquiner)* ↑ op de kast jagen
charrue *nf* ploeg *de;* **mettre la** ~ **avant les bœufs** het paard achter de wagen spannen
charte *nf* handvest *het*
charter *nm* charter *nm*, chartervliegtuig *het*
chasse *nf* **1** *(poursuite; période)* jacht *de;* **faire la** ~ jagen **2** *(terre)* jachtterrein *het;* ~ **gardée** privéjachtterrein **3** *(écoulement de l'eau)* (water)spoeling *nf;* **tirer la** ~ **(d'eau)** (de wc) doortrekken
chasse-neige *nm* **1** *(dispositif)* sneeuwploeg *de* **2** *(véhicule)* sneeuwruimer *nm*
chasser[1] *vi* **1** *(aller à la chasse)* jagen, op jacht gaan **2** *(déraper)* slippen
chasser[2] *vt* **1** *(faire fuire)* verjagen; ~ **un souvenir de son esprit** een herinnering van zich afzetten **2** *(poursuivre)* jagen op; **aimer** ~ van jagen houden; ~ **le tigre** op tijgers jagen
chasser[3] *vb impers (f.B.) (faire un courant d'air)* tochten
chasseur[1] *nm* **1** *(groom)* chasseur *nm* **2** *(avion)* jager *nm*, jachtvliegtuig *het;* ~ **à réaction** straaljager
chasseur[2]**, -euse** *n* jager, jaagster *nm,f;* ~ **de têtes** koppensneller, headhunter
châssis *nm* **1** *(cadre)* raam(werk) *het*, lijst *de* **2** *(d'automobile)* chassis *het*
chaste *adj* **1** *(pur)* kuis **2** *(innocent)* onschuldig
chasteté *nf* kuisheid *nf*
chat, chatte *n* **1** *(animal domestique)* kat

de, poes *de;* **il n'y a pas un** ~ er is geen kip te bekennen, *(Belg.)* er is geen kat te bekennen; **appeler un** ~ **un** ~ het beestje bij de naam noemen; **avoir un** ~ **dans la gorge** een kikker in zijn keel hebben; **avoir d'autres** ~**s à fouetter** wel wat anders aan z'n hoofd hebben; *(prov)* ~ **échaudé craint l'eau froide** een ezel stoot zich geen tweemaal aan dezelfde steen; *(prov)* **quand le** ~ **n'est pas là, les souris dansent** als de kat van huis is, dansen de muizen op tafel **2** *(jeu de poursuite)* krijgertje *het;* **c'est toi le** ~**!** jij bent 'm!

châtaigne *nf* **1** *(fruit)* (tamme) kastanje *de* **2** *(coup de poing)* opdoffer *nm*

châtaignier *nm* **1** *(arbre)* tamme kastanje *nm* **2** *(bois)* kastanjehout *het*

châtain *adj* kastanjebruin

château *nm* kasteel *het;* ~ **de cartes** kaartenhuis; ~ **d'eau** watertoren; ~**x en Espagne** luchtkastelen; ~ **fort** burcht

châtelain, -aine *n* kasteellheer, -vrouwe *nm,f*

châtier *vt* **1** *(punir)* tuchtigen **2** *(épurer)* kuisen; **style châtié** verzorgde stijl

châtiment *nm* tuchtiging *nf*

chatoiement *nm* weerschijn *nm*

chaton *nm* poesje *het*

chatouille *nf* gekietel *het (uniquement sing.);* **faire des** ~**s à qn** iem kietelen

chatouillement *nm* **1** *(chatouille)* gekietel *het* **2** *(picotement)* gekriebel *het*

chatouiller *vt* **1** *(faire des chatouilles à)* kietelen **2** *(picoter)* kriebelen

chatouilleux *adj* **1** *(sensible au chatouillement)* gevoelig voor kietelen **2** *(susceptible)* lichtgeraakt

chatoyer *vi* van kleur veranderen

châtrer *vt* **1** *(émasculer)* castreren **2** *(mutiler)* verminken

chatte *nf* poesje *het*, katje *het*

chatter *vi (inform.)* chatten

chaud *adj adv* **1** *(à température élevée; agréable; emballé)* warm; **tenir au** ~ warm houden; **avoir** ~ het warm hebben; **avoir eu** ~ in de rats gezeten hebben; **cela ne me fait ni** ~ **ni froid** dat laat me koud **2** *(brûlant; sensuel)* heet **3** *(+ tout)* vers; **du pain tout** ~ ovenvers brood **4** *(enthousiaste)* warm *(uniquement sing.);* **il n'est pas très** ~ hij loopt er niet erg warm voor **5** *(animé)* levendig; ~**e discussion** verhitte discussie

chaudement *adv* **1** *(en conservant la chaleur)* warm **2** *(avec enthousiasme)* van harte

chaudière *nm* verwarmingsketel *nm*

chaudron *nm* (kook)ketel *nm*

chauffage *nm* verwarming *nf;* ~ **au gaz** gasverwarming; ~ **central** centrale verwarming; **mettre le** ~ de verwarming aanzetten

chauffard *nm* wegpiraat *nm*

chauffe-eau *nm* geiser *nm*, *(Belg.)* waterverwarmer *nm*

chauffe-plats *nm* rechaud *het/de (m)*

chauffer[1] *vi* **1** *(devenir (trop) chaud)* warm worden; **faire** ~ warm maken; **ça va** ~ dat wordt menens **2** *(donner de la chaleur)* verwarmen

chauffer[2] *vt* **1** *(rendre (plus) chaud)* verwarmen; ~ **à blanc** witgloeiend maken **2** *(exciter)* enthousiast maken

se chauffer[3] *vpr* **1** *(s'exposer à la chaleur)* zich warmen **2** *(chauffer sa maison)* zijn huis verwarmen **3** *(se mettre en train)* zich opwarmen

chauffeur *nm* chauflfeur, -feuse *nm,f;* ~**s du dimanche** zondagsrijders

chaume *nm* **1** *(champ)* stoppelveld *het* **2** *(toit de paille)* strodak *het*

chaussée *nf* rijweg *nm*, steenweg *nm (n.B.);* ~ **déformée** wegdek in slechte staat; ~ **glissante** slipgevaar

chausse-pied *nm* schoenlepel *nm*

chausser[1] *vi (aller (bien ou mal))* passen

chausser[2] *vt* **1** *(chaussures)* aantrekken, aandoen; ~ **du 37** schoenmaat 37 hebben **2** *(lunettes)* opzetten

se chausser[3] *vpr* zijn schoenen aantrekken

chaussette *nf* sok *de;* **en** ~**s** op sokken

chausson *nm* **1** *(pantoufle)* slof *nm* **2** *(pour bébés)* babyslofje *het* **3** *(de danse)* schoen *nm* ♦ ~ **aux pommes** appelflap

chaussure *nf* schoen *nm;* **trouver** ~ **à son pied** iets van zijn gading vinden

chauve *adj* kaal(hoofdig); **le** ~ de kaalkop

chauve-souris *nf* vleermuis *de*

chauvin *adj* chauvinistisch; **le** ~ de chauvinist

chauvinisme *nm* chauvinisme *het*

chaux *nf* kalk *nm;* **blanchir qch à la** ~ iets witten; ~ **vive** ongebluste kalk

chavirer *vi* **1** *(se renverser)* draaien **2** *(couler)* omslaan

chef *nm* **1** *(patron)* hoofd *het;* ~ **de bureau** afdelingschef; **en** ~ hoofd-; ~ **d'entreprise** bedrijfsleider; ~ **d'équipe** ploegbaas, *(sports)* aanvoerder, *(Belg.)* kapitein; ~ **de l'Etat** staatshoofd; ~ **de famille** gezinshoofd; ~ **d'orchestre** dirigent **2** *(cuisinier)* (eerste) kok *nm;* ~ **cuisinier** chefkok **3** *(officier)* commandant *nm;* ~ **scout** hopman **4** *(élément)* (hoofd)punt *het;* ~ **d'accusation** (hoofd)punt van aanklacht ♦ ~ **de file** vleugelman, *(fig.)* leider; **faire qch de son propre** ~ iets uit eigen beweging doen

chef-d'œuvre *nm* meesterwerk *het*

chef-lieu *nm* hoofdplaats *de*

cheftaine *nf* akela *nf*

chelem *nm (sports)* (groot) slem *het/de (m);* **grand** ~ groot slem

chemin *nm* **1** *(voie)* weg *nm;* ~ **d'accès** *(circul.)* oprit, *(inform.)* pad; **en** ~ onderweg; ~ **de ronde** weergang, omloop; ~ **de traverse** zijweg **2** *(distance)* weg *nm;* **s'arrêter en** ~ halverwege ophouden; **faire du** ~ goed opschieten **3** *(direction)* weg *nm;* **rebrousser** ~ op zijn schreden terugkeren; **sortir du droit** ~ van het rechte pad afraken **4** *(moyen)* weg *nm;* **aller son** ~ stilletjes zijn gang gaan; **faire son** ~ het ver brengen; **montrer le** ~ **à qn** iem de weg wijzen; **ne pas y aller par quatre ~s** recht op zijn doel afgaan ♦ ~ **de fer** spoorweg; **les ~s de fer** de spoorwegen; ~ **de fer électrique** elektrische trein; **(voyager) en ~ de fer** per trein (reizen)

cheminée *nf* **1** *(d'un feu; en montagne)* schoorsteen *nm*, *(foyer)* (open) haard *nm* **2** *(conduit cylindrique)* koker *nm*

cheminement *nm* **1** *(marche; progression)* voortgang *nm* **2** *(évolution)* ontwikkeling *nf (d'idées)*

cheminer *vi* **1** *(marcher; progresser)* langzaam vooruitkomen **2** *(évoluer)* zich ontwikkelen

cheminot *nm* spoorwegbeambte *nm*

chemise *nf* **1** *(vêtement)* hemd *het;* ~ **d'homme** overhemd **2** *(couverture de dossier)* (dossier)map *de* ♦ ~ **de nuit** nachthemd

chemisette *nf* **1** *(pour hommes)* overhemd *het* met korte mouwen **2** *(pour femmes, enfants)* bloesje *het* met korte mouwen

chemisier *nm* bloes *de*, *(Belg.)* chemisier *de, nm*

chenal *nm* **1** *(canal)* vaargeul *de* **2** *(courant d'eau vers usine)* waterloop *nm*

chêne *nm* **1** *(arbre)* eik *nm* **2** *(bois)* eikenhout *het*

chenil *nm* kennel *nm*

chenille *nf* **1** *(larve)* rups *de* **2** *(courroie)* rupsband *nm*

cheptel *nm* veestapel *nm*

chèque *nm* cheque *nm;* ~ **en blanc** blanco cheque; ~ **en bois** ongedekte cheque; **carnet de ~s** chequeboekje; ~ **au porteur** cheque aan toonder; ~ **postal** girocheque, postcheque, postcheck *(n.B.);* ~ **de voyage** reischeque, travellerscheque

chéquier *nm* chequeboekje *het*

cher[1] *adj* **1** *(qui est aimé)* dierbaar; **être ~ à qn** iem na aan het hart liggen; *(subst.)* **mon ~, ma chère** mijn beste **2** *(coûteux)* duur **3** *(estimé)* best, geacht; **(mon) ~ ami** beste vriend; **mon ~ collègue** waarde collega; ~ **Monsieur** *(vocatif)* beste meneer, *(début de lettre)* Geachte Heer

cher[2] *adv* duur; **coûter ~** duur zijn; **coûter ~ à qn** iem veel geld kosten, *(fig.)* iem duur te staan komen; **ne pas donner ~ de la vie de qn** geen cent voor iemands leven geven; **pour pas ~** voor een schijntje; **payer ~ qch** iets duur betalen, *(fig.)* iets duur moeten betalen; **il me le payera ~** dat zal ik hem zwaar betaald zetten; **ne pas valoir ~** geen cent waard zijn

chercher[1] *vi* **1** *(tenter de trouver)* zoeken **2** *(essayer)* proberen; ~ **à** proberen (om) te ♦ **ça va ~ dans les mille euros** dat zal in de duizend euro lopen

chercher[2] *vt* **1** *(s'efforcer de découvrir, d'obtenir)* (op)zoeken; ~ **fortune** (zijn) fortuin zoeken; ~ **des histoires à qn** mot met iem zoeken; **il l'a cherché, c'est bien fait pour lui!** hij heeft erom gevraagd, net goed!; **qu'allez-vous ~ là?** wat haalt u zich daar in uw hoofd? **2** *(prendre)* (af)halen **3** *(provoquer)* uit zijn tent lokken

se chercher[3] *vpr* **1** *(chercher sa vraie personnalité)* zichzelf proberen te leren kennen **2** *(essayer de se trouver l'un l'autre)* elkaar zoeken

chercheur (onder)zoekend; **le ~ d'or** de goudzoeker

chèrement *adv* **1** *(tendrement)* innig; **aimer ~ qn** iem teer beminnen **2** *(à un prix élevé)* duur; **vendre ~ sa vie** zijn leven duur verkopen

chéri, -ie *n* **1** *(tendrement aimé(e))* lieveling(e) *nm (nf);* **enfant ~** (innig) geliefd kind **2** liefje *het (m), het (f)*, lieveling *nm;* **mon ~, ma ~e** liefje

chérir *vt* (innig) liefhebben

cherté *nf* duurte *nf;* ~ **de la vie** hoge kosten van levensonderhoud

chétif *adj* zwak

cheval *nm* **1** paard *het;* **à ~** te paard; **monter à ~** paardrijden; **être à ~ sur les principes** streng aan zijn beginselen vasthouden; **être à ~ sur deux périodes** zich gedeeltelijk over twee periodes uitstrekken; ~ **d'arçons** paard; ~ **de bataille** stokpaardje; ~ **blanc** schimmel; **chevaux de bois** draaimolen; ~ **de course** renpaard; ~ **pur sang** volbloed(paard); **monter sur un ~** een paard bestijgen; *(fig.)* **monter sur ses grands chevaux** op zijn achterste benen gaan staan **2** *(viande)* paardenvlees *het* **3** *(unité de travail)* paardenkracht *nf;* ~ **(vapeur)** paardenkracht

chevaleresque *adj* ridderlijk

chevalerie *nf* ridderschap *het*

chevalet *nm (de peintre)* (schilders)ezel *nm*

chevalier *nm* ridder *nm*

chevalière *nf* zegelring *nm*

cheval-vapeur *nm* paardenkracht *nf*

chevauchée *nf* **1** *(course)* rit *nm* (te paard) **2** *(cavalcade)* ruiterstoet *nm*

chevaucher[1] *vt* **1** *(être à cheval sur)* (schrijlings) zitten op; ~ **un âne** op een ezel rijden **2** *(recouvrir)* gedeeltelijk bedekken

se chevaucher[2] *vpr (se recouvrir)* elkaar overlappen

chevelu *adj* **1** *(garni de cheveux)* behaard; **cuir ~** hoofdhuid **2** *(qui a de longs cheveux)* langharig

chevelure *nf* (hoofd)haar *het*

chevet *nm* **1** *(tête du lit)* hoofdeinde *het* **2** *(lit d'un malade)* (ziek)bed *het;* **être au ~ de qch** bij iemands bed zitten

cheveu *nm* **1** *(poil sur le crâne)* (hoofd)haar *het/de;* **à un ~ près** op een haartje na; **venir comme un ~ sur la soupe** als een tang op een varken slaan **2** *(sing. ou plur.) (chevelure)* haar *het;* **c'est à s'arracher les ~x** het is om wanhopig van te worden; **~x blancs** grijs haar; **couper les ~x en quatre** muggenziften; **se faire des ~x (blancs)** zich zorgen maken; **c'est tiré par les ~x** dat is er met de haren bij gesleept ♦ **avoir un ~ sur la langue** *(à peu près)* slissen

cheville *nf* **1** *(saillie des os; articulation)* enkel *nm;* **ne pas arriver à la ~ de qn** niet aan iem kunnen tippen **2** *(tige)* pen *de*

chèvre[1] *nm (fromage)* geitenkaas *nm*

chèvre[2] *nf (animal)* geit *de*
chevreau *nm* **1** *(animal)* geitje *het* **2** *(peau)* geitenleer *het*
chèvrefeuille *nm* kamperfoelie *de*
chevreuil *nm* **1** *(cervidé)* ree *de* **2** *(mâle)* reebok *nm*
chevron *nm* **1** *(poutre)* dakspar *de* **2** *(galon)* (mouw)streep *de*
chevronné *adj* geroutineerd
chevroter *vi (trembler)* beven
chewing-gum *nm* kauwgom *het/de (m)*
chez *prép* **1** *(dans la demeure de)* bij; **aller ~ le boulanger** naar de bakker gaan; **~ soi** thuis; **rentrer ~ soi** naar huis gaan; **être partout ~ soi** zich overal thuis voelen; **faites comme ~ vous** doe alsof u thuis bent **2** *(en la personne de)* bij; **cela n'est rien de spécial ~ lui** dat is bij hem heel gewoon
chez-soi *nm* thuis *het;* **avoir un ~** een thuis hebben
chialer *vi* ↑ janken
chiant *adj* strontvervelend
chic[1] *nm* **1** *(aisance)* handigheid *nf;* **avoir le ~ pour faire qch** er slag van hebben iets te doen **2** *(élégance)* goede smaak *nm;* **bon ~, bon genre** keurig, deftig
chic[2] *adj* **1** *(élégant)* chic **2** *(sympathique)* ↑ sympathiek, vriendelijk
chic! *interj* fijn!; **~ alors!** uit de kunst!
chicane *nf* **1** *(ergoterie)* muggenzifterij *nf* **2** *(querelle)* gekibbel *het;* **chercher ~ à qn** woorden met iem zoeken
chicaner[1] *vi* muggenziften; **~ sur tout** overal op vitten
chicaner[2] *vt (chercher querelle à)* ruzie maken met
chiche *adj* **1** *(+ de) (avare de)* karig (met) **2** *(peu abondant)* mager
chiche! *interj* wedden!; **être ~ de** durven te; **~ que j'ose le faire!** wedden dat ik het durf!
chichement *adv* karig; **vivre ~** op de penning zijn
chichi *nm* (kouwe) drukte *nf;* **faire des ~s** kouwe drukte maken
chicon *nm (f.B.) (endive)* witlo(o)f *het*
chicorée *nf* **1** *(scarole)* krulandijvie *de* **2** *(racine torréfiée; boisson)* cichorei *de*
chien[1] *nm* **1** *(animal; injure)* hond *nm;* **~ d'aveugle** blindengeleidehond; **~ de chasse** jachthond; **s'entendre, vivre comme ~ et chat** als kat en hond leven; **~ de garde** waakhond; **garder à qn un ~ de sa ~ne** nog een appeltje met iem te schillen hebben; **attention! ~ méchant!** pas op voor de hond!; **ce n'est pas fait pour les ~s** het is niet voor de ganzen gebrouwen **2** *(allure)* elegantie *nf;* **elle a du ~** zij heeft sexappeal **3** *(d'une arme à feu)* haan *nm;* **en ~ de fusil** met opgetrokken knieën
chien[2] *adj* gemeen
chiendent *nm* kweek *de*, kweekgras *het*
chienne *nf* teef *nf (terme d'injure aussi)*
chier *vi* schijten ♦ **faire ~ qn** iem zijn neus uitkomen; **ça me fait ~** daaraan heb ik een klerehekel
chiffon *nm* **1** *(morceau de vieille étoffe)* vod *het/de*, lor *het/de* **2** *(morceau de toile)* doek *nm;* **~ à poussière** stofdoek ♦ **parler ~s** over kleren praten
chiffonné *adj* **1** *(froissé)* gekreukt **2** *(fatigué)* vermoeid
chiffonner[1] *vt* **1** *(froisser)* (ver)kreukelen **2** *(tracasser)* irriteren
se chiffonner[2] *vpr (se froisser)* kreukelen
chiffonnier, -ière *n* voddenlraper, -raapster *nm,f;* **se battre comme des ~s** als viswijven tegen elkaar tekeergaan
chiffre *nm* **1** *(caractère)* cijfer *het* **2** *(montant)* totaal(bedrag) *het;* **~ d'affaires, CA** omzet; **en ~s ronds** in ronde cijfers **3** *(code)* cijferschrift *het*
chiffrer[1] *vt* **1** *(évaluer)* becijferen **2** *(coder)* in cijferschrift omzetten; **message chiffré** bericht in code
se chiffrer[2] *vpr (se monter à)* bedragen; **se ~ à trois millions** drie miljoen bedragen
chignon *nm* knotje *het;* **se crêper le ~** elkaar in de haren vliegen
chi(')ite *adj* sjiitisch; **le, la ~** de sjiit(ische)
chilien *adj* Chileens; **le, la Chilien(ne)** de Chileen(se)
chimère *nf* hersenschim *de*
chimérique *adj* denkbeeldig
chimie *nf* scheikunde *nf*, chemie *nf*
chimiothérapie *nf* chemotherapie *nf*
chimique *adj* chemisch
chimiste *n* scheikundige *nm*, chemicus *nm*
chimpanzé *nm* chimpansee *nm*
Chine *nf* China *n (sans art.);* **la République populaire de ~** de volksrepubliek China
chinois *adj* **1** *(de Chine)* Chinees; **c'est du ~** dat is Chinees voor mij; **le ~** het Chinees; **le, la Chinois(e)** de Chinees, Chinese **2** *(chicaneur)* muggenzifterig
chiot *nm* pup *de*
chiper *vt* **1** *(voler)* gappen **2** *(attraper)* oplopen
chipie *nf* feeks *nf*
chipoter *vi* **1** *(manger sans plaisir)* kieskauwen **2** *(pinailler sur)* pietluttig doen (over)
chips *nm* chips *plur*
chique *nf* (tabaks)pruim *de* ♦ **couper la ~ à qn** ↑ iem plotseling in de rede vallen
chiqué *nm* bluf *nm;* **c'est du ~!** dat is bluf!
chiquenaude *nf* knip *nm* met de vingers
chirurgical *adj* chirurgisch, operatief
chirurgie *nf* chirurgie *nf*, heelkunde *nf;* **~ dentaire** tandheelkunde; **~ esthétique** plastische chirurgie
chirurgien *nm* chirurg *nm*
chlore *nm* chloor *het/de (m)*
chloré *adj* chloorhoudend
chloroforme *nm* chloroform *nm*
chlorophylle *nf* bladgroen *het*
choc *nm* **1** *(heurt)* schok *nm;* **de ~** *(qn)* zeer actief, dynamisch, *(qch)* zeer modern, progressief; **plier sous le ~** door de schok doorbuigen **2** *(méd.; psycho.)* shock

nm; **état de** ~ shocktoestand; ~ **opératoire** postoperatieve shock; **traitement de** ~ shockbehandeling
chocolat *nm* **1** *(substance)* chocola(de) *nm;* ~ **amer** bittere chocola; ~ **à cuire** smeltchocolade; ~ **fondant** pure chocola, *(Belg.)* fondant; ~ **au lait** melkchocolade; **un** ~ een chocolaatje **2** *(boisson)* chocolade(melk) *nm (de)*
chocolaté *adj* met chocoladesmaak
chœur *nm* koor *het;* **en** ~ in koor, *(au fig.)* eensgezind
choir *vi* vallen
choisi *adj* uitgelezen; **œuvres ~es** bloemlezing
choisir *vt* kiezen
choix *nm* keuze *de;* **à ton, son, votre** ~ naar keuze; **avoir le** ~ kunnen kiezen; **ne pas avoir le** ~ geen keuze hebben; **de** ~ uitgelezen; **de second** ~ tweede keus *(adj. invar.);* ~ **de poésies** bloemlezing van gedichten
choléra *nm* cholera *de*
cholestérol *nm* cholesterol *nm*
chômage *nm* werkloosheid *nf;* **allocation de** ~ werkloosheidsuitkering; **au** ~ werkloos; ~ **partiel** arbeidstijdverkorting
chômer *vi* niet werken; *(fig.)* **ne pas** ~ niet stilzitten
chômeur, -euse *n* werkloze *nm*
chope *nf* **1** *(récipient)* bierpul *de* **2** *(contenu)* pul *de* bier
choper *vt* **1** *(voler)* jatten **2** *(arrêter)* snappen **3** *(attraper)* te pakken krijgen
chopine *nf* flesje *het* wijn
choquant *adj* stuitend, ergerlijk
choquer *vt* choqueren, schokken
choral *adj* koor-; **la ~e** het (zang)koor
chorégraphie *nf* choreografie *nf*
choriste *n* (koor)zanger *nm*
chose[1] *nm (machin)* ding *het;* **madame, monsieur Chose** mevrouw, meneer Dinges; **se sentir tout** ~ zich raar voelen
chose[2] *nf (objet)* ding *het;* **c'est tout autre** ~ dat is heel wat anders; **avant toute** ~ voor alles; **de deux ~s l'une** het is of het één of het ander; **dites-lui bien des ~s de ma part** doe hem, haar de groeten; **c'est** ~ **faite** de zaak is beklonken; **la même** ~ hetzelfde; **parler de ~s et d'autres** over koetjes en kalfjes praten; **c'est bien peu de** ~ dat stelt niet veel voor; *(prov)* ~ **promise,** ~ **due** belofte maakt schuld; **quelque** ~ iets; **ça me dit quelque** ~ dat zegt me wel wat; **quelque** ~ **d'intéressant** iets belangwekkends; **il y a quelque** ~ **comme une semaine** ongeveer een week geleden
chou *nm* **1** *(légume)* kool *de;* ~ **de Bruxelles** spruitje, *(collectif)* spruitkool; **bête comme** ~ zo eenvoudig als wat **2** *(terme d'affection)* snoes *nm* **3** *(pâtisserie)* soes *de;* ~ **à la crème** roomsoes ♦ **faire** ~ **blanc** bot vangen
chouchou, -oute *n* lievelingetje *het (m), het (f)*
chouchouter *vt* vertroetelen
choucroute *nf* zuurkool *de*
chouette[1] *nf* uil *nm* ♦ *(péj.)* **une vieille** ~ een ouwe heks
chouette[2] *adj* jofel, leuk; **~!** tof!
chou-fleur *nm* bloemkool *de*
choyer *vt* koesteren, vertroetelen; **enfant choyé** troetelkind
chrétien *adj* christelijk; **en bon** ~ als een goed christen; **le, la ~(ne)** de christen, christin; **monde** ~ christenheid
chrétienté *nf* christenheid *nf*
christ *nm* Christus *(sans art.)*
christianisme *nm* christendom *het*
chrome *nm* chroom *het*
chromer *vt* verchromen
chromosome *nm* chromosoom *het*
chronique[1] *nf* **1** *(annales)* kroniek *nf* **2** *(potin)* geruchten *plur;* ~ **mondaine** society nieuws **3** *(partie d'un journal)* rubriek *nf*
chronique[2] *adj* **1** *(non temporaire)* aanhoudend **2** *(non aigu)* chronisch
chroniqueur, -euse *n* **1** *(rédacteur, -trice)* rubriekredac|teur, -trice *nm,f* **2** *(historien, -ienne)* kroniek|schrijver, -schrijfster *nm,f*
chrono *nm* → **chronomètre**
chronologie *nf* chronologie *nf*
chronologique *adj* chronologisch
chronomètre, chrono *nm* stopwatch *het/de (m)*
chronométrer *vt* timen, de tijd opnemen van
chrysalide *nf* pop *de*
chrysanthème *nm* chrysant *de (pas forcément associée aux tombes)*
chuchotement *nm* (het) fluisteren
chuchoter[1] *vi* fluisteren
chuchoter[2] *vt* influisteren
chut! *interj* sst!
chute *nf* **1** *(le fait de tomber; résultat)* val *nm (aussi au fig.);* ~ **des cheveux** haaruitval; ~ **d'eau** waterval; ~ **libre** vrije val **2** *(diminution)* (snelle) daling *nf* **3** *(terme, fin)* eindpunt *het;* ~ **des reins** lendenstreek **4** *(reste d'étoffe)* afval *het/de (m)*
chuter *vi* **1** *(tomber)* vallen **2** *(baisser)* zakken
ci[1] *pron dém* ♦ **comme** ~ **comme ça** zozo
ci[2] *adv* hier(bij); **cette table-ci** déze tafel
ci-après *adv* hierna
cible *nf* **1** *(disque)* schietschijf *de* **2** *(point de mire)* mikpunt *het;* **être la** ~ **de qch** het mikpunt van iets zijn **3** *(groupe visé)* doelgroep *de*
cibler *vt* **1** *(un public)* als doelgroep kiezen **2** *(un produit, une campagne publicitaire)* de doelgroep bepalen van
ciboulette *nf* (fijn) bieslook *het*
cicatrice *nf* **1** *(marque d'une plaie)* litteken *het* **2** *(trace)* spoor *het*
cicatriser[1] *vi* dichtgaan, helen
cicatriser[2] *vt* genezen
se cicatriser[3] *vpr* dichtgaan
ci-contre *adv* hiertegenover
ci-dessous *adv* hieronder
ci-dessus *adv* hierboven
cidre *nm* cider *nm*, appelwijn *nm*
ciel, cieux *nm* **1** *(firmament)* hemel *nm;* **à** ~ **ouvert** in de openlucht; ~ **bas** laaghan-

gende bewolking; **bleu** ~ hemelsblauw; ~ **couvert** bedekte lucht; ~ **étoilé** sterrenhemel; **remuer** ~ **et terre** hemel en aarde bewegen; **sous le** ~ hier (op aarde); **sous d'autres cieux** in andere landen; *(fig.)* **tomber du** ~ *(arriver à l'improviste)* uit de lucht komen vallen, *(être stupéfait)* omvallen van verbazing **2** *(au-delà)* hemel *nm;* **juste** ~**!** goeie hemel!; **monter au** ~ ten hemel opvaren; **être au septième** ~ in de zevende hemel zijn

cierge *nm* (was)kaars *de*

cigale *nf* cicade *nf*

cigare *nm* sigaar *de*

cigarette *nf* sigaret *de;* ~ **filtre** filtersigaret

ci-gît hier rust

cigogne *nf* ooievaar *nm*

ci-inclus *adj* hierbij ingesloten

ci-joint *adj* hierbij gevoegd

cil *nm* wimper *de;* **battre des** ~**s** (met de ogen) knipperen

ciller *vi* knipperen met de ogen; *(fig.)* **ne pas** ~ geen spier vertrekken

cime *nf* top *nm*

ciment *nm* cement *het/de (m)*

cimenter *vt* **1** *(enduire de ciment)* met cement vastzetten **2** *(consolider)* hechter maken

cimetière *nm* begraafplaats *de*, kerkhof *het*

cinéaste *n* filmlmaker, -maakster *nm,f*

ciné-club *nm* filmclub *de*

cinéma *nm* **1** *(art)* film(kunst) *nm (nf);* **être dans le** ~ in de filmindustrie werkzaam zijn; **faire du** ~ films maken **2** *(salle)* bioscoop *nm* ♦ **c'est du** ~ dat is komedie

cinématographique *adj* film-

cinéphile *n* filmliefhebber *nm*

cinglant *adj* **1** *(qui fouette)* striemend **2** *(qui blesse)* kwetsend

cinglé *adj* getikt; **il est** ~ hij is niet goed wijs; **le, la** ~**(e)** de mafkees

cinq *adj num* vijf ♦ **il était moins** ~ 't was op het nippertje; **je vous reçois** ~ **sur** ~ ik ontvang u luid en duidelijk, *(fig.)* ik heb u gesnapt

cinquantaine *nf* **1** *(environ cinquante)* vijftigtal *het* **2** *(cinquante ans)* vijftig(jarige leeftijd) *nm;* **approcher de la** ~ tegen de vijftig lopen

cinquante *adj num* **1** *(le nombre)* vijftig(ste) **2** *(un grand nombre)* een groot aantal; **je ne le répète pas** ~ **fois** ik blijf het niet zeggen

cinquantième *adj* vijftigste; **un** ~ een vijftigste (deel)

cinquième *adj* vijfde; **habiter au** ~ op de vijfde (etage) wonen; **la** ~ de tweede klas; **un** ~ een vijfde (deel)

cinquièmement *adv* ten vijfde

cintre *nm* **1** *(pour vêtements)* hangertje *het*, kleerhanger *nm* **2** *(courbure d'un arc)* boog *nm*

cintré *adj* **1** *(courbé)* gebogen, gewelfd **2** *(ajusté à la taille)* getailleerd

cirage *nm* schoensmeer *het/de (m)* ♦ **être dans le** ~ *(être inconscient)* van de wereld zijn, *(ne plus rien comprendre)* de kluts kwijt zijn

circoncire *vt* besnijden

circoncision *nf* besnijdenis *nf*

circonférence *nf* **1** *(math.)* cirkel *nm* **2** *(pourtour)* omtrek *nm*

circonflexe *adj* ♦ **accent** ~ accent circonflexe, dakje

circonscription *nf* district *het;* ~ **(électorale)** kiesdistrict

circonspect *adj* omzichtig

circonstance *nf* **1** *(situation; condition)* omstandigheid *nf; (jur.)* ~**s aggravantes** verzwarende omstandigheden; *(jur.)* ~**s atténuantes** verzachtende omstandigheden **2** *(occasion; conjoncture)* gelegenheid *nf;* **dans la** ~ bij deze gelegenheid; **de** ~ gelegenheids-; **ce n'est pas de** ~ dat komt niet van pas; **pour la** ~ voor deze gelegenheid

circonstancié *adj* omstandig

circuit *nm* **1** *(tour)* rondrit *nm;* ~ **d'autocar** bustoer **2** *(de courses)* (race)circuit *het* **3** *(suite de conducteurs)* (stroom)circuit *het;* **couper le** ~ de stroom uitschakelen; **mettre qch hors** ~ iets zonder stroom zetten **4** *(en électronique)* schakeling *nf;* ~ **intégré** geïntegreerde schakeling, IC('tje) **5** *(écon.)* kringloop *nm;* **les** ~**s de distribution** de distributiekanalen ♦ **être hors** ~ een buitenstaander zijn (geworden); **en** ~ **fermé** in een gesloten systeem

circulaire *adj (adj.)* cirkel-, rond-; **coup d'œil** ~ blik in het rond; **la** ~ het rondschrijven, de circulaire, *(Belg.)* omzendbrief; **mouvement** ~ rondgaande beweging; **raisonnement** ~ cirkelredenering; **scie** ~ cirkelzaag

circulation *nf* **1** *(mouvement)* omloop *nm;* **mettre en** ~ in omloop brengen; ~ **du sang** bloedsomloop **2** *(trafic)* verkeer *het*

circuler *vi* **1** *(passer dans un circuit)* circuleren, in omloop zijn; **circulez!** doorlopen!, doorrijden! **2** *(se déplacer)* (door)rijden, (door)lopen *(piétons)* **3** *(se propager)* de ronde doen; **faire** ~ **une histoire** een verhaal verspreiden

cire *nf* **1** *(matière; encaustique)* was *het/de (m)* **2** *(à cacheter)* (zegel)lak *het/de (m)* **3** *(cérumen)* oorsmeer *het*

ciré *adj* van een waslaag voorzien; **chaussures** ~**es** gepoetste schoenen; **le** ~ de oliejas; **toile** ~**e** wasdoek

cirer *vt* **1** *(astiquer)* in de was zetten, boenen **2** *(chaussures)* poetsen

cirque *nm* **1** *(spectacle)* circus *het/de (m)* **2** *(désordre)* beestenboel *nm* **3** *(amphithéâtre naturel)* keteldal *het*

cirrhose *nf* (lever)cirrose *nf*

cisaille *nf* metaalschaar *de*, snoeischaar *de*

cisailler *vt* doorknippen

ciseau *nm* **1** *(plur.) (outil pour couper)* schaar *de;* **des** ~**x à ongles** een nagelschaar(tje); **une paire de** ~**x** een schaar **2** *(outil pour tailler)* beitel *nm* **3** *(plur.) (mouvement)* schaarbeweging *nf;* **sauter en** ~**x** een schaar(sprong) maken

ciseler *vt* **1** *(travailler au ciseau)* beitelen **2** *(fignoler)* bijschaven
citadelle *nf* **1** *(forteresse)* burcht *de* **2** *(bastion)* bolwerk *het*
citadin, -ine *n* stedeling(e) *nm (nf);* **habitude ~e** stadse gewoonte; **vie ~e** stadsleven
citation *nf* **1** *(passage cité)* citaat *het*, aanhaling *nf;* **fin de ~** aanhalingstekens sluiten **2** *(assignation)* dagvaarding *nm*
cité *nf* **1** *(ville)* stad *de* **2** *(centre ancien)* oude stadskern *de* **3** *(groupe d'immeubles)* wijk *de;* **~ universitaire** studentenwooncomplex
cité-dortoir *nf* slaapstad *de*
citer *vt* **1** *(rapporter des paroles)* citeren, aanhalen **2** *(alléguer; mentionner)* noemen; **~ qn en exemple** iem tot voorbeeld stellen **3** *(assigner)* dagvaarden
citerne *nf* **1** *(pour eaux de pluie)* regenton *de* **2** *(cuve)* tank *nm*
citoyen, -enne *n* (staats)burger *nm;* **~ du monde** wereldburger
citoyenneté *nf* (staats)burgerschap *het*
citron *nm* citroen *de;* **~ vert** limoen; **~ pressé** uitgeperste citroen
citronnade *nf* citroenlimonade *de*
citronnier *nm* citroenboom *nm*
citrouille *nf* pompoen *nm*
civet *nm* (wild)ragout *nm;* **~ de lièvre** hazenpeper
civière *nf* brancard *nm*, draagbaar *de*
civil *adj* **1** *(relatif aux citoyens)* burgerlijk; *(subst.)* **en ~** in burgerkleding; **guerre ~e** burgeroorlog; **le ~** de burger; **se marier ~ement** alleen op het stadhuis trouwen **2** *(courtois)* wellevend
civilisation *nf* beschaving *nf*
civiliser[1] *vt* **1** *(un peuple)* beschaven **2** *(dégrossir qn)* (iem) beschaving bijbrengen
se civiliser[2] *vpr* beschaafd(er) worden
civique *adj* burger-
civisme *nm* burgerzin *nm*
clair[1] *nm* ♦ **en ~** niet gecodeerd; **~ de lune** maneschijn; **mettre ses notes au ~** zijn aantekeningen uitwerken; **le plus ~ (de)** het grootste gedeelte (van); *(fig.)* **tirer une affaire au ~** een zaak tot klaarheid brengen
clair[2] *adj* **1** *(lumineux)* helder **2** *(non foncé)* licht; **bleu ~** lichtblauw **3** *(évident)* duidelijk; **cette affaire n'est pas ~e** er zit een luchtje aan die zaak; **opposer un refus ~ et net** vierkant weigeren **4** *(non trouble)* helder; **son affaire est ~e** zijn, haar lot is bezegeld **5** *(peu épais)* dun **6** *(lucide)* helder; **avoir l'esprit ~** een heldere geest hebben
clair[3] *adv* duidelijk; **il fait ~** het is (klaarlichte) dag; **voir ~** duidelijk zien; **je vois ~ dans son jeu** ik heb hem door
clairement *adv* duidelijk
claire-voie *nf* ♦ **à ~** opengewerkt; **caisse à ~** open kist
clairière *nf* open plek *de*
clairon *nm* **1** *(instrument)* klaroen *de* **2** *(joueur)* klaroenblazer *nm*
claironner *vt* rondbazuinen
clairsemé *adj* dun gezaaid
clairvoyance *nf* helderheid *nf* (van geest)
clairvoyant *adj* helder (van geest)
clamer *vt* uitschreeuwen
clameur *nf* getier *het (uniquement sing.)*
clan *nm* **1** *(tribu)* clan *nm* **2** *(groupe)* kliek *de*
clandestin *adj* illegaal, clandestien; **commerce ~** sluikhandel; **le (passager) ~** de verstekeling ♦ **le, la ~(e)** de onderduik(st)er
clandestinité *nf* illegaliteit *nf* ♦ **passer dans la ~** bij de ondergrondse gaan
clapet *nm* **1** *(couvercle)* klep *de* **2** *(bouche)* tater *nm;* **ferme ton ~!** hou je waffel!
clapier *nm* konijnenhok *het*
clapotement, clapotis *nm* geklots *het*
clapoter *vi* klotsen
clapotis *nm* → **clapotement**
claquage *nm* verrekking *nf*, verrekte spier *de*
claque *nf* klap *nm* ♦ **en avoir sa ~** er schoon genoeg van hebben
claquement *nm* (het) klappen; **~ de doigts** (het) knippen met de vingers; **~ de portière** (het) dichtklappen van een autodeur
claquer[1] *vi* **1** *(produire un bruit sec)* klappen; **~ des dents** klappertanden; **faire ~ une porte** een deur dichtslaan; **faire ~ ses doigts** met de vingers knippen; **volet qui claque** klepperend luik **2** *(éclater)* stukgaan
claquer[2] *vt* **1** *(donner une claque à)* (iem) een klap geven **2** *(fermer)* dichtslaan; **~ la porte au nez de qn** de deur voor iemands neus dichtslaan **3** *(dilapider)* verpatsen **4** *(éreinter)* afpeigeren
claquette *nf* (het) tapdansen; **faire des ~s** tapdansen
clarifier *vt* **1** *(purifier)* zuiveren **2** *(élucider)* ophelderen; **~ une question** een vraag toelichten
clarinette *nf* klarinet *de*
clarté *nf* **1** *(lumière)* licht *het;* **~ du jour** daglicht **2** *(limpidité)* helderheid *nf* **3** *(netteté)* duidelijkheid *nf;* **s'exprimer avec ~** duidelijke taal spreken
classe *nf* **1** *(groupe social)* klasse *nf;* **~ dirigeante** leidende klasse; **~ ouvrière** arbeidersklasse **2** *(catégorie)* categorie *nf*, klasse *nf;* **~ d'âge** leeftijdsklasse **3** *(grade)* klasse *nf;* **~ affaires** businessclass; **wagon de première ~** eersteklaswagon; **~ touriste** toeristenklasse **4** *(standing)* klasse *nf;* **avoir de la ~** klasse hebben; **de première ~** kwaliteits- **5** *(ensemble d'élèves)* klas *nf*, *(milit.)* lichting *nf;* **~ de neige** skiklas **6** *(salle de classe)* klaslokaal *het*, klas *nf;* **aller en ~** naar school gaan; **livres de ~** schoolboeken **7** *(leçon)* (les)uur *het;* **faire ses ~s** ervaring opdoen; **~ de géographie** aardrijkskundeles
classement *nm* **1** *(action de ranger)* classificatie *nf* **2** *(place)* klassement *het*, klassering *nf;* **être premier au ~** de eerste plaats innemen

classer[1] *vt* **1** *(répartir)* klasseren; ~ **un dossier** een dossier opbergen; **je l'ai tout de suite classé** ik wist meteen wat ik aan hem had **2** *(considérer comme terminé)* als afgedaan beschouwen, seponeren *(jur.)*; **affaire classée** afgedane zaak ♦ ~ **un monument** een bouwwerk op de monumentenlijst plaatsen
se classer[2] *vpr* ♦ **se ~ dans une catégorie** in een categorie vallen; **se ~ parmi les meilleurs** bij de besten behoren; **se ~ premier** de eerste worden
classeur *nm* **1** *(meuble)* archiefkast *de* **2** *(dossier)* ordner *nm*
classification *nf* classificatie *nf*
classifier *vt* classificeren
classique *adj* klassiek; **c'est le coup ~** het is een bekende truc; **langues ~s** klassieke talen; **c'est un ~ du genre** het is een klassieker ♦ **aimer le ~** van klassieke muziek houden
clause *nf* clausule *de*, bepaling *nf*
claustrophobie *nf* claustrofobie *nf*, engtevrees *de*
clavecin *nm* klavecimbel *het/de (m)*
clavicule *nf* sleutelbeen *het*
clavier *nm* **1** *(mus.)* klavier *het*; ~ **(électronique)** keyboard **2** *(d'une machine)* toetsenbord *het*
clé *nf* → **clef**
clef *nf* sleutel *nm*; ~ **anglaise** Engelse sleutel; **prendre la ~ des champs** ertussenuit knijpen; **fermer à ~** op slot doen; *(fig.)* **mettre la ~ sous la porte** met de noorderzon vertrekken; ~ **à molette** bahco; **occuper une position ~** een sleutelpositie innemen; ~ **de sol** g-sleutel, vioolsleutel; **mettre qn sous ~** iem achter slot en grendel zetten; **la ~ du succès** het geheim van het succes ♦ **maison ~(s) en main** onmiddellijk te betrekken huis; ~ **de voûte** sluitsteen, *(fig.)* hoeksteen
clémence *nf* **1** *(indulgence)* clementie *nf* **2** *(douceur (du temps))* zachtheid *nf*
clément *adj* **1** *(indulgent)* clement **2** *(temps)* zacht
clémentine *nf* clementine *nf*
cleptomane *n* kleptolmaan, -mane *nm,f*
clerc *nm* **1** *(employé)* klerk *nm* **2** *(religieux)* geestelijke *nm*
clergé *nm* geestelijkheid *nf*
clérical *adj* **1** *(relatif au clergé)* geestelijk **2** *(partisan de l'église)* klerikaal
clic *nm (inform.)* klik *nm*
cliché *nm* cliché *het*
client, -ente *n* **1** *(d'un notaire, avocat)* cliënt(e) *nm (nf)* **2** *(d'un médecin)* patiënt(e) *nm (nf)* **3** *(d'un magasin)* klant *nm*, *(écon.)* afnemer *nm*
clientèle *nf* **1** *(acheteurs)* clientèle *de* **2** *(patients)* patiënten *plur*
cligner *vi (ciller)* knipperen; ~ **de l'œil** knipogen
clignotant *nm* **1** *(d'un véhicule)* richtingaanwijzer *nm*; **mettre son ~** richting aangeven **2** *(indice)* signaal *het*
clignoter *vi* knipperen
climat *nm* klimaat *het (aussi au fig.)*
climatique *adj* klimaat-; **conditions ~s** weersomstandigheden
climatisation *nf* airconditioning *nf*
climatisé *adj* airconditioned
clin d'œil *nm* **1** *(clignement)* knipoog *nm*; **faire un ~ à qn** naar iem knipogen **2** *(instant)* oogwenk *nm*; **en un ~** in een oogwenk
clinique *adj* klinisch; **la ~** de (privé)kliniek
clinquant *adj* kitscherig
clip *nm* **1** *(bijou)* sierspeld *de* **2** *(film vidéo)* (video)clip *nm*
clique *nf* bende *de* ♦ **prendre ses ~s et ses claques** zijn biezen pakken
cliquer *vi (+ sur) (inform.)* klikken (op)
cliqueter *vi* rinkelen
cliquetis *nm* gerinkel *het*
clitoris *nm* clitoris *de*
clivage *nm* kloof *de*
clochard, -arde *n* zwerver, zwerfster *nm,f*
cloche *nf* **1** *(instrument)* klok *de*; **sonner les ~s à qn** iem flink op zijn donder geven **2** *(couvercle)* stolp *de*; ~ **à fromage** kaasstolp **3** *(personne niaise)* sufferd *nm*
cloche-pied ♦ *(adv.)* **à ~** op één been hinkend; **sauter à ~** hinkelen
clocher[1] *nm* klokkentoren *nm*
clocher[2] *vi* niet kloppen; **il y a quelque chose qui cloche** er klopt iets niet
clochette *nf* **1** *(petite cloche)* bel *de* **2** *(fleur)* klokje *het*
cloison *nf* **1** *(mur)* (tussen)wand *nm* **2** *(séparation)* barrière *de* **3** *(mar.)* tussenschot *het*
cloisonner *vt* **1** *(concr.)* door tussenwanden afscheiden **2** *(abstr.)* verzuilen
cloître *nm* klooster *het*
cloîtrer[1] *vt* **1** *(relig.)* in een klooster opsluiten **2** *(enfermer)* opsluiten
se cloîtrer[2] *vpr* zich afzonderen
clone *nm (biol.)* kloon *de*
clope *nm* **1** *(mégot)* ↑ peuk *nm* **2** *(cigarette)* saffie *het*
clopin-clopant *adv* **1** *(en clopinant)* strompelend; **aller ~** hinken **2** *(couci-couça)* niet zo best; **les affaires vont ~** de zaken gaan niet zo best
clopinettes *plur* ♦ **il gagne des ~** hij verdient een schijntje
cloporte *nm* pissebed *de*
cloque *nf* blaar *de*
clore *vt* sluiten
clos[1] *nm* **1** *(terrain)* omheind stuk *het* grond **2** *(vignoble)* wijngaard *nm*
clos[2] *adj* **1** *(fermé)* gesloten; **avoir la bouche ~e** z'n mond dicht houden; **trouver porte ~e** niemand thuis treffen **2** *(achevé)* (af)gesloten; **l'incident est ~** het incident is gesloten
clôture *nf* **1** *(barrière)* omheining *nf* **2** *(fin)* (af)sluiting *nf*
clôturer *vt* **1** *(achever)* afsluiten, opheffen *(séance)* **2** *(fermer par une clôture)* omheinen
clou *nm* **1** *(tige de métal)* spijker *nm* **2** *(at-*

traction) hoogtepunt *het* ♦ **maigre comme un** ~ zo mager als een lat; **des ~s!** schrijf dat maar op je buik!; ~ **de girofle** kruidnagel; **ça ne vaut pas un** ~ dat is geen sikkepitje waard

clouer *vt* **1** *(concr.)* spijkeren **2** *(abstr.)* vastnagelen; **être cloué au lit** aan bed gekluisterd zijn; **rester cloué (sur place)** als vastgenageld blijven staan

clouté *adj* bespijkerd *(chaussures)*, met spijkers beslagen *(ceinture etc.)*; **pneus ~s** spijkerbanden

clown *nm* clown *nm (aussi au fig.)*; **faire le** ~ de pias uithangen

club *nm* club *de*

coaguler *vi* stollen

coalition *nf* coalitie *nf*

coasser *vi* kwaken

cobalt *nm* kobalt *het*

cobaye *nm* **1** *(rongeur)* cavia *de* **2** *(sujet d'expérience)* proefkonijn *het*

cobra *nm* brilslang *de*

coca® *nm (boisson)* (coca-)cola *nm*

cocaïne *nf* cocaïne *de*

cocarde *nf* kokarde *de*

cocasse *adj* koddig

coccinelle *nf* lieveheersbeestje *het*

cocher[1] *nm* koetsier *nm*

cocher[2] *vt* **1** *(d'une croix)* aankruisen **2** *(d'un trait)* aanstrepen

cochon[1] *nm* **1** *(porc)* varken *het* **2** *(viande)* varkensvlees *het* ♦ ~ **d'Inde** Guinees biggetje

cochon[2], **-onne** *n* viezerik *nm*; **(quel) ~!** (wat een) smeerlap! ♦ **quel temps de ~!** wat een beestenweer!

cochon[3] *adj* vies, smerig

cochonnerie *nf* **1** *(malpropreté)* smerigheid *nf* **2** *(obscénité)* vuiligheid *nf*; **dire des ~s** smerige taal uitslaan ♦ **cette ~ de voiture!** die rotauto!

cockpit *nm* stuurhut *de*

cocktail *nm* **1** *(boisson)* cocktail *nm* **2** *(réception)* cocktailparty *nf* **3** *(mélange)* mengsel *het*

coco[1] *nm* **1** *(fruit)* kokos *het*; **noix de** ~ kokosnoot **2** *(individu)* vent *nm*; **drôle de** ~ vreemde knakker

coco[2] *n (communiste)* rooie *de*

cocon *nm* cocon *nm*

cocorico *nm* kukeleku *het*

cocotier *nm* kokospalm *nm*

cocotte *nf* **1** *(poule)* kippetje *het*; ~ **en papier** uit papier gevouwen vogel **2** *(marmite)* gietijzeren stoofpan *de* **3** *(terme d'affection)* liefje *het (f)*

cocotte-minute® *nf* snelkookpan *de*

cocu *nm* ↑ hoorndrager *nm*

code *nm* **1** *(recueil de lois)* wetboek *het*; **Code civil** Burgerlijk Wetboek; ~ **pénal** Wetboek van Strafrecht; ~ **de la route** verkeersregels, wegcode *(n.B.)* **2** *(règlement)* voorschriften *plur* **3** *(système de symboles)* code *nm*; ~ **à barres** streepjescode; ~ **postal** postcode; ~ **secret** *(de carte)* pincode, *(dans un message)* geheimschrift ♦ **(phares)** ~ dimlicht; **se mettre en ~s** zijn lichten dimmen

code-barres *nm* streepjescode *nm*

coder *vt* coderen

codétenu, -ue *n* medegevangene *nm*

codifier *vt* codificeren

coefficient *nm* **1** *(facteur)* factor *nm*; ~ **d'erreur** foutenmarge **2** *(math.)* coëfficiënt *nm*

coéquipier, -ière *n* team|genoot, -genote *nm,f*

cœur *nm* **1** *(muscle; siège des émotions)* hart *het*; **prendre qch à** ~ iets ter harte nemen; **prendre qch trop à** ~ zich iets te veel aantrekken; **aller droit au** ~ tot het hart spreken; **avoir qch sur le** ~ iets op het hart hebben; **avoir le** ~ **sur la main** vrijgevig zijn; **vouloir en avoir le** ~ **net** er het zijne van willen weten; **ne pas avoir le** ~ **à rire** geen lust tot lachen hebben; **faire qch de bon** ~ iets graag doen; **être de tout** ~ **avec qn** helemaal met iem meevoelen; **faire battre le** ~ het hart sneller doen kloppen; **cela me fait mal au** ~ ik vind het triest; **avoir le** ~ **gros** verdriet hebben; **opération à** ~ **ouvert** openhartoperatie; **si le** ~ **vous en dit** als je er zin in hebt; **tenir à** ~ na aan het hart liggen; **vider son** ~ zijn hart uitstorten **2** *(estomac)* maag *de*; **garder qch sur le** ~ iets niet kunnen verwerken; **rester sur le** ~ zwaar op de maag liggen; *(fig.)* **soulever le** ~ **à qn** iem doen walgen; **avoir mal au** ~ misselijk zijn; **avoir du** ~ **à l'ouvrage** hart voor het werk hebben **3** *(centre)* hart *het*; ~ **d'artichaut** hart van een artisjok; ~ **de la question** kern van de vraag ♦ **apprendre par** ~ uit het hoofd leren; **connaître qn par** ~ iem door en door kennen

coexistence *nf* co-existentie *nf*

coexister *vi* co-existeren

coffre *nm* **1** *(caisse)* kist *de* **2** *(d'une voiture)* kofferruimte *nf* **3** *(coffre-fort)* kluis *de* **4** *(poitrine)*.↑ borstkas *de*; **avoir du** ~ ↑ een krachtige stem hebben

coffre-fort *nm* kluis *de*

coffret *nm* kistje *het*

cogiter *vi* prakkeseren

cognac *nm* cognac *nm*

cogner[1] *vi (frapper)* slaan; ~ **à la porte** op de deur kloppen; **il lui cogne dessus tous les jours** hij slaat haar iedere dag

cogner[2] *vt* **1** *(rosser)* in elkaar slaan **2** *(heurter)* aanstoten tegen

se cogner[3] *vpr (se heurter)* zich stoten; **se** ~ **la tête contre qch** zijn hoofd tegen iets stoten

cohabitation *nf* **1** *(fait d'habiter ensemble)* (het) samenwonen **2** *(pol.)* samenwerking *nf* tussen rechts en links

cohabiter *vi* samenwonen

cohérence *nf* samenhang *nm*

cohérent *adj* samenhangend

cohésion *nf* **1** *(sc.)* cohesie *nf* **2** *(union)* samenhang *nm*

cohue *nf* **1** *(foule)* menigte *nf* **2** *(bousculade)* gedrang *het*

coi, coite *adj* ♦ **en rester** ~ versteld staan

coiffé *adj* **1** *(chapeauté de)* met … op; ~

d'un bonnet met een muts op **2** *(peigné)* gekapt; **bien, mal** ~ goed, slecht gekapt
coiffer[1] *vt* **1** *(peigner)* kappen **2** *(+ de) (couvrir la tête (de qn))* het hoofd bedekken (met) **3** *(recouvrir)* bedekken **4** *(sports)* op het laatste moment kloppen; **se faire ~ (au poteau)** op het laatste moment ingehaald worden
se coiffer[2] *vpr* **1** *(se peigner)* zich kappen **2** *(+ de) (se couvrir la tête de)* opzetten
coiffeur, -euse *n* kapper, kapster *nm,f;* **~ pour dames** dameskapper; **~ pour hommes** herenkapper
coiffeuse *nf* kaptafel *de*
coiffure *nf* **1** *(arrangement des cheveux)* kapsel *het* **2** *(chapeau)* hoofddeksel *het*
coin *nm* **1** *(angle)* hoek *nm;* **l'épicier du ~** de kruidenier op de hoek; **regarder du ~ de l'œil** schielijk kijken **2** *(petit espace)* hoekje *het;* **au ~ du feu** bij de haard; **un ~ perdu** een klein gat; **le petit ~** kamer honderd; **un petit ~ tranquille** een rustig plekje **3** *(cale)* wig *de* ♦ **sourire en ~** bedekt glimlachen
coincé *adj* **1** *(immobilisé)* vastzittend, bekneld **2** *(inhibé)* geremd; **avoir un air ~** er gefrustreerd uitzien
coincer[1] *vt* **1** *(fixer; immobiliser)* vastzetten **2** *(coller (qn))* vastpraten; **se faire ~ sur qch** zich op iets laten pakken **3** *(pincer)* (bij z'n lurven) grijpen
se coincer[2] *vpr (s'immobiliser)* vastlopen
coïncidence *nf* **1** *(concordance)* (het) samenvallen **2** *(hasard)* toeval *het;* **par une ~** toevallig
coïncider *vi* **1** *(se produire en même temps)* samenvallen **2** *(correspondre)* overeenstemmen **3** *(math.)* congrueren
coin-cuisine *nm* kookhoek *nm*
coing *nm* kweepeer *de*
coin-repas *nm* eethoek *nm*
coït *nm* coïtus *nm*
coke[1] *nm (indus.)* cokes *de*
coke[2] *nf (cocaïne)* coke *nm*
col *nm* **1** *(d'un vêtement)* boord *het/de (m);* **faux ~** losse boord; **~ roulé** col **2** *(d'une montagne)* (berg)pas *nm* **3** *(d'un objet; biol.)* hals *nm*
colchique *nm* (herfst)tijloos *de*
colère *nf* **1** *(emportement)* woede *de;* **en ~** woedend; **se mettre en ~** kwaad worden; **passer sa ~ sur qn** zijn woede op iem afreageren **2** *(crise de colère)* woedeaanval *nm;* **faire une ~** een woedeaanval krijgen
coléreux, colérique *adj* driftig
colibri *nm* kolibrie *nm*
colimaçon *nm* slak *de* ♦ **en ~** spiraalvormig
colin *nm* koolvis *nm*
colique *nf* **1** *(le plus souvent plur.) (douleur)* koliek *het/de (f)* **2** *(diarrhée)* dunne *nm;* **avoir la ~** aan de dunne zijn
colis *nm* pakket *het;* **~ postal** postpakket
collaborateur, -trice *n* **1** *(adjoint)* medewerk(st)er *nm (nf)* **2** *(pendant la guerre)* collaborateur *nm*
collaboration *nf* **1** *(travail en commun)* medewerking *nf*, samenwerking *nf* **2** *(pendant la guerre)* collaboratie *nf*
collaborer *vi* **1** *(travailler en commun)* samenwerken **2** *(pendant la guerre)* collaboreren
collage *nm* **1** *(action de coller)* (het) opplakken **2** *(arts)* collage *nf*
collant *adj* **1** *(adhésif)* kleef- **2** *(poisseux)* kleverig, papperig *(pâtes, riz)* **3** *(moulant)* nauwsluitend; **le ~** de panty, *(de danse, gymnastique)* de maillot **4** *(ennuyeux)* plakkerig
collation *nf* lichte maaltijd *nm*
colle *nf* **1** *(matière adhésive)* lijm *nm*, *(textile)* appret *het;* **~ forte** boekbinderslijm; *(fig.)* **quel pot de ~!** wat een klit! **2** *(question difficile)* strikvraag *de* **3** *(retenue)* (het) nablijven; **avoir deux heures de ~** twee uur moeten nablijven
collecte *nf* **1** *(quête)* (geld)inzameling *nf*, collecte *nf* **2** *(ramassage)* (het) ophalen
collecter *vt* inzamelen, *(ordures)* ophalen
collectif *adj* gezamenlijk; **contrat ~** collectief contract; **travail ~** groepswerk
collection *nf* **1** *(réunion d'objets)* verzameling *nf;* **faire ~ de qch** iets verzamelen; **~ de timbres** postzegelverzameling; **j'en ai toute une ~** ik heb er een heleboel van **2** *(série de livres)* reeks *de* **3** *(d'un couturier)* collectie *nf*
collectionner *vt* verzamelen; **~ les gaffes** de ene flater na de ander slaan
collectionneur, -euse *n* verzamelaar(ster) *nm (nf)*
collectivité *nf* gemeenschap *nf;* **~s locales** lagere overheden
collège *nm* college *het*
collégien, -ienne *n* leerling(e) *nm (nf)* van een middelbare school
collègue *n* collega *nm*
coller[1] *vi* **1** *(+ à) (adhérer à)* kleven (aan) **2** *(mouler)* nauw sluiten **3** *(+ à) (correspondre à)* nauw overeenkomen (met) **4** *(aller)* lekker gaan; **ça colle!** dat gaat goed!; **ça ne colle pas entre eux** het klikt niet tussen hen
coller[2] *vt* **1** *(faire adhérer)* aanplakken **2** *(encoller)* lijmen **3** *(+ à, contre) (appuyer)* (aan)drukken (tegen) **4** *(mettre (qqp.))* gooien (in, tegen); **il lui a collé son poing dans la figure** hij heeft hem zijn vuist in het gezicht geplant **5** *(refiler)* verkopen; **~ une gifle à qn** iem een klap verkopen; **~ un zéro à qn** iem een 1 geven **6** *(enseign.)* een strikvraag stellen, *(recaler)* laten zakken **7** *(punir)* laten nablijven; **être collé** (moeten) nablijven **8** *(importuner (qn))* als een klit hangen aan (iem)
se coller[3] *vpr (+ à, contre) (s'appuyer contre)* zich drukken (tegen) ♦ **se ~ dans un fauteuil** zich in een stoel laten vallen
collet *nm* **1** *(chasse)* strik *nm* **2** *(technol.)* kraag *nm* ♦ **(être) ~ monté** stijf (zijn)
colleur, -euse *n* (aan)plakker *nm;* **~ d'affiches** aanplakker
collier *nm* **1** *(bijou)* (hals)ketting *de*

2 *(d'animal)* halsband *nm* **3** *(barbe)* ringbaardje *het*
collimateur *nm* ♦ **avoir qn dans le** ~ iem in de peiling hebben
colline *nf* heuvel *nm*
collision *nf* botsing *nf (aussi au fig.)*; ~ **en chaîne** kettingbotsing; **entrer en** ~ **avec** in botsing komen met
colloque *nm* colloquium *het*, symposium *het*
colmater *vt* afdichten
colocataire *n* medelhuurder, -huurster *nm,f*
colombe *nf* duif *de*
Colombie *nf* Colombia *n (sans art.)*
colon *nm* kolonist *nm*
côlon *nm* dikke darm *nm*
colonel, -elle *n* kolonel(svrouw) *nm (nf)*
colonial *adj* koloniaal
colonialisme *nm* kolonialisme *het*
colonialiste *adj* kolonialistisch; **le, la** ~ de kolonialist(e)
colonie *nf* kolonie *nf (aussi biol. et au fig.)*; ~ **de peuplement** nederzetting; **partir en** ~ **de vacances** ± op (zomer)kamp gaan
colonisateur *adj* koloniserend; **le** ~ de kolonisator
colonisation *nf* kolonisatie *nf*
coloniser *vt* koloniseren
colonne *nf* **1** *(pilier)* zuil *de*, kolom *de (aussi au fig.)*; ~ **vertébrale** wervelkolom **2** *(d'une page)* kolom *de*
colorant *adj* kleurend, kleur-; **le** ~ de kleurstof
coloration *nf* kleuring *nf*; **se faire faire une** ~ een kleurspoeling nemen
coloré *adj* **1** *(général)* gekleurd *(aussi personne)* **2** *(expressif)* kleurrijk
colorer[1] *vt* kleuren *(aussi au fig.)*; ~ **en bleu** blauw kleuren
se colorer[2] *vpr* (een) kleur krijgen, (zich) kleuren
coloriage *nm* **1** *(action de colorier)* (het) kleuren; **album de ~s** kleurboek **2** *(dessin)* kleurentekening *nf*
colorier *vt* (in)kleuren
coloris *nm* kleur *de*
colossal *adj* reusachtig
colosse *nm* kolos *nm*
colporter *vt* **1** *(vendre)* huis aan huis verkopen **2** *(propager)* rondbazuinen
colporteur, -euse *n* colporteur *nm*, huis-aan-huisver|koper, -koopster *nm,f*
colza *nm* koolzaad *het*
coma *nm* coma *het*
combat *nm* gevecht *het*, *(match)* wedstrijd *nm (aussi au fig.)*; **être mis hors de** ~ buiten gevecht gesteld worden; **hors** ~ uitgeschakeld
combatif *adj* strijdlustig
combattant *nm* **1** *(soldat)* strijder *nm*; **anciens ~s** oud-strijders **2** *(adversaire)* vechtende *nm*
combattre[1] *vi* vechten *(aussi au fig.)*
combattre[2] *vt* vechten tegen, bestrijden *(aussi au fig.)*
combien[1] *nm* hoeveelste *het/de*; **tous les** ~ **passe le car?** om de hoeveel tijd komt de bus langs?; **le** ~ **sommes-nous?** de hoeveelste is 't vandaag?
combien[2] *adv* hoe(veel); ~ **de** hoeveel; **ça fait ~?** hoeveel is dat?; ~ **de fois ne l'ai-je pas dit** hoe vaak heb ik 't niet gezegd; **je ne sais** ~ een heleboel
combinaison *nf* **1** *(assemblage)* verbinding *nf (aussi chim.)*, combinatie *nf (aussi code)* **2** *(sous-vêtement)* onderjurk *de* **3** *(vêtement de travail)* overall *nm*; ~ **spatiale** ruimtepak
combine *nf* foefje *het*; **être dans la** ~ ↑ (eraan) meedoen
combiné *nm (du téléphone)* hoorn *nm*
combiner *vt* **1** *(réunir)* combineren, *(chim.)* verbinden; ~ **des couleurs** kleuren mengen **2** *(organiser)* organiseren; ~ **un attentat** een aanslag beramen
comble[1] *nm* **1** *(fig.)* toppunt *het*; **le** ~ **du bonheur** het volmaakte geluk; **c'est le ~!, c'est un ~!** dat is het toppunt! **2** *(plur.)* hanenbalken *plur*
comble[2] *adj* (prop)vol; **la mesure est** ~ de maat is vol
combler *vt* **1** *(remplir)* (op)vullen; ~ **un déficit** een tekort aanvullen; ~ **une lacune** in een leemte voorzien; ~ **un retard** een achterstand inhalen **2** *(vœu)* vervullen; **être comblé** overgelukkig zijn
combustible *nm* brandstof *de*; **matière** ~ (ver)brandbare stof
combustion *nf* verbranding *nf*
comédie *nf* **1** *(pièce, genre)* komedie *nf*; ~ **musicale** musical **2** *(chichis)* aanstellerij *nf*; **jouer la** ~ komediespelen
comédien, -ienne *n* **1** *(acteur)* toneel|speler, -speelster *nm,f* **2** *(hypocrite)* komediant(e) *nm (nf)*
comestible *adj* eetbaar
comète *nf* komeet *de*
comique *adj* **1** *(dram.)* komisch, komedie-; **le** ~ het komische (genre); **un** ~ een komiek **2** *(drôle)* grappig; *(caractère comique)* **le** ~ het komische, grappige
comité *nm* comité *het*; **en petit** ~ in besloten kring; ~ **d'entreprise** ondernemingsraad
commandant *nm* **1** *(milit.)* commandant *nm* **2** *(aviat., mar.)* gezagvoerder *nm*; ~ **de bord** gezagvoerder **3** *(chef de bataillon)* majoor *nm*
commande *nf* **1** *(ordre d'achat)* bestelling *nf*; **ouvrage de** ~ werk in opdracht; **sur** ~ op bestelling **2** *(direction)* besturing *nf*; ~ **à distance** afstandsbediening; **être aux ~s** *(avion)* besturen; *(fig.)* **tenir les ~s** de touwtjes in handen hebben ♦ **sourire de** ~ gedwongen glimlach
commandement *nm* **1** *(ordre; direction)* bevel *het* **2** *(relig.)* gebod *het*
commander[1] **(à)** *vi* het bevel voeren (over); ~ **à qn de se taire** iem bevelen zijn mond te houden; **savoir** ~ leiding kunnen geven
commander[2] *vt* **1** *(diriger)* het bevel voeren over **2** *(exiger)* (ver)eisen **3** *(passer une commande)* bestellen; ~ **qch à qn** iets bij

iem bestellen **4** *(faire fonctionner)* in werking stellen

se commander[3] *vpr* ♦ **l'amour ne se commande pas** liefde laat zich niet dwingen

commanditaire *nm* **1** *(associé)* stille vennoot *nm* **2** *(client)* opdrachtgever *nm*

commanditer *vt* **1** *(une société en commandite)* (als stille vennoot) deelnemen in **2** *(sponsoriser)* geld steken (in)

commando *nm* commando *het*

comme[1] *adv* **1** *(combien)* wat *(exclamation)*, hoe; ~ **ces enfants sont fatigués!** wat zijn die kinderen moe! **2** *(comment)* hoe(zeer) *(dans une subordonnée)*

comme[2] *conj* **1** *(comparaison; ainsi que)* net als; ~ **si** alsof; ~ **tout** heel erg; **c'est tout** ~ 't komt op hetzelfde neer; **tout** ~ **(son père)** precies zoals (zijn vader) **2** *(à la manière de)* (zo)als; ~ **ça** zo, op die manier; ~ **ci** ~ **ça** (zo) z'n gangetje; ~ **il faut** zoals 't hoort; **elle était** ~ **folle** ze was bijna gek; **cela fait qch** ~ **10 euros** dat is ongeveer 10 euro **3** *(en tant que)* als **4** *(tel que)* zoals bijvoorbeeld **5** *(étant donné que)* daar, vermits *(n.B.)* **6** *(alors que)* (juist) toen ♦ ~ **quoi** waaruit volgt dat

commémoratif *adj* herdenkings-; **pierre commémorative** gedenksteen

commémoration *nf* **1** *(cérémonie)* herdenking *nf* **2** *(souvenir)* nagedachtenis *nf;* **en** ~ **de** ter nagedachtenis aan

commémorer *vt* (feestelijk) herdenken

commencement *nm* begin *het;* **au** ~ in het begin

commencer[1] *vi* beginnen (te); **à** ~ **par** te beginnen bij; **il commence à pleuvoir** het begint te regenen; ~ **par faire qch** beginnen met iets te doen

commencer[2] *vt* **1** *(entamer)* beginnen (met) **2** *(être au début de)* aan het begin staan van

comment *adv* hoe(?); ~ **allez-vous?** hoe gaat 't (met u)?; ~ **cela?** hoezo?; ~ **dire?** hoe moet ik dat nu zeggen?; **n'importe** ~ hoe dan ook; **~?** wat zegt u? ♦ **et ~!** nou en of!

commentaire *nm* commentaar *het/de (m)*, *(péj.)* kletspraatjes *plur;* *(souvent péj.)* **sans** ~ commentaar overbodig

commentateur, -trice *n* commentaltor, -trice *nm,f*

commenter *vt* **1** *(expliquer)* uitleggen **2** *(faire des remarques sur)* commentaar leveren op

commérage *nm* kletspraatje *het*

commerçant *adj* ♦ **le** ~ de middenstander; **rue ~e** winkelstraat

commerce *nm* **1** *(négoce)* handel *nm;* **être dans le** ~ in de handel zijn *(produit)*, in de handel zitten; **faire du** ~ handel drijven; ~ **de gros** groothandel **2** *(magasin)* winkel *nm*, zaak *de*

commercial *adj* **1** *(relatif au commerce)* handels-; **centre** ~ winkelcentrum **2** *(destiné au grand public)* commercieel

commercialiser *vt* op de markt brengen

commère *nf* kletskous *de*

commettre *vt* begaan, plegen

commis *nm* bediende *nm*

commissaire *nm* commissaris *nm;* ~ **aux comptes** accountant

commissaire-priseur *nm* veilingmeester *nm*

commissariat *nm* politiebureau *het*

commission *nf* **1** *(message; course)* boodschap *nf;* **faire des ~s** boodschappen doen; **transmettre une** ~ **à qn** een boodschap aan iem overbrengen **2** *(mandat)* opdracht *de* **3** *(comité)* commissie *nf;* ~ **d'examen** examencommissie **4** *(pourcentage)* commissie *nf*

commissionnaire *nm* **1** *(coursier)* loopjongen *nm* **2** *(intermédiaire)* commissionair *nm*

commode[1] *nf* commode *nf*

commode[2] *adj* **1** *(pratique)* praktisch **2** *(facile)* makkelijk; **il n'est pas** ~ hij is veeleisend

commodité *nf* gerief *het*, gemak *het;* **pour plus de** ~ gemakshalve

commotion *nf* **1** *(traumatisme)* schudding *nf;* ~ **cérébrale** hersenschudding **2** *(violente émotion)* schok *nm*

commotionner *vt* schokken

commun *adj* **1** *(propre à plusieurs)* gemeenschappelijk; **en** ~ gemeenschappelijk; **mettre en** ~ verdelen; **point** ~ raakvlak **2** *(général)* algemeen **3** *(ordinaire)* gewoon, alledaags; **le** ~ **des mortels** de gewone stervelingen; **peu ~, hors du** ~ buitengewoon **4** *(quelconque)* vulgair

communal *adj* gemeente-; *(Belg.f.)* **maison ~e** gemeentehuis

communautaire *adj* **1** *(collectif)* gemeenschaps- **2** *(de la CEE)* communautair *(aussi n.B.)*, gemeenschaps-

communauté *nf* **1** *(collectivité)* gemeenschap *nf;* **Communauté (Economique) Européenne, C(E)E** Europese (Economische) Gemeenschap, E(E)G; *(Belg.n.)* ~ **francophone** Franse gemeenschap **2** *(couvent)* klooster *het* **3** *(biens mis en commun)* gemeenschappelijke goederen *plur;* ~ **de biens** gemeenschap van goederen **4** *(concordance)* gemeenschappelijkheid *nf;* **posséder qch en** ~ **avec qn** iets samen met iem bezitten

commune *nf* **1** *(municipalité)* gemeente *nf;* *(Belg.f.)* ~ **à facilités** faciliteitengemeente *(Belg.n.)* **2** *(f.B.)* *(hôtel de ville)* gemeentehuis *het*

communément *adv* gewoonlijk

communicatif *adj* **1** *(contagieux)* aanstekelijk **2** *(expansif)* mededeelzaam

communication *nf* **1** *(diffusion; message)* mededeling *nf* **2** *(contact)* omgang *nm* **3** *(jonction)* verbinding *nf;* **moyens de** ~ communicatiemiddelen; **prendre la** ~ de telefoon aannemen

communier *vi* de communie ontvangen

communion *nf* **1** *(relig.)* communie *nf* **2** *(accord)* overeenstemming *nf*
communiqué *nm* communiqué *het*
communiquer[1] *vi* **1** *(+ avec)* *(personnes)* in contact staan (met) **2** *(choses)* met elkaar in verbinding staan; **salle à manger qui communique avec la cuisine** eetkamer die doorloopt in de keuken
communiquer[2] *vt* **1** *(faire connaître)* (mee)delen **2** *(transmettre)* overbrengen
se communiquer[3] *vpr (+ à)* *(se propager)* zich uitbreiden (naar)
communisme *nm* communisme *het*
communiste *adj* communistisch; **le, la** ~ de communist(e)
commutateur *nm* schakelaar *nm*
compact *adj* compact ♦ **le** ~ de compact disc
compact-disc®, CD *nm* compact disc, CD *nm;* ~ **vidéo, CD-V** video-cd, cd-v
compagne *nf* **1** *(camarade)* vriendin *nf;* ~ **de voyage** reisgenote **2** *(épouse, maîtresse)* partner *nm*
compagnie *nf* **1** *(présence)* gezelschap *het;* **en la** ~ **de** in gezelschap van; **et** ~ en consorten; **fausser** ~ **à qn** weggaan zonder iem gedag te zeggen **2** *(société)* maatschappij *nf*, Co.; ~ **d'assurances** verzekeringsmaatschappij **3** *(unité militaire)* compagnie *nf*
compagnon *nm* **1** *(mari, concubin)* partner *nm* **2** *(ouvrier)* gezel *nm* **3** *(camarade)* makker *nm;* ~ **de voyage** reisgenoot
comparable (à) *adj* vergelijkbaar (met)
comparaison *nf* vergelijking *nf;* **en** ~ **de** in vergelijking met; **faire la** ~ **de deux choses** twee dingen vergelijken; **mettre qch en** ~ **avec qch d'autre** iets met iets anders vergelijken; **par** ~ vergelijkenderwijs; **c'est sans (aucune)** ~ dat is zonder weerga
comparaître *vi* verschijnen
comparatif *adj* vergelijkend; **comparativement à** in vergelijking met; *(ling.)* **le** ~ de vergelijkende trap
comparer (à, avec) *vt* vergelijken (met)
comparse *n* figurant(e) *nm (nf)* *(aussi au fig.)*
compartiment *nm* **1** *(case)* vak *het* **2** *(partie d'un wagon)* (trein)coupé *nm;* ~ **fumeurs** rookcoupé
compartimenter *vt* verdelen
comparution *nf* verschijning *nf* voor de rechtbank
compas *nm* **1** *(géométrie)* passer *nm;* **avoir le** ~ **dans l'œil** een timmermansoog hebben **2** *(boussole)* kompas *het*
compassion *nf* medelijden *het*
compatibilité *nf* verenigbaarheid *nf*, *(inform.)* compatibiliteit *nf*
compatible *adj* verenigbaar, *(inform.)* compatibel
compatir *vi* medelijden hebben (met)
compatissant *adj* medelijdend
compatriote *n* land|genoot, -genote *nm,f*
compensation *nf* compensatie *nf;* **en** ~ bij wijze van compensatie
compenser *vt* compenseren, vereffenen
compétence *nf* **1** *(capacité)* bekwaamheid *nf;* **cela n'entre pas dans ses** ~**s** daarin is hij niet ter zake kundig **2** *(jur.)* (rechts)bevoegdheid *nf*
compétent *adj* **1** *(capable)* bekwaam **2** *(jur.)* bevoegd
compétitif *adj* concurrerend
compétition *nf* **1** *(rivalité)* rivaliteit *nf;* **faire de la** ~ aan wedstrijden meedoen **2** *(match)* wedstrijd *nm;* ~ **sportive** sportwedstrijd
compétitivité *nf* concurrentievermogen *het*
compilation *nf* compilatie *nf*
compiler *vt* compileren
complainte *nf* klaaglied *het*
se complaire *vpr* plezier hebben (in); **se** ~ **à faire qch** er plezier in hebben iets te doen
complaisance *nf* **1** *(amabilité)* vriendelijkheid *nf;* **auriez-vous la** ~ **de** zou u zo vriendelijk willen zijn om; **montrer de la** ~ zich gedienstig betonen **2** *(indulgence)* inschikkelijkheid *nf* **3** *(satisfaction)* zelfingenomenheid *nf;* **avec** ~ zelfvoldaan
complaisant *adj* **1** *(aimable)* vriendelijk **2** *(indulgent)* inschikkelijk **3** *(satisfait)* zelfvoldaan
complément *nm* **1** *(ajout)* aanvulling *nf;* **un** ~ **d'information** nadere informatie **2** *(ling.)* bepaling *nf;* ~ **d'objet direct** lijdend voorwerp; ~ **d'objet indirect** meewerkend voorwerp
complémentaire *adj* aanvullend; **numéro** ~ reservegetal
complet[1] *nm* kostuum *het*, pak *het*
complet[2] *adj* **1** *(total)* volledig *(aussi adv.);* **au (grand)** ~ (geheel) voltallig; **lire un ouvrage complètement** een werk van het begin tot het eind lezen; **poste à temps** ~ volledige betrekking **2** *(parfait)* volslagen; **complètement fou** stapelgek **3** *(bondé)* vol, volzet *(n.B.);* **afficher '~'** vol(geboekt) zijn **4** *(accompli)* voltooid; **dix années complètes** volle tien jaar
compléter[1] *vt* volledig maken, *(somme)* aanvullen
se compléter[2] *vpr* elkaar aanvullen
complexe[1] *nm* complex *het;* **avoir des** ~**s** geremd zijn; ~ **hospitalier** ziekenhuiscomplex; ~ **d'infériorité** minderwaardigheidscomplex
complexe[2] *adj* ingewikkeld
complexé *adj* ↑ geremd
complexité *nf* ingewikkeldheid *nf*
complication *nf* **1** *(complexité)* ingewikkeldheid *nf* **2** *(le plus souvent plur.)* *(ennui)* verwikkelingen *plur* **3** *(méd.)* complicatie *nf*
complice *adj (+ de)* medeplichtig (aan); **le, la** ~ de medeplichtige ♦ **regard** ~ blik van verstandhouding
complicité *nf* **1** *(participation à un méfait)* medeplichtigheid *nf* **2** *(connivence)* (geheime) verstandhouding *nf*
compliment *nm* **1** *(éloge)* compliment

het **2** *(salutations)* groeten *plur;* **(faites bien) mes ~s à** (doe vooral) de groeten aan
complimenter (sur, pour) *vt* complimenten maken (over)
compliqué *adj* ingewikkeld, gecompliceerd
compliquer[1] *vt* ingewikkeld(er) maken
se compliquer[2] *vpr* ingewikkeld worden; **le conflit se complique** het conflict spitst zich toe ♦ **ne pas se ~ l'existence** het zich niet al te moeilijk maken
complot *nm* complot *het;* **tramer un ~** een complot smeden
comploter[1] *vi* samenspannen; **~ de renverser le régime** een complot smeden om het regime omver te werpen
comploter[2] *vt* bekokstoven
comportement *nm* gedrag *het;* **~ envers qn** gedrag ten opzichte van iem
comporter[1] *vt* **1** *(impliquer)* met zich meebrengen **2** *(comprendre)* bevatten
se comporter[2] *vpr* zich gedragen; **se ~ avec qn** zich gedragen tegenover iem
composant *n* component *nm*
composé *adj* samengesteld; *(chim.)* **corps ~** verbinding; **le ~** *(ling.)* de samenstelling, *(chim.)* de verbinding
composer[1] *vi* **1** *(transiger)* het op een akkoordje gooien (met) **2** *(passer un examen)* een proefwerk maken
composer[2] *vt* **1** *(former)* samenstellen, *(numéro de téléphone)* draaien **2** *(créer)* vervaardigen, *(livre, poème, etc.)* schrijven, *(œuvre musicale)* componeren **3** *(édit.)* zetten
se composer[3] *vpr (+ de)* bestaan (uit)
composite *adj* heterogeen
compositeur, -trice *n* componist(e) *nm (nf)*
composition *nf* **1** *(constitution)* samenstelling *nf;* **c'est un plat de ma ~** dit gerecht heb ik zelf bedacht **2** *(création)* (het) vervaardigen, (het) schrijven *(poème)*, (het) componeren *(musique)* **3** *(œuvre)* werk *het* **4** *(épreuve scolaire)* proefwerk *het* **5** *(édit.)* (het) zetten **6** *(rédaction)* opstel *het*
compost *nm* compost *het/de (m)*
composter *vt* **1** *(perforer)* knippen, afstempelen **2** *(agric.)* met compost bemesten
composteur *nm* stempelautomaat *nm (transports publics)*
compote *nf* vruchtenmoes *het/de;* **~ de pommes** appelmoes
compréhensible *adj* begrijpelijk
compréhensif *adj* begrijpend
compréhension *nf* begrip *het*
comprendre[1] *vt* **1** *(saisir)* begrijpen; **se faire ~** zich verstaanbaar maken; **faire ~ qch à qn** iem iets duidelijk maken; **~ la plaisanterie** tegen een grapje kunnen; **je n'y comprends rien** ik begrijp er niets van; **je comprends** ik snap het **2** *(comporter)* bevatten **3** *(inclure)* meerekenen
se comprendre[2] *vpr* **1** *(être compris)* begrepen worden; **cela se comprend** dat spreekt vanzelf **2** *(s'entendre)* elkaar begrijpen
compresse *nf* kompres *het;* **~ de gaze** gaasverband
compresser *vt* samenpersen
compression *nf* **1** *(pression)* samendrukking *nf* **2** *(réduction)* inkrimping *nf*
comprimé *nm* tablet *het/de*
comprimer *vt* **1** *(presser)* samendrukken **2** *(réprimer)* onderdrukken
compris *adj* **1** *(inclus)* inbegrepen; **la ferme (y) ~e** met inbegrip van de boerderij **2** *(assimilé)* begrepen
compromettre[1] *vt* **1** *(choses)* in gevaar brengen **2** *(personnes)* compromitteren
se compromettre[2] *vpr* zich(zelf) compromitteren
compromis *nm* **1** *(arrangement)* schikking *nf*, compromis *het;* **faire un ~** een vergelijk treffen **2** *(intermédiaire)* tussenweg *nm*
comptabilité *nf* boekhouding *nf;* **tenir la ~** boekhouden
comptable *n* de boekhoud(st)er *nm (nf)*
comptant *adj adv* contant; **au ~** contant
compte *nm* **1** *(calcul)* berekening *nf;* **~ à rebours** het aftellen; **le ~ est bon** de berekening klopt; **faire le ~** de rekening opmaken **2** *(fin.)* rekening *nf;* **un ~ en banque** een bankrekening; **~ chèque postal, CCP** (post)girorekening, prk **3** *(argent dû)* rekening *nf; (fig.)* **avoir un ~ à régler avec qn** met iem een appeltje te schillen hebben; *(fig.)* **son ~ est bon** hij zal ervan lusten; **régler son ~ à qn** iem betalen *(payer)*, iem ontslaan *(licencier)*, met iem afrekenen *(rosser)* **4** *(responsabilité)* verantwoording *nf;* **être à son ~** zelfstandig zijn; **s'installer à son ~** voor zichzelf beginnen; **prendre qch à son ~** de verantwoording op zich nemen; **pour le ~ de** voor rekening van; **rendre des ~s (à qn, sur qch)** rekenschap afleggen (aan iem, over iets); **mettre qch sur le ~ de qn** iets op iemands rekening schrijven ♦ **il s'en est tiré à bon ~** hij is er zonder kleerscheuren af gekomen; **prendre en ~** rekening houden met; **être loin du ~** er ver naast zitten; **pour mon ~** wat mij betreft; **laisser pour ~** laten zitten; **un laissé pour ~** een door iedereen in de steek gelaten persoon; **se rendre ~ de qch** iets beseffen; **~ rendu** verslag; **tenir ~ de** rekening houden met; **tout ~ fait** alles welbeschouwd
compte-gouttes *nm* druppelteller *nm;* **au ~** druppelsgewijs
compter[1] *vi* **1** *(calculer)* rekenen; **à ~ de** vanaf; **~ sur ses doigts** op zijn vingers natellen **2** *(avoir de l'importance)* meetellen ♦ **~ avec** rekening houden met; **~ parmi, au nombre de** behoren tot; **comptez sur moi** reken op mij
compter[2] *vt* **1** *(dénombrer)* tellen; **on peut ~ ses lettres** men kan zijn brieven op de vingers van een hand tellen **2** *(inclure)* rekenen; **sans ~ que** afgezien daarvan dat **3** *(avoir l'intention de)* van plan zijn **4** *(croire)* verwachten
compte-tours *nm* toerenteller *nm*
compteur *nm* teller *nm*, meter *nm;* **~ à**

gaz gasmeter; **relever le** ~ de meter opnemen
comptine *nf* aftelrijmpje *het*
comptoir *nm* **1** *(café)* bar *de* **2** *(magasin)* toonbank *de*
compulser *vt* inzien
comte *nm* graaf *nm*
comté *nm* graafschap *het*
comtesse *nf* gravin *nf*
con *nm (imbécile)* (kloot)zak *nm;* **c'est** ~ 't is lullig; **faire le** ~ ↑ zich idioot gedragen; **elle est vraiment** ~ 't is echt een trut
concasser *vt* fijnstampen
concave *adj* hol(rond), concaaf
concéder *vt* **1** *(octroyer)* toewijzen **2** *(admettre)* toegeven
concentration *nf* concentratie *nf*
concentré *adj* geconcentreerd; **du** ~ **de tomates** tomatenpuree; **lait** ~ gecondenseerde melk; **le** ~ het concentraat
concentrer[1] *vt* concentreren (op); ~ **sa colère sur qn, qch** zijn woede op iem/iets richten
se concentrer[2] *vpr (+ sur)* zich concentreren (op)
concept *nm* concept *het*, begrip *het*
conception *nf* **1** *(vision)* opvatting *nf;* ~ **du monde** wereldbeschouwing **2** *(fécondation)* bevruchting *nf* **3** *(action d'imaginer)* (het) ontwerpen; **Conception Assistée par Ordinateur, CAO** computerondersteund ontwerpen, CAD *(sigle anglais)*
concerner *vt* betreffen, aangaan; **pour, en ce qui concerne** wat betreft *(+ sujet inversé);* **en ce qui me concerne** wat mij betreft ♦ **se sentir concerné par qch** zich ergens bij betrokken voelen
concert *nm* concert *het;* ~ **d'avertisseurs** claxonconcert; ~ **de lamentations** geweeklaag; **c'était un** ~ **de louanges** allen waren vol lof; ~ **spirituel** concert van gewijde muziek ♦ **de** ~ eensgezind
concertation *nf (pol.)* overleg *het*, *(Belg.)* concertatie *nf*
se concerter *vpr* samen overleggen
concession *nf* **1** *(droit concédé)* concessie *nf* **2** *(compromis)* concessie *nf;* **faire une** ~ **à son adversaire** zijn tegenstander tegemoetkomen
concessionnaire *n* **1** *(ayant une concession)* concessiehoud(st)er *nm (nf)* **2** *(ayant une exclusivité)* alleenvertegenwoordig(st)er *nm (nf);* ~ **d'une marque d'automobile** dealer van een automerk, *(Belg.)* verdeler
concevable *adj* voorstelbaar
concevoir *vt* **1** *(comprendre)* begrijpen; **je conçois que** ik kan me indenken dat **2** *(imaginer; projeter)* ontwerpen, concipiëren ♦ **message conçu en ces termes** boodschap die als volgt luidt
concierge *n* conciërge *nm*, portier(ster) *nm (nf);* **c'est une vraie** ~ het is een echte kletskous
concile *nm* concilie *het*
conciliable *adj* met elkaar verenigbaar
conciliabule *nm* gesmoes *het (sing.)*
conciliant *adj* inschikkelijk
conciliation *nf* **1** *(médiation)* bemiddeling *nf*, verzoening *nf* **2** *(accord)* schikking *nf*
concilier *vt* **1** *(allier)* verenigen **2** *(réconcilier)* met elkaar verzoenen
concis *adj* bondig
concision *nf* bondigheid *nf*
concitoyen, -yenne *n* medeburger(es) *nm (nf)*
concluant *adj* afdoend
conclure[1] *vi* **1** *(+ de … à) (tirer une conséquence de)* (uit iets) de conclusie trekken (van); ~ **de qch que** uit iets de conclusie trekken dat **2** *(+ à) (tirer une conclusion)* besluiten (tot)
conclure[2] *vt* **1** *(régler)* (af)sluiten; **marché conclu** afgesproken **2** *(+ par) (terminer)* afsluiten (met), besluiten (met)
conclusion *nf* **1** *(règlement)* (het) (af)sluiten; ~ **d'un contrat** (het) afsluiten van een contract **2** *(fin)* slot *het* **3** *(déduction)* conclusie *nf;* **en** ~ kortom; **tirer une** ~ **de** een conclusie trekken uit
concocter *vt* bekokstoven
concombre *nm* komkommer *de*
concordance *nf* overeenstemming *nf;* **la** ~ **des témoignages** de gelijkluidendheid van de getuigenverklaringen; **la** ~ **des temps** de overeenstemming in tijd
concorder (avec) *vi* overeenstemmen (met)
concourir *vi* **1** *(+ à) (contribuer)* bijdragen (tot) **2** *(être en compétition)* mededingen (naar)
concours *nm* **1** *(compétition)* wedstrijd *nm;* ~ **hippique** springconcours, concours hippique; **hors** ~ buiten mededinging **2** *(examen)* vergelijkend examen *het;* ~ **d'entrée** (selectief) toelatingsexamen **3** *(collaboration)* medewerking *nf;* **avec le** ~ **de qn** met iemands medewerking ♦ ~ **de circonstances** samenloop van omstandigheden
concret *adj* concreet; **le** ~ het concrete
concrétiser[1] *vt* concretiseren
se concrétiser[2] *vpr* een concrete vorm aannemen
concubin, -ine *n* iem die ongehuwd samenwoont
concubinage *nm* buitenechtelijke samenleving *nf;* **vivre en** ~ ongehuwd samenleven
concurrence *nf* concurrentie *nf;* **prix défiant toute** ~ spotprijzen; **faire** ~ **à qn** iem beconcurreren ♦ **jusqu'à** ~ **de** tot een bedrag van
concurrencer *vt* concurreren met
concurrent *adj* concurrerend; **le, la** ~**(e)** de concurrent(e), *(sports; enseign.)* de deelnemer, deelneemster
concurrentiel *adj* concurrerend
condamnable *adj* verwerpelijk
condamnation *nf (jur.)* veroordeling *nf;* ~ **à mort** veroordeling tot de doodstraf
condamné *adj* **1** *(frappé d'une peine)* veroordeeld (tot); **le, la** ~**(e)** de veroordeelde **2** *(incurable)* ongeneeslijk ziek **3** *(bouché)* afgesloten

condamner *vt* **1** *(+ à) (jur.)* veroordelen (tot); ~ **à mort** ter dood veroordelen; ~ **un malade** een patiënt opgeven **2** *(+ à) (obliger)* noodzaken (tot) **3** *(réprouver)* afkeuren **4** *(boucher)* afsluiten
condensateur *nm* condensator *nm*
condensation *nf* condensatie *nf*
condensé *nm* samenvatting *nf*
condenser[1] *vt* **1** *(phys.)* condenseren **2** *(résumer)* samenvatten
se condenser[2] *vpr (phys.)* neerslaan, condenseren
condescendance *nf* neerbuigendheid *nf*
condescendant *adj* neerbuigend
condescendre (à) *vi* zich verwaardigen (tot)
condiment *nm* **1** *(épice)* kruiderij *nf* **2** *(moutarde)* zachte mosterd *nm*
condition *nf* **1** *(exigence)* voorwaarde *nf;* **à ~ de, à (la) ~ que** op voorwaarde dat, *(Belg.)* mits; **les ~s d'un contrat** de bepalingen van een contract; **dans ces ~s** in dat geval; **sans ~** onvoorwaardelijk; **sous ~** voorwaardelijk **2** *(plur.) (circonstances)* omstandigheden *plur;* **~s de vie** levensomstandigheden **3** *(forme)* toestand *nm*, conditie *nf;* **mettre en ~** conditioneren; **être en (bonne) ~ pour** goed voorbereid zijn om **4** *(classe)* stand *nm*
conditionné *adj (produit)* (voor)verpakt
conditionnel *adj* voorwaardelijk; **le (mode) ~** de voorwaardelijke wijs
conditionnement *nm* **1** *(fait d'emballer)* (het) verpakken **2** *(emballage)* verpakking *nf* **3** *(psycho.)* conditionering *nf*
conditionner *vt* **1** *(emballer)* verpakken **2** *(psycho.)* conditioneren
condoléances *nf* deelneming *nf (uniquement sing.);* **(toutes) mes ~** gecondoleerd; **présenter ses ~ à qn** iem condoleren, zijn deelneming betuigen aan iem
conducteur, -trice *n* **1** *(chauffeur)* bestuurder, bestuurster *nm,f* **2** *(m.) (électricité)* geleider *nm;* **fil ~** geleidende draad, *(abstr.)* leidraad
conduire[1] *vi* **1** *(diriger une voiture)* (auto)rijden; **apprendre à ~** leren autorijden **2** *(mener (qqp.))* leiden (ergens naartoe)
conduire[2] *vt* **1** *(accompagner (qn))* brengen; **~ qn à qch** iem brengen tot iets **2** *(diriger (un véhicule))* besturen **3** *(transmettre (la chaleur, etc.))* geleiden **4** *(mener (qqp.))* leiden (ergens naartoe) **5** *(gérer)* leiden
se conduire[3] *vpr* zich gedragen
conduit *nm* buis *de;* **~ auditif** gehoorgang
conduite *nf* **1** *(accompagnement)* begeleiding *nf* **2** *(d'un véhicule)* (het) besturen **3** *(sans complément) (de véhicules)* (het) rijden; **la ~ à gauche** (het) links rijden; **leçons de ~** rijlessen **4** *(canalisation)* leiding *nf;* **~ d'eau** waterleiding(buis) **5** *(comportement)* gedrag *het*
cône *nm* kegel *nm*
confection *nf* **1** *(préparation)* bereiding *nf*, *(fabrication)* vervaardiging *nf* **2** *(prêt-à-porter)* confectie(-industrie) *nf*
confectionner *vt* bereiden, klaarmaken, *(fabriquer)* vervaardigen
confédération *nf* **1** *(union d'Etats)* statenbond *nm*, confederatie *nf* **2** *(groupement)* verbond *het*
conférence *nf* **1** *(réunion)* conferentie *nf*, bijeenkomst *nf;* **~ de presse** persconferentie; **salle de ~s** congreszaal; **~ au sommet** topconferentie **2** *(exposé)* voordracht *de* ♦ **être en ~** in bespreking zijn
conférencier, -ière *n* spreker, spreekster *nm,f*
conférer *vt* verlenen
confesser[1] *vt* **1** *(avouer (qch)) (relig.)* (op)biechten, bekennen, toegeven *(erreur, torts)* **2** *(entendre (qn))* de biecht afnemen, *(fig.)* uithoren
se confesser[2] *vpr* **1** *(reconnaître ses torts)* z'n fouten opbiechten **2** *(relig.)* biechten
confesseur *nm* biechtvader *nm*
confession *nf* **1** *(aveu)* bekentenis *nf* **2** *(confesse)* biecht *de* **3** *(religion)* geloof *het*
confessionnal *nm* biechtstoel *nm*
confetti *nm* confetti *plur*
confiance *nf* **1** *(sécurité)* vertrouwen *het;* **avoir ~ en, faire ~ à** vertrouwen hebben in; **en (toute) ~** vol vertrouwen **2** *(assurance)* zelfvertrouwen *het;* **manquer de ~ en soi** geen zelfvertrouwen hebben
confiant *adj* **1** *(sans méfiance)* vol vertrouwen (in) **2** *(assuré)* vol zelfvertrouwen
confidence *nf* vertrouwelijke mededeling *nf;* **mettre qn dans la ~** iem bij een geheim betrekken; **faire une ~ à qn** iem iets in vertrouwen vertellen
confident, -ente *n* vertrouweling(e) *nm (nf)*
confidentiel *adj* vertrouwelijk
confier[1] *vt (remettre; dévoiler)* toevertrouwen (aan); **~ une mission à qn** iem met een opdracht belasten
se confier[2] **(à)** *vpr* zijn hart uitstorten (bij)
configuration *nf* **1** *(forme extérieure)* uiterlijke vorm *nm* **2** *(inform.)* configuratie *nf*
confiner[1] *vt (enfermer)* opsluiten
se confiner[2] **(dans)** *vpr* **1** *(se cloîtrer)* zich opsluiten (in) **2** *(se cantonner)* zich beperken (tot)
confins *nm* uiterste grenzen *plur*
confirmation *nf* **1** *(affirmation)* bevestiging *nf* **2** *(relig.)* vormsel *het (cathol.)*, geloofsbelijdenis *nf (prot.)*
confirmer[1] *vt* **1** *(corroborer)* bevestigen **2** *(encourager)* aanmoedigen; **~ qn dans qch** iem in iets sterken **3** *(relig.)* vormen *(cathol.)*, bevestigen *(prot.)*
se confirmer[2] *vpr* bevestigd worden
confiscation *nf* inbeslagneming *nf*
confiserie *nf* **1** *(commerce)* banketbakkerij *nf* **2** *(friandises)* suikerwaar *de*
confisquer *vt* **1** *(jur.)* in beslag nemen **2** *(+ à) (retirer)* afnemen (van)
confit[1] *nm* in eigen vet ingemaakt vlees *het;* **un ~ d'oie** in eigen vet ingemaakt ganzenvlees
confit[2] *adj* gekonfijt

confiture *nf* jam *de*, *(Belg.)* confituur *de*
conflit *nm* conflict *het*
confluent *nm* samenloop *nm*
confondre[1] *vt* **1** *(mêler)* met elkaar verwarren; **il confond les dates** hij haalt de data door elkaar **2** *(déconcerter)* in verwarring brengen **3** *(démasquer)* aan de kaak stellen
se confondre[2] *vpr* **1** *(+ avec) (se mélanger)* zich vermengen **2** *(+ en) (multiplier)* zich uitputten (in); **se ~ en excuses** zich uitputten in verontschuldigingen
conforme (à) *adj* overeenkomstig (met)
conformer[1] **(à)** *vt* aanpassen (aan)
se conformer[2] **(à)** *vpr* zich richten (naar)
conformisme *nm* conformisme *het*
conformiste *adj* conformistisch; **le, la ~** de conformist(e)
conformité *nf* overeenstemming *nf*; **en ~ avec** overeenkomstig
confort *nm* comfort *het*; **appartement tout ~** flat voorzien van alle gemakken
confortable *adj* **1** *(qui présente du confort)* comfortabel **2** *(important)* behoorlijk
conforter (dans) *vt* bevestigen (in)
confrère *nm* collega *nm*
confrontation *nf* **1** *(opposition)* confrontatie *nf* **2** *(comparaison)* vergelijking *nf*
confronter *vt* **1** *(comparer)* vergelijken **2** *(opposer)* confronteren (met); **être confronté à qch** met iets geconfronteerd worden
confus *adj* **1** *(gêné)* verlegen **2** *(désordonné)* verward **3** *(vague)* vaag ♦ **je suis ~** het spijt me
confusion *nf* **1** *(désordre)* wanorde *de* **2** *(gêne)* verlegenheid *nf* **3** *(méprise)* verwisseling *nf*; **prêter à ~** aanleiding geven tot verwarring
congé *nm* **1** *(vacances)* vakantie *nf (sing.)*; **en ~ (de maladie)** met (ziekte)verlof; **jour de ~** vrije dag; **~ de maternité** zwangerschapsverlof, *(Belg.)* bevallingsverlof; **~s payés** doorbetaalde vakantie **2** *(renvoi)* ontslag *het*; **donner son ~ à qn** iem ontslaan ♦ **prendre ~ de qn** afscheid van iem nemen
congédier *vt* wegsturen, *(licencier)* ontslaan
congélateur *nm* (diep)vriezer *nm*
congeler *vt* *(aliments)* invriezen, diepvriezen
congénère *n* soort|genoot, -genote *nm,f*
congénital *adj* aangeboren *(aussi péj.)*
congestion *nf* congestie *nf* ♦ **~ cérébrale** beroerte
congestionner *vt* rood doen aanlopen
congolais *adj* Congolees; **le, la Congolais(e)** de Congolees, Congolese
congratuler *vt* gelukwensen
congrégation *nf* congregatie *nf*
congrès *nm* congres *het*
conifère *nm* naaldboom *nm*, conifeer *nm*
conique *adj* kegelvormig, conisch
conjecture *nf* gissing *nf*, vermoeden *het*
conjoint[1]**, -ointe** *n* ↓ echt|genoot, -genote *nm,f*; **les ~s** de echtelieden
conjoint[2] *adj* gemeenschappelijk
conjonction *nf (ling.)* voegwoord *het*
conjoncture *nf* conjunctuur *nf*, stand *nm* van zaken
conjugaison *nf (ling.)* vervoeging *nf*
conjugal *adj* echtelijk, echt- ♦ **conseiller ~** adviseur voor huwelijksproblemen
conjuguer[1] *vt* **1** *(unir)* verenigen **2** *(ling.)* vervoegen
se conjuguer[2] *vpr (ling.)* vervoegd worden
conjuration *nf* samenzwering *nf*
conjuré, -ée *n* samen|zweerder, -zweerster *nm,f*
conjurer *vt* bezweren; **je vous en conjure** ik smeek het u
connaissance *nf* **1** *(savoir)* kennis *nf (uniquement sing.)*; **à ma ~** voor zover ik weet; **donner ~ de qch à qn** iem iets doen weten; **en ~ de cause** volstrekt terecht **2** *(conscience)* bewustzijn *het*; **être sans ~** buiten kennis zijn; **perdre ~** flauwvallen **3** *(relation)* kennis *nm (sing. et plur.)*, bekende *nm*; **faire la ~ de qn** met iem kennismaken
connaisseur *n* kenner *nm*
connaître[1] *vt (qn, qch)* kennen, *(qn)* leren kennen, *(qch)* weten; **il ne connaît rien à la littérature** hij weet niets van literatuur; **~ la faim** weten wat hongerlijden betekent; **faire ~ qch à qn** iem iets meedelen; **~ qn de nom** iem van naam kennen; **~ un grand succès** veel succes hebben
se connaître[2] *vpr* **1** *(réfl.)* zichzelf kennen; **s'y ~ en qch** verstand hebben van iets **2** *(récipr.)* elkaar kennen
connecter (à) *vt* aansluiten (op)
connerie *nf* ↑ stommiteit *nf*
connexion *nf* **1** *(analogie)* verband *het* **2** *(électricité; inform.)* verbinding *nf*
connivence *nf* verstandhouding *nf*; **être de ~ avec qn** met iem onder één hoedje spelen
connotation *nf* gevoelswaarde *nf*, connotatie *nf*
connu *adj* bekend
conquérant *nm* veroveraar *nm*, *(fig.)* hartenbreker *nm*
conquérir *vt* veroveren; **~ l'estime de qn** iemands respect afdwingen; **~ une montagne** een berg bedwingen
conquête *nf* verovering *nf*; **faire la ~ de qn** iem veroveren
consacré *adj* **1** *(relig.)* gewijd **2** *(rituel)* geijkt
consacrer[1] *vt* **1** *(relig.)* wijden **2** *(+ à) (destiner)* wijden (aan) **3** *(entériner)* bekrachtigen; **l'usage a consacré ce mot** dat woord is ingeburgerd (geraakt)
se consacrer[2] **(à)** *vpr* zich wijden (aan)
consciemment *adv* bewust
conscience *nf* **1** *(lucidité)* bewustzijn *het*; **avoir, prendre ~ de qch** zich iets bewust zijn, worden; **perdre ~** 't bewustzijn verliezen **2** *(jugement moral)* geweten *het*; **avoir bonne ~** (ten onrechte) een goed gewe-

ten hebben; **mauvaise** ~ slecht geweten **3** *(sens du devoir)* plichtsgevoel *het;* ~ **professionnelle** plichtsbesef
consciencieux *adj* nauwgezet
conscient *adj* (zelf)bewust; **être ~ de qch** zich ergens van bewust zijn; **le** ~ het bewuste
conscrit *nm* **1** *(appelé)* dienstplichtige *nm* **2** *(recrue)* rekruut *nm*
consécration *nf* **1** *(relig.)* wijding *nf* **2** *(confirmation)* bekrachtiging *nf;* ~ **d'une œuvre** bekroning van een werk
consécutif *adj* **1** *(adj.)* achtereenvolgend; ~ **à qch** als gevolg van iets; **consécutivement à qch** ten gevolge van iets **2** *(adv.)* achtereenvolgens
conseil *nm* **1** *(recommandation)* raad *nm*, advies *het;* **demander ~ à qn** iem raadplegen; **faire qch sur le ~ de qn** iets op aanraden van iem doen **2** *(conseiller)* raadsman *nm* **3** *(assemblée)* raad *nm*, raadsorgaan *het;* ~ **d'administration** Raad van Bestuur; ~ **de classe** klassenraad; ~ **de discipline** tuchtraad; ~ **d'Etat** Raad van State; ~ **des ministres** ministerraad, *(Belg.)* regeringsraad
conseiller[1]**, -ère** *n* **1** *(qui donne des conseils)* raads|man, -vrouwe *nm,f;* ~ **fiscal** belastingadviseur; ~ **d'orientation professionnelle** beroepskeuzeadviseur **2** *(membre d'un conseil)* (raads)lid *het (m), het (f);* ~ **municipal** raadslid, gemeenteraadslid *(Belg.n.)*
conseiller[2] *vt* **1** *(qch à qn)* (iem iets) aanraden; ~ **à qn de faire qch** (aan) iem aanraden om iets te doen; **prix conseillé** adviesprijs **2** *(qn)* raad geven aan
consensus *nm* consensus *nm*
consentant *adj* toestemmend
consentement *nm* toestemming *nf*
consentir[1] **(à)** *vi* instemmen (met), toestemmen (in); ~ **à ce que, que** ermee instemmen dat
consentir[2] *vt (accorder)* verlenen
conséquence *nf* gevolg *het;* **en** ~ dienovereenkomstig; **en ~ de** ten gevolge van; **avoir pour** ~ tot gevolg hebben; **sans** ~ onbelangrijk; **cela ne tire pas à** ~ dat is niet erg
conséquent *adj* **1** *(logique)* consequent **2** *(important)* flink ♦ **par** ~ bijgevolg
conservateur[1] *nm* **1** *(préposé(e))* conserva|tor, -trice *nm,f* **2** *(pol.)* conservatief *nm* **3** *(chim.)* conserveringsmiddel *het*
conservateur[2] *adj* **1** *(pol.)* conservatief **2** *(conservant)* conserveer-
conservation *nf* **1** *(action)* bewaring *nf*, conservering *nf;* **instinct de** ~ instinct tot zelfbehoud; **lait de longue** ~ lang houdbare melk **2** *(état)* onderhoud *het*
Conservatoire *nm (mus.)* conservatorium *het*
conserve *nf* levensmiddel *het* in blik; **mettre en** ~ inblikken; **des petits pois en** ~ doperwtjes in blik
conserver[1] *vt* **1** *(garder)* bewaren; ~ **un souvenir** een herinnering levendig houden **2** *(aliments)* conserveren
se conserver[2] *vpr* **1** *(se garder)* bewaard blijven **2** *(ne pas se gâter)* goed blijven; **cela ne se conserve pas** dat is niet houdbaar
considérable *adj* aanzienlijk
considération *nf* **1** *(examen)* beschouwing *nf;* **en ~ de** gelet op, met het oog op; **prendre en** ~ in aanmerking, overweging nemen **2** *(égard)* (hoog)achting *nf*, waardering *nf;* **avoir la ~ de qn** door iem gewaardeerd worden
considérer *vt* **1** *(étudier)* beschouwen; **tout bien considéré** op de keper beschouwd **2** *(+ comme) (tenir)* beschouwen (als) **3** *(tenir compte)* in aanmerking nemen **4** *(estimer (qn))* (hoog)achten ♦ ~ **que** van mening zijn dat
consigne *nf* **1** bagagedepot *het;* ~ **automatique** bagagekluis **2** *(d'un emballage)* statiegeld *het* **3** *(bouteille vide)* lege fles *de* **4** *(ordre)* instructie *nf* **5** *(enseign.)* (het) nablijven
consigner *vt* **1** *(bagages)* in bewaring geven **2** *(emballage)* met statiegeld belasten; **emballage non consigné** geen statiegeld **3** *(noter)* op schrift stellen **4** *(enseign.)* nahouden **5** *(milit.)* consigneren
consistance *nf* **1** *(fermeté)* vastheid *nf* **2** *(cohérence)* consistentie *nf*
consistant *adj* **1** *(cohérent)* consequent, consistent **2** *(épais)* dik, stevig
consister *vi* **1** *(+ dans, en) (se composer)* bestaan (uit) **2** *(+ à) (signifier)* bestaan (in, uit); **en quoi consiste votre travail?** waaruit bestaat uw werk?
consœur *nf* collega *nm*
consolation *nf* troost *nm;* **une piètre** ~ een schrale troost
console *nf* **1** *(table)* consoletafel *de* **2** *(inform.)* (bedienings)paneel *het*
consoler[1] **(de)** *vt* troosten (over)
se consoler[2] **(de)** *vpr* zich troosten (over)
consolidation *nf* versterking *nf*, consolidatie *nf*
consolider *vt* **1** *(renforcer)* versterken **2** *(confirmer)* bevestigen **3** *(garantir)* consolideren
consommateur, -trice *n* **1** *(acheteur)* consument *nm*, *(d'énergie)* verbruiker *nm;* **union des ~s** consumentenbond **2** *(client d'un café)* (café)bezoek(st)er *nm,f*
consommation *nf* verbruik *het*, consumptie *nf (aussi boisson);* **article de ~ courante** artikel voor dagelijks gebruik
consommé *nm* heldere bouillon *nm*
consommer[1] *vi (dans un café)* iets gebruiken
consommer[2] *vt* verbruiken, (op)gebruiken
consonance *nf* klank *nm;* **un nom d'une ~ flamande** een Vlaams klinkende naam
consonne *nf* medeklinker *nm*
conspirateur, -trice *n* samen|zweerder, -zweerster *nm,f*
conspiration *nf* samenzwering *nf*
conspirer *vi* samenzweren, samenspannen

constance *nf* bestendigheid *nf*
constant *adj* constant, voortdurend; **la ~e** de constante (factor)
constat *nm* proces-verbaal *het; (circul.)* **~ amiable** schadeformulier
constatation *nf* **1** *(action)* vaststelling *nf*, constatering *nf*, *(Belg.)* constatatie *nf* **2** *(résultat)* bevinding *nf*
constater *vt* vaststellen, constateren; **~ les faits** de feiten vaststellen; **constatez (par) vous-même!** overtuig u zelf!
constellation *nf* sterrenbeeld *het*
consteller (de) *vt* bezaaien (met)
consternation *nf* ontsteltenis *nf*, verslagenheid *nf*
consterner *vt* hevig ontstellen
constipation *nf* verstopping *nf*, constipatie *nf*
constipé *adj* **1** *(méd.)* aan verstopping lijdend **2** *(fig.) (coincé)* ↑ gespannen, stijf
constiper *vt* verstoppen
constituer[1] *vt* **1** *(former)* vormen, samenstellen; **être constitué de** bestaan uit **2** *(représenter)* betekenen **3** *(créer)* oprichten **4** *(désigner)* benoemen tot; **~ qn son héritier** iem tot erfgenaam benoemen ♦ **être bien constitué** een stevig gestel hebben
se constituer[2] *vpr* ♦ **se ~ partie civile** zich civiele partij stellen; **se ~ prisonnier** zich bij de politie aangeven
constitution *nf* **1** *(composition)* samenstelling *nf* **2** *(création)* oprichting *nf* **3** *(d'une personne)* gestel *het* **4** *(pol.)* grondwet *de*
constructeur, -trice *n* **1** *(fabricant)* bouw(st)er *nm (nf)*, fabrikant *nm;* **~ d'automobiles** autoconstructeur; **~ mécanicien** werktuigbouwkundige **2** *(architecte)* bouwmeester *nm*, bouwer *nm*
constructif *adj* opbouwend, constructief
construction *nf* **1** *(édification)* (het) bouwen; **en (voie de) ~** *(bâtiment)* in aanbouw, *(route)* in aanleg **2** *(bâtiment)* gebouw *het (aussi au fig.)* **3** *(composition)* samenstelling *nf* **4** *(industrie)* bouwindustrie *nf;* **~ navale** scheepsbouwindustrie **5** *(syntaxe)* constructie *nf*, zinsbouw *nm*
construire *vt* **1** *(bâtir)* bouwen, *(routes, canaux, digues)* aanleggen **2** *(élaborer)* vormen, *(théorie)* opstellen, *(système)* opzetten
consul *nm* consul *nm*
consulaire *adj* consulair
consulat *nm* consulaat *het*
consultation *nf* **1** *(discussion)* beraadslaging *nf* **2** *(méd.)* spreekuur *het;* **donner des ~s** spreekuur houden **3** *(d'un expert)* raadpleging *nf;* **~ de l'opinion** opinieonderzoek
consulter[1] *vi (méd.)* spreekuur houden
consulter[2] *vt* raadplegen; **~ l'opinion** de opinie peilen
se consulter[3] *vpr* elkaar raadplegen
consumer[1] *vt* **1** *(brûler)* verbranden **2** *(miner)* slopen; **le chagrin le consume** hij wordt verteerd door verdriet
se consumer[2] *vpr* **1** *(brûler)* langzaam verbranden **2** *(dépérir)* wegkwijnen
contact *nm* contact *het;* **au ~ de qn** door de omgang met iem; **au ~ de qch** door, bij de aanraking met iets; **entrer en ~** in aanraking komen (met elkaar); **entrer en ~ avec qn** in contact treden met iem; **mettre le ~** contact maken *(voiture)*, inschakelen *(appareil)*
contacter *vt* contact opnemen met
contagieux *adj* **1** *(infectieux)* besmettelijk **2** *(communicatif)* aanstekelijk
contagion *nf* **1** *(contamination)* besmetting *nf* **2** *(maladie contagieuse)* besmettelijke ziekte *nf* **3** *(propagation)* aanstekelijkheid *nf*
container *nm* container *nm*
contamination *nf (aussi au fig.)* besmetting *nf*
contaminer *vt* besmetten
conte *nm* vertelling *nf;* **~ de fées** sprookje
contemplation *nf* **1** *(observation)* beschouwing *nf;* **en ~** in beschouwing verdiept **2** *(relig.)* aanschouwing *nf*
contempler *vt* beschouwen
contemporain *adj* **1** *(du même temps)* uit dezelfde tijd stammend; **le, la ~(e)** de tijdgenoot, tijdgenote **2** *(actuel)* eigentijds
contenance *nf* **1** *(capacité)* inhoud *nm* **2** *(attitude)* houding *nf;* **faire bonne ~** zich goed houden; **perdre ~** van zijn stuk raken
contenant *nm* omhulsel *het*
conteneur *nm* container *nm*
contenir[1] *vt* **1** *(renfermer)* be-, omvatten, inhouden; **que contient cette lettre?** wat staat er in die brief? **2** *(avoir une capacité)* kunnen bevatten **3** *(réprimer)* in bedwang houden
se contenir[2] *vpr (se maîtriser)* zich inhouden, zich beheersen
content (de) *adj* tevreden (over); **être ~ (de ce) que** tevreden zijn dat
contentement *nm* tevredenheid *nf*
contenter[1] *vt* tevredenstellen
se contenter[2] **(de)** *vpr* zich tevredenstellen (met); **se ~ de** ermee volstaan te; **se ~ de feuilleter un livre** een boek alleen maar doorbladeren
contenu[1] *nm* inhoud *nm*, *(fig. aussi)* betekenis *nf*
contenu[2] *adj* opgekropt
conter *vt* vertellen
contestable *adj* betwistbaar
contestataire *n* protesteerder, -ster *nm,f*
contestation *nf* **1** *(discussion)* betwisting *nf* **2** *(pol.)* protestbeweging *nf*
conteste ♦ **sans ~** onbetwistbaar
contester[1] *vi (protester)* protesteren
contester[2] *vt (mettre en doute)* betwisten; **des idées contestées** omstreden ideeën
contexte *nm* context *nm;* **isolé de son ~** uit zijn verband gerukt
contigu *adj* aangrenzend; **être ~ à** liggen naast

continent *nm* **1** *(géo.)* werelddeel *het* **2** *(par rapport à une île)* vasteland *het*
continental *adj* continentaal; **climat** ~ landklimaat
contingences *nf* bijkomstigheden *plur*
contingent *nm* **1** *(contribution)* aandeel *het*, bijdrage *de* **2** *(milit.)* lichting *nf* **3** *(écon.)* contingent *het*
continu *adj* onafgebroken; **effort** ~ gestage inspanning; **journée ~e** werkdag met korte lunchpauze; **le** ~ het continuüm
continuation *nf* voortzetting *nf*; **bonne** ~ veel plezier verder
continuel *adj* voortdurend, aanhoudend
continuer¹ *vi* **1** *(durer)* (voort)duren, aanhouden; **la séance continue** de zitting wordt voortgezet **2** *(+ à, de) (ne pas cesser de)* doorgaan (met); **il continue à boire** hij blijft drinken; **je continue à croire que** ik geloof nog steeds dat **3** *(+ jusqu'à) (se prolonger)* doorlopen (tot)
continuer² *vt* **1** *(poursuivre)* voortzetten **2** *(prolonger dans l'espace)* doortrekken, verlengen
continuité *nf* voortzetting *nf*
contorsion *nf* acrobatie *nf*
se contorsionner *vpr* zich in bochten wringen
contour *nm* omtrek *nm*, lijn *de*
contourner *vt* **1** *(passer autour de)* omtrekken **2** *(éviter)* ontwijken, *(difficultés)* omzeilen
contraceptif *adj* voorbehoeds-, anticonceptie-; **le** ~ het voorbehoedsmiddel, anticonceptiemiddel
contraception *nf* anticonceptie *nf*
contracter¹ *vt* **1** *(engagement, contrat)* aangaan **2** *(habitude)* aannemen **3** *(maladie)* oplopen **4** *(muscle)* (doen) samentrekken **5** *(crisper)* in een toestand van spanning brengen; **être contracté** gespannen zijn
se contracter² *vpr (muscle)* zich samentrekken
contraction *nf* **1** *(crispation)* samentrekking *nf* **2** *(accouchement)* wee *de*
contractuel, -elle *n* parkeerwachter *nm*
contradiction *nf* **1** *(réfutation)* tegenspraak *de*; **avoir l'esprit de** ~ altijd tegendraads zijn **2** *(incompatibilité)* tegenstrijdigheid *nf*; **être en** ~ **(avec)** in strijd zijn (met)
contradictoire *adj* (tegen)strijdig
contraignant *adj* **1** *(qui oblige)* dwingend **2** *(qui gêne)* hinderlijk
contraindre *vt* dwingen (tot); ~ **à** dwingen te
contraint *adj* gemaakt; ~ **et forcé** onder dwang
contrainte *nf* **1** *(pression)* dwang *nm*; **agir sous la** ~ onder dwang handelen **2** *(gêne)* gemaaktheid *nf*; **sans** ~ vrijuit
contraire (à) *adj* tegen(over)gesteld (aan), *(adj.)* (tegen)strijdig (met), *(adv.)* in strijd (met); **être** ~ **à** in strijd zijn met; *(subst.)* **au** ~ *(isolément)* integendeel, *(dans une proposition)* daarentegen; *(subst.)* **au** ~ **de** in tegenstelling tot; **prouver le** ~ het tegendeel bewijzen; **vent** ~ tegenwind
contrariant *adj* **1** *(porté à contrarier)* tegendraads; **avoir l'esprit** ~ altijd dwarsliggen **2** *(fâcheux)* ergerlijk
contrarier *vt* **1** *(combattre)* dwarsbomen **2** *(mécontenter)* ontstemmen
contrariété *nf* **1** *(mécontentement)* ontstemming *nf* **2** *(plur.) (problèmes)* tegenslag *nm*
contraste *nm* contrast *het*; **effet de** ~ contrastwerking; **en** ~ **avec** in tegenstelling met, tot
contrasté *adj* contrastrijk
contraster¹ (avec) *vi* contrasteren (met), afsteken (tegen)
contraster² *vt* doen afsteken
contrat *nm* contract *het*, overeenkomst *nf*; **passer un** ~ **(avec)** een contract sluiten (met), een overeenkomst aangaan (met); **réaliser, remplir son** ~ zijn beloften waarmaken; ~ **social** maatschappelijk verdrag; ~ **de travail** arbeidsovereenkomst
contravention *nf* bekeuring *nf*; **dresser une** ~ **à qn** iem bekeuren
contre¹ *nm* tegen *het (sing.)*
contre² *prép* **1** *(proximité)* tegen, *(en échange)* in ruil voor; **tout** ~ vlak bij, vlak naast **2** *(direction)* tegen(in); **par** ~ daarentegen **3** *(proportion)* tegen; **je parie (à) cent** ~ **un que** honderd tegen één dat
contre-attaquer *vt* een tegenaanval doen op
contrebande *nf* **1** *(fraude)* (het) smokkelen **2** *(marchandise)* smokkelwaar *de*
contrebandier, -ière *n* smokkelaar(ster) *nm (nf)*
contrebas ♦ **en** ~ **de** lager gelegen dan
contrebasse *nf* contrabas *de*
contrecarrer *vt* tegenwerken
contrecœur *nm* ♦ **à** ~ met tegenzin
contrecoup *nm* weerslag *nm*, nawerking *nf*
contre-courant *nm* tegenstroom *nm*; **nager à** ~ tegen de stroom in zwemmen
contredire¹ *vt* **1** *(démentir)* tegenspreken **2** *(être contraire à)* in strijd zijn met **3** *(jur.)* weerleggen
se contredire² *vpr* **1** *(l'un l'autre)* elkaar tegenspreken **2** *(soi-même)* zichzelf tegenspreken
contrée *nf* streek *de*
contre-exemple *nm* tegenvoorbeeld *het*
contre-expertise *nf* contra-expertise *nf*
contrefaçon *nf* vervalsing *nf*
contrefaire *vt* **1** *(imiter)* nabootsen **2** *(falsifier)* vervalsen **3** *(déguiser)* verdraaien
contrefort *nm* **1** *(archit.)* steunbeer *nm* **2** *(géo.)* uitloper *nm*
contre-indication *nf* contra-indicatie *nf*
contre-indiqué *adj* te ontraden
contre-jour *nm* tegenlicht *het*; **à** ~ tegen het licht in

contremaître, -esse *n* voorman *nm*, opzichter(es) *nm (nf)*
contrepartie *nf* **1** *(compensation)* compensatie *nf;* **en** ~ daartegenover; **en** ~ **de qch** als tegenprestatie voor iets **2** *(contraire)* tegendeel *het*
contre-performance *nf (sports)* slechte prestatie *nf*
contre-pied *nm* tegendeel *het;* **prendre le** ~ **de qch** het tegenovergestelde van iets doen *(faire)*, het tegenovergestelde van iets beweren *(dire)*
contreplaqué *nm* multiplex *het*
contrepoids *nm* tegenwicht *het (aussi au fig.);* **faire** ~ **à qch** tegen iets opwegen
contrer *vt* zich krachtig weren tegen
contresens *nm* **1** *(erreur)* begripsfout *de* **2** *(interprétation)* misinterpretatie *nf* ♦ **à** ~ averechts
contresigner *vt* medeondertekenen
contretemps *nm* tegenvaller *nm;* **à** ~ ongelegen ♦ *(mus.)* **à** ~ tegen het ritme in
contrevenir (à) *vi* (iets) overtreden
contribuable *n* belastingbetaler *nm*, belastingplichtige *nm*
contribuer (à) *vi* **1** *(concourir à)* bijdragen (tot, aan) **2** *(cotiser)* zijn bijdrage betalen (in)
contribution *nf* **1** *(collaboration; cotisation)* bijdrage *de;* **apporter sa** ~ **à** (zijn steentje) bijdragen tot **2** *(impôt)* belasting *nf* ♦ **mettre qch à** ~ van iemands diensten gebruikmaken
contrôle *nm* **1** *(inspection)* controle *de;* ~ **continu** doorlopende toetsing; ~ **technique des voitures** apk-keuring **2** *(maîtrise)* controle *de;* ~ **des naissances** geboorteregeling; **perdre le** ~ **de sa voiture** de macht over het stuur verliezen; ~ **des prix** prijscontrole; ~ **de soi** zelfbeheersing **3** *(lieu)* controleplaats *de* **4** *(enseign.)* toets *nm*
contrôler[1] *vt* **1** *(vérifier)* controleren **2** *(maîtriser)* beheersen; ~ **ses réactions** z'n reacties onder controle hebben
se contrôler[2] *vpr* zich beheersen
contrôleur, -euse *n (ch. de fer)* conduclteur, -trice *nm,f*
contrordre *nm* tegenorder *het/de*
controverse *nf* discussie *nf*
controversé *adj* omstreden
contumace *nf* ♦ **par** ~ bij verstek
contusion *nf* kneuzing *nf*
convaincant *adj* overtuigend
convaincre (de) *vt* **1** *(persuader)* overtuigen (van) **2** *(prouver la culpabilité)* schuldig bevinden (aan)
convaincu *adj* overtuigd
convalescence *nf* herstel *het;* **être en** ~ aan de beterende hand zijn
convalescent *adj* herstellend; **le** ~ de herstellende
convenable *adj* **1** *(adj.) (approprié)* geschikt **2** *(décent)* fatsoenlijk **3** *(acceptable)* aanvaardbaar ♦ **si vous vous y prenez ~ment** als u het juist aanpakt
convenance *nf* **1** *(plur.) (bienséances)* fatsoen *het (uniquement sing.);* **contraire aux ~s** onbehoorlijk, ongepast; **respecter les ~s** de wetten van het fatsoen eerbiedigen **2** *(goût)* zin *nm;* **à ta** ~ al naargelang 't jou schikt
convenir *vt* **1** *(+ à) (être approprié)* passen (bij), geschikt zijn (voor); **la date qui conviendrait le mieux** de meest geschikte datum; **il convient de** het past dat **2** *(+ à) (plaire)* bevallen; **si cela vous convient** als dat u schikt **3** *(+ de) (admettre)* toegeven **4** *(+ de) (décider)* overeenkomen
convention *nf* **1** *(accord)* overeenkomst *nf* **2** *(souvent plur.) (convenances)* conventies *plur*
conventionné *adj* onder een (tarief)-overeenkomst vallend; **médecin** ~ ziekenfondsarts
conventionnel *adj* **1** *(d'une convention)* verdrags- **2** *(traditionnel)* conventioneel
convenu *adj* overeengekomen
convergence *nf* convergentie *nf (aussi au fig.)*
convergent *adj* **1** *(sc.)* convergerend; **lentilles ~es** convergerende lenzen **2** *(concordant)* gelijkgericht
converger *vi* **1** *(sc.)* convergeren **2** *(concorder)* overeenstemmen
conversation *nf* gesprek *het;* **avoir de la** ~ een gezellige prater zijn ♦ **dans la** ~ **courante** in gewone omgangstaal
converser *vi* zich (met elkaar) onderhouden
conversion *nf* **1** *(transformation)* verandering (in) *nf*, omzetting (in) *nf* **2** *(fin.)* omrekening (in) *nf* **3** *(relig.)* bekering *nf (aussi au fig.)* **4** *(écon.)* omschakeling *nf*, *(personnes)* omscholing *nf*
convertible *adj* **1** *(+ en) (changeable en)* omzetbaar (in) **2** *(fin.)* converteerbaar, inwisselbaar **3** *(meubles, appareils ménagers)* multifunctioneel; **le** ~ de slaapbank
convertir[1] *vt* **1** *(+ en) (transformer en)* omzetten (in); ~ **ses actions en devises** z'n aandelen te gelde maken **2** *(fin.)* omrekenen (in) **3** *(+ à) (faire adhérer à)* bekeren (tot)
se convertir[2] *vpr* **1** *(se reconvertir)* omschakelen **2** *(se recycler)* zich laten omscholen **3** *(+ en) (se transformer en)* zich veranderen (in) **4** *(+ à) (adhérer à)* zich bekeren (tot)
convexe *adj* convex, bol(rond)
conviction *nf* overtuiging *nf;* **avoir la** ~ **que** er vast van overtuigd zijn dat
convier *vt* **1** *(inviter)* uitnodigen (voor) **2** *(inciter)* aansporen (tot)
convive *n* tafellgenoot, -genote *nm,f*, gast *nm*
convivial *adj* **1** *(sympathique)* gezellig **2** *(inform.)* gebruikersvriendelijk
convivialité *nf* gezelligheid *nf*
convocation *nf* **1** *(appel)* bijeenroeping *nf* **2** *(lettre)* convocatie *nf*
convoi *nm* **1** *(de véhicules)* konvooi *het* **2** *(funèbre)* lijkstoet *nm* **3** *(train)* (spoor)-trein *nm*
convoiter *vt* begeren
convoitise *nf* begerigheid *nf*
convoquer *vt* **1** *(appeler à se réunir)* bij-

eenroepen **2** *(faire venir)* bij zich laten komen *(chez qn)*, oproepen *(auprès d'un organisme)*
convoyer *vt* escorteren, (be)geleiden
convoyeur *nm* **1** *(personne)* begeleider *nm;* ~ **de fonds** geldtransportbegeleider **2** *(bateau)* konvooischip *het*
convulsé *adj* krampachtig vertrokken
convulsion *nf* stuip(trekking) *de (nf)*
cool *adj* **1** *(décontracté)* relaxed **2** *(plaisant)* te gek
coopérant *nm* ontwikkelingswerker *nm*
coopératif *adj* **1** *(prêt à aider)* tot medewerking bereid, in een geest van samenwerking **2** *(écon.)* coöperatief; **la coopérative** de coöperatie
coopération *nf* **1** *(collaboration)* samenwerking *nf* **2** *(aide)* medewerking *nf* **3** *(aide au développement)* ontwikkelingssamenwerking *nf*
coopérer *vi* **1** *(collaborer)* samenwerken **2** *(+ à) (participer)* medewerken (aan)
coordination *nf* coördinatie *nf*
coordonnées *nf* personalia *plur*, gegevens *plur*
coordonner *vt* coördineren
copain, -ine *n* vriendje, vriendinnetje *het (m), het (f);* **être** ~ **avec qn** beste maatjes met iem zijn
coparentalité *nf* co-ouderschap *het*
copeau *nm* spaan(der) *de (nm)*
copie *nf* **1** *(duplicata)* kopie *nf*, doorslag *nm (dactylographiée);* **pour** ~ **conforme, p.c.c.** voor afschrift conform; *(inform.)* ~ **de sauvegarde** back-up **2** *(arts)* kopie *nf* **3** *(plagiat)* imitatie *nf* **4** *(devoir)* huiswerk *het* **5** *(feuille)* blaadje *het;* **remettre une** ~ **blanche** een leeg blaadje teruggeven **6** *(édit.)* kopij *nf*
copier *vt* **1** *(retranscrire)* overschrijven **2** *(tricher)* afkijken (van); ~ **sur son voisin** bij zijn buurman spieken **3** *(arts)* kopiëren **4** *(imiter)* imiteren
copieur, -euse *n* **1** *(tricheur)* afkijk(st)er *nm (nf)* **2** *(imitateur)* na-aper, na-aapster *nm,f* **3** *(uniquement m.) (photocopieur)* kopieermachine *nf*
copieux *adj* overvloedig
copine *nf* → **copain**
coproduction *nf* coproductie *nf*
copropriétaire *n* mede-eigenaar, -nares *nm,f*
copropriété *nf* gemeenschappelijk eigendom *het*
coq *nm* haan *nm;* **passer du** ~ **à l'âne** van de hak op de tak springen
coque *nf* **1** *(coquille)* schaal *de* **2** *(aviat.; mar.)* romp *nm* **3** *(mollusque)* kokkel *nm*
coquelicot *nm* klaproos *de*
coqueluche *nf* kinkhoest *nm* ♦ **la** ~ **du public** de lieveling van het publiek
coquet *adj* **1** *(élégant)* elegant **2** *(minaudier)* koket, behaagziek **3** *(plaisant)* leuk **4** *(considérable)* aanzienlijk; **une ~te somme** een lief sommetje
coquetier *nm* eierdopje *het*
coquetterie *nf* **1** *(minauderie)* koketterie *nf*, behaagzucht *de* **2** *(élégance)* elégance *nf*
coquillage *nm* schelp *de*, schelpdier *het*
coquille *nf* **1** *(carapace)* schelp *de;* ~ **d'escargot** slakkenhuis; *(fig.)* **rentrer dans sa** ~ in zijn, haar schulp kruipen; ~ **Saint-Jacques** jakobsschelp **2** *(coque)* schaal *de;* ~ **de noix** notendop *(aussi au fig.);* ~ **d'œuf** eierdop **3** *(motif ornemental)* schelpmotief *het;* ~ **de beurre** balletje boter **4** *(faute typographique)* drukfout *de*
coquin, -ine *n* deugniet *nm;* **histoire ~e** pikant verhaaltje
cor *nm* **1** *(callosité)* likdoorn *nm* **2** *(instrument)* hoorn *nm;* **à** ~ **et à cri** luidkeels
corail *nm* koraal *het*
Coran *nm* Koran *nm*
corbeau *nm (oiseau)* raaf *nm*
corbeille *nf* **1** *(panier)* mand *de*, korf *nm;* ~ **à papier** prullenmand **2** *(balcon)* balkonloge *de*
corbillard *nm* lijkwagen *nm*
corde *nf* **1** *(cordage)* touw *het*, koord *het;* ~ **à sauter** springtouw; **être sur la** ~ **raide** zich in een precaire situatie bevinden; ~ **à linge** waslijn; **sauter à la** ~ touwtjespringen **2** *(mus.)* snaar *de (aussi au fig. et raquette), (plur.)* strijkinstrumenten *plur* **3** *(trame)* (schering)draad *nm;* **être usé jusqu'à la** ~ tot op de draad versleten zijn **4** *(pendaison)* strop *de* ♦ **il pleut des ~s** het regent pijpenstelen; **~s vocales** stembanden; **c'est dans mes ~s** dat kan ik wel (aan); **avoir plus d'une** ~ **à son arc** meer dan één pijl op zijn boog hebben
cordée *nf* ⟨*groep bergbeklimmers onderling door een touw verbonden*⟩
cordelette *nf* snoertje *het*, koordje *het*
cordial *adj* hartelijk
cordialité *nf* hartelijkheid *nf*
cordon *nm* **1** *(petite corde)* snoer *het*, touw(tje) *het;* **tenir les ~s de la bourse** het geld beheren **2** *(rangée)* reeks *de*, kordon *het (police, soldats)* **3** *(insigne)* ordelint *het* ♦ ~ **ombilical** navelstreng
cordon-bleu *nm* heel goede kookster *nf*
cordonnerie *nf* schoenmakerij *nf*
cordonnier *nm* schoenmaker *nm*
Corée *nf* Korea *n (sans art.)*
coréen *adj* Koreaans; **le** ~ het Koreaans; **le, la Coréen(ne)** de Koreaan(se)
coriace *adj* taai *(aussi au fig.)*
cormoran *nm* aalscholver *nm*
corne *nf* **1** *(d'animaux)* hoorn *nm*, gewei *het (d'un cervidé); (fig.)* **porter des ~s** hoorns ophebben **2** *(substance compacte)* hoorn *het*, eelt *het (de la peau)* **3** ezelsoor *het* **4** *(instrument)* hoorn *nm* ♦ ~ **d'abondance** hoorn des overvloeds
corneille *nf* kraai *de*
cornemuse *nf* doedelzak *nm*
corner[1] *nm* corner *nm*, hoekschop *nm*
corner[2] *vt* een ezelsoor maken in
cornet *nm* **1** *(objet conique)* hoorntje *het* **2** *(de papier)* (punt)zak *nm* **3** *(instrument)* kornet *de*

corniche *nf* **1** *(archit.)* kroonlijst *de* **2** *(escarpement rocheux)* overhangende rots *de*
cornichon *nm* augurk *de*
corporation *nf* corporatie *nf*, vakgenootschap *het*
corporel *adj* lichamelijk
corps *nm* **1** *(organisme)* lichaam *het*, lijf *het;* **un ~ à ~** een gevecht van man tegen man; **trembler de tout son ~** over zijn gehele lichaam rillen; **se donner ~ et âme** zich met hart en ziel geven **2** *(objet)* voorwerp *het;* **donner ~ à** vorm geven aan; **prendre ~** vaste vorm krijgen **3** *(partie principale)* hoofddeel *het;* **faire ~ avec** één zijn met **4** *(groupe organisé)* korps *het;* **le ~ électoral** het kiezerskorps; **~ enseignant** onderwijzend personeel; **~ médical** medisch college ♦ **à son ~ défendant** tegen wil en dank; **à ~ perdu** blindelings
corpulence *nf* **1** *(stature)* gestalte *nf;* **être de forte ~** zwaar zijn **2** *(grosseur)* zwaarlijvigheid *nf*
corpulent *adj* zwaarlijvig
correct *adj* **1** *(sans erreurs)* juist, correct **2** *(convenable)* keurig **3** *(acceptable)* redelijk; **gagner ~ement sa vie** een redelijk salaris hebben
correcteur *adj* correctie-; **le ~, la correctrice** de corrector, correctrice; *(inform.)* **~ orthographique** spellingchecker
correction *nf* **1** *(exactitude; bienséance)* correctheid *nf;* **~ d'une traduction** getrouwheid van een vertaling **2** *(rectification)* correctie *nf*, herstelling *nf* **3** *(enseign.; édit.)* correctie *nf;* **~ d'épreuves** (het) drukproeven lezen **4** *(volée de coups)* pak *het* slaag
correctionnel *adj* ♦ **la ~le** de strafkamer (van de rechtbank); **tribunal ~** correctionele rechtbank, *(aux Pays-Bas)* strafkamer van de arrondissementsrechtbank
corrélation *nf* correlatie *nf*, wederzijdse samenhang *nm*
correspondance *nf* **1** *(courrier)* correspondentie *nf*, briefwisseling *nf* **2** *(analogie)* overeenkomst *nf* **3** *(transports)* aansluiting *nf*, verbinding *nf (n.B.);* **prendre une, la ~** overstappen
correspondant[1]**, -ante** *n* **1** *(épistolaire)* correspondent(e) *nm (nf)* **2** *(au téléphone)* opgebelde *nm*
correspondant[2] *adj* overeenkomstig
correspondre[1] *vi* **1** *(+ à) (être conforme)* overeenkomen (met) **2** *(communiquer)* met elkaar in verbinding staan **3** *(+ avec) (s'écrire)* (met elkaar) corresponderen
se correspondre[2] *vpr* met elkaar overeenkomen
corrida *nf* stierengevecht *het*
corridor *nm* gang *nm*
corrigé *nm* model *het*, sleutel *nm*
corriger[1] *vt* **1** *(rectifier)* corrigeren, verbeteren, *(technol.)* regelen; **~ une observation** een waarneming rechtzetten **2** *(atténuer)* afzwakken
se corriger[2] *vpr (s'améliorer)* zich beteren
corroborer *vt* versterken
corroder *vt* aantasten, aanvreten
corrompre *vt* **1** *(dépraver)* verderven **2** *(soudoyer)* omkopen
corrompu *adj* **1** *(dépravé)* (zedelijk) bedorven **2** *(vénal)* corrupt
corrosif *adj* bijtend
corrosion *nf* corrosie *nf*
corruption *nf* **1** *(avilissement)* verdorvenheid *nf* **2** *(fait de soudoyer)* corruptie *nf*, omkoping *nf*
corsage *nm* **1** *(d'une robe)* (boven)lijf *het* **2** *(blouse)* bloes *de*
corsaire *nm* **1** *(pirate)* kaper *nm* **2** *(pantalon)* kniebroek *de*
corsé *adj* sterk, krachtig; **histoire ~e** pikant verhaal; **vin ~** pittige wijn
corser[1] *vt* **1** *(mettre en valeur)* aandikken; **~ la note** een te hoge rekening presenteren; **~ un récit** een verhaal spannend maken **2** *(aliment)* pittig, pikant maken
se corser[2] *vpr (se compliquer)* ingewikkeld worden; **l'affaire se corse** het wordt spannend
corset *nm* korset *het*
cortège *nm* stoet *nm*
corvée *nf* corvee *nf*
cosmétique *adj* cosmetisch; **produits ~s** cosmetica
cosmique *adj* kosmisch
cosmonaute *n* ruimtevaarder *nm*, astronaut *nm*
cosmopolite *adj* kosmopolitisch
cosmos *nm* kosmos *nm*
cosse *nf* peul(enschil) *de*, dop *nm*
cossu *adj* welgesteld, in goeden doen
costaud *adj* stevig, sterk
costume *nm* **1** *(vêtement d'homme)* (heren)kostuum *het*, pak *het* **2** *(tenue)* kleding *nf*, kostuum *het (aussi dram.);* **~ de bain** badpak
costumé *adj* verkleed; **bal ~** gekostumeerd bal
costumer[1] *vt* verkleden, vermommen
se costumer[2] *vpr* zich verkleden (als)
cotation *nf* (beurs)notering *nf*
cote *nf* **1** *(valeur)* waardering *nf;* **avoir la ~** in een goed blaadje staan **2** *(référence)* (referentie)nummer *het* **3** *(Bourse)* (beurs)notering *nf* **4** *(géo.)* hoogte *nf* ♦ **la ~ d'alerte** het alarmpeil *(d'une crue), (fig.)* het kritieke punt
coté *adj* **1** *(estimé)* zeer gewaardeerd; **être (bien) ~** goed aangeschreven staan **2** *(qui a une cote)* van maatcijfers voorzien
côte *nf* **1** *(rivage)* kust *de;* **la Côte (d'Azur)** de Franse Rivièra, de Azurenkust *(n.B.);* **la Côte d'Ivoire** de Ivoorkust; **sur la ~** aan de kust **2** *(os)* rib *de* **3** *(pente)* helling *nf*, stijging *nf (route)* **4** *(de viande)* ribstuk *het* ♦ **~ à ~** zij aan zij
côté *nm* (zij)kant *nm*, zij(de) *de (aussi du corps)*, flank *de;* **à ~ de** naast; **à ~ de ça** behalve dat, voor de rest; **les gens d'à ~** de mensen van hiernaast; **il a un (travail) à ~** hij heeft een bijbaantje; **passer à ~ de l'essentiel** aan het wezenlijke voorbijgaan; **~ argent, tout va bien** wat het geld

betreft, gaat alles goed; **être aux ~s de qn** iem terzijde staan; **prendre qch du bon ~** iets van de goede kant bekijken; **d'un ~** aan de ene kant; **de ~** terzijde, opzij; **de mon ~** wat mij betreft; **de chaque ~** aan elke kant; **laisser de ~** links laten liggen; **de ~ et d'autre** her en der; **mettre de l'argent de ~** geld opzijleggen; **ils vivent chacun de leur ~** ieder gaat zijn eigen weg; **habiter du ~ de la gare** de kant van het station op wonen; **marcher du ~ droit de la route** aan de rechterkant van de weg lopen; **le ~ faible** de zwakke plek; **par certains ~s** in bepaalde opzichten; **pièce (d')à ~** aangrenzend vertrek; **les bons ~s de qn** iemands goede kanten

coteau *nm* **1** *(versant)* helling *nf* **2** *(vignoble)* wijngaard *nm*

côtelette *nf* karbonade *nf*, kotelet *de*

coter *vt* **1** *(donner le cours de)* noteren **2** *(numéroter)* nummeren

côtier *adj* kust-; **le ~** de kustbewoner, *(mar.)* de kustvaarder

cotisation *nf* bijdrage *de*, lidgeld *het (n.B.)*

cotiser[1] *vi* contributie betalen; **~ à un club** betalend lid zijn van een vereniging

se cotiser[2] *vpr* geld bijeenbrengen

coton *nm* **1** *(étoffe)* katoen *het/de (m)* **2** *(ouate)* watten *plur;* **~ à démaquiller** wattenschijfje; **~ hydrophile** verbandwatten ♦ **filer un mauvais ~** er slecht aan toe zijn; **avoir les jambes en ~** erg slap(jes) zijn

coton-tige® *nm* wattenstaafje *het*

côtoyer *vt* **1** *(longer)* gaan langs **2** *(fréquenter)* omgaan met **3** *(frôler)* grenzen aan

cou *nm* hals *nm*, *(arrière)* nek *nm;* **sauter au ~ de qn** iem om de hals vallen; *(f.B.)* **avoir un gros ~** een dikke nek hebben *(n.B.)*, naast zijn schoenen lopen; **jusqu'au ~** tot over de oren; **se rompre le ~** zijn nek breken *(aussi au fig.);* **tordre le ~ à qch** iets de nek omdraaien *(aussi au fig.)*

couchant *nm* **1** *(l'ouest)* westen *het* **2** *(soleil couchant)* zonsondergang *nm*

couche *nf* **1** *(épaisseur)* laag *de* **2** *(catégorie)* stand *nm*, klasse *nf* **3** *(lange)* luier *de;* **~ jetable** wegwerpluier **4** *(plur.) (accouchement)* bevalling *nf;* **être en ~s** in het kraambed liggen; **fausse ~** miskraam ♦ **en tenir une ~** een bord voor z'n kop hebben

couché *adj* **1** *(allongé)* (in bed) liggend; **il est déjà ~** hij is al naar bed; **être ~** (in bed) liggen **2** *(penché)* schuin

couche-culotte *nf* luierbroekje *het*

coucher[1] *nm* **1** *(action de se coucher)* (het) naar bed gaan; **l'heure du ~** bedtijd **2** *(du soleil)* ondergang *nm*

coucher[2] *vi (passer la nuit)* overnachten, slapen; **~ avec qn** met iem slapen, *(fig.)* met iem naar bed gaan; **~ dehors** buitenshuis slapen

coucher[3] *vt* **1** *(mettre au lit)* in bed leggen **2** *(incliner (qch))* neerleggen **3** *(inscrire)* op schrift stellen

se coucher[4] *vpr* **1** *(se mettre au lit)* naar bed gaan **2** *(s'étendre)* gaan liggen; **se ~ par terre** op de grond gaan liggen **3** *(du soleil)* ondergaan

couchette *nf (ch. de fer)* couchette *de*, *(mar.)* kooi *de*

couci-couça *adv* zozo

coucou *nm* **1** *(oiseau)* koekoek *nm* **2** *(pendule)* koekoeksklok *de* **3** *(narcisse)* wilde narcis *de* **4** *(primevère)* sleutelbloem *de*

coucou! *interj* kiekeboe!; **~, me voilà!** hallo, hier ben ik!

coude *nm* **1** *(bras; manche)* elleboog *nm;* **~ à ~** schouder aan schouder; **donner un coup de ~ à qn** iem aanstoten; **jouer des ~s** zich een weg banen, *(fig.)* zijn ellebogen gebruiken; **se serrer les ~s** elkaar helpen, solidair zijn **2** *(angle)* bocht *de*

cou-de-pied *nm* wreef *de*

coudre *vt* naaien, vastnaaien, *(une blessure)* hechten; **~ un bouton** een knoop aanzetten

couenne *nf* zwoerd *het*

couette *nf* **1** *(coiffure)* staartje *het* **2** *(édredon)* dekbed *het*

couffin *nm* reiswieg *de*

couille *nf* kloot *nm*

couillonner *vt* belazeren

couiner *vi* piepen

coulant *adj* **1** *(qui coule facilement)* vloeiend **2** *(accommodant)* inschikkelijk, coulant

coulée *nf* **1** *(flot)* stroom *nm (aussi au fig.)* **2** *(fusion)* (het) gieten

couler[1] *vi* **1** *(ruisseler)* stromen, vloeien; **laisser ~ ses larmes** zijn, haar tranen de vrije loop laten **2** *(s'écouler)* verglijden **3** *(fuir)* lekken; **la bougie coule** de kaars druipt; **mon nez coule** ik heb een loopneus **4** *(sombrer)* zinken *(bateau)*, verdrinken *(nageur)*

couler[2] *vt* **1** *(technol.)* (over)gieten, *(ciment, béton)* storten **2** *(saborder)* tot zinken brengen, *(fig.; qn)* in diskrediet brengen ♦ **~ des jours heureux** een gelukkig leven leiden

se couler[3] *vpr (se glisser)* glijden; **se ~ dans son lit** tussen de lakens glijden ♦ **se la ~ douce** een plezierig leven hebben

couleur *nf* **1** *(teinte)* kleur *de;* **annoncer la ~** troef maken *(aux cartes)*, kleur bekennen *(fig.);* **avoir de belles ~s** er gezond uitzien; **changer de ~** van kleur verschieten, *(fig.)* van politieke richting veranderen; **film en ~s** kleurenfilm; **femme, homme de ~** kleurling(e); **linge de ~** bontgoed; **~ paille** strokleurig; **reprendre des ~s** weer kleur krijgen; **télé ~** kleurentelevisie **2** *(plur.) (drapeau)* kleuren *plur*, vlag *de (sing.)* ♦ **en dire de toutes les ~s à qn** iem alle mogelijke verwijten naar het hoofd slingeren; **en faire voir de toutes les ~s à qn** iem het leven zuur maken

couleuvre *nf* (veld)slang *de*

coulis *nm (cuis.)* puree *nf;* **~ de fraises** aardbeiensaus; **~ de tomates** tomatenpuree

coulisse *nf* **1** *(dram.)* coulisse *nf;* **regard en ~** steelse blik; *(fig.)* **se tenir dans la**

~ achter de schermen blijven **2** *(rainure)* (schuif)sponning *nf* **3** *(glissière)* (glij)schuif *de;* **à** ~ schuif-

couloir *nm* **1** *(corridor)* gang *nm* **2** *(dans un train)* zijgang *nm (latéral)*, gangpad *het (central)* **3** *(circul.)* baan *de;* ~ **aérien** luchtcorridor

coup *nm* slag *nm;* **tout à** ~ plotseling; **à** ~ **sûr** beslist; **à tous (les)** ~**s** telkens; **accuser le** ~ de klap incasseren; **après** ~ naderhand; **du premier** ~ bij de eerste keer; **d'un** ~ **de baguette (magique)** als bij toverslag; **donner un** ~ **de balai** aanvegen; ~ **de barre, pompe** plotselinge vermoeidheid; ~ **bas** stoot onder de gordel; ~ **de bec** sneer; **boire un** ~ iets drinken; **donner un** ~ **de brosse** even afborstelen; **calculer son** ~ de zaak precies uitkienen; ~ **de chance** gelukkig toeval; **avoir un joli** ~ **de crayon** goed (kunnen) tekenen; **tout d'un** ~ ineens; **d'un (seul)** ~ in één keer; ~ **de dés** (het) gooien met dobbelstenen, *(fig.)* gok; **du** ~ bijgevolg; **du même** ~ bij diezelfde gelegenheid; ~ **d'envoi** aftrap; **un** ~ **d'épée dans l'eau** een slag in de lucht; ~ **d'essai** eerste poging; ~ **d'Etat** staatsgreep; **être dans le** ~ er van (af) weten; **faire** ~ **double** twee vliegen in één klap slaan; ~ **de feu** schot; ~ **de fil** telefoontje; ~ **de force** gewelddaad; ~ **de foudre** donderslag, *(fig.)* liefde op het eerste gezicht; ~ **de fouet** zweepslag; *(fig.)* **donner un** ~ **de fouet à** oppeppen; *(sports)* ~ **franc** vrije slag; **frapper les trois** ~**s** het beginteken van de voorstelling geven; **donner un** ~ **de frein** krachtig remmen; ~ **de froid** verkoudheid; ~ **de fusil** geweerschot; ~ **de grâce** *(fig.)* genadeslag; ~ **de main** hulp; ~ **de maître** meesterlijke zet, *(sports)* meesterschot; **mauvais** ~ lelijke klap, *(mauvais tour)* gemene streek; ~ **monté** afgesproken werk; ~ **d'œil** blik; **avoir le** ~ **d'œil** kijk op de dingen hebben; **au** ~ **par** ~ één voor één; ~ **de pied** trap, schop; ~ **de poing** stomp, vuistslag; ~ **de pot** mazzel; **rendre** ~ **pour** ~ een klap teruggeven; **risquer le** ~ het erop wagen; ~ **sec** droge knal; ~ **de sifflet** fluitsignaal; ~ **de soleil** het verbranden; **sous le** ~ **de** onder de invloed van; **sur le** ~ op slag; ~ **sur** ~ achtereenvolgens; **sur le** ~ **de midi** klokslag 12 uur; ~ **de téléphone** telefoontje; **tenir le** ~ standhouden; ~ **de tête** kopstoot, *(fig.)* onbezonnen daad, *(sports)* kopbal; ~ **de théâtre** onverwachte wending; ~ **de tonnerre** donderslag; **valoir le** ~ de moeite waard zijn; ~ **de vent** windstoot; **entrer en** ~ **de vent** binnenstormen; **prendre un** ~ **de vieux** plotseling oud worden

coupable *adj (+ de)* schuldig (aan); **s'avouer** ~ zijn schuld bekennen; **le, la** ~ de schuldige, de dader; **plaider** ~ schuld bekennen

coupant *adj* scherp *(aussi au fig.)*

coupe *nf* **1** *(récipient)* coupe *de*, kelk *nm; (fig.)* **la** ~ **est pleine** de maat is vol **2** *(trophée)* beker *nm*, cup *nm* **3** *(action de couper)* (het) snijden, *(cheveux)* (het) knippen; ~ **de cheveux** (het) knippen van het haar; **une** ~ **et un shampooing** wassen en knippen **4** *(abattage)* (het) kappen **5** *(couture)* coupe *de* **6** *(profil)* doorsnede *de* **7** *(cartes)* (het) afnemen ♦ **être sous la** ~ **de qn** afhankelijk van iem zijn

coupé *adj* **1** *(tranché)* gesneden; **fleurs** ~**es** snijbloemen **2** *(châtré)* gecastreerd **3** *(interrompu)* onderbroken *(communication)*, afgesloten *(route)*

coupe-circuit *nm* zekering *nf*

coupe-feu *nm* brandgang *nm*

coupe-ongles *nm* nagelknipper *nm*

coupe-papier *nm* briefopener *nm*

couper[1] *vi* **1** *(être tranchant)* snijden, scherp zijn **2** *(échapper à)* zich onttrekken (aan); **il n'y** ~**a pas** daar komt hij niet onderuit ♦ ~ **à travers champs** de kortste weg nemen; ~ **court à** een eind maken aan

couper[2] *vt* **1** *(trancher)* (door)snijden; ~ **avec une scie** afzagen; ~ **avec les dents** afbijten; **le vent coupe le visage** de wind snijdt in je gezicht; **le village a été coupé du reste du monde** het dorp is van de rest van de wereld afgesneden **2** *(retrancher)* schrappen **3** *(blesser)* snijden **4** *(scinder)* (ver)delen; ~ **qch en deux** iets in tweeën delen **5** *(une route)* kruisen; ~ **le chemin à qn** iem de weg afsnijden **6** *(interrompre)* stopzetten; ~ **une communication téléphonique** een telefoongesprek afbreken; ~ **l'eau, le courant** het water, de stroom afsluiten; ~ **le contact** het contact verbreken; ~ **le vent** tegen de wind beschermen; **coupez!** stop! *(cinéma, prise de son); (téléphone)* **ne coupez pas, s.v.p.** blijft u aan de lijn a.u.b. **7** *(mélanger)* versnijden, aanlengen **8** *(sports)* kappen *(une balle)*, afnemen *(jeu de cartes)* **9** *(châtrer)* castreren

se couper[3] *vpr* **1** *(se blesser)* zich snijden; **se** ~ **au doigt** zich in de vinger snijden **2** *(s'entrecroiser)* elkaar kruisen **3** *(+ de) (perdre le contact)* vervreemden (van) **4** *(se contredire)* zich tegenspreken

couperet *nm* **1** *(hachoir)* hakmes *het* **2** *(guillotine)* valbijl *de*

coupe-vent *nm* windscherm *het*

couple *nm* paar *het*, stel *het*

coupler *vt* (vast)koppelen, *(électricité)* schakelen

couplet *nm* couplet *het*, strofe *de*

coupole *nf* koepel *nm*

coupon *nm* coupon *nm*

coupon-réponse *nm* antwoordcoupon *nm*

coupure *nf* **1** *(blessure)* snee *de*, snijwond *de* **2** *(suppression)* schrapping *nf* **3** *(de journal)* knipsel *het* **4** *(billet de banque)* bankbiljet *het* **5** *(interruption)* (het) afsluiten *(d'eau)*, onderbreking *nf (de gaz, de courant)*

couque *nf (f.B.)* koek *nm*

cour *nf* **1** *(d'une habitation)* binnenplaats *de*, hof *het (aussi royale);* ~ **de récréation** schoolplein **2** *(d'un souverain)* hof *het;* **faire la** ~ **à qn** iem het hof maken **3** *(tribunal)* (gerechts)hof *het;* ~ **d'appel** *(Pays-Bas)* hof van appel, *(Belg.n.)* hof van beroep, beroepshof; **Cour d'Assises** assisenhof *(Belg.n.)*; **la Cour des comptes** *(Pays-Bas)* de Rekenkamer, *(Belg.n.)* het Rekenhof; ~ **martiale** krijgsraad

courage *nm* **1** *(bravoure)* moed *nm*, dapperheid *nf*; **avec** ~ dapper, flink; **prendre son ~ à deux mains** al z'n moed bijeenrapen **2** *(énergie)* inzet *nm*; **(bon) ~!** sterkte!

courageux *adj* moedig, dapper

couramment *adv* **1** *(avec aisance)* vloeiend, vlot **2** *(habituellement)* gewoon

courant[1] *nm* stroom *nm*, stroming *nf* *(aussi abstr.)*; ~ **d'air** luchtstroom, tocht; ~ **continu** gelijkstroom; **le ~ ne passe pas** er is geen stroom, *(fig.)* het klikt niet; **remonter le** ~ stroomopwaarts gaan; **suivre le** ~ stroomafwaarts gaan, *(fig.)* met de stroom meezwemmen ♦ **être au** ~ op de hoogte zijn; **mettre au** ~ op de hoogte brengen; **dans le ~ du mois** in de loop van de maand

courant[2] *adj* **1** *(en cours)* lopend; **le cinq** ~ de vijfde van deze maand; ~ **février** in de loop van februari **2** *(habituel)* gangbaar; **langage** ~ omgangstaal; **problème** ~ veel voorkomend probleem ♦ **eau ~e** stromend water

courbature *nf* spierpijn *de*

courbe *adj* krom; **une** ~ een kromme (lijn)

courber[1] *vi (ployer)* buigen

courber[2] *vt* **1** *(rendre courbe)* (doen) buigen, krom maken **2** *(assujettir)* onderwerpen

se courber[3] *vpr* **1** *(devenir courbe)* zich krommen **2** *(se baisser)* zich bukken, buigen **3** *(se soumettre)* zich onderwerpen

courbette *nf* onderdanige buiging *nf*; **faire des ~s à, devant qn** mooi weer spelen voor iem

coureur *nm* **1** *(homme qui court)* hardloper *nm*; ~ **automobile** autocoureur; ~ **cycliste** wielrenner **2** *(de jupons)* rokkenjager *nm*

coureuse *nf* **1** *(femme qui court)* hardloopster *nf* **2** *(femme légère)* slet *nf*, *(Belg.)* schotelvod *het/de (f)*

courgette *nf* courgette *de*

courir[1] *vi* **1** *(galoper)* hard lopen, rennen; ~ **après qn** iem achternalopen; **arriver en courant** aan komen rennen; **il court encore** hij is nog voortvluchtig *(malfaiteur)* **2** *(se dépêcher)* zich haasten; ~ **au devant de qn** iem tegemoet snellen **3** *(circuler)* in omloop zijn **4** *(suivre son cours)* lopen; **laisser** ~ de dingen op hun beloop laten; **laisser ~ son imagination** zijn fantasie de vrije loop laten **5** *(participer (à une course))* deelnemen (aan) ♦ **tu peux toujours ~!** je kunt me wat!

courir[2] *vt* **1** *(s'exposer)* zich blootstellen aan **2** *(rechercher)* najagen **3** *(parcourir)* doorlopen **4** *(fréquenter)* aflopen **5** *(chasser)* jacht maken op **6** *(participer)* meedoen in een wedstrijd

couronne *nf* **1** *(décoration)* krans *nm*, *(fig.)* bekroning *nf*; **ni fleurs ni ~s** geen bloemen, geen kransen **2** *(roi; dent)* kroon *de* **3** *(royauté)* kroon *de*; **prétendre à la** ~ aanspraak maken op de troon

couronné *adj* **1** *(+ de)* *(primé)* bekroond (met); ~ **de succès** met succes bekroond **2** *(qui porte une couronne)* gekroond

couronnement *nm* **1** *(sacre)* kroning *nf* **2** *(accomplissement)* bekroning *nf*

couronner *vt* **1** *(proclamer souverain)* kronen, *(fig.)* bekronen; ~ **qn roi** iem tot koning kronen **2** *(coiffer d'une couronne)* een krans op het hoofd zetten **3** *(achever en complétant)* bekronen; **et pour ~ le tout, ...** en als klap op de vuurpijl, ... ♦ ~ **une dent** een kies van een kroon voorzien

courrier *nm* **1** *(correspondance)* (brieven)post *nm*; ~ **électronique** e-mail, elektronische post; **faire son** ~ z'n post beantwoorden **2** *(chronique)* rubriek *nf*; **le ~ du cœur** de 'lievelitarubriek'; **le ~ des lecteurs** de lezersrubriek **3** *(messager)* koerier *nm*

courroie *nf* **1** *(lanière)* riem *nm* **2** *(de transmission)* drijfriem *nm*

cours *nm* **1** *(enseignement)* cursus *nm*; ~ **accéléré** spoedcursus, stoomcursus; **suivre des** ~ college lopen **2** *(déroulement)* loop *nm*; **au ~ de, dans le ~ de** in de loop van, gedurende; **l'année en** ~ het lopende jaar; **en ~ de route** onderweg; **en ~ de construction** in aanbouw; **suivre son** ~ z'n (gewone) gang gaan **3** *(rivière)* loop *nm*; *(fig.)* **donner libre ~ à qch** iets de vrije loop laten; ~ **d'eau** waterweg **4** *(taux)* koers *nm*; **le ~ du change** de wisselkoers; **au ~ (du jour)** tegen de dagkoers ♦ **ne plus avoir** ~ niet meer gangbaar zijn

course *nf* **1** *(action de courir)* (het) lopen, (het) rennen; **en pleine** ~ in volle vaart **2** *(compétition)* wedstrijd *nm*, (wed)loop *nm*; ~ **à pied** wedloop; ~ **aux armements** wapenwedloop; **~s de chevaux** paardenrennen; ~ **contre la montre** tijdrit, *(fig.)* race tegen de klok; ~ **de vitesse** sprint **3** *(trajet)* tocht *nm* **4** *(achat)* boodschap *nf*; **faire des ~s** boodschappen doen

coursier *nm* loopjongen *nm*

court[1] *nm* tennisbaan *de*

court[2] *adj* **1** *(petit)* kort; **prendre le plus** ~ de kortste weg nemen **2** *(juste)* krap

court[3] *adv* kort; **tourner** ~ plotseling ophouden; **tout** ~ zonder meer ♦ **être à ~ d'argent** slecht bij kas zijn; **être à ~ d'arguments** met de mond vol tanden staan; **prendre qn de** ~ iem overrompelen

court-circuit *nm (aussi au fig.)* kortsluiting *nf*

court-circuiter *vt* kortsluiten

courtier, -ière *n* makelaar(ster) *nm (nf)*

courtiser *vt* vleien, *(une femme)* het hof maken

courtois *adj* **1** *(poli)* hoffelijk **2** *(litt.)* hoofs

courtoisie *nf* hoffelijkheid *nf*

couru *adj* druk bezocht

couscous *nm* couscous *de*

cousin, -ine *n* **1** *(parent)* neef, nicht *nm,f*, kozijn, nicht *nm,f (n.B.)*; ~ **germain** volle neef **2** *(uniquement m.)* *(moustique)* neefje *het*

coussin *nm* kussen *het;* ~ **gonflable** airbag
coût *nm* kosten *plur;* ~ **de la vie** kosten van het levensonderhoud, *(Belg.)* levensduurte
coûtant *adj* kost-
couteau *nm* mes *het;* ~ **à cran d'arrêt** stiletto; ~ **à découper** voorsnijmes; *(fig.)* **mettre le** ~ **sur, sous la gorge à qn** iem het mes op de keel zetten; **retourner le** ~ **dans la plaie** zout in een wond strooien; ~ **suisse** padvindersmes; **être à** ~**x tirés** op voet van oorlog staan, pik à pik zijn *(n.B.)*
coûter[1] *vi* **1** *(valoir)* kosten; ~ **cher** duur zijn, *(fig.)* duur komen te staan; **coûte que coûte** tot elke prijs **2** *(être pénible)* moeite kosten; **il m'en coûte de** het valt mij zwaar om
coûter[2] *vt (perte, peine)* kosten; **ça lui a coûté la vie** dat heeft hem het leven gekost
coûteux *adj* duur, kostbaar
coutume *nf* gewoonte *nf*, gebruik *het;* **avoir** ~ **de** gewend zijn om; **comme de** ~ zoals gewoonlijk
coutumier *adj* gewoonte-
couture *nf* **1** *(action de coudre)* (het) naaien, naaiwerk *het;* **faire de la** ~ naaien **2** *(profession)* modevak *het* **3** *(points)* naad *nm*, *(méd.)* hechting *nf;* **battre à plate(s)** ~**(s)** in de pan hakken **4** *(cicatrice)* litteken *het* ♦ **examiner qch sur toutes les** ~**s** iets van alle kanten bekijken
couturier *nm* couturier *nm*, modeontwerper *nm*
couturière *nf* naaister *nf*
couvée *nf* broedsel *het (aussi au fig.)*
couvent *nm* **1** *(monastère)* klooster *het* **2** *(pensionnat)* nonnenschool *de*
couver[1] *vi (être latent)* broeien
couver[2] *vt* **1** *(des œufs)* (uit)broeden **2** *(qn)* koesteren, vertroetelen; **enfant couvé** troetelkind **3** *(tramer)* beramen
couvercle *nm* deksel *het*
couvert[1] *nm* couvert *het*, bestek *het;* **mettre le** ~ de tafel dekken; **table de douze** ~**s** tafel gedekt voor twaalf personen ♦ **sous (le)** ~ **de** *(sous la garantie de)* onder bescherming van, *(sous le prétexte de)* onder voorwendsel van
couvert[2] *adj* **1** *(protégé)* gedekt; **piscine** ~ overdekt zwembad **2** *(habillé)* aangekleed; **rester** ~ zijn hoed ophouden **3** *(+ de) (recouvert)* bedekt (met); **ciel** ~ bewolkte lucht; ~ **de sang** onder het bloed; **à mots** ~**s** in bedekte termen
couverture *nf* **1** *(lit)* deken *de;* ~ **chauffante** elektrische deken; **tirer la** ~ **à soi** zich het beste deel van iets toe-eigenen **2** *(livre, cahier)* omslag *het/de (m)*, kaft *het/de* **3** *(écon.)* dekking *nf* **4** *(paravent)* dekmantel *nm*
couveuse *nf* **1** *(pour bébés)* couveuse *nf* **2** *(pour œufs)* broedmachine *nf* **3** *(poule)* broedhen *nf*
couvre-chef *nm* hoofddeksel *het*
couvre-feu *nm* avondklok *de*
couvre-lit *nm* sprei *de*
couvreur *nm* leidekker *nm*
couvrir[1] *vt* **1** *(+ de) (recouvrir de)* (be)dekken (met); ~ **un enfant chaudement** een kind goed inpakken; ~ **un livre** een boek kaften **2** *(+ de) (parsemer de)* overladen (met); **couvert de taches** onder de vlekken; **les feuilles couvrent le sol** de grond is bezaaid met bladeren **3** *(protéger)* beschermen **4** *(cacher)* verbergen **5** *(la voix)* overstemmen **6** *(garantir)* dekken; ~ **un emprunt** een lening garanderen; **être couvert par une assurance** verzekerd zijn **7** *(englober)* omvatten; ~ **une période** een periode omvatten **8** *(parcourir)* afleggen **9** *(journalisme)* uitvoerig berichten over
se couvrir[2] *vpr* **1** *(+ de) (se remplir; se coiffer)* zich bedekken (met), *(s'habiller)* (warme) kleren aandoen; **se** ~ **de gloire** zich met roem overladen; **les prés se couvrent de fleurs** de weiden raken met bloemen bedekt **2** *(devenir couvert)* betrekken **3** *(+ derrière) (s'abriter)* zich verschuilen (achter)
crabe *nm* krab *de*
crachat *nm* spuug *het*
craché *adj* ♦ **c'est lui tout** ~ dat is hem ten voeten uit; **c'est son père tout** ~ hij is sprekend zijn vader
cracher[1] *vi* spuwen; *(fig.)* ~ **sur qn, qch** iem/iets diep verachten; **ne pas** ~ **sur qch** niet vies zijn van iets
cracher[2] *vt* **1** *(sang, salive)* (uit)spuwen; ~ **de la lave** lava uitstoten; ~ **ses poumons** zijn longen uit zijn lijf hoesten **2** *(injures)* (uit)braken **3** *(argent)* ophoesten
crachin *nm* motregen *nm*
crack *nm* **1** *(personne)* bolleboos *nm* **2** *(cheval)* crack *nm*
craie *nf* **1** *(calcaire)* krijt *het* **2** *(bâton de craie)* krijtje *het*
craindre[1] *vi* ♦ **ça craint** dat is knudde; **ça (ne) craint pas** daar kan je je vingers niet aan branden; ~ **pour qn** zich zorgen maken om iem
craindre[2] *vt* **1** *(redouter)* vrezen; **je crains qu'il ne s'en aille** ik ben bang dat hij weggaat; ~ **que** bang zijn dat **2** *(ne pas supporter)* niet kunnen verdragen; **craint l'humidité** droog bewaren
crainte *nf* vrees *de*, angst *nm;* **dans la** ~ **de** uit angst om; **de** ~ **de tomber** uit vrees om te vallen; **de** ~ **que** uit vrees dat
craintif *adj* angstig
cramoisi *adj* karmozijnrood
crampe *nf* kramp *de*
crampon *nm* **1** *(attache)* kram *de* **2** *(de chaussure)* nop *de* **3** *(alpinisme)* klimijzer *het* **4** *(pot de colle)* klit *de*
se cramponner *vpr* zich vastklampen
cran *nm* **1** *(entaille)* inkeping *nf* **2** *(ceinture)* gaatje *het* **3** *(audace)* lef *het/de (m)* **4** *(arrêt)* pal *nm;* **être à** ~ bijna uit z'n vel springen
crâne *nm* **1** *(boîte osseuse)* schedel *nm* **2** *(tête)* hoofd *het;* **avoir mal au** ~ koppijn hebben

crâner *vi* opscheppen
crâneur, -euse *n* branieschopper *nm*
crapaud *nm* **1** *(batracien)* pad *de* **2** *(fauteuil)* crapaud *nm*
crapule *nf* smeerlap *nm*, *(Belg.)* crapuul *het*
crapuleux *adj* laag; **crime** ~ roofmoord
craqueler[1] *vt* doen barsten; **porcelaine craquelée** porselein met haarscheurtjes
se craqueler[2] *vpr* barsten
craquelure *nf* craquelure *de*, haarscheurtje *het*
craquer[1] *vi* **1** *(produire un bruit sec)* kraken; **faire ~ ses doigts** met zijn vingers knakken **2** *(se déchirer)* knappen **3** *(céder)* toegeven **4** *(s'effondrer)* instorten ♦ **ses nerfs ont craqué** zijn, haar zenuwen hebben het begeven
craquer[2] *vt* **1** *(déchirer)* doen scheuren **2** *(frotter)* aanstrijken
crasse *nf* **1** *(saleté)* vuil *het* **2** *(mauvais tour)* rotstreek *de*
crasseux *adj* vies, smerig
cratère *nm* krater *nm*
cravache *nf* rijzweepje *het;* **mener qn à la** ~ bazig doen tegen iem
cravate *nf* (strop)das *nm*
crawl *nm* crawl *nm*
crayon *nm* potlood *het* ♦ ~ **de couleur** kleurpotlood
crayonner *vt* (vluchtig) schetsen
créance *nf* **1** *(croyance)* geloof *het;* **lettre de** ~ geloofsbrief **2** *(fin.)* (schuld)vordering *nf*
créancier, -ière *n* schuldeiser(es) *nm (nf)*
créateur, -trice *n* schepper *nm;* **faculté créatrice** scheppingsvermogen
créatif *adj* creatief
création *nf* **1** *(genèse; univers)* schepping *nf* **2** *(fondation)* oprichting *nf* **3** *(invention; œuvre)* schepping *nf*, *(mode)* creatie *nf;* ~ **d'une pièce** eerste opvoering van een toneelstuk
créativité *nf* creativiteit *nf*
créature *nf* schepsel *het*
crèche *nf* **1** *(mangeoire)* krib *de* **2** *(étable ou grotte)* kerststal *nm* **3** *(pouponnière)* crèche *de*
crédibilité *nf* geloofwaardigheid *nf*
crédible *adj* geloofwaardig
crédit *nm* **1** *(paiement différé; confiance)* krediet *het;* **à** ~ op afbetaling, op krediet; **carte de** ~ creditcard; **faire ~ à qn** iem krediet geven **2** *(prêt)* krediet *het;* ~ **foncier** grondkrediet **3** *(plur.) (sommes)* middelen *plur* **4** *(avoir)* credit *het*
créditeur, -trice *n* crediteur *nm;* **compte** ~ creditrekening
crédule *adj* lichtgelovig, goedgelovig
crédulité *nf* lichtgelovigheid *nf*, goedgelovigheid *nf*
créer[1] *vt* **1** *(réaliser)* scheppen **2** *(concevoir)* scheppen; ~ **une pièce de théâtre** een toneelstuk voor het eerst opvoeren **3** *(fonder)* oprichten **4** *(causer)* veroorzaken; ~ **des ennuis à qn** iem narigheid bezorgen
se créer[2] *vpr (faire)* (bij, voor zichzelf) maken; **se ~ une clientèle** een klantenkring opbouwen
crémaillère *nf* ♦ **pendre la** ~ een woning (feestelijk) inwijden
crématoire *adj* ♦ **four** ~ verbrandingsoven; **le** ~ het crematorium
crème *nf* **1** *(pommade; mousse)* crème *het/de* **2** *(du lait)* room *nm*, *(café)* koffieroom *nm;* ~ **Chantilly** slagroom; ~ **fouettée** slagroom; ~ **fraîche** (slag)room; **gants** ~ roomkleurige handschoenen **3** *(entremets)* vla *de;* ~ **glacée** roomijs **4** *(gratin)* puikje *het* ♦ **un grand** ~ een grote kop koffie met melk
crémerie *nf* zuivelhandel *nm*
crémeux *adj* romig
crémier, -ière *n* melkboer *nm (uniquement m.)*
créneau *nm* **1** *(meurtrière)* kanteel *nm* **2** *(place entre voitures)* tussenruimte *nf;* **faire un ~ (en marche arrière)** (achteruit) insteken **3** *(temps d'antenne)* zendtijd *nm* **4** *(écon.)* gat *het* in de markt
crêpe[1] *nm* crêpe *nm*
crêpe[2] *nf (cuis.)* flensje *het*, pannenkoek *nm*
crêperie *nf* pannenkoekrestaurant *het*
crépi *nm* pleister *het*
crépir *vt* berapen
crépitement *nm* (het) knetteren, (het) knappen *(du feu)*, (het) ratelen *(d'une mitrailleuse)*
crépiter *vi* knetteren, ratelen *(mitrailleuse)*
crépu *adj* kroes-
crépuscule *nm* schemering *nf*, valavond *nm (n.B.)*
cresson *nm* sterrenkers *de*
crête *nf* **1** *(de montagne)* bergkam *nm* **2** *(zool.)* kam *nm*
crétin, -ine *n* idioot *nm*, kaffer *nm*
creuser[1] *vi (faire un trou)* graven
creuser[2] *vt* **1** *(évider; rendre creux)* uithollen **2** *(trou)* graven **3** *(donner faim)* hongerig maken **4** *(approfondir)* nader uitwerken
se creuser[3] *vpr* **1** *(devenir creux)* invallen **2** *(se former)* zich vormen ♦ **se ~ (la tête)** zich het hoofd breken
creux[1] *nm* **1** *(cavité)* holte *nf;* **avoir un ~ dans l'estomac** een lege maag hebben; ~ **de la main** binnenkant van de hand; ~ **des reins** onderrug **2** *(temps mort)* slappe tijd *nm;* **être dans le ~ de la vague** op het dieptepunt zijn
creux[2] *adj* hol; **assiette creuse** diep bord; **joues creuses** ingevallen wangen; **sonner** ~ hol klinken ♦ **voix creuse** holle, diepe stem
crevaison *nf* lekke band *nm*
crevant *adj* doodvermoeiend
crevasse *nf* scheur *de;* **~s des lèvres** kloven in de lippen; **~s aux mains** kloven
crevé *adj* **1** *(exténué)* bekaf, (dood)op **2** *(pneu)* lek **3** *(mort)* dood
crève *nf* ♦ **avoir la** ~ snipverkouden zijn
crever[1] *vi* **1** *(éclater)* barsten **2** *(avoir une*

crevaison) een lekke band krijgen **3** *(mourir)* doodgaan, creperen; ~ **d'ennui** zich doodvervelen; ~ **la faim** doodgaan van de honger **4** *(+ de) (souffrir)* sterven (van) **5** *(être trop rempli de)* barsten (van); ~ **de jalousie** stikjaloers zijn

crever[2] *vt* **1** *(faire éclater)* kapotmaken; ~ **un pneu** een band kapotsteken **2** *(exténuer)* afpeigeren

se crever[3] *vpr* ♦ **se ~ au travail** zich kapot werken

crevette *nf* garnaal *nm*

cri *nm* **1** *(hurlement)* schreeuw *nm*, kreet *nm;* **à grands ~s** luidkeels; **pousser des ~s** kreten slaken **2** *(plur.) (paroles)* geschreeuw *het (sing.)* **3** *(animaux)* geluid *het* ♦ **~ du cœur** hartenkreet; **le dernier ~** het allernieuwste, de nieuwste mode

criant *adj* **1** *(révoltant)* schreeuwend **2** *(très manifeste)* overduidelijk

criard *adj* **1** *(braillard)* schreeuwerig **2** *(aigu)* schel **3** *(voyant)* opzichtig **4** *(couleur)* schreeuwend

crible *nm* zeef *de; (fig.)* **passer au ~** grondig onderzoeken

criblé (de) *adj* doorzeefd (met) ♦ **~ de dettes** tot over de oren in de schulden

cric *nm* krik *nm*

criée *nf* veiling *nf* ♦ **vente à la ~** verkoop bij opbod

crier[1] *vi* **1** *(hurler)* schreeuwen; ~ **au secours** om hulp roepen **2** *(+ contre) (tempêter)* schelden (tegen); ~ **à l'injustice** een onrecht aan de kaak stellen; ~ **après qn** iem naschreeuwen **3** *(pousser son cri) (oiseaux)* zingen, *(animaux)* krijsen **4** *(clamer)* luidkeels verkondigen

crier[2] *vt* **1** *(dire d'une voix forte)* schreeuwen; ~ **grâce** om genade smeken **2** *(clamer)* rondbazuinen

crime *nm* **1** *(infraction grave)* misdaad *de* **2** *(meurtre)* moord *de;* ~ **passionnel** moord uit jaloezie

criminalité *nf* criminaliteit *nf*

criminel *adj* **1** *(relatif à un crime)* misdadig; **incendie** ~ brandstichting; **le, la ~(le)** de misdadig(st)er **2** *(pénal)* strafrechtelijk

crin *nm* (paarden)haar *het*

crinière *nf* manen *plur*

crique *nf* kreek *de*

criquet *nm* veldsprinkhaan *nm*

crise *nf* crisis *nf;* ~ **de conscience** gewetensconflict; ~ **de foie** maagpijn; ~ **de larmes** huilbui; ~ **de nerfs** zenuwtoeval; **piquer une ~ (de colère)** een woedeaanval krijgen ♦ ~ **du logement** woningnood

crispation *nf* **1** *(contraction)* samentrekking *nf* **2** *(irritation)* irritatie *nf*

crisper[1] *vt* **1** *(contracter)* samentrekken; **relations crispées** gespannen verhoudingen; **visage crispé** verwrongen gezicht **2** *(irriter)* irriteren

se crisper[2] *vpr (se contracter)* krampachtig samentrekken

crissement *nm* geknars *het*

crisser *vi* knarsen

cristal *nm* **1** *(minéral)* kristal *het;* **en ~** kristallen; ~ **de roche** bergkristal **2** *(verre)* kristalglas *het;* **voix de ~** kristalheldere stem

cristallin *adj* **1** *(limpide)* (kristal)helder **2** *(des cristaux)* kristal-

cristalliser[1] *vi (chim.)* kristalliseren; **sucre cristallisé** kristalsuiker

cristalliser[2] *vt (chim.)* **1** doen kristalliseren **2** *(fig.) (fixer)* gestalte geven aan

se cristalliser[3] *vpr (chim.)* **1** kristalliseren **2** *(fig.) (prendre forme)* gestalte krijgen

critère *nm* criterium *het*, maatstaf *nm*

critique[1] *nm (commentateur)* criticus *nm*

critique[2] *nf* **1** *(jugement)* kritiek *nf* **2** *(dénigrement)* kritiek *nf;* **formuler des ~s** kritiek leveren

critique[3] *adj* **1** *(décisif)* kritiek **2** *(sévère)* kritisch

critiquer *vt* **1** *(blâmer)* (be)kritiseren **2** *(étudier)* beoordelen

croasser *vi* krassen

croate *adj* Kroatisch; **le, la Croate** de Kroaat, Kroatische

Croatie *nf* Kroatië *n (sans art.)*

croc *nm* **1** *(crochet)* haakje *het* **2** *(dent pointue)* (hoek)tand *nm*

croche *nf* achtste noot *de;* **double ~** zestiende noot

croche-pied *nm* (het) beentje lichten; **faire un ~ à qn** iem beentje lichten

crochet *nm* **1** *(métal recourbé)* haakje *het* **2** *(détour brusque)* omweg *nm;* **faire un ~ pour passer voir qn** omrijden om bij iem langs te gaan **3** *(à crocheter)* haaknaald *de;* **faire du ~** haken **4** *(coup de poing)* hoekstoot *nm* **5** *(parenthèse)* teksthaak *nm;* **entre ~s** tussen vierkante haken ♦ **vivre aux ~s de qn** op iemands kosten leven

crocheter *vt* **1** *(ouvrir)* opensteken **2** *(faire du crochet)* haken

crochu *adj* krom

crocodile, croco *nm* **1** *(reptile)* krokodil *de* **2** *(peau)* krokodillenleer *het*

crocus *nm* krokus *nm*

croire[1] *vi* geloven; ~ **à qch** aan, in iets geloven; **je crois bien** dat geloof ik best; ~ **en qn** in iem geloven

croire[2] *vt* **1** *(admettre)* geloven; **à l'en ~** als men hem, haar geloven mag; **croyez-en mon expérience** vertrouwt u op mijn ervaring; **faire ~ qch à qn** iem iets wijs maken **2** *(penser)* denken; **je crois que oui** ik denk van wel; **il ne croit pas si bien dire** hij weet niet hoe waar zijn woorden zijn; ~ **bien faire** denken er goed aan te doen

se croire[3] *vpr (s'imaginer)* denken; **il se croit en sécurité** hij waant zich veilig; **il se croit quelqu'un** hij heeft heel wat verbeelding; **se ~ obligé de** zich verplicht voelen om

croisade *nf* kruistocht *nm (aussi au fig.)*

croisé *adj* **1** *(disposé en croix)* gekruist; **les bras ~s** met de armen over elkaar **2** *(mêlé)* gemengd

croisée *nf* kruising *nf;* ~ **des chemins** kruispunt van wegen

croisement *nm* **1** *(carrefour)* kruispunt

het **2** *(fait de se croiser; hybridation)* kruising *nf*
croiser[1] *vi (mar.) (aller et venir)* kruisen
croiser[2] *vt* kruisen, *(rencontrer aussi)* tegenkomen; ~ **les jambes** de benen over elkaar slaan
se croiser[3] *vpr* **1** *(personnes)* elkaar tegenkomen **2** *(routes)* elkaar kruisen
croisière *nf* cruise *de*
croissance *nf* groei *nm*
croissant *nm* **1** *(forme de la lune)* maansikkel *de* **2** *(pâtisserie)* croissant *nm*
croître *vi* groeien
croix *nf* kruis *het;* **on peut faire une ~ dessus** vergeet het maar, je kunt er een kruis over maken *(n.B.);* **en** ~ gekruist; ~ **gammée** hakenkruis
Croix-Rouge *nf* Rode Kruis *het*
croquant *adj* knapperig
croque-monsieur *nm* tosti *nm*, *(Belg.)* croque-monsieur
croque-mort *nm* kraai *de*
croquer[1] *vi (craquer)* knapperen ♦ ~ **dans une pomme** in een appel bijten
croquer[2] *vt* **1** *(manger)* doorbijten; **chocolat à** ~ stuk chocolade **2** *(dilapider)* verkwisten **3** *(esquisser)* schetsen
croquette *nf* kroket *de*
croquis *nm* (vluchtige) schets *de*
cross *nm* cross *nm*
crosse *nf* **1** *(bâton pastoral)* bisschopsstaf *nm* **2** *(de hockey)* stick *nm* **3** *(de fusil)* kolf *de*
crotte *nf* keutel *nm;* ~ **de chocolat** bonbon; ~**!** stik!, verdorie!
crottin *nm* **1** *(excrément)* paardenvijg *de* **2** *(fromage)* geitenkaasje *het*
crouler *vi* bezwijken, *(fig.)* ten onder gaan; **la salle croulait sous les applaudissements** een geweldig applaus barstte los
croupe *nf* **1** *(derrière d'animaux)* achterwerk *het;* **prendre qn en** ~ iem achterop nemen **2** *(fesses)* achterste *het*
croupier *nm* croupier *nm*
croupir *vi* **1** *(personne)* blijven hangen (in) **2** *(eau)* stilstaan
croustillant *adj* **1** *(qui craque)* knapperig **2** *(émoustillant)* pikant
croustiller *vi* knapperig zijn
croustillon *nm (f.B.)* oliebol *nm*
croûte *nf* korst *de*, *(fig.)* vernis *het/de (m); (fig.)* **casser la** ~ een hapje eten; **gagner sa** ~ zijn boterham verdienen; **des ~s de pain** resten oud brood
croûton *nm* **1** *(bout du pain)* kontje *het* **2** *(pain frit)* crouton *nm*
croyable *adj* geloofwaardig; **ce n'est pas ~!** ongelofelijk!
croyance *nf* **1** *(foi en)* geloof (in) *het* **2** *(conviction)* overtuiging *nf;* **~s religieuses** geloofsovertuigingen
croyant *adj* gelovig; **le, la ~(e)** de gelovige
CRS *n* oproerpolitie *nf*, *(aux Pays-Bas)* mobiele eenheid, ME *nf;* **un** ~ een ME'er
cru[1] *nm* **1** *(vignoble)* wijngaard *nm;* **de son (propre)** ~ van eigen vinding; **vin du** ~ landwijn **2** *(vin)* wijn *nm;* **les grands ~s de Bourgogne** de beroemde bourgognewijnen
cru[2] *adj* **1** *(qui n'est pas cuit)* rauw **2** *(brutal)* (kei)hard; **couleurs ~es** schreeuwende kleuren **3** *(osé)* choquerend
cruauté *nf* wreedheid *nf*
cruche *nf* **1** *(récipient)* kruik *de* **2** *(imbécile)* domoor *nm*
crucial *adj* essentieel, *(moment)* cruciaal
crucifier *vt* kruisigen
crucifix *nm* kruisbeeld *het*
crucifixion *nf* kruisiging *nf*
cruciforme *adj* kruisvormig; **vis (à tête)** ~ kruiskopschroef
crudité *nf* rauwkost *nm (uniquement sing.)*
crue *nf* **1** *(montée)* (het) wassen **2** *(niveau)* hoogste waterstand *nm;* **en** ~ sterk gezwollen **3** *(croissance)* groei *nm*
cruel *adj* **1** *(méchant)* wreed; **l'animal souffrait ~lement** het dier leed vreselijk **2** *(douloureux)* smartelijk
crûment *adv* zonder omwegen
crustacés *nm* schaaldieren *plur*
crypte *nf* grafkelder *nm*
cubain *adj* Cubaans; **le, la Cubain(e)** de Cubaan(se)
cube *nm* **1** *(objet)* blokje *het;* **un jeu de ~s** een blokkendoos **2** *(math.)* kubus *nm* ♦ **élever au** ~ tot de derde macht verheffen; **mètre** ~ kubieke meter
cubique *adj* kubusvormig
cueillette *nf* pluk *nm*, oogst *nm*
cueillir *vt* **1** *(récolter)* plukken, *(fig.)* oogsten **2** *(prendre au passage)* oppikken
cuiller, cuillère *nf* lepel *nm*
cuillerée *nf* lepel(vol) *nm;* **deux petites ~s de sel** vier theelepeltjes zout *(contenance équivalente)*
cuir *nm (peau)* leer *het;* **en** ~ leren ♦ ~ **chevelu** hoofdhuid
cuirasse *nf* **1** *(protection)* pantser *het* **2** *(armure)* (borst)harnas *het*
cuire *vti* **1** *(à l'eau)* koken, *(à la graisse)* bakken, *(être saisi à la graisse)* braden, *(être braisé)* roosteren **2** *(au soleil)* branden ♦ **on cuit ici!** het is hier om te stikken van de hitte!
cuisant *adj* schrijnend
cuisine *nf* **1** *(pièce)* keuken *de* **2** *(gastronomie)* kookkunst *nf;* **faire la** ~ koken; **livre de** ~ kookboek **3** *(aliments)* eten *het*
cuisiner[1] *vi (faire la cuisine)* (kunnen) koken
cuisiner[2] *vt* **1** *(préparer)* klaarmaken **2** *(interroger)* uithoren
cuisinier, -ière *n* **1** *(personne)* kok(kin) *nm (nf)* **2** *(f.) (fourneau)* fornuis *het*
cuisse *nf* **1** *(en général)* dij *de*, bovenbeen *het* **2** *(en cuisine)* bout *nm;* **~s de grenouilles** kikkerbilletjes
cuisson *nf* **1** *(à l'eau)* (het) koken, *(à la graisse)* (het) bakken, *(en saisissant à la graisse)* (het) braden, *(en braisant)* (het) stoven; **eau de** ~ kooknat **2** *(degré de cuisson)* gaarheid *nf*
cuit *adj* **1** *(non cru)* gaar **2** *(à l'eau)* ge-

kookt, *(à la graisse)* gebakken, *(saisi à la graisse)* gebraden, *(braisé)* gestoofd **3** *(à la graisse; dans l'industrie)* gebakken; **un steak bien** ~ een goed doorbakken biefstuk ♦ **il est ~!** hij is erbij!; **c'est du tout ~!** dat is voor de bakker!
cuite *nf* ♦ **prendre une bonne** ~ zich flink bezuipen
cuivre *nm* **1** *(métal)* koper *het;* **de, en** ~ koperen, koper- **2** *(plur.) (objets en cuivre)* koperwerk *het (uniquement sing.)* **3** *(plur.) (instruments de musique)* koper *het (uniquement sing.)*
cuivré *adj* **1** *(couleur)* koperkleurig **2** *(timbre)* schallend
cul *nm* **1** *(postérieur)* kont *de*, gat *het* **2** *(fond)* bodem *nm;* ~ **de bouteille** ziel van een fles; **boire** ~ **sec** het glas in één teug leegdrinken ♦ **tomber sur le** ~ helemaal paf staan
culasse *nf* **1** *(d'un cylindre)* cilinderkop *nm* **2** *(d'un canon)* kulas *de*
culbute *nf* buiteling *nf;* **faire la** ~ kopjeduikelen
culbuter[1] *vi (faire une culbute)* omslaan; **voiture qui culbute** auto die over de kop slaat
culbuter[2] *vt (renverser)* omvergooien
cul-de-jatte *n* iem zonder benen
cul-de-sac *nm* doodlopende straat *de;* **cette situation est un** ~ de zaak zit in een impasse
culinaire *adj* culinair; **art** ~ kookkunst
culminant *adj* hoogte-; **point** ~ *(géo.)* hoogste punt, *(fig.)* hoogtepunt
culminer *vi* **1** *(géo.)* een top bereiken (van) **2** *(fig.)* culmineren
culot *nm* **1** *(audace)* lef *het/de (m)* **2** *(fond)* onderzijde *de*
culotte *nf* **1** *(vêtement masculin)* broek *de* **2** *(slip féminin)* damesslipje *het*
culotté *adj* ♦ **être** ~ lef hebben
culpabiliser *vi* **1** zich schuldig voelen; **être, se sentir culpabilisé** een schuldgevoel hebben **2** schuldgevoel oproepen bij
culpabilité *nf* schuld *de;* **sentiment de** ~ schuldgevoel
culte *nm* **1** *(adoration)* verering *nf;* ~ **de la personnalité** persoonsverheerlijking **2** *(service religieux)* dienst *nm* **3** *(liturgie)* eredienst *nm*
cultivateur, -trice *n* landbouw(st)er *nm (nf)*
cultivé *adj* **1** *(agric.)* bebouwd **2** *(instruit)* ontwikkeld
cultiver[1] *vt* **1** *(travailler (la terre))* bebouwen **2** *(faire pousser)* kweken *(aussi au fig.)* **3** *(instruire)* ontwikkelen; ~ **sa mémoire** zijn geheugen trainen **4** *(entretenir)* niet verwaarlozen
se cultiver[2] *vpr (s'instruire)* zich ontwikkelen
culture *nf* **1** *(de la terre)* (het) bebouwen **2** *(d'un végétal)* kweek *nm* **3** *(formation)* ontwikkeling *nf;* ~ **générale** algemene ontwikkeling; ~ **physique** lichamelijke oefening **4** *(savoir; civilisation)* cultuur *nf*
culturel *adj* cultureel
culturisme *nm* bodybuilding *nm*
culturiste *n* bodybuild(st)er *nm (nf)*
cumin *nm* komijn *nm*
cumul *nm* cumulatie van ambten *nf*
cumuler *vt* tegelijk vervullen
cupide *adj* hebzuchtig
cupidité *nf* hebzucht *de*
curable *adj* geneeslijk
curatif *adj* genees-
cure *nf* **1** *(méd.)* kuur *de* **2** *(presbytère)* pastorie *nf* ♦ **il n'en a** ~ hij bekommert er zich niet om
curé *nm* pastoor *nm*
cure-dent *nm* tandenstoker *nm*
curer[1] *vt* schoonmaken
se curer[2] *vpr* schoonmaken; **se** ~ **les dents** zijn tanden met tandenstoker schoonmaken
curieux *adj* **1** *(indiscret)* nieuwsgierig; **éloigner les** ~ de nieuwsgierigen verwijderen **2** *(+ de) (désireux de (sa)voir qch)* benieuwd (naar), *(désireux de savoir)* leergierig **3** *(bizarre)* vreemd, merkwaardig
curiosité *nf* **1** *(indiscrétion)* nieuwsgierigheid *nf* **2** *(désir d'apprendre)* leergierigheid *nf* **3** *(lieu à visiter)* bezienswaardigheid *nf* **4** *(objet recherché)* rariteit *nf*
curiste *n* kuurgast *nm*
curriculum vitae, CV *nm* curriculum vitae *het*, cv *het*
curry *nm* → **cari**
curseur *nm (inform.)* cursor *nm*
cutané *adj* huid-
cuti, cutiréaction *nf* huidtest *nm*, krasjestest *nm*
cuve *nf* kuip *de* ♦ ~ **à mazout** (cv-)olietank
cuvée *nf* **1** *(quantité)* kuipvol; *(fig.)* **de la dernière** ~ splinternieuw; *(fig.)* **de la même** ~ uit hetzelfde vat **2** *(produit d'une vigne)* wijnoogst *nm*
cuvette *nf* **1** *(des toilettes)* closetpot *nm* **2** *(du lavabo)* wasbak *nm* **3** *(récipient portatif)* teiltje *het* **4** *(géo.)* kom *de*
CV *nm* **1** *(cheval-vapeur)* pk *de*, paardenkracht *de* **2** *(curriculum vitae)* cv *het*
cyanure *nm* cyanide *het*
cybernaute *n* netsurfer *nm,f*
cybernétique *nf* cybernetica *nf*, stuurkunde *nf*
cyclable *adj* voor (brom)fietsen gereserveerd; **piste** ~ fietspad
cyclamen *nm* cyclaam *de*
cycle *nm* **1** *(suite de phénomènes, de poèmes)* cyclus *nm* **2** *(enseignement)* leerkring *nm*, cyclus *nm (Belg.n.);* **premier** ~ het eerste en tweede studiejaar *(des universités françaises); (secondaire)* **premier, second** ~ onderbouw, bovenbouw; *(Belg.f.)* ~ **supérieur, inférieur** hogere, lagere cyclus *(Belg.n.)*
cyclique *adj* cyclisch
cyclisme *nm* **1** *(sport)* wielersport *de* **2** *(pratique)* (het) fietsen
cycliste *adj* wieler-; **coureur** ~ wielrenner; **le, la** ~ de wielrijd(st)er
cyclomoteur *nm* bromfiets *de*

cyclone *nm* **1** *(tempête)* wervelstorm *nm* **2** *(zone de basse pression)* lagedrukgebied *het*
cygne *nm* zwaan *de*
cylindre *nm* **1** *(math.)* cilinder *nm* **2** *(rouleau)* rol *de*
cylindrée *nf* cilinderinhoud *nm*
cylindrique *adj* cilindervormig
cymbale *nf (mus.)* bekken *het*
cynique *adj* cynisch; **le** ~ de cynicus
cynisme *nm* cynisme *het*
cyprès *nm* cipres *nm*
cystite *nf* (urine)blaasontsteking *nf*

De laatste zomer heb ik
in een r. gewerkt. Omat
ik m. studies had betalen
ik heb 1400 in twee weken
verdien. Mi planning was
flexibel (!!) Het werk
was niet al te moeilijk
maar vermoeiend. Op
vrijdag avond was
het restau. vaak vol.
Dit was zeer informatief
een heel plezant.

d

d *nm* d *de;* **d comme Désiré** de d van Dirk
dactylo *nf* **1** *(dactylographe)* typiste *nf* **2** *(dactylographie)* (het) tikken
dactylographie *nf* (het) typen, (het) tikken
dactylographier *vt* typen, tikken
dada *nm* **1** *(cheval de bataille)* stokpaard(je) *het* **2** *(cheval)* paardje *het*
dadais *nm* lummel *nm*
dahlia *nm* dahlia *de*
daigner *vt* zich verwaardigen om; **~ais-tu me répondre?** zou je zo goed willen zijn om mij een antwoord te geven?
daim *nm* **1** *(animal)* damhert *het* **2** *(cuir)* suède(leer) *het/de (het)*, *(Belg.)* daim *het*
dalle *nf* plavuis *nm*, tegel *nm;* ~ **funéraire** grafsteen
daller *vt* bevloeren
dalmatien *nm* dalmatiër *nm*
daltonien *adj* kleurenblind; **le, la ~(ne)** de kleurenblinde
dame *nf* **1** *(femme de haute naissance)* dame *nf* **2** *(femme mariée)* mevrouw *nf* **3** *(reine)* koningin *nf (échecs)*, vrouw *nf (jeux de cartes)*, dam *de (jeu de dames);* **jeu de ~s** damspel
damier *nm* dambord *het* ♦ **en** ~ geblokt
damnation *nf* verdoemenis *nf*
damné *adj* **1** *(condamné)* verdoemd **2** *(satané)* verdomd
damner *vt* verdoemen
se dandiner *vpr* waggelen
Danemark *nm* Denemarken *n (sans art.)*
danger *nm* gevaar *het;* **en** ~ in gevaar; **en ~ de mort** in levensgevaar; **hors de** ~ buiten gevaar; **mettre en** ~ in gevaar brengen; **un ~ public** een gevaar voor de samenleving; **(il n'y a) pas de** ~ dat is uitgesloten
dangereux *adj* gevaarlijk
danois *adj* Deens; *(langue)* **le** ~ het Deens; *(habitant)* **le, la Danois(e)** de Deen(se)
dans *prép* **1** *(lieu)* in, bij; **boire ~ un verre** uit een glas drinken; ~ **l'escalier** op de trap; ~ **une île** op een eiland; ~ **la rue** op straat **2** *(temps: d'ici)* over; ~ **une heure** over een uur **3** *(temps: au cours de)* binnen, in (de loop van); ~ **les délais convenus** binnen de gestelde termijn, tijd; ~ **la semaine** in de loop van de week; ~ **le temps** indertijd **4** *(manière)* in, met; ~ **le but de** met het doel om; ~ **l'intention de** met de bedoeling om **5** *(environ)* ongeveer; **cela coûte ~ les deux cents euros** dat kost ongeveer tweehonderd euro
dansant *adj* **1** *(qui danse)* dansend **2** *(pendant lequel on danse)* dans-; **soirée ~e** dansavond, *(Belg.)* thé dansant
danse *nf* **1** *(action de danser; mouvements; musique)* dans *nm;* **mener la** ~ de dans leiden, *(fig.)* aan de touwtjes trekken **2** *(chorégraphie)* danskunst *nf*
danser[1] *vi* dansen
danser[2] *vt* dansen
danseur, -euse *n* danser(es) *nm (nf)*
dard *nm* angel *nm*
date *nf* datum *nm;* **en ~ du ...** de dato, d.d. ...; ~ **limite** deadline; ~ **limite de consommation** ten minste houdbaar tot; ~ **de naissance** geboortedatum; **prendre** ~ een datum afspreken; **de longue** ~ oud; **être le premier en** ~ als eerste in aanmerking komen ♦ **faire** ~ een belangrijk evenement zijn; **ils se connaissent de longue** ~ ze kennen elkaar al heel lang
dater[1] *vi* **1** *(+ de) (remonter à)* dateren (van); **à ~ de ce jour** vanaf die dag; **de quand date votre dernière visite?** wanneer was u hier voor het laatst? **2** *(être démodé)* ouderwets zijn
dater[2] *vt* dateren
datte *nf* dadel *de*
dattier *nm* dadelpalm *nm*
daube *nf* (het) stoven; **bœuf en** ~ gestoofd rundvlees
dauphin *nm* **1** *(successeur)* kroonprins *nm (aussi au fig.)* **2** *(animal)* dolfijn *nm*
daurade *nf* zeebrasem *nm*
davantage *adv* **1** *(plus)* meer; **pas** ~ evenmin **2** *(plus longtemps)* langer
de[1] *prép (voir aussi aux noms, adj. et verbes)* **1** *(provenance)* van, uit *(provenance d'un lieu);* ~ **mal en pis** van kwaad tot erger; **vins ~ France** Franse wijnen; ~ **vous à moi** onder ons gezegd **2** *(temps: à partir de)* van-

(af); **de ... à ...** van ... tot **3** *(temps: pendant)* tijdens; ~ **bonne heure** vroeg; ~ **nos jours** tegenwoordig; ~ **nuit** 's nachts **4** *(cause)* van(wege); **être atteint d'une maladie** aan een ziekte lijden **5** *(moyen; manière)* met; **montrer du doigt** met de vinger wijzen; **jouer du piano** pianospelen; **coup** ~ **poing** vuistslag **6** *(manière)* met; ~ **cette manière** op deze wijze **7** *(mesure)* van, met *(ou absence de prép.);* **âgé** ~ **seize ans** zestien jaar oud; **avoir deux mètres** ~ **long** twee meter lang zijn; **avancer d'un pas** een stap vooruit doen **8** *(appartenance)* van **9** *(espèce)* van *(souvent: absence de prép.);* **robe** ~ **bal** baljurk **10** *(matière) (se traduit par un adjectif de matière)* van; **robe** ~ **soie** zijden jurk **11** *(quantité) (absence de prép.);* **paquet** ~ **cigarettes** pakje sigaretten ♦ **le ciel est d'un bleu!** de hemel is zó blauw!; **être aimé** ~ **sa femme** bemind worden door zijn vrouw; **trois jours** ~ **libre** drie dagen vrij; **quoi** ~ **neuf?** wat voor nieuws is er?; **et** ~ **deux** en dat is twee

de[2] *art (ne se traduit pas);* **c'est** ~ **la folie** het is waanzin; **du pain** brood

dé *nm* **1** *(à jouer)* dobbelsteen *nm;* **jouer aux ~s** dobbelen; **les ~s sont jetés** de teerling is geworpen **2** *(petit cube)* blokje *het* **3** *(protection du doigt)* vingerhoed *nm;* ~ **à coudre** vingerhoed

déambuler *vi* rondwandelen

débâcle *nf* **1** *(effondrement)* debacle *het/de* **2** *(rupture des glaces)* (het) kruien van het ijs **3** *(fuite)* wilde vlucht *de*

déballage *nm* **1** *(action de déballer)* (het) uitpakken **2** *(objets étalés)* uitstalling *nf* **3** *(confession)* ongegeneerde bekentenis *nf*

déballer *vt* **1** *(sortir et étaler)* uitpakken **2** *(exposer sans retenue)* opbiechten

débandade *nf* ♦ **à la** ~ in wanorde

débarbouiller *vt* even het gezicht wassen van

débarcadère *nm* kade *de*

débardeur *nm* hemd *het*

débarquement *nm* **1** *(déchargement de qch)* (het) ontschepen **2** *(arrivée de qn)* aankomst *nf* **3** *(descente militaire)* landing *nf*

débarquer[1] *vi* **1** *(descendre à terre)* landen; **il débarque** hij weet (nog) nergens van **2** *(descendre d'un véhicule)* uitstappen **3** *(arriver à l'improviste)* komen aanwaaien

débarquer[2] *vt* **1** *(mettre qn à terre)* ontschepen **2** *(décharger qch)* lossen

débarras *nm* berghok *het* ♦ **bon ~!** opgeruimd staat netjes!

débarrasser[1] *vt* **1** *(déblayer)* opruimen **2** *(+ de) (soulager de)* ontdoen (van), bevrijden (van) **3** *(enlever le couvert)* afruimen

se débarrasser[2] **(de)** *vpr (se décharger de)* zich ontdoen (van); **débarrassez-vous** wilt u uw jas niet uitdoen?

débat *nm* debat *het*

débattre[1] **(de, sur)** *vi (s'entretenir de)* debatteren (over)

débattre[2] *vt (discuter qch)* discussiëren over; **prix à** ~ nader overeen te komen prijs

se débattre[3] **(contre)** *vpr (lutter contre)* worstelen (met)

débauche *nf* **1** *(inconduite)* ontucht *de;* **vivre dans la** ~ een losbandig leven leiden **2** *(profusion)* overdaad *de*

débauché *adj* losbandig; **le, la ~(e)** de losbol

débile *adj* **1** *(imbécile)* stom **2** *(faible)* zwak **3** *(arriéré)* zwakzinnig; **le** ~ **(mental)** de zwakzinnige

débilité *nf* **1** *(arriération)* zwakzinnigheid *nf* **2** *(faiblesse)* zwakheid *nf*

débiner[1] *vt* afkammen

se débiner[2] *vpr* 'm piepen

débit *nm* **1** *(volume écoulé)* debiet *het;* **le** ~ **d'une rivière** het (water)debiet van een rivier **2** *(technol.) (capacité)* vermogen *het* **3** *(vente)* afzet *nm* **4** *(point de vente)* verkooppunt *het;* ~ **de boissons** café, bar; ~ **de tabac** sigarenwinkel *(magasin)* **5** *(élocution)* spreeksnelheid *nf* **6** *(partie d'un compte)* debet *het*

débiter *vt* **1** *(comptabiliser)* debiteren; ~ **un compte de** een rekening debiteren met, voor **2** *(vendre)* in het klein verkopen **3** *(raconter)* opdissen **4** *(produire)* (af)leveren

débiteur *adj* **1** *(comptabilité)* debet- **2** *(qui doit qch)* schuldig; **le ~, la débitrice** de schuldenaar, schuldenares

déblai *nm* **1** *(action d'enlever les terres)* afgraving *nf;* **travaux de** ~ grondwerk **2** *(plur.) (décombres)* puin *het*

déblayer *vt* **1** *(dégager)* opruimen; *(fig.)* ~ **le terrain** de weg (voor iem) effenen **2** *(faire des travaux de terrassement)* afgraven

débloquer[1] *vi (divaguer)* raaskallen

débloquer[2] *vt* **1** *(décoincer)* deblokkeren **2** *(fin.)* vrijgeven

déboire *nm* teleurstelling *nf*

déboiser *vt* ontbossen

déboîter[1] *vi (sortir d'une file)* de file verlaten

déboîter[2] *vt (démettre)* ontwrichten

se déboîter[3] *vpr (se démettre)* uit de kom schieten

débonnaire *adj* goedig

débordant *adj* uitbundig; **être** ~ **d'énergie** vol energie zijn; **imagination ~e** levendige fantasie

débordé *adj* (met werk) overladen

débordement *nm* **1** *(inondation)* overstroming *nf* **2** *(effusion)* uitbarsting *nf (joie, etc.)*, stroom *nm (mots)*

déborder[1] *vi (répandre par-dessus bord)* overlopen; **cet enfant déborde de vie et de santé** dat kind is zeer levendig en blaakt van gezondheid; **le lait déborde** de melk kookt over

déborder[2] *vt (dépasser)* uitsteken (boven)

débouché *nm* **1** *(marché; ventes)* afzet *nm* **2** *(plur.) (perspectives)* toekomstmogelijkheden *plur* **3** *(issue)* uitweg *nm*

déboucher[1] *vi* **1** *(+ de) (venir de)* komen (uit) **2** *(+ sur) (aboutir à)* uitkomen (op) **3** *(+ sur) (mener à)* uitlopen (op)

déboucher[2] *vt* **1** *(débloquer)* ontstoppen **2** *(enlever le bouchon de)* ontkurken

déboucler *vt* losgespen

débouler[1] *vi (faire irruption)* komen aanwaaien

débouler[2] *vt (dévaler)* afrollen

déboulonner *vt* losschroeven

débourser *vt* betalen; **sans ~ un sou** zonder een cent neer te tellen

déboussoler *vt* in de war brengen

debout *adv* staande, *(Belg.)* recht; **dormir ~** omvallen van de slaap; **être ~** *(personnes)* op(gestaan) zijn, *(choses)* staan; **mettre ~** overeind zetten; **se mettre ~** gaan staan, opstaan; *(fig.)* **ne pas tenir ~** geen steek houden; **~!** opstaan!

déboutonner *vt* losknopen

débraillé *adj* slonzig

débrancher *vt* uitschakelen; **~ le téléphone** de stekker van de telefoon eruit halen; **~ la télévision** de televisie afzetten

débrayage *nm* **1** *(en voiture)* (het) ontkoppelen; **pédale de ~** koppelingspedaal **2** *(grève)* werkonderbreking *nf*

débrayer[1] *vi (faire grève)* het werk onderbreken

débrayer[2] *vt (le moteur)* ontkoppelen

débridé *adj* ongebreideld

débris *nm* **1** *(morceaux)* (brok)stukken *plur* **2** *(restes)* overschot *het*

débrouillard *adj* handig; **le, la ~(e)** het bijdehandje, *(Belg.)* de plantrekker

débrouillardise *nf* handigheid *nf*

débrouiller[1] *vt* ontwarren

se débrouiller[2] *vpr (se tirer d'affaire)* zich redden, *(Belg.)* zijn plan trekken; **savoir se ~** zich weten te redden; **débrouillez-vous!** zoek het zelf maar uit!

débroussailler *vt* van struikgewas ontdoen

débusquer *vt* **1** *(chasser du bois)* uit het bos drijven **2** *(déloger)* wegjagen

début *nm* **1** *(commencement)* begin *het;* **au ~** in het begin, aanvankelijk; **tout au ~, au tout ~** helemaal in het begin; **dès le ~** vanaf het begin **2** *(plur.) (première apparition)* debuut *het;* **faire ses ~s** voor het eerst optreden

débutant *adj* beginnend; **le, la ~(e)** de beginneling(e)

débuter[1] *vi* **1** *(commencer par)* beginnen (met) **2** *(faire ses premiers pas)* debuteren

débuter[2] *vt (commencer qch)* beginnen, aanvangen

deçà *adv* ♦ **en ~ de** aan deze zijde van; **rester en ~ de la vérité** de waarheid geenszins geweld aandoen; **~ delà** hier en daar

décacheter *vt* openmaken

décade *nf* **1** *(décennie)* decennium *het* **2** *(période de dix jours)* decade *nf*, tiendaagse *nm*

décadence *nf* verval *het*

décadent *adj* decadent

décaféiné *nm* cafeïnevrije koffie *nm*

décalage *nm* **1** *(déplacement)* verschuiving *nf;* **~ horaire** tijdsverschil **2** *(différence)* verschil *het;* **le ~ entre ... et ...** de kloof tussen ... en ...

décalcomanie *nf* overdrukplaatje *het*

décaler *vt* verschuiven

décalquer *vt* overtrekken

décamper *vi* zich uit de voeten maken; **décampe!** maak dat je wegkomt!

décanter[1] *vt* **1** *(un vin)* decanteren, klaren **2** *(éclaircir)* laten bezinken

se décanter[2] *vpr* bezinken *(aussi au fig.)*

décapant *nm* afbijtmiddel *het*

décaper *vt* **1** *(avec un produit)* afbijten **2** *(en grattant)* afkrabben

décapiter *vt* onthoofden

décapotable *adj* afneembaar; **la (voiture) ~** de cabriolet

décapsuler *vt* openmaken, openen

décapsuleur *nm* flesopener *nm*

se décarcasser *vpr* zich uitsloven

décathlon *nm* tienkamp *nm*

décéder *vi* overlijden

déceler *vt* **1** *(trouver)* ontdekken **2** *(révéler)* aan het licht brengen

décembre *nm* december *nm;* **en ~** in december

décemment *adv* **1** *(convenablement)* fatsoenlijk **2** *(raisonnablement)* redelijkerwijs

décence *nf* **1** *(bienséance)* fatsoen *het* **2** *(tact)* tact *nm;* **avoir la ~ de se taire** zo tactvol zijn te zwijgen

décennie *nf* decennium *het*

décent *adj* **1** *(bienséant)* fatsoenlijk **2** *(acceptable)* redelijk

décentralisation *nf* decentralisatie *nf*

décentraliser *vt* decentraliseren

déception *nf* teleurstelling *nf*

décerner *vt* **1** *(octroyer)* toekennen **2** *(jur.)* uitvaardigen

décès *nm* (het) overlijden, sterfgeval *het;* **acte de ~** overlijdensakte

décevoir *vt* teleurstellen; **cela m'a beaucoup déçu** dat is me erg tegengevallen

déchaîné *adj* **1** *(agité)* onstuimig **2** *(très excité)* niet meer te houden

déchaîner[1] *vt* ontketenen

se déchaîner[2] *vpr* **1** *(se déclencher)* losbarsten **2** *(+ contre) (s'emporter contre)* uitvaren (tegen)

déchanter *vi* een toontje lager zingen

décharge *nf* **1** *(dépôt)* stortplaats *de;* **~ (publique)** vuilnisbelt **2** *(étincelle, choc)* ontlading *nf* **3** *(salve)* (het) afvuren **4** *(libération)* kwijting *nf* **5** *(quittance)* kwitantie *nf* **6** *(jur.) (levée des charges contre qn)* ontlasting *nf;* **à la ~ de qn** tot iemands verontschuldiging

décharger[1] *vt* **1** *(débarrasser de sa charge)* de last afnemen van, *(arme)* ontladen, *(camion, bateau)* lossen **2** *(alléger)* ontlasten *(aussi au fig.);* **~ sa colère sur qn** zijn woede op iem botvieren

se décharger[2] *vpr (perdre sa puissance électrique)* leeglopen

décharné *adj* uitgemergeld

déchaussé *adj* ♦ **dent ~e** losse tand, kies *(incisive, molaire)*

déchausser[1] *vt (enlever les chaussures de)* de schoenen uittrekken van

se déchausser[2] *vpr* **1** *(dent)* losraken **2** *(enlever ses chaussures)* zijn schoenen uittrekken

dèche *nf* penarie *nf;* **être dans la** ~ *(dans la mouise)* in de penarie zitten, *(sans le sou)* op zwart zaad zitten

déchéance *nf* verval *het*

déchet *nm (plur.) (résidus)* afval *het/de (m);* **~s biodégradables** bioafval, gft-afval ♦ **il y a du** ~ de rest is onbruikbaar

déchiffrer *vt* **1** *(lire)* ontcijferen **2** *(mus.)* meteen van het blad spelen, zingen

déchiqueter *vt* uiteenscheuren

déchirant *adj* hartverscheurend

déchirement *nm* **1** *(résultat; division)* (het) verscheurd zijn; **pays en proie à de grands ~s** land waar ernstige verdeeldheid heerst **2** *(douleur)* smart *de*

déchirer[1] *vt* **1** *(mettre en morceaux)* verscheuren *(aussi au fig.)* **2** *(fig.) (rompre; diviser)* verscheuren; **cri qui déchire le silence** kreet die de stilte verscheurt; **spectacle qui déchire** hartverscheurend schouwspel

se déchirer[2] *vpr* **1** *(se fendre)* scheuren; **mon cœur se déchire à cette idée** mijn hart krimpt ineen als ik daaraan denk; **se ~ les doigts** zijn vingers openhalen **2** *(s'entre-déchirer)* elkaar afmaken

déchirure *nf* **1** *(accroc)* scheur *de* **2** *(plaie)* scheurwond *de*

déchu *adj* **1** *(ayant perdu son rang)* gevallen; **ange** ~ gevallen engel; **prince** ~ onttroonde vorst **2** *(+ de) (privé de)* beroofd (van); **être ~ de ses droits** uit zijn rechten ontzet zijn

décidé *adj* **1** *(résolu)* vastbesloten; **être (bien) ~ à faire qch** (vast)besloten zijn om iets te doen **2** *(entendu)* besloten **3** *(certain)* uitgesproken

décidément *adv* beslist; **~, il n'a pas de chance** hij heeft waarachtig geen geluk

décider[1] *vi (commander)* beslissen; **~ de qch** iets bepalen; **à vous de ~** de beslissing is aan u; **c'est moi qui décide ici** ik ben hier de baas

décider[2] *vt* **1** *(prendre la décision de)* beslissen **2** *(choisir)* besluiten tot; **~ de faire qch** besluiten iets te doen **3** *(déterminer)* beslissend zijn voor **4** *(convaincre)* overhalen tot; **~ qn à faire qch** iem overhalen iets te doen

se décider[3] *vpr* **1** *(+ à) (prendre la décision de)* besluiten (tot); **se ~ à faire qch** het besluit nemen (om) iets te doen **2** *(être résolu)* besloten worden

décimal *adj* tientallig, decimaal; **la ~e** de decimaal

décimer *vt* decimeren

décisif *adj* **1** *(qui décide)* beslissend **2** *(péremptoire)* beslist

décision *nf* **1** *(choix)* beslissing *nf;* **ma ~ est prise** mijn besluit staat vast **2** *(jur.)* beslissing *nf*, uitspraak *de;* **~ d'appel** uitspraak in hoger beroep; **~ judiciaire** rechterlijke beslissing **3** *(fermeté)* vastberadenheid *nf*

déclamer *vt (leçon)* opzeggen, *(poésie)* voordragen

déclaration *nf* **1** *(action de déclarer; texte)* verklaring *nf;* **Déclaration universelle des Droits de l'homme** Universele Verklaring van de Rechten van de mens; **faire une, sa ~ à qn** iem zijn liefde verklaren **2** *(déposition)* aangifte *nf;* **faire sa ~ d'impôts, de revenus** belastingaangifte doen

déclarer[1] *vt* **1** *(proclamer)* verklaren; **~ son amour** een liefdesverklaring doen; **il a été déclaré coupable** hij is schuldig bevonden; **~ la séance ouverte** de zitting voor geopend verklaren **2** *(signaler l'existence de)* opgeven; **~ une naissance à la mairie** aangifte doen op het gemeentehuis van de geboorte van een kind

se déclarer[2] *vpr* **1** *(se prononcer)* zich verklaren; **se ~ contre, pour qch** zich ergens tegen, vóór uitspreken **2** *(éclater)* uitbreken

déclasser *vt* **1** *(faire rétrograder qn)* degraderen **2** *(déranger)* in de war brengen

déclenchement *nm* **1** *(techn.)* inwerkingstelling *nf* **2** *(début)* begin *het*

déclencher[1] *vt* **1** *(commander)* in werking stellen **2** *(provoquer)* ontketenen

se déclencher[2] *vpr* **1** *(se mettre en mouvement)* in werking treden **2** *(éclater)* uitbreken

déclic *nm* **1** *(mécanisme)* pal *nm;* **faire jouer un** ~ een pal indrukken **2** *(bruit)* klik *nm*

déclin *nm* ondergang *nm;* **le ~ du jour** de schemering

déclinaison *nf* verbuiging *nf*, declinatie *nf*

décliner[1] *vi* **1** *(diminuer)* ondergaan *(soleil)*, ten einde lopen *(jour)* **2** *(s'affaiblir)* achteruitgaan

décliner[2] *vt* **1** *(repousser)* afslaan *(invitation)*, afwijzen *(responsabilité)* **2** *(pourvoir de désinences)* verbuigen ♦ **~ son identité** zijn personalia opgeven

déclivité *nf* helling *nf*

décocher *vt* **1** *(envoyer une flèche)* afschieten **2** *(lancer)* toewerpen; **~ un coup** een dreun geven

décoder *vt* ontcijferen

décodeur *nm* decoder *nm*

décoiffer *vt* in de war brengen; **être décoiffé** verwarde haren hebben

décollage *nm (aviat.)* (het) opstijgen

décoller[1] *vi* **1** *(+ de) (se détacher de)* loskomen (van), *(avion)* opstijgen (van) **2** *(s'en aller)* weggaan; **pas moyen de le faire** ~ hij is niet weg te branden **3** *(écon.)* zich ontwikkelen

décoller[2] *vt (détacher)* losmaken

se décoller[3] *vpr (se détacher)* losgaan ♦ **oreilles décollées** uitstaande oren

décolleté *adj* gedecolleteerd; **le** ~ het decolleté

décoloration *nf* (het) verschieten, (het) verkleuren; **se faire faire une** ~ z'n haar laten bleken

décolorer[1] *vt* ontkleuren
se décolorer[2] *vpr* verkleuren ♦ **se ~ les cheveux** z'n haar blonderen
décombres *nm* puin *het (uniquement sing.)*
décommander[1] *vt* **1** *(annuler la commande de)* afbestellen **2** *(annuler une invitation)* afzeggen
se décommander[2] *vpr (annuler un rendez-vous)* afzeggen
décomposer[1] *vt* **1** *(diviser)* ontbinden **2** *(un mouvement, une danse)* langzaam uitvoeren **3** *(altérer)* verwringen; **visage décomposé** ontdaan, vertrokken gelaat
se décomposer[2] *vpr* **1** *(pourrir)* tot ontbinding overgaan **2** *(s'altérer)* verwrongen worden
décomposition *nf* **1** *(analyse)* ontleding *nf* **2** *(pourriture)* ontbinding *nf;* **cadavre en ~** lijk in staat van ontbinding
décompresser *vi* zich ontspannen
décompte *nm* **1** *(réduction)* aftrek *nm* **2** *(facture)* (nauwkeurige) (af)rekening *nf*
décompter *vt* aftrekken
se déconcentrer *vpr* zijn concentratie verliezen
déconcerter *vt* van de wijs brengen
déconfiture *nf* **1** *(échec)* mislukking *nf* **2** *(faillite)* bankroet *het*
décongeler *vt* ontdooien
déconnecter[1] *vt* **1** *(éteindre)* uitschakelen **2** *(couper la connexion)* ontkoppelen, *(inform.)* de verbinding verbreken **3** *(séparer de)* loskoppelen (van)
se déconnecter[2] *vpr (quitter)* uitloggen
déconner *vi* **1** *(dire des conneries)* lullen **2** *(faire des conneries)* stomme dingen uitspoken
déconseiller *vt* afraden; **~ qch à qn** (aan) iem iets afraden; **c'est déconseillé** het is niet raadzaam
décontenancer *vt* van de wijs brengen
décontracté *adj* ontspannen *(aussi au fig.)*
décontracter[1] *vt* ontspannen
se décontracter[2] *vpr* zich ontspannen
décontraction *nf* **1** *(relâchement)* ontspanning *nf* **2** *(désinvolture)* ongedwongenheid *nf*
déconvenue *nf* ontgoocheling *nf*
décor *nm* **1** *(décoration)* versiering *nf* **2** *(de théâtre)* decor *het* **3** *(cadre)* omgeving *nf*
décorateur, -trice *n* **1** *(d'appartement)* binnenhuisinrichter *nm;* **~ d'intérieurs** binnenhuisarchitect **2** *(de théâtre)* decorbouwer *nm*
décoratif *adj* decoratief; **motifs ~s** siermotieven ♦ **jouer un rôle purement ~** een onbelangrijke rol spelen
décoration *nf* **1** *(action de décorer; résultat)* decoratie *nf*, versiering *nf* **2** *(d'intérieur)* (woning)inrichting *nf* **3** *(insigne)* decoratie *nf*
décorer *vt* **1** *(orner)* versieren **2** *(des pièces)* inrichten **3** *(remettre une décoration à)* onderscheiden
décortiquer *vt* **1** *(écorcer)* pellen **2** *(éplucher (un texte))* uitpluizen
découcher *vi* 's nachts niet thuiskomen
découdre[1] *vi* ♦ **en ~** op de vuist gaan
découdre[2] *vt (défaire)* (los)tornen
se découdre[3] *vpr (se défaire)* losgaan
découler (de) *vi* voortvloeien (uit)
découpage *nm* **1** *(action de découper)* (het) snijden *(à l'aide d'un couteau)* **2** *(avec des ciseaux)* (het) uitknippen **3** *(image)* knipplaatje *het;* **faire des ~s** plaatjes uitknippen ♦ **~ électoral** indeling in kiesdistricten
découper[1] *vt* **1** *(diviser au couteau)* (in stukken) snijden, voorsnijden *(à table)* **2** *(couper au couteau)* uitsnijden **3** *(couper aux ciseaux)* uitknippen; **~ un article dans un journal** een artikel uit de krant knippen **4** *(couper à la scie)* afzagen *(enlever une partie)*, uitzagen *(former une figure)*
se découper[2] **(sur)** *vpr (se détacher)* zich scherp aftekenen (tegen)
découragement *nm* ontmoediging *nf*
décourager[1] *vt* ontmoedigen
se décourager[2] *vpr* de moed verliezen, moedeloos worden
décousu *adj* **1** *(défait)* los(getornd) **2** *(incohérent)* onsamenhangend
découvert *adj* **1** *(non couvert)* onbedekt; **à ~** open; **être à ~** rood staan; **la tête ~e** blootshoofds **2** *(écon.)* ongedekt; **le ~** het saldotekort
découverte *nf* ontdekking *nf;* **aller à la ~ (de)** op ontdekking uitgaan (naar)
découvrir[1] *vt* **1** *(apercevoir; parvenir à connaître)* ontdekken **2** *(trouver)* vinden; **~ un secret** achter een geheim komen **3** *(exposer)* ongedekt laten **4** *(révéler)* openbaren **5** *(dégarnir)* het deksel afnemen van
se découvrir[2] *vpr* **1** *(se dévêtir)* te dun gekleed gaan **2** *(dans son lit)* zich blootwoelen **3** *(ôter son chapeau)* zijn hoed afnemen **4** *(s'éclaircir)* opklaren
décrasser *vt* **1** *(nettoyer)* schoonmaken **2** *(civiliser)* manieren bijbrengen aan
décrépit *adj* afgeleefd
décrépitude *nf* verval *het*
décret *nm* decreet *het*
décréter *vt* **1** *(ordonner)* verordenen **2** *(décider)* verordonneren
décrire *vt* beschrijven
décrisper *vt* minder gespannen maken
décrocher[1] *vi* **1** *(perdre le fil)* afhaken **2** *(abandonner)* het opgeven
décrocher[2] *vt* **1** *(détacher)* afhaken, *(téléphone)* van de haak nemen **2** *(dégoter)* in de wacht slepen **3** *(séparer)* losmaken
décroissant *adj* afnemend; **par ordre ~** in dalende volgorde
décroître *vi* **1** *(diminuer)* verminderen **2** *(les jours)* korter worden
décrue *nf* **1** *(baisse du niveau des eaux)* val *nm* **2** *(diminution)* afname *de*
décrypter *vt* ontcijferen
déçu *adj* teleurgesteld
décupler[1] *vi* vertienvoudigen
décupler[2] *vt* vertienvoudigen

dédaigner *vt* verachten; **il ne dédaigne pas les compliments** hij hoort graag een prijzend woord
dédaigneux *adj* hooghartig, laatdunkend; **faire le** ~ zijn neus ophalen (voor)
dédain *nm* minachting *nf;* **considérer qn avec** ~ iem geringschattend opnemen; **sourire de** ~ laatdunkend lachje
dédale *nm* doolhof *nm (aussi au fig.)*
dedans *adv* binnen; **de** ~ van binnen; **en** ~ (van) binnen; **marcher les pieds en** ~ met naar binnen gerichte voeten lopen; **le** ~ de binnenkant; *(accident)* **rentrer** ~ erop knallen; *(bagarre)* **il va lui rentrer** ~ hij vliegt op hem af
dédicace *nf* **1** *(formule écrite, imprimée)* opdracht *de* **2** *(inscription sur un objet)* opschrift *het*
dédicacer *vt* opdragen
dédier *vt* **1** *(consacrer)* (in)wijden **2** *(adresser)* opdragen
se dédire *vpr* **1** *(se rétracter)* zijn woorden herroepen **2** *(ne pas tenir sa parole)* zijn belofte niet nakomen
dédommagement *nm* **1** *(indemnisation)* (schade)vergoeding *nf;* **en** ~ **de** als schadeloosstelling voor **2** *(compensation)* compensatie *nf*
dédommager *vt* **1** *(+ de) (indemniser de)* schadeloosstellen (voor); ~ **d'une perte** een verlies vergoeden **2** *(récompenser)* terugbetalen
dédouaner[1] *vt* **1** *(faire sortir de la douane)* inklaren **2** *(blanchir)* rehabiliteren
se dédouaner[2] *vpr (se réhabiliter)* zich rehabiliteren
dédoublement *nm* splitsing *nf*
dédoubler[1] *vt* **1** *(partager)* splitsen, *(Belg.)* ontdubbelen **2** *(enlever la doublure de)* de voering halen uit
se dédoubler[2] *vpr* **1** *(avoir deux personnalités)* een gespleten persoonlijkheid bezitten **2** *(se séparer en deux)* zich in tweeën splitsen; **je ne peux pas me** ~ ik kan me niet in tweeën splitsen
dédramatiser *vt* relativeren
déductible *adj* aftrekbaar
déductif *adj* deductief
déduction *nf* **1** *(soustraction)* aftrek *nm*, *(fisc)* belastingaftrek *nm;* **faire** ~ **de qch** iets aftrekken; ~ **faite de** na aftrek van **2** *(raisonnement)* deductie *nf*
déduire (de) *vt* **1** *(retrancher de)* aftrekken (van) **2** *(conclure de)* afleiden (uit)
déesse *nf* godin *nf*
défaillance *nf* **1** *(évanouissement)* flauwte *nf;* **avoir une** ~ een flauwte krijgen **2** *(faiblesse)* zwakte *nf;* ~ **cardiaque** hartzwakte **3** *(panne)* defect *het*
défaillant *adj (faible)* zwak; **mémoire ~e** falend geheugen; **voix ~e d'émotion** door ontroering verstikte stem
défaillir *vi* **1** *(s'évanouir)* flauw vallen **2** *(s'affaiblir)* zwak(ker) worden
défaire[1] *vt* **1** *(démonter)* afbreken; ~ **le lit** het bed afhalen **2** *(détacher)* losmaken **3** *(+ de) (libérer de)* bevrijden (van)
se défaire[2] *vpr* **1** *(se dénouer)* losraken **2** *(+ de) (se débarrasser de)* zich ontdoen (van); **se** ~ **d'un employé** een werknemer ontslaan
défait *adj* **1** *(en désordre)* los(geraakt) **2** *(épuisé)* vermoeid **3** *(consterné)* verslagen
défaite *nf* nederlaag *de*
défaitiste *adj* defaitistisch; **le, la** ~ de defaitist
défalquer *vt* aftrekken
défaut *nm* **1** *(manque de)* gebrek (aan) *het*, tekort (aan) *het;* **à** ~ **de qch** bij gebrek aan iets; **faire** ~ ontbreken **2** *(imperfection)* gebrek *het*, onvolkomenheid *nf;* ~ **de fabrication** fabricagefout; ~ **de prononciation** spraakgebrek **3** *(insuffisance)* zwakheid *nf;* **la curiosité est un vilain** ~ nieuwsgierigheid is een slechte eigenschap; **c'est là son moindre** ~ dat is zijn grootste gebrek nog niet **4** *(non-comparution)* verstek *het;* **jugement par** ~ vonnis bij verstek
défavorable *adj* ongunstig; **être** ~ **à qch** ergens tegen zijn
défavoriser *vt* benadelen
défection *nf* **1** *(absence)* (het) verstek laten gaan; **faire** ~ verstek laten gaan **2** *(abandon d'une idéologie)* afvalligheid *nf*
défectueux *adj* gebrekkig
défendre[1] *vt* **1** *(soutenir)* verdedigen **2** *(protéger)* beschermen **3** *(interdire)* verbieden; **il est défendu de fumer ici** roken is hier verboden; **le tabac lui est défendu** hij mag niet roken
se défendre[2] *vpr* **1** *(lutter)* zich verdedigen; **c'est une opinion qui se défend** zo kun je er ook over denken **2** *(se débrouiller)* zich wel redden; **elle se défend bien pour son âge** zij mag er nog best zijn **3** *(+ de) (se garder de)* zich onthouden (van); **ne pas pouvoir se** ~ **de** 't niet kunnen laten om; **se** ~ **tout plaisir** zichzelf elk genoegen ontzeggen
défense *nf* **1** *(lutte)* verdediging *nf (aussi jur.);* ~ **d'entrer** verboden toegang; **légitime** ~ noodweer, zelfverdediging; **prendre la** ~ **de qn** opkomen voor iem; **sans** ~ weerloos **2** *(protection)* bescherming *nf* **3** *(interdiction)* verbod *het;* ~ **d'afficher** verboden aan te plakken; ~ **de doubler** inhaalverbod **4** *(dent)* slagtand *nm*
défenseur *nm* **1** *(protecteur)* verdediger *nm (aussi jur.)* **2** *(partisan)* voorvechter *nm*
défensif *adj* verdedigend; **la défensive** de afwerende houding; **être sur la défensive** een afwachtende houding aannemen
déférence *nf* respect *het;* **par** ~ **pour** uit eerbied voor
déferlement *nm* **1** *(de vagues)* branding *nf* **2** *(d'une foule)* (het) toestromen
déferler *vi* **1** *(se briser)* breken **2** *(se précipiter)* toestromen
défi *nm* uitdaging *nf;* **mettre qn au** ~ **de faire qch** iem tarten iets te doen; **lancer un** ~ **à qn** iem uitdagen; **relever le** ~ de uitdaging aannemen
défiance *nf* argwaan *nm*

défiant *adj* argwanend
déficience *nf* **1** *(insuffisance)* onvolwaardigheid *nf* **2** *(faiblesse)* gebrek *het*
déficient *adj* gebrekkig
déficit *nm* tekort *het*
déficitaire *adj* **1** *(qui est en déficit)* deficitair **2** *(insuffisant)* onvoldoende
défier[1] *vt* **1** *(provoquer)* uitdagen; ~ **qn aux échecs** iem tot een partij schaak uitdagen **2** *(narguer)* tarten; **je te défie de résoudre cette énigme** ik wed dat je dit raadsel niet op kunt lossen **3** *(braver)* trotseren **4** *(résister à)* kunnen doorstaan; **prix défiant toute concurrence** spotprijzen
se défier[2] **(de)** *vpr (se méfier de)* wantrouwen
défigurer *vt* **1** *(enlaidir)* verminken **2** *(dénaturer)* verdraaien
défilé *nm* **1** *(géo.)* bergengte *nf* **2** *(cortège)* optocht *nm*, stoet *nm;* ~ **de mode** modeshow
défiler[1] *vi* **1** *(marcher en file)* voorbijtrekken **2** *(se succéder)* elkaar opvolgen ♦ **faire** ~ **qch** iets afdraaien
se défiler[2] *vpr (se dérober)* zich drukken
défini *adj* **1** *(caractérisé)* omschreven; **article** ~ bepaald lidwoord **2** *(précis)* vastgesteld, bepaald
définir *vt* **1** *(un mot)* definiëren, omschrijven **2** *(caractériser)* beschrijven **3** *(déterminer)* nader bepalen
définitif *adj* definitief ♦ **en définitive** ten slotte, uiteindelijk
définition *nf* **1** *(d'un mot)* definitie *nf;* **par** ~ uit de aard der zaak **2** *(description)* beschrijving *nf*
déflagration *nf* ontploffing *nf*
déflation *nf* deflatie *nf*
défoncé *adj* **1** *(abîmé)* ingedeukt **2** *(route)* hobbelig
défoncer[1] *vt* **1** *(abîmer)* zwaar beschadigen, *(route)* stukrijden, *(porte)* intrappen **2** *(droguer)* doen trippen
se défoncer[2] *vpr (se droguer)* trippen (op)
déformation *nf* vervorming *nf* ♦ ~ **professionnelle** beroepsdeformatie
déformer[1] *vt* vervormen; **chaussée déformée** slecht wegdek
se déformer[2] *vpr* vervormen
défouler[1] *vt* afreageren
se défouler[2] *vpr* **1** *(sur qn)* zich afreageren (op) **2** *(faire le fou)* zich uitleven
se défraîchir *vpr* zijn frisheid verliezen
défrayer *vt* vrijhouden
défricher *vt* ontginnen *(aussi au fig.)*
défriser *vt* **1** *(cheveux)* ontkrullen **2** *(contrarier)* dwarszitten
défroisser *vt* gladstrijken
défunt *adj* overleden; **le, la ~(e)** de overledene
dégagé *adj* **1** *(vue)* vrij, *(ciel)* helder, *(front)* bloot **2** *(nonchalant)* los
dégagement *nm* **1** *(promesse)* (het) inlossen **2** *(déblaiement)* vrijmaking *nf* **3** *(sport)* verre bal *nm* **4** *(passage)* doorloop *nm* **5** *(chim.)* (het) vrijkomen
dégager[1] *vt* **1** *(sa responsabilité)* afwijzen **2** *(délivrer)* bevrijden (uit) **3** *(vêtements)* vrijlaten **4** vrijmaken **5** *(gaz)* afgeven **6** *(abstr.) (extraire de)* trekken (uit), halen (uit); ~ **l'idée principale** het belangrijkste idee naar voren halen **7** *(+ de) (d'une obligation)* ontheffen (van) **8** *(espace)* vrijmaken (van) ♦ **allons, dégagez!** doorlopen a.u.b.!
se dégager[2] *vpr* **1** *(se délivrer)* zich losmaken (uit) **2** *(d'une obligation)* zich onttrekken (aan) **3** *(s'éclaircir)* opklaren **4** *(+ de) (émaner)* vrijkomen (uit) **5** *(+ de) (se faire jour)* blijken (uit) *(aussi impers.)*
dégainer *vt* uit de holster trekken, *(sans objet direct)* zijn wapen trekken
dégarnir[1] *vt* leeghalen
se dégarnir[2] *vpr* **1** *(perdre ses cheveux)* kaler worden **2** *(se vider)* leeglopen
dégât *nm* schade *de (sing.);* **constater les ~s** de schade opnemen; **faire des ~s** schade aanrichten; **limiter les ~s** het ergste vermijden
dégel *nm* dooi *nm (aussi au fig.);* **le temps est au** ~ er zit dooi in de lucht
dégeler[1] *vi* ontdooien; **faire** ~ **qch** iets laten ontdooien
dégeler[2] *vt* **1** *(faire fondre)* ontdooien **2** *(dérider)* ontspannen **3** *(débloquer)* vrijgeven
se dégeler[3] *vpr (se détendre)* ontdooien
dégénérer (en) *vi* ontaarden (in)
dégivrer *vt* ontdooien
déglinguer *vt* mollen
dégonflé *adj* leeg, lek *(suite à une crevaison)* ♦ **le, la ~(e)** de schijter
dégonfler[1] *vt* laten leeglopen ♦ ~ **les prix** de prijzen doen dalen
se dégonfler[2] *vpr* **1** *(pneu)* leeglopen **2** *(avoir peur)* terugkrabbelen
dégorger *vi* ♦ **faire** ~ **qch** iets laten uitlekken
dégot(t)er *vt* opduikelen
dégouliner *vi* (af)druipen
dégourdi *adj* bijdehand, pienter; **c'est un(e) ~(e)** dat is een bijdehandje
dégourdir[1] *vt* **1** *(détendre)* minder stijf maken **2** *(délurer)* vlotter maken
se dégourdir[2] *vpr (se libérer)* loskomen ♦ **se** ~ **les jambes** even de benen strekken
dégoût *nm* **1** *(+ de) (écœurement)* walging (voor) *nf* **2** *(+ de) (aversion)* afkeer (van) *nm* **3** *(lassitude)* lusteloosheid *nf*
dégoûtant *adj* walgelijk; **le, la ~(e)** de viezerik
dégoûté *adj* **1** *(difficile)* overdreven kieskeurig; **faire le** ~ kieskeurig zijn **2** *(écœuré)* afkerig **3** *(las de)* moe (van); **être** ~ **de la vie** het leven beu zijn
dégoûter (de) *vt (ôter l'envie de)* doen walgen (van); *(fig.)* **ah, ça me dégoûte!** getver!; ~ **qn de qch** iem van iets afkerig maken
dégradation *nf* **1** *(dégâts)* beschadiging *nf;* ~ **de l'environnement** milieubederf **2** *(aggravation)* verslechtering *nf* **3** *(destitution)* degradatie *nf*

dégrader[1] *vt* **1** *(destituer)* degraderen **2** *(endommager)* beschadigen **3** laten uitvloeien; **teinte dégradée** verwassen kleur
se dégrader[2] *vpr* **1** *(se détériorer)* vervallen **2** *(s'abaisser)* zich verlagen ♦ **la situation se dégrade** de toestand wordt steeds erger
dégrafer *vt* loshaken
dégraisser *vt* **1** *(enlever la graisse)* ontvetten, *(viande)* het vet afscheppen van **2** *(nettoyer)* ontvlekken **3** *(personnel)* inkrimpen, *(sans objet direct)* afslanken
degré *nm* **1** *(échelon)* trede *de* **2** *(niveau; lien de parenté)* graad *nm*; ~ **alcoolique d'un vin** alcoholgehalte van een wijn; **brûlure du premier** ~ eerstegraadsverbranding; **à un certain** ~ tot op zekere hoogte; **au dernier** ~ in de hoogste graad, *(méd.)* in het laatste stadium; **les ~s de l'échelle sociale** de sporten van de maatschappelijke ladder; **enseignement du premier** ~ basisonderwijs; **au plus haut** ~ in de hoogste mate; **vin de 12 ~s** wijn met 12% alcohol **3** *(gradation)* gradatie *nf*; **par ~(s)** trapsgewijs
dégressif *adj* afnemend, degressief
dégrèvement *nm* belastingverlichting *nf*
dégringolade *nf* **1** *(chute)* tuimeling *nf* **2** *(fig.)* ↑ (het) ineenstorten
dégringoler[1] *vi* **1** *(tomber)* tuimelen (van ... af) **2** *(fig.)* kelderen
dégringoler[2] *vt* *(dévaler)* snel afdalen
dégriser *vt* ontnuchteren *(fig.)*
dégrossir *vt* **1** *(travailler)* ruw bewerken **2** *(ébaucher)* in grote lijnen ontwerpen **3** *(civiliser)* manieren bijbrengen aan
déguerpir *vi* zijn biezen pakken
dégueulasse *adj* **1** *(sale; pas bon)* smerig, vies **2** *(détestable)* klere-; **un temps** ~ pokkenweer; **c'est un** ~ het is een viezerik
déguisement *nm* vermomming *nf*; **sous un** ~ in een vermomming
déguiser[1] *vt* **1** *(+ en) (travestir en)* vermommen (als) **2** *(dissimuler)* verhullen
se déguiser[2] **(en)** *vpr (se travestir en)* zich vermommen (als)
dégustation *nf* (het) proeven; ~ **de vins** wijnproeverij
déguster *vt* **1** *(goûter)* proeven **2** *(savourer)* genieten van **3** *(encaisser)* op z'n donder krijgen, *(souffrir)* afzien
dehors[1] *nm* **1** *(extérieur)* buitenkant *nm*; **au** ~ aan de buitenkant **2** *(plur.) (aspect)* uiterlijk *het*; **sous les ~ de la religion** met de godsdienst als dekmantel
dehors[2] *adv* (er)buiten; **aller** ~ naar buiten gaan; **de** ~ van buiten; **dîner** ~ buitenshuis eten; *(fig.)* **rester en** ~ zich erbuiten houden; **en** ~ **de** buiten; **c'est en** ~ **du sujet** dat staat buiten de zaak; **être** ~ uit zijn *(sports)*, buiten zijn *(être en plein air)*; **mettre** ~ eruit trappen; **~!** eruit!
déjà *adv* **1** *(dès maintenant)* al, ↑ reeds **2** *(auparavant)* al eerder; **je vous ai ~ vu** ik heb u al eerder gezien **3** *(bien)* toch (al); **ce n'est ~ pas si mal** dat is toch zo slecht nog niet ♦ **comment s'appelle-t-il ~?** hoe heet hij ook alweer?
déjeuner[1] *nm* lunch *nm* ♦ **petit** ~ ontbijt
déjeuner[2] *vi* **1** *(prendre le petit déjeuner)* ontbijten **2** *(prendre le repas de midi)* lunchen
déjouer *vt* verijdelen
delà *adv* ♦ **au ~ de** verder dan, aan de andere kant van *(plus loin que, de l'autre côté de)*
délabré *adj* **1** *(en ruine)* bouwvallig **2** *(faible)* zwak
délabrement *nm* **1** *(ruine)* bouwvalligheid *nf* **2** *(mauvais état)* slechte staat *nm*
se délabrer *vpr* vervallen
délai *nm* **1** *(échéance)* termijn *nm*; **à bref** ~ binnenkort; **dans les plus brefs ~s** zo spoedig mogelijk; ~ **de livraison** levertijd; ~ **de préavis** opzegtermijn **2** *(prolongation)* uitstel *het*; ~ **de paiement** uitstel van betaling; **sans** ~ dadelijk ♦ **dans les ~s** op tijd
délaisser *vt* **1** *(abandonner)* verlaten, in de steek laten **2** *(négliger)* verwaarlozen
délassement *nm* ontspanning *nf*
délasser[1] *vt* ontspannen
se délasser[2] *vpr* zich ontspannen
délateur, -trice *n* verklik|ker, -ster *nm,f*
délavé *adj* verschoten
délayer *vt* **1** *(diluer)* verdunnen **2** *(fig.)* te uitvoerig uitleggen
delco® *nm* stroomverdeler *nm*
se délecter (de) *vpr* genieten (van)
délégation *nf* **1** *(procuration)* volmacht *de* **2** *(transmission)* overdracht *de* **3** *(groupe)* afvaardiging *nf*, delegatie *nf*
délégué *n* afgevaardigde *nm*; **~(e) syndical(e)** (vakbonds)vertegenwoordig(st)er
déléguer *vt* **1** *(charger d'une mission)* afvaardigen **2** *(transmettre)* overdragen
délestage *nm (circulation)* ontlasting *nf*; **itinéraire de** ~ alternatieve route
délester *vt* **1** *(décharger de son lest)* ballast uitwerpen uit **2** *(iron.) (voler qn)* lichter maken **3** *(décongestionner)* ontlasten
délibération *nf* **1** *(débat)* beraadslaging *nf*, *(Belg.)* deliberatie **2** *(décision)* besluit *het* ♦ **après mûre** ~ na rijp beraad
délibéré *adj* **1** *(intentionnel)* weloverwogen, opzettelijk **2** *(décidé)* vastberaden
délibérer *vi* **1** *(+ sur) (débattre de)* beraadslagen (over) **2** *(+ de) (décider de qch)* besluiten (over)
délicat *adj* **1** *(subtil)* verfijnd; **mets ~s** uitgelezen gerechten **2** *(léger)* zacht; **effleurer ~ement** licht aanraken **3** *(raffiné)* fijngevoelig **4** *(fragile)* teer; **peau ~e** gevoelige huid; **santé ~e** zwakke gezondheid **5** *(périlleux)* netelig
délicatesse *nf* **1** *(finesse)* verfijndheid *nf*; **les ~s** de lekkernijen **2** *(sensibilité)* fijngevoeligheid *nf* **3** *(discrétion)* tact *nm*; **avec** ~ tactvol; **manque de** ~ tactloosheid
délice *nm* genot *het*; **c'est un** ~ dit is verrukkelijk
délicieux *adj* heerlijk, verrukkelijk

délié *adj* **1** *(fin)* (rag)fijn **2** *(subtil)* schrander **3** *(souple)* soepel; **les doigts ~s** soepele vingers; **avoir la langue ~e** rap van tong zijn
délier *vt* **1** *(détacher)* losmaken; **~ la langue de qn** iem aan de praat krijgen **2** *(libérer de)* ontheffen (van)
délimitation *nf* afbakening *nf*
délimiter *vt* afbakenen
délinquance *nf* criminaliteit *nf;* **~ juvénile** jeugdcriminaliteit
délinquant *adj* misdadig; **le ~** de delinquent
délirant *adj* **1** *(démentiel)* krankzinnig; **c'est ~** dat is volkomen krankjorum **2** *(extravagant)* uitbundig
délire *nm* **1** *(divagation)* (het) ijlen **2** *(exaltation)* waanzin *nm;* **foule en ~** uitzinnige menigte
délirer *vi* **1** *(divaguer)* ijlen **2** *(perdre la tête)* buiten zichzelf zijn
délit *nm* vergrijp *het*, delict *het;* **en flagrant ~** op heterdaad
délivrance *nf* **1** *(soulagement)* bevrijding *nf* **2** *(remise)* afgifte *nf*
délivrer[1] *vt* **1** *(+ de) (débarrasser de)* bevrijden (van) **2** *(remettre)* afgeven
se délivrer[2] **(de)** *vpr* zich bevrijden (van)
déloger *vt* verdrijven
déloyal *adj* oneerlijk
delta *nm* delta *de*
deltaplane® *nm* deltavlieger *nm*
déluge *nm* **1** *(inondation biblique)* zondvloed *nm;* **ça remonte au ~** dat is zo oud als de weg naar Rome; **après nous le ~!** wie dan leeft die dan zorgt **2** *(torrent)* stortvloed *nm (aussi au fig.)*
déluré *adj* **1** *(débrouillard)* gewiekst **2** *(effronté)* brutaal
démagnétiser *vt* demagnetiseren
démagogie *nf* volksmennerij *nf*
démagogique *adj* demagogisch
démagogue *n* demagoog, -goge *nm,f*, volksmenner *nm*
demain *adv* morgen; **à ~** tot morgen; **~ il fera jour** morgen is er weer een dag; **ce n'est pas ~ la veille** het duurt nog wel even voor het zover is
demande *nf* **1** *(souhait)* verzoek *het;* **à la ~ générale** op algemeen verzoek; **~ d'asile** asielaanvraag; **~ d'emploi** sollicitatie; **~s d'emploi** personeel aangeboden *(annonces);* **~ en mariage** huwelijksaanzoek **2** *(requête écrite)* verzoekschrift *het* **3** *(jur.)* eis (tot) *nm*
demandé *adj* veelgevraagd
demander[1] *vt* **1** *(prier; interroger)* vragen; **il ne demande qu'à jouer** hij doet niets liever dan spelen; **~ (après) qn** naar iem vragen; **~ son chemin** naar de weg vragen; **il te demande de venir** hij verzoekt je om te komen; **je ne demande pas mieux** ik wil niets liever; **je vous demande pardon** neem me niet kwalijk; **il a demandé si tu pouvais venir** hij heeft gevraagd of je kon komen; **on vous demande** er is iem voor u **2** *(réclamer)* eisen; **il ne faut pas lui en ~ trop** men kan niet te veel van hem, haar verwachten **3** *(postuler)* solliciteren naar
se demander[2] *vpr (s'interroger)* zich afvragen; **je me demande si je dois accepter** ik vraag me af, of ik dat moet aannemen
demandeur, -deuse *n* ♦ **~ d'asile** asielzoeker; **~ d'emploi** werkzoekende
démangeaison *nf* **1** *(concr.)* jeuk *nm (sans art.; sing.)* **2** *(abstr.)* kriebels (om) *plur*
démanger *vi* jeuken *(aussi au fig.)*
démantèlement *nm* ontmanteling *nf*
démanteler *vt* **1** *(remparts)* ontmantelen **2** *(détruire)* afbreken
démaquillant *nm* gezichtsreiniger *nm*
démaquiller[1] *vt* de make-up verwijderen van, afschminken *(au spectacle)*
se démaquiller[2] *vpr* de make-up van zijn gezicht halen, zich afschminken *(au spectacle)*
démarcation *nf* afbakening *nf*
démarche *nf* **1** *(allure)* gang *nm* **2** *(attitude)* houding *nf* **3** *(cheminement)* voortgang *nm* **4** *(sollicitation)* stap *nm;* **faire des ~s** stappen ondernemen
démarquer[1] *vt* **1** *(dégriffer)* van zijn merk ontdoen **2** *(solder)* afprijzen
se démarquer[2] *vpr* **1** *(+ de) (prendre ses distances)* zich (willen) onderscheiden (van) **2** *(sports)* zich vrijspelen
démarrer[1] *vi* **1** *(commencer à rouler)* starten **2** *(partir)* vertrekken **3** *(sports) (accélérer)* demarreren
démarrer[2] *vt* starten
démarreur *nm* starter *nm*
démasquer *vt* ontmaskeren *(aussi au fig.)*
démêlé *nm* geschil *het;* **avoir des ~s avec la justice** met de justitie in aanraking komen
démêler *vt* ontwarren *(aussi au fig.);* **~ les cheveux** het haar uit de knoop halen
déménagement *nm* verhuizing *nf;* **camion de ~** verhuiswagen
déménager[1] *vi* **1** *(changer de logement)* verhuizen **2** *(déraisonner)* onzin uitslaan; **tu déménages** je bent niet goed wijs
déménager[2] *vt* verhuizen
déménageur *nm* verhuizer *nm*
démence *nf* **1** *(méd.)* krankzinnigheid *nf* **2** *(fig.)* waanzin *nm*
se démener *vpr* **1** *(s'agiter)* tekeergaan **2** *(se décarcasser)* zich afmatten
dément *adj* **1** *(méd.)* krankzinnig; **le, la ~(e)** de krankzinnige **2** *(insensé)* onzinnig **3** *(génial)* geweldig
démenti *nm* loochening *nf;* **opposer un ~ à** loochenen
démentiel *adj* **1** *(méd.)* krankzinnig **2** *(absurde)* waanzinnig
démentir *vt* **1** *(contredire)* tegenspreken **2** *(nier)* ontkennen **3** *(infirmer)* logenstraffen
se démerder *vpr* ↑ het zelf wel uitzoeken; **démerde-toi!** zoek het (zelf) maar uit!
démesure *nf* mateloosheid *nf*

démesuré *adj* **1** *(énorme)* bovenmatig groot **2** *(sans borne)* mateloos
démettre[1] *vt* **1** *(déboîter)* ontwrichten **2** *(+ de) (destituer de)* ontheffen (van)
se démettre[2] *vpr (démissionner)* ontslag nemen ♦ **se ~ l'épaule** zijn schouder ontwrichten
demeurant *nm* ♦ **au ~** overigens
demeure *nf* huis *het*, verblijf *het* ♦ **à ~** voorgoed; **mettre qn en ~ de** iem aanmanen om
demeuré *adj* **1** *(retardé)* achterlijk **2** *(bête)* imbeciel
demeurer *vi* **1** *(rester)* blijven; **en ~ là** het daarbij laten **2** *(habiter)* wonen; **~ chez qn** bij iem (in huis) wonen; **il demeure rue Molière** hij woont in de rue Molière **3** *(continuer d'exister)* blijven bestaan
demi[1] *adj* half; **un an et ~** anderhalf jaar, **deux heures et ~e** half drie; **à la ~e** om half; **la ~e sonne** het halve uur slaat; **la ~e de cinq heures** half zes; *(sports)* **le ~** de middenvelder; **un ~** een pilsje
demi[2] *adv* half; **à ~** half
demi-centre *nm* middenvelder *nm*
demi-cercle *nm* halve cirkel *nm;* **en (forme de) ~** halfrond
demi-douzaine *nf* half dozijn *het*
demi-finale *nf* halve finale *de*
demi-frère *nm* halfbroer *nm*
demi-heure *nf* half uur *het*
demi-jour *nm* schemerlicht *het*
demi-journée *nf* halve dag *nm*
démilitariser *vt* demilitariseren
demi-mesure *nf* halve maatregel *nm*
demi-mot *nm* half woord *nm;* **comprendre à ~** maar een half woord nodig hebben
demi-pension *nf* **1** *(à l'hôtel)* half pension *het* **2** *(à l'école)* (het) overblijven tussen de middag
demi-saison *nf* **1** *(printemps)* voorjaar *het;* **vêtement de ~** demi(-saison) **2** *(automne)* najaar *het*
demi-sel *adj* lichtgezouten
demi-sœur *nf* halfzus *nf*
démission *nf* **1** *(action de se démettre de ses fonctions)* ontslag *het;* **lettre de ~** ontslagbrief **2** *(abandon)* (het) opgeven
démissionner *vi* **1** *(donner sa démission)* aftreden **2** *(abandonner)* het opgeven
demi-ton *nm* halve toon *nm*
demi-tour *nm* halve draai *nm;* **faire ~** omkeren, rechtsomkeert maken
démobiliser *vt* demobiliseren
démocrate *n* demo|craat, -crate *nm,f;* **esprit ~** democratisch denkend mens
démocratie *nf* democratie *nf*
démocratique *adj* democratisch
démocratiser *vt* democratiseren
démodé *adj* ouderwets
se démoder *vpr* uit de mode raken
démographie *nf* demografie *nf*
démographique *adj* bevolkings-
demoiselle *nf* **1** *(jeune fille)* juffrouw *nf;* **~ d'honneur** bruidsmeisje **2** *(iron.)* (jonge)dame *nf*
démolir *vt* **1** *(détruire)* afbreken **2** *(anéantir)* vernietigen; **~ (la santé de) qn** iemands gezondheid verwoesten **3** *(battre)* verbouwen; **~ (le portrait à) qn** iem op zijn facie geven **4** *(critiquer)* afkraken
démolition *nf* **1** *(construction)* sloop *nm* **2** *(fig.)* vernietiging *nf*
démon *nm* **1** *(diable)* duivel *nm;* **~ du jeu** spelduivel; **le ~** Satan **2** *(génie)* geest *nm;* **c'est son mauvais ~** het is zijn kwade genius
démoniaque *adj* **1** *(habité du démon)* van de duivel bezeten **2** *(diabolique)* duivels
démonstratif *adj* **1** *(ling.)* aanwijzend **2** *(expansif)* mededeelzaam
démonstration *nf* **1** *(raisonnement)* bewijs *het*, bewijsvoering *nf* **2** *(manifestation)* uiting *nf* **3** *(expérience)* demonstratie *nf*
démonter[1] *vt* **1** *(déconcerter)* van zijn stuk brengen **2** *(défaire)* demonteren, *(tente)* afbreken
se démonter[2] *vpr* **1** *(être dérouté)* in de war raken **2** *(se défaire)* gedemonteerd kunnen worden
démontrer *vt* **1** *(prouver)* bewijzen **2** *(indiquer)* laten zien
démoralisation *nf* ontmoediging *nf*
démoraliser[1] *vt* demoraliseren
se démoraliser[2] *vpr* ontmoedigd raken
démordre (de) *vi* ♦ **ne pas ~ de qch** aan iets vasthouden
démouler *vt* uit z'n vorm nemen
démunir (de) *vt* ontdoen (van); **être complètement démuni** helemaal blut zijn
démystifier *vt* ontluisteren
dénatalité *nf* daling *nf* van het geboortecijfer
dénaturé *adj* **1** *(dépravé)* ontaard **2** *(indus.)* gedenatureerd
dénaturer *vt* **1** *(déformer)* verdraaien **2** *(altérer)* doen bederven
dénicher *vt* **1** *(découvrir)* opsporen **2** *(oiseau)* uit het nest halen
dénier *vt* **1** *(nier)* ontkennen **2** *(+ à) (refuser à)* weigeren (aan)
dénigrer *vt* denigreren
dénivellation *nf* hoogteverschil *het*
dénombrer *vt* tellen
dénominateur *nm* noemer *nm; (aussi au fig.)* **~ commun** grootste gemene deler
dénomination *nf* benaming *nf*
dénommer *vt* (be)noemen
dénoncer *vt* **1** *(protester)* aan de kaak stellen **2** *(accuser)* verklikken **3** *(rompre)* opzeggen
dénonciation *nf* **1** *(accusation)* (het) verklikken **2** *(rupture)* opzegging *nf*
dénoter *vt* aanduiden, duiden op
dénouement *nm* ontknoping *nf*
dénouer[1] *vt* **1** *(détacher)* losknopen **2** *(résoudre)* oplossen
se dénouer[2] *vpr* **1** *(se détacher)* losgaan **2** *(se résoudre)* opgelost worden
dénoyauter *vt* ontpitten
denrée *nf* eetwaar *de;* **~s alimentaires** levensmiddelen; *(fig.)* **une ~ rare** een zeldzaamheid

dense *adj* **1** *(compact)* dicht **2** *(concis)* beknopt
densité *nf* dichtheid *nf*
dent *nf* tand *nm;* **avoir la** ~ honger hebben; **avoir une** ~ **contre qn** gebeten zijn op iem; **mordre à belles ~s dans** lekker happen in; **claquer des ~s** klappertanden; **ne pas desserrer les ~s** geen mond opendoen; **parler entre ses ~s** binnensmonds praten; **faire ses ~s** tanden krijgen; **grincer des ~s** knarsetanden; **avoir les ~s longues** *(fig.)* erg ambitieus zijn; ~ **de sagesse** verstandskies, wijsheidstand *(n.B.);* **en ~s de scie** getand, *(fig.)* met ups en downs; **serrer les ~s** de tanden op elkaar zetten; **n'avoir rien à se mettre sous la** ~ niets te eten hebben; **être sur les ~s** op zijn tandvlees lopen
dentaire *adj* **1** *(relatif aux dents)* tand- **2** *(relatif aux soins des dents)* tandheelkundig; **chirurgie** ~ tandheelkunde
dentelé *adj* gekarteld
dentelle *nf* kant *nm*
dentier *nm* kunstgebit *het*
dentifrice *nm* tandpasta *de*
dentiste *n* tandarts *nm*
dénudé *adj* **1** *(à nu)* naakt **2** *(chauve)* kaal
dénuder *vt* ontbloten; ~ **qn** iem ontkleden
dénué (de) *adj* ontdaan (van); ~ **de fondement** uit de lucht gegrepen; ~ **d'intérêt** oninteressant; ~ **de sens** zinloos
dénuement *nm* gebrek *het*
déodorant *adj* reukverdrijvend; **le** ~ de deodorant
dépannage *nm* **1** *(réparation)* reparatie *nf, (Belg.)* depannage *nf;* **voiture de** ~ takelauto **2** *(aide)* hulp *de* in nood, *(Belg.)* depannage *nf*
dépanner *vt* **1** *(réparer)* repareren **2** *(aider)* uit de brand helpen
dépanneur *nm* reparateur *nm*
dépanneuse *nf* kraanwagen *nm*
dépareillé *adj* onvolledig
départ *nm* **1** *(action de partir)* vertrek *het;* **le** ~ **d'un bateau** de afvaart van een boot; **tableau des ~s** bord met vertrektijden **2** *(sports)* start *nm;* **donner le** ~ het startsein geven **3** *(démission)* (het) aftreden **4** *(commencement)* begin *het;* **au** ~ in het begin; **dès le** ~ van meet af aan; **le point de** ~ het uitgangspunt
départager *vt* **1** *(des suffrages, des gagnants, etc.)* de doorslag geven tussen **2** *(choisir entre)* beslissen tussen
département *nm* **1** *(ministère; division du territoire)* departement *het* **2** *(secteur)* afdeling *nf*
départemental *adj* departementaal; **route ~e** B-weg
dépassé *adj* **1** *(démodé)* achterhaald **2** *(débordé)* overstelpt
dépassement *nm* **1** *(véhicule)* (het) inhalen **2** *(excès)* overschrijding *nf*
dépasser[1] *vi (déborder)* uitsteken; **ton jupon dépasse** je onderrok komt er onderuit
dépasser[2] *vt* **1** *(doubler)* passeren **2** *(être plus grand que)* groter zijn dan; **il me dépasse d'une bonne tête** hij is meer dan een hoofd groter dan ik **3** *(surpasser)* overtreffen **4** *(franchir)* overschrijden ♦ **cela me dépasse** dat gaat me boven de pet; **être dépassé par les événements** de situatie niet meer aankunnen; **avoir dépassé la trentaine** de dertig gepasseerd zijn
se dépasser[3] *vpr (se surpasser)* zichzelf overtreffen
dépaysé *adj* ontheemd, onwennig; **se sentir** ~ zich als een kat in een vreemd pakhuis voelen
dépaysement *nm* **1** *(désorientation)* onwennigheid *nf* **2** *(changement)* andere omgeving *nf*
dépecer *vt* **1** *(mettre en morceaux)* kleinsnijden **2** *(démembrer)* verbrokkelen
dépêche *nf* **1** *(télégramme)* telegram *het* **2** *(information)* bericht *het*
dépêcher[1] *vt* afvaardigen; ~ **un ambassadeur auprès du ministre** een ambassadeur naar de minister toesturen
se dépêcher[2] *vpr* zich haasten; **dépêche-toi de manger tes épinards** eet vlug je spinazie op
dépeindre *vt* afschilderen
dépendance *nf* **1** *(sujétion)* afhankelijkheid *nf* **2** *(bâtiment)* bijgebouw *het* **3** *(d'un toxicomane)* (drugs)verslaving *nf*
dépendant (de) *adj* afhankelijk (van)
dépendre[1] **(de)** *vi* **1** *(reposer sur)* afhangen (van); **cela dépend** dat hangt ervan af **2** *(faire partie de)* deel uitmaken (van) **3** *(être sous la dépendance de)* afhankelijk zijn (van)
dépendre[2] *vt (décrocher)* afhaken
dépens *nm* kosten *plur;* **à mes** ~ op mijn kosten; **apprendre qch à ses** ~ leergeld voor iets betalen
dépense *nf* **1** *(action de dépenser; somme dépensée)* uitgave *de;* **~s publiques** overheidsuitgaven; **ne pas regarder à la** ~ niet op geld kijken **2** *(usage)* gebruik *het;* ~ **physique** lichamelijke inspanning
dépenser[1] *vt* **1** *(débourser)* uitgeven **2** *(consommer)* verbruiken **3** *(+ à) (consacrer à)* gebruiken (voor)
se dépenser[2] *vpr (faire des efforts)* zich inspannen
dépensier *adj* verkwistend
déperdition *nf* verlies *het*
dépérir *vi* **1** *(s'affaiblir)* (weg)kwijnen **2** *(péricliter)* te gronde gaan
dépérissement *nm* **1** *(affaiblissement)* (het) wegkwijnen **2** *(décadence)* verval *het*
dépêtrer[1] **(de)** *vt* bevrijden (uit)
se dépêtrer[2] **(de)** *vpr* zich bevrijden (uit)
dépeuplement *nm* ontvolking *nf*
dépeupler[1] *vt* ontvolken
se dépeupler[2] *vpr* leeglopen
dépilatoire *adj* ontharend; **le** ~ het ontharingsmiddel
dépistage *nm* opsporing *nf, (d'une maladie)* herkenning *nf*

dépister *vt* op 't spoor komen
dépit *nm* ontgoocheling *nf* ♦ **en ~ de** in weerwil van; **faire qch en ~ du bon sens** iets zeer slecht aanpakken
dépité *adj* verongelijkt
déplacé *adj* **1** *(bougé)* verplaatst **2** *(inopportun)* misplaatst
déplacement *nm* **1** *(action de déplacer)* verplaatsing *nf* **2** *(mutation)* overplaatsing *nf* **3** *(voyage)* reis *de;* **être en ~** op (zaken)-reis zijn; **cela vaut le ~** het is wel een reisje waard
déplacer[1] *vt* **1** *(changer de place)* verplaatsen **2** *(faire changer de poste)* overplaatsen
se déplacer[2] *vpr (bouger)* zich verplaatsen; **sans se ~** zonder van zijn plaats te komen
déplaire[1] *vi* tegenstaan; **cela ne me déplairait pas** dat zou ik best willen
se déplaire[2] *vpr* zich niet thuis voelen
déplaisant *adj* **1** *(antipathique)* onsympathiek **2** *(embêtant)* ergerlijk
dépliant *nm* folder *nm*
déplier[1] *vt* openvouwen
se déplier[2] *vpr* zich ontvouwen
déploiement *nm* **1** *(milit.)* opstelling *nf* **2** *(démonstration)* vertoon *het*
déplorable *adj* **1** *(lamentable)* deerniswekkend **2** *(regrettable)* betreurenswaardig
déplorer *vt* betreuren
déployer *vt* **1** *(ouvrir)* uitvouwen **2** *(milit.)* opstellen **3** *(montrer)* tentoonspreiden
dépolluer *vt* zuiveren
déportation *nf* deportatie *nf*
déporté, -ée *n* gedeporteerde *nm*
déporter *vt* **1** *(exiler)* deporteren **2** *(dévier)* uit de richting brengen
déposer[1] *vi* **1** *(jur.)* een getuigenis afleggen **2** *(chim.)* neerslaan
déposer[2] *vt* **1** *(poser)* neerzetten; **défense de ~ des ordures** verboden vuil te storten; **~ qn à la gare** iem bij het station afzetten **2** *(mettre en dépôt)* in bewaring geven; **~ de l'argent à la banque** geld op de bank zetten; **marque déposée** gedeponeerd handelsmerk; **~ une plainte** een klacht indienen
se déposer[3] **(sur)** *vpr (poussière)* bezinken (op)
dépositaire *n* bewaarder, bewaarster *nm,f;* **~ d'une marque** alleenvertegenwoordiger van een merk ♦ **~ d'un secret** ingewijde in een geheim
déposition *nf* getuigenis *het/de (f)*
déposséder (de) *vt* onteigenen (van)
dépôt *nm* **1** *(action de déposer)* neerlegging *nf* **2** *(mise en lieu sûr)* (het) deponeren, storting *nf (d'argent)*, deponering *nf (d'une marque)*, (het) in bewaring geven *(de bagages, de vêtements);* **~ de bilan** faillissementsaanvrage; **mettre qch en ~** iets in bewaring geven **3** *(argent déposé)* deposito *het* **4** *(garantie)* borgstelling *nf* **5** *(entrepôt)* opslagplaats *de* **6** *(de particules solides)* afzetting *nf;* **~ de vin** wijnbezinksel **7** *(prison)* huis *het* van bewaring; **conduire qn au ~** iem in verzekerde bewaring stellen
dépotoir *nm* vuilstortplaats *de*
dépouille *nf* huid *de* ♦ **~ (mortelle)** stoffelijk overschot
dépouillé *adj* **1** *(dénudé)* kaal **2** *(sobre)* sober
dépouillement *nm* **1** *(sobriété)* soberheid *nf* **2** *(examen)* (nauwkeurig) onderzoek *het;* **le ~ du scrutin** het tellen van de stemmen
dépouiller *vt* **1** *(+ de) (déposséder)* beroven (van) **2** *(analyser)* onderzoeken; **~ un scrutin** de stemmen tellen **3** *(dépiauter)* stropen, villen **4** *(dégarnir de)* ontdoen van
dépourvu (de) *adj* ontdaan (van); **~ de sens** zinloos ♦ **au ~** onverwacht; **vous me prenez au ~** u overvalt me
dépoussiérer *vt* **1** *(épousseter)* stofvrij maken **2** *(renouveler)* vernieuwen
dépravation *nf* verdorvenheid *nf*
dépraver *vt* verderven
dépréciation *nf* **1** *(perte de valeur)* waardevermindering *nf* **2** *(dénigrement)* (het) geringschatten
déprécier[1] *vt* **1** *(dénigrer)* geringschatten **2** *(dévaloriser)* in waarde doen dalen
se déprécier[2] *vpr (perdre de sa valeur)* in waarde dalen
dépressif *adj* depressief
dépression *nf* depressie *nf (aussi psycho.);* **~ barométrique** daling van de barometer
déprimant *adj* deprimerend
déprimer *vt* **1** *(abaisser)* indrukken **2** *(décourager)* deprimeren
depuis *prép* **1** *(temps)* sinds; **~ lors** sindsdien; **~ le matin jusqu'au soir** van 's morgens vroeg tot 's avonds laat; **~ peu** sinds korte tijd; **~ qu'il est parti** sinds hij vertrokken is; **~, nous sommes heureux** sindsdien zijn we gelukkig **2** *(espace; rang, quantité)* van(af), *(Belg.)* vanop
député *nm* **1** *(délégué)* afgevaardigde *nm* **2** *(parlementaire)* kamerlid *het (m), het (f)*
déraciné, -ée *n* ontheemde *nm*
déraciner *vt* **1** *(arracher)* ontwortelen *(aussi au fig.)* **2** *(détruire)* uitroeien
déraillement *nm* **1** *(action de sortir des rails)* ontsporing *nf* **2** *(divagation)* (het) raaskallen
dérailler *vi* **1** *(sortir des rails)* ontsporen **2** *(divaguer)* raaskallen
dérailleur *nm* derailleur *nm*
dérangement *nm* **1** *(dérèglement)* storing *nf;* **le téléphone est en ~** de telefoon is defect **2** *(gêne)* hinder *nm* **3** *(désordre)* wanorde *de*
déranger[1] *vt* **1** *(bouleverser)* in de war brengen **2** *(dérégler)* ontregelen; **avoir l'esprit dérangé** niet goed bij zijn verstand zijn; **avoir l'estomac dérangé** last van zijn maag hebben **3** *(importuner)* storen; **excusez-moi de vous ~ un instant** mag ik u even storen
se déranger[2] *vpr (se bouger)* zich moei-

te geven; **ne vous dérangez pas** doet u geen moeite

dérapage *nm* (het) slippen; ~ **contrôlé** gecontroleerde slip

déraper *vi* **1** *(glisser)* slippen **2** *(fig.)* uit de hand lopen

déréglé *adj* **1** *(perturbé)* ontregeld **2** *(débridé)* losbandig

dérégler¹ *vt* ontregelen

se dérégler² *vpr* slecht lopen

dérider¹ *vt* opvrolijken

se dérider² *vpr* vrolijk worden

dérision *nf* **1** *(ironie)* spot *nm;* **tourner en** ~ belachelijk maken **2** *(chose insignifiante)* belachelijk iets; **c'est une ~!** dat is bespottelijk!

dérisoire *adj* bespottelijk; **prix** ~ spotprijs

dérivation *nf* aftakking *nf*

dérive *nf* afdrijving *nf;* **en** ~ op drift

dérivé (de) *adj* afgeleid (van); **le** ~ het derivaat

dériver¹ *vi* **1** *(être déporté)* afdrijven **2** *(+ de) (provenir)* afgeleid zijn (van)

dériver² *vt (dévier)* omleggen

dermatologue *n* huidarts *nm*

dernier *adj* **1** *(ultime)* laatst; **ce** ~ deze laatste; **en** ~ als laatste; **la petite dernière** de jongste; **le** ~ de laatste **2** *(le plus haut)* hoogst; **être de la dernière importance** uiterst belangrijk zijn **3** *(le plus bas)* laagst; **être le ~ de la classe** de slechtste van de klas zijn **4** *(le plus récent)* vorig; **mercredi** ~ afgelopen woensdag; **ces ~s temps** de laatste tijd

dernièrement *adv* onlangs

dernier-né, dernière-née *n* laatstgeborene *nm*

dérobade *nf* uitvlucht *de*

dérobé *adj* **1** *(volé)* gestolen **2** *(secret)* verborgen

dérobée ♦ **à la** ~ tersluiks

dérober¹ *vt* **1** *(subtiliser)* ontvreemden **2** *(extorquer)* ontfutselen **3** *(cacher)* onttrekken

se dérober² *vpr* **1** *(manquer)* wegzinken; **mes jambes se dérobent sous moi** mijn benen weigeren dienst **2** *(+ à) (se soustraire)* zich onttrekken (aan); **se ~ aux regards de qn** iemands blik ontwijken

dérogation *nf* afwijking *nf*

dérouiller¹ *vt* **1** *(redonner de l'exercice)* lenig maken **2** *(battre)* afrossen

se dérouiller² *vpr* ♦ **se ~ les jambes** zich wat vertreden

déroulement *nm* **1** *(fil)* (het) afwikkelen **2** *(rouleau)* (het) afrollen **3** *(enchaînement)* verloop *het*

dérouler¹ *vt* **1** *(fil)* afwinden **2** *(rouleau)* afrollen

se dérouler² *vpr* **1** *(se déployer)* afrollen **2** *(se passer)* zich afspelen

déroutant *adj* verwarrend

déroute *nf* **1** *(fuite)* aftocht *nm* **2** *(déclin)* ondergang *nm*

dérouter *vt* **1** *(écarter de sa route)* van bestemming doen veranderen **2** *(désorienter)* in de war brengen

derrick *nm* boortoren *nm*

derrière¹ *nm* **1** *(arrière)* achterkant *nm;* **la porte de** ~ de achterdeur **2** *(postérieur)* achterste *het*

derrière² *prép* achter; **de** ~ van achter; **par** ~ achterlangs; **attaquer qn par** ~ iem in de rug aanvallen

dès *prép* **1** *(à partir de)* al vanaf, al bij; ~ **lors** sindsdien, *(conséquence)* dus; ~ **à présent** voortaan **2** *(déjà au moment de)* al bij; ~ **l'abord** onmiddellijk al; **il se lève ~ l'aube** al bij het ochtendgloren staat hij op **3** *(déjà à l'endroit de)* al bij; ~ **le seuil, on l'entendait** al bij de drempel hoorde je hem ♦ ~ **que** zodra

désabusé *adj* ontgoocheld

désaccord *nm* **1** *(différend)* onenigheid *nf;* **être en ~ avec qn sur qch** het met iem oneens zijn over iets **2** *(incompatibilité)* strijdigheid *nf*

désaccordé *adj* ontstemd

désaccoutumer¹ **(de)** *vt* afwennen

se désaccoutumer² **(de)** *vpr* afwennen

désactiver *vt (inform.)* deactiveren

désaffecté *adj* niet meer in gebruik

désagréable *adj* onaangenaam, naar

désagréger¹ *vt* uiteen doen vallen *(aussi au fig.)*

se désagréger² *vpr* uiteenvallen *(aussi au fig.)*

désagrément *nm* onaangenaamheid *nf*

désaltérant *adj* verfrissend

désaltérer¹ *vt* de dorst lessen van

se désaltérer² *vpr* zijn dorst lessen

désamorcer *vt* **1** *(enlever l'amorce de)* van z'n slaghoedje ontdoen, *(une mine)* demonteren **2** *(neutraliser)* neutraliseren

désappointé *adj* teleurgesteld

désappointement *nm* teleurstelling *nf*

désappointer *vt* teleurstellen

désapprobateur *adj* afkeurend

désapprobation *nf* afkeuring *nf*

désapprouver *vt* afkeuren

désarçonner *vt* **1** *(jeter à bas)* uit het zadel lichten **2** *(déconcerter)* van zijn stuk brengen

désarmant *adj* ontwapenend

désarmement *nm (milit.)* ontwapening *nf*

désarmer¹ *vi* **1** *(milit.)* ontwapenen **2** *(se calmer)* tot bedaren komen

désarmer² *vt* **1** *(milit.)* ontwapenen *(aussi au fig.)* **2** *(arme)* ontladen ♦ **être désarmé** weerloos zijn

désarroi *nm* verwarring *nf;* **en plein** ~ helemaal overstuur

désastre *nm* **1** *(catastrophe)* ramp *de* **2** *(échec)* fiasco *het*

désastreux *adj* vreselijk

désavantage *nm* nadeel *het;* **se montrer à son** ~ zich van zijn ongunstige kant laten zien

désavantager *vt* benadelen

désavantageux *adj* nadelig

désaveu *nm* **1** *(rétractation)* herroeping *nf* **2** *(reniement)* ontkenning *nf* **3** *(condamnation)* afkeuring *nf*

désavouer *vt* **1** *(rétracter)* herroepen

2 *(renier)* verloochenen **3** *(condamner)* afkeuren
désaxé *adj* (geestelijk) onevenwichtig; **le** ~ de geestelijk gestoorde
descendance *nf* nakomelingschap *nf*
descendant *adj* (af)dalend ♦ **le, la ~(e)** de afstammeling(e)
descendre[1] *vi* **1** *(aller vers le bas)* naar beneden gaan; ~ **d'un arbre** uit een boom klimmen; **la marée descend** het wordt eb **2** *(débarquer)* uitstappen, *(de vélo)* afstappen; ~ **à terre** aan land gaan; ~ **de la voiture** uit de auto stappen **3** *(aller vers)* gaan (naar, in); ~ **à l'hôtel** zijn intrek in een hotel nemen; ~ **dans la rue** de straat opgaan **4** *(+ de) (provenir)* afstammen (van) **5** *(+ jusqu'à) (s'abaisser)* zich verlagen (tot)
descendre[2] *vt* **1** *(aller vers le bas de)* afgaan, afdalen; ~ **(l'escalier) quatre à quatre** (de trap) afhollen **2** *(porter en bas)* naar beneden brengen **3** *(abattre)* neerschieten, omlaaghalen *(avion)*
descente *nf* **1** *(action d'aller vers le bas)* afdaling *nf* **2** *(d'un véhicule)* (het) uitstappen (uit) **3** *(milit.; jur.; sports)* inval *nm;* ~ **de police** huiszoeking **4** *(d'un avion)* landing *nf* **5** *(pente)* helling *nf* ♦ ~ **de lit** beddenkleedje
descriptif *adj* beschrijvend; **le** ~ de werktekening
description *nf* beschrijving *nf*
désemparé *adj* aangeslagen
désemparer *vi* ♦ **sans** ~ onverdroten
désenchanté *adj* ontgoocheld
désenchantement *nm* ontgoocheling *nf*
désenfler *vi* slinken
déséquilibre *nm* gebrek *het* aan evenwicht, *(Belg.)* onevenwicht *het*
déséquilibré *adj* onevenwichtig, labiel; **le, la ~(e)** de psychisch gestoorde
déséquilibrer *vt* uit zijn evenwicht brengen *(aussi psycho.)*
désert[1] *nm* **1** *(géo.)* woestijn *de* **2** *(lieu inhabité)* woestenij *nf*
désert[2] *adj* **1** *(vide)* uitgestorven **2** *(inhabité)* onbewoond
déserter[1] *vi (milit.)* deserteren
déserter[2] *vt* **1** *(abandonner)* verlaten **2** *(renier)* afvallen
déserteur *nm* **1** *(soldat)* deserteur *nm* **2** *(renégat)* afvallige *nm*
désertion *nf* **1** *(milit.)* (het) deserteren **2** *(abandon)* verzaking *nf*
désertique *adj* **1** *(du désert)* woestijn- **2** *(aride)* woestijnachtig
désespéré *adj* **1** *(personne)* wanhopig; **le, la ~(e)** de wanhopige **2** *(adv.) (avec acharnement)* hardnekkig **3** *(cas, situation)* hopeloos
désespérer[1] *vi* wanhopen; **je désespère de le revoir** ik heb alle hoop verloren hem nog terug te zien
désespérer[2] *vt* wanhopig maken
se désespérer[3] *vpr* wanhopig worden
désespoir *nm* wanhoop *de;* **en ~ de cause** ten einde raad
déshabiller[1] *vt* uitkleden
se déshabiller[2] *vpr* zich uitkleden
déshabituer[1] **(de)** *vt* ontwennen
se déshabituer[2] **(de)** *vpr* afleren
désherbant *nm* onkruidverdelger *nm*
désherber *vt* wieden
déshérité *adj* **1** *(privé d'héritage)* onterfd **2** *(défavorisé)* misdeeld; **le, la ~(e)** de misdeelde
déshériter *vt* **1** *(priver d'un héritage)* onterven **2** *(désavantager)* benadelen
déshonneur *nm* oneer *de*, schande *de*
déshonorer[1] *vt* onteren
se déshonorer[2] *vpr* zich te schande maken
déshydraté *adj* **1** *(sec)* ontwaterd, *(peau)* droog **2** *(assoiffé)* uitgedroogd
déshydrater[1] *vt* uitdrogen
se déshydrater[2] *vpr* uitdrogen
désignation *nf* **1** *(action de montrer)* aanduiding *nf* **2** *(nomination)* aanstelling *nf* **3** *(dénomination)* benaming *nf*
désigner *vt* **1** *(indiquer)* aanwijzen; ~ **qn du doigt** iem met de vinger aanwijzen; ~ **qn par son prénom** iem met zijn voornaam aanduiden **2** *(+ comme) (nommer)* aanstellen (als) **3** *(+ à) (destiner)* bestemmen (tot); **être tout désigné pour** de meest aangewezen persoon zijn om, voor
désillusion *nf* teleurstelling *nf*
désinfectant *nm* ontsmettingsmiddel *het*
désinfecter *vt* ontsmetten
désintégration *nf* **1** *(désagrégation)* ontbinding *nf* **2** *(phys.)* splijting *nf* **3** *(géo.)* verwering *nf* **4** *(destruction)* vernietiging *nf*
désintégrer[1] *vt* **1** *(désagréger)* ontbinden **2** *(phys.)* splijten
se désintégrer[2] *vpr (se désagréger)* uiteenvallen
désintéressé *adj* **1** *(généreux)* belangeloos **2** *(impartial)* onpartijdig
désintéressement *nm* belangeloosheid *nf*
désintoxication *nf* ontwenning *nf*
désintoxiquer[1] *vt* **1** *(méd.)* ontgiften **2** *(drogués)* doen afkicken
se désintoxiquer[2] *vpr* afkicken
désinvolte *adj* **1** *(dégagé)* ongedwongen **2** *(sans-gêne)* ongegeneerd
désinvolture *nf* **1** *(naturel)* ongedwongenheid *nf* **2** *(sans-gêne)* ongegeneerdheid *nf*
désir *nm* verlangen *het*
désirable *adj* **1** *(souhaitable)* wenselijk **2** *(attirant)* begeerlijk
désirer *vt* wensen; **se faire** ~ lang op zich laten wachten; **laisser à** ~ te wensen overlaten
désireux *adj* verlangend (naar, om); ~ **de plaire** die graag in de smaak wil vallen
désistement *nm* intrekking *nf* van kandidatuur
se désister *vpr* **1** *(+ de) (renoncer)* afzien (van) **2** *(se retirer)* zijn kandidatuur intrekken
désobéir (à) *vi* niet gehoorzamen (aan)
désobéissance *nf* ongehoorzaamheid *nf*
désobéissant *adj* ongehoorzaam

désobligeant *adj* onwelwillend
désodorisant *adj* reukverdrijvend; **le** ~ de luchtverfrisser
désœuvré *adj* niet actief; **le** ~ de nietsdoener
désœuvrement *nm* (het) nietsdoen; **par** ~ uit verveling
désolant *adj* bedroevend, troosteloos
désolé *adj* **1** *(affligé)* diepbedroefd; **je suis** ~ **de vous déranger** het spijt me dat ik u stoor **2** *(désert)* woest
désoler[1] *vt* diep bedroeven
se désoler[2] **(de)** *vpr* diep betreuren
désopilant *adj* hoogst vermakelijk
désordonné *adj* **1** *(négligent)* slordig **2** *(dissolu)* losbandig
désordre *nm* **1** *(absence d'ordre)* wanorde *de;* **en** ~ in de war, rommelig **2** *(confusion)* verwarring *nf* **3** *(plur.) (émeutes)* oproer *het (sing.)* ♦ *(sports)* **dans le** ~ in willekeurige volgorde
désorganisation *nf* verwarring *nf*
désorganiser[1] *vt* in de war sturen
se désorganiser[2] *vpr* in de war raken
désorienter *vt* **1** *(égarer)* doen verdwalen **2** *(déconcerter)* van zijn stuk brengen
désormais *adv* voortaan
désosser *vt* uitbenen, *(poisson)* fileren
despote *nm* despoot *nm (aussi au fig.);* **un mari** ~ een despotisch echtgenoot
despotique *adj* tiranniek *(aussi au fig.)*
dessécher[1] *vt* **1** *(rendre sec)* (uit)drogen **2** *(endurcir)* verharden
se dessécher[2] *vpr* **1** *(devenir sec)* uitdrogen **2** *(maigrir)* vermageren **3** *(s'endurcir)* verharden
dessein *nm* plan *het*, bedoeling *nf;* **à** ~ met opzet; **avoir des ~s secrets** iets in zijn schild voeren
desserrer[1] *vt* losmaken; ~ **les liens** de banden losser maken
se desserrer[2] *vpr* losgaan
dessert *nm* nagerecht *het*
desserte *nf* **1** *(circul.)* (het) aandoen **2** *(meuble)* dientafeltje *het*
desservir *vt* **1** *(débarrasser)* afruimen **2** *(circul.)* aandoen **3** *(nuire à)* (iem) een slechte dienst bewijzen
dessin *nm* **1** *(représentation graphique)* tekening *nf;* ~ **animé** tekenfilm **2** *(motif)* motief *het* **3** *(techn.)* (het) tekenen **4** *(contour)* vorm *nm*
dessinateur, -trice *n* tekelnaar, -nares *nm,f*
dessiner[1] *vt* **1** *(représenter par dessin)* tekenen **2** *(faire ressortir)* (scherp) doen uitkomen; **bien dessiné** welgevormd
se dessiner[2] *vpr* zich aftekenen; **un sourire se dessina sur ses lèvres** er verscheen een glimlach op zijn, haar lippen
dessous[1] *nm* **1** *(partie inférieure)* onderkant *nm;* **les voisins du** ~ de benedenburen **2** *(de bouteille, de plat, etc.)* onderzetter *nm* **3** *(secret)* geheim *het;* ~ **de la politique** de politieke achtergronden **4** *(plur.) (linge)* ondergoed *het (sing.)* ♦ **avoir le** ~ het onderspit delven; **être dans le trente-sixième** ~ in de put zitten
dessous[2] *adv* eronder; **au-dessous** eronder; **au-dessous de** onder; **être au-dessous de tout** tot niets in staat zijn; **ci-dessous** hieronder; **en** ~ eronder; **là-dessous** daaronder; *(fig.)* **il y a qch là-dessous** daar steekt iets achter ♦ **agir en** ~ geen open kaart spelen
dessous-de-plat *nm* onderzetter *nm* (voor schotels)
dessous-de-table *nm* smeergeld *het (fig.)*
dessus[1] *nm* **1** *(partie supérieure)* bovenkant *nm;* **l'étage du** ~ de bovenverdieping **2** *(supériorité)* overwicht *het;* **avoir le** ~ de overhand hebben; **reprendre le** ~ er weer bovenop komen
dessus[2] *adv* erop; **il lui a tiré** ~ hij heeft op hem geschoten; **au-dessus (de)** boven; *(fig.)* **être au-dessus de qch** ergens boven staan; **ci-dessus** hierboven; **par-dessus** overheen; **par-dessus tout** vooral; **par-dessus le marché** bovendien; **en avoir par-dessus la tête** het beu zijn
dessus-de-lit *nm* sprei *de*
déstabiliser *vt* destabiliseren
destin *nm* **1** *(fatalité)* noodlot *het* **2** *(sort)* lot *het*
destinataire *n* geadresseerde *nm*, bestemmeling *nm (n.B.)*
destination *nf* bestemming *nf;* **à** ~ **de** met bestemming (van)
destinée *nf* **1** *(sort)* lot *het* **2** *(existence)* bestaan *het* **3** *(fatalité)* noodlot *het*
destiner[1] **(à)** *vt* bestemmen (voor)
se destiner[2] **(à)** *vpr* zich voorbereiden (op), als beroep kiezen
destituer *vt* afzetten, *(de)* ontzetten (uit)
destitution *nf* ontslag *het*
destructeur *adj* verwoestend; **le** ~ de verwoester
destruction *nf* verwoesting *nf*, vernietiging *nf*
désuet *adj* verouderd, ouderwets
détachant *nm* vlekkenmiddel *het*
détaché *adj* **1** *(non lié)* los **2** *(indifférent)* onverschillig **3** *(affecté ailleurs)* gedetacheerd
détachement *nm* **1** *(indifférence)* onverschilligheid *nf* **2** *(affectation provisoire)* tijdelijke functie *nf* **3** *(milit.)* detachement *het*
détacher[1] *vt* **1** *(dégager)* losmaken; **ne pas pouvoir** ~ **ses regards de** zijn blik niet kunnen afwenden van **2** *(faire ressortir)* scherp doen uitkomen **3** *(nettoyer)* ontvlekken
se détacher[2] *vpr* **1** *(+ de) (se défaire)* zich losmaken (van), *(sans intervention)* losgaan **2** *(+ sur) (ressortir)* zich aftekenen (tegen)
détail *nm* **1** *(élément)* bijzonderheid *nf*, detail *het;* **raconter qch en** ~ iets omstandig vertellen; **entrer dans le(s) ~(s)** in detail treden; **c'est un** ~ dat is onbelangrijk **2** *(commerce)* detailhandel *nm* **3** *(énumération)* opsomming *nf*

détaillant, -ante *n* kleinhandelaar(ster) *nm (nf)*
détaillé *adj* uitvoerig
détailler *vt* **1** *(exposer en détail)* uitvoerig beschrijven **2** *(vendre au détail)* in het klein verkopen
détaler *vi* zich uit de voeten maken
détartrer *vt* **1** *(appareil)* de ketelsteen verwijderen van **2** *(dents)* de tandsteen verwijderen van
détaxer *vt* **1** *(exonérer)* van belasting vrijstellen **2** *(réduire la taxe)* de belasting verlagen op
détecter *vt* ontdekken, opsporen
détecteur *nm* detector *nm;* ~ **de fumée** rookmelder
détection *nf* opsporing *nf*
détective *nm* rechercheur *nm* ♦ ~ **privé** particulier detective
déteindre *vi (se décolorer)* verkleuren ♦ ~ **sur** *(colorer)* afgeven op, *(influencer)* beïnvloeden
dételer *vt* afspannen, uitspannen
détendre[1] *vt* ontspannen *(aussi au fig.)*
se détendre[2] *vpr* zich ontspannen *(aussi au fig.)*
détendu *adj* ontspannen *(aussi au fig.)*
détenir *vt* **1** *(posséder)* bewaren, bezitten; ~ **un record** een record op zijn naam hebben **2** *(prisonnier)* gevangen houden
détente *nf* **1** *(relaxation)* ontspanning *nf (aussi pol.)* **2** *(sports)* springvermogen *het* **3** *(d'une arme à feu)* trekker *nm;* **appuyer sur la** ~ de trekker overhalen; *(fig.)* **être dur à la** ~ *(avare)* gierig zijn, *(lent)* traag van begrip zijn
détenteur, -trice *n* houd(st)er *nm (nf);* ~ **d'un record** recordhouder
détention *nf* **1** *(possession)* bezit *het* **2** *(emprisonnement)* hechtenis *nf*
détenu *n* gevangene *de*
détergent *adj* → **détersif**
détérioration *nf* **1** *(dégradation)* beschadiging *nf* **2** *(fig.)* verslechtering *nf*
détériorer[1] *vt* **1** *(des choses)* beschadigen **2** *(la santé, etc.)* schaden **3** *(fig.)* verslechteren
se détériorer[2] *vpr* **1** *(fig.)* verslechteren **2** *(s'abîmer)* bederven
déterminant *adj* **1** *(ling.)* bepalend **2** *(décisif)* beslissend
détermination *nf* **1** *(caractérisation)* bepaling *nf* **2** *(fermeté)* vastberadenheid *nf* **3** *(décision)* beslissing *nf*
déterminé *adj* **1** *(défini)* bepaald **2** *(résolu)* vastbesloten; **être** ~ **à faire qch** vastbesloten zijn om iets te doen
déterminer[1] *vt* **1** *(préciser)* bepalen, vaststellen **2** *(causer)* veroorzaken **3** *(+ à) (inciter)* ertoe brengen (te)
se déterminer[2] **(à)** *vpr (se décider)* ertoe besluiten (te)
déterrer *vt* **1** *(retirer de terre)* opgraven **2** *(dénicher)* opsporen
détersif *adj* reinigend; **le** ~ het reinigingsmiddel
détestable *adj* afschuwelijk
détester *vt* verafschuwen, haten
détonateur *nm* ontsteker *nm*
détonation *nf* knal *nm*, ontploffing *nf*
détonner *vi (+ dans)* uit de toon vallen (bij)
détour *nm* **1** *(tournant)* bocht *de* **2** *(chemin détourné)* omweg *nm (aussi au fig.);* **sans** ~ zonder omwegen
détourné *adj* niet rechtstreeks *(aussi au fig.);* **chemin** ~ omweg; **par des voies ~es** langs slinkse wegen
détournement *nm* **1** *(dérivation)* omlegging *nf* **2** *(vol)* verduistering *nf* **3** *(d'avion)* kaping *nf* **4** *(f.B.) (déviation)* wegomlegging *nf* ♦ ~ **de mineur** onttrekking van een minderjarige aan de ouderlijke macht
détourner[1] *vt* **1** *(dévier)* omleggen **2** *(un avion)* kapen **3** *(+ de) (faire renoncer)* afhouden (van) **4** *(+ de) (orienter ailleurs qch)* afwenden (van); ~ **les soupçons de qn** de verdenking van iem afwenden **5** *(voler)* verduisteren
se détourner[2] *vpr (s'écarter)* zich afwenden ♦ **se** ~ **de sa route** van zijn weg afwijken
détraqué *adj* **1** *(détérioré)* defect **2** *(déséquilibré)* gestoord; **le, la ~(e)** de gestoorde **3** *(patraque)* gammel
détraquer[1] *vt* defect maken
se détraquer[2] *vpr* kapotgaan
détresse *nf* **1** *(désarroi)* wanhoop *de* **2** *(perdition)* nood *nm;* **signal de** ~ noodsein
détriment *nm* ♦ **au** ~ **de** ten nadele van
détritus *nm* afval *het/de (m)*
détroit *nm* zee-engte *nf*
détromper[1] *vt* uit de droom helpen
se détromper[2] *vpr* zijn dwaling inzien; **détrompez-vous!** vergeet het maar!
détrôner *vt* onttronen
détrousser *vt* beroven
détruire *vt* **1** *(transformer en ruines)* verwoesten **2** *(démolir)* afbreken **3** *(tuer)* doden
dette *nf* **1** *(argent dû)* schuld *de;* **contracter une** ~ een schuld aangaan; ~ **publique** staatsschuld **2** *(obligation)* verplichting *nf*
deuil *nm* **1** *(affliction)* rouw *nm;* **porter le** ~ rouwkleding dragen; **prendre le** ~ in de rouw gaan **2** *(perte)* verlies *het*
deux *adj num* **1** *(un plus un)* twee; **à** ~ **pas** vlakbij; ~ **à** ~ twee aan twee; **être** ~ met z'n tweeën zijn; **ça fait** ~ dat zijn twee geheel verschillende zaken; **entre les** ~ er tussenin; **en moins de** ~ in minder dan geen tijd; **tous ~, tous les** ~ allebei **2** *(deuxième)* tweede; **Elisabeth** ~ Elizabeth de Tweede; **le** ~ **novembre** twee november
deuxième *adj num* tweede; **habiter au** ~ op de tweede (etage) wonen; **arriver le** ~ tweede worden
deuxièmement *adv* ten tweede
deux-pièces *nm* **1** *(tailleur)* deux-pièces *nm* **2** *(bikini)* bikini *nm* **3** *(appartement)* tweekamerwoning *nf*
deux-points *nm* dubbelepunt *de*
deux-roues *nm* tweewieler *nm*
dévaler[1] *vi* naar beneden stormen

dévaler² *vt* afstormen
dévaliser *vt* beroven, *(magasin)* leegkopen
dévalorisation *nf* waardevermindering *nf*
dévaloriser *vt* **1** *(déprécier)* in waarde doen dalen **2** *(humilier)* geringschatten
dévaluation *nf* devaluatie *nf*
dévaluer *vt* devalueren
devancer *vt* **1** *(être devant)* vóór zijn; ~ **l'appel** vervroegd in dienst gaan; ~ **les désirs de qn** iemands wensen bij voorbaat vervullen **2** *(surpasser)* overtreffen
devant¹ *nm* voorkant *nm;* **le ~ de la scène** de voorgrond *(aussi au fig.)* ♦ **prendre le(s) ~(s)** vooruitlopen
devant² *prép* **1** *(vis-à-vis de)* voor; **avoir du temps ~ soi** nog tijd genoeg hebben **2** *(en présence de)* in het bijzijn van
devant³ *adv* ♦ **(sens) ~ derrière** achterstevoren; **vous êtes passés ~** jullie zijn ervoorbij gekomen; **cette robe se ferme ~** deze jurk heeft de sluiting van voren; **il marche ~** hij loopt voorop; **passez ~!** gaat u maar vóór!; **partir les pieds ~** de pijp uitgaan
devanture *nf* **1** *(étalage)* etalage *nf* **2** *(façade)* voorgevel *nm*
dévaster *vt* verwoesten
déveine *nf* pech *nm*
développement *nm* **1** *(croissance; mise au point)* ontwikkeling *nf;* **pays en voie de ~** ontwikkelingsland **2** *(exposé)* uiteenzetting *nf* **3** *(phot.)* (het) ontwikkelen **4** *(plur.) (suites)* gevolgen *plur*
développer¹ *vt* **1** *(faire croître)* ontwikkelen **2** *(exposer)* uiteenzetten **3** *(phot.)* ontwikkelen
se développer² *vpr (croître)* zich ontwikkelen
devenir *vi* worden; **que devenez-vous?** hoe staat het er mee?; **que sont devenus vos projets?** wat is er van uw plannen terechtgekomen?
dévergondé *adj* losbandig
se dévergonder *vpr* een bandeloos leven leiden
déverser¹ *vt* (uit)storten
se déverser² *vpr* zich (uit)storten
dévêtir¹ *vt* uitkleden
se dévêtir² *vpr* zich uitkleden
déviation *nf* **1** *(changement de direction, de conduite)* afwijking *nf* **2** *(circul.)* omleiding *nf*, (weg)omlegging *nf*
dévier¹ **(de)** *vi (s'écarter de)* afwijken (van)
dévier² *vt (détourner)* doen afwijken, *(circul.)* omleiden
devin, devineresse *n* waar|zegger, -zegster *nm,f*
deviner *vt* **1** *(découvrir)* raden **2** *(prédire)* voorspellen **3** *(résoudre)* oplossen
devinette *nf* raadseltje *het*
devis *nm* kostenraming *nf*, offerte *de*
dévisager *vt* aanstaren
devise *nf* devies *het*
dévisser¹ *vi (alpinisme)* neerstorten
dévisser² *vt (défaire)* afschroeven
dévoiler¹ *vt* onthullen *(aussi au fig.)*
se dévoiler² *vpr* aan het licht komen
devoir¹ *nm* **1** *(obligation)* plicht *de;* **il est de mon ~ de** het is mijn plicht om; **se faire un ~ de** het zijn plicht achten om **2** *(plur.) (exercices scolaires)* huiswerk *het;* **faire ses ~s** zijn huiswerk maken
devoir² *vt* **1** *(avoir à payer)* schuldig zijn **2** *(être redevable)* te danken hebben (aan) **3** *(obligation; nécessité; intention; probabilité)* moeten, *(avec négation)* hoeven; **il doit être parti maintenant** hij zal nu wel vertrokken zijn; **tu ne dois pas venir** je hoeft niet te komen, *(Belg.)* je moet niet komen ♦ **être dû à** toe te schrijven zijn aan
se devoir³ *vpr* moeten; **comme il se doit** zoals dat (be)hoort
dévolu (à) *adj* **1** *(échu par droit à)* vervallen (aan) **2** *(réservé à)* voorbehouden (aan) ♦ *(subst.)* **jeter son ~ sur** zijn keus laten vallen op
dévorer *vt* **1** *(manger; lire)* verslinden; **~ des yeux** met de ogen verslinden **2** *(tourmenter)* kwellen
dévot *adj* vroom
dévotion *nf* **1** *(piété)* vroomheid *nf* **2** *(vénération)* verering *nf (aussi au fig.)*
dévoué *adj* toegewijd
dévouement *nm* **1** *(bonté)* toewijding *nf* **2** *(sacrifice)* (zelf)opoffering *nf*
se dévouer *vpr* zich opofferen
dévoyé *adj* van het rechte pad geraakt
dextérité *nf* handigheid *nf*
diabète *nm* suikerziekte *nf*
diabétique *adj* aan suikerziekte lijdend; **le, la ~** de suikerpatiënt(e)
diable *nm* **1** *(démon)* duivel *nm;* **allez au ~** loop naar de duivel; **au ~ (vauvert)** erg ver (weg); **envoyer qn au ~** iem naar de duivel wensen; **avoir le ~ au corps** van de duivel bezeten zijn; **un bruit de tous les ~s** ontzettend lawaai; **du ~** uitzonderlijk; **ce n'est pas le ~** het is niet moeilijk; **c'est bien le ~ si ...** het zou toch wel heel vreemd zijn als ...; **que ~ va-t-il faire?** wat voor de duivel gaat hij doen?; **tirer le ~ par la queue** moeite hebben om rond te komen **2** *(garnement)* duvel *nm* **3** *(type)* drommel *nm;* **un pauvre ~** arme drommel
diablesse *nf* duivelin *nf (aussi au fig.)*
diabolique *adj* duivels
diadème *nm* diadeem *het/de (m)*
diagnostic *nm* diagnose *nf*
diagnostiquer *vt* de diagnose opmaken van
diagonal *adj* diagonaal
diagonale *nf* diagonaal *de;* **en ~** schuin; **lire en ~** vluchtig doorlezen
diagramme *nm* diagram *het*
dialecte *nm* dialect *het*
dialogue *nm* dialoog *nm*
dialoguer *vi* spreken, zich onderhouden
diamant *nm (pierre)* diamant *nm*, *(matière)* diamant *het*
diamétral *adj* diametraal; **~ement opposé** lijnrecht tegenovergesteld

diamètre *nm* doorsnede *de*, diameter *nm*, *(Belg.)* doormeter *nm*
diapason *nm* **1** *(ton)* (gemoeds)stemming *nf;* **se mettre au ~ de qn** met iem op één lijn gaan zitten **2** *(instrument d'acier)* stemvork *de*
diaphragme *nm* **1** *(préservatif)* pessarium *het* **2** *(muscle)* middenrif *het* **3** *(phot.)* diafragma *het*
diapo, diapositive *nf* dia *nm*
diarrhée *nf* diarree *nf*
dictateur *n* dictator *nm*
dictatorial *adj* dictatoriaal *(aussi au fig.)*
dictature *nf* dictatuur *nf (aussi au fig.)*
dictée *nf* **1** *(action de dicter)* (het) dicteren; **écrire sous la ~ de qn** opschrijven wat iem dicteert **2** *(exercice scolaire)* dictee *het*
dicter *vt* dicteren *(aussi au fig.)*
diction *nf* dictie *nf*, uitspraak *de*
dictionnaire *nm* woordenboek *het*
dicton *nm* gezegde *het*, spreuk *de*
didacticiel *nm* educatieve software *nm*, courseware *nm*
didactique *adj* didactisch
dièse *nm* **1** *(musique)* kruis *het;* **do ~** cis **2** *(signe)* hekje *het*
diesel *nm* **1** *(moteur)* diesel(motor) *nm* **2** *(véhicule)* dieselvoertuig *het*
diète *nf* dieet *het;* **être à la ~** op dieet staan
diététicien, -enne *n* diëtist(e) *nm (nf)*
diététique *adj* dieet-; **la ~** de dieetleer; **magasin ~** *(Belg.)* dieetwinkel
Dieu *nm* God *nm;* **le bon ~** Onze-Lieve-Heer; **Bon ~** goeie God; **c'est pas ~ possible** dat is godsonmogelijk; **mon ~** mijn hemel; **~ sait si je l'avais prévenu** ik heb hem toch nog zo gewaarschuwd!
dieu *nm* god *nm;* **être beau comme un ~** een goddelijke schoonheid bezitten
diffamation *nf* smaad *nm*, laster *nm*
diffamatoire *adj* lasterlijk
diffamer *vt* (be)lasteren
différé *adj* **1** *(reporté)* uitgesteld **2** *(enregistré)* opgenomen; *(subst.)* **émission en ~** opname, uitgesteld relais *(n.B.)*
différemment *adv* verschillend
différence *nf* verschil *het;* **à la ~ de** in tegenstelling tot; **à la ~ que** met dit verschil dat; **~ d'âge** verschil in leeftijd
différenciation *nf* differentiatie *nf*
différencier[1] *vt* **1** *(distinguer)* onderscheiden; **~ le vrai du faux** waar van onwaar onderscheiden **2** *(math.)* differentiëren
se différencier[2] *vpr (+ de)* zich onderscheiden (van)
différend *nm* geschil *het*
différent *adj* **1** *(dissemblable)* verschillend **2** *(plur.) (plusieurs)* verscheidene, verschillende
différer[1] *vi* verschillen (van); **~ par** verschillen in; **~ sur** een verschillende mening hebben over
différer[2] *vt (reporter)* uitstellen
difficile *adj* **1** *(laborieux; compliqué)* moeilijk, *(adv. aussi)* met moeite; *(f.B.)* **avoir ~** moeite hebben; **il m'est ~ d'en parler** het valt me zwaar erover te spreken **2** *(pénible)* pijnlijk; **situation ~** hachelijke situatie **3** *(exigeant)* lastig; **faire le (la) ~** te veeleisend zijn
difficulté *nf* **1** *(caractère difficile)* moeilijkheid *nf* **2** *(problème)* probleem *het;* **avoir de la ~ à** moeite hebben om; **cela ne fait aucune ~** dat is geen probleem; **être en ~** in moeilijkheden verkeren
difforme *adj* mismaakt
difformité *nf* mismaaktheid *nf*
diffus *adj* **1** *(verbeux)* breedsprakig **2** *(dispersé)* diffuus
diffuser *vt* **1** *(répandre)* verspreiden; **~ des idées** ideeën uitdragen **2** *(radio, télévision)* uitzenden
diffusion *nf* **1** *(propagation)* verspreiding *nf* **2** *(émission)* uitzending *nf*
digérer *vt* **1** *(des aliments)* verteren; **il digère mal** hij heeft een slechte spijsvertering **2** *(supporter)* verdragen; **c'est dur à ~** dat ligt zwaar op de maag
digeste *adj* licht verteerbaar
digestif *adj* spijsverterings-; **appareil ~** spijsverteringsorganen; **troubles ~s** darmstoornissen ♦ **un ~** een likeurtje
digestion *nf* spijsvertering *nf*
digicode *nm* digitale deurbeveiliging *nf*
digital *adj* **1** *(relatif aux doigts)* vinger- **2** *(numérique)* numeriek, digitaal
digne *adj* **1** *(qui mérite)* waard; **~ de foi** geloofwaardig; **il n'est pas ~ de votre attention** hij is uw aandacht niet waard; **~ d'intérêt** belangwekkend **2** *(respectable)* waardig **3** *(adapté)* passend (bij)
dignitaire *nm* hoogwaardigheidsbekleder *nm*
dignité *nf* **1** *(fonction; noblesse)* waardigheid *nf* **2** *(amour-propre)* zelfrespect *het*
digression *nf* uitweiding *nf*
digue *nf* **1** *(construction autour de l'eau)* dijk *nm* **2** *(construction dans l'eau)* dam *nm*
dilapider *vt* verspillen
dilatation *nf* uitzetting *nf*
dilater[1] *vt* doen uitzetten ♦ **joie qui dilate le cœur** vreugde die het hart doet zwellen
se dilater[2] *vpr* uitzetten
dilemme *nm* dilemma *het*
dilettante *n* liefhebber *nm* ♦ **faire qch en ~** iets uit liefhebberij doen
diligence *nf* **1** *(empressement)* ↓ ijver *nm* **2** *(voiture)* postkoets *de*
diluer *vt* verdunnen
dilution *nf* verdunning *nf*
diluvien *adj* **1** *(relatif au déluge)* (zond)vloed- **2** *(torrentiel)* stort-; **pluie ~ne** stortregen
dimanche *nm* zondag *nm;* **du ~** amateuristisch; **conducteur du ~** zondagsrijder; **les ~s et jours fériés** op zon- en feestdagen
dimension *nf* **1** *(grandeur)* afmeting *nf* **2** *(importance)* omvang *nm;* **prendre la ~, les ~s d'une catastrophe** de proporties aannemen van een ramp **3** *(aspect)* aspect *het* **4** *(sc.)* dimensie *nf;* **à deux, trois ~s** tweedimensionaal, driedimensionaal

diminué *adj* **1** *(moins grand)* verminderd **2** *(affaibli)* verzwakt
diminuer[1] *vi (baisser)* verminderen, afnemen; **les prix diminuent** de prijzen dalen
diminuer[2] *vt* **1** *(réduire)* verminderen **2** *(déprécier qn)* kleineren
diminutif *nm* verkleinwoord *het*
diminution *nf* **1** *(réduction)* vermindering *nf* **2** *(tricot)* mindering *nf*
dinde *nf* **1** *(femelle du dindon)* kalkoense hen *nf* **2** *(cuis.)* kalkoen *nm*
dindon *nm* kalkoen *nm* ♦ **être le ~ de la farce** het kind van de rekening zijn
dîner[1] *nm* **1** *(repas du soir)* avondmaal *het;* **l'heure du ~** etenstijd **2** *(f.B.) (repas de midi)* middagmaal *het*
dîner[2] *vi* **1** *(le soir)* de avondmaaltijd gebruiken; **aller ~ en ville** uit eten gaan; **garder qn à ~** iem vragen te blijven eten **2** *(f.B.) (le midi)* de middagmaaltijd gebruiken
dingue *adj* mesjogge; **il est complètement ~** hij is stapelgek; **le ~** de mafkees
dinosaure *nm* dinosaurus *nm*
diocèse *nm* bisdom *het*
dioptrie *nf* dioptrie *nf*
diphtérie *nf* difterie *nf*
diphtongue *nf* tweeklank *nm*
diplomate *nm* diplomaat *nm (aussi au fig.);* **il est assez ~ pour** hij is diplomatiek genoeg om
diplomatie *nf* diplomatie *nf*
diplomatique *adj* diplomatiek *(aussi au fig.)*
diplôme *nm* diploma *het;* **~ de fin d'études** einddiploma
diplômé *adj* gediplomeerd
dire[1] *nm* bewering *nf;* **au ~ de l'expert** naar het oordeel van de deskundige; **au ~ de, selon les ~s de** volgens
dire[2] *vti* **1** *(énoncer, exprimer)* zeggen; **pour ainsi ~** als het ware; **vous avez beau ~** al je argumenten ten spijt; **c'est beaucoup ~** dat is overdreven; **je vous l'avais bien dit** ik had je gewaarschuwd; **ceci dit** na dit te hebben gezegd; **dites donc** zeg; **(cela) soit dit en passant** dit terzijde; **cela en dit long** dat zegt genoeg; **son visage me dit qch** zijn gezicht komt me bekend voor; **on dit que** het gerucht doet de ronde dat; **proprement dit** eigenlijk; **à qui le dites vous?** zeg dat wel!; **rien à ~** daar valt niets tegen in te brengen; **sans mot ~** in stilte; **cela va sans ~** dat spreekt vanzelf; **soit dit entre nous** onder ons gezegd; **pour tout ~** in één woord; **c'est tout ~** daarmee is alles gezegd; **que veut ~ cette phrase?** wat betekent deze zin?; **c'est vite dit** dat is gemakkelijk gezegd; **vouloir ~** bedoelen; **à vrai ~** eigenlijk **2** *(décider)* besluiten; **c'est dit** afgesproken **3** *(croire)* denken; **on dirait un fou** hij lijkt wel gek; **et ~ que** en dan te bedenken dat; **on dirait que** het lijkt wel of; **qui l'eût dit?** wie had dat gedacht? **4** *(lire)* opzeggen; **~ la messe** de mis zeggen **5** *(tenter)* aanspreken; **ça ne me dit rien** voor mij hoeft het niet
se dire[3] *vpr* **1** *(dire à soi-même)* bij zichzelf denken **2** *(être employé)* gezegd worden **3** *(se prétendre)* beweren te zijn ♦ **on se dirait sur la lune** men waant zich op de maan
direct *adj* rechtstreeks; **chef ~** directe chef; *(subst.)* **diffuser en ~** rechtstreeks uitzenden; *(subst.)* **émission en ~** live-uitzending; *(sports)* **un ~** een directe
directeur[1] *nm* directeur *nm*, bestuurder *nm;* **~ d'école** hoofd van een basisschool
directeur[2] *adj* leidend
direction *nf* **1** *(action de diriger)* leiding *nf* **2** *((fonction de) directeur; bureau)* directie *nf* **3** *(orientation)* richting *nf;* **dans la ~ de, en ~ de** in de richting van **4** *(mécanismes)* stuurinrichting *nf;* **~ assistée** stuurbekrachtiging
directive *nf* richtlijn *de*, richtsnoer *het*
directrice *nf* directrice *nf*
dirigé *adj* geleid, bestuurd
dirigeable *nm* luchtschip *het*
dirigeant *adj* leidend; **le ~** de leider, *(sports)* de aanvoerder
diriger[1] *vt* **1** *(conduire)* leiden; **~ une équipe** een team aanvoeren **2** *(+ sur, vers) (orienter)* sturen (naar); **~ ses pas vers** zijn schreden richten naar
se diriger[2] **(vers)** *vpr* gaan (naar)
discernement *nm* onderscheidingsvermogen *het;* **sans ~** onoordeelkundig
discerner *vt* **1** *(percevoir)* doorzien **2** *(différencier)* onderscheiden
disciple *nm* leerling *nm*
disciplinaire *adj* disciplinair
discipline *nf* **1** *(règle de conduite)* discipline *nf* **2** *(branche)* vak *het*
discipliné *adj* gedisciplineerd
discipliner *vt* discipline bijbrengen
discontinu *adj* onderbroken
discontinuer *vi* ophouden; **sans ~** onophoudelijk
discordance *nf* discrepantie *nf*
discordant *adj* **1** *(incompatible)* niet overeenstemmend **2** *(dissonant)* vals klinkend
discorde *nf* onenigheid *nf*, tweedracht *de*
discothèque *nf* **1** *(collection)* platenverzameling *nf* **2** *(organisme de prêt)* (uitleen)-discotheek *nf* **3** *(boîte)* discotheek *nf*
discourir (de, sur) *vi* lang uitweiden (over)
discours *nm* **1** *(allocution)* toespraak *de*, rede *de (aussi ling.)* **2** *(écrit)* uiteenzetting *nf* **3** *(ling.)* rede *de;* **~ (in)direct** (in)directe rede
discourtois *adj* onhoffelijk
discrédit *nm* (het) verliezen van vertrouwen; **on a jeté le ~ sur lui** men heeft hem in diskrediet gebracht
discréditer[1] *vt* in diskrediet brengen
se discréditer[2] *vpr* in diskrediet raken
discret *adj* **1** *(réservé)* terughoudend **2** *(sobre)* onopvallend; **il me regardait discrètement** hij keek me tersluiks aan **3** *(qui garde les secrets)* discreet
discrétion *nf* **1** *(réserve)* bescheidenheid *nf;* **par ~** uit bescheidenheid **2** *(secret)* dis-

cretie *nf;* ~ **assurée** geheimhouding verzekerd ♦ **à** ~ naar believen
discrimination *nf* **1** *(d'un groupe social)* discriminatie *nf* **2** *(différenciation)* onderscheid *het*
disculper[1] *vt* vrijpleiten
se disculper[2] *vpr* zijn onschuld bewijzen
discussion *nf* **1** *(débat)* discussie *nf;* **pas de** ~ geen tegenspraak **2** *(dispute)* woordenwisseling *nf*
discutable *adj* aanvechtbaar ♦ **goût** ~ twijfelachtige smaak
discuté *adj* omstreden
discuter[1] *vi* **1** *(+ de) (parler)* praten (over); **on ne peut pas** ~ **avec lui** er valt niet met hem te praten **2** *(négocier)* onderhandelen
discuter[2] *vt* **1** *(débattre)* bespreken; ~ **politique** over politiek praten **2** *(mettre en question)* in twijfel trekken
se discuter[3] *vpr* besproken worden; **cela peut se** ~ daar valt over te praten
disette *nf* hongersnood *nm*
diseur, -euse *n* ♦ ~ **de bonne aventure** waarzegger
disgrâce *nf* ongenade *de*
disgracieux *adj* onsierlijk; **visage** ~ lelijk gezicht
disjoncteur *nm* stroomonderbreker *nm*
dislocation *nf* **1** *(dispersion)* (het) uiteenvallen **2** *(désagrégation)* verbrokkeling *nf* **3** *(méd.)* ontwrichting *nf*
disloquer[1] *vt* **1** *(casser)* in stukken uiteen doen vallen **2** *(désagréger)* verbrokkelen **3** *(méd.)* ontwrichten
se disloquer[2] *vpr* **1** *(se casser)* in stukken uiteenvallen **2** *(se disperser)* uit elkaar vallen ♦ **se** ~ **le genou** zijn knie ontwrichten
disparaître *vi* **1** *(cesser d'être visible; partir)* verdwijnen; **faire** ~ **qch** iets doen verdwijnen; **mon portefeuille a disparu** mijn portefeuille is weg **2** *(mourir)* sterven **3** *(se dissiper)* vergaan
disparate *adj* ongelijk, niet bij elkaar passend
disparité *nf* ongelijksoortigheid *nf*, verschil *het*
disparition *nf* **1** *(fait de ne plus être visible; absence)* (het) verdwijnen; **signaler la** ~ **de qn** iem als vermist opgeven **2** *(mort)* dood *de;* **en voie de** ~ uitstervend
disparu *adj* verdwenen; **le, la** ~**(e)** de vermiste; **être porté** ~ vermist worden ♦ *(défunt)* **le, la** ~**(e)** de overledene
dispensaire *nm* consultatiebureau *het*
dispense *nf* vrijstelling *nf*
dispenser[1] *vt* **1** *(+ de) (exempter)* vrijstellen (van), ontslaan (van); **dispensez-moi de vos commentaires** bespaar me uw commentaar **2** *(donner)* uitdelen
se dispenser[2] **(de)** *vpr (s'exempter)* zich onttrekken (aan)
disperser[1] *vt* **1** *(éparpiller)* verspreiden **2** *(ses efforts, son attention)* versnipperen
se disperser[2] *vpr* zich verspreiden
dispersion *nf* verstrooiing *nf*, versnippering *nf*
disponibilité *nf* **1** *(d'une personne, de l'esprit)* beschikbaarheid *nf* **2** *(plur.) (écon.)* beschikbare fondsen *plur*
disponible *adj* beschikbaar
dispos *adj* opgeruimd
disposé *adj* **1** *(arrangé)* gerangschikt **2** *(prêt)* bereid; ~ **à faire qch** bereid iets te doen ♦ **être bien, mal** ~ in een goed, slecht humeur zijn
disposer[1] *vi (+ de)* beschikken (over) ♦ **vous pouvez** ~ u kunt (wel) gaan
disposer[2] *vt* **1** *(arranger)* (rang)schikken **2** *(+ à) (préparer)* voorbereiden (op) **3** *(placer)* zetten
se disposer[3] **(à)** *vpr* zich klaarmaken (om)
dispositif *nm* **1** *(mécanisme)* installatie *nf;* ~ **antivol** inbraakbeveiliging **2** *(milit.)* opstelling *nf*
disposition *nf* **1** *(arrangement)* indeling *nf* **2** *(disponibilité)* beschikking *nf;* **mettre qch à la** ~ **de qn** iem iets ter beschikking stellen **3** *(tendance)* neiging *nf* **4** *(plur.) (mesures)* voorbereidingen *plur;* **prendre des** ~**s** voorbereidingen treffen **5** *(plur.) (aptitudes)* aanleg *nm* ♦ **être dans de bonnes, mauvaises** ~**s** een goed, slecht humeur hebben
disproportion *nf* wanverhouding *nf*
disproportionné *adj* **1** *(inégal)* niet evenredig (met) **2** *(démesuré)* bovenmaats
dispute *nf* onenigheid *nf*, ruzie *nf*
disputer[1] *vt* **1** *(lutter pour qch)* betwisten **2** *(jouer)* spelen **3** *(gronder)* een standje geven
se disputer[2] *vpr* **1** *(se quereller)* ruzie maken **2** *(se jouer)* gespeeld worden
disquaire *n* platenhandelaar(ster) *nm (nf)*
disqualification *nf* diskwalificatie *nf*
disqualifier *vt* diskwalificeren
disque *nm* **1** *(mus.)* plaat *de;* **change de** ~**!** praat eens over wat anders!; ~ **compact** compact disc; **mettre un** ~ een plaatje opzetten; **passer un** ~ een plaat draaien **2** *(objet circulaire)* schijf *de;* ~ **de stationnement** parkeerschijf **3** *(sports)* discus *nm* **4** *(inform.)* (geheugen)schijf *de;* ~ **dur** harde schijf, harddisk
disquette *nf* diskette *de*, floppy(disk) *nm*
dissection *nf* **1** *(personnes)* sectie *nf* **2** *(animaux)* vivisectie *nf*
dissemblable *adj* ongelijk, (onderling) verschillend
dissémination *nf* verspreiding *nf*
disséminer *vt* verspreiden, uitzaaien
dissension *nf* conflict *het*
disséquer *vt* **1** *(analyser)* uitpluizen **2** *(découper)* ontleden
dissertation *nf* opstel *het*, verhandeling *nf*
disserter (de, sur) *vi* een verhandeling houden (over)
dissident *adj* dissident; **le** ~ de dissident

dissimulation *nf* **1** *(feinte)* (het) veinzen **2** *(fraude)* verzwijging *nf*
dissimuler¹ *vt* verbergen
se dissimuler² *vpr* zich verbergen
dissipation *nf* **1** *(dilapidation)* verkwisting *nf* **2** *(indiscipline)* onoplettendheid *nf* **3** *(disparition)* (het) optrekken
dissipé *adj* onoplettend
dissiper¹ *vt* **1** *(chasser)* verdrijven **2** *(dilapider)* verkwisten **3** *(distraire)* ↓ afleiden
se dissiper² *vpr* **1** *(disparaître)* verdwijnen; **la brume se dissipe** de mist trekt op **2** *(devenir dissipé)* onoplettend worden
dissocier *vt* scheiden
dissolu *adj* losbandig
dissolution *nf* **1** *(jur., biol.)* ontbinding *nf* **2** *(débauche)* losbandigheid *nf* **3** *(chim.)* oplossing *nf*
dissolvant *nm (solvant)* oplosmiddel *het*, *(pour les ongles)* remover *de*
dissonant *adj* **1** *(cacophonique)* dissonant **2** *(discordant)* tegenstrijdig
dissoudre¹ *vt* **1** *(chim.)* oplossen **2** *(jur.; biol.)* ontbinden
se dissoudre² *vpr (chim.)* oplossen
dissuader *vt* **1** *(décourager)* (iem iets) uit het hoofd praten; ~ **qn de faire qch** iem afraden iets te doen **2** *(milit.)* afschrikken
dissuasif *adj* afschrikkend
dissuasion *nf* **1** *(général)* (het) afraden **2** *(milit.)* afschrikking *nf*; **arme de** ~ afschrikkingswapen
distance *nf* **1** *(longueur; différence)* afstand *nm*; **à** ~ van verre; ~ **de freinage** remweg; **garder ses ~s** afstand bewaren; **tenir qn à** ~ iem op een afstand houden **2** *(espace de temps)* tussentijd *nm*
distancer *vt* achter zich laten; **se laisser** ~ voorbijgestreefd worden
distant *adj* **1** *(éloigné)* verwijderd **2** *(froid)* afstandelijk
distendre¹ *vt* (uit)rekken
se distendre² *vpr* minder strak worden *(aussi au fig.)*
distillation *nf* distillatie *nf*
distiller *vt* **1** *(soumettre à la distillation)* distilleren, stoken **2** *(sécréter)* afscheiden
distillerie *nf* distilleerderij *nf*
distinct *adj* **1** *(différent)* onderscheiden **2** *(net)* duidelijk
distinctif *adj* onderscheidend, kenmerkend; **signe** ~ karakteristiek
distinction *nf* **1** *(différenciation)* verschil *het*, onderscheid *het* **2** *(décoration)* onderscheiding *nf* **3** *(élégance)* distinctie *nf* **4** *(Belg.f.; enseign.)* onderscheiding *nf (Belg.n.)*
distingué *adj* **1** *(raffiné)* gedistingeerd **2** *(éminent)* beroemd
distinguer¹ *vt* **1** *(discerner)* zien, onderscheiden **2** *(différencier)* onderscheiden
se distinguer² *vpr* **1** *(se différencier; s'illustrer)* zich onderscheiden **2** *(apparaître)* gezien worden; **se** ~ **à l'horizon** aan de einder opdoemen
distordre *vt* verwringen, verdraaien
distorsion *nf* vervorming *nf*
distraction *nf* **1** *(inattention)* onoplettendheid *nf*; **avoir des ~s** verstrooide momenten hebben **2** *(divertissement)* ontspanning *nf (uniquement sing.)*
distraire¹ *vt* **1** *(divertir)* vermaken **2** *(détourner de ses activités)* afleiden (van)
se distraire² *vpr (se divertir)* zich ontspannen
distrait *adj* verstrooid
distribuer *vt* **1** *(remettre)* uitdelen **2** *(partager)* verdelen; ~ **un film** filmrollen verdelen **3** *(amener à domicile)* bezorgen; ~ **le courant électrique dans un village** een dorp van elektriciteit voorzien; ~ **le courrier** de post bezorgen **4** *(attribuer un prix)* uitreiken
distributeur¹ *nm* **1** *(appareil)* automaat *nm*; ~ **automatique** automaat; ~ **automatique de billets (de banque)** geldautomaat **2** *(personne)* tussenhandelaar *nm*
distributeur², **-trice** *n* verspreider *nm*, bezorger *nm*; ~ **de films** filmverhuurder
distribution *nf* **1** *(remise)* (het) uitdelen **2** *(partage)* verdeling *nf*; ~ **d'un film** rolverdeling in een film **3** *(à domicile)* bezorging *nf*; ~ **des eaux** watervoorziening **4** *(remise de prix)* uitreiking *nf* **5** *(agencement)* indeling *nf*
district *nm* district *het*
dit *adj* **1** *(surnommé)* bijgenaamd **2** *(décidé)* afgesproken
diurne *adj* dag-
divagation *nf* **1** *(propos incohérents)* geraaskal *het* **2** *(élucubrations)* hersenschimmen *plur*
divaguer *vi* raaskallen
divergence *nf* (het) uiteenlopen *(aussi au fig.)*; ~ **d'opinions** verschil van mening
divergent *adj* uiteenlopend *(aussi au fig.)*
diverger *vi* uiteenlopen *(aussi au fig.)*
divers¹ *adj, souvent plur (différent)* verschillend
divers² *adj indéf (plusieurs)* verscheidene; **à ~es reprises** meermalen
diversification *nf* afwisseling *nf*
diversifier¹ *vt* afwisseling brengen in
se diversifier² *vpr* veelzijdiger worden
diversion *nf* **1** *(milit.)* afleidingsmanoeuvre *het/de* **2** *(distraction)* ↓ afleiding *nf*
diversité *nf* verscheidenheid *nf*
divertir¹ *vt* vermaken
se divertir² *vpr (+ à)* zich vermaken (met)
divertissant *adj* ontspannend
divertissement *nm* **1** *(distraction)* ontspanning *nf* **2** *(loisir)* tijdverdrijf *het*
dividende *nm* dividend *het*
divin *adj* **1** *(Dieu)* goddelijk **2** *(exquis)* zalig
divinité *nf* **1** *(dieu)* godheid *nf* **2** *(nature de Dieu)* goddelijkheid *nf*
diviser¹ *vt* **1** *(fractionner)* verdelen, *(maths)* delen; ~ **en classes** in klassen indelen; ~ **dix par deux** tien door twee delen **2** *(désunir)* tweedracht zaaien tussen
se diviser² *vpr* **1** *(se séparer en parties)* zich verdelen **2** *(être divisé)* verdeeld worden, zich splitsen *(route)*

divisible *adj (math.)* deelbaar
division *nf* **1** *(fractionnement)* verdeling *nf* **2** *(math.; biol.)* deling *nf* **3** *(trait qui divise)* deelstreepje *het* **4** *(partie)* gedeelte *het* **5** *(milit., sports)* divisie *nf* **6** *(désaccord)* verdeeldheid *nf* **7** *(pol.)* splitsing *nf*
divorce *nm* (echt)scheiding *nf*
divorcé *adj* gescheiden; **le ~, la ~e** de gescheiden man, vrouw
divorcer *vi* scheiden; **~ avec, d'avec qn** zich van iem laten scheiden
divulguer *vt* onthullen
dix *adj num* tien
dix-huit *adj num* achttien
dix-huitième *adj num* achttiende
dixième *adj num* tiende
dix-neuf *adj num* negentien
dix-neuvième *adj num* negentiende
dix-sept *adj num* zeventien
dix-septième *adj num* zeventiende
dizaine *nf* tiental *het*
do *nm* do *de*, c *de;* **~ dièse** cis
docile *adj* volgzaam, meegaand
docilité *nf* volgzaamheid *nf*, meegaandheid *nf*
dock *nm* **1** *(bassin)* dok *het* **2** *(hangar)* pakhuis *het*
docker *nm* havenarbeider *nm*
docteur *nm* **1** *(d'une faculté)* doctor *nm;* **~ en droit** doctor in de rechten; **~ ès lettres** doctor in de letteren **2** *(médecin)* dokter *nm;* **le ~ Dupont** dokter Dupont
doctorat *nm* **1** *(grade)* doctorsgraad *nm* **2** *(examen)* examen *het* ter verkrijging van de doctorsgraad
doctrine *nf* leer *de*, doctrine *nf*
document *nm* **1** *(écrit)* document *het*, stuk *het;* **~s d'archives** archiefstukken **2** *(preuve)* bewijsstuk *het*
documentaire *adj* documentair; **le ~** de documentaire
documentation *nf* documentatie *nf*
documenter[1] *vt* documenteren
se documenter[2] *vpr* zich documenteren
dodeliner *vi* ♦ **~ de la tête** knikkebollen
dodo *nm* slaapje *het;* **faire ~** slaapje doen
dodu *adj* mollig
dogmatique *adj* dogmatisch
dogme *nm* dogma *het*
doigt *nm* **1** *(main, gant)* vinger *nm;* **se compter sur les ~s de la main** op de vingers van één hand te tellen zijn; **mon petit ~ me l'a dit** dat hebben de kaboutertjes me verteld; **être comme les deux ~s de la main** boezemvriend(inn)en zijn; **ne rien faire de ses dix ~s** geen steek uitvoeren; **gagner les ~s dans le nez** op zijn sloffen winnen; **ne pas lever, remuer le petit ~** geen vinger uitsteken; **obéir au ~ et à l'œil** stipt gehoorzamen; **mettre le ~ sur la plaie** de vinger op de wonde leggen; **se mettre le ~ dans l'œil** het bij het verkeerde eind hebben; **montrer du ~** *(désigner)* aanwijzen, *(accuser)* met de vinger nawijzen; **petit ~** pink; **~ de pied** teen **2** *(pied, animaux)* teen *nm* **3** *(mesure)* vingerdikte *nf;* **à un ~, deux ~s de** vlak bij; **un ~ de vin** een beetje wijn
doigté *nm* **1** *(mus.)* vingerzetting *nf* **2** *(habileté manuelle)* vingervlugheid *nf* **3** *(tact)* tact *nm*
doléances *nf* klachten *plur*
domaine *nm* **1** *(propriété)* (land)goed *het*, domein *het* **2** *(zone)* gebied *het;* **dans tous les ~s** op alle gebied(en); **cela n'est pas de son ~** dat ligt niet op zijn terrein
dôme *nm* **1** *(coupole)* koepel *nm* **2** *(cathédrale)* dom *nm*, kathedraal *de*
domestique *adj* **1** *(familial)* huiselijk, huis-; **le, la ~** de bediende, de dienstbode **2** *(apprivoisé)* tam
domestiquer *vt* tam maken
domicile *nm* woonplaats *de (aussi jur.);* **le ~ conjugal** de echtelijke woning; **élire ~ qqp.** zich ergens vestigen; **livrer à ~** thuisbezorgen; **être sans ~** geen vaste verblijfplaats hebben; **travailler à ~** thuiswerk verrichten
dominant *adj* **1** *(prépondérant)* overheersend; **la ~e** de overheersende karaktertrek **2** *(principal)* hoofd- **3** *(biol.)* dominant
dominateur *adj* overheersend; **le ~, la dominatrice (de)** de heerser(es) (over)
domination *nf* heerschappij *nf*, overheersing *nf*
dominer[1] *vi (commander; prédominer)* (over)heersen
dominer[2] *vt* **1** *(être le maître)* overheersen **2** *(dépasser)* uitsteken boven *(aussi au fig.)* **3** *(maîtriser)* beheersen; **~ la situation** de toestand meester zijn; **~ le tumulte** boven het lawaai uitkomen
se dominer[3] *vpr (se maîtriser)* zich beheersen
domino *nm* **1** *(petite plaque)* dominosteen *nm* **2** *(plur.) (jeu)* domino(spel) *het* **3** *(électricité)* kroonsteentje *het*
dommage *nm* schade *de (uniquement sing.);* **~s et intérêts** schadevergoeding ♦ **c'est ~** dat is jammer; **quel ~!** wat jammer!
dompter *vt* **1** *(dresser)* temmen **2** *(maîtriser)* bedwingen
dompteur, -euse *n* (dieren)temmer, (dieren)temster *nm,f*
don *nm* **1** *(cadeau)* gave *de*, gift *de (aussi jur.);* **faire ~ de qch à qn** (aan) iem iets schenken; **le ~ d'organes** het afstaan van organen **2** *(talent)* aanleg *nm*, talent *het; (iron.)* **avoir le ~ de faire qch** er een handje van hebben (om) iets te doen; **avoir le ~ des langues** een talenknobbel hebben
donation *nf* schenking *nf*, gift *de*
donc *conj* **1** *(par conséquent)* dus, derhalve **2** *(surprise, incrédulité, etc.)* toch; **allons ~!** kom nou!; **dites ~!** toe nou!; **que faites-vous ~ là?** wat doet u daar toch?; **et moi ~!** en ik dan!
donjon *nm* slottoren *nm*
donnant *adj* ♦ **~, ~** voor wat hoort wat
donne *nf* (het) geven; **à vous la ~** u geeft
donné *adj* **1** *(connu; offert)* gegeven **2** *(dé-*

terminé) bepaald ♦ **étant ~ que** gezien het feit dat

donnée *nf* **1** *(élément d'information)* gegeven *het*, informatie *nf* **2** *(plur.) (inform.)* data *plur*

donner[1] *vi* **1** *(heurter)* stoten; ~ **de la tête contre le mur** radeloos zijn, *(être débordé)* tot over z'n oren in het werk zitten **2** *(tomber)* vallen; ~ **dans le snobisme** zich snobistisch gedragen; ~ **dedans** erin stinken **3** *(+ sur) (s'ouvrir)* uitkomen (op), uitzien (op) *(avoir vue sur)*

donner[2] *vt* **1** *(offrir)* geven (aan); ~ **à entendre** te verstaan geven; ~ **les cartes** geven; ~ **qch contre, pour qch** iets ruilen voor iets anders; **je vous le donne en mille** ik geef het u te raden; ~ **une pièce de théâtre** een toneelstuk brengen **2** *(rapporter)* opbrengen; ~ **des fruits** vrucht dragen; **cela n'a pas donné grand-chose** dat heeft niet veel opgeleverd **3** *(supposer)* schatten; **quel âge me donnez-vous?** hoe oud schat u mij? **4** *(dénoncer)* verklikken

se donner[3] *vpr* **1** *(+ à) (se consacrer)* zich wijden (aan) **2** *(prendre)* zich geven; **se ~ de la peine** zich moeite geven; **se ~ du bon temps** de bloemetjes buiten zetten

donneur, -euse *n* gever, geefster *nm,f;* ~ **d'ordre** opdrachtgever; ~ **de sang** bloeddonor

dont *pron rel (cf. aussi les traductions de 'de')* **1** *(personnes)* van wie, ↑ wiens *(m. sing.)*, ↑ wier *(f. sing. et plur.)* **2** *(choses)* waarvan; **la maladie ~ il a souffert** de ziekte waaraan hij geleden heeft; **c'est ce ~ je suis fier** daar ben ik trots op; **trois enfants, ~ un fils** drie kinderen, waaronder één zoon; **l'affaire ~ on parle** de zaak waarover men spreekt

doper[1] *vt* **1** *(droguer)* doping toedienen **2** *(stimuler)* oppeppen

se doper[2] *vpr* een pepmiddel innemen

doping *nm (aussi au fig.)* doping *nf*

doré *adj* **1** *(recouvert d'or)* verguld **2** *(couleur d'or)* goudkleurig **3** *(bronzé)* goudbruin

dorénavant *adv* voortaan, van nu af aan

dorer *vt* **1** *(recouvrir d'or)* vergulden **2** *(colorer)* een gulden glans geven aan **3** *(rôtir)* goudbruin bakken

dorloter *vt* vertroetelen

dormant *adj* stil; **eau ~e** stilstaand water

dormeur, -euse *n* slaper, slaapster *nm,f*

dormir *vi (aussi au fig.)* slapen; ~ **debout** omvallen van de slaap

dorsal *adj* rug(gen)-

dortoir *nm* slaapzaal *de*

dorure *nf* **1** *(couche d'or)* verguldsel *het* **2** *(action de dorer)* (het) vergulden

dos *nm* rug *nm;* ~ **à** ~ rug-aan-rug; **ne pas y aller avec le ~ de la cuiller** de botte bijl hanteren; ~ **d'âne** verkeersdrempel *(ralentisseur);* **le ~ d'une cuiller** de onderkant van een lepel; **faire froid dans le ~ à qn** iem koude rillingen bezorgen; **faire qch dans, derrière le ~ de qn** iets achter iemands rug om doen; **le ~ d'une enveloppe** de achterkant van een enveloppe; **faire le gros** ~ een hoge rug opzetten *(chat);* **en avoir plein le** ~ z'n buik ervan vol hebben; **mettre qch sur le ~ de qn** iem iets in de schoenen schuiven; **dès qu'elle eut le ~ tourné** zodra zij zich had omgedraaid; **tourner le ~ à qn, à qch** iem/iets de rug toekeren *(aussi au fig.)*

dosage *nm* dosering *nf*

dose *nf* **1** dosis *nf;* **forcer la** ~ *(fig.)* overdrijven **2** *(bouton)* puistje *het*

doser *vt* doseren

doseur *nm* doseerapparaat *het* ♦ **bouchon** ~ maatdop

dossard *nm* rugnummer *het*

dossier *nm* **1** *(classeur)* dossier *het;* ~ **(de presse)** pakket informatie **2** *(documents)* stukken *plur* **3** *(appui)* rugleuning *nf*

dot *nf* bruidsschat *nm*

dotation *nf* **1** *(subvention)* toelage *de* **2** *(+ en) (équipement)* uitrusting (met) *nf*

doter (de) *vt* **1** *(douer)* begiftigen (met) **2** *(équiper)* uitrusten (met) **3** *(pourvoir d'une dot)* een bruidsschat geven aan **4** *(subventionner)* een toelage toewijzen aan

douane *nf* douane *de;* **(droits de)** ~ in- en uitvoerrechten

douanier *adj* douane-; **le ~, la douanière** de douanebeambte

doublage *nm* **1** *(film)* nasynchronisatie *nf* **2** *(tissu)* voering *nf*

double[1] *nm* **1** *(deux fois plus)* dubbele *het;* **avoir qch en** ~ iets dubbel hebben **2** *(copie)* kopie *nf*, doorslag *nm;* **en** ~ in tweevoud **3** *(tennis)* dubbelspel *het* **4** *(sosie)* dubbelganger *nm*

double[2] *adj* dubbel; **payer** ~ dubbel tarief betalen; **voir** ~ dubbel zien

doublé[1] *nm* doublé *het*

doublé[2] *adj* **1** *(double)* verdubbeld **2** *(tissu)* gevoerd **3** *(film)* nagesynchroniseerd

double-cliquer *vi (inform.)* dubbelklikken

doublement[1] *nm* verdubbeling *nf*

doublement[2] *adv* dubbel

doubler[1] *vi* **1** *(devenir double)* verdubbelen; ~ **de valeur** tweemaal zoveel waard worden **2** *(f.B.) (enseign.)* blijven zitten, overzitten *(n.B.)*

doubler[2] *vt* **1** *(rendre double)* verdubbelen **2** *(dépasser)* inhalen; **défense de** ~ inhaalverbod; *(fig.)* ~ **qn** iem te slim af zijn **3** *(tissu)* voeren **4** *(acteur)* vervangen, stand-in zijn voor **5** *(film)* nasynchroniseren **6** *(f.B.) (enseign.)* overdoen, overzitten *(n.B.)*

doublure *nf* **1** *(tissu)* voering *nf* **2** *(acteur)* doublure *de*, invaller *nm*

doucement *adv* **1** *(délicatement, lentement)* zacht(jes); **~!** kalm aan! **2** *(prudemment)* voorzichtig **3** *(couci-couça)* zozo **4** *(sous cape)* stilletjes

douceur *nf* **1** *(goût sucré)* zoetheid *nf* **2** *(sensation; gentillesse)* zachtheid *nf* **3** *(calme)* rust *de;* **en** ~ zachtjes(aan); **atterrissage en** ~ zachte landing **4** *(joie)* genot

het; ~ **de vivre** dolce vita **5** *(plur.) (friandises)* snoepgoed *het (sing.)*
douche *nf* **1** *(arrosage; installation)* douche *de* **2** *(averse)* regenbui *de;* **recevoir une (bonne)** ~ een stortbui op z'n hoofd krijgen, *(fig.)* (flink) ontnuchterd worden
doucher[1] *vt* **1** *(asperger)* douchen **2** *(décevoir)* een koude douche geven aan
se doucher[2] *vpr* een douche nemen
doué *adj* **1** *(+ de) (doté)* voorzien (van) **2** *(+ pour) (talentueux)* begaafd
douille *nf* **1** *(ampoule)* (lamp)fitting *nm* **2** *(cartouche)* (patroon)huls *de*
douillet *adj* **1** *(confortable)* behaaglijk **2** *(trop sensible)* kleinzerig
douleur *nf* **1** *(souffrance)* pijn *de, (chagrin aussi)* verdriet *het* **2** *(plur.) (grossesse)* weeën *plur*
douloureux *adj* pijnlijk, *(tragique aussi)* smartelijk
doute *nm* twijfel *nm;* **cela ne fait aucun** ~ dat lijdt geen twijfel; **mettre en** ~ in twijfel trekken, betwijfelen; **sans** ~ waarschijnlijk, (vast) wel; **sans aucun** ~ ongetwijfeld
douter[1] **(de)** *vi* twijfelen (aan), (iets) betwijfelen ♦ **ne** ~ **de rien** voor niets terugdeinzen
se douter[2] **(de)** *vpr* (iets) vermoeden; **je m'en doutais** dat dacht ik wel
douteux *adj* **1** *(incertain)* twijfelachtig, onzeker **2** *(suspect)* dubieus
doux *adj* **1** *(au goût)* zoet **2** *(à l'ouïe, à l'odorat)* zoet, mild; **il fait** ~ het is zacht weer; **pente douce** licht glooiende helling **3** *(agréable)* aangenaam; **se la couler douce** het er lekker van nemen **4** *(gentil; doux au toucher)* zacht ♦ **filer en douce** 'm piepen
douzaine *nf* dozijn *het*, twaalf stuks
douze *adj num* twaalf
douzième *adj num* twaalfde
doyen, -enne *n* **1** *(faculté)* decaan *nm* **2** *(le plus âgé)* oudste *nm* (in dienstjaren)
drache *nf (f.B.)* stortregen *nm*
draconien *adj* draconisch, streng
dragée *nf* **1** *(confiserie)* suikerboon *de*, doopsuiker *nm (n.B.)* **2** *(pharm.)* dragee *nf*
dragon *nm* draak *nm*
drague *nf* **1** *(filet)* schrobnet *het* **2** *(machine)* baggermachine *nf* **3** *(racolage)* (het) versieren
draguer[1] *vi (chercher une aventure)* op de versiertoer gaan
draguer[2] *vt* **1** *(chercher à racoler)* (proberen te) versieren **2** *(pêcher)* vangen met een schrobnet **3** *(curer)* uitbaggeren **4** *(enlever des mines)* (op)ruimen
drainer *vt* **1** *(assécher)* draineren, afwateren **2** *(méd.)* draineren **3** *(attirer)* aanzuigen
dramatique *adj* **1** *(poignant, tragique)* dramatisch **2** *(adj.) (du théâtre)* toneel-, dramatisch
dramatiser *vt* dramatiseren
drame *nm* drama *het;* **tourner au** ~ een tragische wending nemen
drap *nm* **1** *(toile)* laken *het* **2** *(de lit)* (beden)laken *het;* **être dans de beaux** ~**s** lelijk in de knoei zitten, in slechte papieren zitten *(n.B.)* **3** *(f.B.) (serviette de bain)* badhanddoek *nm*
drapeau *nm* **1** *(étendard)* vlag *de;* **le** ~ **tricolore** de (nationale) driekleur **2** *(plur.) (armée)* leger *het (uniquement sing.);* **être sous les** ~**x** in dienst zijn
draper[1] *vt (couvrir)* overtrekken (met laken)
se draper[2] **(dans)** *vpr (s'envelopper)* zich hullen (in)
drap-housse *nm* hoeslaken *het*
drastique *adj* drastisch
dressage *nm* **1** *(montage)* (het) opzetten **2** *(d'un animal)* dressuur *nf*, (het) africhten
dresser[1] *vt* **1** *(lever)* rechtop zetten; ~ **un monument** een monument oprichten **2** *(préparer)* gereed maken; ~ **la carte d'un pays** een land in kaart brengen; ~ **un piège à qn** iem een strik spannen; ~ **la table, le couvert** de tafel dekken **3** *(+ contre) (monter)* opzetten (tegen) **4** *(dompter)* africhten, *(cirque)* dresseren
se dresser[2] *vpr (s'élever)* zich oprichten; *(fig.)* **se** ~ **contre qn** zich tegen iem keren; **se** ~ **sur la pointe des pieds** op z'n tenen gaan staan
dresseur, -euse *n* africht(st)er *nm (nf)*
drogue *nf* drug *nm*, verdovend middel *het;* ~**s douces, dures** softdrugs, harddrugs
drogué *adj* verslaafd; **le, la** ~**(e)** de drugsverslaafde
droguer[1] *vt* **1** *(de médicaments)* (te) veel geneesmiddelen geven **2** *(de stupéfiants)* aan drugs helpen
se droguer[2] *vpr* **1** *(de médicaments)* (te) veel geneesmiddelen slikken **2** *(de stupéfiants)* drugs gebruiken
droguerie *nf* drogisterij *nf*
droit[1] *nm* **1** *(ce qui est permis)* recht *het;* ~ **d'auteur** auteursrecht, copyright; ~**s d'auteur** auteursrechten; **avoir** ~ **à qch** recht hebben op iets, *(iron.)* iets op zijn bord krijgen; ~ **civil** burgerlijk recht; **de** ~ terecht; **être en** ~ **de** het recht hebben om; **faire son** ~ rechten studeren; ~**s de l'homme** mensenrechten; **de plein** ~ met het volste recht, *(jur.)* van rechtswege; **de quel** ~**?** met welk recht?; **qui de** ~ de rechthebbende; **tous** ~**s réservés** alle rechten voorbehouden **2** *(redevance)* recht *het*, heffing *nf;* ~ **d'entrée** toegangsprijs **3** *(poing droit)* rechterhand *de;* **un direct du** ~ een rechtse directe; ~ **d'inscription** inschrijvingskosten
droit[2] *adj* **1** *(sans déviation)* recht; **aller** ~ **au but** recht op z'n doel afgaan; *(fig.)* **le** ~ **chemin** het rechte pad; **jupe** ~**e** recht vallende rok; **marcher** ~ recht lopen, rechtuit lopen, *(fig.)* op het rechte pad zijn; **tout** ~ rechtdoor **2** *(franc)* rechtschapen **3** *(à, de droite)* rechter, rechts; **centre** ~ gematigd rechts
droite *nf* **1** *(côté droit)* rechterkant *nm*, rechterzijde *de, (pol.)* rechts *n (sans art.);*

prendre à ~ rechts afslaan; **placer qn à sa** ~ iem rechts van zich plaatsen; **la première rue à** ~ de eerste straat rechts; **être de** ~ rechts zijn; **extrême** ~ extreemrechts; *(circul.)* **tenir sa** ~ rechts houden **2** *(sports)* rechtse stoot *nm* **3** *(math.)* rechte (lijn) *de*

droitier *adj* rechts(handig); **le ~, la droitière** de rechtshandige

droiture *nf* rechtschapenheid *nf*

drôle *adj* **1** *(amusant)* grappig; **ce n'est pas** ~ dat is helemaal niet leuk; **il fait ~ment froid** het is verschrikkelijk koud; **c'est ~ment chouette** het is erg leuk **2** *(étrange)* vreemd; **avoir un** ~ **d'air** er raar uitzien; **cela me fait** ~ dat komt me vreemd voor; **je me sens tout** ~ ik voel me helemaal niet lekker

dromadaire *nm* dromedaris *nm*

dru *adj* **1** *(touffu)* dik (groeiend), dicht (begroeid) **2** *(adv.) (fort)* flink

druide, -desse *n* druïde, vrouwelijke druïde *nm,f*

du *art (voir aussi 'de')* **1** *(article contracté)* van de, van het **2** *(article partitif) (ne se traduit pas)*; **acheter** ~ **vin** wijn kopen; **prends encore** ~ **fromage** neem nog wat kaas

dû *adj* **1** *(que l'on doit)* verschuldigd; **acte en (bonne et) due forme** akte in de vereiste vorm; **le** ~ het verschuldigde **2** *(imputable)* toe te schrijven (aan)

duc *nm* hertog *nm*

duché *nm* hertogdom *het*

duchesse *nf* hertogin *nf*

duel *nm* duel *het (aussi au fig.)*; **se battre en** ~ duelleren

dûment *adv* **1** *(selon les formes)* volgens de regels, naar behoren **2** *(bel et bien)* behoorlijk

dune *nf* duin *de*, *(l'ensemble)* duin *het*

duo *nm* duo *het*, *(mus.)* duet *het*

dupe *adj* bedrogen; **être** ~ bedrogen worden ♦ **je ne suis pas** ~ **de ses mensonges** hij liegt, maar ik heb hem door

duper *vt* bedriegen

duplex *adj* duplex-; **le** ~ *(appartement)* tweeverdiepingenflat, *(Belg.)* duplex, *(com.)* de duplexverbinding

duplicata *nm* afschrift *het*, duplicaat *het*

duplicité *nf* dubbelhartigheid *nf*

dur[1], dure *n* **1** *(matériau dur)* (het) harde; **construire en** ~ solide bouwen **2** *(personne coriace)* een harde; **il a été élevé à la ~e** hij heeft een spartaanse opvoeding gehad; **un ~, une ~e à cuire** een taaie **3** *(bagarreur)* vechtersbaas *nm*

dur[2] *adj* **1** *(solide)* hard; **œuf** ~ hardgekookt ei; **pain** ~ oudbakken brood; **le soleil tape** ~ de zon brandt (fel); **viande ~e** taai vlees **2** *(insensible)* hard, ongevoelig; **être** ~ **avec, envers qn** hard tegen iem zijn **3** *(pénible)* moeilijk, zwaar; **être** ~ **à digérer** zwaar te verteren zijn, *(fig.)* moeilijk te verteren zijn

durable *adj* duurzaam

durant *prép* **1** *(pendant)* gedurende, tijdens; ~ **une semaine** gedurende een week **2** *(entier)* heel; **une heure** ~ een uur lang, een heel uur

durcir[1] *vi (devenir dur)* hard worden

durcir[2] *vt (rendre dur)* verharden

se durcir[3] *vpr (devenir dur)* hard worden; **son visage se durcit** zijn gezicht verstrakte

durcissement *nm* verharding *nf (aussi au fig.)*

durée *nf* **1** *(longueur)* (tijds)duur *nm;* **pendant une** ~ **de quinze jours** veertien dagen lang **2** *(d'une note, d'une pause)* lengte *nf*

durement *adv* **1** *(d'une manière dure)* hard **2** *(avec dureté)* streng

durer *vi* **1** *(se prolonger)* duren; **cela a assez duré!** zo is het welletjes!; **faire** ~ langer doen duren; **cette minute a duré une heure** die minuut leek wel een uur; **cela ne peut pas** ~ dat kan zo niet langer; **pourvu que ça dure** als dat maar zo blijft **2** *(sembler long)* lang vallen; **le temps lui dure** de tijd valt hem lang **3** *(durer longtemps)* duurzaam zijn **4** *(servir)* meegaan

dureté *nf* hardheid *nf*

duvet *nm* **1** *(plumes; poil)* dons *het* **2** *(couette)* (donzen) dekbed *het* **3** *(sac de couchage)* (donzen) slaapzak *nm*

DVD *nm* dvd *nm*

dynamique *adj* dynamisch *(aussi phys.)*; *(phys.)* **la** ~ de dynamica

dynamisme *nm* dynamiek *nf*, vitaliteit *nf*

dynamite *nf* dynamiet *het*

dynamiter *vt (aussi au fig.)* opblazen

dynamo *nf* dynamo *nm*

dynastie *nf* dynastie *nf*

dysfonction *nf* functiestoornis *nf*

dyslexique *adj* woordblind, dyslectisch

e

e *nm* e *de;* **e comme Eugène** de e van Eduard
eau *nf* **1** *(liquide inodore)* water *het;* **il y a de l'~ dans le gaz** er zit onweer in de lucht; **en disant cela, tu apportes de l'~ à son moulin** wat je daar zegt, is koren op zijn molen; **en avoir l'~ à la bouche** ervan watertanden; ~ **bénite** wijwater; ~ **courante** stromend water; ~ **douce** zoet water *(géo.),* zacht water *(chim.); (fig.)* **être à l'~** in het honderd gelopen zijn; **être en ~** bezweet zijn; ~ **gazeuse** bronwater met prik; ~ **de javel** bleekwater; **se jeter à l'~** in het water springen, *(fig.)* de sprong (in het duister) wagen; **mettre à l'~** te water laten; **mettre l'~ à la bouche** doen watertanden; **mettre de l'~ dans son vin** water bij de wijn doen *(aussi au fig.);* ~ **plate** tafelwater zonder prik; **un point d'~** een tappunt; ~ **potable** drinkwater; *(chaussures, vêtements)* **prendre l'~** lekken; **clair comme de l'~ de roche** glashelder *(aussi au fig.);* ~ **salée** zout water; ~ **de toilette** reukwater; *(fig.)* **tomber à l'~** in het water vallen; ~ **de vaisselle** afwaswater; ~ **de source** bronwater **2** *(plur.) (liquide amniotique)* vruchtwater *het* **3** *(plur.) (eaux thermales)* kuurbaden *plur;* **une ville d'~x** een kuuroord ♦ *(administration)* **les Eaux et Forêts** Staatsbosbeheer; **nager entre deux ~x** de kool en de geit sparen; **~x usées** afvalwater
eau-de-vie *nf* brandewijn *nm*
ébahir *vt* verbazen
ébats *nm* geravot *het (sing.);* ~ **amoureux** liefdesspel
s'ébattre *vpr* ravotten
ébauche *nf* **1** *(esquisse)* opzet *nm* **2** *(+ de) (début de)* zwakke poging (tot) *nf*
ébaucher[1] *vt (esquisser)* ontwerpen, in grote lijnen aangeven *(aussi au fig.);* ~ **un geste** een vaag gebaar maken; ~ **un sourire** zwakjes glimlachen
s'ébaucher[2] *vpr (prendre forme)* vorm aannemen
ébène *nf* ebbenhout *het*
ébéniste *nm* meubelmaker *nm*, schrijnwerker *nm*
ébénisterie *nf* meubelwerk *het*, schrijnwerk *het*
éberlué *adj* stomverbaasd
éblouir *vt* **1** *(aveugler)* verblinden *(aussi au fig.);* **d'une beauté éblouissante** betoverend mooi **2** *(fasciner)* versteld doen staan
éblouissement *nm* **1** *(trouble de la vue)* verblinding *nf (aussi au fig.);* **avoir des ~s** duizelig worden **2** *(émerveillement)* verwondering *nf*
éborgner *vt* een oog uitsteken
éboueur *nm* vuilnisman *nm*
ébouillanter[1] *vt (cuis.)* in kokend water leggen
s'ébouillanter[2] *vpr* zich aan heet water branden
éboulement *nm* **1** *(écroulement)* instorting *nf* **2** *(affaissement)* verzakking *nf;* ~ **de terres** grondverschuiving
s'ébouler *vpr* instorten
éboulis *nm* puin *het*
ébouriffer *vt* in de war maken
ébranler[1] *vt* **1** *(fig.)* doen schudden op zijn grondvesten, doen wankelen **2** *(faire trembler)* doen schudden
s'ébranler[2] *vpr (démarrer)* in beweging komen
ébrécher[1] *vt* de rand stukstoten van
s'ébrécher[2] *vpr* beschadigd worden
ébriété *nf* dronkenschap *nf;* **en état d'~** in kennelijke staat (van dronkenschap)
s'ébrouer *vpr* **1** *(d'un animal)* snuiven **2** *(d'une personne)* zich (uit)schudden
ébruiter[1] *vt* ruchtbaar maken
s'ébruiter[2] *vpr* ruchtbaar worden
ébullition *nf* **1** *(de l'eau)* (het) koken; **en ~** kokend, *(fig.)* opgewonden; **porter qch à ~** iets aan de kook brengen **2** *(point d'ébullition)* kookpunt *het;* **point d'~** kookpunt **3** *(formation de bulles)* (het) borrelen **4** *(fig.)* opschudding *nf*
écaille *nf* **1** *(d'un poisson)* schub *de* **2** *(de tortue)* schildpad *het* **3** *(de vernis)* schilfer *nm*
écailler[1] *vt* **1** *(un poisson)* schubben **2** *(huîtres)* open maken **3** *(vernis)* doen afschilferen

s'écailler[2] *vpr (vernis)* afschilferen
écarlate *nf* scharlaken *het;* **robe** ~ scharlaken(rode) japon
écarquiller *vt* wijd open sperren
écart *nm* **1** *(écartement)* spreiding *nf;* **se tenir à l'**~ opzij gaan staan, *(fig.)* zich verre houden (van); *(fig.)* **tenir qn à l'**~ **de qch** iem ergens buiten houden; **grand** ~ spagaat **2** *(déviation)* afwijking *nf;* **~s de conduite** afwijkend gedrag; **faire un** ~ **à droite** rechts opzijspringen; **~s de langage** afwijkend taalgebruik; **faire des ~s (de régime)** zich niet aan zijn dieet houden **3** *(différence)* verschil *het*
écarté *adj* **1** *(éloigné)* ver uit elkaar staand **2** *(isolé)* afgezonderd; **chemin** ~ binnenweg **3** *(jambes)* gespreid
écarteler *vt* **1** *(démembrer)* vierendelen **2** *(tirailler)* (innerlijk) verscheuren
écartement *nm* spreiding *nf*
écarter[1] *vt* **1** *(séparer)* (uit)spreiden **2** *(éloigner)* verwijderen **3** *(dévier)* doen afwijken, *(fig.)* afbrengen (van); **ce chemin nous ~a trop** door deze weg te nemen maken we een te grote omweg
s'écarter[2] *vpr* **1** *(s'éloigner les un(e)s des autres)* uiteengaan, opengaan **2** *(+ de)* *(s'éloigner de)* afwijken (van); **s'**~ **de la route** van de weg afraken; **s'**~ **de son sujet** van zijn onderwerp afdwalen **3** *(+ de)* *(s'égarer de)* zich verwijderen (van)
ecchymose *nf* bloeduitstorting *nf*
ecclésiastique *adj* kerkelijk, geestelijk; **l'ecclésiastique** de geestelijke
écervelé *adj* onbezonnen; **l'écervelé** de leeghoofd
échafaud *nm* **1** *(construction)* schavot *het* **2** *(décapitation)* onthoofding *nf;* **il risque l'**~ hij riskeert zijn kop
échafaudage *nm* **1** *(construction)* (bouw)-steiger *nm* **2** *(assemblage)* opbouw *nm*
échafauder *vt* opzetten; ~ **des plans** plannen smeden
échalote *nf* sjalot *de*
échancrer *vt* uitsnijden
échancrure *nf* uitsnijding *nf*
échange *nm* **1** *(troc)* ruil *nm;* **en** ~ in plaats daarvan; **en** ~ **de qch** in ruil voor iets; **faire un** ~ ruilen; **faire l'**~ **de qch** iets ruilen **2** *(écon.)* handelstransactie *nf;* **~s commerciaux** handelsverkeer **3** *(communication réciproque)* uitwisseling *nf;* ~ **de lettres** briefwisseling
échanger *vt* ruilen, (uit)wisselen; ~ **des cadeaux** elkaar cadeaus geven; ~ **qch contre, pour qch d'autre** iets tegen iets anders ruilen; ~ **un salut** elkaar groeten
échangeur *nm* **1** *(autoroute)* (verkeers)-knooppunt *het*, verkeerswisselaar *nm (n.B.)* **2** *(phys.)* warmtewisselaar *nm*
échantillon *nm* **1** *(spécimen)* monster *het*, staal *het (de tissus, de papier)* **2** *(exemple)* staaltje *het* **3** *(en statistiques)* steekproef *de*
échantillonnage *nm* monstercollectie *nf*
échappatoire *nf* uitvlucht *de*
échappée *nf* **1** *(cyclisme)* ontsnappingspoging *nf* **2** *(vue)* doorkijk *nm;* ~ **sur la mer** uitzicht op zee
échappement *nm* uitlaat *nm;* **(pot d')**~ knalpot, uitlaat
échapper[1] *vi* **1** *(quitter qn; éviter qn)* ontsnappen (aan) **2** *(être émis involontairement)* ontvallen; **laisser** ~ *(cri, soupir)* slaken **3** *(ne pas être remarqué)* ontgaan; **cela m'a échappé** dat is me ontgaan **4** *(être oublié)* ontschoten zijn **5** *(se soustraire à)* zich onttrekken (aan); ~ **à la règle** een uitzondering vormen; **il n'y a pas moyen d'y** ~ we kunnen er niet onderuit **6** *(tomber de)* vallen (uit); ~ **des mains** uit de handen vallen ♦ **laisser (s')**~ naar buiten laten komen
échapper[2] *vt* ♦ **l'**~ **belle** er heelhuids van afkomen
s'échapper[3] *vpr* **1** *(+ de)* *(s'enfuir)* ontvluchten **2** *(sortir)* ontsnappen **3** *(s'éclipser)* stilletjes weggaan
écharde *nf* splinter *nm*
écharpe *nf* **1** *(du maire)* sjerp *nm* **2** *(bandage)* draagdoek *nm* **3** *(cache-col)* das *de*
échasse *nf* stelt *de*
échauder *vt* **1** *(ébouillanter)* met heet water overgieten **2** *(brûler)* verbranden **3** *(désenchanter)* ↑ ontnuchteren
échauffement *nm* **1** *(réchauffement)* verwarming *nf* **2** *(sports)* warming-up *nm* **3** *(effervescence)* opwinding *nf* **4** *(moteur)* (het) warmlopen
échauffer[1] *vt* **1** *(chauffer)* opwarmen **2** *(moteur)* warm doen lopen
s'échauffer[2] *vpr* **1** *(sports)* zijn spieren loswerken **2** *(s'exalter)* zich opwinden, verhit raken
échauffourée *nf* schermutseling *nf*
échéance *nf* **1** *(expiration; terme)* vervaldatum *nm;* **venir à** ~ vervallen, aflopen **2** *(dette)* vervallen bedrag *het* **3** *(délai)* termijn *nm* ♦ **à brève ~, à courte** ~ op korte termijn, binnenkort; **à longue** ~ op lange termijn
échec *nm* **1** *(plur.)* *(jeu)* schaakspel *het;* **jouer aux ~s** schaken **2** *(situation du roi, de la reine)* schaak *het;* **être en** ~ schaak staan; **faire** ~ schaak zetten; ~ **et mat** schaakmat; ~ **(au roi)!** schaak! **3** *(position difficile)* moeilijke positie *nf;* **tenir qn en** ~ iem dwarsbomen **4** *(revers)* mislukking *nf;* **l'**~ **à un examen** het zakken voor een examen
échelle *nf* **1** *(dispositif à marches)* ladder *de;* **faire la courte** ~ **à qn** iem een opzetje geven, *(fig.)* iem voorthelpen; *(fig.)* **sur une grande** ~ op grote schaal **2** *(série)* reeks *de;* ~ **des salaires** loonschaal; ~ **sociale** maatschappelijke ladder **3** *(moyen de mesure)* schaal *de;* **le problème se pose à l'**~ **nationale** het is een nationaal probleem
échelon *nm* **1** *(d'une échelle)* sport *de* **2** *(rang)* trap *nm* **3** *(niveau)* niveau *het*
échelonner *vt* spreiden; **paiements échelonnés** termijnbetalingen
échevelé *adj* met verwarde haren
échevin *nm (Belg.f.)* schepen *nm (Belg.n.)*

échine *nf* **1** *(colonne)* ruggengraat *de; (fig.)* **courber l'~** het hoofd buigen **2** *(cuis.)* stuk *het* varkensrug
s'échiner *vpr* zich afmatten
échiquier *nm* schaakbord *het*
écho *nm* **1** *(réflexion; reflet)* echo *nm;* **se faire l'~ d'un bruit** een gerucht verspreiden; **rester sans ~** geen weerklank vinden **2** *(nouvelle)* nieuws *het (uniquement sing.);* **avoir eu quelques ~s de qch** ergens iets over opgevangen hebben
échographie *nf* echografie *nf*
échoir *vi* **1** *(+ à) (revenir à)* ten deel vallen (aan) **2** *(arriver à échéance)* vervallen
échouer[1] *vi* **1** *(rater)* niet slagen (in) *(personnes)*, mislukken *(choses);* **~ à un examen** zakken voor een examen **2** *(bateau)* stranden **3** *(atterrir qqp.)* belanden
s'échouer[2] *vpr (bateau)* aan de grond lopen, stranden
éclabousser *vt* **1** *(asperger)* bespatten **2** *(compromettre)* in opspraak brengen
éclaboussure *nf* **1** *(tache)* spat *de* **2** *(fig.)* smet *de*
éclair *nm* **1** *(météo.)* bliksem *nm;* **visite ~** bliksembezoek **2** *(bref moment)* flits *nm (aussi phot.);* **~ de génie** geniale inval **3** *(pâtisserie)* eclair *nm*
éclairage *nm* **1** *(lumière)* verlichting *nf* **2** *(en peinture)* lichtval *nm*
éclaircie *nf* opklaring *nf*
éclaircir[1] *vt* **1** *(rendre plus lumineux)* helderder maken *(aussi au fig.)* **2** *(débrouiller)* ophelderen; **~ un malentendu** een misverstand uit de weg ruimen **3** *(cuis.)* uitdunnen
s'éclaircir[2] *vpr* **1** *(devenir plus lumineux)* helder worden, *(météo.)* opklaren **2** *(devenir moins obscur)* opgehelderd worden
éclaircissement *nm* opheldering *nf;* **demander des ~s** (om) opheldering vragen
éclairé *adj* verlicht *(aussi au fig.)*
éclairer[1] *vi* licht geven
éclairer[2] *vt* **1** *(illuminer)* verlichten; **la joie éclaira son regard** de vreugde straalde van zijn, haar gezicht af **2** *(expliquer)* ophelderen **3** *(informer)* inlichten
s'éclairer[3] *vpr* **1** *(recevoir de la lumière)* verlicht worden, aangaan *(s'allumer)* **2** *(s'expliquer)* duidelijk worden **3** *(s'illuminer)* zich bijlichten
éclaireur, -euse *n* **1** *(scout)* padvind(st)er *nm (nf)* **2** *(m.) (soldat)* verkenner *nm (aussi au fig.);* **partir en ~** op verkenning uitgaan
éclat *nm* **1** *(luminosité; faste)* pracht *de* **2** *(fragment)* scherf *de;* **voler en ~s** in stukken vliegen **3** *(bruit)* lawaai *het;* **rire aux ~s** schaterlachen; **grand ~ de rire** luid geschater; **sans ~** zonder veel ophef; **~s de voix** opgewonden stemmen **4** *(scandale)* opzien *het;* **faire un ~** herrie schoppen
éclatant *adj* **1** *(bruyant)* luidruchtig **2** *(éblouissant)* schitterend; **~ de santé** blakend van gezondheid; **vert ~** felgroen **3** *(remarquable)* opvallend; **vérité ~e** onbetwiste waarheid
éclatement *nm* **1** *(explosion)* (het) klappen **2** *(scission)* (het) uit elkaar vallen
éclater[1] *vi* **1** *(exploser)* barsten, *(pneu)* klappen; *(fig.)* **ça va ~** de bom barst **2** *(commencer)* losbarsten; **sa colère éclata** hij, zij ontstak in woede **3** *(se diviser)* uiteenvallen **4** *(vérité)* aan het licht komen ♦ **~ de rire** in lachen uitbarsten
éclater[2] *vt (une plante)* stekken
s'éclater[3] *vpr* ♦ **s'~** uit zijn dak gaan
éclectique *adj* eclectisch
éclipse *nf (astron.)* verduistering *nf*
éclipser[1] *vt* **1** *(obscurcir)* verduisteren **2** *(surpasser)* overschaduwen
s'éclipser[2] *vpr* ertussenuit knijpen
éclopé *adj* kreupel
éclore *vi* **1** *(œuf)* uitkomen; **fleur fraîche éclose** pas ontloken bloem **2** *(fleur)* ontluiken *(aussi au fig.)*
éclosion *nf* ontluiking *nf*
écluse *nf* sluis *de*
écocitoyen, -enne *n* milieubewuste burger *nm*
écœurant *adj* **1** *(nauséabond)* walgelijk **2** *(révoltant)* weerzinwekkend **3** *(décourageant)* ontmoedigend
écœurement *nm* **1** *(répugnance)* walging *nf* **2** *(découragement)* ontmoediging *nf*
écœurer *vt* **1** *(physiquement)* misselijk maken **2** *(indigner)* doen walgen **3** *(décourager)* ontmoedigen
écolabel *nm* ecolabel *het*
écolage *nm (f.B.)* **1** *(formation)* opleiding *nf* **2** *(sur un véhicule)* lesvoertuig *het*
école *nf* **1** *(établissement)* school *de;* **être à bonne ~** in goede handen zijn; **faire l'~ buissonnière** spijbelen; **grande ~** ± eliteschool voor topfunctionarissen; **~ libre** katholieke school; **~ maternelle** kleuterschool; *(Belg.f.)* **~ moyenne** middenschool; *(Belg.f.)* **~ normale** normaalschool *(Belg.n.);* **~ normale primaire** pedagogische academie; **~ primaire** lagere school; **~ secondaire** middelbare school **2** *(mouvement)* school *de;* **faire ~** school maken
écolier, -ière *n* scholier(e) *nm (nf)*, leerling(e) *nm (nf)*
écologie *nf* **1** *(science)* milieukunde *nf* **2** *(écologisme)* milieubescherming *nf*
écologique *adj* ecologisch
écologiste *n* **1** *(scientifique)* milieudeskundige *nm* **2** *(militant(e))* milieubeschermer(st)er *nm (nf)*
e-commerce *nm* e-business *de*
éconduire *vt* **1** *(refuser)* afwijzen **2** *(refuser de recevoir)* afschepen
économe[1] *nm* (huis)beheerder *nm*
économe[2] *adj* zuinig; **être ~ de qch** zuinig met iets zijn
économie *nf* **1** *(vie économique; science)* economie *nf;* **une ~ de marché** een markteconomie **2** *(parcimonie)* zuinigheid *nf* **3** *(gain)* besparing *nf;* **une mesure d'~** een bezuinigingsmaatregel; **une ~ de temps** een tijdbesparing **4** *(plur.) (pécule)* spaargeld *het;* **faire des ~s** sparen
économique *adj* **1** *(avantageux)* zuinig **2** *(relatif à l'économie)* economisch

économiser[1] *vi* **1** *(ménager)* bezuinigen **2** *(épargner)* sparen
économiser[2] *vt* (be)sparen
économiste *n* econoom, econome *nm,f*
écoper[1] *vi (payer)* ervoor opdraaien
écoper[2] *vt* **1** *(recevoir)* oplopen **2** *(un bateau)* uithozen
écorce *nf* **1** *(arbre)* schors *de;* ~ **terrestre** aardkorst **2** *(fruit)* schil *de*
écorcher *vt* **1** *(érafler)* schrammen **2** *(faire mal aux oreilles)* pijn doen aan; ~ **les oreilles à qn** iem de oren van het hoofd schreeuwen **3** *(prononcer mal)* radbraken
écorchure *nf* schram *de*
écossais *adj* **1** *(de l'Ecosse)* Schots; **l'écossais** het Schots; **l'Ecossais(e)** de Schot(se) **2** *(tissu)* geruit
Ecosse *nf* Schotland *n (sans art.)*
écosser *vt* doppen
écoulement *nm* **1** *(d'un liquide)* (het) wegstromen; ~ **de la circulation** doorstroming van het verkeer **2** *(du temps)* (het) verstrijken **3** *(de marchandises)* afzet *nm*
écouler[1] *vt* **1** *(des marchandises)* van de hand doen, slijten; **le stock est écoulé** we zijn door de voorraad heen **2** *(de faux billets)* in omloop brengen
s'écouler[2] *vpr* **1** *(se déverser)* wegstromen **2** *(passer)* verstrijken **3** *(se disperser)* wegtrekken **4** *(se vendre)* van de hand gaan
écourter *vt* korter maken
écoute *nf* (het) beluisteren; **rester à l'**~ blijven luisteren; **mettre qn sur** ~ iemands telefoon afluisteren
écouter[1] *vt* **1** *(ouïr)* luisteren naar; **écoute(z)!** luister eens!; *(téléphone)* **allô, j'écoute** hallo **2** *(tenir compte de)* luisteren naar, *(un conseil)* opvolgen; **savoir se faire** ~ *(se faire comprendre)* gehoor vinden, *(avoir de l'autorité)* gezag hebben
s'écouter[2] *vpr (suivre son inspiration)* zijn (eigen) zin doen ♦ **s'**~ **parler** zichzelf graag horen praten
écouteur *nm* **1** *(plur.) (casque)* koptelefoon *nm* **2** *(téléphone)* hoorn *nm*
écrabouiller *vt* platwalsen
écran *nm* **1** *(surface de projection)* scherm *het;* **le petit** ~ de buis **2** *(cinéma)* film(kunst) *nm (nf);* **le grand** ~ het witte doek; **porter un roman à l'**~ een roman verfilmen **3** *(rideau)* scherm *het;* ~ **antibruit** geluidsscherm; **faire** ~ **à qch** iets afschermen
écrasant *adj* **1** *(accablant)* verpletterend zwaar **2** *(anéantissant)* verpletterend
écraser[1] *vt* **1** *(broyer; écrabouiller)* verpletteren; ~ **une cigarette** een sigaret uitdrukken **2** *(renverser qn)* overrijden; **se faire** ~ overreden worden **3** *(anéantir)* onder de voet lopen **4** *(dominer)* overheersen ♦ **écrase!** hou op!
s'écraser[2] *vpr (tomber)* neerstorten ♦ **s'**~ **contre un mur** tegen een muur rijden
écrémer *vt (aussi au fig.)* afromen; **lait écrémé** magere melk
écrevisse *nf* (rivier)kreeft *de*
s'écrier *vpr* uitroepen
écrin *nm* juwelenkistje *het*
écrire[1] *vt* **1** schrijven; ~ **à la machine** typen, tikken; ~ **au crayon** met potlood schrijven **2** *(noter)* opschrijven
s'écrire[2] *vpr* **1** *(être écrit)* geschreven worden **2** *(correspondre)* elkaar schrijven
écrit[1] *nm* **1** *(ce qui est écrit)* geschrift *het;* **par** ~ schriftelijk **2** *(examen)* schriftelijk (examen) *het*
écrit[2] *adj* **1** *(tracé par l'écriture)* geschreven, schrijf-; **être** ~ **(dans un livre)** (in een boek) staan **2** *(prévu)* voorbeschikt; **c'était** ~ het moest (zo) gebeuren; **il était** ~ **que** het was voorbeschikt dat **3** *(examen)* schriftelijk
écriteau *nm* bord(je) *het*
écriture *nf* **1** *(système de caractères)* schrift *het;* ~ **script** blokletters **2** *(action d'écrire)* (het) schrijven **3** *(façon d'écrire)* (hand)schrift *het* **4** *(style)* ↓ stijl *nm* **5** *(plur.) (comptabilité)* (koopmans)boeken *plur;* **tenir les** ~**s** de boekhouding doen
Ecriture(s) *nf(, plur)* Schrift *de;* **l'Ecriture sainte** de Heilige Schrift
écrivain *nm* schrijver, schrijfster *nm,f*, auteur *nm*
écrou *nm* moer *de*
écrouer *vt* in de gevangenis zetten
s'écrouler *vpr* **1** *(s'ébouler)* instorten *(aussi au fig.)*, inzakken **2** *(s'anéantir)* instorten; **le coureur s'écroula à la ligne d'arrivée** de renner zakte op de finish in elkaar; **ses espoirs se sont écroulés** al zijn, haar hoop werd de bodem ingeslagen; **les prix s'écroulent** de prijzen kelderen ♦ **s'**~ **dans un fauteuil** in een fauteuil neerploffen; **être écroulé (de rire)** zich krom lachen
écru *adj* ruw, ongebleekt
écueil *nm* klip *de (aussi au fig.)*
écuelle *nf* nap *nm*
éculé *adj* **1** *(chaussure)* afgetrapt, stukgelopen **2** *(sans originalité)* afgezaagd
écume *nf* schuim *het*
écumer[1] *vi* **1** *(se couvrir d'écume)* schuimen **2** *(baver)* schuimbekken; ~ **de rage** schuimbekken van woede
écumer[2] *vt* **1** *(débarrasser de l'écume)* afschuimen **2** *(parcourir en pillant)* afstropen
écumoire *nf* schuimspaan *de*
écureuil *nm* eekhoorn *nm*
écurie *nf* stal *nm*
écusson *nm* **1** *(blason)* (wapen)schild *het* **2** *(distinction)* embleem *het*
eczéma *nm* eczeem *het*
edelweiss *nm* edelweiss *het*
édenté *adj* tandeloos
édicter *vt* uitvaardigen
édifiant *adj (aussi iron.)* stichtelijk; **peu** ~ onverkwikkelijk
édifice *nm* **1** *(bâtiment)* gebouw *het* **2** *(ensemble organisé)* bouwwerk *het*
édifier *vt* **1** *(construire)* bouwen **2** *(fig.) (constituer)* opbouwen
édit *nm* edict *het*
éditer *vt* **1** *(publier)* uitgeven, publiceren **2** *(inform.)* editen

éditeur, -trice *n* uitgever, uitgeefster *nm,f*
édition *nf* **1** *(tirage)* uitgave *de*, druk *nm*; ~ **revue et corrigée** herziene uitgave **2** *(activité de publier)* uitgeverij *nf*; **maison d'~** uitgeverij **3** *(inform.)* opmaak *nm*
éditorial *nm* hoofdartikel *het*
édredon *nm* dekbed *het*
éducateur, -trice *n* opvoed(st)er *nm (nf)*, *(travailleur social)* mentor, mentrix *nm,f*
éducatif *adj* vormend
éducation *nf* **1** *(pédagogie)* opvoeding *nf*; ~ **physique** gymnastiek; ~ **sexuelle** (seksuele) voorlichting **2** *(formation)* opleiding *nf*; ~ **civique** maatschappijleer **3** *(savoir-vivre)* wellevendheid *nf* ♦ **(Ministère de) l'~ nationale** (Ministerie van) Onderwijs, Nationale Opvoeding *(Belg.n.)*
édulcorant *nm* zoetstof *de*
édulcorer *vt* **1** *(atténuer)* afzwakken **2** *(sucrer)* zoet maken
éduquer *vt* opvoeden
effacé *adj* **1** *(couleur)* vervaagd **2** *(tenu en retrait)* ingetrokken; **menton** ~ wijkende kin **3** *(discret)* onopvallend
effacer[1] *vt* **1** *(gommer)* uitwissen, *(tableau)* uitvegen **2** *(inform.)* wissen **3** *(faire oublier)* doen vergeten; ~ **de sa mémoire** uit zijn geheugen wissen
s'effacer[2] *vpr* **1** *(être gommé)* vervagen **2** *(se faire discret)* zich wegcijferen; **s'~ devant qn** iem als zijn meerdere erkennen
effarant *adj* ontstellend
effaré *adj* ontsteld, verwilderd *(regard)*
effarer *vt* ontstellen
effaroucher[1] *vt* afschrikken
s'effaroucher[2] **(de)** *vpr* afgeschrikt worden (door)
effectif[1] *nm* **1** *(nombre de personnes)* sterkte *nf*; **l'~ d'un parti** het aantal leden van een partij **2** *(plur.) (troupes)* aantal *het* manschappen
effectif[2] *adj* **1** *(réel)* (daad)werkelijk **2** *(en effet)* inderdaad
effectuer[1] *vt* uitvoeren
s'effectuer[2] *vpr* uitgevoerd worden
efféminé *adj* verwijfd
effervescence *nf* **1** *(bouillonnement)* (het) opbruisen **2** *(agitation)* opwinding *nf*
effervescent *adj* **1** *(bouillonnant)* bruisend; **comprimé** ~ bruistablet **2** *(agité)* woelig
effet *nm* **1** *(conséquence)* uitwerking *nf*; **à cet** ~ met het oog hierop; **avoir de l'~** resultaat hebben; **avoir qch pour** ~ iets als gevolg hebben; **faire (de l')~** uitwerking hebben; **faire mauvais** ~ een slechte indruk maken; **faire l'~ d'une bombe** inslaan als een bom; **l'~ du hasard** een toevalstreffer; ~ **secondaire** bijwerking; ~ **de serre** broeikaseffect; **sous l'~ de qch** door de inwerking van iets **2** *(sports)* effect *het* **3** *(titre)* wissel *nm* **4** *(impact)* kracht *de* **5** *(réalisation)* werking *nf*; **avoir** ~ gelden; **à** ~ **rétroactif** met terugwerkende kracht **6** *(plur.) (vêtements)* spullen *plur*; **~s personnels** persoonlijke bezittingen ♦ **en** ~ immers *(lien logique)*, inderdaad *(adverbe de confirmation)*; *(cin.)* **~s spéciaux** trucages
efficace *adj* **1** *(choses)* doeltreffend **2** *(personnes)* efficiënt
efficacité *nf* **1** *(choses)* doeltreffendheid *nf* **2** *(personnes)* efficiëntie *nf*
effigie *nf* afbeelding *nf*
effilé *adj* spits, dun (uitlopend)
effilocher[1] *vt* (uit)rafelen
s'effilocher[2] *vpr* rafelig worden
efflanqué *adj* uitgemergeld
effleurer *vt* **1** *(frôler)* licht aanraken **2** *(évoquer)* aanroeren; **cette pensée ne m'avait jamais effleuré** die gedachte was nooit bij me opgekomen
effondrement *nm* **1** *(écroulement)* instorting *nf* **2** *(fin.)* val *nm* **3** *(abattement)* inzinking *nf*
s'effondrer *vpr* **1** *(s'écrouler)* instorten, ineenzakken **2** *(tomber comme une masse)* neerploffen **3** *(craquer)* (het) plotseling opgeven
s'efforcer (de) *vpr* zijn best doen (om)
effort *nm* inspanning *nf*, moeite *nf*; **faire un ~, des ~s** z'n best doen, zich inspannen; **faire un** ~ **de mémoire** zich proberen te herinneren; **encore un petit ~!** nog even doorzetten!; **sans** ~ moeiteloos
effraction *nf* braak *de*; **pénétrer qqp. par** ~ ergens inbreken
effrayant *adj* **1** *(atroce)* schrikwekkend **2** *(extrême)* ontzettend
effrayer[1] *vt* **1** *(épouvanter)* schrik aanjagen, bang maken **2** *(faire reculer)* afschrikken
s'effrayer[2] **(de)** *vpr* schrikken (van)
effréné *adj* ongebreideld, *(course aussi)* dol
effriter[1] *vt* afbrokkelen
s'effriter[2] *vpr* verweren, afbrokkelen *(aussi au fig.)*
effroi *nm* afgrijzen *het*
effronté *adj* onbeschaamd, brutaal
effronterie *nf* onbeschaamdheid *nf*, brutaliteit *nf*
effroyable *adj* **1** *(atroce)* afgrijselijk **2** *(extrême)* ontzettend
effusion *nf* ontboezeming *nf*; **avec** ~ gevoelvol ♦ ~ **de sang** bloedvergieten
égal[1]**, -ale** *n* gelijke *nm*; **à l'~ de** evenzeer als; **d'~ à** ~ op voet van gelijkheid; **sans** ~ zonder weerga
égal[2] *adj* **1** *(identique à)* gelijk (aan); **rester ~ à soi-même** zichzelf blijven **2** *(constant)* gelijkmatig **3** *(indifférent)* gelijk, onverschillig; **cela m'est** ~ dat maakt mij niets uit
également *adv* **1** *(pareillement)* gelijkelijk **2** *(aussi)* ook, eveneens
égaler *vt* **1** *(être égal en valeur)* evenaren **2** *(math.)* gelijk zijn aan, zijn; **2 et 3 égalent 5** 2 en 3 is 5
égalisation *nf (sports)* gelijk spel *het*
égaliser[1] *vi (sports)* gelijk spel maken
égaliser[2] *vt* **1** *(aplanir; rendre égal)* gelijkmaken **2** *(fin.)* nivelleren
égalité *nf* **1** *(absence de différences)* gelijk-

heid *nf; (sports)* **être à ~ (de points)** gelijk staan **2** *(constance)* gelijkmatigheid *nf*
égard *nm* **1** *(considération)* consideratie *nf;* **à cet** ~ in dit opzicht; **à l'~ de** ten opzichte van, jegens; **à tous (les) ~s** in alle opzichten **2** *(respect)* respect *het;* **par ~ pour** uit respect voor **3** *(plur.) (marques d'estime)* blijken *plur* van respect
égaré *adj* **1** *(perdu)* verdwaald **2** *(hébété)* wezenloos; **d'un air** ~ verdwaasd
égarement *nm* zinsverbijstering *nf*
égarer[1] *vt* **1** *(personne)* doen (ver)dwalen, de verkeerde weg wijzen **2** *(objet)* wegmaken, zoekmaken
s'égarer[2] *vpr* **1** *(perdre son chemin)* verdwalen **2** *(discussion)* afdwalen
égayer[1] *vt* opvrolijken
s'égayer[2] *vpr* vrolijk worden
églantier *nm* egelantier *nm*
églantine *nf* egelantierbloem *de*
église *nf* kerk *de*
égocentrique *adj* egocentrisch
égoïsme *nm* egoïsme *het*
égoïste *adj* egoïstisch; **l'égoïste** de egoïst
égorger *vt* kelen
s'égosiller *vpr* zich hees schreeuwen
égout *nm* riool *het/de*
égoutter[1] *vt* laten uitlekken
s'égoutter[2] *vpr* (uit)druipen
égouttoir *nm* afdruiprek *het*
égratigner[1] *vt* **1** *(érafler)* schrammen **2** *(entamer superficiellement)* licht beschadigen
s'égratigner[2] *vpr (s'érafler)* zich schrammen; **s'~ la jambe** z'n been openhalen
égratignure *nf* schram *de*
égyptien *adj* Egyptisch; **l'Egyptien(ne)** de Egyptenaar, Egyptische
eh! *interj* hé! ♦ ~ **bien** nou
éhonté *adj* schaamteloos
éjaculer *vt* lozen, *(sans objet direct)* zaad lozen
éjectable *adj* ♦ **siège** ~ schietstoel
éjecter *vt* **1** *(rejeter)* uitwerpen **2** *(expulser)* eruit smijten
élaboration *nf* uitwerking *nf*
élaborer *vt* **1** *(construire)* uitwerken **2** *(produire)* aanmaken
élaguer *vt* snoeien
élan *nm* **1** *(préparation d'un saut)* aanloop *nm;* **prendre son** ~ een aanloop nemen **2** *(mouvement)* vaart *de* **3** *(impulsion)* opwelling *nf* **4** *(animal)* eland *nm*
élancé *adj* slank
élancement *nm* steek *nm*, scheut *nm*
élancer[1] *vi (faire mal)* steken
s'élancer[2] *vpr* **1** *(se lancer en avant)* vooruitsnellen; **s'~ sur qn** zich op iem werpen **2** *(se précipiter)* komen aansnellen; **s'~ au secours de qn** iem te hulp snellen **3** *(se dresser)* zich verheffen
élargir[1] *vt* **1** *(rendre plus ample)* verruimen **2** *(rendre plus large)* wijder maken **3** *(faire paraître plus large)* breder maken
s'élargir[2] *vpr* **1** *(devenir plus ample)* wijder worden **2** *(devenir plus large)* breder worden
élasticité *nf* **1** *(extensibilité)* elasticiteit *nf* **2** *(souplesse)* soepelheid *nf* **3** *(fig.)* rekbaarheid *nf*
élastique *adj* **1** *(flexible)* elastisch; **l'élastique** het elastiek(je) *(ruban)* **2** *(en caoutchouc, etc.)* elastieken **3** *(souple)* soepel **4** *(fig.)* rekbaar
électeur, -trice *n* kiezer *nm*
élection *nf* verkiezing *nf;* ~ **partielle** tussentijdse verkiezing
électoral *adj* kies-, verkiezings-, kiezers-
électorat *nm* kiezers *plur*
électricien, -ienne *n* elektricien *nm*
électricité *nf* elektriciteit *nf*
électrique *adj* elektrisch
électroaimant *nm* elektromagneet *nm*
électrocardiogramme *nm* elektrocardiogram *het*
électrochoc *nm* elektroshock *nm*
électrocuter *vt* elektrocuteren
électrocution *nf* elektrocutie *nf*
électroménager *adj* elektrisch; **l'électroménager** elektrische huishoudapparatuur
électron *nm* elektron *het*
électronicien, -ienne *n* elektronicus *nm*
électronique *adj* elektronisch; **l'électronique** de elektronica
électrophone *nm* platenspeler *nm*
élégance *nf* **1** *(beauté)* sierlijkheid *nf* **2** *(style; vêtement)* elegantie *nf* **3** *(délicatesse)* tact *nm*
élégant *adj* **1** *(beau)* sierlijk **2** *(style)* elegant, zwierig **3** *(vêtement, etc.)* elegant, smaakvol **4** *(délicat)* tactvol
élément *nm* **1** element *het;* **être dans son** ~ in zijn element zijn **2** *(plur.) (rudiments)* grondbegrippen *plur*
élémentaire *adj* elementair; **enseignement** ~ basisonderwijs; **c'est** ~ het is doodsimpel; **notions ~s** grondbegrippen; **la plus ~ politesse** de eenvoudigste regels van beleefdheid
éléphant *nm* olifant *nm*
élevage *nm* **1** *(du bétail)* veeteelt *de* **2** *(d'animaux domestiques)* teelt *de*
élévateur *adj* hef-; **l'(appareil)** ~ het heftoestel
élévation *nf* **1** *(montée)* stijging *nf* **2** *(accession)* verheffing *nf* **3** *(noblesse)* verhevenheid *nf (aussi géo.)* **4** *(érection)* (het) oprichten
élevé *adj* **1** *(haut)* hoog; **pouls** ~ te snelle pols **2** *(noble)* verheven ♦ **bien** ~ welopgevoed; **mal** ~ ongemanierd
élève *n* leerling(e) *nm (nf)*
élever[1] *vt* **1** *(soulever)* opheffen **2** *(construire)* oprichten **3** *(augmenter)* verhogen **4** *(formuler)* opperen **5** *(éduquer)* grootbrengen, opvoeden **6** *(faire l'élevage de)* houden, *(pour la reproduction)* fokken ♦ ~ **la voix** zijn stem verheffen
s'élever[2] *vpr* **1** *(se dresser)* zich verheffen **2** *(augmenter)* stijgen, toenemen **3** *(surgir)* (op)rijzen ♦ **s'~ à** bedragen; **s'~ au rang des grandes puissances** tot een grote mo-

gendheid worden; **s'~ contre qn, qch** zich tegen iem/iets verzetten
éleveur, -euse *n* **1** *(de bétail)* veehoud(st)er *nm (nf)* **2** *(d'animaux domestiques)* fokker, fokster *nm,f*
éligible *adj* verkiesbaar
élimé *adj* versleten
élimination *nf* **1** *(excrétion; fait d'écarter)* verwijdering *nf* **2** *(sports)* uitschakeling *nf* **3** *(suppression)* opruiming *nf* ♦ **procéder par** ~ onwaarschijnlijke mogelijkheden elimineren
éliminatoire *adj* selecterend; *(sports)* **l'éliminatoire** de voorronde; *(sports)* **les ~s** de schiftingen *(n.B.)*
éliminer *vt* **1** *(évincer)* uitschakelen **2** *(math.)* elimineren **3** *(biol.)* uitscheiden
élire *vt* (ver)kiezen (tot); ~ **qn président** iem tot voorzitter kiezen
élite *nf* elite *de;* **troupes d'~** keurtroepen
élitiste *adj* elitair
elle *pron pers* **1** *(sujet)* zij *(emphatique)*, ze **2** *(bénéficiaire: personnes, grands animaux, certaines abstractions)* haar; **ses livres à ~** háár boeken; **ces livres sont à ~** deze boeken zijn van haar **3** *(objet)* haar
elles *pron pers* **1** *(sujet)* zij *(emphatique)*, ze **2** *(bénéficiaire)* hun **3** *(objet)* hen
ellipse *nf* ellips *de*
élocution *nf* **1** *(manière de s'exprimer)* uitspraak *de (prononciation)*, spreekwijze *de (diction)* **2** *(f.B.) (enseign.)* spreekbeurt *de*
éloge *nm* lof *nm;* **faire l'~ de qn** iem prijzen
élogieux *adj* lovend, vleiend
éloigné *adj* **1** *(distant)* (ver) verwijderd (van) **2** *(isolé)* verafgelegen **3** *(dans le temps)* vervlogen **4** *(parent)* ver
éloignement *nm* **1** *(action d'éloigner)* verwijdering *nf* **2** *(absence)* afwezigheid *nf* **3** *(distance)* afstand *nm*
éloigner[1] *vt* **1** *(écarter)* verwijderen; ~ **toute crainte** alle vrees wegnemen; **éloignez les enfants du feu!** haal de kinderen bij het vuur weg! **2** *(danger)* afwenden
s'éloigner[2] *vpr (s'en aller)* zich verwijderen; **elle s'éloigne de lui** zij maakt zich van hem los; **nous nous éloignons du sujet** we dwalen van het onderwerp af; **la tempête s'éloigne** de storm neemt af
éloquence *nf* **1** *(rhétorique)* welsprekendheid *nf* **2** *(caractère probant)* overtuigingskracht *de;* **plein d'~** veelzeggend
éloquent *adj* **1** *(qui sait parler)* welsprekend **2** *(parlant)* veelzeggend
élu *adj* **1** *(désigné)* verkozen; **l'élu(e)** het parlementslid **2** *(choisi par le cœur)* uitverkoren *(aussi relig.)*
élucider *vt* toelichten
éluder *vt* ontwijken
émacié *adj* uitgemergeld
émail *nm* **1** email *het* **2** *(dents)* glazuur *het*
émaillé *adj* **1** *(fonte)* geëmailleerd **2** *(faïence)* geglazuurd
émanation *nf* **1** *(exhalaison)* uitwaseming *nf* **2** *(odeur)* geur *nm* **3** *(gaz radioactif)* emanatie *nf*
émancipation *nf* emancipatie *nf*
émanciper[1] *vt* emanciperen, vrijmaken *(d'un pouvoir oppressant)*
s'émanciper[2] *vpr* geëmancipeerd worden
émaner (de) *vi* **1** *(provenir de)* voortvloeien (uit) **2** *(fig.) (rayonner)* uitstralen (van)
emballage *nm* **1** *(paquet)* verpakking *nf;* ~ **consigné** retouremballage, *(sur une étiquette)* statiegeld; **papier d'~** pakpapier; ~ **sous vide** vacuümverpakking **2** *(action)* (het) inpakken
emballer[1] *vt* **1** *(conditionner)* verpakken, inpakken **2** *(enthousiasmer)* warm maken; **le concert nous a emballés** we waren helemaal weg van het concert
s'emballer[2] *vpr* **1** *(cheval)* op hol slaan **2** *(moteur)* te veel toeren maken **3** *(s'enthousiasmer)* warm lopen; **ne t'emballe pas** verheug je niet te vroeg
embarcadère *nm* aanlegsteiger *nm*
embarcation *nf* sloep *de*
embardée *nf* **1** *(voiture)* slinger *nm;* **faire une ~** een zwieper maken **2** *(bateau)* gier(slag) *nm*
embargo *nm* embargo *het;* **mettre l'~ sur qch** een embargo leggen op iets
embarquement *nm* **1** *(mar.; passagers)* inscheping *nf* **2** *(autre moyen de transport)* (het) instappen **3** *(mar.; marchandises)* inlading *nf*
embarquer[1] *vi* aan boord gaan; **il a embarqué pour le Maroc** hij is naar Marokko scheep gegaan
embarquer[2] *vt* **1** *(monter, mettre à bord)* aan boord nemen, inladen **2** *(+ dans) (entraîner dans)* betrekken (in) **3** *(arrêter)* oppakken
s'embarquer[3] **(dans)** *vpr* **1** *(monter à bord)* aan boord gaan (van) **2** *(s'engager)* verwikkeld raken (in)
embarras *nm* **1** *(gêne)* verlegenheid *nf*, verwarring *nf;* **n'avoir que l'~ du choix** keus te over hebben **2** *(difficulté)* moeilijkheid *nf;* **créer des ~ à qn** iem moeilijkheden bezorgen; **se tirer d'~** zich uit een moeilijke situatie redden
embarrassant *adj* **1** *(pénible)* lastig **2** *(encombrant)* hinderlijk
embarrassé *adj* **1** *(timide)* verlegen **2** *(confus)* verward
embarrasser[1] *vt* **1** *(gêner)* in verlegenheid brengen **2** *(encombrer)* hinderen **3** *(déconcerter)* van zijn stuk brengen
s'embarrasser[2] *vpr* **1** *(+ de) (se soucier)* zich zorgen maken (over) **2** *(+ de) (s'encombrer)* meesjouwen
embauche *nf* **1** *(emploi)* werkgelegenheid *nf* **2** *(action d'engager)* (het) in dienst nemen
embaucher[1] *vi* personeel in dienst nemen
embaucher[2] *vt* in dienst nemen
embaumer[1] *vi (sentir bon)* lekker ruiken
embaumer[2] *vt* **1** *(un cadavre)* balsemen **2** *(parfumer)* doen geuren

embellir[1] *vi* mooi(er) worden
embellir[2] *vt* verfraaien, mooier maken; ~ **une histoire** een verhaal opsmukken
embellissement *nm* verfraaiing *nf*
embêtant *adj* vervelend; **l'~, c'est que** het vervelende is dat
embêtement *nm* narigheid *nf (uniquement sing.)*, ellende *de (uniquement sing.)*
embêter[1] *vt* ergeren; **ne l'embête pas** laat hem met rust; **ma question l'embête** hij vindt mijn vraag vervelend
s'embêter[2] *vpr* zich vervelen; **ne pas s'~** zich uitstekend vermaken
emblée ♦ *(adv.)* **d'~** meteen al
emblème *nm* embleem *het*, zinnebeeld *het*
emboîter[1] *vt* **1** *(ajuster)* in elkaar schuiven **2** *(envelopper exactement)* goed passen om
s'emboîter[2] *vpr (s'ajuster)* in elkaar grijpen
embonpoint *nm* gezetheid *nf;* **prendre de l'~** een buikje krijgen
embouchure *nf* **1** *(d'un cours d'eau)* (uit)monding *nf*, mond *nm* **2** *(mus.)* mondstuk *het*
embourber[1] *vt* in de modder laten vastlopen
s'embourber[2] *vpr* **1** *(s'enliser)* in de modder blijven steken **2** *(fig.)* zich verstrikken
embout *nm* opzetstuk *het*
embouteillage *nm* **1** *(circul.)* verkeersopstopping *nf* **2** *(encombrement)* overbelasting *nf*
embouteiller *vt* versperren
emboutir *vt (une voiture)* botsen op; **se faire** ~ aangereden worden
embranchement *nm* **1** *(croisement)* splitsing *nf* **2** *(ramification)* aftakking *nf*
embraser[1] *vt* in vlam zetten
s'embraser[2] *vpr* vlam vatten
embrasser[1] *vt* **1** *(donner un baiser)* kussen; **je vous embrasse bien fort** *(dans une lettre)* veel liefs **2** *(comprendre)* omvatten **3** *(adopter)* zich wijden aan; ~ **une carrière** een loopbaan kiezen
s'embrasser[2] *vpr (se donner des baisers)* elkaar kussen
embrasure *nf* (muur)opening *nf;* ~ **de la porte** deuropening
embrayage *nm* koppeling *nf*
embrayer *vi (automobile)* de koppeling intrappen ♦ ~ **sur qch** over iets beginnen (te praten)
embrigader *vt* (als lid) aanwerven
embrouiller[1] *vt* **1** *(emmêler)* in de war maken **2** *(compliquer)* ingewikkeld maken **3** *(confondre)* met elkaar verwarren
s'embrouiller[2] *vpr (s'emmêler dans)* in de war raken (met); **s'~ dans les dates** data door elkaar halen
embrun *nm* stuifwater *het (uniquement sing.)*
embryon *nm (biol.)* embryo *het*
embûches *nf* valstrikken *plur*
embuer *vt* beslaan
embuscade *nf* hinderlaag *de;* **tomber dans une** ~ in een hinderlaag vallen
s'embusquer *vpr* in hinderlaag gaan liggen
éméché *adj* aangeschoten
émeraude *nf (pierre)* smaragd *nm*, *(matière)* smaragd *het;* **vert** ~ smaragdgroen
émergence *nf* verschijning *nf*
émerger (de) *vi* **1** *(apparaître)* opduiken (uit) **2** *(fig.)* aan het licht komen
émeri *nm* amaril *het/de*
émerveillement *nm* verrukking *nf*
émerveiller[1] *vt* in verrukking brengen
s'émerveiller[2] *vpr* verrukt zijn; **s'~ de, devant qch** opgetogen zijn over iets
émetteur *adj* **1** *(technol.)* (uit)zend-; **l'émetteur** de zender **2** *(finance)* emissie-
émettre *vt* **1** *(exprimer)* uiten, uitspreken **2** *(produire)* voortbrengen; ~ **un son** een geluid voortbrengen **3** *(finance)* uitgeven *(des billets de banque)*, uitschrijven *(un emprunt, un chèque)* **4** *(technol.)* uitzenden
émeute *nf* oproer *het*
émietter[1] *vt* verkruimelen, verbrokkelen
s'émietter[2] *vpr* verkruimelen, verbrokkelen
émigrant, -ante *n* emigrant(e) *nm (nf)*
émigration *nf* emigratie *nf*
émigré, -ée *n* vluchteling *nm*
émigrer *vi* **1** *(quitter son pays)* emigreren, uitwijken *(n.B.)* **2** *(fuir son pays)* uitwijken **3** *(animaux)* wegtrekken
émincer *vt* in dunne plakjes snijden
éminence *nf* **1** *(colline)* hoogte *nf* **2** *(excellence)* eminentie *nf;* **Son Eminence le cardinal X** Zijne Eminentie kardinaal X
éminent *adj* uitstekend
émissaire *nm* afgezant *nm*
émission *nf* **1** *(ce qui est transmis par les ondes)* uitzending *nf (aussi phys.);* ~ **de variétés** amusementsprogramma **2** *(rayonnement)* uitstraling *nf* **3** *(fin.)* uitgifte *nf (de monnaie)*, emissie *nf (d'actions)*
emmagasiner *vt* **1** *(stocker)* opslaan **2** *(amasser)* verzamelen
emmêler *vt* **1** *(enchevêtrer)* verwarren **2** *(embrouiller)* door elkaar halen
emménager *vi* intrekken (in)
emmener *vt* meenemen
emmerdant *adj* strontvervelend
emmerder[1] *vt* **1** *(importuner)* (iem) aan z'n kop zeuren **2** *(assommer)* stierlijk vervelen **3** *(tenir pour négligeable)* maling hebben aan; **je l'emmerde** hij kan me wat, hij kan de pot op
s'emmerder[2] *vpr* **1** *(s'ennuyer)* zich (stierlijk) vervelen **2** *(se donner du mal à)* zich uitsloven (om)
emmerdeur, -euse *n* zeikerd *nm*
emmitoufler[1] *vt* warm inpakken
s'emmitoufler[2] **(dans)** *vpr* zich warm inpakken (in)
émoi *nm* opwinding *nf*
émoticone *nm (inform.)* emoticon *nm*
émotif *adj* **1** *(de l'émotion)* gevoels- **2** *(sensible)* emotioneel, gevoelig
émotion *nf* emotie *nf*, ontroering *nf;* **res-**

sentir une vive ~ diepgeroerd zijn; **sans** ~ onverschillig
émotionnel *adj* emotioneel
émousser[1] *vt* stomp maken
s'émousser[2] *vpr* **1** *(devenir moins coupant)* bot worden **2** *(devenir moins vif)* verzwakken
émoustiller *vt* vrolijk maken
émouvant *adj* ontroerend, aangrijpend
émouvoir[1] *vt (troubler)* ontroeren
s'émouvoir[2] **(de)** *vpr* **1** *(se troubler)* ontroerd worden (door) **2** *(s'inquiéter)* zich druk maken (over)
empailler *vt* **1** *(animaux)* opzetten **2** *(chaises)* matten
empailleur, -euse *n* **1** *(taxidermiste)* opzet(s)ter *nm (nf)* **2** *(rempailleur, -euse)* (stoelen)mat(s)ter *nm (nf)*
empaler[1] *vt* spietsen
s'empaler[2] **(sur)** *vpr* doorboord worden (door)
empaqueter *vt* inpakken
s'emparer (de) *vpr* zich meester maken (van) *(aussi au fig.)*
empêchement *nm* **1** *(obstacle)* beletsel *het*, verhindering *nf* **2** *(fait d'être retenu)* verhindering *nf;* **avoir un** ~ verhinderd zijn
empêcher[1] *vt* verhinderen, beletten; **le bruit l'empêche de dormir** door het lawaai kan hij niet slapen; **qui m'en ~a?** wie zal mij dat beletten?; **(il) n'empêche que** dat neemt niet weg dat
s'empêcher[2] **(de)** *vpr* zich weerhouden (te), nalaten (te); **il ne pouvait s'~ de rire** hij kon zijn lachen niet (in)houden
empereur *nm* keizer *nm*
empeser *vt* stijven
empester *vt* **1** *(empuantir)* met stank vervullen **2** *(puer qch)* stinken naar
s'empêtrer (dans) *vpr* verstrikt raken (in) *(aussi au fig.)*
emphase *nf* **1** *(grandiloquence)* gezwollenheid *nf* **2** *(insistance)* nadruk *nm*
emphatique *adj* gezwollen
empiéter (sur) *vi* **1** *(usurper qch)* inbreuk maken (op), treden (in) **2** *(déborder sur)* zich uitbreiden (ten koste van)
s'empiffrer (de) *vpr* zich volproppen (met)
empiler[1] *vt* opstapelen
s'empiler[2] *vpr (s'entasser)* zich opstapelen, *(personnes)* te hoop lopen
empire *nm* **1** *(d'un empereur)* keizerrijk *het* **2** *(grande puissance)* imperium *het;* **pas pour un ~!** voor geen geld (ter wereld)! **3** *(influence sur)* macht (over) *de;* **agir sous l'~ de la boisson** onder invloed van drank handelen
empirer[1] *vi* erger worden, verslechteren
empirer[2] *vt* erger maken
empirique *adj* empirisch
emplacement *nm* plaats *de*
emplette *nf* **1** *(fait d'acheter)* inkoop *nm;* **faire des ~s** inkopen doen **2** *(acquisition)* aankoop *nm*
emploi *nm* **1** *(utilisation)* gebruik *het;* **double** ~ doublure; **cela fait double** ~ dat is dubbelop; **sans** ~ ongebruikt; ~ **du temps** *(répartition)* tijdsbesteding, *(Belg.; tableau)* uurrooster **2** *(travail)* baan *de*, betrekking *nf;* **être sans** ~ werkloos zijn; ~ **à temps complet** volle baan; ~ **à temps partiel** parttimebaan **3** *(écon.)* werkgelegenheid *nf*
employé, -ée *n* bediende *nm*, werk|nemer, -neemster *nm,f;* ~ **de bureau** kantoorbediende; **~s de maison** huishoudelijk personeel; ~ **des postes** postbeambte
employer[1] *vt* **1** *(utiliser)* gebruiken, *(temps, argent aussi)* besteden; ~ **tous les moyens** alles in het werk stellen **2** *(occuper)* in dienst hebben
s'employer[2] *vpr* **1** *(être utilisé)* gebruikt worden **2** *(+ à) (se consacrer)* zich inspannen (voor)
employeur, -euse *n* werk|gever, -geefster *nm,f*
empocher *vt* in z'n zak steken
empoignade *nf* (hevige) ruzie *nf*
empoigner[1] *vt* **1** *(saisir)* grijpen **2** *(émouvoir)* aangrijpen, *(Belg.)* pakken
s'empoigner[2] *vpr* ruzie hebben
empoisonnant *adj* stomvervelend
empoisonnement *nm* vergiftiging *nf*
empoisonner[1] *vt* **1** *(intoxiquer)* vergiftigen **2** *(infecter de poison)* giftig maken; **flèches empoisonnées** giftige pijlen **3** *(polluer)* vergeven **4** *(gâcher)* bederven; ~ **l'existence à qn** iem het leven zuur maken **5** *(embêter)* de keel uithangen
s'empoisonner[2] *vpr* **1** *(absorber du poison)* zich vergiftigen **2** *(s'ennuyer)* zich dood vervelen
emporté *adj* (snel) opvliegend, driftig
emportement *nm* drift *de*
emporte-pièce *nm* ♦ **à l'~** uit één stuk; **un style à l'~** een bijtende stijl
emporter[1] *vt* **1** *(prendre avec soi)* meenemen **2** *(enlever avec violence)* (met zich) meesleuren; **une maladie l'a emporté** een ziekte heeft hem geveld; **être emporté par le courant** door de stroom meegesleurd worden **3** *(fig.) (entraîner avec force)* meeslepen; **se laisser ~ par qch** zich door iets laten meeslepen ♦ **l'~ sur qn, qch** de overhand krijgen over iem/iets
s'emporter[2] **(contre)** *vpr (se fâcher (contre))* kwaad worden (op)
empoté *adj* klunzig; **l'empoté(e)** de kluns
empreinte *nf* afdruk *nm*, stempel *het* *(aussi au fig.);* **~s (digitales)** vingerafdrukken
empressé *adj* (te) voorkomend
empressement *nm* **1** *(zèle)* voorkomendheid *nf* **2** *(enthousiasme)* geestdrift *de*
s'empresser *vpr* **1** *(se hâter)* zich haasten; ~ **de faire qch** snel iets doen **2** *(montrer du zèle)* zich beijveren
emprise *nf* invloed *nm;* **sous l'~ de qch** in de greep van iets
emprisonnement *nm* opsluiting *nf*
emprisonner *vt* **1** *(mettre en prison)* gevangen zetten, opsluiten *(aussi au fig.)* **2** *(fig.) (serrer)* omsluiten

emprunt *nm* **1** *(d'une somme d'argent)* lening *nf;* ~ **à cinq pour cent** vijfprocentslening; **contracter un** ~ een lening aangaan **2** *(d'un objet)* (het) lenen; **d'**~ geleend; **nom d'**~ valse naam
emprunté *adj* stijf, gemaakt
emprunter *vt* **1** *(de l'argent, un objet)* lenen **2** *(+ à) (prendre chez qn)* ontlenen (aan) **3** *(prendre)* nemen
ému *adj* ontroerd
émulation *nf* wedijver *nm*
émule *n* mededing(st)er *nm (nf)*
émulsion *nf* emulsie *nf*
en[1] *pron pers* **1** *(er + prép. fixe) (correspondant à la préposition 'de')* ervan; **j'**~ **ai assez** ik heb er genoeg van; **j'ai un coffre-fort mais j'**~ **ai perdu la clef** ik heb een brandkast maar ik heb de sleutel ervan verloren; **je lui** ~ **parlerai** ik zal er met hem over praten **2** *(avec des mots exprimant la quantité)* er(van); **j'**~ **ai** ik heb er wat; **je n'**~ **ai pas** ik heb er geen; **voilà des fruits, prenez-en quelques-uns** hier is fruit, neem er wat van **3** *(pour marquer une insistance) (pas de traduction);* **je m'**~ **souviens** ik herinner het me
en[2] *adv* **1** *(provenance)* ervan(daan, -weg); **elle** ~ **sort** zij komt er vandaan **2** *(cause)* daarom; **elle n'**~ **est pas plus heureuse** zij is daarom niet gelukkiger **3** *(avec la forme réfléchie de certains verbes)* weg-; **s'**~ **aller** weggaan **4** *(dans diverses locutions verbales) (ne se traduit pas);* **il** ~ **est quitte pour la peur** hij is er met de schrik vanaf gekomen; **ils** ~ **sont venus aux mains** ze zijn slaags geraakt
en[3] *prép* **1** *(général)* in, *(pour une île)* op; ~ **1981** in 1981; ~ **mon absence** in, tijdens mijn afwezigheid; ~ **automne** in de herfst; **compte** ~ **banque** bankrekening; ~ **classe** in de klas; ~ **France** in Frankrijk; ~ **dix minutes** in tien minuten **2** *(attribut)* als, -vormig; ~ **ami** als vriend; **se déguiser** ~ **clown** zich als clown vermommen; ~ **cercle** cirkelvormig; **parler** ~ **connaisseur** als een kenner praten **3** *(lieu, temps)* op; ~ **plein jour** op klaarlichte dag; ~ **ce moment** op dit ogenblik; ~ **Sicile** op Sicilië **4** *(direction)* naar; ~ **arrière** naar achteren; ~ **avant** naar voren; ~ **France** naar Frankrijk **5** *(devant un participe présent)* al, bij het; ~ **attendant** ondertussen; ~ **entrant il dit bonjour** bij het binnenkomen groette hij **6** *(avec de ...)* tot; **de bas** ~ **haut** van hoog tot laag **7** *(matière)* van; **poutre** ~ **fer** ijzeren balk
encadrement *nm* **1** *(action d'entourer d'un cadre)* (het) inlijsten **2** *(ornement)* omlijsting *nf* **3** *(d'élèves)* begeleiding *nf, (Belg.)* omkadering *nf* ♦ ~ **du crédit** kredietbeperking
encadrer *vt* **1** *(mettre dans un cadre)* omlijsten; **faire** ~ **une gravure** een prent laten inlijsten **2** *(diriger)* leiden ♦ **ne pas pouvoir** ~ **qn** iem niet kunnen uitstaan
encaissement *nm* **1** *(perception)* inning *nf*, incassering *nf* **2** *(chemin)* ingraving *nf*
encaisser *vt* incasseren *(aussi au fig.)*
encart *nm* inlegvel *het*, bijlage *de*
en-cas *nm* hapje *het*
encastrer[1] *vt* inbouwen; **encastré dans un mur** in een muur weggewerkt
s'encastrer[2] *vpr* ingebouwd worden
encaustique *nf* (boen)was *het/de (m)*
enceinte[1] *nf* **1** *(espace clos)* ruimte *nf* **2** *(baffle)* (luidspreker)box *nm* **3** *(clôture)* omsluiting *nf*
enceinte[2] *adj* zwanger
encens *nm* wierook *nm*
encenser *vt* bewieroken *(aussi au fig.)*
encensoir *nm* wierookvat *het*
encercler *vt* insluiten
enchaînement *nm* **1** *(série)* aaneenschakeling *nf* **2** *(d'un chien)* (het) aan de ketting leggen **3** *(transition)* overgang *nm*
enchaîner[1] *vi (+ sur) (continuer)* inhaken (op), *(Belg.)* inpikken (op)
enchaîner[2] *vt* **1** *(attacher)* (vast)ketenen **2** *(relier)* (logisch) verbinden
s'enchaîner[3] *vpr* samenhangen
enchanté *adj* **1** *(magique)* betoverd, tover- **2** *(ravi)* verrukt; ~ **de faire votre connaissance** aangenaam kennis met u te maken
enchantement *nm* **1** *(magie)* betovering *nf;* **comme par** ~ als bij toverslag **2** *(ravissement)* verrukking *nf*
enchanter *vt* **1** *(ensorceler)* betoveren **2** *(ravir)* verrukken
enchanteur *adj* betoverend
enchère *nf* **1** *(offre)* (op)bod *het;* **vendre qch aux** ~**s** iets veilen, iets bij opbod verkopen **2** *(cartes)* bod *het*
enchevêtrement *nm* verwarring *nf (aussi au fig.)*
enchevêtrer[1] *vt* verwarren *(aussi au fig.)*
s'enchevêtrer[2] *vpr* zich verwarren *(aussi au fig.)*
enclave *nf* enclave *de*
enclaver *vt* insluiten
enclencher *vt* **1** *(faire commencer)* op gang brengen *(aussi au fig.)* **2** *(tech.)* koppelen
enclin (à) *adj* geneigd (tot)
enclos *nm* **1** *(espace)* omheinde ruimte *nf* **2** *(clôture)* omheining *nf*
enclume *nf* aambeeld *het*
encoche *nf* inkeping *nf*
encoder *vt* coderen
encoller *vt* pappen
encolure *nf* **1** *(zool.)* hals *nm* **2** *(largeur du cou)* halswijdte *nf* **3** *(col)* halsuitsnijding *nf*
encombrant *adj* **1** *(concr.)* hinderlijk **2** *(abstr.)* lastig
encombre ♦ **sans** ~ zonder moeilijkheden
encombrement *nm* **1** *(obstacle)* belemmering *nf* **2** *(embouteillage)* (verkeers)opstopping *nf;* **être pris dans les** ~**s** in een file staan **3** *(état de ce qui est encombré)* drukte *nf* **4** *(du marché)* verzadiging *nf*
encombrer[1] *vt* **1** *(obstruer)* versperren **2** *(surcharger)* overstelpen
s'encombrer[2] *vpr (+ de) (prendre avec soi)* zich beladen (met)

encontre ♦ **à l'~ de ...** tegen ... in; **aller à l'~ de qn** iem tegemoet gaan
encore, encor *adv* **1** *(persistance)* nog (steeds); **elle n'a pas ~ dix ans** zij is nog geen tien jaar; **nous sommes ~ en été** het is nog zomer **2** *(répétition)* nog eens, opnieuw; **j'ai ~ perdu** ik heb alweer verloren; **non seulement ... mais ~ ...** niet alleen ... maar ook (nog eens) ...; **qu'est-ce qui se passe ~?** wat is er nu weer aan de hand?; **en voulez-vous ~?** willen jullie nog wat? **3** *(renforcement)* nóg, nog meer; **mais ~?** en wat dan nog? **4** *(restriction)* (en dan) nog; **et ~** hoogstens; **si ~ il faisait beau** als het nou nog mooi weer was ♦ **~ que** hoewel
encouragement *nm* **1** *(action)* aanmoediging *nf* **2** *(parole)* bemoedigend woord *het*
encourager *vt* **1** *(stimuler)* aanmoedigen; **~ qn à travailler** iem tot werken aanzetten **2** *(aider)* steunen
encourir *vt*↓ zich op de hals halen, oplopen; **~ une peine** een straf riskeren
encrasser¹ *vt* vuilmaken
s'encrasser² *vpr* vuil worden
encre *nf* inkt *nm;* **~ de Chine** Oost-Indische inkt, Chinese inkt *(n.B.)*
encrier *nm* inktpot *nm*
s'encroûter *vpr* vastroesten
encyclopédie *nf* encyclopedie *nf*
encyclopédique *adj* encyclopedisch
endettement *nm* schuldenlast *nm*
endetter¹ *vt* met schulden overladen
s'endetter² *vpr* schulden maken
endiablé *adj* onstuimig, wild
endiguer *vt* **1** *(contenir par des digues)* indijken **2** *(maîtriser)* beteugelen
s'endimancher *vpr* z'n zondagse kleren aantrekken
endive *nf* witlof *het*
endoctrinement *nm* indoctrinatie *nf*
endoctriner *vt* indoctrineren
endolori *adj* pijnlijk
endommager *vt* beschadigen
endormi *adj* ingeslapen *(aussi au fig.)*
endormir¹ *vt* **1** *(faire dormir)* in slaap doen vallen *(aussi au fig.)* **2** *(rendre moins vif)* verdoven; **~ les soupçons** argwaan wegnemen **3** *(tromper)* zand in de ogen strooien
s'endormir² *vpr* in slaap vallen
endosser *vt* **1** *(revêtir)* aanschieten; *(fig.)* **~ l'uniforme** de wapenrok aantrekken **2** *(assumer)* de verantwoordelijkheid nemen voor **3** *(fin.)* endosseren
endroit *nm* **1** *(lieu)* plaats *de*, plek *de;* **par ~s** hier en daar; **à quel ~?** waar? **2** *(recto)* goede kant *nm;* **à l'~** met de goede kant boven ♦ **à l'~ de** jegens
enduire *vt* bestrijken
enduit *nm* plamuur *de*
endurance *nf* uithoudingsvermogen *het*
endurant *adj* taai
endurci *adj* **1** *(invétéré)* verstokt **2** *(insensible)* ongevoelig **3** *(aguerri)* gehard
endurcir¹ **(à)** *vt* **1** *(aguerrir contre)* harden (tegen) **2** *(rendre insensible)* verharden, harder maken
s'endurcir² *vpr* **1** *(s'aguerrir)* gehard worden **2** *(devenir insensible)* verharden
endurer *vt* verdragen
énergétique *adj* energetisch; **dépense ~** energieverbruik; **valeur ~** voedingswaarde
énergie *nf* energie *nf*
énergique *adj* **1** *(dynamique)* energiek **2** *(efficace)* krachtdadig
énergumène *nm* bezetene *nm*
énervant *adj* irritant, vervelend
énervé *adj* zenuwachtig
énervement *nm* zenuwachtigheid *nf*
énerver¹ *vt* zenuwachtig maken
s'énerver² *vpr* zenuwachtig worden, zich opwinden
enfance *nf* **1** *(période)* kinderjaren *plur*, jeugd *de;* **dès sa plus tendre ~** van zijn prilste jeugd af **2** *(sénilité)* kindsheid *nf;* **retomber en ~** kinds worden
enfant *n* kind *het (m), het (f);* **attendre un ~** in verwachting zijn; **~ de chœur** koorknaap, *(fig.)* naïeveling; **faire un ~** een kind verwekken; **~ prodige** wonderkind; **l'~ prodigue** de Verloren zoon; **~ unique** enig kind ♦ **bon ~** goeiig
enfanter *vt* baren
enfantillage *nm* kinderachtigheid *nf*
enfantin *adj* **1** *(propre à l'enfant)* kinderlijk, kinder- **2** *(puéril)* kinderachtig **3** *(facile)* doodeenvoudig
enfer *nm* hel *de (aussi au fig.);* **d'enfer** hels, verschrikkelijk ♦ **d'enfer** *(génial)* te gek
enfermer¹ *vt* **1** *(mettre en lieu clos)* opsluiten *(aussi au fig.);* **il est bon à ~** hij is knettergek **2** *(enceindre)* insluiten
s'enfermer² *vpr (se cloîtrer)* zich afsluiten; **s'~ dans** zich terugtrekken in ♦ *(fig.)* **s'~ dans** volharden in
enfiévrer¹ *vt* opwinden
s'enfiévrer² *vpr* enthousiast worden
enfilade *nf* reeks *de;* **~ de pièces** kamers en suite
enfiler¹ *vt* **1** *(un objet troué)* (aan)rijgen; **~ l'aiguille** de draad in de naald steken **2** *(s'engager dans)* inlopen **3** *(un vêtement)* aanschieten
s'enfiler² *vpr* **1** *(se taper)* opdraaien voor **2** *(s'envoyer)* naar binnen slaan
enfin *adv* **1** *(pour conclure)* ten slotte **2** *(en bref)* kortom **3** *(ou du moins)* of in ieder geval **4** *(résignation)* enfin **5** *(soulagement)* eindelijk
enflammé *adj* **1** *(en flammes)* in vlammen **2** *(méd.)* ontstoken **3** *(passionné)* vurig
enflammer¹ *vt* **1** *(mettre en flammes)* in vlam zetten **2** *(exciter)* opwinden **3** *(méd.)* doen ontsteken
s'enflammer² *vpr* **1** *(prendre feu)* vuur vatten **2** *(s'exalter)* ontvlammen
enfler¹ *vi* (op)zwellen
enfler² *vt (méd.)* doen opzwellen
enflure *nf* zwelling *nf*
enfoncer¹ *vi (+ dans) (s'embourber)* wegzinken (in)
enfoncer² *vt (planter; casser)* inslaan; ~

son chapeau sur la tête zijn hoed diep over de ogen trekken; ~ **qch dans la tête de qn.** iem iets aan het verstand brengen

s'enfoncer[3] *vpr* **1** *(aller vers le fond)* wegzakken **2** *(pénétrer)* diep doordringen (in); **s'~ dans la forêt** diep het bos ingaan **3** *(+ dans) (plonger)* zich verdiepen (in)

enfouir *vt* onder de grond (ver)stoppen, begraven

enfourcher *vt* bestijgen; ~ **son vélo** op z'n fiets stappen

enfourner *vt* **1** *(mettre dans un four)* in de oven schuiven **2** *(avaler)* naar binnen werken

enfreindre *vt* schenden, overtreden

s'enfuir *vpr (+ de)* (ont)vluchten (uit)

enfumer *vt* met rook vullen

engagé *adj* **1** *(milit.)* aangeworven; **l'engagé** de vrijwilliger **2** *(au service d'une cause)* geëngageerd **3** *(archit.)* half in de muur gemetseld

engageant *adj* aanmoedigend

engagement *nm* **1** *(embauche)* indienstneming *nf;* ~ **à l'essai** aanstelling op proeftijd **2** *(milit.)* dienstneming *nf;* **prendre l'~ de** zich verplichten te **3** *(promesse)* verbintenis *nf;* **faire honneur à ses ~s** zijn verplichtingen nakomen; **sans ~ de votre part** zonder verplichtingen uwerzijds **4** *(pol.)* engagement *het* **5** *(coup d'envoi)* aftrap *nm*

engager[1] *vt* **1** *(embaucher)* in dienst nemen **2** *(lier)* verplichten; **cela ne vous engage à rien** dat verplicht u tot niets **3** *(inciter à)* bewegen (tot) **4** doen binnengaan **5** *(entamer)* beginnen; ~ **la conversation avec qn** een gesprek met iem beginnen; ~ **des poursuites** een vervolging instellen **6** *(mettre en jeu)* betrekken (in)

s'engager[2] *vpr* **1** *(s'obliger)* zich verplichten; **s'~ à** zich verplichten tot **2** *(milit.; poste)* in dienst treden **3** *(+ dans) (pénétrer)* binnengaan; **s'~ dans une voie** een weg inslaan *(aussi au fig.)* **4** *(+ dans) (commencer)* beginnen **5** *(au service d'une cause)* zich engageren

engelures *nf* koubulten *plur;* ~ **aux mains** winterhanden; ~ **aux pieds** wintervoeten

engendrer *vt* **1** *(procréer)* verwekken **2** *(fig.)* veroorzaken

engin *nm* **1** *(instrument)* toestel *het, (plur.)* gerei *het* **2** *(truc)* ding *het*

englober *vt* **1** *(comprendre)* omvatten **2** *(annexer)* opnemen; ~ **dans** inlijven bij

engloutir *vt* **1** *(dévorer; submerger)* opslokken **2** *(dilapider)* verspillen

engorger *vt* verstoppen

engouement *nm* bevlieging *nf*

engouffrer[1] *vt* opslokken, verzwelgen *(aussi au fig.)*

s'engouffrer[2] **(dans)** *vpr* zich storten (in)

engourdir[1] *vt* **1** *(paralyser)* gevoelloos maken; **j'ai la jambe engourdie** mijn been slaapt **2** *(assoupir)* verdoven

s'engourdir[2] *vpr* **1** *(se paralyser)* stijf worden, *(jambe, bras)* slapen **2** *(s'assoupir)* verdoofd raken

engourdissement *nm* **1** *(ankylose)* verdoving *nf* **2** *(fig.)* sufheid *nf*

engrais *nm* **1** *(substance fertilisante)* mest *nm;* ~ **chimique** kunstmest **2** *(engraissement)* (het) (vet)mesten; **mettre à l'~** (vet)mesten

engraisser[1] *vi (grossir)* vet(ter) worden

engraisser[2] *vt* **1** *(du bétail)* vetmesten **2** *(une terre)* vetter maken

engrenage *nm* raderwerk *het (aussi au fig.)* ♦ *(fig.)* **être pris dans l'~** verstrikt zijn

engueulade *nf* scheldpartij *nf*

engueuler[1] *vt* uitkafferen

s'engueuler[2] *vpr* elkaar de huid vol schelden

enguirlander *vt* afbekken

énième *nf* → **nième**

énigmatique *adj* raadselachtig, mysterieus

énigme *nf* raadsel *het*

enivrant *adj* bedwelmend

enivrer[1] *vt* dronken maken, bedwelmen *(aussi au fig.)*

s'enivrer[2] *vpr* zich bedrinken

enjambée *nf* (grote) stap *nm*

enjamber *vt* **1** *(sujet personne)* (ergens) overheen stappen **2** *(sujet chose)* overbruggen

enjeu *nm* inzet *nm*

enjôler *vt* paaien, inpalmen

enjoliver *vt* **1** *(embellir)* versieren, verfraaien **2** *(récit)* opsmukken

enjoliveur *nm* wieldop *nm*

enjoué *adj* opgewekt

enlacement *nm* **1** *(entrecroisement)* ineenstrengeling *nf* **2** *(étreinte)* omarming *nf*

enlacer *vt* **1** *(entrecroiser)* ineenstrengelen **2** *(étreindre)* omarmen

enlaidir[1] *vi* lelijk worden

enlaidir[2] *vt* lelijk maken

enlèvement *nm* **1** *(rapt)* ontvoering *nf;* ~ **d'enfant** (het) kidnappen **2** *(action d'ôter)* wegneming *nf,* (het) weghalen; ~ **des ordures ménagères** (het) ophalen van het huisvuil

enlever[1] *vt* **1** *(ôter)* wegnemen; **la mort nous l'a enlevé** de dood heeft hem van ons weggerukt; **cela m'enlève un poids de la conscience** dat is een pak van mijn hart **2** *(vêtement)* uittrekken **3** *(kidnapper)* ontvoeren

s'enlever[2] *vpr (disparaître)* verdwijnen *(d'une tache)*

s'enliser *vpr* **1** *(s'enfoncer)* in het drijfzand wegzinken **2** *(fig.) (piétiner)* blijven steken; **s'~ dans ses explications** zich vastpraten

enneigé *adj* besneeuwd

enneigement *nm* ♦ **bulletin d'~** sneeuwbericht

ennemi[1], **-ie** *n* vijand(in) *nm (nf)*

ennemi[2] *adj* **1** *(hostile)* vijandig **2** *(de l'ennemi)* vijandelijk

ennui *nm* **1** *(désœuvrement)* verveling *nf;* **tromper l'~** de verveling verdrijven

2 *(souci)* zorg *de*, *(plur.)* problemen *plur*; **l'~, c'est que ...** het vervelende is dat ...; **quel ~!** wat vervelend!
ennuyé *adj* **1** *(préoccupé)* bezorgd **2** *(contrarié)* geërgerd; **je suis bien ~** ik vind het erg vervelend
ennuyer[1] *vt* **1** *(fatiguer)* vervelen **2** *(importuner)* hinderen
s'ennuyer[2] *vpr (s'embêter)* zich vervelen ♦ **s'~ de qn, qch** iem/iets heel erg missen
ennuyeux *adj* vervelend, *(lassant aussi)* saai
énoncé *nm* **1** *(énonciation)* formulering *nf* **2** *(texte)* bewoordingen *plur* **3** *(ling.)* (taal)uiting *nf*
énoncer *vt* uitdrukken
s'enorgueillir (de) *vpr* trots zijn (op); **s'~ de qch** ergens prat op gaan
énorme *adj* enorm; **énormément de** ontzettend veel; **c'est ~** het is ongehoord; **~ majorité** overweldigende meerderheid
énormité *nf* **1** *(sottise)* stommiteit *nf* **2** *(importance)* enorme omvang *nm*
s'enquérir (de) *vpr* informeren (naar); **s'~ de qn** naar iem informeren; **s'~ du prix** (naar) de prijs vragen
enquête *nf* onderzoek *het*; **faire une ~** een enquête houden; **ouvrir une ~** een onderzoek instellen
enquêter (sur) *vi* een onderzoek instellen (naar)
enquêteur, enquêtrice *n* enquêlteur, -trice *nm,f*
enquiquiner *vt* vervelen; **~ qn avec ses histoires** iem aan z'n kop zeuren met zijn verhalen
enraciner[1] *vt* **1** *(faire prendre racine)* wortel doen schieten **2** *(fig.)* doen wortelen; **préjugés enracinés** ingewortelde vooroordelen
s'enraciner[2] *vpr* **1** *(plantes)* wortel schieten **2** *(personnes)* zich (blijvend) vestigen **3** *(choses)* ingeburgerd raken
enragé *adj* **1** *(furieux)* razend **2** *(passionné)* fanatiek; **un ~ du football** een fanatiek voetballiefhebber **3** *(atteint de la rage)* hondsdol
enrager *vi* razend zijn; **faire ~ qn** iem razend maken
enrayer[1] *vt* **1** *(un mécanisme)* blokkeren **2** *(juguler)* tot staan brengen
s'enrayer[2] *vpr (se bloquer)* blokkeren, vastlopen, ketsen *(arme à feu)*
enregistrement *nm* **1** *(médias)* opname *de* **2** *(sur un registre)* registratie *nf* ♦ **l'~ des bagages** de aangifte van de bagage
enregistrer *vt* **1** *(inscrire sur un registre)* registreren **2** *(mémoriser)* in zich opnemen; **~ qch dans sa mémoire** iets in zijn, haar geheugen prenten **3** *(médias)* opnemen
enrhumé *adj* verkouden
s'enrhumer *vpr* verkouden worden
enrichir[1] *vt (rendre (plus) riche)* verrijken
s'enrichir[2] *vpr* rijk worden
enrichissement *nm* verrijking *nf*
enrober *vt* **1** *(couvrir)* omhullen **2** *(envelopper (des paroles))* verpakken
enrôler[1] *vt* werven, *(dans un parti, dans un groupe)* opnemen
s'enrôler[2] **(dans)** *vpr* dienst nemen (bij)
s'enrouer *vpr* schor worden
enrouler[1] *vt (rouler)* oprollen
s'enrouler[2] *vpr* **1** *(faire le tour de)* zich slingeren (om) **2** *(se rouler dans)* zich oprollen; **s'~ dans une couverture** zich in een deken wikkelen
s'ensabler *vpr* **1** *(se remplir de sable)* verzanden **2** *(s'engager dans le sable)* op een zandbank lopen *(bateau)*, in het zand vastraken *(voiture)*
ensanglanté *adj* bebloed, bloederig
enseignant, -ante *n* docent(e) *nm (nf)*
enseigne *nf* uithangbord *het*; **être logé à la même ~** in hetzelfde schuitje zitten; **~ lumineuse** lichtreclame
enseignement *nm* **1** *(instruction)* onderwijs *het*; **entrer dans l'~** bij het onderwijs gaan (werken); **~ obligatoire** leerplicht; **~ par correspondance** schriftelijk onderwijs; **~ professionnel** beroepsonderwijs; **~ public** openbaar onderwijs; **~ supérieur** hoger onderwijs **2** *(leçon)* les *de*; **tirer des ~s de qch** uit iets lering trekken
enseigner *vt* **1** *(inculquer; être enseignant)* onderwijzen, les geven (in); **elle enseigne les mathématiques** zij geeft wiskunde **2** *(apprendre)* leren
ensemble[1] *nm* **1** *(totalité)* geheel *het*; **vue d'~** totaaloverzicht; **dans l'~** over het geheel genomen; **grand ~** nieuwbouwcomplex; **l'~ du personnel** het voltallige personeel **2** *(groupe)* groep *de* **3** *(unité)* eenheid *nf* **4** *(vêtement)* pak *het* **5** *(math.)* verzameling *nf* **6** *(mus.)* ensemble *het*
ensemble[2] *adv* samen; **aller ~** bij elkaar passen; **être bien ~** op goede voet staan met elkaar; **vivre ~** samenwonen
ensemencer *vt* (in)zaaien
ensevelir *vt* begraven *(aussi au fig.)*
ensoleillé *adj* zonnig
ensoleillement *nm* aantal *het* uren zon(neschijn)
ensommeillé *adj* slaapdronken
ensorceler *vt* betoveren *(aussi au fig.)*
ensuite *adv* vervolgens, dan; **et ~** en wat dan
s'ensuivre *vpr* volgen (uit, op); **il s'ensuit que** daaruit volgt dat; **et tout ce qui s'ensuit** en alles wat daarbij hoort
entacher *vt* bevlekken, bezoedelen
entaille *nf* **1** *(blessure)* snee *de* **2** *(fente)* inkeping *nf*
entailler *vt* **1** *(couper (qch))* inkepen **2** *(blesser)* snijden
entame *nf* kapje *het*, uiteinde *het*
entamer *vt* **1** *(aliments)* aansnijden; **la journée est déjà bien entamée** er is al een flink stuk van de dag om **2** *(commencer)* beginnen (met); **~ le repas** beginnen te eten **3** *(attaquer)* aantasten *(aussi au fig.)*
entartrer[1] *vt* ketelsteen afzetten op
s'entartrer[2] *vpr* vol kalkaanslag gaan zitten
entasser[1] *vt* **1** *(empiler)* opstapelen **2** *(des personnes)* proppen (in)

s'entasser[2] *vpr (se serrer)* zich samenpakken
entendement *nm* begrip *het*, verstand *het*
entendre[1] *vt* **1** *(ouïr)* horen; **à l'~** als je hem mag geloven; **~ dire que** vernemen dat; **~ parler de qch** ergens van horen **2** *(écouter)* luisteren naar **3** *(comprendre)* begrijpen; **laisser ~ que** te verstaan geven dat **4** *(vouloir dire)* bedoelen; **qu'entendez-vous par ...?** wat verstaat u onder ...?
s'entendre[2] *vpr* **1** *(se comprendre)* elkaar begrijpen **2** *(s'accorder)* het met elkaar kunnen vinden; **nous ne sommes pas faits pour nous ~** we passen niet bij elkaar **3** *(être expert en)* verstand hebben (van) **4** *(être compris)* opgevat (kunnen) worden **5** *(être entendu)* gehoord worden **6** *(être d'accord sur)* het eens zijn (over)
entendu *adj* **1** *(complice)* begrijpend **2** *(convenu)* afgesproken; **il était ~ que** het stond vast dat ♦ **bien ~!** natuurlijk!; **comme de bien ~** zoals was te verwachten
entente *nf* **1** *(bonne entente)* (goede) verstandhouding *nf* **2** *(accord)* overeenstemming *nf*
entériner *vt* bekrachtigen
enterrement *nm* **1** *(action)* begrafenis *nf* **2** *(cérémonie)* begrafenis(plechtigheid) *nf;* **tête d'~** begrafenisgezicht
enterrer *vt* begraven *(aussi au fig.);* **désirer ~ une affaire** een zaak willen vergeten; **être enterré** begraven liggen; **~ sa vie de garçon** een vrijgezellenfuif geven
en-tête *nm* hoofd *het*, kop *nm;* **papier à lettres à ~** postpapier met briefhoofd
entêté *adj* koppig
entêtement *nm* koppigheid *nf*
s'entêter *vpr* hardnekkig volhouden; **s'~ à faire qch** iets hardnekkig blijven doen
enthousiasme *nm* enthousiasme *het*
enthousiasmer[1] *vt* enthousiast maken
s'enthousiasmer[2] **(pour)** *vpr* dwepen (met)
enthousiaste *adj* enthousiast, geestdriftig
s'enticher (de) *vpr* verzot raken (op)
entier *adj* **1** *(total)* (ge)heel; *(subst.)* **en ~** helemaal; **pendant des heures entières** urenlang; **tout ~** helemaal **2** *(intact; absolu)* volledig; **faire entièrement confiance à qn** het volste vertrouwen in iem hebben **3** *(intransigeant)* onverzettelijk
entité *nf* **1** *(unité)* eenheid *nf* **2** *(f.B.) (commune)* fusiegemeente *nf (Belg.n.)*
entonner *vt* inzetten, aanheffen
entonnoir *nm* trechter *nm*
entorse *nf* **1** *(foulure)* verstuiking *nf* **2** *(à la vérité)* verdraaiing *nf* **3** *(infraction)* inbreuk *de;* **faire une ~ à qch** iets schenden
entortiller[1] *vt* **1** *(envelopper)* inwikkelen **2** *(embobiner)* inpakken **3** *(compliquer)* ingewikkeld maken
s'entortiller[2] *vpr (+ autour de) (enlacer)* zich slingeren (om)
entourage *nm* omgeving *nf*
entouré (de) *adj* omringd (door)
entourer[1] *vt* omgeven; **~ qn de prévenances** iem met attenties overstelpen; **il m'entourait de ses bras** hij sloeg zijn armen om mij heen; **les soldats entourent la ville** de soldaten omsingelen de stad
s'entourer[2] **(de)** *vpr* zich omringen (met); **s'~ de précautions** alle mogelijke voorzorgsmaatregelen treffen
entracte *nm* **1** *(intermède)* pauze *de* **2** *(fig.)* adempauze *de*
entraide *nf* (wederzijdse) hulp *de*
s'entraider *vpr* elkaar helpen
entrailles *nf* **1** *(de l'abdomen)* ingewanden *plur* **2** *(fig.)* binnenste *het*
entrain *nm* levendigheid *nf;* **être plein d'~** sprankelen van levenslust; **sans ~** lusteloos
entraînant *adj* meeslepend
entraînement *nm* **1** *(exercice)* training *nf;* **d'~** oefen- **2** *(technol.)* aandrijving *nf*
entraîner[1] *vt* **1** *(amener)* meeslepen *(aussi au fig.)* **2** *(impliquer)* met zich meebrengen **3** *(exercer)* trainen
s'entraîner[2] *vpr (s'exercer)* trainen
entraîneur *nm* trainer *nm*
entrave *nf* belemmering *nf*
entraver *vt* belemmeren
entre *prép* tussen; **~ autres (choses)** onder andere; **~ tous les candidats** van alle kandidaten; **~ les deux** ertussenin; **(soit dit) ~ nous** onder ons gezegd; **lequel d'~ vous m'accompagnera?** wie van jullie gaat er met mij mee? ♦ **~ tous** bij uitstek
entrebâiller *vt* op een kier zetten
entrechoquer[1] *vt* tegen elkaar doen stoten
s'entrechoquer[2] *vpr* tegen elkaar stoten
entrecôte *nf* entrecote *de*
entrecouper *vt* (van tijd tot tijd) onderbreken
entrecroiser[1] *vt* elkaar doen kruisen
s'entrecroiser[2] *vpr* elkaar kruisen
entre-deux-guerres *nm* interbellum *het*
entrée *nf* **1** *(arrivée)* (het) binnenkomen, *(théâtre)* opkomst *nf;* **~ en vigueur** (het) van kracht worden; **~ en fonctions** aanvaarding van een functie; **~ en action, en jeu** start **2** *(accès)* toegang *nm;* **avoir ses ~s dans qch** vrije toegang hebben tot iets **3** *(porte)* ingang *nm* **4** *(billet)* toegangskaartje *het* **5** *(hall)* hal *de* **6** *(plat)* voorgerecht *het* **7** *(inform.)* input *nm* ♦ **d'~ (de jeu)** reeds bij het begin
entrefaites ♦ *(adv.)* **sur ces ~** daarop
entrefilet *nm* berichtje *het*
entrejambe *nm* kruis *het*
entrelacer[1] *vt* ineenvlechten
s'entrelacer[2] *vpr* ineengevlochten zijn, *(des plantes, etc.)* door elkaar heen groeien
entremêler[1] *vt* **1** *(mêler)* (ver)mengen **2** *(+ de) (truffer)* doorspekken (met)
s'entremêler[2] *vpr (se mélanger)* door elkaar lopen

entremets *nm* nagerecht *het*
entremetteur, -euse *n* koppelaar(ster) *nm (nf)*
entremise *nf* tussenkomst *nf*, bemiddeling *nf*
entreposer *vt* **1** *(marchandises)* opslaan **2** *(meubles)* in bewaring geven
entrepôt *nm* pakhuis *het*, opslagplaats *de*
entreprenant *adj* ondernemend
entreprendre *vt* **1** *(commencer)* beginnen, ondernemen **2** *(essayer)* proberen
entrepreneur, -euse *n* ondernemer *nm*, aannemer *nm (de bâtiments)*
entreprise *nf* **1** *(projet; son exécution)* onderneming *nf* **2** *(écon.)* bedrijf *het*, firma *de;* **comité d'~** ondernemingsraad; **les petites et moyennes ~s, PME** het midden- en kleinbedrijf, mkb, *(Belg.n.)* de kleine en middelgrote ondernemingen, kmo's
entrer¹ *vi* **1** *(pénétrer)* binnengaan, naar binnen stromen *(eau);* **ça n'entre pas dans la boîte** dat past niet in de doos; **faire ~ une clef dans la serrure** een sleutel in het slot steken; **le doute est entré dans son esprit** hij, zij is gaan twijfelen; **faire ~ qn** iem binnenlaten, *(appeler)* iem binnenroepen; **je ne fais qu'~ et sortir** ik kom maar even langs **2** *(faire partie)* deel uitmaken (van)
entrer² *vt* **1** *(introduire)* doen binnendringen, *(des marchandises)* invoeren **2** *(inform.)* intoetsen
entresol *nm* tussenverdieping *nf*
entre-temps *adv* intussen
entretenir¹ *vt* **1** *(maintenir; nourrir)* onderhouden **2** *(+ de) (parler)* onderhouden (over)
s'entretenir² *vpr (converser avec)* zich onderhouden (met)
entretien *nm* **1** *(maintenance)* onderhoud *het* **2** *(conversation)* gesprek *het*, onderhoud *het;* **~ d'embauche** sollicitatiegesprek
s'entre-tuer *vpr* elkaar doden
entrevoir *vt* **1** *(apercevoir)* vluchtig zien **2** *(pressentir)* bespeuren; **laisser ~** laten doorschemeren
entrevue *nf* ontmoeting *nf*, onderhoud *het*
entrouvert *adj* halfopen
entrouvrir¹ *vt* half openen, op een kier zetten
s'entrouvrir² *vpr* half opengaan
énumération *nf* opsomming *nf*
énumérer *vt* opsommen
envahir *vt* **1** *(milit.)* binnendringen **2** *(remplir)* overstromen **3** *(sentiment, idée)* overweldigen
envahissant *adj* **1** *(dominant)* allesoverheersend **2** *(importun)* opdringerig
envahisseur *nm* indringer *nm*, *(plur.)* bezetters *plur*
enveloppe *nf* **1** *(postale)* enveloppe *de;* **sous ~** onder couvert **2** *(emballage)* omhulsel *het* **3** *(biol.)* vlies *het* **4** *(apparence)* uiterlijk *het* **5** *(budget)* budget *het;* **~ budgétaire** beschikbare kredieten
envelopper¹ *vt* omhullen (met), wikkelen (in); **je vous l'enveloppe?** zal ik het voor u inpakken?
s'envelopper² **(dans)** *vpr* zich wikkelen (in)
envenimer¹ *vt* **1** *(infecter)* infecteren **2** *(rendre plus virulent)* verergeren
s'envenimer² *vpr* **1** *(s'infecter)* infecteren **2** *(s'aggraver)* verergeren
envergure *nf* **1** *(ampleur)* omvang *nm;* **de grande ~** grootscheeps **2** *(d'un oiseau; d'un avion)* vlucht *de*, spanwijdte *nf*
envers¹ *nm* **1** *(verso)* keerzijde *de*, achterzijde *de;* **à l'~** binnenstebuiten, averechts *(tricot)*, in de omgekeerde richting, verkeerd om **2** *(côté caché)* schaduwzijde *de;* **l'~ du décor** wat zich achter de schermen afspeelt **3** *(inverse)* tegenovergestelde *het*
envers² *prép* jegens ♦ **~ et contre tout** ondanks alles
enviable *adj* benijdenswaardig
envie *nf* **1** *(désir)* zin *nm*, lust *nm;* **avoir ~ de vomir** misselijk zijn; **avoir ~ d'une chose** zin in iets hebben; **cela me fait ~** daar heb ik zin in; **avoir ~ que** graag willen dat **2** *(jalousie)* afgunst *nf*
envier *vt* benijden; **~ qch à qn** iem om iets benijden; **n'avoir rien à ~ à personne** alles hebben wat je hartje begeert
envieux (de) *adj* afgunstig (op); **faire des ~** afgunst opwekken
environ *adv* ongeveer
environnant *adj* omliggend, nabijgelegen
environnement *nm* **1** *(écologie)* milieu *het* **2** *(entourage)* omgeving *nf*
environner *vt* omringen, omgeven
environs *nm* omgeving *nf (sing.);* **aux ~ de** in de buurt van ♦ **aux ~ de 1900** rond 1900
envisageable *adj* denkbaar
envisager *vt* **1** *(considérer)* overwegen **2** *(prévoir)* voorzien **3** *(+ de) (projeter)* van plan zijn (om) (te)
envoi *nm* **1** *(action)* (het) (ver)zenden **2** *(objet)* zending *nf;* **~ recommandé** aangetekende zending **3** *(inform.)* entertoets *nm*
envol *nm* **1** *(d'oiseaux)* (het) wegvliegen **2** *(d'un avion)* (het) opstijgen; **piste d'~** startbaan **3** *(fig.) (essor)* hoge vlucht *de*
s'envoler *vpr* **1** *(prendre son vol)* wegvliegen *(oiseaux)*, opstijgen *(avion)* **2** *(être emporté par le vent)* wegwaaien *(papiers, feuilles)*, afwaaien *(chapeau)* **3** *(disparaître)* plotseling verdwijnen ♦ **ses illusions s'envolent** zijn, haar illusies gaan in rook op; **le temps s'envole** de tijd vliegt
envoûter *vt* **1** *(magie)* betoveren **2** *(fasciner)* fascineren
envoyé¹**, -ée** *n* afgezant(e) *nm (nf);* **~ spécial** speciale verslaggever
envoyé² *adj* ♦ **réplique bien ~e** raak antwoord
envoyer¹ *vt* **1** *(expédier)* (ver)zenden; ~

chercher laten halen **2** *(jeter)* gooien ♦ **~ promener qn** iem afpoeieren; **~ promener qch** iets laten schieten
s'envoyer² *vpr* **1** *(une corvée)* op zich nemen **2** *(avaler)* naar binnen slaan
envoyeur, -euse *n* afzender, afzendster *nm,f*
éolien *adj* wind-; **l'éolienne** de windmolen
épagneul, -eule *n* spaniël *nm*
épais *adj* dik, *(brouillard; barbe)* dicht
épaisseur *nf* **1** *(grosseur; dimension d'un solide)* dikte *nf* **2** *(densité)* dichtheid *nf* **3** *(consistance (d'un liquide))* viscositeit *nf* ♦ **un mètre d'~** een meter dik
épaissir¹ *vi (devenir épais)* dikker worden
épaissir² *vt (rendre plus épais)* dikker maken, verdikken
s'épaissir³ *vpr* **1** *(devenir plus gros)* dikker worden **2** *(devenir plus dense)* dichter worden; **le mystère s'épaissit autour de cette affaire** de zaak wordt steeds ondoorzichtiger
épanchement *nm* **1** *(effusion)* ontboezeming *nf* **2** *(méd.)* uitstorting *nf*
s'épancher *vpr* **1** *(s'abandonner)* zijn hart uitstorten **2** *(se répandre)* zich verspreiden
épanoui *adj* **1** *(éclos)* ontloken **2** *(radieux)* stralend **3** *(bien développé)* (goed) ontwikkeld
épanouir¹ *vt* **1** *(ouvrir (une fleur))* doen ontluiken **2** *(réjouir)* opvrolijken **3** *(permettre l'épanouissement de qn)* tot ontplooiing brengen
s'épanouir² *vpr* **1** *(éclore)* ontluiken **2** *(se développer)* zich ontplooien **3** *(devenir radieux)* stralen
épanouissement *nm* **1** *(d'une fleur)* (het) ontluiken **2** *(plénitude)* ontplooiing *nf*
épargnant, -ante *n* spaar|der, -ster *nm,f*
épargne *nf* **1** *(fait d'économiser)* (het) sparen *(aussi au fig.)*, besparing *nf (temps, forces)* **2** *(économies)* spaargeld *het*
épargne-logement *nf* bouwspaarfonds *het*
épargner *vt* **1** *(économiser)* sparen, besparen (op) **2** *(ménager; laisser vivre)* sparen, ontzien; **~ qch à qn** iem iets besparen; **~ des captifs** het leven van gevangenen sparen
éparpiller¹ *vt* **1** *(disperser)* verspreiden **2** *(mal utiliser)* versnipperen; **~ ses forces** inefficiënt bezig zijn
s'éparpiller² *vpr (se disperser)* uiteengaan
épars *adj* verspreid; **des cheveux ~** verwarde haren
épatant *adj* verbluffend (goed)
épaté *adj* **1** *(aplati)* plat(gedrukt) **2** *(stupéfait)* verbluft
épater *vt* verbluffen
épaule *nf* schouder *nm;* **hausser les ~s** zijn schouders ophalen
épauler *vt* **1** *(un fusil)* aanleggen **2** *(soutenir (qn))* bijstaan
épaulette *nf* **1** *(d'un uniforme)* schouderbedekking *nf* **2** *(rembourrage)* schoudervulling *nf*
épave *nf* wrak *het (aussi au fig.)*
épée *nf* degen *nm*, zwaard *het*
épeler *vt* spellen
éperdu *adj* **1** *(+ de) (très troublé)* buiten zichzelf (van) **2** *(adv.) (extrêmement)* hevig; **~ment amoureux** smoorverliefd; **je m'en moque ~ment** het laat me volledig koud
éperon *nm* spoor *de*
épervier *nm* sperwer *nm*
éphémère *adj* **1** *(bref)* kortstondig **2** *(qui ne vit qu'un jour)* eendags-
éphéméride *nf* scheurkalender *nm*
épi *nm* **1** *(d'une graminée)* aar *de;* **en ~** aarvormig; **voitures garées en ~** in schuine parkeervakken staande auto's **2** *(mèche)* piek *de*
épice *nf* specerij *nf*
épicé *adj* gekruid
épicéa *nm* **1** *(arbre)* gewone spar *nm* **2** *(bois)* vurenhout *het*
épicer *vt* kruiden *(aussi au fig.)*
épicerie *nf* **1** *(magasin)* kruidenierswinkel *nm;* **~ fine** delicatessenwinkel **2** *(plur.) (produits)* delicatessen *plur*
épicier, -ière *n* kruidenier(ster) *nm (nf)*
épidémie *nf* epidemie *nf*
épiderme *nm* opperhuid *de*
épier *vt* **1** *(espionner)* bespieden **2** *(observer attentivement (qch))* nauwlettend gadeslaan
épilation *nf* ontharing *nf*
épilepsie *nf* epilepsie *nf*
épileptique *adj* epileptisch; **l'épileptique** de epilepticus, epileptica
épiler *vt* ontharen, epileren
épilogue *nm* epiloog *nm*
épiloguer (sur) *vi* nakaarten (over)
épinard *nm* spinazie *de;* **~s en branches** bladspinazie
épine *nf* **1** *(d'une plante, d'un animal)* doorn *nm*, stekel *nm* **2** *(d'un os)* doorn *nm;* **~ dorsale** ruggengraat
épineux *adj* **1** *(hérissé d'épines)* stekelig **2** *(délicat)* lastig, netelig
épingle *nf* speld *de;* **être tiré à quatre ~s** tot in de puntjes gekleed zijn; **~ de nourrice, ~ de sûreté** veiligheidsspeld, toespeld *(n.B.);* **tirer son ~ du jeu** zich handig uit de zaak draaien
épingler *vt* **1** *(fixer avec des épingles)* spelden **2** *(pincer (qn))* snappen, pakken
Epiphanie *nf* Driekoningen *plur*
épique *adj* **1** *(litt.)* episch, helden- **2** *(iron.)* gedenkwaardig
épiscopal *adj* bisschoppelijk
épisode *nm* **1** *(circonstance)* gebeurtenis *nf* **2** *(action secondaire)* episode *nf* **3** *(film; feuilleton)* deel *het*
épisodique *adj* **1** *(secondaire)* bijkomstig **2** *(sporadique)* onregelmatig (voorkomend)
épitaphe *nf* grafschrift *het*
épithète *nf* **1** *(qualification)* betiteling *nf* **2** *(ling.)* bijvoeglijk naamwoord *het*
épître *nf* epistel *het (aussi iron.)*

éploré *adj* in tranen
éplucher *vt* **1** *(peler)* schillen; ~ **des haricots verts** boontjes afhalen **2** *(nettoyer)* schoonmaken **3** *(disséquer)* uitpluizen
épluchure *nf* schil *de*
éponge *nf* spons *de;* **jeter l'~** de handdoek in de ring werpen; **passons l'~ là-dessus** zand erover
éponger[1] *vt* **1** *(étancher)* afsponzen **2** *(résorber)* wegwerken; ~ **ses dettes** zijn schulden afbetalen
s'éponger[2] *vpr (s'essuyer)* zich afdrogen; **s'~ le front** zijn voorhoofd afvegen
épopée *nf* epos *het*, heldendicht *het*
époque *nf* **1** *(période historique, géologique)* tijdperk *het*, *(arts)* stijlperiode *nf;* **d'~** echt antiek; **il faut vivre avec son ~** men moet met zijn tijd meegaan **2** *(moment)* tijdstip *het;* **à l'~** destijds; **à l'~ où** toen; **à l'~ de son mariage** ten tijde van zijn huwelijk ♦ **faire ~** z'n stempel op z'n tijd drukken
s'époumoner *vpr* **1** *(s'égosiller)* zich hees schreeuwen **2** *(se fatiguer à)* zich een ongeluk praten (om)
épouse *nf* → **époux**
épouser *vt* **1** *(se marier avec)* trouwen (met) **2** *(partager)* zich aansluiten bij **3** *(s'adapter à)* volgen; ~ **la forme de** de vorm aannemen van
épousseter *vt* afstoffen
époustoufler *vt* versteld doen staan; **je suis époustouflé de sa question** ik sta paf van zijn vraag
épouvantable *adj* verschrikkelijk
épouvantail *nm* **1** *(à oiseaux)* vogelverschrikker *nm (aussi au fig.)* **2** *(croquemitaine)* schrikbeeld *het*
épouvante *nf* hevige schrik *nm;* **un film d'~** een griezelfilm
épouvanter *vt* angst aanjagen
époux, -ouse *n* echtgenoot, -note *nm,f;* **les futurs ~** het verloofde stel; **les jeunes ~** de jonggehuwden; **prendre qn pour ~** iem tot echtgenoot nemen
s'éprendre (de) *vpr* verliefd worden (op)
épreuve *nf* **1** *(test)* proef(neming) *de;* **à l'~ de** bestand tegen; **à toute ~** overal tegen bestand; **à l'~ du feu** vuurvast; ~ **de force** krachtproef; **mettre à l'~** op de proef stellen **2** *(souffrance)* beproeving *nf* **3** *(compétition)* wedstrijd *nm* **4** *(édit.)* drukproef *de* **5** *(phot.)* afdruk *nm*
épris (de) *adj* verliefd (op)
éprouvant *adj* zwaar
éprouver *vt* **1** *(tester; faire subir des souffrances à)* beproeven, op de proef stellen **2** *(ressentir)* ervaren, voelen; ~ **le besoin de** er behoefte aan hebben om
éprouvette *nf* reageerbuisje *het*
épuisant *adj* uitputtend
épuisé *adj* uitgeput, *(article)* uitverkocht
épuisement *nm* uitputting *nf;* **jusqu'à l'~ des stocks** zolang de voorraad strekt
épuiser[1] *vt* uitputten; **tu m'épuises!** ik word moe van je; ~ **des stocks** voorraden uitverkopen; ~ **un sujet** een onderwerp uitputtend behandelen
s'épuiser[2] *vpr* **1** *(se fatiguer)* zich uitputten **2** *(diminuer)* uitgeput raken, opraken
épuration *nf (aussi au fig.)* zuivering *nf*
épurer *vt* zuiveren
équateur *nm* evenaar *nm* ♦ **la République de l'Equateur** Ecuador
équation *nf* vergelijking *nf*
équatorial *adj* equatoriaal
équerre *nf* (winkel)haak *nm;* **d'~** haaks
équestre *adj* **1** *(arts)* ruiter- **2** *(sports)* rij-
équilatéral *adj (math.)* gelijkzijdig
équilibre *nm* **1** *(physique)* evenwicht *het;* **être, tenir en ~** in evenwicht verkeren, blijven; **perdre l'~** z'n evenwicht kwijtraken **2** *(psychique)* evenwichtigheid *nf*
équilibré *adj* evenwichtig
équilibrer[1] *vt* **1** *(mettre en équilibre)* in evenwicht brengen, sluitend maken *(un budget)* **2** *(contrebalancer)* (uit)balanceren
s'équilibrer[2] *vpr* **1** *(se contrebalancer)* tegen elkaar opwegen **2** *(se neutraliser)* met elkaar in evenwicht komen
équilibriste *n* koorddanser(es) *nm (nf)*
équinoxe *nm* (dag-en-)nachtevening *nf*
équipage *nm* bemanning *nf*
équipe *nf* **1** *(de sportifs, de chercheurs)* team *het;* **sport d'~** teamsport; **travail d'~** teamwerk **2** *(de travailleurs)* (werk)ploeg *de*, (werk)team *het;* **chef d'~** ploegbaas; **travailler en ~** in ploegverband werken
équipement *nm* **1** *(matériel)* uitrusting *nf* **2** *(installation)* voorzieningen *plur*, installatie *nf*
équiper[1] *vt* **1** *(munir d'un équipement)* uitrusten **2** *(+ de) (munir)* voorzien (van)
s'équiper[2] *vpr* zich voorzien (van)
équipier, -ière *n (sports)* speler, speelster *nm,f*
équitable *adj* rechtvaardig
équitation *nf* **1** *(action)* (het) paardrijden; **école d'~** rijschool; **faire de l'~** paardrijden **2** *(art)* rijkunst *nf*
équité *nf* rechtvaardigheid *nf*
équivalence *nf* gelijkwaardigheid *nf*
équivalent (à) *adj* gelijkwaardig (aan); **l'équivalent** het equivalent
équivaloir (à) *vt* **1** *(égaler)* gelijkwaardig zijn (aan) **2** *(revenir)* neerkomen (op)
équivoque *adj* **1** *(ambigu)* dubbelzinnig; *(subst.)* **une ~** onzekerheid, een misverstand; *(subst.)* **sans ~** overduidelijk **2** *(suspect)* verdacht
érable *nm* esdoorn *nm*
érafler *vt* **1** *(égratigner)* schrammen, schaven; **la balle n'a fait que l'~** hij heeft alleen maar een schampschot **2** *(rayer)* bekrassen
éraflure *nf* schram *de*, *(rayure)* kras *de*
éraillé *adj (rauque)* schor
ère *nf* **1** *(époque)* tijdperk *het* **2** *(chronologie)* jaartelling *nf* **3** *(géo.)* hoofdtijdperk *het*
érection *nf* **1** *(construction)* oprichting *nf* **2** *(d'un organe)* erectie *nf*
éreinter *vt* uitputten

ergonomie *nf* arbeidsleer *de*
ergonomique *adj* ergonomisch
ergot *nm (du coq)* spoor *de*
ergoter *vi* muggenziften
ériger[1] *vt* oprichten
s'ériger[2] **(en)** *vpr (se poser en)* zich opwerpen (tot)
ermite *nm* kluizenaar *nm*, *(Belg.)* eenzaat; *(fig.)* **vivre en ~** een kluizenaarsbestaan leiden
éroder *vt* eroderen
érosion *nf (aussi au fig.)* erosie *nf*
érotique *adj* erotisch
érotisme *nm* erotiek *nf*
errant *adj* zwervend; **chien ~** loslopende hond
errer *vi* dwalen; **laisser ~ ses pensées** z'n gedachten de vrije loop laten
erreur *nf* **1** *(méprise)* vergissing *nf;* **être dans l'~** zich vergissen; **faire ~** zich vergissen; **par ~** bij vergissing; **sauf ~ de ma part** als ik het wel heb **2** *(inexactitude)* fout *de;* **induire en ~** op een dwaalspoor brengen; **~ judiciaire** gerechtelijke dwaling
erroné *adj* onjuist
ersatz *nm* surrogaat *het*
érudit *adj* erudiet; **l'érudit(e)** de erudiet
érudition *nf* eruditie *nf;* **avoir de l'~** erudiet zijn
éruption *nf* **1** *(méd.)* (huid)uitslag *nm* **2** *(géo.)* uitbarsting *nf (aussi au fig.)*
escabeau *nm* **1** *(tabouret)* krukje *het* **2** *(marchepied)* trapje *het*
escabelle *nf (f.B.)* trapje *het*
escadre *nf* eskader *het*
escadrille *nf (aviat.)* escadrille *het/de*
escadron *nm* eskadron *het*
escalade *nf* **1** *(ascension)* beklimming *nf* **2** *(intensification)* escalatie *nf (aussi milit.);* **~ des prix** snelle prijsstijging
escalader *vt* beklimmen
escalator *nm* roltrap *nm*
escale *nf* **1** *(mar.) (lieu)* aanlegplaats *de* **2** *(aviat.) (lieu)* landingsplaats *de* **3** *(mar.)* (het) aanleggen; **faire ~ dans un port** een haven binnenlopen **4** *(aviat.)* tussenlanding *nf;* **vol sans ~** non-stopvlucht
escalier *nm* trap *nm;* **~ en colimaçon** wenteltrap; **dans l'~** op de trap; **~ mécanique, roulant** roltrap; **~ de secours** brandtrap
escalope *nf* **1** *(de veau)* kalfslapje *het;* **~ panée** kalfsschnitzel **2** *(de viande, de poisson)* (dun) lapje *het*
escamotable *adj* **1** *(meuble)* opklapbaar; **lit ~** opklapbed **2** *(antenne)* inschuifbaar, *(aviat.)* intrekbaar
escamoter *vt* **1** *(faire disparaître)* wegmoffelen **2** *(subtiliser)* ontfutselen **3** *(esquiver)* ontwijken **4** *(aviat.)* intrekken
escapade *nf* slippertje *het*
escargot *nm* (huisjes)slak *de*
escarmouche *nf* schermutseling *nf*
escarpé *adj* steil
escarpement *nm* steile helling *nf*
escarpin *nm* pump(schoen) *nm*
escient *nm* ♦ **à bon ~** weldoordacht; **à mauvais ~** ondoordacht
s'esclaffer *vpr* schateren
esclandre *nm* scène *de*
esclavage *nm* slavernij *nf;* **réduire en ~** tot slavernij brengen
esclave *n* slaaf, slavin *nm,f;* **être ~ de** slaaf zijn van
escompte *nm* **1** *(écon.)* disconto *het* **2** *(ristourne)* korting *nf*
escompter *vt* **1** *(compter sur)* verwachten **2** *(écon.)* (ver)disconteren
escorte *nf* **1** *(garde)* escorte *het* **2** *(cortège)* stoet *nm;* **faire ~ à** begeleiden
escorter *vt* begeleiden, *(milit.)* escorteren
escouade *nf* groepje *het*
escrime *nf* (het) schermen, schermkunst *nf*
s'escrimer *vpr* erg zijn best doen; **s'~ à faire qch** zich uitsloven om iets te doen
escroc *nm* oplichter *nm*
escroquer *vt* **1** *(qn)* oplichten **2** *(qch)* aftroggelen
escroquerie *nf* oplichting *nf*
ésotérique *adj* esoterisch
espace[1] *nm* ruimte *nf;* **~ parcouru** afstand; **~ vert** groenstrook, *(plur.)* groenvoorzieningen ♦ **en l'~ de quelques minutes** in een paar minuten tijd
espace[2] *nf (imprim.)* spatie *nf;* **mettre une ~** een spatie zetten
espacement *nm* tussenruimte *nf;* **~ des paiements** gespreide betaling
espacer[1] *vt* **1** *(dans l'espace)* een ruimte laten tussen **2** *(dans le temps)* in de tijd spreiden
s'espacer[2] *vpr (devenir plus rare)* zeldzamer worden
espadon *nm* zwaardvis *nm*
espadrille *nf* touwschoen *nm*
Espagne *nf* Spanje *n (sans art.)*
espagnol *adj* Spaans; **l'espagnol** het Spaans; **l'Espagnol(e)** de Spanjaard, Spaanse
espalier *nm* latwerk *het*, *(sports)* wandrek *het*
espèce *nf* **1** *(sorte)* soort *het/de;* **éprouver une ~ de chagrin** een soort verdriet voelen; **~ d'idiot** stomme idioot; **de la même ~** gelijksoortig; **l'~ humaine** de mensheid; **ça n'a aucune ~ d'importance** dat heeft geen enkel belang **2** *(plur.) (argent liquide)* contanten *plur;* **payer en ~s** contant betalen
espérance *nf* verwachting *nf*, hoop *de;* **~ de vie** levensverwachting
espérer *vti* hopen; **j'espère (bien)** ik hoop van wel
espiègle *adj* guitig
espièglerie *nf* **1** *(tour)* kwajongensstreek *de* **2** *(caractère)* guitigheid *nf*
espion, -onne *n* spion(ne) *nm (nf)*
espionnage *nm* spionage *nf*
espionner *vt* bespioneren
esplanade *nf* voorplein *het*
espoir *nm* **1** *(espérance)* hoop *de;* **dans l'~ de votre réponse** in afwachting van uw antwoord; **sans ~** uitzichtloos **2** *(person-*

ne) veelbelovende figuur *het/de;* **de jeunes ~s** jong talent
esprit *nm* geest *nm;* **ne pas avoir l'~ à faire qch** geen zin hebben iets te doen; **avoir l'~ ailleurs** er niet met zijn gedachten bij zijn; ~ **d'à-propos** slagvaardigheid; **où avais-je l'~?** waar was ik met mijn gedachten?; **calmer les ~s** de gemoederen bedaren; **en ~, par l'~** in de geest, in gedachten; **état d'~** geestestoestand; *(prov)* **les grands ~s se rencontrent** twee zielen, één gedachte; **perdre l'~** zijn verstand verliezen; **retrouver ses ~s** weer bijkomen; **Esprit Saint, Saint-Esprit** Heilige Geest; **venir à l'~** invallen ♦ **avoir de l'~** geestig zijn; **mot d'~** geestige opmerking; **être large d'~** ruimdenkend zijn; **avoir l'~ critique** kritisch zijn
esquimau¹® *nm* choco-ijs *het*
esquimau² *adj* Eskimo-; **l'Esquimau(de)** de Eskimo, Eskimovrouw
esquinter¹ *vt* **1** *(éreinter)* afbeulen **2** *(abîmer)* ↑ beschadigen, *(qn)* toetakelen
s'esquinter² *vpr* **1** *(s'éreinter)* zich afbeulen **2** *(s'abîmer)* ↑ beschadigen; **s'~ la vue** zijn ogen bederven
esquisse *nf* **1** *(ébauche)* schets *de* **2** *(trace)* zweem *nm*
esquisser *vt* **1** *(ébaucher)* schetsen **2** *(présenter rapidement)* in hoofdlijnen aangeven **3** *(amorcer)* even doen, maken; ~ **un sourire** even glimlachen
esquive *nf* ontwijkende beweging *nf*
esquiver¹ *vt (éviter)* (handig) ontwijken, omzeilen
s'esquiver² *vpr* ertussenuit knijpen
essai *nm* **1** *(test)* proef(neming) *de (nf);* **faire l'~ de qch** iets uitproberen; **pilote d'~** testpiloot; **prendre qn à l'~** iem op proef nemen **2** *(tentative)* poging *nf* **3** *(litt.)* essay *het*
essaim *nm* zwerm *nm (aussi au fig.)*
essayage *nm* (het) passen
essayer¹ *vi (tenter)* proberen
essayer² *vt* **1** *(tester)* (uit)proberen **2** *(des vêtements, des chaussures)* (aan)passen
s'essayer³ (à) *vpr* zich wagen (aan)
essence *nf* **1** *(hydrocarbure)* benzine *de;* ~ **sans plomb** loodvrije benzine; **prendre de l'~** benzine tanken **2** *(substance)* essentie *nf* **3** *(extrait)* essence *de*, extract *het;* ~ **de roses** rozenolie
essentiel *adj* **1** *(absolu; fondamental)* wezenlijk; **l'essentiel** het belangrijkste **2** *(indispensable)* onontbeerlijk; **l'~ est de survivre** het gaat er in de eerste plaats om te overleven **3** *(adv.) (principalement)* voornamelijk
essieu *nm* as *de*
essor *nm* **1** *(développement)* (hoge) vlucht *de* **2** *(envol)* (het) opvliegen
essorer *vt* **1** *(du linge)* centrifugeren, *(Belg.)* droogzwieren **2** *(de la salade)* uitslaan
essoreuse *nf* centrifuge *de*, droogzwierder *nm (n.B.)*
essouffler¹ *vt* buiten adem brengen; **être essoufflé** buiten adem zijn
s'essouffler² *vpr* **1** *(perdre le souffle)* buiten adem raken **2** *(fig.)* niet meer kunnen meekomen
essuie-glace *nm* ruitenwisser *nm*
essuie-main(s) *nm* handdoek *nm*
essuie-tout *nm* keukenrol *de*
essuyer¹ *vt* **1** *(frotter)* afdrogen, *(meubles)* afstoffen, *(larmes)* drogen; ~ **ses pieds** z'n voeten vegen; ~ **la poussière** stof afnemen **2** *(subir)* te verduren hebben, *(pertes)* lijden; ~ **un refus** een weigering krijgen
s'essuyer² *vpr (se sécher)* zich afdrogen; **s'~ les mains** z'n handen (af)drogen
est *nm* oosten *het;* **à l'~** in het oosten; **à l'~ de** ten oosten van; **la banlieue ~ de Paris** de oostelijke voorsteden van Parijs; **la côte ~** de oostkust; **les pays de l'Est** de Oostbloklanden
estafette *nf* **1** *(milit.)* ordonnans *nm* **2** ® *(camionnette)* bestelwagen *nm*
estampe *nf* prent *de*
estampiller *vt* (af)stempelen
esthète *n* estheet *nm*
esthéticien, -ienne *n* schoonheidsspecialist(e) *nm (nf)*
esthétique *adj* esthetisch; **l'esthétique** de schoonheid(sleer)
estimable *adj* achtenswaardig
estimation *nf* schatting *nf*, taxatie *nf*
estime *nf* achting *nf;* **avoir de l'~ pour qn** iem zeer hoog achten; **baisser dans l'~ de qn** in iemands achting dalen
estimer¹ *vt* **1** *(évaluer)* schatten; **faire ~ un bijou** een juweel laten taxeren **2** *(croire)* vinden; ~ **indispensable de faire qch** het absoluut noodzakelijk achten iets te doen **3** *(apprécier)* (hoog)achten
s'estimer² *vpr (se considérer)* zich achten, zich beschouwen als; **estimez-vous heureux de ...** wees blij dat ...
estival *adj* zomers, zomer-
estivant, -ante *n* zomergast *nm*
estomac *nm* **1** *(organe)* maag *de;* **avoir l'~ dans les talons** rammelen van de honger; **rester sur l'~** zwaar op de maag liggen *(aussi au fig.)* **2** *(audace)* lef *het/de (m);* **avoir de l'~** lef hebben
estomaquer *vt* verbluffen
estomper¹ *vt* **1** *(rendre flou)* vervagen **2** *(dessin)* doezelen
s'estomper² *vpr (devenir flou)* vervagen
Estonie *nf* Estland *n (sans art.)*
estonien *adj* Estlands; **l'Estonien(ne)** de Estlander, Estlandse
estrade *nf* verhoging *nf*
estragon *nm* dragon *nm*
estropié *adj* verminkt; **l'estropié(e)** de invalide
estropier *vt* verminken *(aussi au fig.)*
estuaire *nm* trechtermond(ing) *nm (nf)*
estudiantin *adj* studenten-
esturgeon *nm* steur *nm*
et *conj* en; ~ **d'un** en dat is één
étable *nf* stal *nm*
établi¹ *nm* werkbank *de*
établi² *adj* gevestigd; **le gouvernement ~** de regering die aan de macht is; **il est ~ que** het staat vast dat

établir[1] *vt* **1** *(installer; fonder)* vestigen *(aussi record)*, stichten; ~ **un camp** een kamp opslaan; ~ **les fondements de** de grondslag leggen voor **2** *(rédiger)* opstellen; ~ **une facture** een rekening opmaken **3** *(constater)* vaststellen **4** *(démontrer)* bewijzen

s'établir[2] *vpr (s'installer)* zich vestigen; **il s'est établi à son compte** hij is voor zichzelf begonnen

établissement *nm* **1** *(fondation, installation)* vestiging *nf* **2** *(entreprise)* instelling *nf* **3** *(institution)* inrichting *nf*

étage *nm* **1** *(d'un édifice)* verdieping *nf*; **à l'~** boven **2** *(géo.)* etage *nf* **3** *(d'une fusée)* trap *nm*

étager[1] *vt* trapsgewijs plaatsen

s'étager[2] *vpr* trapsgewijs oplopen

étagère *nf* **1** *(planche)* plank *de* **2** *(meuble)* rek *het*

étain *nm* **1** *(métal)* tin *het* **2** *(objet)* tinnen voorwerp *het*

étal *nm* stalletje *het*

étalage *nm* **1** *(exposition)* (het) uitstallen, *(en vitrine)* (het) etaleren **2** *(vitrine)* etalage *nf* **3** *(ostentation)* tentoonspreiding *nf*; **faire ~ de qch** te koop lopen met iets

étalagiste *n* etaleur, etaleuse *nm,f*, *(Belg.)* etalagist *de*

étaler[1] *vt* **1** *(déployer)* uitstallen, *(en vitrine)* etaleren; ~ **sa marchandise** zijn koopwaar uitstallen **2** *(étendre)* (uit)spreiden; ~ **du beurre sur du pain** boter op brood smeren **3** *(montrer)* tentoonspreiden **4** *(faire étalage de)* pronken met

s'étaler[2] *vpr (s'étendre)* zich uitspreiden; **s'~ sur un sujet** uitweiden over een onderwerp; **il s'est étalé de tout son long** hij is languit gevallen

étalon *nm* **1** *(cheval)* hengst *nm* **2** *(mesure)* standaard *nm (aussi au fig.)*

étamine *nf (bio.)* meeldraad *nm*

étanche *adj* (water)dicht; ~ **à l'air** luchtdicht

étanchéité *nf* (water)dichtheid *nf*

étancher *vt (arrêter)* stoppen, *(sang)* stelpen, *(soif)* lessen

étang *nm* vijver *nm*, plas *nm*

étape *nf* **1** *(distance à parcourir)* etappe *de* **2** *(lieu de halte)* pleisterplaats *de*; **faire ~** halt houden **3** *(phase)* fase *nf*, stap *nm*; **brûler les ~s** te hard van stapel lopen; **par ~s** stapsgewijs

Etat *nm* staat *nm*

état *nm* **1** *(situation)* (toe)stand *nm*; ~ **d'alerte, d'urgence** noodtoestand; ~ **d'âme** gemoedstoestand; **dans cet ~ de choses** in die omstandigheden; **être dans tous ses ~s** in alle staten zijn; **en bon ~** in goede staat; **mettre en ~** gereedmaken; **remettre en ~** herstellen; **être en ~ de** in staat zijn om; **laisser en l'~** in de oude staat laten; **en ~ d'ivresse** in staat van dronkenschap; **en tout ~ de cause** in ieder geval; ~ **d'esprit** geestesgesteldheid; **l'~ général** de algehele toestand; **être hors d'~ de** niet in staat zijn om; **mettre qn hors d'~ de nuire** iem onschadelijk maken; ~ **des lieux** situatie; **l'~ de la maison** de staat waarin het huis verkeert; ~ **de santé** gezondheidstoestand; ~ **de siège** staat van beleg **2** *(inventaire)* staat *nm*; ~ **civil** burgerlijke stand; ~ **de service** staat van dienst **3** *(jur.)* stand *nm*; **il est avocat de son ~** hij is van beroep advocaat ♦ **faire ~ de** melding maken van

étatiser *vt* naasten

état-major *nm* staf *nm*

Etat-providence *nm* verzorgingsstaat *nm*

Etats-Unis *nm* Verenigde Staten *plur*

étau *nm* **1** *(technol.)* bankschroef *de* **2** *(étreinte)* greep *de*

étayer *vt* **1** *(archit.)* (onder)steunen **2** *(+ sur) (appuyer)* baseren (op) **3** *(+ par) (corroborer)* staven (met)

etc., et c(a)etera enz., enzovoort(s)

été *nm* zomer *nm*

éteindre[1] *vt* **1** *(feu, flamme)* doven, *(en soufflant)* uitblazen, *(incendie)* blussen **2** *(lumière, appareil)* uitdoen; ~ **la radio** de radio afzetten

s'éteindre[2] *vpr* **1** *(cesser de brûler)* uitgaan, doven **2** *(cesser)* stoppen **3** *(mourir)* (uit)sterven

éteint *adj* **1** *(feu, lumière)* gedoofd; **tous feux ~s** met gedoofde lichten **2** *(terne)* dof **3** *(affaibli)* uitgeblust

étendard *nm* standaard *nm*, vaandel *het*

étendoir *nm* drooglijn *de*

étendre[1] *vt* **1** *(déployer)* uitspreiden; ~ **le bras** zijn arm uitstrekken; ~ **le linge** de was ophangen **2** *(étaler)* uitsmeren, uitstrijken **3** *(accroître)* uitbreiden **4** *(diluer)* verdunnen

s'étendre[2] *vpr* **1** *(augmenter)* zich uitbreiden **2** *(se coucher)* gaan liggen **3** *(avoir une certaine étendue)* zich uitstrekken; **mon pouvoir ne s'étend pas jusque là** zo ver reikt mijn macht niet **4** *(+ sur) (s'attarder)* uitweiden (over)

étendu *adj* **1** *(déployé)* uitgespreid **2** *(large)* ruim

étendue *nf* **1** *(surface)* uitgestrektheid *nf* **2** *(durée)* tijd(sduur) *de (nm)* **3** *(importance)* omvang *nm*

éternel *adj* eeuwig; **l'Eternel** de Eeuwige

s'éterniser *vpr* **1** *(se prolonger)* eindeloos duren **2** *(s'attarder)* erg lang blijven

éternité *nf* eeuwigheid *nf*; **il y a une ~ que je ne l'avais vu** ik had hem in geen eeuwen gezien

éternuement *nm* (het) niezen

éternuer *vi* niezen

éther *nm* ether *nm*

éthiopien *adj* Ethiopisch; **l'Ethiopien(ne)** de Ethiopiër, Ethiopische

éthique *adj* ethisch; **l'éthique** de ethiek

ethnie *nf* etnie *nf*

ethnique *adj* etnisch

ethnologie *nf* volkenkunde *nf*

ethnologue *n* volkenkundige *nm*

étinceler *vi* schitteren

étincelle *nf* vonk *de (aussi au fig.)*; ~ **de**

courage sprankje moed; *(fig.)* **faire des ~s** schitteren
s'étioler *vpr* **1** *(plantes)* verbleken **2** *(personnes)* zwak worden
étiqueter *vt* **1** *(marquer)* etiketteren **2** *(cataloguer)* een etiket opplakken
étiquette *nf* etiket *het (aussi au fig.)*
étirer[1] *vt* (uit)rekken
s'étirer[2] *vpr* **1** *(personnes)* zich uitrekken **2** *(choses)* zich uitstrekken
étoffe *nf* stof *de (aussi au fig.)* ♦ **il a l'~ d'un écrivain** er steekt een schrijver in hem; **avoir de l'~** persoonlijkheid hebben
étoffer[1] *vt* verrijken
s'étoffer[2] *vpr* steviger worden
étoile *nf* **1** *(astre)* ster *de;* **loger à la belle ~** de nacht onder de blote hemel doorbrengen; **~ du berger** Avondster; **en ~** stervormig; **~ filante** vallende ster; **~ de mer** zeester; **~ Polaire** Poolster **2** *(destin)* gesternte *het;* **être né sous une bonne ~** onder een gelukkig gesternte geboren zijn; **être confiant en son ~** op zijn geluk vertrouwen **3** *(marque)* bles *de* ♦ **~ de David** davidster; **~ jaune** gele ster, davidster; **~ de Noël** kerstster; **restaurant trois ~s** driesterrenrestaurant
étoilé *adj* **1** *(semé d'étoiles)* met sterren bezaaid **2** *(en forme d'étoile)* stervormig ♦ **la bannière ~e** de stars-and-stripes *(plur.)*
étonnant *adj* **1** *(surprenant)* verrassend **2** *(remarquable)* opmerkelijk; **vous êtes ~** jij bent me er één
étonné *adj* verbaasd
étonnement *nm* verbazing *nf;* **à mon ~** tot mijn verbazing
étonner[1] *vt* verbazen
s'étonner[2] **(de)** *vpr* zich verbazen (over).
étouffant *adj* **1** *(suffocant)* benauwd **2** *(fig.)* benauwend
étouffée ♦ *(adv.)* **à l'~** gestoofd
étouffement *nm* **1** *(asphyxie)* verstikking *nf* **2** *(malaise)* benauwdheid *nf* **3** *(répression)* onderdrukking *nf*
étouffer[1] *vi (suffoquer)* stikken; **~ de rire** stikken van het lachen; **on étouffe ici!** wat is het hier benauwd!
étouffer[2] *vt* **1** *(asphyxier)* verstikken **2** *(assourdir)* dempen **3** *(réprimer)* onderdrukken; **~ un scandale** een schandaal in de doofpot stoppen ♦ **les scrupules ne l'étouffent pas** hij heeft geen last van scrupules
s'étouffer[3] *vpr (être asphyxié)* stikken
étourderie *nf* onbezonnenheid *nf*
étourdi *adj* onbezonnen; **à l'~e** onbezonnen
étourdir[1] *vt* verdoven; **~ la faim** de ergste honger stillen
s'étourdir[2] *vpr* verdoofd raken ♦ **s'~ dans la boisson** z'n verdriet verdrinken
étourdissant *adj* **1** *(assourdissant)* oorverdovend **2** *(étonnant)* verbluffend
étourdissement *nm* **1** *(vertige)* duizeligheid *nf;* **avoir un ~** duizelig worden **2** *(griserie)* roes *nm*
étourneau *nm* **1** *(oiseau)* spreeuw *de* **2** *(écervelé(e))* onbesuisd mens *nm*
étrange *adj* vreemd, raar
étranger *adj* **1** *(d'une autre nation)* buitenlands; **les Affaires étrangères** Buitenlandse Zaken; **l'étranger** het buitenland; **l'étranger, l'étrangère** de buitenlander, buitenlandse **2** *(+ à) (d'un autre groupe)* niet behorend (tot) **3** *(+ à) (choses)* vreemd (aan) **4** *(+ à) (personnes)* onbekend (met); **il est ~ à cette affaire** hij staat buiten die kwestie
étrangeté *nf* vreemdheid *nf*
étranglé *adj* verstikt
étranglement *nm* **1** *(étouffement)* (het) wurgen **2** *(resserrement)* vernauwing *nf*
étrangler[1] *vt* **1** *(asphyxier)* wurgen **2** *(resserrer)* vernauwen **3** *(opprimer)* onderdrukken
s'étrangler[2] *vpr (s'étouffer)* zich verslikken
être[1] *nm* **1** *(créature)* wezen *het;* **l'Etre suprême** het Opperwezen, God **2** *(existence)* (het) zijn, bestaan *het*
être[2] *vi* **1** *(identité)* zijn; **je suis à vous** (ik ben) tot uw dienst; **tout est à refaire** alles moet over; **il n'est pas à ce qu'il fait** hij is er niet bij met zijn hoofd; **il est toujours à se plaindre** hij klaagt eeuwig en altijd; **~ après qn** het op iem begrepen hebben; **~ bien, mal** zich goed, slecht voelen; **c'est ça!** ziezo, dat is dat!; **c'est bien (de) lui** dat is net iets voor hem; **c'est moi qui l'ai fait** ík heb dat gedaan; **voilà ce que c'est que de** dat komt ervan als; **c'est trois heures qui sonnent** het slaat drie uur; **n'est-ce pas?** nietwaar?; **est-ce que tu viens?** kom je?; **ne serait-ce qu'un moment** al is het maar een ogenblik; **le prix est de 20 euros** de prijs bedraagt 20 euro; **en ~** van de partij zijn, *(homosexuels)* ook zó zijn; **en serez-vous?** komt u ook?; **pour ce qui est de** wat betreft; **c'est que** dat is omdat; **ce n'est pas que** het is niet dat; **~ quelqu'un** iem zijn; **si j'étais de vous** als ik u was; **si ce n'était, n'était** zonder; **ça y est** het is voor elkaar **2** *(se situer)* zijn, zich bevinden; **il n'en est rien** daar is niets van waar; **où en êtes-vous?** hoe ver bent u?; **il n'en a rien été** er is niets van terechtgekomen; **voilà ce qu'il en est** zo staat het ermee; **ne plus savoir où l'on en est** zich geen raad meer weten; **nous sommes lundi** het is vandaag maandag; **avoir été voir qn** iem opgezocht hebben; **y ~** *(être à la maison)* thuis zijn, *(comprendre qch)* (iets) begrijpen; **j'y suis** ik snap het; **je n'y suis pour rien** ik heb daar niets mee te maken; **je n'y suis pour personne** ik ben voor niemand te spreken **3** *(exister)* zijn, bestaan; **ainsi soit-il** het zij zo; **toujours est-il que** toch, niettemin; **un coquin s'il en est** een echte schurk; **ce temps heureux n'est plus** die gelukkige tijd is voorbij; **cela peut ~** dat is mogelijk; **soit un triangle** gegeven een driehoek; **soit!** het zij zo!
être[3] *aux* **1** *(aux. + attribut)* zijn; **~ mort** gestorven zijn **2** *(aux. des pronominaux)* hebben; **ils se sont lavés** zij hebben zich ge-

wassen **3** *(aux. du passif)* worden; ~ **aimé** bemind worden
étreindre *vt* **1** *(embrasser)* omhelzen **2** *(tenir fermement)* omvatten; ~ **qn sur son cœur** iem aan het hart drukken **3** *(oppresser)* aangrijpen
étreinte *nf* **1** *(embrassement)* omhelzing *nf* **2** *(pression)* druk *nm*
étrenner[1] *vi (écoper)* de spits afbijten
étrenner[2] *vt (utiliser pour la première fois)* inwijden
étrennes *nf* **1** *(cadeau)* nieuwjaarsgeschenk *het* **2** *(gratification)* (nieuwjaars)-gratificatie *nf*
étrier *nm* **1** *(cavalier)* stijgbeugel *nm;* **être ferme sur ses ~s** vast in het zadel zitten, *(fig.)* stevig in zijn schoenen staan; *(aussi au fig.)* **perdre, vider les ~s** uit het zadel gelicht worden **2** *(anneau)* beugel *nm* **3** *(os)* stijgbeugel *nm*
étriper[1] *vt* de ingewanden halen uit
s'étriper[2] *vpr* elkaar afmaken
étriqué *adj* **1** *(trop étroit)* te nauw **2** *(mesquin)* bekrompen
étroit *adj* **1** *(peu large)* nauw *(aussi au fig.);* **en ~e collaboration avec** in nauwe samenwerking met; **au sens** ~ in engere zin **2** *(adj.) (exigu)* klein; **à l'~** in het nauw; **vivre à l'~** 't krap hebben; **être logé à l'~** klein behuisd zijn **3** *(adj.) (mesquin)* bekrompen **4** *(strict)* streng; **catholique d'~e observance** streng katholiek
étroitesse *nf* **1** *(exiguïté)* nauwheid *nf* **2** *(mesquinerie)* bekrompenheid *nf;* ~ **d'esprit** kleingeestigheid
étude *nf* **1** *(action d'étudier)* studie *nf* **2** *(plur.) (scolarité)* studie *nf;* **faire ses ~s** studeren; **faire des ~s de médecine** medicijnen studeren; **~s obligatoires** leerplicht; **~s primaires** basisonderwijs; **renvoyer qn à ses chères ~s** iem weer tot ambteloos burger maken; **~s secondaires** voortgezet onderwijs; **~s supérieures** hoger onderwijs **3** *(analyse)* onderzoek *het;* **à l'~** in onderzoek; **~s de marché** marktonderzoek **4** *(esquisse)* studie *nf*, *(mus.)* etude *nf* **5** *(salle)* huiswerkklas *nf* **6** *(bureau)* kantoor *het;* ~ **de notaire** notariskantoor
étudiant, -ante *n* student(e) *nm (nf)*, *(Belg.)* studentin *nf;* ~ **en lettres** letterenstudent
étudié *adj* **1** *(bien préparé)* (zorgvuldig) bestudeerd **2** *(affecté)* gemaakt
étudier *vt* **1** *(apprendre)* (in)studeren **2** *(analyser)* onderzoeken, bestuderen
étui *nm* etui *het*, pennenzakje *het (n.B.);* ~ **de cartouche** patroonhuls; ~ **à lunettes** brillenkoker; ~ **à violon** vioolkist
étuve *nf* **1** *(sauna)* stoombad *het* **2** *(lieu étouffant)* broeikas *de* **3** *(autoclave)* steriliseerketel *nm* **4** *(chambre)* droogkamer *de*
étuvée *nf* gestoofd gerecht *het;* **cuire à l'~** stoven
étymologie *nf* etymologie *nf*
étymologique *adj* etymologisch; **sens** ~ oerbetekenis
Eucharistie *nf* eucharistie(viering) *nf*
euh! *interj* hm!
eunuque *nm* eunuch *nm*
euphorie *nf* opgetogenheid *nf*
euphorique *adj* **1** *(ravi)* opgetogen, euforisch **2** *(euphorisant)* roesverwekkend
euro *nm* euro *nm*
Europe *nf* Europa *n (sans art.)*
européaniser *vt* **1** *(problème)* op Europese schaal aanpakken **2** *(civilisation)* vereuropesen
européen *adj* Europees; **l'Européen(ne)** de Europeaan, Europese
Eurovision *nf* Eurovisie *nf*
euthanasie *nf* euthanasie *nf*
eux *pron pers* **1** *(forme d'insistance)* zij **2** *(après préposition)* hen **3** *(+ mêmes) (pronominal)* zichzelf, (zij)zelf; **ils ne pensent qu'à eux-mêmes** zij denken alleen maar aan zichzelf; **ils l'ont fait eux-mêmes** ze hebben het zelf gedaan
évacuation *nf* **1** *(déversement)* lozing *nf* **2** *(départ)* ontruiming *nf* **3** *(guerre)* evacuatie *nf* **4** *(rejet de l'organisme)* ontlasting *nf*
évacuer *vt* **1** *(déverser)* lozen **2** *(vider)* opruimen **3** *(quitter)* ontruimen **4** *(blessés, malades)* evacueren **5** *(rejeter de l'organisme)* uitscheiden
s'évader (de) *vpr* ontvluchten (uit) *(aussi au fig.)*, ontsnappen (uit) *(prison)*
évaluation *nf* schatting *nf*
évaluer *vt* schatten
évangélique *adj* evangelisch
Evangile *nm (relig.)* evangelie *het;* **l'~ selon saint Jean** het evangelie naar Johannes
s'évanouir *vpr* **1** *(perdre connaissance)* flauwvallen **2** *(disparaître)* (spoorloos) verdwijnen
évanouissement *nm* **1** *(disparition)* verdwijning *nf* **2** *(syncope)* flauwte *nf*
évaporation *nf* verdamping *nf*
s'évaporer *vpr* **1** *(se transformer en vapeur)* verdampen, vervliegen *(aussi au fig.)* **2** *(disparaître)* plotseling verdwijnen
évasé *adj* wijd uitlopend
s'évaser *vpr* zich verwijden, (wijd) uitlopen
évasif *adj* ontwijkend
évasion *nf* **1** *(fuite)* ontsnapping *nf* **2** *(distraction)* vlucht *de*, afleiding *nf* **3** *(disparition)* verdwijning *nf;* ~ **de(s) capitaux** kapitaalvlucht; ~ **fiscale** belastingontduiking
évêché *nm* **1** *(juridiction)* bisdom *het* **2** *(palais)* bisschoppelijk paleis *het*
éveil *nm* (het) ontwaken; **rester en** ~ op zijn hoede blijven; **tenir qn en** ~ iem blijven boeien
éveillé *adj* wakker; **rêve** ~ dagdroom
éveiller[1] *vt* **1** *(réveiller)* wekken **2** *(susciter)* opwekken; ~ **qch en qn** iets bij iem wakker roepen
s'éveiller[2] *vpr* **1** *(se réveiller)* wakker worden **2** *(naître)* ontwaken
événement *nm* (belangrijke) gebeurtenis *nf*, voorval *het;* **attendre un heureux** ~ in (blijde) verwachting zijn
éventail *nm* **1** *(instrument)* waaier *nm;* **en** ~ waaiervormig **2** *(choix)* assortiment *het*

éventé *adj* **1** *(venteux)* winderig **2** *(altéré)* verschaald
éventer[1] *vt* **1** *(rafraîchir)* koelte toewaaien **2** *(fig.; secret)* onthullen
s'éventer[2] *vpr* **1** *(perdre son parfum, son goût)* verschalen *(boissons)*, vervliegen *(parfum)* **2** *(se rafraîchir)* zich koelte toewaaien
éventrer *vt* **1** *(étriper)* de buik openscheuren van **2** *(ouvrir)* (met geweld) openscheuren
éventualité *nf* mogelijkheid *nf;* **dans l'~ de** in het geval van; **parer à toutes ~s** op alle mogelijkheden voorbereid zijn
éventuel *adj* eventueel
évêque *nm* bisschop *nm*
s'évertuer (à) *vpr* zich uitsloven (om)
éviction *nm* verdringing *nf*
évidence *nf* vanzelfsprekendheid *nf;* **de toute ~** vanzelfsprekend; **en ~** duidelijk zichtbaar; **mettre en ~** in het (dag)licht stellen, *(fig.)* doen uitkomen, onderstrepen; **se refuser à l'~** iets niet willen inzien; **se rendre à l'~** zich buigen voor de feiten
évident *adj* vanzelfsprekend; **c'est ~** dat ligt voor de hand
évider *vt* uithollen
évier *nm* gootsteen *nm*
évincer *vt* verdringen
évitable *adj* te vermijden
évitement *nm (f.B.)* omleiding *nf* ♦ **voie d'~** zijspoor
éviter *vt* **1** *(esquiver)* vermijden, ontwijken; **~ que** voorkomen dat **2** *(épargner)* besparen; **~ qch à qn** iem iets besparen
évocateur *adj* suggestief
évocation *nf* **1** *(rappel)* (het) voor de geest roepen **2** *(incantation)* (het) oproepen
évolué *adj* hoog ontwikkeld
évoluer *vi* **1** *(se modifier)* zich ontwikkelen **2** *(se mouvoir)* zich bewegen
évolution *nf* **1** *(développement)* ontwikkeling *nf* **2** *(biol.)* evolutie *nf* **3** *(changement)* zwenking *nf*
évoquer *vt* **1** *(rappeler, représenter)* oproepen; **~ la mémoire de qn** iem herdenken **2** *(mentionner)* aanstippen
exacerber *vt* verergeren
exact *adj* **1** *(juste)* nauwkeurig, precies; **c'est ~** dat is juist, dat klopt; **l'heure ~e** de juiste tijd **2** *(ponctuel)* stipt op tijd ♦ **sciences ~es** exacte wetenschappen
exactitude *nf* **1** *(précision)* nauwkeurigheid *nf* **2** *(ponctualité)* stiptheid *nf*
ex aequo[1] *nm* gelijk geëindigde *nm*
ex aequo[2] *adv* ex aequo
exagération *nf* overdrijving *nf*
exagéré *adj* overdreven
exagérer *vti* overdrijven; **sans ~** zonder overdrijving
exaltation *nf* **1** *(enthousiasme)* opgewondenheid *nf* **2** *(glorification)* (het) verheerlijken
exalté *adj* opgewonden; **l'exalté(e)** de heethoofd
exalter[1] *vt* **1** *(enthousiasmer)* opwinden **2** *(glorifier)* verheerlijken
s'exalter[2] *vpr* enthousiast worden
examen *nm* **1** *(recherche)* onderzoek *het* **2** *(épreuve)* examen *het*, proefwerk *het (n.B.);* **~ blanc** proefexamen; **~ écrit** schriftelijk examen; **~ d'entrée** toelatingsexamen; **faire passer un ~** een examen afnemen; **~ de fin d'études** eindexamen; **~ oral** mondeling examen; **passer un ~** een examen doen, afleggen; **se présenter à un ~** opgaan voor een examen
examinateur, -trice *n* examinaltor, -trice *nm,f*
examiner *vt* **1** *(analyser)* onderzoeken *(aussi méd.)* **2** *(observer)* nauwkeurig bekijken **3** *(interroger)* examineren
exaspérant *adj* ergerlijk
exaspération *nf* ergernis *nf*
exaspérer *vt* mateloos ergeren
exaucer *vt* **1** *(écouter la prière de qn)* verhoren **2** *(désir)* vervullen
excaver *vt* uitgraven
excédent *nm* overschot *het;* **~ de bagages** overwicht; **~ de frais** meerkosten, *(Belg.)* meerkost; **~ de poids** over(ge)wicht
excéder *vt* **1** *(dépasser)* overschrijden **2** *(exaspérer)* irriteren
Excellence *nf* Excellentie *nf*
excellence *nf* voortreffelijkheid *nf;* **par ~** bij uitstek
excellent *adj* voortreffelijk
exceller *vi* uitmunten (in); **~ dans, à** heel goed zijn in
excentré *adj* afgelegen
excentricité *nf* buitenissigheid *nf*
excentrique *adj* zonderling; **l'excentrique** de zonderling(e)
excepté[1] *adj* uitgezonderd
excepté[2] *prép* behalve; **~ que** behalve dat
excepter *vt* uitzonderen; **sans ~ personne** zonder uitzondering
exception *nf* uitzondering *nf;* **à l'~ de** met uitzondering van; *(prov)* **l'~ confirme la règle** uitzonderingen bevestigen de regel; **faire ~** een uitzondering vormen
exceptionnel *adj* **1** *(qui forme une exception; par exception)* uitzonderlijk *(adj.)*, bij (wijze van) uitzondering *(adv.);* **mesure ~le** uitzonderingsmaatregel **2** *(extraordinaire)* bijzonder, buitengewoon
excès *nm* **1** *(excédent)* overmaat *de;* **à l'~** bovenmatig; **par ~ de zèle** vanwege een teveel aan ijver; **~ de prudence** overmatige voorzichtigheid **2** *(abus)* overdaad *de;* **ne faites pas d'~!** wees matig!; **~ de langage** grof taalgebruik
excessif *adj* **1** *(démesuré)* buitensporig **2** *(exagéré)* extreem, overdreven
excitant *adj* **1** *(passionnant; sexy)* opwindend; **l'excitant** het opwekkende middel **2** *(stimulant)* opwekkend
excitation *nf* **1** *(agitation)* opwinding *nf* **2** *(encouragement)* aansporing *nf* **3** *(stimulation)* prikkeling *nf*
excité *adj* opgewonden; **l'excité(e)** de heethoofd
exciter[1] *vt* **1** *(susciter)* opwekken **2** *(agi-*

ter; éveiller le désir chez) opwinden **3** (irriter) ophitsen
s'exciter[2] vpr (+ sur) (s'énerver) zich opwinden (over)
exclamation nf kreet nm; **point d'~** uitroepteken
s'exclamer vpr uitroepen; **~ sur qch** z'n bewondering uiten over iets
exclu adj **1** (hors de question) uitgesloten **2** (rejeté) buitengesloten; **les ~s** de uitgeslotenen **3** (non compté) niet inbegrepen
exclure vt **1** (personnes) uitsluiten (van), (écarter) verwijderen (uit); **~ qn d'un parti politique** iem uit een politieke partij zetten **2** (choses) uitsluiten
exclusif adj **1** (droits) exclusief, uitsluitend, (adj.) alleen-, (adv.) alleen **2** (adj.) (modèle) exclusief **3** (absolu) uitgesproken
exclusion nf uitsluiting nf; **à l'~ de** met uitsluiting van; **~ du parti** uitstoting uit de partij
exclusivité nf **1** (droit de vente) alleenverkooprecht het **2** (dans un journal) scoop nm **3** (produit, film) specialiteit nf (produit), primeur de (film) ♦ **en ~** uitsluitend
excommunier vt excommuniceren
excrément nm uitwerpsel het
excroissance nf (aussi au fig.) uitwas het/de (m)
excursion nf excursie nf, uitstapje het
excuse nf excuus het; **présenter ses ~s (à qn)** (iem) zijn verontschuldigingen aanbieden
excuser[1] vt verontschuldigen, excuseren; **excusez-moi** neemt u me niet kwalijk
s'excuser[2] **(de)** vpr zich verontschuldigen (voor); **je m'excuse** neemt u me niet kwalijk
exécrable adj **1** (haïssable) walgelijk **2** (très mauvais) verfoeilijk
exécrer vt verafschuwen
exécutant, -ante n (agent) uitvoerder, uitvoerster nm,f
exécuter[1] vt **1** (effectuer; confectionner) uitvoeren **2** (jugement) voltrekken **3** (musique) spelen **4** (tuer) terechtstellen
s'exécuter[2] vpr gehoorzamen
exécutif adj uitvoerend; **l'exécutif** de uitvoerende macht
exécution nf **1** (réalisation) uitvoering nf, (jugement) voltrekking nf; **mettre à ~** ten uitvoer brengen **2** (mise à mort) terechtstelling nf
exemplaire[1] nm exemplaar het; **en deux ~s** in duplo
exemplaire[2] adj **1** (modèle) voorbeeldig **2** (leçon) als voorbeeld dienend
exemple nm **1** (modèle) voorbeeld het; **à l'~ de** in navolging van; **prendre ~ sur qn** een voorbeeld aan iem nemen **2** (illustration) voorbeeld (vb.) het; **par ~, p.ex.** bijvoorbeeld, bijv., bv.
exempt (de) adj vrij(gesteld) (van), ontheven (van); **être ~ d'impôts** geen belasting hoeven te betalen
exempter (de) vt vrijstellen (van), ontheffen (van)
exercer[1] vt **1** (entraîner) oefenen, (milit.) drillen **2** (droit, pouvoir) uitoefenen **3** (profession) uitoefenen, (docteur, avocat) een praktijk hebben; **il n'exerce plus** hij heeft geen praktijk meer
s'exercer[2] vpr (+ à) (zich) oefenen (in)
exercice nm **1** (entraînement) oefening nf, (milit.) exercitie nf; (sports) **faire de l'~** aan lichaamsbeweging doen **2** (pratique) uitoefening nf **3** (profession) uitoefening nf; **dans l'~ de ses fonctions** in de uitoefening van zijn functie; **l'~ illégal de la médecine** het onbevoegd uitoefenen van de geneeskunde **4** (fin.) boekjaar het
exhaler[1] vt **1** (dégager) uitwasemen **2** (laisser échapper) uitblazen
s'exhaler[2] vpr (se répandre) zich verbreiden
exhaustif adj uitvoerig
exhiber[1] vt **1** (montrer) vertonen, (animaux de cirque) voorleiden **2** (arborer) pronken met
s'exhiber[2] vpr (se montrer) zich laten zien
exhibitionniste n exhibitionist(e) nm (nf)
exhorter (à) vt aansporen (te, tot)
exhumer vt opgraven (aussi au fig.)
exigeant adj veeleisend
exigence nf **1** (revendication) eis nm; **~s d'une profession** verplichtingen van een beroep **2** (caractère exigeant) veeleisendheid nf; **être d'une ~ incroyable** ongelofelijk veeleisend zijn
exiger vt **1** (réclamer) eisen, verlangen; **~ que** erop staan dat **2** (nécessiter) vereisen
exigu adj (piep)klein
exil nm ballingschap nf, verbanning nf
exilé adj verbannen; **l'exilé(e)** de balling(e)
exiler[1] vt verbannen; **~ qn de France** iem uit Frankrijk verbannen
s'exiler[2] vpr vrijwillig in ballingschap gaan
existence nf bestaan het
exister vi **1** (être) bestaan; **il existe ...** er is, er zijn ... **2** (vivre) leven **3** (jouer un rôle) tellen
exode nm uittocht nm; **~ des capitaux** kapitaalvlucht; **l'~ rural** de trek naar de stad
exonération nf vrijstelling nf
exonérer vt vrijstellen (van)
exorbitant adj buitensporig
exorciser vt **1** (chasser) uitdrijven **2** (délivrer des démons) van boze geesten bevrijden
exorcisme nm (relig.) duiveluitbanning nf
exotique adj exotisch
exotisme nm exotische aard nm
expansif adj open(hartig); **femme peu expansive** nogal gesloten vrouw
expansion nf **1** (extension) uitbreiding

nf; ~ **économique** economische groei **2** *(épanchement)* openhartigheid *nf*
expatrier[1] *vt* **1** *(personnes)* verbannen **2** *(capitaux)* naar het buitenland overbrengen
s'expatrier[2] *vpr* zijn vaderland verlaten
expectative *nf* afwachtende houding *nf;* **être dans l'**~ een afwachtende houding aannemen
expédient *nm* **1** *(mesure provisoire)* noodoplossing *nf;* **vivre d'~s** zijn kostje bij elkaar scharrelen **2** *(échappatoire)* uitweg *nm*
expédier *vt* **1** *(envoyer)* verzenden **2** *(bâcler)* afraffelen; ~ **un repas** snel een maaltijd naar binnen werken **3** *(faire rapidement)* (snel) afhandelen **4** *(se débarrasser de)* wegwerken
expéditeur, -trice *n* afzender *nm;* **retour à l'**~ retour naar afzender
expéditif *adj* **1** *(actif)* voortvarend **2** *(rapide)* snel
expédition *nf* **1** *(opération militaire; voyage)* expeditie *nf;* ~ **punitive** strafexpeditie; **c'est une véritable** ~ dat is een hele onderneming **2** *(envoi)* verzending *nf;* **service des ~s** expeditie(afdeling) **3** *(action de régler)* (het) afhandelen
expérience *nf* **1** *(pratique)* ervaring *nf;* **connaître par** ~ uit ervaring kennen; **faire l'**~ **de qch** iets meemaken; **acquérir de l'**~ ervaring opdoen; **l'**~ **prouve que** de praktijk leert dat; **sans** ~ onervaren **2** *(test)* experiment *het*, proef(neming) *de (nf)*
expérimental *adj* experimenteel, proefondervindelijk; **à titre** ~ bij wijze van proef; **stade** ~ proefstadium
expérimentation *nf* (het) experimenteren
expérimenté *adj* ervaren
expérimenter *vt* **1** *(tester)* beproeven, uitproberen **2** *(éprouver)* ondervinden
expert *adj* (des)kundig; **être** ~ **en la matière** ter zake kundig zijn; *(spécialiste)* **l'expert** de deskundige ♦ *(valeur)* **l'expert** de taxateur
expert-comptable *nm* accountant *nm*
expertise *nf* **1** *(examen)* expertise *nf* **2** *(estimation)* taxatie *nf*
expertiser *vt* taxeren
expier *vt* boeten voor
expiration *nf* **1** *(respiration)* uitademing *nf* **2** *(échéance)* afloop *nm;* **à l'**~ **du bail** bij het aflopen van het huurcontract; **à l'**~ **du délai** bij het verstrijken van de termijn; **venir à** ~ ten einde lopen
expirer[1] *vi* **1** *(mourir)* de laatste adem uitblazen **2** *(finir)* aflopen
expirer[2] *vt (expulser)* uitademen
explicatif *adj* verklarend
explication *nf* **1** *(éclaircissement)* uitleg *nm;* **donner l'**~ **de qch** iets verklaren; **fournir des ~s** uitleg geven; ~ **de texte** tekstverklaring **2** *(justification)* rekenschap *nf;* **je n'ai pas d'**~ **à vous donner** ik ben u geen verantwoording schuldig; **demander des ~s à qn sur qch** iem ter verantwoording roepen; **je vous dois des ~s** ik ben u een verklaring schuldig **3** *(dispute)* woordenwisseling *nf*
explicite *adj* uitdrukkelijk, expliciet
expliciter *vt* uitdrukkelijk formuleren
expliquer[1] *vt* **1** *(éclaircir)* uitleggen **2** *(développer)* uiteenzetten
s'expliquer[2] *vpr* **1** *(s'exprimer)* zich uitdrukken; **je m'explique:** ik bedoel dit:; **s'**~ **sur qch** iets nader verklaren **2** *(se justifier)* zich verantwoorden; **s'**~ **avec qn** iem opheldering geven, vragen **3** *(avoir une discussion)* een discussie voeren, (iets) uitvechten **4** *(comprendre)* begrijpen **5** *(être explicable)* te begrijpen zijn
exploit *nm* **1** *(prouesse)* topprestatie *nf* **2** *(acte héroïque)* heldendaad *de*
exploitant, -ante *n* onder|nemer, -neemster *nm,f;* ~ **agricole** landbouwer
exploitation *nf* **1** *(culture)* ontginning *nf;* **mettre qch en** ~ iets in exploitatie nemen; ~ **minière** mijnbouw **2** *(gestion)* exploitatie *nf*, uitbating *nf* **3** *(entreprise)* bedrijf *het;* ~ **agricole** landbouwbedrijf; ~ **familiale** familiezaak **4** *(abus)* uitbuiting *nf*
exploiter *vt* **1** *(faire valoir)* ontginnen **2** *(gérer)* exploiteren, uitbaten **3** *(abuser)* uitbuiten **4** *(tirer parti de)* munt slaan uit
exploiteur, -euse *n* uitbuit(st)er *nm (nf)*
explorateur, -trice *n* ontdekkingsreizig(st)er *nm (nf)*
exploration *nf* **1** *(examen)* onderzoek *het* **2** *(expédition)* ontdekkingstocht *nm;* **partir en** ~ op ontdekkingsreis gaan
explorer *vt* **1** *(voyager)* verkennen **2** *(examiner)* onderzoeken
exploser *vi* **1** *(détoner)* ontploffen; **faire** ~ tot ontploffing brengen **2** *(sentiments)* uitbarsten; **sa colère explosa** hij ontplofte
explosif *adj* **1** *(explosible)* ontplofbaar; **l'explosif** de springstof **2** *(tendu)* gespannen
explosion *nf* **1** *(détonation)* ontploffing *nf*, explosie *nf;* **faire** ~ ontploffen **2** *(sentiments)* uitbarsting *nf;* ~ **de rires** lachsalvo **3** *(expansion)* explosie *nf;* ~ **démographique** bevolkingsexplosie
exportateur *adj* exporterend; **l'exportateur** de exporteur
exportation *nf* uitvoer *nm;* ~ **de capitaux** kapitaalexport
exporter *vt* exporteren
exposant, -ante *n* **1** *(dans une exposition)* inzend(st)er *nm (nf)* **2** *(m.) (math.)* exponent *nm*
exposé *nm* **1** *(analyse)* uiteenzetting *nf* **2** *(à l'école)* spreekbeurt *de*
exposer[1] *vt* **1** *(étaler)* uitstallen **2** *(+ à) (mettre en péril)* blootstellen (aan); ~ **au soleil** in de zon zetten; ~ **qn au péril** iem in gevaar brengen; **mur exposé au nord** muur die op het noorden ligt **3** *(décrire)* uiteenzetten **4** *(phot.)* belichten
s'exposer[2] **(à)** *vpr* zich blootstellen (aan); **il a peur de s'**~ hij durft geen risico's te nemen
exposition *nf* **1** *(présentation)* uitstalling *nf* **2** *(orientation)* ligging *nf* **3** *(salon)* tentoon-

stelling *nf;* ~ **universelle** wereldtentoonstelling **4** *(phot.)* belichting *nf*

exprès[1] *adj* expres-; **l'exprès** de expresbrief

exprès[2] *adj* ♦ **défense expresse de** uitdrukkelijk verbod om

exprès[3] *adv* expres, met opzet ♦ **comme un fait** ~ alsof de duivel er mee speelde

express *adj* **1** *(rapide)* snel-; **un (train)** ~ een sneltrein; **voie** ~ snelweg **2** *(café)* espresso-; **un (café)** ~ een espresso

expressément *adv* **1** *(explicitement)* uitdrukkelijk **2** *(spécialement)* speciaal

expressif *adj* **1** *(éloquent)* veelzeggend; **langage** ~ beeldende taal **2** *(vivant)* expressief

expression *nf* **1** *(action d'exprimer)* uitdrukking *nf;* ~ **écrite** schrijfvaardigheid; **liberté d'**~ vrijheid van meningsuiting **2** *(locution)* uitdrukking *nf,* gezegde *het;* ~ **toute faite** vaste uitdrukking **3** *(air)* expressie *nf;* **sans** ~ uitdrukkingsloos ♦ *(fig.)* **réduire qch à sa plus simple** ~ iets tot de eenvoudigste vorm herleiden

exprimable *adj* uit te drukken

exprimer[1] *vt (traduire)* uitdrukken, uiten; **son regard exprimait sa surprise** de verrassing was in zijn blik te lezen

s'exprimer[2] *vpr* **1** *(parler)* zich uitdrukken; **si je peux m'**~ **ainsi** als ik het zo mag zeggen; **il s'exprime difficilement en anglais** hij heeft moeite zich in het Engels uit te drukken **2** *(être exprimé)* uitgedrukt worden

exproprier *vt* onteigenen

expulser *vt* uitzetten, *(d'un pays)* uitwijzen

expulsion *nf* uitzetting *nf, (d'un pays)* uitwijzing *nf*

exquis *adj* **1** *(délicieux)* voortreffelijk; **temps** ~ prachtig weer **2** *(charmant)* allerliefst **3** *(raffiné)* verfijnd

extase *nf* **1** *(mysticisme)* extase *nf;* **tomber en** ~ in extase geraken **2** *(ravissement)* verrukking *nf;* **être en** ~ **devant qn, qch** verrukt zijn van iem/iets

s'extasier *vpr* in vervoering raken

extensible *adj* rekbaar *(aussi au fig.)*

extensif *adj* **1** *(qui s'étend)* uitbreidend **2** *(agric.)* extensief

extension *nf* **1** *(action d'étendre)* (het) (uit)rekken **2** *(expansion)* uitbreiding *nf* **3** *(téléphone)* toestel(nummer) *het* ♦ **par** ~ in ruimere zin

exténuer *vt* afmatten

extérieur[1] *nm* **1** *(partie extérieure)* buitenkant *nm;* **à l'**~ buiten; **de l'**~ van buitenaf; **juger de l'**~ als buitenstaander oordelen (over) **2** *(allure)* uiterlijk *het* **3** *(étranger)* buitenland *het*

extérieur[2] *adj* **1** *(dehors)* buiten-; **cour ~e** plaatsje, erf **2** *(externe)* uitwendig; **boulevard** ~ ringweg; **le monde** ~ de buitenwereld **3** *(étranger)* buitenlands

extérieurement *adv* **1** *(à l'extérieur)* uitwendig **2** *(en apparence)* uiterlijk

extérioriser[1] *vt* uiten

s'extérioriser[2] *vpr (sentiments)* zich uiten, *(personnes)* zijn gevoelens openlijk tonen

extermination *nf* uitroeiing *nf;* **camp d'**~ vernietigingskamp

exterminer *vt* uitroeien

externat *nm* externaat *het*

externe *adj* uitwendig; **face** ~ buitenzijde; **l'externe** de externe leerling(e)

extincteur *nm* brandblusser *nm*

extinction *nf* **1** *(action d'éteindre)* (het) blussen, (het) doven; **sonner l'**~ **des feux** taptoe blazen **2** *(disparition)* uitsterving *nf;* **avoir une** ~ **de voix** z'n stem kwijt zijn; **animaux en voie d'**~ uitstervende dieren

extirper *vt* **1** *(mauvaises herbes)* verdelgen **2** *(chirurgie)* wegnemen **3** *(préjugés, abus)* uitroeien

extorquer *vt* afpersen

extorsion *nf* afpersing *nf*

extra[1] *nm* **1** *(boissons, mets)* extraatje *het;* **faire un** ~ iets bijzonders eten, drinken **2** *(domestique)* hulpkracht *de*

extra[2] *adj* prima

extraconjugal *adj* buitenechtelijk

extraction *nf* **1** *(exploitation)* winning *nf* **2** *(extirpation)* (het) uittrekken

extrader *vt* uitleveren

extradition *nf* uitlevering *nf*

extraire *vt* **1** *(tirer de)* trekken (uit), *(minerai)* winnen (uit), *(marbre, charbon)* (op)delven **2** *(tirer d'un livre)* uittrekken **3** *(chirurgie)* verwijderen (uit), *(dent)* trekken **4** *(renseignements)* ontlokken **5** *(math.)* (wortel) trekken (uit)

extrait *nm* **1** *(passage)* uittreksel *het* **2** *(produit)* aftreksel *het,* extract *het* **3** *(copie conforme)* uittreksel *het;* ~ **du casier judiciaire** uittreksel uit het strafregister; ~ **de compte** rekeningafschrift; ~ **de naissance** uittreksel uit het geboorteregister

extralucide *adj* helderziend; **l'extralucide** de helderziende

extraordinaire *adj* **1** *(inhabituel)* buitengewoon **2** *(bizarre)* eigenaardig, vreemd **3** *(formidable)* uitstekend; **ce livre n'est vraiment pas** ~ dat boek is werkelijk niet veel bijzonders

extrapoler *vi* extrapoleren

extraterrestre *adj* buitenaards; **l'**~ het buitenaardse wezen

extravagance *nf* **1** *(absurdité)* onzinnigheid *nf* **2** *(parole, action extravagante)* dwaasheid *nf;* **faire des ~s** buitensporigheden begaan

extravagant *adj* **1** *(déraisonnable)* onzinnig **2** *(excentrique)* dwaas

extraverti *adj* extravert

extrême *adj* **1** *(dernier)* uiterst; **à l'**~ **rigueur** in het uiterste geval; **à l'**~ tot het uiterste; **l'extrême** het uiterste; *(prov)* **les ~s s'attirent** tegenpolen trekken elkaar aan; **passer d'un** ~ **à l'autre** van het ene uiterste in het andere vallen **2** *(extraordinaire)* buitengewoon **3** *(après le n.) (excessif)* extreem, *(pol.)* radicaal

Extrême-Orient *nm* Verre Oosten *het*

extrémisme *nm* extremisme *het*

extrémiste *adj* extremistisch; **l'extrémiste** de extremist(e)
extrémité *nf* **1** *(bout)* (uit)einde *het* **2** *(plur.) (membres)* ledematen *plur*
exubérance *nf* uitbundigheid *nf;* **avec** ~ uitbundig
exubérant *adj* uitbundig
exulter *vi* jubelen
exutoire *nm* uitweg *nm*

f

f *nm* f *de;* **f comme François** de f van Ferdinand
fa *nm* fa *de*, f *de*
fable *nf* **1** *(petit récit)* fabel *de* **2** *(fiction)* fabeltje *het* **3** *(mensonge)* verzonnen verhaal *het*
fabricant, -ante *n* **1** *(artisan)* fabrikant(e) *nm (nf)* **2** *(industriel)* industrieel *nm*
fabrication *nf* **1** *(action de fabriquer)* vervaardiging *nf;* ~ **en série** serieproductie **2** *(produit)* fabricaat *het;* **produit de ~ française** Frans fabricaat
fabrique *nf* fabriek *nf;* **prix de** ~ fabrieksprijs
fabriquer *vt* **1** *(confectionner)* vervaardigen **2** *(inventer)* verzinnen; **histoire fabriquée de toutes pièces** totaal verzonnen verhaal **3** *(faire)* uitvoeren, uitspoken; **qu'est-ce que tu fabriques encore?** wat voer je nu weer uit?
fabuleux *adj* **1** *(adj.) (fable)* fabel- **2** *(extraordinaire)* fabelachtig, fabuleus
façade *nf* **1** *(devanture)* (voor)gevel *nm* **2** *(apparence)* uiterlijke schijn *nm*
face *nf* **1** *(visage)* gezicht *het;* ~ **à** met uitzicht op; ~ **à** ~ tegenover (elkaar); **faire ~ à** staan tegenover, *(fig.)* het hoofd bieden aan; **cracher à la ~ de qn** iem in het gezicht spuwen; **faire ~ à ses engagements** zijn verplichtingen nakomen; **se trouver ~ à ~ avec qn** oog in oog met iem staan; **de** ~ van voren; **portrait de** ~ portret en face; **une place de ~ dans le train** een zitplaats in de trein waarbij men vooruit rijdt; **en ~ de** tegenover; **la maison d'en ~** het huis aan de overkant van de straat; **le voisin d'en** ~ de overbuurman; **regarder qn en** ~ iem recht in het gezicht kijken; **voir les choses en** ~ de werkelijkheid onder ogen zien; **dire qch à qn en ~** iem iets recht in zijn gezicht zeggen; **perdre la** ~ gezichtsverlies lijden; **sauver la ~** zijn gezicht redden; **se voiler la ~** zijn gelaat verbergen **2** *(côté)* kant *nm*, zijde *de;* **examiner qch sous toutes ses ~s** iets grondig bekijken
face-à-face *nm* (televisie)debat *het*
facétie *nf* grap *de*
facétieux *adj* grappig
facette *nf* facet *het (aussi au fig.)*
fâché *adj* boos; **avoir l'air** ~ boos kijken; **être ~ avec qn** met iem gebrouilleerd zijn; **être ~ contre qn** boos op iem zijn; **ils sont ~s** zij hebben ruzie ♦ **je ne serais pas ~ de** ik zou er niet rouwig om zijn als
fâcher[1] *vt* boos maken
se fâcher[2] *vpr* boos worden; **se ~ avec qn** met iem gebrouilleerd raken; **se ~ contre qn** boos worden op iem; **se ~ tout rouge** vreselijk boos worden
fâcheux *adj* **1** *(ennuyeux)* vervelend **2** *(regrettable)* betreurenswaardig, spijtig
facile *adj* (ge)makkelijk; ~ **à vivre** gemakkelijk in de omgang; **c'est plus ~ à dire qu'à faire** dat is gemakkelijker gezegd dan gedaan; **il mettra ~ment deux heures à faire ce travail** hij zal vast wel twee uur voor dat werk nodig hebben; **avoir la parole** ~ gemakkelijk spreken; **il se vexe ~ment** hij is gauw op z'n tenen getrapt; **avoir la vie** ~ een gemakkelijk leventje hebben
facilité *nf* **1** *(caractère facile)* gemak *het*, gemakkelijkheid *nf* **2** *(plur.) (moyen)* middel *het*, *(Belg.)* faciliteit; **~s de transport** transportmogelijkheden **3** *(aptitude)* handigheid *nf;* **avoir une grande ~ à s'exprimer** zich erg vlot kunnen uitdrukken **4** *(tendance)* neiging *nf* **5** *(légèreté)* lichtvoetigheid *nf*
faciliter *vt* gemakkelijk maken, vergemakkelijken; ~ **la tâche à qn** iemands taak verlichten; **cela ne facilite pas les choses** dat maakt het er niet gemakkelijker op; ~ **le progrès** de vooruitgang bevorderen
façon *nf* **1** *(manière)* wijze *de;* **en aucune ~** volstrekt niet; **châle ~ cachemire** imitatie kasjmier sjaal; **de cette** ~ op die manier; **d'une ~ ou d'une autre** op de één of andere manier; **de ~ que** opdat; **à la ~ de** op de manier van; **de telle ~ que** zo(danig) ... dat; **de ~ à (ce que)** zo ... dat; **d'une ~ générale** in het algemeen; ~ **de parler** bij wijze van spreken; **une ~ de parler** een zegswijze; **de quelle** ~ hoe; **une ~ de voir** een

zienswijze **2** *(plur.) (comportement)* gedrag *het* **3** *(exécution d'un travail)* maaksel *het;* **des vers de ma** ~ verzen van mijn hand **4** *(plur.) (affectation)* (overdreven) plichtplegingen *plur;* **faire des ~s** zich aanstellen; **sans** ~ zonder omhaal ♦ **de toute** ~ hoe dan ook

façonner *vt* **1** *(travailler)* bewerken **2** *(confectionner)* fabriceren **3** *(fig.) (modeler)* modelleren

fac-similé *nm* getrouwe kopie *nf*, facsimile *het*

facteur *nm* **1** *(poste)* postbode *nm*, *(Belg.)* postman *nm* **2** *(coefficient; élément)* factor *nm*

factice *adj* **1** *(imité)* nagemaakt, nep- **2** *(artificiel)* gekunsteld

faction *nf* **1** *(groupe séditieux)* factie *nf* **2** *(milit.)* (schild)wacht *de* **3** *(attente)* wacht *de;* **être en** ~ de wacht houden

facture *nf* rekening *nf*, factuur *nf*

facturer *vt* factureren

facultatif *adj* facultatief; **arrêt** ~ halte op verzoek

faculté *nf* **1** *(université)* faculteit *nf* **2** *(possibilité, droit)* mogelijkheid *nf;* **la** ~ **de choisir** het recht op vrije keuze **3** *(aptitude)* vermogen *het;* **il ne jouit plus de toutes ses ~s** hij is niet meer in het volle bezit van zijn geestelijke vermogens

fade *adj* **1** *(insipide)* flauw **2** *(terne)* vaal **3** *(ennuyeux)* saai

fagot *nm* (takken)bos *nm* ♦ **de derrière les ~s** van de bovenste plank

fagoter[1] *vt* raar aankleden; **mal fagoté** met wansmaak uitgedost

se fagoter[2] *vpr* zich raar uitdossen

faible[1] *nm* **1** *(personne sans défense)* zwakke *nm* **2** *(personne molle)* slappeling *nm* **3** *(penchant)* zwak *het;* **avoir un** ~ **pour qn, qch** een zwak voor iem/iets hebben ♦ ~ **d'esprit** zwakzinnige

faible[2] *adj* **1** *(fragile; mou; médiocre)* zwak; **se sentir les jambes ~s** zich slap in de benen voelen; **point** ~ zwak punt **2** *(petit)* gering; **teneur** ~ **en or** laag goudgehalte

faiblement *adv* zwak; **boisson** ~ **alcoolisée** licht alcoholische drank; **protester** ~ zwakjes protesteren

faiblesse *nf* **1** *(manque de force)* zwakheid *nf;* ~ **d'esprit** zwakzinnigheid; **faire preuve de** ~ zich zwak betonen **2** *(petitesse)* geringheid *nf* **3** *(défaillance)* flauwte *nf;* **être pris de** ~ flauwvallen

faiblir *vi* zwakker worden; **son courage faiblit** hij, zij begint de moed te verliezen; **le vent faiblit** de wind gaat liggen

faïence *nf* (geglazuurd) aardewerk *het*

faille *nf* **1** *(géo.)* verschuiving *nf* **2** *(défaut)* fout *de* **3** *(fig.; cassure)* breuk *de*

faillir *vi* **1** *(manquer de)* weinig schelen of *(v. impers.);* **il a failli être écrasé** hij was bijna onder een auto gekomen; **j'ai failli manquer le train** het scheelde niet veel of ik had de trein gemist **2** *(manquer à)* tekortschieten (in); ~ **à sa parole** zijn woord niet houden

faillite *nf* **1** *(banqueroute)* faillissement *het;* **faire** ~ failliet gaan, *(Belg.)* overkop gaan **2** *(échec)* mislukking *nf*

faim *nf* **1** *(appétit)* honger *nm*, trek *nm;* **avoir** ~ honger hebben; **calmer sa** ~ zijn eerste honger stillen; **cela donne** ~ dat wekt de eetlust op; ~ **de loup** honger als een paard; **ne pas manger à sa** ~ niet voldoende te eten hebben; **rester sur sa** ~ nog honger hebben, *(fig.)* niet aan zijn trekken komen **2** *(désir)* honger *nm*, verlangen *het*

fainéant *adj* lui; **le** ~ de luiwammes

fainéanter *vi* luieren

fainéantise *nf* luiheid *nf*

faire[1] *vi* **1** *(agir)* het doen; **il faut** ~ **avec** daar moet je het maar mee doen; **il a bien fait** dat heeft hij goed gedaan; **il croit bien** ~ hij denkt er goed aan te doen; **pour bien ~, il faudrait ...** het beste zou zijn om ...; ~ **comme si de rien n'était** doen alsof er niets aan de hand was; **faites comme chez vous** doe alsof u thuis bent; **faites comme vous voulez** doe zoals u wenst; ~ **en sorte que ...** het zo inrichten dat ...; ~ **vite** snel handelen **2** *(+ bien de, mieux de) (agir)* er (goed, beter) aan doen om; **il ferait mieux de partir** hij zou er beter aan doen te vertrekken **3** *(dire)* zeggen; **'à demain', fit-il** 'tot morgen', zei hij **4** *(évacuer des excréments)* het doen; ~ **dans sa culotte** het in zijn broek doen; **il a fait dans son lit** hij heeft in zijn bed geplast **5** *(durer)* het houden; **ce manteau m'a fait deux ans** die jas heeft het twee jaar volgehouden ♦ **c'est bien fait (pour lui)!** net goed!; **n'en** ~ **qu'à sa tête** alleen doen waar men zin in heeft; **savoir y** ~ handig zijn

faire[2] *vt* maken, doen ♦ ~ **une bonne action** een goede daad doen; ~ **l'affaire** ermee door kunnen; ~ **un article** een artikel verkopen; ~ **asseoir qn** iem een stoel wijzen; **cela ne fait pas assez** dat is niet genoeg; **aussitôt dit, aussitôt fait** zo gezegd, zo gedaan; **avoir beaucoup à** ~ het druk hebben; ~ **des bénéfices** winst maken; **ça fait bien** dat maakt een goede indruk; **ça a fait boum** dat heeft een klap gegeven; ~ **du bruit** lawaai schoppen, *(fig.)* opzien baren; **ça fait que ...** vandaar dat ...; **ça fait huit jours qu'il n'est pas venu** hij is al acht dagen niet gekomen; ~ **du cent à l'heure** honderd kilometer per uur rijden; ~ **le clown, le fou** de clown uithangen; ~ **un compliment** een complimentje maken; **la route fait un coude** de weg maakt een bocht; ~ **ses courses** boodschappen doen; ~ **ce qu'on veut de qn** met iem doen wat men wil; **que dois-je** ~ **de cet argent?** wat moet ik met dat geld doen?; **qu'est-ce que j'ai bien pu** ~ **de mes lunettes?** waar heb ik mijn bril gelaten?; ~ **ses dents** tanden krijgen; ~ **son devoir** zijn plicht doen; ~ **don de qch à qn** (aan) iem iets schenken; ~ **tout un drame, tout un plat de qch** van iets een drama maken; ~ **son droit** rechten doen; ~ **de l'effet** uitwerking hebben; **j'en ai fait un ami** hij is een vriend van me geworden; ~ **un en-**

fant een kind verwekken; ~ **une erreur** een vergissing maken; ~ **des études** studeren; **ça fait mille euros** dat is duizend euro; **je vous le fais cinquante euros** voor vijftig euro mag u het van mij hebben; ~ **faire qch à qn** *(procéder à)* iem iets laten doen, *(produire)* iem iets laten maken; **(il) faut le ~!** doe het maar eens na!; ~ **fortune** fortuin maken; ~ **un gâteau** een taart bakken; ~ **Harpagon** harpagon spelen; ~ **joli** er aardig uitzien; ~ **dix kilomètres à pied** tien kilometer te voet afleggen; **se laisser** ~ met zich laten sollen; **je le connais comme si je l'avais fait** ik ken hem door en door; ~ **le lit** het bed opmaken; ~ **une loi** een wet maken; **cela lui fait qch de partir** het doet hem iets om te vertrekken; ~ **tous les magasins pour trouver un produit** alle winkels aflopen om een artikel te vinden; ~ **mal à qn** iem pijn doen; **ne le fais pas plus méchant qu'il n'est** maak hem niet gemener dan hij is; ~ **un métier** een beroep uitoefenen; **ce mur fait six mètres de haut** deze muur is twee meter hoog; ~ **mine de** aanstalten maken om; ~ **le mort** doen alsof men dood is; **il n'y a plus rien à** ~ er is niets meer aan te doen; **ne ~ que** *(~ seulement)* slechts *(+ verbe)*, *(ne pas cesser de)* niet ophouden te; **ne ~ qu'un** één geheel vormen; ~ **le nécessaire** het nodige doen; **il ne faut pas nous la** ~ maak dat een ander wijs; ~ **un pas** een stap doen; ~ **plaisir à qn** iem een plezier doen; ~ **les poches de qn** iemands zakken doorzoeken; ~ **tout son possible** al het mogelijke doen; **c'est fait pour** daar is het voor gemaakt; ~ **qch pour qn** iets voor iem doen; **elle n'était pas faite pour cette vie-là** ze was niet geschikt voor dat leven; **deux et deux font quatre** twee en twee is vier; **qu'est-ce que ça peut ~?** wat doet dat er eigenlijk toe?; **qu'est-ce que ça peut bien vous ~?** wat kan u dat eigenlijk schelen?; **Mon Dieu, faites qu'il revienne** Heer, maak dat hij terugkomt; **sa négligence a fait qu'il a perdu beaucoup d'argent** zijn slordigheid heeft ervoor gezorgd dat hij veel geld heeft verloren; **quoi qu'il fasse** wat hij ook doet; ~ **des recherches** onderzoek doen; **rien à ~!** nee is nee!; **ça ne fait rien** dat doet er niet toe; **ça ne lui fait rien** dat doet hem niets; ~ **une rougeole** mazelen hebben; **il ne sait plus ce qu'il fait** hij weet niet meer wat hij doet; **salle à manger qui fait salon** eetkamer die ook als salon dient; ~ **un saut** een sprong maken; ~ **scandale** een schandaal veroorzaken; **quelle taille faites-vous?** welke maat heeft u?; ~ **taire qn** iem laten zwijgen; ~ **du tennis** tennissen; ~ **la tête** mokken; ~ **tic-tac** tikken; ~ **tout pour** *(+ inf.)* het uiterste doen om; **bonne à tout** ~ meisje voor hele dagen; ~ **la vaisselle** de afwas doen; ~ **ses valises** z'n koffers pakken; **que fait-il dans la vie?** wat doet hij voor de kost?; **elle fait vieux pour son âge** ze ziet er oud uit voor haar leeftijd; **nous ne pouvons rien y** ~ daar kunnen wij niets aan doen; ~ **du yoga** aan yoga doen; **mais qu'est-ce qu'ils font?** wat spoken zij toch uit?; **qu'est-ce que vous faites ici?** wat doet u hier?

se faire[3] *vpr* ♦ **elle s'est faite à ce genre de vie** ze is aan deze levensstijl gewend; **se ~ de l'argent** geld verdienen; **se ~ belle** zichzelf mooi maken; **se ~ un café** een kopje koffie voor zichzelf maken; **c'est ce qui se fait de mieux** dat is het beste wat er op dit gebied gemaakt wordt; **cela ne se fait pas** dat is niet zoals het hoort; **cela ne se fait plus** dat is uit de mode; **se ~ couper les cheveux** zijn haren laten knippen; **ne vous en faites pas** maak u niet druk; **se ~ faire un costume** een pak laten maken; **ce fromage se fait** die kaas rijpt; **se ~ des idées** vreemde ideeën in zijn hoofd halen; **se ~ des illusions** illusies koesteren; **il faut se le** ~ hij is onverteerbaar; **se ~ tout petit** zich klein maken, wegkruipen; **se ~ prêtre** priester worden; **comment se fait-il que ...?** hoe komt het dat ...?; **il pourrait bien se ~ que ...** het is niet onwaarschijnlijk dat ...; **se ~ rare** *(choses)* zeldzaam worden, *(personnes)* zich zelden laten zien; **se ~ des relations** zijn kennissenkring uitbreiden; **se ~ renverser par une voiture** door een auto aangereden worden; **se ~ sentir** voelbaar worden; **cet homme s'est fait tout seul** hij is een selfmade man; **il se fait tard** het wordt al laat; **se ~ tuer** omkomen; **les tuniques se font beaucoup cette année** dit jaar zijn tunieken heel erg in; **se ~ vieux** oud worden; **ça s'est fait très vite** dat is heel snel gegaan; **je ne peux pas m'y** ~ ik kan daar niet aan wennen; **j'en ai rien à** ~ daar heb ik niets mee te maken

faire[4] *vb impers (conditions atmosphériques etc.)* zijn; **il fait beau** het is mooi weer; **il fait bon vivre avec vous** het is aangenaam met u om te gaan; **il fait nuit** het is nacht

faire-part *nm* kennisgeving *nf;* ~ **de décès** rouwbrief; ~ **de mariage** trouwbrief; ~ **de naissance** geboortekaartje

fair-play *adj* sportief, fair

faisable *adj* uitvoerbaar

faisan, -ane *n* fazant *nm*

faisceau *nm* bundel *nm;* ~ **lumineux** lichtbundel

fait[1] *nm* **1** *(acte)* daad *de (aussi jur.);* **les ~s et gestes de qn** iemands doen en laten, handel en wandel; **le ~ de parler** het spreken **2** *(événement)* feit *het (aussi jur.)*, gebeurtenis *nf;* ~ **accompli** voldongen feit; ~ **divers** nieuwtje, *(plur.)* gemengde berichten **3** *(réalité)* feit *het*, realiteit *nf;* **en** ~ in werkelijkheid; **mettre au** ~ op de hoogte brengen **4** *(cas, sujet)* zaak *de;* **au ~!** ter zake!; **être sûr de son** ~ zeker zijn van zijn zaak; **en venir au** ~ ter zake komen **5** *(jur.)* feit *het;* **prendre qn sur le** ~ iem op heterdaad betrappen ♦ **au** ~ *(à propos)* trouwens; **de ce** ~ daarom; **du ~ de** ten gevolge van; **du ~ que** door het feit dat; **prendre ~ et cause pour qn** het voor iem opnemen; **tout à** ~ helemaal

fait[2] *adj* **1** *(réalisé)* gemaakt; **c'est** ~ ziezo, klaar is Kees; **être** ~ **pour** geschapen zijn voor; **tout** ~ kant-en-klaar **2** *(mûr)* rijp **3** *(bâti)* gebouwd ♦ **être** ~ **(comme un rat)** (als een rat) in de val zitten; **idée toute** ~**e** vooroordeel; **phrase toute** ~**e** cliché
faîte *nm* **1** *(sommet)* top *nm*, toppunt *het* **2** *(poutre)* nok(balk) *de (nm)*
faitout, fait-tout *nm* kookpan *de*
falaise *nf* klif *het*
s'en falloir *vpr, vb impers (manquer)* schelen; **je ne suis pas satisfait, il s'en faut de beaucoup** ik ben verre van tevreden; **il s'en est fallu de peu qu'il n'ait été refusé** hij was bijna gezakt
falloir *vb impers* **1** *(devoir)* moeten; **il faut l'avertir** hij moet gewaarschuwd worden; **(il) faut ce qu'il faut** wat moet, dat moet maar; **je ferai tout ce qu'il faudra** ik zal al het nodige doen; **comme il faut** zoals het hoort; **il fallait le dire!** dat had je moeten zeggen!; **c'est plus qu'il n'en faut** dat is meer dan genoeg; **c'est simple mais il fallait y penser** het is eenvoudig maar je moet er maar opkomen; **il faut que je vous parle, c'est indispensable** ik moet u dringend spreken; **il faut voir** dat moeten we afwachten; **il fallait voir ça!** dat had je moeten zien! **2** *(être nécessaire)* nodig zijn; **il faut beaucoup d'eau à cette plante** die plant heeft veel water nodig; **il faut deux ouvriers pour faire ce travail** voor dat werk zijn twee arbeiders nodig ♦ **ce qu'il faut entendre!** het zal je maar gezegd worden!; **faut-il être bête?** hoe kan ik (hij, zij, enz.) nu zo dom zijn!
falsifier *vt* **1** *(concr.)* vervalsen **2** *(abstr.)* verdraaien
famé *adj* ♦ **mal** ~ berucht
famélique *adj* hongerig, uitgehongerd
fameux *adj* **1** *(connu)* beroemd **2** *(sacré)* enorm **3** *(excellent)* uitstekend; **pas** ~ niet zo best
familial *adj* **1** *(famille)* familie- **2** *(atmosphère)* gezellig
familiariser[1] *vt* vertrouwd maken (met)
se familiariser[2] **(avec)** *vpr* zich vertrouwd maken (met)
familiarité *nf* **1** *(relations familières)* vertrouwdheid *nf* **2** *(comportement familier)* vertrouwelijkheid *nf* **3** *(plur.) (privautés)* vrijpostigheden *plur*
familier *adj* **1** *(adj.) (bien connu)* vertrouwd; **un** ~ een huisvriend, *(client)* een stamgast **2** *(sans affectation)* ongedwongen **3** *(trop désinvolte)* vrijpostig **4** *(du langage courant)* gemeenzaam; **expression familière** uitdrukking uit de omgangstaal
famille *nf* **1** *(noyau familial)* gezin *het;* ~ **d'accueil** gastgezin; **en** ~ in de huiselijke kring; ~ **monoparentale** eenoudergezin; ~ **nombreuse** groot gezin; **vie de** ~ huiselijk leven **2** *(parenté)* familie *nf (aussi biol.; ling.);* **avoir un air de** ~ op elkaar lijken; **belle** ~ schoonfamilie; **avoir l'esprit de** ~ erg aan zijn familie hangen **3** *(lignée)* geslacht *het*
famine *nf* hongersnood *nm*
fan *nm* fan *nm*
fana *adj* bezeten van; **le, la** ~ de fanaat; **c'est un** ~ **de moto(s)** hij is gek op motoren
fanatique *adj* **1** *(exalté)* fanatiek; **le, la** ~ de fanatiekeling **2** *(passionné)* hartstochtelijk; **le** ~ **du football** de voetbalfan
fanatisme *nm* fanatisme *het*
se faner *vpr* **1** *(se flétrir)* verwelken *(aussi au fig.)* **2** *(couleurs, tissus)* verschieten
fanfare *nf* **1** *(orchestre)* fanfare *de* **2** *(musique de cuivres)* trompetgeschal *het*
fanfaron *adj* opschepperig; **le** ~ de opschepper
fanfreluche *nf* tierelantijn *nm*
fanion *nm* vlaggetje *het*
fantaisie *nf* **1** *(imagination)* verbeelding(skracht) *nf (de)*, fantasie *nf;* **vie qui manque de** ~ saai leven **2** *(humeur)* smaak *nm;* **agir selon sa** ~ doen waar men zin in heeft **3** *(caprice)* gril *de* **4** *(chose originale)* fantasieartikel *het;* **bijoux de** ~ namaakjuwelen; **de** ~ fantasie-
fantaisiste *adj* **1** *(personnes)* eigenzinnig; **le** ~ de zonderling **2** *(choses)* amateuristisch ♦ *(music-hall)* **le, la** ~ de cabaretartiest(e)
fantasme *nm* waanvoorstelling *nf*
fantasmer *vi* waanvoorstellingen hebben
fantasque *adj* **1** *(personne)* grillig **2** *(chose)* bizar
fantassin *nm* infanterist *nm*
fantastique *adj* **1** *(imaginaire)* wonderlijk; **animal** ~ fabeldier; **cinéma** ~ griezelfilms; **conte** ~ griezelverhaal; **le** ~ het bovennatuurlijke **2** *(étonnant)* fantastisch
fantoche *nm* marionet *de;* **gouvernement** ~ schijnregering
fantôme *nm* **1** *(esprit)* spook *het*, geest(verschijning) *nm (nf)* **2** *(sans réalité)* schijn *nm*
faon *nm* **1** *(petit du cerf)* hertenkalf *het* **2** *(petit du chevreuil)* reekalf *het*
farce *nf* **1** *(pièce)* klucht *de;* **cela tourne à la** ~ dat wordt een farce **2** *(plaisanterie)* grap *de;* ~**s et attrapes** schertsartikelen; **faire des** ~**s** grappen uithalen; **faire une** ~ **à qn** iem een poets bakken **3** *(cuis.)* vulsel *het*
farceur, -euse *n* grappen|maker, -maakster *nm,f*
farcir[1] *vt* **1** *(garnir de farce)* vullen **2** *(+ de) (truffer de)* volstoppen (met)
se farcir[2] *vpr* ♦ **se** ~ **qn** ↑ iem verdragen; **se** ~ **tout le travail** opdraaien voor het werk
fard *nm* make-up *nm;* ~ **à paupières** oogschaduw ♦ **sans** ~ ongekunsteld
farde *nf (f.B.) (chemise, dossier)* map *de*, farde *de (n.B.)*
fardeau *nm* last *nm (aussi au fig.)*
farder[1] *vt* opmaken, *(d'un acteur)* schminken
se farder[2] *vpr* zich opmaken, *(d'un acteur)* zich schminken; **se** ~ **les yeux** zijn ogen opmaken

farfelu *adj* zonderling; **un** ~ een zonderling
farfouiller *vi* rommelen
farine *nf* (tarwe)meel *het;* ~ **de blé** tarwemeel; **(fleur de)** ~ bloem
farineux *adj* melig, meelachtig
farouche *adj* **1** *(sauvage)* wild **2** *(timide)* (mensen)schuw **3** *(violent, acharné)* woest; **air** ~ stug uiterlijk; **mon plus** ~ **ennemi** mijn ergste vijand **4** *(indomptable)* ontembaar
farter *vt* met was inwrijven
fascicule *nm* **1** *(partie d'ouvrage)* aflevering *nf* **2** *(cahier)* blad *het*
fascinant *adj* fascinerend
fascination *nf* betovering *nf*, fascinatie *nf*
fasciner *vt* fascineren
fascisme *nm* fascisme *het*
fasciste *adj* fascistisch; **le, la** ~ de fascist(e)
faste *nm* praal *de*
fastidieux *adj* vervelend, saai
fastueux *adj* weelderig
fatal *adj* **1** *(fixé par le destin)* noodlottig, fataal **2** *(mortel)* dodelijk **3** *(néfaste)* rampzalig; **femme** ~**e** vamp **4** *(inévitable)* onvermijdelijk
fatalisme *nm* fatalisme *het*
fataliste *adj* fatalistisch; **le, la** ~ de fatalist(e)
fatalité *nf* **1** *(caractère fatal)* onafwendbaarheid *nf* **2** *(destin)* noodlot *het*
fatidique *adj* fataal, noodlottig
fatigant *adj* vermoeiend
fatigue *nf* **1** *(lassitude)* vermoeidheid *nf* *(aussi technol.);* **être mort de** ~ doodmoe zijn **2** *(cause de fatigue)* vermoeienis *nf*
fatigué *adj* vermoeid, moe; **être** ~ **de qch** ergens genoeg van hebben
fatiguer[1] *vi* **1** *(peiner)* moe worden **2** *(techn.)* overbelast zijn
fatiguer[2] *vt* **1** *(épuiser)* vermoeien; **le sport fatigue** van sporten word je moe **2** *(importuner)* vervelen
se fatiguer[3] *vpr* **1** *(fournir des efforts)* zich vermoeien; **se** ~ **à** zich inspannen om; **ne te fatigue pas** maak je niet druk; **il se fatigue vite** hij wordt gauw moe; **il n'aime pas se** ~ hij is liever lui dan moe **2** *(se lasser de)* genoeg krijgen (van)
fatras *nm* samenraapsel *het*
faubourg *nm* **1** *(banlieue)* buitenwijk *de* **2** *(quartier)* wijk *de*
fauché *adj* **1** *(moissonné)* (af)gemaaid **2** *(sans argent)* blut, platzak
faucher *vt* **1** *(moissonner)* maaien **2** *(abattre)* neermaaien **3** *(voler)* jatten
faucille *nf* sikkel *de*
faucon *nm* **1** *(oiseau)* valk *de* **2** *(pol.)* havik *nm*
faufiler[1] *vt* rijgen
se faufiler[2] *vpr* sluipen (door), *(chemin)* zich kronkelen (door)
faune *nf* fauna *de*
faussaire *n* vervals(st)er *nm (nf)*
faussement *adv* **1** *(contre la vérité)* vals **2** *(d'une manière fausse)* verkeerd **3** *(d'une façon affectée)* schijnbaar
fausser *vt* **1** *(dénaturer)* vervalsen **2** *(tordre)* vervormen; **clef faussée** verbogen sleutel; **roue faussée** krom wiel
fausseté *nf* **1** *(caractère erroné)* onjuistheid *nf*, onwaarheid *nf* **2** *(fourberie)* oneprechtheid *nf*
faute *nf* **1** *(infraction)* vergrijp *het* **2** *(péché)* misstap *nm;* **prendre qn en** ~ iem op een misstap betrappen **3** *(erreur)* fout *de*, vergissing *nf;* **faire une** ~ een fout maken; **une** ~ **de français** een fout tegen het Frans; ~ **de frappe** tikfout; ~ **d'orthographe** spelfout; ~ **d'impression** drukfout, zetfout **4** *(responsabilité)* schuld *de;* **à qui la** ~**?** wiens schuld is het?; **c'est (de) sa** ~ dat is zijn schuld; **ce n'est pas sa** ~ **s'il est petit** hij kan er ook niets aan doen dat hij klein is ♦ ~ **de** bij gebrek aan; **sans** ~ zonder mankeren
fauteuil *nm* leunstoel *nm*, fauteuil *nm;* ~ **à bascule** schommelstoel; ~**s d'orchestre** stalles; ~ **roulant** rolstoel
fautif *adj* **1** *(erroné)* fout **2** *(coupable)* schuldig; **le** ~ de schuldige
fauve *adj* **1** *(couleur)* rossig **2** *(sauvage)* wild; **le** ~ het roofdier
faux[1] *nm* **1** *(ce qui est faux)* (het) valse, (het) onware **2** *(contrefaçon)* vervalsing *nf* **3** *(jur.)* valsheid *nf*
faux[2] *nf (agric.)* zeis *de*
faux[3], **fausse** *adj* **1** *(inexact; incorrect)* vals *(aussi mus.);* **chanter** ~ vals zingen; **il est** ~ **de dire que** het is onjuist om te zeggen dat; **c'est** ~ *(pas vrai)* dat is niet waar, *(inexact)* dat is fout; **faire un** ~ **mouvement** een verkeerde beweging maken; **fausse note** verkeerde noot, *(fig.)* wanklank; **faire un** ~ **pas** een misstap doen; **faire fausse route** de verkeerde weg inslaan, *(fig.)* niet op de goede weg zijn **2** *(non fondé)* ongegrond; ~ **problème** schijnprobleem **3** *(artificiel; illusoire)* onecht, nagemaakt; ~ **ami** vriend die geen vriend is; **c'est une fausse blonde** ze heeft geblondeerd haar; ~ **col** losse boord; ~ **plafond** loos plafond **4** *(hypocrite)* onoprecht, vals; **il a l'air** ~ hij heeft een oneerlijk gezicht
faux-filet *nm* lendenstuk *het*
faux-fuyant *nm* uitvlucht *de*
faux-monnayeur *nm* valsemunter *nm*, *(Belg.)* valsmunter *nm*
faveur *nf* gunst *nf;* **à la** ~ **de** profiterend van, dankzij; **se prononcer en** ~ **de qch** zich vóór iets uitspreken; **en** ~ **de** ten gunste van; **faites-moi la** ~ **de** wees zo vriendelijk om
favorable *adj* **1** *(bon)* gunstig **2** *(bien disposé)* gunstig gezind; **être** ~ **à qch** ergens vóór zijn
favori[1], **-ite** *n* **1** *(préféré)* lieveling *nm* **2** *(sports)* favoriet *nm* **3** *(plur.)* *(poils)* bakkebaarden *plur*
favori[2] *adj* favoriet, lievelings-
favoriser *vt* **1** *(avantager)* begunstigen **2** *(aider)* bevorderen
favoritisme *nm* vriendjespolitiek *nf*

fax *nm* fax *nm*
faxer *vt* faxen
fayot *nm* **1** *(haricot)* witte boon *de* **2** *(personne)* uitslover *nm*
fébrile *adj* **1** *(excité)* koorts(acht)ig **2** *(adj.) (méd.)* koortsig; **être** ~ (licht) koortsig zijn
fécond *adj* vruchtbaar, *(+ en)* rijk (aan)
fécondation *nf* bevruchting *nf*
féconder *vt* bevruchten
fécondité *nf* vruchtbaarheid *nf*
fécule *nf* zetmeel *het*
féculent *adj* zetmeelhoudend; **le** ~ de zetmeelhoudende stof
fédéral *adj* **1** *(pol.)* bonds-; **la République Fédérale allemande** de Bondsrepubliek Duitsland **2** *(association)* (ver)bonds-, federatie-
fédération *nf* **1** *(association)* bond *nm*, federatie *nf;* ~ **sportive** sportbond **2** *(groupement d'Etats)* statenbond *nm*
fée *nf* fee *nf;* ~ **Carabosse** toverkol
féerique *adj* sprookjesachtig; **monde** ~ sprookjeswereld
feignant *adj* lui; **le, la** ~**(e)** de luiwammes
feindre[1] *vi* veinzen
feindre[2] *vt* veinzen; ~ **l'étonnement** doen alsof men verbaasd is
feinte *nf* **1** *(tromperie)* vals voorwendsel *het;* **sans** ~ ronduit **2** *(sports)* schijnbeweging *nf*, *(fig.)* val(strik) *nm;* **faire une** ~ **à qn** iem erin laten lopen
fêlé *adj* **1** *(fendu)* gebarsten **2** *(fou)* niet goed bij zijn hoofd
fêler[1] *vt* doen barsten
se fêler[2] *vpr* barsten
félicitation *nf* **1** *(congratulation)* gelukwens *nm;* ~**s!** gefeliciteerd! **2** *(plur.) (éloges)* complimenten *plur;* **je vous fais mes** ~**s!** mijn complimenten!
féliciter[1] *vt* feliciteren, gelukwensen; ~ **qn de son succès** iem gelukwensen met zijn succes; ~ **qn pour ses vingt ans** iem gelukwensen met zijn twintigste verjaardag
se féliciter[2] *vpr* **1** *(se réjouir)* zich gelukkig prijzen **2** *(échanger des compliments)* elkaar feliciteren
félin *adj* katachtig *(aussi au fig.);* **le** ~ de katachtige; **race** ~**e** kattengeslacht
fêlure *nf* barst *de (aussi au fig.)*
femelle *adj (biol.; technol.)* vrouwelijk; **la** ~ het vrouwtje
féminin *adj* vrouwelijk, de vrouw eigen
féminiser[1] *vt* **1** *(ling.)* vrouwelijk maken **2** *(efféminer)* verwijfd maken
se féminiser[2] *vpr* **1** *(acquérir de la féminité)* vervrouwelijken **2** *(comporter plus de femmes)* feminiseren
féminisme *nm* feminisme *het*
féministe *adj* feministisch; **le, la** ~ de feminist(e); **mouvement** ~ vrouwenbeweging
féminité *nf* vrouwelijkheid *nf*
femme *nf* **1** *(être féminin)* vrouw *nf;* ~ **d'affaires** zakenvrouw; **bonne** ~ wijf; ~ **de chambre** kamermeisje; **courir les** ~**s** achter de vrouwen aan zitten; ~ **au foyer** huisvrouw; ~ **médecin** vrouwelijke arts; ~ **de ménage** werkster; **être très** ~ op-en-top een vrouw zijn **2** *(épouse)* echtgenote *nf*
femme-objet *nf* vrouw *nf* als lustobject
fémur *nm* dijbeen *het*
fendiller[1] *vt* (doen) splijten
se fendiller[2] *vpr* splijten
fendre[1] *vt* **1** *(couper)* splijten; ~ **du bois** hout kloven **2** *(traverser)* doorklieven; ~ **les flots** de golven doorklieven ♦ ~ **la foule** zich een weg banen door de menigte; **ça me fend le cœur** mijn hart breekt
se fendre[2] *vpr* **1** *(se fissurer)* splijten **2** *(fig.) (se briser)* breken
fendu *adj* gespleten; **jupe** ~**e** rok met een split
fenêtre *nf* raam *het*, venster *het (aussi inform.);* ~ **à guillotine** schuifraam; **passer par la** ~ door het raam naar binnen gaan
fenouil *nm* venkel *de*
fente *nf* **1** *(ouverture)* spleet *de;* ~ **d'une jupe** split van een rok **2** *(boîte aux lettres)* gleuf *de*
fer *nm* **1** *(métal; objet de fer)* ijzer *het; (fig.)* **de** ~ sterk; **en** ~ ijzeren; ~ **à friser** krultang; **marquer au** ~ **rouge** brandmerken; ~ **à souder** soldeerbout **2** *(à repasser)* strijkijzer *het;* ~ **à repasser** strijkbout; ~ **à vapeur** stoomstrijkijzer **3** *(à cheval)* hoefijzer *het;* ~ **à cheval** hoefijzer; **mettre un** ~ **à un cheval** een paard beslaan **4** *(plur.) (forceps)* verlostang *de* **5** *(plur.) (chaînes)* boeien *plur* ♦ **croire qch dur comme** ~ ergens heilig van overtuigd zijn
fer-blanc *nm* blik *het*
férié *adj* feest-; **les dimanches et jours** ~**s** op zon- en feestdagen
ferme[1] *nf* boerderij *nf;* **à la** ~ op de boerderij
ferme[2] *adj* **1** *(solide; consistant)* stevig **2** *(déterminé)* vastberaden; **avoir la** ~ **intention** vast van plan zijn **3** *(définitif)* vaststaand
ferme[3] *adv* **1** *(avec force)* hard; **tenir** ~ volhouden **2** *(beaucoup)* veel; **s'ennuyer** ~ zich stierlijk vervelen **3** *(définitivement)* definitief
fermé *adj* **1** *(qu'on a fermé)* gesloten **2** *(inaccessible)* ontoegankelijk; **il est** ~ **à la pitié** hij kent geen medelijden
fermement *adv* **1** *(de façon ferme)* stevig **2** *(avec conviction)* vastberaden
ferment *nm* gist *nm*
fermenter *vi* gisten *(aussi au fig.)*
fermer[1] *vi (être fermé)* sluiten, dichtgaan
fermer[2] *vt (clore)* (af)sluiten; ~ **à clef** op slot doen; ~ **au verrou** (af)grendelen; **ferme-la** hou je bek; **c'est l'heure, on ferme** het is sluitingstijd
se fermer[3] *vpr (se clore)* dichtgaan; **cette robe se ferme dans le dos** de sluiting van deze jurk zit op de rug
fermeté *nf* **1** *(consistance)* stevigheid *nf* **2** *(détermination)* vastberadenheid *nf* **3** *(autorité)* gezag *het*

fermeture *nf* sluiting *nf;* ~ **à glissière,** ~ **éclair®** rits(sluiting)
fermier, -ière *n* boer(in) *nm (nf);* **beurre** ~ boerenboter; **poulet** ~ scharrelkip
fermoir *nm* knip *de*
féroce *adj* **1** *(sauvage)* wild **2** *(cruel)* wreed **3** *(appétit)* verschrikkelijk
férocité *nf* **1** *(animaux)* wildheid *nf* **2** *(personnes)* wreedheid *nf*
ferraille *nf* **1** *(déchets de fer)* schroot *het;* **mettre à la** ~ op de schroothoop gooien **2** *(monnaie)* kleingeld *het*
ferré *adj* **1** *(garni de fer)* van ijzer(s) voorzien, beslagen **2** *(calé)* thuis (in), knap (in); **ne pas être très** ~ **en qch** niet erg goed zijn in iets
ferrer *vt* **1** (met ijzer(s)) beslaan **2** *(un poisson)* aan de haak slaan
ferreux *adj* ijzerhoudend
ferronnerie *nf* **1** *(garnitures)* siersmeedwerk *het;* ~ **d'art** kunstsmeedwerk **2** *(éléments en fer)* ijzerwerk *het* **3** *(fabrique)* ijzerwerkfabriek *nf*
ferroviaire *adj* spoor(weg)-
ferry-boat *nm* ferry(boot) *de*, veerboot *de*
fertile *adj* vruchtbaar; *(fig.)* ~ **en** rijk aan; **avoir une imagination** ~ een rijke verbeelding hebben
fertilisant *adj* vruchtbaar(makend)
fertiliser *vt* bemesten
fertilité *nf* vruchtbaarheid *nf (aussi au fig.)*
féru (de) *adj* bezeten (van)
fervent *adj* vurig, fervent; **les ~s du sport** de verwoede sportbeoefenaars
ferveur *nf* vuur *het*
fesse *nf* bil *de*, *(plur.)* bips *nf; (fig.)* **serrer les ~s** 'm knijpen
fessée *nf* pak *het* voor de broek; **donner une** ~ **à qn** iem billenkoek geven
festin *nm* feestmaal *het*
festival *nm* festival *het*
festivité *nf* festiviteiten *plur*
festoyer *vi* feestvieren
fêtard, -arde *n* fuifnummer *het (m)*, *het (f)*
fête *nf* **1** *(solennité; réjouissance)* feest *het;* **être de la** ~ van de partij zijn; ~ **foraine** kermis **2** *(jour d'une solennité, d'une réjouissance)* feestdag *nm;* **les dimanches et ~s** (op) zon- en feestdagen; **la** ~ **des mères, des pères** Moederdag, Vaderdag; ~ **des Rois** Driekoningen **3** *(jour d'un saint)* naamdag *nm;* **souhaiter sa** ~ **à qn** iem feliciteren ter gelegenheid van zijn naamdag **4** *(joie)* vreugde *nf;* **faire la** ~ fuiven; **se faire une** ~ **de** zich verheugen op **5** *(plur.) (réveillons)* feestdagen *plur* ♦ **ça va être ta** ~ je bent nog niet jarig
fêter *vt* vieren
fétiche *nm* fetisj *nm*
fétichisme *nm* fetisjisme *het (aussi psycho.)*
fétide *adj* stinkend
fétu *nm* strootje *het*
feu[1] *nm* **1** *(flamme; flambée)* vuur *het (aussi au fig.);* **mettre un pays à** ~ **et à sang** een land te vuur en te zwaard verwoesten; **dans le** ~ **de l'action** in het heetst van de strijd; ~ **d'artifice** vuurwerk *(aussi au fig.);* **avez-vous du ~?** heeft u een vuurtje voor me?; **avoir les joues en** ~ gloeiende wangen hebben; **faire** ~ **de tout bois** alle middelen aanwenden; **mettre le** ~ **à qch** iets in brand steken; **mettre le** ~ **aux poudres** de zaak laten ontploffen; *(fig.)* ~ **de paille** strovuurtje; **être tout** ~ **tout flammes pour** in vuur en vlam staan voor **2** *(incendie)* brand *nm;* **au** ~**, au** ~**!** brand, brand!; ~ **de cheminée** schoorsteenbrandje; **il n'y a pas le** ~**!** dat heeft geen gillende haast; **prendre** ~ vlam vatten, in brand raken **3** *(lumière)* licht *het;* **~x clignotants** knipperlichten; **~x de croisement** dimlicht; **~x de détresse** alarmlichten; ~ **de position** *(bateau)* navigatielicht, boordlicht, *(voiture)* parkeerlicht, *(Belg.)* standlicht; **~x de la rampe** voetlicht; **~x de recul** achteruitrijlampen; ~ **de signalisation** verkeerslicht, stoplicht; ~ **de stationnement** parkeerlicht; ~ **stop** remlicht; **mettre pleins ~x sur qn** iem in de schijnwerpers zetten; **donner le** ~ **vert à qn** iem het groene licht geven **4** *(d'une cuisinière)* brander *nm* **5** *(tir d'armes à feu)* (het) vuren; **être pris entre deux ~x** tussen twee vuren raken; *(milit.)* **faire** ~ vuren ♦ **ne pas faire long** ~ niet lang duren; **faire mourir qn à petit** ~ iem kwellen, martelen; **n'y voir que du** ~ niets doorhebben
feu[2] *adj* wijlen; ~ **mon père** wijlen mijn vader
feuillage *nm* gebladerte *het*
feuille *nf* **1** *(partie des plantes)* blad *het;* ~ **morte** dor blad **2** *(de papier; plaque mince)* vel *het*, blad *het;* ~ **d'impôt** aanslagbiljet; ~ **intercalaire** inlegvel; ~ **de maladie** ziektekostenformulier; ~ **de paye** loonbriefje **3** *(périodique)* blad *het*, tijdschrift *het*
feuillet *nm* blad *het*
feuilleté *adj* ♦ **pâte ~e** bladerdeeg
feuilleter *vt* bladeren in, doorbladeren
feuilleton *nm* feuilleton *het/de (m)*
feuillu *adj* **1** *(touffu)* dicht bebladerd **2** *(qui porte des feuilles)* loof-
feutre *nm* **1** *(étoffe)* vilt *het* **2** *(chapeau)* vilthoed *nm* **3** *(stylo)* viltstift *nm*
feutré *adj* **1** *(garni de feutre)* vilten **2** *(étouffé)* gedempt
fève *nf* (tuin)boon *de;* ~ **des rois** driekoningenboon
février *nm* februari *nm;* **en** ~ in februari
fiabilité *nf* **1** *(personne)* betrouwbaarheid *nf* **2** *(technol.)* bedrijfszekerheid *nf*
fiable *adj* **1** *(personne)* betrouwbaar **2** *(technol.)* bedrijfszeker
fiançailles *nf* verloving *nf (uniquement sing.)*
fiancé, -ée *n* verloofde *nm*
se fiancer *vpr* zich verloven
fiasco *nm* fiasco *het*, mislukking *nf*
fibre *nf* **1** *(biol.)* vezel *de* **2** *(technol.)* vezel *de;* ~ **optique** glasdraadje; ~ **de verre** glasvezel **3** *(sentiment)* snaar *de;* **avoir la** ~ **paternelle** een uitstekend vader zijn

ficeler *vt* dichtbinden
ficelle *nf* **1** *(corde)* touwtje *het;* **tirer les ~s** de touwtjes in handen hebben **2** *(truc)* kneep *de* **3** *(pain)* klein stokbrood *het*
fiche *nf* **1** *(feuille)* formulier *het* **2** *(carte)* (systeem)kaart *de;* ~ **de paie** loonstrookje **3** *(d'une prise de courant)* stekker *nm;* ~ **femelle** contrastekker; ~ **mâle** stekker; ~ **multiple** meerwegstekker **4** *(cheville)* pen *de*
ficher[1], **fiche** *vt* **1** *(faire)* doen; **je n'ai rien fichu aujourd'hui** ik heb vandaag geen steek uitgevoerd; **fiche-moi la paix!** laat me met rust! **2** *(mettre)* gooien; ~ **qn à la porte** iem de deur uitgooien; ~ **qch par terre** iets laten vallen, *(fig.)* iets in de war sturen
se ficher[2], **fiche** *vpr* ♦ **se ~ de qn** iem voor de gek houden; **il se fiche de ce que les gens pensent** het kan hem niet schelen wat de mensen denken; **se ~ dedans** zich lelijk vergissen
ficher[3] *vt* in een kaartsysteem opnemen; **être fiché** geregistreerd zijn; ~ **qn** iem op de verdachtenlijst zetten
fichier *nm* **1** *(collection de fiches)* kaartsysteem *het* **2** *(boîte)* kaartenbak *nm* **3** *(inform.)* bestand *het*
fichu[1] *nm* hoofddoek *nm*
fichu[2] *adj* **1** *(détestable)* rot- **2** *(en mauvais état)* naar de haaien **3** *(+ de) (capable de)* in staat (om) ♦ **bien ~** goed gebouwd; **une ~e différence** een verrekt groot verschil; **mal ~** niet goed; **je suis mal ~** ik voel me belabberd
fictif *adj* **1** *(imaginaire)* fictief **2** *(feint)* vals
fiction *nf* fictie *nf*
fidèle *adj* **1** *(loyal)* trouw; **les ~s du Président** de aanhangers van de President; **rester ~ à soi-même** zich zelf blijven **2** *(fiable)* betrouwbaar; **les ~s** de gelovigen **3** *(exact)* nauwkeurig
fidélité *nf* **1** *(loyauté)* trouw *de* **2** *(exactitude)* nauwkeurigheid *nf;* **haute ~** hifi
fief *nm (fig.)* domein *het;* ~ **électoral** district waar men steeds herkozen wordt
fier[1] *adj* **1** *(hautain)* trots; **il n'est pas ~** hij doet heel gewoon; **faire le ~** uit de hoogte doen **2** *(+ de) (satisfait de)* trots (op)
se fier[2] **(à)** *vpr* vertrouwen (op); **ne vous y fiez pas!** wees op je hoede!
fierté *nf* **1** *(satisfaction; arrogance)* trots *nm* **2** *(amour-propre)* waardigheid *nf*
fièvre *nf* **1** *(température)* koorts *de;* **avoir 39 de ~** 39 graden koorts hebben **2** *(excitation)* koortsachtigheid *nf*
fiévreux *adj* **1** *(fébrile)* koortsig **2** *(inquiet)* onrustig, koortsachtig
figer[1] *vt* **1** *(liquide)* doen stollen **2** *(immobiliser)* doen verstarren
se figer[2] *vpr* **1** *(liquide)* stollen **2** *(s'immobiliser)* verstijven; **se ~ dans une attitude** een houding hardnekkig blijven volhouden; **expression figée** vaste uitdrukking
fignoler *vt* ↑ nauwgezet uitvoeren
figue *nf* vijg *de*
figuier *nm* vijgenboom *nm*
figurant, -ante *n* figurant(e) *nm (nf) (aussi au fig.)*
figuratif *adj* figuratief
figuration *nf* rol *de* van figurant; **faire de la ~** figureren
figure *nf* **1** *(forme)* gedaante *nf;* **faire bonne ~** een goede indruk maken **2** *(illustration)* afbeelding *nf* **3** *(personnage)* personage *het/de (f)*, figuur *het/de* **4** *(visage)* gezicht *het;* **avoir une bonne ~** een sympathiek gezicht hebben; **se casser la ~** op z'n bek vallen *(aussi au fig.);* **casser la ~ à qn** iem in elkaar slaan; **jeter qch à la ~ de qn** iem iets naar het hoofd slingeren **5** *(symbole)* symbool *het* ♦ **faire ~ de** doorgaan voor; **~s de rhétorique** stijlfiguren
figuré *adj* figuurlijk; *(subst.)* **au ~** in figuurlijke zin
figurer[1] *vi* **1** *(apparaître)* vóórkomen; **faire ~** doen vóórkomen **2** *(jouer)* figureren, figurant zijn
figurer[2] *vt (représenter)* voorstellen
se figurer[3] *vpr (s'imaginer)* zich voorstellen
figurine *nf* beeldje *het*
fil *nm* **1** *(long brin mince)* draad *nm;* **le ~ à plomb** het schietlood; **ne tenir qu'à un ~** aan een zijden draadje hangen; **qui est au bout du ~?** wie is er aan de lijn?; **~ dentaire** floss; **~ électrique** snoer; **~ de fer** ijzerdraad; **~ de fer barbelé** prikkeldraad; **sans ~** draadloos **2** *(pour la couture)* garen *het;* **du ~ à coudre** naaigaren **3** *(enchaînement)* verloop *het;* **au ~ de** in de loop van; **au ~ des jours** mettertijd; **perdre le ~** de draad kwijtraken ♦ **~ conducteur** leidraad; *(fig.)* **être cousu de ~ blanc** er dik bovenop liggen; **donner du ~ à retordre à qn** iem veel last bezorgen, iem heel wat te stellen geven; **de ~ en aiguille** stukje bij beetje
filament *nm* **1** *(petit fil)* draad *nm* **2** *(électrique)* gloeidraad *nm*
filature *nf* **1** *(usine)* spinnerij *nf* **2** *(action de filer qn)* (het) schaduwen
file *nf* rij *de*, *(milit.)* rot *het;* **se mettre à la ~** in de rij gaan staan; **~ d'attente** rij wachtenden; **stationner en double ~** dubbel parkeren; **en ~ indienne** achter elkaar
filer[1] *vi* **1** *(couler lentement)* langzaam weglopen **2** *(courir)* voorbijschieten, *(partir)* ervandoor gaan **3** *(bas)* ladderen ♦ **l'argent lui file entre les mains** hij heeft een gat in z'n hand
filer[2] *vt* **1** *(transformer en fil)* spinnen **2** *(donner)* ↑ geven; **~ du fric à qn** iem poen geven **3** *(pister)* schaduwen ♦ **~ des jours heureux** gelukkige dagen beleven
filet *nm* **1** *(fil)* (dunne) draad *het/de (m)* **2** *(écoulement)* straaltje *het* **3** *(viande, poisson)* filet *het/de (m); (f.B.)* **~ américain** (biefstuk) tartaar, filet americain **4** *(réseau de mailles)* net *het; (fig.)* **attirer dans ses ~s** in zijn strikken vangen; **travailler sans ~** risico's nemen; **tendre un ~** een net spannen, *(fig.)* een valstrik zetten **5** *(trait fin)* lijntje *het*
filial *adj* kinderlijk, *(adj. aussi)* kinder-;

amour ~ liefde van de kinderen tot de ouders
filiale *nf* dochter(onderneming) *nf*
filiation *nf* **1** *(parenté)* filiatie *nf*, verwantschap *nf* **2** *(enchaînement)* aaneenschakeling *nf*
filière *nf* **1** *(procédure)* normale weg *nm;* **passer par la** ~ de voorgeschreven weg bewandelen **2** *(technol.)* trekbank *de* **3** *(bande)* bende *de* **4** *(enseign.)* vakkenpakket *het*
filiforme *adj* **1** *(comme un fil)* draadvormig **2** *(très mince)* broodmager
filigrane *nm* **1** *(métal)* filigraan *het* **2** *(papier)* watermerk *het; (fig.)* **lire en** ~ tussen de regels door lezen
fille *nf* **1** *(enfant)* dochter *nf* **2** *(personne du sexe féminin)* meisje *het (f);* **petite** ~ meisje; **vieille** ~ oude vrijster
fille-mère *nf* ongehuwde moeder *nf*
fillette *nf* (klein) meisje *het (f)*
filleul, -eule *n* petekind *het (m), het (f)*
film *nm* **1** *(pellicule)* film *nm* **2** *(de cinéma)* (bioscoop)film *nm;* **~s d'animation** poppen- en tekenfilms; ~ **d'horreur** horrorfilm, griezelfilm; ~ **publicitaire** promotiefilm; ~ **à suspens(e)** thriller; **tourner un** ~ een film opnemen
filmer *vt* (ver)filmen
filon *nm* **1** *(géo.)* ader *de* **2** *(aubaine)* mazzeltje *het*
filou *nm* schurk *nm*
fils *nm* **1** *(enfant mâle)* zoon *nm;* **Dumas** ~ Dumas junior; ~ **à papa** rijkeluiszoontje **2** *(plur.) (descendants)* nakomelingen *plur*
filtre *nm* filter *het/de (m);* **(café)** ~ filterkoffie; ~ **(à café)** koffiefilter
filtrer[1] *vi* **1** *(couler par un filtre)* filtreren **2** *(lumière)* filteren **3** *(être connu)* uitlekken
filtrer[2] *vt* **1** *(faire passer un filtre)* filtreren **2** *(diminuer)* dempen **3** *(trier)* schiften, zeven **4** *(contrôler)* controleren
fin[1] *nf* **1** *(bout)* einde *het;* **à la** ~ ten slotte, uiteindelijk; **en** ~ **d'après-midi** aan het eind van de middag; **en** ~ **de compte** tenslotte; **mettre** ~ **à** een eind maken aan; **mettre** ~ **à ses jours** zelfmoord plegen; **prendre** ~ eindigen; ~ **de saison,** ~ **de série** restanten *(articles),* (seizoen)opruiming *(soldes);* **sans** ~ eindeloos; **toucher, tirer à sa** ~ op zijn eind lopen **2** *(mort)* (uit)einde *het* **3** *(but)* doel *het;* **à quelle ~?** waarom?; **à cette ~, à ces ~s** met dat doel, daartoe; **à seule** ~ **de** slechts om te; **arriver à ses ~s** zijn doel bereiken; *(prov)* **la** ~ **justifie les moyens** het doel heiligt de middelen
fin[2] *adj* **1** *(raffiné; menu)* fijn; **épicerie ~e** delicatessenwinkel; **le** ~ **du** ~ het fijnste van het fijnste **2** *(sensible)* scherp; **avoir le nez** ~ een scherpe reuk hebben **3** *(astucieux)* scherpzinnig; **jouer au plus** ~ **avec qn** iem te slim af willen zijn **4** *(adroit)* bekwaam; ~ **connaisseur** uitnemend kenner **5** *(menu, délicat)* fijn; **pluie ~e** motregen **6** *(qui est au bout)* verst; **au** ~ **fond de** in de verste uithoek van; **connaître le** ~ **mot de l'histoire** het fijne van de zaak weten ♦ **être** ~ **prêt** geheel klaar zijn
final *adj* **1** *(dernier)* laatst **2** *(qui sert de fin)* slot-; **la ~e** *(sports)* de finale; *(mus.)* **le** ~ de finale
finalement *adv* **1** *(pour finir)* ten slotte **2** *(en dernière analyse)* per slot van rekening
finaliste *n* finalist(e) *nm (nf)*
finance *nf* **1** *(la banque et la Bourse)* geldhandel *nm* **2** *(financiers)* geldwereld *de;* **la haute** ~ de grote bankiers, de geldaristocratie **3** *(plur.) (finances publiques)* geldwezen *het* **4** *(plur.) (administration)* (departement *het* van) financiën *plur* ♦ **moyennant** ~ tegen betaling
financement *nm* financiering *nf*
financer *vt* financieren
financier *adj* financieel; **capital** ~ bij de bank belegd kapitaal; **le** ~ de financier
finement *adv* **1** *(avec subtilité, délicatesse)* fijn **2** *(adroitement)* handig
finesse *nf* **1** *(ce qui est délicat)* fijnheid *nf* **2** *(acuité)* scherpte *nf* **3** *(sagacité)* scherpzinnigheid *nf;* **la** ~ **d'une observation** de juistheid van een opmerking **4** *(plur.) (subtilités)* finesses *plur*
fini *adj* **1** *(achevé)* klaar; **il est** ~ hij heeft afgedaan; **produits ~s** eindproducten **2** *(poli, bien fini)* afgewerkt; **le** ~ de zorgvuldige afwerking **3** *(révolu)* voorbij **4** *(parfait en son genre)* volslagen **5** *(philo.; math.)* eindig
finir[1] *vi* **1** *(se terminer)* eindigen; *(prov)* **tout est bien qui finit bien** eind goed al goed; **en** ~ **avec** een eind maken aan *(qch),* zich afmaken van *(qn);* ~ **en dispute** op ruzie uitdraaien; **un discours qui n'en finit plus** een redevoering waar geen eind aan komt; **il a fini par comprendre** ten slotte begreep hij het; **il finit sur une anecdote** hij eindigde met een anekdote **2** *(expirer)* aflopen **3** *(mourir)* sterven
finir[2] *vt* **1** *(terminer)* beëindigen, eindigen, afmaken, *(Belg.)* uitdoen; ~ **ses jours à la campagne** z'n laatste levensjaren buiten doorbrengen; ~ **en beauté** goed eindigen **2** *(vider)* leegeten *(un plat),* leegdrinken *(un verre);* **ils finissaient de dîner, quand je suis arrivé** ze waren bijna klaar met eten, toen ik kwam **3** *(user)* gebruiken tot 't einde
finition *nf* afwerking *nf*
finlandais *adj* Fins; **le, la Finlandais(e)** de Fin(se)
Finlande *nf* Finland *n (sans art.)*
finnois *adj* Fins(talig); **le** ~ het Fins
fiole *nf* flesje *het*
fioritures *nf* versieringen *plur*
firmament *nm* uitspansel *het*
firme *nf* firma *de*
fisc *nm* fiscus *nm*
fiscal *adj* fiscaal; **conseiller** ~ belastingconsulent
fiscalité *nf* belastingwezen *het*
fission *nf* splitsing *nf*
fissure *nf* scheur *de,* barst *de*
fissurer[1] *vt* (doen) scheuren

se fissurer[2] *vpr* scheuren
fiston *nm* ↑ zoon *nm*
fixateur *nm* **1** *(phot.)* fixeermiddel *het* **2** *(pour cheveux)* haarlak *het/de (m)*
fixation *nf* **1** *(action de faire tenir; dispositif)* bevestiging *nf; (ski)* ~ **de sécurité** veiligheidssluiting **2** *(phot.)* (het) fixeren **3** *(détermination)* vaststelling *nf* **4** *(psycho.)* fixatie *nf*
fixe *adj* **1** *(immobile)* vast; **le baromètre est au beau** ~ de barometer staat op bestendig; **idée** ~ obsessie; **à jour** ~ steeds op dezelfde dag; **le** ~ het vaste inkomen **2** *(dirigé sur le même point)* strak; **avoir le regard** ~ (voor zich uit) staren
fixer[1] *vt* **1** *(attacher)* bevestigen **2** *(conserver (sans altération))* vastleggen; ~ **un gaz** een gas binden **3** *(installer)* vestigen **4** *(déterminer)* vaststellen; **au jour fixé** op de afgesproken dag **5** *(renseigner)* informeren; **être fixé sur le compte de qn** weten wat men aan iem heeft **6** *(concentrer le regard sur)* staren naar; ~ **son attention sur qch** zijn aandacht op iets richten ♦ **je ne suis pas encore fixé** ik heb nog geen besluit genomen
se fixer[2] *vpr* **1** *(s'attacher à)* zich vasthechten (aan) **2** *(s'installer)* zich vestigen **3** *(se marier)* trouwen **4** *(s'immobiliser, se stabiliser)* zich stabiliseren ♦ **mon choix s'est fixé sur elle** mijn keus is op haar gevallen
flacon *nm* (stop)fles *de;* ~ **de parfum** flesje parfum
flageoler *vi* trillen
flageolet *nm (haricot)* flageolet(boon) *nm (de) (terme peu connu)*
flagrant *adj* overduidelijk
flair *nm* **1** *(odorat)* reuk *nm*, reukzin *nm* **2** *(intuition)* intuïtie *nf;* **avoir du** ~ een (fijne) neus hebben
flairer *vt* **1** *(sentir)* ruiken **2** *(renifler)* ruiken aan **3** *(pressentir)* (voor)voelen
flamand *adj* Vlaams; **le, la Flamand(e)** de Vlaming, Vlaamse
flamant *nm* flamingo *nm*
flambant *adj* ♦ ~ **neuf** gloednieuw, splinternieuw
flambeau *nm* fakkel *de;* **retraite au** ~ fakkeloptocht
flambée *nf* **1** *(feu vif)* helder vlammend vuur *het* **2** *(vague)* vlaag *de* **3** *(hausse soudaine)* plotselinge stijging *nf*
flamber[1] *vi (brûler)* fel branden; **faire** ~ **la maison** het huis in brand steken
flamber[2] *vt* **1** *(arroser d'alcool)* flamberen **2** *(passer à la flamme)* schroeien
flamboyer *vi* gloeien
flamme *nf* **1** *(lumière mobile)* vlam *de* **2** *(plur.) (feu)* vuur *het;* **en ~s** in lichterlaaie **3** *(éclat; ardeur)* gloed *nm*, vuur *het*
flan *nm* flan *nm*, gebakken eiervla *de*
flanc *nm* **1** *(animaux; armées)* flank *de*, *(humains)* zijde *de; (fig.)* **être sur le** ~ uitgeput zijn **2** *(choses)* zijkant *nm*, *(archit.)* vleugel *nm;* **les ~s d'une colline** de hellingen van een heuvel ♦ **tirer au** ~ lijntrekken, zich drukken
flancher *vi* **1** *(céder)* 't begeven; **son cœur a flanché** zijn hart heeft 't begeven **2** *(abandonner)* het opgeven
Flandre *nf* Vlaanderen *n (sans art.)*
flanelle *nf* flanel *het*
flâner *vi* **1** *(se balader)* slenteren **2** *(ne pas se presser)* lanterfanten
flâneur, -euse *n* **1** *(badaud(e))* slenteraar(ster) *nm (nf)* **2** *(oisif, -ive)* lanterfant(st)er *nm (nf)*
flanquer *vt* **1** *(se trouver près de)* flankeren; *(péj.)* **être flanqué de** geflankeerd worden door **2** *(jeter)* smijten; ~ **qn à la porte** iem de deur uitsmijten; **tout** ~ **en l'air** er de brui aan geven; **il a tout flanqué par terre** hij heeft de zaak verknoeid **3** *(donner)* ↑ geven; ~ **la frousse à qn** iem de stuipen op het lijf jagen
flaque *nf* plas *nm*
flash *nm* **1** *(lampe)* flitslamp *de* **2** *(appareil)* flitser *nm* **3** *(cin.)* spot *nm* **4** *(information)* extra nieuwsuitzending *nf*
flash-back *nm* flashback *nm*
flasher *vi (phot.)* flitsen ♦ ~ **sur** geboeid worden door
flasque *adj* slap
flatter[1] *vt* **1** *(encenser)* vleien, naar de mond praten **2** *(être agréable à)* strelen **3** *(embellir)* flatteren
se flatter[2] **(de)** *vpr* **1** *(espérer qch)* zich vleien (met) **2** *(se prévaloir de)* zich laten voorstaan (op)
flatterie *nf* vleierij *nf*
flatteur *adj* **1** *(qui loue exagérément)* vleiend; **le ~, la flatteuse** de vlei(st)er **2** *(qui embellit)* geflatteerd; **miroir** ~ flatterende spiegel ♦ **espoir** ~ bedrieglijke hoop
fléau *nm* **1** *(catastrophe; aussi au fig.)* plaag *de* **2** *(agric.)* dorsvlegel *nm* **3** *(d'une balance)* hefboom *nm*
flèche *nf* **1** *(arme; signe)* pijl *nm;* **monter en** ~ snel stijgen; **en ~, comme une** ~ pijlsnel **2** *(attaque)* hatelijkheid *nf* **3** *(toit)* spits *de*
flécher *vt* bewegwijzeren
fléchette *nf* pijltje *het;* **jeu de ~s** darts
fléchir[1] *vi* **1** *(ployer)* buigen **2** *(céder)* wijken **3** *(diminuer)* afnemen
fléchir[2] *vt* **1** *(plier)* buigen **2** *(faire céder)* doen zwichten
flegmatique *adj* onverstoorbaar, kalm; **le** ~ de flegmaticus
flegme *nm* onverstoorbaarheid *nf*, flegma *het*
flemmard *adj* lui; **le** ~ de luiwammes
flemme *nf* luiheid *nf;* **avoir la** ~ geen zin hebben
flétri *adj* **1** *(qui a perdu sa fraîcheur)* verlept **2** *(ridé)* rimpelig
flétrir[1] *vt* doen verwelken
se flétrir[2] *vpr* verwelken
fleur *nf* **1** *(végétal; représentation de celui-ci)* bloem *de;* **~s coupées** snijbloemen; **en** ~ in bloei; ~ **de lis** Franse lelie **2** *(le moment le plus beau)* bloeitijd *nm;* **à la** ~ **de l'âge** in de bloei van het leven **3** *(ce qu'il y a de meilleur)* beste *het* **4** *(éloge)* lof *nm (uniquement sing.);* **jeter des ~s à qn** iem lof

toezwaaien ♦ **à** ~ **de** bijna aan de oppervlakte van; **avoir les nerfs à** ~ **de peau** zeer prikkelbaar zijn; **il est très** ~ **bleue** hij is erg sentimenteel; **comme une** ~ met gemak; **faire une** ~ **à qn** iem een plezier doen
fleuret *nm* floret *het/de*
fleuri *adj* **1** *(en fleur)* bloeiend **2** *(garni de fleurs)* met bloemen versierd, gebloemd **3** *(frais, coloré)* blozend **4** *(orné)* versierd
fleurir[1] *vi* bloeien
fleurir[2] *vt (orner de fleur(s))* met bloemen versieren
fleuriste *n* bloemist(e) *nm (nf)*
fleuve *nm* **1** *(cours d'eau)* (grote) rivier *de* **2** *(fig.)* stroom *nm*
flexibilité *nf* **1** *(élasticité)* buigzaamheid *nf* **2** *(malléabilité)* aanpassingsvermogen *het*
flexible *adj* **1** *(élastique)* buigzaam **2** *(malléable)* soepel
flexion *nf* buiging *nf*
flic *nm* smeris *nm*
flingue *nf* spuit *de*
flinguer[1] *vt* **1** *(tuer)* overhoopschieten, neerknallen **2** *(critiquer)* afmaken
se flinguer[2] *vpr* zich voor z'n kop schieten
flipper *nm* flipper(kast) *nm (de)*
flirt *nm* **1** *(amourette)* scharrel *nm* **2** *(amoureux)* vlam *de*, vriend(in) *nm (nf)*
flirter *vi* flirten
flocon *nm* vlok *de;* **~s d'avoine** havermout
flop *nm* flop *nm*
flopée *nf* ris *de;* **une** ~ **d'enfants** een ris kinderen
floraison *nf* bloei(tijd) *nm*
floral *adj* **1** *(de la fleur)* bloem- **2** *(de fleurs)* bloemen-
flore *nf* flora *de*
florin *nm* gulden *nm*
florissant *adj* bloeiend, welvarend
flot *nm* **1** *(vague)* golf *de*, vloed *nm* **2** *(plur.) (eaux en mouvement)* golven *plur* **3** *(+ de) (masse de)* stroom *nm (sans prép.);* **à (grands) ~s** overvloedig, volop; **verser des ~s de larmes** tranen met tuiten huilen ♦ **être à** ~ blijven drijven, *(fig.)* er weer bovenop zijn; *(fig.)* **mettre qn à** ~ iem uit de brand helpen
flotte *nf* **1** *(navires)* vloot *nm* **2** *(eau, pluie)* water *het*
flottement *nm* **1** *(mouvement)* onzekere beweging *nf* **2** *(incertitude)* onzekerheid *nf*
flotter[1] *vi* **1** *(sur un liquide)* drijven **2** *(dans l'air)* zweven *(aussi fin.)* **3** *(onduler)* wapperen ♦ ~ **dans ses vêtements** in zijn kleren zwemmen
flotter[2] *vb impers (pleuvoir)* regenen
flotteur *nm* **1** *(d'un véhicule flottant)* drijver *nm* **2** *(d'un filet, etc.)* vlotter *nm*
flou *adj* wazig; **le** ~ de wazigheid ♦ **robe ~e** losvallende japon
fluctuant *adj* **1** *(inconstant; changeant)* veranderlijk **2** *(prix, etc.)* schommelend
fluctuation *nf* schommeling *nf*, fluctuatie *nf*
fluctuer *vi* schommelen, fluctueren
fluet *adj* tenger, spichtig; **voix ~te** zwak stemmetje
fluide *adj* vloeibaar; **circulation** ~ vlot verkeer; *(gaz, liquide)* **le** ~ de niet-vaste stof; **style** ~ vlotte stijl ♦ *(émanation)* **le** ~ het fluïdum
fluidité *nf* **1** *(absence d'épaisseur)* vloeibaarheid *nf* **2** *(aisance)* vlotheid *nf;* **la** ~ **de la circulation** de vlotte doorstroming van het verkeer
fluor *nm* fluor *het*
fluorescent *adj* fluorescerend; **tube** ~ tl-buis
flûte *nf* fluit *de;* ~ **à bec** blokfluit; ~ **traversière** dwarsfluit ♦ **~!** verdorie!
flûtiste *n* fluit|speler, -speelster *nm,f*, fluitist *nm*
fluvial *adj* rivier-; **navigation ~e** binnen(scheep)vaart
flux *nm* **1** *(phys.)* stroom *nm* **2** *(marée montante; écoulement)* vloed *nm;* ~ **de paroles** woordenvloed; ~ **et reflux** eb en vloed
focaliser[1] *vt* **1** *(phys.)* in een brandpunt doen samenkomen **2** *(concentrer)* concentreren
se focaliser[2] *vpr* zich concentreren
fœtus *nm* foetus *het/de (m)*
foi *nf* **1** *(croyance)* geloof *het;* **avoir la** ~ gelovig zijn, *(fig.)* niet twijfelen; **digne de** ~ betrouwbaar **2** *(promesse)* trouw *de;* **de bonne** ~ te goeder trouw; **en toute bonne** ~ geheel te goeder trouw; **faire** ~ **de** bewijzen, getuigen van; **ma** ~ zeker; **mauvaise** ~ kwade trouw
foie *nm* lever *de;* ~ **gras** ganzenlever
foin *nm* **1** *(fourrage)* hooi *het* **2** *(plur.) (herbe à faucher)* hooigras *het;* **faire les ~s** hooien **3** *(raffut)* herrie *de;* **faire du** ~ herrie schoppen
foire *nf* **1** *(fête foraine)* kermis *de (aussi au fig.)* **2** *(marché public)* markt *de* **3** *(exposition)* beurs *de*
fois *nf* keer *nm*, maal *het/de;* **à la** ~ tegelijk(ertijd); **des** ~ soms; **des** ~ **que** voor het geval dat; **deux** ~ **plus grand** twee keer zo groot; *(prov)* **une** ~ **n'est pas coutume** één maal gedaan is nog geen gewoonte; **plus d'une** ~ vaak; **une** ~ **pour toutes** eens en voor altijd; **toutes les** ~ **que** steeds als; **encore une** ~ nogmaals; **il était une** ~ er was eens; **une** ~ **en route, elle ne s'arrêtait plus** toen ze eenmaal op weg was gegaan, stopte ze niet meer; **la seule et unique** ~ absoluut de enige keer
foison *nf* overvloed *nm;* **à** ~ in overvloed
foisonnement *nm (+ de)* overvloed (aan) *nm*, gekrioel (van) *het*
foisonner (de, en) *vi* een overvloed hebben (aan), wemelen (van)
folâtre *adj* vrolijk, speels
folichon *adj* lollig; **ce n'est pas** ~ het is geen lolletje
folie *nf* **1** *(démence)* waanzin *nm;* **à la** ~ waanzinnig veel; ~ **des grandeurs** grootheidswaanzin; **c'est de la pure** ~ het is je

reinste waanzin **2** *(absence de sagesse; extravagance)* dwaasheid *nf* **3** *(passion déraisonnable)* manie (voor) *nf* **4** *(dépense excessive)* te grote uitgave *de;* **faire des ~s** te veel uitgeven
folklore *nm* folklore *de*
folklorique *adj* **1** *(relatif au folklore)* folkloristisch **2** *(singulier)* wonderlijk
folle *nf* gekkin *nf*
follement *adv* waanzinnig, razend
fomenter *vt* aanzetten (tot)
foncé *adj* donker
foncer *vi* **1** *(aller très vite)* (voort)razen **2** *(se dépêcher)* zich wild haasten **3** *(+ sur) (fondre sur)* zich storten (op); ~ **dans le tas** er bovenop duiken **4** *(devenir sombre)* donker(der) worden
fonceur, -euse *n* doorzet(s)ter *nm (nf)*
foncier *adj* **1** *(relatif au bien-fonds)* grond- **2** *(inné)* wezenlijk
foncièrement *adv* in de grond, door en door
fonction *nf* functie *nf;* **appartement de ~** dienstwoning; **en ~ de** naargelang (van); **entrer en ~(s)** in functie treden; **être ~ de qch** afhankelijk zijn van iets; **faire ~ de** de rol vervullen van; ~ **publique** ambtenarenapparaat
fonctionnaire *n* ambtelnaar, -nares *nm,f*
fonctionnel *adj* functioneel
fonctionnement *nm* werking *nf*, (het) functioneren
fonctionner *vi* werken, functioneren
fond *nm* **1** *(partie la plus basse)* bodem *nm;* **à ~** grondig; **du ~ du cœur** uit de grond van zijn hart **2** *(point le plus bas)* onderste *het;* **au ~ de** onderin; **toucher le ~ (du désespoir)** de uiterste wanhoop bereiken; **râcler les ~s de tiroir** zijn laatste centen aanspreken **3** *(arrière)* achterste *het*, uiterste *het;* **dans le ~ de la salle** achterin de zaal; **au fin ~ de** in de verste uithoek van; *(fig.)* **elle vient du (fin) ~ de la province** zij is met zeven paarden uit de klei getrokken; **un ~ de cognac** een bodempje cognac **4** *(profondeur)* diepte *nf* **5** *(arrière-plan)* ondergrond *nm;* ~ **sonore** *(musique)* achtergrondmuziek, *(bruits)* achtergrondgeluiden; **feuilles vertes sur ~ rouge** groene blaadjes op een rode achtergrond; ~ **de teint** foundation **6** *(substance)* wezen *het;* **au ~, dans le ~** eigenlijk; **le ~ et la forme** vorm en inhoud; **remarques sur le ~** opmerkingen over de inhoud **7** *(fondations)* fundering *nf;* **de ~ en comble** van onder tot boven ♦ **à ~ de train** in ijltempo, in vliegende vaart; **le ~ de l'air est frais** het is nog frisjes; *(athlétisme)* **le ~** het hardlopen op de langere afstanden
fondamental *adj* fundamenteel; *(mus.)* **accords fondamentaux** grondakkoorden
fondant *adj* **1** *(qui fond)* smeltend **2** *(qui fond dans la bouche)* in de mond smeltend; **le ~** fondant *(nom de matière)*
fondateur, -trice *n* sticht(st)er *nm (nf)*, grondllegger, -legster *nm,f;* **membre ~** medeoprichter
fondation *nf* **1** *(plur.) (archit.)* fundering *nf* **2** *(créations; œuvre)* stichting *nf*, oprichting *nf*
fondé *adj* gegrond; **être ~ sur** berusten op ♦ **le ~ de pouvoir** de procuratiehouder
fondement *nm* **1** *(plur.) (assises; principes)* grondslagen *plur* **2** *(motif)* grond *nm*, reden *de;* **sans ~** ongegrond
fonder[1] *vt* **1** *(créer)* stichten; ~ **un foyer** een gezin stichten **2** *(+ sur) (baser sur)* baseren (op); ~ **ses espoirs sur** al zijn hoop vestigen op
se fonder[2] **(sur)** *vpr* **1** *(s'appuyer sur)* zich baseren (op) **2** *(être fondé sur)* berusten (op)
fonderie *nf* (metaal)gieterij *nf (où l'on coule le minerai)*, (metaal)smelterij *nf (où l'on fond le minerai)*
fondre[1] *vi* **1** *(se liquéfier)* smelten; ~ **en larmes** in tranen uitbarsten; **faire ~ le beurre** de boter smelten **2** *(diminuer vite)* minder worden, slinken; **l'argent lui fond dans les mains** het geld glipt hem door de vingers; **il a fondu de trois kilos** hij is zes pond afgevallen **3** *(+ sur) (s'abattre sur)* zich werpen (op)
fondre[2] *vt* **1** *(liquéfier)* smelten; **la glace est fondue** het ijs is gesmolten **2** *(amalgamer)* samenvoegen
se fondre[3] *vpr (se réunir)* samengevoegd worden
fonds *nm* **1** *(capital)* kapitaal *het;* **Fonds Monétaire International, FMI** Internationaal Monetair Fonds, IMF; ~ **publics** staatsfondsen **2** *(plur.) (argent comptant)* geld(en) *het (plur)* **3** *(bien foncier)* grond *nm*, grondbezit *het* **4** *(exploitation)* onderneming *nf;* ~ **de commerce** (handels)onderneming, zaak **5** *(ressources)* voorraad *nm;* ~ **d'une bibliothèque** collectie van een bibliotheek
fondu *adj* **1** *(liquide)* gesmolten; **fromage ~** smeerkaas **2** *(dégradé)* in elkaar overlopend; *(cin.)* **le ~ enchaîné** de overvloeier
fondue *nf* (kaas)fondue *de;* ~ **bourguignonne** vleesfondue
fontaine *nf* **1** *(source)* bron *de* **2** *(pompe)* fontein *de*
fonte *nf* **1** *(liquéfaction)* smelting *nf* **2** *(moulage)* (het) gieten **3** *(fer)* gietijzer *het;* **en ~** gietijzeren
fonts *nm* ♦ ~ **baptismaux** doopvont
foot *nm* voetbal *het;* **jouer au ~** voetballen
football *nm* voetbal *het*, (het) voetballen
footballeur, -euse *n* voetballler, -ster *nm,f*
footing *nm* (het) wandelen; **faire du ~** (stevig) wandelen
for *nm* ♦ **en mon ~ intérieur** in mijn binnenste
forage *nm* boring *nf*
forain *adj* kermis-; **fête ~e** kermis; **le ~** de kermisklant
forçat *nm* dwangarbeider *nm*
force[1] *nf* **1** *(énergie physique, de physique)* kracht *de;* **à bout de ~** aan het eind van

zijn krachten; **à la ~ du poignet** geheel op eigen kracht *(abstr.)*; ~ **centrifuge** middelpuntvliedende kracht; **dans la ~ de l'âge** in de kracht van zijn leven; **prendre de ~** met geweld innemen; **ne pas être de ~** niet tegen zijn tegenstander opgewassen zijn; **être de ~ égale** aan elkaar gewaagd zijn; **crier de toutes ses ~s** uit alle macht schreeuwen; **redonner des ~s** nieuwe energie geven; **reprendre ses ~s** weer op krachten komen, aansterken; **ne pas sentir sa ~** zijn eigen kracht niet kennen **2** *(résistance, solidité)* sterkte *nf* **3** *(possibilités intellectuelles, morales)* vermogen *het;* ~ **d'âme** zielskracht; ~ **de caractère** geestkracht; **être de ~ à** in staat zijn om; **c'est une ~ de la nature** het is een ijzersterk, oergezond iem **4** *(pouvoir de contrainte)* dwang *nm*, geweld *het;* **(un cas de) ~ majeure** overmacht; **mesure de ~** dwangmaatregel; **par la ~ des choses** noodgedwongen; **par la ~ de l'habitude** (uit) de macht der gewoonte; **vouloir qch à toute ~** iets per se willen **5** *(pouvoir, puissance)* macht *de*, *(plur.; milit.)* strijdmacht *de;* **~s aériennes** luchtmacht; ~ **de dissuasion** afschrikkingsmacht; **en ~** met groot machtsvertoon; ~ **de frappe** kernmacht; **~s de l'ordre** ordepolitie ♦ **à ~ de** dankzij heel veel *(+ nom: quantité)*, door aanhoudend te *(+ inf.: continuité)*

force[2] *adv* zeer veel

forcé *adj* **1** *(factice)* geforceerd **2** *(obligatoire)* gedwongen; **atterrissage ~** noodlanding; **c'est ~!** dat kan gewoon niet anders!; **être ~ de** gedwongen zijn te **3** *(exagéré)* overdreven; **plaisanterie ~e** te ver doorgevoerde grap

forcément *adv* noodzakelijkerwijs, per se

forcené *adj* **1** *(aliéné)* uitzinnig; **le, la ~(e)** de uitzinnige **2** *(acharné)* verwoed

forceps *nm* verlostang *de*

forcer[1] *vi (fournir un grand effort)* veel kracht zetten, zich hard inspannen; **ne forcez pas sur l'alcool** niet overdrijven met de (sterke)drank

forcer[2] *vt* **1** *(faire céder par la force)* geweld uitoefenen op **2** *(faire céder par la contrainte)* druk uitoefenen op; ~ **qn à** iem dwingen te, iem noodzaken te; ~ **le destin** het lot naar zijn hand proberen te zetten; ~ **la main à qn** iem dwingen **3** te veel vergen van; ~ **la nature** te veel van zichzelf vergen; ~ **sa voix** zijn stem forceren **4** *(exagérer)* overdrijven; ~ **l'allure** het tempo opvoeren; *(fig.)* ~ **la dose** overdrijven

se forcer[3] *vpr (s'obliger)* zich dwingen

forer *vt* boren; ~ **un puits** een put slaan

forestier *adj* **1** *(de la forêt)* bos- **2** *(du garde forestier)* boswachters-

forêt *nf* **1** *(bois)* bos *het;* ~ **vierge** oerwoud **2** *(ensemble très dense)* bos *het*, woud *het*

forfait *nm (somme fixe)* vast bedrag *het;* **travail à ~** akkoordwerk ♦ **déclarer ~** verstek laten gaan

forfaitaire *adj* (voor een) vast (bedrag)

forge *nf* smederij *nf*

forger[1] *vt* **1** *(battre)* smeden; *(fig.)* ~ **un caractère** een karakter vormen; **fer forgé** smeedijzer **2** *(inventer)* verzinnen; **forgé de toutes pièces** van a tot z verzonnen

se forger[2] *vpr* ♦ **se ~ des illusions** zich illusies maken

forgeron *nm* smid *nm*

formaliser[1] *vt* formaliseren

se formaliser[2] **(de)** *vpr* beledigd zijn (over)

formalité *nf* formaliteit *nf;* **sans ~(s)** zonder plichtplegingen

format *nm* **1** *(dimension)* formaat *het* **2** *(inform.)* format *het*

formatage *nm* (het) formatteren

formater *vt* formatteren

formateur *adj* vormend; **le ~, la formatrice** de opleid(st)er

formation *nf* **1** *(constitution)* vorming *nf* **2** *(groupement)* formatie *nf;* ~ **aérienne** formatie vliegtuigen **3** *(apprentissage)* opleiding *nf;* ~ **continue, permanente** permanente educatie; **en ~** in opleiding

forme *nf* **1** *(configuration)* vorm *nm*, gedaante *nf;* **en ~ de** -vormig, in de vorm van; **prendre ~** (vaste) vorm aannemen; **prendre des ~s** gevuld raken; **sans ~** vormeloos; **sous (la) ~ de** in de vorm van **2** *(expression)* voorgeschreven vorm *nm*, *(plur.)* beleefdheidsvormen *plur;* **mettez-y les ~s** zeg het voorzichtig; *(fig.)* **sans autre ~ de procès** zonder (enige) vorm van proces **3** *(gabarit)* vorm *nm;* **chapeau haut de ~** hoge hoed **4** *(condition physique)* conditie *nf*, vorm *nm;* **être en (pleine) ~** in goede conditie zijn

formel *adj* **1** *(clair)* duidelijk, uitdrukkelijk; **c'est ~lement interdit** dat is streng verboden **2** *(relatif à la forme)* formeel

former[1] *vt* **1** *(concevoir; constituer)* vormen; ~ **l'idée de** het idee opvatten om; ~ **une société** een maatschappij oprichten **2** *(instruire)* opleiden

se former[2] *vpr* **1** *(se constituer)* tot stand komen **2** *(se développer)* zich ontwikkelen, volgroeid raken *(qn, fruit, animal)*

formidable *adj* **1** *(énorme)* formidabel, geweldig **2** *(adj.) (épatant)* fantastisch

formulaire *nm* (invul)formulier *het*

formule *nf* **1** *(expression concise)* formule *de* **2** *(méthode)* formule *de*, aanpak *nm;* ~ **de politesse** beleefdheidsformule **3** *(expression)* formulering *nf*

formuler *vt* **1** *(rédiger)* opstellen **2** *(exprimer)* uiten, formuleren

forsythia *nm* forsythia *nf*

fort[1] *nm* **1** *(point fort)* sterk(st)e kant *nm* **2** *(forteresse)* fort *het*, vesting *nf*

fort[2] *adj* **1** *(robuste, fortifié, résistant)* sterk; **le plus ~ c'est que** het sterkste is nog dat; **à plus ~e raison** zoveel te meer; **c'est plus ~ que moi** ik kan niet anders; **ville ~e** versterkte stad; **ça c'est ~ (de café)!** dat is kras! **2** *(dur)* hard; **~e tête** stijfkop **3** *(doué)* begaafd; **être ~ en calcul** goed zijn in rekenen; **être ~ en gueule** een grote bek hebben **4** *(intense)* hevig; **avoir une ~e envie de** erg veel zin hebben om; **goût**

~ scherpe, sterke smaak; **payer le prix ~** de volle prijs betalen; **café ~** sterke koffie **5** *(corpulent)* fors ♦ **plaisanterie un peu ~e** grapje dat te ver gaat

fort[3] *adv* **1** *(beaucoup)* zeer; **avoir ~ à faire** veel omhanden hebben **2** *(fortement)* sterk; **parler ~** hard praten; **pousser ~** hard duwen; **respirer ~** diep ademhalen; **sentir ~** sterk ruiken ♦ **y aller ~** overdrijven

fortement *adv* **1** *(avec force; beaucoup)* hard *(aussi au fig.)*, hevig **2** *(clairement)* duidelijk, markant

forteresse *nf* **1** *(fortification)* vesting *nf* **2** *(fig.) (protection)* bolwerk *het*

fortifiant *adj* versterkend

fortification *nf* **1** *(action de fortifier une place)* (het) versterken **2** *(ouvrage défensif)* vestingwerk *het*

fortifier *vt* **1** *(rendre plus fort)* sterk(er) maken **2** *(munir d'ouvrages défensifs)* van versterkingen voorzien

fortuit *adj* toevallig

fortune *nf* **1** *(richesse)* fortuin *het;* **faire ~** rijk worden **2** *(hasard)* toeval *het;* **bonne ~** geluk; **de ~** geïmproviseerd; **mauvaise ~** tegenspoed; **faire contre mauvaise ~ bon cœur** tegenspoed gemakkelijk opnemen **3** *(sort)* lot *het*

fortuné *adj* gefortuneerd, welgesteld

forum *nm (réunion)* symposium *het; (inform.)* ~ **de discussion** discussieforum

fosse *nf* **1** *(excavation)* put *nm;* ~ **d'aisances** beerput; ~ **d'orchestre** orkestbak; ~ **septique** septic tank **2** *(tombe)* graf *het;* ~ **commune** massagraf **3** *(biol.)* holte *nf;* ~ **nasale** neusholte **4** *(géo.)* diepte *nf*

fossé *nm* **1** *(tranchée)* sloot *de* **2** *(d'une fortification)* gracht *de* **3** *(cassure)* kloof *de*

fossette *nf* kuiltje *het*

fossile *adj* fossiel; **le ~** het fossiel

fossoyeur *nm* doodgraver *nm*

fou[1] *nm* **1** *(aliéné; idiot)* gek *nm;* **faire le ~** gek doen; **être ~ furieux** razend van woede zijn; **maison de ~s** gekkenhuis; *(prov)* **plus on est de ~s, plus on rit** hoe meer zielen, hoe meer vreugd **2** *(bouffon)* (hof)nar *nm* **3** *(échecs)* loper *nm*

fou[2], **fol, folle** *adj* **1** *(aliéné; idiot)* gek; ~ **de** gek op; ~ **à lier** stapelgek **2** *(incontrôlable)* ongecontroleerd; **mèche folle** weerbarstige lok; **patte folle** manke poot; **un ~ rire** de slappe lach **3** *(énorme)* enorm, krankzinnig veel; **amour ~** hartstochtelijke liefde; **c'est ~ ce que c'est cher** belachelijk zo duur als dat is; **ça fait un temps ~ que je ne l'ai pas vue** ik heb haar al ontzettend lang niet gezien **4** *(herbe, etc.)* wild

foudre *nf* **1** *(éclair)* bliksem(straal) *nm* **2** *(plur.) (condamnation)* banbliksem *nm;* **s'attirer les ~s de qn** zich iemands verwijten op de hals halen

foudroyant *adj* **1** *(rapide)* bliksemsnel; **succès ~** geweldig succes **2** *(violent)* verpletterend; **poison ~** dodelijk vergif

foudroyer *vt* **1** *(terrasser)* vellen, treffen **2** *(anéantir)* verpletteren; ~ **qn du regard** iem een vernietigende blik toewerpen

fouet *nm* **1** *(martinet)* zweep *de;* **de plein ~** frontaal **2** *(cuis.; batteur)* garde *de*

Fouettard *adj* ♦ **le père ~** de boeman *(croquemitaine)*, Zwarte Piet *(acolyte noir de Saint-Nicolas)*

fouetter *vt* **1** *(un cheval)* met de zweep slaan **2** *(une personne)* geselen **3** *(battre vivement)* kloppen

fougère *nf* varen(plant) *de*

fougue *nf* vuur *het*, onstuimigheid *nf*

fougueux *adj* vurig, onstuimig

fouille *nf* **1** *(archéologie)* opgraving *nf* **2** *(inspection)* onderzoek *het*, (het) fouilleren *(des personnes)*, (het) doorzoeken *(des bagages)*

fouiller[1] *vi* **1** *(creuser)* (in de grond) graven **2** *(fureter)* zoeken; ~ **dans le passé** in het verleden duiken

fouiller[2] *vt* **1** *(un sol)* uitgraven, *(un emplacement)* afzoeken, doorzoeken **2** *(inspecter)* doorzoeken *(des bagages)*, fouilleren *(qn)*

fouillis *nm* warboel *nm*

fouine *nf* steenmarter *nm*

fouiner *vi* snuffelen (in)

foulard *nm* **1** *(écharpe)* halsdoek *nm* **2** *(étoffe)* foulard *het*

foule *nf* **1** *(affluence)* menigte *nf;* **une ~ de gens** een menigte mensen; **en ~** in groten getale **2** *(le commun des hommes)* massa *de*

foulée *nf* **1** *(d'un athlète)* pas *nm; (fig.)* **dans la ~ de** in aansluiting op **2** *(d'un cheval)* (galop)sprong *nm*

fouler[1] *vt* **1** *(presser)* aandrukken, persen **2** *(le sol)* betreden; ~ **aux pieds** vertrappen, *(fig.)* met voeten treden

se fouler[2] *vpr* **1** *(se luxer)* verstuiken; **se ~ la cheville** zijn enkel verstuiken **2** *(s'éreinter)* zich uitsloven; **ne pas se ~** zich niet moe maken

foulure *nf* verstuiking *nf*

four *nm* **1** *(fourneau)* oven *nm;* ~ **crématoire** lijkoven; ~ **à micro-ondes** magnetron(oven), microgolfoven *(n.B.)* **2** *(bide)* flop *nm; (spectacle)* **faire un ~** vallen als een baksteen ♦ **petits ~s** kleine gebakjes

fourbe *adj* gluiperig; **le, la ~** de gluiperd

fourberie *nf* **1** *(duplicité)* gluiperigheid *nf* **2** *(tromperie)* ↓ schurkenstreek *de*

fourbi *nm* **1** *(effets)* bullen *plur* **2** *(fouillis)* rommel *nm*

fourbu *adj* uitgeput

fourche *nf* **1** *(agric.)* vork *de* **2** *(bifurcation)* tweesprong *nm* **3** *(de bicyclette, etc.)* (voor)vork, (achter)vork *de*

fourchette *nf* **1** *(couvert)* vork *de* **2** *(écart entre deux valeurs)* marge *de*

fourgon *nm* **1** *(d'un train)* bagagerijtuig *het* **2** *(véhicule automobile)* wagen *nm*

fourgonnette *nf* bestelwagen *nm*

fourmi *nf* mier *de;* **j'ai des ~s dans les jambes** mijn benen slapen

fourmilière *nf* mierennest *het (aussi au fig.)*

fourmillement *nm* **1** *(grouillement)* gekrioel *het*, gewemel *het* **2** *(picotement)* gekriebel *het*

fourmiller *vi* krioelen; ~ **de** vol zitten met

fournaise *nf* **1** *(feu ardent)* vuurgloed *nm* **2** *(endroit très chaud)* smoorhete plaats *de*

fourneau *nm* **1** *(cuisinière)* (kook)fornuis *het* **2** *(technol.)* oven *nm;* **haut** ~ hoogoven

fournée *nf* **1** *(groupe compact)* lading *nf* **2** *(quantité de pain)* oven(vol) *nm (de)*

fourni *adj* goed voorzien; **bien** ~ goed voorzien

fournir[1] *vt* **1** *(être fournisseur de)* leverancier zijn van (iem); **il nous fournit en produits d'entretien** hij levert ons alle onderhoudsartikelen **2** *(procurer)* verschaffen (aan iem), (iem) bezorgen **3** *(livrer)* (af)leveren

se fournir[2] *vpr* **1** *(s'approvisionner chez)* kopen (bij) **2** *(s'approvisionner en)* (iets) kopen

fournisseur, -euse *n* **1** leverancier(ster) *nm (nf)* **2** *(inform.)* provider *nm*

fourniture *nf* **1** *(action de fournir)* levering *nf;* **~s scolaires** schoolbenodigdheden **2** *(plur.) (matériel)* benodigdheden *plur*

fourrage *nm* veevoer *het*

fourré *adj* **1** *(doublé)* gevoerd **2** *(cuis.)* gevuld

fourreau *nm* **1** *(d'une épée)* schede *de* **2** *(d'un parapluie)* foedraal *het*

fourrer[1] *vt* **1** *(doubler)* voeren; ~ **un manteau** een mantel voeren **2** *(+ dans) (faire entrer)* stoppen (in); ~ **qch dans la tête de qn** iem iets op de mouw spelden ♦ **être tout le temps fourré chez qn** altijd bij iem over de vloer zijn

se fourrer[2] *vpr* **1** *(se mettre)* zich verstoppen, wegkruipen; **il ne savait plus où se** ~ hij wist niet waar hij moest blijven; **se** ~ **sous les couvertures** onder de wol kruipen **2** *(se jeter)* terechtkomen; **je me suis fourré dans un drôle de pétrin** ik heb me aardig in de nesten gewerkt

fourre-tout *nm* **1** *(débarras)* rommelhok *het* **2** *(sac)* reistas *de*

fourreur *nm* bonthandelaar *nm*

fourrière *nf* **1** *(pour animaux)* (dieren)asiel *het* **2** *(pour voitures)* autobewaarplaats *de;* **la voiture est emmenée à la** ~ de wagen wordt door de politie weggesleept

fourrure *nf* **1** *(matériau)* bont *het (sans art. et sans plur.)* **2** *(pelage)* pels *nm*

fourvoyer[1] *vt* **1** *(égarer)* doen verdwalen **2** *(tromper)* op een dwaalspoor brengen

se fourvoyer[2] *vpr* **1** *(s'égarer)* verdwalen **2** *(se tromper)* op een dwaalspoor gebracht worden

foutaise *nf* **1** *(chose insignifiante)* wissewasje *het* **2** *(balivernes)* onzin *nm*

foutre[1] *vt* **1** *(faire)* ↑ doen; **qu'est-ce que ça peut me** ~ ↑ wat gaat mij dat aan; **j'en ai rien à** ~ daar heb ik geen zak mee te maken **2** *(donner)* ↑ geven **3** *(mettre)* flikkeren ♦ **va te faire ~!** krijg de kelere!, rot op!; **ça la fout mal** ↑ dat is geen stijl

se foutre[2] **(de)** *vpr* **1** *(ne pas se soucier de)* schijt hebben (aan); **je m'en fous** daar heb ik schijt aan **2** *(se moquer de (qn))* op de hak nemen

foutu *adj* **1** *(avant le n.) (mauvais)* rot- **2** *(après le n.) (perdu)* verloren ♦ **travail bien** ~ goed stuk werk; **elle est bien ~e** wat een lekker stuk; **il n'est même pas ~ de réussir** hij is niet eens in staat te slagen; **être mal** ~ zich beroerd voelen

foyer *nm* **1** *(âtre)* haard *nm (aussi au fig.)* **2** *(maison)* huiselijke haard *nm;* **femme au** ~ huisvrouw; ~ **paternel** ouderlijk huis **3** *(lieu de réunion)* tehuis *het;* ~ **d'étudiants** studentenhuis **4** *(d'un théâtre)* foyer *nm* **5** bron *de;* ~ **d'infection** besmettingshaard; ~ **d'une révolte** haard van een opstand **6** *(famille)* gezin *het* **7** *(phys.; math.)* brandpunt *het*

fracas *nm* geraas *het;* **à grand** ~ met veel misbaar

fracassant *adj* **1** *(assourdissant)* oorverdovend **2** *(retentissant)* opzienbarend

fracasser[1] *vt* verbrijzelen

se fracasser[2] *vpr* breken; **se** ~ **contre qch** tegen iets knallen

fraction *nf* **1** *(math.)* breuk *de* **2** *(partie)* (ge)deel(te) *het* **3** *(pol.)* splintergroep *de*

fractionner[1] *vt* splitsen

se fractionner[2] *vpr* zich splitsen

fracture *nf* **1** *(méd.)* breuk *de*, fractuur *nf;* ~ **du crâne** schedelbreuk **2** *(géo.)* breuk *de*

fracturer[1] *vt* **1** *(blesser)* breken **2** *(briser avec force)* openbreken, forceren

se fracturer[2] *vpr* ♦ **se** ~ **la jambe** zijn been breken

fragile *adj* **1** *(peu solide)* breekbaar **2** *(faible)* zwak **3** *(incertain)* wankel; **prospérité** ~ onzekere welvaart

fragiliser *vt* kwetsbaar(der) maken

fragilité *nf* **1** *(facilité à se casser)* breekbaarheid *nf* **2** *(précarité)* vergankelijkheid *nf* **3** *(mauvaise santé physique)* zwakke gezondheid *nf* **4** *(mauvaise santé morale)* kwetsbaarheid *nf*

fragment *nm* **1** *(débris)* brokstuk *het* **2** *(extrait)* fragment *het*

fragmentaire *adj* fragmentarisch; **il avait une vue** ~ **de la situation** hij had een onvolledig beeld van de situatie

fragmenter *vt* in stukken verdelen

fraîchement *adv* **1** *(récemment)* pas **2** *(froidement)* koeltjes

fraîcheur *nf* **1** *(froid)* frisheid *nf*, koelte *nf* **2** *(caractère neuf)* frisheid *nf* **3** *(d'un aliment)* versheid *nf* **4** *(pureté)* reinheid *nf*

frais[1] *nm* (on)kosten *plur;* **aux** ~ **de qn** op iemands kosten; ~ **de déplacement** reiskosten; **faire des** ~ **pour qn** zich voor iem uitsloven; **faire les** ~ **de la conversation** over de tong gaan; **faux** ~ bijkomende kosten; ~ **généraux** bedrijfskosten; **à moindres** ~ met geringe inspanningen; **tous** ~ **payés** vrij van alle kosten, all-in; **aux** ~ **de la princesse** op kosten van de gemeenschap; **rentrer dans ses** ~ z'n kosten eruit halen

frais[2], **fraîche** *adj adv* **1** *(froid)* fris, koel *(aussi au fig.);* **garder au** ~ koel bewaren;

boire ~ gekoeld drinken; **prendre le** ~ een luchtje scheppen; **servir** ~ koel serveren **2** *(d'un aliment)* vers; **œufs** ~ verse eieren **3** *(récent, propre)* fris; **de fraîche date** recent(elijk); **attention, peinture fraîche!** pas op, nat!; ~ **et dispos** fris en monter
fraise *nf* **1** *(fruit)* aardbei *de* **2** *(outil)* boor *de* **3** *(tête)* kersenpit *de;* ~ **des bois** bosaardbei
fraiser *vt* **1** *(un trou)* (uit)frezen **2** *(un métal)* frezen
fraiseuse *nf* freesmachine *nf*
fraisier *nm* aardbeiplant *de*
framboise *nf* framboos *de*
framboisier *nm* frambozenstruik *nm*
franc[1] *nm* frank *nm*
franc[2]**, franche** *adj* **1** *(sincère)* open(hartig), oprecht; **pour être** ~ eerlijk gezegd; **rire** ~ gulle lach **2** *(pur)* zuiver **3** *(libre)* vrij; **coup** ~ vrije schop; ~ **de port** franco
français *adj* Frans; **à la ~e** op z'n Frans; **le** ~ het Frans; **le, la Français(e)** de Fransman, Française; **tu ne comprends pas le ~?** spreek ik soms Chinees?
France *nf* Frankrijk *n (sans art.)*
franchement *adv* **1** *(sincèrement)* openhartig **2** *(vraiment)* gewoonweg **3** *(résolument)* zonder aarzeling ♦ **~, il exagère!** nou overdrijft hij toch wel een beetje!
franchir *vt* **1** *(un obstacle, une limite)* passeren; ~ **les bornes** de perken te buiten gaan; ~ **les difficultés** de moeilijkheden overwinnen; ~ **un obstacle** een obstakel nemen; ~ **le seuil** over de drempel stappen **2** *(une distance)* afleggen
franchise *nf* **1** *(exonération)* vrijstelling *nf* **2** *(sincérité)* open(hartig)heid *nf;* **en toute** ~ in alle openheid **3** *(assurances)* eigen risico *het/de (m)*
franc-maçon *nm* vrijmetselaar *nm*
franco *adv* **1** *(écon.)* franco **2** *(franchement)* ronduit
francophile *adj* francofiel, Fransgezind; **le, la** ~ de francofiel
francophone *adj* Franssprekend, Franstalig; **le, la** ~ de Franstalige
francophonie *nf* francofonie *nf*
franc-parler *nm* vrijmoedigheid *nf;* **avoir son** ~ geen blad voor de mond nemen
franc-tireur *nm* **1** *(combattant)* partizaan *nm* **2** *(indépendant)* eenling *nm;* **agir en** ~ op eigen houtje handelen
frange *nf* **1** *(d'un tissu)* franje *de* **2** *(de cheveux)* pony *het/de (m)*
franquette ♦ *(adv.)* **à la bonne** ~ eenvoudig
frappant *adj* frappant
frappe *nf* aanslag *nm*
frapper[1] *vi (donner des coups)* slaan, kloppen *(à la porte);* ~ **dans ses mains** in de handen klappen
frapper[2] *vt* **1** *(battre)* slaan (op); **monnaie frappée à l'effigie du souverain** munt met de beeldenaar van de vorst; ~ **un grand coup** een grote slag slaan; **cela ne m'a pas frappé** het is me niet opgevallen **2** *(atteindre; saisir)* treffen; **frappé d'apoplexie** door een beroerte getroffen **3** *(d'une taxe, d'un châtiment)* opleggen aan **4** *(saisir)* treffen **5** *(refroidir)* koelen
frasque *nf* escapade *nf*
fraternel *adj* **1** *(entre frères et sœurs)* broeder- *(frères)*, zuster- *(sœurs)* **2** *(amical)* vriendschappelijk
fraterniser (avec) *vi* vriendschappelijk omgaan (met)
fraternité *nf* broederschap *nf (aussi relig.)*
fraude *nf* fraude *de;* **en** ~ frauduleus, *(fig.)* heimelijk; **faire passer en** ~ binnensmokkelen; ~ **fiscale** belastingontduiking
frauder[1] *vi* **1** *(tricher)* frauderen, knoeien *(fig.)* **2** *(voyager sans billet)* zwartrijden
frauder[2] *vt (tromper)* bedriegen, oplichten; ~ **le fisc** belasting ontduiken
fraudeur, -euse *n* fraudleur, -euse *nm,f,* (belasting)ontduik(st)er *nm (nf) (du fisc)*
frauduleux *adj* frauduleus
frayer[1] *vt (ouvrir un chemin)* banen *(aussi au fig.);* ~ **la voie à qn, qch** iem/iets de weg effenen
se frayer[2] *vpr* ♦ **se** ~ **un chemin** zich een weg banen
frayeur *nf* schrik *nm*
fredonner *vt* neuriën
free-lance *adj* freelance; **le, la** ~ de freelancer, freelancester
freezer *nm* (diep)vriesvak *het*
frégate *nf (mar.)* fregat(schip) *het*
frein *nm* rem *de (aussi au fig.);* ~ **à disque** schijfrem; ~ **à main** handrem; **mettre un** ~ **à qch** iets aan banden leggen; ~ **moteur** het afremmen op de motor; **sans** ~ ongebreideld
freinage *nm* (het) (af)remmen
freiner[1] *vi (une machine, un véhicule)* (af)remmen
freiner[2] *vt (une personne, une chose)* afremmen
frelater *vt* versnijden ♦ **la vie frelatée** het holle bestaan
frêle *adj* broos; **de ~s espérances** flauwe hoop
frelon *nm* hoornaar *nm*
frémir *vi* **1** *(bruire)* ruisen **2** *(eau)* razen **3** *(trembler de)* beven (van)
frêne *nm* **1** *(arbre)* es *nm* **2** *(bois)* essenhout *het*
frénésie *nf* bezetenheid *nf*
frénétique *adj* uitbundig
fréquence *nf* frequentie *nf;* **à basse** ~ laagfrequent
fréquent *adj* **1** *(adj.)* veelvuldig **2** *(adv.)* herhaaldelijk, vaak
fréquentation *nf* **1** *(d'un lieu)* (het) (regelmatig) bezoeken (van) **2** *(d'une personne)* omgang (met) *nm;* **avoir de mauvaises ~s** in slecht gezelschap verkeren
fréquenté *adj* druk *(rue)*, (druk)bezocht *(endroit)* ♦ **endroit mal** ~ plaats waar verdachte individuen komen
fréquenter[1] *vt* **1** *(un lieu)* vaak bezoeken **2** *(une personne)* omgaan met **3** *(un milieu)* verkeren in **4** *(une école)* naar (een) school gaan, *(Belg.)* schoollopen

se fréquenter[2] *vpr (se voir)* elkaar vaak zien
frère *nm* **1** *(frangin)* broer *nm;* **les ~s Dupont** de gebroeders Dupont; **en ~s** als broers **2** *(ami; fidèle; religieux)* broeder *nm;* **faux** ~ afvallige, verrader
fresque *nf* fresco *het*
fret *nm* **1** *(cargaison)* vracht *de* **2** *(prix du transport)* vracht(prijs) *de (nm)*
frétiller *vi* **1** *(animal)* spartelen, *(chien)* kwispelen **2** *(personne)* trappelen (van)
fretin *nm* uitschot *het;* **menu** ~ uitschot
friable *adj* bros
friand[1] *nm* saucijzenbroodje *het*
friand[2] **(de)** *adj* dol (op)
friandise *nf* lekkernij *nf*, snoepje *het*
fric *nm* poen *het/de*
fricassée *nf* ragout *nm*
fric-frac *nm* kraak *nm*
friche *nf* ♦ *(aussi au fig.)* **en** ~ braakliggend
friction *nf* wrijving *nf (aussi au fig.);* ~ **du cuir chevelu** hoofdwassing
frictionner *vt* (in)wrijven
frigidaire® *nm* koelkast *de*
frigide *adj* frigide
frigo *nm* koelkast *de, (Belg.)* frigo *nm*
frigorifier *vt* (af)koelen; *(fig.)* **être frigorifié** het berekoud hebben
frigorifique *adj* koel-
frileux *adj* kouwelijk; **le ~, la frileuse** de koukleum
frime *nf* nep *nm;* **pour la** ~ voor de schijn
frimer *vi* opscheppen
frimousse *nf* snoetje *het*
fringale *nf* geeuwhonger *nm*
fringant *adj* **1** *(alerte)* monter **2** *(d'un cheval)* vurig
fringuer *vt* ↑ (aan)kleden; **être bien fringué** goed in de kleren zitten
fringues *nf* kloffie *het*
friper[1] *vt* **1** *(des vêtements, etc.)* verkreukelen **2** *(la peau, etc.)* rimpelen
se friper[2] *vpr (se froisser)* kreuken
fripier, -ière *n* uitdrager, uitdraagster *nm,f*
fripon, -onne *n* deugniet *nm;* **il me regardait d'un air** ~ hij zat mij schalks aan te kijken
fripouille *nf* schoft *nm*
frire[1] *vi (faire cuire)* bakken
frire[2] *vt (cuire)* bakken
frise *nf* fries *het/de*
frisé *adj* gekruld
friser[1] *vi (être, devenir frisé)* krullen; ~ **naturellement** krullen van zichzelf hebben
friser[2] *vt* **1** *(boucler)* (doen) krullen **2** *(frôler)* (rakelings) strijken langs **3** *(approcher de)* grenzen aan; ~ **la cinquantaine** tegen de vijftig lopen
frisette *nf* krulletje *het*
frisquet *adj* frisjes
frisson *nm* huivering *nf;* **cela me donne le ~, j'en ai des ~s** de rillingen lopen me over de rug; **donner le** ~ doen huiveren; **le grand** ~ het hoogtepunt
frissonner *vi* huiveren
frite *nf, souvent plur* (patates) frites *plur*
friterie *nf* frietkraam *de*
friteuse *nf* friteuse *nf*
friture *nf* **1** *(action, manière de frire)* (het) bakken **2** *(matière grasse)* frituurvet *het* **3** *(aliments frits)* frituur *nf* **4** *(au téléphone)* gekraak *het*
frivole *adj* **1** *(personne)* frivool, lichtzinnig **2** *(chose)* onbeduidend
frivolité *nf* **1** *(légèreté)* lichtzinnigheid *nf* **2** *(bagatelle)* onbeduidendheid *nf*
froc *nm (pantalon)* ↑ broek *de*
froid[1] *nm* **1** *(température)* kou *nf;* **avoir** ~ het koud hebben; **un ~ de canard** bittere kou; **il fait** ~ het is koud; **cela me fait ~ dans le dos** de koude rillingen lopen ervan over mijn rug; **avoir ~ aux mains** koude handen hebben **2** *(refroidissement)* verkoudheid *nf;* **attraper, prendre** ~ kou vatten **3** *(brouille)* koelheid *nf;* **être en ~ avec qn** in onmin leven met iem ♦ **jeter un** ~ een pijnlijke stilte teweegbrengen; **ne pas avoir ~ aux yeux** voor geen kleintje vervaard zijn
froid[2] *adj* **1** *(frais; insensible)* koud, koel **2** *(insensible)* onverschillig **3** *(inexpressif)* zonder gevoel ♦ *(sports)* **prendre son adversaire à** ~ zijn tegenstander overrompelen
froidement *adv* **1** *(fraîchement)* koel(tjes) **2** *(calmement)* kalm **3** *(avec insensibilité)* in koelen bloede
froideur *nf* koelheid *nf*
froisser[1] *vt* **1** *(un muscle)* kneuzen; **muscle froissé** verrekte spier **2** *(chiffonner)* kreuken **3** *(vexer)* kwetsen
se froisser[2] *vpr (se vexer)* gekwetst zijn; **il se froisse facilement** hij is gauw beledigd ♦ **se ~ un muscle** een spier verrekken
frôler *vt* **1** *(effleurer)* licht aanraken; ~ **qn en passant** iem aanraken in het voorbijgaan **2** *(raser)* rakelings gaan langs; ~ **la mort** ternauwernood aan de dood ontsnappen ♦ **ça frôle le ridicule** dat grenst aan het belachelijke
fromage *nm* kaas *nm;* ~ **blanc** kwark; ~ **fondu** smeerkaas; ~ **à pâte dure** harde kaas; ~ **à pâte molle** zachte kaas
fromager *adj* kaas-; **le** ~ de kaasmaker *(fabricant)*, de kaashandelaar *(marchand)*
fromagerie *nf* **1** *(industrie; fabrication)* kaasmakerij *nf* **2** *(magasin)* kaaswinkel *nm*
froment *nm* tarwe *de*
fronce *nf* (kleine) plooi *de*
froncer *vt* **1** *(les sourcils)* fronsen; ~ **le nez** zijn neus optrekken **2** *(une étoffe)* plooien; ~ **une jupe** plooien maken in een rok
fronde *nf* **1** *(arme)* slinger *nm* **2** *(jouet)* katapult *nm*
frondeur[1], **-euse** *n* dwarsdrijver *nm*
frondeur[2] *adj* **1** *(porté à l'opposition)* oproerig **2** *(railleur)* spotziek; **propos ~s** honende woorden
front *nm* **1** *(d'une personne)* voorhoofd *het;* **de** ~ van voren; **marcher de** ~ naast elkaar lopen; **prendre qch de** ~ iets flink aanpakken; **attaquer qn de** ~ iem open-

lijk aanvallen; **les deux trains se sont heurtés de** ~ de beide treinen zijn frontaal op elkaar gebotst **2** *(d'une chose)* voorzijde *de* **3** *(pol.; milit.; météo.)* front *het;* **faire** ~ pal staan ♦ **mener de** ~ **deux tâches** twee taken tegelijk op zich nemen; ~ **de mer** boulevard

frontal *adj* **1** *(du front)* voorhoofds- **2** *(de front)* frontaal

frontalier *adj* grens-; **le ~, la frontalière** de grensbewoner, grensbewoonster; **population frontalière** bevolking van de grensstreek

frontière *nf* **1** *(entre deux Etats)* grens *de;* ~ **linguistique** taalgrens **2** *(séparation)* scheidslijn *de*

fronton *nm* fronton *het*

frottement *nm* wrijving *nf (aussi au fig.)*

frotter[1] *vi (d'un mécanisme)* wrijven (tegen), aanlopen (tegen) *(d'une roue)*

frotter[2] *vt* **1** *(passer sur)* wrijven (langs, over); ~ **une allumette** een lucifer afstrijken; ~ **qn pour le laver, le réchauffer, le sécher** iem afschrobben, warmwrijven, droogwrijven **2** *(astiquer)* wrijven

se frotter[3] *vpr* **1** *(se frictionner)* zich wrijven; **se ~ les mains** zich in de handen wrijven **2** *(+ à) (toucher)* aanraken, *(fig.)* zich inlaten (met); **ne vous y frottez pas** brand je vingers daar niet aan

frottis *nm (biol.)* uitstrijkje *het*

froussard *adj* schijterig; **le** ~ de schijterd

frousse *nf* rats *de;* **avoir la** ~ in de rats zitten

fructifier *vi* **1** *(produire des fruits)* vrucht dragen **2** *(se développer)* gedijen, rente opbrengen *(capital);* **faire** ~ **de l'argent** geld hebben uitstaan

fructueux *adj* **1** *(lucratif)* winstgevend **2** *(fécond)* vruchtbaar

frugal *adj* sober, karig

fruit *nm* **1** *(d'une plante, d'un arbre)* vrucht *de, (plur.)* fruit *het;* **~s de mer** zeebanket, zeevruchten *(n.B.);* ~ **sec** gedroogde vrucht **2** *(résultat)* resultaat *het;* **porter ses ~s** vruchten afwerpen; **sans** ~ vruchteloos

fruité *adj* fruitig

fruitier *adj* vrucht-; **le ~, la fruitière** de fruitverkoper, fruitverkoopster

frusques *nf* plunje *de (sing.)*

fruste *adj* ruw

frustration *nf* frustratie *nf*

frustrer *vt* **1** *(déposséder de)* beroven (van) **2** *(décevoir)* teleurstellen; **se sentir frustré** zich te kort gedaan voelen

fuchsia *nm* fuchsia *de*

fuel(-oil) *nm* stookolie *de;* ~ **domestique** huisbrandolie

fugace *adj* vluchtig

fugitif *adj* **1** *(en fuite)* voortvluchtig; **le, la fugitive** de vluchteling(e) **2** *(fugace)* vluchtig

fugue *nf* **1** *(mus.)* fuga *de* **2** *(escapade)* (het) weglopen; **faire une** ~ van thuis weglopen

fuir[1] *vi* **1** *(s'enfuir)* (weg)vluchten; ~ **devant un danger** voor een gevaar vluchten; ~ **devant ses responsabilités** zich aan zijn verantwoordelijkheid onttrekken; **faire** ~ **qn** iem op de vlucht jagen **2** *(s'échapper de)* weglopen (uit) *(liquide)*, stromen (uit) *(gaz)* **3** *(couler)* lek zijn, lekken

fuir[2] *vt* **1** *(chercher à éviter)* uit de weg gaan, mijden **2** *(quitter)* ontvluchten

fuite *nf* **1** *(action de fuir)* vlucht *de;* ~ **des capitaux** kapitaalvlucht; **être en** ~ voortvluchtig zijn; **mettre en** ~ op de vlucht drijven; **prendre la** ~ op de vlucht slaan **2** *(écoulement)* (het) weglopen *(d'un liquide)*, (het) lekken *(de gaz)* **3** *(fissure)* lek *het (aussi au fig.)* **4** *(de documents secrets)* (het) verdwijnen van geheime documenten; **il y a eu des ~s** er is wat uitgelekt

fulgurant *adj* **1** *(brillant)* flitsend *(aussi au fig.)* **2** *(rapide)* bliksemsnel **3** *(d'une douleur)* stekend

fulminer *vi (s'emporter)* fulmineren

fumé *adj (aliment)* gerookt, rook- *(aussi verre)*

fume-cigare(tte) *nm* sigare(tte)npijpje *het*

fumée *nf* rook *nm;* **s'en aller en** ~ in rook opgaan; *(prov)* **(il n'y a) pas de** ~ **sans feu** er is geen rook zonder vuur

fumer[1] *vi* **1** *(dégager de la fumée)* roken **2** *(exhaler de la vapeur)* dampen

fumer[2] *vt* **1** *(du tabac, etc.)* roken **2** *(cuis.)* roken

fumeur, -euse *n* roker, rookster *nm,f;* **grand, gros** ~ zware roker

fumeux *adj* **1** *(qui répand de la fumée)* rokerig, walmend *(lampe, lueur)* **2** *(obscur)* onduidelijk

fumier *nm* **1** *(engrais naturel)* mest *nm* **2** *(amas de fumier)* mesthoop *nm* **3** *(salaud)* rotzak *nm*

fumigène *adj* rook voortbrengend; **bombe** ~ rookbom

fumiste *adj* ↑ onserieus; **le** ~ de grappenmaker

fumisterie *nf* bluf *nm*

funambule *n* koorddanser(es) *nm (nf)*

funèbre *adj* **1** *(funérailles)* begrafenis- **2** *(sinistre)* somber

funérailles *nf* begrafenis *nf*

funéraire *adj* begrafenis-

funeste *adj* **1** *(désastreux)* rampzalig; ~ **à** noodlottig voor **2** *(triste)* somber **3** *(mortel)* dodelijk

funiculaire *nm* kabelspoorweg *nm*

fur ♦ **au** ~ **et à mesure** geleidelijk; **au** ~ **et à mesure de** (al) naargelang; **au** ~ **et à mesure que** naarmate

furax *adj* pisnijdig

furet *nm* fret *het*

fureter *vi* snuffelen, rondneuzen

fureteur, -euse *n* snuffelaar(ster) *nm (nf);* **regard** ~ spiedende blik

fureur *nf* **1** *(colère)* woede *de; (fig.)* ~ **de lire** leeswoede **2** *(passion)* verwoedheid *nf,* hartstocht *nm;* **se battre avec** ~ verbeten vechten ♦ **faire** ~ opgang maken

furibond *adj* woedend

furie *nf* **1** *(fureur)* razernij *nf;* **en** ~ woe-

dend; **mettre qn en** ~ iem woedend maken **2** *(mégère)* furie *nf*
furieux *adj* woedend, razend
furoncle *nm* steenpuist *de*
furtif *adj* steels
fusain *nm* houtskool *de*
fuseau *nm* **1** *(pour filer à la quenouille)* spil *de;* **en** ~ spilvormig; **(pantalon)** ~ broek met smalle pijpen **2** *(pour faire de la dentelle)* klos *de* ♦ ~ **horaire** tijdzone
fusée *nf* **1** *(astronaut.; milit.)* raket *de;* **partir comme une** ~ wegschieten **2** *(de feu d'artifice)* vuurpijl *nm;* ~ **éclairante** lichtkogel
fuselé *adj* spilvormig; **doigts ~s** dun uitlopende vingers
fuser *vi* losbarsten
fusible *nm* zekering *nf*
fusil *nm* geweer *het; (fig.)* **changer son ~ d'épaule** omzwaaien; ~ **de chasse** jachtgeweer; **coup de** ~ geweerschot
fusillade *nf* **1** *(combat)* schietpartij *nf* **2** *(salve)* geweervuur *het* **3** *(exécution)* (het) fusilleren
fusiller *vt* fusilleren; *(fig.)* ~ **qn du regard** iem een vernietigende blik toewerpen
fusion *nf* **1** *(liquéfaction)* smelting *nf;* **fer en** ~ gesmolten ijzer; **entrer en** ~ gaan smelten **2** *(combinaison; union)* fusie *nf*
fusionner[1] *vi* fuseren (met), *(Belg.)* fusioneren (met)
fusionner[2] *vt* **1** *(unir par fusion)* samensmelten **2** *(écon.)* fuseren
fût *nm* **1** *(tonneau)* vat *het* **2** *(tronc)* boomstam *nm* **3** *(d'un fusil)* lade *de*
futaie *nf* hoogopgaand woud *het*
futé *adj* gewiekst
futile *adj* onbeduidend, nietszeggend
futilité *nf* onbeduidendheid *nf*
futur[1] *nm* **1** *(avenir)* toekomst *nf* **2** *(ling.)* toekomende tijd *nm*
futur[2] *adj* toekomstig; **le ~, la ~e** de verloofde, aanstaande
futuriste *adj* futuristisch
fuyant *adj* **1** *(insaisissable)* voortvluchtig; **regard** ~ ontwijkende blik **2** *(d'un front, d'un menton)* wijkend **3** *(qui paraît s'éloigner)* weglopend
fuyard, -arde *n* vluchteling(e) *nm (nf)*

g

g *nm* g *de;* **g comme Gaston** de g van Gerard
gabardine *nf* gabardine regenjas *de*
gabarit *nm* **1** *(dimension)* afmeting *nf* **2** *(type)* aard *nm* **3** *(stature)* lichaamsbouw *nm*
gâcher *vt* **1** *(du mortier, du plâtre)* beslaan **2** *(gaspiller)* verspillen, verknoeien *(aussi au fig.);* **une vie gâchée** een mislukt leven **3** *(empoisonner)* vergallen
gâchette *nf* trekker *nm;* **appuyer sur la ~** de trekker overhalen
gâchis *nm* **1** *(désordre)* janboel *nm* **2** *(gaspillage)* verspilling *nf*
gadget *nm* snufje *het*
gadoue *nf* slijk *het*
gaffe *nf* flater *nm*, blunder *nm;* **faire une ~** een bok schieten ♦ **fais ~!** kijk uit!; **fais ~ au vieux!** hou de ouwe in de gaten!
gaffer *vi* blunderen
gaffeur, -euse *n* stoethaspel *nm*
gag *nm* gag *nm*
gaga *adj* kinds
gage *nm* **1** *(caution)* (onder)pand *het;* **mettre en ~** in onderpand geven; **prêter sur ~s à qn** iem geld lenen op onderpand **2** *(preuve)* bewijs *het* **3** *(plur.) (salaire)* loon *het;* **être aux ~s de** in (loon)dienst zijn van, *(fig.)* volledig afhankelijk zijn van
gager *vt* (ver)wedden
gageure *nf* uitdaging *nf;* **c'est une ~** dat is een onmogelijke onderneming
gagnant *adj* winnend; **jouer ~** zeker zijn van de overwinning, *(fig.)* zeker zijn van zijn zaak; **le, la ~(e)** de winnaar, winnares
gagne-pain *nm* broodwinning *nf*
gagner[1] *vi* **1** *(par le travail)* verdienen; **~ de quoi vivre** in zijn levensonderhoud kunnen voorzien; **~ gros** grof geld verdienen **2** *(par le jeu, le hasard)* winnen **3** *(retirer un avantage)* voordeel behalen; **il gagne à être connu** als je hem beter leert kennen, valt hij best mee; **on ne gagne rien à attendre** wachten helpt niet veel; **c'est toujours ça de gagné!** dat is alvast meegenomen!; **~ en qualité** beter van kwaliteit worden; **y ~** erop vooruitgaan
gagner[2] *vt* **1** *(par un travail, une activité)* verdienen; **il l'a bien gagné** hij heeft het dubbel en dwars verdiend **2** *(par le jeu, un hasard)* winnen, *(une victoire, un prix)* behalen; **~ qn de vitesse** sneller zijn dan de ander, *(fig.)* iem te vlug af zijn **3** *(acquérir)* (ver)krijgen; **~ qn à sa cause** iem voor zijn zaak winnen; **~ de la place** ruimte winnen **4** *(atteindre)* bereiken **5** *(s'emparer de)* zich meester maken van, overmannen
gai *adj* **1** *(joyeux)* vrolijk *(aussi adv.)* **2** *(éméché)* aangeschoten **3** *(vif, clair)* licht **4** *(adj.) (iron.)* leuk
gaieté *nf* **1** *(joie)* vrolijkheid *nf;* **de ~ de cœur** uit eigen beweging **2** *(plur.) (les bons côtés)* leuke kanten *plur*
gaillard *adj* **1** *(alerte)* kwiek; **être encore ~** nog kras zijn; **y aller d'un pas ~** er stevig de pas inzetten; **un ~** een robuuste kerel **2** *(grivois)* schuin
gain *nm* **1** *(action de gagner)* (het) winnen; **avoir, obtenir ~ de cause** in 't gelijk gesteld worden **2** *(profit)* winst *nf*, *(fig.)* voordeel *het;* **céder à l'appât du ~** de verleiding van 't geld niet kunnen weerstaan; **faire un ~ de place** ruimte uitsparen; **c'est un ~ de temps** dat levert tijdwinst op
gaine *nf* **1** *(d'une épée, d'un couteau)* schede *de* **2** *(d'un parapluie)* foedraal *het* **3** *(sous-vêtement)* step-in *nm* **4** *(technol.)* mantel *nm*, omhulsel *het*
gala *nm* gala *het;* **habit de ~** galakleding
galactique *adj* melkweg-
galant *adj* **1** *(courtois)* galant; **~ homme** man van eer **2** *(amoureux)* liefdes-; **aventure ~e** liefdesavontuur
galanterie *nf* **1** *(courtoisie)* hoffelijkheid *nf* **2** *(propos flatteur)* compliment *het*
galaxie *nf* Melkweg *nm*
galbe *nm* ronding *nf*
galbé *adj* goed gevormd
gale *nf* schurft *het/de*
galère *nf* **1** *(navire)* galei *de;* **vogue la ~!** vooruit maar! **2** *(situation pénible)* hel *de*, netelige situatie *nf*
galerie *nf* **1** *(passage couvert)* galerij *nf* **2** *(d'un théâtre, d'une église)* gaanderij *nf*

3 *(public)* publiek *het;* **amuser la** ~ de mensen aan het lachen maken **4** *(d'une mine)* mijngang *nm* **5** *(magasin d'objets d'art)* kunsthandel *nm*, galerie *nf* **6** *(porte-bagages)* bagagerek *het* ♦ ~ **marchande** winkelpromenade

galet *nm* **1** *(caillou d'une plage)* strandkei *nm* **2** *(caillou d'une rivière)* rolsteen *nm*

galette *nf* **1** *(gâteau)* platte koek *nm;* ~ **des Rois** driekoningenbrood **2** *(crêpe bretonne)* pannenkoek *nm*

galeux *adj* schurftig

galimatias *nm* wartaal *de*

galipette *nf* bokkensprong *nm*, capriool *de*

Galles *nm* ♦ **le Pays de** ~ Wales

galon *nm* **1** *(ruban)* galon *het/de (m)* **2** *(milit.)* streep *de;* **prendre du** ~ bevorderd worden

galop *nm* galop *nm;* **au** ~ in galop, *(fig.)* vliegensvlug; ~ **d'essai** proefrit, *(fig.)* proefexamen; **au grand** ~ in gestrekte galop

galoper *vi* galopperen; ~ **derrière qn** achter iem aanrennen; **son imagination galope** zijn fantasie is op hol geslagen

galopin *nm* kwajongen *nm*

galvaniser *vt* **1** *(électriser; métalliser)* galvaniseren **2** *(exalter)* prikkelen

gambader *vi* huppelen

gamberger *vi* prakkeseren

gamelle *nf* **1** *(récipient individuel)* eetketeltje *het*, gamel *de* **2** *(mar.)* officiersmess *nm* ♦ *(aussi au fig.)* **ramasser une** ~ op z'n bek vallen

gamin[1], -ine *n* **1** *(gosse)* joch *het (m)* **2** *(fils)* zoontje *het (m)* **3** *(fille)* dochtertje *het (f)*

gamin[2] *adj* kwajongensachtig, ondeugend; **elle est encore ~e** het is nog maar een kind

gaminerie *nf* kwajongensstreek *de*

gamme *nf* **1** *(de sons, de couleurs)* gamma *het/de, (de sons)* toonladder *de;* ~ **de couleurs** kleurengamma; **faire ses ~s** toonladders spelen, zingen, *(fig.)* zich oefenen **2** *(éventail)* reeks *de;* **toute la** ~ de hele reeks; **toute la** ~ **des sentiments** het hele scala van gevoelens

gang *nm* (misdadigers)bende *de*

ganglion *nm* ganglion *het/de (m)*

gangrène *nf* **1** *(méd.)* koudvuur *het*, gangreen *het* **2** *(corruption)* (het) verderven

gangster *nm* **1** *(bandit)* gangster *nm* **2** *(escroc)* oplichter *nm*

gant *nm* handschoen *de;* **cela vous va comme un** ~ dat zit u als gegoten, *(fig.)* dat is u op het lijf geschreven; **mettre des ~s** handschoenen aantrekken, *(fig.)* omzichtig te werk gaan; **ne pas prendre de ~s** er geen doekjes om winden; **prendre des ~s avec qn** iem met fluwelen handschoenen aanpakken; **relever le** ~ de handschoen opnemen, de uitdaging aannemen; ~ **de toilette** washandje

garage *nm (endroit; entreprise)* garage *nf*, stalling *nf (pour vélos)*, remise *nf (pour trains, trams, bus);* **stationnement interdit: sortie de** ~ verboden te parkeren: uitrit

garagiste *nm* garagehouder *nm*, *(Belg.)* garagist *nm*

garant, -ante *n* borg *nm;* **se porter** ~ **de** instaan voor, zich garant stellen voor

garantie *nf* garantie *nf*, waarborg *nm;* **une** ~ **pour l'avenir** een waarborg voor de toekomst; **certificat de** ~ garantiebewijs; **donner qch en** ~ iets in pand geven; **offrir toutes les ~s** helemaal betrouwbaar zijn; **prendre des ~s** voorzorgsmaatregelen nemen; **être sous** ~ onder garantie staan

garantir *vt* **1** *(cautionner)* waarborgen **2** *(un appareil)* een garantiebewijs invullen voor **3** *(certifier)* verzekeren; **discrétion garantie** geheimhouding verzekerd **4** *(+ de) (protéger de)* beschermen (tegen)

garce *nf* **1** *(putain)* slet *nf* **2** *(chipie)* rotwijf *het (f)*

garçon *nm* **1** *(enfant, adolescent)* jongen *nm;* **un bon** ~ een goeie kerel; ~ **d'honneur** bruidsjonker; **un jeune** ~ een jongeman; **c'est un** ~ **manqué** 't is net een jongen **2** *(célibataire)* vrijgezel *nm;* **un vieux** ~ een (oude) vrijgezel **3** *(employé)* bediende *nm* **4** *(serveur)* kelner *nm*, ober *nm;* ~ **de café** ober, kelner; **~, l'addition, s'il vous plaît!** ober, afrekenen graag!

garçonnière *nf* vrijgezellenflat *nm*

garde[1] *nm* bewaker *nm;* ~ **champêtre** veldwachter; ~ **du corps** lijfwacht; ~ **forestier** boswachter; **Garde des Sceaux** Minister van Justitie

garde[2] *nf* **1** *(conservation)* (het) bewaren **2** *(surveillance)* bewaking *nf;* ~ **à vue** voorlopige hechtenis; **être de** ~ *(de service)* dienst hebben, *(milit.)* op wacht staan; **médecin de** ~ dienstdoend arts; **droit de** ~ voogdij **3** *(armée, police)* wacht *de;* ~ **à vous!** geef acht!; ~ **mobile** gemotoriseerde rijkspolitie; **vieille** ~ oude garde **4** *(garde-malade, nurse)* bewaakster *nf* **5** *(sports)* verdedigingshouding *nf* **6** *(d'une épée)* gevest *het* ♦ **mise en** ~ waarschuwing; **mettre en** ~ **contre** waarschuwen tegen; **monter la** ~ de wacht betrekken; **prendre** ~ **à** passen op; **prendre** ~ **de ne pas** er voor zorgen om niet; **se tenir sur ses ~s** op zijn hoede zijn

garde-à-vous *nm* houding *nf;* **se mettre au** ~ in de houding gaan staan

garde-boue *nm* spatbord *het*

garde-chasse *nm* jachtopziener *nm*

garde-côte *nm* kustbewakingsschip *het*

garde-fou *nm* leuning *nf*, *(sur un bateau)* reling *de*

garde-malade *n* verpleger, verpleegster *nm,f*

garde-manger *nm* provisiekast *de*

garder[1] *vt* **1** *(conserver)* houden; ~ **qn à dîner** iem vragen te blijven eten; ~ **qch pour soi** niet met anderen over iets praten **2** *(surveiller)* bewaken, *(enfants)* passen op; **chasse gardée** privéjachtterrein; ~ **le troupeau** de kudde weiden **3** *(continuer à avoir)* (blijven) houden; ~ **une habitude** aan een gewoonte vasthouden; ~ **le**

lit het bed houden; ~ **le sourire** blijven glimlachen **4** *(+ de) (protéger de)* behoeden (voor)
se garder² *vpr* **1** *(+ de) (se méfier de)* zich hoeden (voor); **je m'en ~ai bien!** daar kijk ik wel voor uit! **2** *(se conserver)* bewaard blijven, goed blijven *(denrées)*
garderie *nf* kinderdagverblijf *de*
garde-robe *nf* **1** *(penderie)* klerenkast *de* **2** *(vêtements)* garderobe *de*
gardien, -ienne *n* **1** *(personne qui surveille)* bewaker, bewaakster *nm,f;* ~ **(de but)** doelverdediger; ~ **d'immeuble** huismeester; ~ **de musée** (museum)suppoost; ~ **de nuit** nachtwaker; ~ **de prison** gevangenbewaarder **2** *(personne qui protège)* bescherm(st)er *nm (nf);* ~ **de la paix** straatagent, wijkagent
gare *nf* station *het;* ~ **routière** autobus- en vrachtwagenstation ♦ ~ **de triage** rangeerterrein
gare! *interj* pas op!; ~ **à toi!** wee je gebeente!; **sans crier** ~ onverwacht
garer¹ *vt* **1** *(une voiture)* parkeren, *(un vélo)* stallen; **être garé qqp.** ergens geparkeerd staan **2** *(mettre à l'abri)* naar binnen halen
se garer² *vpr* **1** *(voiture)* parkeren **2** *(se ranger de côté)* langs de kant gaan staan; **garez-vous!** opzij!
se gargariser *vpr* gorgelen
gargouille *nf* waterspuwer *nm*
gargouiller *vi* **1** *(bruit d'eau)* klateren **2** *(dans le corps)* borrelen; **son ventre gargouille** zijn maag rommelt
garnement *nm* bengel *nm*
garni *adj* **1** *(bien fourni)* goed voorzien, goed gevuld; **bibliothèque bien ~e** uitgebreide bibliotheek **2** *(cuis.)* gegarneerd; **plat de viande** ~ vleesschotel met groenten **3** *(meublé)* gemeubileerd
garnir¹ *vt* **1** *(pourvoir de)* voorzien (van) **2** *(remplir de)* vullen (met) **3** *(orner de)* garneren (met), opmaken (met) *(plat);* ~ **une robe de dentelles** een jurk met kant afzetten
se garnir² *vpr (se remplir)* zich vullen; **la salle se garnit lentement** de zaal loopt langzaam vol
garnison *nf* garnizoen *het*
garniture *nf* **1** *(ornement)* versiering *nf,* garnering *nf* **2** *(ensemble d'objets)* stel *het,* garnituur *het;* ~ **de foyer** haardstel **3** *(pièce de protection)* bekleding *nf;* ~ **de frein** remvoering **4** *(cuis.)* garnituur *het*
garrot *nm* **1** *(d'un cheval, etc.)* schoft *de* **2** *(méd.)* knevelverband *het*
gars *nm* **1** *(garçon)* jongen *nm,* knaap *nm;* **eh, les ~!** hé jongens! **2** *(homme)* kerel *nm*
gas-oil, gasoil *nm* (stook)olie *de, (pour moteur Diesel)* dieselolie *de*
gaspillage *nm* verspilling *nf,* verkwisting *nf*
gaspiller *vt* **1** *(dépenser inconsidérément)* verspillen **2** *(mal utiliser)* verknoeien
gastrique *adj* maag-
gastronome *nm* gastronoom *nm*
gastronomie *nf* gastronomie *nf*
gastronomique *adj* gastronomisch
gâté *adj* **1** *(altéré)* bedorven **2** *(trop choyé)* verwend
gâteau *nm* **1** *(pâtisserie)* koekje *het,* gebakje *het,* taart *de;* ~ **à la crème** slagroomtaart; **c'est du** ~ dat is gemakkelijk; **c'est pas du** ~ maak je borst maar nat; **partager le** ~ de koek verdelen; **~x secs** koekjes **2** *(qui gâte beaucoup)* verwenner, verwenster *nm,f;* **papa** ~ verwennende vader
gâter¹ *vt* **1** *(gâcher)* bederven, verknoeien **2** *(combler)* verwennen; **ils ne sont pas gâtés!** ze hebben ook niet veel geluk!
se gâter² *vpr* **1** *(pourrir)* bederven, niet goed blijven **2** *(tourner mal)* een verkeerde wending nemen; **les choses se gâtent** de zaak loopt fout **3** *(météo.)* slechter worden
gâterie *nf* **1** *(action de gâter)* verwennerij *nf* **2** *(petit cadeau)* kleine attentie *nf*
gâteux *adj* kinds
gauche *adj* **1** *(adj.) (contraire de droit)* links *(aussi pol.);* **à** ~ (naar) links; **à la ~ de** links van; **mettre de l'argent à** ~ geld opzijleggen (om te sparen); **de ~ à droite, de g. à dr.** van links naar rechts, v.l.n.r.; **crochet du** ~ stoot met de linker vuist; **être de, à** ~ links (georiënteerd) zijn; **la** ~ de linkerzijde; *(subst.)* **à, sur ma** ~ aan mijn linkerzijde; **la rive** ~ **(de la Seine)** de linker Seineoever; *(subst.; en voiture)* **tenir sa** ~ links houden **2** *(maladroit)* onhandig; **s'y prendre ~ment** iets onhandig aanpakken
gaucher *adj* links(handig); **le ~, la gauchère** de linkshandige
gaucherie *nf* onhandigheid *nf*
gauchir *vi* kromtrekken
gauchisme *nm* links extremisme *het*
gauchiste *adj* (uiterst) links; **le, la** ~ de linkse radicalist(e)
gaufre *nf* wafel *de*
gaufrette *nf* wafeltje *het*
gaufrier *nm* wafelijzer *het*
Gaule *nf* Gallië *n (sans art.)*
gaulois *adj* **1** *(de Gaule)* Gallisch, *(parfois)* Frans; **le Gaulois** de Galliër **2** *(gaillard)* schuin
se gausser *vpr* ↓ de draak steken (met)
gaver¹ *vt* **1** *(des animaux)* (vet)mesten **2** *(+ de) (des personnes)* volproppen (met) *(aussi au fig.);* **je suis gavé** ik zit vol
se gaver² (de) *vpr (se bourrer de)* zich volstoppen (met) *(aussi au fig.),* zich verzadigen (aan) *(romans, etc.)*
gay *adj* homo
gaz *nm* **1** *(corps gazeux)* gas *het;* ~ **de chauffage** stookgas; ~ **d'échappement** uitlaatgas; **Gaz de France, GDF** ⟨*Frans gasbedrijf*⟩; ~ **lacrymogène** traangas; **mettre les** ~ gas geven; ~ **naturel** aardgas; **(à) pleins** ~ (op) vol gas **2** *(plur.) (dans le tube digestif)* darmgassen *plur*
gaze *nf* gaas *het*
gazelle *nf* gazelle *de*
gazer¹ *vi* **1** *(foncer)* racen **2** *(aller bien)* (als) gesmeerd gaan; **ça gaze?** alles kits?

gazer² *vt* vergassen
gazette *nf* krant *de*
gazeux *adj* **1** *(relatif au gaz)* gasachtig, gas-; **état** ~ gasvormige toestand **2** *(pétillant)* koolzuurhoudend; **boissons gazeuses** koolzuurhoudende dranken; **eau gazeuse** spuitwater
gazoduc *nm* gas(pijp)leiding *nf*
gazole *nm* → **gas-oil**
gazomètre *nm* gasmeter *nm*
gazon *nm* **1** *(pelouse)* grasveld *het*, gazon *het* **2** *(motte)* graszode *de*
gazouiller *vi* **1** *(chanter)* sjilpen **2** *(babiller)* brabbelen
gazouillis *nm* gesjilp *het*
géant, -ante *n* reus, reuzin *nm,f*, gigant *nm*; **un** ~ **de l'automobile** een autogigant; **à pas de** ~ met reuzenschreden ♦ **c'est** ~**!** dat is gaaf!
geindre *vi* **1** *(gémir)* kermen, kreunen **2** *(pleurnicher)* zeuren
gel *nm* **1** *(temps de gelée)* vorst *nm* **2** *(congélation)* bevriezing *nf (aussi au fig.)* **3** *(pâte)* gel *het/de (m)*
gélatine *nf* gelatine *de*
gélatineux *adj* gelatineachtig
gelée *nf* **1** *(gel)* vorst *nm*; ~ **blanche** rijp **2** *(de viande, de fruits)* gelei *de*
geler¹ *vi (aussi au fig.) (se transformer en glace)* bevriezen; **on gèle ici** het is hier ijskoud
geler² *vt* **1** *(congeler)* (doen) bevriezen **2** *(bloquer)* blokkeren, bevriezen
geler³ *vb impers (faire très froid)* vriezen
gélule *nf* capsule *de*
Gémeaux *nm* Tweelingen *plur*
gémir¹ *vi* **1** *(geindre)* zuchten, kreunen **2** *(se lamenter)* zich beklagen; ~ **sur son sort** zich diep beklagen over zijn lot **3** *(porte)* knarsen **4** *(vent)* huilen
gémir² *vt* zuchten
gémissement *nm* gezucht *het*; **pousser des** ~**s** weeklagen
gênant *adj* hinderlijk; **cet homme devient** ~ die man wordt lastig; **meuble** ~ meubel dat in de weg staat; **être dans une position** ~**e** in een benarde positie zitten
gencive *nf* tandvlees *het*
gendarme *nm* politieagent *nm*, rijkswachter *nm (n.B.)*
gendarmerie *nf* rijkspolitie *nf*, Rijkswacht *de (n.B.)*
gendre *nm* schoonzoon *nm*
gène *nm (biol.)* gen *het*
gêne *nf* **1** *(trouble physique)* hinder *nm* **2** *(embarras)* verlegenheid *nf*; **éprouver de la** ~ zich niet op zijn gemak voelen **3** *(besoin)* geldgebrek *het* **4** *(dérangement)* overlast *nm*
généalogie *nf* **1** *(lignée)* stamboom *nm* **2** *(science)* genealogie *nf*
généalogique *adj* genealogisch; **arbre** ~ stamboom
gêner¹ *vt* **1** *(incommoder)* hinderen; **si cela ne vous gêne pas** als u er geen bezwaar tegen hebt; **cela vous** ~**ait de me prêter 50 euros?** vindt u het vervelend om me 50 euro te lenen?; **le froid ne me gêne pas** ik kan goed tegen de kou; **est-ce que la fumée vous gêne?** hebt u last van de rook?; **ça me gêne pour respirer** daarmee kan ik moeilijk adem halen **2** *(intimider)* in verlegenheid brengen; **se sentir gêné** zich niet op zijn gemak voelen
se gêner² *vpr* **1** *(s'imposer des contraintes)* zich generen; **ne vous gênez pas pour me téléphoner si tard!** u kunt me gerust zo laat opbellen!; *(iron.)* **ne vous gênez pas!** welja, je gaat je gang maar!; **faites comme chez vous, ne vous gênez pas!** doe maar alsof je thuis bent, ga gerust je gang! **2** *(s'incommoder l'un l'autre)* elkaar hinderen
général¹ *nm* generaal *nm*; ~ **en chef** opperbevelhebber
général² *adj* **1** *(global)* algemeen; **alerte** ~**e** groot alarm; **culture** ~**e** algemene ontwikkeling; **en** ~ in het algemeen, over het algemeen; **l'Anglais en** ~ de doorsnee-Engelsman; **à l'étonnement** ~ tot ieders verbazing; **d'une manière** ~**e** globaal **2** *(adj.) (dirigeant)* algemeen, hoofd-; **direction** ~**e** hoofdbestuur **3** *(large)* vaag; **avoir une vue** ~**e** een globale kijk hebben **4** *(adv.) (la plupart du temps)* in het algemeen
générale *nf* **1** *(épouse)* generaalsvrouw *nf* **2** *(supérieure)* hoofd *het (f)* van een vrouwelijke orde **3** *(répétition)* generale repetitie *nf*
généralisation *nf* **1** *(raisonnement)* veralgemening *nf*, generalisatie *nf* **2** *(extension)* algehele verbreiding *nf*
généraliser¹ *vt* **1** *(raisonner)* veralgemenen; **il ne faut pas** ~ je moet niet generaliseren **2** *(étendre)* algemeen verbreiden; **cancer généralisé** kanker die zich (in het hele lichaam) heeft uitgezaaid
se généraliser² *vpr (s'étendre)* zich overal verspreiden, *(méd.)* (zich) uitzaaien
généraliste *n* huisarts *nm*, huisdokter *nm*; **médecin** ~ huisarts
généralité *nf* **1** *(caractère général; notion (trop) générale)* algemeenheid *nf*; **s'en tenir à des** ~**s** alleen algemeenheden te berde brengen **2** *(majorité)* overgrote meerderheid *nf*, gros *het*
générateur *adj* **1** *(reproducteur)* voortplantings- **2** *(producteur)* voortbrengend; **le** ~ de (stroom)generator
génération *nf* **1** *(espace de temps)* generatie *nf*; **d'une** ~ **à l'autre** van de ene generatie op de andere **2** *(genèse)* (het) ontstaan **3** *(reproduction)* voortplanting *nf*
générer *vt* genereren
généreux *adj* **1** *(noble)* edelmoedig **2** *(large)* gul, vrijgevig **3** *(abondant)* overvloedig; **poitrine généreuse** weelderige boezem; **vin** ~ volle wijn
générique *nm* aftiteling *nf*, generiek *nf (n.B.)*
générosité *nf* **1** *(noblesse)* edelmoedigheid *nf* **2** *(largesse)* vrijgevigheid *nf*
genèse *nf* **1** *(élaboration)* wording *nf*

2 *(création du monde)* kosmogonie *nf;* **la Genèse** (het boek) Genesis
genêt *nm* brem(struik) *nm*
génétique *adj* genetisch, erfelijk; **la** ~ de erfelijkheidsleer, genetica
gêneur, -euse *n* lastpak *nm*
génial *adj* **1** geniaal **2** *(formidable)* te gek
génie *nm* **1** *(esprit)* genius *nm;* **mauvais** ~ kwade genius, boze geest **2** *(talent)* begaafdheid *nf;* **avoir du** ~ geniaal zijn; **avoir le** ~ **des affaires** zakentalent hebben; **cantatrice de** ~ uitzonderlijk begaafd zangeres; **idée de** ~ geniaal idee **3** *(milit.)* genie *het*, geniekorps *het* **4** *(personne géniale)* genie *het;* **ne pas être un** ~ geen ster zijn **5** *(ingénieurs; art de l'ingénieur)* ingenieurswezen *het (uniquement sing.);* ~ **civil** (civiele) bouwkunde
genièvre *nm* **1** *(fruit)* jeneverbes *de* **2** *(eau-de-vie)* jenever *nm*
génisse *nf* vaars(kalf) *nf (het)*
génital *adj* geslachts-
génocide *nm* volkenmoord *de*
genou *nm* knie *de;* **à ~x** op de knieën, geknield; *(fig.)* **demander qch à ~x** om iets smeken; *(fig.)* **être sur les ~x** op z'n tandvlees lopen; **faire du** ~ **à qn** knietjevrijen met iem; **se mettre à ~x** neerknielen; **prendre un enfant sur les ~x** een kind op schoot nemen
genouillère *nf (protection)* kniestuk *het*
genre *nm* **1** *(espèce)* soort *het/de;* **un peu dans le** ~ **de** zoiets als; **qch dans ce genre-là** iets dergelijks; **ce n'est pas mon** ~ dat is mijn smaak niet, *(d'une personne)* 't is mijn type niet; **le** ~ **humain** het menselijk geslacht; ~ **de vie** levensstijl **2** *(catégorie d'œuvres)* genre *het* **3** *(ling.)* (woord)geslacht *het*
gens *n* mensen *plur;* **des** ~ **bien** fatsoenlijke mensen; ~ **d'Eglise** geestelijken; **d'honnêtes** ~ brave mensen; **les jeunes** ~ de jongelui; ~ **de lettres** letterkundigen; ~ **du voyage** circusartiesten
gentiane *nf* gentiaan *de*
gentil *adj* **1** *(aimable)* aardig; **tout cela est bien** ~ **mais ...** alles goed en wel maar ...; **c'est** ~ **à vous d'être venu** (het is) aardig (van u) dat u gekomen bent; **la ~le somme de** het leuke sommetje van **2** *(sage)* zoet
gentilhomme *nm* **1** *(noble)* edelman *nm* **2** *(homme distingué)* gentleman *nm*
gentillesse *nf* **1** *(qualité)* vriendelijkheid *nf;* **avoir la** ~ **de** zo vriendelijk zijn te **2** *(parole)* vriendelijk woord *het*
gentiment *adv* **1** *(aimablement)* aardig, vriendelijk **2** *(sagement)* rustig
géographe *n* aardrijkskundige *nm*, geograaf *nm*
géographie *nf* aardrijkskunde *nf*, geografie *nf*
géographique *adj* aardrijkskundig, geografisch
geôle *nf* kerker *nm*
geôlier, -ière *n* cipier *nm*
géologie *nf* geologie *nf*
géologique *adj* geologisch
géologue *n* geoloog, geologe *nm,f*
géomètre *nm* **1** *(spécialiste)* meetkundige *nm* **2** *(arpenteur)* landmeter *nm*
géométrie *nf* meetkunde *nf*
géométrique *adj* **1** *(géométrie)* meetkundig **2** *(régulier)* geometrisch **3** *(précis)* nauwkeurig; **esprit** ~ rationeel verstand
gérance *nf* zaakwaarneming *nf;* **mettre un fonds de commerce en** ~ een beheerder in een handelszaak zetten
géranium *nm* geranium *de*
gérant, -ante *n* beheerder, beheerster *nm,f;* ~ **d'immeubles** huismeester; ~ **de succursale** filiaalhouder
gerbe *nf* **1** *(de céréales)* schoof *de*, garve *de* **2** *(de fleurs)* bos *nm* bloemen **3** *(faisceau)* bundel *nm*
gercer[1] *vi* barsten; **lèvres gercées** gesprongen lippen
gercer[2] *vt* doen barsten
se gercer[3] *vpr* springen
gerçure *nf* **1** *(peau)* kloofje *het* **2** *(surface)* spleetje *het*
gérer *vt* beheren
gériatrie *nf* geriatrie *nf*
germain *adj* vol; **cousin** ~ volle neef; **cousins issus de ~s** achterneven
germanique *adj* Germaans, Duits
germe *nm* kiem *de (aussi au fig.);* **en** ~ in wording; ~ **pathogène** ziektekiem; **~s de soja** taugé *(uniquement sing.)*
germer *vi* **1** *(pousser les germes dehors)* kiemen **2** *(se former)* ontkiemen
gérondif *nm* gérondif *nm*
gésir *vi* **1** *(être couché)* ↓ liggen; **ses vêtements gisaient sur le sol** zijn kleren slingerden over de vloer **2** *(épitaphe)* begraven liggen
gestation *nf* **1** *(genèse)* (het) ontstaan; **en** ~ in wording **2** *(grossesse)* dracht *de*
geste *nm* **1** *(mouvement)* gebaar *het;* **d'un** ~ **de la main** met een handgebaar; **avoir un** ~ **malheureux** een onhandige beweging, *(fig.)* een ongelukkige geste maken **2** *(acte)* daad *de;* **faire un** ~ een daad stellen; **il n'a qu'un** ~ **à faire pour** hij hoeft maar 'n kik te geven om; **il n'a même pas fait un** ~ **pour m'aider** hij heeft geen vinger uitgestoken om me te helpen; **avoir le** ~ **large** vrijgevig zijn
gesticulation *nf* gesticulatie *nf*
gesticuler *vi* gesticuleren, gebaren maken
gestion *nf* beheer *het;* ~ **de base de données** databasemanagementsysteem; **mauvaise** ~ wanbeheer
gestionnaire *adj* beheers-; **le** ~ de manager
geyser *nm* geiser *nm*
ghanéen *adj* Ghanees; **le, la Ghanéen(ne)** de Ghanees, Ghanese
ghetto *nm* getto *het*
gibecière *nf* weitas *de*
gibet *nm* galg *de*
gibier *nm* **1** *(animaux)* wild *het*, *(mets)* wildbraad *het* **2** *(qn qu'on cherche à attraper)* prooi *de;* ~ **de potence** galgenaas
giboulée *nf* stortbui *de;* **les ~s de mars** maartse buien

gicler *vi* spatten
gifle *nf* **1** *(claque)* oorvijg *de* **2** *(affront)* klap *nm* in 't gezicht
gifler *vt* **1** *(frapper qn)* iem een klap (om de oren) geven **2** *(humilier qn)* iem een klap in 't gezicht geven
gigantesque *adj* reusachtig
gigolo *nm* gigolo *nm*
gigot *nm* schapen-, lamsbout *nm*
gigoter *vi* spartelen
gilet *nm* **1** *(vêtement court sans manches)* (heren)vest *het;* ~ **pare-balles** kogelvrij vest; ~ **de sauvetage** zwemvest **2** *(tricot)* (dames)vest *het*
gingembre *nm* gember *nm*
girafe *nf* giraffe *de*
giratoire *adj* draaiend
girofle *nm* kruidnagel *nm;* **clou de** ~ kruidnagel
girolle *nf* cantharel *nm*
girouette *nf* windhaan *nm (aussi au fig.)*
gisement *nm* afzetting *nf*
gitan, -ane *n* zigeuner(in) *nm (nf)*
gîte *nm* **1** *(logement)* onderkomen *het*, onderdak *het;* **le** ~ **et le couvert** kost en inwoning; ~ **rural** vakantiehuisje **2** *(abri du gibier)* legerstede *de*
givre *nm* rijp *nm*
givrer *vt* **1** *(couvrir de givre)* berijpen **2** *(couvrir d'une couche blanche)* met een wit laagje bedekken ♦ **il est givré** *(ivre)* hij is lam, *(fou)* hij is malende
glace *nf* **1** *(eau congelée; crème glacée)* ijs *het;* ~ **à l'eau** ijslolly, waterijsje; **de la** ~ **à la crème** roomijs; **une** ~**, s'il vous plaît** een ijsje alstublieft **2** *(insensibilité)* koelheid *nf;* **avoir un cœur de** ~ een hart van steen hebben; **être de** ~ ijzig blijven; **rompre la** ~ het ijs breken **3** *(miroir)* spiegel *nm* **4** *(vitre de voiture)* raampje *het* **5** *(couche brillante)* glazuur *het;* **sucre** ~ poedersuiker
glacé *adj* **1** *(gelé)* bevroren; **chocolat** ~ chocolade-ijsje; **être** ~ verkleumd zijn van de kou; ~ **jusqu'aux os** verkleumd tot op het bot; **servir** ~ ijskoud serveren **2** *(distant)* ijzig **3** *(recouvert d'une couche)* geglaceerd **4** *(brillant)* glanzend; **papier** ~ glanspapier
glacer[1] *vt* **1** *(congeler)* doen bevriezen **2** *(refroidir)* doen verstijven, *(fig.)* verlammen; **la peur le glaçait jusqu'aux os** hij was door de schrik volledig verlamd **3** *(papier)* satineren **4** *(cuis.)* glazuren
se glacer[2] *vpr* **1** *(geler)* bevriezen; **le fleuve s'est glacé** de rivier is dichtgevroren **2** *(se figer)* verstijven; **son visage se glaça** zijn gezicht verstarde
glacial *adj* **1** *(très froid)* ijskoud **2** *(paralysant)* ijzig *(aussi au fig.)*
glacier *nm* **1** *(champ de glace)* gletsjer *nm* **2** *(vendeur de crèmes glacées)* ijsverkoper *nm*
glacière *nf* **1** *(armoire)* ijskast *de* **2** *(portative)* koelbox *nm* **3** *(pièce)* ijskelder *nm*
glaçon *nm* **1** *(cube de glace)* ijsblokje *het* **2** *(morceau de glace)* ijsschots *de*
gladiateur *nm* gladiator *nm*
glaïeul *nm* gladiool *de*
glaise *nf* leem *het/de (m);* **terre** ~ klei(aarde)
gland *nm* eikel *nm*
glande *nf* klier *de*
glaner *vt* **1** *(ramasser)* lezen **2** *(grappiller)* bijeenrapen
glapir *vi* **1** *(chiens; renards)* janken **2** *(personnes)* krijsen
glas *nm* gelui *het* van de doodsklok; **sonner le** ~ **de qch** het einde aankondigen van iets
glauque *adj* zeegroen
glissade *nf* (het) glijden; **faire une** ~ uitglijden *(accidentellement)*
glissant *adj* glad, glibberig *(surtout dans la boue, entre les mains); (fig.)* **terrain** ~ glibberig terrein
glissement *nm* **1** *(action de glisser)* (het) glijden; ~ **de terrain** bodemverschuiving **2** *(évolution)* verschuiving *nf*
glisser[1] *vi* **1** *(se déplacer; s'échapper)* glijden; **les anneaux glissent sur la tringle** de gordijnringen schuiven over de roe; **le verre m'a glissé des mains** het glas is uit mijn handen geglipt **2** *(se déplacer involontairement)* uitglijden; ~ **sur une peau de banane** uitglijden over een bananenschil *(aussi au fig.);* **attention, ça glisse!** kijk uit, het is glad! **3** *(+ à, dans, vers) (évoluer; se laisser aller)* afglijden (naar) **4** *(passer sans pénétrer sur)* afglijden (van); ~ **sur un sujet** over een onderwerp niet uitweiden
glisser[2] *vt* **1** *(faire passer)* laten glijden; ~ **un billet de dix euros à qn** iem een briefje van 10 euro toestoppen; ~ **une lettre dans l'enveloppe** een brief in de enveloppe stoppen; ~ **une maille** een steek overhalen **2** *(murmurer)* fluisteren; ~ **à qn que** iem toefluisteren dat **3** *(inform.)* slepen
se glisser[3] *vpr (se faufiler)* kruipen; **il se glissa derrière le mur** hij schoot weg achter de muur; **une faute s'est glissée dans le texte** er is een fout in de tekst geslopen
glissière *nf* ♦ **porte à** ~ schuifdeur; ~ **de sécurité** vangrail
global *adj* globaal *(adj.)*, globaal gesproken *(adv. de phrase)*
globe *nm* **1** *(boule)* bol *nm;* ~ **de l'œil** oogbal **2** *((la) Terre)* aardbol *nm;* **carte du** ~ wereldkaart **3** *(sphère représentant la Terre)* globe *de* **4** *(cristal)* stolp *de;* **mettre sous** ~ in de watten leggen
globule *nm* bloedlichaampje *het*
globuleux *adj* bolvormig ♦ **œil** ~ uitpuilend oog
gloire *nf* **1** *(honneur)* roem *nm;* **rendre** ~ **à** eer betuigen aan; **travailler pour la** ~ iets doen uitsluitend voor de eer **2** *(personne célèbre)* beroemdheid *nf* **3** *(fierté)* trots *nm;* **tirer** ~ **de qch** zich op iets beroemen **4** *(éclat)* pracht *de* **5** *(relig.)* glorie *nf*
glorieux *adj* roemrijk
glorifier[1] *vt* verheerlijken
se glorifier[2] **(de)** *vpr* zich beroemen (op)
glossaire *nm* glossarium *het*, woordenlijst *de*

glotte *nm* stemspleet *de*
gloussement *nm* **1** *(poule)* geklok *het* **2** *(personne)* gekir *het*
glouton, -onne *n* **1** *(goinfre)* gulzigaard *nm;* **homme** ~ gulzige man **2** *(mammifère)* veelvraat *nm*
gloutonnerie *nf* **1** *(goinfrerie)* gulzigheid *nf* **2** *(avidité)* begerigheid *nf*
glu *nf* lijm *nm*
gluant *adj* plakkerig, kleverig
glucide *nm* koolhydraat *het*
glucose *nm* glucose *de*, druivensuiker *nm*
glycérine *nf* glycerine *de*
glycine *nf* blauweregen *nm*
gnangnan *n* zeurderige luiwammes *nm*
gnome *nm* gnoom *nm*
gnon *nm* optater *nm*
go ♦ *(adv.)* **tout de** ~ zonder omwegen
goal *nm* doelverdediger *nm*, keeper *nm*
gobelet *nm* beker *nm*
gober *vt* **1** *(avaler)* opslokken **2** *(croire)* slikken
godasse *nf* kistje *het*
godet *nm* **1** *(gobelet)* (drink)bekertje *het* **2** *(récipient)* potje *het*
goéland *nm* grote zeemeeuw *de*
goélette *nf* schoener *nm*
goémon *nm* zeewier *het*
gogo ♦ *(adv.)* **à** ~ volop
goguenard *adj* spottend
goinfre *nm* schrokop *nm;* **il est** ~ het is een echte schrokop
se goinfrer *vpr* zich volvreten (met)
golf *nm* golf *het*, golfspel *het;* ~ **miniature** midgetgolf
golfe *nm* golf *de*, baai *de*
golfeur, -euse *n* golfspeler, -speelster *nm,f*
gomme *nf* **1** *(substance visqueuse)* gom *het/de (m)* **2** *(pour effacer)* (vlak)gom *het/de (m)* ♦ **à la** ~ prul-; **mettre (toute) la** ~ 'm opzetten
gommer *vt* **1** *(effacer avec une gomme)* uitgummen **2** *(escamoter)* verdoezelen
gond *nm* hengsel *het*, scharnier *het* ♦ **sortir de ses ~s** uit z'n vel springen
gondole *nf* gondel *de*
gondoler[1] *vi (se courber)* kromtrekken
se gondoler[2] *vpr* **1** *(rire)* zich krom lachen **2** *(se courber)* kromtrekken
gondolier, -ière *n* gondelier(ster) *nm (nf)*
gonflable *adj* opblaasbaar; **poupée** ~ opblaaspop
gonflé *adj* gezwollen; **avoir les yeux ~s de sommeil** dikke slaapogen hebben ♦ **il est ~, celui-là!** die vent heeft ook lef!
gonflement *nm* **1** *(action de gonfler un pneu)* (het) oppompen **2** *(boursouflure)* (op)zwelling *nf* **3** *(augmentation)* overdreven toename *de*
gonfler[1] *vi (enfler)* (op)zwellen; **la pâte a gonflé** het deeg is gerezen
gonfler[2] *vt* **1** *(faire augmenter de volume)* doen zwellen, opblazen *(remplir d'air);* ~ **la poitrine** een hoge borst opzetten **2** *(exagérer)* overdrijven, opblazen
se gonfler[3] *vpr (enfler)* (op)zwellen; **son cœur se gonfle d'espoir** zijn hart wordt vervuld van hoop; **se ~ d'orgueil** overlopen van verwaandheid; **son visage s'est gonflé sous le soleil** door de zon is zijn, haar gezicht opgezet
gong *nm* gong *nm*
gonzesse *nf* wijf *het (f)*
gorge *nf* **1** *(cou; larynx)* keel *de;* **crier à pleine** ~ een keel opzetten; **chanter à pleine** ~ uit volle borst zingen; **rire à ~ déployée** schaterlachen; **avoir la ~ nouée** een brok in de keel hebben; *(fig.)* **prendre qn à la** ~ iem het mes op de keel zetten **2** *(seins)* borsten *plur* **3** *(vallée)* bergengte *nf*
gorgée *nf* slok *nm*
gorille *nm* gorilla *nm (aussi garde du corps)*
gosier *nm* **1** *(gorge)* keel *nm;* **avoir le ~ sec** dorst hebben **2** *(voix)* stemorgaan *het;* **chanter à plein** ~ luidkeels zingen
gosse *n* kind *het (m)*, *het (f)*
gothique *adj* gotisch; **le** ~ de gotiek
gouache *nf* **1** *(peinture)* waterverf *de* **2** *(tableau)* gouache *de*
goudron *nm* **1** *(produit huileux)* teer *het/de (m)* **2** *(asphalte)* (teer)asfalt *het*
goudronner *vt* (be)teren
gouffre *nm* **1** *(abîme)* afgrond *nm (aussi au fig.)* **2** *(chose insondable)* diepte *nf;* **être au bord du** ~ aan de rand van de afgrond staan ♦ **ce procès est un** ~ het is een geldverslindend proces
goujat *nm* vlerk *nm*
goulot *nm* hals *nm*
goulu *adj* gulzig; **le** ~ de slokop
goupiller *vt* **1** *(fixer)* vastpennen **2** *(combiner)* klaarspelen
gourde *nf* **1** *(bouteille)* veldfles *de* **2** *(nigaud)* sukkel *nm*
gourdin *nm* knuppel *nm*
se gourer *vpr* de plank misslaan
gourmand *adj* **1** *(friand de)* dol (op); **le** ~ de lekkerbek **2** *(avide)* begerig *(aussi au fig.)*
gourmandise *nf* **1** *(caractère du gourmand)* snoeplust *nm* **2** *(plur.) (friandises)* lekkernijen *plur*
gourmet *nm* lekkerbek *nm*, fijnproever *nm*
gourmette *nf* schakelarmband *nm*
gousse *nf* **1** *(capsule)* dop *nm*, *(vanille)* stokje *het* **2** *(caïeu)* klister *nm;* ~ **d'ail** teentje knoflook
goût *nm* **1** *(sens)* smaak *nm* **2** *(saveur)* smaak *nm;* **avoir un ~ de qch** naar iets smaken; **avoir bon** ~ lekker smaken **3** *(envie)* zin (in) *nm;* **n'avoir ~ à rien** nergens zin in hebben; **perdre le ~ à qch** geen zin meer hebben in iets; **prendre ~ à** de smaak te pakken krijgen van **4** *(penchant)* voorliefde (voor) *nf;* **à mon** ~ naar mijn smaak; *(prov)* **tous les ~s sont dans la nature** smaken verschillen **5** *(style)* stijl *nm;* **au ~ de** in de stijl van; **au ~ du jour** naar de laatste mode; **qch dans ce goût-**

là iets dergelijks; **de mauvais** ~ van slechte smaak

goûter[1] *nm* ⟨*lichte maaltijd omstreeks 16 uur*⟩, vieruurtje *het (n.B.)*; **vers l'heure du** ~ tegen theetijd

goûter[2] *vi* **1** *(essayer un mets)* proeven (van) **2** *(prendre une collation)* zijn vieruurtje gebruiken *(n.B.)*, een tussendoortje nemen **3** *(f.B.) (essayer un mets)* proeven; **tu veux ~?** wil je proeven?

goûter[3] *vt* **1** *(déguster)* proeven **2** *(savourer)* genieten van

goutte *nf* **1** *(un peu de liquide)* druppel *nm*; ~ **à** ~ druppelsgewijs; **suer à grosses ~s** zweten als een otter; ~ **d'eau** druppel water; **c'est la** ~ **d'eau qui fait déborder le vase** dat is de druppel die de emmer doet overlopen; **~s pour le nez** neusdruppels; **il n'y en a plus une** ~ het is op; **ressembler à qch comme deux ~s d'eau** als twee druppels water op iets lijken **2** *(petite quantité de boisson)* slokje *het*; **du café? juste une** ~ koffie? een heel klein beetje **3** *(maladie)* jicht *de* ♦ **n'y voir** ~ geen steek zien; **n'y entendre** ~ er niets van snappen

goutte-à-goutte *nm* infuus *het*, druppelaar *nm*

gouttelette *nf* drup(pelt)je *het*

goutter *vi* druppelen

gouttière *nf* **1** *(chéneau)* dakgoot *de* **2** *(méd.)* spalk *de*

gouvernail *nm (aussi au fig.)* roer *het*; *(fig.)* **tenir le** ~ het roer in handen hebben

gouvernante *nf* **1** *(nurse)* kinderverzorgster *nf*, gouvernante *nf* **2** *(intendante)* huishoudster *nf*

gouverne *nf* ♦ **pour votre** ~ te uwer informatie

gouvernement *nm* regering *nf*, *(Belg.)* administratie *nf*

gouvernemental *adj* regerings-

gouverner[1] *vi* **1** *(mar.)* naar het roer luisteren **2** *(exercer le gouvernement)* regeren

gouverner[2] *vt* **1** *(mener)* sturen **2** *(diriger; régir)* regeren

gouverneur *nm* gouverneur *nm*; ~ **de la province** provinciegouverneur *(Belg.n.)*, commissaris van de koningin *(Pays-Bas)*

goyave *nf* guave *nm*

grabuge *nm* mot *de*

grâce *nf* **1** *(charme)* bevalligheid *nf*; **de bonne** ~ graag; **de mauvaise** ~ met tegenzin **2** *(faveur)* gunst *nf*; **faire à qn la** ~ **de** iem het plezier doen te; **rentrer dans les bonnes ~s de qn** bij iem in een goed blaadje komen te staan; **trouver** ~ **aux yeux de qn** iem behagen **3** *(bénédiction)* genade *de*; **à la** ~ **de Dieu** op hoop van zegen **4** *(pardon)* gratie *nf*; **crier** ~ zich gewonnen geven; **recours en** ~ verzoek om gratie; **je vous fais** ~ **du détail** ik bespaar u de details **5** *(remerciements)* dank *nm*; ~ **à** door; ~ **à Dieu** goddank; **rendre ~(s) à qn** iem dank zeggen **6** *(plur.) (prière)* dankgebed *het* na de maaltijd

gracier *vt* gratie schenken aan

gracieux *adj* **1** *(charmant)* bevallig **2** *(gratuit)* kosteloos, gratis *(invar.)*; **à titre** ~ gratis

gracile *adj* tenger, rank

gradation *nf* gradatie *nf*

grade *nm* graad *nm (aussi math.)*; **monter en** ~ bevorderd worden; ~ **universitaire** academische graad ♦ **en prendre pour son** ~ de volle laag krijgen

gradé *nm* gegradueerde *nm*

gradin *nm* rij *de* banken

graduation *nf* graduatie *nf*

gradué *adj* **1** *(qui porte une graduation)* gegradueerd, in graden verdeeld; **thermomètre** ~ thermometer met een schaalverdeling **2** *(progressif)* opklimmend

graduel *adj* trapsgewijs

graduer *vt* **1** *(augmenter)* trapsgewijs doen toenemen **2** *(diviser)* gradueren, in graden verdelen

graffiti *nm* graffiti *plur*

grain *nm* **1** *(fruit)* (graan)korrel *nm*; **café en ~s** ongemalen koffie(bonen) **2** *(parcelle)* kraal *de*; ~ **de poussière** stofje, vuiltje; ~ **de raisin** druif; ~ **de sable** zandkorrel; **mettre son** ~ **de sel** een duit in het zakje doen **3** *(céréale)* graan *het* **4** *(surface)* ruwheid *nf*; ~ **de beauté** moedervlekje **5** *(petite quantité)* greintje *het*, tikje *het* ♦ **avoir un** ~ **(de folie)** een beetje mesjogge zijn

graine *nf* zaad *het*, zaadkorrel *nm*; **mauvaise** ~ onkruid, *(fig.)* rakker; **en prendre de la** ~ er een voorbeeld aan nemen

graissage *nm* smering *nf*; **huile de** ~ smeerolie

graisse *nf* **1** *(matière grasse)* vet *het*; **prendre de la** ~ (te) dik worden **2** *(pour graisser un mécanisme)* smeer(vet) *het/de (het)*

graisser *vt* **1** *(enduire de graisse)* invetten **2** *(salir)* met vet bevuilen **3** *(un mécanisme)* smeren

graisseux *adj* **1** *(biol.)* vet-; **tissu** ~ vetweefsel **2** *(huileux)* vettig

grammaire *nf* **1** *(règles de la langue)* grammatica *nf*; **faute de** ~ taalfout **2** *(manuel)* grammaticaboek *het*

grammatical *adj* grammaticaal; **phrase ~e** correcte zin

gramme *nm* **1** *(unité)* gram *het* **2** *(petite quantité)* greintje *het (sans prép.)*

grand[1] *adj* **1** *(haut)* groot; ~ **âge** hoge leeftijd; **en ~e pompe** met grote staatsie; **homme** ~ lange man; **le** ~ het grote; **il n'y a pas** ~ **monde** er zijn weinig mensen **2** *(adulte)* volwassen; *(subst.)* **mon** ~ beste jongen; **les ~es personnes** de volwassenen; **un** ~ een volwassene **3** *(intense)* heftig; ~ **air** buitenlucht; **~s amis** dikke vrienden; **au** ~ **air** in de openlucht; **au** ~ **jamais** nooit of te nimmer; **produire au** ~ **jour** aan het licht brengen; ~ **blessé** zwaargewonde; ~ **froid** strenge kou; ~ **jour** klaarlichte dag; ~ **teint** kleurecht **4** *(important)* belangrijk; **aller** ~ **train** snel gaan; **~s événements** belangrijke gebeurtenissen; ~ **homme** groot man **5** *(titre)* groot-; ~ **prix** eerste prijs **6** *(noble)* edel; **de** ~ **cœur** van ganser harte ♦ **de** ~ **matin** 's morgens vroeg

grand[2] *adv* groot; **en** ~ op grote schaal, grootscheeps *(adj. et adv.)*; **porte ~(e) ouverte** wijd openstaande deur; **voir** ~ grootse plannen hebben
grand-chose *pron indéf* iets (opmerkelijks); **ce n'est pas** ~ het is niet veel zaaks; **il ne sait pas** ~ hij weet niet veel; **cela ne vaut pas** ~ dat is niet veel waard
Grande-Bretagne *nf* Groot-Brittannië *n (sans art.)*
grandement *adv* **1** *(largement)* ruimschoots **2** *(pas petitement)* royaal; **faire les choses** ~ de dingen royaal doen
grandeur *nf* **1** *(dimension)* grootte *nf*, omvang *nm;* ~ **nature** ware grootte; **ordre de** ~ orde van grootte **2** *(gloire)* aanzien *het* **3** *(noblesse)* adeldom *nm;* ~ **d'âme** grootmoedigheid
grandiose *adj* grandioos, groots
grandir[1] *vi* groter worden, *(enfant)* opgroeien
grandir[2] *vt* vergroten
se grandir[3] *vpr* **1** *(se rendre plus grand)* zich groter maken **2** *(s'élever)* zich verheffen
grandissant *adj* toenemend
grand-mère *nf* **1** *(aïeule)* grootmoeder *nf* **2** *(vieille femme)* omaatje *het (f)*
grand-oncle *nm* oudoom *nm*
grand-peine ♦ *(adv.)* **à** ~ met (grote) moeite
grand-père *nm* **1** *(aïeul)* grootvader *nm* **2** *(vieillard)* opaatje *het (m)*
grand-route *nf* hoofdweg *nm*
grands-parents *nm* grootouders *plur*
grand-tante *nf* oudtante *nf*
grange *nf* (koren)schuur *de*
granit(e) *nm* graniet *het*
granulé *nm* pilletje *het*
granuleux *adj* korrelig
graphique *adj* grafisch; **le** ~ de grafiek
graphologie *nf* grafologie *nf*
graphologue *n* grafolloog, -loge *nm,f*
grappe *nf* **1** *(fleurs, fruits)* tros *nm* **2** *(personnes)* drom *nm*
grappiller[1] *vi* **1** *(raisin)* nalezen **2** *(profit illicite)* sjacheren
grappiller[2] *vt* **1** *(cueillir)* plukken **2** *(récolter)* bijeenscharrelen
grappin *nm* enterhaak *nm;* **mettre le** ~ **sur qn** ↑ beslag leggen op iem; **mettre le** ~ **sur qch** iets (beet)pakken
gras *adj* **1** *(contenant de la graisse)* vet(houdend); **corps** ~ vet(ten); **quarante pour cent de matières ~ses** vetgehalte veertig procent **2** *(à base de graisse)* met vet bereid; **crayon** ~ zacht potlood; **le** ~ het vet(randje) *(de la viande)*; **plantes ~ses** vetplanten **3** *(gros)* dik **4** *(huileux)* vettig **5** *(abondant)* rijk
grassement *adv* ruim(schoots), royaal; **payer** ~ dik betalen
grassouillet *adj* mollig
gratification *nf* **1** *(prime)* gratificatie *nf*, toelage *de* **2** *(psycho.)* bevrediging *nf*
gratifier (de) *vt* **1** *(pourvoir de)* begunstigen (met) **2** *(affliger de)* trakteren (op) **3** *(psycho.)* bevredigen
gratin *nm* **1** *(mets)* gegratineerd gerecht *het* **2** *(croûte)* korstje *het;* **merlan au** ~ gegratineerde wijting **3** *(élite)* chic *nm*
gratis *adv* gratis, kosteloos
gratitude *nf* erkentelijkheid *nf*, dankbaarheid *nf*
gratte-ciel *nm* wolkenkrabber *nm*
gratte-papier *nm* kantoorpik *nm*
gratter[1] *vi* **1** *(frotter avec les ongles)* krabbelen; ~ **à la porte** zacht op de deur kloppen **2** *(travailler)* ↑ zwoegen ♦ ~ **de la guitare** op de gitaar tokkelen; ~ **du violon** op de viool krassen
gratter[2] *vt* **1** *(racler)* krabben, afkrabben *(décaper)*, wegkrabben *(enlever)* **2** *(piquer)* kriebelen; **mon col me gratte** mijn boord kriebelt ♦ **il y a qch à** ~ er valt iets te halen
se gratter[3] *vpr (se frotter)* zich krabben
gratuit *adj* **1** *(non payant)* gratis; **entrée ~e** vrije toegang; **à titre** ~ gratis **2** *(arbitraire)* ongegrond; **acte** ~ irrationele handeling; **affirmer qch ~ement** zomaar iets beweren
gratuité *nf* **1** *(caractère de ce qui est non payant)* kosteloosheid *nf* **2** *(arbitraire)* ongegrondheid *nf*
gravats *nm* puin *het (uniquement sing.)*
grave *adj* **1** *(sérieux)* ernstig; **d'un air** ~ op plechtige wijze **2** *(important)* gewichtig **3** *(mus.)* laag; **le** ~ de lage toon; **note** ~ lage noot; **voix** ~ lage stem **4** *(très)* vet
gravement *adv* ernstig
graver[1] *vt* **1** *(tracer)* graveren; ~ **un disque** een plaatopname maken; ~ **un nom sur un arbre** een naam in een boom krassen **2** *(fig.)* griffen
se graver[2] *vpr (se fixer)* zich inprenten
graveur *nm* graveerder *nm;* ~ **sur bois** houtgraveur ♦ ~ **de DVD** dvd-brander
gravier *nm* grind *het*
gravillon *nm* split *het (uniquement sing.)*, steenslag *het (uniquement sing.)*
gravir *vt* beklimmen *(aussi au fig.)*
gravité *nf* ernst *nm*
graviter *vi* draaien (om)
gravure *nf* **1** *(en général)* gravure *de;* ~ **sur bois** houtsnede **2** *(illustration)* prent *de;* ~ **de mode** modeprent **3** *(action de graver)* (het) graveren; **la** ~ **d'une inscription** het inbeitelen van een inscriptie **4** *(art)* graveerkunst *nf;* **la** ~ **sur bois** de houtsneekunst **5** *(de disques)* (het) snijden
gré *nm* **1** *(goût)* smaak *nm;* **au** ~ **du vent** stuurloos; **de bon** ~ zonder tegenstribbelen; **à son** ~ naar eigen goeddunken; **à votre** ~ zoals u wilt **2** *(envie)* zin *nm;* **au** ~ **de** naargelang; **bon ~, mal** ~ goedschiks of kwaadschiks; **contre le** ~ **de qn** tegen iemands zin; **de** ~ **ou de force** goedschiks of kwaadschiks; **de mauvais** ~ tegen z'n zin; **de (son) plein** ~ geheel vrijwillig ♦ **savoir** ~ **à qn** iem dankbaar zijn
grec *adj* Grieks; *(langue)* **le** ~ het Grieks; **le Grec, la Grecque** de Griek(se)
Grèce *nf* Griekenland *n (sans art.)*
gredin, -ine *n* schurk *nm;* **petit** ~ schoffie

greffe[1] *nm (jur.) (bureau)* griffie *nf*
greffe[2] *nf* **1** *(méd.)* transplantatie *nf* **2** *(greffon végétal)* ent(loot) *de* **3** *(insertion d'un greffon végétal)* enting *nf*
greffer[1] *vt* **1** *(un végétal)* enten **2** *(méd.)* transplanteren
se greffer[2] **(sur)** *vpr (s'ajouter à)* komen (bij), zich voegen (bij)
greffier *nm* griffier *nm*
grégaire *adj* **1** *(animaux)* in kudden levend; **animal ~** kuddedier **2** *(instinct)* kudde-; **instinct ~** gregarisme, *(fig.)* kuddegeest
grêle[1] *nf* **1** *(précipitation)* hagel *nm* **2** *(fig.)* hagelbui *de*
grêle[2] *adj* **1** *(mince)* spichtig **2** *(aigu)* schril
grêler *vb impers* hagelen
grêlon *nm* hagelsteen *nm*
grelot *nm* belletje *het*
grelotter *vi* **1** *(+ de) (trembler de)* rillen (van) **2** *(avoir froid)* sterven van de kou
grenade *nf* **1** *(fruit)* granaat(appel) *de (nm)* **2** *(projectile)* granaat *de;* **~ à main** handgranaat
grenadine *nf* grenadine *de*
grenier *nm* **1** *(d'une habitation)* zolder *nm* **2** *(grange)* voorraadschuur *de* **3** *(fig.)* graanschuur *de*
grenouille *nf* kikker *nm* ♦ **~ de bénitier** kerkuil
grès *nm* **1** *(roche)* zandsteen *het/de (m)* **2** *(poterie)* steengoed *het*
grésillement *nm* **1** *(téléphone)* (zacht) gekraak *het* **2** *(huile)* gespetter *het*
grésiller *vi* **1** *(téléphone)* (zacht) kraken **2** *(huile)* spetteren
grève *nf* **1** *(débrayage)* staking *nf;* **~ des cheminots** spoorwegstaking; **être en ~** het werk neergelegd hebben; **~ de la faim** hongerstaking; **faire ~** staken; **~ générale** algemene staking; **se mettre en ~** een staking beginnen; **~ sur le tas** sitdownstaking, *(Belg.)* zitstaking; **~ tournante** estafettestaking; **~ du zèle** stiptheidsactie **2** *(rivage)* zandige oever *nm*
gréviste *n* staker, staakster *nm,f*
gribouillage *nm* gekrabbel *het (uniquement sing.)*
gribouiller[1] *vi (barbouiller)* krabbelen
gribouiller[2] *vt (griffonner)* neerkrabbelen
gribouillis *nm* gekrabbel *het (uniquement sing.)*
grief *nm* klacht *de;* **faire ~ de qch à qn** iem iets aanrekenen
grièvement *adv* ♦ **~ blessé** ernstig gewond
griffe *nf* **1** *(ongle; crochet)* klauw *de;* **être entre les ~s de qn** in iemands klauwen gevallen zijn; **montrer ses ~s** z'n tanden laten zien **2** *(signature)* handtekeningstempel *nm* **3** *(marque de fabricant)* merknaam *nm* **4** *(personnalité)* stempel *het;* **porter la ~ de qn** iemands stempel dragen
griffer *vt* **1** *(égratigner)* krabben **2** *(munir d'une marque)* van een merknaam voorzien
griffonner *vt* neerkrabbelen; **~ sur les murs** op de muren krabbelen
grignoter[1] *vi* **1** *(manger sans appétit)* kieskauwen **2** *(manger en rongeant)* knabbelen
grignoter[2] *vt* **1** *(manger petit à petit)* oppeuzelen **2** *(détruire)* langzaam opsouperen **3** *(gagner)* stukje bij beetje erbij krijgen; **~ quelques minutes** met moeite wat tijd winnen
gril *nm* grill *nm;* **être sur le ~** op hete kolen zitten
grillades *nf* geroosterd vlees *het (collectif)*
grillage *nm* **1** *(assemblage)* traliewerk *het* **2** *(clôture)* afrastering *nf*
grillager *vt* **1** *(porte, fenêtre)* traliën, van traliewerk voorzien **2** *(terrain)* afrasteren
grille *nf* **1** *(clôture; porte)* hek *het* **2** *(barreaux)* traliewerk *het (uniquement sing.)* **3** *(tableau; assemblage)* rooster *het/de (m);* **~ des programmes** programmaoverzicht; **~ des salaires** loonschaal **4** *(mots croisés)* kruiswoordpuzzel *nm* **5** *(loto)* lottoformulier *het*
grille-pain *nm* broodrooster *het/de (m)*
griller[1] *vi* **1** *(rôtir)* roosteren **2** *(brûler)* schroeien **3** *(être court-circuité)* doorbranden
griller[2] *vt* **1** *(faire cuire)* roosteren, grillen **2** *(brûler)* branden; **~ une cigarette** een sigaretje roken **3** *(faire sauter)* laten doorbranden **4** *(dépasser)* inhalen; **~ les étapes** alles en iedereen voorbijstreven; **~ les feux rouges** door rood (licht) rijden
grillon *nm* krekel *nm*
grimace *nf* grimas *de;* **faire la ~** een zuur gezicht trekken; **faire des ~s** gezichten trekken
grimacer *vi* grimassen maken, gezichten trekken
grimer[1] *vt* grimeren, schminken
se grimer[2] *vpr* zich schminken
grimpant *adj* klimmend; **plante ~e** klimplant
grimper[1] *vi* **1** *(monter; pousser)* klimmen; **~ à, sur un arbre** in een boom klimmen **2** *(augmenter)* ↑ (snel) stijgen; **les prix ont grimpé** de prijzen zijn snel gestegen; **route qui grimpe** weg die steil omhooggaat
grimper[2] *vt (gravir)* beklimmen; **~ un escalier quatre à quatre** een trap oprennen
grinçant *adj* **1** *(qui grince)* knarsend **2** *(acerbe)* schrijnend; **compliments ~s** valse complimenten; **humour ~** wrange humor
grincement *nm* geknars *het*
grincer *vi* knarsen; **~ des dents** tandenknarsen; **cela me fait ~ des dents** dat gaat me door merg en been
grincheux *adj* knorrig; **le vieux ~** de oude knorrepot
gringalet *nm* schrielhannes *nm*
grippe *nf* griep *de;* **attraper la ~** griep krijgen; **~ aviaire** vogelgriep ♦ **prendre en ~** plotseling een hekel krijgen aan

grippé *adj* **1** *(malade)* grieperig; **le, la ~(e)** de grieppatiënt(e) **2** *(coincé)* vastgelopen
grippe-sou *nm* duitendief *nm*
gris[1] *nm* grijs *het;* ~ **souris** muisgrijs
gris[2] *adj* **1** *(couleur)* grijs; **il fait** ~ de lucht is betrokken **2** *(terne)* triest; **faire ~e mine à qn** iem onvriendelijk ontvangen **3** *(ivre)* aangeschoten
grisaille *nf* grauwheid *nf*
grisant *adj* opwindend
grisâtre *adj* grijsachtig
griser[1] *vt* **1** *(enivrer)* lichtjes benevelen **2** *(exciter)* bedwelmen
se griser[2] **(de)** *vpr* **1** *(s'enivrer de)* lichtjes beneveld raken (van) **2** *(s'exalter de)* bedwelmd raken (door)
griserie *nf* **1** *(ivresse)* lichte dronkenschap *nf* **2** *(excitation)* bedwelming *nf*
grisonnant *adj* grijs wordend
grisou *nm* mijngas *het*
grive *nf* lijster *de*
grivois *adj* schunnig
grivoiserie *nf* schunnigheid *nf*
Groenland *nm* Groenland *n (sans art.);* **au** ~ op Groenland
groenlandais *adj* Groenlands; **le, la Groenlandais(e)** de Groenlander, Groenlandse
grog *nm* grog *nm*
grognement *nm* **1** *(du cochon)* geknor *het* **2** *(d'une personne)* gemopper *het*
grogner[1] *vi* **1** *(cochon)* knorren **2** *(+ contre) (protester contre)* mopperen (op)
grogner[2] *vt (dire en grognant)* (ontevreden) mompelen
grognon *adj* brommerig; **être** ~ knorrig zijn; **un vieux** ~ een oude brompot
groin *nm* varkenssnuit *nm*
grommeler[1] *vi (bougonner)* mopperen
grommeler[2] *vt (dire)* brommen
grondement *nm* **1** *(d'animaux, d'un moteur)* gebrom *het* **2** *(d'un canon, de l'orage)* (het) bulderen; ~ **de tonnerre** gerol van de donder
gronder[1] *vi* **1** *(animaux)* grommen **2** *(canon, le tonnerre)* rommelen **3** *(bougonner)* mopperen **4** *(être menaçant)* dreigen
gronder[2] *vt (réprimander qn)* (iem) een standje geven; **se faire** ~ op z'n kop krijgen
gros[1] *adj* **1** *(corpulent; volumineux)* dik; **c'est ~ comme une maison** je voelt op je klompen aan dat het flauwekul is; **le, la ~(se)** de dikkerd **2** *(grand; intense)* groot; **un ~ kilo** ruim een kilo; **le ~ de** het gros van; ~ **soupir** diepe zucht **3** *(important)* belangrijk **4** *(grossier)* ruw ♦ **fait ~ de conséquences** voorval dat veel gevolgen heeft; **dépenser en ~ dix euros** alles bij elkaar tien euro besteden
gros[2] *adv* in het groot; **écrire** ~ groot schrijven; **en** ~ in grote lijnen; **gagner** ~ grof geld verdienen; **parier** ~ om veel geld wedden; **il y a ~ à parier que** er is alle kans dat ♦ **en avoir ~ sur le cœur** ↑ het er erg moeilijk mee hebben
groseille *nf* aalbes *de* ♦ ~ **à maquereau** kruisbes
grossesse *nf* zwangerschap *nf*
grosseur *nf* **1** *(embonpoint)* dikte *nf* **2** *(dimension)* grootte *nf* **3** *(tumeur)* gezwel *het*
grossier *adj* **1** *(brut)* grof; **dessin** ~ ruwe schets; **une idée grossière** een vaag idee **2** *(impoli)* ongemanierd **3** *(vulgaire)* plat; **mot** ~ grof woord ♦ **se tromper grossièrement** zich schromelijk vergissen
grossièreté *nf* **1** *(caractère grossier)* grofheid *nf* **2** *(mot grossier)* obsceniteit *nf;* **dire des ~s** ruwe taal bezigen
grossir[1] *vi* **1** *(devenir plus gros)* dikker worden **2** *(augmenter)* toenemen **3** *(d'une rivière)* wassen
grossir[2] *vt* **1** *(rendre plus gros)* dikker maken **2** *(agrandir)* groter maken **3** *(rendre plus nombreux)* talrijker maken **4** *(exagérer)* overdrijven
grossissant *adj* vergrotend
grossiste *n* groothandelaar(ster) *nm (nf)*
grosso modo *adv* in grote lijnen, ruwweg
grotesque *adj* grotesk, potsierlijk; **histoire** ~ koddig verhaal; **le** ~ het groteske (genre); **c'est d'un** ~ dat is belachelijk
grotte *nf* grot *de*
grouillement *nm* gekrioel *het*
grouiller[1] *vi* **1** *(fourmiller)* wriemelen **2** *(+ de) (abonder en)* wemelen (van)
se grouiller[2] *vpr (se dépêcher)* opschieten
groupe *nm* groep *de;* ~ **financier** financieel consortium; ~ **industriel** industrieel concern; ~ **de mots** woordgroep; **par ~s** groepsgewijs, in groepjes; ~ **pop** popgroep; ~ **de pression** pressiegroep, lobby, *(Belg.)* drukkingsgroep; ~ **scolaire** scholencomplex; **travail en** ~ teamwerk ♦ ~ **électrogène** stroomopwekkend aggregaat
groupé *adj* **1** *(en groupe)* gezamenlijk **2** *(mis ensemble)* gemeenschappelijk
groupement *nm* groepering *nf;* ~ **d'achat** inkoopcombinatie
grouper[1] *vt* groeperen
se grouper[2] *vpr* zich groeperen
groupuscule *nm* splintergroep(ering) *de*
grue *nf* **1** *(oiseau)* kraanvogel *nm* **2** *(femme)* snol *nf* **3** *(machine)* (hijs)kraan *de*
grumeau *nm* klontje *het*
gruyère *nm* gruyère(kaas) *nm*
gué *nm* wed *het;* **passer à** ~ doorwaden
guenille *nf* lompen *plur;* **en ~s** in lompen gehuld
guenon *nf* apin *nf*, wijfjesaap *nf*
guépard *nm* jachtluipaard *nm*
guêpe *nf* wesp *de*
guêpier *nm* wespennest *het; (fig.)* **se fourrer dans un** ~ zich in een wespennest steken
guère *adv (avec 'ne')* bijna niet, nauwelijks; **cela ne se dit (plus)** ~ dat wordt bijna niet (meer) gezegd
guéridon *nm* pronktafeltje *het*
guérilla *nf* guerrilla *nm*
guérir[1] *vi* genezen

guérir² (de) *vt* genezen (van)
se guérir³ (de) *vpr* genezen (van)
guérison *nf* genezing *nf*, herstel *het;* **en voie de** ~ aan de beterende hand
guérissable *adj* geneeslijk
guérisseur, -euse *n* genezer *nm*
guerre *nf* oorlog *nm*, strijd *nm (aussi au fig.); (prov)* **à la ~ comme à la** ~ nood breekt wet; **aller à la** ~ ten strijde trekken; **la ~ de Cent ans** de Honderdjarige Oorlog; **avant la** ~ voor de (laatste) wereldoorlog; ~ **éclair** blitzkrieg; **en** ~ in staat van oorlog; **entrer en** ~ aan de oorlog gaan deelnemen; **faire la** ~ oorlog voeren; **la ~ froide** de koude oorlog; **de ~ lasse** ten einde raad; **mourir à la** ~ sneuvelen; **partir pour la** ~ ten strijde trekken; **partir en ~ contre qch** tegen iets ten strijde trekken; ~ **psychologique** psychologische oorlogvoering; **Guerres de Religion** godsdienstoorlogen; ~ **d'usure** slijtageslag ♦ **c'est de bonne** ~ dat zijn de regels van het spel
guerrier *adj* **1** *(guerre)* oorlogs-; **le** ~ de strijder **2** *(belliqueux)* oorlogszuchtig
guet *nm* (het) bespieden; **faire le** ~ op de loer liggen
guet-apens *nm* hinderlaag *de*, valstrik *nm;* **attirer qn dans un** ~ iem in een hinderlaag lokken; **tomber dans un** ~ in een hinderlaag lopen
guêtre *nf* **1** *(qui couvre la chaussure)* slobkous *de* **2** *(qui couvre le bas de la jambe)* beenkap *de*
guetter *vt* **1** *(épier)* bespieden **2** *(attendre)* afwachten; ~ **une occasion favorable** een gunstige gelegenheid afwachten **3** *(menacer)* bedreigen
guetteur *nm* wachtpost *nm*, *(mar.)* uitkijk *nm*
gueule *nf* **1** *(bouche d'animal)* bek *nm;* **se jeter dans la ~ du loup** zich in het hol van de leeuw wagen **2** *(bouche humaine)* smoel *nm*, bek *nm;* **fine** ~↑ fijnproever; **c'est une grande** ~ hij heeft een grote bek; **ta ~!** hou je bek! **3** *(visage)* kop *nm;* **avoir la ~ de bois** een kater hebben; **se casser la** ~ op z'n bek vallen; **casser la ~ de, à qn** iem op z'n bek slaan; **faire la** ~ mokken; **c'est bien fait pour ta ~!** net goed voor je!; **une jolie petite** ~ een aardig koppie; **une sale** ~ een rotkop **4** *(allure)* uiterlijk *het;* **cette voiture a de la** ~ die wagen heeft klasse **5** *(ouverture)* (gapend) gat *het;* **la ~ d'un canon** de mond van een kanon
gueuler¹ *vi* **1** *(crier)* brullen; **gueule pas si fort!** brul niet zo hard! **2** *(se fâcher contre)* uitvaren (tegen)
gueuler² *vt (beugler qch)* brullen
gueuleton *nm* ↑ smulpartij *nf*
gui *nm* maretak *nm*
guibol(l)e *nf* poot *nm*
guichet *nm* loket *het;* **jouer à ~s fermés** voor een uitverkochte zaal spelen
guichetier, -ière *n* loketbeambte *nm*
guide¹ *nm* gids *de;* ~ **de (haute) montagne** berggids; ~ **touristique** reisgids
guide² *nf (plur.) (rênes)* teugels *plur*, leidsels *plur*
guider¹ *vt* **1** *(conduire; orienter)* leiden; ~ **un touriste** een toerist rondleiden; **visite guidée** rondleiding **2** *(conseiller)* begeleiden **3** *(téléguider)* (ge)leiden, besturen
se guider² (sur) *vpr (se diriger d'après)* zich richten (naar)
guidon *nm* (fiets)stuur *het*
guignol *nm* **1** *(marionnette)* pop *de* **2** *(théâtre)* poppenkast *de* **3** *(personne comique)* komiek *nm;* **faire le** ~ de clown uithangen; **Guignol** Jan Klaassen
guillemet *nm* aanhalingsteken *het; (fig.)* **entre ~s** zogenaamd; **mettre qch entre ~s** iets tussen aanhalingstekens zetten
guilleret *adj* vrolijk
guillotine *nf* guillotine *nf*
guillotiner *vt* guillotineren
guimauve *nf* **1** *(pâte)* spekkie *het* **2** *(sentimentalité)* weeheid *nf;* **à la** ~ wee
guimbarde *nf* rammelkast *de*
guindé *adj* stijf
guinéen *adj* Guinees; **le, la Guinéen(ne)** de Guinees, Guineese
guirlande *nf* slinger *nm*
guise *nf* **1** *(volonté)* zin *nm;* **à votre** ~ zoals u wilt; **agir à sa** ~ handelen zo als men wil; **il n'en fait qu'à sa** ~ hij doet z'n eigen zin **2** *(manière)* wijze *de;* **en ~ de** bij wijze van
guitare *nf* gitaar *de;* **jouer de la** ~ gitaar spelen
guitariste *n* gitarist(e) *nm (nf)*, gitaarspeler *nm*
gustatif *adj* smaak-
guttural *adj* keel-
gymnase *nm* gymnastiekzaal *de*
gymnaste *nm* gymnast *nm*
gym(nastique) *nf* gym(nastiek) *nf;* **faire de la** ~ aan gymnastiek doen; **pas (de)** ~ looppas
gynécologie *nf* gynaecologie *nf*
gynécologue *n* gynaecoloog *nm*, vrouwenarts *nm*
gyrophare *nm* zwaailicht *het*
gyroscope *nm* gyroscoop *nm*

h

h *n* h *de;* **h aspiré** aangeblazen h; **h comme Henri** de h van Hendrik; **h muet** stomme h
ha! *interj* **1** *(insistance)* oh! **2** *(surprise)* hè! **3** *(chagrin)* ach! **4** *(rire)* haha!
habile *adj* **1** *(malin)* handig **2** *(adroit)* bedreven
habileté *nf* handigheid *nf*
habiliter (à) *vt* bevoegd verklaren (tot); **être habilité à faire qch** gerechtigd zijn (om) iets te doen
habillé *adj* gekleed; ~ **en Indien** als indiaan verkleed
habillement *nm* kleding *nf;* **(l'industrie de) l'~** de kledingindustrie
habiller[1] *vt* **1** *(vêtir)* (aan)kleden; **cette robe vous habille bien** deze jurk staat u goed **2** *(orner)* bekleden; ~ **un fauteuil d'une nouvelle étoffe** een stoel opnieuw bekleden
s'habiller[2] *vpr (se vêtir)* zich (aan)kleden; **faut-il s'~ pour cette réception?** moet je avondkleding aan bij die receptie? ♦ **s'~ sur mesure** maatkleding dragen; **s'~ chez un couturier** z'n kleren kopen bij een couturier
habit *nm* **1** *(plur.) (vêtements)* kleren *plur;* **~s du dimanche** zondagse kleren **2** *(costume de cérémonie)* rok(kostuum) *nm (het)* **3** *(vêtement de prêtre)* habijt *het; (prov)* **l'~ ne fait pas le moine** schijn bedriegt
habitable *adj* bewoonbaar
habitacle *nm* **1** *(aviat.)* stuurhut *de* **2** *(d'un véhicule)* cabine *nf*
habitant, -ante *n* inwoner, inwoonster *nm,f,* bewoner, bewoonster *nm,f;* **loger chez l'~** bij particulieren een kamer huren
habitat *nm* **1** *(conditions de logement)* woonomstandigheden *plur* **2** *(bot.; zool.)* habitat *de*
habitation *nf* **1** *(fait d'habiter)* (het) (be)wonen; **améliorer les conditions d'~** de woonomstandigheden verbeteren **2** *(logement)* woning *nf;* ~ **à loyer modéré, HLM** goedkope huurflat
habité *adj* bewoond; **vaisseau spatial ~** bemand ruimtevaartuig
habiter[1] *vi (vivre)* wonen; ~ **rue Lebeau** in de rue Lebeau wonen
habiter[2] *vt (occuper)* bewonen; ~ **la campagne** op het platteland wonen; ~ **une maison** in een huis wonen ♦ **cette idée l'habite** hij, zij is vervuld van dit idee
habitude *nf* **1** *(manie; routine)* gewoonte *nf;* **d'~** gewoonlijk; **avoir l'~ de faire qch** gewoon zijn iets te doen; **par ~** uit gewoonte; **perdre une ~** van een gewoonte afraken; **prendre une ~** een gewoonte aannemen; **suivant son ~** zoals hij gewend is **2** *(expérience)* ervaring *nf;* **avoir l'~ des enfants** gewend zijn met kinderen om te gaan
habitué, -ée *n* stamgast(e) *nm (nf)*
habituel *adj* gewoon(lijk)
habituer[1] **(à)** *vt* (ge)wennen (aan); **être habitué à** gewend zijn (aan)
s'habituer[2] **(à)** *vpr* (zich ge)wennen (aan)
hache *nf* bijl *de;* ~ **de guerre** strijdbijl
haché *adj* **1** *(coupé)* gehakt; **du bifteck ~** gehakte biefstuk **2** *(saccadé)* hortend
hacher *vt* **1** *(couper)* hakken; **~ fin, menu** fijnhakken **2** *(interrompre)* vaak onderbreken; ~ **ses phrases** in korte zinnen spreken
hachette *nf* bijltje *het*
hachis *nm* gehakt *het*
hachoir *nm* **1** *(couteau)* hakmes *het* **2** *(hache-viande)* gehaktmolen *nm*
hachure *nf* arcering *nf*
hachurer *vt* arceren
hagard *adj* verwilderd; **avoir l'air ~** er verwilderd uitzien
haie *nf* **1** *(clôture)* heg *de,* haag *de, (sports)* horde *de* **2** *(file)* rij *de;* **faire la ~** een erehaag vormen
haillon *nm* lomp *de;* **en ~s** in lompen gekleed
haine *nf* haat *nm;* **éprouver de la ~ pour qn** haatgevoelens jegens iem hebben; **par ~ de** uit haat tegen
haineux *adj* haatdragend
haïr *vt* haten
haïssable *adj* verfoeilijk, afschuwelijk

haïtien *adj* Haïtiaans; **le, la Haïtien(ne)** de Haïtiaan(se)
halage *nm* (het) jagen; **chemin de** ~ jaagpad
hâle *nm* bruine kleur *de*
hâlé *adj* gebruind
haleine *nf* **1** *(air expiré)* adem *nm;* **avoir une mauvaise** ~ uit de mond ruiken **2** *(respiration)* ademhaling *nf;* **être hors d'**~ buiten adem zijn; **perdre** ~ buiten adem raken; **reprendre** ~ weer op adem komen **3** *(intervalle entre deux inspirations)* adempauze *de (aussi au fig.);* **tenir qn en** ~ *(en éveil)* iem in spanning houden, *(incertitude)* iem aan het lijntje houden; *(fig.)* **de longue** ~ langdurig
haler *vt* **1** *(mar.)* jagen **2** *(tirer sur)* (aan)-halen
haletant *adj* hijgend; **respiration ~e** gejaagde ademhaling
haleter *vi* hijgen
hall *nm* hal *de;* ~ **de gare** stationshal
halle *nf* (markt)hal *de*
hallucinant *adj* verbijsterend
hallucination *nf* zinsbegoocheling *nf,* hallucinatie *nf*
halluciné *adj* **1** *(qui a des hallucinations)* hallucinaties hebbend; **un** ~ een hallucinant **2** *(égaré)* verwilderd
halo *nm* **1** *(d'une source lumineuse)* lichtkring *nm* **2** *(d'une personne)* aureool *het/de*
halogène *nm* halogeen ♦ **lampe** ~ halogeenlamp
halte *nf* **1** *(arrêt)* halte *de;* **faire** ~ stoppen; **une** ~ **de deux heures** een stop van twee uur **2** *(lieu de halte)* stopplaats *de;* **la** ~ **du car** de bushalte
halte! *interj* **1** *(milit.)* halt!; **halte-là!** stop! **2** *(non)* stop!; ~ **au nucléaire!** stop de kernenergie!
haltère *nm* halter *nm;* **faire des ~s** gewichtheffen
hamac *nm* hangmat *de*
hameau *nm* gehucht *het*
hameçon *nm* vishaak *nm;* **mordre à l'**~ bijten, *(fig.)* (toe)happen
hamster *nm* hamster *de*
hanche *nf* heup *de*
hand(-)ball *nm* handbal *het*
handicap *nm* handicap *nm*
handicapé *adj* gehandicapt *(aussi au fig.);* **le, la ~(e) physique** de lichamelijk gehandicapte
handicaper *vt* handicappen
hangar *nm* **1** *(abri)* loods *de* **2** *(aviat.)* vliegtuigloods *de,* hanga(a)r *nm*
hanneton *nm* meikever *nm*
hanté *adj* spook-
hanter *vt* **1** *(fantôme)* spoken in; **ce château est hanté** het spookt in dat kasteel **2** *(obséder)* obsederen; **l'idée du suicide la hante** zij wordt gekweld door de gedachte aan zelfmoord
hantise *nf* obsessie *nf;* **avoir la** ~ **de** doodsbang zijn voor
happer *vt* **1** *(saisir)* grijpen **2** *(mordre)* happen in
haras *nm* paardenfokkerij *nf*
harassé (de) *adj* doodmoe (van, door)
harasser *vt* afmatten
harcèlement *nm* (het) bestoken; ~ **sexuel** ongewenste intimiteiten
harceler (de) *vt* bestoken (met) *(aussi au fig.)*
hardi *adj* **1** *(audacieux)* onverschrokken **2** *(osé)* gewaagd
hardiesse *nf* **1** *(courage)* ↓ durf *nm;* **avoir la** ~ **de faire qch** iets durven te doen **2** *(impudence)* onbeschaamdheid *nf* **3** *(liberté)* vrijheid *nf*
hardware *nm* hardware *nm*
hareng *nm* haring *nm;* ~ **saur** gerookte haring
hargne *nf* kribbigheid *nf*
hargneux *adj* kribbig
haricot *nm* boon *de;* **~s blancs** witte bonen; **~s rouges** bruine bonen; **~s verts** sperziebonen
harmonica *nm* (mond)harmonica *nf*
harmonie *nf* **1** *(sons assemblés)* samenklank *nm* **2** *(fanfare)* harmonie *nf,* harmonieorkest *het* **3** *(concordance)* harmonie *nf;* **être en** ~ **avec** goed samengaan met **4** *(entente)* eendracht *de;* **vivre en parfaite** ~ geheel eendrachtig samenleven
harmonieux *adj* **1** *(mélodieux)* welluidend, harmonieus **2** *(équilibré)* harmonisch
harmonique *adj* harmonisch
harmoniser[1] *vt* harmoniseren *(aussi mus.)*
s'harmoniser[2] **(à, avec)** *vpr* goed passen (bij)
harnacher *vt* optuigen; *(fig.)* **être harnaché de** uitgedost zijn met
harnais *nm* tuig *het*
harpe *nf* harp *de*
harpon *nm* harpoen *nm*
harponner *vt* **1** *(accrocher avec un harpon)* harpoeneren **2** *(saisir brutalement)* bij z'n lurven grijpen ♦ **se faire** ~ **par qn** door iem aangeklampt worden
hasard *nm* toeval *het;* **à tout** ~ voor alle zekerheid; **au** ~ op goed geluk; **au** ~ **des circonstances** naargelang de omstandigheden; **ne rien laisser au** ~ niets aan het toeval overlaten; **par** ~ bij toeval, *(peut-être)* soms; **pur** ~ louter toeval
hasarder[1] *vt (risquer)* wagen; ~ **une opinion** een mening naar voren durven brengen
se hasarder[2] *vpr* **1** *(s'aventurer)* zich wagen **2** *(se risquer à)* het erop wagen; **se** ~ **à faire qch** het erop wagen iets te doen
hasardeux *adj* gewaagd
haschi(s)ch *nm* hasjiesj *nm*
hâte *nf* haast *de;* **à la** ~ haastig; **avoir** ~ **de** ernaar verlangen om; **en** ~ snel
hâter[1] *vt* bespoedigen; ~ **le pas** sneller gaan lopen
se hâter[2] *vpr* zich haasten
hâtif *adj* **1** *(fruits)* vroeg **2** *(trop rapide)* overhaast
hâtivement *adv* overhaast

hausse *nf* stijging *nf; (fig.)* **ses actions sont en** ~ zijn zaken gaan vooruit
hausser[1] *vt* verhogen, verheffen; ~ **les épaules** z'n schouders ophalen; ~ **le ton** een hoge toon aanslaan; ~ **la voix** z'n stem verheffen
se hausser[2] *vpr* zich verheffen; **se** ~ **sur la pointe des pieds** op de tenen gaan staan
haut *adj adv* **1** *(élevé)* hoog; ~ **comme trois pommes** drie turven hoog; **d'en** ~ van boven, *(fig.)* van hogerhand; *(fig.)* **tomber de** ~ ontnuchterd worden; **de** ~ **en bas** van boven naar beneden; *(fig.)* **le prendre de** ~ hooghartig reageren; **regarder qn de** ~ op iem neerkijken; **un mur** ~ **de deux mètres** een twee meter hoge muur; **regarder qn de** ~ **en bas** iem van top tot teen bekijken; **des** ~**s et des bas** ups-and-downs; **du** ~ **de** vanaf; ~**es eaux** hoog water; **en** ~ boven; **tout en** ~ helemaal boven; **il habite en** ~ hij woont boven; **le** ~ de bovenkant; **le** ~ **du corps** het bovenlijf; **(le)** ~ **de gamme** de duurste prijsklasse, *(adj.)* prijzigst; **marée** ~**e** vloed; **plus** ~ *(ci-dessus)* hierboven; **la** ~**e société** de hogere kringen; **homme de** ~**e taille** lange man; ~ **les mains!** handen omhoog! **2** *(ancien)* oud; **remonter plus** ~ teruggaan in de tijd **3** *(grand)* groot *(aussi au fig.)*; ~ **en couleur** kleurrijk; **tenir qn en** ~**e estime** grote achting hebben voor iem; **c'est de la plus** ~**e importance** het is van het grootste belang; ~**e intelligence** zeer grote intelligentie; **parlez plus** ~ spreek eens wat luider; **penser tout** ~ hardop denken; **instrument de** ~**e précision** precisie-instrument; ~**e trahison** hoogverraad; **à** ~**e voix** hardop
hautain *adj* hoogmoedig
hautbois *nm* **1** *(instrument)* hobo *nm* **2** *(aussi f.) (musicien)* hoboïst(e) *nm (nf)*
haut-commissaire *nm* hoge commissaris *nm*
haut-commissariat *nm* hoog commissariaat *het*
haut-de-forme *nm* hoge hoed *nm*
haute-fidélité *nf* hifi *nm*, high fidelity *nm*
hautement *adv* **1** *(supérieurement)* ten zeerste **2** *(ouvertement)* openlijk
hauteur *nf* **1** *(dimension; position)* hoogte *nf (aussi au fig.)*; **à la** ~ **de** op het niveau van; **il n'est pas à la** ~ ↑ hij is niet voor zijn taak berekend; **être à la** ~ **de la situation** tegen de situatie opgewassen zijn; **l'avion perd de la** ~ het vliegtuig verliest hoogte; **prendre de la** ~ opstijgen **2** *(terrain élevé)* hooggelegen terrein *het* **3** *(dédain)* hoogmoed *nm* **4** *(math.)* hoogtelijn *de*
haut-le-cœur *nm* **1** *(nausée)* misselijkheid *nf*; **avoir un, des** ~ onpasselijk worden **2** *(répulsion)* walging *nf*
haut-le-corps *nm* schok *nm*; **avoir un** ~ opschrikken
haut-parleur *nm* luidspreker *nm*
havre *nm* toevluchtsoord *het*; ~ **de paix** vredig oord
Haye (La) *nf* Den Haag *n (sans art.)*
hé! *interj* **1** *(interpellation)* hé! **2** *(approbation, ironie)* wel!; ~ **oui!** welja!; ~ **bien!** welnu!
hebdomadaire *adj* wekelijks; **l'hebdomadaire, l'hebdo** het weekblad; **revue** ~ weekblad
hébergement *nm* huisvesting *nf*
héberger *vt* **1** *(loger)* onderbrengen, herbergen **2** *(inform.)* hosten
hébété *adj* versuft; **être** ~ **de douleur** verdwaasd zijn van verdriet
hébraïque *adj* Hebreeuws
hébreu *adj* Hebreeuws; **c'est de l'**~ dat is Grieks voor me; **l'hébreu** het Hebreeuws; **les Hébreux** de Hebreeërs
hécatombe *nf* slachting *nf (aussi au fig.)*
hectare *nm* hectare *de*
hectolitre *nm* hectoliter *nm*
hégémonie *nf* hegemonie *nf*
hein *interj* **1** *(interrogation; étonnement)* hè?, wat? **2** *(fin d'une question)* nou? **3** *(n'est-ce pas?)* hè?, toch?
hélas! *interj* helaas!
héler *vt* aanroepen
hélice *nf* schroef *de*
hélicoptère *nm* helikopter *nm*
hélium *nm* helium *het*
hellénique *adj* Helleens, Grieks
helvétique *adj* Zwitsers
hématome *nm* bloeduitstorting *nf*
hémisphère *nm* **1** *(moitié du globe terrestre)* halfrond *het* **2** *(moitié d'une sphère)* halve bol *nm* **3** *(du cerveau)* hersenhelft *de*
hémoglobine *nf* (rode) bloedkleurstof *de*
hémophile *nm* hemofiliepatiënt *nm*
hémophilie *nf* bloederziekte *nf*, hemofilie *nf*
hémorragie *nf* bloeding *nf*; ~ **cérébrale** hersenbloeding
hémorroïdes *nf* aambeien *plur*
hennir *vi* hinniken
hépatique *adj* lever-; **l'hépatique** de leverpatiënt(e)
hépatite *nf* leverontsteking *nf*
herbage *nm* (vet)weide *het*
herbe *nf* **1** *(plante)* gras *het*; **en** ~ groen; **fines** ~**s** tuinkruiden; **mauvaise** ~ onkruid; *(prov)* **mauvaise** ~ **croît toujours** onkruid vergaat niet; **couper l'**~ **sous les pieds de qn** iem het gras voor de voeten wegmaaien **2** *(drogue)* hasj *nm*
herbeux *adj* grazig
herbicide *adj* onkruid verdelgend; **l'herbicide** de onkruidverdelger
herbier *nm* herbarium *het*
herbivore *nm* planteneter *nm*; **animal** ~ plantenetend dier
herboriste *n* kruiden|verkoper, -verkoopster *nm,f*
héréditaire *adj* erfelijk; **ennemi** ~ erfvijand
hérédité *nf* erfelijkheid *nf*
hérésie *nf* ketterij *nf*
hérétique *adj* ketters; **l'hérétique** de ketter(in)
hérissé *adj* rechtopstaand; ~ **de** bezaaid met

hérisser[1] *vt* **1** *(dresser)* opzetten, rechtop doen staan **2** *(irriter)* kwaad maken ♦ **des obstacles hérissent la course** hindernissen bemoeilijken de wedloop
se hérisser[2] *vpr* **1** *(se dresser)* overeind gaan staan **2** *(se fâcher)* kwaad worden
hérisson *nm* egel *nm*
héritage *nm* erfenis *nf (aussi au fig.)*; **faire un** ~ erven; **laisser en** ~ nalaten
hériter *vti* erven; ~ **de qn** van iem erven; ~ **de qch** iets erven
héritier, -ière *n* erfgelnaam, -name *nm,f (aussi au fig.)*
hermétique *adj* **1** *(étanche)* hermetisch **2** *(impénétrable)* onbegrijpelijk
hermine *nf* **1** *(animal)* hermelijn *nm* **2** *(fourrure)* hermelijnbont *het*
hernie *nf* breuk *de*
héroïne *nf* **1** *(femme exceptionnelle)* heldin *nf* **2** *(personnage)* hoofdpersoon *nm* **3** *(drogue)* heroïne *de*
héroïque *adj* **1** *(épique)* helden- **2** *(courageux)* heldhaftig
héroïsme *nm* heldhaftigheid *nf*
héron *nm* reiger *nm*
héros *nm* **1** *(brave)* held *nm* **2** *(personnage principal)* hoofdpersoon *nm*; ~ **de la fête** feestvarken
herpès *nm* herpes *nm*
hertz *nm* hertz *nm*
hertzien *adj* hertz-
hésitant *adj* aarzelend; **voix ~e** onzekere stem
hésitation *nf* aarzeling *nf*; **sans** ~ zonder aarzelen
hésiter *vi* aarzelen; ~ **à** aarzelen om te
hétéroclite *adj* vreemdsoortig
hétérogène *adj* heterogeen
hétérosexuel *adj* heteroseksueel; **l'hétérosexuel(le)** de heteroseksueel
hêtre *nm* **1** *(arbre)* beuk *nm* **2** *(bois)* beukenhout *het*
heu! *interj* eh!, hm!
heure *nf* **1** *(soixante minutes)* uur *het*; **cent kilomètres à l'**~ honderd kilometer per uur; **avancer, retarder l'**~ de klok voor, achter zetten; **n'avoir pas d'**~ zich niet aan de klok houden; **demander l'**~ vragen hoe laat het is; **gagner 50 euros de l'**~ 50 euro per uur verdienen; **l'**~ **exacte** de juiste tijd; **quelle** ~ **est-il?** hoe laat is het?; **semaine de 40 ~s (de travail)** 40-urige werkweek; **~s supplémentaires** overuren; **il est une** ~ **et demie** het is half twee **2** *(moment; temps)* tijd *nm*; **à ses ~s** als het hem uitkomt; **tout à l'**~ straks, *(à l'instant)* net; **arriver à l'**~ op tijd komen; **à l'**~ **actuelle** tegenwoordig; **à l'**~ **qu'il est** op dit moment; ~ **d'affluence, de pointe** spits(uur); **~s creuses** stille uren, daluren; **d'une** ~ **à l'autre** ieder moment; **de bonne** ~ vroeg; **d'**~ **en** ~ van uur tot uur; **c'est l'**~ het is tijd; ~ **d'été** zomertijd; **l'**~ **H** het uur U; **à une** ~ **indue** in het holst van de nacht; *(horloge, montre)* **mettre à l'**~ gelijkzetten; **pour l'**~ op het ogenblik; **son** ~ **a sonné** zijn laatste uur heeft geslagen; **sur l'**~ onmiddellijk
heureux *adj* **1** *(qui jouit du bonheur; radieux)* gelukkig; **heureusement pour moi, je ...** gelukkig ben ik, heb ik ...; **faire un, des** ~ iem, mensen gelukkig maken **2** *(chanceux; favorable)* voorspoedig; **avoir la main heureuse** een gelukkige hand hebben **3** *(+ de) (satisfait de)* blij (met)
heurt *nm* **1** *(choc)* schok *nm* **2** *(friction)* wrijving *nf*
heurté *adj* **1** *(couleurs)* schreeuwend **2** *(sons)* onharmonisch ♦ **style** ~ hortende stijl
heurter[1] *vt* **1** *(cogner)* stoten (tegen) **2** *(choquer)* kwetsen
se heurter[2] *vpr* **1** *(se cogner)* zich stoten **2** *(se cogner l'un l'autre)* elkaar aanrijden, met elkaar in botsing komen *(aussi au fig.)* **3** *(contraster)* vloeken
heurtoir *nm* (deur)klopper *nm*
hexagonal *adj* **1** *(math.)* zeshoekig **2** *(français)* Frans
hexagone *adj* zeshoekig; **l'hexagone** de zeshoek; **l'Hexagone** Frankrijk
hiatus *nm* hiaat *het/de (m)*
hibernation *nf* winterslaap *nm*
hiberner *vi* een winterslaap houden
hibiscus *nm* hibiscus *nm*
hibou *nm* uil *nm*
hic *nm* ♦ **c'est là le** ~ dáár zit 'm de kneep
hideux *adj* afzichtelijk, afschuwelijk *(aussi au fig.)*
hier *adv* gisteren; **ne pas dater d'**~ niet erg nieuw zijn; **ne pas être né d'**~ niet van gisteren zijn; ~ **matin** gister(en)morgen; ~ **(au) soir** gister(en)avond
hiérarchie *nf* hiërarchie *nf*
hiérarchique *adj* hiërarchisch
hiérarchiser *vt* hiërarchisch indelen
hi-fi *nf* hifi *nm*; **chaîne** ~ hifi-installatie
hilarant *adj* lachwekkend ♦ **gaz** ~ lachgas
hilare *adj* vrolijk
hilarité *nf* hilariteit *nf*
hindou *adj (relig.)* hindoes; **l'hindou(e)** de hindoe(vrouw)
hippique *adj* paarden-
hippisme *nm* paardensport *de*
hippocampe *nm* zeepaardje *het*
hippodrome *nm* renbaan *de*
hippopotame *nm* nijlpaard *het*
hirondelle *nf* zwaluw *de*
hirsute *adj* ruig
hispanique *adj* Spaans
hisser[1] *vt* **1** *(mar.)* hijsen **2** *(élever)* omhoogtrekken
se hisser[2] *vpr* **1** *(grimper)* zich ophijsen **2** *(fig.) (s'élever)* zich opwerken
histoire *nf* **1** *(connaissance du passé)* geschiedenis *nf* **2** *(récit)* verhaal *het* **3** *(mensonge)* fabel *de*; **une** ~ **à dormir debout** een indianenverhaal **4** *(affaire)* avontuur *het*; **c'est de l'**~ **ancienne** dat is ouwe koek; ~ **de** alleen maar om; ~ **de rire** voor de grap; **ça c'est une toute autre** ~ dat is heel wat anders **5** *(ennuis)* trammelant *het (uniquement sing.)*; **s'attirer des ~s** zich

moeilijkheden op de hals halen; **faire des ~s** drukte maken ♦ ~ **drôle** grap
historien, -ienne *n* geschied|schrijver, -schrijfster *nm,f*, historicus *nm*
historique *adj* **1** *(histoire)* historisch; **un** ~ een historisch overzicht **2** *(réel)* echt gebeurd ♦ **un événement** ~ een gedenkwaardige gebeurtenis
HIV *nm* hiv *het*
hiver *nm* winter *nm*
hivernal *adj* winters, winter-
hochement *nm* (het) schudden (van het hoofd); **approuver d'un** ~ **de tête** ja knikken
hocher *vt* schudden
hochet *nm* rammelaar *nm*
hockey *nm* hockey *het;* ~ **sur gazon** veldhockey; ~ **sur glace** ijshockey
holà *interj* hola!; **mettre le** ~ **à qch** iets een halt toeroepen
holding *nm* holding *de*
hold-up *nm* overval *nm*
hollandais *adj* Nederlands; **le** ~ het Nederlands; **le, la Hollandais(e)** de Nederlander, Nederlandse
Hollande *nf* Holland *n (sans art.)*
holocauste *nm* holocaust *nm*
homard *nm* (zee)kreeft *de*
home *nm* tehuis *het*
homélie *nm* **1** *(sermon)* preek *de* **2** *(discours moralisateur)* zedenpreek *de*
homéopathie *nf* homeopathie *nf*
homéopathique *adj* homeopathisch
homicide¹ *nm (meurtre)* moord *de;* ~ **involontaire** doodslag; ~ **volontaire** moord
homicide² *n (meurtrier)* moordenaar *nm;* **guerre** ~ moorddadige oorlog
hommage *nm* **1** *(acte de courtoisie)* bewijs *het* van toewijding; **présenter ses ~s à qn** z'n opwachting maken bij iem **2** *(marque de vénération)* hulde *nf;* **rendre** ~ **au talent de qn** iemands talent eren
homme *nm* **1** *(être humain)* mens *nm;* ~ **des cavernes** holenmens **2** *(mâle)* man *nm;* ~ **d'affaires** zakenman; *(prov)* **un** ~ **averti en vaut deux** een gewaarschuwd man telt voor twee; **comme un seul** ~ als één man; ~ **de couleur** kleurling; **d'~ à** ~ van man tot man; ~ **d'Etat** staatsman; **grand** ~ groot man; ~ **grand** grote man; ~ **de lettres** letterkundige; ~ **de main** handlanger; ~ **de paille** stroman; **parole d'~!** op mijn erewoord!; ~ **politique** politicus; **l'~ de la rue** de man in de straat, Jan Modaal
homme-grenouille *nm* kikvorsman *nm*
homogène *adj* homogeen *(aussi au fig.)*
homologue (de) *adj* gelijkwaardig (met), equivalent (met); **l'homologue** de ambtgenoot
homologuer *vt* bekrachtigen, *(sports)* officieel erkennen
homonyme *adj* homoniem (met); **l'homonyme** de naamgenoot, *(ling.)* het homoniem
homosexualité *nf* homoseksualiteit *nf*
homosexuel *adj* homoseksueel
Hongrie *nf* Hongarije *n (sans art.)*
hongrois *adj* Hongaars; **le** ~ het Hongaars; **le, la Hongrois(e)** de Hongaar(se)
honnête *adj* **1** *(loyal)* eerlijk; **un homme** ~ een eerlijk man; **un** ~ **homme** een beschaafd man; **~ment, vous ne le saviez pas?** wist u het echt niet? **2** *(convenable)* geschikt, redelijk
honnêteté *nf* eerlijkheid *nf*
honneur *nm* **1** *(dignité morale; considération)* eer *de;* **c'est tout à son** ~ dat strekt hem tot eer; **à qui ai-je l'~?** met wie heb ik het genoegen?; ~ **aux dames** dames gaan voor; **avec** ~ eervol; **en l'~ de** ter ere van; **être l'~ de la famille** het sieraad van de familie zijn; **faire** ~ **à un plat** een gerecht eer aandoen; **faire un (grand)** ~ **à qn** iem een grote eer bewijzen; **homme d'~** man van eer; **sauf votre** ~ met alle respect; **sur l'~** op zijn erewoord **2** *(plur.) (témoignages d'honneur)* eerbewijzen *plur;* **faire à qn les ~s de la maison** iem gastvrij ontvangen
honorabilité *nf* eerbaarheid *nf*, achtbaarheid *nf*
honorable *adj* **1** *(respectable)* achtenswaardig **2** *(convenable)* behoorlijk
honoraire *adj* ere-
honoraires *nm* honorarium *het*, ereloon *het (n.B.)*
honorer¹ *vt* **1** *(+ de) (gratifier de)* (ver)eren (met) **2** *(rendre honneur)* tot eer strekken **3** *(un engagement, un contrat)* nakomen, honoreren
s'honorer² **(de)** *vpr (tirer honneur de)* vereerd zijn (met)
honorifique *adj* ere-
honte *nf* **1** *(déshonneur)* schande *de* **2** *(embarras)* schaamte *nf;* **avoir** ~ **de** zich schamen over; **c'est une** ~ het is schandalig; **faire** ~ **à qn** iem beschamen; **mourir de** ~ zich doodschamen
honteux *adj* **1** *(chose)* schandelijk **2** *(personne)* beschaamd
hop! *interj* hup!; **allez, ~!** vooruit!
hôpital *nm* ziekenhuis *het;* ~ **psychiatrique** psychiatrische inrichting
hoquet *nm* hik *nm;* **avoir le** ~ de hik hebben
horaire *adj* uur-; **l'~ souple, variable** de glijdende werktijden; **l'horaire** *(transports)* de dienstregeling, *(personnel)* het rooster
horde *nf* **1** horde *de* **2** troep *nm*
horéca *nm (f.B.)* ♦ **le (secteur)** ~ de horeca
horizon *nm* **1** *(limite de la vue)* horizon *nm;* **à l'~** aan de horizon; **ligne d'~** horizonlijn **2** *(perspective)* perspectief *het;* **élargir son** ~ zijn blik verruimen; **ouvrir des ~s nouveaux** nieuwe gezichtspunten openen
horizontal *adj* horizontaal; **à l'~e** horizontaal
horloge *nf* klok *de;* ~ **parlante** tijdmelding
horloger, -ère *n* horloge|maker, -maakster *nm,f*
horlogerie *nf* **1** *(industrie)* uurwerkindus-

trie *nf* **2** *(produits)* uurwerken *plur* **3** *(magasin)* klokkenwinkel *nm*
hormis *prép* ↓ behalve
hormonal *adj* hormoon-, hormonaal
hormone *nf* hormoon *het*
horodateur *nm* parkeerautomaat *nm*
horoscope *nm* horoscoop *nm*
horreur *nf* **1** *(aversion)* afkeer *nm;* **avoir ~ de, avoir en ~** verafschuwen; **faire ~** afkeer inboezemen **2** *(abomination)* gruwel *nm* **3** *(monstruosité)* ↑ iets afschuwelijks; **être une ~** foeilelijk zijn **4** *(plur.) (atrocités)* gruwelijkheden *plur* **5** *(plur.) (grossièretés)* grofheden *plur*
horrible *adj* **1** *(épouvantable)* afschuwelijk **2** *(terrible; extrême)* verschrikkelijk
horrifiant *adj* angstaanjagend, verschrikkelijk
horrifié *adj* geschokt, ontsteld
horripiler *vt* op de zenuwen werken van
hors (de) *prép* buiten *(surtout fig.);* **~ d'ici!** ga weg!; **~ d'usage** buiten dienst gesteld; **~ de soi** buiten zichzelf van woede; **~ de prix** onbetaalbaar; **~ de question** geen sprake van
hors-bord *nm* boot *nm* met buitenboordmotor
hors-concours *adj* van mededinging uitgesloten; **être mis ~** uitgesloten worden
hors-d'œuvre *nm* koud voorgerecht *het*
hors-jeu *nm* buitenspel *het*
hors-la-loi *nm* vogelvrijverklaarde *nm*
hortensia *nm* hortensia *de*
horticole *adj* tuinbouw-
horticulteur, -trice *n* **1** *(jardinier)* tuinder *nm* **2** *(qui cultive des plantes d'ornement)* sierplanten|kweker, -kweekster *nm,f*
horticulture *nf* **1** *(activité)* tuinbouw *nm* **2** *(culture des plantes d'ornement)* sierteelt *de*
hospice *nm* gesticht *het;* **~ de vieillards** tehuis voor ouden van dagen
hospitalier *adj* **1** *(accueillant)* gastvrij **2** *(relatif aux hôpitaux)* ziekenhuis-; **centre ~** ziekenhuis
hospitalisation *nf* opneming *nf* in het ziekenhuis; **~ à domicile** thuisverpleging, thuiszorg
hospitaliser *vt* (in het ziekenhuis) opnemen, hospitaliseren *(n.B.)*
hospitalité *nf* gastvrijheid *nf;* **offrir l'~ à qn** iem onderdak verlenen
hostie *nf* hostie *nf*
hostile *adj* vijandig; **~ à** (gekant) tegen
hostilité *nf* **1** *(plur.) (milit.)* vijandelijkheden *plur* **2** *(disposition hostile)* vijandigheid *nf*
hôte[1], hôtesse *n* gast|heer, -vrouw *nm,f*
hôte[2] *n* gast(e) *nm (nf);* **~ payant** paying guest
hôtel *nm* **1** *(hôtellerie)* hotel *het* **2** *(demeure citadine)* herenhuis *het;* **~ particulier** herenhuis **3** *(établissement public)* gebouw *het;* **l'~ de la Monnaie** de Munt, de Rijksmunt; **~ des ventes** veilinggebouw; **~ de ville** stadhuis, raadhuis
hôtelier *adj* hotel-; **école hôtelière** hotel(vak)school; **l'hôtelier, l'hôtelière** de hotelhouder, hotelhoudster
hôtellerie *nf* **1** *(hôtel; restaurant)* chic landelijk hotel, restaurant *het* **2** *(industrie hôtelière)* hotelwezen *het*
hôtesse *nf* gastvrouw *nf*, hostess *nf;* **~ de l'air** stewardess
hot-line *nf* helpdesk *nm*
hotte *nf* **1** *(dans une cuisine)* afzuigkap *de;* **~ aspirante** afzuigkap **2** *(d'une cheminée)* rookvang *nm* **3** *(panier)* korf *nm*
hou! *interj* boe!
houblon *nm* hop *de*
houille *nf* (steen)kool *de;* **~ blanche** witte steenkool
houiller *adj* steenkolen-, steenkool-; **la houillère** de (steen)kolenmijn
houle *nf* **1** *(mouvement de la mer)* deining *nf (aussi au fig.)* **2** *(agitation)* beroering *nf*
houlette *nf* ♦ **être sous la ~ de** onder de leiding staan van
houleux *adj* **1** *(agité par la houle)* woelig **2** *(agité)* stormachtig
houppe *nf* kuif *de*
houspiller *vt* afbekken; **se faire ~** op de vingers getikt worden
housse *nf* hoes *de*
houx *nm* hulst *nm*
hublot *nm* **1** *(mar.)* patrijspoort *de* **2** *(aviat.)* raampje *het* **3** *(appareil ménager)* venster *het*
huche *nf* kist *de;* **~ à pain** broodkist
hue *interj* vort!
huées *nf* gejouw *het (sing.)*
huer[1] *vi (chouette)* krassen
huer[2] *vt (qn)* uitjouwen
huile *nf* olie *de;* **baigner dans l'~** als gesmeerd lopen; **~ essentielle** etherische olie; **~ de foie de morue** levertraan; **~ de graissage** smeerolie; **jeter de l'~ sur le feu** olie op het vuur gooien; **lampe à ~** olielamp; **~ de pétrole** lampolie; **~ solaire** zonnebrandolie; **~ de table** slaolie ♦ **~ de coude** energie
huiler *vt* oliën
huileux *adj* **1** *(gras)* olieachtig **2** *(contenant de l'huile)* oliehoudend
huis *nm* ♦ **à ~ clos** met gesloten deuren
huissier *nm* **1** *(jur.)* deurwaarder *nm* **2** *(appariteur)* bode *nm*
huit *adj* acht; **faire des ~** achtjes draaien; **aujourd'hui en ~** vandaag over een week
huitaine *nf* week *de;* **dans une ~ (de jours)** over een week
huitième *adj* achtste; **un ~** een achtste (deel)
huître *nf* oester *de*
hum! *interj* hm!
humain *adj* **1** *(de l'être humain)* menselijk, *(adj. aussi)* mensen-, *(adv. aussi)* menselijkerwijs; **l'humain** *(ce qui est humain)* het menselijke, *(l'être humain)* de mens, *(au plur.)* de mensheid **2** *(humanitaire)* menslievend, humaan
humanisation *nf* vermenselijking *nf*

humaniser[1] *vt* menselijker maken
s'humaniser[2] *vpr* menselijker worden
humanisme *nm* humanisme *het*
humanitaire *adj* humanitair, menslievend
humanité *nf* **1** *(le genre humain)* mensheid *nf* **2** *(bonté)* menselijkheid *nf* **3** *(nature humaine)* menselijke natuur *nf* **4** *(plur.; Belg.f.) (enseignement secondaire)* humaniora *plur (Belg.n.)*, havo *de (aux Pays-Bas, études secondaires sur cinq ans)*, vwo *het (aux Pays-Bas, études secondaires sur six ans)*
humble *adj* **1** *(modeste)* ootmoedig **2** *(sans prétention)* eenvoudig, bescheiden; **les ~s** de eenvoudigen
humecter *vt* bevochtigen
humer *vt* opsnuiven
humeur *nf* **1** *(tempérament)* humeur *het* **2** *(disposition momentanée)* stemming *nf*, bui *de*; **un récit plein de bonne ~** een heel vrolijk verhaal; **se sentir d'~ à faire qch** er wel voor voelen iets te doen; **de mauvaise ~** slechtgehumeurd, vies *(n.B.)*; **selon son ~** zoals het hem uitkomt
humide *adj* vochtig, nat
humidificateur *nm* (lucht)bevochtiger *nm*
humidifier *vt* bevochtigen
humidité *nf* vochtigheid *nf*; **craint l'~!** droog houden!
humiliant *adj* vernederend
humiliation *nf* vernedering *nf*
humilier *vt* vernederen
humilité *nf* **1** *(modestie)* nederigheid *nf* **2** *(soumission)* onderworpenheid *nf*
humoriste *adj* humoristisch; **l'humoriste** de humorist(e)
humoristique *adj* humoristisch, geestig
humour *nm* humor *nm*; **avoir de l'~** (gevoel voor) humor hebben; **~ noir** galgenhumor
humus *nm* teelaarde *de*
huppé *adj* **1** *(qui porte une huppe)* gekuifd **2** *(haut placé, riche)* sjiek, ↑ deftig
hurlement *nm* gehuil *het*, gebrul *het (personnes)*
hurler[1] *vi* **1** *(pousser des cris)* huilen *(animaux)*, brullen *(personnes)* **2** *(vent)* razen **3** *(couleur)* vloeken
hurler[2] *vt (exprimer par des hurlements)* uitschreeuwen
hurluberlu *nm* kwibus *nm*
hutte *nf* hutje *het*
hybride *adj* hybridisch
hydratant *adj* vocht inbrengend; **l'hydratant** de vochtinbrengende lotion
hydraulique *adj* hydraulisch, water-
hydravion *nm* watervliegtuig *het*
hydrocarbure *nm* koolwaterstof *de*
hydro-électrique *adj* waterkracht-; **centrale ~** waterkrachtcentrale; **énergie ~** waterkracht
hydrogène *nm* waterstof *de*
hydroglisseur *nm* hovercraft *de*
hydrophile *adj* vocht opnemend
hyène *nf (aussi au fig.)* hyena *de*
hygiène *nf* hygiëne *de*
hygiénique *adj* hygiënisch
hymen *nm* maagdenvlies *het*
hymne *nm* gezang *het*; **l'~ national** het volkslied
hyperbole *nf* hyperbool *de*
hyperlien *nm (inform.)* hyperlink *nm*
hypermarché *nm* grote supermarkt *de*
hypernerveux *adj* hypernerveus
hypersensible *adj* overgevoelig
hypertension *nf* verhoogde bloeddruk *nm*
hypertexte *nm* ♦ *(inform.)* **lien ~** hyperlink
hypnose *nf (aussi au fig.)* hypnose *nf*
hypnotique *adj* **1** *(aussi au fig.)* hypnotisch **2** *(somnifère)* slaap(ver)wekkend
hypnotiser *vt* hypnotiseren *(aussi au fig.)*
hypnotiseur, -euse *n* hypnotiseur, -seuse *nm,f*
hypocalorique *adj* caloriearm
hypocondriaque *adj* zwaarmoedig; **l'hypocondriaque** de zwartkijker
hypocrisie *nf* huichelarij *nf*
hypocrite *adj* huichelachtig, hypocriet; **faire l'~** schijnheilig doen; **l'hypocrite** de schijnheilige, hypocriet
hypotension *nf* te lage bloeddruk *nm*
hypothécaire *adj* hypothecair; **caisse ~** hypotheekbank
hypothèque *nf* hypotheek *nf*
hypothéquer *vt* **1** *(grever d'une hypothèque)* met een hypotheek belasten **2** *(engager l'avenir de)* op het spel zetten
hypothèse *nf* (ver)onderstelling *nf*, hypothese *nf*
hypothétique *adj* **1** *(de la nature de l'hypothèse)* hypothetisch, *(adj. aussi)* verondersteld **2** *(incertain)* onzeker
hystérie *nf* hysterie *nf* ♦ **c'est de l'~** dat is waanzin
hystérique *adj* **1** *(méd.)* hysterisch; **l'hystérique** de hystericus, hysterica **2** *(exalté)* opgewonden

Ik werkte in de stad van G. Deze stad is met cultuur gevuld; met zijn grote tuinen, de musea en het stadhuis. Genk is als "groene, voor haar fietspad. Bovendien is het gemakkelijk om te parkeren buiten de stad. De populatie is aandacht besteed aan de soorten afvalstoffen. De vlam. zijn op hun ongedaan bijgevoegd: Niet in een frietkraam om plaats te bestellen in f.

i

i *nm* i *de;* **i comme Irma** de i van Izaäk; ~ **grec** i-grec

ibidem *adv* terzelfder plaats, ibidem

ibis *nm* ibis *nm*

iceberg *nm* ijsberg *nm*

ici *adv* hier; **d'~** hiervandaan; **les gens d'~** de mensen uit deze streek; **par ~** hierlangs ♦ **d'~ peu** binnenkort; **d'~ là** vóór het zover is; **d'~ demain** vóór morgen; **d'~ quelques mois** binnen enkele maanden; **jusqu'~** tot nu toe

ici-bas *adv* hier op aarde, in dit ondermaanse

icône *nf* **1** *(peinture religieuse)* icoon *de* **2** *(inform.)* icoon *de*, pictogram *het*

idéal *adj* **1** *(abstrait)* ideëel **2** *(parfait)* ideaal; **l'~ est de, que** het beste is om, dat; **l'idéal** het ideaal

idéaliser *vt* idealiseren

idéalisme *nm* idealisme *het*

idéaliste *adj* idealistisch; **l'idéaliste** de idealist(e)

idée *nf* **1** *(représentation abstraite)* idee *het/de (f)*, gedachte *nf;* **n'avoir aucune, pas la moindre ~ de** niet de flauwste notie hebben van; **avoir une ~ derrière la tête** bijbedoelingen hebben; **se faire des ~s** zich iets in het hoofd halen; **se faire une ~ de qch** zich een beeld van iets vormen; ~ **fixe** idee-fixe, obsessie, dwanggedachte; **avoir les ~s larges** ruimdenkend zijn; **avoir des ~s noires** alles door een zwarte bril bekijken; ~ **reçue** gevestigd vooroordeel **2** *(projet, plan)* idee *het/de (f);* **on n'a pas ~ de faire une chose pareille** hoe kun je nu zoiets (stoms) doen; **avoir l'~ de** het plan opvatten om **3** *(esprit)* hoofd *het;* **venir à l'~ de qn** (bij iem) opkomen; **se changer les ~s** zijn zinnen verzetten; **avoir dans l'~ que** denken dat; **on ne m'ôtera pas ça de l'~** dat kan men mij niet uit het hoofd praten

idem *adv* **1** *(id.)* idem **2** *(de même)* ook

identification *nf* **1** *(action de s'identifier à)* vereenzelviging (met) *nf*, (het) zich identificeren (met) **2** *(action d'identifier)* identificering (van) *nf*

identifier[1] *vt* **1** *(reconnaître officiellement)* identificeren **2** *(déterminer)* herkennen

s'identifier[2] **(avec)** *vpr (se confondre avec)* zich identificeren (met), zich vereenzelvigen (met)

identique (à) *adj* identiek (met, aan)

identité *nf* **1** *(similitude)* overeenstemming *nf* **2** *(jur.; sc.; psycho.)* identiteit *nf*

idéologie *nf* ideologie *nf*

idéologique *adj* ideologisch

idiomatique *adj* idiomatisch

idiome *nm* taal(eigen) *de (het)*, idioom *het*

idiot *adj* idioot; **faire l'~** zich van den domme houden; **l'idiot(e)** de halvegare, *(méd.)* de idioot

idiotie *nf* **1** *(crétinisme)* idiotie *nf* **2** *(manque de bon sens)* stomheid *nf* **3** *(action, parole stupide)* stommiteit *nf*

idolâtrer *vt* verafgoden

idolâtrie *nf* **1** *(d'un dieu)* afgodendienst *nm* **2** *(amour passionné)* idolate liefde *nf*

idole *nf* **1** *(personne)* afgod *nm;* ~ **des jeunes** tieneridool **2** *(relig.)* afgodsbeeld *het*

idylle *nf* idylle *de*

idyllique *adj* idyllisch

if *nm* taxus(boom) *nm*

igloo, iglou *nm* iglo *nm*, ijshut *de*

ignare *adj (péj.)* onwetend; **l'ignare** het stuk onbenul

ignoble *adj* **1** *(vil)* laag, gemeen **2** *(répugnant)* weerzinwekkend

ignominie *nf* **1** *(infamie)* schande *de* **2** *(acte)* schanddaad *de*

ignorance *nf* onwetendheid *nf;* ~ **crasse** grove onkunde; **tenir qn dans l'~ de qch** iem onkundig laten van iets

ignorant *adj* onwetend; **faire l'~** zich van den domme houden; **l'ignorant(e)** de weetniet

ignoré *adj* onbekend

ignorer *vt* **1** *(ne pas savoir)* niet weten; **ne pas ~ que** heel goed weten dat **2** *(méconnaître)* negeren

il, ils *pron pers* **1** *(pron. pers.)* hij *(sing.)*, ze *(plur.)*, zij *(plur. emphatique);* ~ **a été arrêté** hij is gearresteerd; ~ **pleut** het regent **2** *(pron. pers. neutre)* het, er; ~ **y a des gens**

qui er zijn mensen die; ~ **le faut** het moet; ~ **faut essayer** je moet het proberen
île *nf* eiland *het (aussi au fig.)*
illégal *adj* illegaal
illégalité *nf* **1** illegaliteit *nf* **2** *(acte illégal)* illegale handeling *nf*
illégitime *adj* **1** *(jur.)* onwettig **2** *(injustifié)* ongerechtvaardigd **3** *(né hors du mariage)* onecht
illettré *adj* analfabetisch; **l'illettré(e)** de analfabeet
illicite *adj* ongeoorloofd
illico *adv* als de bliksem; ~ **presto** als de gesmeerde bliksem
illimité *adj* onbegrensd, onbeperkt
illisibilité *nf* onleesbaarheid *nf*
illisible *adj* onleesbaar
illogique *adj* onlogisch, ongerijmd
illumination *nf* **1** *(éclairage)* (feest)verlichting *nf*, illuminatie *nf* **2** *(inspiration subite)* ingeving *nf*
illuminé *adj* **1** *(éclairé)* (feestelijk) verlicht **2** *(mystique)* mystiek; **l'illuminé(e)** de ziener(es) ♦ **l'illuminé(e)** de dweper, dweepster
illuminer[1] *vt* (feestelijk) verlichten
s'illuminer[2] *vpr (s'éclairer)* oplichten
illusion *nf* **1** *(erreur de perception)* zinsbedrog *het*, illusie *nf (aussi au fig.)*; ~ **d'optique** gezichtsbedrog **2** *(rêve)* illusie *nf*; **se faire des ~s** zich illusies maken
illusionniste *n* goochelaar *nm*
illusoire *adj* bedrieglijk
illustration *nf* **1** *(figure)* illustratie *nf* **2** *(exemple)* voorbeeld *het*
illustre *adj* beroemd; ~ **inconnu** onbekende grootheid
illustré *adj* geïllustreerd; **l'illustré** het geïllustreerde tijdschrift
illustrer[1] *vt* **1** *(éclairer)* verduidelijken **2** *(orner de figures)* illustreren
s'illustrer[2] *vpr (se distinguer)* zich onderscheiden
îlot *nm* **1** *(petite île)* eilandje *het (aussi au fig.)* **2** *(groupe de maisons)* huizenblok *het*
image *nf* **1** *(reproduction visuelle)* beeld *het*, *(comparaison aussi)* beeldspraak *de*; **enfant sage comme une** ~ voorbeeldig kind **2** *(portrait)* evenbeeld *het* **3** *(réputation)* image *het/de*; **avoir une bonne ~ de marque** een goed image hebben
imagé *adj* beeldrijk
imaginable *adj* voorstelbaar
imaginaire *adj* **1** *(fictif)* denkbeeldig **2** *(math.)* imaginair
imaginatif *adj* vol verbeeldingskracht *(après le nom)*
imagination *nf* **1** *(faculté)* verbeelding *nf* **2** *(créativité)* verbeeldingskracht *de*
imaginer[1] *vt* **1** *(concevoir)* zich voorstellen; **imaginons que ce soit vrai** laten we aannemen dat dat waar is **2** *(inventer)* uitvinden, verzinnen
s'imaginer[2] *vpr* **1** *(se figurer)* zich voorstellen **2** *(croire à tort)* zich inbeelden
imbattable *adj* niet te verslaan, *(Belg.)* onklopbaar; **prix ~s** concurrerende prijzen
imbécile *adj* **1** *(stupide)* dom; **l'imbécile** de stommerd; **tu me prends pour un ~?** je denkt toch niet dat ik gek ben? **2** *(adj.) (méd.)* imbeciel
imbécillité *nf* stommiteit *nf*
imbiber[1] **(de)** *vt (imprégner de)* drenken (in)
s'imbiber[2] **(de)** *vpr* **1** *(s'imprégner de)* opzuigen **2** *(s'enivrer)* hijsen
s'imbriquer *vpr* elkaar overlappen
imbroglio *nm* verwikkeling *nf*
imbu (de) *adj* doortrokken (van); **être ~ de soi-même** het erg met zichzelf getroffen hebben
imbuvable *adj* **1** *(non potable; mauvais)* ondrinkbaar **2** *(insupportable)* niet te pruimen
imitateur *adj* nabootsend; **l'imitateur, l'imitatrice** *(personne qui imite)* de navolg(st)er, *(artiste)* de imitator
imitation *nf* **1** *(fait de prendre pour modèle)* nabootsing *nf*, navolging *nf* **2** *(plagiat, copie)* namaak *nm*, imitatie *nf*
imiter *vt* **1** *(copier)* nadoen **2** *(contrefaire)* namaken **3** *(singer)* napraten
immaculé *adj* **1** *(pur)* onbevlekt **2** *(non taché)* smetteloos
immangeable *adj* oneetbaar, niet te eten
immanquable *adj* **1** *(fatal)* onvermijdelijk **2** *(infaillible)* onfeilbaar
immatriculation *nf* inschrijving *nf*, registratie *nf*
immatriculer *vt* inschrijven, registreren
immature *adj* onrijp
immédiat *adj* onmiddellijk; **dans l'~** voorshands; **voisin** ~ naaste buur
immense *adj* onmetelijk
immensité *nf* onmetelijkheid *nf*
immerger *vt* (onder)dompelen; **être immergé** onder water liggen
immersion *nf* **1** *(action d'immerger)* onderdompeling *nf* **2** *(de terres)* overstroming *nf* **3** *(mar.)* (het) (onder)duiken
immeuble *nm* **1** *(bâtiment)* flatgebouw *het* **2** *(jur.)* onroerend goed *het*; **bien** ~ onroerend goed
immigrant, -ante *n* immigrant(e) *nm (nf)*
immigration *nf* immigratie *nf (établissement définitif)*
immigré *adj* geïmmigreerd; **l'immigré(e)** de immigrant(e); **le travailleur** ~ de gastarbeider
immigrer *vi* immigreren *(s'établir définitivement)*
imminence *nf* (het) dreigen, nadering *nf*
imminent *adj* dreigend, naderend
s'immiscer (dans) *vpr* zich bemoeien (met)
immobile *adj* onbeweeglijk
immobilier *adj* **1** *((des) immeuble(s))* onroerendgoed-; **l'immobilier** de onroerendgoedsector **2** *(immeuble)* onroerend
immobilisation *nf* **1** *(blocage)* (het) blok-

keren **2** *(arrêt)* (het) stilliggen, (het) stilstaan **3** *(fin.)* vastzetting *nf*
immobiliser[1] *vt* **1** *(arrêter)* stopzetten **2** *(paralyser)* verlammen
s'immobiliser[2] *vpr (se tenir immobile, s'arrêter)* zich niet meer bewegen, *(d'un véhicule)* tot stilstand komen
immobilité *nf* **1** *(inactivité)* onbeweeglijkheid *nf* **2** *(invariabilité)* onveranderlijkheid *nf*
immoler[1] *vt* offeren
s'immoler[2] *vpr* zich opofferen
immonde *adj* **1** *(dégoûtant; ignoble)* smerig **2** *(relig.)* onrein
immondices *nf* vuil *het*
immoral *adj* immoreel, onzedelijk
immoralité *nf* immoraliteit *nf*
immortaliser *vt* onsterfelijk maken, vereeuwigen
immortalité *nf* onsterfelijkheid *nf*
immortel *adj* onsterfelijk *(aussi au fig.)*
immuable *adj* onveranderlijk, duurzaam
immuniser *vt* **1** *(méd.)* immuniseren, immuun maken **2** *(+ contre) (protéger contre)* beschermen (tegen)
immunité *nf* **1** *(méd.)* immuniteit *nf*, onvatbaarheid *nf* **2** *(pol.)* onschendbaarheid *nf*
impact *nm* **1** *(conséquence)* effect *het* **2** *(impression)* effect *het;* **avoir de l'~** effect hebben **3** *(choc)* schok *nm*, inslag *nm (projectiles)*
impair *adj* oneven *(aussi math.)* ♦ *(la gaffe)* **l'impair** de flater
impalpable *adj* **1** *(qu'on ne peut palper)* ontastbaar **2** *(fin)* uiterst fijn
imparable *adj* onhoudbaar
impardonnable *adj* onvergeeflijk
imparfait *adj* onvolmaakt; **l'imparfait** de onvoltooid verleden tijd
impartial *adj* onpartijdig
impartialité *nf* onpartijdigheid *nf*
impasse *nf* **1** *(cul-de-sac)* doodlopende straat *de* **2** *(situation difficile)* impasse *nf;* **se trouver dans une ~** in het slop geraakt zijn
impassible *adj* onverstoorbaar; **visage ~** stalen gezicht
impatience *nf* ongeduld *het*
impatient *adj* **1** *(qui manque de patience)* ongeduldig **2** *(désireux (de faire qch))* (ernaar) verlangend (iets te doen)
impatienter[1] *vt* ongeduldig maken
s'impatienter[2] *vpr* ongeduldig worden
impayable *adj* kostelijk
impayé *adj* onbetaald; **les ~s** de onbetaalde rekeningen
impeccable *adj* **1** *(irréprochable)* onberispelijk **2** *(parfait)* perfect; **~!** pico bello!
impénétrable *adj* **1** *(dense)* ondoordringbaar **2** *(insondable)* ondoorgrondelijk
impénitent *adj* **1** *(invétéré)* onverbeterlijk, verstokt **2** *(relig.)* onboetvaardig
impensable *adj* ondenkbaar
impératif *adj* gebiedend; **il est ~ que** het is absoluut noodzakelijk dat; **l'impératif** de gebiedende wijs ♦ *(prescription)* **l'impératif** het gebod
impératrice *nf* keizerin *nf*
imperceptible *adj* onmerkbaar
imperfection *nf* onvolmaaktheid *nf (aussi défaut)*
impérial *adj* keizerlijk, *(adj. aussi)* keizers-
impérialisme *nm* imperialisme *het*
impérialiste *adj* imperialistisch; **l'impérialiste** de imperialist(e)
impérieux *adj* **1** *(autoritaire)* gebiedend *(d'un ton)*, autoritair *(d'une personne)* **2** *(pressant)* zeer dringend
impérissable *adj* onvergankelijk
imperméabiliser *vt* waterafstotend maken, impregneren
imperméable *adj* **1** *(étanche)* waterdicht; **l'imperméable** de regenjas **2** *(géo.)* ondoorlatend **3** *(+ à) (insensible à)* ongevoelig (voor)
impersonnel *adj* onpersoonlijk
impertinence *nf* **1** *(impolitesse)* onbeschaamdheid *nf* **2** *(parole, action impolie)* brutaliteit *nf*
impertinent *adj* brutaal, onbeschaamd; *(subst.)* **petit ~!** brutale aap!
imperturbable *adj* onverstoorbaar
impétueux *adj* **1** *(ardent)* onstuimig **2** *(véhément)* stormachtig
impitoyable *adj* **1** *(cruel)* meedogenloos, onbarmhartig **2** *(sévère)* ontoegeeflijk
implacable *adj* onverbiddelijk
implantation *nf* **1** *(entreprises, personnes)* vestiging *nf* **2** *(usages)* (het) ingeburgerd raken **3** *(méd.)* implantatie *nf* ♦ **l'~ des cheveux** de haarinplant
implanter[1] *vt* **1** *(entreprises)* vestigen, *(Belg.)* inplanten **2** *(usages)* in zwang brengen **3** *(méd.)* implanteren
s'implanter[2] *vpr* **1** *(entreprises, personnes)* zich vestigen **2** *(usages)* ingeburgerd raken
implication *nf* **1** *(conséquence)* gevolg *het* **2** *(+ dans) (mise en cause)* (het) betrekken (bij)
implicite *adj* impliciet, onuitgesproken
impliquer *vt* **1** *(entraîner)* met zich brengen **2** *(supposer)* inhouden **3** *(+ dans) (compromettre dans)* verwikkelen (in)
implorer *vt* **1** *(supplier qn)* smeken **2** *(solliciter qch)* smeken om, afsmeken
impoli *adj* onbeleefd
impolitesse *nf* onbeleefdheid *nf*
impondérable *adj* onberekenbaar; **les ~s** de imponderabilia
impopulaire *adj* impopulair
impopularité *nf* impopulariteit *nf*
importance *nf* **1** *(intérêt)* belang *het;* **attacher de l'~ à qch** gewicht hechten aan iets; **cela n'a aucune ~** dat geeft niets; **prendre de l'~** belangrijk worden; **quelle ~?** wat doet het er toe? **2** *(ampleur)* omvang *nm*
important *adj* **1** *(qui a de l'intérêt)* belangrijk; **l'important** de hoofdzaak **2** *(qui est grand)* groot, aanzienlijk

importateur *adj* invoer-, importerend; **l'importateur** de importeur
importation *nf* invoer *nm*, import *nm*
importer[1] *vi* van belang zijn; **n'importe comment** hoe dan ook; **n'importe comment** hoe dan ook; **il importe de** het is van belang om; **peu importe** wat doet het er toe; **n'importe qui** wie dan ook; **n'importe quoi!** onzin! ♦ **peu m'importe** het kan me niets schelen
importer[2] *vt* **1** *(des produits)* invoeren, importeren **2** *(des coutumes)* in zwang brengen, introduceren
importun *adj* ↓lastig, hinderlijk; **un** ~ een lastpost; **visite ~e** ongelegen bezoek
importuner *vt* ontrieven, ↓lastigvallen
imposable *adj* **1** *(chose)* belastbaar **2** *(personne)* belastingplichtig (over)
imposant *adj* indrukwekkend, imponerend
imposer[1] *vi* ♦ **en ~ à** (iem) imponeren
imposer[2] *vt* **1** *(taxer)* belasting opleggen aan **2** *(infliger)* opleggen; **prix imposés** vaste prijzen; ~ **le respect** ontzag inboezemen
s'imposer[3] *vpr* **1** *(se faire admettre)* zich doen gelden **2** *(être de mise)* geboden zijn; **la solution s'impose** de oplossing ligt voor de hand **3** *(se faire une obligation de qch)* zich tot taak stellen **4** *(chez, à qn)* zich opdringen (bij, aan)
imposition *nf* belastingheffing *nf* ♦ ~ **des mains** handoplegging
impossibilité *nf* onmogelijkheid *nf*; **être dans l'~ de faire qch** onmogelijk iets kunnen doen
impossible *adj* onmogelijk; ~ **de le savoir** dat kun je niet weten; **enfant** ~ lastig kind; **l'impossible** het onmogelijke
imposteur *nm* bedrieger *nm*
imposture *nf* bedrog *het*
impôt *nm* belasting *nf*; ~ **sur le chiffre d'affaires** omzetbelasting *(le même mot peut indiquer la TVA!)*; **la déclaration d'~s** de belastingaangifte; ~ **sur la fortune** vermogensbelasting; ~ **sur le revenu** inkomstenbelasting; ~ **sur les sociétés** vennootschapsbelasting
impotent *adj* invalide, gehandicapt; **l'impotent(e)** de invalide
impraticable *adj* **1** *(irréalisable)* onuitvoerbaar **2** *(où l'on ne peut passer)* onbegaanbaar
imprécis *adj* vaag, onnauwkeurig
imprégnation *nf* doordrenking *nf* ♦ ~ **(alcoolique)** alcoholpromillage
imprégner[1] **(de)** *vt (imbiber de)* doordrenken (met) *(aussi au fig.)*
s'imprégner[2] **(de)** *vpr* **1** *(s'imbiber de)* zich volzuigen (met) **2** *(apprendre)* in zich opnemen; **s'~ d'une langue** zich een taal eigen maken
imprenable *adj* onneembaar ♦ **vue** ~ blijvend vrij uitzicht
imprésario *nm* impresario *nm*
impression *nf* **1** *(effet, sensation)* indruk *nm*; **donner l'~ de** de indruk geven van, schijnen te; **faire ~ sur** indruk maken op **2** *(de tissus, de textes, etc.)* (het) (af)drukken, (af)druk *nm*
impressionnable *adj* gevoelig
impressionner *vt* indruk maken op
imprévisible *adj* onvoorzien
imprévoyance *nf* kortzichtigheid *nf*
imprévoyant *adj* kortzichtig
imprévu *adj* onvoorzien; *(subst.)* **en cas d'~** als er iets tussen komt; **l'imprévu** de onvoorziene gebeurtenis
imprimante *nf* printer *nm*; ~ **à jet d'encre** inkjetprinter; ~ **laser** laserprinter; ~ **matricielle** matrixprinter
imprimé *nm* **1** *(brochure, formulaire)* drukwerk *het* **2** *(tissu imprimé)* bedrukte stof *de*
imprimer *vt* **1** *(reproduire)* drukken, *(tissu, etc.)* bedrukken **2** *(inform.)* (uit)printen **3** *(transmettre)* geven *(une direction)*, overbrengen op *(un mouvement)* **4** *(fixer)* een indruk achterlaten; **être imprimé dans la mémoire** in het geheugen gegrift staan
imprimerie *nf* **1** *(atelier, entreprise)* drukkerij *nf* **2** *(art d'imprimer)* boekdrukkunst *nf* **3** *(fait d'imprimer)* (het) drukken; **caractère d'~** *(lettre imprimée)* drukletter, *(caractère manuscrit)* blokletter
imprimeur *nm* drukker *nm*
improbable *adj* onwaarschijnlijk
improductif *adj* onproductief
impromptu *adj* geïmproviseerd; **l'impromptu** het impromptu
imprononçable *adj* onuitspreekbaar
impropre *adj* **1** *(+ à) (qui ne convient pas à)* ongeschikt (voor) **2** *(incorrect(ement))* onjuist
improvisateur, -trice *n* improvisaltor, -trice *nm,f*; **talent d'~** improvisatietalent
improvisation *nf* improvisatie *nf (aussi mus.)*
improviser[1] *vi* improviseren
improviser[2] *vt* improviseren
s'improviser[3] *vpr* **1** *(être fait sans préparation)* geïmproviseerd worden **2** *(devenir subitement)* zomaar worden
improviste ♦ **à l'~** onverwachts; **prendre qn à l'~** iem overvallen
imprudence *nf* onvoorzichtigheid *nf*
imprudent *adj* onvoorzichtig
impudent *adj* onbeschaamd
impudique *adj* onzedig
impuissance *nf* **1** *(manque de puissance, de moyens)* onmacht *de*, machteloosheid *nf* **2** *(méd.)* impotentie *nf*
impuissant *adj* **1** *(sans moyens suffisants)* machteloos; ~ **à** niet in staat om **2** *(méd.)* impotent; **l'impuissant** de impotente man
impulsif *adj* impulsief
impulsion *nf* impuls *nm (aussi technol.)*; **obéir à ses ~s** impulsief handelen
impuni *adj* ongestraft
impunité *nf* straffeloosheid *nf*
impur *adj* onzuiver, onrein *(fig.)*
impureté *nf* **1** *(d'une substance)* onzuiverheid *nf* **2** *(plur.) (saletés)* vuildeeltjes *plur*
imputable *adj* **1** *(+ à) (attribuable)* toe te

schrijven (aan) **2** *(+ sur) (fin.)* te boeken (op)
imputation *nf* **1** *(accusation)* aantijging *nf* **2** *(fin.)* boeking *nf*
imputer *vt* **1** *(+ à) (attribuer à)* toerekenen (aan), toeschrijven (aan) **2** *(+ sur) (fin.)* boeken (bij)
inabordable *adj* **1** *(cher)* onbetaalbaar **2** *(inaccessible)* ontoegankelijk, ongenaakbaar *(personnes)*
inacceptable *adj* onaanvaardbaar
inaccessible *adj* **1** *(dont l'accès est impossible)* ontoegankelijk, onbereikbaar *(aussi au fig.)*, ongenaakbaar *(personnes)* **2** *(+ à) (insensible à)* ongevoelig (voor)
inaccoutumé *adj* ongewoon
inachevé *adj* onvoltooid
inactif *adj* **1** *(méd.)* niet werkzaam **2** *(oisif)* niet-actief **3** *(écon.)* stagnerend, lusteloos *(Bourse)*
inaction *nf* (het) nietsdoen
inadapté *adj* **1** *(choses)* onaangepast; **un(e) ~(e)** een kind met aanpassingsmoeilijkheden **2** *(personnes)* met aanpassingsmoeilijkheden
inadéquat (à) *adj* ongeschikt (voor)
inadmissible *adj* ontoelaatbaar
inadvertance *nf* ♦ **par ~** bij vergissing
inaltérable *adj* **1** *(constant)* onveranderlijk **2** *(inattaquable)* onaantastbaar; **une couleur ~** een lichtechte kleur; **un métal ~** een roestvrije metaalsoort
inanimé *adj* **1** *(sans vie)* levenloos, ontzield **2** *(inconscient)* bewusteloos
inanition *nf* uitputting *nf* (door ondervoeding) ♦ **mourir d'~** vergaan van de honger
inaperçu *adj* ♦ **passer ~** niet opgemerkt worden, niet opvallen
inapplicable *adj* niet toepasselijk
inappréciable *adj* onschatbaar
inapte (à) *adj* **1** *(incapable de)* ongeschikt (voor) **2** *(milit.)* afgekeurd (voor)
inaptitude *nf* **1** *(incapacité)* ongeschiktheid *nf* **2** *(milit.)* (het) afgekeurd zijn
inarticulé *adj* onduidelijk uitgesproken
inattaquable *adj* **1** *(invincible; inoxydable)* onaantastbaar **2** *(incontestable)* onaanvechtbaar
inattendu *adj* onverwacht; **l'inattendu** het onverwachte
inattentif *adj* onoplettend
inattention *nf* onoplettendheid *nf*; **faute d'~** verschrijving
inaudible *adj* **1** *(que l'on ne peut entendre)* onhoorbaar **2** *(inécoutable)* niet om aan te horen
inaugural *adj* inwijdings-; **discours ~** inaugurele rede
inauguration *nf* inwijding *nf*, onthulling *nf (d'un monument)*
inaugurer *vt* **1** *(un édifice, etc.)* inwijden, onthullen *(un monument)* **2** *(lancer)* ingang doen vinden, lanceren *(une mode)*
inavouable *adj* waarvoor men niet uit wil komen
inavoué *adj* heimelijk
incalculable *adj* **1** *(considérable)* ontelbaar **2** *(imprévisible)* onberekenbaar
incandescent *adj* (rood)gloeiend
incantation *nf* **1** *(paroles magiques)* toverspreuk *de* **2** *(emploi de paroles magiques)* betovering *nf*
incapable (de) *adj* niet in staat (om, tot), (handelings)onbekwaam *(jur.)*; **l'incapable** de nietsnut
incapacité *nf* **1** *(+ de) (inaptitude)* onvermogen (om) *het*; **être dans l'~ de** niet bij machte zijn om **2** *(de travail)* arbeidsongeschiktheid *nf* **3** *(jur.)* handelingsonbekwaamheid *nf*
incarcération *nf* opsluiting *nf*
incarcérer *vt* opsluiten
incarnation *nf* **1** *(personnification)* belichaming *nf* **2** *(relig.)* menswording *nf*
incarner[1] *vt* **1** *(personnifier)* belichamen; **être la bonté incarnée** de goedheid zelve zijn; **ongle incarné** ingegroeide nagel **2** *(dram.)* (de rol) spelen (van)
s'incarner[2] *vpr* **1** *(prendre une forme matérielle)* de gedaante aannemen (van) **2** *(relig.)* mens worden
incartade *nf* onbezonnen streek *de*
incassable *adj* onbreekbaar
incendiaire *adj* **1** *(provoquant le feu)* brandstichtend, brand-; **l'incendiaire** de brandsticht(st)er **2** *(subversif)* opruiend
incendie *nm* brand *nm (aussi au fig.)*; **~ volontaire** brandstichting
incendier *vt* **1** *(brûler)* in brand steken **2** *(engueuler)* uitfoeteren
incertain *adj* **1** *(hypothétique)* onzeker, twijfelachtig **2** *(indécis)* onzeker, besluiteloos; **demeurer ~** niet kunnen besluiten **3** *(vague)* vaag **4** *(météo.)* onbestendig
incertitude *nf* **1** *(état de ce qui est incertain)* onzekerheid *nf*; **laisser qn dans l'~** iem in het ongewisse laten **2** *(doute)* onzekerheid *nf*, twijfel *nm* **3** *(chose mal connue)* vaagheid *nf* **4** *(météo.)* onbestendigheid *nf*
incessamment *adv* dadelijk
incessant *adj* onophoudelijk
inceste *nm* incest *nm*
incestueux *adj* incestueus
inchangé *adj* ongewijzigd
incidemment *adv* terloops
incidence *nf* **1** *(influence)* weerslag *nm*, effect *het* **2** *(phys.)* invalsrichting *nf*
incident *nm* incident *het*
incinération *nf* **1** *(action d'incinérer)* verbranding *nf* **2** *(crémation)* crematie *nf*
incinérer *vt* **1** *(brûler)* verbranden **2** *(un cadavre)* cremeren
inciser *vt* insnijden
incisif *adj* bijtend
incision *nf* snee *de*
incisive *nf* snijtand *nm*
incitation (à) *nf* aanzetting (tot) *nf*
inciter (à) *vt* aanzetten (tot)
inclassable *adj* niet te classificeren
inclinaison *nf* **1** *(pente)* helling *nf* **2** *(de la tête, du buste)* buiging *nf*
inclination *nf* **1** *(penchant)* neiging *nf*

2 *(révérence)* buiging *nf*, knik *nm (de la tête)*
incliner[1] *vi (+ à) (être porté à)* neigen (tot)
incliner[2] *vt* **1** *(la tête, etc.)* buigen **2** *(+ à) (inciter)* ertoe brengen om
s'incliner[3] *vpr* **1** *(descendre)* (over)hellen **2** *(se pencher)* buigen **3** *(+ devant) (céder devant)* het hoofd buigen (voor) ♦ *(témoignage d'admiration)* **s'~ devant qn, qch** z'n petje afnemen voor iem/iets
inclure *vt* **1** *(insérer)* insluiten, bijvoegen **2** *(impliquer)* inhouden
inclus *adj* ingesloten; **jusqu'à la page trois ~e** tot en met bladzijde drie
inclusion *nf* tussenvoeging *nf*
incognito *nm* incognito *het*
incohérence *nf* onsamenhangendheid *nf*
incohérent *adj* onsamenhangend
incollable *adj* ↑ niet te verslaan; **en maths, il est ~** hij is een kei in wiskunde
incolore *adj* kleurloos *(aussi au fig.)*
incomber[1] **(à)** *vi (être imposé à)* neerkomen (op); **les frais incombent au propriétaire** de eigenaar moet de kosten op zich nemen
incomber[2] **(de)** *vb impers (revenir)* neerkomen op; **il m'incombe de ...** het komt op mij neer om ...
incommode *adj* ongemakkelijk
incommoder *vt* hinderen
incommunicable *adj* **1** *(indicible)* onmededeelbaar **2** *(inconciliable)* onverenigbaar
incomparable *adj* **1** *(sans pareil)* weergaloos **2** *(que l'on ne peut comparer)* onvergelijkbaar
incompatibilité *nf* onverenigbaarheid *nf*
incompatible (avec) *adj* onverenigbaar (met), *(inform.)* incompatibel
incompétence *nf* **1** *(ignorance)* onbekwaamheid *nf* **2** *(jur.)* onbevoegdheid *nf*
incompétent *adj* **1** *(ignorant)* onbekwaam **2** *(jur.)* niet bevoegd
incomplet *adj* onvolledig, gebrekkig *(fig.)*
incompréhensible *adj* onbegrijpelijk; **~ à qn** onbegrijpelijk voor iem
incompréhensif *adj* vol onbegrip
incompréhension *nf* onbegrip *het*
incompris *adj* onbegrepen
inconcevable *adj* **1** *(incroyable)* onvoorstelbaar **2** *(difficile à cerner)* onbevattelijk; **l'inconcevable** het onbevattelijke
inconciliable *adj* strijdig, onverenigbaar
inconditionnel *adj* onvoorwaardelijk; **un ~** een fervent aanhanger
inconfort *nm* gebrek *het* aan comfort, ongerief *het*
inconfortable *adj* ongerieflijk, niet comfortabel; **situation ~** onaangename situatie
incongru *adj* **1** *(chose)* ongepast **2** *(personne)* ongemanierd
inconnu *adj* **1** *(non connu)* onbekend, vreemd; **~ à qn** (aan) iem onbekend; **l'inconnu** het onbekende; **un(e) ~(e)** een onbekende, vreemde **2** *(jamais ressenti)* ongekend
inconscience *nf* **1** *(irréflexion)* lichtzinnigheid *nf* **2** *(méd.)* bewusteloosheid *nf* **3** *(psycho.)* onbewuste (karakter) *het*
inconscient *adj* **1** *(+ de) (qui ne se rend pas compte de; instinctif)* onbewust (van); *(psycho.)* **l'inconscient** het onbewuste **2** *(adj.) (irresponsable)* onverantwoordelijk, lichtzinnig; **un(e) ~(e)** een lichtzinnig persoon **3** *(adj.) (méd.)* bewusteloos
inconséquent *adj* **1** *(illogique)* onlogisch **2** *(en contradiction avec soi-même)* inconsequent
inconsidéré *adj* ondoordacht
inconsistant *adj* inconsequent
inconsolable *adj* ontroostbaar
inconstance *nf* **1** *(d'une personne)* wispelturigheid *nf* **2** *(d'une chose)* wisselvalligheid *nf*, onbestendigheid *nf*
inconstant *adj* wispelturig
incontestable *adj* onbetwistbaar
incontesté *adj* onbetwist
incontinence *nf* incontinentie *nf*
incontinent *adj* incontinent
incontrôlable *adj* oncontroleerbaar
incontrôlé *adj* ongecontroleerd
inconvenance *nf* ongepastheid *nf*
inconvenant *adj* ongepast; **dans une tenue ~e** niet fatsoenlijk gekleed
inconvénient *nm* bezwaar *het*, nadeel *het*; **je n'y vois pas d'~** ik heb er geen bezwaar tegen
incorporation *nf* **1** *(milit.)* inlijving *nf* **2** *(mélange)* toevoeging *nf* **3** *(+ à, dans) (intégration)* opneming (in) *nf*
incorporer *vt* **1** *(+ dans) (milit.)* inlijven (bij) **2** *(+ à) (mélanger à)* vermengen (met) **3** *(+ à, dans) (intégrer dans)* opnemen (in) **4** *(dans une construction)* inbouwen; **cuisine avec four incorporé** keuken met ingebouwde oven
incorrect *adj* **1** *(impropre)* verkeerd, onjuist **2** *(inconvenant)* onbehoorlijk
incorrection *nf* **1** *(ling.)* onjuistheid *nf* **2** *(inconvenance)* ongepastheid *nf*
incorrigible *adj* onverbeterlijk, verstokt
incorruptible *adj* onkreukbaar
incrédule *adj* ongelovig, *(Belg.)* vrijzinnig
incrédulité *nf* ongelovigheid *nf*
increvable *adj* **1** *(pneus)* 'tubeless' **2** *(infatigable)* ↑ niet kapot te krijgen
incrimination *nf* aantijging *nf*
incriminer *vt* veroordelen
incroyable *adj* ongelofelijk
incroyant *adj* ongelovig; **l'incroyant(e)** de ongelovige
incrustation *nf* **1** *(action d'incruster)* (het) inleggen **2** *(élément incrusté)* inlegwerk *het* **3** *(tartre)* ketelsteen *het/de (m)*
incruster[1] *vt* **1** *(arts)* inleggen **2** *(entartrer)* met ketelsteen bedekken
s'incruster[2] *vpr* **1** *(+ chez) (s'enraciner chez qn)* blijven plakken (bij) **2** *(s'implanter dans)* vastkoeken (aan)

incubation *nf* **1** *(d'œufs)* (het) (be)broeden **2** *(aussi au fig.) (méd.)* incubatietijd *nm*
inculpation *nf* beschuldiging *nf*
inculpé *adj* beschuldigd, aangeklaagd; **l'inculpé** de verdachte
inculper *vt* beschuldigen; ~ **qn de meurtre** iem moord ten laste leggen
inculquer *vt* inprenten
inculte *adj* **1** *(ignare)* onbeschaafd **2** *(en friche)* onbebouwd, braakliggend **3** *(négligé)* onverzorgd
incurable *adj* ongeneeslijk *(aussi au fig.)*
incursion *nf* **1** *(milit.)* inval *nm* **2** *(dans un nouveau domaine)* uitstapje *het*
incurver[1] *vt* buigen
s'incurver[2] *vpr* (zich) buigen
Inde *nf* India *n (sans art.)*; **en** ~ in India
indécence *nf* **1** *(impudeur)* onzedigheid *nf* **2** *(impudence)* schaamteloosheid *nf*
indécent *adj* **1** *(incorrect)* onfatsoenlijk **2** *(qui choque par sa démesure)* buitensporig
indéchiffrable *adj* onleesbaar
indécis *adj* **1** *(irrésolu)* besluiteloos; **l'indécis(e)** de weifelaar(ster) **2** *(vague)* vaag
indécision *nf* besluiteloosheid *nf*
indéfendable *adj* onverdedigbaar
indéfini *adj* **1** *(infini)* oneindig **2** *(adj.) (vague)* vaag **3** *(ling.)* onbepaald (gebruikt)
indéfinissable *adj* **1** *(que l'on ne peut définir)* ondefinieerbaar **2** *(indescriptible)* onverklaarbaar
indéformable *adj* vormvast
indélébile *adj* onuitwisbaar
indélicat *adj* **1** *(qui manque de tact)* tactloos **2** *(malhonnête)* oneerlijk
indemne *adj* ongedeerd
indemnisation *nf* schadeloosstelling *nf*
indemniser (de) *vt* schadeloosstellen (voor), vergoeden
indemnité *nf* **1** *(allocation)* vergoeding *nf*; ~ **de déplacement** reiskostenvergoeding; ~ **parlementaire** toelage van een parlementariër; ~ **de transport** tegemoetkoming in de vervoerkosten **2** *(dédommagement)* schadevergoeding *nf*
indéniable *adj* ontegenzeglijk, onbetwistbaar
indépendance *nf* onafhankelijkheid *nf*
indépendant *adj* **1** *(+ de) (libre; détaché)* onafhankelijk (van) *(aussi pol.)* **2** *(adj.) (maison)* vrijstaand
indescriptible *adj* onbeschrijfelijk
indésirable *adj* ongewenst; **l'indésirable** de ongewenste vreemdeling(e)
indestructible *adj* onverwoestbaar
indétermination *nf* **1** *(irrésolution)* besluiteloosheid *nf* **2** *(imprécision)* onduidelijkheid *nf*
indéterminé *adj* onbepaald, vaag
index *nm* **1** *(doigt)* wijsvinger *nm* **2** *(table alphabétique)* (trefwoorden)register *het*, index *nm* **3** *(indice)* index *nm*
indexation *nf* indexering *nf*, *(Belg.)* indexaanpassing *nf*
indexer *vt* indexeren (aan)
indicateur[1] *nm* **1** *(livre)* gids *de* **2** *(instrument)* meter *nm*, (aan)wijzer *nm* **3** *(écon.)* indicator *nm*
indicateur[2] *adj* aanwijzend; **l'indicateur, indicatrice** de verklikker, verklikster; **poteau** ~ wegwijzer
indicatif[1] *nm* **1** *(fragment musical)* herkenningsmelodie *nf* **2** *(ling.)* aantonende wijs *de* **3** *(téléphone)* toegangsnummer *het*; ~ **interurbain** netnummer
indicatif[2] *adj* aanwijzend; **à titre** ~ ter informatie; **prix** ~ adviesprijs
indication *nf* **1** *(indice)* aanduiding *nf* **2** *(conseil)* aanwijzing *nf*, vingerwijzing *nf*; **sur l'**~ **de qn** op iemands advies **3** *(méd.)* indicatie *nf*
indice *nm* **1** *(signe)* aanwijzing *nf*, teken *het*; **l'**~ **des prix** de prijsindex; ~ **de protection** beschermingsfactor **2** *(nombre, lettre)* index *nm*, indexcijfer *het (aussi écon.)*; ~ **d'écoute** *(radio)* luisterdichtheid, *(télévision)* kijkdichtheid
indicible *adj* onuitsprekelijk
indien *adj* **1** *(de l'Inde)* Indiaas; **l'Indien(ne)** *(de l'Inde)* de Indiër, Indiase, *(d'Amérique)* de indiaan(se) **2** *(d'Amérique)* indiaans
indifféremment *adv* onverschillig
indifférence *nf* onverschilligheid *nf*
indifférent *adj* **1** *(+ à) (insensible à)* onverschillig (tegenover); **il ne m'est pas** ~ hij laat mij niet onverschillig **2** *(sans importance)* onbelangrijk **3** *(égal)* om het even
indifférer *vt* koud laten
indigence *nf* armoede *de (aussi spirituelle)*; **vivre dans l'**~ in armoede leven
indigène *adj* inheems; **l'indigène** de inlander, inlandse
indigent *adj* **1** *(personne)* arm, behoeftig **2** *(chose)* pover
indigeste *adj* onverteerbaar, zwaar *(aussi au fig.)*
indigestion *nf* indigestie *nf*; *(fig.)* **avoir une** ~ **de qch** van iets meer dan genoeg hebben
indignation *nf* verontwaardiging *nf*
indigne *adj* **1** *(+ de) (qui ne mérite pas)* niet waard **2** *(condamnable)* verachtelijk
indigner[1] *vt* verontwaardigen
s'indigner[2] *vpr* zich verontwaardigen (over)
indignité *nf* onwaardigheid *nf*
indigo *nm* indigo *het/de (m)*; **une robe (bleu)** ~ een indigo(blauwe) japon
indiqué *adj* **1** *(fixé)* aangegeven **2** *(opportun)* aangewezen
indiquer *vt* **1** *(désigner)* aanwijzen **2** *(faire voir)* aangeven **3** *(dire)* noemen **4** *(prouver)* wijzen op
indirect *adj* indirect; **discours, style** ~ indirecte rede
indiscipliné *adj* ongedisciplineerd; **cheveux ~s** weerbarstig haar
indiscret *adj* **1** *(curieux)* onbescheiden **2** *(bavard)* loslippig
indiscrétion *nf* **1** *(curiosité)* onbescheidenheid *nf* **2** *(tendance à répéter)* loslippigheid *nf*; **commettre une** ~ uit de school klappen

indiscutable *adj* onbetwistbaar
indispensable *adj* onontbeerlijk; **se croire** ~ denken dat men onmisbaar is; **l'indispensable** het hoogst noodzakelijke
indisponible *adj* niet beschikbaar
indisposé *adj* onwel, niet lekker; **elle est ~e** zij is ongesteld
indisposer *vt* **1** *(incommoder)* onwel maken **2** *(déplaire)* ergeren
indisposition *nf* onpasselijkheid *nf*
indissociable *adj* niet te scheiden
indistinct *adj* **1** *(flou)* onduidelijk, vaag **2** *(adv.) (sans distinction)* zonder onderscheid
individu *nm* individu *het*
individualiser *vt* individualiseren
individualisme *nm* individualisme *het*
individualiste *adj* individualistisch; **l'individualiste** de individualist(e)
individualité *nf* **1** *(particularité)* eigen karakter *het* **2** *(personnalité)* persoonlijkheid *nf*
individuel *adj* individueel; **chambre ~le** eenpersoonskamer; **maison ~le** (vrijstaande) eengezinswoning
indivisible *adj* ondeelbaar
indolence *nf* lusteloosheid *nf*
indolent *adj* lusteloos
indolore *adj* pijnloos
indomptable *adj* **1** *(personne)* onbuigzaam **2** *(animal)* ontembaar
indompté *adj* **1** *(non refréné)* ongecontroleerd **2** *(animal)* ongetemd
indonésien *adj* Indonesisch; **l'Indonésien(ne)** de Indonesiër, Indonesische
indu *adj* **1** *(inconvenant)* onbehoorlijk; **à une heure ~e** in het holst van de nacht **2** *(jur.)* ongegrond ♦ **un** ~ een niet-verschuldigd bedrag
indubitable *adj* zeker
inductif *adj* inductief, inductie-
induire *vt* **1** *(inférer de)* afleiden (uit); **j'en induis que** daaruit leid ik af dat **2** *(phys.)* induceren
indulgence *nf* **1** *(bienveillance)* toegeeflijkheid *nf* **2** *(relig.)* aflaat *nm*
indulgent *adj* toegeeflijk
indûment *adv* onrechtmatig
industrialisation *nf* industrialisatie *nf*
industrialiser *vt* industrialiseren
industrie *nf* **1** *(secteur)* industrie *nf;* **petites et moyennes ~s, PMI** midden- en kleinindustrie, *(Belg.n.)* kleine en middelgrote industrieën, KMI's **2** *(entreprise)* onderneming *nf*
industriel *adj* industrieel; **l'industriel** de industrieel; *(fig.)* **quantité ~le** gigantische hoeveelheid; **zone ~le** industriegebied
inébranlable *adj* **1** *(inflexible, ferme)* standvastig; **être, rester** ~ onvermurwbaar zijn **2** *(solide)* solide **3** *(impassible)* onverstoorbaar
inédit *adj* **1** *(édit.)* onuitgegeven; **un** ~ nog niet gepubliceerd werk **2** *(nouveau)* volkomen nieuw; **c'est de l'**~ dat is iets heel nieuws
ineffable *adj* onuitsprekelijk
ineffaçable *adj* onuitwisbaar *(aussi au fig.)*
inefficace *adj* ondoeltreffend, inefficiënt
inefficacité *nf* ondoeltreffendheid *nf*
inégal *adj* **1** *(différent, irrégulier)* ongelijk; **avec un succès** ~ met wisselend succes; **terrain** ~ oneffen terrein **2** *(changeant)* ongelijkmatig
inégalable *adj* niet te evenaren
inégalé *adj* ongeëvenaard
inégalité *nf* **1** *(différence)* ongelijkheid *nf* **2** *(irrégularité)* onregelmatigheid *nf*
inéluctable *adj* onvermijdelijk, onontkoombaar
inénarrable *adj* om je dood te lachen
inepte *adj* absurd
ineptie *nf* onzinnigheid *nf*
inépuisable *adj* onuitputtelijk
inerte *adj* **1** *(sans mouvement)* onbeweeglijk **2** *(apathique)* futloos **3** *(phys.; chim.)* inert
inertie *nf* **1** *(apathie)* futloosheid *nf* **2** *(phys.; chim.)* inertie *nf*
inespéré *adj* onverhoopt
inestimable *adj* onschatbaar
inévitable *adj* onvermijdelijk
inexact *adj* **1** *(faux)* onjuist **2** *(non ponctuel)* niet punctueel
inexactitude *nf* **1** *(manque d'exactitude)* onnauwkeurigheid *nf* **2** *(manque de ponctualité)* (het) niet punctueel zijn
inexcusable *adj* niet te verontschuldigen, onvergeeflijk
inexistant *adj* **1** *(qui n'existe pas)* niet-bestaand **2** *(insignifiant)* onbeduidend
inexorable *adj* onverbiddelijk
inexpérience *nf* onervarenheid *nf*
inexpérimenté *adj* **1** *(sans expérience)* onervaren **2** *(non testé)* onbeproefd
inexplicable *adj* onverklaarbaar
inexpliqué *adj* onverklaard
inexploré *adj* onbetreden *(aussi au fig.)*
inexpressif *adj* uitdrukkingsloos
inexprimable *adj* onuitsprekelijk
inexprimé *adj* onuitgesproken
in extremis *adv* op het nippertje
inextricable *adj* **1** *(impossible à démêler)* onontwarbaar **2** *(très embrouillé)* uiterst verward
infaillible *adj* onfeilbaar
infaisable *adv* ondoenlijk, niet te doen; **cela n'est pas** ~ het is niet onmogelijk
infamant *adj* onterend
infâme *adj* **1** *(odieux)* verachtelijk **2** *(répugnant)* walgelijk **3** *(infamant)* schandelijk; **trahison** ~ snood verraad
infamie *nf* **1** *(caractère infâme)* schandelijkheid *nf* **2** *(action infâme)* schanddaad *de* **3** *(parole infâme)* belediging *nf*
infanterie *nf* infanterie *nf*
infantile *adj* **1** *(puéril)* kinderachtig **2** *(méd.)* kinder- **3** *(psycho.)* infantiel
infantilisme *nm* **1** *(caractère puéril)* kinderlijkheid *nf* **2** *(psycho.)* infantilisme *het*
infarctus *nm* infarct *het;* **faire un** ~ een hartinfarct krijgen

infatigable *adj* onvermoeibaar
infécond *adj* onvruchtbaar *(aussi au fig.)*
infect *adj* **1** *(répugnant)* walgelijk **2** *(ignoble)* afschuwelijk
infecter *vt* **1** *(polluer)* verpesten **2** *(contaminer)* besmetten
infectieux *adj* besmettelijk
infection *nf* **1** *(méd.)* besmetting *nf*, infectie *nf* **2** *(puanteur)* stank *nm*
inférieur *adj* **1** *(plus bas)* lager; **mâchoire ~e** onderkaak **2** *(de moindre valeur)* minder; **l'inférieur(e)** de ondergeschikte
infériorité *nf* minderwaardigheid *nf*
infernal *adj* **1** *(de l'enfer; diabolique)* hels **2** *(très intense)* ↑ onverdraaglijk ♦ **enfant ~** onuitstaanbaar kind
infester *vt* teisteren; **être infesté de** wemelen van
infidèle *adj* **1** *(déloyal; adultère)* ontrouw **2** *(récit)* onbetrouwbaar; **traducteur ~** onnauwkeurige vertaler **3** *(relig.)* ongelovig; **l'infidèle** de ongelovige
infidélité *nf* **1** *(déloyauté; adultère)* ontrouw *de* **2** *(manque d'exactitude)* onnauwkeurigheid *nf*
infiltration *nf* infiltratie *nf*
s'infiltrer *vpr* **1** *(substances)* doordringen (in) **2** *(personnes)* infiltreren **3** *(idées)* ingang vinden
infime *adj* heel klein; **différence ~** miniem verschil
infini *adj* oneindig, onbegrensd; **à l'~** tot in het oneindige; **l'infini** de eindeloosheid; **je regrette ~ment** het spijt mij ontzettend
infinité *nf* **1** *(caractère infini)* oneindigheid *nf* **2** *(très grande quantité)* oneindig aantal *het;* **une ~ de gens** een massa mensen
infinitif *adj* infinitief-; **l'infinitif** de onbepaalde wijs
infirme *adj* invalide; **l'infirme** de invalide
infirmer *vt* **1** *(démentir)* ontzenuwen **2** *(jur.)* nietig verklaren
infirmerie *nf* eerstehulppost *nm*
infirmier, -ière *n* verpleger, verpleegster *nm,f*
infirmité *nf* **1** *(invalidité)* gebrek *het* **2** *(faiblesse)* zwakheid *nf*
inflammable *adj* (ont)brandbaar; **facilement ~** licht ontvlambaar
inflammation *nf* ontsteking *nf*
inflation *nf* inflatie *nf (aussi au fig.)*
infléchir[1] *vt* **1** *(courber)* ombuigen **2** *(changer la direction de)* een andere richting geven aan
s'infléchir[2] *vpr (se courber)* doorbuigen
inflexible *adj* onverbiddelijk; **homme ~** onbuigzame man
infliger *vt* **1** *(appliquer une peine, etc.)* opleggen; **~ une amende** beboeten; **~ une correction à un enfant** een kind straffen **2** *(faire subir)* doen ondergaan
influençable *adj* voor beïnvloeding vatbaar
influence *nf* invloed *nm;* **il a beaucoup d'~** hij is een invloedrijk man; **user de son ~** zijn invloed aanwenden
influencer *vt* beïnvloeden
influent *adj* invloedrijk
influer (sur) *vi* beïnvloeden, invloed uitoefenen (op)
informateur, -trice *n* informant(e) *nm (nf)*
informaticien, -ienne *n* informaticus *nm*, computerdeskundige *nm*
information *nf* **1** *(renseignements)* informatie *nf;* **aller aux ~s** inlichtingen inwinnen; **pour votre ~** te uwer informatie; **à titre d'~** ter informatie, ter kennisneming **2** *(action d'informer)* voorlichting *nf* **3** *(plur.) (par les médias)* nieuws *het* **4** *(jur.)* (gerechtelijk) onderzoek *het*
informatique *adj* informatica-, computer-; **l'informatique** de informatica
informatisation *nf* informatisering *nf*
informatiser *vt* automatiseren
informe *adj* vormeloos
informé *adj* ingelicht, geïnformeerd; **dans les milieux bien ~s** in welingelichte kringen
informel *adj* informeel
informer[1] **(de)** *vt (aviser de)* op de hoogte brengen (van); **~ qn que** iem mededelen dat
s'informer[2] **(de)** *vpr (se mettre au courant de)* informeren (naar), inlichtingen inwinnen (over); **s'~ de qch auprès de qn** bij iem informeren naar iets
infortune *nf* ongeluk *het*, tegenspoed *nm*
infortuné *adj* ↓ ongelukkig; **l'infortuné(e)** de ongelukkige
infraction *nf* **1** *(+ à) (dérogation)* inbreuk (op) *de* **2** *(jur.)* overtreding *nf;* **être en ~** in overtreding zijn
infranchissable *adj* **1** *(concr.)* waar niet overheen te komen valt **2** *(abstr.)* onoverkomelijk
infrarouge *nm* infrarood *het*
infrastructure *nf* infrastructuur *nf*
infroissable *adj* kreukvrij
infructueux *adj* vruchteloos
infuser[1] *vi (tremper)* (staan te) trekken
infuser[2] *vt (laisser tremper)* laten trekken
infusion *nf* **1** *(tisane)* kruidenthee *nm;* **une ~ de camomille** (een kopje) kamillethee **2** *(action d'infuser)* (het) laten trekken
s'ingénier (à) *vpr* zijn uiterste best doen (om)
ingénierie *nf* engineering *nf*
ingénieur *nm* ingenieur *nm*
ingénieux *adj* vindingrijk *(personne)*, vernuftig *(chose)*
ingéniosité *nf* vindingrijkheid *nf (personne)*, vernuftigheid *nf (chose)*
ingénu *adj* naïef; **un(e) ~(e)** een naïef persoon
ingérence (dans) *nf* inmenging (in) *nf*
ingérer[1] *vt* slikken
s'ingérer[2] **(dans)** *vpr* zich mengen (in)
ingrat *adj* **1** *(sans reconnaissance)* ondankbaar; **l'ingrat(e)** de ondankbare **2** *(non gratifiant)* niet lonend **3** *(disgracieux)* lelijk ♦ **âge ~** vlegeljaren

ingratitude *nf* ondankbaarheid *nf*
ingrédient *nm* ingrediënt *het*
inguérissable *adj* ongeneeslijk
ingurgiter *vt* **1** *(engloutir)* opslokken **2** *(des connaissances)* erin stampen
inhabitable *adj* onbewoonbaar
inhabité *adj* onbewoond
inhabituel *adj* ongewoon
inhalateur *nm* inhaleertoestel *het*
inhalation *nf* (het) inhaleren
inhaler *vt* inhaleren
inhérent (à) *adj* inherent (aan)
inhibition *nf* remming *nf*
inhospitalier *adj* ongastvrij
inhumain *adj* onmenselijk
inhumation *nf* begrafenis *nf*
inhumer *vt* begraven, ter aarde bestellen
inimaginable *adj* onvoorstelbaar
inimitable *adj* onnavolgbaar
inimitié *nf* vijandigheid *nf*
inintelligible *adj* onverstaanbaar
inintéressant *adj* oninteressant
ininterrompu *adj* onafgebroken
iniquité *nf* grove onbillijkheid *nf*
initial *adj* eerst(e), oorspronkelijk, *(adv.)* in het begin; **une ~e** een beginletter
initialiser *vt* initialiseren
initiateur, -trice *n* initiatiefnemer, -neemster *nm,f*, *(péj.)* aansticht(st)er *nm (nf)*
initiation *nf* inleiding (in) *nf*
initiative *nf* initiatief *het*; ~ **privée** particulier initiatief
initié, -ée *n* ingewijde *nm (aussi au fig.)*
initier[1] **(à)** *vt (fig.)* inwijden (in)
s'initier[2] **(à)** *vpr* zich vertrouwd maken (met)
injecter *vt* inspuiten ♦ **yeux injectés de sang** bloeddoorlopen ogen
injection *nf* injectie *nf*
injonction *nf* **1** *(ordre)* uitdrukkelijk bevel *het* **2** *(jur.)* rechterlijk bevel *het*
injure *nf* **1** *(parole offensante)* scheldwoord *het* **2** *(affront)* belediging *nf*
injurier *vt* uitschelden
injurieux *adj* beledigend
injuste *adj* onrechtvaardig, onverdiend
injustice *nf* onrecht *het*, onrechtvaardigheid *nf*
injustifiable *adj* niet goed te praten
injustifié *adj* ongerechtvaardigd
inlassable *adj* onvermoeibaar
inné *adj* aangeboren
innocence *nf* **1** *(absence de culpabilité; pureté)* onschuld *de* **2** *(candeur)* onnozelheid *nf*, naïviteit *nf*
innocent *adj* **1** *(+ de) (non coupable de)* onschuldig (aan); **un(e) ~(e)** een onschuldige **2** *(pur; inoffensif)* onschuldig **3** *(naïf)* onnozel, *(adv.)* in alle onschuld
innocenter *vt* **1** *(jur.)* vrijspreken **2** *(excuser)* verontschuldigen
innombrable *adj* talloos
innommable *adj* **1** *(infect)* vreselijk vies **2** *(vil)* onbeschrijfelijk
innovateur, -trice *n* baanlbreker, -breekster *nm,f*; **esprit** ~ pioniersgeest
innovation *nf* innovatie *nf*
innover[1] *vi* vernieuwingen invoeren
innover[2] *vt (introduire)* lanceren
inoccupé *adj* **1** *(sans occupation)* nietsdoend **2** *(où il n'y a personne)* onbewoond, braak
inoculer (à) *vt (méd.)* (in)enten, *(germes pathogènes)* overdragen (op)
inodore *adj* reukloos
inoffensif *adj* onschadelijk
inondation *nf* **1** *(débordement d'eaux)* overstroming *nf (aussi au fig.)* **2** *(action d'inonder)* (het) onder water zetten, inundatie *nf*
inondé *adj* **1** *(endroit)* overstroomd *(aussi au fig.)* **2** *(personne)* door de overstroming getroffen; *(fig.)* **être** ~ doorweekt zijn; **les ~s** de slachtoffers van een watersnood
inonder *vt* **1** *(couvrir d'eaux)* onder water zetten, overstromen **2** *(tremper)* doornat maken; **la sueur inondait son visage** het zweet stroomde langs zijn gezicht **3** *(+ de) (submerger de)* overspoelen (met); **pièce inondée de lumière** vertrek dat baadt in het licht
inopérant *adj* ondoeltreffend
inopiné *adj* onverwacht
inopportun *adj* ongelegen
inoubliable *adj* onvergetelijk
inouï *adj* **1** *(extraordinaire)* buitengewoon **2** *(jamais entendu)* ongehoord
inox, inoxydable *adj* roestvrij, *(Belg.)* inox
inqualifiable *adj* ongehoord, beneden ieder peil
inquiet *adj* bezorgd, ongerust
inquiétant *adj* verontrustend, onrustbarend
inquiéter[1] *vt* **1** *(préoccuper)* verontrusten; **sa santé m'inquiète** ik maak me ongerust over zijn gezondheid **2** *(harceler)* ↓ lastigvallen
s'inquiéter[2] *vpr (+ de) (être inquiet de)* zich ongerust maken; **s'~ au sujet de qch** ergens over inzitten
inquiétude *nf* ongerustheid *nf*
inquisiteur *adj* onderzoekend, vorsend
inquisition *nf* **1** *(hist.)* inquisitie *nf* **2** *(enquête vexatoire)* overdreven streng onderzoek *het*
insaisissable *adj* **1** *(que l'on ne peut attraper)* ongrijpbaar **2** *(imperceptible)* onwaarneembaar **3** *(jur.)* niet voor beslag vatbaar
insalubre *adj* ongezond, onbewoonbaar *(logement)*
insanité *nf* **1** *(ineptie)* onzinnigheid *nf* **2** *(folie)* krankzinnigheid *nf*
insatiable *adj* onverzadelijk *(aussi au fig.)*
insatisfaction *nf* ontevredenheid *nf*
insatisfait *adj* ontevreden
inscription *nf* **1** *(sur une surface dure)* inscriptie *nf* **2** *(d'un écriteau, d'une affiche)* opschrift *het* **3** *(action d'inscrire)* inschrijving *nf*
inscrire[1] *vt* **1** *(écrire) (enregistrer)* inschrij-

ven, *(noter)* opschrijven **2** *(graver)* graveren
s'inscrire[2] *vpr* **1** *(+ à) (inscrire son nom; s'affilier à)* zich opgeven (voor) **2** *(+ dans) (s'insérer dans)* in de lijn liggen (van)
inscrit *adj* ingeschreven; **l'inscrit** de ingeschrevene; *(pol.)* **les ~s** de kiesgerechtigden
insecte *nm* insect *het*
insecticide *adj* insectendodend; **l'insecticide** het insecticide
insécurité *nf* onveiligheid *nf*
insémination *nf* inseminatie *nf;* **~ artificielle** kunstmatige inseminatie
insensé *adj* waanzinnig
insensibilisation *nf* verdoving *nf*
insensibiliser *vt* verdoven
insensibilité *nf* **1** *(physique)* gevoelloosheid *nf* **2** *(morale)* ongevoeligheid *nf*
insensible *adj* **1** *(adj.) (physiquement)* gevoelloos; **être ~ au froid** tegen de kou kunnen **2** *(adj.) (moralement)* ongevoelig **3** *(imperceptible)* onmerkbaar
inséparable *adj* onafscheidelijk
insérer *vt* **1** *(un texte)* opnemen, invoegen; **faire ~ une annonce** een advertentie plaatsen **2** *(un objet)* plaatsen (in)
insertion *nf* **1** *(d'une chose)* opname *de,* invoeging *nf* **2** *(d'une personne)* integratie *nf*
insidieux *adj* geniepig; **question insidieuse** strikvraag
insigne *nm* insigne *het*
insignifiance *nf* onbeduidendheid *nf*
insignifiant *adj* **1** *(sans importance; quelconque)* onbeduidend; **chose ~e** kleinigheid **2** *(très petit)* te verwaarlozen
insinuation *nf* insinuatie *nf*
insinuer[1] *vt (suggérer)* insinueren
s'insinuer[2] *vpr* zich indringen (bij)
insipide *adj* **1** *(fade)* flauw **2** *(ennuyeux)* vervelend
insistance *nf* aandrang *nm;* **avec ~** uitdrukkelijk
insistant *adj* aandringend
insister *vi* **1** *(+ sur) (mettre l'accent sur)* nadruk leggen (op) **2** *(persévérer à demander qch)* aandringen; **~ auprès de qn** bij iem aandringen; **~ sur le fait que** er met nadruk op wijzen dat; **inutile d'~** je hoeft niet verder aan te dringen; **n'insistons pas!** laten we er maar over ophouden!
insociable *adj* eenzelvig, mensenschuw; **avoir un caractère ~** niet gemakkelijk in de omgang zijn
insolation *nf (méd.)* zonnesteek *nm*
insolence *nf* **1** *(effronterie)* brutaliteit *nf* **2** *(arrogance)* arrogantie *nf*
insolent *adj* **1** *(effronté)* brutaal; **un(e) ~(e)** een onbeschoft persoon **2** *(arrogant)* arrogant
insolite *adj* ongewoon, vreemd
insoluble *adj* onoplosbaar
insolvabilité *nf* insolventie *nf*
insolvable *adj* insolvent, onvermogend
insomniaque *adj* slapeloos
insomnie *nf* slapeloosheid *nf*
insondable *adj* **1** *(immense)* grenzeloos **2** *(qu'on ne peut sonder)* ondoorgrondelijk *(aussi au fig.)*
insonore *adj* **1** *(silencieux)* geluidloos **2** *(antibruit)* geluiddempend
insonorisation *nf* geluidsisolatie *nf*
insonoriser *vt* geluiddicht maken
insouciance *nf* zorgeloosheid *nf,* onbezorgdheid *nf*
insouciant *adj* zorgeloos
insoumis *adj* weerspannig
insoumission *nf* **1** *(désobéissance)* weerspannigheid *nf* **2** *(milit.)* dienstweigering *nf*
insoupçonnable *adj* onverdacht
insoupçonné *adj* onvermoed
insoutenable *adj* **1** *(indéfendable)* onhoudbaar **2** *(insupportable)* on(ver)draaglijk
inspecter *vt* **1** *(contrôler)* inspecteren **2** *(scruter)* aandachtig bekijken
inspecteur, -trice *n* inspec|teur, -trice *nm,f*
inspection *nf* inspectie *nf*
inspiration *nf* **1** *(souffle révélateur, créateur)* inspiratie *nf* **2** *(idée)* inval *nm* **3** *(respiration)* inademing *nf*
inspiré *adj* **1** *(animé par l'inspiration)* geïnspireerd; **être bien ~** een goede ingeving hebben; **être bien ~ de** er goed aan doen te **2** *(influencé par)* navolgend; **~ de** naar het voorbeeld van
inspirer[1] *vt* **1** *(suggérer)* inspireren; **~ qch à qn** iem inspireren tot iets **2** *(être la cause de)* aanzetten (tot) **3** *(éveiller)* inboezemen **4** *(respirer)* inademen ♦ **cela ne m'inspire pas** dat hoeft voor mij niet
s'inspirer[2] **(de)** *vpr (emprunter des éléments à)* geïnspireerd worden (door)
instabilité *nf* instabiliteit *nf,* onstandvastigheid *nf*
instable *adj* onstabiel; **équilibre ~** wankel evenwicht
installateur *nm* installateur *nm*
installation *nf* **1** *(mise en place)* plaatsing *nf* **2** *(souvent plur.)* installatie *nf;* **~s sanitaires** sanitair **3** *(équipement)* inrichting *nf* **4** *(emménagement)* vestiging *nf*
installer[1] *vt* **1** *(mettre en place)* plaatsen, *(téléphone, électricité)* aanleggen **2** *(aménager)* inrichten **3** *(fixer)* vestigen
s'installer[2] *vpr* **1** *(+ dans) (s'asseoir)* gaan zitten (in) **2** *(+ à) (habiter)* zich vestigen; **s'~ à la campagne** buiten gaan wonen; **s'~ chez un ami** bij een vriend intrekken
instamment *adv* dringend
instance *nf* **1** *(procédure)* procedure *de;* **être en ~ de divorce** in scheiding liggen; **être en ~** hangende zijn; **tribunal de première ~** rechtbank van eerste aanleg *(Belg.n.)* **2** *(autorité)* orgaan *het* **3** *(plur.) (sollicitations)* dringend verzoek *het;* **sur les ~s de** op dringend verzoek van ♦ **en ~ de faire qch** op het punt om iets te doen
instant *nm* ogenblik *het;* **à l'~** ogenblikkelijk *(tout de suite),* daarnet *(il y a peu);* **à chaque ~** telkens; **à l'~ (même) où** juist op het moment waarop; **dans un ~** dade-

lijk; **en un** ~ in een oogwenk; **par ~s** soms; **pour l'**~ voor nu
instantané *adj* **1** *(bref)* kort(stondig); **l'instantané** de momentopname **2** *(soudain)* ogenblikkelijk; **la mort fut ~e** hij was op slag dood **3** *(cuis.)* instant-
instar ♦ **à l'**~ **de** naar het voorbeeld van
instaurer *vt* stichten; ~ **un usage** een gebruik in zwang brengen
instigateur, -trice *n* aanstoker, aanstookster *nm,f*
instigation *nf* instigatie *nf;* **à l'**~ **de** op aanraden van
instiguer *vt (f.B.)* aanzetten (tot)
instinct *nm* instinct *het*
instinctif *adj* **1** *(irréfléchi)* instinctief **2** *(spontané)* spontaan
instituer *vt* **1** *(instaurer)* tot stand brengen **2** *(nommer en tant que)* (iem) installeren (als)
institut *nm* instituut *het* ♦ ~ **de beauté** schoonheidssalon
instituteur, -trice *n* onderwijzer(es) *nm (nf)*
institution *nf* **1** *(organisme)* instelling *nf* **2** *(école)* instituut *het* **3** *(création)* (het) instellen
instructeur *nm* instructeur *nm* ♦ **juge** ~ rechter van instructie
instructif *adj* leerzaam
instruction *nf* **1** *(enseignement)* onderwijs *het* **2** *(connaissances)* ontwikkeling *nf;* **avoir de l'**~ ontwikkeld zijn **3** *(plur.) (directives)* instructies *plur* **4** *(inform.)* opdracht *de* **5** *(jur.)* (voor)onderzoek *het*
instruire[1] *vt* **1** *(enseigner)* onderwijzen aan **2** *(+ de) (informer de)* inlichten (over) **3** *(jur.)* in vooronderzoek nemen
s'instruire[2] *vpr* zich ontwikkelen
instruit *adj* ontwikkeld
instrument *nm* **1** *(outil)* werktuig *het*, instrument *het;* ~ **à cordes pincées** tokkelinstrument **2** *(musique)* (muziek)instrument *het;* ~ **à cordes** snaarinstrument; **de quel** ~ **joues-tu?** welk instrument bespeel je?; ~ **à vent** blaasinstrument **3** *(moyen)* middel *het*
instrumental *adj* instrumentaal
insu ♦ **à mon** ~ zonder dat ik het wist; **à l'**~ **de** buiten weten van
insubordination *nf* **1** *(insoumission)* weerspannigheid *nf* **2** *(milit.)* insubordinatie *nf*
insuccès *nm* mislukking *nf*
insuffisance *nf* **1** *(manque)* ontoereikendheid *nf* **2** *(incapacité)* onbekwaamheid *nf* **3** *(plur.) (lacunes)* tekortkomingen *plur* **4** *(méd.)* insufficiëntie *nf*
insuffisant *adj* **1** *(qui ne suffit pas)* onvoldoende **2** *(inapte)* onbekwaam
insuffler *vt* inblazen
insulaire *adj* eiland-; **l'insulaire** de eilandbewoner
insuline *nf* insuline *de*
insulte *nf* **1** *(injure)* belediging *nf* **2** *(atteinte)* aantasting (van) *nf*
insulter *vt* beledigen; **se faire** ~ **par qn** door iem beledigd worden
insupportable *adj* **1** *(intenable)* ondraaglijk **2** *(odieux)* onuitstaanbaar
insurgé *adj* opstandig; **l'insurgé** de opstandeling
s'insurger (contre) *vpr* **1** *(se révolter)* in opstand komen (tegen) **2** *(protester)* protesteren (tegen)
insurmontable *adj* **1** *(infranchissable)* onoverkomelijk **2** *(sentiment)* niet te onderdrukken
insurrection *nf* opstand *nm*
intact *adj* intact, ongeschonden
intangible *adj* **1** *(inviolable)* onaantastbaar **2** *(impalpable)* ongrijpbaar
intarissable *adj* **1** *(qui coule toujours)* nooit opdrogend **2** *(fig.)* onuitputtelijk; **être** ~ **sur un sujet** nooit uitgepraat raken over een onderwerp
intégral *adj* volledig, integraal
intégrale *nf* **1** *(mus.)* volledige uitvoering *nf* **2** *(litt.)* volledige uitgave *de* **3** *(math.)* integraal *de*
intégralité *nf* volledigheid *nf;* **dans son** ~ in zijn geheel
intégrant *adj* integrerend
intégration *nf* integratie *nf*
intègre *adj* integer, onkreukbaar
intégrer[1] *vt* integreren *(aussi math.)*
s'intégrer[2] **(à, dans)** *vpr* zich integreren (in)
intégrisme *nm* conservatisme *het*, fundamentalisme *het*
intégriste *n (relig.)* conservatief *nm*, fundamentalist *nm*
intégrité *nf* **1** *(probité)* integriteit *nf*, onkreukbaarheid *nf* **2** *(état intact)* ongeschonden toestand *nm*
intellectuel *adj* intellectueel; **l'intellectuel** de intellectueel; **quotient** ~ intelligentiequotiënt
intelligence *nf* **1** *(faculté)* intelligentie *nf* **2** *(compréhension)* inzicht *het;* ~ **des affaires** zakelijk inzicht **3** *(entente)* (geheime) verstandhouding *nf;* **vivre en bonne, mauvaise** ~ **avec qn** in goede, slechte verstandhouding met iem leven; **être d'**~ **avec qn** met iem samenspannen
intelligent *adj* intelligent
intelligible *adj* **1** *(compréhensible)* begrijpelijk **2** *(audible)* verstaanbaar; **parler à haute et** ~ **voix** luid en duidelijk spreken
intempérance *nf* onmatigheid *nf*
intempéries *nf* weer en wind *(plur.; sans art.)*
intempestif *adj* ontijdig
intenable *adj* **1** *(indéfendable)* onhoudbaar **2** *(insupportable)* onverdraaglijk
intendance *nf* **1** *(mesures d'ordre matériel)* materiële voorzieningen *plur* **2** *(milit.)* intendance *de* **3** *(gestion)* administratie *nf*
intendant *nm* **1** *(aussi milit.)* intendant *nm* **2** *(enseign.)* beheerder *nm*
intense *adj* intens; **lumière** ~ fel licht
intensif *adj* intensief
intensifier[1] *vt* intensiveren, *(production)* opvoeren, *(relations)* uitbreiden
s'intensifier[2] *vpr* intensiever worden

intensité *nf* intensiteit *nf*, sterkte *nf;* ~ **d'un courant électrique** elektrische stroomsterkte; **diminuer d'~** zwakker worden; ~ **d'un sentiment** heftigheid van een gevoel
intenter (à, contre) *vt* aanspannen (tegen)
intention *nf* intentie *nf*, bedoeling *nf;* **à cette** ~ met dit doel; **à l'~ de qn** voor iem; **dans l'~ de** met het oogmerk om; **avoir l'~ de** van plan zijn om; **c'est l'~ qui compte** het is de goede wil die telt
intentionné *adj* gezind
intentionnel *adj* opzettelijk
interactif *adj* interactief
interaction *nf* wisselwerking *nf*, interactie *nf*
intercalaire *adj* **1** *(inséré)* ingelast; **l'intercalaire** het inlegvel **2** *(bissextile)* schrikkel-; **jour** ~ schrikkeldag
intercaler *vt* inlassen *(une pause)*, ertussen voegen *(un exemple)*, ertussen plaatsen *(un livre)*
intercéder *vi* een goed woordje doen
intercepter *vt* onderscheppen, opvangen
interchangeable *adj* (onderling) verwisselbaar
interclasse *nm* pauze *de*
intercommunal *adj* intergemeentelijk; *(Belg.f.)* **l'(association) ~e** de intercommunale (vereniging) *(Belg.n.)*
intercontinental *adj* intercontinentaal
interdépendance *nf* onderlinge afhankelijkheid *nf*
interdiction *nf* **1** *(défense)* verbod *het;* ~ **formelle de** streng verboden te; ~ **de séjour** verblijfsverbod **2** *(défense d'exercer une fonction)* schorsing *nf*
interdire *vt* **1** *(proscrire)* verbieden; **c'est formellement interdit** dat is streng verboden **2** *(suspendre qn)* schorsen; **être interdit de séjour** uitgewezen worden
interdit *adj* **1** *(non autorisé)* verboden; **film ~ aux moins de 16 ans** film boven de 16 jaar; **l'interdit** het taboe; **sens** ~ verboden in te rijden *(inscription);* **un ~ de séjour** een uitgewezene **2** *(étonné)* onthutst **3** *(suspendu)* geschorst
intéressant *adj* **1** *(attrayant)* interessant; **faire l'~** zich aanstellen **2** *(avantageux)* voordelig
intéressé *adj* **1** *(+ à)* *(attentif)* geïnteresseerd (in), belangstellend (naar); **l'intéressé(e)** de belangstellende; **être ~ par** belangstelling tonen voor **2** *(calculateur)* berekenend **3** *(concerné)* belanghebbend; **être ~ à** belang hebben bij
intéresser[1] *vt* **1** *(retenir l'attention)* interesseren; ~ **qn à une cause** iem voor een zaak winnen; **il intéresse ma cousine** mijn nichtje heeft een oogje op hem **2** *(avoir de l'importance)* van belang zijn voor **3** *(+ à)* *(associer)* (financieel) betrekken (bij); **être intéressé aux bénéfices** in de winst delen **4** *(concerner)* betreffen
s'intéresser[2] **(à)** *vpr* *(prendre intérêt à)* zich interesseren (voor), belang stellen (in); **s'~ à tout** zeer leergierig zijn; **personne ne s'est intéressé à moi** niemand nam notitie van mij
intérêt *nm* **1** *(attention)* interesse *nf*, belangstelling *nf* **2** *(avantage)* (eigen)belang *het;* **avoir ~ à** er belang bij hebben om; **défendre les ~s de qn** iemands belangen behartigen; **agir par** ~ uit eigenbelang handelen **3** *(importance)* belang *het;* **d'un ~ capital** uitermate belangrijk **4** *(plur.)* *(somme)* rente *de*, interest *nm*
interférence *nf* interferentie *nf*
interférer *vi* **1** *(produire des interférences)* interfereren (met) **2** *(se télescoper)* in aanvaring komen (met) *(sujet sing.)*, elkaar tegenwerken *(sujet plur.)*
intérieur[1] *nm* **1** *(dedans)* binnenste *het;* **à l'~** binnen; **à l'~ de** (binnen)in; **l'~ du pays** het binnenland; **qn qui est tourné vers l'~** een in zichzelf gekeerd iem **2** *(chez-soi)* interieur *het;* **femme d'~** huisvrouw **3** *(pays)* binnenland *het;* **le ministère de l'Intérieur** het ministerie van Binnenlandse Zaken
intérieur[2] *adj* **1** *(interne)* binnen-; **cour ~e** binnenplaats **2** *(psychologique)* innerlijk **3** *(physiologique; technologique)* inwendig **4** *(d'un pays)* binnenlands
intérim *nm* **1** *(temps)* interim *het;* **assurer l'~ de qn** iemands functie tussentijds waarnemen; **faire de l'~** als uitzendkracht werken, een interim doen *(n.B.);* **par** ~ ad interim, a.i. **2** *(f.B.)* *(fonction)* vervanging *nf*
intérimaire *adj* tijdelijk; **l'intérimaire** de uitzendkracht
intérioriser *vt* verinnerlijken
interjection *nf* tussenwerpsel *het*
interligne *nm* regelafstand *nm*
interlocuteur, -trice *n* **1** *(partenaire de conversation)* gesprekspartner *nm* **2** *(partenaire de négociation)* onderhandelingspartner *nm*
interloqué *adj* verbluft
interlude *nm* *(théâtre)* tussenspel *het*, *(télévision)* pauzefilmpje *het*
intermède *nm* **1** *(entracte)* intermezzo *het* **2** *(interlude)* tussenspel *het*
intermédiaire[1] *nm* *(état intermédiaire)* overgang *nm;* **sans** ~ direct ♦ **par l'~ de** door bemiddeling van
intermédiaire[2] *n* **1** *(médiateur, -trice)* bemiddelaar(ster) *nm (nf)*, tussenpersoon *nm* **2** *(commerçant(e))* tussenpersoon *nm*
intermédiaire[3] *adj* tussenliggend
interminable *adj* eindeloos
intermittence *nf* **1** *(caractère intermittent)* intermitterend karakter *het* **2** *(interruption)* ↓ tijdelijke onderbreking *nf;* **par** ~ bij tussenpozen
intermittent *adj* intermitterend, onderbroken
internat *nm* **1** *(pensionnat)* internaat *het* **2** *(méd.)* inwonend coassistentschap *het*
international *adj* internationaal
internaute *n* *(inform.)* internetter *nm*
interne *adj* inwendig; **à usage** ~ voor inwendig gebruik ♦ **l'interne** de inwonende

leerling(e) *(pensionnaire)*, de inwonende coassistent(e) *(étudiant(e) en médecine)*
internement *nm* internering *nf*
interner *vt* interneren
Internet *nm* internet *het*
interpellation *nf* **1** *(apostrophe)* (het) aanspreken **2** *(pol.)* interpellatie *nf* **3** *(jur.)* aanhouding *nf*
interpeller *vt* **1** *(s'adresser à)* aanspreken **2** *(pol.)* interpelleren **3** *(police)* aanhouden
interphone *nm* intercom *nm*
interposé *adj* tussenkomend; **par personnes ~es** via tussenpersonen
interposer[1] *vt* **1** *(poser entre)* plaatsen (tussen) **2** *(faire intervenir)* aanwenden
s'interposer[2] *vpr (intervenir)* ingrijpen
interprétariat *nm* (het) tolken
interprétation *nf* **1** *(explication)* interpretatie *nf* **2** *(exécution)* vertolking *nf*, interpretatie *nf* **3** *(traduction orale)* (het) tolken
interprète *n* **1** *(acteur)* vertolk(st)er *nm (nf)* **2** *(porte-parole)* tolk *nm;* **se faire l'~ de qch** uitdrukking geven aan **3** *(traducteur)* tolk *nm;* **servir d'~, faire l'~** als tolk dienen, tolken
interpréter *vt* **1** *(expliquer)* verklaren **2** *(jouer)* vertolken **3** *(traduire)* tolken, vertalen **4** *(comprendre)* interpreteren
interrogateur *adj* (onder)vragend; **l'interrogateur, l'interrogatrice** de examinator, examinatrice
interrogatif *adj* vragend; **l'interrogatif** het vraagwoord; **l'interrogative** de vraagzin
interrogation *nf* **1** *(action de questionner)* ondervraging *nf;* **~ écrite, interro** schriftelijke overhoring, so **2** *(examen)* overhoring *nf*
interrogatoire *nm* ondervraging *nf*, verhoor *het*
interroger[1] *vt* **1** *(questionner)* ondervragen **2** *(interviewer)* vragen stellen aan; **~ qn du regard** iem vragend aankijken
s'interroger[2] *vpr (se poser des questions)* bij zichzelf te rade gaan; **s'~ sur qch** zich iets afvragen
interrompre[1] *vt* onderbreken
s'interrompre[2] *vpr* **1** *(+ dans) (s'arrêter)* stoppen met *(+ inf. substantivé)* **2** *(s'arrêter de parler)* even ophouden met spreken
interrupteur *nm* (licht)schakelaar *nm*
interruption *nf* **1** *(coupure)* onderbreking *nf;* **~ (volontaire) de grossesse, IVG** zwangerschapsonderbreking; **sans ~** ononderbroken **2** *(d'une conversation)* interruptie *nf*
intersection *nf* **1** *(croisement)* kruising *nf* **2** *(math.)* doorsnede *de*
interstice *nm* tussenruimte *nf*
interurbain *adj* interlokaal; **l'interurbain** het interlokale telefoonnet
intervalle *nm* **1** *(temps)* tussenpoos *de;* **par ~s** bij tussenpozen; **à ~s réguliers** met regelmatige tussenpozen **2** *(espace)* tussenruimte *nf* **3** *(mus.)* interval *het*
intervenir *vi* **1** *(entrer en action; s'immiscer dans)* tussenbeide komen (in); **faire ~ l'armée** het leger inschakelen; **~ en faveur de qn** een goed woord(je) voor iem doen **2** *(être médiateur)* bemiddelen **3** *(parler)* het woord voeren **4** *(se produire)* tot stand komen **5** *(jouer un rôle)* medebepalend zijn
intervention *nf* **1** *(intercession)* tussenkomst *nf*, inmenging *nf (ingérence);* **~ de la police** politieoptreden **2** *(action militaire)* interventie *nf* **3** *(médiation)* (verzoenende) bemiddeling *nf* **4** *(discours)* woorden *plur* **5** *(contribution)* bijdrage *de;* **~ de l'Etat** rijksbijdrage ♦ **~ chirurgicale** chirurgische ingreep
interversion *nf* omkering *nf*, omzetting *nf*
intervertir *vt* omkeren
interview *nf* interview *het*
interviewer[1] *nm* interviewer *nm*
interviewer[2] *vt* interviewen
intestin *nm* **1** *(partie du tube digestif)* darm *nm* **2** *(ensemble des organes)* ingewanden *plur*
intestinal *adj* darm-, ingewands-
intime *adj* **1** *(familier)* intiem; **ami ~** boezemvriend; **être ~ avec qn** vertrouwelijk met iem omgaan; **l'intime** de boezemvriend(in) **2** *(personnel)* strikt persoonlijk; **journal ~** dagboek **3** *(intérieur)* innerlijk **4** *(agréable)* gezellig
intimidation *nf* intimidatie *nf*
intimider *vt* **1** *(impressionner)* onzeker maken **2** *(effrayer)* intimideren
intimité *nf* **1** *(familiarité)* intimiteit *nf*, vertrouwelijkheid *nf* **2** *(vie privée)* privéleven *het;* **dans l'~** (in het) privé(leven) ♦ **dans la plus stricte ~** in familiekring
intitulé *nm* opschrift *het*
intituler[1] *vt* noemen
s'intituler[2] *vpr* de titel voeren van
intolérable *adj* **1** *(insupportable)* on(ver)draaglijk **2** *(inadmissible)* ontoelaatbaar, onduldbaar
intolérance *nf* **1** *(intransigeance)* onverdraagzaamheid *nf*, intolerantie *nf* **2** *(méd.)* intolerantie (voor) *nf*
intolérant *adj* onverdraagzaam, intolerant
intonation *nf* intonatie *nf (mus. et ling.)*
intouchable *adj* **1** *(paria)* onaanraakbaar **2** *(inattaquable)* onaantastbaar
intoxication *nf* **1** *(empoisonnement)* vergiftiging *nf;* **~ alimentaire** voedselvergiftiging **2** *(endoctrinement)* hersenspoeling *nf*
intoxiqué, -ée *n* verslaafde *nm*
intoxiquer *vt* **1** *(empoisonner)* vergiftigen (met) **2** *(influencer)* indoctrineren
intraduisible *adj* onvertaalbaar
intraitable *adj* onvermurwbaar
intransigeance *nf* onverzettelijkheid *nf*
intransigeant *adj* onverzettelijk
intransitif *adj* onovergankelijk
intransportable *adj* onvervoerbaar
intraveineux *adj* intraveneus
intrépide *adj* onverschrokken, stoutmoedig
intrépidité *nf* stoutmoedigheid *nf*

intrigant *adj* intrigerend; **l'intrigant(e)** de intrigant(e)
intrigue *nf* **1** *(manigance)* intrige *de*, gekonkel *het* **2** *(scénario)* intrige *de*
intriguer¹ *vi* intrigeren, konkelen
intriguer² *vt* intrigeren; **ce qui intrigue, c'est que** het raadselachtige is dat
intrinsèque *adj* wezenlijk, intrinsiek
introduction *nf* **1** *(action de faire entrer)* (het) binnenbrengen **2** *(adoption)* invoering *nf* **3** *(préface)* inleiding *nf*, *(mus.)* voorspel *het* **4** *(présentation)* introductie *nf*
introduire¹ *vt* **1** *(faire entrer)* binnenbrengen, *(marchandises)* invoeren; ~ **qch en fraude** iets het land binnensmokkelen **2** *(insérer)* erin stoppen; *(inform.)* ~ **les données** de gegevens invoeren **3** *(abstr.)* invoeren, doorvoeren **4** *(présenter)* introduceren
s'introduire² *vpr* **1** *(pénétrer)* binnendringen **2** *(abstr.)* ingevoerd worden
introspection *nf* introspectie *nf*
introuvable *adj* **1** *(qu'on ne peut trouver)* onvindbaar **2** *(très rare)* moeilijk te vinden
introverti *adj* introvert; **un(e) ~(e)** een introvert persoon, binnenvetter
intrus *n* indring(st)er *nm (nf)*
intrusion *nf* indringing *het;* **faire ~ qqp.** ergens binnendringen
intuitif *adj* intuïtief
intuition *nf* **1** *(pressentiment)* voorgevoel *het;* **avoir de l'~** een zesde zintuig hebben **2** *(instinct)* intuïtie *nf*
inusable *adj* onverslijtbaar
inusité *adj* ongebruikelijk
inutile *adj* nutteloos; **il est ~ que** het heeft geen zin dat
inutilisable *adj* onbruikbaar
inutilisé *adj* ongebruikt
inutilité *nf* nutteloosheid *nf*
invaincu *adj* onoverwonnen
invalide *adj* invalide; **l'~** de invalide; **l'~ du travail** de arbeidsongeschikte (werknemer)
invalider *vt* ongeldig verklaren
invalidité *nf* invaliditeit *nf*, arbeidsongeschiktheid *nf*
invariable *adj* **1** *(qui ne change pas)* onveranderlijk **2** *(constant)* onwrikbaar
invasion *nf* invasie *nf*
invective *nf* **1** *(sing.)* scheldwoord *het* **2** *(plur. aussi)* scheldpartij *nf*
invectiver¹ (contre) *vi (lancer des invectives)* schelden (op), uitvaren (tegen)
invectiver² *vt (injurier qn)* uitschelden
invendable *adj* onverkoopbaar
invendu *adj* onverkocht; **les ~s** de onverkochte artikelen
inventaire *nm* **1** *(recensement)* inventaris *nm;* **faire l'~** de inventaris opmaken **2** *(liste)* opsomming *nf*
inventer *vt* **1** *(créer)* uitvinden **2** *(imaginer)* bedenken **3** *(mentir)* verzinnen
inventeur, -trice *n* **1** *(qui invente)* uitvind(st)er *nm (nf)* **2** *(qui trouve)* vinder *nm*
inventif *adj* vindingrijk, inventief
invention *nf* **1** *(trouvaille)* uitvinding *nf* **2** *(action d'inventer)* (het) uitvinden **3** *(affabulation)* verzinsel *het*
inverse *adj* omgekeerd, tegengesteld; **à l'~ de** in tegenstelling tot; **l'inverse** het omgekeerde, het tegen(over)gestelde; **en sens ~** in tegenovergestelde richting
inversement *adv* **1** *(d'une manière inverse)* omgekeerd; **ou ~** en vice versa **2** *(en revanche)* daarentegen
inverser *vt* omkeren; ~ **le courant électrique** de stroom omschakelen
inversion *nf* **1** *(ling.; météo.)* inversie *nf* **2** *(changement de sens)* omkering *nf*
invertébré *adj* ongewerveld; **les ~s** de ongewervelde dieren
investigation *nf* onderzoek *het*
investir¹ (dans) *vi* investeren (in)
investir² *vt* **1** *(placer)* beleggen, investeren **2** *(+ de) (mettre en possession de)* bekleden (met)
investissement *nm* investering *nf*
investisseur *nm* investeerder *nm*, belegger *nm*
investiture *nf* **1** *(pol.)* benoeming *nf* **2** *(hist.)* investituur *nf*
invétéré *adj* verstokt, onverbeterlijk
invincible *adj* **1** *(imbattable)* onoverwinnelijk **2** *(insurmontable)* onoverkomelijk
inviolable *adj* onschendbaar
invisibilité *nf* onzichtbaarheid *nf*
invisible *adj* **1** *(imperceptible)* onzichtbaar **2** *(caché)* verborgen
invitation *nf* **1** *(action d'inviter)* uitnodiging *nf* **2** *(incitation à)* verzoek (tot) *het;* **sur l'~ de qn** op verzoek van iem
invité, -ée *n* gast *nm*
inviter *vt* **1** *(convier)* uitnodigen **2** *(demander à)* verzoeken; ~ **qn à faire qch** iem verzoeken iets te doen
invivable *adj* **1** *(difficile à vivre)* onleefbaar **2** *(insupportable)* onuitstaanbaar
invocation *nf* aanroeping *nf*
involontaire *adj* **1** *(machinal)* onwillekeurig **2** *(sans le vouloir)* ongewild
invoquer *vt* **1** *(appeler à l'aide)* aanroepen **2** *(faire appel à)* aanvoeren
invraisemblable *adj* onwaarschijnlijk
invraisemblance *nf* onwaarschijnlijkheid *nf*
invulnérable (à) *adj* onkwetsbaar (voor)
iode *nm* jodium *het*
ion *nm* ion *het*
irakien *adj* Iraaks; **l'irakien** het Iraaks; **l'Irakien(ne)** de Irakiër, Iraakse
iranien *adj* Iraans; **l'iranien** het Iraans; **l'Iranien(ne)** de Iraniër, Iraanse
irascible *adj* lichtgeraakt
iris *nm* iris *de*, *(de l'œil aussi)* regenboogvlies *het*
irlandais *adj* Iers; **l'irlandais** het Iers; **l'Irlandais(e)** de Ier(se)
Irlande *nf* Ierland *n (sans art.);* **en ~** in Ierland
ironie *nf* ironie *nf*
ironique *adj* ironisch
ironiser (sur) *vi* spottende opmerkingen maken (over)

irradiation *nf* **1** *(émission de radiations)* uitstraling *nf* **2** *(exposition aux radiations)* bestraling *nf*
irradier[1] *vi* uitstralen *(aussi au fig.)*
irradier[2] *vt* bestralen
irraisonné *adj* onberedeneerd
irrationnel *adj* irrationeel
irréalisable *adj* niet te realiseren, onuitvoerbaar
irréaliste *adj* onrealistisch
irréconciliable *adj* onverzoenlijk
irrécupérable *adj* **1** *(personnes)* niet te resocialiseren **2** *(choses)* niet meer te gebruiken
irréductible *adj* **1** *(intraitable)* onvermurwbaar **2** *(math.)* niet herleidbaar
irréel *adj* onwezenlijk
irréfléchi *adj* **1** *(écervelé)* onnadenkend **2** *(inconséquent)* ondoordacht
irréfutable *adj* onweerlegbaar
irrégularité *nf* onregelmatigheid *nf*
irrégulier *adj* onregelmatig
irrémédiable *adj* onherstelbaar
irremplaçable *adj* onvervangbaar
irréparable *adj* onherstelbaar; **voiture ~** auto die total loss is
irréprochable *adj* onberispelijk
irrésistible *adj* **1** *(à qui, à quoi on ne peut résister)* onweerstaanbaar **2** *(comique)* dolkomisch
irrésolu *adj* besluiteloos
irrespect *nm* oneerbiedigheid *nf*
irrespectueux *adj* oneerbiedig
irrespirable *adj* **1** *(étouffant)* verstikkend **2** *(fig.)* onverdraaglijk
irresponsable *adj* **1** *(insouciant)* onbezonnen; **l'irresponsable** de waaghals **2** *(innocent)* ontoerekeningsvatbaar **3** *(souverain)* onschendbaar
irréversible *adj* onomkeerbaar
irrévocable *adj* onherroepelijk
irrigation *nf* irrigatie *nf*, bevloeiing *nf*
irriguer *vt* irrigeren, bevloeien
irritable *adj* lichtgeraakt
irritant *adj* **1** *(agaçant)* hinderlijk **2** *(allergie)* irriterend
irritation *nf* irritatie *nf*
irrité *adj* geïrriteerd
irriter[1] *vt* **1** *(exaspérer)* irriteren, ergeren **2** *(piquer)* irriteren
s'irriter[2] *vpr* **1** *(se fâcher)* boos worden **2** *(réagir)* licht ontstoken raken
irruption *nf* **1** *(incursion)* inval *nm;* **faire ~ qqp.** ergens binnenvallen **2** *(+ dans) (arrivée massive)* (het) binnenvallen (in)
islam *nm* islam *nm*
islamique *adj* islamitisch
islamisme *nm* islam *nm*
islandais *adj* IJslands; **l'islandais** het IJslands; **l'Islandais(e)** de IJslander, IJslandse
Islande *nf* IJsland *n (sans art.)*
isolant *adj* isolerend; **l'isolant** het isolatiemateriaal
isolation *nf* isolatie *nf;* ~ **acoustique** geluidsisolatie
isolé *adj* **1** *(séparé des autres)* afgezonderd, *(éloigné)* afgelegen **2** *(détaché)* losstaand **3** *(seul)* eenzaam **4** *(électricité)* geïsoleerd
isolement *nm* afzondering *nf*
isolément *adv* afzonderlijk
isoler[1] *vt* **1** *(mettre en quarantaine)* isoleren, afzonderen **2** *(protéger avec un isolant)* isoleren **3** *(considérer à part)* apart beschouwen
s'isoler[2] *vpr (se retirer)* zich afzonderen
isoloir *nm* stemhokje *het*
Israël *nm* Israël *n*
israélien *adj* Israëlisch; **l'Israélien(ne)** de Israëli(ër), Israëlische
israélite *adj* Israëlitisch; **l'Israélite** de Israëliet, Israëlitische
issu *adj* **1** *(né de)* geboren (uit) **2** *(qui résulte de)* voortgekomen (uit)
issue *nf* **1** *(sortie)* uitgang *nm;* **chemin sans ~** doodlopende weg **2** *(solution)* uitweg *nm;* **sans ~** hopeloos **3** *(fin)* afloop *nm;* **à l'~ de** na afloop van
Italie *nf* Italië *n (sans art.)*
italien *adj* Italiaans; **l'italien** het Italiaans; **l'Italien(ne)** de Italiaan(se)
italique *adj* cursief; *(subst.)* **en ~** cursief; **l'italique** de cursieve (druk)letter
itinéraire *nm* **1** *(chemin)* weg *nm*, route *de* **2** *(description)* routebeschrijving *nf*
itinérant *adj* reizend
ivoire *nm* **1** *(matière)* ivoor *het* **2** *(objet)* ivoren voorwerp *het*
ivoirien *adj* Ivoriaans; **le, la Ivoirien(ne)** de Ivoriaan(se)
ivre *adj* dronken *(aussi au fig.);* **être ~ de fatigue** omvallen van vermoeidheid; **légèrement ~** aangeschoten; **~ mort** stomdronken
ivresse *nf* **1** *(ébriété)* dronkenschap *nf;* **en état d'~** dronken **2** *(euphorie)* roes *nm*
ivrogne *n* dronkaard *nm*

j

j *nm* j *de;* **j comme Joseph** de j van Jan
jacasser *vi* **1** *(d'une pie)* klappen **2** *(bavarder)* (luid) kakelen
jachère *nf* braak liggen; **en** ~ braak(liggend)
jacinthe *nf* hyacint *de*
jade *nm* jade *het/de (m)*
jadis *adv* eertijds, vroeger
jaguar *nm* jaguar *nm*
jaillir *vi* **1** *(apparaître)* (plotseling) tevoorschijn komen **2** *(sortir en jet)* (op)springen, opspuiten
jais *nm* git *het;* **des yeux de** ~ gitzwarte ogen
jalon *nm* **1** *(tige)* bakenstok *nm* **2** *(repère)* baken *het;* **poser les ~s de qch** iets uitstippelen
jalonner *vt* uitstippelen *(aussi au fig.)*
jalousement *adv* **1** *(avec jalousie)* jaloers **2** *(soigneusement)* angstvallig
jalouser *vt* jaloers zijn op, benijden
jalousie *nf* **1** *(envie)* jaloezie *nf*, afgunst *nf* **2** *(volet)* jaloezie *nf*
jaloux (de) *adj* **1** *(envieux de)* jaloers (op); **un ~, une jalouse** jaloers iem **2** *(attaché à)* zeer gehecht (aan)
jamaïcain *adj* Jamaicaans; **le, la Jamaïcain(e)** de Jamaicaan(se)
Jamaïque *nf* Jamaica *n (sans art.);* **à la** ~ op Jamaica
jamais *adv* **1** *(sens positif)* ooit; **à (tout)** ~ voor altijd **2** *(sens négatif)* nooit, nimmer; **au grand** ~ nooit in der eeuwigheid; ~ **de la vie** nooit van zijn leven; **ne ... ~ plus, ne plus** ~ nooit meer; **ne ... ~ que** nooit anders dan
jambe *nf* **1** *(membre)* been *het;* **s'enfuir à toutes ~s** wegrennen; **j'ai les ~s coupées** ik kan niet meer op mijn benen staan; **avoir 10 kilomètres dans les ~s** 10 kilometer gelopen hebben; **être dans les ~s de qn** iem voor de voeten lopen; **se dégourdir les ~s** zich wat vertreden; **les ~s écartées** wijdbeens *(adv.);* **cela me fait une belle ~!** daar schiet ik toch niets mee op!; **faire qch par-dessus la** ~ iets op z'n janboerenfluitjes doen; **prendre ses ~s à son cou** zich uit de voeten maken; **tenir sur ses ~s** op zijn benen (kunnen) staan; **tenir la** ~ **à qn** iem aan de praat houden **2** *(de pantalon)* (broeks)pijp *de*
jambon *nm* ham *de*
jambonneau *nm* hammetje *het*
jante *nf* velg *de*
janvier *nm* januari *nm;* **en** ~ in januari; **le premier** ~ één januari, nieuwjaarsdag
japon *nm* Japans porselein *het*
japonais *adj* Japans; **le** ~ het Japans; **le, la Japonais(e)** de Japanner, Japanse
japper *vi* keffen
jaquette *nf* **1** *(vêtement de cérémonie)* jacquet *het/de*, pandjesjas *de* **2** *(chemise d'un livre)* boekomslag *het/de (m)*
jardin *nm* tuin *nm;* ~ **des plantes** hortus (botanicus); ~ **potager** groentetuin; ~ **public** plantsoen ♦ ~ **d'enfants** kleuterschool, *(Belg.)* peutertuin
jardinage *nm* (het) tuinieren; **matériel de** ~ tuingereedschap
jardiner *vi* tuinieren
jardinier *adj* tuin-; **culture jardinière** groenteverbouw; **le ~, la jardinière** de tuinier(ster) *(amateur)*, de tuinman *(ouvrier)*
jardinière *nf* **1** *(caisse)* bloembak *nm* **2** *(mets)* groenteschotel *nm*
jargon *nm* **1** *(charabia)* brabbeltaal *de* **2** *(langue technique)* (vak)jargon *het*
jarret *nm* **1** *(du genou)* knieholte *nf* **2** *(d'animaux)* spronggewricht *het* **3** *(d'animaux de boucherie)* schenkel *nm*
jarretelle *nf* jarretelle *de*
jarretière *nf* kousenband *nm*
jars *nm* gent *nm*
jaser *vi* **1** *(bavarder)* kletsen **2** *(médire sur)* kletsen (over); **faire ~ les gens** aanleiding geven tot kletspraatjes
jasmin *nm* **1** *(plante)* jasmijn *de* **2** *(fleur)* jasmijnbloem *de;* **thé au** ~ jasmijnthee
jatte *nf* kom *de*
jauge *nf* **1** *(baguette)* peilstok *nm;* ~ **d'essence** benzinemeter **2** *(tonnage)* tonnenmaat *de* **3** *(mesure de capacité)* maat *de*
jauger *vt* **1** *(mesurer à la baguette)* peilen **2** *(mesurer)* meten **3** *(évaluer)* taxeren
jaunâtre *adj* geelachtig

jaune[1] *nm* geel *het;* ~ **citron** citroengeel; ~ **(d'œuf)** eierdooier, eigeel
jaune[2] *adj* geel ♦ **rire** ~ lachen als een boer die kiespijn heeft
jaunir[1] *vi (devenir jaune)* geel worden
jaunir[2] *vt (rendre jaune)* geel maken
jaunisse *nf* geelzucht *de;* **en faire une** ~ er groen en geel over worden van nijd
java *nf* java *nm (prononcé à la française);* **faire la** ~ boemelen
javelliser *vt* chloreren
javelot *nm* speer *de*
jazz *nm* jazz(muziek) *nm (nf)*
je, j' *pron pers* ik
jean *nm* **1** *(pantalon)* spijkerbroek *de,* (blue)jeans *nm* **2** *(tissu)* spijkerstof *nm*
jeep® *nf* jeep *nm*
je-m'en-fichisme *nm* ↑ onverschilligheid *nf*
je ne sais quoi, je-ne-sais-quoi *nm* (zo)iets; **il a un** ~ **de déplaisant** hij heeft zoiets onaangenaams
jérémiade *nf* jeremiade *nf*
jerrycan *nm* jerrycan *nm*
jersey *nm* jersey *nm*
jésus *nm* Jezusbeeldje *het*
jet[1] *nm* **1** *(action de lancer)* (het) werpen **2** *(résultat)* worp *nm* **3** *(jaillissement)* straal *de;* ~ **d'eau** waterstraal ♦ **d'un (seul)** ~ in één keer; **premier** ~ eerste schets
jet[2] *nm (avion)* straalvliegtuig *het*
jetable *adj* wegwerp-
jetée *nf* pier *nm*, havenhoofd *het*
jeter[1] *vt* **1** *(lancer)* werpen; ~ **un coup d'œil sur** een blik werpen op **2** *(abandonner en jetant)* weggooien; ~ **qn dehors** iem de deur uitgooien **3** *(causer)* veroorzaken; ~ **le trouble** verwarring stichten **4** *(émettre)* met kracht uiten; ~ **des cris** kreten slaken
se jeter[2] *vpr* **1** *(se lancer)* zich werpen; **se** ~ **au cou de qn** iem om de hals vliegen; **il s'est jeté contre un arbre** hij is tegen een boom aangevlogen; **se** ~ **par la fenêtre** uit het raam springen **2** *(se déverser)* uitmonden; **se** ~ **dans** uitmonden in
jeton *nm* penning *nm*, *(sports)* fiche *het/de;* ~ **de téléphone** telefoonmunt ♦ **avoir les** ~**s** ↑ in de rats zitten; **un faux** ~ schijnheilig iem
jeu *nm* **1** *(activité ludique; façon de jouer)* spel *het;* ~ **d'adresse** behendigheidsspel; ~ **d'argent** gokspelletje; **cacher son** ~ zich niet in de kaart laten kijken; ~**x du destin, du hasard** spelingen van het toeval; **jouer un double** ~ het achter zijn ellebogen hebben; **en** ~ in het spel, in het geding; **jouer un** ~ **d'enfer** zeer hoog spel spelen; **entrer en** ~ beginnen te spelen, *(fig.)* een rol gaan spelen; **entrer dans le** ~ **de qn** meedoen met iem; ~ **d'équipe** teamsport; ~ **d'esprit** geestigheid; **être en** ~ op het spel staan; **faites vos** ~**x** uw inzet graag; **les** ~**x sont faits** er valt niets meer aan te veranderen; **jouer franc** ~ eerlijk spelen; **jouer le grand** ~ alle registers opentrekken; ~ **de hasard** kansspel; **hors** ~ buitenspel; **jouer le** ~ de regels van het spel volgen; ~**x de main(s)** handtastelijkheden; **mettre en** ~ inzetten, op het spel zetten *(aussi au fig.);* ~ **de mots** woordspeling; **les Jeux olympiques, JO** de Olympische Spelen, OS; **par** ~ voor de grap; ~**x de société** gezelschapsspelletjes; ~**x télévisés** televisiespelletjes; **ce n'est pas du** ~ dat is niet eerlijk; **voir clair dans le** ~ **de qn** iem doorhebben **2** *(espace de jeu)* speelplaats *de* **3** *(série)* stel *het* **4** *(mouvement)* beweging *nf;* ~**x de lumière** lichteffecten **5** *(technol.)* speling *nf* **6** *(tennis)* game *nm* ♦ **être pris à son propre** ~ meegesleept worden door de rol die men speelt; *(prov)* **le** ~ **n'en vaut pas la chandelle** het sop is de kool niet waard; **vieux** ~ ouderwets
jeudi *nm* donderdag *nm;* **le** ~ donderdags; ~ **saint** Witte Donderdag
jeun ♦ *(adv.)* **à** ~ nuchter; **à prendre à** ~ op je nuchtere maag innemen
jeune *adj* **1** *(pas vieux)* jong; **Dupont** ~ Dupont junior; ~ **fille** meisje; ~**s gens** jongelui; ~ **homme** jonge man; **les** ~**s** de jongelui, de jeugd; **mourir** ~ jong sterven; **c'est un peu** ~ dat is een beetje krap **2** *(nouveau)* recent; **être** ~ **dans le métier** een nieuweling in het vak zijn; **les** ~**s mariés** het pasgetrouwde stel **3** *(inexpérimenté)* groen, naïef **4** *(juvénile)* jeugdig; **faire** ~ er jeugdig uitzien
jeûne *nm* vasten *nm;* **jour de** ~ vastendag
jeûner *vi* vasten
jeunesse *nf* **1** *(époque)* jeugd *de;* **dans ma** ~ in mijn tijd; *(prov)* **il faut que** ~ **se passe** jeugd heeft geen deugd; **prime** ~ prille jeugd **2** *(fait d'être jeune)* jeugdigheid *nf* **3** *(les jeunes)* jongelui *plur*
joaillerie *nf* **1** *(art)* juwelierskunst *nf* **2** *(bijoux)* juwelen *plur* **3** *(magasin)* juwelierswinkel *nm*
joaillier, -ière *n* juwelier(ster) *nm (nf)*
job *nm* baantje *het*
jockey *nm* jockey *nm*
jogging *nm* **1** *(course)* (het) joggen **2** *(vêtement)* joggingpak *het*, *(Belg.)* jogging *nm*
joie *nf* vreugde *nf*, *(plur.)* genietingen *plur;* **avec** ~**!** met alle plezier!, graag!; **se faire une** ~ **de** zich erop verheugen (om) te; **la** ~ **de vivre** de levensvreugde
joindre[1] *vt* **1** *(réunir)* samenvoegen **2** *(+ à) (ajouter)* toevoegen (aan), *(à une lettre)* insluiten (bij) **3** *(atteindre)* bereiken
se joindre[2] *vpr* **1** *(s'unir)* zich verenigen **2** *(+ à) (s'ajouter à)* zich voegen (bij) **3** *(+ à) (participer à; s'unir à)* zich aansluiten (bij)
joint[1] *nm* **1** *(jointure)* naad *nm*, voeg *de* **2** *(raccord)* koppeling *nf* **3** *(d'étanchéité)* pakking *nf;* ~ **de culasse** (cilinder)koppakking **4** *(drogue)* joint *nm*
joint[2] *adj* **1** *(réuni)* samengevoegd; **les mains** ~**es** met samengevouwen handen; **sauter à pieds** ~**s** een sluitsprong maken **2** *(ajouté)* toegevoegd (aan); **vous trouverez ci-joint une copie** hierbij vindt u een kopie

jointure *nf* **1** *(articulation)* gewricht *het* **2** *(assemblage)* verbinding *nf*
joker *nm* joker *nm*
joli *adj* **1** *(beau)* mooi, leuk (om te zien) **2** *(intéressant)* leuk *(aussi ironique);* **c'est bien ~ mais** dat is wel aardig, maar toch
joliment *adv* **1** *(d'une manière jolie)* mooi **2** *(beaucoup)* behoorlijk
jonc *nm* **1** *(plante)* bies *de* **2** *(canne)* rotting *nm*
joncher (de) *vt* **1** *(de feuilles)* bezaaien (met) **2** *(d'objets quelconques)* bedekken (met)
jonction *nf* **1** *(action de joindre; résultat)* verbinding *nf;* **point de ~** knooppunt **2** *(lieu)* verbindingspunt *het* **3** *(inform.)* interface *de*
jongler (avec) *vi* **1** *(lancer)* jongleren (met) **2** *(fig.)* goochelen (met)
jongleur, -euse *n* jongleur, -euse *nm,f*
jonque *nf* jonk *nm*
jonquille *nf* narcis *de*
jordanien *adj* Jordaans; **le, la Jordanien(ne)** de Jordaniër, Jordaanse
joue *nf* wang *de;* **mettre (un fusil) en ~** een geweer aanleggen; **tenir qn en ~** op iem aanleggen
joueb *nm (inform.)* weblog *nm/het*
jouer[1] *vi* **1** *(+ à) (pratiquer un jeu)* spelen (met) *(aussi au fig.);* **~ à la femme du monde** doen of men een vrouw van de wereld is; **~ aux cartes** kaartspelen; **à vous de ~** het is uw beurt *(aussi au fig.);* **c'était pour ~** het was voor de grap **2** *(spéculer)* speculeren (op); **~ aux courses** op paarden wedden **3** *(+ de) (se servir de)* spelen (op), gebruiken; **~ de malchance** pech hebben; **~ de son autorité** zijn gezag uitspelen; **~ du piano** pianospelen **4** *(avoir du jeu)* werken, bewegen; **la clé joue dans la serrure** de sleutel draait in het slot **5** *(entrer en jeu)* (een rol) spelen
jouer[2] *vt* **1** *(pratiquer un jeu; interpréter; simuler)* spelen; **~ la comédie** toneelspelen *(aussi au fig.);* **~ les victimes** het slachtoffer uithangen; **qu'est-ce qu'on joue au Rex?** welke film draait er in de Rex? **2** *(mettre en jeu)* uitspelen; **~ une carte** een kaart uitspelen **3** *(risquer)* inzetten; **~ trente euros sur** dertig euro inzetten op
se jouer[3] *vpr* **1** *(se dérouler)* zich afspelen **2** *(+ de) (se moquer de)* spotten (met); **se ~ des difficultés** de moeilijkheden spelenderwijs overwinnen **3** *(être joué)* gespeeld worden; **ce jeu se joue à quatre** dit spel wordt met vier spelers gespeeld; **ce morceau se joue au piano** dit stuk is voor piano
jouet *nm* **1** *(objet)* stuk *het* speelgoed **2** *(victime)* speelbal *nm*
joueur, -euse *n* speler, speelster *nm,f;* **mauvais ~** slecht verliezer; **~ de tennis** tennisser
joufflu *adj* bolwangig
joug *nm (aussi au fig.)* juk *het*
jouir *vi* **1** *(+ de) (tirer plaisir)* genieten (van) **2** *(+ de) (posséder)* (iets) bezitten, *(fig.)* (iets) genieten **3** *(éprouver l'orgasme)* klaarkomen
jouissance *nf* **1** *(plaisir)* genot *het, (plur.)* genietingen *plur* **2** *(usage)* gebruik *het* **3** *(possession)* bezit *het;* **avoir la ~ de** in het bezit zijn van
joujou *nm* stuk *het* speelgoed, *(plur.)* speelgoed *het;* **faire ~ avec** spelen met
jour *nm* **1** *(journée)* dag *nm;* **tenir à ~** bijhouden; **mettre à ~** bijwerken; **être à ~** bij zijn; **d'un ~ à l'autre** van de ene dag op de andere; **~ de l'An** nieuwjaarsdag; **vivre au ~ le ~** van de hand in de tand leven; **au ~ d'aujourd'hui** vandaag de dag; **l'autre ~** een tijdje geleden, onlangs; **un ~ ou l'autre** op een goede dag; **les beaux ~s** de mooie (lente)dagen, *(fig.)* de jeugd; **être dans son bon ~** z'n goede dag hebben; **un de ces ~s** één dezer dagen; **un ~ de congé** een vrije dag; **de ~** overdag; **de nos ~s** tegenwoordig; **de ~ en ~** van dag tot dag; **tous les deux ~s** om de andere dag; **du ~** van diezelfde dag; **le goût du ~** de thans heersende smaak; **nouvelles du ~** laatste nieuws; **des œufs du ~** verse eieren; **du ~ au lendemain** van de ene dag op de andere; **~ férié** feestdag; **le ~ J** *(hist.)* D-day, *(fig.)* de grote dag; **ce ~ même** vandaag nog; **le ~ des Morts** Allerzielen; **c'est le ~ et la nuit** dat is een verschil als tussen dag en nacht; **~s ouvrables** werkdagen; **~ de Pâques** paasdag; **~ pour ~** op de dag af; **~ de sortie** vrije dag; **tous les ~s** iedere dag; **de tous les ~s** alledaags; **un ~** op een dag; **vedettes d'un ~** eendagssterren **2** *(clarté)* daglicht *het,* licht *het (aussi au fig.);* **donner le ~ à un enfant** het leven schenken aan een kind; **il fait ~** het is dag; **faux ~** vals licht; **mettre au grand ~** openbaar maken; **le ~ se lève** het wordt dag; **jeter un nouveau ~ sur** een nieuw licht werpen op; **petit ~** ochtendschemering; **en plein ~** op klaarlichte dag; **se montrer sous son vrai ~** zijn ware aard tonen; **voir le ~** het levenslicht aanschouwen **3** *(ouverture)* opening *nf* **4** *(plur.) (vie)* leven(sdagen) *het (plur);* **finir ses ~s à la campagne** z'n laatste levensdagen op het platteland slijten; **les vieux ~s** de oude dag
journal *nm* **1** *(quotidien)* dagblad *het,* krant *de;* **~ d'information** nieuwsblad; **le ~ officiel** de Staatscourant; **papier ~** krantenpapier **2** *(journal intime)* dagboek *het* **3** *(bulletin d'information)* journaal *het;* **~ télévisé** (televisie)journaal **4** *(magazine)* tijdschrift *het* ♦ *(mar.)* **~ de bord** scheepsjournaal
journalier *adj* dagelijks
journalisme *nm* journalistiek *nf*
journaliste *n* journalist(e) *nm (nf)*
journée *nf* **1** *(jour)* dag *nm;* **à longueur de ~** de godganse dag; **pendant la ~** overdag; **~ portes ouvertes** open dag **2** *(jour de travail)* werkdag *nm*
journellement *adv* dagelijks
joute *nf* steekspel *het (aussi au fig.)*
jovial *adj* joviaal
jovialité *nf* jovialiteit *nf*
joyau *nm* juweel *het (aussi au fig.)*

joyeux *adj* vrolijk; ~ **Noël!** gelukkig kerstfeest!
jubilé *nm* gouden jubileum *het*
jubiler *vi* jubelen
jucher[1] *vt* hoog plaatsen
se jucher[2] *vpr* gaan zitten
judaïque *adj* joods
judaïsme *nm* joodse geloof *het*
judas *nm* **1** *(traître)* judas *nm* **2** *(trou)* kijkgaatje *het*
judiciaire *adj* **1** *(justice)* rechterlijk **2** *(qui dépend de la justice)* gerechtelijk; **assistance ~ gratuite** kosteloze rechtsbijstand
judicieux *adj* verstandig
judo *nm* judo *het*
juge *nm* **1** *(magistrat)* rechter *nm (aussi au fig.)*; **être bon ~ en la matière** de zaak goed kunnen beoordelen; ~ **d'instruction** rechter-commissaris, onderzoeksrechter *(Belg.n.)* **2** *(arbitre)* scheidsrechter *nm*
juge-arbitre *nm* scheidsrechter *nm*
jugement *nm* **1** *(opinion)* oordeel *het;* **porter un ~** een oordeel uitspreken; ~ **de valeur** waardeoordeel **2** *(discernement)* verstand *het* **3** *(jur.)* vonnis *het;* **prononcer un ~** een vonnis vellen
jugeote *nf* boerenverstand *het*
juger[1], **jugé** *nm* ♦ **au ~** op goed geluk
juger[2] **(de)** *vi* **1** *(apprécier)* oordelen (over); **à en ~ par** te oordelen naar **2** *(imaginer)* zich (iets) voorstellen
juger[3] *vt* **1** *(apprécier; considérer)* (be)oordelen **2** *(croire)* geloven; **si tu le juges bon** als je denkt dat het goed is **3** *(jur.)* vonnissen; ~ **un accusé** een verdachte berechten; ~ **une affaire** uitspraak doen in een zaak
se juger[4] *vpr (se considérer)* zich beschouwen als
juguler *vt* stopzetten
juif *n* jood *nm;* **le peuple ~** het joodse volk
juillet *nm* juli *nm;* **en ~** in juli
juin *nm* juni *nm;* **en ~** in juni
jumeau *adj* tweeling-; *(subst.)* **faux ~x** niet-identieke tweelingen; **frère ~** tweelingbroer; **la jumelle** de tweelingzus; **le ~** de tweeling(broer); **lits ~x** lits-jumeaux; *(subst.)* **vrais ~x** identieke tweelingen
jumelage *nm* jumelage *nf*, *(Belg.)* verzustering *nf*
jumeler *vt* koppelen ♦ **villes jumelées** zustersteden
jumelle *nf* verrekijker *nm*, *(au théâtre)* toneelkijker *nm*
jument *nf* merrie *nf*
jungle *nf* jungle *de*
junior *adj* junior; **la mode ~** de kindermode
jupe *nf* rok *nm;* ~ **plissée** geplisseerde rok
jupe-culotte *nf* broekrok *de*
jupon *nm* (onder)rok *nm*
juré *adj* gezworen; **ennemi ~** gezworen vijand, aartsvijand; **le, la ~(e)** het jurylid; **traducteur ~** beëdigd vertaler
jurer[1] *vi* **1** *(prêter serment)* zweren; *(prov)* **il ne faut ~ de rien** ⟨*men kan nooit weten*⟩; **j'en ~ais** ik zou er een eed op durven doen; **on ne jure plus que par lui** men zweert alleen nog maar bij hem **2** *(blasphémer)* vloeken **3** *(détonner)* vloeken
jurer[2] *vt* zweren; **je te jure** dat kan ik je verzekeren; **ah, je vous jure!** dat is me toch wat!
se jurer[3] *vpr* **1** *(se promettre à soi)* zich voornemen **2** *(se promettre réciproquement)* elkaar zweren
juridiction *nf* **1** *(pouvoir de juger)* rechtspraak *de; (fig.)* **cela n'est pas de votre ~** dat is uw terrein niet **2** *(tribunal)* rechtbank *de* **3** *(étendue de la juridiction)* rechtsgebied *het*
juridique *adj* **1** *(droit)* rechts- **2** *(justice)* rechtskundig
juriste *n* jurist *nm*, rechtsgeleerde *nm*
juron *nm* vloek *nm*
jury *nm* **1** *(au tribunal)* jury *de* **2** *(d'examen)* examencommissie *nf*
jus *nm* **1** *(de fruit)* sap *het* **2** *(de viande)* jus *nm* **3** *(café)* slobber *nm* **4** *(courant)* ↑ (elektrische) stroom *nm*
jusque *prép* **1** *(lieu, temps)* tot; **jusqu'à ce que** tot, totdat; **aller jusqu'à ...** zover gaan dat ...; **jusqu'ici** tot hier; **jusqu'à présent** tot nu toe; **jusqu'à quand?** tot wanneer? **2** *(même)* zelfs; **il est allé jusqu'à me dire que** hij heeft me zelfs gezegd dat
jusque-là *adv* **1** *(jusqu'à cet endroit)* tot daar, tot zover; *(fig.)* **en avoir ~** het zat zijn **2** *(jusqu'à ce moment)* tot dan toe, tot (op) dat moment
justaucorps *nm* balletpakje *het*
juste[1] *nm* (het) rechtvaardige; **être dans le ~** gelijk hebben
juste[2] *adj* **1** *(équitable)* rechtvaardig, eerlijk **2** *(légitime)* rechtmatig; ~ **cause** eerlijke zaak **3** *(exact)* precies, nauwkeurig; **c'était (tout) ~** het was op het nippertje **4** *(étroit; insuffisant)* krap
juste[3] *adv* **1** *(exactement)* precies, juist; **je ne sais pas au ~** dat weet ik niet zo precies; **chanter ~** zuiver zingen; **tomber ~** op het juiste moment komen **2** *(à peine)* krap; **elle vient tout ~ d'arriver** ze is er nog maar net **3** *(seulement)* slechts
justement *adv* **1** *(précisément)* precies, juist **2** *(à bon droit)* op rechtvaardige wijze, terecht
justesse *nf* **1** *(exactitude)* juistheid *nf* **2** *(précision)* nauwkeurigheid *nf* ♦ **de ~** op het nippertje
justice *nf* **1** *(équité)* rechtvaardigheid *nf* **2** *(jur.)* justitie *nf;* **passer en ~** voor het gerecht verschijnen; **poursuivre en ~** vervolgen; **rendre la ~** rechtspreken ♦ **se faire ~** *(se tuer)* de hand aan zichzelf slaan, *(se venger)* het recht in eigen handen nemen; **faire ~ à qn** iem recht doen wedervaren
justicier, -ière *n* handhaver *nm* van het recht
justifiable *adj* te rechtvaardigen
justificatif *adj* **1** *(qui prouve)* als bewijs dienend; **une pièce justificative** een bewijs(stuk) **2** *(qui justifie)* rechtvaardigend
justification *nf* rechtvaardiging *nf*

justifier[1] **(de)** *vi (prouver)* (iets) bewijzen
justifier[2] *vt* **1** *(défendre)* rechtvaardigen **2** *(légitimer)* wettigen
se justifier[3] *vpr* **1** *(se disculper)* zich rechtvaardigen **2** *(être fondé)* gegrond zijn
jute *nm* jute *de;* **toile de ~** juteweefsel
juteux *adj* sappig
juvénile *adj* jeugdig
juxtaposer *vt* naast elkaar plaatsen; **~ une chose à une autre** iets naast iets anders zetten
juxtaposition *nf* (het) naast elkaar plaatsen

k

k *nm* k *de;* **k comme Kléber** de k van Karel
kaki *nm* kakikleur *de;* **toile ~** kakikleurig linnen
kaléidoscope *nm* caleidoscoop *nm*
kamikaze *nm* **1** *(pilote)* kamikaze *nm* **2** *(personne téméraire)* waaghals *nm*
kangourou *nm* kangoeroe *nm*
karaoké *nm* karaoke *de*
karaté *nm* karate *het*
kart *nm* skelter *nm*
karting *nm* karting *het*, (het) skelteren
kascher *adj* koosjer
kayak *nm* kajak *nm;* **faire du ~** aan kajakvaren doen
kényan *adj* Keniaans; **le, la Kényan(ne)** de Keniaan(se)
képi *nm* kepie *nm*
kermesse *nf* **1** *(fête de bienfaisance)* weldadigheidsfeest *het* (in de openlucht) **2** *(ducasse)* kermis *de*
kérosène *nm* kerosine *nf*
khôl *nm* ogenzwartsel *het*
kidnapper *vt* ontvoeren, kidnappen
kidnappeur, -euse *n* ontvoerder, ontvoerster *nm,f*, kidnapper *nm*
kif-kif *adj* krek eender; **c'est du kif** dat is één pot nat
kilo *nm* kilo *het*
kilogramme *nm* kilogram *het*, kilo *het*
kilométrage *nm* **1** *(nombre de kilomètres au compteur)* kilometerstand *nm* **2** *(nombre de kilomètres parcourus)* aantal *het* kilometers
kilomètre *nm* kilometer *nm;* **faire des ~s** kilometers afleggen; **faire cent ~s à l'heure** honderd kilometer per uur rijden
kilométrique *adj* kilometer-
kilo-octet *nm (inform.)* kilobyte *de*
kilowattheure *nm* kilowattuur *het*
kinésithérapeute *n* fysiotherapeut(e) *nm (nf)*
kinésithérapie *nf* fysiotherapie *nf*
kiosque *nm* kiosk *de;* **~ à musique** muziektent
kirsch *nm* kirsch *nm*
kit *nm* (zelf)bouwpakket *het*
kitchenette *nf* kitchenette *de*
kitsch *adj* kitsch-, kitscherig; **le ~** (de) kitsch
kiwi *nm* kiwi *nm*
klaxon® *nm* toeter *nm*
klaxonner *vi* toeteren
kleptomane *adj* kleptomaan; **le, la ~** de kleptomaan
knock-out *nm* knock-out *nm*
koala *nm* koala *nm*
Koweït *nm* Koeweit *n (sans art.)*
krach *nm* (beurs)krach *nm*
kraft® *nm* pakpapier *het;* **papier ~** pakpapier
kurde *adj* Koerdisch; **le ~** het Koerdisch; **les Kurdes** de Koerden
kyrielle *nf* ris(t) *de*
kyste *nm* cyste *de*

l

l *n* l *de;* **l comme Léopold** de l van Lodewijk
la *nm* a *de*, la *de;* **donner le** ~ *(mus.)* de a (aan)geven, *(fig.)* de toon aangeven
là *adv* **1** *(là-bas)* daar; **en arriver** ~ zover komen; **ça et ~, par ci par** ~ hier en daar; **de** ~ **son échec** vandaar zijn, haar mislukken; **de** ~ **vient que ...** daardoor komt het dat ...; **de** ~ **au village** van daar naar het dorp; **en être** ~ zover zijn; ~ **où** daar waar; **passer par** ~ daarlangs gaan, *(fig.)* zo'n fase doormaken; **par** ~ **même** juist daardoor; **entendre par** ~ daaronder verstaan; **quelque part par** ~ daar ergens; **les faits sont** ~ dat zijn de feiten **2** *(ici)* er; **il n'est pas** ~ hij is er niet **3** *(à ce moment)* toen; **d'ici** ~ intussen ♦ **c'est bien** ~ **le problème** dáár zit het probleem; **ce jour-là** die dag; **que me dites vous ~?** wat zegt u me dáár?; **loin de** ~ verre van dat
là! *interj* nou!; **oh** ~ **~!** o jee!
là-bas *adv* (daar)ginds
label *nm* **1** *(de qualité)* kwaliteitsmerk *het* **2** *(d'origine)* herkomstaanduiding *nf*
labeur *nm* ↓ zwaar werk *het*
laborantin, -ine *n* laborant *nm*
labo(ratoire) *nm* lab(oratorium) *het*, *(Belg.)* labo *het;* **animaux de** ~ proefdieren; ~ **de langue** talenpracticum
laborieux *adj* **1** *(pénible)* moeizaam, moeilijk **2** *(actif)* hardwerkend ♦ **c'est** ~ het wil niet vlotten
labour *nm* **1** *(travail)* (het) (om)ploegen **2** *(plur.) (terre)* omgeploegd land *het*
labourer *vt* **1** *(bêcher)* (om)ploegen **2** *(creuser)* omwoelen **3** *(griffer)* openkrabben
labyrinthe *nm* doolhof *nm (aussi au fig.)*
lac *nm* meer *het;* ~ **artificiel** stuwmeer; **le** ~ **Léman** het meer van Genève
lacer *vt* vastmaken, (dicht)rijgen
lacérer *vt* verscheuren
lacet *nm* **1** *(de chaussure)* veter *nm;* **faire ses ~s** zijn veters vastmaken **2** *(virage)* (haarspeld)bocht *de* **3** *(piège)* strik *nm*
lâche *adj* **1** *(peureux)* laf(hartig); **le, la** ~ de lafaard **2** *(relâché)* los
lâcher[1] *nm* (het) oplaten
lâcher[2] *vi (céder)* bezwijken; **ses nerfs ont lâché** zijn zenuwen werden hem de baas
lâcher[3] *vt* **1** *(desserrer)* losser maken **2** *(cesser de tenir)* loslaten **3** *(quitter)* in de steek laten **4** *(une remarque)* laten vallen ♦ ~ **prise** loslaten
lâcheté *nf* **1** *(poltronnerie)* lafheid *nf* **2** *(acte lâche)* laffe daad *de*
lacrymogène *adj* ♦ **bombe** ~ traangasbom
lacté *adj* melk-
lacune *nf* **1** *(manque)* leemte *nf*, lacune *de* **2** *(espace vide)* holte *nf*
là-dedans *adv* daarbinnen
là-dessous *adv* daaronder; **il y a qch** ~ daaronder zit iets, *(fig.)* daar steekt iets achter
là-dessus *adv* **1** *(sur cela)* daarboven **2** *(à ce sujet)* daarover **3** *(sur ce)* daarop
ladite *adj* → **ledit**
lagune *nf* lagune *de*
là-haut *adv* daarboven
laïc, laïque *n* leek *nm*
laid *adj* lelijk
laideur *nf* lelijkheid *nf*
lainage *nm* **1** *(vêtement)* wollen kledingstuk *het* **2** *(étoffe)* wollen stof *de*
laine *nf* wol *de;* ~ **de verre** glaswol
laïque *adj* **1** *(séculier)* leken- **2** *(neutre)* neutraal; **enseignement** ~ openbaar onderwijs; **l'école** ~ de openbare school
laisse *nf* lijn *de;* **tenir en** ~ aan de lijn houden, *(fig.)* aan de leiband laten lopen
laissé-pour-compte *n* **1** *(qu'on n'achète pas)* winkeldochter *nf* **2** *(dont on ne s'occupe pas)* verschoppeling *nm*
laisser[1] *vt* **1** *(ne pas empêcher de)* laten; ~ **dire** zich niet bekommeren om wat anderen zeggen; ~ **faire qn** iem zijn gang laten gaan; ~ **venir** afwachten **2** *(ne pas modifier l'état de; ne pas s'occuper de)* zich niet bemoeien met; ~ **qn à la porte** iem bij de deur laten staan; ~ **qch de côté** iets weglaten; ~ **la fenêtre ouverte** het raam open laten staan; ~ **qn (tranquille)** iem met rust laten; **laissez** doe geen moeite **3** *(laisser derrière soi)* achterlaten **4** *(léguer)* nalaten

5 *(perdre)* verliezen **6** *(abandonner qn)* laten zitten ♦ ~ **à désirer** te wensen overlaten; **il m'a laissé à entendre** hij heeft mij te verstaan gegeven; **je te laisse ma voiture pour 700 euros** je kunt mijn auto krijgen voor 700 euro

se laisser² *vpr* ♦ **se ~ aller** zich laten gaan; **se ~ aller aux larmes** de tranen de vrije loop laten; **se ~ aller à sourire** zich tot een glimlach laten verleiden; **vin qui se laisse boire** drinkbare wijn; **je me suis laissé dire** ik meen gehoord te hebben; **se ~ faire** geen weerstand bieden; **se ~ vivre** zich laten leven

laisser-aller *nm* **1** *(désinvolture)* achteloosheid *nf* **2** *(manque de soin)* slordigheid *nf*

laisser-faire *nm* laisser faire *het*

laissez-passer *nm* **1** *(sauf-conduit)* pasje *het* **2** *(jur.)* geleibrief *nm*

lait *nm* melk *de;* ~ **démaquillant** reinigingsmelk; ~ **fermenté** karnemelk; *(fig.)* **boire du (petit)** ~ in zijn nopjes zijn; ~ **demi-écrémé** halfvolle melk; ~ **écrémé** taptemelk; ~ **entier** volle melk; **l'industrie du ~** de zuivelindustrie; ~ **en poudre** melkpoeder

laitage *nm* melkproduct *het*

laiterie *nf* **1** *(usine)* melkfabriek *nf*, *(Belg.)* melkerij *nf* **2** *(partie d'une ferme)* melkerij *nf*

laiteux *adj* melkachtig

laitier *adj* melk-, zuivel-; **le ~, la laitière** de melkbezorger, melkbezorgster; **la (vache) laitière** de melkkoe

laiton *nm* messing *het*

laitue *nf* sla *de*

lama *nm* lama *nm*

lambeau *nm* **1** *(morceau)* (afgescheurd) stuk *het;* **en ~x** aan flarden gescheurd; **mettre en ~x** in stukken scheuren **2** *(fig.) (fragment)* flard *de*

lambin *adj* treuzelachtig; **le, la ~(e)** de slome duikelaar

lambris *nm* **1** *(d'un mur)* lambrisering *nf* **2** *(d'un plafond)* plafondbetimmering *nf*

lame *nf* **1** *(bande)* plaatje *het* **2** *(partie tranchante)* lemmet *het;* **une fine** ~ een goed schermer **3** *(de rasoir)* scheermesje *het* **4** *(vague)* golf *de (aussi au fig.);* ~ **de fond** grondzee

lamelle *nf* plakje *het*

lamentable *adj* **1** *(exécrable)* erbarmelijk **2** *(navrant)* jammerlijk

lamentation *nf* **1** *(plainte)* klaagzang *nm* **2** *(jérémiades)* gejammer *het*

se lamenter (de, sur) *vpr* jammeren (over)

laminer *vt* **1** *(indus.)* pletten, (uit)walsen **2** *(écraser qn)* verpletteren

lampadaire *nm* **1** *(dans un logement)* staande (schemer)lamp *de* **2** *(réverbère)* straatlantaarn *de*

lampe *nf* lamp *de;* ~ **de chevet** bedlampje; ~ **halogène** halogeenlamp ♦ ~ **de poche** zaklamp

lampion *nm* lampion *nm*

lance *nf* lans *de* ♦ ~ **à eau** spuitstuk; ~ **d'incendie** brandspuit

lancée *nf* vaart *de;* **continuer sur sa ~** in één adem doorgaan

lance-flammes *nm* vlammenwerper *nm*

lancement *nm* **1** *(action de projeter)* (het) werpen **2** *(d'un bateau)* tewaterlating *nf* **3** *(d'un produit)* (het) op de markt brengen **4** *(d'une entreprise, d'une vedette)* (het) bekendmaken

lance-pierre(s) *nm* katapult *nm*

lancer¹ *nm (sports)* (het) werpen

lancer² *vt* **1** *(jeter)* werpen; ~ **un mandat d'arrêt contre qn** bevel tot aanhouding tegen iem uitvaardigen; ~ **un cri** een kreet slaken; ~ **son chien sur qn** zijn hond op iem afsturen; ~ **un ultimatum** een ultimatum stellen **2** *(mettre en mouvement)* in beweging zetten; ~ **une campagne électorale** een verkiezingscampagne beginnen; ~ **une fusée** een raket lanceren; ~ **un moteur** een motor starten; ~ **un navire** een schip van stapel doen lopen; ~ **qn sur un sujet** iem over iets aan het praten krijgen; **une fois lancé, il ne s'arrête plus** als hij eenmaal op dreef is, houdt hij niet meer op **3** *(un produit)* op de markt brengen **4** *(une personne)* bekendmaken ♦ ~ **une mode** een mode lanceren

se lancer³ *vpr* **1** *(se jeter)* zich werpen (op); **se ~ à la poursuite de qn** de achtervolging inzetten op iem **2** *(+ dans) (s'embarquer dans)* zich storten (in); **se ~ dans la politique** in de politiek gaan

lanceur, -euse *n* **1** *(d'un objet)* werp(st)er *nm (nf);* ~ **de disque** discuswerper; ~ **de poids** kogelstoter **2** *(d'un produit, d'une mode)* promotor *nm*

lancinant *adj* **1** *(aigu)* stekend **2** *(obsédant)* smartelijk

landau *nm* kinderwagen *nm*

lande *nf* heide *de*

langage *nm* taal *de (aussi inform.)*, taalgebruik *het;* ~ **courant** omgangstaal; ~ **machine** computertaal; ~ **de programmation** programmeertaal

lange *nm* luier *de*

langer *vt* iem een luier aandoen

langoureux *adj* smachtend

langouste *nf* langoest *nm*, hoornkreeft *de*

langoustine *nf* Noorse zeekreeft *de*, langoustine *de*

langue *nf* **1** *(organe)* tong *de;* ~ **de bois** wollig taalgebruik; **ne pas avoir sa ~ dans sa poche** niet op z'n mondje gevallen zijn; **donner sa ~ au chat** het opgeven; **mauvaise ~** kwaadspreker, kwaadspreekster, *(Belg.)* kwatong; **avoir la ~ bien pendue** een scherpe tong hebben; **tirer la ~ à qn** de tong tegen iem uitsteken **2** *(ling.)* taal *de;* ~ **écrite** schrijftaal; ~ **parlée** spreektaal; **un professeur de ~s** een leraar vreemde talen

languette *nf* tongetje *het*, lipje *het*

langueur *nf* **1** *(apathie)* matheid *nf* **2** *(mélancolie)* melancholie *nf*

languir[1] *vi* **1** *(faiblir)* verflauwen; **la conversation languissait** het gesprek sleepte zich voort **2** *(attendre)* smachten (naar); **faire ~ qn** iem laten wachten
se languir[2] *vpr (s'ennuyer)* zich vervelen ♦ **se ~ de qn** iem heel erg missen
lanière *nf* riem *nm*
lanterne *nf* **1** *(source de lumière)* lantaarn *de* **2** *(plur.) (d'automobiles)* stadslichten *plur* ♦ **éclairer la ~ de qn** iem op de hoogte brengen
laotien *adj* Laotiaans; **le, la Laotien(ne)** de Laotiaan(se)
laper *vt* oplikken
lapider *vt* stenigen
lapin, -ine *n* konijn *het;* **~ de garenne** wild konijn ♦ **c'est un chaud ~** het is een hete bliksem; **mon petit ~** lieverd; **poser un ~ à qn** niet op komen dagen bij een afspraak met iem
lapon *adj* Laplands; **le ~** het Laps; **le, la Lapon(e)** de Laplander, Laplandse
Laponie *nf* Lapland *n (sans art.)*
laps *nm* ♦ **~ de temps** tijd(sverloop)
lapsus *nm* vergissing *nf*, lapsus *nm*
laquais *nm* lakei *nm (aussi au fig.)*
laque *nf* **1** *(vernis)* lak *het/de (m)* **2** *(fixateur)* haarspray *nm*
laquer *vt* lakken
lard *nm* spek *het*
lardon *nm* spekreep *nm*
large[1] *nm* **1** *(largeur)* breedte *nf;* **20 mètres de ~** 20 meter breed; **de long en ~** heen en weer **2** *(haute mer)* open zee *de;* **au ~ de Calais** ter hoogte van Calais; **gagner, prendre le ~** het ruime sop kiezen ♦ *(fig.)* **prendre le ~** zijn biezen pakken
large[2] *adj* **1** *(vaste, ample)* breed; **~ de 20 mètres** 20 meter breed **2** *(important)* groot **3** *(tolérant)* ruimdenkend; **avoir la conscience ~** het niet erg nauw nemen **4** *(d'une manière ample)* ruim **5** *(généreux)* vrijgevig ♦ **ne pas en mener ~** ↑ doodsbenauwd zijn
largement *adv* **1** *(sur une grande largeur)* wijd **2** *(abondamment)* rijkelijk; **gagner ~ sa vie** een goed inkomen hebben **3** *(au moins)* ruim(schoots); **il est ~ 11 heures** het is allang 11 uur
largesse *nf* vrijgevigheid *nf*, *(plur.)* gulle gaven *plur*
largeur *nf* **1** *(dimension)* breedte *nf* **2** *(d'esprit, de vues)* onbekrompenheid *nf*
larguer *vt* **1** *(mar.)* vieren **2** *(d'un avion)* afwerpen **3** *(se débarrasser de)* aan de kant zetten, dumpen
larme *nf* **1** *(goutte d'eau)* traan *de*, *(plur.)* traanvocht *het;* **avoir les ~s aux yeux** tot tranen toe geroerd zijn; **avoir des ~s dans la voix** met een door tranen verstikte stem spreken; *(fig.)* **une ~ de cognac** een druppeltje cognac; **fondre en ~s** in huilen uitbarsten **2** *(plur.) (chagrin)* ↓ verdriet *het*
larmoyant *adj* **1** *(qui pleure)* tranend **2** *(pleurnicheur)* huilerig
larve *nf* larve *de*
laryngite *nf (méd.)* strottenhoofdontsteking *nf*
larynx *nm* strottenhoofd *het*
las *adj* **1** *(fatigué)* vermoeid **2** *(dégoûté)* moe; **être ~ de qch** iets beu zijn
lascar *nm* **1** *(homme malin)* slimme knaap *nm* **2** *(type)* kerel *nm*
lascif *adj* wellustig
laser *nm* laser *nm*
lasser[1] *vt* **1** *(ennuyer)* vervelen **2** *(décourager)* ontmoedigen
se lasser[2] **(de)** *vpr (devenir las de)* genoeg krijgen (van)
lassitude *nf* **1** *(fatigue)* vermoeidheid *nf* **2** *(découragement)* terneergeslagenheid *nf*
latent *adj* latent
latéral *adj (adj.)* aan de zijde, zij-, *(adv.)* van terzijde; **rue ~e** evenwijdig lopende straat
latex *nm* latex *het/de (m)*
latin *adj* Latijns; **j'y perds mon ~** ik begrijp er niets meer van; **le ~** het Latijn; **le, la Latin(e)** de Latijn(se)
latino-américain *adj* Latijns-Amerikaans
latitude *nf* **1** *(géo.)* breedtegraad *nm* **2** *(liberté)* (bewegings)vrijheid *nf*
latte *nf* **1** *(planche)* lat *de* **2** *(f.B.) (règle)* liniaal *het/de*
lauréat *adj* bekroond; **le, la ~(e)** de (prijs)winnaar, (prijs)winnares
laurier *nm* **1** *(arbre)* laurier(boom) *nm* **2** *(plur.) (gloire)* lauweren *plur;* *(fig.)* **s'endormir sur ses ~s** op z'n lauweren rusten
lavable *adj* wasbaar
lavabo *nm* **1** *(cuvette)* wastafel *de* **2** *(plur.) (W.-C.)* toilet *het*
lavage *nm* (het) wassen; **~ de cerveau** brainwashing; **~ d'estomac** maagspoeling
lavande *nf* lavendel *de*
lave *nf* lava *de*
lave-glace *nm* (ruiten)sproeier *nm*
lave-linge *nm* wasmachine *nf*
lavement *nm* darmspoeling *nf*, lavement *het*
laver[1] *vt* **1** *(nettoyer)* wassen; **~ qn d'un soupçon** een verdenking van iem wegnemen; **~ à grande eau** schrobben **2** *(disculper)* uitwissen
se laver[2] *vpr (se nettoyer)* zich wassen; **se ~ les dents** zijn tanden poetsen
laverie *nf (indus.)* wasserij *nf* ♦ **~ automatique** wasserette
laveur, -euse *n* wasser *nm;* **~ de carreaux** glazenwasser, ruitenwasser *(n.B.)*
lave-vaisselle *nm* afwasmachine *nf*
lavoir *nm* **1** *(lieu public)* wasserij *nf* **2** *(bac)* wasbak *nm* **3** *(f.B.) (laverie automatique)* wasserette *nf*
laxatif *adj* laxerend; **le ~** het laxeermiddel
laxisme *nm* laksheid *nf*
laxiste *adj* laks
layette *nf* babyuitzet *nm*
le[1]**, la, les** *pron pers* **1** *(personne)* hem, haar, *(plur.)* hen, ze; **je l'en remercie** ik

bedank hem, haar ervoor **2** *(chose)* het, *(plur.)* ze; **êtes-vous le roi? je le suis** bent u de koning? dat ben ik ♦ **il n'est pas si pauvre qu'on le pense** hij is niet zo arm als men denkt

le², la, les *art* de, het; **le 9 août** (op) 9 augustus; **l'article trois** artikel drie; **oh! le beau chien** o, wat een mooie hond; **le commissaire Maigret** commissaris Maigret; **allez, les enfants!** kom, kinderen!; **à la française** op z'n Frans; **il s'est cassé la jambe** hij heeft zijn been gebroken; **le médecin reçoit le(s) lundi(s)** de dokter houdt spreekuur op maandag; **la mine allongée** met een lang gezicht

leasing *nm* leasing *de*

lèche-botte *nm* hielenlikker *nm*

lécher *vt (passer la langue sur)* likken, *(enlever)* oplikken, *(nettoyer)* aflikken

lèche-vitrines *nm* ↑ (het) bekijken van winkels en etalages; **faire du ~** (gaan) winkelen

leçon *nf* **1** *(matière à étudier; cours)* les *de*, *(fig. aussi)* lering *nf;* **des ~s particulières** privélessen, bijlessen; **réciter une, sa ~** een, zijn les(je) opzeggen **2** *(conseil)* les *de;* **faire la ~ à qn** iem de les lezen

lecteur, -trice *n* **1** *(personne qui lit)* lezer(es) *nm (nf)*, *(à haute voix)* voorlezer(es) *nm (nf)* **2** *(enseign.)* buitenlands docent *nm* **3** *(m.) (dispositif)* recorder *het;* **~ de cassettes** cassetterecorder; **~ CD** cd-speler; **~ de disquettes** diskdrive

lecture *nf* **1** *(action de lire)* (het) lezen, *(à haute voix)* (het) voorlezen; **faire la ~ à qn** iem voorlezen **2** *(livres)* lectuur *nf*, leesstof *de* **3** *(interprétation)* interpretatie *nf* **4** *(inform.)* (het) (in)lezen

ledit, ladite, lesdits, lesdites *adj* (boven)genoemd

légal *adj* wettelijk *(prévu par la loi; conforme aux lois)*, wettig *(conforme aux lois);* **médecine ~e** gerechtelijke geneeskunde

légalisation *nf* legalisatie *nf*

légaliser *vt* **1** *(authentifier)* echt verklaren **2** *(rendre légal)* legaliseren

légalité *nf* wettigheid *nf;* **rester dans la ~** wettelijk handelen

légataire *n* erfgenaam, erfgename *nm,f*

légendaire *adj* legendarisch

légende *nf* **1** *(histoire)* legende *de;* **entrer dans la ~** legendarisch worden **2** *(d'une image)* onderschrift *het*

léger *adj* **1** *(peu pesant; faible)* licht **2** *(insuffisant)* dun **3** *(frivole)* oppervlakkig; **à la légère** lichtvaardig; **prendre les choses à la légère** de dingen te gemakkelijk opnemen **4** *(licencieux)* pikant

légèreté *nf* **1** *(fait d'être léger, agile)* lichtheid *nf* **2** *(désinvolture)* lichtvaardigheid *nf* **3** *(des mœurs)* lichtzinnigheid *nf*

légion *nf (milit.)* legioen *het;* **la Légion (étrangère)** het vreemdelingenlegioen ♦ **Légion d'honneur** Legioen van Eer

légionnaire *nm (soldat)* legionair *nm*

législatif *adj* wetgevend; **le (pouvoir) ~** de wetgevende macht; **les (élections) législatives** de parlementsverkiezingen

législation *nf* wetgeving *nf*

législature *nf* zittingsduur *nm*, *(Belg.)* legislatuur *nf*

légiste *nm* jurist *nm*, rechtsgeleerde *nm;* **médecin ~** gerechtelijk geneeskundige

légitime *adj* **1** *(légal)* wettig, echt *(enfant)* **2** *(conforme à la justice, justifié)* rechtmatig

légitimer *vt* **1** *(jur.)* wettigen, *(un enfant)* echten **2** *(justifier)* rechtvaardigen

légitimité *nf* **1** *(jur.)* wettigheid *nf* **2** *(bien-fondé)* gegrondheid *nf*

legs *nm* legaat *het*, *(fig.)* erfenis *nf*

léguer *vt (jur.)* vermaken (aan), nalaten (aan) *(aussi au fig.)*

légume¹ *nm* groente *nf;* **~s secs** peulvruchten; **~s verts** bladgroenten

légume² *nf* ♦ **une grosse ~** een hoge piet

lendemain *nm* **1** *(jour suivant)* volgende dag *nm;* **du jour au ~** van de ene dag op de andere; **le ~ matin** de volgende morgen; **sans ~** kortstondig **2** *(avenir)* (nabije) toekomst *nf* **3** *(+ de) (période suivant qch)* korte tijd (na) *nm;* **au ~ de la guerre** kort na de oorlog

lénifier *vt* kalmeren

lent *adj* langzaam; **avoir l'esprit ~** traag van begrip zijn

lente *nf* neet *de*

lenteur *nf* traagheid *nf*

lentille *nf* **1** *(plante, graine)* linze *de* **2** *(optique)* lens *de;* **~ de contact** contactlens

léopard *nm* luipaard *nm*

lèpre *nf* lepra *de*, melaatsheid *nf*

lépreux *adj* melaats; **le ~, la lépreuse** de leprapatiënt(e), melaatse

lequel¹, laquelle, lesquels, lesquelles *pron rel* **1** *(sujet; objet direct)* die *(m. sing.; f. sing.; plur.)*, dat *(neutre sing.)*, ↑ welke *(m. sing.; f. sing.; plur.)* **2** *(génitif: personnes)* van wie, waarvan, wiens *(↑; m. sing.)*, wier *(↑; f. sing.; plur.);* **les amis avec l'aide desquels il a fait ce travail** de vrienden met wier hulp hij dat werk heeft gedaan **3** *(génitif: choses)* waarvan, ↑ van welke *(antécédent m., f. ou plur.)* **4** *(dans construction prépositionnelle)* ... wie *(personnes)*, waar ... *(choses)*, ... welke *(sauf antécédent neutre);* **la personne à laquelle vous venez de parler** degene met wie, waarmee u zojuist gesproken hebt; **parmi lesquels** waaronder ♦ **auquel cas** in welk geval

lequel², laquelle, lesquels, lesquelles *pron rel* welke *(m.; f.; plur.)*, welk *(neutre sing.)*

lesbien *adj* lesbisch; **la ~ne** de lesbische vrouw

lèse-majesté *nf* majesteitsschennis *nf;* **crime de ~** majesteitsschennis

léser *vt* **1** *(désavantager)* benadelen **2** *(blesser)* kwetsen

lésiner (sur) *vi* vrekkig zijn (met)

lésion *nf* **1** *(méd.)* letsel *het* **2** *(jur.)* benadeling *nf*

lessive *nf* **1** *(détersif)* wasmiddel *het* **2** *(linge; action de laver)* was *nm;* **faire la ~** de was doen

lessiver *vt* schoonmaken ♦ **être lessivé** uitgeput zijn
lessiveuse *nf* **1** *(récipient)* wasketel *nm* **2** *(f.B.) (machine)* wasmachine *nf*
lest *nm* ballast *nm;* **jeter du** ~ ballast uitwerpen, *(fig.)* concessies doen
leste *adj* **1** *(agile)* behendig **2** *(désinvolte)* ongedwongen, los
lester *vt (mar.)* van ballast voorzien
léthargie *nf* lethargie *nf*
léthargique *adj* lethargisch
lette, letton *adj* Lettisch, Letlands; **le ~, le letton** het Letlands; **le Letton, la Lettone** de Letlander, Letlandse
Lettonie *nf* Letland *n (sans art.)*
lettre *nf* **1** *(missive)* brief *nm;* **papier à ~s** postpapier; ~ **de change** wissel; ~ **circulaire** rondschrijven; ~ **d'introduction** aanbevelingsbrief; *(f.B.)* ~ **de mort** rouwbrief; **par cette** ~ bij deze; **ça passe comme une ~ à la poste** dat gaat erin als koek; ~ **piégée** bombrief **2** *(caractère)* letter *de;* **à la ~, au pied de la** ~ letterlijk; **un romantique avant la** ~ een voorloper van de romantiek; ~ **d'imprimerie** drukletter; **en toutes ~s** voluit **3** *(plur.) (littérature)* letteren *plur;* **homme, femme, gens de ~s** letterkundige(n)
lettré *adj* geletterd; **un(e) ~(e)** een geletterde
leucémie *nf* leukemie *nf*, bloedkanker *nm*
leur[1] *nm* **1** *(propriété)* (het) hunne; **ils y mettent du** ~ zij doen hun best **2** *(plur.) (proches)* (de) hunnen *(plur.)*
leur[2] *adj poss* hun
leur[3] *pron pers* aan hen, hun; **je le ~ dirai** ik zal het hun zeggen
leurre *nm* **1** *(appât)* aas *het* **2** *(duperie)* bedrog *het*
leurrer[1] *vt* verlokken
se leurrer[2] *vpr* zich illusies maken
levain *nm* zuurdesem *nm*
levant *adj* opkomend; **le** ~ de Levant
levée *nf* **1** *(suppression)* (het) opheffen; ~ **des scellés** (het) verbreken van de zegels **2** *(PTT)* (bus)lichting *nf* **3** *(d'impôts)* heffing *nf* **4** *(milit.)* lichting *nf* **5** *(d'un corps)* (het) uitdragen; ~ **du corps** vertrek van dode uit sterfhuis
lever[1] *nm* **1** *(personne)* (het) opstaan **2** *(soleil)* (het) opkomen; ~ **du jour** aanbreken van de dag ♦ **au ~ du rideau** bij het opgaan van het doek
lever[2] *vi* **1** *(cuis.)* rijzen **2** *(agric.)* ontkiemen
lever[3] *vt* **1** *(soulever)* heffen; ~ **un enfant** een kind uit bed halen; ~ **le poing** zijn vuist opheffen; ~ **les yeux, la tête** opkijken **2** *(supprimer)* opheffen; ~ **une punition** een straf kwijtschelden **3** *(géométrie)* opmaken **4** *(milit.)* oproepen ♦ ~ **des impôts** belastingen heffen
se lever[4] *vpr* **1** *(personne)* opstaan, gaan staan **2** *(soleil)* opkomen; **le jour se lève** de dag breekt aan ♦ **le brouillard se lève** de mist trekt op
lève-tard *n* lang|slaper, -slaapster *nm,f*
lève-tôt *n* vroege vogel *nm*
levier *nm* **1** *(pour multiplier une force)* hefboom *nm;* **faire ~ sur qch** iets als hefboom gebruiken **2** *(organe de commande)* hendel *het/de (m);* ~ **de vitesse** versnellingshendel
lèvre *nf* lip *de;* **manger du bout des ~s** tegen heug en meug eten
lévrier *nm* windhond *nm*, hazewind *nm*
levure *nf* gist *nm;* ~ **chimique** bakpoeder
lexique *nm* **1** *(ensemble des mots)* woordenschat *nm* **2** *(dictionnaire)* lexicon *het*
lézard *nm* hagedis *de*
lézarde *nf* scheur *de*
lézarder[1] *vi (paresser au soleil)* in de zon liggen bakken
se lézarder[2] *vpr (se crevasser)* scheuren
liaison *nf* **1** *(lien; rapport)* verbinding *nf;* **être en ~ avec qn** met iem in verbinding staan; **officier de** ~ verbindingsofficier **2** *(cuis.)* bindmiddel *het* **3** *(relation amoureuse)* verhouding *nf*
liane *nf* liaan *de*
liasse *nf* bundel *nm*
Liban *nm* Libanon *n (sans art.)*
libanais *adj* Libanees, van, uit Libanon; **le, la Libanais(e)** de Libanees, Libanese
libellé *nm* bewoordingen *plur*
libeller *vt* **1** *(rédiger dans les formes)* opstellen, formuleren; ~ **au nom de qn** ten name van iem stellen; **libellé comme suit** luidende als volgt **2** *(remplir)* invullen
libellule *nf* libel *de*
libéral *adj* **1** *(écon.; pol.)* liberaal; **le, la ~(e)** de liberaal **2** *(tolérant)* tolerant ♦ **professions ~es** vrije beroepen
libéralisation *nf* liberalisatie *nf*
libéralisme *nm* **1** *(pol.; écon.)* liberalisme *het* **2** *(tolérance)* tolerantie *nf*
libéralité *nf* **1** *(générosité)* vrijgevigheid *nf* **2** *(don)* gift *de*
libérateur *adj* bevrijdend; **le ~, la libératrice** de bevrijder, bevrijdster
libération *nf* **1** *(délivrance)* bevrijding *nf;* **mouvement de ~ de la femme** emancipatiebeweging **2** *(d'une obligation)* ontheffing *nf*, ontslag *het (milit.)* **3** *(mise en liberté)* vrijlating *nf*
libérer[1] *vt* **1** *(une personne, un pays)* bevrijden **2** *(+ de) (d'une dette, d'une obligation)* ontheffen (van) **3** *(milit.)* ontslaan **4** *(phys.; chim.)* vrijmaken **5** *(sa conscience)* ontlasten **6** *(mettre en liberté)* vrijlaten
se libérer[2] *vpr (se dégager de)* zich vrijmaken (van); **se ~ (d'une dette)** een schuld (af)betalen
libérien *adj* Liberiaans; **le, la Libérien(ne)** de Liberiaan(se)
liberté *nf* **1** *(indépendance)* vrijheid *nf;* **mettre en** ~ in vrijheid stellen; ~ **sous caution** vrijlating op borgtocht; ~ **surveillée** vrijlating met ondertoezichtstelling; ~ **de la presse** persvrijheid **2** *(droit légal)* vrijheid *nf;* ~ **d'opinion** vrijheid van meningsuiting **3** *(permission)* vrijheid *nf;* **je prends la ~ de vous écrire** ik ben zo vrij u te schrijven **4** *(plur.) (familiarités)* vrij-

postigheden *plur;* **prendre des ~s avec qn** zich vrijpostigheden veroorloven tegenover iem
libertin *adj* **1** *(dévergondé)* losbandig; **le, la ~(e)** de losbol **2** *(grivois)* gewaagd
libido *nf* libido *nm*
libraire *n* boekhandelaar(ster) *nm (nf)*
librairie *nf* boekhandel *nm*
libre *adj* vrij ♦ **à l'air** ~ in de openlucht; ~ **de** *(+ nom)* vrij van, zonder; **être ~ de** *(+ inf.)* vrij zijn te, het recht hebben te; **école** ~ bijzondere school; **enseignement** ~ bijzonder onderwijs; **entrée** ~ gratis toegang
libre-échange *nm* vrijhandel *nm*
librement *adv* vrij
libre-service *nm* **1** *(système)* zelfbediening *nf* **2** *(commerce)* zelfbedieningszaak *de*
libyen *adj* Libisch; **le, la Libyen(ne)** de Libiër, Libische
licence *nf* **1** *(autorisation)* vergunning *nf;* ~ **de débit de boissons** tapvergunning **2** *(en France, en Belgique) (grade)* licentiaat *het;* ~ **en droit** licentiaat in de rechten; ~ **ès lettres** licentiaat in de letteren; **~, maîtrise, doctorat (LMD)** bama (bachelor - master) **3** *(sports)* licentie *nf*
licencié, -ée *n* **1** *(enseign.)* licen|tiaat, -tiate *nm,f;* **professeur** ~ leraar met licentiaat **2** *(sports)* lid *het (m), het (f)*
licenciement *nm* ontslag *het*
licencier *vt* ontslaan
licite *adj (adj.)* geoorloofd
licorne *nf* eenhoorn *nm*
lie *nf* droesem *nm*
liège *nm* kurk *het/de (m);* **de ~, en** ~ kurken *(adj. de matière)*
lien *nm* **1** *(attache)* band *nm* **2** *(liaison; relation)* band *nm*, verband *het;* ~ **logique** logisch verband; ~ **de parenté** familieband **3** *(technol.)* verbindingsstuk *het*
lier[1] *vt* **1** *(attacher)* verbinden, *(cuis.)* binden; **dans cette affaire tout est lié** in deze zaak houdt alles verband met elkaar; **ils sont très liés** ze zijn erg met elkaar bevriend **2** *(faire naître un lien)* aanknopen; ~ **amitié avec qn** vriendschap met iem sluiten; ~ **connaissance avec qn** iem leren kennen
se lier[2] *vpr* **1** *(s'attacher)* zich verbinden **2** *(+ avec) (s'accointer avec)* vriendschap sluiten (met); **il se lie facilement** hij legt gemakkelijk contacten
lierre *nm* klimop *het/de (m)*
liesse *nf* uitgelatenheid *nf;* **foule en** ~ jubelende menigte
lieu *nm* plaats *de;* **au ~ de** in plaats van; **avoir** ~ plaats hebben, gebeuren; **en dernier** ~ ten slotte; **en tous ~x** overal; *(fig.)* **haut** ~ centrum; **en haut** ~ in hooggeplaatste kringen; ~ **de passage** plaats waar veel mensen langskomen; **en premier** ~ in de eerste plaats; ~ **public** openbare gelegenheid; ~ **de la scène** plaats van handeling; **sur les ~x** ter plaatse; **mettre qn en ~ sûr** iem in veiligheid brengen; **mettre qch en ~ sûr** iets veilig opbergen, iets achter slot en grendel stoppen; **tenir ~ de** dienen als ♦ **avoir ~ de** reden hebben om; ~ **commun** gemeenplaats; **donner ~ à** aanleiding geven tot; **vider les ~x** de woning, zaal (enz.) ontruimen; **il y a tout ~ de** er is alle reden om
lieu(-)dit *nm* buurtschap *nf*
lieutenant *nm* luitenant *nm*
lièvre *nm* haas *nm;* **civet de** ~ hazenpeper
lifting *nm* facelift *nm*
ligament *nm* (gewrichts)band *nm*
ligature *nf* afbinding *nf*
ligne *nf* **1** *(trait)* lijn *de*, streep *de;* **dans les grandes ~s** in grote lijnen; ~ **directrice** richtlijn; **garder la** ~ aan de lijn doen; ~ **de mire** vizierlijn, richtlijn **2** *(transports, communications)* lijn *de*, verbinding *nf; (inform.)* **en** ~ online; *(téléphone)* **être en** ~ verbonden zijn; **grandes ~s** hoofdspoorlijnen; **~s groupées** collectief telefoonnummer; **la ~ est occupée** de (telefoon)lijn is bezet; ~ **à haute tension** hoogspanningskabel **3** *(règle)* richtlijn *de;* ~ **de conduite** gedragslijn **4** *(lignée)* lijn *de;* **en ~ directe** in rechte lijn **5** *(de pêche)* vissnoer *het* **6** *(rangée)* rij *de;* **mettre en** ~ opstellen; **sur toute la** ~ over de hele linie; *(fig.)* **mettre sur la même** ~ op één lijn stellen **7** *(d'un texte)* regel *nm;* **aller, revenir à la** ~ een nieuwe regel beginnen; **entrer en ~ de compte** meetellen ♦ **franchir la** ~ de grens overtrekken
lignée *nf* nakomelingschap *nf*
ligoter *vt* knevelen
ligue *nf* **1** *(alliance)* verbond *het*, liga *de* **2** *(association)* vereniging *nf*
liguer[1] *vt* in een (ver)bond verenigen
se liguer[2] *vpr* een (ver)bond vormen
lilas[1] *nm* sering *de*
lilas[2] *adj* lila
limace *nf (zool.)* (naakte) slak *de*
limande *nf* schar *de*
lime *nf* vijl *de*
limer *vt* vijlen
limier *nm* speurhond *nm (aussi au fig.)*
limitatif *adj* beperkend
limitation *nf* begrenzing *nf;* ~ **de vitesse** snelheidsbeperking
limite *nf* grens *de;* **à la** ~ desnoods; **dans une certaine** ~ in zekere mate; **dans les ~s du possible** voor zover mogelijk; **dans les ~s de nos moyens** zover onze middelen het toestaan; **date** ~ uiterste datum; **dernière** ~ uiterste termijn; **dépasser les ~s** de perken te buiten gaan; **sans ~s** grenzeloos
limiter *vt* begrenzen
limitrophe *adj* aangrenzend (aan)
limoger *vt* de laan uitsturen
limonade *nf* up *nm*, gazeuse *nf*
limousine *nf* limousine *nf*
limpide *adj* helder *(aussi au fig.)*
limpidité *nf* helderheid *nf*
lin *nm* **1** *(plante)* vlas *het* **2** *(tissu)* linnen *het*
linceul *nm* lijkwade *de*
linéaire *adj* **1** *(lignes)* lijn- **2** *(math.; tech-*

nol.) lineair **3** *(abstr.)* rechtlijnig; **vision ~** simpele visie
linge *nm* **1** *(collectif)* linnen(goed) *het;* **panier à ~** wasmand; **~ de couleur** bonte was; **~ à repasser** strijkgoed; **~ sale** vuile was **2** *(de corps)* ondergoed *het;* **~ de corps** ondergoed; **du ~ de rechange** een verschoning **3** *(chiffon)* doek *nm;* **blanc comme un ~** zo wit als een doek
lingerie *nf* **1** *(linge de corps)* lingerie *nf,* ondergoed *het* **2** *(local)* linnenkamer *de*
lingot *nm* baar *de;* **un ~ d'or** een baar goud
linguiste *n* taalkundige *nm*
linguistique *adj* taalkundig, *(adj. aussi)* taal-; **la ~ (générale)** de taalkunde
linoléum *nm* linoleum *het/de (m)*
Lion *nm* Leeuw *nm;* **il est ~** hij is een Leeuw
lion, lionne *n* leeuw(in) *nm (nf)*
lionceau *nm* welp *het/de (m)*
lipide *nm* vetstof *de,* lipide *het*
liquéfier[1] *vt* vloeibaar maken
se liquéfier[2] *vpr* vloeibaar worden
liqueur *nf* likeur *de*
liquidation *nf* **1** *(d'un commerce)* opheffing *nf;* **~ judiciaire** faillissement **2** *(d'un héritage)* verdeling *nf* **3** *(vente au rabais)* opruiming *nf* **4** *(exécution)* (het) uit de weg ruimen **5** *(d'un compte)* verrekening *nf*
liquide[1] *nm* **1** *(fluide)* vloeistof *de;* **~ vaisselle** afwasmiddel **2** *(plur.) (aliments liquides)* vloeibaar voedsel *het* **3** *(argent)* ↑ contant geld *het;* **avoir du ~** over contant geld beschikken
liquide[2] *adj* **1** *(fluide)* vloeibaar; **sauce trop ~** te dunne saus **2** *(écon.)* vlottend; **argent ~** contant geld
liquider *vt* **1** *(un commerce)* liquideren, *(un héritage)* verdelen; **~ des biens** goederen te gelde maken **2** *(vendre au rabais)* uitverkopen, opruimen **3** *(régler)* verrekenen **4** *(se débarrasser de)* uit de weg ruimen
lire *vt* **1** lezen; **~ qch en diagonale** iets vluchtig doorlezen; **lu et approuvé** voor akkoord **2** *(inform.)* (af)lezen **3** *(à haute voix)* **~ qch à qn** iem iets voorlezen
lis, lys *nm* lelie *de*
liseuse *nf (inform.)* e-bookreader *de*
lisible *adj* **1** *(aisé à lire)* leesbaar, *(fig.)* herkenbaar **2** *(digne d'être lu)* lezenswaard
lisière *nf* **1** *(d'un tissu)* (zelf)kant *nm* **2** *(d'un bois)* zoom *nm*
lisse *adj* glad
lisser *vt* gladstrijken
listage *nm* (computer)uitdraai *nm,* print *nm*
liste *nf* lijst *de;* **~ d'attente** wachtlijst; **~ de diffusion** mailinglist; **~ de mariage** verlanglijst van bruidegom en bruid, huwelijkslijst *(n.B.);* **en tête de ~** bovenaan op de lijst ♦ **dresser une ~** een lijst opmaken
lister *vt (inform.)* lijsten
listing *nm* → **listage**
lit *nm* bed *het (aussi au fig.);* **~ de camp** veldbed; **faire son ~** zijn bed opmaken; **mettre au ~** in bed stoppen, naar bed brengen; **~ pliant** opklapbed
litanie *nf* litanie *de*
litchi *nm* lychee *nm*
literie *nf* beddengoed *het*
lithographie *nf* lithografie *nf*
litière *nf* **1** *(pour chats)* kattenbakvulling *nf* **2** *(pour le bétail)* stalstro *het*
litige *nm* geschil *het, (jur.)* twistpunt *het*
litigieux *adj* **1** *(contesté)* betwist **2** *(contestable)* betwistbaar
litre *nm* liter *nm*
littéraire *adj* literair, letterkundig
littéral *adj* letterlijk
littérature *nf* **1** *(œuvres littéraires; connaissances; métier d'écrivain)* literatuur *nf,* letterkunde *nf* **2** *(bibliographie)* literatuur *nf;* **~ spécialisée** vakliteratuur
littoral *adj* kust-; **le ~** de kuststreek
Lituanie *nf* Litouwen *n (sans art.)*
lituanien *adj* Litouws; **le ~** het Litouws
liturgie *nf* liturgie *nf*
liturgique *adj* liturgisch
livide *adj* vaal, lijkbleek
livraison *nf* **1** *(remise)* bezorging *nf;* **~ à domicile** bezorging aan huis; **prendre ~ de qch** iets in ontvangst nemen; **voiture de ~** bestelauto **2** *(marchandise)* leverantie *nf*
livre[1] *nm* **1** *(ouvrage)* boek *het;* **~ de chevet** lievelingsboek; **~ de poche** pocket(boek); **~ de référence** naslagwerk **2** *(registre)* schrijfboek *het;* **~ de bord** logboek; **~ d'or** guldenboek; **tenir les ~s** de boekhouding doen
livre[2] *nf* pond *het*
livrée *nf* livrei *de*
livrer[1] *vt* **1** *(marchandises)* bezorgen **2** *(criminel)* uitleveren; **~ un secret à qn** aan iem een geheim prijsgeven **3** *(+ à) (abandonner)* overleveren (aan) ♦ **~ des combats** slag leveren
se livrer[2] **(à)** *vpr* **1** *(se consacrer)* zich wijden (aan) **2** *(se confier)* zich blootgeven (aan) **3** *(se rendre)* zich overgeven (aan)
livret *nm* **1** *(carnet)* boekje *het;* **~ de famille** trouwboekje; **~ scolaire** rapportboekje **2** *(mus.)* libretto *het*
livreur, -euse *n* bezorg(st)er *nm (nf)*
lobe *nm (de l'oreille)* lel *de*
local[1] *nm* lokaal *het,* ruimte *nf*
local[2] *adj* plaatselijk
localiser *vt* **1** *(situer)* lokaliseren **2** *(limiter)* begrenzen
localité *nf* plaats *de*
locataire *n* huur|der, -ster *nm,f*
location *nf* **1** *(par le propriétaire)* (het) verhuren (aan), verhuur (aan) *nm* **2** *(par le locataire; loyer)* huur (van) *de* **3** *(réservation)* plaatsbespreking *nf;* **bureau de ~** bespreekbureau
location-vente *nf* huurkoop *nm*
locomotion *nf* **1** *(action de se mouvoir)* voortbeweging *nf* **2** *(transport)* vervoer *het*
locomotive *nf* **1** *(d'un train)* locomotief *de* **2** *(élément moteur)* drijvende kracht *de*
locution *nf* uitdrukking *nf*
loge *nf* **1** *(d'un immeuble)* conciërgewo-

ning *nf* **2** *(au théâtre)* loge *de; (fig.)* **être aux premières ~s** op de eerste rij zitten **3** *(d'un artiste)* kleedkamer *de*

logement *nm* **1** *(hébergement)* huisvesting *nf* **2** *(habitation)* woning *nf*

loger[1] *vi (habiter)* wonen; **~ chez l'habitant** bij particulieren logeren

loger[2] *vt* **1** *(héberger)* huisvesten; **être logé** wonen **2** *(faire entrer)* plaatsen

se loger[3] *vpr* **1** *(habiter)* (gaan) wonen; **trouver à se ~** woonruimte vinden **2** *(pénétrer)* blijven zitten

logeur, -euse *n* kamerverhuur|der, -ster *nm,f*

logiciel *nm* software *nm*

logique *adj* logisch; **être ~ avec soi-même** consequent zijn; **la ~** de logica

logistique *adj* logistiek; **la ~** de logistiek

se loguer *vpr* inloggen

loi *nf* **1** *(ensemble de règles)* wet *de;* **déposer une ~** een wet indienen; **hors la ~** *(adv.)* vogelvrij, *(adj.)* wetteloos; **~ martiale** standrecht **2** *(règle)* (bindende) regel *nm;* **se faire une ~ de** het zich tot plicht rekenen om **3** *(commandement)* gezag *het;* **faire la ~** de baas zijn; **la ~ de la jungle, du plus fort** het recht van de sterkste

loin[1] *nm* ♦ **au ~** in de verte; **de ~** *(d'un lieu éloigné)* van verre, *(de beaucoup)* verreweg; **dater de ~** ↑ van lang geleden dateren; **revenir de ~** ↑ van een ernstige ziekte herstellen; **voir venir qn de ~** iem doorhebben

loin[2] *adv* ver, veraf *(lieu; temps);* **aller ~** *(au futur)* het ver brengen; **~ de moi** dat zij verre van mij; **~ de là** integendeel; **je suis ~ de prétendre** het komt niet in me op om te beweren; **cela ne fait pas ~ de trois kilomètres** dat is bijna drie kilometer; **tout cela est bien ~** dat is allemaal al lang geleden; **être ~** *(dans l'espace)* ver(af) zijn, *(dans le temps)* lang geleden zijn; **être ~** *(rêver)* in gedachten verzonken zijn, *(ne pas être près)* ver weg zijn; **ne pas aller ~** *(ne plus vivre longtemps)* het niet lang meer maken, *(ne pas valoir beaucoup)* van weinig waarde zijn; **voir ~** vooruitziend zijn

lointain *adj* **1** *(distant)* ver (verwijderd); **le ~** het verschiet **2** *(abstr.) (éloigné)* ver **3** *(pas récent)* verafgelegen; **époque ~e** lang vervlogen tijd

loir *nm* zevenslaper *nm;* **dormir comme un ~** slapen als een marmot

loisir *nm* **1** *(temps dont on dispose)* tijd *nm;* **à ~** *(à son aise)* op zijn gemak, *(à satiété)* naar hartenlust; **avoir le ~ de faire qch** de tijd hebben om iets te doen; **moments de ~** vrije ogenblikken **2** *(plur.) (temps libre)* vrije tijd *nm* **3** *(plur.) (distractions)* vrijetijdsbesteding *nf*

lombaire *adj* lenden-

long[1] *nm* ♦ **tout du ~** geheel en al; **au ~ de, (tout) le ~ de** *(espace)* langs, *(temps)* gedurende; **de ~ en large** heen en weer; **de ~** in de lengte, overlangs; **table de 1 m 40 de ~** 1,40 m lange tafel; **tomber de tout son ~** languit vallen; **tout le ~ du jour** de godganse dag; **en ~ et en large** lang en breed

long[2]**, longue** *adj* **1** *(grand)* lang **2** *(d'une durée, étendue)* lang; **à la ~ue** op den duur; **être ~** lang duren; **de ~ues heures** eindeloze uren; **~ue maladie** langdurige ziekte; **je ne serai pas ~** ik ben zo terug

long[3] *adv* **1** *(beaucoup)* veel; **en dire ~** veelzeggend zijn; **en savoir ~** er heel wat van af weten **2** *(avec un vêtement long)* met lange kleren; **s'habiller ~** in het lang gekleed gaan

long-courrier *nm* langeafstandsvliegtuig *het*

longer *vt* **1** *(marcher le long de)* lopen langs; *(mar.)* **~ la côte** onder de kust varen; **~ les murs** vlak langs de huizen lopen **2** *(border)* zich bevinden aan de rand van **3** *(prendre un chemin)* volgen

longévité *nf* lang leven *het*

longiligne *adj* rijzig

longitude *nf (géo.)* lengte *nf*

longitudinal *adj* overlangs

longtemps[1] *nm* lang, lange tijd *nm;* **depuis ~** (sinds) lang, allang; **pendant ~** lang, gedurende lange tijd; **je n'en ai pas pour ~** *(j'ai bientôt fini)* ik ben zo klaar, *(je reviens de suite)* ik ben zo terug; **il n'en a plus pour ~** hij maakt het niet lang meer; **il y a ~** lang geleden

longtemps[2] *adv* lang; **il n'y a plus ~ à attendre** het zal niet lang meer duren

longuement *adv* langdurig

longueur *nf* **1** *(dimension)* lengte *nf;* **à ~ de journée** de hele dag door; **en ~** in de lengte, overlangs; **~ d'onde** golflengte *(aussi au fig.);* **dans le sens de la ~** in de lengterichting **2** *(durée)* lengte *nf;* **traîner en ~** lang duren, slepen **3** *(plur.) (digressions)* langdradigheid *nf (uniquement sing.)*

longue-vue *nf* verrekijker *nm*

look *nm* look *nm;* **avoir le ~** in zijn; **changer de ~** van uiterlijk veranderen

loquace *adj* spraakzaam

loque *nf* **1** *(haillon)* gescheurd vod *het;* **tomber en ~s** aan flarden gaan **2** *(personne)* wrak *het (m), het (f)* **3** *(f.B.) (chiffon)* lap *nm*

loquet *nm* deurklink *de*

lorgner *vt* **1** *(reluquer)* loensen **2** *(guigner)* azen op

lorgnette *nf* toneelkijker *nm*

lors *adv* ♦ **~ de** ten tijde van; **depuis ~** sindsdien

lorsque *conj* **1** *(quand)* wanneer **2** *(alors que)* terwijl **3** *(au même moment où)* toen

losange *nm* ruit *de*

lot *nm* **1** *(part)* aandeel *het* **2** *(d'une loterie)* prijs *nm;* **~ de consolation** troostprijs; **le gros ~** de hoofdprijs **3** *(sort)* levenslot *het* **4** *(de marchandises)* partij *nf*

loterie *nf* loterij *nf (aussi au fig.)*

loti *adj* ♦ **être bien, mal ~** goed, slecht af zijn

lotion *nf* lotion *de;* **~ tonique** gezichtswater, gezichtslotion

lotir *vt* verkavelen

lotissement *nm* **1** *(division par lots)* verkaveling *nf* **2** *(terrain loti)* verkaveld terrein *het*

loto *nm* lotto *het/de*
lotus *nm* lotus(bloem) *nm (de)*
louable *adj* lofwaardig, prijzenswaardig
louange *nf* lof *nm*
loubard *nm* nozem *nm*
louche[1] *nf* soeplepel *nm*
louche[2] *adj* verdacht, onguur
loucher *vi* scheel kijken
louer *vt* **1** *(vanter)* prijzen, loven; **Dieu soit loué** God zij dank **2** *(donner à loyer à)* verhuren (aan); **à** ~ te huur **3** *(prendre à loyer à)* huren (van)
loueur, -euse *n* verhuurlder, -ster *nm,f*
loufoque *adj* **1** *(personnes)* getikt, niet goed snik **2** *(choses)* gek
loup *nm* **1** *(mammifère)* wolf *nm;* **jeune** ~ ambitieuze jongere; ~ **de mer** zeebonk **2** *(bar)* zeebaars *nm* **3** *(masque)* half masker *het*
loupe *nf* loep *de*, vergrootglas *het*
louper *vt* **1** *(rater)* verprutsen **2** *(manquer)* missen
loup-garou *nm* weerwolf *nm*
lourd[1] *adj* zwaar; **aliments ~s** zwaar verteerbaar voedsel; **yeux ~s de sommeil** ogen die bijna dichtvallen van de slaap; ~ **de conséquences** met ernstige gevolgen; **une phrase ~e de menaces** een zin vol dreigementen; **temps** ~ drukkend weer
lourd[2] *adv* ♦ **il fait** ~ ↑ het is drukkend (weer); **ça ne fait pas** ~ dat is niet veel (geld)
lourdaud *adj* plomp; **le, la ~(e)** de lomperd
lourdement *adv* **1** *(maladroitement)* onhandig; **insister** ~ lomp aandringen **2** *(d'une manière pesante)* zwaar
lourdeur *nf* zwaarte *nf*
loustic *nm* grappenmaker *nm*
loutre *nf* **1** *(animal)* (vis)otter *nm* **2** *(fourrure)* otterbont *het*
louve *nf* wolvin *nf*
se lover *vpr* zich oprollen
loyal *adj* eerlijk, loyaal
loyauté *nf* trouw *de*, loyaliteit *nf*
loyer *nm* huur *de*
lubie *nf* gril *de*
lubrifiant *adj* smerend, smeer-; **le** ~ het smeermiddel
lubrifier *vt* smeren
lubrique *adj* geil
lucarne *nf* dakvenster *het*
lucide *adj* helder
lucidité *nf* helderheid *nf*
luciole *nf* lichtkever *nm*, glimworm *nm*
lucratif *adj* winstgevend, lucratief
ludique *adj* spel-
lueur *nf* **1** *(lumière)* schijnsel *het;* **à la** ~ **de** bij het schijnsel van **2** *(étincelle)* vonkje *het;* **une** ~ **d'espoir** een sprankje hoop
luge *nf* **1** *(traîneau)* slee *de;* **faire de la** ~ sleetje rijden *(jeu d'enfants)* **2** *(sport)* (het) sleeën
lugubre *adj* akelig, naargeestig
lui *pron pers* **1** *(complément indirect)* hem *(m.)*, haar *(f.);* **nous ~ en avons parlé** wij hebben er met hem, haar over gesproken **2** *(pronom personnel)* hij *(sujet)*, hem *(complément direct, prépositionnel);* ~ **non plus n'y a rien compris** hij heeft er evenmin iets van begrepen; **des idées à** ~ zijn eigen denkbeelden **3** *(pronom réfléchi)* zich; **il avait un carnet sur** ~ hij had een notitieboekje bij zich
luire *vi* **1** *(éclairer)* schijnen **2** *(refléter la lumière)* blinken ♦ **un espoir luit encore** er is nog een sprankje hoop
luisant *nm* glans *nm*
lumbago *nm* spit *het/de (m)* (in de rug), verschot *het (n.B.)*
lumière *nf* licht *het (aussi au fig.);* **à la ~ de** in het licht van; **allumer la** ~ licht maken, het licht aandoen; **éteindre la** ~ het licht uitdoen; **faire (toute) la ~ sur qch** iets (geheel) ophelderen; **que la ~ soit!** daar zij licht! ♦ **ce n'est pas une** ~ het is geen licht
lumineux *adj* **1** *(adj.) (qui éclaire)* lichtgevend; **point** ~ lichtpunt; **regard** ~ stralende blik **2** *(lucide; clair)* helder
luminosité *nf* helderheid *nf*
lunaire *adj* maan-
lunatique *adj* wispelturig
lunch *nm* lunch *nm*
lundi *nm* maandag *nm;* **le** ~ ('s) maandags; ~ **de Pâques** tweede paasdag
lune *nf* maan *de;* **demander la** ~ het onmogelijke vragen; **être dans la** ~ verstrooid zijn ♦ ~ **de miel** wittebroodsweken *(plur.)*
luné *adj* ♦ **bien, mal** ~ goed, slecht gehumeurd
lunette *nf* **1** *(plur.)* bril *nm;* **une paire de ~s** een bril; **~s de soleil** zonnebril **2** *(lorgnette)* verrekijker *nm* ♦ ~ **arrière** achterruit; ~ **des cabinets** wc-bril
lurette *nf* ♦ **il y a belle** ~ het is een hele poos geleden
luron, -onne *n* gozer, griet *nm,f;* **un gai, joyeux** ~ een vrolijke frans
lustre *nm* **1** *(lampe)* kroonluchter *nm* **2** *(brillant)* glans *nm* **3** *(cinq années)* lustrum *het;* **depuis des ~s** al jaren lang
lustrer *vt* **1** *(rendre brillant)* glanzend maken **2** *(par l'usure)* glimmend maken
luth *nm* luit *de*
lutin *nm* kabouter *nm*
lutte *nf* **1** *(combat)* strijd *nm;* ~ **des classes** klassenstrijd; ~ **contre le cancer** kankerbestrijding **2** *(corps à corps)* worsteling *nf*, *(sports)* (het) worstelen
lutter *vi* **1** *(s'opposer à)* strijden (met) **2** *(combattre)* vechten (met); ~ **contre le sommeil** tegen de slaap vechten
lutteur, -euse *n* **1** *(sport)* worstelaar(ster) *nm (nf)* **2** *(battant)* vecht(st)er *nm (nf)*
luxation *nf* ontwrichting *nf*
luxe *nm* **1** *(richesse; superflu)* luxe *nm*, weelde *de;* **c'est du** ~ dat is een overbodige luxe; **de** ~ luxueus; **se payer le ~ de** zich de weelde veroorloven om **2** *(abondance)* overdaad *de*
Luxembourg *nm* Luxemburg *n (sans art.)*
luxer *vt* ontwrichten
luxueux *adj* weelderig, luxueus

luxure *nf* ontucht *de*
luxuriant *adj* **1** *(végétation)* weelderig **2** *(débordant)* rijk
luxurieux *adj* ontuchtig
luzerne *nf* rupsklaver *de*
lycée *nm* middelbare school *de*, lyceum *het*
lycéen, -enne *n* middelbare scholier *nm*
lymphatique *adj* **1** *(indolent)* futloos **2** *(biol.)* lymf-
lyncher *vt* lynchen
lynx *nm* lynx *nm*
lyophiliser *vt* vriesdrogen
lyre *nf* lier *de*
lyrique *adj* lyrisch; **artiste** ~ operazanger(es); **comédie** ~ komische opera, operette
lyrisme *nm* lyriek *nf*
lys *nm* → **lis**

m

m *nm* m *de;* **m comme Marcel** de m van Marie
maboul *adj* getikt
macabre *adj* macaber
macadam *nm* macadam *het/de (m)*
macaron *nm* **1** *(gâteau)* bitterkoekje *het* **2** *(décoration)* rozet *de*
macaronis *nm* macaroni *nm*
macédoine *nf* gemengde salade *de;* ~ **de fruits** vruchtensalade
macérer *vi (tremper)* weken
mâche *nf* veldsla *de*
mâcher *vt* kauwen ♦ ~ **le travail à qn** iem het werk gemakkelijk maken
machin *nm* ding *het;* **(Monsieur)** ~ **(Chouette)** Dinges
machinal *adj* automatisch, *(concr. aussi)* werktuiglijk
machination *nf* intrige *de*
machine *nf* **1** *(appareil)* machine *nf;* ~ **à calculer** rekenmachine; ~ **à coudre** naaimachine; ~ **à écrire** schrijfmachine; **écrire, taper à la** ~ typen; **faire** ~ **arrière** achteruit rijden, *(fig.)* terugkrabbelen; ~ **à laver** wasmachine; ~ **à laver la vaisselle** afwasmachine; ~ **à sous** gokautomaat **2** *(véhicule)* (motor)fiets *de*
machine-outil *nf* gereedschapsmachine *nf*
machiner *vt* beramen
machinerie *nf* **1** *(ensemble des machines)* machinerie *nf* **2** *(salle des machines)* machinekamer *de*
machiniste *nm* machinist *nm*
macho *nm* macho *nm*
mâchoire *nf* **1** *(os de la bouche)* kaak *de* **2** *(technol.)* bek *nm;* ~ **de frein** remschoen
mâchouiller *vt* ↑ kauwen op
maçon *nm* metselaar *nm*
maçonnerie *nf* metselwerk *het*
maculer *vt* bezoedelen
madame *nf* mevrouw *nf; (dans une lettre)* **Chère Madame** *(+ nom propre)* Beste Mevrouw; **mesdames et messieurs** dames en heren; **Mme.** Mevr., Mw.; *(dans une lettre)* **Madame** Geachte Mevrouw
mademoiselle *nf* (me)juffrouw *nf;* **Mlle.** mej.
madone *nf* madonna *nf*
maf(f)ia *nf* maffia *de*
magasin *nm* **1** *(commerce)* winkel *nm*, zaak *de;* ~ **d'alimentation** kruidenierszaak; **faire les ~s** winkelen; **grand** ~ warenhuis; ~ **spécialisé** speciaalzaak **2** *(entrepôt)* magazijn *het;* **avoir en** ~ in voorraad hebben
magazine *nm* magazine *het;* ~ **féminin** damesblad
mage *nm* **1** *(relig.)* wijze *nm* uit het Oosten; **les Rois ~s** de drie Koningen, Wijzen **2** *(astrologue)* magiër *nm*
Maghreb *nm* Maghreb *de*
maghrébin *adj* Maghreb-; **le, la Maghrébin(e)** de Maghrebijn(se)
magicien, -ienne *n* tovenaar, -nares *nm,f (aussi au fig.)*
magie *nf* **1** *(sorcellerie)* toverij *nf*, magie *nf;* **comme par** ~ als bij toverslag **2** *(charme)* betovering *nf*
magique *adj* magisch, *(adj. aussi)* tover-
magistral *adj* meesterlijk, *(adj. aussi)* meester-; **ton** ~ geleerde toon ♦ **cours** ~ hoorcollege
magistrat *nm* **1** *(jur.)* magistraat *nm* **2** *(fonctionnaire)* gezagsdrager *nm*
magistrature *nf* **1** *(corps des magistrats)* magistratuur *nf* **2** *(charge)* rechterlijk ambt *het*
magma *nm (géo.)* magma *het*
magnanime *adj* edelmoedig
magnat *nm* magnaat *nm*
magnésium *nm* magnesium *het*
magnétique *adj* magnetisch; **champ** ~ magnetisch veld; **bande** ~ magneetband
magnétiser *vt* **1** *(phys.; psycho.)* magnetiseren **2** *(fasciner)* biologeren
magnétiseur, -euse *n* magnetilseur, -seuse *nm,f*
magnétisme *nm* magnetisme *het*
magnétocassette *nf* cassetterecorder *nm*
magnétophone *nm* bandrecorder *nm*
magnétoscope *nm* videorecorder *nm*
magnifique *adj* prachtig
magnolia *nm* magnolia *de*

magot *nm* **1** *(économies)* spaarcentjes *plur* **2** *(butin)* poet *de*
magouille *nf* gekonkel *het*
magouiller *vi* konkelen
mai *nm* mei *nm;* **en** ~ in mei
maigre *adj* **1** *(sans graisse)* mager; *(subst.; relig.)* **faire** ~ geen vlees of vet eten; **le** ~ het magere **2** *(peu abondant)* karig; **c'est** ~ dat is magertjes
maigrelet *adj* sprietig
maigrement *adv* magertjes
maigreur *nf* **1** *(d'une personne, d'un animal)* magerte *nf* **2** *(fig.) (de qch)* karigheid *nf*
maigrir[1] *vi* mager(der) worden, vermageren; ~ **de dix kilos** tien kilo afvallen
maigrir[2] *vt (amincir)* mager(der) maken
maille *nf* **1** *(boucle)* steek *nm (de travaux d'aiguille)*, maas *de (d'un tricot, d'un filet, etc.);* ~ **à l'endroit** rechte steek; ~ **à l'envers** averecht(s)e steek; **une** ~ **qui file** een ladder; *(fig.)* **passer entre les ~s du filet** tussen de mazen van het net doorglippen **2** *(anneau de métal)* malie *nf;* **cotte de ~s** maliënkolder
maillet *nm* houten hamer *nm*
maillon *nm* schakel *de; (fig.)* **être un** ~ **de la chaîne** een radertje in het raderwerk zijn
maillot *nm* **1** *(de bain pour femme)* zwempak *het;* ~ **de bain** badpak **2** *(de bain pour homme)* zwembroekje *het* **3** *(de corps)* hemd *het;* ~ **de corps** hemd **4** *(de gymnastique)* gym(nastiek)pakje *het* **5** *(tee-shirt)* shirt *het;* **le** ~ **jaune** de gele trui
main *nf* hand *de;* **frein à** ~ handrem; **tomber entre les ~s de qn** in iemands handen vallen; **avoir les ~s dans les poches** met de handen in de zakken staan *(aussi au fig.);* **battre des ~s** klappen, applaudisseren; **changer de** ~ van eigenaar verwisselen; **d'une** ~ met één hand; **manger dans la** ~ **de qn** uit iemands hand eten, tam zijn; **marcher la** ~ **dans la** ~ hand in hand lopen, *(fig.)* in volledige overeenstemming handelen; **de seconde** ~ tweedehands *(marchandises),* uit de tweede hand *(nouvelles);* **de première** ~ uit de eerste hand; **travailler de ses ~s** met zijn handen werken; **demander la** ~ **d'une jeune fille** de hand van een meisje vragen; **mettre la dernière** ~ **à qch** de laatste hand aan iets leggen; **donner la** ~ **à qn** iem helpen; **à** ~ **droite** rechts; **prendre en** ~ **qch** iets ter hand nemen; **être en bonnes ~s** in goede handen zijn; **tenir en** ~ **la situation** de toestand in de hand hebben; **entre les ~s de qn** in iemands handen; **se faire la** ~ zich oefenen; **un tricot fait** ~ een handgebreid vest; **flanquer la** ~ **sur la figure de qn** iem een klap in zijn gezicht geven; **forcer la** ~ **à qn** iem voor het blok zetten; *(fig.)* **haut la** ~ zonder enige moeite; **haut les ~s!** handen omhoog!; **avoir la** ~ **heureuse** geluk hebben; **joindre les ~s** de handen vouwen; *(fig.)* **je m'en lave les ~s!** ik was mijn handen in onschuld!; **dessin à** ~ **levée** tekening uit de losse hand; **lever la** ~ **sur qn** iem (gaan) slaan; **avoir les ~s libres** de handen vrij hebben, *(fig.)* vrij spel hebben; **avoir les ~s liées** met handen en voeten gebonden zijn; **de** ~ **de maître** met meesterhand; **en mettre sa** ~ **au feu** zijn hand ervoor in het vuur steken; *(fig.)* **mettre la** ~ **à la pâte** aan de slag gaan; **mettre la** ~ **sur qch, qn** iets, iem terugvinden; **ne pas y aller de** ~ **morte** *(frapper)* er flink op los slaan, *(exagérer)* overdrijven; **se prendre par la** ~ zich vermannen; **passer la** ~ *(sports)* passen *(au jeu de cartes), (fig.)* opgeven; **perdre la** ~ z'n vaardigheid kwijtraken; **à pleines ~s** overvloedig; **prendre qn la** ~ **dans le sac** iem op heterdaad betrappen; **remettre en ~s propres** persoonlijk overhandigen; **serrer la** ~ **à qn** iem de hand drukken; **je n'ai pas mon dictionnaire sous la** ~ ik heb mijn woordenboek niet bij de hand; **tendre la** ~ bedelen; **tendre la** ~ **à qn** iem de hand reiken *(aussi au fig.);* **en venir aux ~s** handgemeen worden; **avoir les ~s vides** met lege handen staan ♦ **faire** ~ **basse sur qch** iets achteroverdrukken; ~ **courante** trapleuning, *(commerce)* kladboek
main-d'œuvre *nf* **1** *(salariés)* arbeidskrachten *plur* **2** *(travail)* arbeid *nm;* **les frais de** ~ de arbeidskosten
main-forte *nf* ♦ **prêter** ~ **à qn** hulp verlenen aan iem
mainmise (sur) *nf* **1** *(action de prendre)* inbezitneming (van) *nf* **2** *(domination)* heerschappij (over) *nf*
maint *adj indéf* menig(e); **~es fois** dikwijls; **à ~es reprises** herhaaldelijk
maintenance *nf* onderhoud *het*
maintenant *adv* nu; **dès** ~ van nu af aan, voortaan; ~ **que le soleil brille** nu de zon schijnt
maintenir[1] *vt* **1** *(garder)* handhaven; ~ **son opinion** bij zijn mening blijven **2** *(fixer)* vasthouden **3** *(certifier)* volhouden
se maintenir[2] *vpr (rester dans le même état)* zich handhaven; **comment ça va? ça se maintient** hoe gaat 't? 't gaat
maintien *nm* **1** *(action de maintenir)* handhaving *nf* **2** *(attitude)* houding *nf*
maire *nm* burgemeester *nm*
mairie *nf* **1** *(bâtiment)* stadhuis *het* **2** *(administration municipale)* gemeentesecretarie *nf;* **employé de** ~ gemeentebeambte
mais[1] *adv* ♦ **ah, ~!** nee maar!; ~ **oui!** wel ja!
mais[2] *conj* maar; *(subst.)* **pas de ~!** geen maren!
maïs *nm* mais *nm;* **épi de** ~ maiskolf
maison *nf* **1** *(bâtiment (d'habitation))* huis *het;* ~ **close** huis van ontucht; ~ **de correction** opvoedingsgesticht, tuchthuis; ~ **de la culture** cultureel centrum; **rentrer à la** ~ naar huis gaan; ~ **de repos** rustoord; **rester à la** ~ thuis blijven; ~ **de retraite** bejaardentehuis **2** *(firme)* firma *de;* ~ **d'arrêt** huis van bewaring; ~ **de couture** modehuis; ~ **d'édition** uitgeverij; ~ **mère** moedermaatschappij **3** *(famille)* gezin *het* ♦ **pâté** ~ eigengemaakte paté

maisonnée *nf* huisgenoten *plur;* **toute la ~** het hele gezin
maisonnette *nf* huisje *het*
maître[1], maîtresse *n* **1** *(chef)* heer, vrouw *nm,f*, meester(es) *nm (nf);* **être passé ~ dans, en qch** zeer handig zijn in iets; **être ~ de soi** zich beheersen; **être ~ de son sujet** zijn onderwerp beheersen; **être ~ de faire qch** vrij zijn iets te doen; **~, ~sse de maison** heer, vrouw des huizes; **se rendre ~ de** zich meester maken van **2** *(enseignant)* onderwijzer(es) *nm (nf);* **~ auxiliaire** leraar met tijdelijke aanstelling; **~ nageur** *(surveillant)* badmeester, *(enseignant)* zwemleraar **3** *(techn.; arts)* meester *nm;* **~ de conférences** lector; **~ d'école** (school)meester, onderwijzer; **~ d'hôtel** ober, eerste kelner; **~ d'œuvre** *(archit.)* uitvoerder, *(fig.)* coördinator **4** *(Me) (jur.)* meester *nm*, mr. ♦ **~ chanteur** chanteur
maître[2], maîtresse *adj* hoofd-; **~sse femme** kranige vrouw; **l'œuvre ~sse** het belangrijkste werk; **poutre ~sse** hoofdbalk
maîtresse *nf* maîtresse *nf*, minnares *nf*
maîtrise *nf* **1** *(habilité)* meesterschap *het* **2** *(fait de maîtriser)* beheersing (van) *nf* **3** zelfbeheersing *nf;* **~ de soi** zelfbeheersing **4** *(diplôme)* maîtrise *nf (aux Pays-Bas: ± doctoraal)*
maîtriser[1] *vt* zich meester maken van; **~ un incendie** een brand meester worden
se maîtriser[2] *vpr* zich beheersen
majesté *nf* majesteit *nf (aussi appellatif)*
majestueux *adj* majestueus, verheven
majeur *adj* **1** *(plus grand, très grand)* grootst; **le ~** de middelvinger; *(mus.)* **ton ~** grotetertstoonaard; **la ~e partie** het grootste deel **2** *(jur.)* meerderjarig, volwassen; **il est ~** hij is meerderjarig; **le, la ~(e)** de meerderjarige
majoration *nf* verhoging *nf*
majorer *vt* verhogen
majoritaire *adj* meerderheids-; **être ~** in de meerderheid zijn; **système ~** meerderheidsstelsel
majorité *nf* **1** *(jur.)* meerderjarigheid *nf* **2** *(le plus grand nombre; groupe majoritaire)* meerderheid *nf;* **à la ~ des voix** bij meerderheid van stemmen; **dans la ~ des cas** in de meeste gevallen; **en ~** voor het merendeel; **la ~ des gens** het merendeel van de mensen
majuscule *nf* hoofdletter *de;* **un P ~** een hoofdletter P
mal[1] *nm* **1** *(contraire du bien)* (het) kwade; **dire du ~ des autres** kwaadspreken; **le ~ est fait** het kwaad is geschied; **faire du ~ à qn** iem kwaad doen; **je n'y vois aucun ~** ik zie daar niets slechts in; **ne vouloir de ~ à personne** niemand een kwaad hart toedragen; **se donner du ~** moeite doen **2** *(souffrance)* pijn *de;* **avoir ~ au cœur** misselijk zijn; **avoir ~ aux dents** kiespijn hebben; **il n'y a pas de ~** het hindert niet; **le ~ du pays** heimwee; **il a eu plus de peur que de ~** hij is met de schrik vrijgekomen **3** *(maladie)* ziekte *nf;* **~ de mer** zeeziekte **4** *(difficulté)* moeite *nf;* **avoir du ~ à croire** moeite hebben te geloven
mal[2] *adj* slecht; **faire qch de ~** iets slechts doen; **c'est ~ de dire cela** het is niet goed dat te zeggen; **c'est pas ~!** dat is niet gek!; **il, elle n'est pas ~** hij, zij ziet er niet onaardig uit
mal[3] *adv* slecht; **~ à l'aise** niet op z'n gemak; **être au plus ~** heel erg ziek zijn; **de ~ en pis** van kwaad tot erger; **enfant ~ élevé** ongemanierd kind; **être ~ vu de qn** slecht aangeschreven staan bij iem; **pas ~** heel wat, behoorlijk (wat); **le prendre ~** het verkeerd opnemen; **s'y prendre ~** het verkeerd aanpakken; **~ à propos** te onpas; **se sentir ~** onwel worden; **ça tombe ~** het komt niet goed uit; **tu tombes ~** je treft het slecht; **tourner ~** *(qn)* het verkeerde pad opgaan, *(qch)* slecht aflopen; **ça va? pas trop ~!** gaat het? best!; **il va très ~** 't gaat hem erg slecht ♦ **je m'en fous pas ~!** dat kan me geen donder schelen!
malade *adj* ziek; **être ~ du cœur** hartpatiënt zijn; *(fig.)* **esprit ~** gestoorde geest; **le, la ~** de zieke, patiënt; **se faire porter ~** zich ziek melden; **j'en suis ~!** ik word er doodziek van!; **tomber ~** ziek worden; **t'es pas un peu ~?** ben je niet goed snik?
maladie *nf* **1** *(méd.)* ziekte *nf (aussi au fig.);* **attraper une ~** een ziekte oplopen; **~ cardiovasculaires** hart- en vaatziekten; **~ de cœur** hartkwaal; **en faire une ~** zich dood ergeren; **~ sexuellement transmissible, MST** seksueel overdraagbare aandoening, soa; **~ de la vache folle** gekkekoeienziekte **2** *(manie)* drang *nm*
maladif *adj* ziekelijk *(aussi au fig.)*
maladresse *nf* onhandigheid *nf;* **commettre une ~** een flater begaan
maladroit *adj* onhandig *(aussi au fig.);* **être ~ de ses mains** twee linkerhanden hebben; **le, la ~(e)** de stuntel; **remarque ~e** onbedachtzame opmerking
malais *adj* Maleis; **le ~** het Maleis; **le, la Malais(e)** de Maleier, Maleise
malaise *nm* malaise *nf;* **avoir un ~** zich niet lekker voelen
malaria *nf* moeraskoorts *de*
malaxer *vt* **1** *(pétrir)* kneden **2** *(mélanger)* mengen
malchance *nf* tegenspoed *nm*, pech *nm;* **par ~** ongelukkigerwijze
malchanceux *n* pechvogel *nm;* **un joueur ~** een onfortuinlijke gokker
mâle *adj* **1** *(masculin)* mannelijk; **le ~** *(homme)* de man, *(animal)* het mannetje **2** *(viril)* krachtig
malédiction *nf* **1** *(paroles)* vervloeking *nf* **2** *(malheur)* vloek *nm*
maléfice *nm* hekserij *nf*
maléfique *adj* onheilbrengend
malencontreux *adj* ongelukkig *(adj.)*, ongelukkigerwijze *(adv.)*
malentendant *adj* slechthorend; **le, la ~(e)** de slechthorende
malentendu *nm* misverstand *het*
malfaçon *nf* gebrek *het*

malfaisant *adj* boosaardig
malfaiteur *nm* misdadiger *nm*
malformation *nf* (aangeboren) afwijking *nf*
malgache *adj* Madagaskisch, Madagassisch; **le, la Malgache** de Madagas(kische)
malgré *prép* **1** *(en dépit de)* ondanks **2** *(contre le gré de)* tegen de wil van; ~ **lui** tegen zijn zin
malhabile *adj* onhandig
malheur *nm* ongeluk *het;* ~ **à lui!** wee hem!; **en cas de** ~ als er iets verkeerd gaat; **par** ~ ongelukkigerwijs; **cette pluie de** ~**!** die vervloekte regen!; **porter** ~ **(à qn)** (iem) ongeluk brengen ♦ **il a fait un** ~ **au festival!** hij was het klapstuk op het festival!
malheureusement *adv* helaas, jammer genoeg
malheureux *adj* **1** *(triste, misérable)* ongelukkig; **un amour** ~ een onbeantwoorde liefde; **un mot** ~ een slecht gekozen woord; **un pauvre** ~ een arme drommel; **si c'est pas** ~**!** dat is maar goed ook! **2** *(insignifiant)* armzalig
malhonnête *adj* oneerlijk
malhonnêteté *nf* oneerlijkheid *nf*
malice *nf* **1** *(raillerie)* spot *nm* **2** *(méchanceté)* boosaardigheid *nf;* **sans** ~ zonder kwade wil
malicieux *adj* schalks
malien *adj* Malisch; **le, la Malien(ne)** de Maliër, Malische
malin *adj* **1** *(futé)* slim; **le** ~ de gocheme jongen; **faire le** ~ de bink uithangen; **un sourire** ~ een sluw lachje **2** *(méchant)* kwaadaardig *(aussi méd.)*
malingre *adj* zwak, ziekelijk
malintentionné *adj* kwaadwillig
malle *nf* (reis)koffer *nm*
malléable *adj* **1** *(qch)* smeedbaar **2** *(qn)* kneedbaar
mallette *nf* diplomatenkoffertje *het*
malmener *vt* ruw behandelen
malnutrition *nf* ongezonde voeding *nf*, *(sous-alimentation)* ondervoeding *nf*
malodorant *adj* onwelriekend
malotru, -ue *n* lomperd *nm*
malsain *adj* **1** *(maladif)* ongezond *(aussi au fig.)* **2** *(nuisible)* schadelijk
malt *nm* mout *het/de (m)*
maltais *adj* Maltees, Maltezer; **le** ~ het Maltees; **le, la Maltais(e)** de Maltezer, Maltese
Malte *nf* Malta *n;* **à** ~ op Malta
maltraiter *vt* **1** *(brutaliser)* mishandelen **2** *(critiquer)* hekelen
malveillance *nf* moedwil(ligheid) *nm (nf)*
malveillant *adj* kwaadwillig, moedwillig; **des propos** ~**s** boze praatjes
malvenu *adj* ongegrond, misplaatst
malvoyant *adj* slechtziend; **le, la** ~**(e)** de slechtziende
maman *nf* ma(ma) *nf*
mamelle *nf* **1** *(femme)* borst *de* **2** *(animal)* uier *nm*
mamelon *nm* **1** *(d'un sein)* tepel *nm* **2** *(géo.)* heuveltop *nm*
mamie *nf* oma *nf*
mammifère *nm* zoogdier *het*
mammouth *nm* mammoet *nm (aussi au fig.)*
manager *nm* manager *nm*
manche¹ *nm* **1** *(outil)* heft *het*, handvat *het* **2** *(instrument)* hals *nm* **3** *(casserole)* steel *nm* ♦ ~ **à balai** bezemsteel, *(aviat.)* stuurknuppel, *(inform.)* joystick
manche² *nf* **1** *(d'un vêtement)* mouw *de; (fig.)* **retrousser ses** ~**s** z'n mouwen opstropen; **sans** ~**s** mouwloos **2** *(sports)* manche *de*, set *nm (tennis)* ♦ **faire la** ~ geld ophalen, bedelen; **la Manche** het Kanaal
manchette *nf* **1** *(d'une manche)* manchet *de;* **bouton de** ~ manchetknoop **2** *(d'un journal)* kop *nm*
manchot¹ *nm* pinguïn *nm*
manchot² *adj* **1** *(d'une main)* eenhandig **2** *(d'un bras)* eenarmig; **un(e)** ~**(e)** een eenarmig persoon **3** *(sans mains)* zonder handen **4** *(sans bras)* zonder armen
mandarine *nf* mandarijntje *het*
mandat *nm* **1** *(procuration)* volmacht *de* **2** *(fonction)* mandaat *het;* **son** ~ **est renouvelable** hij, zij is herkiesbaar **3** *(durée d'une fonction)* ambtsperiode *de* **4** *(postal)* postwissel *nm;* ~ **de virement** stortingsbiljet **5** *(ordre de faire comparaître)* bevel(schrift) *het;* ~ **d'amener** bevel tot voorgeleiding; ~ **d'arrêt** arrestatiebevel, *(Belg.)* aankondigingsmandaat
mandataire *n* **1** *(qui a reçu une procuration)* ge(vol)machtigde *nm* **2** *(délégué)* afgevaardigde *nm*
mandater *vt* **1** *(donner une procuration à)* volmacht geven **2** *(députer)* afvaardigen
mandoline *nf* mandoline *nf*
manège *nm* **1** *(pour chevaux)* manege *de* **2** *(attraction foraine)* draaimolen *nm* **3** *(intrigue)* (listig) gekonkel *het*
manette *nf* hefboom *nm*, (bedienings)hendel *het/de (m)*
mangeable *adj* eetbaar
mangeoire *nf* trog *nm*, voerbak *nm*
manger¹ *nm* (het) eten
manger² *vt* **1** *(absorber; s'alimenter)* eten; ~ **comme quatre** veel eten; **on en** ~**ait** dat ziet er lekker uit, *(d'une fille)* wat een lekker stuk is dat!; **il ne vous** ~**a pas** hij zal u niet opeten **2** *(dévorer)* verslinden; *(fig.)* ~ **qn des yeux** iem met de ogen verslinden **3** *(consommer)* gebruiken **4** *(dilapider)* verkwisten
se manger³ *vpr (être mangé)* gegeten worden
mangeur, -euse *n* eter, eetster *nm,f*
mangue *nf* mango *nm*
maniabilité *nf* hanteerbaarheid *nf*
maniable *adj* **1** *(pratique)* gemakkelijk hanteerbaar **2** *(manœuvrable)* gemakkelijk bestuurbaar **3** *(docile)* handelbaar
maniaque *adj* **1** *(propre à un maniaque)* maniakaal, fanatiek; **un** ~ **de l'ordre** iem met een ziekelijke opruimwoede; **le, la** ~ de maniak **2** *(psycho.)* manisch

manie *nf* manie *nf;* ~ **du nettoyage** schoonmaakwoede ♦ **la ~ de la persécution** (de) vervolgingswaanzin
maniement *nm* hantering *nf*, *(fig.)* omgang *nm;* ~ **de fonds** beheer van gelden
manier *vt* **1** *(manipuler)* hanteren *(aussi au fig.)* **2** *(modeler)* boetseren, kneden *(aussi cuis.)* **3** *(diriger)* leiden
manière *nf* **1** *(façon)* manier *de;* **à la ~ de** in de trant van; **d'une certaine** ~ in zekere zin; **d'une ~ générale** over het algemeen; **de ~ à** zodat, opdat; **de toute** ~ in ieder geval; **de quelle** ~ hoe; **de telle ~ que** zo(danig) dat; **de ~ (à ce) que** zodat; **en aucune** ~ in geen geval; **la ~ forte** de harde lijn; **une ~ de voir** een zienswijze **2** *(plur.) (comportement)* manieren *plur;* **manquer de ~s** geen manieren hebben; **en voilà des ~s!** wat zijn dat voor manieren! **3** *(plur.) (embarras)* gekunsteldheid *nf;* **faire des ~s** zich aanstellen
maniéré *adj* gemaakt, gekunsteld
manifestant, -ante *n* demonstrant(e) *nm (nf)*
manifestation, manif *nf* **1** *(expression)* uiting *nf* **2** *(rassemblement)* demonstratie *nf*, betoging *nf*
manifeste[1] *nm* manifest *het*
manifeste[2] *adj* duidelijk, klaarblijkelijk
manifester[1] *vi* demonstreren
manifester[2] *vt (exprimer)* blijk geven van
se manifester[3] *vpr (apparaître)* zich uiten
manigance *nf* intrige *de*
manigancer *vt* bedisselen
manipulateur *n* **1** *(opérateur)* bedieningsvakman *nm* **2** *(prestidigitateur)* goochelaar(ster) *nm (nf)*
manipulation *nf* **1** *(de produits, d'appareils)* hantering *nf*, *(d'appareils)* bediening *nf* **2** *(enseign.)* proef *de* **3** *(prestidigitation)* manipulatiekunst *nf* **4** *(manœuvre)* manoeuvre *de*
manipuler *vt* **1** *(manier)* hanteren, *(appareil)* bedienen **2** *(falsifier)* knoeien in; ~ **des statistiques** in statistieken knoeien **3** *(manœuvrer)* manipuleren
manivelle *nf* kruk *de*
mannequin *nm* **1** *(personne)* mannequin *nm* **2** *(chose)* (etalage)pop *de*
manœuvre[1] *nm (ouvrier)* los werkman *nm*
manœuvre[2] *nf* **1** *(opération manuelle)* handeling *nf;* **fausse** ~ verkeerde wending, *(fig.)* misgreep **2** *(milit.)* manoeuvre *het/de* **3** *(intrigue)* manoeuvre *het/de*, kunstgreep *nm;* **déjouer les ~s de qn** iemands streken verijdelen
manœuvrer[1] *vi* **1** *(conduire)* manoeuvreren **2** *(agir habilement)* het handig aanleggen
manœuvrer[2] *vt* **1** *(qch)* manoeuvreren **2** *(qn)* manipuleren
manoir *nm* kasteeltje *het*
manque *nm* **1** *(absence; insuffisance)* gebrek *het;* **être en (état de)** ~ onthoudingsverschijnselen hebben *(drogue);* ~ **à gagner** winstderving; ~ **de goût** smakeloosheid; **(par)** ~ **de** bij gebrek aan **2** *(lacune)* lacune *de*
manqué *adj* mislukt; **coup** ~ misser
manquement *nm* (het) niet-nakomen (van); ~ **au devoir** plichtsverzuim
manquer[1] *vi* **1** *(faire défaut)* ontbreken; ~ **à l'appel** op het appel ontbreken; **ce n'est pas l'argent qui manque!** er is geld genoeg!; **il ne manquait plus que cela** dat is het toppunt; **les forces lui manquèrent** zijn, haar krachten begaven het; **tu me manques beaucoup** ik mis je erg **2** *(+ de) (ne pas avoir)* gebrek hebben (aan); **la conversation manque d'entrain** het gesprek wil niet vlotten; ~ **d'expérience** onervaren zijn; **il ne manque de rien** hij komt niets te kort **3** *(+ à) (ne pas respecter)* tekortschieten (in); ~ **à sa parole** zijn woord breken; ~ **à son devoir** zijn plicht verzuimen **4** *(échouer)* mislukken ♦ **ça n'a pas manqué** dat kon niet uitblijven; **j'ai manqué (de) tomber** ik ben bijna gevallen; **je n'y ~ai pas** ik zal het zeker doen
manquer[2] *vt* **1** *(ne pas atteindre)* missen **2** *(ne pas rencontrer qn)* mislopen; **vous l'avez manqué de justesse** u bent hem net misgelopen **3** *(ne pas réussir)* laten mislukken, verknoeien ♦ ~ **la classe** de school verzuimen; **il n'en manque pas une** hij begaat de ene stommiteit na de andere; ~ **une occasion** een gelegenheid voorbij laten gaan
se manquer[3] **1** *(ne pas se rencontrer)* elkaar mislopen; **il manque deux verres** er ontbreken twee glazen **2** *(rater son suicide)* een mislukte zelfmoordpoging doen
mansarde *nf* dakkamer *de*
manteau *nm* **1** *(pardessus)* (over)jas *de* **2** *(fig.) (ce qui cache)* dekmantel *nm;* **sous le ~ de** onder de dekmantel van; **sous le** ~ heimelijk
manucure *n* manicure *nm*
manuel[1] *nm* handboek *het*
manuel[2] *adj* **1** *(fait avec la main)* hand-, manueel; **du travail** ~ handenarbeid **2** *(personnes)* handenarbeid verrichtend; **le, la ~(le)** de handarbeid(st)er
manufacture *nf* fabriek *nf*
manufacturer *vt* bewerken
manuscrit *adj* handgeschreven; **le** ~ het manuscript
manutention *nf* (goederen)behandeling *nf*
mappemonde *nf* **1** *(carte)* wereldkaart *de* **2** *(globe)* globe *de*
maquereau *nm* **1** *(zool.)* makreel *nm* **2** *(proxénète)* pooier *nm*
maquette *nf* **1** *(modèle réduit)* (schaal)-model *het* **2** *(archit.)* maquette *de* **3** *(édit.)* dummy *nm*
maquillage *nm* **1** *(action)* (het) opmaken, *(dram.)* (het) schminken **2** *(cosmétique)* make-up *nm* **3** *(falsification)* (het) vervalsen
maquiller[1] *vt* **1** *(le visage)* opmaken, *(dram.)* schminken **2** *(falsifier)* vervalsen

se maquiller[2] *vpr (se farder)* zich opmaken, zich schminken *(dram.)*
maquilleur, -euse *n* grimeur *nm*
maquis *nm* **1** *(géo.)* maquis *het/de (m)* **2** *(résistance armée)* verzet *het*, ondergrondse *de (deuxième guerre mondiale)*; **prendre le** ~ in het verzet gaan
maraîcher *adj* groente-; **jardin** ~ moestuin; **le ~, la maraîchère** de groentekweker, groentekweekster
marais *nm* moeras *het*
marasme *nm* slapte *nf*
marathon *nm* marathon *nm*
marbre *nm* marmer *het*; **de, en** ~ marmeren, *(fig.)* onbewogen; **être de** ~ steenkoud zijn
marbrer *vt* marmeren
marc *nm* **1** dik *het*; ~ **de café** koffiedik **2** *(de fruits)* droesem *nm* **3** *(eau-de-vie)* marc *nm*
marchand[1]**, -ande** *n* koop|man, -vrouw *nm,f*; ~ **ambulant** marskramer; ~ **au détail** kleinhandelaar; ~ **de, en gros** groothandelaar; ~ **de journaux** krantenverkoper; ~ **des quatre-saisons** groenteventer; **le** ~ **de sable est passé** Klaas Vaak is gekomen
marchand[2] *adj* **1** *(propre au commerce)* handels-; **valeur ~e** handelswaarde **2** *(qui fait du commerce)* handeldrijvend; **galerie ~e** winkelgalerij
marchandage *nm* (het) afdingen
marchander[1] *vi* afdingen, *(Belg.)* afbieden
marchander[2] *vt* afdingen op
marchandise *nf* **1** *(produit(s) à vendre)* waar *de* **2** *(plur.) (cargaison)* goederen *plur*
marche *nf* **1** *(action)* (het) lopen; **chaussures de** ~ wandelschoenen; **faire de la** ~ **(à pied)** wandelen; **à une heure de** ~ op één uur gaans **2** *(allure)* manier *de* van lopen; **accélérer la** ~ de pas versnellen; **faire** ~ **arrière** achteruitrijden, *(fig.)* bakzeil halen; ~ **arrière, avant** achteruit, vooruit; *(fig.)* **la** ~ **à suivre** de te volgen methode **3** *(fonctionnement)* werking *nf*; **la bonne** ~ **du service** het goed functioneren van de dienst; **machine en état de** ~ machine die het doet; **mettre en** ~ in beweging zetten; **se mettre en** ~ zich in beweging zetten **4** *(cours)* verloop *het* **5** *(d'un escalier)* trede *de*; **descendre les ~s** de trap aflopen; **attention à la ~!** denk om het afstapje! **6** *(défilé)* mars *de (aussi mus.)*; **ouvrir la** ~ vooraan lopen; ~ **de la paix** vredesmars; **en avant, ~!** voorwaarts, mars!
marché *nm* **1** *(lieu de vente)* markt *de (aussi écon.)*; **le Marché Commun** de EG; ~ **couvert** markthal; ~ **de l'emploi** arbeidsmarkt; **faire son** ~ inkopen doen; ~ **noir** zwarte handel; ~ **aux puces** vlooienmarkt **2** *(convention)* contract *het*; ~ **conclu!** top!; **conclure, passer un** ~ een overeenkomst aangaan; *(fig.)* **par-dessus le** ~ op de koop toe ♦ **(à) bon** ~ goedkoop; **s'en tirer à bon** ~ er goedkoop afkomen
marchepied *nm* **1** *(d'un véhicule)* treeplank *de* **2** *(escabeau)* trapje *het* **3** *(fig.) (tremplin)* springplank *de*; **servir de** ~ **à qn** iem tot springplank dienen
marcher *vi* **1** *(se déplacer)* lopen; ~ **droit** recht(op) lopen, *(fig.)* in het gareel lopen **2** *(fonctionner)* functioneren, lopen; **cela fait** ~ **le commerce** dat is goed voor de handel **3** *(avancer)* zich voortbewegen **4** *(milit.)* oprukken; **refuser de** ~ weigeren te gehoorzamen **5** *(accepter)* meedoen; **je ne marche pas dans cette combine** ik doe niet mee met dat zaakje; **je ne marche pas** ik vertik het **6** *(croire naïvement)* erin lopen; **faire** ~ **qn** iem in de maling nemen
marcheur, -euse *n* loper, loopster *nm,f*
mardi *nm* dinsdag *nm*; ~ **gras** Vastenavond
mare *nf* poel *nm*, plas *nm*
marécage *nm* moeras *het*
marécageux *adj* moerassig
maréchal *nm* maarschalk *nm*
maréchal-ferrant *nm* hoefsmid *nm*
marée *nf* **1** *(mouvement de la mer)* (ge)tij *het*; **à** ~ **basse** bij eb; **à** ~ **haute** bij vloed; ~ **descendante** afnemend tij; ~ **noire** olievlek **2** *(produits de la mer)* verse zeevis en schaaldieren *plur* ♦ ~ **humaine** mensenzee
marelle *nf* ♦ **jouer à la** ~ hinkelen
margarine *nf* margarine *de*
marge *nf* **1** *(d'une page)* kant(lijn) *nm (de)*; **des notes en** ~ kanttekeningen; **laisser une** ~ een kantlijn maken **2** *(délai; latitude)* marge *de*; **avoir de la** ~ alle tijd hebben; ~ **bénéficiaire** winstmarge; ~ **de réflexion** bedenktijd; *(technol.)* ~ **de sécurité** veiligheidsmarge **3** *(extérieur)* randgebied *het*; **en** ~ **de la société** aan de zelfkant van de maatschappij
marginal *adj* marginaal; **le, la ~(e)** de randfiguur
marguerite *nf* margriet *de*
mari *nm* man *nm*, echtgenoot *nm*
mariage *nm* **1** *(union matrimoniale)* huwelijk *het*; ~ **blanc** schijnhuwelijk; **donner en** ~ ten huwelijk geven; **projets de** ~ trouwplannen; ~ **de raison** verstandshuwelijk **2** *(cérémonie)* bruiloft *de* **3** *(association)* combinatie *nf*
marié, -ée *n* bruidegom, bruid *nm,f*; **les nouveaux ~s** het bruidspaar
marier[1] *vt* **1** *(+ à, avec) (unir par le mariage)* in de echt verbinden (met) **2** *(+ à) (assortir à)* combineren (met)
se marier[2] **(avec)** *vpr (épouser)* trouwen (met)
marihuana, marijuana *nf* marihuana *de*
marin *adj* zee-; **le** ~ de zeeman
marine[1] *nm* marineblauw *het*; **des chaussettes (bleu)** ~ marineblauwe sokken
marine[2] *nf (mar.)* zeewezen *het*; ~ **marchande** koopvaardijvloot
mariner[1] *vi* gemarineerd worden
mariner[2] *vt* marineren
marionnette *nf* marionet *de (aussi au fig.)*
marital *adj (jur.)* maritaal; **autorisation**

~**e** machtiging van de echtgenoot; **vivre ~ement** samenleven
maritime *adj* zee-, maritiem
marjolaine *nf* marjolein *de*
marketing *nm* marketing *nf*
marmaille *nf* grut *het*
marmelade *nf* compote *de*, vruchtenmoes *het/de (m)*
marmite *nf* kookpot *nm*
marmonner *vt* mompelen
marmot *nm* jochie *het (m)*, *(plur.)* grut *het*
marmotte *nf* marmot *de*
Maroc *nm* Marokko *n (sans art.)*
marocain *adj* Marokkaans; **le** ~ het Marokkaans; **le, la Marocain(e)** de Marokkaan(se)
maroquinerie *nf* **1** *(magasin)* lederwarenwinkel *nm* **2** *(articles de cuir)* lederwaren *plur*
maroquinier *nm* leerwarenverkoper *nm*
marotte *nf* manie *nf*
marquant *adj* opvallend
marque *nf* **1** *(signe)* merkteken *het; (fig.)* **de** ~ vooraanstaand **2** *(preuve)* bewijs *het*, blijk *het* **3** *(label commercial)* merk *het;* **article de** ~ merkartikel; ~ **déposée** gedeponeerd handelsmerk **4** *(flétrissure)* brandmerk *het* **5** *(empreinte)* prent *de* **6** *(score)* puntentelling *nf* **7** *(sports) (repère)* startlijn *de;* **à vos ~s, prêts, partez!** op uw plaatsen, klaar, af!
marqué *adj* **1** *(pourvu d'une marque)* gemerkt **2** *(caractéristique)* gemarkeerd; **visage** ~ **(par qch)** (door iets) getekend gezicht **3** *(net)* duidelijk, uitgesproken; **traits ~s** duidelijk uitkomende trekken
marquer[1] *vi* **1** *(frapper)* markant zijn **2** *(laisser une trace)* sporen nalaten
marquer[2] *vt* **1** *(distinguer)* markeren; ~ **d'un numéro** nummeren; ~ **d'une croix** een kruisje zetten bij; ~ **d'une étiquette** een etiket plakken op **2** *(noter)* noteren **3** *(montrer)* blijk geven van; ~ **de l'intérêt** blijk geven van belangstelling **4** *(laisser une marque sur)* een stempel drukken op **5** *(bétail)* brandmerken **6** *(sports) (un point)* scoren; ~ **un but** een doelpunt maken **7** *(sports) (un joueur)* dekken
marqueur *nm (feutre)* dikke viltstift *nm*
marquis *nm* markies *nm*
marquise *nf* **1** *(femme)* markiezin *nf* **2** *(auvent)* luifel *de*, afdak *het*
marraine *nf* peettante *nf*, meter *nf*
marrant *adj* lollig
marre *adv* ◆ **j'en ai ~!** ik ben het zat!, het hangt m'n voeten uit! *(n.B.)*
se marrer *vpr* zich rot lachen, lol hebben
marron[1] *nm* **1** *(comestible)* kastanje *de;* **~s glacés** geglaceerde kastanjes **2** *((d'Inde))* paardenkastanje *de* **3** *(couleur)* kastanjekleur *de* **4** *(coup)* opstopper *de*
marron[2] *adj* (kastanje)bruin
marronnier *nm* **1** *(châtaignier cultivé)* kastanje *nm* **2** *(d'Inde)* paardenkastanje *nm;* ~ **(d'Inde)** paardenkastanje
mars *nm* maart *nm;* **en** ~ in maart
marsouin *nm* bruinvis *nm*
marteau *nm* **1** *(outil)* hamer *nm;* ~ **piqueur** pikhamer **2** *(heurtoir)* deurklopper *nm*
marteler *vt* hameren op
martial *adj* **1** *(guerrier)* krijgshaftig, martiaal **2** *(adj.) (militaire)* krijgs-; **cour ~e** bijzondere krijgsraad ◆ **arts martiaux** oosterse vechtsporten
martien *adj* Mars-; **le** ~ de Marsbewoner
martyr, -yre *n* martellaar, -lares *nm,f (aussi au fig.);* **se donner des airs de** ~ een martelaarsgezicht zetten; **enfant** ~ slachtoffer van kindermishandeling
martyre *nm* **1** *(mort du martyr)* marteldood *de* **2** *(souffrance)* marteling *nf;* **sa vie fut un long** ~ zijn, haar leven was één lange lijdensweg; **souffrir le** ~ hevig lijden
martyriser *vt* kwellen
marxiste *adj* marxistisch; **le, la** ~ de marxist(e)
mascara *nm* mascara *de*
mascarade *nf* **1** *(accoutrement)* vermomming *nf* **2** *(mise en scène)* schijnvertoning *nf*
mascotte *nf* mascotte *de*
masculin *adj* mannelijk; **le** ~ het mannelijk; **mode ~e** herenmode
masochisme *nm* masochisme *het*
masochiste *adj* masochistisch; **le, la** ~ de masochist(e)
masque *nm* masker *het;* ~ **à gaz** gasmasker
masqué *adj* **1** *(couvert d'un masque)* gemaskerd; **bal** ~ gemaskerd bal **2** *(dissimulé)* gemaskeerd
masquer[1] *vt* **1** *(déguiser)* vermommen, maskeren **2** *(dissimuler)* maskeren; **cet immeuble nous masque la vue** dat gebouw beneemt ons het uitzicht
se masquer[2] *vpr (se déguiser)* zich maskeren
massacre *nm* **1** *(tuerie)* moordpartij *nf*, bloedbad *het* **2** *(gâchis)* knoeiboel *nm*
massacrer *vt* **1** *(tuer)* afslachten **2** *(abîmer qn)* toetakelen **3** *(défigurer qch)* verknoeien
massage *nm* massage *nf*
masse *nf* **1** *(volume important)* massa *de (sans prép.);* **taillé dans la** ~ uit één stuk gehouwen; **tomber comme une** ~ als een blok neervallen **2** *(phys.)* massa *de* **3** *(multitude)* menigte *nf (sans prép.);* **la grande** ~ **de** het merendeel van; **en** ~ massaal; **les ~s** de volksmassa's; **il n'y en a pas des ~s** er zijn er niet al te veel **4** (totaal)bedrag *het;* ~ **monétaire** geldcirculatie **5** *(maillet)* moker *nm* **6** *(conducteur électrique)* aardsluiting *nf;* **mettre (le courant) à la** ~ aarden
massepain *nm* marsepein *het/de (m)*
masser[1] *vt* **1** *(frotter)* masseren; **se faire** ~ zich laten masseren **2** *(rassembler)* verzamelen
se masser[2] *vpr (se rassembler)* samendrommen, *(Belg.)* samentroepen
masseur, -euse *n* masseur, masseuse *nm,f*

massif[1] *nm* **1** *(arbres)* boomgroep *nm* **2** *(fleurs)* (bloem)perk *het* **3** *(géo.)* berggroep *nm*, massief *het*
massif[2] *adj* **1** *(plein)* massief **2** *(lourd)* zwaar **3** *(en quantité)* massaal
massue *nf* knots *de*
mastic *nm* stopverf *de*, mastiek *het/de (m) (n.B.)*
mastiquer *vt* **1** *(mâcher)* kauwen **2** *(boucher)* dichten, *(fenêtres)* stoppen, mastieken *(n.B.)*
mastodonte *nm* **1** *(personne; véhicule)* kolos *nm* **2** *(animal)* mastodont *nm*
masturbation *nf* masturbatie *nf*
se masturber *vpr* masturberen
m'as-tu-vu, -ue *n* verwaande kwast *nm*
mat[1] *adj* mat; **échec et ~!** schaakmat!; **être** ~ mat staan
mat[2] *adj* mat; **du verre** ~ matglas
mât *nm* **1** *(mar.)* mast *nm* **2** *(poteau)* paal *nm*
match *nm* wedstrijd *nm;* ~ **aller et** ~ **retour** uit- en thuiswedstrijd; ~ **nul** gelijkspel
matelas *nm* matras *het/de;* ~ **pneumatique** luchtbed, luchtmatras *(n.B.);* ~ **à ressorts** springmatras
matelasser *vt* opvullen
matelot *nm* matroos *nm*
mater *vt* **1** *(dompter)* temmen **2** *(faire échec à)* (schaak)mat zetten **3** *(réprimer)* bedwingen **4** *(regarder)* begluren
matérialiser[1] *vt* **1** *(symboliser)* belichamen **2** *(concrétiser)* verwezenlijken
se matérialiser[2] *vpr* **1** *(se concrétiser)* werkelijkheid worden **2** *(devenir matériel)* vaste vorm krijgen
matérialisme *nm* materialisme *het*
matérialiste *adj* materialistisch; **le, la** ~ de materialist(e)
matériau *nm* materiaal *het*
matériaux *nm* **1** *(matières)* materialen *plur* **2** *(documentation)* basismateriaal *het*
matériel[1] *nm* **1** *(matière)* materiaal *het* **2** *(équipement)* materieel *het (sing.)* **3** *(inform.)* hardware *nm*
matériel[2] *adj* **1** *(physique)* materieel, stoffelijk **2** *(concret)* feitelijk; **preuve ~le** tastbaar bewijs
maternel *adj* **1** *(mère)* moeder- **2** *(filiation)* van moederszijde **3** *(instinct)* moederlijk ♦ **la ~le** de kleuterschool
materner *vt* bemoederen
maternité *nf* **1** *(état de mère)* moederschap *het* **2** *(accouchement)* bevalling *nf* **3** *(établissement)* kraamkliniek *nf*
mathématicien, -ienne *n* wiskundige *nm*
mathématique *adj* wiskundig
mathématiques *nf* wiskunde *nf (sing.)*
maths *plur* → **mathématiques**
matière *nf* **1** *(substance)* materiaal *het;* ~ **grasse** vet; **~s premières** grondstoffen **2** *(discipline)* (school)vak *het;* ~ **à option** keuzevak, *(Belg.)* optievak **3** *(philo.; phys.)* stof *de;* **en la** ~ op dit gebied **4** *(sujet)* onderwerp *het;* **en** ~ **de** op het gebied van; **entrer en** ~ ter zake komen
matin *nm* ochtend *nm*, morgen *nm;* **ce** ~ vanmorgen; **de bon** ~ in alle vroegte; **du** ~ **au soir** de hele dag, *(fig.)* zonder ophouden; **être du** ~ matineus zijn; **le** ~ 's morgens, 's ochtends
matinal *adj* **1** *(du matin)* ochtend- **2** *(qui se lève tôt)* matineus
matinée *nf* **1** *(partie de la journée)* voormiddag *nm*, ochtend *nm;* **faire la grasse** ~ uitslapen **2** *(spectacle)* matinee *nf*, middagvoorstelling *nf*
matou *nm* kater *nm*
matraque *nf* (gummi)knuppel *nm*, wapenstok *nm*
matraquer *vt* **1** *(frapper)* neerknuppelen **2** *(fig.)* erin hameren
matrice *nf* **1** *(moule)* matrijs *de*, gietvorm *nm* **2** *(math.)* matrix *nf* **3** *(registre)* register *het*, kohier *het* **4** *(utérus)* baarmoeder *de*
matricule *nm* (registratie)nummer *het*
matrimonial *adj* huwelijks-
maturation *nf* rijping *nf*
mature *adj* rijp
maturité *nf* rijpheid *nf (aussi au fig.)*
maudire *vt* vervloeken, verwensen
maudit *adj* **1** *(réprouvé)* verdoemd **2** *(fichu)* vervloekt, verdomd
maugréer (contre) *vi* mopperen (op)
mausolée *nm* praalgraf *het*
maussade *adj* **1** *(personne)* chagrijnig **2** *(temps)* druilerig
mauvais *adj adv* **1** *(incorrect; piètre; néfaste)* slecht, verkeerd; **~e chute** lelijke val; **il fait** ~ het is slecht weer; **le** ~ het kwade; **la mer est ~e** de zee is (gevaarlijk) wild; **~e odeur** vieze lucht; **pas** ~ **ça!** niet gek!; **un** ~ **quart d'heure** een benauwd kwartiertje; **ça sent ~!** dat stinkt!, *(fig.)* daar zit een luchtje aan! **2** *(méchant)* boos(aardig), gemeen
mauve *adj* lichtpaars
mauviette *nf* slappeling *nm*
maxillaire *nm* kaak *de*
maximal *adj* maximaal, maximum-
maxime *nf* **1** *(précepte)* stelregel *nm* **2** *(dicton)* (kern)spreuk *de*
maximum *adj* maximaal, maximum-; **au** ~ ten hoogste; **faire le** ~ zijn uiterste best doen; **le** ~ het maximum, *(jur.)* de maximumstraf
mayonnaise *nf* mayonaise *nf*
mazout *nm* stookolie *de*
me *pron pers* mij *(emphatique ou contrastif)*, me *(style normal);* **je** ~ **lave les cheveux** ik was mijn haren; ~ **voici!** hier ben ik!
mea-culpa *nm* ♦ **faire son** ~ schuld bekennen
méandre *nm* **1** *(sinuosité)* meander *nm* **2** *(détour)* kronkel *nm*
mec *nm* vent *nm*, kerel *nm*
mécanicien, -ienne *n* **1** *(mécano)* monteur *nm*, mekanieker *nm (n.B.)* **2** *(locomotive)* machinist(e) *nm (nf)*
mécanique *adj* **1** *(des machines)* mechanisch *(aussi phys.);* **avoir des ennuis ~s** motorpech hebben; *(construction)* **la** ~ de

werktuigkunde **2** *(machinal)* machinaal ♦ **la** ~ het mechanisme *(mécanisme)*
mécaniser *vt* mechaniseren
mécanisme *nm* **1** *(mécanique)* mechanisme *het* **2** *(processus)* werkwijze *de*
mécénat *nm* mecenaat *het*
mécène *nm* mecenas *nm*
méchanceté *nf* **1** *(caractère méchant)* boosaardigheid *nf;* **sans** ~ zonder kwade bedoelingen **2** *(acte méchant)* gemene streek *de*
méchant *adj* **1** *(malveillant)* boos(aardig), gemeen; **ce n'est pas bien** ~ daar steekt geen kwaad in **2** *(turbulent)* stout, ondeugend **3** *(adv.) (beaucoup)* vreselijk
mèche *nf* **1** *(de bougie, de lampe)* pit *de* **2** *(pour explosif)* lont *de;* **vendre la** ~ uit de school klappen, uit de biecht klappen *(n.B.)* **3** *(de cheveux)* (haar)lok *nm* **4** *(vrille)* boor *de* ♦ **être de** ~ **avec qn** met iem onder één hoedje spelen
méconnaissable *adj* onherkenbaar
méconnaître *vt* miskennen
méconnu *adj* miskend
mécontent (de) *adj* ontevreden (over); **un perpétuel** ~ een knorrepot
mécontentement *nm* ontevredenheid *nf*
mécontenter *vt* ontevreden maken
médaille *nf* medaille *de*, penning *nm*
médaillon *nm* medaillon *het*
médecin *nm* arts *nm*, dokter *nm;* ~ **de famille** huisarts; ~ **légiste** gerechtelijk geneeskundige, *(Belg.)* wetsdokter; ~ **du travail** bedrijfsarts, *(Belg.)* arbeidsgeneesheer
médecine *nf* geneeskunde *nf;* ~**s douces** natuurgeneeswijzen; **faire** ~ medicijnen studeren
média *nm* (massa)medium *het*
médiateur, -trice *n* bemiddelaar(ster) *nm (nf);* **commission médiatrice** bemiddelingscommissie
médiathèque *nf* mediatheek *nf*
médiation *nf* bemiddeling *nf*
médiatique *adj* media-
médical *adj* geneeskundig, medisch
médicament *nm* geneesmiddel *het*, medicijn *het/de*
médicinal *adj* geneeskrachtig
médiéval *adj* middeleeuws
médiocre *adj* **1** *(faible)* (middel)matig **2** *(adv.) (assez peu)* niet erg
médiocrité *nf* middelmatigheid *nf*
médire (de, sur) *vi* kwaadspreken (over)
médisance *nf* laster *nm (sing.)*
médisant *adj* lasterlijk
méditatif *adj* nadenkend, peinzend
méditation *nf* meditatie *nf*
méditer[1] **(sur)** *vi* mediteren (over)
méditer[2] *vt* diep nadenken over; ~ **de faire qch** iets van plan zijn
Méditerranée *nf* Middellandse Zee *de*
méditerranéen *adj* Middellandse Zee-, mediterraan
médium *nm* medium *het*
méduse *nf* kwal *de*
méduser *vt* verstijfd doen staan
meeting *nm* **1** *(rassemblement)* vergadering *nf* **2** *(sport)* ontmoeting *nf*
méfait *nm* **1** *(faute)* wandaad *de* **2** *(suite néfaste)* kwalijk gevolg *het*
méfiance *nf* wantrouwen *het*, achterdocht *de*
méfiant (à l'égard de) *adj* wantrouwig (jegens)
se méfier (de) *vpr* **1** *(douter de)* (iem) wantrouwen **2** *(faire attention à)* uitkijken (voor); **méfiez-vous!** kijk uit!
mégahertz *nm* megahertz *nm*
mégalomane, mégalo *adj* megalomaan, lijdend aan grootheidswaanzin; **le, la** ~ de megalomaan, megalomane
mégalomanie *nf* grootheidswaan(zin) *nm*
méga-octet *nm* megabyte *de*
mégaphone *nm* megafoon *nm*
mégarde ♦ **par** ~ bij vergissing
mégère *nf* feeks *nf*
mégot *nm* peuk *nm*
meilleur *adj* **1** *(+ que) (comparatif)* beter (dan); **c'est la** ~**e** dat is het toppunt; **il fait** ~ het is beter weer **2** *(avec art.) (superlatif)* (de, het) beste; **j'en passe et des** ~**es!** ik spreek nog niet eens over de rest!; **pour le** ~ **et pour le pire** in voor- en tegenspoed
mélancolie *nf* melancholie *nf*
mélancolique *adj* zwaarmoedig
mélange *nm* **1** *(action de mélanger)* vermenging *nf* **2** *(amalgame)* mengsel *het*, mengelmoes *de*
mélangé *adj* gemengd
mélanger *vt* **1** *(combiner avec)* (ver)mengen (met); ~ **une chose et une autre chose** twee dingen met elkaar combineren **2** *(confondre)* ↑ met elkaar verwarren
mélasse *nf* **1** *(sirop)* (suiker)stroop *de* **2** *(situation pénible)* puree *nf*
mêlée *nf* **1** *(bataille)* handgemeen *het* **2** *(sports)* scrum *nm*
mêler[1] *vt* **1** *(+ à, de) (mélanger)* (ver)mengen (met) **2** *(+ à) (ajouter)* verenigen (met) **3** *(+ à, dans) (impliquer)* betrekken (bij, in)
se mêler[2] *vpr* **1** *(+ à) (se mélanger)* zich vermengen (met) **2** *(+ à) (se joindre)* zich voegen (bij) **3** *(+ à, de) (s'ingérer)* zich bemoeien (met); **mêle-toi de tes affaires!** bemoei je met je eigen zaken!
mélèze *nm* lariks *nm*
méli-mélo *nm* warboel *nm*
mélodie *nf* melodie *nf*
mélodieux *adj* melodieus
mélodique *adj* melodisch
mélodramatique *adj* melodramatisch
mélodrame *nm* melodrama *het*
mélomane *n* muziekliefhebber, -hebster *nm,f*
melon *nm* **1** *(fruit)* meloen *de* **2** *(chapeau)* bolhoed *nm*
membrane *nf* vlies *het*, membraan *het/de*
membre *nm* **1** *(bras ou jambe)* lidmaat *het;* **les** ~**s inférieurs** de onderste lede-

maten **2** *(adhérent)* lid *het (m), het (f);* **Etat** ~ lidstaat
mémé *nf* oma *nf*
même[1] *adj indéf* **1** *(identique)* zelfde; **être du ~ âge** even oud zijn, dezelfde leeftijd hebben; **cela revient au ~** dat komt op hetzelfde neer; **la ~ chose** hetzelfde, dezelfde zaak **2** *(renchérissement)* zelf; **c'est cela ~!** dat is 't precies!
même[2] *adv* zelfs; **aujourd'hui ~** vandaag nog; **de ~** op dezelfde wijze; **de ~ que** evenals; **il en va de ~ pour eux** hetzelfde geldt voor hen; **c'est ici ~** het is precies hier; **~ lui** zelfs hij; **il ne m'a ~ pas entendu** hij heeft me niet eens gehoord ♦ **boire à ~ la bouteille** zomaar uit de fles drinken; **être à ~ de faire qch** in staat zijn iets te doen
mémoire[1] *nm* **1** *(dissertation)* verhandeling *nf;* **~ de fin d'études** scriptie, *(Belg.)* thesis, eindwerk **2** *(plur.) (souvenirs)* memoires *plur*
mémoire[2] *nf* **1** *(de l'homme)* geheugen *het (aussi inform.);* **revenir à la ~** weer te binnen schieten; **si j'ai bonne ~** als ik me goed herinner; **avoir la ~ courte** kort van memorie zijn; **réciter qch de ~** iets uit zijn hoofd opzeggen **2** *(inform.)* geheugen *het;* **~ morte** ROM, read only memory; **~ vive** RAM, random access memory **3** *(souvenir de)* (na)gedachtenis (van) *nf;* **à la ~ de** ter nagedachtenis aan
mémorable *adj* gedenkwaardig
mémorial *nm* gedenkteken *het*
mémorisation *nf* **1** (het) memoriseren **2** *(inform.)* opslag *nm*
mémoriser *vt* **1** *(fixer dans la mémoire)* van buiten leren **2** *(inform.)* opslaan
menaçant *adj* dreigend
menace *nf* **1** (be)dreiging (met) *nf;* **lettre de ~s** dreigbrief; **obtenir qch par la ~** iets afdwingen **2** *(danger)* dreigend gevaar *het* **3** *(propos)* dreigement *het*
menacé *adj* bedreigd; **ses jours sont ~s** hij, zij is in gevaar
menacer[1] *vi (être menaçant; laisser craindre)* dreigen *(2e sens avec inf.)*
menacer[2] *vt* **1** *(intimider à l'aide de)* bedreigen (met) **2** *(constituer un danger pour)* een bedreiging vormen voor
ménage *nm* **1** *(choses domestiques)* huishouding *nf;* **faire le ~** het huishouden doen **2** *(couple)* paar *het*, stel *het;* **faire bon ~ avec qn** goed met iem kunnen opschieten; **scènes de ~** huiselijke twisten **3** *(unité économique)* gezin *het*
ménagement *nm* consideratie *nf*
ménager[1] *adj* huishoud-, huishoudelijk
ménager[2] *vt* **1** *(employer avec mesure)* sparen; **ménagez vos expressions!** let op uw woorden! **2** *(traiter avec prudence)* ontzien **3** *(régler)* regelen; **~ une surprise à qn** iem een verrassing bereiden
se ménager[3] *vpr (avoir soin de sa santé)* op zijn gezondheid letten
ménagère *nf* huisvrouw *nf*
ménagerie *nf* **1** *(dans un parc)* dierenpark *het* **2** *(d'un cirque)* menagerie *nf*
mendiant, -ante *n* bedel|aar, -lares *nm,f*
mendicité *nf* bedelarij *nf;* **être réduit à la ~** tot de bedelstaf vervallen zijn
mendier[1] *vi* bedelen
mendier[2] *vt* bedelen om
mener[1] *vi* **1** *(+ à) (permettre d'aller à)* leiden (naar), lopen (naar), *(permettre de causer qch)* leiden (tot); **cela ne mène à rien** dat loopt op niets uit **2** *(sports)* de leiding hebben; **~ par deux à zéro** met 2-0 vóór staan ♦ **ne pas en ~ large** in de rats zitten
mener[2] *vt* **1** *(+ à) (emmener)* brengen (naar); **cela peut vous ~ loin** dat kan nare gevolgen voor u hebben **2** *(diriger)* leiden; **~ qn durement** iem hard aanpakken
meneur, -euse *n* **1** *(dirigeant)* leider *nm;* **~ de jeu** spelleider, *(fig.)* gangmaker, *(sports)* spelverdeler **2** *(instigateur)* agitator *nm*
méningite *nf* hersenvliesontsteking *nf*
ménisque *nm* meniscus *nm (aussi lentille)*
ménopause *nf* menopauze *de*
menotte *nf* **1** *(main)* (kinder)handje *het* **2** *(plur.) (entraves)* handboeien *plur*
mensonge *nm* leugen *de;* **~ par omission** bewuste verzwijging; **~ pieux** leugentje om bestwil
mensonger *adj* leugenachtig
menstruation *nf* menstruatie *nf*
mensualité *nf* **1** *(somme à payer)* maandelijkse termijn *nm* **2** *(somme à toucher)* maandsalaris *het*
mensuel *adj* maandelijks; **le ~** het maandblad *(revue)*
mensuration *nf* (lichaams)maten *plur*
mental *adj* psychisch, geestelijk; **âge ~** verstandelijke leeftijd; **maladie ~e** geestesziekte
mentalité *nf* mentaliteit *nf*, geestesgesteldheid *nf*
menteur *adj* leugenachtig; **le ~, la menteuse** leugenaar(ster)
menthe *nf* **1** *(plante)* munt *de* **2** *(essence)* muntessence *de;* **pastille de ~** pepermuntje, *(Belg.)* muntje **3** *(sirop)* (peper)muntsiroop *de;* **une ~ à l'eau** een glas pepermuntlimonade
mention *nf* vermelding *nf;* **être reçu à un examen avec ~ (très) honorable** met genoegen, cum laude slagen; **rayer les ~s inutiles** doorhalen wat niet verlangd wordt
mentionner *vt* vermelden
mentir[1] *vi* **1** *(faire un mensonge)* liegen; **~ à qn** tegen iem liegen; **il ment comme il respire** hij liegt voortdurend; **sans ~** ongelogen, heus waar **2** *(tromper)* bedrieglijk zijn; **~ à sa réputation** z'n goede naam oneer aandoen
se mentir[2] *vpr* ♦ **se ~ à soi-même** iets niet onder ogen willen zien
menton *nm* kin *de;* **double ~** onderkin
menu[1] *nm* menu *het (aussi inform.)*, (menu)kaart *de*
menu[2] *adj* klein; **par le ~** tot in de details; **hacher ~** fijnhakken

menuiserie *nf* **1** *(travail du bois; ouvrages)* fijn timmerwerk *het*, schrijnwerk *het* **2** *(atelier)* houtbewerkerij *nf*
menuisier *nm* schrijnwerker *nm*
se méprendre *vpr (+ sur)* zich vergissen (in); **se ressembler à s'y** ~ sprekend op elkaar lijken
mépris *nm* minachting *nf;* **au ~ de** in weerwil van
méprisable *adj* verachtelijk
méprisant *adj* minachtend
méprise *nf* vergissing *nf;* **par** ~ per abuis
mépriser *vt* **1** *(ne pas estimer)* minachten **2** *(dédaigner)* geringschatten; ~ **le danger** het gevaar trotseren
mer *nf* zee *de;* **la ~ est basse, haute** het is laag, hoog water; **haute** ~ volle zee; **la Mer du Nord** de Noordzee; **prendre la** ~ het ruime sop kiezen; ~ **de sable** woestijn; **ce n'est pas la ~ à boire** het is geen heksentoer
mercantile *adj* op winstbejag gericht
mercenaire *nm* huurling *nm*
mercerie *nf* **1** *(commerce)* garen-en-bandwinkel *nm* **2** *(marchandises)* garen en band *het*
merci[1] *nm (remerciement)* dank *nm (sans plur.);* ~ **beaucoup** dank u wel; ~ **de, pour** bedankt voor; **grand ~!** hartelijk dank! ♦ **Dieu ~!** goddank!
merci[2] *nf* **1** *(grâce)* genade *de;* **crier** ~ om genade smeken; **sans** ~ meedogenloos **2** *(bon vouloir)* willekeur *de;* **être à la ~ de qn** aan iemands willekeur overgeleverd zijn
mercredi *nm* woensdag *nm;* **le Mercredi des Cendres** Aswoensdag
mercure *nm* kwik(zilver) *het*
mercurochrome® *nm* (kinder)jodium *het*
merde *nf* **1** *(excrément)* stront *nm*, poep *de;* **ce n'est pas de la ~!** dat is geen kattenpis! **2** *(être méprisable)* ↑ waardeloze figuur *het/de (m);* **il ne se prend pas pour de la ~!** ↑ hij heeft een hoge pet op van zichzelf! **3** *(chose méprisable)* rotding *het;* **de** ~ rot-
merde! *interj* verdomme!, shit!
mère *nf (maman)* moeder *nf*, *(relig.)* zuster *nf;* ~ **célibataire** ongehuwde moeder; ~ **de famille** huismoeder; ~ **porteuse** draagmoeder
méridien *nm* meridiaan *nm*
méridional *adj* zuidelijk; **les Méridionaux** de bewoners van de Midi
meringue *nf* schuimgebak *het*
méritant *adj* verdienstelijk
mérite *nm* verdienste *nf*, verdienstelijkheid *nf;* **s'attribuer le ~ de** het als zijn verdienste beschouwen dat
mériter *vt* verdienen; **il l'a bien mérité** hij heeft erom gevraagd; **cela mérite réflexion** dat dient overwogen te worden
méritoire *adj* verdienstelijk
merlan *nm* wijting *nm*
merle *nm* merel *de*
merveille *nf* wonder *het;* **à** ~ prima; **faire des ~s** wonderen doen
merveilleux *adj* wonderlijk; **le** ~ het bovennatuurlijke
mésange *nf* mees *de*
mésaventure *nf* tegenslag *nm*
mesquin *adj* **1** *(étriqué)* kleingeestig **2** *(parcimonieux)* karig
mesquinerie *nf* **1** *(médiocrité)* kleingeestigheid *nf* **2** *(parcimonie)* karigheid *nf*
mess *nm* (onder)officierskantine *nf*
message *nm* boodschap *nf*, bericht *het;* ~ **publicitaire** reclamespot
messager, -ère *n* bode *nm*
messagerie *nf* **1** *(transport grande vitesse)* snelgoedvervoer *het* **2** *(de presse)* bestelhuis *het*
messe *nf* mis *de;* **aller à la** ~ naar de kerk gaan; ~ **de minuit** nachtmis ♦ **faire des ~s basses** een onderonsje hebben
messie *nm* Messias *nm*, Verlosser *nm*
mesure *nf* **1** *(dimension; récipient)* maat *de;* **à ~ que** naarmate; **la ~ est comble** de maat is vol; **être sans commune** ~ niets met elkaar gemeen hebben; **dans la ~ où** voor zover; **dans la ~ du possible** voor zover mogelijk; **sur** ~ op maat **2** *(dimension normale)* juiste maat *de;* **dépasser la** ~ overdrijven; **outre** ~ bovenmatig; **sans** ~ mateloos **3** *(modération)* gematigdheid *nf;* **avoir le sens de la** ~ gevoel voor maat hebben **4** *(disposition)* maatregel *nm;* **prendre des ~s** maatregelen nemen **5** *(mus.)* maat *de;* **battre la** ~ de maat slaan; **en** ~ op, in de maat; ~ **à trois temps** driekwartsmaat ♦ **être en ~ de** in staat zijn om
mesuré *adj* **1** *(évalué)* gemeten **2** *(modéré)* gematigd
mesurer[1] *vi (avoir pour mesure)* meten
mesurer[2] *vt* **1** *(prendre les mesures de)* meten; **il ne mesure pas sa peine** geen moeite is hem te veel **2** *(estimer)* schatten; ~ **son coup** zijn slag nauwkeurig berekenen *(en frappant)*
se mesurer[3] *vpr (+ avec, à)* zich meten (met)
métabolisme *nm* stofwisseling *nf*
métal *nm* metaal *het;* **métaux précieux** edele metalen
métallique *adj* **1** *(fait de métal)* metalen, metaal- **2** metaalachtig, metaal-; **son** ~ metalig geluid
métallisé *adj* gemetalliseerd
métallurgie *nf* metaalindustrie *nf*
métallurgique *adj* metaalverwerkend
métallurgiste *nm* **1** *(ouvrier)* metaalbewerker *nm* **2** *(industriel)* metaalproducent *nm*
métamorphose *nf* gedaanteverwisseling *nf (aussi au fig.)*, metamorfose *nf*
métamorphoser[1] *vt* (doen) veranderen (van gedaante)
se métamorphoser[2] *vpr* veranderen (in)
métaphore *nf* metafoor *de*
métaphysique *adj* metafysisch; **la** ~ de metafysica
météore *nm* meteoor *nm*

météorite *n* meteoriet *nm*
météorologie *nf* **1** *(étude)* meteorologie *nf* **2** *(service)* meteorologische dienst *nm*
météorologique *adj* weer(s)-
météorologiste, météorologue *n* meteorolloog, -loge *nm,f*
méthode *nf* **1** *(procédé)* methode *nf* **2** *(manuel)* leerboek *het*
méthodique *adj* methodisch
méticuleux *adj* zorgvuldig
métier *nm* **1** *(profession)* beroep *het;* **il est du** ~ het is zijn vak; **gâcher le** ~ de markt verpesten **2** *(machine)* getouw *het;* ~ **à tisser** weefgetouw
métis *adj* gemengd; **le, la ~(se)** de halfbloed
mètre *nm* meter *nm;* ~ **carré** vierkante meter; ~ **cube** kubieke meter; ~ **pliant** duimstok
métrique *adj* metriek; **le système** ~ het metrieke stelsel
métro *nm* metro *nm*, ondergrondse *de*
métronome *nm* metronoom *nm*
métropole *nf* **1** *(grande ville)* metropool *de*, hoofdstad *de* **2** *(d'une colonie)* moederland *het*
métropolitain *adj* **1** *(non colonial)* van het moederland; **la France ~e** Europees Frankrijk **2** *(d'une capitale)* hoofdstedelijk
mets *nm* gerecht *het*
mettable *adj* draagbaar; **je n'ai plus rien de** ~ ik heb niets om aan te trekken
metteur, -euse *n* ♦ ~ **en scène** regisseur
mettre[1] *vt* **1** *(poser)* plaatsen, *(selon les objets)* leggen *(mettre à plat)*, zetten *(mettre debout);* ~ **de l'eau à chauffer** water opzetten **2** *(revêtir)* aantrekken, opzetten *(chapeau, lunettes)*, omdoen *(châle, cravate)* **3** *(avoir besoin de)* besteden (aan); ~ **longtemps à cuire** lang moeten koken; **y** ~ **le prix** iets (zeer) duur betalen **4** *(allumer)* aanzetten; ~ **la radio sur** de radio afstemmen op ♦ ~ **de la bonne volonté à faire qch** zijn goede wil bij iets tonen; **en** ~ **(un coup)** hard aan de slag gaan; ~ **les bouts** 'm smeren; **mettez, mettons que** laten we (nu eens) aannemen dat; **y** ~ **du sien** *(donner de sa personne)* een duit in het zakje doen, *(se montrer conciliant)* water bij de wijn doen
se mettre[2] *vpr* **1** *(se placer)* zich plaatsen, *(selon la position adoptée)* gaan staan, gaan liggen, gaan zitten; **se** ~ **dans une situation délicate** zich in een lastig parket brengen; **se** ~ **debout** overeind komen; **se** ~ **en avant** zich op de voorgrond plaatsen **2** *(+ à) (commencer)* beginnen (met, te); **il se met à pleuvoir** het begint te regenen; **s'y** ~ aan de slag gaan; **le tout c'est de s'y** ~ alleen het begin is moeilijk **3** *(revêtir)* aantrekken ♦ **se** ~ **au beau** mooi (weer) worden; **se** ~ **avec qn** *(habiter)* met iem gaan samenwonen; **se** ~ **en quatre pour qn** zich voor iem uit de naad lopen; **ne plus savoir où se** ~ in een moeilijk parket zitten; **qu'est-ce qu'on s'est mis!** wat hebben we geschranst!
meuble *nm* **1** *(ameublement)* meubel *het* **2** *(sing. et plur.) (jur.)* roerend goed *het;* **biens ~s** roerende goederen ♦ **terre** ~ losse grond
meublé *adj* gemeubileerd; **un** ~ een gemeubileerd appartement
meubler[1] *vt* **1** *(garnir de meubles)* meubileren **2** *(fig.) (remplir)* vullen
se meubler[2] *vpr (se pourvoir de meubles)* zich inrichten
meugler *vi* loeien
meule *nf* **1** *(de foin)* hooiberg *nm* **2** *(pour aiguiser)* slijpsteen *nm* **3** *(de fromage)* (grote) schijfvormige kaas *nm;* **une** ~ **de gruyère** een wiel gruyère **4** *(pour moudre)* molensteen *nm*
meunier *nm* molenaar *nm*
meurtre *nm* moord *de*
meurtrier *adj* moorddadig; **combats ~s** bloedige gevechten; **le ~, la meurtrière** de moordenaar, moordenares ♦ *(dans un mur)* **la meurtrière** het schietgat
meurtrir *vt* kneuzen, kwetsen *(aussi au fig.)*
meurtrissure *nf* kneuzing *nf*
meute *nf* meute *de*, horde *de (aussi au fig.)*
mexicain *adj* Mexicaans; **le, la Mexicain(e)** de Mexicaan(se)
Mexique *nm* Mexico *n (sans art.)*
mezzanine *nf* tussenverdieping *nf*
mi *nm (mus.)* mi *de*, e *de*
mi- half; **la ~janvier** half januari; **la ~temps** de rust
miam-miam *interj* mmm ... lekker!
miaou *nm* gemiauw *het;* **~!** miauw!
miaulement *nm* gemiauw *het*
miauler *vi* miauwen
mi-bas *nm* kniekous *de*
miche *nf* rond brood *het*
micheline *nf* dieseltrein *nm*
mi-chemin ♦ *(adv.)* **à** ~ halverwege
mi-clos *adj* halfgesloten
micmac *nm* gekonkel *het*
microbe *nm* microbe *de*
microcosme *nm* microkosmos *nm*
microfilm *nm* microfilm *nm*
micro-ondes *nm* magnetron *nm*
micro-ordinateur *nm* microcomputer *nm*
microphone, micro *nm* microfoon *nm*
microprocesseur *nm* microprocessor *nm*
microscope *nm* microscoop *nm*
microscopique *adj* **1** *(minuscule)* minuscuul **2** *(visible au microscope)* microscopisch
midi *nm* **1** *(milieu du jour)* middag *nm*, twaalf uur; **chercher** ~ **à quatorze heures** spijkers op laag water zoeken **2** *(sud)* zuiden *het;* **le Midi** Zuid-Frankrijk
mie *nf* kruim *het/de*
miel *nm* honing *nm*
mielleux *adj* honingzoet *(aussi au fig.)*, *(Belg.)* zoeterig

mien[1] *nm* **1** *(propriété)* (het) mijne **2** *(plur.)* *(mes parents, amis)* (de) mijnen *(plur.)*
mien[2], **mienne** *adj poss* mijn, van mij
mien[3], **mienne** *pron poss* (het, de) mijne
miette *nf* kruimel *nm*, beetje *het (fig.)*; **mettre en ~s** aan diggelen gooien
mieux *adv* beter; **aimer ~** liever willen; *(dans le meilleur des cas)* **au ~** op zijn best; **être au ~ avec qn** een zeer goede verstandhouding hebben met iem; **d'autant ~, tant ~** des te beter; **de ~ en ~** hoe langer hoe beter; **il a changé en ~** hij is in zijn voordeel veranderd; **faute de ~** bij gebrek aan beter; **il ferait ~ de** hij zou er beter aan doen te; **pour le ~** zo goed als het kan; *(subst.)* **je l'aide de mon ~** ik help hem zo goed als ik kan; *(subst.)* **faire de son ~** zijn best doen; **on ne peut ~** uitstekend, prima
mièvre *adj* zoetelijk
mi-figue, mi-raisin *adj* zoetzuur
mignon *adj* **1** *(joli)* schattig **2** *(gentil)* lief
migraine *nf* **1** *(mal de tête)* hoofdpijn *de* **2** *(méd.)* migraine *de*
migrateur *adj* trek-; **oiseaux ~s** trekvogels
migration *nf* **1** *(personnes)* migratie *nf* **2** *(zool.)* trek *nm*
mijoter[1] *vi (cuis.)* stoven
mijoter[2] *vt* **1** *(cuis.)* stoven **2** *(comploter)* bekokstoven
mil *adj num* duizend
mile *nm* (Engelse) mijl *de*
milice *nf* **1** *((troupe de) police)* militie *nf* **2** *(f. B.) (service militaire)* militaire dienst *nm*
milieu *nm* **1** *(centre)* midden *het;* **au ~ de** te midden van; **au beau ~, en plein ~** precies in het midden; **le juste ~** de gulden middenweg **2** *(entourage)* omgeving *nf* **3** *(environnement)* milieu *het* **4** *(criminels)* onderwereld *de*
militaire *adj* militair; **le ~** de militair; **le ~ de carrière** de beroepsmilitair
militant *adj* strijdend, *(au sein d'un parti, d'un syndicat)* actief; **le, la ~(e)** de activist(e), *(d'un parti, d'un syndicat)* het actieve lid, de militant *(n.B.)*
militer *vi* **1** *(agir, lutter)* strijden, actievoeren *(être militant)*, *(Belg.)* militeren **2** *(plaider)* pleiten
mille[1] *nm* **1** mijl *de* **2** roos *de;* **mettre dans le ~** in de roos schieten
mille[2] *adj num* **1** *(numéral cardinal)* duizend **2** *(un grand nombre)* zeer veel
millénaire *adj* duizendjarig; **le ~** *(anniversaire)* het duizendjarig bestaan, *(période)* het millennium
mille-pattes *nm* duizendpoot *nm*
millésime *nm (monnaie, vin)* jaartal *het*
milliard *nm* miljard *het*
milliardaire *n* miljardair(e) *nm (nf)*
millième *adj num* duizendste
millier *nm* duizendtal *het;* **des ~s** duizenden
millimètre *nm* millimeter *nm*
millimétré *adj* ♦ **papier ~** millimeterpapier
million *nm* miljoen *het*
millionième *adj num* miljoenste
millionnaire *n* miljonair(e) *nm (nf)*
mime *n* **1** *(artiste)* pantomimelspeler, -speelster *nm,f* **2** *(spectacle)* pantomime *de*
mimer *vt* **1** *(exprimer par des gestes, etc.)* uitbeelden **2** *(imiter)* nadoen
mimique *nf* mimiek *nf*
mimosa *nm* mimosa *de*
minable *adj* armzalig
minauder *vi* zich aanstellen
mince *adj* **1** *(fin)* dun **2** *(insignifiant)* onbeduidend
mince! *interj* verhip!, sodeju!
minceur *nf* dunheid *nf*
mincir *vi* slank worden
mine *nf* **1** *(aspect extérieur)* uiterlijk *het;* **avoir bonne, mauvaise ~** er goed, slecht uitzien; **faire triste ~ à qn** iem onvriendelijk ontvangen; **il ne paie pas de ~** hij oogt niet; **faire triste ~** een lang gezicht trekken **2** *(gisement)* mijn *de (aussi au fig.)*, *(fig.)* bron *de;* **~ à ciel ouvert** open mijn **3** *(d'un crayon)* stift *de* **4** *(explosif)* mijn *de* ♦ **faire ~ de** doen alsof; **ça ne paie pas de ~** dat ziet er onooglijk uit; **~ de rien** ↑ zonder iets te laten merken
miner *vt* ondermijnen *(aussi au fig.)*; **il est miné par le chagrin** hij wordt verteerd door verdriet; **zone minée** mijnenveld
minerai *nm* erts *het*
minéral *adj* mineraal; **le ~** het mineraal
minéralogique *adj* mineralogisch
minet, -ette *n* **1** *(petit chat)* poesje *het* **2** *(personne à la mode)* modepop *de*
mineur[1] *nm* mijnwerker *nm*
mineur[2] *adj* **1** *(secondaire)* minder belangrijk **2** *(jur.)* minderjarig; **le, la ~(e)** de minderjarige **3** *(plus petit; inférieur)* kleiner; **l'Asie Mineure** Klein-Azië **4** *(mus.)* mineur; **tierce ~e** kleine terts
miniature *nf* miniatuur *nf;* **en ~** in het klein; **train ~** minitrein
minibus *nm* busje *het*
minier *adj* van de mijnen, mijn-
minigolf *nm* midgetgolf *het*
minijupe *nf* minirok *nm*
minimal *adj* minimaal
minime *adj* miniem; **un ~** *(sports)* ± een junior *(aux Pays-Bas, joueur de 12 à 19 ans)*, een miniem *(Belg.n.)*
minimiser *vt* **1** *(présenter comme petit)* minimaliseren **2** *(présenter comme insignifiant)* bagatelliseren
minimum, minima *nm* minimum *het;* **au ~** op zijn minst; **faire le ~ de dépenses** zo weinig mogelijk uitgaven doen; **salaire ~** minimumloon; **~ vital** bestaansminimum
ministère *nm* ministerie *het*
ministériel *adj* **1** *(ministère)* ministerieel **2** *(ministre)* ministers-
ministre *nm (pol.)* minister *nm (aussi agent diplomatique)*; **~ d'Etat** *(en France)* minister zonder portefeuille, *(Belg.f.)* minister van staat, staatsminister; **le premier ~** de premier

minitel *nm* minitel *de*
minoritaire *adj (pol.)* minderheids-
minorité *nf* **1** *(jur.)* minderjarigheid *nf* **2** *((plus) petit nombre)* minderheid *nf (aussi pol.; socio.)*; ~ **de lecteurs** klein aantal onder de lezers
minou *nm* katje *het*
minuit *nm* middernacht *nm*
minuscule *adj* zeer klein, minuscuul; **la** ~ de kleine letter
minute *nf* **1** minuut *de* **2** *(moment)* ogenblik(je) *het;* **à la** ~ op staande voet; **à la** ~ **près** stipt op tijd; **clef** ~ sleutel klaar terwijl u wacht; **d'une** ~ **à l'autre** op elk ogenblik ♦ ~ **(papillon)!** een ogenblik!
minuter *vt* timen
minuterie *nf* tijdschakelaar *nm*
minutie *nf* zorgvuldigheid *nf*
minutieux *adj* zorgvuldig
mioche *n* dreumes *nm*
mirabelle *nf* mirabel *de*
miracle *nm* wonder *het (aussi relig.);* **par** ~ wonder boven wonder; **remède** ~ wondermiddel; **cela tient du** ~ het lijkt op een wonder
miraculeux *adj* wonderbaarlijk
mirador *nm* uitkijktoren *nm*
mirage *nm* **1** *(phénomène optique)* fata morgana *de* **2** *(chimère)* zinsbedrog *het*
mire *nf (télé)* testbeeld *het*
se mirer *vpr* **1** *(se regarder)* zich bekijken **2** *(se refléter)* zich spiegelen
mirobolant *adj* fantastisch
miroir *nm* spiegel *nm*
miroiter *vi* schitteren; *(fig.)* **faire** ~ **qch à qn** iem wat voorspiegelen
misanthrope *n* misantroop *nm*, mensenhater *nm;* **il est** ~ hij is mensenschuw
mise *nf* **1** *(action de mettre)* (het) + inf.; ~ **à feu** ontsteking *(fusée);* ~ **à sac** plundering; ~ **à jour** (het) bijwerken; ~ **à prix** *(enchères)* inzet; ~ **à disposition** beschikbaarstelling; ~ **au point** (het) afstellen, *(fig.)* rechtzetting; ~ **en garde** waarschuwing; *(édit.)* ~ **en pages** opmaak, lay-out; ~ **en place** *(appareil)* plaatsing, *(police, troupes)* opstelling; ~ **en route** (het) starten; ~ **en vente** (het) in de handel brengen; ~ **en état** (het) herstellen; ~ **en marche** *(machine, moteur)* (het) in werking stellen; ~ **en demeure** ingebrekestelling; ~ **en scène** regie, enscenering; ~ **en service** (het) in dienst stellen; ~ **en vigueur** (het) van kracht worden; ~ **en pratique** (het) in praktijk brengen; ~ **en liberté** invrijheidstelling; *(inform.)* ~ **en mémoire** opslag in het geheugen; ~ **en accusation** (het) in staat van beschuldiging stellen; ~ **en bouteilles** (het) bottelen; ~ **en circulation** (het) in omloop brengen; ~ **en plis** watergolf; ~ **en sécurité, en sûreté** (het) in veiligheid brengen; ~ **hors circuit** (het) uitschakelen; *(aussi au fig.)* ~ **sur orbite** lancering **2** *(enjeu)* inzet *nm* ♦ **être de** ~ van toepassing zijn; **ne pas être de** ~ niet gepast zijn; ~ **(de fonds)** startkapitaal; **sauver la** ~ **à qn** iem uit de brand helpen
miser *vti (+ sur)* **1** *(parier)* inzetten, *(chevaux)* wedden (op) **2** *(compter)* rekenen (op)
misérable *adj* **1** *(pénible)* ellendig; **le, la** ~ de ellendeling(e) **2** *(pauvre)* armoedig **3** *(malheureux)* deerniswekkend **4** *(sans valeur)* armzalig
misère *nf* ellende *de;* **un salaire de** ~ een hongerloon ♦ **faire des** ~**s à qn** iem plagen
miséricorde *nf* barmhartigheid *nf*
misogyne *adj* vrouwenhatend; **le** ~ de vrouwenhater
missel *nm* missaal *het*
missile *nm* raket *de*
mission *nf* **1** *(mandat; fonction)* opdracht *de* **2** *(expédition)* missie *nf (aussi relig.)*
missionnaire *n* missionaris *nm*
missive *nf (souvent iron.)* schrijven *het*
mistral *nm* mistral *nm*
mite *nf* mot *de*
mité *adj* mottig
mi-temps[1] *nm (travail)* halve baan *de;* **à** ~ halftime
mi-temps[2] *nf (sports)* **1** *(pause)* rust *de* **2** *(moitié de match)* (speel)helft *de*
miteux *adj* sjofel
mitigé *adj* **1** *(modéré)* matig **2** *(mélangé)* gemengd
mitraille *nf* artillerievuur *het*
mitrailler *vt* beschieten, bestoken *(aussi au fig.)*, *(photographe)* belagen; ~ **qn de questions** iem met vragen bestoken
mitraillette *nf* machinepistool *het*
mitrailleur *nm* (mitrailleur)schutter *nm*
mitrailleuse *nf* mitrailleur *nm*
mi-voix ♦ *(adv.)* **à** ~ op gedempte toon
mixage *nm* geluidsmenging *nf*, (het) mixen
mixer *vt (cin.)* mixen
mixe(u)r *nm (cuis.)* mixer *nm*
mixte *adj* gemengd; **double** ~ mixed (double), gemengd dubbel; **mariage** ~ gemengd huwelijk
mixture *nf* **1** *(péj.)* brouwseltje *het* **2** *(chim.; pharm.)* mixtuur *nf*
mnémotechnique *adj* mnemotechnisch; **moyen** ~ geheugensteuntje
mobile[1] *nm* **1** *(jur.)* drijfveer *de* **2** *(arts)* mobiel *het/de (m)*
mobile[2] *adj* beweeglijk
mobile-home *nm* camper *nm*, *(Belg.)* mobilhome *nm*
mobilier *adj* roerend; **le** ~ het meubilair, de inboedel
mobilisation *nf* (het) mobiliseren
mobiliser *vt* mobiliseren, *(fig.)* een beroep doen op; ~ **l'attention (du public)** de (algemene) aandacht voor zich opeisen
mobilité *nf* beweeglijkheid *nf*
mobylette® *nf* brommertje *het*
mocassin *nm* mocassin *nm*
moche *adj* lelijk
modalité *nf* **1** *(manière)* wijze *de;* ~**s de paiement** betalingswijzen **2** *(jur.)* beding *het*
mode[1] *nm* **1** *(manière)* manier *de;* ~ **d'emploi** gebruiksaanwijzing; ~ **de vie** le-

vensstijl **2** *(ling.)* wijs *de* **3** *(mus.)* toonaard *nm;* ~ **majeur** grote terts
mode[2] *nf* mode *de;* **à la** ~ in zwang; **c'est passé de** ~ dat is uit de mode
modèle *nm* model *het;* **employé** ~ modelwerknemer; **mari** ~ voorbeeldig echtgenoot; **avion** ~ **réduit** modelvliegtuig
modeler[1] *vt* boetseren
se modeler[2] **(sur)** *vpr* zich richten (naar), een voorbeeld nemen (aan)
modem *nm* modem *het (nm)*
modérateur *adj* matigend
modération *nf* **1** *(retenue)* gematigdheid *nf* **2** *(diminution)* verlaging *nf (de l'impôt)*, vermindering *nf (d'une peine)*
modéré *adj* **1** *(mesuré)* gematigd, *(pol.)* midden-, centrum- **2** *(peu important)* matig
modérer[1] *vt* matigen, *(impulsions)* temperen, *(dépenses)* beperken
se modérer[2] *vpr* zich matigen
moderne *adj* **1** modern; **enseignement** ~ niet-klassiek onderwijs; **l'époque** ~ de tegenwoordige tijd; **le** ~ het moderne **2** *(hist.)* nieuw; **l'histoire** ~ de nieuwe geschiedenis; **les temps** ~**s** de nieuwe tijd
moderniser[1] *vt* moderniseren
se moderniser[2] *vpr* zich vernieuwen
modernisme *nm* modernisme *het*
modeste *adj* bescheiden, eenvoudig; **faire le** ~ zich bescheiden voordoen
modestie *nf* eenvoud *nm*, bescheidenheid *nf*
modifiable *adj* voor wijziging vatbaar
modification *nf* wijziging *nf*
modifier[1] *vt* wijzigen
se modifier[2] *vpr* veranderen, zich wijzigen
modique *adj* bescheiden, gering
modiste *nf* **1** *(fabricante de chapeaux)* hoedenmaakster *nf* **2** *(marchande)* hoedenverkoopster *nf*
modulation *nf* modulatie *nf;* ~ **de fréquence, FM** frequentiemodulatie, FM
module *nm* **1** *(archit.)* bouwmodulus *nm* **2** *(élément d'un ensemble)* module *nm* **3** *(enseign.)* leseenheid *nf*
moduler *vt* moduleren
moelle *nf* merg *het (aussi au fig.);* ~ **épinière** ruggenmerg
moelleux *adj* zacht; **voix moelleuse** zoetgevooisde stem
mœurs *nf* zeden *plur*
moi *pron pers* ik *(sujet)*, mij *(complément);* **à** ~**!** help!; **ce livre est à** ~ dit boek is van mij; **le culte du** ~ de ik-cultus; **c'est** ~ ik ben het; **pour** ~**, quant à** ~ wat mij betreft; **regarde-moi un peu ça** kijk dat toch eens aan; ~**, je vous dis** ik zeg u
moignon *nm* stompje *het*
moi-même *pron pers* ikzelf
moindre *adj* minder; **sans la** ~ **difficulté** zonder enige moeite; **c'est la** ~ **des choses** het is het minste wat ik kan doen; **c'est le** ~ **de mes soucis** het kan mij absoluut niet schelen
moine *nm* monnik *nm*
moineau *nm* mus *de*
moins[1] *adv* **1** *(comparatif; quantité moindre)* minder; **il y a** ~ **d'une semaine** nog geen week geleden; **de, en** ~ minder; **de** ~ **en** ~ hoe langer hoe minder; **ils ont** ~ **de vingt ans** zij zijn onder de twintig; **en** ~ **de** in minder dan; **en** ~ **de deux** in een wip; **plus ou** ~ min of meer; **ni plus ni** ~ niets meer en niets minder; **c'est** ~ **que rien** dit heeft niets te betekenen; ~ **je travaille** ~ **je gagne** hoe minder ik werk, des te minder ik verdien **2** *(superlatif; la plus petite quantité)* minst; **au** ~ minstens; **tout au** ~ tenminste; **du** ~ tenminste, *(Belg.)* toch; **le** ~ het minste, het minimum; **le** ~ **longtemps possible** zo kort mogelijk ♦ **à** ~ **que, de** tenzij
moins[2] *prép* (de) min; **sept** ~ **cinq égalent deux** zeven min vijf is twee; **il est presque (trois heures)** ~ **cinq** het is bijna vijf voor (drie); **il fait** ~ **dix (degrés)** het is tien graden onder nul; **le signe** ~ het minteken; *(fig.)* **il était** ~ **une** het scheelde maar een haar
mois *nm* **1** *(période)* maand *de;* **au** ~ **d'août** in de maand augustus; **six** ~ half jaar; **par** ~**, tous les** ~ per maand, maandelijks **2** *(salaire)* maandgeld *het;* **être payé au** ~ per maand uitbetaald worden; **toucher son** ~ zijn maandloon ontvangen
moisi *nm* schimmel *nm;* **sentir le** ~ muf ruiken
moisir *vi* **1** *(se gâter)* (be)schimmelen **2** *(croupir)* rondhangen
moisissure *nf* schimmel *nm*
moisson *nf* **1** *(récolte)* oogst *nm (aussi au fig.);* **faire la** ~ oogsten **2** *(époque)* oogsttijd *nm*
moissonner *vt* oogsten *(aussi au fig.)*
moissonneur, -euse *n* **1** *(personne)* maai(st)er *nm (nf)* **2** *(f.) (machine)* maaimachine *nf*
moissonneuse-batteuse *nf* combine *nf*
moite *adj* klam
moiteur *nf* klamheid *nf*
moitié *nf* **1** *(demi)* helft *de;* **à** ~ half, voor de helft; **à** ~ **prix** voor de halve prijs; **à** ~ **plein** halfvol **2** *(conjoint)* ↑ wederhelft *de*
moitié-moitié *adv* **1** *(couci-couça)* zozo **2** *(fifty-fifty)* fiftyfifty
moka *nm* **1** *(café)* mokka(koffie) *nm* **2** *(gâteau)* mokkataart *de*
molaire *nf* kies *de*
moléculaire *adj* moleculair, molecule-
molécule *nf* molecule *het/de*
mollement *adv* **1** *(sans vigueur)* slap(jes) **2** *(lentement)* traag
mollesse *nf* **1** *(personne)* slapheid *nf* **2** *(chose)* zachtheid *nf*
mollet *nm* kuit *de*
mollir *vi* **1** *(devenir mou)* zacht worden **2** *(perdre sa force)* krachteloos worden, afnemen *(vent)* **3** *(faiblir)* verslappen
mollo *adv* kalmpjes aan
mollusque *nm* weekdier *het*
môme *n* ↑ kind *het*
moment *nm* moment *het (aussi phys.)*, ogenblik *het;* **à ce** ~**(-là)** op dat ogenblik;

à aucun ~ geen moment; **d'un** ~ **à l'autre** elk moment; **à un** ~ **donné** op een gegeven moment; **du** ~ huidig; **en ce** ~ op het ogenblik; **c'est le** ~ **ou jamais** nu of nooit; **au** ~ **où** op het moment dat; **par** ~**s** nu en dan; **pour le** ~ op dit ogenblik; **pour un** ~ voor een ogenblik; **il en a pour un bon** ~ hij heeft nog wel even werk; **du** ~ **que** aangezien; **sur le** ~ op dat ogenblik; **à tout** ~ telkens; **au** ~ **voulu** op het juiste ogenblik
momentané *adj* kortstondig
momie *nf* mummie *nf*
mon, ma, mes *adj poss* mijn; **ma chère tante** lieve tante
Monaco *nm* Monaco *n*
monarchie *nf* monarchie *nf*
monarchique *adj* monarchaal
monarque *nm* monarch *nm*
monastère *nm* klooster *het*
monceau *nm* hoop *nm*
mondain *adj* werelds
mondanité *nf* **1** *(divertissements)* mondaine evenementen *plur* **2** *(propos)* society nieuws *het*
monde *nm* **1** *(cosmos, univers)* wereld *de;* **c'est un** ~**!** dat is kras!; **il y a un** ~ **entre ...** er is een hemelsbreed verschil tussen ... **2** *(la Terre)* wereld *de;* **venir au** ~ ter wereld komen; **être seul au** ~ alleen op de wereld staan; **donner tout au** ~ **pour** er alles voor over hebben om; **mettre un enfant au** ~ een kind ter wereld brengen; **je ne le ferais pour rien au** ~ ik zou dat voor geen geld doen; **l'autre** ~ het hiernamaals; **courir le** ~ veel reizen; **de par le** ~ overal ter wereld; **dans le** ~ **entier** in, over de hele wereld; **il n'est plus de ce** ~ hij is heengegaan; **ainsi va le** ~ zo gaat het in de wereld; **avoir du** ~ bezoek hebben **3** *(humanité; société; milieu)* wereld *de;* **c'est le** ~ **à l'envers** dat is de omgekeerde wereld; **le grand** ~ de hoogste kringen; **être du même** ~ uit hetzelfde milieu komen **4** *(les gens)* mensen *plur;* **le beau** ~ de uitgaande wereld; **tout le** ~ iedereen; **il y a un** ~ **fou** er zijn ontzettend veel mensen ♦ **le moins du** ~ niet in het minst
mondial *adj* wereldwijd, wereld-
monégasque *adj* Monegaskisch; **le, la Monégasque** de Monegask(ische)
monétaire *adj* monetair, munt-
mongolien *adj (méd.)* mongoloïde; **le, la** ~**(ne)** het mongooltje
moniteur, -trice *n* instruc|teur, -trice *nm,f*, leid(st)er *nm (nf)*, moni|tor, -trice *nm,f (n.B.);* ~ **d'auto-école** rijinstructeur; ~ **de ski** skileraar
monnaie *nf* **1** *(pièce)* muntstuk *het* **2** *(unité monétaire)* munt *de*, valuta *de;* ~ **d'échange** wisselgeld *(fig.)* **3** *(petites pièces)* kleingeld *het;* **faire la** ~ **de cent euros** honderd euro wisselen **4** *(argent rendu)* wisselgeld *het;* **rendre de la** ~ **à qn** iem geld teruggeven ♦ **c'est** ~ **courante** dat is schering en inslag; **rendre à qn la** ~ **de sa pièce** iem een koekje van eigen deeg geven
monnayer *vt* **1** *(fin.; convertir)* te gelde maken, verzilveren **2** *(se faire payer)* in geld omzetten
mono *nf* mono *nf*
monochrome *adj* monochroom
monocle *nm* monocle *nm*
monocorde *adj* monotoon
monogamie *nf* monogamie *nf*
monolingue *adj* eentalig
monologue *nm* monoloog *nm*
monologuer *vi* in zichzelf praten
monoparental *adj* eenouder-
monoplace *adj* eenpersoons-; **une (voiture)** ~ een eenpersoonsauto
monopole *nm* monopolie *het (aussi au fig.)*
monopoliser *vt* monopoliseren *(aussi au fig.)*
monosyllabe *nm* eenlettergrepig woord *het*
monotone *adj* eentonig, monotoon
monotonie *nf* eentonigheid *nf*
monseigneur *nm* monseigneur *nm*, hoogwaardige excellentie *nm;* **Monseigneur l'évêque** Zijne Hoogwaardige Excellentie de bisschop
monsieur *nm* mijnheer *nm*, meneer *nm*, heer *nm; (dans une lettre)* **Cher Monsieur** *(+ nom propre)* Beste meneer; **on demande** ~ daar is iem om mijnheer te spreken; ~ **Durand** mijnheer, meneer Durand; **Mesdames et Messieurs** Dames en Heren; ~ **Tout-le-monde** iedereen, de eerste de beste; *(dans une lettre)* **Monsieur** Geachte mijnheer; *(dans une lettre)* **Messieurs** Mijne heren
monstre[1] *nm* monster *het; (fig.)* ~ **sacré** ster
monstre[2] *adj* monster-
monstrueux *adj* **1** *(laid; abominable)* monsterlijk; **c'est** ~ het is weerzinwekkend **2** *(colossal)* enorm
monstruosité *nf* monsterachtigheid *nf;* **dire des** ~**s** afschuwelijke dingen zeggen
mont *nm (géo.)* berg *nm;* **promettre** ~**s et merveilles** gouden bergen beloven
montage *nm* **1** *(assemblage)* (het) in elkaar zetten **2** *(phot.)* montage *nf* **3** *(film)* (het) monteren **4** *(électrique)* schakeling *nf*
montagnard *adj* berg-; **le, la** ~**(e)** de bergbewoner, bergbewoonster
montagne *nf* berg *nm*, *(aussi plur.)* gebergte *het;* **une** ~ **de livres** een berg boeken; **faire de la** ~ bergen beklimmen; **se faire une** ~ **de qch** als tegen een berg tegen iets opzien ♦ ~**s russes** roetsjbaan
montagneux *adj* bergachtig
montant[1] *nm* **1** *(d'une porte)* stijl *nm* **2** *(somme)* som *de*, (totaal)bedrag *het*
montant[2] *adj* stijgend
monte-charge *nm* goederenlift *nm*
montée *nf* **1** *(action de monter, d'augmenter)* (het) stijgen, (het) opstijgen *(dans les airs)*, (het) wassen *(de l'eau);* ~ **du fascisme** het opkomen van het fascisme; ~ **des prix**

prijsstijging **2** *(action de grimper)* beklimming *nf* **3** *(pente)* helling *nf*

monter[1] *vi* **1** *(aller plus haut)* naar boven gaan; ~ **se coucher** naar boven gaan om te gaan slapen; ~ **sur, à un arbre** in een boom klimmen **2** *(véhicule)* instappen *(dans)*, opstappen *(sur)*; **il n'est jamais monté en avion** hij heeft nog nooit gevlogen **3** *(augmenter)* stijgen, hoger worden *(aussi mus.)*; ~ **de 10 pour cent** met 10 procent stijgen; **la mer monte** het wordt vloed; **le ton monte** het gesprek raakt verhit **4** *(dans les airs)* opstijgen, opgaan *(soleil)* **5** *(fig.)* *(progresser)* opklimmen **6** *(à cheval)* (paard)rijden **7** *(se déplacer du sud vers le nord)* (naar het noorden) trekken; ~ **à Paris** (vanuit het zuiden) naar Parijs trekken **8** *(aux cartes)* hoger bieden ♦ **le vin lui monte à la tête** de wijn stijgt haar, hem naar het hoofd

monter[2] *vt* **1** *(animal, côte)* bestijgen; ~ **l'escalier** de trap opgaan **2** *(mettre plus haut)* hoger plaatsen, *(volume)* harder zetten **3** *(porter en haut)* naar boven brengen **4** *(machine, film, pièce)* monteren, *(fig.)* op touw zetten **5** *(saillir)* bespringen **6** *(la tête de qn)* opzetten; **être monté (contre qn)** erg boos zijn (op iem)

se monter[3] *vpr* **1** *(+ à)* *(s'élever à)* bedragen **2** *(s'irriter)* ↑ boos worden

monteur *nm* **1** *(assembleur)* monteur *nm* **2** *(cin.)* cutter *nm*

montgolfière *nf* heteluchtballon *nm*

monticule *nm* heuvel *nm*

montre *nf* horloge *het;* ~ **en main** op de minuut af ♦ **faire** ~ **de courage** blijk geven van moed

montre-bracelet *nm* polshorloge *het*

montrer[1] *vt* **1** *(faire voir, indiquer)* tonen, aanwijzen **2** *(manifester)* laten blijken **3** *(démontrer, expliquer)* laten zien

se montrer[2] *vpr* **1** *(se faire voir)* zich vertonen **2** *(s'avérer)* blijken (te zijn)

monture *nf* **1** *(d'un objet)* montuur *het/de (f)*, *(d'un bijou)* zetting *nf* **2** *(animal)* rijdier *het*

monument *nm* **1** *(mémorial)* monument *het;* ~ **aux morts** monument voor gevallenen **2** *(édifice remarquable)* bouwwerk *het* **3** *(objet énorme)* gevaarte *het*

monumental *adj* monumentaal

se moquer *vpr* **1** *(+ de)* *(ridiculiser)* spotten (met), uitlachen **2** *(+ de)* *(ne pas se soucier de)* zich niet storen (aan); **se** ~ **du danger** het gevaar trotseren **3** *(+ de)* *(essayer de tromper)* voor de gek (proberen) te houden

moquerie *nf* **1** *(action)* spot *nm* **2** *(parole)* spotternij *nf*

moquette *nf* vloerbedekking *nf*

moqueur *adj* spottend; **le ~, la moqueuse** de spotter, spotster

moral[1] *nm* moreel *het;* **avoir le** ~ **à zéro** in de put zitten; **remonter le** ~ **à qn** iem opvrolijken

moral[2] *adj* **1** moreel; **sens** ~ begrip van goed en kwaad **2** *(éthique)* zedenkundig **3** *(spirituel)* innerlijk, *(adj. aussi)* geest-

morale *nf* moraal *de;* **faire la** ~ **à qn** iem de les lezen

moralisateur *adj* moraliserend; **le ~, la moralisatrice** de moralist(e)

moraliste *n* moralist(e) *nm (nf)*

moralité *nf* **1** *(mentalité)* moraliteit *nf* **2** *(d'une histoire)* moraal *de*

morbide *adj* ziekelijk

morceau *nm (partie)* stuk *het*, *(œuvre aussi)* (kunst)werk *het;* **avaler le** ~ door de zure appel heen bijten; *(en boucherie)* **~x de choix** eerste kwaliteit vlees; ~ **de piano** muziekstuk voor piano; **manger un** ~ een hapje eten; **sucre en ~x** suikerklontjes; **tomber en ~x** stukvallen

morceler *vt* (in stukken) verdelen, verkavelen

mordant[1] *nm (énergie)* pit *het/de*

mordant[2] *adj (aussi au fig.)* bijtend

mordiller *vt* knabbelen aan

mordre[1] *vi* **1** *(+ dans)* *(enfoncer les dents dans)* bijten (in) *(aussi le froid)* **2** *(+ à)* *(saisir avec les dents)* bijten (in); **ça mord** ik heb beet; **ça ne mord pas** de vis wil niet bijten **3** *(+ sur)* *(empiéter sur)* overschrijden

mordre[2] *vt* **1** *(saisir et serrer avec les dents)* bijten **2** *(insecte)* steken **3** *(froid)* bijten in

mordu *adj* **1** *(qui a subi une morsure)* gebeten **2** *(fou de)* gek (op)

se morfondre *vpr* zich vervelen

morgue *nf* lijkenhuis *het*

moribond *adj* stervend; **le, la ~(e)** de stervende

morne *adj* **1** *(qn)* treurig **2** *(qch)* doods

morose *adj* zwaarmoedig

morosité *nf* zwaarmoedigheid *nf*

morphine *nf* morfine *de*

morphologie *nf* **1** *(constitution)* (lichaams)bouw *nm* **2** *(sc.)* morfologie *nf*

mors *nm (d'un cheval)* bit *het*

morse *nm* **1** *(code)* morse *het* **2** *(zool.)* walrus *nm*

morsure *nf* beet *nm*

mort[1]**, morte** *n* dode *nm;* **faire le** ~ *(faire semblant d'être mort)* zich dood houden, *(ne pas intervenir)* zich ergens niet mee bemoeien

mort[2] *nf* **1** *(cessation de la vie)* dood *de;* **à ~!** weg met hem!; ~ **accidentelle** dood door ongeval; ~ **apparente** schijndood; **mourir de sa belle** ~ een natuurlijke dood sterven; **condamner à** ~ ter dood veroordelen; **se donner la** ~ zich van het leven beroven; **mettre à** ~ ter dood brengen **2** *(douleur mortelle)* hevig lijden *het;* **avoir la** ~ **dans l'âme** doodongelukkig zijn

mort[3] *adj* **1** *(qui a cessé de vivre, semble avoir perdu la vie)* dood; ~ **de fatigue** doodmoe; **plus** ~ **que vif** meer dood dan levend **2** *(sans activité, sans vie)* zonder leven *(qch);* ~ **de peur** verlamd van angst; **eau ~e** stilstaand water **3** *(bousillé)* naar de maan; **le moteur est** ~ de motor doet niets

mortalité *nf* sterfte *nf;* ~ **infantile** kindersterfte

mort-aux-rats *nf* rattenkruid *het*

mortel *adj* **1** *(sujet à la mort)* sterfelijk; **le,**

la ~(le) de sterveling(e) **2** *(fatal; ennuyeux)* dodelijk
morte-saison *nf* slappe tijd *nm*
mortier *nm* mortel *nm*
mortifier *vt* vernederen
mort-né, mort-née *adj* doodgeboren; **le** ~ de doodgeborene
mortuaire *adj* doden-; *(f.B.)* **la** ~ het sterfhuis
morue *nf (zool.)* kabeljauw *nm;* ~ **séchée** stokvis
morve *nf* snot *het/de (m)*
morveux *n* snotaap *nm*
mosaïque *nf* mozaïek *het*
mosquée *nf* moskee *nf*
mot *nm* **1** woord *het;* **à ces ~s** bij die woorden; **traduction ~ à ~** letterlijke vertaling; **avoir son ~ à dire** recht van spreken hebben; **avoir toujours le ~ pour rire** van grapjes houden; **bon ~** geestig gezegde; ~ **clé** sleutelwoord; **~s croisés** kruiswoordraadsel; **en un ~** kortom; **en d'autres ~s** met andere woorden; **enlever à qn les ~s de la bouche** iem de woorden uit de mond halen; ~ **d'esprit** geestige opmerking; **avoir le ~ de la fin** het laatste woord hebben; **gros ~** vloek; **ne pas mâcher ses ~s** iets recht voor z'n raap zeggen; **manger ses ~s** onduidelijk spreken; ~ **d'ordre** consigne, *(Belg.)* ordewoord; ~ **de passe** wachtwoord, *(inform.)* password; **peser ses ~s** zijn woorden wikken en wegen; **prendre qn au ~** iem aan zijn woord houden; **sans ~ dire** zonder iets te zeggen **2** *(court message)* briefje *het* ♦ **au bas ~** op zijn minst; **se donner le ~** met elkaar afspreken
motard *nm* **1** *(motocycliste)* motorrijder *nm* **2** *(police)* motoragent *nm*
motel *nm* motel *het*
moteur[1] *nm* motor *nm (aussi au fig.);* ~ **de recherche** zoekmachine
moteur[2] *adj* **1** *(qui bouge)* bewegend **2** *(qui donne le mouvement)* (aan)drijf- **3** *(muni d'un moteur)* motor- **4** *(nerfs)* motorisch
motif *nm* **1** *(mobile)* (beweeg)reden *de;* **sans ~** zonder reden **2** *(d'une peinture)* gegeven *het* **3** *(ornement)* patroon *het*
motion *nf* motie *nf;* ~ **de censure** motie van wantrouwen
motivation *nf* motivering *nf,* motivatie *nf (aussi psycho.)*
motiver *vt* **1** *(justifier; inciter (qn) à agir)* motiveren; **être motivé** gemotiveerd zijn **2** *(causer)* aanleiding geven tot
moto-cross *nm* motorcross *nm*
motocyclette *nf* motorfiets *de*
motocycliste *n* motorrijd(st)er *nm (nf)*
motoriser *vt* motoriseren; **être motorisé** met de auto zijn
motte *nf* **1** *(de terre)* kluit *de* **2** *(de beurre)* boter *de*
mou[1] *nm* **1** *(ce qui est mou)* (het) slappe; **donner du ~ à** laten vieren **2** *(homme faible)* slappeling *nm*
mou[2] *adj* **1** *(tendre)* zacht, week; **avoir les jambes molles** geen kracht in zijn benen hebben **2** *(faible)* willoos, slap; **élève ~** trage leerling
mouchard, -arde *n* **1** *(espion)* stille (agent) *nm* **2** *(délateur)* klikspaan *de*
moucharder *vt* **1** *(épier)* ↑ bespioneren, *(sans objet direct)* ↑ spioneren **2** *(dénoncer)* verklikken, *(sans objet direct)* klikken
mouche *nf* **1** *(insecte)* vlieg *de;* **quelle ~ te pique?** wat bezielt jou?; *(prov)* **on ne prend pas les ~s avec du vinaigre** met azijn vangt men geen vliegen; **prendre la ~** opstuiven **2** *(point noir)* moesje *het (sur du tissu; grain de beauté);* **faire ~** in de roos schieten
moucher[1] *vt* snuiten
se moucher[2] *vpr (le nez)* zijn neus snuiten
moucheron *nm* vliegje *het*
moucheté *adj* **1** *(d'animaux)* bont **2** *(tacheté)* gevlekt, gestippeld
mouchoir *nm* zakdoek *nm*
moudre *vt* (ver)malen
moue *nf* pruillip *de;* **faire la ~** pruilen
mouette *nf* meeuw *de*
moufle *nf* want *de*
mouillé *adj* nat
mouiller[1] *vi (mar.)* voor anker gaan
mouiller[2] *vt* **1** *(humecter)* natmaken; **se faire ~** nat worden **2** *(cuis.)* aanlengen
se mouiller[3] *vpr* **1** *(devenir mouillé)* nat worden **2** *(se compromettre)* betrokken raken (bij)
moulage *nm* **1** *(objet obtenu)* afgietsel *het* **2** *(action de mouler)* (het) (af)gieten
moule[1] *nm* **1** *(forme)* vorm *nm* **2** *(fig.) (modèle)* model *het;* ~ **à gaufre** wafelijzer
moule[2] *nf* mossel *de*
mouler *vt* **1** *(couler)* in een vorm gieten **2** *(prendre un moulage de)* een afdruk maken van **3** *(vêtement)* strak zitten om
moulin *nm* molen *nm;* ~ **à café** koffiemolen; ~ **à eau** watermolen; ~ **à légumes** draaizeef ♦ ~ **à paroles** ratel
moulinet *nm (pêche)* werpmolen *nm*
moulinette® *nf* kleine groentemolen *nm*
moulu *adj* **1** *(broyé)* gemalen **2** *(éreinté)* geradbraakt
mourant *adj* **1** *(agonisant)* stervend; **le, la ~(e)** de stervende **2** *(affaibli)* kwijnend
mourir *vi* **1** *(cesser de vivre)* sterven; **s'ennuyer à ~** zich doodvervelen; ~ **d'envie** erg veel zin in iets hebben; ~ **de rire** zich doodlachen; ~ **de froid** sterven van de kou; ~ **de honte** zich doodschamen; **on n'en meurt pas** daar ga je niet dood van; ~ **pour qn** zijn leven voor iem geven **2** *(cesser d'être)* ophouden te bestaan, ten ondergaan *(d'un empire)*, wegsterven *(d'un bruit)*
mouron *nm* ♦ **se faire du ~** zich sappel maken (over)
mousquetaire *nm* musketier *nm*
mousse[1] *nm* scheepsjongen *nm*
mousse[2] *nf* **1** *(écume)* schuim *het* **2** *(entremets)* mousse *de;* ~ **au chocolat** chocolademousse **3** *(bot.)* mos *het*

mousseline *nf* neteldoek *het;* **pommes ~** luchtige aardappelpuree
mousser *vi* **1** *(produire de la mousse)* schuimen **2** *(d'un vin)* mousseren
mousseux *adj* **1** *(qui mousse)* schuimend **2** *(d'un vin)* mousserend; **le ~** de mousserende wijn
mousson *nf* moesson *nm*
moustache *nf* snor *de*
moustachu *adj* met een (grote) snor
moustiquaire *nf; Can. nm* **1** *(châssis)* (insecten)hor *de* **2** *(autour d'un lit)* klamboe *nm*
moustique *nm* (steek)mug *de*
moutarde *nf* mosterd *nm* ♦ **la ~ lui monte au nez** hij wordt heel giftig
mouton *nm* **1** *(bélier, brebis)* schaap *het;* **revenons à nos ~s** ter zake! laten we tot ons onderwerp terugkeren **2** *(viande)* schapenvlees *het* **3** *(fourrure)* schapenvacht *de* **4** *(personne douce)* zachtaardig mens *nm;* **c'est un vrai ~** hij is een doetje **5** *(de Panurge)* kuddedier *het;* **~ de Panurge** kuddedier **6** *(plur.) (flocons de poussière)* stofwolken *plur*
mouvant *adj* **1** *(mobile, ondoyant)* bewegend **2** *(instable)* onvast
mouvement *nm* **1** *(geste, action)* beweging *nf (aussi phys.);* **~s de gymnastique** gymnastiekoefeningen; **(se) mettre en ~** (zich) in beweging zetten; **~ de tête** hoofdknik **2** *(déplacement)* verplaatsing *nf* **3** *(activité)* levendigheid *nf;* **être dans le ~** in de running zijn **4** *(impulsion)* opwelling *nf;* **~ d'humeur** geprikkelde reactie **5** *(action collective)* stroming *nf* **6** *(mus.; rythme)* tempo *het* **7** *(mécanisme)* raderwerk *het*
mouvementé *adj* **1** *(animé)* levendig; **époque ~e** woelige tijden; **récit ~** verhaal vol actie **2** *(accidenté)* geaccidenteerd
mouvoir[1] *vt* bewegen
se mouvoir[2] *vpr* (zich) bewegen
moyen[1] *nm* **1** *(façon, méthode)* middel *het;* **au ~ de** door middel van; **s'il en avait le ~** als hij kon; **faire avec les ~s du bord** gebruiken wat voorhanden is; **il n'y a pas ~ de** onmogelijk om te; **c'est le meilleur ~ de** dat is de beste manier om; **employer les grands ~s** zich van grof geschut bedienen; **par quel ~?** hoe?; **par le ~ de** door, via; **par ses propres ~s** op eigen kracht **2** *(plur.) (capacités)* capaciteiten *plur;* **perdre ses ~s** de kluts kwijtraken **3** *(plur.) (ressources pécuniaires)* (geld)middelen *plur*
moyen[2] *adj* **1** *(du milieu)* midden- **2** *(calculé en faisant une moyenne)* gemiddeld **3** *(ni bon ni mauvais)* middelmatig
Moyen Age *nm* middeleeuwen *plur*
moyennant *prép* (in ruil) voor; **~ quoi** waardoor
moyenne *nf* gemiddelde *het; (enseign.)* **avoir la ~** een voldoende hebben; **être dans la bonne ~** ruim het gemiddelde hebben; **faire du 90 km/h de ~** gemiddeld 90 km per uur rijden; **en ~** gemiddeld
moyennement *adv* (middel)matig
Moyen-Orient *nm* Midden-Oosten *het*
moyeu *nm* naaf *de*
mue *nf* **1** *(transformation)* gedaanteverwisseling *nf* **2** *(saison)* rui(tijd) *nm* **3** *(changement de voix)* stemwisseling *nf*
muer *vi* **1** *(changer de voix)* de baard in de keel krijgen **2** *(animaux)* ruien
muet *adj* stom; **le ~** de stomme (film)
mufle *nm* **1** *(d'un animal)* snoet *nm* **2** *(rustre)* lomperd *nm*
mugir *vi* loeien
muguet *nm (bot.)* lelietje-van-dalen *het*, meiklokje *het (n.B.)*
mule *nf* **1** *(pantoufle)* muiltje *het* **2** *(animal)* muilezelin *nf;* **têtu comme une ~** zo koppig als een ezel
mulet *nm* muildier *het*, muilezel *nm*
mulot *nm* veldmuis *de*
multicolore *adj* veelkleurig, bont
multiculturel *adj* multicultureel
multiforme *adj* pluriform
multilatéral *adj* multilateraal
multimédia *adj* multimedia-, multimediaal; **un PC ~** een multimedia-pc
multimillionnaire *adj* zeer rijk; **le, la ~** de multimiljonair(e)
multinational *adj* multinationaal; **la ~e** de multinational
multiple *adj* **1** *(constitué de plusieurs éléments)* veelvoudig; **le ~** het veelvoud **2** *(divers)* velerlei; **à de ~s reprises** meer dan eens, herhaaldelijk
multiplication *nf* **1** *(augmentation)* vermeerdering *nf (aussi biol.)* **2** *(math.)* vermenigvuldiging *nf*
multiplier[1] *vt* **1** *(+ par)* vermenigvuldigen (met) **2** *(biol.)* vermeerderen
se multiplier[2] *vpr* **1** *(se reproduire)* zich vermenigvuldigen **2** *(augmenter)* in aantal toenemen
multitude *nf* groot aantal *het*
municipal *adj* gemeentelijk, gemeente-
municipalité *nf* **1** *(corps municipal)* gemeentebestuur *het*, burgemeester en wethouders *plur* **2** *(commune)* gemeente *nf*
munir[1] **(de)** *vt* voorzien (van), uitrusten (met); **être muni de qch** in het bezit zijn van iets; **être muni de diplômes** in het bezit zijn van diploma's
se munir[2] **(de)** *vpr* meenemen, bij zich hebben
munition *nf (plur.)* (am)munitie *nf*
muqueux *nf* slijmvlies *het*
mur *nm* **1** *(ouvrage de maçonnerie)* muur *nm;* **~ d'enceinte** ringmuur; *(fig.)* **faire le ~** zonder toestemming uitgaan **2** *(face intérieure)* wand *nm* **3** *(barrière)* barrière *de;* **~ du son** geluidsbarrière
mûr *adj* rijp *(aussi au fig.);* **le projet n'est pas ~** het plan is nog niet uitgewerkt
muraille *nf* hoge, zware muur *nm*
mural *adj* muur-
mûre *nf* **1** *(fruit de la ronce)* braam(bes) *de* **2** *(fruit du mûrier)* moerbei *de*
mûrement *adv* rijpelijk
murer[1] *vt* **1** *(entourer de murs)* ommuren **2** *(boucher)* dichtmetselen **3** *(enfermer)* insluiten

se murer[2] *vpr* **1** *(se cloîtrer)* zich opsluiten **2** *(se renfermer)* een muur om zich heen optrekken; **se ~ dans son silence** zich in zwijgen hullen
muret *nm* laag muurtje *het*
mûrier *nm* moerbeiboom *nm*
mûrir[1] *vi (devenir mûr)* rijpen
mûrir[2] *vt (rendre mûr)* doen rijpen; **~ son projet** een plan rijpelijk overwegen; **résolution mûrie** na rijp beraad genomen besluit
murmure *nm* **1** *(bruit de voix)* gemompel *het* **2** *(plur.) (commentaire défavorable)* gemor *het (uniquement sing.)* **3** *(bruissement)* geritsel *het*
murmurer[1] *vi* **1** *(bruire)* ruisen **2** *(parler bas)* mompelen **3** *(protester)* mopperen
murmurer[2] *vt (chuchoter)* fluisteren; **~ une prière** een gebed prevelen
musc *nm* muskus *nm*
muscade *nf (bot.)* muskaat *de*
muscat *nm* **1** *(raisin)* muskaatdruif *de* **2** *(vin)* muskaat(wijn) *nm*
muscle *nm* spier *de;* **avoir des ~s, du ~** gespierd zijn
musclé *adj* gespierd, krachtig
muscler *vt* gespierd maken *(aussi au fig.)*
musculaire *adj* spier-
musculation *nf* spiertraining *nf*
musculature *nf* spierstelsel *het*
muse *nf* muze *nf (aussi au fig.)*
museau *nm* **1** *(d'un animal)* snuit *nm* **2** *(cuis.)* zult *nm*, hoofdkaas *nm*
musée *nm* museum *het*
museler *vt* muilkorven *(aussi au fig.)*
muselière *nf* muilkorf *nm*
musical *adj* **1** *(propre à la musique)* muzikaal **2** *(musique)* muziek-; **comédie ~e** musical **3** *(mélodieux)* welluidend
music-hall *nm* variété(theater) *het*
musicien, -ienne *n* musicus *nm;* **être ~** muzikaal zijn
musique *nf* **1** *(art musical)* muziek *nf;* **~ de chambre** kamermuziek; *(fig.)* **je connais la ~** dat verhaal ken ik; **travailler en ~** met muziek aan werken; **~ de fond** achtergrondmuziek **2** *(œuvre musicale écrite)* muziek *nf;* **mettre en ~** op muziek zetten
musulman *adj* mohammedaans; **le ~** de moslim
mutation *nf* **1** *(d'un fonctionnaire)* overplaatsing *nf* **2** *(changement)* keerpunt *het* **3** *(biol.)* mutatie *nf*
muter *vt* overplaatsen
mutilation *nf* verminking *nf*
mutilé, -ée *n* invalide *nm*
mutiler *vt* verminken
mutin *nm* muiter *nm*
se mutiner *vpr* in oproer komen
mutinerie *nf* muiterij *nf*, oproer *het*
mutisme *nm* stilzwijgen *het*
mutualité *nf* (onderling) ziekenfonds *het*, mutualiteit *nf (Belg.n.)*
mutuel *adj* wederzijds; **la ~(le)** de (coöperatieve) verzekering, *(f.B.)* het ziekenfonds
myope *adj* bijziend; **le, la ~** de bijziende
myopie *nf* bijziendheid *nf*
myosotis *nm* vergeet-mij-nietje *het*
myrrhe *nf* mirre *de*
myrtille *nf* blauwe bosbes *de*
mystère *nm* **1** *(secret)* geheim *het* **2** *(relig.)* mysterie *het*
mystérieux *adj* geheimzinnig
mysticisme *nm* mysticisme *het*
mystification *nf* misleiding *nf*, verlakkerij *nf*
mystifier *vt* misleiden
mystique *adj* mystiek; **le ~** de beoefenaar van de mystiek
mythe *nm* mythe *de*
mythique *adj* mythisch
mythologie *nf* mythologie *nf*
mythologique *adj* mythologisch
mythomane *n* fantast *nm*

Nu dat ik m diploma heb, heb ik beslolen te schrijven op hoge school voor het volgen van een vorming voor secretaresse. Mijn keuze was zaar, moelijk, ik will het contact met de mensen en ik zeker werken in team maar het werk van bureau trekt me niet meer dan dat Maar nu ben ik klaar om de uitdaging aan.

n

n *nm* n *de;* **n comme Nicolas** de n van Nico
nacre *nf* paarlemoer *het*
nacré *adj* paarlemoeren
nage *nf* (het) zwemmen; **à la** ~ zwemmend; ~ **sur le dos** rugslag; ~ **libre** vrije slag ♦ **en** ~ bezweet
nageoire *nf* vin *de*
nager[1] *vi* **1** *(pratiquer la natation)* zwemmen; **savoir** ~ kunnen zwemmen, *(fig.)* zich weten te redden **2** *(flotter)* drijven **3** *(être dans l'embarras)* in 't duister tasten
nager[2] *vt (pratiquer un genre de nage)* zwemmen; ~ **le crawl** crawlen
nageur, -euse *n* zwem|mer, -ster *nm,f*
naguère *adv* kort geleden
naïf *adj* naïef
nain, naine *n* dwerg *nm*
naissance *nf* **1** *(commencement de la vie)* geboorte *nf;* **donner** ~ **à** het leven schenken aan, *(fig.)* aanleiding geven tot **2** *(origine)* (het) ontstaan; **la** ~ **du cou** de aanzet van de hals; **la** ~ **du nez** de neuswortel; **prendre** ~ ontstaan
naissant *adj* beginnend
naître *vi* **1** *(venir au monde)* geboren worden; **en naissant** bij de geboorte **2** *(commencer à exister)* ontstaan
naïveté *nf* onbevangenheid *nf*
nana *nf* meid *nf*
nanti *adj* **1** *(riche)* welgesteld; **les ~s** de rijken **2** *(+ de) (pourvu de)* voorzien (van)
naphtaline *nf* naftaline *de;* **une boule de** ~ een mottenbal
nappe *nf* **1** *(linge)* tafellaken *het* **2** *(étendue)* vlak *het;* ~ **de brume** nevelbank; ~ **de feu** vuurzee; ~ **de pétrole** aardolieveld
napper *vt* met een saus bedekken
napperon *nm* dekservet *het*
narcisse *nm* narcis *de*
narcissisme *nm* narcisme *het*
narcose *nf* verdoving *nf*
narcotique *adj* verdovend; **le** ~ het verdovende middel
narguer *vt* honen
narine *nf* neusgat *het*
narquois *adj* spottend
narrateur, -trice *n* vertel|ler, -ster *nm,f*
narration *nf* verhaal *het*
nasal *adj* neus-; **la ~e** de neusklank
naseau *nm* neusgat *het*
nasiller *vi* door de neus spreken
nasse *nf* fuik *de*
natal *adj* geboorte-
natalité *nf* geboortecijfer *het*
natation *nf* (het) zwemmen; **faire de la** ~ zwemmen
natif *adj* **1** *(+ de) (originaire)* geboren (te, in); **le** ~ de inboorling **2** *(inné)* aangeboren
nation *nf* volk *het*
national *adj* nationaal; **histoire ~e** vaderlandse geschiedenis; **route ~e** rijksweg
nationaliser *vt* nationaliseren
nationaliste *adj* nationalistisch
nationalité *nf* nationaliteit *nf*
natte *nf* **1** *(tapis)* mat *de* **2** *(tresse)* (haar)vlecht *de*
naturaliser *vt* **1** *(jur.)* naturaliseren **2** *(empailler)* opzetten
naturaliste *n* **1** *(arts; philo.; litt.)* naturalist *nm* **2** *(sc.)* natuuronderzoeker *nm*
nature[1] *nf* **1** *(principe organisateur)* natuur *nf* **2** *(essence, caractère)* aard *nm;* **par** ~ van nature ♦ ~ **morte** stilleven
nature[2] *adj* natuurlijk; **grandeur** ~ op ware grootte, levensgroot
naturel[1] *nm* **1** *(nature)* aard *nm* **2** *(spontanéité)* natuurlijkheid *nf*
naturel[2] *adj* **1** *(natif, spontané)* natuurlijk **2** *(logique)* vanzelfsprekend
naturisme *nm* naturisme *het*
naufrage *nm* schipbreuk *de;* **faire** ~ schipbreuk lijden
naufragé *adj* gestrand; **le, la ~(e)** de schipbreukeling(e)
nauséabond *adj* walgelijk
nausée *nf* **1** *(envie de vomir)* misselijkheid *nf;* **avoir la** ~ zich misselijk voelen **2** *(sensation de dégoût)* walging *nf*
nautique *adj* **1** *(mar.)* zeevaart- **2** *(loisir)* water-
nautisme *nm* watersport *de*
naval *adj* **1** *(mar.)* scheeps- **2** *(milit.)* marine-
navet *nm* knol *nm*

navette *nf* **1** *(action de voyager)* (het) pendelen; **faire la** ~ op en neer reizen **2** *(véhicule)* pendelvoertuig *het;* ~ **spatiale** ruimteveer **3** *(technol.)* spoel *de*
navigable *adj* bevaarbaar; **voies ~s** waterwegen
navigant *adj* **1** *(mar.)* (zee)varend **2** *(aviat.)* vliegend; **personnel** ~ boordpersoneel
navigateur *nm* **1** *(aviat.)* navigator *nm* **2** *(mar.)* zeevaarder *nm* **3** *(inform.)* browser *nm*
navigation *nf* **1** *(fait de naviguer)* scheepvaart *de* **2** *(pilotage)* navigatie *nf* **3** *(trafic fluvial, maritime)* scheepsverkeer *het* **4** *(circulation aérienne, spatiale)* lucht-, ruimteverkeer *het;* ~ **aérienne** luchtvaart
naviguer *vi* **1** *(voguer, voyager sur un navire)* varen **2** *(aviat.)* vliegen **3** *(diriger la marche d'un navire)* navigeren *(aussi au fig.)* **4** *(inform.)* surfen
navire *nm* schip *het;* ~ **de guerre** oorlogsbodem; ~ **marchand** koopvaardijschip
navrant *adj* diептreurig
navrer *vt* ♦ **j'en suis navré** het spijt me zeer
nazi *adj* nazi-; **le, la ~(e)** de nazi
nazisme *nm* nazisme *het*
né *adj* geboren
néanmoins *adv* (desal)niettemin
néant *nm* **1** *(rien)* niets *het;* **réduire à** ~ tenietdoen **2** *(valeur nulle)* nietigheid *nf*
nébuleux *adj* **1** *(nuageux, brumeux)* bewolkt; **la nébuleuse** de nevel(vlek) **2** *(confus)* verward
nécessaire *adj* noodzakelijk; **juger** ~ **de** het nodig achten (om) te; **le** ~ het nodige; de benodigdheden; **il est** ~ **que nous en parlions** wij moeten daarover spreken
nécessairement *adv* onvermijdelijk; **Il refusera. Pas** ~ Hij zal weigeren. Dat is niet gezegd
nécessité *nf* noodzaak *de;* **se trouver dans la** ~ **de** gedwongen zijn om; **par** ~ noodgedwongen
nécessiter *vt* vereisen
nectar *nm (bot.)* nectar *nm*
néerlandais *adj* Nederlands; **le** ~ het Nederlands; **le, la Néerlandais(e)** de Nederlander, Nederlandse
néerlandophone *adj* Nederlandstalig
nef *nf* (kerk)schip *het*
néfaste *adj* noodlottig; **influence** ~ schadelijke invloed
négatif *adj* ontkennend; **dans la négative** in geval van weigering, zo niet ♦ **le** ~ het negatief
négation *nf* ontkenning *nf*
négligé *adj* **1** *(délaissé)* verwaarloosd **2** *(peu soigné)* slordig; **le** ~ het ochtendgewaad *(déshabillé)*
négligeable *adj* onbelangrijk; **non** ~ niet uit te vlakken
négligence *nf* **1** *(faute due au manque de soin)* slordigheid *nf* **2** *(manque de précautions)* nalatigheid *nf*
négligent *adj* **1** *(débraillé)* slordig **2** *(nonchalant)* nalatig
négliger *vt* **1** *(délaisser)* verwaarlozen **2** *(oublier)* verzuimen **3** *(ignorer)* negeren
négociable *adj* verhandelbaar
négociant, -ante *n* (groot)handelaar *nm*
négociateur, -trice *n* onderhandelaar(ster) *nm (nf)*
négociation *nf* onderhandeling *nf*
négocier[1] *vi (discuter)* onderhandelen
négocier[2] *vt* **1** *(régler un accord)* onderhandelen over **2** *(un effet de commerce)* verhandelen
nègre, négresse *n* **1** *(péj.) (noir)* nikker *nm;* **travailler comme un** ~ zwoegen als een paard **2** *(écrivain)* ghostwriter *nm* ♦ **petit** ~ gebroken Frans
neige *nf* **1** *(eau qui tombe en flocons)* sneeuw *de;* **blanc comme** ~ sneeuwwit, *(fig.)* onschuldig **2** *(cocaïne)* cocaïne *de*
neiger *vb impers* sneeuwen
neigeux *adj* besneeuwd
nénuphar *nm* waterlelie *de*
néologisme *nm* neologisme *het*
néon *nm* **1** *(tube)* tl-buis *de* **2** *(chim.)* neon *het*
néophyte *n* beginneling *nm*
népotisme *nm* vriendjespolitiek *nf*
nerf *nm* **1** *(biol.)* zenuw *de, (plur.)* zenuwen *plur (fig.);* **être, vivre sur les ~s** onder voortdurende spanning staan; **passer ses ~s sur qn** z'n spanningen op iem afreageren; **porter, taper sur les ~s de qn** iem op de zenuwen werken **2** *(énergie)* pit *het/de*
nerveux *adj* **1** *(irritable)* zenuwachtig **2** *(vigoureux)* krachtig; **voiture nerveuse** pittige auto **3** *(nerfs)* zenuw-
nervosité *nf* nervositeit *nf*
nervure *nf (bot.)* (blad)nerf *de*
net[1]**, nette** *adj* **1** *(propre, débarrassé)* zuiver **2** *(écon.)* netto; ~ **d'impôt** belastingvrij **3** *(clair et précis)* duidelijk
net[2] *adv* **1** *(tout d'un coup)* plotseling **2** *(carrément)* ronduit
nétiquette *nf* nettiquette *de*
nettement *adv* duidelijk
netteté *nf* **1** *(clarté)* helderheid *nf* **2** *(propreté)* schoonheid *nf*
nettoyage *nm* schoonmaak *nm;* ~ **à sec** (het) chemisch reinigen, (het) stomen; ~ **par le vide** (het) uitmesten
nettoyant *nm* reinigingsmiddel *het*
nettoyer[1] *vt* schoonmaken; ~ **à sec** chemisch reinigen
se nettoyer[2] *vpr* zich wassen
neuf[1] *adj* nieuw; **remettre à** ~ renoveren; **quoi de ~?** is er nieuws?; **être habillé de** ~ nieuwe kleren aanhebben; **la ville neuve** het nieuwe stadsdeel
neuf[2] *adj num* negen(de)
neurasthénie *nf* zwaarmoedigheid *nf*
neurochirurgien, -ienne *n* neurochirurg(e) *nm (nf)*
neurologie *nf* neurologie *nf*
neurone *nm* zenuwcel *de*
neutraliser[1] *vt* neutraliseren; ~ **un adversaire** een tegenstander uitschakelen

se neutraliser[2] *vpr* elkaar in evenwicht houden
neutralité *nf* neutraliteit *nf*
neutre *adj* **1** *(en général)* neutraal **2** *(ling.)* onzijdig; **le** ~ het onzijdig(e) geslacht
neutron *nm* neutron *het*
neuvième *adj num* negende
neveu *nm* neef *nm*
névralgie *nf* **1** *(douleur concernant les nerfs)* zenuwpijn *de* **2** *(mal de tête)* hoofdpijn *de*
névralgique *adj* zenuwpijn-; **le point** ~ het pijnpunt
névrose *nf* neurose *nf;* ~ **obsessionnelle** dwangneurose
névrosé *adj* neurotisch; **le, la** ~**(e)** de neuroticus, neurotica
nez *nm* neus *nm;* **se trouver** ~ **à** ~ plotseling voor iemands neus staan; **le** ~ **en l'air** met de neus in de wind; **au** ~ **de qn** recht in iemands gezicht; **avoir du** ~ een fijne neus (voor iets) hebben; **se bouffer le** ~ slaande ruzie hebben; **se casser le** ~ zijn neus breken, *(fig.)* tegenslag ondervinden; **avoir qn dans le** ~ iem niet kunnen pruimen; **parler du** ~ door de neus spreken; **il fourre son** ~ **partout** hij steekt overal zijn neus in; **ça sent les roses à plein** ~ het ruikt hier sterk naar rozen; **avoir le** ~ **pris** verkouden zijn; ~ **retroussé** wipneus; **passer sous le** ~ **de qn** iemands neus voorbijgaan
ni *conj* noch; **ne dire** ~ **oui** ~ **non** geen ja en geen nee zeggen; ~ **l'un,** ~ **l'autre** noch de een, noch de ander
niais *adj* onnozel; **le, la** ~**(e)** de simpele ziel
niaiserie *nf* onnozelheid *nf*
niche *nf (d'un chien)* (honden)hok *het*
nichée *nf* **1** *(oiseaux)* broedsel *het* **2** *(enfants)* kroost *het*
nicher[1] *vi* **1** *(d'oiseaux)* nestelen **2** *(demeurer)* huizen
se nicher[2] *vpr (se cacher)* zich nestelen
nickel *nm* nikkel *het*
nicotine *nf* nicotine *de*
nid *nm* **1** *(oiseaux)* nest *het* **2** *(homme)* nestje *het*, *(repaire)* kweekplaats *de;* ~ **de brigands** rovershol ♦ ~ **d'abeille** wafelstof
nièce *nf* nicht *nf*
nième *adj* zoveelste
nier *vt* ontkennen
nigaud *adj* onnozel; **le, la** ~**(e)** de domkop
nihilisme *nm* nihilisme *het*
Nimègue *nf* Nijmegen *n*
nique *nf* ♦ **faire la** ~ **à qn** iem in zijn gezicht uitlachen
niveau *nm* **1** *(hauteur, degré)* niveau *het*, peil *het;* **au** ~ **de** ter hoogte van; **au** ~ **de la commune** op gemeentelijk niveau; **au** ~ **de l'électeur** wat de kiezer betreft; ~ **de langue** stijlregister; ~ **de la mer** zeespiegel; ~ **de vie** levensstandaard **2** *(étage)* verdieping *nf* **3** *(instrument)* waterpas *het*
niveler *vt* **1** *(mettre de niveau)* egaliseren **2** *(fig.) (égaliser)* nivelleren
nivellement *nm* **1** *(d'une surface)* (het) egaliseren **2** *(action de rendre égal)* nivellering *nf*
noble *adj* **1** edel; **style** ~ verheven stijl **2** *(de la noblesse)* adellijk, van adel; **le, la** ~ de edelman, edelvrouw, edele
noblesse *nf* **1** *(condition, classe)* adel *nm; (prov)* ~ **oblige** adeldom verplicht **2** *(caractère noble)* verhevenheid *nf*
noce *nf (généralement plur.)* bruiloft *de*, huwelijk *het* ♦ **faire la** ~ boemelen
nocif *adj* schadelijk
nocivité *nf* schadelijkheid *nf*
noctambule *n* nacht|braker, -braakster *nm,f*
nocturne *adj* nacht-, nachtelijk; **la** ~ de koopavond, *(sports)* de lichtwedstrijd; *(mus.)* **le** ~ de nocturne
Noël *nm* Kerstmis *nm*
nœud *nm* **1** *(enlacement)* knoop *nm;* ~ **coulant** schuifknoop **2** *(ruban)* strik *nm;* ~ **papillon** vlinderdasje **3** *(serpent)* kronkel *nm;* ~ **de vipères** adderkluwen **4** *(point essentiel)* kernpunt *het;* **voilà le** ~ **de l'affaire** daar zit ('m) de kneep **5** *(croisement)* knooppunt *het* **6** *(bot.)* knoest *nm*, weer *het/de (m) (n.B.)*, *(dans le bois)* kwast *nm* ♦ **ce bateau file 15** ~**s** dit schip loopt 15 knopen
noir[1] *nm* **1** *(couleur)* zwart *het* **2** *(obscurité)* donker *het/de (m)* **3** *(tristesse)* droefheid *nf;* **broyer du** ~ somber gestemd zijn; **voir tout en** ~ alles donker inzien **4** *(marché noir)* zwarte markt *de;* **travailler au** ~ zwartwerken
noir[2] *adj* **1** *(couleur)* zwart; **le, la Noir(e)** de neger(in), zwarte **2** *(obscur)* donker **3** *(mélancolique)* zwartgallig **4** *(méchant)* boosaardig **5** *(non déclaré)* clandestien, zwart
noirceur *nf* **1** *(couleur)* zwartheid *nf* **2** *(méchanceté)* boosaardigheid *nf*
noircir[1] *vi (devenir noir)* zwart worden
noircir[2] *vt* **1** *(rendre noir)* zwart maken; ~ **du papier** papier volschrijven **2** *(présenter avec pessimisme)* zwart afschilderen
se noircir[3] *vpr* zwart worden, donker worden; **le ciel se noircit** de lucht betrekt
noire *nf* kwart(noot) *nf*
noise *nf* ♦ **chercher** ~ **à qn** ruzie zoeken met iem
noisetier *nm* hazelaar *nm*
noisette *nf* **1** *(fruit)* hazelnoot *de;* **(couleur (de))** ~ hazelnootbruin **2** *(petit morceau)* klontje *het*
noix *nf* noot *de;* ~ **de coco** kokosnoot; ~ **(de) muscade** muskaatnoot ♦ **une** ~ **de beurre** een boterballetje; ~ **de veau** achterlendestuk van kalfsvlees
nom *nm* **1** *(de famille, prénom)* naam *nm;* **au** ~ **de qn** namens iem; **au** ~ **du ciel** in 's hemelsnaam; ~ **d'emprunt, de plume** pseudoniem; ~ **de famille** achternaam; ~ **de jeune fille** meisjesnaam; ~ **de garçon** jongensnaam; **petit** ~ voornaam **2** *(dénomination)* benaming *nf;* **sans** ~ onbeschrijfelijk **3** *(renommée)* (goede) naam *nm;* **se faire un** ~ naam maken **4** *(substantif)* zelf-

standig naamwoord *het;* ~ **commun** soortnaam; ~ **de nombre** telwoord; ~ **propre** eigennaam ♦ ~ **de Dieu!,** ~ **de nom!** verdomme!

nomade *adj* nomaden-; **le** ~ de nomade

nombre *nm* **1** *(chiffre)* getal *het* **2** *(quantité)* aantal *het;* ~ **(de)** veel; **serez-vous du** ~ **(des invités)?** behoort u tot de genodigden?; **en** ~ in groten getale; **le (plus) grand** ~ het merendeel; **un grand** ~ **d'invités** een groot aantal gasten; **sans** ~ talloos **3** *(nom de nombre)* telwoord *het;* ~ **cardinal** hoofdtelwoord; ~ **ordinal** rangtelwoord

nombreux *adj* **1** *(abondant)* talrijk; **des groupes** ~ grote groepen **2** *(en grand nombre)* in groten getale; **de** ~ **groupes** vele groepen

nombril *nm* navel *nm;* **se regarder le** ~ navelstaren; **se prendre pour le** ~ **du monde** het hoog in de bol hebben

nomenclature *nf* terminologie *nf*

nominal *adj* **1** van de naam *(adj.)*, bij de naam *(adv.)* **2** *(ling.)* zelfstandig

nominatif *adj* **1** *(qui contient les noms)* de namen bevattend **2** *(qui porte le nom du propriétaire)* op naam

nomination *nf* **1** *(désignation)* benoeming *nf* **2** *(dans une distribution de prix)* vermelding *nf*

nommé *adj* **1** *(qui a pour nom)* genaamd; **un, le** ~ **X** een zekere X **2** *(désigné par son nom)* genoemd **3** *(désigné)* benoemd

nommément *adv* met naam en toenaam (genoemd)

nommer[1] *vt* **1** *(appeler, citer)* noemen **2** *(désigner, établir par nomination)* benoemen (tot, op); ~ **qn à un poste** iem op een post benoemen; ~ **qn directeur** iem tot directeur benoemen

se nommer[2] *vpr (s'appeler)* heten

non *adv* nee(n); ~ **seulement ... mais encore** niet alleen ... maar ook; **il ne travaille pas** ~ **plus** hij werkt ook niet; ~ **que** niet dat; **c'est triste, ~?** dat is droevig, hè?

nonagénaire *adj* negentigjarig

non-agression *nf* ♦ **pacte de** ~ niet-aanvalsverdrag

non-aligné *adj* niet-gebonden

nonante *adj num (f.B.)* negentig

nonchalance *nf* nonchalance *de*

nonchalant *adj* nonchalant

non-conformisme *nm* non-conformisme *het*

non-conformiste *adj* non-conformistisch; **le, la** ~ de non-conformist(e)

non-droit *nm* ♦ **zone de** ~ no-goarea

non-ingérence *nf* niet-inmenging *nf*

non-intervention *nf* non-interventie *nf*

non-lieu *nm* ontslag *het* van rechtsvervolging

non-sens *nm* onzin *nm*

non-violence *nf* geweldloosheid *nf*

non-violent *adj* **1** *(non-violence)* geweldloos **2** *(d'une personne)* geweldloosheid voorstaand; **le, la ~(e)** de voorstand(st)er van geweldloosheid

nord *nm* noorden *het;* **au** ~ **de** ten noorden van; **le Grand Nord** het hoge Noorden ♦ **perdre le** ~ de kluts kwijtraken

nord-est *nm* noordoosten *het*

nordique *adj* noords; **le, la Nordique** de noorderling

nord-ouest *nm* noordwesten *het*

normal *adj* normaal

normale *nf* **1** *(norme)* gemiddelde *het* **2** *(math.)* loodlijn *de*

normaliser[1] *vt* **1** *(faire (re)devenir normal)* normaliseren **2** *(technol.)* standaardiseren

se normaliser[2] *vpr ((re)devenir normal)* (weer) normaal worden

normand *adj* **1** *(hist.) (des Normands)* (van de) Noorman(nen) **2** *(de Normandie)* Normandisch

norme *nf* norm *de*

Norvège *nf* Noorwegen *n (sans art.)*

norvégien *adj* Noors; **le** ~ het Noors; **le, la Norvégien(ne)** de Noor(se)

nostalgie *nf* nostalgie *nf;* **la** ~ **de qch** het verlangen naar iets

nostalgique *adj* nostalgisch

nota (bene) *nm* (voet)noot *de*

notabilité *nf* notabele *nm*

notable *adj* **1** *(remarquable)* opmerkelijk **2** *(d'une personne)* aanzienlijk; **le** ~ de notabele

notaire *nm* notaris *nm*

notamment *adv* met name

notariat *nm* notarisambt *het*

notation *nf* **1** *(action, manière de noter)* schrift *het;* ~ **musicale** notenschrift **2** *(remarque)* notitie *nf* **3** *(enseignement)* (het) geven van een cijfer

note *nf* **1** *(annotation)* aantekening *nf;* ~ **marginale** kanttekening; **prendre des ~s** aantekeningen maken; **prendre (bonne)** ~ **de** nota nemen van **2** *(notice, observation)* nota *de* **3** *(facture)* rekening *nf;* ~ **de frais** onkostendeclaratie **4** *(appréciation chiffrée)* cijfer *het* **5** *(mus.)* noot *de;* **forcer la** ~ overdrijven

noter *vt* **1** *(inscrire)* opschrijven **2** *(constater)* opmerken **3** *(coter)* een cijfer geven aan, *(Belg.)* quoteren; **être bien, mal noté** goed, slecht aangeschreven staan

notice *nf* **1** *(abrégé)* korte uiteenzetting *nf;* ~ **explicative** handleiding **2** *(pharm.)* bijsluiter *nm*

notification *nf* officiële kennisgeving *nf*

notifier *vt* aanzeggen

notion *nf* **1** *(plur.) (rudiments)* grondbeginselen *plur* **2** *(idée)* notie *nf;* ~ **de bien et de mal** kennis van goed en kwaad

notoire *adj* (naar) algemeen bekend (is)

notoriété *nf* **1** *(fait d'être connu)* naamsbekendheid *nf;* **être de** ~ **publique que** algemeen bekend zijn dat **2** *(renommée)* beroemdheid *nf*

notre, nos *adj poss* ons, onze

nôtre[1]**, nôtres** *nm* **1** *(notre propriété)* (het) onze; **y mettre du** ~ ons steentje bijdragen **2** *(plur.) (nos proches)* (de) onzen *(plur.);* **être des ~s** van de partij zijn

nôtre[2]**, nôtres** *adj poss* onze

nôtre[3], **nôtres** *pron poss* (het/de) onze; **votre maison et la** ~ uw huis en het onze
noué *adj* **1** *(attaché)* (aan elkaar) geknoopt **2** *(contracté)* gespannen
nouer[1] *vt* **1** (vast)knopen **2** *(lien moral, conversation)* aanknopen; ~ **amitié avec qn** vriendschap met iem sluiten
se nouer[2] *vpr* **1** *(s'attacher)* (vast)knopen **2** *(se compliquer)* in de knoop raken
noueux *adj* **1** *(d'un bois)* knoestig **2** *(méd.)* knobbelig **3** *(maigre et sec)* knokig
nougat *nm (confiserie)* noga *nm;* **c'est du** ~ dat is doodsimpel
nouille *nf (plur.)* noedels *plur*
nounou *nf* kinderoppas *nf*
nounours *nm* (teddy)beer *nm*
nourri *adj* **1** *(alimenté)* gevoed; **bien** ~ weldoorvoed **2** *(entretenu)* goed onderhouden; **conversation ~e** levendig gesprek; **feu** ~ intensief geweervuur
nourrice *nf* **1** *(gardienne d'enfant)* kinderoppas *nf;* **mettre un enfant en** ~ een kind bij een kinderoppas uitbesteden **2** *(femme qui allaite un enfant)* min *nf*
nourrir[1] *vi (être nourrissant)* voedzaam zijn
nourrir[2] *vt (alimenter)* voeden, *(animaux)* voe(de)ren, *(fig.; Belg.)* spijzen; ~ **un désir, l'espoir** een wens, de hoop koesteren; ~ **le feu** het vuur aanhouden
se nourrir[3] **(de)** *vpr* zich voeden (met)
nourrissant *adj* voedzaam
nourrisson *nm* zuigeling *nm*
nourriture *nf* voedsel *het*
nous *pron pers* **1** *(pronom personnel)* wij, we **2** *(pronom réfléchi)* elkaar; ~ ~ **sommes regardés** we hebben elkaar aangekeken
nouveau *adj* **1** *(neuf)* nieuw; **à, de** ~ opnieuw; **il y a du** ~ er is een nieuwe ontwikkeling; **les ~x mariés** de pasgehuwden; **un ~, une nouvelle** nieuweling(e) **2** *(autre)* ander; **monde** ~ heel andere wereld; **Nouveau Monde** Nieuwe Wereld
nouveau-né *adj* pasgeboren; **le, la ~(e)** het pasgeboren kind, de boreling(e) *(n.B.)*
nouveauté *nf* **1** *(caractère de ce qui est nouveau)* nieuwheid *nf* **2** *(chose nouvelle)* nieuwigheid *nf* **3** *(édit.)* pas verschenen werk *het* **4** *(mode)* modeartikel *het;* **magasin de ~s** kledingwinkel
nouvelle *nf* **1** *(plur.) (information)* nieuws *het (uniquement sing.),* nieuwsberichten *plur;* **vous aurez de mes ~s** we spreken elkaar nog nader; **avoir des ~s de qn** van iem iets horen; **demander, prendre des ~s de qn** vragen hoe het met iem gaat; **vous m'en direz des ~s** u zult er enthousiast over zijn **2** *(litt.)* novelle *de*
Nouvelle-Calédonie *nf* Nieuw-Caledonië *n (sans art.)*
Nouvelle-Guinée *nf* Nieuw-Guinea *n (sans art.)*
nouvellement *adv* onlangs
Nouvelle-Zélande *nf* Nieuw-Zeeland *n (sans art.)*
novateur, -trice *n* vernieuwer *nm*
novembre *nm* november *nm;* **en** ~ in november
novice *adj* **1** *(débutant)* onervaren; **le, la** ~ de beginneling(e), *(cathol.)* de novice **2** *(inexpérimenté)* onbedreven
novotique *nf* innovatietechnologie *nf*
noyade *nf* verdrinking(sdood) *nf (de)*
noyau *nm* **1** *(d'un fruit)* pit *de;* **fruit à** ~ steenvrucht **2** *(partie centrale)* kern *de*
noyé *adj* verdronken; **yeux ~s de larmes** ogen vol tranen; **le, la ~(e)** de drenkeling(e)
noyer[1] *nm* **1** *(arbre)* (wal)notenboom *nm* **2** *(bois) (Belg.)* notelaar *nm*
noyer[2] *vt* **1** *(tuer en noyant)* (doen) verdrinken **2** *(inonder)* onder water zetten; ~ **son chagrin dans l'alcool** zijn verdriet verdrinken **3** *(faire disparaître)* verloren doen gaan; **être noyé dans la foule** in de menigte opgaan
se noyer[3] *vpr* **1** *(mourir par noyade)* verdrinken **2** *(s'égarer)* verward raken (in)
nu *adj (complètement)* naakt, *(une partie déterminée)* bloot; **mettre à** ~ blootleggen; ~ **comme la main, comme un ver** spiernaakt; **le** ~ het naakt(schilderij); **pieds ~s** blootsvoets; *(fig.)* **style** ~ sobere stijl; **tête ~e** blootshoofds
nuage *nm* wolk *de;* **être dans les ~s** verstrooid zijn; ~ **de lait** wolkje melk; ~ **de poussière** stofwolk
nuageux *adj* bewolkt
nuance *nf* **1** *(d'une couleur)* (kleur)schakering *nf* **2** *(faible différence)* nuance *de;* **je ne saisis pas la** ~ ik begrijp het verschil niet precies
nuancer *vt* nuanceren
nucléaire *adj (phys.)* kern-; **le** ~ de kernenergie; **puissance** ~ kernmogendheid
nudisme *nm* nudisme *het*
nudiste *adj* nudistisch; **le, la** ~ de nudist(e)
nudité *nf* naaktheid *nf*
nue *nf* ♦ **mettre, porter aux ~s** ophemelen; **tomber des ~s** perplex staan, uit de lucht vallen *(n.B.)*
nuée *nf (grand nombre)* zwerm *nm*
nuire (à) *vi* schaden; **ne pas** ~ geen kwaad kunnen
nuisance *nf* hinder *nm*
nuisible *adj* schadelijk
nuit *nf* **1** *(soir)* nacht *nm;* **à la** ~ **tombante** bij het vallen van de avond, bij valavond *(n.B.);* ~ **blanche** slapeloze nacht; **bonne ~!** welterusten!; **cette** ~ vannacht; **être de** ~ nachtdienst hebben; **il fait** ~ het is nacht, donker; **la** ~ 's nachts; **payer deux ~s** twee overnachtingen betalen; **en pleine** ~ midden in de nacht; **la** ~ **des temps** lang vervlogen tijden **2** *(obscurité)* duisternis *nf*
nuitée *nf* overnachting *nf*
nul[1] *adj* nul; **billet** ~ ongeldig briefje; **déclarer, rendre** ~ nietig verklaren, ongeldig maken; ~ **et non avenu** van nul en gener waarde; **être** ~ **en mathématiques** zeer slecht zijn in wiskunde; **une person-**

ne ~le een nul; **les risques sont ~s** de risico's zijn nihil
nul² *adj indéf* geen; ~ **n'est censé ignorer la loi** iedereen wordt geacht de wet te kennen; ~ **mieux que lui** niemand beter dan hij
nullement *adv* geenszins
nullité *nf* **1** *(d'une personne)* talentloosheid *nf* **2** *(personne nulle)* onbenul *nm* **3** *(jur.) (inefficacité d'un acte)* nietigheid *nf*
numéraire *nm* gemunt geld *het;* **payer en** ~ met contant geld betalen
numéral *adj* getal-; **les (adjectifs) numéraux** de telwoorden
numérique *adj* numeriek
numéro *nm* **1** *(nombre attribué à une chose)* (rang)nummer *het;* ~ **de téléphone** telefoonnummer; **tirer le bon** ~ geluk hebben; **composer un** ~ een (telefoon)nummer draaien; ~ **minéralogique** autonummer; *(com.)* ~ **vert** gratis 06-nummer **2** *(d'un magazine, d'un journal)* nummer *het* **3** *(spectacle)* optreden *het* **4** *(phénomène)* nummer *het (m), het (f);* **c'est un drôle de** ~ hij is een rare snuiter
numérotage *nm* nummering *nf*
numéroter *vt* nummeren
nuptial *adj* huwelijks-, bruilofts-
nuque *nf* (achterkant *nm* van de) nek *nm*
nurse *nf* kinderverzorgster *nf*
nutritif *adj* **1** *(nourrissant)* voedzaam **2** *(nutrition)* voedings-
nutrition *nf* voeding *nf*
nylon® *nm* nylon *het/de*
nymphe *nf* nimf *nf*
nymphéa *nm* waterlelie *de*
nymphomane *adj* manziek, nymfomaan; **la** ~ de nymfomane

O

o *nm* o *de;* **o comme Oscar** de o van Otto
oasis *nf* oase *nf (aussi au fig.)*
obéir (à) *vi* gehoorzamen (aan); **se faire ~** gehoorzaamheid afdwingen
obéissance *nf* gehoorzaamheid *nf*
obéissant *adj* gehoorzaam
obélisque *nm* obelisk *nm*
obèse *adj* zwaar(lijvig)
obésité *nf* zwaarlijvigheid *nf*
objecter (à) *vt* **1** *(avancer un argument)* tegenwerpen; **~ la fatigue pour** vermoeidheid als excuus gebruiken om **2** *(reprocher)* verwijten
objecteur *nm* ♦ **~ de conscience** (principiële) dienstweigeraar
objectif[1] *nm* **1** *(but)* doel(wit) *het* **2** *(phot.; phys.)* lens *de*
objectif[2] *adj* objectief
objection (à) *nf* bezwaar (tegen) *het*
objectivité *nf* objectiviteit *nf*
objet *nm* **1** *(chose)* voorwerp *het;* **~s d'art** kunstvoorwerpen; **~s trouvés** gevonden voorwerpen; **~ volant non identifié, ovni** ufo **2** *(objectif)* doel *het;* **sans ~** doelloos **3** *(sujet)* onderwerp *het;* **l'~ de la discussion** het onderwerp van de discussie; **être, faire l'~ de** het voorwerp zijn van **4** *(ling.)* voorwerp *het*
obligation *nf* **1** *(devoir)* verplichting *nf;* **être dans l'~ de** verplicht zijn om **2** *(fin.)* obligatie *nf* **3** *(dette)* schuld(bekentenis) *de (nf)*
obligatoire *adj* **1** verplicht; **arrêt ~** vaste halte; **instruction ~** leerplicht **2** *(inévitable)* onvermijdelijk
obligé *adj* **1** *(nécessaire)* noodzakelijk; **c'était ~** het moest zo zijn **2** *(reconnaissant)* erkentelijk; **je vous serais fort ~ de vouloir me recevoir** ik zou u zeer dankbaar zijn, als u me zou willen ontvangen
obligeance *nf* welwillendheid *nf;* **veuillez avoir l'~ de** wilt u zo goed zijn om
obliger *vt* **1** *(contraindre à)* verplichten (tot); **~ qn à faire qch** iem dwingen iets te doen; **je suis obligé de partir** ik moet weg **2** *(rendre service)* van dienst zijn
oblique *adj* schuin
oblitérer *vt* (af)stempelen
obnubiler *vt* obsederen
obscène *adj* obsceen
obscénité *nf* **1** *(indécence)* obsceniteit *nf* **2** *(parole obscène)* vies woord *het*
obscur *adj* **1** *(sombre)* donker **2** *(confus)* onduidelijk **3** *(inconnu, humble)* onbekend
obscurcir[1] *vt* **1** *(assombrir)* verduisteren **2** *(compliquer)* verwarren
s'obscurcir[2] *vpr* donker worden
obscurité *nf* **1** *(noir)* donker *het/de (m)* **2** *(confusion)* onduidelijkheid *nf*
obsédé *n* maniak *nm;* **~ sexuel** seksmaniak
obséder *vt* obsederen
obsèques *nf* uitvaart *de (uniquement sing.)*
observateur *adj* opmerkzaam; **l'observateur, l'observatrice** de waarnemer
observation *nf* **1** *(examen)* waarneming *nf;* **mettre qn en ~** iem ter observatie opnemen; **esprit d'~** opmerkzame geest **2** *(réflexion)* opmerking *nf* **3** *(d'une règle)* naleving *nf*
observatoire *nm* **1** *(sc.)* observatorium *het* **2** *(fig.)* observatiepost *nm*
observer *vt* **1** *(examiner, épier)* gadeslaan **2** *(sc.)* observeren **3** *(remarquer)* opmerken; **faire ~ qch** iets opmerken **4** *(obéir à)* in acht nemen; **faire ~ la loi** de wet doen naleven
obsession *nf* obsessie *nf*
obsessionnel *adj* dwangmatig
obstacle *nm* **1** *(+ à) (difficulté)* obstakel (voor) *het;* **faire ~ à qch** iets in de weg staan **2** *(sports)* hindernis *nf*
obstination *nf* **1** *(ténacité)* vasthoudendheid *nf* **2** *(entêtement)* koppigheid *nf*
obstiné *adj* **1** *(d'une personne)* koppig **2** *(d'une chose)* hardnekkig
s'obstiner *vpr* (hardnekkig) volhouden; **s'~ à faire qch** iets per se willen doen; **~ dans son opinion** bij zijn mening blijven
obtenir[1] *vt (+ de)* (ver)krijgen (van); **~ que** gedaan krijgen dat
s'obtenir[2] *vpr* **1** *(+ de) (concr.)* verkregen worden (van) **2** *(abstr.)* bereikt worden
obus *nm* granaat *de, (Belg.)* obus *nm*

occasion *nf* **1** *(aubaine, circonstance)* (gunstige) gelegenheid *nf;* **à l'~** bij gelegenheid; **à l'~ de** ter gelegenheid van; **avoir l'~ de** de gelegenheid hebben om; **sauter sur l'~** de gelegenheid met beide handen aangrijpen **2** *(raison)* aanleiding *nf* **3** *(affaire)* koopje *het;* **d'~** tweedehands
occasionnel *adj* toevallig; **travail ~** los werk
occasionner *vt* teweegbrengen
occident *nm* westen *het*
occidental *adj* **1** *(à l'ouest)* westelijk **2** *(Occident)* westers; **l'occidental(e)** de westerling(e)
occulte *adj* occult
occupant *adj* bezettend, bezettings- ♦ **l'occupant(e)** de bewoner, bewoonster, *(milit.)* de bezet(s)ter
occupation *nf* **1** *(activité)* bezigheid *nf* **2** *(milit.)* bezetting *nf*
occupé *adj* **1** *(+ à)* bezig (met); **une personne fort ~e** een druk bezet iem **2** *(milit.)* bezet; **appartement ~** bewoonde flat; **ligne ~e** (lijn) in gesprek; **poste ~** beklede functie
occuper[1] *vt* **1** *(milit.)* bezetten **2** *(+ à) (employer)* bezighouden (met) **3** *(une fonction)* bekleden **4** *(habiter)* bewonen
s'occuper[2] **(de)** *vpr* zich bezighouden (met); **on s'occupe de vous?** wordt u al geholpen?
occurrence *nf* ♦ **en l'~** in het onderhavige geval
océan *nm* oceaan *nm (aussi au fig.);* **l'Océan (Atlantique)** de Atlantische Oceaan
ocre *nf* oker *het*
octante *adj num* tachtig
octave *nf* octaaf *het/de*
octobre *nm* oktober *nm;* **en ~** in oktober
octogénaire *adj* tachtigjarig
s'octroyer *vpr* zich veroorloven
oculaire *adj* oog-
oculiste *n* oogarts *nm*
odeur *nf* geur *nm;* **~ de brûlé** brandlucht; **avoir une mauvaise ~** vies ruiken
odieux *adj* **1** *(ignoble)* afschuwelijk **2** *(très désagréable)* onuitstaanbaar
odorant *adj* ruikend
odorat *nm* reuk(zin) *nm*
œil *nm* **1** *(organe de la vue)* oog *het;* **baisser les yeux** de ogen neerslaan; **~ au beurre noir** blauw oog; **aux yeux bleus** met blauwe ogen; **crever les yeux à qn** iem de ogen uitsteken; **ne pas en croire ses yeux** zijn ogen niet (kunnen) geloven; **de ses (propres) yeux** met eigen ogen; **ne dormir que d'un ~** licht slapen; **faire les yeux doux à qn** iem lief, verliefd aankijken; **ne pas fermer l'~** geen oog dichtdoen; **faire qch les yeux fermés** iets blindelings doen; **faire les gros yeux à qn** iem bestraffend aankijken; **à l'~ nu** met het blote oog; **pour les beaux yeux de qn** om iemands mooie ogen; *(prov)* **~ pour ~, dent pour dent** oog om oog, tand om tand; **~ de verre** kunstoog **2** *(généralement plur.) (regard)* blik *nm;* **fermer les yeux sur qch** de ogen voor iets sluiten; **ouvrir les yeux de qn (sur qch)** iem de ogen (voor iets) openen; **ne pas quitter des yeux qn, qch** de ogen niet van iem/iets kunnen afwenden; **sauter aux yeux** in het oog springen; **avoir qch sous les yeux** iets voor zich hebben (liggen); **suivre qn des yeux** iem nakijken **3** *(attention)* oog *het;* **avoir l'~ à tout** op alles letten; **n'avoir d'yeux que pour** alleen oog hebben voor; **n'avoir pas les yeux dans sa poche** zijn ogen niet in z'n zak hebben (zitten); **ça crève les yeux** dat is zo klaar als een klontje; **taper dans l'~ à qn** iem bevallen; **ouvrir l'~ (et le bon)** zijn ogen goed open houden; **tenir qn à l'~** iem in 't oog houden **4** *(jugement)* oog *het;* **à mes yeux** in mijn ogen; **regarder qn d'un bon, d'un mauvais ~** iem gunstig, niet gunstig gezind zijn; **d'un ~ critique** kritisch ♦ **n'avoir plus que les yeux pour pleurer** alles verloren hebben; **coûter les yeux de la tête** peperduur zijn, stukken van mensen kosten; **faire de l'~ à qn** iem toelonken; **mon ~!** je tante!; **tourner de l'~** flauwvallen
œillère *nf* oogklep *de*
œillet *nm* **1** *(bot.)* anjer *de* **2** *(trou)* rijggat *het*
œsophage *nm* slokdarm *nm*
œuf *nm* ei *het;* **battre des ~s** eieren klutsen; **battre des blancs d'~s en neige** eiwit stijfkloppen; **blanc d'~** eiwit; **~ brouillé** roerei; **~ à la coque** zachtgekookt ei; **~ dur** hardgekookt ei; **en forme d'~** eivormig; **jaune d'~** dooier, eigeel; *(prov)* **mettre tous ses ~s dans le même panier** alles op één kaart zetten; **~ sur le plat** spiegelei
œuvre[1] *nm* **1** *(d'un artiste)* (verzamelde) werken *plur* **2** *(archit.)* bouwwerk *het;* **gros ~** ruwbouw; **être à pied d'~** op het werk zijn, *(fig.)* startklaar zijn
œuvre[2] *nf* **1** *(travail)* werk *het;* **mettre en ~** aanwenden; **mettre tout en ~ pour** alles in het werk stellen om **2** *(ouvrage)* werk(stuk) *het (aussi arts; litt.; mus.);* **~ d'art** kunstwerk; **les ~s complètes** het volledige werk **3** *(souvent plur.) (action)* goed doel *het (uniquement sing.)*
offensant *adj* beledigend
offense *nf* **1** *(affront)* belediging *nf* **2** *(relig.)* zonde *de*
offenser[1] *vt* **1** *(froisser)* beledigen **2** *(braver)* een belediging zijn voor
s'offenser[2] **(de)** *vpr* beledigd zijn (over)
offensif *adj* aanvallend
offensive *nf* aanval *nm (aussi au fig.);* **passer à l'~** tot de aanval overgaan
office *nm* **1** *(relig.)* (kerk)dienst *nm;* **~ des morts** requiemmis **2** *(charge)* ambt *het;* **d'~** ambtshalve; **avocat d'~** toegewezen advocaat; **faire ~ de** dienstdoen als **3** *(bureau)* bureau *het;* **~ de tourisme** VVV-kantoor ♦ **offrir ses bons ~s** zijn goede diensten aanbieden
officialiser *vt* officieel maken, *(Belg.)* officialiseren

officiel *adj* officieel; **de source ~le** uit officiële bron; **visite ~le** staatsbezoek
officier *nm* officier *nm;* **~ supérieur** hoofdofficier ♦ **~ ministériel, public** ministerieel ambtenaar; **~ de police judiciaire** opsporingsambtenaar
officieux *adj* officieus
offrande *nf* **1** *(relig.)* offer *het* **2** *(don)* geschenk *het*
offrant *nm* biedende *nm;* **au plus ~** aan de hoogstbiedende
offre *nf* **1** *(proposition)* aanbod *het; (rubrique de journal)* **~s d'emploi** vacatures **2** *(écon.)* (markt)aanbod *het;* **l'~ et la demande** vraag en aanbod **3** *(jur.)* bod *het;* **~ publique d'achat, OPA** overnamebod
offrir[1] *vt* **1** *(proposer)* aanbieden, geven *(un cadeau);* **~ qch à qn** iem iets aanbieden **2** *(montrer)* vertonen
s'offrir[2] *vpr* **1** *(se proposer)* zich aanbieden **2** *(se présenter)* zich vertonen ♦ **s'~ qch** zich iets veroorloven, iets kopen
ogre, ogresse *n (dans les contes)* reus, reuzin *nm,f* (die mensen eet)
oh! *interj* o!, ach!; **~ là (là)!** o jee!
oie *nf* **1** gans *de* **2** *(femelle)* wijfjesgans *nf*
oignon *nm* **1** *(légume)* ui *nm;* **c'est pas tes ~s** dat gaat je geen barst aan **2** *(partie d'une plante)* (bloem)bol *nm;* **~ de tulipe** tulpenbol **3** *(méd.)* eeltknobbel *nm*
oiseau *nm* vogel *nm (aussi au fig.);* **un drôle d'~** een rare snuiter; **~x de proie** roofvogels
oisif *adj* nietsdoend
oisiveté *nf* ledigheid *nf*
oléoduc *nm* oliepijpleiding *nf*
olive *nf* olijf *de*
olivier *nm* **1** *(arbre)* olijf(boom) *nm* **2** *(bois)* olijvenhout *het*
olympique *adj* olympisch
ombrage *nm* lommer *het* ♦ **prendre ~ de qch** zich door iets gekrenkt voelen
ombragé *adj* schaduwrijk
ombrageux *adj* **1** *(d'une personne, d'un caractère)* lichtgeraakt **2** *(d'un animal)* schichtig
ombre *nf* **1** *(zone sombre)* schaduw *de;* **à l'~** in de schaduw; **~ à paupières** oogschaduw; **mettre qn à l'~** iem in de nor stoppen **2** *(obscurité)* duisternis *nf;* **rester dans l'~** op de achtergrond blijven **3** *(image)* schaduw *de,* schim *de;* **suivre qn comme son ~** iem volgen als zijn schaduw; **théâtre d'~s** schimmenspel ♦ **pas l'~ d'une chance** geen schijn van kans; **pas l'~ d'un doute** niet de geringste twijfel
ombrelle *nf* parasolletje *het*
omelette *nf* omelet *de*
omettre *vt* weglaten, vergeten; **~ de faire qch** verzuimen iets te doen
omission *nf* **1** *(fait d'omettre)* (het) weglaten, (het) vergeten **2** *(dans un texte)* hiaat *het/de (m)* **3** *(jur.)* verzuim *het;* **mensonge par ~** bewust verzwijgen
omnibus *nm (train)* stoptrein *nm*
omnipotence *nf* almacht *de*
omnipotent *adj* almachtig
omniprésence *nf* alomtegenwoordigheid *nf*
omniprésent *adj* alomtegenwoordig
omniscience *nf* alwetendheid *nf*
omniscient *adj* alwetend
omoplate *nf* schouderblad *het*
on, l'on *pron indéf* **1** *(les gens, l'opinion)* men, je; **~ ne sait jamais** je kunt nooit weten; **quand ~ veut, ~ peut** wie (werkelijk) wil, kan (ook) **2** *(nous)* wij; **~ s'en va** we gaan ♦ **~ a frappé à la porte** er is geklopt; **~ vous demande au téléphone** er is telefoon voor u
oncle *nm* oom *nm;* **~ d'Amérique** suikeroom
onctueux *adj* smeuïg
onde *nf* **1** *(aussi au fig.; sc.) (vague)* golf *de;* **~ de choc** schokgolf **2** *(eau)* water *het* **3** *(plur.) (radiodiffusion)* ether *nm;* **les grandes ~s** de lange golf; **les petites ~s** de middengolf; **sur les ~s** over de radio
ondée *nf* (regen)bui *de*
on-dit *nm* gerucht *het*
ondulation *nf* (het) golven, golvende beweging *nf*
ondulé *adj* golvend
onduler[1] *vi* **1** golven **2** *(d'un chemin, d'un ruisseau)* slingeren
onduler[2] *vt (rendre ondulé)* (doen) krullen
onéreux *adj* kostbaar
ongle *nm* **1** nagel *nm;* **se faire les ~s** zijn nagels (knippen en) verzorgen; **se ronger les ~s** nagelbijten **2** *(d'un carnassier, d'un rapace)* klauw *de*
onze *adj num* elf(de); **il est ~ heures** het is elf uur; *(sports)* **le ~** het elftal; **Louis ~** Lodewijk de Elfde; **le ~ novembre** (op) elf november
onzième *adj num* elfde
opale *nf* opaal(steen) *het (nm)*
opaque *adj* **1** ondoorschijnend **2** *(impénétrable)* ondoordringbaar
opéra *nm* opera *nm*
opérateur, -trice *n* bedien(st)er *nm (nf),* operateur *nm*
opération *nf* **1** werking *nf* **2** *(affaire, spéculation)* handeling *nf;* **~s de Bourse** beursoperaties; **~ commerciale** transactie **3** *(campagne)* actie *nf* **4** *(méd.)* operatie *nf;* **subir une ~** geopereerd worden **5** *(math.)* berekening *nf*
opérationnel *adj* **1** operationeel **2** *(qui peut être mis en service)* bedrijfsklaar
opératoire *adj* operatie-
opérer[1] *vi* **1** *(faire effet)* werken **2** *(intervenir)* te werk gaan
opérer[2] *vt* **1** *(accomplir)* verrichten **2** *(+ de) (méd.)* opereren (aan); **se faire ~ du nez** zich aan zijn neus laten opereren
s'opérer[3] *vpr (s'accomplir)* tot stand komen
ophtalmologiste, ophtalmologue *n* oogspecialist(e) *nm (nf)*
opiner *vi* zijn mening te kennen geven; **~ de la tête** (stil)zwijgend toestemmen
opiniâtre *adj* hardnekkig
opinion *nf* **1** *(avis)* mening *nf;* **avoir bon-**

ne ~ de een goede dunk hebben van; **se faire une ~** zich een mening vormen; **~s toutes faites** vooroordelen **2** *(opinion publique)* publieke opinie *nf;* **alerter l'~** de publieke opinie wakker schudden
opium *nm* opium *het/de (m)*
opportun *adj* geschikt; **en temps ~** te gelegener tijd
opportunisme *nm* opportunisme *het*
opportuniste *n* opportunist(e) *nm (nf)*
opportunité *nf* geschiktheid *nf*
opposant, -ante (à) *n* tegenstand(st)er (van) *nm (nf)*
opposé (à) *adj* **1** *(dans l'espace)* tegenoverliggend (ten opzichte van); **à l'~** aan de andere kant **2** *(contraire)* tegengesteld (aan); **être diamétralement ~** lijnrecht tegenover elkaar staan; **être tout l'~ de qn** hemelsbreed van iem verschillen; **l'opposé** het tegenovergestelde
opposer[1] **(à)** *vt* **1** *(mettre face à face)* tegenoverstellen (ten opzichte van); **match qui oppose deux équipes** wedstrijd waarin twee teams tegen elkaar uitkomen; **~ de la résistance** niet meegeven **2** *(dresser contre)* opzetten (tegen) **3** *(alléguer)* tegenwerpen
s'opposer[2] **(à)** *vpr* **1** *(braver)* zich verzetten (tegen); **s'~ à ce que** zich er tegen verzetten dat; **s'~ à qn** tegen iem ingaan **2** *(entraver)* een belemmering vormen (voor) **3** *(être contraire à)* het tegenovergestelde zijn (van)
opposition *nf* **1** *(désaccord)* weerstand *nm;* **faire ~ à** bezwaar maken tegen; **rencontrer de l'~** op weerstand stuiten **2** *(contraste)* tegenstelling *nf;* **par ~ à** in tegenstelling met **3** *(jur.)* (het) (aantekenen van) beroep **4** *(pol.)* oppositie(partij) *nf* ♦ **faire ~ à un chèque** een cheque blokkeren
oppresser *vt* benauwen
oppresseur *nm* onderdrukker *nm*
oppressif *adj* (onder)drukkend; **mesures oppressives** onderdrukkingsmaatregelen
oppression *nf* **1** onderdrukking *nf* **2** *(suffocation)* benauwdheid *nf*
opprimer *vt* onderdrukken
opter (pour) *vi* kiezen (voor)
opticien, -ienne *n* opticien(ne) *nm (nf)*
optimal *adj* optimaal
optimisme *nm* optimisme *het*
optimiste *adj* optimistisch; **l'optimiste** de optimist(e)
optimum *nm* (het) optimale
option *nf* **1** *(choix)* keus *de* **2** *(promesse de vente)* optie *nf*
optionnel *adj* keuze-
optique[1] *nf* **1** *(science; industrie)* optica *nf* **2** *(point de vue)* gezichtspunt *het* **3** *(d'une caméra, d'un microscope)* optiek *nf*
optique[2] *adj* **1** *(œil, la vision)* gezichts-; **nerf ~** gezichtszenuw **2** *(science optique)* optisch
opulence *nf* **1** *(abondance)* weelde *de* **2** *(des formes)* weelderigheid *nf*
opulent *adj* **1** *(prospère)* welvarend **2** *(fort)* weelderig
or[1] *nm* goud *het;* **~ en barre** goudstaaf; **couvrir d'~** met geld overladen; **d'~, en ~** gouden, van goud; **l'~ noir** het zwarte goud; **pièces d'~** goudstukken; **en plaqué ~** doublé; **rouler sur l'~** schatrijk zijn; **pour tout l'~ du monde** voor geen goud
or[2] *conj* **1** *(transition)* welnu *(interj.)* **2** *(opposition)* echter *(jamais en tête de proposition)*
oracle *nm* orakel *het*
orage *nm* **1** *(tempête)* onweer *het;* **le temps est à l'~** er is onweer op komst **2** *(dispute)* storm *nm;* **sentir venir l'~** de bui al zien hangen; **il y a de l'~ dans l'air** er is onweer aan de lucht
orageux *adj* **1** *(météo.)* onweerachtig; **chaleur orageuse** drukkende warmte **2** *(tumultueux)* stormachtig; **discussion orageuse** stormachtige discussie
oral *adj* **1** *(verbal)* mondeling; **examen ~** mondeling examen; **l'oral** het mondeling (examen) **2** *(buccal)* oraal, mond-
orange *nf* **1** *(fruit)* sinaasappel *nm* **2** *(couleur)* oranje *het;* **des rubans ~** oranje(kleurige) lintjes
orangeade *nf* sinaasappel(limonade) *nm (de)*
oranger *nm* sinaasappelboom *nm*
orang-outan(g) *nm* orang-oetang *nm*
orateur, -trice *n* spreker, spreekster *nm,f*
oratoire[1] *nm* huiskapel *de*
oratoire[2] *adj* redekunstig
orbital *adj* orbitaal; **station ~e** ruimtestation in een baan rond de aarde
orbite *nf* **1** *(biol.)* oogkas *de* **2** *(astronaut.)* (loop)baan *de;* **mettre en ~, placer sur ~** in een baan brengen, *(fig.)* lanceren **3** *(sphère d'influence)* (invloeds)sfeer *de*
orchestre *nm* **1** *(musiciens)* orkest *het* **2** *(places assises)* stalles *plur*
orchestrer *vt* **1** *(mus.)* orkestreren **2** *(organiser)* organiseren
orchidée *nf* orchidee *de*
ordinaire[1] *nm* **1** *(habitude)* (het) gewone; **d'~** gewoonlijk; **sortir de l'~** bijzonder zijn **2** *(essence ordinaire)* normale benzine *de* **3** *(alimentation)* dagelijkse kost *nm*
ordinaire[2] *adj (habituel)* gewoon; **avec sa gaieté ~** met de hem, haar eigen vrolijkheid; **ça alors, c'est pas ~!** dat is raar!
ordinal *adj* rang-; **le (nombre) ~** het rangtelwoord
ordinateur *nm* computer *nm;* **~ individuel, personnel** personal computer, pc; **assisté par ~** computerondersteund
ordonnance *nf* **1** *(jur.)* beschikking *nf* **2** *(méd.)* (dokters)recept *het;* **délivré seulement sur ~** alleen op recept verkrijgbaar **3** *(agencement)* ordening *nf*
ordonné *adj* **1** *(en bon ordre)* geordend; **discours ~** heldere speech **2** *(qui a de l'ordre)* ordelijk
ordonner *vt* **1** *(arranger)* ordenen **2** *(commander)* bevel geven tot; **~ à qn de se taire** iem zeggen dat hij stil moet zijn; **~ que** be-

velen dat **3** *(consacrer)* wijden; ~ **qn prêtre** iem tot priester wijden
ordre *nm* **1** *(agencement; disposition; méthode; norme)* orde *de;* **avoir de l'~** ordelijk zijn; **mettre de l'~ dans** opruimen, ordenen; **dans l'~ chronologique** chronologisch; **manquer d'~** slordig zijn; **mettre de l'~** orde scheppen; **par ~ alphabétique** alfabetisch gerangschikt **2** *(absence d'anarchie)* openbare orde *de;* **l'~ établi** de gevestigde orde; **rappeler qn à l'~** iem tot de orde roepen; **rentrer dans l'~** weer normaal worden **3** *(corporation)* orde *de;* **entrer dans les ~s** intreden **4** *(catégorie)* categorie *nf;* **dans cet ~ d'idées** in verband hiermee; **c'est dans l'~ des choses** dat is de normale gang van zaken; **de l'~ de** *(+ un chiffre)* rondom en nabij de; **de dernier ~** erbarmelijk slecht; **de premier ~** eersteklas- **5** *(commandement)* bevel *het;* **à vos ~s!** tot uw orders!; **je n'ai pas d'~ à recevoir** ik kan mijn eigen boontjes wel doppen; **être aux ~s de** ter beschikking staan van; **donner l'~ de** het bevel geven om te; **jusqu'à nouvel ~** tot nader order; **par ~ de, sur l'~ de** in opdracht van **6** *(commande)* order *de;* ~ **d'achat** kooporder ♦ **à l'~ du jour** actueel; **l'~ du jour** de (vergader)agenda
ordure *nf* **1** *(immondice, détritus)* vuil *het (sing.), (plur.)* vuilnis *het/de (f);* **jeter, mettre aux ~s** weggooien; **~s ménagères** huisvuil **2** *(obscénité)* vies woord *het* **3** *(salaud)* gore smeerlap *nm*
ordurier *adj* vuil, smerig
orée *nf* zoom *nm*
oreille *nf* oor *het;* **casser les ~s** te veel lawaai maken; **ne pas en croire ses ~s** zijn oren niet kunnen geloven; **dire qch à l'~ de qn** iem iets in het oor fluisteren; **dresser, tendre l'~** zijn oren spitsen; **être dur d'~, avoir l'~ dure** hardhorend zijn; **ce n'est pas tombé dans l'~ d'un sourd** dat is niet voor dovemansoren gezegd; **avoir l'~ fine** een scherp gehoor hebben; **prêter l'~ (à)** luisteren; **faire la sourde ~** zich Oost-Indisch doof houden; **dormir sur ses deux ~s** slapen als een roos, *(fig.)* ergens volkomen gerust op zijn; **se faire tirer l'~** zich laten bidden en smeken
oreiller *nm* hoofdkussen *het*
oreillette *nf* oordopje *het*, oortje *het*
oreillons *nm* bof *nm (sing.)*
ores ♦ **d'~ et déjà** van nu af aan
orfèvre *nm* edelsmid *nm;* **être ~ en la matière** ter zake kundig zijn
orfèvrerie *nf* **1** *(métier, art)* edelsmeedkunst *nf* **2** *(objets en or)* goudsmidswerk *het*
organe *nm* **1** orgaan *het;* **~s des sens** zintuigen **2** *(institution)* instelling *nf* **3** *(plur.) (sexe)* genitaliën *plur*
organigramme *nm* **1** *(tableau schématique)* organisatieschema *het* **2** *(inform.)* blokschema *het*
organique *adj* **1** *(propre aux organ(ism)es)* organisch **2** *(congénital)* aangeboren **3** *(propre à l'organisation)* organiek
organisateur, -trice *n* organisaltor, -trice *nm,f*
organisation *nf* organisatie *nf;* **Organisation de Coopération et de Développement Economique, OCDE** Organisatie voor Economische Samenwerking en Ontwikkeling, OESO; *(inform.)* ~ **des données** gegevensbeheer; **Organisation Non Gouvernementale, ONG** niet-gouvernementele organisatie, ngo; ~ **des loisirs** recreatiebeleid; **Organisation Mondiale de la Santé, OMS** Wereldgezondheidsorganisatie, WHO; **Organisation des Nations Unies, ONU** Verenigde Naties, VN; ~ **syndicale** vakorganisatie; **Organisation du Traité de l'Atlantique Nord, OTAN** Noord-Atlantische Verdragsorganisatie, NAVO
organisé *adj* **1** *(disposé, agencé)* georganiseerd; **voyage ~** groepsreis **2** *(méthodique)* methodisch; **une personne bien ~e** iem die alles goed voor elkaar heeft
organiser[1] *vt* **1** *(agencer)* ordenen; ~ **son temps** zijn tijd goed indelen **2** *(préparer)* organiseren; ~ **une rencontre** een ontmoeting tot stand brengen
s'organiser[2] *vpr* **1** *(organiser ses activités)* plannen; **il sait s'~** hij weet hoe hij het aan moet pakken **2** *(être fait)* geregeld worden, in orde komen
organisme *nm* **1** *(corps)* organisme *het* **2** *(organisation)* instelling *nf*
orgasme *nm* orgasme *het*
orge *nf* gerst *de*
orgie *nf* **1** orgie *nf* **2** *(+ de) (excès)* orgie (van) *nf*, overdaad (van) *de*
orgue *nm* orgel *het;* ~ **de Barbarie** draaiorgel
orgueil *nm* **1** *(fierté)* trots *nm;* **par ~** uit trots; **tirer ~ de qch** trots op iets zijn **2** *(présomption)* hoogmoed *nm*
orgueilleux *adj* **1** *(+ de) (fier)* trots (op) **2** *(péj.) (présomptueux)* hoogmoedig
Orient *nm* Oosten *het*
orientable *adj* verstelbaar
oriental *adj* **1** *(situé à l'est)* oostelijk **2** *(de l'Orient)* oosters; **l'Oriental(e)** de oosterling(e)
orientation *nf* **1** *(détermination des points cardinaux)* oriëntatie *nf;* **avoir le sens de l'~** een goed oriënteringsvermogen hebben **2** *(situation)* ligging *nf* **3** *(direction)* richting *nf* ♦ ~ **professionnelle** beroepskeuzevoorlichting
orienté *adj* **1** *(+ à) (par rapport aux points cardinaux)* gelegen (op) **2** *(tendancieux)* tendentieus
orienter[1] *vt* **1** oriënteren **2** *(+ vers) (diriger)* oriënteren (op); ~ **les recherches** het onderzoek een bepaalde richting geven **3** *(indiquer la direction à)* oriënteren; ~ **un élève** een leerling voorlichten bij studie- en beroepskeuze
s'orienter[2] *vpr* **1** *(repérer sa position)* zich oriënteren **2** *(+ vers) (diriger son activité vers)* zich richten (op)
orifice *nm* opening *nf*
origan *nm* (wilde) marjolein *de*
originaire *adj* **1** *(+ de) (natif)* afkomstig

(van, uit) **2** *(à l'origine d'une chose)* oorspronkelijk
original *adj* **1** origineel **2** *(primitif)* origineel; **copie ~e** kopie van het origineel; **l'original** het origineel **3** *(bizarre)* zonderling; **l'original** de zonderling
originalité *nf* originaliteit *nf*
origine *nf* oorsprong *nm;* **à l'~** oorspronkelijk; **avoir, prendre son ~ dans qch** zijn oorsprong in iets vinden; **emballage d'~** oorspronkelijke verpakking; **être à l'~ de** de oorzaak zijn van
originel *adj* oorspronkelijk
orme *nm* **1** *(arbre)* iep(enboom) *nm* **2** *(bois)* iepenhout *het*
ornement *nm* **1** *(décoration)* versiering *nf* **2** *(motif)* ornament *het*
orner (de) *vt* (ver)sieren (met)
ornière *nf* **1** (wagen)spoor *het* **2** *(routine)* routine *nf;* **sortir de l'~** de sleur doorbreken, *(fig.)* uit de nesten raken
orphelin, -ine *n* wees *nm*, weeskind *het (m), het (f);* **être ~ de père** geen vader meer hebben
orphelinat *nm* weeshuis *het*
ORSEC *nf* hulporganisatie *nf;* **le plan ~** het departementale rampenplan
orteil *nm* teen *nm*
orthodoxe *adj* orthodox
orthogonal *adj* rechthoekig
orthographe *nf* spelling *nf*
orthographier[1] *vt* spellen
s'orthographier[2] *vpr* gespeld worden
orthopédique *adj* orthopedisch
orthopédiste *n* orthopeed *nm*
orthophoniste *n* logopedist(e) *nm (nf)*
ortie *nf* brandnetel *de;* **~ blanche** witte dovenetel
os *nm* **1** been *het*, bot *het;* **~ à moelle** mergpijp; **trempé jusqu'aux ~** doornat; **il ne fera pas de vieux ~** hij wordt niet oud **2** *(à ronger)* bout *nm;* **tomber sur un ~** op een onverwachte moeilijkheid stuiten
oscillation *nf* **1** *(balancement)* schommeling *nf* **2** *(fluctuation)* fluctuatie *nf* **3** *(phys.)* oscillatie *nf*
osciller *vi* **1** *(se balancer)* schommelen **2** *(hésiter)* weifelen **3** *(phys.)* oscilleren
osé *adj* gewaagd
oseille *nf* **1** *(bot.)* zuring *de* **2** *(argent)* poen *het/de*
oser *vt* durven; **si j'ose dire** als ik dat zo mag zeggen; **il faut ~** je moet risico's durven nemen
osier *nm* **1** *(saule)* teenwilg *nm* **2** *(rameau)* teen *nm*
ossature *nf* **1** *(ensemble des os)* gebeente *het* **2** *(charpente)* frame *het*
ossements *nm* beenderen *plur*
osseux *adj* **1** been- **2** *(maigre)* knokig
ostensible *adj* ostentatief
ostentation *nf* (uiterlijk) vertoon *het;* **faire ~ de qch** met iets te koop lopen; **par pure ~** alleen voor de show
ostracisme *nm* ostracisme *het*
otage *nm* gijzelaar *nm;* **prendre en ~** gijzelen; **prise d'~(s)** gijzeling
otarie *nf* oorrob *nm*
ôter *vt* **1** *(enlever)* wegnemen; **~ qch à qn** iets van iem afpakken; **~ la vie à qn** iem van het leven beroven **2** *(vêtement)* uittrekken, uitdoen **3** *(+ de) (déduire)* aftrekken (van); **3 ôté de 5 égale 2** 5 min 3 is 2
otite *nf* oorontsteking *nf*
oto-rhino-laryngologiste, oto-rhino, ORL *n* keel-, neus- en oorarts *nm*, knoarts *nm*
ou *conj* of; **~ alors** of anders; **~ bien c'est lui ~ bien c'est moi** of hij of ik
où *pron rel, adv* waar; **d'~ vient que?** hoe komt het dat?; **d'~ venaient-ils?** waar kwamen ze vandaan?; **d'~ mon étonnement** vandaar mijn verbazing; **la maison d'~ il sort** het huis waaruit hij komt; **à l'époque ~ j'allais à l'école** in de tijd dat ik naar school ging; **par ~ commencer** waar te beginnen
ouais! *interj* jaja!
ouate *nf* watten *plur*
oubli *nm* **1** (het) vergeten **2** *(omission)* verzuim *het* **3** *(étourderie)* onoplettendheid *nf* **4** *(oubli général)* vergetelheid *nf*
oublier[1] *vt* vergeten *(parfait + hebben: défaillance de la mémoire; + zijn: oubli de l'existence de);* **se faire ~** zorgen dat men niet meer opvalt
s'oublier[2] *vpr* **1** *(ne pas penser à soi)* niet aan zichzelf denken **2** *(manquer aux égards dus à qn)* zich laten gaan **3** *(être oublié)* vergeten worden
ouest *nm* westen *het;* **à l'~** *(emploi absolu)* in het westen; **à l'~ de** ten westen van; **la banlieue ~ de Paris** de westelijke voorsteden van Parijs; **la côte ~** de westkust
ouf! *interj* hèhè!
oui[1] *nm* ja(woord) *het;* **pour un ~ (ou) pour un non** om het minste of geringste
oui[2] *adv* **1** ja; **croire que ~** geloven van wel; **mais ~** ja natuurlijk; **si ~** zo ja **2** *(interrogation)* echt waar?
ouï-dire *nm* gerucht *het;* **apprendre qch par ~** iets bij geruchte vernemen
ouïe *nf* **1** *(audition)* gehoor *het;* **être tout ~** een en al oor zijn **2** *(plur.) (d'un poisson)* kieuwen *plur*
ouille *interj* au!
ouragan *nm* orkaan *nm;* **arriver comme un ~** als een wervelwind binnenstuiven
ourler (de) *vt* omranden (met)
ourlet *nm* **1** *(repli d'étoffe)* zoom *nm* **2** *(bord)* rand *nm*
ours *nm* **1** beer *nm;* **~ blanc, polaire** ijsbeer; **~ brun** bruine beer; **~ en peluche** teddybeer **2** *(personne)* brombeer *nm*
ourse *nf* berin *nf* ♦ **la Grande Ourse, la Petite Ourse** de Grote, de Kleine Beer
oursin *nm* zee-egel *nm*
ourson *nm* berenjong *het*
oust!, ouste! *interj* vort!
outil *nm* werktuig *het (aussi au fig.), (plur.)* gereedschap *het*
outillage *nm* uitrusting *nf*
outillé *adj* uitgerust (voor); **bien, mal ~** goed, slecht toegerust *(aussi au fig.)*
outrage (à) *nm* grove belediging (van)

nf; ~ **aux bonnes mœurs, à la pudeur** zedenmisdrijf
outrager *vt* **1** *(offenser)* ernstig beledigen **2** *(contrevenir à)* kwetsen
outrance *nf* overdrijving *nf;* **à** ~ tot het uiterste
outre *prép* behalve; **en** ~ bovendien; ~ **mesure** bovenmatig, uitermate ♦ **passer** ~ doorgaan, *(fig.)* over het hoofd zien
outré *adj* **1** *(exagéré)* overdreven **2** *(+ de, par) (scandalisé)* verontwaardigd (over)
outre-Manche *adv* aan de overzijde van het Kanaal, in Groot-Brittannië
outre-mer *adj* ♦ **départements d'**~ overzeese gebiedsdelen
outrepasser *vt* te buiten gaan
outrer *vt* **1** *(exagérer)* overdrijven **2** *(scandaliser)* verontwaardigen
outre-Rhin *adv* aan de andere kant van de Rijn, in Duitsland
ouvert (à) *adj* open (voor); **grand** ~ wijd open
ouverture *nf* **1** opening *nf;* **l'**~ **d'un compte en banque** het openen van een bankrekening **2** *(d'esprit)* openheid *nf* **3** *(mus.)* ouverture *nf*
ouvrable *adj* ♦ **jour** ~ werkdag
ouvrage *nm* **1** *(travail)* werk *het;* ~**s de dames** (dames)handwerken **2** *(écrit)* werk *het (sing. et plur.);* ~ **de référence** naslagwerk
ouvrant *adj* ♦ **toit** ~ schuifdak
ouvre-boîte *nm* blikopener *nm*
ouvre-bouteille *nm* flesopener *nm*
ouvrier[1], **-ière** *n* arbeid(st)er *nm (nf);* ~ **du bâtiment** bouwvakker; ~ **qualifié** geschoold arbeider; ~ **spécialisé, OS** geoefend arbeider
ouvrier[2] *adj* arbeiders-; **classe ouvrière** werkende klasse
ouvrir[1] *vi* **1** *(être ouvert)* opengaan **2** *(+ sur) (donner accès)* toegang geven (tot) **3** *(commencer)* beginnen
ouvrir[2] *vt* **1** *(+ à) (ne pas fermer)* openen (voor); ~ **l'appétit à qn** iemands eetlust opwekken; ~ **le gaz** het gas aandoen; ~ **l'œil** opletten; ~ **un passage à qn** een weg voor iem banen; ~ **la porte à** de deur openzetten voor; ~ **un robinet** een kraan opendraaien; ~ **les yeux à qn** iem de ogen openen **2** *(commencer)* openen; ~ **un dossier** een dossier aanleggen
s'ouvrir[3] *vpr* **1** opengaan; **il s'est ouvert à son amie** hij heeft zijn hart bij zijn vriendin uitgestort; **la foule s'ouvre sur son passage** de menigte wijkt voor hem uiteen **2** *(+ sur) (donner sur)* toegang geven (tot) *(donner accès)*, uitzien (op) **3** *(+ à) (devenir accessible à)* ontvankelijk zijn (voor) **4** *(+ par) (commencer)* beginnen ♦ **s'**~ **le crâne en tombant** een gat in zijn hoofd vallen; **s'**~ **les veines** z'n polsen opensnijden
ovaire *nm* eierstok *nm*
ovale *adj* ovaal; **l'ovale** het ovaal
ovation *nf* ovatie *nf*
overdose *nf* overdosis *nf*
ovni *nm* ufo *nm*
ovulation *nf* eisprong *nm*
ovule *nm* **1** *(biol.)* (rijpe) eicel *de* **2** *(pharm.)* (vaginale) zetpil *de*
oxydation *nf* oxidatie *nf*, (het) oxideren
oxyde *nm* oxide *het;* ~ **de carbone** kool(stof)monoxide
oxyder[1] *vt* oxideren
s'oxyder[2] *vpr* oxideren
oxygène *nm* zuurstof *de*
oxygéné *adj* **1** *(contenant de l'oxygène)* zuurstofhoudend; **eau** ~**e** waterstofperoxide **2** *(décoloré)* gebleekt, geblondeerd
oxygéner[1] *vt* met zuurstof verbinden
s'oxygéner[2] *vpr* frisse lucht happen
ozone *nm* ozon *het/de (m)*

p

p *nm* p *de;* **p comme Pierre** de p van Pieter
pacifier *vt* **1** *(ramener à la paix)* de rust herstellen in **2** *(calmer)* kalmeren
pacifique *adj* **1** *(qui aime la paix)* vredelievend **2** *(paisible)* vreedzaam
pacifisme *nm* pacifisme *het*
pacifiste *adj* pacifistisch; **le, la** ~ de pacifist(e); **manifestation** ~ vredesdemonstratie
pacotille *nf* rommel *nm*
pacte *nm* pact *het*
pactiser (avec) *vi* **1** *(transiger)* het op een akkoordje gooien (met) **2** *(conclure un accord)* een pact sluiten met
pactole *nm* goudmijn *de*
pagaie *nf* peddel *nm*
pagaïe, pagaille *nf* rotzooi *de; (en désordre)* **en** ~ overhoop; **mettre la** ~ er een puinhoop van maken ♦ *(en abondance)* **en** ~ plenty
pagaye *nf* → **pagaïe**
pagayer *vi* pagaaien
page *nf* bladzijde (blz.) *de*, pagina (p., pag.) *de; (fig.)* **être à la** ~ bij zijn; ~ **de garde** schutblad; **~s jaunes** goudengidsgedeelte van telefoongids; **mettre en ~s** opmaken; **en première** ~ op de voorpagina; **tourner une** ~ een bladzijde omslaan, *(fig.)* op iets anders overgaan
paie *nf* → **paye**
paiement *nm* betaling *nf*
païen *adj* heidens; **le, la ~(ne)** de heiden, de heidin
paillard *adj* wulps
paillasse *nf* stromatras *het/de*
paillasson *nm* deurmat *de*
paille *nf* **1** *(chaume)* stro *het;* **tirer à la courte** ~ strootje trekken; ~ **de fer** staalwol **2** *(pour boire)* rietje *het* ♦ **être sur la** ~ straatarm zijn, zwarte sneeuw zien; *(fig.)* **mettre qn sur la** ~ iem ruïneren
paillette *nf* **1** *(lamelle brillante)* lovertje *het* **2** *(d'or)* goudschilfer *nm*
pain *nm* **1** *(aliment)* brood *het;* ~ **complet** volkorenbrood; ~ **d'épice(s)** ontbijtkoek, *(Belg.)* peperkoek; **gagner son** ~ zijn boterham verdienen; ~ **de mie** casino(brood); **ôter à qn le** ~ **de la bouche** iem het brood uit de mond stoten; ~ **perdu** wentelteefjes; ~ **rassis** oud brood; ~ **de seigle** roggebrood; **se vendre comme des petits ~s** als warme broodjes de deur uit vliegen; **il y a du** ~ **sur la planche** er is veel werk aan de winkel **2** *(masse comparée à un pain)* stuk *het;* ~ **de sucre** suikerbrood ♦ **ça ne mange pas de** ~ dat kost niks
pair[1] *nm* gelijke *nm;* **aller de** ~ gelijke tred houden (met); **sans, hors** ~ ongeëvenaard ♦ *(en Bourse)* **au** ~ a pari; **travailler au** ~ au pair werken
pair[2] *adj* even; **nombre** ~ even getal
paire *nf* paar *het;* ~ **de ciseaux** schaar; **une** ~ **de gants** een paar handschoenen; ~ **de lunettes** bril
paisible *adj* vredig
paître *vi (brouter)* grazen
paix *nf* **1** *(concorde)* vrede *de;* **faire la** ~ vrede sluiten **2** *(calme)* rust *de;* **(foutez-moi, fichez-moi) la ~!** laat me met rust!
palace *nm* luxehotel *het*
palais *nm* **1** *(résidence d'un souverain)* paleis *het* **2** *(palais de justice)* gerechtsgebouw *het* **3** *(biol.)* gehemelte *het;* **flatter le** ~ de tong strelen
palan *nm* takel *het/de (m)*
pale *nf* schroefblad *het*
pâle *adj* **1** bleek; **bleu** ~ lichtblauw; *(milit.)* **se faire porter** ~ op ziekenrapport gaan **2** *(médiocre)* kleurloos
palestinien *adj* Palestijns; **le, la Palestinien(ne)** de Palestijn(se)
palette *nf* **1** (kleuren)palet *het* **2** *(pour marchandises)* pallet *nm*
pâleur *nf* bleekheid *nf*
palier *nm* **1** *(plate-forme)* overloop *nm* **2** *(partie horizontale)* horizontaal gedeelte *het* **3** *(état stable)* stabiele toestand *nm;* **par ~s** trapsgewijs
pâlir[1] *vi* **1** *(devenir pâle)* bleek worden; **faire** ~ **d'envie** verschrikkelijk jaloers maken **2** *(perdre son éclat)* verbleken
pâlir[2] *vt (rendre pâle)* bleek maken
palissade *nf* omheining *nf*
palliatif *nm* lapmiddel *het*
pallier *vt* verdoezelen

palmarès *nm* **1** *(hit-parade)* hitparade *nf* **2** *(liste de lauréats)* lijst *de* van winnaars
palme *nf* **1** *(de palmier)* palm *nm* **2** *(victoire)* zegepalm *nm;* **remporter la** ~ de zege behalen **3** *(en plongée)* zwemvlies *het*
palmé *adj* **1** *(bot.)* handvormig **2** *(zool.)* van zwemvliezen voorzien
palmier *nm* **1** *(arbre)* palm(boom) *nm* **2** *(gâteau)* waaiertje *het*
palourde *nf* schelpdier *het*
palper *vt* **1** *(examiner en touchant)* betasten **2** *(aussi v. intrans.) (toucher de l'argent)* beuren
palpitant *adj* **1** *(qui bat fort)* bonzend **2** *(tremblant)* trillend **3** *(émouvant)* aangrijpend
palpitation *nf* **1** *(frémissement)* (het) trillen **2** *(du cœur)* hartklopping *nf*
palpiter *vi* **1** *(battre fort)* heftig bonzen **2** *(avoir une tachycardie)* hartkloppingen hebben **3** *(être agité)* trillen
paludisme *nm* malaria *de*
pamphlet *nm* pamflet *het*
pamplemousse *nm* grapefruit *nm*, pompelmoes *de*
pan *nm* **1** *(d'un vêtement)* slip *de* **2** *(d'étoffe)* baan *de* **3** *(de mur)* vak *het*
pan! *interj* **1** *(coup de fusil)* paf! **2** *(vlan!)* pats!
panacée *nf* wondermiddel *het*
panache *nm* **1** *(fière allure)* zwier *nm;* **avoir du** ~ zwier hebben **2** *(faisceau de plumes)* vederbos *nm*
panaché *adj* **1** *(bariolé)* bont(gekleurd) **2** *(mélangé)* gemengd; **(demi)** ~ sneeuwwitje
panaris *nm* omloop *nm*
pancarte *nf* bordje *het*
pancréas *nm* alvleesklier *de*
panel *nm* representatieve steekproef *de*
paner *vt* paneren
panier *nm* **1** *(corbeille)* mand *de;* **un ~ de crabes** een clubje vol haat en nijd; **jeter au** ~ in de prullenmand werpen; **~ de la ménagère** boodschappenpakket van de huisvrouw; **mettre dans le même** ~ over één kam scheren; **~ à pain** broodmandje; **~ percé** bodemloos vat; **~ à salade** slamand, *(fig.)* boevenwagen **2** *(contenu du panier)* mandvol *de;* **~ de pain** mandje brood **3** *(sports)* korf *nm*
panique *nf* paniek *nf;* **une peur** ~ een panische angst; **être pris de** ~ in paniek raken
paniquer[1] *vi (s'affoler)* van de wijs raken, *(Belg.)* panikeren
paniquer[2] *vt (affoler)* van de wijs brengen
panne *nf* pech *nm (sans art.);* **~ de courant** stroomonderbreking; *(véhicule, qn)* **être en** ~ pech hebben; **être en ~ d'essence, en ~ sèche** zonder benzine staan ♦ *(fig.)* **être en ~ de qch** zonder iets zitten
panneau *nm* **1** *(partie mobile)* paneel *het* **2** *(d'inscription)* bord *het;* **~ d'affichage** mededelingenbord; **~ de signalisation** verkeersbord **3** *(pour prendre le gibier)* net *het; (fig.)* **tomber dans le** ~ in de val lopen
panonceau *nm* uithangbord *het*
panoplie *nf* **1** *(ensemble de moyens)* arsenaal *het* **2** *(déguisement)* pak *het*
panorama *nm* panorama *het*
panoramique *adj* panorama-; **vue** ~ weids uitzicht, *(fig.)* overzicht(sbeeld)
panse *nf* **1** *(d'un ruminant)* pens *de* **2** *(bedaine)* dikke pens *de*
pansement *nm (compresses)* verband *het*
panser *vt* verbinden
pantalon *nm* (lange) broek *de*
panthère *nf* panter *nm*
pantin *nm (jouet)* (leden)pop *de*
pantomime *nf* **1** (panto)mime *de* **2** *(attitude affectée)* aanstellerij *nf*
pantouflard *adj* huiselijk; **le** ~ de huismus
pantoufle *nf* pantoffel *de*, slof *nm;* **en ~s** op zijn sloffen
paon, paonne *n* pauw(in) *nm (nf)*
papa *nm* pappa *nm;* **de** ~ van vroeger ♦ **à la** ~ op z'n dooie akkertje
papauté *nf* **1** *(fonction)* pausschap *het* **2** *(gouvernement)* pausdom *het*
pape *nm* paus *nm*
paperasse *nf* **1** *(plur.) (papiers)* paperassen *plur* **2** *(sing.) (papiers inutiles)* papieren rompslomp *nm*
papeterie *nf* **1** *(fabrication)* papierfabricage *nf* **2** *(fabrique)* papierfabriek *nf* **3** *(magasin)* kantoorboekhandel *nm*
papetier, -ière *n* **1** *(fabricant(e))* papierfabrikant(e) *nm (nf)* **2** *(commerçant(e))* handelaar(ster) *nm (nf)* in kantoorbehoeften
papi *nm* opaatje *het (m)*
papier *nm* **1** *(matière; feuille)* papier *het;* **~ bible** dundrukpapier; **~ à cigarettes** sigarettenpapier; **de, en** ~ van papier, papieren; **~ hygiénique** toiletpapier; **jeter sur le** ~ op papier zetten; **~ à lettres** postpapier; **~ peint** behang; **du ~ recyclé** kringlooppapier; **sur le** ~ op papier; **~ de verre** schuurpapier; **~ buvard** vloeipapier **2** *(plur.) (documents)* documenten *plur*, papieren *plur* **3** *(article)* stuk *het* ♦ **~ (d')aluminium** aluminiumfolie; **être dans les petits ~s de qn** bij iem in een goed blaadje staan
papillon *nm* **1** *(insecte)* vlinder *nm* **2** *(contravention)* bon *nm* **3** *(écrou)* vleugelmoer *de*
papilloter *vi* **1** *(cligner des paupières)* knipp(er)en **2** *(scintiller)* flikkeren
papotage *nm* geklets *het (sing.)*
papoter *vi* kletsen
paprika *nm* paprika *de*
paquebot *nm* passagiersschip *het*
pâquerette *nf* madeliefje *het*
Pâques *nf* Pasen *nm;* **à** ~ met Pasen
paquet *nm* **1** *(colis; emballage)* pak(je) *het;* **faire ses ~s** zich reisvaardig maken **2** *(masse; grande quantité)* massa *de; (fig.)* **un ~ de nerfs** één bonk zenuwen ♦ **mettre le** ~ alles op alles zetten; **risquer le** ~ het erop wagen

par *prép* **1** *(à travers; grâce à l'action de)* door; **je l'ai appris ~ les voisins** ik heb het van de buren vernomen; **être détruit ~ un incendie** door brand verwoest worden; **faire faire qch ~ qn** iem iets laten doen **2** *(en parcourant un lieu)* door(heen); **~ ici** hier(langs), deze kant uit **3** *(emploi distributif)* per **4** *(à (un endroit))* op; **~ terre** op de grond **5** *(pendant)* op; **~ une belle journée d'été** op een mooie zomerdag; **~ ce temps** bij dit weer **6** *(pour motif de)* wegens, uit; **~ devoir** uit plichtsbesef ♦ **de ~ le monde** overal op de wereld; **de ~ sa nature** van nature; **qu'entendez-vous ~ là?** wat verstaat u daaronder?

parabole *nf* **1** *(relig.)* gelijkenis *nf* **2** *(math.)* parabool *de*

parabolique *adj* parabolisch

parachutage *nm* **1** *(d'un avion)* (het) parachuteren **2** *(nomination inattendue)* bombardering *nf*

parachute *nm* parachute *nm*

parachuter *vt* **1** *(d'un avion)* droppen **2** *(nommer à une fonction)* bombarderen (tot)

parachutiste *n* parachutist(e) *nm (nf)*

parade *nf* **1** *(exhibition)* uiterlijk vertoon *het;* **de ~** *(solennel)* staatsie-, *(purement extérieur)* voor de show; **faire ~ de** geuren met **2** *(revue)* parade *nf* **3** *(avant une représentation)* voorvertoning *nf* **4** *(défense)* afweer *nm*

parader *vi* paraderen

paradis *nm* paradijs *het (aussi au fig.);* **le ~ terrestre** het aardse paradijs

paradisiaque *adj* paradijselijk

paradoxal *adj* paradoxaal

paradoxe *nm* paradox *nm*

paraffine *nf* paraffine *de*

parages *nm* streek (rond) *de*

paragraphe *nm* **1** *(division d'un écrit)* alinea *nf* **2** *(signe typographique)* paragraafteken *het*

paraître *vi* **1** *(devenir visible)* verschijnen, aanbreken *(jour)*, uitkomen *(livre);* **faire ~ un livre** een boek uitgeven; **vient de ~** zojuist verschenen **2** *(être visible)* verschijnen; **~ en public** in het openbaar optreden; **laisser ~ qch** iets laten blijken **3** *(sembler)* lijken; **à ce qu'il paraît** naar het schijnt; **elle ne paraît pas son âge** zij ziet er jonger uit dan zij is; **il paraît que, il paraîtrait que** het gerucht gaat, er is sprake van dat; **il paraît que oui** het schijnt zo

parallèle[1] *nm* **1** *(cercle)* breedtecirkel *nm*, parallel *de* **2** *(comparaison)* parallel (tussen) *de*

parallèle[2] *adj* **1** *(math.)* parallel (aan), evenwijdig (met); **la ~** de parallel **2** *(non officiel (sans être interdit))* alternatief

parallèlement *adv* **1** *(math.)* evenwijdig (met), parallel (aan) **2** *(en même temps)* gelijktijdig (met)

paralyser *vt* verlammen *(aussi au fig.)*

paralysie *nf* **1** *(méd.)* verlamming *nf* **2** *(impuissance)* onmacht *de*

paralytique *adj* verlamd; **le ~** de verlamde

paramédical *adj* paramedisch

paramètre *nm* parameter *nm*

paranoïaque *adj* paranoia-, paranoïde; **le ~** de paranoïcus

parapet *nm* leuning *nf*

paraphe *nm* paraaf *nm*

parapher *vt* paraferen

paraphrase *nf* parafrase *nf*

paraphraser *vt* parafraseren

parapluie *nm* paraplu *nm*

parascolaire *adj* buitenschools

parasite *adj* **1** *(bruits)* storend; **bruit ~** bijgeruis; *(com.)* **les ~s** de storingen **2** *(organismes)* woeker- ♦ **le ~** de klaploper *(pique-assiette)*

parasol *nm* parasol *nm*

paratonnerre *nm* bliksemafleider *nm (aussi au fig.)*

paravent *nm* **1** *(meuble)* kamerscherm *het* **2** *(couverture)* dekmantel *nm*

parc *nm* **1** *(jardin privé ou public)* park *het;* **~ d'attractions** pretpark, lunapark; **~ naturel** natuurgebied **2** *(enclos pour bétail)* omheind terrein *het* **3** *(bassin pour huîtres)* oesterbank *de;* **~ à huîtres** oesterbank **4** *(parking)* parkeerplaats *de;* **~ de stationnement** parkeerterrein **5** *(milit.)* depot *het/de (m)*

parcelle *nf* **1** *(portion de terrain)* perceel *het* **2** *(fragment)* stukje *het*

parce que *conj (cause)* omdat

parchemin *nm* **1** *(peau d'animal)* perkament *het* **2** *(document)* document *het*

par-ci *adv* ♦ **~, par-là** zo'n beetje overal *(un peu partout)*, altijd en eeuwig *(répétition)*

parcimonie *nf* karigheid *nf;* **avec ~** mondjesmaat

parcimonieux *adj* karig

parcmètre, parcomètre *nm* parkeermeter *nm*

parcourir *vt* **1** *(traverser)* doorkruisen; **un frisson lui parcourut le corps** er liep een rilling door hem heen; **~ le monde** de wereld afreizen **2** *(accomplir un trajet)* afleggen **3** *(lire rapidement)* doornemen, *(Belg.)* overlopen

parcours *nm* **1** *(trajet)* route *de;* **~ du combattant** stormbaan **2** *(sports)* parcours *het*

par-derrière *prép* **1** *(par le derrière de)* achter ... om **2** *(derrière le dos de)* achter de rug om van

par-dessous[1] *adv* eronder(door)

par-dessous[2] *prép* onder ... door

pardessus *nm* overjas *de*

par-dessus[1] *adv* erover(heen)

par-dessus[2] *prép* over ... heen; *(fig.)* **~ tout** vooral

par-devant *adv* van voren ♦ **~ notaire** ten overstaan van de notaris

pardon *nm* vergeving *nf;* **(je vous demande) ~** neem me niet kwalijk, sorry, pardon ♦ *(comment?)* **~?** sorry?

pardonnable *adj* vergeeflijk

pardonner *vt* **1** *(absoudre)* (iem) vergeven **2** *(excuser)* (iem) excuseren, (iem) niet kwalijk nemen **3** *(au négatif) (épargner)* sparen; **une erreur qui ne pardonne pas** een onherstelbare vergissing; **une maladie qui ne pardonne pas** een ongeneeslijke ziekte

paré *adj* **1** *(+ contre) (pour faire face)* voorbereid (op) **2** *(+ de) (orné de)* getooid (met)

pare-balles *nm* kogelvanger *nm*

pare-boue *nm* spatlap *nm*

pare-brise *nm* **1** *(paroi transparente)* windscherm *het* **2** *(vitre avant)* voorruit *de*

pare-chocs *nm* bumper *nm*

pareil[1] *n* gelijke *nm*, weerga *de;* **ne pas avoir son ~, sa ~le** zijns, haars gelijke niet hebben; **c'est du ~ au même** het is van hetzelfde laken een pak; **rendre la ~le à qn** iem met gelijke munt betalen; **sans ~** zonder weerga

pareil[2] *adj* **1** *(+ à) (équivalent)* gelijk (aan) **2** *(tel)* dergelijk

parent, parente *n* (bloed)verwant(e) *nm (nf);* **~s par alliance** aangetrouwde familie; **être ~ avec** familie zijn van; **être ~ de** verwant zijn aan

parenté *nf* **1** *(personnes)* (bloed)verwantschap *nf* **2** *(choses)* verwantschap *nf*

parenthèse *nf* **1** *(signe typographique)* (rond) haakje *het; (aussi au fig.)* **entre ~s** tussen (twee) haakjes, terloops; **fermer la ~** de haakjes sluiten; **mettre qch entre ~s** iets tussen haakjes zetten, *(fig.)* iets terzijde schuiven **2** *(phrase intercalaire)* tussenzin *nm*

parents *nm* **1** *(père et mère)* ouders *plur;* **~ adoptifs** pleegouders **2** *(famille)* familie *nf*

parer[1] **(à)** *vi (faire face)* voorzien (in)

parer[2] *vt* **1** *(éviter)* afwenden **2** *(arranger)* bereiden **3** *(orner de)* tooien (met)

se parer[3] **(de)** *vpr (se vêtir avec recherche)* zich mooi uitdossen, *(fig.)* pronken (met)

pare-soleil *nm* zonneklep *de*

paresse *nf* luiheid *nf*

paresser *vi* luieren

paresseux *adj* **1** *(fainéant)* lui; **le ~, la paresseuse** de luilak **2** *(organe)* traagwerkend

parfaire *vt* vervolmaken

parfait *adj* **1** *(irréprochable)* perfect **2** *(adv.) (bien sûr)* jazeker! ♦ *(ling.)* **le ~** de voltooid tegenwoordige tijd

parfois *adv* soms

parfum *nm* **1** *(senteur)* (aangename) geur *nm* **2** *(substance)* parfum *het/de (m)* **3** *(goût)* smaak *nm*

parfumé *adj* **1** *(imprégné de parfum 2)* geparfumeerd **2** *(aromatisé)* van een smaakje voorzien

parfumer[1] *vt* **1** *(imprégner d'une odeur agréable)* een (lekkere) geur geven aan **2** *(imprégner de parfum 2)* parfumeren (met) **3** *(aromatiser)* een smaak geven aan

se parfumer[2] *vpr (s'imprégner de parfum 2)* zich parfumeren (met)

parfumerie *nf* **1** *(produits)* cosmetica *plur* **2** *(boutique)* parfumerie(winkel) *nf (nm)*

pari *nm* weddenschap *nf;* **engager, faire un ~** een weddenschap aangaan

parier *vt* **1** *(engager un jeu dans un pari)* wedden; **~ cent euros** wedden om honderd euro **2** *(gager)* wedden; **je l'aurais parié!** als ik het niet dacht!

Paris *nm* Parijs *n*

parisien *adj* Parijs; **le, la Parisien(ne)** de Parijzenaar, Parisienne; **vie ~ne** Parijse leven

paritaire *adj* paritair

parité *nf* **1** *(écon.)* pariteit *nf* **2** *(égalité)* gelijkheid *nf*

parjure *adj* trouweloos; **le ~** de woordbreuk; **le, la ~** de trouweloze

parking *nm* parkeerterrein *het*, parking *nf*

parlant *adj* sprekend; **(cinéma) ~** sprekende film ♦ **généralement ~** in het algemeen gesproken

parlement *nm* parlement *het*

parlementaire *adj* parlementair *(aussi au fig.);* **le ~** de parlementariër

parlementer *vi* **1** *(négocier)* onderhandelen **2** *(discuter)* parlementeren

parler[1] *vi* spreken; **~ à qn** met, tegen iem praten; **les faits parlent d'eux-mêmes** de feiten spreken voor zichzelf; **on parle sans cesse d'intégrité** men heeft het steeds over integriteit; **de quoi ça parle, ce livre?** waar gaat dat boek over?; **~ pour ne rien dire** maar wat praten; **faire ~ qn** iem aan de praat krijgen; **~ mal de qn** kwaad over iem spreken; **n'en parlons plus** zand erover; **qu'on ne m'en parle plus** ik wil er niets meer over horen

parler[2] *vt* **1** *(pouvoir s'exprimer en)* spreken; **~ français** Frans spreken; **~ le français** Frans kunnen spreken **2** *(discuter qch)* praten over; **~ politique** over politiek babbelen

se parler[3] *vpr (communiquer)* met elkaar praten

parloir *nm* ontvangkamer *de*

parmi *prép* **1** *(au milieu d'objets)* tussen **2** *(avec des personnes)* onder **3** *(au nombre de; chez)* onder

parodie *nf* parodie *nf*

parodier *vt* **1** *(pasticher)* parodiëren **2** *(singer)* na-apen

paroi *nf* **1** *(d'une maison, d'un objet)* wand *nm*, (binnen)muur *nm* **2** *(d'une roche)* rotswand *nm*

paroisse *nf* parochie *nf*

parole *nf* **1** *(mot)* woord *het;* **mesurer ses ~s** zijn woorden wikken **2** *(fait de parler)* woord *het;* **adresser la ~ à qn** het woord tot iem richten; **couper la ~ à qn** iem in de rede vallen **3** *(promesse)* erewoord *het;* **n'avoir qu'une ~** zijn woord houden; **ma ~, il a raison!** verdomd, hij heeft gelijk!; **(ma) ~!, ~ d'honneur!** eerlijk waar! **4** *(faculté de parler)* spraak *de;* **perdre la ~** de spraak verliezen

paroxysme *nm* hoogtepunt *het*

parquer[1] *vt* **1** *(garer)* parkeren **2** *(mettre dans un enclos)* (op een omheind terrein) zetten

se parquer[2] *vpr (se garer)* (zijn auto) parkeren
parquet *nm* parket *het*
parrain *nm (d'un enfant baptisé)* peet(oom) *nm*, peter *nm*
parrainage *nm* **1** *(parrain d'un enfant)* peetschap *het* **2** *(d'une entreprise)* sponsoring *nf*
parrainer *vt (une entreprise)* sponsoren
parsemer *vt* **1** *(couvrir de)* bezaaien (met) **2** *(être répandu)* verspreid liggen
part *nf* **1** *(partie; ce qui revient à qn)* deel *het;* **faire la ~ des choses** inschikkelijk zijn *(être conciliant);* **faire ~ de qch à qn** iem iets mededelen; **avoir sa ~ du gâteau** ↑ meedelen in de winst; **pour ma ~** wat mij betreft; **prendre ~ à** deelnemen aan **2** *(contribution; quote-part)* aandeel *het;* **à ~ entière** volwaardig **3** *(côté)* kant *nm;* **à ~** apart; **à ~ ça** afgezien daarvan; **prendre à ~** apart nemen; **autre ~** ergens anders, elders; **d'une ~ ... d'autre ~** aan de ene kant ... aan de andere kant, enerzijds ... anderzijds; **de la ~ de** namens; **nulle ~** nergens; **quelque ~** ergens
partage *nm* **1** *(action de partager)* (ver)deling *nf* **2** *(résultat)* aandeel *het* **3** *(des voix)* staking *nf*
partager[1] *vt* **1** *(diviser; séparer)* verdelen, *(avec qn)* delen (met); **amour partagé** wederzijdse liefde **2** *(ne pas rendre unanime)* verdeeld houden; **les avis sont partagés** de meningen zijn verdeeld
se partager[2] *vpr* **1** *(diviser entre soi)* onderling delen **2** *(être divisé)* gedeeld worden
partance *nf* ♦ **en ~ pour** met bestemming *(suivi du nom de la ville, etc.)*
partant *nm (personne)* vertrekkende *nm* ♦ **être ~ pour** te vinden zijn voor
partenaire *n* partner *nm*
parterre *nm* **1** *(de fleurs)* bloemperk *het* **2** *(d'un théâtre)* parterre *het/de (m)*
parti[1] *nm* **1** *(pol.)* (politieke) partij *nf* **2** *(camp)* partij *nf;* **~ pris** vooroordeel **3** *(solution)* oplossing *nf;* **prendre le ~ de faire qch** besluiten tot het doen van iets; **prendre son ~ de qch, en prendre son ~** zich bij iets neerleggen, zich erbij neerleggen **4** *(avantage)* partij *nf;* **tirer ~ de** gebruikmaken van
parti[2] *adj (absent)* vertrokken
partial *adj* partijdig
participant *adj* deelnemend; **le ~** de deelnemer
participation *nf* **1** *(collaboration)* deelneming (aan) *nf (aussi jur.)* **2** *(contribution)* aandeel (in) *het*, bijdrage (aan) *de*
participer (à) *vi* **1** *(prendre part)* deelnemen (aan, in) **2** *(avoir part)* deelhebben (aan, in); **~ aux bénéfices** in de winst delen **3** *(payer sa part)* bijdragen (in)
particularité *nf* bijzonderheid *nf*
particule *nf* **1** *(très petite partie)* deeltje *het (aussi phys.)* **2** *(ling.)* voor- of achtervoegsel *het;* **avoir un nom à ~** een adellijke naam hebben
particulier *adj* **1** *(individuel)* persoonlijk; **parler à qn en ~** een privéonderhoud met iem hebben; **le ~** de particulier; **à titre ~** als particulier **2** *(adj.) (propre à)* eigen (aan); **~ à qn, qch** eigen aan, karakteristiek voor iem/iets **3** *(adj.) (spécial)* eigenaardig
partie *nf* **1** *(morceau, part)* gedeelte *het;* **en ~** gedeeltelijk; **en grande ~** grotendeels; **faire ~ de** deel uitmaken van; **la majeure ~** het merendeel (van) **2** *(d'un jeu)* spel(letje) *het;* **abandonner la ~** (de strijd) opgeven; **~ nulle** remise **3** *(divertissement)* partij *nf;* **être de la ~** van de partij zijn; **ce n'est pas une ~ de plaisir** dat is geen lolletje **4** *(jur.)* partij *nf;* **~ adverse** tegenpartij; **se porter ~ civile** smartengeld vragen **5** *(domaine)* vak *het;* **je ne suis pas de la ~** ik ben er niet in thuis ♦ **prendre qn à ~** iem ergens de schuld van geven; **ce n'est que ~ remise** uitstel is geen afstel
partiel *adj* gedeeltelijk; **examen ~** (deel)tentamen
partir *vi* **1** *(s'en aller)* vertrekken, weggaan; **~ à, pour** vertrekken naar; **~ en voyage** op reis gaan **2** *(commencer)* beginnen (met); **à ~ de** vanaf; **à ~ d'aujourd'hui** voortaan; **il est parti de rien** hij is met niets begonnen **3** *(disparaître)* verdwijnen
partisan *adj (adepte)* tot de aanhang(st)ers behorend (van); **être ~ de qch** vóór iets zijn; **le, la ~(e)** de aanhang(st)er
partition *nf* partituur *nf*
partout *adv* **1** *(en tous lieux)* overal **2** *(sports)* gelijk; **deux ~** twee-twee, twee gelijk
parure *nf* **1** *(ornements)* tooi *nm* **2** *(de bijoux)* garnituur *het*
parution *nf* (het) uitkomen *(d'un livre)*, (het) verschijnen *(d'un article, d'un livre)*
parvenir *vi* **1** *(atteindre)* (iets) bereiken, (aan)komen (bij); **faire ~ qch à qn** iem iets toezenden **2** *(réussir à)* slagen (in); **~ à** erin slagen te
pas[1] *nm* **1** *(enjambée)* pas *nm*, (voet)stap *nm;* **~ à ~** stapje voor stapje; **à ~ de loup** op de tenen (sluipend); **à deux ~ (d'ici)** vlakbij; **faire les cent ~** ijsberen; **faire un faux ~** struikelen, *(fig.)* een misstap begaan; **ne ~ quitter qn d'un ~** voortdurend achter iem aan lopen; **revenir sur ses ~** op zijn schreden terugkeren; **il n'y a qu'un ~** het is vlakbij, *(fig.)* het scheelt niet veel **2** *(façon de marcher)* gang *nm;* **au ~** in de pas; **rouler au ~** stapvoets rijden; **se mettre au ~** zich schikken; **de ce ~** stante pede **3** *(passage)* doorgang *nm;* **~ de la porte** drempel; **franchir le ~** de sprong wagen ♦ **~ de porte** sleutelgeld
pas[2] *adv* niet, geen; **ne ~ de, ne ... ~ de** geen; **~ mal de** heel wat; **ne ~, ne ... ~** niet; **~ du tout** helemaal niet
passable *adj* **1** *(acceptable)* nog net acceptabel **2** *(enseign.)* (net) voldoende
passade *nf* **1** *(liaison amoureuse)* avontuurtje *het* **2** *(goût passager de)* bevlieging (voor) *nf*
passage *nm* **1** *(chemin)* doorgang *nm;* **~ à niveau** overweg; **céder le ~** voorrang verlenen; **~ clouté** voetgangersoversteek-

plaats, zebra(pad); **prendre au** ~ onderscheppen; ~ **protégé** voorrangskruising; ~ **souterrain** (verkeers)tunnel **2** *(fait de passer qqp.)* doorloop *nm;* **au** ~ in het voorbijgaan; **être de** ~ **à** op doorreis, doortocht zijn in **3** *(d'un état à un autre)* overgang (naar) *nm* **4** *(extrait)* passage *nf*

passager¹, -ère *n* passagier *nm;* ~ **clandestin** verstekeling

passager² *adj* **1** *(adj.) (de passage)* voorbijgaand **2** *(court)* tijdelijk **3** *(adj.) (très fréquenté)* druk

passant¹, -ante *n* **1** *(promeneur, -euse)* voorbijgang(st)er *nm (nf)* **2** *(m.) (d'une courroie)* passant *nm*

passant² *adj* druk; **rue ~e** drukke straat

passe *nf (sports)* pass *nm* ♦ **être en** ~ **de** op het punt staan te; **être dans une mauvaise** ~ een rotperiode doormaken

passé¹ *nm* **1** *(ce qui est passé)* verleden *het;* **par le** ~ vroeger **2** *(ling.)* verleden tijd *nm;* ~ **composé** voltooid tegenwoordige tijd; ~ **simple** passé simple

passé² *adj* **1** *(ancien)* vroeger **2** *(précédent)* vorig **3** *(d'une couleur)* verbleekt ♦ **il est deux heures ~es** het is over tweeën

passe-montagne *nm* bivakmuts *de*

passe-partout¹ *nm* loper *nm*

passe-partout² *adj* altijd te gebruiken ♦ **mot** ~ stopwoord

passe-passe *nm* ♦ **tour de** ~ goocheltoer

passeport *nm* paspoort *het*

passer¹ *vi* **1** *(ne pas s'arrêter)* voorbijkomen; **en passant** in het voorbijgaan, terloops; **soit dit en passant** trouwens, tussen twee haakjes **2** *(avec prép.) (atteindre)* komen; ~ **avant** voorgaan *(fig.);* ~ **avant qn** iem voorgaan *(le précéder),* voor iem gaan *(être plus important que lui);* ~ **devant** voorgaan; ~ **devant qch** voor iets langs lopen; ~ **par qqp., qn** gaan via; **je suis passé par là** dat heb ik ook meegemaakt; **y** ~ eraan gaan **3** *(ne pas insister)* niet stilstaan (bij); ~ **sur les détails** niet stil blijven staan bij details; ~ **sur les fautes de qn** iemands fouten door de vingers zien; **enfin, passons!** nu goed, laten we daar niet meer over praten **4** *(se jouer au cinéma)* draaien **5** *(être transmis par la radio, la télé)* komen (op) **6** *(continuer d'avancer)* verder gaan; **le courant ne passe pas** er is geen stroom, *(fig.)* het klikt niet; **défense de** ~ geen toegang; **mon dîner ne passe pas** mijn avondeten ligt me zwaar op de maag; **laissez ~!** maak ruimte!, opzij! **7** *(être admis en année supérieure)* overgaan **8** *(passer la rampe)* het doen; **cette scène ne passe pas** die scène komt niet goed over (bij het publiek) **9** *(de … à, en, dans) (se rendre)* gaan (van … tot, naar, in); **où est-il passé?** waar is hij gebleven? **10** *(+ à, dans, en) (se rendre)* gaan (naar); ~ **en deuxième, seconde** overschakelen naar de tweede versnelling **11** *(se rendre qqp. pour rester peu de temps)* langskomen; **ne faire que** ~ niet lang blijven; ~ **prendre qn** iem komen ophalen **12** *(s'écouler; disparaître)* voorbijgaan; **faire** ~ **le temps** de tijd verdrijven; **comme le temps passe!** wat gaat de tijd snel!; **cela lui ~a** dat gaat wel over **13** *(+ pour) (être considéré comme)* gehouden worden (voor); **se faire** ~ **pour** zich uitgeven voor

passer² *vt* **1** *(franchir, traverser)* oversteken **2** *(se soumettre à)* ondergaan **3** *(vivre un laps de temps à faire qch)* doorbrengen (met); **il ne ~a pas la nuit** hij haalt de morgen niet; ~ **sa vie à manger et à dormir** niets anders doen dan eten en slapen **4** *(oublier)* overslaan; **j'en passe** noem maar op; **je passe** *(aux cartes)* ik pas **5** *(étendre qch sur)* uitsmeren (over) **6** *(projeter des images; faire jouer un disque)* draaien **7** *(enfiler, mettre)* aandoen *(vêtement)* **8** *(enclencher les vitesses)* overschakelen van … in … **9** *(donner, transmettre)* geven; ~ **un coup de fil à qn** iem opbellen; ~ **le ballon** de bal doorspelen; *(au téléphone)* **je vous passe …** ik verbind u door met … **10** *(établir un contrat)* toekennen, opmaken

se passer³ *vpr* **1** *(se produire)* gebeuren; **comment se passe ton stage?** hoe gaat het met je stage?; **que se passe-t-il?, qu'est-ce qui se passe?** wat gebeurt er?; **tout se passe comme si** het lijkt wel of; **ça ne se ~a pas comme ça!** dat gaat zomaar niet! **2** *(s'écouler)* voorbijgaan **3** *(vivre sans; ne pas avoir besoin de)* het stellen zonder; **voilà qui se passe de commentaires** dat spreekt voor zichzelf

passerelle *nf* **1** *(pour piétons)* loopbrug *de* **2** *(mar.)* commandobrug *de*

passe-temps *nm* tijdverdrijf *het*

passible (de) *adj* ♦ ~ **d'une peine** strafbaar; ~ **d'une amende** beboetbaar

passif *adj* **1** *(qui subit)* passief **2** *(ling.)* lijdend; **le** ~ de lijdende vorm ♦ *(écon.)* **le** ~ de passiva, lasten

passion *nf* hartstocht (voor) *nm;* **avec** ~ hartstochtelijk; **c'est sa** ~ dat is zijn, haar grote zwak

passionnant *adj* boeiend

passionné *adj* hartstochtelijk; **être** ~ **de, pour** een hartstochtelijk aanhanger zijn van, verzot zijn op; **c'est un(e) ~(e)** hij, zij is een gepassioneerd(e) man, vrouw

passionnel *adj* door hartstocht ingegeven

passionner¹ *vt* boeien

se passionner² (pour) *vpr* warm lopen (voor)

passivité *nf* passiviteit *nf*

passoire *nf* zeef *de*

pastel *nm* **1** *(ton)* pastel *het* **2** *(crayon)* pastelstift *de* **3** *(dessin)* pasteltekening *nf*

pastèque *nf* watermeloen *nm*

pasteur *nm (ministre d'un culte protestant)* dominee *nm*

pasteuriser *vt* pasteuriseren

pastille *nf (bonbon; médicament)* pastille *de;* ~ **de menthe** pepermuntje, *(Belg.)* muntje

patate *nf* **1** *(patate douce)* zoete aardappel *nm* **2** *(pomme de terre)* pieper *nm*
patatras! *interj* pats!
patauger *vi* **1** *(marcher)* ploeteren (door) **2** *(vasouiller)* (aan)modderen
pâte *nf* **1** *(préparation à base de farine)* deeg *het*, beslag *het*; ~ **brisée** kruimeldeeg **2** *(plur.) (pâtes alimentaires)* deegwaren *plur* **3** *(pharm.)* pasta *het/de (m)*; ~ **dentifrice** tandpasta **4** *(mélange mou)* brij(ige massa) *nm (de)*; ~ **d'amandes** marsepein; ~ **à modeler** boetseerklei; ~ **à papier** papierpap
pâté *nm* **1** *(de viande)* paté *nm*; ~ **de campagne** boerenpaté; ~ **de foie** leverpastei **2** *(de sable)* zandtaartje *het* ♦ ~ **de maisons** huizenblok
pâtée *nf* **1** *(pour chiens, chats)* voer *het* **2** *(correction)* optater *nm*
patelin *nm* gat *het*
patenté *adj (attitré)* gepatenteerd
paternaliste *adj* paternalistisch
paternel *adj* **1** *(propre au père)* vader-, *(paternaliste)* vaderlijk **2** *(filiation)* van vaderskant
paternité *nf (état de père)* vaderschap *het*
pâteux *adj* papp(er)ig
pathétique *adj* pathetisch
patience *nf* **1** *(calme)* geduld *het*; **je suis à bout de** ~ mijn geduld is op; **prendre son mal en** ~ z'n ziel in lijdzaamheid bezitten; **prendre ~, s'armer de** ~ geduld oefenen **2** *(persévérance)* volharding *nf* **3** *(réussite)* patience *het*
patient[1], -ente *n (méd.)* patiënt(e) *nm (nf)*
patient[2] *adj* **1** *(calme)* geduldig **2** *(persévérant)* volhardend
patienter *vi* geduld oefenen; **faire ~ qn** iem laten wachten
patin *nm* **1** *(à glace)* schaats *de*; ~ **en ligne** skeeler; ~ **à roulettes** rolschaats **2** *(le patinage)* (het) schaatsen; **faire du** ~ schaatsen **3** *(technol.)* schoen *nm*
patinage *nm* **1** *(sports)* (het) schaatsen(rijden); ~ **artistique** het kunstrijden op de schaats; **le ~ de vitesse** het hardrijden op de schaats **2** *(d'une roue, d'un embrayage)* (het) doorslaan
patine *nf* patina *het*
patiner *vi* **1** *(sports)* schaatsen(rijden) **2** *(d'une roue, d'un embrayage)* doorslaan, slippen
patineur, -euse *n* schaatsenrijd(st)er *nm (nf)*
patinoire *nf* ijsbaan *de*
pâtir *vi* te lijden hebben (van); ~ **de** lijden onder
pâtisserie *nf* **1** *(gâteaux)* gebak *het* **2** *(activité; magasin)* banketbakkerij *nf*
pâtissier *adj* ♦ **le ~, la pâtissière** de banketbakker, banketbakster
patois *nm* dialect *het*
patraque *adj* gammel
patriarcal *adj* patriarchaal
patrie *nf* **1** vaderland *het* **2** *(lieu d'origine de qch)* bakermat *de*
patrimoine *nm* **1** *(héritage; richesse)* erfdeel *het* **2** *(jur.)* vermogen *het*
patriote *n* patriot *nm*
patriotique *adj* patriottisch
patriotisme *nm* patriottisme *het*
patron[1] *nm* **1** *(modèle)* patroon *het* **2** *(modèle pour dessiner)* sjabloon *de*
patron[2], -onne *n* **1** *(employeur)* werk|gever, -geefster *nm,f* **2** *(chef)* baas, bazin *nm,f* **3** *(saint)* beschermheilige *nm* ♦ ~ **de thèse** promotor *(aux Pays-Bas)*
patronat *nm* werkgevers *plur*, patronaat *het (Belg.n.)*
patronner *vt* steunen
patrouille *nf* patrouille *de*
patrouiller *vi* patrouilleren, de ronde doen
patte *nf* **1** *(d'un animal)* poot *nm*; **~s de mouche** kriebelpoot *(sing.)* **2** *(jambe; main)* poot *nm*; **bas les ~s!** blijf er af met je poten!; **à quatre ~s** op handen en voeten; **traîner la** ~ met z'n been slepen ♦ **montrer ~ blanche** het wachtwoord geven
pâturage *nm* wei *de*
paume *nf* (hand)palm *nm*
paumé *adj* **1** *(misérable)* ellendig **2** *(perdu)* ↑ radeloos
paumer[1] *vt (perdre)* ↑ verliezen
se paumer[2] *vpr (se perdre)* verdwalen
paupière *nf* ooglid *het*; **fermer les ~s** inslapen *(aussi au fig.)*
pause *nf* **1** *(interruption)* pauze *de*; **faire une** ~ pauzeren; ~ **de midi** middagpauze, lunchpauze **2** *(sports)* rust *de*
pauvre[1], pauvresse *n* arme *nm*
pauvre[2] *adj* **1** *(nécessiteux; dépourvu; maigre)* arm; **un homme** ~ een arm man **2** *(adj.) (qui inspire la pitié; pitoyable)* arm; **le ~ homme** de arme man ♦ **mon ~ ami** m'n beste vriend
pauvreté *nf* armoede *de*
pavé *nm* **1** *(bloc de pierre)* (straat)steen *nm* **2** *(revêtement du sol)* plaveisel *het* **3** *(voie publique)* openbare weg *nm*; **être sur le** ~ op straat staan **4** *(livre épais)* pil *de*
pavillon *nm* **1** *(villa)* huisje *het* **2** *(archit.)* paviljoen *het* **3** *(drapeau)* vlag *de* **4** *(de l'oreille)* oorschelp *de*
pavot *nm* papaver *de*
payable *adj* te betalen
payant *adj* **1** *(qui paye)* betalend **2** *(non gratuit)* niet kosteloos **3** *(rentable)* lonend
paye, paie *nf* **1** *(action de payer)* (uit)betaling *nf*; **ça fait une** ~ dat is al een hele tijd geleden **2** *(salaire)* loon *het (ouvriers, employés)*, salaris *het (cadres, fonctionnaires)*
payement *nm* → **paiement**
payer[1] *vi* **1** *(verser de l'argent)* betalen (aan) **2** *(rapporter)* lonend zijn (voor) **3** *(+ pour) (écoper)* boeten (voor)
payer[2] *vt* **1** *(régler)* betalen (aan); **tu me le paieras** ik zal het je betaald zetten **2** *(dédommager)* belonen **3** *(subir les conséquences fâcheuses de)* boeten voor **4** *(offrir qch à qn)* (iem op iets) trakteren ♦ **être payé pour savoir que** tot zijn schade geleerd hebben dat
se payer[3] *vpr* **1** *(s'offrir qch)* zichzelf trak-

teren (op iets) **2** *(être payé)* betaald worden ♦ **tout se paie** ieder krijgt zijn verdiende loon

pays *nm* **1** *(état; terre d'élection)* land *het;* ~ **de cocagne** luilekkerland; **voir du** ~ reizen; ~ **membre** lidstaat; ~ **en voie de développement** ontwikkelingsland **2** *(patrie)* vaderland *het*

paysage *nm* landschap *het*

paysan, -anne *n* **1** *(fermier, -ière)* boer(in) *nm (nf);* **vie ~ne** boerenleven **2** *(péj.) (rustre)* boer(enkinkel) *nm;* **manières ~nes** boerse manieren

Pays-Bas *nm* Nederland *n (sans art.; sing.);* **aux** ~ in Nederland

PCV *nm* collect call *nm;* **appeler qn en** ~ iem op diens kosten opbellen

P.D.G. *nm* president-directeur *nm*

péage *nm (droit)* tol *nm;* **autoroute à** ~ tolsnelweg

peau *nf* **1** *(d'un homme)* huid *de;* **avoir la** ~ **dure** een taaie zijn; **se mettre dans la** ~ **de qn** zich in iem verplaatsen; **faire** ~ **neuve** een gedaanteverwisseling ondergaan **2** *(d'un animal, du lait)* vel *het;* ~ **de chamois** zeemleer **3** *(d'un fruit)* schil *de* ♦ **avoir qn dans la** ~ smoorverliefd op iem zijn; **faire la** ~ **à qn** iem om zeep helpen; **se sentir bien dans sa** ~ goed in zijn vel zitten

péché *nm* zonde *de;* **un** ~ **mignon** een zwak; ~ **mortel** doodzonde; ~ **originel** erfzonde

pêche *nf* **1** (het) vissen (op); **la** ~ **à la ligne** het hengelen; **la** ~ **à la baleine** de walvisvangst **2** *(prise)* (vis)vangst *nf* **3** *(fruit)* perzik *de*

pécher *vi* zondigen; **ce raisonnement pèche sur un point** deze redenering is fout op een punt

pêcher[1] *nm* perzikboom *nm*

pêcher[2] *vt* **1** *(du poisson)* vissen; ~ **à la ligne** hengelen **2** *(chercher, trouver)* opdiepen

pécheur, -eresse *n* zondaar, zondares *nm,f;* **vie pécheresse** zondig leven

pêcheur, -euse *n* visser(svrouw) *nm (nf);* **bateau** ~ vissersboot

pectoral *adj* borst-

pécule *nm* spaarcentjes *plur*

pécuniaire *adj* geldelijk

pédagogie *nf* pedagogie(k) *nf*

pédagogue *n* pedalgoog, -goge *nm,f*

pédale *nf (d'un vélo, d'un instrument de musique)* pedaal *het/de (m);* ~ **d'accélérateur** gaspedaal ♦ **perdre les ~s** z'n hoofd verliezen *(s'affoler),* de draad kwijtraken *(ne plus suivre)*

pédaler *vi* fietsen

pédalo® *nm* waterfiets *de*

pédant *adj* betweterig

pédé *nm* flikker *nm*

pédéraste *nm* (mannelijke) homoseksueel *nm*

pédestre *adj* te voet

pédiatre *n* kinderarts *nm*

pédicure *n* pedicure *nm*

pedigree *nm* stamboom *nm*

pédophile *n* pedofiel *nm*

pègre *nf* onderwereld *de*

peigne *nm* kam *nm;* **passer qch au** ~ **fin** iets uitkammen

peigner[1] *vt* kammen

se peigner[2] *vpr* zich kammen

peignoir *nm* **1** *(robe de chambre)* kamerjas *de* **2** *(sortie de bain)* badjas *de*

peindre[1] *vt* **1** *(badigeonner)* schilderen **2** *(décorer qch)* beschilderen **3** *(dépeindre)* (af)schilderen

se peindre[2] *vpr (apparaître)* zich aftekenen

peine *nf* **1** *(effort; difficulté)* moeite *nf;* **ne pas être au bout de ses ~s** nog niet uit de zorgen zijn; **avoir (de la)** ~ **à marcher** moeilijk (kunnen) lopen; **se donner de la** ~ moeite doen; **se donner la** ~ **de** de moeite nemen om te; **pour sa ~, pour la** ~ als beloning, voor de moeite; **ce n'est pas la** ~ dat is niet nodig; **ce n'est pas la** ~ **de** het is onnodig om te; **c'était bien la** ~ **de venir!** we hadden beter thuis kunnen blijven! **2** *(chagrin)* verdriet *het;* **avoir de la** ~ verdriet hebben; ~ **de cœur** liefdesverdriet; **cela fait** ~ **à voir** dat is meelijwekkend **3** *(sanction)* straf *de;* ~ **de mort** doodstraf; **purger une** ~ een straf uitzitten; **sous** ~ **de** op straffe van ♦ **à** ~ nauwelijks

peiner[1] *vi (trimer)* zwoegen

peiner[2] *vt (faire de la peine à)* verdriet (aan)doen

peint *adj* geschilderd, geverfd

peintre *nm (qn qui peint)* schilder *nm,* kunstschilder *nm (artiste);* ~ **en bâtiment(s)** huisschilder; **femme** ~ schilderes

peinture *nf* **1** *(couleur)* verf *de;* ~ **à l'eau, à l'huile** waterverf, olieverf; **attention,** ~ **fraîche!** nat! **2** *(action de peindre)* (het) schilderen **3** *(toile)* schilderij *het/de (f);* ~ **à l'eau, à l'huile** aquarelschilderij, olieverfschilderij; **ne pas pouvoir voir qn en** ~ iem niet kunnen luchten of zien

peinturlurer[1] *vt* ↑ met schelle kleuren beschilderen

se peinturlurer[2] *vpr* zich opmaken als een indiaan op oorlogspad

péjoratif *adj* ongunstig

pelage *nm* haar(kleed) *het*

pêle-mêle *adv* door elkaar; **un** ~ een warboel

peler[1] *vi (perdre l'épiderme)* vervellen

peler[2] *vt (éplucher)* schillen; ~ **un oignon** een ui schoonmaken

pèlerin, -ine *n* pelgrim *nm, (Belg.)* bedevaarder *nm (nf)*

pèlerinage *nm (voyage)* bedevaart *de,* pelgrimstocht *nm (aussi au fig.)*

pélican *nm* pelikaan *nm*

pelle *nf* schop *de,* spade *de;* ~ **mécanique** lepelexcavateur; **la** ~ **à poussière** het (stof)blik; *(fig.)* **ramasser qch à la** ~ iets maar voor het opscheppen hebben

pelletée *nf* schopvol *de (sans prép.)*

pellicule *nf* **1** *(plur.) (du cuir chevelu)* roos *de (sing.)* **2** *(phot.)* film *nm* **3** *(fine couche)* vliesje *het*

pelote *nf* **1** *(boule)* kluwen *het* **2** *(pour épingles)* (spelden)kussen *het*

peloton *nm (milit.; sports)* peloton *het;* ~ **de tête** *(aussi au fig.)* koplopers
se pelotonner *vpr* zich oprollen
pelouse *nf* grasperk *het*
peluche *nf* **1** *(tissu)* pluche *het/de (m)* **2** *(flocon de poussière)* pluis *de*
pelucher *vi* pluizen
pelure *nf* schil *de;* ~ **d'oignon** uienvelletje
pénal *adj* strafrechtelijk, *(adj. aussi)* straf-
pénaliser *vt* (be)straffen
pénalité *nf* **1** *(jur.)* boete *de* **2** *(sports)* strafpunt *het*
penaud *adj* **1** *(honteux)* beschaamd **2** *(interdit)* beteuterd
penchant *nm* neiging *nf*
penché *adj* **1** *(qch)* hellend **2** *(qn)* (voorover)gebogen
pencher[1] *vi* **1** *(être, devenir oblique)* (over)hellen **2** *(+ pour) (préférer)* overhellen (tot)
pencher[2] *vt* **1** *(rendre oblique)* doen overhellen **2** *(incliner, courber)* (voorover)buigen
se pencher[3] *vpr* **1** *(s'incliner)* zich (voorover)buigen **2** *(+ sur) (examiner)* zich buigen (over)
pendaison *nf* ophanging *nf;* ~ **de crémaillère** inwijdingsfeest
pendant[1] *nm* tegenhanger (van) *nm;* **faire** ~ **à qch** bij iets horen ♦ ~ **(d'oreille)** oorhanger
pendant[2] *adj* **1** *(qui pend)* (neer)hangend; **les jambes ~es** met bungelende benen **2** *(en suspens)* hangend
pendant[3] *prép* gedurende, tijdens; ~ **longtemps** lang; ~ **ce temps** onderwijl ♦ ~ **que** terwijl; ~ **que vous y êtes** nu u er toch bent
pendentif *nm* hanger *nm*
penderie *nf* kleerkast *de*
pendre[1] *vi (tomber)* hangen
pendre[2] *vt (suspendre qn, qch)* (op)hangen; ~ **qn haut et court** iem zonder veel omslag opknopen; **je veux être pendu si** ik mag hangen als; **qu'il aille se faire ~ ailleurs** hij kan naar de pomp lopen
se pendre[3] *vpr* **1** *(+ à) (se suspendre)* zich vasthouden (aan); **se ~ au cou de qn** iem om de hals vallen **2** *(se suicider)* zich ophangen
pendu *adj* (op)gehangen; **le, la ~(e)** de gehangene
pendule[1] *nm (balancier)* slinger *nm*
pendule[2] *nf (petite horloge)* klok *de*
pénétrant *adj* **1** *(qui pénètre)* doordringend **2** *(perspicace)* scherpzinnig
pénétrer[1] **(dans)** *vi* binnendringen (in) ♦ ~ **chez qn** bij iem binnengaan
pénétrer[2] *vt* **1** *(imbiber; transpercer)* doordringen in, dringen in **2** *(+ de) (imprégner, remplir)* vervullen (met)
pénible *adj* **1** *(difficile)* moeilijk **2** *(douloureux)* pijnlijk; **il m'est ~ de** het valt mij zwaar om **3** *(adv.) (à peine)* nauwelijks
péniche *nf* aak *de*
pénicilline *nf* penicilline *de*
péninsule *nf* schiereiland *het*
pénis *nm* penis *nm*
pénitence *nf* **1** *(contrition)* berouw *het* **2** *(peine du pénitent)* penitentie *nf;* **faire ~** boete doen **3** *(punition)* straf *de;* **pour (ta) ~** als straf
pénitencier *nm (prison)* tuchthuis *het*
pénombre *nf* **1** *(lumière faible)* halfdonker *het* **2** *(fig.)* achtergrond *nm*
pensée *nf* **1** *(idée)* gedachte *nf;* **en ~, par la ~** in gedachte, in verbeelding **2** *(opinion)* mening *nf* **3** denkwijze *de;* **la libre ~** de vrijdenkerij **4** *(intention)* bedoeling *nf;* **aller jusqu'au bout de sa ~** ronduit spreken **5** *(réflexion)* overdenking *nf;* **être absorbé dans ses ~s** in gepeins verzonken zijn
penser[1] **(à)** *vi* denken (aan); **faites-moi ~ à lui écrire** help me eraan herinneren dat ik hem nog moet schrijven; **laisser, donner à ~** te denken geven; **il ne dit rien, mais il n'en pense pas moins** hij zegt niets, maar denkt zoveel te meer; **sans y ~** onbewust, automatisch; **vous n'y pensez pas!** dat meent u niet!; **tu penses, vous pensez** nou en of, *(iron.)* wat dacht je; **penses-tu!, pensez-vous!** welnee!
penser[2] *vt* **1** *(estimer)* denken; **vous pensez bien que** u kunt zich wel voorstellen dat; **qu'en pensez-vous?** wat vindt u ervan?; **qu'est-ce qui vous fait ~ cela?** hoe komt u daarbij? **2** *(se proposer de)* van plan zijn
penseur *nm* denker *nm*
pensif *adj* nadenkend
pension *nf* **1** *(allocation)* uitkering *nf;* ~ **alimentaire** alimentatie **2** *(sorte d'hôtel)* pension *het* **3** *(logement et nourriture)* pension *het;* **avec, en ~ complète** met vol pension **4** *(pensionnat)* kostschool *de* **5** *(Belg. f.) ((pension de) retraite)* (ouderdoms)pensioen *het*, rustpensioen *het (Belg.n.)*
pensionnaire *n* **1** *(dans un hôtel, chez un particulier)* pensiongast *nm* **2** *(interne)* (kostschool)leerling(e) *nm (nf)*
pensionnat *nm* kostschool *de*
pensionné *adj (Belg.f.)* gepensioneerd
pensionner *vt (Belg.f.)* pensioneren
pentagone *adj* vijfhoekig; **le ~** de vijfhoek; **le Pentagone** het Pentagon
pente *nf* **1** *(terrain incliné)* helling *nf;* **en ~** schuin; *(fig.)* **être sur la mauvaise ~** op de verkeerde weg zijn **2** *(tendance)* neiging *nf* ♦ **remonter la ~** er weer bovenop komen
Pentecôte *nf* Pinksteren *nm;* **lundi de ~** tweede pinksterdag
pénurie *nf* tekort (aan) *het;* ~ **de logements** woningnood
people[1] *nm* ster *de*
people[2] *adj* sterren-; **la presse ~** de roddelbladen
pépé *nm* opa *nm*
pépère *adj (tranquille)* rustig ♦ *(grand-père)* **le ~** de opa
pépier *vi* piepen
pépin *nm* **1** *(bot.)* pit *de* **2** *(parapluie)* plu *nm* **3** *(ennui)* moeilijkheid *nf*
pépinière *nf (bot.)* boomkwekerij *nf*

pépite *nf* (goud)klomp *nm*
péquenaud, pequenot *nm* boer(enlul) *nm*
perçant *adj* doordringend
percée *nf* **1** *(ouverture)* opening *nf* **2** *(développement)* doorbraak *de (aussi milit.)*
perce-neige *n* sneeuwklokje *het*
percepteur *nm* belastingontvanger *nm*
perceptible *adj* **1** *(par les sens)* waarneembaar **2** *(adj.) (d'un impôt)* invorderbaar
perception *nf* **1** waarneming *nf;* ~ **du bien et du mal** onderscheid tussen goed en kwaad **2** *(des impôts)* inning *nf*
percer[1] *vi* **1** *(se frayer un passage en faisant un trou)* doorbreken **2** *(acquérir la notoriété)* bekendheid krijgen
percer[2] *vt* **1** *(trouer)* een gat maken in **2** *(faire une ouverture)* een opening maken in **3** *(se frayer un passage)* doorbreken; **bruit qui perce les oreilles** oorverdovend lawaai; ~ **une rue** een straat doortrekken; ~ **un tunnel** een tunnel graven **4** *(déceler)* doorgronden
perceuse *nf* boor(apparaat) *de (het)*
percevoir *vt* **1** *(discerner)* waarnemen **2** *(impôts)* innen
perche *nf* **1** *(bâton)* lange stok *nm; (fig.)* **tendre la ~ à qn** iem de reddende hand toesteken **2** *(sports)* polsstok *nm;* **saut(er) à la** ~ polsstok(hoog)springen **3** *(poisson)* rivierbaars *nm*
percher[1] *vi (oiseaux)* hoog (op een tak) zitten
percher[2] *vt (placer à un endroit élevé)* hoog neerzetten
perchoir *nm (d'un oiseau)* roest(stok) *het/ de (nm)*
percussion *nf* slag *nm*
percutant *adj* schokkend
percuter[1] **(contre)** *vi (heurter en explosant)* knallen (tegen)
percuter[2] *vt (heurter)* stoten tegen
perdant, -ante *n* verliezer *nm*
perdition *nf* verderf *het* ♦ **navire en** ~ schip in nood
perdre[1] *vi* **1** verliezen; **ne pas savoir** ~ niet tegen zijn verlies kunnen; **y** ~ erop achteruitgaan **2** *(devenir plus faible)* afnemen
perdre[2] *vt* **1** *(être privé de)* verliezen; ~ **de vue** uit het oog verliezen; **j'ai perdu mon stylo** ik ben mijn pen kwijt; **tu ne le connais pas? tu n'y perds rien** ken je hem niet? daar mis je niets aan **2** *(gaspiller)* verspillen **3** *(causer la ruine de qn)* ruïneren
se perdre[3] *vpr* **1** *(s'égarer)* verdwalen, *(fig.)* in de war raken; **je m'y perds** ik kan er niet meer uit wijs **2** *(+ dans) (disparaître; se plonger dans)* verdwijnen (in)
perdrix *nf* patrijs *de*
perdu *adj* **1** *(disparu)* verloren, kwijt(geraakt); **être** ~ verdwaald zijn, *(fig.)* er niet meer uit kunnen komen; **le temps** ~ de tijd die niet meer terugkomt **2** *(gâché)* verspild; **occasion ~e** gemiste kans **3** *(atteint dans sa réputation, sa fortune etc.)* geruïneerd **4** *(+ dans) (isolé)* verscholen (in)
père *nm* **1** *(papa)* vader *nm (aussi au fig.);* **de ~ en fils** van vader op zoon; ~ **de famille** huisvader; *(prov)* **tel ~, tel fils** zo vader, zo zoon **2** *(cathol.)* pater *nm* **3** *(plur.) (ancêtres)* vaderen *plur* ♦ **le Père Noël** de kerstman; **croire au ~ Noël** nog in sprookjes geloven *(aussi au fig.)*
péremption *nf* verval *het*
péremptoire *adj* afdoend
perfection *nf* volmaaktheid *nf;* **à la** ~ volmaakt
perfectionné *adj* geperfectioneerd
perfectionnement *nm* **1** *(amélioration)* verbetering *nf* **2** *(enseign.)* bijscholing *nf*
perfectionner[1] *vt (améliorer)* verbeteren
se perfectionner[2] *vpr* **1** *(s'améliorer)* zich verbeteren **2** *(se moderniser)* vooruitgaan **3** *(enseign.)* zich verder bekwamen
perfectionnisme *nm* perfectionisme *het*
perfectionniste *n* perfectionist(e) *nm (nf);* **être** ~ perfectionistisch zijn
perfide *adj* trouweloos
perforation *nf* **1** *(action de perforer)* (het) perforeren **2** *(trou d'une carte perforée)* (pons)gat *het* **3** *(méd.)* perforatie *nf*
perforer *vt* **1** *(percer)* perforeren **2** *(des cartes, des bandes)* ponsen **3** *(un titre de transport)* knippen
performance *nf* **1** *(exploit)* prestatie *nf* **2** *(souvent plur.) (d'une machine)* prestatievermogen *het (uniquement sing.)*
performant *adj* **1** *(technol.)* hoge prestaties leverend, *(Belg.)* performant **2** *(écon.)* scherp concurrerend
perfusion *nf* infuus *het;* **être sous** ~ aan het infuus liggen
péril *nm* gevaar *het;* **au ~ de sa vie** met levensgevaar; **courir un ~, des ~s** gevaar lopen; **mettre en** ~ in gevaar brengen ♦ **il n'y a pas ~ en la demeure** zo'n haast is er niet bij
périlleux *adj* gevaarlijk
périmé *adj* **1** *(dépassé)* verouderd **2** *(qui n'est plus valable)* verlopen
périmètre *nm* omtrek *nm (aussi math.)*
période *nf* periode *nf* ♦ **~s (menstruelles)** menstruatie
périodique *adj* **1** periodiek **2** *(parution)* geregeld verschijnend; **le** ~ het tijdschrift
péripétie *nf (plur.)* verwikkelingen *plur*
périphérie *nf* omtrek *nm, (banlieue)* rand *nm*
périphérique *adj* rand-; **le** ~ de ringweg
périphrase *nf* omschrijving *nf*
périple *nm* rondreis *de*
périr *vi* **1** *(disparaître, se détériorer)* vergaan; **son nom ne ~a pas** zijn naam zal voort blijven leven **2** *(mourir)* omkomen; ~ **noyé** door verdrinking om het leven komen
périscope *nm* periscoop *nm*
périssable *adj* **1** *(de denrées)* aan bederf onderhevig **2** *(qui n'est pas durable)* vergankelijk
perle *nf* **1** *(bijou)* parel *de;* **cette femme**

est une ~ die vrouw is er één uit duizenden **2** *(goutte)* druppel *nm* **3** *(boule percée d'un trou)* kraal *de;* **enfiler des ~s** kralen rijgen, *(fig.)* zijn tijd verdoen **4** *(erreur grossière)* blunder *nm*

perler *vi (suinter)* parelen

permanence *nf* **1** *(persistance)* bestendigheid *nf;* **en** ~ voortdurend **2** *(d'un service)* doorlopende dienstverlening *nf*, *(Belg.)* permanentie *nf;* **assurer une** ~ dag en nacht open zijn, de dienst waarnemen; **être de** ~ dienst hebben **3** *(salle d'étude)* studiezaal *de*

permanent *adj* **1** *(stable)* permanent; **la ~e** de permanent **2** *(ininterrompu)* voortdurend

permettre[1] (à) *vt* **1** *(autoriser)* toestaan (aan); ~ **à qn de** iem toestemming geven om te; **(vous) permettez?** als ik zo vrij mag zijn! **2** *(rendre possible)* mogelijk maken

se permettre[2] *vpr (oser)* zich veroorloven, zich permitteren; **se croire tout permis** geloven dat men alles mag

permis *nm* vergunning *nf;* ~ **(de conduire)** rijbewijs; ~ **de construire** bouwvergunning; **passer son ~ (de conduire)** rijexamen doen; ~ **de séjour** verblijfsvergunning

permissif *adj* tolerant

permission *nf* **1** *(autorisation)* toestemming *nf;* **avec la ~ de qn** met iemands goedvinden; **demander la ~ de** toestemming vragen om te **2** *(milit.)* verlof *het;* **être en** ~ met verlof zijn

permuter[1] *vi (des fonctionnaires)* ↓ (met elkaar) van baan ruilen

permuter[2] *vt (intervertir)* verwisselen

Pérou *nm* Peru *n* ♦ **ce n'est pas le** ~ het is geen goudmijn

perpendiculaire *adj* loodrecht (op elkaar staand); ~ **à qch** loodrecht op iets staande; **la** ~ de loodlijn

perpétrer *vt* plegen

perpétuel *adj* **1** *(éternel)* eeuwig(durend) **2** *(qui dure toute la vie)* levenslang

perpétuer[1] *vt* levendig houden

se perpétuer[2] (dans) *vpr* voortleven (in)

perpétuité *nf* eeuwigheid *nf;* **être condamné à** ~ tot levenslang veroordeeld zijn

perplexe *adj* **1** onzeker; **avoir l'air** ~ er verbouwereerd uitzien **2** verward

perquisition *nf* huiszoeking *nf*

perquisitionner *vi* huiszoeking verrichten

perron *nm* bordes *het*

perroquet *nm* papegaai *nm*

perruche *nf* parkiet *nm*

perruque *nf* pruik *de*

persan *adj* Perzisch; **le, la Persan(e)** de Pers, Perzische

perse *adj* Perzisch

persécuter *vt* vervolgen

persécution *nf* vervolging *nf*

persévérance *nf* doorzettingsvermogen *het*

persévérant *adj* volhardend; **un homme** ~ een doorzetter

persévérer *vi* volharden, doorzetten; ~ **dans son opinion** op zijn stuk blijven staan

persienne *nf* luik *het*

persiflage *nm* persiflage *nf*

persil *nm* peterselie *de*

persistance *nf* **1** *(obstination)* volharding *nf* **2** *(continuité)* (het) voortduren

persistant *adj* aanhoudend

persister *vi* **1** *(+ dans) (persévérer)* volharden (in); **il persiste (et signe)** hij blijft onwankelbaar op z'n stuk staan **2** *(durer)* voortduren

personnage *nm* **1** *(personnalité)* (belangrijke) figuur *het/de;* ~ **haut placé** hooggeplaatst iem **2** *(arts) (héros)* figuur *het/de;* ~ **principal** hoofdfiguur

personnaliser *vt* individualiseren

personnalité *nf* **1** *(caractère, identité)* persoonlijkheid *nf* **2** *(plur.) (personne en vue)* belangrijke persoonlijkheden *plur*

personne[1] *nf* **1** *(individu)* persoon *nm;* ~ **âgée** bejaarde; ~ **à (la) charge** persoon in wiens levensonderhoud men voorziet; **en** ~ in eigen persoon; **grande** ~ volwassene; ~ **morale** rechtspersoon; **par** ~ per persoon; **payer de sa** ~ zich niet ontzien; **par une tierce ~, par ~ interposée** via een tussenpersoon; **une** ~ iem **2** *(ling.)* persoon *nm;* **roman écrit à la première** ~ roman geschreven in de ik-vorm

personne[2] *pron indéf* **1** *(dans une subordonnée dépendant d'une principale négative; en phrase comparative)* iem; **il joue du piano comme** ~ hij speelt piano als de beste; **vous le savez mieux que** ~ u weet het beter dan wie ook; **sans avoir vu** ~ zonder iem gezien te hebben **2** *(avec 'ne' ou en réponse à une question)* niemand; **je n'ai rencontré ~ de sérieux** ik ben geen serieus iem tegengekomen

personnel[1] *nm* personeel *het*

personnel[2] *adj* persoonlijk; **fortune ~le** eigen vermogen; **objets ~s** persoonlijke eigendommen

personnifier *vt* verpersoonlijken

perspective *nf* perspectief *het*, perspectief *de (arts);* **à la ~ de qch** bij het vooruitzicht van iets; **sans** ~ zonder toekomst

perspicace *adj* scherpzinnig

perspicacité *nf* scherpzinnigheid *nf*

persuader[1] *vt* overtuigen

se persuader[2] *vpr* **1** *(+ de) (se convaincre de)* zichzelf, elkaar overtuigen (van) **2** *(s'imaginer à tort)* zich (iets) inbeelden

persuasif *adj* overtuigend

persuasion *nf* overtuiging *nf*

perte *nf* **1** *(fait d'égarer, de perdre)* verlies *het;* **à ~ de vue** zover het oog reikt; ~ **des cheveux** haaruitval; ~ **de connaissance** flauwte **2** *(ruine)* ondergang *nm;* **courir, aller à sa** ~ zijn ondergang tegemoet gaan; **causer la ~ de qn** iem ruïneren **3** *(gaspillage)* verspilling *nf;* **en pure** ~ volkomen tevergeefs; *(commerce)* ~ **sèche** puur verlies **4** *(d'énergie, de chaleur)* verlies *het;*

(d'un avion) **être en ~ de vitesse** terugvallen in snelheid, *(fig.)* achteropraken **5** *(plur.) (méd.)* vochtverlies *het (uniquement sing.)*; **~s blanches** witte vloed
pertinence *nf* relevantie *nf*
pertinent *adj* relevant
perturbateur *adj* storend; **éléments ~s** subversieve elementen; **le ~, la perturbatrice** de ordeverstoorder, ordeverstoorster
perturbation *nf* **1** *(dérèglement)* ontregeling *nf* **2** *(trouble)* onrust *de*
perturber *vt* (ver)storen, *(circul.)* ontregelen
pervenche *nf* **1** *(contractuelle)* ↑ parkeeragente *nf* **2** *(bot.)* maagdenpalm *nm*
pervers *adj* pervers; **un(e) ~(e)** iem met perverse neigingen
perversion *nf* **1** *(dépravation)* verval *het* **2** *(psycho.)* perversie *nf*
perversité *nf* **1** *(goût pour le mal)* verdorvenheid *nf* **2** *(psycho.)* perversiteit *nf*
pervertir *vt* verderven
pesant *adj* **1** *(adj.) (lourd)* zwaar **2** *(qui manque de finesse, de vivacité)* log ♦ *(fig.; subst.)* **valoir son ~ d'or** zijn gewicht in goud waard zijn
pesanteur *nf* **1** *(lourdeur)* zwaarte *nf (aussi au fig.)* **2** *(phys.)* zwaartekracht *de*
pesée *nf* **1** *(action de peser)* (het) wegen **2** *(quantité pesée)* gewogene *het*
pèse-lettre *nm* brievenweger *nm*
pèse-personne *nm* personenweegschaal *de*
peser[1] *vi* **1** wegen, *(fig.)* zwaar vallen; **~ lourd** zwaar zijn; *(fig.)* **~ sur les épaules** tot last zijn **2** *(accabler)* druk uitoefenen; **cela va ~ sur sa décision** dat zal zijn, haar beslissing beïnvloeden
peser[2] *vt* wegen, afwegen
pessimisme *nm* pessimisme *het*
pessimiste *n* pessimist(e) *nm (nf)*; **être ~ sur qch** pessimistisch zijn over iets
peste *nf* **1** *(méd.)* pest(epidemie) *de (nf)* **2** *(fille insupportable)* klier *nm*
pester (contre) *vi* schelden (op)
pesticide *nm* bestrijdingsmiddel *het*
pet *nm* scheet *nm*
pétale *nm* bloemblad *het*; **~ de rose** rozenblad
pétarader *vi* knetteren
pétard *nm* **1** *(charge d'explosif)* rotje *het* **2** *(revolver)* blaffer *nm* **3** *(drogue)* stickie *het* ♦ **il est en ~** hij barst van woede
péter[1] *vi* **1** *(faire un pet)* scheten laten **2** *(éclater)* knallen **3** *(se casser)* ↑ stuk gaan
péter[2] *vt (casser)* ↑ stuk maken
pétillant *adj* bruisend; **avoir l'œil ~** pretogen hebben
pétiller *vi* **1** *(produire des bulles)* bruisen **2** *(+ de) (briller)* schitteren (van), fonkelen (van) *(yeux)*
petit[1]**, -ite** *n (enfant)* kleine *nm*, kleintje *het (m), het (f)*; **faire des ~s** jongen
petit[2] *adj* **1** *(de petite taille)* klein; **~e amie** vriendinnetje; *(enseign.)* **les ~es classes** de lagere klassen; **se faire tout ~** proberen onopgemerkt te blijven; **un homme ~** een klein mannetje; **une ~e minute** een ogenblikje **2** *(de peu d'importance)* onbelangrijk ♦ **ma ~e dame** mevrouwtje
petit[3] *adv* op kleine schaal; **~ à ~** stap voor stap; **en ~** in 't klein; **voir ~** de zaken niet groot durven aanpakken
petit-déjeuner *nm* ontbijt *het*
petite-fille *nf* → **petit-fils**
petitement *adv* **1** *(à l'étroit)* klein **2** *(avec bassesse)* laag
petitesse *nf* **1** *(dimension)* geringe omvang *nm* **2** *(mesquinerie)* bekrompenheid *nf*
petit-fils, petite-fille *n* kleinzoon, kleindochter *nm,f*
pétition *nf* petitie *nf*
petits-enfants *nm* kleinkinderen *plur*
petits-pois *nm* (dop)erwten *plur*
pétrifier *vt* (doen) verstenen, *(fig.)* verstijfd doen staan
pétrin *nm* **1** *(du boulanger)* bakkerstrog *nm* **2** *(situation embarrassante)* puree *nf*; **se fourrer dans le ~** zich in de nesten werken
pétrir *vt* kneden *(aussi au fig.)* ♦ **être pétri de contradictions** vol tegenstrijdigheden zitten
pétrochimie *nf* petrochemie *nf*
pétrole *nm* **1** *(huile minérale)* (aard)olie *de* **2** *(fraction de la distillation du pétrole)* petroleum *nm*
pétrolier *adj* (aard)olie-; *(bateau)* **le ~** de olietanker; **le ~** *(industriel)* de (aard)oliemagnaat
pétrolifère *adj* (aard)oliehoudend
peu *adv* weinig; **~ à ~** langzamerhand; **à ~ (de chose) près** bijna; *(iron.)* **un ~ beaucoup** wel wat erg; **compter pour ~ de chose** er niet veel toe doen; **~ de (temps)** weinig (tijd); **il s'en faut de ~** het scheelt maar weinig; **il est de ~ mon aîné** hij is iets ouder dan ik; **c'est ~** het stelt niet veel voor; **le ~ (que)** het beetje, het weinige (dat); **un (tout) petit ~** een (heel) klein beetje, *(abstr.)* enigszins; **pour ~ que** mits; **quelque ~** enigszins; **(un) tant soit ~** enigszins; **très ~ pour moi** mij niet gezien ♦ **d'ici ~, sous ~** binnenkort; **depuis ~** sinds kort; **il y a ~** kort geleden
peuplade *nf* volksstam *nm*
peuple *nm* **1** *(nation)* volk *het* **2** *(population)* bevolking *nf* **3** *(masse)* massa *de*; **le petit ~** het mindere volk **4** *(beaucoup de monde)* mensen *plur*; **il y a du ~** het is druk
peuplé *adj* bevolkt; **peu ~** dunbevolkt
peupler[1] *vt (pourvoir d'une population, habiter)* bevolken; **~ un bois** een bos opnieuw beplanten
se peupler[2] *vpr* **1** *(se remplir d'habitants)* zich bevolken **2** *(se remplir)* zich vullen
peuplier *nm* **1** *(arbre)* populier *nm* **2** *(bois)* populierenhout *het*
peur *nf* angst *nm*; **j'ai eu une de ces ~s!** ik schrok me dood!; **avoir ~ que ... ne** bang zijn dat ...; **n'avoir pas ~ des mots** de dingen bij de naam noemen; **avoir une**

~ **bleue** doodsbang zijn; **avoir ~ de** bang zijn voor, om te; **de ~ de, par ~ de** uit angst voor, bang om; **faire ~ à qn** iem bang maken; **avoir plus de ~ que de mal** met de schrik vrijkomen; **avoir ~ pour qn** bezorgd zijn over iem; **prendre ~** bang worden, schrikken
peureux *adj* angstig, bangelijk; **le ~, la peureuse** de bangerik
peut-être *adv* **1** *(exprime la possibilité)* misschien; **~ bien** waarschijnlijk; **~ que** misschien (dat); **~ bien que oui, ~ bien que non** misschien wel, maar misschien ook niet **2** *(exprime le défi)* soms; **ce n'est pas de l'or, ~?** is dat soms geen goud?
phalange *nf* kootje *het*
phallocrate *nm* macho *nm*
pharaon *nm* farao *nm*
phare *nm* **1** *(position où le phare éclaire le plus)* groot licht *het* **2** *(projecteur d'un véhicule)* koplamp *de;* **~ antibrouillard** mistlamp **3** *(tour sur une côte)* vuurtoren *nm*
pharmaceutique *adj* farmaceutisch
pharmacie *nf* **1** *(magasin)* apotheek *de;* **~ de garde** dienstdoende apotheek **2** *(armoire)* (huis)apotheek *de* **3** *(science)* farmacie *nf*
pharmacien, -enne *n* apotheker(es) *nm (nf)*
pharyngite *nf* keelontsteking *nf*
pharynx *nm* keel(holte) *de (nf)*
phase *nf* fase *nf*
phénoménal *adj* buitengewoon
phénomène *nm* **1** *(manifestation; aussi en philo.)* verschijnsel *het*, fenomeen *het* **2** *(personne extraordinaire)* wonderkind *het (m), het (f)* **3** *(chose extraordinaire)* natuurwonder *het* **4** *(personne bizarre)* rare vogel *nm*
philanthrope *n* filantroop *nm*
philanthropique *adj* filantropisch, liefdadig
philatélie *nf* filatelie *nf*
philatéliste *n* filatelist(e) *nm (nf)*, postzegelverzamelaar *nm*
philharmonique *adj* filharmonisch
Philippines *nf* Filippijnen *plur;* **aux ~** op de Filippijnen
philosophe *adj* **1** filosofisch; **le ~** de filosoof, denker **2** *(qui montre de la sagesse)* wijs; **un ~** wijs iem ♦ **le ~** de vrijdenker *(dix-huitième siècle)*
philosopher *vi* filosoferen
philosophie, philo *nf* **1** *(doctrine; étude)* filosofie *nf* **2** *(détachement)* gelatenheid *nf;* **prendre qch avec ~** iets gelaten dragen **3** *(conception de la vie)* (levens)opvatting *nf*
philosophique *adj* **1** filosofisch **2** *(qui dénote de la sagesse)* gelaten
phlébite *nf* aderontsteking *nf*
phobie *nf* **1** *(aversion)* afkeer *nm* **2** *(psycho.)* fobie *nf*
phonétique *adj* fonetisch; **la ~** de fonetiek, klankleer
phoque *nm (zool.)* zeehond *nm*
phosphate *nm* fosfaat *het*
phosphore *nm* fosfor *het/de (m)*
phosphorescent *adj* lichtgevend, fluorescerend
photo *nf* **1** foto *de;* **~ d'identité** pasfoto **2** *(technique, art)* fotografie *nf*, (het) fotograferen; **prendre en ~** fotograferen
photocopie *nf* fotokopie *nf*
photocopier *vt* fotokopiëren, *(Belg.)* polykopiëren
photocopieur *nm*, **photocopieuse** *nf* (foto)kopieerapparaat *het*
photogénique *adj* fotogeniek
photographe *n* foto|graaf, -grafe *nm,f;* **reporter ~** fotojournalist, persfotograaf
photographie *nf* → **photo**
photographier *vt* **1** *(prendre en photo)* fotograferen **2** *(dans la mémoire)* in z'n geheugen registreren
photographique *adj* fotografisch *(aussi au fig.);* **appareil ~** fototoestel; **pellicule ~** filmrol(letje)
phrase *nf* **1** *(ling.)* (vol)zin *nm* **2** *(plur.) (formule recherchée)* (holle) frasen *plur;* **faire de grandes ~s** bombastische taal uitslaan; **sans ~s** zonder omhaal van woorden; **~s toutes faites** geijkte uitdrukkingen
physicien, -ienne *n* natuurkundige *nm*
physiologie *nf* fysiologie *nf*
physiologique *adj* **1** *(physiologie)* fysiologisch **2** *(somatique)* lichamelijk
physionomie *nf* **1** *(faciès)* gelaatsuitdrukking *nf* **2** *(apparence)* uiterlijk *het*
physionomiste *adj* ♦ **être ~** een goed geheugen voor gezichten hebben
physique[1] *nm* **1** *(corps)* (het) lichamelijke **2** *(aspect général)* uiterlijk *het;* **avoir le ~ de qn** uiterlijk op iem lijken; **avoir le ~ de l'emploi** (uiterlijk) goed in zijn rol passen
physique[2] *nf (sc.)* natuurkunde *nf*, fysica *nf*
physique[3] *adj* **1** *(corps)* lichamelijk, fysiek; **amour ~** zinnelijke liefde; **éducation ~** lichamelijke opvoeding; **état ~** lichaamsgesteldheid; **être bien ~ment** er goed uitzien **2** *(sc.)* fysisch, natuurkundig; **sciences ~s** natuurwetenschappen
piaf *nm* mus *de*
piaffer *vi* trappelen
piailler *vi* piepen
pianiste *n* pianist(e) *nm (nf)*
piano *nm* piano *de;* **faire, jouer du ~** pianospelen; **~ à queue** vleugel
pianoter *vi* **1** *(mus.)* op de piano tingelen **2** *(tapoter)* (met zijn vingers) trommelen
pic *nm* **1** *(instrument)* (pik)houweel *het* **2** *(d'une montagne)* bergtop *nm;* **s'élever à ~** loodrecht omhoog rijzen **3** *(zool.)* specht *nm* ♦ **couler à ~** zinken als een baksteen; **tomber à ~** goed van pas komen; **arriver à ~** op het juiste moment komen
pichet *nm* (wijn)karafje *het*
pickpocket *nm* zakkenroller *nm*
picoler *vi* pimpelen
picorer[1] *vi* pikken
picorer[2] *vt (becqueter)* oppikken
picotement *nm* kriebel *nm*

picoter *vt* **1** *(piquer)* prikken **2** *(irriter)* prikkelen
pie *nf* ekster *de;* **être bavard comme une ~** klappen als een ekster
pièce *nf* **1** *(élément d'un ensemble)* stuk *het;* **travail aux ~s** stukwerk; **~s détachées** onderdelen; **inventer de toutes ~s** van a tot z verzinnen; **~s jointes, PJ** bijlagen, bijl.; **la ~** per stuk; **mettre en ~s** stukgooien, *(fig.)* niets heel laten van **2** *(de monnaie)* geldstuk *het*, munt *de;* **~ de monnaie** munt(stuk) **3** *(d'un logement)* kamer *de;* **(appartement de) deux ~s** tweekamerwoning, tweekamerflat **4** *(de théâtre, de musique)* stuk *het;* **~ de théâtre** toneelstuk **5** *(jur.)* stuk *het;* **~ à conviction** bewijsstuk; **~s d'identité** (identiteits)papieren ♦ **~ d'eau** waterpartij *(dans un parc, un jardin, etc.);* **~ montée** monumentale taart
pied *nm* **1** *(partie du corps)* voet *nm;* **à ~** te voet, lopend; **sauter à ~s joints** hinkelen, springen met beide benen bij elkaar; **avoir ~** de bodem aanraken; **avoir bon ~, bon œil** (nog, weer) helemaal in vorm zijn; **de ~ en cap** helemaal, van top tot teen; **casser les ~s à qn** iem aan z'n kop zeuren; **ne pas savoir sur quel ~ danser** niet weten waar men aan toe is; **il ne sortira plus d'ici que les ~s devant** hij zal deze ruimte niet levend verlaten; **faire du ~ à qn** *(pour avertir)* iem met de voet een seintje geven, *(pour marquer un intérêt galant)* voetje vrijen met iem; **cela lui fera les ~s** dat zal een lesje voor hem, haar zijn; **de ~ ferme** vastberaden; **se lever du ~ gauche** met het verkeerde been uit bed stappen; **faire le ~ de grue** eindeloos staan wachten; **au ~ levé** onvoorbereid; **faire des ~s et des mains** hemel en aarde bewegen; **ne pas se laisser marcher sur les ~s** zich niet op zijn kop laten zitten; **mettre les ~s qqp.** ergens heengaan; **mettre ~ à terre** uitstappen; **~s nus** blootsvoets; **perdre ~** geen grond meer voelen; **~ plat** platvoet; **mettre les ~s dans le plat** een blunder begaan; *(fig.)* **~s et poings liés** aan handen en voeten gebonden; **ne plus pouvoir mettre un ~ devant l'autre** geen stap meer kunnen verzetten; **(re)tomber sur ses ~s** op zijn pootjes terechtkomen *(aussi au fig.);* **remettre qn sur ~** iem weer op de been helpen; **sur ~** uit bed, op de been; **avoir les ~s sur terre** met beide benen op de grond staan; **des ~s à la tête** van top tot teen; **avoir un ~ dans la tombe** met één been in het graf staan; **traîner les ~s** sloffen **2** *(base)* voet *nm;* **le ~ d'un appareil photo** het statief van een fototoestel; **mettre qn au ~ du mur** iem voor het blok zetten **3** *(mesure)* voet *nm;* **être à six ~s sousterre** dood en begraven zijn; **vouloir être à cent ~s sous terre** (wel) door de grond kunnen zinken **4** *(litt.)* versvoet *nm* ♦ **comme un ~** waardeloos; **(c'est) le ~!** (dat is) onwijs goed!; **sur le ~ de guerre** op voet van oorlog; **au ~ de la lettre** in de letterlijke betekenis van het woord; **faire un ~ de nez** een lange neus maken; **prendre son ~** een kick krijgen, *(sexe)* klaarkomen; **sur un ~ d'égalité** op voet van gelijkheid; **~ de vigne** wijnstok
pied-à-terre *nm* pied-à-terre *het*, optrekje *het*
pied-de-biche *nm* **1** *(levier)* koevoet *nm* **2** *(d'une machine à coudre)* voetje *het*
piédestal *nm* voetstuk *het;* **mettre qn sur un ~** iem op een voetstuk plaatsen
pied-noir *nm* ↑ Fransman *nm* uit Algerije
piège *nm* (val)strik *nm;* **tendre un ~** een strik spannen *(aussi au fig.);* **tomber dans le ~** er inlopen; **prendre qn au ~** iem er in laten lopen
piéger *vt* **1** *(un animal)* strikken **2** *(mettre dans une situation sans issue)* in de val laten lopen **3** *(milit.)* een boobytrap maken van *(une mine, une bombe);* **lettre piégée, colis piégé** bombrief, bompakket; **voiture piégée** autobom, bomauto
pierre *nf* **1** *(bloc rocheux)* steen *nm;* **âge de (la) ~** stenen tijdperk; **de ~** van steen, stenen *(aussi au fig.);* **faire d'une ~ deux coups** twee vliegen in één klap slaan; **~ à feu** vuursteen; **jeter la (première) ~ à qn** iem de schuld geven; **poser la première ~** de eerste steen leggen, *(fig.)* de grondlegger zijn; **~ de taille** natuursteen; **~ tombale** grafsteen **2** *(précieuse)* edelsteen *nm;* **~ (précieuse)** edelsteen
pierreries *nf* juwelen *plur*, edelstenen *plur*
pierreux *adj* stenig
piété *nf* vroomheid *nf*
piétiner[1] *vi* **1** *(trépigner)* trappelen **2** *(ne pas avancer)* niet vooruitkomen *(aussi au fig.);* **~ sur place** pas op de plaats maken
piétiner[2] *vt* **1** *(écraser en piétinant)* vertrappen **2** *(fig.) (ne pas respecter)* met voeten treden
piéton, -onne *n* voetganger *nm;* **zone ~ne** voetgangersgebied
piètre *adj* pover; **~ consolation** schrale troost
pieu *nm* **1** *(piquet)* paal *nm* **2** *(lit)* nest *het*
pieuvre *nf* octopus *nm*
pieux *adj (relig.)* vroom
pif *nm* kokkerd *nm;* **avoir du ~** een fijne neus hebben ♦ **au ~** met de natte vinger
pif(f)er *vt* ♦ **ne pas pouvoir ~ qn** iem niet kunnen luchten (of zien)
pige *nf* ♦ **travailler à la ~** per regel betaald worden
pigeon *nm* **1** *(zool.)* duif *de;* **~ voyageur** postduif, *(Belg.)* reisduif **2** *(dupe)* uilskuiken *het (m), het (f)*
pigeonnier *nm* duiventil *de*
piger (à) *vt* snappen (van)
pigiste *n* freelancer *nm*
pigment *nm* pigment *het*
pignon *nm* **1** *(d'une façade)* puntgevel *nm; (fig.)* **avoir ~ sur rue** te goeder naam en faam bekendstaan **2** *(roue dentée)* tandwiel *het*
pile[1] *nf* **1** *(tas)* stapel *nm;* **mettre qch en ~** iets opstapelen **2** *(côté pile d'une pièce)* munt *de;* **~ ou face** kruis of munt; **jouer**

qch à ~ ou face over iets tossen **3** *(pour accumulation d'énergie)* batterij *nf*

pile[2] *adv* ♦ **s'arrêter** ~ plotseling stil blijven staan; **il est dix heures** ~ het is op de kop af tien uur; **tomber** ~ goed uitkomen

piler[1] *vi (s'arrêter net)* scherp remmen

piler[2] *vt (écraser)* (fijn)stampen

pilier *nm* **1** *(colonne)* pijler *nm* **2** *(fig.) (soutien)* pijler *nm*, steunpilaar *nm* **3** *(péj.) (habitué)* stamgast *nm*

pillage *nm* plundering *nf*, (het) (leeg)plunderen *(aussi au fig.)*

piller *vt* **1** *(saccager; voler)* (uit)plunderen, leeghalen **2** *(plagier)* plagiëren

pilleur, -euse *n* plunderaar(ster) *nm (nf)*

pilon *nm* stamper *nm*

pilonner *vt* **1** *(écraser)* (fijn)stampen **2** *(bombarder)* hevig bombarderen

pilori *nm* kaak *de; (fig.)* **clouer qn au** ~ iem aan de schandpaal nagelen

pilotage *nm* **1** *(art du pilote)* loodswezen *het* **2** *(d'un avion, d'une voiture, etc.)* besturing *nf*

pilote *nm* **1** *(aviat.)* piloot *nm;* ~ **d'essai** testpiloot; ~ **de ligne** verkeersvlieger **2** *(automobile)* bestuurder *nm* **3** *(mar.)* loods *nm* **4** *(pilote automatique)* stuurautomaat *nm* ♦ **des classes ~s** experimentele onderwijsvormen

piloter *vt* **1** *(un avion, une voiture)* besturen **2** *(mar.)* loodsen

pilotis *nm* heiwerk *het*

pilule *nf* pil *de;* **la ~ (anticonceptionnelle)** de (anticonceptie)pil; **avaler la** ~ een bittere pil slikken; **la ~ du lendemain** de morning-afterpil; **prendre la** ~ de pil gebruiken, aan de pil zijn

pimbêche *nf* verwaand mens *het (f)*

piment *nm* **1** *(condiment)* Spaanse peper *nm;* ~ **doux** paprika **2** *(fig.) (ce qui donne du piquant)* gekruidheid *nf*

pimenter *vt* (met Spaanse peper) kruiden, peperen

pimpant *adj* fris en vrolijk

pin *nm* **1** *(arbre)* den *nm;* ~ **maritime** zeeden; ~ **parasol, pignon** pijn(boom); ~ **sylvestre** grove den **2** *(bois)* grenen *het*

pinailler *vi* muggenziften

pinard *nm* wijntje *het*

pince *nf* **1** *(plur.) (tenailles)* tang *de (uniquement sing.)* **2** *(outil)* tang *de;* ~ **à épiler** epileerpincet; ~ **à sucre** suiker(klontjes)tang; ~ **universelle** combinatietang **3** *(d'un animal; à linge)* knijper *nm;* ~ **à linge** wasknijper, wasspeld *(n.B.)* **4** *(couture)* figuurnaad *nm*

pincé *adj (contraint)* gedwongen; **prendre un air** ~ een zuur gezicht zetten

pinceau *nm* penseel *het*

pincée *nf* snufje *het;* **une ~ de sel** een snufje zout

pincement *nm* **1** *(de cordes)* (het) tokkelen **2** *(action de pincer qch)* (het) klemmen ♦ **avoir un ~ au cœur** even iets van pijn voelen

pincer[1] *vt* **1** *(serrer entre les doigts, etc.)* knijpen **2** *(les lèvres)* samenknijpen **3** *(arrêter)* ↑betrappen; **se faire** ~ opgepakt worden **4** *(mus.)* tokkelen ♦ **en ~ pour qn** helemaal weg zijn van iem

se pincer[2] *vpr (se serrer)* zich klemmen ♦ **se ~ le doigt en fermant la porte** met z'n vinger tussen de deur komen; **se ~ le nez** z'n neus dichtknijpen

pince-sans-rire *n* droogkomiek *nm;* **sur un ton** ~ op een droge toon

pincette *nf* **1** *(petite pince)* tangetje *het* **2** *(plur.) (pour attiser le feu)* vuurtang *de (uniquement sing.);* **il n'est pas à prendre avec des ~s** hij is met geen tang aan te vatten

pinède *nf* pijnboombos *het*

pingouin *nm (emploi abusif)* pinguïn *nm*

ping-pong *nm* tafeltennis *het*

pingre *nm* krent *de;* **elle est** ~ ze is krenterig

pinson *nm* vink *de;* **être gai comme un** ~ opgewekt zijn

pintade *nf* parelhoen *het*

pioche *nf* **1** *(agric.)* houw *de* **2** *(tr.pub.)* houweel *het* **3** *(tas (de dominos, de cartes))* stapel *nm*

piocher[1] *vi (prendre une carte, un domino)* een kaart, domino kopen

piocher[2] *vt (le sol)* met de houw bewerken

piolet *nm* ijshouweel *het*

pion *nm* **1** *(aux échecs)* pion *nm* **2** *(au jeu de dames et autres)* steen *nm* **3** *(surveillant)* (rot)surveillant *nm*

pionne *nf* juf *nf*

pionnier *nm* pionier *nm*

pipe *nf* (tabaks)pijp *de;* **fumer la** ~ pijp roken

pipeau *nm* lokfluitje *het*

pipelet, -ette *n (personne bavarde)* kletskous *de*

pipeline *nm* pijpleiding *nf*

piper[1] *vi* ♦ **ne pas** ~ geen kik geven

piper[2] *vt (truquer)* vervalsen; *(fig.)* **les dés sont pipés** het is doorgestoken kaart

pipette *nf* pipet *het/de*

pipi *nm* plasje *het;* **faire** ~ een plasje doen

piquant *adj* **1** *(pointu; qui donne une sensation de piqûre)* scherp; **le** ~ de stekel **2** *(qui stimule l'intérêt, l'attention)* pikant; **des détails ~s** sappige bijzonderheden; **le** ~ het interessante

pique[1] *nm (aux cartes)* schoppen *plur*

pique[2] *nf* **1** *(arme)* lans *de* **2** *(parole blessante)* hatelijkheid *nf;* **lancer des ~s à qn** iem hatelijkheden toevoegen

piqué[1] *nm* **1** *(tissu)* piqué *nm* **2** *(aviat.)* duikvlucht *de*

piqué[2] *adj* (van lotje) getikt

pique-assiette *nm* tafelschuimer *nm*

pique-nique *nm* picknick *nm*

pique-niquer *vi* picknicken

piquer[1] *vi* **1** *(tomber, descendre)* plotseling dalen; ~ **du nez** voorovertuimelen **2** *(foncer)* wegstuiven

piquer[2] *vt* **1** *(introduire une pointe dans)* prikken, steken **2** *(faire une piqûre à)* een injectie geven **3** *(picoter)* prikkelen **4** *(exciter; blesser)* prikkelen; ~ **qn au vif** iem diep beledigen **5** *(avoir, faire brusquement)* ↑plotseling krijgen; ~ **un cent mètres** een sprintje trekken; ~ **une crise de larmes** een huilbui krijgen; ~ **un petit somme** een tukje doen **6** *(voler)* pikken

se piquer[3] *vpr* **1** *(recevoir une piqûre)* zich prikken **2** *(se faire une piqûre)* zichzelf een injectie geven, *(s'injecter un stupéfiant)* spuiten; *(drogué)* **il se pique** hij is verslaafd **3** *(se vexer)* beledigd zijn; **elle se pique pour un rien** zij is erg lichtgeraakt **4** *(+ de) (se vanter de)* zich laten voorstaan (op)

piquet *nm* **1** *(pieu)* piket *nm;* **droit comme un** ~ kaarsrecht; **raide comme un** ~ zo stijf als een hark; ~ **de tente** tentharing **2** *(enseign.)* (het) in de hoek staan ♦ ~ **de grève** stakingswacht, stakingspost

piquette *nf* **1** *(mauvais vin)* azijn *nm* **2** *(raclée)* ↑pak *het* rammel; **prendre la** ~ op z'n lazerij krijgen

piqûre *nf* **1** *(blessure) (d'aiguille)* prik *nm*, *(de serpent, de moustique)* beet *nm*, *(d'insecte)* steek *nm* **2** *(en couture)* stiksel *het* **3** *(injection)* injectie *nf*, prik *nm*

piratage *nm* **1** *(audiovisuel)* piraterij *nf* **2** *(inform.)* computerkraak *nm*

pirate *nm* **1** *(flibustier)* piraat *nm* **2** *(escroc)* oplichter *nm* **3** *(inform.)* (computer)kraker *nm* ♦ ~ **de l'air** vliegtuigkaper

(-)pirate *adj* illegaal, piraten-

pirater *vt* **1** *(déprotéger; faire effraction dans)* kraken; ~ **un programme** een programma kraken **2** *(copier illégalement)* (illegaal) kopiëren

pire[1] *nm* (het) slechtste; **au** ~ in het ergste geval

pire[2] *adj* slechter, erger; **mon** ~ **ennemi** mijn grootste vijand; **le, la** ~ de, het ergste

pirogue *nf* prauw *de*

pirouette *nf* pirouette *de*

pis[1] *nm* **1** *(mamelle)* uier *nm* **2** *(pire)* (het) ergste

pis[2] *adv (plus mal)* slechter, erger; **de** ~ **en** ~**, de mal en** ~ steeds slechter, van kwaad tot erger; **tant** ~ pech gehad, jammer dan; **qui** ~ **est** wat (nog) erger is

pis-aller *nm* noodoplossing *nf*

pisciculture *nf* visteelt *de*

piscine *nf* zwembad *het;* ~ **olympique** 50 meterbad

pisse *nf* pi(e)s *nm*

pissenlit *nm* paardenbloem *de*

pisser *vi (uriner)* pissen

pistache *nf* pistache *de;* **vert** ~ pistache-(groen)

piste *nf* **1** *(trace)* spoor *het;* **être sur la bonne** ~ op de goede weg zijn; **perdre la** ~ het spoor bijster worden **2** *(aviat.; sports)* baan *de;* ~ **cyclable** fietspad; ~ **de danse** dansvloer; ~ **d'envol** startbaan **3** *(d'un cirque)* piste *de; (aussi au fig.)* **entrer en** ~ de arena betreden

pistolet *nm* **1** *(revolver)* pistool *het* **2** *(pulvérisateur de peinture)* spuitpistool *het* **3** *(f. B.) (petit pain)* pistolet *nm*

piston *nm* **1** *(pièce cylindrique)* zuiger *nm* **2** *(mus.)* piston *nm* **3** *(fig.) (appui)* kruiwagen *nm*

pistonner *vt* pousseren

piteux *adj* erbarmelijk

pitié *nf* medelijden *het;* **faire** ~ medelijden wekken; **par** ~ in 's hemelsnaam; **sans** ~ meedogenloos; ~**!** genade! ♦ **quelle** ~**!** wat pover!; **un sourire de** ~ een meewarige glimlach

piton *nm (clou)* haak *nm;* ~ **d'alpiniste** klimhaak

pitoyable *adj* erbarmelijk

pitre *nm* pias *nm;* **faire le** ~ de clown uithangen

pitrerie *nf* (flauwe) grappenmakerij *nf*

pittoresque *adj* pittoresk

pivert *nm* groene specht *nm*

pivoine *nf* pioen(roos) *de;* **rouge comme une** ~ zo rood als een kreeft

pivot *nm* spil *de (aussi au fig.)*

pivoter *vi* (om een spil) draaien

placage *nm* bekleding *nf;* **bois de** ~ fineerhout

placard *nm* **1** *(armoire)* (muur)kast *de* **2** *(pancarte)* aanplakbiljet *het* **3** *(texte publicitaire)* grote advertentie *nf*

placarder *vt* **1** *(afficher)* aanplakken **2** *(couvrir d'affiches)* volplakken

place *nf* **1** *(endroit; siège; position)* plaats *de;* **à votre** ~ als ik u was; **j'ai signé à sa** ~ ik heb voor hem, haar getekend; **employer un crayon à la** ~ **d'un stylo** een potlood gebruiken in plaats van een pen; ~ **assise** zitplaats; ~**s avant** voorbank; **avoir sa** ~ **qqp.** ergens thuishoren; **avoir sa** ~ **au soleil** een plaats(je) onder de zon hebben *(aussi au fig.);* **avoir, tenir une grande** ~ van het grootste belang zijn; ~ **debout** staanplaats; **mettre en** ~ opstellen; **tout est en** ~ alles staat klaar; **ne pas rester, ne pas tenir en** ~ niet stil kunnen zitten; **faire** ~ **nette** het huis ontruimen; **se mettre à la** ~ **de qn** zich in iem verplaatsen; *(dans une voiture)* ~ **du mort** dodenplaats; **offrir des** ~**s à qn** iem entreekaartjes geven; **prendre** ~ gaan zitten; **prendre la** ~ **de qn** iem vervangen; **une quatre** ~**s** een auto met vier zitplaatsen; **regagner sa** ~ naar zijn plaats teruggaan; **remettre qn à sa** ~ iem op zijn plaats zetten; **rester sur** ~ zich niet verroeren; **faire du sur** ~ *(cyclisme)* surplace maken, *(fig.)* niet vooruitkomen; **faire une enquête sur** ~ ter plaatse een onderzoek instellen; **être cloué sur** ~ **de surprise** als aan de grond vastgenageld staan van verbazing; *(prov)* **(une** ~ **pour chaque chose et) chaque chose à sa** ~ ⟨*wanneer alles daar ligt waar het thuishoort, hoeft men niet lang te zoeken*⟩ **2** *(emploi)* post *nm* **3** *(lieu public)* plein *het;* ~ **publique** plein, *(fig.)* (het) openbare leven **4** *(milit.)* vesting(stad) *nf;* ~ **forte** vesting(stad)

placé *adj (mis à une place)* geplaatst; **avoir le cœur bien** ~ het hart op de juiste plaats hebben; **vous êtes bien** ~ **pour** u bent de aangewezen persoon om

placement *nm* **1** *(investissement)* belegging *nf;* **faire des ~s** geld beleggen **2** *(action de procurer un emploi)* arbeidsbemiddeling *nf;* **bureau de ~** arbeidsbureau
placenta *nm* moederkoek *nm*
placer[1] *vt* **1** *(mettre)* plaatsen; **il n'a pas pu ~ un seul mot** hij kreeg niet de kans een woord te zeggen **2** *(investir)* beleggen (in) **3** *(procurer un emploi à)* een betrekking vinden voor **4** *(vendre)* verkopen
se placer[2] *vpr* **1** *(s'asseoir)* plaats nemen **2** *(occuper une place)* een plaats innemen; **il se place en tête de liste** hij staat boven aan de lijst **3** *(prendre un emploi)* een betrekking vinden
placide *adj* kalm
placoplâtre *nm* gipsplaat *de*
plafond *nm* **1** *(d'une pièce)* plafond *het;* **faux ~** verlaagd plafond **2** *(maximum)* plafond *het (aussi aviat.);* **prix ~** vastgestelde maximumprijs
plafonner[1] *vi (atteindre un plafond)* een limiet bereiken; **un avion qui plafonne à cinq mille mètres** een vliegtuig met een maximale vlieghoogte van 5000 meter
plafonner[2] *vt (une pièce)* stukadoren
plafonnier *nm* plafondlamp *de*
plage *nf* **1** *(d'une mer, d'une rivière, d'un lac)* strand *het* **2** *(station balnéaire)* badplaats *de* **3** *(laps de temps)* periode *nf* **4** *(radio, télévision)* programmablok *het* **5** *(surface plate)* vlak *het;* **~ arrière** hoedenplank
plagiat *nm* plagiaat *het*
plagier *vt* plagiaat plegen
plaider[1] *vi* **1** *(défendre)* pleiten (voor) **2** *(jur.)* pleiten; **~ contre qn** een pleidooi houden tegen iem; **~ pour qn** iem verdedigen
plaider[2] *vt* **1** *(défendre une cause)* verdedigen; **~ la cause de qn** iemands zaak bepleiten **2** *(faire valoir qch)* ter verdediging aanvoeren; **~ non coupable** schuld ontkennen; **~ la légitime défense** zelfverdediging aanvoeren
plaideur, -euse *n* pleit(st)er *nm (nf)*
plaidoirie *nf (aussi au fig.)* pleidooi *het*
plaidoyer *nm* pleidooi *het*
plaie *nf* **1** *(blessure)* wond *de (aussi au fig.);* **mettre le doigt sur la ~** de vinger op de wond leggen; **rouvrir une ~** een oude wond weer openrijten; **~ à vif** open wond **2** *(fléau)* plaag *de;* **quelle ~!** ↑ wat een afschuwelijk iem/iets!
plaignant, -ante *n* **1** *(jur.)* aanklager, aanklaagster *nm,f* **2** *(personne qui réclame justice)* eiser(es) *nm (nf)*
plaindre[1] *vt* beklagen; **je ne le plains pas** ik heb geen medelijden met hem
se plaindre[2] *vpr* klagen, zich beklagen; **se ~ à qn** zijn beklag doen bij iem; **se ~ d'insomnie** klagen over slapeloosheid
plaine *nf* (laag)vlakte *nf* ♦ **~ de jeux** speelplein
plain-pied ♦ **de ~** gelijkvloers; *(fig.)* **être de ~ avec qn** met iem op gelijke voet staan; *(fig.)* **entrer de ~ dans un sujet** zonder omwegen tot z'n onderwerp komen
plainte *nf* **1** *(gémissement)* (wee)klacht *de;* **pousser des ~s** kermen **2** *(jur.)* aanklacht *de;* **porter ~ (pour)** een aanklacht indienen (wegens)
plaintif *adj* klaaglijk
plaire[1] *vi* bevallen; **faites ce qu'il vous plaira** doe wat u wilt; *(pour attirer l'attention)* **s'il vous plaît!** let wel!; **s'il vous plaît, s.v.p.** alstublieft, a.u.b., s.v.p.
se plaire[2] *vpr* **1** *(+ à) (prendre plaisir à)* plezier hebben (in) **2** *(aimer être dans un lieu)* zich graag bevinden; **se ~ à la campagne** graag buiten zijn **3** *(se trouver agréable l'un l'autre)* elkaar aardig vinden
plaisance *nf* watersport *de;* **bateau de ~** plezierjacht; **port de ~** jachthaven
plaisancier *nm* watersporter *nm*
plaisant *adj* **1** *(agréable)* aangenaam; **le ~** het aangename **2** *(amusant)* grappig; **le ~** het grappige; **le mauvais ~** de flauwe grappenmaker
plaisanter[1] *vi* grapjes maken; **on ne plaisante pas avec ces choses-là** daarmee valt niet te spotten; **~ sur qn, à propos de qn** grapjes maken over iem; **vous plaisantez, j'espère** ik hoop dat u dat niet meent
plaisanter[2] *vt (taquiner)* plagen
plaisanterie *nf* grap *de;* **mauvaise ~** flauwe grap; **tourner une chose en ~** ergens een grapje van maken; **(toute) ~ à part** zonder gekheid
plaisantin *nm* flauwe grappenmaker *nm*
plaisir *nm* **1** *(contentement)* plezier *het;* **au ~!, au ~ de vous revoir!** tot genoegen, tot ziens!; **avec (grand) ~** (heel) graag; **se faire un ~ de faire qch** iets met het grootste genoegen doen; **faites-moi le ~ de** wees zo goed (om); **par ~, pour le ~, pour son ~** (uitsluitend) voor zijn plezier; **prendre ~ à qch, à faire qch** ergens plezier in hebben **2** *(généralement plur.) (amusement(s))* vermaak *het (uniquement sing.);* **les ~s de la vie** de geneugten van het leven; **mener une vie de ~s** een losbandig leven leiden **3** *(plaisir sexuel)* genot *het*
plan[1] *nm* **1** *(surface plane)* vlak *het (aussi géométrie);* **~ d'eau** watervlak; **au premier ~** op de voorgrond; **au second ~** op de achtergrond; **sur le ~ de** op het gebied van; **sur tous les ~s** in alle opzichten; **sur le même ~** op hetzelfde niveau; **sur le ~ politique** op politiek gebied; **~ de travail** werkblad **2** *(représentation graphique)* plan *het;* **dresser, tracer un ~ de qch** een schets van iets maken **3** *(carte)* plattegrond *nm* **4** *(projet, planification)* plan *het;* **~s de carrière** carrièreplanning; **laisser qch en ~** iets onafgemaakt laten liggen; **tirer des ~s sur la comète** luchtkastelen bouwen **5** *(cin.)* opname *de;* **en gros ~** in close-up ♦ **laisser qn en ~** iem in de steek laten
plan[2] *adj* vlak
planche *nf* **1** plank *de;* **faire la ~** (op z'n rug) drijven; **~ à repasser** strijkplank; **~ à roulettes** skateboard; **~ à voile** windsurfplank **2** *(plur.) (théâtre)* toneel *het (uni-*

quement sing.); **monter sur les ~s** toneelspeler worden
plancher *nm* **1** *(sol)* houten vloer *nm*; **débarrasser le** ~ maken dat je wegkomt; **faux** ~ loze vloer; *(iron.)* **le** ~ **des vaches** de vaste grond **2** *(écon.)* minimumpeil *het*; **prix** ~ minimumprijs
plancton *nm* plankton *het*
planer *vi* **1** *(avion, un oiseau)* zweven; **vol plané** glijvlucht **2** *(flotter)* (in de lucht) hangen boven; **le mystère plane sur cette affaire** er hangt een waas van geheimzinnigheid rond deze zaak **3** *(après absorption de drogue)* high zijn **4** *(rêver)* elders zijn
planétaire *adj* **1** *(planètes)* planeten- **2** *(mondial)* wereldomvattend
planète *nf* planeet *de*
planeur *nm* zweefvliegtuig *het*
planification *nf* planning *nf*
planifier *vt* plannen
planning *nm* planning *nf* ♦ ~ **familial** gezinsplanning
planque *nf* **1** *(boulot facile)* luizenbaantje *het* **2** *(cachette)* ↑ schuilplaats *de*
planquer[1] *vt* wegstoppen
se planquer[2] *vpr* zich verstoppen
plant *nm* **1** *(végétal à repiquer)* stek *nm* **2** *(végétaux plantés)* beplanting *nf*
plantation *nf* **1** *(action de planter)* (het) planten **2** *(végétaux plantés)* beplanting *nf* **3** *(exploitation agricole)* plantage *nf*
plante *nf* **1** *(végétal)* plant *de*; ~ **d'appartement** kamerplant; ~ **verte** bladplant; ~ **vivace** vaste plant **2** *(du pied)* (voet)zool *de*
planter[1] *vt* **1** (be)planten **2** *(enfoncer)* insteken **3** *(placer)* oprichten ♦ ~ **là qn, qch** ↑ iem zomaar laten staan, iets in de steek laten; **rester planté qqp.** ergens (onbeweeglijk) blijven staan
se planter[2] *vpr* **1** *(se camper)* (stil) gaan staan **2** *(se fixer)* zich vasthechten **3** geplant worden **4** *(automobile)* van de weg raken **5** *(se tromper)* ↑ er volkomen naast zitten
plantureux *adj* overvloedig ♦ **poitrine plantureuse** weelderige boezem
plaque *nf* **1** *(feuille rigide)* plaat *de*, plak *de*; **être à côté de la** ~ er naast zitten; ~ **chauffante (à induction)** (inductie)kookplaat; ~ **de chocolat** plak chocola; ~ **de cuisson** kookplaat; ~ **d'égout** riooldeksel; ~ **d'immatriculation** nummerplaat; ~ **minéralogique** nummerplaat; ~ **tournante** draaischijf **2** *(lésion)* (geïrriteerde) plek *de* ♦ ~ **dentaire** (tand)plaque, aanslag op tanden en kiezen
plaqué *nm* doublé *het*
plaquer[1] *vt* **1** *(appliquer sur)* leggen (op) **2** *(d'or)* vergulden **3** *(d'argent)* verzilveren **4** *(abandonner)* ↑ in de steek laten **5** *(sports)* ten val brengen
se plaquer[2] **(contre)** *vpr (s'appuyer contre)* zich drukken (tegen)
plaquette *nf* **1** *(petite plaque)* plaatje *het*, dunne plak *nm* **2** *(petit livre)* bundeltje *het* **3** *(biol.)* bloedplaatje *het*
plasma *nm* plasma *het*; ~ **sanguin** bloedplasma
plastic *nm* kneedbom *de*
plastifier *vt* plastificeren
plastique *adj* **1** *(adj.) (formes)* plastisch **2** *(arts)* beeldend ♦ **le** ~ het plastic; **matière** ~ kunststof
plastiqueur *nm* bommenlegger *nm*
plat[1] *nm* **1** *(récipient)* bord(je) *het*; *(fig.)* **apporter qch à qn sur un** ~ iem iets op een presenteerblaadje aanbieden **2** *(mets)* schotel *de*; ~ **cuisiné** kant-en-klaargerecht; ~ **du jour** dagschotel; ~ **régional** plaatselijke specialiteit; ~ **de résistance** hoofdgerecht *(aussi au fig.)* **3** *(partie plate)* plat *het*; ~ **de la main** vlakke hand ♦ **faire du** ~ **à qn** iemands hielen likken; **en faire (tout) un** ~ er veel ophef van maken; **mettre les petits ~s dans les grands** vorstelijk onthalen
plat[2] *adj* **1** vlak, plat; **à** ~ plat, leeg; *(fig.)* **être à** ~ *(être épuisé)* op zijn, *(être déprimé)* depri zijn; *(fig.)* **tomber à** ~ totaal mislukken; **batterie à** ~ lege accu; **mettre qch à** ~ iets (plat) neerleggen, *(fig.)* iets tot op de bodem uitzoeken **2** *(fade)* vlak **3** *(boisson)* smakeloos, zonder prik *(non gazeuse)*; **eau ~e** naturel water
platane *nm* plataan(boom) *nm*
plateau *nm* **1** *(pour transporter des objets)* (presenteer)blad *het*; *(fig.)* **apporter qch à qn sur un** ~ iem iets op een presenteerblaadje aanbieden; **le** ~ **d'une balance** de schaal van een balans **2** *(géo.)* hoogvlakte *nf* **3** *(cin.)* set *nm* **4** *(de télévision)* floor *nm*
plate-bande *nf* bloemperk *het*; **marcher sur les ~s de qn** onder iemands duiven schieten
plate-forme *nf (de forage)* booreiland *het*
platine[1] *nm (métal)* platina *het*; **des cheveux (blond)** ~ platinablond haar
platine[2] *nf* **1** *(support plat)* plaat *de* **2** *(de tourne-disque)* draaitafel *de*
platitude *nf* banaliteit *nf*; **débiter, dire des ~s** gemeenplaatsen debiteren
platonique *adj* platonisch
plâtre *nm* **1** *(gypse)* gips *het* **2** *(poudre blanche)* pleister(kalk) *het (nm)* **3** *(méd.)* gipsverband *het* **4** *(plur.) (revêtement)* pleisterwerk *het*; **essuyer les ~s** als eerste een pasgebouwd huis betrekken, *(fig.)* de spits afbijten
plâtré *adj* in het gips
plâtrer *vt* **1** *(couvrir de plâtre)* (be)pleisteren **2** *(méd.)* in het gips zetten
plâtrier *nm* stukadoor *nm*
plausible *adj* plausibel
play-back *nm* playback *het*
plébiscite *nm* referendum *het*
plébisciter *vt* **1** *(voter qch par plébiscite)* door middel van volksstemming goedkeuren **2** *(approuver qch à une majorité écrasante)* met overweldigende meerderheid goedkeuren
plein[1] *nm* **1** (het) vol zijn; **battre son** ~ op zijn hoogtepunt zijn; **faire le** ~ geheel

vullen, *(d'essence)* voltanken **2** *(maximum)* maximum *het*

plein² *adj* **1** *(+ de; adj.)* *(rempli)* vol (met); ~ **à craquer** propvol; **une femelle ~e** een drachtig wijfje; **une journée ~e** een drukke dag **2** *(total)* volkomen; **~e lune** volle maan ♦ **en** ~ precies

plein³ *adv* vol(op); **avoir** ~ **d'argent** bulken van de centen; **tout** ~ **de** hartstikke veel; **avoir de l'argent** ~ **les poches** zijn zakken vol geld hebben; **tout** ~ hartstikke

plein-emploi *nm* volledige werkgelegenheid *nf*

plénier *adj* ♦ **assemblée plénière** plenaire vergadering

plénitude *nf* **1** *(ampleur)* volheid *nf* **2** *(intégrité)* totaliteit *nf;* **dans la** ~ **de sa beauté** in al haar, zijn schoonheid

pléonasme *nm* pleonasme *het*

pléthore *nf* overvloed *nm*

pléthorique *adj* overvol, overbezet

pleur *nm (généralement plur.)* traan *de*

pleurer¹ *vi* **1** huilen; ~ **après qch** ergens om blijven zeuren; ~ **de rire** zich een ongeluk lachen **2** *(pour une raison physiologique)* tranen; **les oignons font** ~ van uien gaan de ogen tranen

pleurer² *vt* **1** *(regretter)* betreuren **2** *(laisser couler des larmes)* vergieten

pleurésie *nf* pleuris *het/de*

pleurnicher *vi* grienen

pleuvoir¹ *vi (s'abattre)* regenen; **les critiques pleuvaient sur lui** hij werd overladen met kritiek

pleuvoir² *vb impers* regenen; **comme s'il en pleuvait** bij bakken; **qu'il pleuve ou qu'il vente** weer of geen weer

pli *nm* **1** plooi *de (aussi géo.);* **faire des ~s** kreukelen; **~s au front** rimpels in het voorhoofd **2** *(marque formée par un pli)* vouw *de* **3** *(enveloppe)* (brief)omslag *het/de (m);* **sous ce** ~ ingesloten **4** *(aux cartes)* slag *nm* ♦ **cela ne fait pas un** ~ dat is een uitgemaakte zaak; **prendre un** ~↑een gewoonte aannemen

pliable *adj* opvouwbaar

pliant *adj* opvouwbaar; **chaise ~e** klapstoel

plier¹ *vi* **1** *(se courber)* (door)buigen **2** *(céder)* zwichten (voor)

plier² *vt* **1** *(rabattre une chose sur elle-même)* (op)vouwen **2** *(courber)* buigen; **être plié (en deux)** dubbel liggen (van het lachen) **3** *(fermer)* dichtklappen ♦ ~ **ses affaires** z'n spullen opbergen

se plier³ *vpr* **1** *(se soumettre à)* zich voegen (naar) **2** *(être pliable)* opvouwbaar zijn

plinthe *nf* plint *de*

plissé *adj* geplooid; **jupe ~e** plissérok

plissement *nm (froncement)* rimpeling *nf*, *(des yeux)* (het) dichtknijpen

plisser *vt* plooien; ~ **le front** het voorhoofd fronsen; ~ **les yeux** de ogen dichtknijpen

pliure *nf* vouw *de*

plomb *nm* **1** *(métal)* lood *het;* **à** ~ loodrecht; *(fig.)* **avoir du** ~ **dans l'estomac** een steen op z'n maag hebben liggen; **un sommeil de** ~ een loodzware slaap; *(fig.)* **mettre du** ~ **dans la cervelle à qn** iem een beetje verstand bijbrengen **2** *(fusible)* zekering *nf* **3** *(de chasse)* hagel *nm;* **avoir du** ~ **dans l'aile** in ernstige moeilijkheden verkeren

plombage *nm (d'une dent)* vulling *nf*

plombé *adj (d'une dent)* gevuld

plomber *vt* **1** *(une dent)* vullen, plomberen **2** *(sceller)* verzegelen

plomberie *nf* **1** *(industrie)* loodgieterij *nf* **2** *(canalisations)* leidingbuizen *plur*

plombier *nm* loodgieter *nm*

plonge *nf* afwas *nf;* **faire la** ~ afwassen

plongeant *adj* ♦ **décolleté** ~ diep decolleté; **avoir une vue ~e sur qch** een overzicht hebben over iets

plongée *nf* duik *nm;* ~ **sous-marine** (het) diepzee duiken

plongeoir *nm* duikplank *de*

plongeon *nm* duik *nm;* **faire un** ~ een duik nemen, *(fig.)*↑een diepe buiging maken

plonger¹ *vi* **1** *(s'enfoncer, se jeter dans l'eau)* (in het water) duiken **2** *(+ sur) (se jeter sur)* neerduiken (op) **3** *(+ dans) (s'enfoncer dans)* verzinken (in); **plongé dans l'obscurité** in duisternis gedompeld; **plongé dans un sommeil profond** in een diepe slaap verzonken

plonger² *vt* **1** *(immerger; tremper)* (onder)dompelen **2** *(enfoncer)* (diep) steken (in) **3** *(précipiter)* storten (in); ~ **qn dans l'embarras** iem in een lastig parket brengen ♦ **il plongea ses yeux dans les miens** hij keek mij diep in de ogen

se plonger³ *vpr* **1** *(dans un liquide)* duiken (in) **2** *(s'absorber dans)* zich verdiepen (in)

plongeur *nm* **1** *(nageur)* duiker *nm* **2** *(laveur de vaisselle)* bordenwasser *nm*

plouf *interj* plons!; **un** ~ een plons

ployer¹ *vi* **1** *((se) courber)* (zich) buigen (onder) **2** *(fig.) (céder)* wijken

ployer² *vt (plier)* plooien

pluie *nf* **1** *(chute d'eau)* regen *nm;* **~s acides** zure regen; *(prov)* **après la** ~ **le beau temps** na regen komt zonneschijn; **ne pas être né de la dernière** ~ niet van gisteren zijn; **faire la** ~ **et le beau temps** de lakens uitdelen; **parler de la** ~ **et du beau temps** over koetjes en kalfjes praten **2** *(avalanche)* overvloed *nm*

plumage *nm* veren *plur*

plume *nf* **1** *(d'un oiseau)* veer *de* **2** *(pour écrire)* (schrijf)veer *de*, pen *de (aussi au fig.);* **vivre de sa** ~ van zijn pen leven ♦ **y laisser des ~s** veren laten

plumeau *nm* plumeau *nm*

plumer *vt* **1** *(un oiseau)* plukken **2** *(voler qn)* afzetten

plumier *nm* pennendoosje *het*

plupart *nf* **1** *(le plus grand nombre de; la plus grande part de)* grootste deel (van) *het*, merendeel (van) *het;* **la** ~ **des gens** de meeste mensen; **pour la** ~ voor het groot-

ste deel; **la ~ du temps** meestal **2** *(le plus grand nombre)* meesten *plur*
pluralisme *nm* pluralisme *het*
pluriel *nm* meervoud *het*
plus[1] *nm* **1** *(la plus grande quantité de)* (het) meeste; **(tout) au ~** hoogstens; **les gens qui rendent le ~ de services** de mensen die de meeste diensten verlenen **2** *(le signe plus)* plusteken *het;* **le signe ~** het plusteken
plus[2] *adv* **1** *(comparatif)* -er; **qch de ~ beau** iets mooiers; **~ de** meer (dan); **de, en ~** bovendien; **de ~ en ~** hoe langer hoe meer; **j'ai deux euros de ~ que toi** ik heb twee euro meer dan jij; **en ~ de** behalve; **~ grand** groter; **les ~ de quinze ans** de jongeren boven de vijftien; **~ ... (et) moins** hoe meer ... des te minder; **~ ou moins** min of meer; **qui ~ est** sterker nog **2** *(précédé de l'article défini) (superlatif)* -st; **c'est le ~ important** dat is het belangrijkste **3** *(ne ... plus)* niet ... meer; **~ de ...** geen ... meer; **une femme ~ très jeune** een niet meer zo jonge vrouw; **non ~** ook niet; **pas ~** evenmin **4** *(et)* plus
plusieurs[1] *adj indéf* verschillende
plusieurs[2] *pron indéf* **1** *(accompagné d'un complément partitif)* verschillende; **~ d'entre eux** verscheidenen onder hen **2** *(plusieurs personnes)* verscheidenen
plus-que-parfait *nm* voltooid verleden tijd *nm*
plus-value *nf* waardevermeerdering *nf*
plutôt *adv* **1** *(de préférence)* eerder, liever; **~ mourir!** ik ga nog liever dood! **2** *(passablement)* tamelijk, *(Belg.)* eerder
pluvieux *adj* regenachtig
pneu *nm* (lucht)band *nm;* **~ crevé, à plat** lekke band
pneumatique *adj* lucht-; **matelas ~** luchtbed
pneumonie *nf* longontsteking *nf*
poche[1] *nm (livre de poche)* pocketboek *het*
poche[2] *nf* **1** *(d'un vêtement)* zak *nm;* **connaître comme sa ~** *(personne)* door en door kennen, *(chose)* kennen als zijn broekzak; **l'affaire est dans la ~** de zaak is rond; **payer de sa ~** uit eigen zak betalen; **faire les ~s à qn** iemands zakken doorzoeken; **livre de ~** pocket(boek); **mettre qn dans sa ~** iem inpakken **2** *(pli)* uitgezakte plooi *de;* **des ~s sous les yeux** wallen onder de ogen **3** *(d'un sac, d'un portefeuille)* vak *het* **4** *(cavité remplie d'une substance)* holte *nf* **5** *(des marsupiaux)* buidel *nm*
poché *adj* gepocheerd
pocher *vt (cuis.)* pocheren
pochette *nf* **1** *(petite enveloppe)* zakje *het;* **~ de disque** platenhoes **2** *(pièce d'étoffe)* pochet *de* **3** *(sac)* platte (hand)tas *de*
pochoir *nm* sjabloon *het*
podium *nm* (ere)podium *het*
poêle[1] *nm (appareil de chauffage)* kachel *de*
poêle[2] *nf (ustensile de cuisine)* koekenpan *de;* **~ à frire** braadpan
poêlon *nm* steelpan *de*
poème *nm* gedicht *het* ♦ **c'est tout un ~** het is iets onbeschrijfelijks
poésie *nf* **1** *(art)* dichtkunst *nf* **2** *(poème)* (kort) gedicht *het* **3** *(beauté)* (het) dichterlijke
poète *nm* dichter(es) *nm (nf)*
poétesse *nf* dichteres *nf*
poétique *adj* **1** *(propre à la poésie)* dichterlijk, poëtisch **2** *(adj.) (qui émeut par sa beauté)* ontroerend mooi
pognon *nm* poen *het/de*
poids *nm* gewicht *het (aussi au fig.);* **le ~ des années** de last der jaren; **argument de ~** zwaarwegend argument; **donner du ~ à** gewicht hechten aan; **ne pas faire le ~** niet voor z'n taak berekend zijn; **~ et haltères** (het) gewichtheffen; **~ plume** vedergewicht(sklasse), *(fig.)* iem die zo licht als een veertje is; **prendre, perdre du ~** aankomen, afvallen; **sentir un ~ sur sa poitrine** zich bedrukt voelen ♦ **~ lourd** vrachtwagen
poignant *adj* hartverscheurend
poignard *nm* dolk *nm*
poignarder *vt* met een dolk steken, doodsteken *(tuer)*
poigne *nf* **1** *(force de la main)* kracht *de* in de hand; **~ de fer** ijzeren greep **2** *(énergie)* energie *nf;* **homme à ~** doortastend man
poignée *nf* **1** *(quantité)* handvol *de;* **à, par ~(s)** bij bosjes **2** *(d'un objet)* handvat *het (d'une valise, etc.),* steel *nm (d'une casserole, etc.);* **~ de porte** deurklink ♦ **~ de main** handdruk
poignet *nm* **1** *(partie du bras)* pols *nm* **2** *(partie d'une manche)* manchet *de*
poil *nm* **1** *(d'un animal)* haar *het;* **à un ~ près** op een haar na **2** *(d'une personne)* (lichaams)haar *het;* **à ~** in zijn nakie; **~s de la barbe** baardhaar; **des cheveux ~ de carotte** peenhaar; **couvert de ~s** behaard **3** *(d'un tapis)* pool *de* ♦ **être au ~** uitstekend zijn; **au ~** op het nippertje; **de bon, mauvais ~** ↑ goedgehumeurd, slechtgehumeurd; **avoir un ~ dans la main** aan werken een broertje dood hebben; **reprendre du ~ de la bête** er (weer) bovenop komen; **de tout ~, de tous ~s** van diverse pluimage
se poiler *vpr* zich doodlachen
poilu *adj* (flink) behaard
poinçon *nm* **1** *(instrument pour percer)* priem *nm* **2** *(estampille)* stempel *nm*
poinçonner *vt* **1** *(une marchandise)* stempelen **2** *(un billet)* knippen
poing *nm* vuist *de;* **dormir à ~s fermés** vast slapen; **serrer les ~s** zijn vuisten ballen, *(fig.)* de tanden op elkaar zetten
point[1] *nm* **1** *(signe, marque)* punt *het/de (ponctuation, musique, morse);* **~ final** punt; **~ d'interrogation** vraagteken, *(fig.)* vraag; **mettre les ~s sur les i** de puntjes op de i zetten; **~s de suspension** gedachtepuntjes, puntje, puntje, puntje; **un ~, c'est tout** punt uit **2** *(endroit)* punt *het (aussi math.; phys.; chim.; astron.),* plaats *de;* **les ~s cardinaux** de windstreken; **~ de chute**

plaats van inslag; ~ **de départ** startpunt, *(fig.)* uitgangspunt; **c'est son ~ faible** dat is zijn, haar zwakke punt; ~ **mort** dood punt *(aussi au fig.)*; ~ **noir** *(comédon)* mee-eter, *(fig.)* knelpunt; ~ **de repère** richtpunt, *(fig.)* aanknopingspunt **3** *(degré; état)* mate *de;* **à quel** ~ hoe zeer; **à ce** ~ **(que)** in zodanige mate dat; **à tel** ~ **que, au** ~ **que, au** ~ **de** zo zeer dat; **au** ~ **où en sont les choses** zoals de zaken (ervoor) staan; **au** ~ **où nous en sommes** in onze positie; **être mal en** ~ er slecht aan toe zijn **4** *(question; partie)* punt *het;* **en tout ~, en tous ~s** in alle opzichten; ~ **d'honneur** erezaak; **sur ce** ~ wat dit betreft **5** *(sports; enseign.)* punt *het,* cijfer *het;* **bon** ~ *(à l'école)* goede aantekening, *(fig.)* pluspunt; **marquer un ~, des ~s** een punt, punten scoren *(aussi au fig.)* **6** *(au tricot, en couture)* steek; **~s de suture** hechtingen **7** *(mar.; aviat.)* positie *nf;* **faire le** ~ bestek opmaken, *(fig.)* de balans opmaken **8** *(de côté, etc.)* steek *nm;* ~ **de côté** steek in de zij **9** *(du jour)* (het) aanbreken; **au** ~ **du jour** bij het krieken van de dag ♦ **à** ~ gaar; **à** ~ **(nommé)** op het geschikte ogenblik; **mettre au** ~ instellen, afregelen, *(Belg.)* op punt stellen; **être sur le** ~ **de** op het punt staan om (te)

point[2] ♦ *(adv.)* **ne ...** ~ (in het geheel) niet; **(ne)** ~ **de ...** geen ...

pointage *nm* **1** *(au travail)* (het) prikken **2** *(au chômage)* (het) stempelen

point de vue *nm* standpunt *het (aussi au fig.)*; **à son** ~ naar zijn, haar mening; **au, du** ~ **confort** wat het comfort betreft; **d'un certain** ~ in zekere zin

pointe *nf* **1** *(extrémité)* spits *de;* **marcher sur la** ~ **des pieds** op de tenen lopen **2** *(objet pointu; partie extrême qui s'avance)* punt *nm* **3** *(fig.) (moment d'intensité maximale)* toppunt *het;* **de** ~ geavanceerd; **être à la** ~ **de qch** zich in de voorhoede van iets bevinden; **heures de** ~ spitsuur; **vitesse de** ~ topsnelheid **4** *(allusion ironique, parole blessante)* steek *nm* **5** *(fig.) (soupçon)* vleugje *het;* **une** ~ **d'ironie** een zweempje ironie ♦ **pousser une** ~ **jusqu'à** doorrijden tot

pointer[1] *vi* **1** *(s'élever)* omhoog steken **2** *(bot.)* uitkomen **3** *(jour)* aanbreken **4** *(au chômage)* stempelen **5** *(au travail)* prikken

pointer[2] *vt* **1** *(contrôler; cocher)* aantekenen, controleren **2** *(diriger)* richten, stellen *(un canon)*

se pointer[3] *vpr (arriver)* komen aanzetten

pointillé *nm* stippellijn *de*

pointilleux *adj* pietluttig

pointu *adj* **1** *(en pointe)* spits, scherp *(aussi au fig.)* **2** *(voix)* schril

pointure *nf* maat *de*

point-virgule *nm* puntkomma *het/de*

poire *nf* **1** *(fruit)* peer *de;* **couper la** ~ **en deux** een compromis sluiten **2** *(figure)* facie *nm* **3** *(naïf)* sul *nm*

poireau *nm* prei *de*

poireauter *vi* ↑ (lang) wachten, 'wortelschieten'

poirier *nm* perenboom *nm* ♦ **faire le** ~ op z'n hoofd staan

pois *nm* **1** *(bot.)* erwt *de;* ~ **chiche** grauwe erwt; **petits** ~ doperwten **2** *(pastille)* stip *de;* **à** ~ gestippeld

poison *nm* (ver)gif *het*

poisse *nf* pech *nm*

poisseux *adj* kleverig

poisson *nm* vis *nm;* **être comme un** ~ **dans l'eau** in zijn element zijn, zich voelen als een vis in het water; ~ **rouge** goudvis ♦ ~ **d'avril** aprilgrap

poissonnerie *nf* viswinkel *nm*

poissonnier, -ière *n* visboer, visvrouw *nm,f*

Poissons *nm* Vissen *plur;* **il est** ~ hij is een Vis

poitrail *nm* borst *de*

poitrine *nf* **1** *(thorax)* borst *de* **2** *(seins)* boezem *nm* **3** *(viande)* borststuk *het*

poivre *nm* peper *nm;* ~ **en grains** peperkorrels; *(fig.)* ~ **et sel** peper-en-zoutkleurig

poivré *adj* gepeperd

poivrer *vt* peperen

poivrier *nm* peperbus *de*

poivron *nm* paprika *de*

poivrot, -ote *n* zuiplap, zuipster *nm,f*

poix *nf* pik *het/de (m)*

poker *nm* poker *het; (fig.)* **un coup de** ~ een gok

polaire *adj* pool-

polar *nm* detective(roman) *nm*

polariser *vt* **1** *(phys.)* polariseren **2** *(fig.) (attirer)* tot zich trekken, op zich richten *(l'attention)*

polaroïd® *nm* polaroidcamera *de*

pôle *nm* **1** *(géo.; phys.)* pool *de* **2** *(centre)* centrum *het;* ~ **d'attraction** trekpleister

polémique *adj* polemisch; **la** ~ de polemiek

polémiquer *vi* polemiseren

poli *adj* **1** *(courtois)* beleefd **2** *(lisse et brillant)* gepolijst; **le** ~ de glans

police *nf* **1** *(organisation de l'ordre public; policiers)* politie *nf;* **faire la** ~ de orde bewaren; ~ **judiciaire, PJ** recherche, gerechtelijke politie *(Belg.n.)*; ~ **secours** alarmdienst van de politie **2** *(d'assurance)* (verzekerings)polis *de*

polichinelle *nm* janklaassen(pop) *nm (de)*

policier *adj* **1** *(police)* politie-; **le** ~ de politieman **2** *(d'un roman, d'un film)* detective-; **roman** ~ detective(roman)

policlinique *nf* polikliniek *nf*

poliment *adv* beleefd

poliomyélite, polio *nf* kinderverlamming *nf*

polir *vt* **1** *(rendre lisse)* polijsten **2** *(parfaire)* bijschaven

polisson *adj* **1** *(espiègle)* ondeugend; **le, la ~(ne)** de deugniet **2** *(grivois)* schuin; **regard** ~ geile blik

politesse *nf (courtoisie)* beleefdheid *nf;* **par** ~ uit beleefdheid

politicien, -ienne *n* politicus *nm*

politique[1] *nf* politiek *nf;* **faire de la** ~ aan politiek doen
politique[2] *adj* politiek; **homme** ~ politicus ♦ **économie** ~ staathuishoudkunde
politiser *vt* politiseren
pollen *nm* stuifmeel *het*
polluant *adj* (milieu)verontreinigend; **le** ~ de verontreinigende stof; **non** ~ milieuvriendelijk
polluer *vt* verontreinigen, vervuilen
pollution *nf* (milieu)verontreiniging *nf;* ~ **acoustique, sonore** geluidshinder
polo *nm* **1** *(chemise)* polohemd *het* **2** *(sports)* polo(spel) *het*
polochon *nm* ↑ peluw *de*
Pologne *nf* Polen *n (sans art.)*
poltron *adj* laf(hartig); **le, la ~(ne)** de (bange) schijterd
polyclinique *nf* algemene kliniek *nf*
polycopié *adj* vermenigvuldigd; **le (cours)** ~ de (gestencilde) syllabus
polyester *nm* polyester *nm*
polygame *n* polygamist(e) *nm (nf);* **peuplades ~s** polygame volksstammen
polygamie *nf* polygamie *nf*
polyglotte *n* polyglot *nm;* **dictionnaire** ~ veeltalig woordenboek
polygone *nm* veelhoek *nm*
polystyrène *nm* polystyreen *het;* ~ **expansé** piepschuim
polyvalent *adj* **1** *(qui a plusieurs activités)* veelzijdig **2** *(qui a plusieurs valences)* polyvalent
pommade *nf* zalf *de* ♦ **passer de la** ~ **à qn** iem stroop om de mond smeren
pomme *nf* **1** *(fruit)* appel *nm;* **haut comme trois ~s** drie turven hoog; ~ **de pin** dennenappel; **tomber dans les ~s** in katzwijm vallen **2** *(pomme de terre)* aardappel *nm;* ~ **(de terre)** aardappel **3** *(partie arrondie)* knop *nm;* ~ **d'arrosoir** sproeikop **4** *(tête)* knar *nm*
pommeau *nm* knop *nm*
pommette *nf* koon *de*
pommier *nm* appelboom *nm*
pompe *nf* **1** *(faste)* praal *de;* **en grande** ~ met veel pracht en praal **2** *(appareil)* pomp *de;* ~ **à incendie** brandspuit **3** *(chaussure)* ↑ schoen *nm;* **être à côté de ses ~s** van slag af zijn ♦ **à toute** ~ vliegensvlug; **faire des ~s** zich opdrukken; **~s funèbres** begrafenisonderneming
pomper *vt* **1** *(déplacer)* pompen **2** *(aspirer)* opzuigen **3** *(absorber)* absorberen **4** *(épuiser)* uitputten; **tu me pompes l'air** doe niet zo vervelend **5** *(copier)* spieken
pompette *adj* teut
pompeux *adj* hoogdravend
pompier *nm* brandweerman *nm;* **fumer comme un** ~ roken als een schoorsteen; **les ~s** de brandweer *(uniquement sing.)*
pompiste *n* pompbediende *nm*
pompon *nm* pompon *nm*
se pomponner *vpr* zich optutten
poncer *vt* (glad)schuren
ponceuse *nf* (vlak)schuurmachine *nf*
ponction *nf* **1** *(prélèvement d'argent)* aderlating *nf* **2** *(méd.)* punctie *nf*
ponctualité *nf* punctualiteit *nf*
ponctuation *nf* interpunctie *nf*
ponctuel *adj* punctueel
ponctuer *vt* **1** *(placer des signes dans)* van leestekens voorzien **2** *(marquer)* benadrukken
pondération *nf* **1** *(modération)* nuchterheid *nf;* **faire preuve de** ~ zich nuchter tonen **2** *(équilibre)* evenwicht *het*
pondéré *adj* nuchter
pondérer *vt* in balans houden
pondéreux *adj* zwaar
pondre[1] *vi* eieren leggen
pondre[2] *vt* **1** *(déposer des œufs)* leggen **2** *(accoucher de)* fokken **3** *(écrire)* afscheiden
poney *nm* pony *nm*
pont *nm* **1** *(passage entre deux rives)* brug *de;* **Ponts et Chaussées** (de dienst) Rijkswaterstaat, Bruggen en Wegen *(Belg.n.); (fig.)* **couper les ~s derrière soi** z'n schepen achter zich verbranden; **jeter un** ~ een brug slaan; ~ **suspendu** hangbrug **2** *(d'un navire)* dek *het;* ~ **d'envol** vliegdek **3** *(congé)* vrije dag(en) *nm (plur);* **faire le** ~ *(long week-end)* er een lang weekend van maken, *(entre 2 jours fériés)* een snipperdag opnemen, de brug maken *(n.B.)*
ponte[1] *nm (personne)* piet *nm*
ponte[2] *nf* **1** *(action de pondre)* leg *nm* **2** *(œufs)* legsel *het*
pontife *nm (pape)* opperpriester *nm;* **le souverain** ~ onze heilige vader de paus
pont-levis *nm* valbrug *de*
ponton *nm* ponton *nm*
popote *nf* ↑ eten *het;* **faire la** ~ kokkerellen
populace *nf* plebs *het*
populaire *adj* **1** *(peuple)* gewoon, volks-; **édition** ~ goedkope uitgave; **quartier** ~ volkswijk **2** *(qui plaît au plus grand nombre)* populair
populariser *vt* algemeen bekendmaken
popularité *nf* populariteit *nf*
population *nf* **1** *(habitants)* bevolking *nf;* ~ **active** beroepsbevolking; **pays à** ~ **faible** dunbevolkt land **2** *(ensemble de sujets étudiés)* populatie *nf*
porc *nm* **1** *(animal)* varken *het*, zwijn *het (surtout au fig.);* **manger comme un** ~ vies eten **2** *(viande)* varkensvlees *het*
porcelaine *nf* porselein *het*
porc-épic *nm* stekelvarken *het*
porche *nm* portaal *het*
porcherie *nf* varkensstal *nm*, zwijnenstal *nm (surtout au fig.)*
pore *nm* porie *nf;* **suer qch par tous les ~s** iets met zijn hele persoon uitstralen
poreux *adj* poreus
pornographie *nf* pornografie *nf*
pornographique *adj* porno(grafisch); **revue** ~ seksblad
port *nm* **1** *(maritime)* haven *de;* **arriver à bon** ~ behouden aankomen; ~ **d'attache** thuishaven **2** *(fait de porter)* (het) dragen **3** *(affranchissement)* frankering *nf;* **franco de** ~ franco; ~ **payé** port betaald

portable *adj* draagbaar; **le ~** de draagbare telefoon, de mobiel
portail *nm* **1** *(grande porte)* poort *de* **2** *(entrée d'église)* portaal *het*
portant *adj* ♦ **bien ~** gezond
portatif *adj* draagbaar
porte *nf* **1** deur *de;* **à la ~!** d'r uit!; **~ à deux battants** klapdeur; **~ cochère** koetspoort; **~ d'entrée** ingang; **faire du ~ à ~** huis aan huis verkopen; **fermer sa ~ au nez de qn** iem bruut wegjagen; **mettre qn à la ~** iem de deur uitzetten; **journée (des) ~s ouvertes** open dag, opendeurdag *(n.B.);* **~ de secours** nooduitgang; **~ de sortie** uitgang, *(fig.)* uitweg; **~ vitrée** glazen deur **2** *(dans une enceinte)* poort *de*
porte-à-faux *nm* overstek *het;* **en ~** overhangend, *(fig.)* onstabiel
porte-à-porte *nm* huis-aan-huisverkoop *nm*
porte-avions *nm* vliegdekschip *het*
porte-bagages *nm* bagagedrager *nm (de bicyclette)*, imperiaal *het/de (de voiture)*, bagagenet *het (filet)*, bagagerek *het (galerie métallique)*
porte-bonheur *nm* geluksbrenger *nm*
porte-cigarettes *nm* sigarettenkoker *nm*
porte-clefs *nm* sleutelhanger *nm*
porte-documents *nm* aktetas *de*
porte-drapeau *nm* **1** *(soldat)* vaandeldrager *nm* **2** *(fig.)* voorman *nm*
portée *nf* **1** *(distance)* reikwijdte *nf*, bereik *het;* **à ~ de la main** binnen handbereik; *(aussi au fig.)* **être hors de ~** buiten bereik zijn **2** *(capacités intellectuelles)* begrip(svermogen) *het* **3** *(importance)* strekking *nf* **4** *(zool.)* worp *nm* **5** *(mus.)* notenbalk *nm*
porte-fenêtre *nf* glazen deur *de*
portefeuille *nm* portefeuille *nm*
porte-jarretelles *nm* jarretellengordel *nm*
porte-malheur *nm* ongeluksbode *nm*
portemanteau *nm* kapstok *nm*
porte-mine *nm* vulpotlood *het*
porte-monnaie *nm* portemonnee *nm*
porte-parapluies *nm* paraplubak *nm*
porte-parole *nm* **1** *(représentant)* woordvoerder *nm* **2** *(fig.)* spreekbuis *de*
porte-plume *nm* penhouder *nm*
porter[1] *vi* **1** *(+ sur) (appuyer sur)* steunen (op) **2** *(avoir une portée)* een (bepaald) bereik hebben; **~ loin** ver dragen; **voix qui porte** ver dragende stem **3** *(toucher au but)* treffen, *(fig.)* effect hebben **4** *(+ sur) (concerner qch)* betrekking hebben (op)
porter[2] *vt* **1** *(soutenir)* dragen; **~ qn dans son cœur** iem een warm hart toedragen; **~ qn en triomphe** iem in triomf op de schouders dragen; **mes jambes ne me portent plus** ik kan niet meer op mijn benen staan; **~ le poids de** de last torsen van **2** *(transporter vers)* brengen (naar); **~ à la poste** posten; **~ à réparer** laten repareren; **~ ses efforts sur** zich helemaal inzetten voor **3** *(exprimer)* tonen; **~ des accusations contre** beschuldigingen inbrengen tegen **4** *(contenir)* bevatten; **livre portant le titre** boek met als titel **5** *(+ à) (inciter à)* er toe brengen (om te); **être porté à** geneigd zijn te; **tout porte à croire que** alles wijst erop dat **6** *(annoncer)* vermelden; **se faire ~ malade** zich ziek melden; **~ sur un registre** boeken
se porter[3] *vpr* **1** *(être porté)* gedragen worden **2** *(être en ... santé)* het ... maken **3** *(se présenter comme)* zich presenteren (als); **se ~ garant de** borg staan voor **4** *(se laisser aller à)* zich laten verleiden (tot)
porte-savon *nm* zeepbakje *het*
porte-serviettes *nm* handdoekenhanger *nm*
porteur, -euse *n* **1** *(messager, -ère)* bezorg(st)er *nm (nf)* **2** *(m.) (bagagiste)* kruier *nm* **3** *(détenteur, -trice)* houd(st)er *nm (nf)* **4** *(d'une maladie)* drager, draagster *nm,f*
porte-voix *nm* megafoon *nm*
portier, -ière *n* portier(ster) *nm (nf)*
portière *nf* portier *het*
portillon *nm* (klap)deurtje *het*
portion *nf* portie *nf*
portique *nm* **1** *(galerie)* zuilengang *nm* **2** *(construction)* portaal *het;* **~ de lavage** autowasstraat **3** *(contrôle de sécurité)* poortje *het*
porto *nm* port(wijn) *nm*
portrait *nm* **1** *(dessin)* portret *het;* **être tout le ~ de qn** het evenbeeld zijn van iem; **faire le ~ de qn** iem natekenen **2** *(description)* persoonsbeschrijving *nf* **3** *(figure)* smoelwerk *het;* **abîmer le ~ à qn** iem op zijn smoel slaan
portraitiste *n* portretschilder(es) *nm (nf) (peintre)*
portrait-robot *nm* montagetekening *nf*
portuaire *adj* haven-
Portugal *nm* Portugal *n (sans art.)*
pose *nf* **1** *(action de poser)* plaatsing *nf* **2** *(position)* houding *nf;* **garder la ~** in dezelfde houding blijven zitten, staan, liggen **3** *(phot.)* belichting *nf* **4** *(affectation)* pose *nf*
posé *adj* **1** *(calme)* bedaard **2** *(affecté)* geposeerd
poser[1] *vi* poseren
poser[2] *vt* **1** *(mettre)* plaatsen; **~ son regard sur** zijn blik vestigen op **2** *(affirmer)* stellen; **~ des règles** regels opstellen **3** *(formuler)* stellen; **~ sa candidature pour** zich kandidaat stellen voor; **cela pose un problème** dat levert een probleem op
se poser[3] *vpr* **1** *(être placé)* geplaatst worden **2** *(se mettre doucement)* neerstrijken *(oiseau)*, landen *(avion)* **3** *(exister)* gesteld worden; **question qui se pose** vraag die rijst **4** *(s'ériger en)* zich voordoen (als) ♦ **se ~ une question** zich iets afvragen
poseur, -euse *n* **1** *(technicien(ne))* installateur, -trice *nm,f;* **~ de parquets** legger van parketvloeren **2** *(pédant(e))* aansteller, aanstelster *nm,f;* **être très ~** zich vreselijk aanstellen
positif *adj* **1** *(évident)* positief; **le ~** het positieve **2** *(affirmatif; favorable)* positief; **ré-**

ponse positive *gunstig antwoord* ♦ **pôle** ~ pluspool
position *nf* **1** *(place)* plaats *de*, positie *nf*, *(milit.)* (op)stelling *nf*; ~ **clé** sleutelpositie; *(sports)* **être en première** ~ op kop liggen **2** *(posture) (fig.)* standpunt *het*; **se mettre en** ~ klaar gaan staan; **prendre** ~ **contre, pour** stelling nemen tegen, voor; **prendre la** ~ **horizontale** platgaan; **rester sur ses ~s** op zijn standpunt blijven staan **3** *(circonstances)* situatie *nf*; ~ **d'un compte en banque** banksaldo; **être dans une meilleure** ~ er beter voor staan **4** *(rang social)* sociale positie *nf*
possédé *adj* bezeten; **le, la ~(e)** de bezetene
posséder[1] *vt* **1** *(détenir)* bezitten **2** *(maîtriser)* beheersen **3** *(duper)* bedotten; **il nous a bien possédés** hij heeft ons flink te pakken gehad
se posséder[2] *vpr* zich beheersen
possesseur *nm* bezitter *nm*
possessif *adj* **1** *(ling.)* bezittelijk; **le** ~ het bezittelijk voornaamwoord **2** *(psycho.)* bezitterig
possession *nf* **1** *(action de posséder; bien possédé)* bezit *het*; **être, entrer en (la)** ~ **de** in het bezit zijn, komen van; **prendre** ~ **de qch** iets in bezit nemen **2** *(maîtriser)* (het) beheersen **3** *(dépendance coloniale)* bezitting *nf* **4** *(délire)* bezetenheid *nf*
possibilité *nf* mogelijkheid *nf*; **avoir la** ~ **de** in staat zijn om; **~s intellectuelles** intellectuele capaciteiten
possible *adj* mogelijk; **autant que** ~ voor zover mogelijk; **il est** ~ **de** het is mogelijk om; **dès que** ~ zo spoedig mogelijk; *(subst.)* **faire (tout) son** ~ (al) het mogelijke doen; **le** ~ het mogelijke; **le mieux** ~ zo goed mogelijk; **(ce n'est) pas ~!** 't is niet waar!; **si** ~ zo mogelijk
postal *adj* post-; **carte ~e** ansichtkaart; **chèque** ~ girocheque
postdater *vt* postdateren
poste[1] *nm* **1** *(milit.)* post *nm*; **être fidèle au** ~ op z'n post blijven, *(fig.)* ↑ onverstoorbaar zijn **2** *(police)* politiepost *nm* **3** *(fonction)* functie *nf*; ~ **clé** sleutelpositie; ~ **vacant** vacature **4** *(division de la journée de travail)* dienst *nm*, ploeg *de* **5** *(installation)* post *nm*; ~ **de pilotage** stuurhut, cabine; ~ **de secours** hulppost **6** *(appareil)* toestel *het*; ~ **émetteur** zender
poste[2] *nf* **1** *(PTT)* post *de*; **mettre à la** ~ op de post doen **2** *(bureau des PTT)* postkantoor *het*
poster[1] *nm* poster *nm*
poster[2] *vt* **1** *(placer)* posteren **2** *(mettre à la poste)* posten, op de bus doen
se poster[3] *vpr (se placer)* zich posteren
postérieur *adj* **1** *(+ à) (temps)* later (dan); **le** ~ het achterste **2** *(adj.) (espace)* achterste, achter-
postérité *nf* nageslacht *het*; **passer à la** ~ in de herinnering (van het nageslacht) voortleven
posthume *adj* postuum; **enfant** ~ na de dood van de vader geboren kind
postiche *adj* vals; **le** ~ het haarstukje
postier, -ière *n* postbeambte *nm*
postillon *nm (salive)* druppel *nm* spuug; **envoyer des ~s** met consumptie spreken
post-scriptum, P.-S. *nm* postscriptum, PS *het*
postulant, -ante *n* sollicitant(e) *nm (nf)*
postuler *vt* **1** *(demander un emploi)* solliciteren naar **2** *(poser comme hypothèse)* postuleren
posture *nf* **1** *(maintien)* houding *nf* **2** *(situation)* positie *nf*; **se trouver en mauvaise** ~ zich in een lastig parket bevinden
pot *nm* **1** *(récipient)* pot *nm*; ~ **catalytique** katalysator; ~ **(de chambre)** po, pot; ~ **d'échappement** knalpot **2** *(verre)* ↑ glas *het*; **payer les ~s cassés** het gelag betalen, met de brokken zitten **3** *(chance)* mazzel *nm* ♦ **découvrir le** ~ **aux roses** ergens achter komen; **tourner autour du** ~ ergens omheen draaien, rond de pot draaien *(n.B.)*
potable *adj* **1** *(qui peut être bu)* drink- **2** *(passable)* acceptabel
potage *nm* soep *de*
potager *adj* groente-; **le** ~ de moestuin, groentetuin
potasser *vt* blokken voor *(un examen)*, blokken op *(une matière)*
pot-au-feu *nm* **1** *(plat)* pot-au-feu *nm* **2** *(viande)* stoofvlees *het*
pot-de-vin *nm* steekpenning *nm (surtout plur.)*
pote *nm* maat *nm*
poteau *nm* paal *nm*; ~ **indicateur** wegwijzer
potelé *adj* mollig
potence *nf* **1** *(pièce d'appui)* stut(balk) *nm* **2** *(supplice)* galg *de*
potentiel *adj* mogelijk *(adj.)*, mogelijkerwijs *(adv.)*, potentieel; **le** ~ het potentieel
poterie *nf* **1** *(objet)* stuk *het* aardewerk **2** *(plur.) (objets)* aardewerk *het (uniquement sing.)*
potier *nm* pottenbakker *nm*
potin *nm* **1** *(bavardage)* kletspraatje *het* **2** *(bruit)* herrie *de*
potion *nf* drankje *het*
potiron *nm* (reuzen)pompoen *nm*
pot-pourri *nm* potpourri *het/de (m)*
pou *nm* luis *de*; **laid comme un** ~ foeilelijk
poubelle *nf* vuilnisbak *nm*; *(fig.)* **jeter à la** ~ tot de prullenmand veroordelen, afkeuren
pouce *nm* **1** *(doigt)* duim *nm*; **manger sur le** ~ uit het vuistje eten **2** *(orteil)* grote teen *nm* **3** *(mesure)* duim *nm* ♦ **~!** ik doe even niet mee!
poudre *nf* **1** *(particules)* poeder *het/de (m)*; **en** ~ in poedervorm; **chocolat en** ~ cacao; **réduire en** ~ vermalen; **jeter de la** ~ **aux yeux de qn** iem zand in de ogen strooien; ~ **de perlimpinpin** wondermiddeltje; ~ **de riz** toiletpoeder **2** *(explosif)* kruit *het*; **il n'a pas inventé la** ~ hij heeft het buskruit niet uitgevonden

poudrer *vt* (be)poederen
poudreuse *nf (neige)* pasgevallen sneeuw *de*
poudreux *adj* poederachtig
poudrier *nm* poederdoos *de*
poudrière *nf* **1** *(magasin)* kruitmagazijn *het* **2** *(fig.)* kruitvat *het*
pouf *nm* poef *nm*
pouffer *vi* proesten
pouilleux *adj* **1** *(couvert de poux)* luizig **2** *(miséreux)* armoedig; **le** ~ de armoedzaaier
poulailler *nm (abri pour poules)* kippenhok *het*, kippenren *de (ensemble des poules)*
poulain *nm* **1** *(animal)* veulen *het* **2** *(débutant)* pupil *de*
poule *nf* **1** *(femelle du coq)* hen *nf*, kip *nf;* **quand les ~s auront des dents** wanneer Pasen en Pinksteren op één dag vallen; ~ **mouillée** schijterd; **la** ~ **aux œufs d'or** de kip met de gouden eieren **2** *(terme d'affection)* schatje *het (f)* **3** *(femme légère)* snol *nf*
poulet *nm* **1** *(chapon)* kip *nf* **2** *(terme d'affection)* schattebout *nm* **3** *(policier)* smeris *nm*
poulie *nf* katrol *de*
poulpe *nm* inktvis *nm*
pouls *nm* pols *nm;* **tâter le** ~ **de qn** iemands pols voelen, *(fig.)* iem uithoren
poumon *nm* long *de;* **à pleins ~s** luidkeels
poupe *nf* achtersteven *nm*
poupée *nf* **1** *(jouet)* pop *de;* **jouer à la** ~ met poppen spelen **2** *(femme)* poppetje *het (f)* **3** *(doigt)* dik verbonden vinger *nm*
poupon *nm* **1** *(bébé)* baby'tje *het (m), het (f)* **2** *(poupée)* babypop *de*
pouponner[1] *vi (dorloter)* moederen
pouponner[2] *vt (dorloter qn)* bemoederen
pouponnière *nf* kinderdagverblijf *het*
pour[1] *nm* voor *het*
pour[2] *prép* **1** voor; ~ **cent** percent, procent; ~ **le directeur** de directeur p(er) o(rder); **il a parlé** ~ **moi** hij heeft namens mij gesproken; **prendre qn** ~ **un autre** iem voor een ander aanzien; ~ **rien** voor niets; **n'y être** ~ **rien** er niets mee te maken hebben **2** *(destiné à)* voor; **être** ~ **(qch, qn)** voor (iets, iem) zijn; **c'est fait** ~ daar is het speciaal voor bedoeld; **train** ~ **Paris** trein naar Parijs **3** *(afin de)* om te *(+ inf.)*, voor *(+ nom);* ~ **plaisanter** voor de grap **4** *(comme)* als; ~ **ainsi dire** bij wijze van spreken; ~ **de bon** werkelijk; ~ **de vrai** echt; ~ **toute réponse** bij wijze van antwoord **5** *(temps)* voor **6** *(concernant)* voor, wat betreft; ~ **autant que** voor zover (als); ~ **ce qui est de ...** wat betreft, wat ... aangaat; ~ **ma part** wat mij betreft **7** *(à cause de)* wegens; ~ **quoi (faire)?** waarvoor?; ~ **si peu (de chose)** om zo'n kleinigheid ♦ ~ **que** opdat; ~ **... que** hoe ... ook; ~ **peu que** mits, als ... maar
pourboire *nm* fooi *de*
pourcentage *nm* percentage *het*
pourchasser *vt* najagen *(aussi au fig.)*
pourparlers *nm* onderhandelingen *plur*
pourpre[1] *nm* purper *het;* **lèvres ~s** purperrode lippen
pourpre[2] *nf (matière colorante; étoffe)* purper *het*
pourquoi[1] *nm* waarom *het;* **le** ~ **et le comment** het hoe en het waarom
pourquoi[2] *adv* waarom ♦ **c'est** ~ daarom
pourri *adj* **1** *(altéré)* (ver)rot; **odeur de** ~ rottingslucht; **le** ~ het rotte gedeelte *(partie pourrie)* **2** *(humide)* vochtig; **été** ~ verregende zomer
pourrir[1] *vi* **1** *(se putréfier)* (ver)rotten **2** *(se dégrader)* verslechteren
pourrir[2] *vt* **1** *(gâter qch, un enfant)* bederven **2** *(corrompre)* besmetten
se pourrir[3] *vpr (devenir pourri)* (ver)rotten
pourriture *nf* **1** *(putréfaction)* (ver)rotting *nf*, bederf *het* **2** *(corruption morale)* verdorvenheid *nf* **3** *(personne corrompue)* smeerlap *nm*
poursuite *nf* **1** *(chasse)* achtervolging *nf;* **se mettre à la** ~ **de qn** de achtervolging op iem inzetten **2** *(recherche)* (het) nastreven **3** *(continuation)* voortzetting *nf* **4** *(jur.)* (rechts)vervolging *nf*
poursuivant, -ante *nm* achtervolg(st)er *nm (nf)*
poursuivre[1] *vt* **1** *(pourchasser)* achtervolgen **2** *(rechercher)* nastreven **3** *(continuer)* voortzetten **4** *(jur.)* gerechtelijk vervolgen
se poursuivre[2] *vpr* **1** *(se suivre l'un l'autre)* elkaar achtervolgen **2** *(continuer)* voortgezet worden
pourtant *adv* toch
pourtour *nm* **1** *(ligne)* omtrek *nm* **2** *(bord)* omloop *nm*
pourvoir[1] **(à)** *vi (assurer)* voorzien (in)
pourvoir[2] **(de)** *vt (munir de)* voorzien (van); ~ **qn d'un emploi** iem een baan bezorgen
se pourvoir[3] *vpr* **1** *(+ de) (se munir de)* zich voorzien (van) **2** *(jur.)* in hoger beroep gaan; **se** ~ **en cour de cassation** in cassatie gaan bij het gerechtshof
pourvoyeur, -euse *n (fournisseur)* leverancier *nm*
pourvu (de) *adj* voorzien (van)
pourvu que *conj* **1** *(condition)* mits **2** *(souhait)* als ... maar
pousse *nf* **1** *(bourgeon)* spruit *de*, uitloper *nm* **2** *(développement)* groei *nm*
poussé *adj* grondig
poussée *nf* **1** *(coup)* duw *nm* **2** *(accès)* plotselinge toename *de;* ~ **de fièvre** koortsaanval **3** *(croissance)* groei *nm* **4** *(impulsion)* aandrift *de*
pousser[1] *vi* **1** *(exercer une pression)* duwen, *(Belg.)* drummen **2** *(croître)* groeien; **faire** ~ kweken; **laisser** ~ **sa barbe** zijn baard laten staan **3** *(poursuivre sa route)* zijn weg vervolgen; ~ **jusqu'à Paris** doorreizen tot Parijs **4** *(exagérer)* overdrijven; **faut pas ~!** je moet niet zo overdrijven!

5 *(expulser un fœtus, des excréments)* persen

pousser² *vt* **1** *(déplacer)* (voort)duwen; ~ **la plaisanterie trop loin** de scherts te ver drijven; ~ **un moteur** een motor op volle kracht laten draaien; ~ **la porte** de deur openduwen, dichtduwen **2** *(inciter à)* aanzetten (tot) **3** *(bousculer)* een duw geven (aan); ~ **qn du coude** iem met de elleboog aanstoten **4** *(exprimer)* uitstoten; ~ **des cris** een geschreeuw aanheffen ♦ ~ **sa voix** zijn stem verheffen

se pousser³ *vpr* **1** *(s'écarter devant)* plaatsmaken (voor) **2** *(se bousculer)* elkaar duwen

poussette *nf* wandelwagentje *het*

poussière *nf* **1** *(particules)* stof *het (sing.)*; **et des ~s** ↑ en nog wat; **mordre la** ~ in het stof bijten, *(fig.)* een nederlaag lijden **2** *(grain de poussière)* stofje *het*

poussiéreux *adj* stoffig *(aussi au fig.)*

poussif *adj* kortademig, puffend *(moteur)*

poussin *nm* kuiken *het* ♦ **mon** ~ m'n kindje

poussoir *nm* (druk)knop *nm*

poutre *nf* balk *nm*

pouvoir¹ *nm* **1** *(faculté)* vermogen *het*; ~ **d'achat** koopkracht; **être en ~ de** in staat zijn (om) te; **cela n'est pas en mon** ~ dat ligt niet in mijn vermogen **2** *(autorité)* macht *de*; **porter qn au** ~ iem aan de macht brengen; **les ~s publics** de overheid **3** *(mandat)* volmacht *de*; **plein(s) ~(s)** volmacht **4** *(droit)* bevoegdheid *nf*

pouvoir² *vt* **1** *(être capable de)* kunnen; **n'en plus** ~ niet meer kunnen; **je n'y peux rien** ik kan er niets aan doen **2** *(avoir la permission de)* mogen **3** *(peut-être)* mogelijk *(+ verbe)*, misschien wel *(+ verbe)*; **il peut avoir eu un accident de voiture** hij heeft misschien wel een auto-ongeluk gekregen

se pouvoir³ *vpr (être possible)* mogelijk zijn; **autant que faire se peut** zoveel mogelijk; *(impers.)* **il se peut que** het is mogelijk dat

pragmatique *adj* pragmatisch

pragmatisme *nm* pragmatisme *het*

prairie *nf* **1** *(pâturage)* wei(de) *de* **2** *(plaine aux USA)* prairie *nf*

praline *nf* praline *nf*, *(f.B.)* bonbon *nm*

praticable *adj* **1** *(réalisable)* uitvoerbaar **2** *(carrossable)* begaanbaar

praticien, -ienne *n (médecin)* (praktiserend) arts *nm*

pratiquant *adj (relig.)* praktiserend; **le, la ~(e)** de praktiserende gelovige

pratique¹ *nf* **1** *(expérience; usage)* praktijk *de*; **en** ~ in de praktijk; **manquer de** ~ praktijkervaring missen **2** *(d'un sport)* beoefening *nf* **3** *(application)* toepassing *nf*; **mettre en** ~ in praktijk brengen, toepassen **4** *(observance)* betrachting *nf*; ~ **religieuse** kerkgang **5** *(manière d'agir)* handelwijze *de* **6** *(usage)* gewoonte *nf*

pratique² *adj* praktisch; **avoir le sens** ~ praktisch aangelegd zijn; **la vie** ~ het leven van alledag

pratiquer¹ *vi (être pratiquant)* praktiseren

pratiquer² *vt* **1** *(exercer un métier)* uitoefenen, beoefenen *(un sport)* **2** *(exécuter)* verrichten **3** *(observer)* belijden

se pratiquer³ *vpr (se faire)* gebruikelijk zijn

pré *nm* wei *de*

préalable *adj* vooraf(gaand); **au** ~ van tevoren

préambule *nm* inleiding *nf*; **sans** ~ zonder omhaal van woorden

préau *nm* overdekte speelplaats *de*

préavis *nm (avertissement)* opzegging *nf*; **lancer un ~ de grève** een staking aankondigen; **sans** ~ onaangekondigd

précaire *adj* onzeker, precair; **santé** ~ broze gezondheid; **situation** ~ zorgelijke toestand

précarité *nf* onzekerheid *nf*

précaution *nf* **1** *(disposition)* voorzorg *de*; **par** ~ uit voorzorg **2** *(prudence)* voorzichtigheid *nf*; **avec** ~ voorzichtig

précédent *adj* voorafgaand *(adj.)*, vroeger *(adv. et adj.)*; **le** ~ het precedent; **sans** ~ zonder precedent, zonder voorgaande *(n.B.)*

précéder *vt* **1** *(être avant)* voorafgaan aan, *(annoncer)* aankondigen; **être précédé de** voorafgegaan worden door **2** *(arriver avant)* eerder aankomen dan; ~ **qn de dix minutes** tien minuten voor iem aankomen

précepte *nm* voorschrift *het*

précepteur, -trice *n* huisonderwijzer(es) *nm (nf)*

préchauffage *nm* voorverhitting *nf*

prêcher¹ *vi (prononcer un sermon)* preken *(aussi au fig.)*

prêcher² *vt* **1** *(enseigner)* prediken **2** *(conseiller)* aanraden

précieux *adj* **1** *(de grande valeur)* kostbaar; **objets** ~ kostbaarheden; **pierres précieuses** edelstenen **2** *(affecté)* gekunsteld

précipice *nm* afgrond *nm (aussi au fig.)*

précipitamment *adv* in allerijl

précipitation *nf* **1** *(hâte)* overhaasting *nf*; **avec** ~ overhaast **2** *(plur.) (chute d'eau)* neerslag *nm (uniquement sing.)* **3** *(chim.)* (het) neerslaan

précipité *adj* overhaast

précipiter¹ *vt* **1** *(jeter)* naar beneden storten **2** *(accélérer)* versnellen

se précipiter² *vpr* **1** *(se jeter)* zich naar beneden storten **2** *(tomber)* naar beneden storten **3** *(se dépêcher)* zich haasten

précis *adj* nauwkeurig, precies; **le** ~ het overzicht; **pas ~ément** niet bepaald; **ne penser à rien de** ~ aan niets bepaalds denken

préciser¹ *vt* verduidelijken; ~ **que** benadrukken dat

se préciser² *vpr* duidelijker worden

précision *nf* **1** *(exactitude)* nauwkeurig-

heid *nf* **2** *(plur.) (détails)* bijzonderheden *plur*
précoce *adj* vroeg, vroegtijdig ♦ **enfant** ~ vroegrijp kind
préconçu *adj* vooropgezet; **idée, opinion ~e** vooroordeel
préconiser *vt* aanprijzen
précuit *adj* voorgekookt
précurseur *nm* voorloper *nm;* **signe** ~ voorteken, voorbode
prédateur *nm* roofdier *het;* **insecte** ~ roofinsect
prédécesseur *nm* voorganger *nm*
prédestination *nf* voorbeschikking *nf*
prédestiner (à) *vt* voorbestemmen (tot, om), voorbeschikken (tot)
prédicateur *nm* predikant *nm*
prédiction *nf* voorspelling *nf*
prédilection *nf* voorliefde (voor) *nf;* **avoir une ~ pour** een zwak hebben voor; **par** ~ bij voorkeur
prédire *vt* voorspellen
prédisposer (à) *vt* ontvankelijk maken (voor)
prédisposition (à) *nf* aanleg (voor, tot) *nm*
prédominance *nf* overwicht *het*
prédominant *adj* overheersend
prédominer *vi* overheersen
préfabriqué *adj* prefab-; **le** ~ de prefab
préface *nf* **1** *(avant-propos)* voorwoord *het* **2** *(prélude)* voorspel *het*
préfectoral *adj* prefectoraal
préfecture *nf* prefectuur *nf;* ~ **de police** hoofdcommissariaat van politie
préférable (à) *adj* te verkiezen (boven); **être ~ à** te verkiezen zijn boven; **il est ~ de** het is beter om
préféré *adj* lievelings-
préférence *nf* voorkeur *de;* **de** ~ bij voorkeur; **... de, par ~ à** liever ... dan; **par ordre de** ~ in volgorde van voorkeur
préférentiel *adj (adj.)* voorkeurs-
préférer (à) *vt* verkiezen (boven), de voorkeur geven aan (boven); ~ **faire qch** iets liever doen; **elle préférait partir (plutôt) que de le voir** zij ging liever weg dan dat ze hem zou zien
préfet *nm* **1** *(fonctionnaire)* prefect *nm;* ~ **de police** hoofd van de politie **2** *(Belg. f.) (directeur d'école)* (studie)prefect *nm (Belg.n.)*
préfigurer *vt* aankondigen
préfinancement *nf* voorfinanciering *nf*
préfixe *nm* **1** *(langue)* voorvoegsel *het*, prefix *het* **2** *(Belg.f.) (téléphone)* netnummer *het*
préhistoire *nf* prehistorie *nf*
préhistorique *adj* prehistorisch, voorhistorisch *(aussi au fig.)*
préjudice *nm* schade *de*, nadeel *het;* **au ~ de** ten nadele van; ~ **moral** immateriële schade
préjudiciable (à) *adj* schadelijk (voor)
préjugé *nm* vooroordeel *het;* **être sans ~s** onbevooroordeeld zijn
préjuger (de) *vi* vooruitlopen (op)
se prélasser *vpr* z'n gemak ervan nemen
prélavage *nm* voorwas *nm*
prélèvement *nm* **1** *(action de prélever (sur))* (het) (af)nemen (van); ~ **de sang** (het) aftappen van bloed **2** *(quantité prélevée)* afgenomen hoeveelheid *nf;* ~ **de sang** afgenomen bloed **3** *(impôt)* heffing *nf*
prélever *vt* **1** *(extraire de)* afnemen (van); ~ **un échantillon** een monster nemen **2** *(impôt)* heffen
préliminaire *adj* inleidend; **les ~s** de voorbereidsels
prélude (à) *nm* prelude (tot) *nf (aussi mus.)*, inleiding (tot) *nf*
prématuré *adj* voortijdig; **le** ~ het te vroeg geboren kind, couveusekind
préméditation *nf* opzet *het;* **avec** ~ met voorbedachten rade
prémédité *adj* opzettelijk; **crime** ~ misdaad met voorbedachten rade
préméditer *vt* (van tevoren) beramen
premier *adj* eerste; **arriver (le)** ~ als eerste aankomen, het eerst aankomen; **habiter au** ~ op de eerste (etage) wonen; **enseignement du ~ degré** lager onderwijs, basisonderwijs; **du ~ coup** bij de eerste (de beste) poging; **en** ~ (als) eerste; **état** ~ oorspronkelijke staat; **pour la première fois** voor het eerst; **le ~ venu** de eerste de beste; **le ~ de l'an** nieuwjaarsdag; **passez donc le ~!** na u!; ~ **ministre** minister-president, premier; *(prov)* **il n'y a que le ~ pas qui coûte** alle begin is moeilijk; ~ **plan** voorgrond; **principe** ~ grondbeginsel; **le tout** ~ de, het allereerste
première *nf* **1** *(représentation)* première *de;* **grande** ~ galapremière **2** *(première classe)* eerste klas *nf;* **voyager en** ~ eerste klas reizen **3** *(classe avant la terminale)* jaar *het* voor de eindexamenklas **4** *(première vitesse)* eerste versnelling *nf*
premièrement *adv* ten eerste, in de eerste plaats
premier-né, première-née *n* eerstgeborene *nm*
prémonition *nf* voorgevoel *het*
prémonitoire *adj* waarschuwings-; **rêve** ~ voorspellende droom
prémunir[1] **(contre)** *vt* wapenen (tegen)
se prémunir[2] **(contre)** *vpr* zich wapenen (tegen)
prenant *adj* **1** *(passionnant)* boeiend **2** *(absorbant)* tijdrovend
prénatal *adj* zwangerschaps-
prendre[1] *vi* **1** *(épaissir; durcir)* dik worden, hard worden **2** *(prendre racine)* wortel schieten **3** *(s'allumer peu à peu)* aangaan; **le feu a pris à la maison** het huis is in brand gevlogen **4** *(réussir)* lukken, aanslaan, *(Belg.)* pakken **5** *(tourner)* afslaan; ~ **à gauche, sur la gauche** links afslaan ♦ ~ **sur soi** zich beheersen
prendre[2] *vt* **1** *(saisir, amener avec soi)* (mee)nemen; **c'est à ~ ou à laisser** graag of niet; ~ **de l'argent à la banque** geld van de bank halen; **c'est autant de pris** dat is tenminste binnen; **ça te prend sou-**

vent? heb je daar vaker last van?; **pour qui me prenez-vous?** waar ziet u me voor aan?; ~ **une personne pour une autre** iem voor iem anders aanzien; **qu'est-ce qui te prend?** wat mankeert jou? **2** *(considérer)* opvatten; **à tout** ~ alles welbeschouwd; **le** ~ **de haut** het hoog opnemen **3** *(demander)* vragen; **il prend cher** hij vraagt veel **4** *(supposer)* aannemen; **prenons une famille de 4 personnes** laten we uitgaan van een gezin van 4 personen ♦ **l'envie me prend de** ik krijg zin om; ~ **ses médicaments** zijn medicijnen innemen; **je vous y prends** nu heb ik je (betrapt); **on ne m'y prendra plus!** dat zal me niet meer overkomen!

se prendre[3] *vpr* **1** *(se voler l'un à l'autre)* van elkaar afpakken **2** *(se saisir l'un l'autre)* elkaar nemen *(aussi se posséder sexuellement)* **3** *(être prisonnier)* gevangen worden; **sa robe s'est prise dans les ronces** ze is met haar jurk in de struiken blijven vastzitten ♦ **se** ~ **à** (plotseling) beginnen te; **s'en** ~ **à qn** iem verantwoordelijk stellen; **pour qui te prends-tu?** wie denk je wel dat je bent?; **s'y** ~ **bien, mal** het goed, slecht aanpakken

preneur, -euse *n* **1** *(acheteur)* koper, koopster *nm,f;* **trouver** ~ een gegadigde vinden **2** *(locataire)* huurlder, -ster *nm,f* ♦ ~ **d'otage** gijzelnemer

prénom *nm* voornaam *nm*

prénommer[1] *vt* noemen

se prénommer[2] *vpr* als voornaam hebben; **il se prénomme Paul** zijn voornaam is Paul

prénuptial *adj* aan het huwelijk voorafgaand

préoccupant *adj* zorgwekkend

préoccupation *nf* **1** *(état d'esprit)* bezorgdheid *nf* **2** *(souci)* zorg *de*

préoccupé *adj* bezorgd (over); **avoir l'air** ~ er zorgelijk uitzien

préoccuper[1] *vt* **1** *(inquiéter)* bezorgd maken **2** *(absorber l'esprit, l'attention de)* in beslag nemen

se préoccuper[2] **(de)** *vpr (s'inquiéter de)* zich bezorgd maken (over)

préparatifs *nm* voorbereidingen *plur*

préparation *nf* **1** *(action de préparer, formation)* voorbereiding *nf;* **un roman en** ~ een roman in wording; **sans** ~ onvoorbereid **2** *(cuis.)* gerecht *het* **3** *(pharm.; chim.)* preparaat *het*

préparatoire *adj* voorbereidend

préparer[1] *vt* **1** *(apprêter)* klaar maken, gereedmaken **2** *(organiser; prévoir; travailler en vue de)* voorbereiden; ~ **la voie à qn** de weg voor iem effenen **3** *(+ à) (mettre en état de faire face à)* voorbereiden (op) **4** *(+ à) (réserver)* bereiden; ~ **une surprise à qn** iem een verrassing bereiden

se préparer[2] *vpr* **1** *(+ à, pour) (se mettre en état)* zich voorbereiden (op) **2** *(être proche)* op til zijn; *(impers.)* **il se prépare qch** er hangt iets in de lucht **3** *(être apprêté)* klaargemaakt worden

prépayé *adj* vooruitbetaald

prépension *nf (Belg.f.) (Belg.n.)* brugpensioen *het*, prepensioen *het*, *(aux Pays-Bas)* VUT *nf*

prépondérance *nf* overwicht *het*

prépondérant *adj* overwegend; **voix** ~**e** beslissende stem

préposé, -ée *n* **1** *(employé)* beambte *nm* **2** *(facteur)* postbode *nm*

préposition *nf* voorzetsel *het*

pré(-)retraite *nf* vervroegd pensioen *het*, *(aux Pays-Bas)* VUT *nf*, *(en Belgique)* prepensioen *het*

prérogative *nf* voorrecht *het*

près[1] *adv* dichtbij; **à peu** ~ ongeveer; **à beaucoup** ~ bij lange na niet; **à cela** ~ **que** behalve dat; **à un franc** ~ op één frank na; **à peu de chose** ~ vrijwel; **de** ~ *(dans l'espace)* van dichtbij, *(attentivement)* nauwkeurig; **regarder de** ~ goed uitkijken; **ne pas y regarder de si** ~ het niet zo nauw nemen; **tout** ~ vlakbij; **un à peu** ~ een ruwe benadering

près[2] **(de)** *prép* **1** *(à petite distance de)* dichtbij; **tout** ~ **d'ici** hier vlakbij **2** *(presque)* bijna **3** *(sur le point de)* op het punt om

présage *nm* voorteken *het*

présager *vt* voorspellen; **ça ne présage rien de bon** dat voorspelt niet veel goeds; **laisser** ~ doen vermoeden

presbyte *adj* verziend; **le, la** ~ de verziende

presbytère *nm* pastorie *nf*

prescription *nf* **1** *(ordre, recommandation)* voorschrift *het*, recept *het (méd.)* **2** *(jur.)* verjaring(stermijn) *nf (nm)*

prescrire[1] *vt (ordonner, recommander)* voorschrijven, gebieden *(aussi au fig.);* **l'honneur me prescrit de faire qch** de eer gebiedt mij iets te doen

se prescrire[2] *vpr (jur.)* verjaren

présence *nf* **1** *(fait d'être quelque part; existence; compagnie)* aanwezigheid *nf;* **en ma** ~ in mijn bijzijn; **être en** ~ **de** *(personne)* in aanwezigheid zijn van, *(chose)* tegenover (iets) staan; ~ **d'esprit** tegenwoordigheid van geest; **feuille de** ~ presentielijst **2** *(charisme)* uitstraling *nf*

présent[1] *nm* **1** *(moment, époque actuelle)* heden *het*, nu *het;* **à** ~ tegenwoordig; **jusqu'à** ~ tot nu toe; **à** ~ **qu'il est malade** nu hij ziek is; **vivre dans le** ~ bij de dag leven **2** *(ling.)* tegenwoordige tijd *nm* **3** *(cadeau)* geschenk *het*

présent[2] *adj* **1** *(qui est là)* aanwezig; **avoir une chose** ~**e à l'esprit** iets helder voor de geest hebben staan; **être** ~ **à qch** iets bijwonen; **être** ~ **en pensée** in gedachten aanwezig zijn; **les** ~**s** de aanwezigen; ~**!** present! **2** *(actuel; ce)* tegenwoordig *(aussi ling.);* **dans le cas** ~ in dit geval; **par la** ~**e** bij deze, hierbij; **la** ~**e lettre** deze brief

présentable *adj* toonbaar

présentateur, -trice *n (speaker)* omroep(st)er *nm (nf)*

présentation *nf* **1** *(d'une personne à une autre)* (het) voorstellen; **faire les** ~**s** de mensen aan elkaar voorstellen **2** *(de qch en commentant)* presentatie *nf;* ~ **de mode**

modeshow **3** *(apparence)* presentatie *nf;* **avoir une bonne** ~ goed voor de dag komen **4** *(de qch à qn)* (het) tonen
présenter[1] *vi* ♦ ~ **bien, mal** een goede, slechte indruk maken
présenter[2] *vt* **1** *(une personne)* voorstellen (aan) **2** *(faire connaître au public)* presenteren; ~ **la nouvelle collection** de nieuwe collectie presenteren **3** *(montrer)* tonen **4** *(décrire)* voorstellen; ~ **qch sous un jour favorable** iets gunstig voorstellen **5** *(avoir telle apparence)* bieden; ~ **des différences** verschillen vertonen; ~ **un intérêt particulier** iets bijzonders, opmerkelijks hebben **6** *(communiquer, remettre; mettre sous les yeux de)* aanbieden; ~ **ses condoléances** zijn deelneming betuigen ♦ ~ **son permis de conduire** zijn rijbewijs laten zien
se présenter[3] *vpr* **1** *(paraître)* verschijnen; **deux noms se présentent à l'esprit** twee namen vallen me in; **l'affaire se présente bien** de zaak laat zich gunstig aanzien; **ça se présente comment?** hoe ziet dat eruit?; *(en obstétrique)* **l'enfant se présente mal** de ligging van het kind is ongunstig **2** *(se proposer)* zich aanmelden (voor) **3** *(décliner son identité)* zich voorstellen
présentoir *nm* verkoopstandaard *nm*
préservatif *nm* condoom *het*
préservation *nf* bescherming *nf*
préserver[1] *vt* beschermen (tegen)
se préserver[2] *vpr* zich beveiligen (tegen)
présidence *nf* **1** *(fonction; durée des fonctions)* presidentschap *het* **2** *(action de présider)* (het) voorzitten **3** *(siège)* ambtswoning *nf* van een president
président, -ente *n* **1** *(personne qui préside)* president(e) *nm (nf);* ~ **d'un conseil d'administration** president-commissaris **2** *(f.) (épouse du président)* vrouw *nf* van de president
président-directeur *nm* ♦ ~ **général** president-directeur
présidentiel *adj* presidents-; **les ~les** de presidentsverkiezingen
présider[1] **(à)** *vi (guider)* toezien (op); ~ **aux destinées de qch** het lot van iets in handen hebben
présider[2] *vt* **1** *(diriger)* voorzitten **2** *(occuper la place d'honneur)* de ereplaats hebben (bij)
présomption *nf* **1** *(jur.)* vermoeden *het* **2** *(prétention)* inbeelding *nf*
présomptueux *adj* verwaand; **le** ~ de verwaande kwast
presque *adv* bijna
presqu'île *nf* schiereiland *het*
pressant *adj* dringend
presse *nf* pers *de;* **avoir bonne** ~ een goede pers hebben, *(fig.)* een goede reputatie hebben; **la** ~ **féminine** de vrouwenbladen; **mettre sous** ~ laten drukken; **la** ~ **quotidienne, hebdomadaire** de dagbladpers, weekbladpers; **être sous** ~ ter perse zijn
pressé *adj* **1** *(qui montre de la hâte)* haastig; **être** ~ haast hebben, *(pour ses besoins naturels)* nodig moeten; ~ **par le temps** in tijdnood **2** *(urgent)* dringend; **ce n'est pas** ~ er is geen haast bij; **aller, courir au plus** ~ het dringendste het eerst doen **3** *(qui a été pressé)* uitgeperst
presse-citron *nm* citroenpers *de*
pressentiment *nm* voorgevoel *het;* **j'ai comme le** ~ ik heb een soort voorgevoel
pressentir *vt* **1** *(deviner)* een voorgevoel hebben van; **laisser, faire** ~ **qch** de voorbode zijn van iets **2** *(sonder)* polsen
presse-papiers *nm* **1** *(objet lourd)* presse-papier *nm* **2** *(inform.)* klembord *het*
presse-purée *nm* pureestamper *nm*
presser[1] *vi (être urgent)* haast hebben; **rien ne presse** er is geen haast bij; **le temps presse** de tijd dringt
presser[2] *vt* **1** *(serrer, comprimer)* persen **2** *(harceler)* vervolgen; ~ **qn de questions** iem met vragen bestormen **3** *(accélérer)* verhaasten; ~ **le pas** vlugger gaan lopen **4** *(appuyer sur)* drukken op **5** *(inciter à se hâter)* haasten
se presser[3] *vpr* **1** *(se hâter)* zich haasten; **se** ~ **de faire qch** zich haasten om iets te doen; **allons, pressons!** kom, laten we opschieten! **2** *(s'entasser)* zich verdringen (rond, om) **3** *(se serrer contre)* zich aandrukken (tegen)
pressing *nm* perserij *nf*, stomerij *nf*
pression *nf* **1** *(action de presser)* druk *nm (aussi méd.; phys.);* ~ **artérielle** (arteriële) bloeddruk; ~ **atmosphérique** luchtdruk; **bière (à la)** ~ getapt bier **2** *(influence)* drang *nm;* **faire** ~ **sur qn** iem onder druk zetten; **il est sous** ~ hij werkt onder hoogspanning **3** *(bouton)* drukknoop *nm*
pressoir *nm* **1** *(machine)* pers *de* **2** *(bâtiment)* pershuis *het*
pressurer *vt* **1** *(presser)* (uit)persen **2** *(exploiter)* uitbuiten
pressuriser *vt* onder (constante) druk houden
prestance *nf* statig voorkomen *het;* **avoir de la** ~ door zijn uiterlijk imponeren
prestation *nf* **1** *(allocation)* uitkering *nf;* **~s familiales** kinderbijslag; **~s sociales** sociale voorzieningen **2** *(à la radio, télévision)* (het) optreden **3** *(performance)* prestatie *nf* **4** *(de service)* dienstverlening *nf* **5** *(plur.; f.B.) (travail fourni)* verrichte arbeid *nm*
preste *adj* vlug
prestidigitateur, -trice *n* goochelaar(ster) *nm (nf)*
prestige *nm* prestige *het;* **perdre de son** ~ aan prestige inboeten
prestigieux *adj* indrukwekkend
présumé *adj* vermoedelijk
présumer[1] **(de)** *vi (souvent avec 'trop') (surestimer)* overschatten
présumer[2] *vt (supposer)* vermoeden; ~ **innocent** voor onschuldig houden
présupposer *vt* vooronderstellen
prêt[1] *nm* lening *nf;* **bibliothèque de** ~ uitleenbibliotheek; ~ **sur gage** belening op onderpand

prêt[2] *adj* **1** *(+ à, pour) (préparé pour)* gereed (om), klaar (om, voor) **2** *(+ à) (disposé à)* bereid (tot); ~ **à tout** tot alles bereid
prêt-à-porter *nm* confectiekleding *nf*
prétendant *nm* **1** *(trône)* (kroon)pretendent *nm* **2** *(soupirant)* aanbidder *nm*
prétendre[1] **(à)** *vi (aspirer à)* aanspraak maken (op)
prétendre[2] *vt* **1** *(affirmer)* beweren; **à ce qu'il prétend** naar hij beweert; **en prétendant que** onder het voorwendsel dat **2** *(vouloir)* willen
se prétendre[3] *vpr (se dire)* beweren te zijn; **il se prétend offensé** hij beweert dat men hem beledigd heeft
prétendu *adj* zogenaamd
prête-nom *nm* stroman *nm*
prétentieux *adj* aanmatigend; **le** ~ de verwaande kwast
prétention *nf* pretentie *nf;* **j'ai la** ~ **de m'y connaître** ik vlei me met de gedachte dat ik er verstand van heb; **sans** ~ heel eenvoudig; **avoir des ~s sur qch** aanspraak maken op iets
prêter[1] *vi (donner matière à)* aanleiding geven (tot)
prêter[2] *vt* **1** *(donner)* verschaffen; ~ **main forte à qn** iem een handje helpen; ~ **l'oreille** luisteren; ~ **serment** een eed afleggen **2** *(fournir sous réserve de restitution)* (uit)lenen; ~ **qch à qn** iem iets lenen **3** *(attribuer)* toeschrijven; ~ **de l'importance à qch** belang aan iets hechten
prêteur, -euse *n* **1** *(personne qui consent un prêt)* lener, leenster *nm,f* **2** *(personne qui fait métier de prêter)* geldschieter *nm;* ~ **sur gages** pandjesbaas
prétexte *nm* **1** *(excuse)* voorwendsel *het;* **servir de** ~ **à qch** als voorwendsel voor iets dienen; **sous (le)** ~ **que ...** onder voorwendsel dat ... **2** *(occasion)* aanleiding *nf;* **fournir un** ~ **à qn** iem een aanleiding geven (tot iets); **n'ouvrez sous aucun** ~ doe in geen geval open
prétexter *vt* als voorwendsel aanvoeren
prêtre *nm* priester *nm*
preuve *nf* **1** bewijs *het (aussi jur.);* ~ **contraire** tegenbewijs; **faire la** ~ **que** het bewijs leveren dat; **jusqu'à** ~ **(du) contraire** tot het tegendeel is bewezen; **c'est la** ~ **que** ik leid eruit af dat **2** *(témoignage)* blijk *het;* **faire ses ~s** zichzelf bewijzen; **faire** ~ **de qch** blijk geven van iets
prévaloir[1] *vi (l'emporter)* de overhand hebben (op); **faire** ~ **ses droits** z'n rechten doen gelden
se prévaloir[2] **(de)** *vpr* **1** *(tirer parti de)* zich beroepen (op) **2** *(s'enorgueillir de)* prat gaan (op)
prévenance *nf* **1** *(attitude)* voorkomendheid *nf* **2** *(plur.) (actions, paroles)* attenties *plur*
prévenant *adj* voorkomend
prévenir *vt* **1** *(éviter; aller au-devant de)* voorkómen; *(prov)* **mieux vaut** ~ **que guérir** voorkomen is beter dan genezen **2** *(avertir)* waarschuwen, *(Belg.)* verwittigen; ~ **qn de qch** iem van iets verwittigen; **sans** ~ onaangekondigd; **te voilà prévenu** je bent gewaarschuwd
préventif *adj* preventief; **à titre** ~ bij wijze van voorzorgsmaatregel
prévention *nf* **1** *(mesures préventives; organisation)* preventie *nf;* ~ **routière** bevordering van de verkeersveiligheid **2** *(parti pris)* vooringenomenheid *nf* **3** *(jur.)* voorlopige hechtenis *nf;* **faire six mois de** ~ zes maanden preventief zitten
prévenu *adj* **1** *(qui a des préjugés)* vooringenomen **2** *(jur.)* verdacht; **le, la ~(e)** de verdachte
prévisible *adj* voorzienbaar
prévision *nf* **1** *(action de prévoir)* (het) voor(uit)zien; **en** ~ **de** met het oog op **2** *(le plus souvent plur.) (pronostic)* verwachtingen *plur;* **~s météorologiques** weersverwachting(en)
prévoir *vt* voorzien, *(le temps)* voorspellen; **être prévu pour** bestemd zijn voor
prévoyance *nf* voorzorg *de*
prévoyant *adj* vooruitziend; **être, se montrer** ~ aan de toekomst denken
prévu *adj* voorzien
prier[1] *vi (relig.)* bidden
prier[2] *vt* **1** *(relig.)* bidden (tot); **je vous en prie!** na u! *(après vous!)* **2** *(demander)* verzoeken; **je vous prie d'agréer l'expression de mes sentiments très distingués** met de meeste hoogachting; **ah, non, je t'en prie, ça suffit!** nee zeg, alsjeblieft, nu is het wel genoeg!; **merci encore de votre aide! mais je vous en prie!** nog bedankt voor uw hulp! geen dank, graag gedaan!; **se faire** ~ zich laten bidden; **sans se faire** ~ zonder tegenstribbelen; **ne pas se faire** ~ zich dat geen tweemaal laten zeggen
prière *nf* **1** *(relig.)* gebed *het* **2** *(demande instante)* (dringend) verzoek *het;* ~ **de répondre** gelieve te antwoorden
primaire *adj* **1** *(qui vient en premier)* primair; *(enseign.)* **le** ~ het basisonderwijs **2** *(simpliste)* simplistisch
primate *nm* primaat *nm*
primauté *nf* voorrang *nm*
prime[1] *nf* premie *nf; (fig.)* **avoir qch en** ~ iets er gratis bij krijgen; **en** ~ bovendien; ~ **de fin d'année** kerstgratificatie; ~ **à la productivité,** ~ **au rendement** prestatietoeslag
prime[2] *adj* ♦ **de** ~ **abord** op het eerste gezicht
primer[1] *vi (dominer)* de overhand hebben
primer[2] *vt* **1** *(couronner)* bekronen **2** *(l'emporter sur)* de overhand hebben op **3** *(récompenser par une prime)* een premie toekennen (aan)
primeur *nf* **1** *(plur.) (fruits, légumes)* primeurs *plur* **2** *(nouveauté)* primeur *de;* **avoir la** ~ **de qch** als eerste iets hebben
primevère *nf* (voorjaars)primula *de*
primitif *adj* **1** *(originel)* oorspronkelijk; **couleurs primitives** hoofdkleuren; **les temps ~s** de stamtijden; **le texte** ~ **d'une**

loi de grondtekst van een wet **2** *(adj.) (archaïque; rudimentaire)* primitief; **les ~s** de primitieve volkeren
primo *adv* ten eerste
primordial *adj* uiterst belangrijk
prince *nm* prins *nm (aussi au fig.)* ♦ **être bon ~** goedhartig zijn; *(fig.)* ~ **charmant** sprookjesprins
princesse *nf* prinses *nf*
princier *adj* prinselijk, vorstelijk; **famille, maison princière** vorstenhuis
principal *adj (adj.)* hoofd-, voornaamste, *(adv.)* hoofdzakelijk; **le ~** het voornaamste; **proposition ~e** hoofdzin
principauté *nf* prinsdom *het*
principe *nm* principe *het;* **de ~** principieel; **en ~** in principe; **manquer à ses ~s** van z'n principes afwijken; **par ~** uit principe
printanier *adj* lente-
printemps *nm* lente *de*
prioritaire *adj* voorrangs-; **être ~** voorrang hebben
priorité *nf* voorrang *nm;* ~ **à droite** voorrang van rechts; **en, par ~** eerst; **fin de ~** einde voorrangsweg; **venir en ~** voorgaan
pris *adj* **1** *(occupé)* bezet **2** *(+ de) (affecté par)* bevangen (door); ~ **de peur** door angst bevangen **3** *(durci)* stijf geworden **4** *(+ à) (emprunté à)* ontleend (aan)
prise *nf* **1** *(action de prendre pour tenir)* (het) grijpen; **être aux ~s avec** worstelen met **2** *(moyen de tenir)* houvast *het;* **avoir ~ sur** vat hebben op; **lâcher ~** loslaten, *(fig.)* het opgeven **3** *(action de s'emparer de)* (het) innemen, verovering *nf; (jur.)* ~ **de corps** inhechtenisneming; ~ **d'otage(s)** gijzeling **4** *(butin)* vangst *nf* ♦ ~ **de conscience** bewustwording; ~ **(de courant)** stopcontact; ~ **femelle** contrastekker; ~ **mâle** stekker; ~ **de position** stellingname; ~ **de sang** (het) bloed afnemen; ~ **de son** geluidsopname; ~ **de tabac** snuifje tabak; ~ **de terre** aardleiding; ~ **de vue(s)** opname
priser *vt* **1** *(apprécier)* waarderen **2** *(du tabac)* snuiven
prisme *nm* prisma *het*
prison *nf* **1** *(maison d'arrêt)* gevangenis *nf;* **faire de la ~** (in de gevangenis) zitten **2** *(emprisonnement)* gevangenisstraf *de*
prisonnier, -ière *n* gevangene *nm; (fig.)* **être ~ de ses principes** de slaaf zijn van zijn principes; **faire ~** arresteren; ~ **de guerre** krijgsgevangene; **se constituer ~** zich vrijwillig bij de politie melden
privation *nf* **1** *(action de priver)* (het) ontnemen **2** *(fait de se priver)* onthouding *nf* **3** *(plur.) (des choses nécessaires)* ontberingen *plur*
privatisation *nf* privatisering *nf*
privatiser *vt* privatiseren
privautés *nf* vrijpostigheden *plur*
privé *adj* privé; **chemin ~** eigen weg; *(subst.)* **en ~** onder vier ogen; **dans le ~** in het privéleven, *(écon.)* ↑ in de particuliere sector; **propriété ~e** particulier eigendom; **à titre ~** niet-officieel, privé
priver[1] **(de)** *vt* beroven (van); ~ **un enfant de dessert** een kind voor straf geen toetje geven; **être privé de sommeil** slaap te kort komen
se priver[2] *vpr* zich ontzeggen; **il n'aime pas se ~** hij houdt van het goede leven
privilège *nm* voorrecht *het*, privilege *het (aussi hist. et jur.)*
privilégié *adj* bevoorrecht; **nous sommes des ~s** wij zijn bevoorrecht
privilégier *vt* bevoorrechten
prix *nm* prijs *nm;* **à ~ d'or** peperduur; **à tout ~** koste wat het kost; **à aucun ~** voor geen goud; **au ~ de** ten koste van; **au ~ fort** erg duur; ~ **choc** stuntprijs; **de ~** waardevol; ~ **dérisoire** spotprijs; **c'est mon dernier ~** dat is mijn laatste bod; **être sans ~, n'avoir pas de ~** van onschatbare waarde zijn; **hors de ~** peperduur; ~ **de lancement** kennismakingsprijs; **y mettre le ~** iets (zeer) duur betalen; **(à) moitié ~** voor de halve prijs; ~ **de revient** kostprijs ♦ **le ~ Goncourt 1981** *(personne)* de prijswinnaar van de prix Goncourt 1981, *(livre)* het boek dat de prix Goncourt 1981 heeft gekregen
probabilité *nf* waarschijnlijkheid *nf*
probable *adj* waarschijnlijk; **il est ~ que** het is waarschijnlijk dat; **il est peu ~ que** het is niet erg waarschijnlijk dat
probant *adj* overtuigend
probité *nf* rechtschapenheid *nf;* ~ **professionnelle** beroepseer
problématique *adj* problematisch; **la ~** de problematiek
problème *nm* probleem *het;* **(il n'y a) pas de ~!** geen probleem!; **c'est son ~!** dat is zijn zaak!
procédé *nm* **1** *(méthode)* procedé *het* **2** *(façon d'agir)* handelwijze *de*
procéder *vi* **1** *(agir)* handelen **2** *(+ à) (faire)* overgaan (tot); ~ **à une enquête** een onderzoek instellen **3** *(+ de) (découler de)* voortkomen (uit)
procédure *nf* **1** *(façon de procéder)* werkwijze *de*, methode *nf* **2** *(manière de procéder juridiquement)* procedure *de;* **engager une ~** een proces aanspannen
procès *nm* proces *het;* **être en ~ avec qn** tegen iem procederen; **faire, intenter un ~** een proces aanspannen; **faire le ~ de qn, de qch** iem/iets scherp bekritiseren; **sans autre forme de ~** zonder enige vorm van proces
processeur *nm* processor *nm*
procession *nf* processie *nf (aussi au fig.)*
processus *nm* proces *het*
procès-verbal *nm* **1** *(contravention)* bekeuring *nf;* **dresser ~ contre qn** iem een bekeuring geven **2** *(rapport)* verslag *het*
prochain *adj* volgend; **un jour ~** een dezer dagen; **à la ~e!** tot de volgende keer! ♦ **le ~** de naaste
prochainement *adv* binnenkort; **très ~** zeer spoedig
proche *adj* **1** *(peu éloigné)* dichtbij; **de ~ en ~** stukje bij beetje **2** *(dans le temps)* nabij **3** *(comparable; parent)* verwant (aan); **se**

sentir ~ de qn zich aan iem verwant voelen; **les ~s** de naaste familieleden
Proche-Orient *nm* Nabije Oosten *het*
proclamation *nf* bekendmaking *nf*, afkondiging *nf (par un acte officiel)*
proclamer *vt* **1** *(par un acte officiel)* afkondigen **2** *(clamer)* (luid) verkondigen; **~ son innocence** zijn onschuld betuigen
procréateur *nm* verwekker *nm*
procréation *nf* verwekking *nf*
procréer *vt* verwekken
procuration *nf* volmacht *de;* **par ~** bij volmacht
procurer[1] *vt* verschaffen
se procurer[2] *vpr* zich verschaffen
procureur *nm* zaakgelastigde *nm;* **~ général** procureur-generaal; **~ de la République** officier van justitie; *(Belg.f.)* **~ du Roi** procureur des Konings *(Belg.n.)*
prodigalité *nf* **1** *(goût de la dépense)* spilzucht *de* **2** *(généralement plur.) (dépenses excessives)* verkwistingen *plur* **3** *(surabondance)* overdaad *de*
prodige *nm* wonder *het (aussi au fig.);* **enfant ~** wonderkind; **tenir du ~** aan het wonderbaarlijke grenzen
prodigieux *adj* buitengewoon
prodigue *adj* **1** *(dépensier)* spilziek **2** *(qui donne abondamment)* kwistig
prodiguer *vt* **1** *(dilapider)* verkwisten **2** *(donner généreusement)* kwistig zijn met; **~ des soins à qn** iem met toewijding verzorgen
producteur *adj* producerend; **le ~** de producent, *(cin.)* de producer
productif *adj* productief; **capital ~ d'intérêts** rentedragend kapitaal
production *nf* **1** *(fait de produire)* productie *nf* **2** *(produit)* product *het*
productivité *nf* productiviteit *nf*
produire[1] *vt* **1** *(former; fabriquer)* produceren, *(de l'énergie)* opwekken, *(de la chaleur)* ontwikkelen **2** *(rapporter)* opbrengen **3** *(causer)* veroorzaken **4** *(présenter)* overleggen; **~ des témoins** getuigen voorbrengen **5** *(cin.; com.)* produceren
se produire[2] *vpr* **1** *(survenir)* zich voordoen **2** *(acteurs, etc.)* optreden
produit *nm* product *het;* **~ fini** eindproduct; **~ intérieur brut, PIB** bruto binnenlands product, bbp; **~s manufacturés** fabricaten; **~ national brut, PNB** bruto nationaal product, bnp
proéminence *nf* **1** *(caractère proéminent)* (het) (voor)uitsteken **2** *(protubérance)* uitsteeksel *het*
proéminent *adj* (voor)uitstekend
profanation *nf* heiligschennis *nf*
profane *adj* **1** *(étranger à la religion)* profaan; **le ~** het wereldlijke **2** *(ignorant)* oningewijd; **être ~ en la matière** ergens geen verstand van hebben; **le, la ~** de leek
profaner *vt* **1** *(relig.)* ontheiligen **2** *(fig.) (faire un usage indigne de)* schenden
proférer *vt* uitbrengen
professer *vt* **1** *(une opinion)* (openlijk) verkondigen **2** *(enseign.)* doceren
professeur *n* **1** *(enseignement secondaire)* leraar, lerares *nm,f;* **elle est ~ d'anglais** ze is lerares Engels; **~ de mathématiques** wiskundeleraar **2** *(université)* hoogleraar *nm*
profession *nf* **1** *(métier)* beroep *het;* **de ~** van beroep; **faire ~ de qch** iets beroepshalve doen **2** *(relig.)* belijdenis *nf;* **~ de foi** geloofsbelijdenis
professionnel *adj (adj.)* beroeps-, *(adv.)* beroepshalve; **le ~** de beroeps, *(sports)* de professional; **un (ouvrier) ~** een geschoold arbeider
professorat *nm* **1** *(enseignement secondaire)* leraarschap *het* **2** *(enseignement universitaire)* hoogleraarschap *het*
profil *nm* profiel *het;* **avoir un ~ d'homme d'état** het formaat van een staatsman hebben; **de ~** en profil, van opzij
profiler[1] *vt* **1** *(représenter la silhouette de)* in zijaanzicht afbeelden **2** *(technol.)* profileren
se profiler[2] **(sur)** *vpr (se découper sur)* zich aftekenen (tegen)
profit *nm* **1** *(avantage)* voordeel *het;* **au ~ de qn, qch** ten bate van iem/iets; *(qch)* **faire du ~** ↑ voordelig zijn in het gebruik; **tirer ~ de qch** voordeel trekken van iets **2** *(gain)* winst *nf*
profitable *adj* voordelig
profiter *vi* **1** *(+ de) (tirer avantage de; prendre prétexte de)* profiteren (van) **2** *(+ à) (servir)* tot nut zijn, ten goede komen (aan)
profiteur, -euse *n* profiteur *nm*
profond *adj* diep; **au plus ~ de** in het diepst van; **~ément convaincu** vast overtuigd; **~ de deux mètres** twee meter diep; **dormir ~ément** vast slapen; **du ~ de son être** uit het diepst van zijn hart; **erreur ~e** grove vergissing; **regard ~** doordringende blik
profondeur *nf* diepte *nf;* *(phot.)* **~ de champ** scherptediepte; **à deux mètres de ~** op twee meter diepte; **en ~** in de diepte, *(au-delà des apparences)* grondig; **~s de la terre** binnenste van de aarde
profusion *nf* overvloed *nm;* **à ~** in overvloed
progéniture *nf* nakomelingen *plur*
programmation *nf* programmering *nf*, *(Belg.)* programmatie *nf;* **langage de ~** programmeertaal
programme *nm* programma *het;* **le ~ du parti** het partijprogram; **le ~ des réjouissances** het festiviteitenprogramma, *(iron.)* de lijst van alles wat gedaan moet worden; **~ scolaire** leerplan
programmer *vt* **1** *(inform.)* programmeren **2** *(prévoir)* voorzien; **~ qch à long terme** een langetermijnplanning maken voor iets ♦ **une émission programmée à vingt heures** een uitzending die om 20 uur zal plaatsvinden
programmeur, -euse *n* programmeur, -meuse *nm,f*
progrès *nm* **1** *(développement)* voortgang *nm*, vooruitgang *nm;* **faire des ~, être en ~** vorderingen maken; **il y a du ~** het

gaat beter **2** *(propagation)* (het) zich uitbreiden

progresser *vi* **1** *(se développer; faire des progrès)* vooruitgaan **2** *(avancer; gagner du terrain)* voortgaan

progressif *adj* geleidelijk, progressief *(impôt, etc.)*

progression *nf* vooruitgang *nm;* ~ **d'une armée** (het) oprukken van een leger; *(méd.)* ~ **du mal** het verergeren van de kwaal

progressiste *adj* progressief

progressivement *adv* geleidelijk

prohiber *vt* (bij de wet) verbieden

prohibition *nf* verbod *het*

proie *nf* prooi *de;* **en** ~ **à** ten prooi aan; **être la** ~ **de** het slachtoffer zijn van; **oiseau de** ~ roofvogel

projecteur *nm* **1** *(spot)* schijnwerper *nm* **2** *(pour projeter des images)* projector *nm*

projectile *nm* projectiel *het*

projection *nf* **1** *(jet)* (het) werpen **2** *(d'un film, etc.)* vertoning *nf* **3** *(psycho.; math.)* projectie *nf*

projet *nm* **1** *(plan)* plan *het;* ~ **de loi** wetsontwerp **2** *(programme)* project *het*

projeter *vt* **1** *(lancer)* vooruitwerpen **2** *(une image)* projecteren, vertonen *(un film, des diapositives)* **3** *(former l'idée de)* van plan zijn *(+ inf.)*

prolétaire *n* proletariër, proletarische (vrouw) *nm,f;* **milieu** ~ proletarisch milieu

prolétariat *nm* proletariaat *het*

prolifération *nf* (snelle) verbreiding *nf*

proliférer *vi (aussi au fig.)* zich (sterk) vermenigvuldigen, *(Belg.)* prolifereren

prolifique *adj* **1** *(qui se multiplie rapidement)* zich snel voortplantend **2** *(auteur)* zeer vruchtbaar

prologue *nm* proloog *nm*, voorspel *het (aussi au fig.)*

prolongation *nf* verlenging *nf*

prolongé *adj* **1** *(dans le temps)* aanhoudend **2** *(dans l'espace)* lang(gerekt)

prolongement *nm* verlenging *nf;* **les ~s d'une affaire** de ontwikkeling van een zaak; **dans le** ~ **de** in het verlengde van

prolonger[1] *vt* **1** *(dans le temps; dans l'espace)* verlengen **2** *(être le prolongement de)* de voortzetting vormen van

se prolonger[2] *vpr* **1** *(durer plus longtemps que prévu)* voortduren **2** *(aller plus loin)* zich voortzetten

promenade *nf* **1** *(balade)* wandeling *nf*, tochtje *het (aussi au fig.);* ~ **en voiture** autotochtje **2** *(lieu pour les promeneurs)* promenade *nf*

promener[1] *vi* ♦ **envoyer** ~ **qn** iem afpoeieren; **tout envoyer** ~ alles opgeven

promener[2] *vt* **1** *(qn)* rondleiden; ~ **son chien** zijn hond uitlaten; ~ **un enfant** met een kind wandelen **2** *(faire aller avec soi)* met zich mee dragen **3** *(faire aller et venir)* laten gaan, *(les yeux)* laten rondgaan; ~ **ses doigts sur qch** zijn vingers over iets laten glijden

se promener[3] *vpr (se balader)* wandelen; **se** ~ **en voiture** een autotochtje maken

promeneur, -euse *n* wandelaar(ster) *nm (nf)*

promesse *nf* belofte *nf;* **manquer à sa** ~ zijn belofte niet nakomen

prometteur *adj* veelbelovend

promettre[1] *vt* beloven; *(iron.)* **ça promet!** dat belooft wat!

se promettre[2] *vpr* **1** *(prendre la résolution)* zich voornemen **2** *(espérer)* verwachten ♦ **se** ~ **qch l'un à l'autre** elkaar iets beloven

promis *adj* beloofd; **jeune homme** ~ **à un brillant avenir** jongeman voor wie een schitterende toekomst is weggelegd

promiscuité *nf* (het) op elkaars lip zitten

promontoire *nm* kaap *de*

promoteur *nm* **1** *(instigateur)* promotor *nm* **2** *(dans l'immobilier)* projectontwikkelaar *nm;* ~ **immobilier** projectontwikkelaar, *(Belg.)* promotor

promotion *nf* **1** *(avancement)* bevordering *nf* **2** *(enseign.)* (studie)jaar *het* **3** *(vente)* (het) promoten; **article en** ~ reclameartikel ♦ ~ **sociale** maatschappelijke emancipatie

promouvoir *vt* bevorderen

prompt *adj* vlug; **être** ~ **à la riposte** gevat zijn

promptitude *nf* vlugheid *nf*

promulguer *vt* **1** *(une loi, un décret)* afkondigen **2** *(publier)* openbaar maken

prôner *vt* **1** *(louer)* ophemelen **2** *(préconiser)* (aan)prijzen

pronom *nm* voornaamwoord *het*

pronominal *adj* pronominaal; **verbe** ~ **réciproque** wederkerig werkwoord; **verbe** ~ **réfléchi** wederkerend werkwoord

prononcé *adj* geprononceerd; **un goût** ~ **pour** een duidelijke voorliefde voor

prononcer[1] *vi (jur.)* uitspraak doen

prononcer[2] *vt (dire)* uitspreken *(aussi jur.);* ~ **un discours** een redevoering houden; **elle ne pouvait** ~ **un mot** ze kon geen woord uitbrengen; **il prononce bien** hij heeft een goede uitspraak

se prononcer[3] *vpr* **1** *(se décider)* zich uitspreken **2** *(être articulé)* uitgesproken worden **3** *(s'accentuer)* duidelijker worden

prononciation *nf* uitspraak *de*

pronostic *nm* voorspelling *nf*, prognose *nf*, *(Belg.)* pronostiek *nf*

pronostiquer *vt* voorspellen, *(Belg.)* pronostikeren

propagande *nf* propaganda *de*

propagation *nf* **1** *(fait de (se) répandre)* verbreiding *nf*, uitbreiding *nf (d'une maladie)* **2** *(phys.)* voortplanting *nf*

propager[1] *vt (diffuser)* propageren, verbreiden

se propager[2] *vpr* **1** *(se répandre)* zich verbreiden; **l'incendie se propage** de brand grijpt om zich heen **2** *(phys.; biol.)* zich voortplanten

propane *nm* propaan(gas) *het*

propension *nf* neiging *nf*

prophète, prophétesse *n* profeet, profetes *nm,f*
prophétie *nf* profetie *nf*, voorspelling *nf*
prophétique *adj* profetisch
prophétiser *vt* voorspellen
propice *adj* gunstig (voor), geschikt
proportion *nf* verhouding *nf (aussi au fig.)*, *(plur.)* afmetingen *plur (dimensions)*; **à ~, en ~** naar verhouding; **à ~ de, en ~ de, avec** in verhouding tot ♦ **toutes ~s gardées** relatief gezien
proportionné *adj* evenredig (aan) ♦ **bien ~** goed geproportioneerd (van bouw)
proportionnel *adj* evenredig (met); **la (représentation) ~le** het kiessysteem van een evenredige vertegenwoordiging
proportionner (à) *vt* evenredig maken (met)
propos *nm* **1** *(paroles)* woorden *plur* **2** *(intention)* bedoeling *nf*; **de ~ délibéré** met opzet ♦ **à ~** tussen twee haakjes; **à ce ~** naar aanleiding hiervan; **à tout ~** bij iedere gelegenheid; **à ~ de** naar aanleiding van; **venir, arriver à ~** als geroepen komen; **hors de ~** ongelegen
proposer[1] *vt (présenter)* voorstellen; **~ un sujet à l'examen** een onderwerp opgeven bij het examen; **~ qn à une fonction** iem kandidaat stellen voor een functie; **~ un prix** een prijs uitloven
se proposer[2] *vpr* **1** *(se fixer un but; former le projet de)* zich voornemen **2** *(offrir ses services)* zich aanbieden
proposition *nf* **1** *(offre)* voorstel *het*; **~ de loi** wetsvoorstel; **sur (la) ~ de** op voorstel van **2** *(ling.)* hoofd- of bijzin *nm*
propre[1] *nm* kenmerk *het* ♦ **au (sens) ~** in de eigenlijke betekenis; **c'est du ~!** dat is me (ook) wat moois!; **mettre au ~** in het net schrijven
propre[2] *n* ♦ **un(e) ~ à rien** een nietsnut, een onbenul
propre[3] *adj* **1** *(+ à) (personnel)* eigen (aan); **remettre qch en main(s) ~(s) à qn** iem iets persoonlijk overhandigen; **nom ~** eigennaam; **son ~ nom** z'n eigen naam; **au sens ~** letterlijk **2** *(net)* schoon; **avoir les mains ~s** schone handen hebben **3** *(+ à) (approprié)* geschikt (voor); **mot ~** juiste woord **4** *(soigné; convenable)* netjes ♦ **nous voilà ~s!** nu zitten we met de gebakken peren!
proprement *adv* **1** *(au sens propre du mot)* eigenlijk; **à ~ parler** strikt genomen, *(fig.)* eerlijk gezegd; **~ dit** eigenlijk **2** *(d'une manière propre, correcte)* netjes
propreté *nf* netheid *nf*
propriétaire *n* **1** *(possesseur)* eigelnaar, -nares *nm,f* **2** *(d'une maison)* huiseigelnaar, -nares *nm,f*
propriété *nf* **1** *(droit de jouissance exclusive)* eigendom(srecht) *het*; **~ privée** particulier eigendom **2** *(riche maison)* landgoed *het* **3** *(bien possédé)* eigendom *het* **4** *(qualité propre)* eigenschap *nf*
propulser *vt* voortstuwen
propulseur *nm* voortstuwer *nm*
propulsion *nf* voortstuwing *nf*
prorata ♦ **au ~ de** naar evenredigheid van
proroger *vt* **1** *(prolonger)* verlengen **2** *(renvoyer à une date ultérieure)* verdagen
prosaïque *adj* prozaïsch
proscription *nf* **1** *(interdiction)* verbod *het* **2** *(exil)* verbanning *nf*
proscrire *vt* **1** *(interdite)* verbieden, verwerpen *(des mots)* **2** *(exiler)* verbannen
proscrit *adj* **1** *(interdit)* verboden **2** *(exilé)* verbannen; **le, la ~(e)** de banneling(e)
prose *nf* proza *het*; **en ~** in proza
prospecter *vt* **1** *(un terrain)* op delfstoffen onderzoeken **2** *(écon.)* verkennen
prospection *nf* **1** *(de minéraux)* bodemonderzoek *het* **2** *(étude de marché)* marktverkenning *nf*
prospectus *nm* folder *nm*
prospère *adj* welvarend, voorspoedig
prospérer *vi* bloeien
prospérité *nf (écon.)* welvaart *de*
se prosterner *vpr* neerknielen
prostituée *nf* prostituee *nf*
prostituer[1] *vt* **1** *(qn)* prostitueren **2** *(qch)* vergooien
se prostituer[2] *vpr* **1** *(se livrer à la prostitution)* zich prostitueren **2** *(s'abaisser)* zich vergooien
prostitution *nf* **1** *(fait de vendre son corps)* prostitutie *nf* **2** *(avilissement)* (het) vergooien
prostré *adj* diep terneergeslagen
protagoniste *nm* **1** *(litt.)* protagonist *nm* **2** *(héros)* hoofdpersoon *nm*
protecteur *adj* **1** *(qui protège)* beschermend; **le ~, la protectrice** de bescherm(st)er **2** *(condescendant)* neerbuigend vriendelijk
protection *nf* **1** *(action de protéger; chose qui protège)* bescherming *nf (aussi technol.)*; **~ civile** burgerbescherming, burgerlijke bescherming *(n.B.)* **2** *(inform.)* beveiliging *nf*
protectionnisme *nm* protectionisme *het*
protégé *adj* **1** *(défendu)* beschermd; **le petit ~** het beschermelingetje; **le ~ du professeur** het lievelingetje van de leraar **2** *(inform.)* beveiligd
protège-cahier *nm* schriftomslag *het/de (m)*
protéger[1] *vt* **1** *(défendre)* beschermen **2** *(encourager)* begunstigen **3** *(mettre à l'abri)* veiligstellen **4** *(inform.)* beveiligen
se protéger[2] *vpr (se préserver)* zich beschermen (tegen)
protège-slip *nm* inlegkruisje *het*
protéine *nf* eiwit *het*
protestant *adj* protestants; **le, la ~(e)** de protestant(se)
protestantisme *nm* protestantisme *het*
protestataire *adj* ↓ protesterend; **les ~s** de protesterenden
protestation *nf* **1** *(désapprobation)* protest *het* **2** *(démonstration)* betuiging *nf*
protester *vi* **1** *(affirmer son opposition)* protesteren **2** *(+ de) (affirmer)* verklaren

prothèse *nf* prothese *nf;* ~ **dentaire** kunstgebit
protocolaire *adj* protocollair
protocole *nm* protocol *het*
prototype *nm* prototype *het*
protubérant *adj* uitstekend
proue *nf* voorsteven *nm*
prouesse *nf* **1** *(exploit)* heldendaad *de* **2** *(iron.) (performance)* stout stukje *het*
prouver *vt* bewijzen; **il est prouvé que** het is bewezen dat
provenance *nf* afkomst *nf*, herkomst *nf;* **en** ~ **de** afkomstig van
provençal *adj* Provençaals; **le** ~ het Provençaals; **le, la Provençal(e)** de Provençaal(se)
provenir (de) *vi* **1** *(venir)* afkomstig zijn (van) **2** *(découler de)* voortkomen (uit)
proverbe *nm* spreekwoord *het*
proverbial *adj* spreekwoordelijk
providence *nf* **1** *(relig.)* voorzienigheid *nf* **2** *(protecteur)* reddende engel *nm*
providentiel *adj* **1** *(qui est un effet de la providence)* providentieel **2** *(qui arrive opportunément)* op een gelukkig moment komend
province *nf* provincie *nf;* **il arrive du fin fond de sa** ~ hij is uit de klei getrokken; **en** ~ buiten de hoofdstad; **faire** ~ kleinsteeds aandoen
provincial *adj* **1** *(relatif à la province)* provinciaals **2** *(situé en province)* buiten de hoofdstad gelegen; **un(e)** ~**(e)** iem uit de provincie **3** *(gauche)* kleinsteeds
proviseur *nm* rector *nm*, directeur *nm*
provision *nf* **1** *(réserve)* voorraad *nm;* **faire (des)** ~**(s) de qch** iets inslaan **2** *(plur.) (denrées)* levensmiddelen *plur* **3** *(emplettes)* boodschappen *plur;* **faire ses** ~**s** boodschappen doen **4** *(couverture)* dekking *nf;* **chèque sans** ~ ongedekte cheque
provisionnel *adj* voorlopig; **versement** ~ aanbetaling
provisoire *adj* voorlopig; **le** ~ de voorlopige toestand; **solution** ~ noodoplossing; **à titre** ~ voorlopig
provocant *adj* **1** *(agressif)* uitdagend **2** *(aguichant)* (zinnen)prikkelend
provocateur, -trice *n* uitdager, uitdaagster *nm,f;* **agent** ~ (betaalde) opruier
provocation *nf* uitdaging *nf*
provoquer *vt* **1** *(inciter)* aanzetten **2** *(défier)* uitdagen **3** *(causer)* veroorzaken
proxénète *n* **1** *(entremetteur)* koppelaar(ster) *nm (nf)* **2** *(m.) (souteneur)* souteneur *nm*
proximité *nf* **1** *(voisinage)* nabijheid *nf;* **à** ~ in de buurt **2** *(imminence)* (het) ophanden zijn
prude *adj* preuts; **faire la** ~ preuts doen
prudence *nf* voorzichtigheid *nf;* **avec** ~ met beleid; **par (mesure de)** ~ uit voorzorg
prudent *adj* **1** *(qui montre de la prudence)* voorzichtig **2** *(empreint de prudence)* wijs; **croire, juger** ~ **de** het raadzaam achten om
pruderie *nf* preutsheid *nf*
prune *nf* pruim *de;* **une robe** ~ een paarse jurk ♦ **pour des** ~**s** voor noppes; **des** ~**s!** morgen brengen!
pruneau *nm* gedroogde pruim *de*
prunelle *nf* **1** *(pupille)* pupil *de;* **tenir à qch comme à la** ~ **de ses yeux** ergens zeer aan gehecht zijn **2** *(œil)* ↓ oog *het*
prunier *nm* pruimenboom *nm*
psalmodier *vti* psalmodiëren *(aussi au fig.)*
psaume *nm* psalm *nm*
pseudonyme *nm* pseudoniem *het*
psychanalyse *nf* psychoanalyse *nf*
psychanalyste *n* (psycho)analyti|cus, -ca *nm,f*
psychanalytique *adj* psychoanalytisch
psychiatre *n* psychiater *nm*
psychiatrie *nf* psychiatrie *nf*
psychiatrique *adj* psychiatrisch
psychique *adj* geestelijk
psychodrame *nm* psychodrama *het*
psychologie *nf* **1** *(science; intuition; idées)* psychologie *nf* **2** *(mentalité)* ↑ mentaliteit *nf*
psychologique *adj* **1** *(psychologie)* psychologisch; **état** ~ zielstoestand **2** *(adv.) (mentalement)* geestelijk
psychologue *n* psycho|loog, -loge *nm,f*
psychopathe *n* psychopaat *nm*
psychose *nf* psychose *nf*
psychosomatique *adj* psychosomatisch
psychothérapeute *n* psychotherapeut(e) *nm (nf)*
psychothérapie *nf* psychotherapie *nf*
puant *adj* **1** *(qui sent mauvais)* stinkend **2** *(odieux de vanité)* stinkend verwaand
puanteur *nf* stank *nm*
puberté *nf* puberteit *nf*
public *adj* openbaar, publiek, overheids-; *(subst.)* **interdit au** ~ verboden toegang; *(subst.)* **en** ~ publiekelijk, in het openbaar; **la fonction publique** het overheidsapparaat, het ambtenarenapparaat; **une fonction publique** een overheidsfunctie; **le** ~ het publiek; **rendre** ~ openbaar maken
publication *nf* **1** *(annonce)* bekendmaking *nf* **2** *(parution; écrit)* publicatie *nf*
publicitaire *adj* publicitair, reclame-; **annonce** ~ advertentie; **le, la** ~ de reclameman, reclamevrouw
publicité, pub *nf* **1** *(réclame; textes publicitaires)* reclame *de;* ~ **mensongère** misleidende reclame **2** *(annonce)* advertentie *nf* **3** *(émission publicitaire)* reclamespot *nm*
publier *vt* **1** *(faire paraître)* publiceren **2** *(faire connaître au public)* bekendmaken
publiphone *nm* kaarttelefooncel *de*
publiquement *adv* publiekelijk
puce *nf* **1** *(animal)* vlo *de;* **avoir la** ~ **à l'oreille** het doorkrijgen; **jeu de** ~ vlooienspel; **les Puces** de vlooienmarkt; **mettre la** ~ **à l'oreille de qn** argwaan bij iem wekken; **secouer les** ~**s à qn** iem de les lezen **2** *(personne très petite)* kleintje *het (m)*, *het (f)* **3** *(circuit intégré)* chip *nm*

puceau *adj* maagdelijk *(terme rarement appliqué à un garçon)*
pucelle *nf* maagd *nf*
puceron *nm* bladluis *de*
pudeur *nf* **1** *(sentiment de honte)* schaamte *nf*, schaamtegevoel *het* **2** *(réserve)* fijnzinnigheid *nf;* **sans** ~ schaamteloos
pudibond *adj* preuts
pudique *adj* **1** *(chaste)* kuis **2** *(discret)* discreet
puer[1] *vi (sentir mauvais)* stinken
puer[2] *vt* **1** *(sentir qch)* stinken naar **2** *(laisser apparaître)* ruiken naar
puéricultrice *nf* kinderverzorgster *nf*
puéril *adj* kinderachtig
puérilité *nf* kinderachtigheid *nf*
puis *adv* vervolgens, toen; **et** ~ (en) bovendien, (en) trouwens; **et** ~ **c'est tout** en dat is dat; **et** ~ **(après)?** nou en?
puiser *vt* **1** *(un liquide)* putten **2** *(dans une réserve)* halen (uit) **3** *(emprunter à)* ontlenen (aan)
puisque *conj* **1** *(du moment que)* aangezien **2** *(justification)* omdat
puissamment *adv* krachtig
puissance *nf* **1** *(pouvoir)* macht *de* **2** *(force)* vermogen *het;* **en** ~ potentieel **3** *(Etat)* macht *de*, mogendheid *nf;* **les grandes ~s** de grote mogendheden **4** *(math.)* macht *de;* **élever un nombre à la** ~ **deux** een getal tot de tweede macht verheffen
puissant *adj* **1** *(influent)* machtig; **les ~s** de machtigen **2** *(qui a de la force, de la puissance)* krachtig
puits *nm* put *nm;* ~ **de mine** mijnschacht; ~ **de pétrole** olieput; **un** ~ **de science** een wonder van geleerdheid
pull-over, pull *nm* trui *de*
pulluler *vi* **1** *(se multiplier rapidement)* zich snel vermenigvuldigen **2** *(abonder)* wemelen *(être rempli de)*
pulmonaire *adj* long-
pulpe *nf* vruchtvlees *het*
pulpeux *adj* vlezig
pulsation *nf* pols(slag) *nm*
pulsion *nf* drift *de*
pulvérisateur *nm* verstuiver *nm*
pulvérisation *nf* **1** *(action de réduire en poudre)* (het) verpulveren **2** *(vaporisation)* (het) verstuiven
pulvériser *vt* **1** *(broyer)* verpulveren **2** *(vaporiser)* verstuiven **3** *(faire éclater en morceaux; anéantir)* vermorzelen; ~ **un record** een record (overtuigend) breken
puma *nm* poema *nm*
punaise *nf* **1** *(insecte)* (wand)luis *de* **2** *(clou)* punaise *nf*
punch[1] *nm (boisson)* punch *nm*
punch[2] *nm* **1** *(d'un boxeur)* punch *nm* **2** *(énergie)* pit *het/de*
punir (de) *vt* straffen (voor); **être puni de mort** bestraft worden met de dood
punitif *adj* straffend
punition *nf* straf *de*
pupille[1] *nf (de l'œil)* pupil *de*
pupille[2] *n (enfant)* pupil *de;* ~ **de la Nation** oorlogswees
pupitre *nm* **1** *(bureau)* lessenaar *nm* **2** *(à musique)* muziekstandaard *nm* **3** *(commandes)* bedieningspaneel *het*
pur *adj* zuiver; **~ement et simplement** enkel en alleen; **un** ~ een rechtzinnige ♦ **refus** ~ **et simple** vierkante weigering; ~ **et simple** volstrekt, rondweg
purée *nf* **1** *(de pommes de terre)* (aardappel)puree *nf* **2** *(de légumes, de fruits)* moes *het; (fig.)* ~ **de pois** dikke mist **3** *(ennuis)* ellende *de;* **~!** verdorie!
pureté *nf* zuiverheid *nf*
purgatoire *nm* vagevuur *het*
purge *nf* **1** *(pol.)* (politieke) zuivering *nf* **2** *(vidange)* (het) lozen, (het) afvoeren *(d'eau, de gaz, d'air)*
purger *vt* **1** *(nettoyer)* zuiveren **2** *(méd.)* purgeren **3** *(une conduite)* ontluchten
purification *nf* reiniging *nf*
purifier *vt* zuiveren *(de la corruption)*, reinigen *(de ses impuretés)*
purin *nm* (mest)gier *de*
puriste *n* purist(e) *nm (nf)*, taalzuiveraar(ster) *nm (nf)*
puritain *adj* puriteins; **le, la ~(e)** de puritein(se)
puritanisme *nm* puritanisme *het*, puriteinse levenshouding *nf*
pur-sang *adj* volbloed; **un (cheval)** ~ een volbloed(paard)
pus *nm* etter *nm*, pus *het/de (m) (prononcé à la néerlandaise)*
pustule *nf* puistje *het*
putain *nf* hoer *nf;* **quel** ~ **de temps!** wat een pokkenweer!; **cette** ~ **de pendule** die kloteklok; **~!** godver!
pute *nf* **1** *(prostituée)* hoer *nf;* **fils de ~!** klootzak! **2** *(salope)* snol *nf*
putois *nm* bunzing *nm;* **crier comme un** ~ schreeuwen als een mager varken
putréfaction *nf* verrotting *nf*
putréfier[1] *vt* doen rotten
se putréfier[2] *vpr* (ver)rotten
putride *adj* **1** *(qui est en putréfaction)* rottend **2** *(qui caractérise la putréfaction)* rottings-
putsch *nm* putsch *nm*, staatsgreep *nm*
puzzle *nm* (leg)puzzel *nm (aussi au fig.)*
p.-v. *nm* proces-verbaal *het*
pygmée *nm (aussi au fig.)* pygmee *nm*
pyjama(s) *nm (le plus souvent plur.)* pyjama *nm (uniquement sing.)*
pylône *nm* **1** *(poteau)* mast *nm* **2** *(d'un pont)* (brug)pijler *nm*
pyramide *nf* piramide *nf*
pyrénéen *adj* Pyrenees; **le, la Pyrénéen(ne)** de Pyreneeër, Pyrenese
Pyrénées *nf* Pyreneeën *plur*
pyromane *n* pyro|maan, -mane *nm,f*, brandsticht(st)er *nm (nf)*
python *nm* python *nm*

q

q *nm* q *de;* **q comme quintal** de q van Quebec
quadragénaire *n* veertiger *nm;* **femme** ~ veertigjarige vrouw
quadrilatère *nm* vierhoek *nm*
quadrillage *nm* **1** *(dessin d'une surface quadrillée)* ruitpatroon *het* **2** *(d'un territoire)* fijnmazige controle *de*
quadrillé *adj* ruitjes-, geruit
quadriller *vt* **1** *(couvrir de carreaux)* in ruitjes verdelen **2** *(un territoire, une zone)* met een dicht netwerk overdekken
quadrupède *adj* viervoetig; **le** ~ de viervoeter *(terme habituellement appliqué au cheval)*
quadruple *adj* viervoudig; **le** ~ het viervoud, vierdubbele
quadrupler[1] *vi (devenir 4 fois plus élevé)* vier maal groter worden
quadrupler[2] *vt (multiplier par 4)* verviervoudigen
quadruplés, -ées *n* vierling *nm (sing.; plur. possible)*
quai *nm* **1** *(d'un port, d'un cours d'eau)* kade *de;* **être à** ~ langs de wal liggen **2** *(de gare)* perron *het*
qualificatif *adj* kwalificerend; **adjectif** ~ bijvoeglijk naamwoord; **le** ~ de kwalificatie
qualification *nf* **1** *(appellation)* benaming *nf* **2** *(sports)* kwalificatie *nf* ♦ ~ **professionnelle** beroepsbekwaamheid
qualifié *adj* **1** *(autorisé)* bekwaam **2** *(main-d'œuvre)* geschoold **3** *(sports)* gekwalificeerd
qualifier[1] *vt* **1** *(+ de) (appeler)* kwalificeren (als) **2** *(sports)* kwalificeren **3** *(donner qualité à qn pour faire qch)* geschikt maken
se qualifier[2] *vpr (+ pour) (sports)* zich plaatsen (voor)
qualitatif *adj* kwalitatief
qualité *nf* **1** *(valeur plus ou moins grande; état)* kwaliteit *nf;* **avoir** ~ **pour** bevoegd zijn te; **en sa** ~ **de** in zijn hoedanigheid van **2** *(aptitude)* eigenschap *nf* **3** *(valeur)* kwaliteit *nf;* **de** ~ kwaliteits-
quand[1] *adv* wanneer; **ça date de ~?** van wanneer is dat?
quand[2] *conj* **1** *(au moment où)* wanneer **2** *(chaque fois que)* (iedere keer) als **3** *(alors que)* terwijl **4** *(si)* (zelfs) al; ~ **bien même** zelfs al *(construction de la phrase!)* ♦ *(pourtant)* ~ **même** toch
quant ♦ ~ **à** wat ... betreft, wat ... aangaat
quantifier *vt* in cijfers vertalen
quantitatif *adj* kwantitatief
quantité *nf* **1** *(nombre d'unités ou mesure)* kwantiteit *nf*, hoeveelheid *nf;* ~ **négligeable** iets waarmee, iem met wie je geen rekening hoeft te houden **2** *(grand nombre de)* grote hoeveelheid *nf (sans prép.);* ~ **de gens** zeer veel mensen; **en** ~ in overvloed
quarantaine *nf* **1** *(environ 40)* veertigtal *het* **2** *(âge)* veertig *nm* **3** *(isolement)* quarantaine *de; (fig.)* **mettre qn en** ~ iem negeren
quarante *adj num* veertig
quarantième *adj num* veertigste
quart *nm* **1** *(fraction)* kwart *het/de;* **au** ~ **de tour** meteen; **les trois ~s du temps** de meeste tijd; **les trois ~s de la ville** bijna de hele stad **2** *(partie d'une heure)* kwartier *het;* **un** ~ **d'heure** een kwartier; **une heure et ~, une heure un** ~ kwart over een; **une heure moins le** ~ kwart voor een; **(passer) un mauvais** ~ **d'heure** een moeilijk moment (doormaken) **3** *(mar.)* wacht *de;* **être de** ~ wacht hebben **4** *(bouteille)* kwartfles *de*
quartier *nm* **1** *(d'une ville)* wijk *de (administratif)*, buurt *de (courant);* **les beaux ~s** de rijke buurten; **le** ~ **latin** de studentenwijk (van Parijs) **2** *(plur.) (cantonnement)* (het) kwartieren; ~ **général, QG** hoofdkwartier **3** *(morceau)* stuk *het* **4** *(partie de l'écu; partie de la lune)* kwartier *het* ♦ **demander** ~ om lijfsbehoud vragen; **pas de ~!** geen genade!
quartz *nm* kwarts *het*
quasi, quasiment *adv* bijna
quatorze *adj num* veertien
quatorzième *adj num* veertiende

quatrain *nm* kwatrijn *het*
quatre *adj num* vier; **un de ces ~ (matins)** vandaag of morgen
quatre-vingt-dix *adj num* negentig
quatre-vingt(s) *adj num* tachtig
quatrième *adj num* vierde; **habiter au ~** op de vierde (etage) wonen
quatrièmement *adv* ten vierde
quatuor *nm (mus.)* kwartet *het*
que[1] *pron rel* **1** *(relatif précédé d'un antécédent)* die *(antécédent m., f. ou plur.)*, dat *(antécédent n. sing.)*, welke; **la femme ~ j'aime** de vrouw die ik liefheb **2** *(relatif avec antécédent neutre 'implicite')* wat; **je ne sais pas ce ~ tu as fait** ik weet niet wat je gedaan hebt ♦ **~ je sache** voor zover ik weet
que[2] *pron rel* wat?; **ne plus savoir ~ dire** niet meer weten wat te zeggen; **qu'est-ce qui se passe?** wat gebeurt er?; **~ faire?** wat te doen?; **~ fais-tu?** wat doe je?; **qu'est-ce ~ la vérité?** wat is de waarheid?
que[3] *adv* **1** *(pourquoi)* waarom?; **~ n'es-tu ici?** waarom ben je er niet? **2** *(+ de) (exclamation)* hoeveel *(sans prép.)*; **~ de fois** hoeveel keer, hoe vaak; **~ de monde!** wat een mensen!
que[4] *conj* **1** *(introduisant une subordonnée)* dat; **c'est alors ~** toen; **c'est ~** dat komt omdat **2** *(après un comparatif de supériorité ou d'infériorité)* dan, als; **il est plus fort ~ moi** hij is sterker dan ik **3** *(après certaines expressions)* of **4** *(suivi de 'oui', 'si', 'non')* van; **~ non** welnee; **je dis ~ non** ik zeg van nee; **je crois ~ oui** ik geloof van wel; **~ si** jawel **5** *(+ subj.) (après le verbe 'attendre')* tot **6** *(précédé de 'ne', pour marquer la restriction)* slechts, (alleen) maar; **ne ... pas ~** niet alleen **7** *(conjonction vide) (ne pas traduire)*; **est-ce ~ tu es malade?** ben je ziek?; **~l beau pays ~ la France!** wat is Frankrijk een mooi land! **8** *(+ subj.) (substitut de 'si')* indien ♦ *(sans principale)* **qu'elle s'en aille** laat haar maar weggaan
québécois *adj* Quebecs; **le, la Québécois(e)** de Quebeckenaar, Quebecse
quel, quelle *adj interr* welk(e), wat, wat voor een; **~le heure est-il?** hoe laat is het?; **~le idée!** wat een (absurd) idee!; **n'importe ~** onverschillig welke; **~ qu'il soit** wie het ook is, wie het ook moge zijn; **~ est le titre?** wat is de titel?; **je vous demande ~ travail il fait** ik vraag u wat voor werk hij doet
quelconque[1] *adj (ordinaire)* (middel)matig
quelconque[2] *adj indéf (n'importe lequel)* een of ander; **d'une manière ~** op de een of andere manier
quelque[1] *adj indéf* **1** *(un quelconque)* een of ander; **~ part** ergens **2** *(plusieurs)* enige; **les ~s euros qui lui restaient** de paar euro die hij overhad; **cent et ~s kilos** ruim honderd kilo; **~ temps** enige tijd **3** *(qualifiant un n. ou adj.)* welke (ook); **~ sujet que ce soit** welk onderwerp dan ook
quelque[2] *adv* **1** *(+ que)* hoe (ook); **~ fidèle qu'elle soit** hoe trouw ze ook is **2** *(environ)* ongeveer; **~ peu** enigszins, een beetje
quelque chose *pron indéf* → **chose**[2]
quelquefois *adv* soms
quelqu'un, quelqu'une, quelques-uns, quelques-unes *pron indéf* **1** *(une personne)* iem; **devenir ~** naam maken **2** *(plur.) (un petit nombre indéterminé)* sommige(n)
quémander *vt* bedelen om
qu'en-dira-t-on *nm* geroddel *het*
querelle *nf* twist *nm*; **chercher ~ à qn** ruzie zoeken met iem
quereller[1] *vt* twisten met
se quereller[2] *vpr* (met elkaar) ruzie maken
querelleur, -euse *adj* twistziek; **le ~, la querelleuse** de ruziezoek(st)er
question *nf* **1** *(interrogation)* vraag *de*; **se poser des ~s** zich het één en ander afvragen; **la ~ de savoir si** de vraag of **2** *(problème)* kwestie *nf*; **~ de confiance!** kwestie van vertrouwen!; **la personne en ~** de bewuste persoon, de persoon in kwestie; **mettre qch en ~** iets in twijfel trekken; **tout remettre en ~** alles op losse schroeven zetten ♦ **~ boulot tout va bien** ↓ wat het werk betreft is alles in orde; **il est ~ de l'envoyer à l'étranger** er is sprake van hem naar het buitenland te sturen; **là est la ~** dáár gaat het om; **de quoi est-il ~?** waar gaat het over?; **pas ~!** geen sprake van, daar komt niets van in!
questionnaire *nm* vragenlijst *de*; **~ à choix multiple, QCM** meerkeuzevragenlijst
questionner (sur) *vt* ondervragen (over), vragen stellen aan (over)
question-piège *nf* strikvraag *de*
quête *nf* **1** *(collecte)* inzameling *nf*; **faire la ~** collecteren **2** *(+ de) (recherche de)* (het) zoeken (naar); **en ~ de** op zoek naar
quêter *vi* collecteren
quetsche *nf* kwets *de*
queue *nf* **1** *(d'animaux; prolongement)* staart *nm*; **~ de cheval** paardenstaart; **n'avoir ni ~ ni tête** kop noch staart hebben; **sans ~ ni tête** zonder kop of staart **2** *(file)* rij *de*; **à la ~, en ~** achteraan; **faire la ~** in de rij staan (wachten) **3** *(manche)* steel *nm* **4** *(pédoncule)* steel *nm* **5** *(de billard)* keu *de* ♦ **à la ~ leu leu** op een rijtje; **finir en ~ de poisson** als een nachtkaars uitgaan; **faire une ~ de poisson à qn** iem snijden
qui[1] *pron rel* **1** *(personne)* die, wie; **~ est-ce ~?** wie? **2** *(chose)* dat, welke **3** *(ce qui)* wat, hetgeen; **ce ~ m'embête c'est que ...** wat me ergert is dat ...; **~ plus est** bovendien
qui[2] *pron rel (personne)* wie?; **~ est-ce?** wie is daar?, wie is dat?; **~ que ce soit** wie (het) dan ook (is)
quiche *nf* quiche *nf*
quiconque[1] *pron rel (toute personne qui)* ieder die
quiconque[2] *pron indéf (n'importe qui)* wie (dan) ook

quiétude *nf* (gemoeds)rust *de;* **en toute** ~ in alle rust
quille *nf* **1** *(de bowling)* kegel *nm;* **jouer aux ~s** kegelen **2** *(mar.)* kiel *de* **3** *(milit.)* (het) afzwaaien
quincaillerie *nf* **1** *(produits)* ijzerwaren *plur* **2** *(magasin)* ijzerwinkel *nm*
quincaillier, -ière *n* ijzerwarenhandelaar(ster) *nm (nf)*
quinine *nf* kinine *de*
quinquagénaire *adj* vijftigjarig; **le, la** ~ de vijftigjarige
quinquennal *adj* **1** *(qui a lieu tous les 5 ans)* vijfjaarlijks **2** *(qui dure 5 ans)* vijfjarig; **plan** ~ vijfjarenplan
quintal *nm* kwintaal *het*, centenaar *nm*
quinte *nf* hoestbui *de;* ~ **de toux** hoestbui
quintessence *nf* kwintessens *de*
quintuple *adj* vijfvoudig; **le** ~ het vijfvoud, vijfvoudige
quintupler *vti* vervijfvoudigen
quintuplés, -ées *n* vijfling *nm (sing.; plur. possible)*
quinzaine *nf* **1** *(environ 15)* vijftiental *het* **2** *(2 semaines)* veertien dagen *plur*
quinze *adj num* vijftien; **lundi en** ~ maandag over veertien dagen; ~ **jours** veertien dagen
quinzième *adj num* vijftiende
quiproquo *nm* verwisseling *nf*
quittance *nf* kwitantie *nf*
quitte *adj* **1** *(sans dettes)* niets (meer) schuldig; **être** ~ **envers qn** iem niets meer schuldig zijn; **jouer à** ~ **ou double** alles op het spel zetten **2** *(débarrassé de)* vrij (van); **être** ~ **de** er van af zijn; **en être** ~ **pour la peur** met de schrik vrijkomen ♦ ~ **à** op gevaar af te; **nous sommes ~s** we zijn quitte
quitter[1] *vt* **1** *(abandonner)* verlaten; ~ **son poste** zijn betrekking opgeven; **je vous quitte** ik ga er vandoor **2** *(enlever)* uittrekken ♦ **ne quittez pas** blijf aan de lijn; ~ **la route** van de weg raken
se quitter[2] *vpr (se séparer)* uit elkaar gaan
qui-vive *nm* ♦ **être sur le** ~ op z'n qui-vive zijn, op z'n hoede zijn
quoi[1] *pron rel* wat; **après** ~ waarna; **avoir de** ~ er warmpjes bij zitten; **de** ~ **écrire** iets om mee te schrijven; **il n'a pas de** ~ **vivre** hij heeft niet genoeg om van te leven; **il n'y a pas de** ~ **rire** er valt niets te lachen; ~ **qu'il en soit** hoe het ook zij; ~ **que tu fasses** wat je ook doet ♦ **(il n'y a) pas de** ~ niets te danken
quoi[2] *pron rel* wat?; **à** ~ waaraan; ~ **de plus beau?** wat is er nou mooier?; **tu pars ou ~?** vertrek je nou, ja of nee?; **c'est un naïf ou ~?** hij is een naïeveling, of niet soms?; ~ **donc?** wat is er?; **triste, ~!** *(n'est-ce pas?)* triest, hè!, *(bref)* kortom: triest
quoique, quoiqu' *conj* (al)hoewel
quolibet *nm* spottende opmerking *nf*
quota *nm* quota *de*, contingent *het*
quote-part *nf* aandeel *het*
quotidien *adj* **1** *(de chaque jour)* dagelijks, *(Belg.)* dagdagelijks; *(journal)* **le** ~ het dagblad; *(normalité)* **le** ~ het dagelijkse **2** *(adj.) (banal)* alledaags
quotient *nm* quotiënt *het;* ~ **intellectuel, QI** intelligentiequotiënt, IQ

r

r *nm* r *de;* **r comme Raoul** de r van Richard
rabâcher *vt (répéter continuellement)* (steeds) herhalen
rabais *nm* korting *nf* ♦ **au** ~ met korting; **travailler au** ~ ↑ onderbetaald worden (voor z'n werk)
rabaisser[1] *vt* neerhalen
se rabaisser[2] *vpr* zich verlagen
rabat *nm* **1** *(d'un vêtement de fonction)* befje *het* **2** *(partie rabattue)* klep *de*
rabat-joie *nm* zuurpruim *de*
rabatteur, -euse *n* **1** *(péj.) (en commerce)* ronselaar(ster) *nm (nf)* **2** *(à la chasse)* drijver *nm*
rabattre[1] *vt* **1** *(diminuer)* verminderen, korten *(un prix)* **2** *(mettre à plat)* neerslaan **3** *(le gibier)* opdrijven
se rabattre[2] *vpr* **1** *(+ sur) (accepter faute de mieux)* zijn toevlucht nemen (tot) **2** *(changer de direction)* invoegen **3** *(être replié)* ingeklapt (kunnen) worden
rabbin *nm* rabbijn *nm;* **grand** ~ opperrabbijn
rabiot *nm* **1** *(surplus)* extraatje *het* **2** *(heures supplémentaires)* ↑ overwerk *het* ♦ **du** ~ **de viande** ↑ extra portie vlees
râblé *adj* fors
rabot *nm* schaaf *de*
raboter *vt* (glad)schaven
rabougri *adj* **1** *(végétal)* verschrompeld **2** *(personne)* ziekelijk (uitziend), *(d'un vieillard)* verschrompeld
rabrouer *vt* (af)snauwen; **se faire** ~ een standje krijgen
racaille *nf* gespuis *het*
raccommodage *nm* (het) herstellen
raccommoder[1] *vt* **1** *(rapiécer)* verstellen **2** *(réconcilier)* ↑ het weer goedmaken tussen
se raccommoder[2] *vpr (se réconcilier)* ↑ het weer goedmaken met elkaar
raccompagner *vt* thuisbrengen
raccord *nm* verbindingsstuk *het;* **(se) faire un** ~ zich even bijwerken *(maquillage)*
raccordement *nm* aansluiting *nf;* ~ **à la télédistribution** aansluiting op de kabeltelevisie; **voie de** ~ aansluitingsspoor
raccorder[1] *vt* verbinden
se raccorder[2] *vpr* verbonden zijn
raccourci *nm* **1** *(façon de s'exprimer)* ellips *de;* **en** ~ in verkorte vorm **2** *(chemin)* kortere weg *nm*
raccourcir[1] *vi (devenir plus court)* korter worden
raccourcir[2] *vt* **1** *(rendre plus court)* verkorten, korter maken **2** *(un chemin)* af snijden
raccourcissement *nm* verkorting *nf*
raccrocher[1] *vt* weer ophangen; ~ **le récepteur** ophangen
se raccrocher[2] *vpr* zich vastklampen (aan) *(aussi au fig.)*
race *nf* ras *het; (fig.)* **avoir de la** ~ klasse hebben; **de** ~ **(pure)** ras-; **un chien de** ~ een rashond; **être de** ~ **noble** van adellijke komaf zijn; **la** ~ **humaine** het mensdom
rachat *nm* **1** *(action d'acheter de nouveau)* terugkoop *nm* **2** *(remboursement)* afkoop *nm* **3** *(mise en liberté contre rançon)* vrijkoping *nf* **4** *(action de se racheter moralement)* (het) weer goedmaken
racheter[1] *vt* **1** *(récupérer par achat)* terugkopen **2** *(une obligation, une servitude)* afkopen **3** *(un esclave, un prisonnier)* vrijkopen **4** *(réparer ses fautes)* weer goedmaken **5** *(acheter de nouveau)* weer kopen
se racheter[2] *vpr (se réhabiliter)* het weer goedmaken
rachitique *adj* **1** *(atteint de rachitisme)* rachitisch; **le, la** ~ het rachitispatiëntje **2** *(chétif)* schriel
rachitisme *nm (méd.)* Engelse ziekte *nf*, rachitis *nf*
racial *adj* rassen-, raciaal
racine *nf* **1** *(bot.; math.; biol.)* wortel *nm;* ~ **carrée** vierkantswortel; ~ **cubique** derdemachtswortel; **prendre** ~ wortel schieten, *(fig.)* lang blijven plakken **2** *(source)* wortel *nm;* **attaquer le mal à la** ~ het kwaad bij de wortel aanpakken
racisme *nm* racisme *het*
raciste *adj* racistisch; **le, la** ~ de racist(e)
racket *nm* afpersing *nf*

racketteur *nm* afperser *nm*
raclée *nf* pak *het* slaag *(aussi au fig.)*; **prendre une** ~ een pak slaag krijgen
raclement *nm* gekras *het*; ~ **de gorge** (het) schrapen van de keel
racler[1] *vt* **1** *(gratter)* afkrabben **2** *(frotter contre)* krassen (tegen)
se racler[2] *vpr* ♦ **se** ~ **la gorge** z'n keel schrapen
raclette *nf* **1** *(petit racloir)* krabber *nm* **2** *(plat suisse)* raclette *nf*
racolage *nm* **1** *(prostitution)* (het) aanklampen **2** *(recrutement)* (het) ronselen
racoler *vt* **1** *(accoster)* aanklampen **2** *(recruter)* ronselen **3** *(attirer)* werven
racoleur *adj* **1** *(d'un sourire)* uitnodigend **2** *(publicité)* wervend
racoleuse *nf* tippelaarster *nf*
racontar *nm* praatje *het*
raconter[1] *vt (conter)* vertellen; **il nous en raconte** hij hangt ons een mooi verhaal op
se raconter[2] *vpr* **1** *(parler de soi)* van zichzelf vertellen **2** *(se conter à soi-même, l'un l'autre)* aan zichzelf, aan elkaar vertellen **3** *(être raconté)* verteld worden
racorni *adj* **1** *(durci)* verhard **2** *(rendu insensible)* verstard
radar *nm* radar *nm (aussi au fig.)*
rade *nf* rede *de*, ankerplaats *de*; *(fig.)* **laisser qn en** ~ ↑ iem in de steek laten; **rester en** ~ vast blijven zitten
radeau *nm* vlot *het*
radiateur *nm* **1** *(de chauffage central)* radiator *nm*; ~ **électrique** elektrische kachel **2** *(de moteur)* radiateur *nm*
radiation *nf* **1** *(phys.)* straling *nf* **2** *(fait d'effacer)* schrapping *nf*
radical *adj* **1** *(pol.) (fondamental)* radicaal; ~**ement différent** totaal verschillend; *(pol.)* **le** ~ de radicaal **2** *(racine)* wortel- ♦ *(ling.)* **le** ~ de stam
radicaliser[1] *vt* radicaliseren
se radicaliser[2] *vpr* radicaal worden
radier *vt* schrappen
radieux *adj* stralend *(aussi au fig.)*
radin *adj* gierig; **elle est** ~**(e)** ze is gierig; *(subst.)* **quel** ~**!** wat een knijper!
radio *nf* **1** *(radiodiffusion)* radio *nm*; **émetteur** ~ radiozender; **passer à la** ~ voor de radio komen **2** *(récepteur)* radio *nm*, radiotoestel *het* **3** *(radioscopie)* (het) doorlichten; **passer à la** ~ doorgelicht worden **4** *(radiographie)* röntgenfoto *de*
radioactif *adj* radioactief
radioactivité *nf* radioactiviteit *nf*
radiocassette *nf* radiocassetterecorder *nm*
radiodiffuser *vt* (via de radio) uitzenden
radiodiffusion *nf* radio-omroep *nm*
radiographie *nf* röntgenfoto *de* ♦ **passer à la** ~ doorgelicht worden
radiographier *vt* een röntgenfoto maken van; **se faire** ~ zich laten doorlichten
radiologie *nf* radiologie *nf*, röntgenologie *nf*
radiologiste, radiologue *n* radiolloog, -loge *nm,f*
radiophonique *adj* radio-; **pièce** ~ hoorspel
radio-réveil *nm* wekkerradio *nf*
radioscopie *nf (méd.; aussi au fig.)* doorlichting *nf*
radiotélévisé *adj* door radio en televisie uitgezonden
radis *nm* radijs *de* ♦ **n'avoir pas un** ~ geen rooie cent hebben
radium *nm* radium *het*
radoter[1] *vi* **1** *(déraisonner)* wartaal uitslaan **2** *(rabâcher)* steeds iets herhalen
radoter[2] *vt (dire)* kletsen
radoteur, -euse *n* leuteraar *nm*
radoucir[1] *vt* zachter maken
se radoucir[2] *vpr* zachter worden
radoucissement *nm* (weers)verbetering *nf*
rafale *nf* **1** *(coup de vent)* rukwind *nm*; ~ **de pluie** regenvlaag **2** *(salve)* salvo *het*
raffermir[1] *vt* **1** *(durcir)* steviger maken **2** *(renforcer)* versterken
se raffermir[2] *vpr (devenir plus ferme)* steviger worden
raffinage *nm* raffinage *nf*
raffiné *adj* geraffineerd; **un(e)** ~**(e)** een verfijnd iem
raffinement *nm* **1** *(caractère raffiné)* verfijning *nf* **2** *(manifestation extrême)* toppunt *het*
raffiner[1] *vi* ♦ ~ **sur qch** iets verfijnen
raffiner[2] *vt (procéder au raffinage de)* raffineren
raffinerie *nf* raffinaderij *nf*
raffoler (de) *vi* dol zijn (op)
raffut *nm* kabaal *het*
rafiot *nm* schuit *de*
rafistoler *vt* oplappen
rafle *nf* **1** *(arrestation massive)* razzia *de* **2** *(vol)* roof *nm*
rafler *vt* (leeg)plunderen
rafraîchir[1] *vt* **1** *(rendre frais)* koelen **2** *(rajeunir)* opknappen; ~ **une coupe (de cheveux)** (het haar) wat bijknippen **3** *(donner une sensation de fraîcheur à)* verfrissen **4** *(remettre en mémoire)* opfrissen
se rafraîchir[2] *vpr* **1** *(devenir frais)* koel worden; **le temps s'est bien rafraîchi** het is frisser geworden **2** *(boire)* een verversing gebruiken **3** *(se donner une sensation de fraîcheur)* zich opfrissen ♦ **se** ~ **les idées** zijn geheugen opfrissen
rafraîchissant *adj* verfrissend; **boisson** ~**e** frisdrank
rafraîchissement *nm* **1** *(baisse de la température)* afkoeling *nf* **2** *(boisson)* verversing *nf*, verfrissing *nf*
ragaillardir *vt* opkikkeren
rage *nf* **1** *(colère)* woede *de*; **entrer dans une** ~ **folle** in blinde woede ontsteken; **faire** ~ woeden **2** *(besoin passionné de)* zucht (naar) *nm*; **avoir la** ~ **du jeu** speelziek zijn **3** *(méd.)* (honds)dolheid *nf* ♦ ~ **de dents** hevige kiespijn
rager *vi* razend zijn

rageur *adj* **1** *(irascible)* opvliegend **2** *(furieux)* woedend
ragot *nm* roddel *nm*
ragoût *nm* ragout *nm*
ragoûtant *adj* appetijtelijk; **peu** ~ onappetijtelijk
raid *nm* **1** *(incursion)* raid *nm* **2** *(attaque aérienne)* luchtaanval *nm* **3** *(rallye automobile)* langeafstandsrit *nm*
raide[1] *adj* **1** *(rigide; engourdi)* stijf **2** *(incliné)* steil **3** *(incroyable)* kras **4** *(ivre)* stomdronken
raide[2] *adv* **1** *(en pente raide)* steil **2** *(soudainement)* ineens; **tomber** ~ **mort** ter plaatse dood vallen
raideur *nf* **1** *(manque de souplesse physique)* stijfheid *nf* **2** *(manque de souplesse mentale)* starheid *nf* **3** *(pente raide)* steilheid *nf*
raidir[1] *vt (rendre raide)* stijf maken
se raidir[2] *vpr* **1** *(devenir raide)* stijf worden **2** *(se contracter)* zich schrap zetten
raie *nf* **1** *(ligne, rayure)* streep *de* **2** *(des cheveux)* (haar)scheiding *nf* **3** *(poisson)* rog *nm*
raifort *nm* mierikswortel *nm*
rail *nm* **1** *(barre d'acier)* rail *de; (fig.)* **remettre sur les ~s** weer op gang helpen; **sortir des ~s** ontsporen **2** *(chemin de fer)* trein *nm* **3** *(transports ferroviaires)* treinvervoer *het;* **par** ~ per spoor
railler *vt* belachelijk maken
raillerie *nf* spotternij *nf*
railleur *adj* spottend; **le ~, la railleuse** de spotter, spotster
rainure *nf* **1** *(entaille)* groef *de* **2** *(de coulisse)* sponning *nf*
raisin *nm* druif *de;* ~ **de Corinthe** krent; ~ **noir** blauwe druif; ~ **sec** rozijn
raison *nf* **1** *(esprit; connaissance; jugement)* rede *de;* **entendre** ~ naar rede luisteren; ~ **d'être** bestaansrecht; **faire entendre** ~ tot rede brengen; **perdre la** ~ gek worden; **se rendre à la** ~ naar rede luisteren **2** *(cause)* oorzaak *nf;* ~ **d'Etat** staatsraison; **~s de famille** familieomstandigheden **3** *(motif)* reden *de;* **en** ~ **de** wegens; **pour quelle ~?** waarom?; **pour des ~s de sécurité** veiligheidshalve **4** *(jugement en accord avec les faits)* gelijk *het;* **avoir** ~ gelijk hebben; **se faire une** ~ zich erbij neerleggen ♦ **à** ~ **de** tegen de prijs van; **à plus forte** ~ des te meer; ~ **de plus** reden te meer; ~ **sociale** firmanaam, handelsnaam
raisonnable *adj* redelijk
raisonnement *nm* **1** *(pensée)* (het) redeneren **2** *(argumentation)* redenering *nf*
raisonner[1] *vi (penser; argumenter)* redeneren
raisonner[2] *vt (faire entendre raison à)* tot rede brengen
se raisonner[3] *vpr* zich door rede laten leiden
rajeunir[1] *vi* jonger worden
rajeunir[2] *vt* **1** *(rendre (plus) jeune)* jonger maken, er jonger doen uitzien **2** *(moderniser)* vernieuwen
se rajeunir[3] *vpr (vouloir sembler plus jeune)* zich jonger voordoen
rajeunissement *nm* **1** *(d'une personne)* verjonging *nf* **2** *(d'une chose)* vernieuwing *nf*
rajout *nm* toevoegsel *het*
rajouter *vt* (weer) toevoegen ♦ **vous en rajoutez!** u overdrijft!
rajuster *vt* **1** *(remettre en ordre)* weer in orde brengen **2** *(rectifier)* richten **3** *(remettre en accord)* herzien, aanpassen *(salaires)*
râlant *adj* ergerlijk
râle *nm* reutel *nm*
ralenti *adj* vertraagd; *(subst.; fig.)* **travailler au** ~ op halve kracht werken; *(subst.; cin.)* **projection au** ~ (het) afdraaien in slow motion; **le** ~ het stationair draaien
ralentir[1] *vi (réduire sa vitesse)* vaart minderen
ralentir[2] *vt (rendre plus lent)* vertragen; *(mus.)* ~ **le mouvement** het tempo verlagen; ~ **le pas** de pas inhouden
ralentissement *nm* **1** *(vitesse)* vertraging *nf* **2** *(diminution)* vermindering *nf;* ~ **de la production** (het) teruglopen van de productie
ralentisseur *nm* **1** *(mécanisme)* vertragingsmechanisme *het* **2** *(circul.)* verkeersdrempel *nm*
râler *vi* **1** *(grogner)* kankeren **2** *(faire entendre un râle)* reutelen
râleur *adj* mopperig; **le ~, la râleuse** de kankeraar(ster)
ralliement *nm* **1** *(rassemblement)* verzameling *nf* **2** *(adhésion à)* aansluiting (bij) *nf*
rallier[1] *vt* **1** *(rassembler)* verzamelen **2** *(rejoindre)* bereiken **3** *(fig.) (réunir)* bijeenbrengen (voor) *(des personnes à une cause)* **4** *(adhérer à)* overgaan tot
se rallier[2] *vpr* **1** *(se regrouper)* zich hergroeperen **2** *(+ à) (adhérer à)* instemmen (met); **se** ~ **à l'avis de qn** iemands mening delen
rallonge *nf* **1** *(de table)* uittrekblad *het* **2** *(d'un fil électrique)* verlengsnoer *het* **3** *(supplément)* ↑ aanvulling *nf*
rallonger[1] *vi* langer worden *(jours)*
rallonger[2] *vt* verlengen
rallumer[1] *vt* **1** *(allumer de nouveau)* weer aansteken **2** *(ranimer)* doen opleven
se rallumer[2] *vpr* **1** *(s'allumer de nouveau)* weer gaan branden **2** *(éclater de nouveau)* weer opvlammen
rallye *nm* rally *nm*
ramassage *nm* (het) ophalen; ~ **des ordures ménagères** huisvuilophaaldienst; ~ **scolaire** schoolbusdienst
ramassé *adj* **1** *(trapu)* gedrongen **2** *(concis)* kort en bondig
ramasser[1] *vt* **1** *(réunir)* bijeenbrengen **2** *(collecter)* ophalen, oppakken *(par la police);* **se faire** ~ opgepakt worden *(par la police)* **3** *(prendre par terre)* oprapen; ~ **du bois mort** hout sprokkelen **4** *(attraper)* op-

lopen; ~ **un bon rhume** een flinke verkoudheid oplopen
se ramasser[2] *vpr* **1** *(se pelotonner)* zich oprollen **2** *(se relever)* weer opstaan **3** *(tomber)* vallen
ramassis *nm* samenraapsel (van) *het*
rambarde *nf* reling *de*
ramdam *nm* kabaal *het*
rame *nf* **1** *(aviron)* roeispaan *de* **2** *(file de wagons)* treinstel *het* **3** *(bot.)* staak *nm* **4** *(500 feuilles)* riem *nm*
rameau *nm* takje *het;* **les Rameaux** palmzondag
ramener[1] *vt* **1** *(rapporter; reconduire)* terugbrengen; ~ **tout à soi** alles op zichzelf betrekken **2** *(amener avec soi)* meenemen **3** *(faire prendre une certaine position)* in een bepaalde positie brengen; ~ **ses cheveux sur son front** zijn haar naar voren kammen **4** *(réduire)* terugbrengen ♦ **la ~, ~ sa fraise** het hoogste woord voeren
se ramener[2] *vpr* **1** *(venir)* ↑ komen **2** *(+ à) (se réduire à)* terug te brengen zijn (tot)
ramer *vi* roeien
rameur, -euse *n* roei(st)er *nm (nf)*
rameuter *vt* **1** *(personnes)* weer samenbrengen **2** *(chiens)* weer bij elkaar brengen
ramification *nf* vertakking *nf*
se ramifier *vpr* zich vertakken *(aussi au fig.)*
ramolli *adj* **1** *(devenu mou)* zacht geworden **2** *(sans énergie)* slap *(fig.);* **il est un peu ~** het is een slapjanus
ramollir[1] *vt* **1** *(rendre mou)* zacht maken **2** *(affaiblir)* doen verslappen
se ramollir[2] *vpr (mollir)* verslappen; **son cerveau se ramollit** hij wordt kinds
ramonage *nm* (het) (schoorsteen)vegen
ramoner *vt* vegen
ramoneur *nm* schoorsteenveger *nm*
rampant *adj* **1** *(qui rampe)* kruipend; **plante ~e** kruipplant **2** *(servile)* kruiperig
rampe *nf* **1** *(pente)* helling *nf* **2** *(main courante)* trapleuning *nf; (fig.)* **lâcher la ~** 't hoekje omgaan **3** *(rangée de lumières)* voetlicht *het;* **les feux de la ~** het voetlicht **4** *(catapultes)* lanceerbaan *de;* ~ **de lancement** lanceerbasis
ramper *vi* kruipen *(aussi au fig.)*
rancard *nm* **1** *(renseignement)* tip *nm* **2** *(rendez-vous)* ↑ afspraakje *het*
rance *adj* ranzig; **le ~** de ranzigheid
rancir *vi* ranzig worden
rancœur *nf* wrok *nm;* **avoir de la ~ pour, contre qn** wrok koesteren tegen iem
rançon *nf* **1** *(pour délivrer un captif)* losgeld *het* **2** *(les inconvénients)* prijs *nm*
rancune *nf* wrok *nm*, rancune *de;* **sans ~!** zand erover!
rancunier *adj* haatdragend, rancuneus
randonnée *nf* (trek)tocht *nm;* **la grande ~** het langeafstandswandelen
randonneur, -euse *n* trek|ker, -ster *nm,f*
rang *nm* **1** *(rangée)* rij *de;* **mettre au ~ de** rekenen tot; **être au ~ de ses amis** tot zijn vrienden behoren; **en ~ d'oignons** in een rij; **serrer le(s) ~(s)** de gelederen sluiten **2** *(milit.)* gelid *het (plur. irrég.)* **3** *(place)* plaats *de;* **être placé au troisième ~** op de derde rij, *(fig.)* derde plaats gezet worden **4** *(condition)* rang *nm;* **être du même ~** dezelfde waarde hebben
rangé *adj* geregeld
rangée *nf* rij *de;* **par ~s** in rijen
rangement *nm* (het) opruimen; **faire du ~ dans une armoire** een kast opruimen
ranger[1] *vt* **1** *(classer)* opruimen **2** *(mettre de côté)* opzijzetten; ~ **sa voiture** zijn wagen parkeren
se ranger[2] *vpr* **1** *(se mettre en rangs)* zich (in rijen) opstellen **2** *(pour laisser le passage)* opzijgaan **3** *(se soumettre à)* zich schikken (naar); **se ~ à l'avis de qn** instemmen met iem **4** *(s'assagir)* een geregeld leven gaan leiden **5** *(se mettre)* opgeborgen worden
ranimer[1] *vt* **1** *(méd.)* weer bijbrengen **2** *(revigorer)* weer doen opleven **3** *(attiser)* opnieuw aanwakkeren
se ranimer[2] *vpr* **1** *(méd.)* weer bijkomen **2** *(fig.) (reprendre vie)* herleven
rapace *adj* **1** *(brutalement avide)* roofzuchtig; **le ~** de roofvogel **2** *(cupide)* hebzuchtig
rapatriement *nm* repatriëring *nf (de personnes)*
rapatrier *vt* repatriëren
râpe *nf* rasp *de*
râpé *adj* **1** *(usé)* versleten **2** *(cuis.)* geraspt
râper *vt* **1** *(cuis.)* raspen; *(fig.)* **un vin qui râpe (la gorge)** een wrange wijn **2** *(élimer)* afslijten
rapetisser[1] *vi (devenir plus petit)* kleiner worden
rapetisser[2] *vt* **1** *(rendre plus petit)* kleiner maken **2** *(faire paraître plus petit)* kleiner doen lijken
râpeux *adj* wrang
rapide *adj* **1** *(à grande vitesse)* snel; **expédier ~ment** per expresse versturen; **le ~** de sneltrein *(train),* de stroomversnelling *(tourbillon)* **2** *(qui agit vite)* snelwerkend **3** *(vif)* levendig; **esprit ~** iem die snel van begrip is
rapidité *nf* snelheid *nf;* ~ **d'esprit** vlugheid van begrip
rappel *nm* **1** *(action de faire revenir)* (het) (weer) oproepen; ~ **à l'ordre** (het) tot de orde roepen; **battre le ~** *(milit.)* verzamelen blazen, *(fig.)* de nodige mensen optrommelen; **les acteurs ont eu plusieurs ~s** de toneelspelers werden menigmaal teruggeroepen **2** *(évocation)* herinnering (aan) *nf* **3** *(paiement d'arriérés)* nabetaling *nf* ♦ *(alpinisme)* **descente en ~** afdaling met een dubbel touw
rappelé *adj* **1** *(pour des raisons diplomatiques)* teruggeroepen **2** *(milit.)* weer opgeroepen; **les ~s** de weer opgeroepen soldaten
rappeler[1] *vt* **1** *(faire revenir)* oproepen; ~ **qn à la vie** iem weer tot bewustzijn laten komen; ~ **qn à l'ordre** iem tot de orde

roepen **2** *(par téléphone)* terugbellen **3** *(faire revenir à l'esprit; faire souvenir de)* herinneren; **rappelez-moi votre nom** hoe heet u ook alweer? **4** *(évoquer)* doen denken aan; **cet enfant me rappelle son grand-père** dat kind doet me denken aan zijn grootvader

se rappeler[2] *vpr (se souvenir)* zich herinneren

rappliquer *vi* weer komen opdagen

rapport *nm* **1** *(compte rendu)* verslag *het* **2** *(rendement)* opbrengst *nf* **3** *(relation)* verband *het;* **cela n'a aucun ~ avec** dat heeft niets te maken met; **en ~ avec** in overeenstemming met; **être en ~ avec** samenhangen met; **par ~ à** in vergelijking met; **quel ~?** wat heeft dat er mee te maken?; **être sans ~ avec** in geen verband staan met; **sous tous (les) ~s** in alle opzichten; **je ne vois pas le ~** ik zie het verband niet **4** *(relation entre personnes)* verhouding *nf;* **avoir des ~s avec une femme** seksuele omgang hebben met een vrouw; **avoir des ~s tendus avec qn** op gespannen voet staan met iem; **être en ~ avec qn** met iem in contact staan; **entrer, se mettre en ~ avec qn** in contact treden met iem; **~s humains** intermenselijke relaties; **~s sexuels** seksuele omgang **5** *(milit.)* rapport *het*

rapporter[1] *vt* **1** *(remettre à sa place; restituer)* terugbrengen **2** *(apporter)* meebrengen **3** *(répéter)* rapporteren, klikken *(cafarder)* **4** *(produire un gain)* opbrengen; **~ gros** veel opbrengen ♦ **~ un angle** een hoek overbrengen

se rapporter[2] **(à)** *vpr (avoir rapport à)* betrekking hebben (op) ♦ **s'en ~ à qn** op iem vertrouwen; **je m'en rapporte à vous** ik laat het aan u over

rapporteur, -euse *n* **1** *(mouchard)* verklik|ker, -ster *nm,f* **2** *(m.) (devant une assemblée)* rapporteur *nm* **3** *(m.) (math.)* graadboog *nm*

rapprochement *nm* **1** *(action de rapprocher)* (het) bijeenbrengen **2** *(réconciliation)* toenadering *nf* **3** *(association; comparaison)* vergelijking *nf*

rapprocher[1] *vt* **1** *(approcher)* dichterbij brengen; **ces lunettes rapprochent les objets** deze bril maakt de voorwerpen groter **2** *(avancer dans le temps)* vervroegen **3** *(favoriser les liens entre)* (nader) tot elkaar brengen **4** *(comparer)* vergelijken

se rapprocher[2] *vpr* **1** *(venir plus près)* naderbij komen **2** *(se réconcilier)* zich verzoenen **3** *(+ de) (être voisin)* gelijkenis vertonen (met)

rapt *nm* ontvoering *nf*

raquette *nf* **1** *(de tennis, etc.)* racket *het;* **~ de ping-pong** (tafeltennis)batje **2** *(pour marcher dans la neige)* sneeuwschoen *nm*

rare *adj* **1** *(peu courant)* zeldzaam; **se faire ~** weinig van zich laten horen **2** *(plur.) (peu nombreux)* weinige; **à de ~s exceptions près** op enkele uitzonderingen na **3** *(peu fourni)* dun; **avoir le cheveu ~** dun haar hebben ♦ **ça n'aurait rien de ~** dat zou best eens kunnen

raréfier[1] *vt (phys.)* verdunnen

se raréfier[2] *vpr* **1** *(phys.)* ijler worden **2** *(devenir rare)* schaars worden

rarement *adv* zelden

rareté *nf* **1** *(qualité de ce qui est rare)* zeldzaamheid *nf* **2** *(objet rare)* zeldzaam voorwerp *het*, rariteit *nf* **3** *(ce qui est peu fréquent)* geringe frequentie *nf*

rarissime *adj* zeer zeldzaam

ras *adj* **1** *(coupé court)* kortgeknipt **2** *(plat et uni)* vlak; **~e campagne** open terrein **3** *(rempli jusqu'au bord)* tot de rand gevuld; **à ~ bords** tot aan de rand gevuld; **à ~, au ~ de** dicht aan de rand van; **robe ~ du cou** jurk met gladde hals ♦ **au ~ des marguerites, des pâquerettes** platvloers

rasade *nf* boordevol glas *het*

rasage *nm* (het) scheren

rasant *adj (ennuyeux)* stomvervelend ♦ **lumière ~e** strijklicht; **tir ~** rasant schot

raser[1] *vt* **1** *(tondre)* scheren **2** *(ennuyer)* vervelen **3** *(démolir)* slechten **4** *(frôler)* strijken langs; **~ le mur** vlak langs de muur lopen

se raser[2] *vpr* **1** *(se tondre)* zich scheren **2** *(s'ennuyer)* zich doodvervelen

raseur *adj* vervelend; **le ~, la raseuse** de (vervelende) zeur

rasoir[1] *nm* **1** *(instrument)* scheermes *het;* **lame de ~** scheermesje **2** *(personne ennuyeuse)* zeur *nm*

rasoir[2] *adj* stomvervelend

rassasier[1] *vt* **1** *(satisfaire la faim de)* verzadigen **2** *(combler)* (volledig) bevredigen; **~ sa vue, ses yeux de qch** zijn ogen uitkijken **3** *(blaser)* oververzadigen; **je suis rassasié de cette affaire** ik heb m'n buik vol van die zaak

se rassasier[2] *vpr* **1** *(assouvir sa faim)* zijn honger stillen **2** *(se soûler de)* met volle teugen genieten (van)

rassemblement *nm* **1** *(attroupement)* oploop *nm* **2** *(action de rassembler)* (het) verzamelen **3** *(milit.)* (het) aantreden; **faire sonner le ~** laten aantreden **4** *(meeting, réunion)* vergadering *nf* **5** *(groupe politique)* samenwerkingsverband *het;* **Rassemblement pour la République, RPR** ⟨*Verbond voor de Republiek*⟩

rassembler[1] *vt* verzamelen, bijeenbrengen; **~ ses esprits** weer tot zichzelf komen; **~ ses idées** zijn gedachten ordenen

se rassembler[2] *vpr (se réunir)* (weer) bijeenkomen

rasseoir[1] *vt* weer neerzetten, weer op z'n plaats zetten *(aussi au fig.)*

se rasseoir[2] *vpr* weer gaan zitten

rassis *adj* oudbakken; **du ~** oudbakken brood

rassurer[1] *vt* geruststellen

se rassurer[2] *vpr* zich geruststellen; **rassurez-vous** wees maar niet bezorgd

rat *nm* **1** *(zool.)* (mannetjes)rat *de (nm);* **être fait comme un ~** als een rat in de val zitten **2** *(avare)* gierigaard *nm;* **ce qu'il est ~!** wat is hij gierig! ♦ **~ de bibliothèque** boekenwurm

ratatiné *adj* **1** *(rabougri)* verschrompeld **2** *(démoli)* in de soep
ratatiner[1] *vt* **1** *(rapetisser)* doen verschrompelen **2** *(anéantir)* ↑ met de grond gelijk maken
se ratatiner[2] *vpr* **1** *(se rabougrir)* ineenschrompelen **2** *(fig.) (se recroqueviller)* ineenkrimpen
rate *nf* **1** *(glande)* milt *de; (fig.)* **se dilater la** ~ zich een bult lachen; **ne pas se fouler la** ~ liever lui dan moe zijn **2** *(femelle du rat)* wijfjesrat *nf*
raté[1] *nm* **1** *(d'une arme)* (het) ketsen **2** *(souvent plur.) (mauvais fonctionnement)* gepruttel *het (d'un moteur)*, hapering *nf (aussi au fig.)*; **mon moteur a des ~s** mijn motor hapert
raté[2], **-ée** *n* mislukkeling(e) *nm (nf)*
râteau *nm* hark *de*
râtelier *nm* **1** *(pour le fourrage)* ruif *de; (fig.)* **manger à deux, tous les ~s** van twee wallen, alle walletjes eten **2** *(étagère)* rek *het* **3** *(dentier)* kunstgebit *het*
rater[1] *vi* **1** *(échouer)* mislukken **2** *(arme)* ketsen, niet afgaan ♦ **ça n'a pas raté** het was te voorzien
rater[2] *vt* **1** *(ne pas atteindre)* missen; **il n'en rate pas une** hij haalt niets dan stommiteiten uit; ~ **un examen** voor een examen zakken; **ne pas** ~ **qn** iem op z'n nummer zetten; ~ **une personne** iem mislopen; **j'ai raté ma sauce** mijn saus is mislukt; **raté!** mis! **2** *(ne pas réussir)* verknoeien
ratification *nf* bekrachtiging *nf*, ratificatie *nf*
ratifier *vt* **1** *(jur.)* ratificeren **2** *(confirmer)* bevestigen
ration *nf* **1** *(quantité d'aliments)* rantsoen *het* **2** *(lot)* portie *nf*
rationaliser *vt* rationaliseren *(aussi psycho.)*
rationnel *adj* **1** *(raison, le bon sens)* rationeel; **esprit** ~ *(personne)* logisch denkend iem; **le** ~ het rationele **2** *(adj.) (math.)* rationaal
rationnement *nm* rantsoenering *nf;* **ticket de** ~ (distributie)bon
rationner[1] *vt* op rantsoen stellen, rantsoeneren
se rationner[2] *vpr* zich beperken, zich het een en ander ontzeggen *(nourriture)*
ratisser *vt* **1** *(agric.)* (aan)harken **2** *(un quartier)* uitkammen
raton *nm* ♦ ~ **laveur** wasbeer
rattachement *nm* aansluiting *nf*
rattacher[1] *vt* **1** *(attacher de nouveau)* (weer) vastmaken **2** *(relier)* verbinden **3** *(annexer à)* onder het bestuur brengen (van)
se rattacher[2] **(à)** *vpr (se rapporter à)* samenhangen (met)
rattrapage *nm* (het) (weer) inhalen; **cours de** ~ inhaalcursus; ~ **des salaires** aanpassing van de lonen
rattraper[1] *vt* **1** *(attraper de nouveau)* weer vangen **2** *(regagner; rejoindre)* (weer) inhalen **3** *(fig.) (réparer)* corrigeren
se rattraper[2] *vpr* **1** *(+ à) (se raccrocher)* zich vastgrijpen (aan) **2** *(regagner ce qu'on a perdu)* (iets) inhalen; **se** ~ **sur** zijn schade verhalen op **3** *(éviter une gaffe)* zich inhouden **4** *(réparer une gaffe)* het weer goedmaken
rature *nf* doorhaling *nf*
raturer *vt* doorhalen
rauque *adj* rauw, hees *(voix)*
ravage *nm* verwoesting *nf*, vernieling *nf (aussi au fig.)*; **il fait des ~s** hij is een hartenbreker; **les ~s du temps** de tand des tijds
ravager *vt* **1** *(dévaster)* verwoesten **2** *(fig.) (perturber violemment)* verteren
ravageur *adj* verwoestend *(aussi au fig.)*
ravalement *nm (tr.pub.)* (het) opknappen
ravaler[1] *vt* **1** *(abaisser)* verlagen *(aussi au fig.)*; ~ **qn au rang de** iem verlagen tot de rang van **2** *(un ouvrage de maçonnerie)* opknappen **3** *(avaler de nouveau)* (weer) inslikken *(aussi au fig.)*
se ravaler[2] *vpr (s'abaisser)* zich verlagen
rave[1] *nm (fête)* houseparty *nf*
rave[2] *nf (plante)* knol *nm;* **céleri** ~ knolselderie
ravi *adj* overgelukkig; **je suis** ~ **que** ik ben dolblij dat
ravier *nm* (ovaal) hors-d'oeuvreschaaltje *het*
ravigoter *vt* opkikkeren
ravin *nm* ravijn *het*
ravir *vt* **1** *(charmer)* verrukken; **elle est belle à** ~ zij is beeldschoon **2** *(kidnapper)* ontvoeren **3** *(voler)* wegroven **4** *(emmener de force)* wegrukken; **la mort nous l'a ravi** hij is ons door de dood ontrukt
se raviser *vpr* zich bedenken
ravissant *adj* **1** *(chose)* schitterend **2** *(personne)* beeldschoon
ravissement *nm* vervoering *nf*
ravisseur, -euse *n* ontvoerder, ontvoerster *nm,f*
ravitaillement *nm* **1** *(action de ravitailler)* bevoorrading *nf* **2** *(provisions)* voedselvoorraad *nm*
ravitailler[1] *vt* bevoorraden *(l'armée)*, van brandstof voorzien *(un avion)*
se ravitailler[2] *vpr* proviand innemen
raviver *vt* **1** *(des couleurs)* opfrissen **2** *(un feu)* aanwakkeren **3** *(un sentiment)* doen herleven
ravoir *vt* **1** *(récupérer)* terugkrijgen **2** *(nettoyer)* weer schoon krijgen
rayé *adj* **1** *(qui porte des rayures)* gestreept **2** *(papier)* gelinieerd **3** *(éraflé)* gekrast
rayer *vt* **1** *(marquer de raies)* strepen **2** *(érafler)* (be)krassen **3** *(biffer)* doorstrepen **4** *(radier)* royeren ♦ ~ **qn de sa mémoire** iem uit z'n geheugen bannen
rayon *nm* **1** *(lumière, les radiations)* straal *de, (plur.)* straling *nf (uniquement sing.)*; ~ **de soleil** zonnetje *(aussi au fig.)*; **~s X** röntgenstralen **2** *(d'une roue)* straal *de (aussi math.)*; **cela n'est pas (de) mon** ~ dat is mijn zaak niet **3** *(planche)* (boeken)plank

de **4** *(d'un magasin)* afdeling *nf* ♦ **en connaître un** ~ er een hele boel van (af) weten
rayonnant *adj* **1** *(radieux)* stralend; ~ **de santé** blakend van gezondheid **2** *(sous forme de rayons)* stervormig
rayonne *nf* rayon *het*
rayonnement *nm* (uit)straling *nf*
rayonner *vi* **1** *(aussi au fig.) (répandre de la lumière)* stralen **2** *(se propager)* zich verspreiden **3** *(se déplacer)* uitstapjes maken
rayure *nf* **1** *(ligne)* streep *de* **2** *(éraflure)* kras *de*
raz-de-marée *nm (aussi au fig.)* vloedgolf *de*
razzia *nf* **1** *(en vue de piller)* strooptocht *nm;* **faire une** ~ **sur qch** iets wegkapen **2** *(police)* razzia *de*
ré *nm* re *de*, d *de;* ~ **mineur** d kleine terts
réabonner[1] *vt* weer abonneren
se réabonner[2] *vpr* weer een abonnement nemen
réacteur *nm* **1** *(moteur)* straalmotor *nm* **2** *(en chimie nucléaire)* (atoom)reactor *nm*
réaction *nf* reactie *nf;* ~ **en chaîne** kettingreactie
réactionnaire *adj* reactionair; **le** ~ de reactionair
réactiver *vt* reactiveren
réadaptation *nf* (het) weer aanpassen ♦ ~ **(fonctionnelle)** revalidatie
réadapter[1] *vt* **1** *(réaccoutumer)* weer aanpassen **2** *(méd.)* revalideren
se réadapter[2] *vpr (se réaccoutumer)* zich weer aanpassen
réaffirmer *vt* opnieuw bevestigen
réagir *vi* reageren; ~ **sur qch, qn** op iets, iem zijn weerslag hebben
réalisable *adj* realiseerbaar
réalisateur, -trice *n* **1** *(radio, télé)* programmaleid(st)er *nm (nf)* **2** *(cin.)* regisseur, -euse *nm,f* **3** *(personne qui réalise)* maker, maakster *nm,f*
réalisation *nf* **1** *(exécution)* verwezenlijking *nf* **2** *(chose réalisée)* werk(stuk) *het*, prestatie *nf* **3** *(d'un film, d'une émission)* productie *nf* **4** *(transformation en argent)* realisatie *nf*
réaliser[1] *vt* **1** *(accomplir)* verwezenlijken; ~ **un film** een film maken **2** *(comprendre)* zich realiseren **3** *(convertir en argent)* te gelde maken
se réaliser[2] *vpr* **1** *(devenir réel)* werkelijkheid worden **2** *(s'épanouir)* zich ontplooien
réalisme *nm* realisme *het*
réaliste *adj* realistisch; **le** ~ de realist
réalité *nf* **1** *(caractère réel; vie réelle)* werkelijkheid *nf;* **en** ~ in werkelijkheid, in feite **2** *(chose réelle)* iets reëels, feit *het*
réanimation *nf* reanimatie *nf;* **service de** ~ hartbewakingsafdeling, intensive care afdeling
réanimer *vt (méd.)* reanimeren
réapparaître *vi* weer verschijnen
réapprovisionner[1] *vt* van nieuwe voorraad voorzien
se réapprovisionner[2] *vpr* een nieuwe voorraad inslaan
rebaptiser *vt* weer dopen
rébarbatif *adj* **1** *(revêche)* bars **2** *(rebutant)* taai
rebâtir *vt* weer (op)bouwen *(aussi au fig.)*
rebattu *adj* afgezaagd
rebelle *adj* **1** *(révolté)* opstandig; **le** ~ de opstandeling **2** *(indiscipliné)* weerspannig; **cheveux ~s** weerbarstige haren **3** *(+ à) (réfractaire à)* afkerig (van)
se rebeller (contre) *vpr* **1** *(se soulever)* in opstand komen (tegen) **2** *(se rebiffer)* zich verzetten (tegen)
rébellion *nf* **1** *(révolte)* opstand *nm* **2** *(rebelles)* opstandelingen *plur* **3** *(tendance à se rebeller)* opstandigheid *nf*
se rebiffer *vpr* tegenspartelen
reboiser *vt* herbebossen
rebond *nm* (het) terugstuiten, (het) opspringen *(d'un ballon)*
rebondi *adj* bol
rebondir *vi* **1** *(faire des bonds)* (terug)stuiten, opspringen *(ballon)* **2** *(repartir)* opleven
rebondissement *nm (d'une affaire)* (weder)opleving *nf*
rebord *nm* **1** *(bord)* rand *nm* **2** *(d'un vêtement)* zoom *nm* ♦ **le** ~ **de la fenêtre** de vensterbank
reboucher[1] *vt* **1** *(avec un bouchon de liège)* weer een kurk doen op **2** *(un trou, une ouverture)* weer dichten, weer dichtstoppen
se reboucher[2] *vpr (se boucher de nouveau)* weer verstopt raken
rebours ♦ *(adv.)* **à** ~ tegen (de draad) in
rebrousse-poil ♦ **à** ~ tegen de haren in; **prendre qn à** ~ iem verkeerd aanpakken
rebrousser *vt* tegen de richting instrijken
rebuffade *nf* ruwe behandeling *nf*
rébus *nm* rebus *nm*
rebut *nm (déchet)* afval *het/de (m)*, uitschot *het (fig.)*
rebutant *adj* afstotend
rebuter *vt* **1** *(faire peur à)* afschrikken **2** *(choquer)* tegenstaan
récalcitrant *adj* weerbarstig; **un** ~ een weerspannig iem
recaler (à) *vt* afwijzen (voor)
récapitulation *nf* samenvatting *nf*
récapituler *vt* **1** *(résumer)* recapituleren, in 't kort herhalen **2** *(reprendre point par point)* (nog eens) kort doornemen
recel *nm* **1** *(de biens volés)* heling *nf* **2** *(de malfaiteurs)* (het) verbergen
receler *vt* **1** *(cacher)* verbergen **2** *(des biens volés)* helen
receleur, -euse *n* heler, heelster *nm,f*
récemment *adv* kort geleden, onlangs
recensement *nm* **1** *(des habitants)* (volks)telling *nf* **2** *(inventaire)* inventarisering *nf*
recenser *vt* tellen
récent *adj* recent
récépissé *nm* reçu *het*
réceptacle *nm* verzamelplaats *de*

récepteur *adj* ontvangend; **le** ~ de ontvanger, *(de téléphone)* de hoorn
réceptif (à) *adj* ontvankelijk (voor)
réception *nf* **1** *(de marchandises; d'ondes)* ontvangst *nf* **2** *(accueil)* onthaal *het* **3** *(réunion mondaine)* ontvangst *nf*, receptie *nf* **4** *(service d'accueil)* receptie *nf*
réceptionner *vt* (waren) in ontvangst nemen en controleren
réceptionniste *n* receptionist(e) *nm (nf)*
réceptivité *nf* **1** *(sensibilité)* ontvankelijkheid *nf*, gevoeligheid *nf* **2** *(d'une radio)* ontvangbereik *het*
récession *nf* teruggang *nm*
recette *nf* **1** *(de cuisine)* (keuken)recept *het* **2** *(fig.) (procédé)* recept *het*, middel *het* **3** *(rentrée d'argent)* opbrengst *nf*; **faire** ~ succes hebben
recevable *adj* **1** *(acceptable)* aanvaardbaar **2** *(jur.)* ontvankelijk
receveur, -euse *n* **1** *(comptable public)* ontvanger *nm* **2** *(méd.)* ontvang(st)er *nm (nf)*
recevoir[1] *vi* **1** *(avoir de la visite)* (bezoek) ontvangen **2** *(consulter)* spreekuur houden
recevoir[2] *vt* **1** *(obtenir; être l'objet de; attraper)* krijgen; **recevez, Monsieur, l'assurance de mes sentiments distingués** hoogachtend; ~ **des blessures** verwondingen oplopen **2** *(accueillir)* ontvangen; **être bien reçu** goed ontvangen worden **3** *(jur.) (accepter comme recevable)* ontvankelijk verklaren ♦ **être reçu à un examen** voor een examen slagen
se recevoir[3] *vpr* **1** *(aller l'un chez l'autre)* bij elkaar op bezoek gaan **2** *(après un saut)* neerkomen
rechange *nm* ♦ **linge de** ~ verschoning; **pièce de** ~ reserveonderdeel, wisselstuk *(n.B.)*; **solution de** ~ alternatief
réchapper (de) *vi* ontsnappen (aan); ~ **d'une maladie** ↓ er weer bovenop komen na een ziekte; **en** ~ er goed van afkomen
recharge *nf* **1** *(d'une arme)* (nieuwe) lading *nf* **2** *(de stylo, etc.)* (nieuwe) vulling *nf*; **(carton de)** ~ navulpak
rechargeable *adj* **1** *(batterie)* oplaadbaar **2** *(bouteille)* navulbaar
recharger *vt* **1** *(un camion)* opnieuw (be)laden **2** *(une arme, une batterie)* opladen **3** *(un briquet, un stylo)* opnieuw vullen
réchaud *nm* komfoor *het*; ~ **à gaz** gasstel
réchauffé *adj* opgewarmd; **du** ~ opgewarmd eten ♦ **c'est du** ~ dat is oude kost
réchauffer[1] *vt* **1** *(un plat)* opwarmen **2** *(une pièce, une personne)* verwarmen; **cela vous réchauffe le cœur** dat beurt je op
se réchauffer[2] *vpr* **1** *(devenir plus chaud)* warmer worden **2** *(se chauffer)* zich (ver)warmen
rêche *adj* ruw, *(peau)* verhaard *(n.B.)*
recherche *nf* **1** *(effort pour trouver)* (het) zoeken; **être à la** ~ **de qn** naar iem op zoek zijn **2** *(ensemble de travaux)* (wetenschappelijk) onderzoek *het*; **faire des** ~**s** een onderzoek instellen, onderzoek doen **3** *(action de chercher à obtenir)* (het) nastreven **4** *(raffinement)* verfijnde smaak *nm*; **être vêtu avec** ~ elegant gekleed zijn
recherché *adj* **1** *(demandé)* gezocht **2** *(raffiné)* verfijnd **3** *(affecté)* gekunsteld
rechercher *vt* **1** *(chercher à retrouver)* zoeken (naar); *(police)* **on recherche** opsporing verzocht **2** *(tenter d'obtenir)* nastreven **3** *(reprendre qn)* weer afhalen
rechigner (à) *vi* z'n neus ophalen (voor)
rechute *nf* terugval *nm*; **faire une** ~ terugvallen (in)
rechuter *vi* weer instorten
récidive *nf* **1** *(méd.; jur.)* recidive *de* **2** *(faute)* terugval *nm*
récidiver *vi* **1** *(faute)* opnieuw in dezelfde fout vervallen **2** *(jur.; méd.)* recidiveren
récidiviste *n* recidivist(e) *nm (nf)*
récif *nm* rif *het*
récipient *nm* bakje *het*
réciprocité *nf* wederkerigheid *nf*
réciproque *adj* **1** *(mutuel)* wederkerig *(aussi ling.)* **2** *(inverse)* omgekeerd; **la** ~ **n'est pas vraie** het omgekeerde gaat niet op ♦ **rendre la** ~ met gelijke munt betalen
récit *nm* verhaal *het*
récital *nm* recital *het*
récitation *nf* **1** *(d'une leçon)* (het) opzeggen **2** *(d'un poème)* voordracht *de* **3** *(texte à réciter)* op te zeggen tekst *nm*
réciter *vt* **1** *(une leçon)* opzeggen; **faire** ~ **sa leçon à qn** iem overhoren **2** *(un poème, une prière)* voordragen
réclamation *nf* **1** *(plainte)* klacht *de*, bezwaar *het*; **lettre de** ~ bezwaarschrift **2** *(plur.) (service de réclamations)* klachtenbureau *het*
réclame *nf* reclame *de*; **prix** ~ reclameprijs
réclamer[1] *vi (protester)* bezwaar maken
réclamer[2] *vt* **1** *(exiger qch comme un dû)* (op)eisen **2** *(requérir)* verlangen **3** *(demander avec insistance)* dringend vragen; **enfant qui réclame sa mère** kind dat om zijn moeder roept
reclasser *vt* **1** *(classer de nouveau)* herindelen **2** *(des chômeurs)* weer in het arbeidsproces opnemen **3** *(des fonctionnaires)* opnieuw inschalen
reclus *adj* teruggetrokken; **le, la** ~**(e)** de kluizenaar(ster)
réclusion *nf* **1** *(détention)* opsluiting *nf* **2** *(isolement)* afzondering *nf*
recoiffer[1] *vt* het haar weer in orde brengen van
se recoiffer[2] *vpr* zijn haar weer in orde brengen
recoin *nm* uithoek *nm*, verborgen hoek *nm (aussi au fig.)*
recoller *vt* weer (op)plakken
récolte *nf* oogst *nm (aussi au fig.)*
récolter *vt* oogsten *(aussi au fig.)*

recommandable *adj* aanbevelenswaardig; **peu** ~ onbetrouwbaar
recommandation *nf* **1** *(action de recommander qn)* aanbeveling *nf* **2** *(conseil)* dringende raad *nm*
recommandé *adj* **1** *(envoi postal)* aangetekend; *(subst.)* **en** ~ aangetekend; **le** ~ het aangetekende stuk **2** *(personne; préconisé)* aanbevolen **3** *(indiqué de faire qch)* raadzaam
recommander *vt* **1** *(une personne; préconiser qch)* aanbevelen **2** *(demander avec insistance)* dringend aanraden **3** *(un envoi postal)* laten aantekenen
recommencement *nm* (het) opnieuw beginnen
recommencer[1] *vi (commencer de nouveau)* opnieuw beginnen
recommencer[2] *vt (refaire qch)* opnieuw beginnen; **tout est à** ~ alles is tevergeefs geweest
récompense *nf* **1** *(gratification)* beloning *nf;* **en** ~ **de** als beloning voor **2** *(iron.) (punition)* loon *het*
récompenser (de, pour) *vt* belonen (voor) *(aussi iron.)*
réconciliation *nf* verzoening *nf*
réconcilier[1] *vt* verzoenen
se réconcilier[2] *vpr (faire la paix)* zich (met elkaar) verzoenen; **il s'est réconcilié avec lui-même** hij is met zichzelf in het reine gekomen
reconduction *nf* **1** *(jur.)* verlenging *nf* **2** *(d'une politique)* voortzetting *nf*
reconduire *vt* **1** *(raccompagner)* terugbrengen; ~ **qn jusqu'à la porte** iem naar de uitgang brengen **2** *(jur.)* verlengen **3** *(une politique)* voortzetten
réconfort *nm* troost *nm*
réconforter *vt* sterken, moed geven
reconnaissable *adj* (gemakkelijk) herkenbaar
reconnaissance *nf* **1** *(aussi jur.) (action d'admettre)* erkenning *nf;* ~ **de dette** schuldbekentenis **2** *(gratitude)* erkentelijkheid *nf*, dankbaarheid *nf;* **en, par** ~ uit dankbaarheid; **manifester, témoigner de la** ~ zich erkentelijk tonen **3** *(exploration)* verkenning *nf* ♦ **signe de** ~ herkenningsteken
reconnaissant (de) *adj* dankbaar (voor), erkentelijk (voor)
reconnaître[1] *vt* **1** *(identifier)* herkennen; **des jumeaux impossibles à** ~ tweeling die men niet uit elkaar kan houden; **je le reconnais bien là** dat is net iets voor hem **2** *(admettre, concéder)* erkennen; ~ **à qn un droit** iem een recht toekennen **3** *(effectuer une reconnaissance de)* verkennen
se reconnaître[2] *vpr* **1** *(s'identifier)* zich herkennen; **se** ~ **dans, en qn** zich in iem herkennen **2** *(s'identifier l'un l'autre)* elkaar herkennen **3** *(+ à) (être reconnaissable à)* herkend worden (aan) **4** *(se retrouver)* zich oriënteren; **ne plus s'y** ~ ergens niet meer uit wijs kunnen (worden) ♦ **se** ~ **coupable** erkennen dat men schuldig is
reconnu *adj* erkend
reconquérir *vt* **1** *(reprendre par une conquête)* heroveren **2** *(abstr.)* herwinnen
reconquête *nf* **1** *(concr.)* herovering *nf* **2** *(abstr.)* (het) herwinnen
reconsidérer *vt* heroverwegen
reconstituant *adj* versterkend; **un** ~ een versterkend middel
reconstituer *vt* **1** *(constituer de nouveau)* opnieuw samenstellen **2** *(rétablir dans sa forme d'origine)* reconstrueren **3** *(régénérer)* herstellen
reconstitution *nf* reconstructie *nf*
reconstruction *nf* wederopbouw *nm*
reconstruire *vt* **1** *(rebâtir)* weer opbouwen **2** *(refaire)* opnieuw tot stand brengen; ~ **le monde** de wereld veranderen **3** *(reconstituer)* reconstrueren
reconversion *nf* **1** *(de qch)* omschakeling *nf* **2** *(de qn)* omscholing *nf*
reconvertir[1] *vt* **1** *(adapter à de nouveaux besoins)* omschakelen **2** *(recycler)* omscholen
se reconvertir[2] *vpr (se recycler)* zich omscholen
recopier *vt* overschrijven
record *nm* record *het;* **en un temps** ~ in recordtempo
se recoucher *vpr (qn)* weer naar bed gaan
recoudre *vt* weer aannaaien; ~ **une plaie** een wond hechten; ~ **qn** iem hechten
recoupement *nm (jur.)* toetsing *nf;* **par** ~ door vergelijking van gegevens
recouper[1] *vt* **1** *(couper de nouveau)* opnieuw snijden **2** *(coïncider avec)* overeenstemmen met
se recouper[2] *vpr* **1** *(se couper l'un l'autre)* elkaar snijden **2** *(coïncider)* met elkaar overeenstemmen
recourbé *adj* (om)gebogen
recourir *vi* **1** *(+ à) (faire appel à)* zijn toevlucht nemen (tot), zich wenden (tot); ~ **à la violence** zijn toevlucht nemen tot geweld **2** *(courir de nouveau)* weer lopen
recours *nm* **1** *(ressource)* toevlucht *de*, *(jur.)* rechtsmiddel *het;* **avoir** ~ **à la force** geweld gebruiken; **c'est sans** ~ het is hopeloos **2** *(jur.) (pourvoi)* beroep *het;* ~ **en grâce** gratieverzoek
recouvrement *nm* **1** *(encaissement)* (het) innen **2** *(action de retrouver)* (het) herkrijgen
recouvrer *vt* **1** *(encaisser)* incasseren **2** *(récupérer)* herkrijgen; ~ **la santé** ↓ weer gezond worden
recouvrir[1] *vt* **1** *(couvrir de nouveau)* weer bedekken; ~ **un oreiller d'une taie** een kussen met een sloop overtrekken **2** *(couvrir entièrement)* bedekken; ~ **un mur de papier peint** een muur behangen **3** *(fig.) (cacher)* verbergen **4** *(renfermer)* omvatten
se recouvrir[2] *vpr* **1** *(se chevaucher)* over elkaar liggen **2** *(se couvrir de nouveau)* bedekt worden; **le ciel s'est recouvert** de hemel is weer bewolkt
récréation *nf* **1** *(détente)* ontspanning *nf* **2** *(enseign.)* pauze *de*
recréer *vt* herscheppen

se récrier *vpr* **1** *(s'exclamer)* een kreet slaken; **se ~ d'admiration** een kreet van bewondering slaken **2** *(protester)* luid protesteren (tegen)
récriminations *nf* protest *het*
récriminer *vi* heftig protesteren
récrire *vt* **1** *(écrire autrement)* herschrijven **2** *(écrire une nouvelle lettre)* weer schrijven
se recroqueviller *vpr* ineenduiken
recru *adj* uitgeput; **~ de fatigue** op van vermoeidheid
recrudescence *nf* opleving *nf*
recrue *nf* **1** *(milit.)* rekruut *nm* **2** *(nouveau membre)* nieuweling *nm;* **faire des ~s** (nieuwe) leden werven
recrutement *nm* (aan)werving *nf*
recruter *vt (enrôler)* (aan)werven
rectangle *nm* rechthoek *nm*
rectangulaire *adj* rechthoekig
rectificatif *adj* rectificerend; **le ~** de rectificatie
rectification *nf* rectificatie *nf (aussi math.)*
rectifier *vt* **1** *(redresser une erreur)* rectificeren **2** *(rendre droit)* rechtmaken **3** *(rajuster; rendre exact)* corrigeren
rectiligne *adj* (kaars)recht
recto *nm* recto *nm*
reçu¹ *nm* reçu *het*, ontvangstbewijs *het*
reçu² *adj* **1** *(à un examen)* geslaagd **2** *(reconnu)* (algemeen) aanvaard
recueil *nm* verzameling *nf;* **~ de poèmes** dichtbundel
recueillement *nm* stille overpeinzing *nf*
recueilli *adj* in stille overpeinzing
recueillir¹ *vt* **1** *(récolter)* verzamelen; **~ des fonds** geld inzamelen; **~ 100.000 voix** 100.000 stemmen krijgen **2** *(offrir un refuge à)* opnemen **3** *(hériter)* erven
se recueillir² *vpr* **1** *(méditer)* mediteren **2** *(relig.)* in stilte bidden
recul *nm* **1** *(d'une arme à feu)* terugstoot *nm* **2** *(action de reculer)* (het) teruggaan **3** *(distance)* afstand *nm;* **prendre du ~** afstand nemen
reculé *adj* **1** *(isolé)* afgelegen **2** *(éloigné dans le temps)* vroeg
reculer¹ *vi* **1** *(aller en arrière)* achteruitgaan; **faire ~ la foule** de menigte terugdringen **2** *(perdre du terrain)* terrein verliezen **3** *(+ devant) (se dérober devant)* terugdeinzen (voor)
reculer² *vt* **1** *(porter en arrière)* achteruitzetten; **~ les frontières** de grenzen verleggen **2** *(retarder)* uitstellen
se reculer³ *vpr (aller en arrière)* achteruitgaan
reculons ♦ *(adv.)* **à ~** achteruit, achterwaarts
récupérable *adj* **1** *(créance)* invorderbaar **2** *(matières premières)* terugwinbaar **3** *(heures de travail)* inhaal- ♦ *(iron.)* **il n'est pas ~** het is een hopeloos geval
récupération *nf* terugwinning *nf;* **~ d'une créance** verhaal van een vordering; **de ~** recycling- ♦ **la ~ de journées de travail** het inhalen van arbeidsdagen
récupérer¹ *vi (reprendre des forces)* weer op krachten komen
récupérer² *vt* **1** *(recouvrer)* terugkrijgen **2** *(reprendre qn)* ophalen; **~ ses enfants à la sortie de l'école** de kinderen van school halen **3** *(des matières)* terugwinnen **4** *(des heures de travail)* inhalen
récurer *vt* schuren; **poudre à ~** schuurpoeder
récusable *adj* twijfelachtig, wraakbaar *(témoin, un expert)*
récuser¹ *vt* **1** *(jur.)* wraken *(qn)*, verwerpen *(qch)* **2** *(repousser)* verwerpen
se récuser² *vpr (affirmer son incompétence)* zich onbevoegd verklaren
recyclage *nm* **1** *(formation complémentaire)* bijscholing *nf;* **cours de ~** applicatiecursus **2** *(de choses)* recycling *nf* **3** *(changement d'orientation scolaire)* verandering *nf* van studierichting
recycler¹ *vt* **1** *(des choses)* hergebruiken, recyclen **2** *(des personnes)* bijscholen
se recycler² *vpr (se reconvertir)* zich omscholen
rédacteur, -trice *n* redac|teur, -trice *nm,f;* **~ en chef** hoofdredacteur
rédaction *nf* **1** *(d'un texte)* (het) redigeren **2** *(ensemble des rédacteurs)* redactie *nf* **3** *(enseign.)* opstel *het*
reddition *nf* overgave *de*
redécouvrir *vt* opnieuw ontdekken
redemander *vt* **1** *(demander de nouveau)* opnieuw vragen **2** *(réclamer)* terugvragen
redémarrer *vi* **1** *(véhicule)* weer optrekken **2** *(retrouver de la vigueur)* weer aantrekken
rédempteur *adj* verlossend; **le Rédempteur** de Verlosser
rédemption *nf* verlossing *nf*
redescendre¹ *vi (retourner du haut vers le bas)* weer naar beneden komen
redescendre² *vt* **1** *(descendre après avoir monté)* weer afgaan; **~ l'escalier** de trap weer afgaan **2** *(déplacer de haut en bas)* weer naar beneden brengen
redevable *adj* erkentelijk; **être ~ de qch à qn** aan iem iets te danken hebben
redevance *nf* **1** *(taxe)* bijdrage *de* **2** *(dette)* verschuldigd bedrag *de*
redevenir *vi* weer worden
rediffusion *nf* heruitzending *nf*
rédiger *vt* redigeren, (op)stellen
redire¹ *vi (critiquer)* aanmerkingen maken; **trouver à ~ à tout** overal wat op aan te merken hebben
redire² *vt* weer zeggen
redite *nf* nodeloze herhaling *nf*
redondance *nf* overtolligheid *nf*
redondant *adj* overtollig
redonner¹ (dans) *vi (donner de nouveau dans)* vervallen (in)
redonner² *vt* **1** *(donner de nouveau)* opnieuw geven **2** *(restituer)* teruggeven
redoublant, -ante *n* zitten|blijver, -blijfster *nm,f, (Belg.)* bisser *nm*

redoublement *nm* verdubbeling *nf*
redoubler¹ *vi (augmenter)* sterker worden ♦ ~ **d'efforts** zich dubbel inspannen; ~ **de ...** nog meer ... aan de dag leggen
redoubler² *vt* **1** *(rendre double; multiplier)* verdubbelen **2** *(enseign.)* doubleren, *(Belg.)* bissen, overzitten
redoutable *adj* geducht
redouter *vt* vrezen
redoux *nm* korte dooiperiode *nf*
redressement *nm* **1** *(action de remettre droit)* (het) weer recht maken, (het) weer strekken *(du corps)*, (het) optrekken *(d'un avion)* **2** *(nouvel essor)* herstel *het*
redresser¹ *vt* **1** *(remettre droit)* weer rechtmaken; ~ **la tête** het hoofd oprichten, *(fig.)* het hoofd niet weer buigen **2** *(un avion)* optrekken **3** *(une voiture)* recht op de weg brengen **4** *(corriger)* herstellen; ~ **la situation** de situatie redden
se redresser² *vpr* **1** *(se relever)* zich weer oprichten **2** *(prendre une attitude fière)* een trotse houding aannemen **3** *(redémarrer)* zich herstellen
réduction *nf* **1** *(diminution)* vermindering *nf;* **en** ~ verkleind, in het klein; **faire une** ~ korting geven; ~ **du temps de travail** arbeidstijdverkorting **2** *(fait de ramener à)* terugbrenging (tot) *nf*
réduire¹ *vt* **1** *(diminuer)* verminderen **2** *(contraindre à)* brengen (tot); ~ **au silence** tot zwijgen brengen; **en être réduit à** gedwongen zijn om te; ~ **en esclavage** tot slavernij brengen **3** *(soumettre)* onderwerpen; ~ **l'opposition** de oppositie de mond snoeren **4** *(ramener à; transformer en)* terugbrengen (tot); ~ **à néant, à rien** vernietigen; ~ **au même dénominateur** onder één noemer brengen *(aussi au fig.)*; ~ **en poudre** fijnwrijven; ~ **en miettes** verkruimelen **5** *(cuis.)* inkoken **6** *(miniaturiser)* verkleinen
se réduire² *vpr* **1** *(se limiter à)* zich beperken (tot) **2** *(se transformer en)* veranderen (in) **3** *(restreindre ses dépenses)* zich beperken
réduit¹ *nm* hok *het*
réduit² *adj* **1** *(rendu plus petit; reproduit à petite échelle)* verkleind; **modèle** ~ verkleind model **2** *(restreint; moins cher)* verlaagd
réécrire *vt* → **récrire**
réécriture *nf* (het) herschrijven
rééditer *vt* **1** *(édit.)* opnieuw uitgeven **2** *(répéter)* nog eens doen
réédition *nf (édit.)* nieuwe uitgave *de*
rééducation *nf (méd.)* revalidatie *nf*
rééduquer *vt* **1** *(méd.)* revalideren **2** *(éducation morale)* heropvoeden
réel *adj* **1** *(effectif)* reëel, werkelijk; **le** ~ de werkelijkheid **2** *(jur.)* zakelijk
réélection *nf* herverkiezing *nf*
réélire *vt* herkiezen
réellement *adv* werkelijk
réemployer *vt* **1** *(qch)* opnieuw gebruiken **2** *(qn)* weer in dienst nemen
rééquilibrer *vt* weer in evenwicht brengen
réévaluation *nf* **1** *(d'une monnaie)* revaluatie *nf* **2** *(nouvelle évaluation)* herschatting *nf* **3** *(d'un bilan)* herziening *nf*
réévaluer *vt* **1** *(une monnaie)* revalueren **2** *(procéder à une réévaluation de)* herschatten **3** *(un bilan)* correcties aanbrengen op
réexpédier *vt* **1** *(des marchandises)* opnieuw verzenden **2** *(une lettre)* doorsturen **3** *(renvoyer)* terugzenden
refaire¹ *vt* **1** *(faire de nouveau, autrement)* opnieuw maken, doen; **tout est à** ~ alles moet over; ~ **sa vie** een nieuw leven beginnen **2** *(réparer)* herstellen; ~ **à neuf** weer als nieuw maken
se refaire² *vpr* **1** *(regagner ce qu'on a perdu)* het verlorene terugwinnen **2** *(changer)* (zichzelf) veranderen; **on ne se refait pas** ik ben nu eenmaal zo
réfection *nf* herstel *het*
réfectoire *nm* **1** *(d'une école, d'un hôpital)* eetzaal *de* **2** *(d'un couvent)* refter *nm*
référence *nf* **1** *(action de se référer à)* verwijzing (naar) *nf;* **faire** ~ **à** verwijzen naar; **par** ~ **à** met verwijzing naar **2** *(plur.) (attestation)* referenties *plur* **3** *(indication)* referentie *nf* **4** *(d'une citation)* bronvermelding *nf* ♦ **ce n'est pas une** ~**!** dat is niet bepaald een aanbeveling!
référendum *nm* **1** *(consultation populaire)* referendum *het* **2** *(sondage)* opiniepeiling *nf*
référer¹ (à) *vi (ling.)* verwijzen (naar) ♦ **en** ~ **à qn** zich wenden tot iem
se référer² (à) *vpr* **1** *(se rapporter à)* verwijzen (naar); **me référant à ma lettre du 3 courant** onder referte aan mijn brief van de 3e dezer **2** *(s'en rapporter à)* zich beroepen (op)
refermer¹ *vt* weer sluiten
se refermer² *vpr* weer dichtgaan
refiler *vt* ↑ in de handen stoppen
réfléchi *adj* **1** *(raisonné)* weldoordacht; **tout bien** ~ alles wel beschouwd **2** *(ling.)* wederkerend
réfléchir¹ (à, sur) *vi (penser)* nadenken (over)
réfléchir² *vt (refléter)* weerkaatsen
se réfléchir³ *vpr (se refléter)* zich weerspiegelen
reflet *nm* **1** *(lumière réfléchie)* weerschijn *nm* **2** *(image réfléchie)* weerspiegeling *nf* **3** *(expression)* afspiegeling *nf*
refléter¹ *vt* **1** *(réfléchir)* weerspiegelen **2** *(fig.) (traduire)* weergeven; **son visage reflète la bonté** zijn gezicht straalt goedheid uit
se refléter² (dans) *vpr (se réfléchir dans)* zich weerspiegelen (in)
réflexe *nm* reflex *nm;* **mouvement** ~ reflexbeweging
réflexion *nf* **1** *(méditation)* gedachte *nf;* **après mûre** ~ na rijp beraad **2** *(remarque)* opmerking *nf* **3** *(phys.)* reflectie *nf*
refluer *vi* **1** *(liquide)* terugvloeien **2** *(foule)* terugkeren
reflux *nm* **1** *(marée)* eb *de* **2** *(d'une foule)* (het) terugvloeien
refondre *vt* **1** *(un métal)* opnieuw smel-

ten **2** *(des monnaies)* omsmelten **3** *(un texte)* omwerken
refonte *nf* **1** *(d'un métal)* (het) opnieuw smelten **2** *(de monnaies)* omsmelting *nf* **3** *(d'un texte)* omwerking *nf*
réformateur, -trice *n* **1** *(personne qui réforme)* hervormer *nm;* **des mesures réformatrices** hervormingsmaatregelen **2** *(relig.)* (kerk)hervormer *nm*
réforme *nf* **1** *(modification)* hervorming *nf; (relig.)* **la Réforme** de Hervorming **2** *(milit.)* afkeuring *nf*
réformé *adj* **1** *(relig.)* hervormd; **le, la ~(e)** de hervormde **2** *(milit.)* afgekeurd; **le** ~ de afgekeurde soldaat
reformer[1] *vt* opnieuw vormen, opnieuw formeren *(une armée)*
se reformer[2] *vpr* zich weer vormen
réformer *vt* **1** *(améliorer)* hervormen; ~ **une loi** een wet herzien **2** *(milit.)* afkeuren
refoulé *adj* verdrongen
refoulement *nm* **1** *(psycho.)* verdringing *nf* **2** *(de l'envahisseur)* terugdringing *nf* **3** *(d'immigrants)* uitwijzing *nf*
refouler *vt* **1** *(l'ennemi)* terugdringen **2** *(des immigrants)* tegenhouden **3** *(psycho.)* verdringen
réfractaire *adj* **1** *(techn.)* vuurvast **2** *(+ à) (rebelle à)* afkerig (van) ♦ **le** ~ *(milit.)* de dienstweigeraar
refrain *nm* **1** *(d'une chanson)* refrein *het* **2** *(rengaine)* deun *nm;* **c'est toujours le même** ~ het is altijd hetzelfde liedje
refréner *vt* beteugelen
réfrigérant *adj* **1** *(techn.)* koel-; **le** ~ de koeler **2** *(glacial)* koel
réfrigérateur *nm* koelkast *de, (Belg.)* frigo *nm*
réfrigérer *vt* **1** *(frigorifier)* koelen; **être réfrigéré** het steenkoud hebben **2** *(mettre mal à l'aise)* ↑ afschrikken
refroidir[1] *vi (devenir plus froid)* afkoelen
refroidir[2] *vt* **1** *(rendre plus froid)* afkoelen **2** *(qn, l'ardeur, etc.)* bekoelen **3** *(tuer)* koud maken
se refroidir[3] *vpr* **1** *(devenir plus froid)* kouder worden *(aussi météo.)* **2** *(s'atténuer)* verflauwen
refroidissement *nm* **1** *(abaissement de la température)* (af)koeling *nf* **2** *(rhume)* verkoudheid *nf*
refuge *nm* **1** *(asile)* schuilplaats *de* **2** *(recours)* toeverlaat *nm* **3** *(en montagne)* berghut *de*
réfugié *adj* gevlucht; **le, la ~(e)** de vluchteling(e)
se réfugier *vpr* een toevlucht zoeken
refus *nm* weigering *nf;* **ce n'est pas de** ~ daar zeg ik geen nee tegen; **essuyer, se heurter à un** ~ een weigering krijgen
refuser[1] *vt* **1** *(ne pas accorder; ne pas accepter)* weigeren, afwijzen *(à un examen), (une invitation, un cadeau)* afslaan; **on a refusé du monde** men kon niet iedereen binnenlaten **2** *(dénier)* ontzeggen
se refuser[2] *vpr* **1** *(+ à) (ne pas consentir à)* weigeren; **cela ne se refuse pas** dat kun je niet afslaan **2** *(refuser à soi-même)* zich (iets) ontzeggen
réfuter *vt* weerleggen
regagner *vt* **1** *(reprendre)* terugwinnen; ~ **le temps perdu** de verloren tijd inhalen **2** *(revenir à)* terugkeren naar
regain *nm* **1** *(+ de) (renouveau)* terugkeer (van) *nm;* ~ **d'énergie** nieuwe moed; ~ **de jeunesse** verjonging **2** *(herbe)* nagras *het*
régal *nm* **1** *(mets préféré)* lievelingsschotel *de* **2** *(plaisir)* groot genoegen *het*
régaler[1] **(de)** *vt* **1** *(offrir un bon mets)* onthalen (op) **2** *(payer)* trakteren
se régaler[2] *vpr (+ de)* zich te goed doen (aan), smullen (van) *(aussi au fig.)*
regard *nm* blik *nm;* **au** ~ **de** wat betreft; **couver, dévorer du** ~ met de ogen verslinden; ~ **noir** boze blik ♦ **avoir droit de** ~ **sur** recht van controle hebben op; **en** ~ **de** vergeleken met
regardant *adj* op de penning
regarder[1] **(à)** *vi (tenir compte de)* letten (op) ♦ ~ **à la dépense** op de kleintjes passen; **y** ~ **à deux fois, y** ~ **de près** zich tweemaal bedenken
regarder[2] *vt* **1** *(observer)* kijken naar; ~ **qn de haut** iem hooghartig aankijken, behandelen; **regardez-moi cet homme!** kijk die man eens!; **regardez voir!** kom eens kijken!; **vous ne m'avez pas regardé!** weet je wel wie je voor je hebt? **2** *(considérer)* beschouwen **3** *(concerner)* betreffen; **ça ne te regarde pas** dat gaat je niet aan **4** *(être tourné vers)* uitzien op
se regarder[3] *vpr* **1** *(se voir soi-même)* zich bekijken; **il ne s'est pas regardé** hij zou eens naar zichzelf moeten kijken **2** *(se voir l'un l'autre)* elkaar bekijken
régate *nf* regatta *de*
régénération *nf* regeneratie *nf*
régénérer[1] *vt* regenereren, vernieuwen
se régénérer[2] *vpr* zichzelf vernieuwen
régent, -ente *n* **1** *(pol.)* regent(es) *nm (nf)* **2** *(f.B.) (enseign.)* regent(es) *nm (nf)* **3** *(administrateur)* bestuurder, bestuurster *nm,f*
régenter *vt* de baas spelen over
régie *nf* **1** *(entreprise publique)* overheidsbedrijf *het;* ~ **d'Etat** staatsbedrijf **2** *(organisation d'un spectacle)* technische leiding *nf* **3** *(local des commandes)* regiekamer *de*
régime *nm* **1** *(pol.)* regime *het* **2** *(système)* stelsel *het* **3** *(conduite à suivre)* leefregel *nm*, dieet *het (alimentation);* **se mettre au** ~ dieet houden; ~ **de vie** leefregel **4** *(d'un moteur)* motorsnelheid *nf;* ~ **de croisière** kruissnelheid; **marcher à plein** ~ op volle kracht draaien
régiment *nm* **1** *(corps de troupe)* regiment *het* **2** *(armée)* leger *het* **3** *(grand nombre)* regiment *het*
région *nf* **1** streek *de*, regio *de* **2** *(Belg.f.; pol.)* gewest *het*
régional *adj (contrée, une province)* streek-, regionaal; **le** ~ het district *(téléphone)*
régir *vt* **1** *(déterminer)* regelen **2** *(ling.)* regeren

régisseur *nm* **1** *(théâtre, cin., télé)* toneelmeester *nm* **2** *(intendant)* rentmeester *nm*
registre *nm* register *het;* ~ **du commerce** handelsregister
réglable *adj* **1** *(qu'on peut régler)* regelbaar **2** *(payable)* betaalbaar
réglage *nm* (het) regelen
règle *nf* **1** *(principe)* regel *nm (aussi relig.);* **dans, selon les ~s de l'art** volgens de regels der kunst; **de** ~ *(d'usage)* gebruikelijk, *(requis)* verplicht; **en** ~ in orde; **en** ~ **générale** in de regel **2** *(instrument)* liniaal *het/de* **3** *(plur.) (écoulement menstruel)* menstruatie *nf (uniquement sing.);* **avoir ses ~s** ongesteld zijn ♦ **la** ~ **d'or** de gulden regel
réglé *adj* **1** *(soumis à des règles)* geregeld **2** *(fixé)* vastgesteld **3** *(résolu)* geregeld **4** *(mécanisme, un appareil)* ingesteld **5** *(qui a ses règles)* die menstrueert **6** *(ligné)* gelinieerd
règlement *nm* **1** *(fait de régler une affaire)* regeling *nf;* ~ **à l'amiable** minnelijke schikking **2** *(décision administrative)* verordening *nf* **3** *(règles)* reglement *het* **4** *(paiement)* betaling *nf; (fig.)* ~ **de comptes** afrekening **5** *(Belg.f.) (arrêté)* verordening *nf*
réglementaire *adj* reglementair
réglementation *nf* reglementering *nf*
réglementer *vt* reglementeren
régler[1] *vt* **1** *(payer)* betalen; *(fig.)* ~ **son compte à qn** met iem afrekenen; *(fig.)* **avoir de vieux comptes à** ~ een oude rekening te vereffenen hebben **2** *(fixer)* regelen **3** *(mettre au point)* bijstellen; ~ **une montre** een horloge gelijkzetten **4** *(résoudre)* beslechten **5** *(+ sur) (prendre pour modèle)* afstemmen (op)
se régler[2] *vpr* **1** *(se résoudre)* geregeld worden **2** *(+ sur) (suivre)* een voorbeeld nemen (aan)
réglisse *nm* **1** *(plante; bâton)* zoethout *het* **2** *(m.) (pâte)* drop *het/de (sing.)* **3** *(bonbon)* dropje *het*
régnant *adj* **1** *(au pouvoir)* regerend **2** *(dominant)* heersend
règne *nm* **1** *(exercice et durée du pouvoir)* regering *nf*, bewind *het* **2** *(division de la nature)* rijk *het;* ~ **animal** dierenrijk
régner *vi* **1** *(exercer le pouvoir)* regeren *(aussi au fig.)* **2** *(exister)* heersen; **faire** ~ **l'ordre** orde scheppen
regonfler[1] *vi (s'enfler à nouveau)* weer (op)zwellen
regonfler[2] *vt* **1** *(gonfler à nouveau)* weer oppompen **2** *(redonner du courage à)* weer moed geven aan
regorger (de) *vi* overvloeien (van)
régresser *vi* **1** *(ne plus se développer)* achteruitgaan **2** *(diminuer)* teruglopen
régression *nf* **1** *(retour à un stade antérieur)* regressie *nf* **2** *(diminution)* terugloop *nm*
regret *nm* **1** *(repentir)* spijt *de;* **exprimer ses ~s** zich excuseren **2** *(déplaisir)* ongenoegen *het;* **à mon grand** ~ tot mijn grote spijt; **faire qch à** ~ iets tegen zijn zin doen **3** *(nostalgie de)* verlangen (naar) *het*
regrettable *adj* betreurenswaardig
regretter *vt* **1** *(se repentir de)* spijt hebben van; **vous le ~ez** daar zult u spijt van krijgen; **je regrette** het spijt mij **2** *(déplorer)* betreuren **3** *(regretter l'absence de)* terugverlangen naar
regroupement *nm* hergroepering *nf*
regrouper *vt* verenigen
régulariser *vt* **1** *(mettre en règle)* in orde brengen **2** *(rendre régulier)* normaliseren
régularité *nf* **1** *(symétrie)* regelmatigheid *nf* **2** *(caractère régulier)* regelmaat *de*
régulateur *adj* regel-; ~ **de vitesse** cruise control
régulation *nf* regeling *nf;* ~ **des naissances** geboorteregeling
régulier *adj* **1** *(conforme aux règles)* regelmatig; **vie régulière** geregeld leven **2** *(uniforme)* regelmatig; **progrès** ~ gestadige vooruitgang **3** *(habituel)* geregeld; **ligne régulière** vaste verbinding; **service** ~ lijndienst **4** *(ponctuel)* stipt **5** *(honnête)* betrouwbaar
réhabilitation *nf* **1** *(personnes)* eerherstel *het* **2** *(constructions)* renovatie *nf*
réhabiliter *vt* **1** *(personnes)* rehabiliteren, in eer herstellen **2** *(constructions)* renoveren
réhabituer[1] *vt* weer laten (ge)wennen (aan)
se réhabituer[2] **(à)** *vpr* weer wennen (aan)
rehaussement *nm* verhoging *nf*
rehausser *vt* **1** *(surélever)* verhogen **2** *(accentuer)* duidelijker doen uitkomen
réimpression *nf* herdruk *nm*
réimprimer *vt* herdrukken
rein *nm* **1** *(organe)* nier *de;* ~ **artificiel** kunstnier **2** *(plur.) (région lombaire)* lendenen *plur;* **avoir les ~s solides** een sterke rug hebben *(aussi au fig.)* **3** *(plur.) (taille)* taille *de (sing.)*
réincarnation *nf* reïncarnatie *nf*
se réincarner *vpr* reïncarneren
reine *nf* koningin *nf*
reine-claude *nf* reine-claude *de*
reinette *nf* renet(appel) *de (nm)*
réinsérer *vt* **1** *(délinquants)* reclasseren **2** *(handicapés)* weer opnemen in de maatschappij
réinsertion *nf* **1** *(délinquants)* reclassering *nf* **2** *(handicapés)* wederopname *de* (in de maatschappij)
réitérer *vt* herhalen
rejaillir *vi* **1** *(gicler)* (op)spatten **2** *(+ sur) (retomber sur)* afstralen (op)
rejet *nm* **1** *(renvoi)* (het) teruggooien **2** *(méd.)* (het) afstoten; **phénomène de** ~ afstotingsverschijnsel **3** *(refus)* (het) verwerpen
rejeter *vt* **1** *(renvoyer)* terugwerpen **2** *(expulser)* uitstoten **3** *(méd.)* afstoten **4** *(déplacer)* verleggen; ~ **la faute sur qn** de schuld op een ander gooien; ~ **la responsabilité sur qn** de verantwoordelijkheid op iem afschuiven **5** *(refuser qch)* verwerpen, afwijzen
rejeton *nm* spruit *de (aussi au fig.)*

rejoindre[1] *vt* **1** *(se joindre à)* zich voegen bij; ~ **l'autoroute** (weer) op de grote weg komen **2** *(ressembler à)* verwant zijn met **3** *(rattraper)* inhalen
se rejoindre[2] *vpr (se retrouver)* elkaar (weer) ontmoeten, samenkomen
rejouer *vt (jouer à nouveau)* opnieuw spelen *(aussi théâtre)*
réjoui *adj* verheugd
réjouir[1] *vt* blij maken
se réjouir[2] **(de)** *vpr* zich verheugen (over) *(+ fait réel)*, zich verheugen op *(+ ce qu'on espère)*
réjouissance *nf* **1** *(joie)* vreugde *nf* **2** *(plur.) (festivités)* feestelijkheden *plur*
réjouissant *adj* verheugend; *(iron.)* **c'est ~!** leuk is dat!
relâche *nf* **1** *(interruption)* onderbreking *nf;* **prendre un peu de** ~ even pauzeren; **sans** ~ onophoudelijk **2** *(escale)* (het) binnenlopen (in); **faire** ~ **à** binnenlopen (in) ♦ *(spectacles)* **faire** ~ geen voorstelling geven, gesloten zijn
relâché *adj* los
relâchement *nm* **1** *(détente)* verslapping *nf;* ~ **musculaire** spierverslapping **2** *(libération)* vrijlating *nf*
relâcher[1] *vt* **1** *(diminuer la rigueur de)* laten verslappen **2** *(desserrer)* losser maken **3** *(libérer)* vrijlaten
se relâcher[2] *vpr* **1** *(devenir moins rigoureux)* verslappen **2** *(devenir moins zélé)* minder ijverig worden **3** *(se détendre)* losser worden
relais *nm* **1** *(roulement)* aflossing *nf;* **prendre le** ~ **de qn** het van iem overnemen **2** *(technol.)* relais *het* **3** *(étape)* etappe *de* **4** *(intermédiaire)* tussenpersoon *nm*
relance *nf* (weder)opleving *nf*
relancer *vt* **1** *(jeter à nouveau)* weer gooien **2** *(renvoyer)* terugwerpen **3** *(importuner)* lastigvallen **4** *(remettre en marche)* weer op gang brengen
relater *vt (raconter)* vertellen
relatif *adj* **1** *(en comparaison)* relatief, betrekkelijk; **avoir le sens du** ~ kunnen relativeren **2** *(partiel)* relatief, beperkt **3** *(+ à) (concernant)* betreffende *(sans prép.)* **4** *(ling.)* betrekkelijk; **les (pronoms) ~s** betrekkelijke voornaamwoorden
relation *nf* **1** *(corrélation)* relatie *nf*, verband *het;* **être sans** ~ **avec** niet in verband staan met **2** *(connaissance)* relatie *nf*, kennis *nm* **3** *(plur.) (rapports)* omgang *nm (uniquement sing.);* **entrer en** ~ **avec qn** in contact treden met iem; **~s publiques** public relations; **~s (sexuelles)** geslachtsverkeer
relativement *adv* **1** *(par comparaison à)* verhoudingsgewijs, in verhouding (tot) **2** *(passablement)* betrekkelijk **3** *(+ à) (par rapport à)* met betrekking (tot), betreffende
relativiser *vt* relativeren
relativité *nf* **1** *(limite)* betrekkelijkheid *nf* **2** *(phys.)* relativiteit *nf*
relaxation *nf* **1** *(détente)* ontspanning *nf* **2** *(relâchement)* verslapping *nf* **3** *(exercices)* ontspanningsoefeningen *plur*
relaxer[1] *vt* **1** *(mettre en liberté)* in vrijheid stellen **2** *(détendre)* ontspannen
se relaxer[2] *vpr (se détendre)* zich ontspannen
relayer[1] *vt* **1** *(remplacer qn)* aflossen, het overnemen van *(sports)* **2** *(com.; technol.)* relayeren; **émission relayée par satellite** via de satelliet doorgegeven uitzending
se relayer[2] *vpr (se remplacer mutuellement)* elkaar aflossen; **se** ~ **au volant** beurtelings rijden
relégation *nf* verbanning *nf*
reléguer *vt* verbannen; ~ **qn au second plan** iem naar de achtergrond dringen
relent *nm* akelige lucht *de (uniquement sing.)*
relevé[1] *nm* overzicht *het;* ~ **de compte** rekeningoverzicht, *(Belg.)* uittreksel; ~ **d'identité postale, RIP** postidentiteitsbewijs; ~ **d'identité bancaire, RIB** bankgegevens ♦ **faire le** ~ **d'un compteur** de meter opnemen
relevé[2] *adj* **1** *(ramené vers le haut)* omgeslagen, opgerold **2** *(épicé)* sterk gekruid
relève *nf* aflossing *nf;* **assurer la** ~ **de qn** iem aflossen, iem opvolgen
relèvement *nm* **1** *(redressement)* herstel *het* **2** *(hausse)* stijging *nf*
relever[1] **(de)** *vi (dépendre de)* vallen (onder), behoren (bij); **cela ne relève pas de ma compétence** daar kan ik niet over oordelen
relever[2] *vt* **1** *(mettre d'aplomb)* rechtop zetten, overeind helpen **2** *(restaurer)* weer tot bloei brengen **3** *(souligner)* doen opmerken; ~ **une faute** wijzen op een fout **4** *(remonter)* omhoog doen, oprollen; ~ **la tête** opkijken, *(fig.)* het hoofd fier opheffen **5** *(prendre par écrit)* noteren; ~ **le compteur** de meter opnemen **6** *(faire monter)* verhogen **7** *(relayer)* aflossen **8** *(+ de) (délier de)* ontslaan (van) **9** *(+ de) (démettre de)* ontslaan (uit) ♦ **ça ne mérite pas d'être relevé** dat verdient geen reactie
se relever[3] *vpr* **1** *(+ de) (se rétablir de)* herstellen (van); **il ne s'en relèvera jamais** hij zal daar nooit overheen komen **2** *(se diriger vers le haut)* omhooggaan **3** *(se relayer)* elkaar aflossen **4** *(se remettre debout)* weer opstaan
releveur *nm* ♦ ~ **(de compteurs)** meteropnemer
relief *nm* reliëf *het;* **mettre qch en** ~ iets doen uitkomen
relier *vt* **1** *(joindre)* verbinden **2** *(couvrir un livre)* inbinden
religieux *adj* **1** *(adj.) (croyant; religion)* religieus; **chants** ~ geestelijke gezangen; **le ~, la religieuse** de monnik, de non; **mariage** ~ kerkelijk huwelijk; **musique religieuse** gewijde muziek, kerkmuziek **2** *(adj.) (monastique)* klooster- **3** *(respectueux)* eerbiedig **4** *(adv.) (scrupuleusement)* nauwgezet, stipt
religion *nf* **1** *(confession)* godsdienst *nm*, religie *nf* **2** *(piété)* vroomheid *nf*

reliquat *nm* saldo *het*
relique *nf* relikwie *nf*
relire[1] *vt* herlezen
se relire[2] *vpr* doorlezen wat men geschreven heeft
reliure *nf* **1** *(action de relier)* (het) boekbinden **2** *(couverture)* (boek)band *nm*
reloger *vt* opnieuw huisvesten
reluire *vi* blinken, glanzen; **faire** ~ poetsen
reluisant *adj* blinkend, glanzend ♦ **peu** ~ niet zo geweldig
remaniement *nm* **1** *(modification)* verandering *nf;* ~ **ministériel** kabinetswijziging **2** *(correction)* herschrijving *nf*
remanier *vt* **1** *(modifier)* veranderen **2** *(corriger)* herschrijven, omwerken
remariage *nm* tweede huwelijk *het*
se remarier *vpr* hertrouwen
remarquable *adj* **1** *(marquant)* opmerkelijk, opvallend **2** *(excellent)* buitengewoon, *(adv.)* zeer
remarque *nf* **1** *(nota bene)* opmerking *nf;* **faire la** ~ **de qch à qn** iem op iets opmerkzaam maken **2** *(observation critique)* aanmerking *nf*
remarqué *adj* opvallend
remarquer[1] *vt* **1** *(constater)* (op)merken; **se faire** ~ de aandacht trekken, *(péj.)* opvallend doen; **faire** ~ **une chose** ergens de aandacht op vestigen; **sans se faire** ~ onopvallend **2** *(formuler une remarque)* opmerken, een opmerking maken
se remarquer[2] *vpr (se voir)* opvallen
remballer *vt* weer inpakken; ~ **sa marchandise**↑ z'n spullen niet kwijt kunnen ♦ **il peut** ~ **ses compliments** hij kan z'n complimentjes voor zich houden
rembarrer *vt* de mond snoeren; **se faire** ~ de wind van voren krijgen
remblai *nm* **1** *(terrassement)* ophoging *nf* **2** *(terres rapportées)* opgebrachte aarde *de*
remblayer *vt* ophogen
rembobiner *vt* terugspoelen
remboursement *nm* **1** *(paiement)* terugbetaling *nf* **2** *(paiement à la livraison)* rembours *het;* **contre** ~ onder rembours
rembourser *vt* terugbetalen; **remboursez!** *(théâtre)* mijn geld terug!
remède *nm* **1** *(solution)* middel (tegen) *het*, remedie (tegen) *het/de (f);* **sans** ~ ongeneeslijk **2** *(médicament)* (genees)middel *het;* ~ **de bonne femme** huismiddeltje
remédier (à) *vi* (iets) verhelpen
remembrement *nm* herverkaveling *nf*
remembrer *vt* herverkavelen
se remémorer *vpr* zich herinneren
remerciement *nm* dank *nm (uniquement sing.)*, dankbetuiging *nf;* **faire des, ses ~s à qn** iem bedanken; **avec tous mes ~s** met mijn hartelijke dank
remercier *vt* **1** *(+ de, pour) (dire merci)* (be)danken (voor) **2** *(refuser)* bedanken **3** *(congédier)* ontslaan
remettre[1] *vt* **1** *(mettre à nouveau)* weer op zijn plaats zetten; ~ **qn à sa place** iem op zijn nummer zetten; ~ **à neuf une maison** een huis opknappen; ~ **d'aplomb qn** iem er weer bovenop helpen **2** *(donner à)* overhandigen (aan); ~ **sa démission** zijn ontslag indienen **3** *(ajourner)* uitstellen; ~ **qch à plus tard** iets uitstellen **4** *(absoudre)* kwijtschelden **5** *(revêtir à nouveau)* weer aandoen, *(chapeau)* weer opzetten **6** *(recommencer)* overdoen; **on remet ça** dat doen we nog eens dunnetjes over ♦ **en** ~ overdrijven
se remettre[2] *vpr* **1** *(recommencer à)* weer beginnen (met); **le temps se remet au beau** het wordt weer mooi weer **2** *(+ de) (se rétablir)* herstellen (van); **allons, remettez-vous** kom, kom tot jezelf ♦ **s'en** ~ **à qn** zich verlaten op iem; **se** ~ **avec qn** weer goede vrienden worden met iem
réminiscence *nf* (flauwe) herinnering (aan) *nf*
remise *nf* **1** *(action de remettre)* (het) weer plaatsen; *(inform.)* ~ **à zéro** reset; *(sports)* ~ **en jeu** ingooi; ~ **en état** reparatie, herstel **2** *(distribution)* overhandiging *nf*, bezorging *nf (marchandises);* ~ **des clefs** sleuteloverdracht; ~ **des prix** prijsuitreiking **3** *(ajournement)* uitstel *het* **4** *(rabais)* korting *nf;* ~ **de peine** strafvermindering **5** *(de dette)* kwijtschelding *nf* **6** *(resserre)* schuur *de*
rémission *nf* **1** *(jur.)* strafvermindering *nf;* **sans** ~ zonder pardon **2** *(relig.)* vergeving *nf* **3** *(méd.)* (tijdelijke) afname *de* van koorts
remmener *vt* weer mee terugnemen
remodelage *nm* **1** *(action de remodeler)* (het) omvormen **2** *(rénovation)* vernieuwing *nf*
remontant *adj* opwekkend; **le** ~ het versterkende middel
remontée *nf* **1** *(action de s'élever à nouveau)* (het) weer naar boven gaan **2** *(mar.)* (het) opvaren **3** *(sports)* (het) inlopen **4** *(remonte-pente)* skilift *nm*
remonte-pente *nm* skilift *nm*
remonter[1] *vi* **1** *(aller de nouveau en haut)* (weer) omhoog gaan **2** *(retourner vers)* teruggaan (naar), teruggaan (tot, op) *(dans le temps);* **cela remonte au déluge** dat is zo oud als de wereld; ~ **dans le temps** in het verleden teruggaan
remonter[2] *vt* **1** *(parcourir vers le haut)* opgaan; *(fig.)* ~ **le courant** tegen de stroom ingaan; ~ **une rivière** stroomopwaarts varen; ~ **une rue** een straat inlopen **2** *(porter à nouveau en haut)* weer naar boven brengen; ~ **son col** zijn kraag opzetten **3** *(sports)* inlopen op **4** *(ragaillardir)* opbeuren; ~ **le moral à qn** iem opvrolijken **5** *(reconstituer)* weer in elkaar zetten **6** *(retendre le ressort de)* opwinden **7** *(remonter sur)* weer bestijgen *(trône, cheval)*
se remonter[3] *vpr* weer wat opknappen
remontrance *nf* vermaning *nf*
remontrer[1] *vi* ♦ **en** ~ **à qn** iem een lesje geven; **il veut en** ~ **à tout le monde** hij weet altijd alles beter
remontrer[2] *vt (montrer à nouveau)* nog eens laten zien

remords *nm* wroeging *nf (uniquement sing.)*
remorque *nf* **1** *(service de remorquage)* sleepdienst *nm;* **être toujours à la** ~ altijd achteraan hangen **2** *(câble)* sleepkabel *nm;* **prendre en** ~ op sleeptouw nemen **3** *(véhicule)* aanhangwagen *nm*
remorquer *vt* slepen
remorqueur *nm* sleepboot *de*
remous *nm* **1** *(plur.) (mouvement confus)* gedrang *het (d'une foule; uniquement sing.)* **2** *(mar.)* kielzog *het* **3** *(tourbillon)* (draai)kolk *de* **4** *(turbulence de l'air)* turbulentie *nf*
rempart *nm* **1** *(mur)* vestingmuur *nm*, wal *nm* **2** *(plur.) (fortifications)* omwalling *nf* **3** *(protection)* schild *het*
remplaçant, -ante *n* **1** *(suppléant(e))* (plaats)vervang(st)er *nm (nf)* **2** *(sports)* invalller, -ster *nm,f*
remplacement *nm* vervanging *nf;* **en ~ de** ter vervanging van; **faire un ~, des ~s** als vervanger werken
remplacer *vt* vervangen; **se faire** ~ zich laten vervangen
rempli (de) *adj* vol *(sans prép.)* ♦ **journée bien ~e** welbestede dag
remplir[1] *vt* **1** *(rendre plein de)* vullen (met) **2** *(+ de) (fig.)* vervullen (met, van); ~ **qn de joie** iem blij maken **3** *(compléter)* invullen **4** *(exercer)* uitoefenen **5** *(satisfaire à)* vervullen; ~ **une condition** aan een voorwaarde voldoen
se remplir[2] *vpr* vollopen ♦ **se ~ les poches** z'n zakken vullen
remplissage *nm* **1** *(action de remplir)* (het) vullen **2** *(délayage)* bladvulling *nf*
se remplumer *vpr* **1** *(rétablir ses finances)* er (financieel) weer bovenop komen **2** *(reprendre du poids)* weer flink aankomen
remporter *vt* **1** *(reprendre)* weer meenemen **2** *(gagner)* winnen; ~ **un succès** een succes behalen; ~ **une victoire** een overwinning behalen ♦ ~ **les suffrages** bijval oogsten
remuant *adj* druk
remue-ménage *nm* **1** *(chahut)* kabaal *het* **2** *(agitation)* drukte *nf*
remuer[1] *vi* **1** *(bouger)* bewegen **2** *(s'agiter)* onrustig worden
remuer[2] *vt* **1** *(déplacer)* bewegen; ~ **la queue** kwispelstaarten **2** *(mélanger)* (om)roeren **3** *(émouvoir)* ontroeren
se remuer[3] *vpr* **1** *(se mouvoir)* zich bewegen **2** *(se démener)* zich inspannen, zich druk maken **3** *(se grouiller)* opschieten; **remue-toi un peu** schiet eens een beetje op!
rémunérateur *adj* lonend, winstgevend
rémunération *nf* **1** *(salaire)* loon *het* **2** *(compensation de)* beloning (voor) *nf*
rémunérer *vt* honoreren
renâcler *vi* **1** *(+ à) (rechigner à)* geen zin hebben (in) **2** *(renifler)* snuiven
Renaissance *nf* renaissance *de*
renaissance *nf* **1** *(renouveau)* herleving *nf* **2** *(nouvelle naissance)* wedergeboorte *nf*
renaître *vi* **1** *(revivre)* opleven; ~ **à la vie** weer op krachten komen **2** *(naître à nouveau)* herboren worden; ~ **de ses cendres** uit de as herrijzen
rénal *adj* nier-
renard *nm* **1** *(animal, fourrure)* vos *nm* **2** *(personne rusée)* (slimme) vos *nm*
renchérir *vi* **1** *(+ sur) (aller plus loin)* nog verder gaan (dan) **2** *(devenir plus cher)* duurder worden
rencontre *nf* **1** *(réunion)* ontmoeting *nf;* **aller, venir à la ~ de qn** iem tegemoet gaan, komen; **faire la ~ de qn** iem tegenkomen **2** *(collision)* botsing *nf* **3** *(duel)* treffen *het* **4** *(match)* wedstrijd *nm* ♦ **de** ~ toevallig
rencontrer[1] *vt* **1** *(trouver)* ontmoeten **2** *((se) heurter)* stuiten op *(aussi au fig.)*
se rencontrer[2] *vpr* **1** *(se retrouver)* elkaar ontmoeten **2** *(arriver)* voorkomen **3** *(se heurter)* met elkaar in botsing komen
rendement *nm* opbrengst *nf*, rendement *het*
rendez-vous *nm* **1** *(rencontre fixée)* afspraak *de;* ~ **amoureux, galant** afspraakje, rendez-vous; **donner, prendre** ~ een afspraak maken **2** *(lieu)* afgesproken plaats *de*, trefpunt *het*
se rendormir *vpr* weer in slaap vallen
rendre[1] *vi* **1** *(rapporter)* een opbrengst leveren; **arbre fruitier qui rend bien, peu** fruitboom die een goede, slechte opbrengst heeft **2** *(avoir de l'effet)* effect hebben
rendre[2] *vt* **1** *(restituer à)* teruggeven (aan); **on le lui a bien rendu** dat hebben we hem betaald gezet **2** *(+ adj.) (faire devenir)* maken; **il me rend fou** ik word gek van hem; ~ **qn heureux** iem gelukkig maken **3** *(exprimer)* weergeven; ~ **clairement sa pensée** zijn gedachten duidelijk weergeven **4** *(rapporter)* opbrengen **5** *(vomir)* overgeven
se rendre[3] *vpr* **1** *(+ à) (capituler)* zich overgeven (aan), capituleren (voor) **2** *(+ à) (aller à)* gaan (naar), zich begeven (naar) **3** *(+ adj.) (se faire)* zich maken; **se ~ coupable de qch** zich schuldig maken aan iets
rendu *adj* **1** *(livré)* aangekomen **2** *(fatigué)* doodmoe
rêne *nf* teugel *nm; (aussi au fig.)* **tenir les ~s** de teugels vast in handen hebben
renégat, -ate *n* verrader *nm*
renfermé[1] *nm* mufheid *nf;* **sentir le** ~ muf ruiken
renfermé[2] *adj* gesloten
renfermer[1] *vt* bevatten, inhouden
se renfermer[2] *vpr* zich opsluiten; **se ~ en soi-même, dans sa coquille** zich terugtrekken
renflement *nm* verdikking *nf*
renflouer *vt* **1** *(un bateau échoué)* vlot trekken **2** *(qn, une entreprise)* er weer bovenop helpen
renfoncement *nm* **1** *(niche)* nis *de* **2** *(recoin)* uithoek *nm*
renforcement *nm* versterking *nf*

renforcer *vt* versterken ♦ ~ **qn dans une opinion** iem in z'n mening sterken
renfort *nm* **1** *(milit.)* versterking *nf*, *(plur.)* versterkingstroepen *plur* **2** *(aide)* hulp *de;* **à grand ~ de stylos** met behulp van een grote hoeveelheid pennen
renfrogné *adj* stuurs, nors
se renfrogner *vpr* stuurs kijken
rengaine *nf* afgezaagd liedje *het*, deuntje *het*
reniement *nm* verloochening *nf*
renier[1] *vt* verloochenen
se renier[2] *vpr* van mening veranderen
renifler[1] *vi (faire du bruit)* snuiven
renifler[2] *vt* **1** *(aspirer)* (op)snuiven **2** *(flairer)* ruiken
renne *nm* rendier *het*
renom *nm* naam *nm*, faam *de*
renommé *adj* beroemd
renommée *nf* **1** *(célébrité)* bekendheid *nf* **2** *(opinion publique)* geruchten *plur*
renoncement *nm* verloochening *nf*
renoncer (à) *vi (abandonner)* afstand doen (van), (iets) opgeven
renouer[1] *vi* ♦ ~ **avec qn** weer vriendschap sluiten met iem; ~ **avec qch** iets weer opvatten
renouer[2] *vt* **1** *(recommencer)* hervatten **2** *(nouer à nouveau)* weer vastbinden
renouveau *nm* opleving *nf*
renouvelable *adj* **1** *(qui peut être répété)* herhaalbaar **2** *(reconductible)* hernieuwbaar
renouveler[1] *vt* **1** *(innover)* vernieuwen; ~ **l'air d'une pièce** de lucht van een kamer verversen; ~ **ses efforts** zich opnieuw inspannen **2** *(prolonger)* verlengen
se renouveler[2] *vpr* **1** *(être inventif)* zich vernieuwen **2** *(être remplacé)* vervangen worden **3** *(recommencer)* opnieuw beginnen; **que ça ne se renouvelle pas!** laat dat niet meer gebeuren!
renouvellement *nm* **1** *(remplacement)* vernieuwing *nf*, vervanging *nf* **2** *(prolongation)* verlenging *nf*
rénovateur, -trice *n* vernieuw(st)er *nm (nf)*, hervorm(st)er *nm (nf);* **politique rénovatrice** hervormingsgezinde politiek
rénovation *nf* **1** *(remise à neuf)* renovatie *nf*, restauratie *nf* **2** *(régénération)* vernieuwing *nf*
rénover *vt* **1** *(remettre à neuf)* renoveren, restaureren **2** *(régénérer)* vernieuwen
renseignement *nm* inlichting *nf;* **appeler les ~s** Inlichtingen bellen; **prendre des ~s** inlichtingen inwinnen ♦ **service de ~s** geheime dienst, inlichtingendienst
renseigner[1] *vt* inlichten; **être renseigné sur** op de hoogte zijn van
se renseigner[2] **(sur)** *vpr* inlichtingen inwinnen (over), informeren (naar)
rentabiliser *vt* rendabel maken
rentabilité *nf* rendabiliteit *nf*
rentable *adj* rendabel
rente *nf* **1** *(revenu)* rente *de;* ~ **viagère** lijfrente; **vivre de ses ~s** rentenieren **2** *(emprunt d'Etat)* staatsobligatie *nf*
rentier, -ière *n* rentenier(ster) *nm (nf)*
rentrée *nf* **1** *(retour)* terugkomst *nf;* **faire sa ~ politique** z'n politieke comeback maken **2** *(reprise des activités)* begin *het* van het nieuwe cursusjaar, hervatting *nf* van werkzaamheden; **à la ~** na de vakantie; **la ~ (des classes)** het begin van het schooljaar **3** *(recettes)* (het) innen, *(plur.)* inkomsten *plur*
rentrer[1] *vi* **1** *(revenir)* (weer) naar binnen gaan, terugkomen; ~ **chez soi** thuiskomen; ~ **dans la police** bij de politie gaan; **faire ~ l'argent** geld innen **2** *(reprendre ses activités)* weer beginnen ♦ ~ **dans un arbre** tegen een boom botsen; ~ **dans une catégorie** tot een categorie behoren; **la clé rentre bien dans la serrure** de sleutel past goed in het slot; ~ **dedans** erop knallen
rentrer[2] *vt* **1** *(mettre à l'intérieur)* binnenhalen **2** *(dissimuler)* verbergen; ~ **le ventre** z'n buik inhouden ♦ ~ **sa chemise** z'n hemd in de broek stoppen
renversant *adj* ongelofelijk
renverse ♦ **à la ~** achterover, op de rug
renversé *adj* **1** *(à l'envers)* omgekeerd **2** *(culbuté)* omgegooid **3** *(stupéfait)* stomverbaasd
renversement *nm* **1** *(inversion)* omkering *nf* **2** *(permutation)* omzetting *nf* **3** *(retournement)* wending *nf* **4** *(pol.)* omverwerping *nf*
renverser[1] *vt* **1** *(inverser)* omkeren **2** *(faire tomber)* omgooien; **cette nouvelle me renverse** ik ben stomverbaasd over dat nieuws
se renverser[2] *vpr* **1** *(choses)* omvallen **2** *(personnes)* achteroverleunen
renvoi *nm* **1** *(retour)* terugzending *nf* **2** *(congédiement)* ontslag *het* **3** *(relance)* (het) terugspelen **4** *(reflet)* weerkaatsing *nf* **5** *(ajournement)* verdaging *nf* **6** *(rot)* boer *nm* **7** *(référence)* verwijzingsteken *het*
renvoyer *vt* **1** *(retourner)* terugsturen **2** *(congédier)* ontslaan **3** *(relancer)* terugspelen **4** *(réfléchir)* weerkaatsen **5** *(adresser à)* verwijzen (naar) **6** *(ajourner)* uitstellen
réorganiser *vt* reorganiseren
réorientation *nf* omschakeling *nf*
réorienter *vt* omschakelen
réouverture *nf* heropening *nf*
repaire *nm* schuilplaats *de*
répandre[1] *vt* **1** *(verser)* storten, morsen **2** *(émettre)* verbreiden **3** *(prodiguer)* verspreiden; ~ **la terreur** schrik zaaien
se répandre[2] *vpr* **1** *(envahir)* zich verspreiden **2** *(se propager)* de ronde doen
répandu *adj* **1** *(courant)* (wijd)verbreid **2** *(renversé)* om(ver)gegooid ♦ **journal ~** veel gelezen krant
reparaître *vi* weer verschijnen
réparateur *adj* herstellend, verkwikkend; **le ~** de reparateur
réparation *nf* **1** *(remise en état)* reparatie *nf* **2** *(indemnité)* schadeloosstelling *nf;* **en ~ d'une faute** om een fout weer goed te maken **3** *(sports)* strafschop *nm*

réparer *vt* **1** *(remettre en état)* herstellen **2** *(corriger)* (weer) goedmaken
repartie *nf* snedig antwoord *het;* **avoir de la** ~ ad rem zijn, gevat zijn
repartir *vi* **1** *(redémarrer)* weer vertrekken, weer beginnen; **l'économie repart** de economie trekt weer aan **2** *(s'en retourner)* weer teruggaan
répartir[1] *vt* **1** *(partager)* verdelen **2** *(échelonner)* verbreiden **3** *(classer)* indelen
se répartir[2] *vpr* **1** *(se partager)* onder elkaar verdelen **2** *(être partagé)* verdeeld worden
répartition *nf* **1** *(partage)* verdeling *nf* **2** *(échelonnement)* verbreiding *nf* **3** *(classement)* indeling *nf*
repas *nm* maal *het*, maaltijd *nm*
repassage *nm* (het) strijken
repasser[1] *vi (revenir)* weer langskomen ♦ **il peut toujours** ~ hij kan lang wachten
repasser[2] *vt* **1** *(franchir à nouveau)* weer overtrekken **2** *(projeter à nouveau)* weer draaien *(d'un film)* **3** *(défroisser)* strijken **4** *(réviser)* repeteren ♦ ~ **un examen** een examen overdoen
repêchage *nm* **1** *(examen)* herkansing *nf* **2** *(sortie de l'eau)* (het) opvissen
repêcher *vt* **1** *(fig.)* een handje helpen **2** *(sortir de l'eau)* uit het water halen
repeindre *vt* overschilderen
repenser[1] *vi (penser à nouveau à)* weer denken (aan)
repenser[2] *vt (reconsidérer)* opnieuw uitdenken
repenti *adj* berouwvol
repentir[1] *nm* berouw *het*
se repentir[2] *vpr* **1** *(avoir des remords)* berouw hebben (over) **2** *(regretter)* spijt hebben (van)
repérage *nm* **1** *(action de rechercher)* positiebepaling *nf*, opsporing *nf (aussi au fig.)* **2** *(marquage)* (het) voorzien van merktekens
répercussion *nf* **1** *(conséquence)* gevolg *het* **2** *(retentissement)* weerkaatsing *nf* **3** *(écon.)* afwenteling *nf*
répercuter[1] *vt* **1** *(renvoyer)* weerkaatsen **2** *(transmettre)* afschuiven **3** *(écon.)* doorberekenen
se répercuter[2] *vpr (avoir des conséquences)* gevolgen hebben (voor)
repère *nm* merk(teken) *het*
repérer[1] *vt* **1** *(trouver)* opsporen; **être repéré** in de gaten worden gehouden; **se faire** ~ betrapt worden **2** *(marquer)* markeren
se repérer[2] *vpr* **1** *(s'orienter)* de weg vinden **2** *(fig.)* eruit komen
répertoire *nm* **1** *(index)* lijst *de* **2** *(pièces classiques)* (klassiek) repertoire *het* **3** *(inform.)* directory *nm*
répertorier *vt* inventariseren
répéter[1] *vt* **1** *(redire)* herhalen, repeteren *(théâtre)* **2** *(rapporter)* doorvertellen
se répéter[2] *vpr* **1** *(redire les mêmes choses)* in herhaling vervallen **2** *(être redit)* herhaald worden **3** *(se reproduire)* weer gebeuren
répétitif *adj* terugkerend
répétition *nf* **1** *(redite)* herhaling *nf* **2** *(entraînement)* repetitie *nf*
repeupler *vt* **1** *(peupler à nouveau)* weer bevolken **2** *(planter à nouveau)* herbeplanten **3** *(regarnir d'animaux)* weer uitzetten
repiquer[1] *vi (plonger)* opnieuw duiken
repiquer[2] *vt* **1** *(replanter)* uitplanten **2** *(méd.)* weer prikken
répit *nm* **1** *(arrêt)* adempauze *de* **2** *(délai)* uitstel *het*
replacer[1] *vt* **1** *(remettre)* weer op zijn plaats zetten **2** *(réembaucher)* weer aanstellen
se replacer[2] *vpr (retravailler)* een nieuwe betrekking vinden
replanter *vt* overplanten, verplanten
repli *nm* **1** *(drapé)* plooi *de* **2** *(sinuosité)* kronkel *nm* **3** *(milit.)* (georganiseerde) terugtocht *nm* ♦ **le** ~ **sur soi-même** het in zichzelf gekeerd zijn
replier[1] *vt* **1** *(plier à nouveau)* (weer) opvouwen; ~ **ses jambes** zijn benen optrekken **2** *(milit.)* terugtrekken
se replier[2] *vpr* **1** *(se renfermer)* zich (in zichzelf) terugtrekken **2** *(milit.)* zich terugtrekken, *(Belg.)* terugplooien
réplique *nf* **1** *(réponse)* weerwoord *het;* **argument sans** ~ onweerlegbaar argument **2** *(riposte)* tegenspraak *de* **3** *(copie)* kopie *nf*
répliquer *vt* **1** *(+ à) (répondre à)* (scherp) antwoorden (op), *(Belg.)* replikeren **2** *(contre-attaquer)* terugslaan **3** *(protester)* protesteren
replonger[1] *vi (plonger à nouveau)* weer duiken *(aussi au fig.)*
replonger[2] *vt* **1** *(remettre dans l'eau)* weer in-, onderdompelen **2** *(fig.)* weer storten (in)
répondant, -ante *n* borg *nm* ♦ **avoir du** ~ geld achter de hand hebben
répondeur *nm* antwoordapparaat *het*
répondre[1] *vi* **1** *(donner une réponse)* antwoorden **2** *(correspondre à)* beantwoorden (aan); ~ **à un besoin** in een behoefte voorzien; ~ **à une invitation** gehoor geven aan een uitnodiging; ~ **au téléphone** de telefoon aannemen; **le chien répond au nom de Victor** de hond luistert naar de naam Victor; **ça ne répond pas** ik krijg geen gehoor **3** *(+ de, pour) (se porter garant)* instaan (voor) **4** *(biol.; technol.)* reageren ♦ **enfant qui répond à ses parents** kind dat zijn ouders brutaal antwoordt
répondre[2] *vt (répliquer)* (be)antwoorden
se répondre[3] *vpr* **1** *(correspondre à)* symmetrisch zijn **2** *(se donner la réplique)* elkaar antwoord geven
réponse *nf* antwoord *het*, reactie *nf;* ~ **de Normand** dubbelzinnig antwoord
report *nm* **1** *(bourse)* prolongatie *nf* **2** *(ajournement)* uitstel *het*
reportage *nm* **1** *(article)* verslag *het*, reportage *nf* **2** *(métier)* reporterswerk *het*
reporter[1] *nm* verslaggever *nm*
reporter[2] *vt* **1** *(rendre)* terugbrengen (naar) **2** *(appliquer à qn, qch)* overdragen

(op); ~ **sa voix sur un autre candidat** op een andere kandidaat stemmen **3** *(ajourner)* uitstellen (tot)
se reporter[3] **(à)** *vpr* **1** *(repenser à)* terugdenken (aan) **2** *(renvoyer à)* verwijzen (naar)
repos *nm* **1** *(arrêt; détente)* rust *de*, pauze *de*; **garde à vous! ... ~!** geeft acht! ... op de plaats rust! **2** *(tranquillité)* rust *de*; **de tout ~** volkomen betrouwbaar
reposant *adj* rustgevend
reposé *adj* uitgerust; **à tête ~e** in alle rust
reposer[1] *vi* **1** *(dormir)* (uit)rusten, slapen **2** *(+ sur) (être posé sur)* rusten (op) **3** *(être fondé sur)* berusten (op)
reposer[2] *vt* **1** *(détendre)* laten rusten **2** *(replacer)* neerzetten **3** *(d'une question)* opnieuw stellen
se reposer[3] *vpr* **1** *(se délasser)* (uit)rusten **2** *(+ sur) (compter sur)* vertrouwen (op) **3** *(se présenter à nouveau)* zich weer voordoen
repose-tête *nm* hoofdsteun *nm*
repoussant *adj* weerzinwekkend
repousser[1] *vi (pousser de nouveau)* weer (aan)groeien; **laisser ~ sa barbe** zijn baard (weer) laten staan
repousser[2] *vt* **1** *(écarter)* terugdrijven **2** *(fig.)* afwijzen **3** *(différer)* uitstellen
se repousser[3] *vpr (s'opposer)* elkaar afstoten
répréhensible *adj* afkeurenswaardig
reprendre[1] *vi* **1** *(recommencer)* opnieuw beginnen **2** *(retrouver sa vigueur)* opnieuw groeien; *(fig.)* **les affaires reprennent** de zaken gaan beter
reprendre[2] *vt* **1** *(prendre à nouveau)* weer nemen; ~ **connaissance, haleine** weer bij kennis, op adem komen; ~ **la route** weer op weg gaan **2** *(recommencer)* opnieuw beginnen **3** *(retoucher)* repareren **4** *(prendre à son compte)* overnemen ♦ **on ne m'y reprendra plus** dat zal me niet weer gebeuren
se reprendre[3] *vpr* **1** *(se ressaisir)* zich herstellen **2** *(+ à) (se remettre à)* opnieuw beginnen (te)
représailles *nf* represailles *plur*
représentant, -ante *n (délégué)* vertegenwoordig(st)er *nm (nf)*, *(diplomatie)* gezant *nm*
représentatif (de) *adj* representatief (voor)
représentation *nf* **1** *(image)* uitbeelding *nf* **2** *(spectacle)* voorstelling *nf* **3** *(délégation)* vertegenwoordiging *nf*
représenter[1] *vt* **1** *(peindre)* uitbeelden, weergeven **2** *(interpréter)* opvoeren, *(théâtre)* spelen **3** *(agir de la part de)* vertegenwoordigen **4** *(constituer)* betekenen **5** *(proposer à nouveau)* opnieuw aanbieden
se représenter[2] *vpr* **1** *(se figurer)* zich voorstellen; **se ~ qn** zich iem voor de geest halen **2** *(se présenter à nouveau)* zich opnieuw aanmelden
répressif *adj* repressief, onderdrukkend
répression *nf* onderdrukking *nf*
réprimande *nf* berisping *nf*, *(Belg.)* bolwassing *nf*
réprimander *vt* berispen
réprimer *vt* onderdrukken
repris *nm* ♦ ~ **de justice** recidivist
reprise *nf* **1** *(action de reprendre)* (het) weer nemen, overname *de*; **à plusieurs ~s** herhaaldelijk; ~ **d'une voiture** inruilwaarde van een auto **2** *(répétition, recommencement)* hervatting *nf* **3** *(réparation)* herstel *het* **4** *(loyer)* overname *de*, overnamekosten *plur* plus sleutelgeld **5** *(redémarrage des affaires)* opleving *nf* **6** *(d'une voiture)* acceleratievermogen *het*; **cette voiture a de bonnes ~s** die auto heeft een goed acceleratievermogen
repriser *vt* verstellen, *(chaussettes)* stoppen
réprobateur *adj* afkeurend
réprobation *nf (critique)* afkeuring *nf*
reproche *nm* verwijt *het*; **sans ~** onberispelijk
reprocher[1] *vt* verwijten; ~ **qch à qn** iem iets verwijten
se reprocher[2] *vpr* zich, elkaar (iets) verwijten
reproducteur *adj* voortplantings-
reproduction *nf* **1** *(génération)* voortplanting *nf* **2** *(image)* weergave *de* **3** *(copie)* reproductie *nf*, kopie *nf*
reproduire[1] *vt* **1** *(biol.)* (weer) voortbrengen **2** *(représenter)* weergeven **3** *(copier)* reproduceren
se reproduire[2] *vpr* **1** *(engendrer)* zich voortplanten **2** *(se répéter)* zich herhalen, weer voorkomen
réprouver *vt (blâmer)* afkeuren
reptile *nm* reptiel *het*
repu *adj* verzadigd
républicain *adj* republikeins; **le, la ~(e)** de republikein(se)
république *nf* republiek *nf*; **le Président de la République** de Franse president
répudier *vt* **1** *(renvoyer)* verstoten **2** *(abandonner)* afstand nemen van
répugnance *nf* afkeer *nm*, weerzin *nm*
répugnant *adj* walgelijk
répugner (à) *vi* **1** *(détester)* (er van) walgen (om) **2** *(déplaire)* tegenstaan
répulsif *adj* afstotend
répulsion *nf* **1** *(phys.)* afstoting *nf* **2** *(aversion)* afkeer *nm*
réputation *nf* reputatie *nf*, (goede, slechte) naam *nm*; **connaître de ~** van naam kennen; **de ~ mondiale** wereldbefaamd
réputé (pour) *adj* beroemd (om, vanwege); **être ~** bekendstaan als
requérir *vt* **1** *(demander)* verlangen **2** *(exiger)* vergen, (op)eisen *(aussi jur.)*
requête *nf* **1** *(prière)* verzoek *het* **2** *(jur.)* verzoek(schrift) *het*
requin *nm* **1** *(animal)* haai *nm* **2** *(personne cupide)* gier *nm*
requinquer *vt* opkikkeren
requis *adj (prescrit)* vereist
réquisition *nf* vordering *nf*, opeising *nf*
réquisitionner *vt* **1** *(jur.)* vorderen, op-

eisen **2** *(utiliser les services de qn)* optrommelen
rescapé *adj* ontkomen; **le, la ~(e)** de overlevende
rescousse *nf* ♦ **à la ~** te hulp
réseau *nm* net(werk) het; **~ câblé** kabelnet; **~ express régional, RER** ⟨*Parijs regionaal vervoerbedrijf*⟩
réservation *nf* reservering *nf*, *(Belg.)* reservatie *nf*
réserve *nf* **1** *(provision)* voorraad *nm*, reserve(s) *de (plur) (généralement plur.)*; **avoir une bonne ~ d'argent** een aardig spaarpotje hebben; **de ~** apart gehouden, reserve-; **vivres de ~** reservevoorraad levensmiddelen **2** *(discrétion)* terughoudendheid *nf*; **être sur la ~** op z'n hoede zijn **3** *(généralement plur.) (restrictions)* voorbehoud *het (uniquement sing.)*; **sous toutes ~s** onder voorbehoud; **faire des ~s sur qch** een slag om de arm houden mbt. iets **4** *(zone protégée)* reservaat *het* **5** *(milit.)* reserve *de*
réservé *adj* **1** *(+ à) (attribué à)* gereserveerd (voor) **2** *(discret)* terughoudend
réserver[1] *vt* **1** *(mettre de côté)* bewaren **2** *(louer)* reserveren **3** *(destiner, ménager)* in petto houden; **personne ne sait ce que l'avenir nous réserve** niemand weet wat de toekomst brengen zal
se réserver[2] *vpr* **1** *(+ de) (se conserver le droit de)* zich (het recht) voorbehouden (om) **2** *(attendre)* zich inhouden, *(sports)* zijn krachten sparen; **se ~ pour qch** zich inhouden voor iets; **je me réserve pour le dessert** ik houd een plaatsje over voor het dessert
réservoir *nm* reservoir *het*, bekken *het*; **~ d'essence** benzinetank
résidant *adj* woonachtig; **le, la ~(e)** de ingezetene
résidence *nf* **1** *(demeure)* woonplaats *de*, verblijfplaats *de* **2** *(habitation luxueuse)* luxe woningcomplex *nf*; **~ officielle** ambtswoning; **~ secondaire** tweede huis
résident, -ente *n* **1** *(haut fonctionnaire)* resident *nm* **2** *(étranger)* buitenlands ingezetene *nm*
résidentiel *adj* woon-, *(Belg.)* residentieel
résider *vi* **1** *(demeurer)* verblijf houden **2** *(+ dans, en) (consister en)* bestaan (in, uit)
résidu *nm* **1** *(aussi au fig.) (reste utilisable)* overschot *het* **2** *(reste sans valeur)* uitschot *het* **3** *(chim.)* bezinksel *het*
résignation *nf* berusting *nf*, gelatenheid *nf*
résigné *adj* berustend, gelaten
se résigner (à) *vpr* berusten (in); **se ~ à faire qch** iets met tegenzin doen
résiliation *nf* ontbinding *nf*
résilier *vt* ontbinden
résille *nf* haarnetje *het*
résine *nf* hars *het/de (m)*
résineux *adj* harshoudend; **un (arbre) ~** een harsboom, naaldboom
résistance *nf* **1** *(opposition)* weerstand *nm*, tegenstand *nm* **2** *(refus de capituler)* verzet *het*; **la Résistance** het verzet **3** *(endurance)* uithoudingsvermogen *het* **4** *(puissance)* weerstandsvermogen *het*; **~ au feu** vuurvastheid **5** *(phys.)* weerstand *nm*
résistant *adj* **1** *(choses)* stevig **2** *(personnes)* sterk, taai **3** *(+ à) (qui supporte qch)* bestendig; **~ au feu** vuurvast **4** *(rebelle)* opstandig; **le, la ~(e)** de verzetsstrijd(st)er
résister (à) *vi* **1** *(lutter contre)* zich verzetten (tegen) **2** *(tenir bon)* weerstaan, niet bezwijken (voor) **3** *(supporter)* bestand zijn (tegen); **~ à l'eau** waterafstotend zijn; **~ au feu** vuurvast zijn; **~ aux intempéries** weerbestendig zijn
résolu *adj* vastberaden
résolument *adv* **1** *(fermement)* vastberaden **2** *(absolument)* (zeer) beslist
résolution *nf* **1** *(décision)* besluit *het*; **prendre de bonnes ~s** goede voornemens opvatten **2** *(pol.)* resolutie *nf* **3** *(fermeté)* vastberadenheid *nf* **4** *(math.)* (het) oplossen **5** *(jur.)* verbreking *nf*
résonance *nf* **1** *(écho)* weerklank *nm*, nagalm *nm*; **caisse de ~** klankbodem, klankversterker **2** *(fig.) (effet)* weerklank *nm*, indruk *nm* **3** *(phys.)* resonantie *nf*
résonner *vi* **1** *(produire un son)* (weer)klinken **2** *(retentir)* galmen, resoneren *(aussi phys.)*
résorber[1] *vt* **1** *(absorber)* doen verdwijnen **2** *(méd.)* resorberen
se résorber[2] *vpr* **1** *(disparaître)* verdwijnen **2** *(méd.)* geresorbeerd worden
résorption *nf* **1** *(suppression)* geleidelijke verdwijning *nf* **2** *(méd.)* resorptie *nf*
résoudre[1] *vt* **1** *(donner la solution de)* oplossen **2** *(+ de) (décider de)* besluiten (te) **3** *(+ à) (convaincre de)* overhalen (te, tot) **4** *(phys.)* oplossen
se résoudre[2] *vpr* **1** *(+ à) (se décider à)* besluiten (te) **2** *(disparaître)* verdwijnen
respect *nm* **1** *(déférence)* eerbied *nm*, ontzag *het*; **manquer de ~ à, envers qn** zich tegenover iem onbehoorlijk gedragen; **par ~ pour** uit eerbied voor **2** *(application d'une règle)* naleving *nf* **3** *(plur.) (hommages)* (beleefde) groeten *plur*
respectable *adj* **1** *(digne de respect)* achtenswaardig **2** *(important)* aanzienlijk
respecter[1] *vt* **1** *(honorer)* respecteren, eren; **se faire ~** respect afdwingen **2** *(observer)* zich houden aan **3** *(épargner)* ontzien; **~ le sommeil d'autrui** andermans nachtrust niet verstoren
se respecter[2] *vpr (conserver l'estime)* zich, elkaar respecteren; **tout Français qui se respecte** elke rechtgeaarde Fransman
respectif *adj* respectievelijk
respectueux *adj* eerbiedig; **être ~ de qch** iets in acht nemen
respirable *adj* (geschikt om) in te ademen; *(fig.)* **l'atmosphère n'est pas ~ ici** de sfeer is hier onverdraaglijk
respiration *nf* **1** *(fait de respirer)* ademhaling *nf*; **perdre la ~** buiten adem raken; **re-**

prendre sa ~ weer op adem komen **2** *(inhalation)* (het) inademen
respiratoire *adj* ademhalings-
respirer[1] *vi* **1** *(absorber l'air)* (in)ademen **2** *(se reposer)* weer op adem komen **3** *(être soulagé)* zich opgelucht voelen
respirer[2] *vt* **1** *(inhaler)* (in)ademen **2** *(exprimer)* getuigen van; ~ **la santé** blaken van gezondheid
resplendir *vi* schitteren, stralen *(aussi au fig.)*
resplendissant *adj* schitterend, *(fig.)* stralend
responsabilité *nf* **1** *(charge morale)* verantwoordelijkheid *nf;* **rejeter sur qn la ~ de qch** iem de verantwoordelijkheid voor iets op de nek schuiven **2** *(jur.)* aansprakelijkheid *nf;* ~ **civile** wettelijke aansprakelijkheid, burgerlijke aansprakelijkheid *(Belg.n.)* **3** *(méd.)* toerekeningsvatbaarheid *nf* **4** *(haute fonction)* verantwoordelijke positie *nf*
responsable *adj* **1** *(au sens moral)* verantwoordelijk (voor); **le, la** ~ de verantwoordelijke persoon, *(dans une entreprise)* de leider; **rendre qn ~ de** iem aansprakelijk stellen voor; **rendre, tenir qn ~ de qch** iem voor iets verantwoordelijk stellen **2** *(jur.)* aansprakelijk; **le, la** ~ de schuldige, de dader **3** *(psycho.)* toerekeningsvatbaar
resquiller *vi* **1** *(frauder)* binnengaan zonder te betalen, *(transports)* zwartrijden **2** *(se faufiler)* voordringen
resquilleur, -euse *n* **1** *(qui fraude)* klap|loper, -loopster *nm,f,* *(transports)* zwart|rijder, -rijdster *nm,f* **2** *(qui se faufile)* voordring(st)er *nm (nf)*
ressaisir[1] *vt* weer pakken
se ressaisir[2] *vpr* **1** *(se reprendre)* zichzelf weer meester worden, zijn zelfbeheersing terugvinden **2** *(+ de) (jur.)* weer in bezit nemen
ressasser *vt* **1** *(remâcher)* herkauwen *(fig.)*, steeds weer denken aan **2** *(rabâcher)* tot vervelens toe herhalen
ressemblance *nf* **1** *(similitude)* gelijkenis *nf;* **je lui trouve une ~ avec son frère** ik vind dat hij op zijn broer lijkt **2** *(plur.)* *(concordances)* punten *plur* van overeenkomst
ressemblant *adj* (goed) gelijkend, *(plur.)* op elkaar lijkend
ressembler[1] **(à)** *vi (avoir de la ressemblance)* lijken (op), overeenkomst vertonen (met); **ne ~ à rien** origineel zijn, *(péj.)* nergens naar lijken ♦ **cela lui ressemble tout à fait** dat is net iets voor hem, haar
se ressembler[2] *vpr* **1** *(être identique)* dezelfde zijn **2** *(être semblable)* op elkaar lijken; *(prov)* **qui se ressemble, s'assemble** soort zoekt soort
ressemeler *vt* verzolen
ressentiment *nm* wrok *nm*
ressentir[1] *vt (éprouver)* (ge)voelen, koesteren
se ressentir[2] **(de)** *vpr* **1** *(subir l'influence de)* de (nadelige) gevolgen ondervinden (van) **2** *(continuer à sentir l'effet de)* de sporen vertonen (van)
resserrer[1] *vt* **1** *(diminuer)* kleiner maken **2** *(contracter)* samentrekken **3** *(serrer davantage)* nauwer toehalen, strakker aantrekken *(aussi au fig.)*
se resserrer[2] *vpr* **1** *(devenir plus étroit)* nauwer worden **2** *(être serré davantage)* strakker aangehaald worden; **relations qui se resserrent** verhouding die hechter wordt **3** *(au sens moral)* ineenkrimpen **4** *(se rapprocher)* dicht bij elkaar gaan zitten
resservir[1] *vi (être encore utilisable)* weer dienstdoen, weer van nut zijn
resservir[2] *vt (servir de nouveau)* weer opdienen, *(fig.)* weer voor de voeten werpen
se resservir[3] **(de)** *vpr (se servir de nouveau de)* weer gebruik maken (van)
ressort *nm* **1** *(mécanisme)* veer *de* **2** *(résistance)* energie *nf;* **avoir du ~** tegen een stootje kunnen **3** *(domaine)* rechtsgebied *het* **4** *(compétence)* (rechts)bevoegdheid *nf;* **cela n'est pas de mon ~** dat behoort niet tot mijn bevoegdheid, (vak)gebied ♦ **en dernier ~** in laatste instantie, uiteindelijk
ressortir[1] **(à)** *vi* ressorteren (onder), vallen (onder)
ressortir[2] *vi* **1** *(sortir à nouveau)* weer uitgaan, weer naar buiten gaan **2** *(paraître nettement)* opvallen; **faire ~ qch** iets goed doen uitkomen **3** *(+ de) (découler de)* voortvloeien (uit); **il ressort de qch que** uit iets blijkt dat
ressortissant, -ante *n* onderdaan *nm*, staatsburger *nm*
ressource *nf* **1** *(expédient)* (hulp)middel *het;* **être sans ~** reddeloos (verloren) zijn **2** *(plur.)* *(moyens financiers)* (bestaans)middelen *plur;* **être sans ~s** onbemiddeld zijn **3** *(plur.)* *(richesses)* hulpbronnen *plur*, rijkdommen *plur* **4** *(plur.)* *(capacités)* capaciteiten *plur;* **avoir de la ~** zich overal doorheen kunnen slaan **5** *(plur.)* *(possibilités)* mogelijkheden *plur*
se ressourcer *vpr* nieuwe inspiratiebronnen aanboren
ressusciter[1] *vi* **1** *(revivre)* herleven **2** *(relig.)* (uit de dood) opstaan, verrijzen
ressusciter[2] *vt* **1** *(faire revivre)* doen herleven, nieuw leven inblazen **2** *(réanimer)* uit de dood opwekken, *(méd.)* reanimeren
restant *adj* resterend; **le ~** het restant, *(montant)* het resterende bedrag
restaurant, restau, resto *nm* restaurant *het;* ~ **universitaire** mensa
restaurateur, -trice *n* **1** *(dans l'hôtellerie)* restaurateur *nm* **2** *(d'œuvres d'art)* restaurateur *nm*
restauration *nf* **1** *(réfection)* restauratie *nf* **2** *(alimentation)* restaurantbedrijf *het*
restaurer[1] *vt* **1** *(remettre en état)* restaureren **2** *(remettre en honneur)* herstellen
se restaurer[2] *vpr (se nourrir)* een hapje eten
reste *nm* **1** *(reliquat)* rest *de*, overschot

het; **ne pas demander son** ~ zich uit de voeten maken; ~ **d'espoir** sprankje hoop; **sans parler du** ~ om over de rest maar te zwijgen **2** *(restant)* rest *de*, overige *het;* **au** ~, **du** ~ overigens; **et (tout) le** ~ enzovoort; **pour le** ~, **quant au** ~ wat de rest betreft **3** *(plur.) (vestiges)* resten *plur* **4** *(plur.) (dépouille)* stoffelijk overschot *het (sing.)* ♦ **être, demeurer en** ~ in gebreke blijven; **pour ne pas être en** ~ om niet achter te blijven

rester *vi* **1** *(continuer d'être)* blijven; ~ **en arrière** achterblijven; ~ **debout** blijven staan; ~ **en panne** pech hebben; **en** ~ **à qch** niet verder komen dan iets; **ne pas** ~ **en place** niet stil kunnen zitten; **où en sommes-nous restés?** waar zijn we gebleven?; **restons-en là pour aujourd'hui** laten we het voor vandaag daarbij houden; **il n'en reste pas moins que** desalniettemin; **(il) reste que** toch; ~ **sans bouger** roerloos blijven staan, zitten; ~ **tout un jour sans manger** een dag lang niet eten; *(fig.)* **cela me reste sur le cœur, l'estomac** dat ligt me zwaar op de maag; **y** ~ erin blijven **2** *(subsister)* overblijven; ~ **à faire** gedaan moeten worden; **reste à savoir si** blijft nog de vraag of; **il me reste trois euros** ik heb nog drie euro; **il ne me reste plus qu'à vous remercier** rest mij slechts u te bedanken **3** *(persister)* blijven bestaan

restituer *vt* **1** *(rendre)* teruggeven, *(de l'argent)* terugbetalen **2** *(rétablir)* reconstrueren

restitution *nf* **1** *(retour)* teruggave *de*, *(de l'argent)* terugbetaling *nf* **2** *(reconstruction)* reconstructie *nf*

restreindre[1] *vt* beperken

se restreindre[2] *vpr* zich beperken

restreint (à) *adj* beperkt (tot); **sens** ~ **d'un mot** engere betekenis van een woord

restrictif *adj* beperkend

restriction *nf* **1** *(limitation)* beperking *nf;* **sans** ~ zonder voorbehoud **2** *(plur.) (rationnement)* rantsoenering *nf* ♦ **faire des** ~**s** kritiek leveren

restructurer *vt* herstructureren

résultat *nm* **1** *(effet)* resultaat *het*, gevolg *het;* **avoir pour** ~ ten gevolge hebben; **donner des** ~**s** vruchten afwerpen; **sans** ~ tevergeefs, zonder resultaat, *(sports)* onbeslist **2** *(plur.) (bénéfices)* saldo *het*

résulter (de) *vi* volgen (uit), voortvloeien (uit); **qu'en** ~**a-t-il?** wat zal daar uit voortkomen?

résumé *nm* samenvatting *nf;* **en** ~ in het kort

résumer[1] *vt (abréger)* samenvatten

se résumer[2] *vpr* **1** *(récapituler)* kort samenvatten wat men zelf gezegd heeft **2** *(se réduire à)* zich laten samenvatten

résurrection *nf* **1** *(relig.)* opstanding *nf*, verrijzenis *nf* **2** *(renaissance)* herleving *nf*

rétablir[1] *vt* **1** *(établir de nouveau)* herstellen, weer invoeren; ~ **les faits, la vérité** de ware toedracht vaststellen **2** *(rendre la santé)* gezond maken

se rétablir[2] *vpr* **1** *(revenir)* terugkeren **2** *(guérir)* herstellen

rétablissement *nm* **1** *(action de rétablir)* herstel *het* **2** *(guérison)* herstel *het*, genezing *nf*

retaper[1] *vt* **1** *(d'un lit)* recht trekken **2** *(arranger, réparer)* opknappen **3** *(requinquer)* opkikkeren

se retaper[2] *vpr* opknappen, opkikkeren

retard *nm* **1** *(arrivée trop tardive)* vertraging *nf;* **en** ~ te laat, *(Belg.)* laattijdig **2** *(action trop lente)* achterstand *nm;* **avoir du** ~ achter zijn bij zijn tijd; **loyer en** ~ achterstallige huur; **être en** ~ **sur les idées de son temps** niet met zijn tijd zijn meegegaan; **prendre du** ~ *(d'une personne)* achteropraken, *(train)* vertraging krijgen **3** *(délai)* uitstel *het;* **sans** ~ zonder dralen **4** *(d'une montre)* (het) achterlopen

retardataire *adj* **1** *(qui arrive en retard)* te laat komend; **le, la** ~ de laatkomer **2** *(qui a du retard sur son temps, son âge)* achterblijvend, in zijn ontwikkeling achtergebleven; **des idées** ~**s** verouderde ideeën

retardé *adj* **1** *(mis en retard)* uitgesteld **2** *(resté en attente)* achtergebleven; **un** ~ een achterlijk kind

retardement ♦ *(adv.)* **à** ~ met vertraging; **comprendre qch à** ~ iets pas achteraf begrijpen

retarder[1] *vi* **1** *(d'une montre)* achterlopen **2** *(arriver en retard)* later komen **3** *(n'être pas au courant)* achterlopen

retarder[2] *vt* **1** *(ralentir)* ophouden; ~ **qn dans son travail** iem van zijn werk houden **2** *(changer l'heure)* achteruitzetten **3** *(ajourner)* uitstellen

retenir[1] *vt* **1** *(ne pas lâcher)* tegenhouden, vasthouden; ~ **qn à dîner** iem vragen om te blijven eten; ~ **qn captif** iem gevangen houden; **je ne vous retiens plus** ik houd u niet langer op **2** *(maîtriser)* inhouden; ~ **ses larmes** zijn tranen bedwingen **3** *(garder à l'esprit)* onthouden; **je le retiens** die hoort nog van me **4** *(maintenir en place)* op zijn plaats houden **5** *(réserver)* bespreken **6** *(déduire)* inhouden

se retenir[2] *vpr* **1** *(s'accrocher)* zich vasthouden **2** *(se maîtriser)* zich inhouden; **ne pas pouvoir se** ~ **de** niet kunnen nalaten om **3** *(des besoins naturels)* het ophouden **4** *(être retenu)* onthouden worden

retentir *vi* **1** *(résonner)* weerklinken **2** *(+ sur) (avoir des conséquences)* een uitwerking hebben (op), terugwerken (op)

retentissant *adj* **1** *(sonore)* luid **2** *(éclatant)* opzienbarend

retentissement *nm* **1** *(bruit)* weerklank *nm* **2** *(répercussion)* weerslag *nm*, uitwerking *nf*

retenue *nf* **1** *(le fait de retenir)* (het) afhouden *(de l'argent)*, (het) vasthouden *(par la douane);* ~ **de salaire** inhouding (op salaris) **2** *(discrétion)* terughoudendheid *nf;* **manquer de** ~ niet terughoudend genoeg zijn; **sans** ~ onbeheerst **3** *(punition)* (het) schoolblijven; **être en** ~ moeten nablijven **4** *(lac artificiel)* (het) stuwen; ~ **d'eau** stuwdam

réticence *nf* aarzeling *nf*

réticent *adj* **1** *(hésitant)* aarzelend **2** *(réservé)* die iets verzwijgt

rétif *adj* koppig

rétine *nf* netvlies *het*

retiré *adj* **1** *(loin du monde)* teruggetrokken **2** *(à la retraite)* met pensioen **3** *(isolé)* afgelegen

retirer[1] *vt* **1** *(enlever)* afnemen **2** *(quitter)* uitdoen *(vêtements)*, afzetten *(chapeau)* **3** *(faire sortir de)* halen (uit, van); ~ **de la vente** uit de verkoop nemen **4** *(tirer en arrière)* terugtrekken; ~ **ce qu'on a dit** terugnemen wat men gezegd heeft **5** *(obtenir)* (ver)krijgen, *(avantage, bénéfice)* halen

se retirer[2] *vpr* **1** *(partir)* weggaan **2** *(s'isoler)* zich terugtrekken; **se ~ à la campagne** buiten gaan wonen; **se ~ des affaires** zijn zaken aan kant doen **3** *(reculer)* teruglopen *(mer)*; **la mer se retire** het is eb **4** *(rentrer)* naar huis gaan **5** *(prendre sa retraite)* met pensioen gaan

retombée *nf* **1** *(action de retomber)* (het) weer vallen; **~s radioactives** radioactieve neerslag, fall-out **2** *(plur.) (répercussion)* (schadelijke) gevolgen *plur*

retomber *vi* **1** *(tomber de nouveau)* weer vallen; ~ **sur ses pieds** op zijn pootjes terechtkomen **2** *(cesser de se soutenir)* terugvallen **3** *(pendre)* neerhangen **4** *(incomber (à))* neerkomen (op); **la responsabilité retombe sur moi** de verantwoordelijkheid rust weer op mij **5** *(revenir sur)* weer vervallen (in); ~ **dans l'oubli** in vergetelheid raken ♦ ~ **malade** weer ziek worden

rétorquer *vt* scherp antwoorden

rétorsion *nf* vergelding *nf*; **mesures de ~** tegenmaatregelen

retouche *nf* **1** *(phot.)* retouche *de* **2** *(de vêtements)* (het) passend maken **3** *(d'un texte)* omwerking *nf*

retoucher *vt* **1** *(phot.)* retoucheren **2** *(de vêtements)* passend maken **3** *(d'un texte)* omwerken

retour *nm* **1** *(le fait de retourner)* terugkeer *nm*, terugkomst *nf*; **à son ~** bij, na zijn terugkeer; *(fig.)* ~ **à la case départ** terug naar af; **être de ~** terug zijn; **de ~ chez lui** (weer) thuisgekomen; **en ~** daarvoor (in ruil); ~ **en arrière** terugblik, *(cin.)* flashback; *(fig.)* ~ **de manivelle** terugslag; *(sports)* **match ~** returnwedstrijd, *(Belg.)* terugronde; **sans ~** voor altijd **2** *(renvoi)* (het) terugsturen; ~ **à l'envoyeur** retour afzender; **par ~ (du courrier)** per omgaande **3** *(réponse)* beantwoording *nf*; **payer qn de ~** iemands gevoelens beantwoorden

retournement *nm* **1** *(transformation d'une situation)* omkering *nf* **2** *(revirement)* verandering *nf* van houding, mening

retourner[1] *vi* **1** *(rentrer)* terugkeren (naar), teruggaan (naar); ~ **à son propos** de draad (van een verhaal) hervatten; ~ **à son travail** weer beginnen te werken; ~ **sur** terugkomen op **2** *(aller de nouveau qqp.)* weer gaan (naar) **3** *(revenir à qn)* terugvallen (aan) ♦ **savoir de quoi il retourne** weten waar het om gaat

retourner[2] *vt* **1** *(tourner en sens contraire)* omkeren; ~ **la terre** de grond omspitten; ~ **la tête** omkijken **2** *(bouleverser)* van streek brengen **3** *(arme)* richten **4** *(renvoyer)* terugsturen; ~ **une remarque à qn** iem ad rem antwoorden

se retourner[3] *vpr* **1** *(changer de position)* zich omkeren; **s'en ~** terugkeren; **se ~ sur le dos** zich op zijn rug draaien; **la voiture s'est retournée** de auto is over de kop geslagen **2** *(regarder en arrière)* omkijken **3** *(+ vers) (s'adresser à)* zich wenden (tot) ♦ **se ~ contre** zich keren tegen; **laisse-moi le temps de me ~** laat me nou even op verhaal komen

retracer *vt* **1** *(raconter)* (levendig) beschrijven **2** *(redessiner)* overtekenen

se rétracter *vpr* **1** *(se dédire)* zijn woorden terugnemen **2** *(se contracter)* ineenkrimpen

retrait *nm* **1** *(milit.)* (het) zich terugtrekken **2** *(d'argent)* (het) opnemen **3** *(de bagages)* (het) afhalen **4** *(action de retirer)* (het) intrekken **5** *(d'une candidature)* terugtrekking *nf* ♦ *(fig.)* **rester en ~** zich op de achtergrond houden

retraite *nf* **1** *(pension)* pensioen(geld) *het*, AOW(-uitkering) *nf*; **âge de la ~** pensioengerechtigde leeftijd; ~ **anticipée** vervroegd pensioen, VUT; **être à la ~** met pensioen zijn; **mettre qn à la ~** iem pensioneren; **prendre sa ~** met pensioen gaan **2** *(milit.)* aftocht *nm; (aussi au fig.)* **battre en ~** zich terugtrekken, de aftocht blazen; ~ **aux flambeaux** fakkeloptocht **3** *(isolement)* afzondering *nf* **4** *(refuge)* schuilplaats *de*

retraité *adj* gepensioneerd; **le, la ~(e)** de gepensioneerde, AOW'er

retranchement *nm* verschansing *nf*; *(fig.)* **poursuivre qn dans ses (derniers) ~s** iem 't vuur na aan de schenen leggen

retrancher[1] *vt* **1** *(rayer)* schrappen **2** *(soustraire)* aftrekken, inhouden *(argent)*

se retrancher[2] *vpr (se protéger)* zich verschansen

retransmettre *vt* **1** *(une nouvelle)* overbrengen **2** *(diffuser de nouveau)* opnieuw uitzenden, herhalen **3** *(diffuser sur un autre réseau)* doorzenden

retransmission *nf* (her)uitzending *nf*

rétréci *adj* **1** *(étoffe)* gekrompen **2** *(route)* versmald **3** *(esprit)* bekrompen

rétrécir[1] *vi (rapetisser)* krimpen

rétrécir[2] *vt (diminuer)* vernauwen, innemen *(vêtement)*

se rétrécir[3] *vpr* **1** *(se resserrer)* zich vernauwen, smaller worden **2** *(abstr.)* bekrompen worden

rétrécissement *nm* **1** *(de vêtements)* (het) krimpen **2** *(de la chaussée)* vernauwing *nf*

rétribuer *vt* betalen

rétribution *nf* betaling *nf*; **moyennant ~** tegen honorarium

rétro *nm* **1** *(style passé)* nostalgie *nf*; **mode**

~ nostalgische mode **2** *(rétroviseur)* (achteruitkijk)spiegel *nm*
rétroactif *adj (adj.)* terugwerkend, *(adv.)* met terugwerkende kracht
rétrofusée *nf* remraket *de*
rétrograde *adj* **1** *(allant en arrière)* achteruitgaand **2** *(réactionnaire)* reactionair, ouderwets
rétrograder[1] *vi* **1** *(milit.)* zich terugtrekken **2** *(auto)* terugschakelen **3** *(régresser)* teruggaan, achteruitgaan
rétrograder[2] *vt (déclasser)* degraderen
rétroprojecteur *nm* overheadprojector *nm*
rétrospectif *adj* **1** *(qui regarde en arrière)* terugblikkend; **la rétrospective** *(exposition)* de overzichtstentoonstelling, *(films, etc.)* het historisch overzicht **2** *(qui arrive après coup)* achteraf optredend
retroussé *adj* opgestroopt, opgetrokken
retrousser *vt (relever)* opstropen
retrouvailles *nf* weerzien *het (uniquement sing.)*
retrouver[1] *vt (trouver à nouveau)* weer vinden, terugvinden; **je ne peux ~ son nom** zijn naam wil me niet te binnen schieten; **je viens te ~ dans une heure** over een uur ben ik weer (bij je) terug
se retrouver[2] *vpr* **1** *(se trouver à nouveau)* zich weer bevinden **2** *(son chemin)* de weg kennen; **se ~ dans qch** uit iets wijs worden; **s'y ~** eruit komen **3** *(se rencontrer à nouveau)* elkaar terugvinden; **on se ~a** we spreken elkaar nog wel; **tiens! comme on se retrouve!** dat we elkaar op deze manier terugzien! **4** *(exister ailleurs)* voorkomen
rétroviseur *nm* achteruitkijkspiegel *nm*
réunifier *vt* herenigen
réunion *nf* **1** *(assemblage)* samenvoeging *nf* **2** *(assemblée)* bijeenkomst *nf*, vergadering *nf*; ~ **de parents d'élèves** ouderavond
réunir[1] *vt* **1** *(mettre ensemble)* verenigen **2** *(comporter)* in zich verenigen; ~ **toutes les conditions** alle voorwaarden vervullen
se réunir[2] *vpr (s'associer; se retrouver)* bijeenkomen, zich verenigen
réussi *adj* (goed) geslaagd *(aussi iron.)*
réussir[1] *vi (avoir un bon résultat)* slagen; ~ **à faire qch** erin slagen iets te doen; **l'air de la mer lui a réussi** de zeelucht is hem (haar) goed bekomen
réussir[2] *vt (exécuter avec succès)* tot een goed einde brengen; ~ **un but** een doelpunt maken; **il a réussi son coup** het is hem gelukt; ~ **un examen** voor een examen slagen
réussite *nf* **1** *(bon résultat)* (het) slagen, succes *het* **2** *(jeu de cartes)* patiencespel *het*
revaloir *vt* **1** *(sens positif)* terugdoen **2** *(sens négatif)* betaald zetten
revalorisation *nf* **1** *(écon.)* waardestijging *nf* **2** *(abstr.)* opwaardering *nf*
revaloriser *vt* **1** *(écon.)* in waarde doen stijgen **2** *(abstr.)* opwaarderen
revanche *nf* **1** *(vengeance)* wraak *de*; **à charge de ~** op voorwaarde van gelijke tegenprestatie **2** *(sports)* revanche *de* **3** *(compensation)* compensatie *nf* ♦ **en ~** daarentegen
rêvasser *vi* dromen
rêve *nm* droom *nm*; **fais de beaux ~s!** droom maar lekker!; **voiture de ~** droomauto; **en ~** in een droom; **c'est le ~** het is ideaal; **mauvais ~** nare droom
rêvé *adj* droom-, ideaal
revêche *adj* stug, nors
réveil *nm* **1** *(sortie du sommeil)* (het) wakker worden, (het) ontwaken *(aussi au fig.)*; **au ~** bij het ontwaken; **avoir le ~ pénible** moeilijk wakker worden **2** *(réveille-matin)* wekker *nm*
réveiller[1] *vt (éveiller)* wekken, doen ontwaken *(aussi au fig.)*; **être réveillé** wakker zijn; ~ **des souvenirs** herinneringen oproepen
se réveiller[2] *vpr* **1** *(s'éveiller)* wakker worden **2** *(reprendre vigueur)* weer opleven
réveillon *nm* feestmaal *het* (op kerst- of oudejaarsavond)
réveillonner *vi* 'réveillon' houden
réveille-matin *nm* wekker *nm*
révélateur *adj* onthullend; *(phot.)* **le ~** de ontwikkelaar
révélation *nf* **1** *(psycho., relig.)* openbaring *nf*; **avoir une ~** een plotseling inzicht hebben **2** *(personne brillante)* ontdekking *nf* **3** *(divulgation)* onthulling *nf*
révéler[1] *vt* **1** *(faire connaître)* openbaren, onthullen **2** *(témoigner de)* wijzen op
se révéler[2] *vpr* **1** *(se manifester)* zich openbaren **2** *(s'avérer)* blijken
revenant, -ante *n* geest *nm*
revendeur, -euse *n (écon.)* **1** *(détaillant)* detailhandelaar(ster) *nm (nf)* **2** *(brocanteur)* opkoper, opkoopster *nm,f* **3** *(dealer)* dealer *nm*
revendication *nf* eis *nm*
revendiquer *vt* eisen
revendre *vt* (weer) verkopen, doorverkopen ♦ **avoir de l'humour à ~** ontzettend geestig zijn
revenir *vi* **1** *(rentrer, retourner)* terugkomen; *(fig.)* ~ **de loin** oog in oog met de dood gestaan hebben; ~ **de l'école** uit school komen; ~ **sur ses pas** op zijn schreden terugkeren **2** *(+ à) (reprendre)* terugkomen (tot); ~ **à son sujet** op zijn onderwerp terugkomen; ~ **à ses études** zijn studie weer oppakken; **nous y reviendrons** we zullen daarop terugkomen **3** *(+ à) (se présenter à l'esprit)* te binnen schieten **4** *(+ à) (échoir à)* toekomen (aan); **cet honneur vous revient** die eer komt u toe **5** *(+ à) (plaire à)* bevallen; **sa tête ne me revient pas** zijn gezicht bevalt me niet **6** *(+ à) (équivaloir à)* neerkomen (op); **ça revient à dire que ...** het komt erop neer dat ...; **ça revient au même** dat komt op hetzelfde neer **7** *(+ à) (coûter)* kosten; **cela vous revient à quinze euros** dat kost alles

bij elkaar vijftien euro; ~ **cher** duur zijn **8** *(+ de) (sortir d'un état, d'une erreur, etc.)* terugkomen (van); ~ **de ses illusions** zijn illusies laten varen; **n'en pas** ~ stomverbaasd zijn **9** *(+ sur) (examiner à nouveau)* terugkomen (op); **à quoi bon** ~ **là-dessus** het heeft geen zin om daar op terug te komen **10** *(+ sur) (annuler)* terugkomen (van); ~ **sur une décision** van een besluit terugkomen; ~ **sur ses déclarations** op zijn verklaringen terugkomen ♦ ~ **à la vie,** ~ **à soi** weer bijkomen; **ses forces lui revenaient progressivement** hij kreeg langzamerhand zijn krachten terug

revente *nf* doorverkoop *nm*

revenu *nm* inkomen *het;* ~ **minimum d'insertion, RMI** (bijstands)uitkering

rêver[1] *vi* dromen; ~ **à** (vaag) denken aan; **on croit** ~ het is niet te geloven; ~ **de** ervan dromen om te; **il en rêve la nuit** het houdt hem dag en nacht bezig

rêver[2] *vt (souhaiter)* dromen van, over, (hevig) verlangen naar

réverbération *nf* **1** *(du son)* weerkaatsing *nf* **2** *(de la lumière)* weerschijn *nm* **3** *(de la chaleur)* (af)straling *nf*

réverbère *nm* (straat)lantaarn *de*

révérence *nf* **1** *(salut)* buiging *nf* **2** *(déférence)* eerbied *nm*

rêverie *nf* **1** *(songerie)* dromerij *nf* **2** *(illusion)* hersenschim *de*

revers *nm* **1** *(envers)* achterkant *nm;* **le** ~ **de la main** de rug van de hand **2** *(sur un vêtement)* omslag *het/de (m)* **3** *(échec)* tegenspoed *nm* **4** *(sports)* backhand *nm* ♦ **prendre à, de** ~ in de rug aanvallen

reverser *vt* **1** *(verser de nouveau)* opnieuw gieten **2** *(remettre dans qch)* teruggieten **3** *(de l'argent)* terugstorten

réversible *adj* omkeerbaar

revêtement *nm* **1** *(protection)* bekleding *nf;* ~ **de sol** vloerbedekking **2** *(d'un chemin)* wegdek *het*

revêtir *vt* **1** *(recouvrir)* bekleden (met), bedekken (met) **2** *(+ de) (investir de)* bekleden (met) **3** *(mettre un vêtement)* aantrekken ♦ ~ **une grande importance** erg belangrijk zijn

rêveur *adj* dromerig; **le** ~ de dromer ♦ **laisser qn** ~ iem verbluft doen staan

revigorer *vt* nieuwe kracht geven; **cela va vous ~!** daar zul je van opknappen!

revirement *nm* ommekeer *nm*, ommezwaai *nm;* **provoquer un** ~ **d'opinion** een ommekeer in de opinie veroorzaken

réviser *vt* **1** *(modifier)* herzien **2** *(une voiture, etc.)* reviseren **3** *(revoir)* opnieuw bestuderen ♦ ~ **un procès** een zaak opnieuw in behandeling nemen

révision *nf* **1** *(modification)* herziening *nf* **2** *(correction)* correctie *nf* **3** *(jur.)* revisie *nf*, herziening *nf* **4** *(d'un véhicule, etc.)* revisie *nf* **5** *(d'un programme d'études)* herhaling *nf*

revivre[1] *vi (vivre de nouveau)* herleven, weer opleven; **se sentir** ~ voelen dat zijn krachten terugkomen

revivre[2] *vt (ressentir de nouveau)* nogmaals beleven, opnieuw doormaken

révocation *nf* **1** *(abolition)* herroeping *nf* **2** *(destitution)* ontslag *het*

revoir[1] *nm* ♦ **au** ~ tot ziens

revoir[2] *vt* **1** *(voir de nouveau)* weerzien, terugzien **2** *(examiner de nouveau)* herzien *(aussi jur.);* **à** ~ nog na te zien **3** *(revivre en esprit)* in gedachten opnieuw beleven **4** *(retourner dans)* terugkeren naar

se revoir[3] *vpr (se retrouver)* elkaar, zichzelf terugzien

révoltant *adj* schandelijk

révolte *nf* opstand *nm*

révolté *adj* **1** *(en révolte)* opstandig; **le, la ~(e)** de opstandeling(e) **2** *(indigné)* diep verontwaardigd

révolter[1] *vt* **1** *(indigner)* choqueren **2** *(soulever)* in opstand brengen

se révolter[2] *vpr* **1** *(se rebeller)* in opstand komen **2** *(s'indigner)* verontwaardigd worden

révolu *adj* verlopen; **à dix-huit ans ~s** na het verstrijken van het achttiende levensjaar; **avoir quarante ans ~s** de veertig gepasseerd zijn

révolution *nf* **1** *(transformation de la société)* revolutie *nf* **2** *(rotation)* omwenteling *nf* **3** *(forces révolutionnaires)* revolutionaire krachten *plur*

révolutionnaire *adj* revolutionair; **le, la** ~ de revolutionair(e)

révolutionner *vt* **1** *(transformer)* radicaal veranderen **2** *(émouvoir)* van streek maken

revolver *nm* revolver *nm*

révoquer *vt* **1** *(abroger)* herroepen **2** *(destituer qn)* afzetten

revue *nf* **1** *(magazine)* tijdschrift *het* **2** *(examen)* overzicht *het;* **faire la** ~ **de qch** iets doorlopen; **passer en** ~ **qch** iets de revue laten passeren **3** *(milit.)* inspectie *nf* **4** *(spectacle)* revue *de*

se révulser *vpr* **1** *(visage)* vertrekken **2** *(yeux)* rollen

rez-de-chaussée *nm* begane grond *nm;* **au** ~ gelijkvloers

rhabiller[1] *vt* opnieuw aankleden

se rhabiller[2] *vpr (s'habiller de nouveau)* zich opnieuw aankleden; **il peut aller se** ~ die kan wel inpakken; **va te ~!** hoepel op!

rhésus *nm* resusaap *nm* ♦ **facteur** ~ resusfactor

rhétorique *nf* **1** *(art de bien parler)* retorica *nf;* **figures de** ~ retorische figuren **2** *(péj.)* retoriek *nf* ♦ *(f.B.)* **classe de** ~ retorica(klas)

Rhin *nm* Rijn *nm*

rhinocéros *nm* neushoorn *nm*

rhododendron *nm* rododendron *nm*

rhubarbe *nf* rabarber(plant) *de*

rhum *nm* rum *nm*

rhumatisme *nm* reuma(tiek) *het (nf)*

rhume *nm* verkoudheid *nf;* **attraper un** ~ verkouden worden; ~ **de cerveau** neusverkoudheid; ~ **des foins** hooikoorts

riant *adj* vrolijk

ribambelle *nf* rist *de, (Belg.)* resem *nm*
ricaner *vi* **1** *(rire méchamment)* grijnzen **2** *(rire bêtement)* dom lachen
riche *adj* rijk; **aliment** ~ voedzaam levensmiddel; ~ **de, en** rijk aan; **ça fait** ~ dat staat chic; **une** ~ **idée** een uitstekend idee; **le** ~ de rijkaard; **le nouveau** ~ de parvenu; **les** ~**s** de welgestelden; **être** ~ **à millions** steenrijk zijn
richesse *nf* **1** *(fortune)* rijkdom *nm (aussi au fig.);* **ce n'est pas la** ~ het is geen vetpot **2** *(somptuosité)* kostbaarheid *nf*
richissime *adj* schatrijk
ricocher *vi* weer opspringen; **faire** ~ **des cailloux sur l'eau** steentjes over het water keilen
ricochet *nm* (het) keilen; **le caillou a fait trois** ~**s** het steentje is drie keer opgesprongen ♦ **par** ~ van de weeromstuit
rictus *nm* grijns *de*
ride *nf* **1** *(pli de la peau)* rimpel *nm* **2** *(ondulation)* rimpeling *nf*
ridé *adj* gerimpeld
rideau *nm* **1** *(tenture)* gordijn *het/de (aussi au fig.);* **doubles** ~**x** overgordijnen; ~ **de fer** (ijzeren) rolluik; *(fig.)* **tirer le** ~ **sur qch** ophouden over iets te praten; ~ **transparent** vitrage **2** *(dram.)* doek *het;* ~**!** doek!, *(fig.)* ophouden!
rider[1] *vt* **1** *(flétrir)* doen rimpelen **2** *(marquer d'ondulations)* rimpelen
se rider[2] *vpr (devenir ridé)* rimpelig worden
ridicule *adj* belachelijk; *(subst.)* **se couvrir de** ~ zich belachelijk maken; *(subst.)* **tourner qn, qch en** ~ iem/iets belachelijk maken; **le** ~ het belachelijke
ridiculiser[1] *vt* belachelijk maken
se ridiculiser[2] *vpr* zichzelf belachelijk maken
rien[1] *adv* **1** *(peu de chose)* kleinigheid *nf;* **un** ~ **l'habille** alles staat haar **2** *(+ de) (un petit peu)* een beetje; **en un** ~ **de temps** in een mum van tijd
rien[2] *pron indéf* **1** *(souvent précédé de 'ne') (aucune chose)* niets; ~ **à dire** daar valt niets tegen in te brengen; **elle n'a** ~ **d'une ingénue** zij heeft niets van het onschuldige jonge meisje; ~ **de tel** niets is er zo goed; **fille de** ~ slet; **avoir l'air de** ~ er heel onschuldig uitzien; **comme si de** ~ **n'était** alsof er niets aan de hand was; **avoir un petit bobo de** ~ **du tout** een heel klein wondje hebben; **Je vous remercie. De** ~ Dank u wel. Geen dank; ~ **du tout** helemaal niets; **ce n'est** ~ het is niets; **il n'en est** ~ er is niets van waar; **cela ne fait** ~ dat geeft niets; **on n'y peut** ~ daar, er is niets aan te doen; **plus** ~ niets meer; **il n'a** ~ **que son salaire** hij heeft alleen zijn salaris; **je ne sais** ~ ik weet van niets; **ça ne sert à** ~ dat is zinloos; *(casino)* ~ **ne va plus** rien ne va plus; **c'est cela ou** ~ het is kiezen of delen; **c'est trois fois** ~ het stelt niets voor **2** *(quelque chose)* iets ♦ ~ **que d'y penser** bij de gedachte alleen al
rieur *adj* opgewekt, vrolijk; **le** ~**, la rieuse** de lacher, lachster; **yeux** ~**s** pretogen
rigide *adj* **1** *(raide)* stijf **2** *(strict)* streng, star
rigidité *nf* **1** *(raideur)* stijfheid *nf* **2** *(rigorisme)* starheid *nf*
rigolade *nf* **1** *(amusement)* lol *de;* **prendre qch à la** ~ iets als een geintje opvatten **2** *(bagatelle)* peulenschil *de*
rigole *nf* **1** *(caniveau)* goot *de* **2** *(filet d'eau)* stroompje *het*
rigoler *vi* **1** *(rire)* lachen; **il ne faut pas** ~ **avec ça** daar moet je niet mee spotten; **pour** ~ voor de lol; **il n'y a pas de quoi** ~ er valt niks te lachen **2** *(plaisanter)* lol hebben ♦ **tu rigoles!** dat meen je niet serieus!
rigolo *adj* **1** *(amusant)* lollig; **le, la** ~**(te)** de lolbroek **2** *(étrange)* gek
rigoureux *adj* **1** *(sévère; rude)* streng; **hiver** ~ strenge winter **2** *(précis)* stipt **3** *(adv.) (absolument)* absoluut
rigueur *nf* strengheid *nf;* **être de** ~ verplicht zijn; **tenir** ~ **à qn de qch** iem iets kwalijk nemen ♦ **à la** ~ desnoods
rime *nf* rijm *het* ♦ **avoir ni** ~ **ni raison** kant noch wal raken; **sans** ~ **ni raison** onverklaarbaar
rimer *vi* rijmen; **cela ne rime à rien** dat slaat nergens op; **mot qui rime avec un autre** woord dat op een ander woord rijmt
rimmel® *nm* mascara *de*
rinçage *nm* (het) (om)spoelen
rince-doigts *nm* vingerkom *de*
rincer *vt* spoelen
ring *nm* **1** *(sports)* (boks)ring *nm* **2** *(f.B.) (périphérique)* ringweg *nm*, ring *nm (n.B.)*
ringard *adj* ouderwets
riposte *nf* **1** *(réponse)* gevat antwoord *het;* **être prompt à la** ~ ad rem zijn **2** *(contre-attaque)* tegenaanval *nm*
riposter *vi* **1** *(répondre)* gevat antwoorden **2** *(contre-attaquer)* terugslaan
ripou *adj* **1** *(personnes)* corrupt **2** *(en mauvais état)* verrot
rire[1] *nm* (het) lachen, gelach *het;* **avoir le fou** ~ de slappe lach hebben
rire[2] *vi* **1** *(s'esclaffer)* lachen; ~ **de bon cœur** smakelijk lachen; ~ **de qch, de qn** om iets, iem lachen; **faire** ~ **qn** iem aan het lachen maken; ~ **jaune** lachen als een boer die kiespijn heeft; **c'est à mourir de** ~ het is om je dood te lachen **2** *(s'amuser)* zich vermaken **3** *(plaisanter)* grapjes maken; **c'est pour** ~ het is maar een grapje; **sans** ~ alle gekheid op een stokje; **vous voulez** ~ u maakt zeker een grapje **4** *(+ de) (se moquer de)* spotten (met); **il n'y a pas de quoi** ~ er valt niets te lachen; **vous me faites** ~**, laissez-moi** ~**!** laat me niet lachen!; **prêter à** ~ belachelijk zijn
se rire[3] **(de)** *vpr (se jouer de)* lachen (om)
risée *nf* spot *nm;* **être la** ~ **de la ville** de risee van de stad zijn
risible *adj* belachelijk
risque *nm* risico *het/de (m);* **à ses** ~**s et périls** op eigen risico; **au** ~ **de** op gevaar af van; **au** ~ **de sa vie** met gevaar voor eigen leven; **c'est un** ~ **à courir** dat ri-

sico kun je nemen; **prendre des ~s** risico's nemen
risqué *adj* gewaagd
risquer[1] *vt* **1** *(hasarder)* op het spel zetten, wagen; ~ **gros** enorme risico's nemen; **je ne veux rien** ~ ik neem geen enkel risico; *(prov)* **qui ne risque rien n'a rien** die niet waagt, die niet wint **2** *(+ de) (courir le risque de)* riskeren (te), het gevaar lopen (te) **3** *(avoir une chance de)* een kans hebben (om); **la grève risque de durer longtemps** de staking zou weleens lang kunnen gaan duren
se risquer[2] *vpr (oser)* zich wagen; **je ne m'y ~ai pas** daar waag ik mij niet aan
risque-tout *nm* waaghals *nm*
rissoler *vt* bruin bakken
ristourne *nf* korting *nf*
rite *nm* **1** *(relig.)* ritus *nm* **2** *(usage)* rite *de*
rituel *adj* **1** *(rites)* ritueel; **le** ~ het ritueel **2** *(habituel)* vast en precies
rivage *nm* **1** *(côte)* kust *de* **2** *(plage)* strand *het*
rival *adj* rivaliserend; **le, la ~(e)** de rivaal, rivale; *(subst.)* **sans** ~ zonder weerga
rivaliser (de) *vi* wedijveren (in)
rivalité *nf* rivaliteit *nf*
rive *nf* oever *nm*
river *vt* vastklinken ♦ **les yeux rivés sur qn** de ogen strak op iem gericht
riverain *adj* **1** *(habitant)* aanwonend; **les ~s d'une rue** de bewoners van een straat **2** *(de la rive)* oever-; **le, la ~(e)** de oeverbewoner, oeverbewoonster
rivet *nm* klinknagel *nm*
riveter *vt* vastklinken
rivière *nf* rivier *de (aussi au fig.)*; ~ **de diamants** diamanten halssnoer
rixe *nf* knokpartij *nf*
riz *nm* rijst *nm;* ~ **au lait** rijstepap
rizière *nf* rijstveld *het*
robe *nf* **1** *(vêtement féminin)* jurk *de;* ~ **de chambre** ochtendjas, kamerjas; ~ **du soir** avondjurk **2** *(de prêtre, avocat, etc.)* toog *nm* **3** *(pelage)* huid *de* ♦ **pommes de terre en** ~ **de chambre, des champs** aardappels gekookt in de schil
robinet *nm* kraan *de; (fig.)* **fermer le** ~ de (geld)kraan dichtdraaien ♦ *(fig.)* **c'est un vrai** ~ het is een onvermoeibare kletsmajoor
robot *nm* **1** *(automate)* robot *nm* **2** *(cuisine)* keukenmachine *nf*
robotique *nf* robotica *nf*
robotiser *vt* met robots uitrusten
robuste *adj* **1** *(fort)* robuust, sterk **2** *(inébranlable)* onwankelbaar
robustesse *nf* sterkte *nf*
roc *nm* rots(steen) *de (het/de)*
rocade *nf* randweg *nm*
rocaille[1] *nm (style ornemental)* rocaille *het*
rocaille[2] *nf* **1** *(pierraille)* rotspuin *het* **2** *(décoration de jardin)* schelpwerk *het*
rocailleux *adj* **1** *(pierreux)* rotsachtig **2** *(dur et heurté)* stroef; **voix rocailleuse** rauwe stem
rocambolesque *adj* fantastisch
roche *nf* **1** *(rocher)* rots *de* **2** *(géo.)* gesteente *het*
rocher *nm* rots *de*
rocheux *adj* rotsachtig
rocking-chair *nm* schommelstoel *nm*
rococo *adj* rococo-; **le** ~ de rococo(stijl)
rodage *nm* **1** *(d'une voiture)* (het) inrijden **2** *(d'un moteur)* (het) inlopen **3** *(mise au point)* inwerkperiode *nf*
rodé *adj* **1** *(choses)* uitgeprobeerd **2** *(+ à) (personnes)* doorgewinterd
roder *vt* **1** *(une voiture)* inrijden **2** *(indus.)* afslijpen **3** *(mettre au point)* bijslijpen **4** *(entraîner qn)* inwerken
rôder *vi* (rond)zwerven
rôdeur, -euse *n* zwerver, zwerfster *nm,f*
rogne *nf* pesthumeur *het;* **être en** ~ de pest (in) hebben; **mettre qn en** ~ iem pisnijdig maken
rogner[1] *vi (+ sur) (retrancher de)* beknibbelen (op)
rogner[2] *vt* **1** *(couper les bords de)* afsnijden **2** *(diminuer)* besnoeien
rognon *nm* niertje *het*
rognure *nf* afsnijdsel *het*, snipper *nm*
roi *nm* koning *nm;* **bleu** ~ (het) kobaltblauw; **Fête des Rois** Driekoningen; **les Rois (mages)** de drie Wijzen
rôle *nm* rol *de;* **avoir le beau** ~ een gemakkelijk succes behalen; **ce n'est pas mon** ~ **de vous conseiller** het is mijn taak niet u raad te geven; **le premier** ~ de hoofdrol
roller *nm* rollerskate *nm*
ROM *nf* ROM *het (sigle anglais)*
romain *adj (de Rome)* Romeins; *(imprim.)* **le** ~ **et l'italique** de romein en de cursief; **le, la Romain(e)** de Romein(se)
roman[1] *nm* roman *nm;* ~ **noir** griezelroman; ~ **policier** detective(roman)
roman[2] *adj* Romaans; **le** ~ het Romaans
romance *nf* liefdeslied *het*
romancier, -ière *n* roman|schrijver, -schrijfster *nm,f*
romanesque *adj* romantisch, roman-
roman-feuilleton *nm* feuilleton *het/de (m)*
romani *n* zigeuner(in) *nm (nf)*
romantique *adj* romantisch; **les ~s** de romantici
romantisme *nm* romantiek *nf*
romarin *nm* rozemarijn *nm*
rompre[1] *vi* **1** *(casser)* breken; ~ **avec qch, qn** met iets, iem breken; **ils ont rompu** zij hebben met elkaar gebroken **2** *(milit.)* de gelederen verbreken; **rompez!** ingerukt!
rompre[2] *vt* **1** *(briser)* breken, *(fiançailles)* verbreken; ~ **les rangs** de gelederen verbreken; **applaudir à tout** ~ hard applaudisseren **2** *(+ à) (entraîner à)* gewennen (aan)
se rompre[3] *vpr (se briser)* breken ♦ **se ~ le cou** z'n nek breken
rompu *adj* **1** *(détruit)* verbroken **2** *(fatigué)* gebroken **3** *(+ à) (entraîné à)* bedreven (in)
romsteck *nm* lendenbiefstuk *nm*

ronce *nf* **1** *(mûrier)* braam(struik) *de (nm)* **2** *(branche épineuse)* doornstruik *nm*
ronchonner (après) *vi* mopperen (op)
rond[1] *nm* **1** *(cercle)* cirkel *nm;* **en** ~ in een kring; *(fig.)* **tourner en** ~ op een dood spoor zitten; **faire des ~s** cirkels trekken **2** *(anneau)* ring *nm;* ~ **de serviette** servetring **3** *(rondelle)* schijfje *het* **4** *(sou)* cent *nm* **5** *(mouvement circulaire)* zwaai *nm*
rond[2] *adj* **1** *(circulaire)* rond **2** *(gros)* rond, dik **3** *(chiffre)* rond, afgerond **4** *(direct)* rondborstig **5** *(ivre)* teut ♦ *(fig.)* **ça ne tourne pas** ~ daar klopt iets niet; **tourner** ~ goed lopen
ronde *nf* **1** *(inspection)* ronde *de;* **la Ronde de nuit** de Nachtwacht **2** *(danse)* rondedans *nm* **3** *(mus.)* hele noot *de* ♦ **à la** ~ in de omtrek
rondelet *adj* **1** *(dodu)* mollig **2** *(coquet)* flink
rondelle *nf* **1** *(tranche)* schijfje *het* **2** *(technol.)* ringetje *het*
rondement *adv* **1** *(promptement)* vlot **2** *(franchement)* ronduit
rondeur *nf* **1** *(partie ronde du corps)* ronding *nf* **2** *(caractère de ce qui est rond)* rondheid *nf* **3** *(bonhomie)* ongedwongenheid *nf*
rondin *nm* **1** *(tronc d'arbre)* rondhout *het;* **cabane en ~s** blokhut **2** *(morceau de bois de chauffage)* knuppel *nm*
rond-point *nm* rotonde *de*
ronflant *adj* **1** *(bruyant)* snorrend, brommend **2** *(pompeux)* gezwollen
ronflement *nm* **1** *(respiration bruyante)* gesnurk *het* **2** *(d'un moteur)* gebrom *het*
ronfler *vi* **1** *(respirer bruyamment)* snurken **2** *(dormir)* pitten **3** *(ronronner)* brommen
ronger[1] *vt* **1** *(grignoter)* knagen aan **2** *(attaquer)* aantasten, *(aussi au fig.)* verteren; **le chagrin ronge cet homme** deze man wordt door verdriet verteerd
se ronger[2] *vpr* ♦ **se** ~ **d'inquiétude** zich opvreten van ongerustheid; **se** ~ **les ongles** nagelbijten
rongeur *adj* knagend; **le** ~ het knaagdier
ronron, ronronnement *nm* **1** *(d'un chat)* gespin *het;* **faire** ~ spinnen **2** *(ronflement)* gebrom *het* **3** *(monotonie)* eentonigheid *nf*
ronronner *vi* **1** *(chat)* spinnen **2** *(moteur)* brommen
roquefort *nm* roquefort(kaas) *nm*
roquet *nm* vinnig keffertje *het*
roquette *nf* raket(bom) *de*
rosace *nf* **1** *(figure symétrique)* rozet *de* **2** *(vitrail)* roosvenster *het*
rosaire *nm* rozenkrans *nm*
rosbif *nm* rosbief *nm*
rose[1] *nm (couleur)* roze *het*, bleekrood *het;* ~ **bonbon** felroze; **vieux** ~ oudroze; **voir tout en** ~ alles van de zonnige kant bekijken
rose[2] *nf (fleur)* roos *de;* **envoyer qn sur les ~s** iem met een kluitje in het riet sturen; **ne pas sentir la** ~ niet bepaald fris ruiken; ~ **trémière** stokroos ♦ ~ **des sables** woestijnroos; **la** ~ **des vents** de windroos
rosé *adj* lichtroze; **du** ~ rosé(wijn)
roseau *nm* riet *het*
rosée *nf* dauw *nm*
roseraie *nf* rozentuin *nm*
rosier *nm* rozenstruik *nm;* ~ **sauvage** bottelroos
rosse *nf* mispunt *het (m), het (f);* **ne sois pas ~!** wees niet zo'n mispunt!
rosser *vt* aframmelen
rossignol *nm* nachtegaal *nm*
rot *nm* boer *nm;* **faire un** ~ boeren
rotatif *adj* rotatie-
rotation *nf* **1** *(cercle)* omwenteling *nf*, draaiing *nf;* **axe de** ~ draaias **2** *(roulement)* roulatie *nf;* **la** ~ **des cultures** (de) wisselbouw
rotative *nf* rotatiepers *de*
roter *vi* een boer laten, boeren
rôti *adj* gebraden; **du** ~ gebraden vlees
rotin *nm* rotan *het/de (m)*
rôtir[1] *vi* **1** *(cuire à feu vif)* braden **2** *(avoir trop chaud)* bakken
rôtir[2] *vt* **1** *(faire cuire à feu vif)* braden **2** *(griller)* roosteren
rôtisserie *nf* grillrestaurant *het*
rôtissoire *nf* grill *nm*
rotonde *nf* rond gebouw *het*
rotor *nm* **1** *(d'une turbine)* rotor *nm* **2** *(d'un hélicoptère)* draaischroef *de*
rotule *nf* knieschijf *de;* **être sur les ~s** doodop zijn
rouage *nm (aussi au fig.)* **1** *(pièce d'un mécanisme)* radertje *het* **2** *(plur.) (mécanisme)* raderwerk *het (sing.)*
roublard *adj* uitgekookt; **le, la ~(e)** de uitgekookte vent, tante
rouble *nm* roebel *nm*
roucouler[1] *vi (pigeon)* koeren *(aussi au fig.)*, kirren
roucouler[2] *vt (dire amoureusement)* kwelen
roue *nf* wiel *het*, rad *het;* **un deux ~s** een tweewieler; **faire la** ~ *(sports)* een radslag maken, *(fig.)* pronken; ~ **libre** freewheel; ~ **motrice** drijfwiel
roué *adj* gewiekst
rouer *vt* radbraken ♦ ~ **qn de coups** iem afrossen
rouerie *nf* geslepenheid *nf*
rouet *nm* spinnewiel *het*
rouge[1] *nm* **1** *(couleur)* rood *het*, rode kleur *de;* **chauffer au** ~ roodgloeiend maken **2** *(maquillage)* rouge *het/de (m);* ~ **à lèvres** lippenstift **3** *(vin)* rode wijn *nm* **4** *(pol.)* rode *nm*
rouge[2] *adj* **1** *(couleur)* rood *(aussi pol.);* **se fâcher tout** ~ rood worden van kwaadheid; **voir** ~ zeer kwaad worden **2** *(incandescent)* roodgloeiend
rougeâtre *adj* roodachtig
rougeaud *adj* met een hoogrode kleur
rouge-gorge *nm* roodborstje *het*
rougeole *nf* mazelen *plur*
rougeoyer *vi* roodachtig gloeien
rougeur *nf* **1** *(coloration du visage)* blos *nm* **2** *(tache rouge)* rode (huid)vlek *de* **3** *(teinte rouge)* roodheid *nf*
rougir[1] *vi* **1** *(devenir rouge)* rood worden,

blozen; ~ **jusqu'aux oreilles** een kleur krijgen tot achter de oren **2** *(+ de) (avoir honte de)* zich schamen (voor)
rougir[2] *vt (rendre rouge)* rood maken, kleuren
rouille *nf* roest *het/de (m)*; **des gants ~** roestkleurige handschoenen
rouillé *adj* **1** *(couvert de rouille)* verroest **2** *(raide)* stijf **3** *(de couleur rouille)* roestkleurig
rouiller[1] *vi (se couvrir de rouille)* (ver)roesten
se rouiller[2] *vpr* **1** *(se couvrir de rouille)* (ver)roesten **2** *(être moins alerte)* stijf worden
roulade *nf* rollade *nf*
roulé *adj (enroulé)* opgerold; **le ~** de opgerolde cake ♦ **femme bien ~e** welgeschapen vrouw
rouleau *nm* **1** *(objet cylindrique)* rol *de*, rolletje *het*; ~ **à pâtisserie** deegrol; ~ **de pellicule photo** fotorolletje **2** *(cheveux enroulés)* haarkrul *de* **3** *(technol.)* cilinder *nm*; ~ **compresseur** wegwals **4** *(vague)* roller *nm*
roulement *nm* **1** *(action de rouler)* (het) rollen, (het) rijden; ~ **à billes** kogellager; ~ **de hanches** heupwieging **2** *(bruit)* geroffel *het* **3** *(rotation)* roulatie *nf*, toerbeurt *de*; **travail par ~** (het) werken in ploegen **4** *(circulation)* circulatie *nf*
rouler[1] *vi* **1** *(avancer en tournant)* rollen; ~ **des hanches** heupwiegen **2** *(circuler)* rijden; **ça roule!** het gaat!, het loopt! **3** *(mar.)* slingeren
rouler[2] *vt* **1** *(déplacer en tournant)* rollen, oprollen; ~ **en boule** tot een prop maken **2** *(tromper)* bedonderen; **se faire ~** zich laten belazeren **3** *(aplanir)* platmaken ♦ ~ **les 'r'** de 'r' laten rollen
se rouler[3] *vpr (se mettre en rouleau)* (zich) (op)rollen ♦ **scène à se ~ par terre** scène om je dood te lachen
roulette *nf* **1** *(petite roue)* rolletje *het*, wieltje *het*; **aller comme sur des ~s** op rolletjes lopen **2** *(outil)* radertje *het*, boor *de (de dentiste)* **3** *(jeu)* roulette *de*
roulis *nm* (het) slingeren van een schip
roulotte *nf* woonwagen *nm*
roumain *adj* Roemeens; **le ~** het Roemeens; **le, la Roumain(e)** de Roemeen(se)
Roumanie *nf* Roemenië *n (sans art.)*; **en ~** in Roemenië
round *nm* ronde *de*
roupie *nf* roepia *nm*
roupiller *vi* pitten
roupillon *nm* tukje *het*; **piquer un ~** een uiltje knappen
rouquin *adj* roodharig; **le, la ~(e)** de roodharige
rouscailler *vi* kankeren
rousseur *nf* rossigheid *nf*
roussi *nm* branderige lucht *de*; *(fig.)* **ça sent le ~** het loopt fout; **sentir le ~** aangebrand ruiken
roussir[1] *vi* **1** *(devenir roux)* rossig worden; **faire ~ dans le beurre** in boter lichtbruin laten worden **2** *(brûler)* schroeien
roussir[2] *vt* **1** *(rendre roux)* rossig maken **2** *(faire brûler)* schroeien
routard *nm* trekker *nm*
route *nf* **1** *(voie de communication)* weg *nm*; ~ **départementale** provinciale weg; ~ **nationale, RN** rijksweg, RW; ~ **de Paris** weg naar Parijs; **tenir bien la ~** een goede wegligging hebben **2** *(itinéraire)* route *de*, koers *nm*; **en ~** onderweg; **en ~!** vooruit!; **se mettre en ~** op weg gaan; *(mar.)* **faire ~ vers** koers zetten naar; **faire fausse ~** op een dwaalspoor raken **3** *(voyage)* reis *de*; **il y a dix heures de ~** het is tien uur rijden; **faire de la ~** veel rijden; **faire ~ avec qn** met iem reizen ♦ **avoir qch en ~** iets op stapel hebben staan
routier *adj* weg-; **gare routière** busstation; **le ~** de vrachtwagenchauffeur ♦ **un vieux ~** een oude rot in 't vak
routine *nf* routine *nf*; **de ~** routine-
routinier *adj* routine-
rouvrir[1] *vi (être ouvert de nouveau)* weer geopend worden
rouvrir[2] *vt (ouvrir de nouveau)* weer openen
se rouvrir[3] *vpr (s'ouvrir de nouveau)* weer opengaan
roux *adj* rossig, roodharig; *(cuis.)* **le ~** de roux
royal *adj* **1** *(adj.) (du roi)* koninklijk; *(fig.)* **la voie ~e** de koninklijke weg **2** *(somptueux)* vorstelijk **3** *(adv.) (majestueusement)* majestueus ♦ **il s'en moque ~ement** dat laat hem volmaakt onverschillig
royaliste *n* koningsgezinde *nm*; **être plus ~ que le roi** roomser zijn dan de paus
royaume *nm* koninkrijk *het*
Royaume-Uni *nm* Groot-Brittannië *n*
royauté *nf* **1** *(dignité de roi)* koningschap *het* **2** *(monarchie)* monarchie *nf*
ruade *nf* achterwaartse trap *nm*
ruban *nm* **1** *(bande mince)* lint *het*, band *nm*; ~ **adhésif** plakband **2** *(décoration)* ordelint *het*
rubéole *nf* rodehond *nm*
rubis *nm* **1** *(pierre précieuse)* robijn *nm*, *(matière)* robijn *het* **2** *(en horlogerie)* steentje *het* ♦ **payer ~ sur l'ongle** contant betalen
rubrique *nf* rubriek *nf*
ruche *nf* **1** *(abri pour abeilles)* bijenkorf *nm* **2** *(colonie d'abeilles)* bijenvolk *het*
rude *adj* **1** *(fruste)* ruw **2** *(dur)* hard; **c'est un peu ~** dat is een beetje sterk; **hiver ~** strenge winter; *(subst.)* **en voir de ~s** heel wat meemaken **3** *(adj.; avant le n.) (sacré)* geducht, *(adv.)* hartstikke
rudesse *nf* ruwheid *nf*, hardheid *nf*; ~ **de l'hiver** strengheid van de winter
rudiment *nm* **1** *(plur.) (notions élémentaires)* grondbeginselen *plur* **2** *(plur.) (premiers éléments)* eerste aanzetten *plur*
rudimentaire *adj* **1** *(sommaire)* oppervlakkig **2** *(peu développé)* nog weinig ontwikkeld **3** *(biol.)* rudimentair
rudoyer *vt* ruw behandelen

rue *nf* straat *de;* ~ **commerçante** winkelstraat; *(fig.)* **courir les ~s** algemeen bekend zijn; **dans la** ~ op straat; **descendre dans la** ~ de straat opgaan; **en pleine** ~ midden op straat; **être à la** ~ op straat staan; ~ **sans issue** doodlopende straat
ruée *nf* **1** *(rush)* stormloop *nm* **2** *(foule)* gedrang *het*
ruelle *nf* steegje *het,* straatje *het*
ruer[1] *vi* achteruittrappen
se ruer[2] **(sur, vers)** *vpr* zich storten (op)
rugir[1] *vi* **1** *(animal)* brullen **2** *(vent)* bulderen
rugir[2] *vt (proférer avec violence)* brullen
rugissement *nm* **1** *(cri)* gebrul *het* **2** *(bruit du vent)* gebulder *het*
rugueux *adj* ruw
ruine *nf* **1** *(surtout plur.) (vestiges; décombres)* ruïnes *plur* **2** *(fig.) (épave)* wrak *het* **3** *(délabrement)* verval *het;* **tomber en** ~ instorten **4** *(perte)* ondergang *nm;* **courir à sa** ~ zijn ondergang tegemoet gaan **5** *(débâcle financière)* financiële ondergang *nm*
ruiner[1] *vt* ruïneren; ~ **la réputation de qn** iemands reputatie te gronde richten; **ce n'est pas ça qui nous ~a** dat zal ons de kop niet kosten
se ruiner[2] *vpr* zich ruïneren
ruineux *adj* zeer duur
ruisseau *nm* **1** *(cours d'eau)* beek *de* **2** *(caniveau)* (straat)goot *de*
ruisseler *vi* stromen; ~ **de sueur** in het zweet baden
rumeur *nf* **1** *(bruit de voix)* rumoer *het* **2** *(nouvelles)* gerucht *het;* **la** ~ **publique** de praatjes die de ronde doen
ruminant *adj* herkauwend; **le** ~ de herkauwer
ruminer[1] *vi* **1** *(mâcher)* herkauwen **2** *(réfléchir)* piekeren
ruminer[2] *vt* **1** *(mâcher qch)* herkauwen **2** *(ressasser qch)* piekeren over
rumsteck *nm* → **romsteck**
rupin *adj* stinkend rijk; **les ~s** de rijke stinkerds
rupture *nf* breuk *de (aussi au fig.);* ~ **de contrat** contractbreuk; **être en** ~ **de** gebrek hebben aan; **être en** ~ **de stock** zonder voorraad zitten
rural *adj* plattelands-, landbouw-; **le, la ~(e)** de plattelander, plattelandsvrouw
ruse *nf* **1** *(artifice)* list *de* **2** *(art de tromper)* sluwheid *nf*
rusé *adj* listig, slim; **le, la ~(e)** de slimmerd
ruser *vi* slim zijn
russe *adj* Russisch; **le** ~ het Russisch; **le, la Russe** de Rus(sin)
Russie *nf* Rusland *n (sans art.);* **en** ~ in Rusland
rustine® *nf* bandenplakkertje *het*
rustique *adj* **1** *(champêtre)* rustiek **2** *(péj.)* boers ♦ **plante** ~ harde plant
rustre *nm* boerenpummel *nm;* **être un peu** ~ nogal lomp zijn
rutilant *adj* **1** *(brillant)* fonkelend **2** *(rouge)* felrood
rutiler *vi* fonkelen
rythme *nm* **1** *(allure, vitesse)* tempo *het;* ~ **de travail** werktempo **2** *(mus.)* ritme *het,* tempo *het*
rythmé *adj* ritmisch
rythmique *adj* ritmisch; *(gymnastique)* **la** ~ de ritmische gymnastiek ♦ *(étude des rythmes)* **la** ~ de ritmiek

S

s *nm* s *de;* **s comme Suzanne** de s van Simon
sabbat *nm* sabbat *nm*
sabbatique *adj* sabbat-
sable *nm* **1** *(sol; matériau)* zand *het (sing.);* **avoir du ~ dans les yeux** zich van slaap in de ogen wrijven; **costume ~** zandkleurig kostuum; **~s mouvants** drijfzand **2** *(plur.) (étendue de sable)* zandvlakte *nf (sing.)*
sablé *adj* **1** *(couvert de sable)* met zand bedekt **2** *(cuis.)* zand-; **le ~** het zandkoekje
sabler *vt* met zand bestrooien
sablier *nm* zandloper *nm*
sablonneux *adj* zandig, zand-
saborder *vt* **1** *(faire couler)* de grond inboren **2** *(mettre fin à)* opheffen
sabot *nm* **1** *(chaussure)* klomp *nm;* **cela ne se trouve pas sous le ~ d'un cheval** dat vind je niet op iedere straathoek; **je le vois venir avec ses gros ~s** ik heb hem allang door **2** *(enveloppe cornée)* hoef *nm* **3** *(frein)* (rem)schoen *nm;* **~ de Denver** parkeerklem ♦ **travailler comme un ~** slecht werk leveren
saboter *vt* **1** *(détruire)* saboteren **2** *(bâcler)* afraffelen
saboteur, -euse *n* saboteur *nm*
sabre *nm* sabel *nm*
sabrer *vt* **1** *(frapper)* met de sabel inhakken op **2** *(faire des coupures dans)* ↑ flink inkorten
sac *nm* **1** *(poche; contenu d'une poche)* zak *nm;* **~ de charbon** zak kolen; **~ à charbon** kolenzak; **~ de couchage** slaapzak; **~ à dos** rugzak; **~ en plastique** plastic zak **2** *(sacoche)* tas *de;* **~ (à main)** (hand)tas; **~ de plage** badtas **3** *(pillage)* plundering *nf;* **mettre à ~** plunderen ♦ **l'affaire est dans le ~** de zaak is in kannen en kruiken; **mettre dans le même ~** op dezelfde hoop gooien; **vider son ~** zijn hart uitstorten
saccade *nf* schok *nm;* **par ~s** met horten en stoten
saccadé *adj* hortend
saccager *vt* **1** *(piller)* plunderen, verwoesten **2** *(chambarder)* overhoop halen
saccharine *nf* sacharine *de*
sacerdoce *nm* **1** *(relig.)* priesterschap *het* **2** *(fig.)* roeping *nf*
sachet *nm* zakje *het*
sacoche *nf* **1** *(musette)* tas *de;* **~ de bicyclette** fietstas **2** *(f.B.; sac à main)* handtas *de*
sac-poubelle *nm* vuilniszak *nm*
sacquer *vt* **1** *(renvoyer)* de laan uit sturen; **se faire ~** de bons krijgen; **je ne peux pas le ~** ik kan hem niet uitstaan **2** *(refuser à un examen)* laten afgaan
sacre *nm* **1** *(d'un roi)* kroning *nf* **2** *(d'un évêque)* wijding *nf*
sacré *adj* **1** *(saint)* heilig **2** *(fichu)* verdomd; **~ menteur!** verdomde leugenaar! **3** *(fameux)* deksels
sacrement *nm* sacrament *het;* **les derniers ~s** de sacramenten der stervenden; **le saint ~ (de l'autel)** de heilige eucharistie
sacrer *vt* **1** *(couronner)* (iem) kronen tot **2** *(consacrer comme)* (iets) uitroepen tot
sacrifice *nm* **1** *(offrande)* offer *het* **2** *(renoncement)* opoffering *nf;* **faire le ~ de qch** iets opofferen
sacrifié *adj* opgeofferd ♦ **article ~** uitverkoopartikel
sacrifier[1] **(à)** *vi (obéir à)* zich conformeren (aan)
sacrifier[2] *vt (+ à) (immoler à)* (op)offeren (voor); **~ sa vie à qn** zijn leven aan iem wijden
se sacrifier[3] **(à, pour)** *vpr (se dévouer à)* zich opofferen (voor)
sacrilège *adj* heiligschennend; **le ~** de heiligschennis; **le, la ~** de heiligschenner, heiligschendster ♦ *(manque de respect)* **le ~** de respectloosheid
sacristain *nm* koster *nm*
sacristie *nf* sacristie *nf*
sacro-saint *adj* heilig, onaantastbaar
sadique, sado *adj* sadistisch; **le, la ~** de sadist(e)
sadisme *nm* sadisme *het*
safran *nm* saffraan *nm*
sagace *adj* scherpzinnig
sagacité *nf* scherpzinnigheid *nf*
sage *adj* **1** *(judicieux)* verstandig **2** *(avisé)*

wijs; *(subst.)* **agir en** ~ als een wijs man handelen; **le** ~ de wijze **3** *(chaste; docile)* braaf
sage-femme *nf* vroedvrouw *nf*
sagesse *nf* **1** *(bon sens)* (gezond) verstand *het;* **avoir la** ~ **de** zo verstandig zijn om **2** *(discernement)* wijsheid *nf* **3** *(docilité)* braafheid *nf*
Sagittaire *nm* Boogschutter *nm*
saignant *adj* **1** *(sanglant)* bloedend **2** *(peu cuit)* weinig doorbakken
saignée *nf* **1** *(perte de sang)* aderlating *nf* **2** *(perte d'hommes)* verlies *het* aan mensenlevens **3** *(pli du bras)* elleboogholte *nf*
saignement *nm* bloeding *nf;* ~ **de nez** neusbloeding
saigner[1] *vi (perdre du sang)* bloeden; ~ **du nez** een bloedneus hebben
saigner[2] *vt* **1** *(épuiser les ressources de)* leegzuigen; **saigné à blanc** geheel uitgezogen **2** *(faire une saignée à)* aderlaten
se saigner[3] *vpr (se priver)* een financieel offer brengen
saillant *adj* **1** *(qui dépasse)* uitstekend **2** *(qui se remarque)* opvallend
saillie *nf* **1** *(avancée)* uitspringend deel *het*, uitsteeksel *het;* **faire** ~ uitsteken **2** *(mot d'esprit)* kwinkslag *nm*
saillir *vi (dépasser)* uitsteken
sain *adj* **1** *(en bonne santé)* gezond **2** *(ni gâté, ni pourri)* gaaf; ~ **et sauf** gezond en wel, heelhuids **3** *(mentalement équilibré)* verstandig
saindoux *nm* (varkens)reuzel *nm*
saint[1]**, sainte** *n* heilige *nm;* **prêcher pour son** ~ voor eigen parochie preken; **ne (plus) savoir à quel** ~ **se vouer** ten einde raad zijn
saint[2] *adj* heilig; **histoire ~e** Bijbelse geschiedenis; **toute la ~e journée** de godganse dag
saint-bernard *nm* sint-bernard(shond) *nm*
saintement *adv* heilig
Saint-Esprit *nm* Heilige Geest *nm*
sainteté *nf* heiligheid *nf*
saint-glinglin *nf* ♦ **à la** ~ met sint-juttemis
Saint-Nicolas *nm* Sint-Niklaas *n*
Saint-Père *nm* Heilige Vader *nm*
Saint-Siège *nm* Heilige Stoel *nm*
Saint-Sylvestre *nf* oudejaarsavond *nm*
saisie *nf* **1** *(jur.)* beslag *het* **2** *(inform.)* invoer *nm* (van gegevens)
saisir[1] *vt* **1** *(prendre)* grijpen, pakken, *(jur.)* aanhouden **2** *(ne pas manquer)* aangrijpen **3** *(percevoir)* waarnemen; ~ **au vol** terloops opvangen **4** *(comprendre)* begrijpen **5** *(impressionner)* bevangen; **être saisi (de peur)** ontsteld zijn van angst **6** *(procéder à la saisie de)* beslag leggen op **7** *(chauffer très fort)* aanbraden **8** *(inform.)* invoeren
se saisir[2] **(de)** *vpr (s'emparer de)* zich meester maken (van)
saisissant (de) *adj* verrassend (door)
saisissement *nm* **1** *(réaction physique)* (het) door kou bevangen worden **2** *(émotion)* emotie *nf*
saison *nf* **1** *(période de l'année)* jaargetijde *het*, seizoen *het;* **la belle** ~ de zomermaanden **2** *(période professionnelle)* seizoen *het*, tijd *nm;* **basse** ~ voorseizoen, naseizoen; **être hors de** ~ niet ter zake zijn, niet te pas komen; **en toute(s)** ~**(s)** het hele jaar door
saisonnier *adj* seizoen-; **le** ~ de seizoenarbeider, *(touriste)* de vakantiegast
salade *nf* **1** *(culinaire)* salade *de*, sla *de;* **en** ~ als sla (klaargemaakt) **2** *(désordre)* warboel *nm* **3** *(plur.) (mensonges)* smoesjes *plur*
saladier (de) *nm* schaal (met) *de*
salaire *nm* **1** *(rémunération)* loon *het;* ~ **minimum interprofessionnel de croissance, SMIC** minimumloon **2** *(+ de) (punition)* vergelding (voor) *nf*
salaison *nf* ingezouten voedingswaar *de*
salami *nm* salami *nm*
salarial *adj* (arbeids)loon-
salarié *adj* loontrekkend; **le, la** ~**(e)** de werknemer, werkneemster
salaud *nm* smeerlap *nm*
sale *adj* **1** *(malpropre)* vuil, smerig **2** *(avant le n.) (mauvais)* gemeen, rot-; ~ **bête** rotbeest; **faire une** ~ **gueule** sneu kijken; **avoir une** ~ **gueule** een rotkop hebben **3** *(obscène)* schunnig
salé *adj adv* **1** *(qui a le goût du sel)* zout, gezouten; **du** ~ pekelvlees; **manger** ~ erg zout eten **2** *(grivois)* pikant **3** *(exagéré)* pittig
salement *adv* **1** *(malproprement)* vies **2** *(drôlement)* verdomd
saler *vt* **1** *(assaisonner)* zouten **2** *(pour la conservation)* inzouten **3** *(une addition)* peperen
saleté *nf* **1** *(malpropreté)* vuilheid *nf*, smerigheid *nf* **2** *(ce qui est sale)* vuil *het*, viezigheid *nf* **3** *(obscénité)* schunnigheid *nf* **4** *(chose méprisable)* gemene streek *de*
salière *nf* zoutvaatje *het*
salin *adj* zout(achtig)
salir[1] *vt (rendre sale)* vuilmaken *(aussi au fig.)*, bevuilen
se salir[2] *vpr* **1** *(personne)* zich vuilmaken **2** *(vêtement, etc.)* vuil worden ♦ **se** ~ **les mains** zijn handen vuilmaken
salissant *adj* **1** *(qui salit)* vuil (makend) **2** *(qui se salit rapidement)* gauw vuil (wordend)
salive *nf* speeksel *het;* *(fig.)* **perdre, gaspiller sa** ~ voor stoelen en banken praten
saliver *vi* speeksel produceren
salle *nf* **1** *(pièce)* kamer *de;* ~ **de bain(s)** badkamer; ~ **d'eau** wasruimte; ~ **à manger** eetkamer; ~ **à manger** eetkamer; ~ **de séjour** woonkamer **2** *(vaste local)* zaal *de;* ~ **d'attente** wachtkamer; ~ **de classe** leslokaal; **faire** ~ **comble** volle zalen trekken; **les ~s obscures** de bioscopen; ~ **de spectacle(s)** toneelzaal; ~ **de(s) vente(s)** venduhuis, *(Belg.)* verkoopzaal **3** *(public)* zaal *de*
salon *nm* **1** *(pièce)* salon *het/de (m);* ~

de coiffure kapsalon; ~ **de thé** tearoom **2** *(meubles)* (salon)ameublement *het, (Belg.)* salon *nm* **3** *(exposition)* tentoonstelling *nf, (Belg.)* salon *nm;* ~ **de l'automobile** autotentoonstelling
salopard *nm* smeerlap *nm*
salope *nf* sloerie *nf*
saloperie *nf* **1** *(saleté)* ↑ troep *nm* **2** *(tour de salaud)* smeerlapperij *nf* **3** *(généralement plur.) (obscénités)* ↑ vuile praatjes *plur* **4** *(camelote)* ↑ waardeloze rommel *nm*
salopette *nf* **1** *(bleu de travail)* overall *nm* **2** *(pantalon à bretelles)* tuinbroek *de*
salpêtre *nm* salpeter *het/de (m)*
salsifis *nm* schorseneren *plur*
saltimbanque *n* kunstenmaker *nm*
salubre *adj* **1** *(sain)* gezond **2** *(habitable)* (goed) bewoonbaar
salubrité *nf* **1** *(caractère sain)* gezondheid *nf* **2** *(hygiène)* hygiëne *de*
saluer[1] *vt* **1** *(dire bonjour)* (be)groeten; ~ **de la main** de hand opsteken; **saluez-le de ma part** doe hem de groeten (van mij); *(dans une lettre)* **j'ai bien l'honneur de vous** ~ met beleefde groeten **2** *(milit.)* salueren **3** *(honorer)* erkennen
se saluer[2] *vpr (s'adresser un salut)* elkaar groeten; **nous nous saluons** we kennen elkaar vaag
salut *nm* **1** *(salutation)* groet *nm;* **faire un** ~ **de la main** z'n hand opsteken; ~ **les gars!** *(bonjour)* hallo jongens!, *(au revoir)* tot kijk jongens! **2** *(sauvegarde)* redding *nf* **3** *(dogme religieux)* heil *het* **4** *(milit.)* saluut *het;* ~ **au drapeau** (het) ceremonieel hijsen van de vlag; **faire le** ~ **militaire** salueren
salutaire (à) *adj* heilzaam (voor) *(aussi au fig.)*
salutation *nf* begroeting *nf* ♦ **recevez mes ~s distinguées, avec mes ~s distinguées** met de meeste hoogachting, hoogachtend
salve *nf* salvo *het*
samedi *nm* zaterdag *nm;* **le** ~ ('s) zaterdags
sanatorium, sana *nm* sanatorium *het*
sanctifier *vt* **1** *(rendre saint)* heilig maken **2** *(révérer comme saint)* vieren, heiligen
sanction *nf* **1** *(punition)* straf(maatregel) *nf (nm)* **2** *(représailles contre un pays)* sanctie(maatregel) *nf (nm)* **3** *(approbation)* goedkeuring *nf*
sanctionner *vt* **1** *(confirmer)* goedkeuren **2** *(punir)* bestraffen **3** *(couronner des études)* afsluiten
sanctuaire *nm* **1** *(d'une église)* priesterkoor *het* **2** *(lieu saint)* heiligdom *het (aussi au fig.)*
sandale *nf* sandaal *de*
sandwich *nm* sandwich *nm;* **être pris en** ~ ↑ klem zitten
sang *nm* **1** *(liquide)* bloed *het (aussi au fig.);* **avoir le** ~ **chaud** opvliegend zijn; ~ **frais** *(éléments nouveaux)* nieuw bloed, *(capital)* nieuw kapitaal; **jusqu'au** ~ tot bloedens toe; **se faire du mauvais** ~ zich ongerust maken; **avoir du** ~ **dans les veines** pit hebben; **verser le** ~ bloedvergieten **2** *(lignée)* bloed *het;* **être du même** ~ familie van elkaar zijn **3** *(vie)* leven *het* ♦ **mon** ~ **n'a fait qu'un tour** het bloed stolde in mijn aderen
sang-froid *nm* koelbloedigheid *nf;* **de** ~ in koelen bloede
sanglant *adj* **1** *(ensanglanté)* bebloed **2** *(cruel)* bloedig **3** *(blessant)* beledigend
sangle *nf* **1** *(bande large)* riem *nm*, band *nm* **2** *(méd.)* (draag)band *nm*
sangler *vt* **1** *(un cheval)* singelen **2** *(aussi au fig.) (serrer)* insnoeren
sanglier *nm* wild zwijn *het*, everzwijn *het*
sanglot *nm* snik *nm;* **en ~s** in tranen
sangloter *vi* snikken
sangsue *nf* **1** *(zool.)* bloedzuiger *nm* **2** *(personne collante)* klit *de*
sanguin *adj* **1** *(relatif au sang)* bloed- **2** *(coléreux)* driftig
sanguinaire *adj* bloeddorstig
sanguine *nf* bloedsinaasappel *nm*
sanitaire *adj* gezondheids-; **les (installations) ~s** het sanitair
sans *prép* zonder, -loos; ~ **cela** anders; ~ **cesse** onophoudelijk; **soyez** ~ **crainte** wees niet bang; **cela va** ~ **dire** dat spreekt vanzelf; **il est coupable** ~ **être coupable** hij is maar voor een deel schuldig; ~ **faute** zonder mankeren; ~ **pitié** meedogenloos; **(non)** ~ **que** (niet) zonder dat; ~ **toi, j'étais mort** als jij er niet was geweest, zou ik dood zijn
sans-abri *n* dakloze *nm*
sans-emploi *n* werkloze *nm*
sans-gêne *adj* ongegeneerd; **le** ~ de ongegeneerdheid; **un(e)** ~ een ongegeneerd iem
sans-le-sou *n* armoedzaaier *nm*
sans-logis *n* dakloze *nm*
sans-papiers *nm* illegaal *nm*
santé *nf* gezondheid *nf;* **à votre ~!** op uw gezondheid!, proost!; **meilleure ~!** beterschap!; ~ **publique** volksgezondheid; **recouvrer la** ~ van een ziekte herstellen; **respirer la** ~ blaken van gezondheid
saoudien *adj* Saudisch; **le, la Saoudien(ne)** de Saudiër, Saudische
saoul *adj* → **soûl**
saper[1] *vt* **1** *(attaquer par la base)* ondergraven **2** *(habiller)* ↑ kleden; **être bien sapé** in z'n beste kloffie zijn
se saper[2] *vpr (s'habiller)* z'n kloffie aantrekken
sapeur-pompier *nm* brandweerman *nm*
saphir *nm* saffier *nm*
sapin *nm* **1** *(arbre)* spar(renboom) *nm*, den(nenboom) *nm;* ~ **de Noël** kerstboom **2** *(bois)* sparrenhout *het*
sarbacane *nf* blaaspijp *de*
sarcasme *nm* sarcasme *het*
sarcastique *adj* sarcastisch
sarcler *vt* wieden
sarcophage *nm* sarcofaag *nm*
Sardaigne *nf* Sardinië *n (sans art.);* **en** ~ op Sardinië
sardine *nf* sardine *de;* **être serrés com-**

me des ~s als haringen opeengepakt zitten; **~s à l'huile** in olie ingelegde sardines
sardonique *adj* sardonisch
sarrasin *nm* **1** *(plante)* boekweit *de* **2** *(farine)* boekweitemeel *het*
sas *nm* **1** *(espace étanche)* luchtsluis *de* **2** *(bassin d'écluse)* schutsluis *de* **3** *(tamis)* zeef *de*
satané *adj* vervloekt
satanique *adj* satanisch, duivels
satellite *nm* satelliet *nm;* **liaison par** ~ satellietverbinding
satiété *nf* uiterste verzadiging *nf;* **(jusqu')à** ~ meer dan genoeg
satin *nm* satijn *het*
satiné *adj* satijnachtig, als (van) satijn; **le** ~ de satijnglans
satire *nf* satire *de*
satirique *adj* satirisch; **écrivain** ~ satiricus
satisfaction *nf* **1** *(contentement)* voldoening *nf;* **à la** ~ **générale** tot ieders tevredenheid; **donner** ~ voldoen **2** *(réparation)* genoegdoening *nf;* **obtenir** ~ genoegdoening krijgen **3** *(assouvissement)* bevrediging *nf*
satisfaire[1] (à) *vi (remplir une exigence)* voldoen (aan)
satisfaire[2] *vt* **1** *(contenter)* tevredenstellen **2** *(assouvir)* bevredigen; ~ **l'attente de qn** aan iemands verwachtingen beantwoorden; ~ **la curiosité** de nieuwsgierigheid bevredigen; ~ **sa faim** zijn honger stillen
se satisfaire[3] (de) *vpr (se contenter de)* zich tevredenstellen (met)
satisfaisant *adj* bevredigend
satisfait (de) *adj* tevreden (met, over)
saturateur *nm* luchtbevochtiger *nm*
saturation *nf* verzadiging *nf;* **arriver à** ~ verzadigd raken
saturé *adj* verzadigd ♦ *(à propos de qn)* **être** ~ **de qch** iets beu zijn
saturer (de) *vt* verzadigen (met)
Saturne *nm* Saturnus *nm*
satyre *nm* ↑ sater *nm*
satyrique *adj* sater-
sauce *nf* saus *de;* ~ **blanche** botersaus ♦ **allonger la** ~ (langdradig) uitweiden; **mettre qn à toutes les ~s** iem als manusje-van-alles gebruiken
saucer *vt* **1** *(essuyer)* schoonvegen **2** *(tremper)* doorweken
saucière *nf* sauskom *de*
saucisse *nf* verse worst *de*
saucisson *nm* worst *de;* ~ **sec** harde worst
saucissonné *adj* gepropt
sauf[1], sauve *adj* behouden; **l'honneur est** ~ de eer is gered
sauf[2] *prép* behalve; ~ **avis contraire** behoudens tegenbericht; ~ **erreur** vergissing voorbehouden; ~ **que** behalve dat; **tout** ~ **...** alles eerder dan ...
sauf-conduit *nm* vrijgeleide(brief) *het (nm)*
sauge *nf* salie *de*
saugrenu *adj* ongerijmd, absurd
saule *nm* wilg *nm;* ~ **pleureur** treurwilg
saumâtre *adj* **1** *(salé)* brak **2** *(pénible)* bitter
saumon *nm* zalm *nm;* **un tricot** ~ een zalmkleurig truitje
sauna *nm* sauna *nm*
saupoudrer *vt* bestrooien (met)
saut *nm* **1** *(bond)* sprong *nm;* ~ **à la perche** (het) polsstokspringen; **au** ~ **du lit** bij het opstaan; ~ **en parachute** (het) parachutespringen; **le** ~ **en hauteur** het hoogspringen; **le** ~ **en longueur** het verspringen; ~ **périlleux** salto (mortale); **triple** ~ hink-stap-sprong **2** *(chute)* val *nm* **3** *(plur.) (sports)* (het) springen ♦ **faire un** ~ **chez qn** bij iem aanwippen
saute *nf* ♦ **~s d'humeur** steeds wisselende stemmingen, humeurigheid; ~ **de température** temperatuurwisseling
sauté *adj* gebraden; **pommes de terre ~es** gebakken aardappelen
saute-mouton *nm* (het) bokspringen; **jouer à** ~ bokspringen
sauter[1] *vi* **1** *(bondir)* springen; ~ **à la corde** touwtjespringen; ~ **à la gorge** naar de keel vliegen; ~ **au cou** om de hals vallen; **le bouton saute** de knoop springt eraf; ~ **d'un sujet à l'autre** van de hak op de tak springen; ~ **de joie** van vreugde opspringen; ~ **en l'air** in de lucht springen; ~ **sur qn** bovenop iem springen; ~ **sur qch** gretig op iets ingaan **2** *(exploser)* ontploffen; **faire** ~ tot ontploffing brengen; **plomb qui saute** stop die doorslaat ♦ *(cuis.)* **faire** ~ braden
sauter[2] *vt* **1** *(bondir par-dessus)* springen over; ~ **le mur** over de muur springen **2** *(omettre)* overslaan; ~ **une page** een bladzijde overslaan
sauterelle *nf* sprinkhaan *nm*
sauterie *nf* danspartijtje *het*
sauteur *adj* springend; **le ~, la sauteuse** de spring(st)er
sauteuse *nf* braadpan *de*
sautiller *vi* huppelen
sautoir *nm* **1** *(bijou)* sautoir *het* **2** *(sports)* springbaan *de*
sauvage *adj* **1** *(inapprivoisé)* wild, ongetemd; **animaux ~s** wilde dieren; **le** ~ de barbaar **2** *(adj.) (à l'état naturel)* wild; **à l'état** ~ in 't wild; **le** ~ de primitieve mens **3** *(adj.) (peu fréquenté; inhumain)* woest **4** *(adj.) (insociable)* teruggetrokken; **un** ~ een eenzelvig persoon
sauvagerie *nf* **1** *(caractère insociable)* mensenschuwheid *nf*, eenzelvigheid *nf* **2** *(cruauté)* wreedheid *nf*
sauvegarde *nf* **1** *(protection)* bescherming *nf;* **la** ~ **de l'environnement** het milieubehoud **2** *(mar.)* zorglijn *de*
sauvegarder *vt* **1** *(protéger)* beschermen **2** *(inform.)* saven, opslaan
sauve-qui-peut *nm* overhaaste vlucht *de*
sauver[1] *vt* **1** *(préserver; soustraire à un danger)* redden; ~ **les apparences** de schijn bewaren; ~ **la face** z'n gezicht niet verlie-

zen; ~ **un malade** een zieke er weer bovenop halen **2** *(relig.)* zalig maken
se sauver[2] *vpr* **1** *(s'enfuir)* vluchten; **se ~ à toutes jambes** snel de benen nemen **2** *(partir)* er snel vandoor gaan ♦ **sauve qui peut!** berg je maar!
sauvetage *nm* redding *nf;* **canot de ~** reddingsboot
sauveteur *nm* redder *nm*
sauvette ♦ **à la ~** in allerijl; **vendre à la ~** zwart verkopen
Sauveur *nm* Verlosser *nm*
sauveur *nm* redder *nm*
savant *adj* **1** *(instruit)* geleerd; **le ~** de geleerde; **mot ~** wetenschappelijke term **2** *(adj.) (ardu)* moeilijk **3** *(habile)* bekwaam; **chien ~** gedresseerde hond
savate *nf* afgedragen schoen *nm*
saveur *nf* **1** *(goût)* smaak *nm;* **sans ~** smakeloos **2** *(piment)* bekoring *nf*
savoir[1] *nm* kennis *nf*
savoir[2] *vt* **1** *(avoir présent à l'esprit)* weten; **à ~** te weten, namelijk; **qu'est-ce que j'en sais!, est-ce que je sais?** weet ik veel!; **faire ~ qch à qn** iem iets meedelen; **en ~ long** goed op de hoogte zijn; **ne ~ que, quoi faire** zich geen raad weten; **sachez que** u moet weten dat; **on sait que** het is bekend dat; **que je sache** voor zover ik weet; **cet argent vient de qui vous savez** dat geld komt van u-weet-wel; **il avait un je ne sais quoi de charmant** hij had iets charmants; **reste à ~ si** blijft nog over de vraag of; **vous n'êtes pas sans ~ que** u weet heel goed dat; **la question est de ~ si** het is de vraag of; **va ~, allez ~!** zie daar maar eens achter te komen! **2** *(avoir appris)* kennen; **~ une langue** een taal kennen **3** *(pouvoir)* kunnen; **~ nager** kunnen zwemmen; **~ vivre** weten hoe men zich moet gedragen
se savoir[3] *vpr (devenir connu)* bekend worden; **ça se saurait** als dat waar was zou het wel bekend zijn; **tout finit par se ~** alles komt uiteindelijk aan het licht ♦ **se ~ incurable** weten dat men ongeneeslijk ziek is
savoir-faire *nm* **1** *(habileté)* handigheid *nf* **2** *(compétence)* knowhow *nm*
savoir-vivre *nm* wellevendheid *nf*
savon *nm* **1** *(produit de lavage)* zeep *de;* **~ en poudre** zeeppoeder; **~ de toilette** toiletzeep **2** *(réprimande)* standje *het*, bolwassing; **passer un ~ à qn** iem de mantel uitvegen
savonner[1] *vt* inzepen
se savonner[2] *vpr* zich inzepen
savonnette *nf* toiletzeep *de*
savonneux *adj* zeep-
savourer *vt* savoureren, (met volle teugen) genieten van *(aussi au fig.)*
savoureux *adj* **1** *(succulent)* smakelijk, lekker **2** *(amusant)* kostelijk
saxophone *nm* saxofoon *nm*
scabreux *adj* **1** *(licencieux)* schuin **2** *(périlleux)* netelig
scalpel *nm* scalpel *het*
scandale *nm* schandaal *het;* **crier au ~** roepen dat het schandalig is; **faire ~** aanstoot geven
scandaleux *adj* schandalig
scandaliser[1] *vt* aanstoot geven aan, choqueren
se scandaliser[2] **(de)** *vpr* zich ergeren (aan, over)
scander *vt* scanderen
scandinave *adj* Scandinavisch; **langues ~s** Scandinavische talen; **le, la Scandinave** de Scandinaviër, Scandinavische
scanner *nm* scanner *nm*
scaphandre *nm* **1** *(de plongée)* duikerpak *het* **2** *(de cosmonaute)* ruimtepak *het*
scaphandrier *nm* (helm)duiker *nm*
scarabée *nm* mestkever *nm*
scarlatine *nf* roodvonk *de*
scarole *nf* andijvie *de*
sceau *nm* **1** *(cachet gravé)* zegel *het;* **apposer son ~ sur qch** zijn zegel op iets drukken; **sous le ~ du secret, de la confession** onder (het zegel der) geheimhouding **2** *(empreinte)* stempel *het*
scélérat, -ate *n* schurk *nm*
scellé *nm, souvent plur* gerechtelijk zegel *het;* **(faire) mettre les ~s sur qch** iets (doen) verzegelen
sceller *vt* **1** *(cacheter; plomber)* zegelen **2** *(confirmer)* bezegelen **3** *(fermer hermétiquement)* verzegelen; **faire ~ une fenêtre** een raam verzegelen
scénario *nm* scenario *het*
scénariste *n* scenarioschrijver, -schrijfster *nm,f*
scène *nf* **1** *(estrade; décor)* toneel *het (aussi au fig.);* **entrer en ~** opkomen; **mettre en ~** *(cin., théâtre)* regisseren, *(un meurtre)* ensceneren; *(fig.)* **la ~ politique** het politieke toneel; **quitter la ~** stoppen met toneelspelen, *(fig.)* van het toneel verdwijnen **2** *(séquence; querelle)* scène *de; (fig.)* **faire des ~s** scènes maken; **~ de ménage** echtelijke ruzie
scepticisme *nm* scepticisme *het*
sceptique *adj* sceptisch; **laisser qn ~** iem sceptisch maken; **le, la ~** de twijfelaar(ster), scepticus
sceptre *nm* scepter *nm (aussi au fig.)*
schéma *nm* schema *het*
schématique *adj* schematisch
schématiser *vt* schematiseren
schisme *nm* schisma *het*
schizophrène *adj* schizofreen; **un(e) ~** een schizofreen
schizophrénie *nf* schizofrenie *nf*
sciatique *adj* heup-; **la ~** de ischias
scie *nf* zaag *de;* **~ circulaire** cirkelzaag; **~ à métaux** metaalzaag
sciemment *adv* willens en wetens, opzettelijk, *(Belg.)* wetens en willens
science *nf* **1** *(connaissance exacte)* wetenschap *nf;* **~s humaines** menswetenschappen; **le monde de la ~** de wetenschappelijke wereld; **~s naturelles** natuurwetenschappen; **~s physiques** fysica, natuurkunde; **~s politiques, ~s po** politicologie **2** *(savoir)* kennis *nf;* **avoir la ~ infuse** de wijsheid in pacht hebben **3** *(généralement*

plur.) (sciences exactes) natuurwetenschappen *plur*
science-fiction *nf* sciencefiction *de*
scientifique *adj* wetenschappelijk; **le, la** ~ de wetenschapper, wetenschapster
scier *vt* **1** *(couper à la scie)* zagen **2** *(étonner)* met stomheid slaan
scierie *nf* zagerij *nf*
scinder[1] *vt* (op)splitsen
se scinder[2] *vpr* zich opsplitsen; **se ~ en deux** in twee delen uiteenvallen
scintillement *nm* fonkeling *nf*
scintiller *vi* fonkelen
scission *nf* **1** *(séparation)* scheuring *nf;* **faire** ~ zich afscheiden **2** *(phys., biol.)* splitsing *nf*
sciure *nf* zaagsel *het*
sclérose *nf (méd.)* sclerose *nf;* ~ **en plaques** multiple sclerose
sclérosé *adj* **1** *(méd.)* sclerotisch **2** *(fig.)* verstard
scolaire *adj* **1** *(relatif à l'école)* school-, onderwijs-; **le, la** ~ het schoolkind **2** *(livresque)* schools
scolarisation *nf* **1** *(action de scolariser)* scholing *nf* **2** *(fréquentation scolaire)* schoolbezoek *het;* **taux de** ~ (percentage) schoolbezoek
scolariser *vt* **1** *(pourvoir d'un enseignement)* scholen **2** *(pourvoir d'écoles)* van scholen voorzien
scolarité *nf* **1** *(période de scolarisation)* schooljaren *plur;* ~ **obligatoire** leerplicht **2** *(fréquentation scolaire)* schoolbezoek *het;* **certificat de** ~ inschrijvingsbewijs
scoop *nm* primeur *de*
scooter *nm* scooter *nm*
scorbut *nm* scheurbuik *het/de (m)*
score *nm* **1** *(décompte des points)* score *nm;* ~ **final** eindstand, einduitslag **2** *(résultat)* resultaat *het*
Scorpion *nm* Schorpioen *nm;* **il est** ~ hij is een Schorpioen
scorpion *nm* schorpioen *nm*
scotch *nm* **1** *(whisky)* scotch (whisky) *nm* **2** ® *(adhésif)* plakband *het/de (m)*
scotcher *vt* (met plakband) vastplakken
scout, scoute *n* padvind(st)er *nm (nf)*
script *nm* script *het/de (m)* ♦ **écrire en** ~ in blokschrift schrijven
scripte *n* regieassistent(e) *nm (nf)*, scriptgirl *nf*
scrupule *nm* scrupule *de;* **avoir des ~s** scrupules hebben; **sans ~s** gewetenloos zijn
scrupuleux *adj* **1** *(honnête)* scrupuleus **2** *(méticuleux)* angstvallig
scruter *vt* **1** *(examiner)* navorsen; ~ **l'horizon** de horizon afturen **2** *(sonder)* peilen
scrutin *nm* stemming(sprocedure) *nf (de);* **clôture du** ~ sluiting van de stembureaus; **dépouiller le** ~ de stemmen tellen; ~ **majoritaire** verkiezing bij meerderheid van stemmen; **résultat du** ~ stembusuitslag
sculpter *vt* beeldhouwen; ~ **un bloc de marbre** een blok marmer bewerken; ~ **le bois** houtsnijden
sculpteur *nm* beeldhouw(st)er *nm (nf)*
sculptural *adj* **1** *(sculpture)* beeldhouw- **2** *(beau)* van een klassieke schoonheid
sculpture *nf* **1** *(art)* beeldhouwkunst *nf* **2** *(œuvre)* beeldhouwwerk *het*
SDF *n* ± dakloze *de*
se *pron pers* **1** *(réfléchi)* zich; **s'écouter parler** zichzelf graag horen praten; ~ **laver les mains** zijn handen wassen **2** *(réciproque)* elkaar **3** *(passif, impersonnel) (non traduit);* **ça ne ~ fait pas** dat doet men niet; **ce plat ~ mange froid** dit gerecht wordt koud gegeten; **il ~ peut que je vienne** misschien kom ik
séance *nf* **1** *(réunion)* zitting *nf;* **clore, lever la** ~ de zitting opheffen **2** *(représentation)* voorstelling *nf* **3** *(méd.)* behandeling *nf* ♦ ~ **tenante** onmiddellijk
séant[1] *nm* ♦ **se mettre sur son** ~ rechtop gaan zitten
séant[2] *adj* gepast
seau *nm* emmer *nm;* ~ **à glace** (wijn)koeler; ~ **hygiénique** toiletemmer
sébum *nm* talg *nm*
sec[1] *nm* droogte *nf;* **à** ~ droog, *(sans argent)* blut; **rivière à** ~ drooggevallen rivier; **mettre au** ~ op een droge plaats leggen
sec[2], **sèche** *adj* **1** *(sans humidité, aride)* droog, dor *(aussi au fig.)* **2** *(maigre)* mager **3** *(sans douceur)* hard; **un coup** ~ een snelle, korte slag **4** *(sans chaleur)* bars; **un cœur** ~ een hart van steen; **répondre d'un ton** ~ kortaf antwoorden ♦ **vin** ~ droge wijn
sec[3] *adv* **1** *(sans eau)* zonder water **2** *(durement)* hard; **aussi** ~ meteen; **démarrer** ~ hard wegrijden
sécession *nf* afscheiding *nf*
séchage *nm* (het) drogen
sèche-cheveux *nm* föhn *nm*
sèche-linge *nm* droogtrommel *nm*
sèchement *adv* **1** *(froidement)* koel; **répondre** ~ bits antwoorden **2** *(brutalement)* hard
sécher[1] *vi* **1** *(devenir sec)* (op)drogen, uitdrogen **2** *(ne pas pouvoir répondre)* ↑ niets kunnen antwoorden
sécher[2] *vt* **1** *(rendre sec)* drogen **2** *(manquer un cours)* verzuimen; ~ **un cours** spijbelen
se sécher[3] *vpr (s'essuyer)* zich (af)drogen
sécheresse *nf* **1** *(aridité)* droogte *nf* **2** *(dureté)* barsheid *nf*
séchoir *nm* **1** *(ensemble de tringles)* droogrek *het* **2** *(appareil)* droger *nm*
second *adj* tweede; **habiter au** ~ op de tweede (etage) wonen; **le ~ de qn** de assistent van iem; **en ~ lieu** in de tweede plaats; **de ~e main** uit de tweede hand
secondaire *adj* **1** *(accessoire)* ondergeschikt; **effets ~s d'un traitement** bijverschijnselen van een behandeling; **jouer un rôle** ~ een ondergeschikte rol spelen

2 *(enseign.)* voortgezet; **le** ~ het voortgezet onderwijs
seconde *nf* **1** *(temps)* seconde *de;* **trois mètres** ~ drie meter per seconde; **une ~!** een ogenblik! **2** *(enseign.)* vijfde klas *nf* **3** *(seconde classe)* tweede klas *nf;* **voyager en** ~ tweede klas reizen **4** *(seconde vitesse)* tweede versnelling *nf*
seconder *vt* bijstaan, helpen
secouer[1] *vt* schudden *(aussi au fig.)*
se secouer[2] *vpr* **1** *(s'ébrouer)* zich uitschudden **2** *(réagir)* zich vermannen
secourable *adj* behulpzaam
secourir *vt* helpen, te hulp komen
secourisme *nm* eerstehulpverlening *nf*, EHBO *de*
secouriste *n* EHBO'er *nm*
secours *nm* **1** *(aide)* hulp *de;* **appeler, crier au** ~ om hulp roepen; **au ~!** help!; **porter** ~ hulp bieden; **premiers** ~ eerste hulp **2** *(plur.) (dons)* hulpgoederen *plur* **3** *(plur.) (milit.)* hulptroepen *plur* ♦ **de** ~ nood-, hulp-; **roue de** ~ reservewiel; **porte de** ~ branddeur; **sortie, issue de** ~ nooduitgang
secousse *nf* schok *nm (aussi psycho.);* **par ~s** schoksgewijs; ~ **sismique** aardschok
secret[1] *nm* **1** *(discrétion; information confidentielle)* geheim *het*, geheimhouding *nf;* **en** ~ in het geheim; **mettre qn dans le** ~ iem op de hoogte brengen; ~ **de Polichinelle** publiek geheim; ~ **professionnel** beroepsgeheim **2** *(tréfonds)* diepste innerlijk *het;* **dans le** ~ **de son cœur** in stilte ♦ **mettre qn au** ~ iem opsluiten
secret[2] *adj* **1** *(caché)* geheim; **agent** ~ geheim agent; **services ~s** geheime (inlichtingen)dienst **2** *(réservé)* gesloten
secrétaire[1] *nm (meuble)* secretaire *nm*
secrétaire[2] *n (personne)* secretaris, -resse *nm,f;* ~ **comptable** boekhoud(st)er; ~ **de direction** directiesecretaris; ~ **général** secretaris-generaal; ~ **médicale** medisch secretaresse
secrétariat *nm* secretariaat *het*
secrètement *adv* in het geheim
sécréter *vt (biol.)* afscheiden
sécrétion *nf* secretie *nf*, afscheiding *nf*
sectaire *adj* intolerant, fanatiek, *(Belg.)* sectair; **un(e)** ~ een (bekrompen) fanaticus
sectarisme *nm* intolerantie *nf*
secte *nf* sekte *de*
secteur *nm* **1** *(branche; zone)* sector *nm (aussi math.);* ~ **privé** bedrijfsleven **2** *(réseau électrique)* elektriciteitsnet *het* **3** *(endroit)* plaats *de*
section *nf* **1** *(coupe)* snede *de* **2** *(subdivision)* sectie *nf (aussi milit.)* **3** *(partie d'un ouvrage)* afdeling *nf* **4** *(d'une ligne d'autobus, etc.)* zone *de*
sectionner *vt* **1** *(fractionner)* verdelen in secties **2** *(couper)* doorsnijden
séculaire *adj* **1** *(centenaire)* seculair, honderdjarig **2** *(très ancien)* eeuwenoud
séculier *adj* wereldlijk
secundo *adv* ten tweede
sécuriser *vt* geruststellen
sécurité *nf* veiligheid *nf;* **de** ~ zekerheids-; **en toute** ~ in alle rust; **être en** ~ in veiligheid zijn; ~ **routière** verkeersveiligheid; ~ **sociale, Sécu** sociale zekerheid
sédatif *adj* kalmerend; **le** ~ het kalmerende middel
sédentaire *adj* **1** *(qui n'entraîne pas de déplacement)* zittend **2** *(casanier)* huiselijk
sédiment *nm* sediment *het*, afzetting *nf*
sédimentation *nf* sedimentatie *nf*, afzetting *nf*
séducteur, -trice *n* verleid(st)er *nm (nf);* **grâce séductrice** betoverende charme
séduction *nf* verleiding *nf*
séduire *vt* verleiden
séduisant *adj* aantrekkelijk
segment *nm* segment *het*
segmenter *vt* segmenteren
ségrégation *nf* scheiding *nf;* ~ **raciale** rassenscheiding, apartheid
seiche *nf* zeekat *de*
seigle *nm* rogge *de*
Seigneur *nm* Heer *nm*, God
seigneur *nm* (lands)heer *nm*, *(iron.)* seigneur *nm*
sein *nm* **1** *(de la femme)* (vrouwen)borst *nm;* **nourrir au** ~ borstvoeding geven **2** *(de l'homme, de la femme)* borst *de* **3** *(milieu)* boezem *nm;* **au** ~ **de** *(au milieu de)* te midden van, *(dans le cadre de)* in het kader van; **au** ~ **de la famille** in de familiekring; **le** ~ **de l'Eglise, de la terre** de schoot der kerk, der aarde
séisme *nm (aussi au fig.)* aardbeving *nf*
seize *adj num* zestien(de); **Louis** ~ Lodewijk de Zestiende
seizième *adj num* zestiende
séjour *nm* **1** *(fait de séjourner; arrêt)* verblijf *het;* **frais de** ~ verblijfkosten **2** *(living)* woonkamer *de*
séjourner *vi* verblijven
sel *nm* **1** *(chlorure de sodium)* zout *het (aussi chim.);* ~ **fin** fijn zout; ~ **marin** zeezout **2** *(piquant)* pit *de*
sélect *adj* select
sélectif *adj* selectief
sélection *nf* selectie *nf*
sélectionner *vt* selecteren
self-service *nm* zelfbediening(szaak) *nf (de);* **restaurant** ~ zelfbedieningsrestaurant
selle *nf* **1** *(d'un cheval, d'une bicyclette)* zadel *het/de (m); (aussi au fig.)* **mettre qn en** ~ iem in het zadel helpen **2** *(plur.) (matières fécales)* ontlasting *nf* ♦ **aller à la** ~ z'n behoefte doen
seller *vt* zadelen
sellette *nf* (straf)bankje *het; (fig.)* **être sur la** ~ aan de tand gevoeld worden
selon *prép* volgens; ~ **les circonstances** al naargelang de omstandigheden; **c'est** ~ dat hangt ervan af; ~ **que** al naargelang
semailles *nf* **1** *(graines)* zaaikoren *het* **2** *(période)* zaaitijd *nm*
semaine *nf* **1** *(période)* week *de;* ~ **anglaise** vijfdaagse werkweek; **dans une** ~ over een week; **en ~, pendant la** ~ op werkda-

gen, door de week; **être de** ~ weekdienst hebben; **la** ~ **des quatre jeudis** met sint-juttemis; **la** ~ **sainte** de stille week **2** *(salaire)* weekloon *het*

semblable *adj* **1** *(analogue)* gelijk(waardig), *(Belg.)* gelijkaardig; ~ **à** gelijk aan; **le, la** ~ de naaste **2** *(tel)* dergelijk

semblant *nm* (uiterlijke) schijn *nm;* **faire** ~ doen alsof; **ne faire** ~ **de rien** niets laten merken

sembler[1] *vi (paraître)* schijnen

sembler[2] *vb impers (paraître)* (toe)schijnen; **il travaille si (comme, quand) bon lui semble** hij werkt als hem dat uitkomt; **il me semble que** ik heb de indruk dat

semé (de) *adj* bezaaid (met)

semelle *nf* **1** *(de chaussure)* zool *de* **2** *(longueur d'un pied)* voetbreed *het; (fig.)* **ne pas quitter qn d'une** ~ geen voetbreed van iem wijken ♦ **battre la** ~ zich warm stampen; *(iron.)* **c'est de la** ~ dat is zo taai als leer

semence *nf* **1** *(graines)* zaad *het* **2** *(fig.) (germe)* kiem *de*

semer *vt* **1** *(agric.)* zaaien *(aussi au fig.)* **2** *(disséminer)* (rond)strooien **3** *(fausser compagnie)* van zich afschudden

semestre *nm* semester *het*

semestriel *adj* halfjaarlijks, *(adv.)* per halfjaar

semi-fini *adj* ♦ **produit** ~ halffabricaat

séminaire *nm* **1** *(établissement religieux)* seminarie *het* **2** *(dans l'enseignement supérieur)* werkcollege *het* **3** *(colloque)* seminar *het*

séminariste *nm* seminarist *nm*

semi-remorque *n* (trekker *nm* met) oplegger *nm*, trailer *nm*

semis *nm* **1** *(action de semer)* (het) zaaien **2** *(terrain ensemencé)* zaaibed *het* **3** *(plante provenant de graines)* zaailing *nm*

semonce *nf* berisping *nf*, *(Belg.)* bolwassing *nf*

semoule *nf* gries(meel) *het* ♦ **sucre** ~ fijne kristalsuiker

sempiternel *adj* voortdurend

Sénat *nm* Senaat *nm*

sénateur *nm* senator *nm*

sénégalais *adj* Senegalees; **le, la Sénégalais(e)** de Senegalees, Senegalese

sénile *adj* **1** *(propre à la vieillesse)* ouderdoms- **2** *(méd.)* seniel

sens *nm* **1** *(faculté de sensation; organe récepteur)* zin *nm*, zintuig *het;* **les cinq** ~ de vijf zintuigen; *(fig.)* **cela tombe sous le** ~ dat spreekt vanzelf, dat is duidelijk **2** *(signification; instinct)* zin *nm;* **à double** ~ dubbelzinnig; ~ **figuré** figuurlijke betekenis; ~ **propre** letterlijke betekenis **3** *(direction)* richting *nf;* **dans le bon** ~ de goede kant op, uit; **dans tous les** ~ kris kras; **dans le** ~ **de la largeur** in de breedte; **dans le** ~ **des aiguilles d'une montre** met (de wijzers van) de klok mee; ~ **dessus dessous** ondersteboven, *(fig.)* op zijn kop; **en** ~ **inverse** in tegengestelde richting; ~ **giratoire** verplichte rijrichting; ~ **interdit** verboden in te rijden; ~ **unique** eenrichtingsverkeer **4** *(instinct)* zin *nm;* **avoir le** ~ **des affaires** zakelijk inzicht hebben; **il a le** ~ **du rythme** hij heeft gevoel voor ritme **5** *(raison)* verstand *het;* **bon** ~, ~ **commun** gezond verstand **6** *(opinion)* zin *nm;* **à mon** ~ mijns inziens, naar mijn mening; **dans, en un** ~ in zeker opzicht, in zekere zin **7** *(plur.) (instinct sexuel)* zinnen *plur;* **plaisirs des** ~ zingenot

sensation *nf* **1** *(impression)* indruk *nm;* **avoir la** ~ **de, que** het gevoel hebben te, dat **2** *(admiration, effet)* sensatie *nf;* **presse à** ~ sensatiepers; **faire** ~ sensatie verwekken

sensationnel *adj* **1** *(qui fait sensation)* sensationeel **2** *(terrible)* te gek

sensé *adj* verstandig

sensibilisation *nf* **1** *(méd.; phot.)* sensibilisatie *nf* **2** *(de l'opinion publique, etc.)* bewustmaking *nf*

sensibiliser (à) *vt* gevoelig maken (voor)

sensibilité *nf* **1** *(réceptibilité; affectivité)* gevoeligheid *nf (aussi technol.)* **2** *(phot.)* lichtgevoeligheid *nf*

sensible *adj* **1** *(adj.) (capable de sensation; émotif; douloureux)* (over)gevoelig; **avoir le cœur** ~ meelevend zijn; **point** ~ gevoelige plek, kwetsbaar punt **2** *(adj.; + à) (accessible)* gevoelig (voor) **3** *(perceptible)* waarneembaar; **faire des progrès ~s** duidelijke vorderingen maken **4** *(adv.) (à peu près)* zo ongeveer

sensiblerie *nf* overgevoeligheid *nf*

sensoriel *adj* zintuiglijk

sensualité *nf* sensualiteit *nf*

sensuel *adj* sensueel

sentence *nf* **1** *(jugement)* vonnis *het;* **exécuter une** ~ een vonnis voltrekken **2** *(maxime)* zinspreuk *de*

sentencieux *adj* plechtstatig; **ton** ~ belerende toon

senteur *nf* geur *nm*

senti *adj* gevoelvol; **bien** ~ treffend

sentier *nm* pad *het (aussi au fig.);* **~s battus** platgetreden, begane paden

sentiment *nm* **1** *(état affectif, sensibilité)* gevoel(en) *het;* **faire du** ~ sentimenteel doen **2** *(impression)* gevoel *het*, indruk *nm;* **avoir le** ~ **que** de indruk hebben dat; **avoir le** ~ **de qch** zich van iets bewust zijn **3** *(avis)* mening *nf*

sentimental *adj* **1** *(qui n'est pas raisonné)* gevoelsmatig; **un(e) ~(e)** een sentimenteel iem **2** *(amoureux, romanesque)* sentimenteel

sentimentalité *nf* sentimentaliteit *nf*

sentinelle *nf* (schild)wacht *nm*

sentir[1] *vt* **1** *(percevoir)* voelen; **se faire** ~ merkbaar worden; **faire** ~ **à qn que** iem duidelijk maken dat; **faire** ~ **qch à qn** iem iets doen begrijpen; ~ **la fatigue** moe zijn **2** *(flairer)* ruiken aan; ~ **une odeur** een geur opsnuiven; **ne pas pouvoir** ~ **qn** iem niet kunnen luchten (of zien) **3** *(dégager une odeur de)* ruiken naar; ~ **bon, mauvais** lekker, vies ruiken; **il sent des pieds**

zijn voeten stinken **4** *(donner une impression de)* rieken naar
se sentir[2] *vpr* **1** *(se trouver)* zich voelen **2** *(être senti)* voelbaar, merkbaar zijn ♦ **ne pas pouvoir se** ~ elkaar niet kunnen luchten (of zien)
séparation *nf* scheiding *nf;* ~ **de biens** huwelijkse voorwaarden; ~ **de corps** scheiding van tafel en bed
séparatiste *adj* separatistisch; **le, la** ~ de separatist(e); **mouvement** ~ afscheidingsbeweging
séparé *adj* gescheiden, afzonderlijk
séparer[1] *vt* **1** *(isoler, partager)* scheiden **2** *(partager en deux)* in tweeën delen **3** *(distinguer)* apart bekijken
se séparer[2] *vpr* **1** *(être séparé)* gescheiden worden **2** *(se quitter)* afscheid nemen **3** *(divorcer)* uit elkaar gaan; **ils se sont séparés** zij zijn uit elkaar **4** *(se diviser en plusieurs éléments)* zich (op)splitsen
sept *adj num* zeven(de)
septante *adj num (f.B.)* zeventig
septembre *nm* september *nm;* **en** ~ in september
septennat *nm* zevenjarige ambtsperiode *de*
septentrional *adj* noordelijk
septième *adj num* zevende; **habiter au** ~ op de zevende (etage) wonen
septique *adj* septisch
septuagénaire *adj* zeventigjarig; **le, la** ~ de zeventiger
sépulcral *adj* graf-
sépulcre *nm* graf *het*
sépulture *nf* graf *het*
séquelle *nf (le plus souvent plur.) (méd.; aussi au fig.)* nasleep *nm*
séquence *nf* **1** *(cin.)* scène *de* **2** *(aux cartes)* reeks *de*
séquestration *nf* opsluiting *nf*
séquestre *nm* inbeslagneming *nf;* **mettre sous** ~ beslag leggen op
séquestrer *vt* **1** *(qch)* in beslag nemen **2** *(qn)* (wederrechtelijk) opsluiten
séquoia *nm (bot.)* sequoia *de*
serbe *adj* Servisch; **le** ~ het Servisch; **le, la Serbe** de Serviër, Servische
Serbie *nf* Servië *n (sans art.);* **en** ~ in Servië
serbo-croate *adj* Servo-Kroatisch; **le** ~ het Servo-Kroatisch
serein *adj* **1** *(adj.) (calme)* sereen, rustig **2** *(impartial)* onpartijdig
sérénade *nf* serenade *nf*
sérénité *nf* **1** *(d'une personne)* sereniteit *nf* **2** *(paix)* rust *de* **3** *(d'un jugement)* onpartijdigheid *nf*
sergent *nm* sergeant *nm*
série *nf* reeks *de*, serie *nf; (indus.)* **de** ~ in serie gemaakt; **en** ~ *(technol.)* seriegeschakeld, *(indus.)* aan de lopende band; **hors** ~ apart gemaakt
sérieux *adj* **1** *(important; consciencieux)* serieus; **garder son** ~ niet in de lach schieten; **il songe sérieusement à** hij denkt er ernstig over om; **sérieusement?** meen je dat nou? **2** *(digne de confiance)* betrouwbaar; **le** ~ de ernst; **prendre au** ~ serieus nemen **3** *(inquiétant)* ernstig
serin *nm (zool.)* kanarie *nm*
seringue *nf* (injectie)spuit *de*
serment *nm* eed *nm (aussi jur.);* **faire le** ~ **de** zweren; **faux** ~ meineed; **prêter** ~ de eed afleggen; **sous** ~ onder ede
sermon *nm* preek *de*
sermonner *vt* (iem) de les lezen
séropositif *adj* seropositief; **le** ~ de aidsdrager
serpe *nf* snoeimes *het*
serpent *nm (zool.)* slang *de;* ~ **à lunettes** brilslang; ~ **à sonnette** ratelslang
serpenter *vi* (zich) slingeren, kronkelen
serpentin *nm* serpentine *nf*
serpillière *nf* dweil *nm*
serre *nf* **1** *(pour les plantes)* (broei)kas *de*, serre *de* **2** *(plur.) (des oiseaux)* klauwen *plur*
serré[1] *adj* **1** *(entassé, comprimé)* dicht op elkaar **2** *(compact)* compact **3** *(rigoureux)* streng; **partie ~e** partij met weinig krachtsverschil ♦ **café bien** ~ sterke koffie
serré[2] *adv* strak ♦ **jouer** ~ op zeker spelen
serre-joint *nm* lijmschroef *de*, sergeant *nm*
serrement *nm* (het) drukken; ~ **de gorge** prop in de keel
serrer[1] *vi (circul.)* voorsorteren; ~ **à droite** rechts voorsorteren
serrer[2] *vt* **1** *(saisir)* (vast)drukken; ~ **le cœur** erg droevig stemmen; ~ **qn à la gorge** iem wurgen; ~ **qn dans ses bras** iem in de armen sluiten **2** *(disposer plus près, contracter)* dicht op, bij, tegen elkaar zetten; ~ **les dents** de kiezen op elkaar klemmen; ~ **les poings** zijn vuisten ballen **3** *(un élément mobile)* strak aanhalen; ~ **le frein** de rem aantrekken **4** *(presser)* vlakbij komen; ~ **qn de près** iem op de hielen zitten; ~ **sa droite** uiterst rechts rijden
se serrer[3] *vpr* **1** *(se mettre tout près de qn)* dichter bij elkaar gaan zitten, opschuiven, opschikken **2** *(+ contre) (se mettre tout contre qch, qn)* zich dicht aandrukken (tegen)
serre-tête *nm* haarband *nm*
serrure *nf* slot *het*
serrurerie *nf* **1** *(métier)* slotenmakersvak *het* **2** *(objet)* smeedwerk *het*
serrurier *nm* slotenmaker *nm*
sertir *vt* **1** *(une pierre précieuse)* zetten **2** *(des pièces métalliques)* felsen
sérum *nm* (bloed)serum *het*
servante *nf* dienstmeisje *het (f)*
serveur, -euse *n* **1** *(garçon)* ober, serveerster *nm,f* **2** *(sports)* serveerder, serveerster *nm,f* **3** *(m.) (inform.)* server *nm*
serviabilité *nf* dienstvaardigheid *nf*
serviable *adj* dienstvaardig
service *nm* **1** *(fonction, travail particulier) (aussi relig.)* dienst *nm;* **à votre ~!** tot uw dienst!; **se mettre au** ~ **de qch, de qn** zich in dienst van iets, iem stellen; **être**

de ~ dienstdoen; **pompier de** ~ dienstdoende brandweerman; **mettre qch en** ~ iets in gebruik stellen; **faire son** ~ **(militaire)** zijn dienstplicht vervullen; **mettre qch hors (de)** ~ iets buiten gebruik stellen; ~ **militaire** militaire dienst; **offrir ses ~s** zijn goede diensten aanbieden; **rendre** ~ **à qn** iem een dienst bewijzen; **rendre (des) ~(s)** van dienst zijn **2** *(organisation, département)* dienst *nm*, afdeling *nf*; ~ **d'aide médicale d'urgence, SAMU** ⟨*ambulancedienst*⟩; **chef de** ~ afdelingschef; ~ **d'ordre** ordebewakingsdienst; ~ **de ramassage** ophaaldienst; ~ **de réanimation** intensive care; **~s sociaux** (instellingen voor) maatschappelijk werk; ~ **des urgences** eerstehulpdienst **3** *(restaurants, commerce)* bediening *nf*, service *nm;* ~ **après-vente** service; ~ **compris** bediening(sgeld) inbegrepen; ~ **non compris** zonder bediening(sgeld); **faire le** ~ (de gasten) bedienen; **premier** ~ eerste ronde; **société de** ~ dienstverlenende onderneming **4** *(vaisselle)* servies *het* **5** *(sports)* service *nm*

serviette *nf* **1** *(linge de table)* servet *het* **2** *(pour la toilette)* handdoek *nm;* ~ **de bain** badhanddoek **3** *(porte-documents)* aktetas *de* ♦ ~ **hygiénique** maandverband

servile *adj* slaafs

servilité *nf* slaafsheid *nf*

servir[1] *vi* **1** *(être utile à)* dienen (als), dienstdoen (tot, voor); ~ **d'interprète à qn** voor iem als tolk optreden; ~ **de combustible** als brandstof dienen, fungeren; ~ **de guide à qn** iemands gids zijn; ~ **de leçon à qn** voor iem een les zijn; ~ **de prétexte à qn** door iem als voorwendsel gebruikt worden **2** *(être utilisé en guise de)* dienen (tot, voor), van dienst zijn (voor); ~ **à qn** iem ten goede komen; ~ **à qch** *(être utilisé pour qch)* tot, voor iets dienen, *(être utile à qch)* (aan) iets ten goede komen; **cela ne sert à rien** daar hebben we niets aan; **cela, il ne sert à rien de** het heeft geen zin om; **cela peut encore** ~ dat kan nog dienstdoen **3** *(sports)* serveren

servir[2] *vt* **1** *(travailler)* in dienst zijn van **2** *(être utile)* van dienst zijn **3** *(pourvoir du nécessaire)* bedienen **4** *(donner)* opscheppen; **qu'est-ce que je vous sers?** wat kan ik voor u inschenken? **5** *(mettre à la disposition de)* opdienen; ~ **chaud** warm opdienen **6** *(sports)* serveren

se servir[3] *vpr* **1** *(+ de) (employer)* gebruiken **2** *(+ de) (prendre)* nemen; **servez-vous** tast (maar) toe **3** *(être servi)* opgediend worden; **ce vin doit se** ~ **frais** deze wijn dient zeer koel geschonken te worden

serviteur *nm* dienaar *nm; (iron.)* **votre** ~ uw dienstwillige dienaar

servitude *nf* **1** *(asservissement)* onderworpenheid *nf* **2** *(plur.) (contrainte)* dwang *nm*

sésame *nm (bot.)* sesam *nm*

session *nf* **1** *(jur.)* zitting(speriode) *nf* **2** *(enseign.)* examenperiode *nf*, *(Belg.)* zittijd *nm;* **la deuxième** ~ de herexamenperiode

set *nm* **1** *(sports; cin.)* set *nm* **2** *(de table)* placemats *plur*

seuil *nm* drempel *nm* ♦ **au** ~ **de** bij de aanvang van

seul *adj* **1** *(solitaire)* alleen(staand); **~(e) à ~(e)** onder vier ogen; **parler tout** ~ in zichzelf praten; **personne ~e** alleenstaande; **tout** ~ *(solitaire; sans aide)* helemaal alleen, *(sans difficulté)* vanzelf **2** *(unique)* één, enig; **une ~e fois** één keer; **le, la ~(e)** de enige; **un(e) ~(e)** één enkele **3** *(seulement; sans aide)* alleen; **à elle ~e** in haar eentje; **la ~e pensée** de gedachte alleen al

seulement *adv* **1** *(exclusivement)* (alleen) maar, *(pas plus que)* slechts; **non** ~ **... mais (encore)** niet alleen ..., maar ook; **si** ~ **il travaillait** als hij maar eens werkte **2** *(pas avant; à l'instant)* (nu) pas **3** *(même; mais)* zelfs; **pas** ~ niet eens

sève *nf* **1** *(d'une plante)* plantensap *het* **2** *(principe vital)* (levens)kracht *de*

sévère *adj* **1** *(dur)* streng; **critique** ~ scherpe kritiek **2** *(adj.) (austère)* sober **3** *(grave)* ernstig, zwaar

sévérité *nf* **1** *(dureté, austérité)* strengheid *nf* **2** *(gravité)* ernst *nm*

sévices *nm* mishandeling *nf (uniquement sing.)*

sévir *vi* **1** *(punir)* streng optreden **2** *(exercer ses ravages)* woeden

sevrer *vt* **1** *(un enfant)* spenen **2** *(priver de qch)* (iem iets) onthouden, (iem iets) ontzeggen

sexagénaire *adj* zestigjarig; **le, la** ~ de zestiger

sexe *nm* **1** *(homme, femme; mâle, femelle)* geslacht *het (aussi biol.; zool.);* **discuter sur le** ~ **des anges** muggenziften, haarkloven **2** *(parties sexuelles)* geslacht(sdeel) *het* **3** *(sexualité)* seks *nm*

sexisme *nm* seksisme *het*

sexiste *adj* seksistisch; **le, la** ~ de seksist(e)

sextant *nm* sextant *nm*

sexualité *nf* seksualiteit *nf*

sexuel *adj* seksueel

seyant *adj* goed staand

shampo(o)ing *nm* **1** *(produit)* shampoo *nm* **2** *(lavage des cheveux)* haarwassing *nf*

shérif *nm* sheriff *nm*

shooter[1] *vi (sports)* schieten

shooter[2] *vt* **1** *(piquer)* spuiten, een shot geven **2** *(sports)* schieten

se shooter[3] *vpr (se piquer)* spuiten, zich een shot toedienen

shop(p)ing *nm* (het) winkelen

short *nm* short(s) *nm (plur)*

si[1] *nm* **1** *(hypothèse)* als *het* **2** *(mus.)* si *de*, b *de*

si[2] *adv* **1** *(oui)* ja(wel), (zeker) wel; **mais** ~ jawel; **il n'accepte pas, moi** ~ hij doet het niet, ik wel **2** *(tellement; aussi; quelque)* zo-(zeer); **(tant et)** ~ **bien que** zó dat; ~ **peu que** hoe weinig ook; ~ **intelligent qu'il soit** hoe intelligent hij ook is

si[3] *conj* **1** *(introduisant une condition)* als; ~ **ce n'est** zo niet; ~ **je ne me trompe** als ik mij niet vergis; ~ **on veut** zo men wil **2** *(in-*

troduisant une interrogative indirecte; comme si) of; **comme** ~ alsof; **demander** ~ vragen of; **vous pensez s'ils étaient fiers!** en of ze trots waren! **3** *(même si)* (ook) al; **même** ~ zelfs al
siamois *adj* Siamees ♦ **chat** ~ Siamese kat
sida *nm* aids *(sigle anglais)*
sidérer *vt* verbijsteren
sidérurgie *nf* staalindustrie *nf*
sidérurgique *adj* ijzer- en staal-
siècle *nm* eeuw *de*
siège *nm* **1** *(résidence)* zetel *nm;* ~ **social** hoofdkantoor **2** *(pour s'asseoir)* stoel *nm* **3** *(place assise)* zitplaats *de* **4** *(milit.)* beleg *het;* **lever le** ~ het beleg opbreken, *(fig.)* de zitting opheffen
siéger *vi* **1** *(tenir séance)* zitting hebben (in) **2** *(se réunir)* zitting houden **3** *(résider, se trouver)* zetelen *(aussi au fig.)*
sien[1] *nm,* **sienne** *nf* **1** *(pronom possessif)* (het) zijne, (het) hare **2** *(plur.) (sa famille, ses amis, etc.)* (de) zijnen *(plur.)* ♦ **y mettre du** ~ een steentje bijdragen
sien[2] *nf* ♦ **faire des ~nes** streken uithalen
sien[3] *adj poss* zijn, haar; **faire ~nes les affirmations de qn** zich iemands beweringen eigen maken
sien[4] *pron poss* (het, de) zijne, hare
sieste *nf* siësta *de*
sifflement *nm* **1** *(d'une personne, d'un oiseau)* gefluit *het* **2** *(de la vapeur, d'un serpent)* gesis *het*
siffler[1] *vi* **1** *(personne, un oiseau)* fluiten **2** *(vapeur, un serpent)* sissen
siffler[2] *vt* **1** *(un air; appeler qn, un animal)* fluiten; ~ **une fille** een meisje nafluiten **2** *(conspuer)* uitfluiten
sifflet *nm* fluitje *het*
siffloter *vti* zachtjes fluiten
sigle *nm* letterwoord *het*
signal *nm* signaal *het,* teken *het;* ~ **d'alarme** alarmsignaal, *(dans un train, un tram)* noodrem; ~ **de détresse, d'urgence** noodsein; **donner le** ~ **du départ** het startsein geven; **les signaux de sa voiture** de lichten van zijn auto
signalement *nm* signalement *het*
signaler *vt* **1** *(annoncer par un signal)* aankondigen **2** *(faire remarquer)* wijzen op **3** *(déclarer)* (ver)melden; ~ **qn à la police** iem bij de politie aanbrengen; **rien à** ~ niets te melden
signalisation *nf (circul.)* bewegwijzering *nf, (Belg.)* signalisatie *nf;* ~ **routière** verkeerstekens
signataire *n* ondertekenaar(ster) *nm (nf)*
signature *nf* **1** *(d'une personne)* handtekening *nf* **2** *(action de signer)* ondertekening *nf,* (het) (onder)tekenen
signe *nm* teken *het;* **en** ~ **de** ten teken van; **en** ~ **d'adieu** bij wijze van afscheid; **faire** ~ een teken geven; **faire le** ~ **de la croix** een kruis slaan; **je vous ferai** ~ ik zal u een seintje geven; **~s particuliers** bijzondere kenmerken; ~ **de ponctuation** leesteken; ~ **de tête** hoofdknik
signer[1] *vt* (onder)tekenen, zijn handtekening plaatsen onder; **œuvre non signée** anoniem werk
se signer[2] *vpr* een kruisteken maken
signet *nm* bladwijzer *nm, (inform.)* bookmark *nm*
significatif *adj* **1** *(qui signifie nettement)* veelbetekenend **2** *(révélateur)* kenmerkend
signification *nf* betekenis *nf*
signifier *vt* **1** *(vouloir dire)* betekenen; **qu'est-ce que cela signifie?** wat betekent dat?, *(fig.)* wat heeft dat te betekenen? **2** *(faire connaître)* mededelen
silence *nm* **1** *(mutisme; calme)* stilte *nf;* **en** ~ *(sans parler)* zwijgend, *(en secret)* stilletjes; **garder, observer le** ~ zwijgen; **passer qch sous** ~ iets verzwijgen **2** *(mus.)* rust *de*
silencieux *adj* stil; **le** ~ *(d'une voiture)* de knalpot, *(d'une arme)* de geluiddemper
silex *nm* vuursteen *nm*
silhouette *nf* silhouet *het/de*
sillage *nm* kielzog *het (aussi au fig.)*
sillon *nm* **1** *(tranchée faite par la charrue)* (ploeg)vore, (ploeg)voor *de* **2** *(ligne; ride)* groef *de (aussi d'un disque)* **3** *(trace)* spoor *het*
sillonner *vt* **1** *(parcourir)* doorkruisen; ~ **la mer** de zee bevaren **2** *(de rides)* (doen) rimpelen; **sillonné de rides** vol rimpels
silo *nm* silo *nm*
simagrée *nf* aanstellerij *nf*
similaire *adj* gelijksoortig
similarité *nf* gelijksoortigheid *nf*
simili *nm* imitatie *nf;* **en** ~ imitatie-
similitude *nf* gelijkenis *nf*
simple *adj* **1** *(facile)* eenvoudig, gemakkelijk; **tout ~ment** doodeenvoudig **2** *(adj.; d'une chose) (sans façon)* eenvoudig, gewoon **3** *(adj.; d'une personne) (sans prétention, direct)* eenvoudig, bescheiden **4** *(seul, pur)* enkel; **ce n'est qu'une** ~ **formalité** het is louter een formaliteit; **la** ~ **pensée** alleen al de gedachte **5** *(adj.) (crédule, simplet)* onnozel **6** *(adj.) (arriéré, idiot)* simpel; **le, la** ~ **(d'esprit)** de achterlijke **7** *(adj.) (qui n'est pas composé; qui n'est pas double)* enkelvoudig; **passer du** ~ **au double** verdubbelen; *(sports)* **le** ~ het enkelspel
simplet *adj* **1** *(personne)* onnozel **2** *(chose)* simplistisch
simplicité *nf* **1** *(facilité)* eenvoud(igheid) *nm (nf)* **2** *(naturel)* natuurlijkheid *nf* **3** *(modestie; simplicité)* bescheidenheid *nf*
simplification *nf* vereenvoudiging *nf*
simplifier[1] *vt* vereenvoudigen
se simplifier[2] *vpr* eenvoudiger worden
simpliste *adj* simplistisch
simulacre *nm* nabootsing *nf;* ~ **de procès** schijnproces
simulateur, -trice *n* **1** *(personne)* simulant(e) *nm (nf)* **2** *(m.) (appareil)* simulator *nm*
simulation *nf* simulatie *nf,* veinzerij *nf*
simuler *vt* simuleren

simultané *adj* gelijktijdig
sincère *adj* **1** *(franc)* oprecht; **~ment, je ne le crois pas** eerlijk gezegd geloof ik het niet **2** *(adj.) (véritable)* echt
sincérité *nf* oprechtheid *nf*
singe *nm (zool.)* aap *nm;* **faire le** ~ de pias uithangen
singer *vt* na-apen
singerie *nf* **1** *(grimace)* grimas *de;* **faire des ~s** gezichten trekken, *(fig.)* zich aanstellen **2** *(plur.) (démonstration hypocrite ou exagérée)* aanstellerij *nf*
singulariser[1] *vt* onderscheiden
se singulariser[2] *vpr (péj.)* (willen) opvallen
singularité *nf* eigenaardigheid *nf*
singulier *adj* **1** *(bizarre)* opvallend **2** *(original)* bijzonder **3** *(ling.)* enkelvoudig; **le** ~ het enkelvoud **4** *(adv.) (particulièrement)* in het bijzonder **5** *(adv.) (très)* zeer
sinistre *adj* **1** *(qui fait craindre un malheur)* onheilspellend **2** *(inquiétant, dangereux)* snood ♦ **le** ~ de schade *(assurances)*
sinistré *adj* geteisterd, door een ramp getroffen; **le, la ~(e)** het slachtoffer; **région ~e** rampgebied
sinon *conj* **1** *(en admettant que ce ne soit pas)* zo niet **2** *(sauf)* behalve
sinueux *adj* **1** *(d'un chemin, d'une côte, etc.)* bochtig **2** *(d'un raisonnement, etc.)* slinks
sinus *nm* sinus *nm*
sinusite *nf* bijholteontsteking *nf*
siphon *nm* **1** *(tube, appareil)* hevel *nm* **2** *(évier)* zwanenhals *nm*, sifon *nm* **3** *(bouteille)* sifon(fles) *nm (de)*
sire *nm* Sire *nm* ♦ **triste** ~ ellendeling
sirène *nf* **1** *(appareil sonore)* sirene *nf* **2** *(être fabuleux)* sirene *nf (aussi au fig.)*
sirop *nm* **1** *(boisson)* siroop *de;* ~ **contre la toux** hoestsiroop **2** *(mélasse)* stroop *de*
siroter *vt* nippen van
sirupeux *adj* **1** *(de la consistance du sirop)* stroperig **2** *(mièvre)* zoetelijk, wee
sismique *adj* seismisch
site *nm* **1** landschap *het* **2** *(inform.)* site *de;* **un** ~ **Internet** een internetsite
sitôt *adv* zodra ♦ ~ **dit,** ~ **fait** zo gezegd, zo gedaan; **pas de** ~ voorlopig niet
situation *nf* **1** *(condition)* toestand *nm;* **être en** ~ **de** in de gelegenheid zijn om **2** *(emploi)* betrekking *nf;* **se faire une** ~ een positie verwerven **3** *(emplacement)* ligging *nf*
situé *adj* gelegen
situer[1] *vt* plaatsen
se situer[2] *vpr* liggen, plaatsvinden *(avoir lieu)*, *(Belg.)* zich situeren
six *adj num* zes(de)
sixième *adj num* zesde; **habiter au** ~ op de zesde (etage) wonen; *(enseign.)* **la** ~ de eerste klas *(en France)*
sixièmement *adv* ten zesde
skaï® *nm* skai *het*
sketch *nm* conference *nf*
ski *nm* **1** *(patin pour skier)* ski *nm* **2** *(sports)* skisport *de*, (het) skiën; ~ **alpin** (het) alpineskiën; ~ **de fond** (het) langlaufen
skier *vi* skiën
skieur, -euse *n* skiër, skiester *nm,f;* ~ **de fond** langlaufer
slalom *nm (sports)* slalom *nm*
slalomer *vi* **1** *(sports)* slaloms maken **2** *(avancer en zigzag)* zigzaggen
slave *adj* Slavisch; **le** ~ het Slavisch; **le, la Slave** de Slaaf, Slavische
slip *nm (homme)* onderbroek *nm*, *(femme)* slipje *het;* ~ **de bain** zwembroek
slogan *nm* slogan *nm*
slovaque *adj* Slowaaks; **le** ~ het Slowaaks; **le, la Slovaque** de Slowaak(se)
Slovaquie *nf* Slowakije *n (sans art.)*
slovène *adj* Sloveens; **le** ~ het Sloveens; **le, la Slovène** de Sloveen(se)
Slovénie *nf* Slovenië *n (sans art.)*
smicard, -arde *n* minimumloner *nm*
smoking *nm* smoking *nm*
SMS *nm* **1** *(service)* sms *de* **2** *(message)* sms'je *het*
smurf *nm* breakdansen *het*
snack(-bar) *nm* snackbar *de*
snif(f)er *vi* snuiven
snob *adj* snobistisch; **le, la** ~ de snob
snober *vt* neerkijken op
snobisme *nm* snobisme *het*
sobre *adj* sober
sobriété *nf* soberheid *nf*, matigheid *nf (notamment alcool)*
sobriquet *nm* bijnaam *nm*
sociabilité *nf* gezelligheid *nf*
sociable *adj* **1** *(affable)* vriendelijk **2** *(social)* sociaal
social *adj* **1** *(société)* sociaal; **le** ~ de sociale sector **2** *(adj.) (jur.; écon.; société)* firma-
social-démocrate *adj* sociaaldemocratisch; **le, la** ~ de sociaaldemocraat
socialisation *nf* socialisatie *nf*
socialisme *nm* socialisme *het*
socialiste *adj* socialistisch; **le, la** ~ de socialist(e)
sociétaire *n* (verenigings)lid *het (m)*, *het (f)*
société *nf* **1** *(communauté)* maatschappij *nf;* ~ **de consommation** consumptiemaatschappij; **phénomène de** ~ maatschappelijk verschijnsel **2** *(groupe social)* gemeenschap *nf* **3** *(organisation)* vereniging *nf;* ~ **française d'enquêtes par sondage, Sofres** ⟨*Frans instituut voor marktonderzoek en opiniepeilingen*⟩; *(hist.)* **la Société des Nations** de Volkenbond; **Société protectrice des animaux, SPA** de Dierenbescherming **4** *(jur.; écon.)* maatschappij *nf;* ~ **anonyme, SA** naamloze vennootschap, nv; ~ **commerciale** handelsmaatschappij; *(Belg.f.)* ~ **nationale des chemins de fer Belges, SNCB** nationale maatschappij der Belgische spoorwegen, NMBS; ~ **nationale des chemins de fer Français, SNCF** Franse Spoorwegen; ~ **à responsabilité limitée, SARL** vennootschap met beperkte aansprakelijkheid, ± Besloten Vennootschap, bv; *(Belg.f.)* ~ **de personnes à responsabilité limitée, SPRL** besloten vennootschap met beperkte aansprakelijkheid, bvba *(Belg.n.)* **5** *(compagnie habituel-*

le) gezelschap *het* **6** *(le beau monde)* society *nf;* **la haute** ~ de hogere kringen
sociologie *nf* sociologie *nf*
sociologique *adj* sociologisch
sociologue *n* sociolloog, -loge *nm,f*
socioprofessionnel *adj* sociaaleconomisch
socle *nm* sokkel *nm*
socquette *nf* kort sokje *het*
soda *nm* gazeuse *nf*
sodium *nm* natrium *het*
sœur *nf* **1** *(lien de parenté)* zus(ter) *nf* **2** *(nonne)* zuster *nf*, non *nf*
sofa *nm* sofa *nm*
software *nm* programmatuur *nf*, software *nm*
soi *pron pers* zich(zelf); **à part** ~ in zichzelf; **chez** ~ thuis; **en** ~ van nature, op zich(zelf), *(philo.)* 'an sich'; **hors de** ~ buiten zichzelf (van woede); **le** ~ het ik; **malgré** ~ tegen z'n wil; **n'avoir pas d'argent sur** ~ geen geld bij zich hebben
soi-disant *adj* zogenaamd
soie *nf* zij(de) *de;* **de, en** ~ zijden
soif *nf* **1** *(besoin d'eau)* dorst *nm;* **donner** ~ dorstig maken; **jusqu'à plus** ~ tot vervelens toe; **rester sur sa** ~ niet voldoende te drinken krijgen, *(fig.)* niet voldaan, bevredigd worden **2** *(désir passionné)* (hevig) verlangen *het;* **avoir ~ de (vengeance)** dorsten naar (wraak)
soignant *adj* verzorgend; **aide ~(e)** ziekenverzorg(st)er; **personnel** ~ verzorgend personeel
soigné *adj* (wel)verzorgd; **être ~ de sa personne** er verzorgd uitzien
soigner[1] *vt* **1** *(bichonner; apporter du soin à)* verzorgen **2** *(méd.)* behandelen; **il faut te faire ~!** je moet je eens laten nakijken!
se soigner[2] *vpr* **1** *(s'occuper de son bien-être)* zich in acht nemen **2** *(s'occuper de son apparence physique)* zorg besteden aan zijn uiterlijk **3** *(méd.)* behandeld kunnen worden, te behandelen zijn
soigneux *adj* zorgvuldig; **être ~ de** goed zorgen voor
soi-même *pron pers* **1** *(pronom réfléchi de la troisième personne)* zichzelf; **de, par** ~ uit zichzelf **2** *(en personne)* zelf
soin *nm* **1** *(application; charge)* zorg *de;* **avoir, prendre ~ de** zorgen voor **2** *(plur.) (attention)* verzorging *nf (uniquement sing.)*, behandeling *nf (méd.; uniquement sing.);* **premiers ~s** eerste hulp; **prendre ~, du ~ à** verzorgen
soir *nm* avond *nm (aussi au fig.);* **le quinze au** ~ op de avond van de vijftiende; **ce** ~ vanavond; **ce soir-là** die avond; **être du** ~ een avondmens zijn; **cinq heures du** ~ vijf uur 's middags; **le** ~ *(tous les soirs)* 's avonds; **un** ~ op een avond
soirée *nf* **1** *(soir)* avond *nm* **2** *(fête)* avondje *het* **3** *(dram., cin.)* avondvoorstelling *nf*
soit[1] *adv* goed (dan)
soit[2] *conj* **1** *(ou)* hetzij, of; **~ que ..., ~ que ...** hetzij dat ..., hetzij dat ...; **~ ..., ~ ...** of ..., of ... **2** *(c'est-à-dire)* dat wil zeggen **3** *(étant donné)* gegeven
soixantaine *nf* **1** *(environ soixante)* (ongeveer) zestig **2** *(âge)* zestigjarige leeftijd *nm;* **approcher, friser la** ~ tegen de zestig zijn
soixante *adj num* zestig(ste); **~ et onze** eenenzeventig
soixante-dix *adj num* zeventig
soja *nm* soja(boon) *nm (de)*
sol *nm* **1** *(terre)* grond *nm*, bodem *nm* **2** *(revêtement)* vloer *nm* **3** *(mus.)* sol *de*, g *de*
solaire *adj* zon(ne)-; **crème** ~ zonnebrandcrème; **le** ~ de zonne-energie
soldat *nm* soldaat *nm*
solde[1] *nm* **1** *(différence entre le crédit et le débit)* saldo *het;* **~ créditeur** creditsaldo; **~ débiteur** debetsaldo **2** *(ce qui reste à payer sur un compte)* negatief saldo *het;* **pour ~ de (tout) compte** ter (algehele) vereffening **3** *(souvent plur.) (vente au rabais)* opruiming *nf (uniquement sing.)*
solde[2] *nf* soldij *nf; (péj.)* **être à la ~ de qn** omgekocht zijn door iem
solder[1] *vt* **1** *(acquitter en payant ce qui est dû)* betalen **2** *(vendre en solde)* opruimen **3** *(clore un compte)* afsluiten
se solder[2] *vpr (+ par; fig.) (aboutir en définitive à)* uitlopen (op)
sole *nf* tong *de*
soleil *nm* zon *de;* **au ~ couchant** tegen zonsondergang; **il fait (du)** ~ het is zonnig, de zon schijnt; **au ~ levant** bij het aanbreken van de dag; **en plein** ~ in de volle zon; **~ de plomb** felle zon
solennel *adj* plechtig, *(péj.)* hoogdravend
solennité *nf* plechtigheid *nf*, *(péj.)* hoogdravendheid *nf*
solfège *nm* solfège *nm*
solidaire *adj* **1** *(personnes)* solidair **2** *(adj.) (choses)* met elkaar in verbinding staand, *(fig.)* (onlosmakelijk) verbonden
se solidariser (avec) *vpr* zich solidair verklaren (met)
solidarité *nf* solidariteit *nf*
solide *adj* **1** *(chose) (robuste)* stevig, *(sérieux)* sterk **2** *(adj.) (personne)* sterk, *(sérieux, sûr)* degelijk **3** *(bon; grand)* behoorlijk **4** *(adj.) (phys.)* vast; **un** ~ een (vast) lichaam
solidifier[1] *vt* vast maken, doen stollen
se solidifier[2] *vpr* vast worden, stollen
solidité *nf* **1** *(robustesse)* stevigheid *nf* **2** *(fig.) (qualité de ce qui est durable)* duurzaamheid *nf* **3** *(sérieux)* gedegenheid *nf*
soliloque *nm* (het) in zichzelf praten
soliste *n* solist(e) *nm (nf)*
solitaire[1] *n* **1** *(ermite)* kluizenaar *nm* **2** *(personne aimant vivre seule)* eenzelvig mens *de*, *(Belg.)* eenzaat *nm*
solitaire[2] *adj* **1** *(esseulé)* eenzaam, alleen; **vie** ~ teruggetrokken leven **2** *(endroit)* eenzaam, verlaten
solitude *nf* eenzaamheid *nf*
sollicitation *nf* **1** *(requête)* dringend verzoek *het* **2** *(tentation)* aansporing *nf*
solliciter *vt* **1** *(demander)* (dringend) ver-

zoeken (om); ~ **un emploi** naar een baan solliciteren **2** *(inciter)* aansporen **3** *(chercher à éveiller)* trekken *(l'attention)*, opwekken *(la curiosité)*
sollicitude *nf* (liefdevolle) zorg *de*
solo *nm* solo *het/de (m)*
solstice *nm* zonnewende *de*
soluble *adj* oplosbaar *(aussi au fig.)*
solution *nf* oplossing *nf*; ~ **de facilité** weg van de minste weerstand
solvabilité *nf* solvabiliteit *nf*, kredietwaardigheid *nf*
solvable *adj* solvabel
solvant *nm* oplosmiddel *het*
sombre *adj* **1** *(obscur)* donker; **il fait** ~ het is donker **2** *(triste; inquiétant)* somber ♦ ~ **idiot** volslagen idioot
sombrer *vi* **1** *(bateau)* zinken **2** *(fig.) (être entraîné dans)* wegzinken, ten onder gaan, *(Belg.)* de dieperik ingaan; ~ **dans la boisson** aan de drank raken; ~ **dans la démence** dement worden
sommaire *adj* **1** *(court)* beknopt; **le** ~ *(d'un livre, d'une revue)* de (korte) inhoudsopgave, *(bref exposé)* het beknopte overzicht **2** *(rapide)* snel, zonder veel formaliteiten, *(jur.)* zonder vorm van proces
sommation *nf* sommatie *nf*, aanmaning *nf (jur.)*
somme[1] *nm* dutje *het;* **ne faire qu'un** ~ aan één stuk doorslapen
somme[2] *nf* **1** *(total)* totaal *het;* **en** ~ alles tezamen genomen; ~ **toute** alles tezamen genomen **2** *(montant)* som *de*, bedrag *het*
sommeil *nm* slaap *nm;* **dormir d'un** ~ **de plomb** slapen als een os; **succomber au** ~ door slaap overmand worden; **tirer qn du** ~ iem wakker maken
sommeiller *vi* sluimeren *(aussi au fig.)*
sommelier *nm* wijnkelner *nm*
sommer *vt* (iem) sommeren (om)
sommet *nm* **1** *(haut)* top *nm;* **au** ~ bovenaan, bovenop **2** *(fig.) (summum)* top *nm*, hoogtepunt *het* **3** *(conférence au sommet)* topconferentie *nf*
sommier *nm* spiraal(matras) *de (het/de);* ~ **(à lattes)** lattenbodem; ~ **(à ressorts)** springbox
somnambule *n* slaapwandelaar(ster) *nm (nf);* **elle est** ~ zij slaapwandelt
somnifère *nm* slaapmiddel *het*
somnolence *nf* slaperigheid *nf*
somnolent *adj* slaperig
somnoler *vi* dommelen
somptueux *adj* prachtig
somptuosité *nf* pracht *de*
son[1] *nm* **1** *(bruit)* geluid *het;* **baisser le** ~ **d'un poste** de radio zachter zetten; **voilà un tout autre** ~ **de cloche** dat is een heel ander geluid **2** *(résidu de grains)* zemelen *plur*
son[2]**, sa, ses** *adj poss* **1** *(possesseur masculin ou neutre)* zijn, z'n *(style parlé);* **Sa Majesté** Zijne, Hare Majesteit; **à sa vue** bij het zien van hem, haar **2** *(possesseur féminin)* haar, d'r *(style parlé);* **elle a sa crise** zij heeft haar gebruikelijke crisis ♦ **faire** ~ **droit** rechten studeren
sonate *nf* sonate *de*
sondage *nm* **1** *(de la mer, de l'air)* peiling *nf* **2** *(d'opinion)* opiniepeiling *nf;* **enquête par** ~**,** ~ **d'opinion** opinieonderzoek **3** *(géo.)* (proef)boring *nf* **4** *(méd.)* (het) sonderen
sonde *nf* **1** *(mar.)* peillood *het* **2** *(méd.)* sonde *de* ♦ ~ **spatiale** ruimtesonde
sonder *vt* **1** *(des profondeurs)* peilen **2** *(explorer)* doorvorsen, peilen *(l'opinion)* **3** *(une plaie; un sol)* sonderen
songe *nm* droom *nm*
songer *vi* **1** *(rêver)* dromen **2** *(+ à) (penser à)* denken (aan); **sans** ~ **à mal** zonder kwade bedoelingen
songeur *adj* **1** *(rêveur)* dromerig; **laisser** ~ aan het denken zetten **2** *(pensif, préoccupé)* peinzend
sonnant *adj* klinkend ♦ **à deux heures** ~**es** klokslag twee uur
sonné *adj* **1** *(assommé)* ↑ buiten westen (geslagen) **2** *(cinglé)* getikt ♦ **il a cinquante ans bien** ~**s** hij is dik over de vijftig; **il est midi** ~ het is over twaalven
sonner[1] *vi* **1** *(résonner)* luiden *(aussi au fig.)*, slaan *(horloge)*, aflopen *(réveil);* **le téléphone sonne** de telefoon gaat **2** *(cor, trompette)* schallen **3** *(faire fonctionner une sonnerie)* bellen; ~ **chez qn** bij iem aanbellen; **on sonne** er wordt gebeld **4** *(ressembler à)* klinken
sonner[2] *vt* **1** *(faire résonner)* luiden **2** *(assommer)* tegen de grond slaan ♦ **se faire** ~ **(les cloches)** uitgekafferd worden
sonnerie *nf* **1** *(de cloches)* gelui *het* **2** *(du téléphone)* (het) rinkelen **3** *(d'une sonnette)* (het) klingelen **4** *(avertisseur)* bel *de* ♦ **remonter la** ~ **d'un réveil** een wekker opwinden
sonnette *nf* bel *de*, belletje *het*
sonore *adj* **1** *(qui résonne fort)* luid **2** *(qui a le son agréable)* welluidend **3** *(son)* geluids- **4** *(qui renvoie bien le son)* met een goede akoestiek
sonorisation *nf* **1** *(cin.)* aanbrenging *nf* van geluid **2** *(lieu)* plaatsing *nf* van een geluidsinstallatie (in)
sonorité *nf* **1** *(qualité du son)* klank *nm* **2** *(d'un local)* akoestiek *nf*
sophistiqué *adj* **1** *(personne)* gekunsteld **2** *(raffiné)* elegant **3** *(technol.)* geavanceerd
soporifique *adj* **1** *(somnifère)* slaapverwekkend; **le** ~ het slaapmiddel **2** *(ennuyeux)* stomvervelend
soprano[1] *nm (voix)* sopraan *de*
soprano[2] *n* sopraan *nf*
sorbet *nm* sorbetijs *het*
sorcellerie *nf* tove(na)rij *nf*
sorcier, -ière *n* tovenaar, -nares *nm,f*, heks *nf;* **ce n'est pas** ~ dat is geen kunst
sordide *adj* smerig *(aussi au fig.)*
sornettes *nf* beuzelarij *nf (sing.)*
sort *nm* **1** *(destin)* lot *het;* **le** ~ **en est jeté** de teerling is geworpen; **mauvais** ~ noodlot; **tirer au** ~ loten **2** *(effet magique)* betovering *nf;* **jeter un** ~ **à qn** iem betoveren
sortable *adj* toonbaar
sortant *adj* **1** *(gagnant)* uitgeloot; **numé-**

ros ~s winnende nummers **2** *(démissionnaire)* aftredend
sorte *nf* **1** *(façon)* manier *de*, wijze *de;* **de ~ à** zo ... dat *(subordonnée);* **de la ~** op die manier; **faire en ~ de** er zorg voor dragen dat *(subordonnée);* **en ~ que** *(+ indic.)* zodat, *(+ subj.)* opdat; **de (telle) ~ que** zo(danig) dat; **en quelque ~** in zekere zin **2** *(espèce)* soort *het/de;* **toute(s) ~(s) de** allerlei *(sans prép.)*
sortie *nf* **1** *(action de quitter un lieu; moment)* (het) uitgaan (van) **2** *(action de quitter la scène)* afgang *nm* **3** *(attaque verbale)* uitval (tegen) *nm* **4** *(action de sortir pour se distraire)* (het) uitgaan **5** *(fait de sortir du pays)* uitvoer *nm (uniquement sing.)* **6** *(somme dépensée)* uitgave *de* **7** *(action de s'écouler)* ontsnapping *nf* **8** *(issue)* uitgang *nm* **9** *(issue d'une autoroute)* afrit *nm* **10** *(issue d'un garage)* uitrit *nm* **11** *(output)* output *nm* ♦ **~ de bain** badmantel
sortilège *nm* tovermiddel *het*
sortir[1] *nm* ♦ **au ~ du lit** bij het opstaan; **au ~ de l'hiver** tegen het einde van de winter
sortir[2] *vi* **1** *(aller hors d'un lieu)* naar buiten komen (uit) **2** *(quitter une maison, une pièce)* weggaan, naar buiten gaan *(en dehors de la maison);* **sortez!** eruit! **3** *(se promener)* naar buiten gaan **4** *(se divertir)* uitgaan **5** *(s'échapper de; venir de; provenir de)* komen (uit) **6** *(aller hors du contenant normal)* raken (buiten); **cela m'est sorti de la tête** dat is me ontschoten **7** *(percer)* uitkomen, *(dents)* verschijnen, doorkomen; **que va-t-il en ~?** wat zal er uit voortkomen? **8** *(faire saillie de)* uitsteken (uit) **9** *(être livré au public)* uitkomen **10** *(paraître)* verschijnen **11** *(quitter)* komen (uit); **~ de table** van tafel opstaan **12** *(+ de) (quitter une occupation)* (iets) achter zich hebben; **je n'en sors pas** ik kom er niet mee klaar **13** *(+ de) (quitter un état)* (iets) achter de rug hebben; **~ d'affaire** zich uit de moeilijkheden redden; **~ de maladie** pas beter zijn van een ziekte; **en ~** zich eruit redden **14** *(ne pas faire partie de)* vallen (buiten); **~ d'un mauvais pas** zich uit een hachelijke situatie redden; **~ de l'ordinaire** anders dan anders zijn; **cela sort de ma compétence** dat valt buiten mijn bevoegdheid **15** *(avoir pour ascendance)* komen (uit), afstammen (van); **d'où sort-il?** wat is dat voor een kinkel? **16** *(avoir été formé qqp.)* afgestudeerd zijn (aan) **17** *(avoir été fait qqp.)* vandaan komen (bij) **18** *(être le résultat d'un tirage)* uitkomen; **ce sujet est sorti à l'examen** dit onderwerp is als examenopgave gekozen
sortir[3] *vt* **1** *(mener dehors (des enfants))* naar buiten gaan met **2** *(mener dehors (un chien))* uitlaten **3** *(accompagner qn au spectacle, etc.)* uitgaan met **4** *(tirer qch de qqp.)* halen (uit); **cela nous ~a de l'ordinaire** dat is weer eens wat anders **5** *(éliminer un concurrent)* uitschakelen; **se faire ~** zich laten uitschakelen **6** *(tirer d'un état)* halen (uit), helpen (uit), redden (uit) **7** *(dire)* eruit gooien
se sortir[4] *vpr* ♦ **se ~ d'une situation** zich uit een situatie redden; **s'en ~** het te boven komen
SOS *nm* SOS-bericht *het*
sosie *nm* dubbelganger *nm*
sot *adj* dom; **le, la ~(te)** de dwaas; *(subst.)* **triple ~** driedubbele gek
sottise *nf* dwaasheid *nf*, stommiteit *nf;* **avoir la ~ de** zo dom zijn om
sou *nm* **1** *(plur.) (argent)* centen *plur;* **ça fait des ~s** dat brengt geld in het laatje; **être près de ses ~s** op zijn centen zitten **2** *(cinq centimes)* stuiver *nm;* **n'avoir pas le ~** geen rooie cent hebben; **pas ... pour un ~** helemaal niet ...; **de quatre ~s** geen stuiver waard; **sans un ~** zonder een rooie cent ♦ **il n'est pas méchant pour deux ~s** hij doet geen vlieg kwaad
soubassement *nm* grondslag *nm*, basis *nf (aussi au fig.)*
soubresaut *nm* **1** *(secousse)* schok *nm* **2** *(saut d'un cheval)* plotselinge sprong *nm*
souche *nf* **1** *(d'un tronc)* (boom)stronk *nm;* **dormir comme une ~** slapen als een blok **2** *(d'une plante)* wortelstok *nm* **3** *(origine d'une lignée)* stam(vader) *nm;* **de vieille ~** uit een oude familie **4** *(origine)* oorsprong *nm*
souci *nm* **1** *(inquiétude)* zorg *de;* **c'est le dernier de mes ~s** het zal me een zorg zijn; **se faire du ~** zich zorgen maken **2** *(fleur)* goudsbloem *de*
se soucier (de) *vpr* zich zorgen maken (over); **se ~ peu de** *(+ inf.)* weinig moeite doen om
soucieux *adj* **1** *(inquiet)* bezorgd **2** *(adj.; + de) (attentif)* bedacht (op)
soucoupe *nf* schoteltje *het;* **~ volante** vliegende schotel
soudain *adj* plots(eling)
soudanais, soudanien *adj* Sudanees; **le, la Soudanais(e), Soudanien(ne)** de Sudanees, Sudanese
soude *nf* **1** *(carbonate de sodium)* soda *de* **2** *(pharm.; agric.)* natrium *het*
souder[1] *vt* **1** *(assembler sans brasure)* lassen **2** *(braser)* solderen; **fer à ~** soldeerbout **3** *(joindre)* samenvoegen
se souder[2] *vpr (s'unir)* samengroeien
soudeur, -euse *n* lasser *nm*
soudoyer *vt* (om)kopen
soudure *nf* **1** *(alliage)* soldeer(sel) *het/de (het)* **2** *(soudure autogène)* lassing *nf* **3** *(partie soudée)* lasnaad *nm* **4** *(raccord)* aaneenhechting *nf* ♦ **faire la ~** een overgangsperiode overbruggen
souffle *nm* **1** *(respiration)* adem *nm;* **être à bout de ~** buiten adem zijn; *(sports)* **avoir du ~** niet snel buiten adem raken; **couper le ~** de adem benemen, *(fig.)* paf doen staan; **avoir le ~ court** kortademig zijn; **d'un seul ~** in één adem **2** *(inspiration)* inspiratie *nf;* **second ~** opleving **3** *(bouffée)* zuchtje *het* **4** *(méd.)* geruis *het;* **avoir un ~ au cœur** hartgeruis hebben **5** *(phys.)* ruis *nm* **6** *(d'une explosion)* drukgolf *de*

soufflé *adj* **1** *(gonflé)* opgeblazen **2** *(abasourdi)* stomverbaasd ♦ *(cuis.)* **le** ~ de soufflé
souffler[1] *vi* **1** *(action volontaire)* blazen **2** *(haleter)* hijgen **3** *(se reposer)* uitblazen **4** *(produire du vent)* blazen, waaien; **il soufflait une brise** er stond een briesje
souffler[2] *vt* **1** *(éteindre)* uitblazen **2** *(+ à) (piquer)* afpikken (van) **3** *(détruire)* door de drukgolf omverblazen **4** *(chuchoter)* fluisteren **5** *(dire discrètement)* voorzeggen *(à l'école)*, influisteren *(suggérer)* **6** *(stupéfier)* versteld doen staan **7** *(au théâtre)* souffleren
soufflet *nm* **1** *(pour attiser)* blaasbalg *nm* **2** *(partie pliante)* harmonica *nf (d'un train)*
souffleur, -euse *n* **1** *(au théâtre)* souflfleur, -fleuse *nm,f* **2** *(ouvrier)* (glas)blazer *nm*
souffrance *nf* leed *het (uniquement sing.)*
souffrant *adj* onwel, ziek
souffre-douleur *nm* zondebok *nm*
souffrir[1] **(de)** *vi* **1** *(avoir mal (partie du corps))* pijn hebben (aan); ~ **du cœur** hartpatiënt zijn **2** *(avoir mal (cause))* lijden (van) **3** *(avoir une maladie)* lijden (aan) **4** *(avoir des douleurs morales)* verdriet hebben (van, over), lijden (onder)
souffrir[2] *vt* **1** *(supporter)* verdragen; **ne pas pouvoir ~ qn** iem niet kunnen uitstaan; **il ne peut pas ~ l'odeur du fromage** hij kan die kaaslucht niet verdragen **2** *(permettre)* dulden; **ne pas pouvoir ~ (que, de)** het niet kunnen hebben (dat), er niet tegen kunnen (om)
soufre *nm* zwavel *nm; (fig.)* **sentir le ~** naar ketterij rieken
souhait *nm* wens *nm;* **à ~** naar wens *(comme on souhaite)*, buitengewoon *(très)*; **à vos ~s!** gezondheid!; **~s de bonne année** nieuwjaarswensen
souhaitable *adj* wenselijk
souhaiter *vt* wensen
souiller *vt* bezoedelen
soûl *adj* **1** *(ivre)* zat, bezopen **2** *(repu)* verzadigd; *(subst.)* **tout son** ~ ↓ zoveel als je kunt, naar hartenlust
soulagement *nm* **1** *(adoucissement)* verlichting *nf* **2** *(apaisement)* opluchting *nf*
soulager[1] *vt* **1** *(décharger)* verlichten **2** *(apaiser) (sentiments)* doen afnemen, wegnemen **3** *(aider)* helpen
se soulager[2] *vpr (satisfaire un besoin naturel)* zijn behoefte doen
soûler[1] *vt* **1** *(enivrer)* zat voeren **2** *(griser)* het hoofd op hol brengen **3** *(ennuyer)* vervelen
se soûler[2] **(de)** *vpr (s'enivrer de)* zich bezatten (met), *(fig.)* ↑ in vervoering geraken (door)
soulèvement *nm* **1** *(fait de se soulever)* opheffing *nf* **2** *(émeute)* opstand *nm* ♦ **~ de cœur** misselijkheid
soulever[1] *vt* **1** *(lever)* optillen **2** *(faire s'élever)* opjagen, doen opwaaien *(la poussière)*, opzwepen *(les vagues)* **3** *(inciter à la révolte)* opruien **4** *(causer)* (op)wekken **5** *(mettre sur le tapis)* aan de orde stellen, opwerpen
se soulever[2] *vpr* **1** *(s'élever)* zich opheffen **2** *(se révolter)* in opstand komen
soulier *nm* schoen *nm;* **être dans ses petits ~s** in de knel zitten
souligner *vt* onderstrepen *(aussi au fig.)*
soumettre[1] *vt* **1** *(assujettir à)* onderwerpen (aan) **2** *(proposer à)* voorleggen (aan)
se soumettre[2] **(à)** *vpr (s'assujettir à)* zich onderwerpen (aan)
soumis *adj* onderworpen
soumission *nf* **1** *(docilité)* onderworpenheid *nf* **2** *(action de (faire) obéir)* onderwerping *nf* **3** *(jur.)* inschrijving *nf*
soupape *nf* klep *de;* ~ **de sûreté** veiligheidsklep, *(fig.)* uitlaatklep
soupçon *nm* **1** *(suspicion)* verdenking *nf;* **être au-dessus de tout** ~ boven elke verdenking verheven zijn **2** *(idée, pressentiment)* vermoeden *het* **3** *(apparence; petite quantité)* schijn *nm;* **pas un ~ d'ironie** geen spoor van ironie
soupçonner *vt* **1** *(suspecter de)* verdenken (van) **2** *(pressentir)* vermoeden
soupçonneux *adj* achterdochtig
soupe *nf* **1** *(cuis.)* soep *de;* **à la ~!** aan tafel! **2** *(rata)* rats *de;* ~ **populaire** (volks)gaarkeuken *(lieu)* ♦ **elle est ~ au lait** zij is opvliegend
souper[1] *nm* **1** *(repas tardif)* souper *het* **2** *(f. B.) (repas du soir)* avondmaaltijd *nm*
souper[2] *vi* **1** *(prendre un repas tardif)* souperen **2** *(f.B.) (prendre le repas du soir)* de avondmaaltijd gebruiken
soupeser *vt* **1** *(pour juger du poids)* (op de hand) wegen **2** *(évaluer)* afwegen
soupière *nf* soepterrine *nf*
soupir *nm* zucht *nm*
soupirail *nm* kelderraam *het*
soupirant *nm* aanbidder *nm*
soupirer[1] *vi (pousser un soupir)* zuchten; ~ **après qch** naar iets smachten, snakken
soupirer[2] *vt (dire en soupirant)* verzuchten
souple *adj* soepel, lenig
souplesse *nf* soepelheid *nf*, lenigheid *nf;* **en** ~ lenig
source *nf* bron *de (aussi au fig.);* **tenir qch de bonne** ~ iets uit goede bron hebben; *(fig.)* **couler de** ~ vanzelf spreken; ~ **lumineuse** lichtbron; **prendre sa** ~ ontspringen, ontstaan; **de ~ sûre** uit betrouwbare bron
sourcil *nm* wenkbrauw *de;* **froncer les ~s** zijn wenkbrauwen fronsen
sourciller *vi* de wenkbrauwen fronsen; **sans** ~ zonder een spier te vertrekken
sourd *adj* **1** *(mal entendant)* doof; **être, rester ~ à qch** doof zijn voor iets; **le, la ~(e)** de dove **2** *(peu sonore)* dof **3** *(vague)* stil, ingehouden; **colère ~e** ingehouden woede; **douleur ~e** vage pijn
sourdine *nf* demper *nm;* **en** ~ gedempt; **mettre une ~ à** temperen
sourd-muet, sourde-muette *n* doofstomme *nm*

souriant *adj* glimlachend; **être ~** vriendelijk zijn
souricière *nf* **1** *(piège à souris)* muizenval *de* **2** *(traquenard)* valstrik *nm*
sourire[1] *nm* glimlach *nm;* **avoir le ~** tevreden zijn
sourire[2] *vi* **1** *(faire un sourire)* glimlachen (tegen); **~ à qn** tegen iem glimlachen **2** *(être favorable)* (iem) toelachen; **la chance lui sourit** het geluk lacht hem, haar toe
souris *nf* **1** *(animal; aussi inform.)* muis *de* **2** *(jeune fille, femme)* grietje *het (f)*
sournois *adj* geniepig
sournoiserie *nf* geniepigheid *nf*
sous *prép* **1** *(position en bas; subordination; pendant le règne de)* onder; **~ clef** achter slot; **~ enveloppe** in een enveloppe; **~ (la) main** bij de hand; **~ Napoléon** onder, tijdens Napoleon; **~ la pluie** in de regen **2** *(d'ici ...)* binnen; **~ huitaine, quinzaine** binnen een week, veertien dagen; **~ peu (de temps)** binnenkort ♦ **~ son air sévère** achter zijn, haar strenge uiterlijk
sous-alimentation *nf* ondervoeding *nf*
sous-alimenté *adj* ondervoed
sous-bois *nm* onderhout *het*
sous-chef *nm* souschef *nm*, plaatsvervangend chef *nm*
souscripteur, -trice *n* **1** *(d'une publication)* intekenaar(ster) *nm (nf)* **2** *(d'un billet à ordre)* ondertekenaar(ster) *nm (nf)* **3** *(d'un emprunt, de titres)* inschrijver, inschrijfster *nm,f*
souscription *nf* **1** *(à une publication)* intekening *nf* **2** *(à un emprunt, de titres)* inschrijving *nf* **3** *(somme)* inschrijvingsbedrag *het* **4** *(d'un billet à ordre)* ondertekening *nf*
souscrire[1] **(à)** *vi* **1** *(s'engager à payer)* intekenen (op) *(un abonnement)*, inschrijven (op) *(un emprunt, un billet à ordre)* **2** *(consentir à)* toestemmen (in)
souscrire[2] *vt* ♦ **~ un abonnement** een abonnement nemen
sous-développé *adj* onderontwikkeld
sous-développement *nm* onderontwikkeling *nf*
sous-directeur, -trice *n* onderdirec|teur, -trice *nm,f*
sous-emploi *nm* onderbezetting *nf* van de economie
sous-employé *adj* niet optimaal tewerkgesteld
sous-entendre *vt* laten doorschemeren
sous-entendu *adj* niet uitdrukkelijk gezegd; **le ~** de (bedekte) toespeling
sous-estimer *vt* onderschatten
sous-exposer *vt* onderbelichten
sous-jacent *adj* onderliggend
sous-locataire *n* onder|huurder, -huurster *nm,f*
sous-location *nf* **1** *(prise à qn)* onderhuur *de* **2** *(donnée à qn)* onderverhuring *nf*
sous-louer *vt* **1** *(prendre en sous-location)* onderhuren (van) **2** *(donner en sous-location)* onderverhuren (aan)
sous-main *nm* onderlegger *nm*
sous-marin *adj* onderzees; **le ~** de onderzeeër, duikboot
sous-officier *nm* onderofficier *nm*
sous-payer *vt* onderbetalen
sous-préfecture *nf* onderprefectuur *nf (en France)*
sous-production *nf* onderproductie *nf*
sous-produit *nm* bijproduct *het*
soussigné *adj* ondertekend; **je ~(e) déclare** ondergetekende verklaart; **les ~(e)s** ondergetekenden *(sans article)*
sous-sol *nm* kelderverdieping *nf*
sous-titre *nm* ondertitel *nm*
sous-titrer *vt* ondertitelen
soustraction *nf* **1** *(math.)* aftrekking *nf* **2** *(vol)* ontvreemding *nf*
soustraire[1] *vt* **1** *(+ de) (math.)* aftrekken (van) **2** *(+ à) (voler qch à)* (iets) ontvreemden **3** *(+ à) (faire échapper à)* onttrekken (aan)
se soustraire[2] **(à)** *vpr (échapper à)* zich onttrekken (aan)
sous-traitance *nf* **1** *(rôle du sous-traitant)* onderaanneming *nf* **2** *(travail pour l'entrepreneur principal)* toelevering *nf*
sous-traitant *nm* onderaannemer *nm;* **société ~e** onderaannemer
sous-traiter *vt* **1** *(faire appel à un sous-traitant)* onderaanbesteden **2** *(devenir sous-traitant pour)* toeleverancier worden voor
sous-vêtement *nm* stuk *het* ondergoed; **~s de femme** (dames)lingerie
soutane *nf* soutane *de*
soute *nf* ruim *het;* **~ à bagages** bagageruimte; **~ à charbon** kolenbunker
souteneur *nm* souteneur *nm*
soutenir[1] *vt* **1** *(porter, maintenir debout)* (onder)steunen **2** *(maintenir)* volhouden **3** *(aider)* (onder)steunen; **~ une famille** een gezin onderhouden **4** *(soutenir sans fléchir)* doorstaan **5** *(affirmer)* staande houden; **~ une thèse** een proefschrift verdedigen
se soutenir[2] *vpr* **1** *(se maintenir)* zich staande houden **2** *(s'entraider)* elkaar helpen ♦ **cela peut se ~** dat valt te verdedigen
soutenu *adj* **1** *(constant)* aanhoudend **2** *(élevé)* verheven **3** *(prononcé)* duidelijk
souterrain *adj* **1** *(sous terre)* onderaards, ondergronds; **le ~** de onderaardse gang **2** *(caché)* ondergronds, heimelijk
soutien *nm* **1** *(étai)* steun *nm*, stut *nm* **2** *(aide)* steun *nm* **3** *(personne qui soutient)* steunpilaar *nm*
soutien-gorge *nm* beha *nm*, bustehouder *nm*
soutirer *vt* aftroggelen
souvenir[1] *nm* **1** *(mémoire; réminiscence)* herinnering (aan) *nf;* **avoir ~ de qch** zich iets herinneren; **en ~ (de)** als aandenken (aan); **en ~ de qn** ter herinnering aan iem **2** *(objet)* souvenir (van) *het*, aandenken (aan) *het*
se souvenir[2] **(de)** *vpr (se rappeler)* zich (iets, iem) herinneren; **je m'en souviens**

ik herinner het mij; **il s'en souviendra** het zal hem heugen; **autant que je m'en souviens, souvienne** voor zover ik mij herinner
souvent *adv* vaak; **le plus** ~ meestal
souverain *adj* soeverein, oppermachtig; **le, la** ~**(e)** de vorst(in), *(fig.)* de heerser(es)
souveraineté *nf* soevereiniteit *nf*
soviet *nm (hist.)* sovjet *nm;* **le Soviet suprême** de Opperste Sovjet
soviétique *adj (hist.)* sovjet-; **les Soviétiques** de Sovjets, Russen; **Union** ~ USSR, Sovjet-Unie
soyeux *adj* zijdeachtig
spacieux *adj* ruim
spam *nm* spam *de*
sparadrap *nm* hechtpleister *de*
spasme *nm* spasme *het*, (spier)kramp *de*
spasmodique *adj* spasmodisch, krampachtig
spatial *adj* **1** *(cosmique)* ruimte- **2** *(non temporel)* ruimtelijk
spatule *nf* spatel *de (aussi méd.)*
speaker *nm* omroeper *nm*
speakerine *nf* omroepster *nf*
spécial *adj* **1** *(non général; extraordinaire)* bijzonder, *(adv.)* met name, in het bijzonder **2** *(particulier à)* speciaal (voor) ♦ **c'est un peu** ~ *(singulier)* dat is een beetje vreemd
spécialisation *nf* specialisatie *nf*
se spécialiser (dans) *vpr* zich specialiseren (in)
spécialiste *n* specialist(e) *nm (nf)* (in) *(aussi méd.)*
spécialité *nf* **1** *(production particulière; plat)* specialiteit *nf* **2** *(discipline)* specialisme *het*
spécification *nf* specificatie *nf*
spécificité *nf* specifiek karakter *het*
spécifier *vt* specificeren
spécifique *adj* specifiek (voor)
spécimen *nm* **1** *(exemple)* specimen *het* **2** *(exemplaire d'une publication)* proefexemplaar *het*
spectacle *nm* **1** *(tableau)* aanblik (van) *nm;* **au** ~ **de** bij het zien van **2** *(représentation)* (toneel)voorstelling *nf* **3** *(show-business)* showbusiness *nm* ♦ **se donner, s'offrir en** ~ te kijk staan
spectaculaire *adj* spectaculair, opzienbarend
spectateur, -trice *n* **1** *(observateur; membre du public)* toeschouw(st)er *nm (nf)* **2** *(téléspectateur)* kijk(st)er *nm (nf)*
spectre *nm* **1** *(fantôme; personne maigre)* spook *het* **2** *(perspective menaçante)* spookbeeld *het* **3** *(phys.)* spectrum *het*
spéculateur, -trice *n* speculant(e) *nm (nf)*
spéculation *nf* **1** *(considération théorique)* theoretische beschouwing *nf* **2** *(opération commerciale)* speculatie *nf*
spéculer *vi* speculeren (op)
spéléologie *nf* speleologie *nf*
spéléologue *n* speleolloog, -loge *nm,f*
sperme *nm* sperma *het*
spermicide *adj* zaaddodend; **le** ~ het zaaddodende middel
sphère *nf* **1** *(boule; globe)* bol *nm* **2** *(champ)* sfeer *de;* ~ **d'influence** invloedssfeer, machtssfeer
sphérique *adj* bolvormig
sphincter *nm* sluitspier *de*
sphinx *nm* sfinx *nm*
spirale *nf* spiraal *de;* **en** ~ spiraalsgewijs
spiritisme *nm* spiritisme *het*
spiritualité *nf* **1** *(immatérialité)* geestelijk karakter *het* **2** *(vie spirituelle)* spiritualiteit *nf*
spirituel *adj* **1** *(immatériel; moral; âme)* geestelijk, spiritueel; **le** ~ het geestelijke **2** *(fin, malicieux)* geestig
spiritueux *adj* sterk; **le** ~ de sterkedrank, *(plur.)* de spiritualiën, het gedistilleerd
splendeur *nf* pracht *de*, glans *nm*
splendide *adj* prachtig
spolier *vt* beroven
spongieux *adj* sponsachtig
sponsor *nm* sponsor *nm*
sponsoriser *vt* sponsoren
spontané *adj* spontaan
spontanéité *nf* spontaniteit *nf*
sporadique *adj* sporadisch
sport *nm* sport *de;* **chaussures de** ~ sportschoenen; ~ **d'endurance** duursport; **faire du** ~ aan sport doen; **aller aux** ~**s d'hiver** met, op wintersport gaan
sportif *adj* **1** *(sport)* sport-; **le** ~ de sportman *(qui pratique)*, de sportliefhebber *(qui aime)* **2** *(beau joueur)* sportief
spot *nm* **1** *(publicité)* spot *nm;* ~ **publicitaire** reclamespot **2** *(projecteur)* spot *nm*, spotlight *het*
spray *nm* verstuiver *nm*, spray *nm;* **en** ~ in sprayvorm
sprint *nm* **1** *(fin de course)* eindspurt *nm* **2** *(course de vitesse)* sprint *nm*
sprinter *vi* **1** *(foncer)* spurten **2** *(sports)* een eindspurt inzetten
square *nm* plantsoen(tje) *het*
squat *nm* **1** *(fait de squatter)* (het) kraken **2** *(immeuble squatté)* kraakpand *het*
squatter *vt* kraken
squelette *nm* skelet *het*, geraamte *het* *(aussi au fig.)*
squelettique *adj* **1** *(squelette)* skelet- **2** *(très maigre)* skeletachtig
stabilisateur *adj* stabiliserend; *(véhicule)* **le** ~ de (rij)stabilisator
stabilisation *nf* stabilisatie *nf*
stabiliser[1] *vt* stabiliseren
se stabiliser[2] *vpr* zich stabiliseren
stabilité *nf* stabiliteit *nf*
stable *adj* stabiel
stade *nm* **1** *(terrain de sport)* stadion *het* **2** *(phase)* stadium *het*
stage *nm* **1** *(période d'études pratiques)* stage *nf;* **faire un** ~ stage lopen **2** *(de perfectionnement)* (bijscholings)cursus *nm*
stagiaire *n* stagiair(e) *nm (nf)*

stagnant *adj* stagnerend; **eaux ~es** stilstaand water
stagnation *nf* stagnatie *nf*
stagner *vi* **1** *(fluides)* stilstaan **2** *(ne plus avancer)* stagneren
stalactite *nf* stalactiet *nm*
stalagmite *nf* stalagmiet *nm*
stand *nm* **1** *(d'une exposition)* stand *nm* **2** *(de tir)* schietbaan *de;* ~ **de tir** schiettent
standard[1] *nm* **1** *(d'un réseau téléphonique)* telefooncentrale *de* **2** *(type)* standaard *nm*
standard[2] *adj* **1** *(conforme à un type)* standaard- **2** *(sans originalité)* stereotiep
standardisation *nf* standaardisatie *nf (résultat)*, standaardisering *nf (action)*
standardiser *vt* **1** *(normaliser)* standaardiseren **2** *(uniformiser)* eenvormig maken
standardiste *n* telefonist(e) *nm (nf)*
standing *nm* **1** *(prestige social)* standing *de* **2** *(luxe)* luxe *nm;* **de (grand)** ~ luxe-
star *nf* (film)ster *de*
starter *nm* choke *nm*
station *nf* **1** *(fait de s'arrêter)* halte *de;* **faire de nombreuses ~s** vaak pauzeren **2** *(de transports en commun)* halte(plaats) *de* **3** *(installation)* post *nm* **4** *(ville)* plaats *de;* ~ **balnéaire** badplaats, *(Belg.)* badstad; ~ **thermale** kuuroord **5** *(position)* houding *nf;* **la ~ debout lui est pénible** hij, zij kan niet lang staan; ~ **horizontale, verticale** horizontale, verticale stand ♦ ~ **de radio** radiostation
stationnaire *adj* stilstaand, stationair
stationnement *nm* **1** *(de véhicules)* (het) parkeren; ~ **interdit** verboden te parkeren **2** *(milit.)* (het) gelegerd zijn
stationner *vi* **1** *(véhicules)* parkeren **2** *(mar.; milit.)* gestationeerd zijn
station-service *nf* benzinestation *het*
statique *adj* statisch
statistique *adj* statistisch; **la** ~ de statistiek
statue *nf* (stand)beeld *het*
statuer (sur) *vi* een uitspraak doen (over)
statu quo *nm* status-quo *het/de (m)*
stature *nf* **1** *(du corps)* gestalte *nf* **2** *(importance)* formaat *het*
statut *nm* **1** *(ensemble de règlements)* statuut *het* **2** *(situation légale, sociale)* status *nm* **3** *(plur.) (d'une association)* statuten *plur*
steak *nm* biefstuk *nm*
stencil *nm* stencil *het/de (m)*
sténodactylo *n* stenotypist(e) *nm (nf)*
sténo(graphie) *nf* steno(grafie) *het/de (nf)*
stéréo(phonie) *nf* stereo(fonie) *nf;* **en** ~ stereo(fonisch)
stéréophonique *adj* stereofonisch, stereo-
stéréotype *nm* stereotiep *het*, cliché *het*
stéréotypé *adj* stereotiep
stérile *adj* **1** *(infécond; improductif)* onvruchtbaar **2** *(vain)* vruchteloos **3** *(exempt de germes)* steriel
stérilet *nm* spiraaltje *het*
stérilisation *nf* **1** *(suppression de la fécondité)* sterilisatie *nf* **2** *(suppression des germes)* (het) steriliseren
stériliser *vt* steriliseren
stérilité *nf* **1** *(absence de germes)* steriliteit *nf* **2** *(infécondité)* onvruchtbaarheid *nf (aussi au fig.)* **3** *(absence de résultats)* vruchteloosheid *nf*
sternum *nm* borstbeen *het*
stéthoscope *nm* stethoscoop *nm*
steward *nm* steward *nm*
stigmate *nm* **1** *(cicatrice)* litteken *het*, stigma *het (du Christ)* **2** *(marque)* merkteken *het*
stigmatiser *vt* stigmatiseren, brandmerken
stimulant *adj* stimulerend; **le** ~ het stimulerende middel, *(fig.)* de stimulans
stimulateur *nm* stimulerend; **le ~ cardiaque** de pacemaker
stimulation *nf* stimulering *nf*
stimuler *vt* stimuleren; ~ **qn** iem aansporen
stipulation *nf (jur.)* beding *het*
stipuler *vt* **1** *(jur.)* bedingen **2** *(préciser)* nadrukkelijk stellen (dat)
stock *nm* voorraad *nm*
stockage *nm* (goederen)opslag *nm*
stocker *vt* opslaan *(aussi inform.)*
stoïque *adj* stoïcijns
stop *nm* **1** *(panneau)* stopbord *het* **2** *(feu de signalisation)* stoplicht *het* **3** *(d'automobile)* remlicht *het* **4** *(auto-stop)* (het) liften; **en** ~ liftend; **faire du** ~ liften
stop! *interj* stop!
stopper[1] *vi* stoppen
stopper[2] *vt* stoppen
store *nm* **1** *(extérieur)* markies *de*, *(Belg.)* zonnetent *de* **2** *(intérieur)* rolgordijn *het/de;* ~ **vénitien** jaloezie
strabisme *nm* (het) scheelzien
strapontin *nm* **1** *(siège)* klapstoeltje *het* **2** *(place secondaire)* tweederangs plaats *de*
stratagème *nm* (krijgs)list *de*
stratège *nm* strateeg *nm*
stratégie *nf* strategie *nf*
stratégique *adj* strategisch
stratifié *adj* gelaagd
stress *nm* stress *nm*
stresser *vt* stress veroorzaken bij; **être stressé** onder stress staan, gestrest zijn
strict *adj* strikt; **c'est son droit (le plus)** ~ dat is zijn, haar goed recht; **le ~ minimum** het allernoodzakelijkste; **~e vérité** zuivere waarheid
strident *adj* schril
strie *nf* **1** *(ligne)* streep *de* **2** *(sillon)* groef *de*
strier *vt* strepen
strip-tease *nm* striptease *nm;* **faire du** ~ strippen
strip-teaseuse *nf* stripteasedanseres *nf*
strophe *nf* strofe *de*
structural *adj* structureel
structure *nf* structuur *nf*, (op)bouw *nm;*

~s d'accueil voorzieningen *(plur.)*, infrastructuur *(sing.)*
structurel *adj* structureel
structurer *vt* structureren
stuc *nm* stuc *het*
studieux *adj* ijverig
studio *nm* **1** *(appartement)* eenkamerflat *nm* **2** *(d'enregistrement)* studio *nm* **3** *(atelier)* studio *nm* **4** *(salle pour cinéphiles)* filmhuis *het;* ~ **(d'art et) d'essai** filmhuis
stupéfaction *nf* stomme verbazing *nf*
stupéfait *adj* stomverbaasd
stupéfiant[1] *nm* verdovend middel *het;* **trafic de ~s** handel in verdovende middelen
stupéfiant[2] *adj* verbluffend
stupéfier *vt* verbluffen
stupeur *nf* verbijstering *nf*
stupide *adj* **1** *(bête)* dom **2** *(absurde)* idioot
stupidité *nf* **1** *(manque d'intelligence)* domheid *nf* **2** *(acte; parole)* stommiteit *nf*
style *nm* stijl *nm;* ~ **direct, indirect** directe, indirecte rede; **en ~ télégraphique** in telegramstijl; **meubles de ~** stijlmeubelen; ~ **soutenu** verheven stijl; ~ **de vie** leefstijl, lifestyle
stylé *adj* stijlvol
styler *vt* stileren
styliser *vt* stileren
styliste *n* designer *nm*, vorm|gever, -geefster *nm,f*
stylo *nm* vulpen *de;* ~ **à bille** balpen
stylo-bille *nm* balpen *de*
stylo-feutre *nm* viltstift *nm*
su *nm* ♦ **au ~ (de qn)** met medeweten (van iem)
suant *adj* **1** *(transpirant)* zwetend **2** *(ennuyeux)* vervelend
suave *adj* zacht
subalterne *adj* ondergeschikt (aan); **être le ~ de qn** iemands ondergeschikte zijn
subconscient *adj* onderbewust; **le** ~ het onderbewustzijn
subdiviser *vt* onderverdelen (in)
subdivision *nf* onderverdeling (in) *nf*
subir *vt* **1** *(être l'objet de)* ondergaan; ~ **le charme de qn** in de ban van iem zijn; ~ **des dégâts** schade lijden *(uniquement sing.)* **2** *(supporter)* dulden
subit *adj* plotseling
subjectif *adj* subjectief
subjectivité *nf* subjectiviteit *nf*
subjonctif *nm* aanvoegende wijs *de*, conjunctief *nm*
subjuguer *vt* **1** *(fasciner)* fascineren **2** *(soumettre)* onderwerpen
sublime *adj* subliem; **elle a été ~** zij was groots
sublimer *vt* sublimeren
submerger *vt* **1** *(inonder)* overstromen **2** *(envahir complètement)* bedelven (onder), overweldigen (door); **il est submergé de travail** hij zit tot over zijn oren in het werk; **je suis complètement submergé** ik kom er niet meer uit
submersible *adj* onderwater-; **le ~** de onderzeeër
submersion *nf* overstroming *nf*
subordination *nf* ondergeschiktheid (aan) *nf*
subordonné *adj* ondergeschikt, afhankelijk; *(ling.)* **la ~e** de bijzin; **le, la ~(e)** de ondergeschikte
subordonner *vt* **1** *(placer sous l'autorité de; soumettre à)* onderschikken (aan) **2** *(+ à) (faire dépendre de)* doen afhangen (van); **être subordonné à** afhangen van
subreptice *adj* steels
subside *nm* subsidie *het/de (f)*, *(Belg.)* betoelaging *nf*
subsidiaire *adj* **1** *(accessoire)* bijkomend; **question ~** schiftingsvraag **2** *(jur.)* subsidiair
subsistance *nf* (levens)onderhoud *het*
subsister *vi* **1** *(qch)* blijven bestaan; **il ne subsiste que quelques ruines** er zijn alleen nog maar enkele ruïnes over **2** *(qn)* in zijn onderhoud voorzien
substance *nf* substantie *nf* ♦ **en ~** in hoofdzaak
substantiel *adj* **1** *(essentiel)* wezenlijk *(aussi philo.)* **2** *(adj.) (important)* aanzienlijk **3** *(adj.) (nourrissant)* voedzaam
substantif *nm* zelfstandig naamwoord *het*
substituer[1] **(à)** *vt* in de plaats stellen (van)
se substituer[2] **(à)** *vpr* de plaats innemen (van)
substitut *nm* **1** *(jur.)* substituut-officier *nm* van justitie **2** *(ce qui remplace qch)* substituut *het*
substitution *nf* vervanging *nf;* ~ **d'enfant** onderschuiving van een kind
subterfuge *nm* uitvlucht *de*, list *de*
subtil *adj* **1** *(dit ou fait avec finesse)* spitsvondig **2** *(perspicace)* fijnzinnig **3** *(adj.) (difficile à percevoir)* fijn, licht *(parfum)*
subtiliser *vt* achteroverdrukken
subtilité *nf* **1** *(d'une personne)* scherpzinnigheid *nf* **2** *(souvent plur.) (pensée, parole, nuance subtile)* spitsvondigheden *plur*
subvenir (à) *vi* voorzien (in)
subvention *nf* subsidie *het/de (f)*, *(Belg.)* betoelaging *nf*
subventionner *vt* subsidiëren, *(Belg.)* betoelagen
subversif *adj* subversief
subversion *nf* omverwerping *nf*
suc *nm* **1** *(liquide)* sap *het* **2** *(fig.) (l'essentiel)* merg *het*
succédané *nm* **1** *(méd.)* vervangingsmiddel *het* **2** *(ersatz)* surrogaat *het*
succéder[1] **(à)** *vi* **1** *(venir après qn, qch)* opvolgen **2** *(hériter de)* erven (van)
se succéder[2] *vpr (venir l'un après l'autre)* elkaar opvolgen
succès *nm* succes *het;* **à ~** succesrijk, succes-; *(en vain)* **sans ~** tevergeefs
successeur *nm* **1** *(personne qui succède à qn)* opvolger *nm* **2** *(héritier)* erfgenaam *nm*
successif *adj (adj.)* achtereenvolgend, *(adv.)* achtereenvolgens

succession *nf* **1** *(enchaînement; suite de choses)* opeenvolging *nf* **2** *(fait de succéder à qn)* opvolging *nf;* **prendre la ~ de qn** iem opvolgen **3** *(héritage)* erfenis *nf*
succinct *adj* beknopt
succomber *vi* **1** *(+ à) (mourir)* bezwijken (aan) **2** *(+ à) (céder à)* bezwijken (onder) **3** *(+ sous) (être vaincu; s'affaisser sous)* bezwijken (onder)
succulent *adj* zalig
succursale *nf* filiaal *het*
sucer *vt* zuigen, uitzuigen *(aussi au fig.)*
sucette *nf* lolly *nm*
sucre *nm* **1** *(saccharose)* suiker *nm;* **~ cristallisé** kristalsuiker; **~ glace** poedersuiker; **morceau de ~** suikerklontje; **(bâton de) ~ d'orge** zuurstok; **~ semoule** poedersuiker **2** *(morceau de sucre)* suikerklontje *het* ♦ **casser du ~ sur le dos de qn** kwaadspreken over iem
sucré *adj* **1** *(goût)* zoet **2** *(fig.) (doucereux)* suikerzoet
sucrer *vt* **1** *(additionner de sucre)* suiker toevoegen aan **2** *(donner une saveur sucrée à)* zoeten
sucrerie *nf* **1** *(raffinerie)* suikerfabriek *nf* **2** *(plur.) (friandises)* suikergoed *het (sing.)*
sucrette *nf* zoetje *het*
sucrier *adj* suiker-; **le ~** de suikerpot; **le ~ verseur** de suikerstrooier
sud *nm* zuiden *het;* **au ~ de** ten zuiden van; **dans le Sud de l'Europe** in het zuiden van Europa, in Zuid-Europa; **immeuble exposé au ~** flat op het zuiden; **le Sud de la France** Zuid-Frankrijk
sud-africain *adj* Zuid-Afrikaans; **le, la Sud-Africain(e)** de Zuid-Afrikaan(se)
sud-américain *adj* Zuid-Amerikaans; **le, la Sud-Américain(e)** de Zuid-Amerikaan(se)
Suède *nf* Zweden *n (sans art.)*
suédé *adj* ♦ **(cuir) ~** suède; **(tissu) ~** suèdine
suédois *adj* Zweeds; **le ~** het Zweeds; **le, la Suédois(e)** de Zweed(se)
suer[1] *vi (transpirer)* zweten ♦ *(fig.)* **se faire ~** zich stierlijk vervelen; *(fig.)* **faire ~ qn** iem op de zenuwen werken
suer[2] *vt* **1** *(exsuder)* (uit)zweten **2** *(fig.) (exhaler)* uitstralen
sueur *nf* zweet *het;* **cela me donne des ~s froides** het klamme zweet breekt me uit; **en ~** bezweet
suffire[1] *vi* voldoende zijn; **ça suffit comme ça!** zo is het genoeg!; **(cela) suffit** dat is voldoende; **cela me suffit** ik heb genoeg; **il suffit d'un rien** er is slechts een klein beetje nodig; **il suffit d'une fois** één keer is voldoende
se suffire[2] *vpr* in eigen behoeften voorzien; **se ~ à soi-même** aan zichzelf genoeg hebben
suffisance *nf* verwaandheid *nf* ♦ **en ~** in voldoende hoeveelheid
suffisant *adj* **1** *(qui suffit)* voldoende; **avoir des notes ~es** voldoendes hebben **2** *(adj.) (présomptueux)* ingebeeld
suffixe *nm* suffix *het*, achtervoegsel *het*
suffocant *adj* **1** *(étouffant)* verstikkend **2** *(stupéfiant)* onthutsend
suffocation *nf* **1** *(oppression)* (aanval *nm* van) benauwdheid *nf* **2** *(asphyxie)* verstikking *nf*
suffoquer[1] *vi (respirer avec difficulté)* naar adem snakken
suffoquer[2] *vt* **1** *(empêcher de respirer)* verstikken **2** *(estomaquer)* verstomd doen staan
suffrage *nm* **1** *(voix)* stem *de* **2** *(vote)* stemming *nf;* **~ universel** algemeen kiesrecht **3** *(approbation)* bijval *nm;* **remporter tous les ~s** alle bijval oogsten
suggérer *vt* **1** *(inspirer; proposer)* suggereren **2** *(évoquer)* doen denken aan
suggestif *adj* **1** *(évocateur)* suggestief **2** *(érotique)* (zinnen)prikkelend
suggestion *nf* suggestie *nf;* **sur la ~ de** op voorstel van
suicidaire *adj* **1** *(suicide)* zelfmoord-; **un(e) ~** iem met zelfmoordplannen **2** *(voué à l'échec)* tot mislukking gedoemd
suicide *nm* zelfmoord *de*
suicidé, -ée *n* zelfmoordelnaar, -nares *nm,f*
se suicider *vpr* zelfmoord plegen
suie *nf* roet *het*
suintement *nm* (door)sijpeling *nf*
suinter *vi* (door)sijpelen
suisse *adj* Zwitsers; **la Suisse** Zwitserland; **la Suisse(sse)** de Zwitserse; **le Suisse** de Zwitser
suite *nf* **1** *((situation de) ce qui suit)* vervolg *het; (derrière)* **à la ~ de** achter; **deux coups furent tirés à la ~** er werd tweemaal achtereen geschoten; **attendre la ~** afwachten hoe het verder gaat; **par la ~** later, in het vervolg; **faire ~ à** volgen op, komen na; **prendre la ~ de qn** iem opvolgen; **la ~ au prochain numéro** wordt vervolgd **2** *(escorte)* gevolg *het* **3** *(conséquence)* consequentie *nf;* **ce projet n'a pas eu de ~s** dit plan is niet ten uitvoer gebracht; **(comme) ~ à votre lettre** in antwoord op uw schrijven; **à la ~ de, par ~ de** ten gevolge van **4** *(liaison)* logica *nf;* **avoir de la ~ dans les idées** *(aussi iron.)* op zijn stuk blijven staan; **des propos sans ~** onsamenhangende woorden **5** *(série)* opeenvolging *nf* **6** *(math.)* rij *de* **7** *(dans un hôtel)* suite *de* ♦ **(tout) de ~** onmiddellijk; **et ainsi de ~** enzovoort(s); **deux, trois fois de ~** twee, drie keer achtereen
suivant[1] *adj* volgend; **au ~!** wie volgt?; **le ~** de volgende
suivant[2] *prép* **1** *(d'après)* volgens **2** *(en fonction de)* al naargelang; **~ que** al naargelang
suivi[1] *nm* volgen *het*, *(Belg.)* opvolging *nf*
suivi[2] *adj* **1** *(régulier)* regelmatig **2** *(cohérent)* (logisch) samenhangend
suivre[1] *vi* volgen; **à ~** wordt vervolgd; **comme suit** als volgt; *(mention portée sur l'enveloppe)* **faire ~** doorzenden naar nieuw adres; **ne pas pouvoir ~** niet kunnen meekomen
suivre[2] *vt (tous les sens)* volgen; **~ son**

cours z'n normale gang gaan; ~ **des cours** college lopen; ~ **qn des yeux, du regard** iem nakijken; **professeur qui suit son élève** leraar die een leerling begeleidt; ~ **un fleuve** een rivier volgen; ~ **le mouvement** met de stroom mee gaan; ~ **un régime** op dieet zijn
se suivre[3] *vpr* **1** *(se succéder)* elkaar opvolgen **2** *(se suivre l'un l'autre)* elkaar volgen; **les voitures se suivent de trop près** de wagens rijden te dicht op elkaar ♦ **il s'en suit que** daaruit volgt dat
sujet[1] *nm* **1** *(thème)* onderwerp *het (aussi ling.)*, thema *het (aussi mus.)*, motief *het (arts)*; **à ce** ~ daaromtrent; **au** ~ **de** naar aanleiding van; **sur ce** ~ over dit onderwerp **2** *(raison)* reden *de*; **avoir** ~ **de** reden hebben om te, tot **3** *(personne)* persoon *nm*; **bon** ~ brave figuur; **mauvais** ~ deugniet **4** *(patient)* patiënt *nm*; ~ **d'étude** studieobject **5** *(d'expérience)* proefpersoon *nm (personne)*, proefdier *het*
sujet[2], **-ette** *n* onderdaan *nm*
sujet[3] *adj* onderhevig (aan), lijdend (aan)
sujétion *nf* **1** *(soumission)* onderwerping *nf* **2** *(obligation pénible)* lastige dwang *nm*
sulfate *nm* sulfaat *het*
sulfureux *adj* zwavelhoudend
sulfurique *adj* ♦ **acide** ~ zwavelzuur
sultan *nm* sultan *nm*
summum *nm* summum *het*, toppunt *het*
super *adj* gaaf, te gek ♦ **le** ~ (de) super(benzine)
superbe[1] *nf* trots *nm*
superbe[2] *adj* schitterend
supercherie *nf* bedrog *het*
superficie *nf* oppervlakte *nf (aussi au fig.)*
superficiel *adj* oppervlakkig *(aussi au fig.)*
superflu *adj* overbodig; **le** ~ de overvloed
supergrand *nm* ↑ wereldmacht *de*
supérieur *adj* **1** *(plus haut, en haut)* boven- **2** *(fig.) (dans une hiérarchie)* hoger; **cadres ~s** topfunctionarissen; *(enseign.)* **le** ~ het tertiair onderwijs; **le, la ~(e) (hiérarchique)** de meerdere; **officier** ~ hoofdofficier **3** *(meilleur)* beter; **être** ~ **à** beter zijn dan; **il est** ~ **à la situation** hij beheerst de situatie **4** *(condescendant)* hooghartig ♦ **mère ~e** moeder-overste
supériorité *nf* superioriteit *nf*
superlatif *adj* overtreffend; **le** ~ de overtreffende trap, superlatief
supermarché *nm* supermarkt *de*
superposé *adj* opgestapeld; **lits ~s** stapelbed *(sing.)*
superposer[1] *vt* opstapelen *(aussi au fig.)*
se superposer[2] *vpr* zich opstapelen
superproduction *nf* groots opgezette film *nm*
superpuissance *nf* grote mogendheid *nf*
supersonique *adj* supersonisch; **le** ~ het supersonische vliegtuig
superstitieux *adj* bijgelovig
superstition *nf* bijgeloof *het*
superviser *vt* de supervisie hebben over
supplanter *vt* verdringen
suppléance *nf* **1** *(fait de suppléer)* waarneming *nf*, plaatsvervanging *nf* **2** *(fonction de suppléant)* waarnemerspost *nm*
suppléant *adj* (plaats)vervangend, waarnemend; **le, la ~(e)** de plaatsvervang(st)er, *(enseign.)* de vervang(st)er
suppléer[1] **(à)** *vi* **1** *(remédier à; compenser)* compenseren **2** *(remplacer)* vervangen
suppléer[2] *vt* **1** *(remplacer)* vervangen **2** *(combler)* wegwerken; ~ **une lacune** een leemte wegwerken
supplément *nm* **1** *(surplus)* supplement *het (aussi math.)*, aanvulling *nf*; **en** ~ er bovenop, extra; ~ **d'information** aanvullende informatie **2** *(édit.)* bijvoegsel *het* **3** *(dans un tarif)* toeslag *nm*, *(Belg.)* opleg *nm*
supplémentaire *adj* aanvullend, extra; **heures ~s** overuren
supplication *nf* smeekbede *de*
supplice *nm* **1** *(peine corporelle)* foltering *nf* **2** *(fig.) (souffrance morale)* kwelling *nf*; **être au** ~ op de pijnbank liggen; ~ **de Tantale** tantaluskwelling
supplicier *vt* **1** *(torturer physiquement)* folteren **2** *(fig.) (torturer moralement)* kwellen
supplier *vt* smeken
support *nm* steun *nm* ♦ ~ **publicitaire** reclamemedium
supportable *adj* **1** *(douleur, une peine)* draaglijk **2** *(acceptable)* aanvaardbaar
supporter[1] *nm* supporter *nm*
supporter[2] *vt* **1** *(soutenir)* dragen **2** *(subir; souffrir qn)* verdragen **3** *(assumer)* dragen **4** *(sports; pol.)* aanmoedigen
se supporter[3] *vpr* **1** *(être supportable)* verdragen kunnen worden **2** *(se souffrir mutuellement)* elkaar verdragen
supposé *adj* **1** *(présumé)* verondersteld; ~ **que** gesteld dat **2** *(non-authentique)* gefingeerd
supposer *vt* **1** *(poser à titre d'hypothèse)* (veronder)stellen; **à** ~ **que, en supposant que** gesteld dat **2** *(impliquer)* vooronderstellen **3** *(présumer)* vermoeden
supposition *nf* veronderstelling *nf*
suppositoire *nm* zetpil *de*
suppression *nf* **1** *(abolition)* afschaffing *nf* **2** *(action d'enlever, de faire disparaître)* weglating *nf* **3** *(cessation d'un état)* opheffing *nf*
supprimer[1] *vt* **1** *(abolir)* afschaffen **2** *(ôter; faire disparaître)* weglaten; ~ **qch à qn** iem iets afnemen **3** *(tuer)* uit de weg ruimen **4** *(faire cesser un état)* opheffen
se supprimer[2] *vpr (se suicider)* zelfmoord plegen
suppurer *vi* etteren
supputer *vt* ramen
suprématie *nf* suprematie *nf*
suprême[1] *nm* (verfijnd gerecht *het* van) kip-, wild- of visfilet *het/de (m)*
suprême[2] *adj* **1** *(supérieur)* hoogst **2** *(adj.) (dernier)* laatst; **heure** ~ laatste uur

sur[1] *adj* zurig
sur[2] *prép* **1** *(à la surface de)* op; ~ **la droite** aan de rechterkant, *(direction)* naar rechts; ~ **les lieux,** ~ **place** ter plaatse; **la clé est** ~ **la porte** de sleutel zit op, in de deur **2** *(au-dessus de)* boven **3** *(à propos de)* over **4** *(en se basant sur)* op; ~ **mesure** op, naar maat; **croire qn** ~ **parole** iem op zijn woord geloven **5** *(valeur temporelle) (vers)* tegen; **aller** ~ **ses vingt ans** bijna twintig zijn; ~ **les onze heures** tegen elven; ~ **le point de** op het punt te **6** *(immédiatement après)* op; ~ **ce** daarop **7** *(exprime un rapport)* op; **un jour** ~ **deux** om de andere dag **8** *(distance)* over; ~ **une longueur de 200 mètres** over een lengte van 200 meter ♦ **(je le jure)** ~ **ma vie** ik mag doodvallen als het niet waar is; **avoir** ~ **soi** bij zich hebben
sûr *adj* zeker; **ami** ~ vriend waar je op kunt rekenen; **base** ~**e** solide basis; **j'en suis** ~ **et certain** ik ben er vast van overtuigd; **être** ~ **de qn** iem (volledig) vertrouwen; **ça, c'est** ~**, c'est** ~ **et certain** dat staat als een paal boven water; **j'en étais** ~**!** ik wist het wel!; **main** ~**e** vaste hand; **en mains** ~**es** in veilige handen; **moyen** ~ doeltreffend middel; **pas** ~ dat is niet gezegd; **être** ~ **de soi** zelfverzekerd zijn ♦ **bien** ~ natuurlijk; **bien** ~ **que oui!** (maar) natuurlijk!
surabondance *nf* overvloed *nm*
surabonder *vi* overvloedig zijn
suranné *adj* verouderd
surcharge *nf* **1** *(fait de surcharger; excédent)* overbelasting *nf* **2** *(charge supplémentaire)* extra belasting *nf (aussi au fig.)*; ~ **de travail** overmaat aan werk **3** *(d'un timbre-poste)* overdruk *nm*
surcharger *vt (charger à l'excès)* te zwaar belasten *(aussi au fig.)*; **être surchargé de travail** te veel werk te doen hebben
surchauffé *adj* **1** *(trop chauffé)* te warm gestookt **2** *(surexcité)* overspannen
surchauffer *vt* oververhitten
surcroît *nm* toename *de;* **de** ~**, par** ~ bovendien (nog), daarbij; **c'est un** ~ **de travail** dat is extra werk
surdité *nf* doofheid *nf*
surdoué *adj* buitengewoon begaafd; **le, la** ~**(e)** het buitengewoon begaafde kind
sureau *nm* vlier(boom) *nm*
sureffectif *nm* overbezetting *nf*
surélever *vt* verhogen
sûrement *adv* **1** *(certainement)* zeker **2** *(en sûreté)* veilig
surenchère *nf* **1** *(enchère supérieure)* hoger bod *het* **2** *(action de renchérir)* (het) tegen elkaar opbieden
surenchérir *vi* **1** *(faire une enchère supérieure)* een hoger bod doen **2** *(renchérir)* meer beloven
surestimer[1] *vt* **1** *(la valeur de qn, qch)* overschatten **2** *(le prix de qch)* te hoog schatten
se surestimer[2] *vpr* zich overschatten
sûreté *nf* **1** *(sécurité)* veiligheid *nf;* **de** ~ veiligheids-; **en** ~ in veiligheid; ~ **de l'Etat** staatsveiligheid; **pour plus de** ~ voor alle zekerheid **2** *(garantie)* garantie *nf* **3** *(dispositif de sûreté)* beveiliging *nf* **4** *(exactitude)* feilloosheid *nf* ♦ **agent de la Sûreté** rechercheur; **la Sûreté (nationale)** de (nationale) veiligheidsdienst
surévaluer *vt* te hoog schatten
surexciter *vt* erg opwinden
surexposer *vt* overbelichten
surexposition *nf* overbelichting *nf*
surf *nm* (het) surfen
surface *nf* oppervlakte *nf (aussi au fig.)*; ~ **de l'eau** waterspiegel; **faire** ~ bovenkomen, weer boven water komen ♦ **grande** ~ (grote) supermarkt
surfaire *vt* **1** *(proposer à un prix exagéré)* overvragen **2** *(surestimer)* overwaarderen; **auteur surfait** overschat schrijver
surfer *vi* surfen *(aussi inform.)*
surgelé *adj* diepvries-; **un** ~ een diepvriesproduct
surgeler *vt* diepvriezen
surgir *vi* plotseling verschijnen
surhomme *nm* **1** *(philo.)* übermensch *nm* **2** *(génie)* genie *het*
surhumain *adj* bovenmenselijk
surimpression *nf (phot.)* overdruk *nm; (aussi au fig.)* **images en** ~ over elkaar geschoven beelden
sur-le-champ *adv* meteen
surlendemain *nm* tweede dag *nm* daarna
surligneur *nm* markeerpen *de*
surmenage *nm* overspanning *nf*
surmener[1] *vt* overbelasten
se surmener[2] *vpr* zich overwerken
surmonter *vt* overwinnen
surnager *vi* bovendrijven
surnaturel *adj* **1** *(qui ne relève pas des lois naturelles)* bovennatuurlijk *(aussi relig.)*; **le** ~ het bovennatuurlijke **2** *(extraordinaire)* buitengewoon
surnom *nm* bijnaam *nm*
surnombre *nm* ♦ **en** ~ te veel
surnommer *vt* een bijnaam geven aan; **Guillaume, surnommé le Conquérant** Willem, bijgenaamd de Veroveraar
surpasser[1] *vt* overtreffen
se surpasser[2] *vpr* zichzelf overtreffen
surpeuplé *adj* overbevolkt
surpeuplement *nm* overbevolking *nf*
surplomb *nm* overstek *het;* **en** ~ overhangend
surplomber[1] *vi (dépasser la ligne de l'aplomb)* uit het lood hangen
surplomber[2] *vt (faire saillie au-dessus de)* hangen over
surplus *nm* overschot *het;* **au** ~ bovendien; **en** ~ extra
surpopulation *nf* overbevolking *nf*
surprenant *adj* verrassend
surprendre[1] *vt* **1** *(prendre sur le fait)* verrassen, betrappen **2** *(attaquer par surprise; arriver à l'improviste chez)* overvallen; ~ **qn chez lui** onverwacht bij iem op bezoek komen **3** *(étonner)* verrassen
se surprendre[2] **(à)** *vpr (se découvrir en train de faire qch)* zich betrappen (op)

surprise *nf* **1** *(étonnement)* verrassing *nf;* **à la ~ de tous** tot (een) ieders verbazing; **par ~** onverwachts **2** *(cadeau)* surprise *nf*
surproduction *nf* overproductie *nf*
surréalisme *nm* surrealisme *het*
surréaliste *adj* surrealistisch; **le, la ~** de surrealist(e)
sursaut *nm* **1** *(soubresaut)* plotselinge schok *nm;* **se réveiller en ~** wakker schrikken **2** *(regain subit)* plotselinge opleving *nf*
sursauter *vi* opspringen
sursis *nm* **1** *(période de répit)* respijt *het* **2** *(ajournement)* uitstel *het; (jur.)* **trois ans de prison avec ~** drie jaar voorwaardelijk
sursitaire *adj* **1** *(jur.)* voorwaardelijk veroordeeld **2** *(milit.)* uitstel (van militaire dienst) genietend; **un ~** een dienstplichtige met uitstel
surtaxe *nf (majoration d'une taxe)* (heffings)toeslag *nm;* **~ postale** strafport
surtaxer *vt* **1** *(lettre)* met strafport belasten **2** *(frapper d'une surtaxe)* extra aanslaan
surtout *adv* **1** *(avant tout)* vooral; **~ que** te meer omdat **2** *(plus particulièrement)* speciaal, in het bijzonder
surveillance *nf* toezicht *het;* **sans ~** onbewaakt
surveillant, -ante *n* **1** *(personne qui surveille)* toezichthoud(st)er *nm (nf)* **2** *(enseign.)* surveillant *nm*
surveiller[1] *vt* toezicht houden op; **~ de près** scherp in 't oog houden; **~ un prisonnier** een gevangene bewaken
se surveiller[2] *vpr* op zichzelf letten
survenir *vi* **1** *(arriver à l'improviste)* (onverwachts) komen **2** *(se produire)* gebeuren
survêtement *nm* trainingspak *het*
survie *nf* overleving *nf*
survivant *adj* overlevend; *(jur.)* **le ~** de langstlevende echtgenoot; **les ~s** de overlevenden
survivre *vt* overleven; **~ à qn, qch** iem/iets overleven
survol *nm* **1** *(action de voler au-dessus de)* vlucht (over) *de* **2** *(d'un problème, d'un texte)* (het) vluchtig doornemen
survoler *vt* **1** *(voler au-dessus de)* vliegen over **2** *(un problème, un texte)* vluchtig doornemen
survolté *adj* **1** *(lampe, le courant)* onder te hoge spanning staand **2** *(surexcité)* verhit
sus *adv* ♦ **en ~** daarenboven; **en ~ de** ↓ behalve
susceptibilité *nf* gevoeligheid *nf*
susceptible *adj* **1** *(+ de) (qui peut présenter; qui est capable de)* vatbaar (voor), in staat (om); **~ d'amélioration** voor verbetering vatbaar; **être ~ de** in staat zijn om **2** *(trop sensible)* lichtgeraakt
susciter *vt* doen ontstaan, veroorzaken
suspect *adj* verdacht; **être ~ de qch** van iets verdacht worden; **le ~** de verdachte
suspecter (de) *vt* verdenken (van)
suspendre[1] *vt* **1** *(interrompre; reporter; mettre un terme aux activités de)* schorsen; **~ qn de ses fonctions** iem schorsen **2** *(faire pendre)* ophangen
se suspendre[2] *vpr (se pendre à)* zich vastgrijpen (aan)
suspendu *adj* **1** *(interrompu; reporté; privé de ses fonctions)* geschorst **2** *(pendu)* opgehangen; **lampe ~e** hanglamp ♦ **voiture mal ~e** auto met slechte ophanging
suspens *nm* spanning *nf* ♦ **en ~** *(suspendu; inachevé)* hangend, *(dans l'incertitude)* onzeker
suspense *nm* spanning *nf;* **film (à) ~** thriller
suspension *nf* **1** *(interruption)* opschorting *nf;* **~ d'armes** wapenstilstand **2** *(d'un fonctionnaire; d'un magistrat)* schorsing *nf* **3** *(d'un véhicule)* ophanging *nf* ♦ *(chim.)* **en ~** in suspensie
suspicion *nf* argwaan *nm;* **tenir en ~** ↓ verdenken
susurrer[1] *vi (chuchoter)* fluisteren
susurrer[2] *vt (chuchoter qch)* fluisteren
suture *nf* (wond)hechting *nf*
suturer *vt* hechten
svelte *adj* rank
sweat-shirt *nm* sweatshirt *het*
syllabe *nf* lettergreep *de;* **ne pas prononcer une ~** z'n mond niet opendoen
symbiose *nf* symbiose *nf (aussi au fig.)*
symbole *nm* symbool *het*
symbolique *adj* symbolisch
symboliser *vt* symboliseren
symétrie *nm* symmetrie *nf*
symétrique *adj* symmetrisch
sympathie *nf* **1** *(bienveillance; amitié)* sympathie *nf* **2** *(compassion)* medevoelen *het*
sympathique, sympa *adj* **1** *(qn)* sympathiek **2** *(qch)* prettig **3** *(adj.) (méd.)* sympathisch
sympathisant, -ante *n* sympathisant(e) *nm (nf)*
sympathiser *vi* sympathiseren
symphonie *nf* symfonie *nf*
symphonique *adj* symfonie-, symfonisch
symposium *nm* symposium *het*
symptomatique (de) *adj* **1** *(méd.)* symptomatisch (voor) **2** *(révélateur de)* kenmerkend (voor)
symptôme *nm* symptoom *het (aussi au fig.)*
synagogue *nf* synagoge *de*
synchroniser *vt* synchroniseren
syncope *nf (méd.)* bewustzijnsverlies *het*, flauwte *nf;* **avoir une ~, tomber en ~** het bewustzijn verliezen
syndic *nm (d'un immeuble)* beheerder *nm*
syndical *adj* vakbonds-; **droit ~** recht om een vakbond te stichten; **mouvement ~** vakbeweging
syndicalisme *nm* **1** *(mouvement syndical)* vakbeweging *nf* **2** *(activités syndicales)* vakbondswerk *het (uniquement sing.);* **faire du ~** in de vakbeweging actief zijn
syndicaliste *n* vakbondsman, -vrouw *nm,f;* **mouvement ~** vakbeweging
syndicat *nm* **1** *(pour la défense d'intérêts*

professionnels) vakbond *nm* **2** *(pour la défense d'intérêts communs)* syndicaat *het;* ~ **d'initiative, SI** VVV(-kantoor), Vereniging voor Vreemdelingen Verkeer, Dienst voor Toerisme *(n.B.)*
syndiqué *adj* georganiseerd; **les ~s** de georganiseerden, vakbondsleden
syndiquer[1] *vt* organiseren, lid maken van een vakbond
se syndiquer[2] *vpr* zich organiseren, lid worden van een vakbond
syndrome *nm* syndroom *het;* ~ **d'immunodéficience acquise, sida** aids
synonyme *adj* synoniem; **le** ~ het synoniem
syntactique *adj* → **syntaxique**
syntaxe *nf* syntaxis *nf*
syntaxique *adj* syntactisch; **analyse** ~ redekundige ontleding
synthèse *nf* synthese *nf (aussi chim.);* **avoir l'esprit de** ~ de zaken in hun geheel bezien
synthétique *adj* synthetisch *(aussi chim.);* **fibres ~s** kunstvezels
synthétiseur *nm* synthesizer *nm*
syphilis *nf* syfilis *nf*
syrien *adj* Syrisch; **le** ~ het Syrisch; **le, la Syrien(ne)** de Syriër, Syrische
systématique *adj* **1** *(système; méthodique)* systematisch; **c'est ~!** dat gaat altijd zo!; **la** ~ de systematiek **2** *(qui pense selon un système)* consequent
systématisation *nf* systematisering *nf*
systématiser *vt* systematiseren
système *nm* **1** *(structure)* systeem *het,* stelsel *het;* ~ **électoral** kiesstelsel; **Système Monétaire Européen, SME** Europees Monetair Systeem, EMS; ~ **nerveux** zenuwstelsel; **porter, taper sur le ~ à, de qn** op iemands zenuwen werken; ~ **solaire** zonnestelsel **2** *(dispositif)* systeem *het;* ~ **d'exploitation** besturingssysteem; ~ **d'exploitation de disquettes, SED** DOS *(sigle anglais)* **3** *(méthode)* werkwijze *de;* **le ~ D** handigheid(je)

t

t *nm* t *de;* **t comme Thérèse** de t van Theodoor ♦ **en (forme de) T** T-vormig
tabac *nm* **1** *(plante; produit manufacturé)* tabak *nm;* **imperméable** ~ tabakskleurige regenjas; ~ **à priser** snuiftabak **2** *(bureau de tabac)* ↑ tabakswinkel *nm* ♦ **faire un** ~ groot succes hebben; **qch du même** ~ iets van dien aard; **passer qn à** ~ iem ervan langs geven, afrossen
tabagisme *nm* nicotineverslaving *nf*
tabasser *vt* aftuigen
tabatière *nf* **1** *(boîte à tabac)* tabaksdoos *de* **2** *(lucarne)* dakraam *het*
table *nf* tafel *de;* **à ~!** aan tafel!; **se mettre à** ~ aan tafel gaan, *(fig.)* ↑ alles opbiechten; ~ **des matières** inhoudsopgave; **dresser, mettre la** ~ de tafel dekken; ~ **d'écoute** afluisterinstallatie; ~ **de lecture** draaitafel; ~ **de multiplication** tafel van vermenigvuldiging; ~ **de nuit, de chevet** nachtkastje; **quitter la** ~ van tafel opstaan; **faire ~ rase de** definitief aan de kant zetten; ~ **à repasser** strijkplank; *(fig.)* ~ **ronde** rondetafelconferentie
tableau *nm* **1** *(peinture)* schilderij *het/de (f)* **2** *(scène)* tafereel *het*, scène *de (aussi au théâtre)* **3** *(description)* schildering *nf* **4** *(panneau)* bord *het;* ~ **d'affichage** mededelingenbord, *(sports)* scorebord; ~ **noir** (school)bord **5** *(de commande, de mesure)* bedieningspaneel *het;* ~ **de bord** dashboard; ~ **de commande** bedieningspaneel **6** *(liste)* lijst *de;* ~ **horaire** dienstregeling **7** *(graphique)* tabel *de* ♦ ~ **de chasse** naast elkaar gelegd gedood wild, *(fig.)* buit; **gagner sur tous les ~x** op alle fronten winnen
tablée *nf* tafelgezelschap *het*
tabler (sur) *vi* rekenen (op)
tablette *nf* **1** *(d'un produit médicamenteux, alimentaire)* tablet *het/de*, pil *de* **2** *(petite planche)* plankje *het* **3** *(pour écrire)* schrijfplankje *het;* **écrire, marquer qch sur ses ~s** ergens goed nota van nemen
tablier *nm* schort *het/de;* **rendre son** ~ z'n dienst opzeggen, *(fig.)* z'n ontslag nemen
tabou *nm* taboe *het/de (m);* **sujet** ~ taboeonderwerp
tabouret *nm* **1** *(siège)* krukje *het* **2** *(pour poser les pieds)* voetenbankje *het*
tabulateur *nm* tabulator *nm*
tac *nm* klik *nm;* **répondre du** ~ **au** ~ lik op stuk geven
tache *nf* vlek *de (aussi au fig.);* **faire** ~ uit de toon vallen; **faire** ~ **d'huile** zich als een olievlek uitbreiden; ~ **de rousseur** sproet; **sans** ~ vlekkeloos
tâche *nf* taak *de;* **être dur à la** ~ een harde werker zijn
tacher[1] *vt* **1** *(maculer)* (be)vlekken **2** *(souiller moralement)* bezoedelen
se tacher[2] *vpr (se salir)* vlekken maken op z'n kleren
tâcher (de) *vi (essayer)* proberen (te)
tacheter *vt* (be)vlekken
tacite *adj* stilzwijgend
taciturne *adj* zwijgzaam
tacot *nm* ouwe brik *nm*
tact *nm* tact *nm*
tactile *adj* **1** *(toucher)* tast- **2** *(perçu par le toucher)* tastbaar
tactique *adj* tactisch; **la** ~ de tactiek
taie *nf* **1** *(d'un oreiller)* sloop *het/de* **2** *(méd.)* witte vlek *de*
taillader[1] *vt* **1** *(la chair, la peau)* een snee maken in **2** *(un objet)* kerven in
se taillader[2] *vpr* ♦ **il s'est tailladé le menton en se rasant** hij heeft zich bij het scheren in zijn kin gesneden
taille *nf* **1** *(stature)* lengte *nf;* **un adversaire à sa** ~ een tegenstander van hetzelfde formaat; **de** ~ flink; **de la** ~ **de** van het formaat van *(aussi au fig.);* **ne pas être de** ~ er niet tegen opgewassen zijn; **être de** ~ **à faire qch** tot iets in staat zijn **2** *(dimension)* maat *de;* **essayer la** ~ **au-dessus** een maat groter passen **3** *(partie du tronc)* middel *het*, taille *de* **4** *(action de tailler)* bewerking *nf*
taillé *adj* **1** *(corps)* gebouwd; ~ **pour** geknipt voor **2** *(coupé)* bewerkt; ~ **en** (bewerkt) in de vorm van
taille-crayon *nm* puntenslijper *nm*
taille-haie *nm* elektrische heggenschaar *de*
tailler[1] *vi (couper)* snijden; ~ **dans le vif** in

het vlees snijden ♦ **ce corsage taille trop petit** dat bloesje is te klein
tailler[2] *vt* **1** *(couper)* bewerken; ~ **un arbuste** een struik snoeien; ~ **un bloc de marbre** een brok marmer bewerken; ~ **un crayon** een potlood slijpen; ~ **un diamant** een diamant slijpen **2** *(confectionner en découpant)* uitsnijden, uitknippen *(une étoffe)*; ~ **un vêtement** een kledingstuk knippen
se tailler[3] *vpr* **1** *(prendre; obtenir)* zich toe-eigenen; **se ~ un succès** succes boeken **2** *(partir)* opdonderen
tailleur *nm* **1** *(personne qui confectionne des vêtements)* kleermaker *nm;* **en ~** in kleermakerszit **2** *(costume)* mantelpak *het* **3** *(personne qui taille)* slijper *nm;* **~ de pierres** steenhouwer
taillis *nm* kreupelhout *het*
tain *nm* foelie *de;* **glace sans ~** spiegelglas
taire[1] *vt* verzwijgen
se taire[2] **(sur)** *vpr* zwijgen (over); **faire ~ l'opposition** de oppositie monddood maken
talc *nm* talk *nm*
talent *nm* talent *het;* **de ~** begaafd
talentueux *adj* talentvol
talisman *nm* talisman *nm*
talkie-walkie *nm* portofoon *nm*, walkie-talkie *nm*
talon *nm* **1** *(partie du pied; d'un bas, d'une chaussure)* hiel *nm*, hak *de;* **~ d'Achille** achilleshiel; **~s aiguilles** naaldhakken; **tourner les ~s** z'n hielen lichten **2** *(de pain, de fromage)* kontje *het* **3** *(d'un jeu de cartes)* talon *nm* **4** *(d'un chèque, etc.)* souche *de*
talonner *vt (qn)* op de hielen zitten *(aussi au fig.)*
talus *nm* talud *het*
tambour *nm* **1** *(instrument de musique)* trommel *de;* **~ battant** met slaande trom; **mener qch ~ battant** iets voortvarend afhandelen; **partir sans ~ ni trompette** met stille trom vertrekken **2** *(joueur de tambour)* trommelslager *nm* **3** *(tourniquet)* draaideur *de* **4** *(technol.)* trommel *de*
tambourin *nm* tamboerijn *nm*
tambouriner *vi (faire un bruit de roulement)* trommelen; **la pluie tambourine sur le toit** de regen klettert op het dak
tamis *nm* zeef *de; (fig.)* **passer au ~** (uit)-schiften
tamiser *vt* **1** *(passer au tamis)* zeven **2** *(la lumière)* dempen
tampon *nm* **1** *(bouchon)* prop *de*, tampon *nm (méd.)* **2** *(cachet)* stempel *het/de (m);* **~ encreur** stempelkussen **3** *(ce qui amortit les chocs)* buffer *nm;* **servir de ~** als buffer dienen **4** *(petite masse de tissu, etc.)* dot *de* ♦ **~ buvard** vloeiblok
tamponner[1] *vt* **1** *(oblitérer)* stempelen **2** *(heurter)* botsen tegen **3** *(enduire d'un liquide)* betten
se tamponner[2] *vpr* op elkaar botsen
tamponneur *adj* bots-; **autos tamponneuses** botsautootjes
tam-tam *nm* tamtam *nm*
tandem *nm* tandem *nm (aussi au fig.)* ♦ **en ~** gezamenlijk
tandis que *conj* terwijl
tangent *adj* rakend, raak- ♦ **c'était ~** het was op het nippertje
tangente *nf (math.)* tangens *de* ♦ **prendre la ~** *(se sauver d'affaire)* zich er handig uit redden, *(se sauver)* ongezien ontkomen
tangible *adj* tastbaar
tango *nm* tango *nm*
tanguer *vi (mar.)* stampen
tanière *nf* hol *het (aussi au fig.);* **rentrer dans sa ~** zich (in zijn schulp) terugtrekken
tank *nm* tank *nm*
tanner *vt* **1** *(traiter des peaux)* looien **2** *(bronzer)* bruinen **3** *(agacer)* (iem) aan z'n kop zaniken
tannerie *nf* **1** *(établissement)* leerlooierij *nf* **2** *(activité)* (het) (leer)looien
tanneur *nm* leerlooier *nm*
tant *adv* **1** *(tellement; autant)* zoveel; **~ bien que mal** zo goed en zo kwaad als het gaat; **~ de travail** zoveel werk; **~ de fois** zo vaak; **le ~** de zoveelste *(du mois);* **~ mieux** des te beter; **~ pis pour lui** dat is dan jammer voor hem; **(pas) ~ que ça** (niet) zoveel; **si ~ est que** voor zover; **~ soit peu** enigszins; **~ il est vrai que** dat bewijst maar weer dat **2** *(aussi longtemps que)* zolang; **~ qu'il vivra** zolang hij leeft ♦ **en ~ que** als
tante *nf* tante *nf*
tantinet *nm* tikkeltje *het*
tantôt *adv* vanmiddag ♦ **~ bien, ~ mal** nu eens goed, dan weer slecht
taon *nm* brems *de*
tapage *nm* **1** *(vacarme)* kabaal *het*, lawaai *het;* **~ nocturne** nachtelijk burengerucht **2** *(scandale)* drukte *nf*
tapageur *adj* **1** *(bruyant)* lawaaierig **2** *(voyant)* opzichtig; **publicité tapageuse** schreeuwerige reclame
tape *nf* klap *nm*
tape-à-l'œil *adj* opzichtig; **du ~** goedkoop effect
taper[1] *vi* **1** *(frapper)* slaan (op); **~ à côté** er naast zitten; **~ dans le ballon** de bal een trap geven; **~ du pied** met zijn voet stampen; **~ sur qn** iem slaan, *(fig.)* op iem afgeven **2** *(soleil)* branden; **le soleil tape dur** de zon brandt fel **3** *(dactylographier)* tikken, typen; **~ à la machine** typen, tikken ♦ **ça tape ici** het stinkt hier; **~ dans** pikken uit, zich te goed doen aan
taper[2] *vt* **1** *(battre)* slaan **2** *(un tapis, etc.)* kloppen **3** *(dactylographier)* tikken, *(texte)* uittypen, *(code)* intypen **4** *(emprunter de l'argent à)* geld loskloppen bij; **~ qn de 10 euros** 10 euro bij iem lospeuteren ♦ **voiture qui tape le 160 à l'heure** auto die de 160 per uur haalt
se taper[3] *vpr* **1** *(faire l'amour avec)* pakken **2** *(manger, boire qch)* naar binnen slaan; **se ~ tout le travail** voor al het werk opdraaien **3** *(faire une corvée)* doen **4** *(se frapper l'un l'autre)* elkaar slaan ♦ **ton histoire**

je m'en tape dat verhaal van jou zal mij een zorg zijn
tapette *nf* **1** *(pour les tapis)* (matten)klopper *nm* **2** *(contre les mouches)* vliegenmepper *nm* **3** *(petite tape)* klapje *het* **4** *(homosexuel)* flikker *nm*
se tapir *vpr* wegduiken
tapis *nm* tapijt *het (aussi au fig.); (sports)* **aller au** ~ knock-out zijn; **dérouler le** ~ **rouge devant qn** de (rode) loper voor iem uitrollen; **être sur le** ~ onderwerp van gesprek zijn; **mettre une affaire, une question sur le** ~ een zaak ter sprake brengen; **revenir sur le** ~ opnieuw aan de orde komen; ~ **roulant** lopende band; ~ **de sol** grondzeil; ~ **souris** muismatje; **le** ~ **vert** de groene tafel
tapis-brosse *nm* ruige mat *de*
tapisser *vt* behangen
tapisserie *nf* **1** *(décoration murale)* wandtapijt *het; (fig.)* **faire** ~ muurbloempje zijn **2** *(broderie)* borduurwerk *het;* **faire de la** ~ borduren
tapissier, -ière *n* **1** *(poseur de papiers peints)* behang(st)er *nm (nf)* **2** *(fabricant de tapis)* tapijtwerk(st)er *nm (nf)* **3** *(spécialiste des tissus d'ameublement)* stoffeerlder, -ster *nm,f*
tapoter[1] *vi (tambouriner)* trommelen; ~ **du piano** op de piano tingelen
tapoter[2] *vt (frapper légèrement)* klopjes geven; ~ **une cigarette** as van zijn sigaret aftippen; ~ **la joue de qn** iem op de wang tikken
taquin *adj* plagerig; **le, la ~(e)** de plaaggeest
taquiner *vt* plagen
taquinerie *nf* plagerij *nf*
tarabiscoté *adj* overladen
taratata! *interj* maak het nou!, larie(koek)!
tard *adv* laat; ~ **dans la nuit** diep in de nacht; **il se fait** ~ het wordt laat; **sur le** ~ op latere leeftijd; **au plus** ~ op z'n laatst; **pas plus** ~ **qu'hier** gisteren nog; **remettre à plus** ~ uitstellen; *(prov)* **mieux vaut** ~ **que jamais** beter laat dan nooit
tarder *vi* **1** *(se faire attendre)* lang uitblijven **2** *(traîner)* dralen; **il tarde à venir** hij laat op zich wachten; **ne pas** ~ **à faire qch** ergens geen gras over laten groeien; **il ne ~a pas à découvrir l'erreur** hij zal de vergissing spoedig ontdekken; **sans** ~ terstond ♦ **il me tarde de, que** ik smacht ernaar dat
tardif *adj* laat; **regrets ~s** spijt achteraf
tardivement *adv* laat
tare *nf* **1** *(poids de l'emballage)* tarra *de* **2** *(défaut d'un produit)* schade *de* **3** *(méd.)* gebrek *het*
taré *adj* **1** *(abîmé)* beschadigd **2** *(fou)* gek **3** *(dégénéré)* erfelijk belast
se targuer (de) *vpr* prat gaan (op)
tarif *nm* **1** *(prix)* tarief *het*, prijs *nm;* **le plein** ~ het volle pond; ~ **réduit** korting(sprijs), *(Belg.)* gunsttarief **2** *(liste de prix)* prijslijst *de*
tarifaire *adj* tarief-
tarir[1] *vi* opdrogen *(aussi au fig.)*
tarir[2] *vt* droogleggen
tarot(s) *nm* **1** *(jeu)* tarot(spel) *het* **2** *(carte)* tarotkaart *de*
tartare *adj* ♦ **sauce** ~ tartaarsaus; **un (steak)** ~ tartaartje
tarte[1] *nf* **1** *(gâteau)* taart *de;* ~ **à la crème** slagroomtaart, *(fig.)* dooddoener **2** *(gifle)* mep *de* ♦ **ce n'est pas de la** ~ dat is geen peulenschilletje
tarte[2] *adj* stom
tartelette *nf* taartje *het*
tartine *nf* boterham *de;* **faire des ~s** boterhammen smeren
tartiner *vt* (be)smeren; **fromage à** ~ smeerkaas
tartre *nm* **1** *(des dents)* tandsteen *het/de (m)* **2** *(d'une chaudière, bouilloire)* ketelsteen *het/de (m)*
tas *nm* **1** *(amas)* hoop *nm*, berg *nm;* ~ **d'idiots!** stelletje idioten!; **mettre en** ~ opstapelen **2** *(multitude)* hoop *nm;* **tirer dans le** ~ in het wilde weg schieten; **un** ~ **de gens** een heleboel mensen **3** *(chantier)* werk *het* in aanbouw; **apprendre son métier sur le** ~ z'n vak in de praktijk leren
tasse *nf* kopje *het;* ~ **de café** kopje koffie; ~ **à café** koffiekopje ♦ *(fig.)* **boire une ~, la** ~ water binnenkrijgen
tassé *adj* **1** *(plein)* ↑ vol; *(fig.)* **quinze cents pages bien ~es** een goeie vijftienhonderd bladzijden **2** *(fort)* sterk; **café bien** ~ loeisterke koffie **3** *(serré)* opeengepakt **4** *(affaissé)* verzakt
tassement *nm* verzakking *nf*
tasser[1] *vt* **1** *(en tapant)* aanstampen **2** *(en poussant; en serrant)* samenpersen
se tasser[2] *vpr* **1** *(s'affaisser)* verzakken **2** *(se recroqueviller)* ↑ ineenschrompelen **3** *(se serrer)* boven op elkaar gaan zitten **4** *(s'arranger)* in orde komen
tata *nf* tante *nf*
tâter[1] **(de)** *vi (faire l'expérience de)* kennismaken (met)
tâter[2] *vt* **1** *(palper)* (be)voelen; ~ **le pouls de** de pols voelen van *(aussi au fig.)* **2** *(sonder)* verkennen; ~ **le terrain** het terrein aftasten
se tâter[3] *vpr (réfléchir)* zich bezinnen
tatillon *adj* pietluttig
tâtonnement *nm* **1** *(action de tâtonner)* (het) (rond)tasten **2** *(tentative)* aarzelende poging *nf*
tâtonner *vi* **1** *(tâter)* (rond)tasten **2** *(hésiter, essayer)* aftastend te werk gaan
tâtons ♦ *(adv.)* **à** ~ op de tast, *(fig.)* op het gevoel af
tatouage *nm* **1** *(dessin)* tatoeage(figuur) *nf (het/de)* **2** *(action de tatouer)* tatoeëring *nf*
tatouer *vt* tatoeëren
taudis *nm* **1** *(logement misérable)* krot *het* **2** *(logement mal tenu)* zwijnenstal *nm*
taule *nf* lik *nm;* **faire de la** ~ (in de bak) zitten
taupe *nf* mol *nm;* **il est myope comme une** ~ hij is erg kippig, stekeblind ♦ **vieille** ~ akelig oud wijf

Taureau *nm* Stier *nm;* **il est** ~ hij is een Stier
taureau *nm* stier *nm; (fig.)* **prendre le** ~ **par les cornes** de koe bij de hoorns vatten
tauromachie *nf* (het) stierenvechten
taux *nm* **1** *(cours)* koers *nm;* ~ **du change** wisselkoers **2** *(tarif)* tarief *het* **3** *(montant de l'intérêt)* rente(voet) *de (nm);* ~ **d'intérêt** rentevoet **4** *(pourcentage)* percentage *het*, gehalte *het (méd.);* ~ **de chômage** werkloosheidscijfer; ~ **d'écoute** luisterdichtheid; ~ **de mortalité** sterftecijfer
taverne *nf* **1** *(hist.)* tave(e)rne *de, (Belg.)* afspanning **2** *(hostellerie)* café-restaurant *het*
taxe *nf* **1** *(impôt)* belasting *nf;* **toutes ~s comprises, TTC** belasting inbegrepen, all-in; **hors ~s, HT** excl. btw; ~ **de luxe** weeldebelasting; ~ **sur la valeur ajoutée, TVA** belasting over de toegevoegde waarde, btw **2** *(tarif)* vastgestelde prijs *nm;* ~ **postale** posttarief
taxer *vt* **1** *(imposer)* belasten **2** *(fixer le prix de)* vaststellen **3** *(+ de) (accuser de)* beschuldigen (van) **4** *(+ de) (qualifier de)* bestempelen (als)
taxi *nm* **1** *(voiture)* taxi *nm* **2** *(conducteur)* ↑ taxichauffeur *nm*
taximètre *nm* taximeter *nm*
taxiphone® *nm* munttelefoon *nm*
tchatche *nf* **1** *(bagout)* vlotte babbel *nm* **2** *(inform.)* chat *nm*
Tchécoslovaquie *nf (hist.)* Tsjecho-Slowakije *n (sans art.);* **en** ~ in Tsjecho-Slowakije
tchèque *adj* Tsjechisch; **le** ~ het Tsjechisch; **le, la Tchèque** de Tsjech(ische)
Tchéquie *nf* Tsjechië *n (sans art.)*
tchin-tchin! *interj* proost!
te *pron pers* je
technicien, -ienne *n* **1** *(spécialiste de la technique)* technicus *nm* **2** *(spécialiste; praticien)* vakman, vakvrouw *nm,f*
technicité *nf* technisch karakter *het*
technique *adj* technisch, vak-; **la** ~ de techniek, *(fig.)* de aanpak *(manière de faire);* **le** ~ het technisch onderwijs; **terme** ~ technische term, vakterm
technocrate *nm* technocraat *nm*
technologie *nf* technologie *nf*
technologique *adj* technologisch, technisch
teck *nm* teak(hout) *het*
tee-shirt *nm* T-shirt *het*
teigne *nf* **1** *(maladie)* hoofdzeer *het* **2** *(personne méchante)* klerevent *nm*, klerewijf *het (f)*
teindre[1] *vt* verven
se teindre[2] *vpr* ♦ **se** ~ **en brun** z'n haar bruin verven
teint *nm* **1** *(manière de teindre)* (het) verven; **bon ~, grand** ~ kleurecht, wasecht **2** *(carnation)* gelaatskleur *de*
teinte *nf* **1** *(nuance)* tint *de* **2** *(fig.) (petite dose)* zweem *nm*
teinter *vt (colorer)* tinten, kleuren
teinture *nf* **1** *(action de teindre)* (het) verven **2** *(substance colorante)* verf *de* **3** *(préparation pharmaceutique)* tinctuur *de*
teinturerie *nf* **1** *(industrie)* verfindustrie *nf* **2** *(pressing)* stomerij *nf*
teinturier, -ière *n* houd(st)er *nm (nf)* van een stomerij
tel[1], **telle** *adj* **1** *(semblable)* zo(danig), zulk; **comme ~, en tant que** ~ als zodanig; **il est** ~ **que son père** hij is net als zijn vader; **laisser les choses ~les quelles** de dingen laten voor wat ze zijn; **il n'y a rien de** ~ er gaat niets boven; **on n'a jamais vu rien de** ~ zoiets hebben we nog nooit gezien; **rien de** ~ **que la marche pour se détendre** er gaat niets boven wandelen om zich te ontspannen **2** *(un)* een of ander; ~ **ou** ~ die of die, dit of dat; **~le quantité** zo en zo veel; **un(e) ~(le)** die en die **3** *(comme)* (zo)als
tel[2], **telle** *pron indéf* (degene) die ♦ ~ **consent,** ~ **autre refuse** de één stemt toe, de ander weigert
télé *nf* tv *nf*
télécarte® *nf* telefoonkaart *de*
téléchargement *nm (inform.)* downloaden *het*
télécharger *vt* downloaden
télécommande *nf* afstandsbediening *nf*
télécommander *vt* op afstand bedienen
télécommunication *nf, souvent plur* telecommunicatie *nf*
télécopie *nf* fax *de*
télécopier *vt* faxen
télécopieur *nm* (tele)fax *de*
télédiffusion *nf* televisie-uitzending *nf*
télédistribution *nf* kabeltelevisie *nf*
téléférique *nm* kabelbaan *de*
téléfilm *nm* televisiefilm *nm*
télégramme *nm* telegram *het*
télégraphe *nm* telegraaf *nm*
télégraphier *vti* telegraferen
télégraphique *adj* telegrafisch; **style** ~ telegramstijl
téléguider *vt* op afstand besturen; **engin téléguidé** geleid projectiel
télématique *nf* telematica *nf*
téléobjectif *nm* telelens *de*
télépathie *nf* telepathie *nf*
téléphérique *nm* → **téléférique**
téléphone *nm* telefoon *nm;* ~ **arabe** tamtam, lopend vuurtje; ~ **à cartes** kaarttelefoon; ~ **sans fil** draadloze telefoon; ~ **mobile** mobiele telefoon; ~ **portatif** zaktelefoon, draagbare telefoon; ~ **rose** sekslijn; ~ **rouge** hotline
téléphoner *vi* telefoneren; ~ **à** iem (op)bellen
téléphonique *adj* telefonisch, telefoon-
téléphoniste *n* telefonist(e) *nm (nf)*
télescope *nm* telescoop *nm*
télescoper[1] *vt* botsen met
se télescoper[2] *vpr* in elkaar overlopen *(souvenirs)*
télescopique *adj* telescopisch
téléscripteur *nm* telex *nm*, telexapparaat *het*
télésiège *nm* stoeltjeslift *nm*
téléski *nm* skilift *nm*

téléspectateur, -trice *n* (televisie)kijk(st)er *nm (nf)*
télésurveillance *nf* bewaking *nf* op afstand
télétex *nm* teletekst *nm*
télévisé *adj* televisie-; **le journal** ~ het televisiejournaal
téléviseur *nm* televisietoestel *het*
télévision *nf* televisie *nf;* ~ **par câbles** kabeltelevisie
télex *nm* telex *nm*
tellement *adv* zo(zeer), zoveel; **vous aimez ça? pas** ~ houdt u daarvan? och, niet speciaal
téméraire *adj* stoutmoedig
témérité *nf* stoutmoedigheid *nf*
témoignage *nm* getuigenis *het/de (f);* **en** ~ **de** als blijk van; **faux** ~ vals getuigenis; **porter un** ~ **sur** getuigenis afleggen van; **rendre** ~ **de** getuigen van
témoigner[1] **(de)** *vi (déposer; faire la preuve de)* getuigen (van)
témoigner[2] *vt* **1** *(certifier)* getuigen **2** *(manifester)* blijk geven van
témoin *nm* **1** *(personne)* getuige *nm;* **prendre qn à** ~ iem tot getuige nemen; **prendre qch à** ~ zich beroepen op iets; ~ **à charge** getuige à charge; ~ **oculaire** ooggetuige **2** *(preuve)* bewijs *het* **3** *(sports)* estafettestokje *het* **4** *(dispositif de contrôle)* controle-; ~ **lumineux** controlelampje ♦ **maison** ~ modelwoning, *(Belg.)* kijkwoning
tempe *nf* slaap *nm*
tempérament *nm* temperament *het;* **avoir du** ~ temperament hebben ♦ **à** ~ op afbetaling
tempérance *nf* matigheid *nf*
température *nf* temperatuur *nf;* **avoir, faire de la** ~ koorts hebben; **prendre la** ~ de temperatuur opnemen, *(fig.)* de stemming peilen
tempéré *adj* gematigd
tempérer[1] *vt* matigen
se tempérer[2] *vpr* zich matigen
tempête *nf* storm *nm (aussi au fig.);* **une** ~ **dans un verre d'eau** een storm in een glas water
tempêter (contre) *vi* tekeergaan (tegen)
temple *nm* **1** *(édifice religieux)* tempel *nm* **2** *(église protestante)* kerk(gebouw) *de*
tempo *nm* tempo *het*
temporaire *adj* tijdelijk
temporel *adj* tijdelijk
temps *nm* **1** *(durée; époque)* tijd *nm (aussi ling.);* **à** ~ op tijd; *(prov)* **le** ~ **c'est de l'argent** tijd is geld; ~ **d'arrêt** pauze; **avec le** ~ mettertijd; **ces temps-ci** de laatste tijd; **par les** ~ **qui courent** heden ten dage; ~ **creux** stille tijd; **dans le** ~ vroeger, destijds; **le** ~ **de** even; **de mon** ~ in mijn tijd; **être de son** ~ een kind van zijn tijd zijn; **de** ~ **à autre, de** ~ **en** ~ van tijd tot tijd, af en toe; **depuis quelque** ~ sinds kort; **pendant ce** ~ intussen; **en** ~ **et lieu** te gelegener tijd en plaats; **il était** ~ dat was nog maar net op tijd; **avoir fait son** ~ zijn (beste) tijd gehad hebben, *(pour des personnes)* versleten zijn, *(être hors d'usage)* achterhaald zijn; **il est grand** ~ het is de hoogste tijd; **en même** ~ tegelijkertijd; **en même** ~ **... et** zowel ... als; ~ **mort** *(sports)* spelonderbreking, *(fig.)* onderbreking; **au, dans le, du** ~ **où** toen; **passer le** ~ de tijd verdrijven; **passer son** ~ **à** zijn tijd doorbrengen met; **il y a peu de** ~ onlangs; **travailler à plein** ~, **à** ~ **complet** een volledige baan hebben; **les premiers** ~ aanvankelijk; **prendre son** ~ zich niet haasten; **prendre du bon** ~ zich amuseren; **le** ~ **que** even; **depuis le** ~ **que** sinds; **quelque** ~ een tijdje; ~ **de réflexion** bedenktijd; **tout le** ~ voortdurend; **de, en tout** ~ te allen tijde; **tuer le** ~ de tijd doden; **en** ~ **utile, voulu** te zijner tijd **2** *(météo.)* weer *het;* ~ **de chien** hondenweer; **par le** ~ **qu'il fait** met dit weer; **quel** ~ **fait-il?** wat voor weer is het?; **le** ~ **se met au beau** het wordt mooi weer **3** *(mus.)* maatdeel *het;* **(mesure à) trois** ~ driekwartsmaat **4** *(ling.)* tijd *nm;* ~ **simples** enkelvoudige tijden **5** *(phase)* slag *nm;* **en deux** ~, **trois mouvements** in een vloek en een zucht; **moteur (à) quatre** ~ viertaktmotor
tenable *adj* om uit te houden
tenace *adj* **1** *(têtu)* koppig **2** *(adj.) (persistant)* hardnekkig; **douleur** ~ aanhoudende pijn
ténacité *nf* **1** *(obstination)* koppigheid *nf;* **faire preuve de** ~ doorzettingsvermogen tonen **2** *(persistance)* taaiheid *nf*
tenaille *nf (généralement plur.)* nijptang *de*
tenailler *vt* kwellen
tenancier, -ière *n* houd(st)er *nm (nf)*
tenant *adj* ♦ *(sports)* **le, la** ~**(e)** de houd(st)er; **les** ~**s et aboutissants** het fijne; **d'un (seul)** ~ aan één stuk
tendance[1] *nf* **1** *(inclination)* neiging *nf;* **avoir** ~ **à** de neiging hebben om **2** *(orientation)* tendens *de (aussi écon.)*, trend *nm;* ~ **à la baisse** dalende tendens
tendance[2] *adj* in, in de mode
tendancieux *adj* tendentieus
tendeur *nm* **1** *(dispositif pour tendre)* spanner *nm* **2** *(câble élastique)* snelbinder *nm*
tendon *nm* pees *de*
tendre[1] *adj* **1** *(affectueux)* teder, lief(devol); **n'être pas** ~ **pour qn** niet zachtzinnig met iem zijn **2** *(mou)* teer; **viande** ~ zacht vlees **3** *(doux)* zacht *(couleur)*, licht
tendre[2] **(à, vers)** *vi* **1** *(viser)* streven (naar) **2** *(avoir tendance)* een neiging vertonen (om)
tendre[3] *vt* **1** *(tirer sur; déployer)* (aan)spannen **2** *(allonger)* (uit)strekken; ~ **qch à qn** iem iets aangeven
se tendre[4] *vpr (devenir tendu)* gespannen worden
tendrement *adv* teder, liefdevol
tendresse *nf* tederheid *nf*
tendu *adj* **1** *(étiré)* gespannen, *(sans plis)* strak **2** *(crispé; difficile)* gespannen
ténèbres *nf* duisternis *nf (sing. uniquement; aussi au fig.)*

ténébreux *adj* **1** *(obscur, mystérieux)* duister **2** *(mélancolique)* somber
teneur *nf* **1** *(d'un écrit)* inhoud *nm*, teneur *nm* **2** *(d'une substance)* gehalte *het*
ténia *nm* lintworm *nm*
tenir[1] *vi* **1** *(se maintenir)* houden; ~ **bon** volhouden; **cela tient toujours pour samedi?** gaat het zaterdag nog door?; **cette histoire ne tient pas debout** dat verhaal snijdt geen hout; ~ **tout seul** blijven staan **2** *(être contenu dans)* een plaats vinden (in); **cela tient en quelques mots** het kan in enkele woorden worden samengevat **3** *(+ à) (être attaché à)* gehecht zijn (aan); **si vous y tenez** als u er op staat **4** *(+ à) (dépendre de)* afhangen (van); **qu'à cela ne tienne!** dat is geen bezwaar!; **à quoi cela tient-il?** hoe komt dat?; **cela ne tient qu'à moi** dat hangt alleen van mij af **5** *(+ de) (ressembler à)* lijken (op); **il a de qui** ~ dat heeft hij van geen vreemde; **cela tient du miracle** dat lijkt wel een wonder
tenir[2] *vt* **1** *(avoir avec soi, maintenir)* houden **2** *(prendre dans ses mains)* vasthouden; **tiens! je ne l'aurais pas cru** hé, dat had ik niet gedacht **3** *(s'emparer de)* te pakken hebben; ~ **qn** iem in zijn macht hebben; ~ **les voleurs** de dieven te pakken hebben **4** *(résister à)* goed kunnen tegen **5** *(avoir par qn; avoir par hérédité)* van iem hebben; ~ **la nouvelle de son voisin** het nieuws van de buurman hebben gekregen **6** *(avoir en sa possession)* in handen hebben; ~ **le pouvoir** de macht in handen hebben **7** *(occuper un espace)* in beslag nemen; ~ **sa droite** rechts houden **8** *(s'occuper de)* leiden; ~ **la caisse** de kas houden; ~ **la comptabilité** de boekhouding voeren **9** *(organiser)* houden **10** *(+ pour) (considérer comme)* beschouwen (als) **11** *(observer fidèlement)* houden; ~ **ses engagements** zijn verplichtingen nakomen ♦ **il tient ça de son père** dat heeft hij van zijn vader; ~ **des propos étranges** vreemde dingen vertellen; *(pour annoncer une chose renversante)* **tiens-toi bien!** houd je vast!; **tiens, tiens!** welwel!; **tenez, voilà votre argent** hier hebt u uw geld
se tenir[3] *vpr* **1** *(s'accrocher)* zich vasthouden **2** *(être qqp.)* staan; **façon de se** ~ houding **3** *(être crédible)* steekhoudend zijn **4** *(se conduire)* zich gedragen ♦ **s'en** ~ **à** zich houden aan; **s'en** ~ **là** stoppen; **savoir à quoi s'en** ~ weten waar men zich aan te houden heeft; **se** ~ **qch pour dit** zich iets voor gezegd houden
tennis *nm* **1** *(sports)* tennis *het*; **jouer au** ~ tennissen; ~ **de table** tafeltennis **2** *(terrain)* tennisbaan *de* **3** *(plur.) (chaussures)* tennisschoenen *plur*
ténor *nm* tenor *nm*; **saxophone** ~ tenorsaxofoon
tensiomètre *nm* spanningsmeter *nm*
tension *nf* **1** *(force exercée; état d'une substance tendue)* spanning *nf*, *(phys.)* druk *nm* **2** *(méd.)* bloeddruk *nm*; **avoir de la** ~ hoge bloeddruk hebben **3** *(en électricité)* spanning *nf*; **haute** ~ hoogspanning **4** *(nervosité; caractère délicat)* spanning *nf*; ~ **nerveuse** nerveuze spanning
tentacule *nm* tentakel *nm*
tentant *adj* aanlokkelijk, verleidelijk
tentation *nf* verleiding *nf*; **ne nous induis pas en** ~ leid ons niet in verzoeking
tentative *nf* poging *nf*; ~ **de suicide** zelfmoordpoging
tente *nf* tent *de*
tenter *vt* **1** *(essayer)* proberen; ~ **de faire qch** proberen iets te doen; ~ **sa chance** zijn geluk beproeven **2** *(allécher)* verlokken; **être tenté de faire qch** geneigd zijn om iets te doen; **se laisser** ~ **par qch** bezwijken voor de verleiding **3** *(exposer à la tentation)* in verleiding brengen, *(relig.)* verzoeken
tenture *nf* behang(sel) *het*, wandbekleding *nf*
tenu *adj* **1** *(obligé)* verplicht (tot); **être** ~ **à qch** verplicht zijn tot iets; **être** ~ **de** verplicht zijn te **2** *(soigné)* verzorgd; **bien, mal** ~ goed, slecht verzorgd
tenue *nf* **1** *(le fait de tenir)* (het) houden **2** *(attitude)* houding *nf*; **manquer de** ~ geen manieren hebben; **un peu de** ~**!** gedraag je! **3** *(vêtements)* kleding *nf*; **en petite** ~**, en** ~ **légère** luchtig gekleed; **se mettre en** ~ het uniform, de dienstkleding aantrekken; ~ **de soirée** avondkleding ♦ ~ **de route** wegligging *(d'une voiture)*, *(Belg.)* baanvastheid
térébenthine *nf* terpentijn *nm*
tergiversation *12, généralement plur.* gedraal *het*
tergiverser *vi* tijd rekken; **sans** ~ zonder dralen
terme *nm* **1** *(mot)* term *nm*, *(plur.)* formulering *nf*; **en d'autres** ~**s** met andere woorden; **aux** ~**s de** krachtens; **les** ~**s d'un contrat** de bewoordingen van een contract **2** *(échéance)* termijn *nm*; **à** ~ op termijn; **à court** ~ op korte termijn; **moyen** ~ middellange termijn **3** *(plur.) (relations)* voet *nm*; **être en mauvais** ~**s avec qn** op slechte voet staan met iem **4** *(loyer)* termijnbetaling *nf* **5** *(fin)* einde *het*; **à** ~ mettertijd; **mener qch à son** ~ iets tot een goed einde brengen; **mettre un** ~ **à** een einde maken aan **6** *(date normale de l'accouchement)* tijd *nm*; **enfant né à** ~ voldragen kind; **enfant né avant** ~ te vroeg geboren kind ♦ **moyen** ~ middenweg
terminaison *nf (d'un mot)* uitgang *nm*
terminal *adj* slot-, eind-; **la (classe)** ~**e** de eindexamenklas, het laatste jaar *(n.B.)*; *(inform.; aviat.)* **le** ~ de terminal
terminer[1] *vt* **1** *(finir; faire cesser)* beëindigen; **en avoir terminé avec qn** de relaties met iem verbroken hebben; **en avoir terminé avec qch** met iets klaar zijn; **pour** ~ tot slot **2** *(mettre la dernière main à)* afmaken, *(Belg.)* uitdoen **3** *(former le dernier élément de)* het einde vormen van
se terminer[2] **(en, par)** *vpr (s'achever)* eindigen (met, op); **se** ~ **bien, mal** goed, slecht aflopen
terminologie *nf* terminologie *nf*

terminus *nm* eindpunt *het*
termite *nf* termiet *de*
terne *adj* **1** *(sans éclat)* mat, dof **2** *(ennuyeux)* saai
ternir *vt* **1** *(rendre terne)* dof maken, beslaan **2** *(flétrir)* bezoedelen
terrain *nm* terrein *het;* ~ **accidenté** heuvelachtig terrein; ~ **à bâtir** bouwgrond; *(fig.)* **céder du** ~ concessies doen; ~ **d'entente** mogelijkheid om tot overeenstemming te komen; **être sur son** ~ op bekend terrein zijn; *(fig.)* **gagner du** ~ veld winnen; ~ **de jeu** speelterrein; **reconnaître, tâter le** ~ het terrein verkennen; ~ **vague** braakliggend terrein ♦ **sur le** ~ ter plaatse, *(socio.)* in het veld
terrasse *nf* terras *het;* **cultures en ~s** terrascultuur
terrassement *nm* grondwerk *het*
terrasser *vt* **1** *(renverser)* op de grond werpen; ~ **l'ennemi** de vijand een verpletterende nederlaag toebrengen **2** *(foudroyer)* vellen
terre *nf* **1** *(monde, globe)* aarde *de;* **revenir sur** ~ tot de realiteit terugkeren **2** *(continent)* aarde *de;* **descendre à** ~ aan wal gaan; **envoyer qn à** ~ iem vloeren; ~ **ferme** vaste grond, vaste wal; **transports par** ~ vervoer over land; **sur** ~ **et sur mer** te land en ter zee; *(mar.)* **~!** land in zicht! **3** *(sol; campagne; matière)* grond *nm;* **jeter, mettre à, par** ~ omverwerpen, *(fig.)* ten val brengen; *(tennis)* ~ **battue** gravel; **ramasser par** ~ van de grond oprapen; *(fig.)* **tout est par** ~ alles ligt in scherven; **s'asseoir par** ~ op de grond gaan zitten; **se répandre par** ~ over de grond stromen *(liquides),* zich over de grond verspreiden *(objets);* **sous ~, sous la** ~ onder de grond **4** *(propriété)* grond *nm*, landgoed *het* **5** *(région)* land *het*, gebied *het;* ~ **d'élection** uitverkoren land; **en** ~ **étrangère** in den vreemde; ~ **natale** geboorteland; **la** ~ **promise** het beloofde land **6** *(pour poterie)* aarde *de*, klei *de;* ~ **cuite** terracotta; ~ **glaise** leem **7** *(en électricité)* aarde *de;* **mettre, raccorder à la** ~ aarden *(électricité)*
terre-à-terre *adj* prozaïsch
terreau *nm* tuinaarde *de*
terre-plein *nm* ophoging *nf*
se terrer *vpr* **1** *(animal)* zich verschuilen in een hol **2** *(personne)* zich verbergen, *(fig.)* zich afzonderen
terrestre *adj* **1** *(de la planète terre)* aard-; **croûte** ~ aardkorst **2** *(fig.) (d'ici-bas)* aards; **paradis** ~ aards paradijs **3** *(qui vit sur la terre ferme; qui se déplace sur le sol)* land-; **oiseaux ~s** landvogels; **transport** ~ vervoer over land
terreur *nf* **1** *(effroi)* schrik *nm*, angst *nm;* **répandre, semer la** ~ schrik aanjagen **2** *(gouvernement)* terreur *de*, schrikbewind *het;* **gouverner par la** ~ een schrikbewind uitoefenen **3** *(individu dangereux)* schrik *nm*
terreux *adj* **1** *(de la nature de la terre)* aard-, grond- **2** *(souillé de terre)* met aarde vermengd of besmeurd **3** *(terne)* vaal
terrible *adj* **1** *(adj.) (effroyable)* verschrikkelijk, vreselijk **2** *(adj.) (chouette)* te gek
terrien *adj (foncier)* die grond bezit; **propriétaire** ~ grondbezitter ♦ **le, la ~(ne)** de aardbewoner, aardbewoonster
terrier *nm* hol *het*
terrifiant *adj* **1** *(effrayant)* angstaanjagend **2** *(extraordinaire)* verbluffend
terrifier *vt* angst aanjagen; **être terrifié** doodsbang zijn
terrine *nf* terrine *nf*
territoire *nm* grondgebied *het;* ~ **d'outremer, TOM** overzees gebiedsdeel
territorial *adj* territoriaal
terroir *nm* streek *de;* **accent du** ~ regionaal accent
terroriser *vt* terroriseren
terrorisme *nm* terrorisme *het*
terroriste *adj* terroristisch; **attentat** ~ aanslag door terroristen; **le, la** ~ de terrorist(e)
tertiaire *adj* tertiair; *(géo.)* **le** ~ het tertiair; *(écon.)* **le (secteur)** ~ de tertiaire, dienstverlenende sector
tertio *adv* ten derde
tertre *nm* heuvel *nm;* ~ **(funéraire)** grafheuvel
tesson *nm* scherf *de*
test *nm* test *nm;* ~ **d'aptitude** vaardigheidstest; **faire passer un** ~ **à qn** iem testen
testament *nm* testament *het*
tester *vt* testen
testicule *nm* teelbal *nm*
tétanos *nm* tetanus *nm*
têtard *nm* kikkervisje *het*
tête *nf* **1** *(partie du corps)* hoofd *het*, kop *nm;* **donner** ~ **baissée dans qch** er blindelings in lopen; **baisser la** ~ het hoofd buigen, *(fig.)* zich onderwerpen; **la** ~ **basse** met gebogen hoofd *(aussi au fig.);* **avoir une bonne** ~ een sympathieke kop hebben; **donner sa** ~ **à couper** zijn hoofd eronder durven verwedden; **en faire une** ~ een lang gezicht zetten; **gagner d'une (courte)** ~ met een (krappe) hoofdlengte verschil winnen; **(marcher) la** ~ **haute** met opgeheven hoofd (lopen) *(aussi au fig.);* **jeter qch à la** ~ **de qn** iem iets naar het hoofd slingeren; ~ **de mort** doodskop; **de la** ~ **aux pieds** van top tot teen; **tomber la** ~ **la première** voorovervallen; **sale** ~ gemene kop; **tourner la** ~ het hoofd afwenden; ~ **de Turc** kop van Jut **2** *(siège de la pensée)* hoofd *het;* **avoir la** ~ **ailleurs** er met zijn gedachten niet bij zijn; **c'est une** ~ **en l'air,** ~ **de linotte** hij heeft de hersens van een garnaal; **avoir en** ~ **de** van plan zijn om; **avoir la** ~ **à ce qu'on fait** zijn aandacht bij zijn werk hebben; ~ **brûlée** heethoofd; **ne te casse pas la** ~ maak je niet druk; **se creuser la** ~ z'n hersens pijnigen; **de** ~ uit het hoofd; **avoir une idée derrière la** ~ iets in zijn achterhoofd hebben; **avoir la** ~ **dure** *(être lent)* traag van begrip zijn, *(être têtu)* koppig zijn; **être tombé sur la** ~ op zijn hoofd gevallen zijn, *(fig.)* een beetje getikt zijn; **n'en fai-**

re qu'à sa ~ precies doen waar men zin in heeft; **forte** ~ dwarskop; *(fig.)* **une grosse** ~ een knappe kop; **avoir une, la grosse** ~ pretenties hebben; **se mettre dans la** ~ **que** zich inbeelden dat; **se mettre dans la** ~, **en** ~ **de** het vaste besluit nemen om; **idée qui passe par la** ~ **de qn** idee dat zomaar bij iem opkomt; **perdre la** ~ zijn verstand verliezen; **avoir ses** ~**s** ↑ zo z'n eigen sympathieën en antipathieën hebben; **le vin lui tourne la** ~ de wijn stijgt hem naar het hoofd; **tourner la** ~ **à qn** iem het hoofd op hol brengen; **avoir toute sa** ~ bij zijn volle verstand zijn **3** *(fig.) (chef; première place)* hoofd *het*, leiding *nf;* **à la** ~, **en** ~ **de** aan het hoofd van; **la** ~ **de la classe** de beste leerlingen van de klas; **se mettre à la** ~, **prendre la** ~ **de** de leiding nemen over; *(tennis)* ~ **de série** geplaatste speler **4** *(unité)* persoon *nm;* **par** ~ per persoon, per man **5** *(partie supérieure, antérieure)* kop *nm;* ~ **d'affiche** hoofdrolspeler(s), *(fig.)* belangrijkste attractie; ~ **chercheuse** *(d'un projectile)* doelzoekende kop, *(techn.)* zoekkop; ~ **d'épingle** speldenknop; ~ **de lecture** (af)leeskop; ~ **de ligne** kopstation; ~ **de liste** *(nom)* bovenste naam op de lijst, *(personne)* lijstaanvoerder; ~ **du lit** hoofdeinde van het bed; **wagon de** ~ voorste wagon **6** *(sports)* kopbal *nm;* **faire une** ~ een kopbal geven ♦ **se taper la** ~ **contre les murs** wanhopig naar een oplossing zoeken; **ne plus savoir où donner de la** ~ niet meer weten waar te beginnen; **avoir la** ~ **sur les épaules** met beide benen op de grond staan; **faire la** ~ **(à qn)** mokken (tegen iem); **mauvaise** ~ lastpost; **faire la mauvaise** ~ koppig zijn, dwars liggen; **monter la** ~ **à qn** iem tegen iem opzetten; **en avoir par-dessus la** ~ er schoon genoeg van hebben; **se payer la** ~ **de qn** iem voor de gek houden; **piquer une** ~ een duik nemen; *(fig.)* **relever la** ~ zijn zelfvertrouwen herwinnen; **risquer sa** ~ zijn leven wagen; **tenir** ~ het hoofd bieden

tête-à-queue *nm* halve slag om *nm;* **faire un** ~ een zwenking van 180 graden maken

tête-à-tête *nm* tête-à-tête *het;* **en** ~ alleen, onder vier ogen

tête-bêche *adv* kop aan staart

tétée *nf* **1** *(repas de bébé)* voeding *nf* **2** *(action de téter)* (het) zuigen

téter *vt* drinken, zuigen; **donner à** ~ **à un enfant** een kind de borst geven

tétine *nf* **1** *(élément de biberon)* speen *de* **2** *(pis d'animal)* uier *nm*

têtu *adj* koppig, halsstarrig

texte *nm* tekst *nm;* ~ **d'une loi** wettekst

textile *adj* textiel-; **le** ~ het textiel *(tissu)*, de textiel *(industrie)*

texto *nm* sms'je *het*

textuel *adj* **1** *(littéral)* letterlijk **2** *(relatif au texte)* tekstueel, tekst-

texture *nf* opbouw *nm*

thaïlandais *adj* Thais; **le, la Thaïlandais(e)** de Thailander, Thailandse

thé *nm* **1** *(boisson)* thee *nm;* **faire du** ~ theezetten; ~ **nature** thee zonder iets erin; **prendre le** ~ theedrinken **2** *(collation)* theevisite *de*

théâtral *adj* **1** *(adj.) (relatif au théâtre)* toneel- **2** *(artificiel)* theatraal

théâtre *nm* **1** *(bâtiment)* schouwburg *nm*, theater *het* **2** *(art; œuvre littéraire)* toneel *het* **3** *(profession)* toneelspeelkunst *nf;* **faire du** ~ toneelspelen **4** *(exagération)* aanstellerij *nf;* **il fait encore du** ~ hij stelt zich weer eens aan

théière *nf* theepot *nm*

thème *nm* **1** *(sujet)* thema *het*, onderwerp *het* **2** *(exercice de traduction)* thema *het/de*

théologie *nf* theologie *nf*

théologien *nm* theoloog *nm*

théorème *nm* stelling *nf*

théoricien, -ienne *n* theoretilcus, -ca *nm,f*

théorie *nf* theorie *nf*

théorique *adj* theoretisch *(aussi péj.)*

thérapeute *n* **1** *(médecin)* therapeut(e) *nm (nf)* **2** *(psychothérapeute)* psychotherapeut(e) *nm (nf)*

thérapeutique *adj* therapeutisch; *(thérapie)* **la** ~ de behandeling, therapie

thérapie *nf* therapie *nf*

thermal *adj* **1** *(minéral)* thermaal; **eaux** ~**es** (warm) bronwater, warme bronnen **2** *(où l'on utilise les eaux médicinales)* badkuur-; **cure** ~**e** *(immersion)* badkuur, *(absorption)* drinkkuur

thermes *nm* kuurinrichting *nf*

thermique *adj* warmte-; **centrale** ~ elektriciteitscentrale; *(phys.)* **la** ~ de warmteleer

thermomètre *nm* **1** *(instrument)* thermometer *nm* **2** *(référence)* barometer *nm*

thermonucléaire *adj* thermonucleair

thermorésistant *adj* hittebestendig

thermos® *n* thermosfles *de*

thermostat *nm* (kamer)thermostaat *nm*

thèse *nf* **1** *(proposition; démarche dialectique)* these *nf*, stelling *nf* **2** *(de doctorat)* proefschrift *het (aux Pays-Bas)*, dissertatie *nf*, *(Belg.n.)* doctoraatsthesis *nf;* **soutenir une** ~ **de doctorat** promoveren, *(Belg.)* doctoreren **3** *(soutenance)* promotie(plechtigheid) *nf*

thon *nm* tonijn *nm*

thorax *nm* **1** *(chez l'homme)* borst(kas) *de* **2** *(chez les insectes)* borststuk *het*

thrombose *nf* trombose *nf*

thym *nm* tijm *nm*

thyroïde *adj (biol.)* schild-; **la** ~ de schildklier

tibétain *adj* Tibetaans; **le** ~ het Tibetaans; **le, la Tibétain(e)** de Tibetaan(se)

tibia *nm* scheenbeen *het*

tic *nm* **1** *(mouvement répété)* zenuwtrek *nm*, tic *nm* **2** *(manie)* tic *nm*

ticket *nm* kaartje *het*, *(Belg.)* ticket *het/de (f)*

ticket-repas *nm* maaltijdbon *nm*

tic-tac *nm* getik *het (sing.);* **faire** ~ tikken

tiède *adj* **1** *(ni chaud ni froid)* lauw *(aussi au fig.)*; **boire** ~ lauw opdrinken **2** *(doux)* zoel
tiédeur *nf* **1** *(chaleur modérée; manque d'enthousiasme)* lauwheid *nf (aussi au fig.)*; **avec** ~ lauw **2** *(douceur)* zoelte *nf*
tiédir[1] *vi* **1** *(devenir tiède)* lauw worden; **faire** ~ een beetje verwarmen; **laisser** ~ laten afkoelen **2** *(s'atténuer)* verflauwen
tiédir[2] *vt (rendre tiède)* lauw maken
tien[1] *nm*, **tienne** *nf* **1** *(ta propriété)* (het) jouwe; **il faut y mettre du** ~ je moet beter je best doen; **le** ~ **et le mien** mijn en dijn **2** *(plur.) (ta famille)* (de) jouwen *(plur.)*
tien[2] *nf (fredaines)* fratsen *plur;* **tu as encore fait des ~nes!** je hebt weer van die dwaze streken uitgehaald!
tien[3], **tienne** *adj poss* jouw, van jou
tien[4], **tienne** *pron poss* (het, de) jouwe; **à la ~ne!** proost!; **j'ai mes chagrins, tu as les ~s** ik heb mijn verdriet, jij hebt het jouwe
tierce *nf* **1** *(au jeu de cartes)* driekaart *de* **2** *(mus.)* terts *de;* ~ **majeure, mineure** grote, kleine terts
tiercé *nm* **1** *(pari sur trois chevaux)* trio *het* **2** *(pari mutuel)* paardentoto *nm*
tiers[1] *nm* derde *het (fraction)*, derde *nm (personne);* **les deux** ~ twee derde; **en** ~ als derde man
tiers[2], **tierce** *adj* derde; **le** ~ **monde** de derde wereld; **une** ~ **personne** een derde
tige *nf* **1** *(partie de plante)* stengel *nm*, steel *nm* **2** *(barre mince)* stang *de* **3** *(jeune plant)* stek *nm* **4** *(d'une bottine, d'une colonne)* bovenleer *het*
tignasse *nf* ragebol *nm*
tigre *nm* tijger *nm*
tigré *adj* **1** *(rayé)* gestreept **2** *(tacheté)* gevlekt
tigresse *nf* tijgerin *nf*
tilleul *nm* **1** *(arbre)* linde(boom) *de (nm)* **2** *(infusion)* lindethee *nm* **3** *(bois)* lindehout *het*
timbale *nf* **1** *(instrument de musique)* pauk *de* **2** *(gobelet)* metalen beker *nm*
timbre *nm* **1** *(timbre-poste)* postzegel *nm* **2** *(sonnette)* bel *nm* **3** *(sonorité)* klank *nm* **4** *(tampon)* stempel *het/de (m)* **5** *(oblitération de la poste)* postmerk *het* **6** *(vignette)* zegel *nm*
timbré *adj* **1** *(un peu fou)* getikt **2** *(affranchi)* gefrankeerd
timbre-poste *nm* postzegel *nm*
timbrer *vt* **1** *(affranchir)* frankeren **2** *(tamponner)* (af)stempelen
timide *adj* **1** *(embarrassé)* verlegen **2** *(indécis)* voorzichtig
timidité *nf* verlegenheid *nf*
timoré *adj* angstvallig
tintement *nm* **1** *(sonnerie)* (klok)gelui *het* **2** *(résonance)* gerinkel *het* **3** *(bourdonnement)* (het) suizen
tinter[1] *vi* **1** *(sonner)* luiden **2** *(résonner)* rinkelen **3** *(bourdonner)* suizen
tinter[2] *vt (sonner)* luiden
tique *nf* teek *de*
tiquer *vi* (min of meer ontstemd) reageren; **ma proposition l'a fait** ~ mijn voorstel beviel hem helemaal niet; **il n'a pas tiqué** hij vertrok geen spier
tir *nm* **1** *(le fait de tirer)* (het) schieten; **le** ~ **à l'arc** het boogschieten; **faire du** ~ schieten *(sport)* **2** *(le fait de tirer des projectiles)* (het) afschieten, (het) lanceren *(fusées)* **3** *(trajectoire)* vuur *het;* ~ **de barrage** spervuur **4** *(sports)* schot *het;* ~ **au but** schot op het doel **5** *(stand forain)* schiettent *de* **6** *(terrain d'entraînement)* schietbaan *de*
tirade *nf* monoloog *nm*, *(péj.)* tirade *nf*
tirage *nm* **1** *(impression)* (het) drukken, (het) afdrukken *(photos, etc.)* **2** *(désignation par le sort)* trekking *nf;* ~ **au sort** loting **3** *(appel d'air)* trek *nm (cheminée)* **4** *(ensemble d'exemplaires)* oplage *de;* ~ **limité** beperkte oplage
tiraillement *nm* **1** *(déchirement)* (het) verscheurd zijn **2** *(crampe)* kramp *de* **3** *(plur.) (difficultés)* geharrewar *het*
tirailler[1] *vt (tirer dans tous les sens)* heen en weer trekken ♦ **être tiraillé entre plusieurs possibilités** tussen verschillende mogelijkheden weifelen
se tirailler[2] **(avec)** *vpr (s'entendre mal avec)* harrewarren (met)
tiré *adj* **1** *(tendu)* strak getrokken **2** *(fatigué)* vermoeid en vermagerd **3** *(qui a été tiré)* getrokken **4** *(imprimé)* gedrukt
tire-bouchon *nm* kurkentrekker *nm;* **en** ~ spiraalvormig; **queue en** ~ krulstaart
tire-fesses *nm* ↑ skilift *nm*
tirelire *nf* spaarpot *nm*
tirer[1] *vi* **1** *(envoyer des projectiles)* schieten; ~ **dans le tas** lukraak op een groep mensen inschieten; ~ **dans le dos de qn** *(fig.)* iem in de rug aanvallen; **il lui tire dessus** hij schiet op hem **2** *(sens général)* trekken **3** *(aller vers)* zwemen (naar); **couleur qui tire sur le rouge** kleur die naar rood toegaat **4** *(avoir un nombre d'exemplaires de)* een oplage hebben (van); **journal qui tire à trente mille** krant die een oplage heeft van 30.000 exemplaren
tirer[2] *vt* **1** *(+ sur) (exercer un effort sur)* trekken (aan); ~ **les rideaux** de gordijnen opentrekken, dichttrekken *(ouvrir, fermer);* ~ **la porte sur soi** de deur achter zich dicht trekken **2** *(sortir de)* halen (uit); ~ **argent de tout** overal geld uit slaan; ~ **son origine, sa source de** afstammen van, komen uit; ~ **de l'huile des olives** olie uit olijven persen; **on ne peut rien en** ~ hij laat niets los; **il n'y a pas grand-chose à en ~, on ne peut rien en** ~ er valt niet veel met hem te beginnen; ~ **vengeance** zich wreken **3** *(envoyer un projectile)* afschieten **4** *(imprimer)* afdrukken; ~ **un livre à 2.000 exemplaires** 2.000 exemplaren van een boek drukken; **se faire** ~ **le portrait** zich laten vereeuwigen **5** *(passer le temps)* ↑ moeizaam doorkomen; ~ **six mois en prison** zes maanden moeten brommen
se tirer[3] *vpr* **1** *(se sortir de)* zich redden (uit); **s'en** ~ zich eruit redden **2** *(partir)* (af)nokken; **se** ~ **en douce** er stilletjes van-

door gaan ♦ **se ~ une balle dans la tête** zich een kogel door het hoofd jagen
tiret *nm* **1** *(trait d'union)* koppelteken *het* **2** *(sorte de parenthèse)* gedachtestreep *de*
tireur, -euse *n* **1** *(celui qui tire un projectile)* schutter *nm;* ~ **d'élite** scherpschutter **2** *(personne qui tire qch)* trek|ker, -ster *nm,f;* **tireuse de cartes** waarzegster **3** *(d'une traite)* trekker *nm*
tiroir *nm* la *de*, lade *de*
tiroir-caisse *nm* geldlade *de*
tisane *nf* kruidenthee *nm*
tison *nm* (na)gloeiend stuk *het* hout
tisonnier *nm* pook *de*
tissage *nm* (het) weven
tisser *vt* weven; **récit tissé de mensonges** verhaal dat van leugens aan elkaar hangt
tisserand, -ande *n* (hand)wever, (hand)weefster *nm,f*
tissu *nm* **1** *(étoffe)* (geweven) stof *de;* ~ **d'ameublement** meubelstof; ~ **éponge** badstof **2** *(biol.)* weefsel *het* **3** *(enchevêtrement)* aaneenschakeling *nf;* ~ **de mensonges** aaneenschakeling van leugens **4** *(structure)* structuur *nf;* ~ **urbain** structuur van een stad
tissu-éponge *nm* badstof *de*
titane *nm* titanium *het*
titre *nm* **1** *(dignité, fonction)* titel *nm;* **à ce** ~ om die reden; **à ~ d'ami** als vriend; **à ~ personnel** persoonlijk; **à ~ exceptionnel** bij wijze van uitzondering; **à ~ d'essai** bij wijze van proef; **à ~ d'information** ter informatie; **à plus d'un ~, à plusieurs ~s** in meer dan één opzicht, om verschillende redenen; **au même** ~ op dezelfde wijze; **au même ~ que** evenals; ~ **de noblesse** adelbrief **2** *(document officiel)* bewijsstuk *het;* **à quel** ~ met welk recht, om welke reden; **à juste** ~ terecht; **à ~ gratuit** gratis; **~s de propriété** eigendomsbewijs; **avance sur ~s** lening op onderpand **3** *(en-tête)* titel *nm*, kop *nm (journal);* **les grands ~s de l'actualité** overzicht van de belangrijkste gebeurtenissen; **gros ~s** grote koppen **4** *(action boursière)* effect *het*
tituber *vi* waggelen
titulaire *adj* **1** *(nommé)* vast benoemd; **le ~ d'un poste** de bekleder van een functie; **professeur** ~ (gewoon) hoogleraar **2** *(propriétaire)* bezittend; **le** ~ de (rechtmatige) bezitter; **le ~ de compte** de rekeninghouder
titulariser *vt* vast benoemen
toast *nm* toost *nm;* **porter un ~ à qn** een toost op iem uitbrengen
toasteur *nm* broodrooster *het/de (m)*
toboggan *nm* glijbaan *de*
toc[1] *adj* ↑ nagemaakt; *(subst.)* **en** ~ nagemaakt; *(subst.)* **c'est du ~, ça fait** ~ dat is nep
toc[2] *interj* tik!; **et ~!** die zit!; **faire ~ ~** aankloppen
tocsin *nm* alarmklok *de;* **sonner le** ~ alarm slaan
toge *nf* toga *de*
togolais *adj* Togoos; **le, la Togolais(e)** de Togolees, Togolese
tohu-bohu *nm* **1** *(désordre)* wanorde *de* **2** *(bruit)* rumoer *het*
toi, t' *pron pers* **1** *(sujet; intime)* jij *(emphatique)*, je *(non emphatique)* **2** *(autres cas; intime)* jou *(emphatique)*, je *(non emphatique);* **être à tu et à ~ avec qn** (nu) jij en jou tegen iem zeggen
toile *nf* **1** *(tissu)* doek *het/de (m);* ~ **cirée** wasdoek, zeil; ~ **de tente** tentzeil, tentdoek **2** *(tableau)* doek *het/de (m)* **3** *(toile d'araignée)* (spinnen)web *het*, *(fig.)* val(kuil) *de (nm)* ♦ ~ **de fond** achtergrond *(aussi au fig.)*
toilette *nf* **1** toilet *het* **2** *(habillement)* toilet *het;* **en grande** ~ in gala **3** *(plur.) (lieux d'aisances)* toilet *het (sing.);* **aller aux ~s** naar de wc, het toilet gaan
toiser *vt* uit de hoogte opnemen
toison *nf* **1** *(d'un mouton)* (schapen)vacht *de; (myth.)* **Toison d'or** Gulden Vlies **2** *(chevelure)* overvloedige haardos *nm*
toit *nm* **1** *(toiture)* dak *het;* **crier qch sur les ~s** iets van de daken schreeuwen **2** *(logement)* huis *het*, onderkomen *het;* **avoir un** ~ een dak boven zijn hoofd hebben; **habiter sous le même** ~ onder hetzelfde dak wonen
toiture *nf* dak(werk) *het*
tôle *nf* **1** *(acier en feuilles)* plaatijzer *het*, plaatstaal *het;* ~ **ondulée** golfplaat, *(revêtement routier)* ribbelvorming **2** *(feuille d'acier)* staalplaat *de* **3** *(prison)* bak *nm;* **aller en** ~ de bak ingaan
tolérable *adj* **1** *(supportable)* draaglijk **2** *(acceptable)* toelaatbaar
tolérance *nf* **1** *(compréhension)* verdraagzaamheid *nf*, tolerantie *nf (aussi méd.; technol.)* **2** *(faveur)* (het) dulden (van)
tolérant *adj* verdraagzaam, tolerant
tolérer *vt* verdragen, dulden
tollé *nm* kreten *plur* van verontwaardiging
tomate *nf* tomaat *de;* **être rouge comme une** ~ zo rood zijn als een kreeft
tombal *adj* graf-; **pierre ~e** grafsteen
tombant *adj* **1** *(qui tombe)* vallend; **à la nuit ~e** bij het vallen van de nacht **2** *(qui pend)* neerhangend; **épaules ~es** afhangende schouders
tombe *nf* graf *het (aussi au fig.);* **muet comme une** ~ zwijgzaam als het graf; **se retourner dans sa** ~ zich in zijn graf omkeren
tombeau *nm* **1** *(mausolée)* grafmonument *het;* **conduire, rouler à ~ ouvert** met een enorme snelheid rijden **2** *(fig.)* graf *het*, dood *de*
tombée *nf* (het) vallen; ~ **de la nuit** (het) vallen van de nacht
tomber *vi* **1** *(choir)* vallen *(aussi au fig.);* ~ **dans l'escalier** op de trap vallen; ~ **dans les bras de qn** iem in de armen vallen; ~ **de fatigue** van moeheid omvallen; **le stylo m'est tombé des mains** de vulpen viel uit mijn handen; **la foudre est tombée** de bliksem is ingeslagen; **il tombe de la pluie**

het regent; **laisse ~!** kap er mee!; **laisser ~ qn, qch** iem/iets laten vallen; ~ **mort, raide mort** morsdood neervallen; ~ **par la fenêtre** uit het raam vallen **2** *(disparaître)* uitvallen; **ses cheveux tombent** zijn haren vallen uit **3** *(décliner)* (weg)vallen; **les cours tombent** de koersen dalen; **le jour tombe** de avond valt; **le vent est tombé** de wind is gaan liggen **4** *(foncer sur)* te lijf gaan; **ils nous sont tombés dessus** ze hebben ons overvallen; ~ **sur qn** zich op iem storten, *(par hasard)* iem tegen het lijf lopen, *(fig.)* iem onbarmhartig bekritiseren **5** *(devenir)* worden; ~ **amoureux, malade** verliefd, ziek worden; ~ **dans une erreur** in een fout vervallen; ~ **dans la misère** in ellende geraken **6** *(s'effondrer)* vallen, instorten; **il est tombé bien bas** hij is wel diep gezonken; **la pièce est tombée à plat** het stuk is (totaal) mislukt **7** *(arriver par hasard)* (bij toeval) komen; **il est bien tombé** hij heeft het goed getroffen; **ça tombe bien, mal** dat treft goed, slecht; **je suis tombé en pleine réunion** ik kwam midden in de vergadering; **cet article m'est tombé sous les yeux** dat artikel is me toevallig onder ogen gekomen; ~ **sur qch** ergens tegenaan lopen **8** *(d'une date) (coïncider)* vallen op

tome *nm* (boek)deel *het*

ton[1] *nm* **1** *(intonation)* toon *nm (aussi au fig.)*; **faire baisser le ~ à qn** iem een toontje lager laten zingen; **hausser le ~** zijn, haar stem verheffen; **ne le prenez pas sur ce ~** sla niet zo'n toon aan; **sur tous les ~s** in alle toonaarden; ~ **de voix familier** bekende stem **2** *(mus.)* toon(soort) *nm (de)*; **donner le ~** *(fig.)* de toon aangeven; ~ **majeur, mineur** grote, kleine hele toon **3** *(couleur)* tint *de*, kleur *de*; **cette couleur n'est pas dans le ~** deze kleur vloekt; ~ **sur ~** kleur op kleur **4** *(style)* toon *nm*; **être dans le ~** bij de tijd zijn; **le bon ~** de goede manieren; **de bon ~** zoals het hoort; **se mettre dans le ~** mee gaan doen

ton[2]**, ta, tes** *adj poss* jouw, van jou, je

tonalité *nf* **1** *(mus.)* tonaliteit *nf*, toon(aard) *nm* **2** *(couleur)* kleur(schakering) *de (nf)* **3** *(son du téléphone)* kiestoon *nm*

tondeuse *nf* **1** *(animaux; draps)* scheermachine *nf* **2** *(cheveux)* tondeuse *nf* ♦ ~ **(à gazon)** grasmaaier

tondre *vt* **1** *(couper à ras)* (af)scheren **2** *(couper le gazon)* maaien **3** *(fig.)* (kaal)plukken

tong *nf* teenslipper *nm*

tonifier *vt* stimuleren

tonique *adj* **1** *(muscles)* tonisch; **le (médicament)** ~ het tonicum, versterkende middel **2** *(stimulant)* tonisch, stimulerend **3** *(accentué)* beklemtoond ♦ **la** ~ de tonica, grondtoon

tonitruer *vi* bulderen

tonnage *nm* tonnage *nf*

tonne *nf* **1** *(unité de poids)* ton *de*; **un (camion de) sept ~s** een zeventonner **2** *(plur.) (grande quantité)* tonnen *plur (sans prép.)*

tonneau *nm* **1** *(récipient)* ton *de*, vat *het*; *(fig.)* **être du même ~** één pot nat zijn **2** *(jauge maritime)* registerton *de* ♦ **faire des ~x** (verschillende keren) over de kop slaan

tonnelet *nm* vaatje *het*

tonnelier *nm* kuiper *nm*

tonner *vt* **1** *(faire du bruit)* donderen; **il tonne** het dondert **2** *(+ contre) (crier contre)* uitvaren (tegen)

tonnerre *nm* donder *nm*; **un ~ d'acclamations** een daverend applaus; **avec un bruit de ~** met donderend lawaai; **du ~** fantastisch

tonte *nf* **1** *(de la laine)* (het) scheren **2** *(du gazon)* (het) maaien

tonton *nm* ome *nm*

tonus *nm* **1** *(biol.)* tonus *nm* **2** *(énergie)* pit *het/de*

top *nm* (tijd)sein *het*; *(sports)* ~ **chrono!** de tijd gaat nú in; *(fig.)* **donner le ~ départ** het startsein geven; **au quatrième ~ il sera exactement 8.00 heures** bij het vierde piepje is het 8.00 uur precies

topaze *nf (pierre)* topaas *nm*, *(matière)* topaas *het*

topo *nm* uiteenzetting *nf*; **c'est toujours le même ~** het is altijd hetzelfde liedje

topographie *nf* topografie *nf*

toquade *nf* bevlieging *nf*

toque *nf* muts *de*; ~ **blanche** koksmuts

toqué *adj* niet goed snik; ~ **de** verkikkerd op

torche *nf* **1** *(flambeau)* toorts *de*; ~ **électrique** zaklantaarn, staaflamp **2** *(flamme)* fakkel *de*

torcher *vt (bâcler)* afraffelen

torchon *nm* **1** *(essuie-verres)* theedoek *het*, *(Belg.)* handdoek **2** *(écrit sans valeur)* vod *het/de* ♦ **le ~ brûle** de vlam is in de pan; *(fig.)* **il ne faut pas mélanger les ~s et les serviettes** men moet niet alles op een hoop gooien

tordant *adj* om je te bescheuren

tordre[1] *vt* **1** *(tourner)* draaien; ~ **le cou à un poulet** een kip de nek omdraaien; ~ **du linge** wasgoed uitwringen **2** *(plier)* buigen **3** *(déformer)* verwringen

se tordre[2] *vpr (se plier)* zich wringen; **se ~ (de rire)** zich een ongeluk lachen; **se ~ de douleur** kronkelen van de pijn; **il y a de quoi se ~** dat is om je te bescheuren ♦ **se ~ le pied** zijn voet verstuiken

tordu *adj* **1** *(tourné, dévié)* krom, scheef; **avoir l'esprit ~** een verwrongen geest hebben **2** *(fou)* mesjogge; **le, la ~(e)** de gek

tornade *nf* tornado *de*

torpeur *nf* **1** *(engourdissement)* versuftheid *nf* **2** *(abattement)* apathie *nf*

torpille *nf (milit.)* torpedo *de*

torpiller *vt* torpederen *(aussi au fig.)*

torpilleur *nm* torpedoboot *de*

torréfier *vt* branden

torrent *nm* **1** *(ruisseau)* (berg)stroom *nm*; **pleuvoir à ~s** stortregenen **2** *(fig.)* (stort)vloed *nm*

torrentiel *adj* woest stromend; **pluie ~le** stortbui, wolkbreuk

torride *adj* verzengend

torsade *nf* (gedraaide) franje *de;* **pull à ~s** kabeltrui
torsader *vt* (ineen)strengelen
torse *nm* **1** *(tronc)* romp *nm;* **bomber le ~** zijn borst opzetten **2** *(statue)* tors(o) *nm*
torsion *nf* (het) draaien; **barre de ~** torsievering; **la ~ de la bouche** het vertrekken van de mond; **la ~ du pied** het verstuiken van de enkel
tort *nm* **1** *(erreur)* ongelijk *het;* **elle a ~ de** zij doet er verkeerd aan om; **à ~** ten onrechte; **à ~ ou à raison** terecht of ten onrechte; **à ~ et à travers** in het wilde weg; **avoir ~** ongelijk hebben; **donner ~ à qn** iem ongelijk geven; **être en ~, dans son ~** schuld hebben; **se mettre dans son ~** verkeerd handelen; **mettre qn dans son ~** zorgen dat iem ongelijk krijgt; **notre ~ est de** onze fout is dat we; **se sentir dans son ~** zich schuldig voelen; **c'est un ~** dat is onjuist **2** *(préjudice)* (aangedaan) onrecht *het*, nadeel *het;* **faire (du) ~ à qn** iem schade berokkenen
torticolis *nm* stijve nek *nm*
tortiller[1] *vi* **1** *(balancer)* heen en weer draaien; **~ des hanches** heupwiegen **2** *(fig.)* (er omheen) draaien; **il n'y a pas à ~** daar kun je niet omheen
tortiller[2] *vt (tourner et retourner)* (ineen)draaien, wringen; **~ ses cheveux** (zenuwachtig) vlechtjes draaien
se tortiller[3] *vpr (se remuer)* zich in allerlei bochten wringen *(aussi au fig.)*, (zich) kronkelen
tortionnaire *nm* folteraar *nm*
tortue *nf* schildpad *de; (fig.)* **quelle ~!** wat een treuzelaar!
tortueux *adj* **1** *(sinueux)* kronkelend **2** *(retors)* slinks
torture *nf* **1** *(supplice)* foltering *nf*, marteling *nf;* **parler sous la ~** onder foltering spreken **2** *(tourment)* kwelling *nf;* **mettre qn à la ~** iem pijnigen, *(fig.)* iem in verlegenheid brengen
torturer[1] *vt* **1** *(supplicier)* folteren, martelen **2** *(tourmenter)* kwellen, pijnigen
se torturer[2] *vpr (se tourmenter)* zich kwellen; **se ~ le cerveau** zich de hersens afpijnigen
tôt *adv* **1** *(avant l'heure)* vroeg(tijdig); **un jour plus ~** een dag eerder; **au plus ~ en 1908** op z'n vroegst in 1908; **le plus ~ sera le mieux** hoe eerder hoe beter; **~ ou tard** vroeg of laat; **ce n'est pas trop ~!** het werd tijd!, eindelijk! **2** *(vite)* spoedig; **avoir ~ fait de** niet dralen te; **le plus ~ possible, au plus ~** zo snel mogelijk; **pas de si ~** voorlopig niet
total[1] *adj* totaal, volkomen; **au ~** in totaal; **confiance ~e** absoluut vertrouwen; **le ~** het totaal; **faire le ~** optellen
total[2] *adv* kort en goed; **~, on n'a rien gagné** kort en goed, we hebben niets gewonnen
totaliser *vt* **1** *(atteindre un chiffre)* het totaal bereiken van, *(sports)* scoren; **~ cent voix** honderd stemmen behalen **2** *(additionner)* optellen
totalitaire *adj* totalitair
totalité *nf* geheel *het;* **dans sa ~** in zijn geheel; **en ~** in zijn geheel; **la presque ~ de** bijna alle *(+ plur.)*, bijna het gehele *(+ sing.)*
toubib *nm* pil *nm*, ↑ dokter *nm*
touchant[1] *adj* ontroerend
touchant[2] *prép* betreffende
touche *nf* **1** *(d'un instrument, d'un appareil)* toets *nm;* **~ de fonction** functietoets **2** *(épreuve)* toets *nm* **3** *(action de mordre)* (het) bijten; *(fig.)* **avoir une ~** sjans hebben **4** *(action de poser la couleur)* toets *nm; (fig.)* **mettre une ~ de gaieté** een vrolijke noot aanbrengen **5** *(en football, rugby)* zijlijn *de;* **ligne de ~** zijlijn; **rester sur la ~** op het reservebankje zitten; *(fig.)* **être mis sur la ~** uitgerangeerd zijn; **il y a ~** de bal is uit **6** *(en escrime)* touche *de*
touche-à-tout *nm* **1** *(gosse)* kind *het (m), het (f)* dat overal aankomt, aanzit **2** *(fig.)* veelzijdig iem
toucher[1] *nm* **1** *(sens)* tastzin *nm* **2** *(attouchement)* (het) aanraken; **être doux, rude au ~** zacht, ruw aanvoelen
toucher[2] *vi* **1** *(+ à) (porter la main sur)* (iets) aanraken; **cet enfant touche à tout** dat kind zit overal aan; **n'y touche pas!** afblijven! **2** *(+ à) (s'en prendre à)* komen (aan) **3** *(+ à) (arriver à)* (iets) bijna bereikt hebben; **~ à sa fin** bijna ten einde zijn; **~ au but** het doel genaderd zijn **4** *(+ à) (s'occuper de)* zich bezighouden (met) **5** *(mordre)* bijten
toucher[3] *vt* **1** *(palper)* aanraken, voelen; **~ du doigt** met de vinger aanraken, *(fig.)* goed begrijpen **2** *(atteindre)* bereiken, *(mar.)* aandoen; **~ la cible** het doel treffen; **où peut-on vous ~?** waar kan men u bereiken? **3** *(émouvoir)* treffen, roeren **4** *(recevoir)* ontvangen **5** *(intéresser)* aangaan; **~ de près qn** iem direct aangaan **6** *(concerner)* betrekking hebben op **7** *(dire rapidement)* vluchtig meedelen; **~ un mot de qch à qn** met iem over iets spreken ♦ **sa maison touche la mienne** zijn huis grenst aan het mijne
touffe *nf* bosje *het;* **une ~ de cheveux** een pluk haar
touffu *adj* dicht(begroeid); **barbe ~e** ruige baard; **végétation ~e** weelderige plantengroei
touiller *vt* ↑ (om)roeren
toujours *adv* **1** *(constamment)* altijd; **un ami de ~** een heel oude vriend; **pour ~** voorgoed **2** *(encore)* nog altijd **3** *(cependant)* toch; **c'est ~ ça** dat is tenminste wat; **~ est-il que ...** toch ... ♦ **cause ~!** klets maar!; **dites ~!** zeg het toch maar!
toupet *nm* **1** *(houppe)* (haar)lok *de* **2** *(aplomb)* lef *de;* **avoir du ~** lef hebben; **avoir le ~ de** de onbeschaamdheid hebben om
toupie *nf* tol *nm*
tour[1] *nm* **1** *(rotation)* omloop *nm*, omwenteling *nf (de roue, p.ex.)*, slag *nm (de vis)*, toer *nm (d'un moteur);* **en un ~ de main** in een handomdraai; **fermer la porte à**

double ~ de deur op het nachtslot doen; **quarante-cinq ~s** single **2** *(circonférence)* omtrek *nm;* ~ **de poitrine** borstomvang; ~ **de taille** taille(omvang) **3** *(circuit, parcours)* ronde *de (aussi sports);* **faire le ~ de qch** rondom iets lopen; **faire le ~ des invités** met alle gasten een praatje maken; **faire le ~ d'une question** een kwestie van alle kanten bekijken; **faire le ~ du propriétaire** zijn huis laten zien; **faire un ~ d'horizon** een algemeen overzicht geven; ~ **du monde** reis om de wereld **4** *(promenade)* ommetje *het* **5** *(moment d'agir)* beurt *de; (fig.)* **à ~ de rôle** om de beurt, *(Belg.)* volgens beurtrol; **c'est à son ~** hij is aan de beurt; **chacun son ~** ieder op zijn beurt; ~ **de garde** wacht; *(jeux de cartes)* **passer son ~** zijn beurt voorbij laten gaan, passen **6** *(exercice difficile)* kunststuk *het;* ~ **d'adresse, de passe-passe** handigheid(je), goocheltoer; ~ **de force** krachttoer, *(fig.)* schitterende prestatie **7** *(farce)* streek *de;* **cela va vous jouer des ~s** dat zou weleens slecht voor u kunnen aflopen; **jouer un (mauvais) ~ à qn** iem erin laten lopen; ~ **pendable** gemene streek **8** *(technol.)* draaibank *de* ♦ **à ~ de bras** met volle kracht; ~ **de reins** spit; ~ **de scrutin** verkiezingsronde, stembeurt *(n.B.);* ~ **de table** forumdiscussie

tour² *nf* **1** *(construction en hauteur)* toren *nm;* ~ **de contrôle** verkeerstoren; ~ **d'ivoire** ivoren toren **2** *(gratte-ciel)* torenflat *nm*

tourbe *nf* turf *nm*

tourbeux *adj* veenachtig

tourbière *nf* veenderij *nf*

tourbillon *nm* **1** *(masse d'air qui tournoie)* wervelwind *nm* **2** *(mouvement rapide de l'eau)* draaikolk *de*, maalstroom *nm (aussi au fig.)* **3** *(mouvement tournant)* werveling *nf (aussi au fig.);* ~ **de neige** sneeuwverstuiving; ~ **de poussière** opwervelend stof; ~ **de sable** zandhoos

tourbillonner *vi* wervelen

tourelle *nf* **1** *(petite tour)* torentje *het* **2** *(d'un char, etc.)* pantserkoepel *nm*

tourisme *nm* toerisme *het*

touriste *n* toerist(e) *nm (nf);* **classe** ~ toeristenklasse

touristique *adj* **1** *(destiné aux touristes)* toeristen- **2** *(qui attire les touristes)* toeristisch

tourment *nm* kwelling *nf*

tourmenté *adj* **1** *(en proie aux tourments)* gekweld **2** *(agité)* onrustig, veelbewogen *(vie)*

tourmenter¹ *vt* **1** *(faire souffrir)* kwellen **2** *(sujet de chose) (obséder)* niet met rust laten; **cette idée le tourmente** die gedachte achtervolgt hem **3** *(sujet de personne) (agacer, harceler)* tergen, lastigvallen

se tourmenter² *vpr (s'inquiéter)* tobben (over)

tournage *nm* (het) draaien

tournant¹ *nm* **1** *(d'une route)* bocht *de* **2** *(changement de direction)* keerpunt *het*, wending *nf;* **au ~ du siècle** rond de eeuwwisseling ♦ **je l'attends, l'aurai au ~** ik krijg hem nog wel!

tournant² *adj* **1** *(qui tourne)* draaiend **2** *(sinueux)* bochtig

tourné *adj* gevormd; **bien** ~ welgevormd ♦ **avoir l'esprit mal ~** geneigd zijn alles verkeerd te interpreteren

tourne-disque *nm* platenspeler *nm*

tournée *nf* **1** *(voyage)* rondreis *de* **2** *(d'artistes)* tournee *nf* **3** *(de facteurs, commerçants)* ronde *de* **4** *(de gardiens)* rondgang *nm* **5** *(au café)* rondje *het*, *(Belg.)* ronde *de*

tourner¹ *vi* **1** *(se mouvoir (circulairement); fonctionner)* draaien, lopen *(moteur);* **faire ~ une usine** een fabriek draaiende houden; **faire ~ la tête** duizelig maken; **l'heure tourne** de tijd gaat voort; **la tête lui tourne** het duizelt hem, hij is duizelig; **qu'est-ce qui ne tourne pas rond?** wat schort er aan?; ~ **rond** goed lopen **2** *(changer de direction)* van richting veranderen; ~ **à droite** rechts afslaan; **la chance a tourné** het geluk heeft een keer genomen; ~ **dans une rue** een straat inslaan; **le vent a tourné** de wind is gedraaid, *(fig.)* de situatie is veranderd **3** *(se transformer)* veranderen; **le temps tourne au beau** het wordt mooier weer; ~ **mal** een verkeerde wending nemen; **elle a mal tourné** ze is op het verkeerde pad geraakt **4** *((dans) un film)* spelen; **silence, on tourne** stilte, opname **5** *(devenir aigre)* zuur worden

tourner² *vt* **1** *(imprimer un mouvement de rotation à)* draaien; *(fig.)* ~ **et retourner un problème dans sa tête** een probleem van alle kanten bekijken **2** *(des pages)* omslaan, *(feuille seule)* omdraaien; **tournez, s'il vous plaît, t.s.v.p.** zie ommezijde, z.o.z. **3** *(diriger)* richten **4** *(un film, une scène)* opnemen; ~ **un film** een film maken ♦ ~ **qn en ridicule** iem belachelijk maken

se tourner³ *vpr* **1** *(se retourner)* zich omkeren (naar, tot) **2** *(se diriger)* zich richten (op) ♦ **ne savoir de quel côté se ~** zich geen raad meer weten

tournesol *nm* zonnebloem *de*

tourneur *nm* draaier *nm*

tournevis *nm* schroevendraaier *nm*

tourniquet *nm* **1** *(moulinet)* tourniquet *nm* **2** *(porte à tambour)* tourniquetdeur *de* **3** *(présentoir)* molen *nm* ♦ ~ **de jardinier** tuinsproeier

tournis *nm* ↑ duizeling *nf;* **donner le ~ à qn** iem duizelig maken

tournoi *nm* **1** *(sports)* toernooi *het* **2** *(hist.)* steekspel *het*

tournoyer *vi* (rond)draaien, cirkelen *(oiseaux, des avions)*

tournure *nf* **1** *(ling.)* (zins)wending *nf* **2** *(évolution)* wending *nf;* **prendre une bonne, mauvaise ~** een goede, slechte wending nemen ♦ ~ **d'esprit** kijk op de dingen; **commencer à prendre ~** vaste vorm gaan aannemen

tourte *nf* pastei *de*

tourtereau *nm* **1** *(zool.)* jonge tortelduif *de* **2** *(plur.) (amoureux)* tortelduifjes *plur*

tourterelle *nf* tortelduif *de*
Toussaint *nf* Allerheiligen *nm*, allerheiligenfeest *het*
tousser *vi* hoesten
toussoter *vi* kuchen
tout[1] *nm* **1** *(totalité)* geheel *het;* **du ~ au ~** helemaal; **(ne) ... (pas) du ~** helemaal niet; **risquer le ~ pour le ~** alles op het spel zetten **2** *(le plus important)* hoofdzaak *de;* **le ~ est de ...** waar het op aan komt is dat ...; *(prov)* **le ~ est de commencer** een goed begin is het halve werk
tout[2]**, toute, tous, toutes** *adj* **1** *(complet, entier)* (ge)heel; **lire ~ Racine** Racine helemaal lezen; **en ~e simplicité** in alle eenvoud; **~ le temps** voortdurend **2** *(chaque)* elk, *(plur.)* alle; **c'est sérieux?, ~ ce qu'il y a de plus sérieux** echt waar?, honderd procent serieus; **~ un chacun** eenieder; **tous (les) deux** allebei; **tous les deux jours** om de andere dag **3** *(pour n'importe quel)* voor ieder(e); **(film) tous publics** (film) voor ieder publiek; **véhicule tous terrains** terreinwagen ♦ **~ Paris** heel Parijs, *(tous les Parisiens)* alle Parijzenaren; **pour ~ (bagage)** als enige (bagage)
tout[3]**, tous, toutes** *pron indéf* alles *(tout)*, allemaal *(tous, toutes);* **après ~** tenslotte; **tous (au)tant que nous sommes** wij allen; **avoir ~ de** alle eigenschappen hebben van; **pour ~ dire** al met al; **en ~** *(à tous égards)* in alle opzichten, *(au total)* in totaal; **en ~ et pour ~** niet meer dan; **~ est là** dat is alles, *(fig.)* daar gaat het 'm om; **c'est ~ dire** daarmee is alles gezegd; **ce n'est pas ~ (que) de** het is niet voldoende te; **voilà ~** dat is alles ♦ **comme ~** heel erg; **et ~** en zo; **et ~ et ~** enzovoort, enzovoort
tout[4] *adv* **1** *(extrêmement)* heel; **~ juste** nog maar net **2** *(en langage commercial)* zuiver **3** *(tout à fait)* geheel en al; **~ à vous** geheel tot uw beschikking; **c'est ~ le contraire** dat is juist het tegenovergestelde; **être ~ yeux, ~ oreilles** een en al oor zijn ♦ **~ d'abord** allereerst; **le ~ dernier, premier** de allerlaatste, allereerste; **~ en marchant, il m'a raconté** terwijl we liepen, vertelde hij me; **~ en étant riche, il vit très simplement** hoewel hij rijk is, leeft hij erg eenvoudig; **~ enfant, ~ gosse ...** als kind al ...; **~ à fait** helemaal; **~ de même** toch; **~ au moins** op z'n (aller)minst; **~ au plus** hoogstens
tout-à-l'égout *nm* (stads)riolering *nf*
toutefois *adv* echter
toute-puissance *nf* almacht *de*
toutou *nm* (brave) hond *nm*
tout-puissant *adj* almachtig; **le Tout-Puissant** de Almachtige
tout-va ♦ *(adj.; aussi adv.)* **à ~** ongebreideld
tout-venant *nm* Jan en alleman
toux *nf* hoest *nm*
toxicomane *n* verslaafde *nm;* **être ~** verslaafd zijn
toxicomanie *nf* (het) verslaafd zijn
toxique *adj* giftig; **le ~** het (ver)gif
trac *nm* **1** *(des acteurs)* plankenkoorts *de* **2** *(avant un examen)* examenvrees *de*
tracas *nm (généralement plur.)* zorg *de*
tracasser[1] *vt* kwellen
se tracasser[2] *vpr* zich zorgen maken
trace *nf* spoor *het;* **suivre les ~s de qn, marcher sur les ~s de qn** in iemands voetsporen treden
tracé *nm* **1** *(plan d'un ouvrage)* tracé *het* **2** *(ligne continue dans la nature)* loop *nm*
tracer *vt* **1** *(dessiner)* schetsen, trekken *(des lignes); (fig.)* **~ le chemin, ~ la voie à qn** iem de weg aangeven; *(fig.)* **~ la voie** de weg uitstippelen **2** *(un chemin)* traceren
trachée *nf* luchtpijp *de*
tract *nm* pamflet *het*, vlugschrift *het*
tractation *nf* geheime onderhandeling *nf*
tracter *vt* slepen
tracteur *nm* tractor *nm*
traction *nf* **1** *(force motrice)* trekkracht *de;* **~ avant** (auto met) voorwielaandrijving **2** *(fait de tirer)* (het) trekken
tradition *nf* traditie *nf*, overlevering *nf;* **il est de ~ que** het is traditie dat
traditionnel *adj* traditioneel
traducteur, -trice *n* vertaler, vertaalster *nm,f*
traduction *nf* **1** *(version)* vertaling *nf* **2** *(expression)* weergave *de*
traduire[1] *vt* **1** *(d'une langue dans une autre)* vertalen **2** *(exprimer)* weergeven **3** *(jur.)* dagen
se traduire[2] *vpr* **1** *(dans une autre langue)* vertaald worden **2** *(s'exprimer)* zich uiten
traduisible *adj* vertaalbaar
trafic *nm* **1** *(péj.) (commerce)* handel *nm (pas d'équivalent péjoratif en néerlandais);* **~ de stupéfiants** handel in verdovende middelen **2** *(circulation)* verkeer *het (aussi des biens)*
trafiquant, -ante, trafiqueur, -euse *n* (zwart)handelaar *nm;* **~ d'armes** wapenhandelaar
trafiquer[1] *vi* illegaal handel drijven
trafiquer[2] *vt* **1** *(falsifier)* knoeien met, vervalsen **2** *(faire le trafic de)* handelen in *(pas d'équivalent péjoratif en néerlandais)* ♦ **qu'est-ce que tu trafiques là?** wat voer je daar uit?
tragédie *nf* tragedie *nf (aussi au fig.)*
tragique[1] *nm* **1** tragiek *nf*, (het) tragische; **prendre qch au ~** iets al te ernstig opnemen; **tourner au ~** een tragische wending nemen **2** *(dram.)* tragische genre *het*
tragique[2] *adj* tragisch
trahir[1] *vi (passer à l'ennemi)* verraad plegen
trahir[2] *vt* **1** *(livrer; abandonner)* verraden; **~ un secret** een geheim verraden **2** *(décevoir)* beschamen; **~ la confiance de qn** iemands vertrouwen beschamen **3** *(être infidèle à)* ontrouw zijn **4** *(forces, les nerfs)* in de steek laten **5** *(révéler)* verraden
se trahir[3] *vpr* zich verraden
trahison *nf* verraad *het*
train *nm* **1** *(moyen de transport; jouet)* trein

nm; **le** ~ **de Paris** *(en provenance de)* de trein uit Parijs, *(à destination de)* de trein naar Parijs; ~ **direct** doorgaande trein; ~ **express** sneltrein; ~ **omnibus** stoptrein; ~ **à grande vitesse, TGV** hogesnelheidstrein, hst, tgv, *(n.B.)* supersnelle trein, sst **2** *(allure)* gang *nm;* **aller bon** ~ een flinke vaart hebben; **aller, mener un** ~ **d'enfer** razendsnel rijden; **mettre qch en** ~ iets op gang brengen; **au** ~ **où vont les choses** zoals de zaken nu gaan **3** *(d'un véhicule)* onderstel *het;* ~ **arrière, avant** achterstel, voorstel; ~ **d'atterrissage** landingsgestel ♦ **être en** ~ **de faire qch** iets aan het doen zijn; **je ne suis pas en** ~ ik ben niet erg in vorm; **prendre le** ~ **(en marche)** zich (achteraf) aansluiten; ~ **de vie** levensstandaard

traînant *adj* slepend

traînard, -arde *n* **1** *(dans une marche)* achterlblijver, -blijfster *nm,f* **2** *(lambin)* treuzelaar(ster) *nm (nf)*

traîne *nf* sleep *nm* ♦ **être à la** ~ achterblijven

traîneau *nm* slee *de*

traînée *nf* **1** *(trace)* spoor *het;* ~ **de poudre** kruitloop, *(fig.)* lopend vuurtje **2** *(prostituée)* slet *nf*, *(Belg.)* schotelvod *het/de (f)*

traîner[1] *vi* **1** *(pendre à terre)* (neer)hangen **2** *(durer trop longtemps)* zich voortslepen; **faire** ~ **qch** iets traineren; **ça n'a pas traîné** het heeft niet lang geduurd **3** *(être en désordre)* (rond)slingeren **4** *(lambiner)* treuzelen **5** *(errer)* rondzwerven

traîner[2] *vt* **1** *(tirer après soi)* slepen **2** *(amener avec soi)* met zich meeslepen **3** *(supporter)* verdragen

se traîner[3] *vpr* **1** *(avancer avec peine)* zich (moeizaam) voortslepen **2** *(fig.) (s'étirer en longueur)* zich voortslepen **3** *(ramper)* kruipen

training *nm* **1** *(entraînement)* training *nf* **2** ® *(survêtement)* trainingsjack *het*

train-train *nm* sleur *nm*

traire *vt* melken

trait *nm* **1** *(ligne)* lijn *de*, streep *de;* **rayer d'un** ~ doorstrepen, *(fig.)* in een klap ongedaan maken; ~ **pour** ~ zeer nauwkeurig; ~ **d'union** verbindingsstreepje, *(fig.)* tussenpersoon **2** *(caractéristique)* trek *nm*, *(plur.)* gelaatstrekken *plur* **3** *(marque)* staaltje *het;* ~ **d'esprit** geestige opmerking; ~ **de génie** geniale inval ♦ **avoir** ~ **à** betrekking hebben op; **faire qch d'un** ~ iets achter elkaar, in één ruk door doen; **boire d'un (seul)** ~ in één teug (leeg)drinken

traitant *adj* behandelend *(médecin)*, verzorgend *(qch)*

traite *nf* **1** *(action de traire)* (het) melken **2** *(écon.)* wissel *nm* **3** *(des noirs, des blanches)* handel *nm;* ~ **des blanches** handel in blanke slavinnen; ~ **des noirs** slavenhandel ♦ **d'une (seule)** ~ in één ruk

traité *nm* **1** *(accord)* verdrag *het* **2** *(ouvrage)* verhandeling *nf*

traitement *nm* **1** *(manière de traiter, de soigner)* behandeling *nf;* ~ **de choc** schoktherapie; ~ **de données** gegevensverwerking; **être en** ~ in behandeling zijn; ~ **de faveur** voorkeursbehandeling; **mauvais** ~**s** mishandelingen; **suivre un** ~ een kuur volgen **2** *(transformation)* verwerking *nf;* **machine de** ~ **de texte** tekstverwerker; ~ **de texte(s)** tekstverwerking

traiter[1] *vi* **1** *(négocier)* onderhandelen **2** *(+ de) (avoir pour objet)* handelen (over)

traiter[2] *vt* **1** *(agir envers qn; soigner)* behandelen; ~ **qn en enfant** iem als een kind behandelen **2** *(taxer de)* uitschelden (voor) **3** *(négocier)* onderhandelen over **4** *(inform.)* verwerken

traiteur *nm* traiteur *nm*

traître *adj* verraderlijk; *(subst.)* **en** ~ verraderlijk; **le, la** ~**(sse)** de verrader, verraadster ♦ **ne pas dire un** ~ **mot** geen stom woord zeggen

traîtrise *nf* **1** *(acte déloyal)* verraad *het* **2** *(déloyauté)* verraderlijkheid *nf*

trajectoire *nf* baan *de*

trajet *nm* traject *het;* **durant le** ~ onderweg; **faire un** ~ een traject afleggen

tralala *nm* poeha *het/de (m)*

trame *nf* **1** *(d'un tissu)* inslag(draad) *nm;* **usé jusqu'à la** ~ tot op de draad versleten **2** *(fond d'une chose)* stramien *het*

tramer[1] *vt (comploter)* beramen

se tramer[2] *vpr* ♦ **il se trame qch** er wordt iets bekokstoofd

trampoline *nm* trampoline *nf*

tramway *nm* tram *nm*

tranchant[1] *nm* scherp *het; (fig.)* **arme à double** ~ wapen met een boemerangeffect; **le** ~ **de la main** de snijkant van de hand

tranchant[2] *adj* **1** *(coupant)* snijdend **2** *(catégorique)* beslist .

tranche *nf* **1** *(morceau)* plak *de;* ~ **de bœuf** biefstuk; ~ **de veau** kalfslapje **2** *(d'un livre)* snee *de* **3** *(d'un bœuf)* bilstuk *het* **4** *(partie)* gedeelte *het;* ~ **de vie** leeftijdsklasse **5** *(d'imposition)* belastingschijf *de* ♦ *(fig.)* ~ **de vie** greep uit het leven

tranché *adj* **1** *(coupé)* gesneden **2** *(net)* duidelijk **3** *(nettement séparé)* duidelijk afgegrensd

tranchée *nf* **1** *(cavité)* geul *de* **2** *(milit.)* loopgraaf *de*

trancher[1] *vi* **1** *(couper)* snijden **2** *(décider)* een beslissing nemen **3** *(+ avec, sur) (contraster)* afsteken (tegen)

trancher[2] *vt* **1** *(couper)* doorsnijden; ~ **la tête de qn** iem onthoofden **2** *(résoudre)* een beslissing nemen (over)

tranquille *adj* **1** *(calme, paisible)* rustig **2** *(serein)* gerust; **laisse-moi** ~ laat mij met rust ♦ **laisse ça** ~ blijf daar af

tranquillisant *nm* kalmeringsmiddel *het*

tranquilliser[1] *vt* kalmeren

se tranquilliser[2] *vpr* kalmeren

tranquillité *nf* **1** *(calme)* rust *de* **2** *(sérénité, paix)* gerustheid *nf*

transaction *nf* **1** *(jur.)* compromis *het*, overeenkomst *nf* **2** *(écon.)* transactie *nf*

transatlantique *adj* trans-Atlantisch;

un ~ een trans-Atlantische stoomboot ♦ **un ~, un transat** een ligstoel
transcendant *adj* **1** *(philo.)* transcendent **2** *(sublime)* verheven, superieur
transcription *nf* **1** *(copie)* (het) overschrijven **2** *(ling.)* transcriptie *nf* **3** *(mus.)* arrangement *het*
transcrire *vt* **1** *(copier)* overschrijven **2** *(dans un autre alphabet)* transcriberen **3** *(mus.)* arrangeren
transe *nf* **1** *(généralement plur.)* *(angoisse)* doodsangst *nm* **2** *(hypnose)* trance *de;* **entrer en** ~ in trance geraken, *(fig.)* buiten zichzelf raken
transférer *vt* **1** *(changer de place)* overplaatsen *(aussi un prisonnier)* **2** *(en droit commercial)* overdragen **3** *(un montant)* overschrijven
transfert *nm* **1** *(déplacement)* overbrenging *nf;* ~ **d'appel(s)** (telefoon)doorschakeling **2** *(jur.; psycho.; inform.)* overdracht *de* **3** *(écon.)* transfer *het/de (m)* **4** *(sports)* transfer *het/de (m)*
transfigurer *vt* herscheppen
transformateur *nm* transformator *nm*
transformation *nf* **1** *(conversion, changement)* verandering *nf;* **industrie de** ~ veredelingsindustrie; **la ~ de matières premières** de verwerking van grondstoffen **2** *(archit.)* verbouwing *nf*
transformer[1] *vt* **1** *(modifier, convertir)* veranderen; **~des matières premières** grondstoffen verwerken **2** *(archit.)* verbouwen
se transformer[2] *vpr (se modifier)* zich veranderen; **la chenille se transforme en papillon** de rups wordt een vlinder
transfuge *n* overlloper, -loopster *nm,f*
transfuser *vt (du sang)* transfuseren
transfusion *nf* transfusie *nf*
transgresser *vt* overtreden
transiger *vi* **1** *(conclure un arrangement)* een compromis sluiten **2** *(faire des concessions)* schipperen; ~ **sur l'honneur** het niet zo nauw nemen met eer
transir *vt* **1** *(froid)* doen verkleumen **2** *(paralyser)* doen verstijven
transistor *nm* transistor *nm*
transit *nm* doorvoer *nm*, transit(o) *nm (het/de)*
transiter[1] *vi* **1** *(personnes)* op doorreis zijn **2** *(marchandises)* in transito liggen
transiter[2] *vt (des marchandises)* doorvoeren
transitif *adj* overgankelijk
transition *nf* overgang *nm;* **de** ~ overgangs-; **sans** ~ plotseling
transitoire *adj* overgangs-, voorlopig
translucide *adj* doorschijnend
transmetteur *nm* seintoestel *het*
transmettre[1] *vt* **1** *(de soi à qn d'autre)* overdragen **2** *(en tant qu'intermédiaire)* overbrengen **3** *(de la main à la main)* overgeven **4** *(radio, télé)* uitzenden **5** *(méd.)* besmetten (met), overbrengen **6** *(phys.)* geleiden
se transmettre[2] *vpr* **1** *(être transmis de soi à qn d'autre)* overgedragen worden **2** *(par un intermédiaire)* overgebracht worden *(aussi méd.)*
transmissible *adj* **1** *(qui peut être transmis)* overdraagbaar **2** *(méd.)* besmettelijk
transmission *nf* **1** *(fait de transmettre)* overdracht *de* **2** *(action de faire connaître)* overbrenging *nf* **3** *(radio, télé)* uitzending *nf* **4** *(d'un mouvement)* overbrenging *nf* **5** *(méd.)* overbrenging *nf* **6** *(plur.)* *(milit.)* verbindingsdienst *nm* **7** *(technol.)* drijfwerk *het* ♦ ~ **de pensée** telepathie
transparaître *vi* **1** *(se montrer au travers de qch)* schijnen (door) **2** *(apparaître)* tevoorschijn komen
transparence *nf* doorzichtigheid *nf*, helderheid *nf*
transparent *adj* doorzichtig *(aussi au fig.)*
transpercer *vt* **1** *(percer de part en part)* doorboren **2** *(passer au travers de)* dringen door **3** *(atteindre profondément)* diep treffen
transpiration *nf* zweet *het*
transpirer *vi* **1** *(suer)* zweten, transpireren; ~ **des pieds** zweetvoeten hebben **2** *(information)* uitlekken
transplantation *nf* **1** *(méd.)* transplantatie *nf* **2** *(d'arbres, de plantes)* (het) verplanten *(aussi au fig.)*
transplanter *vt* **1** *(bot.)* verplanten *(aussi au fig.)* **2** *(méd.)* transplanteren
transport *nm* **1** *(fait, manière de déplacer)* vervoer *het;* **~s en commun** openbaar vervoer **2** *(aussi plur.)* *(vive émotion)* vlaag *de;* **~s amoureux** hartstocht **3** *(plur.)* *(moyens de transport)* transportmiddelen *plur*, vervoer *het*
transporter *vt* **1** *(déplacer)* vervoeren **2** *(transmettre; transposer)* overbrengen **3** *(exalter)* meeslepen; **être transporté de joie** buiten zichzelf zijn van vreugde
transporteur *nm* expediteur *nm*
transposer *vt* verplaatsen, transponeren *(mus.)*
transposition *nf* transpositie *nf (aussi mus.)*
transsexuel, -elle *n* transseksueel *nm*
transvaser *vt* overgieten
transversal *adj* transversaal, dwars
trapèze *nm* **1** *(math.)* trapezium *het* **2** *(sports)* trapeze *de*
trapéziste *n* trapezeacrolbaat, -bate *nm,f*
trappe *nf* **1** *(piège)* val(kuil) *nm* **2** *(ouverture)* luik *het*
trappeur *nm* pelsjager *nm*
trapu *adj* **1** *(râblé)* gedrongen **2** *(difficile)* lastig
traquenard *nm* strik *nm*, valstrik *nm (aussi au fig.)*
traquer *vt* opjagen
traumatiser *vt* hevig schokken
traumatisme *nm* traumatisme *het*
travail *nm* **1** *(activité, labeur)* werk *het*, arbeid *nm (aussi phys.);* **être au** ~ aan het werk zijn; **un beau** ~ een goed (stuk) werk; *(iron.)* **c'est du beau ~!, regardez-**

moi ce ~! dat is me ook wat fraais!; ~ **à la chaîne** lopendebandwerk; ~ **à domicile** thuiswerk; **se mettre au** ~ aan 't werk gaan; **le monde du** ~ de werkenden; ~ **au noir** zwartwerk; ~ **aux pièces, à la tâche** stukwerk; **être sans** ~ werkloos zijn; ~ **à temps partiel** deeltijdbaan, parttimewerk **2** *(plur.) (opérations)* werk *het*, werkzaamheden *plur*, *(Belg.)* werken *(plur.)*; **travaux d'aiguille** (vrouwelijke) handwerken; **travaux dirigés** werkcollege; **travaux forcés** dwangarbeid; *(tr.pub.)* **grands travaux** grote projecten; **travaux pratiques, TP** practicum; **travaux publics** openbare werken **3** *(action, façon de travailler une matière)* bewerking *nf;* ~ **du bois** houtbewerking **4** *(méd.)* barensnood *nm;* **femme en** ~ vrouw in barensnood

travailler[1] *vi* werken; **faire** ~ **l'argent** geld niet renteloos laten liggen; **faire** ~ **des ouvriers** arbeiders in dienst hebben; **son imagination travaille** zijn verbeelding laat hem niet met rust; **la maçonnerie travaille** het metselwerk scheurt

travailler[2] *vt* **1** *(façonner)* bewerken; ~ **la pâte** het deeg kneden **2** *(étudier)* bestuderen; ~ **une matière** op een vak blokken **3** *(influencer)* beïnvloeden **4** *(inquiéter; faire souffrir)* plagen; **ça le travaille, cette histoire** die geschiedenis laat hem niet met rust

travailleur[1] *nm* werker *nm*, arbeider *nm*, *(plur.)* werknemers *plur;* ~ **à domicile** thuiswerker; ~ **immigré** gastarbeider; ~ **indépendant** zelfstandige

travailleur[2] *adj* **1** *(qui aime le travail)* arbeidzaam, ijverig **2** *(des travailleurs)* arbeiders-

travailleuse *nf* arbeidster *nf*

travailliste *n* lid *het (m)*, *het (f)* van de Labourpartij; **gouvernement** ~ labourregering

travée *nf* **1** *(archit.)* travee *nf* **2** *(rangée)* rij *de*

travers *nm* foutje *het* ♦ **à** ~ **les âges** door de eeuwen heen, *(Belg.)* doorheen de eeuwen; **à ~, au ~ de** (dwars) door, *(Belg.)* doorheen; **passer à ~, au** ~ ontsnappen; **de** ~ scheef; *(fig.)* **aller de** ~ mislukken; **avaler de** ~ zich verslikken; **marcher de** ~ scheef lopen, *(tituber)* waggelen; **prendre qch de** ~ iets verkeerd opnemen; **regarder qn de** ~ iem boos aankijken; **avoir l'esprit de** ~ een verwrongen geest hebben

traverse *nf* dwarsligger *nm*, *(de chemin de fer)* biel(s) *de*

traversée *nf* **1** *(voyage en bateau)* overtocht *nm* **2** *(d'un espace)* (door)tocht *nm;* ~ **du désert** tocht door de woestijn, *(fig.)* periode van isolement

traverser *vt* **1** *(une étendue d'eau, une rue)* oversteken; ~ **à la nage** overzwemmen **2** *(une région, un pays)* doorreizen; ~ **une ville** door een stad heen trekken **3** *(se frayer un passage à travers)* dwars door … gaan **4** *(passer à travers)* doordringen; **un cri traversa le silence** de stilte werd door een schreeuw verbroken **5** *(une période, un état)* doormaken ♦ **l'idée me traversa l'esprit** de gedachte ging door mijn hoofd

traversin *nm* (hoofd)peluw *de*

travesti *adj* vermomd; **un** ~ *(homosexuel)* een travestiet, *(acteur travesti)* een acteur die een travestierol speelt

travestir[1] *vt* **1** *(déguiser)* vermommen **2** *(déformer)* verdraaien

se travestir[2] *vpr* zich verkleden (als)

trébucher *vi* struikelen (over) *(aussi au fig.)*

trèfle *nm (bot.)* klaver *de (aussi aux cartes)*, klaverblad *het;* ~ **à quatre feuilles** klavertjevier

tréfonds *nm* (het) diepste; **ému jusqu'au** ~ **de l'âme** tot in het diepste van zijn ziel geroerd

treille *nf* **1** *(vigne)* wijnstok *nm* **2** *(tonnelle)* wingerdprieel *het*

treillis *nm* **1** *(grillage)* traliewerk *het;* ~ **métallique** metaalgaas **2** *(milit.)* gevechtspak *het* **3** *(toile de chanvre)* zakkenlinnen *het*

treize *adj num* dertien

treizième *adj num* dertiende

tréma *nm* trema *het*

tremblant *adj* **1** *(qui tremble)* bevend, trillend; **être** ~ **de peur** beven van angst **2** *(peu solide)* wankel, *(fig.)* wankelend

tremblement *nm* beving *nf*, trilling *nf;* ~ **de terre** aardbeving ♦ **et tout le** ~ en de hele santenkraam

trembler *vi* beven; ~ **de** *(+ inf.)* vrezen te; ~ **de tout son corps** beven over zijn hele lichaam; **faire** ~ **qn** iem bang maken; ~ **pour qn** bang zijn dat iem iets overkomt; **la terre a tremblé cette nuit** er is vannacht een aardbeving geweest

trembloter *vi* licht trillen

trémolo *nm* **1** *(mus.)* tremolo *nm* **2** *(tremblement)* trilling *nf;* **avec des ~s dans la voix** met trillingen in de stem

se trémousser *vpr* draaien

trempe *nf* **1** *(caractère)* slag *het* **2** *(raclée)* pak *het* slaag

trempé *adj* **1** *(mouillé)* doorweekt **2** *(technol.)* gehard *(aussi au fig.)*

tremper[1] *vi* **1** *(baigner)* weken; **mettre le linge à** ~ wasgoed in de week zetten **2** *(être impliqué dans)* verwikkeld zijn (in)

tremper[2] *vt* **1** *(immerger)* dopen **2** *(mouiller fortement)* helemaal natmaken, laten weken; **être trempé** doorweekt zijn **3** *(technol.)* harden *(aussi au fig.)*

se tremper[3] *vpr (se baigner)* even gaan zwemmen

trempette *nf* ♦ **faire** ~ pootje baden

tremplin *nm* **1** *(planche élastique)* springplank *de (aussi au fig.)* **2** *(pour le saut en skis)* springschans *de*

trentaine *nf* **1** *(nombre)* dertigtal *het;* **une** ~ **de** een stuk of dertig **2** *(âge)* dertig(jarige leeftijd) *nm;* **avoir passé la** ~ de dertig gepasseerd zijn

trente *adj num* dertig ♦ **sur son** ~ **et un** op z'n paasbest

trente-six *adj num* **1** *(nombre)* zesender-

tig **2** *(un grand nombre)* honderd en één; **il n'y en a pas ~!** zoveel zijn er niet!
trentième *adj num* dertigste
trépas *nm* verscheiden *het*
trépasser *vi* verscheiden
trépidant *adj* gejaagd
trépider *vi* trillen
trépied *nm* driepoot *nm*, drievoet *nm*
trépigner *vi* trappelen; **~ de joie** dansen van blijdschap
très *adv* heel, erg; **~ au-dessus de la moyenne** ver boven het gemiddelde; **je suis ~, ~ content** ik ben heel erg tevreden
trésor *nm* **1** schat *nm*; **des ~s de patience** een eindeloos geduld; **des ~s de renseignements** een schat aan inlichtingen **2** *(Trésor public)* schatkist *de*
trésorerie *nf* **1** *(Trésor public)* schatkist *de* **2** *(finances)* geldelijke middelen *plur* **3** *(services financiers)* kas *de*
trésorier, -ière *n* penningmeester(es) *nm (nf)*
tressaillement *nm* trilling *nf*
tressaillir *vi* huiveren
tressauter *vi* **1** *(sursauter)* opspringen **2** *(être agité)* schokken
tresse *nf* **1** *(natte)* haarvlecht *de* **2** *(de fils, de cordons)* tres *de (aussi archit.)*
tresser *vt* vlechten
tréteau *nm* **1** *(support d'une table, etc.)* schraag *de* **2** *(plur.) (scène)* stellage *nf*
treuil *nm* lier *de*
trêve *nf* **1** *(cessez-le-feu)* wapenstilstand *nm* **2** *(interruption)* rust *de*; **~ de plaisanterie!** alle gekheid op een stokje!; **sans ~** ononderbroken
tri *nm* (het) sorteren; **faire le ~ de qch** iets sorteren
triage *nm* **1** *(fait de trier; résultat)* (het) sorteren **2** *(de wagons)* (het) rangeren; **gare de ~** rangeerstation
triangle *nm* **1** *(math.)* driehoek *nm*; **en ~** driehoekig **2** *(mus.)* triangel *nm*
triangulaire *adj* driehoekig
tribord *nm* stuurboord *het*; **à ~** aan stuurboord
tribu *nf* **1** *(groupe tribal)* stam *nm* **2** *(péj. ou iron.; smala)* aanhang *nm*
tribulation *nf (généralement plur.)* beproeving *nf*, tegenspoed *nm*
tribunal *nm (jur.)* rechtbank *de*
tribune *nf* **1** *(dans une église, une salle)* tribune *de* **2** *(pour un orateur)* spreekgestoelte *het* **3** *(débat)* forum *het* **4** *(plur.) (sports)* tribune *de*
tribut *nm* cijns *nm*
tributaire (de) *adj* afhankelijk (van)
triche *nf* gesjoemel *het*
tricher *vi* **1** *(au jeu)* vals spelen; **~ aux examens** frauderen bij examens **2** *(frauder)* knoeien; **~ sur son âge** over z'n leeftijd liegen **3** *(dissimuler un manque, un défaut)* een kunstgreep toepassen
tricherie *nf* **1** *(triche)* (het) vals spelen **2** *(filouterie)* knoeierij *nf*
tricheur, -euse *n* **1** *(au jeu)* vals|speler, -speelster *nm,f* **2** *(personne malhonnête)* knoei(st)er *nm (nf)*
tricolore *adj* **1** *(bleu-blanc-rouge)* blauw-wit-rood **2** *(français)* Frans **3** *(de trois couleurs)* driekleurig
tricot *nm* **1** *(vêtement)* trui *de*; **~ de corps** bodystocking **2** *(action de tricoter)* (het) breien; **faire du ~** breien **3** *(ouvrage)* breiwerk *het*
tricoter[1] *vi* breien
tricoter[2] *vt* breien
tricycle *nm* driewieler *nm*
trident *nm* drietand *nm*
tridimensionnel *adj* driedimensionaal
trier *vt* **1** *(choisir; ranger)* sorteren **2** *(des wagons)* rangeren
trilingue *adj* drietalig
trille *nm* triller *nm*
trilogie *nf* trilogie *nf*
trimba(l)ler[1] *vt* meeslepen
se trimba(l)ler[2] **(avec)** *vpr* rondsjouwen (met)
trimer *vi* zwoegen, *(Belg.)* labeuren
trimestre *nm* **1** *(trois mois)* kwartaal *het* **2** *(somme)* driemaandelijkse betaling *nf*
trimestriel *adj* **1** *(qui a lieu, paraît tous les trois mois)* driemaandelijks **2** *(adj.) (qui dure trois mois)* van drie maanden
tringle *nf* roede *de*
Trinité *nf* **1** *(Dieu unique en trois personnes)* Drie-eenheid *nf* **2** *(fête chrétienne)* Drievuldigheidsdag *nm*
trinquer *vi* **1** *(porter un toast)* klinken; **~ à qch** op iets klinken **2** *(écoper)* het gelag moeten betalen
trio *nm* trio *het*
triomphal *adj* triomfantelijk; **succès ~** enorm groot succes
triomphant *adj* zegevierend
triomphe *nm* triomf *nm*; **en ~** in triomf; **faire un ~ à qn** iem een geestdriftige ontvangst bereiden
triompher *vi* **1** *(vaincre; venir à bout de)* zegevieren (over); **~ d'une difficulté** een moeilijkheid overwinnen **2** *(jubiler)* jubelen
tripe *nf (généralement plur.)* pens *de*; **ça vous prend aux ~s** dat grijpt je aan
triple *adj* drievoudig; **exemplaires en ~** exemplaren in triplo; **~ idiot** volslagen idioot; **le ~** het drievoudige, drievoud
tripler[1] *vi (devenir triple)* verdrievoudigd worden, verdrievoudigen
tripler[2] *vt (rendre triple)* verdrievoudigen
triplés, -ées *n* drieling *nm (sing.; plur. possible)*
tripot *nm (péj.)* speelhol *het*
tripoter[1] *vi (farfouiller; magouiller)* scharrelen
tripoter[2] *vt* **1** *(triturer)* friemelen aan **2** *(toucher)* ↑ betasten
trique *nf* knuppel *nm* ♦ **marcher à coups de ~, à la ~** ↑ met straffe hand geleid worden
triste *adj* **1** *(affligé; abattu)* verdrietig, bedroefd **2** *(morne)* triest **3** *(adj.) (affligeant)* erbarmelijk
tristesse *nf* **1** *(abattement)* droefheid *nf*

2 *(chagrin)* verdriet *het (sing.)* **3** *(grisaille)* troosteloosheid *nf*
triturer *vt* **1** *(broyer)* verpulveren **2** *(tripoter)* friemelen aan **3** *(pétrir)* kneden
trivial *adj* **1** *(vulgaire)* plat(vloers) **2** *(banal)* banaal, alledaags
trivialité *nf* **1** *(vulgarité)* platvloersheid *nf* **2** *(banalité)* (het) banale
troc *nm* **1** *(échange)* ruil *nm* **2** *(système économique)* ruilhandel *nm*
trognon *nm* **1** *(d'un fruit)* klokhuis *het;* **jusqu'au** ~ door en door **2** *(d'un légume)* stronk *nm*
trois *adj num* **1** *(cardinal)* drie **2** *(ordinal)* derde **3** *(quelques)* enkele
trois-étoiles *adj* met drie sterren; **le** ~ het driesterrenhotel
troisième *adj num* derde; **arriver** ~ als derde aankomen; **habiter au** ~ op de derde (etage) wonen; *(enseign. (en France))* **la** ~ de vierde klas
troisièmement *adv* ten derde
trolley(bus) *nm* trolley(bus) *nm*
trombe *nf* hoos *de;* **entrer en** ~ komen binnenstormen; ~ **d'eau** wolkbreuk
trombone *nm* **1** *(mus.)* trombone *de* **2** *(agrafe)* paperclip *nm*
trompe *nf* **1** *(mus.)* (wald)hoorn *nm* **2** *(d'un éléphant, d'un tapir)* slurf *de* **3** *(d'insectes)* zuigsnuit *nm*
tromper[1] *vt* **1** *(duper; être infidèle à)* bedriegen; **c'est ce qui vous trompe** daarin vergist u zich; **ça ne trompe personne** dat gelooft niemand **2** *(échapper à)* ontsnappen aan **3** *(décevoir)* teleurstellen **4** *(chasser)* verdrijven; ~ **la, sa faim, soif** de eerste honger, dorst stillen
se tromper[2] *vpr* **1** *(commettre une erreur)* zich vergissen; **se** ~ **dans ses calculs** zich verrekenen; **se** ~ **de numéro (de téléphone)** een verkeerd nummer draaien; **se** ~ **sur qn** zich in iem vergissen; **il lui ressemble à s'y** ~ hij lijkt sprekend op hem **2** *(être mutuellement infidèle; se duper l'un l'autre)* elkaar bedriegen
tromperie *nf* bedrog *het*
trompette *nf* trompet *de;* **en** ~ trompetvormig
trompettiste *n* trompettist(e) *nm (nf)*
trompeur *adj* bedrieglijk
tronc *nm* **1** *(d'un arbre)* stam *nm* **2** *(torse)* romp *nm* **3** *(boîte dans une église)* offerblok *het* ♦ ~ **commun** gemeenschappelijke basis, *(école)* gemeenschappelijk basisprogramma
tronche *nf* rotkop *nm*, smoel *nm*
tronçon *nm* **1** *(morceau)* stuk *het* **2** *(d'une route)* gedeelte *het*
tronçonner *vt* in stukken zagen
tronçonneuse *nf* afkortzaagmachine *nf*
trône *nm* troon *nm*
trôner *vi* **1** *(qn)* tronen *(aussi iron.)* **2** *(qch)* prijken
tronquer *vt* **1** *(altérer)* verminken **2** *(couper)* knotten
trop *adv* **1** *(excessivement)* te *(suivi d'adj.)*, te veel *(avec verbe);* ~ **charger** overladen; **de, en** ~ te veel; **avoir qch en** ~ iets over hebben; **c'est** ~**!** dat had u niet moeten doen!; **c'en est** ~**!** dit gaat te ver!; **le** ~ het teveel; **pas** ~ niet te veel, niet zo erg; **un peu** ~ een beetje te veel; **ça ne me dit** ~ **rien** daar voel ik niet veel voor **2** *(très)* erg; **je ne sais pas** ~ ik weet het niet zo goed **3** *(langage des jeunes)* te gek
trophée *nm* trofee *nf*
tropical *adj* tropisch, tropen-
tropique *nm* **1** *(cercle)* keerkring *nm* **2** *(plur.) (région)* tropen *plur;* **vivre sous les** ~**s** in de tropen wonen
trop-plein *nm* **1** *(ce qui est en trop)* teveel *het* **2** *(déversoir)* overloop *nm*
troquer *vt* ruilen; ~ **qch contre qch** iets tegen iets anders ruilen
troquet *nm* kroeg *de*
trot *nm* draf *nm; (fig.)* **au (grand)** ~ vlug
trotte *nf* tippel *nm*, eind *het* lopen
trotter *vi* **1** *(aller au trot)* draven **2** *(marcher vite)* trippelen ♦ **air qui vous trotte dans, par la tête** deuntje dat almaar door je hoofd speelt
trotteuse *nf* secondewijzer *nm*
trottiner *vi* **1** *(aller au trot)* in korte draf gaan **2** *(marcher vite)* trippelen
trottinette *nf* step *nm*
trottoir *nm* trottoir *het*, stoep *de;* **faire le** ~ tippelen; ~ **roulant** transportband
trou *nm* **1** *(cavité; ouverture)* gat *het;* ~ **d'air** luchtzak; ~ **de cul** *(anus; terme de mépris)* boerenlul; **boire comme un** ~ zuipen als een tempelier; **faire son** ~ zich een plekje veroveren **2** *(bled)* gat *het;* **n'être jamais sorti de son** ~ nooit uit zijn dorp weggeweest zijn **3** *(vide)* leemte *nf*, gat *het;* **avoir un** ~ **(de mémoire)** een black-out hebben **4** *(prison)* nor *de;* **être au** ~ (in de bak) zitten **5** *(au golf)* hole *nm*
troublant *adj* **1** *(déconcertant)* verwarrend; **ressemblance** ~**e** verbluffende gelijkenis **2** *(qui excite le désir)* verleidelijk
trouble[1] *nm* **1** *(perte de lucidité, émoi)* verwarring *nf* **2** *(désordre)* onrust *de;* **semer le** ~ **dans** onenigheid zaaien in **3** *(plur.) (émeutes)* onlusten *plur* **4** *(méd.)* stoornis *nf*, *(psycho.)* storing *nf*
trouble[2] *adj* troebel; **voir** ~ als door een waas zien
trouble-fête *n* spellbreker, -breekster *nm,f*
troubler[1] *vt* **1** *(rendre trouble)* troebel maken, vertroebelen; ~ **la vue de qn** iemands zicht benevelen **2** *(perturber)* verstoren **3** *(priver de lucidité; émouvoir)* verwarren
se troubler[2] *vpr* **1** *(devenir trouble)* troebel worden **2** *(s'affoler)* de kluts kwijtraken
trouée *nf* **1** *(large ouverture)* grote opening *nf*, blauwe plek *de (dans le ciel)* **2** *(percée)* bres *de*
trouer[1] *vt* een gat, gaten maken in, doorboren; **se faire** ~ **la peau** door kogels doorzeefd worden
se trouer[2] *vpr* gaten krijgen

trouillard, -arde *n* schijthuis *nm;* **gosse** ~ schijterd
trouille *nf* rats *de;* **avoir la** ~ 'm knijpen, in de rats zitten
troupe *nf* troep *nm*
troupeau *nm* kudde *de (aussi au fig.)*
trousse *nf* etui *het;* ~ **à couture** naaigarnituur; ~ **de toilette** toilettas(je) ♦ **avoir qn à ses ~s** op de hielen gezeten worden door iem
trousseau *nm* **1** *(de clefs)* bos *nm (sans prép.)* **2** *(linge)* uitzet *het/de (m)*
trouvaille *nf* gelukkige vondst *nf*
trouver[1] *vt* vinden; ~ **à redire à qch** iets aan te merken hebben op iets; **aller** ~ **qn, venir** ~ **qn** iem (gaan, komen) opzoeken; **enfant trouvé** vondeling; **où peut-on vous ~?** waar kan men u bereiken?; *(fig.)* **où avez-vous trouvé cela?** hoe komt u erbij?; ~ **la porte fermée** voor een gesloten deur staan; ~ **le temps long** zich vervelen
se trouver[2] *vpr* **1** *(être)* zich bevinden, *(Belg.)* zich situeren; **si ça se trouve** het kan zijn dat *(+ subordonnée);* **se** ~ **dans l'impossibilité de** onmogelijk kunnen *(+ inf.); (impers.)* **il se trouve toujours des gens qui** er zijn altijd mensen die **2** *(se sentir)* zich voelen; **s'en** ~ **bien** zich er wel bij bevinden; **se** ~ **laid** zich lelijk vinden; **se** ~ **mal** zich niet lekker voelen **3** *(s'avérer)* blijken **4** *(se rencontrer)* elkaar vinden **5** *(être trouvé)* gevonden worden, aangetroffen worden; **cela se trouve partout** dat komt overal voor
truand *nm* boef *nm*
truc *nm* **1** *(astuce)* truc *nm*, foefje *het;* **connaître les ~s d'un métier** de kneepjes van een vak kennen **2** *(objet)* ding *het* **3** *(personne)* Dinges *(sans art.)*
truchement *nm* ♦ **par le** ~ **de** bij monde van
trucider *vt* om zeep brengen
truelle *nf* troffel *nm*
truffe *nf* **1** *(champignon; confiserie)* truffel *de* **2** *(d'un chien)* neus *nm*
truffé (de) *adj* bezaaid (met)
truffer *vt* **1** *(garnir de truffes)* trufferen **2** *(remplir)* volstoppen (met), doorspekken (met) *(discours, un écrit)*
truie *nf* zeug *nf*
truite *nf* forel *de*
truquage *nm* **1** *(au cinéma)* trucage *nf;* ~ **des élections** geknoei met de verkiezingen **2** *(falsification)* vervalsing *nf*
truquer *vt* **1** *(falsifier)* vervalsen; **élections truquées** schijnverkiezingen **2** *(cin.)* trucages toepassen op
trust *nm* trust *nm*
tsar *nm* tsaar *nm*
tsigane *n* zigeuner(in) *nm (nf);* **musique** ~ zigeunermuziek
tu *pron pers* jij *(sujet; emphatique)*, je *(non emphatique; toutes les fonctions)*, jou *(emphatique; non sujet);* **être à** ~ **et à toi avec qn** met iem op vertrouwelijke voet staan
tuant *adj* **1** *(éreintant)* uitputtend **2** *(énervant)* strontvervelend
tuba *nm* **1** *(tube respiratoire)* snorkel *nm* **2** *(instrument à vent)* tuba *nm*
tube *nm* **1** *(conduit)* buis *de;* ~ **à essai** reageerbuisje; ~ **luminescent** tl-buis **2** *(tuyau)* pijp *de* **3** *(emballage cylindrique)* tube *de* **4** *(chanson à succès)* (top)hit *nm* ♦ ~ **digestif** spijsverteringskanaal; **à plein(s) ~(s)** keihard
tuberculeux *adj* tuberculose-; **le** ~ de tbc-patiënt
tuberculose *nf* (long)tuberculose *nf*, (long-)tbc *nf*
tuer[1] *vt* **1** *(causer la mort de qn)* doden; **il va se faire** ~ hij zoekt de dood op *(par témérité); (fig.)* **il n'a jamais tué personne** hij doet geen vlieg kwaad **2** *(abattre un animal de boucherie)* slachten **3** *(détruire qch)* kapotmaken **4** *(fatiguer)* afbeulen
se tuer[2] *vpr* **1** *(se suicider)* zelfmoord plegen **2** *(mourir par accident)* omkomen **3** *(user ses forces)* zich afbeulen; **je me tue à vous répéter que** ik zeg u voor de zoveelste keer dat; **se** ~ **au travail** zich doodwerken
tuerie *nf* slachting *nf*
tue-tête ♦ *(adv.)* **à** ~ luidkeels
tueur, -euse *n* moorde|naar, -nares *nm,f;* ~ **à gages** huurmoordenaar
tuile *nf (plaque de terre cuite)* (dak)pan *de*
tulipe *nf* tulp *de*
tulle *nm* tule *de*
tuméfié *adj* (op)gezwollen
tumeur *nf* gezwel *het*, tumor *nm*
tumulte *nm* **1** *(désordre bruyant)* rumoer *het*, lawaai *het* **2** *(désordre)* opschudding *nf;* **le** ~ **des passions** de stormen der hartstochten
tumultueux *adj* **1** *(bruyant)* rumoerig **2** *(agité; passionné)* onstuimig
tunique *nf* **1** *(vêtement des Anciens)* tunica *nf* **2** *(veste d'uniforme; vêtement féminin)* tuniek *nf*
Tunisie *nf* Tunesië *n (sans art.)*
tunisien *adj* Tunesisch; **le, la Tunisien(ne)** de Tunesiër, Tunesische
tunnel *nm* tunnel *nm* ♦ **arriver au bout du** ~ door het dieptepunt van het dal heen zijn
turban *nm* tulband *nm*
turbine *nf* turbine *nf*
turbot *nm* tarbot *nm*
turbulence *nf* **1** *(agitation)* onstuimigheid *nf* **2** *(aviat.)* turbulentie *nf*
turbulent *adj* onstuimig
turc, turque *adj* Turks; **cabinets à la turque** voetstappentoilet; *(langue)* **le** ~ het Turks; *(habitant(e))* **le Turc, la Turque** de Turk(se)
turfiste *n* rensport|liefhebber, -liefhebster *nm,f*
turlupiner *vt* ↑ kwellen, plagen; **ça le turlupine** dat laat hem niet los
Turquie *nf* Turkije *n (sans art.)*
turquoise[1] *nm (ton)* turquoise *het*
turquoise[2] *nf (pierre fine)* turkoois *nm*, *(matière)* turkoois *het*
tutelle *nf* **1** *(jur.)* voogdij *nf; (fig.)* **maintenir qn en** ~ iem blijvend bevoogden; *(fig.)*

tenir qn sous sa ~ iem bevoogden **2** *(protection)* hoede *de*
tuteur[1] *nm* stokje *het*
tuteur[2], **-trice** *n* voogd(es) *nm (nf)*
tutoiement *nm* (het) tutoyeren
tutoyer[1] *vt* tutoyeren
se tutoyer[2] *vpr* elkaar tutoyeren
tuyau *nm* **1** *(conduit)* buis *de;* ~ **d'arrosage** tuinslang; ~ **d'échappement** uitlaat(pijp) **2** *(cylindre creux)* schacht *de (d'une plume);* **raconter qch dans le ~ de l'oreille de qn** iem iets in het oor fluisteren **3** *(indication)* tip *nm*
tuyauter *vt* tippen
tuyauterie *nf* leidingen *plur*
TV *nf* tv *nf*
tympan *nm* trommelvlies *het; (fig.)* **crever le ~ à qn** iem de oren doof schetteren
type *nm* **1** *(modèle; norme)* model *het;* **contrat** ~ modelcontract, standaardcontract; **erreur** ~ klassieke fout, vergissing; **c'est l'intellectuel** ~ hij is een typische intellectueel **2** *(genre)* type *het* **3** *(personnification)* afbeelding *nf* **4** *(individu)* kerel *nm;* **un pauvre** ~ een sukkel; **un sale** ~ een smeerlap
typhoïde *adj* ♦ **la (fièvre)** ~ (de) buiktyfus
typhon *nm* tyfoon *nm*
typhus *nm* (vlek)tyfus *nm*
typique *adj (+ de)* typisch (voor)
typographie *nf* typografie *nf*
typographique *adj* typografisch
tyran *nm* tiran *nm*
tyrannie *nf* tirannie *nf*
tyrannique *adj* tiranniek
tyranniser *vt* tiranniseren

u

u *nm* u *de;* **u comme Ursule** de u van Utrecht
Ukraine *nf* Oekraïne *nf*
ukrainien *adj* Oekraïens; *(langue)* **l'ukrainien** het Oekraïens; **le, la Ukrainien(ne)** de Oekraïner, Oekraïense
ulcère *nm* zweer *de;* ~ **à, de l'estomac** maagzweer
ulcéré *adj* diep gegriefd
ulcérer[1] *vt* diep grieven
s'ulcérer[2] *vpr (méd.)* (ver)zweren
ultérieur *adj* later
ultimatum *nm* ultimatum *het*
ultime *adj* (aller)laatst
ultraconfidentiel *adj* strikt vertrouwelijk
ultramoderne *adj* hypermodern, ultramodern
ultrasensible *adj* ultragevoelig
ultraviolet *adj* ultraviolet
un[1], **une** *n* één *de;* ~ **à** ~, ~ **par** ~ één voor één; **et d'~(e)!** dat is één!; **pas ~(e)** geen (enkele); **plus d'~** menigeen
un[2], **une** *adj (une seule et même chose)* één; **ne faire qu'~** één geheel vormen
un[3], **une** *adj num* **1** *(cardinal)* één; **il est ~e heure** het is één uur **2** *(ordinal)* eerste
un[4], **une** *pron indéf* ♦ ~ **de ces jours** één dezer dagen; **l'~ et l'autre** beiden; **ils s'injurient l'~ l'autre** zij schelden elkaar uit; ~ **qui** iem die
un[5], **une** *art* een; **~e fois,** ~ **jour** eens; ~ **monsieur X** een zekere meneer X
unanime *adj* unaniem, eenstemmig; **par un vote** ~ met algemene stemmen
unanimité *nf* eenstemmigheid *nf;* **à l'~** met algemene stemmen, eenstemmig
une *nf* **1** *(journal)* voorpagina *de;* **à la** ~ op de voorpagina; **faire la** ~ de voorpagina halen **2** *(radio, télé)* eerste net *het*
uni *adj* **1** *(lisse; d'aspect uniforme)* effen **2** *(homogène)* gelijkmatig **3** *(en bonne entente)* eensgezind; **famille ~e** hechte familie **4** *(réuni)* verenigd
unification *nf* vereniging *nf*
unifier[1] *vt* **1** *(unir)* verenigen **2** *(uniformiser)* eenvormig maken
s'unifier[2] **(à)** *vpr (se fondre)* één geheel vormen (met)
uniforme[1] *nm* **1** *(tenue réglementaire)* uniform *het/de* **2** *(tenue caractéristique d'une profession)* dienstkleding *nf*
uniforme[2] *adj* **1** *(qui n'est pas divers)* eenvormig **2** *(pareil)* gelijk(soortig) **3** *(régulier)* gelijkmatig
uniformiser *vt* uniform maken
uniformité *nf* **1** *(monotonie)* uniformiteit *nf*, eenvormigheid *nf* **2** *(monotonie des formes)* gelijkvormigheid *nf*
unijambiste *adj* met één been; **un(e)** ~ iem met één been
unilatéral *adj* eenzijdig
unilingue *adj* eentalig
union *nf* **1** *(groupement, ensemble)* unie *nf*, bond *nm*, vereniging *nf;* ~ **pour la démocratie française, UDF** ⟨*unie voor de Franse democratie*⟩; ~ **économique et monétaire, UEM** Economische en Monetaire Unie, EMU; ~ **de l'Europe occidentale, UEO** West-Europese Unie, WEU; ~ **européenne, UE** Europese Unie, EU; **Union des Républiques Socialistes Soviétiques, URSS** Unie van Socialistische Sovjetrepublieken, USSR; ~ **de syndicats** vakcentrale **2** *(fait de grouper)* vereniging *nf* **3** *(entente)* eensgezindheid *nf; (prov)* **l'~ fait la force** eendracht maakt macht **4** *(mariage)* (huwelijks)verbintenis *nf;* ~ **conjugale** echtverbintenis; ~ **libre** (het) ongehuwd samenwonen
unique *adj* **1** *(seul)* enig; **pour l'~ raison que** alléén omdat; **rue à sens ~, sens** ~ straat met eenrichtingsverkeer; **mon seul et ~ souci** mijn énige zorg; **une seule et ~ entrevue** één enkel gesprek **2** *(incomparable)* uniek
uniquement *adv* alleen, uitsluitend
unir[1] *vt* **1** *(réunir)* verenigen **2** *(fig.) (marier; lier)* verbinden **3** *(associer)* in zich verenigen; ~ **la beauté à l'intelligence** schoonheid aan intelligentie paren
s'unir[2] *vpr* **1** *(s'associer)* zich verenigen; **s'~ avec qn contre qch, qn** samen met iem tegen iets, iem in verzet komen **2** *(se*

fondre) samengaan **3** *(se combiner)* bij elkaar passen
unisexe *adj* uniseks
unisson *nm (harmonie)* harmonie *nf;* **à l'~** eenstemmig
unitaire *adj* **1** *(relatif à l'unité)* eenheids- **2** *(pol.)* unitaristisch
unité *nf* **1** *(cohérence interne; union)* eenheid *nf* **2** *(élément d'un ensemble)* eenheid *nf;* **prix à l'~** prijs per stuk; **~ d'enseignement et de recherche, UER** vakgroep **3** *(étalon, élément arithmétique)* eenheid *nf; (enseign.)* **~ de valeur, UV** studiepunt, creditpoint **4** *(milit.)* onderdeel *het* **5** *(ensemble d'appareils)* unit *de; (inform.)* **~ centrale** centrale verwerkingseenheid
univers *nm* **1** *(macrocosme, monde)* heelal *het* **2** *(milieu)* wereld *de* **3** *(système planétaire)* hemelbol *nm*
universaliser *vt* algemeen verbreiden
universalité *nf* **1** *(tous les hommes, tout le globe)* universaliteit *nf* **2** *(généralité)* algemeenheid *nf*
universel *adj* **1** *(général)* universeel **2** *(adj.) (polyvalent)* alomvattend **3** *(adj.) (mondial)* wereld-; **exposition ~le** wereldtentoonstelling
universitaire *adj* universitair, universiteits-; **cité ~** complex van studentenflats; **l'universitaire** de universiteitsdocent(e), *(Belg.)* de academicus
université *nf* universiteit *nf*
univoque *adj* eenduidig
Untel *pron indéf* ♦ **la famille ~** familie huppeldepup; **monsieur ~** meneer Dinges
uranium *nm* uranium *het*
urbain *adj* stads-, stedelijk; **centres ~s** steden
urbanisation *nf* verstedelijking *nf*
urbaniser *vt* verstedelijken
urbanisme *nm* stedenbouwkunde *nf*
urbaniste *adj* stedenbouwkundig; **l'urbaniste** de stedenbouwkundige
urée *nf* ureum *het*
urètre *nm* pisbuis *de*
urgence *nf* **1** *(nécessité d'agir vite; ce qui est urgent)* urgentie *nf;* **cas d'~** spoedgeval, noodgeval; **d'~** dringend; **mesures d'~** urgente maatregelen **2** *(malade à soigner)* spoedgeval *het*
urgent *adj* urgent, dringend; *(impers.)* **il est ~ de le prévenir** hij moet onmiddellijk gewaarschuwd worden
urgentiste *nm* arts voor spoedeisende hulp *nm*
urine *nf* urine *de*
uriner *vi* urineren, wateren
urinoir *nm* urinoir *het*
urne *nf* **1** *(vase)* urn *de* **2** *(boîte pour bulletins de vote)* stembus *de;* **aller aux ~s** stemmen
urticaire *nf* netelroos *de*
us *nm* gebruiken *plur;* **les ~ et coutumes** de zeden en gewoonten
usage *nm* **1** *(utilisation)* gebruik *het;* **à l'~ de qn** ten behoeve van iem; **être d'un ~ courant** veelvuldig gebruikt worden; **faire ~ de qch** gebruik van iets maken; **(être) hors d'~** buiten gebruik (zijn); **perdre l'~ de la parole** de spraak verliezen **2** *(coutume)* gewoonte *nf;* **d'~** gebruikelijk; **entrer dans l'~** in zwang raken **3** *(langage)* taalgebruik *het;* **le bon ~ (du français, du néerlandais)** het algemeen beschaafd (Frans, Nederlands) **4** *(jur.)* vruchtgebruik *het*
usagé *adj* gebruikt
usager *nm* gebruiker *nm*
usé *adj* **1** *(abîmé)* versleten; **eaux ~es** afvalwater **2** *(épuisé)* afgeleefd **3** *(banal)* afgezaagd
user[1] (de) *vi (utiliser)* (iets) gebruiken; **~ d'un droit** een recht uitoefenen
user[2] *vt* **1** *(consommer)* verbruiken **2** *(abîmer)* verslijten **3** *(affaiblir)* verzwakken; **~ ses forces** zijn krachten slopen **4** *(épuiser)* afmatten
s'user[3] *vpr* **1** *(s'abîmer)* (ver)slijten; **s'~ la vue, les yeux** zijn ogen bederven **2** *(s'affaiblir)* verminderen **3** *(s'épuiser)* zich uitputten
usine *nf* fabriek *nf*
usiner *vt* machinaal bewerken
usité *adj* vaak gebruikt; **peu ~** zeldzaam
ustensile *nm* stuk *het* gerei, *(plur.)* gerei *het*, gereedschap *het;* **~s de ménage** huishoudelijke apparaten
usuel *adj (adj.)* gebruikelijk, *(adv.)* gewoonlijk; **langue ~le** omgangstaal; **objet ~** gebruiksvoorwerp
usufruit *nm* vruchtgebruik *het*
usure *nf* **1** *(action de s'user)* slijtage *nf;* **résister à l'~** onverslijtbaar zijn; **l'~ du temps** de tand des tijds **2** *(épuisement)* afmatting *nf* **3** *(intérêt excessif)* woeker(rente) *nm (de)*
usurier, -ière *n* woekeraar(ster) *nm (nf)*
usurpateur, -trice *n* usurpator *nm*
usurpation *nf* onrechtmatige toe-eigening *nf*
usurper *vt* zich onrechtmatig toe-eigenen
utérus *nm* baarmoeder *de*, uterus *nm*
utile *adj* nuttig; **si je peux vous être ~ en qch** als ik u ergens mee van nut kan zijn; **joindre l'~ à l'agréable** het nuttige met het aangename verenigen; **il est ~ que** het is nuttig dat
utilisable *adj* bruikbaar
utilisateur, -trice *n* gebruik(st)er *nm (nf)*
utilisation *nf* gebruik *het*
utiliser *vt* gebruiken
utilitaire *adj* **1** *(pratique)* utilitair, gebruiks- **2** *(intéressé)* op onmiddellijk nut gericht
utilité *nf* **1** *(caractère de ce qui est utile)* nut *het*, bruikbaarheid *nf;* **n'être d'aucune ~** nergens voor deugen **2** *(intérêt)* belang *het*, nut *het;* **association reconnue d'~ publique** instelling van algemeen nut
utopie *nf* utopie *nf*
utopique *adj* **1** *(comme dans une utopie)* utopisch **2** *(comme un(e) utopiste)* utopistisch
utopiste *n* utopist *nm*

v

v *nm* v *de;* **v comme Victor** de v van Victor ♦ **double** ~ w
va *interj* **1** *(O.K.)* nu goed dan, vooruit dan maar; ~ **pour 100 euros, les voici** oké, hier heb je die 100 euro **2** *(encouragement; mise en garde)* hoor! *(encouragement)*, pas op! *(mise en garde)*
vacance *nf* **1** *(poste sans titulaire)* vacature *nf* **2** *(plur.)* *(congé)* vakantie *nf (sing.);* **en ~s** met vakantie; **grandes ~s** zomervakantie
vacancier, -ière *n* vakantiegang(st)er *nm (nf)*
vacant *adj* **1** *(sans titulaire)* vacant, onbezet **2** *(libre)* beschikbaar, leegstaand *(immeuble)*
vacarme *nm* lawaai *het*
vacataire *n* noodhulp *de;* **personnel** ~ hulppersoneel
vaccin *nm* vaccin *het*
vaccination *nf* vaccinatie *nf*, inenting *nf*
vacciner *vt* vaccineren, inenten
vache[1] *nf* **1** *(animal)* koe *nf;* **manger de la ~ enragée** bittere armoede lijden; **la ~!** verduiveld! **2** *(peau)* rundleer *het* **3** *(personne méchante)* ↑ gemenerik *nm (homme)*, kreng *het (f) (femme);* **c'est une vieille ~, une belle** ~ het is een rotvent *(homme)*, rotwijf *(femme)*
vache[2] *adj* rottig; **c'est** ~ da's gemeen *(méchant)*, pech gehad *(malchance)*
vachement *adv* **1** *(très)* hartstikke; **elle est ~ bien** *(belle)* ze ziet er fantastisch uit, *(forte)* ze is onwijs goed **2** *(d'une manière vache)* op een gemene manier
vacherie *nf* **1** *(plur.)* *(paroles)* gemene dingen *plur* **2** *(action)* rotstreek *de*
vacillant *adj* **1** *(chancelant)* wankelend **2** *(flamme)* flakkerend **3** *(défaillant)* zwak
vaciller *vi* **1** *(chanceler)* wankelen; **voir les murs ~ autour de soi** de muren op zich af zien komen **2** *(flamme)* flakkeren **3** *(devenir faible)* verzwakken
vacuum *nm* vacuüm *het*
vadrouille *nf* uitstapje *het*
vadrouiller *vi* rondzwerven
va-et-vient *nm* **1** *(allées et venues)* heen-en-weergeloop *het* **2** *(mouvement)* heen-en-weerbeweging *nf (mécanisme)*, slag *nm* **3** *(dispositif électrique)* hotelschakeling *nf*
vagabond *adj* **1** *(qui change sans cesse)* rusteloos **2** *(nomade; voyageur)* zwervend; **le, la ~(e)** de zwerver, zwerfster; **peuple** ~ nomadenvolk
vagabondage *nm* (het) zwerven
vagabonder *vi* **1** *(qn)* zwerven **2** *(qch)* dwalen
vagin *nm* vagina *nf*
vaginal *adj* vaginaal
vague[1] *nm* (het) vage; **être dans le** ~ in het ongewisse verkeren; **regarder dans le** ~ met een lege blik voor zich uit staren; **rester dans le** ~ zich op de vlakte houden ♦ ~ **à l'âme** weemoed
vague[2] *nf* **1** *(flot)* golf *de (aussi au fig.);* ~ **de chaleur** hittegolf; ~ **de fond** vloedgolf *(aussi au fig.); (cin.)* **la nouvelle** ~ de nouvelle vague; ~ **de protestations** stortvloed van protesten **2** *(ondulation)* golving *nf* **3** *(plur.)* *(remous)* ↑ opschudding *nf (sing.)*
vague[3] *adj* **1** *(flou)* vaag; **regarder d'un air** ~ met een lege blik voor zich uit staren; **concept** ~ niet duidelijk gedefinieerd begrip **2** *(ample)* ruim, wijd
vaguement *adv* **1** *(sans précision)* vaag **2** *(quelque peu)* lichtelijk
vaillant *adj* **1** *(vigoureux)* gezond **2** *(devant le n.)* *(plein de bravoure)* ↓ dapper
vain *adj* ijdel; **en** ~ tevergeefs
vaincre *vt* **1** *(battre)* overwinnen; **s'avouer vaincu** zich gewonnen geven **2** *(surmonter)* te boven komen
vainement *adv* tevergeefs
vainqueur *nm* **1** *(celui qui a gagné la bataille)* overwinnaar *nm;* **prendre un air** ~ een triomfantelijke houding aannemen; **sortir** ~ als overwinnaar uit de strijd komen **2** *(gagnant)* winnaar, winnares *nm,f*
vaisseau *nm* **1** *(tube organique)* vat *het;* ~ **sanguin** bloedvat **2** *(navire; nef)* schip *het;* ~ **spatial** ruimteschip
vaisselier *nm* buffetkast *de*
vaisselle *nf* **1** *(assiettes, etc.)* vaatwerk *het* **2** *(assiettes, etc. à laver)* afwas *nf*
val *nm* dal *het*, vallei *de*
valable *adj* **1** *(valide)* geldig; **être** ~ gel-

dig zijn, gelden; **sans motif** ~ zonder geldige reden; **le passeport n'est plus** ~ het paspoort is verlopen **2** *(solide)* waardevol **3** *(bon; bien)* goed
valet *nm* **1** *(domestique)* (huis)knecht *nm;* ~ **de chambre** kamerdienaar **2** *(carte)* boer *nm*
valeur *nf* **1** *(écon.; math.)* waarde *nf;* **objet de** ~ waardevol voorwerp; **mettre en** ~ productief maken *(faire produire),* goed tot zijn recht laten komen *(montrer à son avantage);* **la** ~ **d'un litre de lait** ongeveer een liter melk; **prendre de la** ~ in waarde stijgen; ~ **marchande** handelswaarde **2** *(de qn)* waarde *nf;* **homme de** ~ man met grote kwaliteiten **3** *(de qch)* waarde *nf;* **sans** ~ waardeloos **4** *(plur.) (titres)* waardepapieren *plur;* ~**s (mobilières)** effecten
validation *nf* geldigverklaring *nf,* bekrachtiging *nf*
valide *adj* **1** *(robuste)* gezond **2** *(en règle)* geldig
valider *vt* geldig verklaren
validité *nf* geldigheid *nf*
valise *nf* koffer *nm;* **faire ses** ~**s** (zijn koffers) pakken
vallée *nf* dal *het*
vallon *nm* klein dal *het*
vallonné *adj* heuvel(acht)ig
valoir[1] *vi* **1** *(coûter)* waard zijn, kosten; ~ **cher** duur zijn, veel kosten **2** *(correspondre à une valeur, une utilité)* waard zijn **3** *(avoir de la valeur)* gelden (voor); **se faire** ~ zich op z'n voordeligst voordoen; **faire** ~ **ses droits** zijn rechten doen gelden; **faire** ~ **un argument** een argument gebruiken; **faire** ~ **ses capitaux** zijn kapitaal productief maken; ~ **mieux que** meer waard zijn dan; ~ **pour qn** gelden voor iem **4** *(être équivalent à; avoir le même mérite que)* evenveel waard zijn (als) ♦ **il vaut mieux** het is beter om; **ça vaut mieux** dat is beter
valoir[2] *vt (procurer)* bezorgen; **qu'est-ce qui nous vaut cet honneur?** wat verschaft ons deze eer?; **ce tableau lui a valu d'être connu** dankzij dit schilderij is hij bekend geworden
se valoir[3] *vpr (avoir la même valeur)* evenveel waard zijn; **ça se vaut** dat is lood om oud ijzer
valoriser *vt* een hogere waarde geven aan
valse *nf* wals *de*
valser *vi* walsen ♦ **envoyer** ~ **qn** iem afschepen
valve *nf* **1** *(biol.; technol.)* klep *de* **2** *(soupape à clapet)* (klep)ventiel *het*
vampire *nm* **1** *(fantôme; chauve-souris)* vampier *nm* **2** *(exploiteur)* uitzuiger *nm*
van *nm* veewagen *nm*
vandale *nm* vandaal *nm*, vernieler *nm*
vandalisme *nm* vandalisme *het*, vernielzucht *de*
vanille *nf* vanille *de*
vanité *nf* ijdelheid *nf;* **tirer** ~ **de qch** zich op iets laten voorstaan
vaniteux *adj* ijdel, verwaand
vanne *nf* **1** *(réglage de débit)* afsluiter *nm* **2** *(pique)* stekeligheid *nf*
vannerie *nf* **1** *(fabrication)* mandenmakerij *nf* **2** *(produits)* mandenwerk *het*
vantail *nm* vleugel *nm*
vantard *adj* opscheppend; **le, la** ~**(e)** de opschepper, opschepster
vantardise *nf* grootspraak *de*
vanter[1] *vt* roemen
se vanter[2] **(de)** *vpr* zich beroemen (op), opscheppen (over); **sans me** ~ al zeg ik het zelf; **il n'y a pas de quoi se** ~ dat is niet iets om trots op te zijn
vapeur *nf* **1** *(brume)* damp *nm* **2** *(eau à l'état gazeux)* stoom *nm;* **à toute** ~ met volle kracht; **renverser la** ~ tegenstoom geven, *(fig.)* het roer omgooien
vaporeux *adj* **1** *(nébuleux; flou)* wazig **2** *(léger et fin)* luchtig
vaporisateur *nm* verstuiver *nm*
vaporiser[1] *vt* **1** *(gazéifier)* (doen) verdampen **2** *(atomiser)* verstuiven
se vaporiser[2] *vpr (se gazéifier)* verdampen
varappe *nf* ♦ **faire de la** ~ rotsklimmen
varech *nm* zeegras *het*
vareuse *nf* **1** *(blouse)* kiel *nm* **2** *(veste)* jekker *nm*
variable *adj* **1** *(changeant)* veranderlijk; **ciel** ~ wisselend bewolkt **2** *(sc.)* variabel; **la** ~ de variabele (grootheid)
variante *nf* variant *nm*
variation *nf* **1** *(changement)* verandering *nf;* ~**s de température** temperatuurschommelingen **2** *(écart entre deux valeurs)* afwijking *nf*
varice *nf* spatader *de*
varicelle *nf* waterpokken *plur*
varié *adj* **1** *(divers)* afwisselend; **répertoire** ~ uitgebreid repertoire **2** *(plur.) (distincts)* verschillend
varier[1] *vi* **1** *(se modifier)* veranderen, variëren; **le temps varie très vite** het weer is erg wisselvallig **2** *(changer d'idée)* van houding veranderen
varier[2] *vt* **1** *(diversifier)* verscheidenheid brengen in; **pour** ~ voor de variatie **2** *(changer)* veranderen
variété *nf* **1** *(diversité)* verscheidenheid *nf;* **grande** ~ **de modèles** grote keuze aan modellen **2** *(type)* variëteit *nf (aussi biol.)* **3** *(music-hall)* variété(theater) *het*
variole *nf* pokken *plur*
vase[1] *nm (récipient)* vaas *de;* ~**s communicants** communicerende vaten; ~ **de nuit** po
vase[2] *nf (boue)* slib *het*
vaseline *nf* vaseline *de*
vaseux *adj* **1** *(fatigué)* ↑suf **2** *(obscur)* ↑duister **3** *(fangeux)* slijkerig
vasistas *nm* kijkvenstertje *het*
vasque *nf* **1** *(bassin)* kom *de* **2** *(coupe)* sierschaal *de*
vaste *adj* **1** *(très grand)* groot **2** *(important en quantité)* uitgebreid
va-tout *nm* hele inzet *nm;* **jouer son** ~ alles op het spel zetten
vaudeville *nm* vaudeville *nm*, klucht *de*

vaurien, -enne *n* deugniet *nm*
vautour *nm (animal; personne)* gier *nm*
se vautrer (dans) *vpr* **1** *(se coucher)* zich wentelen (in); **se ~ par terre** op de grond liggen te spartelen **2** *(se complaire)* zwelgen (in)
va-vite ♦ *(adv.)* **à la ~** haastig
veau *nm* **1** *(animal)* (eenjarig) kalf *het* **2** *(viande)* kalfsvlees *het* **3** *(peau)* kalfsleer *het* ♦ **pleurer comme un ~** tranen met tuiten huilen
vécu *adj* beleefd, waar; **le ~** de ervaring
vedette *nf* **1** *(personne)* ster *de* **2** *(titre imprimé en gras)* vette kop *nm;* **avoir, tenir la ~** voorpaginanieuws zijn; **mettre en ~** met vette letters drukken, *(fig.)* naar voren halen **3** *(canot)* motorbootje *het*
végétal *adj* plantaardig; **règne ~** plantenrijk; **un ~** een plant
végétalien *adj* veganistisch; **le, la ~(ne)** de veganist(e)
végétarien *adj* vegetarisch; **le, la ~(ne)** de vegetariër
végétatif *adj* vegetatief
végétation *nf* vegetatie *nf*, plantengroei *nm* ♦ **enlever les ~s** de neusamandelen weghalen
végéter *vi* vegeteren
véhémence *nf* heftigheid *nf;* **avec ~** heftig
véhément *adj* heftig
véhicule *nm* voertuig *het (aussi au fig.)*
véhiculer *vt* **1** *(transporter)* vervoeren **2** *(constituer un véhicule pour)* met zich meedragen
veille *nf* **1** *(jour qui précède)* vorige dag *nm;* **à la ~ de** aan de vooravond van; *(fig.)* **être à la ~ de** op het punt staan om; **la ~ du Nouvel An** oudejaarsavond; **la ~ de Noël** kerstavond; **la ~ au soir** de vorige avond **2** *(action de veiller)* (het) waken; **en état de ~** wakker
veillée *nf* **1** *(soirée)* avond *nm* **2** *(près d'un malade, d'un mort)* (het) waken
veiller[1] *vi* **1** *(rester éveillé)* waken **2** *(+ à, sur) (prendre soin de)* waken (voor, over), zorgen (voor); **~ à ce que** ervoor zorgen dat **3** *(être de garde)* de wacht houden
veiller[2] *vt (un malade, un mort)* waken bij
veilleur *nm* wacht *nm;* **~ de nuit** nachtwaker
veilleuse *nf* **1** *(petite lampe)* nachtlampje *het;* **mettre (une lampe, le gaz) en ~** lager zetten, *(fig.)* op een laag pitje zetten **2** *(lanterne d'une voiture)* stadslicht *het* **3** *(petite flamme)* waakvlam *de*
veinard, -arde *n* bofkont *nm*
veine *nf* **1** *(vaisseau sanguin)* ader *de (aussi au fig.; géo.)* **2** *(inspiration)* inspiratie *nf;* **de la même ~** uit dezelfde hoek **3** *(chance)* bof *nm*, mazzel *nm;* **avoir de la ~** boffen; **pas de ~!** pech (gehad)! **4** *(dessin sinueux)* ader *de (dans le bois, la pierre)*, nerf *de*
velcro *nm* klittenband *het*
vêler *vi* kalven
vélin *nm* velijn(papier) *het*
véliplanchiste *n* (wind)surfer *nm*
vélo *nm* fiets *de;* **~ de course** racefiets, *(Belg.)* koersfiets; **faire du ~** fietsen; **~ tous terrains, v.t.t.** mountainbike
vélocité *nf* rapheid *nf*
vélodrome *nm* wielerbaan *de*
vélomoteur *nm* bromfiets *de*, brommer *nm*
velours *nm* **1** *(tissu)* fluweel *het;* **~ côtelé** ribfluweel **2** *(douceur)* zachtheid *nf;* **faire des yeux de ~** lief (aan)kijken
velouté *adj* **1** *(doux comme du velours)* fluweelachtig; **le ~** de zachtheid **2** *(onctueux)* lichtgebonden; **le ~ d'asperges** de aspergecrèmesoep; **peau ~e** fluweelzachte huid; **vin ~** zachte wijn
velu *adj* harig
vénal *adj* **1** *(qui s'achète)* te koop **2** *(cupide)* omkoopbaar
venant *nm* ♦ **à tout ~** aan de eerste de beste
vendable *adj* verkoopbaar
vendange *nf* wijnoogst *nm;* **faire les ~s** de wijnoogst binnenhalen
vendanger[1] *vi (faire la vendange)* de wijnoogst binnenhalen
vendanger[2] *vt (récolter)* oogsten
vendangeur, -euse *n* druiven|plukker, -plukster *nm,f*
vendeur, -euse *n* verkoper, verkoopster *nm,f*
vendre[1] *vt* verkopen *(aussi au fig.);* **à ~** te koop; **~ cher** duur verkopen, *(fig.)* niet cadeau geven; **~ mille euros sa voiture** z'n auto voor duizend euro verkopen
se vendre[2] *vpr* **1** *(qch)* verkocht worden **2** *(qn)* zich verkopen
vendredi *nm* vrijdag *nm;* **~ saint** Goede Vrijdag
vendu *adj* **1** *(cédé pour de l'argent)* verkocht **2** *(vénal)* omgekocht
vénéneux *adj* (ver)giftig
vénérable *adj* eer(bied)waardig
vénération *nf* verering *nf (aussi relig.)*
vénérer *vt* vereren
vénérien *adj* venerisch
vengeance *nf* wraak *de;* **par ~** uit wraak; **tirer ~ de** zich wreken voor
venger[1] *vt* wreken
se venger[2] *vpr* zich wreken; **se ~ de qn, qch** wraak nemen op iem, over iets
vengeur, -eresse *n* wreker, wreekster *nm,f;* **lettre vengeresse** brief geschreven om wraak te nemen
venimeux *adj* **1** *(qui a du venin)* giftig **2** *(haineux)* venijnig
venin *nm* **1** *(poison)* gif *het* **2** *(haine)* venijn *het*
venir *vi* komen; **à ~** komend; **s'il venait à mourir** mocht hij komen te sterven; **~ au-devant de qn** iem tegemoet gaan; **les larmes me vinrent aux yeux** de tranen schoten me in de ogen; **ça vient?** komt er nog wat van?; **d'où vient que?** hoe komt het dat?; **~ de faire qch** iets zojuist hebben gedaan; **cela lui vient de son père** dat heeft hij van zijn vader geërfd; **mot qui vient du latin** woord dat uit het Latijn afkomstig is; **en ~ à** ertoe komen om; **venons-en au fait** laten we ter zake komen; **où veut-il**

en ~? waar wil hij naartoe?; **j'en viens à me demander si** ik begin me af te vragen of; **j'en viens à votre question** nu kom ik aan uw vraag; **l'idée ne lui est pas venue** het kwam niet bij hem op; **le jour venu** toen de dag was aangebroken; **prendre les choses comme elles viennent** de dingen nemen zoals ze zijn; **~ voir qn** iem opzoeken; **voir ~ (les événements)** (de gebeurtenissen) rustig afwachten; **je te vois ~** ik begrijp wel waar je heen wilt

vent *nm* wind *nm;* **~ arrière** rugwind, wind in de rug; **avoir ~ de** lucht krijgen van; **quel bon ~ vous amène?** hoe komt u hier opeens?; **~ contraire** tegenwind; **contre ~(s) et marée(s)** tegen wind en stroom; **être dans le ~** in de mode zijn; *(mar.)* **avoir le ~ en poupe** de wind mee hebben *(aussi au fig.); (fig.)* **du ~** niets; **c'est du ~, ce n'est que du ~** dat stelt niets voor; *(fig.)* **faire du ~** gewichtig doen; **aux quatre ~s** uit alle windstreken; **il y a du ~, il fait du ~** het waait

vente *nf* verkoop *nm;* **~ aux enchères** verkoop bij opbod; **~ de charité** liefdadigheidsbazaar; **en ~** te koop; **mettre en ~** in de verkoop brengen, aanbieden; **~ par correspondance, VPC** postorderverkoop

venter *vb impers* waaien

ventilateur *nm* ventilator *nm*

ventilation *nf* **1** *(aération)* ventilatie *nf* **2** *(répartition)* uitsplitsing *nf*

ventiler *vt* **1** *(aérer)* ventileren **2** *(répartir)* uitsplitsen

ventouse *nf* **1** *(rondelle de caoutchouc; organe des sangsues, etc.)* zuignap *nm; (fig.)* **faire ~** zich vastzuigen **2** *(méd.)* laatkop *nm*

ventre *nm* buik *nm;* **à plat ~** plat op de buik (liggend); *(fig.)* **se mettre à plat ~ devant qn** voor iem kruipen; **avoir du ~** een buikje hebben; **courir ~ à terre** lopen zo snel als men kan; **avoir le ~ creux** een lege maag hebben; *(fig.)* **avoir qch dans le ~** fut in zijn lijf hebben; **se remplir le ~** zich vol eten

ventriloque *adj* buiksprekend; **le, la ~** de buikspreker, buikspreekster

ventru *adj* (dik)buikig

venu *adj* gekomen; **le premier ~, la première ~e** de eerste de beste; **de nouveaux ~s** nieuwelingen ♦ **être bien, mal ~** goed, slecht van pas komen; *(impers.)* **il serait mal ~ de** het zou niet terecht zijn om

venue *nf* komst *nf*

ver *nm* worm *nm; (fig.)* **le ~ est dans le fruit** de klad zit erin; **ne pas être piqué des ~s** lang niet mis zijn; **~ luisant** glimworm; **piqué des ~s** mottig, wormstekig; **~ solitaire** lintworm; **~ de terre** aardworm; *(fig.)* **tirer les ~s du nez à qn** iem uithoren

véracité *nf* waarachtigheid *nf*

véranda *nf* veranda *nf*

verbal *adj* **1** *(qui s'exprime par des mots)* mondeling **2** *(adj.) (relatif au verbe)* van het werkwoord, werkwoords-

verbaliser *vi* proces-verbaal opmaken

verbe *nm* **1** *(en grammaire)* werkwoord *het* **2** *(langage)* taal *de*

verdâtre *adj* groenachtig

verdeur *nf* **1** *(vigueur)* groenheid *nf* **2** *(acidité)* zuurheid *nf* **3** *(du langage)* onverbloemdheid *nf*

verdict *nm* **1** *(jur.)* vonnis *het;* **~ de culpabilité** schuldigverklaring **2** *(jugement sévère)* scherp oordeel *het*

verdir[1] *vi (devenir vert)* groen worden

verdir[2] *vt (rendre vert)* groen maken

verdure *nf* **1** *(feuillage)* groen *het* **2** *(crudités)* bladgroente *nf*

véreux *adj* **1** *(gâté par les vers)* wormstekig **2** *(qn) (malhonnête)* malafide **3** *(qch) (suspect)* louche

verge *nf* roede *de*

verger *nm* boomgaard *nm*

vergetures *nf* **1** *(après une grossesse)* zwangerschapsstriemen *plur* **2** *(raies sur la peau)* (huid)strepen *plur*

verglacé *adj* beijzeld

verglas *nm* ijzel *nm*

vergogne ♦ **sans ~** schaamteloos

véridique *adj* **1** *(qn)* geloofwaardig **2** *(qch)* waarheidsgetrouw

vérifiable *adj* controleerbaar

vérification *nf* verificatie *nf,* (het) nazien; **~ faite** na onderzoek

vérifier *vt* **1** *(contrôler)* verifiëren, nagaan **2** *(confirmer)* bevestigen

véritable *adj* echt

vérité *nf* **1** *(réalité)* waarheid *nf;* **à la ~** weliswaar; **conforme à la ~** waarheidsgetrouw; **dire ses quatre ~s à qn** iem flink de waarheid zeggen; **en ~** waarlijk; **~ première** fundamentele waarheid; **c'est la pure ~** het is echt waar **2** *(vraisemblance)* natuurgetrouwheid *nf;* **portrait d'une grande ~** zeer goed gelijkend portret

vermeil *adj* hoogrood

vermicelle *nm* vermicelli *nm*

vermifuge *adj* worm(ver)drijvend; **le ~** het wormdrijvend middel

vermillon *nm* vermiljoen *het;* **robes ~** vermiljoenkleurige japonnen

vermine *nf* **1** *(parasites)* ongedierte *het* **2** *(personne méprisable)* ellendeling *nm* **3** *(racaille)* gespuis *het*

vermoulu *adj* vermolmd

verni, -ie *n* boffer *nm;* **vous êtes ~!** u boft!

vernir *vt* **1** *(d'une couche de finition incolore)* vernissen **2** *(d'une peinture brillante)* lakken; **chaussures vernies** lakschoenen; **ongles vernis** gelakte nagels

vernis *nm* **1** *(couche de finition incolore)* vernis *het/de (m)* **2** *(peinture brillante)* lak *het/de (m);* **~ (à ongles)** nagellak; **se mettre du ~** z'n, haar nagels lakken **3** *(apparence brillante)* vernisje *het*

vernissage *nm* **1** *(d'un tableau, d'une planche)* (het) vernissen **2** *(d'une exposition)* vernissage *nf*

vérole *nf* sief *het/de (m)* ♦ **petite ~** (kinder)pokken

verre *nm* **1** *(substance, objet en verre; contenu d'un verre)* glas *het;* **avoir un ~**

dans le nez een glaasje op hebben; ~ **à bière** bierglas; **un ~ de bière** een glas bier; **de ~** glazen, glas-; ~ **à dents** wastafelglas; ~ **dépoli, opaque** matglas; **lever son ~** een toost uitbrengen; **payer, offrir un ~ à qn** iem iets te drinken aanbieden; **un petit ~** een glaasje; **prendre un ~** iets drinken **2** *(plur.) (lunettes)* bril *nm;* **~s de contact** contactlenzen; **~s grossissants** sterke bril
verrerie *nf* **1** *(usine)* glasblazerij *nf* **2** *(articles en verre)* glaswerk *het*
verrière *nf* **1** *(grand vitrage)* glasraam *het* **2** *(toit vitré)* glazen dak *het*
verrou *nm* grendel *nm*, knip *de;* **être sous les ~s** achter slot en grendel zitten; **mettre le ~** de deur op de knip doen
verrouiller *vt* **1** *(fermer)* grendelen **2** *(emprisonner)* achter slot en grendel zetten
verrue *nf* wrat *de*
vers[1] *nm* **1** *(fragment d'un poème)* vers *het* **2** *(plur.) (poésie)* poëzie *nf;* **mettre en ~** op rijm zetten
vers[2] *prép* **1** *(en direction de)* naar **2** *(aux environs de)* omstreeks; ~ **vingt et un ans** toen hij, zij ongeveer 21 jaar was; ~ **six heures** tegen zes uur; ~ **700 mètres d'altitude** op een hoogte van ongeveer 700 meter
versant *nm* **1** *(d'une montagne)* helling *nf* **2** *(d'un toit)* dakhelling *nf*
versatile *adj* wispelturig
verse *nf* ♦ **il pleut à ~** het stortregent
versé (dans) *adj* ervaren (in)
Verseau *nm* Waterman *nm*
versement *nm* storting *nf*
verser[1] *vi* **1** *(capoter)* omslaan **2** *(+ dans) (tomber)* vervallen (tot)
verser[2] *vt* **1** *(transvaser)* (over)gieten **2** *(servir)* inschenken; ~ **à boire** inschenken **3** *(de l'argent)* storten **4** *(ajouter à)* toevoegen (aan); ~ **un nouveau document au dossier** een nieuw document toevoegen aan het dossier
verset *nm* vers *het*
verseur *adj* schenkkan *de;* **bec ~** schenktuit
version *nf* **1** *(interprétation)* versie *nf* **2** *(exercice scolaire)* vertaling *nf* uit de vreemde taal **3** *(variante)* versie *nf;* **film en ~ originale** niet-nagesynchroniseerde film
verso *nm* keerzijde *de*
vert[1] *nm* groen *het*
vert[2] *adj* groen; *(subst.)* **en dire des ~es (et des pas mûres)** schuine moppen vertellen ♦ **l'Europe ~e** de Europese landbouwgemeenschap; **~e réprimande** stevige uitbrander
vert-de-gris *nm* veldgrijs *het*, grijsgroen *het;* **des uniformes ~** veldgrijze uniformen
vertébral *adj* wervel-
vertèbre *nf* wervel *nm*
vertébré *adj* gewerveld; **les ~s** de gewervelde dieren
vertical *adj* loodrecht, verticaal; **la ~e** de loodlijn; **à la ~e** loodrecht; **position ~e** rechte stand
vertige *nm* **1** *(tournis)* duizeling *nf;* **avoir un ~, des ~s** duizelig zijn; **être pris de ~** duizelig worden **2** *(peur du vide)* hoogtevrees *de;* **avoir le ~** hoogtevrees hebben; **à donner le ~** duizelingwekkend **3** *(égarement, ivresse)* verdwazing *nf*
vertigineux *adj* duizelingwekkend (hoog) *(aussi au fig.)*
vertu *nf* **1** *(qualité morale)* deugd *de;* **avoir de la ~** verdienstelijk zijn; **parer qn de toutes les ~s** iem alle mogelijke deugden toeschrijven **2** *(chasteté)* kuisheid *nf* **3** *(propriété)* kracht *de;* ~ **curative** geneeskracht; **en ~ de** krachtens
vertueux *adj* **1** *(moral)* deugdzaam **2** *(chaste)* kuis
verve *nf* vuur *het*, geestdrift *de;* **être en ~** op dreef zijn
verveine *nf* **1** *(plante)* ijzerhard *het/de* **2** *(infusion)* soort kruidenthee *nm*
vésicule *nf* **1** *(biol.)* blaasje *het* **2** *(cloque)* blaartje *het*
vessie *nf* blaas *de*
veste *nf* jasje *het;* ~ **de costume, de complet** colbertjasje; **retourner sa ~** *(changer d'opinion)* ↑ van mening veranderen, *(changer de parti)* ↑ van partij veranderen
vestiaire *nm* **1** *(d'un établissement public)* garderobe *de* **2** *(sports)* kleedkamer *de*
vestibule *nm* voorportaal *het*
vestige *11, généralement plur.* overblijfsel *het*, spoor *het (aussi au fig.)*
vestimentaire *adj* van de kleren, kleding-, *(Belg.)* vestimentair
veston *nm* colbert *het/de (m)*, jasje *het*
vêtement *nm* kledingstuk *het*, *(plur.)* kleren *plur;* **travailler dans le ~** in de kledingbranche werken
vétéran *nm* **1** *(ancien combattant)* veteraan *nm* **2** *(personne d'expérience)* oudgediende *nm*
vétérinaire *adj* diergeneeskundig; **le, la ~** de dierenarts
vétille *nf* pietluttigheid *nf*
vêtir[1] *vt* **1** *(habiller)* (aan)kleden **2** *(revêtir)* aantrekken
se vêtir[2] *vpr (s'habiller)* zich (aan)kleden
veto *nm* veto *het*
vêtu *adj* gekleed; **il est ~ de neuf** hij heeft nieuwe kleren aan
vétuste *adj* oud
veuf, veuve *n* weduwnaar, weduwe *nm,f;* **ce soir, je suis ~** vanavond ben ik vrijgezel
veule *adj* zwak
veuvage *nm* weduwschap *het*
vexant, vexateur *adj* **1** *(blessant)* kwetsend **2** *(irritant)* hinderlijk
vexation *nf* (het) kwetsen, belediging *nf*
vexer[1] *vt* kwetsen; **facilement vexé** lichtgeraakt; **être vexé que** boos zijn dat
se vexer[2] *vpr* zich gekwetst voelen
via *prép* via
viable *adj* levensvatbaar *(aussi au fig.)*
viaduc *nm* viaduct *het/de (m)*

viager *adj* ♦ *(subst.)* **en** ~ tegen lijfrente; **le** ~ de lijfrente; **rente viagère** lijfrente
viande *nf* vlees *het*
vibrant *adj* **1** *(qui vibre)* trillend **2** *(plein d'émotion)* (ont)roerend **3** *(qui résonne)* weerklinkend
vibration *nf* trilling *nf*
vibrer *vi* **1** *(trembler)* trillen **2** *(être ému)* ontroerd zijn; **faire ~ les foules** de menigte meeslepen
vicaire *nm* vicaris *nm*
vice *nm* **1** *(mauvais penchant)* ondeugd *de* **2** *(débauche)* ontucht *de* **3** *(anomalie)* fout *de*
vice-président, -ente *n* ondervoorzit(s)ter *nm (nf)*
vice-versa *adv* vice versa
vicieux *adj* **1** *(corrompu)* verdorven; **un ~, une vicieuse** een verdorven mens **2** *(obsédé sexuel)* pervers **3** *(défectueux)* gebrekkig
vicinal *adj* ♦ **chemin** ~ lokale weg
vicissitudes *nf* wederwaardigheden *plur*
vicomte, vicomtesse *n* burg|graaf, -gravin *nm,f*
victime *nf* slachtoffer *het (m), het (f)*
victoire *nf* overwinning *nf*, zege *de*; **crier** ~ victorie kraaien
victorieux *adj* (over)winnend
victuailles *nf* mondvoorraad *nm (uniquement sing.)*
vidange *nf* (het) ruimen; ~ **(d'huile)** olieverversing
vidanger *vi* **1** *(une fosse, un réservoir)* ruimen **2** *(de l'huile, des eaux usées)* afvoeren; ~ **l'huile** de olie verversen
vide[1] *nm* leegte *nf (aussi au fig.)*; **à** ~ leeg; **passage à** ~ inzinking; **le moteur tourne à** ~ de motor pakt niet; **faire le ~ autour de qn** iem isoleren; **faire le ~ dans son esprit** nergens meer aan denken; **sa mort fait un grand** ~ zijn dood laat een grote leegte achter; **parler dans le** ~ *(sans objet)* in het luchtledige kletsen, *(sans auditeur)* voor stoelen en banken praten; **regarder dans le** ~ voor zich uit staren; **emballage sous** ~ vacuümverpakking
vide[2] *adj* leeg; **avoir le cœur** ~ liefdeloos zijn; **mot ~ de sens** woord zonder betekenis; **mur** ~ kale muur; **avoir la tête** ~ een black-out hebben
vide-grenier *nm* rommelmarkt *de*
vidéo *adj* beeld-, video-; **la** ~ de video(techniek)
vidéocassette *nf* videocassette *nf*
vidéodisque *nm* beeldplaat *de*; ~ **compact** video-cd
vidéophone *nm* beeldtelefoon *nm*, videofoon *nm*
vide-ordures *nm* stortkoker *nm*
vidéotex *nm* teletekst *nm*, videotex *nm*
vidéothèque *nf* videotheek *nf*
vide-poches *nm* **1** *(petite corbeille)* rommelbakje *het* **2** *(dans une voiture)* handschoenenvakje *het*
vider[1] *vt* **1** *(rendre vide)* legen **2** *(un poisson, une volaille)* schoonmaken **3** *(épuiser)* uitputten **4** *(mettre à la porte)* eruit gooien; **il s'est fait** ~ hij is eruit getrapt **5** *(débarrasser de)* ontdoen (van); ~ **une maison de ses meubles** de meubels uit een huis halen **6** *(enlever de)* halen (uit) **7** *(transvaser dans)* overgieten (in)
se vider[2] *vpr* **1** *(devenir vide)* leegstromen **2** *(se déverser dans)* lozen (op)
videur, -euse *n* uitsmijter *nm*, *(Belg.)* buitenwipper
vie *nf* leven *het*; **à** ~ levenslang; **entrer dans la ~ active** zijn intrede doen in het beroepsleven; **c'est la belle, grande** ~ dat is het ware leven; **mener la ~ de château** een luizenleven leiden; ~ **en communauté** gemeenschapsleven; **jamais de la, ma,** ~ nooit (van mijn leven); **mener une double** ~ een dubbelleven leiden; **avoir la ~ dure** hardnekkig zijn; **c'est la** ~ zo is het leven (nu eenmaal); **c'est sa** ~ dat is zijn lust en zijn leven; **faire sa** ~ zijn eigen leven leiden; **gagner sa** ~ de kost verdienen; **genre, mode, style de** ~ levenswijze; **y laisser la** ~ er het leven bij inschieten; **laisser la ~ sauve à qn** iemands leven sparen; **plein de** ~ levendig; **amis pour la** ~ gezworen vrienden; **sans** ~ levenloos; **toute ma** ~ mijn leven lang; *(prov)* **tant qu'il y a de la ~, il y a de l'espoir** zolang er leven is, is er hoop
vieillard *nm* oude man *nm*, grijsaard *nm*
vieillerie *nf* **1** *(plur.) (objets démodés)* oude rommel *nm*; **un tas de ~s** een hoop oude rommel **2** *(idée démodée)* versleten idee *het*
vieillesse *nf* **1** *(grand âge)* ouderdom *nm* **2** *(personnes âgées)* ouden *plur* van dagen
vieillir[1] *vi* **1** *(devenir (plus) vieux)* oud(er) worden, verouderen **2** *(se démoder)* in onbruik raken
vieillir[2] *vt (rendre (plus) vieux)* oud(er) maken; **tu me vieillis d'un an!** je schat me een jaar te oud!
vieillissement *nm* (het) oud(er) worden; ~ **d'une population** vergrijzing van een bevolking
vieillot *adj* ouderwets
Vierge *nf* **1** *(représentation de la Vierge)* Madonna *nf* **2** *(astrol.)* Maagd *nf*; **il est** ~ hij is een Maagd ♦ **la** ~ de Maagd Maria
vierge[1] *nf* maagd *nf*
vierge[2] *adj* **1** *(puceau, pucelle)* maagdelijk; **être** ~ maagd zijn **2** *(intact)* ongerept; **avoir un casier judiciaire** ~ een blanco strafregister hebben; **film** ~ onbelichte film **3** *(naturel, pur)* natuurlijk; **huile d'olive** ~ fijne olijfolie ♦ ~ **de** vrij van
vietnamien *adj* Vietnamees; **le** ~ het Vietnamees; **le, la Vietnamien(ne)** de Vietnamees, Vietnamese
vieux[1] *nm* **1** *(père)* ouwe *nm* **2** *(chose vieille)* (het) oude; **faire du neuf avec du** ~ van oud nieuw maken
vieux[2]**, vieille** *n* oude man, vrouw *nm,f*, oudje *het (m), het (f) (nuance de condescendance)*; *(mes parents)* **mes** ~ mijn ouwe lui; *(mon père)* **mon** ~ m'n ouwe heer; **(mon) ~, (ma) vieille** ouwe jongen, beste meid

vieux[3]**, vieil, vieille** *adj* oud, bejaard, verouderd; ~ **avant l'âge** vroeg oud; **c'est ~ comme le monde** dat is zo oud als de wereld; **il est plus ~ que moi de deux ans** hij is 2 jaar ouder dan ik; **se faire ~** verouderen; **vieille fille** oude vrijster; ~ **garçon** vrijgezel; **s'habiller ~** zich ouwelijk kleden; **vivre ~** een hoge leeftijd bereiken; **ma vieille voiture** mijn vorige auto
vif[1] *nm* **1** *(jur.)* levend persoon *nm* **2** *(chair vivante)* levend vlees *het* ♦ **entrer dans le ~ du sujet** tot de kern van de zaak komen; **être touché au ~** diep geraakt zijn
vif[2] *adj* **1** *(plein de vitalité)* levendig; **couleur vive** heldere kleur; **regard ~** alerte blik **2** *(violent)* driftig **3** *(intense)* fel, hevig; **air ~** prikkelende lucht; **à feu ~** op hoog vuur; **lumière vive** scherp licht; **à mon ~ regret** tot mijn grote spijt **4** *(vivant; où la vie semble résider)* levend; **chair vive** *(non meurtrie)* gezond weefsel, *(à nu)* vlees zonder huid; **eau vive** stromend water ♦ **arête vive** scherpe kant
vigilance *nf* waakzaamheid *nf*
vigilant *adj* waakzaam; **soins ~s** toegewijde zorgen
vigile *nm* nachtwaker *nm*
vigne *nf* **1** *(arbrisseau)* wingerd *nm;* ~ **vierge** wilde wingerd **2** *(vignoble)* wijngaard *nm*
vigneron, -onne *n* wijn|bouwer, -bouwster *nm,f*
vignette *nf* **1** *(timbre légal)* belastingzegel *het* **2** *(de la Sécurité sociale)* betalingsbewijs *het*
vignoble *nm* **1** *(plantation de vignes)* wijngaard *nm* **2** *(ensemble des vignes)* wijn(bouw)gebied *het*
vigoureux *adj* stevig, sterk, krachtig *(aussi au fig.)*
vigueur *nf* kracht *de* ♦ **en ~** van kracht, in zwang; **entrer en ~** in werking treden; **mettre en ~** van kracht laten worden
vil *adj* gemeen
vilain *adj* **1** *(laid; mauvais; méchant)* lelijk; **elle n'est pas ~e** ze mag er best wezen; **il fait un ~ temps** het is hondenweer; **jouer un ~ tour à qn** iem een vuile streek leveren **2** *(d'un enfant)* ondeugend, stout; **le, la ~e** de stouterik ♦ *(hist.)* **un ~** een vrije boer
vilebrequin *nm* **1** *(outil à mèche)* zwengelboor *de* **2** *(dans un moteur)* krukas *de*
villa *nf* villa *de*
village *nm* dorp *het;* ~ **de vacances** vakantiedorp
villageois *adj* dorps; **le, la ~(e)** de dorpeling(e)
ville *nf* **1** *(agglomération; habitants)* stad *de;* ~ **d'eaux** badplaats; **aller en ~** de stad ingaan; **aller dîner en ~** buitenshuis gaan eten **2** *(administration municipale)* gemeente *nf*, gemeentebestuur *het*
ville-dortoir *nf* forensenstad *de*
vin *nm* wijn *nm;* **cuver son ~** zijn roes uitslapen; **avoir le ~ gai, triste** een vrolijke, droeve dronk hebben; ~ **d'honneur** erewijn; ~ **de, du pays** landwijn; **tenir (bien) le ~** goed tegen wijn kunnen
vinaigre *nm* azijn *nm;* ~ **de vin** wijnazijn ♦ **tourner au ~** een slechte wending nemen
vinaigrette *nf* vinaigrettesaus *de*
vindicatif *adj* wraakzuchtig
vingt *adj num* twintig; **dans les années ~** in de twintiger jaren; **il est sept heures moins ~** het is tien minuten over half zeven ♦ **je vous l'ai répété ~ fois** ik heb het u wel honderd keer gezegd
vingtaine *nf* twintigtal *het*
vingtième *adj num* twintigste
vingt-quatre *adj num* ♦ ~ **heures sur ~** dag en nacht
vinicole *adj* wijn-
vinyle *nm* vinyl *het*
viol *nm* **1** *(violence sexuelle)* verkrachting *nf* **2** *(violation)* schending *nf*
violacé *adj* paarsachtig
violation *nf* overtreding *nf*, schending *nf;* ~ **de domicile** huisvredebreuk
violence *nf* **1** *(force brutale)* geweld *het;* **se faire ~** zichzelf geweld aandoen **2** *(plur.) (acte violent)* gewelddadigheden *plur* **3** *(intensité)* heftigheid *nf*
violent *adj* **1** *(coléreux; brutal)* heftig, gewelddadig; **mort ~e** gewelddadige dood **2** *(intense)* hevig
violer *vt* **1** *(ne pas respecter)* overtreden *(une loi, etc.)*, schenden *(un serment)* **2** *(pénétrer dans)* binnendringen in, *(une sépulture)* schenden; ~ **le domicile de qn** bij iem huisvredebreuk plegen **3** *(une femme)* verkrachten
violet *adj* paars; **le ~** het paars
violette *nf* viooltje *het*
violon *nm* **1** *(instrument de musique)* viool *de* **2** *(musicien)* violist(e) *nm (nf)* ♦ ~ **d'Ingres** liefhebberij, hobby
violoncelle *nm* cello *nm*
violoncelliste *n* cellist(e) *nm (nf)*
violoniste *n* violist(e) *nm (nf)*
vipère *nf* adder *de*
virage *nm* **1** *(tournant d'une route)* bocht *de;* ~ **en épingle à cheveux** haarspeldbocht; **négocier un ~** met grote snelheid een bocht nemen; **prendre un ~** een bocht nemen, *(fig.)* van koers veranderen **2** *(aussi au fig.) (changement de direction)* draai *nm*, wending *nf; (pol.)* **un ~ à droite** een ommezwaai naar rechts
virée *nf* **1** *(promenade)* kort uitstapje *het* **2** *(tournée des cafés)* kroegentocht *nm;* **faire une ~** gaan stappen
virement *nm* overschrijving *nf;* **paiement par ~** overschrijving ♦ *(mar.)* ~ **de bord** (het) overstag gaan
virer[1] *vi* **1** *(changer de couleur)* veranderen **2** *(+ à) (devenir)* worden; ~ **à l'aigre** zuur worden; ~ **au rouge** rood worden **3** *(changer de direction)* van richting veranderen; ~ **de bord** overstag gaan *(aussi au fig.)* **4** *(cuti)* positief worden
virer[2] *vt* **1** *(une somme)* overmaken **2** *(renvoyer)* op straat zetten

virevolter *vi* **1** *(pirouetter)* snel zwenken **2** *(papillonner)* rondfladderen
virginité *nf* maagdelijkheid *nf, (fig.)* ongereptheid *nf*
virgule *nf* komma *het/de*
viril *adj* mannelijk
virilité *nf* mannelijkheid *nf*
virtuel *adj* virtueel
virtuellement *adv* **1** *(en puissance)* virtueel **2** *(pratiquement)* zo goed als
virtuose *n* **1** *(mus.)* virtuoos, virtuoze *nm,f* **2** *(personne très habile)* meester(es) *nm (nf)*
virulent *adj* **1** *(violent)* venijnig **2** *(microbe, un poison)* virulent
virus *nm (méd.; inform.)* virus *het;* ~ **de l'immunodéficience humaine, VIH** aidsvirus, hiv(-virus)
vis *nf* schroef *de*, vijs *de (n.B.);* ~ **platinées** contactpunten; **serrer une** ~ een schroef vastdraaien; *(fig.)* **serrer la** ~ **à qn** iem kort houden
visa *nm* visum *het, (fig.)* goedkeuring *nf;* ~ **de censure** toelating door de filmkeuring
visage *nm* gezicht *het (aussi au fig.)*, aanzien *het (fig.);* **changer de** ~ van kleur verschieten; **à** ~ **découvert** met open vizier, openlijk; **les Visages pâles** de bleekgezichten
visagiste *n* schoonheidsspecialist(e) *nm (nf)*
vis-à-vis[1] *nm* vis-à-vis *nm;* **ils étaient assis en** ~ ze zaten tegenover elkaar; **avoir un parc pour** ~ op een park uitkijken
vis-à-vis[2] ♦ *(prép.)* ~ **de** tegenover, *(fig.)* ten aanzien van, ten opzichte van, *(en comparaison de)* in vergelijking met
viscéral *adj* **1** *(viscères)* ingewands- **2** *(profond)* diepgeworteld
viscère *nm (généralement au plur.)* ingewand *het*
viscose *nf* viscose *nf*
visée *nf* **1** *(arme, etc.)* (het) mikken; **avoir des ~s sur qn** plannen met iem hebben **2** *(généralement au plur.) (desseins)* plannen *plur*
viser[1] **(à)** *vi* **1** *(ajuster un tir)* mikken (op) **2** *(tendre à)* beogen, streven (naar); **visez moins haut** je moet wat minder hoog grijpen
viser[2] *vt* **1** *(une cible, un but)* richten op **2** *(ambitionner)* op het oog hebben; ~ **l'effet** op effect uit zijn **3** *(concerner)* betrekking hebben op; **être visé** het mikpunt van kritiek zijn
viseur *nm* **1** *(dispositif de visée)* vizier *het* **2** *(phot.)* zoeker *nm*
visibilité *nf* **1** *(fait d'être visible)* zichtbaarheid *nf* **2** *(possibilité de voir)* zicht *het;* **mauvaise** ~ slecht zicht; **virage sans** ~ blinde bocht
visible *adj* **1** *(perceptible par la vue)* zichtbaar **2** *(manifeste)* duidelijk **3** *(adj.) (en état de recevoir une visite)* te spreken; **attends, je ne suis pas** ~ wacht even, ik ben me nog aan het aankleden
visière *nf* **1** *(d'une casquette)* klep *de* **2** *(contre le soleil, la lumière)* oogscherm *het;* **mettre sa main en** ~ z'n hand boven de ogen houden **3** *(d'un casque)* vizier *het*
vision *nf* **1** *(perception par la vue)* (het) zien, gezicht *het* **2** *(façon de voir)* visie *nf* **3** *(hallucination)* hersenschim *de; (iron.)* **tu as des ~s!** je ziet ze vliegen!
visionnaire *n* **1** *(personne qui a des visions)* visionair *nm* **2** *(illuminé)* fantast(e) *nm (nf)*
visionneuse *nf* viewer *nm*
visite *nf* **1** *(fait d'aller voir qn, qch)* bezoek *het; (médecin)* ~ **à domicile** huisbezoek; **être en** ~ **chez qn** bij iem op bezoek zijn; **rendre** ~ **à qn** iem een bezoek brengen; ~ **guidée** rondleiding **2** *(visiteur)* bezoek *het*, bezoeker(s) *nm (plur)* **3** *(inspection)* inspectie *nf* **4** *(examen de malades)* medisch onderzoek *het*
visiter *vt* **1** *(qn)* bezoeken; ~ **un malade** op huisbezoek gaan bij een patiënt **2** *(un lieu)* bezoeken, bezichtigen; **faire** ~ **qch à qn** iem ergens rondleiden **3** *(inspecter)* inspecteren, onderzoeken
visiteur, -euse *n* bezoek(st)er *nm (nf)*
vison *nm* nerts *het*
visqueux *adj* **1** *(épais)* taai **2** *(gluant)* kleverig **3** *(répugnant)* kruiperig
visser *vt* (aan)schroeven; **être vissé sur sa chaise** aan zijn stoel vastgenageld zitten
visu ♦ *(adv.)* **de** ~ uit eigen aanschouwing
visualisation *nf* **1** *(fait de visualiser)* visualisatie *nf* **2** *(sur un écran)* zichtbaarmaking *nf*
visualiser *vt* **1** *(rendre visible)* zichtbaar maken **2** *(inform.)* displayen
visuel *adj* visueel; **un(e)** **~(le)** een visueel type
vital *adj* **1** *(vie)* levens- **2** *(indispensable)* van levensbelang
vitalité *nf* levenskracht *de*, vitaliteit *nf*
vitamine *nf* vitamine *de*
vitaminé *adj* vitamine-
vite *adv* **1** *(rapidement)* snel; **au plus** ~ zo snel mogelijk, zo spoedig mogelijk; **faire** ~ voortmaken; **et plus** ~ **que ça!** en gauw wat!; **il (y) va un peu** ~ hij loopt een beetje te hard van stapel **2** *(bientôt)* spoedig; **avoir** ~ **fait de** er niet lang over doen om
vitesse *nf* **1** *(rapidité; allure)* snelheid *nf;* ~ **de croisière** kruissnelheid; **en ~!** vlug een beetje!; **à toute** ~ in volle vaart; ~ **de pointe** topsnelheid **2** *(technol.)* versnelling *nf;* **changer de** ~ (over)schakelen; **passer ses ~s** schakelen; **en quatrième** ~ in een razende vaart
viticole *adj* wijn-
viticulteur *nm* wijnbouwer *nm*
viticulture *nf* wijnbouw *nm*
vitrage *nm* **1** *(vitres)* (glas)ruiten *plur* **2** *(paroi de verre)* glazen wand *nm*
vitrail *nm* **1** *(panneau de verre)* glas-inloodraam *het* **2** *(technique)* (het) brandschilderen
vitre *nf* **1** *(carreau)* ruit *de*, raam *het* **2** *(d'un*

véhicule) raam(pje) *nm* ♦ **ça ne casse pas les ~s** dat is niet veel soeps
vitré *adj* **1** *(garni de vitres)* glazen **2** *(méd.)* glasachtig
vitrer *vt* beglazen
vitreux *adj* **1** *(qui ressemble au verre fondu)* glasachtig **2** *(terne)* glazig, mat *(regard)*
vitrier *nm* glazenmaker *nm*
vitrifier *vt* verglazen
vitrine *nf* **1** *(étalage)* etalage *nf;* **lécher les ~s** etalages kijken **2** *(armoire vitrée)* vitrine *nf*
vitriol *nm* vitriool *het/de (m)*
vivable *adj* **1** *(où l'on peut vivre)* leefbaar **2** *(supportable)* waar mee te leven valt; **son mari n'est pas ~** met haar man valt niet te leven
vivace *adj* **1** *(robuste)* vol levenskracht **2** *(durable)* hardnekkig
vivacité *nf* **1** *(entrain)* levendigheid *nf;* **~ d'esprit** vlugheid van begrip **2** *(emportement)* heftigheid *nf* **3** *(de l'air, du teint)* frisheid *nf*
vivant[1] *nm* ♦ **de son ~** tijdens zijn leven; **du ~ de** bij het leven van
vivant[2] *adj* **1** *(en vie, doué de vie)* levend; **le bon ~** de bon vivant; **les ~s et les morts** de levenden en de doden **2** *(plein de vie, d'animation)* levendig
vivats *nm* juichkreten *plur*
vivement *adv* **1** *(avec vivacité)* levendig **2** *(d'un ton vif)* fel **3** *(beaucoup)* sterk; **~ affecté** diepgeroerd ♦ **~ qu'il vienne!** als hij nu maar vlug komt!; **~ ce soir!** was het maar vanavond!
vivier *nm* visvijver *nm*
vivifiant *adj* opwekkend
vivifier *vt* opwekken
vivisection *nf* vivisectie *nf*
vivoter *vi* een kwijnend bestaan leiden
vivre[1] *nm (plur.)* levensmiddelen *plur;* **couper les ~s à qn** iemands toelage stoppen ♦ **le ~ et le couvert** kost en inwoning
vivre[2] *vi* **1** *(être en vie; mener sa vie)* leven; **qn qui a (beaucoup) vécu** iem die een rijk leven heeft gehad; **être facile à ~** makkelijk zijn in de omgang; **se laisser ~** Gods water over Gods akker laten lopen; **savoir ~** weten hoe men zich gedragen moet; **~ vieux** een hoge leeftijd bereiken **2** *(subvenir à ses besoins)* zich in leven houden; **avoir de quoi ~** genoeg hebben om van te leven; **faire ~ qn** in iemands levensonderhoud voorzien; **il faut bien ~** je moet toch je brood verdienen **3** *(habiter)* wonen; **~ avec qn** met iem samenwonen
vivre[3] *vt* **1** *(avoir telle ou telle vie)* leiden; **~ sa vie** zijn eigen leven leiden **2** *(passer)* doormaken; **~ des jours heureux** een gelukkige tijd hebben
vocabulaire *nm* woordenschat *nm*
vocal *adj* **1** *(qui produit la voix)* stem- **2** *(chant)* vocaal
vocation *nf* **1** *(penchant pour une profession, un état)* roeping *nf (aussi relig.)* **2** *(destination)* bestemming *nf;* **région à ~ touristique** streek met een toeristische functie
vociférer[1] *vi* tekeergaan (tegen)
vociférer[2] *vt* (uit)schreeuwen
vœu *nm* **1** *(promesse; résolution)* gelofte *nf;* **faire le ~ de ne plus faire qch** zich vast voornemen iets niet meer te doen **2** *(souhait)* wens *nm;* **~x de bonne année** gelukwensen voor het nieuwe jaar; **faire un ~** een wens doen; **tous mes ~x, meilleurs ~x** mijn beste wensen; **faire le ~ que** wensen dat
vogue *nf* mode *de;* **en ~** in (de mode)
voguer *vi* varen
voici *adv* ziehier, hier is, hier zijn; **~ ce qui m'est arrivé** het volgende is mij overkomen; **~ les faits** dit zijn de feiten; **le ~** hier is hij; **le ~ qui arrive** hier komt hij; **nous ~ arrivés** nu zijn we er
voie *nf* **1** *(chemin)* weg *nm (aussi au fig.);* **les ~s de communication** de verkeerswegen; **être dans la bonne ~** op het goede pad zijn; **~s d'eau** waterwegen; **en ~ de guérison** aan de beterende hand; **pays en ~ de développement** ontwikkelingsland; **~ lactée** melkweg; **~s navigables** waterwegen; **par ~ de terre** over land; **~ privée** eigen weg **2** *(voie ferrée)* spoorweg *nm;* **la ~ ferrée** de spoorweg; **~ de garage** opstelspoor, *(fig.)* dood spoor **3** *(moyen)* wijze *de*, weg *nm;* **mettre qn sur la ~** iem op het goede spoor brengen, iem op weg helpen **4** *(biol.)* weg *nm;* **par ~ buccale** door de mond, oraal; **~s respiratoires** luchtwegen ♦ **~ d'eau** lek; **~ maritime** verkeer over zee
voilà *adv* ziedaar, daar is, daar zijn; **~ trois ans** het is nu drie jaar geleden; *(iron.)* **nous ~ bien** nu zitten we goed in de knoei; **~ comment il faut faire** zo moet je dat doen; **en ~ un idiot!** wat een idioot!; **la ~ enfin partie** eindelijk is ze dan toch vertrokken; **les ~ enfin** daar heb je ze eindelijk; **et ~ tout** dat is alles; **nous y ~** *(lieu)* we zijn er, *(question)* nu zijn we bij de kern van de zaak; **~, ~ j'arrive** jaja, ik kom er al aan
voilage *nm* vitrage *het/de*
voile[1] *nm* **1** *(étoffe destinée à cacher)* doek *nm* **2** *(coiffure féminine)* sluier *nm (aussi au fig.);* **~ de mariée** bruidssluier **3** *(fig.) (ce qui cache qch)* sluier *nm;* **lever le ~ de qch** iets ontsluieren **4** *(tissu fin et léger)* voile *nm* ♦ **le ~ du palais** het zachte verhemelte; **un ~ au poumon** een schaduw op de long
voile[2] *nf* **1** *(d'un bateau)* zeil *het;* **mettre les ~s** opstappen; **mettre toutes ~s dehors** alle zeilen bijzetten **2** *(navigation à voile)* (het) zeilen; **faire de la ~** zeilen
voilé *adj* **1** *(recouvert d'un voile)* gesluierd **2** *(obscur)* verborgen; **s'exprimer en termes ~s** zich in bedekte termen uiten **3** *(flou)* wazig **4** *(voix)* hees ♦ **roue ~e** wiel waar een slag in zit
voiler[1] *vt* **1** *(couvrir d'un voile)* sluieren **2** *(dissimuler)* verhelen **3** *(obscurcir)* verduisteren
se voiler[2] *vpr* **1** *(porter le voile)* een slui-

er dragen **2** *(perdre son éclat)* dof worden, betrekken *(ciel)*, minder scherp worden *(regard)* **3** *(voix)* hees worden **4** *(roue)* aanlopen

voir[1] *vi* zien; **on commence à y ~ clair** we beginnen het te snappen; *(fig.)* **~ rouge** in blinde woede ontsteken

voir[2] *vt* **1** *(percevoir par les yeux; assister à)* zien; **en faire ~ à qn** iem het leven zuur maken; **en avoir vu bien d'autres** nog wel wat anders meegemaakt hebben; **qu'il aille se faire ~** hij kan naar de bliksem lopen; **vous m'en voyez ravi** ik ben er verrukt van; **regarder qn sans le ~** door iem heen kijken; **se faire ~** zich vertonen; **allez ~ là-bas si j'y suis** laat me met rust; **on aura tout vu** dat is het toppunt; **~ venir qn** iem doorhebben; **je voudrais vous y ~** ik zou u weleens in mijn plaats willen zien **2** *(visiter)* bezoeken **3** *(rencontrer)* ontmoeten; **aller ~ qn** iem opzoeken; **~ un avocat** een advocaat raadplegen; **je ne le vois plus** ik heb het contact met hem verbroken; **je ne peux pas le ~** ik kan hem niet uitstaan; **pourrais-je ~ le patron?** zou ik de baas kunnen spreken? **4** *(considérer)* bezien, beschouwen; **c'est à ~** dat staat te bezien; **ne ~ que l'argent** alleen maar oog voor het geld hebben **5** *(imaginer; concevoir)* voor zich zien; **je vois ça d'ici** ik zie dat duidelijk voor me; **~ tout en noir** een pessimistische kijk hebben; **je ne le vois pas en médecin** ik zie geen dokter in hem; **~ grand** grote plannen hebben ♦ **n'avoir rien à ~ avec une affaire** niets te maken hebben met een zaak; **essaie (un peu pour) ~** probeer het maar, als je durft; **je vois** ik begrijp het; **voyons!** kom aan!; **cela n'a rien à ~** dat heeft er niets mee te maken

se voir[3] *vpr* **1** *(être vu)* gezien worden **2** *(voir sa propre image)* zich zien; **elle s'est vu refuser l'entrée** men heeft haar de toegang geweigerd **3** *(survenir)* te zien zijn; **cela ne s'est jamais vu** dat is nog nooit vertoond **4** *(se fréquenter)* met elkaar omgaan; **ne pas pouvoir se ~** elkaar niet kunnen uitstaan **5** *(se voir l'un l'autre)* elkaar zien

voire *adv* en zelfs

voirie *nf* **1** *(voies publiques)* wegennet *het* **2** *(service chargé des voies de communication)* overheidsdienst *nm* voor straten en wegen **3** *(nettoyage des rues, enlèvement des ordures; service de voirie)* gemeentereiniging *nf*; **service de ~** reinigingsdienst

voisin *adj* **1** *(rapproché)* naburig; **le, la ~(e)** de buurman, buurvrouw; **pays ~** buurland **2** *(semblable à)* verwant (aan)

voisinage *nm* **1** *(ensemble des voisins)* nabuurschap *nf*; **vivre en bon ~ avec qn** in goede nabuurschap met iem leven **2** *(proximité)* nabijheid *nf*

voisiner *vi (+ avec)* zich bevinden bij

voiture *nf* **1** *(automobile)* auto *nm*, *(Belg.)* wagen *nm*; **~ de course** raceauto; **en ~** met de auto, *(Belg.)* met de wagen; **~ piégée** autobom; **~ tout-terrain** terreinwagen **2** *(véhicule sur roues)* voertuig *het* **3** *(wagon)* rijtuig *het*; **en ~!** instappen!

voix *nf* **1** *(ensemble de sons)* stem *de*; **à ~ basse** zachtjes; **chanter à deux ~** tweestemmig zingen; **à ~ haute** met luider stem; **avoir de la ~** een goede (zang)stem hebben; **se casser la ~** zich schor praten, schreeuwen; **de vive ~** mondeling; **s'éclaircir la ~** zijn keel schrapen; **entendre des ~** stemmen horen; **grosse ~** zware stem; **être sans ~** zijn stem kwijt zijn, *(fig.)* sprakeloos van verbazing zijn **2** *(avis)* stem *de*; **avoir ~ au chapitre** een stem in het kapittel hebben **3** *(suffrage)* stem *de*; **donner sa ~ à qn** zijn stem op iem uitbrengen **4** *(ling.)* vorm *nm*; **~ active, passive** bedrijvende, lijdende vorm

vol *nm* **1** *(fait de dérober)* diefstal *nm*, oplichting *nf*; **~ à main armée** gewapende overval **2** *(d'animaux, d'un avion)* (het) vliegen, vlucht *de*; **~ à voile** zweefvlucht; **au ~** in het voorbijgaan; **en (plein) ~** tijdens de vlucht *(avion)*; **de haut ~** hoogvliegend, *(fig.)* eersterangs; **~ de nuit** nachtvlucht; **à ~ d'oiseau** in vogelvlucht, hemelsbreed; **~ plané** zweefvlucht

volage *adj* veranderlijk, lichtzinnig

volaille *nf* gevogelte *het*

volailler *nm* poelier *nm*

volant[1] *nm* **1** *(d'une automobile)* stuur *het*; **tenir le ~, être au ~** sturen **2** *(sports)* (badminton)shuttle *nm* **3** *(bande de tissu)* volant *nm*

volant[2] *adj* **1** *(qui vole, peut voler)* vliegend **2** *(mobile)* verplaatsbaar; **feuille ~e** los blaadje

volatil *adj (aussi au fig.)* vluchtig

volatile *nm* stuk *het* pluimvee, *(plur.)* pluimvee *het*

se volatiliser *vpr* vervliegen, *(fig.)* in het niets verdwijnen

volcan *nm (aussi au fig.)* vulkaan *nm*; **~ en activité** werkzame vulkaan

volcanique *adj* vulkanisch

volée *nf* **1** *(fait de voler)* (het) vliegen; **à toute ~** met kracht; **prendre sa ~** opvliegen, *(fig.)* zelfstandig worden **2** *(groupe)* vlucht *de* **3** *(jet, lancement)* salvo *het* **4** *(rang)* rang *nm*; **de haute ~** *(de haute condition)* uit de hoogste standen, *(de grande envergure)* van formaat **5** *(raclée)* aframmeling *nf* **6** *(au tennis, au volley-ball)* volley *de*; **attraper une balle à la ~** een bal in de lucht opvangen

voler[1] *vi* vliegen; *(fig.)* **~ dans les bras de qn** in iemands armen vliegen

voler[2] *vt* **1** *(dérober)* stelen **2** *(dévaliser qn; cambrioler qn)* bestelen; **se faire ~** bestolen worden **3** *(escroquer)* oplichten ♦ **il ne l'a pas volé** hij heeft het wel verdiend

volet *nm* **1** *(persienne)* luik *het* **2** *(partie)* deel *het* **3** *(panneau mobile)* vleugel *nm* ♦ *(fig.)* **trier sur le ~** met zorg uitkiezen

voleter *vi* fladderen

voleur, -euse *n* **1** *(cambrioleur, pickpocket, etc.)* dief, dievegge *nm,f*; **au ~!** houdt de dief!; **~ à la tire** zakkenroller **2** *(escroc)* oplichter *nm*

volière *nf* volière *de*
volley-ball, volley *nm* volleybal *het*
volleyeur, -euse *n* volleyballspeler, -speelster *nm,f*
volontaire *adj* **1** *(qui agit librement)* vrijwillig; **le, la** ~ de vrijwilliger, vrijwilligster **2** *(adj.) (déterminé)* wilskrachtig **3** *(intentionnel)* opzettelijk
volontariat *nm* vrijwillige dienst *nm*
volonté *nf* **1** *(faculté de vouloir)* wil *nm;* **à** ~ naar believen; **bonne** ~ goede wil; **les dernières ~s** de laatste wil; **mauvaise** ~ onwilligheid **2** *(détermination)* wilskracht *de;* **avoir de la** ~ wilskrachtig zijn **3** *(plur.) (caprices)* grillen *plur*
volontiers *adv* graag; **très** ~ erg graag
voltage *nm* voltage *het/de (f)*
volte-face *nf* **1** *(action de se retourner)* halve draai *nm;* **faire** ~ rechtsomkeert maken **2** *(revirement)* ommezwaai *nm;* **faire** ~ *(fig.)* plotseling van mening veranderen
voltige *nf* **1** *(à cheval)* (het) voltigeren **2** *(au cirque)* sprong *nm;* **haute** ~ trapezewerk **3** *(acrobatie intellectuelle)* hoogstandje *het*
voltiger *vi* **1** *(oiseaux, insectes)* fladderen **2** *(papiers, flocons de neige)* dwarrelen
volubile *adj* rad (van tong)
volume *nm* **1** *(partie de l'espace)* volume *het* **2** *(capacité; quantité mesurant un volume)* inhoud *nm* **3** *(mesure, proportion)* deel *het;* **trois ~s d'eau pour un d'alcool** drie delen water op één deel alcohol **4** *(encombrement)* ruimte *nf* **5** *(quantité globale)* omvang *nm* **6** *(intensité)* volume *het (de la voix, de la radio)*, sterkte *nf (d'un son)* **7** *(tome; réunion de cahiers)* boekdeel *het;* **dictionnaire en six ~s** zesdelig woordenboek
volumineux *adj* omvangrijk, lijvig *(livre);* **courrier** ~ stapels post
volupté *nf* wellust *nm*
voluptueux *adj* wellustig
volute *nf* **1** *(enroulement)* krul *de;* **les ~s d'un cigare** de (rook)kringels van een sigaar **2** *(archit.)* voluut *de*
vomi *nm* braaksel *het*
vomir *vt* **1** *(rejeter par la bouche)* overgeven *(de la nourriture)*, spugen *(du sang);* **avoir envie de** ~ moeten overgeven **2** *(exécrer)* walgen van **3** *(des insultes)* uitstoten
vomissement *nm* **1** *(fait de vomir)* (het) braken **2** *(matière vomie)* braaksel *het*
vorace *adj* vraatzuchtig, gulzig *(aussi au fig.)*
voracité *nf* **1** *(gloutonnerie)* vraatzucht *de* **2** *(avidité)* begerigheid *nf*
votant, -ante *n* **1** *(qui a le droit de voter)* stemgerechtigde *nm* **2** *(qui vote)* stemmer *nm*
vote *nm* **1** *(voix)* stem *de;* **bulletin de** ~ stembriefje **2** *(fait de voter)* stemming *nf* ♦ ~ **d'une loi** aanneming van een wet
voter[1] *vi (s'exprimer par un vote)* stemmen (voor); ~ **à droite** rechts stemmen; ~ **communiste** op de communisten stemmen
voter[2] *vt (décider par un vote)* aannemen; ~ **des crédits** kredieten toewijzen
votre, vos *adj poss* uw *(forme de politesse (un ou plusieurs possesseurs))*, jullie *(forme familière (plusieurs possesseurs))*
vôtre[1], **vôtres** *nm* **1** *(propriété)* (het) uwe; **il faut que vous y mettiez du** ~ u moet er zelf ook wat toe bijdragen **2** *(plur.) (proches)* (de) uwen *(plur.);* **je suis des ~s** ik doe (met u) mee
vôtre[2] *adj poss* van u; **considérez ma maison comme** ~ beschouw mijn huis als het uwe
vôtre[3] *pron poss* (het, de) uwe; **à la (bonne)** ~ op uw gezondheid; **mon livre est le** ~ mijn boek is uw boek
vouer[1] **(à)** *vt* **1** *(consacrer à)* wijden (aan) **2** *(promettre solennellement)* zweren **3** *(condamner à)* (voor)bestemmen (voor); **être voué à l'échec** gedoemd zijn te mislukken
se vouer[2] **(à)** *vpr (se consacrer à)* zich wijden (aan)
vouloir[1] *nm* wil *nm*
vouloir[2] **(de)** *vi (accepter)* graag willen; **ne pas** ~ **de qn** niets van iem willen weten ♦ **en** ~ ambitieus zijn; **en** ~ **à qn** het iem kwalijk nemen; **en** ~ **à qn de qch** iem iets kwalijk nemen; **ne m'en veut pas, ne m'en veuillez, voulez pas** neem mij niet kwalijk
vouloir[3] *vt* willen; ~ **du bien à qn** het goede met iem voorhebben; **moi, je veux bien** mij best; **si vous voulez-bien** als u het ermee eens bent; **veux-tu bien sortir?** wil je weleens vlug naar buiten gaan?; **je veux bien que tu aies raison** je kunt best gelijk hebben; **comme vous voulez** zoals u wenst; **comment voulez-vous que je fasse?** wat kan ik eraan doen?; **que me voulez-vous?** wat wilt u van me?; **que tu le veuilles ou non** of je het nu wilt of niet; **veuillez poursuivre** wees zo goed om door te gaan; **que voulez-vous (que je fasse, que je dise)?** wat kan ik eraan doen?; **sans le** ~ per ongeluk, zonder opzet ♦ ~ **dire qch** iets betekenen; **que veut dire ce gribouillis?** wat moet dit gekrabbel voorstellen?
se vouloir[4] *vpr* ♦ **s'en** ~ **de qch** zichzelf iets kwalijk nemen
voulu *adj* **1** *(exigé par les circonstances)* vereist **2** *(intentionnel)* opzettelijk; **c'est** ~ dat is met opzet
vous *pron pers* **1** *(forme familière, plur.)* jullie; ~ **autres Français** jullie Fransen **2** *(forme polie, sing. et plur.)* u; **de** ~ **à moi** onder ons gezegd **3** *(pron. indéf.)* je; ~ **êtes surpris quand ça** ~ **arrive** je bent verbaasd als zoiets je overkomt
voûte *nf* gewelf *het* ♦ ~ **céleste** hemelgewelf; ~ **crânienne** schedeldak
voûté *adj* **1** *(qch)* gewelfd **2** *(qn)* met een kromme rug
voûter[1] *vt* **1** *(qch)* overwelven **2** *(qn)* buigen
se voûter[2] *vpr (devenir voûté)* krom worden
vouvoiement *nm* (het) met u aanspreken
vouvoyer *vt* met u aanspreken

voyage *nm* **1** *(déplacement d'une personne)* reis *de;* **en** ~ op reis; ~ **organisé** groepsreis **2** *(pour transporter qch)* rit *nm*
voyager *vi* **1** *(faire un voyage)* reizen **2** *(être transporté)* vervoerd worden
voyageur, -euse *n* **1** *(personne en voyage)* reizig(st)er *nm (nf);* ~ **(de commerce), commis** ~ handelsreiziger; **être** ~ reislustig zijn **2** *(passager)* passagier *nm*
voyance *nf* helderziendheid *nf*
voyant[1], -ante *n* **1** *(personne qui voit)* iem die kan zien, ziende *nm;* **les non-voyants et les ~s** de blinden en de zienden **2** *(devin)* helderziende *nm, (f.)* waarzegster *nf* **3** *(m.) (signal lumineux)* controlelampje *het;* ~ **lumineux** lichtsein
voyant[2] *adj* opvallend, schel *(couleur)*
voyelle *nf* klinker *nm*
voyeur, -euse *n* voyeur *nm*
voyou *nm* **1** *(garçon mal élevé)* straatjongen *nm* **2** *(crapule)* schooier *nm*
vrac *nm* stortgoed *het;* **en** ~ in bulk, *(en désordre)* op een hoop; **acheter qch en** ~ iets los kopen
vrai[1] *adj* waar; *(subst.)* **à dire ~, à ~ dire** om de waarheid te zeggen; **il est ~ que** het is waar dat; **le** ~ het ware, de waarheid; **être dans le** ~ het bij het rechte eind hebben; **c'est pas** ~ niet te geloven; **pas ~?** is het niet?
vrai[2], vraiment *adv* **1** *(conformément à la vérité)* overeenkomstig de waarheid; **faire** ~ er echt uitzien; **parler** ~ de waarheid spreken **2** *(réellement)* heus
vraisemblable *adj* waarschijnlijk; **le** ~ het waarschijnlijke
vraisemblance *nf* waarschijnlijkheid *nf;* **selon toute** ~ naar alle waarschijnlijkheid
vrille *nf* **1** *(mouvement d'un avion)* vrille *nf* **2** *(outil)* (fret)boor *de* **3** *(spirale)* spiraal(vorm) *de (nm);* **en** ~ spiraalvormig
vrombir *vi* ronken *(moteur)*, gonzen *(insectes)*
vu[1] *nm* ♦ **au ~ et au su de tout le monde** publiekelijk; **c'est du déjà** ~ dat is oude koek
vu[2] *adj* **1** *(perçu par le regard)* gezien; **ni ~ ni connu** geen haan die er naar kraait **2** *(compris)* begrepen; **c'est tout ~!** dat is een uitgemaakte zaak! ♦ **être bien** ~ goed aangeschreven staan
vu[3] *prép* gezien; ~ **que** aangezien
vue *nf* **1** *(sens; vision)* gezicht(svermogen) *het;* **avoir la ~ basse, courte** bijziend zijn; **avoir la ~ longue** verziend zijn; **perdre la** ~ het gezichtsvermogen verliezen **2** *(regard)* blik *nm;* **à ~ d'œil, à ~ de nez** zo op het oog; **perdre de** ~ uit het gezicht verliezen; **connaître qn de** ~ iem van gezicht kennen; **en** ~ *(visible)* zichtbaar, *(important)* vooraanstaand; **le succès est en** ~ het succes is vlakbij; **hors de** ~ uit het gezicht (verdwenen); **en mettre plein la ~ à qn** iem de ogen uitsteken; **naviguer à** ~ op goed geluk handelen **3** *(panorama)* uitzicht *het* **4** *(perception par la vue)* waarneming *nf;* **à la ~ de** bij het zien van **5** *(image, photo)* afbeelding *nf;* ~ **d'ensemble** overzicht; ~ **de face** vooraanzicht **6** *(idée)* denkbeeld *het*, inzicht *het;* **à courte** ~ kortzichtig **7** *(visée)* bedoeling *nf;* **avoir des ~s sur qn** iets met iem voorhebben; **avoir en** ~ op het oog hebben; **en ~ de** (met het doel) om ♦ **pièce ayant ~ sur le jardin** vertrek dat uitkijkt op de tuin; **longue** ~ verrekijker
vulgaire *adj* **1** *(adj.) (très répandu; ordinaire)* gewoon, *(adv.)* gewoonlijk **2** *(commun, grossier)* ordinair, vulgair; **c'est d'un ~!** dat is me toch laag-bij-de-gronds!
vulgarisation *nf* popularisatie *nf;* **ouvrage de** ~ populairwetenschappelijk werk
vulgariser *vt* populariseren
vulgarité *nf* vulgariteit *nf*
vulnérabilité *nf* kwetsbaarheid *nf*
vulnérable *adj* kwetsbaar *(aussi au fig.)*
vulve *nf* vulva *de*, schaamspleet *de*

W

w *nm* w *de;* **w comme William** de w van Willem
wagon *nm* **1** *(voiture d'un train)* wagon *nm*, rijtuig *het;* ~ **à bestiaux** beestenwagen; ~ **frigorifique** koelwagen **2** *(contenu)* wagon(lading) *nm (nf)* **3** *(grande quantité)* lading *nf (sans prép.)*
wagon-citerne *nm* tankwagon *nm*
wagon-lit *nm* slaapwagen *nm*
wagonnet *nm* lorrie *nf*
wagon-restaurant *nm* restauratierijtuig *het*
wallon *adj* Waals; **le** ~ het Waals; **le, la Wallon(ne)** de Waal(se)
Wallonie *nf* Wallonië *n (sans art.)*
waterproof *adj* waterdicht
waters *nm* wc *de (sing.)*, toilet *het (sing.)*
watt *nm* watt *nm*
watt-heure *nm* wattuur *het*
W.-C. *nm* wc *de (sing.)*
web *nm* web *het*
webmestre *nm* webmaster *nm*
week-end *nm* weekend *het;* **partir en** ~ op weekend gaan
western *nm* western *nm*
whisky *nm* whisky *nm;* ~ **nature** whisky puur
white-spirit *nm* terpentine *nf*

X

X *nm (personne inconnue)* X *de* ♦ **jambes en** ~ X-benen
x *nm* x *de;* **pendant x années** gedurende zo en zoveel jaren; **x comme Xavier** de x van Xantippe
xénophobe *adj* vijandig gezind jegens vreemdelingen; **le, la** ~ de vreemdelingenhater, vreemdelingenhaatster
xénophobie *nf* vreemdelingenhaat *nm*
xérès *nm* sherry *nm*
xylophone *nm* xylofoon *nm*

y

y[1] *nm* y *de;* **y comme Yvonne** de ij van Ysbrand
y[2] *pron* eraan ♦ **ça ~ est!** het is zover!
y[3] *adv* **1** *(lieu où l'on est)* er(in) **2** *(lieu où l'on va)* erheen
yacht *nm* jacht *het*
yaourt *nm* yoghurt *nm;* ~ **à boire** drink-yoghurt
yiddish *nm* Jiddisch *het;* **la littérature** ~ de Jiddische literatuur
yogourt *nm* → **yaourt**
yougoslave *adj (hist.)* Joegoslavisch; **le, la Yougoslave** de Joegoslaviër, Joegoslavische
yo-yo® *nm* jojo *nm;* **faire du** ~ jojoën *(surtout* ⇓*)*
yucca *nm* palmlelie *de*, yucca *nm*

Z

z *nm* z *de;* **z comme Zoë** de Z van Zeeland
zapper *vi* zappen
zappeur *nm* **1** *(personne)* zapper *nm* **2** *(appareil)* afstandsbediening *nf*
zapping *nm* (het) zappen
zèbre *nm* **1** *(animal)* zebra *nm* **2** *(individu bizarre)* rare snuiter *nm*
zébrer *vt* gestreept maken; **passage zébré** zebrapad
zébu *nm* zeboe *nm*
zélandais *adj* Zeeuws; **le, la Zélandais(e)** de Zeeuw(se)
Zélande *nf* Zeeland *n (sans art.)*
zèle *nm* ijver *nm;* **faire du** ~ al te ijverig zijn
zélé *adj* ijverig
zénith *nm* **1** *(astronomie)* zenit *het* **2** *(sommet)* hoogtepunt *het*
zeppelin *nm* zeppelin *nm*
zéro *nm* nul *de;* **avoir le moral à ~, être à** ~ in de put zitten; **collectionner les ~s** slechte cijfers halen; ~ **de conduite** gedrag onvoldoende; **c'est un** ~ hij is een nul; **à ~ heure** om twaalf uur 's nachts; **partir de** ~ van voor af aan beginnen
zeste *nm* **1** *(écorce)* schilletje *het* **2** *(petite quantité)* vleugje *het*
zester *vt* dun afschillen
zézayer *vti* slissen
zibeline *nf* **1** *(animal)* sabeldier *het* **2** *(fourrure)* sabelbont *het*
zig, zigoto, zigue *nm* vent *nm;* **faire le** ~ de grapjas uithangen
zigouiller *vt* om zeep helpen
zigzag *nm* zigzag(lijn) *nm (de);* **en** ~ zigzaggend
zigzaguer *vi* zigzaggen
zinc *nm* **1** *(métal)* zink *het* **2** *(comptoir)* tapkast *de* **3** *(avion)* kist *de*
zinzin *adj* mesjokke
zizanie *nf* twist *nm;* **semer la** ~ tweedracht zaaien
zizi *nm* plasser *nm*, piemeltje *het*
zodiaque *nm* dierenriem *nm*
zona *nm* gordelroos *de*
zone *nf* **1** *(région)* streek *de*, zone *de;* ~ **d'action, d'activité** reikwijdte, *(milit.)* gevechtszone; ~ **bleue** blauwe zone, parkeerzone; ~ **franche** tolvrije zone; ~ **d'influence** invloedssfeer; **de seconde** ~ tweederangs *(adj. invar.);* ~ **à urbaniser en priorité, ZUP** bij voorrang voor stadsuitleg aangewezen gebied **2** *(faubourgs)* arme buitenwijken *plur* (van Parijs)
zoo *nm* dierentuin *nm*
zoologie *nf* dierkunde *nf*, zoölogie *nf*
zoologique *adj* zoölogisch
zoologiste, zoologue *n* dierkundige *nm*, zoölloog, -loge *nm,f*
zoom *nm* **1** *(effet photographique)* (het) zoomen **2** *(objectif)* zoomlens *de*
zouave *nm* **1** *(soldat)* zoeaaf *nm* **2** *(idiot)* pias *nm;* **faire le** ~ de pias uithangen
zozo *nm* sukkel *nm*
zozoter *vi* slissen
zut *interj* verhip!, stik!

Dictionnaire néerlandais-français

a

a *de (-'s)* **1** a; *(prov)* **wie a zegt, moet ook b zeggen** quand le vin est tiré, il faut le boire **2** *(mus.)* la
Aag·je *het (-s)* ♦ **een nieuwsgierig aagje** un petit curieux, une petite curieuse
aai *nm (-en)* caresse
aai·en *vti (h. geaaid)* caresser
aak *de (aken)* chaland
aal *nm (alen)* anguille; **het is een gladde ~** c'est un fin renard
aal·bes *de (-sen)* **1** groseille **2** groseillier
aal|moes *de (-moezen)* aumône
aal·moe·ze·nier *nm (-s)* aumônier
aam·beeld *het (-en)* enclume; *(fig.)* **altijd op hetzelfde ~ slaan** ressasser sans cesse le même refrain
aam·bei *de (-en)* hémorroïde
aan[1] *adj, adv* **1** *(de vêtements)* mis **2** en fonctionnement **3** allumé ♦ **daar heeft zij niets ~** cela ne lui sert à rien; **daar ben ik nog niet ~ toe** je n'en suis pas encore là; **hij moet er ~** il aura le dessous, il devra payer les pots cassés, il faudra le supprimer; **er beroerd ~ toe zijn** aller mal; **zij is eraan toe** elle est prête à commencer, elle en a vraiment besoin; **het is weer dik ~ tussen hen** ils se sont rabibochés; **dat is maar net ~** c'est tout juste; **daar is niets, weinig ~** ce n'est pas (bien) difficile, ce n'est pas (très) intéressant, l'objet n'est pas (tellement) abîmé; **rustig ~!** doucement!; **zij weet niet waar zij ~ toe is** elle ne sait pas à quoi s'en tenir; **~ vakantie toe zijn** avoir besoin de vacances; **we zijn ~ hoofdstuk drie toe** nous en sommes au chapitre trois
aan[2] *prép* **1** à; **doen ~** faire (qch), pratiquer (qch); **~ het werk gaan** se mettre au travail; **dat is ~ het toenemen** cela va (en) augmentant; **hoe kom je ~ dat spul?** où as-tu déniché cela?; **dat ligt ~ haar** cela dépend d'elle, c'est de sa faute; **hij gooide het kopje ~ stukken** il cassa la tasse en mille morceaux **2** de ♦ **~ de Maas** sur la Meuse; **hij wil niet ~ een auto** il ne veut pas de voiture; **~ zee** au bord de la mer
aan·bak·ken *vi (i. aangebakken)* attacher
aan·be·de·ne *nm (-n)* idole
aan·beeld *het (-en)* → **aambeeld**
aan·be·lan·den *vi (i. aanbeland)* atterrir
aan·bel·len *vi (h. aangebeld)* sonner (à la porte de qn)
aan·be·nen *vi (h. aangebeend)* presser le pas
aan·be·ste·den *vt (h. aanbesteed)* mettre en adjudication
aan·be·ta·len *vt (h. aanbetaald)* payer un acompte de
aan·be·ve·len *vt (h. aanbevolen)* recommander (qch à qn)
aan·be·ve·lens·waar·dig *adj* recommandable
aan·be·ve·ling *nf (-en)* **1** recommandation **2** liste de présentation (de candidats) **3** compliment
aan·bid·den *vt (h. aanbeden) (relig.; fig.)* adorer
aan|bid·der *nm (-s)*, **-bidster** *nf (-s)* **1** *(relig.)* adorateur, -trice **2** admirateur, -trice
aan·bie·den[1] *vt (h. aangeboden)* offrir; **iets te koop ~** mettre qch en vente; **zich als vrijwilliger ~** se porter volontaire
aan·bie·den[2] *vpr (zich ~; h. zich aangeboden)* se présenter
aan·bie·ding *nf (-en)* **1** offre; **in de ~** en promotion **2** article en promotion ♦ **bij de ~ van het cadeau** lors de la remise du cadeau
aan·bin·den *vt (h. aangebonden)* **1** attacher **2** commencer
aan·bla·zen *vt (h. aangeblazen)* **1** attiser **2** *(mus.)* emboucher **3** *(ling.)* aspirer
aan·blij·ven *vi (i. aangebleven)* rester en place
aan·blik *nm* **1** vue; **bij de eerste ~** à première vue **2** apparence (extérieure)
aan·bod *het* **1** offre **2** survenance
aan·bo·ren *vt (h. aangeboord)* **1** rencontrer; **nieuwe belastingbronnen ~** découvrir de nouvelles sources d'impôt; **petroleum ~** forer un gisement de pétrole **2** percer
aan·bouw *nm* **1** construction *(action)* **2** annexe *(bâtiment)*

aan·bou·wen *vt (h. aangebouwd)* **1** ajouter *(à un bâtiment, à une maison)* **2** construire à côté
aan·bouw·sel *het (-s)* annexe
aan·bra·den *vt (h. aangebraden) (viande)* faire revenir
aan·bran·den *vi (i. aangebrand)* attacher
aan·bre·ken[1] *vi (h./i. aangebroken)* naître; **de dag brak aan** le jour se levait, *(fig.)* le jour arriva; **het moment is aangebroken om** le moment est venu de
aan·bre·ken[2] *vt (h./i. aangebroken) (stock, bouteilles etc.)* entamer
aan·bren·gen *vt (h. aangebracht)* **1** mettre; **een gat in de muur** ~ faire un trou dans le mur **2** recruter **3** apporter **4** causer
aan·dacht *de* attention; ~ **besteden aan** faire, prêter attention à; **iets onder iemands** ~ **brengen** porter qch à l'attention de qn; **zijn** ~ **op iets richten** fixer son attention sur qch; ~ **schenken aan iem** prêter attention à qn; **de** ~ **trekken** attirer l'attention; **de** ~ **vestigen op iets** attirer l'attention sur qch; ~**!** *(Belg.)* attention!
aan·dach·tig *adj, adv* attentif, attentivement
aan|deel *het (-delen)* **1** part; ~ **hebben in een zaak** participer à une affaire **2** *(fin.)* apport **3** *(fin.)* action
aan·deel·hou·der *nm (-s)* actionnaire
aan·den·ken *het* souvenir; **als** ~ **aan** en souvenir de
aan·die·nen[1] *vt (h. aangediend)* annoncer *(une personne)*
aan·die·nen[2] *vpr (zich ~; h. zich aangediend)* se faire passer (pour)
aan·dik·ken *vti (h./i. aangedikt)* grossir *(aussi au fig.)*
aan·doen *vt (h. aangedaan)* **1** *(de vêtements etc.)* mettre **2** faire **3** donner une impression **4** s'arrêter dans **5** faire marcher
aan·doe·ning *nf (-en)* **1** affection; **seksueel overdraagbare ~en** maladies sexuellement transmissibles **2** émotion
aan·doen·lijk *adj, adv* **1** émouvant, d'une manière touchante **2** impressionnable
aan·draai·en *vt (h. aangedraaid)* **1** serrer **2** ouvrir
aan·dra·gen *vt (h. aangedragen)* apporter; **met iets komen** ~ s'amener avec qch, *(fig.)* mettre qch sur le tapis
aan·drang *nm* **1** afflux; ~ **hebben** avoir envie de satisfaire un besoin naturel **2** instances; ~ **uitoefenen (op)** faire pression (sur) **3** insistance
aan·drij·ven *vti (h./i. aangedreven)* **1** pousser (à) **2** *(technol.)* actionner ♦ **op een vlot komen** ~ arriver sur un radeau
aan·drij·ving *nf (-en)* propulsion
aan·drin·gen *vi (h./i. aangedrongen)* insister (sur); **op** ~ **van** sur les instances de; **bij iem op hulp** ~ demander instamment de l'aide à qn
aan·druk·ken *vt (h. aangedrukt)* serrer; **een deur** ~ fermer une porte en poussant
aan·dui·den *vt (h. aangeduid)* **1** indiquer; **een persoon** ~ désigner une personne **2** signifier; **zijn houding duidt zijn ontevredenheid aan** son attitude exprime le mécontentement
aan·dur·ven *vt (h. aangedurfd)* **1** oser (entreprendre) (qch) **2** oser tenir tête à (qn)
aan·du·wen *vt (h. aangeduwd)* pousser
aan·dwei·len *vt (h. aangedweild)* donner un coup de serpillière sur
aan·een *adv (form.)* d'affilée; **dagen** ~ durant des journées entières; **twee woorden** ~ **schrijven** écrire deux mots en un seul
aan·een·ge·slo·ten *adj* serré; **een** ~ **periode** une période ininterrompue
aan·een·scha·ke·len *vt (h. aaneengeschakeld)* enchaîner
aan·een·scha·ke·ling *nf (-en)* succession
aan·een·slui·ten[1] *vpr (zich ~; h. zich aaneengesloten)* s'unir
aan·een·slui·ten[2] *vi (h. aaneengesloten)* être bien joints
aan·een·slui·ten[3] *vt (h. aaneengesloten)* ajuster
aan·flit·sen *vi (i. aangeflitst)* s'allumer subitement
aan·flui·ting *nf (-en)* risée; **dat was een** ~ **van alle recht** c'était une caricature du droit
aan·gaan[1] *vi (h./i. aangegaan)* **1** aller (vers); **achter iem/iets** ~ essayer de rattraper qn, qch, partir à la recherche de qn, de qch **2** *(+ bij)* passer (chez) **3** commencer **4** s'allumer **5** convenir
aan·gaan[2] *vt (h./i. aangegaan)* **1** engager **2** *(traité, contrat)* conclure **3** concerner; **dat gaat hem niet aan** cela ne le regarde pas **4** toucher; **wat gaat mij dat aan** qu'est-ce que cela peut me faire?
aan·gaan·de *prép (form.)* à propos de
aan·ga·pen *vt (h. aangegaapt)* regarder bouche bée
aan·ge·bo·den → **aanbieden**[1]
aan·ge·bon·den *adj* ♦ **kort** ~ **zijn** avoir la tête près du bonnet
aan·ge·bo·ren *adj* **1** inné **2** héréditaire
aan·ge·brand *adj* ♦ **gauw** ~ **zijn** se fâcher pour un rien
aan·ge·daan *adj* ému
aan·ge·klaag·de *nm (-n)* accusé, -ée
aan·ge·legd *adj* doué (pour); **artistiek** ~ doté de sens artistique
aan·ge·le·gen|heid *nf (-heden)* affaire
aan·ge|naam *adj, adv (-namer, -naamst)* agréable(ment); ~ **(kennis met u te maken)** enchanté (de faire votre connaissance)
aan·ge·no·men *conj* **(dat)** à supposer (que)
aan·ge·scho·ten *adj (fam.)* gris
aan·ge·schre·ven *adj* ♦ **hij staat slecht** ~ il est mal vu
aan·ge·sla|gen *adj (-gener, meest a.)* désemparé

aan·ge·trouwd *adj* apparenté (par alliance)
aan·ge·ven *vt (h. aangegeven)* **1** passer (à) **2** indiquer **3** déclarer; **diefstal** ~ porter plainte pour vol **4** dénoncer; **de dader heeft zichzelf aangegeven** le coupable s'est livré (à la police)
aan·ge·we·zen *adj (Belg.)* désirable ♦ **op iets** ~ **zijn** en être réduit à qch; **de** ~ **persoon zijn om ...** être bien placé pour ...
aan·ge·zicht *het (-en)* visage; *(fig.)* **in het** ~ **van de dood** devant la mort; **van** ~ **tot** ~ **met iem** face à face avec qn
aan·ge·zien *conj (form.)* puisque
aan·gif·te *nf (-n)* déclaration; ~ **doen van iets** déclarer qch
aan·gif·te·bil·jet *het (-ten)* feuille d'impôts
aan·gren·zend *adj* limitrophe; **een** ~ **vertrek** une pièce contiguë
aan·grij·pen *vt (h. aangegrepen)* **1** émouvoir **2** attaquer **3** saisir; *(fig.)* **een strohalm** ~ se raccrocher à un ultime espoir
aan·grij·pend *adj, adv* (de façon) émouvant(e)
aan·groei·en *vi (i. aangegroeid)* **1** s'accroître **2** *(organisme)* repousser **3** se couvrir (de)
aan·ha·ken *vt (h. aangehaakt)* accrocher
aan·ha·len *vt (h. aangehaald)* **1** (at)tirer (à soi) **2** serrer; *(fig.)* **de vriendschapsbanden nauwer** ~ resserrer les liens d'amitié **3** citer **4** câliner **5** s'engager dans
aan·ha·lig *adj, adv* (sur un ton) câlin
aan·ha·ling *nf (-en)* citation
aan·ha·lings·te·ken *het (-s)* guillemet
aan·hang *nm* partisans; *(dans une invitation)* **met** ~ accompagné; *(iron.)* **daar komt X. met zijn** ~ voilà X. avec sa smala
aan·han·gen *vt (h. aangehangen)* **1** adhérer à; **het volk hangt nieuwe leiders aan** le peuple soutient de nouveaux chefs **2** accrocher
aan|han·ger[1] *nm (-s),* **-hangster** *nf (-s)* partisan
aan·han·ger[2] *nm (-s)* remorque
aan·han·gig *adj* ♦ **de zaak is voor het gerecht** ~ l'affaire est en instance; **een voorstel** ~ **maken** soumettre une proposition (à la discussion)
aan·hang·sel *het (-s)* annexe
aan·hang·wa·gen *nm (-s)* → **aanhanger**[2]
aan·han·ke·lijk *adj, adv* affectueux, affectueusement
aan·har·ken *vt (h. aangeharkt)* ratisser
aan·heb·ben *vt (h. aangehad)* **1** porter **2** avoir allumé
aan·hech·ten *vt (h. aangehecht)* (r)attacher
aan·hef *nm* commencement
aan·hef·fen *vti (h. aangeheven)* commencer
aan·hik·ken *vi (h. aangehikt) (fam.)* râler; **hij hikte erg tegen het karwei aan** il rechignait à (faire) la besogne ♦ **hij zit tegen zijn proefwerk aan te hikken** il sue sur sa composition
aan·hol·len *vi (i. aangehold)* ♦ **komen** ~, **aangehold** arriver en courant
aan·ho·ren *vt (h. aangehoord)* écouter; **ten** ~ **van** en présence de ♦ **het is hem aan te horen, dat hij een vreemdeling is** sa façon de s'exprimer indique qu'il est étranger
aan·hou·den[1] *vt (h. aangehouden)* **1** arrêter; **een onbekende** ~ accoster un inconnu **2** garder **3** ajourner **4** prolonger **5** laisser allumé
aan·hou·den[2] *vi (h. aangehouden)* **1** persister; **je moet niet zo** ~ tu ne dois pas insister de la sorte **2** continuer **3** *(+ op)* se diriger (vers)
aan·hou·dend *adj, adv* **1** continu, sans cesse **2** continuel(lement)
aan|hou·der *nm (-s),* **-houdster** *nf (-s)* personne persévérante; *(prov)* **de** ~ **wint** la persévérance vient à bout de tout
aan·hou·ding *nf (-en)* arrestation
aan·ja·gen *vt (h. aangejaagd)* **1** provoquer; **angst** ~ faire peur **2** attiser **3** *(appareil)* presser **4** *(animaux)* exciter
aan·kaar·ten *vt (h. aangekaart)* aborder, entamer
aan·kij·ken *vt (h. aangekeken)* **1** regarder; **elkaar veelbetekenend** ~ échanger un regard de complicité; **het** ~ **niet waard zijn** n'être pas bon à jeter aux chiens **2** réfléchir à **3** soupçonner; **ik kijk hem erop aan** je l'en crois capable ♦ **anders** ~ **tegen ...** voir ... sous une autre optique
aan·klacht *de (-en)* accusation; **een** ~ **indienen tegen iem** porter plainte contre qn
aan·kla·gen *vt (h. aangeklaagd)* accuser
aan|kla·ger *nm (-s),* **-klaagster** *nf (-s)* plaignant, -ante; **de openbare** ~ ± le procureur de la République
aan·klam·pen *vt (h. aangeklampt) (d'une personne; d'un bateau)* aborder
aan·kle·den *vt (h. aangekleed)* **1** habiller **2** décorer; **hij kleedde het verhaal mooi aan** il a bien présenté son histoire
aan·klik·ken *vt (h. aangeklikt)* cliquer sur
aan·klop·pen *vi (h. aangeklopt)* frapper (chez, à la porte de); *(fig.)* **overal** ~ frapper à toutes les portes
aan·kno·pen *vti (h. aangeknoopt)* **1** attacher **2** engager ♦ ~ **bij het reeds behandelde** se référer à ce qui précède
aan·kno·pings·punt *het (-en)* point de départ
aan·koe·ken *vi (i. aangekoekt)* attacher ♦ **zo'n pan koekt snel aan** dans ce genre de casseroles, les aliments attachent
aan·ko·men[1] *vi (i. aangekomen)* **1** arriver; **even bij iem** ~ faire un saut chez qn; **een botsing zien** ~ prévoir un accident **2** atteindre son but **3** s'amener; **je hoeft met dat plan bij hem niet aan te komen** inutile de lui soumettre ce projet; **hij zal je zien** ~ il refusera à coup sûr **4** heurter (qch contre qch) **5** prendre du poids **6** *(+ op)* dépendre (de); **het op een scheiding laten** ~ risquer le divorce; **iets op het laat-**

ste ogenblik laten ~ attendre le dernier moment pour faire qch
aan·ko·men² *vb impers* s'agir (de); **nu komt het erop aan** c'est le moment ou jamais; **het komt niet op vijf minuten aan** nous n'en sommes pas à cinq minutes près
aan·ko·mend *adj* **1** jeune **2** futur **3** prochain
aan·komst *nf* arrivée
aan·kon·di·gen¹ *vt (h. aangekondigd)* annoncer
aan·kon·di·gen² *vpr (zich ~; h. zich aangekondigd)* se révéler (comme)
aan·kon·di·ging *nf (-en)* annonce
aan|koop *nm (-kopen)* achat *(action et chose)*
aan·ko·pen *vt (h. aangekocht)* s'acheter (qch)
aan·krij·gen *vt (h. aangekregen)* **1** *(de vêtements)* parvenir à mettre **2** mettre en marche, *(lumière, feu)* allumer **3** *(livraison)* recevoir
aan·krui·sen *vt (h. aangekruist)* marquer d'une croix
aan·kun·nen *vi (h. aangekund)* **1** être de taille à; **hij kon die klas niet aan** il était incapable de tenir ses élèves **2** être capable de ♦ **veel geld** ~ dépenser beaucoup; **hij kan de wereld aan** il veut tout avaler; **ervan op** ~ pouvoir compter sur qch
aan·lan·den *vi (i. aangeland)* **1** accoster **2** arriver (à)
aan·leg *nm* **1** installation; **de ~ van spoorwegen** la construction de chemins de fer **2** disposition **3** prédisposition *(à une maladie)* **4** tendance **5** *(jur.)* instance
aan·leg·gen¹ *vt (h. aangelegd)* **1** mettre **2** procéder (à qch); **het met iem** ~ s'acoquiner avec qn, se prendre de querelle avec qn; **het met de buurvrouw** ~ devenir l'amant de sa voisine; **het op iets** ~ viser qch **3** *(tr.pub.)* construire; **een tuin** ~ aménager un jardin **4** *(gaz, eau, électricité)* installer **5** *(stock, provisions, collection)* constituer; **een verzameling** ~ faire une collection
aan·leg·gen² *vi (h. aangelegd)* **1** aborder **2** s'arrêter (à)
aan·leg·gen³ *vti (h. aangelegd)* épauler (qch); **op een vogel** ~ viser un oiseau
aan·leg·plaats *de (-en)* quai
aan·leg·stei·ger *nm (-s)* débarcadère
aan·lei·ding *nf (-en)* occasion; ~ **geven tot** donner lieu à; **naar** ~ **van** à propos de, *(début de lettre)* en réponse à
aan·len·gen *vt (h. aangelengd)* diluer
aan·le·ren *vt (h. aangeleerd)* **1** apprendre; **een aangeleerde toon** un ton emprunté **2** enseigner
aan·leun·wo·ning *nf (-en)* maison de retraite médicalisée
aan·lig·gend *adj* contigu (à)
aan·lok·ke·lijk *adj* alléchant
aan·lok·ken *vt (h. aangelokt)* **1** *(fig.)* séduire **2** attirer
aan|loop *nm (-lopen)* **1** élan **2** préambule **3** monde
aan·loop|pe·ri·o·de *nf (-s, -n)*, **-tijd** *nm (-en)* période de rodage
aan·lo·pen *vi (h./i. aangelopen)* **1** passer (chez qn); **achter iem** ~ courir après qn, *(fig.)* prendre qn pour modèle; **kom eens** ~ passe me voir un de ces jours; **daar komt hij ~, aangelopen** le voilà qui arrive; **tegen iets** ~ se heurter à qch, *(fig.)* tomber sur qch **2** tarder (à venir) **3** devenir *(+ couleur)*; **rood** ~ devenir rouge de colère **4** *(appareil)* frotter
aan·maak *nm* fabrication
aan·maak·blok·je *het (-s)* allume-feu
aan·maak·hout *het* petit bois
aan·ma·ken *vt (h. aangemaakt)* **1** fabriquer **2** préparer **3** *(feu, un poêle)* allumer
aan·ma·nen *vt (h. aangemaand)* **1** exhorter **2** sommer
aan·ma·ning *nf (-en)* **1** sommation **2** *(formulaire)* avertissement *(aussi au fig.)*
aan·ma·ti·gen *vpr (zich ~; h. zich aangematigd)* s'arroger
aan·ma·ti·gend *adj, adv* arrogant, avec arrogance
aan·ma·ti·ging *nf (-en)* **1** arrogance **2** usurpation
aan·mel·den¹ *vt (h. aangemeld)* **1** annoncer (qn) **2** faire inscrire
aan·mel·den² *vpr (zich ~; h. zich aangemeld)* se présenter
aan·mel·ding *nf (-en)* inscription
aan·me·ren *vti (h. aangemeerd)* amarrer
aan·mer·ke·lijk *adj, adv* considérable(ment)
aan·mer·ken *vt (h. aangemerkt)* **1** trouver à redire; **iets op iem** ~ critiquer qn **2** considérer (comme)
aan·mer·king *nf (-en)* critique; **~en maken op iets, iem** critiquer qch, qn ♦ **in ~ komen** entrer en ligne de compte; **in ~ nemen** prendre en considération
aan·me·ten *vt (h. aangemeten)* faire sur mesure
aan·mod·de·ren *vi (h. aangemodderd) (fam.)* ♦ **maar wat** ~ patauger
aan·moe·di·gen *vti (h. aangemoedigd)* encourager
aan·mon·ste·ren¹ *vi (h. aangemonsterd)* s'enrôler
aan·mon·ste·ren² *vt (h. aangemonsterd)* enrôler
aan·na·me *de (-n, -s)* **1** supposition **2** acceptation
aan·ne·me·lijk *adj* **1** plausible **2** acceptable
aan·ne·men *vt (h. aangenomen)* **1** prendre; **de telefoon** ~ prendre la communication **2** accepter **3** adopter; **een godsdienst** ~ embrasser une religion **4** croire; **u kunt het van mij** ~ croyez-moi **5** supposer; **aangenomen, dat ...** en admettant que ... **6** se charger (d'un travail) **7** engager **8** *(comme membre)* admettre
aan·ne·mer *nm (-s)* entrepreneur (de bâtiments)
aan·pak *nm* approche; **'t is een hele** ~ il y a du pain sur la planche
aan·pak·ken *vti (h. aangepakt)* **1** prendre

2 aborder; **een zaak goed** ~ bien s'y prendre; **hij weet van** ~ il ne rechigne pas à la besogne **3** attaquer; **iem flink** ~ dire ses (quatre) vérités à qn; **iem ruw** ~ n'être pas tendre pour qn ♦ **~!** attrape!
aan·pap·pen *vi (h. aangepapt) (fam.)* faire des avances (à qn)
aan·pas·sen[1] *vt (h. aangepast)* **1** *(de vêtements)* essayer **2** adapter; **de salarissen** ~ r(é)ajuster les salaires
aan·pas·sen[2] *vpr (zich ~; h. zich aangepast)* s'adapter (à); **zich aan de omstandigheden** ~ se plier aux circonstances
aan·pas·sing *nf (-en)* adaptation
aan·pas·sings·klas *nf (-sen) (Belg.)* classe de transition
aan·plak·bil·jet *het (-ten)* affiche
aan·plak·bord *het (-en)* tableau d'affichage
aan·plak·ken *vt (h. aangeplakt)* afficher
aan·plant *nm* **1** culture **2** plant
aan·plan·ten *vt (h. aangeplant)* planter
aan·po·ten *vi (h. aangepoot) (fam.)* **1** tricoter (des jambes) **2** en mettre un coup
aan·pra·ten *vt (h. aangepraat)* **1** faire acheter (qch) **2** faire avaler (qch à qn); **iem een ziekte** ~ faire croire à qn qu'il est malade
aan·prij·zen *vt (h. aangeprezen)* vanter
aan·ra·den *vt (h. aangeraden)* conseiller; **op** ~ **van** sur les conseils de
aan·ra·ken *vt (h. aangeraakt)* toucher ♦ **een onderwerp slechts even** ~ effleurer un sujet
aan·ra·king *nf (-en)* **1** contact; **een lichte** ~ un frôlement **2** contact; **in** ~ **brengen met** mettre en contact avec; **in** ~ **met iem komen** entrer en contact avec qn; **met de politie in** ~ **komen** avoir affaire à la police
aan·ra·kings·punt *het (-en)* **1** point de contact **2** *(fig.)* point de convergence
aan·ran·den *vt (h. aangerand)* **1** violer **2** agresser; *(fig.)* **iem in zijn eer** ~ porter atteinte à l'honneur de qn
aan·recht *het/de (-en)* évier
aan·rei·ken *vt (h. aangereikt)* tendre; **wil je de doperwten even ~?** tu veux me passer les petits pois?
aan·re·ke·nen *vt (h. aangerekend)* **1** imputer (qch à qn) **2** considérer **3** porter au compte de (qn)
aan·rich·ten *vt (h. aangericht)* causer
aan·rij·den[1] *vi (h./i. aangereden)* rouler (vers); **er kwam een nieuwe bus ~, aangereden** un nouvel autobus arriva
aan·rij·den[2] *vt (h./i. aangereden)* heurter
aan·rij·ding *nf (-en)* collision
aan·roe·pen *vt (h. aangeroepen)* **1** appeler **2** invoquer; **de heiligen** ~ implorer les saints
aan·roe·ren *vt (h. aangeroerd)* **1** toucher **2** *(un sujet)* effleurer **3** mélanger
aan·rol·len *vti (h./i. aangerold)* rapprocher (qch) en (le) roulant
aan·rom·me·len *vi (h. aangerommeld)* cafouiller
aan·ruk·ken *vi (h./i. aangerukt)* **1** *(milit.)* s'approcher rapidement; *(iron.)* **nog een fles laten** ~ faire venir une autre bouteille **2** se rapprocher de façon menaçante
aan·schaf *nm* achat
aan·schaf·fen *vt (h. aangeschaft)* se procurer
aan·schie·ten *vti (h./i. aangeschoten)* **1** enfiler **2** blesser légèrement (par une balle) **3** aborder ♦ **zij kwamen ~, aangeschoten** ils accouraient
aan·schijn *het* **1** face **2** *(form.)* imminence; **in (voor) het** ~ **van de dood** à l'approche de la mort
aan·schop·pen *vi* ♦ **tegen iets** ~ critiquer qch
aan·schou·we·lijk *adj, adv* clair, d'une manière très vivante; ~ **onderwijs** leçons de choses
aan·schou·wen *vt (h. aanschouwd)* **1** *(form.)* voir; **ten** ~ **van** en présence de **2** contempler
aan·schrij·ven *vt (h. aangeschreven)* **1** mettre sur le compte de **2** sommer (qn de faire qch), notifier (qch à qn) **3** convoquer (qn)
aan·schroe·ven *vt (h. aangeschroefd)* **1** visser **2** resserrer
aan·schui·ven[1] *vi (h./i. aangeschoven)* s'approcher en traînant les pieds; **kan ik bij u ~?** puis-je prendre place à votre table?
aan·schui·ven[2] *vt (h./i. aangeschoven)* rapprocher (en traînant, en glissant)
aan·slaan[1] *vt (h./i. aangeslagen)* **1** frapper **2** taxer, *(impôt)* imposer; **iem hoog** ~ avoir qn en haute estime; **iem te laag** ~ sous-estimer qn **3** mettre en état de fonctionner **4** confisquer **5** enfoncer
aan·slaan[2] *vi (h./i. aangeslagen)* **1** démarrer **2** se déposer **3** s'embuer **4** être bien accueilli **5** prendre (racine) **6** saluer
aan·slag *nm (-en)* **1** *(mus.)* toucher **2** *(machine à écrire)* frappe **3** mise en joue **4** attentat **5** feuille d'impôts **6** *(particules solides)* dépôt **7** buée **8** tartre **9** *(impôt)* cote
aan·slag·bil·jet *het (-ten)* → **aanslag 5**
aan·sle·pen *vti (h. aangesleept)* **1** mentionner à tort et à travers **2** déballer ♦ **die kwestie blijft maar** ~ ce problème traîne en longueur
aan·slib·ben *vi (i. aangeslibd)* être formé par des alluvions
aan·slui·pen *vi (i. aangeslopen)* s'approcher furtivement
aan·slui·ten[1] *vt (h./i. aangesloten)* relier (à); **een nieuwe abonnee** ~ raccorder un nouvel abonné
aan·slui·ten[2] *vi (h./i. aangesloten)* correspondre; **deze route sluit aan op de snelweg** cette route rejoint l'autoroute ♦ **wilt u daar ~?** voulez-vous prendre votre place dans la queue?; **~!** *(dans un tram etc.)* avancez!, *(milit.)* serrez (les rangs)!
aan·slui·ten[3] *vpr (zich ~; h. zich aangesloten)* **1** se joindre (à) **2** adhérer (à); **zich bij de vorige spreker** ~ s'associer aux paroles de son prédécesseur

aan·slui·ting *nf (-en)* **1** adhésion; ~ **vinden bij iem/iets** se joindre à qn, qch **2** *(circul.)* correspondance **3** raccordement ♦ **in** ~ **aan, op** faisant suite à
aan·sme·ren *vt (h. aangesmeerd)* **1** *(fam.)* refiler **2** crépir
aan·snel·len *vi (i. aangesneld)* accourir
aan·snij·den *vt (h. aangesneden) (aussi au fig.)* aborder
aan·span·nen *vt (h./i. aangespannen)* **1** *(jur.)* intenter **2** atteler **3** tendre
aan·spe·len *vt (h. aangespeeld) (sports)* passer le ballon à (qn)
aan·spoe·len[1] *vi (h./i. aangespoeld)* être (re)jeté sur le rivage
aan·spoe·len[2] *vt (h./i. aangespoeld)* (re)jeter
aan·spo·ren *vt (h. aangespoord)* pousser (qn à faire qch)
aan·spo·ring *nf (-en)* **1** encouragement; **op** ~ **van** à l'instigation de **2** stimulant
aan|spraak *de (-spraken)* **1** occasion(s) de parler; **weinig** ~ **hebben** avoir peu de personnes à qui parler **2** revendication; ~ **maken op iets** revendiquer qch **3** droit; ~ **hebben op iets** avoir droit à qch
aan·spra·ke·lijk *adj* (civilement) responsable (de); **iem** ~ **stellen voor** rendre qn responsable de; **zich voor iets** ~ **stellen** se porter garant de qch
aan·spra·ke·lijk|heid *nf (-heden)* responsabilité (civile)
aan·spreek·baar *adj* abordable
aan·spreek·ti·tel *nm (-s)* appellatif
aan·spre·ken[1] *vt (h. aangesproken)* **1** entamer; **de fles duchtig** ~ faire largement honneur à la bouteille **2** s'adresser à; **ik heb hem erover aangesproken** je lui ai demandé des explications; **iem met jij** ~ tutoyer qn; **iem met mevrouw** ~ appeler qn madame
aan·spre·ken[2] *vi (h. aangesproken)* plaire à
aan·staan *vi (h. aangestaan)* **1** être entrouvert **2** plaire (à) **3** être allumé
aan·staan·de *adj* **1** prochain; *(subst.)* **mijn** ~ mon fiancé, ma fiancée **2** futur **3** proche
aan·stal·ten *plur* ♦ ~ **maken voor de reis** s'apprêter à partir en voyage
aan·stam·pen *vt (h./i. aangestampt)* tasser
aan·sta·ren *vt (h. aangestaard)* regarder fixement
aan·ste·ke·lijk *adj, adv* contagieux, de façon contagieuse
aan·ste·ken *vt (h./i. aangestoken)* **1** allumer; **die brand is aangestoken** il s'agit d'un incendie volontaire **2** contaminer; *(fig.)* **ze steken elkaar aan** il suffit qu'il y en ait un qui commence
aan·ste·ker *nm (-s)* briquet
aan·stel·len[1] *vt (h. aangesteld)* engager; **iem als burgemeester** ~ installer qn maire; **iem tot burgemeester** ~ nommer qn maire
aan·stel·len[2] *vpr (zich ~; h. zich aangesteld)* jouer la comédie; **zich belachelijk** ~ se conduire de façon ridicule; **stel je niet aan!** ne fais pas tant de chichis!
aan|stel·ler *nm (-s)*, **-stelster** *nf (-s)* m'as-tu-vu
aan·stel·le·rig *adj, adv* maniéré, avec affection
aan·stel·le·rij *nf (-en)* théâtre *(fig.)*
aan·stel·ling *nf (-en)* désignation; **een vaste** ~ une titularisation
aan·ster·ken *vi (i. aangesterkt)* (re)prendre des forces
aan|stich·ter *nm (-s)*, **-stichtster** *nf (-s)* instigateur, -trice
aan·stip·pen *vt (h. aangestipt)* **1** évoquer **2** effleurer **3** pointer
aan·sto·ken *vt (h. aangestookt)* **1** attiser; **een twist** ~ envenimer une querelle **2** exciter (à)
aan·sto·ker *nm (-s)* → **aanstichter**
aan·stonds *adv* tout à l'heure; **zo** ~ tout de suite
aan·stoot *nm* scandale; ~ **geven** faire scandale; ~ **nemen aan** se scandaliser de
aan·stoot·ge·vend *adj, adv* scandaleux, scandaleusement
aan·stor·men *vi (h./i. aangestormd)* accourir à fond de train
aan·sto·ten *vt (h. aangestoten)* **1** pousser; **zijn buurman** ~ pousser son voisin du coude **2** cogner contre
aan·stre·pen *vt (h. aangestreept)* marquer d'un trait
aan·strij·ken *vt (h. aangestreken)* **1** badigeonner **2** *(allumettes)* craquer **3** *(instruments à cordes)* faire vibrer
aan·stu·ren[1] *vti (h. aangestuurd)* **1** se diriger (vers) **2** viser (à)
aan·stu·ren[2] *vt (h. aangestuurd)* gérer
aan·tal *het (-len)* nombre; **hij kreeg er een** ~ **bij elkaar** il a réussi à en réunir plusieurs
aan·tas·ten *vt (h. aangetast)* **1** corroder **2** attaquer; **iem in zijn eer** ~ attaquer l'honneur de qn; **iemands goede naam** ~ nuire à la réputation de qn
aan·tas·ting *nf* **1** corrosion **2** atteinte (à) **3** agression (contre)
aan·te·ke·nen *vt (h. aangetekend)* noter; **brieven laten** ~ recommander des lettres
aan·te·ke·ning *nf (-en)* **1** note; **~en maken** prendre des notes; **een uitgave van Erasmus met ~en** un ouvrage d'Erasme annoté **2** mention
aan·tij·ging *nf (-en)* imputation
aan·tik·ken[1] *vi (h. aangetikt)* **1** atteindre un montant élevé; **dat tikt lekker aan** cela finit par atteindre une jolie somme, cela finit par avoir une influence considérable **2** frapper (à)
aan·tik·ken[2] *vti (h. aangetikt)* toucher
aan·tocht *nm* ♦ **in** ~ **zijn** approcher
aan·to·nen *vt (h. aangetoond)* **1** prouver **2** montrer
aan·toon·baar *adj, adv* démontrable, manifestement

aan·tre·den *vi (i./h. aangetreden)* **1** s'approcher **2** se rassembler, s'aligner
aan·tref·fen *vt (h. aangetroffen) (personnes, choses)* trouver
aan·trek·ke·lijk *adj* attrayant
aan·trek·ke·lijk|heid *nf (-heden)* **1** caractère attrayant **2** charme **3** attraction
aan·trek·ken¹ *vt (h./i. aangetrokken)* **1** *(aussi au fig.)* attirer; **zout trekt vocht aan** le sel absorbe l'humidité **2** serrer **3** *(d'une corde etc.)* tendre **4** *(de vêtements)* mettre ♦ **medewerkers** ~ engager des collaborateurs
aan·trek·ken² *vpr (zich ~; h. zich aangetrokken)* se soucier de; **zich een advies** ~ tenir compte d'un conseil; **zich niets ~ van** se moquer de; **zich verwijten** ~ prendre des reproches au sérieux
aan·trek·ken³ *vi (h./i. aangetrokken)* **1** se diriger (vers) **2** revenir à la normale
aan·trek·kings·kracht *de* **1** *(phys.)* attraction **2** *(fig.)* attrait
aan·vaard|baar *adj (-baarder, -baarst)* acceptable
aan·vaar·den *vt (h. aanvaard)* **1** accepter **2** commencer **3** assumer; **een functie** ~ entrer en fonction
aan·vaar·ding *nf (-en)* **1** acceptation **2** résignation **3** prise en charge; ~ **van een ambt** entrée en fonction
aan·val *nm (-len)* **1** offensive; **ten ~ trekken** partir à l'attaque **2** crise; **een ~ van koorts** un accès de fièvre
aan·val·len¹ *vti (h./i. aangevallen)* attaquer; **(op het eten)** ~ se jeter sur son repas
aan·val·len² *vt (h./i. aangevallen) (fig.)* attaquer
aan·val·lend *adj, adv* offensif *(aussi sports)*, offensivement; ~ **te werk gaan** passer à l'attaque
***aan·vals-** d'attaque
aan·vang *nm (form.)* commencement; **een ~ nemen** commencer
aan·van·gen *vti (h./i. aangevangen) (form.)* commencer; **een reis** ~ entreprendre un voyage ♦ **wat moet ik met zo'n jongen ~?** que faire d'un garçon pareil?
***aan·vangs-** initial; **het aanvangssalaris** le salaire initial
aan·van·ke·lijk *adj, adv* initial(ement)
aan·va·ren¹ *vt (h./i. aangevaren) (mar.)* aborder
aan·va·ren² *vi (h./i. aangevaren) (mar.)* se diriger (vers); **tegen een brug** ~ heurter un pont
aan·va·ring *nf (-en)* **1** *(sens pr.)* abordage; **in ~ komen met** entrer en collision avec **2** *(fig.)* collision
aan·vat·ten *vt (h. aangevat) (form.)* **1** prendre **2** *(Belg.)* entreprendre **3** *(fig.)* saisir
aan·vecht·baar *adj* discutable
aan·vech·ten *vt (h. aangevochten)* contester
aan·vech·ting *nf (-en) (fig.)* **1** contestation **2** tentation
aan·ve·gen *vt (h. aangeveegd)* balayer
aan·ver·want *adj* apparenté; **~e talen** langues parentes
aan·vin·ken *vt (h. aangevinkt)* cocher
aan·vlie·gen¹ *vt (h./i. aangevlogen)* **1** se jeter sur **2** *(aviat.)* transporter par avion **3** *(aviat.)* s'approcher de
aan·vlie·gen² *vi (h./i. aangevlogen)* **1** se précipiter (vers); **tegen iets** ~ entrer en collision avec qch **2** s'enflammer tout à coup
aan·voe·len *vti (h. aangevoeld)* **1** sentir; **iem** ~ comprendre qn intuitivement **2** toucher ♦ **het voelt koud aan** c'est froid au toucher
aan·voer *nm* **1** *(marchandises)* transport **2** conduite, tuyau d'alimentation
aan·voer|der *nm (-s)*, **-ster** *nf (-s)* **1** chef **2** *(sports)* capitaine (de l'équipe) **3** *(pol.)* dirigeant, -ante
aan·voe·ren *vt (h. aangevoerd)* **1** diriger; **de stoet** ~ marcher en tête du cortège **2** transporter; **hout** ~ apporter du bois **3** alléguer; **als voorwendsel ~ dat** prétexter que; **verzachtende omstandigheden** ~ invoquer des circonstances atténuantes
aan·voe·ring *nf* direction
aan|vraag *de (-vragen)* **1** demande **2** commande
aan·vra·gen *vt (h. aangevraagd)* demander; **een studiebeurs** ~ solliciter une bourse (d'étude)
aan·vre·ten *vt (h. aangevreten)* ronger
aan·vul·len *vt (h. aangevuld)* **1** compléter; **een rekening** ~ approvisionner un compte **2** boucher; **een lacune** ~ combler une lacune
aan·vul·lend *adj* supplémentaire
aan·vul·ling *nf (-en)* **1** addition; **ter ~ van** en complément de **2** complément
aan·vu·ren *vt (h. aangevuurd)* **1** *(sentiments)* exciter **2** *(personnes)* stimuler
aan·waai·en *vi (i. aangewaaid)* **1** venir tout seul (à qn); **alles komt hem zo maar** ~ tout lui vient en dormant **2** être apporté par le vent ♦ **kom nog eens** ~ repasse me voir (un de ces jours)
aan·wak·ke·ren¹ *vi (h./i. aangewakkerd)* augmenter
aan·wak·ke·ren² *vt (h./i. aangewakkerd)* attiser; **iemands ijver** ~ stimuler le zèle de qn
aan·was *nm (-sen)* augmentation
aan·wen·den *vt (h. aangewend)* utiliser; **alles ~ (om)** mettre tout en œuvre (pour); **zijn gezag** ~ user de son autorité
aan·wen·nen *vpr (zich ~; h. zich aangewend)* prendre l'habitude de; **zich kuren** ~ prendre des manies
aan·wen·sel *het (-s)* mauvaise habitude
aan·wer·ven *vt (h. aangeworven)* **1** embaucher **2** recruter *(des membres, des adeptes ...)*
aan·we·zig *adj* **1** présent; **alle ~en** toutes les personnes présentes; ~ **zijn bij** assister à **2** *(choses)* existant; **dit artikel is niet meer** ~ cet article est épuisé
aan·we·zig·heid *nf* **1** présence **2** *(choses)* existence

aan·wijs·baar *adj* démontrable; **zonder aanwijsbare redenen** sans raisons apparentes
aan·wij·zen *vt (h. aangewezen)* **1** montrer; **de klok wijst de tijd aan** l'horloge indique l'heure **2** désigner; **iem als zijn erfgenaam** ~ nommer qn son héritier ♦ **een ~d voornaamwoord** un pronom démonstratif
aan·wij·zing *nf (-en)* indication; **~en voor het gebruik** un mode d'emploi; **~en voor iets hebben** avoir des indices de qch
aan·winst *nf (-en)* **1** enrichissement **2** (nouvelle) acquisition **3** avantage
aan·wip·pen *vi (i. aangewipt)* ♦ **bij iem (komen)** ~ faire un saut chez qn; **heel even komen** ~ ne faire qu'entrer et sortir
aan·wo·nen·den *plur* riverains
aan·wrij·ven *vt (h. aangewreven)* imputer (qch à qn); **dat laat ik me niet** ~ je ne me laisse pas mettre ça sur le dos
aan·zak·ken *vi (i. aangezakt) (fam.)* ♦ **daar komt hij eindelijk ~, aangezakt** le voilà enfin qui s'amène
aan·zeg·gen *vt (h. aangezegd)* annoncer; **een mogendheid de oorlog** ~ déclarer la guerre à une puissance ♦ **je zou hem zijn leeftijd niet** ~ il ne paraît pas son âge
aan·zeg·ging *nf (-en)* notification; **een gerechtelijke** ~ un exploit
aan·zet *nm (-ten)* amorce; ~ **geven tot** donner une impulsion à
aan·zet·ten[1] *vt (h./i. aangezet)* **1** fixer **2** inciter à; **iem tot wraak** ~ pousser qn à se venger **3** mettre en marche; **de verwarming** ~ allumer le chauffage **4** accentuer **5** mettre plus près
aan·zet·ten[2] *vi (h./i. aangezet)* **1** faire grossir **2** *(casserole)* attacher ♦ **met iets komen** ~ s'amener avec qch, *(fig.)* mettre qch sur le tapis
aan·zicht *het (-en)* aspect; **de zaak krijgt een ander** ~ l'affaire prend une autre tournure
aan·zien[1] *het* **1** regard; **ten ~ van** à l'égard de; **dat is het ~ waard** cela vaut la peine d'être vu; **zonder ~ des persoons** sans acception de personne **2** aspect **3** considération; **in hoog ~ staan** être fort considéré; **een man van** ~ un homme considéré
aan·zien[2] *vt (h. aangezien)* **1** regarder **2** rester passif devant; **kun je zoiets ~?** tu peux supporter ce spectacle?; **dat is niet om aan te zien!** quelle horreur!; **ik wil het nog even** ~ je préfère attendre encore un peu **3** *(+ voor)* considérer (comme); **iem voor vol** ~ prendre qn au sérieux; **waar zie je mij voor aan?** pour qui me prends-tu? **4** se voir; **je zou hem zijn leeftijd niet** ~ il ne paraît pas son âge; **het was hem aan te zien, dat hij zorgen had** on voyait bien qu'il avait des problèmes; **naar het zich laat** ~ selon toute probabilité ♦ **iem ergens op** ~ soupçonner qn de qch
aan·zien·lijk *adj, adv* **1** considéré **2** considérable(ment); **dat is ~ beter** c'est sensiblement mieux
aan·zit·ten *vi (h. aangezeten) (repas officiel ou de fête)* être à table; ~ **aan een banket** prendre part à un banquet
aan·zoek *het (-en)* **1** demande en mariage **2** requête
aan·zwel·len *vi (i. aangezwollen)* **1** (s')enfler **2** s'amplifier, *(mus.)* aller crescendo
aan·zwen·ge·len *vt (h. aangezwengeld)* **1** mettre en marche (à la manivelle) **2** faire démarrer
aap *nm (apen)* singe; **het is een aangeklede** ~ il est laid comme un pou, il est accoutré ridiculement; *(prov)* **al draagt een ~ een gouden ring, het is en blijft een lelijk ding** un singe vêtu de pourpre est toujours un singe ♦ **brutale ~!** petit impertinent!; **in de ~ gelogeerd zijn** être dans de beaux draps; **zich een ~ lachen** rire comme un fou; **zich een ~ schrikken** mourir de peur; **voor ~ staan** être la risée de tout le monde; **iem voor ~ zetten** se payer la tête de qn; *(Belg.)* **iem voor de ~ houden** se payer la tête de qn; **daar kwam (keek) de ~ uit de mouw** (et voilà qu')il a montré le bout de l'oreille
aap·mens *nm (-en)* **1** anthropopithèque **2** *(personne)* singe
aar *de (aren) (blé; fleur)* épi
aard *nm* nature; **iets van dien** ~ une chose pareille; **hij heeft een ~je naar zijn vaartje** c'est le fils de son père; **naar de ~ der omstandigheden** selon les circonstances; **uit de ~ der zaak** par définition; **van allerlei** ~ de toutes sortes; **dat is de ~ van het beestje** c'est dans sa (ma etc.) nature; **van voorbijgaande** ~ passager; **zijn ware ~ tonen** se montrer sous son vrai jour
***aard-** de (la) terre; **de aardas** l'axe de la terre
aard·ap·pel *nm (-s, -en)* pomme de terre; **gebakken ~s** pommes (de terre) sautées; **hij praat of hij een hete ~ in zijn mond heeft** il a un accent snob
aard·ap·pel·meel *het* fécule
aard·ap·pel|mes·je, -schilmesje *het (-s)* couteau-éplucheur
aard·ap·pel·ziek·te *nf* mildiou (de la pomme de terre)
aard·bei *de (-en)* **1** fraise **2** fraisier
aard·be·ving *nf (-en)* tremblement de terre; **het centrum van de** ~ l'épicentre sismique
aard·be·wo·ner *nm (-s)* terrien
aard·bo·dem *nm* (surface de la) terre
aard·bol *nm (-len)* globe (terrestre)
aar·de *de* terre; **in goede ~ vallen** être bien accueilli; **de groten der** ~ les puissants de la terre; **onder de ~ liggen** être enterré; **hier op** ~ ici-bas; **ter ~ bestellen** inhumer; **de ogen ter ~ slaan** baisser les yeux
aar·de·don·ker *adj* ♦ **het is** ~ il fait une nuit d'encre
aar·den[1] *adj* **1** de terre **2** en poterie
aar·den[2] *vi (h. geaard)* **1** tenir de **2** se plaire

aar·den[3] *vt (h. geaard) (électricité)* mettre à la terre
aar·de·werk *het* **1** poterie **2** céramique
aard·gas *het* gaz naturel
aar·dig *adj, adv* **1** gentil, gentiment; **een ~e jongen** un garçon sympathique; **een ~ mens** une personne aimable; **ik vind je heel ~** je t'aime bien **2** joli **3** assez, plutôt; **een ~e portie** une bonne portion **4** pas mal; **het is ~ koud** il fait assez froid **5** *(Belg.)* bizarre
aar·dig|heid *nf (-heden)* **1** plaisir; **~ hebben in iets** prendre plaisir à qch; **voor mij was de ~ er al lang af** pour moi ce n'était plus amusant du tout **2** plaisanterie; **zich met een ~ ervan afmaken** s'en tirer avec une pirouette **3** petit cadeau **4** gentillesse
aar·ding *nf* **1** prise de terre **2** mise à la terre
aard·korst *de* écorce terrestre
aard|laag *de (-lagen)* couche géologique
aard·lei·ding *nf (-en)* prise de terre
aard|noot *de (-noten)* arachide
aard|olie *de (-oliën)* pétrole (brut)
aard·rijks·kun·de *nf* géographie; **sociale ~** géographie humaine
aards *adj* de ce monde; **~e genoegens** plaisirs de la vie; **het ~e** les choses matérielles
aard·schok *nm (-ken)* **1** tremblement de terre **2** *(fig.)* séisme
aard·ver·schui·ving *nf (-en)* **1** glissement de terrain **2** *(fig.)* séisme
aars *nm (aarzen)* anus
aarts·bis·schop *nm (-pen)* archevêque
aarts·en·gel *nm (-en)* archange
aarts·va·der *nm (-s, -en)* patriarche
aarts·vij·and *nm (-en)* **1** ennemi mortel **2** *(fig.)* ennemi déclaré
aar·ze·len *vi (h. geaarzeld)* hésiter
aar·ze·ling *nf (-en)* hésitation; **na enige ~** après un moment d'hésitation
aas[1] *het (azen)* **1** appât **2** pâture ♦ *(Belg.)* **van krommen ~ gebaren** faire comme si de rien n'était
aas[2] *het/de (azen) (aussi sports)* as
aas·gier *nm (-en)* charognard
AAW *de Algemene Arbeidsongeschiktheidswet* loi générale sur l'incapacité de travail
ABC-ei·lan·den *plur* îles Sous-le-Vent
ABC-wa·pens *plur* armes NBC
ab·dij *nf (-en)* abbaye
ab·dis *nf (-sen)* abbesse
ABN *het Algemeen Beschaafd Nederlands* néerlandais standard
ab·nor|maal *adj, adv (-maler, -maalst)* anormal(ement)
abon·nee·num·mer *het (-s)* numéro d'appel
abon·nee·te·le·vi·sie *nf* télévision payante
abon·ne·ren[1] *vpr (zich ~; h. zich geabonneerd) (+ op)* s'abonner (à)
abon·ne·ren[2] *vt (h. geabonneerd) (+ op)* abonner (à)
abo·ri·gi·nal [ɛbɔrɪdʒənəl, ɑbɔrɪdʒənɛl] *nm (-s)* aborigène
Abo·ri·gi·nal [ɛbɔrɪdʒənəl, ɑbɔrɪdʒənɛl] *nm (-s)* aborigène
abor·te·ren[1] *vti (h. geaborteerd)* pratiquer un avortement sur; **zij liet zich ~** elle s'est fait avorter
abor·te·ren[2] *vi (h. geaborteerd)* faire une fausse couche
abor·tus *nm (-sen)* **1** avortement; **~ plegen** se faire avorter **2** fausse couche
abor·tus·re·ge·ling *nf (-en)* légalisation de l'IVG
ABOS *het (Belg.) Algemeen Bestuur voor Ontwikkelingssamenwerking* AGCD
ABP *het Algemeen Burgerlijk Pensioenfonds* ⟨*caisse nationale d'assurance vieillesse de la fonction publique*⟩
abra·ca·da·bra *het* **1** abracadabra *(formule magique)* **2** charabia; **dat is ~ voor hem** c'est de l'hébreu pour lui
Abra·ham *nm* ♦ **hij heeft ~ gezien** il a atteint la cinquantaine; **hij weet waar ~ de mosterd haalt** il connaît la musique
abri|koos[1] *de (-kozen)* abricot
abri|koos[2] *nm (-kozen)* abricotier
ab·rupt *adj, adv* **1** brusque(ment) **2** abrupt
ab·sent *adj* **1** absent **2** distrait
ab·so·luut *adj, adv* absolu(ment); **absolute eenzaamheid** solitude totale; **dat is ~ noodzakelijk** cela est indispensable
ab·stract *adj, adv* abstrait(ement)
ab·stra·he·ren *vti (h. geabstraheerd)* abstraire
ab·sur·dis·tisch *adj* absurde
abt *nm (-en)* abbé
abuis[1] *nm* erreur; **per, bij ~** par erreur
abuis[2] *adj* erroné
abu·sie·ve·lijk *adv* abusivement
ABVV *het (Belg.) Algemeen Belgisch Vakverbond* FGTB
aca·de·mi·cus *nm (Belg.)* universitaire
aca·de·mie *nf (-s)* **1** académie **2** université ♦ **pedagogische ~** école normale primaire; **sociale ~** ± école des assistantes sociales; **de ~ voor Beeldende Kunsten** l'Ecole des Beaux-Arts
aca·de·misch *adj* **1** universitaire **2** *(arts)* académique
ac·cent *het (-en)* accent; **het ~ leggen op** mettre l'accent sur *(aussi au fig.)*
ac·cen·tu·e·ren *vt (h. geaccentueerd)* **1** accentuer **2** *(fig.)* mettre l'accent sur
ac·cent·ver·schui·ving *nf (-en)* **1** déplacement de l'accent **2** *(fig.)* glissement
ac·cept·gi·ro·kaart *de (-en)* ± titre universel de paiement
ac|cijns [ɑksɛins] *nm (-cijnzen)* impôt indirect
ac·cijns·vrij *adj* exempt de taxe de consommation, d'accises *(Belg.)*
ac·cli·ma·ti·se·ren *vi (i./h. geacclimatiseerd)* s'acclimater
ac·com·mo·da·tie *nf (-s)* **1** équipement(s); **er is ~ voor tien passagiers** il y a de la place pour dix passagers **2** adaptation

ac·coun·tant [əkauntənt] *nm (-s)* (expert-)comptable
ac·cu *nm (-'s)* accu, *(voiture)* batterie
ac·cu|raat *adj, adv (-rater, -raatst)* soigneux, soigneusement
ach *interj* ah!; ~ **kom!** allons donc!; ~ **en wee over iem roepen** plaindre qn
acht *de (-en)* **1** huit; **zij zijn met hun ~en** ils sont huit; **het is tegen ~en** il est près de huit heures **2** attention; ~ **geven, slaan op** faire attention à; **zich in ~ nemen** se ménager, se surveiller, se garder (de qn)
acht|baan *de (-banen)* grand 8
acht|baar *adj (-baarder, -baarst)* honorable
ach·te|loos *adj, adv (-lozer, -loost)* **1** négligent, négligemment **2** insouciant, avec insouciance **3** négligé; **een ~ gebaar** un geste désinvolte
ach·ten *vt (h. geacht)* **1** se soucier de **2** estimer; **iem zeer hoog ~** avoir qn en grande estime; **het nodig ~ om** *(+ inf.)* juger nécessaire de
ach·tens·waar·dig *adj* honorable
ach·ter[1] *adv* **1** derrière; ~ **in de tuin** au fond du jardin; **hij woont driehoog-achter** il habite au troisième, côté cour; *(fig.)* **daar zit, steekt, schuilt iets ~** il y a qch là-dessous **2** en retard; **uw horloge loopt ~** votre montre retarde **3** au bout de; **hij is ~ in de dertig** il approche de la quarantaine
ach·ter[2] *prép* **1** derrière; ~ **elkaar** l'un derrière l'autre; ~ **haar man om** à l'insu de son mari **2** après; ~ **elkaar** l'un après l'autre; **5 dagen ~ elkaar** 5 jours de suite ♦ **ik ben er ~!** j'y suis!
***ach·ter-** arrière; **de achterbank** la banquette arrière
ach·ter·aan *adv* derrière; ~ **in de zaal** au fond de la salle; **wij wandelden ~** nous fermions la marche
ach·ter·aan·gaan *vt (i. achteraangegaan)* s'occuper (activement) de
ach·ter·aan·ko·men *vi (i. achteraangekomen)* arriver le dernier
ach·ter·aan·zicht *het (-en)* vue de derrière
ach·ter·aan·zit·ten *vt (h. achteraangezeten)* ♦ **ergens ~** s'occuper (activement) de qch
ach·ter·af *adv* **1** à l'écart; **hij woont op een ~je** il habite dans un trou; ~ **wonen** vivre dans un endroit isolé **2** après coup
ach·ter·bak *nm (-ken)* coffre arrière
ach·ter|baks[1] *adv (-bakser, meest a.)* à l'insu des autres
ach·ter|baks[2] *adj (-bakser, meest a.)* **1** sournois **2** hypocrite
ach·ter·ban *nm (-nen)* base *(d'un parti politique, d'un syndicat)*
ach·ter·blij·ven *vi (i. achtergebleven)* **1** rester; **bij haar dood bleven drie kinderen achter** elle a laissé trois enfants en mourant **2** perdre du terrain (par rapport à); *(fig.)* **bij zijn klasgenoten ~** être en retard sur ses camarades de classe **3** être, demeurer en reste ♦ **dat schilderij blijft achter bij zijn vroeger werk** ce tableau ne vaut pas les précédents
ach·ter|blij·ver *nm (-s)*, **-blijfster** *nf (-s)* **1** traînard, -arde **2** retardataire **3** *(enseign.)* cancre **4** enfant arriéré
ach·ter·buurt *de (-en)* quartier pauvre
ach·ter·deur *de (-en)* porte de derrière
ach·ter·deur·tje *het (-s) (fig.)* ♦ **door, langs een ~ weer binnenkomen** rentrer par la petite porte; **hij heeft nog een ~** il s'est gardé une poire pour la soif; **een ~ openhouden** se ménager une (porte de) sortie
ach·ter·docht *de* méfiance; ~ **wegnemen** calmer les soupçons
ach·ter·een *adv* de suite; **het heeft 10 dagen ~ geregend** il a plu sans arrêt pendant 10 jours; **uren ~** pendant des heures (et des heures)
ach·ter·een·vol·gend *adj* successif
ach·ter·een·vol·gens *adv* successivement
ach·ter·eind *het (-en)* **1** extrémité **2** derrière; **zo stom als het ~ van een varken** bête comme ses pieds
ach·ter·el·kaar *adv* consécutivement
ach·te·ren *adv* (en) arrière; *(fig.)* **naar ~ gaan** aller au petit coin; **iem van ~ zien** voir qn de dos
ach·ter·ge·ble·ven *adj* arriéré; ~ **gebieden** régions sous-développées
ach·ter·grond *nm (-en)* **1** fond; **de ~ van een panorama** l'arrière-plan d'un panorama **2** passé ♦ **zich op de ~ houden** se tenir au second plan; **zich op de ~ plaatsen** se tenir en dehors de la mêlée
ach·ter·grond·fi|guur *nm (-guren)* personne effacée
ach·ter·grond·in·for·ma·tie *nf* informations sur le fond (d'une question, d'un problème)
ach·ter·ha·len *vt (h. achterhaald)* **1** rattraper **2** retrouver **3** découvrir ♦ **achterhaalde theorieën** théories dépassées
ach·ter·ham *de (-men)* jambon (très fin)
ach·ter·heen *adv* ♦ **ergens ~ zitten** s'occuper (activement) de qch
ach·ter·hoe·de *de (-s)* **1** *(milit.)* arrière-garde **2** *(sports)* défense **3** queue
ach·ter·hoofd *het (-en)* occiput; **in zijn ~ dacht hij ...** dans son for intérieur, il pensait ... ♦ **zij is niet op haar ~ gevallen** elle n'est pas bête
ach·ter·hou·den *vt (h. achtergehouden)* **1** recéler **2** taire; **inkomsten ~** ne pas déclarer des revenus **3** retenir
ach·ter·in *adv* à l'arrière
ach·ter·kant *nm (-en)* (côté) arrière; **op de ~ van het papier** au verso de la feuille; **de ~ van een stof** l'envers d'une étoffe
ach·ter·klein·kind *het (-eren)* arrière-petit-enfant
ach·ter·klep *de (-pen)* hayon
ach·ter·land *het (-en)* arrière-pays
ach·ter·la·ten *vt (h. achtergelaten)* laisser
ach·ter·la·ting *nf* ♦ **met, onder ~ van** en laissant

ach·ter·lig·gen *vi (h. achtergelegen)* être en retard
ach·ter·lig·gend *adj* sous-jacent
ach·ter·lig·ger *nm (-s)* conducteur qui suit
ach·ter·lijk[1] *adj* **1** arriéré; **een school voor ~e kinderen** une école pour (enfants) attardés **2** en retard
ach·ter·lijk[2] *adv* d'une manière imbécile
ach·ter·lo·pen *vi (h. achtergelopen)* retarder
ach·ter·na *adv* après
ach·ter|naam *nm (-namen)* nom de famille
ach·ter·na·gaan *vt (i. achternagegaan)* suivre; *(fig.)* **die jongen gaat zijn vader achterna** ce garçon marche sur les traces de son père
ach·ter·na·mid·dag *nm (-en)* **1** fin de l'après-midi **2** moment perdu
ach·ter·na·rij·den *vt (h./i. achternagereden)* → **achternagaan**
ach·ter·na·zit·ten *vt (h. achternagezeten)* **1** poursuivre **2** surveiller de près
ach·ter|neef *nm (-neven)* **1** arrière-neveu, petit-neveu **2** parent éloigné
ach·ter·om *adv* par derrière; **een ~** un accès par l'arrière
ach·ter·om·kij·ken *vi (h. achteromgekeken)* **1** regarder derrière soi **2** *(fig.)* regarder en arrière *(vers le passé)*
ach·ter·op *adv* derrière; **~ staan de advertenties** les annonces sont au verso
ach·ter·op·ko·men *vt (i. achteropgekomen)* rejoindre
ach·ter·over *adv* à la renverse
ach·ter·over·druk·ken *vt (h. achterovergedrukt) (fam.)* escamoter
ach·ter·over·hel·len *vi (i. achterovergeheld)* pencher en arrière
ach·ter·over·leu·nen *vi (i. achterovergeleund)* se renverser
ach·ter·over·slaan[1] *vi (i./h. achterovergeslagen)* tomber à la renverse
ach·ter·over·slaan[2] *vt (i./h. achterovergeslagen) (fam.)* s'envoyer (qch)
ach·ter·pa·gi·na *de (-'s)* dernière page
ach·ter|schip *het (-schepen)* poupe ♦ **in het ~ zijn** filer un mauvais coton
ach·terst *adj* dernier
ach·ter·staan *vi (h. achtergestaan)* **1** *(+ bij)* être inférieur (à) **2** *(sports)* être mené (à la marque)
ach·ter·stal·lig *adj* arriéré; **~e huur** loyer impayé; **~ werk** du travail en retard
ach·ter·stand *nm* **1** retard; **op ~ zetten** reléguer au second plan; **een ~ oplopen** prendre du retard **2** *(dettes)* arriérés
ach·ter·stel·len *vt (h. achtergesteld)* **1** reléguer au second plan **2** désavantager
ach·ter·ste·ven *nm (-s)* **1** poupe **2** *(iron.)* fondement
ach·ter·ste·vo·ren *adv* à l'envers; **~ keren** mettre sens devant derrière
ach·ter·stuk *het (-ken)* derrière
ach·ter·tuin *nm (-en)* **1** jardin derrière la maison **2** terrain de chasse
ach·ter·uit *adv* **1** en arrière; *(véhicule)* **de ~** la marche arrière **2** *(mar.)* à l'arrière
ach·ter·uit·dein·zen *vi (i. achteruitgedeinsd)* avoir un mouvement de recul
ach·ter·uit·gaan *vi (i. achteruitgegaan)* **1** reculer **2** diminuer; **het gaat met de patiënt hard achteruit** le malade s'affaiblit rapidement; **er in koopkracht op ~** perdre de son pouvoir d'achat
ach·ter·uit·gang[1] *nm* régression
ach·ter·uit·gang[2] *nm (-en)* sortie de derrière
ach·ter·uit·kijk·spie·gel *nm (-s)* rétroviseur
ach·ter·uit·lo·pen *vi (h./i. achteruitgelopen)* **1** reculer **2** *(fig.)* régresser
ach·ter·uit·ste·ken *vi (h. achteruitgestoken)* **1** déborder en arrière **2** garer en marche arrière
ach·ter·uit·zet·ten *vt (h. achteruitgezet)* **1** reculer (qch) **2** retarder **3** faire régresser
ach·ter·voeg·sel *het (-s)* suffixe
ach·ter·vol·gen *vt (h. achtervolgd)* **1** poursuivre **2** pourchasser
ach·ter·vol·ging *nf (-en)* poursuite; **de ~ inzetten** se lancer à la poursuite (de qn)
ach·ter·vol·gings·waan·zin *nm* manie de la persécution
ach·ter·waarts *adj, adv* en arrière
ach·ter·wand *nm (-en)* paroi du fond
ach·ter·we·ge *adv* ♦ **~ blijven** ne pas avoir lieu; **~ houden** cacher; **~ laten** ne pas faire
ach·ter·werk *het (-en)* **1** derrière **2** partie postérieure
ach·ter·zak *nm (-ken)* poche arrière
acht·hoek *nm (-en)* octogone
ach·ting *nf* estime; **uit ~ voor** par considération pour
acht·ste *adj* huitième; *(mus.)* **een ~** une croche; **de ~ juni** le huit juin; *(mus.)* **een ~ rust** un demi-soupir
acht·tal *het (-len)* huitaine
acht·tien *card* dix-huit
acht·tien·de *ord* dix-huitième
acht·urig *adj* de huit heures
ACOD *nf (Belg.) Algemene Centrale der Openbare Diensten* CGSP
acryl *het* acrylique
act [εkt, ɑkt] *nm (-s)* numéro; **een ~ opvoeren** faire son numéro
ac·te·ren *vi (h. geacteerd)* **1** jouer **2** jouer la comédie
ac·tie *nf (-s)* action *(aussi jur. et bourse)*; **in ~ komen** entrer en action; **een politionele ~** une expédition policière
ac|tief *adj, adv (-tiever, -tiefst)* actif, activement; **~ optreden** agir énergiquement
ac·tie·ve·ling *nm (-en) (souvent iron.)* ± touche-à-tout
ac·tie·voer|der *nm (-s)*, **-ster** *nf (-s)* militant, -ante
ac·ti·va *plur* actif
ac·ti·vis·me *het* **1** activisme **2** militantisme

ac·ti·vist *nm (-en)* → **actievoerder**
ac·ti·vi·teit *nf (-en)* activité; **bruisen van ~** déborder d'activité
acuut[1] *adj (acuter, acuutst)* **1** urgent; **~ gevaar** danger pressant **2** aigu, -uë
acuut[2] *adv (acuter, acuutst)* immédiatement
a/d *(géo.) aan de* s.
Adam *nm (-s)* Adam; **de oude ~ afleggen** dépouiller le vieil homme; **de oude ~ kwam weer boven** le naturel reprenait le dessus
ad·der *de (-s)* vipère *(aussi au fig.)*; *(fig.)* **er zit een ~tje onder het gras** il y a anguille sous roche
ad·der·ge·broed *het* **1** vipereaux **2** *(injure)* race de vipères
ad·dict *nm (-s)* drogué, -ée
adel *nm* noblesse; **hij is van ~** c'est un noble
ade·laar *nm (-s)* aigle *(m. et f.)*
adel·dom *nm* → **adelstand**
adel·lijk *adj* noble; **een ~e titel** un titre nobiliaire
adel·stand *nm* noblesse; **iem in, tot de ~ verheffen** anoblir qn
adem *nm* **1** haleine; **naar ~ happen** être à bout de souffle; **met ingehouden ~ luisteren** écouter de toutes ses oreilles; **een onrustige ~** une respiration irrégulière; **weer op ~ komen** reprendre haleine **2** souffle; **buiten ~ raken** s'essouffler; **in één ~** d'un(e) trait(e); **de laatste ~ uitblazen** rendre le dernier soupir; *(fig.)* **een spreker van lange ~** un orateur verbeux; *(fig.)* **de langste ~ hebben** être le plus coriace; *(fig.)* **iemands (hete) ~ in de nek voelen** avoir qn à ses trousses
adem·be·ne·mend *adj, adv* (d'une façon) fascinant(e); **zij zong ~** elle chantait admirablement
ade·men *vti (h. geademd)* **1** respirer; *(fig.)* **ruimer ~** être soulagé **2** *(form.)* régner
adem·ha·len *vi (h. ademgehaald)* respirer; *(fig.)* **weer adem kunnen halen** souffler; **ruimer ~** reprendre haleine *(aussi au fig.)*
adem·ha·ling *nf (-en)* **1** respiration; **een rustige ~** une respiration régulière **2** souffle
***adem·ha·lings-** respiratoire; **ademhalingsmoeilijkheden** troubles respiratoires
adem·loos *adj, adv* **1** essoufflé **2** le souffle coupé ♦ **ademloze stilte** silence de mort
adem·nood *nm* suffocation; **in ~ verkeren** suffoquer
adem·pau·ze *de (-s)* **1** pause respiratoire **2** temps de souffler
adem|stoot *nm (-stoten)* souffle
adem·test *nm (-s)* alcoo(l)test
adem·tocht *nm* souffle
ader *de (-s, -en)* veine
ader·la·ten *vt (h. adergelaten)* saigner *(aussi au fig.)*
ader·lijk *adj* veineux
ader·ver·kal·king *nf* artériosclérose
ad fun·dum *adv* ♦ **~!** cul sec!
ad·he·sie *nf* adhésion; **~ betuigen** donner son adhésion
ad in·te·rim *adv* par intérim
ad·ju·dant *nm (-en)* **1** adjudant **2** aide de camp
ad·junct *nm (-en)* adjoint
ad·mi·ni·stra|teur *nm (-en, -s)*, **-trice** *nf (-s)* **1** administrateur, -trice **2** chef comptable **3** administrateur (gestionnaire) **4** fonctionnaire administratif supérieur
ad·mi·ni·stra·tie *nf (-s)* **1** administration **2** comptabilité **3** *(Belg.)* gouvernement
ad·mi·ni·stra·tie·kan|toor *het (-toren)* **1** service de comptabilité **2** société fiduciaire
ad·mi·raal *nm (-s)* amiral
adop·te·ren *vti (h. geadopteerd)* **1** adopter **2** prendre en charge
adop·tie·kind *het (-eren)* enfant adopté
ad rem *adj, adv* prompt (à la riposte), promptement; **een ~ antwoord** une réplique bien envoyée; **hij is ~** il a de l'à-propos
adres *het (-sen)* adresse; *(fig.)* **die opmerking was aan het ~ van jouw zus** cette remarque s'adressait à ta sœur; **per ~** chez, aux bons soins de; *(fig.)* **aan het verkeerde ~ zijn** frapper à la mauvaise porte ♦ **een ~ aan de Tweede Kamer** une pétition à l'Assemblée Nationale
adres·boek *het (-en)* **1** annuaire **2** répertoire d'adresses
adres·sen·be·stand *het (-en)* fichier d'adresses
adres·se·ren[1] *vt (h. geadresseerd)* écrire une adresse (sur)
adres·se·ren[2] *vpr (zich ~; h. zich geadresseerd)* s'adresser (à)
adres·se·ring *nf (-en)* **1** rédaction de l'adresse **2** adresse
ad·struc·tie *nf* ♦ **ter ~ van mijn beweringen** à l'appui de mes assertions
adv *nf arbeidsduurverkorting* RTT
ad·vent *nm* Avent
ad·ver·teer|der *nm (-s)*, **-ster** *nf (-s)* annonceur
ad·ver·ten·tie *nf (-s)* annonce (publicitaire); **op een ~ schrijven** répondre à une annonce
***ad·ver·ten·tie-** de publicité
ad·ver·te·ren[1] *vi (h. geadverteerd)* faire de la publicité
ad·ver·te·ren[2] *vt (h. geadverteerd)* faire de la publicité pour
ad|vies *het (-viezen)* conseil; **~ inwinnen bij iem** consulter qn; **op ~ van de dokter** sur ordre du médecin; **een ~ aan de minister uitbrengen** conseiller un ministre; **iem van ~ dienen** conseiller qn
***ad·vies-** consultatif
ad·vies|prijs *nm (-prijzen)* prix conseillé
ad·vies·snel|heid *nf (-heden)* vitesse conseillée
ad·vi·se·ren *vt (h. geadviseerd)* conseiller
ad·vi·se·rend *adj* consultatif

ad·vi|seur *nm (-s),* **-seuse** *nf (-s)* conseiller, -ère
ad·vo|caat[1] *nm (-caten),* **-cate** *nf (-s, -n) (jur.)* avocat, -ate; **toegewezen** ~ avocat d'office
ad·vo·caat[2] *nm* advocaat *(liqueur aux œufs)*
ad·vo·ca·ten·kan|toor *het (-toren)* cabinet d'avocat
ad·vo·ca·tuur *nf* barreau
af[1] *adv* **1** *(éloignement)* de; **af en aan lopen** aller et venir; **hij is minister af** il n'est plus ministre; **hij wil er niet af** *(possession)* il ne veut pas s'en passer, *(opinion)* il n'en démord pas; **af en toe** de temps en temps; *(fig.)* **van iem af zijn** être débarrassé de qn; **van elkaar af zijn** être séparé **2** *(point de départ)* à partir de; **teruggaan naar af** retourner au (point de) départ; *(fig.)* **van zich af bijten** ne pas se laisser marcher sur les pieds **3** depuis; **van die dag af** depuis ce jour-là **4** *(rapprochement)* vers; **ze komen op ons af** ils se dirigent vers nous ♦ **goed af zijn** être bien loti; *(fig.)* **dat kan er niet af** on ne peut pas se le permettre; **op de minuut af** exactement; *(chien)* **af!** couché!; **iem te vlug af zijn** être plus rapide que qn
af[2] *adj* **1** fini; **de radio staat af** la radio est éteinte; **af zijn** être terminé, être parfait **2** *(sports)* éliminé
afb. *afbeelding* fig.
af·ba·ke·nen *vt (h. afgebakend)* délimiter
af·beel·den *vt (h. afgebeeld)* représenter
af·beel·ding *nf (-en)* **1** représentation **2** image; *(dans un livre)* **de lijst van ~en** la table des illustrations
af·bek·ken *vt (h. afgebekt) (fam.)* enguirlander
af·bel·len *vt (h. afgebeld)* **1** annuler (par téléphone) **2** appeler *(par téléphone)*
af·be·stel·len *vt (h. afbesteld)* décommander
af·be·ta·len *vt (h. afbetaald)* **1** *(dettes)* acquitter **2** payer **3** payer par acomptes
af·be·ta·ling *nf (-en)* **1** *(vente à crédit)* terme; **op** ~ à crédit **2** règlement
af·beu·len *vt (h. afgebeuld) (fig.)* éreinter; **iem** ~ mener la vie dure à qn
af·bie·den *vi (h. afgeboden) (Belg.)* marchander .
af·bij·ten *vti (h. afgebeten)* mordre ♦ **van zich** ~ ne pas se laisser marcher sur les pieds
af·bin·den *vt (h. afgebonden)* **1** délier; **de schaatsen** ~ enlever les patins **2** *(méd.)* ligaturer
af·blad·de·ren *vi (i. afgebladderd)* s'écailler
af·blaf·fen *vt (h. afgeblaft)* fulminer contre (qn)
af·bla·zen *vti (h. afgeblazen)* **1** siffler **2** renoncer à
af·blij·ven *vi (i. afgebleven)* ne pas toucher (qn, à qch); *(fig.)* **van iets** ~ ne pas se mêler de qch; **van iem** ~ ne pas toucher qn, *(fig.)* laisser qn tranquille
af·bluf·fen *vt (h. afgebluft)* esbroufer
af·boe·ken *vt (h. afgeboekt)* **1** transférer *(une somme)* **2** passer aux pertes
af·bor·ste·len *vt (h. afgeborsteld)* brosser
af·bou·wen *vt (h. afgebouwd)* **1** mettre progressivement un terme à **2** achever de construire
af·braak *de* **1** démolition **2** décombres
af·braak|prijs *nm (-prijzen)* **1** prix à l'état de décombres **2** prix choc
af·bran·den[1] *vi (h./i. afgebrand)* être détruit par un incendie
af·bran·den[2] *vt (h./i. afgebrand)* **1** brûler **2** nettoyer à la flamme
af·breek·baar *adj* ♦ **biologisch** ~ biodégradable
af·breek·fout *de (-en)* mauvaise coupe *(d'un mot)*
af·bre·ken[1] *vi (h./i. afgebroken)* **1** (se) casser **2** s'arrêter net
af·bre·ken[2] *vt (h./i. afgebroken)* **1** détacher; **woorden** ~ couper des mots (en fin de ligne) **2** interrompre **3** démolir *(aussi au fig.); (fig.)* **de boel** ~ casser la baraque
af·bre·kend *adj* éreinteur; **~e kritiek** critique violente
af·bre·kings·te·ken *het (-s)* tiret
af·bren·gen *vt (h. afgebracht)* détourner ♦ **hij heeft het er goed afgebracht** il s'en est bien tiré
af·breuk *de* ♦ **iem ~ doen** porter préjudice à qn; **dat doet geen ~ aan zijn verdiensten** cela n'ôte rien à son mérite
af·brok·ke·len *vi (i. afgebrokkeld)* s'effriter
af·bui·gen *vi (i. afgebogen)* dévier; **~d verkeer** circulation qui prend à droite, à gauche
af·dak *het (-en)* **1** auvent **2** abri
af·da·len *vi (i. afgedaald)* descendre ♦ **tot zijn leerlingen** ~ se mettre au niveau de ses élèves
af·da·ling *nf (-en)* **1** *(aussi sports)* descente **2** régression
af·dam·men *vt (h. afgedamd)* endiguer *(aussi au fig.)*
af·dan·ken *vt (h. afgedankt)* **1** renvoyer **2** mettre au rancart **3** évincer; **een vrijer** ~ envoyer promener un amoureux
af·dan·ker·tje *het (-s)* vieilles frusques
af·dek·ken *vt (h. afgedekt)* **1** débarrasser **2** (re)couvrir
af·de·ling *nf (-en)* **1** section **2** *(entreprise)* service (administratif, technique, financier) **3** *(magasin)* rayon
af·din·gen *vti (h. afgedongen)* marchander; *(fig.)* **daar valt niets op af te dingen** il n'y a pas à dire
af·doen *vt (h. afgedaan)* **1** enlever; **iets van de prijs** ~ rabattre une somme du prix (à payer); **dat doet er niets toe of af** cela ne change rien à l'affaire **2** enlever la poussière de **3** liquider; **een zaak haastig** ~ expédier une affaire; **iets ~ met een lachertje** s'en tirer avec une plaisanterie; *(fig.)* **hij heeft voor mij afgedaan** lui, pour moi c'est fini
af·doend *adj* **1** efficace **2** décisif

af·don·de·ren[1] *vi (h./i. afgedonderd)* dégringoler
af·don·de·ren[2] *vt (h./i. afgedonderd)* balancer
af·draai·en[1] *vi (h./i. afgedraaid)* tourner
af·draai·en[2] *vt (h./i. afgedraaid)* **1** écarter; **de brug** ~ tourner le pont; **zij draaide het hoofd af** elle détourna la tête **2** enlever (en tournant) **3** *(film, radio)* passer
af·dra·gen *vt (h. afgedragen)* **1** descendre **2** *(vêtements)* user **3** remettre
af·drij·ven[1] *vi (h./i. afgedreven)* **1** dériver **2** passer
af·drij·ven[2] *vt (h./i. afgedreven)* **1** chasser **2** *(méd.)* expulser; **een vrucht** ~ provoquer un avortement
af·dro·gen *vt (h. afgedroogd)* **1** essuyer; **zich** ~ se sécher **2** *(fam.)* tabasser **3** écraser
af·dronk *nm* fin de bouche
af·droog·doek *nm (-en)* torchon
af·drui·pen *vi (i. afgedropen)* **1** dégoutter **2** battre en retraite
af·druip·rek *het (-ken)* égouttoir
af·druk *nm (-ken)* **1** tirage **2** trace(s) **3** exemplaire
af·druk·ken *vti (h. afgedrukt)* **1** imprimer **2** *(phot.)* tirer (des épreuves) **3** appuyer sur la détente (d'une arme)
af·du·ve·len[1] *vi (h./i. afgeduveld) (fam.)* se casser la figure
af·du·ve·len[2] *vt (h./i. afgeduveld) (fam.)* flanquer
af·du·wen *vt (h. afgeduwd)* (re)pousser
af·dwa·len *vi (i. afgedwaald)* s'égarer; **van zijn onderwerp** ~ s'écarter de son sujet
af·dwin·gen *vt (h. afgedwongen)* **1** *(aveu, promesse etc.)* arracher **2** forcer; **dat dwingt ons eerbied af** cela commande notre respect
af·flui·ten *vti (h. afgefloten)* siffler la fin (d'un match, d'une partie)
af·gaan *vi (i. afgegaan)* **1** descendre **2** *(+ op)* aborder (qn) **3** *(+ op)* se fier (à) **4** diminuer; **de aardigheid gaat eraf** on s'en lasse **5** être déduit **6** *(d'un coup de fusil)* partir **7** *(d'un réveil)* sonner **8** gaffer, chuter; **geweldig** ~ faire piètre figure; ~ **als een gieter** faire une gaffe monumentale; **een kandidaat laten** ~ faire échouer un candidat **9** *(accessoires, chapeau)* être enlevé **10** aller à la selle ♦ **het ging hem niet best af** ça ne lui a pas tellement réussi; **dat gaat hem handig af** il s'en tire bien; *(fig.)* **van de rechte weg** ~ sortir du droit chemin
af·gang *nm (-en)* fiasco, *(personnes)* déconfiture
af·ge·bro·ken *adj, adv* **1** entrecoupé **2** (d'une manière) saccadé(e)
af·ge·daan *adj* → **afdoen**
af·ge·draaid *adj* **1** crevé **2** claqué
af·ge·dra·gen *adj* usé (jusqu'à la corde)
af·ge·la·den *adj* **1** bourré **2** plein comme une barrique
af·ge·las·ten *vt (h. afgelast)* annuler
af·ge·leefd *adj* **1** décrépit **2** usé
af·ge·le|gen *adj, adv (-gener, meest a.)* perdu, à l'écart
af·ge·leid *adj* **1** distrait **2** dérivé
af·ge·lo·pen[1] *adj* passé
af·ge·lo·pen[2] *interj* assez!
af·ge·mat *adj* épuisé, exténué
af·ge·me·ten *adj, adv* **1** bien mesuré **2** *(fig.)* (d'un air) compassé
af·ge·rond *adj* **1** complet **2** *(chiffres, sommes)* arrondi
af·ge·slo·ten *adj, adv* ♦ **een** ~ **geheel vormen** former un tout cohérent
af·ge·spro·ken[1] *adj* convenu
af·ge·spro·ken[2] *interj* d'accord!
af·ge·stompt *adj* **1** *(d'une personne)* obtus; ~ **raken** s'engourdir **2** émoussé
af·ge·stu·deer·de *nm (-n)* diplômé, -ée
af·ge·trapt *adj* éculé
af·ge·vaar·dig·de *nm (-n)* **1** délégué, -ée **2** député; *(Etats-Unis)* **het Huis van Afgevaardigden** la Chambre des Représentants
af·ge·ven[1] *vi (h. afgegeven)* **1** déteindre (sur) **2** *(+ op)* critiquer (qn, qch)
af·ge·ven[2] *vt (h. afgegeven)* **1** remettre **2** délivrer **3** répandre
af·ge·ven[3] *vpr (zich ~; h. zich afgegeven) (+ met; personnes)* se commettre (avec)
af·ge·zaagd *adj (fig.)* rebattu
af·ge|zant *nm (-en)*, **-zante** *nf (-s, -n)* envoyé, -ée
af·ge·zien ♦ ~ **daarvan** en dehors de cela; ~ **van** indépendamment de; ~ **van het feit dat** outre que
af·ge·zon·derd *adj, adv* **1** *(d'une chose)* isolé **2** *(d'une personne)* seul, en reclus; **hij stond van de anderen** ~ il se tenait à l'écart des autres
af·gie·ten *vt (h. afgegoten)* **1** égoutter **2** verser **3** mouler
af·gif·te *nf* remise
af·glij·den *vi (i. afgegleden)* glisser
af·god *nm (-en)* **1** faux dieu **2** *(fig.)* idole
af·go·de·rij *nf (-en)* **1** idolâtrie **2** culte des idoles
af·gods·beeld *het (-en)* → **afgod 2**
af·gooi·en *vt (h. afgegooid)* **1** jeter **2** faire tomber
af·gra·ven *vt (h. afgegraven)* déblayer
af·gra·zen *vt (h. afgegraasd)* **1** brouter (jusqu'au dernier brin d'herbe) **2** épuiser
af·gren·de·len *vt (h. afgegrendeld)* verrouiller
af·grij·se·lijk *adj, adv* **1** affreux, affreusement **2** terriblement
af·grij·zen *het* horreur; **een** ~ **van iets hebben** avoir qch en horreur
af·grond *nm (-en)* gouffre *(aussi au fig.)*; **een** ~ **van leed** un abîme de souffrances
af·gunst *nf* envie; ~ **koesteren (jegens iem)** envier (qn)
af·gun·stig *adj, adv* envieux, jalousement; ~ **op, jegens** envieux de
af·haal·res·tau·rant *het (-s)* restaurant de plats à emporter
af·ha·ken[1] *vt (h./i. afgehaakt)* **1** décrocher **2** finir (qch) au crochet

af·ha·ken² *vi (h./i. afgehaakt)* décrocher *(fig.)*
af·hak·ken *vt (h. afgehakt)* couper
af·ha·len *vt (h. afgehaald)* **1** retirer *(des marchandises)* **2** aller chercher (qn, qch) **3** enlever; **bedden ~** défaire les lits; **iem van iets ~** dissuader qn de faire qch; **ze hebben hem van de tribune afgehaald** ils l'ont fait descendre de la tribune
af·han·de·len *vt (h. afgehandeld)* **1** régler, expédier **2** achever
af·han·dig *adj* ♦ **iem iets ~ maken** dépouiller qn de qch; **iem een mes ~ maken** arracher un couteau des mains de qn
af·han·gen *vi (h. afgehangen)* **1** pendre; **een ~d dak** un toit en pente; **~de schouders** épaules tombantes **2** *(+ van)* dépendre (de); **dat hangt er van af** cela dépend; **zijn leven hangt er van af** il y va de sa vie
af·han·ke·lijk *adj* dépendant (de); **in een ~e betrekking** dans un rapport de subordination; **~ zijn van** dépendre de
af·hech·ten *vt (h. afgehecht)* arrêter
af·hel·pen *vt (h. afgeholpen)* **1** aider **2** débarrasser (de); *(iron.)* **iem van zijn geld ~** aider qn à dépenser son argent; **hij heeft mij van mijn verlegenheid afgeholpen** il m'a aidé à vaincre ma timidité
af·hol·len¹ *vi (h./i. afgehold)* descendre à fond de train
af·hol·len² *vt (h./i. afgehold)* parcourir à toute vitesse
af·hou·den¹ *vi (h. afgehouden)* s'écarter (de)
af·hou·den² *vt (h. afgehouden)* retenir ♦ **zijn handen niet van iets of iem kunnen ~** ne pas pouvoir s'empêcher de toucher à qch ou à qn; **de ogen niet kunnen ~ van** ne pas pouvoir détacher ses yeux de; **een ~de reactie** une réaction évasive; **iem van iets ~** dissuader qn de faire qch; **een hond van zich ~** tenir un chien à distance; **iem van zijn werk ~** détourner qn de son travail
af·hu·ren *vt (h. afgehuurd)* louer
af·ja·gen *vt (h. afgejaagd)* chasser
af·jak·ke·ren *vt (h. afgejakkerd)* **1** épuiser **2** bâcler **3** foncer
afk. *afkorting* abr.
af·kam·men *vt (h. afgekamd)* **1** peigner **2** démolir
af·kap·pen *vt (h. afgekapt)* **1** couper **2** couvrir (d'une toiture) ♦ **een gesprek ~** couper court à un entretien
af·kat·ten *vt (h. afgekat) (fam.)* envoyer sur les roses
af·keer *nm* aversion; **een ~ van iem krijgen** prendre qn en aversion; **een ~ van iem/iets hebben** avoir de l'aversion pour qn, qch
af·ke·ren *vt (i. afgekeerd)* **1** détourner **2** parer
af·ke·rig *adj* **1** *(+ van)* dégoûté (de); **~ zijn van geweld** répugner à la violence; **~ zijn van iem** ne pas pouvoir supporter qn; **ik ben er niet ~ van** je ne suis pas contre **2** hérétique
af·ket·sen¹ *vi (h./i. afgeketst)* **1** ricocher **2** *(fig.)* échouer
af·ket·sen² *vt (h./i. afgeketst)* **1** faire ricocher **2** *(fig.)* rejeter
af·keu·ren *vt (h. afgekeurd)* **1** *(choses)* déclarer impropre, *(personnes)* déclarer inapte, *(milit.)* réformer **2** désapprouver
af·keu·rend *adj, adv* désapprobateur, d'un air réprobateur
af·keu·rens·waar·dig *adj* répréhensible
af·kic·ken *vi (h./i. afgekickt)* se désintoxiquer
af·kij·ken *vti (h. afgekeken)* **1** copier; **van zijn buurman ~** copier sur son voisin **2** scruter **3** regarder jusqu'à la fin ♦ **het mooie van iets afgekeken hebben** être saturé de qch
af·kle·den *vi (h. afgekleed)* amincir *(vêtement)*
af·klet·sen *vt (h. afgekletst)* ♦ **ze hebben weer wat afgekletst** ils ont encore passé leur temps à papoter
af·klim·men *vi (i. afgeklommen)* descendre (de)
af·klop·pen *vt (h. afgeklopt)* **1** *(poussière)* battre **2** toucher du bois; **klop die bewering maar even af!** touche du bois!
af·knap·pen *vi (h./i. afgeknapt)* **1** se casser **2** *(personne)* craquer; **ik ben er op afgeknapt** j'en suis revenu; *(fam.)* **ik ben op hem afgeknapt** il m'a déçu
af·knap·per *nm (-s) (fam.)* ♦ **wat een ~!** quelle douche!
af·knij·pen *vt (h. afgeknepen)* ♦ **iem ~** mettre qn sur la sellette
af·knip·pen *vt (h. afgeknipt)* couper
af·koe·len¹ *vi (h./i. afgekoeld)* se refroidir; **het is na het onweer erg afgekoeld** le temps s'est bien rafraîchi après l'orage
af·koe·len² *vt (h./i. afgekoeld)* refroidir
af·koe·lings·pe·ri·o·de *nf (-n, -s)* **1** période de refroidissement **2** *(fig.)* trêve
af·ko·ken *vti (h./i. afgekookt)* ♦ **die aardappels koken af** ces pommes de terre sont farineuses; **groenten ~** blanchir des légumes; **afgekookt vlees** de la viande bouillie
af·ko·ker *nm (-s)* pomme de terre farineuse
af·ko·men *vi (i. afgekomen)* **1** *(+ van)* sortir (de); **kom van het ijs af** ne reste pas sur la glace **2** *(+ op)* s'avancer (vers); **de muggen komen op het licht af** les moustiques sont attirés par la lumière; **de dingen op zich laten ~** laisser les choses suivre leur cours **3** descendre (de) **4** se tirer (de); **er bekaaid ~** en être pour ses frais; **er gemakkelijk ~** s'en tirer facilement; *(maladie)* **~ van** se guérir de; **ik kon niet van hem ~** je n'arrivais pas à me débarrasser de lui **5** s'achever **6** *(Belg.)* passer *(en visite)*; **kom eens af** passe me (, nous) voir un de ces jours
af·komst *nf* origine; **van eenvoudige ~** de condition modeste
af·kom·stig *adj* **1** originaire (de) **2** dérivé (de) **3** qui provient (de); **van wie is**

dat plan ~? qui a conçu ce plan? **4** qui vient (de)
af·kon·di·gen *vt (h. afgekondigd)* proclamer; **wetten ~** promulguer des lois
af·koop·som *de (-men)* dédit
af·ko·pen *vt (h. afgekocht)* racheter
af·kor·ten *vt (h. afgekort)* **1** abréger **2** raccourcir
af·kor·ting *nf (-en)* abréviation ♦ *(Belg.)* **op ~ kopen** acheter à crédit
af·krab·ben *vt (h. afgekrabd)* gratter
af·kra·ken *vt (h./i. afgekraakt)* démolir (qn)
af·krij·gen *vt (h. afgekregen)* **1** parvenir à enlever **2** réussir à terminer
af·kun·nen *vt (h. afgekund)* pouvoir faire; **het best ~** y arriver tout seul
af·kus·sen *vt (h. afgekust)* **1** essuyer par un baiser **2** couvrir de baisers ♦ **laten we het ~** faisons la paix
af|laat *nm (-laten) (cathol.)* indulgence
af·la·den *vt (h. afgeladen)* décharger
af·la·ten *vi (h. afgelaten) (form.)* cesser (de)
af·leg·gen *vt (h. afgelegd)* **1** *(vêtements, bijoux etc.)* ôter **2** *(problème)* se débarrasser de **3** faire **4** parcourir **5** retirer **6** *(mort)* faire la toilette de ♦ **het ~ tegen iem** ne pas être à la hauteur de qn; **die broek begint het af te leggen** ce pantalon rend l'âme
af·leid·baar *adj* ♦ **de bliksem is ~** la foudre peut être détournée; **vertaalbaar is ~ van vertalen** traduisible est dérivé de traduire
af·lei·den *vt (h. afgeleid)* **1** détourner **2** distraire (qn) (de) **3** reconduire jusqu'en bas **4** *(étymologie, généalogie)* faire remonter à **5** *(ling.)* dériver **6** déduire (de)
af·lei·ding *nf (-en)* **1** distraction; **voor ~ zorgen** procurer une distraction **2** *(ling.)* dérivation **3** *(ling.)* dérivé
af·lei·dings·ma·noeu·vre [ɑflɛidɪŋs-manœ:vrə, ɑflɛidɪŋsmɑnøvər] *het/de (-s)* manœuvre de diversion
af·le·ren *vt (h./i. afgeleerd)* **1** se déshabituer de **2** corriger (qn de qch)
af·le·ve·ren *vt (h./i. afgeleverd)* livrer
af·le·ve·ring *nf (-en)* **1** livraison **2** épisode, *(télévision)* émission
af·le·zen *vt (h./i. afgelezen)* **1** terminer de lire **2** lire à haute voix **3** lire; **de woede van iemands gezicht ~** lire la colère de qn sur son visage
af·lik·ken *vt (h. afgelikt)* **1** lécher **2** bécoter
af|loop *nm (-lopen)* **1** fin; **na ~ van** à l'issue de **2** issue **3** évacuation
af·lo·pen[1] *vi (h. afgelopen)* **1** s'éloigner (de) **2** *(+ op)* se hâter d'aller (vers) **3** se terminer, *(échéance, contrat)* expirer; **het loopt af met hem** sa fin approche; **de afgelopen nacht** la nuit dernière; **slecht ~** mal tourner **4** *(réveil)* sonner **5** s'écouler (de) **6** descendre (de) **7** être en pente **8** se détacher (de) ♦ **~d tij** marée descendante
af·lo·pen[2] *vt (h. afgelopen)* **1** *(chaussures, moquette)* user **2** parcourir
af·los·sen *vt (h. afgelost)* **1** relayer **2** rembourser
af·los·sing *nf (-en)* **1** relève **2** terme; **een jaarlijkse ~** une annuité **3** remboursement **4** amortissement
af·luis·ter·ap·pa·ra·tuur *de* table d'écoute
af·luis·te·ren *vt (h. afgeluisterd)* écouter la conversation de (qn), *(téléphone)* placer (qn) sur écoute
af·luis·ter·prak·tij·ken *plur* écoutes (téléphoniques)
af·lui·zen *vt (h. afgeluisd) (fam.; Belg.)* chiper
af·ma·ken[1] *vt (h. afgemaakt)* **1** terminer; **spijzen op smaak ~** assaisonner des plats **2** achever **3** démolir
af·ma·ken[2] *vpr (zich ~; h. zich afgemaakt)* ♦ **zich van iets ~** se débarrasser de qch; **hij maakt er zich met een grap van af** il s'en tire avec une pirouette
af·mars *de (-en)* départ
af·mat·ten *vt (h. afgemat)* épuiser
af·mel·den *vt (h. afgemeld)* excuser; **zich ~** se faire excuser
af·me·ren[1] *vi (h. afgemeerd) (mar.)* accoster
af·me·ren[2] *vt (h. afgemeerd) (mar.)* amarrer (qch)
af·me·ten *vt (h. afgemeten)* mesurer; **de verdiensten van twee personen tegen elkaar ~** comparer les mérites de deux personnes; **zijn woorden nauwkeurig ~** peser ses mots
af·me·ting *nf (-en)* **1** dimension **2** mesure
af·mie·te·ren[1] *vi (h./i. afgemieterd) (fam.)* dégringoler (de)
af·mie·te·ren[2] *vt (h./i. afgemieterd) (fam.)* balancer (en bas de)
af·mon·ste·ren[1] *vi (h./i. afgemonsterd) (mar.)* débarquer
af·mon·ste·ren[2] *vt (h./i. afgemonsterd) (mar.)* licencier
af·na·me *de* **1** achat **2** vente **3** diminution
af·neem·baar *adj* démontable
af·ne·men[1] *vt (h./i. afgenomen)* **1** enlever; **iem een last ~** débarrasser qn d'un fardeau **2** prendre (à) **3** débarrasser *(la table)*; **met zeep ~** laver au savon **4** prendre (qch à qn); **iem zijn beurs ~** délester qn de sa bourse **5** faire passer (qch à qn); **een gelofte ~** faire prêter serment à qn; **(iem) een verhoor ~** faire subir un interrogatoire (à qn) **6** acheter à
af·ne·men[2] *vi (h./i. afgenomen)* **1** diminuer; **de koorts neemt af** la fièvre tombe **2** raccourcir; **~d tij** marée descendante
af·ne·mer *nm (-s)*, **afneemster** *nf (-s)* client, -ente
af·pak·ken *vt (h. afgepakt)* **1** prendre (qch à qn); **iem een mes ~** confisquer un couteau à qn **2** décharger (de)
af·pas·sen *vt (h. afgepast)* mesurer

af·pei·ge·ren *vt (h. afgepeigerd) (fam.)* crever
af·pel·len *vt (h. afgepeld)* peler
af·per·ken *vt (h. afgeperkt)* délimiter
af·per·sen *vt (h. afgeperst)* faire chanter; **iem geld** ~ extorquer de l'argent à qn; **iem een verklaring** ~ arracher une déclaration à qn
af·pij·ni·gen *vt (h. afgepijnigd)* **1** tourmenter **2** torturer
af·pik·ken *vt (h. afgepikt) (fam.)* piquer (qch à qn)
af·pin·ge·len *vti (h. afgepingeld)* marchander
af·plak·ken *vt (h. afgeplakt)* scotcher®
af·plat·ten *vt (h. afgeplat)* aplatir
af·poei·e·ren *vt (h. afgepoeierd) (fam.)* **1** envoyer promener **2** rosser
af·poet·sen *vt (h. afgepoetst)* **1** enlever en frottant **2** polir
af·pra·ten *vt (h. afgepraat)* **1** dissuader (qn de qch) **2** discuter
af·prij·zen *vt (h. afgeprijsd)* vendre au rabais
af·ra·den *vt (h. afgeraden)* déconseiller (qch à qn)
af·raf·fe·len *vt (h. afgeraffeld)* bâcler
af·ra·ken *vi (i. afgeraakt)* ♦ **van de weg** ~ s'écarter de la route; **van het roken** ~ se déshabituer de fumer; **van een gewoonte** ~ perdre une habitude
af·ram·me·len *vt (h. afgerammeld) (fam.)* donner une raclée à
af·ran·se·len *vt (h. afgeranseld)* rosser
af·ras·te·ren *vt (h. afgerasterd)* clôturer
af·re·a·ge·ren *vti (h. afgereageerd)* se défouler; **zijn woede** ~ **op (iem)** décharger sa colère sur (qn)
af·reis *de* départ
af·rei·zen[1] *vi (h./i. afgereisd)* partir (pour)
af·rei·zen[2] *vt (h./i. afgereisd)* **1** parcourir **2** voyager beaucoup; **hij heeft al heel wat afgereisd** il a vu du pays
af·re·ke·nen *vti (h. afgerekend)* régler; **met de bakker** ~ payer la note du boulanger; **ober,** ~**!** garçon, l'addition s'il vous plaît ♦ **met iem/iets afgerekend hebben** en avoir fini une fois pour toutes avec qn, qch
af·re·ke·ning *nf (-en)* **1** règlement **2** règlement de compte **3** note
af·rem·men *vti (h. afgeremd)* freiner; **iem in zijn enthousiasme** ~ freiner l'enthousiasme de qn
af·ren·nen *vi (h./i. afgerend)* **1** partir en courant; **de trap** ~ descendre l'escalier quatre à quatre **2** *(+ op)* courir (vers) **3** dévaler
af·rich·ten *vt (h. afgericht)* **1** dresser *(animal, une personne)* **2** *(regard, tête)* détourner (de)
af·rij·den[1] *vi (h./i. afgereden)* **1** partir (de) **2** descendre (qch) **3** passer son permis
af·rij·den[2] *vt (h./i. afgereden)* **1** parcourir **2** éreinter
Afri·ka *het* Afrique
Afri|kaan *nm (-kanen),* **-kaanse** *nf (-n)* **1** Africain, -aine **2** Afrikaner
afri·kaan·tje *het (-s)* œillet d'Inde
af·rit *nm (-ten)* sortie (d'autoroute)
af·roep *nm (commerce)* demande
af·roe·pen *vt (h. afgeroepen)* **1** appeler **2** faire l'appel de **3** annoncer
af·rol·len[1] *vt (h./i. afgerold)* **1** dérouler **2** descendre (qch) en roulant **3** enrouler
af·rol·len[2] *vi (h./i. afgerold)* **1** se dérouler **2** débouler
af·ro·men *vt (h. afgeroomd)* écrémer *(aussi au fig.)*
af·ron·den *vt (h. afgerond)* **1** *(aussi chiffres, sommes)* arrondir **2** achever; **een gesprek** ~ clore une discussion; **hij moest nog even een paar zaken** ~ il avait encore quelques affaires à régler
af·ros·sen *vt (h. afgerost)* **1** rosser **2** éreinter
af·rui·men *vti (h. afgeruimd)* débarrasser
af·ruk·ken[1] *vt (h./i. afgerukt)* arracher
af·ruk·ken[2] *vpr (zich ~; h. zich afgerukt) (vulg.)* se branler
af·sab·be·len *vt (h. afgesabbeld)* suçoter
af·scha·du·wing *nf (-en)* ombre
af·schaf·fen *vt (h. afgeschaft)* **1** supprimer **2** abolir
af·scham·pen *vi (i. afgeschampt)* raser (qch)
af·scha·ven *vt (h./i. afgeschaafd)* raboter ♦ **zich het vel van de hand** ~ s'écorcher la main
af·scheid *het* adieu; ~ **nemen van iem** prendre congé de qn, dire adieu à qn; **teder** ~ **nemen van elkaar** se dire tendrement au revoir; **tot, ten** ~ au moment du départ, en guise d'adieu
af·schei·den *vt (h. afgescheiden)* **1** séparer; **zich van de wereld** ~ se retirer du monde; **zich van een kerkgenootschap** ~ être dissident d'une Eglise **2** sécréter
af·schei·ding *nf (-en)* **1** séparation **2** sécrétion **3** scission **4** limite
af·schei·dings·be·we·ging *nf (-en)* mouvement séparatiste
*__af·scheids-__ d'adieu
af·sche·pen *vt (h. afgescheept)* éconduire (qn); **iem met iets** ~ se débarrasser de qn en lui donnant qch; **iem met mooie praatjes, loze beloften** ~ payer qn en monnaie de singe
af·schep·pen *vt (h. afgeschept)* enlever
af·sche·ren *vt (h. afgeschoren)* raser, *(laine)* tondre
af·scher·men *vt (h. afgeschermd)* faire écran à (qch); **een atoomreactor moet goed zijn afgeschermd** un réacteur nucléaire doit être soigneusement blindé; **licht** ~ masquer les lumières; **iem voor iets** ~ protéger qn de qch
af·scheu·ren[1] *vt (h./i. afgescheurd)* arracher
af·scheu·ren[2] *vi (h./i. afgescheurd)* se déchirer
af·schie·ten[1] *vt (h./i. afgeschoten)* **1** tirer **2** arracher **3** *(animal)* abattre **4** aménager (en posant une cloison)
af·schie·ten[2] *vi (h./i. afgeschoten)* **1** se précipiter (vers) **2** se détacher (de)

af·schil·de·ren *vt (h. afgeschilderd)* **1** (dé)peindre **2** achever de peindre
af·schil·de·ring *nf (-en)* description
af·schil·fe·ren *vi (i. afgeschilferd)* peler, *(peinture, vernis, plâtre)* s'écailler
af·schmin·ken *vt (h. afgeschminkt)* **1** démaquiller **2** terminer le maquillage de (qn)
af·schop·pen *vt (h. afgeschopt)* **1** écarter à coups de pied **2** faire tomber à coups de pied
af·schra·pen *vt (h. afgeschraapt)* → **afschrappen 1**
af·schrap·pen *vt (h. afgeschrapt)* **1** gratter **2** barrer; **iem van de lijst** ~ barrer le nom de qn sur la liste, rayer qn de la liste
af·schrift *het (-en)* copie
af·schrij·ven *vt (h./i. afgeschreven)* **1** débiter (de); **geld van een rekening** ~ débiter un compte d'une somme **2** annuler (qch) par lettre **3** *(fam.)* faire son deuil de; **de artsen hadden hem al afgeschreven** les médecins l'avaient déjà condamné **4** écrire **5** recopier **6** achever (d'écrire) **7** *(commerce, indus.)* amortir
af·schrij·ving *nf (-en)* **1** *(comptabilité)* débit; **een automatische** ~ un prélèvement automatique **2** *(commerce, indus.)* amortissement **3** avis de débit **4** mot d'excuse
af·schrik·ken *vt (h. afgeschrikt)* effrayer; **hij liet zich door niets** ~ rien ne l'intimidait
af·schrik·wek·kend *adj, adv* (d'une manière) effrayant(e)
af·schroe·ven *vt (h. afgeschroefd)* dévisser
af·schud·den¹ *vt (h. afgeschud)* secouer ♦ **iem van zich** ~ semer qn
af·schud·den² *vpr (zich ~; h. zich afgeschud)* se secouer
af·schui·men *vt (h. afgeschuimd)* écumer
af·schui·ven¹ *vi (h./i. afgeschoven)* glisser; **hij schoof wat van het vuur af** il s'écarta un peu du feu
af·schui·ven² *vt (h./i. afgeschoven)* **1** écarter **2** se défausser (sur qn)
af·schu·ren *vt (h./i. afgeschuurd)* **1** récurer **2** polir
af·schuw *nm* horreur
af·schu·we·lijk *adj, adv* horrible(ment); **hij sprak een** ~ **Engels** il parlait un anglais abominable; ~ **mooi** vachement beau, belle; **die rok staat je** ~ tu es affreuse avec cette jupe; ~ **vervelend** mortellement ennuyeux
af·schuw·wek·kend *adj* → **afschuwelijk**
af·sjou·wen *vt (h. afgesjouwd)* **1** descendre **2** se traîner
af·slaan¹ *vi (h./i. afgeslagen)* **1** bifurquer; **links** ~ prendre à gauche, tourner à gauche **2** *(machine, moteur)* s'arrêter **3** *(prix)* baisser
af·slaan² *vt (h./i. afgeslagen)* **1** repousser; **de vliegen van het vlees** ~ chasser les mouches de la viande **2** refuser **3** faire tomber; **de storm heeft een stuk van het dak afgeslagen** la tempête a arraché une partie du toit
af·slach·ten *vt (h. afgeslacht)* **1** *(animaux)* abattre **2** *(aussi au fig.)* massacrer
af·slag *nm (-en)* **1** sortie (d'autoroute) **2** réduction **3** vente au cadran; **bij** ~ **veilen** vendre à la criée **4** criée **5** écoulement
af·slan·ken¹ *vi (h./i. afgeslankt)* **1** perdre du poids **2** *(fig.)* dégraisser
af·slan·ken² *vt (h./i. afgeslankt)* **1** amaigrir **2** réduire la taille de
af·slij·pen *vt (h. afgeslepen)* **1** enlever **2** lisser
af·slij·ten¹ *vt (h./i. afgesleten)* user
af·slij·ten² *vi (h./i. afgesleten)* s'user
af·slo·ven *vt (h. afgesloofd)* épuiser; **zich** ~ **om** *(+ inf.)* s'éreinter à (faire qch)
af·sluit·dijk *nm (-en)* digue de barrage
af·slui·ten *vt (h. afgesloten)* **1** fermer; **een weg** ~ barrer une route **2** fermer à clé **3** *(eau, gaz, électricité)* couper; **iem van het gas** ~ couper le gaz chez qn **4** *(contrat etc.)* conclure **5** tenir à distance (de); **zich** ~ s'isoler ♦ **een afgesloten tijdperk** une époque révolue
af·slui·ting *nf (-en)* fermeture
af·sme·ken *vt (h. afgesmeekt)* implorer (qch de qn)
af·snau·wen *vt (h. afgesnauwd)* rabrouer
af·snij·den *vt (h. afgesneden)* couper
af·snoe·pen *vt (h. afgesnoept)* souffler
af·sop·pen *vt (h. afgesopt)* laver
af·speel·ap·pa·ra|tuur *nf (-turen)* matériel de reproduction
af·spel·den *vt (h. afgespeld)* épingler
af·spe·len¹ *vpr (zich ~; h. zich afgespeeld)* se produire; **wat zich achter de schermen afspeelt** l'envers du décor
af·spe·len² *vt (h. afgespeeld)* **1** *(disque)* (faire) passer **2** jouer in extenso **3** user (à force de jouer)
af·spie·ge·len¹ *vt (h. afgespiegeld)* **1** refléter **2** dépeindre (comme)
af·spie·ge·len² *vpr (zich ~; h. zich afgespiegeld)* se refléter
af·spie·ge·ling *nf (-en)* reflet
af·split·sen¹ *vt (h. afgesplitst)* séparer
af·split·sen² *vpr (zich ~; h. zich afgesplitst)* **1** bifurquer **2** *(personnes)* se séparer **3** se ramifier
af·spoe·len *vt (h./i. afgespoeld)* **1** rincer **2** nettoyer (à l'eau); **het stof van zijn handen** ~ se laver les mains pour enlever la poussière ♦ **de zee spoelt grote stukken van dit land af** la mer creuse beaucoup ce terrain
af|spraak *de (-spraken)* **1** accord; **zich aan de** ~ **houden** tenir parole; **een** ~ **maken bij de tandarts** prendre un rendez-vous chez le dentiste; **dat is tegen de** ~ ce n'est pas ce que nous avons convenu; **volgens (de)** ~ comme convenu **2** rendez-vous; **zich aan de** ~ **houden** venir au rendez-vous; **bezoek na** ~ visite sur rendez-vous

af·spraak·je *het (-s)* rendez-vous (galant)
af·spre·ken¹ *vt (h. afgesproken)* convenir de; **een dag** ~ fixer un jour
af·spre·ken² *vi (h. afgesproken)* prendre (un) rendez-vous; **met elkaar** ~ se donner rendez-vous
af·sprin·gen *vi (h./i. afgesprongen)* **1** sauter **2** *(+ op)* fondre (sur) **3** se détacher (de), s'écailler **4** érafler **5** échouer
af·staan *vt (h. afgestaan)* céder; **het** ~ **van organen** le don d'organes ♦ ~**de oren** oreilles décollées
af·stam·me|ling *nm (-en),* **-linge** *nf (-n)* descendant, -ante
af·stam·men *vi (i. afgestamd)* **1** descendre (de) **2** *(ling.)* dériver (de) **3** *(coutumes)* remonter (à)
af·stand *nm (-en)* **1** distance; ~ **houden** respecter la distance, *(fig.)* garder ses distances, *(circul.)* respecter les distances; **op een kleine** ~ à faible distance; ~ **nemen van een onderwerp** prendre du recul par rapport à un sujet; **op een** ~ à distance, *(fig.)* distant **2** éloignement **3** abandon; **ik wil er geen** ~ **van doen** je ne veux pas m'en séparer **4** abdication
af·stan·de·lijk *adj, adv* (d'une façon) réservé(e); ~ **blijven** rester sur son quant-à-soi
af·stands·be·die·ning *nf* télécommande
af·stap·je *het (-s)* marche; **denk om het ~!** attention à la marche!
af·stap·pen *vi (h./i. afgestapt)* **1** descendre (de) **2** *(+ op)* se diriger (à pied) (vers) **3** *(+ van)* renoncer (à); **van een onderwerp** ~ passer à un autre sujet
af·ste·ken¹ *vi (h./i. afgestoken)* **1** *(+ bij, tegen)* contraster **2** partir
af·ste·ken² *vt (h./i. afgestoken)* **1** allumer **2** prononcer **3** enlever **4** nettoyer
af·stel *het* abandon
af·stel·len *vt (h. afgesteld)* **1** régler **2** abandonner
af·stem·knop *nm (-pen)* bouton de réglage
af·stem·men *vt (h. afgestemd)* **1** *(par vote)* rejeter **2** *(mus.)* accorder **3** *(com.)* régler (sur) **4** *(+ op)* faire concorder (avec); **inkomsten en uitgaven op elkaar** ~ adapter les dépenses aux recettes **5** ne pas réélire
af·stem·pe·len *vt (h. afgestempeld)* **1** estampiller, oblitérer **2** composter
af·ster·ven *vi (i. afgestorven)* **1** mourir **2** disparaître
af·ste·ve·nen *vi (i. afgestevend) (+ op)* foncer (sur)
af·stij·gen *vi (i. afgestegen)* descendre (de)
af·stof·fen *vt (h. afgestoft)* épousseter
af·stom·pen *vti (h./i. afgestompt)* s'émousser; **de diensttijd stompt (je) af** le service militaire abrutit l'individu; **het verdriet heeft zijn geest afgestompt** le chagrin l'a rendu insensible
af·stor·men *vi (i. afgestormd) (+ op)* se lancer (sur)
af·sto·te·lijk *adj* repoussant
af·sto·ten¹ *vt (h./i. afgestoten)* **1** faire partir **2** se débarrasser de **3** *(biol.)* rejeter
af·sto·ten² *vti (h./i. afgestoten)* **1** déplaire **2** *(phys.)* (se) repousser
af·sto·ten³ *vi (h./i. afgestoten)* glisser (sur)
af·sto|tend *adj (-tender, meest a.)* repoussant
af·straf·fen *vt (h. afgestraft)* **1** punir **2** réprimander
af·stra·len¹ *vt (h./i. afgestraald)* diffuser; **warmte** ~ dégager de la chaleur
af·stra·len² *vi (h./i. afgestraald)* se dégager (de) ♦ **de blijheid straalt van hem af** il rayonne de joie
af·stre·pen *vt (h. afgestreept)* biffer
af·strij·ken *vt (h. afgestreken) (allumettes)* frotter ♦ **een afgestreken eetlepel** une cuillerée à soupe rase; **het mes op het brood** ~ essuyer le couteau sur le pain
af·stro·pen *vt (h. afgestroopt)* **1** dépouiller **2** *(région)* écumer
af·strui·nen *vt (h. afgestruind)* écumer
af·stu·deer·rich·ting *nf (-en)* orientation
af·stu·deer·scrip·tie *nf (-s)* mémoire de fin d'études
af·stu·de·ren *vi (h./i. afgestudeerd)* terminer ses études
af·stui·ten *vi (h./i. afgestuit)* rebondir
af·stui·ven *vi (i. afgestoven)* **1** se précipiter (vers); **het volk stoof van de markt af** le peuple déserta la place en courant **2** être emporté par le vent
af·stu·ren *vti (h. afgestuurd)* **1** renvoyer **2** envoyer (vers) **3** changer de direction
af·taai·en *vi (i. afgetaaid) (fam.)* se tirer
af·ta·ke·len *vi (i. afgetakeld)* dépérir; **hij begint al flink af te takelen** il commence à baisser sérieusement
af·ta·ke·ling *nf (-en)* dépérissement; **de seniele** ~ la démence sénile
af·tak·ken *vt (h. afgetakt) (cours d'eau)* dériver ♦ *(routes)* **zich** ~ bifurquer
af|tands *adj (-tandser, meest a.)* usé
af·tap·pen *vt (h. afgetapt)* **1** *(réservoir, conduite etc.)* vider; **de waterleiding** ~ vidanger la conduite d'eau **2** *(liquides)* tirer **3** *(méd.)* saigner ♦ **een telefoon** ~ mettre un téléphone sur (table d')écoute
af·tas·ten *vt (h. afgetast)* **1** tâter (qch) **2** fouiller (qn) **3** balayer
af·te·ke·nen¹ *vt (h. afgetekend)* **1** tracer **2** signer **3** *(résultats)* inscrire **4** finir de dessiner **5** beaucoup dessiner **6** copier (un dessin)
af·te·ke·nen² *vpr (zich ~; h. zich afgetekend)* se dessiner; **zich** ~ **tegen** se détacher sur
af·tel·len¹ *vti (h. afgeteld)* compter; **aan het** ~ **zijn** compter les jours avant l'accouchement; **het** ~ **is onderbroken** on a interrompu le compte à rebours
af·tel·len² *vi (h. afgeteld) (enf.)* réciter une comptine

af·tel·rijm·pje *het (-s)* comptine
af·tik·ken *vt (h. afgetikt)* **1** *(enf.)* donner une tape à **2** enlever
af·tim·me·ren *vt (h. afgetimmerd)* **1** (finir de) bâtir **2** faire les finitions de
af·ti·te·ling *nf (-en)* générique
af·tob·ben *vi (h. afgetobd)* avoir des soucis
af·tocht *nm (-en)* retraite; **de ~ blazen** battre la retraite, *(fig.)* battre en retraite
af·top·pen *vti (h. afgetopt)* étêter; **de salarissen ~** écrêter les barèmes des salaires
af·trap *nm (-pen)* engagement
af·trap·pen[1] *vi (h./i. afgetrapt) (sports)* engager
af·trap·pen[2] *vt (h./i. afgetrapt)* **1** chasser à coups de pied **2** arracher d'un coup de pied **3** pédaler **4** déformer
af·tre·den *vi (i. afgetreden)* démissionner
af·tre·dend *adj* démissionnaire
af·trek *nm* **1** déduction; **een ~ voor kinderen** une exonération fiscale pour enfants **2** décompte **3** débit; **~ vinden** se vendre facilement
af·trek·baar *adj* déductible
af·trek·ken[1] *vi (h./i. afgetrokken)* **1** partir **2** se diriger (vers)
af·trek·ken[2] *vti (h./i. afgetrokken)* **1** *(math.)* faire des soustractions **2** *(arme)* tirer
af·trek·ken[3] *vt (h./i. afgetrokken)* **1** déduire (de) **2** retirer (de); **de bloemen van de planten ~** arracher les fleurs des plantes **3** détourner (de) **4** *(fam.)* branler **5** tirer (vers le bas)
af·trek·ker *nm (-s) (Belg.)* tire-bouchon
af·trek·post *nm (-en)* poste déductible
af·trek·sel *het (-s)* infusion ♦ **deze vertaling is een slap ~ van het origineel** cette traduction est une pâle imitation de l'original
af·trek·som *de (-men)* (problème de) soustraction
af·troe·ven *vti (h. afgetroefd)* **1** *(jeu de cartes)* couper **2** devancer
af·trog·ge·len *vt (h. afgetroggeld)* extorquer (qch à qn)
af·tui·gen *vt (h. afgetuigd)* **1** battre comme plâtre **2** déharnacher **3** *(mar.)* dégréer
af·vaar·di·gen *vt (h. afgevaardigd)* députer; **men vaardigde een gezantschap naar Engeland af** on envoya une délégation en Angleterre
af·vaar·di·ging *nf (-en)* délégation
af·vaart *de (-en) (d'un bateau)* départ
af·val[1] *nm* reniement
af·val[2] *het/de* déchets
af·val·con·tai·ner *nm (-s)* conteneur à ordures
af·val·len *vi (i. afgevallen)* **1** tomber (de) **2** être éliminé **3** renier **4** maigrir ♦ **er zal voor jou ook nog wel iets ~** tu en retireras aussi quelque bénéfice
af·val·lig *adj* infidèle (à); **een ~e priester** un prêtre défroqué
af·val·pro·duct *het (-en)* sous-produit
af·val·race *nm (-s)* course par élimination
af·val·schei·ding *nf* séparation des ordures
af·val·stof *de (-fen)* déchet
af·val·wa·ter *het* eaux d'égout
af·va·ren *vi (h./i. afgevaren)* **1** prendre la mer **2** partir (pour); **op iets ~** mettre le cap sur qch **3** *(cours d'eau)* descendre
af·ve·gen *vt (h. afgeveegd)* **1** nettoyer; **zijn kleren ~** brosser ses vêtements **2** essuyer
af·vij·len *vt (h. afgevijld)* limer
af·vlag·gen *vti (h. afgevlagd) (sports)* **1** donner le signal du départ (de) **2** donner le signal d'arrêt (de)
af·vlak·ken *vt (h. afgevlakt)* aplanir
af·vloei·en *vi (h./i. afgevloeid)* **1** être licencié; **overtollig personeel laten ~** dégraisser le personnel en surnombre **2** s'écouler **3** ruisseler
af·vloei·ings·re·ge·ling *nf (-en)* (plan d')aménagement du licenciement
af·voer *nm* **1** transport **2** évacuation; **de ~ van het water** l'écoulement de l'eau **3** tuyau d'écoulement; **de ~ is verstopt** le lavabo est bouché
af·voe·ren *vt (h. afgevoerd)* **1** transporter (qch); **dat pad voert u van de stad af** ce sentier vous éloigne de la ville **2** faire descendre **3** rayer
af·vra·gen *vpr (zich ~; h. zich afgevraagd)* **1** s'interroger sur **2** se demander
af·vu·ren *vt (h. afgevuurd)* **1** *(arme, fusée)* décharger (sur); **een geweer ~** tirer un coup de fusil; **een raket ~** lancer un missile **2** émettre
af·waai·en[1] *vi (h./i. afgewaaid)* être emporté par le vent ♦ **de wind heeft lange tijd van het land afgewaaid** le vent a soufflé longtemps de la terre
af·waai·en[2] *vt (h./i. afgewaaid)* emporter
af·waarts *adj, adv* **1** en bas **2** vers l'aval
af·wach·ten *vti (h. afgewacht)* attendre; **de bui ~** attendre que l'averse tombe; **een ~de houding aannemen** voir venir (les événements); **we moeten maar ~** il faut voir venir; **~de politiek** politique attentiste; **~ totdat** attendre que
af·wach·ting *nf* attente; **in ~ van uw antwoord (enz.)** dans l'attente de votre réponse (etc.); **in ~ van de dingen die komen gaan** en attendant la suite des événements
af·was *nm* vaisselle
af·was·baar *adj* lavable
af·was·ma·chi·ne *nf (-s)* lave-vaisselle
af·was·mid·del *het (-en)* produit vaisselle
af·was·sen[1] *vt (h. afgewassen)* laver
af·was·sen[2] *vi (h. afgewassen)* faire la vaisselle
af·was·vod *het (-den) (Belg.)* torchon
af·was·wa·ter *het* **1** eau de vaisselle **2** *(fam.)* bibine
af·wa·te·ren *vi (h. afgewaterd)* **1** déverser ses eaux **2** *(agric.; tr.pub.)* être drainé

af·wa·te·ring *nf (-en)* **1** évacuation (des eaux) **2** *(agric.; tr.pub.)* drainage
af·weer *nm* défense
af·weer·ge·schut *het* défense antiaérienne
af·weer·ra·ket *de (-ten)* missile antiaérien
af·weer·stof *de (-fen)* anticorps
af·we·gen *vt (h. afgewogen)* **1** peser (exactement) **2** *(fig.)* peser; **rechten en plichten (tegen elkaar)** ~ opposer les droits et les obligations
af·we·ging *nf (-en)* **1** pesage **2** considération
af·we·ken[1] *vt (h./i. afgeweekt)* décoller
af·we·ken[2] *vi (h./i. afgeweekt)* se décoller
af·wen·den *vt (h. afgewend)* **1** détourner; **de ogen niet ~ van iem/iets** ne pas quitter des yeux qn, qch **2** parer *(un coup)*
af·wen·nen *vt (h./i. afgewend)* déshabituer (qn) de (qch); **zich een kwade gewoonte** ~ se défaire d'une mauvaise habitude; **iem het roken** ~ désaccoutumer qn du tabac
af·wen·te·len *vt (h./i. afgewenteld)* **1** faire rouler vers le bas **2** *(+ op)* répercuter (sur)
af·we·ren *vt (h. afgeweerd)* repousser; **beschuldigingen** ~ rejeter des accusations; **gevaren** ~ parer à des dangers; **muggen** ~ chasser des moustiques; **lastige vragen** ~ refuser de répondre à des questions embarrassantes
af·we·rend *adj* défensif
af·wer·ken *vt (h. afgewerkt)* **1** achever; **alle cafés** ~ faire la tournée des cafés **2** parachever; **het ~ van houtwerk** le finissage d'une boiserie **3** effectuer; **heel wat** ~ abattre de la besogne; **hij werkt wat af!** il ne fait que travailler! **4** user **5** éreinter
af·wer·king *nf (-en)* **1** achèvement; **hij is aan de ~ van zijn roman** il est en train de parachever son roman **2** finition
af·wer·pen *vt (h. afgeworpen)* **1** enlever; **een gevoel van ongerustheid niet van zich kunnen** ~ ne pas pouvoir se défaire d'un sentiment d'inquiétude **2** rejeter **3** produire; **veel** ~ rapporter beaucoup **4** jeter en bas
af·we·ten *vi* ♦ **het laten** ~ se décommander
af·we·zig *adj* **1** absent **2** distrait; ~ **zijn** avoir la tête ailleurs
af·we·zig·heid *nf (aussi au fig.)* absence; **bij ~ van** en l'absence de; **in een ogenblik van** ~ dans un moment de distraction
af·wij·ken *vi (i. afgeweken)* **1** s'écarter (de) **2** *(règle etc.)* dévier (de); **een ~de opinie** une opinion divergente; **een ~d ziektegeval** une maladie atypique
af·wij·king *nf (-en)* **1** déviation **2** anomalie; **een aangeboren lichamelijke** ~ une malformation congénitale; **een geestelijke ~ hebben** souffrir de troubles psychiques; **dat roken is een ~ van hem** le tabac est un de ses vices **3** infraction; **in ~ van de regel** contrairement à la règle **4** écart
af·wij·zen *vt (h. afgewezen)* **1** refuser; **een aanbod** ~ décliner une offre; **een ~d antwoord** une réponse négative; **geruchten** ~ n'ajouter aucune foi à des rumeurs; **een verzoek** ~ rejeter une demande **2** *(examen)* recaler
af·wik·ke·len *vt (h. afgewikkeld)* **1** dévider; **het papier van een pakje** ~ déballer un paquet **2** régler
af·wim·pe·len *vt (h. afgewimpeld)* refuser
af·win·den *vt (h. afgewonden)* dévider
af·wis·se·len[1] *vt (h. afgewisseld)* **1** alterner avec; **elkaar** ~ se succéder **2** varier (qch avec qch)
af·wis·se·len[2] *vi (h. afgewisseld)* **1** alterner (avec qch) **2** changer; **een ~d leven** une vie exempte de monotonie
af·wis·se·lend *adj, adv* **1** alternatif, alternativement **2** varié
af·wis·se·ling *nf (-en)* variété; ~ **brengen (in)** apporter de la diversité (à); **ter** ~ par souci de diversité; **voor de** ~ pour changer
af·wis·sen *vt (h. afgewist) (form.)* essuyer
af·wrij·ven *vt (h. afgewreven)* **1** enlever (qch) en frottant **2** frotter
afz. *nm afzender* exp.
af·za·de·len *vti (h. afgezadeld)* desseller
af·za·gen *vt (h. afgezaagd)* scier
af·zak·ken *vi (h./i. afgezakt)* **1** glisser; **zijn broek zakt af** il perd son pantalon **2** descendre **3** baisser **4** descendre (vers le Sud) **5** s'éloigner
af·zak·ker·tje *het (-s) (fam.)* petit verre
af·zeg·gen[1] *vt (h. afgezegd)* **1** décommander; **een bestelling** ~ annuler une commande **2** résilier; **een tijdschrift** ~ se désabonner (d'une revue)
af·zeg·gen[2] *vti (h. afgezegd)* (se) décommander
af·zen·den *vt (h. afgezonden)* envoyer; **iem erop** ~ dépêcher qn
af·zen·der *nm (-s)*, **afzendster** *nf (-s)* expéditeur, -trice
af·zet *nm* **1** vente **2** débouchés **3** vente(s) **4** élan
af·zet|ge·bied *het (-en)*, **-markt** *de (-en)*, **-mogelijkheid** *nf (-heden)* débouché
af·zet·ten[1] *vt (h./i. afgezet)* **1** *(chaussures, bonnet etc.)* enlever; **de bril** ~ retirer ses lunettes **2** *(machine)* arrêter; **de radio** ~ éteindre la radio **3** amputer **4** escroquer (qch à qn) **5** clôturer; **het huis was door de politie afgezet** la maison était cernée par la police **6** repousser; **zich** ~ prendre appel; **zich ~ tegen (iets, iem)** s'insurger contre (qch, qn) **7** destituer; **een koning** ~ détrôner un roi **8** écarter **9** déposer **10** marquer **11** galonner (de) **12** vendre **13** tracer
af·zet·ten[2] *vi (h./i. afgezet)* **1** se jeter **2** prendre appel
af·zet·ter *nm (-s)*, **afzetster** *nf (-s)* escroc
af·zet·ting *nf (-en)* **1** amputation **2** des-

titution **3** sédimentation **4** dépôt **5** clôture
af·zich·te·lijk *adj, adv* hideux, hideusement; **iets ~s hebben** avoir qch de repoussant
af·zien[1] *vi (h. afgezien)* **1** *(+ van)* renoncer (à); **van iem ~** renoncer à engager qn **2** *(sports)* en voir de toutes les couleurs **3** *(Belg.)* souffrir ♦ **dat wordt ~** ce sera dur
af·zien[2] *vt (h. afgezien)* **1** embrasser du regard; **het met iem ~** s'accommoder provisoirement de qn **2** s'inspirer de ♦ **je ziet het er niet aan af** ça n'en pas l'air
af·zij·dig *adj* neutre; **zich ~ houden van iets** rester à l'écart de qch; **zich ~ houden van iem** éviter qn
af·zoe·ken *vt (h./i. afgezocht)* fouiller; **de horizon ~** scruter l'horizon
af·zoe·nen *vt (h./i. afgezoend)* **1** apaiser par un baiser **2** essuyer par des baisers **3** couvrir de baisers
af·zon·de·ren[1] *vt (h. afgezonderd)* **1** séparer **2** isoler **3** séparer par une cloison **4** *(chim.)* extraire **5** réserver
af·zon·de·ren[2] *vpr (zich ~; h. zich afgezonderd)* **1** s'isoler; **hij had zich op het land afgezonderd** il s'était retiré à la campagne **2** faire bande à part
af·zon·de·ring *nf (-en)* isolement
af·zon·der·lijk[1] *adj* **1** individuel **2** particulier; **~e scholen voor protestanten en katholieken** écoles distinctes pour les protestants et les catholiques **3** spécial
af·zon·der·lijk[2] *adv* séparément; **(met) iem ~ spreken** avoir une entrevue particulière avec qn
af·zui·gen *vt (h. afgezogen)* **1** aspirer **2** sucer
af·zuig·kap *de (-pen)* hotte (aspirante)
af·zwaai·en *vi (h./i. afgezwaaid) (fam.)* être démobilisé
af·zwak·ken[1] *vt (i. afgezwakt)* affaiblir
af·zwak·ken[2] *vi (i. afgezwakt)* s'affaiblir
af·zwem·men[1] *vi (h./i. afgezwommen)* **1** s'éloigner en nageant **2** partir **3** descendre à la nage **4** passer son brevet de natation
af·zwem·men[2] *vt (h./i. afgezwommen)* parcourir à la nage
af·zwe·ren *vt (h. afgezworen)* renier, renoncer à
Aga·lev *de (Belg.) Anders gaan leven* ⟨*Vivre autrement*⟩, *(Belg.)* ± Ecolo
agen·da *de (-'s)* **1** agenda **2** ordre du jour; **(iets) op de ~ plaatsen** inscrire (qch) à l'ordre du jour
agent *nm (-en),* **agente** *nf (-n, -s)* **1** agent de police **2** agent; **een ~ van de Nederlandsche Bank** un gérant de la Nederlandsche Bank; **een ~ van een verzekeringsmaatschappij** un courtier d'une compagnie d'assurances
agent·schap *het (-pen)* agence
age·ren *vi (h. geageerd)* ♦ **tegen iem ~** mener une campagne contre qn; **tegen iemands verkiezing ~** combattre l'élection de qn
ag·gre|gaat *het (-gaten)* **1** agrégat **2** groupe (d'appareils) **3** *(Belg.; enseign.)* agrégation
ago·gie *nf* travail socioéducatif
agra·ri·ër *nm (-s)* paysan
agra·risch *adj* rural; **~e school** établissement d'enseignement agricole
agres|sief *adj (-siever, -siefst)* **1** agressif; **een agressieve oorlog** une guerre d'agression **2** mordant
A-griep *de (méd.)* grippe asiatique
aha *interj* (tiens,) tiens!
ahob *nm (-s) (circul.)* demi-barrière (automatique)
ahorn *nm (-en)* érable
a.h.w. *als het ware* pour ainsi dire
a.i. 1 *ad interim* par intérim **2** *alles inbegrepen* tout compris
aids [ets] *acquired immune deficiency syndrome* sida
aids·dra·ger *nm (-s) (méd.)* séropositif, -ive
aids·pa|tiënt *nm (-en),* **-tiënte** *nf (-s, -n) (méd.)* sidatique
aio *nm assistent in opleiding* assistant en formation
air [ɛːr] *het (-s)* (grands) airs; **met het ~ van** en se donnant des airs de
air·bag [ɛːrbɛːg] *nm (-s)* airbag
air·co [ɛːrko] *de (-'s)* clim
aju *interj* → **ajuus**
ajuin *nm (-en) (Belg.)* oignon
ajuus *interj (fam.)* salut!
ake·lig[1] *adj* **1** horrible; **een ~ voorgevoel** un affreux pressentiment; **een ~ wezen** un être répugnant **2** désagréable ♦ **ik word er ~ van** cela m'écœure; **ik voel me zo ~** je ne me sens vraiment pas dans mon assiette
ake·lig[2] *adv* drôlement; **dat was ~ spannend** c'était vachement passionnant ♦ *(fam.)* **niet zo ~** énormément
ak·ke·fiet·je *het (-s) (fam.)* **1** corvée **2** besogne **3** bagatelle
ak·ker *nm (-s)* champ; **nederigheid is geen plant die op zijn ~ groeit** il ne cultive pas l'humilité
ak·ker·bouw *nm* cultures
ak·ker·land *het (-en)* terres cultivables
ak·ker·tje *het* ♦ **op zijn dooie ~** en père peinard
ak·ke·viet·je *het (-s)* → **akkefietje**
ak·koord[1] *het (-en)* **1** accord *(aussi mus.); (jur.)* **een ~ aanbieden** proposer un accommodement; **een stilzwijgend ~** une convention tacite **2** *(jur.)* transaction
ak·koord[2] *adj* en règle; **~ bevonden** approuvé; **met iets ~ gaan** souscrire à qch
ak·koord[3] *interj* d'accord!
ak·koord·je *het (fam.)* ♦ **het op een ~ gooien (met)** parvenir à s'entendre (avec)
akoes·tiek *nf* acoustique
ak·te *de (-n, -s)* **1** acte **2** brevet; **een ~ van bekwaamheid** un certificat d'aptitude; **een ~ halen** obtenir un diplôme; **een ~ mo Frans** ± une licence de français *(env. mo A),* ± une maîtrise de français *(env. mo B);* **~ voor de jacht** permis de chasse

ak·te·tas *de (-sen)* porte-documents
al[1] *adv* **1** déjà **2** *(insistance)* par **3** *(concession)* bien que; **al naargelang** selon, suivant; **zo hij al rijk wordt, gelukkig wordt hij niet** même s'il devient riche, il ne sera pas heureux pour autant **4** *(simultanéité)* en *(+ p. prés.)*; **dat heb ik goed gedaan, al zeg ik het zelf** je l'ai bien fait, sans vouloir me vanter ♦ **je kunt er al of niet gebruik van maken** tu peux t'en servir ou non; **wie er al niet rookt!** tout le monde fume maintenant!; **vertel me waar je zo al geweest bent** raconte-moi où tu as été
al[2] *indéf* tout; **al met al** tout bien considéré; **al de moeite** tous les efforts; **te allen tijde** à tout moment; **al wie** quiconque; **met schil en al opeten** tout avaler, même la peau
à la mi·nu·te [alaminyt] *adv* sur-le-champ
alarm *het* **1** alarme; **groot** ~ alarme générale; **loos, vals** ~ fausse alerte; ~ **roepen, slaan** donner l'alarme **2** dispositif d'alarme; **een stil** ~ alarme par liaison directe avec le commissariat ♦ **iedereen verkeerde in** ~ tout le monde était consterné
***alarm-** d'alarme; **de alarminstallatie** le dispositif d'alarme
alarm·cen·tra·le *de (-s)* dispatching de messages urgents
alar·me·ren *vt (h. gealarmeerd)* **1** alerter; **de troepen** ~ mobiliser les troupes **2** alarmer
alarm·licht *het (-en)* feu de détresse
alarm·num·mer *het (-s)* numéro d'un service d'urgence; **de ~s van politie en brandweer draaien** appeler police secours et les pompiers
alarm·toe·stand *nm (-en)* état d'alerte
al·bast *het (-en)* albâtre
al·co·hol *nm* alcool; **verslaafd aan** ~ alcoolique
al·co·hol·con·tro·le *de (-s)* contrôle de l'alcoolémie
al·co·hol·hou·dend *adj* alcoolisé
al·co·ho·li·ca[1] *plur* boissons alcoolisées
al·co·ho·li·ca[2] *nf (-'s)* (femme) alcoolique
al·co·ho·li|cus *nm (-ci)* (homme) alcoolique
al·co·ho·lisch *adj* **1** alcoolisé **2** alcoolique
al·co·ho|list *nm (-en)*, **-liste** *nf (-s, -n)* alcoolique
al·co·hol·ver·bod *het (-en)* régime sec
al·co·hol·vrij *adj* **1** non alcoolisé **2** abstinent
al·daar *adv (form.)* là-bas
al·door *adv (form.)* sans cesse
al·dus *adv (form.)* ainsi ♦ ~ **de woordvoerder** déclara le porte-parole
al·eer[1] *adv (form.)* jadis
al·eer[2] *conj (form.)* avant que
alert *adj (alerter, meest a.)* vif; ~ **zijn op iets** rester attentif à qch
al·fa *de (-'s)* **1** alpha **2** littéraire
al·fa·be·ti·se·ren *vt (h. gealfabetiseerd)* **1** classer par ordre alphabétique **2** alphabétiser
al·fa·we·ten·schap *nf (-pen)* science humaine
alg *de (-en)*, **alge** *de (-n)* algue
al·ge·bra *nf* algèbre
al·ge·heel *adj (form.)* total; **algehele erfgenaam** légataire universel; **algehele mobilisatie** mobilisation générale; **algehele vrijheid van handelen hebben** avoir carte blanche
al·ge·meen[1] *het* ensemble; **in het ~ gesproken** généralement parlant; **over het** ~ en règle générale
al·ge|meen[2] *adj, adv (-mener, -meenst)* général(ement); **het is ~ bekend** tout le monde le sait; ~ **gangbaar** couramment utilisé; **deze regel is ~ geldig** cette règle est valable dans tous les cas; **algemene geschiedenis** histoire universelle; **algemene ontwikkeling** culture générale; **het ~ welzijn** le bien commun; ~ **worden** se répandre
al·ge·meen|heid *nf (-heden)* généralité; **in zijn** ~ globalement
Al·ge·rije *het* Algérie
al·hier *adv* ici (même)
al·hoe·wel *conj (form.)* encore que
ali·men·ta·tie *nf* pension alimentaire
à l'im·pro·vis·te [alẽprovist] *adv* sans préparation; **een toespraak** ~ un discours improvisé
al|koof *de (-koven)* alcôve
al·la *interj* **1** allons! **2** bon!
al·lang *adv* depuis longtemps; **ik heb hem ~ in de gaten** je le vois venir avec ses gros sabots; **het is ~ 11 uur** il est 11 heures largement passées
al·le *indéf* tout le; **~n die** tous ceux qui; **in ~ ernst** très sérieusement; **~n gingen weer naar huis** ils rentrèrent tous; **met ~ macht** de toutes ses forces; ~ **moeite was vergeefs** ce fut peine perdue; **hij is ons ~r vriend** c'est notre ami à tous
al·le·bei *card (fam.)* (tous/toutes) les deux
al·le|daags *adj (-daagser, meest a.)* **1** quotidien **2** normal; **~e voorvallen** incidents banals
al·le·dag *adv (fam.)* tous les jours
al·lee *interj* vas-y!
al·leen[1] *adj, adv* **1** seul; *(fig.)* **in die opvatting staat zij** ~ elle est la seule à voir les choses sous cet angle **2** tout seul **3** seul à seul **4** (le) seul; **ik ~ wens u te spreken** je suis le seul à désirer vous parler
al·leen[2] *adv* seulement
al·leen·heer·schap·pij *nf* autocratie
al·leen·recht *het (-en)* droit exclusif
al·leen|spraak *nf (-spraken)* monologue
al·leen·staand *adj* **1** isolé; **een ~e woning** une maison isolée, maison individuelle **2** seul; **een ~e moeder** une femme seule chargée de famille; *(subst.)* **een dansavond voor ~en** une soirée dansante pour personnes seules
al·leen·ver·die·ner *nm (-s)* ± seul revenu du ménage

al·leen-zijn *het* solitude
al·le·gaar·tje *het (-s) (fam.)* méli-mélo
al·le·maal[1] *adv (fam.)* rien que
al·le·maal[2] *num* tout; **zij is de mooiste van** ~ c'est la plus belle (de toutes); **en nu ~!** et maintenant tous ensemble!
al·le·mach·tig[1] *adj, adv (fam.)* formidable, drôlement
al·le·mach·tig[2] *interj* bonté divine!
al·le·man *indéf* tout le monde; **hij gaat om met Jan en** ~ il fréquente n'importe qui
al·len *indéf* → **alle**
al·lengs *adv* peu à peu
al·ler·aar·digst *adj, adv* (de façon) charmant(e); **een** ~ **boek** un livre des plus charmants
al·ler·be·lang·rijkst *adj* le plus important
al·ler·best *adj, adv* excellent, (le) meilleur, on ne peut mieux; *(subst.)* **op zijn** ~ **zijn** être tiré à quatre épingles, être au meilleur de sa forme
al·ler·eerst *adj, adv* (le) tout premier, avant tout; **op de ~e plaats** avant toute chose
al·ler·han·de *adj* toutes sortes de; ~ des biscuits assortis
Al·ler·hei·li·gen *nm* La Toussaint
al·ler·hoogst *adj* très haut, le plus haut; **de Allerhoogste** le Très-Haut; *(subst.)* **op zijn** ~ tout au plus
al·ler·ijl ♦ **in** ~ en toute hâte
al·ler·laatst *adj, adv* (le) (tout) dernier, en dernier lieu; *(subst.)* **op het** ~ au plus tard; **voor het** ~ pour la dernière fois
al·ler·lei *adj* toutes sortes de
al·ler·liefst *adj, adv* **1** adorable; **een** ~ **kind** un amour d'enfant **2** de préférence; **laat me met rust, dat is mij het** ~ ce que je préfère, c'est que tu me laisses tranquille
al·ler·meest *adj* la plupart des; *(subst.)* **op zijn** ~ tout au plus
al·ler·minst[1] *adj* **1** le moindre **2** le moins; *(subst.)* **niet in het** ~ pas le moins du monde; *(subst.)* **op zijn** ~ tout au moins
al·ler·minst[2] *adv* ne … pas du tout
al·ler·nieuwst *adj* tout nouveau; **het ~e** le dernier cri
al·ler·nood·za·ke·lijkst, allernodigst *adj* indispensable; **het ~e** le strict minimum
Al·ler·zie·len *nm* le Jour des Morts
al·les *indéf* tout; ~ **op** ~ **zetten** risquer le tout pour le tout, faire le maximum; **van ~ (en nog wat)** toutes sortes de choses; **vóór** ~ avant tout
al·les·be·hal·ve *adv* tout sauf; **Dat was niet prettig. Nee,** ~ Ce n'était pas agréable, bien au contraire
al·les·bran·der *nm (-s)* (poêle) brûle-tout
al·les·eter *nm (-s)* omnivore
al·les·over·heer·send *adj* dominant
al·les·rei·ni·ger *nm (-s)* détergent
al·les·zins *adv* à tous égards
al·licht *adv* évidemment
all-in [ɔ:lɪn] *adj, adv* tout compris
al·looi *het* **1** titre (légal) **2** *(fig.)* aloi
all-risk [ɔ:lrɪsk] *adj, adv* tous risques
all·round [ɔ:lraund] *adj* accompli
all|roun·der [ɔ:lraundər] *nm (-s)*, **-roundster** *nf (-s)* **1** généraliste **2** patineur, -euse toutes catégories
al·lu·re *de (-s)* **1** allure; **~s hebben** se donner de grands airs **2** aspect
al·maar *adv* → **alsmaar**
al·macht *nf* toute-puissance
al·mach·tig *adj* tout-puissant
aloë [alowe] *nf (-'s) (bot.)* aloès
al·om *adv* partout; ~ **bekend** universellement connu
al·om·te·gen·woor·dig *adj* omniprésent
al·om·vat·tend *adj* universel
al·oud *adj* **1** (très) ancien **2** *(personnes)* vénérable
***al·pen-** alpin
al·pen·wei·de *de (-n)* alpage
al·pi·no *nm (-'s)*, **-pet** *de (-ten)* béret basque
als *conj* **1** *(comparaison; explication)* comme; **hij is even groot** ~ **jij** il est aussi grand que toi; **net** ~ tout comme; **de brief luidt** ~ **volgt** voici le contenu de la lettre; **zowel in de stad** ~ **op het land** à la ville comme à la campagne **2** *(fam.; différence)* (plus, moins) … que; **de vrouw was niet zozeer ziek,** ~ **wel moe** la femme n'était pas tant malade que fatiguée **3** *(manière)* comme; ~ **enig antwoord** pour toute réponse; **ik heb hem nog** ~ **jongen meegemaakt** je l'ai connu enfant; ~ **vriend** en ami **4** *(temps)* quand **5** *(condition)* si; ~ **het u belieft** s'il vous plaît
als·je·blieft *adv* → **alstublieft**[1]
als·maar *adv (fam.)* tout le temps; **iem** ~ **lopen te zoeken** courir après qn
als·me·de *conj (form.)* ainsi que
als·nog *adv* encore; **hij heeft zich** ~ **gemeld** il a fini par se présenter
als·of *conj* comme si; **doen** ~ faire comme si, faire semblant de; ~ **je niet beter wist!** comme si tu ne savais pas!
als·ook *conj (form.)* ainsi que
al·stu·blieft[1] *adv* **1** s'il vous plaît; **hier tekenen** ~ veuillez signer ici **2** bon sang
al·stu·blieft[2] *interj* **1** *(politesse accompagnant un geste)* voilà **2** *(acceptation polie)* oui, volontiers **3** *(étonnement)* eh bien!
alt[1] *de (-en) (mus.)* **1** *(voix)* contralto **2** *(violon)* alto **3** *(musicien)* altiste **4** partie de contralto, d'alto
alt[2] *nf (-en) (mus.) (chanteuse)* contralto
al|taar *het/de (-taren)* autel
al·ter·na·tief *adj* **1** alternatif; **een** ~ une alternative **2** marginal; **alternatieve geneeswijze** médecine parallèle; **alternatieve kleding** vêtements anticonformistes
al·ter·na·tie·ve|ling *nm (-en)*, **-linge** *nf (-n)* marginal, -ale
al·thans *adv (form.)* (tout) au moins; **ik** ~ **denk er zo over** en tout cas, c'est mon avis; **hij is niet gekomen,** ~ **ik heb hem**

niet gezien il n'est pas venu, du moins je ne l'ai pas vu
al·tijd *adv* toujours; ~ **en eeuwig** sempiternellement
alu·mi·ni·um·fo·lie *het* papier aluminium
al·vast *adv* déjà; **dat is ~ meegenomen** c'est toujours ça de gagné
al·vlees·klier *de (-en)* pancréas
al·vo·rens *conj (form.)* avant de
al·waar *adv (form.)* où
al·weer *adv* de nouveau
al·we·tend *adj* omniscient
al·ziend *adj* qui voit tout; **het ~ oog** l'œil divin
aman·del *de (-en)* **1** amande; **~en knippen,** *(Belg.)* **amandelen trekken** enlever les amygdales **2** amandier **3** amygdale
ama·nu|en·sis *nm (-enses)* préparateur (de laboratoire)
ama·teu·ris·tisch *adj, adv* (en) amateur; *(péj.)* **dat is zeer ~ gedaan** c'est du travail d'amateur
am·bacht *het (-en)* artisanat; *(prov)* **twaalf ~en, dertien ongelukken** douze métiers, treize malheurs
am·bach·te·lijk *adj* artisanal
am·bachts|school *de (-scholen)* collège d'enseignement technique
am·bi·ë·ren *vt (h. geambieerd)* ambitionner
am·bi·tie *nf (-s)* **1** ambition **2** zèle
am·bi|ti·eus *adj (-tieuzer, -tieust)* **1** ambitieux **2** zélé
ambt *het (-en)* **1** fonction; **een ~ aanvaarden** entrer en fonction; **zijn ~ neerleggen** se démettre de ses fonctions **2** *(relig.)* ministère
amb·te·lijk *adj, adv* officiel(lement)
amb·te·loos *adj* sans profession
amb·te|naar *nm (-naren)* fonctionnaire; *(péj.)* **hij is een echte ~** c'est un vrai bureaucrate; ~ **van de burgerlijke stand** officier de l'état civil
amb·te·na·ren·ap·pa·raat *het* administration
amb·te·na·rij *nf* **1** bureaucratie **2** fonctionnaires
ambt·ge|noot *nm (-noten),* **-note** *nf (-n, -s)* confrère, consœur
ambts·ge·heim *het (-en)* secret professionnel
ambts·hal·ve *adv* d'office
ambts|pe·ri·o·de *de (-s),* **-termijn** *nm (-en)* mandat; **de zevenjarige ~** le septennat
ambts·we·ge *adv* ♦ **van ~** d'office
ambts·wo·ning *nf (-en)* résidence officielle
am·bu·lant *adj* **1** ambulatoire **2** ambulant
amen *interj* amen ♦ *(Belg.)* ~ **en uit!** point final!
Ame·ri·ka *het* Amérique
ami·no|zuur *het (-zuren) (chim.)* acide aminé
am·me·hoe·la *interj (fam.)* mon œil!
am·mo·nia *nm* alcali volatil
am·mu·ni·tie *nf* munitions
am·nes·tie *nf (-ën)* amnistie; ~ **verlenen (aan iem)** amnistier (qn)
amok ♦ *(fig.)* ~ **maken** entrer en fureur
Amor *nm* Cupidon
amo·reel *adj, adv* (de façon) amoral(e)
am·per *adv* à peine
am·pul *de (-len)* ampoule
am·ster·dam·mer·tje *het (-s)* chasse-roue
amu·se·ments·hal *de (-len)* salle de jeux (électroniques)
amu·se·ments·mu·ziek *nf* musique légère
amu·se·ments·pro·gram·ma *het (-'s)* spectacle de variétés
ana·bo·len *plur (méd.)* anabolisants
an·al·fa|beet *nm (-beten),* **-bete** *nf (-s, -n)* **1** analphabète **2** ignorant, -ante
ana|list *nm (-en),* **-liste** *nf (-n, -s)* **1** laborantin, -ine **2** *(inform.)* analyste
ana·loog *adj, adv* **1** (de façon) analogue; **een analoge redenering** un raisonnement par analogie **2** *(technol.)* analogique
ana·ly·se *nf (-s)* analyse; *(psycho.)* **in ~ zijn** suivre une psychanalyse
ana·ly·ti|cus *nm (-ci)* analyste
ana·to·mi·se·ren *vt (h. geanatomiseerd)* disséquer
an·der[1] *adj* autre; **om de ~e dag** tous les deux jours; **om de ~e keer** une fois sur deux; **ten ~en male** pour la deuxième fois; **om de** ~ alternativement; **(de) een of ~e voorbijganger** quelque passant
an·der[2] *indéf* **1** un autre; **hij kan zwemmen als geen ~** il peut nager comme pas un; **voor hem tien ~en** un de perdu, dix de retrouvés; **maak dat een ~ wijs!** à d'autres! **2** d'autres; **onder ~e (o.a.)** entre autres ♦ *(Belg.)* **op een ~** ailleurs
an·der·half *card* **1** un et demi **2** deux ou trois
an·der·maal *adv* encore une fois; **een en ~** à plusieurs reprises
an·der·man *indéf* autrui
an·ders *adj, adv* **1** autre(ment); **mooi is ~** on ne peut pas dire que c'est beau!; **het is niet ~** c'est comme ça; **ik kan niets ~ doen dan ...** il ne me reste qu'à ...; ~ **worden** changer; ~ **dan ~** tout à fait original; ~ **dan hij beweerde** contrairement à ce qu'il a prétendu **2** d'habitude **3** sinon; **waarom zou hij ~ zo koppig zijn?** sinon, pourquoi serait-il si têtu? **4** du reste; **verwacht je regen? Daar ziet het ~ niet naar uit** tu penses qu'il va pleuvoir?, on ne dirait pas, pourtant **5** si ce n'est (pour) **6** avoir beau
an·ders·den·kend *adj* non-conformiste, *(relig.; sc.)* hétérodoxe
an·ders·om *adv* en sens inverse; **'t is juist ~** c'est justement l'inverse
an·der·soor·tig *adj* de nature différente
an·ders·ta·lig *adj* allophone
an·ders·zins *adv (form.)* autrement
an·der·zijds *adv* d'autre part
an·dij·vie *de* ± chicorée

an·gel *nm (-s)* **1** dard **2** hameçon
An·gel·sak·sisch *adj* anglo-saxon
an·gi·na *de (méd.)* angine ♦ ~ **pectoris** angine de poitrine
angst *nm (-en)* angoisse; ~ **aanjagen** angoisser; **duizend ~en uitstaan** souffrir mille morts; **in ~ zitten** avoir peur; **in ~ en vrees zitten** vivre dans l'anxiété; **de ~ slaat hem om het hart** l'angoisse le paralyse; **uit ~ om** dans la crainte de *(+ inf.)*; **uit ~ voor** par peur de
angst·aan·ja·gend *adj, adv* angoissant, de façon terrifiante
angst|droom *nm (-dromen)* cauchemar
angst|haas *nm (-hazen)* poltron
ang·stig *adj, adv* **1** angoissé, anxieusement **2** angoissant; **~e gedachten** idées inquiétantes **3** affreusement
angst·val·lig *adj, adv* **1** timoré **2** scrupuleux, scrupuleusement
angst·wek·kend *adj, adv* (d'une manière) angoissant(e)
angst·zweet *het* sueur froide; **het ~ loopt hem over de rug** il en a des sueurs froides
anijs *nm* **1** anis **2** graine d'anis **3** anisette
ani·ma·tie *nf (-s) (cin.)* **1** animation **2** film d'animation
ani·meer·meis·je *het (-s)* entraîneuse
ani·mo *het/de* entrain; **met ~ iets doen** avoir du cœur à l'ouvrage ♦ **er was weinig ~ op die verkoping** la vente était peu animée
an·je·lier, anjer *de (-en)* œillet
an·ker *het (-s)* **1** *(mar.)* ancre; **het ~ hijsen, lichten** lever l'ancre, *(fig.)* mettre les voiles; **ten, voor ~ gaan** jeter l'ancre **2** *(phys.)* portant **3** *(technol.)* armature
an·ke·ren[1] *vi (h./i. geankerd)* mouiller, *(aussi au fig.)* s'ancrer; *(fig.)* **ergens geankerd zijn** avoir pris racine qp
an·ke·ren[2] *vt (h./i. geankerd)* ancrer
an·nex *adj* annexe ♦ **uitgeverij ~ drukkerij** maison d'édition-imprimerie
an·no en l'an; ~ **1990** en 1990; ~ **Domini** en l'an de grâce
an·nu·le·ring *nf (-en)* annulation
ano·niem *adj* anonyme; **een ~ uitgegeven boek** un livre anonyme
ano·ny|mus *nm (-mi)* (auteur) anonyme
anor·ga·nisch *adj* inorganique; **~e scheikunde** chimie minérale
ANP *het Algemeen Nederlands Persbureau* ⟨*agence de presse néerlandaise*⟩
an·sicht, ansichtkaart *de (-en)* carte postale
an·sjo·vis *nm (-sen)* anchois
an·ta·go|nist *nm (-en)*, **-niste** *nf (-s, -n)* **1** adversaire **2** muscle antagoniste
an·ten·ne·sy|steem *het (-stemen) (com.)* ♦ **centraal** ~ antenne collective
an·ti *nm (-'s)* opposant
an·ti·aan·bak·laag *de (-lagen)* revêtement antiadhésif
an·ti·cli·max *nm (-en)* **1** *(litt.)* gradation décroissante **2** déception
an·ti·con·cep·tie *nf* contraception
an·tiek *adj* antique; **de ~en** l'antiquité, les anciens; **het** ~ les antiquités
an·ti·glo·ba·lis·me *het* altermondialisme
an·ti·pro·pa·gan·da *de* **1** contre-propagande **2** contre-publicité
an·ti|quaar [antikwar] *nm (-quaren)* bouquiniste
an·ti·qua·ri|aat [antikwarijat] *het (-aten)* **1** commerce, magasin d'antiquités **2** commerce, magasin de livres anciens
an·ti·qui·teit [antikitɛit, antikwitɛit] *nf (-en)* **1** antiquités **2** *(iron.; chose)* antiquaille, *(iron.; personne)* fossile
an·ti·re·cla·me *de* contre-publicité
an·ti·re·vo·lu·ti·o·nair *adj* **1** antirévolutionnaire **2** contre-révolutionnaire
an·ti·slip *het* antidérapant
an·ti·slip·cur·sus *nm (-sen)* cours de dérapage contrôlé
an·ti·stof *de (-fen)* anticorps
an·ti·vries *het/de*, **antivriesmiddel** *het (-en)* antigel
Ant·wer·pen *het* Anvers
ant·woord *het (-en)* **1** réponse; **een gepast** ~ une réponse adéquate; **een gevat** ~ une repartie, une riposte; ~ **geven** répondre; **in ~ op uw brief, schrijven** en réponse à votre lettre; **ten, tot ~ geven** donner en réponse; **nooit om een ~ verlegen zijn** n'être jamais en reste; **iets zonder ~ laten** laisser une question en suspens **2** solution
ant·woord·ap·pa|raat *het (-raten)* répondeur automatique
ant·woor·den *vti (h. geantwoord)* répondre; **gevat, ad rem** ~ riposter
ant·woord·num·mer *het (-s)* numéro d'autorisation
ANWB *nm* ⟨*Touring Club néerlandais*⟩
AOW *de* **1** *Algemene Ouderdomswet* loi générale sur l'assurance vieillesse **2** cotisation de l'assurance vieillesse **3** pension de retraite de base
AOW'er *nm (-s)* retraité
apart *adj, adv* **1** séparé(ment), à part; **dat is een verhaal** ~ ça, c'est une autre histoire; **geld ~ zetten** mettre de l'argent de côté; **de jongens en meisjes ~ zetten** séparer les garçons et les filles **2** spécial, à part **3** curieux
apart·heid *nf* **1** apartheid **2** originalité
ape·ga·pen *vi (fam.)* ♦ **op ~ liggen** agoniser, *(iron.)* être à bout de souffle
ape·kool *de (fam.)* sornette
ape·la·za·rus *het (fam.)* ♦ **zich het ~ schrikken** serrer les fesses; **zich het ~ werken** trimer dur
apen·kop *nm (-pen) (fam.)* polisson
apen·noot·je *het (-s)* cacahuète
apen·pak *het (-ken) (fam.)* **1** accoutrement **2** costume du dimanche
apen·staart·je *het (-s) (inform.; fam.)* ar(r)obase
apen·tro·nie *de (-s)* gueule de macaque
apert *adj, adv* évident, évidemment
ape·trots *adj (fam.)* fier comme Artaban
ape·zuur *het (fam.)* ♦ **zich het ~ lopen**

courir à se tuer; **zich het ~ werken** trimer dur
apin *nf (-nen)* guenon
apk-keu·ring *nf (-en)* contrôle technique (périodique) des véhicules automobiles
apo·dic·tisch *adj, adv* **1** apodictique **2** péremptoire(ment)
apos·tel *nm (-en)* apôtre; **een ~ van de vrije gedachte** un propagateur de la libre pensée
apo|theek *de (-theken)* pharmacie
apo·the·ker *nm (-s)* pharmacien
apo·the·kers·as·si|stent *nm (-en),* **-stente** *nf (-s, -n)* préparateur, -trice en pharmacie
ap·pa|raat *het (-raten)* appareil
ap·pa·ra·tuur *nf* appareillage
ap·par·te·ments·ge·bouw *het (-en) (Belg.)* immeuble (d'habitation)
ap·pel[1] *nm (-s)* **1** pomme; *(prov)* **de ~ valt niet ver van de boom, stam** tel père, tel fils; *(fig.)* **voor een ~ en een ei (kopen)** (acheter qch) pour une bouchée de pain; *(prov)* **één rotte ~ in de mand, maakt al het gave fruit te schand** il ne faut qu'une brebis galeuse pour gâter (tout) un troupeau; *(fig.)* **door de zure ~ (heen) bijten** avaler la pilule **2** pommier **3** prunelle *(de l'œil)*
ap·pel[2] *het (-s)* appel; **~ aantekenen tegen een vonnis** appeler d'un jugement; *(fig.)* **op het ~ zijn** être à l'appel
***ap·pel-** de pommes; **appelmoes** compote de pommes
ap·pel|boor *de (-boren)* vide-pomme
ap·pel·flap *de (-pen)* chausson aux pommes
ap·pel·flauw·te *nf (-n, -s)* ♦ **een ~ krijgen** tomber dans les pommes
ap·pel·ge·bak *het* → **appeltaart**
ap·pel·le·ren *vi (h. geappelleerd)* **1** en appeler; **~ aan de Hoge Raad** se pourvoir en cassation **2** *(sports)* signaler (qch) **3** *(+ aan)* en appeler
ap·pel·sien *de (-en) (Belg.)* orange
ap·pel·taart *de (-en)* tarte aux pommes
ap·pel·tje *het (-s) (fig.)* ♦ **met iem nog een ~ te schillen hebben** avoir un compte à régler avec qn; **een ~ voor de dorst bewaren** garder une poire pour la soif
ap·pel·wijn *nm* cidre
ap·pe·tij·te·lijk *adj, adv* appétissant
ap·plau·dis·se·ren *vi (h. geapplaudisseerd)* **(voor)** applaudir
ap·plaus *het* applaudissement
april *nm* avril; **~ doet wat hij wil** en avril ne te découvre pas d'un fil; en mai, fais ce qu'il te plaît; **één ~!** ah, je t'ai eu!
april·grap *de (-pen)* poisson d'avril
à pro·pos [apropo] *het* ♦ **van zijn ~ raken** perdre le fil (de sa pensée)
ap·sis *nf (-sen) (archit.)* abside
aqua·duct [akwadʌkt] *het (-en)* aqueduc
aqua·ma·rijn[1] [akwamarɛin] *het* aigue-marine *(matière)*
aqua·ma·rijn[2] [akwamarɛin] *nm (-en)* aigue-marine *(pierre)*

ar[1] *de (-ren)* traîneau (tiré par des chevaux)
ar[2] *adj* ♦ **in arren moede** en désespoir de cause
Ara|bier *nm (-en),* **-bische** *nf (-n)* **1** Arabe **2** Saoudien, -ienne
ar·beid *nm* travail; **aan de ~ gaan** se mettre au travail; *(prov)* **~ adelt** le travail ennoblit
ar·bei·den *vi (h. gearbeid)* travailler
ar·bei·der *nm (-s),* **arbeidster** *nf (-s)* **1** ouvrier, -ière; **georganiseerde ~** ouvrier syndiqué **2** main-d'œuvre
***ar·bei·ders-** ouvrier; **de arbeidersbuurt** le quartier ouvrier
***ar·beids-** de, du travail; **arbeidsomstandigheden, arbeidsvoorwaarden** conditions de travail
ar·beids·be·mid·de·ling *nf (emploi)* placement
ar·beids·be·spa·rend *adj* ♦ **~e machines** machines qui économisent le travail
ar·beids·bu·reau [ɑrbɛitsbyro] *het (-s)* bureau de placement
ar·beids·in·ten·sief *adj* à fort coefficient de travail
ar·beids·kos·ten *plur* coûts de production
ar·beids·kracht *de (-en)* main-d'œuvre, *(sing.)* ouvrier, -ière
ar·beids·markt *de (-en)* marché du travail; **krappe ~** insuffisance de l'offre de main-d'œuvre
ar·beids·on·ge·schikt *adj* en incapacité de travail; **gedeeltelijk ~ verklaard zijn** être déclaré partiellement inapte au travail
ar·beids·over·een·komst *nm (-en)* contrat de travail
ar·beids·plaats *de (-en)* emploi
ar·beids·pro·ces *het (-sen)* **1** vie active **2** processus de production
ar·beids·the·ra·pie *nf* ergothérapie
ar·beids·tijd·ver·kor·ting *nf* réduction du temps de travail
ar·beids·ver·hou·ding *nf (-en)* relations entre l'employeur et les employés
ar·beid|zaam *adj (-zamer, -zaamst)* travailleur
ar·bi·trair [ɑrbitrɛːr] *adj, adv* **1** arbitraire(ment) **2** *(jur.)* arbitral(ement)
ar·ce·ren *vti (h. gearceerd)* hachurer
ar|chief *het (-chieven)* archives
ar·chi·ve·ren *vt (h. gearchiveerd)* classer dans les archives
are·na *de (-'s)* arène; **de ~ betreden** entrer en piste
arend *nm (-en)* aigle
ar·ge|loos *adj, adv (-lozer, -loost)* ingénu(ment)
Ar·gen·ti·nië *het* Argentine
arg·list *de* **1** malignité **2** ruse
arg·lis·tig *adj, adv (form.)* **1** malin, par malignité **2** perfide(ment)
ar·gu·ment *het (-en)* argument; **~en aanvoeren** fournir des arguments; **dat is geen ~** ça n'est pas une raison

ar·gu·men·te·ren *vti (h. geargumenteerd)* argumenter; ~ **tegen** invoquer des arguments contre
ar·gus·ogen *plur* yeux d'argus ♦ **iets met ~ bekijken** avoir ses doutes sur qch
arg·waan *nm* méfiance; ~ **jegens iem koesteren** avoir des soupçons contre qn; ~ **bij iem wekken** éveiller les soupçons de qn
arg·wa·nend *adj, adv* méfiant, avec méfiance
ari·ër *nm (-s),* **arische** *nf (-n)* aryen, -yenne
Ari·ër *nm (-s),* **Arische** *nf (-n)* Aryen, -yenne
ark *de (-en)* **1** Arche de Noé **2** arche d'alliance **3** péniche
arm[1] *nm (-en)* **1** bras; ~ **aan, in ~ lopen** se promener bras dessus, bras dessous; *(fig.)* **iem in de ~ nemen** faire intervenir qn; **iem in de ~en drijven van** précipiter qn dans les bras de; **een kandelaar met twee ~en** un chandelier à deux branches; **met de ~en over elkaar zitten** être les bras croisés **2** manche ♦ **de sterke ~** les forces de police
arm[2] *adj* pauvre; ~ **aan geld** sans argent
arm·band *nm (-en)* **1** bracelet **2** brassard
Ar·meens *adj* arménien
ar·me·lijk *adj, adv* → **armoedig**
ar·men·zorg *de* **1** aide aux indigents **2** assistance publique
ar·me·tie·rig *adj, adv* **1** misérable(ment) **2** mesquin(ement) **3** chétif
arm·las·tig *adj* indigent; **de ~en** les assistés
arm·leng·te *nf (-s)* longueur d'un bras; **op** ~ à bout de bras
ar·moe *de (fam.)* misère ♦ **van ~ ging ik maar naar bed** je me sentais tellement cafardeux que je me suis mis au lit
ar·moe·de *de,* **armoe** *de* pauvreté; **bittere** ~ misère noire; **geestelijke** ~ indigence d'esprit; **stille** ~ pauvreté cachée; **het is daar armoe troef** c'est la misère noire
ar·moe·de·grens *de (écon.; pol.)* seuil de pauvreté; **onder de ~ leven** vivre dans l'indigence
ar·moe·dig *adj, adv* pauvre(ment)
ar·moed·zaai·er *nm (-s)* sans-le-sou
arm·slag *nm (-en)* liberté d'action; ~ **hebben** *(aussi)* avoir les coudées franches
arm·stoel *nm (-en)* fauteuil
arm·vol *nm* ♦ **een ~ hooi** une brassée de foin
arm·za·lig *adj, adv* **1** misérable(ment); **er ~ uitzien** avoir l'air piteux **2** stupide(ment)
arm·zwaai *nm (-en)* rotation du bras
aro·ma[1] *het (-'s, -men)* arôme
aro·ma[2] *nm (-'s, -men)* aromatisant
arons·kelk *nm (-en)* arum
ar·ren·slee *de (-ën)* traîneau
ar·rest *het (-en)* **1** garde à vue **2** *(sanction)* arrêts **3** saisie **4** *(jugement)* arrêt
ar·res|tant *nm (-en),* **-tante** *nf (-n, -s)* prévenu, -ue
ar·res·ta·tie·be·vel *het (-en)* mandat d'arrêt
ar·res·te·ren *vt (h. gearresteerd)* **1** arrêter **2** saisir
ar·ron·dis·se·ments·recht·bank *de (-en)* tribunal de grande instance
ar·tiest *nm (-en),* **artieste** *nf (-s, -n)* artiste
ar·ti·kel *het (-en)* article
ar·ti·sjok *de (-ken)* artichaut
ar·tis·tiek *adj, adv* artistique, avec art; **dat is ~ niet verantwoord** ce n'est pas conforme aux critères de l'art; **~e voorwerpen** objets d'art
ar·tis·tie·ke·rig *adj, adv* ♦ **hij doet ~** il joue les artistes
arts *nm (-en)* médecin
art·se·nij *nf (-en)* médicament
as *de (-sen)* **1** axe **2** essieu **3** arbre (de transmission) **4** cendre(s); **iemands as bewenen** pleurer (sur la mort de) qn; *(prov)* **as is verbrande turf** avec des si, on mettrait Paris en bouteille
a.s. *aanstaande* prochain
as·bak *nm (-ken)* **1** cendrier **2** poubelle
as·best *het* amiante
as·blond *adj* blond cendré
asem *nm (fam.)* haleine; *(fig.)* **geen ~ geven (op iets, iem)** faire la sourde oreille; *(fig.)* **zijn ~ ergens overheen laten gaan** mettre son grain de sel dans qch
ase·men *vi (h. geasemd) (fam.)* respirer
as·falt·jeugd *de* loubar(d)s
as·grauw *adj* cendreux
asiel *het (-en)* **1** asile **2** refuge
asiel·zoe·ker *nm (-s) (pol.)* demandeur d'asile
asiel·zoe·kers·cen·trum *het (-centra)* centre d'accueil pour demandeurs d'asile
as·je·blieft *adv* → **alstublieft**[1]
as·je·me·nou *interj* eh ben, dis donc!
as·la·de *de (-n)* → **asbak 2**
aso *nm (-'s) (fam.)* loubard
a.s.o. *het (Belg.; enseign.) algemeen secundair onderwijs* ESG
as·pect *het (-en)* **1** aspect **2** perspective
as·pi|rant *nm (-en),* **-rante** *nf (-s, -n)* **1** aspirant, -ante **2** *(sports)* junior
as·pi·rien·tje *het (-s),* **aspirine** *de (-s)* aspirine
as·se·poes·ter *nf (-s)* **1** souffre-douleur **2** souillon
As·se·poes·ter *nf* Cendrillon
as·ser|tief *adj (-tiever, -tiefst)* capable de s'affirmer; **nu vertoont ze een ~ gedrag** maintenant, elle ose s'affirmer
as·ser·ti·vi·teit *nf* affirmation de soi
as·si|stent *nm (-en),* **-stente** *nf (-n, -s)* assistant, -ante; **een ~ op een laboratorium** un laborantin
as·si·sten·tie *nf* **1** assistance **2** renfort
as·si·stent·schap *het (-pen)* assistanat
as·so·ci·a·tie *nf (-s)* **1** association **2** *(commerce)* société
as·so·ci·ë·ren *vti (h. geassocieerd)* associer; **zich ~ met** s'associer à
as·su·ran|tie *nf (-ties, -tiën)* **1** assuran-

ce **2** compagnie d'assurances **3** prime d'assurance
ast·ma *het/de* asthme
ast·ma|lij·der *nm (-s),* **-patiënt** *nm (-en),* **astmaticus** *nm (-ci)* asthmatique
at, aten → **(leeg-, op)eten** *(etc.)*
athe·ne·um *het (-s)* **1** lycée (classique et moderne) **2** *(Belg.)* athénée
at·leet *nm (-leten),* **atlete** *nf (-s, -n)* athlète
at·le·tiek *nf* athlétisme
at·mos|feer *de (-feren)* atmosphère; **wat een ~ is het hier!** on étouffe ici!
ato·mair *adj* atomique
atoom *het (atomen)* atome
***atoom-** nucléaire; **de atoomaanval** l'attaque nucléaire
atoom·bom *de (-men)* bombe atomique
atoom·cen|trum *het (-tra)* centre de recherches nucléaires
atoom·ge·wicht *het (-en)* poids atomique
at·taque [ɑtɑk] *de (-s)* **1** attaque **2** crise **3** attaque d'apoplexie
at·ten·de·ren *vti (h. geattendeerd)* ♦ **iem ergens op ~** attirer l'attention de qn sur qch
at·tent *adj, adv* **1** attentif, attentivement; **iem ~ maken op iets** signaler qch à qn **2** attentionné, avec prévenance; **dat is zeer ~ van u** c'est très aimable à vous
at·ten·tie *nf (-s)* **1** attentions **2** petit cadeau ♦ **ter ~ van** à l'attention de
at·test *het (-en)* certificat; **een ~ van goed gedrag** un certificat de bonne vie et mœurs
at·trac·tie *nf (-s)* **1** attraction **2** attrait
at·trac|tief *adj (-tiever, -tiefst)* attrayant
atv *nf arbeidstijdverkorting* RTT
au *interj* aïe!
a.u.b. *alstublieft* s.v.p.
au·di·ën·tie [ɑud(i)jɛn(t)si, ɔd(i)jɛn(t)si] *nf (-s)* audience; **bij de minister op ~ gaan** être reçu en audience par le ministre
au·dio·ap·pa·ra·tuur *nf* équipement audio
au·dio|rack [ɑudijorɛk, ɑudijorɑk] *het (-s),* **-toren** *nm (-s)* chaîne hi-fi en rack
au·di·tie [ɑudi(t)si] *nf (-s)* audition; **een ~ doen** passer une audition
au·di·to|ri·um *het (-ria, -riums)* **1** auditoire **2** auditorium
au·gurk *de (-en)* cornichon
au·gus·tus *nm* août
au·la *nf (-'s)* amphithéâtre
au·spi·ci·ën [ɑuspisijə(n)] *plur* auspices
au·then·tiek [ɑutɛntik, otɛntik] *adj* authentique; **~e berichten** nouvelles émanant de sources sûres; **~e champagne** du vrai champagne
au·to [ɑuto, oto] *nm (-'s)* voiture; **met de ~** en voiture; **hij was bijna onder een ~ gekomen** il a failli passer sous une voiture; **een open ~** une voiture décapotable
au·to·bom *de (-men)* voiture piégée
au·to·cou·reur *nm (-s)* coureur automobile
au·to·gor·del *nm (-s)* ceinture de sécurité
au·to·keu·ring *nf (-en)* contrôle technique des voitures
au·to·luw *adj* à circulation restreinte
au·to|maat *nm (-maten)* **1** *(aussi au fig.)* automate **2** distributeur (automatique) **3** voiture à boîte automatique
au·to·ma·ten·hal *nm (-len)* hall de jeux
au·to·ma·tisch *adj, adv* **1** *(aussi au fig.)* automatique(ment) **2** machinal(ement)
au·to·ma·ti·se·ring *nf* **1** automa(tisa)tion **2** (secteur de l')informatique **3** informatisation
au·to·mon·teur *nm (-s)* mécanicien
au·to·ped *nm (-s)* trottinette
au·to·rij·den *vi (h. autogereden)* conduire (une voiture)
au·to·spie·gel *nm (-s)* rétroviseur
au·to·sport *de* (sport) automobile
au·to·stra·de *nf (Belg.)* autoroute
au·to·ver·keer *het* circulation automobile
au·to·vrij *adj* interdit à la circulation automobile
au·to·weg *nm (-en)* autoroute
ave·recht *adj, adv* à l'envers
ave·rechts[1] *adv* **1** à l'envers **2** mal
ave·rechts[2] *adj* **1** déplacé; **een ~e uitwerking hebben** produire l'effet inverse **2** faux
ave·rij *nf (-en)* avarie
aver·sie *nf* aversion; **~ tegen iem/iets hebben** avoir qn, qch en aversion
A-vier·tje *het (-s)* feuille A4
avo *het algemeen vormend onderwijs* enseignement général
avo·ca·do *de (-'s) (bot.)* **1** avocat **2** avocatier
avond *nm (-en)* **1** soir; **bij ~** le soir; **laat in de ~** tard le soir; **op de late ~** tard dans la soirée; **met de ~** vers le soir; *(prov)* **hoe later op de ~, hoe schoner het volk** ± bienvenue aux combattants de la dernière heure!; **het liep tegen de ~** le soir approchait; **een ~je uit** une sortie; **met het vallen van de ~** à la nuit tombante; **de vorige ~** la veille au soir; **het wordt ~** le jour baisse; **'s ~s** le soir; **de ~ tevoren, 's ~s tevoren** la veille au soir **2** soirée; **een bonte ~** une soirée variée
***avond-** du soir; **het avondblad, de avondkrant** le journal, quotidien du soir
avond·eten *het* → **avondmaal**
avond·kle·ding *nf* tenue de soirée
avond·klok *de (-ken)* couvre-feu
avond·maal *het* dîner, *(Belg.)* souper; *(arts, Bible)* **het Laatste Avondmaal** la Cène
avond·mens *de (-en)* ♦ **een ~ zijn** être du soir
avond·rood *het* feux du couchant
avond·spits *de (-en) (circul.)* (heure de) pointe de fin de journée
avond·toi·let *het (-ten)* → **avondkleding**
avond|uur *het (-uren)* ♦ **in de avonduren** le soir; **in de late avonduren** tard dans la soirée

avond·voor·stel·ling *nf (-en)* (représentation en) soirée
avond·vul·lend *adj* qui dure toute la soirée
avond·win·kel *nm (-s)* magasin ouvert en nocturne
avon|tuur *het (-turen)* aventure; **op ~ (uit)gaan** aller à l'aventure; **ik heb een vreemd ~ beleefd** il m'est arrivé qch d'étrange
avon·tuur·lijk *adj, adv* aventureux, aventureusement; **een ~e onderneming** une entreprise risquée
avon·tuur·tje *het (-s)* aventure (sentimentale)
AWBZ *de Algemene Wet Bijzondere Ziektekosten* loi générale sur les frais exceptionnels de maladie
AWW *de Algemene Weduwe- en Wezenwet* loi générale sur la pension de survie des veuves et des orphelins
azc *het (-'s) asielzoekerscentrum* centre d'accueil pour demandeurs d'asile
azen[1] *vi (h./i. geaasd)* **1** convoiter **2** *(animaux)* chasser
azen[2] *vt (h./i. geaasd)* **1** appâter **2** amorcer
Azië *het* Asie
azijn *nm (-en)* vinaigre; **met ~ aanmaken** vinaigrer
Az·teeks *adj* aztèque

b

baai *de (-en)* baie
baal *de (balen)* balle
baan *de (banen)* **1** emploi **2** route; **iets op de lange ~ schuiven** reporter qch indéfiniment; *(Belg.)* **met iem over de ~ kunnen** s'entendre avec qn; **ruim ~ geven** donner carte blanche (à qn); **dat is van de ~** il n'en est plus question **3** piste **4** orbite
baan·bre·kend *adj* innovateur
baan·re·cord *het (-s)* record de la piste
baan·vak *het (-ken)* section (de voie)
baar *de (baren)* **1** barre **2** civière
baard *nm (-en)* barbe; **de ~ in de keel krijgen** avoir la voix qui mue
baar·dig *adj* barbu
baar·moe·der *de (-s)* utérus
baar·moe·der|hals *nm (-halzen)* col de l'utérus
baars *nm (baarzen)* perche
baas *nm (bazen)* **1** patron; **iem de ~ blijven** dominer qn; **eigen ~ zijn** travailler à son compte; **iem in iets de ~ zijn** l'emporter sur qn dans, en qch **2** maître **3** bonhomme
baat *de (baten)* **1** intérêt **2** profit; **ten bate van** au profit de **3** amélioration; **ik vind daar ~ bij** je m'en trouve bien
bab·bel *nm (-s)* bagou(t); **~s hebben** la ramener
bab·be·len *vi (h. gebabbeld)* bavarder
bab·bel·ziek *adj* bavard
ba·by [bebi] *nm (-'s)* bébé
ba·by·sit·ten [bebisɪtə(n)] *vi* faire du baby-sitting
ba·by·uit·zet *nm (-ten)* layette
ba·che·lor *nm* diplôme universitaire *(obtenu après trois années d'études)*
back·hand [bɛkhɛnt, bɑkhɑnt] *de* revers
back-up [bɛkʌp, bɑkʌp] *nm (-s) (inform.)* copie de sécurité
bac·te|rie *nf (-riën)* bactérie
bad[1], **baden** → **bidden**
bad[2] *het (-en)* **1** baignoire **2** bain **3** piscine
***bad-** de bain
ba·den[1] *vti (h. gebaad)* **1** prendre un bain **2** *(fig.; + in)* baigner (dans); **~ in het zweet** être trempé de sueur
ba·den[2] *vpr (zich ~; h. zich gebaad)* nager (dans)
bad·gast *nm (-en)* baigneur
bad·juf·frouw *nf (-en)* femme maître nageur
bad·ka·mer *de (-s)* salle de bains
bad·kuip *de (-en)* → **bad**[2] **1**
bad·mees·ter *nm (-s)* maître nageur
bad·mo·de *de (-s)* mode pour le bain
bad·plaats *de (-en)* **1** station balnéaire **2** station thermale
bad·stof *de (-fen)* (tissu) éponge
ba·ga·ge·de·pot *het/de (-s)* consigne
ba·ga·ge·dra·ger *nm (-s)* porte-bagages
ba·ga·ge|kluis *de (-kluizen)* consigne automatique
ba·ga·ge·rek *het (-ken)* **1** filet à bagages **2** galerie
ba·ga·ge·wa·gen *nm (-s)* **1** remorque **2** fourgon à bagages
ba·ga·tel·li·se·ren *vt (h. gebagatelliseerd)* minimiser
bag·ger *de (-s)* vase
bag·ge·ren *vti (h. gebaggerd)* draguer (qch)
bag·ger|ma·chi·ne *nf (-s),* **-molen** *nm (-s)* drague
ba·jes *de* taule
ba·jes·klant *nm (-en)* taulard
ba·jo·net *de (-ten)* baïonnette
bak *nm (-ken)* **1** bac **2** blague **3** taule **4** bol **5** *(Belg.)* caisse ♦ **hij zal wel aan de ~ komen** il réussira à trouver du travail; **het was volle ~** c'était plein à craquer
bak·blik *het (-ken)* plaque à pâtisserie
bak·boord *het* bâbord
ba·ken *het (-s)* balise
ba·ker·mat *de (-ten)* **1** berceau **2** patrie
bak·fiets *de (-en)* triporteur
bak·ke·baard *nm (-en)* favoris
bak·ken[1] *vt (h./i. gebakken)* (faire) cuire (qch) ♦ **er niets van ~** se planter
bak·ken[2] *vi (h./i. gebakken)* faire de la pâtisserie
bak·ker *nm (-s)* boulanger; **een warme ~** un boulanger qui fait son pain lui-même
bak·meel *het* farine; **zelfrijzend ~** farine fermentante

bak·oven *nm (-s)* four
bak·pan *de (-nen)* sauteuse
bak|plaat *de (-platen)* plaque de four
bak·poe·der *het/de (-s)* levure chimique
bak|steen *nm (-stenen)* brique
bak·vis *nf (-sen)* adolescente
bak·vorm *nm (-en)* moule
bak·zeil *het* ♦ ~ **halen** *(fig.)* faire marche arrière
bal[1] *nm (-len)* **1** balle; **elkaar de ~ toespelen** se renvoyer l'ascenseur **2** boule **3** couille **4** snob ♦ **geen ~ van iets weten** être complètement nul sur un sujet
bal[2] *het* bal
ba·lan·ce·ren[1] *vi (h. gebalanceerd)* **1** se tenir en équilibre; **op de rand van een bankroet ~** être à deux doigts de la banqueroute **2** balancer
ba·lan·ce·ren[2] *vt (h. gebalanceerd)* équilibrer
ba·lans *de (-en)* **1** balance **2** équilibre; **uit zijn ~ zijn** être en déséquilibre **3** bilan; **de ~ opmaken** faire le point; **de ~ sluit niet** le bilan ne concorde pas
bal·da·dig|heid *nf (-heden)* **1** surexcitation **2** (acte de) vandalisme
ba·len *vi (h. gebaald)* en avoir ras le bol
balg *nm (-en)* soufflet
ba·lie *nf (-s)* **1** réception **2** barreau **3** barre
balk *nm (-en)* **1** poutre **2** bande
bal·kon *het (-s)* **1** balcon **2** plate-forme
bal·last *nm* **1** lest **2** fardeau
bal·len *vti (h. gebald)* jouer au ballon
bal·let *het (-ten)* **1** ballet; **op ~ zitten** suivre des cours de ballet **2** danse
bal·le·tje *het (-s)* ♦ **een ~ over iets opgooien** tâter le terrain
bal·ling *nm (-en)* exilé, -ée
bal·ling·schap *nf* exil; **in ~ gaan** s'exiler
bal·lon *nm (-nen)* **1** ballon **2** bulle
ball·point [bɔlpɔjnt, bɑlpɔjnt] *de (-s)* stylo à bille
ba·lo·rig *adj* **1** récalcitrant **2** de mauvaise humeur
bal·pen *de (-nen)* → **ballpoint**
bal·se·men *vt (h. gebalsemd)* embaumer
bama *nm (université; abrév.) bachelor-master* LMD
ba·mi *nm* nouilles sautées à l'indonésienne
ba·mis·weer *het (Belg.)* ± temps de Toussaint
ban *nm (-nen)* **1** excommunication; **iem in de ~ doen** excommunier qn **2** charme; **in de ~ van iets raken** tomber sous le charme de qch
ba|naal *adj, adv (-naler, -naalst)* banal(ement)
ba|naan *de (-nanen)* **1** bananier **2** banane
band[1] [bɛnt, bɑnt] *nm (-s)* groupe
band[2] [bɑnt] *nm (-en)* **1** bande **2** pneu **3** tapis (roulant); **aan de lopende ~** à la chaîne **4** lien(s) ♦ **iem aan ~en leggen** brider qn; **uit de ~ springen** faire les quatre cents coups
band[3] [bɑnt] *het* ruban
ban·de·loos·heid *nf* **1** désordre **2** indiscipline
ban·den·pech *nm* crevaison
ban·diet *nm (-en)* **1** bandit **2** chenapan
band·lei·der *nm (-s)* chef d'orchestre (d'un groupe, d'un ensemble)
band·op·na·me *de (-n, -s)* **1** enregistrement (sur bande) **2** tournage **3** film
band·re·cor·der *nm (-s)* magnétophone
ba·nen·markt *de (-en)* bourse de l'emploi
ba·nen·plan *het (-nen)* plan de création d'emplois
bang *adj* **1** peureux; **~ uitgevallen zijn** être peureux de nature; **~ worden** prendre peur **2** angoissant; **~e dagen** jours d'angoisse **3** inquiet
ban·ge·schij·ter *nm (-s)* foireux, -euse
bang·heid *nf* peur
bang·ma·ke·rij *nf (-en)* intimidation
ba·nier *de (-en)* bannière; **de ~ hooghouden** défendre l'honneur
ban·je·ren *vi (h. gebanjerd)* vadrouiller
bank *de (-en)* **1** banc **2** canapé **3** banque; **geld op de ~ hebben** avoir de l'argent à la banque ♦ **door de ~** ordinairement
***bank-** bancaire
bank·af·schrift *het (-en)* relevé de compte
bank·bil·jet *het (-ten)* billet de banque
bank·brief·je *het (-s) (Belg.)* → **bankbiljet**
ban·ket *het (-ten)* **1** banquet **2** ⟨*pâtisserie feuilletée fourrée de pâte d'amandes*⟩
ban·ket·bak·ker *nm (-s)* pâtissier
bank·fi·li|aal *het (-alen)* succursale d'une banque
bank·ge·bouw *het (-en)* → **bank 3**
ban·kier *nm (-s)* banquier
bank·kaart *nf (-en) (Belg.)* carte bancaire
bank·over·schrij·ving *nf (-en)* virement bancaire
bank·over·val *nm (-len)* attaque à main armée
bank·pa·pier *het* billets de banque
bank·pas *nm (-sen)* carte bancaire
bank·re·ke·ning *nf (-en)* **1** compte courant **2** compte en banque
bank·roet[1] *het (-en)* **1** banqueroute **2** faillite
bank·roet[2] *adj* ♦ **~ gaan** faire faillite
bank|schroef *de (-schroeven)* étau
bank·stel *het (-len)* (meubles de) salon
bank·wer·ker *nm (-s)* ajusteur
ban·ne·ling *nm (-en)* banni, -ie
ban·nen *vt (h. gebannen)* **1** bannir **2** exorciser
ban·vloek *nm (-en)* anathème; **de ~ over iem uitspreken** jeter l'anathème sur qn
bar[1] [bɑr] *adj* **1** aride **2** rigoureux ♦ **~ en boos** abominable
bar[2] [bɑr] *adv* rudement
ba·rak *de (-ken)* baraque
bar|baar *nm (-baren)* **1** barbare **2** brute
bar·baars|heid *nf (-heden)* **1** barbarie **2** cruauté

ba·ren *vt (h. gebaard)* **1** accoucher de **2** causer; **zorg** ~ inspirer de l'inquiétude
ba·ret *de (-ten)* béret
Bar·goens *adj* argotique; **het** ~ l'argot
bar·kee·per [bɑrkipər] *nm (-s)* barman
bar·kruk [bɑrkrʌk] *de (-ken)* tabouret de bar
barm·har·tig *adj, adv* charitable(ment); **de ~e Samaritaan** le bon Samaritain
barn·steen *het/de* ambre jaune
ba·rok *adj* baroque; **de, het** ~ le baroque
ba·ron *nm (-nen),* **barones** *nf (-sen)* baron, -onne
bar·re·voets *adv* pieds nus
bar·ri·ca·de *nf (-n)* **1** barricade; **voor iets op de ~ gaan staan** se battre pour qch **2** fossé
bars *adj, adv (barser, meest b.)* rude, avec rudesse
barst *de (-en)* fissure ♦ **dat gaat je geen ~ aan** ce n'est pas tes oignons
bar·sten *vi (i. gebarsten)* **1** se fendre **2** éclater; **tot ~s toe vol** plein à craquer ♦ **~de hoofdpijn** mal de tête atroce; **iem laten** ~ planter là qn; **het barst hier van de cafés** les cafés, ça pullule ici
bar·stens·vol *adj* plein à craquer; **hij zat ~ ideeën** il débordait d'idées
bas *de (-sen)* **1** basse **2** contrebasse
ba·se·ren[1] *vt (h. gebaseerd) (+ op)* baser; **een mening ~ op** asseoir une opinion sur
ba·se·ren[2] *vpr (zich ~; h. zich gebaseerd) (+ op)* se baser (sur)
bas·in·stru·ment *het (-en)* basse
ba·sis *nf (bases)* base; **de ~ leggen voor iets** jeter les bases de qch
***ba·sis-** de base
ba·sis|beurs *de (-beurzen)* bourse unitaire de base
ba·sis·cur·sus *nm (-sen)* cours élémentaire
ba·sis·on·der·wijs *het* enseignement primaire
ba·sis·prin·ci·pe *het (-s)* principe fondamental
ba·sis|school *de (-scholen)* école primaire
ba·sis·vak *het (-ken)* discipline élémentaire
ba·sis·vor·ming *nf (Belg.)* secondaire inférieur pour tous
Bas·ken·land *het* Pays Basque
bas·ket·bal·len *vi (h. gebasketbald)* jouer au basket
bas·sist *nm (-en)* **1** (voix de) basse **2** (contre)bassiste
bast *nm (-en)* **1** écorce **2** peau; **in mijn, zijn blote** ~ à poil
bas·ta *interj* assez!; **en hiermee ~!** ça suffit comme ça!
bas·taard *nm (-s)* bâtard
bas·terd·sui·ker *nm* vergeoise
Ba·ta·vier *nm (-en)* Batave
ba·te *de* ♦ **ten ~ van** au profit de
ba·ten *vi (h. gebaat)* servir (à); **het mocht niet** ~ c'était inutile; **gebaat zijn met** trouver son compte à
bat·te·rij *nf (-en)* **1** pile **2** batterie
ba·vi|aan *nm (-anen)* babouin
bax·ter *nm (-s) (Belg.)* goutte-à-goutte
ba·zaar *nm (-s)* **1** bazar **2** kermesse **3** fouillis
Ba·zel *het* Bâle
ba·ze·len *vi (h. gebazeld)* radoter
ba·zig *adj, adv* autoritaire(ment)
be·ade·men *vt (h. beademd)* insuffler
be·ade·mings·toe·stel *het (-len)* respirateur
be·amb·te *nm (-n, -s)* employé
be·amen *vt (h. beaamd)* approuver
be·ang·sti·gen *vt (h. beangstigd)* angoisser
be·ant·woor·den[1] *vi (h. beantwoord)* **1** *(+ aan)* répondre **2** *(+ aan)* correspondre
be·ant·woor·den[2] *vt (h. beantwoord)* répondre
be·ant·woor·ding *nf (-en)* réponse
beau·ty·case [bju:tikes] *nm (-s)* vanity-case, *(Belg.)* beauty-case
be·bloed *adj* ensanglanté
be·boe·ten *vt (h. beboet)* infliger une amende
be·bos·sing *nf (-en)* **1** boisement **2** (les) bois
be·bou·wen *vt (h. bebouwd)* **1** bâtir **2** cultiver
be·cij·fe·ren *vt (h. becijferd)* calculer
be·com·men·ta·ri·ë·ren *vt (h. becommentarieerd)* commenter
bed *het (-den)* **1** lit; **zijn ~je is gespreid** son avenir est assuré; **met iem naar ~ gaan** coucher avec qn; **dat is ver van mijn** ~ **je** ne suis pas concerné **2** repaire **3** platebande **4** plant
be·daard *adj, adv* pondéré
be·daard·heid *nf* calme
be·dacht[1], **bedachten** → **bedenken**[1]
be·dacht[2] *adj* **1** ayant l'intention (de) **2** prêt (à); **hij is op alles** ~ il ne laisse rien au hasard
be·dacht|zaam *adj, adv (-zamer, -zaamst)* réfléchi, avec réflexion
be·dan·ken[1] *vt (h. bedankt)* remercier
be·dan·ken[2] *vi (h. bedankt)* **1** refuser (poliment) **2** démissionner ♦ **daar bedank ik voor!** ah, non merci, sans façons!
be·da·ren *vti (h./i. bedaard)* (se) calmer; **iem tot ~ brengen** apaiser qn
bed·den·goed *het* literie
bed·den·sprei *de (-en)* couvre-lit
bed·ding *nf (-en)* lit
be·de *de (-n)* prière
be|deesd *adj, adv (-deesder, meest b.)* timide(ment)
be·dek·ken *vt (h. bedekt)* **1** (re)couvrir **2** cacher
be·dekt *adj, adv* **1** couvert **2** secret, secrètement; ~ **te kennen geven** donner à entendre
be·de·laar *nm (-s)* mendiant, -ante
be·de·la·rij *nf* mendicité
be·de·len[1] *vt (h. bedeeld)* **1** faire la part à;

hij is rijk bedeeld il est bien pourvu; **iem ruim** ~ faire la part belle à qn **2** assister
be·de·len[2] *vi (h. gebedeld)* **1** mendier **2** quémander
be·del·staf *nm* **1** bâton de mendiant **2** mendicité
be·del·tje *het (-s)* breloque
be·del·ven *vt (h. bedolven)* **1** ensevelir **2** accabler
be·den·ke·lijk *adj, adv* **1** inquiétant **2** (d'un air) hésitant
be·den·ken[1] *vt (h. bedacht)* **1** réfléchir à; **bedenk, wat de gevolgen zullen zijn** réfléchis aux conséquences **2** inventer
be·den·ken[2] *vpr (zich ~; h. zich bedacht)* **1** réfléchir **2** se raviser
be·den·king *nf (-en)* objection
be·denk·tijd *nm* temps de réflexion
be·derf *het* **1** pourriture **2** corruption
be·der·fe·lijk *adj* périssable
be·der·ven[1] *vi (h./i. bedorven)* pourrir
be·der·ven[2] *vt (h./i. bedorven)* **1** abîmer; **iemands plezier** ~ gâcher le plaisir de qn **2** gâter
be·de·vaart *de (-en)* pèlerinage
be·dien·de *nm (-n, -s)* **1** commis **2** domestique **3** employé
be·die·nen *vt (h. bediend)* **1** servir **2** s'occuper de; **eenvoudig te** ~ **zijn** être d'un maniement simple **3** administrer l'extrême-onction
be·die·ning *nf (-en)* **1** service; **zonder, exclusief** ~ service non compris **2** commande **3** administration de l'extrême-onction
be·dierf, bedierven → **bederven**[1]
be·dij·ken *vt (h. bedijkt)* endiguer
be·dil·le·rig *adj* chicaneur
be·ding *het (-en)* condition; **onder geen** ~ en aucun cas
be·din·gen *vt (h. bedongen)* stipuler
be·dis·se·len *vt (h. bedisseld)* régler
bed·lamp·je *het (-s)* lampe de chevet
bed·le·ge·rig *adj* alité
be·doe·ïen *nm (-en)* bédouin
be·doe·len *vt (h. bedoeld)* **1** vouloir dire **2** avoir en vue; **zo was het niet bedoeld** ce n'était pas mon intention
be·doe·ling *nf (-en)* **1** intention; **het ligt in onze** ~ **om ...** nous avons l'intention de ...; **dat was niet de** ~ ce n'était pas cela qu'on voulait faire **2** sens
be·dolf, bedolven → **bedelven**
be·dompt *adj* **1** confiné; **een** ~ **vertrek** une pièce mal aérée **2** borné **3** *(Belg.)* embué
be·don·derd *adj* **1** cinglé **2** mal; **hij ziet er** ~ **uit** il a une fichue mine **3** flemmard
be·don·de·ren *vt (h. bedonderd)* rouler
be·dong, bedongen → **bedingen**
be·dor·ven → **bederven**[1]
be·dot·ten *vt (h. bedot)* tromper
bed·plas·sen *vi* faire (pipi) au lit
be·dra·ding *nf (-en)* câblage
be·drag *het (-en)* montant; **het resterende** ~ **betalen** payer le restant (d'une somme); **ten ~e van** d'un montant de; **tot een** ~ **van** jusqu'à concurrence de
be·dra·gen *vi (h. bedragen)* s'élever à
be·dreef, bedreven → **bedrijven**
be·drei·gen *vt (h. bedreigd)* menacer (qn de qch); **hij wordt bedreigd door de dood** la mort le guette; **met straf** ~ menacer de punition
be·drei·ging *nf (-en)* menace
be·drem|meld *adj, adv (-melder, meest b.)* (d'un air) embarrassé
be·dre|ven *adj (-vener, meest b.) (+ in)* rompu (à)
be·dre·ven·heid *nf* habileté
be·drie·gen *vt (h. bedrogen)* tromper; **bedrogen uitkomen** devoir déchanter
be·drieg·lijk *adj, adv* trompeur, de manière trompeuse; **~e handelingen** actions frauduleuses
be·drijf *het (bedrijven)* **1** entreprise; **gemengd** ~ entreprise mixte **2** acte **3** service; **in** ~ en service **4** métier ♦ **tussen, onder de bedrijven door** entre-temps
***be·drijfs-** de l'entreprise, d'entreprise; **de bedrijfsleider** le chef d'entreprise
be·drijfs·arts *nm (-en)* médecin du travail
be·drijfs·ka·pi|taal *het (-talen)* capital de roulement
be·drijfs·klaar *adj* opérationnel
be·drijfs·kos·ten *plur* frais d'exploitation
be·drijfs·kun·de *nf* science de l'organisation de la gestion des entreprises
be·drijfs·le·ven *het* **1** vie économique **2** entreprises
be·drijfs·on·ge·val *het (-len)* accident du travail
be·drijfs·pand *het (-en)* immeuble d'exploitation
be·drijfs·tak *nm (-ken)* **1** branche d'activité(s) **2** secteur industriel
be·drijfs·ver·eni·ging *nf (-en)* association professionnelle
be·drijfs·voe·ring *nf* gestion de l'entreprise
be·drij·ven *vt (h. bedreven)* faire; **een misdaad** ~ commettre un crime
be·drij·vig·heid *nf* **1** activité **2** animation
be·drin·ken *vpr (zich ~; h. zich bedronken)* s'enivrer
be·droefd *adj* triste
be·droeg, bedroegen → **bedragen**
be·droe·vend[1] *adj* **1** attristant **2** lamentable
be·droe·vend[2] *adv* vraiment très; **zijn werk is** ~ **slecht** son travail est lamentable
be·drog *het* tromperie; **optisch** ~ illusion d'optique; ~ **plegen** frauder
be·dronk, bedronken → **bedrinken**
be·droog, bedrogen → **bedriegen**
be·droop, bedropen → **bedruipen**
be·drui·pen *vt (h. bedropen)* arroser ♦ **zichzelf (kunnen)** ~ se suffire à soi-même
be·druk·ken *vt (h. bedrukt)* imprimer
be·drukt *adj* abattu; **een** ~ **gemoed hebben** avoir le cœur gros

bed·rust *de* alitement
bed·scè·ne *de (-s)* scène érotique
bed·stee *de (-ën)* lit clos
bed·tijd *nm* heure du coucher
be|ducht *adj (-duchter, meest b.)* inquiet; **voor iets, iem ~ zijn** craindre qch, qn
be·dui·den *vt (h. beduid)* **1** faire signe (de) **2** avoir de l'importance **3** signifier
be·dui·dend *adj, adv* considérable(ment)
be|duusd *adj (-duusder, meest b.)* déconcerté
be·du·ve·len *vt (h. beduveld)* rouler
be·dwang *het* ♦ **in ~ houden** maîtriser
bed·wa·te·ren *vi* souffrir d'énurésie nocturne
be·dwel·men *vt (h. bedwelmd)* **1** étourdir; **een ~d middel** un narcotique; **~d parfum** parfum capiteux **2** griser
be·dwin·gen *vt (h. bedwongen)* **1** soumettre **2** maîtriser; **zijn woede ~** réprimer sa colère
be·dwong, bedwongen → **bedwingen**
be·ëdigd *adj* **1** assermenté **2** fait sous serment
be·ëdi·ging *nf (-en)* **1** confirmation par serment **2** prestation de serment
be·ëin·di·gen *vt (h. beëindigd)* **1** terminer **2** régler
beek *de (beken)* ruisseau
beeld *het (-en)* **1** image; **in ~ en geschrift** en texte et en images; **een ~ van de situatie schetsen** brosser un tableau de la situation; **zich een ~ van iets vormen** se faire une idée de qch **2** statue
beeld|buis *de (-buizen)* **1** tube cathodique **2** télé
beel·dend *adj, adv* (de façon) imagé(e); **het ~ vermogen van een schrijver** les capacités évocatrices d'un écrivain
Beel·den·storm *nm* iconoclasme
beeld·hou·wen *vti (h. gebeeldhouwd)* sculpter
beeld·houw·werk *het (-en)* **1** sculpture **2** relief
beel·dig *adj, adv* ravissant, à ravir
beeld·scherm *het (-en)* **1** écran **2** visuel
beeld·schoon *adj* de toute beauté
beeld|spraak *de (-spraken)* langage figuré
beeld·vor·ming *nf* création d'une image, d'une impression
beel·te·nis *nf (-sen)* portrait
been *het (benen)* **1** jambe; **ik heb het aan mijn ~** je suis cuit; **op eigen benen staan** voler de ses propres ailes; **geen ~ hebben om op te staan** n'avoir aucun moyen de se justifier; **het ~ stijf houden** ne pas céder; **zich op de ~ houden** tenir le coup; **er was veel volk op de ~** il y avait beaucoup de monde; **de benen strekken** se dégourdir les jambes; **slecht ter ~ zijn** avoir de mauvaises jambes; **op het verkeerde ~ gezet worden** être pris à contre-pied; **iem tegen het zere ~ schoppen** toucher qn au vif **2** patte **3** os
been·be·scher·mer *nm (-s)* jambière
been·breuk *de (-en)* **1** fracture **2** fracture de la jambe
been·hou·wer *nm (-s) (Belg.)* boucher
been·merg *het* moelle osseuse
beer *nm (beren)* **1** ours **2** verrat
beer·put *nm (-ten)* **1** fosse d'aisances **2** cloaque
beest *het, dans quelques expressions nf (-en)* bête; **bij de ~en af** immonde; **de ~ uithangen** être débauché
beest·ach·tig *adj, adv* **1** bestial, comme une bête; **zich ~ gedragen** être débauché **2** terriblement
beet[1], beten → **bijten, doorbijten, stukbijten** *(etc.)*
beet[2] *nm (beten)* **1** morsure **2** piqûre (d'insecte etc.) **3** bouchée
beet·heb·ben[1] *vt (h. beetgehad)* **1** tenir **2** avoir
beet·heb·ben[2] *vi (h. beetgehad)* avoir une touche; **ik heb beet!** ça mord!
beet·je[1] *het (-s)* peu
beet·je[2] *adv* un peu
beet·je[3] *adj* qui se respecte
beet·ne·men *vt (h. beetgenomen)* **1** saisir **2** avoir; **zich laten ~** se faire avoir
beet·pak·ken *vt (h. beetgepakt)* saisir
be|faamd *adj (-faamder, meest b.)* célèbre; **~ om** réputé pour
be|gaafd *adj (-gaafder, meest b.)* doué; **buitengewoon ~** surdoué
be·gaafd|heid *nf (-heden)* don
be·gaan[1] *adj* ♦ **hij is ~ met haar lot** son sort le touche
be·gaan[2] *vi (h. begaan)* ♦ **iem stil laten ~** laisser faire qn
be·gaan[3] *vt (h. begaan)* commettre
be·gaan|baar *adj (-baarder, best b.)* praticable
be·gaf, begaven → **begeven[1]**
be·geer·te *nf (-n)* désir
be·ge·lei·den *vt (h. begeleid)* **1** accompagner **2** suivre
be·ge|lei·der *nm (-s),* **-leidster** *nf (-s)* **1** accompagnateur, -trice **2** personne qui assiste
be·ge·lei·ding *nf (-en)* **1** accompagnement **2** assistance **3** convoi
be·ge·na·digd *adj* qui a du génie
be·ge·ren *vt (h. begeerd)* désirer
be·ge·rig *adj, adv* avide(ment)
be·ge·ven[1] *vt (h. begeven)* ♦ **zijn zenuwen hebben het ~** ses nerfs ont craqué
be·ge·ven[2] *vpr (zich ~; h. zich begeven)* se rendre (qp)
be·gie·ten *vt (h. begoten)* arroser
be·gijn|hof *het (-hoven)* béguinage
be·gin *het* **1** début; **een ~ maken met iets** commencer qch **2** origine
***be·gin-** initial
be·ging, begingen → **begaan[1]**
be·gin·ka·pi|taal *het (-talen)* mise (de fonds)
be·gin·ne·ling *nm (-en)* débutant, -ante
be·gin·nen[1] *vt (h./i. begonnen)* commencer; **een winkel ~** ouvrir un magasin
be·gin·nen[2] *vi (h./i. begonnen)* **1** commencer; **aan iets nieuws ~** se mettre à

autre chose; **was ik er maar nooit aan begonnen** je n'aurais jamais dû ...; **dat begint goed!** cela s'annonce bien! **2** *(+ over)* aborder ♦ **voor zichzelf** ~ se mettre à son compte
be·gin·ner *nm (-s)* → **beginneling**
be·gin·punt *het (-en)* point de départ
be·gin·sel *het (-en)* principe de base ♦ **in** ~ en principe
be·gin·sel·pro·gram·ma *het (-'s)* déclaration de principes
be·gin·sel·ver·kla·ring *nf (-en)* programme de base
be·gla·zing *nf (-en)* vitrage
be·glu·ren *vt (h. begluurd)* épier
be·gon, begonnen → **beginnen[1]**
be·goo·che·ling *nf (-en)* illusion
be·graaf·plaats *de (-en)* cimetière
be·gra·fe·nis *nf (-sen)* **1** enterrement **2** cortège funèbre
be·gra·fe·nis·on·der·ne·ming *nf (-en)* (service des) pompes funèbres
be·gra·ven *vt (h. begraven)* enterrer; **zich in, bij zijn boeken** ~ vivre le nez plongé dans ses livres
be·greep, begrepen → **begrijpen**
be·gren·zen *vt (h. begrensd)* (dé)limiter
be·grij·pe·lijk *adj* compréhensible
be·grij·pe·lij·ker·wij·ze *adv* on le conçoit
be·grij·pen *vt (h. begrepen)* comprendre; **iem verkeerd** ~ mal comprendre qn ♦ **het niet op iets, iem begrepen hebben** se méfier de qch, de qn
be·grip *het (-pen)* **1** compréhension; **vlug van** ~ **zijn** avoir l'intelligence vive; **dat gaat mijn** ~ **te boven** cela me dépasse **2** concept; **dat is een** ~ c'est une chose reconnue
be·grips·ver·mo·gen *het* entendement
be·groef, begroeven → **begraven**
be·groeid *adj* couvert (de végétation)
be·groei·ing *nf (-en)* végétation
be·groe·ten *vt (h. begroet)* **1** saluer **2** accueillir
be·gro·ting *nf (-en)* **1** estimation **2** budget
***be·gro·tings-** budgétaire
be·gun·stig·de *nm (-n)* bénéficiaire
be·gun·sti·gen *vt (h. begunstigd)* favoriser
be·gun·sti·ger *nm (-s)* bienfaiteur, -trice
be·ha *nm (-'s)* soutien-gorge
be·haag·lijk *adj, adv* **1** agréable(ment) **2** (qui est) à l'aise
be·haag|ziek *adj, adv (-zieker, meest b.)* coquet(tement)
be·haard *adj* **1** velu **2** chevelu
be·ha·gen *vi (h. behaagd)* plaire
be·ha·len *vt (h. behaald)* obtenir
be·hal·ve *prép* **1** outre **2** excepté
be·han·de·len *vt (h. behandeld)* **1** traiter; **behandeld worden** recevoir des soins **2** manier
be·han·de·ling *nf (-en)* **1** maniement **2** examen; **uw klacht is in** ~ votre plainte est examinée; **opnieuw in** ~ **nemen** réexaminer **3** traitement; **zich onder** ~ **stellen** suivre un traitement
be·hang *het* papier peint
be·han·gen[1] *vti (h. behangen)* tapisser
be·han·gen[2] *vt (h. behangen)* (re)couvrir (de)
be·ha·ring *nf* pilosité
be·har·ti·gen *vt (h. behartigd)* défendre
be·heer *het* **1** gestion; **het gemeenschappelijk** ~ la cogérance **2** administration; *(Belg.)* **raad van** ~ conseil d'administration
be·heer·der *nm (-s)* **1** exploitant **2** administrateur **3** gérant
be·heer·sen[1] *vt (h. beheerst)* **1** dominer **2** maîtriser
be·heer·sen[2] *vpr (zich ~; h. zich beheerst)* se dominer
be·heer·sing *nf* contrôle
be|heerst *adj (-heerster, meest b.)* calme
be·hek·sen *vt (h. behekst)* ensorceler
be·hen·dig *adj, adv* agile(ment)
be·he·ren *vt (h. beheerd)* **1** gérer **2** administrer
be·hield, behielden → **behouden[1]**
be·hoe·den *vt (h. behoed)* **1** *(+ voor)* préserver **2** garder
be·hoed|zaam *adj, adv (-zamer, -zaamst)* circonspect, avec circonspection
be·hoef·te *nf (-n)* **1** besoin; **in een** ~ **voorzien** répondre à un besoin **2** besoin(s) (naturel(s))
be·hoef·tig *adj* nécessiteux
be·hoe·ve ♦ **ten** ~ **van** au profit de
be·hoor·lijk *adj, adv* **1** convenable(ment) **2** utilisable **3** important; **er is** ~ **wat werk** il y a pas mal de travail
be·ho·ren *vi (h. behoord)* **1** appartenir; **hij behoort tot de besten** il compte parmi les meilleurs **2** falloir; **naar** ~ comme il se doit **3** convenir **4** *(+ bij, tot)* faire partie (de)
be·houd *het* **1** maintien **2** préservation **3** salut
be·hou·den[1] *adj* **1** sain et sauf **2** intact
be·hou·den[2] *vt (h. behouden)* **1** garder **2** maintenir
be·hou·dend *adj* conservateur
be·hou·dens *prép* **1** sous réserve de **2** sauf
be·houd·zucht *de* conservatisme
be·huisd *adj* logé; **klein** ~ **zijn** être logé à l'étroit
be·hulp *het* ♦ **met** ~ **van iets** à l'aide de qch; **met** ~ **van iem** avec l'aide de qn
be·hulp|zaam *adj (-zamer, -zaamst)* serviable
bei·aard *nm (-s) (Belg.)* carillon
bei·de *card* **1** *(à valeur d'adjectif)* les deux **2** *(emploi substantivé)* tous (les) deux; **één van** ~ l'un(e) ou l'autre
Bei·e·ren *het* Bavière
Bei·ers *adj* bavarois
be·ij·ve·ren *vpr (zich ~; h. zich beijverd) (+ om, voor)* s'appliquer (à)
be·ïn·vloe·den *vt (h. beïnvloed)* influencer
bei·tel *nm (-s)* ciseau

beit·sen *vt (h. gebeitst)* teinter
be·jaard *adj* âgé; **een ~e** une personne âgée
be·jaar·den·pas *nm (-sen)* carte vermeil
be·jaar·den·te|huis *het (-huizen)* maison de retraite, *(Belg.)* home (pour personnes âgées)
be·jaar·den·ver|zor·ger *nm (-s)*, **-zorgster** *nf (-s)* infirmier, -ière gériatrique
be·je·ge·nen *vt (h. bejegend)* traiter
be·ju·be·len *vt (h. bejubeld)* acclamer
bek *nm (-ken)* **1** gueule; **een grote ~ opzetten tegen** gueuler contre; **(plat) op zijn ~ gaan, vallen** se casser la gueule, la figure; **gekke ~ken trekken** s'amuser à faire des grimaces **2** bec
bek·af *adj* crevé
be|kakt *adj, adv (-kakter, meest b.)* affecté, prétentieusement
be·keek, bekeken → **bekijken**
be·kend *adj* **1** connu; **een ~e** une connaissance; **het is algemeen ~** tout le monde sait cela; **u komt me ~ voor** il me semble vous avoir vu qp; **voor zover mij ~** à ma connaissance **2** au courant; **bent u in de omgeving ~?** vous connaissez (bien) la région?
be·kend·heid *de* **1** connaissance (de) **2** réputation; **~ krijgen** devenir célèbre
be·kend·ma·ken *vt (h. bekendgemaakt)* annoncer
be·kend·ma·king *nf (-en)* annonce
be·kend·staan *vi (h. bekendgestaan)* être connu (pour, comme)
be·ken·nen *vti (h. bekend)* **1** avouer, *(Belg.)* entrer en aveux **2** discerner; **er is geen mens te ~** il n'y a pas un chat
be·ken·te·nis *nf (-sen)* aveu(x); **een ~ afleggen** faire des aveux, *(Belg.)* entrer en aveux
be·ker *nm (-s)* **1** gobelet **2** coupe
be·ke·ren[1] *vt (h. bekeerd)* convertir (à)
be·ke·ren[2] *vpr (zich ~; h. zich bekeerd)* se convertir (à)
be·ke·ring *nf (-en)* conversion (à)
be·keu·ring *nf (-en)* contravention; **een ~ krijgen** attraper une contravention
be·kij·ken *vt (h. bekeken)* **1** examiner **2** considérer; **bekijk het eens van mijn kant** mets-toi à ma place ♦ **je bekijkt het maar!** débrouille-toi!; **het is bekeken met hem** c'est un homme fini
bek·ken *het (-s)* **1** bassin **2** cymbale
be·klaag·de *nm (-n)* **1** inculpé **2** accusé
be·klad·den *vt (h. beklad)* **1** barbouiller **2** souiller
be·kla·gen[1] *vt (h. beklaagd)* plaindre
be·kla·gen[2] *vpr (zich ~; h. zich beklaagd)* **1** porter plainte **2** se plaindre
be·kla·gens·waar|dig *adj, adv (-diger, meest b.)* à plaindre, pitoyablement
be·kle·den *vt (h. bekleed)* **1** (re)couvrir **2** exercer
be·klemd *adj* **1** coincé **2** oppressé
be·klem·to·nen *vt (h. beklemtoond)* accentuer
be·klij·ven *vi (h./i. beklijfd)* rester
be·klim·men *vt (h. beklommen)* monter
be·klin·ken *vt (h./i. beklonken)* conclure; **de zaak is beklonken** c'est chose décidée
be·klom, beklommen → **beklimmen**
be·klonk, beklonken → **beklinken**
be·kneld *adj* **1** coincé **2** oppressé
be|knopt *adj, adv (-knopter, meest b.)* sommaire(ment); **een ~ overzicht** un résumé
be·knopt·heid *nf* concision
be·knot·ten *vt (h. beknot)* restreindre
be·koe·len *vi (h./i. bekoeld)* (se) refroidir
be·ko·ge·len *vt (h. bekogeld)* bombarder; **iem met tomaten ~** lancer des tomates à qn
be·ko·men *vi (h./i. bekomen)* se remettre ♦ **die wijn is mij niet goed ~** j'ai mal supporté ce vin
be·kom·me·ren *vpr (zich ~; h. zich bekommerd) (+ om)* se soucier (de)
be·kon·ke·len *vt (h. bekonkeld)* comploter
be·koor·lijk *adj, adv* (de façon) charmant(e)
be·ko·pen[1] *vt (h. bekocht)* payer
be·ko·pen[2] *vpr (zich ~; h. zich bekocht)* se faire rouler
be·ko·ring *nf (-en)* **1** charme **2** tentation
be·kor·ten *vt (h. bekort)* abréger
be·kos·ti·gen *vt (h. bekostigd)* payer
be·krach·ti·gen *vt (h. bekrachtigd)* valider
be·kri·ti·se·ren *vt (h. bekritiseerd)* critiquer
be·krom|pen *adj, adv (-pener, meest b.)* **1** borné, mesquinement; **~ van geest zijn** être étroit d'esprit **2** exigu, à l'étroit
be·kro·nen *vt (h. bekroond)* couronner
be·kro·ning *nf (-en)* **1** attribution (d'un prix) **2** couronnement
be·kroop, bekropen → **bekruipen**
be·krui·pen *vt (h. bekropen)* gagner; **het verlangen bekroop mij om ...** l'envie me prit de ...
bek·vech·ten *vi* se chamailler; **het ~** la prise de bec
be|kwaam *adj (-kwamer, meest b.)* compétent
be·kwaam|heid *nf (-heden)* **1** capacité(s) **2** compétence
be·kwa·men *vpr (zich ~; h. zich bekwaamd)* s'instruire; **zich verder ~** se perfectionner
bel *de (-len)* **1** sonnette; **de ~ gaat** on sonne **2** sonnerie **3** bulle (d'air) **4** ballon **5** poche (de gaz)
be·lab|berd *adj, adv (-berder, meest b.)* fichu, minablement
be·la·che·lijk *adj, adv* (d'une façon) ridicule; **iem ~ maken** ridiculiser qn
be·la·den *vt (h. beladen)* charger; **een ~ onderwerp** un sujet difficile à aborder
be·la·gen *vt (h. belaagd)* harceler
be·lan·den *vi (i. beland)* atterrir
be·lang *het (-en)* **1** intérêt; **iemands ~en behartigen** défendre les intérêts de qn; **~ stellen in iets, iem** s'intéresser à qch, qn **2** importance; **van ~ zijn** importer ♦

het was een drukte van ~ il y avait un monde fou
be·lan·ge·loos *adj, adv* **1** désintéressé, bénévolement **2** gratuit(ement)
be·lan·gen·or·ga·ni·sa·tie *de (-s)* organisation pour la défense d'intérêts communs
be·lang·heb·bend *adj* intéressé; **een ~e** un(e) intéressé(e)
be·lang·rijk[1] *adj* important; ~ **worden** prendre de l'importance
be·lang·rijk[2] *adv* considérablement
be·lang·stel·len *vi (h. belanggesteld) (+ in)* s'intéresser (à)
be·lang·stel·ling *nf* intérêt; **in de ~ staan** être au centre de l'intérêt; **~ tonen voor** être intéressé par
be·lang·wek·kend *adj* intéressant
be·last *adj* chargé (de); **te zwaar** ~ surchargé ♦ **erfelijk ~ zijn** avoir des tares
be·last·baar *adj* **1** qui a une capacité (de charge) (de) **2** imposable
be·las·ten *vt (h. belast)* **1** charger; **te zwaar** ~ surcharger **2** imposer
be·las·tend *adj* préjudiciable
be·las·te·ren *vt (h. belasterd)* calomnier
be·las·ting *nf (-en)* **1** charge **2** pression **3** impôt(s); **~ heffen** imposer; **~ ontduiken** frauder le fisc **4** fisc
***be·las·ting-** fiscal
be·las·ting·aan·gif·te *nf (-n)* déclaration d'impôts
be·las·ting·aan·slag *nm (-en)* **1** imposition **2** feuille d'impôts
be·las·ting·af·trek *nm* exonération fiscale
be·las·ting·be·ta·ler *nm (-s)* contribuable
be·las·ting·bil·jet *het (-ten)* feuille de déclaration d'impôts
be·las·ting·dienst *nm (-en)* fisc
be·las·ting·ont·hef·fing *nf (-en)* exonération d'impôts
be·las·ting·ont·van·ger *nm (-s)* percepteur
be·las·ting·pli·ch·ti·ge *nm (-n)* → **belastingbetaler**
be·las·ting·ta|rief *het (-rieven)* taux d'imposition
be·las·ting·vrij *adj* exempt d'impôts
be·la·zerd *adj* **1** dingue **2** zéro
be·la·ze·ren *vt (h. belazerd)* rouler
be·le·di·gen *vt (h. beledigd)* offenser
be·le·di·gend *adj, adv* (de façon) vexant(e)
be·le·di·ging *nf (-en)* **1** offense **2** insulte
be·leed, beleden → **belijden**
be·leefd *adj, adv* poli(ment); **zo ~ zijn om** avoir l'amabilité de bien vouloir
be·leefd|heid *nf (-heden)* **1** politesse **2** égards
be·leg *het* **1** siège **2** ⟨*ce qu'on étale sur une tartine*⟩
be·le·gen *adj* vieux
be·le·ge·ren *vt (h. belegerd)* **1** assiéger **2** assaillir
be·leg·gen[1] *vti (h. belegd)* placer (son argent)
be·leg·gen[2] *vt (h. belegd)* **1** convoquer **2** (re)couvrir
be·leg·ger *nm (-s)* investisseur
be·leg·ging *nf (-en)* placement
be·leg·gings·maat·schap·pij *nf (-en)* société d'investissement
be·leid *het* **1** politique **2** prudence; **met ~ te werk gaan** agir avec discernement
be·leids·lijn *de (-en)* (ligne) politique
be·leids·ma·tig *adj, adv* qui répond à la politique fixée, conformément à la politique fixée
be·leids·plan *het (-nen)* plan (stipulant la politique à suivre)
be·lem·me·ren *vt (h. belemmerd)* entraver
be·lem·me·ring *nf (-en)* **1** obstruction **2** obstacle
be·let·sel *het (-s)* obstacle
be·let·ten *vt (h. belet)* empêcher
be·le·ven *vt (h. beleefd)* vivre; **dat heb ik nog nooit beleefd!** on n'a jamais vu ça!; **dat ik dit nog mag** ~ qu'il m'ait été donné de voir ça!; **er valt hier niets te** ~ ce qu'on s'embête, ici!; **wat zullen we nu ~?** mais qu'est-ce qui se passe donc?
be·le·ve·nis *nf (-sen)* événement
be·le·vings·we·reld *de (-en)* univers (mental)
be·le·zen *adj (meer b., meest b.)* qui a beaucoup lu
Belg *nm (-en)*, **Belgische** *nf (-n)* Belge
Bel·gië *het* Belgique
be·li·cha·men *vt (h. belichaamd)* incarner
be·lich·ten *vt (h. belicht)* **1** éclairer **2** exposer
be·lich·ting *nf* **1** éclairage **2** exposition
be·lie·ven *het* **1** gré **2** discrétion
be·lij·den *vt (h. beleden)* **1** confesser **2** pratiquer **3** professer
be·lij·de·nis *nf (-sen)* profession de foi
bel·len *vti (h. gebeld)* **1** sonner **2** téléphoner
be·lof·te *nf (-n)* promesse; **een ~ afleggen** promettre (de); **een ~ nakomen** tenir parole; **zijn ~ verbreken** manquer à sa promesse
be·lo·nen *vt (h. beloond)* **1** rémunérer **2** récompenser
be·lo·ning *nf (-en)* récompense
be|loop *het (-lopen)* déroulement; **iets op zijn ~ laten** laisser qch suivre son cours
be·lo·ven *vt (h. beloofd)* promettre; **het belooft een mooie dag te worden** la journée promet d'être belle
bel·te·goed *het* crédit d'unités *(sur la carte téléphonique)*
be·luis·te·ren *vt (h. beluisterd)* **1** écouter **2** entendre
be|lust *adj (-luster, meest b.)* avide (de)
be·mach·ti·gen *vt (h. bemachtigd)* se procurer; **de eerste plaats** ~ décrocher la première place
be·man·nen *vt (h. bemand)* pourvoir en personnel; **een bemand ruimtevaartuig** un vaisseau spatial habité
be·man·ning *nf (-en)* équipage

be·mer·ken *vt (h. bemerkt)* remarquer
be·mes·ten *vt (h. bemest)* fumer
be·mid·de|laar *nm (-s)* **1** intermédiaire **2** médiateur, -trice
be·mid|deld *adj (-delder, meest b.)* aisé
be·mid·de·len *vi (h. bemiddeld)* intervenir; **~d optreden** jouer un rôle de médiateur
be·min·de *nm (-n)* bien-aimé, -ée
be·min·ne·lijk *adj, adv* affable, avec affabilité
be·min·nen *vt (h. bemind)* aimer
be·moe·di·gen *vt (h. bemoedigd)* encourager
be·moei·al *nm (-len)* personne qui se mêle de tout, *(Belg.)* mêle-tout
be·moei·en *vpr (zich ~; h. zich bemoeid)* **(met) 1** se mêler de **2** s'occuper de; **ze bemoeit zich met niemand** elle se tient à l'écart de tout
be·moei·e·nis *nf (-sen)* intervention
be·moei·lij·ken *vt (h. bemoeilijkt)* compliquer
be·moei·zucht *de* (fait de) fourrer son nez partout
be·na·de·len *vt (h. benadeeld)* nuire à
be·na·de·ling *nf* préjudice
be·na·de·ren *vt (h. benaderd)* **1** (s')approcher (de); **moeilijk te** ~ d'accès difficile **2** pressentir **3** aborder
be·na·de·ring *nf (-en)* **1** approche **2** approximation ♦ **bij** ~ approximativement
be·na·druk·ken *vt (h. benadrukt)* insister sur
be·nam, benamen → **benemen**
be·na·ming *nf (-en)* nom
be|nard *adj (-narder, meest b.)* critique
be·nauwd *adj, adv* **1** oppressé **2** angoissé, avec angoisse **3** exigu, à l'étroit
be·nauwd|heid *nf (-heden)* **1** oppression **2** angoisse
be·nau·wen *vt (h. benauwd)* **1** oppresser **2** angoisser
ben·de *de (-s)* **1** pagaille **2** tas **3** bande
be·ne·den[1] *adv* en bas; ~ **komen** descendre (d'un étage)
be·ne·den[2] *prép* en-dessous de; ~ **iem staan** être le subalterne de qn
be·ne·den|huis *het (-huizen)* rez-de-chaussée
be·ne·den·ste *adj* inférieur
be·ne·den·ver·die·ping *nf (-en)* rez-de-chaussée
be·ne·men *vt (h. benomen)* priver de; **iem de adem** ~ couper le souffle à qn
be·nen *adj* en, d'os
be·ne|pen *adj, adv (-pener, meest b.)* **1** (de façon) étouffé(e); **met een ~ stemmetje** d'une toute petite voix **2** (de façon) mesquin(e)
be·ne·veld *adj* **1** brumeux **2** enivré
be·nieuwd *adj* curieux (de savoir)
be·nig *adj* osseux
be·nij·den *vt (h. benijd)* envier; **zij werd benijd om haar succes** on lui enviait son succès
be·nij·dens·waar·dig *adj, adv* (de façon) enviable
be·no·digd *adj* nécessaire
be·no·digd·he·den *plur* **1** équipement **2** ustensiles
be·noe·men *vt (h. benoemd)* nommer; **iem vast** ~ titulariser qn
be·noe·ming *nf (-en)* nomination; **een vaste** ~ une titularisation
be·nul *het* notion
be·nut·ten *vt (h. benut)* profiter de
B en W *de Burgemeester en Wethouders* le maire et ses adjoints, *(Belg.)* le collège échevinal, le bourgmestre et les échevins
ben·zi·ne *de* essence; **zonder ~ komen te staan** tomber en panne d'essence, en panne sèche
ben·zi·ne·pomp *de (-en)* pompe à essence
ben·zi·ne·sta·ti·on *het (-s)* station-service
ben·zi·ne·tank *nm (-s)* réservoir d'essence; **de ~ vullen** faire le plein (d'essence)
be·oe·fe·nen *vt (h. beoefend)* faire; **een sport** ~ pratiquer un sport
be·ogen *vt (h. beoogd)* viser à
be·oor·de·len *vt (h. beoordeeld)* juger
be·oor·de·ling *nf* jugement
be·paald *adj, adv* **1** déterminé **2** certain
be·pak·king *nf (-en)* équipement
be·pa·len[1] *vt (h. bepaald)* **1** stipuler; **in het contract wordt bepaald dat ...** le contrat stipule que ... **2** déterminer; **zijn standpunt** ~ définir sa position; **zijn vertrektijd** ~ fixer son départ
be·pa·len[2] *vpr (zich ~; h. zich bepaald) (+ tot)* s'en tenir (à)
be·pa·ling *nf (-en)* **1** disposition **2** détermination
be·per·ken[1] *vt (h. beperkt)* limiter
be·per·ken[2] *vpr (zich ~; h. zich beperkt) (+ tot)* se limiter (à)
be·per·king *nf (-en)* **1** limitation **2** limite
be|perkt *adj (-perkter, meest b.)* limité; ~ **in zijn oordeel zijn** avoir le jugement étroit
be·plan·ting *nf (-en)* plantation
be·plei·ten *vt (h. bepleit)* plaider
be·pra·ten *vt (h. bepraat)* **1** discuter de, sur **2** raisonner
be·proefd *adj* éprouvé
be·proe·ven *vt (h. beproefd)* **1** éprouver; **zij is zwaar beproefd** elle a été durement frappée **2** essayer
be·proe·ving *nf (-en)* épreuve
be·raad *het* **1** délibération; **iets in ~ nemen** prendre qch en considération; **(iets) in ~ houden** réserver sa décision (sur qch) **2** délai de réflexion
be·raad·sla·gen *vi (h. beraadslaagd)* délibérer
be·ra·den *vpr (zich ~; h. zich beraden)* réfléchir
be·ra·men *vt (h. beraamd)* **1** préparer **2** calculer
ber·de *het* ♦ **iets te ~ brengen** mettre qch sur le tapis

be·rech·ten *vt (h. berecht)* **1** juger **2** *(Belg.)* administrer (l'extrême-onction à)
be·rech·ting *nf (-en)* jugement
be·re·den *adj* monté; **de ~ politie** la police montée
be·re·de·ne·ren *vt (h. beredeneerd)* raisonner
be·reed, bereden → **berijden**
be·reid *adj* **1** disposé (à) **2** prêt
be·rei·den *vt (h. bereid)* préparer
be·reid|heid *nf (-heden)* bonne volonté
be·rei·ding *nf (-en)* préparation
be·reid·wil·lig *adj, adv* obligeant, très volontiers
be·reik *het* **1** portée **2** champ
be·reik·baar *adj* accessible; **waar bent u ~?** où peut-on vous joindre?
be·reik·baar·heid *nf* accessibilité
be·rei·ken *vt (h. bereikt)* **1** atteindre; **gemakkelijk te ~** d'accès facile **2** joindre
be|reisd *adj (-reisder, meest b.)* qui a beaucoup voyagé
be·re·ken·baar *adj* calculable
be·re·kend *adj* **1** fait (pour) **2** calculé
be·re·ke·nen *vt (h. berekend)* **1** calculer **2** compter
be·re·ke·nend *adj* calculateur
be·re·ke·ning *nf (-en)* calcul
be·re·sterk *adj* balèze
berg *nm (-en)* **1** montagne; **iem gouden ~en beloven** promettre monts et merveilles à qn; **in de ~en** à la montagne; **ergens tegenop zien als tegen een ~** se faire une montagne de qch **2** tas
berg·ach·tig *adj* montagneux
berg·af, bergafwaarts *adv* **1** à la descente **2** de mal en pis; **het gaat ~ met hem** il est sur une mauvaise pente
berg·be·klim·mer *nm (-s)* alpiniste
berg·be·wo·ner *nm (-s)* montagnard, -arde
ber·gen[1] *vt (h. geborgen)* **1** ranger **2** ramener **3** contenir
ber·gen[2] *vpr (zich ~; h. zich geborgen)* se sauver
Ber·gen *het* Mons
berg·geit *de (-en)* chamois
berg·hok *het (-ken)* débarras
berg·hut *de (-ten)* refuge
ber·ging *nf (-en)* **1** sauvetage **2** remise
ber·gings·maat·schap·pij *nf (-en)* entreprise de renflouement
berg·kam *nm (-men)* crête
berg·meu·bel *het (-s, -en)* meuble de rangement
berg·op, bergopwaarts *adv* **1** en montant **2** de mieux en mieux; **het gaat ~ met hem** il remonte la pente
berg·pas *nm (-sen)* col
berg·plaats *de (-en)* remise
berg·rug *nm (-gen)* → **bergkam**
berg·ruim·te *nf (-n, -s)* **1** débarras **2** espace
berg·sport *de* alpinisme
berg·top *nm (-pen)* sommet
berg·wand *nm (-en)* paroi (d'une montagne)
be·richt *het (-en)* nouvelle; **iem ~ geven over iets** informer qn de qch; **tot nader ~** jusqu'à nouvel ordre; **een ~ van ontvangst** un accusé de réception
be·rich·ten *vt (h. bericht)* annoncer
be·richt·ge·ving *nf* information
be·riep, beriepen → **beroepen**[1]
be·rijd·baar *adj* praticable
be·rij·den *vt (h. bereden)* **1** monter **2** rouler sur
be·ris·pen *vt (h. berispt)* **1** réprimander **2** blâmer
berk *nm (-en)* bouleau
Ber·lijn *het* Berlin
berm *nm (-en)* accotement; **zachte ~** accotement non stabilisé
be·roemd *adj* célèbre
be·roemd|heid *nf (-heden)* célébrité
be·roep *het (-en)* **1** profession **2** appel; *(Belg.)* **het hof van ~** la cour d'appel
be·roe·pen *vpr (zich ~; h. zich beroepen)* **1** *(+ op)* s'en rapporter (à) **2** *(+ op)* se prévaloir (de)
be·roeps *adj* professionnel
***be·roeps-** professionnel
be·roeps·be·vol·king *nf* population active
be·roeps·hal·ve *adv* à titre professionnel
be·roeps·keu·ze *de* orientation professionnelle
be·roeps·ma·tig *adv* → **beroepshalve**
be·roeps·mi·li·tair *nm (-en)* militaire de carrière
be·roeps·op·lei·ding *nf (-en)* formation professionnelle
be·roeps·voor·lich·ting *nf* → **beroepskeuze**
be·roerd *adj, adv* patraque, mal; **er ~ uitzien** avoir l'air mal en point ♦ **niet te ~ zijn om iets te doen** bien vouloir faire qch
be·roe·ring *nf (-en)* **1** trouble(s); **alles in ~ brengen** mettre tout (le monde) en émoi **2** frôlement
be·roer·te *nf (-s)* attaque d'apoplexie, *(Belg.)* atteinte
be·rok·ke·nen *vt (h. berokkend)* causer; **iem schade ~** faire (du) tort à qn
be·rooid *adj* sans le sou
be·rouw *het* repentir; **~ hebben over** se repentir de
be·rou·wen *vt (h. berouwd)* ♦ **dit zal je ~** tu le regretteras
be·ro·ven *vt (h. beroofd)* **1** voler (qn); **iem ~ van iets** voler qch à qn **2** priver (qn de qch); **zich van het leven ~** mettre fin à ses jours
be·ro·ving *nf (-en)* vol
be|rucht *adj (-ruchter, meest b.)* mal famé; **een ~ persoon** une personne de mauvaise réputation
be·rus·ten *vi (h. berust)* **1** reposer (sur) **2** se résigner (à) **3** être entre les mains (de)
be·rus·ting *nf* résignation
bes *de (-sen)* baie
be|schaafd *adj, adv (-schaafder, meest b.)* **1** bien élevé, poliment **2** civilisé

be|schaamd *adj (-schaamder, meest b.)* **1** honteux **2** *(Belg.)* timide
be·scha·di·gen *vt (h. beschadigd)* endommager
be·scha·di·ging *nf (-en)* **1** dégât **2** endommagement
be·scha·men *vt (h. beschaamd)* **1** embarrasser **2** décevoir
be·scha·mend *adj* honteux
be·scha·ving *nf (-en)* **1** civilisation **2** éducation
be·scheen, beschenen → **beschijnen**
be·schei|den *adj, adv (-dener, meest b.)* **1** modeste(ment) **2** discret, discrètement
be·schei·den·heid *nf* modestie
be·scher·me|ling *nm (-en)*, **-linge** *nf (-n, -s)* protégé, -ée
be·scher·men *vt (h. beschermd)* protéger; **een ~de laag** une couche protectrice
be·scherm·en·gel *nm (-en)* ange gardien
be·scherm·hei·li·ge *nm (-n)* (saint) patron, (sainte) patronne
be·scher·ming *nf (-en)* protection; *(Belg.)* **burgerlijke ~** protection civile; **iem in ~ nemen** protéger qn
be·schie·ten *vt (h. beschoten)* **1** tirer sur **2** bombarder
be·schie·ting *nf (-en)* **1** fusillade **2** bombardement
be·schij·nen *vt (h. beschenen)* éclairer
be·schik·baar *adj* disponible; **zich ~ stellen** poser sa candidature
be·schik·ken *vti (h. beschikt)* **1** *(+ over)* disposer (de) **2** décider (de)
be·schik·king *nf (-en)* **1** disposition; **de vrije ~ hebben over** disposer librement de **2** arrêté
be·schil·de·ren *vt (h. beschilderd)* peindre
be·schil·de·ring *nf (-en)* peinture
be·schim·me·len *vi (i. beschimmeld)* moisir
be·schim·ping *nf (-en)* insulte
be·schon·ken *adj* ivre
be·schou·we·lijk *adj* contemplatif
be·schou·wen *vt (h. beschouwd)* **1** considérer; **een zaak als afgedaan ~** classer une affaire; **op zichzelf beschouwd** en soi; **zo beschouwd** vu sous cet angle **2** examiner
be·schou·wend *adj* → **beschouwelijk**
be·schou·wing *nf (-en)* **1** considération; **een punt buiten ~ laten** ne pas prendre en considération qch; **bij nadere ~** à la réflexion **2** exposé
be·schreef, beschreven → **beschrijven**
be·schrij·ven *vt (h. beschreven)* **1** écrire sur **2** décrire
be·schrij·ving *nf (-en)* description; **~ van de inboedel** inventaire du mobilier; **iedere ~ tarten** dépasser tout ce qu'on peut imaginer
be|schroomd *adj, adv (-schroomder, meest b.)* timide(ment)
be·schuit *de (-en)* biscotte
be·schul·dig·de *nm (-n)* accusé, -ée
be·schul·di·gen *vt (h. beschuldigd)* accuser (de)
be·schul·di·gend *adj* accusateur
be·schul·di·ging *nf (-en)* accusation; **iem in staat van ~ stellen** mettre qn en accusation
be·schut *adj* abrité
be·schut·ten *vt (h. beschut)* protéger de, contre
be·schut·ting *nf (-en)* **1** abri **2** protection
be·sef *het* notion; **in het volle ~ van** pleinement conscient de
be·sef·fen *vt (h. beseft)* se rendre compte (de; que)
be·slaan[1] *vi (h./i. beslagen)* se couvrir de buée
be·slaan[2] *vt (h./i. beslagen)* **1** recouvrir **2** ferrer **3** occuper
be·slag *het (-en)* **1** pâte **2** garniture (métallique) **3** saisie ♦ **iemands tijd in ~ nemen** prendre le temps de qn; **haar werk neemt haar helemaal in ~** son travail l'accapare entièrement; **zijn ~ krijgen** se réaliser
be·sla·gen → **beslaan**[1]
be·slech·ten *vt (h. beslecht)* régler
be·slis·sen *vti (h. beslist)* décider
be·slis·send *adj* décisif
be·slis·sing *nf (-en)* **1** décision **2** tour décisif
be|slist *adj, adv (-slister, meest b.)* **1** indéniable **2** décidé, fermement **3** sûrement; **dat ~ niet** ça, en aucun cas
be·sloeg, besloegen → **beslaan**[1]
be·sloot, besloten → **besluiten**[1]
be·slo·ten *adj* **1** privé; **een ~ vergadering** une réunion à huis clos **2** décidé (à)
be·slo·ten·heid *nf* intimité
be·sluit *het (-en)* **1** décision **2** fin; **tot ~** pour terminer **3** mesure; **bij Koninklijk ~** par arrêté royal
be·slui·te|loos *adj (-lozer, meest b.)* indécis
be·slui·ten[1] *vt (h. besloten)* **1** terminer **2** décider
be·slui·ten[2] *vi (h. besloten)* se décider (à)
be·sluit·vaar·dig·heid *nf* esprit de décision
be·sluit·vor·ming *nf* processus décisionnel
be·smet *adj* contaminé
be·smet·te·lijk *adj* contagieux
be·smet·ten *vt (h. besmet)* contaminer
be·smet·ting *nf (-en)* contamination
be·sneed, besneden → **besnijden**
be·snij·den *vt (h. besneden)* **1** tailler **2** circoncire
be·snij·de·nis *nf* circoncision
be·snoei·en[1] *vt (h. besnoeid)* **1** réduire **2** tailler
be·snoei·en[2] *vi (h. besnoeid) (+ op)* économiser (sur)
be·span·nen *vt (h. bespannen)* **1** couvrir (de) **2** atteler; **een rijtuig met paarden ~** atteler des chevaux à une voiture

be·spa·ren *vt (h. bespaard)* **1** économiser **2** épargner
be·spa·ring *nf (-en)* économie; **ter ~ van ruimte** pour gagner de la place
be·spe·len *vt (h. bespeeld)* **1** jouer sur **2** jouer de **3** manipuler
be·speu·ren *vt (h. bespeurd)* (a)percevoir
be·spie·den *vt (h. bespied)* épier
be·spie·ge·ling *nf (-en)* spéculation
be·spi·o·ne·ren *vt (h. bespioneerd)* espionner
be·spoe·di·gen *vt (h. bespoedigd)* accélérer
be·spot·te·lijk *adj, adv* ridicule(ment); **zich ~ maken** se ridiculiser; **~ weinig** dérisoire
be·spot·ten *vt (h. bespot)* se moquer de
be·sprak, bespraken → **bespreken**
be·spreek·baar *adj* dont on peut parler (librement)
be·spre·ken *vt (h. besproken)* **1** parler de **2** critiquer **3** réserver, retenir
be·spre·king *nf (-en)* **1** discussion; **in ~ zijn** être en réunion **2** négociation(s) **3** critique **4** réservation
be·sproei·en *vt (h. besproeid)* **1** arroser **2** irriguer; **het ~** l'arrosage
bes·sen·struik *nm (-en)* groseillier
best[1] *het* ♦ **zijn ~ doen** faire de son mieux; **op zijn ~** au mieux; **iets ten ~e geven** faire entendre qch
best[2] *adj* **1** *(superlatif de 'goed')* le meilleur; **het ~e van iets maken** faire pour le mieux **2** (très) bon **3** bon, brave; **het zijn ~e mensen** ce sont de braves gens **4** cher ♦ **(het is) mij ~** d'accord
best[3] *adv* **1** le mieux **2** très bien; **je weet het ~** tu le sais fort bien **3** assez; **ik vind het ~ lekker** ce n'est pas mauvais du tout; **het is ~ mogelijk** c'est bien possible
be·staan[1] *het* **1** existence **2** vie; **een middel van ~** moyens de subsistance
be·staan[2] *vi (h. bestaan)* **1** exister **2** *(+ uit, in)* consister (à, en, dans); **het examen bestaat uit, in 30 vragen** l'examen comprend 30 questions **3** vivre **4** être possible
be·staans·mi·ni|mum *het (-ma)* minimum vital
be·staans·recht *het* droit à l'existence
be·stal, bestalen → **bestelen**
be·stand[1] *het (-en)* **1** trêve **2** banque (de données)
be·stand[2] *adj* ♦ **~ zijn tegen** supporter
be·stand|deel *het (-delen)* **1** élément **2** ingrédient
be·ste·den *vt (h. besteed)* consacrer; **aandacht ~ aan** prêter attention à ♦ **het is wel aan hem besteed** il sait l'apprécier
be·ste·ding *nf (-en)* **1** emploi **2** dépense
be·steeg, bestegen → **bestijgen**
be·stek *het (-ken)* **1** couvert **2** devis ♦ **iets in kort ~ uiteenzetten** exposer qch brièvement
be·stel·au·to *nm (-'s)* → **bestelwagen**
be·stel·bus·je *het (-s)* fourgonnette
be·ste·len *vt (h. bestolen)* voler
be·stel·len *vt (h. besteld)* **1** faire venir; **iets bij iem ~** commander qch à qn **2** livrer
be·stel·ling *nf (-en)* **1** livraison **2** commande
be·stel·wa·gen *nm (-s)* camionnette (de livraison)
be·stem·me·ling *nm (-en)* destinataire
be·stem·men *vt (h. bestemd)* destiner (à); **bestemd voor uitwendig gebruik** à usage externe
be·stem·ming *nf (-en)* destination
be·stem·pe·len *vt (h. bestempeld)* qualifier (de)
be·stij·gen *vt (h. bestegen)* monter sur
be·sto·ken *vt (h. bestookt)* **1** attaquer **2** harceler
be·stond, bestonden → **bestaan**[1]
be·stoof, bestoven → **bestuiven**
be·stor·ming *nf (-en)* assaut
be·straf·fen *vt (h. bestraft)* punir
be·straf·fing *nf (-en)* punition
be·stra·len *vt (h. bestraald)* **1** rayonner **2** irradier
be·stra·ten *vt (h. bestraat)* paver
be·streed, bestreden → **bestrijden**
be·streek, bestreken → **bestrijken**
be·strij·den *vt (h. bestreden)* lutter contre; **een zienswijze ~** contester un point de vue
be·strij·ding *nf* **1** combat **2** contestation ♦ **ter ~ van de onkosten** pour couvrir les frais
be·strij·dings·mid·del *het (-en)* pesticide, insecticide
be·strij·ken *vt (h. bestreken)* **1** atteindre **2** enduire (de)
be·strooi·en *vt (h. bestrooid)* saupoudrer
be·stu·de·ren *vt (h. bestudeerd)* étudier
be·stui·ven *vt (h. bestoven)* **1** saupoudrer **2** transporter le pollen sur
be·stui·ving *nf* pollinisation
be·stu·ren *vt (h. bestuurd)* **1** conduire **2** diriger **3** administrer
be·stu·rings·sy|steem *het (-stemen) (inform.)* système d'exploitation
be|stuur *het (-sturen)* **1** direction **2** régime **3** conseil (d'administration); **het dagelijks ~** le bureau
be·stuur·baar *adj* **1** manœuvrable **2** gouvernable
be·stuur·der *nm (-s)* **1** chauffeur **2** conducteur, -trice **3** directeur, -trice
be·stuur·lijk *adj* administratif
***be·stuurs-** administratif
be·stuurs|lid *het (-leden)* membre du bureau
best·wil ♦ **ik zeg het om uw (eigen) ~** je le dis pour votre bien
be·taal·au·to|maat *nm (-maten)* caisse automatique
be·taal|baar *adj (-baarder, -baarst)* **1** abordable; **dat is voor iedereen ~** tout le monde peut se le permettre **2** payable
be·taal·cheque *nm (-s)* chèque certifié
be·taald *adj* **1** professionnel **2** acheté ♦ **iem iets ~ zetten** faire payer qch à qn

be·taal·kaart *de (-en)* postchèque
be·taal·pas *nm (-sen)* carte de garantie
be·ta·len *vti (h. betaald)* payer; **de rekening** ~ régler la note; **dit werk betaalt slecht** ce travail est mal rémunéré
be·ta·ling *nf (-en)* paiement
be·ta·lings·be|wijs *het (-wijzen)* reçu
be·ta·lings·ver·keer *het* transactions financières
be·ta·me·lijk *adj, adv* convenable(ment)
be·tas·ten *vt (h. betast)* palper
bè·ta·we·ten·schap·pen *plur* sciences exactes
be·te·ge·len *vt (h. betegeld)* carreler
be·te·ke·nen *vt (h. betekend)* **1** signifier **2** être important
be·te·ke·nis *nm (-sen)* **1** signification **2** importance; ~ **hechten aan iets** attacher de la valeur à qch
be·ter[1] *adj* **1** meilleur (que); **ergens ~ van worden** y gagner au change; **het weer wordt** ~ le temps s'améliore; **het wordt er niet ~ op** ça n'arrange pas les choses **2** rétabli
be·ter[2] *adv* mieux; **ik wist niet ~ of ...** j'étais persuadé que ...; **des te** ~ tant mieux
be·ter·schap *nf* rétablissement ♦ **~ beloven** promettre de se corriger
be·teu·ge·len *vt (h. beteugeld)* brider
be·tich·ten *vt (h. beticht)* → **beschuldigen**
be·tim·me·ren *vt (h. betimmerd)* **1** revêtir de bois **2** latter
be·ti·te·len *vt (h. betiteld)* **1** traiter (de) **2** intituler
be·to·gen[1] *vi (h. betoogd)* manifester
be·to·gen[2] *vt (h. betoogd)* argumenter
be·to·ging *nf (-en)* manifestation
be·ton *het* béton
be·to·nen *vt (h. betoond)* témoigner
be·ton·mo·len *nm (-s)* bétonneuse
be|toog *het (-togen)* argumentation; **geen ~ behoeven** être évident; **een ~ houden** argumenter
be·to·ve·ren *vt (h. betoverd)* **1** ensorceler **2** enchanter
be·to·ve·ring *nf (-en)* **1** ensorcellement **2** enchantement
be·trach·ten *vt (h. betracht)* pratiquer
be·trad, betraden → **betreden**
be·trap·pen *vt (h. betrapt)* surprendre; **op heterdaad betrapt** pris en flagrant délit
be·tre·den *vt (h. betreden)* pénétrer dans
be·tref·fen *vt (h. betroffen)* concerner; **wat mij betreft** en ce qui me concerne
be·tref·fen·de *adj* **1** concernant **2** concerné
be·trek·ke·lijk *adj, adv* relatif, relativement
be·trek·ken[1] *vt (h./i. betrokken)* **1** mêler (à); **betrokken zijn bij** être impliqué dans **2** s'installer dans
be·trek·ken[2] *vi (h./i. betrokken)* **1** s'assombrir **2** *(météo.)* se couvrir
be·trek·king *nf (-en)* **1** emploi **2** rapport; **diplomatieke ~en** relations diplomatiques; ~ **hebben op iets** se rapporter à qch; **met ~ tot** en ce qui concerne
be·treu·ren *vt (h. betreurd)* regretter
be·treu·rens·waar|dig *adj (-diger, meest b.)* regrettable
be·trof, betroffen → **betreffen**
be·trok, betrokken → **betrekken**[1]
be·trok·ken *adj* **1** en question; **een ~e** un(e) intéressé(e); **zich ~ voelen bij** se sentir concerné par **2** *(météo.)* couvert
be·trok·ken·heid *nf* **1** engagement **2** implication
be·trouw|baar *adj (-baarder, -baarst)* **1** digne de foi **2** fiable
be·trouw·baar·heid *nf* **1** fiabilité **2** crédibilité
be·tui·gen *vt (h. betuigd)* témoigner
be·tut·te·len *vt (h. betutteld)* pinailler
be·twij·fe·len *vt (h. betwijfeld)* douter (de, que)
be·twis·ten *vt (h. betwist)* **1** disputer (qch à qn) **2** contester
beu·gel *nm (-s)* appareil (dentaire)
beu·gel·fles *de (-sen)* bouteille bouchon à bascule
beuk *nm (-en),* **beukenboom** *nm (-bomen)* hêtre
beu·ken *vti (h. gebeukt)* battre
beu·ken·noot·je *het (-s)* faîne
beul *nm (-en)* bourreau
beun|haas *nm (-hazen)* **1** amateur **2** travailleur au noir
beu·ren *vti (h. gebeurd)* **1** soulever **2** toucher
beurs *de (beurzen)* **1** bourse (d'études) **2** Bourse (des valeurs) **3** foire **4** bourse; **met gesloten beurzen** sans bourse délier
beurs·be·richt *het (-en)* bulletin de la Bourse
beurs·no·te·ring *nf (-en)* cote en Bourse
beurs·stu|dent *nm (-en),* **-dente** *nf (-s, -n)* boursier, -ière
beurs·waar·de *nf* valeur de change
beurt *de (-en)* **1** tour; **een goede ~ maken** faire bonne impression; **om, op de** ~ à tour de rôle **2** interrogation ♦ **(iem) te ~ vallen** échoir (à qn)
beur·te·lings *adv* **1** alternativement **2** à tour de rôle
beurt·sta·king *nf (-en) (Belg.)* grève tournante
be·vaar|baar *adj (-baarder, best b.)* navigable
be·val, bevalen → **bevelen**
be·val·len *vi (h./i. bevallen)* **1** accoucher (de), *(Belg.)* s'accoucher **2** plaire (à)
be·val·lig *adj, adv* gracieux, gracieusement
be·val·ling *nf (-en)* accouchement; **dat was een zware** ~ c'était laborieux
be·val·lings·ver|lof *het (-loven) (Belg.)* congé de maternité
be·van·gen *vt (h. bevangen)* saisir
be·vat·ten *vt (h. bevat)* **1** contenir **2** concevoir

be·vat·tings·ver·mo·gen *het* (faculté de) compréhension
be·vech·ten *vt (h. bevochten)* **1** conquérir **2** combattre
be·vei·li·gen *vt (h. beveiligd)* **1** abriter **2** protéger (contre)
be·vei·li·ging *nf (-en)* **1** mise à l'abri **2** protection
be·vel *het (-en)* **1** ordre; **een rechterlijk** ~ une injonction **2** commandement
be·ve·len *vti (h. bevolen)* ordonner
be·vel·heb·ber *nm (-s)* commandant
be·ven *vi (h. gebeefd)* trembler
be·ver *nm (-s)* castor
be·ve·rig *adj* tremblant
be·ves·ti·gen *vt (h. bevestigd)* **1** confirmer **2** fixer
be·ves·ti·gend *adj, adv* affirmatif, affirmativement
be·ves·ti·ging *nf (-en)* **1** confirmation **2** fixation
be·viel, bevielen → **bevallen**
be·vin·den *vpr (zich ~; h. zich bevonden)* se trouver
be·vin·ding *nf (-en)* résultat
be·ving[1] → **bevangen**[1]
be·ving[2] *nf (-en)* tremblement
be·vlek·ken *vt (h. bevlekt)* (en)tacher
be·vlie·ging *nf (-en)* engouement
be·vloei·en *vt (h. bevloeid)* irriguer; **het** ~ l'irrigation
be·vlo·gen *adj* enthousiaste
be·vocht, bevochten → **bevechten**
be·voch·ti·gen *vt (h. bevochtigd)* humidifier
be·voegd *adj* compétent; ~**e leerkrachten** professeurs diplômés; ~ **zijn om** être habilité à
be·voegd|heid *nf (-heden)* compétence; **dat valt buiten zijn** ~ cela n'est pas de son ressort; ~ **tot lesgeven** certificat d'aptitude à l'enseignement, *(Belg.)* agrégation
be·vo·len → **bevelen**
be·vol·ken *vt (h. bevolkt)* peupler
be·vol·king *nf (-en)* population
***be·vol·kings-** démographique
be·vol·kings·re·gis·ter *het (-s)* registre de la population
be·vond, bevonden → **bevinden**
be·voor·de·len *vt (h. bevoordeeld)* avantager
be·voor·oor·deeld *adj* ♦ ~ **zijn** avoir des préjugés
be·voor·ra·den *vt (h. bevoorraad)* ravitailler; **het** ~ le ravitaillement
be·voor·rech·ten *vt (h. bevoorrecht)* privilégier
be·vor·de·ren *vt (h. bevorderd)* **1** favoriser **2** promouvoir
be·vor·de·ring *nf (-en)* **1** stimulation **2** promotion; **voor** ~ **in aanmerking komen** être promouvable
be·vor·der|lijk *adj (-lijker, meest b.)* favorable (à)
be·vrach·ten *vt (h. bevracht)* charger
be·vre·di·gen *vt (h. bevredigd)* satisfaire; **zijn lusten** ~ assouvir ses passions
be·vre·di·ging *nf (-en)* satisfaction
be·vreem·den *vt (h. bevreemd)* surprendre; **het bevreemdt mij, dat u zoiets vraagt** votre question me surprend
be|vreesd *adj (-vreesder, meest b.)* craintif
be·vriend *adj* ami; **zij is met hem** ~ ils sont amis
be·vrie·zen *vi (h./i. bevroren)* **1** geler **2** se glacer
be·vrie·zing *nf* **1** gel **2** gelure
be·vrij·den *vt (h. bevrijd)* libérer (de)
be·vrij·ding *nf* **1** libération **2** délivrance
be·vroor, bevroren → **bevriezen**[1]
be·vruch·ten *vt (h. bevrucht)* **1** féconder **2** inséminer
be·vruch·ting *nf (-en)* **1** fécondation **2** insémination
be·vui·len *vt (h. bevuild)* salir
be·waar·plaats *de (-en)* dépôt
be·wa·ken *vt (h. bewaakt)* surveiller
be·wa·king *nf* surveillance
be·wa·pe·nen *vt (h. bewapend)* armer
be·wa·pe·ning *nf* armement
be·wa·ren *vt (h. bewaard)* garder; **de orde** ~ maintenir l'ordre
be·wa·ring *nf* **1** conservation; **in** ~ **geven** mettre en dépôt **2** détention **3** maintien
be·weeg·lijk·heid *nf* mobilité
be·weeg·re·den *de (-en)* motif
be·wees, bewezen → **bewijzen**
be·we·gen[1] *vti (h. bewogen)* **1** bouger **2** actionner **3** pousser (à)
be·we·gen[2] *vpr (zich ~; h. zich bewogen)* fréquenter
be·we·ging *nf (-en)* **1** mouvement; **uit eigen** ~ **iets doen** faire qch de son propre chef **2** évolution **3** agitation
be·we·ging·loos *adj* immobile
be·we·gings·ruim·te *nf* **1** espace libre **2** champ de manœuvre
be·we·gings·vrij·heid *nf* liberté de mouvement
be·weg·wij·ze·ring *nf* signalisation (des routes)
be·we·ren *vt (h. beweerd)* prétendre
be·we·ring *nf (-en)* affirmation
be·wer·ken *vt (h. bewerkt)* **1** travailler, *(mus.)* arranger **2** agir sur **3** faire ((en sorte) que)
be·wer·king *nf (-en)* **1** opération, *(mus.)* arrangement **2** manipulation
be·werk·stel·li·gen *vt (h. bewerkstelligd)* réaliser
be·wie·ro·ken *vt (h. bewierookt)* encenser
be|wijs *het (-wijzen)* preuve; **over het** ~ **beschikken** tenir la preuve; **het** ~ **leveren dat ...** prouver que ...; ~ **van betaling** reçu; **een** ~ **van goed gedrag** une attestation de bonne conduite; *(Belg.)* **een** ~ **van goed zedelijk gedrag** un certificat de bonne vie et mœurs
be·wijs·grond *nm (-en)* argument
be·wijs·ma·te·ri·aal *het* pièces à conviction
be·wijs·stuk *het (-ken)* **1** document justificatif **2** pièce à conviction

be·wij·zen *vt (h. bewezen)* **1** prouver **2** faire preuve de
be·wind *het* **1** administration; **aan het ~ komen** arriver au pouvoir; **het ~ voeren** gouverner **2** gouvernement
be·winds|man *nm (-lieden)*, **-vrouw** *nf (-en)* **1** dirigeant, -ante **2** ministre
be·wind·voer·der *nm (-s)* **1** dirigeant, -ante **2** administrateur, -trice
be·wo·gen *adj* **1** ému **2** mouvementé
be·wo·gen·heid *nf* émotion
be·wol·ken *vi (h./i. bewolkt)* se couvrir
be·wol·king *nf (-en)* nébulosité
be·won·de·raar *nm (-s)* admirateur, -trice
be·won·de·ren *vt (h. bewonderd)* admirer
be·won·de·rens·waar·dig *adj, adv* admirable(ment)
be·won·de·ring *nf* admiration; **~ koesteren voor** être en admiration devant
be·wo·nen *vt (h. bewoond)* habiter
be·wo·ner *nm (-s)* **1** habitant, -ante **2** locataire
be·woog, bewogen → **bewegen**[1]
be·woon·baar *adj* habitable
be·woor·din·gen *plur* termes
be|wust *adj, adv (-wuster, meest b.)* **1** conscient (de), consciemment; **zich ergens ~ van zijn** se rendre compte de qch **2** en question
be·wus·te·loos *adj* sans connaissance; **~ raken** perdre connaissance
be·wus·te·loos·heid *nf* inconscience
be·wust·heid *nf* conscience
be·wust·wor·ding *nf* prise de conscience
be·wust·zijn *het* conscience; **zijn ~ verliezen** perdre connaissance
be·wust·zijns·ver·rui·mend *adj* psychédélique
be·zaai·en *vt (h. bezaaid)* **1** ensemencer **2** parsemer (de)
be·zag, bezagen → **bezien**
be·zat, bezaten → **bezitten**
be·ze·ge·len *vt (h. bezegeld)* sceller
be·zem *nm (-s)* balai
be·zem|steel *nm (-stelen)* manche à balai
be·ze·ren[1] *vpr (zich ~; h. zich bezeerd)* se faire mal
be·ze·ren[2] *vt (h. bezeerd)* faire mal à
be·zet *adj* **1** occupé **2** pris
be·ze·ten[1] → **bezitten**
be·ze·ten[2] *adj* **1** possédé (de) **2** *(+ van)* fou (de)
be·zet·ten *vt (h. bezet)* occuper
be·zet·ter *nm (-s)* occupant
be·zet·ting *nf (-en)* **1** occupation **2** *(mus.; théâtre)* distribution
be·zich·ti·gen *vt (h. bezichtigd)* visiter
be|zield *adj (-zielder, meest b.)* **1** inspiré **2** animé
be·zie·len *vt (h. bezield)* inspirer ♦ **wat bezielt je!** qu'est-ce qui te prend?
be·zien *vt (h. bezien)* **1** considérer; **dat staat nog te ~** c'est à voir **2** regarder
be·ziens·waar·dig|heid *nf (-heden)* curiosité
be·zig *adj* occupé (à); **de hele dag met iets ~ zijn** passer sa journée à faire qch
be·zi·gen *vt (h. gebezigd)* utiliser
be·zig|heid *nf (-heden)* occupation
be·zig·hou·den[1] *vt (h. beziggehouden)* occuper; **iem aangenaam ~** distraire qn
be·zig·hou·den[2] *vpr (zich ~; h. zich beziggehouden) (+ met)* s'occuper (de)
be·zij·den *prép* à côté de
be·zin·gen *vt (h. bezongen)* chanter
be·zin·ken *vi (i. bezonken)* **1** se décanter **2** reposer **3** laisser (se) décanter; **dit moet even ~** cela demande réflexion
be·zin·king *nf (-en)* **1** sédimentation **2** dépôt
be·zin·nen *vpr (zich ~; h. zich bezonnen)* **1** réfléchir (sur) **2** se raviser
be·zin·ning *nf* réflexion; **tot ~ komen** retrouver son bon sens
be·zit *het* possession; **gemeenschappelijk ~** biens communs; **iets in ~ hebben** posséder qch
be·zit·ten *vt (h. bezeten)* posséder
be·zit·te·rig *adj* possessif
be·zit·ting *nf (-en)* possession; **persoonlijke ~en** effets personnels
be·zocht *adj (meer b., meest b.)* **1** fréquenté **2** éprouvé
be·zoch·ten → **bezoeken**
be·zoek *het (-en)* visite; **~ krijgen** recevoir du monde
be·zoe·ken *vt (h. bezocht)* **1** rendre visite à **2** visiter **3** fréquenter
be·zoe·ker *nm (-s)* visiteur, -euse; **een geregeld ~** un habitué
be·zoe·king *nf (-en)* épreuve
be·zoek|uur *het (-uren)* (heure de) visite
be·zol·di·ging *nf (-en)* salaire
be·zon, bezonnen → **bezinnen**
be·zon·di·gen *vpr (zich ~; h. zich bezondigd)* pécher
be·zong, bezongen → **bezingen**
be·zonk, bezonken → **bezinken**
be·zon·nen *adj, adv* pondéré, avec pondération
be·zoop, bezopen → **bezuipen**
be·zo·pen *adj, adv* **1** soûl **2** (comme un) dingue
be|zorgd *adj (-zorgder, meest b.)* **1** attentif **2** inquiet; **zich ~ maken over** s'inquiéter de
be·zorgd|heid *nf (-heden)* inquiétude
be·zor·gen *vt (h. bezorgd)* **1** procurer (à) **2** causer **3** livrer; **de post ~** distribuer le courrier
be·zor·ging *nf (-en)* livraison
be·zui·ni·gen *vti (h. bezuinigd)* économiser
be·zui·ni·ging *nf (-en)* économie(s)
be·zui·ni·gings·po·li·tiek *nf* politique d'austérité
be·zui·pen *vpr (zich ~; h. zich bezopen)* se soûler
be|zwaar *het (-zwaren)* **1** inconvénient **2** objection
be·zwaard *adj (meer b., meest b.)* tour-

menté; **met een ~ hart** à contrecœur; **zich ~ voelen over iets** se faire scrupule de qch
be·zwaar|lijk *adj, adv (-lijker, meest b.)* difficile(ment)
be·zwaar·schrift *het (-en)* (lettre de) réclamation; **een ~ indienen** faire une réclamation
be·zweek, bezweken → **bezwijken**
be·zweet *adj* en sueur
be·zwe·ren *vt (h. bezworen)* **1** jurer (de) **2** conjurer; **de moeilijkheden ~** écarter les difficultés **3** ensorceler
be·zwe·ring *nf (-en)* **1** exorcisme **2** formule incantatoire
be·zwij·ken *vi (i. bezweken)* **1** céder (à) **2** succomber (à)
bh *nm (-'s) bustehouder* soutien-gorge
bib·be·ren *vi (h. gebibberd)* trembler
bi·bli·o·gra·fie *nf (-ën)* bibliographie
bi·bli·o|theek *nf (-theken)* bibliothèque; **openbare ~** bibliothèque publique
bid·den *vti (h. gebeden)* prier
biecht *de (-en)* confession; **te ~ gaan** aller à confesse; **uit de ~ klappen** vendre la mèche
biech·ten *vti (h. gebiecht)* confesser (qch, qn)
biecht·stoel *nm (-en)* confessionnal
biecht·va·der *nm (-s)* confesseur
bie·den *vti (h. geboden)* **1** offrir; **iets te koop ~** mettre qch en vente **2** faire une offre de
bie·der *nm (-s)* enchérisseur, -euse; **de hoogste ~** (l'enchérisseur) le plus offrant
bief·stuk *nm (-ken)* bifteck
bier *het (-en)* bière; **getapt ~** bière (à la) pression
bier·brou·wer *nm (-s)* brasseur
bier·fles·je *het (-s)* canette
bies *de (biezen)* **1** liseré **2** jonc ♦ **zijn biezen pakken** plier bagage
bies·look *het* ciboulette, *(Belg.)* brèles
biet *de (-en)* betterave
big *de (-gen)* porcelet
bij[1] *de (-en)* abeille; **een bezige ~** une fourmi
bij[2] *adj, adv* **1** conscient **2** à jour **3** à la page ♦ **er warmpjes ~ zitten** être aisé; **om en(de) ~** environ; **ten naasten ~** à peu de chose près
bij[3] *prép* **1** près de; **ik kan er(gens) niet ~** je n'arrive pas à le prendre, cela me dépasse **2** chez **3** avec; **iets ~ zich hebben** avoir qch sur soi **4** par; **~ tijden** de temps en temps; **~ mooi weer** par beau temps **5** auprès de **6** *(quantitatif)* par; **de kamer is 6 ~ 5** la pièce mesure 6 mètres sur 5 ♦ **~ elkaar zijn het er 20** il y en a 20 en tout; **het er niet ~ laten** ne pas en rester là; **er mag nog wel wat ~** un peu plus ne fera pas de tort; **er(gens) gauw ~ zijn** (ré)agir rapidement
bij·baan·tje *het (-s)* travail d'appoint
bij·be·doe·ling *nf (-en)* arrière-pensée
bij·be·ho·rend *adj* **1** assorti **2** annexe
Bij·bel *nm (-s)* Bible
Bij·bels *adj* biblique; **~e geschiedenis** histoire sainte
Bij·bel·tekst *nm (-en)* passage de la Bible
bij·be·nen *vi* suivre
bij·be·ta·len *vti (h. bijbetaald)* payer un supplément
bij·be·te·ke·nis *nf (-sen)* connotation
bij·blij·ven *vi (i. bijgebleven)* **1** suivre **2** rester (dans la mémoire)
bij·boe·ken *vt (h. bijgeboekt)* inscrire en compte
bij·bren·gen *vt (h. bijgebracht)* **1** apprendre (qch à qn) **2** réveiller
bij·de|hand *adj (-hanter, -handst)* **1** intelligent **2** débrouillard
bij·doen *vt (h. bijgedaan)* ajouter (à)
bij·draai·en *vi (h./i. bijgedraaid)* en rabattre
bij·dra·ge *de (-n)* contribution
bij·dra·gen *vti (h. bijgedragen)* contribuer (à); **~ in de kosten van** participer aux frais de
bij·een *adv* ensemble; **de huizen staan dicht ~** les maisons sont très proches les unes des autres
bij·een·bren·gen *vt (h. bijeengebracht)* **1** (r)assembler **2** ramasser; **geld ~** collecter des fonds
bij·een·ga·ren *vt (h. bijeengegaard)* accumuler
bij·een·hou·den *vt (h. bijeengehouden)* tenir ensemble
bij·een·ko·men *vi (i. bijeengekomen)* se réunir
bij·een·komst *nf (-en)* **1** réunion **2** assemblée **3** rendez-vous
bij·een·roe·pen *vt (h. bijeengeroepen)* convoquer
bij·een·zijn *vi (i. bijeengeweest)* être réunis
bij·en·hou·der *nm (-s)* apiculteur
bij·en|korf *nm (-korven)* ruche
bij·en·teelt *de* apiculture
bij·gaand *adj* ci-inclus
bij·ge·bouw *het (-en)* dépendance
bij·ge·dach·te *nf (-n)* **1** association d'idées **2** arrière-pensée
bij·ge·loof *het* superstition
bij·ge·lo·vig *adj, adv* superstitieux, superstitieusement
bij·ge·luid *het (-en)* (bruit) parasite
bij·ge·recht *het (-en)* (plat d')accompagnement
bij·ge·volg *adv* par conséquent
bij·hou·den *vt (h. bijgehouden)* **1** (r)approcher **2** suivre; **de fabriek kan de vraag niet ~** l'usine ne peut faire face à la demande **3** se tenir au courant de **4** tenir (à jour)
bij·kan|toor *het (-toren)* agence
bij·keu·ken *de (-s)* arrière-cuisine
bij·ko·men *vi (i. bijgekomen)* **1** reprendre connaissance **2** reprendre haleine **3** reprendre des forces **4** s'approcher (de)
bij·ko·mend *adj* accessoire; **~e omstandigheden** circonstances particulières
bij·kom·stig *adj* **1** accessoire **2** incident

bijl *de (-en)* hache; **het ~tje erbij neergooien** jeter le manche après la cognée ♦ **voor de ~ gaan** se faire pincer
bij·la·ge *de (-n)* (pièce) annexe
bij·leg·gen[1] *vti (h. bijgelegd)* payer de sa poche; **het tekort ~** combler le déficit
bij·leg·gen[2] *vt (h. bijgelegd)* aplanir; **het ~** se réconcilier
bij·les *de (-sen)* leçon particulière
bij·lich·ten *vt (h. bijgelicht)* éclairer
bijl·tje *het* ♦ **ik heb al vaker met dat ~ gehakt** je m'y connais; **het ~ erbij neerleggen** rendre son tablier
bij·na *adv* presque; **~ niet** ne … guère; **~ ten einde zijn** toucher à sa fin
bij|naam *nm (-namen)* surnom
bij·pas·send *adj* assorti
bij·pro·duct *het (-en)* sous-produit
bij·rij·der *nm (-s)* aide-conducteur
bij·rol *de (-len)* second rôle
bij·scha·ven *vt (h. bijgeschaafd)* **1** donner un coup de rabot à **2** parfaire
bij·scho·len *vt (h. bijgeschoold)* perfectionner; **het ~ van leraren** le recyclage des professeurs
bij·scho·ling *nf* perfectionnement
bij·schrift *het (-en)* légende
bij·schrij·ving *nf (-en)* **1** inscription **2** ajout
bij|slaap *nm (-slapen)* **1** coït **2** compagnon, compagne de lit
bij·slui·ter *nm (-s)* notice (explicative)
bij|smaak *nm (-smaken)* arrière-goût
bij·spij·ke·ren[1] *vt (h./i. bijgespijkerd)* **1** faire rattraper; **zijn kennis ~** combler des lacunes dans ses connaissances **2** redresser
bij·spij·ke·ren[2] *vi (h./i. bijgespijkerd)* se retaper
bij·sprin·gen *vti (h./i. bijgesprongen)* venir en aide (à)
bij·staan *vt (h. bijgestaan)* aider
bij·stand *nm* **1** assistance **2** Aide sociale
bij·stands·moe·der *nf (-s)* mère célibataire assistée
bij·stands·uit·ke·ring *nf (-en)* allocation de l'Aide sociale
bij·stel·len *vt (h. bijgesteld)* **1** régler **2** adapter
bij·stu·ren *vti (h. bijgestuurd)* corriger (la trajectoire (de))
bij·ten *vti (h. gebeten)* **1** mordre; **van zich af ~** se défendre **2** brûler ♦ **dat bijt elkaar niet** ce n'est pas incompatible
bij·tend *adj, adv* **1** corrosif **2** (de façon) mordant(e)
bij·tijds *adv* **1** de bonne heure **2** à temps
bij·trek·ken[1] *vi (h./i. bijgetrokken)* **1** s'améliorer **2** se calmer
bij·trek·ken[2] *vt (h./i. bijgetrokken)* rapprocher
bij·vak *het (-ken)* matière secondaire
bij·val *nm* approbation; **alle ~ oogsten** remporter tous les suffrages
bij·ver·dien·ste *nf (-n)* **1** salaire d'appoint **2** extra
bij·ver·schijn·sel *het (-en)* effet secondaire
bij·voe·ding *nf* complément alimentaire
bij·voe·gen *vt (h. bijgevoegd)* ajouter
bij·voeg·sel *het (-s)* supplément
bij·voor·beeld *adv* par exemple
bij·vul·len *vt (h. bijgevuld)* remplir (ce qui a été partiellement vidé)
bij·wer·ken[1] *vt (h. bijgewerkt)* **1** mettre à jour **2** parachever
bij·wer·ken[2] *vi (h. bijgewerkt)* se faire des à-côtés
bij·wer·king *nf (-en)* **1** effet secondaire **2** mise au point
bij·wo·nen *vt (h. bijgewoond)* assister à
bij·woord *het (-en)* adverbe
bijz. *bijzonder* spéc.
bij|zaak *de (-zaken)* affaire de moindre importance
bij·zet·ten *vt (h. bijgezet)* **1** mettre à côté de **2** inhumer ♦ **iets kracht ~** appuyer qch
bij·ziend *adj* myope
bij·zijn *het* présence
bij·zit *nf (-ten)* concubine
bij·zon|der[1] *adj (-derder, -derst)* **1** particulier; **een ~ kind** un enfant spécial **2** privé ♦ *(Belg.)* **het ~ste** le principal
bij·zon|der[2] *adv (-derder, -derst)* **1** spécialement **2** particulièrement; **iem ~ aanbevelen** recommander vivement qn
bij·zon·der|heid *nf (-heden)* **1** détail; **nadere bijzonderheden** précisions **2** singularité **3** spécificité
bil *de (-len)* **1** fesse; **met zijn ~len bloot komen** vider son sac **2** *(Belg.)* cuisse
bil·jard *num* million de milliards
bil·jart *het (-s)* billard
bil·jart·bal *nm (-len)* boule de billard; **zo kaal als een ~** chauve comme un œuf
bil·jet *het (-ten)* billet
bill·board [bɪlbɔ:rd] *het/de (-s)* panneau d'affichage
bil·lijk *adj, adv* juste, équitablement
bil·lij·ken *vt (h. gebillijkt)* accepter
bil·lijk·heid *nf* équité
bin·den[1] *vt (h. gebonden)* (re)lier
bin·den[2] *vpr (zich ~; h. zich gebonden)* se lier
bin·den[3] *vi (h. gebonden)* **1** épaissir **2** créer un lien
bin·dend *adj* contraignant
bin·ding *nf (-en)* lien
bind·mid·del *het (-en)* agent de liaison
bind·weef·sel *het (-s)* tissu conjonctif
bink *nm (-en)* malabar; **de ~ uithangen** jouer les durs
bin·nen[1] *adv* dedans; **hij is ~** il est à l'abri, il est casé; **de oogst is ~** la moisson est rentrée; **naar ~ gaan** entrer; **iets naar ~ slaan** avaler qch; **zich iets te ~ brengen** se rappeler qch
bin·nen[2] *prép* **1** dans **2** avant
***bin·nen-** intérieur
bin·nen·bad *het (-en)* piscine couverte
bin·nen·band *nm (-en)* chambre à air

bin·nen·bocht *de (-en)* virage à la corde
bin·nen·bre·ken *vt (h. binnengebroken) (Belg.)* cambrioler
bin·nen·bren·gen *vt (h. binnengebracht)* rentrer
bin·nen·dijks *adj, adv* en deçà de la digue
bin·nen·door *adv* **1** par l'intérieur **2** par un raccourci
bin·nen·drin·gen *vi (i. binnengedrongen)* pénétrer dans; **bij iem** ~ forcer la porte de qn
bin·nen·gaan *vi (i. binnengegaan)* entrer (dans)
bin·nen·ha·len *vt (h. binnengehaald)* **1** rentrer **2** embarquer **3** ramasser
Bin·nen·hof *het* Binnenhof *(bâtiments historiques abritant gouvernement et parlement néerlandais)*
bin·nen·hou·den *vt (h. binnengehouden)* **1** tenir à l'intérieur **2** garder pour soi
bin·nen·huis·ar·chi·tect [bɪnə(n)hœysarʃitɛkt, bɪnə(n)hœysarχitɛkt] *nm (-en)* architecte décorateur
bin·nen·in *adv* à l'intérieur
bin·nen·kant *nm (-en)* intérieur
bin·nen·ko·men *vi (i. binnengekomen)* **1** entrer (dans); **~de goederen** arrivages **2** rentrer
bin·nen·komst *nf* entrée
bin·nen·kort *adv* sous peu
bin·nen·krij·gen *vt (h. binnengekregen)* **1** absorber **2** recevoir
bin·nen·land *het (-en)* intérieur ♦ **de ~en van Afrika** les régions reculées de l'Afrique
bin·nen·lands *adj* intérieur; ~ **nieuws** nouvelles nationales; **Binnenlandse Zaken** Ministère de l'Intérieur
bin·nen·la·ten *vt (h. binnengelaten)* introduire
bin·nen·plaats *de (-en)* cour (intérieure)
bin·nen·scheep·vaart *de* navigation intérieure
bin·nen·schip·per *nm (-s)* batelier
bin·nens·huis *adv* chez soi
bin·nens·ka·mers *adv* en privé; **iets ~ houden** ne pas ébruiter qch
bin·nen·sle·pen *vt (h. binnengesleept)* faire entrer (dans) ♦ **de overwinning** ~ remporter la victoire
bin·nen·smok·ke·len *vt (h. binnengesmokkeld)* **1** introduire en fraude **2** introduire subrepticement
bin·nens·monds *adv* entre ses dents
bin·nen|stad *de (-steden)* centre de la ville
bin·nen·stap·pen *vi (i. binnengestapt)* entrer (sans hésiter) (dans)
bin·nen·ste *het* **1** intérieur **2** for intérieur
bin·nen·ste·bui·ten *adv* à l'envers; ~ **keren** retourner
bin·nen·stro·men *vi (i. binnengestroomd)* **1** pénétrer à flots **2** déferler (sur)
bin·nen·vaart *de* → **binnenscheepvaart**
bin·nen·val·len *vi (i. binnengevallen)* faire irruption (dans); **ik kwam midden in een vergadering** ~ je suis tombé en pleine réunion
bin·nen·vet·ter *nm (-s)* introverti, -ie
bin·nen·waarts *adj, adv* vers l'intérieur
bin·nen·wa·ter *het (-en)* cours d'eau
bin·nen·weg *nm (-en)* chemin de traverse
bin·nen·zak *nm (-ken)* poche intérieure
bin·nen·zij·de *de* (côté) intérieur
bio·af·val *het/de* déchets biodégradables
bi·o·gra·fie *nf (-ën)* biographie
bi·o·lo·ge·ren *vt (h. gebiologeerd)* magnétiser
bi·o|loog *nm (-logen)* biologiste
bi·os *nm* ciné
bi·os|coop *nm (-copen)* cinéma
Bir·ma *het* Birmanie
bis·dom *het (-men)* évêché
bi·sek·su·eel *adj* bisexué
bis·jaar *het (Belg.)* année que l'on redouble
bis·schop *nm (-pen)* évêque
***bis·schops-** épiscopal
bis·schops·wijn *nm (-en)* bi(s)chof
bis·sen [bisə(n)] *vt (h. gebist) (Belg.; fam.)* redoubler
bit[1] *het (-ten)* mors
bit[2] *de (-ten)* bit
bits *adj, adv (bitser, meest b.)* brusque(ment)
bit|ter[1] *adj (-terder, -terst)* amer ♦ **~e noodzaak** cruelle nécessité
bit|ter[2] *adv (-terder, -terst)* affreusement; ~ **weinig** ridiculement peu
bit·ter·gar·ni|tuur *nf (-turen)* plateau d'amuse-gueule
bit·ter|heid *nf (-heden)* amertume
bi·vak·ke·ren *vi (h. gebivakkeerd)* **1** bivouaquer **2** camper
blaam *de* blâme; **hem treft geen** ~ il n'a rien à se reprocher; **iem van alle ~ zuiveren** disculper qn
blaar *de (blaren)* ampoule
blaas *de (blazen)* **1** vessie **2** bulle
blaas·in·stru·ment *het (-en)* instrument à vent
blaas·mu·ziek *nf* musique pour instruments à vent
blaas·ont·ste·king *nf (-en)* cystite
blaas|proef *de (-proeven)* alcootest
blad *het (-en, -eren)* **1** feuille; **van het ~ spelen** jouer à vue **2** plateau **3** journal ♦ **geen ~ voor de mond nemen** ne pas mâcher ses mots
blad·de·ren *vi (h. gebladderd)* s'écailler
bla·der·dak *het (-en)* dais de verdure
bla·der·deeg *het* pâte feuilletée
bla·de·ren *vi (h. gebladerd)* feuilleter (qch)
blad·groen·te *nf (-n, -s)* légume à feuilles
blad|luis *de (-luizen)* puceron
blad·mu·ziek *nf* partition
blad·wij·zer *nm (-s)* marque-page

blad·zij·de *de (-n)* page; **op ~ drie** à la page trois
blaf·fen *vi (h. geblaft)* aboyer
bla·ken *vi (h. geblaakt)* brûler; **~ van ijver** déborder de zèle ♦ **in ~de welstand verkeren** être rayonnant de santé
bla·ke·ren *vt (h. geblakerd)* griller
bla·ma·ge [blamaʒə] *nf (-s)* honte
blan·co *adj, adv* (en) blanc; **~ stemmen** s'abstenir; **~ volmacht** pleins pouvoirs
blank *adj* **1** blanc; **de ~e** le blanc, la blanche **2** pur **3** inondé
blank·hou·ten *adj* en bois blanc
bla·ten *vi (h. geblaat)* bêler
blauw[1] *het* **1** bleu **2** delft
blauw[2] *adj* **1** bleu; **een ~ oog** un œil au beurre noir **2** noir
blauw·druk *nm (-ken)* **1** copie **2** projet
blau·we·re·gen *nm (-s)* glycine
blauw·tje *het (-s)* ♦ **een ~ lopen** essuyer un refus
bla·zen[1] *vi (h. geblazen)* **1** souffler **2** grogner **3** jouer
bla·zen[2] *vt (h. geblazen)* ♦ **het is oppassen geblazen!** il s'agit de faire attention!
bla·zer[1] [blezər] *nm (-s)* blazer *(vêtement)*
bla·zer[2] [blazər] *nm (-s)* joueur d'instrument à vent
bleef, bleven → **blijven**[1], **afblijven, uitblijven** *(etc.)*
bleek[1], **bleken** → **blijken**
bleek[2] *adj (bleker, bleekst)* pâle; **~ om de neus worden** pâlir
bleek·heid *nf* pâleur
bleek·jes *adj, adv* **1** pâlot **2** faible(ment)
bleek·sel·de·rie *nm* céleri à côtes
bleek·wa·ter *het* eau de Javel
blein *de (-en) (Belg.)* → **blaar 1**
ble·ken *vti (h./i. gebleekt)* blanchir; **een gebleekte spijkerbroek** un blue-jean délavé
bles·se·ren *vt (h. geblesseerd)* blesser
bles·su·re·tijd *nm* arrêts de jeu
blies, bliezen → **blazen**[1], **uitblazen, omblazen**
blij *adj, adv* **1** heureux; **iem met iets ~ maken** faire plaisir à qn avec qch **2** réjouissant **3** gai, joyeusement
blijd·schap *nf* joie
blijf *(Belg.)* ♦ **met iem/iets geen ~ weten** ne savoir que faire de qn, qch
blijf-van-mijn-lijf|huis *het (-huizen)* centre d'accueil pour femmes battues
blij·heid *nf* joie
blijk *het (-en)* marque; **als ~ van** en témoignage de; **~ geven van iets** manifester qch
blijk·baar *adj, adv* manifeste(ment)
blij·ken *vi (i. gebleken)* s'avérer; **laten ~** manifester; **mij is gebleken dat ...** j'ai constaté que ...; **dat moet nog ~** cela reste à prouver
blij·kens *prép* selon
blij·moe·dig *adj, adv* joyeux, joyeusement
blij·spel *het (-en)* comédie
blij·ven[1] *vi (i. gebleven)* rester; **achterwege ~** ne pas avoir lieu; **bij iets ~** maintenir qch; **dat kan niet zo ~** cela ne peut durer ainsi; **~ steken** être bloqué; **ik blijf werken** je continue à travailler ♦ **ergens in ~** mourir subitement de qch
blij·ven[2] *copule* rester
blij·vend *adj* permanent
blik[1] *nm (-ken)* regard; **een ruime ~ hebben** avoir les idées larges; **zijn ~ verruimen** élargir son horizon
blik[2] *het (-ken)* **1** fer-blanc **2** boîte (en fer-blanc); **in ~** en boîte **3** pelle à poussière
blik·ken *adj* métallique
blik·ope·ner *nm (-s)* ouvre-boîte
blik·scha·de *de* tôle froissée
blik·sem *nm (-s)* **1** foudre; **de ~ slaat in** la foudre tombe **2** diable! ♦ **als de ~** immédiatement; **alles is naar de ~** tout est foutu
blik·sem·af·lei·der *nm (-s)* paratonnerre
blik·se·men[1] *vi (h./i. gebliksemd)* fulgurer
blik·se·men[2] *vb impers* faire des éclairs
blik·sem·flits *nm (-en)* éclair
blik·sem·in·slag *nm (-en)* foudre
blik·sem·schicht *nm (-en)* → **bliksemflits**
blik·van·ger *nm (-s)* accroche
blik·veld *het* champ visuel
blind[1] *het (-en)* volet
blind[2] *adj* aveugle; **ik was ~ voor zijn gebreken** je ne voyais pas ses défauts
blind·doe·ken *vt (h. geblinddoekt)* bander les yeux
blin·de *nm (-n)* aveugle
blin·de·darm *nm (-en)* caecum
blin·de·darm·ont·ste·king *nf (-en)* appendicite
blin·de·lings *adv* les yeux fermés; **~ te werk gaan** procéder sans réfléchir
blin·de·man·ne·tje *het* colin-maillard
blin·den·bi·bli·o|theek *nf (-theken)* bibliothèque braille
blin·den·ge·lei·de·hond *nm (-en)* chien d'aveugle
blin·de·ring *nf (-en)* blindage
blind·heid *nf* cécité
blink *nm (Belg.)* cirage
blin·ken *vi (h. geblonken)* reluire
blits *adj, adv* branché; **er ~ uitzien** avoir le look
bloed *het* sang; **iemands ~ wel kunnen drinken** haïr qn comme la peste; **in koelen ~e** de sang-froid; **dat zal kwaad ~ zetten** cela va envenimer les choses; **iem het ~ onder de nagels vandaan halen** pousser qn à bout
***bloed-** sanguin
bloed·ar·moe·de *de* anémie
bloed·bad *het (-en)* carnage
bloed·dor·stig *adj, adv* féroce(ment)
bloed·druk *nm* tension (artérielle); **hoge ~** hypertension
bloed·ei·gen *adj* ♦ **mijn ~ kind** la chair de ma chair
bloe·de·loos *adj* anémique
bloe·den *vi (h. gebloed)* **1** saigner; **met ~d hart** la mort dans l'âme **2** payer cher

bloe·de·rig *adj* sanglant
bloed·gang *nm (fam.)* ♦ **met een ~** à tout(e) berzingue
bloed·heet *adj* brûlant
bloe·dig[1] *adj* sanglant
bloe·dig[2] *adv* durement
bloe·ding *nf (-en)* hémorragie
bloed·ko·raal[1] *het* corail rouge
bloed·ko·raal[2] *de* perle de corail
bloed·li·chaam·pje *het (-s)* globule
bloed·link *adj, adv* archirisqué(e)
bloed·mooi *adj* bien foutu
bloed|neus *nm (-neuzen)* ♦ **een ~ hebben** saigner du nez
bloed·on·der·zoek *het (-en)* analyse de sang
bloed|proef *de (-proeven)* prise de sang
bloed·rood *adj, adv* vermeil
bloed·schan·de *de* inceste
bloeds·om·loop *nm* circulation sanguine
bloed·stol·lend *adj* qui glace le sang
bloed·stol·ling *nf (-en)* coagulation (sanguine)
bloed·test *nm (-s)* test sanguin
bloed·uit·stor·ting *nf (-en)* ecchymose
bloed·vat *het (-en)* vaisseau (sanguin)
bloed·ver·gie·ten *het* effusion de sang
bloed·ver·gif·ti·ging *nf (-en)* septicémie
bloed·ver·want *nm (-en)* parent, -ente
bloed·zui·ger *nm (-s)* **1** sangsue **2** exploiteur
bloei *nm* **1** floraison **2** essor
bloei·en *vi (h. gebloeid)* **1** fleurir **2** prospérer; **een ~de stad** une ville florissante
bloei·tijd *nm (-en)* **1** floraison **2** âge d'or
bloei·wij·ze *de (-n)* inflorescence
bloem *de (-en)* **1** fleur **2** farine **3** *(fig.)* fleur; **de ~ van de natie** la jeunesse
bloem·bak *nm (-ken)* jardinière
bloem·bed *het (-den)* parterre
bloem·blad *het (-en)* pétale
bloem·bol *nm (-len)* bulbe
bloem·bol·len·veld *het (-en)* champ de fleurs
bloe·men·cor·so *het/de (-'s)* corso fleuri
bloe·men·man *nm (-nen)* marchand de fleurs
bloe·men·stal·le·tje *het (-s)* kiosque de fleuriste
bloe·men·teelt *de* floriculture
bloe·me·tje *het (-s)* (bouquet de) fleurs ♦ **iem in de ~s zetten** fêter qn; **de ~s buitenzetten** faire la noce
bloe·mist *nm (-en)* **1** fleuriste **2** floriculteur, -trice
bloem|kool *de (-kolen)* chou-fleur
bloem·le·zing *nf (-en)* **1** anthologie **2** choix
bloem·perk *het (-en)* plate-bande
bloem·pot *nm (-ten)* pot de fleurs
bloem·schik·ken *het* (art de la) composition florale
bloem·stuk *het (-ken)* composition florale
bloes *de (bloezen)* **1** chemisier **2** chemise
bloe·sem *nm (-s)* fleur
blog·ger *nm (-s) (inform.)* blogueur, -euse
blok[1] *nm (Belg.)* bloque
blok[2] *het (-ken)* **1** bloc **2** cube; **een doos met ~ken** un jeu de construction **3** *(pol.)* bloc; **Vlaams Blok** ⟨*parti flamand d'extrême droite*⟩; **een ~ vormen tegen** faire front contre ♦ **iem voor het ~ zetten** mettre qn au pied du mur
blok·fluit *de (-en)* flûte à bec
blok·hut *de (-ten)* chalet de jardin
blok·ka·de *nf (-s)* blocus
blok·ken|doos *de (-dozen)* jeu de construction
blok·ke·ren[1] *vt (h. geblokkeerd)* bloquer
blok·ke·ren[2] *vi (h. geblokkeerd)* se bloquer
blok·let·ter *de (-s)* caractère d'imprimerie
blond *adj* blond
blon·de·ren *vt (h. geblondeerd)* blondir
blonk, blonken → **blinken, uitblinken**
bloot *adj (bloter, blootst)* **1** (à) nu; **uit zijn blote hoofd** par cœur **2** pur; **het blote feit al** le seul fait
bloot·ge·ven *vpr (zich ~; h. zich blootgegeven)* **1** s'exposer **2** jeter le masque
bloot·je *het (-s)* costume d'Adam
bloot·leg·gen *vt (h. blootgelegd)* **1** mettre à nu **2** découvrir
bloots·hoofds *adv* nu-tête
bloot·staan *vi (h. blootgestaan) (+ aan)* être exposé
bloot·stel·len[1] *vt (h. blootgesteld) (+ aan)* exposer (qn à qch)
bloot·stel·len[2] *vpr (zich ~; h. zich blootgesteld) (+ aan)* s'exposer (à qch)
bloots·voets *adv* nu-pieds
blos *nm (-sen)* **1** teint vif **2** rougeur
blo·wen *vi (h. geblowd)* fumer un joint
blo·zen *vi (h. gebloosd)* **1** avoir le teint vif **2** rougir
blub·ber *nm* boue
bluf·fen *vi (h. gebluft)* bluffer
blun·der *nm (-s)* bévue
blun·de·ren *vi (h. geblunderd)* gaffer
blus·ap·pa|raat *het (-raten)* extincteur
blus·sen *vt (h. geblust)* éteindre
blz. *bladzijde* p.
bnp *het bruto nationaal product* PNB
board [bɔːrd] *het (-s)* panneau de fibre de bois
BOB *nf (Belg.) Bijzondere Opsporingsbrigade* BSR
bob·bel *nm (-s)* bosse
bob·be·lig *adj* bosselé
bo·chel *nm (-s)* **1** bosse **2** bossu
bocht[1] *de (-en)* **1** tournant; **uit de ~ vliegen** manquer le virage **2** courbe; **zich in allerlei ~en wringen** se contorsionner **3** golfe
bocht[2] *het/de (-en)* bibine
boch·tig *adj* sinueux
bod *het* offre ♦ **aan ~ komen** entrer en ligne de compte
bo·de *nm (-n, -s)* **1** messager **2** facteur **3** huissier

bo·dem *nm (-s)* **1** fond; **iets de ~ inslaan** réduire à néant qch **2** sol
bo·dem·ge·steld·heid *nf* nature du sol
bo·dem·kun·de *nf* pédologie
bo·dem·loos *adj* **1** sans fond; **hij is een ~ vat** c'est un panier percé **2** insondable **3** insatiable
bo·dem·on·der·zoek *het (-en)* prospection
bo·dem|prijs *nm (-prijzen)* prix plancher
bo·dem|rijk·dom *nm (-men)*, **-schatten** *plur* richesse du sous-sol
bo·dem·sa·ne·ring *nf (-en)* dépollution du sol
bo·dem·ver·ont·rei·ni·ging *nf (-en)* pollution du sol
Bo·den·meer *het* lac de Constance
bo·dy·buil·der [bɔdibɪldər] *nm (-s)* culturiste
bo·dy·milk [bɔdimɪlk] *de* lait corporel
boed·dhis·me *het* bouddhisme
boe·del *nm (-s)* **1** succession **2** biens meubles; **een ~ scheiden** procéder à la séparation des biens
boe·del·schei·ding *nf (-en)* **1** partage d'une succession **2** séparation des biens
boef *nm (boeven)* bandit
boeg *nm (-en)* **1** proue; **nog heel wat voor de ~ hebben** avoir du pain sur la planche **2** bord; **het over een andere ~ gooien** changer de cap
boeg·beeld *het (-en)* figure de proue
boei *de (-en)* **1** bouée; **een kop als een ~ hebben** être rouge comme une pivoine **2** menotte; **iem in de ~en slaan** passer les menottes à qn
boei·en *vt (h. geboeid)* **1** passer les menottes à **2** captiver; **iem weten te ~** retenir l'attention de qn
boei·end *adj, adv* (de façon) captivant(e)
boek *het (-en)* **1** livre; **dat is voor hem een gesloten ~** pour lui, c'est du chinois **2** registre; **de ~en bijhouden** tenir les livres de comptes; **iets te ~ stellen** mettre qch par écrit; **als eerlijk te ~ staan** avoir la réputation d'être honnête
boek·be·spre·king *nf (-en)* critique (d'un livre)
boek·bin·den *het* reliure
boek|deel *het (-delen)* **1** tome **2** volume; **zoiets spreekt boekdelen** cela en dit long
boek·druk·ken *het* → **boekdrukkunst**
boek·druk·ke·rij *nf (-en)* imprimerie
boek·druk·kunst *nf* imprimerie
boe·ken *vt (h. geboekt)* **1** consigner; **een bedrag op iemands rekening ~** porter une somme au compte de qn **2** réserver **3** obtenir; **succes ~** remporter des succès
boe·ken|beurs *de (-beurzen)* salon du livre
boe·ken·bon *nm (-nen)* chèque-livre
boe·ken·kast *de (-en)* (meuble) bibliothèque
boe·ken·leg·ger *nm (-s)* marque-page
boe·ken·plank *de (-en)* rayon (de bibliothèque)
boe·ken·rek *het (-ken)* étagère (à livres)
boe·ken·stal·le·tje *het (-s)* étalage de bouquiniste
boe·ken·steun *nm (-en)* serre-livres
boe·ken·tas *de (-sen)* serviette
boe·ken·wurm *nm (-en)* rat de bibliothèque
boe·ket *het/de (-ten)* bouquet
boe·ket·reeks *de (-en)* série Harlequin
boek·han·del *nm (-s)* librairie
boek·hou·den *vi (h. boekgehouden)* tenir la comptabilité
boek·hou·der *nm (-s)* comptable
boek·hou·ding *nf (-en)* comptabilité; **de ~ doen, voeren** tenir les livres; **een dubbele ~** une double comptabilité
boe·king *nf (-en)* réservation
boek·je *het (-s)* carnet ♦ **buiten zijn ~ gaan** aller trop loin; **een ~ over iem opendoen** en dire de belles sur qn; **volgens het ~** selon les règles
boek·om·slag *het/de (-en)* couverture (d'un livre)
boek·sta·ven *vt (h. geboekstaafd)* **1** enregistrer **2** documenter
boek·weit *de* sarrasin
boek·win·kel *nm (-s)* librairie
boel *nm* **1** bazar; **de hele ~ loopt in het honderd** tout va de travers; **zijn ~tje pakken** prendre ses cliques et ses claques **2** tas ♦ **de ~ in de war sturen** brouiller les cartes
boe·man *nm (-nen)* croque-mitaine; **als ~ dienen** servir d'épouvantail
boe·mel *nm (-s)* **1** java **2** (train) omnibus
boe·nen *vti (h. geboend)* **1** frotter **2** laver
boen·was *het/de* encaustique
boer *nm (-en)* **1** fermier **2** paysan **3** rot **4** valet
boer·de·rij *nf (-en)* ferme
boe·ren *vi (h. geboerd)* **1** être paysan **2** roter ♦ **hij heeft goed geboerd** il a fait de bonnes affaires
boe·ren·be|drijf *het (-drijven)* **1** ferme **2** agriculture
boe·ren|kool *de (-kolen)* chou frisé
boe·ren·lul *nm (-len)* plouc
boe·ren·slim·heid *nf* **1** roublardise **2** jugeote
boe·ren·ver·stand *het* jugeote
boe·rin *nf (-nen)* **1** paysanne **2** fermière
boer·ka *n (-'s)* burqa
boers *adj, adv (boerser, meest b.)* **1** (à la) paysan(ne) **2** rustaud, en rustre
boer·tig *adj, adv* (de façon) burlesque
boe·te *de (-s)* **1** amende **2** pénitence
boe·te·doe·ning *nf (-en)* expiation
boe·ten *vi (h. geboet)* expier; **daar zal hij voor ~!** il le paiera!
boet·seer·klei *de* pâte à modeler
boet·se·ren[1] *vi (h. geboetseerd)* faire du modelage
boet·se·ren[2] *vt (h. geboetseerd)* modeler
boe·ven·tro·nie *nf (-s)* trogne de truand
boe·zem *nm (-s)* poitrine
boe·zem|vriend *nm (-en)*, **-vriendin** *nf (-nen)* ami, -ie intime
bof·fen *vi (h. geboft)* avoir de la veine

bo·gen *vi (h. geboogd) (+ op)* se vanter
Bo·he·men *het* Bohême
boi·ler *nm (-s)* ballon d'eau chaude
bok *nm (-ken)* **1** bouc **2** chevreuil **3** *(gymnastique)* cheval d'arçons ♦ **een ~ schieten** faire une gaffe
bok·ken·pruik *de (-en)* ♦ **de ~ ophebben** être d'une humeur massacrante
bok·ken·sprong *nm (-en)* **1** cabriole **2** extravagance
bok·kig *adj, adv* (avec un air) buté
bok·sen *vti (h. gebokst)* faire de la boxe ♦ **iets voor elkaar ~** venir à bout de qch
bol[1] *nm (-len)* **1** boule **2** sphère **3** tête; **het is hem in zijn ~ geslagen** il a perdu la boule; **uit de, zijn ~ gaan** s'éclater (comme une bête) **4** bulbe
bol[2] *adj* **1** bombé; **die recensie stond ~ van de vooroordelen** la critique était bourrée de préjugés **2** rond
bol·ge·was *het (-sen)* plante à bulbe
bol·hoed *nm (-en)* (chapeau) melon
Bo·li·via *het* Bolivie
bol·le|boos *nm (-bozen)* crack
bol·len *vi (h. gebold)* se gonfler
bol·len·kwe·ker *nm (-s)* bulbiculteur
Bol·len|streek *de (-streken)* région de plantes à bulbes
bol·len·teelt *de* bulbiculture
bol·len·veld *het (-en)* champ de bulbes en fleurs
bol·le·tje *het (-s)* petit pain rond
bol·sje·wiek *nm (-en)* bolcheviste
bol·staand *adj* bombé; **een van leugens ~ artikel** un article bourré de mensonges
bol·vor·mig *adj, adv* sphérique, en forme de sphère
bol·was·sing *nf (-en) (Belg.)* savon; **iem een ~ geven** passer un savon à qn
bol·werk *het (-en)* **1** forteresse **2** bastion
bol·wer·ken *vt (h. gebolwerkt)* venir à bout de
bom *de (-men)* **1** bombe **2** paquet; **een ~ duiten** un joli magot
bom·aan·slag *nm (-en)* attentat à la bombe
bom·aan·val *nm (-len)* attaque aérienne
bom·alarm *het* **1** alerte aérienne **2** alerte à la bombe
bom·bar·de·ren *vt (h. gebombardeerd)* bombarder
bom·bas|tisch *adj, adv (-tischer, meest b.)* emphatique, avec emphase
bom|brief *nm (-brieven)* lettre piégée
bom·mel·ding *nf (-en)* alerte à la bombe
bom·men·wer·per *nm (-s)* **1** bombardier **2** lanceur de bombes
bom·moe·der *nf (-s)* mère célibataire volontaire
bom|scherf *de (-scherven)* éclat de bombe
bom·vol *adj* bourré
bon *nm (-nen)* **1** note **2** bon **3** contravention; **iem op de ~ slingeren** mettre une contravention à qn ♦ **op de ~ gaan** être rationné
bo·na·fi·de *adj* sérieux
bon·bon *nm (-s)* chocolat, *(Belg.)* praline
bond[1], **bonden** → **binden**[1]
bond[2] *nm (-en)* **1** association **2** (con)fédération **3** syndicat **4** ligue **5** alliance
bond·ge|noot *nm (-noten)* **1** allié, -ée **2** confédéré
bond·ge·noot·schap *het (-pen)* **1** alliance **2** (pays) alliés **3** (con)fédération
bon·dig *adj, adv* (d'une façon) concis(e)
bonds·be|stuur *het (-sturen)* bureau (national) d'un syndicat, d'une association
bonds·coach *nm (-es)* entraîneur de l'équipe nationale (de football)
Bonds·dag *nm* Bundestag
bonds·kan·se·lier *nm (-s)* chancelier fédéral
Bonds·re·pu·bliek *nf* ♦ **de ~ Duitsland** la République Fédérale d'Allemagne
bo·nen|staak *nm (-staken)* **1** rame **2** perche
bonk *nm (-en)* gros morceau; **hij is één ~ zenuwen** c'est un paquet de nerfs
bon·kaart *de (-en)* carte de rationnement
bon·ken *vi (h. gebonkt)* (se) cogner
bon·ne·fooi *de* ♦ **op de ~** au petit bonheur
bons *nm (bonzen)* **1** coup **2** boum ♦ **iem de ~ geven** plaquer qn
bont[1] *het (-en)* **1** fourrure **2** (linge de) couleur
bont[2] *adj* bigarré; **iem ~ en blauw slaan** rouer qn de coups ♦ **het al te ~ maken** aller trop loin
bont·jas *de (-sen)* manteau de fourrure
bont·man·tel *nm (-s)* → **bontjas**
bont·muts *de (-en)* toque de fourrure
bo·nus *nm (-sen)* boni(fication)
bon·zen *vti (h. gebonsd)* **1** frapper dur **2** se cogner **3** battre (à tout rompre)
bood, boden → **bieden, aanbieden**[1], **opbieden**
bood·schap *nf (-pen)* **1** message **2** course ♦ **ik heb geen ~ aan hem** je n'ai que faire de lui
bood·schap·pen·lijst·je *het (-s)* liste des courses à faire
bood·schap·pen·wa·gen·tje *het (-s)* poussette (de marché)
bood·schap·per *nm (-s)* messager
boog[1], **bogen** → **buigen**[1], **doorbuigen**[1], **krombuigen** *(etc.)*
boog[2] *nm (bogen)* **1** arc; **met een (grote) ~ om iets heenlopen** éluder une difficulté **2** arc de triomphe
boog·brug *de (-gen)* pont à arches
boog·schie·ten *vi* tirer à l'arc
Boog·schut·ter *nm (-s)* Sagittaire
boog·vor·mig *adj, adv* arqué, en arc de cercle
boom *nm (bomen)* **1** arbre; **een ~ van een kerel** un colosse **2** barre ♦ **een ~ opzetten** tailler une bavette
boom·gaard *nm (-en)* verger
boom|grens *de (-grenzen)* limite des arbres
boom·kwe·ke·rij *nf (-en)* **1** arboriculture **2** pépinière

boom·schors *de (-en)* écorce
boom·stam *nm (-men)* **1** tronc (d'arbre) **2** bûche (de Noël)
boom·stronk *nm (-en)* souche
boom·top *nm (-pen)* tête, cime d'un arbre
boon *de (bonen)* haricot ♦ **in de bonen zijn, zitten** avoir perdu la tête
boon·tje *het (-s)* ♦ **zijn eigen ~s doppen** se débrouiller tout seul; **een heilig ~** un(e) petit(e) saint(e)
boor *de (boren)* **1** perceuse **2** roulette (de dentiste) **3** foret
***boor-** de forage
boord *het/de (-en)* **1** bord **2** ourlet **3** col ♦ *(Belg.)* **iets handig aan ~ leggen** savoir s'y prendre
boor·de·vol *adj* bourré
boord·wijd·te *nf (-s)* encolure
boor·ei·land *het (-en)* plate-forme (de forage)
boor·ma·chi·ne *nf (-s)* perceuse
boos *adj, adv (bozer, boost)* **1** (d'un air) fâché **2** malveillant, avec malveillance
boos·aar·dig *adj, adv* **1** malin **2** méchant, méchamment
boos·doe·ner *nm (-s)* malfaiteur, -trice ♦ **wie is de ~?** qui a fait ça?
boos|heid *nf (-heden)* **1** colère **2** méchanceté
boot *de (boten)* **1** bateau; **uit de ~ vallen** rester sur la touche **2** barque **3** canot ♦ **de ~ afhouden** se dérober; **zich in de ~ laten nemen** faire un marché de dupes; **de ~ missen** rater le coche
boot|huis *het (-huizen)* remise à bateaux
boot·tocht *nm (-en)* promenade en barque
boot·vluch·te·ling *nm (-en)* boat people
bord *het (-en)* **1** assiette **2** écriteau **3** tableau (noir) ♦ **een ~ voor zijn kop hebben** être bouché à l'émeri
bor|deel *het (-delen)* bordel
bor·des *het (-sen)* perron
bor·du·ren *vti (h. geborduurd)* broder
bor·duur|steek *nm (-steken)* point de broderie
bo·re·ling *nm (-en) (Belg. ou form.)* nouveau-né
bo·ren[1] *vt (h. geboord)* **1** percer **2** perforer **3** creuser
bo·ren[2] *vi (h. geboord)* forer; **~ op zee** faire des forages en mer
borg[1], borgen → **bergen[1], wegbergen, opbergen**
borg[2] *nm (-en)* **1** garant; **~ staan voor iem** se porter garant de qn; **zich ~ stellen voor iem** cautionner qn **2** caution **3** garantie
borg·som *de (-men)* caution
borg·stel·ling *nf (-en)* **1** cautionnement **2** caution
borg·tocht *nm (-en)* **1** cautionnement **2** caution
bo·ring *nf (-en)* forage
bor·rel *nm (-s)* **1** (petit) verre; **hij is aan de ~** il boit **2** apéritif
bor·re·len *vi (h. geborreld)* **1** bouillonner **2** prendre l'apéritif
bor·rel|glas *het (-glazen)* petit verre (à genièvre)
bor·rel·hap·je *het (-s)* amuse-gueule
borst *de (-en)* **1** poitrine; **zich op de ~ kloppen, slaan** se vanter (de); **dat stuit mij tegen de ~** ça me rebute; **uit volle ~ zingen** chanter à pleins poumons **2** poitrail **3** sein; **de ~ krijgen** être nourri au sein ♦ **maak je ~ maar nat!** prépare-toi au pire!
borst·beeld *het (-en)* buste
bor·stel *nm (-s)* brosse; *(Belg.)* **er met de grove ~ door gaan** ne pas y aller de main morte
bor·ste·len *vti (h. geborsteld)* brosser
bor·ste·lig *adj* **1** hirsute **2** broussailleux
borst·kan·ker *nm* cancer du sein
borst·kas *de (-sen)* thorax
borst·on·der·zoek *het (-en)* **1** examen des poumons **2** examen des seins
borst·voe·ding *nf (-en)* **1** allaitement au sein; **een kind ~ geven** allaiter un enfant **2** tétée
borst·zak *nm (-ken)* poche intérieure
bos[1] *nm (-sen)* botte; **een ~ haar** des cheveux touffus; **een ~ sleutels** un trousseau de clefs
bos[2] *het (-sen)* bois; **met ~ begroeide heuvels** collines boisées; **iem het ~ in sturen** envoyer paître qn
bos·be·heer *het* exploitation des forêts, (Administration des) Eaux et Forêts
bos·bes *de (-sen)* myrtille
bos·bouw *nm* sylviculture
bos·brand *nm (-en)* incendie de forêt
bos·je *het (-s)* ♦ **bij ~s** des tas (et des tas)
bos·pad *het (-en)* sentier
bos|peen *de (-penen)* carottes en bottes
bos·rand *nm (-en)* lisière du bois
bos·rijk *adj* boisé
bos·wach·ter *nm (-s)* (garde) forestier
bot[1] *nm (-ten)* plie ♦ **~ vangen** trouver porte close
bot[2] *het (-ten)* os
bot[3] *de (-ten) (Belg.)* botte
bot[4] *adj, adv* **1** émoussé **2** borné **3** grossier, grossièrement
bo·ten|huis *het (-huizen)* → **boothuis**
bo·ter *de (-s)* **1** beurre; **~ op zijn hoofd hebben** avoir un poids sur la conscience; **~ smeren op iets** beurrer qch **2** margarine
bo·ter·bloem *de (-en)* bouton-d'or
bo·ter·ham *de (-men)* **1** tartine; **iets op zijn ~ krijgen** trinquer, écoper **2** casse-croûte
bo·ter·melk *de (Belg.)* babeurre
bo·ter|vloot *de (-vloten)* beurrier
bot·heid *nf* **1** état émoussé **2** balourdise
bot·ont·kal·king *nf* ostéoporose
bots·au·tootje *het (-s)* auto tamponneuse
bot·sen *vi (h./i. gebotst)* **1** heurter (qch) **2** entrer en conflit; **karakters die met elkaar ~** caractères qui s'opposent
bot·sing *nf (-en)* **1** collision; **met elkaar**

in ~ komen se heurter **2** conflit; **belangen die in ~ komen** conflit d'intérêts
bot·te·len *vt (h. gebotteld)* mettre en bouteilles
bot·te·rik *nm (-en)* **1** imbécile **2** balourd
bot·vie·ren *vt (h. botgevierd)* donner libre cours à
bot·weg *adv* crûment
bouil·lon·blok·je *het (-s)* bouillon-cube
bou·le·vard [buləvar, bulvar] *nm (-s)* **1** boulevard **2** front de mer
bou·le·vard·pers *de* presse à sensation
Bour·gon·dië *het* Bourgogne
bour·gon·disch *adj, adv* abondant, abondamment
bout *nm (-en)* **1** boulon **2** fer à souder **3** fer à repasser **4** cuisse
bouw *nm* **1** construction **2** chantier (de construction) **3** bâtiment
bouw·be|drijf *het (-drijven)* **1** bâtiment **2** entreprise de construction
bouw|doos *de (-dozen)* **1** jeu de construction **2** kit
bou·wen[1] *vti (h. gebouwd)* bâtir; **een theorie op iets ~** baser une théorie sur qch
bou·wen[2] *vi (h. gebouwd) (+ op)* compter (sur)
bouw·grond *nm (-en)* **1** terrain à bâtir **2** sol cultivable **3** terre de culture
bouw|jaar *het (-jaren)* année de construction
bouw·kun·de *nf* architecture
bouw·kunst *nf* architecture
bouw·land *het (-en)* **1** terres arables **2** terre de culture
bouw·ma·te·ri|aal *het (-alen)* matériau (de construction)
bouw·nij·ver·heid *nf* bâtiment
bouw·pak·ket *het (-ten)* kit
bouw·plan *het (-nen)* **1** plan de construction **2** plan d'urbanisme
bouw|steen *nm (-stenen)* **1** pierre (de construction); **de bouwstenen van de revolutie** les fondements de la révolution **2** cube (d'un jeu de construction)
bouw·stijl *nm (-en)* style (d'architecture)
bouw·vak[1] *het (-ken)* bâtiment
bouw·vak[2] *nf (-ken)* congés dans l'industrie du bâtiment
bouw·vak·ker *nm (-s)* ouvrier du bâtiment
bouw·val *nm (-len)* ruines
bouw·val·lig *adj* délabré
bouw·ver·gun·ning *nf (-en)* permis de construire
bouw·werk *het (-en)* construction
bo·ven[1] *adv* **1** en haut; **naar ~ gaan** monter **2** ci-dessus ♦ **te ~ komen** venir à bout de; **dat gaat mijn verstand te ~** ça me dépasse
bo·ven[2] *prép* **1** au-dessus de; **uitsteken ~** dépasser de **2** en plus de
***bo·ven-** supérieur
bo·ven·aan *adv* en haut (de)
bo·ven·af *adv* ♦ **van ~** d'en haut
bo·ven·al *adv* avant tout
bo·ven|been *het (-benen)* cuisse
bo·ven·bouw *nm* second cycle
bo·ven·dien *adv* de plus
bo·ven·ha·len *vt (h. bovengehaald)* (faire) remonter
bo·ven|huis *het (-huizen)* appartement en étage
bo·ven·in *adv* dans le haut
bo·ven·kant *nm (-en)* dessus
bo·ven·ko·men *vi (i. bovengekomen)* **1** remonter à la surface **2** monter **3** réapparaître
bo·ven·langs *adv* par en haut
bo·ven·lei·ding *nf (-en)* caténaire
bo·ven|li·chaam *het (-lichamen)*, **-lijf** *het (-lijven)* torse
bo·ven·ma·te *adv* excessivement
bo·ven·ma·tig *adj, adv* excessif, excessivement
bo·ven·na·tuur·lijk *adj, adv* (d'une manière) surnaturel(le)
bo·ven·op *adv* dessus, à la surface ♦ **iem er ~ helpen** remettre qn sur pied
bo·venst *adj* le plus haut
bo·ven·staand *adj* ci-dessus
bo·ven|toon *nm (-tonen)* harmonique ♦ **hij voert altijd de ~** il a le verbe haut
bo·ven·uit *adv* au-dessus de; **zijn stem klonk overal ~** sa voix dominait tout
bo·ven·wo·ning *nf (-en)* → **bovenhuis**
bo·ven·zij·de *de (-n)* → **bovenkant**
bow·ling|baan *nf (-banen)* piste de bowling
box *nm (-en)* **1** enceinte (acoustique) **2** box **3** parc (d'enfant)
boy·cot *nm (-s)* boycott(age)
braad·pan *de (-nen)* automijoteuse
braad·slee *de (-ën)* plat à bec verseur (allant au four)
braad·spit *het (-ten)* broche
braad·worst *de (-en)* saucisse (fraîche)
braaf *adj, adv (braver, braafst)* **1** honnête(ment) **2** sage(ment)
braak *adj* en friche
braak·lig·gend *adj* → **braak**
braak·sel *het* vomissure
braam *de (bramen)* mûre
Bra·ban·der *nm (-s)* Brabançon, -onne
brab·be·len *vti (h. gebrabbeld)* **1** bredouiller **2** baragouiner
bracht, brachten → **brengen, binnenbrengen, wegbrengen** *(etc.)*
bra·den *vti (h. gebraden)* (faire) cuire
brak, braken → **breken**[1], **aanbreken**[1], **losbreken**[1] *(etc.)*
bra·ken[1] *vti (h. gebraakt)* vomir
bra·ken[2] *vi (h. gebraakt)* être écœuré
bran·card [brɑŋkar] *nm (-s)* civière
brand *nm (-en)* **1** incendie; **papier in ~ steken** faire brûler du papier; **in ~ raken, vliegen** prendre feu; **die ~ is weer geblust** l'incident est clos **2** embarras; **iem uit de ~ helpen** tirer qn d'embarras
brand·alarm *het* alerte d'incendie
brand|baar *adj (-baarder, -baarst)* **1** combustible **2** inflammable
brand·blus·ap·pa|raat *het (-raten)*, **brandblusser** *nm (-s)* extincteur
bran·den[1] *vi (h. gebrand)* **1** brûler **2** être

allumé **3** piquer ♦ **ik ben er niet op gebrand** ça ne m'emballe pas
bran·den² *vt (h. gebrand)* **1** (se) brûler **2** graver
bran·der *nm (-s)* brûleur
bran·de·rig *adj* **1** qui sent le brûlé **2** irrité
bran·de·wijn *nm (-en)* eau-de-vie
brand·gang *nm (-en)* coupe-feu
brand·ge·vaar·lijk *adj* inflammable
brand·hout *het (-en)* **1** bois de chauffage; **dat is** ~ c'est de la camelote **2** bûche
bran·ding *nf (-en)* ressac
brand·kast *de (-en)* coffre-fort
brand·lad·der *de (-s)* **1** échelle de pompiers **2** échelle de secours
brand·lucht *de* (odeur de) brûlé
brand·mel·ding *nf (-en)* alerte d'incendie
brand·mer·ken *vt (h. gebrandmerkt)* **1** marquer au fer rouge **2** stigmatiser
brand·ne·tel *de (-s)* ortie
brand·punt *het (-en)* foyer
brand·schat·ten *vt (h. gebrandschat)* **1** rançonner **2** piller
brand·schil·de·ren *vt (h. gebrandschilderd)* peindre sur verre; **gebrandschilderd raam** vitrail
brand·schoon *adj* **1** impeccable **2** irréprochable
brand·slang *de (-en)* boyau à incendie
brand·spi·ri·tus *nm* alcool à brûler
brand·sta·pel *nm (-s)* bûcher
brand·stich·ten *vi* incendier
brand·stich·ting *nf (-en)* incendie criminel
brand·stof *de (-fen)* **1** combustible **2** aliment
brand·trap *de (-pen)* escalier de secours
brand·ver·ze·ke·ring *nf (-en)* assurance contre l'incendie
brand·weer *de* (sapeurs-)pompiers
brand·weer|man *nm (-lieden)* (sapeur-)pompier
brand·we·rend *adj* ignifuge
brand·wond *de (-en)* brûlure
bra·nie·schop·per *nm (-s)* crâneur
bras·par·tij *nf (-en)* bombance
bra·vou·re [bravur, brɑvur(ə)] *de* aplomb
Bra·zi·lië *het* Brésil
breed *adj, adv (breder, breedst)* large(ment); **iets** ~ **uitmeten** exagérer qch ♦ **het niet** ~ **hebben** tirer le diable par la queue
breed·ge·bouwd *adj* large de carrure
breed·spra·kig *adj, adv* prolixe, verbeusement
breed·te *nf (-s)* **1** largeur **2** latitude
breed·te|graad *nm (-graden)* degré de latitude
breed·uit *adv* **1** sur toute sa largeur **2** ouvertement
breed·voe·rig *adj, adv* (de façon) détaillé(e)
breek|baar *adj (-baarder, -baarst)* fragile
breek·punt *het (-en)* point de rupture

***brei-** à tricoter
brei·en *vti (h. gebreid)* tricoter; **iets (trachten) recht (te)** ~ essayer de rectifier le tir
brein *het* cerveau
brei|steek *nm (-steken)* point de tricot
brei·werk *het (-en)* (ouvrage de) tricot
bre·ken¹ *vt (h./i. gebroken)* **1** casser **2** (inter)rompre
bre·ken² *vi (h./i. gebroken)* **1** se casser **2** percer **3** rompre
brem *nm*, **bremstruik** *nm (-en)* genêt
Bre·men *het* Brême
bren·gen *vt (h. gebracht)* **1** apporter; **iets dichterbij** ~ approcher qch **2** conduire ♦ **iem ertoe** ~ **dat hij ..., iem tot een daad** ~ amener qn à faire qch; **iets in rekening** ~ porter qch en compte; **met zich mee** ~ avoir pour conséquence; **iets naar voren** ~ avancer qch; **dit bracht mij op de gedachte om** cela m'a donné l'idée de; **het ver** ~ aller loin
bres *de (-sen)* brèche; **voor iem in de** ~ **springen** prendre la défense de qn
breuk *de (-en)* **1** rupture **2** fracture **3** fraction
breuk·vlak *het (-ken)* plan de fracture
brief *nm (brieven)* lettre; **ingezonden brieven** courrier des lecteurs
brief·hoofd *het (-en)* en-tête (de lettre)
brief·je *het (-s)* **1** bout de papier; **dat geef ik je op een** ~ je t'en donne mon billet **2** certificat **3** billet
brief·kaart *de (-en)* carte postale
brief·om·slag *nm (-en) (Belg.)* enveloppe
brief·ope·ner *nm (-s)* coupe-papier
brief·wis·se·ling *nf (-en)* correspondance
bries *de* brise
brie·sen *vi (h. gebriest)* **1** rugir **2** s'ébrouer
brie·ven·bus *de (-sen)* boîte aux lettres; **de** ~ **legen, lichten** faire la levée
brij *nm* bouillie; **om de hete** ~ **draaien** tourner autour du pot
bril *nm (-len)* **1** lunettes; **iets door een gekleurde** ~ **zien** montrer du parti-pris; **een sterke** ~ des lunettes à verres épais **2** lunette
bril·jant *adj, adv* brillant, brillamment
bril·len|glas *het (-glazen)* verre de lunettes
bril·mon|tuur *het/de (-turen)* monture de lunettes
bril·slang *de (-en)* serpent à lunettes
Brit *nm (-ten)* Britannique
brod·del·werk *het* travail bâclé
bro·de·loos *adj* (être) sur la paille
broe·den *vi (h. gebroed)* **1** couver **2** mijoter (qch)
broe·der *nm (-s)* **1** frère **2** infirmier ♦ **'t is een zwakke** ~ il n'est pas très doué
broe·der·lijk *adj, adv* fraternel(lement)
broe·der·schap¹ *het/de* fraternité
broe·der·schap² *nf (-pen)* **1** confrérie **2** congrégation
broed·ma·chi·ne *nf (-s)* couveuse (artificielle)

broed·plaats *de (-en)* **1** lieu d'incubation **2** bouillon de culture
broed·sel *het (-s)* couvée
broei·en *vi (h. gebroeid)* **1** s'échauffer **2** faire étouffant **3** se préparer; **er broeit iets** il se prépare qch
broei·e·rig *adj, adv* étouffant
broei·kas *de (-sen)* serre (chaude)
broei·nest *het (-en)* foyer
broek *de (-en)* pantalon; **iem achter de ~ zitten** être toujours sur le dos de qn; **iem voor de ~ geven** donner une fessée à qn ♦ **een proces aan zijn ~ krijgen** avoir un procès sur le dos
broek·je *het (-s)* jeunot
broek·riem *nm (-en)* ♦ **de ~ aanhalen** se serrer la ceinture
broeks·pijp *de (-en)* jambe (d'un pantalon)
broek·zak *nm (-ken)* poche de pantalon
broer *nm (-s)* frère
brok *het/de (-ken)* **1** morceau; **een ~ in de keel hebben, krijgen** avoir la gorge nouée; **~jes voor de kat** des croquettes pour le chat; **~ken maken** faire de la casse **2** partie; **zij is één ~ zenuwen** c'est un paquet de nerfs
brok·ke·len[1] *vt (h. gebrokkeld)* mettre en petits morceaux
brok·ke·len[2] *vi (h. gebrokkeld)* s'effriter
brok·ken·ma·ker *nm (-s)* brise-tout
brok·stuk *het (-ken)* fragment
brom|beer *nm (-beren)* grognon
brom·fiets *de (-en)* vélomoteur
brom·men *vi (h. gebromd)* **1** bourdonner **2** bougonner **3** marmonner
brom·mer *nm (-s)* → **bromfiets**
brom·vlieg *de (-en)* grosse mouche
bron *de (-nen)* source
bron·chi·tis *nf* bronchite
brons *het (bronzen)* bronze
bron·stig *adj* en rut
bronst·tijd *nm (-en)* époque des chaleurs
bron·wa·ter *het (-en)* eau de source
bron·zen *adj* (couleur) de bronze
brood *het (broden)* **1** pain; **~ op de plank brengen** faire bouillir la marmite; **daar is geen droog ~ mee te verdienen** ça ne rapporte(ra) pas un sou; **dat krijg ik alle dagen op mijn ~** on me le ressort tous les jours **2** sandwichs ♦ **ergens ~ in zien** voir de l'intérêt dans qch
brood·be·leg *het* garniture
brood·deeg *het* pâte à pain
brood·je *het (-s)* sandwich ♦ *(Belg.)* **zijn ~ is gebakken** sa fortune est faite; **zoete ~s bakken** être tout sucre tout miel
brood·korst *de (-en)* **1** croûte de pain **2** croûton
brood·maal·tijd *nm (-en)* repas froid
brood·ma·ger *adj* maigre comme un clou
brood·mes *het (-sen)* couteau à pain
brood·no·dig *adj* indispensable
brood·plank *de (-en)* planche à pain
brood·roos·ter *het/de (-s)* grille-pain
brood·trom·mel *de (-s)* **1** boîte à pain **2** gamelle
brood·win·ning *nf (-en)* gagne-pain
broos *adj, adv (brozer, broost)* fragile(ment)
bros *adj* friable
brou·wen *vt (h. gebrouwen)* **1** brasser **2** composer
brou·we·rij *nf (-en)* brasserie
brouw·sel *het (-s)* **1** breuvage **2** (drôle de) mixture
brow·ser *nm (-s)* navigateur
BRTN *de Belgische Radio en Televisie Nederlands* BRTN
brug *de (-gen)* **1** pont; *(Belg.)* **de ~ maken** faire le pont; *(Belg.)* **Bruggen en Wegen** Ponts et Chaussées **2** bridge ♦ **hij moet over de ~ komen** il faudra bien qu'il s'exécute
Brug·ge *het* Bruges
brug·gen·hoofd *het (-en)* **1** butée (d'un pont) **2** tête de pont
brug|jaar *het (-jaren)* **1** année de transition **2** sixième
brug·klas *nf (-sen)* → **brugjaar 2**
brug·klas·ser *nm (-s)* élève de sixième
brug·leu·ning *nf (-en)* parapet
brug·pen·si·oen *het (Belg.)* prépension
brug·wach·ter *nm (-s)* pont(onn)ier
bruid *nf (-en)* (future) mariée
brui·de·gom *nm (-s)* futur (époux)
bruids·ja·pon *nm (-nen)* robe de mariée
bruids·jurk *de (-en)* → **bruidsjapon**
bruids·meis·je *het* demoiselle d'honneur
bruids·nacht *nm (-en)* nuit de noces
bruids|paar *het (-paren)* jeunes mariés
bruids·schat *nm (-ten)* dot
bruik|baar *adj (-baarder, -baarst)* qui peut (encore) servir; **een bruikbare methode** une bonne méthode
bruik·baar·heid *nf* utilité
bruik|leen *het/de (-lenen)* prêt à usage; **iem iets in ~ geven** prêter qch à qn
brui·loft *de (-en)* **1** mariage **2** anniversaire de mariage
bruin *adj, adv* **1** brun **2** bronzé ♦ **wat bak je ze weer ~!** comme tu y vas!
bruin|brood *het (-broden)* pain bis
brui·nen *vti (h./i. gebruind)* bronzer
brui·sen *vi (h. gebruist)* bouillonner
bruis·ta·blet *het (-ten)* comprimé effervescent
brul·len *vti (h. gebruld)* **1** rugir **2** hurler
Brus·sel *het* Bruxelles
bru|taal *adj, adv (-taler, -taalst)* **1** insolent, avec insolence **2** (d'une manière) effronté(e)
bru·ta·li·teit *nf (-en)* insolence
bru·to *adv* brut
bruut *adj, adv (bruter, bruutst)* brutal(ement); **de ~** la brute; **met ~ geweld** en usant de violence
bso *het (Belg.; enseign.) beroepssecundair onderwijs* ESP
btw *nf belasting over de toegevoegde waarde* TVA
bud·get·te·ring *nf (-en)* budgétisation

buf·fel *nm (-s)* buffle
buf·fer *nm (-s)* tampon
buf·fet [byfɛt] *het (-ten)* **1** buffet **2** comptoir
bug *nm (-s) (inform.)* bogue
bug·gy [bʌgi] *nm (-'s)* **1** poussette **2** buggy
bui *de (-en)* **1** averse; **de ~ zien hangen** sentir venir l'orage **2** humeur ♦ **bij ~en** par moments
bui·del *nm (-s)* **1** bourse; **hij heeft niet al te diep in de ~ getast** il ne s'est pas fendu **2** poche ventrale
buig·baar *adj* → **buigzaam**
bui·gen[1] *vt (h./i. gebogen)* plier
bui·gen[2] *vi (h./i. gebogen)* s'incliner ♦ **het is ~ of barsten** (c'est) marche ou crève!; **de weg buigt hier naar links** ici le chemin tourne à gauche
bui·gen[3] *vpr (zich ~; h. zich gebogen)* se pencher
bui·ging *nf (-en)* **1** courbe **2** inclination; **een diepe ~** une révérence **3** inflexion
buig|zaam *adj (-zamer, -zaamst)* flexible
bui·ig *adj* pluvieux
buik *nm (-en)* ventre; **zijn ~(je) rond eten** se remplir le ventre; **er de ~ van vol hebben** en avoir plein le dos
***buik-** abdominal
buik·dan·se·res *nf (-sen)* danseuse orientale
buik·griep *de* grippe (gastro-)intestinale
buik·kramp *de (-en)* colique
buik·loop *nm* diarrhée
buik·pijn *de (-en)* mal de ventre; **er ~ over, van hebben** se faire de la bile
buik·riem *nm (-en)* ceinture
buik·spier *de (-en)* muscle abdominal
buik·spre·ker *nm (-s)* ventriloque
buil *de (-en)* bosse; **daar kun je, zul je je geen ~ aan vallen** là, tu ne risques rien
buis *de (buizen)* **1** tuyau; **de buizen van de waterleiding** les conduites d'eau **2** petit écran **3** *(Belg.; enseign.; fam.)* note insuffisante
buis·lamp *de (-en)* tube fluorescent
buit *nm* butin; **~ maken** s'emparer de
bui·te·len *vi (h./i. gebuiteld)* culbuter
bui·ten[1] *adv* dehors; **zich (aan iets) te ~ gaan** abuser de qch; **van ~** vu(e) de l'extérieur; **iets van ~ kennen** connaître qch par cœur
bui·ten[2] *prép* **1** hors de; **~ de deur** à l'extérieur **2** en dehors de; **zich ergens ~ houden** se tenir à l'écart de qch; **ik sta geheel ~ de zaak** je ne suis pour rien dans cette affaire **3** excepté **4** hors de; **hij kon niet ~ mij** il ne pouvait pas se passer de moi
***bui·ten-** extérieur
bui·ten·af *adv* **1** *(+ van)* de, à l'extérieur **2** loin (du centre)
bui·ten·band *nm (-en)* pneu
bui·ten·been·tje *het (-s)* original
bui·ten·boord·mo·tor *nm (-en)* hors-bord
bui·ten·ech·te·lijk *adj* extraconjugal
bui·ten·ge·meen → **buitengewoon**[1]
bui·ten·ge|woon[1] *adj (-woner, -woonst)* exceptionnel
bui·ten·ge|woon[2] *adv (-woner, -woonst)* extrêmement
bui·ten|huis *het (-huizen)* maison de campagne
bui·te·nis·sig *adj* excentrique
bui·ten·kans·je *het (-s)* aubaine
bui·ten·kant *nm (-en)* **1** extérieur; **op de ~ afgaan** se fier aux apparences **2** périphérie
bui·ten·ko·men *vi (i. buitengekomen)* sortir (de la maison etc.)
bui·ten·land *het* étranger
bui·ten·lan·der *nm (-s)* étranger, -ère
bui·ten·lands *adj* étranger; **~e handel** commerce extérieur; **minister van Buitenlandse Zaken** ministre des Affaires étrangères
bui·ten·la·ten *vt (h. buitengelaten)* **1** laisser dehors **2** faire sortir
bui·ten·le·ven *het* vie à la campagne
bui·ten·lucht *de* plein air
bui·ten·mo·del *adj* hors série
bui·ten·om *adv* en faisant le tour (par l'extérieur)
bui·tens·huis *adv* à l'extérieur
bui·ten·slui·ten *vt (h. buitengesloten)* **1** empêcher d'entrer **2** exclure
bui·ten·spel *het* hors-jeu; **~ zetten** court-circuiter
bui·ten·spo·rig *adj, adv* excessif, excessivement
bui·ten·spo·rig|heid *nf (-heden)* extravagance
bui·ten·sport *nm (-en)* sport de plein air
bui·tenst *adj* extérieur
bui·ten·staan *vi (h. buitengestaan)* rester dehors
bui·ten·staan·der *nm (-s)* profane; **als ~ oordelen** juger de l'extérieur
bui·ten·ste *het (-n)* extérieur
bui·ten·wacht *de* non-initiés; **iets voor de ~ verborgen houden** cacher qch au monde extérieur
bui·ten·we·reld *de* **1** monde extérieur; **zich van de ~ afsluiten** se replier (sur soi-même) **2** grand public
bui·ten·wijk *de (-en)* faubourg
bui·ten·zet·ten *vt (h. buitengezet)* mettre dehors
bui·ten·zij·de *de (-n)* face externe
buit·ma·ken *vt (h. buitgemaakt)* capturer
bui·zerd *nm (-s)* buse
buk·ken[1] *vi (h. gebukt)* **1** se baisser; **hij gaat gebukt onder veel zorgen** il est accablé de nombreux soucis **2** céder (à, devant, sous)
buk·ken[2] *vpr (zich ~; h. zich gebukt)* se baisser
bul *de (-len)* diplôme
bul·de·ren *vi (h. gebulderd)* tonner
bul·dog *nm (-gen)* bouledogue
Bul·ga·rije *het* Bulgarie
bulk *nm* vrac
bult *nm (-en)* **1** bouton **2** bosse
bum·per *nm (-s)* pare-chocs

bun·del *nm (-s)* **1** botte **2** ballot **3** liasse **4** recueil
bun·de·len *vt (h. gebundeld)* **1** lier **2** mettre en liasse **3** réunir en, dans un recueil **4** unir
bun·ge·len *vi (h. gebungeld)* pendouiller; **hij bungelde er maar wat bij** il était un peu en marge du groupe
bun·zing *nm (-s, -en)* putois
burcht *de (-en)* château fort
bu·reau [byro] *het (-s)* **1** bureau **2** poste (de police) **3** service
bu·reau·blad *het* bureau *(écran d'ordinateur)*
bu·reau·cra·tisch *adj, adv* bureaucratique, en bureaucrate
bu·reau·re·dac·teur *nm (-en, -s)* secrétaire de la rédaction
bu·ren·ge·rucht *het* tapage
bu·ren·ru·zie *nf (-s)* querelle entre voisins
bur·ge·mees·ter *nm (-s)* maire, *(Belg.)* bourgmestre
bur·ger *nm (-s)* **1** habitant (d'une commune) **2** citoyen; **dat geeft de ~ moed** voilà qui (me) donne du cœur au ventre **3** civil **4** bourgeois
***bur·ger-** civil
bur·ger·lijk *adj, adv* **1** bourgeois(ement) **2** civil; **~e staat, stand** état civil; **het ~ wetboek** le code civil
bur·ger·man·ne·tje *het* petit-bourgeois
bur·ger·recht *het (-en)* droits civils
bus *de (-sen)* **1** (auto)bus **2** (auto)car **3** boîte **4** bidon **5** boîte (aux lettres); **er kwam niets uit de ~** ça n'a rien donné ♦ **dat klopt als een ~** il n'y a rien à redire
bus|baan *de (-banen)* couloir d'autobus
bus·dienst *nm (-en)* service d'autobus, d'autocar
bus·hok·je *het (-s)* abri
bus·kruit *het* poudre (à canon)
bus·lich·ting *nf (-en)* levée
bu·so *het (Belg.) buitengewoon secundair onderwijs* ESS
bus·sta·ti·on *het (-s)* gare routière
bus·te [bystə] *de (-s, -n)* **1** poitrine **2** buste
bus·te·hou·der *nm (-s)* soutien-gorge
bus·tocht *nm (-en)* excursion en car
bus·ver·bin·ding *nf (-en)* liaison par autobus, car
bu·ta·gas *het* (gaz) butane
but·ler *nm (-s)* majordome
but·ton [bʌtən] *de (-s)* badge
buur *nm (buren)* voisin
buur|man *nm (-lieden)* voisin
buurt *de (-en)* **1** quartier **2** voisinage; **blijf in de ~** ne t'éloigne pas (trop); **hij moet uit mijn ~ blijven** il fera bien de se tenir à l'écart
buurt·cen|trum *het (-tra)* → **buurthuis**
buurt|huis *het (-huizen)* centre socioculturel de quartier
buurt·voor·zie·nin·gen *plur* structures d'accueil (d'un quartier)
buurt·werk *het* travail socio(-)culturel de quartier
buur·vrouw *nf (-en)* voisine
buz·zer *nm (-s)* radiomessageur
bv *nf (-'s) besloten vennootschap* ± SARL, *(Belg.)* ± SPRL
bv. *bijvoorbeeld* p.ex.
bvba *nf (-'s) (Belg.) besloten vennootschap met beperkte aansprakelijkheid* SPRL
by·pass *de (-es)* pontage
By·zan·ti·um *het* Byzance

C

ca. *circa* env.
ca·ba·ret [kabarɛ(t)] *het (-s)* ± revue
ca·ba·re|tier [kabarɛce] *nm (-s),* **-tière** *nf (-s)* chansonnier, -ère
ca·bi·ne *nf (-s)* cabine
ca·cao [kakau, kakao] *nm* cacao
cac·tus *nm (-sen)* cactus
ca·dans *de (-en)* cadence
ca·deau [kado] *het (-s)* cadeau; **iem iets ~ doen** offrir qch à qn; *(euph.)* **iets niet ~ geven** vendre cher qch; *(iron.)* **dat krijg je van me ~** tu peux le garder!; **je krijgt het niet ~ in het leven** dans la vie on n'a rien pour rien
ca·deau·bon *nm (-nen)* chèque-cadeau
ca·fé *het (-s)* café
ca·fe·ï·ne·vrij *adj* décaféiné
ca·fe·ta·ria *de (-'s)* cafétéria
Ca·ï·ro *het* le Caire
cake [kek] *nm (-s)* cake
cake·blik *het (-ken)* moule à cake
ca·la·mi·teit *nf (-en)* calamité
cal·cu·la·tie *nf (-s)* calcul
cal·cu·la·tor *nm (-s)* calculatrice
ca·lo·rie·arm *adj* pauvre en calories
cal·vi·nist *nm (-en)* calviniste
Cam·bod·ja *het* Cambodge
Cam·bod|jaan *nm (-janen),* **-jaanse** *nf (-n)* Cambodgien, -ienne
cam·cor·der *nm (-s)* caméscope
ca·me·ra *de (-'s)* caméra
ca·me·ra|man *nm (-mannen, -lieden)* cameraman
ca·mi·o·net·te *nf (Belg.)* camionnette
ca·mou·fle·ren *vt (h. gecamoufleerd)* camoufler
cam·pag·ne [kampaɲə] *de (-s)* campagne; **de ~ openen** lancer la campagne
cam·per [kɛmpər, kampər] *de (-s)* camping-car
cam·ping [kɛmpıŋ, kampıŋ] *de (-s)* (terrain de) camping
cam·ping·gas *het* camping-gaz
cam·pus *nm (-sen)* cité universitaire
Ca·na·dees *adj* canadien
Ca·na·ri·sche Ei·lan·den *plur* (îles) Canaries
can·vas *het* toile à voile; **tegen het ~ gaan** aller au tapis
cao *nf (-'s) collectieve arbeidsovereenkomst* CCT
ca·pa·bel *adj* capable; **hij is niet ~ om te rijden** il n'est pas en état de conduire
ca·pa·ci·teit *nf (-en)* capacité
cape [kep] *de (-s)* cape *(vêtement)*
ca·pi·tu·la·tie *nf (-s)* capitulation
ca·pi·tu·le·ren *vi (h. gecapituleerd)* capituler
ca·pri|ool *de (-olen)* cabriole; **capriolen uithalen** faire le pitre
cap·su·le *de (-s)* capsule
cap·tain [kɛptən] *nm (-s)* **1** capitaine **2** commandant de bord
ca·pu·chon [kapyʃɔn] *nm (-s)* capuchon
ca·ra·van [kɛrəvɛn, karavan] *nm (-s)* caravane
car·bo·li·ne·um *het* coaltar
car·bon·pa·pier *het (-en)* papier carbone
car·di·o|loog *nm (-logen)* cardiologue
care *nm* soins; **intensive ~** service des urgences
ca·ri·ës *de* carie
car·na·val *het (-s)* carnaval
car·na·vals·kra·ker *de (-s)* tube de carnaval
car·ni|voor *nm (-voren)* carnivore
car·poo·len [ka:rpulə(n)] *vi* faire du covoiturage
car·poo·ling *nf* covoiturage
car·port [ka:rpɔ:rt] *nm (-s)* abri-garage
car·riè·re *de (-s)* carrière; **hij is zijn ~ misgelopen!** il a raté sa carrière!
car·ros·se·rie *nf (-ën)* carrosserie
car·toon [kartu:n] *nm (-s)* dessin humoristique
car·too·nist *nm (-en)* dessinateur humoristique
cas·co *het (-'s)* **1** corps, carcasse **2** coque *(voitures)*
cas·co·ver·ze·ke·ring *nf (-en)* assurance des dommages au véhicule
ca·shew|noot [kɛʃunot] *de (-noten)* (noix de) cajou
ca·si·no *het (-'s)* casino

cas·sa·tie *nf (-s) (jur.)* cassation
cas·set·te *de (-s)* **1** coffret **2** cassette **3** *(films)* cartouche
cas·set·te·band *nm (-en)* (mini)cassette
cas·set·te·deck *nm (-s)* lecteur-enregistreur de cassettes
cas·set·te·re·cor·der [kɑsɛtərikɔːrdər] *nm (-s)* magnétophone à cassettes
cas·sis *de* limonade de cassis
cas·tra·tie *nf (-s)* castration
ca·ta·lo|gus *nm (-gi)* catalogue
ca·ta|loog *nm (-logen) (Belg.)* → **catalogus**
ca·ta·stro|faal *adj, adv (-faler, -faalst)* (de façon) catastrophique
ca·ta·stro·fe *de (-s, -n)* catastrophe
ca·te·chi·sa·tie *nf (-s)* catéchisation
ca·te·go·rie *nf (-ën)* catégorie
ca·te·ring [ketərɪŋ] *de (-s)* restauration collective
ca·via *de (-'s)* cobaye
CBS *het Centraal Bureau voor de Statistiek* bureau central de la statistique, *(en France)* ± INSEE
cd *nm compact disc* CD
CDA *het Christen-Democratisch Appel* ⟨*parti chrétien-démocrate*⟩
cd-rom *de (-s)* CD-ROM
cd-rom·spe·ler *nm (-s)* lecteur CD-ROM
cd-spe·ler *nm (-s)* lecteur CD; **draagbare** ~ lecteur laser baladeur
cein|tuur [sɛntyr] *nf (-turen)* ceinture
cel *de (-len)* cellule; **de grijze ~len** la matière grise; **hij heeft een jaar ~ gekregen** il a écopé d'un an de prison
***cel-** cellulaire
cel·ge|noot *nm (-noten)* codétenu
ce·li·baat *het* célibat
cel|list *nm (-en),* **-liste** *nf (-s, -n)* violoncelliste
cel·lo [sɛlo, tʃɛlo] *nm (-'s)* violoncelle
ce·ment *het/de* ciment; **een steen met ~ vastzetten** couler une pierre
ce·ment·mo·len *nm (-s)* bétonnière
cen·su·re·ren *vt (h. gecensureerd)* censurer
cen·suur *nf* censure; **onder ~ staan** être censuré
cent *nm (-en)* **1** centime **2** sou; **bulken van de ~en** rouler sur l'or; **hij is geen ~ waard** il ne vaut pas la corde pour le pendre; **hij deugt voor geen ~** c'est un bon à rien; **ik geef geen ~ meer voor zijn leven** je ne donne plus cher pour sa vie; **hij doet het alleen om de ~en** il fait ça uniquement pour l'argent; **erg op de ~en zijn** être près de ses sous; **geen rooie ~ bezitten** ne pas avoir un rond
cen·ti·me·ter *nm (-s)* centimètre
cen·traal *adj, adv* (à partir d'un point) central; **~ antennesysteem** antenne collective; **~ inkopen** centraliser les achats; **iets ~ stellen** donner la priorité à qch
cen·tra·le *de (-s)* **1** centrale **2** central (téléphonique)
cen·tra·li·sa·tie *nf (-s)* centralisation
cen·tri·fu·ge [sɛntrifyːʒə] *de (-s)* essoreuse
cen·tri·fu·ge·ren *vt (h. gecentrifugeerd)* essorer
cen|trum *het (-tra)* **1** centre **2** *(biol.)* siège
ce·re·mo|nie *nf (-nies, -niën)* **1** cérémonie **2** cérémonies; **iem zonder ~ ontvangen** recevoir qn en toute simplicité
ce·re·mo·ni·eel *adj* **1** cérémoniel **2** cérémonieux
ce·re·mo·nie·mees·ter *nm (-s)* maître de cérémonie
cer·ti·fi|caat *het (-caten)* certificat
Cey·lon *het* Ceylan
cfk *de (-'s) chloorfluorkoolwaterstof* CFC
cha·grijn *het (-en)* **1** hargne **2** râleur
cha·grij·nig *adj, adv* râleur, hargneusement; **zij is nogal ~** elle est un peu rabat-joie
cha·let [ʃalɛ] *het/de (-s)* chalet
cham·pig·non [ʃɑmpiɲɔn, ʃɑmpijɔn] *nm (-s)* champignon (comestible)
chan·son [ʃɑ̃sɔ̃] *het/de (-s)* chanson
chan·son|nier [ʃɑ̃sɔ̃ɲe] *nm (-s),* **-nière** *nf (-s)* chanteur, -euse
chan·ta·ge [ʃɑntaʒə] *nf (-s)* chantage
chan·te·ren [ʃɑnterə(n)] *vt (h. gechanteerd)* faire chanter (qn)
chan·teur [ʃɑntør] *nm (-s)* maître chanteur
cha·os *nm* chaos
cha·o|tisch *adj, adv (-tischer, meest c.)* (de manière) chaotique
cha·ri·ta·tief *adj* charitable
char·mant [ʃɑrmɑnt] *adj* charmant
char·me [ʃɑrmə] *nf (-s)* charme
char·te·ren [ʃɑrtərə(n), tʃɑːrtərə(n)] *vt (h. gecharterd)* **1** affréter **2** faire appel à
char·ter·vlucht *de (-en)* vol charter
chat·box *nm (inform.)* chatbox
chat·ten *vi (h. gechat) (inform.)* chatter
chauf·fe·ren [ʃoferə(n)] *vi (h. gechauffeerd)* conduire
chauf·feur [ʃoføर] *nm (-s)* chauffeur
chau·vi·nist [ʃovinɪst] *nm (-en)* chauvin
chec·ken [tʃɛkə(n)] *vt (h. gecheckt)* contrôler
chef [ʃɛf] *nm (-s)* chef; **~ van een afdeling** chef de service
che·mi·ca·li·ën *plur* produits chimiques
che·mi|cus *nm (-ci)* chimiste
che·mie *nf* chimie
che·misch *adj, adv* chimique(ment)
che·mo·the·ra·pie *nf* chimiothérapie
cheque [ʃɛk] *nm (-s)* chèque; **een ~ innen** toucher un chèque; **met een ~ betalen** payer par chèque; **ongedekte ~** chèque sans provision; **een ~ uitschrijven** émettre un chèque
cheque·boek *het (-en)* chéquier
chic [ʃik] *adj, adv* (avec) chic; **er ~ uitzien** avoir de l'allure
Chi|leen *nm (-lenen),* **-leense** *nf (-n)* Chilien, -ienne
chi·li·saus *de* sauce au piment rouge
Chi·na *het* Chine
Chi·nees *adj* chinois; **de ~, Chinese** le, la

Chinois(e); **bij de ~ gaan eten** aller (manger) au restaurant chinois
chip [tʃɪp] *nm (-s) (inform.)* puce
chip·kaart *de (-en)* carte à mémoire
chips *plur* chips
chi·rurg [ʃirʌrχ] *nm (-en)* chirurgien
chi·rur·gisch [ʃirʌrχis] *adj, adv* (par voie) chirurgical(e)
chloor *het/de* **1** chlore **2** eau de Javel
cho·co·la·de [ʃokoladə] *nm* chocolat
cho·co·la·de·ha·gel·slag *nm* granulés de chocolat
cho·co·la·de·let·ter *de (-s)* lettre en chocolat
choke [ʃok, ʃɔk] *nm (-s)* starter
cho·le·ra *de* choléra
cho·que·ren *vt (h. gechoqueerd)* choquer
cho·re·o·gra·fie *nf (-ën)* chorégraphie
Chr. *Christus* J.-C.
chris·te·lijk *adj, adv* chrétien(nement); **de ~e partijen** les partis confessionnels
chris·ten *nm (-en),* **christin** *nf (-nen)* chrétien, -ienne
chris·ten·de·mo|craat *nm (-craten)* démocrate-chrétien, -ienne
chris·ten·dom *het* christianisme; **een volk tot het ~ bekeren** christianiser un peuple
Chris·tus *nm* le Christ; **na ~** après Jésus-Christ; **vóór ~** avant Jésus-Christ
chro·mo|soom *het (-somen)* chromosome
chro·nisch *adj, adv* chronique(ment)
chro·no·lo·gisch *adj, adv* chronologique(ment)
chroom *het* chrome
chry·sant *de (-en)* chrysanthème
ci·cho·rei *de* chicorée
ci·der *nm* cidre
cij·fer *het (-s)* **1** chiffre **2** note; **hoge ~s behalen** avoir de bonnes notes ♦ **in de rode ~s staan** être dans le rouge
cij·fer·lijst *de (-en)* bulletin de notes
cij·fer·ma·te·ri·aal *het* chiffres
ci·lin·der *nm (-s)* cylindre
ci·lin·der·in·houd *nm* cylindrée
ci·lin·der·vor·mig, -drisch *adj* cylindrique
ci·ne·ast *nm (-en),* **cineaste** *nf (-s, -n)* cinéaste
ci·ne·ma *nm (-'s)* cinéma
ci·pier *nm (-s),* **-ster** *nf (-s)* geôlier, -ière
ci·pres *nm (-sen)* cyprès
cir·ca *adv* environ
cir·cuit [sɪrkwi] *het (-s)* circuit; **het zwarte ~** le circuit parallèle
cir·cu·lai·re *de (-s)* circulaire
cir·cu·la·tie *nf (-s)* circulation
cir·cus *het/de (-sen)* cirque
cir·cus·tent *de (-en)* chapiteau
cir·kel *nm (-s)* cercle
***cir·kel-** circulaire
cir·kel·vor·mig *adj, adv* circulaire(ment)
ci|taat *het (-taten)* citation
ci·te·ren *vt (h. geciteerd)* citer
ci·troen *de (-en)* citron
ci·troen·li·mo·na·de *de* citronnade
ci·troen·sap *het* jus de citron, citron pressé
ci·trus·fruit *het* agrumes
ci·viel *adj, adv* civil(ement)
ci·viel·rech·te·lijk *adj, adv* (au) civil
ci·vi·li·sa·tie *nf (-s)* civilisation
ci·vi·li·se·ren *vt (h. geciviliseerd)* civiliser
CJP *het (-'s) cultureel jongerenpaspoort* ⟨*carte jeunes*⟩
claim [klem] *nm (-s)* **1** réclamation **2** option
clai·men [klemə(n)] *vt (h. geclaimd)* réclamer
clan·des·tien *adj, adv* clandestin(ement)
clas·si·cis·me *het* classicisme
clas·si|cus *nm (-ci),* **-ca** *nf (-cae, -'s)* professeur de lettres classiques
clas·si·fi·ca·tie *nf (-s)* classification
clau·su·le *de (-s)* clause
claxon *nm (-s)* klaxon®
clean [kli:n] *adj* désintoxiqué
cle·ma·tis *de (-sen)* clématite
cle·men·tie *nf* clémence
cle·rus *nm* clergé
cli·ché·ma·tig *adj, adv* (d'une manière) stéréotypé(e)
cli·ënt *nm (-en),* **cliënte** *nf (-s, -n)* client, -ente
cli·max *nm (-en)* sommet
clinch [klɪnʃ] *nm* ♦ **in de ~ gaan met iem** ± entrer en conflit avec qn; **in de ~ liggen met iem** être aux prises avec qn
clo·set·bor·stel *nm (-s)* balayette
clo·set·pa·pier *het* papier hygiénique
close-up [klozʌp] *nm (-s)* gros plan
clou [klu] *nm* essentiel
clown [klaun] *nm (-s)* clown
club *de (-s)* **1** club **2** *(amis)* bande; **met een ~je uitgaan** sortir en bande
clus·ter *nm (-s)* agglomérat, groupe
clus·te·ren *vt (h. geclusterd)* grouper
CNV *het Christelijk Nationaal Vakverbond* ⟨*syndicat protestant*⟩
coach [kotʃ] *nm (-es)* entraîneur
coa·chen [kotʃə(n)] *vt (h. gecoacht)* entraîner
co·a·li·tie *nf (-s)* coalition
co·as·si|stent *nm (-en),* **-stente** *nf (-s, -n)* ± interne
coas·ter [kostər] *nm (-s)* caboteur
coa·ting [kotɪŋ] *de (-s)* revêtement
co·ca·ï·ne *de* cocaïne
cock·pit *nm (-s)* cabine
cock·tail [kɔktel] *nm (-s)* cocktail
co·con *nm (-s)* cocon
co·de *nm (-s)* code; **wat is de ~ van het cijferslot?** quelle est la combinaison de la serrure?; **in ~ overzetten** coder
co·de·ren *vti (h. gecodeerd)* coder
co·de·ring *nf (-en)* codage
cof·fee·shop [kɔfiʃɔp] *nm (-s)* cafétéria
cog·ni·tief *adj, adv* cognitif, au niveau de la cognition
co·he·rent *adj, adv* (de façon) cohérent(e)
co·he·sie *nf* cohésion

co·ï·tus *nm* coït
col *nm (-s)* **1** col montant **2** col
co·la *nm (-'s)* coca®
col·bert [kɔlbɛːr] *het/de (-s)* veston
col·la·bo·ra·tie *nf (péj.)* collaboration
col·la·bo·re·ren *vi (h. gecollaboreerd) (péj.)* collaborer
col·lec|tant *nm (-en),* **-tante** *nf (-n, -s)* quêteur, -euse
col·lec·te·bus *de (-sen) (argent)* tronc
col·lec·te·ren *vi (h. gecollecteerd)* faire la quête
col·lec·tie *nf (-s)* collection
col·lec·tief *adj, adv* collectif, collectivement; **collectieve sector** secteur semi-public et public; **collectieve uitgaven** dépenses pour la collectivité
col·le|ga *nm (-ga's, -gae)* collègue
col·le·ge [kɔleʒə] *het (-s)* **1** *(université)* cours **2** collège; **het ~ van burgemeester en wethouders** le maire et ses adjoints, *(Belg.)* le collège échevinal
col·le·ge·geld *het (-en)* droit d'inscription, *(Belg.)* minerval
col·le·ge·kaart *de (-en)* carte d'étudiant
col·le·ge|zaal *de (-zalen)* salle de cours
col·le·gi·aal *adj, adv* confraternel(lement)
col·le·gi·a·li·teit *nf* confraternité
Co·lom·bia *het* Colombie
Co·lom·bi|aan *nm (-anen),* **-aanse** *nf (-n)* Colombien, -ienne
co·lon·ne *de (-s) (milit.)* colonne
col·trui *de (-en)* pull à col roulé
co·lumn [kɔlʌm] *de (-s) (journal)* chronique (de)
co·lum|nist *nm (-en),* **-niste** *nf (-s, -n)* chroniqueur, -euse
co·ma *het (-'s)* coma
co·ma·drin·ken *het* boire jusqu'au coma éthylique
co·ma·pa·tiënt *nm (-en)* comateux, -euse
com·bi *nm (-'s)* camionnette
com·bi·na·tie *nf (-s)* **1** combinaison; **in ~ met** en combinaison avec **2** ensemble
com·bi·na·tie·tang *de (-en)* pince universelle
com·bi·ne·ren *vt (h. gecombineerd)* combiner
co·me·dy·se·rie *nf (-s)* feuilleton comique télévisé
com·fort [kɔmfɔːr, kɔmfɔrt] *het* confort
com·for·ta·bel *adj, adv* confortable(ment)
co·mi·té [kɔmite] *het (-s)* comité
com·man·dant *nm (-en)* commandant
com·man·de·ren *vti (h. gecommandeerd)* **1** avoir le commandement (sur) **2** commander
com·man·do *het (-'s)* commandement
com·men|taar *het/de (-taren)* commentaire; **~ op iets geven** commenter qch; **~ leveren** donner son opinion
com·men·ta|tor *nm (-en),* **-trice** *nf (-s)* commentateur, -trice
com·mer·cial *nm (-s)* publicité
com·mer·cie *nf* commerce
com·mer|ci·eel *adj, adv (-ciëler, -cieelst)* commercial(ement)
com·mis·sa·ri|aat *het (-aten)* commissariat
com·mis·sa·ris *nm (-sen)* commissaire; **~ van de Koningin** *(Belg.)* ± gouverneur (d'une province), *(aux Pays-Bas)* Commissaire de la Reine, *(en France)* ± préfet
com·mis·sie *nf (-s)* commission
com·mo·tie *nf (-s)* agitation
com·mu·ne *nf (-s)* communauté
com·mu·ni|cant *nm (-en),* **-cante** *nf (-s, -n)* premier communiant, première communiante
com·mu·ni·ca·tie *nf (-s)* communication
com·mu·ni·ca·tief *adj* de communication
com·mu·ni·ce·ren *vi (h. gecommuniceerd)* **1** communiquer **2** *(cathol.)* communier
com·mu·nie *nf (-s)* communion
com·mu·nis·me *het* communisme
com·mu·nis·tisch *adj, adv* (comme un, en) communiste
com·pact disc *nm (-s)* disque compact
com·pact·heid *nf* compacité
com·pag·non [kɔmpaɲɔn] *nm (-s)* **1** associé **2** compagnon
com·pag·non·schap *het (-pen)* association
com·par·ti·ment *het (-en)* compartiment
com·pen·sa·tie *nf (-s)* compensation; **als ~ voor** en compensation de
com·pen·se·ren *vt (h. gecompenseerd)* compenser
com·pe·tent *adj* compétent
com·pe·ten·tie *nf (-s)* compétence
com·pe·ti·tie *nf (-s)* compétition
com|pleet *adj, adv (-pleter, -pleetst)* complet, complètement; **een complete uitgave** une édition intégrale
com|plex[1] *het (-en)* **1** ensemble **2** *(psycho.)* complexe
com|plex[2] *adj (-plexer, meest c.)* complexe
com·pli·ca·tie *nf (-s)* complication
com·pli·ce·ren *vt (h. gecompliceerd)* compliquer
com·pli·ment *het (-en)* compliment; *(Belg.)* **Franse ~en verkopen** faire des chichis
com·pli·men·te·ren *vt (h. gecomplimenteerd)* complimenter (pour, sur)
com·pli·men|teus *adj, adv (-teuzer, meest c.)* **1** courtois(ement) **2** complimenteur, comme compliment
com·plot *het (-ten)* complot
com·po·nent *nm (-en)* composante
com·po·ne·ren *vti (h. gecomponeerd)* composer
com·po|nist *nm (-en),* **-niste** *nf (-s)* compositeur, -trice
com·po·si·tie *nf (-s)* composition
com·pos·te·ren *vt (h. gecomposteerd)* convertir en compost
com·pro·mis [kɔmpromi, kɔmpromɪs] *het (-sen)* compromis

com·pro·mit·te·ren *vt (h. gecompromitteerd)* compromettre; **zich** ~ se compromettre
com·pu·ter [kɔmpjutər] *nm (-s)* ordinateur
***com·pu·ter-** informatique; **het computerprogramma** le programme informatique
com·pu·ter·des·kun·di·ge *nm (-n)* informaticien, -ienne
com·pu·te·ren *vi (h. gecomputerd)* se servir de l'ordinateur
com·pu·ter·ge·stuurd *adj* commandé par ordinateur
com·pu·te·ri·se·ren *vt (h. gecomputeriseerd)* informatiser
com·pu·ter|kraak *nm (-kraken)* piratage des banques de données
com·pu·ter·on·der·steund *adj* assisté par ordinateur
com·pu·ter|taal *de (-talen)* langage de programmation
com·pu·ter·uit·draai *nm (-en)* listage
com·pu·ter·ver·wer·king *nf* ordination
con·cen·tra·tie *nf (-s)* concentration; **zijn** ~ **verliezen** se déconcentrer
con·cen·tra·tie·kamp *het (-en)* camp de concentration
con·cen·tra·tie·ver·mo·gen *het* faculté de concentration
con·cen·tre·ren¹ *vpr (zich ~; h. zich geconcentreerd)* se concentrer (sur)
con·cen·tre·ren² *vt (h. geconcentreerd)* concentrer
con·cept *het (-en)* **1** projet, ébauche **2** concept
con·cep·tie *nf (-s)* conception
con·cern [kɔnsʌːrn] *het (-s)* groupe (de sociétés)
con·cert *het (-en)* **1** concert **2** concerto
con·cert·ge·bouw *het (-en)* salle de concert
con·cert·mees·ter *nm (-s)* premier violon
con·cert·po|di·um *het (-diums, -dia)* estrade
con·cert·vleu·gel *nm (-s)* (grand) piano à queue
con·cert|zaal *de (-zalen)* → **concertgebouw**
con·ces·sie *nf (-s)* concession
con·ciër·ge [kɔnʃɛrʒə] *nm (-s)* concierge, gardien, -ienne
con·clu·de·ren *vti (h. geconcludeerd)* conclure; **wat kunnen we daaruit ~?** quelle conclusion en tirer?
con·clu·sie *nf (-s)* conclusion; **tot de ~ komen dat ...** en conclure que ...
con·cours [kɔŋkur] *het/de (-en)* concours
con|creet *adj, adv (-creter, -creetst)* concret, concrètement
con·cur|rent *nm (-en)*, **-rente** *nf (-s)* concurrent, -ente
con·cur·ren·tie *nf* concurrence; **~ ondervinden** subir de la concurrence; **de ~ het hoofd bieden** tenir tête à la concurrence
con·cur·re·ren *vi (h. geconcurreerd)* concurrencer; **kunnen ~ met** pouvoir soutenir la concurrence de
con·cur·re·rend *adj* concurrentiel
con·dens *het* (eau de) condensation
con·den·sa·tie *nf* condensation
con·den·se·ren¹ *vt (h./i. gecondenseerd)* condenser
con·den·se·ren² *vi (h./i. gecondenseerd)* se condenser
con·di·tie *nf (-s)* condition; **in goede ~ zijn** être en (pleine) forme
con·di·tie·trai·ning *nf* mise en condition
con·do·le·an·ce [kɔndolejɑ̃sə] *de (-s)*, **condoleantie** *nf (-s)* condoléances
con·do·le·ren *vti (h. gecondoleerd)* présenter ses condoléances
con·doom *het (-s)* préservatif
con·duc|teur *nm (-s)*, **-trice** *nf (-s) (transports)* contrôleur, -euse
con·fec·tie *nf (vêtements)* confection, prêt-à-porter
con·fe·ren·ce [kɔnferɑ̃sə] *nf (-s)* **1** sketch, sketches **2** conférence
con·fe·ren·cier [kɔnferɑ̃ʃe] *nm (-s)* **1** chansonnier **2** conférencier, -ière
con·fe·ren·tie *nf (-s)* conférence
con·fes·si·o·neel *adj* confessionnel
con·fet·ti *nm* confetti
con·fi·den·tie *nf (-s)* confidence
con·fi·den|ti·eel *adj, adv (-tiëler, -tieelst)* confidentiel(lement)
con·fi·gu·ra·tie *nf (-s)* configuration
con·fis·que·ren *vt (h. geconfisqueerd)* confisquer
con·fi·tuur *de (Belg.)* confiture
con·flict *het (-en)* conflit
con·form *adj, adv* conforme, conformément à
con·for·me·ren *vpr (zich ~; h. zich geconformeerd)* se conformer (à)
con·for·mis|tisch *adj (-tischer, meest c.)* conformiste
con·fron·ta·tie *nf (-s)* confrontation
con·glo·me·ra·tie *nf (-s)* communauté urbaine
con·gres *het (-sen)* congrès
con·gres|cen·trum *het (-centra)*, **-gebouw** *het (-en)* palais des congrès
con·gru·en·tie *nf* congruence
co·ni|feer *nm (-feren)* conifère
co·nisch *adj* conique
con·junc|tief *nm (-tieven)* subjonctif
con·junc·tu·reel *adj* conjoncturel
con·junc|tuur *nf (-turen)* conjoncture; **een dalende** ~ une récession; **een opgaande** ~ une expansion économique
con·nec·tie *nf (-s)* relation
con·no·ta·tie *nf (-s)* connotation
con·rec·tor *nm (-s)* censeur
con·se·quent *adj, adv* (de façon) conséquent(e); **de ~e toepassing van een beginsel** l'application systématique d'un principe
con·se·quen·tie *nf (-s)* conséquence
con·ser·va|tief *adj, adv (-tiever, -tiefst)* (en) conservateur

con·ser·va·to|ri·um *het (-ria)* conservatoire (de musique)
con·ser·ven *plur* conserves
con·ser·ven·blik *het (-ken)* boîte de conserve
con·ser·ve·rings·mid·del *het (-en)* produit conservateur
con·si·de·ra·tie *nf (-s)* **1** indulgence; ~ **met iem hebben** avoir de l'indulgence pour qn; **uit** ~ par égard (pour) **2** *(attention; estime)* considération
con·si·stent *adj* **1** conséquent **2** consistant
con·so·nant *de (-en)* consonne
con·stant *adj, adv* constant, constamment; **de toestand blijft** ~ la situation reste stationnaire; **hij houdt me** ~ **voor de gek** il n'arrête pas de se moquer de moi
con·sta·te·ren *vt (h. geconstateerd)* constater
con·sti·pa·tie *nf* constipation
con·sti·tu·tie *nf (-s)* constitution
con·sti·tu·ti·o·neel *adj, adv* constitutionnel(lement)
con·struc·tie *nf (-s)* construction
con·struc|tief *adj, adv (-tiever, -tiefst)* constructif, de façon constructive
con·stru·e·ren *vt (h. geconstrueerd)* construire
con·su|laat *het (-laten)* consulat
con·su|lent *nm (-en),* **-lente** *nf (-s)* consultant, -tante
con·sult *het (-en)* consultation
con·sul·ta·tie *nf (-s)* consultation
con·sul·ta·tie·bu·reau *het (-s)* dispensaire, service de consultation
con·sul·te·ren *vt (h. geconsulteerd)* consulter
con·su·ment *nm (-en)* consommateur, -trice
con·su·men·ten·elek·tro·ni·ca *plur* appareils ménagers
con·su·me·ren *vt (h. geconsumeerd)* consommer
con·sump·tie *nf (-s)* consommation; **niet geschikt voor** ~ impropre à la consommation
***con·sump·tie-** de consommation; **consumptiegoederen** biens de consommation
con·sump·tief *adj* (propre) à la consommation; **voor consumptieve doeleinden** destiné à la consommation
con·tact *het (-en)* **1** contact; **geen** ~ **meer hebben met iem** ne plus fréquenter qn; ~ **opnemen met iem** contacter qn **2** communication **3** entente; **een goed** ~ **met iem hebben** avoir de bonnes relations avec qn
***con·tact-** de contact; **de contactlens** la lentille de contact
con·tact·adres *het (-sen)* adresse d'un(e) intermédiaire
con·tact·ad·ver·ten·tie *nf (-s)* annonce relations
con·tact|doos *de (-dozen)* prise de courant
con·tact·per|soon *nm (-sonen)* contact, intermédiaire
con·tac·tu·eel *adj* ♦ **goede contactuele eigenschappen bezitten** avoir le contact facile
con·tai·ner [kɔntenər] *nm (-s)* container, conteneur
con·tant *adj, adv* (au) comptant; **over** ~ **geld beschikken** avoir du liquide
con·text *nm (-en)* contexte
con·ti·nent *het (-en)* continent
con·ti·nu *adj, adv* continu, continuellement
con·ti·nu·e·ren *vti (h. gecontinueerd)* continuer
con·ti·nu·ï·teit *nf* continuité
con·ti·nu·roos·ter *het (-s)* journée continue
con·to *het (-'s)* compte; *(fig.)* **iets op iemands** ~ **schrijven** imputer qch à qn
con·tra *prép* contre
***con·tra-** contre-
con·tra·bas *de (-sen)* contrebasse
con·tra·bas·sist *nm* contrebassiste
con·tract *het (-en)* contrat; **een** ~ **sluiten** passer un contrat
con·trac·te·ren *vt (h. gecontracteerd)* engager
con·trac·tu·eel *adj, adv* contractuel, par contrat
con·tra·mi·ne *nf* ♦ **in de** ~ **zijn** être d'humeur contrariante
con·trast *het (-en)* contraste; **een** ~ **vormen met** contraster avec
con·tras·te·ren *vi (h. gecontrasteerd)* contraster (avec)
con·tri·bu·tie *nf (-s)* cotisation
con·tro·le *de (-s)* contrôle; **een brand onder** ~ **hebben** avoir maîtrisé un incendie; **de situatie onder** ~ **hebben** avoir la situation bien en mains; **zijn reacties onder** ~ **hebben** contrôler ses réactions
***con·tro·le-** de contrôle; **de controlepost** le poste de contrôle
con·tro·leer·baar *adj* contrôlable, vérifiable
con·tro·le·groep *de (-en)* groupe témoin
con·tro·le·ren *vt (h. gecontroleerd)* contrôler, vérifier
con·tro·ver·se *nf (-n, -s)* controverse
con·tro·ver|si·eel *adj (-siëler, -sieelst)* contestable
con·ven·tie *nf (-s)* convention
con·ver·sa·tie *nf (-s)* conversation
con·ver·se·ren *vi (h. geconverseerd)* s'entretenir (avec)
co·ö·pe·ra·tie *nf (-s)* **1** coopération **2** (société) coopérative
co·ör·di·na·tie *nf (-s)* coordination
co·ör·di·ne·ren *vt (h. gecoördineerd)* coordonner
co·ou·der·schap *het* coparentalité
co·pu·la·tie *nf (-s)* copulation
co·py·right [kɔpirajt] *het (-s)* droit d'auteur
cor·du·roy *het* velours côtelé
cor·po·ra·tie *nf (-s)* corporation

cor·rect *adj, adv* correct(ement)
cor·rec·tie *nf (-s)* correction
cor·res·pon|dent *nm (-en),* **-dente** *nf (-s)* correspondant, -ante
cor·res·pon·den·tie *nf (-s)* correspondance; **zijn ~ afhandelen** faire son courrier
cor·res·pon·den·tie·adres *het (-sen)* adresse postale
cor·res·pon·de·ren *vi (h. gecorrespondeerd)* **1** *(+ met)* correspondre (à qch) **2** *(+ met)* correspondre (avec qn)
cor·ri·ge·ren [kɔriʒerə(n)] *vt (h. gecorrigeerd)* corriger
cor·rupt *adj, adv* (d'une manière) corrompu(e)
cor·rupt·heid, corruptie *nf* corruption
cor·sa·ge [kɔrsaʒə] *het/de (-s)* boutonnière
Cor·si·ca *het* Corse
Cor·si|caan *nm (-canen),* **-caanse** *nf (-n)* Corse
cos·me·ti·ca *plur* produits de beauté
cos·me·tisch *adj* cosmétique
co·te·ring *nf (-en)* cotation
cou·chet·te [kuʃɛt(ə)] *de (-s) (train, bateau)* couchette
cou·lant *adj, adv* (de façon) accommodant(e)
coup [kup, ku] *nm (-s)* coup d'Etat; **een ~ plegen** faire un coup d'Etat
coupe [kup] *de (-s)* coupe
cou·pé [kupe] *nm (-s) (train)* compartiment
cou·plet *het (-ten) (chanson)* couplet
cou·pon *nm (-s)* coupon
cou·vert [kuvɛːr] *het (-s)* couvert; **diners van 40 euro per ~** repas de 40 euros par personne
cou·veu·se·kind *het (-eren)* (enfant) prématuré
CPN *nf Communistische Partij van Nederland* ⟨*Parti Communiste des Pays-Bas*⟩
c.q. *casu quo* le cas échéant
cra·shen *vi (i. gecrasht)* **1** entrer en crise **2** s'écraser **3** *(inform.)* crasher
craw·len [krɔːlə(n)] *vi (h. gecrawld)* nager le crawl
cre·a|tief *adj, adv (-tiever, -tiefst)* **1** créateur **2** créatif, d'une façon créative
cre·a·ti·vi·teit *nf* créativité
crèche [krɛʃ] *de (-s) (bébés)* crèche
cre·dit [kredɪt] *het* crédit; **iets op iemands ~ schrijven** porter qch au crédit de qn
cre·dit·card *nm (-s)* carte de crédit
cre·di·teur *nm (-en)* créancier
cre·ë·ren *vt (h. gecreëerd)* créer
cre·ma·tie *nf (-s)* incinération, crémation
crème[1] *de (-s)* crème ♦ **~ de la ~** le fin du fin
crème[2] *het (couleur)* crème
cre·me·ren *vt (h. gecremeerd)* incinérer, crémer
cre·ool *nm (creolen),* **creoolse** *nf (-n)* **1** *(personne)* créole **2** métis, -isse
cre·ools[1] *het* créole
cre·ools[2] *adj* métis
crê·pe·pa·pier [krɛpapir] *het* papier crépon
cre·pe·ren[1] *vi (i. gecrepeerd)* crever
cre·pe·ren[2] *vt (i. gecrepeerd) (cheveux)* crêper
crew [kru] *nm (-s)* équipage
crime [krim] *nm* plaie; **het is een ~** quelle horreur!
cri·mi·na·li·teit *nf (-en)* criminalité, délinquance
cri·mi·neel *adj* criminel; **de ~** le, la criminel(le)
cri·sis *nf (crises)* crise; **zich in een ~ bevinden** être en crise
cri·sis·cen|trum *het (-tra)* cellule de crise
cri·te|ri·um *het (-ria)* critère
cri·ti|cus *nm (-ci) (personne)* critique
crois·sant [krwɑsɑ̃] *nm (-s)* croissant
cross|baan *de (-banen)* parcours de cross
cros·sen *vi (h. gecrost)* faire du cross
cru·ci·aal *adj* crucial
cruise [kruːz] *de (-s)* croisière
cruise·con·trol *de* régulateur de vitesse
cryp·tisch *adj, adv* obscur, obscurément
c.s. *cum suis* et crts
Cu·baan *nm (Cubanen),* **Cubaanse** *nf (-n)* Cubain, -aine
cu·li·nair *adj* culinaire
cul·ti·ve·ren *vt (h. gecultiveerd)* cultiver
cul·tu|reel *adj, adv (-reler, -reelst)* (du point de vue) culturel
cul·tus *nm (culten)* culte
cul|tuur *nf (-turen)* **1** *(plantes)* culture **2** civilisation
cul·tuur·ge·schie·de·nis *nf* histoire de la civilisation
cul·tuur·grond *nm (-en)* terre cultivée, terre cultivable
cul·tuur·po·li·tiek *nf* politique culturelle
cu·mu·la·tie *nf (-s)* cumul
cup *nm (-s)* **1** *(prix)* coupe **2** *(soutien-gorge)* bonnet
cup·wed·strijd *nm (-en)* match pour la coupe
cu·ri·o|sum *het (-sa)* curiosité, objet curieux
cur·sief *adj, adv* (en) italique
cur|sist *nm (-en),* **-siste** *nf (-s, -n)* élève
cur·si·ve·ren *vt (h. gecursiveerd)* mettre en italique
cur·sor *de (-s)* curseur
cur·sus *nm (-sen)* cours; **een schriftelijke ~** un cours par correspondance
cur·sus·boek *het (-en)* manuel
cur·sus|jaar *het (-jaren)* année d'études
cur·ve *de (-n)* courbe
cv-ke·tel *nm (-s)* chaudière
CVP *nf Christelijke Volkspartij* ⟨*Parti Populaire Chrétien*⟩
cy·a·ni·de *het (-n)* cyanure
cy·claam *de (cyclamen)* cyclamen
cy·clisch *adj* cyclique
cy·cloon *nm (cyclonen)* cyclone

cy|clus *nm (-cli)* cycle
cy|nisch *adj, adv (-nischer, meest c.)* cynique(ment)
Cy·prisch *adj* c(h)ypriote
Cy·prus *het* Chypre
cys·te [kistə] *de (-n)* kyste

d

daad *de (daden)* **1** action, acte; **iem naar zijn daden beoordelen** juger qn sur ses actes; **een onbezonnen** ~ un coup de tête; **de ~ bij het woord voegen** joindre le geste à la parole **2** exploit
daad·kracht *de* énergie
daad·wer·ke·lijk *adj, adv* réel(lement)
daags[1] *adj* **1** quotidien **2** de tous les jours
daags[2] *adv* par jour ♦ ~ **tevoren** la veille
daar[1] *adv* **1** là **2** (voi)là; ~ **is hij eindelijk** le voilà enfin **3** y ♦ **dat is (nog) tot ~ aan toe** passe encore
daar[2] *conj* comme
daar·aan *adv* y, à cela; **wat heb jij ~?** à quoi (est-ce que) ça te servira?
daar·ach·ter *adv* **1** là derrière **2** au-delà
daar·be·ne·den *adv* **1** en bas **2** au-dessous
daar·bij *adv* en outre; ~ **komt, dat ...** à cela s'ajoute que ... ♦ ~ **lag een boek** tout près, il y avait un livre
daar·bin·nen *adv* là-dedans
daar·bo·ven *adv* **1** là-haut **2** là-dessus
daar·bui·ten *adv* (là) dehors
daar·door *adv* **1** par là **2** de ce fait
daar·en·te·gen *adv* par contre
daar·even *adv* tout à l'heure; **hij is ~ uitgegaan** il vient de sortir
daar·gin·der, -ginds *adv* là-bas
daar·heen *adv* (par) là, y
daar·in *adv* **1** (là-)dedans **2** en cela
daar·langs *adv* par là
daar·la·ten *vt (h. daargelaten)* laisser là ♦ **dit daargelaten** à part cela; **enkele uitzonderingen daargelaten** à quelques exceptions près
daar·mee *adv* avec cela, ça
daar·na *adv* après
daar·naar *adv* y
daar·naast *adv* **1** à côté (de qn, qch) **2** en outre
daar·net *adv* tout à l'heure
daar·om *adv* c'est pourquoi ♦ **het is ~ niet minder waar dat ...** il n'en est pas moins vrai que ...
daar·om·heen *adv* (tout) autour
daar·om·trent *adv* **1** à ce sujet **2** environ
daar·on·der *adv* **1** là-dessous **2** parmi eux, elles
daar·op *adv* **1** là-dessus **2** à ce sujet **3** puis
daar·op·vol·gend *adj, adv* (d')après
daar·over *adv* par-dessus
daar·straks *adv* tout à l'heure
daar·te·gen *adv* contre cela
daar·te·gen·over *adv* **1** en face **2** par contre **3** en contrepartie
daar·toe *adv* pour cela; **niemand kan me ~ verplichten** personne ne peut m'y forcer
daar·tus·sen *adv* **1** entre les deux **2** parmi eux
daar·uit *adv* de là
daar·van *adv* en, de cela
daar·van·daan *adv* de là
daar·voor *adv* **1** devant **2** auparavant **3** pour cela
DAC *het Derde Arbeidscircuit* TCT
dacht, dachten → **denken, bedenken**[1], **overdenken** *(etc.)*
da·del *de (-s)* datte
da·de·lijk *adv* **1** tout de suite **2** dans un instant; ~ **wil je nog beweren dat ...** pour un peu, tu dirais que ...
da·den·drang *nm* besoin d'agir
da·der *nm (-s)* auteur
dag[1] *nm (-en)* jour, journée; **moed aan de ~ leggen** faire preuve de courage; **dat tafeltje heeft zijn beste ~en gehad** cette petite table a fait son temps; **in mijn ~en** de mon temps; ~ **in ~ uit** jour après jour; **de jongste ~** le jour du jugement dernier; **bij klaarlichte ~** en plein jour; **het is kort ~** il nous reste peu de temps; **hij wordt een ~je ouder** il se fait vieux; **vandaag de ~** à l'heure actuelle; **voor ~ en dauw** à l'aube; **voor de ~ komen** *(personnes)* se montrer; **met een voorstel voor de ~ komen** lancer une proposition
dag[2] *interj* **1** bonjour!; **zeg maar ~ met je handje** tu peux faire une croix dessus **2** au revoir!

*__dag-__ **1** du jour **2** de jour
dag·af·schrift *het (-en)* relevé de compte
dag·blad *het (-en)* quotidien
dag·boek *het (-en)* journal (intime)
dag·da·ge·lijks *adj et adv (Belg.)* quotidien, quotidiennement
da·ge·lijks *adj, adv* quotidien
da·gen[1] *vi, vb impers (h. gedaagd)* se lever ♦ *(fig.)* **het begint mij te ~** je commence à y voir clair
da·gen[2] *vt (h. gedaagd)* citer
da·gen·lang *adj, adv* qui dure des jours entiers, durant des jours entiers
da·ge·raad *nm* aube
dag·in·de·ling *nf (-en)* emploi du temps
dag·jes·men·sen *plur* excursionnistes
dag·kaart *de (-en)* billet, carte valable 24 h
dag·licht *het* (lumière du) jour; **iets aan het ~ brengen** révéler qch; **iets in een helder ~ stellen** mettre qch au grand jour; **in een kwaad ~ komen te staan** tomber dans le discrédit
dag·op·lei·ding *nf (-en)* formation (de jour)
dag·re·tour *het (-s)* aller (et) retour valable un jour
dag·slui·ting *nf (-en)* méditation nocturne (radiodiffusée)
dag·tocht *nm (-en)* excursion d'une journée
dag·vaar·den *vt (h. gedagvaard)* citer
dag·ver|blijf *het (-blijven)* **1** salle commune **2** cage extérieure
daim *het (Belg.)* daim
dak *het (-en)* toit; **hij is onder ~** il a un abri, *(fig.)* il est à l'abri; **hij kreeg het op zijn ~** ça lui est retombé dessus ♦ **op zijn ~ krijgen** s'attirer (qch de désagréable), essuyer (qch); **iem iets op zijn ~ schuiven** mettre qch sur le dos de qn; **uit je, zijn ~ gaan** s'éclater (comme une bête)
dak·dek·ker *nm (-s)* couvreur
dak|goot *de (-goten)* gouttière
dak·je *het* ♦ **het gaat van een leien ~** ça marche comme sur des roulettes
dak·ka·mer *de (-s)* mansarde
dak·ka·pel *de (-len)* chien-assis
dak·licht *het (-en)* lucarne
dak·loos *adj* sans abri; **een dakloze** un sans-abris, un SDF
dak·pan *de (-nen)* tuile, panne
dak|raam *het (-ramen)* → **daklicht**
dal *het (-en)* vallée ♦ **hij is door een diep ~ gegaan** il a traversé une crise
da·len *vi (i. gedaald)* **1** descendre **2** baisser
da·ling *nf (-en)* **1** descente **2** baisse; **op ~ speculeren** spéculer à la baisse **3** décrue
dal·uren *plur* heures creuses
dam[1] *nm (-men)* **1** digue; **een ~ opwerpen tegen iets** élever des barrières contre qch **2** barrage
dam[2] *de (-men) (jeu de dames)* dame
Da·mas·cus *het* Damas
da·me *nf (-s)* dame; **zij is op-en-top een ~** c'est une vraie dame
da·mes·blad *het (-en)* magazine féminin
da·mes·ver·band *het (-en)* serviettes hygiéniques
dam·hert *het (-en)* daim
dam·men *vi (h. gedamd)* jouer aux dames
damp *nm (-en)* **1** vapeur **2** fumée
damp·kap *nf (-pen)* hotte (aspirante)
damp·kring *nm (-en)* atmosphère
dan[1] *adv* **1** alors; **tot ~** à bientôt **2** puis **3** *(dans un proposition conditionnelle) (ne se traduit pas)*; **als de trein niet rijdt, ~ kan ik niet komen** s'il n'y a pas de trains, je ne peux pas venir ♦ **hij is ~ ook niet geslaagd** aussi n'a-t-il pas été reçu; **die schrijver had ~ toch (maar) veel succes** n'empêche que cet auteur a eu beaucoup de succès
dan[2] *conj* **1** *(après un comparatif)* que, *(devant un nom de nombre)* de; **hij is groter ~ ik** il est plus grand que moi; **dat boek kost meer ~ dertig euro** ce livre coûte plus de trente euros **2** *(après 'ander(s)')* (autre) que **3** *(après une phrase négative)* que; **hij heeft niemand ~ zijn moeder** il n'a personne d'autre que sa mère
da·nig *adj, adv* énorme, énormément
dank *nm* **1** reconnaissance; **geen ~** il n'y a pas de quoi; **iem iets (niet) in ~ afnemen** (ne pas) savoir gré à qn de qch **2** remerciement
dank|baar *adj, adv (-baarder, -baarst)* **1** reconnaissant de, avec reconnaissance **2** satisfaisant, avec satisfaction; **een ~ onderwerp** un sujet fécond
dan·ken *vti (h. gedankt)* **1** remercier (qn pour, de qch) **2** *(+ aan)* devoir à
dank·zij *prép* grâce à
dans *nm (-en)* danse ♦ **de ~ ontspringen** l'échapper belle
dan·sen *vti (h. gedanst)* danser; **~ van blijdschap** trépigner de joie
dan|ser *nm (-s)*, **-seres** *nf (-sen)* danseur, -euse
dans·vloer *nm (-en)* piste (de danse)
dap|per *adj, adv (-perder, -perst)* courageux, courageusement
dap·per·heid *nf* courage
darm *nm (-en)* **1** intestin **2** tripe **3** tuyau
*__darm-__ intestinal
darm·ka|naal *het (-nalen)* tube digestif
darts [da:rts] *plur* jeu de fléchettes
das[1] *de (-sen)* **1** cravate **2** écharpe ♦ **dat doet hem de ~ om** ça lui donnera le coup de grâce
das[2] *nm (-sen)* blaireau
dash·board [dɛʒbɔ:rt, daʒbɔrt] *het (-s)* tableau de bord
dash·board·kast·je *het (-s)* boîte à gants
dat[1] *dém (adjectif)* ce; **~ kind** cet enfant
dat[2] *dém (pronom)* **1** celui-(là); **wil je dit boek of ~?** veux-tu ce livre-ci ou celui-là? **2** *(avec le verbe être)* ce; **wie is ~?** qui est-ce?; **ziezo, ~ is ~** ça y est; **~ is nog eens een**

man ça, c'est un homme **3** *(avec d'autres verbes)* cela; ~ **wil zeggen** cela veut dire
dat[3] *rel* qui; **het kind ~ ik een euro gegeven had** l'enfant à qui j'avais donné un euro
dat[4] *conj* **1** que; **hij beweert ~ hij gelijk heeft** il prétend avoir raison **2** parce que; **hij is kwaad ~ hij niet mee mag** il est furieux, parce qu'il ne peut pas nous accompagner ♦ **de dag ~ hij thuiskwam** le jour où il est rentré chez lui; **gelopen ~ hij heeft!** comme il a couru!; **de reden ~ hij niet komt** la raison pour laquelle il ne vient pas; **in plaats ~** au lieu que, de
da·ta *plur* **1** données **2** dates
da·ta·com·mu·ni·ca·tie *nf* télématique
da·ta·pro·ces·sing *nf* traitement de données
da·te·ren[1] *vi (h./i. gedateerd)* **1** dater (de) **2** *(être démodé)* dater; **dat toneelstuk is gedateerd** c'est une pièce de théâtre qui date
da·te·ren[2] *vt (h./i. gedateerd)* dater; **gedateerd zijn op** porter la date du
da·te·ring *nf (-en)* **1** date **2** datation
dat·ge·ne *dém* ce (qui, que)
da·to *adv* en date de; **drie weken na ~** trois semaines après cette date
da·tum *nm (data)* date; **een ~ afspreken** prendre date
dauw *nm* rosée; **van de hemelse ~ leven** vivre d'amour et d'eau fraîche
da·ver *nm (Belg.)* ♦ **de ~ op het lijf hebben** avoir la tremblote
da·ve·ren *vi (h. gedaverd)* **1** retentir **2** *(Belg.)* trembler
da·ve·rend *adj, adv* terrible; **een ~ succes** un succès éclatant
DB *het dagelijks bestuur* bureau exécutif
d.d. *de dato* en date de
DDR *nf Deutsche Demokratische Republik* RDA
de[1] *art déf* le, la, l', les
de[2] *art déf accentué* **1** le, la, l', les ... par excellence; **dat is de oplossing voor dit probleem** c'est la meilleure solution (pour résoudre ce problème) **2** le, la, l', les ... qu'il me (te, lui etc.) faut; **dat is de man voor dat karwei** c'est l'homme qu'il me (te etc.) faut
dead·line [dɛdlɑjn] *nm (-s)* date limite
deal [di:l] *nm (-s)* marché
dea·ler [di:lər] *nm (-s)* **1** concessionnaire **2** *(drogue)* trafiquant
de·bat·te·ren *vi (h. gedebatteerd)* débattre (qch, de qch)
de·bet *het* débit, doit ♦ **hij is er ~ aan** c'est de sa faute; **ik ben er niet ~ aan** je n'y suis pour rien
de·biel *adj* débile
de·bu·te·ren *vi (h. gedebuteerd)* faire ses débuts
de·caan *nm (decanen)* **1** doyen **2** conseiller, -ère scolaire
de·cem·ber *nm* décembre
de·cen|ni·um *het (-nia)* décennie
de·cen·tra·li·se·ren *vt (h. gedecentraliseerd)* décentraliser
de·ci·maal *adj* décimal; **~ stelsel** système décimal
de·cla·ra·tie *nf (-s)* note de frais
de·co·de·ring *nf (-en)* décodage
de·co·ra·tie *nf (-s)* décoration
de·cor·ont|wer·per *nm (-s),* **-werpster** *nf (-s)* décorateur, -trice (de théâtre)
de·cou·peer|zaag *de (-zagen)* scie à guichet
de·creet *het (decreten)* décret
de·du·ce·ren *vti (h. gededuceerd)* déduire
deed, deden → **doen**[1], **nadoen, voordoen**[1] *(etc.)*
deeg *het (degen)* pâte
deel *het (delen)* **1** partie; **voor een groot ~** en grande partie **2** *(mus.)* mouvement **3** part; **elk zijn ~** à chacun son dû; **iem ten ~ vallen** échoir (en partage) à qn **4** tome ♦ **eenzaamheid is zijn ~** la solitude est son sort
deel·ach·tig *adj* ♦ **iets ~ worden** obtenir qch; **~ zijn** participer (à)
deel·baar *adj* divisible
deel·ge·bied *het (-en)* secteur
deel·ge|noot *nm (-noten),* **-note** *nf (-s)* compagnon, compagne (de); **iem ~ maken van een geheim** mettre qn dans le secret
deel·na·me *nf (germ.)* participation
deel·ne·men *vi (h. deelgenomen)* **1** participer (à) **2** partager (qch)
deel·ne·ming *nf* **1** participation; **bij voldoende ~** en cas de participation suffisante **2** condoléances; **zijn ~ betuigen** présenter ses condoléances
deels *adv* en partie
deel|staat *nm (-staten)* Etat fédéré
deel·te·ken *het (-s)* **1** signe de division **2** tréma
deel·tijd *nm* temps partiel; **in ~** à temps partiel
deel·tje *het (-s)* parcelle
deel·ver·za·me·ling *nf (-en)* sous-ensemble
deel·woord *het (-en)* participe
dee·moe·dig *adj, adv* humble(ment)
Deen *nm (Denen),* **-se** *nf (-n)* Danois, -oise
deer·lijk *adj, adv* **1** pitoyable(ment) **2** fort(ement)
deer·nis *nf* pitié
de·fect *adj* défectueux, détraqué; **~ raken** tomber en panne
de·fen·sie *nf* défense
de·fen|sief *adj, adv (-siever, meest d.)* défensif, défensivement; **in het ~ zijn** se tenir sur la défensive
de·fi·ni·tie *nf (-s)* définition
de·fi·ni|tief *adj, adv (-tiever, -tiefst)* définitif, définitivement; **ergens ~ van afzien** faire une croix sur qch
def·tig *adj, adv* **1** (d'une façon) distingué(e); **~e buurt** quartier bourgeois; **~ doen** prendre de grands airs **2** *(Belg.)* convenable

de·ge·lijk *adj, adv* **1** solide(ment) **2** sérieux; **een ~e firma** une maison de confiance ♦ **wel ~!** mais si!; **ik meen het wel** ~ je parle sérieusement
de·ge·lijk·heid *nf* **1** solidité **2** fiabilité
de·gen *nm (-s)* épée
de·ge·ne, diegene *dém* celui
de·ge·ne·ra·tie *nf (-s)* dégénérescence
de·gra·de·ren *vti (h./i. gedegradeerd)* **1** dégrader **2** descendre
dei·ning *nf (-en)* **1** houle **2** bercement **3** remous; ~ **veroorzaken** provoquer des remous
dein·zen *vi (i. gedeinsd)* reculer
dek *het (-ken)* **1** couverture **2** *(d'un bateau)* pont
dek·bed *het (-den)* couette
de·ken[1] *nm (-s)* doyen
de·ken[2] *de (-s)* couverture
dek·hengst *nm (-en)* étalon
dek·ken *vt (h. gedekt)* **1** (re)couvrir; **behoeften** ~ pourvoir à des besoins; **deze cheque is niet gedekt** c'est un chèque sans provision; **zich gedekt houden** se tenir tranquille; **een verlies** ~ combler un déficit; **voor twee personen** ~ mettre deux couverts **2** *(sports)* marquer
dek·king *nf* **1** couverture; **ter ~ van de (on)kosten** pour couvrir les frais **2** abri; ~ **zoeken** se mettre à l'abri **3** provision **4** marquage
dek·la·ding *nf (-en)* pontée
dek·man·tel *nm (-s)* couvert
de·ko·lo·ni·sa·tie *nf* décolonisation
dek·schuit *de (-en)* péniche
dek·sel *het/de (-s)* **1** couvercle **2** couverture
dek·stier *nm (-en)* taureau reproducteur
dek·zeil *het (-en)* bâche
de·le·ga·tie *nf (-s)* délégation
de·len *vti (h. gedeeld)* **1** partager; **in de winst** ~ participer aux bénéfices; **iem in zijn vreugde laten** ~ associer qn à sa joie **2** *(math.)* diviser
de·le·ten *vt (h. gedeletet) (inform.)* effacer
delf·stof *de (-fen)* minéral
del·gen *vt (h. gedelgd)* amortir
de·li·ca·tes·se *nf (-n)* mets exquis
de·li·ca·tes·sen·win·kel *nm (-s)* épicerie fine
de·lict *het (-en)* **1** délit **2** crime
de·ling *nf (-en)* **1** division **2** partage **3** participation (à)
Del·ta·wer·ken *plur* travaux du plan Delta
del·ven *vti (h. gedolven)* **1** creuser **2** extraire
de·ma|goog *nm (-gogen)* démagogue
de·ment *adj* sénile
de·men·tie *nf* démence
de·mo·cra|tisch *adj, adv (-tischer, meest d.)* **1** démocratique(ment) **2** démocrate
de·mo·nisch *adj, adv* démoniaque(ment)
de·mon|strant *nm (-en),* **-strante** *nf (-s, -n)* manifestant, -ante
de·mon·stra·tie *nf (-s)* **1** démonstration **2** manifestation
de·mon·stre·ren[1] *vt (h. gedemonstreerd)* démontrer
de·mon·stre·ren[2] *vi (h. gedemonstreerd)* manifester
de·mon·te·ren *vt (h. gedemonteerd)* démonter; **het** ~ le démontage
de·mo·ti·ve·ren *vti (h. gedemotiveerd)* enlever toute motivation à (qn)
dem·pen *vt (h. gedempt)* **1** combler **2** assourdir; **met gedempte stem** d'une voix étouffée
dem·per *nm (-s)* **1** étouffoir **2** *(mus.)* sourdine
den *nm (-nen)* pin
den·de·ren *vi (h. gedenderd)* passer avec fracas
den·de·rend *adj, adv* formidable(ment); **met ~ succes** avec un succès éclatant
De·ne·mar·ken *het* Danemark
Den Haag *het* La Haye
de·ni·gre·rend *adj, adv* (de façon) dénigrant(e); ~ **over iem/iets spreken** dénigrer qn, qch
de·nim *het* jean
de·ni·vel·le·ring *nf* dénivellement
denk·baar *adj* concevable
denk·beeld *het (-en)* idée
denk·beel·dig *adj* imaginaire; **een ~ succes** un succès illusoire
den·ken *vti (h. gedacht)* penser; **dat dacht ik al** je m'en doutais; **ik denk er niet aan!** (il n'en est) pas question!; **ik denk er ook zo over** c'est aussi mon avis; **ik denk erover met roken te stoppen** j'envisage d'arrêter de fumer; **zo kun je er ook over** ~ c'est une opinion qui se défend; **om iets, iem** ~ prendre qch, qn en compte, faire attention à qch, qn; **wat zullen de mensen niet ~?** que vont (en) dire les gens?; **dat dacht je maar!** penses-tu! ♦ **denkt u zich eens in mijn positie** mettez-vous à ma place; **zich suf** ~ se creuser la cervelle
denk·fout *de (-en)* erreur de jugement
denk·pro·ces *het (-sen)* processus mental
denk·sport *de (-en)* sport cérébral
denk·tank *nm (-s)* cellule de réflexion
denk·we·reld *de* univers mental
den·nen|boom *nm (-bomen)* pin
den·nen·hout *het* (bois de) sapin
de·o·do·rant *nm (-s, -en)* désodorisant
de·pan·na·ge *nf (Belg.)* dépannage
de·par·te·ment *het (-en)* **1** département **2** ministère
de·pen·dan·ce [depɛndɑ̃s, depɑ̃dɑ̃sə] *de (-s)* annexe
de·po·ne·ren *vt (h. gedeponeerd)* déposer; **wettig gedeponeerd** modèle déposé
de·por·ta·tie *nf (-s)* déportation
de·po·si·to *het (-'s)* dépôt
de·pot [depo] *het/de (-s)* dépôt
dep·pen *vt (h. gedept)* tamponner
de·pres·si·vi·teit *nf* état dépressif
de·pu·ta·tie *nf (-s)* députation; *(Belg.)* **Be-**

stendige Deputatie Députation permanente
der *art* du, de la, des
der·de *ord* troisième; **een** ~ un tiers
der·de·rangs *adj* de mauvaise qualité
der·de we·reld *nm* → **wereld**
de·ren *vi (h. gedeerd)* **1** toucher **2** faire du tort (à)
der·ge·lijk *dém* pareil; **en ~e** et caetera; **iets ~s** qch dans ce genre-là
der·hal·ve *adv* par conséquent
der·ma·te *adv* tellement
der·tien *card* treize; ~ **is het ongeluksgetal** treize porte malheur
der·tig *card* trente; **hij is in de** ~ il a passé la trentaine
der·ti·ger *nm (-s)* personne dans la trentaine
der·ven *vt (h. gederfd)* ♦ **inkomsten, winst** ~ subir un manque à gagner
des[1] *adv* ♦ ~ **te beter** tant mieux; ~ **te gemakkelijker ... naarmate ...** d'autant plus facile ... que ...
des[2] *art* du, de l', de la; **de vrouw** ~ **huizes** la maîtresse de maison; ~ **morgens** le matin
des·al·niet·te·min *adv* néanmoins
des·be·tref·fend *adj* relatif (à); **de ~e maatregelen** les mesures en question
de·sem *nm (-s)* levain
de·ser·te·ren *vi (i. gedeserteerd)* déserter
des·in·te·gre·ren *vi (i. gedesintegreerd)* se désintégrer
des·kun·dig *adj* **1** expert; **de ~e** l'expert; **een** ~ **onderzoek, verslag** une expertise **2** compétent
des·noods *adv* **1** au besoin **2** à la rigueur
de·so|laat *adj (-later, -laatst)* désolé
des·on·danks *adv* cependant
des|poot *nm (-poten)* despote
des·tijds *adv* à l'époque
des·we·ge *adv* pour cette raison
de·ta·che·ring *nf (-en)* détachement
de·tail [detaj] *het (-s)* détail; **op de ~s ingaan** entrer dans les détails; **tot in de ~s** par le menu
de·tail·list [detajɪst] *nm (-en)* détaillant, -ante
de·tec·tive [ditɛktɪf] *nm (-s)* **1** détective **2** roman policier
de·ten·tie *nf (-s)* détention
de·ter·mi·nis·tisch *adj* déterministe
de·ti·ne·ren *vt (h. gedetineerd)* détenir
deugd *de (-en)* vertu ♦ **het doet me** ~ **dit te horen** ça me fait plaisir d'entendre ça; *(Belg.)* **ik heb er** ~ **van** ça me fait du bien; **lieve ~!** juste ciel!
deug·de·lijk *adj, adv* bon, bien
deug·de·lijk·heid *nf* (bonne) qualité
deugd|zaam *adj, adv (-zamer, -zaamst)* vertueux, d'une manière vertueuse
deu·gen *vi (h. gedeugd)* **1** bien se conduire; **die jongen heeft nooit willen** ~ ce garçon n'a jamais rien valu **2** être bon
deug·niet *nm (-en)* vaurien
deuk *de (-en)* **1** bosse **2** coup
deu·ken[1] *vt (h. gedeukt)* bosseler
deu·ken[2] *vi (h. gedeukt)* être cabossé
deun *nm (-en)* rengaine
deun·tje *het (-s)* air; **het is het oude** ~ c'est toujours le même refrain
deur *de (-en)* porte; **met gesloten ~en beraadslagen** délibérer à huis clos; **zij loopt bij haar buren de** ~ **plat** elle est tout le temps fourrée chez ses voisins; **met de** ~ **in huis vallen** ne pas y aller par quatre chemins; **hij is de** ~ **uit** il a quitté la maison; **dat staat voor de** ~ ça ne va pas tarder; **iem (het gat van) de** ~ **wijzen** mettre qn à la porte ♦ **dat doet de** ~ **dicht!** c'est le comble!
deur·bel *de (-len)* sonnette (d'une porte)
deur·kruk *de (-ken)* poignée de porte, *(Belg.)* clench(ett)e
deur·mat *de (-ten)* paillasson
deur·ope·ning *nf (-en)* embrasure (de porte)
deur|post, -stijl *nm (-en)* montant
deur·ver·gren·de·ling *nf (-en)* condamnation automatique des portes; **centrale** ~ verrouillage central, centralisé
deur·waar·der *nm (-s)* huissier
de·va·lu·e·ren[1] *vt (h./i. gedevalueerd) (fin.)* dévaluer
de·va·lu·e·ren[2] *vi (h./i. gedevalueerd) (fig.)* se dévaloriser
de·vies *het (deviezen)* devise
de|voot *adj, adv (-voter, -vootst)* pieux, d'une manière pieuse; **een** ~ un(e) dévot(e)
de·vo·tie *nf (-s)* dévotion
de·ze[1] *dém* ce; **een ~r dagen** un de ces jours
de·ze[2] *dém* celui-ci; **bij ~(n) meld ik u** par la présente je vous informe (que); ~ **en gene** quelques(-uns); ~ **of gene** quelqu'un; **de zaak is** ~ l'affaire est la suivante
de·zelf·de *dém* le même
dia *nm (-'s)* diapositive
di·a·be·tes *nm* diabète
di·ag·no·se *nf (-n, -s)* diagnostic
di·a·go·naal *adj, adv* diagonal(ement); **de** ~ la diagonale
di·a·gram *het (-men)* graphique
di·a·ken *nm (-s, -en)* diacre
di·a·lect *het (-en)* dialecte
di·a|loog *nm (-logen)* dialogue
di·a·loog·ven·ster *het (-s)*, **-kader** *het (-s) (inform.)* boîte de dialogue
di·a·mant *nm (-en)* diamant; **ruwe** ~ diamant brut; ~ **slijpen** tailler le diamant
di·a·me·ter *nm (-s)* diamètre
di·a·me·traal *adj, adv* diamétral ♦ **dat ligt, staat er** ~ **tegenover** c'est absolument le contraire
di·ar·ree *nf* diarrhée
dicht *adj, adv* **1** fermé; **de mond** ~ **houden** garder le silence; **mijn neus zit** ~ j'ai le nez bouché **2** serré; **een ~e bevolking** une population dense; ~ **op elkaar wonen** habiter les uns sur les autres; **~er tot elkaar komen** se rapprocher l'un de

l'autre, les uns des autres **3** (tout) près (de)
dicht·be·volkt *adj* très peuplé
dicht·bij *adv* (tout) près
dicht·bin·den *vt (h. dichtgebonden)* ficeler
dicht·bun·del *nm (-s)* recueil de poèmes
dicht·doen *vt (h. dichtgedaan)* fermer
dicht·draai·en *vt (h. dichtgedraaid)* fermer
dich·ten[1] *vi (h. gedicht)* faire des poèmes
dich·ten[2] *vt (h. gedicht)* boucher
dich|ter *nm (-s),* **-teres** *nf (-sen)* poète, poétesse
dich·ter·bij *adv* plus près; ~ **komen** (s')approcher
dich·ter·lijk *adj, adv* (de façon) poétique; **~e vrijheid** licence poétique
dicht·gaan *vi (i. dichtgegaan)* (se) fermer
dicht·gooi·en *vt (h. dichtgegooid)* **1** fermer violemment **2** combler
dicht·heid *nf* densité, épaisseur
dicht·hou·den *vt (h. dichtgehouden)* tenir fermé; **zijn neus** ~ se boucher le nez
dicht·klap·pen *vti (h./i. dichtgeklapt)* → **dichtslaan**[1]
dicht·knij·pen *vt (h. dichtgeknepen)* pincer
dicht·kno·pen *vt (h. dichtgeknoopt)* boutonner
dicht·ma·ken *vt (h. dichtgemaakt)* **1** fermer; **gordijnen** ~ tirer les rideaux **2** boucher
dicht·plak·ken *vt (h. dichtgeplakt)* coller
dicht·re·gel *nm (-s)* vers
dicht·rit·sen *vt (h. dichtgeritst)* fermer (la fermeture à glissière de)
dicht·slaan[1] *vi (h./i. dichtgeslagen)* **1** se fermer d'un coup sec **2** se renfermer
dicht·slaan[2] *vt (h./i. dichtgeslagen)* fermer (d'un coup sec)
dicht·slib·ben *vi (i. dichtgeslibd)* s'envaser
dichtst·bij·zijnd *adj* le, la, les plus proche(s)
dicht·vou·wen *vt (h. dichtgevouwen)* plier
dicht·werk *het (-en)* œuvre poétique
dicht·zit·ten *vi (h. dichtgezeten)* être bouché
dic|taat *het (-taten)* **1** notes de cours **2** cahier, carnet de notes
dic·ta·tor *nm (-s)* dictateur
dic·te·ren *vti (h. gedicteerd)* dicter
di·dac·tiek *nf* pédagogie
die[1] *dém (adjectif)* ce; ~ **boom** cet arbre
die[2] *dém (pronom)* **1** celui-là; **deze jas of** ~ ce manteau-ci ou celui-là **2** il(s) **3** celui ♦ ~ **en** ~ un tel, une telle
die[3] *rel* qui; **dat is een jongen ~ ik goed ken** c'est un garçon que je connais bien
di·eet *het (diëten)* régime (alimentaire)
di·eet·voe·ding *nf (-en)* nourriture diététique
dief *nm (dieven),* **dievegge** *nf (-s, -n)* voleur, -euse; **houdt de ~!** au voleur!
dief·stal *nm (-len)* vol
die·ge·ne *dém* → **degene**
dien·aan·gaan·de *adv* à ce sujet
die|naar *nm (-naren),* **-nares** *nf (-sen)* **1** domestique **2** serviteur, servante; **uw gehoorzame, onderdanige** ~ votre tout dévoué
dien·blad *het (-en)* plateau (de serveur)
dien·der *nm (-s)* gardien de l'ordre ♦ **een dooie** ~ un raseur
die·nen[1] *vi (h. gediend)* **1** servir (à); **ergens toe** ~ être pour qch **2** servir (de) **3** falloir; **dat dient u te weten** vous ne pouvez l'ignorer
die·nen[2] *vt (h. gediend)* **1** servir (qn, qch); **hij was er niet van gediend** il n'en voulait pas; **iem van advies** ~ donner des conseils à qn **2** être utile à
dien·over·een·kom·stig *adv* conformément à
dienst *nm (-en)* **1** service; **in ~ treden** entrer en fonction; **iem in ~ nemen** engager qn; **in vaste ~ zijn** avoir un poste fixe; **de ~ openbare werken** la direction des travaux publics **2** office **3** emploi ♦ **ten ~e staan (van iem)** être à la disposition (de qn); **de ~ uitmaken** faire la pluie et le beau temps; **dat boekje is me van ~ geweest** j'ai tiré grand profit de ce livre
dienst|baar *adj (-baarder, -baarst)* au service de
dienst·be·trek·king *nf (-en)* **1** service salarié; **volledige** ~ emploi à temps plein **2** emploi
dienst·doen *adj* ♦ ~ **als** servir de
dienst·doend *adj* de garde
dien·sten·cen|trum *het (-tra)* centre de services sociaux
dien·sten·sec·tor *nm* secteur tertiaire
dien·ster *nf (-s)* serveuse
dienst·ge·heim *het (-en)* secret professionnel
dien·stig *adj* utile (à)
dienst|jaar *het (-jaren)* **1** année de service **2** année, annuité
dienst·knecht *nm (-en)* serviteur
dienst·meis·je *het* bonne
dienst·plicht *de* service obligatoire
dienst·plich·tig *adj* soumis à l'obligation du service actif; **een ~e** un appelé, *(en Belgique)* un milicien
dienst·re·ge·ling *nf (-en)* **1** horaire **2** indicateur, horaire
dienst|reis *de (-reizen)* déplacement (de service)
dienst·roos·ter *het/de (-s)* **1** horaire **2** tour de garde
dienst·vaar·dig *adj, adv* (d'une manière) serviable
dienst·ver·band *het* contrat de travail; **een vast** ~ un poste fixe
dienst·ver·le·nend *adj* prestataire de service(s), tertiaire
dienst·ver·le·ning *nf* **1** service(s) **2** travaux d'intérêt général
dienst·wei·ge·raar *nm (-s)* objecteur de conscience
dienst·wei·ge·ren *vi* refuser de faire son service militaire

dienst·wei·ge·ring *nf (-en)* **1** objection de conscience **2** insubordination
dien·ten·ge·vol·ge *adv* par conséquent
diep *adj, adv* profond(ément); ~ **ademhalen** respirer à fond; **een ~ bord** une assiette creuse; ~ **in iets doordringen** pénétrer au cœur de qch; **in ~e gedachten verzonken** plongé dans ses pensées; **het ~e** le grand bassin; **uit het ~ste van zijn hart** du fond du cœur; ~ **in Rusland** au fin fond de la Russie; **in ~e rouw** en grand deuil; **een ~e stem** une voix grave; **die twisten duurden tot ~ in de 19e eeuw** ces querelles se prolongèrent bien avant dans le XIXe siècle
die·pe·rik *nm (Belg.)* ♦ **de ~ ingaan** sombrer
diep|gaand *adj, adv (-gaander, meest d.)* approfondi, en profondeur; **~e verschillen** différences profondes
diep·gang *nm* **1** tirant d'eau **2** profondeur
diep·ge·wor·teld *adj* enraciné
diep·gra·vend *adj* (très) approfondi
diep·lig·gend *adj* profond; **~e ogen** yeux enfoncés
diep·te *nf (-n, -s)* profondeur; **het dorp lag in de ~** le village était en contrebas
diep·te·punt *het (-en)* (le) point le plus bas; **een ~ bereikt hebben** être au plus bas
diep·treu·rig *adj* navrant
diep·vries *nm* **1** congélation **2** congélateur; **groente uit de ~** légumes surgelés
diep·zee·dui·ken *het* plongée sous-marine
diep·zin·nig *adj, adv* **1** perspicace(ment) **2** profond
dier *het (-en)* animal ♦ **lekker ~!** ben, mon cochon!
dier|baar *adj (-baarder, -baarst)* cher; **mijn dierbaren** ceux qui me sont chers
die·ren·arts *nm (-en)* (médecin) vétérinaire
die·ren·asiel *het (-en)* refuge (pour animaux)
die·ren·be·scher·ming *nf* Société Protectrice des Animaux
die·ren·beul *nm (-en)* persécuteur d'animaux
die·ren·lief·heb·ber *nm (-s)* ami, -ie des animaux
die·ren·mis·han·de·ling *nf* cruauté envers les animaux
die·ren·pen·si·on *het (-s)* → **dierenasiel**
die·ren·riem *nm* zodiaque
die·ren·rijk *het* règne animal
die·ren·tem·mer *nm (-s)* dompteur, -euse
die·ren·tuin *nm (-en)* jardin, parc zoologique
die·ren·vriend *nm (-en)* → **dierenliefhebber**
dier·gaar·de *de (-n)* → **dierentuin**
dier·ge·nees·kun·de *nf* médecine vétérinaire
dier·kun·de *nf* zoologie
dier·lijk *adj, adv* **1** animal **2** bestial(ement); **het ~e in de mens** la bête humaine
dier·proef *de (-proeven)* expérience animale
dier·soort *de (-en)* espèce animale
dier·ver·zor·ger *nm (-s)* gardien
di·es[1] *nm* anniversaire (de la fondation)
dies[2] *dém* ♦ **wat ~ meer zij** et ainsi de suite
die·sel[1] *de* gas-oil
die·sel[2] *nf (-s)* diesel
die·sel[3] *nm (-s)* train à traction Diesel
di·ë|tist *nm (-en),* **-tiste** *nf (-s)* diététicien, -ienne
die·veg·ge *nf (-s)* → **dief**[1]
die·ven·klauw *de (-en)* goujon antivol, antidégondage
die·ven·wa·gen *nm (-s)* panier à salade
dif·fe·ren·ti·ë·ren *vti (h. gedifferentieerd)* **1** faire une distinction **2** *(math.)* différencier (qch)
dif|fuus *adj (-fuser, meest d.)* diffus
dif·te·rie *nf* diphtérie
dig·ge·len, diggels *plur* ♦ **aan ~ vallen** voler en éclats
di·gi·beet *adj* nul en informatique
dij *de (-en)* cuisse; **op zijn ~en slaan (van plezier)** se taper les cuisses (de contentement)
dij|been *het (-benen)* fémur
dij·en·klet·ser *nm (-s)* histoire tordante
dijk *nm (-en)* digue ♦ **iem aan de ~ zetten** mettre qn sur le pavé; **een ~ van een ...** un(e) ... très grand(e)
dijk|breuk *de (-en),* **-doorbraak** *de (-braken)* rupture de digue
dijk|graaf *nm (-graven)* surintendant des digues
dik *adj, adv* **1** épais; ~ **gezaaid** semé dru; **een ~ke mist** un brouillard épais; **dat zit er ~ in** il n'y a pas l'ombre d'un doute; **het ligt er ~ bovenop** ça crève les yeux **2** gros **3** enflé; **een ~ke keel hebben** avoir la gorge enflée **4** large(ment); **een ~ke kus** un gros baiser; **een ~ uur** plus d'une heure; **'t is ~ in orde** pas de problèmes **5** grand, très; **het is ~ aan tussen hen** c'est le grand amour entre eux; **~ke vrienden, maatjes zijn** être très ami(s) (avec qn) ♦ ~ **doen** faire l'important; **door ~ en dun** envers et contre tout (tous); **zich niet ~ maken** ne pas s'en faire
dik·bui·kig *adj* ventru
dik·doe·ne·rij *nf* vantardise
dik·hui·dig *adj* **1** qui a la peau épaisse; **de ~e zoogdieren** les pachydermes **2** balourd
dik·kerd *nm (-s)* (gros) patapouf, boulotte
dik·oor *het (Belg.)* oreillons
dik·te *nf (-s)* **1** embonpoint **2** épaisseur
dik·wijls *adv* souvent; **hoe ~ moet ik u dat nog zeggen?** combien de fois dois-je encore vous le répéter?
dik·zak *nm (-ken)* gros plein de soupe
dil·le *de* aneth
di·lu·vi·um *het* quaternaire ancien
di·men·sie *nf (-s)* dimension

dim·licht *het (-en)* feux de croisement
dim·men *vti (h. gedimd)* **1** la mettre en code **2** se mettre en veilleuse
di·ne·ren *vi (h. gedineerd)* dîner
ding *het (-en)* **1** chose; **twee ~en tegen elkaar afwegen** peser le pour et le contre; **één ~ is zeker, hij komt niet** ce qui est sûr c'est qu'il ne viendra pas; **vooral geen gekke ~en doen!** surtout pas de bêtises!; **wachten op de ~en die komen (gaan)** voir venir (les événements) **2** *(fam.)* petite; **een jong ~** une petite jeune
din·gen *vi (h. gedongen)* **1** rivaliser **2** postuler; **naar de hand van een meisje ~** demander la main d'une jeune fille
din·ges *de (fam.)* machin
dins·dag *nm (-en)* mardi
dip *de (-s)* **1** baisse inattendue (des cours) **2** dépression
di·plo·ma *het (-'s)* **1** diplôme **2** baccalauréat
di·plo·ma·ten|kof·fer·tje *het (-s),* **-tas** *de (-sen)* attaché-case
di·plo·ma·tiek *adj, adv* diplomatique(ment); **de ~** la diplomatique; **in ~e dienst treden** entrer dans la diplomatie; **~ te werk gaan** être diplomate
di·plo·me·ren *vt (h. gediplomeerd)* diplômer
dip|saus *de (-sauzen)* sauce
di|rect *adj, adv (-recter, meest d.)* **1** direct(ement) **2** immédiatement **3** bientôt; **zo ~** dans un instant
di·rec|teur *nm (-en, -s),* **-trice** *nf (-s)* **1** directeur, -trice; **algemeen ~ van een bedrijf** président-directeur général d'une entreprise **2** proviseur
di·rect·heid *nf* façon, manière directe
di·rec·tie *nf (-s)* direction
di·rec·tie|keet *de (-keten)* baraque du chef de chantier
di·rec·to|raat *het (-raten)* direction
di·rec·to·ry *nm (-'s) (inform.)* répertoire
di·ri·geer·stok *nm (-ken)* baguette, bâton de chef d'orchestre
di·ri·gent *nm (-en)* chef d'orchestre
dis *de (-sen)* table
dis·ci·pli·ne [disiplinə] *nf* discipline
disc·man [dıskmɛːn] *nm (-s)* lecteur CD portable
dis·co *de (-'s)* **1** discothèque **2** disco
dis·con·to *het (-'s)* escompte
dis·cre·pan·tie *nf* **1** décalage **2** discordance
dis·cre·tie *nf* discrétion
dis·cri·mi·na·tie *nf* discrimination
dis·cus·sie *nf (-s)* discussion; **brede maatschappelijke ~** débat à l'échelle nationale; **ter ~ staan** être l'objet d'une discussion
dis·cus·sie·pro·gram·ma *het (-'s)* émission-débat
dis·cus·si·ë·ren *vi (h. gediscussieerd)* discuter
dis·cus·wer·pen *vi* lancer le disque
disk·drive *de (-s) (inform.)* lecteur de disquettes, de disques
dis·kre·diet *het* discrédit; **iem in ~ brengen** jeter le discrédit sur qn
dis·kwa·li·fi·ce·ren *vt (h. gediskwalificeerd)* **1** disqualifier **2** récuser
dis·pen·sa·tie *nf (-s)* dispense
dis·play *de (-s) (inform.)* visuel, affichage
dis|puut *het (-puten)* **1** débat **2** club d'étudiants
dis·sel *nm (-s),* **disselboom** *nm (-bomen)* timon
dis·ser·ta·tie *nf (-s)* **1** thèse **2** dissertation
dis·tan·ti·ë·ren *vpr (zich ~; h. zich gedistantieerd) (+ van)* se distancier (de); **het ~** la distanciation; **zich van een politieke actie ~** se désolidariser d'une action politique
dis·tel *de (-s)* chardon
dis·til·le·ren *vt (h. gedistilleerd)* **1** distiller **2** *(fig.; + uit)* inférer (de)
dis·tri·bu·tie *nf (-s)* **1** distribution **2** rationnement
dis·tric·ten·stel·sel *het (-s)* système fondé sur la répartition en districts
dit[1] *dém (adjectif)* ce; **~ meisje** cette fillette
dit[2] *dém (pronom)* **1** celui-ci; **het probleem is ~** le problème est le suivant **2** *(avec 'être')* ce; **~ is een vergissing** c'est une erreur; **~ zijn mijn dochters** voici mes filles **3** *(avec d'autres verbes)* ceci
dit·je *het (-s)* un rien; **~s en datjes** des futilités
dit·maal *adv* cette fois(-ci)
di·van·bed *het (-den)* lit-divan
di·vers *adj* **1** divers; **~e kaassoorten** fromages assortis; *(subst.)* **~en** articles divers **2** plusieurs
di·vi·dend *het (-en)* dividende; **een ~ uitgekeerd krijgen** toucher un dividende
dktp-prik *nm (-ken) difterie kinkhoest tetanus polio(prik)* vaccination tétracoque
d.m.v. *door middel van* au moyen de
DNA *het desoxyribonucleïnezuur* ADN
dob·be·len *vi (h. gedobbeld)* jouer aux dés
dob·bel|steen *nm (-stenen)* dé
dob·ber *nm (-s)* **1** flotteur **2** bouchon ♦ **een harde ~ hebben (om)** avoir bien de la peine (à)
dob·be·ren *vi (h. gedobberd)* flotter
do·cent *nm (-en),* **docente** *nf (-s, -n)* enseignant, -ante, professeur
do·ce·ren *vti* enseigner
doch *conj* cependant
doch·ter *nf (-s)* fille
doch·ter|maat·schap·pij, -onderneming *nf (-en),* **-bedrijf** *het (-bedrijven)* filiale
doc·tor *nm (-en, -s)* docteur
doc·to·raal *het* ± maîtrise
doc·to·ran|dus *nm (-dussen, -di)* ± titulaire d'une maîtrise, *(Belg.)* licencié, -ée
doc·tors|graad *nm (-graden)* doctorat (d'Etat)
do·cu·ment *het (-en)* document
do·cu·men·te·ren *vt* documenter
do·de *nm (-n)* mort, morte; *(prov)* **van de**

~**n niets dan goeds** il ne faut pas dire du mal des morts
do·de·lijk *adj, adv* mortel(lement); **een ~e afloop** une issue fatale; ~ **geschrokken** mort de peur
do·den *vt (h. gedood)* tuer; **het** ~ la mise à mort
do·den·cel *de (-len)* cellule du, d'un condamné
do·den·dans *nm (-en)* danse macabre
do·den·mars *de (-en)* marche funèbre
do·den·mas·ker *het (-s)* masque mortuaire
do·den|rou·te *nm (-s)*, **-weg** *nm (-en)* route meurtrière
do·den|stad *de (-steden)* nécropole
do·den·tal *het (-len)* nombre de(s) morts
do·den·wa·ke *de (-n)* veillée funèbre
do·ding *nf (-en)* mise à mort
doe·del·zak *nm (-ken)* cornemuse
doe-het-zel·ver *nm (-s)* bricoleur
doek[1] *het/de (-en)* **1** étoffe **2** écran; **het witte** ~ le grand écran **3** toile **4** rideau
doek[2] *nm (-en)* **1** bout d'étoffe **2** chiffon ♦ **iets uit de ~en doen** mettre (qn) au courant de qch
doek·je *het (-s)* ♦ **er geen ~s om winden** ne pas mâcher ses mots; **'t is maar een ~ voor het bloeden** c'est un faux-fuyant
doel *het (-en)* but; **het is voor een goed** ~ c'est pour une bonne cause; *(prov)* **het ~ heiligt de middelen** la fin justifie les moyens; **zijn ~ voorbijschieten** manquer son but; **hij was het ~ van bespotting** il servait de cible aux railleries
doel·be|wust *adj (-wuster, meest d.)* conscient
doel·ein·de *het (-n)* **1** but **2** fin
doe·len *vi (h. gedoeld) (+ op)* viser (qn, qch)
doel·ge·bied *het (-en) (sports)* surface de but
doel·ge·richt *adj, adv* direct, d'une façon pertinente
doel·groep *de (-en)* groupe-cible
doel|loos *adj, adv (-lozer, -loost)* sans but
doel·man *nm (-nen)* gardien de but
doel·ma·tig *adj, adv* efficace(ment)
doel·punt *het (-en)* but
doel·stel·ling *nf (-en)* but
doel·tref·fend *adj, adv* efficace(ment); **snel en** ~ expéditif
doel·wach·ter *nm (Belg.)* gardien de but
doel·wit *het (-ten)* **1** cible **2** but
doem *nm* malédiction
doem·den·ken *vi* être défaitiste; **het** ~ le catastrophisme
doe·men *vt (h. gedoemd)* vouer (à)
doen[1] *het* ♦ **uit zijn gewone ~ zijn** ne pas être dans son assiette; **in goeden ~ zijn** vivre dans l'aisance; **iemands ~ en laten** les faits et gestes de qn; **voor hun** ~ pour eux
doen[2] *vti (h. gedaan)* **1** faire; **aan de slanke lijn** ~ faire un régime (amaigrissant); **ik doe er twee uur over** je mets deux heures (à); *(Belg.)* **ik heb gedaan** j'ai fini; **ze doet het erom** elle le fait exprès; **het is met hem gedaan** c'en est fait de lui; **de kamer** ~ faire le ménage; **iets gedaan weten te krijgen** obtenir qch (de qn); **lief** ~ se montrer aimable; **roken doet hij niet** il ne fume pas; **dat is te** ~ c'est faisable; **er is veel over te ~ geweest** cela a fait du bruit; **je doet maar!** (tu) fais ce que tu veux! **2** mettre; **iets in zijn zak** ~ mettre qch dans sa poche **3** *(+ het)* faire; **de kachel doet het** le poêle marche ♦ **ik kan er niets aan** ~ je n'y peux rien; **het moeten ~ met ...** devoir se contenter de ...; **het is niets gedaan met hem** il est dans un état déplorable; **het is hem te ~ om** ce qu'il veut, c'est; **met iem te ~ hebben** avoir pitié de qn; **met iem te ~ krijgen** avoir affaire à qn; **er het zwijgen toe** ~ préférer se taire; **zich aan iets te goed** ~ se régaler de qch
doen·lijk *adj* faisable
doe·tje *het (-s)* chiffe molle
doe·va·kan·tie *nf (-s)* vacances actives
doe·ze·len *vi (h. gedoezeld)* somnoler
dof *adj, adv* **1** mat; **een ~fe blik** un regard terne; ~ **worden** se ternir **2** sourd(ement) **3** morne
dof·heid *nf* **1** manque d'éclat **2** manque de sonorité
dog *nm (-gen)* dogue; **Deense** ~ (un) danois
dog·ma|tisch *adj, adv (-tischer, meest d.)* dogmatique(ment)
dok *het (-ken)* dock
do·ka *de (-'s)* chambre noire
dok·ken *vti (h. gedokt)* casquer
dok|ter *nm (-ters, -toren)* médecin
dok·te·ren *vi (h. gedokterd)* **1** pratiquer la médecine **2** bricoler
***dok·ters-** médical
dok·ters·prak·tijk *de (-en)* **1** clientèle (d'un médecin) **2** cabinet (médical)
dok·ters·ro·man *nm (-s)* roman à l'eau de rose
dok·ters·voor·schrift *het* ordonnance
dok·wer·ker *nm (-s)* docker
dol *adj, adv* **1** fou, follement; ~ **op iets zijn** adorer qch; **te ~ om los te lopen** vraiment trop fort; **~le vreugde** joie délirante **2** qui foire; **door het ~le heen zijn** être déchaîné **3** enragé
dol·blij *adj* ravi
dol·draai·en *vi (h./i. dolgedraaid)* **1** foirer **2** perdre la tête
dol·driest *adj, adv* fort téméraire, hardiment
do·len *vi (h. gedoold)* errer; **het** ~ l'errance
dolf, dolven → **delven**
dol·fijn *nm (-en)* dauphin
dol·fi·na|ri·um *het (-riums, -ria)* bassin aux dauphins
dol·graag *adv* avec joie; **iets ~ willen hebben** mourir d'envie d'avoir qch
dol|heid *nf (-heden)* **1** *(maladie)* rage **2** folie
dolk *nm (-en)* poignard
dol·lar·koers *nm (-en)* cours du dollar

dol·le·man *nm (-nen)* forcené, -ée
dol·len *vi (h. gedold)* faire le fou
dol·le·tjes *interj* chouette!
dom[1] *nm (-men)* cathédrale
dom[2] *adj, adv* **1** bête(ment); **(het is) ~ geluk** c'est un pur hasard; **een ~me streek** une bêtise **2** ignorant; **zich van de ~me houden** faire l'ignorant
do·mein *het (-en)* domaine
dom|heid *nf (-heden)* bêtise
do·mi|nant *adj (-nanter, meest d.)* dominant
do·mi·nee *nm (-s)* pasteur; **je lijkt wel een ~** tu te prends pour un curé
do·mi·ne·ren *vti (h. gedomineerd)* dominer; **een ~d karakter** un caractère dominateur
do·mi·ni·caans, -caner *adj* dominicain ♦ **de Dominicaanse Republiek** la République dominicaine
do·mi·no-ef·fect *het* réaction en chaîne
do·mi·no|steen *nm (-stenen)* domino
dom·kerk *de (-en)* → **dom**[1]
dom·kop *nm (-pen)* imbécile
dom·me·len *vi (h. gedommeld)* somnoler
dom·me·rik *nm (-en)* → **domoor**
dom·mig|heid *nf (-heden)* bêtise
dom|oor *nm (-oren)* sot
dom·pe·len *vt (h. gedompeld)* plonger
dom·per *nm (-s)* ♦ **een ~ zetten op iets** faire l'effet d'une douche
dom·weg *adv* (tout) bêtement
do·na·tie *nf (-s)* donation
Do·nau *nm* Danube
don·der *nm (-s)* **1** tonnerre; **ik snap er geen ~ van** je nage complètement; **dat gaat je geen ~ aan** et ta sœur; **daar kun je ~ op zeggen** c'est moi qui vous le dis **2** *(fam.)* carcasse; **op zijn ~ krijgen** se faire incendier ♦ **een arme ~** un pauvre diable
don·der·beest·je *het (-s)* moucheron
don·der·bui *de (-en)* orage
don·der·dag *nm (-en)* jeudi; **Witte Donderdag** le jeudi saint
don·de·ren[1] *vi, vb impers (h./i. gedonderd)* **1** tonner; **het dondert** on entend le tonnerre **2** dégringoler ♦ **dat dondert niet** je m'en fiche
don·de·ren[2] *vt (h./i. gedonderd)* flanquer (par terre); **ik heb hem de deur uit gedonderd** je l'ai foutu à la porte
don·der·ja·gen *vi (h. gedonderjaagd)* casser les pieds (à qn)
don·der|preek *de (-preken)* admonestation; **een ~ houden** fulminer
don·der·slag *nm (-en)* coup de tonnerre
don·der·speech *nm (-es)* → **donderpreek**
don·der|steen *nm (-stenen)* sacré(e) gamin(e)
don·der·stem *de (-men)* voix tonitruante
don·der|straal *nm (-stralen)* → **dondersteen**
don·der·wolk *de (-en)* nuage orageux
dong, dongen → **dingen, afdingen, meedingen** *(etc.)*
don·ker[1] *het/de* obscurité; **in het ~ rondtasten** tâtonner dans le noir
don|ker[2] *adj, adv (-kerder, -kerst)* **1** obscur; **een ~e lucht** un ciel menaçant; **het wordt ~** la nuit tombe **2** (d'un air) sombre; **een ~e bladzijde in zijn leven** une page noire de sa vie **3** foncé
don·ker·te *nf* obscurité
do·nor *nm (-en)* donneur (de sang, d'organes, de sperme etc.)
do·nor·co·di·cil [donɔrkodisil] *het (-len)* carte (officielle) de donneur d'organes
dons *het* duvet
dons·de·ken *de (-s)* édredon
don·zig *adj* duveteux
dood[1] *de* mort; **als de ~ voor (van) iets zijn** avoir une peur bleue de qch; **duizend doden sterven** souffrir mille morts; **ten dode (toe) opgeschreven zijn** être un homme mort; **om de (dooie) ~ niet** jamais de la vie; *(prov)* **de een zijn ~ is de ander zijn brood** le malheur des uns fait le bonheur des autres
dood[2] *adj* mort; **een dooie vent** un type pas drôle; **dode vingers** doigts gourds; **hij is op sterven na ~** il est à deux doigts de la mort ♦ **zich ~ schamen** mourir de honte; **zich ~ werken** se tuer au travail
***dood-** très; **doodeenvoudig, doodsimpel** très simple(ment)
dood·bid·der *nm (-s)* croque-mort
dood·bloe·den *vi (i. doodgebloed)* **1** perdre tout son sang **2** s'éteindre; **een staking laten ~** laisser pourrir une grève; **dat zaakje zal wel ~** cette affaire sera bientôt oubliée
dood·doen *vt (h. doodgedaan) (Belg.)* → **doden**
dood·doe·ner *nm (-s)* banalité
dood·druk·ken *vt (h. doodgedrukt)* **1** écraser **2** étouffer
dood·eng *adj, adv* terrifiant, d'une manière qui fait frissonner
dood·en·kel *adj* (très) rare
dood·gaan *vi (i. doodgegaan)* mourir
dood·ge·bo·ren *adj* mort-né
dood·ge·moe·de·reerd *adj, adv* impassible, sans sourciller
dood·ge·woon *adj, adv* très simple, tout simplement
dood·gooi·en *vt (h. doodgegooid)* couvrir (de); **je wordt ermee doodgegooid** on ne voit, n'entend (plus) que ça
dood·gra·ver *nm (-s)* fossoyeur
dood·hon·ge·ren *vti (h./i. doodgehongerd)* (faire) mourir de faim
dood·kist *de (-en)* cercueil
dood·leuk *adv* sans avoir l'air de rien
dood·lo·pen[1] *vi (h./i. doodgelopen)* **1** finir en cul-de-sac **2** *(fig.)* ne mener à rien
dood·lo·pen[2] *vpr (zich ~; h. zich doodgelopen)* **1** *(fig.)* s'épuiser à la course, à la marche **2** se tuer à (force de) courir
dood·ma·ken *vt (h. doodgemaakt)* **1** tuer **2** amortir

dood·moe *adj* mort de fatigue; **iem ~ maken** épuiser qn
dood·op *adj* épuisé
dood·rij·den *vt (h. doodgereden)* écraser; **zich ~** se tuer en voiture
dood·rij·der *nm (-s) (Belg.)* chauffard
doods *adj (doodser, meest d.)* **1** sinistre **2** mort
doods·angst *nm (-en)* angoisse profonde; **~en uitstaan** avoir une peur bleue
doods·bang *adj, adv* terrifié; **~ zijn voor** avoir la hantise de
doods·bed *het* lit de mort
doods·be·nauwd *adj* mort de peur
dood·scha·men *vpr (zich ~; h. zich doodgeschaamd)* mourir de honte
dood·schie·ten *vt (h. doodgeschoten)* tuer (d'un coup de fusil etc.)
dood·schrik·ken *vpr (zich ~; i. zich doodgeschrokken)* être mort de peur
doods·es·ka·der *het (-s)* escadron de la mort
doods·ge|vaar *het (-varen)* danger de mort
doods·ge·vaar·lijk *adj (Belg.)* mortel
doods·heid *nf* désolation
doods·hoofd *het (-en)* tête de mort
doods·kist *de (-en)* → **doodkist**
doods|kleed *het (-kleden)* **1** linceul **2** drap mortuaire
doods·klok *de (-ken)* glas
doods·kop *nm (-pen)* → **doodshoofd**
doods|kreet *nm (-kreten)* cri de détresse
dood·slaan *vt (h. doodgeslagen)* tuer (à coups de bâton etc.)
dood·slag *nm (-en)* homicide
dood·smak *nm (-ken)* chute grave
doods·nood *nm* **1** agonie **2** détresse
doods·oor|zaak *de (-zaken)* cause de la mort
doods·strijd *nm* agonie
dood·ste·ken *vt (h. doodgestoken)* poignarder
dood·stil *adj* **1** immobile **2** tout à fait silencieux
dood·straf *de (-fen)* peine de mort
doods·ver·ach·ting *nf* mépris de la mort
doods·ver·lan·gen *het* désir de (la) mort
doods·vij·and *nm (-en)* ennemi mortel
dood·val·len *vi (i. doodgevallen)* tomber raide mort; **ik mag ~ als het niet waar is** j'en donnerais ma tête à couper
dood·ver·kla·ren *vt (h. doodverklaard)* prononcer l'ostracisme contre; **ze hebben elkaar doodverklaard** ils ont coupé les ponts
dood·ver·ven *vt (h. gedoodverfd)* **1** désigner à l'avance (qn pour qch); **de gedoodverfde winnaar** le grand favori **2** *(+ als)* faire passer (pour)
dood·von·nis *het (-sen)* **1** condamnation à mort **2** arrêt de mort
dood·vrie·zen *vi (i. doodgevroren)* mourir de froid
dood·zon·de[1] *de (-n)* **1** péché mortel **2** faute impardonnable
dood·zon·de[2] *adj* très dommage
dood·zwij·gen *vt (h. doodgezwegen)* faire le silence sur
doof *adj, adv (dover, doofst)* sourd; **Oost-Indisch ~ zijn** faire la sourde oreille
doof·heid *nf* surdité
doof·pot *nm (-ten)* ♦ **iets in de ~ stoppen** étouffer qch
doof·stom *adj* sourd-muet; **een ~me** un(e) sourd(e)-muet(te)
dooi·en *vb impers (h. gedooid)* dégeler
dooi·er *nm (-s)* jaune d'œuf
dook, doken → **duiken, wegduiken, onderduiken** *(etc.)*
dool|hof *nm (-hoven)* labyrinthe
doop *nm (dopen)* baptême; **een kind ten ~ houden** tenir un enfant sur les fonts baptismaux
doop|ceel *de (-celen)* ♦ **iemands ~ lichten** dire pis que pendre de qn
doop·sel *het (-s)* baptême
doops·ge·zind *adj* baptiste; **een ~e** un baptiste
doop·sui·ker *nm (-s) (Belg.)* dragée
doop·vont *de (-en)* fonts baptismaux
door[1] *adv* **1** tout; **de hele dag ~** toute la (sainte) journée **2** à travers; **~ de kamer lopen** traverser la pièce **3** tout à fait; **~ en ~ nat zijn** être trempé jusqu'aux os ♦ **het kan ermee ~** ça peut aller
door[2] *prép* **1** par **2** à travers; **~ de kamer lopen** aller et venir dans la pièce; **z'n hoofd ~ het venster steken** passer la tête par la fenêtre **3** dans; **zout ~ het eten doen** saler un plat **4** à cause de; **~ ziekte verhinderd zijn** être empêché pour cause de maladie ♦ **hij gaat voor rijk ~** il passe pour riche
***door- 1** *(+ verbe)* continuer à, de; **doorademen** continuer à respirer **2** *(+ verbe)* se dépêcher de; **dooreten** se dépêcher de manger
door·bak·ken *adj* bien cuit
door·be·re·ke·nen *vt (h. doorberekend)* répercuter
door·bij·ten *vti (h. doorgebeten)* **1** mordre **2** ne pas lâcher prise; **zich ergens ~** persévérer dans qch
door·bla·de·ren *vt (h. doorgebladerd)* feuilleter
door·bor·du·ren *vi (h. doorgeborduurd)* ♦ **op iets ~** épiloguer sur qch
door·bo·ren *vt (h. doorboord)* percer
door|braak *de (-braken)* **1** rupture **2** percée ♦ **een politieke ~** un tournant dans la politique
door·bran·den *vi (h./i. doorgebrand)* **1** continuer à brûler **2** griller
door·bre·ken[1] *vt (h. doorbroken)* **1** rompre; **het ~** la rupture **2** percer
door·bre·ken[2] *vi (h./i. doorgebroken)* **1** se rompre **2** percer
door·bre·ken[3] *vt (h./i. doorgebroken)* casser
door·bre·king *nf (-en)* rupture

door·bren·gen *vt (h. doorgebracht)* passer
door·bui·gen *vti (h./i. doorgebogen)* (se) courber
door·dacht *adj (beter d., best d.)* réfléchi
door·dat *conj* parce que
door·den·ker *nm (-s)* personne qui réfléchit mûrement ♦ **dat is een** ~ il faut y réfléchir à deux fois
door·de·weeks *adj* de la semaine; **zijn ~e schoenen** ses chaussures de tous les jours
door·doen *vt (h. doorgedaan) (Belg.)* passer
door·dou·wen[1] *vi (h. doorgedouwd)* persévérer
door·dou·wen[2] *vt (h. doorgedouwd)* faire accepter (qch)
door·draai·en[1] *vi (h./i. doorgedraaid)* **1** continuer à tourner **2** foirer **3** perdre la tête
door·draai·en[2] *vt (h./i. doorgedraaid)* **1** visser **2** retirer de la vente **3** dilapider
door·dram·men[1] *vi (h. doorgedramd)* ressasser (les mêmes choses)
door·dram·men[2] *vt (h. doorgedramd)* imposer
door·dra·ven *vi (h./i. doorgedraafd)* parler à tort et à travers; **wat draaf je weer door!** comme tu y vas!
door·dren·ken *vt (h. doordrenkt)* imbiber
door·drij·ven[1] *vt (h./i. doorgedreven)* imposer; **te ver** ~ pousser trop loin
door·drij·ven[2] *vi (h./i. doorgedreven)* insister
door·drin·gen[1] *vt (h. doordrongen)* **1** pénétrer **2** convaincre (profondément)
door·drin·gen[2] *vi (i. doorgedrongen)* pénétrer; **tot de kern van de zaak** ~ entrer dans le vif du sujet; **het drong niet tot hem door dat hij brutaal was** il ne se rendait pas compte qu'il était insolent
door·drin·gend *adj* pénétrant; **een ~e stem** une voix perçante
door·druk·ken *vt (h. doorgedrukt)* **1** faire passer (qch) à travers **2** faire accepter
door·druk·strip *nf (-s)* emballage à alvéoles
door·een *adv* pêle-mêle
door·gaan *vi (i. doorgegaan)* **1** avancer **2** continuer (qch; à, de faire qch); **laten we daar niet over** ~ n'insistons pas; **dat gaat in één moeite door** autant le faire tout de suite **3** passer **4** avoir lieu; **het feest gaat door** la fête aura lieu **5** approfondir (qch) **6** *(+ voor)* passer pour; **hij wil voor slim** ~ il veut paraître intelligent
door·gaand *adj* continu; **een ~e trein** un train direct; ~ **verkeer** toutes directions
door·gaans *adv* généralement
door·gang *nm (-en)* passage
door·gangs|huis *het (-huizen)* maison d'hébergement temporaire
door·geef·luik *het (-en)* passe-plat
door·ge·ven *vt (h. doorgegeven)* **1** (faire) passer **2** transmettre **3** raconter
door·ge·win·terd *adj* chevronné
door·groefd *adj* creusé de rides
door·gron·den *vt (h. doorgrond)* pénétrer
door·hak·ken *vt (h. doorgehakt)* trancher
door·ha·len *vt (h. doorgehaald)* **1** (faire) passer **2** biffer
door·ha·ling *nf (-en)* rature
door·heb·ben *vt (h. doorgehad)* saisir
door·heen[1] *adv* à travers; **zich er (goed)** ~ **slaan** (bien) s'en tirer ♦ **daar moet je even** ~ c'est un moment à passer
door·heen[2] *prép (Belg.)* à travers
door·ja·ger *nm (-s) (Belg.)* **1** gaspilleur, -euse **2** glouton, -onne
door·kies·num·mer *het (-s)* ligne directe
door·kijk *nm (-en)* vue
***door·kijk-** transparent
door·kij·ken *vt (h. doorgekeken)* parcourir
door·klin·ken *vi (h. doorgeklonken)* se faire entendre
door·kneed *adj* consommé
door·ko·men *vi (i. doorgekomen)* **1** passer; **er is geen** ~ **aan** on n'en voit pas la fin **2** percer
door·krij·gen *vt (h. doorgekregen)* **1** faire passer (par) **2** saisir
door·krui·sen *vt (h. doorkruist)* **1** parcourir **2** contrecarrer
door·la·ten *vt (h. doorgelaten)* laisser passer
door·le·zen[1] *vi (h. doorgelezen)* continuer à lire
door·le·zen[2] *vt (h. doorgelezen)* lire entièrement, jusqu'au bout; **iets snel, vluchtig** ~ parcourir qch
door·lich·ten *vt (h. doorgelicht)* radiographier ♦ **een bedrijf** ~ passer une entreprise aux rayons X
door·liep, doorliepen → **doorlopen**[1]
door·lig·gen *vti (i. doorgelegen)* avoir des escarres
door·lo·pen[1] *vt (h. doorlopen)* **1** parcourir **2** suivre
door·lo·pen[2] *vi (h./i. doorgelopen)* **1** passer (à travers qch) **2** continuer; ~ **a.u.b.!** circulez s.v.p.! **3** couler
door·lo·pend *adj, adv* continu, continuellement
door·ma·ken *vt (h. doorgemaakt)* passer par; **een ontwikkeling** ~ évoluer
door·mid·den *adv* en deux
door·mod·de·ren *vi (h. doorgemodderd)* patauger
doorn *nm (-en)* épine; **dat is mij een** ~ **in het oog** c'est une cause permanente d'exaspération
door·nat *adj* trempé jusqu'aux os
door·ne·men *vt (h. doorgenomen)* **1** passer en revue **2** traiter; **iets met elkaar** ~ parler ensemble de qch
door·nig *adj* épineux
Door·nik *het* Tournai
Doorn·roos·je la Belle au bois dormant
door·ploe·gen *vt (h. doorploegd)* labourer

door·pra·ten[1] *vi (h. doorgepraat)* continuer à parler
door·pra·ten[2] *vt (h. doorgepraat)* discuter (qch) à fond
door·prik·ken *vt (h. doorgeprikt)* **1** percer **2** percer à jour
door·reis *de* passage
door·rij·den *vi (h./i. doorgereden)* **1** continuer sa route **2** poursuivre son chemin; **na de aanrijding is hij doorgereden** après l'accrochage, il a pris la fuite **3** accélérer **4** traverser; **hij reed de poort door** il passa par la porte
door·rij·hoog·te *nf (-n)* hauteur maximale
door·scha·ke·len *vti (h. doorgeschakeld)* connecter, raccorder à un autre appareil; **het** ~ le transfert d'appel(s); **mijn telefoon is doorgeschakeld naar ...** tous mes appels sont renvoyés vers ...
door·sche·me·ren *vi (i. doorgeschemerd)* percer; **hij liet ~ dat hij trouwplannen had** il laissa entendre qu'il avait des projets de mariage
door·schie·ten *vi (h./i. doorgeschoten)* **1** continuer (sa course) **2** continuer à tirer
door·schij·nend *adj* translucide
door·sei·nen *vt (h. doorgeseind)* transmettre
door·sij·pe·len *vi (i. doorgesijpeld)* **1** s'infiltrer **2** *(fig.)* transpirer
door·slaan *vi (h./i. doorgeslagen)* **1** continuer à frapper **2** pénétrer; **de muur slaat door** le mur suinte **3** dérailler **4** *(électricité)* sauter **5** *(fig.)* se mettre à table ♦ **de balans slaat door** la balance trébuche
door·slaand *adj* décisif; ~ **succes** énorme succès
door·slag *nm (-en)* copie (au carbone) ♦ **dat geeft de** ~ cela fait pencher la balance
door·slag·ge·vend *adj* décisif; ~ **zijn** l'emporter
door·sme·ren *vt (h. doorgesmeerd)* graisser
door|sne·de *de (-sneden),* **doorsnee** *de* **1** intersection **2** section **3** diamètre ♦ **de doorsnee Hollander** le Hollandais moyen
***door·snee-** moyen
door·snij·den *vt (h. doorsneden)* traverser
door·spek·ken *vt (h. doorspekt) (fig.; + met)* truffer
door·spe·len[1] *vi (h. doorgespeeld)* poursuivre la partie
door·spe·len[2] *vt (h. doorgespeeld) (+ aan, naar)* passer (à)
door·spoe·len *vt (h./i. doorgespoeld)* **1** dégorger; **de wc** ~ tirer la chasse (d'eau) **2** (re)bobiner
door·staan *vt (h. doorstaan)* supporter; **dat doorstaat elke kritiek** cela défie toute critique
door·stap·pen *vi (h./i. doorgestapt)* allonger le pas
door·ste·ken[1] *vt (i. doorgestoken)* traverser
door·ste·ken[2] *vt (h. doorstoken)* transpercer
door·stond, doorstonden → **doorstaan**
door·stre·pen *vt (h. doorgestreept)* → **doorhalen 2**
door·stro·men *vi (i. doorgestroomd)* **1** déménager vers une habitation à loyer plus élevé **2** accéder à un cycle supérieur de l'enseignement **3** s'écouler; **het verkeer (vlotter) laten** ~ décongestionner la circulation
door·stu·ren *vt (h. doorgestuurd)* (r)envoyer; **een brief** ~ faire suivre une lettre
door·tas|tend *adj, adv (-tender, meest d.)* énergique(ment); ~ **optreden** intervenir avec fermeté
door·tocht *nm (-en)* **1** traversée **2** passage
door·trapt *adj, adv* fieffé, foncièrement; **dat is ~!** il faut être roué!
door·trek·ken *vti (h./i. doorgetrokken)* **1** prolonger; **een vergelijking** ~ pousser plus loin une comparaison **2** tirer **3** parcourir
door·vaart *de (-en) (mar.)* **1** passage **2** passe
door·ver·bin·den *vt (h. doorverbonden)* passer la communication
door·ver·ko·pen *vt (h. doorverkocht)* revendre
door·ver·tel·len *vt (h. doorverteld)* répéter
door·ver·wij·zen *vt (h. doorverwezen) (+ naar)* (r)envoyer (qn à qn)
door·voed *adj* bien nourri
door·voer *nm (-en)* transit
door·voe·ren *vt (h. doorgevoerd)* **1** transiter **2** réaliser **3** conduire à travers
door·vra·gen *vi (h. doorgevraagd)* insister
door·waad·baar *adj* ♦ **een doorwaadbare plaats** un gué
door·weekt *adj* trempé
door·wer·ken[1] *vi (h. doorgewerkt)* **1** continuer à travailler **2** avancer **3** se faire sentir
door·wer·ken[2] *vt (h. doorgewerkt)* étudier à fond
door·wer·king *nf* effet prolongé
door·zag, doorzagen → **doorzien**[1]
door·zak·ken *vi (i. doorgezakt)* **1** fléchir **2** prendre une cuite
door·zeefd *adj (+ met)* criblé
door·zet·ten[1] *vi (h. doorgezet)* **1** s'intensifier **2** persévérer
door·zet·ten[2] *vt (h. doorgezet)* **1** faire passer **2** faire aboutir
door·zet·tings·ver·mo·gen *het* persévérance
door·zeu·ren *vi (h. doorgezeurd)* rabâcher
door·zich·tig *adj* transparent
door·zien *vt (h. doorzien)* pénétrer; **gemakkelijk te** ~ clair
door·zoe·ken *vt (h. doorzocht)* fouiller

doos *de (dozen)* boîte; **uit de oude** ~ d'hier ♦ *(Belg.)* **een oude** ~ une vieille bique
dop *nm (-pen)* **1** coquille **2** bouchon **3** *(plur.)* quinquets **4** *(Belg.)* allocation chômage ♦ **een advocaat in de** ~ un avocat en herbe
do·pen *vt (h. gedoopt)* **1** tremper **2** baptiser
dop·erwt *de (-en)* petit pois
do·ping *nf* doping; **die wielrenner heeft** ~ **gebruikt** ce coureur cycliste s'est dopé
dop·pen[1] *vt (h. gedopt)* **1** écosser **2** tremper
dop·pen[2] *vi (h. gedopt)* pointer
dop·per *nm (-s) (Belg.)* chômeur
dor *adj (dorder, dorst)* **1** aride **2** sec
dorp *het (-en)* village
dor·pe·ling *nm (-en)* villageois, -oise
dorps *adj, adv* campagnard, comme à la campagne
dorps·be·wo·ner *nm (-s)* → **dorpeling**
dorps|huis *het (-huizen)* **1** mairie **2** foyer communal
dor·sen *vti (h. gedorst)* battre; **het** ~ le battage
dorst *nm* soif; **zijn** ~ **lessen** se désaltérer
dor·stig *adj* assoiffé
dorst·les·send *adj* désaltérant
do·se·ring *nf (-en)* **1** dose **2** dosage
do·sis *nf (doses)* dose
dou·a·ne·kan|toor *het (-toren)* douane
dou·ble·ren [dublerə(n)] *vti (h. gedoubleerd)* redoubler
dou·che [duʃ] *de (-s)* douche; **dat was voor hen een koude** ~ cela les a douchés
do·ve *nm (-n)* sourd
do·ven *vt (h. gedoofd)* éteindre
do·ve·ne·tel *de (-s)* lamier
down [daun] *adj* déprimé
down·loa·den [daunlodə(n)] *vt (h. gedownload) (inform.)* télécharger
do·zijn *het* douzaine
draad *nm (draden)* fil; **geen droge** ~ **aan het lijf hebben** être trempé jusqu'aux os; **tot op de** ~ **versleten** usé jusqu'à la corde ♦ **hij is altijd tegen de** ~ **(in)** il a l'esprit de contradiction; **(met iets) voor de** ~ **komen** vider son sac
draad·loos *adj, adv* sans fil; **een** ~ **bestuurd schip** un bateau téléguidé
draad·ver·sper·ring *nf (-en)* barbelés
draag|baar[1] *de (-baren)* civière
draag·baar[2] *adj* portatif
draag·balk *nm (-en)* maîtresse poutre
draag·kracht *de* moyens (financiers)
draag·lijk *adj, adv* (d'une façon) supportable
draag·moe·der *nf (-s)* mère porteuse
draag|muur *nm (-muren)* mur portant
draag·riem *nm (-en)* brassière
draag·ver·mo·gen *het* **1** force portative **2** tonnage brut
draag·vlak *het (-ken)* **1** surface portante **2** base
draag·wijd·te *nf* portée
draai *nm (-en)* **1** tour **2** tournure ♦ **zijn** ~ **gevonden hebben** être dans son assiette; **iem een** ~ **om de oren geven** flanquer une gifle à qn
draai·baar *adj* tournant
draai·boek *het (-en)* scénario
draai·en[1] *vt (h./i. gedraaid)* **1** (faire) tourner; **een deur op slot** ~ fermer une porte à clé **2** composer (un numéro de téléphone) **3** *(disque, cassette etc.)* passer **4** faire tourner; **een nachtdienst** ~ faire un service de nuit
draai·en[2] *vi (h./i. gedraaid)* **1** tourner (autour de); **zich eruit** ~ tirer son épingle du jeu **2** passer; **die film draait nog steeds** ce film passe encore
draai·ing *nf (-en)* **1** rotation **2** vertige
draai·kolk *de (-en)* tourbillon (d'une rivière)
draai·mo·len *nm (-s)* manège
draai·or·gel *het (-s)* orgue de Barbarie
draai·ta·fel *de (-s)* platine (d'un) tourne-disque
draai·trap *nm (-pen) (Belg.)* escalier tournant
draak *nm (draken)* **1** dragon **2** horreur ♦ **met iem de** ~ **steken** se moquer de qn
drab *het/de* **1** dépôt **2** gadoue
dracht *de (-en)* **1** gestation **2** costume (folklorique)
drach·tig *adj* pleine
draf *nm* trot; **in volle** ~ à toute allure
draf·sport *de* courses au trot attelé
dra·gen[1] *vt (h. gedragen)* **1** porter **2** rapporter **3** supporter
dra·gen[2] *vi (h. gedragen)* porter; **zijn stem draagt ver** sa voix porte
dra·ger[1] *nm (-s),* **draagster** *nf (-s)* porteur, -euse
dra·ger[2] *nm (-s)* support
dra·len *vi (h. gedraald)* tarder
dra·ma *het (-'s)* **1** drame **2** théâtre *(genre littéraire)*
dra·ma|tisch *adj, adv (-tischer, meest d.)* dramatique(ment); **een** ~ **feit** un fait tragique
dram·men *vi (h. gedramd)* **1** insister **2** casser les pieds (à qn)
drang *nm* **1** impulsion; ~ **tot zelfbehoud** instinct de conservation **2** pression
drang·hek *het (-ken)* barrière (de sécurité), *(Belg.)* barrière Nadar
drank *nm (-en)* **1** boisson **2** alcool; **aan de** ~ **zijn** boire; *(Belg.)* **korte** ~ spiritueux **3** potion
drank·be·strij·ding *nf* lutte contre l'alcoolisme
drank·je *het (-s)* **1** verre **2** sirop
drank·lucht *de* odeur d'alcool
drank·mis·bruik *het* abus d'alcool
drank·zucht *de* alcoolisme
dras·sig *adj* marécageux
dras|tisch *adj, adv (-tischer, meest d.)* rigoureux, d'une façon rigoureuse; ~**e maatregelen** mesures draconiennes
dra·ven *vi (h. gedraafd)* **1** trotter **2** courir
dra·ve·rij *nf (-en)* course de trot
dread·locks [drɛtlɔks] *plur* tresses des rastas

dreef[1], **dreven** → **drijven**[1], **aandrijven, uiteendrijven**[1] *(etc.)*
dreef[2] *de (dreven)* allée, *(Belg.)* drève ♦ **hij is aardig op** ~ il est bien lancé
dreg *de (-gen)* grappin
dreg·gen *vi (h. gedregd)* pêcher
drei·ge·ment *het (-en)* menace
drei·gen *vti (h. gedreigd)* menacer; **de vergadering dreigt uit te lopen** la réunion risque de se prolonger
drei·ging *nf (-en)* menace
drei·nen *vi (h. gedreind)* pleurnicher
drek *nm* crotte
drem·pel *nm (-s)* seuil; **hij komt niet over mijn** ~ il ne met pas les pieds chez moi
drem·pel·ver·la·gend *adj, adv* ± (en rendant (qch)) plus accessible
drem·pel·vrees *de* peur d'entrer qp
dren·ke·ling *nm (-en)* noyé, -ée
dren·ken *vt (h. gedrenkt)* abreuver ♦ **iets in alcohol** ~ tremper qch dans l'alcool
dren·te·len *vi (h./i. gedrenteld)* traîner
dres·sing *de (-s)* assaisonnement
dres·suur *nf* dressage
dreu·mes *nm (-en)* petiot
dreun *nm (-en)* **1** grondement **2** coup violent
dreu·nen *vi (h. gedreund)* **1** être ébranlé **2** gronder
drie *card* trois; **het is tegen ~ën** il est près de trois heures; **niet tot ~ kunnen tellen** être bête comme ses pieds
drie·daags *adj* de trois jours
drie·de·lig *adj* de, à, en trois pièces
drie·dub·bel *adj, adv* triple(ment)
Drie·een·heid *nf* Trinité
drie·gen *vt (h. gedriegd) (Belg.) (couture)* faufiler
drie·hoek *nm (-en)* triangle
drie·hoeks·ver·hou·ding *nf (-en)* ménage à trois
drie·hoog *adv* au troisième (étage)
drie·ja·rig *adj* **1** (âgé) de trois ans **2** triennal
drie·kleur *de* tricolore
Drie·ko·nin·gen *plur* fête des Rois
drie·kwart *adj, adv* (aux) trois quarts
drie·kwarts·maat *de* mesure à trois temps
drie·le·dig *adj* triple
drie·ling *nm (-en)* triplés, -lées
drie·luik *het (-en)* triptyque
drie·maal *adv* trois fois; ~ **is scheepsrecht** jamais deux sans trois
drie·man·schap *het (-pen)* triumvirat
drie·ploe·gen·stel·sel *het* (les) trois-huit
drie·sprong *nm (-en)* carrefour de trois routes
driest *adj, adv (driester, meest d.)* **1** hardi(ment) **2** effronté(ment)
drie·tal *het (-len)* trois
drie·vou·dig *adj, adv* triple(ment); **het ~e** le triple
drie·wie·ler *nm (-s)* tricycle
drift *de (-en)* **1** colère **2** pulsion **3** dérive
drift·bui *de (-en)* accès de colère
drif·tig *adj, adv* **1** en colère; ~ **worden** s'emporter **2** coléreux **3** violent, violemment
drijf·gas *het (-sen)* gaz propulseur
drijf·jacht *de (-en)* battue
drijf·nat *adj* trempé
drijf|veer *de (-veren)* mobile
drijf·zand *het* sable(s) mouvant(s)
drij·ven[1] *vi (h./i. gedreven)* **1** flotter; **de zaak drijft op hem** c'est lui qui fait marcher l'affaire; **zich ~de weten te houden** arriver à ne pas perdre pied **2** être inondé
drij·ven[2] *vt (h./i. gedreven)* **1** pousser (devant soi); **de menigte uit elkaar** ~ disperser la foule **2** pousser (qn à); **~de krachten** forces mouvantes **3** faire
dril·len *vt (h. gedrild)* **1** dresser **2** driller
drin·gen[1] *vi (h./i. gedrongen)* **1** se frayer un passage; **het water drong door de bodem in de boot** l'eau pénétra dans le bateau par le plancher **2** pousser **3** presser
drin·gen[2] *vt (h./i. gedrongen)* **1** pousser; **zich op de voorgrond** ~ se mettre en avant **2** forcer (à)
drin·gend *adj, adv* **1** urgent, d'urgence **2** pressant
drink·baar *adj* potable
drink·bak *nm (-ken)* auge
drin·ken *vti (h. gedronken)* boire; **die koffie is niet te** ~ ce café est imbuvable
drin·ker *nm (-s)*, **drinkster** *nf (-s)* buveur, -euse
drink·ge·lag *het (-en)* beuverie
drink·geld *het (-en) (Belg.)* pourboire
drink·wa·ter *het* eau potable
droef *adj, adv (droever, droefst)* affligé, mélancolique(ment); **droeve jaren** de tristes années
droef·gees·tig *adj, adv* **1** (d'un air) abattu **2** morne
droef·heid *nf* tristesse
droeg, droegen → **dragen**[1], **aandragen, wegdragen** *(etc.)*
droe·vig *adj, adv* triste(ment), misérablement
dro·gen[1] *vi (h./i. gedroogd)* sécher
dro·gen[2] *vt (h./i. gedroogd)* sécher; **de borden** ~ essuyer les assiettes
dro·gist *nm (-en)* **1** droguiste **2** droguerie
drol *nm (-len)* crotte *(aussi terme d'affection)*
drom *nm (-men)* masse; **in dichte ~men** en rangs serrés
dro·me·da·ris *nm (-sen)* dromadaire
dro·men *vti (h. gedroomd)* rêver (de, à); **ik kan dat boek wel** ~ je connais ce livre par cœur; **wie zou dat gedroomd hebben** qui aurait pu imaginer cela
drom·mel *nm (-s)* **1** diable **2** pauvre type ♦ **om de ~ niet!** jamais de la vie!
drom·men *vi (h. gedromd)* se précipiter en foule; **uit iedere trein ~ reizigers** chaque train déverse des flots de voyageurs
drong, drongen → **dringen**[1], **aandringen, terugdringen** *(etc.)*

dronk[1], **dronken** → **drinken, opdrinken, leegdrinken** *(etc.)*
dronk[2] *nm (-en)* gorgée ♦ **een kwade ~ hebben** avoir le vin mauvais; **een ~ op iem/iets uitbrengen** porter un toast en l'honneur de qn, de qch
dronk·aard *nm (-s)* ivrogne
dron·ken *adj* ivre; **met zijn ~ kop** pris de boisson
dron·ken·schap *nf* ivresse; **in staat van ~** en état d'ébriété
droog[1] *adj (droger, droogst)* **1** sec; **het is weer ~** il ne pleut plus **2** assommant; **een ~ vak** une matière aride **3** à froid; **droge grapjes** blagues à froid
droog[2] *adv (droger, droogst)* à sec
droog·bloem *de (-en)* immortelle
droog·doek *nm (-en)* torchon
droog·je *het* ♦ **men liet ons op een ~ zitten** on ne nous a rien offert à boire
droog·kap *de (-pen)* sèche-cheveux
droog·ko·miek *nm (-en)* pince-sans-rire
droog·kuis *nm (Belg.)* pressing
droog·leg·ging *nf* mise à sec
droog·lijn *de (-en)* corde à linge
droog·ma·ken *vt (h. drooggemaakt)* (as)sécher
droog·ma·len *vt (h. drooggemalen)* assécher
droog·mo·len *nm (-s)* séchoir (en forme de parapluie)
droog·rek *het (-ken)* séchoir à linge
droog·staan *vi (h. drooggestaan)* être à sec
droog·te *nf (-n)* sécheresse
droog·trom·mel *de (-s)* sèche-linge
droog·zwem·men *vi (h. drooggezwommen)* s'entraîner à sec
droog·zwier·der *nm (-s) (Belg.)* → **centrifuge**
droom *nm (dromen)* rêve; *(prov)* **dromen zijn bedrog** songes, mensonges; **een natte ~** des pollutions nocturnes; **iem uit de ~ helpen** dessiller les yeux à, de qn
droom·beeld *het (-en)* **1** vision **2** illusion
droop, dropen → **druipen, afdruipen**
drop *het/de* réglisse
drop-out [drɔpaut] *nm (-s)* marginal
drop·pen *vt (h. gedropt)* **1** déposer **2** parachuter
drug [drʌg, drʌχ] *nm (-s)* stupéfiant, drogue; **~s gebruiken** se droguer
drugs·be·strij·ding *nf* lutte antidrogue, contre la drogue
drugs·ge·brui·ker *nm (-s)* drogué, -ée, toxicomane
drugs·geld *het (-en)* narcodollars
drugs·han·del *nm* trafic de (la) drogue
drugs·smok·ke·laar *nm (-s)* passeur de drogue
drugs·ver·slaaf·de *nm (-n)* → **drugsgebruiker**
drugs·ver·sla·ving *nf* toxicodépendance
druif[1] *de (druiven)* (grain de) raisin
druif[2] *nm (druiven) (fam.)* (un drôle d')oiseau; **een rare ~** un drôle de zèbre
drui·le·rig *adj* maussade
drui·pen *vi (h./i. gedropen)* (dé)goutter ♦ **de verwaandheid druipt van hem af** il sue la prétention
drui·per *nm (-s)* chaude-pisse
druip·nat *adj* trempé (jusqu'aux os)
druip·rek *het (-ken)* égouttoir
druip·steen *het/de* stalactite, stalagmite
drui·sen *vi (h. gedruist)* **1** retentir **2** frémir
drui·ve·laar *nm (-s) (Belg.)* vigne
drui·ven|oogst *nm (-en)*, **-pluk** *nm (-ken)* vendange(s)
drui·ven·pers *de (-en)* pressoir (à vin)
drui·ven·sui·ker *nm* dextrose
drui·ven·teelt *de* viticulture
drui·ven·tros *nm (-sen)* grappe de raisin
druk[1] *nm (-ken)* **1** pression; **een gebied van hoge ~** un anticyclone; **de ~ is van de ketel** on respire de nouveau; **onder ~ leven** vivre sous tension **2** impression **3** tirage
druk[2] *adj, adv* **1** contraignant **2** occupé; **het ~ hebben** être très occupé **3** animé; **een ~ke straat** une rue passante **4** intense, (très) intensément **5** agité; **zich niet ~ maken** ne pas s'en faire; **zich ~ maken over iets** se faire du mauvais sang **6** chargé
druk·fout *de (-en)* faute d'impression
druk·ken[1] *vi (h. gedrukt)* **1** appuyer (sur) **2** peser (sur) **3** faire caca
druk·ken[2] *vt (h. gedrukt)* **1** presser; **een motie erdoor ~** réussir à faire passer une motion; **de lonen ~** limiter la hausse des salaires **2** opprimer **3** imprimer
druk·kend *adj* lourd
druk·ke·rij *nf (-en)* (une) imprimerie
druk·kings·groep *de (-en) (Belg.)* groupe de pression
druk|knoop *nm (-knopen)* (bouton-)pression
druk·knop *nm (-pen)* bouton-poussoir (électrique)
druk·let·ter *de (-s)* caractère d'imprimerie
druk·pan *de (-nen)* autocuiseur
druk·pers *de (-en)* presse (à imprimer)
druk|proef *de (-proeven)* épreuve
druk·te *nf* **1** foule d'occupations **2** animation **3** façons; **~ (van iets) maken** faire toute une affaire (de qch); **over die zaak is veel ~ geweest** cette affaire a fait beaucoup de bruit
druk·toets *nm (-en)* touche
druk·werk *het (-en)* imprimé(s)
drum *nm (-s)* batterie
drum·band [drʌmbɛnt, drʌmbɑnt] *nm (-s)* **1** fanfare **2** tambours
drum·mer *nm (-s)* batteur
drum·stel *het (-len)* → **drum**
drup *nm (-pen)* goutte
drup·pel *nm (-s)* goutte; **een ~ op een gloeiende plaat** une goutte d'eau dans la mer

drup·pe·len[1] *vi, vb impers (h./i. gedruppeld)* **1** tomber goutte à goutte **2** dégoutter
drup·pe·len[2] *vt (h./i. gedruppeld)* verser goutte à goutte; **iets in het oog** ~ instiller qch dans l'œil
dtp *de desktoppublishing* PAO
dtp-prik *de (-ken)* vaccination DTP (diphtérie, tétanos, polyomiélite)
D-trein *nm (-en)* train international à supplément
dub·bel[1] *adj* double; **hij ligt ~ (van het lachen)** il se tord (de rire)
dub·bel[2] *adv* **1** (en) double; ~ **parkeren** stationner en double file **2** deux fois **3** deux fois plus; ~ **en dwars** largement
dub·bel·dek·ker *nm (-s)* autobus à impériale
dub·bel·drank *nm (-en)* ⟨*boisson au jus de deux fruits*⟩
dub·be·len *vi (h. gedubbeld) (Belg.)* (re)doubler une classe
dub·be·le·punt *de (-en)* deux-points
dub·bel·fo·cus·bril *nm (-len)* lunettes bifocales, à double foyer
dub·bel·gan·ger *nm (-s)* sosie
dub·bel·klik·ken *vi (h. gedubbelklikt) (inform.) (+ op)* double-cliquer (sur)
dub·bel|loop *nm (-lopen),* **-loopsgeweer** *het (-geweren)* fusil à deux coups
dub·bel·op *adv* ♦ **dat is** ~ ça fait double emploi
dub·bel·slaan[1] *vt (h./i. dubbelgeslagen)* rabattre
dub·bel·slaan[2] *vi (h./i. dubbelgeslagen)* se plier (en deux); **ik sloeg dubbel toen ik dat hoorde** je me suis tordu (de rire) quand j'ai appris cela
dub·bel·spel *het (-en)* double
dub·bel|spoor *het (-sporen)* **1** double voie **2** deux pistes
dub·bel·tje *het (-s)* pièce de 10 cents; **elk ~ (tienmaal) omkeren** regarder à la dépense; **zij wil voor een ~ op de eerste rang zitten** elle veut tout avoir pour rien; **het is een ~ op zijn kant** c'est un coup de dés
dub·bel·vou·wen *vt (h. dubbelgevouwen)* plier en deux
dub·bel·zin·nig *adj* **1** ambigu **2** équivoque; **~e grappen** plaisanteries lestes
du·bi|eus *adj (-euzer, -eust)* douteux
duch·ten *vt (h. geducht)* craindre
du·el·le·ren *vi (h. geduelleerd)* se battre en duel
du·et *het (-ten) (mus.)* duo
duf *adj, adv* **1** (qui sent le) moisi **2** (de façon) terne **3** bête(ment); **met m'n ~fe hoofd** stupidement
dui·de·lijk *adj, adv* clair(ement); **iem iets ~ maken** faire comprendre qch à qn
dui·de·lijk·heid *nf* clarté; **voor alle** ~ pour éviter tout malentendu
dui·den[1] *vi (h. geduid)* **1** *(+ op)* indiquer **2** *(+ op)* faire allusion (à)
dui·den[2] *vt (h. geduid)* expliquer
duif *de (duiven)* **1** pigeon **2** colombe ♦ **onder iemands duiven schieten** marcher sur les brisées de qn
duig *de (-en)* douve (de tonneau); **in ~en vallen** s'écrouler
duik *nm (-en)* plongeon
duik|boot *de (-boten)* sous-marin
dui·ke·len *vi (h./i. geduikeld)* **1** faire la culbute **2** dégringoler
dui·ken *vi (h./i. gedoken)* plonger; **achter zijn krant** ~ se cacher derrière son journal; **hij is onder de wol gedoken** il s'est enfoui sous les couvertures
dui·ker·pak *het (-ken)* scaphandre
duik·plank *de (-en)* plongeoir
duik·sport *de* plongée sous-marine
duik·vlucht *de (-en)* (descente en) piqué
duim *nm (-en)* pouce; **de ~en leggen** mettre les pouces; **iem onder de ~ houden** serrer la bride à qn ♦ **iets uit zijn ~ zuigen** inventer qch de toutes pièces
duim·dik *adv* de l'épaisseur d'un pouce; **het ligt er ~ (boven)op** c'est cousu de fil blanc
dui·men *vi (h. geduimd)* **1** se tourner les pouces **2** sucer son pouce ♦ **ik zal morgen voor je** ~ je dirai une prière pour toi demain
duim·stok *nm (-ken)* mètre pliant
duim·zui·gen *vi* **1** sucer son pouce **2** imaginer de toutes pièces
duin *de (-en)* dune
Duin·ker·ken *het* Dunkerque
duin·pan *de (-nen)* cuvette dans les dunes
duis·ter[1] *het* obscurité; **in het ~ (rond)tasten** être dans le noir
duis|ter[2] *adj, adv (-terder, -terst)* **1** obscur(ément); **het is me nog even** ~ je n'y vois pas encore (très) clair **2** louche; **~e praktijken** malversations
duis·ter·nis *nf (-sen)* **1** obscurité; **na het invallen van de** ~ la nuit tombée **2** ténèbres
duit *nm (-en)* sou; *(Belg.)* **hij zou een ~ in tweeën bijten** il tondrait un œuf; **ook een ~ in het zakje doen** placer son mot
Duits *adj* allemand; **het** ~ l'allemand
Duits·ge·zind *adj* germanophile
Duits·land *het* Allemagne
dui·vel, duvel *nm (-s)* diable; *(Belg.)* **iem de ~ aandoen** embêter qn; **naar, voor de ~ zijn** être fichu; **om de ~ niet!** jamais de la vie!; **daar speelt de ~ mee, 't is of de ~ ermee speelt** c'est à croire que le diable s'en mêle; **hij is des ~s** il est fou de rage
dui·vel-doet-al *nm (Belg.)* homme à tout faire
dui·vels *adj, adv* **1** diabolique(ment) **2** furieux, furieusement; **het is om ~ te worden** c'est rageant **3** diablement
dui·vels·kun·ste|naar *nm (-s),* **-nares** *nf (-sen)* magicien, -ienne; **daarvoor hoef je geen ~ te zijn** il ne faut pas être sorcier pour faire cela
dui·ven·hok *het (-ken)* → **duiventil**
dui·ven·mel·ker *nm (-s)* colombophile
dui·ven·sport *nm* colombophilie
dui·ven·til *de (-len)* pigeonnier
dui·ze·len *vi (h. geduizeld)* **1** avoir le ver-

tige; **het duizelt mij** j'ai la tête qui tourne **2** tourner
dui·ze·lig *adj* pris de vertige
dui·ze·ling·wek·kend *adj, adv* vertigineux, vertigineusement; **~e bedragen** sommes faramineuses
dui·zend *card* mille; *(Belg.)* **op zijn ~ gemakken** en prenant ses aises; **in de ~en lopen** se chiffrer par milliers; **zij is er één uit ~(en)** c'est une perle
dui·zend·ja·rig *adj* millénaire; **het ~ rijk** le millénium
dui·zend·je *het (-s)* billet de mille
dui·zend·kop·pig *adj* de mille personnes
dui·zend|poot *nm (-poten)* **1** mille-pattes **2** homme-orchestre
dui·zend|schoon *de (-schonen)* œillet de poète
dui·zend·tal *het (-len)* **1** millier **2** milliers
dul·den *vt (h. geduld)* supporter
dum·my *nm (-'s)* **1** maquette **2** poupée
dum·pen[1] *vi (h. gedumpt)* faire du dumping
dum·pen[2] *vt (h. gedumpt)* **1** décharger **2** larguer; **zijn vriendinnetje ~** plaquer sa copine
dump|prijs *nm (-prijzen)* prix-choc
dun *adj, adv* **1** fin **2** clairsemé **3** (sous forme) liquide
dun·be·volkt *adj* peu peuplé
dun·doek *het (-en)* **1** étamine **2** drapeau
dunk *nm* **1** opinion; **een lage ~ van iem hebben** avoir peu d'estime pour qn **2** *(sports)* smash
du·pe·ren *vt (h. gedupeerd)* duper
du·pli|caat *het (-caten)* **1** ampliation **2** duplicata
du·ren *vi (h. geduurd)* **1** durer **2** se prolonger; **het duurt nog wel even (voor het zover is)** ce n'est pas pour demain; **lang ~ voordat ...** mettre longtemps à ..., prendre du temps avant de, que ...; **het zal niet lang ~ of hij komt** il ne tardera pas à venir
du·rend *adj* permanent
durf *nm* audace
dur·ven *vti (h. gedurfd)* oser; **probeer maar eens als je durft** essaie un peu pour voir
dus[1] *adv* ainsi
dus[2] *conj* donc
dus·da·nig[1] *dém* tel
dus·da·nig[2] *adv* de telle manière que
dus·ver *adv* ♦ **tot ~** jusqu'ici
dut *nm (-ten)* somme; **een ~je doen** faire un (petit) somme
duts *nm (-en) (Belg.)* malheureux, -euse
dut·ten *vi (h. gedut)* **1** faire un somme **2** somnoler
duur[1] *nm* durée; **op de(n) (lange) ~** à la longue; **hij zal op den ~ komen** il finira par venir
duur[2] *adj, adv (duurder, duurst)* **1** cher; *(fig.)* **(iem) ~ te staan komen** coûter cher (à qn); **iets ~ verkopen** vendre qch au prix fort **2** ± ostentatoire, avec ostentation; **~ doen** faire du chiqué
duur·sport *de (-en)* sport d'endurance
duur|zaam *adj, adv (-zamer, -zaamst)* **1** durable **2** prolongé, longtemps
du·vel *nm (-s) (voir aussi duivel)* ♦ **iem op zijn ~ geven** passer un savon à qn
du·vels *interj* → **duivels**[2]
duw *nm (-en)* poussée; *(fig.)* **iem een ~tje geven** donner un coup de pouce à qn
du·wen *vti (h. geduwd)* pousser
dvd-bran·der *nm* graveur de DVD
dvd-spe·ler *nm* lecteur de DVD
dwaal|spoor *het (-sporen),* **-weg** *nm (-en)* fausse piste; **iem op een ~ brengen** induire qn en erreur
dwaas *adj, adv (dwazer, dwaast)* **1** fou, follement **2** stupide(ment); **dwaze streken uithalen** faire des bêtises
dwaas|heid *nf (-heden)* sottise; **dwaasheden begaan** faire des stupidités
dwa·len *vi (h. gedwaald)* errer
dwa·ling *nf (-en)* **1** errance **2** erreur
dwang *nm* **1** contrainte; **onder ~** contraint et forcé; **~ op iem (uit)oefenen** user de contrainte avec qn **2** manie
dwang·ar·beid *nm* travaux forcés
dwang·ar·bei·der *nm (-s)* forçat
dwang·be·vel *het (-en)* sommation
dwang|buis *het (-buizen)* camisole de force
dwang·ge·dach·te *nf (-n)* obsession
dwang·maat·re·gel *nm (-en)* mesure coercitive
dwang·ma·tig *adj* obsessionnel
dwang·ma·tig|heid *nf (-heden)* inévitable
dwang·mid·del *het (-en)* moyen de contrainte
dwang·som *de (-men)* astreinte
dwar·re·len *vi (h./i. gedwarreld)* voltiger
dwars *adj, adv* **1** transversal, en travers; **~ tegen iets ingaan** s'opposer radicalement à qch; *(fig.)* **het zat hem ~** cela le tracassait **2** oblique, de travers **3** récalcitrant
dwars·bo·men *vt (h. gedwarsboomd)* contrecarrer
dwars·fluit *de (-en)* flûte traversière
dwars·heid *nf* humeur récalcitrante
dwars·lae·sie *nf* interruption médullaire
dwars·lat *de (-ten)* traverse
dwars·lig·gen *vi (h. dwarsgelegen)* **1** contrecarrer **2** *(fig.)* faire la mauvaise tête
dwars|straat *de (-straten)* rue transversale; **ik noem maar een ~** comme ça, pour dire
dweep·ziek *adj* → **dweperig**
dweep·zucht *de* → **dweperij**
dweil *nm (-en)* serpillière
dwei·len *vti (h. gedweild)* passer la serpillière (sur), *(Belg.)* reloqueter
dwe·pen *vi (h. gedweept)* **1** adorer **2** *(+ met)* se passionner
dwe·pe·rig *adj, adv* exalté, avec exaltation

dwe·pe·rij *nf (-en)* exaltation
dwerg *nm (-en)* nain
dwerg·ach·tig *adj* lilliputien
dwin·ge·land *nm (-en)* tyran
dwin·gen[1] *vi (h. gedwongen)* réclamer à cor et à cri
dwin·gen[2] *vt (h. gedwongen)* **1** obliger (à); **zich** ~ se forcer (à, pour) **2** enfoncer
dwin·gend *adj, adv* impératif, impérativement; **~e noodzakelijkheid** nécessité absolue
dwong, dwongen → **dwingen**[1], **afdwingen**
d.w.z. *dat wil zeggen* c.-à-d.
dy·na|misch *adj (-mischer, meest d.)* dynamique; ~ **maken** dynamiser
dys·lec·tisch *adj* dyslexique
D66 *nf (pol.) Democraten '66 ⟨les Démocrates '66⟩*

e

e.a. *en andere(n)* et autre(s)
eb *de* **1** reflux; **het is eb** la marée descend; **eb en vloed** flux et reflux **2** marée basse; **bij eb** à marée basse
eb·ben·hout *het* (bois d')ébène
e-book *het (-s)* livre électronique
e-book·rea·der *de (-s) (inform.)* liseuse
e-busi·ness *de* e-commerce
echo·ën *vti (h. geëchood)* se répercuter
echt[1] *nm (form.)* union conjugale; **in de ~ verbonden** unis par les liens du mariage
echt[2] *adj, adv* **1** authentique, sincère(ment), réellement **2** vrai(ment), véritable; **dat is ~ Hollands** c'est typiquement hollandais; **dat is ~ iets voor hem** c'est bien lui; **niet ~** pas vraiment **3** légitime
echt·bre·ken *vi (form.)* commettre un adultère
ech·te·lijk *adj (form.)* conjugal; **~e ruzie** scène de ménage; **de ~e staat** l'état de mariage
ech·ter *adv* cependant
echt·ge|noot *nm (-noten),* **-note** *nf (-s)* époux, -ouse
echt·heid *nf* **1** pureté, authenticité **2** légitimité
echt|paar *het (-paren)* couple
echt·schei·ding *nf (-en)* divorce
echt|ver·bin·te·nis *nf (-sen),* **-vereni·ging** *nf (-en) (form.)* union conjugale
eco·lo·gisch *adj, adv* écologique(ment)
eco|loog *nm (-logen)* écologiste
eco·no·mie *nf (-ën)* économie
eco·no·misch *adj, adv* **1** économique(ment) **2** avantageux, avantageusement
eco|noom *nm (-nomen)* **1** économiste **2** *(Belg.; enseign.)* économe
Ecua·dor *het* Equateur
ec|zeem *het (-zemen)* eczéma
ed. **1** *editio* éd. **2** *editeur* édit.
e.d. *en dergelijke* etc.
edel *adj, adv* noble(ment); **een ~ mens** un être généreux
edel·acht·baar *adj* ♦ **Edelachtbare** Monsieur le Juge
edel·gas *het (-sen)* gaz rare
edel·ge·steen·te *het (-n)* pierres précieuses
edel·hert *het (-en)* cerf
edel·lie·den *plur* gentilshommes
edel·moe·dig *adj, adv* magnanime(ment), généreux, généreusement
edel|smid *nm (-smeden)* orfèvre
edel|steen *nm (-stenen)* pierre précieuse
edict *het (-en)* édit
edi·tie *nf (-s)* édition
edu·ca·tie *nf (-s)* éducation
eed *nm (eden)* serment; **een ~ afleggen** prêter serment; **iem een ~ afnemen** faire prêter serment à qn; **zijn ~ breken** violer son serment; **onder ede staan** témoigner sous serment; **iem onder ede horen** faire témoigner qn sous serment; **ik zou er geen ~ op willen doen** je n'en jurerais pas
eeg *het (-'s) (méd.) elektro-encefalogram* EEG
EEG *nf Europese Economische Gemeenschap* CEE
ee·ga *de (-'s) (form.)* épouse
eek·hoorn *nm (-s)* écureuil
eelt *het* callosité; **~ op zijn ziel hebben** être blindé
eel·tig *adj* calleux
een[1] *adj* un(e); **~ zijn met** faire corps avec; **~ worden** s'unifier
een[2] *indéf* un(e); **er is er ~ vóór u geweest** quelqu'un vous a devancé; **je bent me er (ook) ~!** tu es un drôle de numéro!
een[3] *card (accentué)* un(e); **het is bij enen** il est près d'une heure; **de ~ nog mooier dan de ander** tous plus beaux les uns que les autres; **een ~ voor wiskunde** un un (sur dix) en maths; *(subst.)* **enen gooien** amener des un; **dat is ~!** et d'un(e)!; **elke stem is er ~** chaque voix compte; *(Belg.)* **op ~, twee, drie** en moins de deux; **tien tegen ~ dat** il y a gros à parier que; **~ van tweeën** de deux choses l'une; **~ voor ~** un(e) à un(e) ♦ **de weg is één en al modder** la route est pleine de boue; **de ~ of ander** quelqu'un; **(het) ~ en ander** des choses et d'autres; **niet om het ~ of ander** ce n'est pas pour dire; **het is het ~ of het ander** de deux choses l'une

een[4] *ord (accentué)* un, premier; **op ~ april** le premier avril; **bladzijde ~** page un
een[5] *art (non accentué)* **1** *(indéfini)* un(e); **~ meneer A.** un (certain) monsieur A. **2** *(générique)* le, la **3** environ, quelque; **~ dag of wat** quelques jours; **~ uur of drie** environ trois heures ♦ **het kost me ~ geld!** cela me coûte les yeux de la tête!; **~ mensen dat er waren!** il y avait un monde fou!; **wat ~ mensen!** quelle foule!; **wat ~ geldverspilling!** quel gaspillage!
een·ak·ter *nm (-s)* pièce en un acte
een·ar·mig *adj* manchot
een·baans·weg *nm (-en)* route à voie unique
een·cel·lig *adj* unicellulaire
eend *de (-en)* **1** canard; *(fig.)* **een lelijk ~je** une deux-pattes; *(fig.)* **er is een vreemde ~ in de bijt** il y a un étranger parmi nous **2** deux chevaux *(Citroën)*
een·daags *adj* **1** qui dure un jour **2** *(zool.)* éphémère
een·dags·vlieg *de (-en)* **1** *(fig.)* quelque chose d'éphémère; **~en** *(dans le monde du spectacle)* vedettes d'un jour **2** *(zool.)* éphémère
een·de·lig *adj* **1** en une pièce *(vêtements)* **2** en un seul volume
een·den·kroos *het* lentille d'eau
een·der *adj, adv* pareil(lement)
een·dracht *de* concorde; *(prov)* **~ maakt macht** l'union fait la force
een·drach·tig *adj, adv* uni, de commun accord
een·dui·dig *adj, adv* univoque(ment)
een·ei·ig *adj* monozygote
een·ge·zins·wo·ning *nf (-en)* ± maison individuelle, *(Belg.)* maison unifamiliale
een|heid *nf (-heden)* **1** unité **2** *(milit.)* unité de combat; **de mobiele ~** les compagnies républicaines de sécurité
een·heids·worst *de* ± grisaille
een·hoorn *nm (-s)* licorne
een·ja·rig *adj* **1** d'un an; **het ~ bestaan van de vereniging** le premier anniversaire de l'association **2** d'une année; **een ~e plant** une plante annuelle
een·ken·nig *adj* farouche, timide
een·ling *nm (-en)* **1** solitaire; **zich als ~ opstellen** faire cavalier seul **2** individu
een·maal *adv* **1** une fois; **~, andermaal, voor de derde maal, verkocht!** une fois, deux fois, trois fois, adjugé! **2** jamais; **als dat nu maar ~ gebeurd is!** vivement que ça soit fait!; **~ komt de tijd dat** le jour viendra où; **als het ~ zover komt** si jamais on en arrive là ♦ **ik ben nu ~ zo** on ne se refait pas; **zo is het leven nu ~** c'est la vie; **dat is nu ~ zo** le fait est là, c'est comme ça
een·ma·lig *adj* unique
een·mans|zaak *de (-zaken)* entreprise unipersonnelle
een·pans·maal·tijd *nm (-en)* repas à plat unique
een·pits·stel *het (-len)* réchaud à un feu
een·rich·tings·ver·keer *het* **1** *(circul.)* circulation à sens unique **2** *(fig.)* contact unilatéral

eens[1] *adv* **1** une fois; **voor ~ en al(tijd)** une fois pour toutes; **meer dan ~** plus d'une fois; **kom ~ aanlopen!** passe me voir!; **als hij maar ~ werkte** si seulement il travaillait; **dat is ~ en nooit weer** c'est la première et la dernière fois; **er was ~** il était une fois; **~ te meer** une fois de plus **2** deux fois; **~ zo groot** deux fois plus grand **3** *(pour accentuer, souvent non traduit);* **dat zou best ~ kunnen** cela se pourrait bien; **kom ~ hier!** approche un peu!; **niet ~ tijd hebben om ...** n'avoir même pas le temps de ...; **dat is nog ~ een mooie vrouw!** en voilà une belle femme!; **nu ~ ..., dan weer** tantôt ... tantôt
eens[2] *adj* d'accord; **veel mensen zijn het met ons ~** beaucoup sont de notre avis; **het ~ worden** tomber d'accord; **zij kunnen het maar niet ~ worden** ils n'arrivent pas à s'entendre; **het erover ~ zijn, dat ...** avoir convenu de ...
eens·ge|zind *adj, adv (-zinder, meest e.)* unanime(ment); **~ handelen** agir de concert
eens·klaps *adv* tout à coup
eens·lui·dend *adj* conforme; **tot een ~ oordeel komen** arriver à un jugement unanime
een·stem·mig *adj, adv* **1** unanime(ment) **2** à une voix, à l'unisson
een·tje *indéf* un, un seul; **geef mij er ~** donnez-m'en un(e); **hij is me er ~!** il n'y en a pas deux comme lui!, *(péj.)* c'est un drôle de bonhomme ♦ **op zijn dooie ~** tout seul; **hij zat in zijn ~** il était assis (tout) seul
een·to·nig *adj, adv* monotone, avec monotonie
een·ver·die·ner *nm (-s)* salarié unique (dans une famille)
een·vor·mig *adj* uniforme; **~ maken** uniformiser
een·voud *nm* simplicité; **hij zei dat in zijn ~** il a dit cela en toute candeur
een·vou·dig *adj, adv* simple(ment), facile, sobre; **een ~e stijl** un style sobre; **al te ~** simplet; **zo ~ ligt dat niet** ce n'est pas si simple que ça; **het is ~ onzin** c'est tout simplement absurde
een·vou·dig·weg *adv* tout simplement
een·wor·ding *nf* unification
een|zaam *adj, adv (-zamer, -zaamst)* **1** solitaire(ment), seul; **zich ~ voelen** se sentir seul **2** (dans un endroit) solitaire, isolé; **eenzame wegen** routes désertes
een·zaam·heid *nf* solitude; **in ~** solitairement
een|zaat *nm (-zaten) (Belg.)* ermite
een·zel·vig *adj, adv* farouche, en solitaire; **hij is erg ~** il est replié sur lui-même; **een ~ kind** un enfant sauvage
een·zij·dig *adj, adv* **1** unilatéral(ement); **een verdrag ~ opzeggen** annuler un traité par décision unilatérale **2** partial(ement) **3** limité, de façon simpliste; **een ~e ontwikkeling** une formation à courte vue
eer[1] *de* **1** honneur, gloire; **daarmee be-**

wijs je hem te veel ~ c'est lui faire trop d'honneur; *(Belg.)* ~ **van iets halen** tirer gloire de qch; **de** ~ **aan zichzelf houden** sauver la face; **iets in ere herstellen** remettre qch en honneur; **in** ~ **en aanzien leven** être estimé et honoré de tous; **een gebruik in ere houden** respecter une tradition; **iem in zijn** ~ **herstellen** réhabiliter qn; **dat is, komt mijn** ~ **te na** il y va de mon honneur; **naar** ~ **en geweten handelen** agir en son âme et conscience; **er een** ~ **in stellen** tenir à honneur de **2** honneur, hommage; **er is geen** ~ **aan te behalen** on y perd sa peine; **iem** ~ **bewijzen** rendre hommage à qn; **geen** ~ **van iets hebben** ne tirer aucune satisfaction de qch; **iem de laatste** ~ **bewijzen** rendre les derniers honneurs à qn; **ter ere van** en l'honneur de; **voor de** ~ **bedanken** décliner l'honneur; **het zal me een** ~ **zijn ...** je me ferai (un) honneur de ...; **ere zij God** Dieu soit loué; *(prov)* **ere wie ere toekomt** à tout seigneur tout honneur

eer[2] *conj (form.)* avant de, que

eer|baar *adj, adv (-baarder, -baarst)* honorable(ment)

eer·baar·heid *nf* honneur

eer·be·toon *het* hommage

eer·be|wijs *het (-wijzen)* hommage, honneur; **hij werd met eerbewijzen overladen** il fut comblé d'honneurs; **iem de militaire eerbewijzen brengen** rendre les honneurs militaires à qn

eer·bied *nm* respect, considération; **uit** ~ **voor ...** par respect de ...

eer·bie·dig *adj, adv* respectueux, respectueusement

eer·bie·di·gen *vt (h. geëerbiedigd)* respecter; **God** ~ révérer Dieu

eer·bied·waar·dig *adj* vénérable

eer·daags *adv* prochainement

eer·der[1] *adj, adv* antérieur, plus tôt, avant; **hij was er** ~ **dan ik** il est arrivé plus tôt que moi; **hoe** ~ **hoe beter** le plus tôt possible

eer·der[2] *adv* plutôt; **zij is** ~ **blond dan donker** elle est plus blonde que brune

eer·ge·voel *het* dignité; **geen** ~ **hebben** manquer de dignité; **op iemands** ~ **werken** piquer qn d'honneur

eer·gis·te·ren *adv* avant-hier

eer·her·stel *het* réhabilitation

eer·lijk *adj, adv* **1** honnête(ment); **een** ~**e behandeling** un traitement juste; *(prov)* ~ **duurt het langst** il faut aller le droit chemin **2** sincère, franchement; ~ **gezegd geloof ik het niet** franchement je ne le crois pas; ~ **is** ~ il faut reconnaître ce qui est; **een** ~**e tegenstander** un adversaire loyal; **het is** ~ **waar** c'est la pure vérité

eer·lijk·heid *nf* **1** franchise **2** honnêteté; **de** ~ **gebiedt dat te erkennen** la vérité nous oblige à le dire

eer·lijk·heids·hal·ve *adv* par souci d'honnêteté, de vérité

eerst *adv* **1** en premier; **hij zag de brand het** ~ il vit l'incendie le premier; **voor het** ~ pour la première fois **2** d'abord; *(Belg.)* ~ **en vooral** avant tout **3** au début **4** *(form.; temps)* seulement

eer·ste *ord* premier; *(sports)* **de** ~ **zijn** être premier au classement; **Willem de Eerste** Guillaume premier; **zij is niet de** ~ **de beste** ce n'est pas n'importe qui; **bij de** ~ **de beste gelegenheid** à la première occasion; *(sports)* **hij speelt in het** ~ il joue dans la première équipe; **het** ~ **wat we zagen was ...** la première chose que nous avons vu, était ...; **in de** ~ **klas zitten** *(enseign. primaire)* être au cours préparatoire, *(enseign. secondaire)* ± être en sixième, *(Belg.)* être en première; **ten** ~ premièrement

eer·ste·graads·be·voegd·heid *nf* ♦ **hij heeft een** ~ il est agrégé

eer·ste·graads·le·raar *nm (-raren)* ± professeur agrégé

eer·ste·graads·ver·bran·ding *nf (-en)* brûlure du premier degré

eer·ste·hulp·post *nm (-en)* infirmerie *(local)*

eer·ste·hulp·ver·le·ning *nf* secourisme

eer·ste·jaars *adj* de première année; **een** ~ un étudiant de première année

Eer·ste Ka·mer|lid *het (-leden)* sénateur

eer·ste·klas *adj* de premier ordre; ~ **aardappels** des pommes de terre de première qualité; **een** ~ **kok** un fin cuisinier

***eer·ste·klas-** de première classe *(transports)*; **de eersteklaswagon** le wagon de première classe

eer·ste·klas·ser *nm (-s)* **1** élève de cours préparatoire, *(Belg.)* élève de première **2** élève de sixième, *(Belg.)* élève de première

eer·ste·ling *nm (-en)* **1** premier-né **2** premier fruit

eer·ste·rangs *adj* de premier ordre

eerst·ge·noemd *adj* premier

eerst·ko·mend, -volgend *adj* prochain

eer·tijds *adv (form.)* autrefois

eer·vol *adj, adv* honorable(ment)

Eerw. *Eerwaarde* R.P., R.M.

eer·waard *adj* révérend; ~**e vader** mon père

eer·wraak *de* crime d'honneur

eer|zaam *adj, adv (-zamer, -zaamst)* honnête(ment)

eer·zucht *de* ambition

eer·zuch·tig *adj, adv* ambitieux, ambitieusement

eet·ap·pel *nm (Belg.)* pomme à couteau

eet·baar *adj* mangeable, comestible

eet·ca·fé *het (-s)* brasserie, bistro(t)

eet·ge·rei *het* couvert et service de table

eet·ge·woon·te *nf (-n, -s)* habitude alimentaire

eet·hoek *nm (-en)* coin-repas

eet|huis *het (-huizen)* restaurant

eet·ka·mer *de (-s)* salle à manger

eet·keu·ken *de (-s)* cuisine-salle à manger

eet·le·pel *nm (-s)* cuiller (à soupe)

eet·lust *nm* appétit; **iem de ~ benemen** couper l'appétit à qn; **dat wekt de ~ op** ça met en appétit
eet|maal *het (-malen) (Belg.)* repas
eet·tent *de (-en) (fam.)* bistro(t)
eet·ver·sla·ving *nf (-en)* boulimie
eet|waar *de (-waren)* denrée
eet|zaal *de (-zalen)* réfectoire, cantine
eeuw *de (-en) (aussi au fig.)* siècle
eeu·wen·lang *adj, adv* séculaire(ment); **al ~** depuis des siècles
eeu·wen·oud *adj* séculaire
eeuw·feest *het (-en)* centenaire
eeu·wig *adj, adv* **1** éternel, (pour) toujours; **voor ~** pour toujours **2** perpétuel(lement); **~ en altijd** sempiternellement **3** extrêmement
eeu·wig|heid *nf (-heden)* éternité; **in der ~ niet** jamais de la vie
eeuw·wis·se·ling *nf (-en)* tournant du siècle; **rond de ~** au tournant du siècle
ef·fect *het (-en)* **1** effet; **een goedkoop ~** un effet facile; **zoiets heeft ~** ça fait (de l')effet; **~ sorteren** avoir de l'effet **2** *(commerce)* titre
ef·fect·be·jag *het* recherche de l'effet
***ef·fec·ten-** *(commerce)* des valeurs
ef·fec·ten·han·de|laar *nm (-laars, -laren),* **effectenmake|laar** *nm (-laars, -laren)* agent de change
ef·fec|tief *adj, adv (-tiever, meest e.)* **1** effectif, effectivement **2** efficace(ment)
ef·fec·tu·e·ring *nf (-en)* réalisation
ef·fen *adj, adv* **1** égal, lisse **2** *(fig.)* froid(ement); **met een ~ gezicht** d'un air impassible **3** uni(colore); **~ rood** rouge uni **4** un moment; **het is ~ over vieren** il est un peu plus de quatre heures; **wees nou ~ stil** tais-toi un peu ♦ **~ buiten de deur** tout près d'ici
ef·fe·nen *vt (h. geëffend)* **1** égaliser **2** régler
ef·fen·tjes *adv (fam.)* → **effen 4**
ef·fi|ciënt *adj, adv (-ciënter, meest e.)* efficace(ment)
eg *de (eggen)* herse
EG *nf Europese Gemeenschap* CE
egaal *adj (egaler, egaalst)* égal, uni
egel *nm (-s)* hérisson
eg·gen *vti (h. geëgd)* herser
ego·trip·pen *vi* être narcissique
ego·trip·per *nm (-s)* égotiste
Egyp·te|naar *nm (-naren)* Egyptien
EHBO *de eerste hulp bij ongelukken* secourisme
EHBO'er *nm (-s)* secouriste
ei *het (-eren)* **1** œuf; **dat is het hele eieren eten** et voilà c'est tout; **gebakken eieren** œufs sur le plat; *(prov)* **beter een half ei dan een lege dop** mieux vaut terre gâtée que terre perdue; **eieren voor zijn geld kiezen** mettre de l'eau dans son vin; **ik zit niet op eieren** j'ai tout mon temps; **met rotte eieren gooien naar iem** traîner qn dans la boue; **een zacht ei(tje)** un œuf à la coque; **zijn ei niet kwijt kunnen** ne pas pouvoir placer son mot, ne pas trouver preneur; *(fig.)* **dat is een (zachtgekookt) eitje** c'est du gâteau **2** *(fig.)* bêta; **wat is dat een zacht ei!** ce qu'il est cucu(l) (la praline)!
ei·cel *de (-len)* ovule
ei·dooi·er *nm* → **eierdooier**
ei·er·boer *nm (-en)* marchand d'œufs
ei·er·dooi·er *nm (-s)* jaune d'œuf
ei·er·dop *nm (-pen)* **1** coquille d'œuf **2** coquetier
ei·er|schaal *de (-schalen)* → **eierdop 1**
ei·er·stok *nm (-ken) (méd.)* ovaire
ei·gen[1] *het (fam.)* ♦ **ik dacht bij mijn ~ dat** je me suis dit comme ça que; **op zijn ~ gaan wonen** aller vivre seul; **ik was mijn ~** je me lave
ei·gen[2] *adj* **1** propre, à soi; **~ geld** de l'argent à soi; **onze ~ literatuur** la littérature de notre pays **2** *(+ aan)* propre (à); **dat is hem ~** c'est tout à fait lui **3** intime; **zich iets ~ maken** se familiariser avec qch; **met iem ~ zijn** être intime avec qn
ei·ge|naar *nm (-naren),* **-nares** *nf (-sen)* propriétaire
ei·gen·aar·dig *adj, adv* **1** (d'une façon) caractéristique **2** curieux, curieusement, bizarre; **hij kan zo ~ handelen** il se conduit parfois d'une façon si bizarre; **het is wel ~** c'est curieux; **een ~ soort beleefdheid** une drôle de politesse
ei·gen·aar·dig|heid *nf (-heden)* bizarrerie
ei·gen·be·lang *het* intérêt (personnel); **alleen op ~ uit zijn** ne chercher que son intérêt; **uit ~ handelen** agir par intérêt
ei·gen·dom[1] *nm (jur.)* propriété; **iets in ~ verkrijgen** recevoir qch en propriété; **(het) ~ zijn van ...** être propriété de ...
ei·gen·dom[2] *het (-men)* propriété, bien propre; **dat boek is mijn ~** ce livre m'appartient; **particulier ~** propriété privée
***ei·gen·doms-** de propriété
ei·gen·dunk *nm* suffisance
ei·ge·ne *het* propre, particularité
ei·gen·ge·bak·ken *adj* fait maison
ei·gen·ge|reid *adj (-reider, meest e.)* qui n'en fait qu'à sa tête, entêté
ei·gen·han·dig *adj, adv* (fait) de ses propres mains ♦ **geef deze brief ~ aan de directeur** remettez cette lettre en mains propres au directeur
ei·gen·lijk *adj, adv* **1** vrai, proprement dit; **de ~e betekenis van een woord** le sens propre d'un mot; **de ~e kwestie** la question proprement dite **2** au fond; **ik kom ~ niet daarom** au fond, je ne viens pas pour ça; **ze is ziek of ~: ze voelt zich niet lekker** elle est malade ou plutôt, elle ne se sent pas bien; **ik wist ~ niet wat ik moest zeggen** je ne savais trop que dire
ei·gen·mach·tig *adj, adv* arbitraire, de sa propre autorité
ei·gen|naam *nm (-namen)* nom propre
ei·gen·schap *nf (-pen)* caractéristique; **hij heeft veel goede ~pen** il a beaucoup de qualités; **hij heeft goede en slechte ~pen** il y a du bon et du mauvais chez lui
ei·gen·tijds *adj* contemporain

ei·gen·waar·de *nf* dignité
ei·gen|wijs *adj, adv (-wijzer, meest e.)* **1** entêté, avec obstination **2** curieux, curieusement, bizarre
ei·gen·zin|nig *adj, adv (-niger, meest e.)* entêté, avec obstination
eik *nm (-en)* chêne
ei·kel *nm (-s) (tous les sens)* gland ♦ **wat een ~!** quelle tête de nœud!
ei·land *het (-en)* île; **op een ~** dans une île
ei·lei·der *nm (-s)* oviducte, *(chez la femme)* trompe de Fallope
eind *het (-en)* **1** bout **2** fin; **op het ~ van de film** à la fin du film ♦ **een heel ~ komen** être près d'atteindre son but, avoir presque assez d'argent; **aan het kortste ~ trekken** avoir le dessous; **aan het langste ~ trekken** avoir le dessus; **het bij het rechte ~ hebben** avoir raison; **het bij het verkeerde ~ hebben** avoir tort; **een ~ weg praten** bien parler
***eind-** final
eind·be·drag *het (-en)* (montant) total, solde
eind·be·stem·ming *nf (-en)* **1** objectif final **2** *(circul.)* terminus
eind·di·plo·ma *het (-'s)* diplôme de fin d'études
ein·de *het (-n),* **eind** *het (-en)* fin, bout, extrémité; **aan zijn eind komen** arriver au terme de sa vie; **aan het eind van zijn Latijn zijn** être au bout de son rouleau; **het ~ van de besprekingen was, dat ...** le résultat des discussions fut que ...; **tot het bittere ~ doorgaan** persister jusqu'au bout; **iets tot een goed ~ brengen** mener qch à bien; *(prov)* **eind goed, al goed** tout est bien qui finit bien; **er moet een ~ aan komen** il faut en finir; **er komt geen eind aan** on n'en voit pas la fin; *(prov)* **aan alles komt een eind** tout a une fin; **het ~ laat zich raden** l'issue se laisse entrevoir; **het ~ van het liedje** la fin de l'histoire; **er een ~ aan maken** y mettre fin, *(suicide)* en finir; **een ~ maken aan iets** mettre fin à qch; **op zijn ~ lopen** toucher à sa fin; **ten ~ lopen** tirer à sa fin; **iets ten ~ brengen** venir à bout de qch; **mijn geduld loopt ten ~** ma patience s'épuise; **~ voorrangsweg** fin de priorité; **dan is het ~ zoek** ça sera la fin de tout; **ten ~ raad** en désespoir de cause; **ten ~ raad zijn** ne plus savoir à quel saint se vouer ♦ *(fam.)* **het ~!** super!; **te dien ~** à cet effet
ein·de·lijk *adv* enfin, finalement; **kom je ~?** vas-tu venir à la fin?; **daar heb je ze ~** les voilà enfin
ein·de·loos *adj, adv* **1** infini(ment); **zij zijn ~ gelukkig** ils sont parfaitement heureux; **de eindeloze ruimte** l'infini; **~ ver** à perte de vue **2** interminable, sans cesse; **het duurt ~ lang** cela n'en finit plus **3** *(fam.)* super
ein·der *nm (form.)* horizon
eind·exa·men *het (-s)* examen de fin d'études, *(enseign. secondaire)* bac(calauréat); **~ doen** passer le bac; **voor zijn ~ zakken** échouer à son examen de fin d'études, au bac
eind·exa·men·pak·ket *het (-ten)* matières présentées à l'examen de fin d'études, au bac; **Frans in het ~ hebben** choisir le français à l'examen de fin d'études, au bac
eind·fa·se *nf (-s, -n)* dernière phase
ein·dig *adj* limité
ein·di·gen *vti (h./i. geëindigd)* **1** finir, (se) terminer; **het verhaal eindigt met zijn dood** l'histoire se termine par sa mort; **de school eindigt om twaalf uur** la sortie des classes se fait à midi; **dit woord eindigt op een klinker** ce mot se termine par une voyelle **2** dire les grâces, *(prot.)* faire la prière
eind·je *het (-s) (morceau, extrémité)* bout; **dat is een aardig ~** ça fait une bonne trotte; **de ~s niet aan elkaar kunnen knopen** ne pas pouvoir joindre les deux bouts; **de deur een ~ openlaten** laisser la porte entrouverte; **met iem een ~ oplopen** faire un bout de chemin avec qn
eind·pro·duct *het (-en)* produit fini
eind·punt *het (-en)* fin, *(transports publics)* terminus
eind·rap·port *het (-en)* **1** *(enseign.)* bulletin de fin d'année **2** rapport final
eind·re·dac·tie *nf (-s)* rédaction définitive
eind·sig|naal *het (-nalen) (sports)* coup de sifflet final
eind·spel *het (-en) (sports)* fin de partie
eind·stand *nm (-en) (sports)* score final
eind|streep *de (-strepen) (sports)* ligne d'arrivée; *(fig.)* **de ~ niet halen** échouer
eind·strijd *nm (sports)* finale; **de halve ~** la demi-finale
eind·werk *het (-en) (Belg.; enseign.)* mémoire
eis *nm (-en)* **1** exigence; **hoge ~en stellen aan iem** être exigeant avec qn; **aan de ~en voldoen** satisfaire aux exigences **2** revendication, *(jur.)* demande; **de ~en van de arbeiders** la revendication ouvrière; **een ~ tot schadevergoeding instellen** former une demande en dommages-intérêts **3** réquisition, réquisitoire; **de ~ luidde levenslang** le procureur a requis la réclusion à perpétuité
ei·sen *vt (h. geëist)* exiger, revendiquer, *(jur.)* requérir; **het Openbaar Ministerie eiste drie jaren** le procureur a requis trois ans de prison; **dat eist overleg** cela demande délibération; **iets van iem ~** exiger qch de qn
ei·sen·pak·ket *het (-ten)* liste de revendications
ei·ser *nm (-s),* **eiseres** *nf (-sen)* demandeur, -deresse
ei·wit *het (-ten)* **1** blanc d'œuf; **geklopt ~** des blancs d'œuf fouettés en neige **2** protéine
ei·wit·hou·dend *adj* albumineux
ek·ster *de (-s) (zool.)* pie
el *de (-len)* aune *(mesure)*
elas·tie·ken *adj* (en) élastique

elas|tisch *adj (-tischer, meest e.)* élastique
el·ders *adv (form.)* ailleurs
elek·tra *het/de* électricité
elek·tri·ci·teit *nf* électricité; ~ **aanleggen** mettre l'électricité
elek·tri·ci·teits·net *het (-ten)* réseau (électrique)
elek·tri·ci·teits·voor·zie·ning *nf* alimentation en électricité
elek·trisch *adj, adv* électrique, électroménager, à l'électricité; **een ~e schok** une décharge électrique
***elek·tro·nen-** électronique
elek·tro·ni·ca *nf* électronique
elek·tro·nisch *adj* électronique
ele·ment *het (-en)* **1** élément, composant **2** *(audio)* lecteur phonographique
ele·men|tair *adj (-tairder, meest e.)* **1** élémentaire, fondamental **2** essentiel
elf *de (-en, elven)* **1** onze; **het is bij elven** il est près de onze heures; **zij waren met hun elven** ils étaient onze; ~ **maart** le onze mars; **deel dit onder u elven** partagez-vous cela tous les onze **2** elfe
elf·de *adj* onzième; **Lodewijk de Elfde** Louis onze; **drie** ~ trois onzièmes; **de** ~ **maart** le onze mars
elf·en·der·tigst *ord* ♦ **op zijn** ~ à pas de tortue
Elf·ste·den·tocht *nm (-en) (patinage en Frise)* tour des onze villes
elf·tal *het (-len) (sports)* onze, équipe; **het Nederlands** ~ le onze néerlandais
eli·mi·na·tie *nf (-s)* **1** élimination **2** *(euphémisme)* suppression
eli·mi·ne·ren *vt (h. geëlimineerd)* **1** éliminer **2** supprimer, tuer
elk *indéf* **1** *(pronom)* chacun(e); ~ **van hen** chacun d'eux; **van** ~ **vier (stuks)** quatre de chaque; ~ **het zijne geven** donner à chacun son dû; **er is daar voor** ~ **wat wils** il y en a pour tous les goûts **2** *(adjectif)* chaque
el·kaar *récipr* se, réciproquement, l'un (à, de) l'autre; **aan** ~ **grenzen** être limitrophe; **twee touwen aan** ~ **binden** attacher deux cordes l'une à l'autre; **bij** ~ ensemble; **bij** ~ **komen** se réunir; **die kleuren passen goed bij** ~ ces couleurs vont bien ensemble; **in** ~ l'un dans l'autre; ~ **liefhebben** s'aimer ♦ **zij maakt het achter** ~ **af** elle le fait d'une traite; **hij heeft drie uur achter** ~ **gepraat** il a parlé trois heures d'affilée; **alles bij** ~ somme toute; **alles ligt door** ~ tout est en désordre; **vijf keer na** ~ cinq fois de suite; **onder** ~ entre soi; **zij moeten dat onder** ~ **maar uitmaken** ils doivent régler cela entre eux
el·le|boog *nm (-bogen)* coude; **hij heeft het achter zijn ellebogen** c'est un faux jeton; **met de ellebogen werken** jouer des coudes *(aussi au fig.)*
el·len·de *de* **1** misère; **het was een doffe ~!** c'était une catastrophe!; **als dat gebeurt is de** ~ **niet te overzien** si cela se fait, on court à la catastrophe; **wat een ~!** quelle misère! **2** ennui(s); **de** ~ **is dat ...** l'ennui, c'est que ...
el·len·de·ling *nm (-en)* misérable
el·len|dig[1] *adj (-diger, -digst)* **1** misérable **2** catastrophique; **~e toestanden** situations catastrophiques **3** ennuyeux
el·len·dig[2] *adv* **1** misérablement, de façon catastrophique **2** horriblement
el·len·lang *adj, adv* interminable(ment)
el·pee *nm (-s)* trente-trois tours
els *nm (elzen) (bot.)* aune
El·zas *nm* Alsace
e-mail [imel] *de (inform.)* courrier électronique
eman·ci·pe·ren *vt (h./i. geëmancipeerd)* émanciper, libérer
em·bry·o·naal *adj (méd.)* embryonnaire
eme·ri·taat *het* retraite *(ecclésiastiques et professeurs d'université);* **met** ~ **gaan** prendre sa retraite
eme·ri·tus *adj* retraité *(professeur, ecclésiastique)*
emi·gre·ren *vi (i. geëmigreerd)* émigrer
emis·sie *nf (-s) (aussi phys.)* émission
em·mer *nm (-s)* seau; *(fig.)* **alsof je een ~ leeggooit!** c'est le coup de barre!
em·me·ren *vi (fam.)* ♦ **lig toch niet te ~!** tu me scies les côtes!; **wat zit hij weer te ~!** qu'est-ce qu'il est rasant!
emo·tie *nf (-s)* émotion; **van de** ~ **kreeg hij een brok in zijn keel** l'émotion lui noua la gorge
emo·tie·loos *adj, adv* impassible(ment)
emo·ti·o·na·li·teit *nf* émotivité
emo·ti·o|neel *adj, adv (-neler, -neelst)* émotif, d'une manière émotive
em·pi·re *het* style Empire
em·pi·risch *adj, adv* expérimental(ement); **de ~e wijsbegeerte** la philosophie empirique
em·pla·ce·ment [ɑ̃plɑsəmɛnt, ɑ̃plɑsəmɑ̃] *het (-en) (gare)* voies
EMS *het Europees Monetair Systeem* SME
EMU *nf (pol.; écon.) Economische en Monetaire Unie* UEM
emul·sie *nf (-s)* émulsion
en *conj* et; **én boete én gevangenisstraf krijgen** être puni d'une amende et d'une peine de prison; **en maar huilen** et de pleurer; **vind je het fijn? (nou) en of!** cela te plaît? et comment!; **zachter en zachter** de plus en plus doucement; **ik zocht en zocht** je cherchais, cherchais, cherchais; **en?** alors?; **en ik heb het zelf gezien!** je l'ai vu, de mes yeux vu!
end *het (-en)* → **einde**
en·del·darm *nm (-en) (méd.)* rectum
ene *indéf* un(e) certain(e)
enen·ma·le *adv* ♦ *(form.)* **(dat is) ten ~ (onmogelijk)** (c'est) absolument (impossible)
***ener·gie-** d'énergie
ener·gie·be|drijf *het (-drijven)* Compagnie distributrice (d'énergie)
ener·gie·be·spa·rend *adj, adv* qui permet d'économiser l'énergie, de manière à économiser l'énergie

ener·gie·dra·ger *nm (-s)* source d'énergie
ener·gie·hef·fing *nf (-en)* ⟨*taxe sur la consommation d'énergie*⟩
ener·gie·voor·zie·ning *nf* approvisionnement en énergie
ener·zijds *adv* d'une part
eng *adj, adv* **1** étroit(ement); **in de ~e familiekring** dans le cercle restreint de la famille **2** *(fam.)* (de façon) sinistre; **wat doe je ~!** tu me fais peur! **3** (de façon) borné(e)
en·ga·ge·ren[1] *vt (h. geëngageerd)* engager *(lier qn)*
en·ga·ge·ren[2] *vpr (zich ~; h. zich geëngageerd)* se faire engager
en·gel *nm (-en)* ange; **als een ~ uit de hemel komen** tomber du ciel; **als je dat doet, ben je een ~** tu serais un ange si tu faisais cela; **een gevallen ~** un ange déchu; **een ~ Gods** un ange de Dieu; **een reddende ~** un sauveur; **~en van kinderen** de vrais petits anges
en·gel·ach·tig *adj, adv* (d'une façon) angélique; **een ~ geduld** une patience d'ange
En·ge·land *het* Angleterre
en·ge·len·kop·je *het (-s)* chérubin
En·gels *adj* anglais; **het ~** l'anglais; **in het ~ vertalen** traduire en anglais; **de ~e kerk** l'Eglise anglicane; *(subst.)* **een leraar ~** un professeur d'anglais
En·gels·man *nm (Engelsen),* **Engelse** *nf (-n)* Anglais, -aise
En·gels·ta·lig *adj* **1** en anglais **2** anglophone
en·gerd *nm (-s)* affreux bonhomme
eng·heid *nf* **1** étroitesse **2** aspect sinistre
eng·te *nf (-n, -s)* **1** passage étroit **2** étroitesse
enig[1] *adj, adv* **1** unique; **hij is de ~e die het kan** il est le seul à pouvoir le faire; **het ~e dat ...** la seule chose que ...; **het ~e dat helpt is ...** le seul remède efficace, c'est ...; **~ in zijn soort** unique en son genre **2** *(fam.)* extra(ordinaire), d'une façon formidable; **een ~e vent** un type formidable; **je woont hier ~** tu es vraiment très bien installé (ici)
enig[2] *indéf* quelque
enig[3] *card* **1** quelque; **wij koesteren ~e hoop** nous nourrissons quelque espoir **2** le moindre; **zonder ~ incident** sans le moindre incident **3** quelques; **er kwamen ~e bezoekers** il vint quelques visiteurs; *(subst.)* **~en hielden vol** quelques-uns persistèrent
eni·ger·lei *adj (form.)* quelque, quelconque; **in ~ vorm** sous quelque forme que ce soit; **op ~ wijze** d'une façon quelconque
eni·ger·ma·te *adv* quelque peu, un peu
enigst *adj (fam.)* unique; **dat is de ~e mogelijkheid** c'est la seule possibilité
enigs·zins *adv* quelque peu, un peu ♦ **zodra ik maar ~ kan** dès que je le pourrai
enk. *enkelvoud* sing.
en·kel[1] *nm (-s)* cheville
en·kel[2] *adj* simple
en·kel[3] *adv* seulement; **~ en alleen om ...** dans le seul but de ...; **een bos van ~ beuken** un bois uniquement planté de hêtres
en·kel[4] *card* **1** seul; **er is geen ~ gevaar** il n'y a aucun danger **2** un ou deux **3** *(plur.)* quelques; **~e opmerkingen maken** faire quelques remarques
en·ke·ling *nm (-en)* individu
en·kel·spel *het (-en) (sports)* simple; **~ spelen** jouer en simple
en·kel·tje *het (-s) (transports)* aller simple
en·kel·voud *het (-en) (ling.)* singulier; **in het ~** au singulier
en·kel·vou·dig *adj* simple
en·kel·zij·dig *adj, adv* unilatéral(ement)
en·of·re·ke·ning *nf (-en)* compte joint
en·quê·te [ɑŋkɛːtə] *de (-s)* enquête *(tous les sens)*; **een ~ naar de leesgewoonten** une enquête sur les habitudes de lecture; **een ~ onder Amsterdammers** une enquête parmi les habitants d'Amsterdam
en·sce·ne·ren [ɑ̃sənerə(n)] *vt (h. geënsceneerd)* mettre en scène
en·sce·ne·ring *nf (-en)* mise en scène
en·ten *vt (h. geënt)* greffer; **een geënte boom** une ente
en·te·ren *vti (h. geënterd)* prendre à l'abordage
en·te·ring *nf (-en)* abordage
en·ter·tai·ner *nm (-s)* amuseur
en·ter·toets *nm (-en) (inform.)* envoi, retour
en·thou·si·as·te·ling *nm (-en)* enthousiaste
en·tree|geld *het (-en),* **-prijs** *nm (-prijzen)* prix d'entrée
ent·stof *de (-fen)* vaccin
enz. *enzovoort(s)* etc.
en·zo·voort et ainsi de suite
epis·tel *het/de (-s) (aussi au fig.)* épître
epos *het (epen) (litt.)* épopée
er[1] *pers* en; **er zijn er die ...** il y en a qui ...
er[2] *adv* **1** y, là; **ik ben er** j'y suis **2** *(+ adv.)* en, y; **ik begrijp er niets van** je n'y comprends rien; **er niets van gehoord hebben** n'avoir rien entendu dire (de qch), n'avoir rien entendu; **er voor bedanken** décliner (qch) ♦ **dat is er niet** cela n'existe pas, ça n'est pas là; **er is, er zijn ...** il y a ...; **er wordt gepraat** on parle; **er wordt hier een museum gebouwd** on va bâtir un musée ici; **er was eens ...** il était une fois ...
er·aan *adv* y; **wat kan ik ~ doen?** que voulez-vous que j'y fasse? ♦ **wat heeft hij ~ om te ...** à quoi lui sert-il de ...; **ik kom ~!** j'arrive!
er·ach·ter *adv* derrière ♦ **~ zijn** y être
er·af *adv* ♦ **het knopje is ~** le bouton manque; **de aardigheid is ~** cela a perdu son charme
er·bar·me·lijk *adj, adv* **1** lamentable(ment); **een ~e opleiding** un niveau d'instruction lamentable; **~ slecht** désas-

treux, de façon épouvantable **2** épouvantable(ment)
er·bar·men *het (form.)* pitié; **vol** ~ plein de pitié
er·bij *adv* présent, y, là; **is het supplement ~?** il y a le supplément? ♦ **kun je ~?** tu y arrives?, tu piges?; **het kan hem niet schelen hoe hij ~ loopt** il se moque de son apparence; ~ **zijn** être présent, être fait (comme un rat)
er·bo·ven *adv* au-dessus
er·bo·ven·op *adv* **1** au-dessus **2** *(fig.)* rétabli
er·door *adv* ♦ **ik ben ~!** j'ai réussi; **het is ~!** ça y est!; **ik wil** ~ je veux passer
er·door·heen *adv* à travers ♦ **ik ben** ~ j'ai surmonté ma peur, *(stock épuisé)* je n'en ai plus
***ere-** d'honneur
ere|boog *nm (-bogen)* arc de triomphe
ere·dienst *nm (-en) (aussi au fig.)* culte
ere·di·vi·sie *nf (sports)* première division
ere·doc·to|raat *het (-raten)* doctorat honoris causa
ere·lijst *nf (-en) (Belg.)* palmarès
ere|loon *het (-lonen) (Belg.)* honoraires
eren *vt (h. geëerd)* honorer (qn de qch)
ere·plaats *de (-en)* place d'honneur; **dat heeft een** ~ c'est à l'honneur
ere·woord *het* parole (d'honneur); **op mijn ~!** (ma) parole (d'honneur)!; **op zijn ~ verklaren dat ...** déclarer sur son honneur que ...; **iem op (zijn) ~ vrijlaten** libérer qn sur parole
erf *het (erven)* **1** *(propriété)* fonds **2** fonds (de terre), terrain **3** cour
***erf-** héréditaire
erf|deel *het (-delen)* part d'héritage; *(fig.)* **het cultureel** ~ le patrimoine culturel; **zijn wettelijk** ~ sa réserve (légale)
er·fe·lijk *adj, adv* héréditaire(ment); **dat is ~ bepaald** c'est déterminé par l'hérédité
er·fe·lijk·heid *nf* hérédité
er·fe·lijk·heids·leer *de* génétique
er·fe·nis *nf (-sen)* héritage; **bij, door ~ verkregen** reçu par voie de succession; **een ~ krijgen** faire un héritage
erf·ge|naam *nm (-namen)* héritier; **iem tot ~ benoemen** faire qn héritier; *(fig.)* **zijn geestelijke** ~ son fils spirituel
erf·goed *het (-eren)* bien(s) héréditaire(s); **het vaderlijk** ~ le patrimoine paternel
erf·la·ter *nm (-s)* testateur
erf·pacht *de (-en)* bail emphytéotique
erf·recht *het (-en)* **1** droit successoral **2** droit à la succession
erf·ren·te *de (-s, -n)* rente perpétuelle
erf·stuk *het (-ken)* objet hérité; **dit schilderij is een** ~ c'est un tableau de famille
erf·vre·de·breuk *nm (jur.)* violation de domicile
erf·zon·de *de (relig.)* péché originel
erg[1] *het* ♦ **ergens geen ~ in hebben** ne pas se rendre compte de qch; ~ **in iets krijgen** se rendre compte de qch; **zonder** ~ sans se douter de rien, sans y penser
erg[2] *adj* **1** mauvais; **het ~ste hebben we gehad** le plus difficile est fait, le plus terrible est passé; **op het ~ste voorbereid zijn** être préparé au pire; **en wat ~er is** et qui pis est; **zo ~ is het niet** ce n'est rien; **het ~er maken dan het is** exagérer qch; **wat ~!** quel malheur! **2** grave; **iets ~ vinden** être désolé de qch; **als u het niet ~ vindt** si cela ne vous dérange pas **3** très; **de regen is nu op zijn ~st** nous sommes au plus fort de l'averse; **zijn ~ste vijand** son pire ennemi **4** mal; **~er worden** empirer; **het wordt steeds ~er met hem** il va de plus en plus mal ♦ **het is meer dan** ~ c'est une honte
erg[3] *adv* très, bien; **niet ~ waarschijnlijk** peu probable; ~ **op iets (gesteld) zijn** tenir beaucoup à qch
er·gens *adv* **1** quelque part; ~ **anders** ailleurs; **daar** ~ quelque part par là; **waar ~?** où ça? **2** *(fam.)* d'une certaine façon **3** quelque chose; ~ **mee pronken** faire étalage de qch; **hij zocht ~ naar** il cherchait qch
er·ge·ren[1] *vt (h. geërgerd)* agacer
er·ge·ren[2] *vpr (zich ~; h. zich geërgerd)* s'irriter; **hij ergert zich dood aan alles wat ik doe** tout ce que je fais l'exaspère
er·ger·lijk *adj, adv* (de façon) agaçant(e)
er·ger·nis *nf (-sen)* irritation; **een bron van** ~ un sujet d'irritation; ~ **verwekken** irriter
er·heen *adv* y *(direction);* **ga je ~?** est-ce que tu y vas?; **op de weg** ~ en (cours de) route
er·in *adv* y, dedans; ~ **blijven** y rester; ~ **lopen** marcher *(se faire avoir)* ♦ **kom ~!** entre(z)!
er·kend *adj* **1** reconnu, communément admis **2** agréé
er·ken·nen *vt (h. erkend)* **1** admettre, avouer; **ik heb me vergist, ik erken het** je me suis trompé, j'en conviens **2** reconnaître *(enfant etc.);* **niet** ~ désavouer, *(jur.)* nier
er·ken·ning *nf (-en)* **1** reconnaissance, aveu; **tot de ~ komen dat ...** reconnaître que ... **2** approbation, estime
er·ken·te·lijk *adj* reconnaissant
er·ken·te·lijk·heid *nf* reconnaissance, gratitude; **een blijk van** ~ une marque de gratitude; **uit ~ voor zijn hulp** en reconnaissance de son aide
er·ker *nm (-s)* bow-window
er·langs *adv* par là; **een weg met bomen** ~ une route bordée d'arbres; **als je ~ komt, gaat** si tu passes par là; **hij wil** ~ il veut passer
er·mee *adv* avec; **je hebt jezelf** ~ c'est toi que tu punis ♦ **het kan ~ door** ça peut passer; **wat wilt u ~?** que voulez-vous en faire?
er·na *adv* après
er·naar *adv* y *(direction)* ♦ **hij maakt het** ~ il l'a mérité
er·naast *adv* à côté ♦ ~ **zitten** se tromper
ernst *nm* sérieux, gravité; **het is bittere**

~ c'est très sérieux, je ne plaisante pas; **de ~ van zijn gelaat** l'air sérieux de son visage; **in alle** ~ tout à fait sérieusement; **er klonk ~ in zijn stem** il parlait d'un ton grave; ~ **maken met iets** s'attaquer sérieusement à qch; **het is mij volkomen ~ met dat plan** je prends ce projet très au sérieux

ern·stig *adj, adv* sérieux, grave, sérieusement; ~ **blijven** garder son sérieux; ~ **kijken** avoir le regard grave; **iets, iem ~ nemen** prendre qch, qn au sérieux; **dat is mijn ~e overtuiging** c'est ma conviction profonde; **iem ~ toespreken** sermonner qn; **zich ~ zorgen maken** être très inquiet

er·om *adv* **1** autour **2** en, y; **denk ~!** (fais) attention!; **denk je ~?** tu y penseras? ♦ **het gaat ~ dat** il s'agit de; **wat geef je ~?** qu'est-ce que ça peut te faire?

er·om·heen *adv* autour; *(fig.)* ~ **draaien** tourner autour du pot; *(fig.)* **zonder ~ te draaien** sans ambages

er·on·der *adv* en dessous ♦ **hij heeft ze ~** il les tient; ~ **zitten** être sous la férule

er·on·der·door *adv* par en dessous; *(fig.)* ~ **gaan** crever, claquer

er·on·der·uit *adv* **1** par-dessous; **je onderjurk komt** ~ ta combinaison dépasse **2** de dessous; **hij kwam** ~ il sortit de dessous

er·op *adv* **1** dessus; **met alles ~ en eraan** entièrement équipé; *(fig.)* **het is ~ of eronder** c'est vaincre ou périr; **de naam staat** ~ le nom est écrit dessus **2** *(mouvement)* dessus; ~ **slaan** taper dessus ♦ **de dag ~** le jour suivant

ero·tiek *nf* érotisme

ero|tisch *adj, adv (-tischer, meest e.)* érotique(ment), érotico-

er·over *adv* **1** par-dessus **2** en, y; **wie beschikt ~?** qui en décide?; **hij gaat** ~ c'est lui qui s'en occupe ♦ **pas op, de melk gaat** ~ fais attention, le lait déborde

er·over·heen *adv* par-dessus ♦ ~ **komen** s'en remettre; ~ **zijn** s'en consoler

er·rond *adv (Belg.)* → **eromheen**

er·te·gen *adv* contre *(adversaire);* **ik ben** ~ je suis contre ♦ ~ **kunnen** (pouvoir) le supporter

er·te·gen·aan *adv* ♦ ~ **gaan** attaquer

er·te·gen·in *adv* ♦ ~ **gaan** s'y opposer

er·te·gen·op *adv* contre *(en haut);* **hij klom** ~ il y grimpa; *(fig.)* ~ **zien** s'en faire une montagne ♦ *(fig.)* ~ **kunnen** être à la hauteur

er·te·gen·over *adv* en face ♦ **hoe sta je ~?** qu'est-ce que tu en penses?

er·toe *adv* en, y; **het zwijgen ~ doen** garder le silence ♦ *(fam.)* ~ **doen** être important; **wat doet het ~?** qu'est-ce que ça fait?

erts *het (-en)* minerai

erts·ge·berg·te *het (-n, -s)* monts métallifères

erts·hou·dend *adj* métallifère

er·tus·sen *adv* **1** entre les deux; **het lukte me niet ~ te komen** je n'ai pas réussi à placer un mot; *(fig.)* **iem ~ nemen, hebben** jouer un tour à qn **2** parmi eux, elles; **kijk maar of het ~ ligt** regarde si c'est là-dedans

er·tus·sen·door *adv* **1** entre les deux, à travers **2** entre-temps ♦ **met een paar witte bloemen** ~ entremêlé de quelques fleurs blanches

er·tus·sen·in *adv* entre les deux

er·uit *adv* dehors *(direction);* **iem ~ gooien** mettre qn dehors; **hij heeft 's morgens moeite om ~ te komen** il a de la peine à se lever le matin; **hij moet eens een poosje** ~ il a besoin de changer d'air; **~!** dehors!, sortez! ♦ **ik ben** ~ je n'ai plus l'habitude, j'ai perdu le fil, j'ai trouvé (la solution); ~ **liggen** être tombé en disgrâce

er·uit·zien *vi (h. eruitgezien)* avoir l'air; **zij zag er goed uit** elle avait bonne mine; **kijk nou eens hoe je eruitziet!** regarde à quoi tu ressembles!; *(iron.)* **dat ziet er mooi uit!** c'est du joli!; **het ziet eruit of wij sneeuw krijgen** on dirait qu'il va neiger ♦ **wat ziet de boel eruit!** quel désordre!

er·van *adv* en; **hij houdt ~ tegen te spreken** il aime (à) contredire; *(fig.)* **dat komt** ~ ça devait arriver; **wat vind je ~?** qu'en penses-tu?; ~ **weten** être au courant; ~ **op de hoogte zijn** être au courant

er·van·daan *adv* en *(direction);* **ik kom** ~ j'en viens ♦ **hij woont dertig kilometer** ~ il habite à trente kilomètres (de là)

er·van·door *adv* ♦ ~ **gaan** filer

er·va·ren[1] *adj* expert, expérimenté; **hij is ~ op dat gebied** il est expert en la matière

er·va·ren[2] *vt (h. ervaren)* éprouver; **iets** ~ faire l'expérience de qch

er·va·ring *nf (-en)* expérience; **bij** ~ par expérience; **iets uit ~ kennen** connaître qch par expérience

er·ven *vti (h. geërfd)* hériter

er·voor *adv* **1** *(situation)* devant **2** *(chronologie)* avant **3** *(destination)* pour; **ik zal je ~ betalen** je te paierai (pour cela); **dat dient ~ om ...** cela sert à ...; **hij heeft geen gevoel** ~ il n'en a pas le sens **4** pour, en faveur de; **hij kwam ~ op** *(point de vue)* il l'a défendu **5** pour, partisan ♦ **wat krijg ik ~?** qu'est-ce que je reçois en échange?, qu'est-ce que ça me vaudra?

erwt [ɛrt] *de (-en)* pois

es[1] *nm (-sen) (bot.)* frêne

es[2] *de (-sen) (mus.)* mi bémol

es·ca·la·tie *nf (-s)* escalade, aggravation

es·ca·le·ren *vi (h./i. geëscaleerd)* s'aggraver

es·cape·toets *nm (-en)* touche d'échappement

es·doorn *nm (-s) (bot.)* érable

es·pres·so *nm (-'s)* café express

es·sen·ce *de (-s)* essence, extrait

es·sen·tie *nf (philo.)* essence

es·sen|ti·eel *adj, adv (-tiëler, -tieelst)* essentiel(lement), fondamental(ement); ~ **verschillen** être essentiellement différent

es·ta·fet·te *de (-s),* **estafetteloop** *nm (-lopen)* (course de) relais
es·ta·fet·te·sta·king *nf (-en)* grève tournante
es·the·ti·ca, -tiek *nf* esthétique
es·the·ti|cus *nm (-ci),* **-ca** *nf (-'s)* esthéticien, -ienne
Est·land *het* Estonie
eta·ge·wo·ning *nf (-en)* appartement
eta·la·ge·pop *de (-pen)* mannequin *(modèle)*
eta·la·ge·ruit *de (-en)* vitrine
eta·le·ren *vt (h. geëtaleerd)* étaler *(articles)*
eta·leur *nm (-s)* étalagiste
etc. *et cetera* etc.
eten¹ *het* **1** nourriture; **het ~ is daar goed** on y mange bien; **iem het ~ uit de mond kijken** regarder manger qn avec envie **2** repas; **onder het ~** pendant le repas
eten² *vti (h. gegeten)* manger (qch); **goed kunnen ~** avoir un bon coup de fourchette; **een hapje ~** manger un morceau; **het is te ~** c'est mangeable; **met smaak ~** manger de bon appétit; **eet smakelijk** bon appétit; **om op te ~ zijn** être à croquer
eten³ *vi (h. gegeten)* manger, déjeuner, dîner, goûter; **uit ~ gaan** (aller) dîner en ville
eten⁴ *vt (h. gegeten)* manger à; **zich een ongeluk ~** manger à en être malade
etens·lucht *de* odeur de cuisine
etens|waar *de (-waren)* nourriture
eten·tje *het (-s)* dîner
eter *nm (-s)* **1** mangeur; **een flinke ~ zijn** être un gros, grand mangeur **2** convive; **zij hebben ~s vandaag** ils ont du monde à dîner aujourd'hui
ether *nm* **1** éther **2** *(com.)* ondes; **in de ~ zijn** être sur les ondes
ether·re·cla·me *de* **1** publicité à la radio **2** publicité télévisée
ethi·ca, ethiek *nf* éthique
ethi|cus *nm (-ci)* expert en science éthique
ethisch *adj, adv* éthique(ment), en termes d'éthique; **het ~ reveil** le réarmement moral; **de ~e zijde van een vraagstuk** l'aspect éthique d'un problème
eti·ket *het (-ten)* étiquette *(label; aussi au fig.)*
et|maal *het (-malen)* vingt-quatre heures; **binnen een ~** dans les vingt-quatre heures
ets *de (-en)* (gravure à l')eau-forte
et·sen *vti (h. geëtst)* graver (à l'eau-forte)
et·te·lij·ke *card* **1** *(fam.)* plusieurs **2** quelques
et·ter *nm* **1** *(méd.)* pus **2** con(n)ard
et·ter·bak *de (-ken)* → **etter 2**
et·ter·buil *de (-en)* **1** abcès **2** connard
et·te·ren *vi (h. geëtterd)* suppurer ♦ **lig niet zo te ~!** (ne) (nous) fais pas chier!
etui [etwi] *het (-s)* **1** trousse **2** étui, pochette
EU *nf (pol.) Europese Unie* UE
eu·ro *nm (euro of -'s)* euro
Eu·ro·pa·cup *nm (-s) (sports)* Coupe d'Europe
Eu·ro·par·le·ment *het (pol.)* Parlement européen
eu·ro·top *de* sommet européen
eu·vel¹ *het (-s) (fig.)* mal; **een ~ verhelpen** remédier à un mal, à un défaut
eu·vel² *adj, adv* ♦ **iets ~ duiden** prendre qch en mauvaise part; **iem iets ~ duiden** en vouloir à qn de qch
EVA *nf Europese Vrijhandelsassociatie* AELE
evan·ge|lie *het (-liën)* Evangile; **het ~ van Marcus** l'Evangile selon saint Marc
even¹ *adj* pair ♦ **het is mij om het ~** ça m'est égal
even² *adv* **1** aussi; **~ goede vrienden** sans rancune; **hij is ~ oud als ik** il est aussi vieux que moi **2** un moment; **het duurt nog wel ~** ce n'est pas demain la veille; **zij moet er ~ uit** elle a besoin de changer d'air; **heel ~** un tout petit moment; **ik kom maar ~ langs** je ne fais qu'entrer et sortir; **kun je ~ komen?** peux-tu venir un moment?; **zich ~ laten zien** montrer le nez; **het is ~ voor vijven** il est près de cinq heures **3** à peine, légèrement; **iets ~ aanraken** effleurer qch **4** un peu; **~ buiten de stad gelegen** situé juste en dehors de la ville; **nog ~ doorzetten** encore un petit effort; **zij is ~ in de twintig** elle a dans les vingt ans ♦ **gooi hem ~ de deur uit** fiche-le donc à la porte; **dat is ~ mooi!** voilà qui est beau!; **~ mijn hoed opzetten, dan kunnen wij gaan** le temps de mettre mon chapeau et nous partons; **ho eens ~!** ta, ta, ta!
eve·naar *nm (-s) (géo.)* équateur
even·als *conj* (tout) comme, ainsi que
eve·na·ren *vt (h. geëvenaard)* égaler; **niet te ~** inégalable
even·beeld *het (-en)* portrait (vivant); **zij is het ~ van haar moeder** c'est tout le portrait de sa mère
even·eens *adv* également
even·goed *adv* **1** tout aussi (bien), autant; **je kunt dat ~ zo doen** tu peux t'y prendre tout aussi bien comme ceci **2** néanmoins, pas pour autant
even·min *adv* non plus
even·re·dig *adj, adv* proportionnel, en proportion de; **~ deel** quote-part; **omgekeerd ~ met** inversement proportionnel à
even·re·dig|heid *nf (-heden)* proportion *(proportionnalité, aussi math.)*; **in ~ met** en proportion avec; **naar ~ van** au prorata de
even·tjes *adv* **1** à peine; **~ aanraken** effleurer **2** un (petit, bref, court) instant; **wacht ~** attends une minute ♦ **laat mij dat nu ~ doen** laisse-moi donc faire cela; **het kostte maar ~ 200 euro** ça a coûté la bagatelle de 200 euros
even·tu·eel *adj, adv* **1** éventuel(lement), possible; **als hij ~ niet komt** au cas où il ne viendrait pas **2** au besoin
even·veel *card* (tout) autant

even·wel *adv (form.)* cependant
even·wicht *het* équilibre; **in ~ brengen** mettre en équilibre; **iets in ~ houden** (main)tenir qch en équilibre; *(fig.)* **uit zijn ~ zijn** être en déséquilibre
even·wich·tig *adj, adv* (de manière) équilibré(e)
even·wich·tig·heid *nf* équilibre (mental)
even·wichts·ge·voel *het* sens de l'équilibre
even·wichts·stoor·nis *nf (-sen) (méd.)* trouble de l'équilibre
even·wij·dig *adj, adv* parallèle(ment); **de weg loopt ~ met de spoorbaan** la route est parallèle à la voie ferrée
even·zeer *adv (form.)* **1** (tout) autant; **~ als** autant que **2** également
even·zo *adv (form.)* de même
even·zo·goed *adv* tout aussi bien
ever *nm (-s),* **everzwijn** *het (-en)* sanglier
evo·lu·tie *nf (-s)* évolution, développement
evo·lu·tie|leer *de,* **-theorie** *nf (-ën) (sc.)* évolutionnisme
ex *de* ancien, ex; **haar ex** son ex-mari, son ex
***ex-** ex-, ancien
exact *adj, adv (exacter, meest e.)* exact(ement), précis
exact·heid *nf* exactitude
exa·men *het (-s)* examen, épreuve; **een ~ afleggen** passer un examen; **een ~ afnemen** faire passer un examen; **afsluitend ~** examen de sortie, examen de fin d'études; **doctoraal ~** ± maîtrise; **~ doen** se présenter à un examen; **door een ~ komen** être reçu à un examen; **schriftelijk ~** (examen) écrit
***exa·men-** d'(un) examen; **het examenwerk** les épreuves (d'un examen)
exa·men·geld *het* droits d'inscription (à un examen)
exa·men·stof *de* matières d'examen, de l'examen
exa·mi·ne·ren¹ *vt (h. geëxamineerd)* examiner (qn)
exa·mi·ne·ren² *vi (h. geëxamineerd)* faire passer un examen, des examens
ex·cen·trie·ke·ling *nm (-en)* excentrique
ex·cen·trisch *adj, adv (géométrie)* excentrique(ment)
ex·clu|sief *adj, adv (-siever, -siefst)* **1** exclusif, exclusivement **2** *(adv.)* non compris; **~ bediening** service non compris
ex|cuus *het (-cuses)* excuse; **zijn ~, excuses aanbieden** présenter des excuses, ses excuses
exe·cu·tie·ve *nf (-n) (Belg.)* (pouvoir) exécutif
exe·cu·tie·waar·de *nf* valeur en vente forcée *(maison)*
exem·pla·risch *adj, adv* exemplaire(ment)
exer·ce·ren *vi (h. geëxerceerd) (milit.)* faire l'exercice
exer·ci·tie *nf (-s) (milit.)* exercice, manœuvre
exi·sten·tie *nf* existence
exo·dus *nm* exode
exo|tisch *adj (-tischer, meest e.)* exotique
ex·pan·de·ren *vti (h./i. geëxpandeerd)* (s') étendre
ex·pe·di·tie *nf (-s)* expédition *(tous les sens);* **de koper betaalt de ~** l'acheteur paie les frais de transport; **de ~ naar Spitsbergen** l'expédition du Spitsberg; **op ~ gaan** partir en expédition
ex·pe·di·tie·be|drijf *het (-drijven)* société expéditrice
ex·pe·di·tie·kan|toor *het (-toren)* (bureau des) messageries
ex·pe·ri·ment *het (-en) (sc.)* expérience; **bij wijze van ~** à titre expérimental
ex·pe·ri·men·teel *adj, adv* expérimental(ement); **~ theater** théâtre d'essai
ex·pert [ɛkspɛːr] *nm (-s)* expert; **~ zijn in het vak** être passé maître en la matière; **medisch ~** médecin légiste; **~ zijn op een bepaald gebied** être expert en
ex·plo·de·ren *vi (i. geëxplodeerd)* exploser
ex·plo|sief *adj, adv (-siever, meest e.)* **1** explosible; **explosieve stoffen** explosifs **2** *(fig.)* explosif, de façon explosive; **een explosieve groei** une croissance effrénée
ex·plo·sie·ven·dienst *nm (-en)* service des Poudres
ex·po·nent *nm (-en)* **1** *(math.)* exposant **2** représentant, porte-parole
ex·port *nm* exportation; **goederen voor de ~** produits destinés à l'exportation
***ex·port-** d'exportation; **de exporthandel** le commerce d'exportation; **de exportvergunning** la licence d'exportation
ex·por·teur *nm (-s)* exportateur
ex·port·over·schot *het* excédent des exportations (sur les importations)
ex·pres *adv* exprès, délibérément
ex·pres·se *nf (-n)* ♦ **per ~** par exprès
ex·pres·se·stuk *het (-ken)* (colis) exprès
ex·pres·sie *nf (-s) (visage; style)* expression
ex·pres·sie·vak *het (-ken) (enseign.)* matières artistiques
ex·pres·weg *nm (-en) (Belg.)* voie rapide
ex·ta·se *nf* extase; **in ~ raken (over)** s'extasier (sur)
ex·ter·ne·ring *nf (-en)* bannissement
ex·ter·ri·to·ri·aal *adj* extraterritorial
ex·tra¹ *adv* **1** en plus **2** extra-; **~ voordelig** super-avantageux; **~ zijn best doen** faire des efforts supplémentaires
ex·tra² *adj* supplémentaire; **iets ~'s** un (petit) extra; **~ kleren** habits de rechange; **~ moeite doen** faire des efforts supplémentaires
ex·traatje *het (-s)* petit extra; **dat ~ is welkom** ça met du beurre dans les épinards
ex·tract *het (-en)* extrait *(aussi document)*
ex·tra's *plur* aubaines
ex·tra|vert *adj (-verter, meest e.)* extraverti, extroverti
ex|treem *adj, adv (-tremer, -treemst)* ex-

trême(ment), à l'extrême; **hij is ~ in zijn opvattingen** il a des opinions extrêmes

ezel[1] *nm (-s),* **ezelin** *nf (-nen)* âne, ânesse; **zo koppig als een ~** têtu comme une mule; *(prov)* **een ~ stoot zich in 't gemeen niet tweemaal aan dezelfde steen** un âne ne trébuche pas deux fois sur la même pierre

ezel[2] *nm (-s)* chevalet

ezel·ach·tig *adj, adv* bête(ment), stupide(ment)

ezels|brug *de (-gen),* **-bruggetje** *het (-s)* moyen mnémotechnique

ezels|oor *het (-oren) (livre)* corne; **een boek met ezelsoren** un livre corné

f

f. **1** *gulden* Fl. **2** *femininum* f **3** *forte* f
F **1** *fluor* F **2** *Fahrenheit* F
F. *frank* F
faal·angst *nm* hantise de l'échec
faam *nf* renommée
fa·bel *de (-s)* fable
fa·bel·ach·tig *adj, adv* fabuleux, fabuleusement; **het verhaal klinkt** ~ ± c'est une histoire incroyable
fa·bri|caat *het (-katen)* produit; **eigen** ~ (fait) maison
fa·bri·ca·ge [fabrikaʒə] *nf* fabrication
***fa·bri·ca·ge-** de fabrication
fa·bri·ce·ren *vt (h. gefabriceerd)* fabriquer
fa·briek *het/de (-en)* usine; **op een** ~ **werken** travailler à l'usine
***fa·brieks-** **1** industriel **2** d'usine
fa·brieks·ar·bei·der *nm (-s)* ouvrier d'industrie, d'usine
fa·brieks·fout *de (-en)* défaut de fabrication
fa·brieks·ge·heim *het (-en)* secret de fabrication
face·lift [feslıft] *nm (-s)* **1** lifting **2** *(fig.)* retapage, modernisation
fa·cie *het/de (-s) (fam.)* bobine; **een olijke** ~ une bonne bouille ♦ **iem op zijn** ~ **geven** rosser qn
fa·ci·li·teit *nf (-en)* facilité, commodité, équipement(s)
fa·ci·li·tei·ten·ge·meen·te *nf (-n, -s) (Belg.)* commune à facilités
fac·tor *nm (-en)* facteur, élément
fac·tu·re·ring *nf (-en)* facturation
fac·tu·rist *nm (-en)* facturier
fa·cul·teit *nf (-en) (université)* faculté
fa·got *nm (-ten) (mus.)* basson
fail·liet[1] [fajit] *nf (-en) (Belg.)* faillite
fail·liet[2] [fajit] *het (-en) (fig.)* faillite, banqueroute
fail·liet[3] [fajit] *adj, adv* en faillite; ~ **gaan** faire faillite; **de zaak is** ~ l'affaire a fait faillite
fail·liet·ver·kla·ring *nf (-en)* jugement déclaratif de faillite
fail·lis·se·ment [fajisəmɛnt] *het (-en)* faillite; **z'n** ~ **aanvragen** déposer son bilan; **het** ~ **opheffen** révoquer la faillite
fail·lis·se·ments·aan·vra·ge *de (-n)* dépôt de bilan
fair [fɛːr] *adj, adv (fairder, fairst)* fair-play, loyal(ement); **dat is geen ~e handelwijze** ce n'est pas un procédé très loyal; **dat is niet** ~ ce n'est pas de jeu
fak·kel *de (-s) (aussi au fig.)* flambeau
fa·len *vi (h. gefaald)* **1** manquer (à ses devoirs); **ieder mens kan** ~ tout homme est faillible **2** échouer; **zonder** ~ sans faute
fa·lie *nf (fam.)* ♦ **op zijn** ~ **krijgen** se faire secouer les puces; **iem op zijn** ~ **geven** flanquer une bonne raclée à qn
fa·lie·kant *adv* carrément; **dat is** ~ **verkeerd** c'est complètement faux
fa·ling *nf (Belg.)* → **faillissement**
Falk·land·ei·lan·den *plur* (îles) Malouines
fal·si·fi·ce·ren *vt (h. gefalsificeerd)* falsifier
fa|meus *adj, adv (-meuzer, meest f.)* **1** fameux **2** fabuleux, fabuleusement
fa·mi|li·air [famil(i)jɛːr] *adj, adv (-liairder, -liairst)* **1** familier, familièrement **2** *(péj.)* (très) familier, (très) familièrement; **al te** ~ **met iem omgaan** être trop libre avec qn
fa·mi·lie *nf (-s)* famille; **erg aan zijn** ~ **hangen** avoir l'esprit de famille; **dat komt in de beste ~s voor** ça arrive dans toutes les familles; **het zit in de** ~ c'est de famille; **hij is** ~ **van ons** c'est un parent à nous; **van je** ~ **moet je 't maar hebben!** c'est beau la famille!; ~ **worden van** s'apparenter à
***fa·mi·lie-** de famille
fa·mi·lie·be·richt *het (-en)* **1** annonce *(communication)* **2** *(plur.)* carnet mondain
fa·mi·lie·be·zoek *het (-en)* ♦ **een** ~ **brengen** rendre visite à de la famille; ~ **hebben** recevoir de la famille
fa·mi·lie·kring *nm (-en)* cercle familial; **in** ~ dans la plus stricte intimité; **in de** ~ en famille
fa·mi·lie|lid *het (-leden)* parent
fa·mi·lie·om·stan·dig·he·den *plur* rai-

sons de famille; **wegens** ~ pour raisons de famille
fa·mi·lie·ziek *adj* entiché de sa famille
fan [fɛn, fɑn] *nm (-s)* **1** fan, admirateur, -trice **2** ventilateur
fa·naat *adj, adv* fanatique(ment); **de** ~ le, la fana
fa·na·ti|cus *nm (-ci)* fanatique
fa·na·tie·ke·ling *nm (-en)* → **fanaticus**
fan·cy fair *nm (-s)* vente de charité
fan·fa·re·korps *het (-en)* fanfare *(orchestre)*
fan·mail [fɛmel, fɑmel] *de* courrier d'admirateurs
fan·ta·se·ren[1] *vi (h. gefantaseerd)* **1** délirer, divaguer **2** fantasmer
fan·ta·se·ren[2] *vti (h. gefantaseerd)* inventer; **de jongen fantaseerde over zijn toekomst** le garçon imaginait son avenir
fan·ta·sie *nf (-ën)* imagination
fan·ta·sie·loos *adj* dépourvu d'imagination; ~ **zijn** manquer d'imagination
fan·ta·sie·rijk *adj* inventif
fan·tast *nm (-en)* fabulateur
fan·tas|tisch *adj, adv (-tischer, meest f.)* fantastique(ment); ~ **lelijk** terriblement laid
far·de *de (Belg.)* **1** chemise, classeur, *(Belg.)* farde **2** cartouche *(de cigarettes)*
far·ma·ceut *nm (-en)* **1** pharmacien **2** étudiant en pharmacie
far·ma·ceu·ti·ca *nf (fabrication; produits)* pharmacie
far·ma·cie *nf (science; magasin)* pharmacie
fas·cis·to·ï·de *adj (pol.)* fascisant
fa·se·ren *vt (h. gefaseerd)* échelonner
fa·se·ring *nf (-en)* échelonnement
fa|taal *adj, adv (-taler, -taalst)* fatal(ement); **die opmerking werd hem** ~ cette remarque l'a perdu
fa·ta mor·ga·na *de (-'s)* mirage *(aussi illusion)*
fat·soen *het* savoir-vivre; **het burgerlijk** ~ la morale bourgeoise; **dat kun je met goed** ~ **niet doen** décemment, tu ne peux pas faire cela; **geen enkel** ~ **hebben** manquer absolument d'éducation; **zijn** ~ **houden** se conduire comme il faut; **u zou het** ~ **moeten hebben te zwijgen** vous pourriez avoir la décence de vous taire; **de regels van het** ~ les convenances; **dat strookt niet met het** ~ c'est contre les règles (du savoir-vivre); **voor je** ~ **kun je niet weggaan** tu ne peux pas partir, ce serait impoli
fat·soe·ne·ren *vt (h. gefatsoeneerd)* rajuster *(vêtements, cheveux)*
fat·soen·lijk *adj, adv* convenable(ment), décent, décemment; **een ~e buurt** un quartier bien; *(iron.)* **je kunt hier geen ~e krant kopen** ici, on ne vend pas un journal digne de ce nom
fat·soens·hal·ve *adv* par bienséance
fa·vo·riet *adj* favori
fax *nm (-en) (com.)* **1** télécopieur **2** télécopie
faxen *vt (h. gefaxt)* télécopier, envoyer par fax, un fax
fa·zant *nm (-en) (zool.)* faisan
febr *februari* févr.
fe·bru·a·ri *nm* février
fe·de·ra·tie *nf (-s)* fédération
feeks *nf (-en)* mégère
fee·ling [fiːlɪŋ] *nf* intuition; **(geen)** ~ **hebben voor iets** (ne pas) avoir le sens de qch
feest *het (-en)* fête, soirée; **een ~je geven, bouwen** donner, organiser une fête
***feest-** de fête
feest·ar·ti·kel *het (-en)* farces et attrapes
feest·dag *nm (-en)* **1** (jour de) fête **2** fête, jour férié; **(op) zon- en ~en** les dimanches et jours fériés
fees·te·lijk *adj, adv* de fête, comme pour une fête; **een ~e jurk** une robe des grands jours ♦ *(iron.)* **dank je** ~ merci (bien)!
fees·te·lijk|heid *nf (-heden)* **1** ambiance de fête **2** festivité
fees·ten *vi (h. gefeest)* festoyer
feest·gan·ger *nm (-s)* participant (à la fête)
feest|maal *het (-malen)* festin
feest|neus *nm (-neuzen)* **1** faux nez **2** fêtard, -arde
feest·num·mer *het (-s)* → **feestneus 2**
feest·stem·ming *nf* → **feestvreugde**
feest·var·ken *het (-s) (iron.)* héros de la fête
feest|vier·der *nm (-s),* **-vierster** *nf (-s)* **1** invité, -ée **2** fêtard, -arde
feest·vie·ren *vi (h. feestgevierd)* **1** festoyer **2** célébrer (un événement)
feest·vreug·de *nf* joie; **ter verhoging van de** ~ pour ajouter à l'allégresse générale; **de** ~ **verstoren** troubler les réjouissances, jouer les trouble-fête
feil·baar *adj* faillible; **de mens is** ~ personne n'est infaillible
fei·len *vi (h. gefeild)* **1** faire erreur **2** faillir
feil·loos *adj, adv* (de manière) infaillible
feit *het (-en)* fait; *(fig.)* **achter de ~en aanlopen** arriver après la bataille; **de verdachte heeft het** ~ **bekend** le suspect a reconnu les faits; **in ~e** en fait; **zich bij een voldongen** ~ **neerleggen** s'incliner devant le fait accompli; **iem voor een (voldongen)** ~ **stellen** mettre qn devant le fait accompli; **een strafbaar** ~ un délit; **een voldongen** ~ un fait accompli; *(fig.)* **voor het** ~ **staan dat** ne pouvoir faire autre chose que
fei·te·lijk *adj, adv* de, en fait; ~ **heeft hij ongelijk** en fait, il a tort; **de ~e toestand** l'état de fait ♦ ~ **geweld** violence physique
fei·ten·ma·te·ri·aal *het* (ensemble des) faits
fel *adj, adv* **1** vif, *(douleur)* aigu, vivement; **de zon schijnt** ~ le soleil tape dur **2** violent, violemment **3** acharné, passionné, avec acharnement, avec passion; **een** ~ **verzet** une opposition acharnée ♦ ~ **op overtredingen** qui ne laisse passer aucu-

ne infraction; **dat kind is ~ op auto's** cet enfant est passionné de voitures
fel·heid *nf* **1** violence, intensité **2** acharnement
fe·li·ci·ta·tie *nf (-s)* félicitations
fe·li·ci·te·ren *vt (h. gefeliciteerd)* féliciter; **iem met zijn succes** ~ féliciter qn de son succès; **iem met zijn verjaardag** ~ souhaiter bon anniversaire à qn
fer|vent *adj, adv (-venter, meest f.)* fervent, avec ferveur
fes·tijn *het (-en)* **1** festin **2** *(aussi au fig.)* fête
fes·ti·vi·teit *nf (-en)* **1** fête **2** festivité
fe·tisj *nm (-en)* fétiche *(objet de culte, porte-bonheur)*
feut *nm (-en) (étudiants)* bizut(h)
fi·at [fijɑt] *het* autorisation
fi·ber *het/de* fibre
fic·tie *nf (-s)* fiction
fi|deel *adj, adv (-deler, -deelst)* jovial(ement); **hij heeft zich ~ tegenover mij gedragen** il a été très chic; **een fidele kerel** un chic type
fie·de·len *vti (h. gefiedeld) (fam.)* violoner
fier *adj, adv (fierder, fierst)* fier *(sens positif)*, fièrement; *(Belg.)* ~ **op zijn afkomst** fier de ses origines
fiets *de (-en)* vélo, bicyclette; *(fig.)* **wat heb ik nou aan m'n ~ (hangen)?** (mais) qu'est-ce qui m'arrive encore?; **op een ~ rijden** aller à, en vélo; **op z'n ~ stappen** enfourcher son vélo
***fiets-** de bicyclette
fiet·sen *vi (h./i. gefietst)* **1** faire de la bicyclette, du vélo; **kun je ~?** tu sais aller à vélo?; **deze weg fietst lekker** il fait bon pédaler sur cette route; **3 uur** ~ faire trois heures de bicyclette **2** aller à bicyclette, vélo; **wij zijn naar Den Haag gefietst** nous sommes allés à La Haye à bicyclette ♦ **ga ~!** va te faire cuire un œuf!; **die snuiter is** ~ ce gars a disparu dans la nature; **hoe heb je dat voor elkaar gefietst?** comment tu as fait?
***fiet·sen-** de cycles; **een fietsenstalling** un garage de cycles
fiet·sen·hok *het (-ken)* hangar à bicyclettes
fiet·sen·ma·ker *nm (-s)* réparateur de bicyclettes
fiet·sen·rek *het (-ken)* **1** râtelier à vélos **2** ± dents écartées
fiet·ser *nm (-s)* cycliste
fiets·pad *het (-en)* piste cyclable
fiets·slot *het (-en) (vélos)* antivol
fiets|strook *de (-stroken)* bande cyclable
fiets·tas *de (-sen)* sacoche de cycliste
fi·gu·re·ren *vi (h. gefigureerd)* **1** figurer (à titre de), faire fonction **2** figurer, faire de la figuration
fi·guur *het/de (figuren)* **1** figure; **geen gek ~ slaan** faire bonne figure; **een lomp ~ slaan** marquer d'aisance; **met zijn ~ geen raad weten** ne pas savoir comment se tenir; **een slecht ~ slaan** faire mauvaise figure; **een zielig** ~ un pauvre type; *(péj.)* **wat is dat voor een ~?** qu'est-ce que c'est que ce zèbre-là? **2** formes, corps; **een goed** ~ un beau corps; **een jurk die het ~ goed laat uitkomen** une robe qui dessine bien les formes **3** figurine **4** *(litt.)* personnage
fi·guur·lijk *adj, adv* figuré, au (sens) figuré; **je moet dat ~ opvatten** c'est à prendre au sens figuré
fi·guur|zaag *de (-zagen)* scie à contourner, à chantourner
fijn[1] *adj, adv* **1** fin, délicat; *(iron.)* **~e manieren zijn dat!** en voilà des manières!; *(iron.)* **een ~e meneer** un joli monsieur; **~e vleeswaren** charcuterie **2** agréable(ment); **we gaan ~ samen uit** chouette, on sort ensemble; **jullie hebben ~ gezongen** vous avez bien chanté; **een ~e meid** une chouette fille; **een ~e vakantie** des vacances agréables; *(fam.)* **laat-ie-fijn-zijn** c'est drôlement chouette; **nou, ~ is anders** c'est pas drôle **3** subtil(ement); **met een ~ gevoel voor** avec le sens aigu de
fijn[2] *interj* chouette!
fijn·be|snaard *adj (-snaarder, meest f.) (personne)* délicat, sensible
fijn·ge·voe·lig *adj, adv* délicat(ement)
fijn·knij·pen *vt (h. fijngeknepen)* → **fijnmaken**
fijn·ma·ken *vt (h. fijngemaakt)* écraser, broyer
fijn·proe·ver *nm (-s)* ♦ **een ~ zijn** avoir le palais fin
fijn·schrij·ver *nm (-s)* pointe fine *(crayon feutre)*
fijn·slaan *vt (h. fijngeslagen)* **1** piler **2** mettre en pièces
fijn·tjes[1] *adj* fin, délicat
fijn·tjes[2] *adv* finement; **ze hebben hem ~ beetgenomen** il s'est fait joliment avoir; **dat is ~ geregeld** c'est très bien ainsi; **~ lachen** rire dans sa barbe
fijn·wrij·ven *vt (h. fijngewreven)* écraser (en frottant); **een teentje knoflook** ~ écraser une gousse d'ail au pilon
fijn·zin·nig *adj, adv* fin(ement), subtil(ement), délicat(ement)
fik *nm (-ken) (fam.)* **1** feu; **in de ~ steken** foutre le feu à; **een ~ stoken** allumer un feu **2** *(chien)* loulou **3** *(plur.)* pattes; **blijf er met je ~ken van af!** bas les pattes!
fik·ken *vi (h. gefikt) (fam.)* cramer
fik·kie *het (-s) (fam.)* **1** (petit) feu **2** clebs
fiks *adj, adv* **1** robuste, costaud **2** ferme(ment); **een ~e klap** une bonne claque; **een ~e rekening** une note salée; **~e stappen** de grandes enjambées **3** en bonne santé; **ik ben niet al te** ~ je suis plutôt mal en point
fik·sen *vt (h. gefikst) (fam.)* goupiller, arranger
fi·le[1] [filə] *de (-s) (circul.)* embouteillage; **in een ~ staan, geraakt zijn** se trouver dans un embouteillage
file[2] [fɑ:jl] *het/de (-s) (inform.)* fichier
fi·le·mel·ding *nf (-en)* ± point sur la route, infos routières

fi·le·par·ke·ren *vi (circul.)* faire un créneau, se ranger dans un, en créneau
fi·le·ren *vti (h. gefileerd) (viande, poisson)* lever (les filets), découper en filets
fi·le·vor·ming *nf (circul.)* début de bouchon
fi·li|aal *het (-alen)* succursale
fi·li·aal·hou·der *nm (-s)* gérant de succursale
Fi·lip·pij·nen *plur* Philippines
fi·li·stij·nen *plur (fam.)* ♦ **naar de ~** fichu
film *nm (-s)* **1** pellicule **2** film; **een ~ draaien** passer un film; **een korte ~** un (film de) court métrage; **wij gaan naar de ~** nous allons au cinéma; **een stomme ~** un film muet **3** cinéma; **hij zit bij de ~** *(travail)* il est dans le cinéma
***film-** cinématographique
film·doek *het (-en)* écran (de cinéma)
fil·mer *nm (-s)* → **filmmaker**
film|huis *het (-huizen)* cinéma d'art et d'essai
fil·misch *adj* filmique
film|ma·ker *nm (-s),* **-maakster** *nf (-s)* cinéaste
film·op·na·me *de (-n, -s) (cin.)* prise de vue(s)
film·ploeg *de (-en) (cin.)* équipe de tournage
film·rol *de (-len)* **1** rôle (à l'écran) **2** bobine (de film) **3** rouleau de pellicule cinématographique
film·script *het (-s)* scénario
film·ster *de (-ren)* vedette de cinéma
film·voor·stel·ling *nf (-en)* séance de cinéma
fil·ter *het/de (-s)* filtre *(tous les sens)*
fil·te·ren *vti (h./i. gefilterd)* filtrer; **~ door ...** filtrer à travers ...
fil·ter·zak·je *het (-s)* cornet-filtre
fil·tre·ren *vti (h. gefiltreerd)* → **filteren**
Fin *nm (-nen),* **Finse** *nf (-n)* Finlandais, -aise
fi·naal *adj, adv* **1** final **2** total, complètement **3** tout simplement
fi·na·le *de (-s)* **1** *(mus.)* finale **2** *(sports)* finale; **de halve ~ bereiken** aller en demi-finale; **in de achtste ~ komen** arriver en huitième de finale
fi·na·list *nm (-en)* finaliste
fi·nan·ci·eel *adj, adv* financier, financièrement; **een ~ adviesbureau** un cabinet d'affaires
fi·nan·ci·ën *plur* finances
fi·nan·cie·ren *vt (h. gefinancierd)* financer
fi·nan·cie·ring *nf (-en)* financement
fi·nan·cie·rings·te·kort *het (-en)* déficit budgétaire
fi·neer *het* placage (de bois)
fi·ne·ren *vti (h. gefineerd)* **1** plaquer **2** *(métal)* affiner
fi·nes·se *nf (-s)* finesse; **in ~s treden** entrer dans le détail; **iets in (de) ~s kennen** connaître toutes les finesses de qch
fin·ge·ren *vt (h. gefingeerd)* **1** feindre; **een gefingeerde overval** une attaque simulée; **gefingeerde winst** bénéfice fictif **2** inventer; **een gefingeerde naam** un faux nom
fi·nish [fɪnɪʃ] *nm (sports)* arrivée
fi·ni·shen [fɪnɪʃə(n)] *vi (h./i. gefinisht) (sports)* arriver, franchir la ligne d'arrivée
fi·ni·shing touch [fɪnɪʃɪŋtatʃ] *nm* dernière touche, finition
fir·ma *de (-'s)* **1** raison sociale **2** maison, firme; **de ~ X** les établissements X
fir|mant *nm (-en),* **-mante** *nf (-s, -n)* associé, -ée
fis·cus *nm* fisc
fit *adj* en pleine forme
fit·ness [fɪtnəs] *de* mise en condition; **aan ~ doen** entretenir sa condition
fit·ter *nm (-s)* plombier
fit·ting *nm (-s, -en)* **1** *(lampe)* douille **2** *(ampoule)* culot
fixeer *het (phot.)* (sel) fixateur
fixe·ren *vt (h. gefixeerd)* fixer *(tous les sens)*; **een gebroken been ~** immobiliser une jambe cassée; *(fig.)* **op iem gefixeerd zijn** ne penser qu'à qn
fl *florijn(en)* fl.
flad·de·ren *vi (h./i. gefladderd)* **1** voleter **2** flâner **3** papillonner; **hij fladdert maar wat (rond, aan)** il s'éparpille
flak·ke·ren *vi (h. geflakkerd) (flamme)* vaciller
fla·min·go *nm (-'s) (zool.)* flamant
fla·ne·ren *vi (h. geflaneerd)* flâner
flan·ke·ren *vti (h. geflankeerd)* flanquer *(être sur le côté de)*
flan·ke·ring *nf (-en)* flanquement
flan·sen *vt (h. geflanst)* bâcler; **tussen de regels ~** glisser entre les lignes; **hij heeft dat werk haastig in elkaar geflanst** il a bâclé ce travail
flap *nm (-pen)* **1** *(livre)* derrière de la jaquette **2** chausson, beignet, *(Belg.)* gosette **3** *(fam.)* fafiot **4** rabat; **de ~ van het grondzeil vasthouden** tenir le rabat du tapis de sol
flap·drol *nm (-len) (fam.)* couille molle
flap|oor[1] *het (-oren)* oreille en chou-fleur
flap|oor[2] *nm (-oren)* roquet-belles-oreilles
flap·pen *vt (h. geflapt)* ♦ **hij flapt er maar alles uit** il dit tout ce qui lui passe par la tête
flap·pen·tap *nm (-pen) (iron.)* billetterie, distributeur automatique de billets (de banque)
flap·uit *nm (-s)* bavard, -arde
flard *de (-en)* **1** lambeau; **aan ~en gaan** tomber en loques; **aan ~en scheuren** mettre en lambeaux; **aan ~en schieten** mettre en pièces par des tirs **2** bribe; **~en van een gesprek** des bribes de conversation
flat [flɛt, flɑt] *nm (-s)* **1** immeuble (d'habitation) **2** appartement
fla·ter *nm (-s)* gaffe; **een geweldige ~ slaan** gaffer lourdement; **de ene ~ na de ander slaan** collectionner les gaffes
flat·ge·bouw *het (-en)* → **flat 1**

flat·te·ren *vti (h. geflatteerd)* flatter; **een geflatteerd beeld van de situatie** une image trop avantageuse de la situation
flat·teus *adj* flatteur
flauw *adj, adv* **1** fade, sans saveur **2** faible(ment); **ik heb geen ~ idee** je n'en ai pas la moindre idée; **een ~ licht** une lueur pâle; **~e tegenstand** faible résistance; **ik ben ~ van de honger** je meurs de faim; **een ~ vermoeden van iets hebben** soupçonner vaguement qch **3** qui manque d'esprit, sans humour **4** insipide, fastidieusement; **~e praatjes** propos insignifiants **5** (d'une manière) puéril(e); **doe niet zo ~** ne fais pas l'enfant; **een ~e vent** un type puéril **6** doux, légèrement; **een ~e bocht** un léger virage; **een ~e glooiing** une pente douce **7** *(commerce)* (d'une manière) peu animé(e)
flau·we·kul *nm (fam.)* foutaise; **dat is ~** c'est de la foutaise; **~ verkopen** débiter des balivernes
flau·werd *nm (-s),* **flauwerik** *nm (-en)* **1** poule mouillée **2** *(péj.)* enfant
flau·wig|heid *nf (-heden)* **1** fadeur **2** fadaise, platitude
flau·wi·teit *nf (-en)* → **flauwigheid 2**
flauw·te *nf (-s)* évanouissement; **een ~ krijgen** s'évanouir
flauw·tjes *adj, adv* faible(ment)
flauw·val·len *vi (i. flauwgevallen)* s'évanouir
fleece *het/de* polaire
fleg·ma|tiek *adj, adv,* **flegma|tisch** *adj, adv* flegmatique, avec flegme
fle·men *vi (h. gefleemd)* **1** dire des cajoleries **2** *(péj.)* user de flatteries
flens·je *het (-s) (cuis.)* crêpe (dentelle)
fles *de (-sen)* bouteille; **zij is behoorlijk aan de ~** elle est portée sur la boisson; **de baby krijgt de ~** on donne le biberon au bébé; **op ~sen doen** mettre en bouteilles; **(direct) uit de ~ drinken** boire à même la bouteille; **een ~ soldaat maken** faire un sort à une bouteille ♦ **op de ~ zijn** avoir fait faillite; **op de ~ gaan** faire faillite
fles·ope·ner *nm (-s)* ouvre-bouteille
fles·sen *vt (h. geflest)* rouler, duper; **volgens mij zit jij de zaak te ~** je crois que tu te fiches de moi
fles·sen·bor·stel *nm (-s)* écouvillon
fles·sen|hals *nm (-halzen)* **1** goulot **2** *(fig.)* goulet (d'étranglement)
fles·sen·kind, fleskind *het (-eren) (fam.)* bébé nourri au biberon
fles·sen·rek *het (-ken)* porte-bouteilles
fles·sen·trek·ker *nm (-s)* escroc
fles·sen·trek·ke·rij *nf* escroquerie
fles·voe·ding *nf (-en)* biberon; **~ geven aan een kind** nourrir un enfant au biberon
flets *adj, adv* **1** blafard; **er ~ uitzien** être pâle **2** terne; **~ uit zijn ogen kijken** avoir le regard éteint; **~e kleuren** couleurs passées **3** fané; **de bloemen hangen er ~ bij** les fleurs ont l'air d'avoir besoin d'eau
flets·heid *nf* lividité
fleur *de* fraîcheur; **bloemen geven een kamer ~** les fleurs égaient une pièce; **de ~ is eraf** c'est défraîchi
fleu·rig *adj, adv* fringant, d'une façon avenante; **een ~e kamer** une chambre pimpante
flex·con·tract *het* contrat à durée déterminée
flexi·bel *adj* flexible; **~e wisselkoersen** cours de change souples
flex·wer·ker *nm (-s)* travailleur à horaire irrégulier
flie·re·flui·ter *nm (-s)* fumiste
flik *nm (-ken)* pastille de, au chocolat
flik·flooi·en *vi (h. geflikflooid)* **1** *(fam.)* passer de la pommade (à qn), flatter **2** peloter (qn)
flik·flooi·er *nm (-s)* **1** lèche-botte **2** qn qui fait des papouilles
flik·ken *vt (h. geflikt) (fam.)* ± arranger, ± expédier; **hoe flik je 'm dat?** comment tu t'y prends?; **wie heeft me dat geflikt?** qui est-ce qui m'a fait ça?; **dat moet je me niet meer ~** ne me refais pas ce coup-là; **dat zullen ze mij niet meer ~!** on ne m'y prendra plus!; **dat heeft hij netjes geflikt** il s'en est bien tiré
flik·ker *nm (-s) (fam.)* **1** pédé **2** enculé; *(iron.)* **een handige ~** un (sacré) débrouillard; *(fam.)* **een luie ~** un tire-au-cul ♦ **het kan hem geen ~ schelen** il s'en fout complètement; **hij weet, kan er geen ~ van** il n'y entrave que dalle; **hij heeft geen ~ uitgevoerd** il n'a rien foutu; **iem op zijn ~ geven** casser la gueule à qn, *(fig.)* engueuler qn
flik·ke·ren[1] *vi (h./i. geflikkerd)* **1** scintiller; **het ~de licht van een kaars** la lumière vacillante d'une bougie; **zijn ogen ~** ses yeux étincellent **2** *(fam.)* se foutre (par terre); **de flessen zijn naar beneden geflikkerd** les bouteilles ont dégringolé; **van de trap ~** se casser la gueule dans l'escalier
flik·ke·ren[2] *vt (h./i. geflikkerd) (fam.)* foutre
flik·ke·ring *nf (-en)* **1** scintillement **2** *(fig.)* lueur
flik·ker·licht *het (-en)* **1** scintillement **2** feu clignotant
flink[1] *adj* **1** solide, robuste; **een ~e vent** un solide gaillard; **dat meisje is ~ voor haar leeftijd** cette fille est grande pour son âge **2** bon, gros; **een ~ pak slaag krijgen** recevoir une bonne peignée; **een ~e som** une somme considérable; **een ~e tijd** un bon bout de temps **3** *(fig.)* énergique, courageux; **zich ~ houden** ne pas se laisser aller; **een ~e vent** un type énergique; **nog ~ zijn** *(personnes âgées)* être encore solide
flink[2] *adv* bien; **een probleem ~ aanpakken** aborder un problème de front; **iem ~ onder handen nemen** réprimander vertement qn; **iem ~ de waarheid zeggen** dire à qn ses quatre vérités
flin·kerd *nm (-s)* **1** *(iron.)* gaillard **2** beau morceau
flink·heid *nf* courage

flin·ter·dun *adj* mince comme du papier à cigarettes
flip·pen *vi (i. geflipt) (fam.)* **1** flipper *(aussi drogues);* **ik ben op die zaak geflipt** cette affaire m'a fait flipper **2** faire tilt, échouer; **een geflipte onderwijzer** un instituteur raté
flip·per *nm (-s),* **flipperauto|maat** *nm (-maten),* **flipperkast** *de (-en)* flipper *(billard électrique)*
flip·pe·ren *vi (h. geflipperd)* jouer au flipper
flirt [flʌ:rt, flɪrt] *nm (-s, -en)* **1** flirt **2** flirteur, -euse
flits *nm (-en)* **1** flash, flashes **2** *(fig.)* éclair; **in een ~ ging die gedachte door hem heen** cette pensée lui traversa l'esprit comme un éclair
flit·sen[1] *vi (h./i. geflitst)* **1** passer comme un éclair; **zij flitste voorbij** elle est passée comme l'éclair **2** jaillir; **er flitste een bliksemstraal in de lucht** un éclair traversa le ciel
flit·sen[2] *vti (h./i. geflitst) (phot.)* flasher
flit·send *adj* étourdissant, éblouissant
flit·ser *nm (-s)* flash, flashes
flits·paal *nm* radar fixe
flod·der *nm (-s)* ♦ **losse ~s** cartouches à blanc, *(fig.)* remarques sans rime ni raison
flod·de·ren *vi (h. geflodderd)* **1** goder **2** ne pas avoir d'ordre **3** *(Belg.)* cajoler; **kinderen ~ graag** les enfants sont cajoleurs
flod·de·rig *adj, adv* **1** *(vêtements)* qui gode, de manière flottante; **wat zit die broek ~!** comme ce pantalon tombe mal! **2** *(vêtements)* (d'une manière) dépenaillé(e) **3** *(travail)* cochonné, comme un cochon; **~ werken** faire du travail cochonné
floep *nm (-en)* paf, plouf
floe·pen *vi (h./i. gefloept)* s'échapper; **de tak floepte in zijn gezicht** paf!, il reçut la branche en pleine figure
flon·ke·ren *vi (h. geflonkerd)* scintiller; **~de ogen** des yeux pétillants; **een ~de stijl** un style chatoyant
floot, floten → **(af)fluiten**
flop *nm (-s)* **1** flop, échec **2** disquette
flop·pen *vi (h./i. geflopt)* être un flop, échouer
flop·py *de (-'s)* disquette
flop·py·disk *de (-s)* disquette
flop·py·drive *de (-s) (inform.)* disc drive
flo·re·ren *vi (h. gefloreerd) (fig.)* prospérer; **de vereniging floreert niet meer** l'association est en perte de vitesse
flo·ris·sant *adj* florissant; **dat ziet er niet zo ~ uit** ça s'annonce plutôt mal
flos·sen *vi (h. geflost)* se nettoyer les dents avec un fil dentaire
fluim *de (-en)* **1** crachat **2** *(fam.)* teigne
flui·men *vi (h. gefluimd)* cracher
fluis·te·ren *vti (h. gefluisterd)* **1** chuchoter **2** souffler, insinuer
fluis·ter·stem *de (-men)* ♦ **met een ~ iets zeggen** chuchoter qch
fluit *de (-en)* **1** flûte; **op een ~ spelen** jouer de la flûte **2** sifflet; **de ~ van de merel** le sifflement du merle ♦ *(fam.)* **geen ~!** des clopes!; *(fam.)* **je bereikt er geen ~ mee** c'est comme si on chantait; *(fam.)* **het kan me geen ~ schelen** je m'en fiche comme de ma première chemise
fluit·con·cert *het (-en)* **1** concerto pour flûte **2** sifflets; **op een ~ onthaald worden** être accueilli par des sifflets
flui·ten *vti (h. gefloten)* **1** siffler **2** jouer de la flûte; **in een orkest ~** être flûtiste dans un orchestre **3** *(sports)* arbitrer, siffler; **voor een overtreding ~** siffler une faute ♦ **hij kan naar zijn geld ~** il peut mettre une croix sur son argent; **daar kun je naar ~** tu peux toujours courir
flui·ten·kruid *het (bot.)* persil sauvage
fluit·je *het (-s)* **1** sifflet **2** coup de sifflet ♦ **een ~ van een cent** simple comme bonjour
fluit·ke·tel *nm (-s)* bouilloire
fluit·sig|naal *het (-nalen) (sports)* coup de sifflet
fluit|toon *nm (-tonen)* sifflement
flu·o·ri·de *het (-n)* fluorure
flut *adj (fam.)* minable; **dat is ~** c'est de la gnognote
***flut-** *(fam.)* minable
flut·blaad·je *het (-s) (fam.)* feuille de chou *(revue)*
flu|weel *het (-welen)* velours; *(fig.)* **op ~ zitten** jouer sur le velours
flu·weel·zacht *adj* velouté
flu·we·len *adj* de velours; **hij heeft een ~ tong** c'est un beau parleur
flu·we|lig *adj (-liger, meest f.)* velouté
FM *de (radio)* **1** *frequentiemodulatie* MF **2** *frequentieband* bande de fréquence; **op de FM uitzenden** émettre en modulation de fréquence
fnui·kend *adj* funeste
FNV *nf Federatie Nederlandse Vakverenigingen* ⟨*Confédération des Syndicats Néerlandais*⟩
fo·cus *het/de (-sen) (optique)* foyer
fo·cus·sen *vti (h. gefocust)* **1** *(phys.)* focaliser **2** mettre au point (un appareil, un mécanisme)
foe|draal *het (-dralen)* **1** étui **2** gaine
foef *de (-en),* **foefje** *het (-s)* combine; **de ~jes kennen** connaître la combine; **~jes toepassen** truquer
foe·fe·len *vi (h. gefoefeld) (Belg.)* trafiquer, fricoter; **wat foefel je daar toch?** qu'est-ce que tu fabriques?
foei *interj* que c'est vilain!
foei·le·lijk *adj* affreux; **iets dat ~ is** une horreur; **die vrouw is ~** cette femme est laide comme un pou
foe·te·ren *vi (h. gefoeterd) (fam.)* râler (contre), *(Belg.)* roter
foet·sie *adv (fam.)* envolé; **ineens was mijn portemonnee ~!** tout d'un coup, plus de porte-monnaie!
föhn [føn] *nm (-s)* **1** *(vent)* föhn **2** sèche-cheveux
föh·nen [fønə(n)] *vti (h. geföhnd)* se sécher les cheveux
fok *de (-ken)* **1** *(mar.)* foc **2** besicles

fok·dier *het (-en)* (animal) reproducteur
fok·ken *vti (h. gefokt)* **1** *(animaux)* élever **2** *(fam.; enfants)* pondre; **dat fokt maar raak** ça se reproduit comme des lapins
fok·ker *nm (-s)*, **fokster** *nf (-s)* éleveur, -euse
fol·der *nm (-s)* dépliant
fo·lie *de (-s)* papier aluminium
fol·klo·ris·tisch *adj* folklorique
fol·low-up *nm (-s)* suite *(ce qui suit qch)*; **de ~ van een medische behandeling** les soins posthospitaliers; **de ~ van een gesprek** la poursuite d'un entretien
fol·te·raar *nm (-s)* tortionnaire
fol·te·ren *vti (h. gefolterd)* torturer; **zijn hersenen ~** se creuser la tête
fol·te·ring *nf (-en)* torture
fonds·pa·tiënt *nm (-en)* assuré social
***fon·due-** *(cuis.)* à fondue; **het fonduestel** le réchaud à fondue
fon·du·en *vi (h. gefonduud)* dîner en prenant une fondue
fo·ne·tisch *adj, adv (ling.)* phonétique(ment)
fon·ke·len *vi (h. gefonkeld)* étinceler; **de sterren ~** les étoiles scintillent; **zijn ogen fonkelden van vreugde** ses yeux pétillaient de joie
fon·kel·nieuw *adj* flambant neuf
font *het* police de caractères
fon·tein *de (-en)* fontaine, jet d'eau
fon·tein·tje *het (-s)* **1** lave-mains **2** auget *(pour oiseaux)*
food·pro·ces·sor *de (-s)* robot culinaire
fooi *de (-en)* pourboire; **die mensen verdienen maar een ~** ces gens-là gagnent une misère
foor *de (foren) (Belg.)* foire, fête foraine
fop·pen *vt (h. gefopt)* attraper, duper; **je hebt me lelijk gefopt** tu m'as salement attrapé; **zij hebben mij gefopt** ils m'ont eu
fop|speen *de (-spenen)* tétine
for·ce·ren[1] *vt (h. geforceerd)* forcer *(tous les sens)*; **een doorbraak ~** faire une percée; **een lachje ~** rire jaune
for·ce·ren[2] *vpr (zich ~; h. zich geforceerd)* **1** *(+ tot)* s'efforcer **2** se forcer, faire un effort physique; **zij heeft zich bij het tillen geforceerd** elle s'est forcée en soulevant qch
fo·rel *de (-len)* truite
fo·rens *nm (forenzen)* banlieusard, *(Belg.)* navetteur
fo·ren·zen *vi (h. geforensd)* faire la navette
for·fait [fɔrfɛ] *het (-s) (Belg.; sports)* ♦ **~ geven** déclarer forfait
for·ma *nf* ♦ **pro ~** pour la forme; **in optima ~** en pleine forme
for|maat *het (-maten)* format; **van het ~ van** de la taille de; *(fig.)* **een politicus van ~** un politicien d'envergure; **een concurrent van zijn ~** un concurrent à sa mesure; **het ~ van een staatsman hebben** avoir le profil d'un homme d'Etat
for·ma·li·teit *nf (-en)* formalité; **dit is zuiver een ~** c'est une simple formalité; **een ~ vervullen** remplir une formalité; **~en achterwege laten** passer sur les formalités
for·ma·teur *nm (-s) (pol.)* personne chargée de former un gouvernement, *(Belg.)* formateur
for·ma·tie *nf (-s)* **1** formation, constitution; **in ~ vliegen** voler en formation **2** *(pol.)* constitution d'un gouvernement
for·ma·tie·plaats *de (-en)* emploi budgétaire
for|meel *adj, adv (-meler, -meelst)* **1** formel(lement) **2** compassé, conventionnel; **~ gedrag** attitude formaliste **3** officiel(lement); **~ protest aantekenen** rédiger une protestation dans les formes **4** *(adv.)* formellement
for·mu·le *de (-s)* formule *(tous les sens)*; **het is een veel beproefde ~** cette solution a fait ses preuves; **de geijkte ~s** les formules consacrées
for·mu·le·ren *vti (h. geformuleerd)* formuler, exprimer; **iets expliciet ~** expliciter qch; **de wens ~ dat ...** émettre le vœu que
for·mu·le·ring *nf (-en)* formulation; **de ~ van een zin** la tournure d'une phrase
for·mu·lier *het (-en)* formulaire
for|nuis *het (-nuizen)* cuisinière, fourneau
fors *adj, adv* **1** fort, robuste, fermement; **~ ingrijpen** intervenir vigoureusement; **een ~e kerel** un gars costaud; **een ~e maatregel** une mesure rigoureuse **2** important, grand
fors·ge·bouwd *adj* robuste
fort *het (-en)* **1** forteresse **2** château de sable
for·tuin[1] *het (-en)* **1** chance; **zijn ~ zoeken** chercher fortune **2** fortune
for·tuin[2] *de (fig.)* fortune, chance
for·tuin·lijk *adj, adv* chanceux, avec chance; **hij heeft ~ geboerd** ses affaires ont prospéré
for·tuin·zoe·ker *nm (-s)* aventurier
fo·rum *het (-s)* panel, ± groupe
fo·rum·dis·cus·sie *nf (-s)* réunion-débat
fos·faat·vrij *adj* sans phosphate
fo·to *de (-'s)* photo; **iem op de ~ zetten** prendre qn en photo
fo·to·gra·fe·ren *vti (h. gefotografeerd)* **1** photographier (qn, qch); **zich laten ~** se faire prendre en photo **2** faire de la photo
fo·to·gra·fisch *adj, adv* photographique(ment); *(fig.)* **een ~ geheugen** ± une mémoire visuelle
fo·to·jour·na·list *nm (-en)* reporter (photographe)
fo·to·mo·del *het (-len)* modèle, mannequin
fo·to·rol·le·tje *het (-s)* rouleau (de pellicule photo)
fo·to·toe·stel *het (-len)* appareil photo(graphique)
foun·da·tion [faundeʃən] *nf (-s)* **1** fond de robe **2** (crème de) base *(maquillage)*
fout[1] *de (-en)* **1** défaut; **zijn ~ is dat ...** il a

le tort de ... **2** faute, erreur; **zijn ~ goedmaken** racheter sa faute; **in de ~ gaan** commettre une erreur
fout[2] *adj, adv* **1** faux, mal; **je bent ~ geweest** tu as mal agi; **de boel ging ~** les affaires ont mal tourné **2** incorrect, d'une manière fausse; **hij zat goed ~** il s'est trompé sur toute la ligne; **iets ~ rekenen** compter une faute (pour qch); **iets ~ spellen** mal orthographier qch **3** (être) d'intelligence avec l'ennemi; **zij waren ~ (in de oorlog)** ils ont collaboré (pendant la guerre)
fou·tief *adj, adv* → **fout**[2] **2**
fout·loos *adj, adv* correct, sans fautes
fout·mel·ding *nf (-en) (inform.)* signal d'erreur
fraai *adj, adv* beau, en beauté, admirablement; *(iron.)* **dat staat je ~** c'est pas joli de ta part; *(iron.)* **dat is me ook wat ~s** c'est du joli!
fraai|heid *nf (-heden)* beauté
frac·tie *nf (-s)* **1** fraction **2** *(pol.)* groupe (parlementaire)
frac·tie·lei·der *nm (-s)* chef du groupe (parlementaire)
frag·ment *het (-en)* fragment, extrait
frag·men·ta·risch *adj, adv* fragmentaire(ment)
fram|boos[1] *nm (-bozen)* framboisier
fram|boos[2] *de (-bozen)* framboise
***fram·bo·zen-** de framboise
frame [frem] *het (-s)* châssis, *(vélo)* cadre
fran·co *adv* franco (de port); **~ fabriek** franco en usine; **~ huis** franco à domicile; **de zending is ~** l'envoi est en port payé; **iets ~ thuisbezorgen** expédier qch franc de port
fran·je *de (-s)* **1** frange; **de ~s hangen eraan** c'est effiloché; **met ~s versieren** franger **2** *(fig.)* enjolivure; **iets van alle ~ ontdoen** dépouiller qch de tout ornement
frank[1] *nm (-en)* franc; *(Belg.)* **zijn ~ valt** il pige
frank[2] *adj* **1** franc; **~ en vrij** très franchement **2** impertinent
fran·keer·kos·ten *plur* frais de port
fran·ke·ren *vt (h. gefrankeerd)* affranchir *(lettre, envoi)*; **~ met 50 cent** affranchir à 50 centimes
fran·ke·ring *nf* affranchissement *(lettre, envoi)*
Frank·rijk *het* France
Frans *adj* français; **in het ~** en français; **op zijn ~** à la française; **de ~e Rivièra** la Côte d'Azur; *(subst.; fig.)* **daar is geen woord ~ bij** voilà qui est clair ♦ **een vrolijke frans** un gai luron
Frans·ge·zind *adj* francophile
Frans·man *nm (Fransen)* Français
fran|soos *nm (-sozen) (péj.)* franchouillard
Frans·ta·lig *adj* **1** francophone; **de ~e wereld** la francophonie **2** (en) français; **het ~e exemplaar** la version française
frap·pe·ren *vt (h. gefrappeerd) (fig.)* frapper
fra·ter *nm (-s) (relig.)* frère
frats *de (-en)* **1** grimace; **~en maken** faire des grimaces **2** *(plur.)* caprices **3** *(plur.)* simagrées; **rare ~en** de drôles de simagrées **4** *(plur.)* farces; **~en maken** faire des siennes
freak [fri:k] *de (-s)* **1** fana **2** *(toxicomane)* freak **3** *(névrosé)* flippé **4** marginal
frees *de (frezen) (indus.)* fraise
free·whee·len [friwilə(n)] *vi (h. gefreewheeld) (aussi au fig.)* être, se mettre en roue libre
frê·le [frɛ:lə] *adj, adv* frêle, fragilement
fre·quen·tie *nf (-s) (tous les sens)* fréquence
fret *het (-ten)* furet
freu·di·aans [frɔjdijans] *adj* freudien; **een ~e verspreking** un lapsus freudien
freu·le [frœ:lə] *nf (-s) (noble)* demoiselle
fre·zen *vt (h. gefreesd)* fraiser
fric·tie *nf (-s)* friction
frie·me·len *vi (h. gefriemeld)* tripoter (qch)
Fries *adj* frison; **de ~(e)** le, la Frison(ne); **het ~** le frison
Fries·land *het* Frise
friet *de (-en),* **frieten** *plur* frites
friet|kraam *het/de (-kramen),* **-tent** *de (-en)* friterie, *(Belg.)* friture
frik *nm (-ken)* prof vache
fri·ka·del *de (-len)* ± saucisse
frik·ke·rig *adj* pédant
fris *adj* **1** frais, pur, rafraîchissant; *(subst.)* **een glaasje ~** une boisson rafraîchissante; **het is vanmorgen ~** il fait frais ce matin; **met ~se moed** plein de courage; **~ en monter** frais et dispos; **een ~se neus halen** prendre l'air; **het ruikt hier niet ~** ça sent le renfermé ici; *(iron.)* **met ~se tegenzin** à contrecœur; **zich ~ voelen** être en (pleine) forme; *(fig.)* **dat is geen ~ zaakje** c'est pas très catholique; **de keuken ziet er niet zo ~ uit** cette cuisine a besoin d'un bon nettoyage **2** neuf, original; **een ~se kijk op de zaak hebben** considérer une affaire d'un œil neuf
fris·drank *nm (-en)* boisson rafraîchissante
fris·heid *nf* fraîcheur
fris·jes *adj* frisquet
fri·tu·ren *vt (h. gefrituurd)* (faire) frire
fri·tuur *nf* **1** friture **2** friterie *(baraque)*, *(Belg.)* friture
frö·be·len *vi (h. gefröbeld)* bricoler
from·me·len[1] *vi (h. gefrommeld)* tripoter (qch)
from·me·len[2] *vt (h. gefrommeld)* fourrer ♦ **iets in elkaar ~** froisser qch
frons *de (-en) (front)* pli
fron·sen[1] *vt (h. gefronst)* froncer, *(front)* plisser
fron·sen[2] *vpr (zich ~; h. zich gefronst)* se froncer
front *het (-en)* front, avant; *(fig.)* **voor het ~ komen** se manifester
fron·taal *adj, adv* frontal, de front
frou·frou® *nm* gaufrette
fruit *het* fruits ♦ **Turks ~** du loukoum

fruit·au·to|maat *nm (-maten)* machine à sous
fruit|boom *nm (-bomen)* arbre fruitier
frui·ten *vt (h. gefruit) (cuis.)* faire revenir
frui·tig *adj* fruité
fruit·mand *de (-en)* corbeille de, à fruits
fruit|schaal *de (-schalen)* coupe de, à fruits
fruit·teelt *de (-en)* culture fruitière
frul *de (-len) (Belg.)* pacotille, *(fig.)* bagatelle
frun·ni·ken[1] *vi (h. gefrunnikt)* **1** chipoter **2** *(+ aan)* tripoter (qch); **aan iem ~** faire des papouilles à qn
frun·ni·ken[2] *vt (h. gefrunnikt)* fourrer
frut·se·len *vi (h. gefrutseld)* → **frunniken**[1]
f-sleu·tel *nm (mus.)* clef de fa
fuif *de (fuiven)* (sur)boum; **een ~ houden** donner une surboum
fuif·num·mer *het (-s)* noceur, -euse
fuik *de (-en)* nasse; *(fig.)* **in de ~ lopen** tomber dans le piège; *(fig.)* **een ~ uitzetten** tendre un piège
fui·ven *vti (h. gefuifd)* **1** festoyer **2** régaler (qn)
full·time [fultɑjm] *adj, adv* (à) plein temps
full·ti·mer *nm (-s)* travailleur, -euse à plein temps
func·tie *nf (-s)* **1** fonction, poste; **een ~ bekleden** remplir une fonction; **in ~ treden** entrer en fonction; **iem, een vrouw met een leidinggevende ~** un cadre, une femme cadre; **iem van zijn ~ ontheffen** relever qn de ses fonctions **2** fonction *(fonctionnement; aussi math.)*
func·ti·o·na·ris *nm (-sen)* responsable, fonctionnaire, cadre
fun·da·ment *het (-en)* **1** *(archit.)* fondation; **de ~en leggen** jeter les fondations **2** *(fig.)* fondement; **het heeft geen ~** cela manque de fondement
fun·da·men|teel *adj, adv (-teler, -teelst)* fondamental(ement); **van ~ belang zijn voor iets** être essentiel à qch
fun·de·ren *vt (h. gefundeerd)* **1** jeter les fondations de; **op palen gefundeerd** construit sur pilotis **2** *(fig.)* fonder; **dat is nergens op gefundeerd** cela ne repose sur rien
fun·de·ring *nf (-en)* **1** fondation **2** fondement **3** creusement des fondations
fun·ge·ren *vi (h. gefungeerd)* **1** faire fonction; **zij fungeert voorlopig als voorzitter** elle fait provisoirement fonction de président **2** être en fonction
fu·ro·re *de* ♦ **~ maken** faire fureur
fu·se·ren *vi (i. gefuseerd)* fusionner
fu·sie *nf (-s)* fusion, union; **een ~ aangaan** fusionner
fu·sie·ge·meen·te *nf (-s, -n) (Belg.)* commune fusionnée, entité
fust *het (-en)* tonneau
fut *de* énergie; **geen ~ hebben om iets te doen** manquer d'énergie pour faire qch
fut|loos *adj, adv (-lozer, meest f.)* mou, mollement; **~ maken** avachir; **zich ~ voelen** se sentir sans ressort
fuut *nm (futen) (zool.)* grèbe (huppé)
fy·si·ca *nf* (cours de) physique
fy·si|cus *nm (-ci)* physicien
fy·siek *adj, adv* physique(ment); **hij heeft een ijzersterk ~** il a une santé de fer; **dat is ~ onmogelijk** c'est matériellement impossible
fy·sio·the·ra·peut [fizijoterapœyt, fizijoterapøt] *nm (-en)* kinésithérapeute
fy·sio·the·ra·pie *nf* kinésithérapie
fy·sisch *adj, adv* physique(ment); **~e chemie** physicochimie

g

gaaf *adj, adv (gaver, gaafst)* **1** intact **2** entier, entièrement **3** *(fam.)* terrible
gaan[1] *vi (i. gegaan)* **1** *(aussi au fig.)* aller; **er gaat niets boven ...** rien ne vaut ...; **ertussenuit** ~ changer d'air; **in het zwart gekleed** ~ être en noir; **iem voor laten** ~ laisser passer qn; ~ **liggen** se coucher; **zijn gedachten over iets laten** ~ réfléchir sur qch; *(fig.)* **te ver** ~ dépasser les bornes; **of dat zal** ~ **weet ik niet** je ne sais pas si ce sera possible **2** s'en aller; **hoe laat gaat de trein?** à quelle heure le train part-il?; **zij** ~ **uit elkaar** ils vont se séparer; **zullen we ~?** on y va? **3** marcher **4** entrer dans; **er gaat een liter in die fles** cette bouteille contient un litre **5** *(+ over)* traiter (de) ⟨*pour les expressions non mentionnées ici voir les substantifs concernés*⟩ ♦ **eraan** ~ y passer; **met iem** ~ être le petit ami, la petite amie de qn; **daar gaat het om** tout est là; **zij gaat over de typekamer** elle est la responsable des dactylos; **daar ga je!** à la tienne!
gaan[2] *vb impers* **1** aller; **het ga je goed** bonne chance; **hoe gaat het (met u)?** comment ça va?; **het gaat slecht met de zaken** les affaires vont mal **2** marcher **3** *(+ om)* s'agir
gaan·de *adj* **1** en mouvement; **een gesprek** ~ **houden** soutenir une conversation **2** en train (de); **wat is er ~?** que se passe-t-il? **3** allant (à pied)
gaan·de·weg *adv* peu à peu
gaar *adj (gaarder, gaarst)* **1** cuit **2** *(fig.)* lessivé
gaar·ne *adv* → **graag 1**
gaas *het (gazen)* **1** gaze **2** toile métallique
gaat·je *het (-s)* **1** (petit) trou; **ik zal eens kijken of ik voor u nog een** ~ **kan vinden** je vais voir si je peux encore vous caser qp **2** carie ♦ **die man heeft een** ~ **in zijn hoofd** ce bonhomme a une case vide
gab·ber *nm (-s)* pote
ga·de·slaan *vt (h. gadegeslagen)* **1** observer **2** considérer **3** tenir à l'œil
ga·ding *nf (-en)* ♦ **dat is net iets van je** ~ c'est exactement ce qu'il te faut
gad·ver·(dam·me) *interj* c'est dégueulasse!
gaf, gaven → **geven, aangeven, prijsgeven** *(etc.)*
GAK *het Gemeenschappelijk Administratiekantoor* ⟨*organisme commun pour la gestion des assurances sociales*⟩
gal *de (-len)* **1** bile; **zijn pen in** ~ **dopen** tremper sa plume dans le fiel **2** galle **3** venin
ga·la *het* **1** (tenue de) gala **2** bal de cour
gal|blaas *de (-blazen)* vésicule biliaire
ga·lei|slaaf *nm (-slaven)* galérien
ga·le·rie·hou·der *nm (-s)* exploitant, -ante d'une galerie
ga·le·rij *nf (-en)* galerie
galg *de (-en)* potence; **zij groeien op voor** ~ **en rad** c'est de la graine de voyou
gal·gen·hu·mor *nm* humour noir
gal·gen|maal *het (-malen)* **1** repas d'adieu **2** cigarette du condamné
Gal·lië *het* Gaule
galm *nm (-en)* résonance
gal·men *vti (h. gegalmd)* **1** (faire) retentir **2** résonner **3** chanter à tue-tête
ga·lop *nm (-s)* galop; **in gestrekte, vliegende** ~ au grand galop
gal|steen *nm (-stenen)* calcul biliaire
gam·ma·we·ten·schap·pen *plur* sciences humaines
gam·mel *adj* **1** déglingué **2** patraque
gang [χaŋ] *nm (-en)* **1** corridor **2** passage **3** démarche; **zijn** ~ **gaan** faire ce qu'on veut **4** cours; **aan de** ~ **gaan** s'y mettre; **de les was al aan de** ~ la classe avait déjà commencé; *(fig.)* **iem op** ~ **helpen** aider qn à démarrer; **het feest is in volle** ~ la fête bat son plein; **de** ~ **van zaken is als volgt** la procédure est la suivante **5** plat ♦ **z'n gewone** ~ **gaan** suivre son cours; **gaat uw** ~ je vous en prie; **iemands ~en nagaan** observer les allées et venues de qn
gang|baar *adj (-baarder, -baarst)* courant
gan·ge·tje *het (-s)* ♦ **een flink** ~ **hebben** aller bon train; **het gaat zo zijn** ~ ça va, avance (bien, pas mal)
gang·ma·ker *nm (-s)* **1** animateur, -trice

2 promoteur, -trice; **hij is de** ~ c'est lui qui mène la danse
gang·pad *het (-en)* allée *(dans un train, une église etc.)*
gang·ster·film *nm (-s)* film policier
gans[1] *de (ganzen)* oie; **als ganzen achter elkaar lopen** marcher à la queue leu leu; **wat een domme ~, die griet!** quelle cruche, cette fille!
gans[2] *adj, adv (form.)* tout (à fait); **het ~e land** le pays tout entier
gan·zen·bord *het (-en)* jeu de l'oie
gan·zen·le·ver·pas·tei *de* → **ganzenpastei**
gan·zen·mars *de* marche en file indienne
gan·zen·pas·tei *de* (pâté de) foie gras
ga·pen *vi (h. gegaapt)* **1** bâiller; **een ~de afgrond** un gouffre béant **2** bayer aux corneilles
gap·pen *vt (h. gegapt)* chiper
ga·ra·ge·hou·der *nm (-s)* garagiste
ga·ran·de·ren *vt (h. gegarandeerd)* garantir; **de staat heeft een winst van 5% gegarandeerd** l'Etat s'est porté garant d'un bénéfice de 5%
ga·ran·tie *nf (-s)* garantie
gar·de[1] *de (-n)* **1** garde **2** fouet **3** verge
gar·de[2] *nm* garde; **een pauselijke** ~ un suisse
gar·de·ro·be [χɑrdərɔːbə, gɑrdərɔːbə] *de (-s)* **1** garde-robe **2** vestiaire
ga|reel *het (-relen)* **1** harnais **2** carcan; **iem (weer) in het ~ brengen** (re)mettre qn au pas
ga·ren *het (-s)* fil
gar|naal *nm (-nalen)* crevette
gar·ne·ring *nf (-en)* **1** garnissage **2** garniture
gar·ni|tuur *het (-turen)* garniture ♦ **van het tweede** ~ de moindre qualité
gas *het (-sen)* gaz; ~ **terugnemen** ralentir, *(fig.)* se freiner; **vloeibaar** ~ gaz liquéfié
gas·bel *de (-len)* **1** bulle de gaz **2** poche de gaz (naturel)
gas·bran·der *nm (-s)* → **gaspit 1-2**
gas·lei·ding *nf (-en)* **1** conduite de gaz **2** canalisation de gaz **3** gazoduc
gas·pe|daal *het/de (-dalen)* (pédale d')accélérateur
gas·pijp *de (-en)* → **gasleiding 1**
gas·pit *de (-ten)* **1** feu (d'une cuisinière à gaz) **2** bec à gaz **3** flamme du gaz
gas·stel *het (-len)* réchaud à gaz
gast *nm (-en)* **1** hôte; **een hoge** ~ un invité de marque; **een ongenode** ~ un intrus; **een vaste** ~ un habitué **2** client, -ente **3** type **4** *(Belg.)* garçon
gast·ar·bei·der *nm (-s)* travailleur immigré
gast·col·le·ge *het (-s)* ⟨*cours donné par un professeur invité*⟩
gas·ten·boek *het (-en)* **1** registre (de réception) **2** livre d'or
gast·ge·zin *het (-nen)* famille d'accueil
gast|heer *nm (-heren)* hôte
gast·land *het (-en)* **1** pays invitant **2** pays d'accueil
gas·toe·stel *het (-len)* appareil à gaz
gast·ou·der *nm (-s)* parent d'accueil
gast·rol *de (-len)* ♦ **een ~ vervullen** être invité à jouer un rôle
gast·spre·ker *nm (-s)* orateur, -trice invité(e)
gast|vrij *adj, adv (-vrijer, meest g.)* hospitalier, avec hospitalité
gast·vrouw *nf (-en)* hôtesse
gas·vor·mig *adj* gazeux
gat *het (-en)* **1** trou; **ergens geen ~ meer in zien** ne pas savoir comment s'en tirer; **in een ~ vallen** se sentir désaxé; **een ~ in de markt** un créneau commercial; **een ~ in de dag slapen** faire la grasse matinée; **een ~ in de lucht springen** sauter en l'air de joie; **hij heeft een ~ in z'n hand** l'argent lui file entre les doigts **2** cul; **iem achter zijn (luie) ~ zitten** être toujours derrière (le dos de) qn; **met zijn ~ in de boter vallen** avoir une veine de cocu; **dat ligt op z'n ~** ça a foiré ♦ **in de ~en houden** tenir à l'œil; **iets in de ~en hebben** s'apercevoir de qch
gauw *adj, adv* **1** rapide(ment); **dat is ~ gebeurd** ça n'a pas tardé **2** bientôt **3** aisément ♦ **zo ~ ik iets weet ...** dès que je saurai qch ...
gau·wig·heid *nf* ♦ **in de** ~ à la hâte
ga·ve *de (gaven)* **1** don **2** talent
ga·zet *de (-ten) (Belg.)* journal
ga·zeu·se *de* limonade
ge *pers* → **gij**
ge·aard *adj* **1** mis à la terre; **een ~ stopcontact** une prise de terre **2** d'une nature
ge·aard|heid *nf (-heden)* nature
ge·acht *adj* estimé; **~e heer** (cher) Monsieur
ge·adres·seer·de *nm (-n)* destinataire
ge·ag·gre·geerd *adj (Belg.)* agrégé
ge·al·li·eer·den *plur* Alliés
ge·amu·seerd *adj* amusé
ge·ani·meerd *adj* animé
ge·armd *adj, adv* bras dessus bras dessous
ge·avan|ceerd *adj (-ceerder, meest g.)* avancé; **~e technieken** techniques de pointe
GEB *het Gemeentelijk Energiebedrijf* ⟨*société municipale de gaz et d'électricité*⟩
ge·baand *adj* praticable; **~e wegen bewandelen** suivre les sentiers battus
ge|baar *het (-baren)* geste
ge·bak *het* pâtisserie
ge·bak·ken *adj* cuit ♦ **hij zit** ~ il peut être tranquille
ge·ba·ren *vi (h. gebaard)* **1** gesticuler **2** *(Belg.)* feindre
ge·ba·ren·spel *het* mimique
ge·ba·ren·taal *de* langage gestuel
ge·bed *het (-en)* prière; **in ~ voorgaan** dire la prière; **dat is een ~ zonder einde** c'est une histoire à n'en plus finir
ge·be·del *het* demandes importunes
ge·be·den → **bidden**
ge·been·te *het (-n)* ossature; **wee je ~!** gare à toi!

ge·bei·teld *adj* ♦ **hij zit** ~ il est casé
ge·bekt *adj* ♦ **goed** ~ **zijn** avoir la langue bien pendue
ge·berg·te *het (-n, -s)* **1** montagne(s) **2** chaîne de montagnes
ge·be·ten[1] → **bijten**
ge·be·ten[2] *adj* fâché (contre); ~ **op iem zijn** avoir une dent contre qn
ge·beu·ren *vi (i. gebeurd)* **1** arriver (à qn); **het is gebeurd met hem** il est fini; **dat gebeurt niet meer, begrepen?** cela ne se reproduira plus, compris?; **alsof er niets gebeurd was** comme si de rien n'était **2** se faire; **er moet nog heel wat** ~ **voor ...** on aura un bon bout de chemin à faire avant ...; **er moet iets ~, zo kan het niet blijven!** il faut faire qch, cela ne peut pas continuer comme cela!; **het is zó gebeurd** c'est simple comme bonjour
ge·beur·lijk *adj (Belg.)* possible
ge·beur·te·nis *nf (-sen)* événement
ge·bied *het (-en)* **1** domaine; **op ecologisch** ~ sur le plan écologique **2** région; **beschermd** ~ réserve (naturelle); **een onveilig** ~ une zone d'insécurité
ge·bie·den *vti (h. geboden)* commander; **het fatsoen gebiedt mij te zwijgen** par décence, je n'en dirai pas plus
ge·bie·dend *adj, adv* **1** impératif, impérativement **2** impérieux, impérieusement
ge·bieds|deel *het (-delen)* territoire
ge·bit *het (-ten)* **1** dents **2** dentier
ge·bla·der·te *het* feuillage
ge·blaf *het* aboiement
ge·bla·zen → **blazen**[1]
ge·ble·ken → **blijken**
ge·bles·seerd *adj* blessé
ge·ble·ven → **blijven**[1]
ge·bloemd *adj* fleuri, à fleurs
ge·blokt *adj* à carreaux
ge·blon·ken → **blinken**
ge·bo·cheld *adj* bossu
ge·bod *het (-en)* commandement
ge·bo·den *adj* obligé; **voorzichtigheid is** ~ la prudence s'impose
ge·bo·gen[1] → **buigen**[1]
ge·bo·gen[2] *adj (meer g., meest g.)* courbé; **met** ~ **hoofd** la tête basse
ge·bon·den[1] → **binden**[1]
ge·bon·den[2] *adj (meer g., meest g.)* **1** occupé **2** (re)lié **3** lié; **aan strenge regels** ~ **zijn** être soumis à des règles strictes **4** *(mus.)* legato
ge·bon·den·heid *nf* sujétion
ge·bood, geboden → **bieden, gebieden**
ge·boor·te *nf (-n, -s)* **1** naissance **2** descendance
ge·boor·te·cij·fer *het (-s)* (taux de) natalité; **de daling van het** ~ la dénatalité
ge·boor·te·dag *nm (-en)* **1** anniversaire **2** jour de naissance
ge·boor·te|golf *de (-golven)* poussée démographique
ge·boor·te·grond *nm* terre natale
ge·boor·te|jaar *het (-jaren)* année de la naissance
ge·boor·te·kaart·je *het (-s)* faire-part de naissance
ge·boor·te·land *het (-en)* pays natal
ge·boor·te·re·ge·ling *nf* régulation des naissances
ge·bo·ren *adj* né; **een** ~ **Nederlander** un Hollandais de naissance; **een te vroeg** ~ **kind** un (enfant) prématuré; ~ **worden** naître
ge·bor·gen[1] → **bergen**[1], **wegbergen, opbergen**
ge·bor·gen[2] *adj (meer g., meest g.)* en sécurité
ge·bouw *het (-en)* bâtiment
ge·bouwd *adj* construit; **een goed ~e man** un homme bien bâti
gebr. *gebroeders* FF
ge·braad *het* rôti
ge·brab·bel *het* **1** bredouillage **2** babil
ge·bracht → **brengen**
ge·brand *adj* ♦ **ik ben er niet op** ~ ça ne me dit pas grand-chose; **erop** ~ **zijn te** brûler de
ge·brek *het (-en)* **1** manque; **bij** ~ **aan** faute de; ~ **hebben aan iets** manquer de qch **2** indigence; ~ **lijden** vivre dans la misère **3** infirmité **4** défaut ♦ **in ~e blijven** être en défaut
ge·brek·kig *adj, adv* **1** infirme **2** défectueux, défectueusement; **zich** ~ **uitdrukken** s'exprimer mal
ge·broed *het* **1** vermine **2** couvée
ge·broe·ders *plur* Frères
ge·bro·ken[1] → **breken**[1]
ge·bro·ken[2] *adj* **1** cassé **2** rompu, brisé **3** mauvais **4** interrompu **5** fracturé
ge·brouil·leerd [χəbrujert] *adj* brouillé
ge·bruik *het (-en)* **1** usage; **buiten** ~ **raken** tomber en désuétude; **(geen)** ~ **van iets maken** (ne pas) se servir de qch; **van de gelegenheid** ~ **maken** profiter de l'occasion; **het** ~ **van sterkedrank** la consommation de boissons fortes **2** coutume
ge·brui·ke·lijk *adj* usuel; **het is** ~ **om** il est d'usage de; **op de ~e wijze** comme d'habitude
ge·brui·ken[1] *vt (h. gebruikt)* **1** employer; **ik kan het goed** ~ cela me sera très utile; **zich voor alles laten** ~ se faire exploiter **2** prendre
ge·brui·ken[2] *vti (h. gebruikt)* se droguer
ge·brui·ker *nm (-s)* **1** utilisateur, -trice **2** consommateur, -trice **3** drogué, -ée
ge·brui·kers·vrien·de·lijk *adj* convivial
ge·bruik·ma·king *nf* utilisation; **met** ~ **van** à l'aide de
ge·bruiks·aan·wij·zing *nf (-en)* mode d'emploi
ge·bruiks·ar·ti·kel *het (-en)* → **gebruiksvoorwerp**
ge·bruiks·goe·de·ren *plur* biens durables
ge·bruiks·klaar *adj* prêt à l'emploi
ge·bruiks·voor·werp *het (-en)* article d'usage courant
ge·brul *het* hurlement
ge·bul·der *het* grondement
ge|buur *de (-buren) (Belg.)* voisin, -ine

ge·buur·te *nf (-n) (Belg.)* quartier
ge·char·meerd [χəʃɑrmert] *adj (meer g., meest g.)* ♦ **van iem ~ zijn** être sous le charme de qn
ge·com·pli|ceerd *adj (-ceerder, meest g.)* compliqué
ge·con·cen·treerd *adj, adv (meer g., meest g.)* **1** (sous forme) concentré(e) **2** concentré (sur); **~ werken** se concentrer sur son travail
ge·daan → **doen**[1]
ge·daan·te *nf (-n, -s)* **1** aspect; **in de ~ van** sous la forme de; **van ~ veranderen** se métamorphoser; **in zijn ware ~** sous son vrai jour **2** forme
ge·daan·te|ver·an·de·ring, -verwisse·ling *nf (-en)* métamorphose
ge·dacht[1], **gedachten** → **gedenken**
ge·dacht[2] → **denken**
ge·dach·te *nf (-n)* **1** idée; **de ~ alleen al** rien que d'y penser; **zijn ~n bij iets houden** se concentrer sur qch; **iets in ~n doen** faire qch sans y penser; **iets in (zijn) ~n houden** ne pas perdre qch de vue; **zijn ~n over iets laten gaan** réfléchir à qch; **er niet bij zijn met zijn ~n** avoir la tête ailleurs; **van ~n veranderen** changer d'avis **2** pensée; **tot andere ~n komen** changer d'avis
ge·dach·te·gang *nm (-en)* raisonnement; **iemands ~ onderbreken** interrompre le fil des pensées de qn
ge·dach·te|loos *adj, adv (-lozer, -loost)* **1** (d'une manière) étourdi(e) **2** machinal(ement); **zij staarde ~ voor zich uit** elle regardait dans le vide
ge·dach·te·nis *nf (-sen)* mémoire; **mijn vader zaliger ~** feu mon père
ge·dach·te·sprong *nm (-en)* coq-à-l'âne; **een ~ maken** passer du coq à l'âne
ge·dach·te·wis·se·ling *nf (-en)* échange de vues
ge·dach·tig *adj* pensant (à)
ge·dag au revoir
ge·de·ci|deerd *adj, adv (-deerder, meest g.)* (d'un air) décidé; **een ~ optreden** une ferme intervention
ge·deel·te *het (-n, -s)* partie; **voor het grootste ~** pour la plupart; **twee tiende ~ van een hoeveelheid** les deux dixièmes d'une quantité
ge·deel·te·lijk *adj, adv* partiel(lement)
ge·de·gen *adj* solide
ge·de·le·geer·de *nm (-n)* délégué, -ée
ge·dempt *adj* **1** assourdi **2** comblé
***ge·denk-** commémoratif
ge·denk·boek *het (-en)* **1** Mémorial **2** annales
ge·den·ken *vt (h. gedacht)* **1** penser à **2** commémorer; **iem in zijn testament ~** coucher qn sur son testament
ge·denk·schrift *het (-en)* mémoires
ge·denk·waar·dig *adj* mémorable
ge·de·pri·meerd·heid *nf* dépression
ge·de·pu·teer·de *nm (-n)* député (provincial)
ge·de·tail|leerd [χədetajert] *adj, adv (-leerder, meest g.)* (de façon) détaillé(e); **~ vertellen** raconter (qch) par le menu
ge·de·ti·neer·de *nm (-n)* détenu, -ue
ge·dicht *het (-en)* poème
ge·dien·stig *adj, adv* **1** (de façon) serviable **2** obligeant, obligeamment
ge·dij·en *vi (h./i. gedijd)* **1** pousser **2** se plaire **3** prospérer **4** croître
ge·dimd *adj* ♦ **~ licht** phares code
ge·ding *het (-en)* **1** instance; **een kort ~** un référé **2** cause; **in het ~ zijn** être en cause
ge·doe *het* **1** histoires **2** remue-ménage
ge·doemd *adj* condamné; **een tot mislukken ~e poging** une tentative vouée à l'échec
ge·do·gen *vt (h. gedoogd)* supporter
ge·do·ken → **duiken**
ge·dol·ven → **delven**
ge·don·der *het* **1** tonnerre **2** embêtement; **daar kun je een hoop ~ mee krijgen** tu peux t'attirer des histoires avec ça
ge·don·gen → **dingen**
ge·draai *het* **1** tournoiement **2** faux-fuyant
ge·draal *het* tergiversations
ge·drag *het* comportement
ge·dra·gen[1] → **dragen**[1]
ge·dra·gen[2] *adj, adv (meer g., meest g.)* **1** solennel(lement) **2** usagé
ge·dra·gen[3] *vpr (zich ~; h. zich gedragen)* se comporter; **zich voorbeeldig ~** se conduire de façon exemplaire; **gedraag je!** tiens-toi correctement!
ge·drags·we·ten·schap·pen *plur* sciences du comportement
ge·drang *het* foule; **in het ~ komen** être dans l'embarras, être compromis
ge·dreun *het* **1** trépidation **2** grondement
ge·dre·ven[1] → **drijven**[1]
ge·dre·ven[2] *adj* fanatique
ge·drie·ën *card* à trois; *(Belg.)* **ons ~** à nous trois
ge·drocht *het (-en)* monstre
ge·dron·gen[1] → **dringen**[1]
ge·dron·gen[2] *adj (meer g., meest g.)* **1** trapu **2** serré
ge·dron·ken → **drinken**
ge·droogd *adj* séché
ge·dro·pen → **druipen**
ge·druis *het* bruit
ge|drukt *adj (-drukter, meest g.)* abattu; **een ~e stemming** une atmosphère déprimée
ge|ducht *adj, adv (-duchter, meest g.)* **1** redoutable **2** formidablement; **een ~ pak slaag krijgen** recevoir une bonne raclée
ge·duld *het* patience; **~ hebben met iem** être patient avec qn; **veel van iemands ~ vergen** épuiser la patience de qn
ge·dul·dig *adj, adv* patient, patiemment; **~ afwachten** patienter
ge·du·peerd *adj* victime; **de ~e** la victime, la dupe
ge·du·ren·de *prép* pendant, durant
ge|durfd *adj (-durfder, meest g.)* osé

ge·du·rig *adj, adv* **1** continuel **2** permanent
ge|dwee *adj, adv (-dweeër, meest g.)* docile(ment)
ge·dweep *het* exaltation (pour)
ge·dwon·gen[1] → **dwingen**[1]
ge·dwon·gen[2] *adj, adv* **1** forcé, contre son gré **2** (d'une manière) contraint(e); **hij sprak op een ~ vriendelijke toon** il parlait d'un ton faussement amical
geef *nm* ♦ **dat is te ~!** c'est donné!
geef·ster *nf (-s)* → **gever**
ge·ëi·gend *adj* approprié
geel *adj (geler, geelst)* jaune; **~ maken, worden** jaunir; **(groen en) ~ van nijd worden** en faire une jaunisse
geel·zucht *de* jaunisse
ge·ëman·ci|peerd *adj (-peerder, meest g.)* émancipé
ge·ëmo·ti·o·neerd *adj, adv (meer g., meest g.)* ému, avec émotion
geen *card* **1** ne (…) pas un; **hij zwemt als ~ ander** il nage comme pas un; **~ van allen** aucun d'entre eux **2** ne (…) pas (de, du); **~ geld meer hebben** ne plus avoir d'argent **3** ne pas … de **4** point de; **~ één** pas un(e) seul(e)
ge·ën·quê·teer·de *nm (-n)* personne interrogée (dans un sondage)
geens·zins *adv* aucunement
geest *nm (-en)* esprit; **eruitzien als een ~** avoir l'air d'un fantôme; **de ~ geven** rendre l'âme; **de ~ krijgen** être inspiré; **scherpe ~** intelligence subtile; **voor de ~ staan** avoir à l'esprit; **iets voor de ~ halen** évoquer qch ♦ **in de ~ van …** dans le genre de …
geest·do·dend *adj* abrutissant
geest·drift *de* enthousiasme
gees·te·lijk *adj, adv* **1** intellectuel(lement); **~ gestoord zijn** être atteint de maladie mentale **2** spirituel(lement); **het ~e en het wereldlijke** le spirituel et le temporel **3** religieux, religieusement; **de ~en** le clergé; **een ~e** un(e) ecclésiastique, un prêtre, un pasteur
gees·te·lijk·heid *nf* clergé
gees·ten·be·zwe·ring *nf (-en)* **1** exorcisme **2** nécromancie
gees·tes·ar·beid *nm* travail intellectuel
gees·tes·ge·steld|heid *nf (-heden)* **1** mentalité **2** état d'esprit
gees·tes·kind *het (-eren)* œuvre
gees·tes·we·ten·schap·pen *plur* sciences humaines
gees·tes·ziek·te *nf (-n, -s)* maladie mentale
gees·tig *adj, adv* spirituel(lement); **een ~ man** un homme d'esprit; **niet erg ~ zijn** ne pas être très drôle
gees·tig|heid *nf (-heden)* **1** plaisanterie **2** esprit
geest·kracht *de* force d'âme
geest·rijk *adj* **1** spiritueux **2** brillant **3** original
geest·ver·rui·mend *adj* psychédélique
geest·ver·schij·ning *nf (-en)* apparition
geest·ver·want *adj* proche; **de ~** *(relig.)* le, la coreligionnaire
geest·ver·want·schap *nf (-pen)* affinité d'esprit
geeu·wen *vi (h. gegeeuwd)* bâiller
ge·fe·li·ci·teerd *interj* félicitations!
ge·fin·geerd *adj* fictif
ge·flik·ker *het* scintillement
ge·flon·ker *het* → **geflikker**
ge·flo·ten → **fluiten**
ge·fluis·ter *het* chuchotement(s)
ge·fluit *het* **1** sifflement(s) **2** sifflets
ge·fu·meerd *adj (Belg.)* teinté
ge·gaan → **gaan**[1]
ge·ga·dig·de *nm (-n)* candidat, -ate
ge·ga·ran·deerd *adj, adv* **1** (avec) garanti(e) **2** sûrement
ge·geerd *adj (Belg.)* demandé
ge·ge·ten → **eten**[1]
ge·ge·ven[1] → **geven**
ge·ge·ven[2] *het (-s)* donnée; **nadere ~s** précisions; **een vast ~** une constante
ge·ge·vens·ver·wer·king *nf* traitement des données
ge·gij·zel·de *nm (-n)* otage
ge·gil *het* cris perçants
ge·gle·den → **glijden**
ge·glom·men → **glimmen**
ge·goed *adj (meer g., meest g.)* aisé
ge·gol·den → **gelden**
ge·gons *het* bourdonnement
ge·goo·chel *het* jonglerie
ge·go·ten[1] → **gieten**[1]
ge·go·ten[2] *adj* ♦ **die jurk zit als ~** cette robe vous (lui etc.) va comme un gant
ge·gra·ven → **graven**
ge·gre·pen → **grijpen**
ge·grin·nik *het* ricanement(s)
ge·groet *interj* salut!
ge|grond *adj (-gronder, meest g.)* fondé; **om ~e redenen** pour des raisons légitimes
ge|haaid *adj, adv (-haaider, meest g.)* (d'un air) roublard
ge|haast *adj, adv (-haaster, meest g.)* pressé, à la hâte; **het ~** la précipitation
ge·had → **hebben**[1]
ge·hakt *het* hachis; **~ van iem maken** mettre qn en bouillie
ge·hal·te *het (-s)* **1** qualité **2** teneur
ge·han·di·capt [χəhɛndikɛpt, χəhɑndikɑpt] *adj* handicapé; **de geestelijk ~e** le handicapé mental
ge·han·gen → **hangen**[1]
ge·har·re·war *het* chamailleries
ge·ha·vend *adj* dans un triste état
ge·hecht·heid *nf* attachement
ge·heel[1] *het* tout; **de bevolking in zijn ~** la population dans sa totalité ♦ **in het ~ niet** pas du tout; **over het ~ genomen** dans son ensemble
ge·heel[2] *adj, adv* entier, tout à fait; **~ en al** complètement; **~ of gedeeltelijk** en tout ou en partie
ge·heel·ont·hou·der *nm (-s)* personne qui ne boit pas d'alcool
ge·heel·ont·hou·ding *nf* tempérance
ge·heim *het (-en)* secret; **hij maakt er**

geen ~ van il ne s'en cache pas; **ergens een ~ van maken** faire (grand) mystère de qch; **dat is een publiek ~** c'est le secret de Polichinelle
ge·heim·hou·ding *nf* secret; **onder ~** sous le sceau du secret; **~ verzekerd** discrétion garantie
ge·heim·zin·nig *adj, adv* mystérieux, mystérieusement; **het ~e** le mystérieux
ge·heim·zin·nig·heid *nf* mystère
ge·he·mel·te *het (-s)* palais; **gespleten ~** fissure palatine
ge·he·sen → **hijsen[1]**
ge·heu·gen *het (-s)* mémoire; *(inform.)* **extern ~** mémoire auxiliaire; **iets uit zijn ~ opdiepen** faire un effort de mémoire; **mijn ~ laat mij in de steek** j'ai la mémoire qui flanche
ge·heu·gen·steun·tje *het (-s)* moyen mnémotechnique
ge·he·ven → **heffen**
ge·hin·nik *het* hennissement
ge·hol·pen → **helpen**
ge·hoor *het* **1** ouïe; **in het ~ liggen** être facile à écouter; **~ krijgen, vinden** être entendu; **muzikaal ~** oreille musicale; **iets ten gehore brengen** exécuter qch **2** bruit **3** audience **4** oreille; **~ geven aan iem/iets** prêter l'oreille à qn, à qch ♦ **ik krijg geen ~** ça ne répond pas
ge·hoor·ap·pa|raat *het (-raten)* appareil de correction auditive
ge·hoor·ge·stoord *adj* malentendant
ge·hoornd *adj* cornu
ge·hoors·af·stand *nm* portée de la voix
ge·hoor|zaal *de (-zalen)* **1** salle de concert, de spectacle **2** auditorium
ge·hoor|zaam *adj, adv (-zamer, -zaamst)* obéissant, avec obéissance
ge·hoor·za·men *vi (h. gehoorzaamd)* obéir
ge·ho·rig *adj* ♦ **deze huizen zijn erg ~** ces maisons sont mal isolées
ge·hou·den → **houden[1]**
ge·hucht *het (-en)* hameau
ge·hui·chel *het* hypocrisie(s)
ge·huil *het* **1** pleurs **2** gémissement
ge·huis·vest *adj* logé
ge·hu·meurd *adj* ♦ **goed ~ zijn** être de bonne humeur
ge·huwd *adj* marié; **de ~e** le, la marié(e); **de ~e staat** l'état conjugal
ge·ijkt *adj* **1** étalonné **2** consacré; **~e uitdrukkingen** phrases toutes faites
geil *adj, adv* lubrique(ment)
gein *nm* rigolade; **voor de ~** pour rigoler
ge·ïn·spi·reerd *adj, adv (meer g., meest g.)* (d'une manière) inspiré(e)
ge·ïn·te·res·seerd *adj (meer g., meest g.)* intéressé
ge·ïr·ri|teerd *adj, adv (-teerder, meest g.)* (d'un air) irrité; **~ raken door iem/iets** s'irriter contre qn, de qch
gei·ser *nm (-s)* chauffe-eau
geit *de (-en)* chèvre
gei·ten·kaas *nm* (fromage de) chèvre
gei·ten·wol·len·sok·ken·ty·pe *het (-s)* soixante-huitard
ge·jaagd[1] → **jagen[1]**
ge·jaagd[2] *adj, adv* agité, nerveusement
ge·jam·mer *het* lamentations
ge·joel *het* **1** vacarme **2** cris joyeux
ge·ju·bel, gejuich *het* cris de joie; **er ging een ~ op** il s'éleva des acclamations
gek[1] *nm (-ken)* fou; **ja, ik ben daar ~!** tu me prends pour quoi?; **met iem/iets de ~ steken** tourner qn, qch en ridicule; **iem voor ~ zetten** ridiculiser qn; **zichzelf voor de ~ houden** refuser de voir les choses en face; **dat is te ~ om los te lopen** c'est trop fort
gek[2] *adj, adv* **1** fou **2** bête, sottement; **hij is er ~ genoeg voor** il en est bien capable **3** idiot, drôlement; **je kunt het zo ~ niet bedenken of ...** on a beau se creuser la cervelle mais ...; **ergens ~ van opkijken** en ouvrir de grands yeux; **dat is te ~ om los te lopen** c'est complètement idiot; **wat een ~ke vent!** quel drôle de type! **4** *(+ op)* fou (de) **5** *(+ niet)* pas trop; **die stoel is niet ~ duur** cette chaise n'est pas trop chère ♦ **het moet al ~ gaan als ...** ce serait bien le diable si ...; **dat is niet ~** c'est pas mal; **te ~, zeg!** terrible!
ge·kan·ker *het* ronchonnement
ge·kant *adj (meer g., meest g.)* ♦ **tegen iets ~ zijn** être contre qch
ge·ke·ken → **kijken**
ge·keu·vel *het* causette
gek|heid *nf (-heden)* **1** plaisanterie; **zonder ~** sans blague; **alle ~ op een stokje** blague à part **2** folie; **van ~ niet weten wat men doen zal** ne savoir quoi faire pour se faire remarquer
ge·kib·bel *het* chamaillerie
gek·ke·koei·en·ziek·te *nf* maladie de la vache folle
gek·ken·werk *het* ♦ **dat is ~!** c'est de la folie!
gek·kerd *nm (-s)* petit fou
gek·kig|heid *nf (-heden)* folie
ge·klaag *het* **1** gémissements **2** plaintes
ge·kla·ter *het* murmure
ge|kleed *adj (-kleder, -kleedst)* habillé; **netjes ~** bien mis
ge·klets *het* **1** bavardage **2** claquement
ge·kleurd *adj* **1** coloré **2** tendancieux ♦ **er ~ op staan** se donner en spectacle
ge·klom·men → **klimmen**
ge·klon·ken[1] → **klinken[1]**
ge·klon·ken[2] *adj* → **klinken[1]**
ge·klo·ven → **kluiven**
ge·knars *het* grincement
ge·kne·pen → **knijpen**
ge·knipt *adj* ♦ **ergens voor ~ zijn** être fait pour qch
ge·knoei *het* **1** bousillage; **een ondeskundig ~** un travail d'amateur **2** gâchis **3** magouille
ge·knut·sel *het* bricolage
ge·kocht → **kopen**
ge·ko·men → **komen**

ge·kon·kel *het* intrigues
ge·kots *het* vomissements
ge·ko·zen → **kiezen**[1]
ge·kraak *het* craquement
ge·kra·keel *het* chamaillerie(s)
ge·kre·gen → **krijgen**
ge·kreun *het* gémissement(s)
ge·krijs *het* cris perçants
ge·kri·oel *het* grouillement
ge·kromd *adj (meer g., meest g.)* (re)courbé; **met ~e rug** voûté
ge·krom·pen → **krimpen**
ge·kro·pen → **kruipen**
ge·kruid *adj (sterker g., sterkst g.)* épicé
gek·sche·ren *vi (h. gegekscheerd)* se moquer; **~d iets zeggen** dire qch en plaisantant
ge·kuifd *adj* huppé
ge|kuist *adj (-kuister, meest g.)* **1** châtié **2** expurgé
ge·kund → **kunnen**
ge·kun|steld *adj, adv (-stelder, meest g.)* (d'une manière) artificiel(le); **een ~e stijl** un style trop recherché
ge·kwa·li·fi·ceerd *adj* qualifié
ge·kwe·ten → **kwijten**
ge·kwetst *adj (meer g., meest g.)* blessé; **de ~e** le, la blessé(e)
ge·laagd *adj* **1** stratifié **2** hiérarchisé
ge·laat *het (gelaten)* face
***ge·laats-** facial
ge·laats·kleur *de* teint
ge·laats·trek·ken *plur* traits
ge·laats·uit·druk·king *nf (-en)* physionomie
ge·lach *het* rire(s)
ge·la·den *adj* chargé
ge·lag *het (-en)* **1** consommation; **het ~ betalen** payer les pots cassés **2** ripaille ♦ **een hard ~** un coup dur
ge·las·ten *vt (h. gelast)* ordonner (à qn de faire qch)
ge·las·tig·de *nm (-n)* mandataire
ge·la·ten[1] → **laten**
ge·la|ten[2] *adj, adv (-tener, meest g.)* résigné, avec résignation
ge·la·zer *het* emmerdement
geld *het (-en)* argent; **~ als water verdienen,** *(Belg.)* **geld als slijk verdienen** faire beaucoup d'argent; **contant ~** (argent) liquide; **in contant ~** en espèces; **met gepast ~ betalen** faire l'appoint; **het ~ groeit mij niet op de rug** je ne suis pas Crésus; **kinderen betalen half ~** les enfants paient demi-tarif; **het ~ voor het grijpen hebben** rouler sur l'or; **zijn ~ erbij inschieten** en être pour son argent; **klein ~** monnaie; **zijn ~ er uit krijgen** rentrer dans son argent; **met zijn ~ geen raad weten** ne savoir que faire de son argent; **om ~ verlegen zijn** être à court d'argent; **veel ~ opleveren** rapporter gros; **~ terug geven** rendre la monnaie; **er ~ op moeten toeleggen** en être de sa poche; **voor hetzelfde ~** *(fig.)* tout aussi bien; **voor geen ~ ter wereld** pour rien au monde
geld·au·to|maat *nm (-maten)* distributeur automatique de billets (de banque)
geld·be·leg·ging *nf (-en)* placement (d'argent)
geld·beu·gel *nm (-s) (Belg.; form.)* porte-monnaie
geld·boe·te *nf (-s)* amende
geld·bui·del *nm (-s)* bourse
gel·de·lijk *adj, adv* financier, financièrement; **~ vermogen** fortune
gel·den *vi, vb impers (h. gegolden)* **1** compter (pour); **~ als** passer pour; **die speler geldt voor twee** ce joueur compte pour deux **2** être en vigueur; **zich doen ~** *(choses)* se faire sentir, *(personnes)* se faire valoir **3** concerner
gel·dend *adj* en vigueur
Gel·der·land *het* Gueldre
geld·ge·brek *het* manque d'argent
geld·han·del *nm* finance
gel·dig *adj* valable; **iets ~ verklaren** valider qch; **die wet is niet meer ~** cette loi n'est plus en vigueur
gel·dig·heids·duur *nm* durée de la validité
gel·dings·drang *nm* besoin de se faire valoir
geld·in·za·me·ling *nf (-en)* collecte
geld·kist·je *het (-s)* coffret
geld·koers *nm (-en)* taux du change
geld·markt *de (-en)* marché monétaire
geld·mid·de·len *plur* finances; **hij was zonder ~** il était sans ressources
geld·nood *nm* manque d'argent
geld·om·loop *nm* circulation de l'argent
geld·ont·waar·ding *nf* dépréciation de la monnaie
geld·schie·ter *nm (-s)* prêteur, -euse
geld·smij·te·rij *nf* folles dépenses
geld|stroom *nm (-stromen)* flux monétaire; *(université)* **de derde ~** les fonds fournis par des entreprises
geld·stuk *het (-ken)* pièce (de monnaie)
geld·ver·keer *het* → **geldomloop**
geld·ver·spil·ling *nf (-en)* gaspillage (d'argent)
geld·we·zen *het* finance
geld|wolf *nm (-wolven)* marchand de soupe
geld·zor·gen *plur* ennuis d'argent
ge·le·den[1] → **lijden**[1]
ge·le·den[2] *adj* il y a; **niet lang ~** il n'y a pas longtemps
ge·le·de·ren *plur* → **gelid**
ge·le·ding *nf (-en)* **1** articulation **2** catégorie du personnel
ge·leed *adj* **1** articulé **2** découpé
ge·leek, geleken → **gelijken**
ge·leerd *adj* savant; **~e boeken** livres érudits; **de ~e** le savant
ge·le·gen[1] → **liggen**
ge·le·gen[2] *adj* **1** situé, orienté (à) **2** opportun; **~ komen** arriver à propos ♦ **zich aan iem iets ~ laten liggen** s'intéresser au sort de qn
ge·le·gen|heid *nf (-heden)* **1** occasion; **bij de eerste de beste ~** à la première occasion; **in de ~ zijn om ...** avoir la possibilité de ...; **iem in de ~ stellen om ...** mettre

qn en mesure de ... **2** café **3** restaurant **4** circonstance; **op elke ~ voorbereid zijn** être prêt à toute éventualité ♦ **zij keerden op eigen ~ naar huis** ils rentrèrent chez eux par leurs propres moyens

ge·le·gen·heids·kle·ding *nf* vêtements habillés

ge·lei [ʒəlɛi] *de (-en)* gelée

ge·leid *adj* dirigé

ge·lei·de *het* escorte; **ten ~** avant-propos

ge·lei·de·hond *nm (-en)* chien d'aveugle

ge·lei·de·lijk *adj, adv* progressif, progressivement; **~ aan** petit à petit

ge·lei·den *vt (h. geleid)* conduire; **een blinde ~** guider un aveugle

ge·lei·der *nm (-s)* **1** guide **2** conducteur

ge·le·ken → **lijken**

ge·let·terd *adj* lettré

ge·le·zen → **lezen**

ge·lid *het (gelederen)* **1** *(milit.)* rang; **de gelederen sluiten** serrer les rangs **2** *(plur.)* rangs **3** articulation; **door de klap raakte zijn schouder uit het ~** le choc lui a déboîté l'épaule

ge|liefd *adj (-liefder, meest g.)* **1** cher **2** favori **3** recherché; **niet ~** impopulaire

ge·lief·de *nm (-n)* **1** bien-aimé **2** amant, maîtresse

ge·lief·koosd *adj* favori

ge·lie·ven *vt (h. geliefd)* daigner; **gelieve mij te volgen** veuillez me suivre

ge·lijk[1] *het* raison; **het ~ aan zijn kant hebben** avoir le droit de son côté; **~ krijgen** obtenir gain de cause; **in zijn ~ staan** être dans son droit

ge|lijk[2] *adj (-lijker, meest g.)* **1** égal; **in ~e mate** au même degré; **op ~e wijze** de façon identique **2** à l'heure juste; **mijn horloge loopt ~** ma montre est à l'heure

ge|lijk[3] *adv (-lijker, meest g.)* **1** pareillement **2** également **3** ensemble **4** en même temps **5** immédiatement

ge·lijk[4] *conj* **1** (tout) comme **2** *(Belg.)* n'importe

ge·lij·ke *nm (-n)* égal, -ale; **hij heeft zijn ~ gevonden** il a trouvé qn à sa mesure

ge·lij·ken *vi (h. geleken)* ressembler

ge·lij·ke·nis *nf (-sen)* **1** ressemblance **2** parabole

ge·lijk·ge·stemd *adv* de mêmes opinions

ge·lijk·ge·zind *adj* de même opinion

ge·lijk·lui·dend *adj, adv* **1** (d'une manière) concordant(e) **2** (d'une manière) conforme

ge·lijk·ma·ken *vti (h. gelijkgemaakt)* égaliser

ge·lijk·ma·tig *adj, adv* (d'une manière) égal(e)

ge·lijk·na·mig *adj* de, du même nom

ge·lijk·scha·ke·len *vt (h. gelijkgeschakeld)* **1** brancher sur un même circuit électrique **2** traiter en égaux

ge·lijk·soor·tig *adj* analogue

ge·lijk·spel *het (gelijke spelen)* match nul

ge·lijk·staan *vi (h. gelijkgestaan)* **1** être égal (à); **dat staat gelijk met een weigering** cela équivaut à un refus **2** être à égalité

ge·lijk·stel·len *vt (h. gelijkgesteld) (+ met)* assimiler (à); **iem met een ander ~** traiter deux personnes de la même manière

ge·lijk·stroom *nm* courant continu

ge·lijk·tij·dig *adj, adv* simultané(ment)

ge·lijk·trek·ken *vt (h. gelijkgetrokken)* **1** rajuster **2** niveler

ge·lijk·vloers *adj* de plain-pied; **~e kruising** croisement à niveau

ge·lijk·vor·mig·heid *nf* uniformité

ge·lijk·waar·dig *adj* équivalent; **~ zijn** se valoir

ge·lijk·zet·ten *vt (h. gelijkgezet)* régler

ge·li·ni·eerd *adj* ligné

ge·loei *het* meuglement

ge·lof·te *nf (-n, -s)* vœu(x)

ge·lo·gen → **liegen**

ge·loof *het (geloven)* **1** foi **2** religion **3** confiance

ge·loofs·be·lij·de·nis *nf (-sen)* **1** profession de foi **2** credo

ge·loofs|brief *nm (-brieven)* lettre de créance

ge·loofs·vrij·heid *nf* liberté de conscience

ge·loof·waar·dig *adj, adv* digne de foi, vraisemblablement

ge·loof·waar·dig·heid *nf* crédibilité

ge·lo·pen → **lopen**[1]

ge·lo·ven *vti (h. geloofd)* croire; **~ in de toekomst** avoir foi en l'avenir; **als men hem moet ~** à l'en croire; **niet te ~!** c'est pas vrai! ♦ **je zult eraan moeten ~** tu devras en passer par là; **ik geloof het verder wel** ± j'y renonce

ge·lo·vig *adj, adv* (comme un) croyant; **de ~e** le, la croyant(e)

ge·lui *het* sonnerie

ge·luid *het (-en)* **1** son; **een heel eigen ~** une opinion très personnelle; **verdachte ~en** bruits suspects **2** voix

ge·luid·dem·pend *adj* insonore; **~ materiaal** matériaux d'insonorisation

ge·luid·dicht *adj* insonorisé

ge·luid·loos *adj, adv* silencieux, sans faire de bruit

***ge·luids-** sonore

ge·luids·ap·pa·ra·tuur *nf* équipement audio

ge·luids·bar·riè·re *de (-s)* mur du son

ge·luids·in·stal·la·tie *nf (-s)* chaîne stéréo(phonique)

ge·luids·iso·la·tie *nf* insonorisation

ge·luids·wal *nm (-len)* talus acoustique

ge·luids·weer·ga·ve *nf (-n)* tonalité

ge·luid·we·rend *adj* antibruit

ge·luimd *adj* ♦ **goedgeluimd** de bonne humeur

ge·luk *het* **1** bonheur **2** chance; **zijn ~ beproeven** courir sa chance; **stom ~** un coup de chance; **hij mag van ~ spreken** il peut se féliciter ♦ **op goed ~ (af)** au petit bonheur; **op goed ~ handelen** naviguer à vue

ge·luk·ken *vi (i. gelukt)* réussir (à)

ge·luk·kig *adj, adv* heureux, heureusement; **als je dat doet, ben je nog niet** ~ si tu fais cela, cela risque de te coûter cher; **zich** ~ **prijzen** se féliciter
ge·luks·dag *nm (-en)* **1** jour faste **2** jour de chance
ge·luks·spel *het (-en)* jeu de hasard
ge·luks·tref·fer *nm (-s)* coup de chance
ge·luks·vo·gel *nm (-s)* chançard, -arde
ge·luk·wen·sen *vt (h. gelukgewenst)* féliciter
ge·luk·za·lig *adj* bienheureux; **een ~e glimlach** un sourire béat
ge·luk·zoe·ker *nm (-s)* aventurier, -ière
ge·lul *het (fam.)* conneries
ge|maakt *adj, adv (-maakter, meest g.)* (d'une manière) affecté(e); **een** ~ **lachje** un rire forcé
ge·maal[1] *nm,* **gemalin** *nf (-nen)* époux, -ouse
ge·maal[2] *het (gemalen)* pompe d'épuisement
ge·mach·tig·de *nm (-n)* mandataire
ge·mak *het (-ken)* **1** aise; **houd je ~!** ne t'emballe pas!; **met** ~ facilement; **op zijn (dooie)** ~, *(Belg.)* **op zijn duizend, zeven gemakken** à l'aise **2** confort
ge·mak·ke·lijk *adj, adv* **1** facile(ment); ~ **hanteerbaar** maniable; **het niet** ~ **hebben** ne pas avoir la vie facile; **ergens** ~ **(van)af komen** s'en tirer à bon compte; ~ **maken** faciliter; **iets al te** ~ **opnemen** prendre qch trop à la légère; **jij hebt** ~ **praten!** tu en parles à ton aise! **2** confortable(ment); **maak het je ~!** fais comme chez toi!
ge·maks·hal·ve *adv* pour plus de commodité
ge·mak·zuch·tig *adj* paresseux
ge·ma·lin *nf (-nen)* → **gemaal**[1]
ge·ma·nierd *adj (beter g., best g.)* **1** bien élevé **2** maniéré
ge·mas·kerd *adj* masqué
ge·ma·tigd *adj, adv* modéré(ment); **het is een** ~ **man** c'est un homme mesuré; **een ~e warmte** une chaleur tempérée
gem·ber *nm* gingembre
ge·me·den → **mijden**
ge|meen *adj, adv (-mener, -meenst)* **1** méchant, méchamment **2** (en) commun **3** public; **de gemene zaak** la chose publique **4** commun, ordinaire; **het gemene volk** le commun des hommes **5** affreux, rudement
ge·meend *adj, adv* sincère(ment)
ge·meen·goed *het* domaine public
ge·meen|heid *nf (-heden)* méchanceté
ge·meen·plaats *de (-en)* lieu commun
ge·meen·schap *nf (-pen)* **1** communauté **2** coït **3** société
ge·meen·schap·pe·lijk *adj, adv* (en commun); ~ **eigendom** copropriété
ge·meen·schaps·geld *het (-en)* argent public
ge·meen·schaps·mi·nis·ter *nm (-s) (Belg.)* ministre de la communauté
ge·meen·schaps|raad *nm (-raden) (Belg.)* conseil de Communauté
ge·meen·schaps·zin *nm* sens communautaire
ge·meen·te *nf (-n, -s)* **1** commune **2** communauté; **de hervormde** ~ l'Eglise réformée **3** paroisse
***ge·meen·te-** municipal, *(Belg.)* communal
ge·meen·te·be|stuur *het (-sturen)* municipalité
ge·meen·te|huis *het (-huizen)* mairie, *(Belg.)* maison communale
ge·meen·te·lijk *adj* municipal
ge·meen·te|raad *nm (-raden)* conseil municipal, *(Belg.)* conseil communal
ge·meen·te·rei·ni·ging *nf* voirie
ge·meen·te·wer·ken *plur* travaux publics (municipaux)
ge·meen|zaam *adj, adv (-zamer, -zaamst)* familier, familièrement
ge·me·ne·best *het (-en)* ♦ **het Britse Gemenebest** le Commonwealth; **Gemenebest van Onafhankelijke Staten** Communauté des Etats Indépendants
ge·me·ne·rik *nm (-en)* canaille
ge·mengd *adj, adv* mêlé; **~e bebouwing** culture mixte
ge·me·ten → **meten**[1]
ge·mid·deld *adj, adv* (en) moyen(ne); **het ~e** la moyenne
ge·mij·mer *het* rêverie(s)
ge·mis *het* **1** manque **2** perte
ge·moed *het (-eren)* âme; **de ~eren in beroering brengen** bouleverser les esprits; **zijn** ~ **luchten** s'épancher; **op iemands** ~ **werken** prendre qn par les sentiments
ge·moe·de·lijk *adj, adv* bon enfant, avec bonhomie
ge·moeds·aan·doe·ning *nf (-en)* émotion
ge·moeds·ge·steld·heid *nf* état d'âme
ge·moeds·rust *de* sérénité
ge·moeds·toe·stand *nm (-en)* → **gemoedsgesteldheid**
ge·moeid *adj* ♦ **er is een dag mee** ~ cela prend une journée entière; **zijn leven is ermee** ~ il y va de sa vie
ge·moe·ten → **moeten**[1]
ge·mo·gen → **mogen**[1]
ge·mol·ken → **melken**[1]
ge·mom·pel *het* murmure
ge·mop·per *het* grognement
ge·mor *het* **1** grognement **2** murmure(s)
gems *de (gemzen)* chamois
ge·munt ♦ **het op iem** ~ **hebben** en vouloir à qn
ge·mutst *adj* ♦ **goed** ~ **zijn** être de bonne humeur
gen *het (-en)* gène
ge·naamd *adj* **1** nommé **2** dit
ge·na·de *de* grâce; **iem om** ~ **smeken** implorer le pardon de qn; ~ **tonen** se montrer clément ♦ **goeie ~!** mon Dieu!
ge·na·de·klap *nm* coup de grâce
ge·na·de|loos *adj, adv (-lozer, -loost)* impitoyable(ment)
ge·na·de|schot *het,* **-slag** *nm,* **-stoot** *nm* coup de grâce

ge·na·dig *adj, adv* clément, avec clémence; **er ~ (van) afkomen** l'échapper belle
gê|nant [ʒənɑnt] *adj (-nanter, meest g.)* gênant
ge·nas, genazen → **genezen**
ge·ne *dém* celui-là, etc.; **aan ~ zijde** *(fig.)* dans l'autre monde
ge·nees|heer *nm (-heren)* médecin; **controlerend ~** médecin consultant
ge·nees·krach·tig *adj* médicinal
ge·nees·kun·de *nf* médecine
ge·nees·kun·dig *adj* médical(ement); **de ~e** le médecin
ge·nees·mid·del *het (-en)* remède
ge·nees·wij·ze *de (-n)* thérapeutique; **alternatieve ~n** thérapeutiques douces
ge·ne·gen[1] → **nijgen**
ge·ne·gen[2] *adj (meer g., meest g.)* **1** disposé; **allesbehalve ~ zijn om** ne pas être près de **2** favorable (à)
ge·ne·gen·heid *nf* affection
ge·neigd *adj (meer g., meest g.)* enclin (à); **~ zijn te** *(+ inf.)* être tenté de
ge·neigd|heid *nf (-heden)* tendance (à)
ge·ne·raal *nm (-s)* général
ge·ne·ra·le *nf (-s)* répétition générale
ge·ne·ra·li·se·ren *vti (h. gegeneraliseerd)* généraliser
ge·ne·ra·tie *nf (-s)* génération
ge·ne·ra·tie·kloof *de* fossé (qui existe) entre les générations
ge·ne·ren[1] [ʒənerə(n)] *vpr (zich ~; h. zich gegeneerd)* (se) gêner
ge·ne·ren[2] [ʒənerə(n)] *vt (h. gegeneerd)* embarrasser
ge·ner·lei *adj* aucun
ge·ne·tisch *adj, adv* génétique(ment)
ge·neug·te *nf (-n)* plaisir; **de ~n des levens** les joies de la vie
ge·ne·ver *nm (-s)* → **jenever**
ge·ne·zen *vti (h./i. genezen)* guérir
ge·ne·zing *nf (-en)* guérison
ge·ni|aal *adj, adv (-aler, -aalst)* génial(ement); **~ zijn** avoir du génie
ge·nie·pig *adj, adv* sournois(ement)
ge·nie·ten[1] *vt (h. genoten)* **1** bénéficier de; **een goede opvoeding genoten hebben** avoir reçu une bonne éducation **2** avoir; **dat geniet mijn voorkeur** je préfère cela ♦ **die man is niet te ~** cet homme est d'une humeur exécrable
ge·nie·ten[2] *vi (h. genoten)* jouir (de qch); **ik heb genoten!** je me suis bien amusé!
ge·ni·ta·li·ën *plur* parties (génitales)
ge·no·dig·de *nm (-n)* invité, -ée
ge·noeg *adv* assez; **daaraan heb ik ~** cela me suffit; **hij heeft ~ om van te leven** il a de quoi vivre; **oud ~ zijn om** être en âge de; **men kan niet voorzichtig ~ zijn** on ne saurait être trop prudent; **vreemd ~** chose curieuse; **aan zichzelf ~ hebben** se suffire à soi-même; **(het is) ~!** ça suffit!; **er meer dan ~ van hebben** en avoir ras le bol
ge·noeg·doe·ning *nf* satisfaction
ge·noe·gen *het (-s)* plaisir; **met wie heb ik het ~?** à qui ai-je l'honneur? ♦ **~ nemen met iets** se contenter de qch
ge·noeg·lijk *adj, adv* agréable(ment)
ge·noemd *adj* nommé
ge·no·men → **nemen**
ge·noot, genoten → **genieten**[1]
ge·not *het (genietingen)* **1** jouissance **2** plaisir; **onder het ~ van een glas wijn** en savourant un verre de vin
ge·not·mid·del *het (-en)* denrée de luxe
ge·not·zucht *de* épicurisme
gen·ster *de (-s) (Belg.)* étincelle
Gent *het* Gand
Ge·nua *het* Gênes
ge·nu·an|ceerd *adj, adv (-ceerder, meest g.)* (de façon) nuancé(e)
ge·oe·fend *adj (meer g., meest g.)* **1** expérimenté **2** exercé
ge·o·gra·fie *nf* géographie
ge·olied *adj* huilé
ge·o|loog *nm (-logen)* géologue
ge·oor·loofd *adj* permis
ge·ou·we·hoer *het (fam.)* **1** blablabla; **slap ~** déconnage **2** radotage
ge·paard *adj* **1** deux par deux **2** *(+ met)* s'accompagnant (de)
ge·pakt *adj* ♦ **~ en gezakt** avec armes et bagages
ge|past *adj, adv (-paster, meest g.)* **1** approprié (à), à propos **2** convenable(ment) ♦ **hebt u het ~?** vous avez la monnaie?
ge·peins *het* réflexion
ge·pen·si·o·neerd *adj* retraité; **de ~e** le, la retraité(e)
ge·pe·perd *adj (meer g., meest g.)* **1** poivré **2** *(fig.)* poivré; **een ~e rekening** une note salée
ge·peu·pel *het* populace
ge·pie·ker *het* rumination
ge·pi|keerd *adj (-keerder, meest g.)* touché au vif; **~ antwoorden** répondre avec irritation
ge·pin·gel *het* marchandage
ge·ploe·ter *het* barbotage
ge·plo·zen → **pluizen**[1]
ge·por·teerd *adj (meer g., meest g.)* ♦ **~ zijn voor iets** être porté sur qch; **~ zijn voor iem** être prévenu en faveur de qn
ge·praat *het* bavardage
ge·pre·zen → **prijzen**
ge·prik·keld·heid *nf* irritation
ge·pruts *het* fignolage
ge·raakt *adj (meer g., meest g.)* **1** blessé **2** touché
ge·raam·te *het (-n, -s)* squelette
ge·rad·braakt *adj* éreinté
ge·ra·den[1] → **raden**
ge·ra·den[2] *adj, adv* ♦ **dat is je ~** je te le conseille
ge·raf·fi·neerd *adj, adv* **1** raffiné **2** astucieux, astucieusement
ge·ra·tel *het* **1** cliquètement **2** jacassement
ge·recht *het (-en)* **1** plat **2** tribunal; **voor het ~ gedaagd worden** être traduit en justice
ge·rech·te·lijk *adj, adv* judiciaire(ment); **iem ~ vervolgen** poursuivre qn en justice
ge·rech·tigd *adj (meer g., meest g.)* fon-

dé (à); **de ~e** l'ayant droit; ~ **zijn tot iets** avoir droit à qch
ge·rech·tig|heid *nf (-heden)* justice
ge·rechts|bo·de *nm (-n, -s)*, **-deurwaarder** *nm (-s)* huissier (de Justice)
ge·rechts·ge·bouw *het (-en)* → **gerechtshof 2**
ge·rechts|hof *het (-hoven)* **1** cour d'appel **2** palais de justice
ge·recht·vaar·digd *adj, adv (meer g., meest g.)* légitime(ment); **een ~e afwijzing** un refus fondé
ge·re·den → **rijden[1]**
ge·reed *adj* prêt
ge·reed·heid *nf* ♦ **iets in ~ brengen** apprêter qch
ge·reed·hou·den *vt (h. gereedgehouden)* tenir prêt; **zich ~ om iets te doen** se tenir prêt à faire qch
ge·reed·ko·men *vi (i. gereedgekomen)* être achevé
ge·reed·ma·ken *vt (h. gereedgemaakt)* préparer
ge·reed·schap *het (-pen)* outils
ge·re·for·meerd *adj* réformé; **een ~e** un membre de l'Eglise Réformée Calviniste; **van ~en huize** d'origine réformée
ge·re|geld *adj, adv (-gelder, meest g.)* **1** (de manière) ordonné(e) **2** régulier, régulièrement
ge·re·gen → **rijgen**
ge·rei *het* outils
ge·rekt *adj, adv* (de façon) prolongé(e)
ge|remd *adj, adv (-remder, meest g.)* inhibé, avec inhibition
ge·re·ser·veerd·heid *nf* réserve
ge·re·ten → **rijten**
ge·re·zen → **rijzen**
ge·rib·beld *adj* côtelé
ge|richt *adj, adv (-richter, meest g.)* **1** orienté, de façon ponctuelle **2** intentionnel(lement); ~ **zijn op iets** viser qch
ge·rief *het* confort; **ten gerieve van** à l'usage de ♦ **aan zijn ~ komen** prendre son plaisir
ge·rief·lijk *adj, adv* confortable(ment)
ge·rim·peld *adj* ridé
ge·ring *adj* petit; **dat is van ~e betekenis** cela a peu d'importance; **niet in het ~ste** pas le moins du monde; **niet ~** important
ge·ring·schat·ten *vt* dédaigner
ge·rin·kel *het* cliquetis
ge·rit·sel *het* **1** bruissement **2** débrouillardise
Ger·maans *adj* **1** germain **2** teuton **3** germanique; **het** ~ le germanique
ge·ro·chel *het* râle
ge·rod·del *het* commérages
ge·roe·pen[1] → **roepen**
ge·roe·pen[2] *adj* ♦ **je komt als ~** tu tombes bien; **zich niet ~ voelen tot iets, om iets te doen** ne pas avoir envie de faire qch
ge·roe·ze·moes *het* brouhaha
ge·rof·fel *het* roulement (de tambour)
ge·ro·ken → **ruiken[1]**
ge·rom·mel *het* **1** grondement; ~ **in de buik** gargouillements **2** farfouillage **3** magouille
ge·ron·nen *adj* coagulé
ge·rou·ti|neerd [χərutinert] *adj, adv (-neerder, meest g.)* expérimenté (dans), avec aisance
gerst *de* orge
ge·rucht *het (-en)* **1** rumeur publique; **het ~ wil dat ...** on dit que ... **2** bruit
ge·rucht·ma|kend *adj (-kender, meest g.)* sensationnel
ge·rug·gen·steund *adj* soutenu
ge·ruim *adj* assez long
ge·ruis·loos *adj, adv* silencieux, sans bruit; **het plan verdween ~ onder tafel** le projet a été mis aux oubliettes sans autre discussion
ge·ruit *adj* à carreaux
ge|rust *adj, adv (-ruster, meest g.)* **1** tranquille(ment); *(Belg.)* **iem ~ laten** laisser qn tranquille; **~ zijn op iets** ne pas se faire de soucis au sujet de qch **2** sans crainte
ge·rust·stel·len *vt (h. gerustgesteld)* rassurer; **zijn geweten ~** faire taire sa conscience
ge·rust·stel·ling *nf (-en)* apaisement; **tot zijn grote ~** à son grand soulagement
ge·ru·zie *het* chamailleries
ge·scha·pen → **scheppen[1]**
ge·schar·rel *het* flirt
ge·scha·ter *het* éclats de rire
ge·schei·den *adj* **1** séparé **2** divorcé
ge·scheld *het* invectives
ge·sche·nen → **schijnen**
ge·schenk *het (-en)* cadeau; **dat komt als een ~ uit de hemel** c'est une vraie aubaine
ge·sche·ten → **schijten**
ge·schie·den *vi (i. geschied)* **1** survenir **2** être fait
ge·schie·de·nis *nf (-sen)* histoire; **een gekke ~** une drôle d'affaire; ~ **maken, schrijven** faire date
ge·schied·kun·dig *adj, adv* historique(ment); **de ~e** l'historien(ne)
ge|schift *adj (-schifter, meest g.)* **1** toqué **2** tourné
ge|schikt *adj, adv (-schikter, meest g.)* **1** sympathique, agréablement **2** apte (à), selon les règles de l'art; **iets ~ maken voor** adapter qch pour
ge·schil *het (-len)* différend; **een ~ bijleggen** régler un différend
ge·schip·per *het* compromissions
ge·schol·den → **schelden**
ge·scho·len → **schuilen**
ge·schon·ken → **schenken**
ge·schoold *adj* qualifié
ge·scho·ren → **scheren[1]**
ge·scho·ten → **schieten[1]**
ge·scho·ven → **schuiven[1]**
ge·schre·den → **schrijden**
ge·schreeuw *het* cris; *(prov)* **veel ~ maar weinig wol** beaucoup de bruit, peu de fruit
ge·schre·ven → **schrijven**
ge·schrift *het (-en)* écrit
ge·schrok·ken → **schrikken**

ge·schubd *adj* écailleux
ge·schut *het* artillerie; **zich van zwaar ~ bedienen** employer les grands moyens
ge·sel *nm (-s)* **1** fouet **2** fléau
ge·se·len *vt (h. gegeseld)* **1** flageller **2** torturer
ge·sis *het* sifflement
ge·si·tu·eerd *adj* **1** en position; **de beter ~e klassen** les classes aisées **2** en place
ge·sjoe·mel *het* tricherie
ge·slacht *het (-en)* **1** lignée **2** sexe **3** genre **4** génération
ge·slach·te·lijk *adj* sexuel
***ge·slachts-** sexuel
ge·slachts·de·len *plur* parties (génitales)
ge·slachts·drift *de* instinct sexuel
ge·slachts|naam *nm (-namen)* **1** patronyme **2** terme générique
ge·slachts·rijp *adj* pubère
ge·slachts·ziek·te *nf (-n, -s)* maladie vénérienne
ge·sla·gen → **slaan**[1]
ge·sla·pen → **slapen**
ge·sle·pen[1] → **slijpen**
ge·sle|pen[2] *adj, adv (-pener, meest g.)* (d'une manière) rusé(e)
ge·sle·ten → **slijten**[1]
ge·slon·ken → **slinken**
ge·slo·pen → **sluipen**
ge·slo·ten → **sluiten**[1]
ge·slo·ten·heid *nf* caractère fermé
ge·smeerd *adj, adv* ♦ **het ging ~** ça a été comme sur des roulettes; **een ~ lopende organisatie** une organisation huilée
ge·sme·ten → **smijten**
ge·smol·ten → **smelten**[1]
ge·smoord *adj* étouffé
ge·sne·den → **snijden**
ge·snik *het* sanglots
ge·sno·ten → **snuiten**
ge·snot·ter *het* **1** reniflements **2** pleurnicheries
ge·sno·ven → **snuiven**
ge·so·de·mie·ter *het* emmerdements
ge·sol *het* malmenage
ge·sor·teerd *adj* **1** trié **2** assorti
gesp *de (-en)* boucle
ge·spe·ten → **spijten**
ge|spierd *adj (-spierder, meest g.)* musclé
ge·spik·keld *adj* tacheté
ge|spitst *adj (-spitster, meest g.)* ♦ **~ zijn op** faire (très) attention à
ge·sple·ten → **splijten**[1]
ge·spon·nen → **spinnen**[1]
ge·spo·ten → **spuiten**[1]
ge·sprek *het (-ken)* conversation; **het is het ~ van de dag** on ne parle que de ça; **(het nummer is) in ~** (c'est) occupé; **een ~ onder vier ogen** un tête-à-tête
ge·sprek·kos·ten *plur* coût de la communication
ge·spreks|lei·der *nm (-s)*, **-leidster** *nf (-s)* animateur, -trice (du débat)
ge·spreks·part·ner *nm (-s)* interlocuteur, -trice
ge·spreks·stof *de* sujets de conversation; **~ leveren** donner matière à discussion
ge·spro·ken → **spreken**
ge·spron·gen → **springen**
ge·spuis *het* racaille
ge|staag *adj, adv (-stager, -staagst)* constant, constamment; **het werk vordert ~** le travail avance au jour le jour
ge·staan → **staan**
ge·stal·te *nf (-n, -s)* **1** silhouette **2** forme ♦ **~ geven (aan)** donner corps à; **~ krijgen** prendre forme
ge·stand *het/de* ♦ **zijn woord ~ doen** tenir parole
ge·steen·te *het (-n, -s)* pierre
ge·ste·gen → **stijgen**
ge·stel *het (-len)* constitution; **zijn ~ ondermijnen** se ruiner la santé
ge·steld[1] *adj (+ op)* attaché (à); **~ zijn op iets** tenir à qch; **zeer ~ zijn op iem** être très attaché à qn ♦ **het is slecht met hem ~** il va mal
ge·steld[2] *adv (+ dat)* à supposer que
ge·steld·heid *nf* condition
ge·stemd *adj* **1** disposé (à qch); **hij is goed ~** il est de bonne humeur **2** *(mus.)* accordé
ge·stern·te *het (-n)* **1** étoiles **2** constellation; **onder een gelukkig ~ geboren zijn** être né sous une bonne étoile
ge·sticht *het (-en)* asile d'aliénés
ge·stip·peld *adj* **1** en pointillé **2** moucheté
ge·sto·ken → **steken**[1]
ge·sto·len → **stelen**
ge·ston·ken → **stinken**
ge|stoord *adj (-stoorder, meest g.)* **1** perturbé **2** dérangé; **de geestelijk ~e** le, la déséquilibré(e) ♦ **ergens ~ van worden** être dégoûté par qn, qch
ge·stor·ven → **sterven**
ge·stot·ter *het* balbutiement
ge·sto·ven → **stuiven**[1]
ge·stre·den → **strijden**
ge·streept *adj* rayé
ge·stre·ken → **strijken**[1]
ge·strest *adj* stressé
ge·stu·deerd *adj* ♦ **hij is een ~ iem** il a fait des études
ge·stum·per *het* maladresse
ge·tal *het (-len)* nombre; **drie in ~** au nombre de trois; **een rond ~** un chiffre rond
ge·ta·len·teerd *adj (meer g., meest g.)* talentueux; **een zeer ~ musicus** un musicien de grand talent
ge·tand *adj* denté
ge|tapt *adj (-tapter, meest g.)* populaire
ge·te·kend *adj* **1** contrefait **2** marqué; **sterk ~e trekken** traits fortement accusés
ge·tem·perd *adj* tempéré
ge·tij·de *het (-n)* marée; **dood ~** morte-eau
ge|tikt *adj (-tikter, meest g.)* **1** dingue **2** tapé (à la machine)
ge·tint *adj* teinté
ge·tok·kel *het* pincement
ge·tra·lied *adj* grillagé

ge·tre·den → **treden**[1]
ge·trei·ter *het* taquinerie
ge·treu·zel *het* traînerie(s)
ge·trof·fen → **treffen**[1]
ge·trok·ken → **trekken**[1]
ge·troos·ten *vpr (zich ~; h. zich getroost)* s'imposer; **hij getroostte er zich veel moeite voor** il s'est donné beaucoup de peine
ge·trouw *adj, adv* fidèle(ment)
ge·trouwd *adj* marié; **hij is gelukkig** ~ il est heureux en ménage; **zo zijn we niet** ~ ce n'est pas dans le contrat
get·to·blas·ter [gɛtoblɑːstər] *nm (-s)* radiocassette
ge·tui·ge *nm (-n)* témoin; **iem tot ~ nemen** prendre qn à témoin; ~ **zijn van een ongeluk** assister à un accident
ge·tui·gen *vti (h. getuigd)* témoigner; **die daad getuigt van moed** c'est un acte qui atteste le courage
ge·tui·ge·nis *het/de (-sen)* témoignage; ~ **afleggen van** porter témoignage de
ge·tui·gen·ver·kla·ring *nf (-en)* → **getuigenis**
ge·tuig·schrift *het (-en)* attestation; **een ~ van goed gedrag** un certificat de bonne vie et mœurs
ge·twee·ën *card* à deux; *(Belg.)* **ons** ~ à nous deux
geul *de (-en)* **1** chenal **2** rigole
geur *nm (-en)* odeur; **iets in ~en en kleuren vertellen** raconter qch avec force détails
geu·ren *vi (h. gegeurd)* embaumer; **het ~de hooi** le foin odorant
geu·rig *adj* parfumé
geur·loos *adj* inodore
geur·stof *de (-fen)* aromatisant
geur·tje *het (-s)* **1** odeur; **er is een ~ aan** cette affaire me paraît douteuse **2** parfum
ge|vaar *het (-varen)* **1** danger; **de vrede in ~ brengen** menacer la paix; **hij is een ~ voor de maatschappij** c'est un danger public **2** risque; **op (het) ~ af** au risque (de)
ge·vaar·lijk *adj, adv* dangereux, dangereusement; **zich op ~ terrein begeven** s'engager sur un terrain glissant
ge·vaar·te *het (-n, -s)* colosse
ge·val *het (-len)* **1** cas; **in het ergste, ongunstigste** ~ en mettant les choses au pire; **in allen ~le** quoi qu'il arrive; **in het onderhavige, gegeven** ~ en l'occurrence; **in het uiterste** ~ à la limite; **voor het ~ dat** au cas où; **als het ~ zich voordoet** le cas échéant **2** truc, *(Belg.)* bazar **3** hasard
ge·val·len → **vallen**
ge·vang *het (Belg.)* prison
ge·van·gen[1] → **vangen**[1]
ge·van·gen[2] *adj* prisonnier; **de ~e** le, la prisonnier, -ière; ~ **zitten** être en prison
ge·van·gen·hou·den *vt (h. gevangengehouden)* détenir
ge·van·ge·nis *nf (-sen)* prison
ge·van·ge·nis·straf *de (-fen)* peine de prison; **levenslange** ~ réclusion perpétuelle; **zijn ~ uitzitten** faire son temps de prison
ge·van·gen·ne·men *vt (h. gevangengenomen)* arrêter; **het** ~ l'arrestation
ge·van·gen·schap *nf* **1** détention **2** captivité
ge·va·ren → **varen**[1]
ge·va·ren·drie·hoek *nm (-en)* triangle de présignalisation
ge·va·ren·zo·ne *de (-s)* zone dangereuse
ge·va|ri·eerd *adj (-rieerder, meest g.)* varié
ge·vat *adj, adv* qui a de l'à-propos, avec (beaucoup d')à-propos
ge·vecht *het (-en)* combat; **een ~ op leven en dood** une lutte à mort; **een ~ van man tot man** un corps à corps
ge·vechts|ac·tie *nf (-s)*, **-handeling** *nf (-en)* opération militaire
ge·ve·derd *adj* emplumé
ge·vel *nm (-s)* façade
ge·vel·ka·chel *de (-s)* radiateur à gaz modulable (qu'on raccorde sur un mur extérieur)
ge·vel|steen *nm (-stenen)* **1** plaque commémorative (apposée sur une façade) **2** brique dure
ge·ven *vti (h. gegeven)* **1** donner; **iem iets te verstaan** ~ faire comprendre qch à qn; **gegeven: een vierhoek ABCD** soit un quadrilatère ABCD **2** *(+ om)* être attaché (à) **3** faire *(pour les expressions non mentionnées voir les substantifs concernés)*; **dat geeft niet** cela ne fait rien ♦ **hij gaf zich voor dokter uit** il se faisait passer pour un médecin; **iem ervan langs** ~ flanquer une bonne raclée à qn; **iets ten beste** ~ jouer, réciter, déclamer qch
ge·ver *nm (-s)*, **geefster** *nf (-s)* donateur, -trice
ge|vierd *adj (-vierder, meest g.)* célèbre
ge·vlamd *adj* **1** veiné **2** moiré
ge·vlei *het* flatterie(s)
ge·vlekt *adj* tacheté
ge·vleu·geld *adj* ailé
ge·vlij *het* ♦ **(bij) iem in het ~ komen** gagner les bonnes grâces de qn
ge·vloch·ten → **vlechten**
ge·vloek *het* jurons
ge·vlo·gen → **vliegen**[1]
ge·voch·ten → **vechten**
ge·voel *het (-ens)* **1** sentiment; **hij las de verzen met ~ voor** il déclamait les vers avec âme; **op iemands ~ werken** prendre qn par le sentiment; **voor mijn** ~ à mon avis **2** toucher; **op het ~ af** à tâtons **3** sensation; **een benauwd ~ hebben** se sentir oppressé **4** sens; **iemands ~ van eigenwaarde** l'amour-propre de qn
ge·voe·len[1] *het (-s)* **1** sentiment; **met gemengde ~s** agité de sentiments contradictoires **2** avis
ge·voe·len[2] *vt (h. gevoeld)* **1** sentir **2** ressentir
ge·voe·lig *adj, adv* sensible, avec (du) sentiment
ge·voe·lig|heid *nf (-heden)* **1** sensibilité **2** susceptibilité
ge·voel|loos *adj, adv (-lozer, meest g.)* in-

sensible; **het been was** ~ la jambe était engourdie; ~ **maken** insensibiliser; ~ **zijn** avoir un cœur de glace
*__ge·voels-__ affectif
ge·voels·ma·tig *adj, adv* instinctif, instinctivement
ge·voels·mens *nm (-en)* sentimental, -ale
ge·vo·gel·te *het* **1** volaille **2** oiseaux
ge·volg *het (-en)* **1** conséquence; ~ **geven aan een uitnodiging** accepter une invitation; **met goed** ~ **examen doen** passer un examen avec succès; **met alle** ~**en van dien** avec tout ce qui s'ensuit; **ten** ~**e van** par suite de; **de** ~**en ondervinden van** se ressentir de **2** suite
ge·volg·trek·king *nf (-en)* conclusion; **een** ~ **maken uit** tirer une conclusion de
ge·vol·mach·tigd *adj* délégué; **een** ~**e** un fondé de pouvoir
ge·von·den → **vinden**
ge·vor·derd *adj (verder g., verst g.)* avancé
ge·vormd *adj* **1** fait **2** formé
ge·vraagd → **vragen**
ge·vre·ten → **vreten**[1]
ge·vro·ren → **vriezen**
ge·vuld *adj* **1** plein **2** rempli; **een** ~**e kies** une molaire plombée **3** farci
ge|waad *het (-waden)* habit
ge·waagd·heid *nf* audace
ge·waaid → **waaien**
ge·waar·wor·den *vt (i. gewaargeworden)* **1** apercevoir **2** s'apercevoir de **3** sentir
ge·waar·wor·ding *nf (-en)* sensation
ge·wag *het* ♦ ~ **maken (van)** faire mention (de)
ge·was *het (-sen)* **1** plante **2** végétation
ge·wat·teerd *adj* matelassé
ge·wee·klaag *het* lamentations
ge·ween *het* pleurs
ge·weer *het (geweren)* fusil ♦ **in het** ~ **komen** prendre les armes, *(fig.)* entrer en action
ge·weer·schot *het (-en)* **1** coup de fusil **2** balle
ge·weer·vuur *het* fusillade
ge·weest → **zijn**[1]
ge·wei *het (-en)* bois
ge·we·ken → **wijken**
ge·weld *het* violence; ~ **gebruiken** avoir recours à la force; **grof** ~ force brutale; **verbaal** ~ invectives ♦ **hij wilde met alle** ~ **naar huis** il voulut rentrer à toute force
ge·weld·da|dig *adj, adv (-diger, meest g.)* violent, violemment; ~ **optreden** intervenir avec violence
ge·wel·de·naar *nm (-s)* **1** hercule **2** crack
ge·wel·dig *adj, adv* **1** formidable, extrêmement **2** (de façon) fantastique; **die jurk staat haar** ~ cette robe lui va à merveille **3** violent, violemment
ge·weld·loos *adj, adv* non violent, par la non-violence
ge·weld·ple·ging *nf (-en)* violence
ge|welf *het (-welven)* voûte
ge·wen·nen[1] *vi (h./i. gewend)* **1** s'accoutumer (à); **men gewent aan alles** on se fait à tout; **hij is niet veel gewend** il n'a jamais rien vu; **gewend zijn (om) te** être habitué à; **dat zijn we van hem gewend** il n'en fait pas d'autres **2** s'acclimater
ge·wen·nen[2] *vt (h./i. gewend)* habituer (à); **je moet daar maar aan** ~ c'est une habitude à prendre
ge·wen·ning *nf* **1** adaptation **2** accoutumance
ge·wer·veld *adj* vertébré
ge·west *het (-en)* **1** région **2** province **3** département
ge·wes·te·lijk *adj, adv* **1** (au niveau) régional **2** dans une région donnée
ge·west|raad *nm (-raden) (Belg.)* conseil régional
ge·we·ten[1] → **weten**[1]
ge·we·ten[2] → **wijten**
ge·we·ten[3] *het* conscience; **met een knagend** ~ bourrelé de remords; **iem zonder** ~ une personne sans scrupules
ge·we·ten|loos *adj, adv (-lozer, meest g.)* sans scrupules
ge·we·tens·be|zwaar *het (-zwaren)* **1** scrupule **2** objection de conscience
ge·we·tens·kwes·tie *nf (-s)* → **gewetenszaak**
ge·we·tens·nood *nm* détresse morale
ge·we·tens|vol *adj, adv (-voller, meest g.)* consciencieux, consciencieusement
ge·we·tens·wroe·ging *nf (-en)* remords
ge·we·tens|zaak *de (-zaken)* cas de conscience; **van iets een** ~ **maken** se faire scrupule de qch
ge·wet·tigd *adj* légitime
ge·we·zen[1] → **wijzen**[1]
ge·we·zen[2] *adj* ancien
ge·wicht *het (-en)* **1** poids; ~ **in de schaal leggen** peser dans la balance; **zijn volle** ~ **in de strijd werpen** se donner corps et âme à qch; **zijn** ~ **in goud waard zijn** valoir son pesant d'or **2** importance
ge·wicht·hef·fen *vi* faire des poids et haltères; **het** ~ l'haltérophilie
ge·wicht·hef·fer *nm (-s)* haltérophile
ge·wich·tig *adj, adv* important
ge·wich·tig·heid *nf* **1** importance **2** suffisance
ge·wicht·loos·heid *nf* apesanteur
ge·wichts·ver·lies *het* perte de poids
ge|wiekst *adj (-wiekster, meest g.)* roublard
ge·wijd *adj* **1** sacré **2** saint; ~**e aarde** terre sainte; ~ **water** eau bénite **3** ordonné
ge|wild *adj, adv (-wilder, meest g.)* **1** demandé **2** affecté, avec affectation
ge·wil·lig *adj, adv* **1** docile; **zich** ~ **tonen** se montrer conciliant **2** de son (plein) gré
ge·win *het* bénéfice
ge|wis *adj, adv (-wisser, meest g.)* certain(ement)
ge·woel *het* **1** agitation **2** bousculade **3** cohue
ge·wo·gen → **wegen**
ge·wond *adj* blessé; **de** ~**e** le, la blessé(e)

ge·won·den → **winden**
ge·won·nen → **winnen**
ge|woon[1] *adj (-woner, -woonst)* **1** ordinaire; **het gewone leven** la vie quotidienne; **de gewone manier van doen** la manière habituelle; **gewone rechtbank** tribunal de droit commun; **op het gewone tijdstip** à l'heure accoutumée **2** habitué; ~ **zijn te, om** avoir l'habitude de
ge|woon[2] *adv (-woner, -woonst)* **1** normalement; **doe maar ~!** fais comme tout le monde! **2** franchement; **'t kan ~ niet anders** c'est forcé **3** (tout) simplement
ge·woon·lijk *adv* normalement; **als ~ kwam ze te laat** comme d'habitude elle arriva en retard
ge·woon·te *nf (-n, -s)* **1** usage; **het is de ~ om** il est d'usage de **2** habitude; **dat is anders mijn ~ niet** ce n'est pas dans mes habitudes
ge·woon·te·ge·trouw *adj* fidèle à ses habitudes
ge·woon·weg *adv* **1** comme cela **2** franchement
ge·wor·den → **worden**[1]
ge·wor·pen → **werpen**
ge·wor·teld *adj* enraciné
ge·wor·ven → **werven**
ge·wraakt *adj* incriminé
ge·wre·ven → **wrijven**[1]
ge·wricht *het (-en)* articulation
***ge·wrichts-** *adj* articulaire
ge·wro·ken → **wreken**
ge·wron·gen → **wringen**[1]
ge·zag *het* autorité(s); **het ~ handhaven** faire respecter la loi; ~ **hebben** faire autorité; **het hoogste ~ over iets hebben** avoir la haute main sur qch; **kerkelijk en wereldlijk ~** pouvoir spirituel et pouvoir temporel; **iets op iemands ~ aannemen** croire qch sur la foi de qn; ~ **uitoefenen** commander
ge·zag·dra·ger *nm (-s)* représentant, -ante de l'Autorité
ge·zag·heb·bend *adj* **1** revêtu d'autorité **2** autorisé; **het meest ~e werk over dit onderwerp** l'ouvrage le plus accrédité sur ce sujet; ~ **zijn** faire autorité
ge·zags|cri·sis *nf (-crises)* crise du pouvoir
ge·zags·ge|trouw *adj (-trouwer, meest g.)* fidèle au pouvoir
ge·zag·voer·der *nm (-s)* **1** leader **2** commandant
ge·za·men·lijk *adj, adv* **1** complet **2** (en) commun; **met ~e krachten** d'un commun effort; **voor ~e rekening** à frais communs
ge·zang *het (-en)* chant
ge·zang·boek *het (-en)*, **gezangenbundel** *nm (-s)* recueil, livre de cantiques
ge·za·nik *het* **1** rabâchage; **hou nou op met dat ~!** change de disque! **2** emmerde(ment)s
ge·zant *nm (-en)* **1** représentant **2** attaché d'ambassade **3** *(Bible)* messager
ge·zant·schap *het (-pen)* légation
ge·za·pig *adj, adv* **1** mollasse, mollement; **een ~ mens** un mollasson **2** doux, doucement
ge·zegd → **zeggen**[1]
ge·zeg·de *het (-n, -s)* **1** expression **2** paroles; **een geestig ~** un bon mot
ge·zeik *het* emmerdement
ge·zel·lig *adj, adv* **1** agréable(ment); **het is hier ~** on est bien ici **2** (de façon) accueillant(e) **3** charmant; ~ **kletsen** passer un moment agréable à bavarder
ge·zel·lig·heid *nf* ambiance (sympathique); **hij houdt van ~** il aime la compagnie
ge·zel·lig·heids·ver·eni·ging *nf (-en)* club
ge·zel·schap *het (-pen)* **1** compagnie; **in goed ~ verkeren** avoir de bonnes fréquentations; ~ **hebben aan** avoir (qch, qn) pour compagnie; **stelt u mijn ~ op prijs?** voulez-vous de ma compagnie?; **op iemands ~ gesteld zijn** se plaire en la compagnie de qn **2** société; **een besloten ~** un cercle privé; **een gemengd ~** une société mêlée
ge|zet *adj (-zetter, meest g.)* **1** fixe; **op ~te tijden** à heure fixe **2** corpulent; ~ **worden** prendre de l'embonpoint
ge·ze·ten[1] → **zitten**
ge·ze·ten[2] *adj* **1** sédentaire **2** aisé
ge·zeur *het* **1** histoire(s) **2** rabâchage(s) **3** lamentation
ge·zicht *het (-en)* **1** vue; **dat is geen ~!** ça ne ressemble à rien!; **zover het ~ reikt** à perte de vue **2** visage; **iem in zijn ~ uitlachen** rire au nez de qn; **ergens zijn ~ laten zien** faire acte de présence; **hij heeft een sympathiek ~** il a une bonne tête **3** air; **een ernstig ~ zetten** prendre un air grave; **een stalen ~** un visage impassible; **~en trekken** faire des grimaces; **hij heeft zijn ware ~ getoond** il s'est montré sous son vrai jour ♦ **zijn ~ verliezen** perdre la face
ge·zichts·be·drog *het* illusion d'optique
ge·zichts·hoek *nm (-en)* **1** angle visuel, optique **2** perspective
ge·zichts·punt *het (-en)* point de vue ♦ **dat is een heel nieuw ~** c'est une toute nouvelle optique
ge·zichts·veld *het (-en)* champ (visuel); **buiten iemands ~ liggen, vallen** ne pas être du domaine de qn
ge·zichts·ver·lies *het* **1** perte de la vue **2** perte de prestige; ~ **lijden** perdre la face
ge·zichts·ver·mo·gen *het* vue
ge·zien[1] → **zien**[1]
ge|zien[2] *adj (-ziener, meest g.)* bien vu (de) ♦ **een stuk voor ~ tekenen** viser un acte; **iets, het voor ~ houden** en avoir assez
ge·zien[3] *prép* étant donné
ge·zin *het (-nen)* famille; **groot, kinderrijk ~** famille nombreuse; **een onvolledig ~** une famille à parent unique
ge·zind *adj* intentionné; **iem niet gunstig ~ zijn** regarder qn d'un mauvais œil

ge·zind|heid *nf (-heden)* **1** disposition **2** opinions politiques
ge·zind·te *nf (-n)* confession
***ge·zins-** familial; **de gezinshereniging** le regroupement familial
ge·zins·le·den *plur* membres de la famille
ge·zins·ver·band *het* **1** rapport familial **2** famille
ge·zins·zorg *de (-en)* service social familial
ge·zocht[1] → **zoeken**
ge|zocht[2] *adj (-zochter, meest g.)* **1** recherché **2** tiré par les cheveux **3** très demandé
ge·zoem *het* bourdonnement
ge·zo·gen → **zuigen**
ge·zond *adj, adv* **1** en bonne santé; **een ~e kleur hebben** avoir de belles couleurs; **iem ~ maken** guérir qn; **er ~ uitzien** avoir bonne mine; **~ en wel** sain et sauf **2** sain(ement); **een ~ bedrijf** une exploitation rentable
ge·zon·den → **zenden[1]**
ge·zond·heid *nf* **1** santé; **blaken van ~** respirer la santé **2** salubrité
ge·zond·heids·dienst *nm (-en)* service sanitaire
ge·zond·heids·ver·kla·ring *nf (-en)* certificat médical
ge·zond·heids·zorg *de* (services de) santé publique; **geestelijke ~** hygiène mentale
ge·zon·gen → **zingen**
ge·zon·ken → **zinken[1]**
ge·zon·nen → **zinnen**
ge·zo·pen → **zuipen**
ge·zus·ters *plur* sœurs
ge·zwe·gen → **zwijgen[1]**
ge·zwel *het (-len)* **1** enflure **2** tumeur
ge·zwen·del *het* escroquerie
ge·zwol·len[1] → **zwellen[1]**
ge·zwol·len[2] *adj (meer g., meest g.)* **1** enflé **2** emphatique
ge·zwom·men → **zwemmen**
ge·zwo·ren → **zweren[1]**
ge·zwor·ven → **zwerven**
GG en GD *nm Gemeentelijke Geneeskundige en Gezondheidsdienst ⟨office municipal de la santé⟩*
Gha·nees *adj* ghanéen; **de ~, Ghanese** le, la Ghanéen(ne)
gids *de (-en)* **1** guide; **de gouden, gele ~** les pages jaunes; **een ~ voor radio- en televisieprogramma's** un magazine de radio et télévision **2** indicateur
gie·be·len *vi (h. gegiebeld),* **giechelen** *vi (h. gegiecheld)* (pouffer de) rire
gier[1] *nm (-en)* vautour
gier[2] *de* lisier
gie·ren *vi (h. gegierd)* mugir; **~d ademhalen** avoir une respiration sifflante; **~ van het lachen** se tordre de rire ♦ **de zenuwen ~ door mijn keel** j'ai la gorge qui se noue
gie·rig *adj* **1** avare **2** avide
gie·rig·heid *nf* avarice
gierst *de* millet
gie·ten[1] *vt (h. gegoten)* **1** verser **2** fondre; **die kleren zitten als gegoten** ces vêtements te, vous etc. vont comme un gant; **het ~** le coulage; **hij weet zijn gedachten in een goede vorm te ~** il sait traduire très bien ses pensées; **een standbeeld ~** couler une statue **3** arroser
gie·ten[2] *vb impers* ♦ **(het regent dat) het giet** il pleut à seaux
gie·ter *nm (-s)* arrosoir
giet·ijzer *het* fonte
gif *het (giffen)* **1** poison; **daar kun je ~ op (in)nemen** tu peux en être sûr et certain **2** venin
gif·belt *nm (-en)* décharge de produits toxiques
gif·gas *het (-sen)* gaz toxique
gif·grond *nm (-en)* terrain pollué
gif·lo·zing *nf (-en)* décharge de produits toxiques
gif·schan|daal *het (-dalen)* scandale de(s) déchets toxiques, industriels
gif·slang *de (-en)* serpent venimeux
gift *de (-en)* don
gif·tig *adj* **1** empoisonné **2** virulent; **hij werd ~** il s'est mis en colère
gif·tig·heid *nf* **1** toxicité **2** venin
gif·wolk *nf (-en)* nuage toxique
gi·gan|tisch *adj, adv (-tischer, meest g.)* gigantesque(ment)
gij *pers (form. ou Belg.)* vous, *(Bible)* tu
gij·ze·laar *nm (-s)* **1** otage **2** ravisseur, -euse
gij·ze·len *vt (h. gegijzeld)* prendre en otage
gil *nm (-len)* **1** cri (perçant) **2** sifflement
gil·de *het/de (-n)* corporation
gil·len *vti (h. gegild)* crier
gin·der *adv* → **ginds[1]**
ginds[1] *adv* là
ginds[2] *adj* qui est là-bas
ging, gingen → **gaan[1], afgaan, misgaan** *(etc.)*
gips *het* plâtre
gips|af·druk *nm (-ken),* **-afgietsel** *het (-s)* moulage (en plâtre)
gips·ver·band *het (-en)* plâtre
gi·re·ren *vt (h. gegireerd)* faire un virement (postal)
gi·ro *nm* **1** service de comptes postaux **2** compte chèque postal; **heb je (een) ~?** tu as un CCP? **3** relevé de compte
gi·ro·af·re·ke·ning *nf (-en)* → **giro 3**
gi·ro·be·taal·kaart *de (-en)* postchèque
gi·ro|maat *nm (-maten)* distributeur automatique de CCP
gi·ro·pas *nm (-sen)* carte de garantie (de chèque postal)
gi·ro·re·ke·ning *nf (-en)* CCP
gis·sen *vti (h. gegist)* deviner; **wij kunnen slechts ~ naar de oorzaak** nous ignorons tout des causes
gist *nm* levure
gis·ten *vi (h. gegist)* **1** fermenter **2** être en effervescence
gis·ter·avond *adv* hier soir
gis·te·ren *adv* hier; **niet van ~ zijn** ne pas être né de la dernière pluie; **niet van vandaag of ~ zijn** ne pas dater d'hier

gi|taar *de (-taren)* guitare
git·zwart *adj* noir comme (du) jais
glaas·je *het (-s)* → **glas**
glad *adj, adv* **1** glissant **2** malin; **een ~de jongen** un type roublard **3** lisse; **een ~de zee** une mer plate **4** complètement; **ik ben het ~ vergeten** je l'ai complètement oublié
glad·heid *nf* état glissant des routes, des rues
gla·di|ool *de (-olen)* glaïeul
glad·strij·ken *vt (h. gladgestreken)* **1** lisser; **moeilijkheden ~** aplanir les difficultés **2** repasser
glad·weg *adv* carrément; **~ vergeten** oublier totalement
glans *nm (-en, glanzen)* **1** clarté **2** éclat; **met ~** brillamment
glans·rijk *adj, adv* **1** brillant, brillamment; **een ~e overwinning** une victoire éclatante **2** splendide
glan·zen *vi (h. geglansd)* briller
glas *het (glazen)* **1** verre; **een glaasje (te veel) op hebben** avoir bu un coup de trop; **~ in lood** vitrail **2** vitre; **zijn eigen glazen ingooien, inslaan** scier la branche sur laquelle on est assis
glas·bak *nm (-ken)* conteneur spécial verre
glas·fa·briek *nf (-en)* verrerie
glas·hard *adj, adv* **1** dur (comme du fer) **2** *(personne)* dur; **hij ontkende ~** il niait carrément
glas·hel·der *adj, adv* **1** clair(ement) **2** (d'une manière) cristallin(e)
glas-in-lood|raam *het (-ramen)* vitrail
glas|raam *het (-ramen) (Belg.)* → **glas-in-loodraam**
glas·scha·de *de* bris de glaces
glas|scherf *de (-scherven)* éclat de verre
glas·tuin·bouw *nm* horticulture en serres
glas·ve·zel *de (-s)* fibre de verre
gla·zen *adj* **1** de, en verre **2** vitré
gla·zig *adj* vitreux
gla·zu·ren *vt (h. geglazuurd)* émailler
gla·zuur *het* **1** vernis **2** émail **3** glace
gleed, gleden → **glijden, uitglijden, wegglijden** *(etc.)*
glet·sjer [χlɛtʃər] *nm (-s)* glacier
gleuf *de (gleuven)* **1** cannelure **2** fente
glib·be·ren *vi (i. geglibberd)* glisser
glib·be·rig *adj* **1** glissant **2** *(d'une personne)* fuyant
glij|baan *de (-banen)* **1** glissoire **2** toboggan
glij·den *vi (h./i. gegleden)* glisser; **zijn vingers over iets laten ~** promener ses doigts sur qch
glij·dend *adj (fig.)* mobile
glim·lach *nm* sourire; **iem een ~ ontlokken** faire sourire qn
glim·men *vi (h. geglommen)* **1** briller **2** rayonner
glimp *nm (-en)* **1** lueur; **een ~ van iem opvangen, zien** entrevoir qn (dans un éclair); **een ~ van spot** un soupçon de malice **2** apparence
glin·ste·ren *vi (h. geglinsterd)* **1** briller **2** miroiter
glin·ste·ring *nf (-en)* éclat
glip·pen *vi (i. geglipt)* **1** glisser **2** échapper; **iets laten ~** laisser échapper qch
glo|baal *adj, adv (-baler, -baalst)* global(ement); **globale cijfers** chiffres approximatifs
glo·ba·li·se·ring *nf* mondialisation
gloed *nm* **1** ardeur **2** feu **3** reflets
gloed·nieuw *adj* flambant neuf
gloed·vol *adj, adv* enflammé, avec flamme; **~ spreken** parler avec élan
gloei|draad *nm (-draden)* filament
gloei·en *vi (h. gegloeid)* **1** rougir (au feu) **2** être ardent **3** brûler
gloei·end[1] *adj* **1** brûlant **2** ardent
gloei·end[2] *adv* tout à fait; **er ~ bij zijn** ne pas y couper (d'une punition, d'une amende)
gloei·lamp *de (-en)* ampoule
glom, glommen → **glimmen**
glooi·end *adj, adv* en pente
glooi·ing *nf (-en)* **1** pente **2** talus
glo·ren *vi (h. gegloord)* luire
glo·rie *nf (gloriën, -s)* gloire; **de resten van vergane ~** les vestiges d'une splendeur passée
glui·pe·rig *adj, adv* sournois(ement)
glun·de·ren *vi (h. geglunderd)* rayonner (de)
glu·ren *vi (h. gegluurd)* **1** épier **2** apparaître
gluur·der *nm (-s)* voyeur
gnif·fe·len *vi (h. gegniffeld)* rire sous cape
goal [gol, χol] *nm (-s)* but; **een ~ maken** marquer un but
god *nm (-en)*, **godin** *nf (-nen)* **1** dieu, déesse; **zich aan ~ noch gebod storen** vivre sans foi ni loi; **de mindere ~en** les personnages secondaires **2** Dieu; **leven als God in Frankrijk** vivre comme un coq en pâte; **het is God geklaagd** c'est révoltant; **Gods water over Gods akker laten lopen** laisser passer l'eau sous les ponts
god·al·le·mach·tig *interj* bonté divine!
god·dank *interj* grâce à Dieu
god·de·lijk *adj, adv* divin(ement)
god·de|loos *adj, adv (-lozer, meest g.)* **1** athée **2** dépravé **3** (de façon) impie
god·de·loos|heid *nf (-heden)* **1** athéisme **2** perversité **3** action impie
go·den·dom *het* panthéon
god·gans *adj* tout
god·ge·klaagd *adj* scandaleux
god·ge·leerd·heid *nf* théologie
god|heid *nf (-heden)* divinité
go·din *nf (-nen)* → **god**
god·las·te·rend *adj* blasphématoire
gods·dienst *nm (-en)* religion; **van ~ veranderen** se convertir; **vrijheid van ~** liberté religieuse
gods·dien·stig *adj, adv* religieux, religieusement

gods·dienst·vrij·heid *nf* liberté religieuse
gods·ge·schenk *het (-en)* **1** don de Dieu **2** cadeau du Ciel
gods·gru·we·lijk *adj, adv* affreux, affreusement
gods·las·te·ring *nf (-en)* **1** blasphème **2** juron
gods·naam ♦ **in** ~ au nom de Dieu; **wat bezielt jullie in ~?** mais qu'est-ce qui vous prend?
gods·on·mo·ge·lijk *adj* absolument impossible
gods·vrucht *de* piété
gods·wil ♦ **om** ~ pour l'amour de Dieu
god·ver·dom·me *interj* nom de Dieu!
god·ver·ge·ten[1] *adj* **1** impie; **een ~ onrecht** une injustice flagrante **2** désolé
god·ver·ge·ten[2] *adv* diablement
god·vruch·tig *adj, adv* pieux, pieusement; **een ~ leven** une vie dévote
goed[1] *het (-eren)* **1** bien; **begrip van ~ en kwaad** sens moral; **roerend en onroerend** ~ biens meubles et immeubles; **zich te ~ doen aan iets** se servir de qch; **ten ~e komen (aan)** profiter (à); **houd dat mij ten ~e** ne le prenez pas en mauvaise part **2** crédit; **dat geld heb ik nog van hem te** ~ il me doit encore cette somme **3** tissu **4** linge
goed[2] *adj, adv (beter, best)* bon, bien (*pour les expressions non mentionnées ici voir les substantifs et verbes concernés);* **ik ben wel ~ maar niet gek** je ne suis pas tombé sur la tête; ~ **bij zijn** être éveillé; **het ~ doen** bien marcher; **als ik het ~ heb** si je ne me trompe; **wij hebben het** ~ nous ne manquons de rien; **dat is te veel van het ~e** c'est trop, vraiment; **hij kan geen ~ meer doen** on critique tout ce qu'il fait; **dat komt wel weer** ~ ça va s'arranger; **hij heeft ~ praten** il a beau dire; **er ~ uitzien** avoir bonne mine; **dat was maar ~ ook!** heureusement!; **ik was nog maar ~ en wel thuis of ...** j'étais à peine à la maison que ...; **zou u zo ~ willen zijn ...** voudriez-vous avoir la gentillesse de ... ♦ **zo ~ als** pratiquement; **ze is onderweg niet ~ geworden** elle a eu un malaise en cours de route
goed·aar·dig *adj, adv* **1** bon, gentiment **2** bénin
goed·deels *adv* en grande partie
goed·dun·ken[1] *het* → **goedvinden**[1]
goed·dun·ken[2] *vi (h. goedgedacht, goedgedocht)* **1** sembler bon **2** plaire
goe·de·mid·dag bonjour
goe·de·mor·gen bonjour
goe·de·nacht bonne nuit
goe·den·avond bonsoir
goe·den·dag **1** bonjour **2** au revoir
goe·de·ren *plur* → **goed**[1] **1,6**
***goe·de·ren-** de marchandises
goe·de·ren·ver·keer *het* trafic des marchandises
goed|geefs *adj (-geefser, meest g.)* généreux
goed·ge·hu·meurd *adj* → **goedgemutst**
goed·ge·lo·vig *adj* crédule
goed·ge·mutst *adj* de bonne humeur
goed·ge·zind *adj* **1** bien disposé (envers qn) **2** *(Belg.)* de bonne humeur
goed·gun·stig *adj, adv* bien disposé (envers qn), avec bienveillance
goed·har·tig *adj, adv* **1** bon, avec bonté **2** bonhomme, avec bonhomie
goed·heid *nf* bonté
goed·hou·den *vt (h. goedgehouden)* conserver
goe·dig *adj, adv* bon, avec bonhomie
goed·keu·ren *vt (h. goedgekeurd)* **1** approuver **2** accepter **3** juger apte (à)
goed·keu·rend *adj, adv* approbateur, de façon approbative
goed·keu·ring *nf (-en)* approbation; **dit voorstel droeg aller ~ weg** cette proposition fut acceptée par tous
goed|koop *adj, adv (-koper, -koopst)* **1** (à) bon marché; **er ~ afkomen** s'en tirer à bon compte; **dit product is goedkoper geworden** le prix de ce produit a baissé **2** facile
goed|lachs *adj (-lachser, meest g.)* qui aime rire
goed·lo·pend *adj* **1** bien formulé **2** bien achalandé
goed·ma·ken *vt (h. goedgemaakt)* **1** réparer **2** justifier **3** couvrir
goed·moe·dig *adj, adv* bon enfant, jovialement
goed·pra·ten *vt (h. goedgepraat)* justifier
goed·schiks *adv* **1** de son (plein) gré; **~ of kwaadschiks** de gré ou de force **2** convenablement
goed·vin·den[1] *het* **1** approbation **2** gré
goed·vin·den[2] *vt (h. goedgevonden)* **1** approuver; **ik vind alles goed** cela m'est égal **2** juger bon
goed·zak *nm (-ken)* bonne pâte
goeie *adj* → **goed**[2]
goei·erd *nm (-s)* brave homme, femme
goes·ting *nf (Belg.)* envie; **tegen zijn ~** à contrecœur
gok *nm* **1** pari; **zullen we een ~je doen, wagen?** on parie?; **op de ~** au hasard **2** coup de dés *(fig.);* **het is een ~** c'est un risque à prendre
gok·au·to|maat *nm (-maten),* **gokkast** *de (-en)* machine à sous
gok·ken *vi (h. gegokt)* **1** parier **2** spéculer **3** prendre des risques
gok·spel *het (-en)* jeu d'argent
gold, golden → **gelden**
golf [χɔlf] *de (golven)* **1** vague **2** ondulation **3** golfe **4** onde; **de korte ~** les ondes courtes **5** flot ♦ **groene ~** feux coordonnés
golf·bad *het (-en)* piscine à vagues (artificielles)
golf·be·we·ging *nf (-en)* **1** mouvement de(s) vagues **2** mouvement ondulatoire **3** courbe
golf·bre·ker *nm (-s)* brise-lames
golf·leng·te *nf (-n, -s)* longueur d'onde
golf|plaat *de (-platen)* tôle ondulée

golf·slag *nm* **1** déferlement (des vagues) **2** houle
golf·slag·bad *het (-en)* → **golfbad**
golf|staat *nm (-staten)* émirat du Golfe
Golf·stroom *nm* Gulf-Stream
golf·ter·rein *het (-en)* terrain de golf
gol·ven *vi (h. gegolfd)* **1** onduler **2** ondoyer
gom *het* gomme
gon·del *de (-s)* **1** gondole **2** (petite) barque **3** cabine
gon·zen *vi (h. gegonsd)* bourdonner; **het gonst van de geruchten** des rumeurs s'élèvent de partout
goo·che·laar *nm (-s)* prestidigitateur
goo·che·len[1] *vi (h. gegoocheld)* **1** exécuter des tours de prestidigitation **2** jongler
goo·che·len[2] *vt (h. gegoocheld)* escamoter
gooi *nm (-en)* jet ♦ **hij heeft een gelukkige ~ gedaan** il a réussi un joli coup de dés; **een ~ naar iets doen** tenter sa chance
gooi·en *vt (h. gegooid)* jeter; **er alles uit ~** vider son sac
goor *adj, adv (goorder, goorst)* sale, malproprement
goot[1], **goten** → **gieten**[1], **afgieten, leeggieten** *(etc.)*
goot[2] *de (goten)* **1** conduit d'écoulement **2** caniveau; **in de ~ terechtkomen** tomber dans le ruisseau
goot|steen *nm (-stenen)* évier
gor·del *nm (-s)* **1** ceinture **2** zone; **de ~ van smaragd** l'Insulinde
gor·del·roos *de* zona
gor·dijn *het/de (-en)* rideau; **een ~ voor iets schuiven** tirer le rideau sur qch
gor·ge·len *vi (h. gegorgeld)* se gargariser
gort·droog *adj* sec comme une allumette
gor·tig *adj* ♦ **hij maakt het al te ~** il dépasse les bornes
GOS *het Gemenebest van Onafhankelijke Staten* CEI
go·tisch *adj* gothique
goud *het* or; **ik had het voor geen ~ willen missen** pour rien au monde je n'aurais voulu manquer ça; **een staaf ~** un lingot d'or
goud·bruin *adj* mordoré
gou·den *adj* d'or; **het ~ feest** le jubilé
gou·den·re·gen *nm (-s)* cytise
goud·koorts *de* **1** fièvre de l'or **2** soif de l'or
Goud·kust *de* Côte-de-l'Or
goud·mijn *de (-en)* mine (d'or); **dat winkeltje is een ~tje** ce magasin fait des affaires d'or
goud·re·net *de (-ten)* (pomme de) reinette
gouds·bloem *de (-en)* souci
goud|smid *nm (-smeden)* orfèvre
goud·vis *nm (-sen)* poisson rouge
goud·zoe·ker *nm (-s)* **1** chercheur d'or **2** aventurier, -ière
gou·ver·neur [χuvərnør] *nm (-s)* gouverneur
graad *nm (graden)* **1** degré **2** grade
graad·me·ter *nm (-s)* indicateur
graaf *nm (graven)* comte
graaf·schap *het (-pen)* comté
graag *adj, adv (grager, graagst)* **1** volontiers; **~ gedaan** je vous en prie; **ik mag hem ~ (lijden)** je l'aime bien; **~ of niet** c'est à prendre ou à laisser **2** avide(ment)
graai·en[1] *vi (h. gegraaid)* farfouiller
graai·en[2] *vt (h. gegraaid)* chiper
graan *het (granen)* blé; **uit ~ gestookte alcohol** alcool de grains
graan·ge·was *het (-sen)* (plante) céréale
graan·oogst *nm (-en)* moisson
graan·tje *het (-s)* ♦ **een ~ meepikken** avoir part au gâteau
graat *de (graten)* arête; **niet zuiver op de ~** un peu louche; **van de ~ vallen** mourir de faim; *(Belg.)* **overal graten in zoeken** chercher la petite bête
grab·bel ♦ **te ~ gooien** galvauder
grab·be·len[1] *vi (h. gegrabbeld)* fouiller
grab·be·len[2] *vti (h. gegrabbeld)* retirer qch d'un tonneau
grab·bel·ton *de (-nen)* ± pêche miraculeuse
gracht *de (-en)* **1** canal **2** quai **3** *(Belg.)* fossé
grach·ten|huis *het (-huizen)* maison le long d'un canal
gra·da·tie *nf (-s)* gradation
graf *het (graven)* tombe; **het Heilige Graf** le Saint Sépulcre; **iem het ~ in prijzen** faire le panégyrique de qn; **iem ten grave, naar het ~ dragen** porter qn en terre
***graf-** funéraire
graf·del·ver *nm (-s)* fossoyeur
gra·fi|cus *nm (-ci)* graphiste
gra·fisch *adj, adv* graphique(ment); **een ~ ontwerper** un graphiste; **een ~e voorstelling** un graphique; **~e vormgeving** la graphique
graf·kel·der *nm (-s)* caveau
graf·kuil *nm (-en)* fosse
graf·re·de *de (-s)* oraison funèbre
graf·schrift *het (-en)* épitaphe
graf|steen *nm (-stenen)* → **grafzerk**
graf·zerk *de (-en)* pierre tombale
gram[1] *het (-men)* gramme
gram[2] *nm* ♦ **zijn ~ halen** assouvir sa rage
gram·ma·ti·ca *nf* grammaire
gram·mo·foon *nm (-s)* tourne-disque
gram·mo·foon|plaat *de (-platen)* disque
gram·schap *nf* courroux
gra|naat[1] *de (-naten) (milit.)* grenade
gra|naat[2] *nm (-naten) (pierre précieuse)* grenat
gra·naat|scherf *de (-scherven)* éclat d'obus
gran|di·oos *adj, adv (-diozer, meest g.)* **1** grandiose, superbement **2** énorm(ément); **een grandioze flater** une bévue monumentale
gra·niet *het* granit; **van ~** granitique
grap *de (-pen)* **1** plaisanterie; **~pen maken** plaisanter; **we zullen je die ~pen wel**

afleren! on saura bien t'en faire passer l'envie! **2** farce; **dat is een dure ~!** ce n'est pas donné!; **de ~ is eraf** ce n'est plus amusant; **het zou een mooie ~ zijn als** il ferait beau voir que; **~pen uithalen** jouer des tours
grape·fruit [grepfrut] *nm (-s)* pamplemousse
grap·jas *nm (-sen)* blagueur, -euse; **de ~ uithangen** faire le pitre
grap·pen·ma·ker *nm (-s)* plaisantin
grap·pig *adj, adv* **1** amusant, comiquement; **hij is altijd zo ~** il est toujours aussi rigolo **2** drôle(ment)
gras *het (-sen)* herbe; **hij is nog zo groen als ~** il est à peine sorti de sa coque; **er geen ~ over laten groeien** ne pas perdre de temps
gras·dui·nen *vi (h. gegrasduind)* se repaître (de); **in geschiedenis ~** se plonger avec délices dans l'histoire
gras·halm *nm (-en)* chaume
gras·land *het (-en)* **1** pâturage **2** pré
gras|maai·er *nm (-s)*, **-maaimachine** *nf (-s)* tondeuse à gazon
gras·mat *de (-ten)* pelouse
gras·perk *het (-en)* → **grasmat**
gras·veld *het (-en)* → **grasmat**
gra·tie *nf* grâce; **bij de ~ (van)** par la grâce (de); **bij iem in de ~ komen** gagner les bonnes grâces de qn; **uit de ~ raken** tomber en disgrâce; **~ verlenen** gracier (qn)
gra·tie·ver·zoek *het (-en)* recours en grâce
gra·tis *adj, adv* gratuit(ement); **~ hulp** aide bénévole; **iets er ~ bij krijgen** recevoir qch en prime
grauw[1] *het* lie du peuple
grauw[2] *nm (-en)* coup de bec; **een ~ en een snauw** une rebuffade
grauw[3] *adj* gris; **~ zien** être blême
grau·wen *vi (h. gegrauwd)* grogner
gra·veer|kunst *nf*, **-werk** *het* gravure
gra·vel [grɛvəl] *het* terre battue
gra·ven *vti (h. gegraven)* **1** creuser; *(fig.)* **niet diep ~** rester superficiel; **goud ~** extraire de l'or; **het ~** le creusement; **in iemands verleden ~** fouiller dans le passé de qn **2** fouir (le sol)
gra·ve·ren *vt (h. gegraveerd)* graver; **het ~** la gravure
gra·vin *nf (-nen)* comtesse
gra·zen *vi (h. gegraasd)* paître ♦ **hij heeft mij te ~ genomen** il m'a eu
green·point *nm (-s)* signal bi-bop
greep[1] *nm (grepen)* **1** prise; **een blinde ~** un pur hasard; **(geen) ~ krijgen op iets** (n')avoir (aucune) prise sur qch; **met een enkele ~** d'un seul coup; **hij heeft een vaste ~ op de zaak** il maîtrise la situation **2** *(mus.)* doigté **3** choix; **dat was een gelukkige ~** j'ai (tu as, il a etc.) eu la main heureuse; **een ~ uit het leven** une tranche de vie
greep[2] *de (grepen)* **1** prise **2** poignée
grein·tje *het (-s)* ♦ **hij heeft geen ~ gezond verstand** il n'a pas un grain de bon sens
gren·del *nm (-s)* verrou
gren·de·len *vt (h. gegrendeld)* verrouiller
gre·nen *adj* en pin
gre·nen·hout *het* pin
grens *de (grenzen)* frontière; **alles heeft zijn grenzen** tout a des limites; **op de ~ van leven en dood** au seuil de la mort; **een ~ overschrijden** dépasser les bornes
***grens-** frontalier
grens·ge·bied *het (-en)* **1** région frontalière **2** domaine marginal
grens·ge·val *het (-len)* cas limite
grens·hos·pi·ti·um *het (-pitiums, -pitia)* centre d'accueil pour demandeurs d'asile
grens·kan|toor *het (-toren)* bureau de la douane
grens·over·gang *nm (-en)* **1** passage de la frontière **2** (poste) frontière
grens·over·schrij·dend *adj* transfrontalier
grens·rech·ter *nm (-s)* juge de touche
grens|streek *de (-streken)* → **grensgebied 1**
grens·ver·leg·gend *adj* ♦ **~ onderzoek** recherches qui élargissent le champ de la connaissance
gren·ze|loos *adj, adv (-lozer, -loost)* infini(ment); **ik erger me daar ~ aan** cela m'horripile
gren·zen *vi (h. gegrensd)* **1** *(+ aan)* toucher **2** *(fig.; + aan)* côtoyer (qch)
grep·pel *de (-s)* fossé
gre·tig *adj, adv* avide(ment); **ergens ~ op ingaan** sauter sur qch; **hij tastte ~ toe** il dévora à belles dents
grief *de (grieven)* grief
Grie·ken·land *het* Grèce
Grieks *adj* grec; **het ~** le grec; **~ en Latijn studeren** faire ses humanités
grie·nen *vi (h. gegriend)* pleurnicher
griep *de* grippe; **~ krijgen** attraper la grippe
griep·vac·cin *het (-s)* vaccin antigrippal
gries·meel·pud·ding *nm (-s)* gâteau de semoule
griet *nf* nana
grie·ven *vt (h. gegriefd)* **1** blesser; **het ~** la vexation **2** tourmenter
grie·vend *adj, adv* **1** blessant **2** pénible(ment)
grie·zel *nm (-s)* personnage inquiétant; **wat een ~!** quel affreux bonhomme!
grie·zel·film *nm (-s)* film d'épouvante
grie·ze·lig *adj* angoissant; **een ~ gezicht** un spectacle à faire frémir
grif *adj, adv* prompt(ement)
grif·fel *de (-s)* crayon d'ardoise; **de Gouden Griffel** ± 'Oscar' de la littérature enfantine; **een tien met een ~ krijgen** avoir le pompon
grif·fie *nf (-s)* greffe
grif·fier *nm (-s)* *(jur.)* greffier
grijns *de*, **grijnslach** *nm* grimace
grijp|baar *adj (-baarder, -baarst)* **1** à portée de la main **2** saisissable
grij·pen *vti (h. gegrepen)* saisir; **door iets gegrepen zijn** être ému par qch; **voor het**

~ **liggen** surabonder; **iets voor het ~ hebben** avoir qch sous la main; *(fig.)* **te hoog ~** viser trop haut; **de buizen ~ in elkaar** les tubes rentrent les uns dans les autres; **naar iets ~** étendre la main vers qch; **om zich heen ~** faire boule de neige
grijp·graag *adj* ♦ **grijpgrage kinderhandjes** menottes qui touchent à tout
grijp·stui·ver *nm (-s)* ♦ **ik heb het voor een ~ gekocht** je l'ai acheté pour trois fois rien
grijs *adj (grijzer, grijst)* **1** gris; **zij was in het ~** elle était en gris; **hij is ~ geworden** il a blanchi **2** lointain ♦ **maak het nou niet te ~** n'exagère pas
grijs·aard *nm (-s)* vieillard
gril *de (-len)* caprice; *(Belg.)* **aprilse ~len** giboulées d'avril; **wat is dat voor een ~!** quelle envie t'a pris!
gril·len *vt (h. gegrild)*, **grilleren** *vt (h. gegrilleerd)* griller
gril·lig *adj, adv* **1** capricieux, capricieusement; **een ~ humeur hebben** être d'humeur changeante **2** (de manière) baroque
gril·lig|heid *nf (-heden)* **1** humeur capricieuse **2** caprice **3** irrégularité
gri·mas *de (-sen)* grimace; **~sen maken** grimacer
gri·me·ren *vt (h. gegrimeerd)* maquiller; **het ~** le maquillage
gri·meur *nm (-s)* maquilleur, -euse
grim·mig *adj, adv* **1** effrayant, effroyablement **2** (de façon) revêche **3** rude
grind, grint *het* gravier
grin·ni·ken *vi (h. gegrinnikt)* ricaner
grint *het* → **grind**
grip *nm* **1** adhérence; **geen ~ op iets kunnen krijgen** ne pas avoir prise sur qch **2** poignée
gris·sen *vt (h. gegrist)* arracher
groef[1], **groeven** → **graven, afgraven, opgraven** *(etc.)*
groef[2] *de (groeven)* sillon
groei *nm* **1** croissance **2** développement
***groei-** de croissance
groei·en *vi (i. gegroeid)* **1** pousser; **~ en bloeien** prospérer; **het ~** la croissance; **naar elkaar toe ~** se rapprocher; **zij is zes pond gegroeid** elle a pris trois kilos; **uit elkaar ~** s'éloigner, s'écarter; **er zal een goede lerares uit haar ~** elle fera un bon professeur **2** grandir
groei·kern *de (-en)* noyau de croissance
groei·markt *de (-en)* marché en expansion
groei·stuip *de (-en)* **1** convulsion **2** crise de croissance
groen *adj* vert; **de ~en** les verts; **zich ~ en geel ergeren** enrager; **hij werd ~ en geel van nijd** il a verdi de jalousie; **het wordt hem ~ en geel voor de ogen** la tête lui tourne; **het openbaar ~** les espaces verts
groen·blij·vend *adj* persistant; **niet ~e bomen** arbres à feuilles caduques
groen·heid *nf* **1** verdeur **2** inexpérience
groen|strook *de (-stroken)* **1** espace vert **2** ± terre-plein (central)
groen·te *nf (-n, -s)* légume
groen·te·boer *nm (-en)* → **groenteman**
groen·te·man *nm (-nen)* marchand de légumes
groen·te·soep *de* potage aux légumes
groen·te·tuin *nm (-en)* (jardin) potager
groen·tijd *nm* période de bizutage
groen·tje *het (-s)* bleu
groen·voer *het* fourrage vert
groen·voor·zie·ning *nf (-en)* → **groenstrook 1**
groep *de (-en)* groupe; **in ~jes** en petits groupes; **iets in de ~ gooien** mettre qch sur le tapis
groe·pe·ren[1] *vt (h. gegroepeerd)* grouper
groe·pe·ren[2] *vpr (zich ~; h. zich gegroepeerd)* se grouper
groe·pe·ring *nf (-en)* groupement
groeps·be·lang *het (-en)* intérêt collectif
groeps·ge·wijs *adv* par groupes
groeps|lei·der *nm (-s)*, **-leidster** *nf (-s)* **1** chef de groupe, d'équipe **2** animateur, -trice
groeps|reis *de (-reizen)* voyage collectif
groeps·seks *nm* amour collectif
groeps·ver·band *het* ♦ **in ~** en groupe(s); **werk in ~** travail en équipe
groeps·werk *het* **1** travail en équipe **2** animation
groet *nm (-en)* salutation; **de ~en aan uw vrouw** mes respects à votre femme; **de ~en doen** passer le bonjour (à qn); **iem een laatste ~ brengen** rendre un dernier hommage à qn
groe·ten *vt (h. gegroet)* saluer; **iem ~** dire bonjour à qn
groe·ve *de (-n)* fosse
groe·ze·lig *adj* **1** défraîchi **2** terne
groe·ze·lig·heid *nf* malpropreté
grof *adj, adv (grover, grofst)* **1** brut; **iets ~ schetsen** esquisser qch à grands traits **2** grossier, grossièrement; **(een) grove nalatigheid** (une) négligence impardonnable; **een ~ schandaal** un vrai scandale **3** (en) gros
grof·ge·bouwd *adj* bâti à chaux et à sable
grof|heid *nf (-heden)* grossièreté
grof·vuil *het* déchets encombrants mis au rebut
grof·weg *adv* grossièrement; **dat kost je ~ drieduizend euro** ça te reviendra dans les trois mille euros
grol *nm (-len)* **1** fadaise **2** clownerie
grom·men *vti (h. gegromd)* gronder
grond *nm (-en)* **1** terre; **als aan de ~ genageld staan** rester cloué sur place; **de begane ~** le rez-de-chaussée; **laag bij de ~** trivial; **door de ~ (kunnen) gaan** vouloir rentrer (à cent pieds) sous terre; **groente van de koude ~** légume de pleine terre; **iets met de ~ gelijk maken** raser qch; **tot de ~ toe afbranden** brûler complètement; **deze zaak komt niet van de ~** on n'arrive pas à mettre sur pied cet-

te affaire; **een bedrijf van de ~ af opbouwen** monter une entreprise en partant de zéro; **vaste ~ onder de voeten hebben** toucher terre **2** fond; **aan de ~ zitten** être à fond de cale, être abattu; **iem/iets de ~ in boren** descendre qn, qch (en flamme(s)); **te ~e gaan** courir à sa perte **3** raison; **die bewering mist alle ~** cette affirmation est dénuée de tout fondement; **op ~ van artikel 26** en vertu de l'article 26; **aan iets ten ~e liggen** être à la base de qch ♦ **iem/iets te ~e richten** ruiner qn, qch; **iets uit de ~ stampen** faire surgir en moins de deux qch

grond·be·gin·sel *het (-en)* **1** principe (fondamental) **2** rudiments; **iem de ~en van een wetenschap bijbrengen** initier qn à une science

grond·be·te·ke·nis *nf (-sen)* sens originel

grond·be·zit·ter *nm (-s)* propriétaire foncier, propriétaire foncière

grond·ei·ge|naar *nm (-naren, -naars)* → **grondbezitter**

gron·den *vt (h. gegrond)* fonder; **gegrond zijn op** se fonder sur

grond·ge·bied *het (-en)* territoire

grond·ge·dach·te *nf (-n)* idée fondamentale

gron·dig *adj, adv* **1** approfondi, à fond **2** sérieux, sérieusement; **hij heeft er ~e redenen voor** il a de solides raisons pour cela

gron·dig·heid *nf* sérieux

grond|laag *de (-lagen)* couche (de fond)

grond·leg·ger *nm (-s)* fondateur, -trice

grond·on·der·zoek *het (-en)* analyse du sol

grond·per·so·neel *het* personnel au sol

grond·po·li·tiek *nf* aménagement du territoire

grond|prijs *nm (-prijzen)* prix du terrain

grond·recht *het (-en)* **1** droit fondamental **2** droit naturel

grond·re·gel *nm (-s)* **1** règle fondamentale **2** principe

grond·slag *nm (-en)* base; **een vereniging op gereformeerde ~** une association d'inspiration calviniste; **aan iets ten ~ liggen** être à la base de qch

grond·soort *de (-en)* type de sol

grond·stof *de (-fen)* matière première

grond|toon *nm (-tonen)* **1** son fondamental **2** tonique **3** trame

grond|verf *de (-verven)* couche de fond

grond·vest *de (-en)* fondement; **op zijn ~en doen wankelen** ébranler

grond·ves·ter *nm (-s)* → **grondlegger**

grond·vorm *nm (-en)* prototype

grond·wa·ter *het* eau(x) souterraine(s)

grond·wet *nf (-ten)* constitution

grond·zeil *het (-en)* tapis de sol

Gro·nin·gen *het* (province de) Groningue

groot *adj, adv (groter, grootst)* **1** (en) grand; **hij is 5 cm groter dan zij** il a 5 cm de plus qu'elle; **een grote eter** un gros mangeur; **zij zijn even ~** ils ont la même taille; **een ~ gezin** une famille nombreuse; **zich ~ houden** se dominer **2** important

groot·bren·gen *vt (h. grootgebracht)* **1** élever **2** nourrir

Groot-Brit·tan·nië *het* Grande-Bretagne

groot·grond·be·zit *het* grande propriété

groot·han·del *nm (-s)* commerce de, en gros

groot·har·tig *adj* magnanime

groot·heid *nf* **1** grand personnage; **een onbekende ~** un illustre inconnu **2** grandeur (d'âme); **de ~ Gods** la majesté divine

groot·heids·waan·zin *nm* folie des grandeurs

groot·her·tog *nm (-en)* grand-duc

groot·her·to·gin *nf (-nen)* grande-duchesse

groot·hoek|lens *de (-lenzen)* (objectif) grand(-)angle

groot·hou·den *vpr (zich ~; h. zich grootgehouden)* **1** se montrer fort **2** se comporter comme si de rien n'était

groot·je *het (-s)* **1** mamie **2** grand-mère ♦ **iets naar zijn ~ helpen** déglinguer qch

groot·ma·ken *vt (h. grootgemaakt)* faire la grandeur de

groot·mees·ter *nm (-s)* grand maître

groot·moe·der *nf (-s)* grand-mère; **mijn ~ van vaderszijde** ma grand-mère paternelle

groot·moe·dig *adj, adv* généreux, généreusement

groot·oom *nm (-s) (Belg.)* grand-oncle

groot·ou·ders *plur* grands-parents; **~ van moederszijde** grands-parents du côté maternel

groots *adj, adv (grootser, meest g.)* **1** grandiose, magnifiquement **2** sublime(ment); **een ~e onderneming** une entreprise ambitieuse; **zij werden ~ onthaald** ils furent reçus en grande pompe

groot·scha·lig *adj, adv* de grande envergure, à grande échelle

groot·scheeps *adj, adv* considérable, en grand; **een ~e actie** une opération de grande envergure

groots·heid *nf* **1** grandeur **2** fierté

groot·spraak *nf* **1** vantardise **2** emphase

groot·spre·ke·rij *nf* → **grootspraak**

groot|stad *de (-steden) (Belg.)* métropole

groot·steeds *adj, adv* caractéristique des grandes villes, à l'échelle des grandes villes

groot·tan·te *nf (-s) (Belg.)* grand-tante

groot·te *nf (-n, -s)* grandeur; **naar ~** par ordre de grandeur; **gelijk van ~ zijn** être de même taille

groot·va·der *nm (-s)* grand-père; **~ van vaderszijde** grand-père paternel

groot·ver·bruik *het* grande consommation

groot·vorst *nm (-en)* grand-duc

groot·win·kel·be|drijf *het (-drijven)* grande surface
groot·zeil *het (-en)* grand-voile
gros *het (-sen)* **1** majorité; **het ~ van het leger** le gros des troupes **2** grosse
gros·sier *nm (-s)* grossiste
grot *de (-ten)* grotte
grot·be·wo·ner *nm (-s)* troglodyte
gro·ten·deels *adv* en grande partie
grot·schil·de·ring *nf (-en)* peinture rupestre
gruis *het* débris; **tot ~ slaan** réduire en poussière
grut *het* marmaille
grut·to *nm (-'s)* barge
gru·wel *nm (-en)* **1** horreur **2** atrocité
gru·we·lijk *adj, adv* **1** atroce(ment) **2** horrible(ment)
gru·ze·le·men·ten *plur* → **gruis**
GS *nm Gedeputeerde Staten* Députation Permanente *(Belg.)*
guer·ril·la [gərilja, χerilja] *nm (-'s)* **1** guérilla **2** guérillero
gui·tig *adj, adv* (en) espiègle
gul *adj, adv* **1** franc, franchement **2** généreux
gul·den[1] *nm (-s)* florin
gul·den[2] *adj* **1** en or **2** doré
gul|heid *nf (-heden)* générosité
gulp *de (-en)* braguette
gul·zig *adj, adv* **1** glouton(nement) **2** avide(ment)
gul·zig·heid *nf* gloutonnerie
gum *het/de*, **gummetje** *het (-s)* gomme
gum·mi *het/de* caoutchouc
gum·mi|knup·pel *nm (-s)*, **-stok** *nm (-ken)* matraque
gun·nen *vt (h. gegund)* **1** accorder **2** se réjouir (de); **iem alle goeds ~** vouloir du bien à qn
gunst *nf (-en)* faveur; **bij iem in de ~ komen** gagner la faveur de qn; **uit de ~ raken** tomber en disgrâce ♦ **ten ~e van** en faveur de
gun·stig *adj, adv* favorable(ment); **~ bekendstaan** être bien vu; **hij is mij ~ gezind** il est bien disposé à mon égard; **een ~ jaar** une bonne année; **het laat zich ~ aanzien** cela s'annonce bien; **een ~ toeval** un heureux hasard
gunst·koop·je *het (-s) (Belg.)* occasion
guts *de (-en)* giclée
gut·sen *vi (h. gegutst)* **1** ruisseler **2** pleuvoir à verse
guur *adj, adv (guurder, guurst)* âpre(ment); **het is ~ vandaag** le froid est piquant aujourd'hui
gym[1] *nf* gym(nastique)
gym[2] *het* lycée classique
gym·men *vi (h. gegymd)* faire de la gym
gym·na·si·ast *nm (-en)* lycéen, -enne
gym·na|si·um *het (-siums, -sia)* lycée classique
gym·pie, gympje *het (-s)* (chaussure de) tennis; **op ~s lopen** se promener en basket
gy·nae·co|loog [χinekoloχ] *nm (-logen)* gynécologue

h

haag *de (hagen)* haie; **een ~ vormen** faire la haie
Haags *adj* haguenois
haai *nm (-en)* requin; **naar de ~en** fichu
haai·baai *nf (-en)* virago
haak *nm (haken)* **1** crochet **2** patère **3** hameçon **4** agrafe; **er zitten veel haken en ogen aan** il y a des complications; *(Belg.)* **dat hangt met haken en ogen aan elkaar** ça ne rime à rien ♦ **dat is niet in de ~** ce n'est pas en règle
haak·je *het (-s)* **1** crochet; **tussen (twee) ~s** entre parenthèses **2** agrafe
haak·naald *de (-en)* crochet
haaks *adj, adv* perpendiculaire(ment); **de ene plank staat ~ op de andere** les deux planches sont en équerre
haal *nm (halen)* **1** trait **2** coup ♦ **aan de ~ gaan** décamper
haal·baar *adj* faisable
haal·baar·heid *nf* faisabilité
haan *nm (hanen)* **1** coq; **daar kraait geen ~ naar** ni vu ni connu **2** girouette **3** *(sur un fusil)* chien
haan·tje-de-voor·ste *het* chef de bande
haar[1] *het/de (haren)* cheveu; **spijt hebben als haren op z'n hoofd** être rongé de remords; **geen ~ beter zijn** ne pas valoir mieux; **geen ~ op m'n hoofd die eraan denkt** jamais de la vie; **elkaar in de haren vliegen** se chamailler; **dat scheelde maar een ~** il s'en est fallu d'un cheveu; **iem tegen de haren in strijken** prendre qn à rebrousse-poil
haar[2] *het (haren)* **1** poils; **~ op de tanden hebben** avec bec et ongles; *(Belg.)* **hij spreekt Frans met ~ op** il parle français comme une vache espagnole; *(Belg.)* **iem van ~ noch pluimen kennen** ne connaître qn ni d'Eve ni d'Adam **2** cheveux
haar[3] *pers* la
haar[4] *poss* **1** *(adjectif féminin)* son **2** *(pronom féminin)* le sien
haar·band *nm (-en)* serre-tête
haar·bor·stel *nm (-s)* brosse à cheveux
haar·breed *het* ♦ **hij week geen ~** il ne recula pas d'un pouce
haard *nm (-en)* **1** poêle **2** cheminée **3** foyer
haar·dos *nm (-sen)* chevelure
haar·dracht *de (-en)* coiffure
haar·dro·ger *nm (-s)* sèche-cheveux
haard|vuur *het (-vuren)* (feu du) foyer
haar·fijn *adv* dans les moindres détails
haar·grens *de* → **haarinplant**
haar·groei *nm* pousse des cheveux
haar·in·plant *nm* implantation des cheveux
haar·kam *nm (-men)* peigne
haar·klo·ve·rij *nf (-en)* **1** querelle byzantine **2** chicane
haar·knip·pen *vi* couper les cheveux
haar·lok *de (-ken)* mèche
haar·schei·ding *nf (-en)* raie
haar·scherp *adj, adv* très net(tement)
haar·scheur·tje *het (-s)* craquelure
haar·speld·bocht *de (-en)* virage en épingle à cheveux; **een weg vol ~en** un chemin en lacets
haar·tje *het (-s)* ♦ **het scheelde maar een ~** il s'en est fallu d'un cheveu
haar·uit·val *nm* chute des cheveux
haar·vat *het (-en)* capillaire
haar·wor·tel *nm (-s)* **1** racine du cheveu **2** racine capillaire
haar·zelf *pers* (à) elle-même
haas[1] *nm* filet
haas[2] *het/de (hazen)* **1** lièvre **2** poltron
haas·je *het (-s)* ♦ **dan ben je het ~** alors tu seras le dindon de la farce
haas·je-over *het* ♦ **~ springen** jouer à saute-mouton
haas·kar·bo·na·de *nf (-n, -s)* côte(lette) première
haast[1] *de* **1** hâte; **~ maken** se dépêcher (de faire qch) **2** urgence; **er is ~ bij** c'est urgent; **we hebben helemaal geen ~** nous avons tout le temps; **dat heeft geen ~** rien ne presse
haast[2] *adv* **1** presque **2** bientôt
haas·ten[1] *vpr (zich ~; h. zich gehaast)* **1** se hâter (de faire qch), *(Belg.)* s'avancer; **zich niet ~** prendre son temps **2** presser le pas
haas·ten[2] *vti (h. gehaast)* presser

haas·tig *adj, adv* hâtif, à la hâte; **niet zo ~!** doucement!
haast·je-rep·je *adv* **1** vite **2** à la va-vite
haast·klus *de (-sen)* → **haastwerk 2**
haast·werk *het* **1** travail exécuté à la hâte **2** travail urgent
haat *nm* haine; **het is bij hen niets dan ~ en nijd** ils vivent en état de conflits perpétuels; **uit ~ tegen** en haine de
haat·dra·gend *adj* rancunier
haat·ge·voel *het (-ens)* haine; **iem ~ens toedragen** éprouver de la haine contre qn
haat-lief·de·ver·hou·ding *nf (-en)* amour-haine
hab·be·krats *de (-en)* ♦ **voor een ~** pour une bouchée de pain
ha·bijt *het (-en)* habit
ha·chee [haʃe] *het/de* ragoût de bœuf
ha·che·lijk *adj* périlleux
hach·je *het (-s)* peau; **alleen aan zijn eigen ~ denken** ne penser qu'à soi-même
had, hadden → **hebben**[1], **aanhebben** *(etc.)*
ha·ge·dis *de (-sen)* lézard
ha·gel *nm (-s)* **1** grêle; **door ~ geteisterd** grêlé **2** plomb
ha·gel·bui *de (-en)* **1** averse de grêle **2** grêle
ha·gel·slag *nm* granulés de sucre
ha·gel·wit *adj* blanc comme neige
hair·spray *nm (-'s)* laque
hak[1] *de (-ken)* talon; **met de ~ken over de sloot** de justesse
hak[2] *nm (-ken)* entaille ♦ **iem op de ~ nemen** railler qn; **van de ~ op de tak springen** passer du coq à l'âne; **iem een ~ zetten** jouer un (mauvais) tour à qn
hak·bijl *de (-en)* hachette
hak·blok *het (-ken)* billot
ha·ken[1] *vi (h. gehaakt)* s'accrocher
ha·ken[2] *vti (h. gehaakt)* faire du crochet
ha·ken[3] *vt (h. gehaakt) (+ aan)* accrocher
ha·ken|kruis *het (-kruizen)* croix gammée
hak·hout *het* (bois) taillis
hak·ke·len *vti (h. gehakkeld)* bredouiller
hak·ken[1] *vi (h. gehakt)* **1** donner des coups de hache **2** taillader; **dat hakt erin** ça fait un trou dans le budget **3** taper (sur qn)
hak·ken[2] *vt (h. gehakt)* **1** hacher **2** tailler
hak·mes *het (-sen)* hachoir
hal *de (-len)* **1** hall (d'entrée) **2** halle
ha·len *vt (h. gehaald)* **1** aller chercher; **iets uit een la ~** prendre qch dans un tiroir **2** faire venir **3** obtenir **4** atteindre; **dat haalt het niet bij ...** cela n'est rien auprès de ...; **de trein niet ~** manquer le train ♦ **eruit ~ wat erin zit** tirer le maximum de qch; **alles naar zich toe ~** tirer tout à soi
half *adj, adv* demi, à moitié; **voor ~ geld** à moitié prix; **een ~ jaar** six mois; **~ werk** travail bâclé; **dat middel helpt niet ~ zo goed** ce remède est loin d'être aussi efficace
***half-** demi-
half·bloed *adj* métis; **de ~** le, la métis(se)
half·gaar *adj* **1** à moitié cuit; **een halfgare** un(e) toqué(e) **2** toqué
half·god *nm (-en)* demi-dieu
half·jaar·lijks *adj, adv* semestriel, tous les six mois
half-om-half *het/de* hachis mi-bœuf, mi-porc
half·open *adj* entrouvert
half·slach·tig *adj, adv* **1** indécis **2** (d'une manière) ambigu(ë); **~e maatregelen** demi-mesures
half·stok *adv* en berne
half·vol *adj* **1** à moitié plein **2** demi-écrémé
half·was *nm (-sen)* **1** freluquet **2** apprenti, -ie
half·was·sen *adj* pas encore adulte
half·weg *adv* à mi-chemin
half·zacht *adj* **1** à la coque **2** toqué **3** mou
hal·lu·ci·ne·ren *vi (h. gehallucineerd)* avoir des hallucinations
halm *nm (-en)* tige
hals *nm (halzen)* **1** cou; **zich moeilijkheden op de ~ halen** s'attirer des ennuis **2** nigaud, -aude; **een onnozele ~** une andouille **3** encolure **4** col
hals·band *nm (-en)* collier
hals·bre·kend *adj* périlleux
hals·doek *nm (-en)* foulard
hals·ket·ting *de (-en)* collier
hals·mis|daad *de (-daden)* crime capital
hals·ope·ning *nf (-en)* encolure
hals·over·kop *adv* précipitamment
hals·slag·ader *de (-s, -en)* carotide
hals·star·rig *adj, adv* opiniâtre(ment)
hal·ster *het/de (-s)* licou
hals·wer·vel *nm (-s)* vertèbre cervicale
hals|zaak *de (-zaken)* cas pendable; **ik maak er geen ~ van** je n'en fais pas une affaire d'Etat
halt[1] *het* halte; **de inflatie een ~ toeroepen** mettre un frein à l'inflation
halt[2] *de* halte
hal·te *de (-s)* arrêt
hal·ter *nm (-s)* haltère
hal·va·ri·ne *de (-s)* margarine demi-grasse
hal·ve·ga·re *nm* toqué
hal·ve|maan *de (-manen)* croissant (de lune)
hal·ve·ren *vt (h. gehalveerd)* **1** partager en deux **2** réduire de moitié
hal·ver·we·ge *adv* **1** à mi-chemin; **~ blijven steken** rester en plan **2** au (beau) milieu
ham *de (-men)* jambon
ha·mer *nm (-s)* marteau; **iets onder de ~ brengen** mettre qch aux enchères
ha·me·ren[1] *vi (h. gehamerd)* **1** donner des coups de marteau **2** frapper fort **3** *(+ op)* insister (sur)
ha·me·ren[2] *vt (h. gehamerd)* marteler; **iets erin ~** enfoncer qch dans le crâne (de qn)

ha·mer·slag *nm (-en)* coup de marteau; **iets bij ~ verkopen** vendre aux enchères
ham·lap *nm (-pen)* tranche de porc
ham·ste·raar *nm (-s)* stockeur, -euse
ham·ste·ren *vti (h. gehamsterd)* faire des réserves
ham|vraag *de (-vragen)* question-clé
hand *de (-en)* **1** main; **aan de ~ van** d'après; **iem iets aan de ~ doen** suggérer qch à qn; **iets achter de ~ hebben** avoir qch en réserve; **de ~en van iets aftrekken** se détourner de qch; **in andere ~en komen** changer de main; **aan de beterende ~ zijn** être en voie de guérison; **mijn ~ erop!** c'est promis!; **de ~ in iets hebben** être mêlé à qch; **van hoger ~ is besloten dat** les autorités ont décidé que; **je hebt het zelf in de ~** c'est toi qui décides; **de ~en ineenslaan** unir ses efforts; **de ~ met iets lichten** prendre qch à la légère; **iets uit de losse ~ doen** faire qch par-dessus la jambe; **zich met ~ en tand verzetten** se défendre comme un lion; **met de ~en in het haar zitten** s'arracher les cheveux; **iets met beide ~en aangrijpen** saisir l'occasion; **iem naar zijn ~ zetten** mettre qn dans sa poche; **zijn ~ niet voor iets omdraaien** faire qch les doigts dans le nez; **iets onder ~en hebben** travailler à qch; **iem onder ~en nemen** passer un savon à qn; **iem op ~en dragen** ± être en admiration devant qn; **de ~ ophouden** faire la manche; **~ over ~ toenemen** aller en augmentant; **de ~ aan zichzelf slaan** mettre fin à ses jours; **zijn ~en uit de mouwen steken** mettre la main à la pâte; **streng de ~ houden aan de voorschriften** être à cheval sur le règlement; **de ~ over het hart strijken** se montrer indulgent; **zijn ~en niet thuis kunnen houden** avoir la main leste; **uit de ~ lopen** dégénérer; **er komt niets uit zijn ~en** il n'arrive à rien (de bon); **iets van de ~ doen** écouler qch; **dat ligt voor de ~** ça va de soi; **iem de vrije ~ laten** donner carte blanche à qn; **aan de winnende ~ zijn** être en train de gagner **2** écriture ♦ **wat is er daar aan de ~?** qu'est-ce qui se passe?; **alsof er niets aan de ~ was** comme si de rien n'était; **iets in de ~ werken** aider à qch; **op ~en zijn** être imminent; **op iemands ~ zijn** être du côté de qn; **zwaar op de ~ zijn** prendre tout au sérieux; **beschuldigingen van de ~ wijzen** rejeter des accusations
***hand-** à main
hand·ar·beid *nm* → **handenarbeid**
hand·ar·bei·der *nm (-s)* ouvrier, -ière
hand·be·die·ning *nf* commande manuelle
hand·be·reik *het* ♦ **onder, in, binnen ~** à portée de la main
hand·be·we·ging *nf (-en)* geste (de la main)
hand·boei *de (-en)* menottes
hand·boek *het (-en)* manuel
hand|breed *het*, **-breedte** *nf (-n)* largeur de la main; **geen ~ terugwijken** ne pas reculer d'une semelle
hand·doek *nm (-en)* serviette (de toilette)
hand·druk *nm (-ken)* poignée de main; **een gouden ~** une prime de départ, *(Belg.)* un parachute doré
han·del *nm* **1** commerce; **iets in de ~ brengen** lancer un produit (sur le marché); **de ~ in verdovende middelen** le trafic des stupéfiants; **een uitvinding waar ~ in zit** une invention qui peut se vendre; **een boek uit de ~ nemen** retirer un livre de la vente; **zwarte ~** marché noir **2** marchandise; **de hele ~ meenemen** embarquer tout le bataclan ♦ **iemands ~ en wandel** les faits et gestes de qn
han·de|laar *nm (-laars, -laren)* commerçant, -ante
han·del|baar *adj (-baarder, -baarst)* maniable
han·del·drij·ven *vi* faire du commerce
han·de·len *vi (h. gehandeld)* **1** faire du commerce, *(+ in)* faire le commerce (de) **2** agir; **~d optreden** intervenir **3** *(+ over)* traiter (de)
han·de·ling *nf (-en)* **1** acte **2** intrigue ♦ *(Belg.)* **ergens ~ van hebben** savoir s'y prendre
han·del·maat·schap·pij *nf (-en)* → **handelsmaatschappij**
***han·dels-** commercial
han·dels·cen|trum *het (-tra)* centre d'affaires
han·dels·maat·schap·pij *nf (-en)* société, compagnie commerciale
han·dels|man *nm (-lui)* commerçant
han·dels·merk *het (-en)* marque commerciale; **gedeponeerd ~** marque déposée
han·dels·re·gis·ter *het (-s)* registre du commerce
han·dels·rei·zi·ger *nm (-s)* voyageur de commerce
han·dels·ver·drag *het (-en)* traité de commerce
han·dels|vloot *de (-vloten)* marine marchande
han·dels|waar *de (-waren)* marchandise
han·del·tje *het (-s)* **1** petite affaire **2** attirail
han·del·wij·ze *de (-n)* **1** procédé **2** comportement
han·den·ar·beid *nm* travail manuel
hand·ge|baar *het (-baren)* geste de la main
hand·ge·meen *adj* ♦ **het ~** le corps à corps; **~ raken** en venir aux mains (avec qn)
hand·gra|naat *de (-naten)* grenade à main
hand|greep[1] *de (-grepen)* poignée
hand|greep[2] *nm (-grepen)* **1** maniement **2** tour de main
hand·ha·ven[1] *vt (h. gehandhaafd)* maintenir
hand·ha·ven[2] *vpr (zich ~; h. zich gehandhaafd)* se maintenir
han·dig *adj, adv* **1** habile(ment) **2** prati-

que, facilement ♦ **een ~e jongen** un garçon débrouillard

han·dig|heid *nf (-heden)* **1** habileté **2** truc

hand·je *het (-s)* ♦ **aan het ~ lopen van iem** s'appuyer sur qn; **een ~ van iets hebben** être coutumier du fait; **een ~ helpen,** *(Belg.)* **een handje toesteken** donner un coup de main; **schoon in 't ~** (payer) rubis sur l'ongle

hand·je·vol *het* → **handvol**

hand·kus *nm (-sen)* baisemain

hand·lan·ger *nm (-s)* **1** complice **2** aide

hand·lei·ding *nf (-en)* **1** manuel **2** notice (explicative)

hand·ma·tig *adj* manuel

hand·om·draai *nm* ♦ **in een ~** en un tournemain

hand·op·ste·ken *vi* ♦ **bij, met ~** (voter) à main levée

hand·palm *nm (-en)* paume

hand·rei·king *nf (-en)* coup de main

hand·rem *de (-men)* frein à main

hands [hɛn(t)s] *het* main

hand·schoen *de (-en)* gant; **met de ~ trouwen** se marier par procuration; **iem met zijden ~en aanpakken** mettre des gants avec qn

hand·schrift *het (-en)* **1** écriture **2** manuscrit

hand·stand *nm (-en)* (appui tendu) renversé

hand·tas *de (-sen)* sac à main, *(Belg.)* sacoche

hand·tas·te·lijk *adj* tripoteur

hand·te·ke·ning *nf (-en)* signature

hand·vaar·dig|heid *nf (-heden)* **1** habileté manuelle **2** travaux manuels

hand·vat *het (-ten)* manche

hand·vest *het (-en)* charte

hand·vol *de* poignée

hand·was *nm* lessive à la main

hand·werk *het (-en)* **1** ouvrage fait à la main **2** ouvrage (de dame(s))

hand·wer·ker *nm (-s)* artisan

hand·werks|man *nm (-lieden, -lui)* → **handwerker**

hand·wij·zer *nm (-s)* poteau indicateur

hand·woor·den·boek *het (-en)* dictionnaire de poche

hand|zaam *adj (-zamer, -zaamst)* maniable

ha·nen·ge·kraai *het* chant du coq

ha·nen·kam *nm (-men)* crête (de coq)

ha·nen|poot *nm (-poten)* **1** patte de coq **2** pattes de mouche

hang·brug *de (-gen)* pont suspendu

han·gen[1] *vi (h. gehangen)* **1** pendre **2** être suspendu **3** être pendu; **met ~ en wurgen** à grand-peine **4** être attaché; **hij hangt erg aan vrouw en kinderen** il est très attaché à sa famille; **blijven ~** stagner; **zijn betoog hing van platheden aan elkaar** son exposé était cousu de platitudes ♦ **het hangt erom** rien n'est encore décidé

han·gen[2] *vt (h. gehangen)* (sus)pendre

hang-en-sluit·werk *het* serrurerie (de bâtiment)

han·ger *nm (-s)* **1** cintre **2** pendant (d'oreille) **3** pendentif

han·ge·rig *adj* apathique

hang·ijzer *het (-s)* ♦ **dat is een heet ~** c'est un sujet brûlant

hang·kast *de (-en)* penderie

hang·klok *de (-ken)* pendule murale

hang·lamp *de (-en)* suspension

hang·map *de (-pen)* dossier suspendu

hang·mat *de (-ten)* hamac

hang·plek *de* lieu de rassemblement de jeunes badauds

hang·slot *het (-en)* cadenas

ha·nig *adj* ♦ **een ~ mannetje** un petit coq

Han·no·ver *het* Hanovre

han·te·ren *vt (h. gehanteerd)* manier; **de pen goed ~** avoir la plume facile

Han·ze·stad *de* ville hanséatique

hap *nm (-pen)* **1** coup de dent **2** bouchée ♦ **dat is een (hele) ~ uit mijn inkomen** cela fait un trou dans mes revenus

ha·pe·ren *vi (h. gehaperd)* **1** bafouiller **2** clocher; **dat hapert er nog maar aan** il ne manque plus que ça

ha·pe·ring *nf (-en)* **1** accroc **2** raté **3** bafouillage

hap·je *het (-s)* morceau; **een ~ eten** manger un morceau

hap·pen *vti (h. gehapt)* mordre; **een luchtje ~** prendre l'air; **naar lucht ~** être essoufflé

hap·pig *adj (+ op)* avide (de)

hard *adj, adv* **1** dur(ement); **~e afspraken** conventions expresses; **om het ~st** à qui mieux mieux; **~ maken** solidifier **2** vite

hard·board [ha:rdbɔ:rd] *het* isorel

hard·dra·ve·rij *nf (-en)* course de, au trot (attelé)

hard·drugs *plur* drogues dures

har·den[1] *vi (h./i. gehard)* sécher

har·den[2] *vt (h./i. gehard)* **1** durcir **2** endurcir (qn à qch) **3** supporter; **niet te ~ zijn** être insupportable

hard·han·dig *adj, adv* brutal(ement)

hard|heid *nf (-heden)* **1** dureté **2** méchanceté

hard·ho·rend *adj* ♦ **~ zijn** être dur d'oreille

hard|leers *adj (-leerser, meest h.)* **1** lent (à comprendre) **2** qui a la tête dure

hard·lo·pen *vi (h. hardgelopen)* courir; **het ~** la course à pied

hard·ma·ken *vt (h. hardgemaakt)* prouver

hard·nek·kig *adj, adv* **1** entêté, avec entêtement **2** obstiné(ment); **iets ~ volhouden** s'entêter à; **~ vooroordeel** préjugé tenace

hard·nek·kig·heid *nf* obstination

hard·op *adv* tout haut

hard·voch·tig *adj, adv* impitoyable(ment)

ha·rent·wil·le ♦ **om ~** pour (l'amour d')elle

ha·rer·zijds *adv* de sa part

ha·rig *adj* chevelu

ha·ring *nm (-en)* **1** hareng; *(Belg.)* **droge ~**

hareng saur; ~ **kaken** (en)caquer des harengs **2** piquet (de tente)
ha·ring·vangst *nf (-en)* harengaison
hark *de (-en)* râteau ♦ **een ~ van een vent** un type raide comme un manche à balai
har·ken *vti (h. geharkt)* ratisser
har·ke·rig *adj, adv* raide, avec raideur
har·le·kijn *nm (-s)* arlequin
har·mo·ni·ca *nf (-'s)* **1** accordéon **2** harmonica
har·mo·ni·ca·wand *nm (-en)* paroi en accordéon
har·mo·nie *nf (-ën, -s)* harmonie; **in goede ~** en accord
har·mo·nisch *adj, adv* **1** harmonique(ment) **2** harmonieux, harmonieusement
har·nas *het (-sen)* armure; **in het ~ sterven** mourir à la tâche; **iem tegen zich in het ~ jagen** se mettre qn à dos
harp *de (-en)* harpe
har·poen *nm (-en)* harpon
har·re·war·ren *vi (h. geharreward)* se chamailler
hars *het/de (-en)* résine
hart *het (-en)* **1** cœur; **het aan het ~ hebben** souffrir du cœur; **dat gaat hem aan het ~** cela le touche; *(Belg.)* **laat het niet aan je ~ komen!** ne t'en fais pas!; **met bloedend ~** la mort dans l'âme; **iem een goed ~ toedragen** vouloir du bien à qn; **heb het ~ eens!** ose un peu!; ~ **voor een zaak hebben** prendre une affaire à cœur; **ik hield mijn ~ vast** je frémissais à cette pensée; **in mijn ~** dans mon for intérieur; **een klein ~je hebben** avoir le cœur tendre; **in ~ en nieren** dans l'âme; **iem iets op het ~ drukken, binden** recommander (vivement) qch à qn; **je kunt je ~ ophalen** vous pouvez vous en donner à cœur joie; *(Belg.)* **zijn ~ opvreten** se faire du mauvais sang; **iets niet over zijn ~ kunnen verkrijgen** ne pouvoir se résoudre à qch; **iem een ~ onder de riem steken** remonter le moral à qn; **dat is mij uit het ~ gegrepen** voilà qui est parler; **bij iem zijn ~ uitstorten** ouvrir son âme à qn; **van ~e gefeliciteerd** félicitations!; **dat moet mij toch van het ~** je ne peux m'empêcher de le dire; **zijn ~ aan iem verloren hebben** s'être épris de qn; **hij draagt die zaak een warm ~ toe** cette affaire lui tient à cœur; **het ~ zonk hem in de schoenen** le cœur lui manqua; *(Belg.)* **er het ~ van in zijn** en être malade **2** centre
hart·aan·val *nm (-len)* crise cardiaque
hart·be·wa·king *nf* **1** soins coronaires **2** unité coronaire
hart·bre·kend *adj* déchirant
har·te·lijk *adj, adv* chaleureux, de tout cœur; **met ~e groet** cordialement
har·te·lijk|heid *nf (-heden)* cordialité
har·te|loos *adj, adv (-lozer, meest h.)* sans cœur
har·ten·lust *nm* ♦ **naar ~** à cœur joie
hart- en vaat·ziek·ten *plur* maladies cardiovasculaires
har·ten·wens *nm (-en)* désir le plus cher
hart·gron·dig *adj, adv* cordial(ement)
har·tig *adj, adv* **1** épicé; **ik zal eens een ~ woordje met hem spreken** je vais lui dire deux mots **2** salé
hart·in·farct *het (-en)* infarctus (du myocarde)
hart·je *het (-s)* ♦ **mijn ~** mon (petit) cœur; **alles hebben wat je ~ begeert** n'avoir rien à envier à personne
hart·klop·ping *nf (-en)* palpitation (de cœur)
hart|kwaal *de (-kwalen)* maladie de cœur
hart·pa·tiënt *nm (-en)* cardiaque
hart·roe·rend *adj, adv* (d'une façon) émouvant(e)
harts·ge·heim *het (-en)* secret intime
hart·slag *nm (-en)* **1** pulsation (cardiaque) **2** pouls
hart·spe·ci·a·list *nm (-en)* cardiologue
hart·spier *de (-en)* myocarde
hart·stik·ke *adv* vachement; **u wordt ~ bedankt** merci mille fois
harts·tocht *nm (-en)* passion
harts·toch·te·lijk *adj, adv* passionné(ment); **een ~ liefhebber zijn van iets** aimer passionnément qch
harts|vriend *nm (-en),* **-vriendin** *nf (-nen)* ami, -ie de cœur
hart·trans·plan·ta·tie *nf (-s)* greffe du cœur
hart·ver·ove·rend *adj* adorable
hart·ver·scheu·rend *adj, adv* déchirant, à fendre le cœur; **dat is ~** ça vous crève le cœur
hart·ver·ster·kend *adj* **1** (en guise de) remontant **2** (d'une façon) encourageant(e)
hart·ver·ster·king *nf (-en)* cordial
hart·ver·war·mend *adj, adv* (d'une façon) réconfortant(e)
hart·zeer *het* peine
hasj *nm* hasch
has·pe·len *vti (h. gehaspeld)* s'y prendre gauchement ♦ **alles door elkaar ~** embrouiller tout
ha·te·lijk *adj, adv* méchant, méchamment; **een ~e opmerking** un coup de dent
ha·ten *vt (h. gehaat)* haïr; **hij maakt zich bij iedereen gehaat** il se rend odieux à tout le monde
Ha·va·na *het* Havane
ha·ve *de* avoir; **levende ~** cheptel vif
ha·ve|loos *adj (-lozer, -loost)* misérable
ha·ven *de (-s)* **1** port **2** refuge
ha·ven·ar·bei·der *nm (-s)* docker
ha·ven·hoofd *het (-en)* môle
ha·ven·mees·ter *nm (-s)* capitaine de, du port
ha·ven|stad *de (-steden)* port
ha·ver *de* avoine ♦ **van ~ tot gort** de bout en bout
ha·ver·klap *nm* ♦ **om de ~** à tout instant
ha·ver·mout *nm* flocons d'avoine
ha·vik *nm (-en)* **1** autour **2** *(pol.)* faucon

ha·viks|neus *nm (-neuzen)* nez en bec d'aigle
ha·vo *het hoger algemeen voortgezet onderwijs ⟨enseignement général court⟩*
ha·zel|noot[1] *nm (-noten)* noisetier
ha·zel|noot[2] *de (-noten)* noisette
***ha·zen-** de lièvre
ha·zen·hart *het (-en)* ♦ **een ~ hebben** être poltron comme un lièvre
ha·zen·lip *de (-pen)* bec-de-lièvre
ha·zen·pad *het (-en)* ♦ **het ~ kiezen** prendre la poudre d'escampette
ha·zen·slaap·je *het (-s)* sommeil léger
hbo *het hoger beroepsonderwijs ⟨enseignement supérieur non-universitaire⟩*
heb·be·lijk *adj, adv* convenable(ment)
heb·be·lijk|heid *nf (-heden)* habitude
heb·ben[1] *vt (h. gehad)* **1** avoir; **men weet niet wat men aan hem heeft** on ne sait jamais à quoi s'en tenir sur son compte; **van wie heb je dat?** qui t'a dit ça?; **(het) met iem te doen ~** plaindre qn; **je hebt alleen maar te doen wat ik zeg** tu n'as qu'à faire ce que je te dis; **iemands hele ~ en houden** toutes les possessions de qn; **het in zijn rug ~** souffrir du dos; **zij ~ iets met elkaar** ils ont une liaison; **veel van iem ~** tenir beaucoup de qn **2** supporter; **iets kunnen ~** pouvoir supporter qch ♦ **daar heb je het al** nous y voilà; **ik moet er niets van ~** je ne veux pas en entendre parler; **ik heb niets aan die prullen** cette camelote ne me sert à rien; **ik zal het er met hem over ~** je lui en parlerai
heb·ben[2] *aux (auxiliaire du passé)* avoir, *(avec les verbes pronominaux et certains verbes de mouvement)* être
heb·be·rig *adj* avide
He·breeuws *adj* hébraïque; **het ~** le hébreu
heb·zucht *de* cupidité
hecht *adj, adv* solide(ment)
hech·ten[1] *vt (h. gehecht)* **1** suturer **2** *(+ aan)* attacher **3** *(+ aan)* accorder
hech·ten[2] *vi (h. gehecht)* **1** tenir **2** *(+ aan)* tenir à
hech·ten[3] *vpr (zich ~; h. zich gehecht) (+ aan)* s'attacher
hech·te·nis *nf* détention; **preventieve, voorlopige ~** garde à vue
hecht·heid *nf* solidité
hec|tisch *adj, adv (-tischer, meest h.)* agité, fiévreusement
he·den *adv* aujourd'hui; **het ~** le présent; **~ ten dage** de nos jours
he·den·avond *adv* ce soir
he·den·daags *adj* contemporain
heel *adj, adv* **1** entier, entièrement; **zij werkt hele dagen** elle travaille à plein temps **2** tout **3** très; **~ wat** *(+ substantif)* bien du, de la, des
heel·al *het* univers
heel·huids *adv* indemne; **er ~ van afkomen** l'échapper belle
heel·kun·de *nf* chirurgie
heem·raad·schap *het (-pen)* administration des eaux, des digues et des polders
heen *adv* **1** parti; **~ gaan** s'en aller; **~ en weer lopen** aller et venir **2** à l'aller ♦ **waar wil je ~?** où veux-tu en venir?; **waar moet het ~?** comment cela finira-t-il?
heen-en-weer·ge·draaf *het* va-et-vient
heen·gaan *vi (i. heengegaan)* **1** se retirer **2** décéder **3** s'écouler; **de hele zomer gaat ermee heen** cela prend tout l'été
heen·ko·men *het* ♦ **een goed ~ zoeken** chercher son salut ailleurs
heen|reis *de*, **-weg** *nm* aller
heen·wed·strijd *nm (-en) (Belg.)* (match en) déplacement
heer *nm (heren)* **1** homme **2** Monsieur, Messieurs **3** gentleman, -men **4** Seigneur **5** maître; **zijn eigen ~ en meester zijn** être son (propre) maître; **de (mijn) oude ~** mon vieux, mon père
heer·kracht *nm (-en) (Belg.)* force majeure
heer·lijk *adj, adv* **1** agréable(ment) **2** délicieux, bien
heer·schap *het (-pen)* individu
heer·schap·pij *nf* pouvoir
heer·sen *vi (h. geheerst)* **1** régner **2** (pré)dominer
heer·ser *nm (-s)* souverain, -aine
heers·zuch·tig *adj* dominateur
hees[1], **hesen** → **hijsen**[1], **ophijsen**
hees[2] *adj (heser, heest)* **1** enroué **2** rauque
hees·ter *nm (-s)* arbrisseau
heet *adj, adv (heter, heetst)* **1** très chaud(ement) **2** ardent, ardemment **3** piquant
heet·ge·ba·kerd *adj* emporté
heet·hoofd *nm (-en)* soupe au lait
hef|boom *nm (-bomen)* levier
hef·brug *de (-gen)* pont levant
hef·fen *vt (h. geheven)* (pré)lever
hef·fing *nf (-en)* **1** prélèvement **2** taxe
hef·schroef·vlieg·tuig *het (-en)* hélicoptère
heft *het (-en)* manche; **het ~ in handen hebben** être à la barre; **het ~ in handen nemen** prendre les rênes
hef·tig *adj, adv* violent, violemment
hef·truck [hɛftryk] *nm (-s)* chariot élévateur
heg *de (-gen)* haie
hei *de* → **heide**
hei·de *de* bruyère
hei·den *nm (-en)* païen, -ïenne
hei·dens *adj, adv* **1** (en) païen(s) **2** terrible(ment)
hei·de·veld *het (-en)* (champ de) bruyère
hei·en *vti (h. geheid)* enfoncer (des pilotis) à la sonnette; **het staat (als) geheid** ça ne bougera plus
hei·ig *adj* brumeux
heil *het* **1** bien **2** résultat positif; **ergens geen ~ in zien** ne rien attendre de qch **3** salut
Hei·land *nm* Messie
heil·dronk *nm (-en)* toast
hei·lig *adj, adv* **1** saint(ement); **iem ~ verklaren** canoniser qn **2** sincère(ment); **het**

is mij ~e ernst je suis on ne peut plus sérieux; **~e voornemens** de fermes résolutions
hei·lig·dom *het (-men)* sanctuaire
hei·li·ge *nm (-n)* saint, sainte; *(Belg.)* **ter ere van welke ~?** en quel honneur?
hei·li·gen *vt (h. geheiligd)* **1** consacrer **2** sanctifier
hei·lig·heid *nf* sainteté
hei·lig·schen·nis *nf* sacrilège
heil|loos *adj, adv (-lozer, -loost)* funeste(ment)
heil·sol|daat *nm (-daten)* salutiste
heil·wens *nm (-en)* vœu (de bonheur)
heil|zaam *adj (-zamer, -zaamst)* salutaire
hei·me·lijk *adj, adv* secret, furtivement
heim·wee *het* **1** nostalgie **2** mal du pays
Hein ♦ **een ijzeren ~** un dur à cuire; **Magere ~** la Faucheuse
hein·de *adv* ♦ **van ~ en ver(re)** de toutes parts
hei|paal *nm (-palen)* pilot
hek *het (-ken)* barrière; **als wij dit toestaan, dan is het ~ van de dam** si nous tolérons cela, c'est le commencement de la fin
he·kel *nm* ♦ **een ~ aan iem/iets hebben** détester qn, qch; **iem over de ~ halen** arranger qn de la belle manière
he·ke·len *vt (h. gehekeld)* fustiger
hek·je *het* dièse
hek·ken·slui·ter *nm (-s)* dernier, -ière
heks *nf (-en)* **1** sorcière **2** mégère
hek·sen·jacht *de (-en)* chasse aux sorcières
hek·sen·toer *nm (-en)* tour de force
hek·werk *het (-en)* grillage
hel[1] *de* **1** enfer; **de ~ brak los in het stadion** le public du stade se déchaîna; **iem naar de ~ wensen** maudire qn; **iem het leven tot een ~ maken** rendre la vie impossible à qn **2** (royaume des) ténèbres
hel[2] *adj, adv* **1** (d'une voix) perçant(e) **2** éclatant, crûment
he·laas *adv* malheureusement; **dat is ~ maar al te waar** ce n'est que trop vrai
held *nm (-en)* **1** héros; **een ~ op sokken** un brave à trois poils, un bravache, une poule mouillée **2** champion; **hij is geen ~ in het rekenen** il n'est pas fort en calcul
hel·den|daad *de (-daden)* acte héroïque
hel·den|dicht *het (-en)*, **-epos** *het (-epen, -sen)* épopée
hel·den·moed *nm* héroïsme
hel|der *adj, adv (-derder, -derst)* **1** clair(ement) **2** clair; **iets in een ~ licht plaatsen** mettre qch en pleine lumière **3** lucide(ment); **~ kunnen denken** avoir toute sa tête **4** propre(ment)
hel·der·heid *nf* **1** clarté **2** netteté **3** lucidité **4** propreté
hel·der·ziend *adj* extralucide; **de ~e** le, la voyant(e)
held·haf·tig *adj, adv* héroïque(ment)
he·le·boel un tas (de)
he·le·maal *adv* entièrement; **~ bovenaan** tout en haut; **dat is het ~** c'est tout à fait ça; **~ niet** pas du tout; **~ niets!** rien du tout!
he·len *vti (h./i. geheeld)* **1** guérir **2** receler
he·ler *nm (-s)* receleur
helft *de (-en)* **1** moitié; **over de ~ zijn** en être à la moitié; **voor de ~** à moitié **2** mi-temps
he·li·kop·ter *nm (-s)* hélicoptère; **vervoer per ~** héliportage
he·ling *nf* **1** guérison **2** recel
hel·len *vi (h. geheld)* **1** pencher **2** être en pente
hel·lend *adj* en pente; **een ~ vlak** un plan incliné
hel·ling *nf (-en)* **1** pente; **een ~ van 30°** une déclivité à 30 pour cent **2** inclinaison **3** *(mar.)* cale; **iets op de ~ zetten** remettre qch en question
helm[1] *nm (-en)* casque
helm[2] *de* oyat
helm·gras *het* → **helm**[2]
help *interj* au secours!
help·desk *de (-s)* (service d')assistance téléphonique
hel·pen *vti (h. geholpen)* **1** aider; **iem aan iets ~** procurer qch à qn; **ik zal hem er wel door ~** je vais le tirer d'affaire; **iem er weer bovenop ~** remettre qn sur pied; **wat helpt het of je hem beklaagt?** à quoi bon le plaindre?; **ik help het je hopen** je le souhaite autant que toi; **dat helpt tegen hoofdpijn** c'est bon contre le mal de tête; **zich weten, zien te ~** savoir se débrouiller **2** soigner **3** servir; **wordt u al geholpen?** on s'occupe de vous?; **kan ik u ~?** que désirez-vous? ♦ **iets niet kunnen ~** ne rien pouvoir à qch
hel·per *nm (-s)* aide, *(Belg.)* aidant, -ante
hels *adj, adv* **1** (de façon) infernal(e) **2** furieux
hem *pers* le; **die van ~** le sien, la sienne, les siens, les siennes
hemd *het (-en)* **1** maillot de corps, *(Belg.)* chemisette; **hij heeft geen ~ aan het lijf** il n'a rien à se mettre; **ik stond mooi in mijn ~!** je ne savais plus où me mettre!; **tot op het ~ nat** trempé jusqu'aux os; **iem het ~ van zijn lijf vragen** accabler qn de questions **2** chemise
he·mel *nm (-en)* **1** ciel; **tussen ~ en aarde zweven** ± être dans l'incertitude; **een verschil van ~ en aarde** une différence du tout au tout; **het scheen of ~ en aarde zouden vergaan** on aurait dit que c'était la fin du monde; **onder de blote ~ (slapen)** (coucher) à la belle étoile; **iem/iets de ~ in prijzen** élever qn, qch jusqu'au ciel **2** paradis
***he·mel-** céleste
he·mel·bed *het (-den)* lit à baldaquin
he·mel·hoog *adj, adv* très haut
he·mel·li|chaam *het (-chamen)* astre
he·mels *adj, adv* **1** céleste **2** divin(ement)
he·mels·breed *adj, adv* **1** immense, énormément **2** à vol d'oiseau

he·mel·ter|gend *adj, adv (-gender, meest h.)* (d'une façon) révoltant(e)
He·mel·vaart *de* Ascension
hem·zelf *pers* (à) lui-même
hen[1] *nf (-nen)* poule
hen[2] *pers* les; **die van** ~ le leur, la leur, les leurs
hen·del *het/de (-s)* levier
Hen·drik ♦ **een brave hendrik** un petit saint
He·ne·gou·wen *het* Hainaut
hen·gel *nm (-s)* canne à pêche
hen·ge·laar *nm (-s)* pêcheur, -euse (à la ligne)
hen·ge·len *vi (h. gehengeld)* **1** pêcher (à la ligne) **2** *(+ naar)* quêter
heng·sel *het (-s)* **1** anse **2** gond; **een deur uit zijn ~s lichten** déboîter une porte
hengst *nm (-en)* **1** étalon **2** châtaigne
hen·nep *nm,* **hennepplant** *de (-en)* chanvre
hen·zelf *pers* (à) eux-mêmes
her *adv* depuis ♦ ~ **en der** de tous côtés
***her-** re-, ré-; **de herinvoering** la réintroduction
her·ade·men *vi (h. herademd)* respirer
her·berg *de (-en)* auberge
her·ber·gen *vt (h. geherbergd)* héberger
her·be·zin·nen *vpr (zich ~; h. zich herbezonnen)* se remettre en question
her·be·zon, herbezonnen → **herbezinnen**
her·bo·ren *adj* ♦ **wij voelden ons (als)** ~ nous nous sentions renaître
her·dacht, herdachten → **herdenken**
her·den·ken *vt (h. herdacht)* **1** commémorer (qch), célébrer la mémoire de (qn) **2** remémorer
her·den·kings·plech·tig|heid *nf (-heden)* commémoration
her·der *nm (-s)* **1** berger **2** (chien de) berger
her·der·lijk *adj* pastoral
her·ders·hond *nm (-en)* → **herder 2**
her·druk *nm (-ken)* réédition
he·ren·af·de·ling *nf (-en)* → **herenmode 3**
he·ren·ak·koord *het (-en)* gentleman's agreement
he·ren·con·fec·tie *nf* prêt-à-porter masculin
he·ren|huis *het (-huizen)* hôtel (particulier)
her·eni·gen *vt (h. herenigd)* **1** réunir **2** réconcilier
he·ren·mo·de *de* **1** mode masculine **2** articles de mode masculine **3** rayon hommes
her·exa·men *het (-s)* (épreuve, examen de) repêchage
herfst *nm* automne
herfst·ach·tig *adj* → **herfstig**
herf|stig *adj (-stiger, meest h.)* ♦ **het begint ~ te worden** l'automne approche
herfst·kleur *de (-en)* couleur d'automne
herfst·maand *de (-en)* **1** septembre **2** mois d'automne
herfst·tint *de (-en)* → **herfstkleur**
her·ge·boor·te *nf (-n)* renaissance
her·ge·bruik *het* réemploi
her·haald *adj* répété; **~e malen** à plusieurs reprises; **~e pogingen doen** multiplier les tentatives
her·haal·de·lijk *adv* à plusieurs reprises; **ik heb het ~ gezegd** je l'ai dit et répété
her·ha·len[1] *vt (h. herhaald)* répéter; **gegevens in het kort** ~ récapituler des données
her·ha·len[2] *vpr (zich ~; h. zich herhaald)* se répéter
her·ha·ling *nf (-en)* **1** répétition; **bij** ~ à plusieurs reprises; **in ~en vervallen** se répéter; **dit experiment bleek niet voor ~ vatbaar** il s'est avéré que cette expérience n'était pas à recommencer **2** révision
her·ha·lings·oe·fe·ning *nf (-en)* période (d'instruction)
her·ha·lings·re·cept *het (-en)* ordonnance renouvelée
her·ha·lings·te·ken *het (-s)* (signe de) reprise
her·in·de·ling *nf (-en)* nouvelle répartition
her·in·ne·ren[1] *vt (h. herinnerd) (+ aan)* rappeler (qch)
her·in·ne·ren[2] *vpr (zich ~; h. zich herinnerd)* se souvenir de; **zich iets proberen te** ~ chercher qch dans sa mémoire; **voor zover ik mij herinner** autant que je m'en souvienne
her·in·ne·ring *nf (-en)* **1** souvenir; **iets in ~ brengen** remettre qch à l'esprit (de qn); **oude ~en ophalen** évoquer le passé; **ter ~ aan** en souvenir de **2** avertissement
her·kan·sing *nf (-en)* repêchage
her·kau·wen *vti (h. herkauwd)* ruminer; **het** ~ la rumination
her·ken|baar *adj (-baarder, -baarst)* reconnaissable, *(fig.)* lisible
her·ken·nen *vt (h. herkend)* reconnaître; **zich in iem** ~ se retrouver en qn; **hij is niet te** ~ il est méconnaissable
her·ken·ning *nf (-en)* reconnaissance
her·ken·nings·me·lo·die *nf (-ën)* indicatif
her·keu·ring *nf (-en)* nouvel examen
her·kies·baar *adj* rééligible; **zich ~ stellen** accepter un nouveau mandat
her·komst *nf (-en)* origine
her·kreeg, herkregen → **herkrijgen**
her·krij·gen *vt (h. herkregen)* retrouver
her·lei·den *vt (h. herleid)* réduire (à)
her·le·ven *vi (i. herleefd)* revivre; **het verleden doen** ~ ressusciter le passé; **~d fascisme** fascisme renaissant
her·me·lijn *nm (-en)* hermine
her·me|tisch *adj, adv (-tischer, meest h.)* hermétique(ment)
her·nam, hernamen → **hernemen**
her·ne·men *vti (h. hernomen)* reprendre
her·nia *de (-'s)* hernie discale
her·nieu·wen *vt (h. hernieuwd)* renouveler; **een hernieuwde besmetting** une réinfection

her·no·men → **hernemen**
he·ro·ï·ne·ba·by *nm (-'s)* enfant né(e) accro
he·ro|ïsch *adj, adv (-ïscher, meest h.)* héroïque(ment)
her·ope·nen *vt (h. heropend)* rouvrir
her·ove·ren *vt (h. heroverd)* reconquérir
her·over·we·gen *vt (h. heroverwogen)* reconsidérer
her·over·woog, heroverwogen → **heroverwegen**
her·rees, herrezen → **herrijzen**
her·rie *de* **1** tapage **2** chahut **3** dispute; ~ **met iem krijgen** avoir des histoires avec qn
her·riep, herriepen → **herroepen**
her·rij·zen *vi (i. herrezen)* ressusciter
her·rij·ze·nis *nf* résurrection
her·roe·pen *vt (h. herroepen)* révoquer
her·scho·ling *nf* recyclage
***her·sen-** cérébral
her·sen·dood *de* coma dépassé
her·se·nen *plur* **1** cerveau **2** crâne
her·sen·helft *de (-en)* hémisphère cérébral
her·sen|loos *adj, adv (-lozer, meest h.)* écervelé, étourdiment
her·sen·pan *de (-nen)* boîte crânienne
her·sens *plur* **1** cerveau; **zijn ~ (af)pijnigen** se torturer la cervelle; **gebruik toch je ~!** réfléchis donc!; **zijn ~ laten werken** se creuser la cervelle **2** crâne
her·sen·schim *de (-men)* chimère; **~men najagen** nourrir des chimères
her·sen·schud·ding *nf (-en)* commotion cérébrale
her·sen·spin·sel *het (-s)* **1** chimère **2** fiction
her·sen·vlies·ont·ste·king *nf (-en)* méningite
her·stel *het* **1** rétablissement **2** réparation **3** remise
her·stel·baar *adj* réparable
her·stel·be·leid *het (Belg.)* politique de relance
her·stel·be·ta·ling *nf (-en)* réparation
her·stel·len[1] *vt (h./i. hersteld)* **1** réparer **2** rétablir **3** remettre (en état)
her·stel·len[2] *vi (h./i. hersteld)* se remettre
her·stel·len[3] *vpr (zich ~; h. zich hersteld)* **1** se rétablir **2** se ressaisir
her·stel·lings·oord *het (-en)* maison de repos
her·stel·lings·te·ken *het (-s)* bécarre
her·stel·werk·zaam·he·den *plur* travaux de restauration
her·struc·tu·re·ring *nf* restructuration
hert *het (-en)* **1** cervidés **2** cerf
her·tog *nm (-en),* **hertogin** *nf (-nen)* duc, duchesse
her·tog·dom *het (-men)* duché
her·trou·wen *vi (i. hertrouwd)* se remarier
her·vat·ten *vti (h. hervat)* reprendre
her·ver·de·ling *nf (-en)* redistribution
her·ver·ka·ve·ling *nf (-en)* remembrement
her·ver·kie·zing *nf* réélection
her·vormd *adj* réformé; **de ~e** le, la réformé(e)
her·vor·ming *nf (-en)* réforme
her·waar·de·ren *vt (h. (ge)herwaardeerd)* revaloriser
her·win·nen[1] *vt (h. herwonnen)* **1** regagner **2** récupérer
her·win·nen[2] *vpr (zich ~; h. zich herwonnen)* se ressaisir
her·won, herwonnen → **herwinnen**[1]
her·zag, herzagen → **herzien**
her·zien *vt (h. herzien)* revoir; **de lonen ~** rajuster les salaires
her·zie·ning *nf (-en)* révision
hesp *de (-en) (Belg.)* jambon
het[1] *pers (pronom neutre)* ce, c'
het[2] *indéf (pronom impersonnel)* il; **~ zij zo** soit! ♦ **dat is je van ~!** c'est le fin du fin!
het[3] *art neutre* le
het[4] *art neutre, avec accent d'insistance* **1** le, la, l' ... par excellence **2** le, la, l' ... qu'il me (te, lui etc.) faut **3** le, la, l' ... majeur(e)
he·ten *vti (h. geheten)* **1** s'appeler; **hij heet naar zijn vader** il porte le nom de son père; **het mag een wonder ~** cela tient du miracle **2** passer pour; **het heet dat hij gezeten heeft** on dit qu'il aurait fait de la prison; **hij heet rijk (te zijn)** il passe pour riche
he·ter·daad ♦ **iem op ~ betrappen** prendre qn en flagrant délit
he·te·ro *adj* → **heteroseksueel**
he·te·ro·sek·su·eel *adj* hétérosexuel; **de ~** le, la hétérosexuel(le)
het·geen *dém* ce qui
het·ze *nf (-s)* campagne de diffamation
het·zelf·de *dém* **1** la même chose **2** le, la même
het·zij *conj* soit
heu·gen *vi (h. geheugd)* se souvenir de
heug·lijk *adj* **1** heureux **2** mémorable
heu·len *vi (h. geheuld) (+ met)* être d'intelligence (avec qn)
heup *de (-en)* hanche ♦ **hij heeft, krijgt het op zijn ~en** il a une lubie
heup·slip *nm (-pen)* slip taille basse
heup·wie·gen *vi (h. geheupwiegd)* se dandiner
heup·wijd·te *nf* tour de hanches
heus *adj, adv* vrai(ment)
heu·vel *nm (-s)* colline
heu·vel·ach·tig *adj* vallonné
heu·vel·rug *nm (-gen)* chaîne de collines
he·vig *adj, adv* **1** fort; **~er worden** s'accentuer **2** violent, fortement
he·vig·heid *nf* violence
hi·aat *het/de (hiaten)* lacune
hief, hieven → **heffen, opheffen**
hiel *nm (-en)* talon; **de ~en lichten** lever le camp; **iemands ~en likken** lécher les bottes à qn
hield, hielden → **houden**[1], **aanhouden**[1], **tegenhouden** *(etc.)*
hielp, hielpen → **helpen, meehelpen, vooruithelpen** *(etc.)*

hier *adv* **1** ici; ~ **en daar** çà et là; ~ **in de buurt** par ici **2** voici
hier·aan *adv* à ceci, cela
hier·ach·ter *adv* là-derrière
hi·ë·rar·chisch *adj, adv* hiérarchique(ment)
hier·be·ne·den *adv* (ici) en bas
hier·bij *adv* ♦ ~ **bericht ik u, dat ...** par la présente, je vous fais savoir que ...; ~ **komt nog dat ...** ajoutez à cela que ...; **ik zal het** ~ **laten** je vais en rester là; ~ **treft u aan ...** vous trouverez ci-joint ...
hier·bin·nen *adv* à l'intérieur
hier·bo·ven *adv* **1** au-dessus **2** là-haut
hier·bui·ten *adv* **1** à l'extérieur **2** en dehors de ceci; ~ **kan hij niet** il ne peut s'en passer
hier·door *adv* **1** par ici **2** de ce fait
hier·heen *adv* par ici
hier·in *adv* **1** là-dedans **2** en cela
hier·langs *adv* par ici
hier·mee *adv* avec cela, ceci
hier·na *adv* **1** après; **de dag** ~ le lendemain **2** ci-après
hier·naast *adv* à côté
hier·na·maals *het* au-delà
hier·om *adv* **1** autour **2** c'est pourquoi
hier·om·trent *adv* **1** quelque part par ici **2** à ce sujet
hier·on·der *adv* **1** en-dessous **2** plus loin **3** en cela **4** parmi
hier·op *adv* **1** là-dessus **2** sur (qch); **met het oog** ~ à cet effet **3** ensuite
hier·over *adv* **1** là-dessus **2** à ce sujet
hier·te·gen *adv* **1** là-contre **2** contre cela
hier·te·gen·over *adv* **1** en face **2** par contre
hier·toe *adv* à cet effet ♦ **tot** ~ **en niet verder** ça suffit
hier·uit *adv* **1** d'ici **2** de ceci; ~ **volgt, dat hij ongelijk heeft** il s'ensuit qu'il a tort
hier·van *adv* en
hier·van·daan *adv* d'ici
hier·voor *adv* **1** devant **2** avant **3** pour cela **4** à cette fin **5** en échange
hi·fi-in·stal·la·tie *nf (-s)* chaîne hi-fi
high [hɑj] *adj* ♦ ~ **zijn** planer
high·tech [hɑjtɛk] *adj* de technologie de pointe
hij *pers* il
hij·gen *vi (h. gehijgd)* haleter
hij·ger *nm (-s)* ⟨*obsédé sexuel qui tient des propos obscènes au téléphone*⟩
hij·sen[1] *vt (h. gehesen)* hisser
hij·sen[2] *vti (h. gehesen)* lever le coude
hijs|kraan *de (-kranen)* grue
hij·zelf *pers* lui-même
hik *nm (-ken)* hoquet
hik·ken *vi (h. gehikt)* **1** hoqueter **2** avoir le hoquet ♦ **tegen iets aan** ~ se faire une montagne de qch
hi·la·ri·teit *nf* hilarité
hin·de *nf (-n)* biche
hin·der *nm* **1** gêne; ~ **van iets ondervinden** être gêné par qch **2** nuisance
hin·de·ren *vti (h. gehinderd)* **1** gêner **2** déranger **3** contrarier ♦ **dat hindert niet** ça ne fait rien
hin·der|laag *de (-lagen)* embuscade
hin·der·lijk *adj, adv* **1** (de façon) irritant(e) **2** ennuyeux, fâcheusement **3** gênant
hin·der·nis *nf (-sen)* obstacle
hin·der|paal *nm (-palen)* → **hindernis**
Hin·der·wet *de (-ten)* loi sur les nuisances
hin·doe·ïs·me *het* hindouisme
Hin·doe|staan *nm (-stanen)*, **-staanse** *nf (-n)* Hindoustani, -ie
hing, hingen → **hangen**[1], **aanhangen, samenhangen** *(etc.)*
hin·ke·len *vi (h. gehinkeld)* jouer à la marelle
hin·ken *vi (h. gehinkt)* boiter, *(fig.)* clocher
hink-stap-sprong *nm* triple saut
hin·ni·ken *vi (h. gehinnikt)* hennir
hint *nm (-s)* suggestion
his·to·ri|cus *nm (-ci)* historien, -ienne
his·to·risch *adj, adv* historique(ment); **dat is** ~ **gegroeid** c'est le résultat d'une évolution historique
hit *nm (-s)* tube
hit·sig *adj, adv* lubrique(ment)
hit·te *nf* **1** chaleur **2** ardeur
hit·te|golf *de (-golven)* vague de chaleur
hiv, hiv-virus *het (méd.) human immunodeficiency virus* VIH
H.M. *Hare Majesteit* S.M.
ho *interj* **1** holà!; **ho maar!** ça suffit! **2** tout de même! ♦ **harder werken? ho maar!** travailler davantage? pas question!
hob·bel *nm (-s)* bosse; **er moet nog één** ~ **genomen worden** il y a encore un hic; **de weg is hier vol ~s** le chemin est cahoteux
hob·be·len *vi (h. gehobbeld)* cahoter
hob·bel·paard *het (-en)* cheval à bascule
hob·by *nm (-'s)* passe-temps
hob·by·ist *nm (-en)* **1** bricoleur **2** amateur
ho·bo *nm (-'s)* hautbois
ho·bu *het (Belg.; enseign.) hoger onderwijs buiten de universiteit* ESNU
hoc·key·en [hɔkijə(n)] *vi (h. gehockeyd)* jouer au hockey
ho·cus po·cus *interj* abracadabra!
hoe *adv* **1** comment; ~ **dan ook** quoi qu'il en soit **2** combien; ~ **eerder** ~ **liever** le plus tôt sera le mieux; ~ **laat is het?** quelle heure est-il?; ~ **langer** ~ **beter** de mieux en mieux; ~ **meer ... des te meer** plus ... (et) plus; ~ **vreemd het ook lijkt** si bizarre que cela puisse paraître
hoed *nm (-en)* chapeau; **een hoge** ~ un haut-de-forme; **daar neem ik mijn** ~ **voor af** chapeau (bas)!
hoe·da·nig|heid *nf (-heden)* qualité
hoe·de *de* protection ♦ **op zijn** ~ **zijn** se tenir sur ses gardes
hoe·den[1] *vt (h. gehoed)* garder
hoe·den[2] *vpr (zich ~; h. zich gehoed) (+ voor)* faire attention (à)
hoe·den·plank *de (-en)* porte-chapeaux

hoed·je *het (-s)* ♦ **onder één ~ spelen met iem** être de mèche avec qn; **zich een ~ schrikken** avoir une peur bleue
hoef *nm (hoeven)* sabot
hoef·ijzer *het (-s)* fer (à cheval)
hoef|smid *nm (-smeden)* maréchal-ferrant
hoe·ge·naamd *adv* **1** absolument **2** pratiquement **3** à peine
hoek *nm (-en)* **1** coin; **zich niet in een ~ laten drukken** ne pas se laisser marcher sur les pieds; **hij zit in de ~ waar de slagen vallen** c'est lui qui trinque; **om de ~** juste après le coin; **flink uit de ~ komen** dire les choses carrément **2** angle
hoek|huis *het (-huizen)* maison qui fait l'angle
hoe·kig *adj, adv* anguleux
hoek·je *het (-s)* ♦ **het ~ om gaan** casser sa pipe
hoek·schop *nm (-pen)* corner
hoek|steen *nm (-stenen)* pierre angulaire
hoek·tand *nm (-en)* canine
hoek·wo·ning *nf (-en)* → **hoekhuis**
hoe·lang *adv* combien de temps
hoe·pel *nm (-s)* cerceau; **zo krom als een ~** droit comme la jambe d'un chien
hoe·pel·rok *nm (-ken)* crinoline
hoer *nf (-en)* **1** putain **2** garce
hoe·ren·lo·per *nm (-s)* habitué des bordels
hoes *de (hoezen)* housse
hoes·la·ken *het (-s)* drap-housse
hoest *nm* toux
***hoest-** contre la toux
hoest·bui *de (-en)* quinte (de toux)
hoes·ten[1] *vti (h. gehoest)* tousser
hoes·ten[2] *vt (h. gehoest)* cracher
hoe·ve *de (-n)* ferme
hoe·veel *card* combien (de)
hoe·veel|heid *nf (-heden)* nombre (de); **geringe ~** faible quantité
hoe·veel·ste combien; **de ~ is het vandaag?** quelle date sommes-nous?
hoe·ven[1] *vt (h. gehoefd, gehoeven)* devoir; **ik hoef niet zo nodig** je n'y tiens pas particulièrement
hoe·ven[2] *vi (h. gehoefd, gehoeven)* être nécessaire; **het hoeft niet meer** ce n'est plus la peine
hoe·ver *adv* (jusqu')où; **in ~re** dans quelle mesure
hoe·wel *conj* quoique
hoe·zeer *adv* combien
hof[1] *het (hoven)* cour
hof[2] *nm (hoven)* jardin
hof·da·me *nf (-s)* dame d'honneur
hof·fe·lijk *adj, adv* courtois(ement)
hof·hou·ding *nf (-en)* cour
hof·je *het (-s)* **1** hospice de vieillards **2** cour intérieure
hof·nar *nm (-ren)* fou du roi
ho·ge·druk·ge·bied *het (-en)* anticyclone
ho·ge·druk·pan *de (-nen)* cocotte-minute
ho·ge·pries·ter *nm (-s)* (le) grand prêtre
ho·ger·hand *de* ♦ **van ~** par ordre des autorités
Ho·ger·huis *het* Chambre des Lords
ho·ger·op *adv* plus haut; **hij wil ~** il veut monter
ho·ge|school *de (-scholen)* école supérieure
ho·ge·snel·heids·trein *nm (-en)* train à grande vitesse
hok *het (-ken)* **1** réduit **2** cabane **3** taudis
hok·je *het (-s)* **1** cabine (de bain) **2** loge (de concierge) **3** case; **iem in een ~ plaatsen** coller une étiquette sur le dos de qn
hok·jes|geest *nm*, **-mentaliteit** *nf* esprit classificateur
hok·ken *vi (h. gehokt)* cohabiter
hol[1] *het (-en)* **1** caverne **2** tanière; **zich wagen in het ~ van de leeuw** se jeter dans la gueule du loup **3** cachette
hol[2] *nm* ♦ **op ~ slaan** prendre le mors aux dents
hol[3] *adj* **1** creux; **een ~ vat** un tonneau vide **2** concave ♦ **in het ~st van de nacht** au plus profond de la nuit
hol·be·wo·ner *nm (-s)* **1** habitant, -ante des cavernes **2** troglodyte
hol·heid *nf* **1** concavité **2** futilité
Hol·lands *adj* hollandais; **het ~** le hollandais, le néerlandais; **~e kaas** du hollande
hol·len *vi (h. gehold)* courir (à toute vitesse); **het is met hem ~ of stilstaan** il passe d'un extrême à l'autre
hol·lend *adj, adv* galopant, au galop; **de zaak gaat ~ achteruit** les affaires vont de plus en plus mal
hol·le·tje *het* ♦ **op een ~** au (grand) galop
hol·ster *nm (-s)* gaine
hol·te *nf (-s, -n)* **1** creux **2** cavité
ho·me·o·pa·thie *nf* homéopathie
home·page *nm (-s)* page d'accueil
hom·mel *de (-s)* bourdon
ho·mo *nm (-'s)* homo(sexuel)
ho·mo·fiel *adj* homosexuel; **de ~** l'homosexuel(le)
ho·mo·ge·ni·teit *nf* homogénéité
ho·mo·hu·we·lijk *het (-en)* mariage entre homosexuels
ho·mo·sek·su·eel *adj* → **homofiel**
homp *de (-en)* gros morceau
hond *nm (-en)* **1** chien; **de gebeten ~ zijn** être la brebis galeuse; **er was geen ~** il n'y avait pas un chat; **daar zouden de ~en geen brood van lusten** c'est un vrai scandale; **de ~ in de pot vinden** ± danser devant le buffet vide **2** goujat; **ondankbare ~!** espèce d'ingrat!
hon·den·fok·ker *nm (-s)* éleveur, -euse de chiens
hon·den·hok *het (-ken)* **1** niche **2** taudis
hon·den·weer *het* temps de chien
hon·derd *het (-en)* **1** cent; *(Belg.)* **tien ten ~** dix pour cent **2** centaine(s) ♦ **alles loopt**

in het ~ plus rien ne va; **de boel in het ~ sturen** faire tout échouer
hon·derd·dui·zend *card* cent mille; **de ~ winnen** gagner le gros lot
hon·derd·ja·rig *adj* **1** centenaire; **een ~e** un(e) centenaire; **de Honderdjarige Oorlog** la guerre de Cent Ans **2** centennal
hon·derd·je *het (-s)* ⟨*billet de cent (florins)*⟩
hon·derd·ste *ord* centième; **de ~ verjaardag** le centenaire
hon·derd·tal *het (-len)* centaine
hon·derd·voud *het (-en)* centuple
honds *adj, adv (hondser, meest h.)* **1** méchant, méchamment; **iem ~ behandelen** traiter qn comme un chien **2** insolent, insolemment
honds·bru·taal *adj, adv* grossier, grossièrement
honds·da·gen *plur* canicule
honds·dol·heid *nf* rage; **een inenting tegen ~** une vaccination antirabique
honds·moe *adj* crevé
Hon·du|rees *nm (-rezen)* Hondurien, -ienne
ho·nen[1] *vt (h. gehoond)* bafouer
ho·nen[2] *vi (h. gehoond)* parler d'un ton sarcastique
ho·nend *adj, adv* (d'un ton) sarcastique
Hon·gaars *adj* hongrois
Hon·ga·rije *het* Hongrie
hon·ger *nm* **1** faim; **~ naar geld en goed** la soif de richesses; **zijn ~ stillen** assouvir sa faim **2** famine
hon·ge·ren *vi (h. gehongerd) (+ naar)* avoir faim (de)
hon·ge·rig *adj* affamé; **~ maken** donner de l'appétit
hon·ger|kuur *de (-kuren)* diète totale
hon·ger·lij·der *nm (-s)* **1** affamé, -ée **2** boulimique **3** meurt-de-faim
hon·ger|loon *het (-lonen)* salaire de misère
hon·gers|nood *nm (-noden)* famine
hon·ger·sta·king *nf (-en)* grève de la faim
hon·ger·win·ter *nm (-s)* hiver de (la) disette
ho·ning *nm* miel
ho·ning|raat *de (-raten)* rayon (d'une ruche)
ho·ning·zoet *adj, adv* sucré, mielleusement; **~e woorden** flatteries
honk *het (-en)* **1** refuge **2** base
honk·bal·knup·pel *nm (-s)* batte (de base-ball)
honk|vast *adj (-vaster, meest h.)* casanier
ho·no·ra|ri·um *het (-ria, -riums)* honoraires
ho·no·re·ren *vt (h. gehonoreerd)* **1** rémunérer **2** honorer
hoofd *het (-en)* **1** tête; **zeur me niet aan het ~!** ne me casse pas les pieds!; **aan het ~ staan van iets** diriger qch; **iets het ~ bieden** faire front à qch; **dat hangt hem boven het ~** cela lui pend au nez; **iem boven het ~ groeien** dépasser qn; **iem het ~ op hol brengen** tourner la tête à qn; **dat is mij door het ~ geschoten** ça m'est complètement sorti de la tête; **een hard ~ in iets hebben** être pessimiste (concernant qch); **het is hem gelukt het ~ boven water te houden** il a réussi à se maintenir; **het in zijn ~ halen om te** s'aviser de; **het is hem in het ~ geslagen** il a perdu la tête; **hoe haalt hij het in zijn ~?** qu'est-ce qu'il va chercher là?; **alles zeggen wat in je ~ opkomt** dire tout ce qui vous passe par la tête; **zich een gat in het (z'n) ~ vallen** s'ouvrir le crâne en tombant; **het ~ laten hangen** être abattu; **het ~ in de schoot leggen** courber la tête; **het ~ loopt mij om** je ne sais (plus) où donner de la tête; **iets over het ~ zien** ne pas remarquer qch; **mijn ~ staat er niet naar** je n'ai pas la tête à ça; **de ~en bij elkaar steken** se concerter; **uit het ~ leren** apprendre par cœur; **dat laat ik mij niet uit mijn ~ praten** on ne me fera pas changer d'idée; **ik durf mijn ~ eronder te verwedden** j'en mettrais ma main au feu; **iem voor het ~ stoten** offenser qn **2** en-tête; **aan het ~ van de brief** en tête de la lettre **3** chef ♦ **uit ~e van** en raison de
***hoofd-** principal
hoofd·agent *nm (-en)* **1** brigadier **2** agent principal
hoofd·ar·ti·kel *het (-en)* **1** éditorial **2** article principal
hoofd·be|stuur *het (-sturen)* direction générale
hoofd·bre·ken *het (-s)* ♦ **dat zal mij heel wat ~(s) kosten** il faudra que je fasse travailler ma matière grise
hoofd·bu·reau *het (-s)* **1** siège social **2** commissariat de police
hoofd·dek·sel *het (-s)* couvre-chef
hoofd·di·rec·to·ry *nm (-'s)* répertoire racine
hoofd·doek *nm (-en)* fichu
hoofd·ein·de *het (-n)* tête (du lit)
hoof·de·lijk *adj, adv* par tête, individuellement; **~e omslag** répartition individuelle
hoofd·film *nm (-s)* grand film
hoofd·ge·recht *het (-en)* → **hoofdschotel 1**
hoofd|haar *het/de (-haren)* cheveu
hoofd·huid *de* cuir chevelu
hoofd·kan|toor *het (-toren)* **1** siège (principal) **2** bureau de poste central
hoofd·knik *nm (-ken)* signe de tête
hoofd·kus·sen *het (-s)* oreiller
hoofd·kwar·tier *het (-en)* quartier général
hoofd·let·ter *de (-s)* (lettre) majuscule
hoofd·lijn *de (-en)* **1** grandes lignes; **iets in ~en aangeven** indiquer qch dans les grandes lignes **2** ligne principale
hoofd|luis *de (-luizen)* pou (de la tête)
hoofd·me·nu *het (-'s)* menu principal
hoofd|moot *de (-moten)* (la) plus grande part
hoofd·pijn *de (-en)* mal de, à la tête
hoofd·plaats *de (-en)* chef-lieu
hoofd|prijs *nm (-prijzen)* gros lot

hoofd·re·dac·tie *nf (-s)* rédaction en chef
hoofd·re·ke·nen *het* calcul mental
hoofd·rol *de (-len)* **1** rôle principal **2** héros, héroïne
hoofd·scha·ke·laar *nm (-s)* disjoncteur
hoofd·scho·tel *de (-s)* **1** plat de résistance **2** attraction principale
hoofd·schud·dend *adj* secouant la tête
hoofd|stad *de (-steden)* capitale
hoofd·steun *nm (-en)* appuie-tête
hoofd|straat *de (-straten)* grande rue
hoofd·stuk *het (-ken)* chapitre
hoofd·te·le·foon *nm (-s)* casque (d'écoute)
hoofd·tel·woord *het (-en)* nombre cardinal
hoofd·vak *het (-ken)* matière principale
hoofd·vo·gel *nm (-s) (Belg.)* ♦ **de ~ afschieten** décrocher la timbale
hoofd·weg *nm (-en)* route principale
hoofd·werk *het (-en)* **1** travail intellectuel **2** occupation principale **3** œuvre capitale
hoofd|zaak *de (-zaken)* (le) principal; **in ~** sur l'essentiel
hoofd·zon·de *de (-n)* péché capital
hoofs *adj, adv (hoofser, meest h.)* courtois(ement)
hoog *adj, adv (hoger, hoogst)* **1** haut(ement) **2** élevé; **het hogere** le spirituel **3** grandement; **iem ~ aanslaan** avoir de l'estime pour qn; **~ opgeven van iem** faire l'éloge de qn; **iets ~ opnemen** s'offenser de qch; **hoge snelheid** grande vitesse; **een ~ stemmetje** une voix aiguë; **het zit hem ~** cela le tracasse énormément **4** important; **hoge gasten** hôtes importants ♦ **bij ~ en laag beweren** affirmer avec insistance
hoog·ach·ten *vt (h. hooggeacht)* estimer
hoog·ach·ting *nf* estime; **(inmiddels) verblijven wij met de meeste ~** recevez, Monsieur (Messieurs etc.), l'assurance de mon respectueux dévouement; **met verschuldigde ~** je suis votre obligé
hoog·be·gaafd *adj* surdoué
hoog·be·jaard *adj* très âgé
hoog·bouw *nm* buildings
hoog·dag *nm (-en) (Belg.; cathol.)* (grande) fête
hoog·dra·vend *adj, adv* grandiloquent, avec grandiloquence
hoog·ge·plaatst *adj* haut placé; **in ~e kringen** en haut lieu
hoog·ge·span·nen *adj* ♦ **~ verwachtingen** de grandes espérances
hoog·har·tig *adj, adv* dédaigneux, avec dédain; **een ~e houding aannemen** prendre des airs
hoog|heid *nf (-heden)* altesse
hoog·land *het (-en)* hautes terres
hoog·le|raar *nm (-raren, -laars)* professeur (d'université); **bijzonder ~** professeur extraordinaire; **gewoon ~** professeur titulaire
hoog·le·raar·schap *het (-pen)* chaire (à l'université); **een ~ in de taalwetenschap bekleden** être titulaire d'une chaire de linguistique
Hoog·lied *het* Cantique des Cantiques
hoog·lo·pend *adj* ♦ **zij hebben ~e ruzie** ils ont une dispute violente
hoog·mis *de (-sen)* grand-messe
hoog·moed *nm* orgueil
hoog·moeds·waan·zin *nm* folie des grandeurs
hoog·no·dig, hoogstnodig *adj, adv* urgent, d'urgence; **het ~e** le strict nécessaire; **er moet ~ iets aan gebeuren** il est grand temps d'y faire qch
hoog·oven *nm (-s)* haut fourneau
hoog·sei·zoen *het (-en)* (haute) saison
hoog·span·ning *nf* haute tension
hoogst *adv* extrêmement; **op zijn ~** au maximum
hoog|staand *adj (-staander, meest h.)* noble
hoog·stand·je *het (-s)* prouesse
hoog·stens *adv* (tout) au plus
hoogst·no·dig *adj, adv* → **hoognodig**
hoog·te *nf (-n, -s)* **1** hauteur; **in de ~** en haut; **hij was erg uit de ~** il avait un air très hautain; **tot op zekere ~** jusqu'à un certain point **2** altitude; **de ~ van de waterspiegel** le niveau de l'eau ♦ **hij kan daar geen ~ van krijgen** il n'arrive pas à y voir clair; **zich van iets op de ~ stellen** se mettre au courant de qch
hoog·te·punt *het (-en)* sommet
hoog·te·ver·schil *het (-len)* dénivellation
hoog·te·vrees *de* vertige
hoog·te·zon *de (-nen)* lampe à rayons ultraviolets
hoog·tij·dag *nm (-en)* fête carillonnée
hoog·uit *adv* (tout) au plus
hoog·vlak·te *nf (-n, -s)* haut plateau
hoog·vlie·ger *nm (-s)* ♦ **'t is geen ~** ce n'est pas un aigle
hoog·waar·dig *adj* de haute qualité
hoog·wa·ter *het* **1** marée haute **2** crue
hooi *het* foin; **te veel ~ op zijn vork nemen** vouloir en faire trop ♦ **te ~ en te gras** irrégulièrement
hooi·berg *nm (-en)* meule de foin
hooi·en[1] *vi (h. gehooid)* faire les foins; **het ~** le fauchage
hooi·en[2] *vt (h. gehooid)* faucher
hooi·koorts *de* rhume des foins
hooi·vork *de (-en)* fourche à foin
hoon *nm* dérision
hoon·ge·lach *het* rires moqueurs
hoop[1] *nm (hopen)* **1** tas (de); **alles op één ~ vegen** tout mettre dans le même sac **2** crotte ♦ **te ~ lopen** s'attrouper
hoop[2] *de* espoir; **al onze ~ is op hem gevestigd** il est notre unique espoir; **~ krijgen** prendre espoir; **de ~ opgeven (dat)** désespérer (de, que); **op ~ van zegen** à la grâce de Dieu
hoop·vol *adj* **1** plein d'espoir **2** prometteur
hoor·ap·pa|raat *het (-raten)* audioprothèse

hoor·baar *adj, adv* (d'une manière) perceptible
hoor·col·le·ge *het (-s)* cours magistral
hoorn *nm (-s)* **1** corne **2** combiné; **de ~ op de haak leggen, hangen** raccrocher (le combiné) **3** cor
hoorn·bla·zer *nm (-s)* **1** corniste **2** cuivres
hoor·nist *nm (-en)* → **hoornblazer 1**
hoorn|vlies *het (-vliezen)* cornée
hoor·spel *het (-en)* pièce radiophonique
hoor·zit·ting *nf (-en)* séance d'audition
hoos·bui *de (-en)* douche, *(Belg.)* drache
ho·pe|loos *adj, adv (-lozer, meest h.)* désespéré(ment); **het is ~** c'est à désespérer
ho·pen *vti (h. gehoopt)* espérer (qch) (que); **dat is niet te ~** espérons que cela n'arrivera pas
hor *de (-ren)* **1** moustiquaire **2** store
hor·de *de (-s)* **1** horde **2** haie
ho·re·ca *nm* ⟨*secteur des cafés, hôtels et restaurants*⟩, *(Belg.)* (secteur) horéca
ho·ren[1] *vti (h. gehoord)* **1** entendre; **getuigen ~** procéder à l'audition de témoins; **laat eens iets van je ~** donne-nous de temps en temps de tes nouvelles; **zo mag ik het ~!** voilà qui est parler! **2** écouter
ho·ren[2] *vi (h. gehoord)* **1** entendre **2** appartenir (à); **bij elkaar ~** être assorti **3** convenir; **voor wat hoort wat** donnant donnant; **hij had op tijd ~ te zijn** il aurait dû arriver à l'heure; **dat hoort zo** c'est ce qui se fait
ho·ri·zon *nm (-nen)* horizon
hor·lo·ge [hɔrloʒə] *het (-s)* **1** montre **2** *(Belg.)* horloge
hor|moon *het (-monen)* hormone
hort *nm (-en)* ♦ **de ~ op zijn** se balader; **met ~en en stoten** par à-coups
hor·zel *de (-s)* **1** taon **2** frelon
hos·pi|taal *het (-talen)* hôpital
hos·pi·tant *nm (-en)* (professeur) stagiaire
ho·tel *het (-s)* hôtel
ho·tel|school *de (-scholen)* école hôtelière
hot·line [hɔtlɑjn] *nm (-s)* téléphone rouge
houd·baar *adj* **1** qui se conserve(nt) **2** défendable **3** supportable
houd·baar·heid *nf* **1** durabilité **2** date limite de conservation
hou·den[1] *vt (h. gehouden)* **1** garder; **laten we het daar maar op ~, daarbij ~** restons-en là; **iets erop na ~** avoir qch; **twee zaken uit elkaar ~** faire la différence entre deux choses **2** tenir **3** donner **4** faire **5** *(+ voor)* prendre (pour), considérer (comme) ⟨*pour les expressions non mentionnées voir les substantifs concernés*⟩
hou·den[2] *vi (h. gehouden)* **1** *(+ van)* aimer **2** tenir (bien) **3** être solide; **het ijs houdt nog niet** la glace ne porte pas encore
hou·den[3] *vpr (zich ~; h. zich gehouden)* **1** *(+ aan)* s'en tenir (à) **2** rester; **zich goed ~** se montrer courageux **3** faire semblant d'être
hou·der *nm (-s)* **1** étui **2** porte-
hou·ding *nf (-en)* **1** position **2** air; **zich een ~ geven** se donner une contenance **3** attitude
hout *het* bois; **hij is uit het goede ~ gesneden** il est de la bonne trempe; *(Belg.)* **dat gaat over zijn ~** ça dépasse les bornes ♦ **dat argument snijdt geen ~** cet argument ne tient pas debout
hout·be·wer·king *nf (-en)* ébénisterie
hout·bla·zers *plur* bois
hout·blok *het (-ken)* bûche
hout|boor *de (-boren)* foret
hout|duif *de (-duiven)* (pigeon) ramier
hou·te·rig *adj, adv* raide, avec raideur; **een ~e stijl** un style gauche
hout·gra·vu·re *de (-s)* → **houtsnede**
hout·hak·ken *vi* abattre des arbres; **het ~** la coupe
hout·hak·ker *nm (-s)* bûcheron
hout·in·du·strie *nf* industrie du bois
hout·je *het (-s)* cintre ♦ **iets op eigen ~ doen** faire qch de sa propre initiative; **op een ~ bijten** danser devant le buffet
hout·lijm *nm (-en)* colle à bois
hout·molm *het/de* vermoulure
hout|nerf *de (-nerven)* fil du bois
houts·kool *de* **1** charbon de bois; **de gloeiende ~** la braise **2** fusain
hout·sne·de *de (-n, -s)* **1** planche gravée de bois **2** gravure sur bois
hout·snij·werk *het (-en)* sculpture sur bois
hout·soort *de (-en)* espèce de bois
hout·sta·pel *nm (-s)* **1** pile de bois **2** bûcher
hout·ves·ter *nm (-s)* garde forestier
hout·vrij *adj* sans lignine
hout|vuur *het (-vuren)* feu de bois
hout·wal *nm (-len)* talus boisé
hout·werk *het (-en)* **1** boiseries **2** charpente
hout·wol *de* fibre de bois
hout·worm *nm (-en)* vers à bois
hout·za·ge·rij *nf (-en)* scierie
hou·vast *het* point d'appui; **~ zoeken** chercher un point de repère
hou|weel *het (-welen)* pioche
ho·ve·ling *nm (-en)* courtisan
ho·ve·nier *nm (-s)* jardinier, -ière
ho·ver·craft [huvərkrɑ:ft] *de (-s)* aéroglisseur
ho·zen[1] *vti (h. gehoosd)* écoper
ho·zen[2] *vb impers* pleuvoir à seaux
hso *het (Belg.; enseign.) hoger secundair onderwijs* ESS
hts *de (-'en) hogere technische school* ⟨*école technique supérieure*⟩
hui·che·laar *nm (-s)* hypocrite
hui·che·la·rij *nf (-en)* hypocrisie
huid *de (-en)* peau; **hij heeft een dikke ~** il est blindé; **met ~ en haar opeten** avaler tout cru; **iem op zijn ~ geven** tanner le cuir à qn; **iem op zijn ~ zitten** chercher des poux à qn; **iem de ~ vol schelden** engueuler qn
huid·arts *nm (-en)* dermatologue
hui·dig *adj* actuel

huids·kleur *de (-en)* teint
huid·trans·plan·ta·tie *nf (-s)* greffe de peau
huid·uit·slag *nm* éruption
huif·kar *de (-ren)* roulotte (bâchée)
huil·bui *de (-en)* crise de larmes
hui·len *vi (h. gehuild)* **1** pleurer **2** hurler
hui·le·rig *adj, adv* **1** pleureur **2** (d'un ton) larmoyant
huis *het (huizen)* maison; **aan ~ bezorgen** livrer à domicile; **dat staat zo vast als een ~** cela ne fait aucun doute; **van goeden huize komen** être de bonne famille; **~ noch haard hebben** n'avoir ni feu ni lieu; **er is geen ~ met hem te houden** il est invivable; **iets in ~ hebben** avoir des provisions; **heel wat in ~ hebben** avoir beaucoup de capacités; *(Belg.)* **daar komt niets van in ~** il n'en est pas question; **naar ~ schrijven** écrire à sa famille; **het is niet om over naar ~ te schrijven** ça ne casse rien; **open ~ houden** organiser une journée portes ouvertes; **van ~ uit** d'origine
huis-aan-huis·blad *het (-en)* périodique 'toutes boîtes'
huis·adres *het (-sen)* adresse (personnelle)
huis·arts *nm (-en)* **1** médecin de famille **2** (médecin) généraliste
huis|baas *nm (-bazen)* → **huiseigenaar**
huis·be·zoek *het (-en)* visite à domicile
huis·deur *de (-en)* porte d'entrée
huis·dier *het (-en)* animal domestique
huis·ei·ge|naar *nm (-naars, -naren)* propriétaire
hui·se·lijk *adj, adv* **1** familial, en famille **2** intime **3** casanier
huis·ge|noot *nm (-noten)* **1** colocataire **2** membre de la famille
huis·ge·zin *het (-nen)* famille
huis·houd|beurs *de (-beurzen)* salon des arts ménagers
huis·hou·de·lijk *adj* ménager; **voor ~ gebruik** à usage domestique
huis·hou·den[1] *het (-s)* ménage
huis·hou·den[2] *vi (h. huisgehouden)* **1** se livrer à des excès **2** faire rage
huis·houd·geld *het* argent du ménage
huis·hou·ding *nf (-en)* ménage; **de ~ doen** faire le ménage
huis·houd·ster *nf (-s)* personne qui tient la maison (de qn)
huis|huur *de (-huren)* loyer
huis·je *het (-s)* **1** guérite **2** coquille ♦ **heilige ~s omvergooien** s'attaquer à des tabous
huis·jes·slak *de (-ken)* escargot
huis·ka·mer *de (-s)* (salle de) séjour
huis·man *nm (-nen)* homme au foyer
huis·mees·ter *nm (-s)* **1** gardien d'immeuble **2** *(Belg.)* propriétaire
huis·merk *het (-en)* marque de distributeur
huis·mid·del *het (-en)* remède de bonne femme
huis·mus *de (-sen)* **1** moineau **2** personne casanière
huis·raad *het* mobilier
huis·schil·der *nm (-s)* peintre en bâtiment(s)
huis·sleu·tel *nm (-s)* clef de la maison
huis·te·le·foon *nm (-s)* interphone
huis·va·der *nm (-s)* père de famille
huis·ves·ten *vt (h. gehuisvest)* loger
huis·ves·ting *nf* logement
huis·vlijt *de* travaux du foyer
huis·vrouw *nf (-en)* **1** femme au foyer **2** mère de famille
huis·vuil *het* ordures ménagères
huis·werk *het* **1** devoirs **2** travaux ménagers
huis·werk·in·sti·tuut *het (-tuten) (Belg.)* école des devoirs
huis·wijn *nm (-en)* vin du patron
huis·zoe·king *nf (-en)* perquisition
hui·ve·rig *adj* **1** hésitant; **ik ben er nogal ~ voor** je ne suis pas très chaud pour cela **2** frissonnant
hui·ve·ring·wek·kend *adj, adv* terrifiant, terriblement
hui·zen *vi (h. gehuisd)* habiter
hui·zen·bouw *nm* construction de logements
hul·de *nf* hommage; **iem ~ bewijzen, brengen** rendre hommage à qn; **~!** chapeau bas!
hul·di·ging *nf (-en)* **1** hommage **2** installation
hul·len[1] *vt (h. gehuld)* envelopper
hul·len[2] *vpr (zich ~; h. zich gehuld)* s'envelopper
hulp *de (-en)* **1** assistance; **eerste ~ (bij ongelukken)** premiers soins (en cas d'accident); **om ~ schreeuwen** crier au secours; **iem te ~ komen** venir en aide à qn **2** aide **3** auxiliaire
***hulp-** auxiliaire
hulp·ac·tie *nf (-s)* (action de) secours
hulp·be·hoe·vend *adj* **1** nécessiteux **2** infirme
hulp·bron *de (-nen)* ressource
hul·pe|loos *adj, adv (-lozer, -loost)* sans moyens
hulp·goe·de·ren *plur* secours
hulp·kracht *de (-en)* auxiliaire
hulp|kreet *nm (-kreten)* appel au secours
hulp·mid·del *het (-en)* **1** moyen **2** remède
hulp·sig|naal *het (-nalen)* signal de détresse
hulp·vaar·dig *adj* serviable
hulp·ver·le·ner *nm (-s)* **1** assistant, -ante social(e) **2** thérapeute
hulp·ver·le·ning *nf* **1** secours **2** service d'aide (sociale)
huls *de (hulzen)* **1** enveloppe **2** douille
hu|maan *adj, adv (-maner, -maanst)* humain, avec humanité
hu·ma·nis·tisch *adj* **1** laïc **2** humaniste
hu·meur *het (-en)* **1** humeur **2** bonne humeur; **dat bracht hem uit zijn ~** cela le mit de mauvaise humeur
hu·meu·rig *adj, adv* de mauvaise humeur, avec (mauvaise) humeur
hum·mel *nm (-s)* marmot

hu·mor *nm* (sens de l') humour
hun[1] *pers* les
hun[2] *poss* (le, la) leur, (les) leurs
hu·ne·bed *het (-den)* (mégalithe appelé) lit des géants
hun·ke·ren *vi (h. gehunkerd)* aspirer (à)
hun·ner·zijds *adv* quant à eux
hup·pe·len *vi (h./i. gehuppeld)* sautiller
hu·ren *vt (h. gehuurd)* louer; **iets van iem ~** louer qch à qn
hur·ken *vi (h. gehurkt)* s'accroupir
hut *de (-ten)* **1** cabane **2** cabine
huts·pot *nm* **1** ⟨*purée de pommes de terre avec viande, oignons et carottes*⟩ **2** mixture
huur *de (huren)* **1** location; **iem de ~ opzeggen** donner congé à qn **2** loyer; **200 euro kale ~** un loyer de 200 euros, sans les charges
huur·ach·ter·stand *nm (-en)* → **huurschuld**
huur·au·to *nm (-'s)* voiture de location
huur·be·scher·ming *nf* protection des locataires
huur·con·tract *het (-en)* contrat de location
huur·der *nm (-s)* locataire
huur|huis *het (-huizen)* maison en location
huur·over·een·komst *nf (-en)* → **huurcontract**
huur|prijs *nm (-prijzen)* loyer
huur·schuld *de (-en)* arriéré(s) de loyer
huur·som *de (-men)* → **huurprijs**
huur·sub·si·die *het/de (-s)* allocation (de) logement
huur·troe·pen *plur* troupes mercenaires
huur·waar·de *nf (-n)* valeur locative
huw·baar *adj* en âge de se marier
hu·we·lijk *het (-en)* mariage; **in het ~ treden** se marier; **een ~ sluiten met ...** se marier avec ...
hu·we·lijks *adj* matrimonial; **onder ~e voorwaarden trouwen** se marier sous le régime matrimonial séparatiste
hu·we·lijks·aan·kon·di·ging *nf (-en)* faire-part de mariage
hu·we·lijks·aan·zoek *het (-en)* demande en mariage
hu·we·lijks·be·mid·de·ling *nf (-en)* ♦ **een bureau voor ~** une agence matrimoniale
hu·we·lijks·feest *het (-en)* noces
hu·we·lijks·le·ven *het* vie conjugale
hu·we·lijks·nacht *nm (-en)* nuit de noces
hu·we·lijks|reis *de (-reizen)* voyage de noces
hu·we·lijks·voor·waar·den *plur* régime matrimonial séparatiste
hu·wen *vti (h./i. gehuwd)* se marier
hu·za·ren|sa·la·de, -sla *de (-salades)* ± salade russe
hy·a·cint *de (-en)* jacinthe
hy·gi·ë|nisch *adj, adv (-nischer, meest h.)* hygiénique(ment)
hype *nm (-s)* battage publicitaire
hy·per·link *nm* hyperlien
hyp·no·se *nf* **1** hypnotisme **2** hypnose; **iem onder ~ brengen** hypnotiser qn
hy·po·criet *adj, adv* hypocrite(ment)
hy·po|theek *nf (-theken)* hypothèque; **een ~ aflossen** rembourser une hypothèque; **er staat een ~ op zijn huis** sa maison est hypothéquée
hys·te|risch *adj, adv (-rischer, meest h.)* hystérique(ment)

Succes mijn rethos moest ik lees een roman in het nederlands. De titel was: .., geschreven door: .... . Dit boek vertelt het verhaal van een jongen, die zijn moeder (dood van alcoholisme) verliest. Ze was een goede moeder en topmodel, dus moet hij met zijn vader te komen wonen. De sfeer was niet zo heel erg goed maar snel is dat overgedaan aan nieuwe vrienden. Hij zal dan in de drugs zonder zelfs still worden... Maar een roman die doet je nadenken!

i

ia *interj* hi-han
Ibe·risch *adj* ♦ **het ~ schiereiland** la péninsule ibérique
ibid. *ibidem* ib(id).
IC *het (inform.) integrated circuit* circuit intégré, puce
ICT *nf (abrév.) informatie- en communicatietechnologie* TI
ide·aal[1] *het (idealen)* idéal, rêve
ide·aal[2] *adj, adv (idealer, ideaalst)* idéal(ement); **het is ~** c'est le rêve
ide·aal·beeld *het (-en)* idéalisation; **een ~ creëren (van iem/iets)** idéaliser (qn, qch)
ide·a·li·se·ren *vt (h. geïdealiseerd)* idéaliser
ide·a·lis|tisch *adj, adv (-tischer, meest i.)* (de façon) idéaliste; **iets ~ opvatten** concevoir qch en idéaliste
ide·a·li·ter *adv* idéalement
idee *het (-ën)* idée; **iem op een ~ brengen** donner une idée à qn; **je hebt geen ~ hoe naar dat is** tu ne t'imagines pas combien c'est désagréable; **wat een gek ~!** quelle drôle d'idée!; **om een ~ te geven** à titre indicatif; **een gevestigd ~** une idée reçue; **ik heb zo het ~ dat ...** j'ai idée que ...; **geen (flauw) ~ van iets hebben** ne pas avoir la moindre idée de qch; **naar mijn ~** d'après moi; **op een ~ komen** avoir une idée; **zich een ~ vormen van iets** se faire une idée de qch; **zich vreemde ~ën in het hoofd halen** se faire des idées; **het ~!** quelle idée!
idee·ën·bus *de (-sen)* boîte à idées
idem *dém* idem; *(iron.)* **~ dito** et moi itou
iden·tiek *adj* identique; **een ~e tweeling** de vrais jumeaux
iden·ti·fi·ca·tie·plicht *de (pol.)* obligation de justifier de son identité
iden·ti·fi·ce·ren *vt (h. geïdentificeerd)* identifier; **zich ~** justifier de son identité; **zich ~ met** s'identifier à
iden·ti·teit *nf* **1** identité; **zijn ~ bewijzen** justifier de son identité **2** individualité; **hij heeft geen eigen ~** il n'a pas de personnalité
***iden·ti·teits-** d'identité; **het identiteitsbewijs** la pièce d'identité
ide·o·lo·gisch *adj, adv* idéologique(ment)
idi·oom *het (idiomen)* **1** idiome **2** idiotisme
idi·oot *adj, adv (idioter, idiootst)* idiot(ement); **doe niet zo ~!** ne fais pas l'idiot!; **~!** espèce d'idiot!
idi·o·te·rie *nf (-ën)* idiotie
ido·laat *adj, adv* idolâtre(ment); **iem ~ vereren** idolâtrer qn
idyl|lisch *adj, adv (-lischer, meest i.)* (de façon) idyllique; **~ gelegen** situé dans un paysage idyllique
ie *pers (fam.)* → **hij**[2]
ie·der *indéf* **1** chaque, tout; **~ mens moet sterven** tout homme est mortel; **hij kan ~ moment komen** il peut venir d'un moment à l'autre **2** chacun, tous; **~ die ...** tous ceux qui (que) ...; **~ van ons** chacun d'entre nous; **tot ~s verbazing** à l'étonnement de tous; **~ het zijne** à chacun son dû
ie·der·een *indéf* tout le monde, n'importe qui; **jij bent niet ~** tu n'es pas n'importe qui; **~ die ...** tous ceux qui ...; **~ kent er ~** tout le monde se connaît; **~ wordt geacht de wet te kennen** nul n'est censé ignorer la loi
iel *adj, adv* fluet, fragilement
ie·mand *indéf* **1** quelqu'un **2** *(dans les phrases qui contiennent déjà une négation)* personne **3** quelqu'un, personnalité; **~ anders** quelqu'un d'autre; **beter dan ~ anders** mieux que personne; **~ die zulke dingen doet, ken ik niet** celui qui fait des choses pareilles, je l'ignore; **hij is niet zomaar ~** ce n'est pas n'importe qui; **(een) zeker ~ vertrouwde mij dat toe** quelqu'un que je ne citerai pas me l'a soufflé à l'oreille; **ik ken nog zo ~!** j'en connais un(e) autre!; **zo ~ doet dat niet** une telle personne ne s'abaisse pas à cela
iep *nm (-en)* orme
Ier *nm (-en)*, **Ierse** *nf (-n)* Irlandais, -aise
Iers *adj* irlandais
iets *indéf* **1** quelque chose; *(fig.)* **dat is ~ an-**

ders cela change tout; ~ **dergelijks** quelque chose de ce genre; ~ **lekkers** quelque chose de bon; **(echt)** ~ **voor jou** c'est exactement ce qu'il te faut, *(fig.)* c'est bien de toi, *(iron.)* ça ne te plaira pas; **dat wil zeker wel** ~ **zeggen** cela signifie certainement quelque chose **2** *(dans les phrases qui contiennent déjà une négation)* rien **3** un peu, un rien; **nog** ~ encore un peu

iet·se·piet·sie *het* ± tantinet

iets·je *het* rien (de), peu (de)

iets·jes, ietwat *adv* quelque peu, un (petit) peu; **zij was er** ~ **eerder** elle y était un peu avant

i.h.a. *in het algemeen* généralement

i.h.b. *in het bijzonder* particulièrement

ijdel *adj, adv* **1** vaniteux, vaniteusement; **een ~e kwast** un vaniteux **2** vain(ement); **dat zijn ~e beloften** ce n'est que du vent

ijdel|heid *nf (-heden)* vanité; **gekrenkte** ~ fierté blessée

ijdel·tuit *de (-en)* vaniteux, -euse

ijken *vt (h. geijkt)* étalonner

ijking *nf (-en)* étalonnage

ijk·we·zen *het* **1** vérification des poids et mesures **2** (administration des) poids et mesures

ijl[1] *de (form.)* ♦ **in der** ~ à la hâte

ijl[2] *adj* **1** rare, raréfié; **de lucht wordt ~er** l'air se raréfie **2** fin; **de doorzichtige, ~e wolken** les fins nuages transparents

ijlen *vi (h./i. geijld)* **1** se presser; **hij ijlde naar huis** il regagna son domicile en toute hâte; **in ~de vaart** à la hâte **2** avoir un délire fébrile **3** délirer; **het** ~ **van een zieke** les divagations d'un malade

ijlings *adv* en toute hâte, au plus vite

ijl·tem·po *het (-'s)* ♦ **in** ~ à toute vitesse

ijs *het* **1** glace, sorbet **2** glace, givre; ~ **afkrabben** enlever le givre; **zich op glad** ~ **wagen, begeven** s'aventurer sur un terrain glissant, s'aventurer dans un domaine inconnu; **beslagen, onbeslagen ten** ~ **komen** être bien, mal préparé; ~ **en weder dienende** si le temps le permet

ijs·af·zet·ting *nf* givrage

ijs|baan *de (-banen)* patinoire

ijs|beer *nm (-beren)* ours blanc, polaire

ijs·be·ren *vi (h. geijsbeerd)* faire les cent pas; **door zijn kamer** ~ arpenter sa chambre

ijs·bloe·men *plur* arborisations (sur les vitres), fleurs de givre

ijs·blok·je *het (-s)* glaçon

ijs·bre·ker *nm (-s)* brise-glace

ijs·co *nm (-'s) (friandise)* glace

ijs·co·man *nm (-nen)* vendeur de glaces

ijse·lijk *adj, adv* atroce(ment); ~ **koud** glacial

ijs·je *het (-s)* (cornet de) glace

ijs·kar *de* charrette du vendeur de glaces

ijs·kast *de (-en)* réfrigérateur

ijs·klomp *nm (-en)* bloc de glace

ijs·koud *adj, adv* **1** glacé; **hij kreeg het** ~ il gelait; ~ **worden** se glacer **2** *(fig.)* glacial, froidement; **hij bleef** ~ **zitten** il resta assis, imperturbable; **het is een ijskouwe** il est imperturbable; **ze zetten je** ~ **op straat** ils vous mettent froidement dehors

ijs·lol·ly *nm (-'s)* glace (à l'eau), *(Belg.)* frisco

ijs·ma·chi·ne *nf (-s)* **1** machine frigorifique **2** sorbetière

ijs·muts *de (-en)* bonnet

ijs·pe·gel *nm (-s)* stalactite de glace

ijs·pret *de* joies du patinage

ijs·sa·lon *nm (-s)* salon de dégustation de glaces

ijs·schots *de (-en)* glaçon *(dans une rivière)*

ijs·tijd *nm (-en)* période glaciaire

ijs·vor·ming *nf* **1** glaciation **2** givrage

ijs·vrij[1] *het* congé de patinage

ijs·vrij[2] *adj* **1** libre de glace **2** dégivré

ijs·wa·ter *het* **1** eau de fonte **2** eau glacée

ijs·zak *nm (-ken)* vessie à glace

ijs·zee *de (-ën)* mer de glace; **Noordelijke IJszee** océan Arctique; **Zuidelijke IJszee** océan Antarctique

ijver *nm* zèle

ijve·raar *nm (-s)* zélateur

ijve·ren *vi (h. geijverd)* défendre (une cause) avec zèle; **voor iets** ~ se dévouer à une cause

ijve·rig *adj, adv* zélé, avec zèle; ~ **als een bij** actif comme une abeille; **nog ~er worden** redoubler de zèle

ijver·zucht *de* jalousie

ijver·zuch·tig *adj, adv* jaloux, jalousement

ijzel *nm* verglas

ijze·len *vb impers (h. geijzeld)* verglacer; **het ijzelt** il y a du verglas

ijzen *vi (h. geijsd)* être glacé d'effroi; **die gedachte doet mij** ~ cette pensée me donne froid dans le dos; ~ **van, voor iets** frémir à l'idée de qch

ijzer *het (-s)* fer; **met** ~ **beslaan** ferrer; *(prov)* **men kan geen** ~ **met handen breken** à l'impossible nul n'est tenu; ~ **delven** extraire du fer; *(fig.)* **meer ~s in het vuur hebben** avoir plus d'une corde à son arc; **een heet** ~ **aanvatten** s'engager sur un terrain brûlant; *(fig.)* **de ~s onderbinden** mettre les patins; **oud** ~ de la ferraille; ~ **smeden** battre le fer; **hij is van** ~ **en staal** c'est un homme de fer

ijzer·ach·tig *adj* ferrugineux

ijzer·be·slag *het* ferrure

ijze·ren *adj* de, en fer

ijzer·erts *het (-en)* minerai de fer

ijzer·ga·ren *het (-s)* fil de lin

ijzer·gie·te·rij *nf (-en)* fonderie

ijzer·han·del *nm (-s)* quincaillerie *(commerce; magasin)*

ijzer·han·de|laar *nm (-laars, -laren)* **1** ferronnier **2** quincaillier

ijzer·hou·dend *adj* ferreux

ijzer·in·du·strie *nf (-ën)* industrie sidérurgique

ijzer·sterk *adj* très solide; **een** ~ **alibi** un alibi en béton; **hij kwam met ~e argumenten** il est venu avec des arguments

très convaincants; **een ~ geheugen** une mémoire phénoménale; **een ~ grap** une très bonne blague; **~e schoenen** chaussures inusables
ijzer·wa·ren *plur* quincaillerie *(produits en métal)*
ijzer·werk *het* ferrure
ijzer|zaag *de (-zagen)* scie à métaux
ijzig *adj, adv* **1** (d'une manière) glacial(e); **iem ~ behandelen** battre qn à froid **2** terrifiant, terriblement
ijzing·wek·kend *adj, adv* → **ijzig 2**
ik *pers* je, j', moi; **arme ik!** pauvre de moi!; **ik ben het** c'est moi; **hier ben ik** me voilà; **ik ben er ook nog!** et moi, alors! on m'oublie!; **ik ga al** c'est bon, j'y vais; **ík heb het gedaan** c'est moi qui l'ai fait; **het ik** le moi, *(psycho.)* l'ego; **m'n tweede ik** mon autre moi-même; **wie is daar? ik** qui est là? moi
ik-fi|guur *de (-guren)* narrateur, -trice
ik·ke *pers (enf.)* bibi ♦ *(fam.)* **~, ~ en de rest kan stikken** moi d'abord et je me fous du reste
ik-vorm *nm* ♦ **roman geschreven in de ~** roman à la première personne
ik·zelf *pers* moi-même
il·le|gaal *adj, adv (-galer, -gaalst)* **1** illégal(ement) **2** clandestin(ement); **de ~** le travailleur immigré clandestin, *(hist.)* le, la résistant(e); **~ werk** travail au noir
il·le·ga·li·teit *nf (-en)* **1** illégalité **2** clandestinité
il·lu·sie *nf (-s)* illusion; **een ~ armer zijn** être Gros Jean comme devant; **een ~ de grond in boren** détruire une illusion; **~s koesteren** caresser des illusions; **een ~ verstoren** rompre le charme; **een ~ wekken** créer une illusion
image [ɪmɪtʃ] *het/de (-s)* image de marque
ima·go *het/de (-'s)* → **image**
im·be·ciel *adj, adv* imbécile, d'une manière stupide
IMF *het Internationaal Monetair Fonds* FMI
im·ker *nm (-s)* apiculteur, -trice
im·mer *adv (form.)* toujours; **voor ~** à jamais
im·mers *adv* **1** puisque **2** c'est que, en effet; **hij geeft veel weg; hij is ~ rijk** il donne beaucoup, c'est qu'il est riche
im·mi·grant *nm (-en)* immigré
im·mi·gre·ren *vi (i. geïmmigreerd)* immigrer
im·mo|reel *adj, adv (-reler, -reelst)* immoral(ement)
im·mu·ni·se·ring *nf* immunisation
im·muun *adj* immunisé; **iem ~ maken** immuniser qn; *(fig.)* **iem ~ voor iets maken** blinder qn contre qch
im·pe·ri·aal *het/de (-s) (voiture)* galerie
im·pe·ri·a·lis|tisch *adj, adv (-tischer, meest i.)* (de façon) impérialiste
im·pe|ri·um *het (-riums, -ria)* empire
im·pli·ce·ren *vt (h. geïmpliceerd)* impliquer
im·po·ne·ren *vti (h. geïmponeerd)* en imposer; **een ~de figuur** une personne imposante
im·port *nm* **1** importation; *(fig.)* **in deze wijk woont bijna allemaal ~** ± dans ce quartier il n'y a guère que des immigrés **2** importations
im·por·tan·tie *nf* importance
im·por·teur *nm (-s)* importateur, -trice
im·po·tent *adj* impuissant
im·po·ten·tie *nf* impuissance
im·preg·ne·ren *vt (h. geïmpregneerd)* imprégner, imperméabiliser
im·pres·sie *nf (-s)* impression; **nieuwe ~s opdoen** se procurer des impressions nouvelles
im·pro·vi·sa·to·risch *adj, adv* (de façon) improvisé(e)
im·puls *nm (-en),* **impulsie** *nf (-s)* impulsion, élan, inspiration; **hij handelde in een ~** il a agi impulsivement; **een nieuwe ~ krijgen** recevoir un coup de fouet
in[1] *adv* dans, en; **hij liep een winkel in** il entra dans un magasin ♦ *(fig.)* **dat wil er bij mij niet in** je refuse de le croire; **tegen de wind in** contre le vent; **tussen twee huizen in** entre deux maisons
in[2] *adj* **1** *(sports)* in; **de bal was in** *(tennis)* la balle était in **2** branché, tendance; **dat liedje was in** cette chanson était à la mode; **een disco die toen in was** une discothèque 'in' à l'époque
in[3] *prép* **1** *(lieu)* dans, en, à; **in Amsterdam** à Amsterdam; **in bed** au lit; **in het 17e-eeuwse Frankrijk** dans la France du XVIIe siècle; **in de hand** à la main; **in Le Havre** au Havre; **hij is in huis** il est là; **in het land** dans le pays; **in het land van** au pays de; **het staat in de Grote van Dale** cela se trouve dans le Grand van Dale; **de stad in gaan** aller en ville; **zij woont in de Vondelstraat** elle habite Rue Vondel; **in (volle) zee** en (pleine) mer; **iets in zich hebben** en avoir le talent **2** *(direction)* en **3** *(durée)* en, pendant, dans; **in 1982** en 1982; **in de afdaling** pendant la descente; **in het begin** au début; **in de ochtend** le matin; **in de pauze** pendant la pause; **in een uur** en moins d'une heure ♦ **in stukken slaan** briser en morceaux; **hij is in de twintig** il a dans les vingt ans
***in-** **1** in- **2** extrêmement; **inbedroefd** extrêmement triste
in·ac·cu|raat *adj, adv (-rater, -raatst)* inexact(ement)
in·acht·ne·ming *nf* **1** observation *(règles)* **2** considération; **met ~ van** en tenant compte de
in·ade·men *vti (h. ingeademd)* respirer, *(contraire d'expirer)* aspirer; **frisse lucht ~** respirer le grand air
in·ade·ming *nf* inspiration
in·au·gu·ra·tie *nf (-s)* **1** inauguration **2** installation *(professeur d'université)*
in·bak·ken *vt (h./i. ingebakken)* ♦ **de ingebakken aard** *(choses)* la nature, *(personnes)* les qualités innées
in·beel·den *vpr (zich ~; h. zich ingebeeld)* **1** s'imaginer **2** se faire des idées; **wat**

beeldt hij zich wel in? pour qui se prend-il?
in·beel·ding *nf (-en)* **1** imagination; **komkom, het is maar** ~ allons donc, tu te fais des idées **2** prétention **3** *(Belg.)* imagination, fantaisie, inventivité
in·be·gre·pen *adj* (y) compris; **niet** ~ exclu
in·be·grip *het* ♦ **met** ~ **van de wijn** (y) compris le vin
in·bel·punt *het (-en) (inform.)* point d'accès, lieu de connexion
in·be·slag·ne·ming *nf (-en) (jur.)* saisie
in·be·wa·ring·stel·ling *nf (jur.)* prise de corps
in·be·zit·ne·ming *nf (-en)* prise de possession; **de** ~ **van de veroverde gebieden** l'occupation des territoires conquis
in·bin·den *vti (h. ingebonden)* relier ♦ **hij zal moeten** ~ il devra baisser le ton
in·blik·ken[1] *vt (h. ingeblikt)* mettre en conserve
in·blik·ken[2] *vi (h. ingeblikt)* jeter un regard dans
in·boe·del *nm (-s)* mobilier
in·boe·ten *vt (h. ingeboet)* perdre *(qch de précieux)*; **aan kracht** ~ s'affaiblir; **geld bij iets** ~ en être pour son argent; **zijn leven erbij** ~ y laisser la vie
in·boe·ze·men *vt (h. ingeboezemd)* inspirer
in·boor·ling *nm (-en)* indigène
in·borst *de* naturel
***in·bouw-** *nm* à encastrer
in·bou·wen *vt (h./i. ingebouwd)* **1** entourer (de bâtiments, de murs etc.) **2** encastrer; **een ingebouwde badkuip** une baignoire encastrée **3** incorporer *(en construisant)* **4** inclure *(tenir compte de)*; **veiligheidsmaatregelen** ~ inclure des mesures de sécurité
in·bouw·kast *de (-en)* placard
in·bouw·keu·ken *de (-s)* cuisine intégrée
in|braak *de (-braken)* cambriolage
in·braak·alarm *het* alarme antivol
in·braak|be·vei·li·ging *nf (-en)*, **-preventie** *nf (-s)* protection antivol
in·braak·ver·ze·ke·ring *nf (-en)* assurance contre le vol avec effraction
in·bran·den *vt (h. ingebrand)* marquer au fer rouge
in·bre·ken *vi (h./i. ingebroken)* **(in, bij)** cambrioler (qch); **er is alweer bij ons ingebroken** nous avons encore été cambriolés
in·bre·ker *nm (-s)* cambrioleur
in·breng *nm (-en)* **1** mise de fonds **2** contribution, apport; **hij heeft weinig** ~ **in de discussie** sa contribution à la discussion est faible
in·bren·gen *vt (h. ingebracht)* **1** introduire; **het** ~ **van een maagsonde** l'introduction d'une sonde gastrique; **vocht** ~ **in de huid** hydrater la peau **2** *(mariage)* apporter **3** proposer; **niets in te brengen hebben** n'avoir pas voix au chapitre **4** objecter; **daar valt niets tegen in te brengen** on ne peut rien y objecter; **beschuldigingen tegen iem** ~ porter des accusations contre qn; **wat hebt u tegen die beschuldiging in te brengen?** qu'avez-vous à objecter à cette accusation?
in·breuk *de (-en) (fig.)* infraction, atteinte; ~ **maken op iemands rechten** violer les droits de qn; ~ **op iemands goede naam** atteinte à la réputation de qn
in·bur·ge·ren *vti (i. ingeburgerd)* s'intégrer; **in een nieuwe omgeving ingeburgerd raken** s'acclimater à un nouvel entourage
in·cal·cu·le·ren *vt (h. ingecalculeerd)* tenir compte de
in·ca·pa·bel *adj, adv* (d'une manière) incompétent(e)
in·cas·se·ren *vt (h. geïncasseerd)* encaisser, *(impôts)* recouvrer
in·cas·se·ring *nf (-en)* encaissement
in·cas·se·rings·ver·mo·gen *het* ♦ **een groot** ~ **hebben** savoir encaisser
in·cas·so *het (-'s)* **1** encaissement **2** somme à recouvrer
in·cest·ple·ger *nm (-s)* incestueux
in·check·ba·lie *nf (-s)* enregistrement des bagages
in·chec·ken[1] [ɪntʃɛkə(n)] *vi (h. ingecheckt)* se faire enregistrer
in·chec·ken[2] [ɪntʃɛkə(n)] *vt (h. ingecheckt)* (faire) enregistrer (qn, qch)
in·ci·den·teel *adj, adv* **1** occasionnel(lement) **2** accidentel(lement)
in·clu·sief, incluis *adv* (y) compris, inclus; **de prijs is** ~ **btw** la TVA est comprise dans le prix
in con·cre·to *adv* concrètement
in·con·si·stent *adj* inconsistant, incohérent
in·con·ti·nent *adj* incontinent *(émission d'urine)*
in·cou·rant *adj* **1** peu courant **2** hors-cote
in·dam·men *vt (h. ingedamd)* endiguer
in·dam·pen *vt (h. ingedampt)* faire évaporer, *(cuis.)* réduire
in·dek·ken *vpr (zich ~; h. zich ingedekt)* s'assurer (contre qch)
in·de·len *vt (h. ingedeeld)* **1** diviser (en), classer (parmi), grouper (dans); **zijn dag** ~ organiser sa journée; **zijn tijd** ~ organiser son (emploi du) temps **2** *(+ bij)* affecter (à), incorporer (dans)
in·de·ling *nf (-en)* **1** division, classement; **de** ~ **van een flat** la division intérieure d'un logement; **een overzichtelijke** ~ une distribution claire **2** affectation (à)
in·den·ken *vpr (zich ~; h. zich ingedacht)* s'imaginer; **ik kan mij** ~ **dat hij niet komt** je comprends (fort bien) qu'il ne vienne pas; **zich in iemands situatie** ~ se mettre à la place de qn; **denk je dat eens even in!** tu t'imagines!
in·der·daad *adv* en effet
in·der·haast *adv* à la hâte
in·der·tijd *adv* dans le temps, à l'époque

in·deu·ken *vt (h./i. ingedeukt)* bosseler (qch)
in·dex *nm (-en)* **1** index; **deze werken zijn op de ~ geplaatst** ces livres sont à l'Index **2** indice; **de lonen koppelen aan de ~ van de kleinhandelsprijzen** indexer les salaires sur les prix de détail **3** *(Belg.)* indice des prix, *(Belg.)* index
in·dexa·tie *nf (-s),* **indexering** *nf (-en)* indexation
in·dex·cij·fer *het (-s)* → **index 2**
in·dexe·ren *vt (h. geïndexeerd)* **1** faire l'index de **2** incorporer dans l'index, répertorier; **het is geïndexeerd onder 'Europa'** ça se trouve sous 'Europe' **3** indexer
In·dia *het* Inde
in·di|aan *nm (-anen),* **-aanse** *nf (-n) (Amérindien)* Indien, -ienne
in·di·aans *adj (amérindien)* indien
In·di·aas *adj (Inde indépendante)* indien
in·di·a·nen·ver|haal *het (-halen)* **1** histoire de Peaux-Rouges **2** histoire à dormir debout
in·di·ca·tie *nf (-s)* indication; **als ~** à titre indicatif; **op medische ~** sur avis médical
In·dië *het* **1** *(l'ancienne colonie britannique)* Inde **2** *(l'ancienne colonie néerlandaise)* Indes
in·dien *conj* si; **~ al** supposé que; **~ niet** sinon
in·die·nen *vt (h. ingediend)* présenter; **een klacht ~** déposer une plainte; **een wetsontwerp ~** déposer un projet de loi
in·die·ning *nf (-en)* présentation, *(projet de loi, motion)* dépôt
in·dienst·tre·ding *nf (-en)* entrée en service
In·di·ër *nm (-s),* **Indische** *nf (-n)* **1** *(Inde; Indes)* Indien, -ienne **2** *(Indonésie)* Indonésien, -ienne
in·dij·ken *vt (h. ingedijkt)* endiguer
in·dij·king *nf (-en)* endiguement
in·dik·ken *vti (h./i. ingedikt)* (s')épaissir
In·disch *adj* **1** *(des Indes néerlandaises; de l'Indonésie)* indonésien; **de ~e tafel** la cuisine indonésienne **2** *(de l'Inde britannique)* indien
in·di·vi·du·a·li·se·ring *nf* individualisation
in·di·vi·du·a·lis|tisch *adj, adv (-tischer, meest i.)* (d'une manière) individualiste
in·di·vi·du·eel *adj, adv* individuel(lement), personnel, séparément; **ieder van ons ~** chacun de nous en particulier
in·do *nm (-'s)* → **Indo-Europeaan 1**
in·doc·tri·na·tie *nf* endoctrinement
In·do-Eu·ro|pe·aan *nm (-peanen)* **1** Eurasien **2** Indo-Européen
In·do-Eu·ro·pees *adj* **1** eurasien **2** indo-européen
In·do-Ger·maans *adj* → **Indo-Europees 2**
in·dom·me·len *vi (i. ingedommeld)* s'assoupir
in·dom·pe·len *vt (h./i. ingedompeld)* → **indopen**
In·do·ne·sisch *adj* indonésien
***in·door-** en salle
in·do·pen *vt (h. ingedoopt)* tremper (dans)
in·draai·en[1] *vi (h./i. ingedraaid)* entrer (en tournant) dans
in·draai·en[2] *vt (h./i. ingedraaid)* faire entrer (en tournant) dans; **een schroef ~** serrer une vis
in·drij·ven *vt (h./i. ingedreven)* faire entrer (de force) (dans)
in·drin·gen[1] *vi (h./i. ingedrongen)* entrer (dans)
in·drin·gen[2] *vt (h./i. ingedrongen)* pousser (dans)
in·drin·gen[3] *vpr (zich ~; h. zich ingedrongen)* s'imposer (à); **zich bij iem ~** s'imposer auprès de qn
in·drin·gend *adj* pénétrant; **een ~e reportage** un reportage révélateur
in·drin·ger *nm (-s)* **1** intrus **2** intrigant **3** insinuant
in·dro·gen *vi (i. ingedroogd)* **1** sécher **2** se rétrécir en séchant
in·drui·sen *vi (h./i. ingedruist) (+ tegen)* être contraire (à); **dat druist tegen de waarheid in** ça va à l'encontre de la vérité; **dat druist in tegen de goede smaak** c'est une insulte au bon goût
in·druk *nm (-ken)* impression; **een diepe ~ op iem maken** produire une vive impression sur qn; **een gunstige ~ hebben van** être favorablement impressionné par; **ik kreeg de ~ dat ...** il me sembla que ...; **een ~ van iets krijgen** se faire une idée de qch; **~ maken op iem** impressionner qn; **onder de ~ raken van** être impressionné par; **een verlegen ~ maken** avoir l'air intimidé ♦ **~ken van vogelpootjes** empreintes de pattes d'oiseaux
in·druk·ken *vt (h. ingedrukt)* **1** enfoncer **2** pousser, appuyer (sur), presser; **het gaspedaal ~** appuyer sur l'accélérateur; **een knop ~** presser un bouton
in·druk·wek·kend *adj, adv* (de manière) impressionnant(e)
in·drup·pe·len *vt (h. ingedruppeld)* instiller
in du·bio *adv* ♦ **~ staan** hésiter
in·du·ce·ren *vt (h. geïnduceerd)* induire (qch de qch), conclure
in·duc·tie *nf (-s)* induction *(tous les sens)*
in·duc·tief *adj, adv* inductif, par induction; **~ te werk gaan** procéder par induction
in·dui·ken *vi (h./i. ingedoken)* se plonger dans; **ergens dieper ~** approfondir (une question); *(fam.)* **z'n nest ~** se pieuter
in du·plo *adv* en double (exemplaire)
in·du·strie *nf (-ën)* industrie; **verwerkende ~** industrie de transformation
***in·du·strie-** industriel
in·du·strie·bond *nm (-en)* syndicat de l'industrie
in·du·stri·eel *adj* industriel, manufacturier; **industriële vormgeving** esthétique industrielle
in·du·strie·land *het (-en)* pays industrialisé

in·du·strie·tak *nm (-ken)* secteur (industriel); **een opbloeiende** ~ un secteur (qui est) en expansion
in·du·strie·ter·rein *het (-en)* zone industrielle
in·dut·ten *vi (i. ingedut)* → **indommelen**
in·du·wen *vt (h. ingeduwd)* **1** enfoncer (dans); **zij hebben hem de wagen ingeduwd** ils l'ont poussé dans la voiture **2** *(vitre)* briser
in·een *adv* **1** l'un dans l'autre **2** ensemble
in·een·ge·do·ken *adj* recroquevillé
in·een·krim·pen *vi (i. ineengekrompen)* **1** se recroqueviller; **hij kromp ineen van de pijn** il se tordit de douleur **2** tressaillir; **mijn hart krimpt ineen** mon cœur se serre
in·eens *adv* **1** en une fois, d'un seul coup **2** tout à coup; **wat heb je ~?** qu'est-ce qui te prend?; **hij kwam** ~ **op mij af** il s'est jeté sur moi
in·een·stor·ten *vi (i. ineengestort)* s'effondrer
in·een·zak·ken *vi (i. ineengezakt)* s'affaisser
in·ef·fi·ciënt *adj, adv* inefficace(ment); ~ **bezig zijn** éparpiller ses forces
in·en·ten *vt (h. ingeënt)* **(tegen)** vacciner
in·en·ting *nf (-en)* vaccination
in·fan·te·rist *nm (-en)* fantassin
in·farct *het (-en)* infarctus
in·fec·tie *nf (-s)* infection
in·fec·tie·ziek·te *nf (-n, -s)* maladie infectieuse
in·fil·tra·tie *nf (-s)* infiltration, *(pol.)* entrisme
in·fil·tre·ren *vi (i. geïnfiltreerd)* s'infiltrer, noyauter
in·flu·en·za *de* grippe
in·fluis·te·ren *vt (h. ingefluisterd)* **1** chuchoter (qch à qn); **mijn geweten fluistert me in dat ...** ma conscience me dit tout bas que ... **2** insinuer
in·fo·lijn *de (-en)* service téléphonique d'informations
in·for·mant *nm (-en)* informateur, indicateur de police
in·for·ma·ti·ca *de* informatique
in·for·ma·ti|cus *nm (-ci)* informaticien, -ienne
in·for·ma·tie *nf (-s)* information, renseignement; ~ **inwinnen** se renseigner; **nadere** ~ un complément d'information; **een schat aan** ~ une masse d'informations; **te uwer** ~ pour votre information; **ter** ~ à titre d'information; **(aan) iem** ~ **verschaffen** renseigner qn
in·for·ma·tie·kun·de *nf* ± informatique
in·for·ma·tie·lijn *de (-en)* → **infolijn**
in·for|meel *adj, adv (-meler, -meelst)* **1** informel **2** (à titre) non officiel
in·for·me·ren[1] *vi (h. geïnformeerd)* se renseigner (sur); **ik heb ernaar geïnformeerd** je me suis informé (à ce sujet); **naar iem** ~ demander des nouvelles de qn
in·for·me·ren[2] *vt (h. geïnformeerd)* renseigner (qn sur qch)

in·fuus *het (infusen)* perfusion; **aan het** ~ **leggen** perfuser; **aan het** ~ **liggen** être sous perfusion
in·gaan *vti (i. ingegaan)* **1** entrer dans, chez; **een bocht** ~ prendre un virage; **een deur** ~ entrer; **de stad** ~ aller en ville **2** *(+ op)* réagir (à); **ergens niet op** ~ laisser qch de côté; **nader** ~ **op een kwestie** traiter une question plus à fond; ~ **tegen** être contraire à, s'opposer à **3** *(+ op)* accéder à, donner suite (à); **gretig op iets** ~ sauter sur qch; ~ **op een verzoek** accéder à une demande **4** commencer; **de regeling gaat 1 juli in** le règlement prend cours le 1er juillet ♦ *(fam.)* **er wel** ~ ne pas refuser (qch), être très appétissant
in·gaan·de *prép* à partir de
in·gang *nm (-en)* entrée ♦ ~ **doen vinden** introduire, faire accepter; **met** ~ **van 1 april** à partir du 1er avril; **met onmiddellijke** ~ dès maintenant; ~ **vinden** être bien accueilli; **idee dat (steeds meer)** ~ **vindt** idée qui fait son chemin
in·ge·beeld *adj* **1** imaginaire; **~e zwangerschap** grossesse nerveuse **2** prétentieux
in·ge·bo·ren *adj* inné
in·ge·bre·ke·stel·ling *nf* constitution en demeure
in·ge·bruik·ne·ming *nf* mise en service
in·ge·bur·gerd *adj* **1** bien intégré **2** consacré, entré dans les mœurs
in·ge·maakt *adj* en conserve
in·ge·meen *adj* ignoble
in·ge·ni·eur *nm (-s)* ingénieur; **civiel ~,** *(Belg.)* **burgerlijk ingenieur** ingénieur civil; **elektrotechnisch** ~ ingénieur électrotechnicien; *(Belg.)* **industrieel** ~ ingénieur industriel
in·ge·no·men *adj (meer i., meest i.)* **1** *(+ met)* satisfait (de), content (de); **met zichzelf** ~ **zijn** être satisfait de sa (petite) personne **2** *(+ tegen)* indisposé (envers), prévenu (contre)
in·ge·roest *adj* invétéré
in·ge·slo·ten *adj, adv* ci-joint
in·ge·span·nen *adj, adv (meer i., meest i.)* concentré, avec concentration; ~ **geestesarbeid** travail intellectuel intensif; ~ **nadenken** se concentrer
in·ge·sprek|toon *nm (-tonen)* tonalité d'occupation
in·ge·steld *adj* ♦ **op iets** ~ **zijn** être préparé à qch; **op iem** ~ **zijn** être habitué à qn
in·ge·to|gen *adj, adv (-gener, meest i.)* réservé, avec réserve; **een** ~ **leven leiden** mener une vie rangée
in·ge·val *conj (form.)* au cas où
in·ge·val·len *adj* creux, *(yeux)* cave
in·ge·ven *vt (h. ingegeven)* **1** faire prendre **2** inspirer; **alsof het mij zo werd ingegeven** comme si cela m'avait été dicté
in·ge·ving *nf (-en)* inspiration; **een** ~ **krijgen** avoir une idée géniale
in·ge·voerd *adj* ♦ **goed** ~ **zijn in een milieu** être bien introduit dans un milieu; **hij**

is in deze materie goed ~ il est compétent en la matière
in·ge·vol·ge *prép (form.)* en conséquence (de); ~ **uw verzoek** suite à votre demande
in·ge·wan·den *plur* **1** intestins, *(zool.)* boyaux, *(cuis.)* tripes; **het in de ~ hebben** avoir mal au ventre **2** *(fig.)* entrailles
in·ge·wij·de *nm (-n)* initié, -ée
in·ge·wik·keld *adj, adv* (d'une façon) compliqué(e); **doe niet zo ~!** ne complique pas tant les choses!
in·ge·wik·keld·heid *nf* complication, complexité
in·ge·wor·teld *adj* enraciné
in·ge·ze·te·ne *nm (-n) (form.)* habitant, -ante
in·gooi *nm (-en) (sports)* rentrée en touche
in·gooi·en[1] *vt (h. ingegooid)* **1** jeter dans **2** casser; **de ruiten** ~ casser les vitres à coups de pierre
in·gooi·en[2] *vi (h. ingegooid) (sports)* remettre en jeu
in|greep *nm (-grepen)* intervention; **ik heb maar één ~ gekregen (tijdens het rijexamen)** l'inspecteur n'est intervenu qu'une seule fois (pendant l'examen du permis de conduire)
in·grij·pen *vi (h. ingegrepen)* intervenir, s'ingérer; **dat grijpt diep in in het maatschappelijk leven** cela bouleverse la vie sociale
in·grij·pend *adj, adv* radical(ement); ~ **veranderen** bouleverser
in·haal·ma·noeu·vre *de (-s)* (manœuvre de) dépassement
in·haal·race *nm (-s)* effort de rattrapage
in·haal|strook *de (-stroken)* bande de dépassement
in·haal·ver·bod *het (-en)* interdiction de dépasser
in·ha·ken *vi (h. ingehaakt)* **1** *(+ op)* enchaîner; **de spreker haakte in op wat er was beweerd** l'orateur réagit à ce qui venait d'être dit **2** donner le bras (à qn)
in·hak·ken[1] *vt (h. ingehakt)* entailler; **een boom** ~ faire une entaille dans un arbre
in·hak·ken[2] *vi (h. ingehakt) (+ op)* fondre (sur), foncer (sur) ♦ **dat hakt er flink in** cela représente une grosse dépense
in·ha·len *vti (h. ingehaald)* **1** dépasser; **veel ongelukken gebeuren bij het** ~ les dépassements sont la cause de nombreux accidents **2** rentrer (qch); **de vlag** ~ rentrer les couleurs; **de zeilen** ~ amener les voiles **3** rattraper; **zijn achterstand** ~ rattraper son retard; **zijn schade** ~ se rattraper; **de verloren tijd** ~ rattraper le temps perdu **4** recevoir solennellement; **de burgemeester** ~ recevoir le maire solennellement
in·ha·ler *nm (-s) (méd.)* inhalateur
in·ha·lig *adj* cupide
in·ha·lig·heid *nf* cupidité
in·ham *nm (-men)* **1** crique, baie **2** (r)enfoncement
in·ha·me·ren *vt (h. ingehamerd)* **1** enfoncer (à coups de marteau) **2** *(fig.)* enfoncer dans la tête
in·hech·te·nis·ne·ming *nf (-en)* arrestation
in·heems *adj* indigène, autochtone; **die ziekte is in dat land** ~ cette maladie est endémique dans ce pays
in·houd *nm (-en)* **1** contenu; **een korte** ~ un résumé; **telegram met de volgende** ~ télégramme ainsi conçu **2** capacité, contenance **3** table des matières
in·hou·de·lijk *adj, adv* conc. le contenu, sur le plan du contenu; **~e opmerkingen** remarques portant sur le fond
in·hou·den[1] *vt (h. ingehouden)* **1** contenir; **hij kon zijn lachen niet** ~ il ne pouvait s'empêcher de rire **2** renfermer **3** impliquer **4** retenir; **er wordt een zeker percentage ingehouden** on déduit un certain pourcentage **5** rentrer *(ventre)*
in·hou·den[2] *vpr (zich ~; h. zich ingehouden)* se contenir, se retenir
in·hou·ding *nf (-en)* **1** *(action de retenir)* retenue, retrait *(du permis de conduire)* **2** prélèvement
in·houds|maat *de (-maten)* mesure de capacité
in·houds|op·ga·ve *de (-n)*, **-tafel** *de (-s)* table des matières
in·hul·di·gen *vt (h. ingehuldigd)* **1** installer (solennellement), *(un roi)* sacrer, *(un évêque)* consacrer **2** *(Belg.)* inaugurer, *(une église)* consacrer
in·hul·di·ging *nf (-en)* **1** installation, *(d'un roi)* sacre, *(d'un évêque)* consécration **2** *(Belg.)* inauguration, *(une église)* consécration
in·hu·ren *vt (h. ingehuurd)* engager
ini·ti·a·tief·ne·mer *nm (-s)* initiateur, inspirateur
ini·ti·ë·ren *vt (h. geïnitieerd)* **1** initier **2** introduire
in·jec·tie *nf (-s)* injection; **iem een ~ geven** faire une piqûre à qn; **de economie een ~ geven** stimuler l'économie
in·jec·tie·spuit·je *het (-s)* seringue à injections
in·kap·se·len *vt (h. ingekapseld)* envelopper, *(socio.)* embrigader; **zich** ~ *(chenille)* coconner
in·keer *nm* repentir; **iem tot ~ brengen** amener qn à de meilleurs sentiments; **tot ~ komen** se repentir
in·ke·ping *nf (-en)* encoche
in·ke·ren *vi (i. ingekeerd)* ♦ **tot zichzelf** ~ se recueillir
in·kijk *nm* regards des passants ♦ **je hebt** ~ ± cette tenue ne cache pas grand-chose; **een jurk met** ~ une robe au corsage échancré
in·kij·ken *vt (h. ingekeken)* parcourir, feuilleter
in·klap·baar *adj* escamotable
in·klap·pen[1] *vi (h./i. ingeklapt)* s'effondrer (psychiquement)
in·klap·pen[2] *vt (h./i. ingeklapt)* rabattre

in·kla·ren *vt (h. ingeklaard) (commerce)* dédouaner
in·kle·den *vt (h. ingekleed)* présenter; **hoe zal ik mijn verzoek ~?** comment formulerai-je ma demande?
in·kleu·ren *vt (h. ingekleurd)* colorier
in·klin·ken *vi (h./i. ingeklonken) (tr.pub.)* se tasser
in·ko·ken *vti (h./i. ingekookt) (cuis.)* (se) réduire
in·kom *nm (Belg.)* entrée
in·ko·men[1] *het (-s)* revenu
in·ko·men[2] *vi (i. ingekomen)* **1** entrer (dans) **2** arriver, *(de l'argent)* rentrer; **ingekomen brieven** lettres reçues; **~de goederen** un arrivage ♦ **daar komt niets van in** il n'en est pas question; **daar kan ik ~** ça, je le comprends bien
in·kom·sten *plur* **1** revenu, ressources **2** rentes
in|koop *nm (-kopen)* achat; **inkopen doen** faire des courses
in·ko·pen *vt (h. ingekocht)* acheter; **zich ~ (in een zaak)** acheter le droit d'entrer (dans une firme)
in·ko·per *nm (-s),* **inkoopster** *nf (-s)* acheteur, -euse
in·kop·pen *vt (h. ingekopt)* marquer (un but) d'un coup de tête
in·kor·ten *vti (h./i. ingekort)* **1** raccourcir, écourter, abréger **2** réduire, diminuer
in·krim·pen[1] *vi (h./i. ingekrompen)* **1** rétrécir **2** diminuer, être réduit
in·krim·pen[2] *vt (h./i. ingekrompen)* réduire
inkt *nm (-en)* encre; **Oost-Indische ~,** *(Belg.)* **Chinese inkt** encre de Chine
inkt·kus·sen *het (-s)* tampon encreur
inkt·lap *nm (-pen)* essuie-plume
inkt·pa|troon *de (-tronen)* cartouche d'encre
inkt·pot *nm (-ten)* encrier
inkt·vis *nm (-sen) (zool.)* seiche, pieuvre
in·kwak·ken *vt (h. ingekwakt) (fam.)* flanquer (dans), balancer (dans)
in·kwar·tie·ren *vt (h. ingekwartierd)* cantonner
in·kwar·tie·ring *nf (-en)* cantonnement
in|laat *nm (-laten)* admission
in·la·den *vt (h. ingeladen)* charger
in·la·ding *nf* chargement
in·lan·der *nm (-s),* **inlandse** *nf (-n)* indigène
in·lands *adj* indigène
in·las *nm (-sen),* **inlassing** *nf (-en)* insertion, intercalation
in·las·sen *vt (h. ingelast)* intercaler, insérer
in·la·ten[1] *vti (h. ingelaten)* faire entrer
in·la·ten[2] *vpr (zich ~; h. zich ingelaten) (+ met; choses)* s'occuper (de), *(+ met; personnes)* se commettre (avec); **zich met een gevaarlijke zaak ~** s'aventurer dans une affaire dangereuse
in·leg·geld *het (-en),* **inleg** *nm* mise, *(dans une banque)* dépôt, *(dans une société)* mise de fonds
in·leg·gen *vt (h. ingelegd)* **1** déposer, *(dans une société)* apporter, *(au jeu)* miser **2** confire, conserver (à l'eau de vie, au sel) **3** incruster ♦ **een zoom ~** faire un ourlet
in·leg·ger *nm (-s)* déposant
in·leg·kruis·je *het (-s)* protège-slip
in·leg·lui·er *de (-s)* couche T
in·leg·vel *het (-len)* feuille intercalaire
in·leg·werk *het* incrustation, marqueterie, mosaïque
in·lei·den *vt (h. ingeleid)* **1** introduire (qn), faire entrer (qn) **2** présenter (qn à) **3** initier (qn à) **4** préluder à
in·lei·dend *adj* d'introduction; *(milit.)* **~e gevechten** combats préliminaires
in·lei·ding *nf (-en)* **1** introduction; *(titre de livre)* **~ in de scheikunde** notions de chimie; **dat verhaal was de ~ tot haar verzoek** cette histoire était le préambule à sa demande **2** exposé
in·le·ven *vpr (zich ~; h. zich ingeleefd) (+ in; personnes)* se mettre dans la peau (de qn), *(+ in; choses)* vivre (qch)
in·le·ve·ren[1] *vt (h. ingeleverd)* **1** remettre **2** rendre
in·le·ve·ren[2] *vi (h. ingeleverd)* accepter une réduction de son pouvoir d'achat
in·le·vings·ver·mo·gen *het* empathie
in·le·zen *vti (h. ingelezen) (inform.)* introduire, mettre en mémoire; **het ~ van gegevens** la lecture de données
in·lich·ten *vt (h. ingelicht)* renseigner (qn sur qn, qch); **uit wel ingelichte bron vernemen wij ...** nous apprenons de bonne source ...; **zich laten ~ over** s'informer (de)
in·lich·ting *nf (-en)* renseignement; **iem ~en geven, verstrekken over iets** renseigner qn sur qch; **bij iem ~en inwinnen over iets** s'informer de qch auprès de qn; **op ~en uitgaan** aller aux renseignements
in·lich·tin·gen·dienst *nm (-en)* **1** (bureau des) renseignements **2** service secret
in·lijs·ten *vti (h. ingelijst)* encadrer
in·lij·ven *vt (h. ingelijfd)* **1** embrigader, *(milit.)* incorporer (dans) **2** annexer (à)
in·log·gen *vi (h. ingelogd) (inform.)* se connecter
in·loop *nm* entrée (libre)
in·loop|huis *het (-huizen)* foyer *(maison)*
in·lo·pen[1] *vi (h./i. ingelopen)* entrer; **bij iem ~** passer voir qn ♦ **er iem laten ~** attraper qn, faire tomber qn dans le panneau
in·lo·pen[2] *vt (h./i. ingelopen)* ♦ **de modder is in het tapijt ingelopen** la boue s'est incrustée dans le tapis; **nieuwe schoenen ~** porter des chaussures neuves plusieurs jours pour s'y habituer
in·lo·pen[3] *vpr (zich ~; h. zich ingelopen)* s'échauffer
in·los·sen *vt (h. ingelost)* dégager, retirer
in·lo·ten *vi (i./h. ingeloot)* être désigné par le sort; **hij is ingeloot voor medicijnen** il a été admis par tirage au sort à la faculté de médecine

in·lui·den *vt (h. ingeluid)* inaugurer; **een nieuw tijdperk** ~ annoncer une ère nouvelle
in·maak *nm* **1** conservation **2** conserve
in·maak|fles *de (-sen),* **-glas** *het (-glazen)* bocal
in·ma·ken *vti (h. ingemaakt)* **1** mettre en conserve, confire, saler **2** *(fig.; sports)* battre à plate couture
in·men·gen *vpr (zich ~; h. zich ingemengd) (+ in)* se mêler (de)
in·met·se·len *vt (h. ingemetseld)* **1** sceller **2** *(une porte, une fenêtre)* murer, *(une personne)* emmurer
in·mid·dels *adv* en attendant, entretemps
in·naai·en *vt (h. ingenaaid)* **1** coudre (dans) **2** *(édit.)* brocher
in·na·me *de* prise
in·ne·men *vt (h. ingenomen)* **1** prendre; *(iron.)* **hij is goed van** ~ il aime bien la bouteille, il a un bon coup de fourchette **2** prévenir; **hij neemt iedereen tegen zich in** il se met tout le monde à dos; **iem voor zich** ~ gagner (la sympathie de) qn **3** raccourcir
in·ne·mend *adj, adv* (d'une manière) affable; **een jongeman met een** ~ **uiterlijk** un jeune homme à l'air avenant
in·nen *vt (h. geïnd)* encaisser, recouvrer, percevoir; **het** ~ **van een cheque** l'encaissement d'un chèque
in·ner·lijk *adj, adv* intérieur, dans mon (ton etc.) for intérieur; **~e beschaving** vraie culture; **het** ~ l'âme; ~ **overtuigd** intimement convaincu
in·nig *adj, adv* **1** intime(ment); **dat is mijn ~e overtuiging** c'est ma conviction intime **2** intense **3** sincère **4** cordialement, profondément; **mijn** ~ **geliefde dochter** ma fille bien-aimée; ~ **met elkaar omgaan** avoir des rapports cordiaux
in·nig·heid *nf* intimité
in·of·fi·ci·eel *adj, adv* officieux, officieusement
in·pak·ken *vt (h. ingepakt)* **1** emballer, *(dans une valise)* ranger **2** empaqueter **3** emmitoufler **4** entortiller; **zich laten** ~ se faire avoir ♦ ~ **en wegwezen** il n'y a plus qu'à plier bagage
in·pal·men *vt (h. ingepalmd)* **1** enjôler **2** s'approprier
in·pas·sen *vt (h. ingepast)* **1** insérer (qch dans) **2** intégrer (qn dans); **iem** ~ **in de salarisschaal** placer qn dans la grille des salaires
in·pe·pe·ren *vt (h. ingepeperd)* poivrer ♦ **dat zal ik hem** ~ il me le paiera
in·per·ken *vt (h. ingeperkt)* restreindre
in pet·to ♦ **iets** ~ **hebben** préparer qch, avoir une idée derrière la tête
in·pik·ken[1] *vt (h. ingepikt) (fam.)* chiper
in·pik·ken[2] *vi (h. ingepikt) (Belg.)* enchaîner; **de spreker pikte in op wat er was beweerd** l'orateur réagit à ce qui venait d'être dit
in·plak·ken *vt (h. ingeplakt)* coller (dans un album etc.)
in·plan·ting *nf (-en)* implantation
in·plug·gen *vt (h. ingeplugd) (audio)* enficher, brancher
in·pol·de·ren *vt (h. ingepolderd)* poldériser
in·pom·pen *vt (h. ingepompt)* **1** fourrer dans la tête (de qn) **2** injecter *(argent)*
in·pra·ten *vti (h. ingepraat)* ♦ **op iem** ~ convaincre qn
in·pren·ten *vt (h. ingeprent)* inculquer (qch à qn); **zich iets (goed)** ~ se mettre qch dans le crâne
in·ra·men *vt (h. ingeraamd)* encadrer
in·re·ge·nen *vi (h. ingeregend)* ♦ **het regent hier in** la pluie pénètre ici
in·re·ke·nen *vt (h. ingerekend)* mettre sous les verrous
in·rich·ten *vt (h./i. ingericht)* **1** aménager, *(une maison)* décorer; **een oude kazerne tot sporthal** ~ transformer une caserne désaffectée en salle de sports; **zich** ~ se meubler **2** régler; **het zo** ~ **dat** faire en sorte que **3** organiser; **anders** ~ réorganiser
in·rich·ting *nf (-en)* **1** aménagement, *(d'une maison)* décoration **2** institution, établissement non-commercial **3** maison de santé, hôpital psychiatrique; **open** ~ hôpital psychiatrique ouvert; *(iron.)* **hij is rijp voor een** ~ il est bon à enfermer **4** organisation
in·rij·den[1] *vi (h./i. ingereden)* entrer dans *(en voiture etc.)*
in·rij·den[2] *vt (h./i. ingereden)* **1** rentrer; **op elkaar** ~ se tamponner; **recht op iem** ~ foncer sur qn **2** roder; **een auto** ~ roder une voiture; *(sur une voiture)* **'wordt ingereden'** en rodage
in·rit *nm (-ten)* entrée *(allée, accès)*
in·roe·pen *vt (h. ingeroepen)* appeler, invoquer; **de hulp van de politie** ~ appeler la police
in·rol·len *vti (h./i. ingerold)* **1** rouler dans **2** enrouler (qch)
in·ruil *nm* **1** échange **2** reprise
in·ruil·au·to *nm (-'s)* voiture d'occasion
in·rui·len *vt (h. ingeruild)* **1** changer *(marchandises; voitures)* **2** échanger (contre)
in·ruil·waar·de *nf (-n)* valeur de reprise
in·rui·men *vt (h. ingeruimd)* dégager; **voor iem een plaats** ~ faire une place à qn
in·ruk·ken *vi (h./i. ingerukt)* se retirer, rentrer, *(milit.)* rompre les rangs; **de brandweer kon spoedig weer** ~ les pompiers ont pu rentrer rapidement; **ingerukt mars!** rompez!
in·scha·ke·len *vt (h. ingeschakeld)* **1** mettre en marche; **de stroom** ~ allumer l'électricité **2** faire appel à
in·scha·len *vt (h. ingeschaald)* insérer dans la grille des salaires; **iem opnieuw** ~ reclasser qn
in·schat·ten *vt (h. ingeschat)* évaluer; **iem verkeerd** ~ méconnaître qn
in·schen·ken *vti (h. ingeschonken)* **1** servir *(qch à boire)*; **wat mag ik u ~?** qu'est-ce que je vous sers? **2** remplir *(un verre, une tasse)*

in·sche·pen *vt (h. ingescheept)* embarquer
in·scheu·ren *vi (h./i. ingescheurd)* se déchirer; **zij is bij de bevalling ingescheurd** elle a eu une déchirure lors de l'accouchement; **mijn nagel is ingescheurd** je me suis fendu l'ongle
in·schie·ten *vti (h./i. ingeschoten)* envoyer (le ballon) dans le but ♦ **geld erbij** ~ en être pour son argent; **mijn eten schoot erbij in** j'ai dû me passer de repas
in·schik·ke·lijk *adj, adv* accommodant, avec complaisance
in·schik·ken *vi (h. ingeschikt)* **1** se serrer **2** se montrer accommodant
in·schop·pen *vt (h. ingeschopt)* **1** faire entrer à coups de pied dans, *(sports)* envoyer dans **2** briser à coups de pied **3** briser en jouant au football
in·schrij·ven[1] *vi (h. ingeschreven)* **1** soumissionner; **hoog** ~ faire une soumission à prix élevé **2** *(+ op)* souscrire (à)
in·schrij·ven[2] *vt (h. ingeschreven)* inscrire, *(un étudiant, une voiture)* immatriculer; **iem** ~ **als leerling** inscrire un élève; **zijn bagage laten** ~ faire enregistrer ses bagages; **zich** ~ se faire inscrire; **zich als student laten** ~ prendre une inscription
in·schrij·ving *nf (-en)* **1** inscription, *(d'un étudiant, d'une voiture)* immatriculation; ~ **in het handelsregister** immatriculation au registre de commerce **2** souscription, *(adjudication)* soumission; **aanbesteding bij** ~ appel d'offres
in·schui·ven *vt (h./i. ingeschoven)* pousser, remettre en place
in·sec·ten·poe·der *het/de (-s)* poudre insecticide
ins en outs (les) tenants et les aboutissants
ins·ge·lijks *adv* de même
in·si·der [ɪnsɑjdər] *nm (-s)* initié, -ée
in·slaan[1] *vt (h./i. ingeslagen)* **1** briser **2** s'approvisionner en **3** enfoncer
in·slaan[2] *vi (h./i. ingeslagen)* **1** prendre, s'engager dans; **een weg** ~ prendre un chemin, *(fig.)* s'engager dans une voie; *(fig.)* **de goede weg** ~ prendre la bonne voie; *(fig.)* **een verkeerde weg** ~ faire fausse route **2** frapper (qp), *(foudre)* tomber (qp) **3** *(fig.)* avoir de l'effet (sur); **die opmerking sloeg in** cette remarque a fait sensation
in·slag *nm (-en)* **1** chute, impact; **plaats van** ~ point d'impact **2** approvisionnement (en, de) **3** tendance
in·sla·pen *vi (i. ingeslapen)* **1** s'endormir **2** *(euph.)* fermer les yeux, mourir
in·slecht *adj* ignoble
in·slik·ken *vt (h. ingeslikt)* **1** avaler **2** ravaler
in·slui·me·ren *vi (i. ingesluimerd)* **1** s'assoupir **2** *(euph.)* fermer les yeux, mourir
in·slui·pen *vi (i. ingeslopen)* se glisser (dans)
in·slui·per *nm (-s)* cambrioleur
in·slui·ping *nf (-en)* escalade
in·slui·ten *vt (h. ingesloten)* **1** joindre à **2** enfermer **3** comprendre, impliquer; **dit sluit niet in, dat ...** cela n'implique pas que ... ♦ *(sports)* **een tegenstander** ~ enfermer un adversaire
in·sme·ren *vt (h. ingesmeerd)* enduire; **met olie** ~ huiler; **zal ik even je rug ~?** je te frotte le dos?
in·sneeu·wen *vi, vb impers (h./i. ingesneeuwd)* être bloqué par la neige ♦ **het sneeuwt in op zolder** la neige entre dans le grenier
in·snij·den *vt (h. ingesneden)* **1** inciser; **die opmerking sneed diep in in haar ziel** cette remarque la toucha profondément; **de rozen** ~ tailler les rosiers **2** graver
in·snij·ding *nf (-en)* incision
in·snoe·ren *vt (h. ingesnoerd)* lacer; **zich** ~ se sangler
in·span·nen *vt (h. ingespannen)* utiliser au maximum; **ik heb mij met dit werk te veel ingespannen** ce travail m'a demandé un trop grand effort; **zich dubbel** ~ redoubler d'efforts; **zich** ~ **voor iem** se démener pour qn
in·span|nend *adj (-nender, meest i.)* fatigant
in·span·ning *nf (-en)* effort; **zich veel** ~ **getroosten** se donner beaucoup de peine (pour); **hun gezamenlijke** ~ leurs efforts conjugués; **met grote** ~ à grands frais
in spe [ɪnspe] futur
in·spec·te·ren *vt (h. geïnspecteerd)* **1** inspecter **2** passer en revue
in·spec|teur *nm (-s)*, **-trice** *nf (-s)* inspecteur, -trice
in·spec·tie *nf (-s)* inspection; **op** ~ **gaan** aller en tournée d'inspection
in·spe·len[1] *vti (h. ingespeeld) (mus.)* essayer ♦ *(sports)* **goed op elkaar ingespeeld zijn** former une bonne équipe *(aussi au fig.); (sports)* **zich** ~ se roder
in·spe·len[2] *vi (h. ingespeeld)* **1** *(+ op)* anticiper (sur); ~ **op wat komen gaat** se préparer à la suite des événements **2** *(+ op)* répondre (à); ~ **op een rage** sacrifier à une mode
in·spi·re·ren *vt (h. geïnspireerd)* **1** inspirer; **iem tot dapperheid** ~ insuffler du courage à qn **2** baser (sur); **zich laten** ~ **door** s'inspirer de; **hij heeft zijn film geïnspireerd op die roman** il s'est inspiré de ce roman pour son film
in·spraak *de* participation *(codécision);* ~ **hebben bij een zaak** avoir voix au chapitre dans une affaire
in·sprin·gen *vi (i. ingesprongen)* **1** suppléer (qn); **voor een collega** ~ remplacer un collègue **2** (r)entrer (dans); **dat huis springt daar in** cette maison présente un renfoncement à cet endroit; **deze regel moet een beetje** ~ il faut renfoncer un peu cette ligne **3** se jeter (dans) **4** donner suite (à), adhérer (à); **deze firma is ingesprongen op de laatste ontwikkelingen op modegebied** cette firme a suivi les dernières évolutions de la mode
in·spui·ten *vti (h. ingespoten)* injecter ♦

het water spoot de kamer in l'eau gicla dans la pièce
in·staan *vi (h. ingestaan)* **1** *(+ voor)* répondre (de), *(jur.)* être garant (de) **2** *(+ voor; Belg.)* être responsable (de)
in·sta·biel *adj* instable
in·stal·la·tie *nf (-s)* **1** *(technol.)* installation **2** *(audio, vidéo)* chaîne **3** installation, inauguration
in·stam·pen *vt (h. ingestampt)* **1** enfoncer; *(fig.)* **iem de grond** ~ enfoncer qn **2** défoncer **3** inculquer (qch à qn), entrer dans la tête (de qn)
in·stand·hou·ding *nf* **1** maintien **2** perpétuation
in·stant *adj* instantané
in·stan·tie *nf (-s) (aussi jur.)* instance, service; **zich tot een hogere** ~ **richten** aller en appel; *(fig.)* **in eerste** ~ en premier lieu; **in laatste** ~ en dernier ressort
in·stant·kof·fie *nm* café soluble
in·stap·pen *vi (i. ingestapt)* monter (dans un véhicule)
in·ste·ken[1] *vt (h. ingestoken)* introduire (dans); **een draad** ~ enfiler une aiguille; **de auto een parkeerplaats** ~ faire un créneau; **de stekker** ~ brancher la prise
in·ste·ken[2] *vti (h. ingestoken)* **1** donner le bras **2** *(tricot)* piquer dans la maille précédente
in·stel·len[1] *vt (h. ingesteld)* **1** créer; **een belasting** ~ établir un impôt **2** régler, mettre au point; **het** ~ la mise au point **3** *(Belg.)* organiser *(un concours, une rencontre sportive)* **4** *(Belg.)* mettre à prix (à) *(objet)* ♦ **een vervolging** ~ **tegen iem** engager des poursuites contre qn
in·stel·len[2] *vpr (zich ~; h. zich ingesteld) (+ op)* se préparer (à)
in·stel·ling *nf (-en)* **1** création **2** réglage **3** institution, établissement, organisme **4** mentalité; **een zakelijke** ~ **hebben** avoir le sens des affaires
in·stem·men *vi (h. ingestemd) (+ met)* approuver
in·stem·mend *adj, adv* (d'un air) approbateur
in·stem·ming *nf* accord, consentement; **zijn** ~ **betuigen (met)** accorder son suffrage (à); **tekenen van** ~ **geven** manifester son approbation
in·stinct *het (-en)* instinct; **uit** ~ instinctivement
in·stinc·tief, instinctmatig *adj, adv* instinctif, instinctivement
in·stin·ken *vi (i. ingestonken) (fam.)* se faire avoir
in·sti|tuut *het (-tuten)* **1** institution *(chose instituée)*; **het** ~ **huwelijk** le mariage en tant qu'institution **2** institut
in·stop·pen *vt (h. ingestopt)* **1** fourrer (dans); **je moet er een euro** ~ il faut y mettre un euro **2** border (qn) **3** emmitoufler; **zich warm** ~ s'emmitoufler
in·stor·ten *vi (h./i. ingestort)* **1** s'écrouler; **dat gebouw staat op** ~ ce bâtiment menace de s'écrouler **2** *(qn)* craquer, *(après une maladie)* faire une rechute ♦ **zij heeft zich er volledig ingestort** elle s'est donnée à fond
in·stroom *nm* afflux
in·struc|teur *nm (-s)*, **-trice** *nf (-s)* instructeur, moniteur, -trice
in·struc·tie *nf (-s)* instruction; **de ~s opvolgen** observer la consigne; **de ~s stipt volgen** suivre les instructions à la lettre
in·stru·e·ren *vt (h. geïnstrueerd)* instruire
in·stru·ment *het (-en)* instrument; **een** ~ **bespelen** jouer d'un instrument
in·stru·men·ten·bord *het (-en)* tableau de bord
in·stru·ment·ma·ker *nm (-s)* fabricant d'instruments
in·stu·de·ren *vt (h. ingestudeerd)* étudier; **een muziekstuk** ~ travailler un morceau de musique
in|stuif *nm (-stuiven)* surprise-partie
in·stul·ping *nf (-en)* incurvation, *(méd.)* invagination
in·suf·fen *vi (i. ingesuft)* s'endormir *(aussi au fig.)*
in·take·ge·sprek [ɪntekχəsprɛk] *het (-ken)* entretien préliminaire
in·teelt *de (personnes)* consanguinité, union consanguine, *(animaux)* croisement consanguin
in·te·gen·deel *adv* au contraire, loin de là
in·te|ger *adj, adv (-gerder, meest i.)* intègre(ment)
in·te·graal *adj, adv* intégral; **een tekst** ~ **uitgeven** publier un texte en édition intégrale
in·te·gra·tie *nf* intégration; **de Europese** ~ l'unification européenne
in·te·gre·ren *vti (h./i. geïntegreerd)* (s')intégrer
in·te·ke·naar *nm (-s)* souscripteur
in·te·ke·nen[1] *vi (h. ingetekend)* souscrire (à)
in·te·ke·nen[2] *vt (h. ingetekend)* **1** inscrire **2** dessiner
in·tel·li·gen·tie *nf* intelligence
in·ten·sive care [ɪntɛnsɪfkɛːr] *de* service de réanimation
in·ten·si·ve·ren *vt (h. geïntensiveerd)* intensifier
in·ten·tie·ver·kla·ring *nf (-en)* déclaration de principe
in·ter·ci·ty [ɪntərsɪti] *nm (-'s)*, **intercity-trein** *nm (-en)* express, train intervilles
in·ter·com *nm (-s)* interphone
in·te·ren[1] *vt (h./i. ingeteerd)* écorner *(une fortune)*
in·te·ren[2] *vi (h./i. ingeteerd)* **1** dépenser plus qu'on ne gagne; **zij teert in op haar spaargeld** elle vit sur ses économies **2** *(capitaux etc.)* diminuer
in·te·res·sant *adj, adv* (de façon) intéressant(e), plein d'intérêt; ~ **doen** faire l'intéressant; ~ **willen zijn** chercher à se rendre intéressant
in·te·res·se *het/de (-s)* intérêt; ~ **hebben voor iets** s'intéresser à qch; **geen** ~ **(meer) hebben voor iets** se désintéresser de qch;

~ **tonen voor iem** témoigner de l'intérêt à qn; **uit ~ voor** par intérêt pour ♦ **mijn zuster heeft veel ~s** ma sœur s'intéresse à bien des choses
in·te·res·se·ren[1] *vt (h. geïnteresseerd)* intéresser (qn à qch)
in·te·res·se·ren[2] *vpr (zich ~; h. zich geïnteresseerd) (+ voor)* s'intéresser (à)
in·te·ri·eur|zaak *de (-zaken)* maisonnerie
***in·te·rim-** provisoire; **het interim-rapport** le rapport provisoire
in·te·ri·ma·ris *nm (-sen) (Belg.)* intérimaire
in·ter·ker·ke·lijk *adj* œcuménique, entre les Eglises
in·ter·land *nm (-s),* **interlandwedstrijd** *nm (-en)* match international
in·ter·li·nie *nf (-s)* interligne *(m.)*
in·ter·lo·kaal *adj* interurbain
in·ter·me·di·air *adj* médiateur; **de ~** l'intermédiaire, le médiateur, la médiatrice
in·ter·me·zo [ɪntərmɛdzo] *het (-'s)* **1** intermède **2** *(mus.)* intermezzo
in·tern *adj, adv* (de façon) interne
in·ter·ne·ring *nf (-en)* internement
in·ter·net·ter *nm (-s) (inform.)* internaute
in·ter·punc·tie *nf* ponctuation; ~ **aanbrengen in een tekst** mettre la ponctuation dans un texte
in·ter·view [ɪntərvju] *het (-s)* interview; **iem een ~ afnemen** interviewer qn; **een ~ weggeven** accorder une interview
in·tiem *adj, adv* **1** intime(ment); **in ~e kring** entre intimes; **~e omgang** relations intimes **2** secret
in·tik·ken *vt (h. ingetikt)* **1** enfoncer, briser **2** taper (à la machine) **3** *(inform.)* introduire (des données)
in·ti·mi·teit *nf (-en)* **1** intimité; **de ~ van hun omgang** l'intimité de leurs relations **2** privautés; **ongewenste ~en** harcèlement sexuel; **zich ~en veroorloven** se permettre des privautés
in·tocht *nm (-en)* entrée; **zijn ~ houden** faire son entrée
in·toet·sen *vt (h. ingetoetst) (inform.)* → **intikken 3**
in·to·men *vt (h. ingetoomd)* refréner
in·tra·mu·raal *adj* en milieu hospitalier; **intramurale gezondheidszorg** soins hospitaliers
in·trap·pen *vt (h. ingetrapt)* enfoncer ♦ **iem de modder ~** traîner qn dans la boue
in·tre·de *de* entrée, apparition, début; *(personne)* **zijn ~ doen** ± entrer en fonction
in·tre·den *vi (h./i. ingetreden)* **1** entrer dans **2** entrer dans les ordres **3** commencer **4** se produire; **de dood trad spoedig in** la mort fit rapidement son œuvre
in·tree *de* → **intrede**
in·trek *nm* ♦ **bij iem zijn ~ nemen** s'installer chez qn; **zijn ~ in een hotel nemen** descendre à l'hôtel
in·trek·ken[1] *vi (h./i. ingetrokken)* **1** *(+ bij)* aller vivre (chez, avec qn) **2** entrer dans **3** être absorbé (par)
in·trek·ken[2] *vt (h./i. ingetrokken)* retirer; **een belofte ~** revenir sur une promesse; **zijn buik ~** rentrer le ventre
in·trek·king *nf (-en) (du permis de conduire)* retrait, *(d'une loi)* abrogation, *(paroles)* rétractation; **een tijdelijke ~** une suspension
in·tri·ge [ɪntriʒə, ɪntriχə] *de (-s)* intrigue; **een ~ beramen** ourdir un complot; **de ~ zit goed in elkaar** l'intrigue est bien conduite
in·tro·du·cé *nm (-s)* invité *(non-membre d'un cercle)*
in·tro·du·ce·ren *vt (h. geïntroduceerd)* introduire *(qn, un nouveau produit)*
in·tro·duc·tie *nf (-s)* introduction, présentation, lancement
in·tro·duc·tie|prijs *nm (-prijzen)* prix de lancement
in·troe·ven *vi (h. ingetroefd) (jeux de cartes)* couper
in·tus·sen *adv* **1** en attendant **2** cependant
in·ty·pen *vt (h. ingetypt) (inform.)* taper
in·val *nm (-len)* **1** invasion; **een ~ doen in een café** faire une descente dans un café **2** idée (subite); **een geestige ~** un trait d'esprit; **geniale ~** idée géniale **3** commencement; **de ~ van de dooi** la brusque apparition du dégel **4** *(mus.)* entrée ♦ *(phys.)* **hoek van ~** angle d'incidence; **de zoete ~** la maison du bon Dieu; **'t is daar de zoete ~** on y tient table ouverte
in·va·li·den·wa·gen *nm (-s)* fauteuil roulant
in·val·len *vi (i. ingevallen)* **1** entrer (dans) **2** *(météo.)* commencer; **de dooi is ingevallen** il commence à dégeler **3** remplacer; **voor een collega ~** remplacer un collègue **4** (re)venir à l'esprit; **het viel me te laat in** j'y ai songé trop tard; **zijn naam wil mij maar niet ~** son nom m'échappe **5** *(mus.)* intervenir **6** s'écrouler ♦ **ingevallen wangen** joues creuses
in·val·ler *nm (-s)* remplaçant, *(au théâtre)* doublure
in·vals·hoek *nm (-en)* **1** angle d'incidence **2** point de vue
in·vals·weg *nm (-en)* voie d'accès
in·ven·ta·ri·sa·tie *nf (-s)* inventaire
in·ver·ze·ke·ring·stel·ling *nf (jur.)* mandat de dépôt
in·ves·teer·der *nm (-s)* investisseur
in·ves·te·ren *vt (h. geïnvesteerd)* investir; **ik heb in dat project veel tijd geïnvesteerd** j'ai consacré beaucoup de temps à ce projet
in·vet·ten *vt (h. ingevet)* graisser
in-vi·tro-fer·ti·li·sa·tie *nf (-s) (méd.)* fécondation in vitro
in·vlie·gen[1] *vi (h./i. ingevlogen)* **1** entrer (en volant) dans; **het luchtruim ~** décoller **2** se précipiter dans; **met volle snelheid vloog de trein de tunnel in** le train s'engouffra à toute vitesse dans le tunnel ♦ **er ~** tomber dans le panneau

in·vlie·gen[2] *vt (h./i. ingevlogen)* essayer *(un avion etc.)*
in·vloed *nm (-en)* influence; **zijn ~ laten gelden** user de son influence; **een man van ~** un homme influent; **onder iemands ~ staan** subir l'influence de qn; **onder ~ van drank handelen** agir sous l'empire de la boisson; **een schadelijke ~ op iets hebben** avoir une action nocive sur qch; **een schadelijke ~ op iem hebben** exercer une influence néfaste sur qn; **~ uitoefenen op iem** influencer qn; **van ~ zijn** avoir de l'influence ♦ **rijden onder ~** conduire en état d'ivresse
in·vloed·rijk *adj* influent
in·vloeds|sfeer *de (-sferen)* zone d'influence
in·voe·gen[1] *vt (h. ingevoegd)* insérer (dans)
in·voe·gen[2] *vi (h. ingevoegd) (circul.)* se rabattre
in·voe·ging *nf (-en)* insertion *(action et résultat)*
in·voeg|strook *de (-stroken) (circul.)* bretelle d'accès
in·voe·len *vt (h. ingevoeld)* comprendre (de façon empathique)
in·voer *nm (-en)* **1** importation **2** *(inform.)* entrée
***in·voer-** d'importation
in·voe·ren *vt (h. ingevoerd)* **1** importer **2** introduire; **een nieuwe mode ~** lancer une nouvelle mode ♦ **belastingen ~** créer des impôts; **een wet ~** adopter une loi
in·voe·ring *nf (-en)* introduction, instauration, lancement
in·voer·recht *het (-en) (écon.)* droit d'entrée
in·vor·der·baar *adj* exigible, *(somme)* recouvrable, *(impôt)* perceptible
in·vor·de·ren *vti (h. ingevorderd)* exiger, *(une somme)* recouvrer, *(un impôt)* percevoir
in·vre·ten *vti (h./i. ingevreten)* **1** ronger, *(chim.)* corroder **2** *(chim.)* être corrodé
in·vrie·zen *vt (h./i. ingevroren)* congeler
in·vrij·heid·stel·ling *nf (jur.)* mise en liberté
in·vul·len *vt (h. ingevuld)* remplir *(un formulaire, un bulletin etc.)* ♦ **vul maar in** et ainsi de suite
in·vul·ling *nf (-en)* **1** remplissage, *(un formulaire etc.)* fait de remplir **2** interprétation
in·vul·oe·fe·ning *nf (-en)* exercice à compléter
in·waai·en *vi, vb impers (h./i. ingewaaid)* être renversé par le vent ♦ **het waait hier nogal in** le vent souffle pas mal ici dedans
in·waarts *adj, adv* vers l'intérieur
in·we·ken *vti (h./i. ingeweekt)* (faire) tremper
in·wen·dig *adj, adv* interne, intérieurement; **voor ~ gebruik** à usage interne
in·wer·ken[1] *vt (h. ingewerkt)* mettre au courant; **hij is nog niet ingewerkt** il n'est pas encore rodé; **zich ergens ~** se familiariser avec qch
in·wer·ken[2] *vi (h. ingewerkt) (+ op)* agir (sur); **op elkaar ~** s'influencer mutuellement; **een film op zich laten ~** se laisser influencer par un film
in·wer·king *nf (-en)* action, influence
in·wer·king·tre·ding *nf* entrée en vigueur
in·werk·pe·ri·o·de *nf (-s, -n)* (période de) rodage
in·wer·pen *vt (h. ingeworpen)* **1** casser, briser (en lançant qch) **2** jeter (dans) **3** *(sports)* remettre (le ballon) en jeu
in·we·ven *vt (h./i. ingeweven)* **1** tisser (dans) **2** *(fig.)* entremêler (de), insérer (dans)
in·wij·den *vt (h. ingewijd)* **1** inaugurer **2** initier
in·wij·ding *nf (-en)* **1** inauguration, *(d'une église)* consécration **2** initiation
in·wij·ke·ling *nm (-en) (Belg.)* immigrant, -ante
in·wik·ke·len *vt (h. ingewikkeld)* envelopper
in·wil·li·gen *vt (h. ingewilligd)* agréer, accepter
in·win·nen *vt (h. ingewonnen)* (chercher à) recueillir; **bij iem informatie ~** s'informer auprès de qn; **inlichtingen gaan ~** aller aux renseignements; **iemands raad ~** prendre conseil de qn
in·wis·sel·baar *adj* convertible (en)
in·wis·se·len *vt (h. ingewisseld)* échanger (contre); **het ~** l'échange
in·wo·nen *vi (h. ingewoond)* habiter (chez qn)
in·wo·nend *adj* interne; **~e kinderen** enfants habitant chez leurs parents
in·wo·ner *nm (-s)*, **inwoonster** *nf (-s)* habitant, -ante
in·wo·ner·tal *het (-len)* nombre d'habitants
in·wo·ning *nf* cohabitation
in·worp *nm (-en)* **1** introduction, insertion **2** somme, montant **3** *(sports)* rentrée en touche
in·wrij·ven *vt (h. ingewreven)* frotter ♦ **dat zal ik hem eens ~** il me le paiera
in·zaai·en *vt (h. ingezaaid)* **1** semer **2** ensemencer
in·za·ge *de* communication, information; **na ~ van de stukken** sur le vu des pièces; **recht tot ~** droit de regard; **een boek ter ~ ontvangen** recevoir un livre pour information
in·za·ke *prép (form.)* en ce qui concerne
in·zak·ken *vi (i. ingezakt)* s'effondrer
in·za·me·len *vti (h. ingezameld)* collecter
in·za·me·ling *nf (-en)* collecte
in·za·me·lings·ac·tie *nf (-s)* collecte *(quête)*
in·ze·ge·nen *vt (h. ingezegend)* bénir
in·zen·den *vt (h. ingezonden)* **1** envoyer *(lettre etc.)* **2** exposer
in·zen·ding *nf (-en)* envoi
in·ze·pen *vt (h. ingezeept)* savonner
in·zet *nm (-ten)* **1** ardeur, enthousiasme

2 emploi **3** *(photo, dessin)* encart **4** *(sports)* mise **5** enjeu **6** *(vente aux enchères)* mise à prix **7** *(mus.)* attaque, *(chant)* intonation
in·zet·baar *adj* ♦ **op verschillende fronten ~ zijn** pouvoir être affecté à des tâches différentes
in·zet·baar·heid *nf* ♦ **de ~ van extra personeel** la possibilité de faire appel à du personnel supplémentaire
in·zet·ten[1] *vt (h. ingezet)* **1** mettre; **edelstenen ~** monter des pierres précieuses; **het ~** la pose **2** entamer, déclencher; **een aanval ~** déclencher une attaque **3** engager; **de trainer zette beide wisselspelers in** l'entraîneur a fait monter sur le terrain les deux remplaçants
in·zet·ten[2] *vti (h. ingezet)* **1** *(sports)* miser **2** *(vente aux enchères)* mettre à prix **3** *(mus.)* attaquer, *(chant)* entonner
in·zet·ten[3] *vi (h. ingezet)* commencer
in·zet·ten[4] *vpr (zich ~; h. zich ingezet)* s'engager; **zich voor een zaak ~** embrasser une cause
in·zicht *het (-en)* **1** intelligence (de qch); **hij heeft een goed ~ in de zaak** il comprend bien cette question **2** idée; **naar zijn ~** d'après lui; **tot het ~ komen, dat ...** en arriver à l'idée que ...; **verschil van ~** différence de vues **3** conscience; **tot ~ komen** prendre conscience de ses erreurs **4** *(Belg.)* intention
in·zich·te·lijk *adj* compréhensible
in·zien *vt (h. ingezien)* **1** parcourir, consulter **2** comprendre, prendre conscience de; **een dwaling ~** s'apercevoir d'une erreur; **de noodzaak van iets ~** être conscient de la nécessité de qch **3** considérer (comme); **hij ziet de toekomst donker in** il voit l'avenir en noir ♦ *(subst.)* **mijns ~s** à mon avis; *(subst.)* **bij nader ~ geef ik hem gelijk** réflexion faite, je lui donne raison
in·zin·king *nf (-en)* dépression
in·zit·ten *vi (h. ingezeten)* ♦ *(fig.)* **dat zit er niet in** c'est peu probable; **over iets, iem ~** s'inquiéter au sujet de qch, d'une personne
in·zit·ten·de *nm (-n)* passager, -ère
in·zoo·men [ɪnzumə(n)] *vi (h. ingezoomd)* zoomer
in·zou·ten *vt (h. ingezouten)* saler
IOC *het Internationaal Olympisch Comité* CIO
i.p.v. *in plaats van* au lieu de
IQ *het (-'s) intelligentiequotiënt* QI
Ira|kees *nm (-kezen),* **Iraakse** *nf (-n)* Irakien, -ienne
iris·co·pist *nm (-en)* iridologue
iro·nie *nf* ironie; **met lichte ~** avec une pointe d'ironie
iro|nisch *adj, adv (-nischer, meest i.)* ironique(ment)
ir·re·le·vant *adj* non pertinent
is·chi·as [ɪsχijɑs] *de* sciatique
is·la·miet *nm (-en)* musulman, -ane
is·la·mi·tisch *adj* musulman
i.s.m. *in samenwerking met* en collaboration avec
iso·la·tie *nf (-s)* **1** isolement **2** isolation **3** isolant
iso·leer·cel *de (-len)* **1** cachot **2** cabanon *(dans un hôpital psychiatrique)*
iso·le·ren *vti (h. geïsoleerd)* isoler; **iem ~** mettre qn en quarantaine, *(fig.)* faire le vide autour de qn
iso·le·ring *nf (-en)* → **isolatie**
Is·ra·ë·li *nm (-'s),* **Israëlische** *nf (-n)* Israélien, -ienne
IT *nf (abrév.) informatietechnologie* TI
item [ɑjtəm] *het (-s)* **1** point, question; **een hot ~** un sujet délicat **2** article
i.t.t. *in tegenstelling tot* contrairement à
ivf *nf (méd.) in-vitrofertilisatie* FIV
i.v.m. *in verband met* en rapport avec, à cause de
Ivriet *het* hébreu (moderne)

j

ja *interj* **1** oui, si; **ja knikken** faire oui de la tête; **nee heb je, ja kun je krijgen** ça ne coûte rien de demander **2** à propos; **o ja, nu je er toch bent ...** à propos, puisque tu es là ...
jaap *nm (japen)* coupure, balafre
jaar *het (jaren)* an(née); **hij is 40** ~ il a 40 ans; **sinds** ~ **en dag** depuis une éternité; **ik doe het in geen honderd** ~ jamais de la vie, je ne ferai cela; ~ **in,** ~ **uit** au fil des ans; **in zijn jonge jaren** dans son jeune âge; **het lopend** ~ l'année en cours; **van, uit het** ~ **nul** vieux comme le monde; **om de twee** ~ tous les deux ans; **de jaren des onderscheids,** *(Belg.)* **de jaren van verstand** l'âge de raison; ~ **op** ~ tous les ans; **over een** ~ dans un an; **van 't** ~ cette année; **in vroeger jaren** autrefois
jaar- annuel
jaar|beurs *de (-beurzen)* **1** foire (annuelle) **2** hall d'exposition
jaar·boek *het (-en)* **1** annales **2** annuaire
jaar·gang *nm (-en)* **1** année **2** *(plur.)* collection; **alle ~en van dat tijdschrift** la collection complète de cette revue
jaar·ge|noot *nm (-noten),* **-note** *nf (-s, -n)* camarade de promotion
jaar·ge·tij·de *het (-n)* saison
jaar·lijks *adj, adv* annuel(lement)
jaar·tal *het (-len)* **1** année **2** *(plur.)* tables chronologiques; **~len leren** apprendre des dates
jaar·tel·ling *nf (-en)* ère
jaar·wis·se·ling *nf (-en)* Nouvel An
jacht[1] *het (-en)* yacht
jacht[2] *de* chasse; ~ **maken op iem/iets** pourchasser qn, qch; **op** ~ **gaan** aller à la chasse
jacht- de chasse
jach·ten *vi (h. gejacht)* se dépêcher
jacht·ha·ven *de (-s)* port de plaisance
jach·tig *adj, adv* précipité, avec précipitation
jacht·lui·paard *nm (-en) (zool.)* guépard
jacht·scho·tel *de (-s)* ± ragoût (aux pommes et aux pommes de terre)
jack [jɛk, jɑk] *het (-s)* blouson
ja·gen[1] *vt (h. gejaagd)* **1** chasser **2** courir (après) ♦ **erdoor(heen)** ~ dissiper; **die wet werd door de Tweede Kamer gejaagd** la Chambre des députés a voté cette loi trop hâtivement
ja·gen[2] *vi (h. gejaagd)* **1** chasser **2** *(+ naar)* courir (après)
ja·ger *nm (-s)* chasseur
jak|hals *nm (-halzen)* chacal
jak·ke·ren *vi (h. gejakkerd)* **1** aller, rouler à fond de train **2** se presser
jak·kes *interj* pouah!
Ja·kob ♦ **zij heeft de ware** ~ **gevonden** elle a trouvé l'homme de sa vie
ja·kobs·schelp *de (-en)* coquille Saint-Jacques
ja|loers *adj, adv (-loerser, meest j.)* jaloux, avec jalousie
ja·loe·zie [ʒaluzi, jaluzi] *nf (-ën)* **1** jalousie **2** persienne
jam [ʒɛm, jɑm] *de (-s)* confiture
jam·mer *adj* dommage; ~ **genoeg ...** malheureusement, ...; **dat is dan** ~ **voor hem** tant pis pour lui
jam·me·ren *vi (h. gejammerd)* se lamenter
jam·mer·klacht *de (-en)* lamentations
jam·mer·lijk *adj, adv* lamentable(ment)
Jan Jean; ~ **en alleman** tout le monde; ~ **Modaal** les revenus moyens; ~ **Rap en zijn maat** la populace; ~ **met de pet** l'homme de la rue ♦ **boven** ~ **zijn** s'en être tiré
jan·boel *nm* fouillis
jan·boe·ren·fluit·jes ♦ **op zijn** ~ à la va comme je te pousse
jan·ken *vi (h. gejankt)* **1** hurler *(loup, chien)* **2** piailler **3** pleurnicher **4** pleurer *(musique)*
Jan Klaas·sen *nm* Guignol
jan·tje-van-lei·den *het* ♦ **zich met een** ~ **ergens van afmaken** répondre par des pirouettes, faire qch par-dessus la jambe
ja·nu·a·ri *nm* janvier
Ja·pan *het* Japon
ja·pon *nm (-nen)* robe
jap·pen·kamp *het (-en)* camp de concentration japonais

ja·ren·lang *adj, adv* de plusieurs années, pendant des années
ja·rig *adj* qui fête son anniversaire; **(als dat gebeurt) dan ben je nog niet** ~ (si ça se produit) tu ne vas pas être à la fête; ~ **zijn** fêter son anniversaire
jas *de (-sen)* **1** manteau; **iem aan zijn ~(je) trekken** tirer qn par la manche **2** veston
jas·be·scher·mer *nm (-s)* filet de roue arrière
jas·mijn *de (-en)* jasmin
jas·ses *interj (fam.)* berk!
jat·ten *vti (h. gejat) (fam.)* chiper
ja·wel *interj* si!
ja·woord *het* (grand) oui; **iem het ~ geven** prendre qn pour époux, épouse
jazz·fes·ti·val *het (-s)* festival de jazz
je[1] *pers* tu, te, toi
je[2] *indéf* on; **zoiets doe je niet** ça ne se fait pas
je[3] *poss* **1** ton, ta, tes **2** votre, vos ♦ **dat is je van het** c'est le fin du fin
jee *interj (fam.)* ♦ **o ~, tijd zat!** oh là, on a tout le temps!; **~tje!** Mon Dieu!
je·gens *prép (form.)* envers
Je·men *het* Yémen
je·ne·ver *nm (-s)* genièvre
je·ne·ver·bes *de (-sen)* **1** baie de genièvre **2** genévrier
jen·ge·len *vi (h. gejengeld)* pleurnicher
jen·nen *vt (h. gejend) (fam.)* enquiquiner
je·re·mi·ë·ren *vi (h. gejeremieerd)* se lamenter
Jet ♦ **de jarige** ~ celui, celle qui fête son anniversaire; **geef hem van jet(je)!** flanque-lui une raclée!
jeu *nm* ♦ **iets met veel ~ vertellen** raconter qch avec truculence; **de ~ is eraf** le charme s'est envolé
jeugd *de* **1** jeunesse; **in zijn prille** ~ dans sa plus tendre enfance; *(prov)* **wie de ~ heeft, heeft de toekomst** ⟨*l'avenir est aux jeunes*⟩ **2** jeunes
jeugd·her·berg *de (-en)* auberge de (la) jeunesse
jeugd·her·in·ne·ring *nf (-en)* souvenir d'enfance
jeug·dig *adj, adv* (de façon) jeune; ~ **enthousiasme** ardeur juvénile
jeugd|lei·der *nm (-s)*, **-leidster** *nf (-s)* animateur, -trice (de jeunesse)
jeugd·puist·jes *plur* acné juvénile
jeugd·sen·ti·ment *het (-en)* souvenirs de jeunesse
jeuk *nm* démangeaison
jeu·ken *vi (h. gejeukt)* démanger
je·zelf *pers* toi(-même), vous(-même), soi(-même)
je·zu·ïet *nm (-en)* jésuite
je·zus *interj (juron)* Jésus!; ~ **(christus), wat een troep!** Grand Dieu, quelle pagaille!
jicht *de* goutte
Jid·disch *adj* yiddish
jij *pers* tu, toi, tu ...
jij·zelf *pers* toi-même
jl. *jongstleden* dernier
Job *nm* ♦ **de jarige** ~ ± celui, celle dont c'est l'anniversaire
jobs·tij·ding *nf (-en)* nouvelle désastreuse
job·stu|dent [ʒɔpstydɛnt] *nm (-en)*, **-dente** *nf (-s, -n) (Belg.)* étudiant(e) salarié(e), *(Belg.)* jobiste
joch *het*, **jochie** *nm (-s) (fam.)* gosse
jo·de·len *vi (h. gejodeld)* jodler
jo·den·dom *het* **1** peuple juif **2** judaïsme
Jo·den·haat *nm* antisémitisme
jo·di·um *het (méd.)* iode
joeg, joegen → **(na-, weg)jagen** *(etc.)*
Joe·go·sla·vië *het* Yougoslavie
joe·kel *nm (-s) (fam.)* mastodonte; **een ~ van een vis** un poisson énorme
joe·len *vi (h. gejoeld)* faire du boucan
joe·pie *interj* youp!
jo·fel *adj, adv (fam.)* chouette(ment)
jog·gen [dʒɔɡə(n), jɔχə(n)] *vi (h. gejogd)* faire du jogging
joh *interj (fam.)* dis donc!; **kop op, ~!** allez, ne t'en fais pas!
jo·jo *nm (-'s)* yo-yo®
joke *nm (-s)* ♦ **practical** ~ (une) farce
jo·ker *nm (-s)* joker ♦ **voor ~ staan** ne pas avoir l'air malin; **iem voor ~ zetten** ridiculiser qn
jo·ke·ren *vi (h. gejokerd)* jouer au joker
jok·ke·brok *nm (-ken) (enf.)* (petit(e)) menteur, -euse
jok·ken *vi (h. gejokt) (enf.)* mentir
jo·lig *adj, adv* gai(ement)
jong[1] *het (-en)* petit
jong[2] *adj* **1** jeune; **de ~ste gebeurtenissen** les événements les plus récents; *(prov)* ~ **geleerd, oud gedaan** ce qu'on apprend au berceau dure jusqu'au tombeau; **hij is twee jaar ~er dan ik** il a deux ans de moins que moi; **er ~ uitzien** faire jeune; **van ~s af** dès l'enfance **2** nouveau
jon·ge *interj* eh ben dis donc!
jon·ge·da·me *nf (-s) (form.)* demoiselle
jon·ge|heer *nm (-heren)* **1** *(form.)* jeune homme **2** ± quéquette
jon·ge·lui *plur* jeunes gens
jon·ge·man *nm (-nen)* jeune homme
jon·gen[1] *nm (-s)* **1** garçon; **daar is hij maar een kleine ~ bij** à côté d'eux, il ne fait pas le poids; *(iron.)* **een lieve** ~ un beau numéro **2** *(fam.)* gars; **het is een keiharde** ~ c'est un dur de dur; **kom, ouwe** ~ allons, mon vieux; **zware ~s** les gars du milieu
jon·gen[2] *vi (h. gejongd)* faire des petits
jon·gens·ach|tig *adj, adv (-tiger, meest j.)* de, d'un garçon, comme un garçon
jon·gens·gek *nf (-ken)* dragueuse
jon·ge·re *nm (-n)* jeune
jon·ge·ren·werk *het* activités sociales en faveur de la jeunesse
jong·ge·huwd *adj* qui vient de se marier; **de ~en** les jeunes mariés
jong·le·ren *vi (h. gejongleerd)* jongler
jongst·le·den *adj* dernier
jon·ker *nm (-s)* gentilhomme (campagnard)
jon·kie *het (-s) (fam.)* petit, -ite
jonk·vrouw *nf (-en)* demoiselle

jood *nm (joden),* **jodin** *nf (-nen)* Juif, Juive
Jood *nm (Joden),* **Jodin** *nf (-nen)* Juif, Juive
joods *adj, adv* juif
Joods *adj, adv* juif
Joost ♦ **dat mag ~ weten** qu'est-ce que j'en sais!
jo·ta *de (-'s)* ♦ **hij snapt er geen ~ van** il n'y comprend pas un traître mot
jou *pers* te, t', toi; **een kabaal van heb ik ~ daar** un boucan de tous les diables
jour|naal [ʒurnal] *het (-nalen)* **1** actualités **2** journal (de bord) **3** *(comptabilité)* livre d'ordre
jour·na|list [ʒurnalɪst] *nm (-en),* **-liste** *nf (-s, -n)* journaliste
jouw *poss* **1** ton, ta, tes **2** le tien, la tienne
jou·wen *vi (h. gejouwd)* huer
joy·stick [dʒɔjstɪk] *de (-s) (inform.)* manche à balai, manette de jeux
jr. *junior* fils
ju·be·len *vi (h. gejubeld)* **1** pousser des cris d'allégresse **2** exulter
ju·bel·stem·ming *nf* ambiance de liesse
ju·bel·te·nen *plur* orteils retroussés
ju·bi·la|ris *nm (-sen),* **-resse** *nf (-n)* héros de la fête
ju·bi·le·ren *vi (h. gejubileerd)* célébrer un anniversaire, un jubilé
ju·bi·le·um *het (jubilea)* anniversaire, jubilé
jucht·leer *het* cuir de Russie
ju·das *nm (-sen)* **1** Judas **2** scélérat, -ate
ju·das·pen·ning *nm (-en)* monnaie-du-pape
juf *nf (-s, -fen) (fam.)* maîtresse (d'école)
juf·frouw *nf (-en)* **1** demoiselle, Mademoiselle **2** maîtresse (d'école)
ju·gend·stil *nm* Art nouveau
jui·chen *vi (h. gejuicht)* pousser des cris de joie
juist *adj, adv (juister, meest j.)* **1** juste(ment); **de ~e woorden weten te vinden** savoir trouver les mots qu'il faut **2** correct(ement) **3** venir de; **zij is ~ gearriveerd** elle vient d'arriver **4** justement; **~ van pas komen** tomber à point; **~ op het moment dat** au moment précis où
juk *het (-ken)* joug; **het ~ afwerpen, afschudden** secouer le joug
juk·been *het (-deren)* pommette
ju·li *nm* juillet
jul·lie[1] *pers* vous (autres)
jul·lie[2] *poss* votre, vos
ju·ni *nm* juin
junk [dʒʌŋk] *nm (-s)* camé
junk·food *het* malbouffe
ju·ri·disch *adj, adv* juridique(ment)
ju·ris·dic·tie *nf (-s)* juridiction
ju·ris·pru·den·tie *nf* jurisprudence
jurk *de (-en)* robe
jus [ʒy] *nm* jus de viande
jus·kom *de (-men)* saucière
jus·ti·tie *nf* justice
jus·ti·ti·eel *adj* judiciaire
Jut ♦ **~ en Jul** ± un couple mal assorti
jut·ten *vti (h. gejut)* piller (des épaves)
ju·weel *het (juwelen)* bijou ♦ **dit schilderij is een ~** ce tableau est une merveille
ju·we|lier *nm (-s),* **-lierster** *nf (-s)* bijoutier, -ière

k

k *kilo* k
kaai·man *nm (-nen)* caïman
kaak *de (kaken)* **1** mâchoire **2** joue **3** *(zool.)* branchie ♦ **aan de ~ stellen** dénoncer
kaak·been *het (-deren)* (os) maxillaire
kaak·chi·rurg *nm (-en)* chirurgien dentiste
kaal *adj (kaler, kaalst)* **1** chauve, tondu, sans poils; ~ **worden** perdre ses cheveux **2** nu **3** nu, découvert; **een kale boterham** du pain sec; **de kale huur** le loyer sans les charges ♦ **iem ~ plukken** plumer qn
kaap *de (kapen)* cap
kaars *de (-en)* bougie, *(relig.)* cierge
kaars·licht *het* lumière d'une bougie; **bij ~ dineren** dîner aux chandelles
kaars·vet *het* suif
kaart *de (-en)* **1** carte **2** carte; *(sports)* **de rode ~** le carton rouge **3** billet **4** plan; **in ~ brengen** dresser la carte de, *(fig.)* faire un tour d'horizon (de) **5** menu ♦ **dat is doorgestoken ~** c'est un coup monté; **de ~en zijn geschud** les jeux sont faits; **dat is een haalbare ~** c'est (tout à fait) réalisable; **de ~en liggen nu anders** le vent a tourné; **open ~ spelen** jouer cartes sur table; **van de ~ zijn** avoir perdu les pédales
kaar·ten *vi (h. gekaart)* jouer aux cartes
kaar·ten·bak *nm (-ken)* fichier
kaart·je *het (-s)* **1** billet; **een tweedeklaskaartje** un billet de seconde (classe) **2** fiche ♦ **een ~ leggen** faire une partie de cartes
kaart·sy|steem *het (-stemen)* fichier; **gegevens in een ~ opnemen** mettre des données en fiche
kaart·ver·koop *nm* vente des billets
kaas *nm (kazen)* fromage; **belegen ~** fromage demi-vieux; **zich (niet) de ~ van het brood laten eten** (ne pas) se laisser marcher sur les pieds; *(Belg.)* **platte ~** fromage blanc ♦ **ergens geen ~ van gegeten hebben** ne pas s'y connaître en, dans qch
***kaas-** de, au, à fromage
kaas·boer *nm (-en)* **1** marchand de fromages **2** fromager
kaas·kop *nm (-pen) (péj.)* ± batave
kaas·plank *de (-en)* **1** planche à fromage **2** plateau de fromages
kaas|schaaf *de (-schaven)* coupe-tranche à fromage
kaat·sen[1] *vi (h. gekaatst) (sports)* **1** jouer à la paume **2** rebondir
kaat·sen[2] *vt (h. gekaatst)* renvoyer *(lumière, son)*
ka·baal *het* vacarme
kab·be·len *vi (h. gekabbeld)* clapoter
ka·bel *nm (-s)* câble
ka·bel|baan *de (-banen)* téléférique
ka·bel·brug *de (-gen)* pont suspendu
ka·bel·ex·ploi·tant *nm (-en) (com.)* câblodistributeur
ka·bel·jauw *nm (-en)* cabillaud
ka·bel·net *het (-ten)* **1** *(com.)* réseau câblé; **op het ~ aansluiten** câbler **2** réseau électrique
ka·bi·net *het (-ten)* cabinet, *(pol., aussi)* gouvernement
ka·bi·nets·be·raad *het* conseil de ministres
ka·bi·nets|cri·sis *nf (-crises)* **1** chute du gouvernement **2** crise ministérielle
ka·bou·ter *nm (-s)* **1** nain; **dat hebben de ~tjes gedaan** ça s'est fait tout seul; **dat hebben de ~tjes me verteld** mon petit doigt me l'a dit **2** lutin **3** *(scoutisme)* jeannette
ka·chel *de (-s)* poêle
ka·de *de (-n)* quai
ka·der *het (-s)* **1** cadre, encadrement; **in het ~ van** dans le cadre de **2** cadres *(personnel)*
ka·der|lid *het (-leden)* cadre *(personne)*
ka·det·je *het (-s)* petit pain (au lait)
kaf *het* **1** balle (du blé); **het ~ van het koren scheiden** séparer le bon grain de l'ivraie; **er is veel ~ onder het koren** il y a plus de paille que de grain **2** cosse
kaf·fer *nm (-s) (fam.)* **1** mufle, plouc **2** crétin, -ine
kaf·fe·ren *vi (h. gekafferd)* fulminer
kaft *het/de (-en)* couverture *(livre, cahier)*
kaf·ten *vt (h. gekaft)* couvrir *(livre)*
ka·juit *de (-en)* cabine *(navire)*

kak *nm (fam.)* **1** merde **2** chiqué; **kale, kouwe** ~ du chiqué
ka·kel·bont *adj* bariolé
ka·ke·len *vi (h. gekakeld)* caqueter
ka·kel·vers *adj* extra frais *(œufs)*
kak·ken *vti (h. gekakt) (fam.)* crotter, faire caca; **in zijn broek** ~ trembler dans sa culotte
kak·ker·lak *nm (-ken)* cancrelat
ka·len·der *nm (-s)* calendrier
ka·len·der|jaar *het (-jaren)* année civile
kalf *het (kalveren)* **1** veau; *(prov)* **als het ~ verdronken is, dempt men de put** il est trop tard pour fermer l'écurie quand le cheval s'est sauvé, après la mort, le médecin **2** benêt
***kalfs-** de veau
ka·li·ber *het (-s)* **1** calibre **2** acabit; **zij zijn van hetzelfde** ~ ils sont de la même trempe **3** envergure; **iem van zijn** ~ qn de son envergure
ka·li·mijn *de (-en)* mine de potasse
ka·li·um *het* potassium
kalk *nm* **1** chaux **2** mortier **3** plâtre **4** plâtres, *(en extérieur)* crépi **5** calcaire **6** calcium
kalk·aan·slag *nm* tartre
kal·ken *vt (h. gekalkt)* **1** enduire de chaux, blanchir à la chaux, plâtrer **2** gribouiller
kal·koen *nm (-en)* dindon, *(cuis.)* dinde
kalm *adj, adv* calme(ment); ~ **aan een beetje!** oh là, doucement!; ~ **blijven** garder son calme; **~e dagen** jours paisibles; **een** ~ **gangetje** une petite allure; ~ **worden** se calmer
kal·me·ren[1] *vi (h./i. gekalmeerd)* se calmer
kal·me·ren[2] *vt (h./i. gekalmeerd)* calmer
kal·me·rings·mid·del *het (-en)* calmant
kalm·pjes *adv* **1** calmement; ~ **aan!** doucement! **2** paisiblement
kalm·te *nf* calme
kal·ver·lief·de *nf (-s)* (premier) amour d'adolescent
kam *nm (-men)* **1** peigne **2** crête ♦ **alles, iedereen over één** ~ **scheren** mettre tout, tout le monde dans le même sac
ka·meel *nm (kamelen)* chameau
ka·mer *de (-s)* **1** pièce **2** (salle de) séjour **3** chambre *(qu'on loue; association)*; **de** ~ **van koophandel** la chambre de commerce; **op zijn** ~ dans sa chambre; **hij woont op ~s** il habite une chambre (garnie) **4** *(pol. et jur.)* Chambre; **de Eerste** ~ le Sénat; **de** ~ **ontbinden** *(en France)* dissoudre l'Assemblée nationale, *(en Belgique)* la Chambre des Représentants; **de Tweede** ~ *(en France)* l'Assemblée nationale, *(en Belgique)* la Chambre des Représentants; *(Belg.)* **de Kamer van Volksvertegenwoordigers** la Chambre des Représentants ♦ **de** ~ **van het hart** le ventricule
ka·me|raad *nm (-raden)* camarade
ka·me·raad·schap *nf* camaraderie
ka·me·raad·schap·pe·lijk *adj, adv* de camarades, en camarade(s)
ka·mer·breed *adj* ♦ ~ **tapijt** moquette grande largeur, *(Belg.)* du tapis-plain
ka·mer·de·bat *het (-ten)* débat parlementaire
ka·mer·frac·tie *nf (-s)* groupe parlementaire
ka·mer·ge|noot *nm (-noten)*, **-note** *nf (-n)* compagnon, camarade de chambre, *(milit.)* camarade de chambrée
ka·mer|lid *het (-leden)* parlementaire, député
ka·mer·scherm *het (-en)* paravent
ka·mer·ver·kie·zin·gen *plur* élections législatives
ka·mer·ze·tel *nm (-s) (pol.)* siège
ka·mil·le *de* camomille
kam·men *vt (h. gekamd)* peigner
kamp *het (-en)* **1** camp, campement, parti; **zich in hetzelfde** ~ **scharen** se mettre dans le camp de qn **2** colonie (de vacances); **op** ~ **gaan** partir en colo
***kam·peer-** de camping
kam|peer·der *nm (-s)* campeur, -euse
kam·peer·wa·gen *nm (-s)* caravane pliante
kam·pen *vi (h. gekampt) (form.)* lutter; **te ~ hebben met moeilijkheden** devoir faire face à des difficultés
kam·pe·ren *vi (h. gekampeerd)* faire du camping
kam·per·foe·lie *de (-s)* chèvrefeuille
kam|pi·oen *nm (-en)*, **-pioene** *nf (-n, -s)* champion, -onne
kam·pi·oen·schap *het (-pen)* **1** championnat; **aan een** ~ **meedoen** concourir dans un championnat **2** titre de champion
kan *de (-nen)* pot; *(fig.)* **de zaak is in ~nen en kruiken** l'affaire est dans le sac; *(prov)* **wie het onderste uit de** ~ **wil hebben, krijgt het lid op de neus** on hasarde de perdre en voulant trop gagner, qui veut tout n'a rien
ka·naal *het (kanalen)* **1** canal, voie d'eau **2** détroit maritime; **het Kanaal** la Manche **3** chaîne de radio, de télévision **4** conduit *(aussi méd.)*
ka·na·li·se·ren *vt (h. gekanaliseerd)* canaliser
kan·de·laar *nm (-s)* chandelier, candélabre
kan·di|daat *nm (-daten)*, **-date** *nf (-s)* candidat, -ate, aspirant; **zijn er nog kandidaten om mee te rijden?** est-ce qu'il y a encore des amateurs à emmener?; **kandidaten stellen** proposer des candidats; **zich ~ stellen** poser sa candidature
kan·di·daats *het*, **kandidaatsexamen** *het (-s, -examina)* ± licence
kan·di·daat·stel·ling *nf (-en)* (déclaration de) candidature
kan·di·da|tuur *nf (-turen)* candidature; *(Belg.)* **in eerste** ~ en première candidature; *(Belg.)* **zijn** ~ **stellen** poser sa candidature
kan·dij *de* (sucre) candi
ka·neel *het/de* cannelle
kan·jer *nm (-s)* ♦ **een** ~ **van een vis** un

poisson énorme; **het is een ~ van een wijf** c'est un vrai gendarme; **wat een ~ is die Hans, hè!** c'est un beau mec ce Hans, hein!
kan·ker *nm* cancer
kan·ke·raar *nm (-s)* râleur, -euse
kan·ke·ren *vi (h. gekankerd)* râler, *(Belg.)* roter
kan·ker·ver·wek·kend *adj* cancérogène
ka·no *nm (-'s)* **1** canoë **2** canot **3** barquette
ka·no·ën *vi (h. gekanood)* faire du canoë
ka·non *het (-nen)* canon; **een ~ afvuren** tirer le canon
ka·non·schot *het (-en)* coup de canon
kans *de (-en)* **1** chance, possibilité, risque; **je hebt alle ~ dat ...** neuf chances sur dix que ...; **de ~ is groot dat ...** il y a toutes les chances que ...; **de ~en keren** la chance tourne; **de ~ krijgen te ...** avoir l'occasion de ...; **de ~ niet krijgen te ...** ne pas avoir la possibilité de ...; **de ~ lopen** courir le risque (de); **~ maken op** avoir des chances de; **er is ~ op regen** il risque de pleuvoir; **ik zie er geen ~ toe** je ne peux pas (le faire); **~ zien om** trouver moyen de **2** occasion; **grijp je ~!** tentez votre chance!; **de ~ is verkeken** l'occasion est perdue; **geen schijn van ~** pas l'ombre d'une chance
kans·arm *adj* défavorisé
kans·be·re·ke·ning *nf (-en)* calcul des probabilités
kan·sel *nm (-s)* chaire
kan·se·lier *nm (-s)* chancelier
kans·heb·ber *nm (-s)* favori
kans·loos *adj, adv* qui n'a aucune chance de réussite
kans·rijk *adj* **1** ayant des chances de **2** favorisé
kans·spel *het (-en)* jeu de hasard
kant *nm (-en)* **1** côté; **aan de andere ~** d'autre part; **aan iemands ~ staan** être du côté de qn; **aan de ene ~ ..., aan de andere ~** d'un côté ... de l'autre; **een goede ~ hebben** avoir du bon; **zich van zijn goede, ongunstige ~ laten zien** se montrer à son avantage, désavantage; **de scherpe ~en van iets afnemen** arrondir les angles; **iemands sterke ~en** les (points) forts de qn; **van uw ~** de votre côté; **alles van de zonnige ~ bekijken** voir tout en rose **2** dentelle **3** bord, rive; **aan de ~!** du large!; **dat raakt ~ noch wal** cela n'a ni rime ni raison **4** *(d'une page)* marge **5** direction; **we kunnen nog alle ~en op** on peut encore faire ce qu'on veut; **geen ~ meer op kunnen** être coincé; **de verkeerde ~ opgaan** se tromper de chemin, *(fig.)* tourner mal ♦ **iets aan ~ maken** ranger qch; **een zaak aan de ~ doen** vendre une affaire; **zet je zorgen aan de ~** oublie tes soucis; *(fam.)* **dat klopt van geen ~en** ça n'a ni queue ni tête; **hij is aan de kleine ~** il est plutôt petit; **aan de late ~** sur le tard; **wij van onze ~** quant à nous; **dat kan ik niet over mijn ~ laten gaan** je ne peux pas accepter cela; **zich van ~ maken** se suicider; **iem van ~ maken** liquider qn; **van de verkeerde ~ zijn** en être
kan|teel *nm (-telen)* créneau
kan·te·len *vti (h./i. gekanteld)* basculer
kan·ten *adj* en dentelle
kant-en-klaar *adj* tout fait
kan·ti·ne *nf (-s)* **1** cantine **2** buvette **3** bar
kant·je *het (-s)* page ♦ **er de ~s aflopen** ne pas se fouler; **het was ~ boord** il s'en est fallu de peu; **dat is op het ~** cela frise l'inacceptable; **dat is op het ~ af** c'est tout juste
kant·klos·sen *vi* faire de la dentelle aux fuseaux
kant·lijn *de (-en)* (ligne de la) marge
kan·ton·ge·recht *het (-en)* tribunal d'instance
kan|toor *het (-toren)* bureau, *(avocat)* cabinet, *(notaire, huissier, avoué)* étude; **hij heeft een druk ~** il a une clientèle importante; **naar ~ gaan** aller au bureau; **op een ~ werken** travailler dans un bureau; **hij is op zijn ~** il est à son bureau
***kan·toor-** de bureau
kan·toor·boek·han·del *nm (-s)* papeterie
kan·toor|ge·bouw *het (-en)*, **-pand** *het (-en)* immeuble de bureaux
kan·toor·ruim·te *nf (-n, -s)* bureau(x) *(lieu)*
kant·te·ke·ning *nf (-en)* **1** remarque **2** annotation
ka·nun·nik *nm (-en)* chanoine
kap *de (-pen)* **1** coiffe **2** capuchon, capuce **3** toiture; **twee (huizen) onder één ~** maisons jumelées **4** abat-jour **5** *(d'une voiture)* capote **6** casque, sèche-cheveux ♦ *(Belg.)* **op iemands ~ leven** vivre aux crochets de qn; *(Belg.)* **op iemands ~ zitten** en vouloir à qn
ka·pel *de (-len)* chapelle
ka·pe·laan *nm (-s)* vicaire (de paroisse)
ka·pen *vt (h. gekaapt)* détourner *(avion)*
ka·per *nm (-s)* **1** pirate de l'air, terroriste **2** *(hist.)* corsaire ♦ **er zijn ~s op de kust** nous ne sommes pas (les) seuls sur cette affaire
ka·ping *nf (-en)* détournement, attaque (et détention d'otages)
ka·pi|taal¹ *het (-talen)* **1** capital, capitaux, *(comptabilité)* avoir; **het benodigde ~ bezitten om iets te doen** posséder les fonds nécessaires pour faire qch; **een bedrijf met gemengd ~** une entreprise mixte **2** fortune
ka·pi|taal² *de (-talen)* capitale, majuscule
ka·pi·taal³ *adj* **1** capital, important **2** excellent
***ka·pi·taal-** de capitaux
ka·pi·taal·goe·de·ren *plur* biens d'équipement
ka·pi·taal·krach·tig *adj* nanti, bien en fonds; **hij is niet ~ genoeg** il ne dispose pas des moyens financiers nécessaires
ka·pi·taal·markt *de* marché financier

ka·pi|teel *het (-telen) (archit.)* chapiteau
ka·pi·tein *nm (-s)* capitaine, commandant; ~ **bij de koopvaardij** capitaine marchand; **er kunnen geen twee ~s zijn op een schip** il ne peut pas y avoir deux maîtres à bord
ka·pit·tel *het (-s)* chapitre *(tous les sens)*
ka·pit·te·len *vt (h. gekapitteld)* chapitrer
kap·je *het (-s)* **1** entame **2** capuche **3** masque *(narcose)*
ka·pot *adj* **1** brisé, cassé, abîmé, déchiré; **niet ~ te krijgen** incassable, inusable **2** détraqué, en panne **3** *(fam.)* crevé, éreinté; **hij is niet ~ te krijgen** il est increvable **4** catastrophé; **hij was ~ van dat ongeluk** cet accident l'a bouleversé **5** emballé; **ik ben er niet ~ van** ça ne m'emballe pas
ka·pot·gaan *vi (i. kapotgegaan)* **1** se casser, s'abîmer, tomber en panne **2** *(fam.)* crever
ka·pot·je *het (-s) (fam.)* capote (anglaise)
ka·pot·ma·ken *vt (h. kapotgemaakt)* **1** casser, abîmer, déchirer; **verdriet maakt iem kapot** le chagrin démolit qn **2** *(fam.; tuer)* refroidir
kap·pen *vti (h. gekapt)* **1** coiffer **2** couper *(arbres)* **3** découper ♦ *(fam.)* **ik kap ermee** j'en ai assez; *(fam.)* **met iem ~** rompre avec qn; ~ **met die onzin!** arrête(z) ces bêtises!
kap·per *nm (-s)*, **kapster** *nf (-s)* coiffeur, -euse
kap·sa·lon *het/de (-s)* salon de coiffure
kap·sei·zen *vi (i. gekapseisd)* chavirer
kap·sel *het (-s)* **1** coiffure **2** *(biol.)* capsule
kap·so·nes *plur (fam.)* chichis; ~ **hebben** se croire sorti de la cuisse de Jupiter
kap·stok *nm (-ken)* **1** portemanteau **2** *(fig.)* point de départ
kapt. *kapitein* cpt.
ka·pu·cij·ner *nm (-s)* (gros) pois gris
kar *de (-ren)* **1** charrette **2** *(fam.)* bagnole
ka·raf *de (-fen)* carafe, pichet
ka·rak·ter *het (-s)* caractère; **een avontuurlijk ~ hebben** avoir l'esprit aventureux
***ka·rak·ter-** de caractère
ka·rak·ter·ei·gen·schap *nf (-pen)* trait de caractère
ka·rak·te·ri·se·ren *vt (h. gekarakteriseerd)* caractériser
ka·rak·te·ris|tiek *adj (-tieker, meest k.)* caractéristique, particularité; **een ~ geven van iets** caractériser qch
ka·rak·ter|loos *adj (-lozer, meest k.)* sans caractère
kar·bo·na·de *nf (-s)* côtelette
kar·di|naal[1] *nm (-nalen)* cardinal
kar·di·naal[2] *adj* cardinal, principal; **het kardinale punt** le point crucial
ka·rig *adj, adv* **1** parcimonieux, parcimonieusement; ~ **bedeeld zijn** n'être guère favorisé; ~ **zijn met woorden** être chiche de ses paroles; ~ **zijn met complimenten** être avare de compliments **2** maigre(ment), pauvre(ment) **3** rare; **~e gegevens** de rares données
ka·rig·heid *nf* **1** parcimonie **2** frugalité
ka·ri·ka·tu·raal *adj, adv* (d'une façon) caricatural(e)
kar·kas *het/de (-sen)* squelette, carcasse
kar·me·liet *nm (-en) (relig.)* carme
kar·ne·melk *de* babeurre, *(Belg.)* lait battu
kar·ren *vi (h./i. gekard) (fam.)* **1** rouler **2** pédaler (à vive allure)
kar·ren|spoor *het (-sporen)* ornière
kar·ren·vracht *de (-en)* charretée; **bij, met ~en** à la pelle
kar·re·tje *het (-s)* ♦ **zich voor iemands ~ laten spannen** servir de marchepied à qn
kar·tel[1] *het (-s)* cartel
kar·tel[2] *nm (-s)* cannelure
kar·te·len *vti (h./i. gekarteld)* canneler, créneler, denteler
kar·tel·rand *nm (-en)* **1** grènetis, crénelage **2** feston
kar·ton·nen *adj* en carton
kar·wei *het/de (-en)* **1** travail, corvée; **dat is een heel ~** c'est toute une affaire; **een heidens ~** un travail de Romain **2** ouvrage
kas *de (-sen)* **1** serre **2** caisse; **aan de ~ betalen** régler à la caisse; **naar de ~ gaan** passer à la caisse **3** caisse; **krap bij ~ zitten** être à court d'argent; **in ~ hebben** avoir (une somme) en caisse; **geld in de ~ storten** alimenter la caisse; **de ~ opmaken** faire sa caisse; **per ~** au comptant **4** *(dents)* alvéole, *(yeux)* orbite
***kas-** **1** de serre **2** de caisse
kas·cheque *nm (-s)* chèque de retrait, *(Belg.)* chèque domicilié
kas·geld *het* encaisse
kas·sa[1] *de (-'s)* **1** caisse **2** guichet
kas·sa[2] *interj* ♦ **vijftig euro voor een kaartje? ~!** ± cinquante euros pour un billet, mais c'est une fortune!
kas·sei *de (-en) (Belg.)* pavé
kas|sier *nm (-s)*, **-siërster** *nf (-s)* caissier, -ière
kas·stuk *het (-ken)* **1** pièce à succès **2** *(comptabilité)* justificatif de paiement
kas·suc·ces *het (-sen)* spectacle à succès, film à succès, pièce à succès
kast *de (-en)* **1** armoire, placard; *(fig.)* **op de ~ zitten** être furax; *(fig.)* **iem op de ~ jagen, krijgen** faire monter qn (à l'arbre); **een vaste ~** un placard **2** casier **3** baraque, *(bateau)* rafiot, *(auto)* tacot; **een ~ van een huis** un véritable château
kas·tan·je[1] *nm (-s)* **1** marronnier (d'Inde) **2** châtaignier
kas·tan·je[2] *het (-s)* châtaignier
kas·tan·je[3] *de (-s)* **1** marron **2** châtaigne
kas|teel *het (-telen)* **1** château (fort); **een ~ van een huis** un véritable château **2** manoir ♦ **kastelen op iem bouwen** avoir une confiance aveugle en qn
kas·teel|heer *nm (-heren)* châtelain
kas·te·lein *nm (-s)* aubergiste

kas·tij·den *vt (h. gekastijd)* châtier, fouetter, mortifier
kas·tij·ding *nf (-en)* châtiment, flagellation, mortification
kast·je *het (-s)* **1** casier **2** *(fam.)* télé ♦ *(fig.)* **iem van het ~ naar de muur sturen** envoyer qn d'un endroit à l'autre
kat *de (-ten)* **1** chat, chatte, chaton; **zich als een ~ in een vreemd pakhuis voelen** se sentir tout à fait dépaysé; *(prov)* **men moet de ~ niet op het spek binden** il ne faut pas enfermer le loup dans la bergerie; **een cyperse ~** un chat tigré; **de ~ uit de boom kijken** se tenir sur la réserve; **de ~ in het donker knijpen** agir en dessous; **maak dat de ~ wijs!** à d'autres!; *(Belg.)* **nu komt de ~ op de koord** maintenant ça va chauffer; **er uitzien als een verzopen ~** être trempé comme une soupe; **de ~ zit in de gordijnen** ça va chauffer; **~ in het bakkie** c'est du gâteau **2** chipie **3** *(plur.; biol.)* félins **4** *(méchanceté)* pique
kat·ach·tig *adj* félin
ka·ten·spek *het* lard poché et fumé
ka·ter *nm (-s)* **1** matou; **een gesneden ~** un chat castré **2** gueule de bois; **een ~ hebben** avoir la gueule de bois **3** désillusion
ka·tern *het/de (-en) (imprimerie)* cahier
kath. *katholiek* cathol.
ka·the·der *nm (-s)* chaire
ka·tho·liek *adj* catholique; **~ worden** se convertir au catholicisme; *(Belg.)* **dat ziet er niet ~ uit** cela n'est pas catholique
kat·je *het (-s)* chaton ♦ *(fig.)* **zij is geen ~ om zonder handschoenen aan te pakken** elle sort vite ses griffes
ka·toen *het/de* **1** coton **2** cotonnier ♦ **'m van ~ geven** mettre toute la gomme; **iem van ~ geven** étriller qn
***ka·toen-** de coton
ka·toe·nen *adj* en coton
ka·trol *de (-len)* **1** *(pêche)* moulinet **2** poulie
kat·te·bel·le·tje *het (-s)* (petit) mot
kat·ten *vi (h. gekat)* lancer des piques (à qn)
kat·ten·kop *nm (-pen)* chipie
kat·ten·kwaad *het* polissonnerie; **~ uithalen** faire des bêtises
kat·ten·luik *het (-en)* (volet de) chatière
kat·ten·pis *nm* pisse de chat ♦ **dat is geen ~** ce n'est pas de la roupie de sansonnet
kat·te·rig *adj* ♦ **~ zijn** se sentir un peu patraque, avoir la gueule de bois
kat·tig *adj, adv* hargneux, avec hargne
kat·zwijm *de* défaillance; **in ~ liggen, vallen** se trouver mal
kau·wen *vti (h. gekauwd)* mâcher, mâchonner
kauw·gom *het/de* chewing-gum
ka·vel *nm (-s)* lot, parcelle
kB *de (inform.) kilobyte(s)* Ko
KB[1] *nf Koninklijke Bibliotheek* ⟨*Bibliothèque royale*⟩
KB[2] *Koninklijk Besluit* A.R. *(Belg.)*
keek, keken → **(aan-, terug)kijken**
keel *de (kelen)* **1** gorge, gosier; **iem de ~ afsnijden** couper la gorge à qn, *(fig.)* ruiner qn; **iem bij de ~ grijpen** serrer qn à la gorge, *(fig.)* prendre qn à la gorge; **het hangt me de ~ uit** j'en ai par-dessus la tête; **dat werk hangt mij (mijlenver) de ~ uit** ce travail me sort par les yeux; **hij hangt me de ~ uit met zijn problemen** j'en ai plein le dos de ses problèmes; **de woorden bleven in mijn ~ steken** ma voix s'étranglait; **iem naar de ~ vliegen** sauter à la gorge de qn; **de rook slaat op mijn ~** la fumée m'irrite la gorge; *(fig.)* **de ~ smeren** se rincer la dalle **2** voix; **een (grote) ~ opzetten** (se mettre à) brailler
keel·gat *het (-en)* gosier; *(fig.)* **dat is hem in het verkeerde ~ geschoten** il l'a pris de travers; **er is me iets in het verkeerde ~ geschoten** j'ai avalé de travers
keel·hol·te *nf (-n, -s)* pharynx, arrière-bouche
keel·ont·ste·king *nf (-en)* angine, pharyngite
kee·pen [kipə(n)] *vi (h. gekeept)* défendre le(s) but(s)
kee·per [kipər] *nm (-s)* gardien de but
keer *nm (keren)* **1** fois; **op een andere ~** une autre fois; **dat komt een andere ~ wel (weer)** ce n'est que partie remise; **drie ~ van de vier** les trois quarts du temps; **in één ~** en une seule fois; **een ~ of vijf** environ cinq fois; **~ op ~** coup sur coup; **(op) een ~** une fois; **twee ~ zoveel** deux fois plus; **twee ~ negen is achttien** deux fois neuf font dix-huit; **voor een ~tje mag dat wel** d'accord pour une fois; **dat zeg ik nu al voor de zoveelste ~; ik heb dat nu al honderd ~ gezegd** je vous le répète pour la nième fois **2** tour(nure) ♦ **binnen de kortste keren** en moins de rien
keer·kring *nm (-en)* tropique
keer·punt *het (-en)* **1** *(fig.)* tournant **2** virage, tournant
keer·zij·de *de (-n)* revers
keet *de (keten)* **1** baraque **2** pagaïe **3** boucan, chahut; **~ schoppen, trappen** faire du chahut; **het was me daar een ~!** il y avait un boucan monstre!
kef·fen *vi (h. gekeft)* japper
ke·gel *nm (-s)* **1** cône **2** *(sports)* quille ♦ *(fam.)* **hij kwam met een ~ thuis** il puait l'alcool à plein nez quand il est rentré à la maison
ke·gel|baan *de (-banen)* jeu de quilles, bowling
ke·ge·len *vti (h. gekegeld)* jouer aux quilles, jouer au bowling; **gaan ~** aller au bowling ♦ *(fig.)* **iem eruit ~** flanquer qn à la porte
ke·gel·vor·mig *adj* conique; **een ~e berg** une montagne en cône
kei *nm (-en)* **1** caillou, galet **2** pavé **3** *(fam.)* as, crack
kei·hard *adj, adv* **1** dur comme du caillou; **~e wind** vent terrible **2** à toute allure **3** dur comme la pierre, impitoyablement; **~e werkelijkheid** réalité crue; **~ zeggen waar het op staat** ne pas mâcher

ses mots **4** très fort, à pleins tubes; ~ **lachen** rire à tout casser

kei·kop *nm (-pen) (Belg.)* entêté, -ée

kei·len *vt (h. gekeild)* ♦ **steentjes over het water** ~ faire ricocher des cailloux sur l'eau; *(fam.)* **iem de deur uit** ~ flanquer qn à la porte

kei·zer *nm (-s)*, **keizerin** *nf (-nen)* empereur, impératrice; ~ **Karel** Charles Quint; ~ **Wilhelm II** le Kaiser, Guillaume II

kei·zer·lijk *adj, adv* impérial(ement)

kei·zer·rijk *het (-en)* empire

kei·zer·sne·de *de (-n)* césarienne

kel·der *nm (-s)* **1** cave **2** caveau, tombeau

kel·de·ren *vi (h./i. gekelderd)* **1** *(aussi au fig.)* dégringoler, s'écrouler **2** couler, sombrer

ke·len *vt (h. gekeeld)* **1** égorger **2** étrangler

ke·le·re *de (vulg.)* ♦ **krijg de ~!** va te faire foutre!

ke·le·re·lij·er *nm (-s) (vulg.)* fumier

kelk *nm (-en)* **1** coupe, jatte **2** calice

kel|ner *nm (-s)*, **-nerin** *nf (-nen)* serveur, -euse

Kel·ten *plur* Celtes

kemp|haan *nm (-hanen)* **1** bagarreur; **vechten als kemphanen** se battre comme des chiffonniers **2** *(zool.)* (chevalier) combattant

ke·nau *nf (-s)* dragon, virago

ken|baar *adj (-baarder, -baarst)* manifeste, ± clair; **zijn bedoelingen** ~ **maken** faire connaître ses intentions (à qn); ~ **worden** devenir manifeste, *(nouvelle)* se répandre

ken·ge·tal *het (-len)* indicatif (d'appel)

ken·merk *het (-en)* caractéristique, signe distinctif, *(méd.)* symptôme; *(en tête de lettre)* ~ votre référence

ken·mer·ken *vt (h. gekenmerkt)* **1** caractériser **2** marquer

ken·mer·kend *adj, adv* (de façon) caractéristique; **het ~e van iets** ce qui caractérise qch

ken·nel *nm (-s)* chenil

ken·ne·lijk *adj, adv* manifeste(ment), évident, de toute évidence; **hij heeft zich** ~ **in het adres vergist** il s'est sûrement trompé d'adresse

ken·nen *vt (h. gekend)* **1** connaître, savoir; **zich als een bekwaam man doen** ~ se révéler (un homme) compétent; *(fig.)* **laat je niet ~!** ne te dégonfle pas!; **men zal mij nog leren** ~ on verra de quel bois je me chauffe; **zij hebben elkaar in België leren** ~ ils se sont connus en Belgique; *(fam.)* **ons kent ons** nous sommes, ils sont de la même race; **zijn plaats** ~ savoir rester à sa place **2** *(+ in)* consulter (qn), mettre (qn) au courant ♦ **te** ~ **geven dat ...** faire savoir que ...; **het reglement kent geen uitzonderingen** le règlement n'admet pas d'exceptions

ken·ner *nm (-s)* **1** connaisseur **2** spécialiste

ken·nis[1] *nf* **1** connaissance(s); **dat is buiten mijn** ~ **gebeurd** cela s'est produit à mon insu; ~ **dragen van iets** connaître qch; ~ **van zaken hebben** s'y connaître; **iem van iets in** ~ **stellen** informer qn de qch; **ik zal je met haar in** ~ **brengen** je te la présenterai; **met** ~ **van zaken** en connaissance de cause; ~ **der natuur** histoire naturelle; **parate** ~ ± les connaissances dont on dispose; **iem iets ter** ~ **brengen** porter qch à la connaissance de qn; **dat gaat mijn** ~ **te boven** cela me dépasse **2** connaissance; **(geheel) bij** ~ **zijn** avoir toute sa connaissance; **zij is weer bij** ~ **gekomen** elle a repris connaissance; **buiten** ~ **zijn** être sans connaissance; **buiten** ~ **raken** perdre connaissance; **de** ~ **van goed en kwaad** la notion du bien et du mal ♦ *(fam.)* ~ **aan iem hebben** sortir avec qn

ken·nis[2] *nm (-sen)* (personne de) connaissance; **zij waren goede ~sen** ils se connaissaient bien

ken·nis·ge·ving *nf (-en)* **1** avis; **iets voor** ~ **aannemen** prendre acte de qch, passer outre (à qch) **2** faire-part

ken·nis·ma·ken *vi (h. kennisgemaakt)* faire connaissance; **aangenaam kennis te maken!** enchanté de faire votre connaissance; **ik heb met hem kennisgemaakt** j'ai fait sa connaissance; ~ **met iem/iets** entrer en contact avec qn, qch

ken·nis·ma·king *nf (-en)* **1** première rencontre; **bij nadere** ~ à mieux le, la etc. connaître **2** apprentissage (de); **de eerste** ~ **met het Sanskriet** l'initiation au sanskrit

ken·nis·ne·ming *nf* connaissance; **na** ~ **van de brief** après avoir pris connaissance de la lettre; **ter** ~ à titre d'information

ken·schet·sen *vt (h. gekenschetst)* caractériser; **dat kenschetst de man** on le reconnaît bien là

ken·te·ken *het (-s)* signe distinctif ♦ **het** ~ **van een auto** le numéro d'immatriculation d'une voiture

ken·te·ken·be|wijs *het (-wijzen)* certificat d'immatriculation, carte grise, vignette (de l'impôt)

ken·te·ken|plaat *de (-platen)* plaque d'immatriculation

ken·te·ren *vi (i. gekenterd)* changer, *(vent, marée, courant)* renverser

ken·te·ring *nf (-en)* **1** renversement, changement **2** *(fig.)* revirement

ke·per *nm (-s)* ♦ **op de** ~ **beschouwd** tout bien considéré

ke·ra·miek *nf* céramique

ke·rel *nm (-s)* **1** (grand, solide) gaillard, malabar; **een** ~ **van stavast** un type résolu; **een** ~ **van een vent** un balèze **2** homme, mâle; **een sterke** ~ un costaud; **wees een** ~ montre-leur (lui) que tu es un homme **3** *(fam.)* type, mec; **een beste** ~ un brave type; **~, wat zie je er goed uit** tu as bonne mine, mon vieux **4** *(fam.)* jules

ke·rel·tje *het (-s)* petit gars; **een lief** ~ un amour de petit bonhomme

ke·ren[1] *vi (h./i. gekeerd)* tourner, changer ♦ **in zichzelf** ~ se replier sur soi-même
ke·ren[2] *vt (h./i. gekeerd)* **1** retourner, *(bateau)* faire virer **2** tourner *(la tête, le dos)*; **de rug naar iem** ~ tourner le dos à qn **3** parer, enrayer; **het kwaad is niet meer te** ~ le mal est irrémédiable; **het water** ~ endiguer l'eau ♦ **iets ten goede** ~ faire en sorte que les choses tournent bien
ke·ren[3] *vpr (zich ~; h. zich gekeerd)* se tourner; **zich ~ tegen iem** se tourner contre qn; **zich ~ tot iem** se tourner vers qn; **zich ergens niet kunnen wenden of** ~ être à l'étroit
kerf *de (kerven)* coche
kerf·stok *nm (-ken)* ♦ **heel wat op zijn ~ hebben** en avoir lourd sur la conscience, avoir un casier judiciaire chargé; **ik wil dat niet op mijn ~ hebben** je ne veux pas avoir ça sur la conscience
kerk *de (-en)* **1** église, *(prot.)* temple; **in de ~ trouwen** se marier à l'église; **naar de ~ gaan** aller à l'église **2** Eglise **3** service (religieux), *(cathol.)* messe, *(prot.)* culte ♦ **je bent zeker in de ~ geboren** la porte!; *(fig.)* **vóór het zingen de ~ uitgaan** sauter du train en marche
kerk·be·zoek *het* assistance à la messe, au culte
kerk·boek *het (-en)* **1** *(prot.)* psautier **2** *(cathol.)* missel **3** registre d'église
ker·ke·lijk *adj, adv* **1** ecclésiastique(ment), clérical; **de ~en** les cléricaux **2** religieux, religieusement; **het ~ jaar** l'année liturgique **3** de l'Eglise; **~ recht** droit canonique **4** pratiquant; **is zij ~?** est-ce qu'elle est pratiquante?
ker·ken|raad *nm (-raden)* **1** réunion du conseil presbytéral; **~ houden** convoquer le conseil presbytéral en assemblée **2** conseil presbytéral
ker·ker *nm (-s) (form.)* cachot
kerk·fa·briek *nf (-en) (Belg.; cathol.)* conseil de fabrique
kerk|gan·ger *nm (-s)*, **-gangster** *nf (-s)* celui, celle qui va à l'église, au temple, pratiquant
kerk|hof *het (-hoven)* cimetière; **op het ~ liggen** être mort et enterré
kerk·or·de *de (-n, -s)* discipline ecclésiastique
kerk·uil *nm (-en)* **1** *(zool.)* (chouette) effraie **2** *(iron.)* grenouille de bénitier
kerk·volk *het* fidèles
ker·men[1] *vi (h. gekermd)* **1** gémir; **~ van pijn** gémir de douleur **2** se lamenter; **over zijn lot** ~ se lamenter sur son sort; **over iets of iem** ~ se plaindre de qch ou de qn
ker·men[2] *vt (h. gekermd)* dire d'un ton plaintif
ker·mis *de (-sen)* fête foraine, foire, *(Belg., nord de la France)* kermesse; **~ houden** *(fig.)* faire la foire; **het is ~ in de hel** le diable bat sa femme et marie sa fille; *(fig.)* **van een koude ~ thuiskomen** s'être cassé le nez; *(Belg.)* **een Vlaamse** ~ une vente de charité; *(Belg.)* **het zal ~ zijn straks** ça va barder
ker·mis|gast, -klant *nm (-en)* (marchand) forain
kern *de (-en)* **1** noyau **2** noyau, centre; **tot de ~ van een zaak doordringen** entrer dans le cœur du sujet; **dat bevat een ~ van waarheid** il y a du vrai dans ce que vous dites; **daar zijn wij bij de ~ van de zaak!** nous y voilà! **3** point essentiel
***kern-** nucléaire
kern·ach·tig *adj, adv* (de façon) lapidaire
kern·fy·si|cus *nm (-ci)* atomiste
kern·ge·dach·te *nf (-n)* idée fondamentale
kern·ge·zond *adj* en parfaite santé; **hij ziet er ~ uit** il respire la santé
kern·ploeg *de (-en) (sports)* sélection de base
kern·punt *het (-en)* (point) essentiel; **het ~ van een betoog** l'essentiel d'une argumentation
kern·stop *nm* **1** limitation de l'armement nucléaire **2** arrêt des essais nucléaires **3** dénucléarisation
kern|vraag *de (-vragen)* question fondamentale
kern·wa·pen·vrij *adj* dénucléarisé
ker·rie *nm*, **kerriepoeder** *het* curry
kers[1] *de (-en)* cerise
kers[2] *nm (-en)* cerisier
ker·sen·bon·bon *nm (-s)* griotte au chocolat
kerst *de* Noël; **een witte** ~ ± un Noël sous la neige
***kerst-** de Noël
kerst·avond *nm (-en)* **1** Veillée de Noël, réveillon de Noël **2** soir de Noël
kerst·bood·schap *nf (-pen)* Evangile de Noël, de la Nativité
kerst·dag *nm (-en)* (Jour de) Noël; **eerste** ~ le jour de Noël; **tweede** ~ le lendemain de Noël
ker·ste·nen *vt (h. gekerstend)* christianiser
kerst·kind·je *het* Enfant Jésus
kerst·maal *het* repas de Noël, réveillon
kerst·man *nm (-nen)* Père Noël
Kerst·mis *nm* Noël; **met** ~ à (la) Noël
kerst·pak·ket *het (-ten)* étrennes *(paquet de Noël)*
kerst·spel *het (-en)* pastorale de la Nativité
kerst·stal *nm (-len)* crèche (de Noël)
kerst·stuk·je *het (-s)* arrangement de Noël
kers·vers[1] *adj* tout frais, frais émoulu
kers·vers[2] *adv* tout juste
ker·vel *nm* cerfeuil
ker·ven *vt (h./i. gekerfd/gekorven)* **1** entailler **2** couper, graver
ke·tel *nm (-s)* **1** chaudron, bouilloire **2** chaudière
ke·tel·steen *het/de* tartre
ke·ten[1] *de (-s)* chaîne *(enchaînement; aussi au fig.)*

ke·ten² *vi (h. gekeet) (fam.)* faire du chahut
ke·te·nen *vt (h. geketend)* enchaîner
ket·jap *de* sauce de soja
ket·sen *vi (h./i. geketst)* **1** ricocher **2** s'enrayer *(arme)*
ket·ter *nm (-s)* hérétique ♦ **roken als een** ~ fumer comme une locomotive; **vloeken als een** ~ jurer comme un charretier
ket·te·rij *nf (-en)* hérésie
ket·ters *adj, adv* **1** *(relig.)* (en) hérétique **2** non-conformiste, d'une manière peu orthodoxe
ket·ting *de (-en)* chaîne ♦ **op de** ~ **springen voor iem** voler au secours de qn
ket·ting·bot·sing *nf (-en)* carambolage
ket·ting·kast *de (-en)* carter
ket·ting·re·ac·tie *nf (-s)* **1** réaction en chaîne **2** *(fig.)* effet d'entraînement
ket·ting·ro·ker *nm (-s)* fumeur invétéré
keu *de (-s) (billard)* queue
keu·ken *de (-s)* cuisine
***keu·ken-** de cuisine
keu·ken·lift *nm (-en)* monte-plat
keu·ken·meid *nf (-en)* fille de cuisine ♦ **een gillende** ~ ± un pétard
keu·ken·mei·den·ro·man *nm (-s)* roman à l'eau de rose
keu·ken·prin·ses *nf (-sen)* cordon-bleu *(d'une femme)*
keu·ken·rol *de (-len)* essuie-tout
keu·ken·trap *nm (-pen)* escabeau
Keu·len *het* Cologne; *(prov)* ~ **en Aken zijn niet op één dag gebouwd** Paris ne s'est pas fait en un jour; **het in** ~ **horen donderen** tomber des nues
keur *de (-en)* **1** poinçon *(or ou argent)* **2** choix, assortiment
keu·ren *vt (h. gekeurd)* contrôler; **de kandidaten moeten gekeurd worden** les candidats doivent subir un examen médical
keu·rig *adj, adv* **1** irréprochable, (très) bien **2** soigné, BCBG **3** beau, excellent ♦ ~ **netjes** très bien
keu·rig·heid *nf* **1** distinction, finesse **2** élégance **3** beauté
keu·ring *nf (-en)* **1** contrôle **2** inspection
keu·rings·dienst *nm (-en)* service de contrôle; ~ **van waren** inspection des denrées
keur·mees·ter *nm (-s)* contrôleur, -euse, *(alimentation)* inspecteur, -trice
keur·merk *het (-en)* **1** poinçon, cachet **2** label de qualité
keurs|lijf *het (-lijven)* carcan; **in een** ~ **zitten** être comme dans un carcan; **iem in een** ~ **dwingen** corseter qn
keur·troe·pen *plur* troupes d'élite
keus *de (keuzen)* choix, option, préférence; **aan u de** ~ à vous de choisir; **hij had geen (andere)** ~ il n'avait pas le choix; **hij kan maar geen** ~ **maken** il n'arrive pas à se décider; **naar** ~ au choix; **een ongelukkige** ~ un mauvais choix; **tweede** ~ articles de second choix; **zijn** ~ **vestigen op** porter son choix sur; **er is volop** ~ il y en a pour tous les goûts; **voor een** ~ **staan** avoir un choix à faire
keu·tel *nm (-s)* crotte
keu·ve·len *vi (h. gekeuveld)* causer
keu·ze *de (-n)* → **keus**
keu·ze·pak·ket *het (-ten)* matières à option (d'un examen)
keu·ze·vak *het (-ken) (enseign.)* matière à option
ke·ver *nm (-s)* **1** *(zool.)* scarabée **2** coccinelle *(voiture)*
KG *korte golf* o.c.
k.g.v. *kleinste gemene veelvoud* ppcm
KI *nf kunstmatige inseminatie* insémination artificielle
kib·be·la·rij, kibbelpartij *nf (-en)* chamaille(rie)
kib·be·len *vi (h. gekibbeld)* se chamailler
kib·be·ling *nf (cuis.)* joue de cabillaud
kick *nm (-s)* ♦ **dat geeft me een ~!** ça me stimule énormément!
kic·ken *vi (h. gekickt) (+ op)* bander (pour)
kie·ke·boe *interj* coucou!; ~ **spelen** faire coucou, *(fig.)* jouer à cache-cache
kiek·je *het (-s) (fam.)* photo; **een** ~ **nemen** prendre une photo
kiel¹ *nm (-en)* vareuse, sarrau
kiel² *de (mar.)* quille
kie·le·kie·le ♦ **het was** ~ c'était tout juste
kiel·wa·ter, -zog *het* sillage ♦ *(fig.)* **in iemands** ~ **varen** suivre le sillage de qn
kiem *de (-en)* germe; **iets in de** ~ **smoren** étouffer qch dans l'œuf; **in de** ~ **aanwezig zijn** être présent en germe
kie·men *vi (i. gekiemd)* germer
kiem·vrij *adj* aseptique, stérilisé
kien *adj, adv* futé, astucieusement; **een ~e jongen** un (garçon) malin ♦ ~ **zijn op iets** être fou de qch, briguer qch
kie·pen *vti (h./i. gekiept)* basculer; **het glas is van de tafel gekiept** le verre qui était sur la table s'est renversé et est tombé par terre
kie·pe·ren¹ *vi (h./i. gekieperd) (fam.)* dégringoler
kie·pe·ren² *vt (h./i. gekieperd) (fam.)* balancer, flanquer
kier *de (-en)* fente; **op een** ~ **zetten** entrouvrir; **de deur staat op een** ~ la porte est entrouverte
kie·re·wiet *adj (fam.)* dingue
kies¹ *de (kiezen)* dent, molaire; **een** ~ **vullen** plomber une dent ♦ **iets achter de kiezen hebben** venir de casser la croûte; *(fig.)* **iets voor zijn kiezen krijgen** trinquer
kies² *adj, adv (kieser, meest k.)* délicat(ement); **niet** ~ **zijn in** être peu délicat dans
***kies-** électoral; **de kiesdeler** le quotient électoral
kies·baar *adj* éligible
kies|brief *nm (-brieven) (Belg.)* bulletin de vote
kies·ge·rech·tigd *adj* qui a le droit de vote
kies·heid *nf (form.)* **1** délicatesse **2** goût difficile

kies·kau·wen *vi (h. gekieskauwd)* **1** chipoter **2** rabâcher
kies·keu·rig *adj* délicat; **niet ~ zijn in** être peu délicat dans; **hij is niet** ~ il n'est pas difficile; ~ **op het eten zijn** faire la fine bouche; ~ **zijn** faire le délicat
kies·pijn *de* mal de, aux dents ♦ **ik kan hem missen als** ~ plus il est loin, mieux je me porte!
kies·recht *het (-en)* droit de vote; **algemeen** ~ suffrage universel
kies|schijf *de (-schijven)* cadran (d'appel)
kies·toon *nm* tonalité *(téléphone)*
kie·te·len *vti (h. gekieteld)* chatouiller
kieuw *de (-en)* branchie
kie·viet *nm (-en)* vanneau; **zo vlug zijn als een** ~ être rapide comme une flèche; **hij loopt nog als een** ~ il a encore de bonnes jambes
kie·zel[1] *nm (-s)* caillou
kie·zel[2] *het* gravier
kie·zen[1] *vi (h. gekozen)* **1** choisir, opter (pour); ~ **als** choisir pour; **moeten ~ of delen** devoir se décider; **je moet ~ of delen** c'est à prendre ou à laisser; **we ~ uit drie kandidaten** nous choisissons parmi trois candidats; **zij kozen voor de vrijheid** ils ont choisi la liberté **2** voter (pour); **voor Tindemans** ~ voter pour Tindemans ♦ *(au téléphone)* **724058** ~ composer le (numéro) 724058
kie·zen[2] *vt (h. gekozen)* **1** choisir, sélectionner; **partij ~ (voor iem)** prendre parti (pour qn) **2** élire; **gekozen worden** être élu
kie·zer *nm (-s)* électeur, -trice; **de ~s** l'électorat
kif·ten *vi (h. gekift)* se chamailler
kijf *de* ♦ **dat is buiten** ~ cela ne fait aucun doute
kijk *nm* **1** regards (sur); **te ~ zitten** se donner en spectacle; *(fig.)* **iem te ~ zetten** tourner qn en ridicule **2** point de vue, opinion; **ergens een andere ~ op krijgen** voir qch sous un autre jour; ~ **op iets hebben** voir clair dans qch; **zijn ~ op de wereld** sa vision du monde ♦ **daar is geen ~ op** c'est peu probable; *(fam.)* **tot ~!** salut!
kijk·cij·fer *het (-s)* chiffre d'écoute
kijk·dag *nm (-en)* (jour d')exposition
kijk|doos *de (-dozen)* boîte à images
kij·ken *vti (h. gekeken)* **1** regarder; **door iem heen** ~ regarder qn sans le voir; **kijk eens aan!** regarde-moi ça!; **iem iets laten** ~ faire voir qch à qn; **naar rechts** ~ regarder à droite; **op de klok** ~ regarder l'heure; **tegen iem aan** ~ éprouver du respect pour qn; **uit het raam** ~ regarder par la fenêtre; **kijk voor je** *(fig.)* tu veux ma photo? **2** voir; **laten wij maar eens** ~ voyons voir; **naar een huis** ~ chercher une maison; **we zullen eens gaan** ~ nous allons voir ça ♦ **bang** ~ avoir l'air effrayé; **hij komt pas** ~ il sort de l'œuf; **voor zo'n examen komt heel wat** ~ un tel examen n'est pas une petite affaire; **laat naar je** ~ fais-toi examiner; **hij zou eens naar zichzelf moeten** ~ il ne s'est pas regardé; **wij ~ niet op vijf minuten** nous n'en sommes pas à cinq minutes près; **daar sta ik van te** ~ je n'en reviens pas; **daar sta je van te ~, hè?** ça te la coupe hein?
kij·ker[1] *nm (-s)* **1** longue-vue, jumelles **2** *(plur.; fam.)* yeux, mirettes; **iets, iem loopt in de ~(d)** qch, qn attire l'attention; **iets, iem in de ~(s) hebben** avoir qch, qn dans le collimateur *(aussi au fig.)*
kij·ker[2] *nm (-s)* spectateur, observateur
kijk·geld *het (-en)* redevance (télé); **kijk- en luistergeld** redevance radio et télé
kijk·je *het (-s)* coup d'œil; **een ~ achter de schermen** un coup d'œil dans les coulisses
kij·ven *vi (h. gekeven)* criailler
kik *nm* ♦ **hij gaf geen** ~ il n'a pas bronché
kik·ken *vi (h. gekikt)* ♦ **je hoeft maar te ~ en het gebeurt** tu n'as qu'un mot à dire … (et c'est chose faite)
kik·ker *nm (-s)* grenouille; **een ~ in de keel hebben** avoir un chat dans la gorge; **zij is een koude** ~ tout glisse sur elle, *(frigide)* c'est un glaçon
kik·ker·vis·je *het (-s) (zool.)* têtard
kik·vors *nm (-en)* → **kikker**
kil *adj, adv* **1** frais, froid, frisquet **2** *(aussi au fig.)* froid(ement); **een ~le maatschappij** une société sans âme; **dat voelt ~ aan** c'est froid au toucher
kil·heid *nf* **1** fraîcheur **2** froideur
ki·lo *het/de (-'s)* kilo; **prijs per** ~ prix au kilo
***ki·lo-** kilo-
ki·lo·me·ter *nm (-s)* kilomètre; **honderd ~ per uur rijden** faire du cent à l'heure; **per vierkante** ~ au kilomètre carré
ki·lo·me·ter|paal *nm (-palen)* borne kilométrique
ki·lo·me·ter·stand *nm (-en)* kilométrage
kin *de (-nen)* menton; *(fig.)* **iem onder de ~ strijken** passer de la pommade à qn
kind *het (-eren)* **1** enfant; **als** ~ lorsque j'étais enfant; **een buitenechtelijk** ~ un enfant illégitime; **een echt** ~ un enfant légitime; **geen ~ aan iem hebben** ne pas être gêné par qn; ~ **noch kraai hebben** être seul au monde; **een ~ krijgen** avoir un enfant; **een ondergeschoven** ~ un enfant substitué; **van ~ af aan** dès l'enfance; **ergens (als) ~ aan huis zijn** être qp comme chez soi **2** petite, gosse; **ach ~, schei toch uit!** voyons mon petit, je t'en prie! ♦ **het ~ van de rekening zijn** être le dindon de la farce
kin·der·ach·tig *adj, adv* enfantin, comme un enfant ♦ **de beloning is niet** ~ la récompense n'est pas mince; **niet ~ in iets zijn** ne pas être regardant sur qch
kin·der·ach·tig|heid *nf (-heden)* **1** caractère infantile **2** infantilisme **3** enfantillage
kin·der·af·de·ling *nf (-en)* **1** rayon des enfants **2** service de pédiatrie

kin·der·bij·slag *nm* allocations familiales
kin·der·dag·ver|blijf *het (-blijven)* crèche, pouponnière
kin·der·geld *het (Belg.; fam.)* → **kinderbijslag**
kin·der·hand *de (-en)* menotte; *(fig.)* **een ~ is gauw gevuld** un rien lui fait plaisir
kin·der·hoofd·je *het (-s)* pavé (rond)
kin·der·ja·ren *plur* (années d')enfance
kin·der·krib *de (-ben) (Belg.)* crèche
kin·der·lijk *adj, adv* (de façon) enfantin(e); **~ geloof** foi naïve; *(subst.)* **iets ~s** quelque chose d'enfantin
kin·der·lijk·heid *nf* **1** nature enfantine **2** candeur
kin·der·lok·ker *nm (-s)* ± satyre *(homme qui poursuit des enfants)*
kin·der·loos *adj* sans enfants
kin·der·meis·je *het (-s)* bonne d'enfants
kin·der·op·pas *nm (-sen)* baby-sitter
kin·der·op·vang *nm* → **kinderdagverblijf**
kin·der·po·li·tie *nf* brigade (de protection) des mineurs
kin·der·rech·ter *nm (-s)* **1** juge des enfants **2** tribunal pour enfants
kin·der·rijm·pje *het (-s)* **1** poésie enfantine **2** comptine
kin·der·schoen *nm (-en)* soulier d'enfants; *(fig.)* **nog in de ~en staan** en être à ses premiers balbutiements
kin·der·slot *het (-en)* fermeturesécurité
kin·der·tal *het* nombre d'enfants
kin·der·te·le·foon *nm (-s)* **1** téléphone d'enfant **2** S.O.S. enfants
kin·der·tijd *nm* enfance
kin·der·ver·lam·ming *nf* polio(myélite)
kin·der·ver·zor·ging *nf* puériculture
kin·der·wa·gen *nm (-s)* landau, voiture d'enfant
kin·der·werk *het* **1** futilités **2** jeu d'enfant
kin·der·ze·gel *nm (-s)* timbre-poste émis au profit de l'enfance
kin·der·zit·je *het (-s)* siège-enfant
kinds *adj* gâteux; **~ worden** (re)tomber en enfance
kinds·been ♦ **van ~ (af)** depuis l'enfance
kinds·heid *nf* **1** (prime) enfance, jeune âge **2** gâtisme
ki·ne·sist, kinesitherapeut *nm (-en) (Belg.)* kinésithérapeute
kink *de (-en)* ♦ **er is een ~ in de kabel** il y a qch qui ne va pas
kin·kel *nm (-s)* rustre
kink·hoest *nm* coqueluche
ki·osk *de (-en)* kiosque, *(Belg.)* aubette
kip *nf (-pen)* **1** poule; **er als de ~pen bij zijn** sauter sur l'occasion; **er was geen ~ te zien** il n'y avait pas un chat **2** *(cuis.)* poulet **3** *(fam.)* poule(tte), cocotte ♦ **redeneren als een ~ zonder kop** raisonner comme une pantoufle; **met de ~pen op stok gaan** se coucher comme les poules; **de ~ met de gouden eieren slachten** tuer la poule aux œufs d'or; **~, ik heb je!** je t'ai bien eu, *(dans une discussion)* là, je t'ai; **een ~ zonder kop** une cervelle d'oiseau
kip·lek·ker *adj* ♦ **ik voel me ~** je me porte comme un charme
kip·pen·boer *nm (-en)* marchand de volaille
kip·pen·borst *de (-en)* blanc de poulet
kip·pen·bout·je *het (-s)* cuisse de poulet
kip·pen·eind·je *het (-s) (fam.)* petit bout de chemin
kip·pen·gaas *het* grillage, toile métallique
kip·pig *adj* myope
kir·ren *vi (h. gekird)* roucouler
kis·se·bis·sen *vi (h. gekissebist)* se chamailler
kist *de (-en)* **1** coffre **2** bière, cercueil **3** caisse, boîte **4** *(fam.; avion)* zinc
kis·ten *vt (h. gekist)* mettre en bière; *(fam.; fig.)* **laat je niet ~** ne te laisse pas faire
kist·je *het (-s)* godillot
kit[1] *de (-ten)* seau à charbon
kit[2] *het/de (-ten)* mastic
kits *adj (fam.)* ♦ **alles ~?** tout va bien?
kit·te·laar *nm (-s)* clitoris
kit·ten *vt (h. gekit)* mastiquer
kit·tig *adj, adv* vif, vivement
klaag·lied *het (-eren)* **1** complainte **2** *(fig.)* lamentation
klaag·lijk *adj, adv* plaintif, plaintivement
Klaag·muur *nm* mur des Lamentations
klaag·stem *de (-men)* voix plaintive
klaar *adj, adv (klaarder, klaarst)* **1** *(aussi au fig.)* clair(ement) **2** pur(ement) **3** prêt, paré; *(sports)* **~? af!** prêt? partez!; **ik ben zo ~** je n'en ai que pour un moment; **hij staat altijd voor iedereen ~** il est prêt à aider tout le monde **4** fini, achevé; **iets ~ hebben** avoir fini qch; **~ is Kees** voilà qui est fait ♦ **daar ben je mooi ~ mee** nous voilà bien (avancés); **met iem nog niet ~ zijn** avoir encore deux mots à dire à qn
klaar·blij·ke·lijk *adj, adv* manifeste(ment)
klaar·heid *nf* clarté *(tous les sens)*
klaar·ko·men *vi (i. klaargekomen)* **1** *(+ met)* achever (qch); **op tijd met zijn werk ~** achever son travail à temps **2** parvenir à, venir à bout de **3** *(sexualité)* jouir
klaar·krij·gen *vt (h. klaargekregen)* → **klaarkomen 1**
klaar·leg·gen *vt (h. klaargelegd)* préparer, disposer
klaar·licht *adj* ♦ **op ~e dag** au grand jour, en plein jour
klaar·lig·gen *vi (h. klaargelegen)* être prêt
klaar·ma·ken *vt (h. klaargemaakt)* préparer
klaar-over *nm* ⟨*personne qui aide des élèves à traverser la rue*⟩
klaar·spe·len *vt (h. klaargespeeld)* réussir
klaar·staan *vi (h. klaargestaan)* **1** être prêt (à); **voor iem ~** être à la disposition de qn **2** se tenir prêt (à)

klaar·sto·men *vt (h. klaargestoomd)* chauffer *(en vue d'un examen)*
klaar·wak·ker *adj* tout à fait réveillé
klaar·zet·ten *vt (h. klaargezet)* préparer, disposer
klaas *nm (klazen)* ♦ **een houten ~ zijn** être raide comme un manche à balai; **Klaas Vaak (komt)** le marchand de sable (passe)
klacht *de (-en)* plainte, réclamation, lamentation; **een ~ tegen iem indienen** porter plainte contre qn; **het regende ~en over dat programma** cette émission a provoqué un flot de protestations; **wat zijn de ~en van de patiënt?** de quoi se plaint le patient?
klach·ten·lijn *de (-en) (numéro de téléphone où l'on peut faire des réclamations)*
klad[1] *het* brouillon; **een brief in (het) ~ schrijven** écrire une lettre au brouillon
klad[2] *de (-den)* ♦ *(fig.)* **iem bij de ~den grijpen** prendre qn au collet; **de ~ komt erin** cela se gâte
klad·blaad·je *het (-s)* feuille de brouillon
klad·den *vti (h. geklad)* **1** barbouiller **2** gribouiller; **een paar woorden op een papiertje ~** gribouiller quelques mots sur un billet
klad·de·ren *vi (h. gekladderd)* → **kladden 1**
klad·werk *het (-en)* **1** barbouillage **2** brouillon
kla·gen *vti (h. geklaagd)* **1** se plaindre, se lamenter **2** *(jur.)* porter plainte
kla·ger *nm (-s)*, **klaagster** *nf (-s)* plaignant, -ante
kla·ge·rig *adj, adv* plaintif, plaintivement
klak·ke·loos *adj, adv* **1** gratuit, sans motif, arbitraire(ment); **dat is ~ uit het Duits overgenomen** c'est calqué sur l'allemand **2** soudain(ement)
klak·ken *vi (h. geklakt)* claquer; **met de tong ~** faire claquer sa langue
klam *adj* moite
klam·boe *nm (-s)* moustiquaire
klam·pen *vt (h. geklampt)* plaquer; **iem tegen zich aan ~** plaquer qn contre soi; **zich aan iets ~** se cramponner à qch
klan·di·zie *nf* clientèle; **veel ~ hebben** avoir une clientèle nombreuse
klank *nm (-en)* **1** son; *(fig.)* **zijn naam heeft een goede ~** il a une bonne réputation; **op de ~en van** au(x) son(s) de **2** sonorité
klank·bord *het (-en)* ♦ *(fig.)* **een ~ vormen** servir de caisse de résonance
klank·dem·per *nm (-s)* sourdine
klank·kleur *de (-en) (mus.)* timbre
klant *nm (-en)* **1** client, acheteur; **de ~ is koning** le client a toujours raison **2** *(fam.)* type, individu
klan·ten·bin·ding *nf* fidélisation; **aan ~ doen** fidéliser la clientèle
klan·ten·kring *nm (-en)* clientèle
klan·ten·ser·vice *nm* service après-vente
klap[1] *nm (-pen)* coup, bruit, claque; *(prov)* **de eerste ~ is een daalder waard** le premier coup en vaut deux; *(fig.)* **een ~ van de molen(wiek) gehad hebben** être tombé sur la tête; **een grote ~ krijgen** en prendre un sale coup; **een ~ in het gezicht** *(aussi au fig.)* une gifle; **iem een ~ op, voor zijn muil geven** foutre un coup de poing dans la gueule à qn; **er vielen rake ~pen** les coups pleuvaient sec; **iem een ~ verkopen** administrer une gifle à qn ♦ *(Belg.)* **iem aan de ~ houden** tenir la jambe à qn; **geen ~ uitvoeren** ne rien ficher; **het interesseert hem geen ~** il s'en moque éperdument; **in één ~** d'un seul coup; **als ~ op de vuurpijl** pour couronner le tout; **het was de ~ op de vuurpijl** c'était le bouquet
klap[2] *interj* clac!
klap·band *nm (-en)* ♦ **ik kreeg een ~** mon pneu a éclaté
klap·deur *de (-en)* **1** porte battante **2** portillon **3** *(plur.)* portes de saloon
klap·lo·pe·rij *nf* parasitisme
klap·pen *vi (h. geklapt)* **1** applaudir **2** éclater **3** claquer *(aussi au fig.)*; **in de handen ~** battre des mains; **met de deur ~** claquer la porte
klap·per *nm (-s)* **1** répertoire, index alphabétique **2** classeur **3** noix de coco **4** cocotier **5** pétard
klap·pe·ren *vi (h. geklapperd)* claquer *(dents, porte)* ♦ **met zijn oren staan te ~** ne pas en croire ses oreilles
klap·per·tan·den *vi (h. geklappertand)* claquer des dents
klap·per·tje *het (-s)* amorce, pétard
klap|roos *de (-rozen)* coquelicot
klap·stoel *nm (-en)* **1** strapontin **2** chaise pliante
klap·stuk *het (-ken)* **1** plat de côte(s) **2** clou *(d'un spectacle etc.)*; **hij was het ~ op het festival** il a fait un tabac au festival
klap·wie·ken *vi (h. geklapwiekt)* battre des ailes
kla·re *nm* (verre de) genièvre
kla·ren *vti (h. geklaard)* **1** venir à bout de (qch) **2** clarifier ♦ **het begint te ~** le jour se lève
klas *nf (-sen)* **1** *(enseign.; sports; ch. de fer)* classe; *(sports)* **in de tweede ~ spelen** jouer en deuxième division; **bij iem in de ~ zitten** être dans la même classe que qn; **de ~ uitgestuurd worden** être expulsé du cours; **voor de ~ staan** enseigner **2** catégorie
klas·ge|noot *nm (-noten)* camarade de classe
klas·lo|kaal *het (-kalen)* (salle de) classe
klas·se *nf (-n)* classe *(standing; aussi socio.)*; *(fam.)* **dat is grote ~!** c'est extra!
klas·se·loos *adj (socio.)* sans classes
***klas·sen-** de classe
klas·sen·haat *nm (socio.)* haine entre les classes
klas·sen·le|raar *nm (-raren)*, **-rares** *nf (-sen)* professeur principal, *(Belg.)* titulaire de classe

klas·sen·ti·tu·la·ris *nm (-sen) (Belg.; enseign.)* → **klassenleraar**

klas·sen·ver·te·gen·woor|di·ger *nm (-s),* **-digster** *nf (-s) (enseign.)* délégué, -ée de classe

klas·se·ren[1] *vt (h. geklasseerd)* classer

klas·se·ren[2] *vpr (zich ~; h. zich geklasseerd) (sports)* se classer; **zich als eerste ~** se classer premier; **zich ~ voor de finale** se qualifier pour la finale

klas·se·ring *nf (-en)* classement, classification

klas·se·werk *het* travail de premier ordre

klas·siek *adj, adv* classique(ment), traditionnel; **de ~e oudheid** l'Antiquité

klas·sie·ker *nm (-s)* classique

klas·si·kaal *adj, adv* collectif, collectivement

kla·te·ren *vi (h. geklaterd)* murmurer *(eau)*

kla·ter·goud *het* clinquant

klau·te·ren *vi (h./i. geklauterd)* grimper; **in een boom ~** grimper dans un arbre; **over banken heen ~** grimper par-dessus les bancs

klauw *de (-en)* **1** *(zool.)* griffe *(aussi au fig.)* **2** *(vulg.)* patte; **in iemands ~en vallen** tomber sous la griffe de qn; **iem in zijn ~en hebben** avoir qn sous sa griffe; **blijf met je ~en van mijn auto af** enlève tes pattes de ma voiture; *(fig.)* **uit de ~en lopen** dégénérer

klau·wen[1] *vi (h. geklauwd)* sortir ses griffes

klau·wen[2] *vt (h. geklauwd) (fam.)* faucher

kla·ve·cim·bel *het/de (-s)* clavecin

kla·ver *de (-s) (bot.; aussi jeux de cartes)* trèfle; *(Belg.)* **van de ~ naar de biezen lopen** changer son cheval borgne pour un aveugle

kla·ver·blad *het (-en)* **1** feuille de trèfle **2** *(circul.)* (croisement en) trèfle

kla·ver·jas·sen *vi (h. geklaverjast)* jouer à la belote

kla·ver·tje·vier *het (-en)* trèfle à quatre feuilles

kle·der[1] *nm (-s)* éclaboussure, tache (de boue), *(encre)* pâté

kle·der[2] *adj (fam.)* → **kleddernat**

kle·de·ren *vi (h. gekledderd)* **1** tomber en faisant plouf **2** barbouiller

kled·der·nat *adj (fam.)* trempé (jusqu'aux os)

kle·den[1] *vi (h. gekleed)* faire habillé

kle·den[2] *vt (h. gekleed)* habiller, vêtir; **in het wit gekleed** habillé de blanc; **zich ~** s'habiller

kle·der·dracht *de (-en)* costume (traditionnel)

kle·dij *nf* **1** tenue **2** vêtement(s)

kle·ding *nf* vêtements; **~ naar maat** vêtements sur mesure

kle·ding|zaak *de (-zaken)* maison de confection

kleed *het (kleden)* **1** tapis **2** nappe(ron) **3** *(Belg.)* robe

kleed·geld *het* somme pour les frais d'habillement

kleed·hok·je *het (-s)* cabine *(d'essayage)*

kleed|ka·mer *de (-s),* **-lokaal** *het (-kalen)* **1** loge (d'artiste) **2** *(sports)* vestiaire

kleef·band *het/de* ruban adhésif

kleef·pleis·ter *de (-s)* sparadrap (adhésif)

kleer·han·ger *nm (-s)* **1** cintre **2** portemanteau

kleer·ma·ker *nm (-s)* tailleur *(personne)*

kleer·ma·kers·zit *nm* ♦ **in ~** (assis) en tailleur

kleer·scheu·ren *plur* ♦ **er zonder ~ (van) afkomen** en sortir indemne

klef *adj* **1** pâteux **2** moite **3** borné ♦ **een ~fe man** un homme qui a les mains baladeuses

klei *de* argile ♦ **uit de ~ getrokken zijn** ± arriver du fin fond de sa province

klei·dui·ven·schie·ten *het* ball-trap

klei·en *vti (h. gekleid)* jouer avec de la pâte à modeler

klein *adj, adv* petit(ement), menu *(pour les expressions non mentionnées voir les substantifs concernés);* **een ~e drie kilometer** trois kilomètres au (grand) maximum; **~ gebouwd zijn** être de petite taille; **hebt u het niet ~er?** vous n'avez pas la monnaie?; **in het ~** en miniature; **in het ~ verkopen** vendre au détail; *(prov)* **wie het ~e niet eert, is het grote niet weerd** celui qui ne se baisse pas pour ramasser une épingle n'est pas digne de trouver une livre; **~ van geest** mesquin; **een ~e woordenschat** un vocabulaire pauvre ♦ **iem ~ krijgen** mater qn

Klein-Azië *het* Asie Mineure

klein·be·drijf *het (emploi collectif)* petites entreprises

klein·bur·ger·lijk *adj* petit-bourgeois

klein·bur·ger·lijk·heid *nf* esprit petit-bourgeois

klei·ne·ren *vt (h. gekleineerd)* (r)abaisser; **een ~d lachje** un rire humiliant

klein·gees·tig *adj* (d'une manière) borné(e), mesquin(ement)

klein·gees·tig·heid *nf* mesquinerie, petitesse d'esprit

klein·geld *het* monnaie; **een euro aan ~** un euro en monnaie

klein·goed *het* objets de petit format

klei·nig|heid *nf (-heden)* **1** petite chose, babiole **2** bagatelle, détail; **dat is geen ~** ce n'est pas une petite affaire; **dat is voor hem maar een ~** c'est de la broutille pour lui; **maakt u zich toch geen zorgen om zo een ~!** ne vous tourmentez pas pour si peu!

klein·kind *het (-eren)* petit-enfant

klein·krij·gen *vt (h. kleingekregen)* **1** mater; **hij is niet klein te krijgen** c'est un dur à cuire **2** (parvenir à) réduire en morceaux; *(fig.)* **iets ~** venir à bout de qch

klein·kunst *nf* (théâtre de) variétés

klei|nood *het (-noden)* joyau

klein·scha·lig *adj (fig.)* sur une petite échelle

klein|steeds *adj, adv (-steedser, meest k.)* (avec un air) provincial; ~ **aandoen** faire province
klein·tje *het (-s)* petit; **de buurvrouw heeft pas een ~ gekregen** la voisine vient d'avoir un bébé ♦ **op de ~s letten** regarder à la dépense; **voor geen ~ vervaard zijn** n'avoir pas froid aux yeux
klein·tjes[1] petit, médiocre
klein·tjes[2] *adv* **1** misérablement **2** timidement
klein·ze·rig *adj* douillet
klem[1] *de (-men)* **1** étau; **zijn vinger zit in de** ~ son doigt est coincé **2** embarras, difficultés; **in de ~ zitten** être en mauvaise posture; **uit de ~ raken** se dépêtrer d'une situation **3** force, insistance; **met ~ vragen** adjurer (de); **met ~ spreken** parler avec énergie **4** piège **5** agrafe, trombone **6** *(Belg.)* tétanos ♦ **iem de ~ op de neus zetten** mettre qn au pied du mur
klem[2] *adj* coincé
klem·bord *het (inform.)* presse-papiers
klem·men[1] *vt (h. geklemd)* serrer; **een kind in zijn armen ~** serrer un enfant dans ses bras
klem·men[2] *vi (h. geklemd)* **1** se coincer, être bloqué **2** serrer *(le cœur)*
klem·mend *adj, adv* **1** (d'une manière) concluant(e) **2** (d'une manière) angoissant(e)
klem|toon *nm (-tonen) (ling.)* accent(uation)
klep *de (-pen)* **1** valve, soupape **2** couvercle **3** *(méd.)* valvule **4** volet, trappe; **de ~ van een mand** le couvercle d'un panier **5** rabat, patte **6** visière **7** bavard ♦ *(fam.)* **hou nou eens even je ~!** ferme-la!
kle·pel *nm (-s)* battant
klep·pen *vi (h. geklept)* **1** claquer, battre **2** bavarder, caqueter **3** tinter *(cloches)* **4** battre *(des ailes)*; **met de vleugels ~** battre les ailes
klep·per *nm (-s)* claquette, crécelle, *(plur.)* castagnettes
kle·re *de (vulg.)* ♦ **krijg de ~!** va te faire foutre!
***kle·re-** *(vulg.)* de merde
kle·re·lij·er *nm (-s) (vulg.)* salaud, salope
kle·ren *plur* vêtements; **in zijn ~ schieten** enfiler ses vêtements; **iem in de ~ steken** habiller qn (de pied en cap), *(fig.)* rouler qn; **niet in iemands ~ willen zitten** ne pas vouloir être à la place de qn; *(prov)* **~ maken de man** la belle plume fait le bel oiseau ♦ **dat glijdt langs mijn koude ~ af** cela ne me fait ni chaud, ni froid; **dat gaat iem niet in zijn koude (kouwe) ~ zitten** ça ne vous laisse pas froid
kle·re·zooi *de (fam.)* bordel, pagaille
klerk *nm (-en)* **1** clerc; **~ op een notariskantoor** clerc de notaire **2** *(rang)* employé
kles·se·bes·sen *vi (h. geklessebest) (fam.)* papoter
klets! *interj* vlan!, clac!
klets[1] *de (-en)* **1** *(pas de plur.)* bavardages, baliverne(s) **2** claque, gifle; **een ~ om de oren** une gifle **3** giclée, éclaboussure
klets[2] *nm (-en)* bavard
klet·sen[1] *vi (h. gekletst)* **1** bavarder; **hij kan goed ~** c'est un beau parleur; **laat ze maar ~** laisse-les dire; **waar kletst ie toch over?** mais qu'est-ce qu'il raconte?; **er wordt over hem gekletst** on raconte un tas de choses sur lui **2** radoter; **geloof het toch niet, hij kletst maar wat** ne le crois pas, il ne sait pas ce qu'il dit **3** clapoter **4** claquer; **met een spaan in het water ~** battre l'eau d'une rame
klet·sen[2] *vt (h. gekletst)* **1** jeter **2** flanquer; **iem in zijn gezicht ~** gifler qn
klets·kop *nm (-pen)* **1** *(cuis.)* galette de pralin **2** bavard; **het is een echte ~** c'est une vraie concierge **3** *(Belg.)* boule de billard
klets·kous *nm (-en)* bavard, -arde
klets·ma·joor *nm (-s)* radoteur
klets·nat *adj* trempé; **~ worden** recevoir la douche
klets|praat *nm*, **-praatje** *het (-s)* **1** bavardage **2** ragot; **dat geeft aanleiding tot ~(jes)** cela fera jaser les gens
klet·te·ren *vi (h. gekletterd)* cliqueter
kleu·men *vi (h. gekleumd)* grelotter de froid
kleu·nen *vi (h. gekleund) (fam.)* ♦ **ernaast ~** gaffer
kleur *de (-en)* **1** couleur, coloris; **~ bekennen** annoncer la couleur *(fig. et sports)*; **welke ~ heeft dit dagblad?** de quelle tendance est ce journal?; **primaire ~en** couleurs fondamentales; **zijn ~ verliezen** pâlir, déteindre **2** teint; **een ~ als een boei hebben** être rouge comme une pivoine; **een ~ krijgen** rougir; **hij heeft een ongezonde ~** il a le teint blafard; **veel ~ hebben** être haut en couleur
kleur·boek *het (-en)* album à colorier
kleur·echt *adj* grand teint; **~ zijn** ne pas s'altérer au lavage
kleu·ren[1] *vi (h. gekleurd)* rougir
kleu·ren[2] *vt (h. gekleurd)* **1** colorer, teinter; **feiten sterk ~** transformer les faits **2** faire rougir
kleu·ren[3] *vti (h. gekleurd)* colorier, *(étoffe, cheveux)* teindre; **zij kleurt graag** elle aime beaucoup faire du coloriage
***kleu·ren-** **1** en couleurs **2** de(s) couleurs
kleu·ren·blind *adj (méd.)* daltonien
kleu·ren·op·na·me *de (-n, -s)* **1** photographie en couleurs **2** photo en couleurs
kleu·ren·spec·trum *het (-s)* spectre (solaire)
kleur·fil·ter *het/de (-s)* filtre coloré
kleu·rig *adj, adv* coloré, avec beaucoup de couleurs
kleu·ring *nf (-en)* coloration
kleur|ling *nm (-en)*, **-linge** *nf (-s, -n)* **1** personne de couleur **2** métis, -isse
kleur|loos *adj (-lozer, meest k.)* **1** incolore, non teinté **2** pâle, blafard **3** terne, monotone **4** *(pol.)* neutre

kleur|plaat *de (-platen)* coloriage *(dessin)*
kleu·rijk *adj* **1** coloré, multicolore **2** *(fig.)* haut en couleur
kleur·stof *de (-fen)* **1** colorant **2** pigment
kleur·tje *het (-s)* **1** couleurs, rougeur **2** *(plur.)* couleurs, crayons de couleur
kleu·ter *nm (-s)* petit (enfant)
kleu·ter·klas *nf (-sen)* (classe) maternelle
kleu·ter·leid·ster *nf (-s)* maîtresse d'école maternelle
kleu·ter·on·der·wijs *het* enseignement préélémentaire
kleu·ter|school *de (-scholen)* école maternelle
kle·ven *vti (h. gekleefd)* coller; *(fig.)* **er kleeft bloed aan zijn handen** il a du sang sur les mains; **blijven** ~ ne pas décoller; **er** ~ **nog enige gebreken aan** il reste encore quelques imperfections
kle·ve·rig *adj* collant, gluant; **een** ~ **vocht** un liquide visqueux
kle·ve·rig·heid *nf* viscosité
klie·der·boel *nm* barbouillage
klie·de·ren *vi (h. gekliederd)* barbouiller, gribouiller; **met inkt** ~ faire des pâtés d'encre; **met water** ~ mettre de l'eau partout
klie·de·rig *adj* bourbeux, malpropre
kliek *de (-en)* clique
kliek·je *het (-s)* reste *(d'un repas)*; **~s eten** finir les restes
klier[1] *de (-en)* glande
klier[2] *nm (-en) (fig.; fam.)* emmerdeur
klie·ren *vi (h. geklierd) (fam.)* enquiquiner
klie·rig *adj, adv (fam.)* (de façon) enquiquinant(e)
klie·ven[1] *vt (h. gekliefd)* fendre
klie·ven[2] *vi (h. gekliefd)* **1** se fendre **2** se fendiller
klif *het (-fen)* **1** falaise **2** escarpement
klik[1] *nm (-ken)* **1** déclic, claquement **2** *(+ op; inform.)* clic (sur)
klik[2] *interj* clic!, clac!
klik·ken *vi (h. geklikt)* **1** claquer, cliqueter **2** moucharder, rapporter; **er is geklikt** qn a dû jaser **3** *(+ op; inform.)* cliquer (sur) ♦ **het klikte niet tussen hen** ça ne collait pas entre eux
klik·ker *nm (-s),* **klikster** *nf (-s)* mouchard, -arde, rapporteur, -euse
klik|spaan *nm (-spanen)* → **klikker**
klim *nm* montée, grimpée, *(d'une montagne)* ascension; **naar de derde verdieping is een hele** ~ trois étages, c'est dur à monter
kli|maat *het (-maten)* climat, ambiance
kli·maat·re·ge·ling *nf (-en)* climatisation
klim·men *vi (h./i. geklommen)* grimper, monter; **bij, met het** ~ **der jaren** en prenant de l'âge; **naar de top van een berg** ~ grimper jusqu'au sommet d'une montagne; **op een toren** ~ monter au sommet d'une tour; **over een muur** ~ escalader un mur; **uit een boom** ~ descendre d'un arbre; **uit het raam** ~ sortir par la fenêtre
klim·mer *nm (-s)* **1** grimpeur **2** alpiniste
klim·op *het/de* lierre
klim·rek *het (-ken)* **1** échelle murale **2** cage à écureuils
klin·ge·len *vi (h. geklingeld)* tinter
kli·nisch *adj, adv* **1** clinique(ment) **2** froid, impersonnel
klink *de (-en)* loquet
klin·ken[1] *vi (h. geklonken)* **1** sonner, retentir **2** paraître; **een Italiaans ~de naam** un nom à consonance italienne **3** trinquer (à) ♦ **een ~de naam** un nom connu
klin·ken[2] *vt (h. geklonken)* **1** river **2** enchaîner
klin·ker *nm (-s)* **1** voyelle **2** brique
klink·klaar *adj* pur (et simple); **dat is klinkklare onzin** ça n'a ni rime ni raison
klink·na·gel *nm (-s)* rivet
klip *de (-pen)* écueil; **op een** ~ **lopen** heurter un écueil ♦ **tegen de ~pen op liegen** mentir comme un arracheur de dents
klit *de (-ten)* ± nœud *(cheveux)*; **zijn haar zit in de** ~ ses cheveux sont tout emmêlés
klit·ten *vi (h. geklit)* **1** s'emmêler *(cheveux)* **2** s'accrocher (à qch, qn)
klit·ten·band *het (-en)* Velcro
klod·der *nm (-s)* grumeau
kloek[1] *nf (-en)* **1** poule meneuse **2** mère poule
kloek[2] *adj, adv* **1** robuste, fort **2** volumineux **3** solide **4** ferme(ment); **een** ~ **besluit** une ferme résolution
klof·fie *het (-s) (fam.)* costard; **in z'n beste** ~ **zijn** être bien sapé
klok *de (-ken)* **1** cloche; **dat klinkt als een** ~ c'est on ne peut mieux; **iets aan de grote** ~ **hangen** crier qch sur les toits **2** pendule, pendulette, horloge; *(fig.)* **hij heeft de** ~ **horen luiden, slaan (maar weet niet waar de klepel hangt)** il a entendu qch mais il ne connaît pas le fin fond de l'histoire; **hij is een man van de** ~ il a la ponctualité d'une horloge; **met de** ~ **mee** dans le sens des aiguilles d'une montre; **op de** ~ **kijken** regarder l'heure; **de** ~ **rond** douze heures d'affilée; **het is alles ... wat de** ~ **slaat** il, elle ne sait parler que de ...; **race tegen de** ~ course contre la montre; **de** ~ **terugdraaien, terugzetten** revenir en arrière; **daar kun je de** ~ **op gelijk zetten** c'est réglé comme du papier à musique; *(prov)* **zoals het ~je thuis tikt, tikt het nergens** il n'y a point de petit chez-soi, rien ne vaut un chez-soi **3** compteur ♦ **op de** ~ **van tien** sur le coup de dix heures
klok·ge·lui *het* **1** sonnerie de cloche(s) **2** son de cloche
klok|huis *het (-huizen)* cœur *(de fleur, pomme, poire)*, trognon *(de pomme, poire)*
klok·je *het (-s)* **1** *(bot.)* campanule **2** montre ♦ **het** ~ **van gehoorzaamheid** l'heure du dodo
klok·ken *vti (h. geklokt)* **1** *(usine, entreprise)* pointer **2** glouglouter **3** ± s'évaser **4** *(sports)* chronométrer

klok·ken·lui·der *nm* **1** sonneur de cloches **2** dénonciateur
klok·ken·ma·ker *nm (-s)* horloger
klok·ken·spel *het (-len)* carillon
klok·ken·to·ren *nm (-s)* clocher
klok·kij·ken *vi* regarder l'heure
klok·slag *nm (-en)* coup de cloche; ~ **vier uur** sur le coup de quatre heures
klok·vast *adj (Belg.)* ♦ **~e treinen** trains à horaires cadencés
klok·vor·mig *adj, adv* campanulé, (en forme de) tulipe, en forme de cloche(tte)
klom, klommen → **(af-, op)klimmen** *(etc.)*
klomp *nm (-en)* **1** sabot; *(fig.)* **nu breekt mijn** ~ les bras m'en tombent **2** gros morceau; **een ~ aarde** une motte de terre ♦ *(fig.)* **dat kon je op je ~en aanvoelen** il fallait s'y attendre
klomp·voet *nm (-en)* pied bot
klonk, klonken → **(in)klinken**
klont *de (-en)* **1** morceau *(de sucre, beurre)* **2** grumeau
klon·te·ren *vi (i. geklonterd)* se cailler, se grumeler, se coaguler
klon·te·rig *adj* grumeleux
klont·je *het (-s)* morceau de sucre ♦ **dat is zo klaar als een** ~ c'est clair comme de l'eau de roche
kloof[1], **kloven** → **kluiven**
kloof[2] *de (kloven)* **1** fente; **kloven in de lippen** des lèvres gercées **2** fissure **3** *(fig.)* fossé, abîme; **de ~ overbruggen** combler l'abîme
klooi·en *vi (h. geklooid) (fam.)* **1** cafouiller; **ik heb de hele dag zitten** ~ je n'ai rien fichu de la journée **2** déconner
kloos·ter *het (-s)* couvent, monastère
kloos·ter·ling *nm (-en)* religieux
kloos·ter·over·ste *nm (-n)* supérieur, -eure (d'un monastère, couvent)
kloot *nm (kloten) (vulg.)* couille ♦ **naar de kloten zijn** être foutu
kloot·zak *nm (-ken) (vulg.)* con
klop *nm (-pen)* **1** coup **2** *(cœur)* battement **3** tape
klop·jacht *de (-en)* **1** rafle **2** battue
klop·pen[1] *vi (h. geklopt)* **1** frapper, battre **2** correspondre (à); **een ~d antwoord** une réponse exacte; **dat klopt** c'est exact; **daar klopt iets niet** il y a qch qui ne va pas; **de rekening klopt** le compte y est
klop·pen[2] *vt (h. geklopt)* **1** battre, frapper; **ze hebben hen met 5-0 geklopt** ils leur ont mis cinq buts à zéro **2** battre, *(crème)* fouetter; **eiwit stijf** ~ battre des œufs en neige
klop·per *nm* **1** heurtoir **2** fouet *(pour faire une crème etc.)*
klos *de (-sen)* bobine ♦ **de ~ zijn** être le dindon de la farce
klos·sen[1] *vi (h./i. geklost)* saboter, traîner les pieds
klos·sen[2] *vt (h./i. geklost)* (em)bobiner
klo·te *adj, adv (vulg.)* con; **dat heeft hij ~ gedaan** il a pas été foutu de se démerder; **ik voel me** ~ j'ai le moral à zéro
***klo·te-** *(vulg.)* putain de; **wat een kloteweer!** quel putain de temps!
klo·ten *vi (h. gekloot) (Belg.; fam.)* cafouiller ♦ *(vulg.)* **wie heeft er aan mijn radio zitten te ~?** qui est l'enculé qui a touché à ma radio?; *(vulg.)* **wat zit je nou te ~?** qu'est-ce que tu fous?
klo·te·vent *nm (vulg.)* couillon
klo·te·wijf *het (vulg.)* conasse
klot·sen *vi (h. geklotst)* clapoter
klo·ven *vti (h./i. gekloofd)* (se) cliver, (se) fendre
klucht *de (-en)* farce
kluch·tig *adj, adv* burlesque
kluif *de (kluiven)* **1** os **2** gros boulot; **dat is een hele** ~ c'est un sacré boulot
kluis *de (kluizen)* coffre-fort
kluis·te·ren *vt (h. gekluisterd)* enchaîner; **aan de buis gekluisterd** rivé devant son poste de télévision; **aan het ziekbed gekluisterd** cloué au lit
kluit *de (-en)* **1** motte **2** tas ♦ *(fam.)* **de ~ bedonderen** se payer la tête de tout le monde; **hij is flink uit de ~en gewassen** il a bien profité
kluit·je *het (-s)* ♦ **iem met een ~ in het riet sturen** envoyer qn paître; **op een ~ zitten, staan** être les uns sur les autres
klui·ven *vi (h. gekloven)* **1** ronger *(un os)* **2** sucer
klui·ze·naar *nm (-s)* ermite
klun·gel *de (-s)* manche, minus
klun·ge·len *vi (h. geklungeld)* cafouiller ♦ **hij klungelt maar wat aan** il s'y prend comme un manche
klun·ge·lig *adj, adv* (de manière) godiche
kluns *nm (klunzen) (fam.)* → **klungel**
klus *nm (-sen) (fam.)* **1** gros boulot; **een zware** ~ un sacré boulot **2** bricole; **~jes opknappen** bricoler
klus·jes·man *nm (-nen)* homme à tout faire
klus·sen *vti (h. geklust)* bricoler
kluts *de* ♦ **de ~ kwijt zijn** être dans le cirage; **de ~ kwijtraken** perdre les pédales
klut·sen *vt (h. geklutst)* battre, fouetter
kluut *nm (kluten) (zool.)* avocette (blanche)
klu·wen *het (-s)* **1** pelote **2** *(fig.)* écheveau; **een ~ mensen** une confusion de gens
KMA *nf (-'s) Koninklijke Militaire Academie* Académie royale militaire
KMI *het (Belg.) Koninklijk Meteorologisch Instituut* IRM
KMI's *plur (Belg.) Kleine en Middelgrote Industrieën* PMI
kmo's *plur (Belg.) kleine en middelgrote ondernemingen* PME
km/u *kilometer per uur* km/h
knaag·dier *het (-en)* rongeur
knaap *nm (knapen)* gars ♦ **een ~ van een karper** une carpe de taille
knaap·je *het (-s)* cintre, *(Belg.)* esse
knab·be·len *vti (h. geknabbeld)* grignoter
kna·gen[1] *vi (h. geknaagd)* ronger; **de ratten ~ aan het hout** les rats rongent le bois

kna·gen[2] *vt (h. geknaagd)* faire (qch) en rongeant
knak *nm (-ken)* **1** craquement **2** fêlure **3** *(fig.)* coup, entorse
knak·ken[1] *vi (h./i. geknakt)* craquer
knak·ken[2] *vt (h./i. geknakt)* **1** (faire) craquer **2** *(fig.)* porter un coup à; **dat ongeluk heeft hem geknakt** cet accident l'a brisé
knak·worst *de (-en)* saucisse de Francfort
knal[1] *nm (-len)* coup, détonation
knal[2] *adj (fam.)* **1** chouette, vachement bien **2** vif
***knal-** vachement; **knalgoed** vachement bien
knal·geel *adj* (d'un) jaune éclatant
knal·len *vi (h./i. geknald)* **1** péter, retentir **2** *(+ op)* s'écraser (contre) ♦ **een ~de ruzie** une fière engueulade
knal·ler *nm (-s)* succès fou; **wat een ~!** c'est sensa(ss)!
knal·pijp *de (-en)* silencieux *(d'une voiture)*
knal·pot *nm (-ten)* pot d'échappement
knal|prijs *nm (-prijzen)* prix défiant toute concurrence
knal·rood *adj* rouge sang
knap *adj, adv* **1** beau, joli **2** brillant, doué; **een ~pe kop** une grosse tête **3** fort, calé (en); **dat heb je ~ gedaan!** tu t'en es bien tiré!; **een ~pe jongen die ...** il ne sera pas tombé de la dernière pluie celui qui ... **4** drôlement, rudement; **hij werkt ~ hard** il travaille drôlement dur
knap·pen *vti (h./i. geknapt)* **1** craqueter, crépiter **2** craquer
knap·pend *adj* **1** crépitant **2** croustillant
knap·perd *nm (-s)* crack
knap·pe·rig *adj* → **knappend 2**
knap·zak *nm (-ken)* havresac
knar *nm (-ren) (fam.)* **1** vioc **2** caboche; **hoe haal je 't in je ~?** tu sors ça d'où?
knar·sen *vi (h. geknarst)* grincer
knar·se·tan·den *vi (h. geknarsetand)* grincer des dents
knauw *nm (-en)* coup (de dent); *(fig.)* **dat gaf hem een ~** ça lui a porté un rude coup
knau·wen *vti (h. geknauwd)* **1** mâcher **2** *(fig.)* porter un coup à
knecht *nm (-en)* domestique
knech·ten *vt (h. geknecht)* asservir
kne·den *vt (h. gekneed)* pétrir; *(fig.)* **iemands karakter ~** façonner le caractère de qn
kneed|baar *adj (-baarder, -baarst)* malléable
kneep[1], **knepen** → **(fijn-, uit)knijpen**
kneep[2] *de (knepen)* **1** pincement **2** pinçon **3** *(fig.)* astuce; **de (fijne) ~jes van het vak kennen** connaître les (subtiles) ficelles du métier; **voel je de ~?** tu vois l'astuce?; **daar zit (hem) de ~** voilà le nœud de l'affaire
kne·kel *nm (-s)* os
knel *de (-len)* pétrin; **in de ~ zitten** être dans le pétrin ♦ **mijn vinger zit in de ~** j'ai le doigt pris
knel·len *vti (h. gekneld)* serrer; **het ~de juk van de dictatuur** le joug écrasant de la dictature; **die schoen knelt** cette chaussure me serre le pied
knel·punt *het (-en)* **1** point chaud **2** embouteillage
knet·ter *adj* fou à lier; **je wordt ~ van dit werk** ce travail te rend complètement fou
knet·te·ren *vi (h. geknetterd)* crépiter
knet·ter·gek *adj (fam.)* complètement dingue
kneus·je *het (-s)* **1** raté **2** clou *(vieille voiture)*
kneu·te·rig *adj, adv* douillet(tement)
kneu·zen *vt (h. gekneusd)* meurtrir; **mijn arm is gekneusd** je me suis contusionné le bras
kneu·zing *nf (-en)* meurtrissure; **inwendige ~en** lésions internes
kne·vel *nm (-s)* moustache
kne·ve·len *vt (h. gekneveld)* garrotter
knib·be·len *vi (h. geknibbeld)* lésiner (sur)
knie *de (-ën)* genou; *(fig.)* **door de ~ën gaan** céder; **knikkende ~ën** genoux qui se dérobent ♦ **iets onder de ~ hebben** connaître qch à fond; **iets onder de ~ krijgen** arriver à bout de qch; **iem over de ~ leggen** donner la fessée à qn
knie·ban·den *plur* ligaments rotuliens
knie·be·scher·mer *nm (-s)* genouillère
knie·broek *de (-en)* culottes de golf
knie·hol·te *nf (-n, -s)* (pli du) jarret
knie·kous *de (-en)* chaussette, mi-bas
knie·len *vi (h./i. geknield)* s'agenouiller
knie|schijf *de (-schijven)* rotule
knies|oor *nm (-oren)* grincheux, -euse; **wie daarop let, is een ~** tant pis pour ceux qui ne sont jamais contents!
knie·tje *het (-s)* ♦ **iem een ~ geven** faire du genou à qn *(en poussant)*
knie·val *nm (-len)* génuflexion; **een ~ doen voor** *(aussi au fig.)* tomber aux genoux de
knie·zen *vi (h. gekniesd)* broyer du noir; **zij is aan het ~ geraakt** elle a sombré dans la mélancolie; **over iets ~** se chagriner de qch
knie·zer *nm (-s)* bilieux
knijp *de (fam.)* ♦ *(fig.)* **in de ~ zitten** être dans le pétrin, être dans ses petits souliers, être serré
knij·pen *vti (h. geknepen)* pincer; **iem in de arm ~** pincer le bras de qn ♦ *(fam.)* **ertussenuit ~** filer à l'anglaise; **het knijpt** ça pince (dur); *(fam.)* **'m ~** ne pas en mener large
knij·per *nm (-s)* pince
knijp·kat *de (-ten)* torche dynamoélectrique
knijp·tang *de (-en)* tenaille(s)
knik *nm (-ken)* **1** brisure; **die steel heeft een ~** cette tige est brisée **2** rupture; **een ~ in de rijweg** une inégalité dans la

chaussée **3** signe de tête; **een kort ~je** une légère inflexion de la tête

knik·ke·bol·len *vi (h. geknikkebold)* dodeliner de la tête, branler la tête

knik·ken[1] *vi (h./i. geknikt)* **1** se casser, se briser; **de bloemen zijn geknikt** les fleurs sont flétries **2** fléchir **3** flageoler **4** faire un signe de tête; **goedendag** ~ saluer d'un signe de tête; **goedkeurend** ~ approuver de la tête; **met ~d hoofd** la tête dodelinante, branlante; **instemmend** ~ acquiescer de la tête; **ja** ~ faire oui de la tête

knik·ken[2] *vt (h./i. geknikt)* fléchir, courber

knik·ker *nm (-s)* **1** bille; **met ~s spelen** jouer aux billes **2** *(fam.; tête)* boule; **een kale** ~ une boule de billard ♦ **er is toch niets aan de ~?** il n'y a rien qui cloche, au moins?; *(fig.)* **het is niet om de ~s, maar om het spel** ce n'est pas par intérêt, mais pour le principe

knik·ke·ren *vti (h. geknikkerd)* jouer aux billes ♦ *(fam.)* **iem eruit** ~ jeter qn dehors

KNIL *het Koninklijk Nederlands-Indisch Leger ⟨Armée royale indo-néerlandaise⟩*

knip[1] *de (-pen)* **1** chiquenaude; *(fig.)* **hij is geen** ~ **voor de neus waard** il ne vaut pas un pet de lapin; **een** ~ **met de vingers** une chiquenaude; **een** ~ **voor de neus** une chiquenaude sur le nez **2** trou *(perforation);* **de conducteur geeft een** ~ **in het kaartje** le contrôleur poinçonne le billet **3** fermoir **4** verrou; **doe de** ~ **op de deur** verrouille la porte ♦ **iem een** ~ **op de neus zetten** couper les ailes à qn

knip[2] *interj* clic

knip·kaart *de (-en)* carte d'abonnement

knip·mes *het (-sen)* canif; **buigen als een** ~ faire des courbettes

knip·ogen *vi (h. geknipoogd)* **1** faire un clin d'œil; **tegen elkaar** ~ échanger des clins d'œil **2** cligner des yeux

knip·oog·je *nm (-s)* **1** clin d'œil; **elkaar ~s geven** se faire des clins d'œil **2** œillade

knip·pa|troon *het (-tronen)* patron

knip·pen *vti* **1** couper; **in een film** ~ faire des coupures dans un film, censurer un film; **iets in tweeën** ~ couper qch en deux; **kaartjes** ~ poinçonner des billets; **zich laten** ~ se faire couper les cheveux **2** découper, tailler; **een plaat uit een tijdschrift** ~ découper une image dans une revue; **een rok uit een lap stof** ~ tailler une jupe dans un coupon ♦ **met de ogen** ~ cligner des yeux; **met de vingers** ~ claquer des doigts; *(fig.)* **hij hoeft maar met zijn vingers te** ~ **of ...** il n'a qu'à lever le petit doigt pour que ...

knip·pe·ren *vi (h. geknipperd)* **1** cligner des yeux; *(fig.)* **met de ogen zitten te** ~ écarquiller les yeux **2** faire des appels de phare

knip·per·licht *het (-en)* **1** (feu) clignotant, *(Belg.)* clignoteur **2** *(plur.)* feux de détresse, lumière intermittente

knip·sel *het (-s)* **1** coupure **2** découpage

knip·sel·krant *de (-en)* montage de coupures de presse

knip·tang *de (-en)* **1** cisailles **2** poinçonneuse

knis·pe·ren *vi* grésiller, crépiter

KNMI *het Koninklijk Nederlands Meteorologisch Instituut ⟨institut royal météorologique des Pays-Bas⟩,* ± météo

kno-arts *nm (-en) keel-, neus- en oorarts* médecin ORL, oto-rhino(-laryngologiste)

knob·bel *nm (-s)* bosse, nodule; **hij heeft daarvoor geen** ~ il n'est pas doué pour cela; **een ~tje in de borst** une grosseur au sein; **een** ~ **voor wiskunde hebben** avoir la bosse des mathématiques

knoe·del *nm (-s)* **1** boulette de pâte **2** pelote **3** chignon

knoei *nm* ♦ **in de** ~ **zitten** être dans le pétrin; **nu zitten we goed in de** ~ nous voilà dans de beaux draps

knoei·boel *nm* **1** gâchis; **een onleesbare** ~ un gribouillage illisible **2** tripotage, micmac; **'t is daar een echte** ~ c'est une drôle de cuisine qu'on fait là

knoei·en *vi (h. geknoeid)* **1** faire des saletés; **met as** ~ mettre de la cendre partout; **wat zit je toch te ~!** tu en fais des saletés! **2** faire du gâchis **3** cafouiller **4** tripoter, trafiquer; **in de boeken** ~ tripatouiller des comptes; **er is in die zaak geknoeid** il y a eu des tripotages dans cette affaire; ~ **met de prijzen** tricher sur les prix

knoei·er *nm (-s),* **knoeister** *nf (-s)* **1** barbouilleur, -euse **2** bricoleur, -euse **3** tripoteur, -euse

knoei·e·rig *adj* bousillé

knoei·e·rij *nf (-en)* tripotage, combine

knoei·werk *het* **1** bousillage **2** bricolage

knoe·per *nm (-s) (fam.)* ♦ **een** ~ **van een fout** une gaffe; **wat een ~!** quel mastodonte!

knoert *nm (-en) (fam.)* ♦ **een** ~ **van een karper** une carpe gigantesque

knoert·hard *adj (fam.)* assourdissant, dur comme le fer

knoest *nm (-en) (bois)* nœud

knoes·tig *adj* noueux

knoet *nm (-en)* **1** knout; **met de** ~ **regeren** régner avec un sceptre de fer **2** chignon

knof·look *het/de* ail

knof·look·bo·ter *de* beurre maître d'hôtel

knof·look·lucht *de* odeur d'ail; **er hangt een** ~ **hier** ça sent l'ail ici

knof·look·teen·tje *het (-s)* gousse d'ail

kno·kig *adj* osseux

knok·kel, knokel *nm (-s)* nœud (du doigt); **met een** ~ **tegen het raam tikken** cogner (du doigt) au carreau

knok·ken *vi (h. geknokt) (fam.)* se bagarrer; **ze zal ervoor moeten** ~ **om te slagen** elle devra se bagarrer pour réussir; **dat wordt** ~ il va y avoir du rififi

knok·par·tij *nf (-en)* bagarre, rixe

knok·ploeg *de (-en)* hommes de main

knol *nm (-len)* **1** tubercule **2** navet; *(fig.)*

iem ~len voor citroenen verkopen faire prendre à qn des vessies pour des lanternes **3** *(fam.)* canasson, haridelle
knol·ge·was *het (-sen)* plante à tubercules
knol|raap *de (-rapen)* chou-rave
knol·sel·de·rie *nm,* **knolselderij** *nm* céleri-rave
knook *de (knoken)* os; **hij is zo mager, dat zijn knoken uitsteken** il est tellement maigre qu'on lui voit les côtes
knoop *nm (knopen)* **1** nœud; *(fig.)* **de ~ doorhakken** trancher; **in de ~ zitten** être enchevêtré, *(fig.)* ne pas pouvoir s'en sortir; **het touw zit in de ~** la corde est pleine de nœuds; **een ~ in zijn zakdoek leggen** faire un nœud à son mouchoir; **het schip liep negen knopen** le navire filait neuf nœuds; *(fig.)* **de ~ ontwarren** dénouer l'intrigue; **een veter uit de ~ halen** défaire un lacet; **zijn haar uit de ~ halen** démêler les cheveux; **hier zit 'm de ~** voilà le nœud de l'affaire **2** bouton; **de blauwe ~** la ligue antialcoolique; **de knopen van zijn jas dichtdoen** se boutonner; **je ~ springt er bijna af** ton bouton va sauter
knoop·punt *het (-en)* **1** nœud routier **2** centre ferroviaire
knoops·gat *het (-en)* boutonnière; **in het ~** à la boutonnière; *(Belg.)* **familie van het zevende ~** des cousins à la mode de Bretagne
knoop·slui·ting *nf (-en)* boutonnage
knoop·werk *het* ouvrage à points noués
knop *nm (-pen)* **1** bouton; **de ~ van een paraplu** le pommeau d'un parapluie; **de ~ van een speld** la tête d'une épingle **2** boucle d'oreille **3** bourgeon, bouton; **de roos is nog in de ~** la rose n'est pas encore éclose ♦ **naar de ~pen gaan** être fichu
kno·pen *vt (h. geknoopt)* nouer; **twee touwen aan elkaar ~** nouer deux cordes; *(fig.)* **ik heb er nog een dagje aan vast geknoopt** je suis resté un jour de plus; **een das ~** nouer une cravate; **je moet het niet zo stijf ~** ne serre pas tant ce nœud; **een geknoopt tapijt** un tapis à points noués
knop·pen *vi (h. geknopt)* bourgeonner; **de bomen beginnen al te ~** les arbres commencent déjà à fleurir
knor·ren *vi (h. geknord)* grogner; *(iron.)* **mijn maag knort** mon estomac gargouille; **over iets ~** grogner à propos de qch; **tegen iem ~** grogner contre qn; **~ van tevredenheid** ronronner de satisfaction
knor·re·pot *nm (-ten)* grognon
knor·rig *adj, adv* (d'un air) grognon, d'un ton râleur
knor·rig·heid *nf* mauvaise humeur
knot *de (-ten)* pelote; **een ~ haar** un chignon; **een ~ wol** une pelote de laine
knots[1] *de (-en)* **1** massue **2** *(gymnastique)* mil ♦ **een ~ van een ...** un(e) ... gigantesque
knots[2] *adj, adv (fam.)* dingue, toqué, de façon dingue
knots·gek *adj, adv (fam.)* (de façon) complètement dingue
knot·ten *vt (h. geknot)* **1** *(arbres)* étêter **2** *(fig.)* rabaisser
knot·wilg *nm (-en)* (saule taillé en) têtard
KNSB *nm* **1** *Koninklijke Nederlandse Schaakbond* ⟨*Fédération royale néerlandaise des Echecs*⟩ **2** *Koninklijke Nederlandse Schaatsenrijdersbond* ⟨*Fédération royale néerlandaise de Patinage*⟩
knud·de *adj (fam.)* ♦ **het is ~ (met een rietje)** ça ne vaut pas un clou
knuf·fel *nm (-s)* ♦ **een ~ geven** faire un câlin
knuf·fel|beest *het (-en),* **-dier** *het (-en)* animal en peluche
knuf·fe·len *vt (h. geknuffeld)* câliner
knuist *de (-en)* grosse main, poing
knul *nm (-len)* gars, type; **'t is een goeie ~** c'est un brave gars; *(fam.)* **zij heeft een ~** elle a un jules
knul·lig *adj, adv* maladroit(ement), gauche(ment); **dat is ~ gedaan** c'est du travail d'amateur
knup·pel *nm (-s)* **1** matraque **2** *(aviat.)* manche (à balai) **3** empoté, nigaud ♦ **de ~ in het hoenderhok gooien** jeter le pavé dans la mare
knup·pe·len *vti (h. geknuppeld)* matraquer
knus *adj, adv (knusser, meest k.)* intime(ment); **een ~ leventje** une vie ouatinée; **een ~ woninkje** un petit logis douillet
knus·jes *adv* dans une atmosphère intime; **wij zitten hier zo ~** nous sommes si bien ici
knut·se·laar *nm (-s)* bricoleur
knut·se·len *vti (h. geknutseld) (aussi péj.)* bricoler; **hij knutselt graag aan zijn brommfiets** il aime bricoler son vélomoteur
knut·sel·werk *het* bricolage
KNVB *nm Koninklijke Nederlandse Voetbalbond* ⟨*Fédération royale néerlandaise de Football*⟩
ko·balt *het* (bleu de) cobalt
kocht, kochten → **(in-, op)kopen**
kod·dig *adj, adv* (de façon) comique
kod·dig|heid *nf (-heden)* drôlerie
koe *nf (koeien)* **1** vache; **iem koeien met gouden hoorns beloven** promettre monts et merveilles à qn; *(fig.)* **oude koeien uit de sloot halen** sortir les squelettes (cadavres) du placard, remuer le passé; *(prov)* **men kan nooit weten hoe een ~ een haas vangt** on ne sait jamais, tout est possible; *(prov)* **men noemt geen ~ bont, of er zit wel een vlekje aan** il n'y a pas de fumée sans feu, *(Belg.)* on n'appelle jamais une vache pie, si elle n'a une tache noire **2** *(personne stupide)* oie, âne ♦ **koeien van fouten** fautes énormes; *(fig.)* **de ~ bij de hoorns vatten** prendre le taureau par les cornes
koei·en·let·ter *de (-s)* lettre énorme
koei·en·vlaai *de (-en)* → **koemest**
koei·o·ne·ren *vt (h. gekoeioneerd)* brimer
koek *nm (-en)* **1** gâteau; **een gevulde ~**

⟨*un gâteau fourré à la pâte d'amande*⟩ **2** biscuit, gâteau sec **3** croûte *(peinture etc.)* **4** pain d'épices ♦ **dat gaat erin als (gesneden)** ~ *(nourriture)* cela passe comme une lettre à la poste, ça se vend comme des petits pains; **dat is andere ~!** c'est une autre paire de manches!; **het is ~ en ei tussen hen** ils sont comme les deux doigts de la main; **dat is voor haar gesneden** ~ c'est du gâteau pour elle; **de ~ is op** c'est fini; **dat is ouwe** ~ c'est du déjà vu; **iets voor zoete ~ slikken** avaler qch, prendre qch pour argent comptant

koe·ke·loe·ren *vi (h. gekoekeloerd)* **1** lorgner; **ergens naar binnen** ~ lorgner qp à l'intérieur (chez les gens) **2** bayer aux corneilles

koe·ken·bak·ker *nm (-s)* **1** pâtissier **2** *(fam.)* gâte-métier

koe·ken·pan *de (-nen)* poêle (à frire)

koek-en-zo·pie *nm* buvette (sur glace)

koek·hap·pen *vi* ⟨*jeu d'enfant: les yeux bandés, il faut essayer de manger une tranche de pain d'épices pendue à une ficelle*⟩

koek·je *het (-s)* biscuit, gâteau sec ♦ **iem een ~ van eigen deeg geven** rendre à qn la monnaie de sa pièce

koe·koek[1] *nm (-en)* **1** *(animal; pendule)* coucou **2** lucarne, œil-de-bœuf ♦ *(fig.)* **dat dank(t), haal(t) je de ~!** à d'autres!

koe·koek[2] *interj* coucou!; **~, daar ben ik weer!** coucou, me (re)voilà!

koel *adj, adv* **1** frais; ~ **bewaren** conserver au frais; ~ **worden** se rafraîchir; **een ~e zomer** un été froid, frisquet **2** *(attitude)* froid(ement); **iem ~ bejegenen** traiter qn avec froideur; ~ **beleefd** d'une politesse froide; ~ **reageren op** répondre avec froideur à; **zeer ~ zijn** être de glace

***koel-** frigorifique

koel·bloe·dig *adj, adv (qn)* froid, de sang-froid

koel·bloe·dig·heid *nf* sang-froid

koel·box *nm (-en)* glacière portative

koel·cel *de (-len)* chambre froide

koel|doos *de (-dozen) (que l'on met au réfrigérateur)* boîte à aliments

koel·ele·ment *het (-en)* **1** élément de réfrigération **2** *(dans une glacière)* pingouin

koe·len *vt (h./i. gekoeld)* **1** refroidir; **champagne** ~ glacer le champagne **2** assouvir; **zijn drift ~ (op)** assouvir sa colère (sur)

koe·ler *nm (-s)* **1** refroidisseur **2** seau à glace

koel|huis *het (-huizen)* entrepôt frigorifique

koe·ling *nf* **1** refroidissement **2** chambre froide

koel·kast *de (-en)* réfrigérateur, frigidaire®; **in de ~ zetten** mettre au frigidaire

koel·tas *de (-sen)* sac isotherme

koel·te *nf* **1** fraîcheur; **de ~ opzoeken** rechercher le frais **2** *(fig.)* froideur

koel·tjes[1] *adj* frisquet, frais

koel·tjes[2] *adv* froidement; **zij heeft mij maar ~ ontvangen** elle m'a reçu d'une manière plutôt froide

koel·wa·gen *nm (-s)* wagon frigorifique

koel·wa·ter *het* eau de refroidissement, *(auto)* eau du radiateur

koe·mest *nm* bouse de vache

koen *adj, adv (form.)* (de manière) intrépide

koe·pel *nm (-s) (archit.)* coupole

koer *de (Belg.; fam.)* **1** cour **2** cour (de récréation)

Koerd *nm (-en)* Kurde

koe·ren *vi (h. gekoerd)* roucouler

koe·rier *nm (-s)* **1** *(messager)* courrier **2** passeur, -euse, contrebandier

koe·riers·dienst *nm (-en)* (service (rapide) de) messageries

koers[1] *nm (-en)* **1** *(aussi aviat.; mar.)* route, direction; **de ~ bepalen** fixer la route; **~ houden (op)** garder le cap (sur); *(fig.)* **de ~ kwijt zijn** être désorienté; **het schip op, in ~ brengen** redresser le navire; *(fig.)* **van de rechte ~ afdwalen** quitter le droit chemin; **uit de ~ brengen** dévier; *(fig.)* **van ~ veranderen** prendre une autre direction; **~ zetten naar** mettre le cap sur **2** ligne (de conduite); **een harde ~ volgen** suivre une ligne dure **3** *(commerce)* cours; **tegen de hoogste ~ verkopen** vendre au cours le plus élevé

koers[2] *de (-en) (sports)* course

***koers-** des cours; **de koersverhoging** la hausse des cours

koer·sen *vi (h./i. gekoerst)* **1** *(+ naar)* faire route, *(bateau)* faire voile, mettre le cap **2** *(sports)* courir; **de wielrenner koerste voor in het peloton** le cycliste était dans la tête du peloton

koers·lijst *de (-en)* bulletin des cours

koers·no·te·ring *nf (-en)* cotation

koers·ver|loop *het (-lopen)* **1** *(écon.)* évolution des cours **2** *(sports)* déroulement de la course

koers·waar·de *nf (-n, -s)* valeur en Bourse

koers·wij·zi·ging *nf (-en)* **1** fluctuation des cours **2** changement de route **3** *(pol.)* changement d'orientation

koest[1] *adj* ♦ **zich ~ houden** se tenir coi

koest[2] *interj (fam.)* couché!

koes·te·ren[1] *vt (h. gekoesterd)* **1** *(donner une chaleur bienfaisante à)* (ré)chauffer **2** choyer, dorloter **3** chérir; **zij koestert haar vrijheid** elle chérit sa liberté **4** avoir, *(des sentiments)* ressentir, *(des espoirs, un projet)* caresser; **argwaan** ~ avoir des soupçons; **wrok jegens iem** ~ garder rancune à qn

koes·te·ren[2] *vpr (zich ~; h. zich gekoesterd)* se (ré)chauffer

koes·te·ring *nf (-en)* **1** chaleur (bienfaisante) **2** soins attentifs

koe·ter·waals *het* charabia

koe·ter·wa·len *vi* baragouiner

koe·tje *het (-s)* ♦ **over ~s en kalfjes praten** parler de la pluie et du beau temps

koets *de (-en)* carrosse, calèche

koets|huis *het (-huizen) (archit.)* remise

koet·sier *nm (-s)* cocher

koe·voet *nm (-en)* pied-de-biche, pince-monseigneur
kof·fer *nm (-s)* **1** valise, malle; **zijn ~s pakken** faire ses valises *(aussi au fig.)*; **zijn ~s uitpakken** défaire ses valises **2** *(fam.)* pieu, page(ot); **in de ~ duiken** se pieuter; **met iem de ~ in duiken** faire une partie de jambes en l'air
kof·fer·bak *nm (-ken)* coffre, malle
kof·fer·ruim·te *nf (-n, -s)* → **kofferbak**
kof·fer·schrijf·ma·chi·ne *nf (-s)* machine à écrire portative
kof·fie *nm* café; *(fig.)* **dat is andere ~!** c'est une autre paire de manches!; **een kleintje ~** un petit café; **een kopje ~** une tasse de café; **~ met melk** café crème; **zij zal na de ~ nog even langskomen** elle passera vers 11 heures, 11 heures et demie; **ongemalen ~** café en grains; **op de ~ komen** venir prendre le café; **~ schenken** servir le café; **slappe ~** lavasse; *(fig.)* **dat is geen zuivere ~** ce n'est pas très catholique
***kof·fie-** de café; **de koffieautomaat** le distributeur de café
kof·fie|boon *de (-bonen)* grain de café; **koffiebonen malen** moudre du café
kof·fie·bran·der *nm (-s)* torréfacteur
kof·fie·bran·de·rij *nf (-en)* usine de torréfaction
kof·fie·brood·je *het (-s)* ⟨*petit pain sucré aux raisins*⟩
kof·fie·bus *de (-sen)* boîte à café
kof·fie·con·cert *het (-en)* ⟨*concert donné le matin, au cours duquel on sert gratuitement une tasse de café*⟩
kof·fie·crea·mer *nm (-s)* succédané de lait en poudre
kof·fie·dik *het* marc de café; *(iron.)* **het is zo helder als ~** c'est la bouteille à l'encre ♦ **~ kijken** lire (dans) le marc de café; **ik kan geen ~ kijken** je ne suis pas devin
kof·fie·fil·ter *het/de (-s)* filtre (de cafetière)
kof·fie|huis *het (-huizen)* café
kof·fie·juf·frouw *nf (-en)* ± serveuse
kof·fie·ka·mer *de (-s)* foyer
kof·fie·krans·je *het (-s)* ⟨*cercle de dames se retrouvant pour prendre le café*⟩
kof·fie·leut *nm (-en)* grand buveur, grande buveuse de café
kof·fie·melk *de* lait (entier) condensé
kof·fie·plant *de (-en)* caféier
kof·fie·plan·ta·ge *nf (-s)* caféière
kof·fie·plan·ter *nm (-s)* planteur de caféiers
kof·fie·pot *nm (-ten)* cafetière
kof·fie·shop *nm (-s)* cafétéria
kof·fie·ta·fel *de (-s)* repas sandwichs
kof·fie·zet·ap·pa|raat *het (-raten)* cafetière électrique, percolateur
ko·gel *nm (-s)* **1** *(armes à feu)* balle, boulet; **zich een ~ door het hoofd jagen** se brûler la cervelle; **de ~ krijgen** être fusillé; **veroordeeld tot de ~** condamné à être fusillé; **de ~ is door de kerk** le sort en est jeté **2** *(technol.)* bille, boule **3** *(sports)* marteau, poids
ko·gel·bief·stuk *nm (-ken)* bifteck dans la tranche
ko·gel·gat *het (-en)* trou laissé par une balle; **een muur vol ~en** un mur criblé de balles
ko·gel·la·ger *het (-s)* roulement à billes
ko·gel·rond *adj* sphérique
ko·gel·slin·ge·ren *het (sports)* lancement du marteau
ko·gel·sto·ten *het (sports)* lancement du poids
ko·gel·vrij *adj* pare-balles
kok *nm (-ken),* **kokkin** *nf (-nen)* **1** cuisinier, -ière; *(prov)* **het zijn niet allen ~s die lange messen dragen** ceux qui portent les longs couteaux ne sont pas tous gueux (cuisiniers) ni bourreaux **2** chef (de cuisine)
ko·ken[1] *vi (h./i. gekookt)* **1** bouillir, être en ébullition; **een ~de motor** un moteur surchauffé; **~d water** eau bouillante; **water kookt bij 100°C** l'eau bout à 100°C **2** *(à l'eau)* cuire; **gekookte aardappels** pommes de terre vapeur; **aardappels moeten 25 minuten ~** il faut faire cuire les pommes de terre pendant 25 minutes **3** faire la cuisine; **zij is aan het ~** elle fait la cuisine **4** bouillonner; **zij kookte van woede** elle bouillonnait de colère
ko·ken[2] *vt (h./i. gekookt)* **1** faire bouillir; **heb je melk gekookt?** tu as fait chauffer du lait? **2** (faire) cuire; **het eten ~** préparer le repas; **soep ~** faire de la soupe
ko·kend·heet *adj* bouillant, brûlant
ko·ker *nm (-s)* **1** étui **2** *(technol.)* manchon ♦ **dit komt niet uit zijn ~** cela n'est pas de son cru; **dit plan komt uit de ~ van technocraten** ce projet est dû à des technocrates
ko·ket·te·ren *vi (h. gekoketteerd)* **1** coqueter **2** *(+ met)* faire étalage; **hij koketteert met zijn kennis** il fait étalage de son savoir
kok·hal·zen *vi (h. gekokhalsd)* avoir des haut-le-cœur; **van iets ~** *(aussi au fig.)* avoir un haut-le-cœur à la vue de qch; **het is om van te ~** ça soulève le cœur
kok·kel *nm (-s) (zool.)* coque
kok·ke·rel·len *vi (h. gekokkereld)* préparer de bons petits plats
kok·meeuw *de (-en)* mouette rieuse, goéland marin
ko·kos *het* **1** (fibre de) coco **2** (noix de) coco
***ko·kos-** de coco
ko·kos|brood *het (-broden)* ⟨*garniture de tartine à la noix de coco*⟩
ko·kos·mat *de (-ten)* paillasson en (fibres de) coco
koks|buis *het (-buizen)* blouse blanche (de cuisinier)
koks·jon·gen *nm (-s)* marmiton, gâte-sauce
koks|maat *nm (-maten)* aide-cuisinier
koks·muts *de (-en)* toque de cuisinier
kol *nf (-len) (aussi au fig.)* sorcière
kol·der *nm* loufoquerie ♦ **de ~ in het**

hoofd hebben être tombé sur la tête; **de ~ in het hoofd krijgen** perdre la tête
kol·der·film *nm (-s)* film burlesque
ko·len *plur* charbon, houille; *(fig.)* **op hete ~ zitten** être sur des charbons ardents
***ko·len-** à charbon
ko·len·boer *nm (-en)* charbonnier
ko·len·cen·tra·le *de (-s)* centrale thermique (alimentée en houille)
ko·len·damp *nm* émanations d'oxyde de carbone
ko·len·gruis *het* poussier
ko·len·hok *het (-ken)* resserre (à charbon)
ko·len·mijn *de (-en)* houillère, mine de houille, de charbon
ko·len·schop *de (-pen)* pelle à charbon; **handen als ~pen** (des mains comme) des battoirs
ko·le·re *nf* ♦ *(fam.)* **krijg de ~!** va te faire foutre!
kolf *de (kolven)* **1** *(d'une arme)* crosse **2** *(chim.)* cornue, matras **3** *(bot.)* épi
kolf·je *het* ♦ **dat is een ~ naar haar hand** cela lui convient à merveille
kolk *de (-en)* **1** tourbillon **2** abîme; **de ~en van de zee** les insondables abîmes de la mer **3** chambre d'écluse
kol·ken *vi (h. gekolkt)* tourbillonner
ko·lom *de (-men)* colonne
ko·lo·ni·aal *adj* **1** colonial; *(milit.; fam.)* **de ~** le colonial **2** colonisateur; **koloniale mogendheden** puissances colonisatrices; **het Franse koloniale rijk** l'empire colonial français
ko·lo·ni·se·ren *vti (h. gekoloniseerd)* coloniser
ko·lo·nist *nm (-en)* colon
ko·los *nm (-sen)* colosse, mastodonte; **een ~ van een kerel** un colosse *(personne)*
ko·los|saal *adj, adv (-saler, -saalst)* colossal(ement), gigantesque, immensément
kol·ven *vti (h. gekolfd)* **1** tirer le lait *(femme)* **2** jouer au mail
kom[1] *de (-men)* **1** récipient, bol, jatte, bassin **2** *(circul.)* agglomération; **de bebouwde ~** l'agglomération ♦ **zijn arm uit de ~ draaien** se déboîter le bras
kom[2] *interj* **1** *(exhortations)* allez!; **~, ik stap maar weer eens op** bon, je m'en vais **2** *(apaisement)* allons! **3** *(étonnement; doute; incrédulité)* ça alors!, allons donc!; **~ nou, dat maak je me niet wijs!** allons donc, tu ne vas pas me faire croire ça!; **och ~, dat kan toch niet!** mais voyons, ce n'est pas possible!
kom·af *nm (fam.)* origine, milieu; **van adellijke ~ zijn** avoir du sang bleu; **van hoge ~ zijn** être de bonne famille ♦ *(Belg.)* **~ maken met iets** en finir avec qch
kom|buis *de (-buizen)* coquerie
ko·me·di·ant *nm (-en) (acteur; cabotin)* comédien
ko·me·die *nf (-s)* **1** comédie; **dat is allemaal ~** tout cela n'est que de la comédie; **~ spelen** jouer la comédie **2** *(l'art)* théâtre **3** pièce (de théâtre) **4** *(le lieu)* théâtre
ko·men *vi (i. gekomen)* **1** venir; **je komt als geroepen** tu ne pouvais mieux tomber; **bij elkaar ~** se voir, se réunir; **daar komt de boot de haven in** voilà le bateau qui entre dans le port; **dat komt eerst** cela passe avant; *(prov)* **wie het eerst komt, het eerst maalt** le premier au moulin premier engrène; **komt er nog wat van?** c'est pour aujourd'hui ou pour demain?; **er komt niets van in!** il n'en est pas question!; **dat komt ervan als je niet luistert** voilà ce qui arrive quand on n'écoute pas; **in afwachting van de dingen die ~ gaan** en attendant la suite des événements; **er ~ mensen vanavond** nous avons du monde ce soir; **overeind ~** se lever, se dresser; **tussenbeide ~** intervenir; **hij kan niet uit zijn bed ~** il a des problèmes à se lever; **van school ~** rentrer de l'école **2** arriver (à); *(fig.)* **komt hij er vandaag niet, dan komt hij er morgen** avec lui c'est tout doucement le matin, pas trop vite le soir **3** être ajouté (à); **daar komt nog bij dat ...** ajoutez à cela que; **er komt 15% voor bediening bij** il faut ajouter 15% pour le service ♦ **aan geld zien te ~** se procurer de l'argent; **hoe kom je aan die knul?** où as-tu déniché ce gars?; **de wegen ~ hier bij elkaar** les chemins se rejoignent ici; **er kwam bloed uit zijn mond** le sang coulait de sa bouche; **hoe kom je daar nou bij?, hoe kom je erbij** où vas-tu chercher cela?, où as-tu pris une telle idée?; **van het een komt het ander** de fil en aiguille; **nu komt het er op aan om ...** il s'agit maintenant de; **kom ik gelegen?** est-ce que je (vous) dérange?; **waardoor, hoe komt het?** comment ça se fait?; *(fig.)* **ergens in (kunnen) ~** (pouvoir) s'imaginer qch; **de optocht kwam langs mijn huis** le défilé est passé devant chez moi; **er moet een kindje ~** ils vont (nous allons etc.) avoir un enfant; **het komt niet zo nauw** ce n'est pas à un(e) cm (minute etc.) près; **dat komt op 200 euro** cela revient à 200 euro; **op een gedachte ~** avoir une idée; **ergens niet op kunnen ~** ne plus se rappeler qch; **vervolgens kwam de spreker op een ander onderwerp** ensuite l'orateur aborda un sujet différent; *(fig.)* **dat komt hem duur te staan** ça va lui coûter cher; **ergens niet aan toe ~** ne pas trouver le temps de faire qch; **tot zichzelf ~** se reprendre, reprendre ses sens; **uit een probleem ~** ± résoudre un problème; **dat komt (goed) van pas, uit** ça tombe à pic; **dat komt voor elkaar** ça s'arrangera, on va arranger cela; **iets te weten ~** apprendre qch
ko·mend *adj* à venir, futur, prochain; **~e week** la semaine prochaine
ko·miek *adj, adv* comique(ment); **de ~** *(acteur)* le comique, le clown; *(fig.)* **de ~ uithangen** faire le clown
ko·mijn *nm*, **komijnzaad** *het (-zaden)* cumin
ko|misch *adj, adv (-mischer, meest k.)* comique(ment), (de façon) burlesque
kom·kom·mer *de (-s)* concombre
kom·kom·mer·tijd *nm (période creuse*

pour les informations dans la presse et les médias) morte-saison
kom·ma *het/de (-'s)* virgule; **met een vaart van nul ~ nul** à une vitesse nulle; **een brief zonder ~'s en punten** une lettre sans ponctuation
kom·mer *nm* misère, malheur, peine; **~ en kwel** succession de malheurs
kom·mer·lijk *adj, adv* (d'un air) soucieux, plein de soucis; **~ kijken** avoir l'air soucieux
kom·pas *het (-sen)* boussole, compas; *(fig.)* **op iemands ~ varen** emboîter le pas à qn; **op het ~ navigeren** naviguer au compas
kom·pas·rich·ting *nf (-en)* aire de vent, r(h)umb
kom·pel *nm (-s)* (ouvrier) mineur
komst *nf* **1** venue, arrivée; **op ~ zijn** *(choses)* être proche, *(personnes)* devoir arriver d'un moment à l'autre; **er is onweer op ~** il y a de l'orage dans l'air; *(fig.)* **er is er één op ~ bij hen** ils attendent une naissance **2** *(aussi au fig.)* avènement
kon, konden → **(aan-, af)kunnen**
kond *adj (form.)* ♦ **iem ~ van iets doen** faire savoir qch à qn
kon·fij·ten *vt (h. gekonfijt)* confire; **gekonfijte vruchten** fruits confits
ko·nijn *het (-en)* lapin; **een jong ~** un lapereau; **een tam ~** un lapin domestique; **een wild ~** un lapin de garenne ♦ **het is bij de ~en af** c'est scandaleux, *(femme)* c'est une (mère) lapine
***ko·nij·nen-** de lapin
ko·ning *nm (-en)* roi; **~ Boudewijn** le roi Baudouin; **Vondel, de ~ van onze dichters** Vondel, le prince de nos poètes; *(Bible)* **de drie ~en** les rois mages; **Koning Winter** Monsieur Hiver, le père Hiver ♦ **de ~ te rijk zijn** être heureux comme un roi
ko·nin·gin *nf (-nen)* reine
Ko·nin·gin·ne·dag *nm (-en)* ⟨*jour (férié) de la fête de la reine*⟩
ko·nin·gin·nen·soep *de* suprême de volaille
***ko·nings-** royal
ko·nings·blauw *het* bleu roi
ko·ning·schap *het* **1** royauté **2** monarchie
ko·nings·ge|zind *adj (-zinder, meest k.)* royaliste
ko·nings·ge·zind·heid *nf* royalisme
ko·nings·kind *het (-eren)* enfant de roi; **zo mooi als een ~** beau comme un prince, belle comme une princesse
ko·nink·lijk *adj, adv* royal(ement); **iem ~ onthalen** traiter qn royalement
ko·nink·rijk *het (-en)* royaume; **het Verenigd Koninkrijk** le Royaume-Uni
kon·ke·laar *nm (-s) (fam.)* magouilleur
kon·ke·len *vi (h. gekonkeld) (fam.)* magouiller
kont *de (-en) (fam.)* cul, croupe; **alles achter zijn ~ laten slingeren** laisser tout traîner; **in zijn blote ~** à poil; **je kunt hier je ~ niet keren** on est serrés comme des sardines ici; **op zijn (luie) ~ blijven zitten** tirer au cul; *(fig.)* **het hele bedrijf ligt op zijn ~** ils n'ont rien à foutre, l'entreprise est foutue pour de bon ♦ **de ~ tegen de krib gooien** ruer dans les brancards
kon·ter·feit·sel *het (-s)* portraiture
kont·je *het (-s)* ♦ **geef 's effen een ~** ± faismoi la courte échelle
kont·lik·ken *vi (fam.)* faire de la lèche
kont·zak *nm (-ken) (fam.)* poche fessière
kon·vooi *het (-en)* convoi; **onder ~ varen** naviguer en convoi
kon·vooi·e·ren *vt (h. gekonvooieerd)* escorter, convoyer
kon·vooi|schip *het (-schepen) (mar.)* convoyeur
kooi *de (-en)* **1** cage, volière **2** *(moutons)* bergerie **3** *(sur un navire)* couchette, cabine; **naar, te ~ gaan** aller pioncer **4** canardière ♦ **de ~ van een lift** la cabine d'un ascenseur
kooi·en *vt (h. gekooid)* encager, *(moutons)* parquer
kook *de* ébullition; **aan de ~ zijn** être en ébullition; **aan de ~ brengen** faire bouillir; **van de ~ zijn** ne plus bouillir, *(fig.)* être désemparé
***kook-** de cuisine
kook·ge·le·gen·heid *nf* ♦ **kamer met ~** pièce avec cuisinette, kitchenette
kook·ke·tel *nm (-s)* marmite, chaudron
kook·kunst *nf* art culinaire, cuisine
kook·nat *het* eau de cuisson
kook|plaat *de (-platen)* plaque de cuisson, plaque chauffante
kook·punt *het (-en)* point d'ébullition; *(fig.)* **tot het ~ doen stijgen** porter au paroxysme
kook·stel *het (-len)* réchaud
kook·tijd *nm* temps de cuisson
kook·was *de* linge à bouillir
kook·wek·ker *nm (-s)* minuteur (de cuisine)
kool *de (kolen)* **1** chou; **groeien als ~** pousser comme des champignons; **de ~ en de geit willen sparen** vouloir ménager la chèvre et le chou **2** charbon, houille ♦ **iem een ~ stoven** jouer un tour à qn
kool·di·oxi·de *het* dioxyde de carbone
kool·hy|draat *het (-draten)* hydrate de carbone
kool|mees *de (-mezen)* (mésange) charbonnière
kool·mo·noxi·de *het* oxyde de carbone
kool·mo·noxi·de·ver·gif·ti·ging *nf (-en)* intoxication par (l')oxyde de carbone
kool|raap *de (-rapen)* **1** rutabaga, chounavet **2** chou-rave
kool·ra·bi *de (-'s)* → **koolraap 2**
kool·stof *de* carbone
kool·stof·ver·bin·ding *nf (-en)* composé du carbone
kool·vis *nm (-sen)* colin, merlus
kool·wa·ter·stof *de (-fen)* hydrocarbure
kool·wit·je *het (-s) (zool.)* piéride du chou
kool·zaad *het (agric.)* colza
kool·zuur *het* **1** acide carbonique **2** dioxyde de carbone

kool·zuur·hou·dend *adj* gazeux
kool·zwart *adj* noir comme du charbon; **het** ~ le noir de jais
koon *de (konen) (form.)* joue; **een kind met rode konen** un enfant aux joues vermeilles; **rode ~tjes van opwinding krijgen** rougir d'excitation
koop *nm (kopen)* **1** *(action d'acheter)* achat, acquisition; *(Belg.)* **te ~ hebben** avoir à revendre; **te ~ aanbieden** mettre en vente; **te ~ (zijn, staan)** (être) à vendre, (être) en vente; *(fig.)* **vriendschap is niet te ~** l'amitié ne s'achète pas; *(fig.)* **weten wat er in de wereld te ~ is** savoir ce qui se passe dans le monde **2** marché, affaire; *(fig.)* **de ~ gaat niet door** le marché est rompu; **een goede ~** une bonne affaire; *(fig.)* **op de ~ toe** par-dessus le marché; **een ~ sluiten** conclure un marché ♦ **te ~ zitten** être exposé aux regards de tout le monde; **met iets te ~ lopen** afficher qch
koop·avond *nm (-en) (commerces d'une ville)* nocturne; **vrijdag ~** ouvert en nocturne le vendredi
koop·bon *nm (-nen)* chèque-cadeau
koop·con·tract *het (-en)* contrat de vente; **een voorlopig ~** un compromis
koop·ge·drag *het* habitudes d'achat (de la clientèle)
koop·je *het (-s)* occasion, (bonne) affaire; **dat is een ~** c'est donné; **op een ~** à bon marché
koop·kracht *de* pouvoir d'achat
koop·krach·tig *adj* disposant d'un grand pouvoir d'achat
koop·lust *nm* goût de la dépense, *(Bourse, le marché)* demande
koop·lus·tig *adj* dépensier
koop|man *nm (-lieden)* **1** marchand, commerçant, négociant; *(fig.)* **hij is een echte ~** il a l'esprit mercantile, c'est un vrai commerçant; **~ in graan** marchand de grains **2** vendeur ambulant, colporteur
koop·man·schap *nf (-pen)* commerce
koop·or·der *nm (-s)* ordre d'achat
koop·som·po·lis *de (-sen) (fin.)* assurance vie à prime unique
koop·vaar·der *nm (-s),* **koopvaardijschip** *het (-schepen)* navire marchand
koop·vaar·dij *nf,* **koopvaardijvloot** *de (-vloten),* **koopvaart** *de* marine marchande
koop·vrouw *nf (-en)* **1** marchande, commerçante **2** vendeuse, colporteuse
koop|waar *de (-waren)* marchandise; **zijn ~ aanprijzen** vanter sa marchandise *(aussi au fig.)*; **slechte ~** camelote
koop·wo·ning *nf (-en)* **1** *(par opposition à la location, fréquente aux Pays-Bas)* habitation en propriété **2** maison à vendre
koop·ziek *adj* → **kooplustig**
koor *het (koren)* chœur; **een driestemmig ~** un chœur à trois voix; **men riep in ~ zijn naam** on criait son nom en chœur
koor·bank *de (-en) (relig.)* stalle
koord *het/de (-en)* **1** corde, cordon; **op het (slappe) ~ dansen** danser sur la corde (raide) *(aussi au fig.)* **2** galon, tresse
koord·dan·ser *nm (-s)* funambule, danseur
koor·de *de (-n) (math.)* corde
koor·di·ri·gent *nm (-en)* chef de chœur
koor|knaap *nm (-knapen)* **1** petit chanteur **2** enfant de chœur
koor·mu·ziek *nf* musique chorale
koorts *de* fièvre; **hoge ~** forte fièvre; **~ krijgen** attraper la fièvre; **bij iem de ~ opnemen** prendre la température de qn ♦ **de (koude) ~ op het lijf krijgen** mourir de peur
koorts·aan·val *nm (-len)* accès de fièvre
koorts·blaas·je *het (-s)* → **koortsuitslag**
koort·sig *adj, adv* fiévreux, fiévreusement, fébrile(ment); **~e pogingen** tentatives effrénées
koorts·mid·del *het (-en)* (médicament) fébrifuge
koorts·stuip *de (-en)* convulsion fébrile
koorts·ther·mo·me·ter *nm (-s)* thermomètre médical
koorts·uit·slag *nm* boutons de fièvre
koorts·ver·drij·vend *adj* fébrifuge; **het ~ middel** le fébrifuge
koorts·vrij *adj* sans fièvre
koor·ver·eni·ging *nf (-en)* chorale
koor·zang *nm (-en)* chant choral, *(relig.)* choral
koor·zan·ger *nm (-s)* choriste
koos, kozen → **(uit)kiezen**
koos·jer [koʃər] *adj* **1** *(dans la religion juive)* kascher, cawcher **2** *(+ négation: fig.)* catholique; **dat zaakje is niet ~** cette affaire n'est pas très catholique
koos|naam *nm (-namen)* petit nom
koot·je *het (-s)* phalange
kop *nm (-pen)* **1** tête, début, extrémité; **veel aan zijn ~ hebben** avoir une foule de choses à régler; **iem aan zijn ~ zeuren** casser les pieds à qn; **postzegels met de ~ van de koningin** timbres à l'effigie de la reine; **met een kwaaie ~ weglopen** s'en aller en colère; **~ of munt** pile ou face; *(sports)* **op ~ liggen** se trouver en tête; **op zijn ~ staan** se trouver la tête en bas; *(fig.)* **de zaal stond op zijn ~** la salle était déchaînée; *(fig.)* **het hele huis staat op zijn ~** toute la maison est sens dessus dessous; *(fig.)* **de ~ opsteken** réapparaître; *(fig.)* **over de ~ gaan** faire la culbute; **over de ~ slaan** capoter; **de ~ van Overijssel** la partie Nord de l'Overijssel; **~ aan staart** tête-bêche; *(fam.)* **de ~pen tellen** faire le compte des personnes présentes **2** *(fam.)* caboche; **~ dicht!** la ferme!; **hij heeft een dikke ~** il a une grosse caboche; **mijn ~ eraf als ...** le diable m'emporte, si ...; **hij heeft een harde ~** il a la tête dure; **hou je ~!** la ferme!; **een houten ~ hebben** avoir la gueule de bois; **een kale ~** une boule de billard; **een knappe ~** une grosse tête; *(fig.)* **dat zal me de ~ niet kosten** ça ne va pas me coûter les yeux de la tête, je n'y risque pas ma tête; **~ op!** allons, courage!; *(fig.)* **op zijn ~ krijgen** se faire gronder; **iem op zijn ~ geven** *(réprimander)* laver la tête à qn, *(vaincre)* écraser qn; *(fig.)*

zich niet op zijn ~ laten zitten ne pas se laisser faire; **je krijgt het niet al ga je op je ~ staan** tu as beau faire, tu ne l'auras pas; *(fig.)* **zich over de ~ werken** se crever à la tâche; **met rode ~pen tegenover elkaar staan** s'affronter comme deux coqs; **een rooie ~ krijgen** piquer un fard; *(fig.)* **met ~ en schouders boven iem uitsteken** dépasser qn de cent coudées; *(fig.)* **de ~ in de wind steken** mettre le nez au vent; *(fig.)* **de ~ in het zand steken** pratiquer la politique de l'autruche; *(fig.)* **de ~pen bij elkaar steken** se concerter; *(Belg.; fig.)* **van ~ tot teen** de la tête aux pieds; **ik wil er mijn ~ onder verwedden** j'en donnerais ma tête à couper; **iem voor de ~ schieten** brûler la cervelle à qn **3** tasse; **een Haags ~je** ± une demi-tasse; **uit een ~ drinken** boire dans une tasse **4** titre, manchette, *(d'une lettre)* en-tête; **vette ~pen in de krant** manchettes du journal ♦ **iets de ~ indrukken** couper court à qch; **op de ~ af** tout juste; **iets op de ~ tikken** dénicher qch; **iem op zijn ~ zitten** enguirlander qn; *(Belg.)* **zijn ~ uitwerken** n'en faire qu'à sa tête

kop·bal *nm (-len) (sports)* tête

ko·pen *vti (h. gekocht)* acheter, acquérir; *(fig.)* **wat koop ik ervoor?** ça m'avance à quoi?; *(jeux de cartes)* **kaarten ~** prendre des cartes; **een kaartje ~** prendre un billet; **van iem ~** acheter à qn *(au vendeur)*; **iets voor zichzelf ~** s'acheter qch; **iets voor tien euro ~** acheter qch pour dix euros

ko·per[1] *het* **1** *(chim.)* cuivre **2** *(aussi mus.)* cuivres

ko·per[2] *nm (-s),* **koopster** *nf (-s)* acheteur, -euse

***ko·per-** de cuivre

ko·per·ach·tig *adj* cuivré, cuivreux

ko·per·bla·zer *nm (-s)* joueur d'un instrument à vent en cuivre

ko·per·druk *nm (-ken)* → **kopergravure**

ko·pe·ren *adj* **1** en cuivre **2** cuivré

ko·per·gra·vu·re *de (-s)* taille-douce

ko·per·groen *adj* vert-de-gris

ko·per·hou·dend *adj* cuivreux

ko·per·le·ge·ring *nf (-en)* alliage cuivreux

ko·per·poets *nm* pâte à cuivre

ko·per·werk *het* cuivres, dinanderie

ko·pi·eer·ap·pa|raat *het (-raten),* **kopieermachine** *nf (-s),* **kopieerder** *nm (-s)* (photo)copieur

ko·pi·ë·ren *vti (h. gekopieerd)* **1** *(aussi arts)* copier **2** photocopier

ko·pij *nf (-en) (manuscrit)* copie

kop·je *het (-s)* tasse ♦ **~s geven** frôler de la tête *(chat);* **iem een ~ kleiner maken** couper la tête à qn

kop·je·dui·ke·len *vi* faire la culbute

kop·je-on·der *adv* ♦ **~ gaan** disparaître sous l'eau

kop|lamp *de (-en),* **-licht** *het (-en)* phare *(d'une auto)*

kop|lo·per *nm (-s),* **-loopster** *nf (-s) (sports)* leader

kop·man *nm (-nen) (sports)* chef d'équipe

kop·na·gel *nm (-s)* clou à tête

kop·pak·king *nf (-en) (technol.)* joint de culasse

kop·pel[1] *de (-s)* **1** ceinturon, baudrier **2** laisse

kop·pel[2] *het (-s)* **1** couple, paire **2** attelage, couple

kop·pe|laar *nm (-s),* **-laarster** *nf (-s)* marieur, -euse

kop·pe·la·rij *nf (-en)* proxénétisme ♦ **zij is gek op ~** c'est une marieuse enragée

kop·pel|baas *nm (-bazen)* marchandeur *(trafic de main-d'œuvre)*

kop·pe·len[1] *vt (h. gekoppeld)* **1** accoupler, atteler, *(astronaut.)* arrimer **2** relier, associer; **het loon ~ aan de prijsindex** indexer les prix **3** pousser l'un vers l'autre, s'entremettre (pour faciliter un mariage) **4** *(technol.)* (ac)coupler

kop·pe·len[2] *vi (h. gekoppeld)* embrayer *(véhicule à moteur)*

kop·pe·ling *nf (-en)* **1** *(technol.)* accouplement, embrayage **2** embrayage; **de ~ intrappen** enfoncer la pédale d'embrayage **3** liaison, *(prix)* indexation, alignement (des allocations sur les salaires) **4** raccordement, *(astronaut.)* arrimage, *(wagons)* attelage **5** relation, lien

kop·pel·riem *nm (-en)* → **koppel**[1] **1**

kop·pel·te·ken *het (-s)* trait d'union

kop·pel·ver·koop *nm* vente couplée

kop·pel·werk·woord *het (-en) (ling.)* copule

kop·pen *vti (h. gekopt) (sports)* faire une tête

kop·pen·snel·len *vi* **1** chasser des têtes *(aussi cadres)* **2** parcourir le journal

kop·pie *het (fam.)* caboche; **~, ~ hebben** être intelligent; *(iron.)* **~, ~!** pas fou

kop·pig *adj, adv* entêté, obstiné(ment); **(iets) ~ volhouden** s'obstiner (à) ♦ **~e wijn** vin capiteux

kop·pig·aard *nm (-s) (Belg.)* personne têtue, entêtée

kop·rol *nm (-len)* roulé-boulé, culbute

kop·schuw *adj* farouche; **iem ~ maken** effaroucher qn

kop·spij·ker *nm (-s)* broquette, semence

kop·stem *de (-men)* voix de fausset

kop|stoot *nm (-stoten)* (coup de) tête

kop·stuk *het (-ken)* sommité, leader

kop·te·le·foon *nm (-s)* casque (à écouteurs)

kop·tisch *adj* copte

kop-van-jut *nm* tête de Turc

kop·werk *het* ♦ **~ verrichten** prendre la tête (du peloton)

kop·zorg *de (-en)* tracas; **zich ~en maken** se mettre martel en tête

ko|raal *het (-ralen)* **1** *(biol.)* corail **2** *(cathol.)* plain-chant, cantique **3** *(prot.)* choral

ko·raal·bank *de (-en)* banc de coraux

ko·raal·die·ren *plur* anthozoaires

ko·raal·rif *het (-fen)* récif corallien

ko·ra·len *adj* de corail

kor|daat *adj, adv (-dater, -daatst)* résolu(ment), ferme(ment)
Ko·rea *het* Corée
Ko·re|aan *nm (-anen)*, **-aanse** *nf (-n)* Coréen, -enne
ko·ren *het (-s)* blé; *(fig.)* **dat is ~ op zijn molen** cela l'arrange bien; **wat je daar zegt is ~ op zijn molen** en disant ça tu apportes de l'eau à son moulin
ko·ren|aar *de (-aren)* épi (de blé)
ko·ren·blauw *adj* bleu barbeau
ko·ren·bloem *de (-en)* bleuet
ko·ren·halm *nm (-en)* tige de blé
ko·ren|schoof *de (-schoven)* gerbe (de blé)
korf *nm (korven)* panier, corbeille, hotte; *(korfbal)* **de bal door de ~ werpen** mettre le ballon au panier
korf·bal *het* korfbal, korbball
korf·bal·len *vi* faire du korfbal
kor·hoen *het (-ders) (zool.)* tétras lyre
kor·net[1] *nm (-ten) (milit.)* aspirant (de réserve)
kor·net[2] *de (-ten) (mus.)* cornet
kor·nuit *nm (-en) (fam.)* camarade
kor·po·raal *nm (-s) (milit.)* caporal
kor·po·raals·stre·pen *plur* galons de caporal
korps *het (-en) (groupe)* corps
kor·rel *nm (-s)* grain ♦ **iem op de ~ nemen** viser qn; **iets met een ~(tje) zout nemen** ne pas prendre qch au sérieux
kor·re·len *vti (h. gekorreld)* être granulé, granuler
kor·re·lig *adj* granuleux
korst *de (-en)* croûte
korst·deeg *het* pâte feuilletée
korst·ge·bak *het* feuilleté
korst·je *het (-s)* gratin
kort *adj, adv* **1** court, petit; **iem ~ houden** serrer la bride à qn; **alles ~ en klein slaan** tout mettre en pièces **2** bref, brièvement; **hij bleef maar ~** il ne resta que quelques instants; **~ daarna** peu (de temps) après; **~ geleden** récemment; **ik ken hem nog maar ~** je ne le connais que depuis peu; **het ~ maken** être bref; **~ na elkaar aankomen** se suivre de près; **~ tevoren** peu de temps avant; **tot voor ~** il y a peu de temps encore **3** succinct(ement); **om ~ te gaan** bref; **~ en goed** bref; **iets in het ~ uiteenzetten** exposer qch sommairement; **in het ~ betekent het dat ...** en résumé, cela signifie que ... ♦ **iets te ~ komen** manquer de qch; **iem te ~ doen** léser qn; **ogen en oren te ~ komen** n'avoir pas assez de ses yeux et de ses oreilles
kort·aan·ge·bon·den *adj* coléreux; **~ zijn** avoir la tête près du bonnet
kort·ade·mig *adj* poussif; **~ zijn** manquer de souffle
kort·ade·mig·heid *nf* essoufflement
kort·af *adj, adv* sec, sèchement; **~ tegen iem zijn** parler à qn d'un ton sec
kor·te·baan·wed·strijd *nm (-en)* course de vitesse
kor·te·lings *adv* récemment, dernièrement

kor·ten[1] *vi (h./i. gekort)* raccourcir *(devenir plus court)*
kor·ten[2] *vt (h./i. gekort)* **1** raccourcir *(faire plus court)* **2** déduire, décompter; *(fig.)* **de ambtenaren werden gekort** le salaire des fonctionnaires a été diminué
kort·ha·rig *adj* à poil court, à cheveux courts
kort·heids·hal·ve *adv* pour être bref
kor·ting *nf (-en)* **1** diminution, raccourcissement; **de ~ op lonen en salarissen** la diminution des salaires **2** réduction, remise; **~ geven** faire une réduction
kort·lo·pend *adj* à court terme
kort·om *adv* bref, en un mot
Kort·rijk *het* Courtrai
kort·slui·ten *vt (h. kortgesloten) (technol.)* court-circuiter
kort·slui·ting *nf (-en)* court-circuit
kort·ston·dig *adj* éphémère, de courte durée
kort·ston·dig·heid *nf* brièveté
kort·weg *adv* **1** sans ambages, sans détours **2** en un mot, bref
kort·wie·ken *vt (h. gekortwiekt)* rogner les ailes à; **iem ~** rogner les ailes, les ongles à qn
kort·zich·tig *adj, adv* **1** *(méd.)* myope **2** *(fig.)* (de manière) imprévoyant(e); **een ~ persoon** un esprit à courtes vues
kort·zich·tig·heid *nf* **1** *(méd.)* myopie **2** *(fig.)* imprévoyance
kor·ze·lig *adj, adv* de, avec mauvaise humeur
kos·mo·po·li·tisch *adj, adv* (de façon) cosmopolite
kost *nm (-en)* **1** *(plur.)* coûts, frais; **de ~en eruit halen** rentrer dans ses frais; *(prov)* **de ~ gaat voor de baat uit** pour gagner de l'argent, il faut en dépenser; **tegen hoge ~en** à grands frais; **~en koper** frais d'acquisition (à régler par l'acheteur); **de ~en van levensonderhoud** le coût de la vie; **iem op ~en jagen** pousser qn à la dépense; **op iemands ~en leven** vivre aux crochets de qn; **niet op de ~en kijken** ne pas regarder à la dépense; **op ~en van het rijk, van de zaak** aux frais de l'Etat, de l'entreprise; **~en noch moeite sparen** ne pas épargner sa peine; **uit de ~en zijn** être sorti des frais; **vrij van alle ~en** tous frais payés **2** *(seulement au sing.)* nourriture; **aan de ~ komen** gagner sa vie; **de dagelijkse ~** l'ordinaire; **eenvoudige ~** cuisine simple; **bij iem in de ~ zijn** être en pension chez qn; **~ en inwoning** le vivre et le couvert; *(fig.)* **dat is al oude ~** c'est du réchauffé; **de ~ verdienen** gagner sa vie; **wat doe jij voor de ~?** qu'est-ce que tu fais dans la vie?; **doe jij ook eens wat voor de ~!** mets la main à la pâte!; **ik zou ze niet graag de ~ willen geven, die ...** ceux qui ... sont légion; **zware ~** aliments bourratifs ♦ **ten ~e van zijn leven** au prix de sa vie; **het gaat ten ~e van zijn gezondheid** c'est au détriment de sa santé; **geestig zijn ten ~e van iem anders** faire de l'esprit aux dépens de qn

kost|baar *adj (-baarder, -baarst)* **1** cher **2** précieux
kost·baar·he·den *plur* objets précieux
kos·te·lijk *adj, adv* **1** précieux, excellent, précieusement, très (bien); **zich ~ amuseren** s'amuser comme un fou, comme des fous; **dat smaakt ~** c'est d'un goût exquis **2** savoureux, amusant, savoureusement
kos·te·loos *adj, adv* gratuit(ement)
kos·ten *vi (h. gekost)* **1** coûter; **dat kost (veel) geld** cela coûte cher; **een hoop geld ~** coûter les yeux de la tête **2** demander, exiger; **zijn luiheid heeft hem zijn baan gekost** par sa paresse, il a perdu son poste; **het kost mij moeite hem te volgen** j'ai de la peine à le suivre; **het kost hem moeite zijn ongelijk te bekennen** il ne reconnaît pas facilement ses torts; **dat kost tijd** cela prend du temps
kos·ten-ba·ten·ana·ly·se *nf (-s)* analyse coût-efficacité
kos·ten·be·re·ke·ning *nf (-en)* calcul des frais
kos·ten·be·spa·rend *adj* économique, avantageux
kos·ten·be·spa·ring *nf (-en)* économie, épargne
kos·ten·dek·kend *adj* qui couvre les frais
kos·ten·der·ving *nf (-en)* manque à gagner
kos·ten·ra·ming *nf (-en)* devis (estimatif)
kos·ter *nm (-s)* sacristain
kost|gan·ger *nm (-s)*, **-gangster** *nf (-s)* pensionnaire *(dans un hôtel etc.)*
kost·geld *het (-en)* pension *(somme versée)*
kost|huis *het (-huizen)* pension (de famille)
kost·je *het (-s)* ♦ **zijn ~ is gekocht** son avenir est assuré; **zijn ~ bij elkaar scharrelen** vivre d'expédients
kost·prijs *nm* prix de revient; **iets onder de ~ verkopen** vendre qch à perte; **iets tegen ~ verkopen** vendre qch à prix coûtant
kost|school *de (-scholen)* pensionnat; **op ~ zijn** être en pension
kos·tuum·naai·ster *nf (-s)* couturière, *(au théâtre)* costumière
kost|win·ner *nm (-s)*, **-winster** *nf (-s)* soutien de famille
kost·win·ning *nf* gagne-pain
kot *het (-ten)* **1** taudis **2** *(Belg.; fam.)* t(h)urne, chambre d'étudiant, *(Belg.)* kot
kot|baas *nm (-bazen)*, **-bazin** *nf (-nen)* *(Belg.; fam.)* propriétaire
ko·te·let *de (-ten)* côte(lette)
ko·ter *nm (-s) (fam.)* môme
kots *nm (fam.)* dégueulis
kot·sen *vi (h. gekotst) (fam.)* dégueuler; **ik kots van jullie** vous me faites chier; **'t is om van te ~** c'est à dégueuler, c'est chiant
kots·mis·se·lijk *adj (fam.)* ♦ *(fig.)* **ik word er ~ van** je trouve ça dégueulasse; **~ zijn** avoir envie de dégueuler
kot·ter *nm (-s) (mar.)* cotre
kou *nf* froid; **een bittere ~** un froid de canard; *(fig.)* **in de ~ komen te staan** se retrouver démuni; **ze hebben me in de ~ laten staan** ils m'ont laissé tomber; **een ~ te pakken hebben** avoir chopé un rhume; *(fig.)* **uit de ~ zijn** être tiré d'embarras; **blauw zien van de ~** être bleu de froid
koud[1] *adj* froid; **daar blijf ik ~ onder** cela ne me fait ni chaud ni froid; **~ drinken** boire frais; **het ~ hebben** avoir froid; **het is ~** il fait froid; **zijn lot laat me ~** son sort m'est indifférent; **de ~e luchtstreken** les zones polaires; *(fam.)* **iem ~ maken** refroidir qn, descendre qn; **~ tot op het bot zijn** être gelé jusqu'aux os; **ik word er ~ van** cela me donne le frisson; **het wordt ~** il commence à faire froid
koud[2] *adv (fam.)* à peine; **~ waren we de brug over of ...** à peine avions-nous traversé le pont que ...
koud·bloe·dig *adj (biol.)* à sang froid
koud·vuur *het (méd.)* gangrène
koud·weg *adv* **1** simplement, sans aucun rajout **2** sans la moindre émotion, sans sourciller
kou·kleum *nm (-en)* frileux, -euse
kou·kleu·men *vi* grelotter
kous *de (-en)* bas *(vêtement);* **halve ~en** (de)mi-bas; **een ~ met een ladder** un bas filé; **op (zijn) ~en lopen** marcher en chaussettes ♦ **daarmee is de ~ af** c'en est assez, l'affaire est close; **de ~ op de kop krijgen** ramasser une veste
kou·sen·band *nm (-en)* **1** jarretière **2** haricot-kilomètre, dolique asperge
kou·sen·voet *nm (-en)* ♦ **op ~en lopen** marcher en chaussettes
kou·we·lijk *adj, adv* frileux, frileusement
ko·zijn[1] *het* encadrement *(d'une porte, d'une fenêtre)*
ko·zijn[2] *nm (Belg.)* cousin
KP *nf (Belg.) Kommunistische Partij* PC
KPN *nf Koninklijke PTT Nederland* PTT Royales des Pays-Bas
kraag *nm (kragen)* col *(vêtement);* **iem bij zijn ~ grijpen** *(sens pr. et fig.)* saisir qn au collet; **in z'n ~ gepakt worden** se faire épingler; **opstaande ~** col officier; **de ~ van zijn jas opzetten** relever le col de son manteau ♦ **een glas bier met een ~** un verre de bière avec un faux col
kraai *de (-en)* corneille
kraai·en *vti (h. gekraaid)* **1** chanter *(coq);* *(fig.)* **zijn haan moet altijd koning ~** il veut toujours avoir raison **2** pousser de petits cris de joie
kraai·en·nest *het (-en)* **1** nid de corneille **2** *(mar.)* nid de pie
kraai·en·poot·jes *plur* pattes d'oie
kraak *nm (kraken)* ♦ **daar zit ~ noch smaak aan** ça n'a aucun goût; **een ~(je) zetten** faire un casse
kraak·ac·tie *nf (-s)* (opération de) squattage
kraak·been *het (-deren)* cartilage

kraak·be·we·ging *nf (-en)* mouvement de squatters
kraak·hel·der *adj, adv* d'une propreté extrême
kraak·pand *het (-en)* immeuble squatté
kraak·stem *de (-men)* voix rauque
kraal *de (kralen)* **1** perle; **de kralen van een rozenkrans** les grains d'un chapelet **2** corral
kraal|oog *het (-ogen)* ♦ **zij heeft zwarte ~jes** elle a de petits yeux noirs en boutons de bottine
kraam *het/de (kramen)* **1** étal; *(fig.)* **dat komt in mijn ~ te pas** cela tombe à point nommé **2** baraque (foraine)
kraam·bed *het* couches *(d'une femme enceinte)*; **in het ~ sterven** mourir en couches
kraam·hulp *de (-en)* **1** aide obstétricien, -ienne **2** soins obstétriques
kraam·ka·mer *de (-s)* chambre de l'accouchée
kraam·kli·niek *nf (-en)* maternité *(établissement)*
kraam·vi·si·te *de (-s)* visite (à l'accouchée); **op ~ gaan** faire une visite (à l'accouchée)
kraam·vrouw *nf (-en)* accouchée
kraam·zorg *de* soins postnatals
kraan *de (kranen)* **1** robinet; **de ~ laten lopen** laisser le robinet ouvert; **een lekkende ~** un robinet qui fuit; **dweilen met de ~ open** c'est un emplâtre sur une jambe de bois **2** *(technol.; zool.)* grue
kraan|be·stuur·der *nm (-s)*, **-drijver** *nm (-s)* grutier
kraan·leer·tje *het (-s)* joint de robinet
kraan·vo·gel *nm (-s) (zool.)* grue
kraan·wa·gen *nm (-s)* dépanneuse
kraan·wa·ter *het* eau du robinet
krab *de (krabben)* **1** crabe **2** coup de griffe, coup d'ongle
krab·bel *de (-s)* **1** griffure **2** griffonnage
krab·be·len[1] *vi (h. gekrabbeld)* gratter; **niet aan dat wondje ~** ne gratte (donc) pas cette éraflure, égratignure
krab·be·len[2] *vti (h. gekrabbeld)* griffonner
krab·bel|poot·je *het (-s)*, **-schrift** *het* écriture de chat
krab·ben *vti (h. gekrabd)* gratter; **zijn hoofd ~** se gratter la tête; **de kat krabt** le chat griffe; **iem de ogen uit het hoofd ~** arracher les yeux à qn; **een vlek van de muur ~** gratter une tache sur un mur
krab·ber[1] *nm (-s)*, **krabster** *nf (-s)* **1** griffeur, -euse **2** *(Belg.)* gâcheur, -euse
krab·ber[2] *nm (-s)* grattoir, raclette
krab·be·tje *het (-s)* côtelette de porc (dans l'échine)
krab·sticks *plur (cuis.)* (bâtonnets en) surimi
kracht *de (-en)* **1** force, vigueur; **met alle ~** de toutes ses forces; **iets uit, op eigen ~ doen** faire qch par ses propres moyens; **hij heeft zich op eigen ~ omhooggewerkt** il s'est élevé à la force du poignet; **aan het eind van zijn ~en zijn** être à bout de force(s); **het eist te veel van zijn ~en** c'est audessus de ses forces; **in de ~ van zijn leven** dans la force de l'âge; **dat kost ~** c'est un travail de force; **daarin ligt zijn (grote) ~** c'est ce qui fait sa force; **weer op ~en komen** reprendre des forces; **nieuwe ~en opdoen** refaire ses forces; **~ putten uit iets** puiser sa force dans qch; **stille ~en** pouvoirs occultes; **de stuwende ~ in een bedrijf** le moteur, l'animateur d'une entreprise; **een wet met terugwerkende ~** une loi rétroactive; **van ~ zijn** être en vigueur; **van ~ worden** prendre effet; **van ~ blijven** rester en vigueur; **met vereende ~en** dans un effort commun; **volle ~ vooruit** à plein régime, à toute vapeur *(aussi au fig.)* **2** employé, -ée; **betaalde en onbetaalde ~en** main-d'œuvre rétribuée et non-rétribuée; **een losse ~** un employé temporaire
kracht·bron *de (-nen)* source d'énergie
kracht·cen·tra·le *de (-s)* centrale électrique
kracht·da·dig *adj, adv* énergique(ment); **~e middelen gebruiken** employer les grands moyens
krach·te|loos *adj (-lozer, meest k.)* faible
krach·te·loos·heid *nf* faiblesse
krach·tens *prép (form.)* en vertu de
krach·ten·veld *het (-en)* champ de forces
krach·tig *adj, adv* vigoureux, vigoureusement, énergique(ment); **~ gebouwd zijn** être taillé en force; **met ~e hand** d'une main ferme; **~ optreden** faire preuve de fermeté; **~e taal spreken** tenir un langage ferme; **~er worden** s'intensifier ♦ **een ~e soep** une soupe nourrissante; **~ voedsel** nourriture substantielle; **een ~e wijn** un vin qui a du corps
kracht·me·ting *nf (-en)* épreuve de force
kracht·pat·ser *nm (-s) (fam.)* armoire à glace, malabar
krachts·in·span·ning *nf (-en)* effort (physique); **met de uiterste ~** de toutes ses forces
kracht·term *nm (-en)* gros mot
kracht·trai·ning *nf* musculation
kracht·ver·spil·ling *nf* gaspillage de forces
kracht·voer *het* fourrage concentré
krak *interj* crac!
kra|keel *het (-kelen)* chamaillerie
kra·ke·len *vi (h. gekrakeeld)* se chamailler, se quereller
kra·ke·ling *nm (-en)* **1** craquelin *(biscuit)* **2** bretzel *(pâtisserie salée)*
kra·ken[1] *vi (h. gekraakt)* craquer, cracher, grincer; **een ~de stem** une voix cassée
kra·ken[2] *vt (h. gekraakt)* **1** casser *(des noix etc.)* **2** *(inform.)* pirater **3** squatter; **het ~** le squattage **4** cambrioler; **een code ~** déchiffrer un code **5** éreinter, critiquer vivement
kra·ker[1] *nm (-s)*, **kraakster** *nf (-s)* **1** squatteur, -euse **2** cambrioleur, -euse

3 *(inform.)* pirate 4 *(fam.)* chiropraticien, -ienne, chiropracteur
kra·ker[2] *nm (-s)* tube, hit
kra·ke·rig *adj* grinçant!
krak·ke·mik·kig *adj, adv* mal fichu
kram *de (-men)* **1** crampon **2** *(méd.)* agrafe ♦ *(Belg.)* **uit zijn ~men schieten** sortir de ses gonds, entrer en action
kra·miek *nm (-en) (Belg.)* cramique
kramp *de (-en)* crampe; **~ in de kuiten hebben** avoir une crampe au mollet
kramp·ach·tig *adj, adv* **1** crispé; **~ lachen** avoir un rire forcé **2** ± acharné, ± avec acharnement; **zich ~ aan iem/iets vasthouden** se cramponner à qn, à qch **3** *(méd.)* convulsif; **~ samentrekken** contracturer
kra·nig *adj, adv* courageux, courageusement; **dat heb je er ~ afgebracht** tu t'es bien défendu
krank·jo·rum *adj (fam.)* dingue
krank·zin·nig *adj, adv* fou, comme un fou, une folle; **de ~e** l'aliéné(e) mental(e)
krank·zin·nig·heid *nf* **1** aliénation mentale **2** *(fig.)* démence, folie
krans *nm (-en)* couronne
krans·je *het (-s)* **1** cercle *(réunion de personnes)* **2** *(cuis.)* gimblette
krans·leg·ging *nf (-en)* dépôt de, d'une gerbe
krans·slag·ader *de (-s),* **kransvat** *het (-en)* artère coronaire
krant *de (-en)* journal, quotidien; **hij is bij een ~** il travaille dans un journal; **het staat in de ~** c'est dans le journal; **dat mag wel in de ~** cela n'arrive pas tous les jours
kran·ten·be·richt *het (-en)* nouvelle parue dans la presse
kran·ten·be|zor·ger *nm (-s),* **-zorgster** *nf (-s)* porteur, -euse de journaux
kran·ten·jon·gen *nm (-s)* → **krantenbezorger**
kran·ten·kop *nm (-pen)* titre
kran·ten·stijl *nm* style journalistique
kran·ten·wijk *de (-en)* ♦ **hij heeft een ~ om aan zakgeld te komen** il se fait de l'argent de poche en portant des journaux à domicile
krap *adj, adv* **1** (trop) juste, étroit; **zij zijn ~ behuisd** ils sont logés à l'étroit; **die schoenen zijn aan de ~pe kant** ces chaussures sont un peu justes; **een ~ tijdschema** un horaire serré; **~ zitten** être à court d'argent **2** tout juste; **het is maar ~ aan** c'est tout juste; **er zijn ~ 500 exemplaren verkocht** c'est à peine si on en a vendu 500 exemplaires; **~ in zijn tijd zitten** manquer de temps
krap·jes *adv* ♦ **het ~ hebben** avoir tout juste de quoi vivre
krap·te *nf* pénurie; **~ op de arbeidsmarkt** pénurie de main-d'œuvre
kras[1] *de (-sen)* **1** trait *(mouvement);* **een ~ met de pen** un trait de plume **2** rayure, éraflure, *(Belg.)* griffe
kras[2] *adj, adv* **1** vert, gaillard **2** *(choses abstraites)* fort, en termes vifs; **dat is ~!** c'est un peu fort!; **je maakt het wel wat ~** tu y vas un peu fort; **~se middelen gebruiken** employer les grands moyens; **dat lijkt me al te ~** cela me paraît aller un peu loin
kras·lot *het (-en)* tac-o-tac®, jeu à gratter
kras·lo·te·rij *nf (-en)* loterie instantanée
kras·sen[1] *vi (h. gekrast)* **1** crisser, grincer; **het ~ van een viool** le crincrin d'un violon; **op een viool ~** racler du violon **2** croasser, chuinter; **het ~ van de kraaien** le croassement des corneilles **3** faire des rayures, érafler; **~ in het pleister van een muur** érafler le plâtre d'un mur
kras·sen[2] *vt (h. gekrast)* graver; **zijn naam in een boom ~** graver son nom sur un arbre
kras·se·rig *adj, adv* qui ressemble à des coups de griffe ♦ **een ~ handschrift** une écriture de chat
krat *het (-ten)* caisse (à claire-voie)
kra·ter *nm (-s)* cratère
kra·ter·vor·mig *adj* cratériforme
krats *de (fam.)* bouchée de pain; **dat kost (maar) een ~** c'est donné
kre·diet *het (-en)* crédit; **doorlopend ~** crédit permanent; **iem ~ geven** faire crédit à qn; **ergens ~ hebben** avoir un crédit ouvert qp; **~ hebben bij een bankier** être accrédité auprès d'un banquier
***kre·diet-** de crédit
kre·diet·cri·sis *nf (-crises)* crise du crédit
kre·diet·ver·le·ning *nf (-en)* octroi de crédits
kre·diet·waar·dig *adj* solvable
kreeft *de (-en)* écrevisse, homard
Kreeft *de (-en) (astrol.)* Cancer
kreeft·ach·tig *adj* ♦ **~e dieren** crustacés
kreeg, kregen → **(af-, terug)krijgen**
kreek *de (kreken)* crique, anse
kreet *nm (kreten)* **1** cri; **een ~ slaken** pousser un cri **2** slogan ♦ **loze kreten** paroles en l'air
kre·gel *adj* acariâtre, irascible
krek *adv (fam.)* exactement; **dat is ~ eender** c'est du pareil au même
kre·kel *nm (-s)* grillon
kreng *het (-en)* **1** saleté *(qch ou qn);* **gemeen ~!** sale garce! **2** charogne *(animal)*
kren·ge·rig *adj* vache, rosse; **ze doet altijd zo ~** c'est une vraie rosse
kren·ken *vt (h. gekrenkt)* froisser, blesser; **iem diep ~** blesser qn au vif; **iem in zijn eer ~** atteindre qn dans son honneur; **zich gekrenkt voelen** se sentir insulté
kren·king *nf (-en)* froissement, offense
krent[1] *de (-en)* **1** raisin de Corinthe; *(fig.)* **hij heeft de ~en uit de pap gehaald** il a pris ce qu'il y avait de meilleur, il s'est réservé la meilleure part du travail **2** *(fam.)* derrière, postérieur
krent[2] *nm (-en)* pingre, grippe-sou
***kren·ten-** aux raisins
kren·ten·bol *nm (-len)* petit pain rond aux raisins

kren·ten·kak·ker *nm (-s) (fam.)* grippe-sou
kren·ten·we·ger *nm (-s) (fam.)* **1** grippe-sou **2** coupeur de cheveux en quatre, pinailleur, -euse **3** épicier, personne mesquine
kren·te·rig *adj, adv* **1** mesquin, avec mesquinerie **2** avare, pingre, avec avarice
Kre·ten·zer *nm (-s),* **Kretenzische** *nf (-n)* Crétois, -oise
kreuk·echt *adj* → **kreukvrij**
kreu·kel *de (-s)* (faux) pli; *(fam.)* **ik heb mijn auto in de ~(s) gereden** j'ai bousillé ma voiture
kreu·ke·len[1] *vt (h./i. gekreukeld)* froisser, chiffonner
kreu·ke·len[2] *vi (h./i. gekreukeld)* se froisser, se chiffonner
kreu·ke·lig *adj* froissé, chiffonné
kreuk·vrij *adj* infroissable
kreu·nen *vi (h. gekreund)* gémir
kreu·pel *adj, adv* boiteux *(aussi au fig.)*, bancal; **de ~e** le boiteux, la boiteuse; **het paard loopt** ~ le cheval boite; **iem ~ maken** estropier qn
kreu·pel·bos *het (-sen)* fourrés, taillis
kreu·pel·dicht *het (-en)* mauvais poème
kreu·pel·hout *het* fourré
kreu·pel·rijm *het (-en)* rimes défectueuses
krib *de (-ben)* **1** mangeoire, auge **2** *(relig.)* crèche **3** lit (de camp) **4** épi *(au bord d'une rivière)*
krib·big *adj, adv* hargneux, hargneusement
krie·bel *nm (-s) (fam.)* démangeaison; **~ in de keel hebben** éprouver un chatouillement dans la gorge; *(fig.)* **de ~s krijgen van** s'énerver à propos de
krie·be·len *vti (h. gekriebeld)* **1** chatouiller; **mijn benen** ~ j'ai des fourmis dans les jambes **2** gribouiller
krie·bel·hoest *nm* toux sèche
krie·be·lig *adj* chatouilleux; **~ van iets worden** s'énerver à propos de qch ♦ *(fig.)* **~ schrift** pattes de mouches
krie·bel·schrift *het* gribouillage
krie·gel *adj (fam.)* → **kregel**
kriek *de (-en)* **1** guigne *(petite cerise)* **2** *(Belg.)* griotte ♦ **zich een ~ lachen** se tordre (de rire)
krie·ken *het* ♦ **bij het ~ van de dag** au point du jour
kriel *het (-en),* **krielaardappel** *nm (-en)* ⟨*petite pomme de terre ronde*⟩
krie·len *vi (h. gekrield)* → **krioelen**
kriel·kip *nf (-pen)* poule naine
krij·gen *vt (h. gekregen)* **1** recevoir, avoir; **je kunt mijn auto ~ voor duizend euro** je te laisse ma voiture pour mille euros; **ik heb veel complimentjes gekregen** on m'a fait beaucoup de compliments; **wat ~ we te eten?** qu'est-ce qu'on mange?; **ik krijg nog geld van hem** il me doit de l'argent; **vanavond krijg je je geld** ce soir, tu auras ton argent; **een ziekte** ~ attraper une maladie **2** attraper *(qn)*, saisir; **ik krijg hem nog wel** je l'aurai au tournant; **je kunt me toch niet ~!** tu ne m'attraperas pas! ♦ **iets af** ~ terminer qch; **argwaan** ~ commencer à se méfier; **een bedrag bij elkaar** ~ réunir une somme; **te ~ bij** en vente chez; **waar kun je dat boek ~?** où peut-on se procurer ce livre?; **ik kan de deur niet dicht** ~ je n'arrive pas à fermer la porte; **ik krijg er iets van** j'en ai ras le bol; **je zult er niets van** ~ tu n'en mourras pas; **ervan langs** ~ recevoir une bonne raclée, recevoir son paquet; **iets van iem gedaan** ~ (finir par) obtenir qch de qn; **genoeg van iets** ~ en avoir assez de qch; **deze uitgave is niet meer te** ~ cette édition est épuisée; **kinderen** ~ avoir des enfants; **neem wat je ~ kunt** *(fig.)* profite de la situation; *(fam.)* **iem te pakken** ~ arriver à mettre la main sur qn; **we ~ regen** il va pleuvoir; **iem te spreken** ~ réussir à voir qn; **de schoolkinderen ~ op 1 juli vakantie** les vacances scolaires commencent le 1er juillet; **daar krijg je me niet voor** je ne marche pas dans cette combine; **iets niet voor elkaar kunnen** ~ ne pas réussir à faire qch; **vrienden** ~ se faire des amis; *(fam.)* **krijg wat!** va te faire voir!; **wat zullen we nou ~!** qu'est-ce que c'est que ça, encore!; **hij is niet weg te** ~ il s'incruste; **meer zelfvertrouwen** ~ prendre de l'assurance; **heb je het of krijg je het?** ça te prend souvent?
krij·ger *nm (-s)* guerrier
krij·ger·tje *het* ♦ **~ spelen** jouer au chat (perché)
***krijgs-** militaire; **de krijgstucht** la discipline militaire
krijgs·bijl *de (-en)* hache de guerre
krijgs·dienst *nm* service militaire; **een soldaat uit de ~ ontslaan** démobiliser un soldat; **toetreden tot de** ~ s'engager
krijgs·ge·van·gen *adj (milit.)* prisonnier; **de ~e** le prisonnier de guerre
krijgs·ge·van·gen·schap *nf (milit.)* captivité; **in ~ raken** être fait prisonnier (de guerre)
krijgs·ge·woel *het (milit.)* mêlée
krijgs·haf·tig *adj, adv* (comme un) guerrier, martial(ement)
krijgs·haf·tig·heid *nf* **1** esprit guerrier **2** vaillance
Krijgs·hof *het (Belg.; jur.)* cour martiale
krijgs·kun·de *nf* art militaire
krijgs·lied *het (-eren)* chant guerrier
krijgs·list *de (-en)* ruse de guerre
krijgs·macht *de (-en)* forces armées
krijgs·mak·ker *nm (-s)* compagnon d'armes
krijgs|raad *nm (-raden)* conseil de guerre; **iem voor de ~ brengen** faire passer qn en conseil de guerre
krijgs·tocht *nm (-en) (milit.)* campagne
krijgs·to|neel *het (-nelen)* théâtre du combat
krijgs·volk *het* gens de guerre
krijgs·zuch·tig *adj, adv* belliqueux, guerrier, de façon belliqueuse
krij·sen *vi (h. gekrijst/gekresen)* crier, gla-

pir; **de papegaai krijst** le perroquet pousse des cris stridents
krijt *het* **1** craie; **een pijpje** ~ une craie **2** crétacé ♦ **in het** ~ **treden** entrer en lice; **bij iem in het** ~ **staan** avoir une ardoise chez qn; **voor iem in het** ~ **treden** prendre la défense de qn
***krijt-** crayeux
krijt·ach·tig *adj* crayeux
krij·ten[1] *vt (h. gekrijt)* enduire de craie
krij·ten[2] *vi (h. gekrijt) (form.)* crier, hurler
krijt·je *het (-s)* (bâton de) craie
krik *nm (-s) (voitures)* cric
Krim *nf* ♦ **de** ~ la Crimée
krimp *nm* rétrécissement ♦ **geen** ~ **geven** tenir bon
krim·pen *vi (h./i. gekrompen)* **1** rétrécir (au lavage), se contracter **2** se tordre *(de douleur, par le froid)*; ~ **van de kou** être recroquevillé par le froid; ~ **van de pijn** se tordre de douleur **3** tourner *(vent)*
krimp·fo·lie *het* film rétractible
krimp·vrij *adj* irrétrécissable
kring *nm (-en)* **1** cercle, *(yeux)* cerne, *(astronaut.)* orbite, *(fumée)* volute, *(astron.)* halo; **~en onder de ogen hebben** avoir les yeux cernés; **in een** ~ **zitten** être assis en rond; *(fig.)* **in een ~(etje) ronddraaien** tourner en rond, *(fig.)* se mordre la queue; **de** ~ **sluiten** boucler la boucle **2** milieu, cercle; **in besloten** ~ en petit comité; **de hogere ~en** la haute société; **de hoogste ~en** le grand monde; **de huiselijke** ~ le cercle familial; **in intieme** ~ **ergens over praten** discuter de qch dans l'intimité; **in welingelichte ~en** dans les milieux bien informés
krin·ge·len *vi (h. gekringeld)* tournoyer, *(rivière)* serpenter, *(de la fumée)* former des volutes
kring·ge·sprek *het (-ken)* table ronde
kring·loop *nm* cycle, *(écon.)* circuit; **de** ~ **van de natuur** le cycle de la nature
kring·loop·pa·pier *het* papier recyclé
kring·loop·pro·ces *het (-sen) (biol.)* cycle naturel
kring·loop·wo·ning *nf (-en)* logement provisoire
kring·vor·mig *adj* circulaire
krin·ke·len *vi (h./i. gekrinkeld)* serpenter
kri·oe·len *vi (h. gekrioeld) (+ van)* fourmiller; **in dit water krioelt het van de vissen** ce cours d'eau fourmille de poissons; **het krioelde van de mensen op het plein** la place grouillait de monde
kris·kras *adv* en tous sens; **alles staat** ~ **door elkaar** tout est sens dessus dessous
kris·tal *het (-len)* cristal; **zo helder als** ~ clair comme du cristal, *(fig.)* clair comme de l'eau de roche; **van** ~ de, en cristal
kris·tal·ach·tig *adj* cristallin
kris·tal·hel·der *adj* cristallin, *(aussi au fig.)* clair (comme de l'eau de roche)
kris·tal·len *adj* de cristal
kris·tal·li·sa·tie *nf (-s)* cristallisation
kris·tal·li·se·ren *vi (i. gekristalliseerd)* (se) cristalliser
kri·tiek[1] *nf (-en)* critique; **afbrekende** ~ critique violente; **felle** ~ **leveren op iem** critiquer vivement qn; **goede ~en krijgen** avoir de bonnes critiques; ~ **leveren op iem** adresser une critique à qn; ~ **hebben op iets** critiquer qch; ~ **spuien** formuler des critiques; **de** ~ **is het erover eens dat ...** la critique est d'accord pour dire que ...
kri|tiek[2] *adj (-tieker, meest k.)* critique, crucial
kri·tiek·loos *adj, adv* dépourvu d'esprit critique, sans esprit critique; **iets** ~ **aanvaarden** accepter qch sans réfléchir
kri|tisch *adj, adv (-tischer, meest k.)* (de manière) critique *(aussi phys.)*; ~ **zijn** avoir l'esprit critique
kri·ti·se·ren *vt (h. gekritiseerd)* critiquer
KRO *nm Katholieke Radio-omroep* ⟨*association catholique de radiotélévision*⟩
kroeg *de (-en)* bistro(t)
kroeg|baas *nm (-bazen)* bistrot, cafetier
kroe·gen·tocht *nm (-en)* tournée de(s) cafés, *(Belg.)* guindaille
kroeg|lo·per *nm (-s)*, **-loopster** *nf (-s)* coureur, -euse de cafés
kroeg·tij·ger *nm (-s) (iron.)* pilier de cabaret
kroe·poek *nm* chips de crevettes, krupuk
kroes *nm (kroezen)* timbale, gobelet
kroes|haar *het (-haren)* cheveux crépus; **met** ~ aux cheveux crépus
kroes·kop *nm (-pen)* cheveux crépus
kroe·zen *vi (h. gekroesd)* friser, se crêper; **het** ~ le crêpage *(de cheveux)*
kroe·zig *adj* crépu
kro·kant *adj* croustillant, croquant
kro·ket *de* croquette
kro·ko·dil·len·leer *het* crocodile *(cuir)*
kro·kus·va·kan·tie *nf* vacances de carnaval
krols *adj (krolser, meest k.)* en chaleur *(chats)*
krols·heid *nf* chaleur *(chats)*
krom *adj, adv* **1** courbe; **het pad loopt erg** ~ le sentier est très sinueux; **een ~me weg** un chemin tortueux **2** *(personne)* voûté, bossu, *(nez, les doigts)* crochu; **zich** ~ **lachen** se tordre de rire; **zich** ~ **werken** s'esquinter à travailler **3** *(chose)* tordu, déformé; **~me benen** jambes torses; **een spijker** ~ **slaan** enfoncer un clou de travers **4** faux; **iets dat** ~ **is recht trachten te praten** essayer de justifier une chose indéfendable; **een ~me redenering** un raisonnement biscornu **5** mauvais, défectueux, mal, d'une manière défectueuse
krom·be·nig *adj* cagneux *(personne)*
krom·bui·gen *vti (h./i. kromgebogen)* (se) courber, (se) tordre
krom·groei·en *vi (i. kromgegroeid)* se déjeter, pousser de travers
krom·heid *nf* courbure
krom·lig·gen *vi (h. kromgelegen)* se saigner (aux quatre veines)
krom·lo·pen *vi (h. kromgelopen)* marcher (le dos) courbé, avoir le dos rond
krom·me *de (math.)* (ligne) courbe

krom·men¹ *vi (h./i. gekromd)* se courber, *(chemin)* tourner, *(rivière)* faire un coude; **de weg kromt hier naar rechts** le chemin oblique ici vers la droite; **deze bomen ~ naar het oosten** ces arbres se courbent vers l'est

krom·men² *vt (h./i. gekromd)* courber, tordre; **de rug ~** courber le dos; **de rivier kromt zich om dit gebergte heen** la rivière contourne cette montagne

krom·ming *nf (-en)* **1** courbure **2** courbe, *(rivière)* coude; **bij een ~ van de weg** à un tournant du chemin

kromp, krompen → **(in-, ineen)krimpen**

krom·trek·ken *vi (i. kromgetrokken)* se déformer, gauchir

kro·nen *vt (h. gekroond)* couronner; **iem tot koning ~** sacrer qn roi

kro·niek *nf (-en)* chronique

kro·niek|schrij·ver *nm (-s)*, **-schrijfster** *nf (-s)* chroniqueur, -euse

kro·ning *nf (-en)* couronnement, sacre

kron·kel *nm (-s)* courbe, méandre, lacet; **een rare ~ in zijn hersens hebben** avoir le cerveau fêlé

kron·ke·len¹ *vi (h./i. gekronkeld)* se tordre, *(chemin, une rivière)* serpenter; **~ van pijn** se tordre de douleur

kron·ke·len² *vt (h./i. gekronkeld)* tordre; *(fig.)* **zich in allerlei bochten ~ om** faire des pieds et des mains pour; **een beekje kronkelt zich tussen de heuvels door** un ruisseau serpente entre les collines

kron·ke|lend *adj, adv,* **kronke|lig** *adj* tortueux, sinueux, tortueusement, sinueusement

kron·ke·ling *nf (-en)* → **kronkel**

kroon *de (kronen)* couronne; **een gouden ~ op een kies zetten** mettre une couronne en or sur une dent; **iem een ~ opzetten** faire l'éloge de qn ♦ **iem naar de ~ steken** rivaliser avec qn; **dat is de ~ op zijn werk** c'est le couronnement de son travail; **de ~ spannen** l'emporter, *(iron.; qn)* avoir le pompon; *(iron.)* **dat spant de ~** c'est le comble

***kroon-** de la couronne

kroon·do·mein *het (-en)* domaine royal, domaine de la couronne

kroon·ge·tui·ge *de (-n)* témoin principal

kroon|jaar *het (-jaren)* année anniversaire *(revenant tous les dix ans)*

kroon·kurk *de (-en)* capsule *(d'une bouteille)*; **de ~ van een fles nemen** décapsuler une bouteille

kroon·lamp *de (-en)* → **kroonluchter**

kroon|lid *het (-leden)* membre nommé par la couronne

kroon·luch·ter *nm (-s)* lustre, candélabre

kroon·prins *nm (-en)* **1** prince héritier **2** *(fig.)* dauphin, successeur; **een ~ aanwijzen** désigner un successeur

kroon·prin·ses *nf (-sen)* **1** princesse héritière **2** épouse du prince héritier

kroon·steen·tje *het (-s)* domino (de jonction)

kroon·tjes·pen *de (-nen)* plume sergent-major

kroop, kropen → **(weg)kruipen**

kroos *het (bot.)* lentilles d'eau

kroost *het* progéniture

kroost·rijk *adj (Belg.)* ♦ **een ~ gezin** une famille nombreuse

kroot *de (kroten)* betterave potagère; **zo rood als een ~** rouge comme une pivoine

krop *nm (-pen)* **1** pomme, cœur (de laitue); **een ~ sla** une laitue (pommée) **2** *(méd.)* goitre ♦ **een ~ in de keel hebben** avoir une boule dans la gorge

krop·sla *de* laitue pommée

krot *het (-ten)* taudis

krot·ten·wijk *de (-en)* bidonville

kruid *het (-en)* herbe *(médicinale ou aromatique)*; **daar is geen ~ tegen gewassen** il n'y a (plus) rien à faire; **omelet met (fijne) ~en** omelette aux fines herbes

krui·den *vt (h. gekruid)* épicer *(aussi au fig.)*, assaisonner; **een verhaal ~ met geestige opmerkingen** pimenter un récit de remarques spirituelles

krui·de·nier *nm (-s)* épicier, -ière *(aussi au fig.)*

krui·de·niers·geest *nm* esprit boutiquier

krui·de·niers·wa·ren *plur* épicerie *(produits)*

krui·de·niers|win·kel *nm (-s)*, **-zaak** *de (-zaken)* épicerie *(magasin)*

krui·den·rek·je *het (-s)* étagère à épices

krui·den·thee *nm* infusion, tisane

krui·de·rij *nf (-en)* épices, herbes (aromatiques)

krui·dig *adj* épicé, aromatique; **een ~e smaak** un goût relevé

kruid·je-roer-mij-niet *het (bot.)* sensitive ♦ *(fig.)* **het is zo'n ~** il est tellement susceptible

kruid·koek *nm (-en)* pain d'épices

kruid·na·gel *nm (-s, -en)* (clou de) girofle

krui·en¹ *vt (h. gekruid)* brouetter

krui·en² *vi (h. gekruid)* débâcler *(rivière)*; **het ~** la débâcle

krui·er *nm (-s)* porteur, bagagiste

kruik *de (-en)* **1** cruche *(récipient)*; *(prov)* **de ~ gaat zo lang te water, tot ze breekt** tant va la cruche à l'eau (qu'à la fin elle se brise) **2** bouillotte

kruim *het/de (-en)* **1** miette **2** mie **3** *(Belg.)* fine fleur

krui·mel *nm (-s)* miette

krui·mel·deeg *het* pâte brisée

krui·mel|dief *nm (-dieven)* **1** chapardeur **2** ® mini-aspirateur

krui·mel·dief·stal *nm (-len)* larcin

krui·me·len¹ *vt (h./i. gekruimeld)* émietter

krui·me·len² *vi (h./i. gekruimeld)* s'émietter

krui·mig *adj* farineux *(pommes de terre)*

kruin *de (-en)* **1** sommet de la tête; **bij de ~ begon hij kaal te worden** il commençait à se dégarnir au sommet du crâne; **een**

dubbele ~ deux épis **2** tête, crâne **3** sommet, faîte, crête
krui·pen *vi (h./i. gekropen)* **1** ramper; ~ **over** ramper sur **2** se traîner, avancer lentement; **de uren kropen voorbij** les heures se traînaient **3** s'abaisser, s'aplatir; *(fig.)* **voor iem** ~ se mettre à plat ventre devant qn **4** se glisser, se réfugier; **bij elkaar** ~ se blottir l'un contre l'autre, les uns contre les autres; **erin** ~ se fourrer sous les couvertures
krui·per *nm (-s)* lèche-botte
krui·pe·rig *adj, adv* servile(ment); **hij is** ~ **beleefd** il est d'une politesse obséquieuse
kruip·olie *de* huile graphitée
kruip·pak·je *het (-s)* grenouillère, combinaison pour bébé
kruip·ruim·te *nf (-n, -s)* vide sanitaire
kruis *het (kruizen)* **1** croix; **iem aan het** ~ **slaan** crucifier qn; **iem aan het** ~ **nagelen** clouer qn sur la croix; **het Blauwe Kruis** la ligue antialcoolique; **iem het heilig** ~ **(achter)nageven** souhaiter bon vent à qn *(iron.); (fig.; Belg.)* **een** ~ **maken over iets** faire une croix sur qch, passer l'éponge sur qch; **met een ~je ondertekenen** signer d'une croix; **een** ~ **slaan** se signer; **het grondvlak van de kerk vormt een** ~ le plan de l'église est cruciforme **2** entrejambes *(d'un vêtement);* **die broek is te nauw in het** ~ ce pantalon est trop étroit à l'entrejambes **3** organes (génitaux); **een trap in zijn** ~ **krijgen** recevoir un coup de pied dans les parties; *(fam.)* **zich in zijn** ~ **getast voelen** se sentir piqué au vif, avoir l'impression de s'être fait rouler **4** face *(d'une pièce de monnaie);* ~ **of munt gooien** jouer à pile ou face
kruis·beeld *het (-en)* **1** crucifix **2** calvaire
kruis·bes *de (-sen)* **1** groseille à maquereau **2** groseillier épineux
kruis|boog *nm (-bogen)* **1** *(archit.)* ogive **2** arbalète
kruis·da·gen *plur (relig.)* rogations
krui·se·lings *adj, adv* (entre)croisé, en croix; **met de benen** ~ **over elkaar geslagen zitten** être assis les jambes croisées
krui·sen[1] *vt (h. gekruist)* croiser; **elkaar** ~ se croiser
krui·sen[2] *vi (h. gekruist)* **1** *(mar.)* croiser **2** *(mar.)* louvoyer
krui·ser *nm (-s) (mar.)* **1** croiseur **2** cruiser *(petit yacht)*
kruis·gang *nm* cloître
kruis·ge|welf *het (-welven) (archit.)* voûte d'arête
krui·si·gen *vt (h. gekruisigd)* crucifier
krui·si·ging *nf (-en)* crucifixion, crucifiement
krui·sing *nf (-en)* **1** croisement; **een** ~ **van een herdershond met een labrador** un berger mâtiné d'un labrador **2** carrefour, croisement **3** hybride **4** *(sports)* lucarne
kruis·kop·pe·ling *nf (-en)* (joint de) cardan
kruis·kop|schroef *de (-schroeven)* vis cruciforme
kruis·kop·schroe·ven·draai·er *nm (-s)* tournevis cruciforme
kruis·licht *het (-en) (Belg.)* feux de croisement
kruis·punt *het (-en)* carrefour; **een** ~ **van spoorwegen** un nœud ferroviaire
kruis·ra·ket *de (-ten)* missile de croisière; **~ten plaatsen** déployer des missiles de croisière
kruis·rid·der *nm (-s) (hist.)* croisé
kruis·snel·heid *nf* vitesse de croisière
kruis·spin *de (-nen) (zool.)* araignée des jardins
kruis|steek *nm (-steken)* point de croix *(broderie)*
kruis·te·ken *het (-s)* signe de (la) croix
kruis|tocht *nm (-en),* **-vaart** *de (-en)* croisade *(aussi au fig.);* **op** ~ **gaan** partir pour la croisade, *(fig.)* partir en croisade; **een** ~ **voeren tegen iets** mener une campagne contre qch
kruis·vaar·der *nm (-s)* croisé
kruis·ver·eni·ging *nf (-en)* association de services de soins à domicile
kruis·ver|hoor *het (-horen)* interrogatoire serré; **iem een** ~ **afnemen** mettre qn sur la sellette; **een** ~ **ondergaan** être sur la sellette
kruis·vuur *het (milit.)* feux croisés; *(fig.)* **een** ~ **van vragen** un feu roulant de questions
kruis·weg *nm (-en)* **1** *(relig.)* chemin de la Croix **2** *(cathol.; arts)* chemin de croix
kruis·woord|puz·zel *nm (-s),* **-raadsel** *het (-s)* mots croisés; **een doorlopende** ~ ± une grille muette
kruit *het* poudre *(mélange explosif); (fig.)* ~ **geroken hebben** avoir essuyé le feu; **met los** ~ **schieten** tirer à blanc; **al zijn** ~ **verschoten hebben** être à bout de forces, être à bout d'arguments
kruit·damp *nm (-en)* fumée de la poudre; *(généralement au fig.)* **toen de** ~ **was opgetrokken** après la bataille
kruit·lucht *de* odeur de poudre
kruit·vat *het (-en)* **1** baril de poudre; **de lont in het** ~ le détonateur **2** *(fig.)* poudrière, point chaud
krui·wa·gen *nm (-s)* **1** brouette; **iets vervoeren met een** ~ brouetter qch **2** *(fig.)* piston; **een (goede)** ~ **hebben** avoir un (bon) piston; **een** ~ **zijn voor iem** pistonner qn
kruk[1] *de (-ken)* **1** tabouret **2** béquille **3** poignée *(de la porte)*
kruk[2] *nm (-ken)* empoté, -ée, maladroit, maladroite
kruk·as *de (-sen) (technol.)* vilebrequin
kruk·ken *vi (h. gekrukt)* travailler maladroitement
kruk·kig *adj, adv* maladroit(ement), gauche(ment)
krul *de (-len)* **1** boucle; **hij heeft een** ~ **in zijn staart** il a une queue en tire-bouchon, *(fig.)* il se croit sorti de la cuisse de

Jupiter; ~**len in het haar zetten** mettre des bigoudis **2** *(plur.)* copeaux
krul·an·dij·vie *de* (chicorée) frisée
krul|haar *het (-haren)* cheveux bouclés
krul·len *vti (h. gekruld)* boucler, onduler; **een lach krulde zijn lippen** un sourire plissait ses lèvres
krul·len|bol *nm (-len),* **-kop** *nm (-pen)* tête frisée
krul·len·jon·gen *nm (-s)* **1** apprenti menuisier **2** *(fig.)* novice
krul·set *nm (-s)* set de bigoudis chauffants
krul·speld *de (-en)* bigoudi, rouleau
krul·staart *nm (-en)* queue en tire-bouchon
krul·tang *de (-en)* fer à friser
KSG *nf Kolen- en Staalgemeenschap* CECA
kst *interj* pscht!
ku·biek *adj* cube; **de** ~ le mètre cube; **de inhoud bedraagt tien ~e meter** le volume est de dix mètres cubes
ku·bus *nm (-sen)* cube; **de (magische)** ~ le rubicube
kuch *nm* toussotement
ku·chen *vi (h. gekucht)* toussoter
kuch·hoest *nm* toux sèche
kud·de *de (-s)* troupeau
kud·de·dier *het (-en)* **1** animal grégaire **2** *(fig.)* mouton
kui·e·ren *vi (h./i. gekuierd) (fam.)* se balader; **een eindje** ~ faire un petit tour
kui·er·lat·ten *plur (fam.)* ♦ **de** ~ **nemen** jouer des cannes
kuif *de (kuiven)* **1** toupet, houppe **2** *(fam.)* cheveux **3** *(zool.)* aigrette, huppe ♦ *(fam.)* **in zijn** ~ **gepikt zijn** être dépité, être piqué au vif
Kuif·je *nm* Tintin
kui·ken *het (-s)* poussin; **een kloek met ~s** une poule et ses poussins
kuil *nm (-en)* trou, creux; *(prov)* **wie een** ~ **graaft voor een ander valt er zelf in** tel est pris qui croyait prendre
kui·len *vt (h. gekuild)* ensiler, mettre en silo
kuil·tje *het (-s)* fossette; **~s in de wangen hebben** avoir des fossettes aux joues
kuip *de (-en)* **1** cuve **2** *(sports)* stade
kui·pen[1] *vt (h. gekuipt)* mettre en cuve
kui·pen[2] *vi (h. gekuipt)* intriguer, manœuvrer
kuip·stoel *nm (-en)* (siège) baquet
kuis *adj, adv (kuiser, meest k.)* chaste(ment)
kui·sen *vt (h. gekuist)* **1** châtier *(son langage, son style)*, affiner **2** *(Belg.)* nettoyer
kuis·heid *nf* chasteté
kuis·heids·gor·del *nm (-s)* ceinture de chasteté
kuis·vrouw *nf (-en) (Belg.)* femme de ménage
kuit *de (-en)* **1** mollet **2** œufs *(poissons)*, frai
kuit·been *het (-deren) (biol.)* péroné
kuit·broek *de (-en)* knicker(s)
kuit·spier *de (-en) (biol.)* (muscle) soléaire
ku·ke·le·ku *interj* cocorico!
ku·ke·len *vi (i. gekukeld) (fam.)* tomber les quatre fers en l'air
kul *nm (-len) (fam.)* foutaise; **wat een ~!** quelle foutaise!
kum·mel *nm (cuis.)* cumin
kun·de *nf* compétence
kun·dig *adj, adv* compétent, avec compétence ♦ **ter zake** ~ expert en la matière
kun·dig|heid *nf (-heden)* compétence
kun·ne *de (-n) (form.)* sexe; **van beiderlei** ~ des deux sexes
kun·nen *vti, aux (h. gekund)* **1** pouvoir; **hij kan het niet meer bijhouden** il est débordé; **buiten iets** ~ pouvoir se passer de qch; **had jij dat gekund?** tu en aurais été capable?; **dat kan híj doen!** il peut se le permettre, lui!; **we** ~ **er niet onderuit** il n'y a pas moyen d'y échapper; **hij kan er niet over uit** il en parle tout le temps; **je kunt hier heel lekker eten** on mange très bien, ici; **u kunt gaan** vous pouvez disposer; **je kunt gaan!** va-t'en, allez-vous-en!; **zijn ogen niet** ~ **geloven** ne pas en croire ses yeux; **het** ~ les capacités; **je kunt het of je kunt het niet** c'est une question de compétence; **dat kan geen kwaad** ça ne peut pas faire de mal; **hij kan niet meer** il n'en peut plus; *(fam.)* **ik kan daar niets mee (doen)** que veux-tu, que voulez-vous que j'en fasse?; **ergens tegen** ~ (pouvoir) supporter qch; **elkaar** ~ **vinden** réussir à se mettre d'accord; **zich in iets** ~ **vinden** se reconnaître dans qch; **het met iem** ~ **vinden** s'entendre avec qn; **hij kan er wat van** il est rudement fortiche; **laat eens zien wat je kunt** montre un peu ce que tu sais faire; **ze kan uren voor zich uit zitten staren** il lui arrive de rester des heures à contempler le vide; **ervan op aan** ~ pouvoir compter dessus; **tegen iem op** ~ être de taille à se mesurer avec qn **2** savoir *(être capable de)*; **helder** ~ **denken** avoir toute sa tête; **erg goed** ~ **leren** avoir une grande facilité pour apprendre; **niet** ~ **liegen** être incapable de mentir; **niets** ~ **onthouden** n'avoir aucune mémoire; **goed** ~ **paardrijden** être bon cavalier, bonne cavalière; **goed** ~ **tekenen** avoir un joli coup de crayon ♦ **dat kan zo wel** ça peut aller; **dat kan een andere keer wel** ce sera pour une autre fois; **zoiets kun je niet doen** ça ne se fait pas; **het deksel kan er niet af** on, je n'arrive pas à dévisser le couvercle; **het kan ermee door** ça ira; **zó kan het niet langer** ça ne peut plus durer; **dat moet** ~ c'est jouable, cela devrait être possible; **die trui kán gewoon niet** ce pull est immettable; **het kan niet op** il y en a en veux-tu, en voilà!; **het zou** ~ ça se pourrait; *(fam.)* **ze kán me wat!** qu'elle aille se faire voir ailleurs!
kunst *nf (-en)* art; **iem de** ~ **afkijken** imiter qn; **zo is er geen** ~ **aan** de cette façon, ce n'est pas sorcier; **een handelaar in** ~ un marchand d'objets d'art; **dat is**

juist de ~ c'est là tout l'art; **met kunst- en vliegwerk** avec beaucoup d'habileté; **de ~ om de** ~ l'art pour l'art; **de ~ verstaan om** avoir l'art (et la manière) de; *(iron.)* **de ~ van iets verstaan** avoir le chic pour faire qch; **hij verstaat de ~ van het schermen** il s'y connaît en escrime; **zijn ~en vertonen** faire une démonstration de son talent ♦ **ik zal hem die ~en wel afleren** je lui ferai passer le goût de ces simagrées; **~en maken** faire des tours; **dat is uit de** ~ c'est du grand art; **de zwarte** ~ la magie noire

***kunst-** **1** d'art **2** artificiel, *(chim.)* synthétique; **een kunstbloem** une fleur artificielle; **een kunstvezel** une fibre synthétique

kunst·aca·de·mie *nf (-s)* école des Beaux-Arts

kunst·be·oe·fe·ning *nf* pratique d'un art

kunst·be·zit *het* patrimoine culturel

kunst·bij·la·ge *de (-n)* supplément artistique (d'un journal)

kun·ste|naar *nm (-s)*, **-nares** *nf (-sen)* artiste; **een beeldend** ~ un sculpteur, un peintre, un dessinateur

kun·ste·naar·schap *het* **1** métier d'artiste **2** art (de peintre, sculpteur etc.)

kun·sten·ma·ker *nm (-s)* **1** acrobate, saltimbanque **2** clown, pitre

kunst- en vlieg·werk *het* ♦ **met** ~ à force de tours d'adresse

kunst·ge·bit *het (-ten)* dentier, prothèse dentaire

kunst·ge·schie·de·nis *nf (-sen)* histoire de l'art

kunst|greep *nm (-grepen)* **1** tour (de main) **2** artifice, manœuvre

kunst·han·del *nm (-s)* **1** commerce d'objets d'art **2** galerie d'art

kunst·his·to·ri|cus *nm (-ci)*, **-ca** *nf (-ca's)* historien, -ienne de l'art

kun·stig *adj, adv* habile(ment); **een ~ bouwwerk** une construction ingénieuse

kun·stig·heid *nf* habileté

kunst·je *het (-s)* **1** tour de main, truc, astuce; **dat is een koud** ~ ce n'est pas sorcier **2** tour d'adresse, tour de passe-passe; **die hond kan ~s** c'est un chien savant **3** mauvais tour

kunst·lie·vend *adj* (qui est) amateur d'art

kunst|maan *de (-manen)* satellite (artificiel)

kunst·ma·tig *adj, adv* artificiel(lement)

kunst·mest *nm* engrais chimique

kunst·min·nend *adj* → **kunstlievend**

kunst·nij·ver·heid *nf* artisanat d'art

kunst·rij·den *vi* → **kunstschaatsen**

kunst|rij·der *nm (-s)*, **-rijdster** *nf (-s)* *(sports)* patineur, -euse artistique

kunst·schaats *de (-en) (sports)* patin de figure

kunst·schaat·sen *vi (sports)* faire du patinage artistique

kunst·schat·ten *plur* collection d'objets d'art

kunst·schil|der *nm (-s)*, **-deres** *nf (-sen)* (artiste) peintre

kunst·stof *de (-fen)* matière synthétique; **van** ~ synthétique

kunst·stuk *het (-ken)* **1** tour de force **2** chef-d'œuvre

kunst·uit|leen *nm (-lenen)* (organisme de) prêt d'œuvres d'art

kunst·vlie·gen *vi* faire des acrobaties aériennes

kunst·vorm *nm (-en)* genre (artistique)

kunst·we·reld *de* monde des arts

kunst·werk *het (-en)* œuvre d'art

kunst·zin·nig *adj* artiste, artistique

kunst·zwem·men *het (sports)* natation artistique

ku·ren[1] *plur* caprices, fredaines, frasques; **hij heeft altijd van die vreemde** ~ il a toujours des drôles de lubies; **dat zijn maar** ~ ce sont des caprices

ku·ren[2] *vi (h. gekuurd)* faire une cure

kur·haus *het* **1** établissement thermal **2** casino *(salle de spectacles)*

kurk[1] *het/de (-en)* liège; **zo droog als** ~ sec comme de l'amadou

kurk[2] *de (-en) (d'un récipient)* bouchon; **doe de ~ er goed op** enfonce bien le bouchon ♦ **we hebben nog meer onder de** ~ nous avons de la boisson de réserve

kurk·droog *adj* archisec

kurk·eik *nm (-en)* chêne-liège

kur·ken[1] *adj* en liège

kur·ken[2] *vt (h. gekurkt)* boucher; **het** ~ le bouchage

kur·ken·trek·ker *nm (-s)* tire-bouchon

kurk|plaat *de (-platen)* plaque en liège

kur|saal *het/de (-salen) (Belg.)* → **kurhaus**

kus *nm (-sen)* baiser; **een ~ krijgen van iem** être embrassé par qn; **iem een ~ toewerpen** envoyer un baiser à qn

kus·hand·je *het (-s)* ♦ **~s geven** envoyer des baisers

kus·sen[1] *het (-s)* **1** coussin, coussinet; **de ~s schudden** battre les coussins **2** oreiller

kus·sen[2] *vti (h. gekust)* embrasser; **elkaar** ~ s'embrasser (l'un l'autre, les uns les autres); **iem gedag, vaarwel** ~ donner un baiser d'adieu à qn

kus·sen·ge·vecht *het (-en)* bataille (à coups) de polochons

kus·sen|sloop *het/de (-slopen)* taie (d'oreiller)

kus·sen·tje *het (-s)* **1** coussinet, petit coussin **2** bourrelet (de graisse)

kust *de (-en)* côte, littoral, bord de (la) mer; **langs de ~ varen** longer la côte; *(fig.)* **de ~ is veilig** la voie est libre; **voor de** ~ à proximité de la côte ♦ **te ~ en te keur** à volonté

***kust-** côtier

kust·be|wo·ner *nm (-s)*, **-woonster** *nf (-s)* habitant, -ante de la côte

kust|ge·bied, -land *het (-en)* littoral, zone côtière

kust·lijn *de (-en)* littoral

kust|meer *het (-meren)* lagune

kust|strook *de (-stroken)* **1** littoral, zone côtière **2** cordon littoral
kust·vaar·der *nm (-s) (mar.)* caboteur *(bâtiment; personne)*
kust·vaart *de (mar.)* cabotage
kust·wach·ter *nm (-s)* garde-côte
kust·wa·te·ren *plur* eaux territoriales
kut[1] *de (-ten) (vulg.)* chatte, con, tirelire ♦ **~ met peren!** des conneries!, de la merde!
kut[2] *interj (vulg.)* putain!
*__kut-__ *(vulg.)* à la con; **een kutsmoes** une excuse à la con
kut·ten·kop *nf (-pen) (péj.)* conasse
kut·vent *nm (-en) (vulg.)* enculé
kut·wijf *het (-wijven) (vulg.)* conasse
kuub *nm* mètre cube; **een tientje de ~** dix euros le mètre cube
kuur *de (kuren)* cure, traitement; **een ~ doen om mager te worden** suivre un régime amaigrissant
kuur·oord *het (-en)* station thermale, station climatique
KvK en F *de Kamer van Koophandel en Fabrieken* CCI
kwaad[1] *het (-en)* **1** mal; **van geen ~ weten** être parfaitement innocent; **ik zie daar geen ~ in** je n'y vois aucun mal; **ergens geen ~ in zien** ne pas entendre malice à qch; **daar steekt geen ~ in** ce n'est pas bien méchant; **hij kan daar geen ~ doen** il a conquis tous les cœurs, tout le monde l'aime (bien); **zij bedoelt daar geen ~ mee** elle n'y entend pas malice; **men moet ~ met goed vergelden** on doit rendre le bien pour le mal; **zich ten kwade keren** tourner mal; **het ~ was al geschied** le mal était déjà fait; **van ~ tot erger (vervallen)** (aller) de mal en pis **2** tort, préjudice, dommage; **meer ~ dan goed doen** faire plus de tort que de bien; **~ stichten** faire du mal; **het ~ met wortel en al uitroeien** couper le mal à la racine
kwaad[2] *adj, adv (kwader, kwaadst)* **1** mauvais, mal; **het is niet ~ bedoeld** c'est dit sans malice; **hij is de ~ste niet** il n'est pas bien méchant; **het te ~ krijgen** en avoir le cœur serré, avoir les larmes aux yeux; **het ~ (te verduren) hebben** être (mis) à mal; **dat is zo ~ niet** cela n'est pas trop mal **2** *(+ op)* fâché (contre, avec qn), d'un ton fâché; **~ kijken** avoir un air fâché; **zich ~ maken, ~ worden** se fâcher
kwaad·aar·dig *adj, adv* **1** méchant, malfaisant **2** nuisible, pernicieux **3** *(méd.)* malin
kwaad·aar·dig·heid *nf* **1** méchanceté **2** nocivité **3** *(méd.)* malignité
kwaad·den·kend *adj* soupçonneux
kwaad·heid *nf* colère
kwaad·schiks *adv* à contrecœur
kwaad·spre·ken *vi (h. kwaadgesproken)* **(over)** dire du mal, calomnier
kwaad·spre·ke·rij *nf (-en)* médisance
kwaad·wil·lig *adj* malveillant
kwaaie *nm (fam.)* dur, dure (à cuire); **daar heb je een ~ aan** en voilà un qui te donnera du fil à retordre
kwaal *de (kwalen)* **1** *(méd.)* mal **2** défaut *(imperfection morale)*
kwab *de (-ben)* **1** couche de graisse **2** *(poumons, le cerveau)* lobe
kwa|draat *het (-draten)* carré *(multiplication par la même grandeur)*; **in het ~** au carré; **in het ~ verheffen** mettre au carré
kwa·drant *het (-en)* quadrant
kwa·jon·gen *nm (-s)* gamin
kwa·jon·gens·ach·tig *adj, adv* gamin, espiègle, comme un gamin
kwa·jon·gens|streek *de (-streken)* gaminerie, espièglerie; **een ~ uithalen** faire une gaminerie
kwak[1] *nm (-ken)* **1** p(l)ouf *(bruit)* **2** paquet *(quantité de liquide ou de matière pâteuse)*
kwak[2] *interj* **1** coin-coin *(cri des canards)*, couac-couac *(chant des grenouilles)* **2** plouf! *(chute d'une masse difforme)*
kwa·ken *vi (h. gekwaakt)* **1** *(zool.)* cancaner, coasser, cacarder **2** *(personne)* jacasser
kwak·ke·len *vi, vb impers (h. gekwakkeld)* **1** être souffreteux **2** *(verbe impers.)* ⟨*tantôt geler et tantôt dégeler*⟩
kwak·kel·weer *het (météo.)* temps instable
kwak·ken[1] *vi (h. gekwakt)* s'écraser, tomber, s'abattre; **hij kwakte tegen de grond** il s'est écrasé au sol
kwak·ken[2] *vt (h. gekwakt)* flanquer, lancer, foutre; **hij kwakte de jongen tegen de grond** il a flanqué le garçon par terre
kwak·zal·ver *nm (-s)* charlatan
kwak·zal·ve·rij *nf* charlatanisme
kwal *de (-len)* **1** *(zool.)* méduse **2** enquiquineur, -euse; **wat een ~ van een vent!** quel rasoir, ce type!
kwa·li·fi·ce·ren[1] *vt (h. gekwalificeerd)* qualifier, caractériser; **iem ~ als** qualifier qn de; **een niet te ~ handelwijze** une conduite inqualifiable
kwa·li·fi·ce·ren[2] *vpr (zich ~; h. zich gekwalificeerd)* se qualifier *(dans une compétition)*
kwa·lijk *adj, adv* fâcheux, mauvais, fâcheusement, mal; **iem ~ bejegenen** battre froid à qn; **de ~e gevolgen van het roken** les méfaits du tabac; **hij nam het zichzelf ~ dat ...** il se reprochait de ...; **neem(t) (u) mij niet ~** excuse(z)-moi; **iem iets ~ nemen** en vouloir à qn de qch; **~ ruiken** sentir mauvais
kwa·li·teit *nf (-en)* qualité; **alle mogelijke ~en bezitten** avoir toutes les qualités imaginables; **in mijn ~ van voorzitter kan ik ...** en ma qualité de président, je peux ...
kwam, kwamen → **(aan-, thuis)komen**
kwan·se·len *vi (h. gekwanseld) (péj.)* faire du troc
kwan·ti·fi·ce·ren *vt (h. gekwantificeerd)* quantifier
kwan|tum *het (-tums, -ta)* **1** quantité **2** *(phys.)* quantum
*__kwan·tum-__ *(phys.)* quantique
kwark *nm* fromage blanc
kwart *het (-en)* quart; **drie ~ van zijn vermogen** les trois quarts de sa fortune; **een**

~ **slag** un quart de tour; **het is ~ voor elf** il est onze heures moins le quart
kwar|taal *het (-talen)* trimestre
***kwar·taal-** trimestriel
kwar·tel *de (-s) (zool.)* caille; **zo doof als een ~** sourd comme un pot; **een dove ~** un sourdingue
kwar·tet *het (-ten)* **1** *(mus.)* quatuor, *(jazz)* quartette; **een ~ voor strijkers** un morceau pour quatuor à cordes **2** *(jeux de cartes)* quarte, famille
kwar·tet·spel *het (-en)* jeu des sept familles
kwar·tet·ten *vi (h. gekwartet)* jouer aux sept familles
kwar·tier *het (-en)* **1** quartier **2** quart d'heure; **om het ~** tous les quarts d'heure
kwar·tier·mees·ter *nm (-s)* **1** *(milit.)* officier d'intendance **2** *(mar.)* quartier-maître
kwart·je *het (-s)* ⟨*(pièce de) 25 cents*⟩; **het kost twee ~s** cela coûte cinquante cents
kwart|noot *de (-noten) (mus.)* noire
kwar·to *het (-'s),* **kwartoformaat** *het (-maten)* (format) in-quarto
kwart·rust *de (-en) (mus.)* soupir
kwarts *het* quartz
kwart·slag *nm (-en)* quart de tour
kwast *nm (-en)* **1** brosse, pinceau, blaireau; **verven met een ~** peindre au pinceau **2** houppe, pompon **3** nœud *(dans le bois)* **4** pédant **5** *(cuis.)* citronnade
kwas·tig *adj, adv* **1** *(bois)* noueux **2** (de manière) pédant(e)
kwa·tong *nf (-en) (Belg.)* mauvaise langue
kweb·bel[1] *nm (-s)* moulin à paroles; **wat een ~!** quel bavard!
kweb·bel[2] *de (-s) (fam.)* bec, bouche; **houd je ~ dicht!** ferme-la!
kweb·be·len *vi (h. gekwebbeld)* bavarder
kweek *nm* culture, élevage
kweek·bak *nm (-ken) (agric.)* bâche
kweek·bed *het (-den)* planche, couche
kweek·plaats *de (-en)* **1** pépinière **2** *(fig.; péj.)* foyer
kweek|proef *de (-proeven)* culture microbienne; **een ~ op tuberculose** une culture microbienne pour dépister la tuberculose
kweek·re·ac·tor *nm (-s) (phys.)* régénérateur
kweek|school *de (-scholen)* **1** école normale d'enseignement professionnel; ~ **voor de zeevaart** *(équivalent en France)* Ecole Nationale de la Marine Marchande **2** école normale d'instituteurs *(formation d'instituteurs)*
kweek·vij·ver *nm (-s)* alevinier
kwee|peer *de (-peren)* coing
kweet, kweten → **kwijten**
kwek *nm (-ken)* → **kwebbel**[1]
kwe·ke|ling *nm (-en),* **-linge** *nf (-n, -s)* **1** apprenti, -ie **2** normalien, -ienne *(futur instituteur)*
kwe·ken *vt (h. gekweekt)* **1** *(agric.; bot.)* cultiver; **het ~ van bomen** l'arboriculture **2** élever *(animaux);* **het ~ van vis** la pisciculture **3** engendrer, produire
kwe·ker *nm (-s),* **kweekster** *nf (-s)* cultivateur, -trice, éleveur, -euse, horticulteur, -trice!
kwe·ke·rij *nf (-en)* **1** culture, élevage, horticulture **2** entreprise horticole
kwek·ken *vi (h. gekwekt)* **1** *(zool.)* coasser, cancaner, jacasser **2** *(fam.)* caqueter, papoter
kwel·der *de (-s)* pré(-)salé
kwe·len *vti (h. gekweeld)* **1** *(form.; zool.)* gazouiller **2** roucouler; **een deuntje ~** fredonner un air; **een liefdesliedje ~** pousser la romance
kwel·geest *nm (-en)* démon ♦ **dat kind is een ware ~ met zijn vragen** cet enfant vous tracasse avec ses questions
kwel·len *vt (h./i. gekweld)* **1** tourmenter, torturer **2** harceler; **de dorst kwelt hem** la soif le tenaille
kwel·ling *nf (-en)* **1** *(physique)* supplice **2** *(psychologique)* harcèlement
kwes·tie *nf (-s)* question, problème, affaire; **dat is buiten ~** c'est hors de question; **hij staat buiten die ~** il est étranger à cette affaire; **geen ~ van!** (il n'en est) pas question!; **de persoon in ~** la personne en question; **het is een ~ van smaak** c'est (une) affaire de goût; **het is een ~ van tien minuten** c'est l'affaire de dix minutes; **dat is alleen nog maar een ~ van tijd** ce n'est plus qu'une question de temps; **dat is een ~ voor de politie** c'est une affaire qui regarde la police
kwets *de (-en)* quetsche *(fruit)*
kwets|baar *adj (-baarder, -baarst)* vulnérable
kwets·baar·heid *nf* vulnérabilité
kwet·sen *vt (h. gekwetst)* **1** blesser **2** vexer
kwet|suur *nf (-suren)* blessure
kwet·te·ren *vi (h. gekwetterd)* **1** *(zool.)* gazouiller **2** *(zool.)* jacasser **3** jacasser, bavarder
kwe·zel *nf (-s) (péj.)* bigot, -ote
kwe·zel·ach·tig *adj, adv* (comme un(e)) bigot(e)
kwi·bus *nm (-sen)* zouave, hurluberlu; **wat een rare ~!** quel drôle de zouave!, *(Belg.)* quel drôle d'apothicaire!
kwiek *adj, adv* (d'une façon) alerte, leste(ment)
kwijl *het/de* bave
kwij·len *vi (h. gekwijld)* baver; **om van te ~** de quoi avoir l'eau à la bouche
kwij·nen *vi (h. gekwijnd)* **1** dépérir **2** *(bot.)* s'étioler
kwij·nend *adj* dépérissant; *(fig.)* **een ~ bestaan leiden** vivoter
kwijt *adj (uniquement attribut; sans prép.)* **1** libéré (de), débarrassé (de); **hij is al die zorgen ~** il est libéré de tous ces soucis; **ik wil hem best ~** je voudrais bien me débarrasser de lui; **ik ben je liever ~ dan rijk** moins je te vois, mieux je me porte **2** privé (de); **ik ben zijn naam ~** j'ai oublié son nom **3** perdu ♦ **kan ik iets aan je ~?** je

peux t'offrir quelque chose?; **wel ~ willen** bien vouloir dire, bien vouloir admettre
kwij·ten *vpr (zich ~; h. zich gekweten) (form.) (+ van)* s'acquitter (de)
kwijt·ra·ken *vt (i. kwijtgeraakt)* **1** perdre **2** se défaire de; **ik kon hem maar niet ~** je n'arrivais pas à me débarrasser de lui
kwijt·schel·den *vt (h. kwijtgescholden)* **1** déclarer (qn) quitte de *(dette)* **2** remettre *(punition)*; **iem een straf ~** remettre une peine à qn
kwijt·schel·ding *nf (-en)* **1** pardon, *(relig.)* absolution; *(cathol.)* **de algemene ~ van zonden** l'absoute; **~ van straffen voor staatsmisdaden** amnistie pour les crimes politiques **2** remise de dette
kwik *het* mercure; **hij is als ~** c'est du vif-argent ♦ **het ~ stijgt** le thermomètre monte
kwik·staart *nm (-en) (zool.)* bergeronnette
kwik·zil·ver *het* → **kwik**
kwik·zil·ver·ach·tig *adj* comme du mercure
kwin·ke·le·ren *vi (h. gekwinkeleerd) (oiseaux)* ramager
kwink·slag *nm (-en)* boutade; **hij wil er zich met een ~ afmaken** il essaie de s'en tirer par une boutade
kwint *de (-en) (mus.)* quinte
kwin·tes·sens *de* **1** essentiel **2** *(philo.)* quintessence
kwin·tet *het (-ten) (mus.)* quintette
kwis·pe·len *vi (h. gekwispeld)*, **kwispelstaarten** *vi (h. gekwispelstaart)* frétiller de la queue
kwis·tig *adj, adv* **(met)** prodigue, avec prodigalité
kwi·tan·tie *nf (-s)* quittance
KZ-syn|droom *het (-dromen)* syndrome postconcentrationnaire, syndrome des survivants

l

la[1] *de (-'s)* → **lade**
la[2] *de (-'s) (mus.)* la
laad·bak *nm (-ken) (technol.)* **1** benne **2** container
laad·ruim *het (-en)* cale *(d'un bateau)*
laad·ver·mo·gen *het* capacité de charge
laag[1] *de (lagen)* couche; **in lagen** (disposé) par couches; **de onderste lagen van de bevolking** les classes inférieures de la société; **uit alle lagen van de maatschappij** de toutes les couches de la société ♦ **de volle ~ krijgen** en prendre pour son grade
laag[2] *adj, adv (lager, laagst)* **1** bas, peu élevé; **de lagere dieren en planten** les espèces animales et végétales inférieures; **lage tonen** tons graves; **een ~ uitgesneden japon** une robe à décolleté profond; **zet jij de soep wat lager?** veux-tu baisser le feu de la soupe? **2** modeste, *(somme)* modique; **van lage afkomst** de condition modeste; **de lire staat ~** le cours de la lire est bas **3** bas(sement), vil(ement); **~ over iem/iets spreken** parler de qn, qch avec mépris
laag-bij-de-gronds *adj, adv (fig.)* terre(-)à(-)terre, grossièrement
laag·bouw *nm (archit.)* constructions basses
laag·han·gend *adj (surtout météo.)* bas
laag·har·tig *adj, adv* bas(sement), vil(ement), ignoble
laag·staand *adj* bas, infâme
laag·te *nf (-n, -s)* **1** niveau peu élevé **2** modicité **3** vallée
laag|veen *het (-venen)* marais tourbeux
laag·wa·ter *het* **1** marée basse **2** étiage
laai·en *vi (h. gelaaid)* brûler
laai·end *adj* **1** brûlant, ardent; **~ enthousiasme** enthousiasme débordant **2** bouillant de colère
laak|baar *adj, adv (-baarder, -baarst)* (de façon) blâmable; **een laakbare handelwijze** un procédé répréhensible
laan *de (lanen)* allée; *(fig.)* **hij gaat de ~ uit, wordt de ~ uitgestuurd** il va être viré
laars *de (laarzen)* botte; *(fam.; fig.)* **dat lap ik aan mijn ~** je m'en fiche éperdument
laat *adj, adv (later, laatst)* **1** tard; *(prov)* **beter ~ dan nooit** mieux vaut tard que jamais; **hoe ~?** à quelle heure?; **hoe ~ is het?** quelle heure est-il?; *(fig.)* **ik weet al hoe ~ het is** je sais à quoi m'en tenir; **~ in de ochtend** en fin de matinée; **~ op de dag** tard dans la journée; **het wordt ~** il se fait tard; **wordt het ~?** tu rentres tard?, cela va-t-il durer longtemps?; **zo en zo ~** à telle heure **2** tardif, tardivement; **het ~ maken** s'attarder; **te ~ komen** arriver en retard; *(fig.)* **is het weer zo ~?** tu recommences?
laat·bloei·er *nm (-s)* **1** *(bot.)* plante tardive **2** talent qui se révèle sur le tard
laat·dun·kend *adj, adv* dédaigneux, avec dédain
laatst *adj, adv* dernier, dernièrement; **de op één na ~e** l'avant-dernier; **voor het ~** pour la dernière fois ♦ **op het ~ lopen** être à terme; **op z'n ~** au plus tard; **ten ~e** en dernier lieu, finalement, en conclusion
lab *het (-s) (fam.)* labo
la·bel [lebəl] *het/de (-s)* **1** étiquette **2** label *(disque)*
la·beur *het (Belg.)* labeur
la|biel *adj (-bieler, meest l.)* instable
la·bo|rant *nm (-en)*, **-rante** *nf (-s, -n)* laborantin, -ine
la·bo·ra·to|ri·um *het (-ria)* laboratoire
lach *nm* rire; **in de ~ schieten** éclater de rire; **de slappe ~ hebben** avoir le fou rire
lach·bui *de (-en)* accès de (fou) rire
la·chen *vti (h. gelachen)* rire; **je blijft ~!** c'est trop ridicule!; **dan zou je ~, hè?** tu trouverais ça drôle, hein?; *(Belg.)* **groen ~** rire jaune; **niet meer bijkomen van het ~** rire à en perdre haleine; **in zichzelf ~** rire intérieurement; **laat mij niet ~!** laissez-moi rire!; **om, over iets ~** rire de qch; *(prov)* **~ is gezond** c'est demie vie que de rire
la·chend *adj, adv* rieur, en riant
la·che·rig *adj, adv* rieur, en riant
la·cher·tje *het (-s)* plaisanterie; **dat voor-**

stel is gewoon een ~ cette proposition est ridicule
lach·spier *de (-en)* ♦ **op de ~en werken** faire rire; **het op zijn ~en krijgen** éclater de rire
lach·stuip *de (-en)* fou rire
lach·wek·kend *adj* risible; ~ **zijn** être ridicule
la·co|niek *adj, adv (-nieker, meest l.)* imperturbable(ment)
lad·der *de (-s)* **1** échelle **2** *(bas)* maille filée
lad·de·ren *vi (h. geladderd)* filer *(bas)*
lad·der·zat *adj (fam.)* bourré
la·de *de (-n)* **1** tiroir **2** fût *(fusil)*
la·de·kast *de (-en)* commode
la·den *vt (h. geladen)* charger; ~ **en lossen** charger et décharger; **het schip is te zwaar geladen** le bateau est surchargé
la·ding *nf (-en)* **1** charge *(électricité)* **2** chargement, cargaison; *(iron.)* **een ~ toeristen** une fournée de touristes
laf *adj, adv* **1** lâche(ment) **2** fade; *(fig.)* **een ~fe vent** un mollasson **3** *(Belg.)* lourd
laf·aard *nm (-s)* lâche
laf·har·tig *adj, adv* → **laf 1**
laf|heid *nf (-heden)* **1** lâcheté **2** fadeur
lag, lagen → **(dwars-, klaar)liggen**
la·ge·druk·ge·bied *het (-en)* dépression (atmosphérique)
la·ger *het (-s)* **1** bière blonde **2** *(technol.)* coussinet
La·ger·huis *het* Chambre des communes
la·ger·wal *nm* ♦ **aan ~ geraken** *(navire)* échouer, *(qn)* tomber dans le ruisseau; **aan ~ geraakt zijn** *(qn)* être dans une misère noire
lak *het/de (-ken)* **1** laque **2** peinture laquée **3** cire (à cacheter) **4** cachet de cire **5** laques *(objets laqués)* ♦ **daar heb ik ~ aan** je m'en tamponne le coquillard; *(fam.)* ~ **aan iem hebben** enquiquiner qn
la·kei *nm (-en)* laquais
la·ken[1] *het (-s)* **1** drap (de lit); **het groene** ~ le tapis de billard; **onder, tussen de ~s kruipen** se fourrer entre les draps **2** nappe **3** drap *(tissu de laine)*; *(fig.)* **dat is van hetzelfde ~ een pak** c'est du pareil au même; *(fig.)* **van hetzelfde ~ een pak krijgen** être traité de la même façon, être logé à la même enseigne **4** linceul ♦ **de ~s uitdelen** faire la pluie et le beau temps
la·ken[2] *vt (h. gelaakt)* **1** condamner *(qch)* **2** blâmer *(qn)*
la·ken·zak *nm (-ken)* drap de sac de couchage
lak·jas *de (-sen)* ciré
lak·ken *vt (h. gelakt)* **1** laquer; **z'n nagels** ~ se mettre du vernis à ongles; **gelakte schoenen** chaussures vernies **2** cacheter
laks *adj, adv (lakser, meest l.)* **1** apathique **2** laxiste
lak·stem·pel *het/de (-s)* cachet (de cire)
lak·werk *het* laques •
lak·ze·gel *het (-s)* cachet (de cire)
lal·len *vti (h. gelald)* bafouiller
lam[1] *het (-meren)* agneau, agnelle; **zo gedwee, mak als een** ~ doux comme un agneau; **als een ~ ter slachtbank geleid worden** se laisser égorger comme un mouton
lam[2] *adj, adv* **1** (comme) paralysé; **iem ~ slaan** mettre qn en bouillie; **zich (half) ~ werken** travailler comme une bête de somme **2** fou *(vis, l'aiguille d'un compas)* **3** faible(ment); **zich ~ voelen** se sentir faible **4** ennuyeux, désagréablement **5** *(fam.)* rond, cuité
lam·bri·se·ring *nf (-en)* lambris
lam|heid *nf (-heden)* **1** paralysie; **met ~ geslagen zijn** *(fig.)* être paralysé **2** apathie
lam·leg·gen *vt (h. lamgelegd)* paralyser
lam·len·dig *adj, adv* **1** détestable(ment) **2** (de façon) avachi(e)
lam·me *nm (-n)* paralytique
lam·me·ling *nm (-en) (fam.)* **1** feignant, -ante **2** chiffe molle **3** personne désagréable
lam·me·tjes·pap *de* bouillie
lamp *de (-en)* **1** lampe; *(fig.)* **er gaat (bij mij) een ~je branden** cela me rappelle quelque chose; *(fig.)* **tegen de ~ lopen** se faire prendre *(être puni; avoir affaire à la police)* **2** ampoule; **die ~ is doorgebrand** l'ampoule est grillée
lam·pen·kap *de (-pen)* abat-jour
lam·pen·kous·je *het (-s)*, **lampenpit** *de (-ten)* mèche *(lampe à pétrole)*
lam·pet·kan *de (-nen)* broc
lam·pet·kom *de (-men)* cuvette
lamp·fit·ting *nm (-s, -en)* douille *(d'une ampoule électrique)*
***lams-** d'agneau; **een lamsbout** un gigot d'agneau
lam·slaan *vt (h. lamgeslagen)* tabasser
lan·ce·ren *vt (h. gelanceerd)* lancer
lan·ce·ring *nf (-en) (astronaut.)* lancement *(aussi produit)*
land *het (-en)* **1** terre, terrain; **aan ~ gaan** descendre à terre; **aan ~ komen** aborder, débarquer; ~ **aandoen** faire escale; *(fig.)* **er is met hem geen ~ te bezeilen** on ne sait pas par quel bout le prendre; **op het ~ werken** travailler aux champs; **over ~ vervoeren** transporter par voie de terre; **te ~ en ter zee** sur terre et sur mer **2** campagne, champs; **op het ~ wonen** habiter à la campagne **3** pays; **hij is al een week weer in het** ~ il est revenu au pays il y a une semaine; **hier te ~e** au pays; *(prov)* **'s ~s wijs 's ~s eer** à Rome comme à Rome, autant de pays, autant de guises ♦ **het ~ aan iets hebben** avoir horreur de qch
land|aan·win·ning, -aanwinst *nf (-en)* terres conquises (sur la mer, les lacs)
land·aard *nm* caractère national
land·adel *nm* noblesse de province
land·ar·beid *nm* travaux agricoles
land·bouw *nm* agriculture
***land·bouw-** agricole
land·bouw·fa·cul·teit *nf (Belg.)* faculté agronomique
land·bouw·kun·de *nf* agronomie

Land·bouw·schap *het (-pen)* chambre d'agriculture
lan·de·lijk *adj, adv* **1** national, au niveau, à l'échelon national **2** champêtre **3** rural
lan·den *vi (i. geland)* **1** atterrir **2** débarquer
land·eng·te *nf (-n, -s)* isthme
lan·de·rig *adj* **1** apathique **2** maussade
lan·de·rig·heid *nf* **1** apathie **2** mauvaise humeur
lan·de·rij·en *plur* terres
land·ge|noot *nm (-noten),* **-note** *nf (-s, -n)* compatriote
land·goed *het (-eren)* propriété, domaine; **zich op zijn ~ terugtrekken** se retirer sur ses terres
land·her·vor·ming *nf (-en)* réforme agraire
land·hoofd *het (-en)* **1** butée *(d'un pont)* **2** épi *(d'une jetée)*
land|huis *het (-huizen)* propriété, villa
lan·ding *nf (-en)* **1** atterrissage, amerrissage, appontage, alunissage **2** *(milit.)* débarquement
***lan·dings-** **1** *(aviat.)* d'atterrissage **2** *(milit.)* de débarquement
lan·dings·ge·stel *het (-len)* train d'atterrissage
land·in·waarts *adv* vers l'intérieur des terres; **de zee dringt steeds dieper ~** la mer empiète sur les côtes
land·je *het (-s)* terrain vague
land·kaart *de (-en)* carte géographique
land·kli·maat *het* climat continental
land·lo·per *nm (-s)* vagabond
land·macht *de* armée de terre
land·me·ten *vi* arpenter *(mesurer une superficie)*
land·rot *de (-ten)* terrien
lands·ad·vo|caat *nm (-caten)* avocat du gouvernement
land·schap *het (-pen)* **1** paysage **2** pays; **een nationaal ~** un site protégé
land·schap·pe·lijk *adj* du paysage
land|streek *de (-streken)* contrée
land·ver·hui·zing *nf (-en) (hist.)* émigration
land·ver·raad *het* haute trahison
land|voogd *nm (-en),* **-voogdes** *nf (-sen)* gouverneur
land·weg *nm (-en)* chemin rural
land·win·ning *nf (-en)* accrue *(terre)*
lang *adj, adv* **1** long(uement), longtemps; **al ~** depuis longtemps; **al ~ en breed thuis zijn** être rentré depuis longtemps; **het is zo ~ als het breed is** c'est bonnet blanc et blanc bonnet; **~ geleden** il y a longtemps; **dat heeft ~ genoeg geduurd** cela a assez duré; **in het ~ zijn** être en long; **hoe ~er, hoe liever** le plus longtemps sera le mieux; **het wordt hoe ~er hoe erger** ça va de mal en pis; **ik heb in ~ niet zo gelachen** cela fait longtemps que je n'ai pas ri autant; **hij maakt het niet ~ meer** *(il mourra bientôt)* il n'en a plus pour longtemps; **~ meegaan** *(ne pas s'user rapidement)* durer; **ergens ~ over doen** prendre beaucoup de temps à faire qch; **de tijd valt me ~** je trouve le temps long; **~ van stof zijn** être prolixe; **het vriest niet ~er** il ne gèle plus; **twee weken ~** pendant quinze jours; **de dagen worden ~er** les jours commencent à (s')allonger; **dat kan zo niet ~er** cela ne peut plus durer **2** *(avec une négation)* du tout; **men was het ~ niet eens** on était loin d'être d'accord; **dat smaakt ~ niet slecht** ce n'est pas mauvais du tout; **hij is nog ~ niet zo ver** il n'y est pas encore; **bij ~e na niet** il s'en faut de beaucoup **3** grand (de taille)
lang·dra·dig *adj, adv* **1** (d'une manière) prolixe; **een ~ verhaal** un récit diffus **2** filandreux
lang·du·rig *adj, adv* long(uement)
lan·ge·baan|rij·der *nm (-s),* **-rijdster** *nf (-s)* patineur, -euse de fond
lang·ge·rekt *adj* **1** allongé **2** prolongé *(dans le temps);* **een ~ verhaal** un récit interminable
lang·lau·fen *vi* faire du ski de fond
lang·lo·pend *adj* à long terme
lang|poot *nm (-poten) (zool.)* **1** faucheur, faucheux **2** tipule
langs[1] *adv* le long (de)
langs[2] *prép* **1** le long de; **in een boot ~ de kust varen** longer la côte en bateau **2** par, via **3** devant; **zij praten ~ elkaar heen** ils ne parlent pas la même langue, ils ne parlent pas de la même chose; **iets ~ zich heen laten gaan** laisser glisser, laisser faire, laisser dire
langs·door·sne·de *de (-n)* coupe longitudinale
langs·gaan *vi (i. langsgegaan),* **langskomen** *vi (i. langsgekomen)* **1** *(qp)* passer (devant) **2** *(+ bij)* passer en coup de vent (chez)
langs·heen *prép (Belg.)* → **langs[2] 1**
langs·lo·pen *vi (i. langsgelopen)* → **langsgaan**
lang·speel·film *nm (-s) (Belg.)* long métrage
lang·speel|plaat *de (-platen),* **langspeler** *nm (-s)* trente-trois tours
langs·rij·den *vi (i. langsgereden)* passer *(en voiture, à vélo, à cheval)*
langst *adj, adv* le plus long(temps); **op zijn ~** (tout) au plus
langst·le·ven·de *nm (-n)* survivant, -ante; **testament op de ~** testament en faveur du survivant
langs·zij *adv (mar.)* bord à bord; **~ komen** aborder
lang·uit *adv* de tout son long; **~ voorover** à plat ventre
lang·wer·pig *adj* allongé
lang|zaam *adj, adv (-zamer, -zaamst)* lent(ement), *(esprit)* obtus; **langzamer gaan lopen** ralentir le pas
lang·za·mer·hand *adv* peu à peu
lank·moe·dig *adj, adv* patient, avec patience
lan·taarn|paal *nm (-palen)* (poteau de) réverbère

lan·ter·fan·ten *vi (h. gelanterfant)* battre le pavé
lan·ter·fan·ter *nm (-s)* flâneur, -euse
lap *nm (-pen)* **1** métrage *(tissu)* **2** chiffon; **een ~ inzetten** rapiécer (qch) **3** lavette **4** morceau, tranche **5** coupon **6** gifle
lap·je *het (-s)* ♦ **iem voor het ~ houden** faire marcher qn
lap·jes·kat *de (-ten)* chat tricolore
Lap·land *het* Laponie
lap·mid·del *het (-en)* palliatif
lap·pen *vt (h. gelapt)* **1** rapiécer **2** nettoyer (avec une peau de chamois); **ramen ~** faire les vitres **3** *(sports)* gratter ♦ **iem erbij ~** moucharder qn; **iem iets ~** jouer un tour à qn
lap·pen·de·ken *de (-s)* **1** (couverture en) patchwork **2** *(fig.)* mosaïque
lap·pen·mand *de (-en)* ♦ *(fig.)* **in de ~ zijn** être patraque
lap·top [lɛptɔp] *nm (-s) (inform.)* ordinateur portable
lap·werk *het* rafistolage
lap·zwans *nm (-en)* chiffe molle
la·rie *nf,* **lariekoek** *nm* balivernes
la·riks *nm (-en) (bot.)* mélèze
las[1], **lazen** → **(door-, voor)lezen** *(etc.)*
las[2] *de (-sen)* **1** soudure **2** joint
***las-** à souder
las·sen *vt (h. gelast)* **1** *(technol.)* souder **2** insérer **3** assembler
las·ser *nm (-s)* soudeur, -euse
last *nm (-en)* **1** charge, poids, fardeau; **buitengewone ~en** frais extraordinaires; **hij bezweek haast onder de ~** il succomba presque sous le poids du fardeau; **op ~ van de politie** sur mandat de la police; **iem iets ten ~e leggen** accuser qn de qch; **iem tot zijn ~ hebben** avoir qn à sa charge; **tot ~, ten ~e van** à la charge de **2** gêne; **iem ~ bezorgen** causer de l'embarras à qn; **iem tot ~ zijn** importuner qn; **ik heb ~ van mijn maag** je souffre de l'estomac; **wij hebben veel ~ van onze buren** nos voisins nous gênent beaucoup **3** *(phys.)* poids
last·dier *het (-en)* bête de somme
las·ter *nm* **1** calomnie **2** *(jur.)* diffamation
las·te·ren *vt (h. gelasterd)* calomnier ♦ **God ~** blasphémer
las·ter·lijk *adj, adv* **1** blasphématoire, (de manière) impie **2** (de manière) outrageant(e)
last|ge·ver *nm (-s),* **-geefster** *nf (-s)* commettant
last·ge·ving *nf (-en)* mandat
last·heb·ber *nm (-s)* mandataire
las·tig *adj, adv* **1** pénible(ment), exigeant; **het iem ~ maken** rendre la vie difficile à qn; **~ worden** se rendre importun, *(enfant)* devenir pénible, *(situation)* devenir embarrassant **2** difficile(ment); **~ te hanteren** récalcitrant, peu pratique
last|pak *nm (-ken),* **-post** *nm (-en)* enquiquineur, -euse, *(enfant)* diable
lat *de (-ten)* **1** latte; *(sports)* **onder de ~ staan** être dans le but; *(sports)* **de bal kwam tegen de ~** le ballon a touché la barre transversale **2** asperge, échalas; **zo mager als een ~** maigre comme un clou
Lat. *Latijn(s)* lat.
la·ten *vt, aux (h. gelaten)* **1** laisser; **iem ~ begaan** laisser faire qn; **daar zullen we het bij ~!** nous en resterons là!; **laat dat!** ça suffit!; **hij kan het niet ~** il ne peut pas s'en empêcher; **het erbij ~ (zitten)** en rester là; **laat de kinderen maar** laisse donc (faire) les enfants; **ik heb het op tafel ~ liggen** je l'ai oublié sur la table; **laat maar!** laisse!; **laat maar zitten!** gardez la monnaie!; **iem met rust ~** laisser qn tranquille; **ik heb mij ~ wijsmaken (dat)** je me suis laissé dire (que); **wil je dat weleens ~!** as-tu bientôt fini!; *(Belg.)* **zich ~ doen** se laisser faire **2** mettre, fourrer, poser; **waar moet ik het boek ~?** où est-ce que je dois mettre le livre?; **waar laat die jongen al dat eten?** où est-ce que ce garçon fourre toute cette nourriture? **3** faire; **zich ~ beetnemen** se faire avoir; **zijn gedachten ~ gaan** laisser libre cours à ses pensées; **iem ~ halen** envoyer chercher qn; **iem iets ~ weten** faire savoir qch à qn **4** lâcher, *(un soupir, un cri)* pousser, *(des larmes)* verser ♦ **en laat hij het nu nog doen ook!** et le plus beau c'est qu'il le fait!; **~ wij elkaar helpen** aidons-nous les uns les autres; **laat het nu net beginnen te gieten** et voilà qu'il commence à pleuvoir; **waar heb ik mijn potlood gelaten?** qu'ai-je fait de mon crayon?; *(locution prépositionnelle ou conjonctive)* **laat staan** moins encore, sans parler de
la·tent *adj, adv* (de manière) latent(e); **~ aanwezig** en puissance, *(vocabulaire)* disponible; **~ blijven** demeurer à l'état latent
la·ter *adj, adv* plus récent, plus tard
la·ter·tje *het (-s)* ♦ **het is een ~ geworden** ± on est rentré très tard
la·thy·rus *nm (-sen) (bot.)* pois de senteur
La·tijn *het* latin; *(Belg.)* **ergens zijn ~ in steken** se donner du mal pour faire qch ♦ **dat is ~ voor me** c'est du chinois pour moi
La·tijns *adj* latin; **~e letters** caractères romains
lat·re·la·tie *nf (-s)* ♦ **ze hebben een ~** c'est un couple non cohabitant
lat·werk *het* **1** lattis **2** treillage
lauw *adj, adv* tiède(ment); **~ worden** *(aussi au fig.)* tiédir
lau·we·ren[1] *plur* lauriers; **~ behalen, plukken, oogsten** se couvrir de lauriers ♦ **op zijn ~ rusten** se reposer sur ses lauriers
lau·we·ren[2] *vt (h. gelauwerd)* couronner de lauriers; **gelauwerd uit de strijd treden** rentrer de la guerre le front ceint de lauriers
la·ve·loos *adj (fam.)* complètement bourré, noir
la·ven *vt (h. gelaafd)* désaltérer; *(fig.)* **zich**

~ **aan iets** reprendre le dessus en *(+ gérondif)*
la·ve·ren *vi (h. gelaveerd)* **1** louvoyer **2** tituber
la·vo[1] *het lager algemeen voortgezet onderwijs ⟨enseignement général du premier cycle⟩*
la·vo[2] *de (-'s) ⟨école d'enseignement général du premier cycle⟩*
la·waai *het* vacarme; ~ **schoppen, trappen** faire du boucan
la·waai·e·rig *adj, adv* bruyant, bruyamment
la·wi·ne *nf (-s)* avalanche
laxeer·mid·del *het (-en) (pharm.)* laxatif
laxe·ren *vti (h. gelaxeerd)* purger, administrer un purgatif à; **dat werkt ~d** c'est laxatif
lay-out [leaut] *nm* mise en page(s)
la·za·rus[1] *het (vulg.)* ♦ **ik ben me het ~ geschrokken** j'ai eu une de ces trouilles; **zich het ~ werken** trimer comme un dingue
la·za·rus[2] *adj (vulg.)* plein comme un âne, soûl comme toute la Pologne
la·zer *nm,* **lazerij** *nf (vulg.)* ♦ **iem op zijn ~ geven** casser la gueule à qn
la·ze·ren[1] *vt (h./i. gelazerd) (vulg.)* foutre
la·ze·ren[2] *vi (h./i. gelazerd) (vulg.)* **1** se casser la gueule; **hij lazerde van de trap af** il s'est cassé la gueule dans les escaliers **2** foutre *(ne pas avoir d'importance);* **dat lazert niet** ça a rien à foutre
lbo *het lager beroepsonderwijs ⟨enseignement professionnel secondaire du premier cycle⟩*
lea·der [li:dər] *nm (-s)* éditorial
lead|zan·ger [li:tsaŋər] *nm (-s),* **-zangeres** *nf (-sen)* chanteur, -euse d'un groupe
leao[1] *het lager economisch en administratief onderwijs ⟨enseignement économique et administratif du premier cycle⟩*
leao[2] *de (-'s) ⟨école d'enseignement économique et administratif du premier cycle⟩*
lease·au·to *nm (-'s)* voiture en leasing
lea·sen [li:sə(n)] *vt (h. geleaset)* louer en crédit-bail
leb·be·ren *vi (h. gelebberd)* siroter
leb|maag *de (-magen) (biol.)* caillette
lec·tor *nm (-en, -s)* **1** maître de conférences **2** *(Belg.)* lecteur
lec·tuur *nf* lecture *(les ouvrages qu'on lit);* **breng eens wat ~ voor me mee** rapporte-moi quelque chose à lire; **lichte ~** lectures populaires
le·de·ma·ten *plur (biol.)* membres
le·den·stop *nm* blocage des (nouvelles) adhésions
le·den·tal *het (-len)* nombre de membres, d'adhérents
le·den·ver·ga·de·ring *nf (-en)* assemblée générale
le·der *het (form.)* → **leer**[1]
le·de·ren *adj* → **leren**[1]
le·der·wa·ren *plur* maroquinerie
le·di·gen *vt (h. geledigd)* → **legen**
le·dig·heid *nf (form.)* oisiveté; *(prov)* ~ **is des duivels oorkussen** l'oisiveté est la mère de tous les vices
le·di·kant *het (-en)* lit *(meuble)*
leed[1], **leden** → **lijden**[1]
leed[2] *het* **1** douleur, chagrin; ~ **aanwakkeren** retourner le couteau dans la plaie; **het ~ is weer geleden** *(chagrin d'enfant)* le gros chagrin est passé, *(réparation)* il n'y paraît plus **2** regrets; **zijn ~ betuigen** témoigner ses regrets **3** mal, dommage
leed·ver·maak *het* malin plaisir
leed·we·zen *het (form.)* regret; **iem zijn ~ betuigen** témoigner ses regrets à qn; **tot mijn ~** à mon grand regret
leef|baar *adj (-baarder, -baarst)* **1** vivable **2** *(Belg.)* rentable
leef·baar·heid *nf (socio.) (qp)* qualité de (la) vie
leef·een|heid *nf (-heden)* **1** *(archit.)* unité de volume habitable **2** *(jur.)* cellule de cohabitants
leef·ka·mer *nm (Belg.)* salle de séjour
leef·kli·maat *het (socio.)* cadre de vie, ambiance
leef·mi·lieu *het (-s) (socio.)* environnement; **spanningen van het moderne ~** agressions de la vie moderne
leef·pa|troon *het (-tronen) (socio.)* mode de vie
leef·re·gel *nm (-s) (socio.)* hygiène de vie
leef·tijd *nm (-en)* âge; *(Belg.)* **de derde ~** le troisième âge; **overleden in de ~ van 78 jaar** décédé à l'âge de 78 ans; **op latere ~** sur le tard; **een man op ~** un homme d'âge; **en dat op zijn ~!** à son âge!; **hij ziet er jong uit voor zijn ~** il ne paraît pas son âge
leef·tijd·ge|noot *nm (-noten),* **-note** *nf (-s, -n)* ♦ **hij is een ~ van mij** il est de mon âge, de ma génération
leeg *adj (leger, leegst)* **1** vide **2** inoccupé, oisif; **in een ~ uurtje** pendant une heure creuse
leeg·bloe·den *vi (i. leeggebloed)* se vider de son sang
leeg·drin·ken *vt (h. leeggedronken)* vider *(en buvant)*
leeg·eten *vt (h. leeggegeten)* vider *(en mangeant);* **zijn bord ~** finir son assiette; **zijn mond ~** terminer ce qu'on a en bouche
leeg·gie·ten *vt (h. leeggegoten),* **leeg·gooien** *vt (h. leeggegooid)* → **legen**
leeg·ha·len *vt (h. leeggehaald)* vider
leeg·heid *nf* **1** vide **2** oisiveté
leeg·loop *nm* **1** *(socio.)* dépeuplement; **de ~ van het platteland** l'exode rural **2** *(écon.)* marche à vide
leeg·lo·pen *vi (h./i. leeggelopen)* **1** se vider **2** fainéanter **3** se dégonfler *(chambre à air)*
leeg·ma·ken *vt (h. leeggemaakt)* vider, *(boissons, aliments)* finir
leeg·pom·pen *vt (h. leeggepompt)* vider à la pompe

leeg·staan *vi (h. leeggestaan)* être vide *(endroit)*, être inoccupé
leeg·stand *nm* inoccupation *(immeubles)*
leeg·stro·men *vi (i. leeggestroomd)* se vider, se dégager
leeg·te *nf (-s, -n)* vide; **de geestelijke** ~ la pauvreté intellectuelle; **hij liet een grote ~ achter** sa mort a fait un grand vide
leeg·ver·koop *nm (commerce)* liquidation totale
leek[1], **leken** → **lijken**
leek[2] *nm (leken)* **1** profane **2** laïc, laïque
leem *het/de* (terre) glaise
leem|groe·ve *de (-n)*, **-kuil** *nm (-en)*, **-put** *nm (-ten)* argilière
leem·te *nf (-n, -s)* **1** lacune; **~n in het geheugen** trous de mémoire; **in een ~ voorzien, een ~ aanvullen** combler une lacune **2** faiblesse; **~n vertonen** présenter des faiblesses
leen *het (lenen)* fief ♦ **iets in ~ ontvangen** recevoir qch à titre de prêt; **iets van iem in ~ hebben** avoir emprunté qch à qn; **te ~** en prêt; **iem iets te ~ geven** prêter qch à qn; **iem iets te ~ vragen** demander à qn de prêter qch
leen·goed *het (-eren)* fief
leen|heer *nm (-heren)* seigneur féodal
leen·man *nm (-nen)* vassal
leen·recht *het* **1** *(hist.)* droit féodal **2** droit de prêt *(droit d'auteur basé sur le nombre de prêts dans les bibliothèques)*
leen·tje·buur ♦ **hij speelt altijd ~** c'est un tapeur professionnel; **~ spelen** chercher à emprunter
leen·woord *het (-en) (ling.)* emprunt
leep *adj, adv* malin, rusé, d'une façon maligne
leer[1] *het* cuir ♦ **van ~ trekken (tegen iem)** fulminer (contre qn)
leer[2] *de* **1** théorie; **hij is niet zuiver in de ~** il n'est pas orthodoxe; **de oude en de nieuwe ~** le catholicisme et le protestantisme **2** apprentissage; **bij iem in de ~ gaan, komen** aller en apprentissage chez qn **3** leçon
leer·boek *het (-en)* manuel
leer·gang *nm (-en) (enseign.)* **1** (un ensemble de) cours **2** méthode
leer·geld *het* frais de scolarité, droits d'inscription ♦ **~ betalen voor iets** apprendre qch à ses dépens
leer·gie·rig *adj, adv* avide d'apprendre, avec curiosité
leer·gie·rig·heid *nf* soif d'apprendre
leer|jaar *het (-jaren)* **1** année scolaire **2** année d'études **3** année d'apprentissage
leer·kracht *de (-en)* enseignant, -ante
leer|ling *nm (-en)*, **-linge** *nf (-s, -n)* **1** élève; **de nieuwe ~en** les élèves de 1ère année, les nouveaux arrivants **2** disciple **3** apprenti, -ie
leer·looi·en *vi* tanner *(peaux)*; **het ~** le tannage
leer·mees·ter *nm (-s)* **1** maître **2** professeur
leer·mid·de·len *plur* matériel éducatif
leer·plan *het (-nen)* curriculum
leer·plicht *de* scolarité obligatoire
leer·plich·tig *adj* en âge scolaire
leer|school *de (-scholen)* école, apprentissage; **dat was een goede ~ voor hem** il était à bonne école
leer·stel·ling *nf (-en)* doctrine
leer·stoel *nm (-en)* chaire; **een ~ bekleden** être titulaire d'une chaire
leer·stof *de (enseign.)* matière
leer·tje *het (-s)* morceau de cuir ♦ **een nieuw ~ in de kraan doen** remplacer le joint d'un robinet
leer·vak *het (-ken) (enseign.)* **1** matière théorique **2** discipline
leer|zaam *adj, adv (-zamer, -zaamst)* instructif, de façon instructive
***lees-** de lecture
lees|baar *adj, adv (-baarder, -baarst)* lisible(ment)
lees·blind *adj* dyslexique
lees·boek *het (-en)* **1** *(enseign.)* manuel de lecture **2** livre, roman
lees·lamp *de (-en)* **1** lampe de bureau **2** lampe de chevet
lees·moe·der *nf (-s)* ⟨*mère d'élève qui aide l'enseignant pendant la leçon de lecture*⟩
lees·pen *de (-nen) (inform.)* lecteur de code-barres
lees·por·te·feuil·le [lespɔrtəfœyjə] *nm (-s)* ⟨*chemise rassemblant des revues, magazines d'un service de prêt*⟩
lees·stof *de* lectures
leest *de (-en)* forme *(chaussures)*; *(fig.)* **op een andere ~ schoeien** arranger autrement; *(fig.)* **iets op dezelfde ~ schoeien** former qch d'après le même modèle
lees·te·ken *het (-s)* **1** signe de ponctuation **2** accent
lees·vaar·dig·heid *nf* maîtrise de la lecture
lees|zaal *de (-zalen)* **1** salle de lecture *(pièce)* **2** bibliothèque *(institution)*
leeuw *nm (-en)*, **leeuwin** *nf (-nen)* lion, lionne; *(fig.)* **iem voor de ~en gooien** donner qn en pâture (à l'opinion publique)
leeu·wen·bek *nm (-ken) (bot.)* gueule-de-loup
leeu·we·rik *nm (-en)* alouette; **zingen als een ~** chanter comme un rossignol
lef *het/de (fam.)* culot
lef|go·zer, -schopper *nm (-s) (fam.)* crâneur
leg *nm* ponte *(ovipares)*; **van de ~ zijn** ne pas pondre
le|gaat[1] *nm (-gaten)* légat
le|gaat[2] *het (-gaten) (jur.)* legs
le·ga·li·se·ren *vt (h. gelegaliseerd)* légaliser
le·gen *vt (h. geleegd)* vider
le·gen·da·risch *adj* légendaire
le·ger *het (-s)* **1** armée; **het Leger des Heils** l'Armée du Salut **2** gîte, terrier
***le·ger-** d'armée, militaire
le·ge·ren[1] *vt (h./i. gelegerd)* **1** camper *(installer dans un camp)* **2** *(milit.)* cantonner

le·ge·ren² *vpr (zich ~; h. zich gelegerd)* camper; **de vijand had zich in de vlakte gelegerd** l'ennemi campait dans la plaine
le·ge·ring¹ *nf (-en) (milit.)* campement
le·ge·ring² *nf (-en)* alliage
le·ger·lei·ding *nf* **1** commandement d'une armée **2** (haut) commandement (des armées)
le·ges *plur (jur.; fin.)* droits d'expédition
leg·gen *vt (h. gelegd)* **1** coucher **2** pondre **3** poser, mettre; **aan de ketting** ~ attacher à une chaîne; **de arm om iemands hals** ~ prendre qn par le cou; **klemtoon op een lettergreep** ~ mettre l'accent sur une syllabe **4** poser ⟨*pour les expressions non mentionnées voir les substantifs concernés*⟩; **een brug** ~ jeter un pont
leg·ger *nm (-s)* **1** pondeuse **2** pomme de terre de semence **3** solive
le·gio *het* multitude
le·gi·oen *het (-en)* **1** légion **2** *(sports)* supporters
le·gi·ti·ma·tie *nf (-s),* **legitimatiebewijs** *het (-wijzen)* pièce d'identité
le·gi·ti·me·ren¹ *vpr (zich ~; h. zich gelegitimeerd)* justifier (de son identité)
le·gi·ti·me·ren² *vt (h. gelegitimeerd)* légitimer
leg·kast *de (-en)* armoire à linge
lei¹ *het* ardoise *(pierre)*
lei² *de* **1** ardoise *(pour écrire); (fig.)* **(weer) met een schone ~ beginnen** recommencer à zéro **2** *(Belg.)* avenue
lei·band *nm (-en)* ♦ *(fig.)* **hij loopt aan de ~ van ...** il est à la remorque de ...; **iem aan de ~ laten lopen** tenir qn en laisse
lei·dek·ker *nm (-s)* couvreur
lei·den *vt (h. geleid)* **1** *(aussi sports)* mener; **een kind aan de hand** ~ mener un enfant par la main **2** conduire **3** mener (à); **tot niets** ~ ne mener à rien **4** diriger; **een vergadering** ~ présider une réunion
Lei·den *het* Leyde; *(fig.)* ~ **is in last** c'est la fin des haricots
lei·der *nm (-s)* **1** dirigeant **2** capitaine **3** moniteur **4** chef de file **5** *(sports)* leader
lei·der·schap *het* direction, *(milit.)* commandement; **het ~ op zich nemen** prendre la direction (des affaires)
lei·ding *nf (-en)* **1** direction; ~ **geven (aan)** être à la tête (de); **de ~ (in handen) hebben** avoir la direction (de); **onder ~ staan** être placé sous la direction (de qn); **het orkest onder ~ van A.** l'orchestre sous la direction d'A. **2** conduite **3** *(électricité)* ligne **4** *(sports)* tête; **de ~ nemen** prendre la tête
lei·ding·ge·vend *adj* dirigeant; **een ~e functie** une fonction de cadre
lei·ding·wa·ter *het* eau de ville
lei|draad *nm (-draden)* fil (conducteur)
leid·ster *nf (-s)* **1** dirigeante **2** cheftaine, monitrice **3** *(sports)* première du classement **4** *(fig.)* guide
lei·en *adj* en ardoise
lei·steen *het/de* schiste
lek¹ *het (-ken)* fuite
lek² *adj* qui fuit, crevé; ~ **zijn** avoir une fuite, *(navire)* prendre l'eau
***le·ken-** laïque
lek·ka·ge [lɛkaʒə] *nf (-s)* **1** fuite **2** suintement
lek·ken *vi, vb impers (h. gelekt)* **1** fuir **2** suinter
lek|ker *adj, adv (-kerder, -kerst)* **1** bon, délicieux, bien; **iets ~s** quelque chose de bon; **~e trek hebben** avoir envie de qch de bon; ~ **vinden** aimer (qch); **ik voel mij niet erg** ~ je ne me sens pas très bien; ~ **warm** bien chaud; **het is ~ warm hier** il fait bon ici; ~ **weer** un temps agréable; **ik zit niet** ~ je suis mal (assis); **dat zit hem niet** ~ cela le tracasse **2** appétissant; *(fam.)* **een ~e meid** un beau brin de fille ♦ *(fig.)* **je bent niet** ~ tu es cinglé; **ik doe het ~ toch niet!** je ne le ferai pas, na!; **hij is er ~ ingelopen** il s'est fait avoir, bien fait pour lui; **iem ~ maken** allécher qn; ~ **mis!** raté, bien fait!; *(iron.)* **voel je je wel ~?** ça va pas la tête?
lek·ker·bek *nm (-ken)* fine bouche, gourmet
lek·ker·bek·je *het (-s) (cuis.)* morceau d'aiglefin frit
lek·ker·koek *nm (-en) (Belg.)* pain d'épice
lek·ker·nij *nf (-en),* **lekkers** *het* friandise
lek·ker·tje *het (-s) (fam.)* (petit(e)) coco, cocotte; *(iron.)* **het is me een ~!** il, elle est vraiment difficile!, *(enfant)* c'est un vrai diable!
lek·vrij *adj* étanche
lel¹ *nf (-len) (fam.)* traînée, poule
lel² *de (-len)* **1** lobe **2** *(oiseaux)* caroncule **3** gifle; **iem een ~ geven** flanquer une bonne gifle à qn; **de bal een ~ geven** frapper le ballon d'un grand coup
le·lie *de (-s)* lis; **de Franse** ~ la fleur de lys
le·lie·tje-van-da·len *het (lelietjes-van-dalen)* muguet
le·lijk *adj, adv* **1** *(pas beau; pas joli)* laid(ement); **~e gezichten trekken** faire des grimaces; ~ **maken** enlaidir; ~ **schrijven** avoir une vilaine écriture **2** mauvais, vilainement, mal; **iem uitmaken voor alles wat ~ is** traiter qn de tous les noms; **het is ~ weer** il fait mauvais; **het ziet er ~ uit** ça va mal; **er ~ aan toe zijn** être bien mal en point **3** vilain, salement **4** salement, terriblement; ~ **toegetakeld** mal en point; **er ~ naast zitten** se mettre le doigt dans l'œil; **hij heeft het ~ te pakken** il a attrapé un rhume, *(amoureux)* il est mordu ♦ **daar zal hij ~ van staan te kijken!** il va faire une de ces têtes!
le·lij·kerd *nm (-s)* **1** épouvantail **2** *(injure)* vilain, -aine
lel·le·bel *nf (-len)* → **lel¹**
le·men *adj* de, en limon
lem·met *het (-en)* lame
len·de *de (-nen)* reins, région lombaire
len·den·doek *nm (-en)* pagne
le·nen¹ *vt (h. geleend)* **1** prêter; *(souvent*

péj.) **zich ~ tot, voor iets** se prêter à qch **2** emprunter
le·nen[2] *vpr (zich ~; h. zich geleend) (+ voor)* se prêter (à), être susceptible (de)
le·ner *nm (-s),* **leenster** *nf (-s)* **1** prêteur, -euse **2** emprunteur, -euse
len·gen *vi (h./i. gelengd)* (s')allonger; **de dagen ~** les jours (s')allongent
leng·te *nf (-n, -s)* **1** longueur; **in de ~ doorzagen** scier dans le sens de la longueur; **van drie meter in de ~** de trois mètres de long; **het moet uit de ~ of uit de breedte komen** il faut bien que cela vienne de qp; **in zijn volle ~** de toute sa longueur **2** durée; **tot in ~ van dagen** éternellement **3** longitude
***leng·te-** longitudinal; **de lengteas** l'axe longitudinal
le·nig *adj, adv* **1** *(aussi au fig.)* souple(ment); **~ maken** assouplir **2** agile, avec agilité
le·ni·gen *vt (h. gelenigd)* apaiser, adoucir
le·ning *nf (-en)* **1** prêt; **iem een ~ verstrekken** consentir un prêt à qn **2** emprunt; **een ~ sluiten** faire un emprunt
lens[1] *de (lenzen)* **1** lentille, objectif **2** lentille (de contact) **3** cristallin
lens[2] *adj* ♦ **iem ~ slaan** mettre qn en bouillie; **zich ~ trappen** s'esquinter à pédaler
lens·ope·ning *nf (-en)* diaphragme
len·te *de (-s)* printemps
***len·te-** printanier
len·te·ach·tig *adj* printanier
len·te·dag *nm (-en)* journée printanière; *(fig.)* **in onze ~en** dans nos jeunes années
le·pel *nm (-s)* cuiller; *(fig.)* **het iem met de ~ ingieten** seriner qch à qn; **een ~ vol** une cuillerée
le·pe·laar *nm (-s) (zool.)* spatule
le·pe·len *vti (h. gelepeld)* prendre, manger à la cuiller
le·perd *nm (-s)* futé, -ée
le·pra *de* lèpre
le·pra|lij·der *nm (-s),* **-lijdster** *nf (-s),* **le·proos** *nm (leprozen)* lépreux, -euse
le·raar *nm (leraren),* **lerares** *nf (-sen)* professeur(e)
le·ren[1] *adj* de, en cuir
le·ren[2] *vti (h. geleerd)* **1** apprendre (qch à qn); **iem ~ kennen** faire la connaissance de qn; *(iron.)* **leer mij ze kennen!** c'est toi qui vas me dire à qui j'ai à faire! **2** apprendre, étudier
le·ring *nf (-en) (form.)* **1** leçon; **dat strekt tot ~** cela est fort instructif; **~ uit iets trekken** tirer une leçon de qch **2** catéchisme
les *de (-sen)* leçon, cours; *(fig.)* **iem een geduchte ~ geven** réprimander qn vertement; **~ geven in iets** enseigner qch; **~ in tekenen** leçon de dessin; **laat dit een ~ voor u zijn** que cela vous serve de leçon; *(fig.)* **een kind de ~ lezen,** *(Belg.)* **een kind de les spellen** gronder un enfant; **een ~ opgeven** donner une leçon à apprendre
les·au·to *nm (-'s)* voiture d'auto-école
les·be·voegd·heid *nf* certificat d'aptitude professionnelle à l'enseignement
les·bisch *adj* lesbien
les·bo *nf (-'s) (fam.)* lesbienne
les·geld *het* frais de scolarité
les·ge·ven *vi* enseigner
les·roos·ter *het/de (-s)* emploi du temps
les·sen[1] *vt (h. gelest)* assouvir; **niet te ~** inassouvissable
les·sen[2] *vi (h. gelest) (fam.)* **1** prendre des leçons **2** donner des leçons
les·se·naar *nm (-s)* pupitre
lest *adj, adv* dernier, en dernier (lieu); *(prov)* **~ best** aux derniers les bons; **ten langen ~e** enfin
les|toe·stel *het (-len),* **-vliegtuig** *het (-en)* avion-école
les|uur *het (-uren)* heure (de cours)
Let·land *het* Lettonie
let·sel *het* blessure; **hij is er zonder ~ afgekomen** il en est sorti indemne
let·ten *vi (h. gelet)* **1** faire attention (à); **let op mijn woorden** prends note de ce que je dis; **let wel** remarque **2** *(+ op)* surveiller (qch); **let op je woorden** fais attention à ce que tu dis; **let op de kinderen** surveille les enfants ♦ **wat let mij?** qu'est-ce qui m'en empêche?
let·ter *de (-s)* **1** lettre *(alphabet; aussi au fig.)*; **bij de ~ Q** à la lettre Q; **geen ~ (meer) op papier zetten** ne pas écrire un mot de plus; **een grote ~** une (lettre) majuscule; **naar de ~ van de wet** à la lettre de la loi; **iets naar de ~ opvatten** prendre qch au pied de la lettre **2** caractère (d'imprimerie)
let·ter·bak *de (-ken)* casse
let·te·ren *plur* lettres; **hij studeert ~** il fait des études de lettres
let·ter|greep *de (-grepen)* syllabe
let·ter·kun·de *nf* **1** littérature **2** manuel de littérature
let·ter·kun·dig *adj, adv* (du point de vue) littéraire
let·ter·lijk *adj, adv* **1** littéral(ement), mot à mot; **iets al te ~ opvatten** prendre qch par trop au pied de la lettre; **in de ~e zin** au sens propre **2** littéralement, totalement
let·ter·te·ken *het (-s)* **1** caractère, signe graphique **2** code en lettres
let·ter·zet·ten *vi* composer *(caractères)*
leu·gen *de (-s)* mensonge; **een ~tje om bestwil** un pieux mensonge; **het hangt van ~s aan elkaar, aaneen** c'est un tissu de mensonges; **~s verkopen** débiter des mensonges; *(prov)* **al is de ~ nog zo snel, de waarheid achterhaalt haar wel** la vérité s'élève au-dessus du mensonge, comme l'huile au-dessus de l'eau
leu·ge|naar *nm (-s),* **-naarster** *nf (-s)* menteur, -euse
leu·gen·ach·tig *adj* mensonger
leuk *adj, adv* **1** drôle, de manière amusante; *(iron.)* **wat ben je weer ~!** tu te crois drôle, hein!; **~!** chic! **2** joli(ment); **dat staat je ~** cela te va bien **3** agréable(ment); **~ dat je gebeld hebt** gentil d'avoir téléphoné; *(iron.)* **dat kan ~ worden** cela promet; **een ~ tochtje** une belle balade;

ik vind het niet ~ om dat te doen je n'aime pas faire cela
leu·kerd *nm (-s)* farceur, -euse
leuk·weg *adv* mine de rien
leu·nen *vi (h. geleund)* s'appuyer; *(fig.)* **erg op iem ~** être très dépendant de qn
leu·ning *nf (-en)* **1** rampe **2** accoudoir, accotoir **3** appui, dossier **4** *(mar.)* garde-corps
leun·stoel *nm (-en)* fauteuil
leu·ren *vi (h. geleurd)* **1** colporter **2** *(Belg.)* offrir avec insistance
leus *de (leuzen)* slogan
leut *de* **1** rigolade; **uit ~, voor de ~** pour rire, pour rigoler **2** *(fam.)* café
leu·te·ren *vi (h. geleuterd)* bavarder
Leu·ven *het* Louvain
le·ven[1] *het (-s)* vie, existence, âge; **een ~ als een luis op een zeer hoofd hebben** vivre comme un coq en pâte; **zich het ~ benemen, zich van het ~ beroven** se suicider; **bij, tijdens zijn ~** de son vivant; **zich door het ~ slaan** se débrouiller dans la vie; **in ~** en vie; **iets in het ~ roepen** mettre qch sur pied; **mijn ~ lang** ma vie durant; **een lui ~tje** une petite vie pépère; **met zijn ~ spelen** risquer sa vie; **iem naar het ~ staan** attenter à la vie de qn; **om het ~ komen** trouver la mort; **iem om het ~ brengen** tuer qn; **het ~ schenken aan** donner la vie à; **hoe staat het ~?** comment ça va?; **uit het ~ gegrepen** pris sur le vif; **bij ~ en welzijn** s'il plaît à Dieu ♦ **dat brengt ~ in de brouwerij** cela met de l'entrain, les affaires prennent tournure; **zij is in het ~** elle est prostituée
le·ven[2] *vti (h. geleefd)* **1** vivre; **blijven ~** rester en vie; **we moeten daar nog een jaar mee ~** il faudra supporter cela un an encore; **naar iets toe ~** se réjouir à l'idée de qch; **stil gaan ~** se retirer des affaires; **leeft die vaas nog?** ce vase n'est toujours pas cassé?; **men moet ermee leren ~** il faudra bien s'y faire; **zij ~ langs elkaar heen** ils vivent chacun de leur côté; *(prov)* **wie dan leeft, die dan zorgt** qui vivra, verra **2** vivre (de); **van dit vak kun je niet ~** ce métier ne nourrit pas son homme; **hij heeft genoeg om van te ~** il a de quoi vivre
le·vend *adj* vivant; **'t er ~ vanaf brengen** avoir la vie sauve
le·ven·dig *adj, adv* **1** animé, avec animation; **~er worden** s'animer **2** vif **3** net(tement); **dat kan ik mij ~ voorstellen** je n'ai aucune peine à me l'imaginer
le·ven·dig·heid *nf* **1** animation **2** vivacité
le·ven·loos *adj* inanimé, *(aussi au fig.)* sans vie
*__le·vens-__ **1** de (la) vie **2** vital; **het levensbelang** l'intérêt vital
le·vens·be·schou·we·lijk *adj* philosophique
le·vens·be·schou·wing *nf (-en)* conception de la vie
le·vens·duur *nm* **1** longévité **2** durée de vie, durée d'utilisation, durée de validité
le·vens·duur·te *nf (Belg.)* coût de la vie
le·vens|echt *adj, adv (-echter, meest l.)* fidèle(ment), réaliste, avec réalisme
le·vens·ge·vaar *het* danger de mort; **in ~ verkeren** être en danger de mort
le·vens·ge·vaar·lijk *adj, adv* mortel, au péril de sa vie
le·vens·groot *adj* **1** (de, en) grandeur nature **2** *(fig.)* énorme
le·vens·lang *adj, adv* perpétuel(lement); **hij kreeg ~** il a été condamné à perpétuité
le·vens·licht *het* ♦ **het ~ aanschouwen** voir le jour
le·vens·loop *nm* **1** (cours de la) vie **2** curriculum vitae
le·vens·lot *het* sort
le·vens·lust *nm* **1** attachement à la vie **2** joie de vivre
le·vens·lus·tig *adj* **1** désireux de vivre **2** débordant de vie
le·vens·mid·de·len *plur* produits alimentaires
le·vens·on·der·houd *het* **1** entretien; **in zijn eigen ~ kunnen voorzien** pouvoir assurer sa propre subsistance **2** nourriture
le·vens·over·tui·ging *nf (-en)* convictions, principes
le·vens·pad *het (-en)* cours de la vie
le·vens·stan·daard *nm* **1** niveau de vie **2** coût de la vie
le·vens·vat|baar *adj (-baarder, meest l.) (aussi au fig.)* viable
le·vens·ver·vul·ling *nf* réalisation de son idéal
le·vens·ver·wach·ting *nf* **1** perspective **2** espérance de vie
le·vens·wan·del *nm* vie, conduite
le·vens·wij·ze *de* mode de vie
le·ver *de (-s)* foie ♦ *(Belg.; fig.)* **dat ligt op zijn ~** ça lui reste sur l'estomac; **iets op zijn ~ hebben** avoir qch sur le cœur
*__le·ver-__ du foie
le·ve·ran·cier *nm (-s)* fournisseur, -euse; **vaste ~** fournisseur attitré
le·ve·ran·tie *nf (-s)* livraison
le·ver·baar *adj* livrable
le·ve·ren *vt (h. geleverd)* **1** fournir **2** donner **3** faire; **wie heeft me dat geleverd?** qui m'a fait ça? **4** *(bataille)* livrer ♦ **het hem ~** réussir qch
le·ve·ring *nf (-en)* livraison
*__le·ve·rings-__ de livraison
le·ver·pa·tiënt *nm (-en)* hépatique
le·ver·tijd *nm (-en)* délai de livraison
le·ver·traan *nm* huile de foie de morue
le·ver·worst *de (-en)* saucisson de pâté de foie
le·zen *vti (h. gelezen)* **1** lire, déchiffrer, interpréter; **een boek gaan ~** commencer la lecture d'un livre; **kunnen ~** savoir lire; **er staat te ~** il est écrit **2** se lire ♦ **het ~ van de mis** la célébration de la messe
le·zens·waar|dig *adj (-diger, meest l.)* qui mérite d'être lu

le·zer *nm (-s)* lecteur *(personne et appareil)*
le·ze·res *nf (-sen)* lectrice
le·zing *nf (-en)* **1** lecture **2** version **3** conférence
lhno *het lager huishoud- en nijverheidsonderwijs* ⟨*enseignement ménager et industriel du premier cycle*⟩
Li·ba·non *het* Liban
li·bel *de (-len)* libellule
li·be|raal *adj, adv (-raler, meest l.)* **1** *(pol.; écon.)* (du point de vue) libéral **2** libéral(ement), tolérant; **hij stelde zich ~ op** il prit une position libérale **3** généreux, généreusement
li·be·ra·li·se·ren *vt (h. geliberaliseerd)* libéraliser, *(écon.)* libérer
li·bret·to *het (-'s) (opéra)* livret
li·cen·tie *nf (-s) (tous les sens)* licence; **iets in ~ vervaardigen** fabriquer qch sous licence
li·chaam *het (lichamen)* corps *(anatomie; institution)*
***li·chaams-** **1** physique **2** du corps
li·chaams·be·we·ging *nf (-en)* exercice (physique)
li·cha·me·lijk *adj, adv* physique(ment)
licht[1] *het (-en)* **1** *(aussi au fig.)* lumière; *(fig.)* **iets aan het ~ brengen** révéler qch; **aan het ~ komen, treden** être révélé; **iets in een ander ~ zien** voir qch sous un jour nouveau; **tussen ~ en donker** entre chien et loup; *(fig.)* **nu gaat mij een ~ op!** j'y suis!; **zij gunnen elkaar het ~ in de ogen niet** ils ne peuvent pas se sentir; **laat je ~ eens op deze zaak schijnen** essaie de tirer ce problème au clair; **zijn ~ opsteken bij** se renseigner auprès de; **iets tegen het ~ houden** tenir qch à la lumière; **het ~ zien** voir le jour **2** éclair **3** feu (rouge)
licht[2] *adj, adv* **1** léger, légèrement; **twaalf pond ~er worden** maigrir de six kilos **2** clair; **het wordt al ~** il commence à faire jour **3** facile(ment); **dat zal niet ~ vergeten worden** on ne l'oubliera pas facilement
***licht-** clair; **lichtblauw** bleu clair
lich·te·kooi *nf (-en) (prostituée)* grue
lich·te·lijk *adv* **1** légèrement **2** aisément
lich·ten[1] *vi (h./i. gelicht)* briller
lich·ten[2] *vt (h./i. gelicht)* **1** lever **2** soulever **3** enlever
lich·tend *adj* **1** *(fig.)* édifiant **2** lumineux
lich·ter·laaie ♦ **het gebouw stond in ~** l'édifice était en flammes
licht·ge·lo·vig *adj, adv* crédule(ment)
licht·ge·raakt *adj* irritable
licht·ge·vend *adj* phosphorescent
lich·ting *nf (-en)* **1** *(poste)* levée **2** *(mar.)* renflouage **3** déchargement
licht|jaar *het (-jaren)* année-lumière
licht·net *het (-ten)* réseau électrique
licht·punt *het (-en)* **1** point lumineux **2** *(fig.)* lueur d'espoir
licht·scha·ke·laar *nm (-s)* interrupteur
licht|schip *het (-schepen)* bateau-feu
licht·vaar·dig *adj, adv (fig.)* léger, à la légère
licht·val *nm* éclairage
licht·voe·tig *adj, adv* (d'un pas) léger
licht·zin·nig *adj, adv* **1** léger, à la légère **2** léger, frivole, légèrement
lid *het (leden)* **1** paupière **2** membre; **hij heeft een ziekte onder de leden** il couve une maladie **3** *(mot)* élément **4** articulation **5** alinéa
lid·geld *het (Belg.)* cotisation
lid·kaart *de (-en) (Belg.)* → **lidmaatschapskaart**
lid·maat·schap *het (-pen)* **1** affiliation **2** appartenance (à une Eglise)
lid·maat·schaps·kaart *de (-en)* carte de membre
lid|staat *nm (-staten)* Etat membre
lid·woord *het (-en) (ling.)* article
lied *het (-eren)* **1** chanson **2** chant
lie·den *plur* gens
lie·der·lijk *adj, adv* (comme un(e)) débauché(e)
lied·je *het (-s)* chanson; *(Belg.)* **schone ~s duren niet lang** les belles choses ne durent pas ♦ **het is weer het oude ~** c'est toujours la même chanson
lief *adj (liever, liefst)* **1** cher, chéri; **dat heeft hij het ~ste** c'est ce qu'il préfère; **lieve mensen** mes (chers) amis; **iets voor ~ nemen** se contenter de qch **2** gentil, gentiment, sage; **het zou ~ van u zijn om ...** vous seriez gentil de ... **3** mignon, d'une façon adorable ♦ **~ en leed** les joies et les peines; **ik deed het net zo ~ niet** j'aimerais autant ne pas le faire; *(formule finale dans une lettre)* **veel ~s** bons baisers
lief·da·dig *adj* charitable
lief·da·dig·heids·werk *het* bénévolat
lief·de *nf (-s, -n)* amour; **de ~ bedrijven** faire l'amour; *(prov)* **oude ~ roest niet** on revient toujours à ses premières amours; **~ op het eerste gezicht** le coup de foudre
lief·de|loos *adj, adv (-lozer, meest l.)* peu affectueux, avec indifférence
***lief·des-** d'amour
lief·de|vol *adj, adv (-voller, meest l.)* affectueux, affectueusement
lief·de·werk *het (-en)* **1** bonne œuvre **2** bienfaisance; **het is ~ oud papier** c'est par pur idéalisme
lie·fe·lijk *adj, adv* doux, charmant, avec douceur
lief·heb·ben *vt (h. liefgehad)* aimer; **je ~de dochter** ta fille qui t'aime
lief|heb·ber *nm (-s)*, **-hebster** *nf (-s)* amateur; **een ~ van chocola zijn** raffoler de chocolat
lief·heb·be·rij *nf (-en)* **1** divertissement, hobby **2** goût, plaisir; **uit, voor ~** par plaisir
lief·je *het (-s)* **1** petite amie **2** (mon, ma) chéri(e)
lief·jes *adv* **1** gentiment **2** *(iron.)* doucereusement
lief·ko·zen *vt (h. geliefkoosd)* câliner
lief·ko·zend *adj* câlin, tendre

lief·ko·zing *nf (-en)* câlinerie
liefst *adv* **1** le plus gentiment **2** de la façon la plus charmante **3** de préférence; **het ~ hebben dat ...** préférer que ...; **~ niet** plutôt pas **4** s'il vous plaît
lief·ste *nm (-n)* **1** amour **2** (mon, ma) chéri(e)
lief·tal·lig *adj, adv* (d'une manière) charmant(e)
lie·gen *vti (h. gelogen)* mentir; **hij liegt (als)of het gedrukt staat** il ment comme un arracheur de dents ♦ **dat liegt er niet om** ce n'est pas mal du tout, c'est une vérité éclatante
liep, liepen → **(af-, langs)lopen**
lier *de (-en)* ♦ **het gaat als een ~** ça marche comme sur des roulettes; **het brandt als een ~** ça flambe comme une torche
lies *de (liezen)* aine
lies·breuk *de (-en)* hernie inguinale
liet, lieten → **(achter-, toe)laten**
lie·ve·heers·beest·je *het (-s)* bête à bon Dieu
lie·ve·ling *nm (-en)* **1** (mon) chéri, (ma) chérie **2** préféré, -ée
lie·ver *adv* **1** de préférence; **hij ~ dan ik** plutôt lui que moi **2** plutôt; **~ gezegd** (ou) plutôt
lie·ver·le·de ♦ **van ~** petit à petit
lif·laf *nm (-fen)* **1** amuse-gueule **2** baliverne
lift *nm (-en)* ascenseur; *(fig.)* **in de ~ zitten** avoir le vent en poupe ♦ **iem een ~ geven** emmener qn dans sa voiture
lif·ten *vi (h./i. gelift)* faire de l'auto-stop
li·ga *de (-'s)* ligue
lig·geld *het (-en)* **1** frais d'ancrage **2** *(à l'hôpital)* prix de journée
lig·gen *vi (h./i. gelegen)* **1** être étendu **2** être couché; **gaan ~** se coucher **3** être, se trouver; **Antwerpen ligt aan de Schelde** Anvers est située sur l'Escaut; **er ligt, er ~ ...** il y a ...; **het appartement ligt op het noorden** l'appartement est orienté au nord **4** *(+ aan)* tenir (à), dépendre (de); **aan wie ligt het?** à qui la faute?; **als het aan mij lag** s'il ne tenait qu'à moi; **dat lag aan verscheidene dingen** il y avait différentes raisons à cela; **dat ligt eraan** cela dépend **5** convenir à; **dat genre ligt mij niet** ce genre ne m'attire pas **6** tomber; **de wind ging ~** le vent est tombé **7** reposer; *(pierre tombale)* **hier ligt ...** ci-gît ... **8** *(+ inf.)* être en train de ♦ **daar is mij veel aan gelegen** c'est très important pour moi; **als ze dat merken lig ik eruit** s'ils découvrent ça, ils me mettront à la porte; *(Belg.)* **iem ~ hebben** avoir le dessus; **ik heb dat boek laten ~** j'ai oublié ce livre; **zich nergens iets aan gelegen laten ~** n'en faire qu'à sa tête
lig·gend *adj* **1** couché, étendu **2** situé
lig·ging *nf (-en)* position
lig·stoel *nm (-en)* chaise longue
lij·de·lijk *adj, adv* **1** résigné, avec résignation **2** passif, passivement; **~ toezien** rester les bras croisés
lij·den[1] *het* souffrance
lij·den[2] *vt (h. geleden)* **1** souffrir **2** supporter; *(fig.)* **het kan wel wat ~** il y a suffisamment de marge **3** tolérer
lij·den[3] *vi (h. geleden)* souffrir (de); **~d aan** souffrant de; **~ onder iets** souffrir de qch; **te ~ hebben van iets** se ressentir de qch ♦ *(ling.)* **~de vorm** voix passive
lij·dens·tijd *nm* temps de la Passion
lij·dens·weg *nm (-en)* **1** *(relig.)* chemin de la croix **2** *(fig.)* calvaire
lij·der *nm (-s)* **1** personne qui souffre (beaucoup) **2** malade
lijd·zaam *adj, adv* → **lijdelijk**
lijf *het (lijven)* corps; **blijf van mijn ~!** ne me touche pas!; **gezond van ~ en leden** bien portant; **in levende lijve** en chair et en os; **iem te ~ gaan** se jeter sur qn ♦ **aan den lijve ondervinden** apprendre à ses dépens; **dat heeft niets om het ~** c'est sans conséquence; **die rol is haar op het ~ geschreven** ce rôle lui va comme un gant; **iem tegen het ~ lopen** tomber sur qn
lijf·arts *nm (-en)* médecin traitant
lijf·blad *het (-en)* journal, magazine préféré
lij·fe·lijk *adj, adv* **1** charnel **2** physique(ment)
lijf·ren·te *de (-n, -s)* rente viagère
lijf·spreuk *de (-en)* devise
lijf·wacht *nm (-en)* garde du corps
lijk *het (-en)* cadavre ♦ **over mijn ~!** jamais de la vie!; **over ~en gaan** passer sur le ventre de tout le monde
lij·ken *vi (h. geleken)* **1** ressembler (à); **het begint erop te ~** ça commence à prendre tournure; **dat lijkt er niet naar** ce n'est pas du tout ça; **hij lijkt sprekend op zijn vader** c'est tout le portrait de son père; **dat lijkt nergens op, naar** ça ne ressemble à rien **2** sembler; **dat werk lijkt zo eenvoudig** ce travail n'a l'air de rien; **het, alles lijkt erop dat ...** tout porte à croire que ... **3** convenir (à); **dat lijkt me niets** cela ne me dit rien
lijk·kist *de (-en)* cercueil
lijk·schou·wer *nm (-s)* médecin légiste
lijk·schou·wing *nf (-en)* autopsie
lijk·stoet *nm (-en)* cortège funèbre
lijk·wa·gen *nm (-s)* corbillard
lijm *nm (-en)* colle
lij·men *vt (h. gelijmd)* **1** coller **2** recoller **3** entortiller
lijn *de (-en)* **1** ligne; **aan de (slanke) ~ doen** surveiller sa ligne; **Maastricht is aan de ~** vous avez Maastricht au bout du fil; **blijft u aan de ~, a.u.b.!** ne quittez pas!; **daar zit geen ~ in** cela manque de cohérence; **in grote ~en** en gros; *(fig.)* **op één ~ stellen (met)** mettre sur le même plan que; **op dezelfde, op één ~ zitten** être sur la même ligne **2** corde **3** laisse; **een hond aan de ~ houden** tenir un chien en laisse **4** trait **5** chaîne de fabrication ♦ **zij trekken één ~** ils agissent de concert
lijn·dienst *nm (-en)* *(transports)* service régulier
lij·nen *vi (h. gelijnd)* faire un régime (amaigrissant)

lijn·recht *adj, adv* **1** rectiligne **2** diamétralement
lijn·tje *het (-s)* ♦ **iem aan het ~ houden** tenir qn en haleine
lijn·trek·ken *vi* travailloter, *(Belg.)* carotter
lijn·vlucht *de (-en)* **1** vol de ligne **2** ligne aérienne régulière
lijn·zaad *het* graine de lin
lijp *adj, adv (fam.)* **1** risqué **2** (comme un) cinglé
lijs *nm (lijzen)* ♦ **een lange ~** une grande perche
lijst *de (-en)* **1** liste **2** cadre; **(een schilderij) in een ~ zetten** encadrer (un tableau) **3** moulure
lijst·aan·voer·der *nm (-s)* tête de liste
lijs·ter *de (-s)* grive
lijst·trek·ker *nm (-s)* → **lijstaanvoerder 1**
lij·vig *adj* **1** volumineux **2** corpulent **3** épais
lij·zig *adj, adv (fam.)* **1** mou **2** lent(ement)
lik *nm (-ken)* **1** peu de **2** *(fam.)* taule ♦ **de hond gaf een ~ op mijn hand** le chien m'a léché la main; **~ op stuk geven** répondre du tac au tac
lik·doorn *nm (-s) (méd.)* cor, œil-de-perdrix
lik·ke·baar·den *vi (h. gelikkebaard)* s'en lécher les babines, les doigts
lik·ken *vti (h. gelikt)* **1** lécher **2** faire de la lèche; **iem(s hielen) ~** lécher les bottes de, à qn
lik·me·vest·je ♦ **van ~** à la noix (de coco)
li·miet *de (-en)* limite
li·mo·na·de *de (-s)* sirop, limonade
lin·de *de (-n),* **lindeboom** *nm (-bomen)* tilleul
li·ni|aal *het/de (-alen)* règle
li·nie *nf (-s)* ligne *(tous les sens)*
link[1] *nm (-en, -s)* rapport, *(inform.)* lien
link[2] *adj (fam.)* **1** astucieux **2** louche, risqué; **het is me te ~** c'est trop risqué
lin·ker *nm* gauche
***lin·ker-** gauche
lin·ker·hand *de (-en)* main gauche; **aan de ~** à (main) gauche; *(fig.)* **twee ~en hebben** ne rien savoir faire de ses dix doigts
links *adj, adv (linkser, meest l.)* **1** de gauche, à (la) gauche; **~ afslaan** prendre à gauche **2** gaucher **3** gauche(ment), maladroit ♦ **iets ~ laten liggen** laisser qch de côté; **iem ~ laten liggen** ignorer qn
links·af *adv* à gauche *(direction)*
lin·nen *adj* de lin
lin·nen·goed *het* linge
lint *het (-en)* ruban; *(fig.)* **door het ~ gaan** péter les plombs
lint·jes·re·gen *nm* ⟨*pluie de décorations*⟩
lint·me·ter *nm (-s) (Belg.)* mètre à ruban
lint·worm *de (-en)* ténia, ver solitaire
lin·ze *de (-n) (cuis.)* lentille
lip *de (-pen)* lèvre; *(fig.)* **iem op de ~ zitten** ne pas quitter qn d'une semelle

lip·pen·stift *de (-en),* **lipstick** *nm (-s)* rouge à lèvres
lis·pe·len[1] *vi (h. gelispeld)* zézayer
lis·pe·len[2] *vt (h. gelispeld)* chuchoter
Lis·sa·bon *het* Lisbonne
list *de (-en)* ruse
lis·tig *adj, adv* rusé, avec ruse
li·ter *nm (-s)* litre
li·te·ra·tuur|lijst *de (-en),* **-opgave** *de (-n),* **-overzicht** *het (-en)* bibliographie
Li·tou·wen *het* Lituanie
lit·te·ken *het (-s)* cicatrice
live [lɑjf] *adj, adv (mus.)* en direct, en public; **met livemuziek** avec des musiciens
lob[1] *de (-ben)* **1** lobe *(méd.; partie d'une feuille)* **2** lobe séminal *(graine)*
lob[2] *nm (-s) (sports)* lob
lob·bes *nm (-en)* **1** bon gros toutou **2** bon bougre
lob·by *de (-'s)* **1** hall **2** lobby **3** conversations de couloir
lob·by·en *vi (h. gelobbyd)* faire pression (sur)
lo·ca·tie *nf (-s)* **1** localisation; **op ~ filmen** tourner en extérieur **2** *(mines)* lieu d'extraction
lo·co·bur·ge·mees·ter *nm (-s)* maire par intérim
lod·de·rig *adj, adv* (d'un air) endormi
lo·den *adj* **1** *(aussi au fig.)* de, en plomb **2** *(étoffe)* de, en loden
loe·bas *nm (-sen) (Belg.)* **1** balourd **2** brave bête **3** gros bêta
loe·der *het/de (-s) (fam.)* crapule, (petite) garce
loef *de* ♦ *(fig.)* **iem de ~ afsteken** damer le pion à qn
loei *nm (fam.)* ♦ **~en uitdelen** flanquer des beignes; **een ~ van een doelpunt** un but du tonnerre
loei·en *vi (h. geloeid)* mugir
loei·hard *adj, adv (fam.)* **1** à fond de train **2** assourdissant, avec un bruit d'enfer
loen·sen *vi (h. geloenst)* loucher (sur, vers)
loep *de (-en)* loupe; *(fig.)* **iets onder de ~ nemen** regarder une chose à la loupe
loer *de* ♦ **iem een ~ draaien** jouer un sale tour à qn, *(Belg.)* jouer cinq lignes à qn; **op de ~ staan, liggen** faire le guet
loe·ren *vi (h. geloerd)* être à l'affût (de qch), guetter (qch); **door, uit een raam ~** épier par une fenêtre; **op iem ~** espionner qn
lof[1] *nm* éloge; **met ~ over iem spreken** louer qn; **een examen met ~ afleggen** passer un examen avec la mention très honorable; **dat strekt u tot ~** c'est tout à votre éloge; **hij was een en al ~** il ne tarissait pas d'éloges
lof[2] *het* endive (de Bruxelles); **Brussels ~** endive (de Bruxelles), *(Belg.)* chicon
lof·fe·lijk *adj, adv* **1** (d'une manière) louable **2** élogieux, élogieusement
lof·trom·pet *de (-ten)* ♦ **de ~ over iem steken** chanter les louanges de qn
lof·zang *nm (-en)* hymne; **een ~ op de vrede** un hymne à la paix

log[1] *(math.) logaritme* log
log[2] *adj, adv* lourd(ement), pesant, pesamment; **een ~ge gang** une démarche de pachyderme; **een ~ gevaarte** une masse pesante; **een ~ mens** un lourdaud
log·boek *het (-en)* livre de bord
lo·gé [loʒe] *nm (-s)* hôte
lo·geer·par·tij *nf (-en)* séjour chez des amis
lo·gen *vt (h. geloogd)* lessiver
lo·gen·straf·fen *vt (h. gelogenstraft)* démentir
lo·ge·ren [loʒerə(n)] *vti (h./i. gelogeerd)* loger, séjourner; **iem te ~ hebben** loger un hôte; **uit ~ gaan** être invité à passer quelque temps chez qn
lo·gi·ca *nf* logique
lo·gies [loʒis] *het* gîte, logement; **~ met ontbijt** chambre avec petit déjeuner
log·in·naam *nm (-namen) (inform.)* nom de connexion
lo|gisch *adj, adv (-gischer, meest l.)* logique(ment)
lo·go·pe·dist *nm (-en)* orthophoniste
lok *de (-ken)* **1** mèche (de cheveux) **2** *(plur.)* chevelure
lo|kaal[1] *het (-kalen)* local, salle
lo·kaal[2] *adj* local
lok|aas *het (-azen)* appât
lo·ket *het (-ten)* guichet
lok·ken *vt (h. gelokt)* attirer
lok·ker·tje *het (-s)* → **lokaas**
lok·roep *nm (-en) (animaux)* appel, *(fig.)* attrait
lol *de (fam.)* rigolade; **zeg, doe me een ~** dis donc, fais-moi le plaisir (de …); **~ hebben, maken** se marrer; *(iron.)* **zijn ~ wel op kunnen** ne pas être à la noce; **~ trappen** faire les fous; **voor de ~** pour rigoler; **ik doe het niet voor de ~!** si tu crois que ça m'amuse!; **de ~ was er gauw af** le plaisir n'a pas duré
lol·le·tje *het (-s) (fam.)* **1** rigolade; **dat is geen ~** c'est pas de la tarte **2** blague; **een ~ met iem uithalen** faire une blague à qn
lol·lig *adj, adv (fam.)* (d'une manière) rigolo(te)
lol·ly *nm (-'s) (bonbon)* sucette
lom·mer·rijk *adj* ombragé
lomp[1] *de (-en)* loque; **hij was in ~en gekleed** il était en haillons
lomp[2] *adj, adv (lomper, meest l.)* **1** grossier, grossièrement; **een ~e boer** un vrai rustre; **wat kan hij ~ doen!** ce qu'il peut être mufle! **2** gauche(ment)
lom·perd *nm (-s),* **lomperik** *nm (-en)* balourd
lomp|heid *nf (-heden)* **1** maladresse **2** grossièreté
Lon·den *het* Londres
lo·nen *vt (h. geloond)* récompenser
lo·nend *adj* payant; **dat is niet ~** ça ne paie pas
long *de (-en)* poumon; **over de ~en roken** avaler la fumée
***long-** pulmonaire
long·ont·ste·king *nf (-en)* fluxion de poitrine, *(méd.)* pneumonie
long·pijp *de (-en) (méd.)* bronche
long·spe·ci·a·list *nm (-en)* pneumologue
lon·ken *vi (h. gelonkt)* **1** *(+ naar)* cligner de l'œil, lorgner (qch, qn) **2** cligner des yeux
lont *de (-en) (bougie, une mine etc.)* mèche
loo·che·nen *vt (h. geloochend)* nier (l'existence de)
lood *het* plomb; **het weegt als ~** c'est lourd comme du plomb; *(fig.)* **mijn benen zijn zo zwaar als ~** je me sens les jambes lourdes; *(fig.)* **met ~ in de schoenen aankomen** arriver la mort dans l'âme; **dat is ~ om oud ijzer** c'est bonnet blanc et blanc bonnet ♦ **die muur staat niet in het ~** ce mur n'est pas à plomb; **uit het ~** *(sens pr.)* penché, *(fig.)* qui a perdu les pédales; **uit zijn, het ~ (geslagen) zijn** avoir perdu son aplomb
***lood-** de plomb
lood·gie·ter *nm (-s)* plombier
lood·hou·dend *adj* plombifère
lood·je *het (-s)* plomb ♦ **ik heb bijna het ~ gelegd** j'ai failli y passer; **hij heeft het ~ gelegd** il a cassé sa pipe; *(prov)* **de laatste ~s wegen het zwaarst** il n'y a rien de si difficile à écorcher que la queue
lood·lijn *de (-en)* **1** *(math.)* perpendiculaire **2** *(mar.)* sonde
lood·recht *adj, adv* **1** vertical(ement); **~ omhoog rijzen** s'élever à pic; **~ op iets staande** perpendiculaire à qch **2** *(math.)* perpendiculaire(ment)
loods[1] *nm (-en) (mar.)* pilote
loods[2] *de (-en)* baraque, remise
lood·sen *vt (h. geloodst)* piloter
lood·vrij *adj* sans plomb
lood·zwaar *adj, adv* lourd comme du plomb, *(fig.)* (d'une manière) accablant(e)
loof *het* feuillage
loof|boom *nm (-bomen)* arbre feuillu
Loof·hut·ten·feest *het (judaïsme)* fête des Tabernacles
loog[1]**, logen** → **(voor)liegen**
loog[2] *het/de (logen)* lessive alcaline, soude
looi·en *vt (h. gelooid) (peaux)* tanner
looi·er *nm (-s)* tanneur
look [lok] *het/de (Belg.)* ail
loom *adj, adv (lomer, loomst)* mou, avec lenteur
loom·heid, loomte *nf* **1** fatigue **2** mollesse
loon *het (lonen)* **1** salaire **2** récompense *(aussi iron.)*; **hij kreeg ~ naar werken** il a été payé en fonction du travail fourni, *(fig.)* il a reçu la récompense qu'il méritait!; **dat is zijn verdiende ~** c'est bien fait pour lui
***loon-** **1** salarial **2** de(s) salaire(s)
loon·ar·beid *nm* travail salarié
loon·be·las·ting *nf (-en)* impôt sur les (traitements et) salaires *(retenu par l'employeur)*
loon·der·ving *nf* manque à gagner

loon·dienst *nm (-en)* ♦ **in ~ werken** travailler comme salarié
loon|grens *de (-grenzen)* **1** plafond d'affiliation **2** limite barémique
loon|groep *de (-en)*, **-klasse** *nf (-n)* catégorie de salaires
loon·kos·ten, -lasten *plur* charges salariales
loon·lijst *de (-en)* bordereau de salaires; **op de ~ staan** figurer sur les cadres
loon·strook·je *het (-s)* fiche de paye
loon·trek·ker *nm (-s)* (travailleur) salarié
loop *nm (lopen)* **1** cours; **een andere ~ nemen** prendre une tournure différente; **in de ~ der tijd** à la longue; **in de ~ der jaren** au fil des ans, années; **in de ~ der tijden** à travers les âges; **in de ~ van de dag** au cours de la journée; **de vrije ~ laten** donner, laisser libre cours à **2** *(d'un fusil)* canon **3** fuite; **op de ~ gaan** s'enfuir **4** course, (dé)marche **5** passage
loop·af·stand *nm* ♦ **op ~** à deux pas (d'ici, de là)
loop|baan *de (-banen)* **1** *(profession)* carrière **2** *(astron.)* orbite
loop·brug *de (-gen)* passerelle
loop|graaf *de (-graven) (milit.)* tranchée
loop·je *het (-s)* petite promenade ♦ **een ~ met iem nemen** se payer la tête de qn
loop·jon·gen *nm (-s)* garçon de courses
loop|neus *nm (-neuzen)* nez qui coule
loop·pas *nm* pas de course; **in ~** au pas de course
loop·plank *de (-en)* passerelle
loops *adj* en rut, en chaleur
loop·tijd *nm (-en)* durée *(d'un prêt, d'une traite)*
loos *adj* **1** faux, trompeur **2** vide; **een loze ruimte** un espace perdu ♦ **er is iets ~** il se passe qch
loot *de (loten) (bot.)* pousse
loot·je *het (-s)* billet de loterie; **~s trekken** tirer au sort
lo·pen[1] *vi (h./i. gelopen)* **1** marcher, aller à pied; **achter iem aan ~** suivre qn, *(fig.)* courir après qn; **heen en weer ~** aller et venir, faire les cent pas; **het ~** la marche à pied; **over zich laten ~** tout supporter sans rechigner; *(fig.)* **ergens tegenaan ~** tomber sur qch; *(Belg.)* **verloren ~** se perdre **2** courir; **kans ~ op een blessure** courir le risque d'une blessure; **het op een ~ zetten** prendre ses jambes à son cou; **hij liep wat hij kon** il courait à perdre haleine **3** aller, durer, s'étendre; **de zaak loopt fout** ça va mal finir **4** couler; **de kraan loopt niet meer** le robinet ne coule plus **5** marcher, fonctionner; **een motor die loopt op benzine** un moteur qui marche à l'essence; **het moet al heel raar ~ als ...** il est peu probable que ... **6** être en train (de faire qch) ⟨*pour les expressions non mentionnées voir les substantifs concernés*⟩ ♦ **het loopt wel los** cela finira par s'arranger; *(fig.)* **warm ~ voor** s'échauffer pour
lo·pen[2] *vb impers* approcher (de) *(heure)*; **het loopt tegen zessen** il est près de six heures
lo·pend *adj* **1** à pied; **lopendebandwerk** travail à la chaîne **2** mobile **3** courant, en cours; **gesmeerd ~** *(fig.)* bien huilé ♦ *(Belg.)* **~ water** eau courante
lo·per *de (-s)* **1** marcheur, -euse, coureur, -euse **2** tapis d'escalier **3** *(aux échecs)* fou **4** *(clé)* passe-partout
lor *het/de (-ren)* chiffon; **geen ~** pas un clou ♦ **ik geef er geen ~ om** je m'en moque comme de l'an quarante
los *adj, adv (losser, meest l.)* **1** mal fixé; **er is een schroef ~** une des vis s'est desserrée **2** détaché; **alles wat ~ en vast zit** tout le saint-frusquin; **~!** lâche(z)! **3** séparé(ment), en vrac; **~se nummers** publications vendues au numéro; **~ werk** du travail occasionnel **4** lâche(ment) **5** peu compact **6** disparate; **~se gedachten** idées sans suite **7** vide **8** isolé(ment); **een ~se aantekening** une note jetée sur le papier; **~ van** abstraction faite de **9** aisé(ment), souple **10** léger, superficiel, à la légère **11** dissolu ♦ **ze leven er maar op ~** ils vivent au jour le jour, ils mènent une vie de bâton de chaise; **er gemakkelijk op ~ slaan** avoir la main leste; **erop ~** allons-y!, allez-y!, vas-y!
los·ban·dig *adj, adv* débauché, dans la débauche
los·bar·sten *vi (i. losgebarsten)* éclater
los·bij·ten *vt (h. losgebeten)* détacher (en mordant)
los·bla·dig *adj* à feuilles mobiles
los·bol *nm (-len)* noceur, -euse
los·bran·den[1] *vt (h./i. losgebrand)* détacher à la flamme
los·bran·den[2] *vi (h./i. losgebrand) (critique, questions)* se déchaîner; **brand(t) maar los!** allez-y!; **een spervuur van vragen brandde los** les questions fusèrent de toutes parts
los·bre·ken[1] *vt (h./i. losgebroken)* détacher
los·bre·ken[2] *vi (h./i. losgebroken)* **1** se détacher **2** s'évader **3** se déchaîner
los·doen *vt (h. losgedaan)* défaire
los·draai·en *vt (h. losgedraaid)* **1** défaire **2** dévisser, desserrer, ouvrir
los·gaan *vi (i. losgegaan)* **1** se détacher, se défaire **2** *(+ op)* fondre (sur); **erop ~** se précipiter **3** s'ouvrir *(objet)*
los·geld *het (-en)* rançon
los·ha·ken *vt (h. losgehaakt)* décrocher, dé(sa)grafer
los·han·gen *vi (h. losgehangen)* **1** ballotter **2** flotter, être défait
los·heid *nf* **1** aisance **2** relâchement *(aussi au fig.)*; **de ~ van zeden** le libertinage **3** mobilité
los·jes *adv* **1** peu solidement **2** légèrement; **de zaken ~ opnemen** prendre les choses à la légère
los·klop·pen *vt (h. losgeklopt) (cuis.)* battre
los·knip·pen *vt (h. losgeknipt)* couper

los·kno·pen *vt (h. losgeknoopt)* déboutonner, dénouer
los·ko·men *vi (i. losgekomen)* **1** se détacher **2** se manifester **3** être dégagé **4** être mis en liberté
los·kop·pe·len *vt (h. losgekoppeld)* séparer, *(technol.)* débrancher
los·krij·gen *vt (h. losgekregen)* **1** obtenir la libération de **2** arriver à détacher **3** obtenir (qch de qn)
los·la·ten[1] *vt (h./i. losgelaten)* **1** libérer, relâcher **2** révéler; **hij laat niets los** il ne veut rien révéler **3** laisser tranquille; **die gedachte laat haar niet los** cette idée ne la quitte pas **4** abandonner; **zijn kinderen niet kunnen** ~ ne pas pouvoir se détacher de ses enfants
los·la·ten[2] *vi (h./i. losgelaten)* se détacher
los·la·ting *nf* libération, *(jur.)* élargissement
los·lip·pig *adj* bavard
los·lo·pen *vi (h./i. losgelopen)* **1** être en liberté **2** s'arranger; **het zal wel** ~ cela finira par s'arranger ♦ **dat is te gek om los te lopen** c'est absurde
los·ma·ken *vt (h. losgemaakt)* **1** détacher, dégager; **zich** ~ **van** s'arracher à **2** rendre moins compact **3** mobiliser *(argent)* **4** susciter (des émotions etc.); **die film heeft een hoop losgemaakt** ce film a suscité de vives émotions
los·peu·te·ren *vt (h. losgepeuterd)* **1** détacher avec difficulté **2** soutirer
los·ra·ken *vi (i. losgeraakt)* se détacher
los·ruk·ken[1] *vt (h./i. losgerukt)* arracher; *(fig.)* **zich** ~ **uit iets** s'arracher à, de qch
los·ruk·ken[2] *vi (h./i. losgerukt)* se précipiter
los·scheu·ren[1] *vt (h./i. losgescheurd)* déchirer, arracher
los·scheu·ren[2] *vi (h./i. losgescheurd)* se détacher *(papier)*
los·schie·ten *vi (i. losgeschoten)* se détacher brusquement
los·schroe·ven *vt (h. losgeschroefd)* dévisser
los·sen *vt (h./i. gelost)* **1** décharger **2** tirer, faire feu; **een schot op (het) doel** ~ tirer au but **3** lâcher; *(Belg.)* **hij lost geen woord** il ne lâche rien, il est muet comme une carpe
los·snij·den *vt (h. losgesneden)* couper, détacher (en coupant)
los·sprin·gen *vi (i. losgesprongen)* s'ouvrir tout seul, se détacher brusquement
los·staand *adj* isolé
los·tor·nen *vt (h. losgetornd)* découdre
los·trek·ken *vt (h. losgetrokken)* détacher (en tirant), arracher
los·we·ken *vti (h./i. losgeweekt)* (se) décoller
los·wer·ken *vt (h. losgewerkt)* **1** libérer **2** dégager à grand-peine
los·wrin·gen *vt (h. losgewrongen)* → **loswerken 2**
los·zit·ten *vi (h. losgezeten)* bouger, être mal fixé; *(fig.)* **zijn handen zitten los** il a la main leste
lot *het (-en)* **1** billet de loterie **2** lot; **het** ~ **is op hem gevallen** le sort est tombé sur lui; **een** ~ **uit de loterij trekken** tirer le bon numéro; *(fig.)* **dat is een** ~ **uit de loterij** c'est une chance **3** sort, destin; **iemands** ~ **delen** partager le sort de qn; **het** ~ **was hem gunstig geweest** le sort lui avait été favorable; **het** ~ **in zijn eigen hand hebben** être maître de son destin; **het** ~ **heeft anders beslist** le sort en a décidé autrement; **zich in zijn (haar)** ~ **schikken** se résigner; **iem aan zijn** ~ **overlaten** abandonner qn à son sort; **met zijn** ~ **tevreden zijn** être content de son sort; **het** ~ **naar zijn hand zetten** forcer le destin ♦ **het** ~ **is geworpen** les jeux sont faits; *(Belg.; fam.)* ~**je trekken** tirer au sort
lo·ten *vi (h. geloot)* tirer au sort
lot·ge|noot *nm (-noten)* compagnon d'infortune
lot·ge·val *het (-len)* aventure, vicissitude
Lo·tha·rin·gen *het* Lorraine
lo·ting *nf (-en)* tirage au sort; **bij** ~ (par tirage) au sort
Lot·je ♦ **hij is van** ~ **getikt** il a le cerveau fêlé
lou·ter *adj, adv* pur(ement), rien ... que; ~ **uit een gril** par pur caprice
lou·te·ren *vt (h. gelouterd)* purifier
lo·ven *vt (h. geloofd) (form.)* louer, faire l'éloge de
lo|vend *adj, adv (-vender, meest l.)* élogieux, élogieusement
lo·vens·waar·dig *adj* louable
loy·a·li·teit *nf* loyauté
lo·zen *vti (h. geloosd)* **1** déverser (les eaux) **2** lâcher *(évacuer du corps)* **3** se débarrasser de qn
lp *nm (-'s) langspeelplaat* 33 tours
lpg *het liquefied petrol gas* GPL
L.S. *Lectori salutem* au lecteur
lso *het (Belg.; enseign.) lager secundair onderwijs* ESI
lt. *luitenant* ltn.
lts *de (-'en) Lagere Technische School* CET
lucht *de (-en)* **1** air; **een hap frisse** ~ **halen** prendre un bol d'air; **in de** ~ **vliegen** exploser; *(fig.)* **dat hangt in de** ~ c'est dans l'air, cela ne repose sur rien; **de** ~ **ingaan** être diffusé; *(fig.)* ~ **krijgen** respirer; *(Belg.; fig.)* **uit de** ~ **vallen** tomber des nues; *(fig.)* **uit de** ~ **komen vallen** tomber du ciel; **een uit de** ~ **gegrepen verhaal** une histoire inventée de toutes pièces; *(fig.)* **die bewering is uit de** ~ **gegrepen** cette affirmation est dénuée de fondement **2** ciel **3** nuages **4** odeur; *(fig.)* ~ **van iets krijgen** avoir vent de qch ♦ **doen of iem** ~ **is** faire comme si qn n'existait pas; **het gemopper is niet van de** ~ on n'en finit pas de ronchonner
***lucht-** **1** aérien **2** d'air, de l'air **3** pneumatique
lucht·af·weer *nm (milit.)* **1** défense antiaérienne **2** défense contre avions
lucht·bal·lon *nm (-nen)* ballon, montgolfière

lucht·dicht *adj, adv* hermétique(ment)
lucht·doel·ra·ket *de (-ten) (milit.)* engin antiaérien
lucht·druk *nm (météo.)* pression atmosphérique
luch·ten[1] *vt (h. gelucht)* **1** aérer **2** épancher; **zijn hart** ~ s'épancher ♦ **iem niet kunnen** ~ **(of zien)** ne pas pouvoir sentir qn
luch·ten[2] *vi (h. gelucht)* être aéré
luch·ter *nm (-s)* **1** candélabre **2** lustre
lucht·ha·ven *de (-s)* aéroport
luch·tig *adj, adv* **1** léger, légèrement; **de zaken** ~ **opnemen** prendre les choses à la légère **2** aéré, frais
lucht·je *het (-s)* odeur; **er zit een** ~ **aan** cela sent mauvais, *(fig.)* ça sent le roussi ♦ **een** ~ **scheppen, happen** prendre l'air
lucht·kas|teel *het (-telen)* chimère; **luchtkastelen bouwen** bâtir des châteaux en Espagne
lucht·ko·ker *nm (-s)* conduite d'aération
lucht·le·dig *adj* vide, sans air; **in het ~e kletsen** parler en l'air; ~ **maken** faire le vide (dans)
lucht·macht *de (-en)* armée de l'air
lucht·pijp *de (-en) (méd.)* trachée(-artère)
lucht·post *de* poste aérienne; **(per)** ~ par avion
lucht|reis *de (-reizen)* voyage en avion, en ballon
lucht·roos·ter *het/de (-s)* grille d'aération
lucht·ruim *het* **1** atmosphère; **het** ~ **kiezen** *(avion, ballon)* s'envoler **2** espace aérien; **het** ~ **schenden** violer l'espace aérien
lucht|schip *het (-schepen)* dirigeable
lucht·spie·ge·ling *nf (-en)* mirage
lucht·sprong *nm (-en)* cabriole
lucht|streek *de (-streken) (météo.; géo.)* latitude
lucht|stroom *nm (-stromen) (météo.)* courant atmosphérique
lucht·toe·voer *nm* arrivée d'air
lucht·vaart *de* aviation
lucht·vaart·maat·schap·pij *nf (-en)* compagnie aérienne
lucht·ver·de·di·ging *nf (milit.)* défense aérienne (du territoire)
lucht·ver·fris·ser *nm (-s)* désodorisant
lucht·ver·keers·lei·der *nm (-s) (aviat.)* contrôleur aérien
lucht·ver·ver·sing *nf* aération
lucht·vracht *de (-en)* fret aérien
lucht·weg *nm (-en)* **1** *(plur.; méd.)* voies respiratoires **2** *(aviat.)* voie aérienne
lucht·zak *nm (-ken) (aviat.)* trou d'air
lucht·ziek *adj* ♦ ~ **zijn** avoir le mal de l'air
lu·ci·fer *nm (-s)* allumette
lui[1] *plur* gens; **dat zijn vervelende** ~ ce sont des casse-pieds
lui[2] *adj, adv* paresseux, paresseusement; **ik ben** ~ **vandaag** aujourd'hui, j'ai envie de ne rien faire; **een ~e dag** une journée de farniente; **hij is liever** ~ **dan moe** il a peur de se fatiguer; **een** ~ **leven leiden** mener une vie oisive; **een ~e stoel** un fauteuil relax(e)
lui·aard *nm (-s)* **1** paresseux, -euse **2** *(zool.)* paresseux
luid *adj, adv* fort *(aussi adv.)*, haut, à haute voix
lui·den *vti (h. geluid)* **1** sonner **2** être conçu
luid·keels *adv* à tue-tête; ~ **lachen** rire à gorge déployée
luid·op *adv (Belg.)* tout haut, à haute voix
luid·ruch·tig *adj, adv* bruyant, bruyamment; ~ **zijn** faire du tapage
luid·spre·ker *nm (-s)* haut-parleur
lui·er *de (-s)* couche, lange; *(fig.)* **nog in de ~s zitten** avoir encore des enfants en bas âge
lui·e·ren *vi (h. geluierd)* paresser, lézarder
lui·fel *de (-s)* auvent, marquise
lui·heid *nf* paresse
luik *het (-en)* **1** trappe *(ouverture)* **2** volet **3** panneau *(tableau, un paravent)* **4** *(Belg.)* volet *(élément détachable, dépliable)*
Luik *het* Liège
lui·lak *nm (-ken)* → **luiaard 1**
lui·lek·ker·land *het* Pays de cocagne
luim *de (-en)* **1** humeur; **in goede** ~ **zijn** être de bonne humeur **2** caprice
lui·paard *nm (-en)* léopard
luis *de (luizen)* pou, poux, puceron
luis·ter *nm* éclat, magnificence; **een gebeurtenis** ~ **bijzetten** rehausser l'éclat d'un événement
luis·te·raar *nm (-s)* auditeur
luis·ter·dicht·heid *nf* indice d'écoute
luis·te·ren *vi (h. geluisterd)* **1** écouter (qch); **aandachtig** ~ dresser l'oreille; **luister eens** à propos; **goed kunnen** ~ savoir écouter; ~ **naar goede raad** suivre les bons conseils; **de hond luistert naar de naam Tino** le chien répond au nom de Tino; **naar de stem van zijn hart** ~ écouter son cœur; **niet willen** ~ **naar** fermer l'oreille à **2** être aux écoutes; **staan te** ~ être aux écoutes ♦ **dat luistert nauw** cela exige une précision rigoureuse
luis·ter·geld *het (-en)* redevance radio(phonique)
luis·ter·rijk *adj, adv* **1** somptueux, splendide, somptueusement **2** glorieux
luis·ter·toets *nm (-en) (enseign.)* test de compréhension orale
luis·ter·vaar·dig·heid *nf (enseign.)* compréhension orale
luit *de (-en)* luth
lui·te·nant *nm (-s)* lieutenant
lui·zen *vt (h. geluisd) (fam.)* ♦ **iem erin** ~ blouser qn
lui·zen·le·ven *het (-s) (fam.)* vie facile; **een** ~ **leiden** se la couler douce
luk·ken *vi (i. gelukt)* marcher, tomber bien; **het is mij gelukt** j'y suis arrivé; **het is niet gelukt** ça n'a pas marché
luk·raak *adj, adv* au petit bonheur; **luk-**

rake opmerkingen remarques faites au hasard
lul *nm (-len) (fam.)* **1** bit(t)e **2** con(n)ard, con; **sta daar nou niet als een Jan ~, maar doe wat!** remue-toi, merde!; **een slappe ~** une couille molle; **voor ~ staan** avoir l'air (d'un) con; **iem voor ~ zetten** se foutre de la gueule de qn ♦ **hij is de ~** il s'est fait baiser
lul·koek *nm (fam.)* connerie(s) *(paroles)*
lul·len *vi (h. geluld) (fam.)* déconner; **laat ze maar ~** laisse-les déconner; **niet ~!** arrête tes conneries!
lul·lig *adj, adv (fam.)* (comme un) con; **doe niet zo ~** fais pas le con; **dat is een ~ gezicht** ça fait con
lum·mel *nm (-s)* (grand) dadais
lum·me·len *vi (h. gelummeld)* fainéanter, traînasser
lunch [lʌnʃ] *nm (-es)* déjeuner, *(Belg.)* dîner
lun·chen [lʌnʃə(n)] *vi (h. geluncht)* déjeuner
lunch·pak·ket *het (-ten)* casse-croûte
lu·ren *plur* ♦ **iem in de ~ leggen** embobiner qn
lur·ken *vi (h. gelurkt)* **1** suçoter (qch), téter (qch) **2** siroter
lur·ven *plur (fam.)* ♦ **iem bij zijn ~ grijpen** harponner qn; **iem nog net bij zijn ~ kunnen pakken** attraper qn par la peau du cou
lus *de (-sen)* boucle
lust *nm (-en)* **1** *(form.)* envie, désir; **iem de ~ tot iets benemen** faire passer à qn l'envie de qch **2** passions, appétits; **dierlijke ~en** appétits bestiaux **3** plaisir; **~ in het leven hebben** aimer la vie; **werken, dat het een (lieve) ~ is** travailler de bon cœur; **zwemmen is zijn ~ en zijn leven** la natation est toute sa vie; **een ~ voor het oog zijn** être un régal pour les yeux; **wel de ~en maar niet de lasten willen hebben** vouloir manger les raisins et laisser les pépins
lus·te|loos *adj, adv (-lozer, meest l.)* indolent, apathique, mollement, sans entrain; **~ zijn** manquer d'entrain; **er ~ bij zitten** rester amorphe
lus·ten *vti (h. gelust)* aimer (qch); **zoveel eten als men lust** manger à sa faim; **er wel eentje ~** aimer la bouteille ♦ **hij zal ervan ~** il lui en cuira
lust|hof *nm (-hoven)* jardin d'agrément
lus·tig *adj, adv* gai(ement), joyeux, joyeusement; **een ~ leven leiden** mener joyeuse vie ♦ **hij sloeg er ~ op los** il frappait ferme
lust·oord *het (-en)* Eden, paradis
lus|trum *het (-tra)* lustre *(cinq ans d'existence d'une institution)*
lu·thers *adj* luthérien
lut·tel *adj, adv* petit, peu
luw *adj* **1** abrité, à l'abri du vent **2** tiède, doux
lu·wen *vi (i. geluwd)* se calmer *(vent, aussi au fig.)*, tomber
luw·te *nf (-n)* endroit à l'abri du vent
lymf·klier *de (-en) (méd.)* ganglion lymphatique
ly·riek *nf* lyrisme
ly·risch *adj, adv* lyrique, avec lyrisme

m

ma *nf (-'s)* maman
maag *de (magen)* estomac; **hij zit ermee in z'n** ~ ça lui reste sur l'estomac; **iem iets in de** ~ **splitsen** refiler qch à qn; **op de nuchtere** ~ à jeun; **mijn avondeten ligt me zwaar op de** ~ mon dîner m'est resté sur l'estomac; **mijn** ~ **is van streek** j'ai l'estomac dérangé; **last van zijn** ~ **hebben** avoir mal à l'estomac
***maag-** de l'estomac; **een maagaandoening** une maladie de l'estomac
maagd *nf (-en)* vierge; **een vestaalse** ~ une vestale *(aussi au fig.)*
Maagd *nf (-en) (astrol.)* Vierge
maag·de·lijk *adj, adv* vierge, virginalement; ~ **wit** d'une blancheur virginale
maag·de·lijk·heid *nf* virginité
maag·den|vlies *het (-vliezen) (méd.)* hymen
maag·klacht *de (-en)* douleur d'estomac
maag·pa|tiënt *nm (-en)*, **-tiënte** *nf (-s, -n)* gastrique
maag·streek *de (méd.)* épigastre
maag·zuur *het* aigreurs (d'estomac)
maag|zweer *de (-zweren)* ulcère de l'estomac; *(fig.)* **daar krijg ik een** ~ **van** il y a de quoi attraper un ulcère
maai·en *vti (h. gemaaid)* **1** faucher, tondre **2** faucher, balayer; **hij maaide zijn tegenstander tegen de grond** il a fauché son adversaire **3** moissonner
maai·tijd *nm (agric.)* fauchaison
maak *de* ♦ **mijn fiets is in de** ~ ma bicyclette est en réparation; **er is daarvoor een regeling in de** ~ on prépare un règlement à ce sujet
maak·sel *het (-s)* fabrication
maal[1] *het/de (malen)* fois
maal[2] *het (malen)* **1** portion **2** repas
maal|stroom *nm (-stromen)* **1** tourbillon **2** *(fig.)* maelström
maal·tijd *nm (-en)* repas; **aan de** ~ **zitten** être à table; **een** ~ **gebruiken** prendre un repas; **een lichte** ~ un casse-croûte; **een uitgebreide** ~ un repas copieux
maal·tijd·soep *de (-en)* soupe paysanne
maan *de (manen)* **1** lune; *(fig.)* **loop naar de** ~**!** va te promener!; **het is naar de** ~ c'est fichu; **naar de** ~ **helpen** bousiller **2** satellite
***maan-** lunaire
maand *de (-en)* mois; **tijdschrift dat om de twee** ~**en verschijnt** revue bimestrielle
***maand-** mensuel
maan·dag *nm (-en)* lundi; *(fig.)* **een blauwe** ~ très peu de temps; **'s** ~**s** le lundi
maand·blad *het (-en)* mensuel
maan·de·lijks *adj, adv* mensuel(lement)
maan·den·lang *adj, adv* pendant des mois
maand·ver·band *het (-en)* serviette hygiénique
maan·licht *het* clair de lune; **bij** ~ au clair de (la) lune
maans·ver·duis·te·ring *nf (-en)* éclipse de (la) Lune
maan·vor·mig *adj* en croissant de lune
maan·zaad *het* graine de pavot
maar[1] *adv* **1** ne que, seulement; **je hoeft** ~ **te bellen** tu n'as qu'à téléphoner; **hij is nog** ~ **pas hier** il vient tout juste d'arriver; **hij is** ~ **twintig jaar (oud) geworden** il n'avait que vingt ans quand il est mort **2** *(exprimant le doute)* du moins; **als ik** ~ **kan** du moins, si je peux **3** *(exprimant le souhait)* pourvu que; **waren zij** ~ **hier** si au moins ils étaient ici **4** sans cesse; **ze bleef** ~ **kijken** elle continuait à regarder; **het wil** ~ **niet (lukken)** rien à faire, ça ne marche pas ♦ **je doet** ~ fais ce que tu veux; **pas** ~ **op** fai(te)s attention
maar[2] *conj* mais; **er is één** ~ **aan verbonden** il y a un mais; *(subst.)* **altijd met maren aankomen** avoir toujours des si et des mais ♦ **nee** ~**!** ça alors!
maar·schalk *nm (-en)* maréchal
maart *nm* mars; ~ **roert zijn staart** soit au début, soit à la fin, mars nous montre son venin
maas *de (mazen)* maille; *(fig.)* **door de mazen (van het net) kruipen** glisser entre les mailles (du filet)
Maas *de* Meuse
maat[1] *de (maten)* **1** mesure *(aussi mus.)*;

(mus.) **de ~ aangeven** marquer la mesure; **maten en gewichten** poids et mesures; **in de ~ lopen** marcher en cadence; *(fig.)* **onder de ~ zijn** ne pas faire le poids; **uit de ~ spelen** ne pas jouer en mesure; *(fig.)* **de ~ is vol** la mesure est comble **2** taille ♦ **~ houden met drinken** boire modérément

maat[2] *nm (maten)* copain

maat·be·ker *nm (-s)* verre gradué

maat·ge·vend *adj* qui donne le ton

maat·ge·voel *het (mus.)* sens de la mesure

maat·hou·den *vi (h. maatgehouden) (mus.)* garder la mesure

maat·je *het (-s)* copain

maat·re·gel *nm (-en)* mesure; **geen halve ~en treffen** ne pas y aller de main morte; **zijn ~en treffen** prendre ses dispositions

maat·schap·pe·lijk *adj, adv* social(ement); **~ werk** assistance sociale

maat·schap·pij *nf (-en) (socio.)* société

maat·schap·pij·leer *de* instruction civique

maat|staf *nm (-staven)* critère; **naar menselijke maatstaven** à l'échelle de l'homme

maat|streep *de (-strepen)* repère

maat|vast *adj, adv (-vaster, meest m.) (mus.)* qui observe bien la mesure, en mesure

ma·chi·naal [maʃinal] *adj, adv* **1** mécanique(ment), (fait) à la machine **2** machinal(ement), automatique(ment)

ma·chi·ne·ge|weer *het (-weren)* mitrailleuse

ma·chi·nist [maʃinɪst] *nm (-en) (ch. de fer)* mécanicien, -ienne

macht *de (-en)* **1** pouvoir; **bij ~e zijn om ...** être à même de ...; **~ over iem hebben** avoir de l'autorité sur qn; **de hogere ~** la puissance divine; **uit de ouderlijke ~ ontzet worden** être déchu de l'autorité paternelle; *(fig.)* **de ~ over het stuur verliezen** perdre le contrôle de sa voiture; **de ~ van het woord** la magie du verbe **2** *(math.)* puissance; **(een getal) tot de tweede ~ verheffen** élever (un nombre) au carré **3** force **4** *(milit.)* force ♦ **uit alle ~** de toutes ses forces

mach·te|loos *adj, adv (-lozer, meest m.)* impuissant, dans l'impuissance; **daar sta ik ~ tegenover** je n'y puis rien

mach·te·loos·heid *nf* impuissance

macht·heb·ber *nm (-s)* détenteur du pouvoir

mach·tig *adj, adv* **1** puissant, puissamment; **de ~en der aarde** les puissants de ce monde **2** énorme, énormément **3** *(cuis.; fig.)* lourd; **dat is mij te ~** c'est trop dur pour moi **4** *(fam.)* formidable; **een ~ gevoel** une sensation de joie intense **5** extrêmement; **dat doet mij ~ veel plezier** cela me fait un immense plaisir

mach·ti·gen *vt (h. gemachtigd)* mandater

mach·ti·ging *nf (-en)* autorisation, mandat

machts·mid·del *het (-en)* moyen de pression

machts·po·si·tie *nf (-s)* position de force

machts·strijd *nm (-en)* lutte pour le pouvoir

ma·dam *nf (-men)* **1** *(péj.)* bonne femme; **de ~ uithangen** jouer à la grande dame **2** madame

ma·de [madə] *de (-n)* **1** ver **2** asticot

ma·de·lief·je *het (-s)* pâquerette

maf *adj (fam.)* loufoque

maf·fen *vi (h. gemaft) (fam.)* roupiller

maf|kees *nm (-kezen)*, **-ketel** *nm (-s) (fam.)* dingue

ma·ga·zijn *het (-en)* magasin

ma·ga·zij·nier *nm (-s) (Belg.)* magasinier

ma|ger *adj, adv (-gerder, -gerst)* maigre(ment); *(Belg.)* **'t is een ~ beestje** ± c'est pas fameux; **~e kost** maigre chère; **een ~e ontvangst** un accueil réservé

ma·ger·tjes *adv* maigrement; **het ~ hebben** vivre chichement

mag·gi·plant *de (-en) (bot.)* livèche

ma·gi·ër *nm (-s)* magicien, *(hist.)* mage

ma|gisch *adj (-gischer, meest m.)* magique

mag|neet *nm (-neten)* aimant

***mag·neet-** magnétique; **het magneetveld** le champ magnétique

mag·ne·tisch *adj* **1** aimanté **2** magnétique

mag·ne·ti·se·ren *vt (h. gemagnetiseerd)* **1** magnétiser **2** hypnotiser

mag·ne·tron, magnetronoven *nm (-s)* four à micro-ondes

mag·ni·fiek [maɲifik] *adj, adv* magnifique(ment)

ma·ho·nie[1], **mahoniehout** *het* acajou

ma·ho·nie[2], **mahoniehouten** *adj* d'acajou

mail *de* e-mail

mai·ling·list *nm* liste de diffusion

mail·lot [majo] *nm (-s)* collant

mai·son·net·te *nf (-s)* duplex *(appartement sur deux étages)*

ma·jes·teit *nf (-en)* majesté

ma·jes·teits·schen·nis *nf* crime de lèse-majesté

ma·joor *nm (-s)* commandant

ma·jo·raan *de* → **marjolein**

mak *adj, adv* **1** *(animaux)* apprivoisé **2** *(personnes)* docile(ment)

ma·ke·laar *nm (-s)* **1** agent immobilier **2** courtier; **~ in effecten** agent de change

ma·ke·lij *nf* fabrication; **van vreemde ~** de fabrication étrangère

ma·ken *vt (h. gemaakt)* **1** faire; *(fam.)* **het (helemaal) ~** avoir un succès monstre **2** fabriquer **3** créer **4** rendre; **iem dood ~** tuer qn; **het erger ~ dan het is** grossir les choses; **maak het kort** soyez bref; **hij zal het niet lang meer ~** il n'en a plus pour longtemps; **het mogelijk ~ dat** permettre que; **iets waar ~** prouver qch; **maak dat je**

weg komt! débarrasse le plancher! **5** effectuer; **je hebt het ernaar gemaakt** tu l'as bien mérité; **ik heb daar niets mee te** ~ je n'y suis pour rien; **met iem te ~ hebben** avoir affaire à qn; **hij kan mij niets** ~ il ne peut rien contre moi; **zijn opwachting** ~ se présenter; **ruzie** ~ se disputer **6** faire (que); **naam** ~ se faire un nom **7** réparer ♦ **ik weet het goed gemaakt** j'ai une bonne idée; **je hebt er niets mee te** ~ cela ne te regarde pas; **dat heeft niets te ~ (met)** cela n'a rien à voir (avec); **hoe maakt u het?** comment allez-vous?; **een kans** ~ avoir une chance; **de patiënt maakt het slecht** le malade se porte mal; *(fam.)* **maak het nou (een beetje)!** non, mais des fois!

make-up [mekʌp] *nm* maquillage

mak·ke·lijk *adj, adv* facile(ment); **je hebt ~ praten** c'est facile à dire; **dat kan** ~ c'est bien possible

mak·ker *nm (-s)* copain

mak·kie *het (-s) (fam.)* chose facile; **'t is geen** ~ c'est pas de la tarte

ma|kreel *nm (-krelen)* maquereau

mal[1] *nm (-len)* moule ♦ **iem voor de ~ houden** se payer la tête de qn

mal[2] *adj, adv* **1** farfelu, follement; **ben je ~?** tu n'es pas fou? **2** foufou, comme des fous

ma·la·fi·de *adj* véreux *(fig.)*

ma·la·ria *de (méd.)* paludisme

ma·len[1] *vi (h. gemaald)* **1** *(d'un moulin)* tourner **2** divaguer **3** se tourmenter; **niet om iets** ~ se moquer de qch **4** tourner à l'obsession

ma·len[2] *vt (h. gemaald)* **1** moudre **2** assécher

ma·le·rij *nf (-en)* minoterie

mal|heid *nf (-heden)* sottise

ma·li·ën·kol·der *nm (-s)* cotte de mailles

ma·ling *nf* ♦ **ik heb er ~ aan** je m'en moque; **iem in de ~ nemen** se payer la tête de qn

mal·le·moer *plur (fam.)* ♦ **naar zijn** ~ fichu

mal|loot *nm (-loten)* pitre

mals *adj, adv* tendre; **het is zo ~ als boter** cela fond dans la bouche

ma·ma *nf (-'s)* maman

man *nm (-nen)* **1** homme; **iets aan de ~ brengen** trouver acheteur; *(prov)* **een gewaarschuwd ~ telt voor twee** un homme averti en vaut deux; **de gewone** ~ l'homme de la rue; **met ~ en macht** à force de bras; **op de ~ af** sans détour; **recht op de ~ af spreken** parler cru; *(fig.)* **er is geen ~ overboord** ce n'est pas la mort d'un homme; **zij waren vijf ~ sterk** ils étaient cinq; **~ voor** ~ un à un; *(prov)* **een ~ een ~, een woord een woord** chose promise, chose due **2** mari; **aan de ~ komen** trouver un mari **3** personne ♦ **~s genoeg zijn om** être de taille à; **met ~ en muis vergaan** périr corps et biens

man·co *het (-'s)* manque

mand *de (-en)* panier; **in je ~!** couché! ♦ **door de ~ vallen** se montrer sous son vrai jour

man·da·rijn *nm (-en)* **1** *(cuis.)* mandarine **2** *(hist.)* mandarin

ma·nen[1] *plur* crinière

ma·nen[2] *vt (h. gemaand)* **1** sommer (de) **2** exhorter (à); **dit maant ons tot voorzichtigheid** cela nous oblige à nous montrer prudents

ma·ne·schijn *nm* clair de lune

man·ge·len *vt (h. gemangeld)* ♦ *(fig.)* **gemangeld worden** être coincé (par)

man·go [mɑŋgo, mɑŋχo] *nm (-'s)* mangue

man·haf·tig *adj, adv* courageux, courageusement

ma·ni·a·kaal *adj, adv* (comme un(e)) maniaque

ma·nier *de (-en)* **1** manière; **zijn ~ van doen bevalt me niet** son comportement me déplaît; **op die** ~ de cette façon; **de ~ waarop** la façon dont **2** *(plur.)* manières

ma·nier·tje *het (-s)* **1** truc **2** manières (affectées)

ma·ni·fes·ta·tie *nf (-s)* manifestation; **een ~ van machtsmiddelen** une démonstration de force

ma·ni·pu·la·tie *nf (-s)* manipulation

mank *adj, adv* boiteux; ~ **gaan, lopen** boiter

man·ke·ment *het (-en)* **1** défaut **2** infirmité

man·ke·ren *vti (h. gemankeerd)* **1** manquer; **dat mankeert er nog maar aan** il ne manquait plus que ça **2** *(maladies, défauts etc.)* avoir

man·kracht *de* **1** force musculaire **2** main-d'œuvre

man·ne·ke *het (-s)* → **mannetje 1**

man·ne·lijk *adj, adv* **1** mâle **2** viril(ement); **dat staat** ~ ça fait viril **3** *(ling.)* (au) masculin

man·ne·lijk·heid *nf* virilité

man·nen·ge·meen·schap *de (-pen)* société masculine

man·ne·tje *het* **1** petit bonhomme **2** *(animaux)* mâle ♦ **zijn ~ staan** ne pas se laisser faire

***man·ne·tjes-** mâle; **de mannetjeseend** le canard mâle

mans *adj* de taille (à); **zij is er ~ genoeg voor** elle n'a besoin de personne

man·schap·pen *plur* hommes

man·tel *nm (-s)* **1** manteau; *(fig.)* **iets bedekken met de ~ der liefde** fermer les yeux sur qch **2** *(technol.)* revêtement ♦ *(fig.)* **onder de ~ van** sous le couvert de; **iem de ~ uitvegen** passer un savon à qn

man·tel·pak *het (-ken)* tailleur

man·tel·zorg *de* aide non institutionnalisée

ma·nu·eel *adj* manuel

ma·nu·fac·tu·ren·win·kel *nm (-s)* magasin de tissus

ma·nus·cript *het (-en)* manuscrit

man|uur *het (-uren)* heure de travail par homme

man·wijf *het* virago

man|ziek *adj (-zieker, meest m.)* nymphomane
map *de (-pen)* **1** chemise; **een ~je postzegels** un carnet de timbres **2** dossier
ma·ra·thon·ver·ga·de·ring *nf (-en)* marathon *(réunion)*
mar·che·ren [mɑrʃerə(n)] *vi (h./i. gemarcheerd)* marcher au pas
ma·re *de (-n) (form.)* **1** nouvelle **2** rumeur; **de ~ gaat** le bruit court
ma·re·chaus·see[1] [marəʃose] *de* gendarmerie
ma·re·chaus·see[2] [marəʃose] *nm (-s)* gendarme
mar·griet *de (-en)* marguerite
Ma·ria·beeld *het (-en)* madone *(statue)*
Ma·ria-Bood·schap *nf (cathol.)* Annonciation
ma·ri·nier *nm (-s)* fusilier marin
ma·ri·tiem *adj* maritime
mar·jo·lein *de (cuis.)* marjolaine
mar·kant *adj* marquant
mar·ke·ren *vt (h. gemarkeerd)* marquer
mar·ke·ring *nf (-en)* **1** marquage **2** balisage **3** repère
mar|kies[1] *nm (-kiezen),* **-kiezin** *nf (-nen)* marquis, marquise
mar|kies[2] *de (-kiezen)* **1** marquise **2** store
markt *de (-en)* marché; **het gat in de ~** le créneau (commercial); **goed in de ~ liggen** être demandé, *(fig.)* avoir la cote; *(Belg.)* **het niet onder de ~ hebben** avoir une vie difficile; **op de ~ staan** vendre au marché; **op de ~ komen met een nieuw product** lancer un nouveau produit; **van alle ~en thuis zijn** s'y connaître dans tous les domaines
***markt-** du marché
markt·ge·voe·lig *adj* soumis, sensible aux fluctuations du marché
markt|kraam *het/de (-kramen)* étal
markt|prijs *nm (-prijzen)* **1** prix du marché **2** prix courant
markt·waar·de *nf* valeur marchande
mar·mer *het (-s)* marbre
mar·me·ren *adj (aussi au fig.)* de, en marbre
mar·mot *de (-ten)* marmotte; **slapen als een ~** dormir comme un loir
Ma·rok·ko *het* Maroc
mars[1] *de (-en)* marche *(à pied; aussi mus.)* ♦ **hij heeft niet veel in zijn ~** il n'a pas grand-chose dans le ventre
mars[2] *interj* en route!; **voorwaarts ~!** en avant, marche!
mar·se·pein *het/de* massepain
mars·kra·mer *nm (-s)* marchand ambulant
mar·te|laar *nm (-laren),* **-lares** *nf (-sen)* martyr, -yre
mar·te·laar·schap *het* martyre *(tourments)*
mar·tel·dood *de* martyre *(la mort)*
mar·te·len *vti (h. gemarteld)* torturer
mar·tel·gang *nm,* **marteling** *nf (-en)* martyre, torture
mar·ter *nm (-s)* martre
mas·ker *het (-s)* masque
mas·ke·ren *vt (h. gemaskeerd)* masquer
mas·sa *de (-'s)* masse; **de domme ~** la foule (aveugle); **een ~ mensen denkt dat** une foule de gens pensent que
***mas·sa-** de masse; **de massacommunicatie** la communication de masse
mas|saal *adj, adv (-saler, -saalst)* massif, massivement; **~ verzet** résistance en masse
mas·sa|graf *het (-graven)* fosse commune
mas·sa·moord *de (-en)* massacre
mas·sa·pro·duct *het (-en)* article de grande série
mas|sief[1] *het (-sieven) (géo.)* massif
mas|sief[2] *adj, adv (-siever, -siefst)* massif, massivement
mast *nm (-en)* **1** mât **2** poteau **3** pylône
mas·ter *nm* mastère
mas·tur·be·ren *vi (h. gemasturbeerd)* se masturber
mat[1], **maten** → **(af-, op)meten** *(etc.)*
mat[2] *de (-ten)* tapis; **de groene ~** la pelouse
mat[3] *adj, adv* **1** mat, d'un regard terne **2** opaque **3** faible(ment) **4** *(échecs)* mat
ma·te *de (-n)* mesure; **in die ~** tellement; **in mindere ~** à un degré moindre; **in aanzienlijke ~** considérablement; **in meer of mindere ~** plus ou moins; **het is in hoge ~ aan hem te danken** il y est pour beaucoup; **in voldoende ~ over iets beschikken** avoir suffisamment de qch; **met ~** modérément
ma·te·loos *adj, adv* démesuré(ment)
ma·te·ri|aal *het (-alen)* **1** matière, matériau(x) **2** matériel
ma·te·rie *nf (-s)* **1** matière **2** *(fig.)* sujet
ma·te·ri·eel[1] *het* matériel
ma·te|ri·eel[2] *adj (-riëler, -rieelst)* matériel
mat·glas *het* verre dépoli
mat·heid *nf* **1** apathie **2** matité
ma·tig *adj, adv* **1** (de façon) raisonnable **2** (de façon) modéré(e) **3** médiocre(ment); **het gaat maar ~** ça ne va pas trop bien
ma·ti·gen *vt (h. gematigd)* modérer
ma·tig·heid *nf* **1** modération **2** sobriété
ma·ti·ging *nf (-en)* → **matigheid 1**
ma·tig·jes *adv* médiocrement
ma·ti·neus *adj* matinal
mat·je *het (-s)* ♦ **op het ~ worden geroepen** devoir rendre des comptes, se faire rappeler à l'ordre
ma·tras *het/de (-sen)* matelas
ma|troos *nm (-trozen)* matelot
mat·se *nm (-s)* pain azyme
mat·sen *vt (h. gematst) (fam.)* être sympa avec (qn); **hij zal zorgen dat ik gematst word** il va me pistonner
mat·ten·klop·per *nm (-s)* tapette
mau·so·le·um *het (-s)* mausolée
mau·wen *vi (h. gemauwd)* miauler
ma·vo[1] *het middelbaar algemeen voortgezet onderwijs* ⟨*enseignement général secondaire*⟩

ma·vo² *de (-'s)* *⟨collège d'enseignement général secondaire⟩*
m.a.w. *met andere woorden* en d'autres termes
maxi·maal *adj, adv* maximal, au maximum
maxi·ma·li·se·ren *vt (h. gemaximaliseerd)* maximiser
ma·ze·len *plur* rougeole
maz·zel *nm (fam.)* pot; **een reuze ~ hebben** avoir une veine de cocu; **de ~!** salut!
maz·ze·laar *de (-s) (fam.)* veinard, -arde
maz·ze·len *vi (h. gemazzeld) (fam.)* avoir du pot
mbo *het middelbaar beroepsonderwijs ⟨enseignement secondaire professionnel⟩*
m.b.t. *met betrekking tot* par rapport à
m.b.v. *met behulp van* à l'aide de
me *pers* me, m', moi
ME¹ *plur middeleeuwen* M.A.
ME² *nf (-'s) mobiele eenheid* ± CRS
meao¹ *het middelbaar economisch en administratief onderwijs ⟨enseignement économique et administratif du deuxième cycle⟩*
meao² *de (-'s) ⟨école d'enseignement économique et administratif du deuxième cycle⟩*
me·ce·nas *nm (-sen)* mécène
me·cha·ni·ca *nf (phys.)* mécanique
me·cha·niek *het/de (-en)* mécanique
me·cha·ni·se·ren *vti (h. gemechaniseerd)* mécaniser
me·de *adv (form.)* également
***me·de-** co-; **de medebewoner** le cohabitant
me·de·be·pa·lend *adj* qui joue un rôle; **~ zijn voor iets** intervenir dans qch
me·de·deel|zaam *adj (-zamer, -zaamst)* communicatif
me·de·de·ling *nf (-en)* communication; **een ingezonden ~** une annonce; **zonder voorafgaande ~** sans avis préalable
me·de·de·lin·gen·bord *het (-en)* tableau d'affichage
me·de|din·ger *nm (-s),* **-dingster** *nf (-s)* concurrent, -ente
me·de·din·ging *nf* concurrence; *(sports)* **buiten ~** hors-concours
me·de·do·gen *het* commisération
me·de·klin·ker *nm (-s)* consonne
me·de·le·ven *het* compassion
me·de·lij·den *het* pitié; **~ krijgen met iem** prendre qn en pitié; **uit ~ (met)** par pitié (pour); **~ wekken** faire pitié
me·de·mens *nm (-en)* prochain
me·de·plich·tig *adj* complice (de)
me·de·plich·tig·heid *nf* complicité
me·de·schul·dig *adj* complice (de)
me·de|stan·der *nm (-s),* **-standster** *nf (-s)* partisan, -ane
me·de|wer·ker *nm (-s),* **-werkster** *nf (-s)* collaborateur, -trice; **een administratief ~** un adjoint administratif; **een wetenschappelijk ~** *(à l'université)* un assistant
me·de·wer·king *nf* **1** collaboration **2** aide
me·de·we·ten *het* ♦ **buiten mijn ~** à mon insu; **met ~ van iem** au su de qn
me·de·zeg·gen·schap *het/de* participation
me·dia·be·leid *het* politique concernant les mass media
me·di·cijn *de (-en)* **1** médicament **2** médecine; **een student in de ~en** un étudiant en médecine
me·di·cijn·man *nm (-nen)* sorcier
me·di|cus *nm (-ci)* médecin
me·dio *adv* mi-; **~ september** à la mi-septembre
me·disch *adj, adv* médical(ement); **de ~e faculteit** la faculté de médecine
me·di·ter·raan *adj* méditerranéen
me·di·um¹ [medijʌm] *het (media)* **1** media; **het ~ televisie** la télévision **2** *(spiritisme)* médium
me·di·um² [mi:dijʌm] *adj* **1** *(sherry)* demi-sec **2** *(vêtements)* moyen
mee *adv* **1** avec; **hij wil met ons ~** il veut aller avec nous **2** dans le sens de; **met de haren ~** dans le sens du poil ♦ **alles ~ hebben om** être en posture de; **hij heeft zijn uiterlijk ~** son physique joue à son avantage; **dat kan nog jaren ~** cela peut durer encore des années
mee·bren·gen *vt (h. meegebracht)* **1** apporter **2** comporter **3** entraîner
meed, meden → **mijden**
mee·de·len¹ *vi (h. meegedeeld)* participer
mee·de·len² *vt (h. meegedeeld)* communiquer
mee·din·gen *vi (h. me(d)egedongen)* concourir (pour)
mee·doen *vi (h. meegedaan)* participer; **hij wil ~ met zijn vrienden** il veut faire comme ses amis
mee·do·gen|loos *adj, adv (-lozer, meest m.)* impitoyable(ment)
mee-eten *vti (h. meegegeten)* manger (avec qn); **eet je een hapje mee?** tu manges un morceau avec nous?
mee-eter *nm (-s)* point noir
mee·gaan *vi (i. me(d)egegaan)* **1** aller (avec qn) **2** suivre (qch, qn); **met zijn tijd ~** vivre avec son temps **3** durer; **lang ~** faire de l'usage
mee·gaand *adj* accommodant, docile
mee·gaand·heid *nf* flexibilité, docilité
mee·ge·ven¹ *vt (h. meegegeven)* donner (qch à qn); **iem een boodschap ~** confier un message à qn
mee·ge·ven² *vi (h. meegegeven)* céder, *(étoffe, cuir)* prêter
mee·hel·pen *vi (h. meegeholpen)* **1** aider (qn à faire qch) **2** contribuer (à qch, à faire qch)
mee·ko·men *vi (i. meegekomen)* **1** venir (avec qn) **2** *(rythme)* suivre
mee·krij·gen *vt (h. meegekregen)* **1** recevoir **2** gagner, mettre de son côté
meel *het* farine; **met ~ bestrooien, in ~ wentelen** fariner
mee·le·ven *vi (h. meegeleefd)* compatir (à)

mee·lij *het* → **medelijden**
mee·lij·wek·kend *adj, adv* (de façon) pitoyable
mee·lok·ken *vt (h. meegelokt)* entraîner (avec soi)
mee·lo·pen *vi (h./i. meegelopen)* **1** accompagner (qn); **er lopen goede atleten mee in deze wedstrijd** il y a de bons athlètes qui participent à cette course **2** suivre (qn), imiter (qn) ♦ *(fig.)* **hij loopt nu al tien jaar mee in dit vak** il fait ce métier depuis dix ans déjà
mee|lo·per *nm (-s)*, **-loopster** *nf (-s)* suiviste
meel·pro·duct *het (-en)* farineux
mee·luis·te·ren *vi (h. meegeluisterd)* **1** écouter (avec qn) **2** écouter (une conversation)
mee·ma·ken *vt (h. meegemaakt)* **1** vivre; **zoiets heb ik nog nooit meegemaakt** je n'ai jamais vu ça; **heel wat (ellende)** ~ en voir (de rudes,) de belles **2** *(voyage)* participer à
mee·ne·men *vt (h. meegenomen)* **1** emporter; **iem aan de hand** ~ mener qn par la main; **weer** ~ remporter, remmener **2** apporter; **weer** ~ rapporter, ramener **3** faire en même temps ♦ **dat is meegenomen** c'est toujours ça de gagné
mee·pak·ken *vt (h. meegepakt)* prendre
mee·pra·ten *vi (h. meegepraat)* **1** prendre part à la conversation; **daar kan ik van** ~ je suis passé par là; **mogen** ~ avoir voix au chapitre; **daar kan jij niet over** ~ tu n'en sais rien, toi **2** flagorner (qn)
meer[1] *nm (meren)* lac
meer[2] *adv* **1** plus (que); ~ **en** ~ de plus en plus; **hoe ~ ..., des te ~ ...** plus ..., (et) plus ...; **des te** ~ d'autant plus **2** plutôt (que) **3** de plus; **wie waren er nog ~?** qui y avait-il encore? **4** *(avec négation)* plus; **dat kan nu niet** ~ cela n'est plus possible maintenant **5** plus souvent
meer[3] *card* **1** plus (de) **2** plus, davantage; **onder** ~ entre autres; **zonder** ~ simplement; **iets zonder ~ aannemen** accepter qch inconditionnellement; **ik zou het zonder ~ doen (als ik jou was)** je n'hésiterais pas (à ta place)
meer·de·re[1] *nm (-n)* supérieur
meer·de·re[2] *card (fam.)* plusieurs
meer·der·heid *nf* **1** majorité; **in de ~ zijn** dominer, *(pol.)* être majoritaire **2** supériorité
***meer·der·heids-** majoritaire
meer·der·ja·rig *adj* majeur
meer·der·ja·rig·heid *nf* majorité *(âge)*
meer·der·waar·dig·heids·ge·voel *het* sentiment de supériorité
mee·rei·zen *vi (h./i. meegereisd)* voyager (avec qn)
mee·re·ke·nen *vt (h. meegerekend)* inclure; **alles meegerekend kost het ...** cela coûte ... tout compris; **... niet meegerekend** sans compter ...
mee·rij·den *vi (h./i. meegereden)* accompagner (qn) (en voiture, à bicyclette)
meer·ja·ren·plan *het (-nen)* plan pluriannuel
meer·ja·rig *adj* de plusieurs années
meer·kos·ten *plur* surcoût
meer·maals *adv* à plusieurs reprises
mee·ro·ken *het* tabagisme passif
meer·par·tij·en·stel·sel *het (-s)* pluripartisme
meer·stem·mig *adj, adv (mus.)* polyphonique, à plusieurs voix
meer·ta·lig *adj* polyglotte
meer·voud *het (-en)* pluriel
meer·vou·dig *adj, adv* **1** (de façon) multiple **2** *(ling.)* (au) pluriel
meer·waar·de *nf* plus-value
meer·zij·dig *adj* multilatéral
mee·sle·pen *vt (h. meegesleept)* (en)traîner
mee·sle·pend *adj, adv* entraînant, avec enthousiasme
mees·mui·len *vti (h. gemeesmuild)* ricaner
mee·spe·len *vi (h. meegespeeld)* **1** jouer (avec qn) **2** *(aussi au fig.)* jouer un rôle (dans)
mee·spre·ken *vi (h. meegesproken)* **1** participer à la conversation; **daar kan jij niet over** ~ tu n'en sais rien; **daar kan ik van** ~ je sais de quoi je parle **2** avoir son mot à dire **3** jouer un rôle (dans)
meest[1] *adj* **1** la plupart de; **hij heeft het ~e geld** c'est lui qui a le plus d'argent **2** le plus grand
meest[2] *adv* **1** le (la, les) plus **2** en général
meest·al *adv* généralement
mees·ter *nm (-s)* maître; **zich ~ maken van iets** s'emparer de qch; **iets ~ zijn** *(situation)* dominer qch, *(sentiments)* maîtriser qch ♦ **een ~ in de rechten** un licencié en droit
mees·ter·lijk *adj, adv* magistral(ement)
mees·ter·schap *het* maîtrise
mees·ter|stuk *het (-ken)*, **-werk** *het (-en)* chef-d'œuvre
meet *de* marque; **weer van ~ (af) aan beginnen** recommencer au (tout) début
meet·baar *adj* mesurable
mee·tel·len[1] *vt (h. meegeteld)* compter
mee·tel·len[2] *vi (h. meegeteld)* compter
meet·kun·de *nf* géométrie
meet·lat *de (-ten)* règle (graduée)
meet·lint *het (-en)* mètre à ruban
meeuw *de (-en)* mouette
mee·val·len *vi (i. meegevallen)* **1** être, se révéler mieux, moins difficile, moins cher qu'on ne s'y attendait; **dat zal wel ~!** ce ne sera pas si terrible (difficile, cher, fatigant etc.) que ça!; **hij valt bij nader inzien mee** il gagne à être connu **2** dépasser l'attente, les espérances
mee·val·ler *nm (-s)* aubaine
mee·voe·len *vti (h. meegevoeld)* compatir (à)
mee·voe·ren *vt (h. meegevoerd)* **1** entraîner **2** emporter
mee·vra·gen *vt (h. meegevraagd)* **1** de-

mander (à qn) d'accompagner (celui qui demande) **2** inviter
mee·wa·rig *adj, adv* compatissant, avec compassion
mee·wer·ken *vi (h. meegewerkt)* **1** collaborer (à) **2** contribuer (à)
mee·zeu·len *vi (h. meegezeuld) (fam.)* trimbaler
mee·zin·gen *vi (h. meegezongen)* chanter en chœur
mee·zin·ger *nm (-s)* rengaine
mee·zit·ten *vi (h. meegezeten)* être favorable; **het zat hem niet mee** il n'a pas eu de chance
mei *nm* mai
meid *nf (-en)* **1** (jeune) fille **2** (ma) vieille **3** bonne
mei·doorn *nm (-s)* aubépine
mei·ke·ver *nm (-s)* hanneton
mei·klok·je *het (-s) (Belg.)* muguet
mein|eed *nm (-eden)* parjure
meis·je *het (-s)* **1** fille **2** jeune fille **3** petite amie
meis·jes·ach·tig *adj, adv* de (jeune) fille, en (jeune) fille
meis·jes|naam *nm (-namen)* **1** (pré)nom de fille **2** *(femme mariée)* nom de jeune fille
mej. *mejuffrouw* Mlle
me·juf·frouw *nf (-en)* mademoiselle
me·kaar *pers (fam.)* se; **dik voor** ~ parfaitement réglé
me·ka·nie·ker *nm (-s) (Belg.)* mécanicien
mek·ka *het (fig.)* eldorado
Mek·ka *het* la Mecque
mek·ke·ren *vi (h. gemekkerd)* bêler *(aussi au fig.)*
me·laats *adj* lépreux
mel·den[1] *vt (h. gemeld)* **1** communiquer (qch à qn); **ze heeft zich ziek gemeld** elle s'est fait porter malade **2** annoncer **3** mentionner
mel·den[2] *vpr (zich ~; h. zich gemeld)* se présenter
mel·der *nm (-s)* avertisseur
mel·ding *nf (-en)* **1** mention **2** annonce
meld·ka·mer *de (-s)* bureau central
meld·punt *het (-en)* **1** ⟨*lieu où l'on annonce sa présence, son arrivée*⟩ **2** ⟨*lieu ou service où l'on peut se plaindre en cas d'injustice*⟩
me·lig *adj* **1** farineux **2** bébête **3** apathique
melk *de* lait; **halfvolle** ~ lait demi-écrémé; **een land van ~ en honing** un pays d'abondance; **niets in de ~ te brokk(el)en hebben** ne pas avoir voix au chapitre; *(fig.)* **de room is van de** ~ ce sont les vaches maigres
melk·ach·tig *adj* laiteux
melk·boer *nm (-en)* laitier; *(iron.)* **dat is er zeker een van de** ~ c'est sûrement le gosse du facteur
mel·ken *vt (h. gemolken)* traire
melk|glas *het (-glazen)* verre à lait
melk·poe·der *het/de* lait en poudre
melk·pro·duct *het (-en)* produit lacté
melk·sui·ker *nm* lactose
melk|weg *nm (-en)*, **-wegstelsel** *het (-s) (astron.)* galaxie
melk·wit *adj* laiteux
melk·zuur *het* acide lactique
me·lo|disch *adj, adv (-discher, meest m.)* **1** mélodique(ment) **2** mélodieux, mélodieusement
me·loen *de (-en)* melon
me·mo *het/de (-'s)* **1** papillon **2** note
me·mo·re·ren *vt (h. gememoreerd)* remémorer
me·mo·rie *nf (-s)* mémoire *(m. et f.)*
men *indéf* on
me|neer *nm (-neren)* monsieur; **de (grote, mooie) ~ uithangen** faire le grand seigneur
me·nen *vt (h. gemeend)* **1** parler sérieusement; **dat meen je niet!** ce n'est pas sérieux! **2** vouloir dire; **het goed met iem** ~ vouloir du bien à qn **3** croire
me·nens *adj (fam.)* ♦ **het is** ~ c'est sérieux; **het wordt** ~ *(dispute)* ça chauffe
men·ge·ling *nf (-en)* mélange; **een bonte** ~ *(fig.)* un brassage
men·gel·moes *het/de* **1** mélange (disparate, hétéroclite) **2** pot-pourri
men·gen[1] *vt (h. gemengd)* **1** mélanger **2** mêler
men·gen[2] *vpr (zich ~; h. zich gemengd) (+ in)* se mêler; **zich ~ in een twist** s'entremettre dans une querelle
men·ging *nf (-en)* mélange
meng·sel *het (-s)* mélange
me·nig *card* plusieurs; ~ **mens** plus d'un
me·nig·een *indéf* plus d'un
me·nig·maal *adv* plusieurs fois
me·nig·te *nf (-n, -s)* **1** foule; **de grote** ~ le grand public **2** multitude
me·ning *nf (-en)* opinion; **bij zijn ~ blijven** maintenir son point de vue; **in de ~ verkeren dat** croire que; **dezelfde ~ toegedaan zijn** partager l'avis (de); **een uitgesproken** ~ une opinion tranchée
me·nings·ver·schil *het (-len)* **1** divergence d'opinions **2** désaccord
men·nen *vt (h. gemend)* conduire
men·ner *nm (-s)* **1** conducteur de chevaux **2** meneur
mens[1] *nm (-en)* **1** homme; **geen** ~ pas un chat; *(fig.)* **geen ~ meer zijn** être mort de fatigue; **de grote ~en** les grandes personnes; **ik voel me maar een half** ~ je ne me sens pas dans mon assiette; **de inwendige ~ versterken** se restaurer; *(prov)* **de ~ zijn lust is een ~ zijn leven** chacun selon son bon plaisir; *(prov)* **de ~ wikt, God beschikt** l'homme propose, Dieu dispose **2** *(plur.)* gens; **onder de ~en komen** sortir dans le monde ♦ **beste ~en** chers amis; **ik ben geen ~ om ...** ce n'est pas mon genre de ...
mens[2] *het (-en) (péj.; d'une femme)* créature
men·sa *de (-'s)* restaurant universitaire
mens|aap *nm (-apen) (zool.)* (singe) anthropoïde

mens·beeld *het* image de l'homme
mens·dom *het* genre humain
men·se·lijk *adj, adv* humain(ement)
men·se·lij·ker·wijs *adv* ♦ ~ **gesproken** humainement parlant
men·se·lijk·heid *nf* humanité *(qualité)*
***men·sen-** humain; **het mensenleven** la vie humaine
men·sen·haat *nm* misanthropie
men·sen·heu·ge·nis *nf* mémoire d'homme; **sinds** ~ de mémoire d'homme
men·sen·ken·nis *nf* connaissance des hommes
men·sen·kind *het (-eren)* homme
men·sen·kin·de·ren *interj* bougre!
men·sen·mas·sa *de (-'s)* foule (de gens)
men·sen·schuw *adj* sauvage
men·sen·vriend *nm (-en)* philanthrope
mens·heid *nf* **1** humanité **2** nature humaine
mens·lie·vend *adj, adv* humain(ement)
mens·lie·vend·heid *nf* philanthropie
mens·ont·erend *adj* honteux
mens·on·waar·dig *adj* avilissant
men·stru·e·ren *vi (h. gemenstrueerd)* avoir ses règles
mens·waar·dig *adj* digne
mens·we·ten·schap·pen *plur* sciences humaines
mens·wor·ding *nf* **1** *(sc.)* anthropogenèse **2** *(relig.)* incarnation
men·taal *adj, adv* mental(ement); **een mentale klap** un coup dur
men·ta·li·teit *nf* mentalité
men|tor *nm (-en),* **-trix** *nf (-trices)* tuteur, -trice
mep *de (-pen)* tarte; **iem een ~ in zijn gezicht geven** flanquer une gifle à qn ♦ **de volle** ~ la somme totale
mep·pen *vt (h. gemept)* **1** taper **2** battre à mort *(des mouches)*
me·rel *de (-s) (zool.)* merle
me·ren·deel *het* plupart
me·ren·deels *adv* **1** pour la plupart **2** le plus souvent
merg *het* moelle (osseuse); **hij is een musicus in ~ en been** il est musicien jusqu'à la moelle des os; **die kreet drong je door ~ en been** ce cri vous crevait le tympan
me·ri·di|aan *nm (-anen) (géo.)* méridien
merk *het (-en)* marque
merk|baar *adj, adv (-baarder, -baarst)* perceptible, sensiblement
mer·ken *vt (h. gemerkt)* **1** remarquer; **het is niet te** ~ il n'y paraît pas; **iets laten** ~ faire sentir qch (à qn); **zonder iets te laten** ~ en ne faisant semblant de rien **2** marquer
merk·te·ken *het (-s)* marque
merk·waar·dig *adj, adv* **1** remarquable(ment) **2** curieux, curieusement; **het ~e van dit geval is dat ...** ce qu'il y a d'étrange dans ce cas, c'est que ...
merk·waar·di·ger·wijs *adv* curieusement
merk·waar·dig|heid *nf (-heden)* curiosité
mer·rie *nf (-s) (zool.)* jument
mes *het (-sen)* couteau; **onder het ~ gaan, zitten** *(examen)* subir une épreuve, subir une opération; *(sens pr.)* **een ~ dat aan twee kanten snijdt** un couteau à double tranchant; *(fig.)* **het ~ in iets zetten** couper dans le vif
me·sjog·ge *adj (fam.)* cinglé
mes·punt *het (-en)* **1** pointe de couteau **2** pincée
mes·scherp *adj* aiguisé
Mes·si·as *nm (Bible)* Messie
mes·sing *het* laiton
mest *nm (agric.)* engrais
mes·ten *vti (h. gemest)* **1** *(animaux)* engraisser **2** *(agric.)* fumer
mest|hoop *nm (-hopen)* **1** (tas de) fumier **2** *(fig.)* tas de cochonneries
met *prép* avec; ~ **de trein gaan** aller par le train; **tot en ~ hoofdstuk drie** jusqu'au chapitre trois inclus
me·taal[1] *het* métal
me·taal[2] *de* métallurgie
***me·taal-** métallique; **de, het metaaldraad** le fil métallique
me·taal·ach·tig *adj, adv* métallique
me·taal|ar·bei·der, -bewerker *nm (-s)* métallurgiste
me·taal·wa·ren *plur* quincaillerie
me·ta|foor *de (-foren) (litt.)* métaphore
me·ta·fy·si·ca *nf (philo.)* métaphysique
me·ta·len *adj* métallique
me·tal·lic [metɛlɪk] *adj* métallisé
met·een *adv* **1** tout de suite; ~ **in het begin** d'emblée **2** en même temps
me·ten[1] *vt (h. gemeten)* **1** mesurer; **iets ~ naar** mesurer qch sur **2** sonder, *(la tension, la température)* prendre
me·ten[2] *vi (h. gemeten)* mesurer
me·ten[3] *vpr (zich ~; h. zich gemeten) (+ met)* se mesurer (avec, à)
me·ter[1] *nm (-s)* **1** mètre; **een ~ in de lucht springen** sauter au plafond **2** compteur
me·ter[2] *nf (-s)* marraine *(d'un enfant)*
me·ter·stand *nm (-en)* chiffre du compteur
met|ge·zel *nm (-len),* **-gezellin** *nf (-nen)* compagnon, compagne
me·tho·diek *nf* méthodologie
me·ting *nf (-en)* mesurage
me·trisch *adj, adv* **1** métrique *(poésie; phys.)* **2** en vers
me·trum *het (-s)* cadence, *(vers)* mètre
met·se·laar *nm (-s)* maçon
met·se·len *vti (h. gemetseld)* maçonner
met·sel·werk *het* **1** maçonnerie **2** ouvrage de maçonnerie
met·ser *nm (-s) (Belg.)* → **metselaar**
met·ten *plur* ♦ **korte ~ maken** être expéditif; **korte ~ met iem maken** sévir contre qn
met·ter·daad *adv* **1** en effet **2** effectivement
met·ter·tijd *adv* avec le temps
meu·bel *het (-s, -en)* meuble
meu·bel·stuk *het (-ken)* **1** meuble **2** personne qui fait partie des meubles
meu·bi·lair [møbilɛ:r] *het* mobilier

meu·bi·le·ren *vt (h. gemeubileerd)* meubler *(sens pr.)*
meu·bi·le·ring *nf* **1** garnissement **2** ameublement
meu·te *de (-s)* **1** meute *(de chiens)* **2** foule *(de personnes)*; **de hele ~ komt hiernaartoe** toute l'équipe va venir ici
mevr. *mevrouw* Mme
me·vrouw *nf (-en)* **1** *(appellatif)* madame, mesdames **2** dame
Me·xi·co *het* **1** Mexique **2** Mexico
me·zelf[1] *pers (en tant que complément)* moi-même
me·zelf[2] *réfl (pronom)* me
M.H. *Mijne Heren* MM.
m.i. *mijns inziens* à mon avis
mi·au·wen *vi (h. gemiauwd)* miauler
mi·cro·golf·oven *nm (-s) (Belg.)* (four à) micro-ondes
mid·dag *nm (-en)* **1** après-midi; **'s ~s** l'après-midi **2** midi; **rond de ~** vers midi; **tussen de ~** à l'heure du déjeuner
mid·dag·dut·je *het (-s)* sieste
mid·dag|eten *het*, **-maal** *het (-malen)* déjeuner
mid·dag·slaap·je *het (-s)* → **middagdutje**
mid·dag|uur *het (-uren)* midi ♦ **in de middaguren** dans l'après-midi
mid·del *het (-en)* **1** taille **2** moyen; **door ~ van** au moyen de **3** remède; **kalmerende ~en** calmants; **verdovende ~en** stupéfiants **4** *(plur.)* ressources
mid·del·baar *adj* moyen
mid·del·eeu·wen *plur (hist.)* Moyen Age; **de vroege ~** le haut Moyen Age
mid·del·eeuws *adj* **1** médiéval **2** moyenâgeux
mid·del·groot *adj* moyen *(grandeur)*
mid·del·lang *adj* moyen *(de longueur, durée moyenne)*
mid·del·lijn *de (-en)* diamètre
mid·del·maat *de* **1** moyenne *(médiocre)* **2** milieu *(entre deux extrêmes)*; **de grijze ~** la médiocrité
mid·del·ma·tig *adj, adv* **1** moyen(nement) **2** médiocre(ment)
mid·del·ma·tig|heid *nf (-heden)* médiocrité
mid·del·punt *het (-en)* **1** centre **2** pivot *(fig.)*
mid·dels *prép (form.)* au moyen de
mid·delst *adj* du milieu; **de ~e van drie kinderen** le deuxième de trois enfants
mid·del·vin·ger *nm (-s)* majeur *(doigt)*
mid·den[1] *het (-s)* **1** centre; *(fig.)* **iets in het ~ laten** passer qch sous silence; *(fig.)* **zich in het ~ houden** rester dans le vague; *(fig.)* **iets in het ~ brengen** mettre qch sur le tapis; **te ~ van** au milieu de **2** milieu; **in het ~ van de winter** en plein hiver **3** entourage ♦ **dit houdt het ~ tussen ... en ...** ceci est un compromis entre ... et ...; **iem uit ons ~** (l')un des nôtres
mid·den[2] *adv* au (beau) milieu (de); **~ in het land** en pleine campagne; **~ op de dag** en plein jour
Mid·den-Ame·ri·ka *het* Amérique centrale
mid·den·door *adv* en deux
Mid·den-Eu·ro·pa *het* Europe centrale
mid·den·golf *de* ondes moyennes
mid·den·groep *de (-en)* **1** groupe du milieu **2** *(fig.)* classe moyenne; **de ~en** les revenus moyens
mid·den·in *adv* au milieu
mid·den·klas·se *nf* classe moyenne *(prix, grandeur)*
mid·den·moot *de* moyenne *(fig.)*
Mid·den-Oos·ten *het* Moyen-Orient
mid·den·rif *het (méd.)* diaphragme
mid·den·stand *nm* **1** commerçants **2** *(technol.)* position moyenne
mid·den·weg *nm* (juste) milieu; **de gulden ~ bewandelen** garder le juste milieu
mid·der·nacht *nm* minuit
mid·der·nach·te·lijk *adj* de minuit
mid·life|cri·sis *de (-crises) (psycho.)* crise existentielle de la quarantaine
mid·weeks *adj* en milieu de semaine
mid·zo·mer *nm* milieu de l'été
mier *de (-en)* fourmi
mie·ren|hoop *nm (-hopen)*, **-nest** *het (-en)* fourmilière
mie·ren·neu·ker *nm (-s) (fam.)* enculeur de mouches
mie·riks·wor·tel *nm (bot.)* raifort
mier·zoet *adj* trop sucré
mie·te·ren *vti (h./i. gemieterd) (fam.)* flanquer par terre
mie·ters[1] *adj (fam.)* chouette; **een ~ wijf** une femme épatante
mie·ters[2] *adv (fam.)* sacrément
mie·ters[3] *interj (fam.)* chouette!
miet·je *het (-s)* **1** *(fam.)* pédé **2** pinailleur ♦ *(fig.)* **laten we elkaar geen ~ noemen** appelons un chat un chat
mie·ze·ren *vb impers (h. gemiezerd)* bruiner
mie·ze·rig *adj* **1** bruineux **2** miteux; **een ~ kereltje** un petit minable **3** maussade
mij *pers* **1** *(complément)* me, m', moi; **moet u ~ hebben?** c'est moi que vous voulez voir? **2** *(forme tonique)* me, m', à moi; *(iron.)* **dan moet u ~ net hebben!** ce n'est sûrement pas à moi qu'il faut le demander!
Mij. *maatschappij* cie
mij·den *vt (h. gemeden)* éviter
mijl *de (-en)* lieue; **een Engelse ~** un mil(l)e anglais; **dat is een ~ op zeven** on sera encore là demain ♦ **hij bleef ~en achter** il était à des kilomètres derrière
mij·len·ver *adj, adv* à des kilomètres
mijl|paal *nm (-palen)* **1** borne (milliaire, kilométrique) **2** étape
mij·me·ren *vi (h. gemijmerd)* rêvasser
mij·me·rend, -rig *adj* rêveur
mijn[1] *de (-en) (aussi milit.)* mine
mijn[2] *poss* **1** *(adjectif)* mon, ma, mes; **~s inziens** à mon avis **2** *(pronom)* le mien, la mienne; **de ~en** les miens *(mes parents, mes amis)*; **het ~ en dijn** le tien et le mien; **ik heb het ~e gedaan** j'ai fait ce que j'ai pu; **daar moet ik het ~e van weten, hebben** je veux en avoir le cœur net

***mijn-** 1 minier; **de mijnbouw** l'exploitation minière **2** *(milit.)* de mines
mij·nent·we·ge *adv (form.)* **1** de ma part **2** quant à moi
mij·nen·ve·ger *nm (-s)* dragueur de mines
mij·ner·zijds *adv (form.)* pour ma part
mijn·gas *het* grisou
mijn|heer *nm (-heren) (appellatif, homme important)* monsieur, messieurs; **de grote ~ uithangen** faire le grand seigneur
mijn·wer·ker *nm (-s)* mineur *(ouvrier)*
mijt *de (-en)* **1** tas **2** *(zool.)* mite
mij·ter *nm (-s)* **1** mitre **2** épiscopat
mij·zelf *pers* → **mezelf**[1]
mik·ken[1] *vi (h. gemikt)* viser *(aussi au fig.)*
mik·ken[2] *vt (h. gemikt) (fam.)* balancer
mik·mak *nm (fam.)* bazar·
mik·punt *het (-en)* cible
mild *adj, adv* **1** généreux, généreusement **2** bienveillant, avec bienveillance; **het hart ~ stemmen** disposer à la bienveillance **3** doux, doucement
mild·heid *nf* **1** clémence **2** générosité **3** douceur
mi·lieu [mıljø] *het (-s)* **1** milieu *(groupe social et pègre)*; **boven zijn ~ uitstijgen** s'élever au-dessus de sa condition **2** *(biol.)* environnement
***mi·lieu-** *(biol.)* de l'environnement; **het milieubeleid** la politique de l'environnement
mi·lieu·ac·ti|vist *nm (-en)*, **-viste** *nf (-s, -n)* écologiste
mi·lieu·be·heer *het* protection de l'environnement
mi·lieu·be·las·ting *nf (-en)* taxe sur la pollution
mi·lieu·be·we·ging *nf (-en) (pol.)* mouvement écologiste
mi·lieu·be·wust *adj* sensibilisé aux problèmes de l'environnement
mi·lieu·hef·fing *nf (-en)* → **milieubelasting**
mi·lieu·hy·gi·ë·ne *de* **1** protection de l'environnement **2** équilibre de l'environnement
mi·lieu·on·vrien·de·lijk *adj* polluant
mi·lieu·par·tij *nf (-en) (pol.)* parti écologiste
mi·lieu·ramp *de (-en)* catastrophe écologique
mi·lieu·scha·de·lijk *adj* écotoxique
mi·lieu·vei·lig *adj (-liger, meest m.)* non polluant
mi·lieu·vrien·de·lijk *adj* non polluant, *(inscription)* 'respecte l'environnement'; **een ~e verpakking** un emballage biodégradable
mi·lieu·wet *de (-ten) (jur.)* loi en matière de protection de l'environnement
mi·li·tie *nf* milice
mil·jard *card* milliard; **de schade loopt in de ~en euro** les dommages s'élèvent à des milliards
mil·jar·den·no·ta *de (-'s)* → **miljoenennota**
mil·jard·ste *ord* milliardième
mil·joen *card* million
mil·joe·nen·no·ta *de (-'s)* projet de Loi de Finances
mil·joen·ste *ord* millionième
mil·li·me·te·ren *vt (h. gemillimeterd)* couper ras *(cheveux)*
milt *de (-en) (biol.)* rate
mime [mim, mimə] *de (-n, -s)* pantomime
mi·miek *nf* mimique
min[1] *de (-nen)* **1** valeur négative; **tien euro in de ~ staan** avoir un découvert de dix euros; **er zijn ~nen en plussen in deze zaak** dans cette affaire, il y a du pour et du contre **2** *(math.)* moins
min[2] *nf (-nen)* nourrice
min[3] *adj, adv* **1** bas(sement) **2** peu; **zij is (net) zo ~ verlegen als ik** elle est aussi peu timide que moi; **zo ~ mogelijk fouten** le moins de fautes possible **3** médiocre **4** *(thermomètre)* moins **5** *(phys.)* au pôle négatif ♦ **ergens ~ over denken** mésestimer qch; **~ of meer** plus ou moins
min[4] *prép (math.)* moins
min. *minuut* mn.
min·ach·ten *vt (h. geminacht)* mépriser
min·ach·tend *adj, adv* méprisant, avec mépris
min·ach·ting *nf* mépris
min·der[1] *adj* **1** moindre **2** inférieur **3** de moindre importance **4** moins bien; **het wordt ~ met de omzet** le chiffre d'affaires diminue
min·der[2] *adv* moins; **dat was ~ geslaagd** c'était peu réussi; **het met ~ moeten doen** devoir se contenter de moins; **kan het wat ~?** ne pourriez-vous pas faire plus doucement?
min·der[3] *num* moins (de); **het is iets ~, mag dat?** il y en a un peu moins, ça va?
min·der·be·gaafd *adj (euph.)* peu doué
min·de·re *nm (-n)* **1** inférieur **2** personne qui est inférieure (à)
min·de·ren *vti (h./i. geminderd)* diminuer
min·der·he·den·be·leid *het* politique relative aux minorités
min·der|heid *nf (-heden)* **1** minorité **2** infériorité **3** rang inférieur
***min·der·heids-** minoritaire; **de minderheidsgroepering** le groupe minoritaire
min·de·ring *nf (-en)* déduction; **iets in ~ brengen** déduire qch
min·der·ja·rig *adj* mineur *(âge)*
min·der·ja·rig·heid *nf* minorité *(âge)*
min·der·va·li·de *adj* handicapé
min·der·waar·dig *adj, adv* **1** inférieur **2** (de façon) infâme
min·der·waar·dig·heid *nf* infériorité
mi·ne·raal *adj* minéral
mi·neur *de* **1** *(mus.)* mode mineur **2** humeur sombre
mi·neur·stem·ming *nf* → **mineur 2**
***mi·ni·a·tuur-** miniature; **de miniatuurtrein** le train miniature
mi·niem *adj, adv* (de façon) minime
mi·ni·ma *plur (plur.)* minima sociaux
mi·ni·maal *adj, adv* **1** minime, le moins possible **2** *(adv.)* au minimum

mi·ni·ma·li·se·ren *vt (h. geminimaliseerd)* **1** réduire au maximum **2** minimiser
mi·ni|mum *het (-ma)* **1** minimum **2** *(plur.)* smicards
mi·ni·mum·eis *nm (-en)* minimum exigé
mi·ni·mum·in·ko·men *het (-s)* **1** bas revenu **2** *(plur.)* (personnes touchant de) bas revenus
mi·ni·mum·lij·der *nm (-s)* **1** smicard **2** tire-au-flanc
mi·nis·ter *nm (-s) (pol.)* ministre
mi·nis·te·rie *het (-s) (pol.)* ministère
mi·nis·te·ri·eel *adj* ministériel; **een ministeriële crisis** une crise gouvernementale
mi·nis·ter-pre·si·dent *nm (-en)* Premier ministre
mi·nis·ter·schap *het* fonction de ministre
min·ku·kel *nm (-s) (iron.)* imbécile
min|naar *nm (-s)*, **-nares** *nf (-sen)* amant, maîtresse
min·ne *de* ♦ **iets in der ~ schikken** régler qch à l'amiable
min·ne·ko·zen *vi (h. geminnekoosd)* roucouler *(fig.)*
min·nen[1] *vi (h. gemind)* faire la cour; **~de paartjes** (couples) amoureux
min·nen[2] *vt (h. gemind) (form.)* chérir
min·ne·tjes *adj, adv* **1** bien faible, (assez) faiblement **2** bien bas, (assez) bassement
min·ne·zan·ger *nm (-s)* ménestrel
min·punt *het (-en)* mauvais point
minst *adj, adv* moindre, moins; **er niet het ~ van weten** n'en savoir absolument rien; **bij het ~e of geringste** pour un oui ou pour un non; **die schram is nog het ~e** cette éraflure n'est encore rien; **er niet in het ~ bezwaar tegen hebben** ne pas y voir la moindre objection; **ten ~e** au moins; **op z'n ~** pour le moins
min·ste *nm (-n)* inférieur
min·stens *adv* au moins
mi·nus[1] *het* **1** (signe) moins **2** déficit
mi·nus[2] *prép* moins
mi|nuut *de (-nuten)* minute; **het is drie minuten voor vier** il est quatre heures moins trois (minutes); **het is drie minuten voor half vier** il est trois heures vingt-sept (minutes)
min|zaam *adj, adv (-zamer, -zaamst)* **1** affable, avec affabilité **2** bienveillant, avec bienveillance
min·zaam·heid *nf* **1** affabilité **2** bienveillance
mi·ra·kel *het (-s, -en)* miracle
mi·ra·kel·spel *het (-en) (hist.)* miracle
mir·re *de* myrrhe
mis[1] *de (-sen)* messe
mis[2] *adj, adv* **1** faux; **je hebt het ~** tu te trompes; **je hebt het niet ver ~** tu n'es pas loin de la vérité **2** raté; **het is weer ~ met hem** il va de nouveau mal; **het liep ~** l'affaire a raté ♦ **het ~ hebben** avoir tort; **dat is lang niet ~!** ce n'est pas mal du tout!
mis·baar *het* tapage
mis·bak·sel *het (-s)* **1** (de la) camelote **2** ± avorton **3** salaud
mis·bruik *het (-en)* abus; **~ maken van iem** exploiter qn
mis·brui·ken *vt (h. misbruikt)* abuser de; **Gods naam ~** blasphémer
mis|daad *de (-daden)* **1** crime **2** criminalité
mis·daad·film *nm (-s)* film policier
mis·daan → **misdoen**
mis·da·dig *adj, adv* **1** (d'une manière) criminel(le) **2** scandaleusement
mis·da|di·ger *nm (-s)*, **-digster** *nf (-s)* criminel, -elle
mis·da·dig·heid *nf* criminalité
mis·deed, misdeden → **misdoen**
mis·deeld *adj* déshérité
mis·die·naar *nm (-s) (cathol.)* servant, *(enfant)* enfant de chœur
mis·doen *vt (h. misdaan)* **1** faire (qch) de mal **2** faire du mal à
mis·dra·gen *vpr (zich ~; h. zich misdragen)* mal se conduire
mis|drijf *het (-drijven) (jur.)* délit
mis·druk *nm (-ken) (édit.)* maculature
mi·se·ra|bel[1] *adj (-beler, -belst)* **1** misérable; **een ~ beetje** un misérable petit morceau **2** méprisable **3** piètre
mi·se·ra·bel[2] *adv* **1** tristement **2** affreusement
mis·gaan *vi (i. misgegaan)* **1** échouer **2** se tromper de route **3** ne pas atteindre son but
mis·gok·ken *vi (h. misgegokt)* se tromper (dans ses prévisions)
mis·gooi·en *vti (h. misgegooid)* manquer le but
mis|greep *nm (-grepen)* maladresse
mis·grij·pen *vi (h. misgegrepen)* **1** manquer **2** se tromper
mis·gun·nen *vt (h. misgund)* envier (qch à qn)
mis·ha·gen *vi (h. mishaagd) (form.)* déplaire
mis·han·de·len *vt (h. mishandeld)* maltraiter
mis·han·de·ling *nf (-en)* mauvais traitements; **geestelijke ~** cruauté mentale; **zware ~** sévices graves
mis·ken·nen *vt (h. miskend)* méconnaître
mis·ken·ning *nf (-en)* **1** méconnaissance **2** non-reconnaissance
mis·kleun *nm (-en) (fam.)* gaffe
mis|koop *nm (-kopen)* mauvais achat
mis|kraam *het/de (-kramen) (méd.)* fausse couche
mis·lei·den *vt (h. misleid)* tromper
mis·lei·dend *adj, adv* trompeur, de manière trompeuse
mis·lei·ding *nf (-en)* mystification
mis·lo·pen[1] *vt (h. misgelopen)* **1** manquer **2** ne pas obtenir
mis·lo·pen[2] *vi (h. misgelopen)* mal tourner
mis·luk·ke·ling *nm (-en)* raté, -ée
mis·luk·ken *vi (i. mislukt)* **1** échouer **2** ra-

ter; **zijn zoon is mislukt** son fils n'a pas réussi (dans la vie)
mis·luk·king *nf (-en)* échec
mis·maakt *adj* difforme
mis·maakt|heid *nf (-heden)* difformité
mis·mees·te·ren *vt (h. mismeesterd) (Belg.)* soigner très mal *(médecin)*
mis·moe·dig *adj* découragé
mis|noegd *adj (-noegder, meest m.)* contrarié
mis·noe·gen *het* mécontentement; **iemands ~ opwekken** contrarier qn
mis·oogst *nm (-en) (agric.)* mauvaise récolte
mis·pak·ken *vpr (zich ~; h. zich mispakt) (Belg.)* se tromper (de)
mis·pel[1] *nm (-s)* néflier
mis·pel[2] *de (-s)* nèfle; *(fig.)* **zo rot als een ~** pourri jusqu'à l'os
mis·plaatst *adj* déplacé; **zich ~ voelen** ne pas se sentir à sa place
mis·prij·zen[1] *het (Belg.)* mépris
mis·prij·zen[2] *vt (h. misprezen)* désapprouver
mis·punt *het (-en)* poison; **wat een ~ ben jij!** tu es un vrai poison!
mis·ra·den *vti (h. misgeraden)* ne pas deviner
mis·re·ke·nen *vpr (zich ~; h. zich misrekend)* se tromper dans ses calculs
mis·re·ke·ning *nf (-en)* **1** erreur (de calcul) **2** mauvais calcul
mis|saal *het (-salen) (cathol.)* missel
mis·schien *adv* peut-être
mis·schie·ten *vti (h. misgeschoten)* **1** *(tir)* manquer (le but) **2** *(fig.)* se tromper
mis·se·lijk *adj, adv* **1** qui a mal au cœur; **~ maken** écœurer; **~ zijn** avoir mal au cœur **2** *(+ niet)* rien; **dat is niet ~** ce n'est pas rien **3** (de façon) écœurant(e); **een ~e streek** un sale tour
mis·se·lijk|heid *nf (-heden)* **1** nausée **2** caractère écœurant **3** vacherie
mis·sen *vti (h. gemist)* **1** *(fam.)* manquer **2** se passer (de) **3** manquer (de); **ik mis in dit boek een inleidend hoofdstuk** je trouve qu'il manque une introduction à ce livre; **ik mis je erg** tu me manques beaucoup; **zij mist haar zoon** son fils lui manque **4** *(Belg.)* se tromper ♦ *(fam.)* **dat kan niet ~** c'est sûr et certain
mis·ser *nm (-s)* **1** échec **2** *(sports)* coup manqué
mis·sie *nf (-s)* mission
mis·sie·post *nm (-en) (cathol.)* mission
mis·sie·werk *het* œuvre missionnaire
mis·slaan *vti (h. misgeslagen)* frapper à côté
mis·slag *nm (-en)* **1** coup manqué **2** bévue
mis·spre·ken *vpr (zich ~; h. zich missproken) (Belg.)* faire un lapsus
mis·staan *vi (h. misstaan)* **1** ne pas aller *(vêtements etc.)* **2** ne pas convenir (à)
mis·stand *nm (-en)* abus
mis·stap *nm (-pen)* faux pas *(aussi au fig.)*
mis·stond → **misstaan**
mist *nm (aussi au fig.)* brouillard ♦ **de ~ in gaan** rater son effet
***mist-** de brume
mist·ach·ter·licht *het (-en) (circul.)* feu antibrouillard
mis·tas·ten *vi (h. misgetast)* **1** prendre à côté **2** faire erreur
mist·bank *de (-en)* nappe de brouillard
mis·ten *vb impers (h. gemist)* faire du brouillard
mis·tig *adj* brumeux; **een ~ figuur** un personnage obscur
mist·lamp *de (-en) (circul.)* phare antibrouillard
mist·licht *het (-en)* → **mistlamp**
mis·troos·tig *adj* maussade
mis·troos·tig·heid *nf* mélancolie
mis·val *het (-len) (Belg.)* → **miskraam**
mis·val·len *vi (i. misvallen) (Belg.)* rester sur l'estomac
mis·vat·ting *nf (-en)* erreur
mis·ver·staan *vt (h. misverstaan)* comprendre mal
mis·ver·stand *het (-en)* malentendu; **een ~ uit de weg ruimen** dissiper un malentendu
mis·vor·men *vt (h. misvormd)* déformer
mis·vor·ming *nf (-en)* déformation *(aussi méd.)*
mis·zeg·gen *vt (h. miszegd)* dire (qch) de travers
mis·zit·ten *vi (h. misgezeten)* **1** ne pas aller **2** *(qn)* être à côté de la question
mi·tel·la *de (-'s) (méd.)* écharpe
mits *conj* à condition que
m.i.v. **1** *met ingang van* à partir de **2** *met inbegrip van* (y) compris
mix *nm (-en)* **1** *(cuis.)* mélange **2** mixage (sonore)
mixen *vt (h. gemixt)* **1** *(cuis.)* mélanger **2** mixer *(de la musique, des sons)*
mkb *het (abrév.) midden- en kleinbedrijf* PME
mmm *interj* **1** miam(-miam) **2** *(marque l'indifférence)* hum **3** *(marque la confirmation)* hm(m)
m.m.v. *met medewerking van* en collaboration avec
m.n. *met name* notamment
mo *het middelbaar onderwijs* ⟨*enseignement secondaire*⟩
mo-ak·te *de (-s, -n)* ⟨*certificat d'aptitude pédagogique à l'enseignement secondaire*⟩, *(Belg.)* ⟨*agrégation*⟩
mo·biel[1] *de (-en)* (téléphone) portable
mo·biel[2] *adj* **1** portatif **2** *(milit.)* mobile
mo·bil·home *nm (-s) (Belg.)* autocaravane
mocht, mochten → **mogen**[1]
mo·daal *adj* **1** moyen; **het ~** le salaire médian **2** médiocre
mod·der *nm* boue; **een figuur als ~ slaan** se ridiculiser
mod·de·ren *vi (h. gemodderd)* vasouiller
mod·der·fi|guur *het/de (-guren)* ♦ **een ~ slaan** se ridiculiser
mod·de·rig *adj* boueux
mod·der·poel *nm (-en)* bourbier

mod·der·vet *adj* gras comme un porc
mo·de *nf (-s)* mode *(f.)*; **in de ~ raken** devenir à la mode; **uit de ~ raken** se démoder ♦ **het is in de ~ te ...** il est de bon ton de
mo·de·ar·ti·kel *het (-en)* **1** article de mode **2** article à la mode
mo·de·be|wust *adj (-wuster, meest m.)* qui est (toujours) habillé(e) à la dernière mode
mo·de·ge·voe·lig *adj* sensible aux changements de la mode
mo·de·kleur *de (-en)* couleur à la mode
mo·del[1] *het (-len)* modèle; **het ~ van de attente huisvader** l'exemple type du père de famille attentif; **~ staan** *(pour un artiste)* poser; **die trui is helemaal uit (zijn) ~** ce chandail est complètement déformé
mo·del[2] *adj, adv* **1** modèle, à la perfection **2** (de manière) exemplaire
mo·del·bouw *nm* modélisme
mo·del·le·ren *vt (h. gemodelleerd)* faire du modelage
mo·del·spoor|baan *de (-banen)* chemin de fer miniature
mo·del·te·ke·nen *vi (h. modelgetekend)* dessiner d'après le modèle
mo·de·ont|wer·per *nm (-s)*, **-werpster** *nf (-s)* couturier
mo·de·pop *de (-pen)* minet, -ette *(mode)*
mo·der·ni·se·ring *nf (-en)* modernisation
mo·de·ver·schijn·sel *het (-en)* phénomène passager
mo·de·woord *het (-en)* mot dans le vent
mo|di·eus *adj, adv (-dieuzer, -dieust)* à la mode
mo·dus *nm (modi)* mode *(m.)*
moe[1] *nf (fam.)* (m')man ♦ **nou ~!** ça alors!
moe[2] *adj* fatigué; **zij is het leven ~** elle est lasse de vivre; **iets ~ zijn** en avoir assez de qch
moed *nm* courage; **iem de ~ benemen, ontnemen** décourager qn; **zich ~ indrinken** boire pour se donner du courage; **iem ~ inspreken** encourager qn; **de ~ opgeven, verliezen, laten zakken** perdre courage; **met de ~ der wanhoop** avec l'énergie du désespoir; **de ~ zonk hem in de schoenen** il a perdu courage
moe·de|loos *adj, adv (-lozer, -loost)* découragé, sans courage
moe·de·loos·heid *nf* découragement
moe·der *nf (-s)* mère; *(iron.)* **zij, hij is niet ~s mooiste!** elle n'est pas jolie jolie!, ce n'est pas un adonis!; **een ontaarde ~** une marâtre; *(fig.)* **~(tje) spelen** materner; *(fam.)* **~ de vrouw** ± bobonne
***moe·der-** **1** maternel; **het moederinstinct** l'instinct maternel **2** *(qch)* mère; **het moederbedrijf** la maison mère
moe·der·bin·ding *nf* attachement (pathologique) à la mère
Moe·der·dag *nm* fête des mères
moe·der·fi|guur *de (-guren)* mère
moe·der·koek *nm (-en) (méd.)* placenta
moe·der·land *het* **1** métropole *(état considéré par rapport à ses colonies, aux territoires extérieurs)* **2** (mère) patrie
moe·der·lijk *adj, adv* maternel(lement)
moe·der·loos *adj* sans mère
moe·der-over·ste *nf (-n) (cathol.)* (mère) supérieure
moe·der·schap *het* maternité *(état de mère)*
moe·der·schoot *nm (fig.)* sein (maternel)
moe·ders·kind *het (-eren)* **1** enfant à sa mère **2** enfant couvé *(fig.)*
moe·der·taal·spre·ker *nm (-s)* locuteur natif
moe·der·vlek *de (-ken) (méd.)* tache de vin
moe·der·ziel *de* ♦ **~ alleen** tout seul
moe·dig *adj, adv* courageux, courageusement
moed·wil *nm* malveillance; **ik deed het niet met, uit ~** je ne l'ai pas fait exprès
moed·wil·lig *adj, adv* malveillant, exprès
moed·wil·lig·heid *nf* → **moedwil**
moe·ge·stre·den *adj* de guerre lasse
moe·heid *nf* **1** fatigue *(aussi de métaux)* **2** épuisement *(du sol)*
moei·en *vt (h. gemoeid)* → **gemoeid**
moei·lijk *adj, adv* difficile(ment); *(fam.)* **doe niet zo ~!** ne fai(te)s pas tant de complications!; **een ~ iem** un(e) compliqué(e); **dat kan ~ aan haar aandacht ontsnapt zijn** il serait étonnant que cela ait échappé à son attention; **dat kunnen wij toch ~ doen** nous ne pouvons pas quand même faire cela; **het zichzelf ~ maken** se compliquer la vie; **dat zal hem ~ vallen** ça va être dur pour lui
moei·lijk|heid *nf (-heden)* difficulté; **hij maakt altijd moeilijkheden** il fait toujours des histoires; **uit de moeilijkheden helpen** tirer d'embarras; **daar zit, ligt de ~** voilà le problème
moei·te *nf* **1** peine; **doe (maar) geen ~** ne vous dérangez pas; **~ hebben om te** avoir du mal à; **~ hebben met iem** avoir des problèmes avec qn; **dat gaat in één ~ door** autant le faire en même temps; **dat is maar een kleine ~** c'est la moindre des choses; **dat loont de ~** cela vaut la peine (de); **met ~** difficilement; **vergeefse ~ gedaan hebben** en être pour sa peine **2** effort
moei·te·loos *adj, adv* sans peine
moei|zaam *adj, adv (-zamer, -zaamst)* pénible(ment); **het gaat nog ~** ça n'avance pas encore très vite; **een moeizame stijl** un style laborieux
moe·ke *het (-s) (fam.)* maman ♦ **een gezellig(e) ~** une bonne grosse
moer[1] *de (-en)* écrou; *(fig.)* **dat is geen ~ waard** cela ne vaut pas un clou ♦ **dat kan me geen (ene) ~ schelen** je m'en fiche complètement
moer[2] *nf (-en) (fam.)* vieille
moe·ras *het (-sen)* **1** marais **2** *(fig.)* pétrin
***moe·ras-** des marais; **de moeraskoorts** la fièvre des marais

moe·ras|grond *nm (-en),* **-land** *het (-en)* marais
moe·ras·sig *adj* marécageux
moes *het (cuis.)* purée; **iem tot ~ slaan** mettre qn en bouillie
moest, moesten → **moeten**[1]
moes·tuin *nm (-en)* (jardin) potager
moe·ten[1] *aux* **1** devoir, falloir; **moest (je) dat nou (doen)?** est-ce que c'était vraiment nécessaire (de faire ça)?; **dat moet je nog eens doen (als je durft)!** recommence (si tu oses)!; *(fig.)* **eraan ~ geloven** (devoir) y passer; **dat moet gezegd (worden)** il faut le dire; **het moet** il le faut; **moet je eens horen!** écoute(-moi ça)!; **hij moest wel lachen** il ne pouvait pas s'empêcher de rire; **wat moet, dat moet maar** il faut ce qu'il faut; **weg ~** devoir partir; **het moet al heel slecht weer zijn, wil hij thuis blijven** il faut vraiment qu'il fasse très mauvais pour qu'il reste à la maison **2** vouloir; **ze moet er even uit** elle a besoin de changer d'air; **~ jullie niet eten?** n'alliez-vous pas manger?; **waar moet je heen (gaan)?** où est-ce que tu vas?; **wat moet je?** qu'est-ce que tu veux?; **wat moet dat?** qu'est-ce que c'est que ça?; **hij moest en zou het hebben** il le lui fallait coûte que coûte
moe·ten[2] *vt (h. gemoeten) (fam.)* vouloir (qch de qn); **ik moet die man niet** je n'aime pas ce type
moet·je *het (-s) (fam.)* **1** mariage forcé **2** accident *(enfant non désiré)*
mof[1] *nm (-fen) (péj.)* boche
mof[2] *de (-fen)* manchon *(pour les mains)*
mof·fin *nf (-nen) (péj.)* → **mof**[1] **1**
mo·ge·lijk *adj, adv* **1** possible; **al het ~e doen** faire tout son possible; **het ~ maken dat** permettre que; **voor zover ~** autant que possible; **zo goed ~** le mieux possible; **zo veel ~** autant que possible; **zo kort ~** le moins longtemps possible; **zo spoedig ~** le plus tôt possible **2** éventuel, peut-être
mo·ge·lij·ker·wijs *adv* peut-être
mo·ge·lijk|heid *nf (-heden)* **1** possibilité; **ik kan met geen ~ ...** il m'est impossible de ...; **op alle mogelijkheden voorbereid zijn** être prêt à toute éventualité; **de mogelijkheden van een persoon** les capacités d'une personne **2** *(plur.)* chances; **de ~ bestaat dat ...** il est possible que ...
mo·gen[1] *aux* **1** pouvoir; **alles mag toch maar vandaag de dag** tout est permis de nos jours; **het mocht niet baten** ça n'a servi à rien; **er mag hier niet gerookt worden** il est interdit de fumer ici; **mocht u iets nodig hebben, vraag het dan gerust** si vous avez besoin de qch, n'hésitez pas à le demander; **voor dit keer mag het** passe pour cette fois(-ci); **mag ik een kilo peren van u?** je voudrais un kilo de poires, s'il vous plaît; **het moest niet ~** ça devrait être interdit; **dat mag niet van haar moeder** sa mère ne le lui permet pas; **mag dat wel?** c'est permis?; **als ik dat zo mag zeggen** si j'ose dire; **het heeft niet zo ~ zijn** il n'en a rien été **2** falloir; **als men hem geloven mag** à l'en croire; **wat een mooie jas! dat mag ook wel voor dat geld!** quel beau manteau! c'est la moindre des choses pour le prix! **3** avoir beau; **hij mag dan slim zijn, sterk is hij niet** il a beau être malin, il n'en est pas fort pour autant ♦ **zo mag ik het horen** ça fait plaisir à entendre; **ze ~ me hier niet zien** il ne faut pas qu'on me voie ici; **wij ~ niet vergeten dat ...** nous ne devons pas oublier que ...; **dat mocht je willen!** tu voudrais bien!; **hij mag er zijn** c'est un type bien, *(taille)* il ne passe pas inaperçu
mo·gen[2] *vt (h. gemogen)* aimer (qch, qn); **ik mag hem graag, wel** je l'aime bien
mo·gend|heid *nf (-heden)* puissance; **vreemde mogendheden** puissances étrangères
Mo·ham·med Mahomet
mo·ham·me|daan *nm (-danen),* **-daanse** *nf (-n)* musulman, -ane
mok *de (-ken)* ± gobelet
mok·ka *nm* **1** moka **2** tasse de moka **3** crème (parfumée) au café
mok·ken *vi (h. gemokt)* faire la tête
mol[1] *de (-len)* **1** *(mus.)* bémol **2** *(mus.)* mode mineur
mol[2] *nm (-len)* taupe; **slapen als een ~** dormir comme un loir; **zo vet als een ~** gras comme un moine
mo·len *nm (-s)* moulin ♦ **de ambtelijke ~(s)** les rouages de l'administration
mo·le|naar *nm (-s),* **-naarster** *nf (-s)* meunier, -ière
mo·len|steen *nm (-stenen)* meule; **dat ligt me als een ~ op het hart, dat hangt me als een ~ om de nek** c'est un boulet à traîner
molk, molken → **melken**[1]
mol·len *vt (h. gemold) (fam.)* bousiller
mol·lig *adj* potelé; **zij is aan de ~e kant** elle est plutôt rondelette
mols|hoop *nm (-hopen)* **1** taupinière **2** *(fig.)* petit tas de rien du tout
mol·ton *het* molleton
mom *het/de* ♦ **onder het ~ van** sous prétexte de
mo·ment *het (-en)* moment; **hij kan elk, ieder ~ binnen komen** il peut arriver d'un moment à l'autre; **geen ~ aarzelen** ne pas hésiter une seconde; **op het juiste ~ komen** tomber à point
mo·men·teel *adj, adv* **1** actuel, pour le moment **2** momentané(ment)
mo·ment·op·na·me *de (-n, -s)* **1** instantané **2** *(fig.)* flash
mom·pe·len *vti (h. gemompeld)* murmurer entre ses dents; **ik heb al zoiets horen ~** j'en ai déjà vaguement entendu parler
mond *nm (-en)* **1** bouche; **bij ~e van** par la bouche de; **doe je ~ dan open!** mais il faut te faire entendre!; **dat gaat je ~ voorbij** ça te passe sous le nez; **zij heeft er geen ~ over open gedaan** elle n'en a pas soufflé mot; **hij heeft een grote ~** il est fort en gueule; **dat is een hele ~ vol** on en a plein

la bouche; **zijn ~ houden** tenir sa langue; **wat los in de ~ zijn** parler sans réfléchir, avoir un langage peu soigné; **iem woorden in de ~ leggen** faire dire qch à qn; **bepaalde woorden in de ~ nemen** prononcer certaines paroles; **iem naar de ~ praten** caresser qn dans le sens du poil; **met open ~ naar iets kijken** regarder qch bouche bée; **zijn ~ opendoen** élever sa voix; **iem de ~ snoeren** imposer (le) silence à qn; **de oppositie de ~ snoeren** bâillonner l'opposition; *(iron.)* **zijn ~ staat er gewoon naar** il n'a que ça à la bouche; **zijn ~ staat geen ogenblik stil** c'est un moulin à paroles; *(fig.)* **het viel me uit de ~** ça m'a échappé; **(als) uit één ~ spreken** tenir le même langage (que qn); **het gerucht ging van ~ tot ~** la rumeur se répandit de bouche à oreille; **iedereen heeft er de ~ van vol** tout le monde n'a que ça à la bouche; **zijn ~ voorbijpraten** en dire trop; **met de ~ vol tanden staan** en être (tout) interdit **2** embouchure

***mond-** buccal; **de mondholte** la cavité buccale

mon·de·ling *adj, adv* oral(ement); *(examen)* **het ~** l'oral; **een ~e overeenkomst** un accord verbal

mon·dig *adj* majeur; *(jur.)* **iem ~ verklaren** émanciper qn

mon·dig·heid *nf* **1** *(âge)* majorité **2** autonomie

mon·ding *nf (-en)* embouchure, bouche

mond·je *het (-s)* bouchée; **een ~ Frans spreken** connaître quelques mots de français ♦ **~ dicht!** (motus et) bouche cousue!; **niet op zijn ~ gevallen zijn** ne pas avoir sa langue dans sa poche; **zijn ~ weten te roeren** avoir la langue bien pendue

mond·jes·maat *adv* au-compte-gouttes ♦ **~ eten** grignoter

mond-tot-mond·re·cla·me *de* (publicité par le) bouche à oreille

mond·vol *nm* **1** bouchée; *(fig.)* **een ~ Engels** deux ou trois mots d'anglais **2** gorgée

mon|gool *nm (-golen),* **mongooltje** *het (-s)* mongolien, -ienne

mo·ni|tor[1] *nm (-s),* **-trice** *nf (-s) (Belg.)* moniteur, -trice

mo·ni·tor[2] *nm (-s, -en) (technol.)* moniteur; **een bewaking met ~en** une télésurveillance

mon·nik *nm (-en)* moine; *(prov)* **gelijke ~en, gelijke kappen** il ne faut pas avoir deux poids et deux mesures

mon·ni·ken·or·de *de (-n, -s)* ordre monastique

mon·ni·ken·werk *het* travail de bénédictin

mo·no·po·lie *het (-s)* monopole

mon·ster *het (-s)* **1** échantillon **2** monstre

***mon·ster-** monstre; **het monsterproces** le procès monstre

mon·ster·ach·tig *adj, adv* monstrueux, monstrueusement; **een ~ geheel** une monstruosité

mon·ster·lijk *adj, adv* → **monsterachtig**

mon·ta·ge·fo·to *de (-'s)* **1** photo de montage **2** photo-robot

mon·ter *adj, adv* guilleret, gaiement

mon·te·ring *nf (-en)* montage

mo·nu·men·ten·zorg *de* conservation des monuments historiques

mooi *adj, adv* **1** beau, bien, *(iron.)* joliment; *(iron.)* **jij bent (me) ook een ~e!** tu es bien bon(ne), toi!; **je hebt ~ lachen** tu as beau (jeu de) rire; **dat is niet zo ~** ce n'est pas très réjouissant; **dat is ~ meegenomen!** c'est toujours ça de pris!; **het is ~ (geweest) zo** cela suffit; **wel nu nog ~er!** ça alors!; **iets ~er voorstellen (dan het is)** embellir qch **2** amusant; **... dat het niet ~ meer was** ..., c'était terrible ♦ *(iron.)* **daar is hij ~ mee** le voilà joliment arrangé

moois *het* belles choses; *(iron.)* **dat is ook wat ~!** c'est du beau!; *(iron.)* **hij zal nog wat ~ beleven!** il aura une belle surprise!; *(iron.)* **het zou me wat ~ zijn, als ...** il ferait beau voir que ...

moor *nm (Moren)* **1** Maure **2** noir, noire

moord *de (-en)* meurtre; **~ en brand schreeuwen** pousser les hauts cris; *(fig.)* **daar komt ~ en doodslag van** ça va tourner au drame

moord·aan·slag *nm (-en)* attentat (à la vie)

moord·com·man·do *het (-'s)* escadron de la mort

moord·da·dig *adj, adv* **1** meurtrier **2** insupportable, atrocement **3** super, vachement

moor·den *vi (h. gemoord)* commettre des assassinats; **erop los ~** semer la mort

moor·de|naar *nm (-s),* **-nares** *nf (-sen)* meurtrier, -ière

moor·dend *adj* meurtrier

moord·griet *nf (-en) (fam.)* môme du tonnerre

moord·lust *nm* envie de tuer

moord·par·tij *nf (-en)* massacre

moord·vent *nm (-en) (fam.)* type épatant

Moors *adj* **1** maure **2** *(arts)* mauresque

moot *de (moten)* tranche; **iem aan ~jes hakken** trucider qn

mop *de (-pen)* blague; **een schuine ~** une blague osée; **~pen tappen** raconter des blagues; **voor de ~ iets doen** faire qch pour s'amuser

mop·pe|raar *nm (-s),* **-raarster** *nf (-s)* râleur, -euse

mop·pe·ren *vi (h. gemopperd)* râler; **ik mag niet ~** ça ne va pas trop mal

mop·pe·rig *adj* râleur

mop·per·kont *nm (-en)* → **mopperaar**

mo·raal *nf* **1** morale; **de losse ~ van het Franse hof** les mœurs relâchées de la cour de France **2** *(sports)* moral

mo·reel *adj, adv* moral(ement)

mo·res *plur* mœurs ♦ **iem ~ leren** apprendre à qn à vivre

mor·gen[1] *nm (-s)* matin; **(goede) ~!** bonjour!; *(étonnement)* **goeie ~!** par exemple!;

in de ~ dans la matinée; **de ~ van het leven** l'aube de la vie; **de volgende** ~ le lendemain matin; **'s ~s** le matin
mor·gen[2] *adv* demain; ~ **vroeg** demain matin
Mor·gen·land *het* Orient
mor·gen·rood *het* aurore
Mor·gen·ster *de* étoile du berger
mor·gen·stond *nm* aurore; *(prov)* **de ~ heeft goud in de mond** l'avenir (le monde) appartient à ceux qui se lèvent tôt
mor·mel *het (-s)* **1** fichu gosse **2** *(personne)* horreur
mor·re·len *vi (h. gemorreld) (+ aan)* farfouiller
mor·ren *vi (h. gemord)* **1** grogner **2** murmurer
mors·dood *adj* raide mort
mor·sen[1] *vti (h. gemorst)* faire des taches (sur)
mor·sen[2] *vi (h. gemorst)* se barbouiller
mor·sig *adj, adv* malpropre(ment)
mor·tu·a|ri·um *het (-ria)* **1** morgue **2** funérarium
mos *het (-sen)* mousse
mos·ach·tig *adj* **1** mousseux **2** moussu
mos·kee *nf (-ën)* mosquée
mos·lim *nm (-s)* musulman, -ane
mos·sel *de (-en)* moule; *(Belg.)* ~ **noch vis** ni chair, ni poisson
mos·sig *adj* → **mosachtig**
mos·terd *nm* moutarde; **als ~ na de maaltijd komen** arriver trop tard
mot *de (-ten)* **1** teigne **2** mite **3** *(fam.)* prise de bec
mo·tie *nf (-s)* motion; **een ~ indienen** déposer une motion
mo|tief *het (-tieven)* motif
mo·ti·ve·ren *vt (h. gemotiveerd)* **1** motiver **2** encourager
mo·tor *nm (-en)* **1** moteur **2** moto
mo·to·riek *nf* motricité
mo·to·risch *adj, adv* **1** moteur **2** mécanique, pour ce qui est du moteur
mo·tor·kap *de (-pen)* capot
mo·tor|rij·der *nm (-s),* **-rijdster** *nf (-s)* motocycliste
mo·tor·sport *de* motocyclisme
mot·re·gen *nm (-s)* bruine
mot·to *het (-'s)* devise; **onder het ~ van** sous le couvert de
mouw *de (-en)* manche; *(Belg.)* **iets achter, in de ~ hebben** être sournois; *(fig.)* **iem iets op de ~ spelden** monter un bateau à qn; **ik weet er geen ~ aan te passen** je ne vois pas de solution; *(fig.)* **iets uit zijn ~ schudden** ± improviser qch; *(Belg.)* **iem de ~ vegen, strijken** lécher les bottes de qn
mouw·loos *adj* sans manches
mo·za·ïek *het (-en)* **1** mosaïque **2** marqueterie
mr. *meester* M^{e}
Mr. *monsieur* M
MS *de multiple sclerose* sclérose en plaques
mts *de (-'en) middelbare technische school (école d'enseignement technique du deuxième cycle)*
muf *adj,* **muf|fig** *adj* **1** qui sent le renfermé **2** qui a un goût de moisi **3** ennuyeux; **wat een ~fe boel!** c'est à crever d'ennui ici!
mug *de (-gen)* moustique; **van een ~ een olifant maken** faire d'une mouche un éléphant
mug·gen|beet *nm (-beten),* **-bult** *de (-en),* **-steek** *nm (-steken)* piqûre de moustique
mug·gen·zif·ten *vi (h. gemuggenzift)* couper les cheveux en quatre
muil[1] *nm (-en) (vulg.)* gueule
muil[2] *de (-en)* mule *(chaussure)*
muil·band *nm (-en)* → **muilkorf**
muil|ezel *nm (-s),* **-dier** *het (-en)* mule
muil|korf *nm (-korven)* muselière
muil·kor·ven *vt (h. gemuilkorfd)* **1** museler **2** bâillonner
muis *de (muizen)* **1** souris; **ze zijn zo stil als een** ~ on entendrait trotter une souris; **daar dansen de muizen in het spek** ± c'est un pays de cocagne **2** thénar
muis·je *het (-s) (plur.)* grains d'anis; **beschuit met ~s** biscotte ronde recouverte de perles d'anis ♦ *(fig.)* **dat ~ zal een staartje hebben** l'affaire aura des suites
muis·stil *adj* ♦ **zich ~ houden** ne pas souffler mot; **het is** ~ on entendrait voler une mouche
mui·ten *vi (h. gemuit)* se mutiner
mui·te·rij *nf (-en)* mutinerie
mui·ze·nis *nf (-sen)* souci
mul·ti·func·ti·o·neel *adj* polyvalent
mul·ti·ple *adj* ♦ ~ **sclerose** sclérose en plaques
mul·to·map *de (-pen)* classeur *(portefeuille)*
mum *het (fam.)* ♦ **in een ~ (van tijd)** en moins de rien
mum·mie *nf (-s)* momie
mum·mi·fi·ce·ren *vti (h./i. gemummificeerd)* momifier, se momifier
mu·ni·tie *nf* munitions
munt *de (-en)* **1** (pièce de) monnaie; **iem met gelijke ~ (terug)betalen** rendre à qn la monnaie de sa pièce; **met klinkende ~ betalen** payer comptant; *(fig.)* ~ **slaan uit iets** tirer profit de qch **2** jeton **3** *(pièce de monnaie)* face **4** *(bot.; aussi Belg.)* menthe
***munt-** monétaire; **de munteenheid** l'unité monétaire
mun·ten *vt (h. gemunt)* **1** battre monnaie **2** viser; **het op iem gemunt hebben** en avoir après qn
munt·je *het (-s) (Belg.)* pastille de menthe
munt·stuk *het (-ken)* pièce (de monnaie)
mur·me·len *vti (h. gemurmeld)* murmurer
murw *adj* mou
mus *de (-sen)* moineau; **iem blij maken met een dode** ~ donner une fausse joie à qn; **de ~sen vallen (van de hitte) van het dak** il fait une chaleur accablante

mu·se·um *het (musea)* musée
mu·se·um·stuk *het (-ken)* **1** objet dans un musée **2** pièce de musée
mu·si·cal [mjuzəkəl] *nm (-s)* comédie musicale
mu·si·ce·ren *vi (h. gemusiceerd)* faire de la musique
mu·si|cus *nm (-ci),* **musicienne** *nf (-s)* musicien, -ienne
mus·ke·tier *nm (-s) (hist.)* mousquetaire
mus·kiet *nm (-en)* moustique
muts *de (-en)* bonnet; **zijn ~ staat verkeerd** il est de mauvais poil
muur *nm (muren)* **1** mur; *(hist.)* **de Berlijnse Muur** le mur de Berlin; *(fig.)* **de muren komen op mij af** j'ai l'impression d'étouffer (entre mes quatre murs) **2** muraille
***muur-** mural
muur·bloem·pje *het (iron.)* ♦ **een ~ zijn** faire tapisserie
muur·kast *de (-en)* placard
muur·vast *adj* **1** solide comme un roc **2** serré à bloc; **de besprekingen zitten ~** les discussions sont dans une impasse totale
m.u.v. *met uitzondering van* à l'exception de
mu·ze *nf (-n)* **1** *(myth.)* Muse **2** muse
mu·ziek *nf* musique; **gewijde ~** de la musique religieuse; **daar zit ~ in** ça promet
***mu·ziek-** musical; **de muziekkritiek** la critique musicale
mu·ziek·je *het (-s)* petit air (de musique)
mu·ziek·korps *het (-en)* fanfare
mu·ziek|noot *de (-noten) (mus.)* note
mu·ziek·schrift *het* notation musicale
mu·zi|kaal *adj, adv (-kaler, -kaalst)* **1** musicien, musicalement; **~ (begaafd) zijn** être doué pour la musique **2** musical(ement)
mu·zi·ka·li·teit *nf* **1** talent musical **2** musicalité
mu·zi|kant *nm (-en),* **-kante** *nf (-s, -n)* musicien, -ienne
mv. *meervoud* pl.
mw. *mevrouw* Mme
mys·te·rie *het (-s)* mystère *(aussi relig.)*
mys·ti|cus *nm (-ci),* **-ca** *nf (-'s)* mystique *(personne)*
mys·tiek *adj* mystique; **de ~** la mystique, le mysticisme
mys·ti·fi·ce·ren *vt (h. gemystificeerd)* mystifier

n

n. *(ling.) neutrum* n
'n *art* → **een**[4]
N. *noord(en)* N.
na[1] *adv* (tout) près (de); **allen zijn mij even na** je les aime tous autant ♦ **allen op één na** tous sauf un; **er twee huizen op na houden** posséder deux maisons
na[2] *prép* après; **na elkaar** l'un après l'autre
naad *nm (naden)* **1** couture; **zijn broek is uit de ~ gebarsten** la couture de son pantalon s'est défaite **2** joint ♦ **zich uit de ~ werken** s'éreinter au travail; *(fam.)* **zich voor iem uit de ~ lopen** se mettre en quatre pour qn
naad·je *het* ♦ **het ~ van de kous willen weten** vouloir savoir le fin mot de l'affaire
naad·loos *adj* **1** sans couture **2** sans soudure ♦ **~ aansluiten op** correspondre parfaitement à
naai·en *vti (h. genaaid)* **1** coudre; **het ~** la couture; **een wond ~** suturer une plaie **2** *(vulg.)* baiser
naai·ster *nf (-s)* couturière
naakt *adj, adv* nu
naakt·heid *nf* nudité *(aussi au fig.)*
naakt·strand *het (-en)* plage pour nudistes
naald *de (-en)* **1** aiguille; *(fig.; Belg.)* **iets van ~je tot draadje vertellen** raconter qch en long et en large **2** *(tourne-disques)* saphir ♦ **heet van de ~** fraîchement sorti de …
naald|boom *nm (-bomen)* conifère
naam *nm (namen)* **1** nom; **te goeder ~ en faam bekendstaan** jouir d'une bonne renommée; **iemands ~ gebruiken** se recommander de qn; **een goede ~ hebben** avoir bonne réputation; **mijn ~ is haas** je n'ai rien à voir avec cette histoire, je n'en sais rien; **dat mag geen ~ hebben** c'est sans importance; **de ~ hebben (van) rijk te zijn** passer pour être riche; **ik wil niet de ~ hebben (dat) …** je ne veux pas qu'on dise de moi que …; *(fig.)* **~ maken** se faire un nom; **een man van ~** un homme en renom; **een geleerde van ~** un savant renommé **2** nom (de famille); **aangenomen ~** nom d'emprunt; **een dubbele ~** un nom à rallonges; **iemands goede ~** la réputation de qn; **ten name van** au nom de; **iem met ~ en toenaam noemen** désigner qn nommément; **uit mijn ~** en mon nom ♦ **in ~ der wet** au nom de la loi; **met name** notamment
naam·bord *het (-en)* plaque; **de ~jes van de straten** les plaques portant les noms des rues
naam·dag *nm (-en) (cathol.)* fête
naam·ge|noot *nm (-noten)*, **-note** *nf (-n, -s)* homonyme *(personne)*
naam·ge·ving *nf* **1** baptême **2** nomenclature
naam·loos *adj, adv* **1** anonyme(ment) **2** *(abstr.)* obscur
naam|plaat *de (-platen)* → **naambord**
naam·val *nm (-len) (ling.)* cas
naam·woord *het (-en) (ling.)* nom; **een bijvoeglijk ~** un adjectif; **een zelfstandig ~** un substantif
naam·woor·de·lijk *adj (ling.)* nominal; **het ~ deel van het gezegde** l'attribut
na-apen *vt (h. nageaapt)* singer; **hij aapt alles van zijn vrienden na** il imite ses amis en tout
na-aper *nm (-s)*, **na-aapster** *nf (-s)* imitateur, -trice
naar[1] *adj, adv (naarder, naarst)* **1** triste(ment); **er ~ aan toe zijn** être mal en point **2** indisposé; **ik ben me ~ geschrokken** j'ai eu une peur bleue; **ik heb me ~ gezocht** j'ai cherché comme un fou **3** (d'une façon) désagréable
naar[2] *prép* **1** à, en, chez, vers; **~ huis gaan** rentrer (chez soi); **~ boven gaan** monter; **~ beneden gaan** descendre; **~ Amsterdam vertrekken** partir pour Amsterdam **2** d'après; **de kwaliteit is er dan ook ~** la qualité est en rapport avec le prix; **het ziet er ~ uit, dat …** on peut s'attendre à, à ce que
naar[3] *conj* à ce que
naar·gees·tig *adj, adv* triste(ment); **een ~ gebouw** un bâtiment lugubre; **~e gedachten** idées noires
naar·ge·lang[1] *adv* suivant ♦ **ieder be-**

taalt ~ (van) zijn vermogen chacun paie en proportion de ses moyens
naar·ge·lang[2] *conj* (au fur et) à mesure que
naar·ma·te *conj* → **naargelang**[2]
naar·stig *adj, adv* assidu, assidûment
naast[1] *adj, adv* (le plus) proche, le plus près
naast[2] *prép* **1** à côté de; **~ elkaar** côte à côte; **er ~ zijn** être à côté de la question **2** auprès de ♦ **hij is ~ diefachtig ook leugenachtig** il est non seulement voleur, mais aussi menteur
naas·te *nm (-n)* prochain
naas·ten·lief·de *nf* amour du prochain, *(relig.)* charité
na·be·schou·wing *nf (-en)* commentaire
na·be·spre·ken *vt (h. nabesproken)* commenter
na·be·staan·de *nm (-n)* proche parent
na·be·stel·len *vt (h. nabesteld)* renouveler la commande (de)
na·bij[1] *adj, adv* proche, près (de); **de ~e omgeving** les environs; **zij was een flauwte ~** elle était sur le point de s'évanouir
na·bij[2] *prép* près (de)
na·bij·ge·le·gen *adj* proche
na·bij·heid *nf* **1** proximité; **in de ~** dans les environs **2** approche
na·blij·ven *vi (i. nagebleven)* **1** être (gardé) en retenue; **een leerling laten ~** mettre un élève en retenue **2** subsister
na·boot·sen *vt (h. nagebootst)* imiter
na·bu·rig *adj* voisin; **de ~e gemeenten** les communes environnantes
na·chec·ken *vt (h. nagecheckt)* contrôler
nacht *nm (-en)* nuit; **zo zwart als de ~** noir comme du charbon; **zo lelijk als de ~** laid à faire peur; **bij ~, 's ~s** la nuit; **hij gaat niet over één ~ ijs** il ne se lance pas à la légère; **slapeloze ~en** nuits blanches; **een ~je over iets willen slapen** (vouloir) réfléchir (à qch) à tête reposée
***nacht-** de nuit; **het nachthemd, de nacht(ja)pon** la chemise de nuit
nacht·blind *adj (méd.)* héméralope
nacht·bra·ken *vi (h. genachtbraakt)* **1** faire la fête; **het ~** le noctambulisme **2** travailler la nuit
nacht·club *de (-s)* boîte (de nuit)
nach·te|gaal *nm (-galen)* rossignol
nach·te·lijk *adj, adv* nocturne, de nuit
nacht·kast·je *het (-s)* table de nuit
nacht·kus *de (-sen)* ♦ **iem een ~ geven** embrasser qn pour lui souhaiter une bonne nuit
nacht·le·ven *het* noctambulisme
nacht·mer·rie *de (-s)* cauchemar
nacht·rust *de* sommeil
nacht·slot *het (-en)* serrure de sûreté; **op het ~ doen** fermer à double tour
nacht·vlin·der *nm (-s)* **1** papillon de nuit **2** oiseau de nuit
nacht·voor·stel·ling *nf (-en)* séance nocturne
nacht·wacht[1] *de* **1** veillée nocturne, *(à l'hôpital)* garde de nuit **2** ronde de nuit
nacht·wacht[2] *nm (-en)* veilleur de nuit
nacht·wa·ker *nm (-s)* → **nachtwacht**[2]
nacht·werk *het* travail de nuit; **er ~ van maken** travailler jusqu'à tard dans la nuit; **dat wordt weer ~** la soirée promet d'être longue
nacht·zoen *nm (-en)* → **nachtkus**
na·da·gen *plur* dernières années *(aussi au fig.)*
na·dar·af·slui·ting *nf (-en) (Belg.)* barrière
na·dat *conj* après (que)
na|deel *het (-delen)* désavantage; **er ~ bij hebben** y perdre; **in het ~ zijn** être dans une position désavantageuse; **~ van iets ondervinden** subir les inconvénients de qch; **ten nadele van** au détriment de
na·de·lig *adj, adv* **1** désavantageux, désavantageusement **2** nuisible
na·den·ken *vi (h. nagedacht)* réfléchir (sur, à); **het ~** la réflexion
na·den·kend *adj, adv* (de manière) réfléchi(e)
na·der *adj, adv* **1** plus proche, plus près; **het huilen stond hem ~ dan het lachen** il avait plus envie de pleurer que de rire; **partijen ~ tot elkaar brengen** concilier les parties **2** (de manière) plus précis(e); **laten we dat eens ~ bekijken** voyons cela de plus près; **iem ~ leren kennen** faire plus ample connaissance avec qn; **een ~ te bepalen plaats** un endroit à préciser
na·der·bij *adv* plus près; **~ komen** se rapprocher
na·de·ren[1] *vi (i. genaderd)* approcher
na·de·ren[2] *vt (i. genaderd)* (s')approcher de; **bij het ~ van de veertig** à l'approche de la quarantaine
na·de·rend *adj* proche; **een ~ onweer** un orage qui se prépare
na·der·hand *adv* par la suite
na·de·ring *nf* approche
na·dien *adv (form.)* après
na·doen *vt (h. nagedaan)* imiter; **dat doe je mij niet na** tu n'en feras pas autant
na·druk *nm (-ken)* **1** insistance **2** accent; **de ~ leggen op** insister sur
na·druk·ke·lijk *adj, adv* formel(lement); **zeer ~ aanwezig zijn** se faire remarquer; **een woord ~ uitspreken** appuyer sur un mot
na·gaan *vt (h./i. nagegaan)* **1** examiner **2** s'imaginer; **kun je ~!** tu te rends compte! **3** surveiller **4** contrôler; **~ of** vérifier si **5** suivre; **met de ogen ~** suivre des yeux
na·ge·dach·te·nis *nf* mémoire; **in dierbare ~** regrets éternels; **ter ~ van** en mémoire de
na·gel *nm (-s)* **1** ongle; *(fam.; fig.)* **hij heeft geen ~ om aan zijn gat te krabben** il est pauvre comme Job **2** marque de l'ongle **3** clou; *(fig.)* **hij is een ~ aan mijn doodkist** il me fera mourir
na·gel·bij·ten *vi* se ronger les ongles
na·ge·len *vt (h. genageld)* clouer; **Christus werd aan het kruis genageld** le Christ fut crucifié

na·ge·noeg *adv (form.)* pratiquement
na·ge·recht *het (-en)* dessert
na·ge·slacht *het (-en)* **1** descendance **2** postérité; **het ~ zal over mij oordelen** l'histoire me jugera
na·ge·ven *vt (h. nagegeven)* **1** donner en plus; **yoghurt ~** donner du yaourt comme dessert **2** reconnaître (qch à qn); **men moet hem ~ dat ...** on lui doit cette justice que ... ♦ *(Belg.)* **dat zou ik hem niet ~** je ne le vois pas faire cela
na·hou·den *vt (h. nagehouden)* **1** garder en retenue **2** avoir; **er een vriendje op ~** avoir un petit ami
na·ïef *adj, adv (naïever, naïefst)* naïf, naïvement
na·ïe·ve·ling *nm (-en)* **1** naïf, naïve **2** nigaud
na-ijver *nm* envie
na·jaar *het* automne
***na·jaars-** d'automne; **de najaarscollectie** la collection d'automne
na·ja·gen *vt (h. nagejaagd)* poursuivre *(aussi au fig.)*
na·ken *vi (i. genaakt) (form.)* approcher
na·kie *het (-s) (fam.)* ♦ **in zijn ~ staan** être à poil
na·kij·ken *vt (h. nagekeken)* **1** suivre des yeux; **hij had het ~** il fut de la revue **2** vérifier; **laat je eens ~!** il faut te faire soigner! **3** corriger
na·klin·ken *vi (h. nageklonken)* **1** se faire encore entendre **2** résonner
na·ko·me|ling *nm (-en)*, **-linge** *nf (-n, -s)* descendant, -ante
na·ko·men[1] *vi (i. nagekomen)* arriver plus tard
na·ko·men[2] *vt (i. nagekomen)* observer; **zijn afspraken ~** tenir parole
na·ko·mer·tje *het (-s)* petit dernier, petite dernière
na·la·ten *vt (h. nagelaten)* **1** laisser; **een diepe indruk ~** faire grande impression **2** négliger de ♦ **ik kan het niet ~** je ne peux pas m'en empêcher
na·la·ten·schap *nf (-pen)* héritage
na·la·tig *adj, adv* négligent, avec négligence
na·le·ven *vt (h. nageleefd)* observer
na·le·zen *vt (h. nagelezen)* **1** consulter **2** relire
na·lo·pen *vt (h./i. nagelopen)* **1** suivre en marchant; **de meisjes ~** courir les filles **2** contrôler
nam, namen → **(aan-, gevangen)nemen** *(etc.)*
na·maak *nm*, **namaaksel** *het (-s)* imitation
na·ma·ken *vt (h. nagemaakt)* **1** faire une copie de **2** imiter
na·me → **naam**
na·me·lijk *adv* **1** c'est-à-dire **2** en effet
na·me·loos *adj, adv* sans nom, de façon indicible
na·mens *prép* de la part de
na·mid·dag *nm (-en)* après-midi
na·oor·logs *adj* d'après-guerre
na·pijn *de (-en)* **1** douleur secondaire **2** *(fig.)* suites; **ergens de ~ van ondervinden** ressentir les suites de qch
na·pra·ten[1] *vt (h. nagepraat)* répéter
na·pra·ten[2] *vi (h. nagepraat)* rester à causer
nar *nm (-ren)* **1** fou **2** *(hist.)* bouffon
nar·cis·me *het (psycho.)* narcissisme
nar·co·se *nf (méd.)* anesthésie; **iem onder ~ brengen** anesthésier qn
na·re·ke·nen *vt (h. nagerekend)* **1** vérifier **2** recalculer
na·rig·heid *nf* ennui; **in de ~ zitten** avoir des ennuis; **daar komt ~ van** ça va m' (t', lui etc. ...) attirer des ennuis
na·roe·pen *vt (h. nageroepen)* interpeller
na·schil·de·ren *vt (h. nageschilderd)* imiter (un tableau)
na·scho·len[1] *vt (h. nageschoold)* recycler *(éducation)*
na·scho·len[2] *vi (h. nageschoold)* se recycler
na·schrift *het (-en)* post-scriptum
na·sei·zoen *het (-en)* arrière-saison
na·slaan *vt (h. nageslagen)* consulter
na·slag·werk *het (-en)* ouvrage de référence
na·sleep *nm* suites; **de ~ van iets ondervinden** ressentir les suites de qch
na|smaak *nm (-smaken)* arrière-goût
na·spel *het (-en)* **1** *(fig.)* suite **2** *(mus.)* finale **3** épilogue
na·spe·len *vt (h. nagespeeld)* reproduire (en jouant)
na·sta·ren *vt (h. nagestaard)* → **nakijken 1**
na·stre·ven *vt (h. nagestreefd)* **1** poursuivre **2** chercher à égaler (qn)
na·stu·ren *vt (h. nagestuurd)* faire suivre
na·syn·chro·ni·se·ren *vt (h. nagesynchroniseerd)* **1** postsynchroniser **2** *(cin.; com.)* doubler
nat *adj* **1** mouillé; **de verf is ~** la peinture est fraîche; **~te sneeuw** neige fondue; **door en door ~** trempé jusqu'aux os **2** pluvieux
na·ta·fe·len *vt (h. nagetafeld)* s'attarder à table
na·te·ke·nen *vt (h. nagetekend)* **1** dessiner d'après qch **2** copier
na·tel·len *vt (h. nageteld)* **1** calculer **2** recompter
nat·heid *nf* → **nattigheid**
na·tie *nf (-s)* nation
na·ti·o·naal *adj, adv* **1** national **2** patriotique(ment)
na·tive spea·ker *nm (-s)* locuteur natif
nat·je *het* ♦ **hij houdt van zijn ~ en droogje** il aime être dorloté, il aime les plaisirs de la table
nat·ma·ken *vt (h. natgemaakt)* mouiller
NA·TO *nf North Atlantic Treaty Organization* OTAN
na·trap·pen *vti (h. nagetrapt)* **1** donner un coup de pied par derrière **2** *(fig.)* donner le coup de pied de l'âne
nat·re·ge·nen *vi (i. natgeregend)* se mouiller

na·trek·ken *vt (h./i. nagetrokken)* **1** calquer **2** contrôler
na·tri·um *het (chim.)* sodium
nat·te·vin·ger·werk *het* approximations
nat·tig *adj* humide
nat·tig·heid *nf* humidité; ~ **voelen** sentir que qch n'est pas catholique, sentir que les choses se gâtent
na·tuur *nf* nature; **dat druist tegen de ~ in** c'est contre nature; **in de vrije ~** en pleine campagne
***na·tuur-** naturel; **het natuurgebied** la région naturelle
na·tuur·be·heer *het* gestion des paysages naturels
na·tuur·be·houd *het* préservation de la nature
na·tuur·be·scher·ming *nf* conservation de la nature
na·tuur·ge·nees·wij·ze *de* traitement naturopathe
na·tuur·ge·trouw *adj, adv* fidèle(ment)
na·tuur·kun·de *nf (enseign.)* physique
na·tuur·kun·dig *adj* (conc. la) physique; **de ~e** le, la physicien(ne)
na·tuur·lijk *adj, adv* naturel(lement); **maar ~!** mais bien sûr!
na·tuur·lij·ker·wij·ze *adv* naturellement
na·tuur·lijk·heid *nf* naturel
na·tuur·mens *nm (-en)* **1** homme primitif **2** ami, -ie de la nature
na·tuur·mo·nu·ment *het (-en)* site protégé
na·tuur·schoon *het* beauté de la nature
na·tuur·steen *het/de* pierre de taille
na·tuur·ta·lent *het (-en)* personne douée
na·tuur·volk *het (-en, -eren)* peuple primitif
na·tuur·we·ten·schap *nf (-pen)* **1** sciences naturelles **2** physique
na·tuur·we·ten·schap·per *nm (-s)* scientifique
nauw[1] *het* détroit; **het Nauw van Calais** le pas de Calais ♦ **in het ~ zitten** être dans une mauvaise passe; **iem in het ~ drijven** pousser qn dans ses derniers retranchements
nauw[2] *adj, adv* **1** étroit(ement); **~ zitten** être serré **2** précis, avec précision; **hij kijkt niet zo ~** il n'y regarde pas de si près; **dat luistert ~** il s'agit d'être très précis; **hij neemt het zeer ~ met de discipline** il est très strict sur la discipline; **het niet zo ~ nemen** ne pas y regarder de si près; **het steekt niet zo ~** on n'en est pas à cela près **3** à peine
nau·we·lijks *adv* à peine
nauw·ge|zet *adj, adv (-zetter, meest n.)* (avec) exact(itude)
nauw·keu·rig *adj, adv* (d'une manière) précis(e); **zij stemmen ~ overeen** ils sont en parfait accord
nauw·keu·rig·heid *nf* précision
nauw·let·tend *adj, adv* attentif, attentivement
nauw·let·tend·heid *nf* attention
nauw·slui·tend *adj* (bien) ajusté
nauw·te *nf* étroitesse
n.a.v. *naar aanleiding van* à propos de
na·vel *nm (-s)* nombril
na·ve·nant *adv (fam.)* à l'avenant
na·ver·tel·len *vt (h. naverteld)* raconter (ce qu'on a entendu dire, ce qu'on a vécu)
NA·VO *nf Noord-Atlantische Verdragsorganisatie* OTAN
na·vol·gen *vt (h. nagevolgd)* suivre
na·vol·ging *nf (-en)* imitation; **in ~ van** à l'exemple de; **dat voorbeeld verdient (geen) ~** c'est un exemple à (ne pas) suivre; **~ vinden** faire école
na·vraag *de* enquête; **bij ~ bleek, dat ...** renseignements pris, il s'est avéré que ...; **~ doen** s'informer (de qch)
na·vra·gen *vt (h. nagevraagd)* s'informer de
na·vul·baar *adj* rechargeable *(bouteille, flacon etc.)*
na·wee *het (-ën)* **1** contractions utérines après l'accouchement **2** *(fig.)* séquelles; **de ~ën van de oorlog ondervinden** se ressentir des suites de la guerre
na·wer·ken *vi (h. nagewerkt)* agir (longtemps)
na·wer·king *nf (-en)* **1** effet **2** *(fig.)* contrecoup
na·woord *het (-en)* postface
na·wui·ven *vt (h. nagewuifd)* faire adieu de la main
na|zaat *nm (-zaten)* descendant
na·zeg·gen *vt (h. nagezegd)* répéter
na·zen·den *vt (h. nagezonden)* faire suivre
na·zicht *het (Belg.)* **1** contrôle **2** révision *(de machines etc.)*
na·zien *vt (h. nagezien)* **1** revoir **2** corriger **3** examiner
na·zit·ten *vt (h. nagezeten)* **1** poursuivre **2** courir après **3** surveiller (de près)
na·zoe·ken *vt (h. nagezocht)* **1** fouiller (qch, dans qch) **2** vérifier
na·zo·mer *nm (-s)* fin de l'été
na·zorg *de* postcure
NB **1** *nota bene* NB **2** *noorderbreedte* lat. N.
n.Chr. *na Christus* apr. J.-C.
ne·de·rig *adj, adv* humble(ment)
ne·de·rig·heid *nf* humilité
ne·der|laag *de (-lagen)* défaite; **een ~ lijden** subir une défaite
Ne·der·land *het* Pays-Bas; *(hist.)* **de Verenigde ~en** les Provinces-Unies
Ne·der·lands *adj* néerlandais; **het Algemeen Beschaafd ~** le néerlandais standard
Ne·der·lands·ta·lig *adj* **1** néerlandophone **2** (écrit, prononcé en) néerlandais
ne·der·zet·ting *nf (-en)* établissement
nee *interj* non; **~ heb je, ja kun je krijgen** ça ne coûte rien de demander; ~

schudden faire non de la tête; ~ **maar!** ça par exemple!; ~ **zeg, nou nog mooier!** ah non alors!
neef *nm (neven)* **1** neveu **2** cousin; **een volle** ~ un cousin germain
neeg, negen → **nijgen**
neer *adv* **1** en bas; **op en** ~ de haut en bas **2** à, par terre
neer·bui·gend *adj, adv* condescendant, avec condescendance
neer·da·len *vi (i. neergedaald)* descendre; **het** ~ la descente
neer·druk·ken *vt (h. neergedrukt)* **1** appuyer sur (qch) **2** déprimer
neer·gaan *vi (i. neergegaan)* **1** descendre; **in ~de lijn** en régression **2** tomber ♦ **de straat op- en** ~ se promener de long en large dans la rue
neer·gang *nm* déclin
neer·gooi·en *vt (h. neergegooid)* **1** jeter en bas **2** jeter à, par terre; **hij gooit zijn boeken overal neer** il laisse traîner ses livres n'importe où **3** cesser *(travail)*
neer·ha·len *vt (h. neergehaald)* **1** abaisser **2** abattre **3** descendre **4** rabaisser
neer·kij·ken *vi (h. neergekeken)* **1** baisser les yeux (sur) **2** *(+ op)* regarder (qn) de haut
neer·knal·len *vt (h. neergeknald) (fam.)* flinguer
neer·knie·len *vi (h. neergeknield)* s'agenouiller
neer·ko·men *vi (i. neergekomen)* **1** se poser **2** tomber **3** *(+ op)* retomber (sur qn), s'abattre (sur) **4** *(+ op)* revenir (à); **het komt erop neer dat ...** cela revient à dire que ...
neer·krab·be·len *vt (h. neergekrabbeld)* griffonner
neer·kwak·ken *vt (h./i. neergekwakt) (fam.)* flanquer
neer·lan·di|cus *nm (-ci),* **-ca** *nf (-cae, -'s)* néerlandiciste
neer·la·ten *vt (h. neergelaten)* (a)baisser
neer·leg·gen[1] *vt (h. neergelegd)* **1** poser (qch); **iemands bevelen naast zich** ~ braver les ordres de qn **2** déposer **3** descendre ♦ *(Belg.)* **de boeken** ~ déposer le bilan; **ik heb tien euro moeten** ~ j'ai dû allonger dix euros
neer·leg·gen[2] *vpr (zich ~; h. zich neergelegd) (+ bij)* se résigner; **zich bij de feiten** ~ se rendre à l'évidence
neer·plof·fen[1] *vi (h./i. neergeploft)* tomber lourdement; **in zijn stoel** ~ s'affaler dans son fauteuil
neer·plof·fen[2] *vt (h./i. neergeploft)* laisser tomber
neer·schie·ten *vt (h./i. neergeschoten)* abattre
neer·schrij·ven *vt (h. neergeschreven)* mettre (qch) par écrit
neer·slaan[1] *vi (h./i. neergeslagen)* **1** *(chim.)* (se) précipiter **2** s'abattre
neer·slaan[2] *vt (h./i. neergeslagen)* **1** (r)abattre; **de ogen** ~ baisser les yeux **2** assommer; **een opstand** ~ écraser une insurrection **3** *(chim.)* précipiter
neer·slach·tig *adj, adv* déprimé, d'un air abattu
neer·slach·tig·heid *nf* abattement
neer·slag *nm (-en)* **1** *(météo.)* précipitations (atmosphériques) **2** *(chim.)* précipité **3** conséquence **4** *(fig.)* retombées
neer·smij·ten *vt (h. neergesmeten)* flanquer par terre
neer·ste·ken *vt (h. neergestoken)* poignarder
neer·stor·ten[1] *vt (h./i. neergestort)* déverser
neer·stor·ten[2] *vi (h./i. neergestort)* tomber
neer·strij·ken *vi (h./i. neergestreken)* **1** se poser *(oiseau)* **2** *(fig.)* s'installer
neer·tel·len *vt (h. neergeteld)* **1** compter **2** débourser
neer·val·len *vi (i. neergevallen)* **1** tomber (par terre); **erbij** ~ être mort de fatigue **2** tomber à genoux **3** s'affaler
neer·vlij·en *vt (h. neergevlijd)* poser doucement
neer·waarts *adj, adv* descendant, en bas
neer·wer·pen *vt (h. neergeworpen)* **1** jeter (par terre) **2** renverser
neer·zet·ten *vt (h. neergezet)* **1** poser; *(sports)* **een goede tijd** ~ réaliser un bon temps; **zich** ~ s'asseoir **2** *(dram.)* camper; **krachtig** ~ typer
neer·zien *vi (h. neergezien)* **1** *(+ op)* regarder (qn) de haut **2** regarder en bas
neer·zit·ten *vi (h. neergezeten)* **1** *(form.)* prendre un siège **2** être assis
ne·ga|tief *adj, adv (-tiever, -tiefst)* négatif, négativement; ~ **staan** être à découvert *(compte en banque)*
ne·gen *card* neuf; **het is bij ~en** il est près de neuf heures; **met zijn ~en** à neuf
ne·gen·de *ord* neuvième; **ten** ~ neuvièmement
ne·gen·ja·rig *adj* de neuf ans
ne·gen·tal *het (-len)* ennéade; **een** ~ **dagen** huit, neuf jours
ne·gen·tien *card* dix-neuf
ne·gen·tig *card* quatre-vingt-dix, *(Belg.)* nonante
ne·gen·vou·dig *adj, adv* nonuple, neuf fois
ne·ger *nm (-s),* **negerin** *nf (-nen)* noir, noire
***ne·ger-** noir; **de negerbevolking** la population noire
ne·ge·ren *vt (h. genegeerd)* ignorer; **hij heeft elke waarschuwing genegeerd** il a négligé tous les avertissements
ne·ge·rin *nf (-nen)* → **neger**
ne·gli·gé [neglize] *het (-s)* déshabillé
ne·gri·de *adj* nègre
nei·gen *vti (h./i. geneigd)* **1** tendre (à) **2** pencher
nei·ging *nf (-en)* tendance; **hij toonde niet de minste ~ om ...** il ne montrait pas la moindre disposition à; **de ~ vertonen om** avoir tendance à; **ergens de ~ toe voelen** être enclin à qch; **ziekelijke** ~ impulsion morbide

nek *nm (-ken)* nuque; ~ **aan** ~ *(fig.)* (au) coude à coude; *(fig.)* **iem de** ~ **breken** casser les reins à qn; *(fig.)* **zijn** ~ **breken (over iets)** se casser la figure (sur qch); *(Belg.)* **een dikke** ~ **hebben** se croire sorti de la cuisse de Jupiter, *(Belg.)* avoir un gros cou; **ik heb geen ogen in mijn** ~ je n'ai pas des yeux derrière la tête; *(fig.)* **iem met de** ~ **aanzien, aankijken** traiter qn par-dessous la jambe; *(fig.)* **op iemands** ~ **zitten** être sur le dos de qn; *(fig.)* **wat haal je je op je** ~**!** dans quoi est-ce que tu t'embarques!; **iem op z'n** ~ **springen** bondir sur le paletot de qn; *(fam.)* **over zijn** ~ **gaan** vomir; *(fig.)* **daarvan ga ik over mijn** ~ ça me débecte; **een stijve** ~ un torticolis, *(fig.)* une tête de mule; **uit zijn** ~ **praten, kletsen** dire des bêtises; *(fig.)* **zijn** ~ **uitsteken** prendre des risques

nek·ken *vt (h. genekt)* **1** tordre le cou (à) **2** *(fig.)* démolir; **dat heeft hem genekt** cela l'a mis à plat

nek·slag *nm (-en)* coup de grâce; *(fig.)* **dat heeft hem de** ~ **gegeven** cela l'a achevé

ne·men *vt (h. genomen)* prendre *(pour les expressions non mentionnées voir au substantif concerné)*; *(Belg.)* **neem dat ...** suppose(z) que; **dat neem ik niet!** cela je ne l'accepte pas!; **iets op zich** ~ se charger de qch; *(fig.)* **zich genomen voelen** se sentir trompé; **het er (goed) van** ~ se payer du bon temps; **alles bij elkaar genomen** somme toute ♦ **iem er (mooi) tussen** ~ faire marcher qn

nep *nm (fam.)* bidon

nep·pen *vt (h. genept) (fam.)* estamper

nerf *de (nerven)* **1** nervure **2** *(papier, cuir)* grain

ner·gens *adv* **1** nulle part; ~ **anders dan** nulle part ailleurs que; **hij, zij kan** ~ **meer terecht** toutes les portes lui sont fermées **2** rien; **dat slaat** ~ **op** cela ne rime à rien; *(fig.)* ~ **zijn** n'être rien

nerts·man·tel *nm (-s)* manteau de vison

ner|veus *adj, adv (-veuzer, -veust)* **1** nerveux, nerveusement **2** *(commerce)* (d'une manière) agité(e)

nest *het (-en)* **1** nid; *(fig.)* **zijn (eigen)** ~ **bevuilen** salir les siens; **dat kind komt uit een goed** ~ cet enfant est issu d'une bonne famille **2** nichée **3** péronnelle; **een eigenwijs** ~ une donzelle **4** *(fam.)* pieu ♦ **in de** ~**en zitten** être dans le pétrin; **zich in de** ~**en werken** se mettre dans de mauvais draps; **iem uit de** ~**en helpen** tirer qn d'embarras

nes·te·len[1] *vi (h. genesteld) (biol.)* nidifier

nes·te·len[2] *vpr (zich ~; h. zich genesteld)* se nicher; **bacteriën** ~ **zich in kleine wondjes** les petites plaies sont des nids de bactéries

nes·tor *nm (-s)* doyen *(le plus ancien des membres)*

net[1] *het (-ten)* **1** filet; **achter het** ~ **vissen** rater l'occasion; *(fig.)* **in iemands** ~**ten verstrikt raken** tomber dans les filets de qn **2** *(aussi Belg.; enseign.)* réseau **3** chaîne *(radio, télévision)*

net[2] *adj, adv* **1** en ordre **2** correct(ement); **doe je** ~**te jurk aan** mets ta belle robe **3** convenable; ~**te manieren hebben** savoir comment se tenir **4** net; ~**te toiletgebouwen** toilettes propres **5** exactement; ~ **doen alsof** faire semblant de; ~ **goed!** (c'est) bien fait!; ~ **iets voor hem** c'est bien (de) lui, cela ferait son affaire; ~ **zo** de la même manière; ~ **zoals** tout comme; **de een** ~ **zoveel geven als de ander** donner autant à l'un qu'à l'autre; **zo is het maar** ~ c'est comme ça **6** (tout) juste; ~ **aangekomen zijn** venir d'arriver; **dat was nog maar** ~ **op tijd** il s'en est fallu de peu ♦ **het zijn** ~ **broers** ils se ressemblent comme des frères; ~ **echt** on jurerait que c'est (du) vrai; **zij is** ~ **een jongen** c'est un vrai garçon; ~ **of** comme si; **dat is** ~ **zilver** on dirait de l'argent; **hij is** ~ **zo lui als ik** il est aussi paresseux que moi; **ik zou** ~ **zo goed kunnen weigeren** je pourrais (tout) aussi bien refuser; **je kunt** ~ **zo goed tegen een dove praten** autant parler à un sourd!

ne·te·lig *adj* épineux

net·heid *nf* **1** propreté **2** correction

net·jes *adj, adv* **1** propre(ment); **dat staat** ~ ça fait soigné **2** convenable(ment); **wat ben je** ~ **vandaag!** comme te voilà beau, belle!; **dat is niet** ~ cela ne se fait pas

net·num·mer *het (-s)* indicatif interurbain

net·span·ning *nf (-en)* tension *(électricité)*

net·to *adj, adv* net

***net·to-** net; **het nettoloon** le salaire net

net|vlies *het (-vliezen) (méd.)* rétine

net·werk *het* **1** réseau **2** trame

net·wer·ken *vi (h. genetwerkt)* nouer des contacts (par intérêt pour une carrière etc.)

neu·ken *vti (h. geneukt) (fam.)* baiser

neu·ri·ën *vti (h. geneuried)* fredonner

neu|root *nm (-roten)* névrosé, -ée

neu·ro·se *nf (-n, -s)* névrose

neu·ro·ti|cus *nm (-ci)* → **neuroot**

neu·ro|tisch *adj (-tischer, meest n.)* névrotique

neus *nm (neuzen)* nez; **dat ga ik jou niet aan je** ~ **hangen** je ne risque pas de te le dire; **iem bij de** ~ **hebben, nemen** mener qn en bateau; **doen alsof zijn** ~ **bloedt** faire semblant de rien; **een fijne** ~ **voor iets hebben** flairer qch instantanément, avoir du nez; **een frisse** ~ **halen** prendre un bol d'air; **zijn** ~ **krult** il ne se sent plus, il boit du petit-lait; **langs zijn** ~ **weg** comme si de rien n'était; **tussen** ~ **en lippen door** à un moment perdu, mine de rien; **met zijn** ~ **kijken** avoir le nez sur qch; **met zijn** ~ **in de boter vallen** avoir une veine de cocu; **iem met zijn** ~ **op de feiten drukken** forcer qn à regarder la réalité en face; *(iron.)* **ja, mijn** ~**!** mon œil!; **wit om de** ~ **zien** être blanc comme un linge; **iem iets onder zijn** ~ **wrijven** jeter des reproches au nez de qn; **zijn ~ ophalen** renifler; **de ~ ophalen, optrekken voor** dédaigner qn, renâcler à qch; **zijn ~ snuiten** se moucher; **zijn ~ overal in steken** fourrer son nez partout; **zijn ~ in de wind steken** porter le nez au vent; **het komt me mijn ~ uit** j'en ai par-dessus la tête; *(fam.)* **sta niet uit je ~ te eten** ne reste pas là à te tourner les pouces; *(Belg.)* **van zijn ~ maken** faire des histoires; *(fig.)* **iem iets voor de ~ wegnemen, wegkapen** souffler qch au nez de qn ♦ **iem iets door de ~ boren** faire passer qch sous le nez de qn

***neus-** du nez; **de neusvleugel** l'aile du nez

neus·doek *nm (-en) (Belg.)* mouchoir

neus·gat *het (-en)* narine

neus·hol·te *nf (-n, -s)* fosse nasale

neus·hoorn *nm (-s)* rhinocéros

neus·je *het (-s)* ♦ **het ~ van de zalm** la crème, le fin du fin

neus-keel·hol·te *nf (méd.)* rhinopharynx

neus·klank *nm (-en) (ling.)* nasale

neus·leng·te *nf (-n, -s) (fig.; sports)* tête

neus·peu·te·ren *vi* fourrer ses doigts dans son nez

neus·ver·koud·heid *nf* rhume de cerveau

neut *de (-en) (fam.)* goutte

neu·traal *adj* neutre

neu·zen *vi (h. geneusd)* **1** fureter **2** fouiller

ne·vel *nm (-en)* **1** brume **2** *(fig.)* voile *(m.)*; **in ~en gehuld zijn** être mystérieux **3** *(astron.)* nébuleuse

ne·vel·ach·tig *adj* brumeux

ne·ve·len *vb impers (h. geneveld)* faire du brouillard

ne·ve·lig *adj* → **nevelachtig**

ne·ven·be·doe·ling *nf (-en)* arrière-pensée

ne·ven·ef·fect *het (-en)* effet secondaire

ne·ven·func·tie *nf (-s)* fonction annexe

ne·ven·ge·schikt *adj (ling.)* coordonné

ne·ven·in·kom·sten *plur* revenus supplémentaires

ne·ven·staand *adj* ci-contre

nicht[1] *nf (-en)* **1** nièce **2** cousine

nicht[2] *nm (-en)* tante, tapette

nich·te·rig *adj, adv* (de manière) efféminé(e)

ni·co·ti·ne·arm, -vrij *adj* dénicotinisé

nie·mand *indéf* personne (ne); **~ van u** aucun d'entre vous

nie·mands·land *het* no man's land

nie·men·dal *indéf* ne ... rien du tout; **een ~** un rien (du tout)

nier *de (-en)* **1** *(méd.)* rein **2** *(cuis.)* rognon

***nier-** rénal; **de niersteen** le calcul rénal

nier·pa|tiënt *nm (-en)*, **-tiënte** *nf (-n, -s) (méd.)* néphrétique

nies·bui *de (-en)* accès d'éternuement

nie·sen *vi (h. geniest)* → **niezen**

niet[1] *de (-en) (le plus souvent nietje)* agrafe

niet[2] *het (-en)* néant; **in het ~ verzinken (bij)** pâlir (devant); **te ~ doen** abolir; **te ~ gaan** disparaître

niet[3] *adv* **1** ne pas, non; **het betaalt goed, daar ~ van** ça paie bien, là n'est pas le problème; **dan ~!** tant pis!; **~ eens** même pas; *(fam.)* **is 't ~?** pas vrai?; **ik ook ~** moi non plus; **volstrekt ~** pas du tout **2** pourtant; **heb ik het je ~ gezegd?** je te l'avais bien dit!

niet[4] *indéf* (ne ...) rien

***niet-** non(-); **niet-gebonden landen** pays non-alignés

niet-com·mer·ci·eel *adj* à but non lucratif

nie·ten *vt (h. geniet)* agrafer

nie·tes *interj (fam.)* mais non; **~! welles!** non! si!

nie·tig *adj* **1** *(jur.)* nul; **~ verklaren** annuler **2** futile **3** chétif

nie·tig·heid *nf* **1** *(jur.)* nullité **2** néant **3** insignifiance

nie·tig·ver·kla·ring *nf (-en)* invalidation

niet·je *het (-s)* → **niet**[1] **1-2**

niets[1] *adv* absolument pas

niets[2] *indéf* (ne ...) rien; **~ daarvan!** rien à faire!; **~ doen dan lachen** ne faire que rire; **dat heeft ons ~ dan ellende opgeleverd** cela ne nous a valu que des ennuis; **het ~** le néant; *(fig.)* **van ~ iets maken** faire d'une mouche un éléphant; **dat loopt op ~ uit** cela finira mal; **daar is ~ van aan, van waar!** il n'en est rien!

niets·be·te·ke·nend *adj* insignifiant

niets·doen *het* inactivité; **een zalig ~** un dolce farniente

niets·nut *nm (-ten)* bon à rien

niets·zeg·gend *adj* vide de sens

niet·te·gen·staan·de[1] *prép (form.)* malgré

niet·te·gen·staan·de[2] *conj (form.)* bien que

niet·te·min *adv* néanmoins

niet·waar *interj (fam.)* pas vrai, n'est-ce pas

nieuw *adj* nouveau; **de ~e en ~ste geschiedenis** l'histoire des temps modernes et l'histoire contemporaine; **het ~e is eraf** l'attrait du nouveau a disparu; **zich in het ~ steken** s'habiller de neuf; *(subst.)* **Hollandse ~e** harengs nouveaux

nieuw·bak·ken *adj (fam.)* ± nouveau

nieuw·bouw *nm* **1** quartier nouveau **2** construction de bâtiments nouveaux **3** construction nouvelle

nieu·we|ling *nm (-en)*, **-linge** *nf (-n)* nouveau, -elle

nieu·wer|wets *adj, adv (-wetser, meest n.)* à la mode

nieu·wig|heid *nf (-heden)* nouveauté

nieuw·jaar *het* nouvel an; **gelukkig ~!** bonne année!

nieuw·jaars·dag *nm (-en)* → **nieuwjaar**

nieuw·ko·mer *nm (-s)* **1** nouveau venu, nouvelle venue **2** nouveauté

nieuw·kuis *nm (Belg.)* pressing

nieuw·lich·ter *nm (-s) (péj.)* moderniste

nieuws *het* **1** nouvelle(s); **gemengd ~** faits divers; **in het ~ zijn** tenir la vedet-

te; **dat is oud** ~ ce n'est pas nouveau **2** actualités
nieuws·gie·rig *adj, adv* **1** curieux, avec curiosité **2** *(péj.)* curieux, indiscrètement
nieuws·gie·rig·heid *nf* curiosité
nieuws|le·zer *nm (-s),* **-lezeres** *nf (-sen) (com.)* speaker, -erine
nieuws·lijn *de* infos par téléphone
nieuw·tje *het (-s)* **1** nouveauté; **het ~ was eraf** cela n'avait plus le charme de la nouveauté **2** nouvelle
nie·zen *vi (h. geniesd)* éternuer
ni·hil [nihil] *adj* nul
nijd *nm* **1** envie; **groen en geel worden van ~ (over iets)** en faire une jaunisse **2** haine
nij·dig *adj, adv* **1** furieux, en colère **2** hargneux, hargneusement; **een ~ kereltje** une teigne
nij·gen *vi (h. genegen)* s'incliner
nijl·paard *het (-en)* hippopotame; **briesen als een ~** souffler comme un phoque
nij·pen *vi (h. genepen)* presser
nij·pend *adj* aigu; **~e armoede** misère noire; **een ~ gevaar** un danger imminent; **een ~e kou** un froid pénétrant
nijp·tang *de (-en)* tenailles
nij|ver *adj, adv (-verder, -verst)* laborieux, laborieusement
nij·ver·heid *nf* industrie
nij·ver·heids|school *de (-scholen)* **1** école ménagère **2** école technique
nik·ker *nm (-s) (péj.)* négro
niks[1] *adv (fam.)* pas du tout; **ik heb ~ geen zin** j'ai pas envie
niks[2] *indéf (fam.)* rien (du tout); **dat wordt ~** ça ne va rien donner
nik·sen *vi (fam.)* se tourner les pouces
niks·nut *nm (-ten)* → **nietsnut**
nimf *nf (-en)* nymphe
nim·mer *adv (form.)* jamais
nim·mer·meer *adv (form.)* jamais plus; **de liefde vergaat** ~ l'amour est éternel
nip·pen *vi (h. genipt)* tremper ses lèvres (dans)
nip·per·tje *het* ♦ **op het** ~ de justesse
nipt *adj* tangent, de justesse
nis *de (-sen)* niche
ni·veau [nivo] *het (-s)* **1** niveau; **besprekingen op het hoogste** ~ pourparlers au sommet **2** *(météo.; géo.)* couche
ni·veau·ver·schil *het (-len)* **1** dénivellation **2** différence de niveau
ni·vel·le·ring *nf (-en)* nivellement
nl. *namelijk* c.-à-d.
NMBS *nf Nationale Maatschappij der Belgische Spoorwegen* SNCB
N.N.O. *noordnoordoost(en)* N-N-E
N.N.W. *noordnoordwest(en)* N-N-O
no *numero, nummer* N°
N.O. *noordoost(en)* N-E
no·bel *adj, adv* **1** généreux, généreusement **2** noble(ment)
no·bil·jon *nm (-s) (Belg.; iron.)* noblaillon, -onne
noch *conj (form.)* ni
noch·tans *adv (form.)* nonobstant
no·de·loos *adj, adv* inutile(ment)
no·dig *adj, adv* **1** nécessaire(ment); **dat is hard, dringend** ~ c'est urgent; **iets ~ hebben** avoir besoin de qch; **het ~ vinden om** éprouver le besoin de; **zo** ~ au besoin **2** absolument; *(fam.)* ~ **moeten** avoir un besoin pressant, être pressé ♦ **de ~e borrels drinken** prendre sa dose d'alcool; **dat brengt de ~e rompslomp met zich mee** avec tous les tracas qui s'ensuivent (habituellement)
noe·men *vt (h. genoemd)* **1** nommer; **iem een leugenaar** ~ traiter qn de menteur; **naar iem genoemd worden** porter le nom de qn; **een kind naar zijn vader** ~ appeler un enfant comme son père; **hij noemt zich mijn vriend** il se dit mon ami; *(fam.)* **het is nog niet wat je noemt** c'est pas encore tout à fait ça **2** citer
noe·mens·waar·dig *adj, adv* **1** digne d'être mentionné **2** notable(ment); **niet** ~ négligeable
noe·mer *nm (-s) (math.)* dénominateur; *(fig.)* **onder één ~ brengen** grouper sous un dénominateur commun
noest *adj (noester, meest n.)* laborieux
nog *adv* **1** encore; ~ **geen week geleden** il y a moins d'une semaine; **gisteren** ~ pas plus tard qu'hier; **zij had ~ maar net de tijd om** elle avait tout juste le temps de; **hij heeft ~ steeds geen antwoord** il n'a toujours pas de réponse; **vandaag** ~ aujourd'hui-même; **over van alles en ~ wat praten** parler de choses et d'autres **2** *(+ comparatif)* encore plus, davantage ♦ **en wat dan ~?** et alors?; **ze ging ~ mee ook!** et qu'est-ce que tu crois? elle est venue avec nous!; **ik was ~ wel bang dat je niet zou komen** et moi qui craignais que tu ne viennes pas; **je zult me ~ weleens gelijk geven** tu finiras bien par me donner raison; **ook al is het ~ zo weinig** si peu que ce soit; **ik heb hem ~ zó gewaarschuwd** et pourtant je l'avais bien averti
no·ga *nm* nougat
nog·al *adv* assez
nog·maals *adv* encore une fois
nok *de (-ken)* faîte; **tot de ~ toe gevuld** plein à craquer
nok·ken *vi (h. genokt) (fam.)* (s')arrêter
no·mi·na·tie *nf (-s)* **1** nomination **2** liste (de candidats)
non *nf (-nen)* religieuse
non-ac·tief *adj* en non-activité; *(subst.)* **op ~ stellen** mettre en non-activité
non·kel *nm (-s) (Belg.)* oncle
***no-non·sense-** pragmatique
non-pro·fit [nɔmprɔfɪt] *adj* non-marchand, *(Belg.)* sans but lucratif
non·sens *nm* non-sens; ~ **verkopen** débiter des absurdités
nood *nm (noden)* **1** danger; **als de ~ dringt** quand nécessité fait loi; **geen ~!** pas de problème!; **zijn ~ bij iem klagen** conter ses peines à qn; **als de ~ aan de man komt** en cas de besoin; *(prov)* **als de ~ 't hoogst is, is de redding nabij** c'est quand on n'a plus d'espoir qu'il ne faut désespérer de

rien **2** besoin, dénuement; **hoge ~ hebben** avoir un besoin pressant; **iem uit de ~ helpen** tirer qn d'affaire **3** besoin, nécessité; *(prov)* ~ **breekt wet** nécessité fait loi; **door de ~ gedwongen** obligé par les circonstances

***nood- 1** provisoire; **de noodoplossing** la solution provisoire **2** d'urgence; **de noodmaatregel** la mesure d'urgence

nood·fonds *het (-en)* fonds de prévoyance

nood·gang *nm* ♦ **met een ~** en quatrième vitesse

nood·ge·dwon·gen *adv* par la force des choses; ~ **liegen** mentir pour les besoins de la cause

nood|kreet *nm (-kreten)* cri de détresse

nood·lij·dend *adj* indigent

nood·lot *het* sort; **het ~ tarten** défier le sort

nood·lot·tig *adj, adv* fatal(ement); **de ~e afloop** la fin tragique

nood·rem *de (-men)* signal d'alarme

nood|sein *het (-en)*, **-signaal** *het (-signalen)* signal d'alarme

nood·uit·gang *nm (-en)* sortie de secours

nood·vaart *de* → **noodgang**

nood·voor|raad *nm (-raden)* réserve

nood·weer[1] *het* (violente) tempête

nood·weer[2] *de* légitime défense; **uit ~** en état de légitime défense

nood·zaak *de* nécessité

nood·za·ke·lijk *adj, adv* **1** nécessaire(ment); **het hoogst ~e** l'indispensable **2** inévitable(ment)

nood·za·ke·lij·ker·wijs *adv* nécessairement

nood·za·ke·lijk|heid *nf (-heden)* nécessité

nood·za·ken *vt (h. genoodzaakt)* obliger

nooit *adv* (ne ...) jamais; **je moet het ~ doen** ne le fais en aucun cas; **had ik hem maar ~ ontmoet** je maudis le jour où je l'ai rencontré; ~ **ofte nimmer** au grand jamais!; **ik zal het ~ meer doen** je ne le ferai plus jamais

Noor *nm (Noren)*, **Noorse** *nf (-n)* Norvégien, -ienne

noord[1] *nm* nord

noord[2] *adj* du nord

noord[3] *adv* vers le nord

***noord-** nord; **de noordkant** le côté nord

noor·de·lijk *adj, adv* **1** du nord **2** vers le nord **3** au nord; **het ~ halfrond** l'hémisphère Nord **4** nordique

noor·den *het* nord; **het hoge ~** le Grand Nord; **ten ~ van** au nord de

noor·den·wind *nm (-en)* vent du nord

noor·der·breed·te *nf* latitude Nord

noor·der·keer·kring *de* Tropique du Cancer

noor·der·licht *het* aurore boréale

noor·der·ling *nm (-en)* Nordique

noor·der·zon *de* ♦ **met de ~ vertrekken** mettre la clé sous la porte

noord·pool *nf* pôle Nord

noords *adj* **1** du Nord **2** nordique

noord·waarts *adj, adv* vers le nord

Noor·man *nm (-nen)* Normand

Noor·we·gen *het* Norvège

noot *de (noten)* **1** noix; *(fig.)* **dat is een harde ~ om te kraken** ça n'est pas une petite affaire **2** note *(aussi mus.)*; **een ~ in de kantlijn** une annotation; **veel noten op zijn zang hebben** être très exigeant

noot·mus·kaat *de* (noix) muscade

nop[1] *indéf* → **noppes**

nop[2] *de (-pen)* **1** nope **2** nœud **3** crampon

no·pen *vt (h. genoopt)* **1** contraindre **2** amener (à)

nop·jes *plur* ♦ **in zijn ~ zijn** boire du petit-lait

nop·pes *indéf (fam.)* des clous

nor *de (-ren) (fam.)* taule; **de ~ indraaien** se faire embarquer

no·ren *plur* patins de course

norm *de (-en)* norme; **als ~ gelden** faire autorité; **ethische ~en** règles éthiques

nor|maal *adj, adv (-maler, -maalst)* normal(ement)

nor·ma·li·ter *adv* normalement

norm·be·sef *het* sens de la norme

nors *adj, adv (norser, meest n.)* (de manière) bourru(e); **een ~ gezicht zetten** se renfrogner

nors·heid *nf* brusquerie

no·ta *de (-'s)* **1** note **2** annotation

no·ta be·ne 1 remarque(z) **2** tiens-toi bien, tenez-vous bien

no·ta·boek *het (-en) (Belg.)* → **notitieboekje**

no·ta·ri·eel *adj, adv* **1** notarial **2** notarié, par-devant notaire

no·ta·ris *nm (-sen)* notaire

no·ten·balk *nm (-en) (mus.)* portée

no·ten·dop *nm (-pen)* coquille de noix; **de hele theorie in een ~** toute la théorie (résumée) en un mot

no·ten·schrift *het (-en)* notation musicale

no·te·ren *vt (h. genoteerd)* **1** noter **2** *(fin.)* coter; *(fig.)* **hoog genoteerd staan** être bien noté

no·tie *nf (-s)* notion; **geen flauwe ~** pas la moindre idée

no·ti·tie *nf (-s)* note; **geen ~ van iem nemen** ignorer qn ♦ ~ **nemen van** prendre acte de, prêter attention à

no·ti·tie·boek·je *het (-s)* carnet de notes

no·tu·len *plur* procès-verbal

no·tu·le·ren[1] *vi (h. genotuleerd)* rédiger le procès-verbal

no·tu·le·ren[2] *vt (h. genotuleerd)* noter au procès-verbal

nou[1] *adv (fam.)* → **nu**[1]

nou[2] *conj (fam.)* → **nu**[2]

nou[3] *interj* ♦ **ben je ~ helemaal!** non, mais des fois, tu es dingue!; **~, en of!** et comment!; **~ ja zeg!** eh ben, mon salaud!; **~ ja, wat zou dat** et puis après; **meen je dat ~?** sérieusement?; **~ moe!** fichtre!; **dat is ~ toch wel wat overdreven** ça, c'est un peu exagéré quand même; **toe ~ alsjeblieft**

je t'en supplie; **wanneer ga je ~ ook weer weg?** quand est-ce que tu pars déjà?; **wie doet ~ zoiets?** qui peut donc faire une chose pareille?; **als je me ~!** c'est pas vrai!; **~, dat was het dan** voilà, c'est tout; **~, komt er nog wat van?** alors, c'est pour aujourd'hui ou pour demain?

no·vel·le *de (-n) (litt.)* nouvelle

no·vum *het (nova)* fait nouveau

no·zem *nm (-s)* blouson noir

nr. *nummer* n°

NS *nm Nederlandse Spoorwegen (Chemins de fer néerlandais)*

nu¹ *adv* **1** maintenant; **nu en dan** de temps à autre; **het nu** le présent; **tot nu (toe)** jusqu'à présent; **van nu af aan** désormais; **wat nu?** et maintenant?; **wat nu weer?** quoi encore?; **nu eens ... dan weer** tantôt ... tantôt **2** donc

nu² *conj* maintenant (que)

nu³ *interj* **1** alors; **stil nu toch!** tais-toi (donc)! **2** *(incertitude)* déjà; **wie komen er nu precies?** qui vient au juste? **3** *(concession)* enfin; **de mensen zijn nu eenmaal zo** que voulez-vous, les gens sont comme ça; **nu ja, wat dan nog?** enfin oui, et alors? **4** *(indignation)* franchement **5** *(en résumé)* bon

nu·an·ce·ring *nf (-en)* **1** apport de nuance(s) **2** nuance *(couleurs)*

nuch|ter *adj, adv (-terder, -terst)* **1** à jeun **2** qui n'a pas bu d'alcool; **hij is niet helemaal ~** il est légèrement éméché **3** réaliste, calmement; **~ verstand** solide bon sens

nuch·ter·heid *nf* **1** solide bon sens **2** réalisme

nuk *de (-ken)* caprice; **~ken en grillen** caprices en tous genres

nuk·kig *adj, adv* capricieux, de manière capricieuse

nul¹ *adj* nul; **dat is van ~ en gener waarde** c'est sans valeur aucune

nul² *card* zéro; **de stemming zakte al gauw beneden ~** l'atmosphère ne tarda pas à se refroidir; **hij is een grote ~** c'est une nullité; **van iem ~ op het rekest krijgen** essuyer un refus (de la part de qn); *(fig.)* **onder, beneden ~ zijn** être au-dessous de tout

nul·punt *het (graduation)* zéro *(aussi au fig.)*

num·mer *het (-s)* **1** numéro; **een ~ draaien** composer un numéro; **~ één van de klas zijn** être le premier, la première de (la) classe; *(iron.)* **~ honderd** le cent; **schrijven onder ~ x** écrire sous la référence x **2** chanson ♦ **iem op zijn ~ zetten** remettre qn à sa place

num·mer·bord *het (-en)* → **nummerplaat**

num·me·ren *vt (h. genummerd)* numéroter

num·me·ring *nf (-en)* **1** numérotation **2** pagination

num·mer|plaat *de (-platen)* plaque d'immatriculation

num·mer·tje *het (-s)* **1** numéro (d'ordre) *(dans un magasin)* **2** (bel) exemple; **een ~ weggeven** faire son (petit) numéro ♦ *(fam.)* **een ~ maken** faire une partie de jambes en l'air

nut *het* **1** utilité; **zich iets ten ~te maken** profiter de qch; **ik zie er het ~ niet van in** je n'en vois pas l'intérêt **2** usage

nut·te|loos *adj, adv (-lozer, meest n.)* inutile(ment)

nut·tig *adj, adv* utile (à, de), utilement

nut·ti·gen *vt (h. genuttigd) (form.) (nourriture)* consommer

nv *nf naamloze vennootschap* S.A.

N.W. *noordwest(en)* N-O

ny·lon [nɛilɔn] *adj* de nylon; **de ~** le bas (de) nylon

O

o *interj* oh!; **o ja?** ah oui?; **o jee!** oh là là!
o. *onzijdig* n.
O. *oost(en)* E.
o.a. *onder andere(n)* e.a.
oa·se *nf (-s)* oasis
O-be·nen *plur* jambes arquées
ober *nm (-s)* garçon *(dans cafés, restaurants)*
ob·ject *het (-en)* objet *(choses, personnes)*
obli·gaat *adj, adv* obligé, obligatoirement
ob·sta·kel *het (-s)* obstacle; **een ~ nemen** franchir un obstacle
ob·sti|naat *adj (-nater, meest o.)* obstiné
oce·aan *nm (oceanen)* océan; **de Grote, Stille Oceaan** l'océan Pacifique
och *interj* ah!; **~ gut!** oh! mon Dieu!; **~ kom!** à d'autres!
och·tend *nm (-en)* matin; **'s ~s** le matin; **van de vroege ~ tot de late avond** du matin au soir
***och·tend-** du matin; **het ochtendblad** le journal du matin
och·tend·glo·ren *het (form.)* aube
och·tend·hu·meur *het* mauvaise humeur au réveil; **vandaag heeft hij een ~** ce matin il s'est levé du pied gauche
och·tend·jas *de (-sen)* peignoir
och·tend·mens *de (-en)* personne matinale
och·tend·sche·me·ring *nf* aube
oc·to·pus *nm (-sen)* pieuvre
oc·trooi *het (-en)* brevet d'invention; **~ aanvragen** déposer un brevet
oc·trooi·recht *het* droit de la propriété intellectuelle et industrielle
ode *de (-n, -s)* ode *(poème lyrique)*; **een ~ aan iem** un hymne à (la gloire de) qn
oe·cu·me·ne [œykymenə, økymenə] *de* œcuménisme
oef *interj* ouf!
***oe·fen-** d'entraînement
oe·fe·nen[1] *vt (h. geoefend)* **1** exercer; **kinderen ~ in het lezen** former des enfants à la lecture **2** mettre en pratique; **geduld ~** prendre patience
oe·fe·nen[2] *vi (h. geoefend)* s'entraîner
oe·fe·ning *nf (-en)* exercice; *(prov)* **~ baart kunst** c'est en forgeant qu'on devient forgeron
oe·fen·stof *de (-fen) (enseign.)* exercices
oe·fen·the·ra|peut *nm (-en)*, **-peute** *nf (-s, -n)* kinésithérapeute
oe·hoe *interj (pour attirer l'attention)* hé!
oei *interj* ouïe!
oe·le·wap·per *nm (-s)*, **oen** *nm (-en) (péj.; fam.)* nouille
oe·nig *adj, adv (fam.)* bête(ment)
O en W *het (ministerie van) Onderwijs en Wetenschappen* Ministère de l'Education nationale et de la Recherche scientifique
***oer-** **1** primitif; **de oermens** l'homme primitif **2** *(fam.)* archi-; **oerdegelijk** archisolide
oer|ex·plo·sie *nf*, **-knal** *nm* big(-)bang
oer·ge·zel·lig *adj, adv (fam.)* plein d'ambiance, avec beaucoup d'ambiance
oer·oud *adj* immémorial; **in ~e tijden** aux temps les plus reculés
oer·tijd *nm (-en)* origine des temps; *(fig.)* **iem uit de ~** qn de préhistorique
oer·vorm *nm (-en)* archétype
oer·woud *het (-en)* **1** forêt vierge **2** *(fig.)* forêt
oes·ter *de (-s)* huître
oes·ter·zwam *de (-men)* pleurote
oe·ver *nm (-s)* bord; **buiten zijn ~s treden** sortir de son lit
oe·ver·loos *adj* sans fin
of *conj* **1** *(opposition)* ou; **niet meer of minder** ni plus ni moins; **hij komt niet of het moet dringend zijn** il ne viendra pas, à moins que ce ne soit urgent; **je moet het doen, of je wilt of niet** tu devras le faire, que tu le veuilles ou non **2** ou bien **3** que; **hou op of ik krijg de slappe lach** arrête, sinon je crève; **nauwelijks was hij in slaap gevallen of hij begon te snurken** à peine endormi il se mit à ronfler; **ik weet niet beter of hij is springlevend** il est bien vivant que je sache **4** *(concession)* avoir beau; **of je roept en schreeuwt, ik doe toch niet open** tu as beau crier et hurler, je ne te laisserai pas entrer **5** comme si; **eruitzien of** avoir l'air de; **of jij nooit eens**

een fout maakt comme si toi, tu ne faisais jamais de faute **6** *(question indirecte)* si **7** *(renforcement)* et comment; **kom je ook? en of!** tu viendras aussi? et comment! ♦ **een man of acht** environ huit personnes; **een stuk of twintig (boeken)** une vingtaine (de livres); **een dag of wat** quelques jours
of·fer *het (-s)* sacrifice; **~s brengen voor iets** faire des sacrifices pour qch; **zich grote ~s getroosten** faire de grands sacrifices; **ten ~ vallen aan** être victime de
of·fe·ran·de *de (-n)* **1** offrande **2** sacrifice **3** *(cathol.)* offertoire
of·fe·ren *vt (h. geofferd)* sacrifier
of·fer·ga·ve *de (-n)* offrande
of·fer·te *de (-s) (commerce)* offre
of·fer·vaar·dig *adj* qui a l'esprit de sacrifice
of·fi·cier *nm (-en) (milit.; jur.; mar. etc.)* officier; ~ **van justitie** procureur (de la République)
of·schoon *conj (form.)* quoique
of·te *conj* ♦ **nooit ~ nimmer** au grand jamais
of·te·wel *conj (form.)* ou (bien)
ogen *vi (h. geoogd)* **1** aller (à qn) *(de vêtements)* **2** ressembler (à); **opa oogt nog jong** grand-père paraît encore jeune
ogen·blik *het (-ken)* moment; **hij kan elk, ieder ~ aankomen** il peut arriver d'un moment à l'autre; **geen ~ vrij hebben** ne pas avoir un moment à soi; **in een ~** en un clin d'œil; **in een onbewaakt ~** dans un moment d'inattention; **op een ongelukkig ~ aankomen** arriver à contretemps; **op dat ~** à ce moment-là; **juist op het ~ dat** à l'instant (même) où
ogen·blik·ke·lijk *adj, adv* immédiat(ement)
ogen·schijn·lijk *adj, adv* apparent, apparemment
ogen·schouw ♦ **iets in ~ nemen** considérer qch
o.g.v. *op grond van* à cause de
o.i. *onzes inziens* à notre avis
o.i.d. *of iets dergelijks* ou qch dans ce genre-là
oio *nm (-'s) onderzoeker in opleiding* chercheur en formation
oker *nm (-s)* ocre
oki·do *interj (fam.)* d'acc.!
ok·sel *nm (-s)* aisselle
ok·to·ber *nm (-s)* octobre
old·ti·mer [ɔltajmər] *nm (-s)* voiture ancienne
ole·an·der *nm (-s)* laurier(-)rose
olie *de (oliën)* **1** huile; *(prov)* **~ drijft boven** la vérité comme l'huile vient au-dessus; *(fig.)* **~ op de golven gieten** mettre de l'huile dans les rouages **2** pétrole; **naar ~ boren** faire de la prospection pétrolière; **met ~ besmeurde vogels** des oiseaux mazoutés **3** *(plur.)* actions pétrolières
***olie-** **1** pétrolier; **de olie-industrie** l'industrie pétrolière **2** à huile; **de olielamp** la lampe à huile
olie·ach·tig *adj* huileux
olie·ba·ron *nm (-nen)* pétrolier
olie·bol *nm (-len)* **1** *(cuis.)* beignet soufflé, *(Belg.)* croustillon **2** *(fam.)* bêta, -asse
olie·dom *adj, adv* bête comme ses pieds, bêtement
olie·hou·dend *adj* oléagineux
olie·land *het (-en)* → **oliestaat**
oli·ën *vt (h. geolied)* huiler
olie|noot *nm (-noten)* cacahuète
olie·sel *het (cathol.)* ♦ **het heilig ~ toedienen** administrer l'extrême-onction, le sacrement des malades
olie|staat *nm (-staten)* pays producteur de pétrole
olie·vlek *de (-ken)* **1** nappe de pétrole **2** *(fig.)* tache d'huile
oli·fant *nm (-en)* éléphant
olijf *de (olijven)* olive
Olijf·berg *nm* mont des Oliviers
olijf|boom *nm (-bomen)* olivier
olijk *adj, adv (form.)* mutin, avec espièglerie
olm *nm (-en)* orme
o.l.v. *onder leiding van* sous la direction de
O.L.V. *Onze-Lieve-Vrouw* N-D
om[1] *adj, adv* pour; **waar gaat het om?** de quoi s'agit-il? ♦ **dat gaat buiten hem om** cela se passe à son insu; **om en om** alternativement; **toen we de hoek om kwamen** après avoir tourné le coin de la rue, nous ...; **het uur is om** l'heure est passée; **als de week om is** à la fin de la semaine; **dat is minstens een kwartier om** c'est un détour d'au moins un quart d'heure; **de dagen zijn zo gauw om** les journées passent vite
om[2] *prép* **1** autour de **2** tout près; **om de hoek** (juste) après le coin **3** vers; **om en (na)bij drie jaar** environ trois ans; **om een uur of negen** vers neuf heures **4** *(heure)* à **5** tous, toutes les; **om de andere dag** tous les deux jours **6** pour; **het is om de zaak, niet om de persoon te doen** il s'agit de l'affaire, non de la personne; **het is mij te doen om ...** je cherche à
o.m. *onder meer* e.a.
OM *het Openbaar Ministerie* ministère public
oma *nf (-'s)* grand-mère
om·ar·men *vt (h. omarmd)* **1** embrasser **2** épouser
om·ar·ming *nf (-en)* enlacement
om·bin·den *vt (h. omgebonden)* nouer (qch) (autour de)
om·bla·zen *vt (h. omgeblazen)* renverser (d'un souffle, en soufflant)
om·bou·wen *vt (h. omgebouwd)* transformer *(une construction)*
om·bren·gen *vt (h. omgebracht)* tuer; **elkaar** ~ s'entre-tuer
om·bui·gen[1] *vti (h./i. omgebogen)* **1** infléchir **2** économiser **3** courber
om·bui·gen[2] *vi (h./i. omgebogen)* se courber *(choses, matières)*
om·bui·ging *nf (-en)* **1** courbure **2** fléchissement **3** *(euph.)* mesure d'austérité
om·cir·ke·len *vt (h. omcirkeld)* encercler

om·dat *conj* parce que; **dat komt ~ hij ziek werd** c'est (parce) qu'il est tombé malade
om·doen *vt (h. omgedaan)* mettre *(autour du cou, des épaules, du corps)*
om·do·pen *vt (h. omgedoopt)* rebaptiser
om·draai·en *vti (h./i. omgedraaid)* tourner; **iemands arm ~** tordre le bras à qn; **een plaat ~** retourner un disque; **de volgorde ~** inverser l'ordre; **de zaak ~** dénaturer les faits; **zich ~** se retourner; **hij is plotseling omgedraaid** il s'est soudainement ravisé; **bij het zien van de drukte zijn we omgedraaid** en voyant la cohue nous avons fait demi-tour
omen *het (omina)* présage
om·gaan *vi (h./i. omgegaan)* **1** tourner (autour de); **de bocht ~** prendre le virage; **een heel eind ~** faire un grand détour; **wat gaat er in hem om?** qu'est-ce qui se passe en lui?; **een straatje ~** (aller) faire un tour; **er gaat daar heel wat om** il s'y passe toutes sortes de choses **2** passer *(du temps)* **3** *(+ met)* fréquenter (qn); **zij kan goed met kinderen ~** elle s'y prend bien avec les enfants; **vriendschappelijk met iem ~** entretenir des rapports d'amitié avec qn **4** *(+ met)* manier **5** tomber par terre **6** se raviser
om·gaand *adj, adv* ♦ **~ doe ik u toekomen ...** par retour du courrier je vous fais parvenir ...; **per ~e antwoorden** répondre (à qn) par retour du courrier
om·gaf, omgaven → **omgeven**
om·gang *nm* **1** fréquentation; **~ hebben met iem** fréquenter qn, être (intimement) lié avec qn; **gemakkelijk in de ~** sociable **2** galerie *(d'une tour)* **3** *(Belg.)* défilé
om·gangs·re·ge·ling *nf (-en)* règlement du droit de visite
om·gangs·taal *de* langue usuelle
om·gangs·vor·men *plur* formes; **geen goede ~ hebben** manquer de savoir-vivre
om·ge·keerd *adj, adv* **1** (à l')inverse **2** inverse(ment); **zij gedroeg zich juist ~** elle a fait tout le contraire; **het ~e van** le contraire de
om·ge·le·gen *adj* → **omliggend**
om·ge·ven *vt (h. omgeven)* entourer; **zich ~ met** s'entourer de
om·ge·ving *nf* **1** entourage; **in mijn naaste ~** dans mon entourage immédiat; **in een ongunstige ~ leven** vivre dans un milieu hostile **2** environs; **een groene ~** un cadre de verdure; **nergens in de wijde ~** nulle part aux alentours (les plus éloignés)
om·gooi·en *vt (h. omgegooid)* **1** renverser **2** jeter sur ses épaules **3** *(fam.)* bouleverser
om|haal *nm (-halen)* **1** façons; **~ maken** faire du zèle **2** détours; **met een grote ~ van woorden** à grand renfort de circonlocutions
om·hak·ken *vt (h. omgehakt)* abattre *(arbres)*
om·ha·len *vt (h. omgehaald)* **1** abattre **2** *(sports)* faire un ciseau arrière **3** retourner *(de terre)* **4** *(Belg.)* collecter
om·ha·ling *nf (-en) (Belg.)* collecte
om·han·gen[1] *vt (h. omhangen)* draper
om·han·gen[2] *vt (h. omgehangen)* envelopper (qn) (de) *(mettre autour du cou, des épaules)*
om·heb·ben *vt (h. omgehad)* porter *(des vêtements)*
om·heen *adv* (tout) autour; *(fig.)* **ergens ~ draaien** tourner autour du pot; *(fig.)* **ergens niet ~ kunnen** ne pas pouvoir passer à côté de qch
om·hei·nen *vt (h. omheind)* clôturer
om·hel·zen *vt (h. omhelsd)* embrasser *(aussi au fig.)*
om·hel·zing *nf (-en)* enlacement
om·hing, omhingen → **omhangen**[1]
om·hoog *adv* **1** en hauteur **2** en haut
om·hoog·drij·ven[1] *vt (h./i. omhooggedreven)* faire monter
om·hoog·drij·ven[2] *vi (h./i. omhooggedreven)* (re)monter
om·hoog·gaan *vi (i. omhooggegaan)* monter
om·hoog·ko·men *vi (i. omhooggekomen)* **1** se lever; **de melk komt omhoog** le lait monte **2** *(fig.)* s'élever
om·hoog·schie·ten[1] *vi (h./i. omhooggeschoten)* **1** pousser vite **2** s'élancer (vers le haut); **de prijzen schieten omhoog** les prix montent en flèche
om·hoog·schie·ten[2] *vti (h./i. omhooggeschoten)* tirer (en l'air) *(fusil)*
om·hoog·ste·ken[1] *vt (h. omhooggestoken)* lever *(bras, la main)*
om·hoog·ste·ken[2] *vi (h. omhooggestoken)* se dresser
om·hoog·til·len *vt (h. omhooggetild)* **1** *(sens pr.)* soulever **2** *(fig.)* relever
om·hoog·val·len *vi (i. omhooggevallen)* *(iron.)* monter en grade par manque de poids
om·hoog·vlie·gen *vi (i. omhooggevlogen)* s'envoler; **de prijzen vliegen omhoog** les prix montent en flèche
om·hoog·wer·ken *vpr (zich ~; h. zich omhooggewerkt)* **1** *(sens pr.)* se hisser **2** *(fig.)* s'élever (par son travail)
om·hoog·zit·ten *vi (h. omhooggezeten)* avoir des difficultés
om·hul·len *vt (h. omhuld)* envelopper
om·hul·sel *het (-s)* enveloppe; *(litt.)* **het stoffelijk ~** l'enveloppe terrestre, la dépouille mortelle
om·kan·te·len[1] *vi (h./i. omgekanteld)* se renverser *(choses)*
om·kan·te·len[2] *vt (h./i. omgekanteld)* renverser *(choses)*
om·kap·pen *vt (h. omgekapt)* → **omhakken**
om·keer·baar *adj* réversible
om·ke·ren[1] *vt (h./i. omgekeerd)* **1** retourner; **de woordvolgorde ~** inverser l'ordre des mots **2** renverser *(situations)*
om·ke·ren[2] *vi (h./i. omgekeerd)* **1** faire demi-tour **2** virer de bord *(fig.)*
om·ke·ring *nf (-en)* inversion

om·kie·pen *vti (h./i. omgekiept) (fam.)* (faire) basculer

om·kie·pe·ren[1] *vt (h./i. omgekieperd)* flanquer par terre

om·kie·pe·ren[2] *vi (h./i. omgekieperd)* dégringoler

om·kij·ken *vi (h. omgekeken)* **1** tourner la tête **2** *(+ naar)* s'occuper (de qn, qch); **ik heb er geen ~ aan** je n'ai pas besoin de m'en occuper **3** *(+ naar)* chercher

om·kle·den[1] *vt (h./i. omkleed)* revêtir (de) *(abstr.)*; **de harde waarheid tactvol ~** choisir ses mots pour dire la vérité

om·kle·den[2] *vt (h./i. omgekleed)* changer *(de vêtements)*

om·klem·men *vt (h. omklemd)*, **omknellen** *vt (h. omkneld)* étreindre

om·kno·pen *vt (h. omgeknoopt)* nouer

om·ko·men *vi (i. omgekomen)* **1** mourir **2** tourner *(le coin de la rue)* **3** s'écouler *(du temps)*; **hoe komt die tijd om!** le temps me semble long

om·koop·baar *adj* vénal

om·ko·pen *vt (h. omgekocht) (péj.)* acheter *(corrompre)*; **getuigen ~** suborner des témoins

om·ko·per *nm (-s)* corrupteur

om·ko·pe·rij, omkoping *nf* corruption

om·krui·pen *vi (h./i. omgekropen)* se traîner *(temps)*

om·krul·len[1] *vi (h./i. omgekruld)* se recourber

om·krul·len[2] *vt (h./i. omgekruld)* recourber

om·laag *adv* en bas *(direction)*; **het werkloosheidscijfer moet ~** le taux de chômage doit baisser

om·laag·gaan *vi (i. omlaaggegaan)* descendre

om·laag·ha·len *vt (h. omlaaggehaald)* abaisser *(aussi au fig.)*; **iemands reputatie ~** défaire la réputation de qn

om·leg·gen *vt (h. omgelegd)* **1** entourer (de) **2** (re)tourner **3** détourner **4** descendre

om·lei·den *vt (h. omgeleid)* dévier

om·lig·gend *adj* environnant

om·lijnd *adj* **1** précis; **duidelijk ~e ideeën** idées claires et précises **2** aux contours nets

om·lij·nen *vt (h. omlijnd)* délimiter, tracer une ligne autour de

om·lijs·ten *vt (h. omlijst)* encadrer

om·lijs·ting *nf (-en)* **1** cadre **2** encadrement

om|loop *nm (-lopen)* **1** circulation; **niet meer in ~ zijn** ne plus avoir cours; **tegenstrijdige berichten in ~ brengen** répandre des informations contradictoires **2** *(planète)* tour **3** *(d'une tour)* galerie **4** *(Belg.)* course cycliste

om·lo·pen *vi (h./i. omgelopen)* **1** faire le tour de **2** faire un (petit) tour **3** faire un détour **4** entourer

om·me·keer *nm* retournement; **een ~ in haar leven** un bouleversement dans sa vie

om·me·tje *het (-s) (fam.)* (petit) tour

om·me·zien *het* ♦ **in een ~** en un clin d'œil

om·me·zij·de *de (-n)* verso; **zie ~** voir au verso

om·me·zwaai *nm (-en)* revirement

om·mu·ren *vt (h. ommuurd)* murer

om·ni·um·ver·ze·ke·ring *nf (-en) (Belg.)* assurance tous risques

om·ploe·gen *vt (h. omgeploegd)* labourer

om·pra·ten *vt (h. omgepraat)* faire changer d'avis

om·ran·den *vt (h. omrand)* border (de); **rood omrande ogen** des yeux rougis

om·ras·te·ren *vt (h. omrasterd)* entourer d'une palissade, d'un grillage

om·re·ke·nen *vt (h. omgerekend)* convertir

om·rij·den[1] *vi (h./i. omgereden)* **1** faire un détour (en voiture) **2** faire le tour (de)

om·rij·den[2] *vt (h./i. omgereden)* renverser *(en voiture, en vélo)*

om·rin·gen *vt (h. omringd)* entourer (de)

om·roep *nm (-en)* **1** radiotélévision **2** association assurant des programmes de radiotélévision

om·roe·pen *vt (h. omgeroepen)* **1** diffuser *(radio, télévision)* **2** appeler (par hautparleur)

om·roe·per *nm (-s)*, **omroepster** *nf (-s)* présentateur, -trice, speaker, -erine

om·roe·ren *vt (h. omgeroerd)* remuer

om·rol·len *vt (h. omgerold)* **1** renverser **2** rouler

om·rui·len *vti (h. omgeruild)* échanger (contre)

om·scha·ke·len *vti (h./i. omgeschakeld)* **1** commuter, *(électricité)* inverser **2** convertir

om·scha·ke·ling *nf (-en)* réorientation, *(courant)* inversion, *(écon.)* conversion

om·scho·len *vt (h. omgeschoold)* recycler *(éducation)*

om·schop·pen *vt (h. omgeschopt)* renverser d'un coup de pied, à coups de pied

om·schreef, omschreven → **omschrijven**

om·schrij·ven *vt (h. omschreven)* définir

om·schrij·ving *nf (-en)* définition; **ter ~** à titre de précision

om·sin·ge·len *vt (h. omsingeld)* encercler

om·slaan[1] *vt (h./i. omgeslagen)* **1** renverser **2** rabattre **3** tourner *(page)* **4** répartir (entre); **de onkosten hoofdelijk ~** répartir les frais entre les participants **5** jeter sur les épaules *(vêtement)* **6** *(Belg.)* se fouler

om·slaan[2] *vi (h./i. omgeslagen)* **1** tourner *(le coin etc.)* **2** changer brusquement **3** se renverser

om·slach·tig *adj, adv* (d'une façon) compliqué(e)

om·slag[1] *nm (-en)* **1** changement brusque **2** façons **3** détour

om·slag[2] *het/de (-en)* **1** *(objet, vêtement)* revers **2** couverture *(livre, magazine)* **3** chemise **4** enveloppe

om·slag·doek *nm (-en)* châle
om·sloot, omsloten → **omsluiten**
om·slui·e·ren *vt (h. omsluierd)* voiler *(aussi au fig.)*
om·slui·ten *vt (h. omsloten)* **1** entourer **2** renfermer **3** enserrer
om·smij·ten *vt (h. omgesmeten)* renverser (violemment)
om·span·nen *vt (h. omspannen)* entourer (de)
om·spe·len *vt (h. omspeeld)* dribbler
om·spit·ten *vt (h. omgespit)* bêcher *(terre)*
om·spoe·len[1] *vt (h. omspoeld)* baigner (dans); **het water omspoelde de caravan** la caravane baignait dans l'eau
om·spoe·len[2] *vt (h. omgespoeld)* rincer
om·sprin·gen *vi (h./i. omgesprongen) (+ met)* se servir (de), *(personnes)* se conduire (avec)
om·stan·der *nm (-s)* personne présente
om·stan·dig *adj, adv* détaillé, en détail
om·stan·dig|heid *nf (-heden)* **1** circonstance; **zij bevindt zich in de gelukkige ~ dat ...** elle a la chance de ...; **naar omstandigheden** compte tenu des circonstances; **behoudens onvoorziene omstandigheden** sauf imprévu; **wegens omstandigheden te koop** à vendre pour des raisons de convenance personnelle **2** profusion de détails
om·sto·ten *vt (h. omgestoten)* renverser
om·stre·den *adj (meer o., meest o.)* controversé
om·streeks[1] *adv* environ
om·streeks[2] *prép* vers
om·stre·ken *plur* environs; **in H. en ~** dans la région de H.
om·stren·ge·len *vt (h. omstrengeld)* enlacer
om·trek *nm (-ken)* **1** contour **2** *(math.)* périmètre **3** alentours; **personen uit de ~** gens du voisinage
om·trek·ken *vt (h./i. omgetrokken)* **1** renverser (en tirant) **2** tracer les contours de **3** contourner
om·trent[1] *adv* à peu près
om·trent[2] *prép* **1** vers **2** concernant **3** près de
om·tur·nen *vt (h. omgeturnd)* faire changer d'opinion; **zich laten ~ door zijn omgeving** changer d'avis sous l'influence de son entourage
om·val·len *vi (i. omgevallen)* tomber; **~ van verbazing** *(fig.)* tomber à la renverse
om·vang *nm* **1** tour **2** ampleur **3** étendue
om·vang·rijk *adj* étendu
om·vat·ten *vt (h. omvat)* **1** entourer **2** comprendre
om·ver *adv* à, par terre
om·ver·du·wen *vt (h. omvergeduwd)* renverser *(en poussant)*
om·ver·gooi·en *vt (h. omvergegooid)* **1** *(aussi au fig.)* renverser **2** faire échouer
om·ver·lo·pen *vt (h. omvergelopen)* renverser
om·ver·rij·den *vt (h. omvergereden)* renverser *(en voiture, en vélo)*
om·ver·trek·ken *vt (h. omvergetrokken)* renverser
om·ver·wer·pen *vt (h. omvergeworpen)* **1** *(aussi au fig.)* renverser **2** réfuter
om·vlie·gen *vi (i. omgevlogen)* **1** tourner à grande vitesse **2** *(temps)* passer vite
om·vor·men *vt (h. omgevormd)* transformer
om·vou·wen *vt (h. omgevouwen)* faire un pli à
om·waai·en[1] *vi (h./i. omgewaaid)* **1** être balayé par le vent **2** être renversé par le vent
om·waai·en[2] *vt (h./i. omgewaaid)* renverser
om·weg *nm (-en)* **1** détour **2** circonlocution; **iets zonder ~en zeggen** dire qch sans ambages
om·wen·te·len[1] *vi (h./i. omgewenteld)* tourner
om·wen·te·len[2] *vt (h./i. omgewenteld)* **1** faire tourner **2** inverser
om·wen·te·ling *nf (-en)* **1** tour **2** *(math.)* rotation **3** révolution
***om·wen·te·lings-** de rotation
om·wer·ken *vt (h. omgewerkt)* **1** remanier **2** remuer
om·wil·le *(form.)* ♦ ~ **van** pour
om·wis·se·len[1] *vt (h. omgewisseld)* (é)changer (contre)
om·wis·se·len[2] *vi (h. omgewisseld)* changer de place
om·wo·nend *adj* voisin
om·za·gen *vt (h. omgezaagd)* scier
om·zei·len[1] *vt (h. omzeild)* contourner *(fig.)*
om·zei·len[2] *vi (h./i. omgezeild)* **1** doubler *(à la voile)* **2** naviguer
om·zet *nm (-ten)* **1** volume des affaires **2** chiffre (d'affaires)
om·zet·ten *vt (h. omgezet)* **1** intervertir **2** manœuvrer **3** déplacer **4** vendre; **een miljoen ~** réaliser un chiffre d'affaires d'un million **5** transformer (en); **zijn beloften in daden ~** mettre ses promesses en pratique; **een straf ~** commuer une peine **6** *(mus.)* transposer
om·zich·tig *adj, adv* (avec) circonspect(ion)
om·zich·tig·heid *nf* circonspection
om·zien *vi (h. omgezien)* **1** se retourner **2** *(+ naar)* s'occuper (de) **3** *(+ naar)* chercher
om·zwer·ving *nf (-en)* **1** pérégrination **2** vagabondage
on·aan·ge·daan *adj* → **onberoerd 1**
on·aan·ge·kon·digd, -gemeld *adj* non annoncé
on·aan·ge|naam *adj, adv (-namer, -naamst)* désagréable(ment); **een ~ karakter** un sale caractère
on·aan·ge·raakt, -geroerd *adj* intact; **iets ~ laten** *(sens pr.)* ne pas toucher à qch, *(fig.)* passer qch sous silence
on·aan·ge·tast *adj* **1** intact **2** non attaqué

on·aan·ne·me·lijk *adj* **1** invraisemblable **2** inacceptable
on·aan·spra·ke·lijk *adj* non responsable
on·aan·tast|baar *adj (-baarder, -baarst)* **1** intangible **2** inattaquable, *(personnes)* incorruptible
on·aan·trek·ke·lijk *adj* disgracieux
on·aan·vaard|baar *adj (-baarder, -baarst)* inacceptable
on·aan·zien·lijk *adj, adv* humble(ment); **een ~ mannetje** un homme insignifiant; **voor een niet-onaanzienlijk bedrag** pour une somme coquette; **er ~ uitzien** ne pas payer de mine
on·aar·dig *adj, adv* désagréable(ment) ♦ **niet ~** pas mal
on·acht|zaam *adj, adv (-zamer, -zaamst)* négligent, négligemment
on·acht·zaam·heid *nf* **1** inattention **2** négligence
on·af *adj* inachevé
on·af·ge·bro·ken *adj, adv* ininterrompu, sans interruption
on·af·ge·werkt *adj* inachevé
on·af·han·ke·lijk *adj, adv* indépendant, indépendamment
on·af·han·ke·lijk·heid *nf* indépendance
on·af·han·ke·lijk·heids·be·we·ging *nf (-en)* mouvement indépendantiste
on·af·scheid·baar, -scheidelijk *adj, adv* inséparable(ment); **zijn onafscheidbare sigaar** son éternel cigare
on·af·wend|baar *adj (-baarder, -baarst)* inéluctable
on·af·zien·baar *adj, adv* incommensurable(ment)
on·ap·pe·tij·te·lijk *adj, adv* (de façon) peu appétissant(e)
on·baat·zuch·tig *adj, adv* désintéressé, avec désintéressement
on·barm·har·tig *adj, adv* impitoyable(ment)
on·be·ant·woord *adj* resté sans réponse; **~e liefde** amour non partagé
on·be·bouwd *adj* **1** non bâti **2** non cultivé
on·be·daar·lijk *adj, adv* (de manière) incoercible
on·be·dacht|zaam *adj, adv (-zamer, -zaamst)* (de manière) irréfléchi(e); **een onbedachtzame opmerking** une remarque maladroite
on·be·dekt *adj, adv* **1** (à) découvert **2** franc, franchement
on·be·doeld *adj, adv* involontaire(ment)
on·be·dor·ven *adj* **1** intact; **een ~ voedingsmiddel** un produit alimentaire non avarié **2** innocent
on·be·dui·dend *adj* **1** insignifiant **2** banal
on·be·dwing|baar *adj (-baarder, -baarst)* irrésistible; **een onbedwingbare verlegenheid** une timidité insurmontable; **een onbedwingbare woede** une colère incoercible
on·be·gaan|baar *adj (-baarder, -baarst)* impraticable *(chemin)*
on·be·gon·nen *adj* irréalisable
on·be·grensd *adj* illimité
on·be·gre·pen *adj* incompris
on·be·grij·pe·lijk *adj, adv* **1** incompréhensible(ment) **2** (de façon) inexplicable **3** incroyable(ment)
on·be·grip *het* incompréhension
on·be·haag·lijk *adj* déplaisant; **een ~ gevoel** un sentiment de malaise
on·be·ha·gen *het* malaise *(fig.)*; **een algemeen gevoel van ~** un malaise général
on·be·heerd *adj* **1** abandonné *(biens)* **2** *(jur.)* en déshérence
on·be|heerst *adj, adv (-heerster, meest o.)* incontrôlé; **zijn ~e optreden** son comportement violent
on·be·hol|pen *adj, adv (-pener, meest o.)* **1** gauche(ment) *(fig.)*; **een ~ mannetje** un gros balourd **2** *(choses)* lourd(ement)
on·be·hoor·lijk *adj, adv* **1** (de manière) inconvenant(e) **2** *(heure)* indu, indûment
on·be·hou|wen *adj, adv (-wener, meest o.)* grossier, grossièrement; **wat een ~ lomperd!** quel mufle!
on·be·kend *adj* inconnu; **'t is u niet ~ dat ...** vous n'êtes pas sans savoir que ...; *(prov)* **~ maakt onbemind** on n'aime que ce qu'on connaît; **~ met iets zijn** ne pas être au courant de qch
on·be·kend·heid *nf* ignorance (de); **door ~ met de weg ben ik verdwaald** ne connaissant pas le chemin, je me suis perdu
on·be·kom·merd *adj, adv* insouciant, sans souci
on·be·krom|pen *adj, adv (-pener, meest o.)* **1** large d'esprit, avec un esprit large **2** généreux, généreusement
on·be|kwaam *adj (-kwamer, -kwaamst)* incapable; **een ~ ambtenaar** un fonctionnaire incompétent
on·be·lang·rijk *adj, adv* sans importance, de façon insignifiante
on·be·leefd *adj, adv* impoli(ment)
on·be·lem·merd *adj, adv* libre(ment)
on·be·mand *adj* **1** *(mar.)* sans équipage **2** *(aviat.)* sans pilote **3** *(astronaut.)* non habité
on·be·mid·deld *adj* sans ressources
on·be|mind *adj (-minder, meest o.)* impopulaire
on·be·nul *nm (-len) (d'une personne)* nullité; **wat een stuk ~!** quelle nullité!
on·be·nul·lig *adj, adv* **1** *(d'une personne)* nul, bêtement **2** *(d'une chose)* bêtifiant, stupidement
on·be·nul·lig|heid *nf (-heden)* **1** *(d'une personne)* bêtise **2** *(d'une chose)* insignifiance
on·be·paald *adj, adv* **1** illimité, indéfiniment **2** indéfini **3** vague(ment)
on·be·perkt *adj, adv* **1** illimité, à discrétion **2** *(fig.)* absolu(ment); **~e volmacht** pleins pouvoirs
on·be·perkt·heid *nf* **1** espace infini **2** caractère absolu

on·be·proefd *adj* **1** non expérimenté; **geen middel ~ laten om ...** ne négliger aucun moyen pour **2** non éprouvé

on·be·ra·den *adj, adv* étourdi(ment)

on·be·re·de·neerd *adj, adv* irraisonné, de façon inconsidérée

on·be·reik|baar *adj (-baarder, -baarst)* inaccessible; **een ~ ideaal** un idéal irréalisable

on·be·re·ken|baar *adj, adv (-baarder, -baarst)* **1** incalculable, démesurément; **van onberekenbare waarde** inestimable **2** (de manière) fantasque; **hij is ~** on ne peut pas compter sur lui

on·be·rijd·baar *adj* → **onbegaanbaar**

on·be·ris·pe·lijk *adj, adv* impeccable(ment)

on·be·roerd *adj, adv* **1** impassible(ment) **2** calme(ment)

on·be|schaafd *adj, adv (-schaafder, meest o.)* **1** *(peuples)* (de façon) barbare **2** grossier, grossièrement

on·be|schaamd *adj, adv (-schaamder, meest o.)* impertinent, impertinemment

on·be·schaamd·heid *nf* insolence

on·be·scha·digd *adj* **1** intact **2** indemne

on·be·schei|den *adj, adv (-dener, meest o.)* indiscret, indiscrètement

on·be|schermd *adj (-schermder, meest o.)* exposé; **iets ~ achterlaten** abandonner qch (à découvert)

on·be·schoft *adj, adv* → **onbeschaamd**

on·be·schre·ven *adj* blanc; *(fig.)* **een ~ blad papier** une feuille de papier vierge

on·be·schrij·fe·lijk *adj, adv* indescriptible(ment)

on·be|schroomd *adj, adv (-schroomder, meest o.)* assuré, avec assurance

on·be·schut *adj* → **onbeschermd**

on·be·sla·pen *adj* ♦ **het bed was ~** il, elle n'avait pas dormi dans son lit

on·be·slecht, onbeslist *adj* **1** indécis; **de wedstrijd bleef ~** la rencontre se solda par un match nul **2** incertain

on·be·speel·baar *adj (sports)* impraticable

on·be·spo·ten *adj* non traité

on·be·spro·ken *adj* **1** irréprochable **2** non discuté; **iets ~ laten** ne pas mettre qch en discussion **3** libre

on·be·staan·baar *adj* **1** impossible **2** *(jur.)* incompatible (avec)

on·be·stemd *adj* vague

on·be·sten·dig *adj* variable

on·be·stuur|baar *adj (-baarder, -baarst)* ingouvernable

on·be|suisd *adj, adv (-suisder, meest o.)* fougueux, fougueusement; **~e drift** colère aveugle

on·be·taal|baar *adj (-baarder, -baarst)* **1** qui ne peut être payé **2** inestimable **3** *(fig.)* impayable

on·be·taald *adj* impayé

on·be·ta·me·lijk *adj, adv* incorrect(ement); **hij vraagt ~ veel** il demande un prix indécent

on·be·te·ke·nend *adj* insignifiant

on·be·trouw|baar *adj (-baarder, -baarst)* douteux; **hij is ~** on ne peut pas se fier à lui

on·be·trouw·baar·heid *nf* caractère douteux

on·be·tuigd *adj* ♦ **zich niet ~ laten** payer de sa personne

on·be·twist *adj* incontesté

on·be·twist·baar *adj, adv* incontestable(ment)

on·be·vaar|baar *adj (-baarder, -baarst) (mar.)* qui n'est pas navigable

on·be|van·gen *adj, adv (-vangener, meest o.)* **1** naïf, naïvement **2** sans préjugés

on·be·van·gen·heid *nf* **1** candeur **2** impartialité

on·be·vlekt *adj* immaculé; **~ geweten** conscience nette

on·be·voegd *adj* incompétent, sans compétence; **~ tot iets** incompétent en matière de; **het ~ uitoefenen van de geneeskunde** l'exercice illégal de la médecine

on·be·voeg·de *nm (-n)* ♦ **geen toegang voor ~n** interdit au public

on·be·volkt *adj* inhabité

on·be·voor·oor·deeld *adj, adv* sans préjugés

on·be·vre·digd *adj* insatisfait

on·be·vre·di·gend *adj* non satisfaisant

on·be|vreesd *adj, adv (-vreesder, meest o.)* hardi(ment)

on·be·waakt *adj* non gardé

on·be·weeg·lijk *adj, adv* **1** inerte, sans bouger **2** inébranlable(ment) **3** *(fig.)* inflexible(ment)

on·be·weeg·lijk·heid *nf* **1** immobilité **2** *(fig.)* inflexibilité

on·be·werkt *adj* brut

on·be·we·zen *adj* non fondé

on·be·wo|gen *adj, adv (-gener, meest o.)* **1** immobile **2** impassible, imperturbablement

on·be·wolkt *adj* clair; **een ~e hemel** un ciel dégagé

on·be·woon|baar *adj (-baarder, -baarst)* inhabitable

on·be·woond *adj* **1** dépeuplé **2** inhabité

on·be|wust *adj, adv (-wuster, meest o.)* **1** inconscient, inconsciemment **2** involontaire(ment)

on·be·zet *adj* **1** inoccupé **2** vacant **3** non occupé *(par une armée)*

on·be·zon|nen *adj, adv (-nener, meest o.)* étourdi(ment)

on·be·zorgd *adj, adv* insouciant, avec insouciance

on·bil·lijk *adj, adv (form.)* injuste(ment)

on·brand·baar *adj* ininflammable

on·breek·baar *adj* **1** incassable **2** indestructible

on·bruik *het* désuétude; **in ~ raken** tomber en désuétude

on·bruik|baar *adj (-baarder, -baarst)* inutilisable

on·bruik·baar·heid *nf* **1** inaptitude **2** état défectueux

on·buig|baar *adj, adv (-baarder, -baarst),* **onbuig|zaam** *adj, adv (-zamer, -zaamst)* rigide, avec rigidité
on·chris·te·lijk *adj, adv* **1** (d'une manière) non chrétien(ne) **2** (d'une façon) peu chrétien(ne) **3** indu, indûment
on·con·tro·leer·baar *adj* incontrôlable
on·dank *nm* ingratitude; *(prov)* ~ **is 's werelds loon** le monde paie d'ingratitude
on·dank|baar *adj, adv (-baarder, -baarst)* **1** (avec) ingrat(itude) **2** aride *(tâche, besogne)*
on·danks *prép* **1** malgré **2** contre le gré de
on·deel·baar *adj, adv* **1** indivisible **2** infime, infiniment
on·de·fi·ni·eer·baar *adj* indéfinissable
on·de·mo·cra|tisch *adj (-tischer, meest o.)* antidémocratique
on·denk|baar *adj (-baarder, -baarst)* inconcevable; **het is niet ~ dat ...** il n'est pas impossible que ...
on·der[1] *adv* en bas (de); **hij dook kopje** ~ il piqua une tête; ~ **in de mand** au fond du panier; **iem van ~ tot boven opnemen** examiner qn des pieds à la tête ♦ **de zon is nog niet** ~ le soleil n'est pas encore couché; **ten ~ gaan** sombrer (dans la misère, le vice etc.)
on·der[2] *prép* **1** sous; ~ **iem staan** être sous les ordres de qn **2** parmi; ~ **meer** entre autres choses; ~ **ons** entre nous **3** pendant **4** moins de
on·der·aan *adv* au bas (de); ~ **de lijst staan** être placé en fin de liste; ~ **staan** être (classé) le dernier
on·der·aards *adj* souterrain ♦ **het ~e rijk** les enfers
on·der·af *adv (+ van)* d'en bas; **van ~ beginnen** commencer par le bas
on·der·arm *nm (-en)* avant-bras
on·der|baas *nm (-bazen)* contremaître
on·der|been *het (-benen)* jambe *(partie au-dessous du genou)*
on·der·be·licht *adj (phot.)* sous-exposé
on·der·be|wust *adj, adv (-wuster, meest o.)* subconscient, subconsciemment; **het ~e** l'inconscient
on·der·be·wust·zijn *het (psycho.)* inconscient
on·der·be·zet *adj* qui manque de personnel
on·der·bouw *nm* **1** *(archit.)* soubassement **2** *(enseign. primaire)* ± cours élémentaire, *(enseign. secondaire)* premier cycle
on·der·bou·wen *vt (h. onderbouwd)* étayer *(fig.)*
on·der·brak, onderbraken → **onderbreken**
on·der·bre·ken *vt (h. onderbroken)* interrompre
on·der·bre·king *nf (-en)* interruption; **zonder** ~ sans arrêt
on·der·bren·gen *vt (h. ondergebracht)* **1** héberger **2** rentrer
on·der·broek *de (-en)* **1** slip **2** caleçon
on·der·bro·ken → **onderbreken**
on·der·buik *nm (-en)* bas-ventre
on·der|daan *nm (-danen)* ressortissant
on·der·dak *het* gîte; **iem ~ geven, verlenen** loger qn; ~ **hebben** être logé
on·der·da·nig *adj, adv* **1** docile(ment) **2** servile(ment)
on·der|deel *het (-delen)* **1** partie; **onderdelen van een machine** pièces (détachées) d'une machine **2** *(milit.)* unité
on·der·deur·tje *het (-s) (péj.)* microbe
on·der·doen[1] *vi (h. ondergedaan) (+ voor)* ne pas égaler; **in niets voor iem** ~ ne le céder en rien à qn; **zij doen niet voor elkaar onder** ils se valent
on·der·doen[2] *vt (h. ondergedaan)* mettre (aux pieds)
on·der·dom·pe·len *vt (h. ondergedompeld)* immerger
on·der·door *adv* par en-dessous; *(fig.)* **hij ging eraan** ~ ça l'a complètement démoli
on·der·druk *nm (-ken)* tension (artérielle) minimale
on·der·druk·ken *vt (h. onderdrukt)* **1** opprimer **2** réprimer
on·der·dui·ken *vi (i. ondergedoken)* **1** se cacher **2** prendre le maquis **3** plonger (dans)
on·der·duims *adj, adv (Belg.)* sournois(ement)
on·der·du·wen *vt (h. ondergeduwd)* enfoncer sous l'eau
on·der·een *adv (Belg.)* pêle-mêle
on·de·ren *adv* **1** *(+ naar)* vers le bas **2** *(+ van)* (d')en bas; **een huis van boven tot ~ doorzoeken** fouiller une maison de fond en comble
on·der·gaan[1] *vt (h. ondergaan)* subir
on·der·gaan[2] *vi (i. ondergegaan)* **1** disparaître sous qch **2** se coucher *(soleil)* **3** sombrer
on·der·gang *nm* **1** déclin; **met ~ bedreigen** menacer ruine; **zijn ~ tegemoet gaan** courir à sa perte **2** chute; **de ~ van de zon** le coucher du soleil
on·der·ge·schikt *adj* **1** subordonné; **de ene zaak aan de andere ~ maken** subordonner une chose à une autre **2** secondaire
on·der·ge·schikt·heid *nf* **1** dépendance **2** subordination *(aussi milit.)*
on·der·ge·scho·ven *adj* faux
on·der·ge·te·ken·de *nm (-n)* **1** soussigné, -ée **2** je soussigné(e)
on·der·ging, ondergingen → **ondergaan[1]**
on·der·goed *het* sous-vêtements
on·der·gra·ven *vt (h. ondergraven)* **1** creuser **2** *(fig.)* saper
on·der·grond *nm (-en)* **1** *(fig.)* base **2** *(géo.)* sous-sol
on·der·gronds *adj* **1** souterrain; **de ~e** le métro **2** clandestin; **de ~e beweging** la Résistance
on·der·hand *adv* entre-temps
on·der·han·de·len *vi (h. onderhandeld)* négocier; **over iets** ~ négocier qch
on·der·han·de·ling *nf (-en)* négociation
on·der·hands *adj, adv* **1** secret, secrète-

ment; **iets ~ regelen** régler qch en sous-main **2** *(sports)* bas ♦ **~e koop** achat de gré à gré
on·der·ha·vig *adj* présent
on·der·he·vig *adj (+ aan)* sujet (à)
on·der·hield, onderhielden → **onderhouden[1]**
on·der·houd *het* **1** entretien *(maintenance; conversation)* **2** vie; **in zijn ~ voorzien** pourvoir à ses besoins
on·der·hou·den[1] *vt (h. onderhouden)* **1** entretenir; **een gezin ~** faire vivre une famille **2** observer **3** amuser
on·der·hou·den[2] *vpr (zich ~; h. zich onderhouden) (+ met)* s'entretenir (avec qn)
on·der·hou·dend *adj, adv* agréable(ment)
on·der·huid *de (-en) (biol.)* (hypo)derme
on·der·huids *adj, adv* **1** sous-cutané **2** *(fig.)* imperceptible(ment)
on·der·in *adv* au fond
on·der·jurk *de (-en)* combinaison
on·der|kaak *de (-kaken)* mâchoire inférieure
on·der·kant *nm (-en)* dessous
on·der·ken·nen *vt (h. onderkend)* reconnaître
on·der·kin *de (-nen)* double menton
on·der·kle·ding *nf* → **ondergoed**
on·der·koeld[1] *adj, adv* impassible, avec, de sang-froid
on·der·koeld[2] *adj (phys.)* surfondu
on·der·ko·men[1] *het (-s)* abri
on·der·ko·men[2] *adj (Belg.)* affaibli
on·der·ko·ning *nm (-en)* vice-roi
on·der·krui·per *nm (-s)* **1** gâcheur **2** jaune *(grève)*
on·der|laag *de (-lagen)* couche inférieure
on·der·legd *adj* instruit
on·der·leg·ger *nm (-s)* **1** dessous *(objet qui se place sous qch)* **2** sous-main
on·der·li|chaam *het (-chamen)* → **onderlijf**
on·der·lig·gend *adj (fig.)* sous-jacent
on·der|lijf *het (-lijven)* **1** partie inférieure du corps **2** bas-ventre
on·der·lij·nen *vt (h. onderlijnd)* souligner
on·der·ling *adj, adv* réciproque(ment); **iets ~ oplossen** résoudre qch entre soi; **~e strijd** lutte interne; **~ verwisselbaar** interchangeable
on·der·lip *de (-pen)* lèvre inférieure
on·der·lo·pen *vi (i. ondergelopen)* être inondé
on·der·maans *adj* terrestre; *(subst.)* **in dit ~e** en ce bas monde
on·der·maats *adj* **1** au-dessous du format exigé **2** médiocre
on·der·mij·nen *vt (h. ondermijnd)* → **ondergraven 2**
on·der·mij·nend *adj, adv* subversif, subversivement
on·der·mij·ning *nf* **1** ébranlement **2** minage
on·der·nam, ondernamen → **ondernemen**
on·der·ne·men *vt (h. ondernomen)* entreprendre; **pogingen ~** tenter; **~d zijn** avoir l'esprit d'entreprise
on·der·ne·ming *nf (-en)* entreprise
on·der·no·men → **ondernemen**
on·der·ons·je *het (-s)* **1** petit comité **2** aparté; **een ~ hebben** faire des messes basses
on·der·op *adv* (au-)dessous; **~ raken** perdre du terrain; **het initiatief moet van ~ komen** l'initiative doit venir de la base
on·der·pand *het (-en)* gage *(aussi au fig.)*; **~ geven** mettre en gage
on·der·pas·toor *nm (-s) (Belg.)* vicaire
on·der·richt *het* enseignement; **het ~ dat hij genoten heeft** l'instruction qu'il a reçue
on·der·rich·ten *vt (h. onderricht)* enseigner (qch à qn); **iem ~ in het lezen** apprendre à lire à qn
on·der·rok *nm (-ken)* jupon
on·der·schat·ten *vt (h. onderschat)* sous-estimer (qch, qn)
on·der·scheid *het* **1** distinction **2** discernement
on·der·schei·den[1] *vt (h. onderscheiden)* **1** distinguer; **echt van onecht (kunnen) ~** discerner le vrai du faux **2** décorer *(ordre, une décoration)*
on·der·schei·den[2] *vpr (zich ~; h. zich onderscheiden)* se distinguer
on·der·schei·ding *nf (-en)* distinction *(aussi Belg.; enseign.)*; **een ~ verlenen** décerner une décoration
on·der·schei·dings·ver·mo·gen *het* discernement
on·der·schep·pen *vt (h. onderschept)* intercepter
on·der·schik·king *nf (ling.)* subordination
on·der·schreef, onderschreven → **onderschrijven**
on·der·schrift *het (-en)* **1** légende **2** signature
on·der·schrij·ven *vt (h. onderschreven)* **1** approuver **2** signer
on·ders·hands *adv* **1** en secret **2** à l'amiable
on·der·spit *het* ♦ **het ~ delven** avoir le dessous
on·derst *adj* inférieur; **het ~e uit de kan willen hebben** vouloir l'impossible
on·der·staan *vi (h. ondergestaan)* être inondé
on·der·staand *adj* ci-dessous
on·der·ste·bo·ven *adv* **1** sens dessus dessous **2** *(fig.)* bouleversé
on·der·stel *het (-len)* châssis
on·der·steu·nen *vt (h. ondersteund)* soutenir *(aussi au fig.)*; **een voorstel ~** appuyer une proposition
on·der·steu·ning *nf* soutien *(aussi au fig.)*
on·der·stop·pen *vt (h. ondergestopt)* border *(dans un lit)*
on·der·stre·pen *vt (h. onderstreept)* souligner
on·der|stroom *nm (-stromen)* **1** courant sous-marin **2** *(fig.)* courant sous-jacent

on·der·stuk *het (-ken)* partie inférieure
on·der·te·ke·nen· *vt (h. ondertekend)* signer
on·der·te·ke·ning *nf (-en)* signature
on·der·ti·te·len *vt (h. ondertiteld)* sous-titrer
on·der|toon *nm (-tonen)* **1** *(fig.)* nuance **2** *(mus.)* harmonique inférieur
on·der·trouw *nm* publication des bans; **in** ~ **gaan** faire publier les bans
on·der·tus·sen *adv* **1** entre-temps **2** en attendant
on·der·uit *adv* **1** en dessous; **daar zul je niet** ~ **komen** tu n'y couperas pas; **er niet** ~ **kunnen** ne pas pouvoir y échapper **2** de dessous ♦ **even lekker** ~ **zakken** s'enfoncer confortablement dans son siège
on·der·uit·gaan *vi (i. onderuitgegaan) (fam.)* **1** tomber les quatre fers en l'air **2** tomber dans les pommes **3** *(sports)* aller au tapis **4** *(fig.)* se casser le nez
on·der·uit·ha·len *vt (h. onderuitgehaald)* **1** *(sports)* faucher **2** *(fig.)* battre; **hij werd volledig onderuitgehaald** on lui a fait casser le nez en beauté
on·der·van·gen *vt (h. ondervangen)* parer à
on·der·ver·de·len *vt (h. onderverdeeld)* subdiviser
on·der·vin·den *vt (h. ondervonden)* **1** éprouver **2** apprendre **3** recevoir *(de la sympathie etc.)*
on·der·vin·ding *nf (-en)* expérience
on·der·ving, ondervingen → **ondervangen**
on·der·voed *adj* sous-alimenté
on·der·vond, ondervonden → **ondervinden**
on·der·vraag·de *nm (-n)* personne interrogée
on·der·vra·gen *vt (h. ondervraagd)* interroger (qn)
on·der·vra·ging *nf (-en)* **1** interrogation **2** interrogatoire
on·der·vroeg, ondervroegen → **ondervragen**
on·der·waar·de·ren *vt (h. ondergewaardeerd)* sous-évaluer
on·der·wees, onderwezen → **onderwijzen**
on·der·weg *adv* **1** en cours de route **2** en route
on·der·we·reld *de* **1** Milieu **2** *(myth.)* enfers
on·der·werp *het (-en)* sujet *(aussi ling.)*
on·der·wer·pen *vt (h. onderworpen)* soumettre
on·der·wer·ping *nf (-en)* sujétion
on·der·wierp, onderwierpen → **onderwerpen**
on·der·wijl *adv (form.)* → **ondertussen 1**
on·der·wijs *het* enseignement; **bijzonder** ~ enseignement privé, *(Belg.)* enseignement libre; *(Belg.)* **buitengewoon** ~ enseignement spécial; ~ **genieten** suivre un enseignement; **hoger** ~ enseignement supérieur; **lager** ~ enseignement primaire; **middelbaar** ~ enseignement secondaire; **tertiair** ~ enseignement supérieur; **voorbereidend** ~ enseignement préélémentaire; **voorbereidend wetenschappelijk** ~ ± enseignement secondaire; **voortgezet** ~ enseignement secondaire; **algemeen vormend** ~ enseignement général; **het wetenschappelijk** ~ l'enseignement universitaire ♦ **zij zit op Onderwijs** elle est au ministère de l'Education nationale
on·der·wijs·be·voegd|heid *nf (-heden)* certificat d'aptitude pédagogique, *(Belg.)* agrégation
on·der·wijs·kracht *de (-en)* enseignant, -ante
on·der·wijs·kun·di·ge *de (-n)* pédagogue
on·der·wij·zen *vt (h. onderwezen)* enseigner (qch à qn)
on·der·wij|zer *nm (-s)*, **-zeres** *nf (-sen)* instituteur, -trice
on·der·wor·pen[1] → **onderwerpen**
on·der·wor|pen[2] *adj (-pener, meest o.)* **1** soumis **2** exposé (à)
on·der·wor·pen·heid *nf* soumission
on·der·zee|boot *de (-boten)*, **onderzeeër** *nm (-s) (mar.)* sous-marin
on·der·zet·ter *nm (-s)* **1** dessous-de-verre **2** dessous-de-plat
on·der·zij·de *de (-n)* dessous
on·der·zocht, onderzochten → **onderzoeken**
on·der·zoek *het* **1** examen *(aussi méd.)* **2** recherche; **op** ~ **uitgaan** entreprendre des recherches **3** *(jur.)* enquête; **een** ~ **instellen** ouvrir une enquête **4** audit
on·der·zoe·ken *vt (h. onderzocht)* examiner *(aussi méd.)*; **een ~de blik** un regard scrutateur
on·der|zoe·ker *nm (-s)*, **-zoekster** *nf (-s)* chercheur, -euse
on·der·zoeks·rech·ter *nm (-s) (Belg.; jur.)* juge d'instruction
on·des·kun·dig *adj* incompétent
on·deugd[1] *de (-en)* **1** vice **2** malice
on·deugd[2] *nm (-en)* polisson, -onne
on·deug·de·lijk *adj, adv* **1** défectueux, imparfaitement **2** fragile, peu solidement
on·deu·gend *adj, adv* **1** (d'une façon) insupportable **2** malicieux, malicieusement **3** (de façon) osé(e)
on·diep *adj* peu profond; **het ~e** *(piscine)* le petit bassin
on·dier *het (-en)* monstre
on·ding *het (-en)* camelote
on·doel·ma·tig *adj, adv* inefficace(ment)
on·doen·lijk *adj* infaisable
on·door|dacht *adj, adv (-dachter, meest o.)* irréfléchi, sans réfléchir
on·door·dring|baar *adj (-baarder, -baarst)* **1** impénétrable **2** opaque **3** imperméable
on·door·gron·de·lijk *adj* impénétrable *(fig.)*
on·door·schij·nend *adj* opaque

on·door·zich·tig *adj* **1** non transparent **2** *(fig.)* obscur
on·draag·lijk *adj, adv* insupportable(ment)
on·drink·baar *adj* imbuvable, *(eau)* non potable
on·dub·bel·zin·nig *adj, adv* explicite(ment)
on·dui·de·lijk *adj, adv* **1** imprécis, vaguement; **de situatie is** ~ la situation est confuse **2** indistinct(ement); ~ **schrijven** écrire de façon illisible **3** (de façon) équivoque
on·dui·de·lijk|heid *nf (-heden)* imprécision
on·duld·baar *adj* intolérable
on·echt *adj* **1** illégitime *(enfant);* **een** ~ **kind** un enfant naturel **2** faux
on·edel *adj, adv* ignoble(ment)
on·eens *adj* divisé; **het met iem** ~ **zijn over iets** être en désaccord avec qn sur qch
on·eer *de* déshonneur; **iem** ~ **aandoen** déshonorer qn
on·eer|baar *adj, adv (-baarder, -baarst)* indécent, indécemment
on·eer·bie·dig *adj, adv* irrespectueux, irrespectueusement
on·eer·lijk *adj, adv* malhonnête(ment)
on·eer·vol *adj, adv* sans honneur; **iem** ~ **ontslaan** licencier qn pour faute grave
on·eet·baar *adj* immangeable
on·ef·fen *adj* inégal
on·ei·gen·lijk *adj, adv* impropre(ment)
on·ein·dig *adj, adv* infini(ment)
on·ein·dig·heid *nf* **1** infini **2** éternité **3** infinité
on·enig *adj, adv* en désaccord
on·enig|heid *nf (-heden)* **1** désaccord **2** brouille; **in** ~ **leven** vivre en mauvais termes
on·er·va·ren *adj, adv* (d'une façon) inexpérimenté(e); ~ **zijn** manquer d'expérience
on·er·va·ren·heid *nf* inexpérience
on·es·the|tisch *adj (-tischer, meest o.)* inesthétique
on·even *adj, adv* impair
on·even·re·dig *adj, adv* disproportionné (de, avec qch), hors de proportion
on·even·re·dig·heid *adv* disproportion
on·even·wich·tig *adj* déséquilibré
on·fat·soen·lijk *adj, adv* **1** (d'une façon) inconvenant(e) **2** indécent, indécemment **3** excessivement
on·feil·baar *adj, adv* **1** (d'une façon) infaillible *(qui ne peut (se) tromper)* **2** immanquable(ment) **3** indéniable(ment)
on·for·tuin·lijk *adj, adv* malchanceux, d'une façon malchanceuse
on|fris *adj, adv (-frisser, meest o.)* **1** douteux; **er** ~ **uitzien** être d'une propreté douteuse **2** louche, douteusement
ong. *ongeveer* env.
on·gaar·ne *adv* à contrecœur; **niet** ~ bien volontiers
on·ge·acht *prép* malgré; ~ **hoeveel het inkomen bedraagt** quel que soit le revenu
on·ge·bon·den *adj* **1** libre *(sans obligations);* **de** ~ **landen** les pays non-alignés **2** *(édit.)* non relié **3** libertin
on·ge·bo·ren *adj* à naître
on·ge·brei·deld *adj, adv* sans frein *(fig.)*, sans retenue
on·ge·bro·ken *adj, adv* **1** intact **2** ininterrompu, sans interruption
on·ge·brui·ke·lijk *adj* **1** particulier **2** inaccoutumé **3** inusité
on·ge·bruikt *adj* **1** inutilisé **2** neuf
on·ge·com·pli·ceerd *adj, adv* simple(ment)
on·ge·con·tro·leerd *adj* **1** non contrôlé **2** incontrôlé; **in een** ~ **moment** impulsivement
on·ge·daan *adj* ♦ **iets** ~ **laten** ne pas faire qch; **niets** ~ **laten (om)** ne rien négliger (pour); **iets** ~ **maken** *(faute)* réparer qch, annuler qch
on·ge·da·teerd *adj* non daté
on·ge·deerd *adj* indemne
on·ge·dekt *adj, adv* **1** découvert **2** à découvert **3** *(milit.; sports)* découvert; **een** ~ **schaakstuk** une pièce (d'échecs) non protégée ♦ **de tafel is nog** ~ le couvert n'est pas encore mis
on·ge·dier·te *het* **1** vermine **2** animaux nuisibles
on·ge·dis·ci·pli·neerd *adj, adv* indiscipliné, sans discipline
on·ge·duld *het* impatience; **trappelen van** ~ brûler d'impatience
on·ge·dul·dig *adj, adv* impatient, impatiemment
on·ge·du·rig *adj, adv* agité, sans pouvoir tenir en place
on·ge|dwon·gen *adj, adv (-dwongener, meest o.)* **1** (avec) naturel; **een** ~ **gesprek** une conversation détendue **2** libre(ment); ~ **zal hij dat wel niet doen** il ne le fera sans doute pas de lui-même
on·ge·dwon·gen·heid *nf* aisance
on·ge·ëve·naard *adj, adv* inégalé, incomparablement; ~ **lage prijzen** prix exceptionnels
on·ge·fran·keerd *adj* non affranchi
on·ge·fun·deerd *adj* → **ongegrond 1**
on·ge·ge·neerd [ɔŋχəʒənert] *adj, adv* sans-gêne, sans se gêner
on·ge·grond *adj, adv* **1** sans fondement, sans raison **2** injuste(ment)
on·ge·hin·derd *adj, adv* tranquille(ment)
on·ge·hoord *adj, adv* **1** (de façon) inouï(e) **2** sans avoir été entendu
on·ge·hoor|zaam *adj (-zamer, -zaamst)* désobéissant (à)
on·ge·huwd *adj* célibataire; **een bewust** ~**e moeder** une mère volontairement célibataire; **de** ~**e staat** le célibat
on·gein *nm* fadaise
on·ge·ïn·te·res·seerd *adj, adv* indifférent, avec indifférence
on·ge·kend[1] *adj* inconnu; **dat is voor hen iets** ~**s** c'est du jamais vu pour eux
on·ge·kend[2] *adv* exceptionnellement
on·ge·kleed *adj* (tout) nu

on·ge·kookt *adj* cru
on·ge·kun·steld *adj, adv* → **ongedwongen 1**
on·gel·dig *adj* non valable
on·gel·dig·heid *nf* nullité
on·ge·le|gen *adj, adv (-gener, meest o.)* inopportun, à contre-temps; **komt het ~ als ik ...** cela vous dérange que ...; **dat komt niet ~** cela tombe plutôt bien
on·ge·let·terd *adj* illettré
on·ge·le·zen *adj* non lu
on·ge·lijk[1] *het* tort
on·ge·lijk[2] *adj, adv* inégal(ement)
on·ge·lijk·heid *nf* **1** inégalité **2** *(math.)* inéquation
on·ge·lijk·ma·tig *adj, adv* irrégulier, irrégulièrement
on·ge·lijk·soor·tig *adj* hétérogène
on·ge·lijk·vor·mig *adj* dissemblable
on·ge|likt *adj (-likter, meest o.)* grossier
on·ge·li·mi·teerd *adj, adv* illimité, infiniment
on·ge·lo·fe·lijk *adj, adv* incroyable(ment); **dat grenst aan het ~e** c'est presque incroyable
on·ge·lood *adj* sans plomb
on·ge·loof *het (aussi relig.)* incrédulité
on·ge·loof·waar·dig *adj* invraisemblable; **~e getuigen** témoins peu crédibles
on·ge·lo·vig *adj, adv* **1** incrédule, avec incrédulité **2** *(relig.)* incroyant
on·ge·luk *het (-ken)* **1** malheur **2** accident; *(euph.)* **een ~je hebben** s'oublier; **zich een ~ lachen** se tordre de rire; **zich een ~ sjouwen** s'épuiser à coltiner; *(prov)* **een ~ zit in een klein hoekje** un malheur est si vite arrivé
on·ge·luk·kig *adj, adv* **1** malheureux, malheureusement **2** malencontreux, malencontreusement; **het komt heel ~ uit** ça tombe très mal **3** de malheur, funestement **4** infirme
on·ge·luk·ki·ger·wij·ze *adv* malheureusement
on·ge·luks·ge·tal *het (-len)* ♦ **dertien is een ~** (le nombre) treize porte malheur
on·ge·luks·vo·gel *nm (-s)* malchanceux
on·ge·mak *het (-ken)* **1** gêne **2** désagrément **3** *(méd.)* affection
on·ge·mak·ke·lijk *adj, adv* **1** malcommode, incommodément; **een ~e houding** une position inconfortable **2** gênant, de façon embarrassante; **zich ~ voelen** se sentir mal à l'aise **3** *(d'une personne)* insupportable(ment)
on·ge·ma·nierd *adj, adv* impoli(ment)
on·ge·meen *adj, adv* extraordinaire(ment)
on·ge·merkt *adj, adv* **1** discret, discrètement; **ik kan die opmerking niet ~ laten voorbijgaan** je ne peux pas laisser passer cette remarque **2** imperceptible(ment); **~ oud worden** vieillir insensiblement
on·ge·moeid *adj* en paix
on·ge·mo·ti·veerd *adj, adv* **1** immotivé, sans motif **2** non motivé, sans motivation
on·ge·naak|baar *adj (-baarder, -baarst)* inaccessible *(fig.)*
on·ge·na·de *de* disgrâce
on·ge·na·dig *adj, adv* **1** formidable(ment); **hij kreeg een ~ pak voor zijn broek** il a reçu une raclée terrible, une terrible fessée **2** impitoyable(ment)
on·ge·nees·lijk *adj, adv* **1** *(méd.)* incurable(ment) **2** incorrigible
on·ge·niet|baar *adj (-baarder, -baarst)* **1** *(personne)* insupportable **2** mauvais **3** immangeable **4** imbuvable
on·ge·noe·gen *het (-s)* mécontentement; **tot mijn ~ heb ik vernomen dat ...** c'est avec déplaisir que j'ai appris que ...
on·ge·noemd *adj* anonyme
on·ge·nu·an·ceerd *adj, adv (fig.)* peu nuancé
on·ge·oe·fend *adj* inexpérimenté
on·ge·oor·loofd *adj* interdit; **~e methoden** méthodes illicites
on·ge·opend *adj* fermé; **een brief ~ terzijde leggen** mettre de côté une lettre non décachetée
on·ge·or·dend *adj, adv* (de manière) désordonné(e)
on·ge·or·ga·ni·seerd *adj, adv* **1** mal organisé, de manière désordonnée **2** inorganisé *(personne)* **3** non syndiqué
on·ge|past *adj, adv (-paster, meest o.)* **1** inconvenant, incongrûment **2** déplacé, mal à propos
on·ge·peld *adj* non décortiqué
on·ge·rech·tig|heid *nf (-heden)* injustice
on·ge·recht·vaar|digd *adj, adv (-digder, meest o.)* (de façon) injustifié(e)
on·ge·re·de *het* ♦ **in het ~ komen, (ge)raken** être hors d'usage, être égaré
on·ge·re·geld *adj, adv* **1** désordonné, en désordre **2** irrégulier, irrégulièrement **3** *(comportement)* (de façon) déréglé(e)
on·ge·re·geld·he·den *plur* **1** irrégularités **2** troubles
on·ge|remd *adj, adv (-remder, meest o.)* **1** immodéré(ment) **2** désinvolte, avec laisser-aller
on·ge|rept *adj (-repter, meest o.)* intact; **de ~e natuur** la nature vierge; **~e sneeuw** neige immaculée
on·ge·rief *het*, **ongerieflijkheid** *nf* désagrément; **dat is een groot ~** c'est un grand inconvénient; **neem me niet kwalijk voor het ~** excusez-moi du dérangement
on·ge·rie·fe·lijk *adj, adv* incommode, incommodément
on·ge·rijmd *adj, adv* absurde(ment); *(math.)* **een bewijs uit het ~e** une démonstration par l'absurde
on·ge|rust *adj, adv (-ruster, meest o.)* inquiet, avec inquiétude; **(zich) ~ maken** (s')inquiéter
on·ge·rust·heid *nf* inquiétude; **er is geen reden tot ~** il n'y a pas de quoi s'inquiéter
on·ge|schikt *adj, adv (-schikter, meest o.)* **1** impropre(ment); **lichamelijk ~** phy-

siquement inapte; **het moment is** ~ le moment est inopportun **2** désagréable(ment)
on·ge·schon·den *adj* intact
on·ge·schoold *adj* non qualifié *(travailleurs)*
on·ge·scho·ren *adj* **1** pas rasé **2** rude; **een** ~ **bende** une bande de voyous
on·ge·schre·ven *adj* non écrit
on·ge·sla·gen *adj* invaincu; **een** ~ **record** un record qui n'a pas (encore) été battu
on·ge·steld *adj* **1** *(d'une femme)* qui a ses règles; **ik ben** ~ j'ai mes règles **2** indisposé
on·ge·stoord *adj, adv* tranquille(ment); ~ **geluk** bonheur sans nuages
on·ge·straft *adj, adv* impuni, impunément
on·ge·trouwd *adj* célibataire
on·ge·twij·feld *adv* sans aucun doute
on·ge·vaar·lijk *adj* inoffensif; ~ **speelgoed** jouets non dangereux
on·ge·val *het (-len)* accident; **een** ~ **met dodelijke afloop** un accident mortel
on·ge·veer *adv* environ; **hier** ~ **is het** c'est à peu près ici; ~ **een idee hebben van het probleem** se faire une idée approximative de la question
on·ge·veinsd *adj, adv* sincère(ment)
on·ge·voe·lig *adj, adv* insensible, avec indifférence; ~ **zijn voor goede raad** n'écouter aucun conseil
on·ge·vraagd *adv* spontanément; ~ **komen** venir sans être invité
on·ge·wa·pend *adj* **1** sans armes **2** *(technol.)* non armé
on·ge·was·sen *adj* non lavé
on·ge|wenst *adj (-wenster, meest o.)* **1** indésirable **2** *(enfant)* non désiré
on·ge·wer·veld *adj (biol.)* invertébré
on·ge·wij·zigd *adj* inchangé
on·ge·wild *adj, adv* **1** involontaire(ment) **2** indésirable
on·ge·wis·se *het* incertitude; **wij tasten rond in het** ~ nous sommes en plein mystère
on·ge|woon *adj, adv (-woner, -woonst)* **1** (d'une manière) inhabituel(le) **2** singulier, d'une manière étrange; ~ **zijn** sortir de l'ordinaire
on·ge·zel·lig *adj, adv* **1** peu sociable, d'une manière peu aimable **2** peu confortable; **het is in die kamer erg koud en** ~ c'est une pièce froide et qui manque d'intimité **3** (d'une manière) peu agréable
on·ge·zel·lig·heid *nf* **1** manque de sociabilité **2** manque de confort **3** manque d'intimité
on·ge·zien *adj, adv* **1** inaperçu, sans être vu **2** sans l'avoir vu **3** mal vu
on·ge·zond *adj, adv* **1** en mauvaise santé, maladivement **2** (d'une manière) malsain(e) **3** précaire
on·ge·zou·ten *adj, adv* **1** non salé **2** *(fig.)* cru, crûment; **iem** ~ **de waarheid zeggen** dire ses quatre vérités à qn
on·grijp|baar *adj (-baarder, -baarst)* insaisissable
on·grond·wet·tig *adj, adv (jur.)* inconstitutionnel(lement)
on·gun·stig *adj, adv* défavorable(ment); ~ **bericht** mauvaise nouvelle; **iem niet** ~ **gezind zijn** ne pas être hostile à qn; ~ **licht** éclairage désavantageux; **op een** ~ **moment** à un moment inopportun
on|guur *adj (-guurder, -guurst)* **1** repoussant **2** sinistre **3** *(météo.)* rude
on·haal|baar *adj (-baarder, -baarst)* impossible à atteindre
on·han·del|baar *adj (-baarder, -baarst)* **1** récalcitrant **2** difficile à manier, à déplacer
on·han·dig *adj, adv* **1** maladroit(ement) **2** peu pratique
on·heb·be·lijk *adj, adv* désagréable, grossièrement
on·heil *het (-en)* malheur; **zijn** ~ **tegemoet gaan** courir à sa perte
on·heil·spel·lend *adj, adv* sinistre(ment); **zijn blik was** ~ son regard ne présageait rien de bon
on·her·berg|zaam *adj, adv (-zamer, -zaamst)* inhospitalier, d'une manière inhospitalière
on·her·ken|baar *adj, adv (-baarder, -baarst)* (d'une façon) méconnaissable
on·her·roe·pe·lijk *adj, adv* **1** irrévocable(ment) **2** inéluctable(ment); **een** ~ **afscheid** une séparation définitive
on·her·stel·baar *adj, adv* irréparable(ment)
on·heug·lijk *adj, adv* immémorial; **dat is** ~ **lang geleden** il y a une éternité de cela
on|heus *adj, adv (-heuser, meest o.)* (d'une manière) désobligeant(e); **iem** ~ **behandelen** vexer qn
on·hoor|baar *adj, adv (-baarder, -baarst)* (d'une manière) inaudible
on·houd|baar *adj (-baarder, -baarst)* **1** intenable **2** imparable **3** insoutenable
on·hy·gi·ë|nisch *adj, adv (-nischer, meest o.)* antihygiénique, sans respecter les règles de l'hygiène
on·in·ge·wij·de *nm (-n)* profane
on·in·te·res·sant *adj* sans intérêt
on|juist *adj, adv (-juister, meest o.)* **1** faux, faussement; ~ **verhaal** récit infidèle **2** mauvais, mal; ~ **redeneren** raisonner de travers
on·juist|heid *nf (-heden)* erreur
on·kel *nm (-s) (Belg.)* oncle
on|kies *adj, adv (-kieser, meest o.)* indélicat(ement)
on·klaar *adj, adv* détraqué; **iets** ~ **maken** détraquer qch
on·knap *adj* ♦ **dat meisje is niet** ~ cette fille est plutôt bien
on·kos·ten *plur* **1** frais; **op** ~ **jagen** pousser à la dépense **2** faux frais *(dépense accidentelle)*; **ik heb al heel wat** ~ **aan dat horloge gehad** cette montre m'a déjà coûté pas mal d'argent

on·kreuk|baar *adj (-baarder, -baarst)* **1** infroissable **2** *(fig.)* intègre
on·kruid *het* **1** mauvaise herbe; *(prov)* **~ vergaat niet** mauvaise herbe pousse toujours **2** *(fig.)* mauvaise graine
on|kuis *adj, adv (-kuiser, meest o.)* **1** (de manière) inconvenant(e); **~e taal** langage grossier **2** impudique(ment)
on·kuis·heid *nf* **1** impudeur **2** impudicité
on·kun·de *nf* ignorance; **uit ~** par ignorance
on·kun·dig *adj* ignorant
on·kwets|baar *adj, adv (-baarder, -baarst)* **1** invulnérable(ment) **2** insensible, avec insensibilité
on·langs *adv* récemment
on·le·dig *adj (form.)* occupé *(personne)*; **zich ~ houden (met)** s'occuper (à)
on·leef|baar *adj (-baarder, -baarst)* invivable
on·lees|baar *adj, adv (-baarder, -baarst)* illisible(ment)
on·lo|gisch *adj, adv (-gischer, meest o.)* illogique(ment)
on·loo·chen|baar *adj (-baarder, -baarst)* indéniable
on·los·ma·ke·lijk *adj, adv* (de façon) indissociable
on·lust *nm (-en)* **1** *(plur.)* troubles **2** malaise **3** répugnance **4** ennui
on·macht *de* **1** impuissance **2** défaillance; **in ~ liggen** être évanoui
on·mach·tig *adj, adv* impuissant (à), avec impuissance
on·meet·baar *adj, adv* **1** (de façon) immensurable **2** *(math.)* incommensurable
on·mens *nm (-en)* monstre
on·men·se·lijk *adj, adv* **1** inhumain(ement) **2** *(adv.)* surhumainement
on·merk|baar *adj, adv (-baarder, -baarst)* imperceptible(ment)
on·me·te·lijk[1] *adj* immense
on·me·te·lijk[2] *adv* infiniment
on·mid·del·lijk *adj, adv* **1** immédiat(ement) **2** direct(ement)
on·min *de* désaccord; **in ~ geraken** se brouiller (avec qn)
on·mis|baar *adj, adv (-baarder, -baarst)* **1** indispensable(ment) **2** immanquable(ment)
on·mis·ken|baar *adj, adv (-baarder, -baarst)* incontestable(ment)
on·mo·ge·lijk *adj, adv* **1** impossible; **ik kan ~ langer blijven** il m'est impossible de rester plus longtemps **2** insupportable; **zich ~ maken** se discréditer totalement **3** invraisemblable(ment); **een ~e naam** un nom à coucher dehors ♦ **ik kon het ~ horen** je ne pouvais absolument pas l'entendre
on·mo·ge·lijk|heid *nf (-heden)* impossibilité; **dat behoort tot de onmogelijkheden** il ne faut même pas y songer
on·mon·dig *adj* **1** mineur **2** incapable
on·na·den·kend *adj, adv* irréfléchi, sans réfléchir
on·na·tuur·lijk *adj, adv* **1** contre nature **2** (de façon) dénaturé(e) **3** artificiel(lement)
on·nauw·keu·rig *adj, adv* imprécis(ément)
on·na·volg|baar *adj, adv (-baarder, -baarst)* (de façon) inimitable
on·neem·baar *adj* imprenable
on·no·dig *adj, adv* inutile(ment); **~ veel** beaucoup trop
on·noe·me·lijk *adj, adv* immense, infiniment; **~ veel** énormément (de)
on·no·zel *adj, adv* **1** niais(ement); **~ kijken** avoir l'air de tomber des nues **2** misérable **3** naïf, naïvement
on·om·keer·baar *adj* irréversible
on·om·koop·baar *adj* incorruptible
on·om·sto·te·lijk *adj, adv* (de façon) inébranlable; **dat staat ~ vast** cela est absolument incontestable
on·om·stre·den *adj* sans conteste
on·om·won·den *adj, adv* franc, franchement
on·on·der·bro·ken *adj, adv* ininterrompu, sans interruption
on·ont·beer·lijk *adj* indispensable
on·ont·koom·baar *adj, adv* inévitable(ment)
on·ont·wik·keld *adj* **1** non développé **2** ignorant
on·oog·lijk *adj, adv* laid(ement); **~ gekleed gaan** être mal vêtu; **er ~ uitzien** ne pas payer de mine
on·oor·baar *adj* inconvenant
on·op·ge·hel·derd *adj* non élucidé
on·op·ge·lost *adj* **1** non résolu **2** non dissous
on·op·ge·maakt *adj* **1** *(lit, cheveux)* défait **2** sans maquillage
on·op·ge·merkt *adj, adv* inaperçu, sans être aperçu; **iets ~ laten** passer sur qch
on·op·hou·de·lijk *adj, adv* perpétuel(lement)
on·op·let·tend *adj, adv* inattentif, distraitement
on·op·let·tend·heid *nf* manque d'attention
on·op·los·baar *adj* insoluble
on·op·recht *adj* peu sincère
on·op·val·lend *adj, adv* **1** qui passe inaperçu, sans être aperçu **2** insignifiant
on·op·zet·te·lijk *adj, adv* involontaire(ment)
on·or·de·lijk *adj, adv* en désordre, *(d'une personne)* désordonné, sans ordre; **een ~e boel** un désordre; **het gaat daar zeer ~ toe** c'est la pagaïe là-bas
on·over·brug·baar *adj* infranchissable
on·over·gan·ke·lijk *adj, adv* intransitif, intransitivement
on·over·ko·me·lijk *adj* insurmontable
on·over·trof·fen *adj* inégalé
on·over·win·ne·lijk *adj* **1** invincible **2** *(fig.)* insurmontable
on·over·zich·te·lijk *adj, adv* (d'une façon) peu clair(e)
on·paar *adj (Belg.)* impair
on·par·tij·dig *adj, adv* impartial(ement)

on·pas *adv* ♦ **te ~ komen** arriver mal à propos
on·pas·se·lijk *adj* indisposé; ~ **worden** se trouver mal; ~ **zijn** avoir mal au cœur
on·pas·se·lijk·heid *nf* nausée
on·peil|baar *adj (-baarder, -baarst)* **1** immensurable **2** insondable
on·per·soon·lijk *adj, adv* impersonnel(lement)
on·ple·zie·rig *adj, adv* **1** désagréable(ment) **2** pas bien, sans entrain
on·prak|tisch *adj, adv (-tischer, meest o.)* **1** (de façon) peu pratique **2** qui manque d'esprit pratique, maladroitement
on·pret·tig *adj, adv* → **onplezierig**
on·raad *het* danger
on·recht *het* injustice; **iem ~ (aan)doen** faire (du) tort à qn; **ten ~e** injustement
on·recht·ma·tig *adj, adv* illégitime, injustement
on·recht·streeks *adj, adv (Belg.)* indirect(ement)
on·recht·vaar·dig *adj, adv* injuste(ment)
on·re·de·lijk *adj, adv* **1** (d'une façon) injustifié(e) **2** déraisonnable(ment)
on·re·gel·ma·tig *adj, adv* irrégulier, irrégulièrement; **~e diensten** horaires irréguliers
on·re·gel·ma·tig|heid *nf (-heden)* **1** irrégularité **2** dérèglement
on·rein *adj, adv* **1** *(form.)* malpropre(ment) **2** impur(ement)
on·rijp *adj* **1** pas mûr **2** qui manque de maturité (mentale); **hij is nog erg** ~ il est encore d'une grande immaturité
on·roe·rend *adj* immobilier
on·rust *de* **1** agitation; ~ **zaaien** semer le désordre **2** désordres; **sociale** ~ troubles sociaux
on·rust·ba·rend *adj, adv* (d'une façon) inquiétant(e)
on·rus·tig *adj, adv* (d'une façon) agité(e)
on·rust|sto·ker, -zaaier *nm (-s)* agitateur
ons[1] *het (-en, onzen)* cent grammes; **wachten tot je een ~ weegt** attendre jusqu'à la saint-glinglin
ons[2] *pers* nous; **~ kent ~** on se connaît; **onder ~ gezegd** (soit dit) entre nous; **dat is van ~** c'est à nous
ons[3] *poss* notre, nos, nôtre; **de onzen** les nôtres; **uw boeken en die van ~** vos livres et les nôtres
on·sa·men·han·gend *adj, adv* incohérent, sans cohérence; ~ **geleuter** bafouillage
on·scha·de·lijk *adj, adv* inoffensif, d'une façon inoffensive; **iem ~ maken** enfermer qn, éliminer qn
on·schat|baar *adj, adv (-baarder, -baarst)* (d'une façon) inestimable
on·scheid·baar *adj, adv* **1** inséparable, d'une façon indivisible **2** *(ling.)* à particule inséparable
on·schend·baar *adj* inviolable
on·schend·baar·heid *nf* inviolabilité; **diplomatieke ~** immunité diplomatique; **territoriale ~** intégrité territoriale
on|scherp *adj (-scherper, meest o.)* flou
on·schuld *de* innocence; **hij ziet eruit als de ~ zelve** on lui donnerait le bon Dieu sans confession; **de beledigde, vermoorde ~ spelen** jouer les vertus outragées
on·schul·dig *adj* **1** innocent **2** inoffensif
on·sma·ke·lijk *adj, adv* **1** qui a mauvais goût, de façon peu appétissante **2** (d'une manière) dégoûtant(e)
on·spor|tief *adj, adv (-tiever, -tiefst)* antisportif, sans sportivité; **hij heeft zich ~ gedragen** il ne s'est pas conduit sportivement; ~ **zijn** ne pas être sport
on·sta·biel *adj, adv* (de façon) instable; **een ~e markt** un marché fluctuant
on·stand·vas·tig *adj, adv* inconstant, avec inconstance
on·ster·fe·lijk *adj, adv* immortel, éternellement; **zich ~ belachelijk maken** se couvrir de ridicule; **(zich) ~ maken** (s')immortaliser
on·ster·fe·lijk·heid *nf* immortalité
on·stui·mig *adj, adv* **1** impétueux, impétueusement; **~e liefde** amour ardent **2** orageux
on·stui·mig·heid *nf* impétuosité; **de ~ van de jeugd** la fougue de la jeunesse
on·stuit|baar *adj, adv (-baarder, -baarst)* irrésistible(ment)
on·sym·pa·thiek *adj, adv* (de façon) antipathique
ons·zelf *pers* nous-mêmes
ont·aard[1] *adj* dégénéré; **een ~e vader** un père dénaturé
ont·aard[2] *adv (fam.)* excessivement
ont·aar·den *vi (i. ontaard)* dégénérer
on·tac|tisch *adj, adv (-tischer, meest o.)* sans tact
ont·beet, ontbeten → **ontbijten**
ont·be·ren *vt (h. ontbeerd)* se passer de
ont·be·ring *nf (-en)* privation
ont·bie·den *vt (h. ontboden)* convoquer
ont·bijt *het* petit déjeuner, *(Belg.)* déjeuner
ont·bij·ten *vi (h. ontbeten)* déjeuner
ont·bijt·koek *nm (-en)* pain d'épice
ont·bijt·spek *het* bacon
ont·bin·den *vt (h. ontbonden)* **1** dissoudre **2** *(math.; phys.)* décomposer **3** *(chim.)* dissocier
ont·bin·ding *nf (-en)* **1** dissolution **2** décomposition *(aussi math.; phys.)*
ont·bloot *adj* **1** dénudé **2** dénué (de)
ont·blo·ten *vt (h. ontbloot)* **1** dénuder **2** dépouiller (de)
ont·boe·ze·ming *nf (-en)* épanchement
ont·bond, ontbonden → **ontbinden**
ont·bood, ontboden → **ontbieden**
ont·bos·sen *vt (h. ontbost)* déboiser
ont·brak, ontbraken → **ontbreken**
ont·brand·baar *adj* → **ontvlambaar**
ont·bran·den *vi (i. ontbrand)* **1** prendre feu; **de oorlog is ontbrand** la guerre a éclaté **2** s'enflammer; **het ~** le déchaînement
ont·bre·ken *vi (h. ontbroken)* manquer;

het ontbreekt hem aan moed il manque de courage; **dat ontbrak er nog maar aan** il ne manquait plus que ça; **het zich aan niets laten** ~ ne se priver de rien
ont·bro·ken → **ontbreken**
ont·cij·fe·ren *vt (h. ontcijferd)* déchiffrer; **niet te** ~ indéchiffrable
ont·daan[1] → **ontdoen**[1]
ont·daan[2] *adj* désemparé
ont·deed, ontdeden → **ontdoen**[1]
ont·dek·ken *vt (h. ontdekt)* découvrir
ont·dek·king *nf (-en)* découverte; **deze actrice is de** ~ **van het jaar** cette actrice est la révélation de l'année; **op** ~ **uitgaan** partir à la découverte; **tot de** ~ **komen, dat ...** s'apercevoir que ...
ont·dek·kings·rei|zi·ger *nm (-s)*, **-zig·ster** *nf (-s)* explorateur, -trice
ont·doen[1] *vt (h. ontdaan) (+ van)* défaire (de); **een boek van zijn kaft** ~ enlever la jaquette d'un livre
ont·doen[2] *vpr (zich ~; h. zich ontdaan)* **1** *(+ van)* se défaire (de) **2** *(+ van)* se débarrasser (de)
ont·dooi·en[1] *vi (h./i. ontdooid)* **1** dégeler **2** *(fam.; fig.)* se dégeler
ont·dooi·en[2] *vt (h./i. ontdooid)* dégeler
ont·dook, ontdoken → **ontduiken**
ont·dui·ken *vt (h. ontdoken)* **1** se soustraire à **2** esquiver
on·te·gen·zeg·lijk *adj, adv* incontestable(ment)
ont·ei·ge·nen *vt (h. onteigend)* exproprier
on·tel·baar *adj, adv* incalculable, infiniment; ~ **veel** énormément (de)
on·tem|baar *adj (-baarder, -baarst)* indomptable
on·te|recht *adj, adv (-rechter, meest o.)* injuste(ment)
ont·eren *vt (h. onteerd)* déshonorer; **een tempel** ~ profaner un temple
ont·er·ven *vt (h. onterfd)* déshériter
on·te·vre·den *adj, adv* **1** (l'air) insatisfait **2** (l'air) mécontent
on·te·vre·den·heid *nf* mécontentement
ont·fer·men *vpr (zich ~; h. zich ontfermd)* **1** avoir pitié (de) **2** se charger (de) **3** s'occuper (de)
ont·fer·ming *nf* pitié
ont·fut·se·len *vt (h. ontfutseld)* soutirer; **iem een geheim** ~ arracher un secret à qn
ont·gaan *vi (i. ontgaan)* échapper (à); **de zaak is mij** ~ l'affaire m'est sortie de l'esprit
ont·gel·den *vt (h. ontgolden)* ♦ **het moeten** ~ écoper
ont·ging, ontgingen → **ontgaan**
ont·gin·nen *vt (h. ontgonnen)* **1** défricher **2** exploiter
ont·glip·pen *vi (i. ontglipt)* échapper (à)
ont·gon, ontgonnen → **ontginnen**
ont·goo·che·len *vt (h. ontgoocheld)* décevoir
ont·goo·che·ling *nf (-en)* désillusion
ont·gren·de·len *vt (h. ontgrendeld)* déverrouiller
ont·groei·en *vi (i. ontgroeid)* devenir trop grand pour (qch); **die jongens** ~ **me** ces garçons commencent à m'échapper; **de kinderschoenen ontgroeid zijn** être sorti de l'enfance
ont·groe·nen *vt (h. ontgroend)* bizuter
ont·haal *het* accueil
ont·haal·moe·der *nf (-s) (Belg.)* gardienne d'enfants, *(Belg.)* maman gardienne
ont·ha·len *vt (h. onthaald)* **1** accueillir **2** régaler (qn de qch, avec qch) **3** *(fig.)* donner
ont·ha·ren *vt (h. onthaard)* épiler
ont·heemd *adj* **1** expatrié **2** *(fig.)* dépaysé
ont·hef·fen *vt (h. ontheven)* **1** délivrer **2** exonérer **3** démettre (de)
ont·hief, onthieven → **ontheffen**
ont·hield, onthielden → **onthouden**[1]
ont·hoof·den *vt (h. onthoofd)* décapiter
ont·hou·den[1] *vt (h. onthouden)* **1** retenir; **onthoud dat goed!** prenez-en bonne note! **2** priver (qn de qch)
ont·hou·den[2] *vpr (zich ~; h. zich onthouden) (+ van)* s'abstenir (de)
ont·hou·ding *nf* **1** abstention **2** continence
ont·hul·len *vt (h. onthuld)* **1** *(sens pr. et fig.)* découvrir **2** *(d'un monument)* inaugurer
ont·hul·lend *adj* révélateur
ont·hul·ling *nf (-en)* **1** inauguration **2** révélation
ont|hutst *adj, adv (-hutster, meest o.)* (d'un air) déconcerté
on·tie·ge·lijk *adv (fam.)* rudement; **het is** ~ **koud** il fait un froid de canard
on·tij·dig *adj, adv* inopportun, mal à propos
ont·kal·ken *vt (h. ontkalkt)* détartrer
ont·ken·nen *vti (h. ontkend)* (dé)nier; **het valt niet te** ~**, dat ...** il est indéniable que ...
ont·ken·nend *adj, adv* **1** négatif, négativement **2** *(ling.)* de négation
ont·ken·ning *nf (-en)* négation
ont·ke·te·nen *vt (h. ontketend)* déchaîner; **een prijzenslag** ~ casser les prix
ont·kie·men *vi (i. ontkiemd)* germer; **een** ~**de liefde** un amour naissant
ont·kle·den *vt (h. ontkleed) (form.)* déshabiller
ont·kno·ping *nf (-en)* dénouement
ont·ko·men *vi (i. ontkomen)* échapper (à qch); **daaraan valt niet te** ~ il faudra bien en passer par là
ont·kop·pe·len *vt (h. ontkoppeld)* **1** *(fig.)* séparer **2** débrayer
ont·krach·ten *vt (h. ontkracht)* affaiblir
ont·kur·ken *vt (h. ontkurkt)* déboucher
ont·kwam, ontkwamen → **ontkomen**
ont·la·den[1] *vti (h. ontladen)* décharger
ont·la·den[2] *vpr (zich ~; h. zich ontladen)* **1** vider son cœur **2** décharger sa colère
ont·las·ten[1] *vt (h. ontlast)* **1** décharger; **een drukke verkeersader** ~ déconges-

tionner une grande artère **2** *(fig.)* soulager
ont·las·ten² *vpr (zich ~; h. zich ontlast)* **1** aller à la selle **2** se déverser **3** se vider
ont·las·ting *nf* **1** déchargement **2** décharge **3** *(fig.)* allégement **4** *(fig.)* soulagement **5** défécation
ont·le·den *vt (h. ontleed)* **1** disséquer **2** analyser
ont·le·ding *nf (-en)* **1** dissection **2** analyse **3** *(chim.)* décomposition
ont·le·nen *vt (h. ontleend)* **1** emprunter (à) **2** devoir; **zijn ideeën aan iets, iem** ~ s'inspirer de qch, de qn ♦ **waaraan ontleent hij dergelijke pretenties?** sur quoi est-ce qu'il fonde de telles prétentions?
ont·le·ning *nf* emprunt
ont·liep, ontliepen → **ontlopen**
ont·lok·ken *vt (h. ontlokt)* tirer; **iem een geheim** ~ arracher un secret à qn
ont·look, ontloken → **ontluiken**
ont·lo·pen *vt (i. ontlopen)* **1** échapper à (qn, qch) **2** fuir **3** différer; **die twee** ~ **elkaar niet veel** ces deux-là ne diffèrent que de peu
ont·lui·ken *vi (h./i. ontloken)* **1** éclore **2** s'épanouir
ont·luis·te·rend *adj* humiliant
ont·maag·den *vt (h. ontmaagd)* dépuceler
ont·man·te·len *vt (h. ontmanteld)* démonter
ont·mas·ke·ren *vt (h. ontmaskerd)* démasquer
ont·moe·di·gen *vt (h. ontmoedigd)* décourager
ont·moe·ten *vt (h. ontmoet)* rencontrer
ont·moe·ting *nf (-en)* rencontre
ont·nam, ontnamen → **ontnemen**
ont·ne·men *vt (h. ontnomen)* prendre (qch à qn); **iem zijn illusies** ~ enlever ses illusions à qn
ont·no·men → **ontnemen**
ont·nuch·te·ren *vt (h. ontnuchterd)* dégriser
on·toe·gan·ke·lijk *adj* inaccessible
on·toe·laat|baar *adj (-baarder, -baarst)* intolérable
on·toe·laat·baar·heid *nf* inadmissibilité
on·toe·rei·kend *adj, adv* insuffisant, insuffisamment
on·toe·re·ke·nings·vat·baar *adj* en état de démence
ont·plof·baar *adj* explosif
ont·plof·fen *vi (i. ontploft)* exploser
ont·plof·fing *nf (-en)* explosion; **iets tot** ~ **brengen** faire exploser qch; **tot** ~ **komen** exploser
ont·plooi·en *vt (h. ontplooid)* **1** développer **2** déployer *(aussi au fig.)*
ont·plooi·ing *nf* **1** épanouissement **2** déploiement **3** dépliage
ont·pop·pen *vpr (zich ~; h. zich ontpopt)* se révéler
ont·raad·se·len *vt (h. ontraadseld)* **1** déchiffrer **2** découvrir
ont·ra·den *vt (h. ontraden)* déconseiller
ont·ra·fe·len *vt (h. ontrafeld)* effil(och)er; **een complot** ~ découvrir un complot
ont·red|derd *adj (-derder, meest o.)* **1** abasourdi, décontenancé **2** désordonné
ont·red·de·ring *nf* **1** désarroi **2** confusion (totale)
ont·re·ge·len *vt (h. ontregeld)* dérégler
ont·ried, ontrieden → **ontraden**
ont·roe·ren *vt (h. ontroerd)* émouvoir
ont·roe·ring *nf (-en)* émotion
on·troost|baar *adj (-baarder, -baarst)* inconsolable
on·trouw¹ *de* **1** infidélité **2** adultère
on·trouw² *adj* **1** infidèle; **iem** ~ **worden** trahir qn **2** malhonnête
ont·rui·men *vt (h. ontruimd)* **1** évacuer *(une maison, un local)* **2** expulser *(les habitants d'un logement)* ♦ **een kamer** ~ débarrasser une pièce
ont·rui·ming *nf (-en)* **1** évacuation **2** abandon **3** expulsion
ont·ruk·ken *vt (h. ontrukt)* arracher
ont·sche·pen *vti (h./i. ontscheept)* débarquer
ont·schie·ten *vi (i. ontschoten)* échapper (à qn)
ont·schoot, ontschoten → **ontschieten**
ont·sie·ren *vt (h. ontsierd)* enlaidir
ont·slaan *vt (h. ontslagen)* **1** licencier; **iem eervol** ~ accepter la démission de qn **2** dispenser **3** libérer
ont·slag *het (-en)* **1** licenciement; **iem zijn** ~ **geven** donner son congé à qn; ~ **krijgen** être congédié **2** démission; **zijn** ~ **indienen** donner sa démission **3** libération **4** décharge
ont·sla·gen → **ontslaan**
ont·sloeg, ontsloegen → **ontslaan**
ont·sloot, ontsloten → **ontsluiten**
ont·slui·e·ren *vt (h. ontsluierd)* dévoiler
ont·slui·ten *vt (h. ontsloten)* ouvrir
ont·smet·ten *vt (h. ontsmet)* **1** désinfecter **2** assainir
ont·smet·tings·mid·del *het (-en)* désinfectant
ont·snap·pen *vi (i. ontsnapt)* **1** échapper (à) **2** s'évader **3** s'échapper
ont·snap·ping *nf (-en)* **1** fuite **2** évasion **3** *(sports)* échappée **4** *(phys.)* échappement
ont·span·nen¹ *vt (h./i. ontspannen)* détendre
ont·span·nen² *vi (h./i. ontspannen)* se détendre
ont·span·ning *nf (-en)* détente; ~ **zoeken** chercher à se distraire
ont·spin·nen *vpr (zich ~; h. zich ontsponnen) (conversation)* s'engager
ont·spo·ren *vi (i. ontspoord)* **1** dérailler **2** *(fig.)* se dévoyer
ont·spo·ring *nf (-en)* **1** déraillement **2** *(fig.)* excès
ont·sprin·gen *vi (i. ontsprongen)* **1** prendre sa source **2** échapper **3** s'échapper
ont·sprong, ontsprongen → **ontspringen**
ont·sproot, ontsproten → **ontspruiten**

ont·spru̲i·ten *vi (i. ontsproten)* **1** pousser **2** être issu (de)
ont·sta̲an *vi (h./i. ontstaan)* **1** naître; **het** ~ la formation; **daarover ontstond algemene ontevredenheid** cela provoqua un mécontentement général **2** *(discussion)* s'élever **3** prendre naissance; **het** ~ l'origine
ont·sta̲k, ontstaken → **ontsteken[1]**
ont·ste̲·ken[1] *vt (h./i. ontstoken)* allumer
ont·ste̲·ken[2] *vi (h./i. ontstoken)* **1** *(fig.)* s'enflammer **2** *(méd.)* s'infecter
ont·ste̲·king *nf (-en)* **1** allumage *(aussi moteur)* **2** *(méd.)* inflammation **3** *(milit.)* détonateur
ont|ste̲ld *adj, adv (-stelder, meest o.)* (d'un air) bouleversé
ont·ste̲l·lend *adj, adv* **1** bouleversant **2** extrême, terriblement
ont·ste̲l·te·nis *nf* **1** trouble **2** frayeur
ont·ste̲m·men[1] *vt (h. ontstemd)* contrarier
ont·ste̲m·men[2] *vti (h. ontstemd) (mus.)* désaccorder, se désaccorder
ont·ste̲n·te·nis *nf* **1** défaut; **bij** ~ **van** à défaut de **2** absence; **bij** ~ **van** en l'absence de
ont·sto̲·ken → **ontsteken[1]**
ont·sto̲nd, ontstonden → **ontstaan**
ont·sto̲p·pen *vt (h. ontstopt)* déboucher
ont·tre̲k·ken[1] *vt (h. onttrokken)* **1** extraire **2** soustraire
ont·tre̲k·ken[2] *vpr (zich ~; h. zich onttrokken) (+ aan)* se soustraire (à)
ont·tro̲k, onttrokken → **onttrekken[1]**
ont·tro̲·nen *vt (h. onttroond)* détrôner
o̲n·tucht *de* débauche
on·tu̲ch·tig *adj* débauché; **een** ~ **woord** une obscénité
ont·va̲l·len *vi (i. ontvallen)* **1** échapper (à) *(mot, un juron)* **2** abandonner ♦ **zijn vrouw is hem vroeg** ~ il a perdu sa femme de bonne heure
ont·va̲n·gen *vti (h. ontvangen)* recevoir; **iem goed** ~ faire bon accueil à qn; **zijn boek werd gunstig** ~ son livre fut accueilli favorablement; **de bevolking heeft hem met gejuich** ~ la population lui a réservé un accueil triomphal
ont·va̲n·ge·nis *nf* ♦ *(cathol.)* **onbevlekte** ~ **der Heilige Maagd** Immaculée Conception
ont·va̲n·ger *nm (-s)* **1** bénéficiaire **2** destinataire **3** *(sang)* receveur, -euse **4** *(radio)* récepteur
ont·va̲ngst *nf (-en)* **1** réception; **bij de** ~ **van uw brief** au reçu de votre lettre; **in** ~ **nemen** recevoir; **bevelen in** ~ **nemen** prendre des ordres **2** perception **3** recette **4** accueil; *(fig.; iron.)* **reken maar dat ik hem een warme** ~ **bereid!** je lui réserve un accueil dont il se souviendra!
ont·va̲ngst·be|wijs *het (-wijzen)* reçu
ont·va̲n·ke·lijk *adj* sensible; **iem** ~ **maken voor** ouvrir l'esprit de qn à
ont·ve̲t·ten *vt (h. ontvet)* dégraisser
ont·vi̲el, ontvielen → **ontvallen**
ont·vi̲ng, ontvingen → **ontvangen**
ont·vla̲m·baar *adj* inflammable ♦ **hij is licht** ~ il s'éprend facilement
ont·vla̲m·men *vi (h./i. ontvlamd)* s'enflammer
ont·vlu̲ch·ten *vti (i. ontvlucht)* fuir
ont·voe̲r·der *nm (-s)* ravisseur
ont·voe̲·ren *vt (h. ontvoerd)* enlever
ont·vo̲l·ken *vt (h. ontvolkt)* dépeupler
ont·voo̲g·ding *nf* émancipation
ont·vou̲·wen *vt (h. ontvouwd, ontvouwen)* **1** exposer **2** déplier
ont·vree̲m·den *vt (h. ontvreemd)* dérober
ont·waa̲r·ding *nf* dévalorisation
ont·wa̲·ken *vi (i. ontwaakt)* s'éveiller; **uit de droom** ~ sortir de sa rêverie
ont·wa̲·pe·nen *vti (h. ontwapend)* désarmer
ont·wa̲r·ren *vt (h. ontward)* **1** démêler **2** résoudre
ont·wee̲k, ontweken → **ontwijken**
ont·we̲n·nen[1] *vt (h./i. ontwend)* **1** déshabituer de **2** désintoxiquer
ont·we̲n·nen[2] *vi (h./i. ontwend)* perdre l'habitude de
ont·we̲rp *het (-en)* **1** plan **2** projet **3** *(couture)* création
ont·we̲r·pen *vt (h. ontworpen)* **1** dessiner **2** *(couture)* créer **3** concevoir
ont|we̲r·per *nm (-s),* **-werpster** *nf (-s)* **1** auteur **2** *(en couture)* modéliste **3** concepteur, -trice; **een industrieel** ~ un designer
ont·wie̲rp, ontwierpen → **ontwerpen**
ont·wi̲j·ken *vt (h./i. ontweken)* éviter; **de klappen** ~ esquiver les coups
ont·wi̲j·kend *adj, adv* **1** évasif, évasivement **2** d'esquive
ont·wi̲k·keld *adj* **1** formé; **een slecht** ~ **kind** un enfant chétif **2** cultivé **3** développé *(aussi phot.)*
ont·wi̲k·ke·len[1] *vt (h. ontwikkeld)* **1** développer; **zich** ~ se cultiver **2** produire
ont·wi̲k·ke·len[2] *vpr (zich ~; h. zich ontwikkeld)* se développer; **zich** ~ **tot** se développer en
ont·wi̲k·ke·ling *nf (-en)* **1** développement; **tot** ~ **komen** arriver à maturité, se développer **2** production **3** formation; **algemene** ~ culture générale **4** évolution
ont·wi̲k·ke·lings·ge·bied *het (-en)* **1** région à industrialiser en priorité **2** pays en voie de développement
ont·wi̲k·ke·lings·hulp *de* aide aux pays en voie de développement
ont·wi̲k·ke·lings·land *het (-en)* → **ontwikkelingsgebied 2**
ont·wi̲k·ke·lings·werk *het* aide au développement
ont·wo̲r·pen → **ontwerpen**
ont·wo̲r·ste·len *vt (h. ontworsteld)* arracher
ont·wo̲r·te·len[1] *vt (h. ontworteld)* déraciner
ont·wo̲r·te·len[2] *vi (h. ontworteld)* se déraciner
ont·wri̲ch·ten *vt (h. ontwricht)* **1** désorganiser; **een huishouden** ~ désunir un

ménage; **onze gehele samenleving is ontwricht** notre société est complètement disloquée **2** désarticuler
ont·wrich·ting *nf (-en)* **1** désorganisation; **een duurzame ~ van het huwelijk** une désunion durable du mariage **2** désarticulation
ont·zag[1], **ontzagen** → **ontzien**[1]
ont·zag[2] *het* respect; **iem ~ inboezemen** imposer le respect à qn; **~ voor iem hebben** avoir du respect envers qn
ont·zag·lijk *adj, adv* **1** redoutable **2** imposant **3** formidable(ment); **~ veel drinken** boire comme un trou; **~ veel geld uitgeven** dépenser un argent fou; **hij ging ~ tekeer** il fit une vie de tous les diables
ont·zag·wek·kend *adj, adv* imposant, considérablement
ont·zeg·gen[1] *vt (h. ontzegd)* **1** interdire **2** priver **3** *(jur.)* rejeter **4** dénier
ont·zeg·gen[2] *vpr (zich ~; h. zich ontzegd)* se priver de
ont·zei, ontzeiden → **ontzeggen**[1]
ont·ze·nu·wen *vt (h. ontzenuwd)* **1** réfuter; **volledig ~** pulvériser **2** affaiblir
ont·zet[1] *het* → **ontzetting 3**
ont·zet[2] *adj* effaré
ont·zet·ten *vt (h. ontzet)* **1** démettre; **uit de ouderlijke macht ~** déclarer déchu de l'autorité parentale **2** délivrer **3** épouvanter; **ontzet staan kijken** regarder avec stupeur **4** disloquer
ont·zet·tend *adj, adv* **1** épouvantable(ment) **2** formidable(ment) **3** énormément
ont·zet·ting *nf (-en)* **1** dislocation **2** destitution; **~ uit burgerrechten** privation des droits civiques **3** libération **4** épouvante; **~ teweegbrengen** jeter l'effroi
ont·zien[1] *vt (h. ontzien)* ménager
ont·zien[2] *vpr (zich ~; h. zich ontzien) (phrases négatives)* appréhender
ont·zui·ling *nf* déconfessionnalisation
on·uit·ge·spro·ken *adj* inexprimé
on·uit·put·te·lijk *adj, adv* inépuisable(ment)
on·uit·spre·ke·lijk *adj, adv* inexprimable(ment)
on·uit·staan|baar *adj, adv (-baarder, -baarst)* (de manière) insupportable
on·uit·voer·baar *adj* inexécutable
on·uit·wis·baar *adj* ineffaçable
on|vast *adj, adv (-vaster, meest o.)* **1** (de manière) instable **2** léger *(sommeil)* **3** (de manière) hésitant(e)
on·vat|baar *adj (-baarder, -baarst)* **1** immunisé **2** insensible (à) **3** insaisissable
on·vei·lig *adj, adv* **1** dangereux, dangereusement; **het sein op ~ zetten** fermer la voie **2** (de manière) peu sûr(e)
on·vei·lig·heid *nf* insécurité
on·ver·an·derd *adj* inchangé
on·ver·an·der·lijk *adj, adv* invariable(ment); **de ~e natuurwetten** les lois immuables de la nature
on·ver·ant|woord *adj, adv (-woorder, meest o.)* (de manière) injustifiable
on·ver·ant·woor·de·lijk *adj, adv* (de manière) irresponsable
on·ver·be·ter·lijk *adj, adv* **1** incorrigible **2** impeccable, à la perfection **3** irréparable
on·ver·bid·de·lijk *adj, adv* **1** impitoyable(ment) **2** implacable(ment) **3** inévitablement
on·ver·bid·de·lijk·heid *nf* inflexibilité; **de ~ van het lot** la cruauté du destin
on·ver·bloemd *adj, adv* **1** sincère **2** cru, sans fard
on·ver·bre·ke·lijk *adj, adv* indissoluble(ment)
on·ver·dacht *adj* au-dessus de tout soupçon
on·ver·deeld *adj, adv* **1** indivis **2** entier, entièrement **3** unanime **4** *(attention)* soutenu ♦ **het was geen ~ genoegen** ce ne fut vraiment pas drôle
on·ver·diend *adj, adv* immérité, à tort
on·ver·dien·ste·lijk *adj, adv* ♦ **niet ~** non sans mérite
on·ver·draag·lijk *adj, adv* (de manière) insupportable
on·ver·draag|zaam *adj (-zamer, -zaamst)* intolérant
on·ver·dro·ten *adj, adv* imperturbable(ment)
on·ver·dund *adj* non dilué
on·ver·enig·baar *adj* incompatible
on·ver·gan·ke·lijk *adj* impérissable
on·ver·geef·lijk *adj, adv* (d'une manière) impardonnable
on·ver·ge·lijk·baar, -elijk *adj, adv* incomparable(ment)
on·ver·ge·te·lijk *adj, adv* (de façon) inoubliable
on·ver·hoeds *adj, adv* imprévu, à l'improviste; **zijn vijand ~ overvallen** attaquer son ennemi par surprise
on·ver·ho·len *adj, adv* non déguisé, sans fard
on·ver·hoopt[1] *adv* par malheur
on·ver·hoopt[2] *adj* inespéré
on·ver·kies·baar *adj* inéligible
on·ver·klaar|baar *adj, adv (-baarder, -baarst)* inexplicable(ment)
on·ver·kort *adj, adv* **1** intégral(ement); **iem ~ de waarheid zeggen** ne rien cacher à qn, dire son fait à qn **2** intact
on·ver·kwik·ke·lijk *adj* fâcheux; **een ~ begin** un début peu engageant
on·ver·licht *adj* sans éclairage
on·ver·meld *adj* non mentionné; **zijn naam mag niet ~ blijven** son nom ne peut être passé sous silence; **iets ~ laten** ne pas faire mention de qch
on·ver·mij·de·lijk *adj, adv* inévitable(ment); **dat loopt ~ fout** cela ne manquera pas de mal tourner; **het ~e van de dood** la fatalité de la mort
on·ver·mij·de·lijk|heid *nf (-heden)* inéluctabilité
on·ver·min·derd *adj, adv* intact, toujours
on·ver·moed *adj* insoupçonné

on·ver·moei|baar *adj, adv (-baarder, -baarst)* infatigable, inlassablement
on·ver·mo·gen *het* **1** impuissance **2** *(fin.)* insolvabilité
on·ver·murw|baar *adj (-baarder, -baarst)* intraitable
on·ver·saagd *adj, adv* intrépide(ment)
on·ver·schil·lig[1] *adj, adv* indifférent, avec indifférence; **dat laat mij volmaakt** ~ cela ne me fait ni chaud ni froid; ~ **zijn voor iem** éprouver de l'indifférence pour qn ♦ **een** ~ **aantal** un nombre quelconque
on·ver·schil·lig[2] *prép* quel que soit
on·ver·schil·lig·heid *nf* indifférence
on·ver·schrok·ken *adj, adv* hardi(ment)
on·ver·slijt·baar *adj* **1** inusable **2** *(fig.)* inaltérable
on·ver·staan|baar *adj, adv (-baarder, -baarst)* (de manière) incompréhensible
on·ver·stan·dig *adj, adv* (de façon) déraisonnable
on·ver·stoor|baar *adj, adv (-baarder, -baarst)* imperturbable(ment)
on·ver·taal·baar *adj* intraduisible
on·ver·teer·baar *adj, adv* (de manière) indigeste
on·ver·to·gen *adj* inconvenant; **een** ~ **woord** un gros mot
on·ver·valst *adj* authentique
on·ver·vang·baar *adj* irremplaçable
on·ver·vreemd·baar *adj, adv* (de façon) inaliénable
on·ver|wacht *adj, adv (-wachter, meest o.)* **1** inattendu, à l'improviste **2** accidentel(lement)
on·ver·wachts *adj, adv* brusque(ment)
on·ver·wijld *adj, adv* immédiat(ement)
on·ver·woest·baar *adj* **1** indestructible **2** *(fig.)* éternel
on·ver·za·dig·baar *adj* insatiable
on·ver·za|digd *adj (-digder, meest o.)* **1** non rassasié **2** *(phys.)* non saturé
on·ver·zet·te·lijk *adj, adv* inflexible, avec intransigeance; ~ **aan iets vasthouden** s'obstiner à; **een ~e wil** une volonté de fer
on·ver·zoen·lijk *adj, adv* irréconciliable(ment)
on·ver|zorgd *adj (-zorgder, meest o.)* **1** sans ressources **2** négligé
on·vind|baar *adj (-baarder, -baarst)* introuvable
on·vol·daan *adj* **1** non réglé **2** insatisfait
on·vol·doen·de *adj, adv* insuffisant, insuffisamment; **een** ~ une note au-dessous de la moyenne
on·vol·dra·gen *adj* **1** prématuré **2** immature
on·vol·groeid *adj* immature
on·vol·ko·men *adj* imparfait(ement)
on·vol·ko·men|heid *nf (-heden)* → **onvolmaaktheid**
on·vol·le·dig *adj, adv* **1** incomplet, incomplètement **2** partiel(lement)
on·vol·le·dig·heid *nf* **1** caractère incomplet **2** lacunes
on·vol·maakt *adj* imparfait
on·vol·maakt|heid *nf (-heden)* imperfection
on·vol·pre·zen *adj (form.)* incomparable
on·vol·tooid *adj* inachevé, *(ling.)* imperfectif
on·vol·waar·dig *adj* **1** insuffisant **2** déficient
on·vol·was·sen *adj, adv* **1** qui manque de maturité, comme un(e) adolescent(e) **2** *(jur.)* mineur **3** immature
on·voor·be·reid *adj, adv* non préparé, sans préparation; ~ **spreken** improviser
on·voor·de·lig *adj, adv* désavantageux, de manière désavantageuse
on·voor·spel|baar *adj, adv (-baarder, -baarst)* (de manière) imprévisible
on·voor·stel|baar *adj, adv (-baarder, -baarst)* (de façon) inimaginable
on·voor·waar·de·lijk *adj, adv* inconditionnel(lement); **iem** ~ **geloven** croire qn sans réserve
on·voor·zich·tig *adj, adv* imprudent, imprudemment
on·voor·zien *adj, adv* **1** imprévisible(ment) **2** (de façon) imprévu(e)
on·vre·de *de* **1** mécontentement **2** discorde; **in** ~ **leven** vivre en mauvaise entente
on·vrien·de·lijk *adj, adv* désobligeant, avec désobligeance
on|vrij *adj (-vrijer, meest o.)* **1** opprimé; **wij voelden ons** ~ **in onze bewegingen** nous nous sentions gênés dans nos mouvements **2** exposé à la vue de tout le monde **3** réglementé
on·vrij·wil·lig *adj, adv* involontaire(ment)
on·vrucht|baar *adj (-baarder, -baarst)* **1** infertile **2** stérile
on·waar *adj* **1** faux **2** feint **3** trompeur
on·waar·dig *adj, adv* indigne(ment)
on·waar|heid *nf (-heden)* **1** mensonge **2** fausseté
on·waar·schijn·lijk *adj, adv* **1** invraisemblable **2** improbable **3** incroyable(ment)
on·waar·schijn·lijk|heid *nf (-heden)* invraisemblance
on·wan·kel|baar *adj, adv (-baarder, -baarst)* imperturbable(ment)
on|weer *het (-weren)* orage; **het** ~ **komt opzetten** l'orage menace ♦ *(fig.)* **het** ~ **is niet van de lucht** il (elle, on) continue à tempêter, les nuages sont toujours menaçants
on·weer·ach·tig *adj* orageux
on·weer·leg|baar *adj, adv (-baarder, -baarst)* irréfutable(ment)
on·weers·bui *de (-en)* averse (orageuse)
on·weer·staan|baar *adj, adv (-baarder, -baarst)* irrésistible(ment)
on·wel *adj* indisposé; ~ **zijn** se trouver mal
on·wel·ge·val·lig *adj* importun

on·wel·kom *adj* **1** importun **2** désagréable; **~e uitgaven** dépenses inopportunes; **niet ~ zijn** être le bienvenu
on·wel·wil·lend *adj, adv* désobligeant, avec désobligeance
on·wen·nig *adj, adv* dépaysé, mal à l'aise
on·we·ren *vb impers (h. geonweerd)* faire de l'orage
on·wer·ke|lijk *adj (-lijker, meest o.)* irréel
on·we·tend *adj* **1** ignorant **2** inconscient
on·we·tend·heid *nf* ignorance; **uit, door ~** par ignorance
on·we·ten·schap·pe·lijk *adj, adv* (d'une manière) ascientifique
on·wet·tig *adj, adv* **1** naturel **2** illégal(ement); **een ~ huwelijk** un mariage illégitime
on·we·zen·lijk *adj* → **onwerkelijk**
on|wijs *adj, adv (-wijzer, -wijst)* **1** idiot(ement) **2** *(fam.)* vachement
on·wil *nm* mauvaise volonté
on·wil·le·keu·rig *adj, adv* involontaire(ment)
on·wil·lig *adj, adv* récalcitrant, de mauvaise volonté
on·wrik|baar *adj, adv (-baarder, -baarst)* **1** *(fig.)* inébranlable **2** irréfutable(ment)
onz. *(ling.) onzijdig* n.
on·zacht *adj, adv* dur(ement)
on·za·ke·lijk *adj, adv* **1** peu commercial(ement) **2** hors de propos
on·za·lig *adj, adv* funeste(ment)
on·ze·de·lijk *adj, adv* immoral(ement)
on·ze·de·lijk|heid *nf (-heden)* **1** immoralité **2** obscénité
on·ze·dig *adj, adv* indécent, indécemment
on·ze|ker *adj, adv (-kerder, -kerst)* **1** incertain, avec incertitude; **in het ~e verkeren** être dans l'incertitude **2** (de façon) hésitant(e) **3** variable(ment)
on·ze·ker|heid *nf (-heden)* incertitude
on·zelf·stan·dig *adj* dépendant
On·ze-Lie·ve-Heer *nm* **1** le bon Dieu; *(prov)* **~ heeft rare kostgangers** il faut de tout pour faire un monde **2** le Christ
on·ze·lie·ve·heers·beest·je *het (-s)* coccinelle
on·zer·zijds *adv (form.)* de notre part
on·ze·va·der *het (-s)* Pater; **~s bidden** dire des Pater
on·zicht|baar *adj (-baarder, -baarst)* invisible; *(iron.)* **hij bleef de hele dag ~** il ne s'est pas montré de la journée
on·zij·dig *adj* neutre
on·zin *nm* **1** absurdité; **je reinste ~** pure idiotie; **~ uitslaan, uitkramen, verkopen** dire des bêtises **2** folie
on·zin·de·lijk *adj, adv* **1** sale **2** *(fig.)* malpropre(ment) ♦ **dat kind is nog ~** cet enfant n'est pas encore propre
on·zin·nig *adj, adv* **1** (d'une manière) insensé(e) **2** extravagant, excessivement
on·zorg·vul·dig *adj, adv* négligent,. négligemment
on·zui|ver *adj, adv (-verder, -verst)* **1** impur **2** brut **3** (de manière) déviant(e); **~ zingen** chanter faux **4** (de manière) erroné(e)
on·zui·ver|heid *nf (-heden)* impureté
oog *het (ogen)* **1** œil; **een blauw ~** un œil au beurre noir; **het boze ~** le mauvais œil; **door het ~ van de naald kruipen** l'échapper belle; **zijn ogen gebruiken** ouvrir l'œil; **ogen hebben van voren en van achteren** avoir des yeux derrière la tête; **~ in ~ staan met** se trouver nez à nez avec; **heb je geen ogen in je hoofd?** tu n'as pas les yeux en face des trous?; **iem recht in de ogen zien, kijken** regarder qn en face; **iets met lede ogen aanzien** voir qch d'un mauvais œil; **met de ogen spreken** avoir des yeux expressifs; **het ~ van de naald** le chas de l'aiguille; **een gesprek onder vier ogen** un tête-à-tête; **een open ~ voor iets hebben** être sensible à qch; **haar ogen schieten vuur** ses yeux lancent des éclairs; **de ogen ten hemel slaan** lever les yeux en ciel; *(fig.)* **de ogen sluiten voor iets** fermer les yeux sur qch; **zijn ogen uitkijken (aan iets)** ne pas détacher les yeux (de qch); **iem de ogen uitsteken** faire mourir qn d'envie; **voor iemands ogen** sous les yeux (de qn); **het ~ wil ook wat** ± le plaisir des yeux compte aussi; **zijn ogen goed de kost geven** *(iron.)* ne pas avoir les yeux dans sa poche, se rincer l'œil; **zijn ogen aan iets te goed doen** repaître ses yeux de qch; **zijn ogen uit zijn hoofd kijken** se repaître de, à la vue de (qch) **2** (coup d')œil; **aan het ~ ontsnappen** se dérober à la vue; **iets aan het ~ onttrekken** masquer qch à la vue; **met een half ~ iets zien** entrevoir qch; **in het ~ lopen** se faire remarquer; **in het ~ houden** tenir à l'œil, *(ne pas oublier)* ne pas perdre de vue; **in het ~ krijgen** apercevoir; **in het ~ springen, vallen** sauter aux yeux; **het ~ over iets laten gaan** promener son regard sur qch; *(fig.)* **het ~ op iets laten vallen** avoir des desseins sur qch; **het ~ laten vallen op iem** jeter son dévolu sur qn; **onder iemands ogen komen** se présenter devant qn; **iets niet onder ogen willen zien** se mentir à soi-même; **iem iets onder het ~ brengen** faire observer qch à qn, essayer de faire comprendre qch à qn; **iets (de werkelijkheid) onder ogen zien** regarder qch (les choses) en face; **op het ~** à première vue; **iem/iets op het ~ hebben** avoir qn, qch en vue; **zover het ~ reikt** à perte de vue; **iem met schele ogen aankijken** être jaloux de qn; **uit het ~ raken** disparaître (aux yeux); **(ga) uit mijn ogen!** hors de ma vue!; *(prov)* **uit het ~, uit het hart** loin des yeux, loin du cœur; **iets voor ogen houden** garder qch à l'esprit; **iets voor ogen stellen** représenter qch, se représenter qch; **iem voor ogen staan** être présent à l'esprit de qn; **een doel voor ogen houden** poursuivre un but **3** *(sports)* point; **hoge ogen gooien** être bien placé (pour); **hij wierp, gooide**

zes ogen il a jeté un six ♦ **met het ~ op** en vue de; **met het ~ hierop** à cet effet; **iem naar de ogen zien** ramper devant qn
***oog-** oculaire; **de ooggetuige** le témoin oculaire
oog·ap·pel *nm (-s)* **1** chéri, -ie **2** globe oculaire
oog·arts *nm (-en)* oculiste
oog·con·tact *het* ♦ **~ hebben met elkaar** échanger des regards (éloquents)
oog·heel·kun·de *nf* ophtalmologie
oog·je *het (-s)* ♦ *(fig.)* **een ~ dichtknijpen, dichtdoen** fermer les yeux (sur qch); **een ~ hebben op** avoir des vues sur (qn), avoir (qch) en vue; **een ~ houden op** tenir à l'œil; **een ~ in het zeil houden** surveiller du coin de l'œil
oog·klep *de (-pen)* œillère
oog|lid *het (-leden)* paupière
oog·lui·kend *adv* ♦ **iets ~ toelaten, dulden** fermer les yeux sur qch
oog·merk *het (-en)* intention; **met het ~** dans l'intention (de)
oog·op·slag *nm* coup d'œil
oog·punt *het (-en)* point de vue; **uit het ~ van** du point de vue de
oog·scha·duw *de* fard à paupières
oogst *nm (-en)* récolte
oog·sten *vt (h. geoogst)* récolter
oog·stre·lend *adj* charmant
oog·ver·blin·dend *adj, adv* (de façon) éblouissant(e) ♦ **~ snel** prompt comme l'éclair
oog·ver·blin·ding *nf (Belg.)* attrape-nigaud
oog·wenk *nm (-en)* clin d'œil
ooi *nf (-en)* brebis
ooi·e·vaar *nm (-s)* cigogne
ooit *adv* jamais; **mocht ik ~ in Londen komen** si jamais je viens à Londres ♦ **wel heb je ~!** ça par exemple!
ook *adv* **1** aussi, *(négatif)* non plus; **als ~** ainsi que; **zo kun je er ~ over denken** c'est une opinion qui se défend; **ik ben er ~ nog!** et moi! on m'oublie!; **'t is ~ wat!** quelle affaire!; **~ een mop!** la bonne blague!; **ik ~ niet** moi non plus; *(iron.)* **dat is ~ een standpunt!** en voilà une idée! **2** même **3** vraiment; **hoe heet hij ~ alweer?** comment s'appelle-t-il déjà?; **hoe het ~ zij** de toute façon; **hoe dom hij ~ is** aussi bête qu'il soit; **wat u ~ zegt** vous avez beau dire; **wat er ~ gebeurt** quoiqu'il arrive; **wie (dan) ~** qui que ce soit **4** par conséquent; **zij heeft hard gewerkt, zij is dan ~ geslaagd** elle a travaillé dur, aussi a-t-elle réussi **5** il faut dire que; **zij is eindelijk geslaagd, zij had dan ~ hard gewerkt** elle a fini par réussir, il faut dire qu'elle avait travaillé dur **6** peut-être ♦ **~ al protesteert u** vous avez beau protester; **~ al is hij niet rijk** bien qu'il ne soit pas riche; **dat gezanik ~!** ces éternelles jérémiades!
oom *nm (-s)* oncle ♦ *(fam.)* **een hoge ~** une grosse légume
oor *het (oren)* **1** oreille; **voor dove oren preken** prêcher dans le désert; **geen oren hebben** faire la sourde oreille; **(geen) oren hebben naar, voor iets** (ne pas) être intéressé par qch; **iets in het ~, in de oren knopen** prendre bonne note de qch; **zijn ~ te luisteren leggen** écouter attentivement; *(Belg.)* **van z'n oren maken** faire des histoires; **slechts met één, een half ~ luisteren** n'écouter que d'une oreille; **de kogels vlogen ons om de oren** les balles sifflaient à nos oreilles; **op één ~ liggen** dormir; **iem de oren van het hoofd praten** assourdir qn de paroles; **met rode ~tjes luisteren** écouter de toutes ses oreilles; **met rode oren, ~tjes in iets lezen** être tout excité à la lecture de qch; *(Belg.)* **veel rond z'n oren hebben** avoir beaucoup à faire, avoir beaucoup de soucis; **de oren voor iets sluiten** se boucher les oreilles pour qch, *(fig.)* ne pas vouloir entendre qch; **de oren spitsen** tendre l'oreille *(aussi au fig.)*; **het is mij ter ore gekomen dat** j'ai appris que; **tot over de oren in de schulden zitten** être criblé de dettes; **tot over de oren verliefd zijn op iem** être follement amoureux de qn; **het zit tussen de oren** c'est dans le cerveau; **iem de oren van het hoofd vragen** accabler qn de questions; **voor het ~ waarneembaar** perceptible à l'ouïe; **één en al ~ zijn** être (tout yeux) tout oreilles **2** anse **3** corne ♦ **iem een ~ aannaaien** rouler qn; **het is op een ~ na gevild** c'est comme si c'était fait; *(fam.; Belg.)* **iem de oren van de kop zagen** casser les oreilles à qn
oor·arts *nm (-en)* otologiste
oor·bel *de (-len)* boucle d'oreille
oord *het (-en)* **1** endroit **2** lieu; *(fig.)* **een beter ~** l'au-delà
oor|deel *het (-delen)* **1** jugement; **dat laat ik aan uw ~ over** à vous de juger; **een ~ vellen** rendre un verdict; **een vernietigend ~** un jugement impitoyable **2** avis; **naar mijn ~** à mon avis; **naar ~ van de deskundige** selon l'expert; **van ~ zijn dat** être d'avis que **3** discernement; **een helder, gezond ~ hebben** avoir du jugement
oor·deel·kun·dig *adj, adv* judicieux, judicieusement
oor·de·len *vti (h. geoordeeld)* juger; **hij kan erover ~** il est bon juge en la matière; **naar zijn woorden te ~** à l'entendre; **te ~ naar** à en juger d'après
oor·kon·de *de (-n)* diplôme
oor·lel *de (-len)* lobe de l'oreille
oor·log *nm (-en)* guerre; **de allerlaatste ~** *(iron.)* la der des der(s); **in ~ raken** entrer en guerre; **in ~ met iem leven** être sur le pied de guerre avec qn; **~ voeren** faire la guerre
***oor·logs-** de guerre; **de oorlogsfilm** le film de guerre
oor·logs·slacht·of·fer *het (-s)* **1** victime de (la) guerre **2** mutilé de guerre
oor·logs·ver·le·den *het* passé pendant la guerre
oor·logs·zuch·tig *adj, adv* belliqueux, avec bellicisme
oor·log·voe·rend *adj* belligérant

oor·log·voe·ring *nf* (tactique de) guerre

oor·mer·king *nf (pol.)* assignation

oor·sprong *nm (-en)* origine; **de ~ van de Rijn** la source du Rhin

oor·spron·ke·lijk *adj, adv* **1** originel, à l'origine; **de ~e eigenaar** le premier propriétaire **2** (d'une manière) original(e); **beide boeken waren ~** les deux livres étaient authentiques

oor·spron·ke·lijk·heid *nf* originalité

oor·tje *het (-s)* oreillette ♦ **hij kijkt of hij zijn laatste ~ versnoept heeft** il a l'air tout penaud

oor|veeg *de (-vegen),* **-vijg** *de (-en)* gifle

oor·ver·do·vend *adj, adv* (d'une manière) assourdissant(e)

oor|zaak *nf (-zaken)* cause; **~ en gevolg** cause et effet

oor·za·ke·lijk *adj* causal

oost[1] *het/de* est; *(prov)* **~ west, thuis best** à chaque oiseau son nid semble beau

oost[2] *adj* de l'est

oost[3] *adv* vers l'est

oos·te·lijk *adj, adv* **1** de l'est; **een ~e wind** un vent d'est **2** vers l'est; **in ~e richting** vers l'est **3** à l'est **4** oriental

oos·ten *het* **1** est; **ten ~ van** à l'est de **2** Est **3** Orient; **het Nabije Oosten** le Proche-Orient; **het Verre Oosten** l'Extrême-Orient

Oos·ten·rijk *het* Autriche

oos·ter·bu·ren *plur* voisins de l'est

oos·ter·leng·te *nf* longitude est

oos·ter|ling *nm (-en),* **-linge** *nf (-n)* Oriental, -ale

oos·ters *adj* oriental

oost·waarts *adv* vers l'est

Oost·zee *de* mer Baltique

oot·je *het* ♦ **iem in het ~ nemen** faire marcher qn

oot·moe·dig *adj, adv (form.)* humble(ment)

op[1] *adv* en haut; **tegen iem op kunnen** valoir qn; **ik moet op** il faut que je me lève; **de straat op en neer lopen** aller et venir dans la rue; **het gaat met hem op en neer** il a des hauts et des bas ♦ **ik heb het niet op hem** je ne l'aime guère; **zit het er weer op?** alors, ça y est?

op[2] *adj* fini; **ik ben op** je suis à bout de forces, je suis levé; **het geld is op** il n'y a plus d'argent; **de soep op maken** finir le potage

op[3] *prép* **1** sur; **op zijn kamer** dans sa chambre; **op straat** dans la rue **2** à; **op een dag** un jour; **op maandag** (le) lundi; **op die manier** de cette façon; **op mijn wandeling** pendant ma promenade; **op zijn Frans** à la française **3** contre ♦ **tot op** jusqu'à

opa *nm (-'s)* grand-père

op·ba·ren *vt (h. opgebaard)* mettre en bière; **de overledene ligt opgebaard** le défunt est exposé

op·bel·len *vti (h. opgebeld)* appeler, *(Belg.)* sonner; **ik moet nog even ~** j'ai un coup de téléphone à donner

op·ber·gen *vt (h. opgeborgen)* ranger

op·beu·ren *vti (h. opgebeurd)* remonter le moral (de qn)

op·biech·ten *vt (h. opgebiecht)* confesser; **hij heeft alles opgebiecht** il a tout avoué

op·bie·den *vi (h. opgeboden)* surenchérir; **tegen iem ~** enchérir sur qn

op·bin·den *vt (h. opgebonden)* lier

op·blaas·baar *adj* gonflable

op·bla·zen *vt (h. opgeblazen)* **1** faire sauter **2** gonfler

op·blij·ven *vi (i. opgebleven)* veiller (tard)

op·bloei *nm* épanouissement

op·bloei·en *vi (i. opgebloeid)* **1** fleurir; **~d** *(fig.)* florissant **2** s'épanouir

op·bod *het* **1** surenchère **2** enchère

op·bok·sen *vi (h. opgebokst) (fam.) (+ tegen)* faire face (à)

op·bor·re·len *vi (i. opgeborreld)* bouillonner; **al die gedachten borrelden weer in hem op** toutes ces pensées lui revenaient à l'esprit; **water borrelt uit de grond op** l'eau surgit du sol en bouillonnant

op·bouw *nm* **1** construction **2** promotion; **de ~ van de economie** le redressement de l'économie **3** *(chim.)* synthèse **4** structure

op·bou·wen *vt (h. opgebouwd)* construire; **een klantenkring ~** se créer une clientèle; **een onderneming van de grond af ~** monter une entreprise à partir de rien; **het weefsel is uit cellen opgebouwd** le tissu est composé de cellules; **een vermogen ~** bâtir une fortune

op·bou|wend *adj (-wender, meest o.)* constructif

op·bran·den[1] *vi (h./i. opgebrand)* brûler entièrement

op·bran·den[2] *vt (h./i. opgebrand)* brûler *(du bois etc.)*

op·bre·ken[1] *vt (h./i. opgebroken)* démonter ♦ **de straat ~** dépaver la rue

op·bre·ken[2] *vi (h./i. opgebroken)* lever le camp ♦ **dit zal hem zuur ~** il le paiera cher

op·bren·gen *vt (h. opgebracht)* **1** rapporter **2** payer **3** appliquer ♦ **hij kon de moed niet meer ~ om ...** il n'avait plus le courage de ...

op·brengst *nf (-en)* **1** rapport; **de ~ van de avond bedroeg ...** la soirée a rapporté ... **2** récolte

op·da·gen *vi (i. opgedaagd)* apparaître; **komen ~** se présenter; **onverwacht komen ~** arriver à l'improviste

op·dat *conj* pour que

op·dek·ken *vt (h. opgedekt) (Belg.)* **1** mettre (la table, le couvert) **2** faire (le, son lit)

op·de·len *vt (h. opgedeeld)* diviser

op·die·nen *vti (h. opgediend)* servir *(des plats, des boissons)*

op·die·pen *vt (h. opgediept)* **1** retirer (qch) (de) **2** dénicher

op·dir·ken[1] *vt (h. opgedirkt) (fam.)* fagoter; **hij ziet er echt opgedirkt uit** il est ficelé comme l'as de pique

op·dir·ken² *vpr (zich ~; h. zich opgedirkt) (fam.; iron.)* se pomponner
op·dis·sen *vt (h. opgedist)* **1** *(fig.)* débiter **2** servir *(des repas)*
op·doe·ken¹ *vt (h./i. opgedoekt) (fam.)* liquider
op·doe·ken² *vi (h./i. opgedoekt) (fam.)* plier bagage
op·doe·men *vi (i. opgedoemd)* → **opdagen**
op·doen *vt (h. opgedaan)* **1** acquérir *(connaissance)* **2** attraper *(un rhume)* **3** obtenir **4** servir *(des plats, des boissons)* **5** *(bonnet, chapeau)* mettre **6** *(Belg.)* dépenser **7** apprendre *(une nouvelle, un événement)* **8** se mettre **9** (re)lever *(un col etc.)*
op·dof·fen *vpr (zich ~; h. zich opgedoft) (fam.)* → **opdirken²**
op·don·der *nm (-s)* **1** châtaigne; **iem een ~ verkopen** flanquer une châtaigne à qn **2** *(fig.)* coup dur; **hij heeft een flinke ~ gekregen** ça lui a fait un sale coup **3** moutard
op·don·de·ren *vi (i. opgedonderd) (vulg.)* foutre le camp
op·draai·en *vti (h./i. opgedraaid)* **1** remonter **2** visser ♦ **dan moet ik ervoor ~** c'est sur moi que ça retombe; **voor iets ~** faire les frais de qch; **voor al het werk ~** se taper tout le travail
op·dracht *de (-en)* **1** mission; **~ geven** charger (qn de faire qch); **in ~ van** sur l'ordre de; **een ~ krijgen** être chargé (de); **met de ~ om** avec mission de; **~ tot betaling** ordre de paiement; **een kunstenaar een ~ verstrekken** passer commande à un artiste **2** *(relig.)* consécration **3** dédicace
op·dracht|ge·ver *nm (-s)*, **-geefster** *nf (-s)* client
op·dra·gen *vt (h. opgedragen)* **1** monter (en portant) **2** *(+ aan)* offrir (qch à qn) **3** *(relig.)* consacrer **4** charger (qn de faire qch) **5** *(+ aan)* dédier
op·dra·ven *vi (i. opgedraafd)* venir ♦ **de trap ~** monter les marches quatre à quatre
op·dreu·nen *vt (h. opgedreund)* ânonner
op·drij·ven *vt (h./i. opgedreven)* **1** conduire **2** gonfler
op·drin·gen¹ *vi (h./i. opgedrongen)* s'avancer
op·drin·gen² *vt (h./i. opgedrongen)* imposer (qch à qn)
op·drin·gen³ *vpr (zich ~; h. zich opgedrongen)* s'imposer (à qn)
op·drin·ge·rig *adj, adv* importun(ément); **die man wordt ~** cet homme devient envahissant
op·drin·ken *vt (h. opgedronken)* **1** boire; **drink je melk op** finis ton lait **2** vider
op·dro·gen *vti (h./i. opgedroogd)* sécher
op·druk *nm (-ken)* surcharge; **een T-shirt met ~** un t-shirt avec impression
op·druk·ken *vt (h. opgedrukt)* **1** estampiller **2** pousser (vers le haut); *(sports)* **zich ~** faire des pompes

op·dui·ke·len *vt (h. opgeduikeld) (fam.)* → **opduiken² 2**
op·dui·ken¹ *vi (i./h. opgedoken)* **1** émerger **2** *(fam.)* resurgir **3** surgir
op·dui·ken² *vt (i./h. opgedoken)* **1** pêcher **2** *(fam.)* dénicher
op·du·vel *nm (-s) (fam.)* → **opdonder 1-2**
op·du·ve·len *vi (i. opgeduveld) (fam.)* ficher le camp
op·du·wen *vt (h. opgeduwd)* pousser
op·dwei·len *vt (h. opgedweild)* **1** essuyer avec une serpillière **2** passer la serpillière sur
op·een *adv (form.)* **1** l'un sur l'autre **2** l'un contre l'autre
op·een·ho·ping *nf (-en)* amas
op·eens *adv* tout à coup
op·een·sta·pe·len *vt (h./i. opeengestapeld)* empiler; **ongelukken stapelen zich opeen** les malheurs se multiplient
op·een·sta·pe·ling *nf (-en)* amoncellement
op·een·vol·gen *vi (i. opeengevolgd)* se succéder
op·een·vol·ging *nf (-en)* suite
op·ei·sen *vt (h. opgeëist)* exiger; **een verantwoordelijkheid ~** revendiquer une responsabilité; **voor zich ~** s'adjuger; **de aandacht voor zich ~** mobiliser l'attention
open *adj, adv (opener, meest o.)* **1** ouvert(ement); **~ en bloot** au vu et au su de tout le monde; **~ wond** plaie à vif; **~ met iem zijn** être franc avec qn **2** en plein air **3** libre **4** décapotable
open·baar *adj, adv* **1** public, publiquement; **openbare kritiek** critique ouverte **2** manifeste(ment)
open·baar·heid *nf* publicité
open·baar·ma·king *nf* publication *(d'une nouvelle)*
open·baar·ver·voer·kaart *de (-en)* ⟨*carte annuelle des transports publics*⟩
open·ba·ren¹ *vt (h. geopenbaard)* révéler
open·ba·ren² *vpr (zich ~; h. zich geopenbaard)* **1** se révéler **2** se déclarer
open·ba·ring *nf (-en)* révélation; **de Openbaring van Johannes** l'Apocalypse
open·bar·sten *vi (i. opengebarsten)* éclater
open·bre·ken *vt (h./i. opengebroken)* forcer
open·doen *vti (h. opengedaan)* ouvrir
open·draai·en *vt (h. opengedraaid)* → **openen²**
ope·nen¹ *vi (h. geopend)* s'ouvrir
ope·nen² *vt (h. geopend)* ouvrir; **het gevecht ~** engager le combat
open·gaan *vi (i. opengegaan)* s'ouvrir
open·gooi·en *vt (h. opengegooid)* ouvrir violemment; **zijn jas ~** déboutonner vivement son manteau
open·ha·len *vt (h. opengehaald)* **1** déchirer **2** écorcher
open·har·tig *adj, adv* franc, franchement; **een ~ gesprek** un entretien ouvert
open·heid *nf* **1** franchise **2** largeur d'esprit

open·hou·den *vt (h. opengehouden)* **1** garder ouvert **2** réserver; **een betrekking** ~ laisser un poste vacant
ope·ning *nf (-en)* **1** ouverture; **de ~ van het parlementaire jaar** la rentrée parlementaire; **de ~ van een krant** l'article de tête d'un journal **2** inauguration ♦ **~ van zaken geven** donner tous les détails sur une affaire
open·krab·ben *vt (h. opengekrabd)* ouvrir en grattant ♦ **iemands arm** ~ égratigner le bras de qn
open·la·ten *vt (h. opengelaten)* **1** laisser ouvert **2** laisser libre **3** laisser en blanc; **een betrekking** ~ laisser un poste vacant; **de datum** ~ ne pas dater
open·leg·gen *vt (h. opengelegd)* **1** ouvrir **2** *(fig.)* étaler
open·lig·gen *vi (h. opengelegen)* **1** être ouvert **2** être découvert **3** être visible
open·lijk *adj, adv* **1** ouvert(ement); **iem ~ de waarheid zeggen** dire la franche vérité à qn **2** public, publiquement
open·ma·ken *vt (h. opengemaakt)* → **openen**[2]
open·ruk·ken *vt (h. opengerukt)* → **opengooien**
open·scheu·ren[1] *vt (h./i. opengescheurd)* ouvrir (en déchirant)
open·scheu·ren[2] *vi (h./i. opengescheurd)* s'ouvrir
open·schui·ven[1] *vt (h./i. opengeschoven)* ouvrir
open·schui·ven[2] *vi (h./i. opengeschoven)* s'ouvrir
open·slaan[1] *vi (h./i. opengeslagen)* s'ouvrir (brusquement)
open·slaan[2] *vt (h./i. opengeslagen)* ouvrir (avec force)
open·slaand *adj* ♦ **~e deuren** portes-fenêtres
open·snij·den *vt (h. opengesneden)* ouvrir
open·sper·ren *vt (h. opengesperd)* ouvrir tout grand
open·sprin·gen *vi (i. opengesprongen)* s'ouvrir brusquement
open·staan *vi (h. opengestaan)* **1** être ouvert **2** être impayé **3** être vacant ♦ ~ **voor kritiek** être ouvert à la critique
open·stel·len *vt (h. opengesteld)* ouvrir
op-en-top *adv* jusqu'au bout des ongles
open·trap·pen *vt (h. opengetrapt)* enfoncer (à coups de pied)
open·trek·ken *vt (h. opengetrokken)* **1** ouvrir (en tirant) **2** déboucher
open·val·len *vi (i./h. opengevallen)* s'ouvrir (en tombant); **zijn mond viel open van verbazing** il resta bouche bée de surprise
open·vou·wen *vt (h. opengevouwen)* déplier
open·zet·ten *vt (h. opengezet)* ouvrir
ope·ra·tie *nf (-s)* **1** opération **2** *(milit.)* manœuvres
ope·ra·tief *adj, adv* opératoire, en opérant; ~ **ingrijpen** pratiquer une intervention chirurgicale
op·eten *vt (h. opgegeten)* **1** manger; *(fig.)* **om op te eten zijn** être à croquer **2** dévorer
op·fleu·ren[1] *vi (h. opgefleurd)* se remonter
op·fleu·ren[2] *vt (h. opgefleurd)* (r)aviver
op·flik·ke·ren *vi (i. opgeflikkerd)* **1** *(fam.)* ficher le camp **2** flamber **3** *(fig.)* se raviver
op·fok·ken *vt (h. opgefokt)* **1** élever **2** *(moteur)* pousser **3** *(fam.)* bousculer *(fig.)*
op·fris·sen[1] *vi (h./i. opgefrist)* se rafraîchir
op·fris·sen[2] *vt (h./i. opgefrist)* rafraîchir
op·gaan *vi (i. opgegaan)* **1** monter; *(fig.)* **er gaan stemmen op** des voix se lèvent **2** se lever *(soleil)* **3** se rendre (à); **de straat** ~ sortir, *(manifestation)* descendre dans la rue **4** se présenter (à un examen) **5** tenir debout *(assertion, comparaison)* **6** *(+ in)* être absorbé (dans) **7** fusionner; **in de menigte** ~ se mêler à la foule ♦ **die wijn gaat vanavond nog wel op** nous finirons bien ce vin dans la soirée
op·gang *nm* **1** *(soleil)* lever **2** escalier; **vrije** ~ accès indépendant ♦ ~ **maken** être en vogue, avoir du succès
op·ga·ve *de (-n)* **1** indication **2** relevé **3** énoncé **4** épreuve **5** *(sports)* abandon
op·ge·bla·zen *adj* **1** enflé; **een ~ gevoel hebben** se sentir tout gonflé; *(fig.)* **een ~ stijl** un style ampoulé **2** suffisant
op·ge·brand *adj* à bout de forces
op·ge·fokt *adj (-er, -st)* stressé
op·ge·la|ten *adj (-tener, meest o.)* gêné
op·ge|lucht *adj, adv (-luchter, meest o.)* soulagé, avec soulagement; ~ **ademhalen** pousser un soupir de soulagement
op·ge|propt *adj, adv (-propter, meest o.)* bourré
op·ge|ruimd *adj, adv (-ruimder, meest o.)* enjoué, de bonne humeur
op·ge·scheept *adj* ♦ **met iem/iets ~ zijn** se retrouver avec qn, qch sur les bras
op·ge·scho·ten *adj* élancé ♦ **een ~ jongen** un grand adolescent
op·ge·smukt *adj* **1** enjolivé **2** artificiel
op·ge·to|gen *adj (-gener, meest o.)* enchanté; **de ~ toehoorders** les auditeurs ravis; ~ **van vreugde, van blijdschap** transporté de joie
op·ge·ven *vti (h. opgegeven)* **1** renoncer à; **het** ~ baisser les bras, donner sa langue au chat; **de hoop niet** ~ ne pas désespérer; **een zieke** ~ condamner un malade **2** donner; **sommen** ~ faire faire des problèmes **3** inscrire (à); **iem als vermist** ~ porter qn disparu; **zijn inkomsten ~ aan de belasting** déclarer ses revenus au fisc **4** rendre; **slijm** ~ cracher des glaires ♦ **hoog ~ van** dire merveilles de
op·ge·was·sen *adj (+ tegen)* de taille (à); **tegen iem ~ zijn** valoir qn; **tegen de omstandigheden ~ zijn** se montrer à la hauteur des circonstances
op·ge·wekt *adj, adv* gai(ement); **zich ~ voelen** avoir le cœur léger
op·ge·won|den *adj, adv (-dener, meest*

o.) **1** excité, avec excitation **2** *(montre)* remonté
op·ge·zet *adj* **1** enflé **2** empaillé ♦ *(Belg.)* ~ **zijn met iets** être ravi, fier de qch
op·ge·zwol·len *adj* → **opgezet 1**
op·gooi·en *vt (h. opgegooid)* lancer ♦ **een munt** ~ jouer à pile ou face
op·gra·ven *vt (h. opgegraven)* déterrer
op·gra·ving *nf (-en)* **1** exhumation **2** site archéologique
op·groei·en *vi (i. opgegroeid)* grandir; **de ~de generatie** la génération montante; **met iets opgegroeid zijn** avoir vu qch toute son enfance
op·ha·len *vt (h. opgehaald)* **1** lever **2** ramasser, *(qn)* aller chercher; **geld** ~ faire une collecte **3** évoquer **4** améliorer; **ik wil mijn Frans** ~ je veux reprendre mon français **5** raviver *(couleur)*
op·han·den ♦ **wat is er ~?** que se passe-t-il?; ~ **zijn** être proche
op·han·gen[1] *vi (h. opgehangen)* raccrocher
op·han·gen[2] *vt (h. opgehangen)* **1** accrocher; **de was** ~ mettre le linge à sécher **2** pendre ♦ **iem** ~ **aan een uitspraak** prendre qn au mot; **een raar verhaal** ~ raconter une drôle d'histoire
op·heb·ben *vt (h. opgehad)* **1** *(d'un chapeau)* porter **2** avoir bu, mangé; **wat** ~ être gris **3** *(+ met)* faire cas (de); *(Belg.)* **iem hoog** ~ tenir qn en haute estime; **veel ~ met iem** faire grand cas de qn **4** devoir préparer
op·hef *nm* bruit; **veel ~ maken over iets** faire toute une histoire de qch; **zonder veel** ~ sans tambour ni trompette
op·hef·fen *vt (h. opgeheven)* **1** lever; **het hoofd** ~ relever la tête; **een school** ~ fermer une école **2** abolir; **elkaar** ~ se neutraliser
op·hef·fing *nf (-en)* **1** suppression **2** liquidation
op·hef·ma·kend *adj (Belg.)* retentissant
op·hel·de·ren[1] *vi (h./i. opgehelderd)* **1** s'éclaircir **2** *(fig.)* s'éclairer
op·hel·de·ren[2] *vt (h./i. opgehelderd)* éclaircir; **een misverstand** ~ dissiper un malentendu
op·hel·de·ring *nf (-en)* éclaircissement; **iem ~ vragen** demander des explications à qn (sur qch)
op·he·me·len *vt (h. opgehemeld)* porter (qn) aux nues
op·hij·sen *vt (h. opgehesen)* lever
op·hit·sen *vt (h. opgehitst)* exciter; **het volk tegen de regering** ~ ameuter le peuple contre le gouvernement; ~ **tot wraak** inciter à la vengeance
op·hit·ser *nm (-s)* provocateur
op·hoe·pe·len *vi (i. opgehoepeld) (fam.)* → **opduvelen**
op·hoes·ten *vt (h. opgehoest)* cracher
op·ho·gen *vt (h. opgehoogd)* élever; **een land** ~ remblayer un terrain
op·ho·pen[1] *vt (h. opgehoopt)* entasser
op·ho·pen[2] *vpr (zich ~; h. zich opgehoopt)* s'accumuler
op·hou·den[1] *vi (h./i. opgehouden)* arrêter; **laten we erover** ~ n'en parlons plus; **zonder** ~ sans cesse; **niet van ~ weten** ne pas savoir s'arrêter
op·hou·den[2] *vt (h./i. opgehouden)* **1** tendre **2** garder; **zijn eer** ~ sauver son honneur **3** retenir **4** retarder; **het verkeer** ~ gêner la circulation **5** garder *(sur la tête)*
op·hou·den[3] *vpr (zich ~; h. zich opgehouden)* **1** séjourner; **zich in verdachte kringen** ~ fréquenter des milieux louches **2** *(+ met)* s'occuper (de)
opi·nie *nf (-s)* opinion
opi·um·kit *de (-ten)* fumerie (d'opium)
op·ja·gen *vt (h. opgejaagd)* **1** presser **2** *(fig.)* pousser **3** traquer **4** dresser (qn contre qn)
op·jui·nen *vt (h. opgejuind),* **opjutten** *vt (h. opgejut) (fam.)* → **opjagen 1**
op·ka·le·fa·te·ren *vt (h. opgekalefaterd),* **opkalfateren** *vt (h. opgekalfaterd) (fam.)* retaper; **zich** ~ se refaire la façade, se mettre sur son trente-et-un
op·kij·ken *vi (h. opgekeken)* **1** lever les yeux **2** *(+ tegen)* respecter; ~ **tegen iem** ± se sentir petit à côté de qn **3** être surpris; **daar zul je van** ~ ça va t'étonner; **ergens vreemd van** ~ être surpris par qch
op·kik·ke·ren[1] *vi (h./i. opgekikkerd)* se retaper; **daar zal je van** ~ ça va te retaper
op·kik·ke·ren[2] *vt (h./i. opgekikkerd)* remonter
op·kik·ker·tje *het (-s)* **1** remontant **2** petit remontant
op·klap·baar *adj* pliant
op·klap·pen *vt (h. opgeklapt)* relever
op·kla·ren *vi (i. opgeklaard)* s'éclaircir; **zijn gezicht klaarde op** son visage s'éclaira
op·klim·men *vi (i. opgeklommen)* **1** grimper **2** monter (en grade)
op·klop·pen *vt (h. opgeklopt)* **1** battre **2** grossir; **daar heb je hem weer met zijn opgeklopte verhalen** ça, c'est bien lui, il dramatise tout
op·knap·beurt *de (-en)* remise en état
op·knap·pen[1] *vi (h./i. opgeknapt)* se remettre
op·knap·pen[2] *vt (h./i. opgeknapt)* **1** retaper **2** régler ♦ **iem ~ met een rotklusje** refiler un sale boulot à qn
op·knap·pen[3] *vpr (zich ~; h. zich opgeknapt)* faire un brin de toilette
op·kno·pen *vt (h. opgeknoopt)* **1** pendre **2** nouer
op·ko·men *vi (i. opgekomen)* **1** monter **2** se lever **3** venir à l'esprit **4** naître **5** s'établir **6** *(dram.)* entrer en scène **7** se rendre (qp) **8** *(+ tegen)* s'élever (contre) **9** *(+ voor)* défendre **10** germer **11** *(Belg.; élections)* se présenter (à) ♦ **kom maar op als je durft!** viens ici, si tu oses!; **kom op, we gaan** allons-y
op·komst *nf* **1** *(soleil)* lever **2** affluence **3** entrée (en scène) **4** *(plantes)* croissance **5** *(fig.)* ascension; **een stad in** ~ une ville en plein développement **6** *(élections)* participation ♦ **die zaak is nog in** ~ cette affaire en est encore à sa phase initiale

op·ko·pen *vt (h. opgekocht)* acheter (massivement)
op·krab·be·len[1] *vi (h./i. opgekrabbeld)* **1** se (re)lever difficilement **2** escalader (qch) avec peine
op·krab·be·len[2] *vt (h./i. opgekrabbeld)* griffonner
op·kra·men *vi (i. opgekraamd) (Belg.)* plier bagage
op·kras·sen *vi (i. opgekrast) (fam.)* → **opduvelen**
op·krik·ken *vt (h. opgekrikt)* **1** soulever au cric **2** *(fig.)* rehausser
op·krop·pen *vt (h. opgekropt)* contenir; **alles in zichzelf** ~ garder tout en soi-même; **zijn tranen** ~ refouler ses larmes
op·laad·baar *adj* rechargeable *(batterie)*
op·laai·en *vi (i. opgelaaid)* flamber; **de ~de hartstochten** les passions qui se déchaînent
op·la·den *vt (h. opgeladen)* **1** charger **2** recharger; *(fig.)* **zich** ~ recharger ses accus
op·la·ge *de (-n)* tirage
op·lap·pen *vt (h. opgelapt)* **1** rafistoler **2** rapiécer
op·la·ten *vt (h. opgelaten)* **1** lâcher **2** lever
op·la·waai *nm (-en) (fam.)* torgnole
op·la·ze·ren *vi (i. opgelazerd) (fam.)* foutre le camp
op·leg·gen *vt (h. opgelegd)* imposer (qch à qn); **iem een rijverbod** ~ retirer son permis (de conduire) à qn
op·lei·den *vt (h. opgeleid)* former; **iem voor iets** ~ préparer qn à qch
op·lei·ding *nf (-en)* **1** formation **2** institut
op·le·pe·len *vt (h. opgelepeld)* manger avec une cuiller ♦ **boekenkennis** ~ étaler des connaissances livresques
op·let·ten *vi (h. opgelet)* faire attention; **opgelet!** attention!
op·let·tend *adj, adv* attentif, attentivement
op·le·ven *vi (i. opgeleefd)* revivre; **de handel leefde op** le commerce reprit
op·le·ve·ren *vt (h. opgeleverd)* **1** livrer **2** rapporter **3** produire; **gevaar** ~ présenter un danger; **het onderzoek leverde niets op** l'enquête n'a rien donné
op·le·ving *nf* reprise
op·le·zen *vt (h. opgelezen)* lire à haute voix
op·lich·ten[1] *vi (h./i. opgelicht)* s'éclaircir
op·lich·ten[2] *vt (h./i. opgelicht)* **1** soulever **2** escroquer
op·lich·ter *nm (-s),* **oplichtster** *nf (-s)* escroc
op·lik·ken *vt (h. opgelikt)* lécher
op·loop *nm* attroupement
op·lo·pen[1] *vi (h./i. opgelopen)* **1** monter *(aussi au fig.);* **dat kan aardig** ~ ça peut finir par chiffrer joliment **2** se mettre en route; **een stuk met iem** ~ faire un bout de chemin avec qn **3** *(Belg.; + met)* faire grand cas de **4** *(+ tegen)* heurter (qch); *(fig.)* **tegen iem** ~ tomber sur qn
op·lo·pen[2] *vt (h./i. opgelopen)* attraper
op·lo·pend *adj* **1** montant **2** en hausse, progressif
op·los·baar *adj* soluble
op·los·mid·del *het (-en)* solvant
op·los·sen[1] *vi (h./i. opgelost)* **1** se dissoudre **2** disparaître; **de mist loste zich op** le brouillard s'est dissipé
op·los·sen[2] *vt (h./i. opgelost)* **1** résoudre **2** régler **3** *(chim.; phys.)* (faire) dissoudre
op·los·sing *nf (-en)* **1** solution **2** règlement
op·luch·ten *vi (h. opgelucht)* soulager
op·luch·ting *nf* soulagement
op·luis·te·ren *vt (h. opgeluisterd)* agrémenter
opm. *opmerking* rem.
op·maak *nm* **1** *(imprim.)* mise en pages **2** décoration
op·ma·ken[1] *vt (h. opgemaakt)* **1** manger **2** arranger; **het bed** ~ faire le lit; **taarten** ~ décorer des gâteaux **3** maquiller **4** dépenser **5** faire *(le calcul de)* **6** dresser **7** *(imprim.)* mettre en pages **8** *(+ uit)* conclure (de); **ik kan er niet uit** ~ **(dat)** je ne peux pas en déduire (que) **9** *(Belg.)* monter (contre)
op·ma·ken[2] *vpr (zich ~; h. zich opgemaakt) (+ om, voor)* s'apprêter (à)
op·mars *de (-en)* progression; **in** ~ **zijn** avoir un succès grandissant
op·mer·ke·lijk *adj, adv* remarquable(ment)
op·mer·ken *vt (h. opgemerkt)* **1** remarquer **2** signaler
op·mer·king *nf (-en)* remarque; **op- en aanmerkingen maken** trouver à redire (à)
op·merk|zaam *adj, adv (-zamer, -zaamst)* attentif, attentivement; **iem op iets** ~ **maken** attirer l'attention de qn sur qch
op·me·ten *vt (h. opgemeten)* mesurer
op·mon·te·ren *vt (h. opgemonterd)* remonter le moral à
op·na·me *de (-n, -s)* **1** hospitalisation **2** *(cin.)* tournage **3** *(cin.)* plan **4** *(phot.)* photographie **5** enregistrement **6** insertion **7** *(d'argent)* retrait **8** *(agric.)* absorption *(par les racines)*
op·ne·men *vt (h. opgenomen)* **1** prendre; **iets ernstig** ~ prendre qch au sérieux; **200 euro** ~ retirer 200 euros; **het gesprek weer** ~ reprendre la conversation; ~ **in het ziekenhuis** hospitaliser; **het tegen iem** ~ s'attaquer à qn; **het voor iem** ~ prendre parti pour qn **2** se charger de; **zijn verdediging** ~ plaider sa cause **3** examiner **4** mesurer; **de gasmeter** ~ relever le compteur à gaz **5** *(film)* tourner **6** *(son)* enregistrer **7** *(+ in)* incorporer (dans) **8** assimiler; **iets goed in zich** ~ prendre bonne note de qch **9** *(téléphone)* répondre; **er wordt niet opgenomen** ça ne répond pas **10** nettoyer **11** absorber
op·nieuw *adv* **1** de nouveau **2** à nouveau; **helemaal** ~ **beginnen** recommencer à zéro

op·noe·men *vt (h. opgenoemd)* énumérer; **en noem maar op** et ainsi de suite
opoe *nf (-s)* (vieille) mémé
op·of·fe·ren *vt (h. opgeofferd)* sacrifier (à, pour)
op·of·fe·ring *nf (-en)* sacrifice; **zich grote ~en getroosten** faire de grands sacrifices
op·of·fe·rings·ge·zind *adj* qui a l'esprit de sacrifice
op·ont·houd *het* **1** séjour **2** contretemps
op·pak·ken *vt (h. opgepakt)* **1** ramasser; **de telefoon ~** décrocher **2** *(par la police)* arrêter **3** empaqueter
op·pas *nm (-sen)* **1** garde **2** baby-sitter
op·pas·sen *vi (h. opgepast)* **1** faire attention **2** garder
op·pep·pen *vt (h. opgepept) (fam.)* remonter
op·pep·per *de (-s) (fam.)* stimulant
op·per·best *adj, adv* excellent, très bien
op·per·be·vel *het* commandement en chef; **het ~ voeren** commander en chef
op·pe·ren *vt (h. geopperd)* avancer; **een plan ~** suggérer un projet
op·per·ge·zag *het* autorité suprême
op·per·hoofd *het (-en)* chef (de tribu)
op·per·huid *de (méd.)* épiderme
op·per·macht *de* pouvoir suprême
op·per·mach·tig *adj, adv* tout-puissant, souverainement
op·perst *adj* **1** supérieur **2** suprême
op·per·vlak *het (-ken)* → **oppervlakte**
op·per·vlak·kig *adj, adv* superficiel(lement)
op·per·vlak·kig|heid *nf (-heden)* **1** caractère superficiel **2** frivolité
op·per·vlak·te *nf (-n, -s)* surface
Op·per·we·zen *het* Etre suprême
op·peu·ze·len *vt (h. opgepeuzeld)* grignoter
op·pie·pen *vt (h. opgepiept) (fam.)* appeler par bip
op·pik·ken *vt (h. opgepikt)* **1** prendre (qn); **waar heb je dat opgepikt?** où as-tu déniché cela? **2** repêcher **3** apprendre **4** picorer ♦ **een uitzending ~** capter une émission
op·plak·ken *vt (h. opgeplakt)* **1** coller (sur) **2** *(fig.)* attacher (à)
op·poet·sen *vt (h. opgepoetst)* **1** retaper **2** *(fig.)* embellir; **een oud plan een beetje ~** requinquer un vieux projet
op·pom·pen *vt (h. opgepompt)* **1** gonfler *(un pneu, un matelas pneumatique)* **2** pomper
op·po·nent *nm (-en)* opposant, -ante
op·por·ren *vt (h. opgepord)* **1** aiguillonner **2** *(fig.)* pousser (à)
op·pot·ten *vt (h. opgepot)* amasser
op·prik·ken *vt (h. opgeprikt)* épingler ♦ **opgeprikte dames** dames guindées
op·ra·ke·len *vt (h. opgerakeld)* attiser *(aussi au fig.)*; **een oude twist ~** ranimer une vieille querelle
op·ra·pen *vt (h. opgeraapt)* ramasser; *(fig.)* **dat ligt niet voor het ~** cela ne se trouve pas sous le pas d'un cheval; *(fig.)* **men heeft het daar (maar) voor het ~** il n'y a qu'à se baisser pour en ramasser
op·recht *adj, adv* sincère(ment)
op·rich·ten[1] *vt (h. opgericht)* **1** fonder **2** dresser
op·rich·ten[2] *vpr (zich ~; h. zich opgericht)* se dresser; **zich ~ in bed** se relever dans son lit
op·rich·ter *nm (-s),* **oprichtster** *nf (-s)* fondateur, -trice
op·rich·ting *nf (-en)* **1** fondation; **een onderneming in ~** une entreprise en cours de formation **2** construction
op·rij·den *vti (h./i. opgereden)* **1** monter *(en voiture, en vélo etc.)* **2** s'engager (en roulant) dans, sur *(un terrain etc.)* ♦ **ik rijd deze auto helemaal op** je garde cette voiture jusqu'au bout
op·rij|laan *de (-lanen)* → **oprit 1**
op·rij·zen *vi (i. opgerezen)* **1** se dresser **2** naître *(fig.)*; **herinneringen rezen op in mijn geest** des souvenirs me venaient à l'esprit **3** surgir
op·ris·ping *nf (-en)* renvoi; **zure ~en hebben** avoir des aigreurs
op·rit *nm (-ten)* **1** allée **2** bretelle d'accès
op·roep *nm* **1** appel **2** convocation
op·roe·pen *vt (h. opgeroepen)* **1** appeler **2** appeler (au téléphone) **3** évoquer **4** soulever **5** *(Belg.)* réveiller
op·roep·kracht *nm (-en)* free-lance
op·roer *het (-en)* **1** révolte; **in ~ komen** se révolter; **in ~ brengen** pousser à la révolte **2** agitation
op·roe·rig *adj, adv* révolté, de façon séditieuse; **~e geschriften** écrits subversifs
op·roer|kraai·er, -stoker *nm (-s)* agitateur, -trice
op·roer·po·li·tie *nf* police antiémeute
op·ro·ken *vt (h. opgerookt)* **1** fumer **2** finir *(une cigarette)*
op·rol·len[1] *vi (h./i. opgerold)* s'enrouler; **zich ~** se ramasser en boule
op·rol·len[2] *vt (h./i. opgerold)* **1** (en)rouler **2** neutraliser
op·rot·ten *vi (i. opgerot) (fam.)* foutre le camp
op·rui·en *vt (h. opgeruid)* exciter (à); **het ~** l'incitation à la révolte; **het volk ~** inciter le peuple à la révolte
op·rui·end *adj* subversif
op·rui·men *vt (h. opgeruimd)* **1** ranger; *(fig.)* **dat ruimt op** ça soulage; **de tafel ~** débarrasser la table; **opgeruimd staat netjes** bon débarras **2** solder
op·rui·ming *nf (-en)* soldes
op·ruk·ken *vi (h./i. opgerukt)* progresser
op·schar·re·len *vt (h./i. opgescharreld)* dénicher; **een meisje ~** se dégoter une fille
op·sche·pen *vt (h. opgescheept)* ♦ **met iets opgescheept zitten** se retrouver avec qch sur les bras; **iem met iem/iets ~** mettre qn, qch sur le dos à qn
op·schep·pen[1] *vt (h. opgeschept)* **1** ra-

masser à la pelle; **het geld voor het ~ hebben** ramasser l'argent à la pelle **2** *(nourriture)* servir
op·schep·pen² *vi (h. opgeschept) (+ over)* se vanter (de)
op·schep·per *nm (-s),* **opschepster** *nf (-s)* vantard, -arde
op·schep·pe·rig *adj, adv* (avec) vantard(ise)
op·schie·ten *vi (h./i. opgeschoten)* **1** se dépêcher; **niet** ~ traîner **2** avancer; **daar schiet ik niets mee op** ça ne m'avance pas **3** s'entendre (avec)
op·schor·ten *vt (h. opgeschort)* suspendre
op·schrift *het (-en)* **1** inscription; ~ **van een brief** adresse d'une lettre **2** titre *(d'un livre, d'un document)*
op·schrijf·boek·je *het (-s)* carnet
op·schrij·ven *vt (h. opgeschreven)* noter; **schrijf het maar (voor mij) op** mettez-le sur mon compte
op·schrik·ken¹ *vi (h./i. opgeschrikt)* sursauter; **uit zijn slaap** ~ se réveiller en sursaut
op·schrik·ken² *vt (h./i. opgeschrikt)* effaroucher
op·schroe·ven *vt (h. opgeschroefd)* **1** faire monter (en vissant) **2** grossir (qch); **een opgeschroefde stijl** un style ampoulé **3** visser (sur)
op·schud·ding *nf (-en)* agitation; **in ~ brengen** mettre en émoi
op·schui·ven¹ *vi (h./i. opgeschoven)* **1** se pousser **2** être remis à plus tard
op·schui·ven² *vt (h./i. opgeschoven)* **1** pousser (qch) **2** remettre
op·slaan¹ *vi (h./i. opgeslagen)* monter
op·slaan² *vt (h./i. opgeslagen)* **1** entreposer **2** *(sports)* servir **3** lever (les yeux) **4** *(inform.)* mémoriser **5** retrousser
op·slag *nm (-en)* **1** augmentation *(salaire etc.)* **2** *(sports)* service **3** stockage **4** entrepôt
***op·slag-** de stockage; **de opslagkosten** les frais de stockage
op·slob·be·ren *vt (h. opgeslobberd),* **opslokken** *vt (h. opgeslokt)* avaler *(liquide)*; **onderneming die enorme sommen geld opslokt** entreprise qui engouffre des sommes énormes
op·slor·pen *vt (h. opgeslorpt)* **1** aspirer **2** absorber
op·slui·ten¹ *vt (h. opgesloten)* **1** enfermer **2** être impliqué
op·slui·ten² *vpr (zich ~; h. zich opgesloten)* s'enfermer
op·slui·ting *nf* enfermement; **eenzame ~** isolement cellulaire
op·smuk *nm* parure; **zonder** ~ sans apprêt
op·smuk·ken *vt (h. opgesmukt)* **1** parer **2** *(fig.)* embellir; **zijn stijl** ~ surcharger son style
op·snor·ren *vt (h. opgesnord) (fam.)* → **opvissen 2**
op·snui·ven *vt (h. opgesnoven)* respirer
op·so·de·mie·te·ren *vi (i. opgesodemieterd) (fam.)* → **oplazeren**
op·sol·fe·ren *vt (Belg.)* ♦ **iem iets** ~ mettre qch sur les bras à qn
op·som·men *vt (h. opgesomd)* énumérer
op·spa·ren *vt (h. opgespaard)* **1** économiser **2** mettre de côté; **opgespaarde rancune** rancune accumulée
op·spat·ten *vi (i. opgespat)* gicler
op·spel·den *vt (h. opgespeld)* épingler
op·spe·len *vi (h. opgespeeld)* s'emporter (contre); **mijn maag speelt op** mon estomac fait des siennes
op·spo·ren *vt (h. opgespoord)* **1** découvrir; **een misdadiger** ~ dépister un criminel **2** *(chasse)* quêter
op·spo·ring *nf (-en)* recherche; ~ **verzocht** on recherche
op·spo·rings·dienst *nm* police judiciaire
op·spraak *de* ♦ **in ~ komen** être compromis; **in ~ brengen** mettre en cause
op·sprin·gen *vi (i. opgesprongen)* bondir; **iem doen** ~ faire sursauter qn
op·spui·ten *vi (i. opgespoten)* jaillir
op·staan *vi (i./h. opgestaan)* **1** se lever; **van tafel** ~ quitter la table; ~ **voor iem** céder sa place à qn; **~!** debout! **2** *(cuis.)* être sur le feu **3** ressusciter **4** se révolter (contre)
op·staand *adj* relevé
op·stand *nm (-en)* révolte; **in ~ komen tegen** se révolter contre
op·stan·de|ling *nm (-en),* **-linge** *nf (-s, -n)* révolté, -ée
op·stan·dig *adj* **1** révolté **2** réfractaire; **een ~ kind** un enfant récalcitrant
op·stan·ding *nf* résurrection
op·stap *nm (-pen)* marche
op·sta·pe·len¹ *vt (h./i. opgestapeld)* entasser
op·sta·pe·len² *vpr (zich ~; h. zich opgestapeld)* s'accumuler
op·stap·pen *vi (i. opgestapt)* **1** lever l'ancre **2** monter (sur)
op·star·ten *vt (h. opgestart)* **1** mettre en marche **2** amorcer **3** *(inform.)* ouvrir
op·ste·ken¹ *vi (h./i. opgestoken) (vent)* se lever
op·ste·ken² *vt (h./i. opgestoken)* **1** lever **2** apprendre **3** allumer **4** relever *(cheveux)* **5** *(Belg.; enseign.)* souffler
op·ste·ker *nm (-s),* **opstekertje** *het (-s)* aubaine
op·stel *het (-len)* **1** article **2** *(enseign.)* rédaction
op·stel·len¹ *vt (h. opgesteld)* **1** placer **2** ébaucher; **een theorie** ~ élaborer une théorie **3** rédiger
op·stel·len² *vpr (zich ~; h. zich opgesteld)* **1** se placer; **zich verdekt** ~ se mettre en embuscade **2** adopter une attitude
op·stel·ling *nf (-en)* **1** disposition **2** prise de position **3** *(milit.)* formation **4** *(sports)* composition (de l'équipe)
op·stij·gen *vi (i. opgestegen)* monter; **het vliegtuig steeg op** l'avion décolla

op·sto·ken *vt (h. opgestookt)* **1** activer **2** brûler (complètement) **3** animer (contre)
op·stoot·je *het (-s)* bagarre
op·stop·ping *nf (-en)* **1** obstruction **2** embouteillage
op·strij·ken *vt (h./i. opgestreken)* ramasser
op·stro·pen *vt (h. opgestroopt)* retrousser
op·stui·ven *vi (h./i. opgestoven)* **1** s'élever en tourbillons **2** poudroyer *(neige)* **3** monter sur ses grands chevaux
op·stu·ren *vt (h. opgestuurd)* envoyer
op·ta·ter *nm (-s)* beigne
op·te·ke·nen *vt (h. opgetekend)* noter
op·tel·len *vt (h. opgeteld)* additionner; **iets bij iets anders** ~ additionner qch à qch
op·tie *nf (-s)* option
op·til·len *vt (h. opgetild)* soulever; **til je voet eens op** lève le pied
op·tisch *adj* optique; ~ **bedrog** illusion d'optique
op·tocht *nm (-en)* cortège
op·tor·nen *vi (h./i. opgetornd) (+ tegen)* lutter (contre)
op·tre·den[1] *het (-s)* **1** comportement **2** représentation **3** *(radio, télé)* prestation
op·tre·den[2] *vi (i. opgetreden)* **1** jouer (un rôle) dans **2** servir (de) **3** (ap)paraître **4** intervenir; **streng** ~ **tegen iem** sévir contre qn
op·trek·je *het (-s)* pied-à-terre
op·trek·ken[1] *vi (h./i. opgetrokken)* **1** se rendre (à) **2** démarrer **3** *(milit.)* marcher (sur, contre) **4** *(+ met)* être (avec); **ze trekken met elkaar op** ils sont souvent ensemble **5** se dissiper
op·trek·ken[2] *vt (h./i. opgetrokken)* **1** hisser; **zijn benen** ~ replier les jambes; **de wenkbrauwen** ~ lever les sourcils **2** élever **3** augmenter *(salaires)* ♦ **zich aan iem** ~ ± prendre qn comme modèle
op·trom·me·len *vt (h. opgetrommeld)* mobiliser
op·tui·gen *vt (h. opgetuigd)* **1** décorer **2** *(mar.)* armer **3** *(une monture)* harnacher
op·tut·ten *vt (h. opgetut)* pomponner
opus *het (opera, opussen)* **1** *(mus.)* opus **2** œuvre
op·val·len *vi (i. opgevallen)* frapper; ~ **door zijn moed** se signaler par son courage
op·val·lend *adj, adv* remarquable, particulièrement
op·vang *nm* accueil
op·van·gen *vt (h. opgevangen)* **1** attraper **2** percevoir; **flarden van een gesprek** ~ saisir des bribes d'une conversation **3** s'occuper de **4** capter **5** recueillir **6** compenser; **een klap** ~ parer un coup
op·va·ren·de *nm (-n)* passager, -ère
op·vat·ten *vt (h. opgevat)* **1** prendre **2** se mettre (à) **3** concevoir; **haat** ~ **tegen iem** se mettre à haïr qn; **liefde** ~ **voor** se prendre d'amour pour
op·vat·ting *nf (-en)* **1** idée **2** opinion; **naar mijn** ~ à mon avis
op·ve·gen *vt (h. opgeveegd)* balayer
op·ve·ren *vi (i. opgeveerd)* → **opspringen**
op·vij·ze·len *vt (h. opgevijzeld)* remonter
op·vis·sen *vt (h. opgevist)* **1** repêcher **2** *(fig.)* dénicher
op·vlam·men *vi (h./i. opgevlamd)* **1** s'enflammer; *(fig.)* **opnieuw** ~ se raviver **2** flamber
op·vlie·gen *vi (i. opgevlogen)* **1** s'envoler **2** bondir **3** s'emporter ♦ **hij mag voor mijn part** ~ pour moi, il peut aller au diable
op·vlie·gend *adj* (de manière) colérique
op·vlie·ging *nf (-en)* (bouffée de) chaleur
op·voed·baar *adj* éducable; **moeilijk opvoedbare kinderen** enfants caractériels
op·voe·den *vt (h. opgevoed)* éduquer
op·voe·der *nm (-s),* **opvoedster** *nf (-s)* **1** éducateur, -trice **2** *(Belg.; enseign.)* surveillant
op·voe·ding *nf (-en)* éducation
op·voed·kun·de *nf* pédagogie
op·voed·kun·dig *adj, adv* pédagogique(ment); **de** ~**e** le, la pédagogue
op·voe·ren *vt (h. opgevoerd)* **1** augmenter; **een motor** ~ gonfler un moteur; **tot een maximum** ~ porter au maximum **2** exécuter **3** *(impôt)* porter en déduction
op·voe·ring *nf (-en)* **1** représentation **2** intensification
op·vol·gen *vt (h./i. opgevolgd)* **1** suivre **2** succéder à **3** obéir à *(un ordre)*
op·vol·ger *nm (-s),* **opvolgster** *nf (-s)* successeur
op·vouw·baar *adj* pliant
op·vou·wen *vt (h. opgevouwen)* replier
op·vra·gen *vt (h. opgevraagd)* réclamer
op·vre·ten[1] *vt (h. opgevreten) (fam.)* dévorer; **opgevreten worden van de zenuwen** être à bout de nerfs
op·vre·ten[2] *vpr (zich ~; h. zich opgevreten) (fam.)* se ronger
op·vrij·en *vt (h. opgevrijd)* **1** exciter **2** courtiser **3** flatter
op·vro·lij·ken *vt (h. opgevrolijkt)* égayer
op·vul·len *vt (h. opgevuld)* **1** remplir **2** bourrer
op·waai·en *vti (h./i. opgewaaid)* s'envoler
op·waar·de·ren *vt (h. opgewaardeerd)* réévaluer
op·waarts *adj, adv* **1** ascendant, en haut **2** (en) montant
op·wach·ten *vt (h. opgewacht)* attendre (qn)
op·wach·ting *nf* ♦ **zijn** ~ **bij iem maken** présenter ses respects à qn
op·war·men[1] *vt (h./i. opgewarmd)* **1** réchauffer **2** *(fig.)* réveiller
op·war·men[2] *vi (h./i. opgewarmd)* chauffer
op·war·men[3] *vpr (zich ~; h. zich opgewarmd) (sports)* s'échauffer
op·we·gen *vi (h. opgewogen)* **1** (équi)valoir (qch); ~ **tegen** faire bonne mesure par rapport à **2** contrebalancer (qch)
op·wek·ken *vt (h. opgewekt)* **1** exciter

2 produire *(énergie)* **3** ressusciter **4** inciter (à)
op·wek·kend *adj, adv* **1** divertissant **2** (de manière) stimulant(e)
op·wel·len *vi (i. opgeweld)* jaillir
op·wel·ling *nf (-en)* **1** *(fig.)* accès **2** impulsion
op·wer·ken *vpr (zich ~; h. zich opgewerkt)* s'élever à force de travail
op·wer·pen[1] *vt (h. opgeworpen)* **1** lancer **2** soulever *(question)* **3** élever
op·wer·pen[2] *vpr (zich ~; h. zich opgeworpen)* se faire; **zich ~ als** s'ériger en ♦ **zich ~ tegen** s'élever contre
op·win·den[1] *vt (h. opgewonden)* **1** *(horloge, montre)* remonter **2** bobiner **3** exciter
op·win·den[2] *vpr (zich ~; h. zich opgewonden)* s'exciter; **zich ~ over iem/iets** se mettre en colère contre qn, qch
op·win·ding *nf (-en)* excitation; **van ~ wist zij niet, wat zij deed** dans son émoi, elle ne savait pas ce qu'elle faisait
op·za·de·len *vt (h. opgezadeld)* seller ♦ **iem met iets ~** imposer qch à qn, à qn de faire qch
op·zeg *nm (Belg.)* **1** préavis; **zijn ~ krijgen** être licencié **2** délai de préavis
op·zeg·gen *vt (h. opgezegd)* **1** annuler; **met drie maanden ~** donner un préavis de trois mois **2** réciter
op·zeg·ging *nf (-en)* **1** annulation **2** délai de préavis
op·zet[1] *nm* **1** organisation; **de ~ van een roman** la trame d'un roman **2** projet
op·zet[2] *het* dessein; **boze ~** acte de malveillance; **met ~** à dessein; **zonder ~** involontairement
op·zet·te·lijk *adj, adv* **1** volontaire, exprès **2** spécial, exprès
op·zet·ten[1] *vi (h./i. opgezet)* **1** enfler, *(eau)* monter **2** *(météo.)* surgir; **de mist komt ~** le brouillard se lève
op·zet·ten[2] *vt (h./i. opgezet)* **1** mettre **2** commencer **3** empailler **4** *(+ tegen)* dresser (qn contre)
op·zicht *het (-en)* égard; **in ieder ~** à tous (les) égards; **in zeker ~** dans un sens; **in moreel ~** sur le plan moral; **ten ~e van** à l'égard de, par rapport à
op·zich·ter *nm (-s)* surveillant, -ante
op·zich·tig *adj, adv* (d'une manière) voyant(e)
op·zich·zelf·staand *adj* isolé
op·zien[1] *het* ♦ **(veel) ~ baren, wekken, maken** faire sensation
op·zien[2] *vi (h. opgezien)* **1** lever les yeux; *(fig.)* **daar zullen ze van ~** ils ouvriront de grands yeux **2** *(+ tegen)* appréhender (de faire qch) **3** *(+ tegen)* avoir de l'admiration (pour qn); **hoog tegen iem ~** avoir une grande admiration pour qn
op·zien·ba·rend *adj* retentissant
op·zie·ner *nm (-s)* → **opzichter**
op·zij *adv* **1** de côté; **ga eens een eindje ~** pousse-toi un peu; **iem van ~ zien** voir qn de profil **2** à l'écart
op·zit·ten *vi (h. opgezeten)* ♦ **hij heeft er vijf jaar ~** il vient de faire cinq ans de prison; *(Belg.)* **het zit erop** il y a du grabuge; **het zit erop** c'est fini; **daar zit niets anders op** il n'y a rien à faire
op·zoe·ken *vt (h. opgezocht)* **1** (re)chercher **2** aller voir (qn) **3** s'installer à
op·zui·gen *vt (h. opgezogen)* **1** aspirer; **limonade door een rietje ~** sucer, siroter de la limonade avec une paille **2** absorber
op·zwel·len *vi (i. opgezwollen)* (se) gonfler
op·zwe·pen *vt (h. opgezweept)* fouetter *(aussi au fig.)*
ora·kel *het (-s)* oracle
oran·je *adj* orange
Oran·je[1] *nm (-s)* prince, princesse d'Orange *(aux Pays-Bas)*
Oran·je[2] *het (-s)* **1** Maison d'Orange *(aux Pays-Bas)*; **~ boven!** vive (la Maison d')Orange! **2** *(sports)* équipe (nationale) des Pays-Bas
Oran·je·ge·zind *adj* orangiste
Oran·je·huis *het* → **Oranje**[2] **1**
oran·je·kleur *de* **1** orange **2** *(Pays-Bas)* drapeau orange *(de la Maison d'Orange)*
ora·tie *nf (-s)* discours
ora·to|ri·um *het (-ria)* **1** *(mus.)* oratorio **2** *(cathol.)* oratoire
or·de *de (-n, -s)* ordre *(tous les sens)*; **iets aan de ~ stellen** soulever un problème; **dat komt later aan de ~** nous traiterons cela plus tard; **toeristische attractie van de eerste ~** haut-lieu touristique; **zij kan goed ~ houden in de klas** elle sait faire régner la discipline dans sa classe; **in ~** d'accord; **alles in ~** tout va bien; **iets in ~ maken** régler qch; **ik ben weer in ~** je suis tout à fait rétabli; **in goede ~ ontvangen** reçu en bon état; **alles zal wel in ~ komen** tout s'arrangera; **hij is niet helemaal in ~** il est mal fichu; **dat is van later ~** cela viendra plus tard; **~ op zaken stellen** remettre une affaire en ordre
or·de·lijk *adj, adv* **1** rangé, en ordre **2** réglé, d'une manière régulière **3** ordonné, en ordre; **~ werken** travailler avec méthode; **~ zijn** avoir (le sens) de l'ordre
or·de|loos *adj, adv (-lozer, -loost)* désordonné, en désordre
or·de·nen *vt (h. geordend)* ranger
or·de·ning *nf (-en)* rangement ♦ **ruimtelijke ~** aménagement du territoire
or·den·te·lijk *adj, adv* **1** convenable(ment) **2** *(prix)* raisonnable(ment)
or·der *het/de (-s)* ordre *(tous les sens)*; **een ~ plaatsen** faire, passer une commande
or·de·ver·sto·ring *nf (-en)* atteinte à l'ordre public
or·di|nair [ɔrdinɛːr] *adj, adv (-nairder, -nairst)* **1** banal(ement) **2** vulgaire(ment)
ord·ner *nm (-s)* classeur
or|gaan *het (-ganen)* organe *(tous les sens)*; **de organen van de Staat** les organismes de l'Etat
or·ga·ni·sa·tie *nf (-s)* organisation *(tous les sens)*; **een politieke ~** une formation politique

or·ga·ni·sa·to·risch *adj, adv* d'organisateur, d'organisatrice, du point de vue de l'organisation
or·ga·ni·se·ren *vt (h. georganiseerd)* **1** organiser **2** *(fam.)* chiper
or·gel *het (-s)* orgue
ori·ën·te·ren *vt (h. georiënteerd)* **1** orienter; **zich ergens niet meer kunnen** ~ ne plus se reconnaître qp **2** informer
ori·gi|neel [oriʒinel] *adj, adv (-neler, -neelst)* **1** original, à l'origine **2** (avec) original(ité)
or|kaan *nm (-kanen)* ouragan
or·kest *het (-en)* orchestre
or·naat *het* costume d'apparat; *(iron.)* **in vol** ~ en grande pompe
os *nm (-sen)* **1** bœuf; **slapen als een os** dormir comme une souche; *(fig.)* **de ossen achter de ploeg spannen** mettre la charrue avant les bœufs; *(Belg.)* **van de os op de ezel springen** passer du coq à l'âne **2** imbécile
os·ten·ta|tief *adj, adv (-tiever, -tiefst)* ostensible(ment)
O.T. *Oude Testament* AT
ou·bol·lig *adj* vieillot
oud *adj* **1** âgé de; **zij is 2 jaar ~er dan ik** elle a 2 ans de plus que moi; **de ~en van dagen** les personnes âgées; **even ~ zijn als ...** être du même âge que ...; ~ **genoeg zijn om ...** être en âge de ...; **~er worden** vieillir **2** vieux; **de ~e dag** la vieillesse; *(prov)* **zoals de ~en zongen, piepen de jongen** bon chien chasse de race; **~e rommel** du bric-à-brac; **vroeg** ~ vieux avant l'âge **3** classique ♦ **zij is nog niet helemaal de ~e** elle est encore convalescente; **alles blijft bij het ~e** il n'y a rien de changé; *(subst.)* ~ **en jong** tout le monde; *(subst.)* ~ **en nieuw vieren** fêter la Saint-Sylvestre
***oud-** ancien; **de oud-strijder** l'ancien combattant
oud·bak·ken *adj* **1** rassis **2** dépassé
ou·de·dags·voor·zie·ning *nf (-en)* (pension de) retraite
ou·de|jaar *het,* **-jaarsavond** *nm (-en)* Saint-Sylvestre
ou·de·lui *plur (fam.)* vieux *(parents)*
ou·der *nm (-s)* parent
ou·der·dom *nm* **1** âge **2** vieillesse; *(prov)* **de ~ komt met gebreken** la vieillesse est chagrine
***ou·der·doms-** de vieillesse
ou·de·re·jaars *nm* ancien *(étudiant)*
ou·de·ren *plur* plus âgés
ou·der·lief·de *nf* amour des parents
ou·der·lijk *adj* paternel; **de ~e macht** l'autorité parentale
ou·der|ling *nm (-en),* **-linge** *nf (-s, -n) (prot.)* ancien *(membre du conseil presbytéral)*
ou·der·loos *adj* orphelin
ou·der·schap *het* (fait d')être parent(s)
ou·der|wets *adj, adv (-wetser, meest o.)* **1** vieux jeu, comme dans le temps **2** *(fig.)* bon, valablement
ou·de·wij·ven·praat *nm (fam.)* radotage de bonnes femmes
oud|heid *nf (-heden)* antiquité; **de klassieke** ~ l'antiquité gréco-romaine
oud·heid·kun·dig *adj* archéologique; ~ **museum** musée d'archéologie
oud·je *het (-s)* vieux, vieille
oud·oom *nm (-s)* grand-oncle
oud·ro·ze *adv* vieux rose
ouds·her *adv* ♦ **van** ~ de tout temps
oud·ste *nm (-n)* **1** aîné, -ée **2** ancien, -ienne
oud·tan·te *nf (-s)* grand-tante
ou·we *nm (-n) (fam.)* vieux *(patron, père)* ♦ *(fam.)* **gouwe** ~ *(mus.)* vieux machin
ou·we·hoer *nm (fam.)* casse-pied
ou·we·hoe·ren *vi (h. geouwehoerd) (fam.)* radoter
ou·we·lijk *adj, adv* (d'une manière) vieillot(te); **hij ziet er ~ uit** il fait vieux
ova·ti·o·neel *adj, adv* frénétique(ment)
oven *nm (-s)* four; *(fig.)* **'t is hier een ~!** c'est une fournaise!
oven·scho·tel *de (-s)* plat cuit au four
oven·vast *adj* résistant à la chaleur
over[1] *adj* passé
over[2] *adv* **1** à travers; **zij liep de gang** ~ elle traversa le couloir; ~ **en weer** de part et d'autre **2** de l'autre côté; **morgen gaan we** ~ on déménage demain; **mijn tante is gisteren ~ geweest** ma tante est venue nous voir hier; *(comm.)* **~!** terminé! ♦ **zij heeft nog wat tijd** ~ il lui reste un peu de temps; *(Belg.)* **daar kan ik niet van** ~ ça me dépasse; **te** ~ plus qu'il n'en faut
over[3] *prép* **1** sur; **zij heeft iets innemends ~ zich** elle a qch d'avenant **2** par **3** au-dessus de; ~ **de grens komen** franchir, passer la frontière **4** de l'autre côté de **5** *(durée)* dans **6** plus de; **het is ~ vieren** il est quatre heures passées
over·al *adv* **1** partout; ~ **ter wereld** aux quatre coins de la terre **2** *(+ prép.)* tout; **dat kind komt, zit ~ aan** cet enfant touche à tout; ~ **tegen bestand** à toute épreuve
over·all *nm (-s)* salopette
over·at, overaten → **overeten**
over·be·kend *adj* archiconnu
over·be·la·den, -belast *adj* surchargé
over·be·las·ten *vt (h. overbelast)* surcharger; **schoolkinderen** ~ surmener des écoliers
over·be·lich·ten *vt (h. overbelicht)* **1** *(phot.)* surexposer **2** *(fig.)* mettre trop en lumière
over·be·vol·king *nf* surpopulation
over·be·volkt *adj* surpeuplé
over·be·zet *adj* surchargé (de)
over·blijf·sel *het (-en)* **1** reste; **~en van heiligen** reliques **2** vestige
over·blij·ven *vi (i. overgebleven)* **1** rester **2** rester à faire; **er bleef ons niets anders over dan ...** il ne nous restait plus qu'à ... **3** *(enseign.)* être en demi-pension **4** *(enseign.)* être en retenue ♦ **~de planten** plantes vivaces
over·bluf·fen *vt (h. overbluft)* épater
over·bo·dig *adj, adv* superflu, trop
over·boord *adv* par-dessus bord; *(fig.)* **al-**

les ~ gooien ficher tout en l'air; **iets ~ gooien, werpen** laisser tomber qch
over·bren·gen *vt (h. overgebracht)* **1** transporter **2** transmettre
over·brie·ven *vt (h. overgebriefd)* rapporter
over·brug·gen *vt (h. overbrugd)* **1** jeter un pont sur **2** *(fig.)* jeter un pont entre; **een verschil in opvatting** ~ concilier deux opinions divergentes
over·brug·ging *nf (-en)* pont; *(fig.)* **ter** ~ pour faire la soudure
over·brug·gings·pe·ri·o·de *nf (-n, -s)* période de transition
over|buur *nm (-buren),* **overbuur|man** *nm (-lieden, -lui),* **overbuurvrouw** *nf (-en)* voisin, -ine d'en face
over·ca·pa·ci·teit *nf* surcapacité
over·com·pen·sa·tie *nf (-s)* surcompensation
over·com·pleet *adj* surnuméraire, *(aussi adv.)* de trop
over|daad *de,* **-dadigheid** *nf* **1** excès *(boisson, nourriture); (prov)* ~ **schaadt** l'excès en tout est un défaut **2** surabondance
over·dacht, overdachten → **overdenken**
over·da·dig *adj, adv* **1** excessif, excessivement **2** trop copieux, trop copieusement
over·dag *adv* le jour
over·dekt *adj* couvert *(bâtiment)*
over·den·ken *vt (h. overdacht)* réfléchir sur
over·den·king *nf (-en)* réflexion
over·doen *vt (h. overgedaan)* **1** refaire; *(fig.)* **wij gaan het (nog eens) dunnetjes** ~ on va remettre ça **2** céder **3** transvaser
over·don·de·ren *vt (h. overdonderd)* épater
over|do·sis *nf (-doses)* overdose
over·draag·baar *adj* transmissible
over·dracht *de (-en)* transmission
over·drach·te·lijk *adj, adv* (au (sens)) figuré
over·dra·gen *vt (h. overgedragen)* **1** transmettre *(aussi pouvoir);* **zijn gevoelens op iem anders** ~ reporter ses sentiments sur qn **2** remettre
over·dreef, overdreven → **overdrijven**[1]
over·dre·ven *adj, adv* exagéré(ment); ~ **vriendelijk zijn** être aimable à l'excès
over·drij·ven[1] *vti (h. overdreven)* exagérer
over·drij·ven[2] *vi (i. overgedreven)* passer *(p.ex. orage)*
over·druk·ken *vt (h. overgedrukt)* réimprimer
over·dui·de·lijk *adj, adv* plus qu'évident, de toute évidence
over·dwars *adj, adv* transversal(ement)
over·een·bren·gen *vt (h. overeengebracht)* concilier (avec)
over·een·ko·men[1] *vi (i. overeengekomen)* **1** *(+ met)* correspondre (à) **2** *(+ met)* s'accorder (avec) ♦ *(Belg.)* **goed ~ met iem** s'entendre avec qn
over·een·ko·men[2] *vt (i. overeengekomen)* **1** tomber d'accord **2** convenir
over·een·ko·mend *adj* **1** analogue **2** concordant
over·een·komst *nf (-en)* **1** ressemblance; **punten van ~ tussen twee zaken** points communs à deux affaires **2** analogie **3** accord; **in ~ met** conformément à; **volgens** ~ comme convenu
over·een·kom·stig[1] *adj* analogue (à)
over·een·kom·stig[2] *prép* conformément à
over·een·stem·men *vi (h. overeengestemd)* → **overeenkomen**[1] **1**
over·een·stem·ming *nf* accord; **partijen tot ~ brengen** concilier des parties; **zaken met elkaar in ~ brengen** accorder des choses; **in ~ met zijn principes handelen** agir conformément à ses principes; **zijn daden zijn niet in ~ met zijn woorden** ses actions démentent ses paroles; **tot ~ komen** se mettre d'accord
over·eind *adv* debout; *(fig.)* ~ **blijven** maintenir sa position; **een bedrijf weer ~ helpen** relever une entreprise; *(fig.)* **dat houdt hem** ~ ça le soutient; *(fig.)* **zijn haren gingen ~ staan** ses cheveux se hérissèrent
over·er·ven *vt (h./i. overgeërfd)* hériter (de)
over·eten *vpr (zich ~; h. zich overeten)* manger trop
over·gaan *vi (i. overgegaan)* **1** passer (sur) **2** passer (de … à) **3** passer dans la classe supérieure **4** se transformer (en); **griep die in een longontsteking overgaat** grippe qui tourne à la pneumonie **5** passer à; **ertoe ~ om …** se mettre en devoir de … **6** passer **7** sonner ♦ **wij gaan over** on déménage
over·gang *nm (-en)* **1** passage **2** retour d'âge **3** transition
***over·gangs-** de transition; **de overgangsfase** la phase de transition
over·gangs·exa·men *het (-s) (enseign.)* examen de passage
over·gan·ke·lijk *adj, adv (ling.)* transitif, transitivement
over·ga·ve *de* **1** capitulation **2** soumission **3** dévouement; **spelen met** ~ jouer avec conviction; **met volle** ~ corps et âme
over·ge·luk·kig *adj, adv* ivre de bonheur, au comble de la joie
over·ge·ven[1] *vt (h. overgegeven)* remettre
over·ge·ven[2] *vpr (zich ~; h. zich overgegeven)* **1** se rendre **2** *(+ aan)* se livrer (à); **zich aan de wetenschap** ~ se consacrer à la science **3** *(+ aan)* s'adonner (à) *(des drogues, l'alcool)*
over·ge·ven[3] *vi (h. overgegeven)* vomir
over·ge·voe·lig *adj, adv* (de façon) hypersensible
over·gie·ten[1] *vt (h. overgoten)* arroser; *(fig.)* **met hetzelfde sop overgoten** de la même farine

over·gie·ten[2] *vt (h. overgegoten)* transvaser
over·gooi·en *vti (h. overgegooid)* **1** lancer par-dessus (qch) **2** jeter à nouveau
over·gooi·er *nm (-s)* robe chasuble
over·goot, overgoten → **overgieten**[1]
over·groot *adj* ♦ **het overgrote deel van de bevolking** la majorité de la population; **met overgrote meerderheid** à l'immense majorité
over·groot·ou·ders *plur* arrière-grands-parents
over·haas·ten *vt (h. overhaast)* précipiter
over·ha·len *vt (h. overgehaald)* décider (qn à faire qch); **zich laten ~** se laisser convaincre ♦ **een hendel ~** tirer une manette
over·hand *de* avantage; **de ~ hebben, krijgen** l'emporter (sur); **de ~ nemen** prendre le dessus
over·han·di·gen *vt (h. overhandigd)* remettre
over·han·gen *vi (h. overgehangen)* surplomber
over·heb·ben *vt (h. overgehad)* **1** *(+ voor)* donner (pour); **ik heb veel voor haar over** je ferais tout pour elle **2** avoir de reste; **ik heb geen geld meer over** il ne me reste plus d'argent
over·heen *adv* par-dessus; **hij liep er snel ~** il passa rapidement dessus ♦ **daar groeit hij wel ~** cela passera avec l'âge; **over dat verdriet zal hij nooit heen komen** il ne se relèvera jamais de ce chagrin; **ergens ~ lezen** passer sur qch en lisant; **ergens ~ praten** changer de conversation; **zich ergens ~ zetten** prendre son parti de qch; **twee jaar zijn er ~ gegaan** deux ans ont passé
over·heer·lijk *adj, adv* (de façon) exquis(e)
over·heer·sen *vti (h. overheerst)* dominer
over·heer·ser *nm (-s)* oppresseur
over·heer·sing *nf (-en)* **1** domination **2** *(psycho.)* prédominance
over|heid *nf (-heden)* autorité(s)
***over·heids-** public
over·heids·dienst *nm (-en)* service public ♦ **in ~ zijn** être dans la fonction publique
over·heids·per·so·neel *het* personnel de la fonction publique
over·heids·steun *nm* ♦ **met ~** subventionné (par l'Etat)
over·heids·we·ge ♦ **van ~** de la part des pouvoirs publics
over·hel·len *vi (h. overgeheld)* **1** pencher **2** *(fig.; + naar, tot)* pencher (pour)
over·hemd *het (-en)* chemise
over·he·ve·len *vt (h. overgeheveld)* **1** *(fig.)* transférer **2** transvaser
over·hoop *adv* sens dessus dessous
over·hoop·gooi·en *vt (h. overhoopgegooid)*, **overhoophalen** *vt (h. overhoopgehaald)* mettre sens dessus dessous
over·hoop·lig·gen *vi (h. overhoopgelegen)* **1** être sens dessus dessous **2** *(+ met)* être brouillé (avec); *(iron.)* **hij lag overhoop met de strandstoel** il avait des emmêlés avec la chaise longue
over·hoop·schie·ten *vt (h. overhoopgeschoten) (fam.)* flinguer
over·hoop·smij·ten *vt (h. overhoopgesmeten)* → **overhoopgooien**
over·hoop·ste·ken *vt (h. overhoopgestoken) (fam.)* poignarder
over·ho·ren *vt (h. overhoord) (enseign.)* **1** faire réciter (qch à qn); **de lessen schriftelijk ~** donner une interrogation écrite **2** *(test)* interroger (qn)
over·hou·den *vti (h. overgehouden)* conserver; **zij heeft er een depressie aan overgehouden** cela lui a valu une dépression nerveuse; **ik houd twee kopjes over** il me reste deux tasses ♦ **dat houdt niet over** ce n'est pas fameux
ove·rig *adj* **1** restant **2** autre; **voor het ~e** pour le reste
ove·ri·gens *adv* d'ailleurs
over·ja·rig *adj* **1** âgé de plus d'un an **2** vivace *(plante)* **3** *(iron.)* prolongé
over·kant *nm* autre côté; **zij woont aan de ~** elle habite en face
over·kij·ken *vt (h. overgekeken)* revoir
over·koe·pe·len *vt (h. overkoepeld)* **1** recouvrir d'une coupole **2** *(fig.)* coiffer; **een ~de organisatie** une organisation de coordination
over·ko·ken *vi (h./i. overgekookt)* déborder
over·ko·me·lijk *adj* surmontable
over·ko·men[1] *vi (i. overkomen)* arriver (à qn); **dat moet mij weer ~!** il n'y a vraiment qu'à moi que ça arrive!; **wat overkomt jou?** qu'est-ce qui te prend?
over·ko·men[2] *vi (i. overgekomen)* **1** passer par-dessus **2** être bien reçu **3** venir
over·la·den[1] *vt (h./i. overladen)* **1** surcharger; **~ zijn met werk** être débordé de travail **2** *(+ met)* couvrir (de)
over·la·den[2] *vt (h. overgeladen)* transborder
over·langs *adj, adv* longitudinal(ement)
over·lap·pen *vt (h. overlapt)* chevaucher
over·last *nm* dérangement; **~ ondervinden van iets** être gêné par qch
over·la·ten *vt (h. overgelaten)* laisser (qch à qn); **je kunt (aan) hem niets ~** il est incapable de se débrouiller tout seul
over·le·den *adj* défunt
over·leed, overleden → **overlijden**
over·leg *het* **1** réflexion **2** concertation; **in gemeenschappelijk ~** après délibération commune; **in goed ~ handelen** agir de concert; **in ~ met** en accord avec (qn)
over·leg·gen[1] *vti (h. overlegd)* **1** réfléchir (à qch) **2** délibérer (sur qch)
over·leg·gen[2] *vt (h. overgelegd)* produire
over·leg·ging[1] *nf (-en)* → **overleg**
over·leg·ging[2] *nf* remise *(pièces, des documents)*
over·le·ven *vt (h. overleefd)* survivre à
over·le·ven·de *nm (-n)* survivant, -ante
over·le·ve·ren *vt (h. overgeleverd)* **1** livrer

(à) **2** transmettre *(traditions, usages)*; **overgeleverde gebruiken** usages transmis de génération en génération

over·le·ve·ring *nf (-en)* tradition; **de ~ wil dat ...** selon la tradition ...

over·le·zen *vt (h. overgelezen)* **1** relire **2** parcourir (du regard)

over·lij·den *vi (i. overleden) (form.)* décéder

over|loop *nm (-lopen)* palier

over·lo·pen[1] *vt (h. overlopen) (Belg.)* parcourir

over·lo·pen[2] *vi (i./h. overgelopen)* **1** passer sur **2** inonder **3** passer (à) **4** déborder; **de emmer liep over** le seau déborda, *(fig.)* la coupe déborda **5** *(+ van)* déborder (de)

over·lo·pen[3] *vti (i./h. overgelopen)* recourir (une course)

over·lo·per *nm (-s)* transfuge

over·maat *de* excès (de); **tot ~ van ramp** pour comble de malheur

over·macht *de* **1** suprématie **2** *(jur.; commerce)* force majeure

over·ma·ken *vt (h. overgemaakt)* **1** virer *(argent)* **2** refaire **3** *(Belg.)* transmettre

over·man·nen *vt (h. overmand)* vaincre; **hij werd door slaap overmand** il succomba au sommeil

over·ma·tig *adj, adv* démesuré(ment); **een ~ gebruik van** un abus de; **hij is niet ~ ijverig** il ne fait pas d'excès de zèle

over·mees·te·ren *vt (h. overmeesterd)* maîtriser

over·mees·te·ring *nf* conquête

over·moed *nm* **1** témérité **2** bravade; **in mijn (zijn enz.) ~** par bravade

over·moe·dig *adj, adv* téméraire, avec témérité

over·mor·gen *adv* après-demain

over·nach·ten *vi (h. overnacht)* passer la nuit (à, chez)

over·nach·ting *nf (-en)* **1** logement *(action de passer la nuit)* **2** nuit

over·na·me *de* **1** rachat; **ter ~ gevraagd** cherche; **ter ~ (aangeboden)** à céder **2** emprunt

over·ne·men *vt (h. overgenomen)* **1** prendre *(des mains de qn)* **2** se charger de; **het ~ van iem** prendre le relais de qn **3** reprendre **4** emprunter (à)

over·nieuw *adv (form.)* de nouveau; **~ beginnen** recommencer

over·pein·zen *vt (h. overpeinsd)* → **overdenken**

over·pein·zing *nf (-en)* méditation

over·pen·nen *vt (h. overgepend) (fam.)* → **overschrijven**[1] **1**

over·plaat·sen *vt (h. overgeplaatst)* **1** déplacer **2** muter

over·plan·ten *vt (h. overgeplant)* transplanter

over·pro·duc·tie *nf* surproduction

over·re·den *vt (h. overreed)* persuader (qn de faire qch)

over·reed → **overrijden**[1]

over·rij·den[1] *vt (h. overreden)* écraser *(en roulant)*

over·rij·den[2] *vi (h./i. overgereden)* traverser *(véhicule)*

over·rijp *adj* trop mûr

over·rom·pe·len *vt (h. overrompeld)* **1** attaquer par surprise **2** *(fig.)* prendre au dépourvu

over·scha·du·wen *vt (h. overschaduwd)* **1** ombrager **2** *(fig.)* éclipser

over·scha·ke·len *vi (h. overgeschakeld)* **1** brancher (sur) *(électricité)* **2** changer de vitesse **3** *(fig.; + op)* passer à (l'usage de)

over·schat·ten *vt (h. overschat)* surestimer

over·schen·ken *vt (h. overgeschonken)* → **overgieten**[2]

over·schil·de·ren *vt (h. overgeschilderd)* repeindre

over·schot *het (-ten)* **1** reste; **het stoffelijk ~** la dépouille (mortelle); *(Belg.)* **~ van gelijk hebben** avoir parfaitement raison **2** surplus; **een ~ aan geld** un surplus d'argent

over·schreed, overschreden → **overschrijden**

over·schreeu·wen *vt (h. overschreeuwd)* crier plus fort que (qn); *(fig.)* **hij probeerde zijn angst te ~** il essayait de dominer sa peur en criant; **zich ~** forcer sa voix

over·schrij·den *vt (h. overschreden)* **1** franchir **2** (dé)passer

over·schrij·ven[1] *vti (h. overgeschreven)* **1** copier (sur) **2** virer *(argent)* **3** transférer *(mettre au nom d'un autre)* **4** (re)copier

over·schrij·ven[2] *vt (h. overschreven) (inform.)* écraser

over·sei·nen *vt (h. overgeseind)* câbler

over·sized *adj (couture)* à coupe ample

over·slaan[1] *vi (h./i. overgeslagen)* **1** gagner (qn, qch); **roodvonk slaat over** la scarlatine est contagieuse **2** passer *(d'un état à un autre)* **3** se casser *(voix)*

over·slaan[2] *vt (h./i. overgeslagen)* omettre; **één beurt ~** laisser passer un tour; **hij werd overgeslagen bij het voorstellen** il fut oublié dans les présentations

over·slag *nm (-en)* **1** revers **2** transbordement

over·span·nen[1] *adj* **1** surexcité; **~ verwachtingen koesteren** caresser des espoirs démesurés **2** surmené

over·span·nen[2] *vt (h. overspannen)* **1** franchir **2** tendre trop (fort)

over·spel *het* adultère

over·spe·len *vt (h. overgespeeld)* **1** rejouer **2** *(sports)* passer

over·spe·lig *adj* **1** adultère **2** adultérin

over·spoe·len *vt (h. overspoeld)* inonder *(aussi au fig.)*

over·sprin·gen *vi (h./i. overgesprongen)* **1** sauter par-dessus (qch) **2** sauter (d'un point à un autre); **hij sprong op een ander onderwerp over** il passa brusquement à un autre sujet

over·staan ♦ **ten ~ van** en présence de; **ten ~ van de gehele wereld verkondigen** proclamer à la face du monde

over·stag *adv* ♦ *(mar.)* **~ gaan** virer de bord, *(fig.)* tourner casaque

over·stap *nm (-pen)* **1** passage (d'un point à un autre) **2** fait d'enjamber (qch); **dat was een hele** ~ ça n'a pas été facile à enjamber
over·stap·pen *vi (i. overgestapt)* **1** passer par-dessus (qch) **2** changer (de train etc.) **3** *(+ op)* passer (d'un point à un autre, d'un sujet à un autre)
over·ste *nm (-n)* **1** *(fam.; milit.)* lieutenant-colonel **2** *(relig.)* supérieur, -eure
over|steek *nm (-steken)* traversée
over·ste·ken *vi (i./h. overgestoken)* **1** traverser **2** échanger (qch contre qch d'autre); **gelijk** ~ échanger (qch) donnant donnant
over·stel·pen *vt (h. overstelpt) (+ met)* couvrir (de); **ik heb een ~de hoeveelheid werk** je suis accablé de travail; **iem ~ met verwijten** accabler qn de reproches; **overstelpt van vreugde** comblé de joie
over·stem·men[1] *vt (h. overstemd)* **1** couvrir *(bruit)* **2** mettre en minorité *(élections)* **3** l'emporter sur
over·stem·men[2] *vi (h. overgestemd)* revoter
over·stro·men[1] *vt (h. overstroomd)* inonder
over·stro·men[2] *vi (h. overgestroomd) (+ van)* déborder
over·stuur *adj, adv (meer o., meest o.)* ♦ **mijn maag is** ~ j'ai l'estomac dérangé; **zich ~ maken** se détraquer les nerfs; **~ raken** se laisser démonter; **zij was er helemaal van** ~ elle en était toute retournée
over·te·ke·nen *vt (h. overgetekend)* **1** dessiner à nouveau **2** copier (un dessin)
over·tel·len *vt (h. overgeteld)* recompter
over·tik·ken *vt (h. overgetikt)* **1** taper (à la machine) **2** retaper (à la machine)
over·til·len *vpr (zich ~; h. zich overtild)* attraper un tour de reins
over·tocht *nm (-en)* **1** passage **2** traversée *(de la mer)*
over·tol·lig *adj, adv* **1** excédentaire, en excédent **2** superflu, inutilement
over·trad, overtraden → **overtreden**
over·tre·den *vt (h. overtreden)* enfreindre
over·tre·ding *nf (-en)* **1** infraction; **wegens ~ van de wet** pour infraction à la loi **2** faute
over·tref·fen *vt (h. overtroffen)* dépasser; **hij heeft zichzelf overtroffen** il s'est surpassé
over·trek·ken[1] *vt (h. overtrokken)* **1** (re)couvrir (de) **2** exagérer
over·trek·ken[2] *vi (h./i. overgetrokken)* **1** passer (à travers, par-dessus) **2** *(météo.)* passer **3** *(Belg.; météo.)* se couvrir
over·trek·ken[3] *vt (h./i. overgetrokken)* repasser *(dessin)*
over·troe·ven *vt (h. overtroefd) (fig.)* damer le pion à (qn); **overtroefd worden** trouver plus fort que soi
over·trof, overtroffen → **overtreffen**
over·trok, overtrokken → **overtrekken**[1]
over·trok·ken *adj, adv* surfait; **een ~ reactie** une réaction disproportionnée; **wat jij zegt is zwaar** ~ tu forces la dose
over·tui·gen[1] *vti (h. overtuigd)* convaincre (qn de qch); **hij is overtuigd van zijn gelijk** il est convaincu d'avoir raison
over·tui·gen[2] *vpr (zich ~; h. zich overtuigd)* se convaincre (soi-même) (de qch)
over·tui·ging *nf (-en)* **1** conviction; **in de ~ dat** convaincu que; **in de stellige ~ verkeren** être totalement convaincu (de qch); **de ~ toegedaan zijn, dat ...** être convaincu que ... **2** persuasion
over·ty·pen *vt (h. overgetypt)* → **overtikken**
over|uur *het (-uren)* heure supplémentaire
over·vaart *de (-en)* → **overtocht**
over·val *nm (-len)* attaque
over·val·len *vt (h. overvallen)* **1** attaquer **2** surprendre
over·val|ler *nm (-s),* **-ster** *nf (-s)* agresseur
over·va·ren[1] *vi (h. overvaren)* traverser *(en bateau)*
over·va·ren[2] *vt (h. overgevaren)* faire traverser *(en bateau)*
over·ver·hit·ten *vt (h. oververhit)* surchauffer
over·ver·moeid *adj* épuisé
over·ver·za·digd *adj* sursaturé
over·viel, overvielen → **overvallen**
over·vleu·ge·len *vt (h. overvleugeld) (fig.)* éclipser
over·vlie·gen[1] *vi (h./i. overgevlogen)* **1** survoler; **de oceaan** ~ traverser l'océan en avion **2** *(fig.)* s'élancer
over·vlie·gen[2] *vt (h./i. overgevlogen)* transporter en avion
over·vloed *nm* abondance; **een ~ hebben aan** abonder en; **in ~ baden** nager dans l'opulence; **in ~ aanwezig zijn** abonder ♦ **ten ~e** en outre
over·vloe·dig *adj, adv* (sur)abondant, abondamment
over·vloei·en *vi (h./i. overgevloeid)* **1** déborder **2** *(+ van)* regorger (de) ♦ **kleuren in elkaar laten** ~ fondre des couleurs
over·voe·ren *vt (h. overvoerd)* **1** gaver **2** *(fig.)* saturer
over·vol *adj* plein à craquer; **een ~le week** une semaine surchargée
over·waai·en *vi (h./i. overgewaaid)* **1** être apporté par le vent **2** *(fig.)* arriver **3** *(météo.)* passer
over·waar·de·ren *vt (h. overgewaardeerd)* surestimer
over·weg[1] *nm (-en) (circul.)* passage à niveau
over·weg[2] *adv* ♦ **met iem ~ kunnen** s'entendre avec qn; **met een nieuwe machine ~ kunnen** savoir se servir d'une nouvelle machine
over·we·gen[1] *vt (h. overwogen)* considérer; **zij overwoog of zij ontslag zou nemen** elle envisageait de donner sa démission; **~ om iets wel of niet te doen** peser le pour et le contre de qch

over·we·gen² *vi (h. overwogen)* l'emporter
over·we·gend¹ *adj* **1** déterminant **2** *(fig.)* prépondérant
over·we·gend² *adv* essentiellement
over·we·ging *nf (-en)* considération; **iem iets in ~ geven** soumettre qch à qn
over·wel·di·gen *vt (h. overweldigd)* envahir *(par la force)*
over·wel·di·gend¹ *adj* écrasant
over·wel·di·gend² *adv* énormément
over·wel·ven *vt (h. overwelfd) (archit.)* voûter
over·werk *het* ♦ **~ doen** effectuer des heures supplémentaires
over·wer·ken¹ *vpr (zich ~; h. zich overwerkt)* se surmener
over·wer·ken² *vi (h. overgewerkt)* effectuer des heures supplémentaires
over·werkt *adj* surmené
over·wicht *het* **1** supériorité; **hij heeft geen ~** il n'a aucune autorité; **~ krijgen** prendre de l'ascendant (sur qn) **2** excédent
over·win·naar *nm (-s)* vainqueur
over·win·nen¹ *vt (h. overwonnen)* **1** vaincre **2** surmonter
over·win·nen² *vi (h. overwonnen)* triompher
over·win·ning *nf (-en)* victoire; **het heeft mij een ~ gekost** ça a été une victoire sur moi-même
over·win·te·ren *vi (h. overwinterd)* hiverner
over·wip·pen *vi (h./i. overgewipt)* faire un saut (chez qn)
over·woe·ke·ren *vt (h. overwoekerd)* envahir
over·won, overwonnen → **overwinnen¹**
over·woog, overwogen → **overwegen¹**
over·zag, overzagen → **overzien**
over·zee *adv* outre-mer
over·zees *adj* d'outre-mer
over·zei·len *vi (h./i. overgezeild)* traverser à la voile
over·zet·ten *vti (h. overgezet)* **1** faire traverser; **iem de grens ~** expulser qn **2** déplacer **3** traduire (en) **4** *(inform.)* transcoder
over·zicht *het (-en)* **1** vue d'ensemble **2** aperçu
over·zich·te·lijk *adj, adv* clair(ement)
over·zichts·ten·toon·stel·ling *nf (-en)* rétrospective *(exposition)*
over·zien *vt (h. overzien)* **1** embrasser du regard, *(fig.)* planer (au-dessus de); **de gevolgen zijn niet te ~** les conséquences sont incalculables **2** revoir *(leçons)*
over·zij·de *de* autre côté; **aan de ~ van** de l'autre côté de; **aan de ~ van het Kanaal** outre-Manche
over·zit·ten *vt (h. overgezeten) (Belg.)* redoubler
over·zwem·men *vi (h./i. overgezwommen)* traverser à la nage
ov-jaar·kaart *de (-en)* ⟨*carte annuelle des transports publics*⟩

p

pa *nm (-'s)* papa
p/a *per adres* a/s
paad·je *het (-s)* → **pad¹**
paai·en *vt (h. gepaaid)* enjôler
paal *nm (palen)* **1** poteau; **dat staat als een ~ boven water** c'est clair comme le jour **2** borne; **~ en perk stellen aan iets** mettre un terme à qch **3** *(fam.)* barre *(sexe en érection)* ♦ **voor ~ staan** avoir l'air cloche; **iem voor ~ zetten** tourner qn en ridicule
paap *nm (papen)* calotin
paaps, paapsgezind *adj* papiste
paar¹ *het (paren)* **1** paire *(deux choses qui vont ensemble)* **2** couple *(personnes et animaux)*; **het gouden ~** le couple qui fête ses noces d'or **3** quelques ♦ *(fig.)* **zo lust ik er nog wel een ~!** vous m'en direz tant!
paar² *adj* pair; **~ of onpaar** pair ou impair
paard *het (-en)* **1** cheval; **werken als een ~** travailler comme un bœuf; **zo sterk als een ~** fort comme un bœuf; *(Belg.)* **zo dom als het ~ van Christus** bête à manger du foin; *(fig.)* **het beste ~ van stal** le meilleur de tous; **een blind ~ zou er geen schade doen** il n'y a guère que les quatre murs; *(prov)* **men moet een gegeven ~ niet in de bek zien** à cheval donné on ne regarde pas la bouche; **hij is over het ~ getild** ± il est gâté; **het ~ achter de wagen spannen** mettre la charrue devant les bœufs **2** *(aux échecs)* cavalier
***paar·den-** de cheval; **een paardenmiddel** un remède de cheval; *(Belg.)* **een paardenremedie** un remède de cheval
paar·den·bloem *de (-en) (bot.)* pissenlit
paar·den·kracht *de (-en) (phys.)* cheval-vapeur ♦ **om dat te verzetten, mag je wel ~ hebben** pour pouvoir déplacer ça il faut être fort comme un bœuf
paar·den·mo·len *nm (-s) (Belg.)* manège
paar·den|oog *het (-ogen) (Belg.)* œuf sur le plat
paard·je·rij·den *vi (h. paardjegereden)* faire du dada (sur les genoux de qn)
paard·rij·den *vi (h. paardgereden)* faire du cheval
paar·le·moer *het* nacre
paar·len *adj* de perles
paars *adj* **1** violet; **hij loopt ~ aan van woede** il se fâche tout rouge **2** *(pol.)* concernant la coalition de socialistes et libéraux
paars·ge·wijs *adv* deux par deux
paar·tijd *nm* rut
paar·tje *het (-s)* → **paar¹ 2**
***paas-** de Pâques; **het paasei** l'œuf de Pâques
paas·best *adj, adv* ♦ **zijn ~e kleren aantrekken** mettre ses habits du dimanche; *(subst.)* **op zijn ~ zijn** être sur son trente et un
paas·klok *de (-ken) (Belg.)* cloche de Rome
pa·bo *nf (-'s) pedagogische academie voor het basisonderwijs (aujourd'hui)* IUFM
pacht *de (-en) (jur.)* **1** bail; *(fig.)* **iets in ~ (menen te) hebben** (croire) avoir le monopole de qch **2** fermage
pach·ten *vt (h. gepacht)* prendre à bail
pach·ter *nm (-s)*, **pachtster** *nf (-s)* fermier, -ière *(qn qui tient à ferme une propriété agricole)*
pad¹ *het (-en)* sentier, *(aussi au fig.)* chemin; **het ~ van de deugd bewandelen** suivre le chemin de la vertu; *(fig.)* **het ~ effenen voor iem** frayer le chemin à qn; **op het goede ~ zijn** être dans le droit chemin; *(fig.)* **platgetreden ~en volgen** suivre les sentiers battus; **van het rechte ~ afraken** sortir du droit chemin; **zich op het slechte ~ begeven, het slechte ~ opgaan** s'engager sur la mauvaise voie ♦ **op ~ gaan** partir; **zij is altijd op ~** elle est toujours en route
pad² *de (-en) (zool.)* crapaud
pad·den·stoel *nm (-en) (bot.)* champignon; **als ~en uit de grond schieten** pousser comme des champignons
pad|vin·der *nm (-s)*, **-vindster** *nf (-s)* scout
paf¹ *adj* baba; **ergens ~ van staan** être époustouflé de qch
paf² *interj* pan!

paf·fen *vi (h. gepaft) (fam.)* **1** fumer comme une locomotive **2** tirer
paf·fe·rig *adj* gonflé; **er ~ uitzien** être bouffi
pag. *pagina* p.
pa·gad·der *nm (-s) (Belg.)* **1** galopin **2** môme
pa·gi·na *de (-'s)* page; **de eerste ~ halen** faire la une des journaux
pa·gi·na·groot *adj, adv* pleine page
pais *de* ♦ **alles was ~ en vree** le calme régnait; **alles is weer ~ en vree tussen hen** ils ont fait la paix
pak *het (-ken)* **1** paquet; **een ~ melk** une brique de lait; **de prijs staat op het ~** le prix est indiqué sur l'emballage; *(Belg.)* **met ~ en zak vertrekken** partir avec armes et bagages **2** costume; **goed in het ~ zitten** être bien habillé; **een nat ~ halen** recevoir une douche ♦ **bij de ~ken neerzitten** baisser les bras, se décourager; *(fam.)* **iem een ~ op zijn donder, sodemieter, verdommenis geven** flanquer une rossée à qn, *(fig.)* engueuler qn; **een ~ rammel, ransel** une raclée; **dat is een ~ van mijn hart** cela m'enlève un poids du cœur; **moet je een ~ voor je billen, je broek?** tu veux une fessée?
pak·ezel *nm (-s)* **1** âne de bât **2** *(fig.)* bête de somme
pak|huis *het (-huizen)* entrepôt; **het is hier net een ~!** quel capharnaüm!
pak·je *het (-s)* **1** paquet **2** (petit) cadeau
pak·ken[1] *vti (h. gepakt)* **1** prendre; **er eentje ~** boire un coup; **iets te ~ krijgen** réussir à obtenir qch; **proberen iem te ~ te krijgen** essayer de joindre qn; **pak ze!** attaque! **2** attraper **3** emballer **4** faire ses valises **5** rouler; **iem te ~ nemen** avoir qn, duper qn; **de zwaksten worden altijd gepakt** ce sont toujours les plus faibles qui se font avoir **6** tasser **7** s'envoyer *(qn, une boisson)* **8** passionner; **een ~de titel** un titre accrocheur **9** *(Belg.)* toucher ♦ **iem op iets ~** faire grief à qn de qch; **het lelijk te ~ hebben** être pincé (par la maladie, par l'amour); **ze hebben me flink te ~ gehad** ils m'ont rudement malmené, *(fig.)* ils m'ont bien eu
pak·ken[2] *vi (h. gepakt)* **1** prendre *(substance)* **2** se tasser
pak·kerd *nm (-s) (fam.)* grosse bise
pak·ket *het (-ten)* **1** paquet; **een ~ maatregelen** un train de mesures **2** *(enseign.)* ensemble de matières (présentées au bac) **3** *(télévision)* bouquet
pak·ket·post *de* service des colis postaux
pak·kie-an ♦ **dat is niet mijn ~** c'est pas mon turf
pak·pa·pier *het* papier d'emballage
pak·weg *adv (fam.)* dans les
pal *adv* **1** juste **2** sans bouger; **~ staan voor iets** défendre qch de pied ferme ♦ **hij liep ~ tegen mij aan** il s'est cogné tout droit contre moi
pa|leis *het (-leizen)* palais
Pa·les|tijn *nm (-en),* **-tijnse** *nf (-n)* Palestinien, -ienne
Pa·les·ti·na *het* Palestine
pa·ling *nm (-en)* anguille
pal·lie·ter *nm (-s) (Belg.)* joyeux luron
palm *nm (-en)* **1** palmier **2** paume *(de la main);* **in de ~ van zijn hand** dans le creux de la main **3** palme *(symbole de la victoire); (fig.)* **de ~ wegdragen** remporter la palme
Palm·pa·sen *nm* les Rameaux
palm·tak *nm (-ken) (cathol.)* buis des Rameaux
palm·zon·dag *nm* Dimanche des Rameaux
Pam·pus ♦ *(fam.)* **voor ~ liggen** être crevé
pan *de (-nen)* **1** fait-tout, faitout **2** tuile *(toit);* **hij is weer even onder de ~nen** il est casé pour le moment ♦ **in de ~ hakken** battre à plate(s) couture(s); **de ~ uit rijzen** dépasser les bornes; **dat swingt de ~ uit** ça swingue à mort
pand[1] *het (-en)* **1** immeuble **2** gage *(aussi jur., fig.)*
pand[2] *het/de (-en) (vêtement)* **1** panneau **2** basque **3** pan (de chemise)
pand·jes|huis *het (-huizen)* mont-de-piété
pand·jes·jas *de (-sen)* queue de morue
pa|neel *het (-nelen)* panneau
pa·neer·meel *het* chapelure
pan·fluit *de (-en)* flûte de Pan
pan·ha·ring *nm (-en)* hareng frais
pa·niek *nf* panique; **in ~ raken** être pris de panique
pa·nie·ke·rig *adj, adv* paniqué
pa·niek|zaai·er *nm (-s),* **-zaaister** *nf (-s)* alarmiste
pa|nisch *adj, adv (-nischer, meest p.)* (de) panique
pan·klaar *adj (cuis.)* prêt à cuire
pan·nen·koek *nm (-en) (cuis.)* crêpe
pan·nen·lap *nm (-pen)* manique
pan·ter *nm (-s)* panthère
pan·tof·fel *de (-s)* pantoufle; **hij zit onder de ~** sa femme porte la culotte
pan·tof·fel·held *nm (-en)* **1** mari soumis **2** dégonflé, -ée
pant·ser *het (-s)* **1** blindage **2** *(biol.)* carapace **3** armure
***pant·ser-** blindé
pant·se·ren *vt (h. gepantserd)* blinder
pan·ty [pɛnti, pɑnti] *nm (-'s)* collant(s)
pap *de (-pen) (cuis.)* bouillie; *(fig.)* **iem de ~ in de mond geven** souffler sa conduite à qn; **niets in de ~ te brokkelen hebben** compter pour du beurre; **ik lust er wel ~ van** j'en raffole ♦ **geen ~ meer kunnen zeggen** être éreinté, avoir l'estomac plein
pa·pa·ver *de (-s)* pavot
pa·pe·gaai *nm (-en)* perroquet
pa·per [pepər] *de (-s)* exposé; **een ~ schrijven over** écrire un article sur
pa·per·back [pepərbɛk] *nm (-s)* édition de poche
pa·per·clip [pepərklɪp] *nm (-s)* trombone *(agrafe de bureau)*

pa·pier *het (-en)* papier; **goede ~en hebben** avoir de bonnes références; **het loopt aardig in de ~en** ça va chiffrer; **iets op ~ zetten** mettre qch par écrit; *(Belg.)* **in slechte ~en zitten** être dans de mauvais draps
***pa·pier-** **1** à papier; **de papierbak, papiermand** la corbeille à papier **2** de papier; **een papiersnipper** une rognure de papier
pa·pie·ren *adj* en papier
pap·kind *het (-eren)* enfant chétif
pap·le·pel *nm (-s)* **1** cuiller à dessert; *(fig.)* **dat is hem met de ~ ingegeven** on le lui a inculqué dès sa plus tendre enfance; *(fig.)* **iem iets met de ~ ingieten** faire sucer qch à qn avec le lait **2** cuillerée à dessert
Pa·poea *nm (-'s)* Papou, -oue
pap·pen·hei·mer *nm (-s)* ♦ **hij kent zijn ~s** il connaît son monde
pap·pe·rig *adj* **1** pâteux **2** adipeux; **een ~e kop** une figure joufflue
pap·pie *nm (-s)* (mon petit) papa
pap·pot *nm (-ten)* ♦ **bij moeders ~ blijven** ne pas quitter les jupons de sa mère
pa·pri·ka *de (-'s)* **1** piment doux **2** poivron **3** paprika
pa·pri·ka·poe·der *het* → **paprika 3**
paps *nm* papa
pap·zak *nm (-ken) (fam.)* gros plein de soupe
pa|raat *adj (-rater, -raatst)* prêt; **~ staan, zitten** être prêt
pa·raat·heid *nf* ♦ **in staat van ~** en état d'alerte
pa·ra·bel *de (-s, -en) (relig.)* parabole
pa·ra·chu·te·sprin·gen *vi* faire du parachutisme
pa·ra·de *nf (-s)* **1** parade *(exhibition; revue)* **2** *(milit.)* défilé
pa·ra·de·paard *het (-en)* **1** orgueil **2** cheval de parade
pa·ra·de·ren *vi (h. geparadeerd)* **1** *(milit.)* parader **2** faire étalage (de)
pa·ra|dijs *het (-dijzen)* paradis
pa·ra·dijs·ach|tig *adj, adv,* **paradijse|lijk** *adj, adv* (d'une manière) paradisiaque
pa·rag|nost *nm (-en),* **-noste** *nf (-n, -s)* voyant, -ante
pa·rag·nos·tisch *adj, adv* (d'une manière) extrasensoriel(le); **~e dromen** rêves prémonitoires
pa·ral·lel *adj, adv* parallèle(ment); **een ~ trekken tussen ...** établir un parallèle entre ...; **~ lopen met** être parallèle à
pa·ral·lel·lie *nf,* **parallellisme** *het* parallélisme
Pa·ra·lym·pics *plur (sports)* jeux olympiques handisports
pa·ra·me·disch *adj* paramédical
pa·ra|noot *de (-noten)* châtaigne, noix du Brésil
pa·ra·plu *nm (-'s)* parapluie ♦ *(fam.)* **aju ~!** à la revoyure!
pa·ra·si·te·ren *vi (h. geparasiteerd)* vivre en parasite; **hij parasiteert op zijn makkers** il vit aux crochets de ses camarades
pa·ra·sol *nm (-s)* **1** parasol **2** ombrelle
pa·ra·troe·pen *plur (milit.)* paras
par·does *adv* tête baissée; **hij sprong ~ in het water** il a sauté dans l'eau sans hésiter une seconde
par·don[1] *het* **1** pardon; **geen ~ kennen** être impitoyable; **zonder ~** sans rémission **2** *(jur.)* grâce; **iem ~ verlenen** faire grâce à qn
par·don[2] *interj* (je vous demande) pardon
pa·rel *de (-s)* perle; *(fig.)* **de schoonste ~ aan zijn kroon** le plus beau fleuron de sa couronne; **~s voor de zwijnen gooien** jeter des perles aux pourceaux
***pa·rel-** de perles; **de parelvisser** le pêcheur de perles
pa·re·len *vi (h. gepareld)* perler
pa·rel·hoen *het (-ders) (zool.)* pintade
pa·rel·moer *het* → **paarlemoer**
pa·rel·wit *adj* blanc nacré
pa·ren[1] *vi (h. gepaard)* s'accoupler
pa·ren[2] *vt (h. gepaard)* **1** apparier **2** *(fig.)* unir (à); **moed aan voorzichtigheid ~** joindre le courage à la prudence
Pa·rijs *het* Paris
Pa·rij·ze·naar *nm (-s)* Parisien
pa·ring *nf (-en)* **1** accouplement **2** appariement
pa·rings·drift *de* rut
pa·rings·tijd *nm (zool.)* saison des amours
park *het (-en)* parc
par·ke·ren *vti (h. geparkeerd) (circul.)* garer, se garer; **verboden te ~** interdiction de stationner
par·ket *het (-ten)* **1** parquet **2** *(dans un théâtre, un cinéma)* orchestre ♦ **iem in een lastig, moeilijk ~ brengen** mettre qn dans de beaux draps
par·kiet *nm (-en)* perruche
par·man·tig *adj, adv* (d'un air) crâne
Par·me·zaans *adj* ♦ **~e kaas** du (fromage) parmesan
pa·ro·chie *nf (-s)* paroisse
***pa·ro·chie-** paroissial
pa|rool *het (-rolen)* **1** devise **2** *(milit.)* mot de passe
part[1] *de (-en)* ♦ **mijn geheugen speelt mij ~en** ma mémoire me joue des tours
part[2] *het (-en)* part *(ce qui revient à qn, partie d'un tout)* ♦ **~ noch deel hebben aan iets** n'être pour rien dans qch
par·ter·re [pɑrtɛ:rə] *het/de (-s)* **1** rez-de-chaussée **2** parterre *(dans un théâtre, un cinéma)*
par·ti·cu·lier *adj, adv* (en) privé; **de ~** le particulier *(personne)*; **zich ~ verzekeren** souscrire une assurance maladie auprès d'un organisme privé
par·tij *nf (-en)* **1** *(jur.; milit.; mus.; jeux)* partie; **geen ~ zijn voor** ne pas faire le poids contre; **~ kiezen, trekken (voor iem)** prendre parti (pour qn); *(fig.)* **~ zijn** avoir un intérêt dans l'affaire **2** *(pol.)* parti **3** *(quantité indéterminée)* lot **4** fête ♦ **~ geven** répli-

quer; **zij is een goede** ~ c'est un beau parti; **een ~tje vechten** se bagarrer
***par·tij-** *(pol.)* du parti; **de partijleider** le chef du parti
par·tij·dig *adj, adv* partial(ement)
par·tij·gan·ger *nm (-s) (pol.)* partisan, -ane
par·tij·ge·bon·den *adj* appartenant à un parti politique
par·tij·ge|noot *nm (-noten),* **-note** *nf (-n, -s) (pol.)* membre d'un même parti
par·ti|tuur *nf (-turen)* partition
par·ti|zaan *nm (-zanen)* partisan
part·ner *nm (-s)* partenaire
pas[1] *nm (-sen)* **1** pas *(enjambée);* **iem de ~ afsnijden** couper la route à qn; **de ~ inhouden** ralentir le pas; **er flink de ~ inzetten** y aller d'un pas gaillard; **~ op de plaats maken** piétiner sur place **2** passeport **3** *(géo.)* col **4** carte; **~ 65+** carte vermeil **5** *(Belg.; sports)* passe
pas[2] *het (-sen)* occasion; **te ~ en te onpas** à tort et à travers; **van ~** opportun; **niet van ~** hors de propos; **juist van ~ komen** tomber à pic, venir au bon moment
pas[3] *adj, adv* **1** qui a la mesure exacte **2** horizontal(ement) **3** venir de; **ik ben ~ klaar** je viens de finir; **ik heb hem ~ nog gezien** je l'ai vu l'autre jour encore **4** ne ... que; **het is ~ een begin** ce n'est qu'un début; **dan ~** alors seulement; **het is ~ een jaar geleden** il y a un an seulement; **we zijn ~ in Utrecht** nous ne sommes qu'à Utrecht; **~ toen hij weg was begreep ik ...** ce n'est qu'après son départ que j'ai compris ... **5** voilà qui, voilà ce que, ça, c'est du, de la; **dat is ~ lekker!** voilà qui est bon!
Pa·sen *nm* Pâques
pas·fo·to *nm (-'s)* photo d'identité
pas·ge·bo·ren *adj* nouveau-né
pas·ge·trouwd *adj* qui vient de se marier; **het ~e stel** les jeunes mariés
pas·hok·je *het (-s)* → **paskamer**
pas·je *het (-s)* → **pas**[1] **4**
pas·ka·mer *de (-s)* cabine (d'essayage)
pas·klaar *adj* ajusté; **pasklare antwoorden** réponses toutes prêtes; **pasklare oplossingen** solutions appropriées
pas·poort *het (-en)* passeport
pas|saat *nm (-saten),* **passaatwind** *nm (-en) (géo.)* alizé
pas·sa|gier [pasaʒir, pasaχir] *nm (-s),* **-giere** *nf (-s), (Belg.)* **-giersternf** *(-s)* passager, -ère
pas·sen[1] *vi (h. gepast)* **1** aller (bien) *(avoir la bonne taille);* **in elkaar ~** s'emboîter; **dat past niet in zijn denkwijze** cela ne cadre pas avec ses idées **2** aller ensemble; **dat past niet bij je leeftijd** ce n'est pas de ton âge; **een stel dat slecht bij elkaar past** un couple mal assorti **3** convenir; *(Belg.)* **als het eens past** à l'occasion; **hij past niet in deze omgeving** il détonne dans ce milieu **4** s'occuper (de qn, qch); **op zijn zaken ~** veiller à la bonne marche de ses affaires; **op de kinderen ~** garder les enfants; *(fig.)* **op zijn woorden ~** surveiller ses paroles **5** *(aux cartes)* passer; *(fig.)* **daar pas ik voor** je n'en suis pas
pas·sen[2] *vt (h. gepast)* **1** mesurer (qch) (avec précision); *(sens pr.)* **het was wel ~ en meten** c'était un peu juste; *(fig.)* **met veel ~ en meten kwamen we eruit** cela n'est pas allé tout seul, mais nous y sommes arrivés **2** faire l'appoint; **gelieve met gepast geld te betalen** le public est tenu de faire l'appoint; **hebt u het niet gepast?** vous n'avez pas la monnaie? **3** ajuster **4** essayer *(vêtement)*
pas·send *adj, adv* **1** convenable(ment); **~ bij zijn smaak** conforme à ses goûts; **niet bij elkaar ~e karakters** caractères incompatibles; **~ in het geheel** cadrant avec l'ensemble **2** ajusté ♦ **een ~ argument** un argument approprié
pas·se-par·tout [paspartu] *het/de (-s)* **1** passe-partout *(clé; cadre)* **2** forfait
pas·se·ren *vti (h./i. gepasseerd)* **1** passer (devant) **2** passer; *(fig.)* **iem ~** ne pas inviter qn; **de vijftig gepasseerd zijn** avoir dépassé la cinquantaine; **zich gepasseerd voelen** se sentir frustré **3** passer (pour) **4** se passer **5** passer un examen avec succès
pas·sie *nf (-s)* passion
***pas·sie-** *(relig.)* de la Passion
pas|sief *adj, adv (-siever, -siefst)* **1** passif, passivement **2** *(commerce)* en déficit
pas·ta *het/de (-'s)* **1** pâte *(mélange plus ou moins mou)* **2** pâtes (alimentaires)
pas·tei *de (-en)* pâté en croûte
pas·tei·tje *het (-s) (cuis.)* vol-au-vent
pas·toor *nm (-s)* curé
pas·tor *nm (-s, -es)* pasteur (spirituel)
pas·to·rie *nf (-ën) (relig.)* cure
pas·vorm *nm (-en)* coupe
pa·tat *de* **1** frites; **~ met (mayonaise)** frites mayonnaise **2** *(Belg.)* patate *(aussi au fig.)*
pa·ta·tes fri·tes [patatfrit] *plur* → **patat 1**
pa·tat·je *het (-s) (fam.)* portion de frites
pa·tat|kraam *het/de (-kramen),* **-tent** *de (-en)* friterie
pa·tent[1] *het (-en)* brevet (d'invention); **een ~ op iets nemen** faire breveter qch
pa·tent[2] *adj, adv* excellent, à merveille
pa·ter *nm (-s) (relig.)* père
pa·ter·nos·ter[1] [patərnɔstər] *het (-s) (cathol.)* Pater
pa·ter·nos·ter[2] [patərnɔstər] *nm (-s) (cathol.; relig.)* **1** chapelet **2** *(Belg.)* série
pa·thos *het* **1** pathétique **2** pathos
pa·tiënt [paʃɛnt] *nm (-en),* **patiënte** *nf (-s, -n)* malade; **hij is ~ bij dokter X** le docteur X est son médecin; **volgende ~!** au suivant!
pa·tiën·ten·stop *nm (-s)* ♦ **een ~ afkondigen** annoncer qu'on n'accepte plus de nouveaux clients
pa|trijs *de (-trijzen)* perdrix
pa·tro|naat *het (-naten)* **1** patronage *(aussi relig.)* **2** *(Belg.)* patronat
pa·tro·nes *nf (-sen)* **1** *(relig.)* patronne **2** protectrice

pa|troon[1] *de (-tronen)* cartouche; **een losse** ~ une cartouche à blanc
pa|troon[2] *het (-tronen)* **1** patron **2** motif
pa·troon·hei·li·ge *nm (-n) (cathol.)* patron, -onne
pats[1] *nm (-en)* tape
pats[2] *interj* vlan!
pat·ser *nm (-s)* **1** frimeur **2** mufle
pat·stel·ling *nf (-en)* **1** *(aux échecs)* pat **2** *(fig.)* impasse
pauk *de (-en)* timbale
pau·per *nm (-s)* pauvre
paus *nm (-en)* pape; *(fig.)* **roomser zijn dan de** ~ être plus royaliste que le roi
paus·dom *het* **1** papauté **2** papisme
pau·se·lijk *adj* papal; **de ~e zegen** la bénédiction apostolique
paus·schap *het* → **pausdom 1**
pauw *nm (-en)* paon; **zo trots als een** ~ vaniteux comme un paon
pau·ze *de (-s)* pause; **een kwartier ~ houden** faire une pause d'un quart d'heure; **in de** ~ pendant la pause
pa·vil·joen *het (-en, -s)* pavillon *(bâtiment (annexe))*
pct. *percent* p.c.
pech *nm* **1** malchance; ~ **gehad!** pas de chance!; **hij heeft ook altijd ~!** la malchance le poursuit **2** panne
pech·vo·gel *nm (-s)* malchanceux, -euse
pe·dant *adj, adv* **1** (de façon) pédant(e); **een ~e kwast** un cuistre **2** présomptueux, présomptueusement
ped·del *nm (-s)* pagaie
ped·de·len *vti (h./i. gepeddeld)* **1** pédaler **2** pagayer
pe·del *nm (-len)* appariteur
pee *de (fam.)* ♦ **de ~ inhebben** être d'une humeur massacrante
peen *de (penen)* carotte
peen·tje *het (-s)* ♦ **~s zweten** suer à grosses gouttes
peer[1] *de (peren)* poire ♦ **een elektrische** ~ une ampoule électrique; **daar zaten we met de gebakken peren** nous étions dans de beaux draps
peer[2] *nm (peren)* **1** poirier **2** *(fam.)* gars; **een geschikte** ~ un type bien
pees *de (pezen)* tendon; **een verrekte** ~ un tendon claqué
peet·doch·ter *nf (-s)* filleule
peet·oom *nm (-s)* parrain
peet·va·der *nm (-s)* **1** parrain **2** père spirituel
pe·gel *nm (-s)* glaçon
peil *het (-en)* niveau; *(fig.)* **dat is beneden** ~ c'est au-dessous de tout; **zijn conditie op ~ houden** entretenir sa forme ♦ **er is geen ~ op te trekken** cela est imprévisible
peil|da·tum *nm (-data)* date repère
pei·len *vt (h. gepeild)* **1** sonder; **iemands bedoelingen** ~ scruter les intentions de qn **2** localiser
pei·ling *nf (-en)* **1** sondage **2** localisation; *(fig.)* **iem in de ~ hebben** avoir qn à l'œil, percer les intentions de qn
peil·loos *adj, adv* insondable, immensément
pein·zen *vi (h. gepeinsd)* **1** songer; **zich suf** ~ se creuser la tête **2** réfléchir
pein·zend *adj, adv* pensif, pensivement
pe·kel *nm* **1** *(cuis.)* saumure **2** sel de déneigement
pel·grim *nm (-s)* pèlerin
pel·len *vt (h. gepeld)* peler
pels *nm (pelzen)* **1** peau **2** pelisse
pels·dier *het (-en)* animal à fourrure
pen *de (-nen)* **1** plume; *(fig.)* **zijn ~ in vergif dopen** tremper sa plume dans le fiel; *(fig.)* **in de ~ klimmen** prendre la plume; **dat is met geen ~ te beschrijven** c'est indescriptible; *(fig.)* **een scherpe** ~ une plume acérée; **uit de ~ rollen** se présenter sous la plume **2** *(technol.)* tenon **3** broche
pe·na·rie *nf (fam.)* ♦ **in de ~ zitten** être dans le pétrin
pen·de·laar *nm (-s)* **1** personne qui fait la navette *(entre son domicile et son lieu de travail)* **2** *(Belg.)* sourcier, -ière
pen·de·len *vi (h. gependeld)* faire la navette
pe·ni·ten|tie *nf (-ties, -tiën)* pénitence
pen·nen *vti (h. gepend)* écrire fiévreusement
pen·nen·lik·ker *nm (-s) (péj.)* scribouillard
pen·nen|streek *de (-streken)* trait de plume
pen·ning *nm (-en)* **1** pièce (de monnaie); **tot de laatste** ~ jusqu'au dernier sou; **op de ~ zijn** être dur à la détente **2** médaille
pen·ning|mees·ter *nm (-s)*, **-meesteres** *nf (-sen)* trésorier, -ière
pe·no·pau·ze *de (-s) (iron.)* andropause
pe·no·ze [pənozə] *de* pègre
pens *de (-en)* **1** *(fam.)* panse; **een dikke** ~ un gros bide; **zijn ~ vol eten** se remplir la panse **2** *(cuis.)* tripes **3** gras-double **4** *(Belg.)* boudin (noir)
pen|seel *het (-selen)* pinceau
pen·si·oen *het (-en)* **1** (pension de) retraite; **met ~ gaan** prendre sa retraite; **met ~ zijn** être à la retraite; **vervroegd** ~ préretraite **2** pension d'invalidité
pen·si·on *het (-s)* pension *(tous les sens sauf 'allocation')*
pen·si·o·ne·ren *vt (h. gepensioneerd)* mettre à la retraite
pen|vriend *nm (-en)*, **-vriendin** *nf (-nen)* correspondant, -ante *(qn avec qui on entretient des relations épistolaires)*
pe·per *nm (-s)* poivre; **een Spaanse** ~ un piment fort
pe·per·duur *adj* terriblement cher
pe·pe·ren *vt (h. gepeperd)* poivrer; **een gepeperde rekening** une note salée; *(fig.)* **ik zal het hem gepeperd toedienen** je vais lui apprendre à vivre
pe·per-en-zout·stel *het (-len)* salière poivrière
pe·per·koek *nm (-en) (Belg.)* pain d'épices

pe·per·munt *de (-en)* **1** pastille de menthe **2** *(bot.)* menthe poivrée
***pe·per·munt-** de menthe
pe·per·munt·je *het (-s)* pastille de menthe
pe·per|noot *de (-noten) (cuis.)* nonnette
pep|mid·del *het (-en)*, **-pil** *de (-len)* stimulant
pep·talk *de* ♦ **vlak voor de wedstrijd een ~ met de spelers hebben** prodiguer des encouragements aux joueurs juste avant le match
per *prép* **1** par; **iets ~ gewicht verkopen** vendre qch au poids **2** à partir de ♦ **~ adres** chez
per|ceel *het (-celen)* **1** immeuble **2** parcelle (de terrain)
per·cent *het (-en)* → **procent**
per·cen·ta·ge [pɛrsɛntaʒə] *het (-s)* pourcentage
pe·ren|boom *nm (-bomen)* poirier
per·fect *adj, adv* parfait(ement)
per·for·mance [pərfɔːməns] *de (-s)* **1** spectacle **2** présentation
pe·ri·feer *adj* périphérique
pe·ri·ke·len *plur* péripéties
perk *het (-en)* **1** parterre *(dans un jardin)* **2** *(fig.)* limite; **zijn verbeelding binnen de ~en houden** brider son imagination; **alle ~en te buiten gaan** dépasser les bornes
per·ka·ment *het (-en)* parchemin
per·ka·ment·ach·tig *adj, adv* parcheminé, comme du parchemin
per·mis·sie *nf (-s)* permission; **~ geven om** donner la permission de
per·mit·te·ren *vt (h. gepermitteerd)* permettre
per·pe·tu·um mo·bi·le [pɛrpetywʌmobile] *het* **1** appareil à mouvement perpétuel **2** *(fig.)* mouvement perpétuel
per·plex *adj* interdit; **~ staan** rester bouche bée
per·ron *het (-s)* quai *(dans une gare)*
pers¹ *de (-en)* presse; **in de ~ terechtkomen** être dans les journaux; **de ~ aan banden leggen** étrangler la presse; **het boek is ter ~e** le livre est sous presse; **bij het ter ~e gaan van dit nummer** au moment de la publication de ce numéro; **dat boek komt vers van de ~** ce livre vient de paraître
pers² *nm (perzen)* tapis persan
***pers-** de presse; **de persconferentie** la conférence de presse
Pers *nm (Perzen)*, **Perzische** *nf (-n)* Persan, -ane
pers|agent *nm (-en)*, **-agente** *nf (-n, -s)* correspondant
pers·be·richt *het (-en)* **1** dépêche **2** communiqué de presse
pers·bu·reau [pɛrsbyro] *het (-s)* agence de presse
per se [pɛrse] *adv* **1** absolument **2** forcément; **dat hoeft niet ~ het geval te zijn** ce n'est pas forcément le cas **3** en soi-même
per·sen¹ *vt (h. geperst)* **1** presser; **zich tegen iem aan ~** se coller contre qn; **zich door een nauwe doorgang ~** se faufiler dans un passage étroit **2** repasser à la vapeur ♦ **vloeistof door leidingen ~** envoyer du liquide dans des tuyaux
per·sen² *vi (h. geperst)* pousser *(lors d'un accouchement)*
pers·klaar *adj* bon à tirer; **iets ~ maken** réviser qch pour l'impression, mettre la dernière main à qch
per·so·na·lia *plur* **1** coordonnées **2** détails personnels
per·so·neel¹ *het* personnel; **~ aangeboden** demandes d'emploi; **~ gevraagd** offres d'emploi
per·so·neel² *adj* personnel
***per·so·neels-** du personnel; **de personeelschef** le chef du personnel
per|soon *nm (-sonen)* **1** personne; **hij, zij is de aangewezen ~** c'est la personne toute désignée; **bij de juiste, verkeerde ~ aankloppen** frapper à la bonne, mauvaise porte **2** personnage ♦ **in eigen ~** en personne
per·soon·lijk *adj, adv* personnel(lement); **deze opmerking is niet ~ bedoeld** ne voyez, dans cette remarque, aucune allusion personnelle; **een ~ onderhoud** un entretien privé; **een ~ tintje** une note personnelle; **ik trek me dat ~ aan** je me sens personnellement offensé; **een ~e vriend van de president** un ami intime du président; **~e vrijheid** liberté individuelle; **~ worden** devenir blessant
per·soon·lijk|heid *nf (-heden)* personnalité; **een gespleten ~** une double personnalité
per·soons·be|wijs *het (-wijzen)* carte d'identité
per·soons·ge·bon·den *adj* personnel
per·soons·re·gis·ter *het (-s)* registre d'état civil
per·soons·vorm *nm (-en)* verbe conjugué
per·spex *adj* en plexiglas; **het ~** le plexigla(s)®
per·ti·nent *adj, adv* **1** incontestable(ment) **2** formel(lement); **~ volhouden dat ...** s'obstiner à dire que ...
Pe·ru *het* Pérou
per·zik *de (-en)* pêche *(fruit)*
Per·zisch *adj* persan
pest *de* **1** peste **2** *(fig.)* fléau ♦ *(fam.)* **de ~ aan iets hebben** avoir qch en horreur; **de ~ aan iem hebben** ne pas pouvoir blairer qn; *(fam.)* **zo lui als de ~ zijn** être tire-au-flanc; *(fam.)* **ik snap er geen ~ van** je n'y comprends que dalle; *(fam.)* **ik vind er geen ~ aan!** c'est la barbe!; **de ~ inhebben** être en rogne; **hij heeft er de ~ over in** ça le fait râler
pest·bui *de (-en) (fam.)* rogne; **een ~ hebben** être en rogne
pes·ten *vt (h. gepest) (fam.)* faire enrager
pes·te·rig *adj, adv* (de façon) exaspérant(e)
pes·te·rij *nf (-en)* tracasserie
pest·hu·meur *het (-en) (fam.)* → **pestbui**

pest·kop *nm (-pen) (fam.)* taquin, -ine
pest|streek *de (-streken) (fam.)* sale tour
pet[1] *de (-ten)* casquette; *(fig.)* **Jan met de ~** le commun des mortels; *(fig.)* **met de ~ rondgaan** faire la quête; **met de ~ naar iets gooien** faire qch à la va-vite; **daar neem ik mijn ~je voor af!** chapeau (bas)! ♦ **dat gaat boven mijn ~** cela me dépasse; **geen hoge ~ op hebben van** ne pas avoir une haute opinion de; **hij heeft een hoge ~ op van zichzelf** il ne se prend pas pour de la crotte de bique; **ik kan er met mijn ~ niet bij** cela me dépasse
pet[2] *adj (fam.)* ♦ **dat is zwaar ~** c'est complètement nul
pe·te·kind *het (-eren)* filleul, -eule
pe·ter·se·lie *de* persil
pe·tie·te·rig *adj, adv* tout petit, petitement
pe·tro·le·um *nm* pétrole
***pe·tro·le·um-** à pétrole; **de petroleumkachel** le poêle à pétrole
pets *nm (-en)* claque; **iem een ~ om de oren geven** donner une claque à qn
pet·to → **in petto**
peuk *nm (-en)* **1** mégot **2** *(fam.)* clope
peul *de (-en)* cosse
peu·len·schil *de (-len)* **1** bagatelle; **het is waarachtig geen ~** ce n'est pas de la tarte; **dat is maar een ~(letje) voor hem** pour lui, c'est du billard **2** cosse
peul·tje *het (-s)* mange-tout; *(fig.)* **lust je nog ~s?** ça te la coupe!
peul·vrucht *de (-en)* **1** gousse **2** *(plur.)* légumes secs **3** *(plur.)* légumineuses
peu·ren[1] *vt (h. gepeurd) (fam.)* décrocher
peu·ren[2] *vi (h. gepeurd)* tripoter (dans)
peu·ter *nm (-s)* bambin, -ine
peu·ter·dag·ver|blijf *het (-blijven) (Belg.)* crèche
peu·te·ren *vi (h. gepeuterd)* **1** farfouiller (dans) **2** tripoter (qch) **3** chipoter
peu·ter·klas *de (-sen)* petite section de la maternelle
peu·ter·leid·ster *nf (-s)* jardinière d'enfants
peu·ter·speel|zaal *de (-zalen)* garderie
peu·ter·tuin *nm (-en) (Belg.)* école maternelle
peu·ter·werk *het* travail délicat
peu·ze·len *vi (h. gepeuzeld)* savourer
pe·zen *vi (h. gepeesd) (fam.)* **1** foncer **2** trimer
pe·zig *adj* sec *(corps humain)*
pf *interj* **1** ouf! **2** pff(t)!
pfeif·fer [pfɑjfər] *de (méd.)* mononucléose infectieuse
pi·as *nm (-sen)* pitre
pic·ca·lil·ly *nm (cuis.)* pickles
pic·co·lo [pikolo] *nm (-'s)* **1** chasseur *(dans un hôtel)* **2** *(mus.)* pic(c)olo **3** *(Belg.)* petit pain
pick·nick *nm (-s)* pique-nique
pick-up *nm (-s)* tourne-disque
pi·co bel·lo *adj, adv* impeccable(ment)
pic·ture *de* ♦ **in de ~ zijn** être la vedette; **in de ~ komen** retenir l'attention
pief *nm (-en) (fam.)* type; **een hoge ~** un gros bonnet
piek[1] *nm (fam.)* balles *(euros)*; **ik krijg nog vijftig ~ van je** tu me dois encore cinquante balles
piek[2] *de (-en)* **1** sommet; **een ~ in het elektriciteitsverbruik** une pointe dans la consommation d'électricité **2** mèche rebelle **3** pic *(d'une montagne)*
pie·ke·ren *vi (h. gepiekerd)* **1** se tracasser (à propos de qch) **2** se creuser la tête
pie·ke·rig *adj* hérissé
piek·fijn *adj, adv* **1** élégant, avec élégance **2** parfait, à la perfection
piek·haar *het* cheveux hérissés
piek·pe·ri·o·de *nf* période de pointe
piel *nm (-en)*, **piemel** *nm (-s) (fam.)* zizi
pie·mel·naakt *adj (fam.)* à poil
pien|ter *adj (-terder, -terst)* intelligent
piep[1] *adj* → **piepjong**
piep[2] *interj* c(o)ui-c(o)ui
pie·pen[1] *vi (h. gepiept)* **1** grincer, pousser de petits cris; **een ~de ademhaling** une respiration sifflante **2** *(fam.)* gémir; **dan zal hij wel anders ~** ça le fera changer de ton; **hij piept gauw** il se lamente pour un rien
pie·pen[2] *vt (h. gepiept)* **1** gémir **2** *(fam.)* rafler ♦ *(fam.)* **het is gepiept** l'affaire est dans le sac; *(fam.)* **'m ~** filer (à l'anglaise)
pie·per *nm (-s)* **1** *(fam.)* bip **2** *(fam.)* patate; **~s jassen** être de corvée de patates **3** pleurnicheur
pie·pe·rig *adj, adv* grêle *(voix)*
piep·jong *adj* tout jeune
piep·klein *adj* minuscule
piep·kui·ken *het (-s)* poussin
piep·plas·tic, -schuim *het (fam.)* polystyrène expansé
piep·stem *de (-men)* voix grêle
piep|toon *nm (-tonen)* bip
piep·zak *nm (fam.)* ♦ **in z'n ~ zitten** serrer les fesses
pier *nm (-en)* **1** ver; **hij is voor de ~en** il mange les pissenlits par la racine, il est foutu **2** jetée **3** jetée-promenade **4** passerelle télescopique *(à l'aéroport)* ♦ **zo dood als een ~** bel et bien mort; *(fam.)* **een dooie ~** un bonnet de nuit *(d'une personne)*; **hij is altijd de kwade ~** ± c'est toujours lui qui écope
pie·sen *vi (h. gepiest) (fam.)* pisser
piet *nm (-en)* **1** crack *(as)* **2** *(Belg.; fam.)* zizi ♦ *(fam.)* **stinken als de ~en** puer comme une charogne; *(fam.)* **hij lijkt een hele ~** il a l'air de quelqu'un; *(fam.)* **een hoge ~** une grosse légume
Piet *nm (-en)* Pierre; *(Belg.)* **~je de Dood** la Faucheuse; **voor ~ Snot staan** être l'andouille; **iets voor ~ Snot doen** faire qch pour des prunes; **er voor ~ Snot bijzitten** compter pour du beurre; **iem voor ~ Snot zetten** se payer la tête de qn; **Zwarte ~** *(valet de Saint-Nicolas)* 'Pierrot Noir'
pi·ë·teit *nf* piété
pie·te·peu·te·rig *adj, adv (fam.)* **1** tatillon, avec une minutie exagérée **2** minuscule

piet·lut *de (-ten)* chicanier
piet·lut·tig *adj, adv* chicanier, pour le plaisir de chicaner
piets·je *het (-s) (fam.)* tantinet
pij *de (-en)* froc *(habit du moine)*
pijl *nm (-en)* flèche; **als een ~ uit de boog** comme une flèche; **nog andere ~en op zijn boog hebben** avoir plus d'une carte dans son jeu, avoir plus d'une corde à son arc; *(fig.)* **al zijn ~en verschoten hebben** être à bout d'arguments
pijn *de (-en)* **1** douleur; **iem ~ doen** faire mal à qn, faire de la peine à qn; **~ hebben, voelen** avoir mal; **helse ~en uitstaan** souffrir comme un damné; *(prov)* **wie mooi wil zijn, moet ~ lijden** il faut souffrir pour être beau, belle **2** peine; **met veel ~ en moeite iets gedaan krijgen** arriver à qch à grand-peine
pijn·bank *de (-en)* ♦ **iem op de ~ leggen** mettre qn au supplice
pijn|boom *nm (-bomen)* pin
pijn·drem·pel *nm* seuil de sensibilité à la douleur
pijn|grens *de (-grenzen)* → **pijndrempel**
pij·ni·gen *vt (h. gepijnigd)* **1** torturer **2** faire souffrir; **door de kou gepijnigd worden** souffrir du froid
pijn·lijk *adj, adv* **1** douloureux, douloureusement; **een ~e opmerking** une remarque blessante **2** blessé, l'air peiné; **~ glimlachen** avoir un sourire contraint **3** difficile, péniblement; **een ~e stilte** un silence pénible
pijn|loos *adj, adv (-lozer, meest p.)* **1** indolore, sans faire souffrir **2** insensible, sans douleur; **de zieke is ~** le malade ne souffre pas
pijn·stil·lend *adj* calmant
pijn·stil·ler *nm (-s)* calmant
pijp *de (-en)* **1** tuyau **2** jambe *(de pantalon)* **3** pipe **4** bâton *(de craie, de cannelle)* **5** *(méd.)* os long ♦ *(fam.)* **de ~ uitgaan** casser sa pipe
pij·pen *vti (h. gepijpt) (fam.)* faire une pipe (à) ♦ *(subst.)* **naar iemands ~ dansen** se laisser mener par qn
pij·pen·krul *de (-len)* anglaise *(cheveux)*
pij·pen·la *de (-den, -'s) (fig.)* boyau
pij·pen|steel *nm (-stelen)* ♦ *(fig.)* **het regent pijpenstelen** il pleut des cordes
pijp·lei·ding *nf (-en)* **1** tuyauterie **2** pipeline
pik[1] *de (-ken)* **1** *(fam.)* queue *(sexe)* **2** pioche
pik[2] *nm (-ken)* **1** *(fam.)* type; **een vervelend ~kie** un petit emmerdeur **2** piqûre ♦ **de ~ op iem hebben** avoir une dent contre qn; *(Belg.)* **~ à ~ zijn** être à couteaux tirés
pik·don·ker *adj* très noir; **in het ~** dans l'obscurité la plus totale
pik·ke·don·ker *het* → **pikdonker**
pik·ke·len *vi (h. gepikkeld) (Belg.)* clopiner
pik·ken *vti (h. gepikt)* **1** *(fam.)* piquer **2** *(fam.)* prendre; **een bioscoopje ~** aller au cinoche **3** *(fam.)* encaisser *(fig.)* **4** picorer
pik·zwart *adj* noir comme du charbon
pil *de (-len)* **1** pilule; *(fig.)* **het is een bittere ~ voor hem** c'est dur à avaler pour lui; **de ~ slikken** prendre la pilule; **aan de ~ zijn** prendre la pilule **2** pavé *(livre)*; **wat een dikke ~!** quel pavé!
pi|laar *nm (-laren)* pilier
pils[1] *het/de* bière blonde
pils[2] *nm* demi; **een ~je pakken** boire un demi
pim·pel·paars *adj* violet; **hij is ~ van de kou** il est bleu de froid
pin *de (-nen)* **1** cheville *(tige de bois ou métal)* **2** pince; *(fig.)* **iem de ~ op de neus zetten** réprimander qn vertement **3** chipie
pin·co·de *nm (-s)* code confidentiel, *(Belg.)* code secret
pin·da *de (-'s)* **1** cacahuète **2** arachide
pin·da·kaas *nm* beurre de cacahuète
pi·neut *nm (fam.)* ♦ **de ~, het ~je zijn** être le dindon de la farce
pin·ge·len *vi (h. gepingeld)* **1** marchander **2** *(sports)* trop dribbler **3** *(mus.)* gratter
pin·gu·ïn [pɪŋgwɪn] *nm (-s) (zool.)* manchot
pink *nm (-en)* petit doigt ♦ **bij de ~en zijn** être dégourdi
pin·ken *vt (h. gepinkt)* ♦ **een traan uit het oog ~** essuyer une larme (du bout du doigt)
pink·ster·be·we·ging *nf (-en)* pentecôtisme
pink·ster·dag *nm (-en)* ♦ **eerste ~** dimanche de (la) Pentecôte; **tweede ~** lundi de Pentecôte
Pink·ste·ren *nm,* **pinksterfeest** *het* Pentecôte
pin·nen *vti (h. gepind)* **1** payer par carte bancaire **2** retirer de l'argent d'un distributeur de billets
pin·nig *adj, adv* caustique(ment)
pin·pas *nm (-sen)* carte bancaire
pi·oen *de (-en),* **pioenroos** *de (-rozen)* pivoine
pi·o·niers·geest *nm* esprit innovateur
pi·o·niers·werk *het* **1** travail de pionnier **2** *(fig.)* œuvre de pionnier
pips *adj (pipser, meest p.)* pâlot
pi·ra·te·rij *nf* piratage
pis *nm (fam.)* pisse
pi·sang[1] *de (-s)* banane
pi·sang[2] *nm (-s)* bananier ♦ *(fam.)* **een rare ~** un drôle de coco
pis·nij·dig *adj (fam.)* furibard
pis·paal *nm (fam.)* souffre-douleur
pis·se·bed *de (-den)* cloporte
pis·sen[1] *vti (h. gepist) (fam.)* pisser; *(fig.)* **tegen iem (aan) ~** pisser sur qn
pis·sen[2] *vb impers (fam.)* pleuvasser
pis·sig *adj, adv (fam.)* (d'un ton) furibard
pi·sto·let [pistolɛt, pistolɛ] *nm (-s)* petit pain
pi|stool *het (-stolen)* pistolet
pit[1] *de (-ten)* **1** pépin **2** noyau **3** amande **4** mèche **5** brûleur
pit[2] *het/de* nerf; **geen ~ in zijn lijf hebben** manquer de tonus; **er zit ~ in die meid** cette fille a du pep

pit·je *het (-s)* veilleuse; **iets op een zacht ~ koken, laten sudderen** faire cuire qch à feu doux ♦ *(fig.)* **iets op een laag, klein ~ zetten** mettre qch en veilleuse
pit·ten *vi (h. gepit) (fam.)* roupiller; *(fig.)* **hij loopt te ~** il est dans les nuages
pit·tig *adj, adv* **1** énergique, avec énergie; **een ~ meisje** une fille qui a du pep **2** épicé **3** *(fig.)* spirituel, avec esprit ♦ **een ~e rekening** une addition salée; **het is een ~ tentamen!** il est coton, ce partiel!
pk *de paardenkracht* ch
plaag *de (plagen)* **1** invasion *(d'insectes, de souris etc.)* **2** fléau; **een ware ~ zijn voor iem** être une plaie pour qn
plaag·geest *nm (-en)* **1** peste *(personne)* **2** démon
plaag·stok *nm (-ken) (Belg.; fam.)* → **plaaggeest 1**
plaag|ziek *adj (-zieker, meest p.)* taquin
plaas·ter *nm (Belg.)* plâtre
plaat *de (platen)* **1** plaque **2** disque; *(iron.)* **deze ~ heb ik al eerder, al vaker gehoord** je connais la musique **3** image **4** banc de sable **5** *(Belg.; méd.)* radio ♦ **de ~ poetsen** décamper
plaat·je *het (-s)* **1** prothèse dentaire **2** *(fam.)* photo; **~s schieten** prendre des photos **3** ébauche **4** image **5** *(fig.)* beauté; **het is net een ~** il, elle est joli(e) comme un cœur
plaats *de (-en)* **1** place; **de ~ bepalen** localiser; **in, op de eerste ~** en premier lieu; **neemt u a.u.b. ~** veuillez vous asseoir, s.v.p.; *(fig.)* **op de ~ dood blijven** tomber raide mort; **op uw ~en!, klaar, af!** à vos marques!, prêts, partez!; **zijn gezin komt op de eerste ~** sa famille passe avant (tout); **ter ~e** sur place; **niet van zijn ~ te krijgen zijn** ne pas pouvoir être délogé de sa place; **opgestaan ~ vergaan** qui va à la chasse perd sa place **2** lieu **3** endroit; **je kunt niet op twee ~en tegelijk zijn** on ne peut pas être partout à la fois **4** ville **5** cour ♦ **in ~ van** au lieu de; **iets in de ~ stellen van** substituer qch à; **voor iets, iem in de ~ komen** remplacer qch, qn
plaats·be·pa·ling *nf (-en)* repérage
plaats·be|wijs *het (-wijzen)* billet
plaat·se·lijk *adj, adv* **1** local(ement) **2** (sur le plan) communal **3** (sur le plan) municipal **4** (sur le plan) régional **5** sur place **6** par endroits
plaat·sen[1] *vt (h. geplaatst)* **1** placer; *(fig.)* **iets (niet) kunnen ~** (ne) pouvoir caser qch, (ne pas) comprendre qch; *(fig.)* **iem niet kunnen ~** ne pas pouvoir se remettre qn, ne pas pouvoir situer qn **2** poser **3** affecter **4** *(sports)* classer
plaat·sen[2] *vpr (zich ~; h. zich geplaatst) (sports)* se qualifier
plaats·grij·pen *vi (h. plaatsgegrepen),* **plaatshebben** *vi (h. plaatsgehad)* → **plaatsvinden**
plaat·sing *nf (-en)* **1** mise en place; **~ in een inrichting** placement dans une institution; **de ~ van kruisraketten** le déploiement de missiles de croisière **2** insertion **3** *(sports)* classement **4** *(sports)* qualification
plaats·ver·van·gend *adj* remplaçant; **het ~ hoofd** le directeur adjoint
plaats·ver|van·ger *nm (-s),* **-vangster** *nf (-s)* remplaçant, -ante
plaats·vin·den *vi (h. plaatsgevonden)* avoir lieu
place·mat [plesmɛt] *nm (-s)* napperon
pla·dijs *nm (pladijzen) (Belg.)* plie
pla·gen *vti (h. geplaagd)* **1** taquiner; **iem met iets ~** plaisanter qn sur qch **2** tourmenter; **mag ik u even ~?** vous permettez?
pla·ge·rij *nf (-en)* taquinerie; **niet tegen een ~tje kunnen** se piquer pour un rien
plak *de (-ken)* **1** tranche; **een ~ chocolade** une tablette de chocolat **2** *(fam.)* médaille ♦ **onder de ~ zitten** être sous la coupe (de qn)
plak·band *het* scotch®
plak·boek *het (-en)* album *(pour photos, images etc.)*
plak·bord *het (-en)* tableau d'affichage
plak|kaat *het (-katen)* affiche
plak·ken *vti (h. geplakt)* coller; *(fig.)* **blijf niet zo aan mij ~** ne reste pas toujours pendu à mes basques; **een band ~** réparer un pneu; **een etiketje op iem ~** mettre une étiquette sur qn
plak·sel *het (-s)* **1** colle **2** collage
pla·muur *de,* **plamuursel** *het* enduit; *(iron.)* **een laag ~ op het gezicht** une couche de peinture sur le visage
plan *het (-nen)* **1** plan; *(Belg.)* **bijzonder ~ van aanleg** plan de secteur; *(fig.)* **een ~ de campagne maken** dresser ses batteries **2** intention; *(péj.)* **~nen beramen** comploter; **grote ~nen hebben** avoir de grands projets; **een ~ laten varen** abandonner un projet; **een ~ maken** ébaucher un plan; **met het ~ rondlopen om ...** songer à; **een ondoordacht ~** un projet hasardeux; **het ~ opvatten (om)** projeter (de); **iets van ~ zijn** compter faire qch; **iets niet van ~ zijn** ne pas avoir l'intention de faire qch; **we waren net van ~ om ...** nous étions sur le point de **3** plan (de ville) ♦ *(Belg.)* **zijn ~ trekken** se débrouiller
pla|neet *de (-neten)* planète; *(iron.)* **hij komt van een andere ~** il a des idées d'un autre monde
plank *de (-en)* **1** planche; **dat is van de bovenste ~** c'est une bouteille de derrière les fagots, c'est une personne de premier ordre; *(fig.)* **een ~ voor de kop hebben** en avoir, tenir une couche; **de ~ misslaan** être à côté de la plaque **2** *(plur.; théâtre)* scène; **dat stuk blijft lang op de ~en** cette pièce tient longtemps l'affiche
plan·ken·koorts *de* trac
plank·gas *het* ♦ **~ geven** écraser le champignon
plan·ma·tig *adj, adv* méthodique(ment)
plan·nen [plɛnə(n), plɑnə(n)] *vt (h. gepland)* projeter; **gepland op 20 november** prévu pour le 20 novembre

pla·no·lo·gie *nf* aménagement du territoire
plant *de (-en)* plante; *(fig.)* **een teer ~je** une petite nature; **een vaste** ~ une plante vivace
plant·aar·dig *adj* végétal
plan·ta·ge [plɑntaʒə] *nf (-s)* plantation
plan·ten *vt (h. geplant)* planter; **zijn voet tussen de deur** ~ mettre le pied en travers de la porte; **zich voor de spiegel** ~ se camper devant la glace
***plan·ten-** végétal; **de plantensoort** l'espèce végétale
plan·ten·eter *nm (-s)* herbivore
plan·ten·groei *nm* **1** pousse *(des plantes)* **2** végétation
plant·kun·de *nf* botanique
plan·trek·ker *nm (-s) (Belg.)* tire-au-flanc, *(Belg.)* carotteur
plant·soen *het (-en)* jardin public
plas *nm (-sen)* **1** flaque **2** mare **3** urine; *(enf.)* **een ~(je) moeten** avoir envie de faire pipi; *(iron.)* **een ~(je) plegen** faire pipi **4** étang ♦ **zo'n ~ limonade kan ik niet op** je ne peux pas avaler une telle quantité de limonade
plas·sen *vti (h. geplast)* uriner
plas·ser *nm (-s) (fam.)* zizi
plas·tic [plɛstɪk] *adj* en plastique ♦ *(iron.)* **we kregen zo'n ~ maaltijd in het vliegtuig** dans l'avion, nous avons reçu un de ces repas synthétiques
plas·tisch *adj, adv* **1** plastique; ~ **vermogen van de kunstenaar** force d'expression de l'artiste **2** *(ling.)* (dans un langage) imagé
plat[1] *het (-ten)* **1** langue populaire **2** terrasse **3** plat *(la partie plate de qch)* **4** plate-forme
plat[2] *adj, adv* **1** plat **2** à plat; *(fig.)* **iem ~ krijgen** arriver à retourner qn; **de zaal ~ krijgen** *(théâtre)* faire un malheur, faire crouler la salle de rire; **de patiënt moet twee weken** ~ le malade doit garder le lit pendant deux semaines **3** paralysé *(par une grève)*; **een bedrijf ~ leggen** paralyser une entreprise **4** (en) patois; ~ **Utrechts** le parler d'Utrecht **5** populaire, en argot; **~te taal** langage vulgaire; **zich ~ uitdrukken** s'exprimer grossièrement **6** bas(sement) **7** *(Belg.)* complètement
plat·bran·den *vt (h. platgebrand)* réduire en cendres
plat·druk·ken *vt (h. platgedrukt)* écraser
***pla·ten- 1** d'images; **het platenboek** le livre d'images **2** de disques; **de platenzaak** le magasin de disques
pla·ten·bon *nm (-nen)* chèque disque(s)
pla·ten·spe·ler *nm (-s)* tourne-disque
plat·gaan *vi (i. platgegaan) (fam.)* **1** se pieuter **2** être épaté
plat·ge·tre·den *adj* piétiné; *(fig.)* ~ **paden volgen** suivre les sentiers battus
plat·gooi·en *vt (h. platgegooid)* **1** raser *(par un bombardement)* **2** paralyser *(par une grève)*
plat|heid *nf (-heden)* **1** trivialité **2** platitude

pla·ti·na *adj* de platine
plat·leg·gen *vt (h. platgelegd)* **1** étendre **2** *(fam.)* paralyser *(par une grève)*
plat·lig·gen *vi (h. platgelegen)* **1** être renversé **2** être alité **3** être paralysé *(par une grève)*
plat·lo·pen *vt (h. platgelopen)* écraser; **het gras** ~ piétiner l'herbe
plat·ma·ken *vt (h. platgemaakt)* aplatir
plat·schie·ten *vt (h. platgeschoten)* pilonner
plat·slaan *vt (h. platgeslagen)* **1** aplatir **2** *(fam.)* tabasser
plat·spui·ten *vt (h. platgespoten) (fam.)* matraquer qn de piqûres calmantes
plat·strij·ken *vt (h. platgestreken)* aplatir
plat·te·grond *nm (-en)* plan *(d'une ville, d'un bâtiment)*
plat·te·kaas *nm (Belg.)* fromage blanc
plat·te·land *het* campagne
plat|vloers *adj (-vloerser, meest p.)* trivial
plat·voet *nm (-en)* **1** pied plat **2** personne qui a les pieds plats
plat·wal·sen *vt (h. platgewalst)* **1** en boucher un coin à (qn) **2** *(technol.)* laminer
plat·weg *adv* carrément
plat·zak *adj* fauché
pla·vei·en *vt (h. geplaveid)* paver
pla·vei·sel *het (-s)* pavé
pla|vuis *nm (-vuizen)* dalle
plebs[1] *het* populace
plebs[2] *nf (hist.)* plèbe
plech·tig *adj, adv* solennel(lement); **~e taal** langage cérémonieux
plech·tig|heid *nf (-heden)* **1** cérémonie **2** solennité; **hij werd met militaire ~ begraven** il fut enterré avec les honneurs militaires
plecht·sta·tig *adj, adv* cérémonieux, cérémonieusement
plee *nm (-s) (fam.)* chiottes
plee·fi·guur *het (fam.)* ♦ **een ~ slaan** faire piètre figure
***pleeg-** adoptif; **het pleeggezin** la famille adoptive
ple·gen[1] *vi (placht)* avoir l'habitude (de); **zo placht ik altijd te doen** je n'ai jamais fait autrement ♦ **hier placht een opschrift te staan** autrefois, il y avait là une inscription
ple·gen[2] *vt (h. gepleegd)* faire
plei·dooi *het (-en)* plaidoyer; **een ~ houden voor ...** plaider pour ...
plein *het (-en)* **1** place **2** rond-point
pleis·ter[1] *de (-s)* sparadrap; *(fig.)* **een ~ op de wonde** une consolation
pleis·ter[2] *het (-s)* **1** crépi **2** plâtre
pleis·ter·plaats *de (-en)* **1** étape **2** ville de séjour
pleit *het* **1** procès; **het ~ winnen** avoir gain de cause **2** différend; **het ~ is beslecht** la question a été tranchée **3** plaidoyer
pleit·be|zor·ger *nm (-s)*, **-zorgster** *nf (-s)* avocat, -ate; ~ **voor iets zijn** plaider pour qch
plei·te *adj (fam.)* ♦ ~ **gaan** se tirer; **dat boek is** ~ ce bouquin s'est envolé

plei·ten *vi (h. gepleit)* plaider; **voor iem ~** plaider en faveur de qn; **pro Deo ~** plaider d'office
plek *de (-ken)* **1** endroit; **een apart ~je in iemands hart innemen** avoir une place spéciale dans le cœur de qn; **een blauwe ~** un bleu *(sur la peau)*; **een gevoelige, zere ~** un point douloureux, *(fig.)* un point sensible; **z'n ~ gevonden hebben** être finalement à sa place, avoir trouvé l'endroit idéal **2** *(sports)* place
ple·nair [plenɛːr] *adj* plénier
plens *nm (plenzen)* giclée
plens·bui *de (-en)* averse
plen·ty [plɛnti] *adj* plein de
plen·zen[1] *vi (h. geplensd) (fam.)* pleuvoir des cordes
plen·zen[2] *vt (h. geplensd)* (dé)verser
plen·zen[3] *vb impers (fam.)* pleuvoir des cordes
plet·ten[1] *vt (h. geplet)* **1** écraser **2** aplatir
plet·ten[2] *vi (h. geplet)* s'aplatir
plet·ter ♦ **de vaas viel te ~** le vase se brisa en mille morceaux; **zich te ~ vervelen** s'ennuyer à mourir; **zich te ~ schrikken** mourir de peur; **hij heeft zich te ~ gereden** il s'est tué sur la route
pleu·ren *vt (h. gepleurd) (fam.)* fiche(r)
pleu·ris *het/de* pleurésie; *(fig.)* **krijg het, de ~** crève! ♦ *(fam.)* **ik schrok me het, de ~** j'ai eu une trouille bleue
pleu·ris·lij·der *nm (-s)* **1** *(fam.; péj.)* salaud **2** *(méd.)* pleurétique
ple·zant *adj, adv (Belg.; fam.)* **1** agréable(ment) **2** gai(ement)
ple·zier *het* plaisir; **iem een ~ doen** faire plaisir à qn, rendre service à qn; **~ in zijn werk hebben** travailler avec plaisir; **~ maken, hebben** s'amuser; **met alle ~** avec plaisir; **een huis van ~** une maison close; **veel ~!** amusez-vous bien!; **ik zit hier niet voor mijn ~!** je ne suis pas là pour m'amuser!
ple·zie·ren *vt (h. geplezierd)* faire plaisir à
ple·zie·rig *adj, adv* agréable(ment); **een ~e man** un homme sympathique
ple·zier·jacht *het (-en)* bateau de plaisance
plicht *de (-en)* devoir; **hiermede vervullen wij de droevige ~ ...** nous avons la douleur de; **iets tot zijn ~ rekenen** se faire un devoir de faire qch
plicht·be·wust *adj, adv (Belg.)* → **plichtsgetrouw**
plicht·ma·tig *adj, adv* obligé, par devoir; **een ~ bezoekje** une visite de politesse; **iets ~ doen** faire qch par acquit de conscience
plicht·ple·ging *nf (-en)* cérémonie; **met veel ~en** cérémonieux, cérémonieusement; **zonder ~(en)** sans façon
plichts·be·sef *het* sens du devoir
plichts·be·trach·ting *nf* dévouement
plichts·ge|trouw *adj, adv (-trouwer, meest p.)* consciencieux, consciencieusement
PLO *nf Palestinian Liberation Organization* OLP
ploeg *de (-en)* **1** équipe *(aussi sports)* **2** *(agric.)* charrue
ploe·gen[1] *vti (h. geploegd)* labourer
ploe·gen[2] *vi (h. geploegd)* avancer en peinant
ploe·gen·dienst *nm (-en)* travail en équipe
ploeg·ver·band *het (sports)* ♦ **in ~ werken** travailler en équipe
ploert *nm (-en)* crapule
ploer·ten|streek *de (-streken)* tour de cochon
ploer·te·rig *adj, adv (fam.)* (de façon) ignoble
ploe·te|raar *nm (-s)*, **-raarster** *nf (-s)* bûcheur, -euse
ploe·te·ren *vi (h. geploeterd)* **1** trimer **2** patauger
plof *interj* pouf!; **de ~** le boum
plof·fen[1] *vi (h./i. geploft)* **1** tomber avec un bruit sourd **2** ± toussoter *(voiture)* **3** exploser **4** s'affaler
plof·fen[2] *vt (h./i. geploft) (fam.)* balancer
plomp *adj, adv* **1** lourd(ement) **2** grossier, grossièrement
plomp·ver·lo·ren, -weg *adv* de but en blanc, subitement
plons *interj* plouf!
plon·zen[1] *vi (h./i. geplonsd)* tomber (avec un plouf)
plon·zen[2] *vt (h./i. geplonsd) (fam.)* ± jeter
plooi *de (-en)* **1** pli; *(fig.)* **de ~en gladstrijken** arrondir les angles; **hij raakt nooit uit de ~** il ne se déride jamais **2** ride ♦ *(fig.)* **zijn gezicht in de ~ zetten** prendre un air grave, reprendre son sérieux
plooi|baar *adj (-baarder, -baarst)* souple
plooi·en[1] *vt (h. geplooid)* **1** plisser **2** plier (qn à qch, qch à qch); **iets zo ~ dat iedereen tevreden is** arranger qch de façon que tout le monde soit satisfait **3** *(Belg.)* plier
plooi·en[2] *vi (h. geplooid)* **1** se plisser **2** faire des plis
ploos, plozen → **(uit)pluizen**
plot [plɔt] *nm (-s)* intrigue
plots, plotseling *adj, adv* soudain, subitement
plots·klaps *adv (iron.)* subito
plu *nm (-'s) (fam.)* pépin *(parapluie)*
plu·che [plyʃ(ə)] *adj* en peluche
plug *de (-gen)* **1** *(technol.)* cheville **2** fiche *(électricité)* **3** *(technol.)* tampon
plug·gen *vt (h. geplugd)* **1** tamponner **2** promouvoir *(des disques)*
pluim *de (-en)* **1** plume; *(fig.)* **iem een ~ op de hoed steken** chanter les louanges de qn **2** houppe **3** plumeau; *(fig.)* **een ~ van rook** un panache de fumée **4** queue en panache
pluim·pje *het (-s)* **1** fléchette **2** compliment; **iem een ~ geven** faire un compliment à qn
pluim·vee *het* volaille
pluis[1] *de (pluizen)* peluche
pluis[2] *het (pluizen)* peluches

pluis[3] *adj* ♦ **hij is niet** ~ il ne vaut rien; **het is daar niet** ~ ce n'est pas très sûr là-bas, ce n'est pas très catholique là-bas
plui·zen *vi (h. geplozen)* plucher
pluk *nm (-ken)* **1** touffe **2** cueillette **3** récolte **4** *(fam.)* masse; **die erfenis bracht hem een flinke** ~ **geld** cet héritage lui a rapporté une bonne somme d'argent
pluk·ken *vt (h. geplukt)* **1** cueillir; *(fam.)* **pluk de dag** profite du moment présent; **het** ~ la récolte; *(fig.)* **de vruchten van iets** ~ recueillir le fruit de qch **2** plumer **3** attraper
plun·de·ren *vt (h. geplunderd)* piller; **de koelkast** ~ dégarnir le réfrigérateur
plun·je *de (-s)* **1** *(fam.)* frusques **2** barda
plu·ri·form *adj* multiforme
plu·ri·for·mi·teit *nf* pluralisme
plus[1] *het/de (-sen)* **1** plus *(signe arithmétique)* **2** excédent **3** élément positif; **er zijn minnen, maar ook ~sen** il y a du pour et du contre **4** *(phys.)* pôle positif
plus[2] *adv* plus; *(fromage)* **veertig** ~ contenant plus de quarante pour cent de matières grasses; **vijfenzestig** ~ de plus de 65 ans
plus[3] *prép* plus; **twee** ~ **drie is vijf** deux et trois font cinq
plus·mi·nus *adv* environ
plus·punt *het (-en)* → **plus**[1] **3**
PMS-cen|trum *het (-tra) (Belg.) psycho-medisch-sociaal centrum* centre PMS
po *nm (-'s)* pot de chambre
p.o. 1 *per order* p.o. **2** *per omgaande* par retour du courrier
po·chen *vti (h. gepocht)* se vanter
***poc·ket-** de poche; **het pocketboek** le livre de poche
po·di·um *het (podia)* **1** estrade **2** avant-scène
poe·del *nm (-s)* caniche
poe·de·len *vi (h. gepoedeld)* barboter (dans l'eau)
poe·del·naakt *adj* nu comme un ver
poe·der[1] *de (-s) (méd.)* poudre
poe·der[2] *het/de* poudre *(matière)*; **tot** ~ **malen** réduire en poudre
***poe·der-** en poudre; **poedermelk** lait en poudre
poe·der·vorm *nm* poudre
poef[1] *nm (-en)* **1** bruit sourd **2** pouf *(siège)*
poef[2] *interj* pan!
poeh *interj* dis donc!
poe·ha *het/de* esbroufe
poel *nm (-en)* mare; **een** ~ **van ellende** un gouffre de malheurs; **een** ~ **van verderf** un lieu de perdition
poe·lier *nm (-s)* volailler, -ère
poen *het/de (fam.; argot)* fric; **om de** ~ **is het al te doen** tout tourne autour du fric
poep[1] *nm (-en) (fam.)* **1** *(pas de plur.)* crotte; **in een** ~ **en een scheet klaar zijn** être prêt en deux temps trois mouvements **2** pet; **een ~je laten vliegen** lâcher un pet; *(fig.)* **iem een ~ie (poepje) laten ruiken** en boucher un coin à qn ♦ **een (flinke)** ~ **geld** un joli paquet
poep[2] *de (-en) (Belg.)* derrière; **op zijn** ~ **krijgen** recevoir une fessée
poep·duur *adj (fam.)* ♦ **dat is** ~ ça coûte la peau des fesses, les yeux de la tête
poe·pen *vi (h. gepoept) (fam.)* **1** faire caca; *(fig.)* **in zijn broek** ~ trembler dans sa culotte **2** *(Belg.)* baiser
poes *de (poezen)* **1** chatte; *(fig.)* **voor de** ~ **zijn** être fichu; *(fig.)* **niet voor de** ~ **zijn** ne pas être de la gnognote **2** *(fam.)* beau morceau **3** *(fam.)* chatte *(sexe féminin)* **4** minet, -ette ♦ **mis ~!** faux!, mon œil!
poes·je·nel *nm (-len) (Belg.)* polichinelle
poes·lief *adj, adv* doucereux, d'une manière doucereuse; ~ **doen** faire la chattemite; **ze is** ~ **voor hem** avec lui, elle est tout sucre tout miel
poes·pas *nm* chichis
poet *de (argot)* taf *(somme d'argent)*
poets *de (-en)* tour ♦ **iem een** ~ **spelen, bakken** jouer un tour à qn; *(Belg.)* ~ **wederom** ~ un prêté pour un rendu
poet·sen *vt (h. gepoetst)* **1** frotter; **schoenen** ~ cirer des chaussures **2** nettoyer
poets·mid·del *het (-en)* pâte à polir
poe·ze·lig *adj* dodu
po·ë·zie *nf* poésie
pof *de (fam.)* ligne *(cocaïne)* ♦ **op de** ~ à crédit, *(Belg.)* à pouf, au petit bonheur
pof·broek *de (-en)* culotte bouffante
pof·fen *vti (h. gepoft)* faire griller
pof·fer·tje *het (-s)* pet-de-nonne
pof·mouw *de (-en)* manche bouffante
po·gen *vi (h. gepoogd) (form.)* tenter (de)
po·ging *nf (-en)* tentative; **verwoede ~en doen** faire des efforts effrénés; **een** ~ **wagen** faire un essai
poin·te [pwɛ:nt(ə)] *de (-s)* fin mot
pok·da·lig *adj* grêlé
po·ker·face [pokərfes] *het (-s)* visage impassible
pok·ken *plur* variole; **krijg de ~!** va te faire foutre! ♦ *(fam.)* **zich de** ~ **werken** se crever au travail
pok·ken·lij·er *nm (-s) (fam.)* salaud
pok·ken·vent *nm (fam.)* saligaud
pok·ken·weer *het (fam.)* temps de cochon
pok·ken·werk *het (fam.)* sale boulot
pol *nm (-len)* motte
po·la·ri·sa·tie *nf (-s)* **1** *(phys.; psycho.)* polarisation **2** *(pol.)* bipolarisation
Po·len *het* Pologne
po·lijs·ten *vt (h. gepolijst)* polir; **er valt aan die jongen nog heel wat te** ~ ce garçon est encore bien mal dégrossi
po·li·kli·nisch *adj, adv* ambulatoire, à la policlinique
po·lis *de (-sen)* police (d'assurance)
po·li·ti|cus *nm (-ci)*, **-ca** *nf (-'s)* (homme) politique, femme politique
po·li·tie[1] *de* police
po·li·tie[2] *nm (-s) (fam.)* agent de police
***po·li·tie-** de police; **de politieagent** l'agent de police
po·li·tiek *adj, adv* **1** politique(ment); **in de** ~ **zitten** être dans la politique; *(subst.)*

aan ~ doen faire de la politique **2** *(fig.)* diplomatique(ment)
po·li·tie·ker *nm (-s) (Belg.; fam.)* → **politicus**
pol·le·pel *nm (-s)* **1** louche de cuisine **2** cuillerée **3** *(Belg.)* louche
po·lo·nai·se [polonɛːzə] *nf (-s)* **1** farandole **2** *(mus.)* polonaise
pols *nm (-en)* **1** poignet; *(fig.)* **iets uit de losse ~ doen** faire qch en un tour de main **2** *(méd.)* pouls; **zich de ~ doorsnijden** s'ouvrir les veines **3** perche
pol·sen *vt (h. gepolst)* pressentir (qn sur, pour qch)
pols·slag *nm (-en) (méd.)* pouls; **zijn ~ is hoog** il a un pouls rapide
pols·slag·ader *de (-s)* artère radiale
pols·stok *nm (-ken)* → **pols 3**
pomp *de (-en)* **1** pompe **2** *(fam.)* pompe (à essence)
pomp·af *adv (Belg.)* pompé
pom·pel|moes *de (-moezen) (Belg.)* pamplemousse
pom·pen *vti (h. gepompt)* **1** pomper; *(fig.)* **het is ~ of verzuipen** ça passe ou ça casse **2** *(+ erin)* bûcher
pom|peus *adj, adv (-peuzer, meest p.)* **1** pompeux, pompeusement **2** somptueux, somptueusement
pom·poen *nm (-en)* courge
pomp·sta·ti·on *het (-s)* **1** station-service **2** château d'eau
pomp|steen *nm (-stenen) (Belg.)* évier
pond *het (-en)* livre *(unité de poids et unité monétaire)*; *(fig.)* **zich honderd ~ lichter voelen** se sentir soulagé d'un fardeau ♦ **het volle ~ moeten betalen** devoir payer le plein tarif
po·ne·ren *vt (h. geponeerd)* avancer
pont *de (-en)* bac
pon·ti·fi·caal *adj, adv* **1** solennel, en grand apparat **2** pontifical(ement)
po·ny[1] [pɔni] *nm (-'s) (zool.)* poney
po·ny[2] [pɔni] *het/de (-'s)* frange
pooi·er *nm (-s)* **1** maquereau **2** fumier
pook *de (poken)* **1** tisonnier **2** levier de vitesse
pool[1] [pol] *de (polen)* pôle
pool[2] [pul] *nm (-s)* **1** pronostics **2** pool
***pool-** polaire; **de poolcirkel** le cercle polaire
Pool *nm (Polen),* **Poolse** *nf (-n)* Polonais, -aise
pools·hoog·te *nf* hauteur du pôle; **~ nemen** *(fig.)* tâter le terrain
poon *nm (ponen)* grondin; **rode ~** grondin perlon
poort *de (-en)* **1** porte **2** *(inform.)* port
poos *de (pozen)* moment; **dat is al een hele ~ geleden** cela fait déjà un bon bout de temps
poot *nm (poten)* **1** *(zool.)* patte; *(fig.)* **op zijn achterste poten gaan staan** monter sur ses grands chevaux; *(fig.)* **met hangende ~jes terugkeren** revenir l'oreille basse; **mijn pen heeft ~jes gekregen** mon stylo s'est envolé; *(fig.)* **op hoge poten aan komen lopen** arriver en écumant (de rage) **2** pied *(objets)*; **de poten onder het kabinet wegzagen** saper le gouvernement, démolir le gouvernement **3** *(fam.)* patte; **geen ~ uitsteken** ne pas remuer le petit doigt; **geen ~ verzetten** ne pas bouger d'un pouce; **geen ~ aan de grond krijgen** n'avoir aucune chance de succès; **geen ~ hebben om op te staan** ne pas faire le poids; **iem ~je haken** faire un croche-pied à qn, *(fig.)* faire un croc-en-jambe à qn; **geen ~ meer kunnen verzetten** ne plus pouvoir mettre un pied devant l'autre; *(fig.)* **zijn ~ stijf houden** ne pas lâcher pied; *(fig.)* **zijn poten thuishouden** garder ses mains dans sa poche **4** *(fam.)* pince **5** signature; *(fam.)* **zijn ~ zetten** signer **6** *(fam.)* pédé ♦ **de poten van een bril** les branches d'une paire de lunettes
poot·je·ba·den *vi* faire trempette
pop[1] *de (-pen)* **1** poupée *(jouet)* **2** marionnette; *(fig.)* **daar heb je de ~pen aan het dansen** ça va faire du grabuge **3** mannequin *(dans un étalage)* **4** pépée *(jolie fille)*
pop[2] *nm (mus.)* pop
po·pe·len *vi (h. gepopeld)* **1** palpiter **2** trépigner
pop·pen·kast *de (-en)* **1** théâtre de marionnettes **2** *(fig.)* guignol
pop·pe·rig *adj* **1** poupin *(visage)* **2** mignonnet; **een ~ huisje** une maison de poupée
pop·pe·tje *het (-s)* figurine; **een ~ tekenen** dessiner un bonhomme ♦ **~ gezien, kastje dicht!** le spectacle est terminé!, un, deux, trois ... parti!; **zij is een teer ~** c'est une petite nature
po·pu|lair [popylɛːr] *adj, adv (-lairder, -lairst)* **1** populaire; **een allesbehalve ~e maatregel** une mesure très impopulaire **2** familier, familièrement; **~ uitgedrukt** en langage populaire
po·pu·lair·we·ten·schap·pe·lijk *adj, adv* de vulgarisation, à des fins vulgarisatrices
po·pu·la·ri·se·ren *vt (h. gepopulariseerd)* vulgariser
po·pu·lier *nm (-en)* peuplier
por *nm (-ren)* bourrade
po·rie *nf (poriën)* pore
por·ren[1] *vt (h. gepord)* **1** *(fam.)* stimuler **2** donner une bourrade à; **iem in de zij ~** donner un coup dans les côtes à qn ♦ **ergens wel voor te ~ zijn** se laisser tenter par qch
por·ren[2] *vi (h. gepord)* tisonner
por·se·lein *het* **1** porcelaine; **ik ben niet van ~, hoor!** je ne suis pas en sucre! **2** porcelaines; **van ~ eten** manger dans des assiettes en porcelaine
por·se·lei·nen *adj* **1** en porcelaine **2** *(fig.)* délicat
port[1] *het/de (-en)* port *(lettres)*
port[2] *nm (-en)* porto *(boisson)*
por|taal *het (-talen)* **1** porche **2** palier
por·ta·ble [pɔːrtəbəl] *adj* portatif
por·te·feuil·le [pɔrtəfœyjə] *nm (-s)* portefeuille *(tous les sens)* ♦ **in ~ hebben** avoir en réserve

por·te·mon·nee *nm (-s)* **1** porte-monnaie **2** ressources *(moyens d'existence);* **van iemands ~ leven** vivre aux crochets de qn
por·tie *nf (-s)* **1** part; **geef mijn ~ maar aan Fikkie!** je passe, très peu pour moi!; *(fig.)* **zijn ~ wel gehad hebben** avoir eu son compte **2** portion
por·tiek *het/de (-en)* ± entrée *(d'une maison)*
por·tier[1] *nm (-s)* portier
por·tier[2] *het (-en)* portière
por·to *het/de (porti)* → **port**[1]
por·tret *het (-ten)* **1** portrait **2** numéro; **een lastig, vervelend ~** un casse-pieds; **een mooi ~** un sacré numéro
Por·tu·gees *adj* portugais
port·vrij *adj* franc de port
po·si·tie *nf (-s)* **1** position **2** situation; **een ~ bij het Rijk** un poste de fonctionnaire (d'Etat); *(pour une femme)* **in ~ zijn** être enceinte; **in een moeilijke ~ verkeren** se trouver en mauvaise posture
po·si|tief *adj, adv (-tiever, -tiefst)* **1** positif, positivement; **een ~ advies** un avis favorable; **een vraag ~ beantwoorden** répondre affirmativement à une question; **~ in zijn beweringen** affirmatif dans ses dires **2** constructif, de manière constructive
po·si·tie·ven *plur* ♦ **goed bij zijn ~ zijn** avoir toute sa tête; **weer bij zijn ~ komen** revenir à soi, *(fig.)* reprendre ses esprits
post[1] *de* **1** poste; **verzending over de ~** envoi par la poste; **~, telegraaf en telefoon** Postes et Télécommunications **2** courrier; **zijn ~ beantwoorden** faire son courrier **3** bureau de poste; **naar de ~ lopen** aller à la boîte aux lettres; **een brief op de ~ doen** poster une lettre **4** distribution *(du courrier);* **per ommegaande, kerende ~** par retour du courrier **5** poste, fonction; **een ~ bekleden** occuper un poste ♦ **naar zijn ~ gaan** aller prendre son poste
post[2] *nm (-en)* **1** facteur **2** montant *(porte, fenêtre)* **3** *(en comptabilité)* poste; **een ~ opvoeren** créer un poste **4** piquet de grève
***post- 1** post-; **postdoctoraal** post-universitaire **2** postal; **het postagentschap** l'agence postale
post·bo·de *nm (-s)* facteur
post·bus *de (-sen)* **1** boîte postale **2** boîte aux lettres
post|duif *de (-duiven)* pigeon voyageur
pos·te·lein *nm (bot.)* pourpier
pos·ten[1] *vt (h. gepost)* poster
pos·ten[2] *vi (h. gepost)* **1** monter la garde **2** faire le piquet de grève
pos·te·rij·en *plur* postes
post·gi·ro *nm* chèques postaux
post·kan|toor *het (-toren)* (bureau de) poste
post·koets *de (-en)* diligence
post·man *nm (Belg.)* facteur
post·pa·pier *het* papier à lettres
post·re·ke·ning *nf (-en)* compte chèque postal
post·stuk *het (-ken)* envoi postal
pos·tuum *adj, adv* (à titre) posthume
pos|tuur *het (-turen)* **1** taille **2** port; **met zijn ~ verlegen zijn** ne pas savoir quelle contenance prendre
post·we·zen *het* postes
post·wis·sel *nm (-s)* mandat
post·ze·gel *nm (-s)* timbre(-poste)
pot[1] *nm (-ten)* **1** pot *(récipient)* **2** pot (de chambre); *(fig.)* **buiten de ~, het ~je piesen** donner un coup de canif dans le contrat, ± dépasser les bornes; *(fam.)* **hij kan (me) de ~ op!** il peut aller se faire voir!, il peut toujours courir! **3** marmite; **eten wat de ~ schaft** manger à la fortune du pot; **voor de ~ zorgen** faire bouillir la marmite **4** pot (de fleurs) **5** cagnotte; **de ~ spekken** verser de l'argent dans la cagnotte; **de ~ verteren** manger la cagnotte **6** *(jeux de cartes)* enjeu **7** herbe **8** *(Belg.)* pot *(verre)* **9** fossette *(jeu de billes)* ♦ **dat is één ~ nat** c'est du pareil au même, c'est bonnet blanc et blanc bonnet
pot[2] *nf (-ten) (fam.)* gouine *(homosexuelle)*
pot·dicht *adj* hermétiquement fermé; *(fig.)* **hij is ~** il est muet comme la tombe
pot·dom·me *interj* nom d'une pipe!
po·ten *vt (h. gepoot)* planter *(aussi au fig.)*
po·tent *adj* vigoureux *(sexualité)*
po·ten·tie *nf (-s)* **1** puissance **2** vigueur (sexuelle, virile)
po·tig *adj (fam.)* costaud
pot·je *het (-s)* ♦ **zijn eigen ~ koken** faire sa popote, *(fig.)* se débrouiller tout seul; *(Belg.)* **een ~ gedekt houden** se taire sur qch; **een ~ huilen** pleurer un bon coup; **een ~ kaarten** faire une partie de cartes; *(prov)* **kleine ~s hebben grote oren** petit chaudron, grandes oreilles; **bij iem een ~ kunnen breken** pouvoir tout se permettre avec qn; **er een ~ van maken** faire qch par-dessus la jambe
pot|lood *het (-loden)* crayon
pot·sier·lijk *adj, adv* grotesque(ment)
pot·ten|bak·ker *nm (-s),* **-bakster** *nf (-s)* potier, -ière
pot·ten·kij·ker *nm (-s)* indiscret; **bij dit werk kan ik geen ~s gebruiken** pour ce travail, je ne supporte pas les curieux
pot·ver *interj potverdikkie, potverdomme* nom de nom
pot·ver·dik·kie, -verdorie *interj* sacré nom d'une pipe!
po|ver *adj, adv (-verder, -verst)* médiocre(ment); **~ gekleed** pauvrement vêtu
p.p. 1 *per persoon* p.p. **2** *per procuratie* pp **3** *per post* par la poste
pr *plur public relations* R.P.
pr. *priester* P.
praal *de* pompe
praal·wa·gen *nm (-s)* char *(voiture décorée)*
praat *nm* **1** conversation; **iem aan de ~ houden** tenir la jambe à qn, bercer qn avec de belles paroles; **met iem aan de ~ raken** entrer en conversation avec qn; **~s hebben** avoir le verbe haut **2** propos; **vuile ~ uitslaan** tenir des propos obscènes ♦

een auto aan de ~ krijgen réussir à faire démarrer une voiture

praat·graag *adj* bavard

praat·je *het (-s)* **1** causette **2** propos; **~s verkopen** baratiner; *(prov)* **~s vullen geen gaatjes** bien dire fait rire, bien faire fait taire, les grands diseurs ne sont pas les grands faiseurs; *(fig.)* **zonder (veel) ~s** sans beaucoup de mots **3** rumeur; **het ~ gaat, dat ...** on dit que ...; **er gaan vreemde ~s over haar** on raconte des choses bizarres sur elle **4** causerie **5** *(plur.)* ± bagou; **~s hebben** être fort en gueule

praat·jes|ma·ker *nm (-s),* **-maakster** *nf (-s)* baratineur, -euse

praat|paal *nm (-palen)* **1** borne d'appel **2** confesseur *(personne à qui parler)*

praat·stoel *nm* ♦ **hij zit weer op zijn ~** le voilà lancé!, il a enfourché son dada

praat|ziek *adj (-zieker, meest p.)* bavard

praat·zucht *de* loquacité

pracht *de* splendeur; **met ~ en praal** en grande pompe; **een ~ van een huis** une maison magnifique

prach·tig *adj, adv* magnifique(ment); **dat komt ~ uit!** ça ne peut pas mieux tomber!

prac·ti·cal joke [prɛktɪkəldʒok] *nm (-s)* mauvais tour

prac·ti|cum *het (-ca) (enseign.)* travaux pratiques

prak *nm (-ken)* fricot; **kom, eet een ~je mee** mange donc un morceau avec nous ♦ *(fam.)* **een auto in de ~ rijden** bousiller une voiture

prak·ken *vt (h. geprakt)* écraser (à la fourchette)

prak·ke·se·ren *vi (h. geprakkeseerd) (fam.)* **1** gamberger; **ik prakkeseer er niet over dat te doen** pas question que je fasse ça **2** se biler

prak·tijk *de (-en)* **1** pratique; **een man van de ~** un homme de terrain **2** *(méd.)* cabinet; **een drukke ~** une nombreuse clientèle; **een ~ hebben** exercer **3** usage, *(plur.)* pratiques **4** clientèle; **zijn ~ overdoen** céder sa clientèle

prak|tisch *adj, adv (-tischer, meest p.)* pratique(ment); **een zaak ~ aanpakken** traiter une affaire de façon très pragmatique

prak·ti·se·ren *vi (h. gepraktiseerd)* **1** exercer **2** *(relig.)* pratiquer

pra·len *vi (h. gepraald) (+ met)* étaler (qch)

pra·men *vt (h. gepraamd) (Belg.)* museler

prat *adj, adv* ♦ **~ gaan op zijn geboorte** se faire une gloire de sa naissance; **~ zijn op zijn geld** se prévaloir de son argent

pra·ten *vi (h. gepraat)* parler; **iem aan het ~ krijgen** faire parler qn; **eromheen ~** tourner autour du pot; **zich eruit ~** s'en tirer; **gemakkelijk ~ hebben** avoir beau dire; **langs elkaar heen ~** mener un dialogue de sourds; **onzin ~** dire des absurdités; **over iets ~** parler de qch; **tegen iem ~** parler à qn; **daarover valt met hem te ~** on peut s'arranger avec lui là-dessus

pra·ter *nm (-s),* **praatster** *nf (-s)* causeur, -euse; **hij is een vlotte ~** il a la parole facile

pre [pre] *het/de* ♦ **een ~ hebben boven iem** avoir la préférence sur qn

pre·ad|vies *het (-viezen)* avis préalable

pre|cies[1] *adj, adv (-ciezer, meest p.)* **1** exact(ement); **~ op tijd** à l'heure juste **2** précis(ément); **zij is zeer ~ op haar auto** elle prend grand soin de sa voiture ♦ **zij is ~ vertrokken** elle vient juste de partir

pre·cies[2] *interj* exactement!

pre·di|caat *het (-caten)* **1** *(aussi ling.)* prédicat **2** appellation

pre·di·kant *nm (-en)* **1** *(prot.)* pasteur **2** *(cathol.)* prédicateur

pre·di·ken *vti (h. gepredikt)* prêcher

Pre·di·ker *nm (Bible)* l'Ecclésiaste

preek *de (preken)* sermon *(aussi au fig.)*

preek·stoel *nm (-en) (relig.)* chaire

prees, prezen → **(aan)prijzen**

prei *de (-en)* poireau

pre·ken *vti (h. gepreekt)* prêcher; **~ tegen iem** sermonner qn

pre·ke·rig *adj, adv (péj.)* (d'un ton) prêcheur

pre·mie *nf (-s)* **1** prime **2** prix **3** cotisation **4** subvention

pre·mier [prəmje] *nm (-s)* Premier ministre

pre·mier·schap *het* charge de Premier ministre

prent *de (-en)* **1** image **2** drôle de numéro **3** *(fam.)* fafiot **4** *(fam.)* contredanse

pren·ten *vt (h. geprent)* imprimer; **prent dat goed in je hoofd!** enfonce-toi bien ceci dans la tête!

pre·paid·kaart *de* carte (téléphonique) prépayé

pre·pa|raat *het (-raten) (pharm.; chim.; méd.)* préparation

pre·sent[1] *het (-en)* cadeau; *(fig.)* **ik heb het niet ~ gekregen!** on ne m'en a pas fait cadeau!

pre·sent[2] *adj* **1** présent **2** lucide

pre·sen·teer·blad *het (-en)* plateau; *(fig.)* **je wilt het misschien op een ~ krijgen!** tu voudrais peut-être qu'on te l'apporte sur un plateau!

pre·sen·tie *nf* présence

pre·si·dent·schap *het (-pen)* présidence

pres·ta·tie *nf (-s)* **1** accomplissement **2** performance; **een hele ~** une belle performance

pres·ta·tie·beurs *de (-beurzen)* ⟨*bourse accordée à un étudiant qui est transformée en prêt en cas de non-réussite*⟩

pres·te·ren *vti (h. gepresteerd)* réussir (à); **hij heeft het gepresteerd om ...** il a trouvé moyen de ...; **veel ~** réaliser de belles choses, être très fort (en qch); **niet veel ~** obtenir des résultats médiocres

pret *de* plaisir; **dat was dolle ~** on s'est amusé comme des fous; **ergens ~ in hebben** aimer faire qch; **daar kun je nog veel ~ aan beleven** cela te fera encore passer de bons moments, cela te rendra encore

bien des services; **dat mag de ~ niet drukken** il n'y a pas de quoi en faire un drame, *(fig.)* il n'y a pas d'inconvénient; ~ **maken** s'amuser; **(het is) uit met de ~!** fini de s'amuser!; *(iron.)* **zijn ~ wel op kunnen** ne pas être à la fête
pre·ten·tie|loos *adj (-lozer, meest p.)* sans prétention
pret·je *het (-s)* ♦ **dat is geen** ~ ce n'est pas une partie de plaisir
pret·ogen *plur* yeux rieurs
pret·pak·ket *het (-ten) (fam.)* ♦ **het is een** ~ ce programme, c'est de la rigolade
pret·park *het (-en)* parc d'attractions (et de loisirs)
pret·tig *adj, adv* **1** agréable(ment); **iets ~ vinden** aimer qch; **zich ~ voelen** être à l'aise; ~ **weekend!** bon week-end! **2** commode, confortablement
preuts *adj, adv (preutser, meest p.)* prude, de manière pudibonde
pre·ve·len *vti (h. gepreveld)* marmonner
pri·eel *het (priëlen)* tonnelle
prie·ge·len *vi (h. gepriegeld)* fignoler
prie·ge·lig *adj* minuscule
priem *nm (-en)* **1** *(technol.)* poinçon **2** *(Belg.)* aiguille à tricoter
prie·men *vti (h. gepriemd)* percer *(regard, soleil)*
priem·ge·tal *het (-len) (math.)* nombre premier
pries·ter *nm (-s),* **priesteres** *nf (-sen)* prêtre, prêtresse
pries·ter·schap *het* sacerdoce
priet·praat *nm* verbiage
prij·ken *vi (h. geprijkt)* briller
prijs *nm (prijzen)* **1** prix; **bij de ~ inbegrepen** tout compris; **tegen, tot elke** ~ à tout prix; *(fig.)* **een vette** ~ un prix salé; **voor geen** ~ à aucun prix; **voor een zacht ~je** à un prix d'ami **2** récompense **3** lot; **altijd ~!** à tous les coups on gagne!; **in de prijzen vallen** gagner ♦ **een schip ~ maken** capturer un navire; **iets op ~ stellen** apprécier qch
***prijs-** des prix; **de prijsstijging** la hausse des prix
prijs·be|wust *adj (-wuster, meest p.)* qui n'achète pas à n'importe quel prix
prijs·ge·ven *vt (h. prijsgegeven)* abandonner; **terrein** ~ céder du terrain
prijs·kaart·je *het (-s)* **1** étiquette **2** *(fig.)* prix; **aan deze regeringsmaatregel hangt geen** ~ on ne connaît pas encore le prix de cette mesure gouvernementale
prijs·klas·se *nf (-n)* catégorie; **producten in een lage** ~ produits bas de gamme
prijs|vraag *de (-vragen)* concours *(doté de prix)*
prijs|win·naar *nm (-s),* **-winnares** *nf (-sen)* lauréat, -ate
prij·zen *vt (h. geprezen)* **1** estimer; **zich gelukkig** ~ se féliciter **2** louer **3** marquer d'un prix
prij·zens·waar|dig *adj (-diger, meest p.)* louable
prij·zig *adj* coûteux
prik *nm (-ken)* **1** piqûre *(aussi méd.)* **2** *(pas de plur.)* boisson gazeuse; **een fles ~** une bouteille de limonade; **bronwater zonder** ~ eau plate ♦ **iets op een ~ weten** connaître qch à fond; **dat is vaste** ~ c'est de règle; **iets voor een ~(je) kopen** acheter qch pour une bouchée de pain
prik·ac·tie *nf (-s)* grève perlée
prik·bord *het (-en)* tableau d'affichage
prik·kel *nm (-s)* **1** picotement; **ik heb ~s in mijn arm** j'ai des fourmis dans le bras **2** *(biol.)* stimulus **3** stimulant **4** *(bot.)* épine
prik·kel|baar *adj (-baarder, -baarst)* irritable
prik·kel·draad *het/de* fil de fer barbelé
prik·ke·len[1] *vt (h. geprikkeld)* **1** piquer; **een ~de kou** un froid vif **2** agacer; **iem tot het uiterste** ~ pousser qn à bout **3** exciter
prik·ke·len[2] *vi (h. geprikkeld)* picoter; **mijn been prikkelt** j'ai des fourmis dans la jambe
prik·kel·hoest *nm* toux sèche
prik·ke·ling *nf (-en)* **1** excitation **2** frisson
prik·ken[1] *vt (h. geprikt)* **1** piquer; **zich aan iets** ~ se piquer avec qch **2** épingler **3** *(fam.)* faire une piqûre à **4** fixer *(une date)*
prik·ken[2] *vi (h. geprikt)* piquer
prik·ker *nm (-s)* bâtonnet
prik·kie *het (-s)* → **prik**
prik·li·mo·na·de *nf (-s)* → **prik 2**
prik·pil *de (-len)* piqûre contraceptive
pril *adj* frais
pri·ma[1] *adj, adv* excellent, très bien
pri·ma[2] *interj* parfait!
pri|maat[1] *nm (-maten)* **1** chef de l'Eglise **2** *(cathol.)* primat
pri|maat[2] *het (-maten)* primauté
pri·mair [primɛ:r] *adj, adv* **1** (d'une façon) primaire **2** principal, en premier lieu; **iets ~ stellen** considérer qch comme nécessaire **3** fondamental
pri·mi·ti·vi·teit *nf (-en)* **1** *(socio.)* primitivisme **2** caractère primitif
pri·mo *adv* premièrement
pri·mu·la *de (-'s) (bot.)* primevère
prin·ci·pi·eel *adj, adv* **1** fondamental(ement) **2** de principe, par principe; **een ~ tegenstander** un adversaire convaincu
prins *nm (-en)* prince; **de ~ te rijk zijn** être heureux comme un roi ♦ **van de ~ geen kwaad weten** être innocent comme l'enfant qui vient de naître
prin·se·lijk *adj, adv* princier, princièrement; **een ~ leven** une vie de château
prin·ses *nf (-sen)* **1** princesse **2** reine *(fig.)*
prins·heer·lijk *adv* princièrement
Prins·jes·dag *nm (-en)* jour de l'ouverture du Parlement
prin·ten *vt (h. geprint)* **1** *(inform.)* imprimer **2** *(phot.)* tirer une épreuve
pri·vaat *adj (Belg.)* → **privé**
pri·vaat·recht *het (jur.)* droit privé
pri·va·cy [prɑjvəsi] *nf* vie privée
pri·vé *adj, adv* (en) privé

pri·vé·adres *het (-sen)* adresse personnelle
pri·vé·les *de (-sen)* leçon particulière
pri·vé|sfeer *de (-sferen)* vie privée
pro *adj* ◆ **ik ben** ~ je suis pour; **het** ~ **en het contra** le pour et le contre
pro|baat *adj, adv (-bater, meest p.)* efficace(ment)
pro·beer·sel *het (-s)* (modeste) essai
pro·be·ren *vt (h. geprobeerd)* essayer; **dat hoef je niet eens te** ~ ce n'est même pas la peine d'essayer; **(het met) iem** ~ prendre qn à l'essai
pro|bleem *het (-blemen)* problème; **in de problemen zitten** être dans des difficultés; **iem uit de problemen halen** sortir qn d'affaire
pro·bleem·ge·val *het (-len)* cas problématique
pro·bleem·loos *adj, adv* sans problème(s)
pro·bleem·stel·ling *nf (-en)* problème
pro·ce·de·ren *vi (h. geprocedeerd)* **1** intenter un procès (à) **2** procéder
pro·ce·du·re *de (-s)* **1** procédé **2** procédure
pro·cent *het (-èn)* pour cent; **voor honderd** ~ à cent pour cent
pro·cen·tu·eel *adj* exprimé en pourcentage
pro·ces *het (-sen)* **1** *(jur.)* procès; **iem een** ~ **aandoen** intenter un procès à qn **2** processus
pro·ces-ver·baal *het (processen-verbaal)* procès-verbal; ~ **opmaken** verbaliser; **een** ~ **uitschrijven voor iem** donner une contravention à qn
pro·cu·reur *nm (-s)* avoué
pro Deo [prodejo] bénévole(ment); *(jur.)* **pro-Deozaak** cause plaidée d'office
pro·du|cent *nm (-en)*, **-cente** *nf (-s, -n)* producteur
pro·du·cer [prodju:sər] *nm (-s)* réalisateur, -trice
pro·du·ce·ren *vt (h. geproduceerd)* produire
pro·duct *het (-en)* produit *(aussi math.)*
pro·duc·tie *nf (-s)* production; **een gemeenschappelijke** ~ une coproduction
***pro·duc·tie-** de production
pro·duc|tief *adj (-tiever, -tiefst)* productif; ~ **maken** exploiter
proef *de (proeven)* **1** épreuve; **de** ~ **doorstaan** faire ses preuves; **zwaar op de** ~ **stellen** mettre à dure épreuve **2** essai; **op** ~ à l'essai **3** expérience; **proeven nemen** faire des expériences **4** preuve *(aussi math.)*; *(fig.)* **de** ~ **op de som nemen** faire l'expérience **5** échantillon
***proef-** **1** d'essai(s); **het proefabonnement** l'abonnement d'essai **2** pilote; **het proefproces** le procès pilote
proef|buis *de (-buizen) (Belg.)* éprouvette
proef·dier *het (-en)* animal de laboratoire
proef·draai·en *vi* faire des essais
proef·druk *nm (-ken) (imprim.)* épreuve
proef·exem|plaar *het (-plaren)* spécimen
proef·ko·nijn *het (-en)* **1** *(fam.; fig.)* cobaye **2** lapin employé comme animal de laboratoire
proef·les *de (-sen)* **1** leçon d'introduction **2** leçon d'essai
proef·ne·ming *nf (-en)* essai
proef·num·mer *het (-s)* spécimen
proef·on·der·vin·de·lijk *adj, adv* **1** expérimental(ement) **2** empirique(ment)
proef·per|soon *nm (-sonen)* sujet (d'expérience)
proef·schrift *het (-en)* thèse de doctorat
proef·stuk *het (-ken)* ◆ *(Belg.)* **niet aan zijn** ~ **zijn** ne pas en être à son premier essai
proef·tijd *nm* **1** période d'essai; **een aanstelling op** ~ un engagement à l'essai **2** *(jur.)* délai probatoire; **een voorwaardelijke straf met** ~ un sursis avec mise à l'épreuve
proef·werk *het (-en) (enseign.)* composition
proes·ten *vi (h. geproest)* **1** éternuer **2** s'ébrouer **3** pouffer
proe·ven *vt (h. geproefd)* **1** goûter **2** goûter (à, de) **3** sentir le goût de; *(fig.)* **daar kun je de aristocraat uit** ~ c'est à ça que l'on reconnaît l'aristocrate
prof *nm (-s)* **1** prof de faculté **2** *(sports)* pro
***prof-** professionnel; **de profvoetballer** le footballeur professionnel
pro|faan *adj (-faner, -faanst)* **1** profane **2** impie
pro·fes·sor *nm (-en)* professeur de faculté; *(fig.)* **een verstrooide** ~ qn qui est dans la lune
pro·fi·ci·at[1] *het* félicitations
pro·fi·ci·at[2] *interj* ((toutes) mes) félicitations!; ~ **met je verjaardag!** bon anniversaire!
pro·fiel *het (-en)* **1** profil **2** structures; *(fig.)* **de vertolking krijgt geen** ~ l'interprétation manque de relief **3** *(enseign.)* filière
pro·fiel·schets *de (-en)* profil
pro·fijt *het (-en)* profit; **voor algemeen** ~ d'utilité publique
pro·fij·tig *adj, adv (Belg.)* **1** économe, économiquement **2** bon marché
pro·fi·le·ren *vpr (zich ~; h. zich geprofileerd)* se définir
pro·fi·te·ren *vi (h. geprofiteerd)* profiter (de); *(péj.)* **van iem** ~ exploiter qn
prog·no·se *nf (-s)* pronostic; **een** ~ **stellen** pronostiquer
pro·gram·ma *het (-'s)* **1** programme **2** émission
pro·gres|sief *adj, adv (-siever, meest p.)* **1** *(pol.)* (d'une façon) progressiste; ~ **stemmen** voter pour un parti progressiste **2** progressif, progressivement
pro·ject *het (-en)* projet
pro·ject|lei·der *nm (-s)*, **-leidster** *nf (-s)* responsable d'un projet

pro·me·na·de *nf (-s)* **1** promenade **2** rue piétonnière
pro·mil·la·ge [promilaʒə] *het (-s)* **1** proportion pour mille **2** taux d'alcool
pro·mil·le [promil, promil(ə)] *het (-n)* pour mille
pro·mi|nent *adj (-nenter, meest p.)* éminent; **een ~e rol vervullen** jouer un rôle de premier plan
pro·mo·ten *vt (h. gepromoot)* promouvoir
pro·mo·tie *nf (-s)* **1** promotion; **~ maken** obtenir une promotion **2** *(sports)* montée **3** soutenance de thèse
pro·mo·tor *nm (-s)* **1** directeur de thèse **2** promoteur, -trice **3** *(Belg.)* promoteur *(immobilier)*
pro·mo·ven|dus *nm (-di)* doctorant
pro·mo·ve·ren *vi (h./i. gepromoveerd)* **1** préparer, soutenir une thèse **2** *(sports)* monter
prompt *adj, adv* **1** sur-le-champ **2** rapide, promptement **3** ponctuel(lement)
pronk *nm* apparat; **te ~ staan** être exposé à tous les regards; *(fig.)* **iets te ~ stellen** faire étalage de qch
pron·ken *vi (h. gepronkt)* se faire valoir; **~ met iets** étaler qch
pron·ke·rig *adj, adv* qui aime parader, avec ostentation
pronk·stuk *het (-ken)* **1** ± joyau *(aussi au fig.)* **2** *(fig.)* perle
prooi *de (-en)* proie; **ten ~ vallen aan** devenir la proie de
proost *interj* **1** à votre santé! **2** à vos, tes souhaits!
proos·ten *vi (h. geproost) (fam.)* trinquer
prop *de (-pen)* **1** boulette; *(fig.)* **een ~ in de keel hebben** avoir la gorge serrée; **iem een ~ in de mond stoppen** mettre un bâillon à qn **2** boulot, -otte *(personne)* ♦ **op de ~pen komen** s'amener; **met iets op de ~pen komen** proposer qch, mettre qch sur le tapis
pro·pe·deu·se [propədœyzə] *nf* ± propédeutique
pro|per *adj, adv (-perder, -perst)* propre(ment)
pro·por·tie *nf (-s)* proportion; *(fig.)* **dit is buiten alle ~s** c'est hors de proportion; **naar ~** proportionnellement
prop·pen *vt (h. gepropt)* **1** entasser **2** engloutir
prop·pe·rig *adj* en boule
prop·vol *adj* bourré (de); **een ~le kamer** une pièce bourrée de meubles, une pièce bondée
pro·test *het (-en)* **1** protestation; **~ aantekenen tegen** protester contre **2** contestation
***pro·test-** de protestation
pro·to·ty·pe *het (-n, -s)* **1** prototype **2** type (même)
prot·se·rig *adj, adv* (d'une manière) clinquant(e)
pro·vi·and *het/de* provisions
pro·vin·cie *nf (-s)* province
pro·vi·sie *nf (-s)* **1** commission **2** provisions **3** *(Belg.)* provision
pro·vo·ce·ren *vti (h. geprovoceerd)* provoquer (qn à)
pro·za *het* prose
pruik *de (-en)* perruque; *(fig.)* **zijn ~ staat scheef** il s'est levé du pied gauche
prui·len *vi (h. gepruild)* **1** bouder **2** pleurnicher
pruil·lip *de* moue (boudeuse)
pruim[1] *de (-en)* **1** prune **2** chique
pruim[2] *nm (-en)* prunier
prui·me·laar *nm (-s) (Belg.)* prunier
prui·men *vti (h. gepruimd)* **1** chiquer **2** *(fam.)* blairer; **het eten is niet te ~** la nourriture est infecte
Prui·sen *het* Prusse
prul *het (-len)* **1** papier *(qu'on jette dans la corbeille à papier)* **2** babiole; **een ~ van een boek** un livre à la noix ♦ **mijn lieve, kleine ~** mon petit lapin
prul·la·ria *plur* camelote
prul·len|bak *nm (-ken)*, **-mand** *de (-en)* corbeille à papier; *(iron.)* **dat opstel is goed voor de ~** cette rédaction est bonne à jeter au panier
prut[1] *de* **1** *(fam.)* boue **2** marc de café **3** *(fam.)* tambouille
prut[2] *adj, adv* toc; **we speelden weer ~ vandaag** on a encore joué comme des pieds aujourd'hui
pruts *nm (-en) (Belg.)* bon, bonne à rien; **jij kleine ~** petit coquin
prut·sen *vti (h. geprutst)* cafouiller; **wat zit je toch te ~** qu'est-ce que tu fabriques
prut·ser *nm (-s)* **1** bousilleur, -euse **2** bricoleur, -euse
pruts·werk *het* **1** bousillage **2** bricolage
prut·te·len *vti (h. geprutteld)* **1** *(cuis.)* mijoter; **de koffie staat te ~** ± le café est en train de passer **2** bougonner
psalm *nm (-en) (relig.)* psaume
psych *nm (-en) (fam.)* psy
psy·chisch *adj, adv* psychique; **~ gestoord** déséquilibré
PTT *de Posterijen, Telegrafie, Telefonie* P et T, *(Belg.)* RTT
pu·ber *nm (-s)* adolescent, -ente
pu·ber·teit *nf* puberté
pu·bli·ci·tair *adj* **1** publicitaire **2** médiatique
pu·bli·ci·teit *nf* publicité; **iets in de ~ brengen** rendre qch public
pu·bliek[1] *het* public; **Jan Publiek** la foule; **die twee scholen hebben een zeer verschillend ~** ces deux écoles ont des élèves d'un type bien différent
pu·bliek[2] *adj, adv* public, publiquement; **iets ~ maken** rendre qch public
pu·blie·ke·lijk *adv* publiquement
puf *de* ♦ **er zit geen ~ meer in hem** il est vidé; **ergens de ~ niet meer voor hebben** ne plus avoir la force de faire qch
puf·fen *vi (h. gepuft)* **1** haleter (de chaleur); **het is hier om te ~** on étouffe ici **2** faire teuf-teuf
pui *de (-en)* façade

puik *adj, adv* **1** excellent; **er ~ uitzien** avoir une mine magnifique **2** parfait(ement)
pui·len *vi (h. gepuild)* ♦ **de ogen puilden uit zijn hoofd** les yeux lui sortaient de la tête
puin[1] *het* **1** décombres; *(fig.; fam.)* **in ~ liggen** *(personnes)* être à ramasser à la petite cuillère, *(choses)* être bousillé; **een stad tot ~ schieten** pilonner une ville **2** *(fig.)* crotte de bique
puin[2] *de* ♦ *(fam.)* **hij heeft zijn brommer in (de) ~ gereden** il a bousillé son vélomoteur
puin|hoop *nm (-hopen)* **1** décombres **2** pagaille; **hij maakte een ~ van dat werkstuk** il a complètement gâché ce travail
puin|rui·mer *nm (-s)*, **-ruimster** *nf (-s)* *(fam.)* ♦ *(fig.)* **als ~ fungeren** réparer les dégâts
puist *de (-en)* bouton
puit *nm (-en) (Belg.)* crapaud ♦ **een ~ in de keel hebben** avoir un chat dans la gorge
puk *nm (-ken)* **1** (petit) bout (de chou) **2** *(péj.)* avorton
puk·kel *de (-s)* **1** bouton **2** sac à bandoulière
pul *de (-len)* chope
pul·ken *vi (h. gepulkt)* tripoter; **zit niet zo in je neus te ~** ne fourre pas tes doigts dans ton nez
pulp *de* **1** pulpe **2** *(fig.; péj.)* torchon, *(d'un film)* navet
pulp·blad *het (-en) (fam.)* feuille de chou
pum·mel *nm (-s)* butor *(fig.)*
pump *nm (-s)* escarpin
punc|tu·eel *adj, adv (-tueler, -tueelst)* ponctuel(lement)
punt[1] *het/de (-en)* point; **~, uit!** un point c'est tout!; **ergens een ~ achter zetten** en finir avec qch ♦ **op ~ stellen** *(Belg.)* mettre au point
punt[2] *het (-en)* problème; **geen ~!** pas de problème!; **ergens een ~ van maken** faire toute une affaire de qch; **~ voor ~** point par point
punt[3] *nm (-en)* pointe; **hij zat op de ~, het ~je van zijn stoel** il était assis à l'extrémité de sa chaise, *(fig.)* il était tout ouïe; **een ~ van de taart** un morceau de tarte; *(fig.)* **je kunt er een ~ aan zuigen** prends-en de la graine
pun·ten *vt (h. gepunt)* tailler
pun·ten·lijst *de (-en)* **1** *(enseign.)* bulletin (de notes) **2** *(sports)* liste (des résultats)
pun·ten·slij·per *nm (-s)* taille-crayon
punt·gaaf *adj, adv* **1** parfait(ement) **2** *(fam.)* impec(cablement)
punt·hoofd *het (-en)* ♦ **ik krijg er een ~ van** ça me rend dingue
pun·tig *adj, adv* **1** aigu **2** pointu, en pointe **3** (avec) concis(ion) **4** sagace, avec sagacité
punt·je *het (-s)* **1** petit pain **2** (petit) point ♦ **tot in de ~s verzorgd** tiré à quatre épingles; **iets tot in de ~s kennen** connaître qch sur le bout des doigts; *(fig.)* **als ~ bij paaltje komt** au moment décisif; **ik zie aan het ~ van je neus dat je jokt** ton nez remue, tu mens; **het ligt op het ~ van mijn tong** je l'ai sur le bout de la langue; **~, ~, ~** points de suspension
punts·ge·wijs *adv* point par point
punt·vor·mig *adj, adv* → **puntig 2**
pu·pil[1] *de (-len)* pupille *(œil)*
pu·pil[2] *nm (-len)* **1** pupille *(enfant)* **2** élève **3** *(sports)* benjamin, -ine
pu·ree *nf* purée ♦ **nu zitten we mooi in de ~!** nous voilà bien (foutus)!
pu·re·ren *vt (h. gepureerd)* écraser en purée
pur·per *adj* pourpre
pur·per·rood *adj* → **purper**
pur sang [pyrsɑŋ] *adj* **1** *(fig.)* pur; **een ~ romanticus** un romantique dans l'âme **2** de pure race
pu·shen [puʃə(n)] *vt (h. gepusht)* **1** pousser **2** pousser (la vente de) **3** appuyer
put *nm (-ten)* **1** puits; *(fig.)* **dat is een bodemloze ~** c'est un gouffre; *(fig.)* **in de ~ zitten** avoir le moral à zéro; *(fig.)* **iem uit de ~ halen** remonter (le moral à) qn **2** fosse; **~ten in de weg** trous dans la route **3** puisard ♦ *(Belg.)* **in het ~je van de winter** au cœur de l'hiver
put·ten *vt (h. geput)* puiser; **moed ~** prendre courage
puur *adj, adv (puurder, puurst)* pur(ement); **pure chocola** chocolat fondant
puz·zel *nm (-s)* **1** puzzle **2** mots croisés
puz·ze·len *vi (h. gepuzzeld)* **1** faire des puzzles **2** faire des mots croisés **3** se casser la tête
PvdA *nf (pol.) Partij van de Arbeid* ⟨*Parti du Travail*⟩
PVV *nf (Belg.; hist.) Partij voor Vrijheid en Vooruitgang* ⟨*Parti pour la Liberté et le Progrès*⟩, *(Belg.)* ± PRL

q

Q-koorts *de* fièvre Q, coxiellose
qua *prép* en ce qui concerne
quar·tair *adj* quaternaire
qua·si *adj, adv* quasi-, sous prétexte (de); **hij keek quasideskundig onder de motorkap** il regarda sous le capot en prenant des airs d'expert; **quasiverrast** feignant l'étonnement
quatsch [kwatʃ] *nm* sottises
quo·ta *de* **1** *(écon.)* quote-part **2** *(commerce)* quota
quo·te·ring *nf (-en)* répartition proportionnelle, par quotes-parts

r

r. *rechts* a. dr.
ra[1] *de (-'s) (mar.)* vergue
ra[2] *interj* ♦ **ra, ra, wat is dat?** devine(z) (ce que c'est)!
raad *nm (raden)* conseil; **de ~ van bestuur** le conseil d'administration; **iem met ~ en daad bijstaan** apporter aide et conseil à qn; **ik weet me geen ~** je ne sais à quel saint me vouer; *(prov)* **goede ~ is duur** ⟨*on ne sait à quel saint se vouer*⟩; **de Hoge Raad** la Haute Cour (de justice); **iem om ~ vragen** demander conseil à qn; **bij iem te rade gaan** demander conseil à qn; **hij weet overal ~ op** il trouve toujours une solution; **hij weet wel ~ met zijn geld** il ne laisse pas moisir son argent; **geen ~ weten met iets** ne pas savoir comment s'y prendre ♦ **met voorbedachten rade** de propos délibéré, *(jur.)* avec préméditation, prémédité
raad·ge·vend *adj* consultant
raad|ge·ver *nm (-s)*, **-geefster** *nf (-s)* conseiller, -ère
raad·ge·ving *nf (-en)* → **raad**
raad|huis *het (-huizen)* hôtel de ville
raad·ple·gen *vt (h. geraadpleegd)* consulter; **zijn geheugen ~** interroger sa mémoire; **iem over iets ~** demander conseil à qn sur qch
raad·sel *het (-s)* **1** énigme; **het is mij een ~ hoe dat zo gekomen is** je me demande comment cela a pu arriver **2** devinette
raad·sel·ach·tig *adj, adv (form.)* énigmatique, mystérieusement; **het ~e is dat** ce qui intrigue, c'est que
raads|heer *nm (-heren)* conseiller
raads|lid *het (-leden)* conseiller municipal
raads|man *nm (-lieden)*, **-vrouw** *nf (-en)* **1** conseiller, -ère **2** avocat, -ate
raad|zaam *adj (-zamer, -zaamst)* opportun; **het is niet ~** c'est déconseillé; **het is ~ dat ...** il convient que ...
raaf *nf (raven)* (grand) corbeau; **stelen als een ~, als de raven** être voleur comme une pie; *(fig.)* **het is een witte ~** c'est un merle blanc
raak *adj, adv (raker, raakst)* **1** dans le mille; *(iron.)* **het is weer ~** il y a de nouveau qch **2** bien envoyé, avec justesse; **iem ~ typeren** bien camper un personnage **3** ressemblant, avec justesse ♦ **maar ~** sans réfléchir
raak·lijn *de (-en) (math.)* tangente
raak·punt *het (-en)* **1** *(math.)* point de tangence **2** *(fig.)* point commun
raak·vlak *het (-ken)* **1** *(math.)* plan tangent **2** point commun
raam *het (ramen)* **1** fenêtre; **hij schoot een bal door het ~** il a envoyé un ballon dans les vitres; **dubbele ramen** double vitrage **2** encadrement **3** cadre
raam·ko·zijn *het (-en) (archit.)* châssis
raam·werk *het (-en)* **1** *(archit.)* châssis **2** cadre; **het ~ van haar scriptie is af** le plan de son mémoire est terminé
raap *de (rapen)* navet ♦ *(fam.)* **recht voor zijn ~** sans mâcher ses mots; *(fam.)* **zich voor zijn ~ schieten** se brûler la cervelle
raar *adj, adv (raarder, raarst)* **1** étrange(ment); **een rare** un drôle de type; **daar zul je ~ van opkijken** ça t'en bouchera un coin **2** dingue **3** (tout) chose
raas·kal·len *vi (h. geraaskald)* dérailler
raat *de (raten)* rayon (d'une ruche)
ra·bar·ber *de* rhubarbe
rab·bijn *nm (-en)* rabbin
ra·bi·ës [rabijɛs] *nf* rage
race [res] *nm (-s)* course; *(fig.)* **nog in de ~ zijn** rester en course; *(fig.)* **de ~ naar de top** ± le carriérisme; **een ~ tegen de klok** une course contre la montre ♦ *(fam.; fig.)* **aan de ~ zijn** avoir la courante
***race-** de course; **de racefiets** le vélo de course
race|baan *de (-banen)* circuit *(pour voitures de course)*
race|boot *de (-boten)* racer
ra·cen [resə(n)] *vi (h. geracet)* **1** courir *(course)* **2** *(fam.)* foncer
rad[1] *het (-eren)* roue; **het ~ van avontuur** la roue de la fortune, *(fête foraine)* la grande roue; *(fig.)* **iem een ~ voor de ogen draaien** ± jeter de la poudre aux yeux de qn; *(fig.)* **iem op het ~ leggen** mettre qn au supplice

rad[2] *adj, adv* **1** rapide(ment) **2** agile(ment) **3** volubile(ment)
rad·bra·ken *vt (h. geradbraakt)* rouer, *(fig.)* éreinter
ra·de|loos *adj, adv (-lozer, meest r.)* (de manière) affolé(e); **iem ~ maken** pousser qn à bout
ra·den *vti (h. geraden)* **1** deviner; **naar iets ~** deviner qch; **dat raadt u nooit** je vous le donne en mille **2** conseiller; **het is je geraden om ...** tu ferais bien de ... ♦ **dat is je geraden!** tiens-le-toi pour dit!
ra·der·tje *het (-s)* rouage; **een ~ in het raderwerk zijn** être un maillon de la chaîne
ra·der·werk *het (-en)* **1** engrenage **2** rouages
ra·di·aal *adj* radial; *(math.)* **de ~** le radian
ra|dijs *de (-dijzen)* radis
ra·dio *nm (-'s)* (poste de) radio; **op de ~** à la radio; **voor de ~ komen** passer à la radio
ra·dio·zen·der *nm (-s)* **1** (poste) émetteur **2** station de radiodiffusion
ra|di·us *nm (-diussen, -dii)* rayon *(fig.)*
ra·fe·len[1] *vi (h./i. gerafeld)* s'effilocher
ra·fe·len[2] *vt (h./i. gerafeld)* effilocher
raf·fi·na·de·rij *nf (-en)* raffinerie
rag *het* toile (d'araignée)
ra·ge·bol *nm (-len)* **1** tête-de-loup **2** *(fam.)* tignasse
rag·fijn *adj* **1** arachnéen **2** subtil
ra·ke·lings *adv* ♦ **~ langsgaan** frôler; **hij liep mij ~ voorbij** il me dépassa en me frôlant
ra·ken[1] *vt (h./i. geraakt)* **1** toucher; **iem met een steen ~** atteindre qn d'un coup de pierre **2** émouvoir **3** concerner ♦ *(fam.)* **'m ~** s'en mettre plein la lampe, s'en envoyer
ra·ken[2] *vi (h./i. geraakt)* **1** devenir; **gewond ~** se blesser **2** *(+ aan)* obtenir (qch), trouver (qch) ⟨*pour les expressions non mentionnées voir également les substantifs, les adjectifs ou les adverbes concernés*⟩
ra·ket *de (-ten)* **1** fusée; **een ~ de ruimte in schieten** lancer une fusée dans l'espace **2** missile **3** *(Belg.; sports)* raquette
rak·ker *nm (-s)* garnement ♦ **hij is een rooie ~** c'est un sale rouge; **een taaie ~** un dur à cuire
ral·ly [rɛli] *nm (-'s)* **1** rallye **2** *(tennis)* échange de balles
ram *nm (-men)* bélier; **iem een ~ geven** flanquer une torgnole à qn
ra·men *vt (h. geraamd)* évaluer (à)
ram·mel *nm (-s)* ♦ **~ krijgen** recevoir une raclée
ram·me·laar *nm (-s)* hochet
ram·me·len[1] *vi (h. gerammeld)* **1** cliqueter **2** ne pas tenir debout **3** claquer du bec
ram·me·len[2] *vt (h. gerammeld)* secouer; **een kind door elkaar ~** secouer un enfant comme un prunier
ram·mel·kast *de (-en)* **1** *(instrument de mus.)* casserole **2** guimbarde
ram·men *vt (h. geramd)* **1** enfoncer à coups de bélier; *(fig.)* **iem in elkaar ~** démolir qn; **op een piano ~** taper sur un piano **2** *(mar.)* heurter de l'avant **3** tamponner *(voiture)*
ram·me·nas *de (-sen)* radis noir
ramp *de (-en)* catastrophe; **dat is geen ~** ce n'est pas la fin du monde
ram·pen·fonds *het (-en)* fonds pour les sinistrés
ram·pen·plan *het (-nen)* plan d'urgence
ramp·ge·bied *het (-en)* région sinistrée
ramp·spoed *nm (-en) (form.)* **1** infortune **2** malheur
ramp·spoe·dig *adj, adv (form.)* **1** (de façon) infortuné(e) **2** désastreux, de façon désastreuse
ramp·za·lig *adj, adv* **1** misérable(ment) **2** désastreux, de manière désastreuse **3** désespéré(ment)
ran·cu|neus *adj, adv (-neuzer, meest r.)* rancunier, de façon rancunière
rand *nm (-en)* **1** bord; *(fig.)* **op de ~ van de ondergang** au bord de la décadence; **tot de ~ gevuld** rempli à ras bord **2** lisière **3** encadrement **4** rand *(monnaie sud-africaine)*
rand·aar·ding *nf (-en) (électricité)* prise de terre
rand·ap·pa·ra·tuur *nf (inform.)* (appareillage) périphérique
rand·fi|guur *de (-guren)* marginal, -ale
rand·ge·bied *het (-en)* **1** zone périphérique **2** marge
rand·ge·meen·te *nf (-n, -s)* commune de banlieue
rand·je *het (-s)* ♦ **op het ~ (af)** à la limite; **dat was op het ~** il s'en est fallu de peu
ran·dom *adj, adv* aléatoire, au hasard
Rand·stad *de* ♦ **de ~ Holland, de ~** ⟨*la conurbation de l'ouest des Pays-Bas*⟩
rand·ver·schijn·sel *het (-en)* phénomène marginal
rand·voor·waar·de *nf (-n)* condition secondaire
rang *nm (-en)* **1** rang **2** classe sociale; **~ en stand vergeten** faire fi des différences sociales **3** rangée
ran·ge *de (-s)* série
ran·ge·ren [rɑnʒerə(n)] *vti (h. gerangeerd)* trier
rang·lijst *de (-en)* classement
rang·or·de *de* **1** ordre (de préséance) **2** échelle *(fig.)*
rang·schik·ken *vt (h. gerangschikt)* **1** classer **2** ranger
rang·tel·woord *het (-en)* (nombre) ordinal
ran·ja *nm* orangeade
rank[1] *de (-en) (bot.)* **1** vrille **2** pousse
rank[2] *adj* svelte; **een ~e hals** un cou gracile
ran·se·len *vti (h. geranseld)* rosser; **hij ranselt er maar op los** il flanque coup sur coup
rant·soen *het (-en)* ration; **hij is op ~ gesteld** on le rationne
ran·zig *adj* rance

rap *adj, adv* rapide(ment); ~ **ter been zijn** avoir des jambes de vingt ans
ra·pen *vt (h. geraapt)* ramasser
rap·port *het (-en)* **1** rapport **2** *(enseign.)* bulletin
rap·por·ta·ge [rɑpɔrtaʒə] *nf* compte rendu
ra·ra *interj* → **ra²**
ra·ri·teit *nf (-en)* curiosité
ras¹ *het (-sen)* **1** race **2** *(bot.)* variété
ras² *adj, adv (rasser, meest r.) (form.)* rapide(ment)
***ras-** **1** de race (pure); **de rashond** le chien de race **2** vrai; **een rasegoïst** un vrai égoïste
ras·echt *adj* **1** de race **2** vrai
rasp *de (-en)* râpe
ras·paard·je *het (-s) (fig.)* champion
ras·pen¹ *vi (h. geraspt)* parler d'une voix râpeuse
ras·pen² *vt (h. geraspt)* râper
***ras·sen-** racial; **de rassendiscriminatie** la discrimination raciale
ras·ter¹ *nm (-s)* grillage *(télévision)*
ras·ter² *het/de (-s)* définition
ras·zui·ver *adj* **1** de race pure **2** de lignée pure
rat *de (-ten) (zool.)* rat; *(fig.)* **als een** ~ **in de val zitten** être fait comme un rat
ra·ta·plan *nm (fig.)* bazar; **en de hele** ~ et tout le bataclan
ra·tel *nm (-s)* **1** *(fam.)* clapet; **haar** ~ **stond niet stil** elle parlait sans arrêt **2** moulin à paroles **3** crécelle
ra·te·len *vi (h. gerateld)* **1** produire un bruit de crécelle; **het** ~ **van schrijfmachines** le crépitement des machines à écrire; **de wekker ratelt** ± le réveil sonne **2** jacasser
ra·tel·slang *de (-en)* serpent à sonnette
ra·tio *nf* raison
ra·ti·o·na·li·se·ren *vt (h. gerationaliseerd)* **1** rationaliser **2** aborder rationnellement
rat·je·toe *het/de (-s)* **1** embrouillamini **2** *(cuis.)* ratatouille
ra·to ♦ **naar** ~ proportionnellement (à)
rats *de (fam.)* ♦ **in de** ~ **zitten** avoir la pétoche, être dans le pétrin; **uit de** ~ **helpen** tirer (qn) du pétrin
rat·ten·kop *nm (-pen)* (coupe en) brosse
rat·ten·van·ger *nm (-s)* chasseur de rats; **de** ~ **van Hamelen** le charmeur de rats de Hameln
rauw *adj, adv* **1** cru **2** écorché *(peau)* **3** irrité *(gorge)* **4** (d'une voix) rauque **5** brutal(ement); **dat viel** ~ **op mijn dak** cela a été un coup brutal; **de ~e waarheid** la vérité toute nue ♦ *(fig.)* **ik lust hem** ~ je n'en ferai qu'une bouchée
rauw·kost *nm* crudités
ra·va·ge [ravaʒə] *nf (-s)* **1** ravages **2** ruines *(fig.)*
ra·vijn *het (-en)* précipice
ra·vot·ten *vi (h. geravot)* jouer (avec)
ray·on *het (-s)* secteur
ra·zen *vi (h. geraasd)* **1** se démener; **hij blijft maar** ~ **en tieren** il ne cesse de fulminer **2** bouillonner **3** foncer
ra·zend *adj, adv* **1** furibond, furieusement; **als een ~e tekeergaan** s'agiter comme un forcené; **iem** ~ **maken** faire enrager qn **2** énorme, énormément
ra·zend·snel *adj, adv* ultrarapide, avec une rapidité fulgurante
ra·zer·nij *nf* **1** fureur **2** frénésie **3** folie furieuse
raz·zia *de (-'s)* rafle; **een** ~ **houden** effectuer une rafle
re·ac·tie *nf (-s)* réaction *(aussi chim.)*; **traag van** ~ **zijn** avoir la réaction lente; **een** ~ **vertonen** réagir
re·ac·tie·ver·mo·gen *het* capacité de réagir
re·a·geer|buis *de (-buizen)* éprouvette
re·a·ge·ren *vi (h. gereageerd)* réagir (à); *(chim.)* ~ **met elkaar** entrer en réaction; **met stilzwijgen op iets** ~ opposer le silence à qch
re·a·li·seer·baar *adj* réalisable
re·a·li·se·ren¹ *vt (h. gerealiseerd)* réaliser
re·a·li·se·ren² *vpr (zich ~; h. zich gerealiseerd)* **1** se réaliser **2** se rendre compte de, que
re·a·li·se·ring *nf* **1** réalisation *(aussi commerce)* **2** prise de conscience
re·a·lis|tisch *adj, adv (-tischer, meest r.)* **1** réaliste *(aussi philo.; arts)*, avec réalisme **2** cru, crûment
re·a·li·teit *nf (-en)* réalité
re·bel *nm (-len)* **1** rebelle **2** forte tête
re·bel·le·ren *vi (h. gerebelleerd)* se rebeller (contre)
re|bels *adj, adv (-belser, meest r.)* **1** (comme un) rebelle **2** furieux (contre)
re·cen·se·ren *vt (h. gerecenseerd)* faire la critique de
re·cen·sie *nf (-s)* critique
re·cent *adj* récent; **dit is niet van ~e datum** cela ne date pas d'hier; **volgens ~e onderzoekingen** selon les dernières études
re·cen·te·lijk *adv* récemment
re·cept *het (-en)* **1** *(méd.)* ordonnance; **een** ~ **afhalen** aller chercher des médicaments **2** *(cuis.)* recette; *(iron.)* **het gewone** ~ comme d'habitude
re·cep·tie *nf (-s)* **1** réception; ~ **houden** donner une réception; **staande** ~ réception **2** accueil
re·cep·tief *adj* **1** réceptif **2** récepteur
re·ces *het (-sen)* vacances parlementaires; **de Kamer gaat op** ~ la Chambre suspend ses travaux
re·cher·che [rəʃɛrʃə] *de (-s)* **1** police judiciaire **2** enquête policière
re·cher·cheur [rəʃɛrʃør] *nm (-s)* **1** inspecteur (de la police judiciaire) **2** détective
recht¹ *het (-en)* **1** droit; **naar** ~ **en rede** à bon droit; *(jur.)* **het ongeschreven** ~ la coutume; **iem het** ~ **ontzeggen om ...** interdire à qn de (faire qch); **op zijn** ~ **staan** revendiquer ses droits; *(fig.)* **tot zijn** ~ **komen** être mis en valeur; *(fig.)* ~ **van spre-**

ken hebben être fondé à donner son avis; **zich het ~ verschaffen om ...** obtenir le droit de ..., s'octroyer le droit de ...; **met het volste ~** de son plein droit **2** justice; **~ doen aan iets** tenir compte de qch; **iem ~ doen (wedervaren)** rendre justice à qn; *(fig.)* **het ~ aan zijn kant hebben** avoir raison; **het ~ in eigen hand nemen** faire sa propre loi; **~ spreken** rendre la justice ♦ **met ~ (en reden)** à juste titre

recht[2] *adj, adv* **1** droit; **~ op iem/iets afgaan** aller droit sur qn, qch; **~ overeind** tout droit; *(fig.)* **het probleem blijft ~ overeind** la question reste entière **2** *(form.)* bon, bien **3** droit(ement) **4** juste **5** *(Belg.)* debout ♦ **~ voor de zaak uitkomen** avouer la chose sans détours

recht·bank *de (-en)* tribunal; **een zaak bij de ~ aanhangig maken** saisir le tribunal d'une affaire; **voor de ~ moeten komen** devoir comparaître devant le tribunal

recht·door *adv* tout droit

recht·door·zee *adj* franc

rech·te *de (-n) (math.)* droite

rech·te|loos *adj (-lozer, -loost)* **1** sans droit **2** *(hist.)* proscrit **3** sans lois

rech·ten *vt (h. gerecht)* ♦ **hij rechtte zijn rug** il se redressa

rech·tens *adv* de droit

rech·ter[1] *nm (-s)* juge; **naar de ~ gaan, stappen** intenter un procès; **de opperste ~** le Très-Haut; **iem voor de ~ roepen** faire comparaître qn

rech·ter[2] *adj* **1** droit **2** à droite

***rech·ter-** droit; **de rechterarm** le bras droit

rech·ter·hand *de (-en)* **1** main droite; **twee ~en hebben** être très habile de ses mains **2** *(fig.)* bras droit

rech·ter·lijk *adj, adv* judiciaire(ment); **bij ~ vonnis** par décision du juge

rech·ter·zij·de *de* **1** côté droit **2** droite *(aussi pol.)*

recht·ge·aard *adj* qui se respecte

recht·heb·ben·de *nm (-n)* ayant droit, *(Belg.)* bénéficiaire; **aan de ~** à qui de droit

recht·hoek *nm (-en)* rectangle

recht·hoe·kig *adj, adv* **1** rectangle, à angle droit; **~ op elkaar staan** être perpendiculaire **2** rectangulaire

recht·lij·nig *adj, adv* rectiligne, en ligne droite; **~ denken, redeneren** raisonner linéairement; **een ~e redenering** un raisonnement linéaire, *(pol.)* orthodoxe

recht·lij·nig·heid *nf* esprit de suite

recht·ma·tig *adj, adv* **1** légitime(ment); **zijn ~ deel opeisen** réclamer son dû; **dat komt ons ~ toe** cela nous revient de droit **2** juste(ment)

recht·op *adv* droit; **zij zat ~ in bed** elle était assise dans son lit

recht·op·staand *adj* droit; **~ haar** cheveux hérissés; **een ~e ladder** une échelle dressée à la verticale

rechts[1] *het* droite

rechts[2] *adj, adv* **1** à, de droite; **~ afslaan** tourner à droite; **de vierde van ~** le quatrième en partant de la droite **2** droitier; **~ schrijven** être droitier **3** *(pol.)* de droite

rechts·af *adv* à droite

rechts·be·gin·sel *het (-en)* principe de droit

rechts·bij·stand *nm* → **rechtshulp**

rechts·bui·ten *nm (-s) (sports)* ailier droit

recht·scha|pen *adj, adv (-pener, meest r.)* droit, honnêtement; **~ mensen** gens honnêtes

rechts·gang *nm (jur.)* procédure

rechts·ge·bied *het* juridiction

rechts·ge·ding *het (-en) (jur.)* **1** procès **2** procédure

rechts·gel·dig *adj, adv (jur.)* valide(ment); **~ zijn** *(texte)* faire foi

rechts·ge·leer·de *nm (-n)* jurisconsulte

rechts·ge·leerd·heid *nf* (science du) droit

rechts·ge·lijk·heid *nf* égalité devant la loi

rechts·han·dig *adj, adv* → **rechts**[2] **2**

rechts·hulp *de* aide judiciaire

rechts·kun·dig *adj* juridique

rechts·om *adv* à droite

rechts·om·keert *adv* ♦ **~ maken** faire demi-tour, faire volte-face *(aussi au fig.)*

rechts·or·de *de* ordre juridique

rechts·per|soon *nm (-sonen)* personne juridique

rechts·ple·ging *nf (-en) (jur.)* procédure

rechts·po·si·tie *nf* statut juridique; **de zwakke ~ van werknemers** la position faible des travailleurs

recht·spraak *de* **1** justice; **~ uitoefenen** rendre la justice **2** procédure **3** jurisprudence

recht·spre·ken *vi (h. rechtgesproken)* prononcer (sur); **de ~de macht** l'autorité judiciaire

rechts|staat *nm (-staten)* Etat de droit

recht·staan *vi (i. rechtgestaan) (Belg.)* **1** se lever **2** être debout

recht·stan·dig *adj, adv* vertical(ement)

recht·streeks *adj, adv* direct(ement) *(aussi au fig.)*; **~e afstammelingen** descendants en ligne directe; **niet ~** indirect *(aussi au fig.)*; **niet ~ antwoorden** éluder une question

rechts·ver·vol·ging *nf (-en)* poursuite en justice; **iem van ~ ontslaan** décharger qn

rechts·vor·de·ring *nf (-en)* **1** action (en justice); **~ tot** action en **2** procédure judiciaire

rechts·we·ge ♦ **van ~ nietig** nul de plein droit; **van ~ toevertrouwd** confié de droit

rechts·win·kel *nm (-s)* boutique de droit *(agence d'information et de soutien juridiques)*

rechts|zaak *de (-zaken)* procès; **een ~ voor de rechtbank brengen** porter une affaire devant le tribunal

rechts|zaal *de (-zalen)* salle d'audience *(tribunal)*

rechts·ze·ker·heid *nf* sécurité juridique
recht·toe *adv* ♦ **~, rechtaan** tout droit, *(fig.)* sans détour
recht·trek·ken *vt (h. rechtgetrokken)* **1** rectifier **2** rajuster
recht·uit *adv* **1** tout droit **2** franchement
recht·vaar·dig *adj, adv* juste, équitablement; **een ~ oordeel** un jugement équitable
recht·vaar·di·gen *vt (h. gerechtvaardigd)* justifier; **(niet) te ~** (in)justifiable
recht·vaar·dig·heid *nf* justice
recht·vaar·di·ging *nf* justification
recht·zet·ten *vt (h. rechtgezet)* **1** rectifier **2** redresser
recht·zin·nig *adj, adv* orthodoxe, conformément à l'orthodoxie; **niet ~** hérétique
re·ci·di|vist *nm (-en),* **-viste** *nf (-s, -n)* **1** *(jur.)* récidiviste **2** *(enseign.)* redoublant, -ante
re·cla·me *de (-s)* **1** publicité; **ideële ~** publicité non commerciale; **dat artikel is in de ~** cet article est en réclame **2** réclamation
***re·cla·me-** publicitaire; **het reclamebureau** l'agence publicitaire
re·cla·me·ren *vi (h. gereclameerd)* **1** réclamer **2** *(Belg.)* rouspéter
re·cla·me·we·zen *het* publicité *(en tant que phénomène)*
re·clas·se·ren *vt (h. gereclasseerd)* réinsérer (qn) dans la vie sociale
re·clas·se·ring *nf* **1** assistance postpénale **2** réinsertion sociale **3** comité d'assistance postpénale
re·con·struc·tie *nf (-s)* **1** reconstruction **2** reconstitution *(aussi jur.)*
re·con·stru·e·ren *vt (h. gereconstrueerd)* **1** reconstruire **2** reconstituer *(aussi jur.)*
re·cord [rəkɔːr, rəkɔrt] *het (-s)* record; **een ~ breken, slaan** battre un record; **een officieus ~** un record non homologué
re·cor·der [rikɔːrdər] *nm (-s)* **1** magnétoscope **2** magnétophone
re·cord|hou·der *nm (-s),* **-houdster** *nf (-s)* détenteur, -trice d'un record
re·cre·a·tie *nf (-s)* **1** récréation **2** loisirs
re·cre·a·tie·sport *nm (-en)* sport amateur
rec·to *adv* au recto
rec·tor *nm (-en, -s)* **1** recteur **2** proviseur
rec|trix *nf (-trices) (enseign.)* directrice
red·de·loos *adj, adv* perdu, irrémédiablement; **hij voelt zich ~** il est au désespoir
red·den[1] *vti (h. gered)* **1** sauver (qn) **2** *(+ het)* s'en tirer; **zich eruit ~** s'en sortir
red·den[2] *vpr (zich ~; h. zich gered)* se débrouiller; **hij kan zich goed ~** il est débrouillard, il s'en tire bien; **wij ~ ons aardig** on se défend
red·ding *nf (-en)* **1** salut **2** délivrance **3** sauvetage
***red·dings-** de sauvetage; **het reddingsvest** le gilet de sauvetage
red·dings·wer·ker *nm (-s)* sauveteur
re·de *de (-s)* **1** raison; **iem tot ~ brengen** ramener qn à la raison; **met ~** raisonnablement **2** *(aussi ling.)* discours; **iem in de ~ vallen** interrompre qn **3** *(mar.)* rade
re·de·lijk *adj, adv* **1** raisonnable(ment) **2** acceptable, équitablement **3** correct(ement); **dat ziet er ~ uit** cela a l'air convenable
re·de·lij·ker·wijs *adv* raisonnablement
re·de·lijk·heid *nf* **1** raison; **de ~ van zijn besluit** le bien-fondé de sa décision **2** équité; **tegen alle ~ in** contre toute logique
re·de|loos *adj, adv (-lozer, meest r.)* **1** déraisonnable(ment) **2** insensé, follement
re·den *de (-en)* raison; **met ~** avec juste raison; **om een of andere ~** pour une raison ou pour une autre; **voldoende ~ voor iets hebben** avoir une bonne raison de faire qch; **er is geen ~ voor ongerustheid** il n'y a pas lieu de s'inquiéter; **en niet zonder ~!** et pour cause!; **we hebben ~ te over om** nous avons toutes les raisons du monde de
re·de·naar *nm (-s)* orateur; **hij is geen ~** il n'est pas éloquent
re·de·na·tie *nf (-s) (fam.)* raisonnement
re·de·ne·ren *vi (h. geredeneerd)* **1** discourir **2** raisonner **3** argumenter
re·de·ne·ring *nf (-en)* raisonnement; **~ die mank gaat** raisonnement bancal
re·de·rij *nf (-en)* **1** armement **2** société d'armateurs
re·de·twis·ten *vi (h. geredetwist)* argumenter
re·de·voe·ring *nf (-en)* discours; **een ~ houden** prononcer un discours
red·mid·del *het (-en)* recours
re·du·ce·ren *vt (h. gereduceerd)* réduire
ree *het/de (-ën)* **1** chevreuil **2** chevrette
ree·bok *nm (-ken)* **1** chevreuil *(mâle)* **2** antilope-chevreuil
ree·bruin *adj* ± fauve
reed, reden → **(aan-, voorbij)rijden** *(etc.)*
reeds *adv (form.)* déjà; **nu ~** déjà
re·ëel *adj, adv (reëler, reëelst)* **1** réel(lement) **2** réaliste *(personne)*, avec réalisme
reeg, regen → **rijgen**
reeks *de (-en)* **1** rangée **2** série; **rekenkundige ~** progression arithmétique ♦ **een literaire ~** une collection littéraire
reep *nm (repen)* **1** bande **2** barre (de chocolat)
rees, rezen → **(op)rijzen**
reet[1], **reten** → **rijten**
reet[2] *de (reten)* **1** fente **2** *(vulg.)* troufignon; **iem achter zijn ~ zitten** coller au cul de qn; **het kan me geen ~ schelen** je m'en tamponne (le coquillard); **je kunt m'n ~ likken!, lik m'n ~!** va te faire foutre!
re·fe|raat *het (-raten)* exposé; **een ~ houden** faire un exposé
re·fe·ren·tie *nf (-s)* référence(s); **onder ~ aan ...** en référence à ...
***re·fe·ren·tie-** de référence; **het referentiekader** le cadre de référence

re·fe·re·ren *vi (h. gerefereerd)* **1** *(+ aan)* se référer (à) **2** rapporter
re·fer·te *de (-s)* ♦ *(form.)* **onder, met ~ aan uw schrijven** me référant à votre lettre
re·flec·te·ren[1] *vi (h. gereflecteerd) (form.)* ♦ **~ op een advertentie** répondre à une annonce
re·flec·te·ren[2] *vti (h. gereflecteerd)* réfléchir; **papier dat sterk reflecteert** papier qui brille
re·flec·tor *nm (-en)* **1** réflecteur **2** *(circul.)* cataphote®
re·flex *nm (-en)* **1** (mouvement) réflexe **2** reflet
re·form·ar·ti·kel [refɔrmartikəl, rifɔrmartikəl] *het (-en)* produit diététique
re·for·ma·tie *nf (-s)* réforme
re·for·ma·to·risch *adj* **1** relatif à la Réforme **2** réformateur
re·form|huis [rifɔrmhœys, refɔrmhœys] *het (-huizen),* **-winkel** *nm (-s)* magasin diététique
re·frein *het (-en)* refrain
ref·ter *nm (-s)* réfectoire
re·geer·ak·koord *het (-en)* accord de gouvernement
re·geer·baar *adj* gouvernable
re·geer·der *nm (-s)* dirigeant
re·gel *nm (-s)* **1** règle *(aussi latte);* **zich aan geen ~s storen** ne faire cas d'aucune règle; **als ~** en général; **gulden ~** règle d'or; **in de ~** en général; **het is vaste ~** c'est la règle **2** ligne **3** mot *(courte lettre)*
re·ge|laar *nm (-s),* **-laarster** *nf (-s)* **1** organisateur, -trice **2** *(technol.)* régulateur
re·gel·af·stand *nm (-en)* interligne
re·gel·baar *adj* réglable
re·ge·len *vi (h. geregeld)* **1** régler **2** fixer; **dat is geregeld bij de wet** c'est fixé par la loi **3** ajuster
re·gel·ge·ving *nf (-en)* réglementation
re·ge·ling *nf (-en)* **1** arrangement **2** *(technol.)* réglage **3** réglementation **4** disposition; **een ~ treffen** faire un arrangement
re·gel·maat *de* **1** régularité **2** ordre
re·gel·ma·tig *adj, adv* régulier, régulièrement; **dat komt tegenwoordig ~ voor** ça se voit souvent de nos jours
re·gel·recht *adj, adv* direct(ement); **~ van iem afstammen** descendre en ligne directe de qn; **~ iets vragen** demander qch carrément
re·gen *nm (-s)* pluie, *(fig.)* avalanche (de); **bij, door, in ~ en wind** qu'il pleuve, qu'il vente; *(prov)* **na ~ komt zonneschijn** après la pluie le beau temps; **van de ~ in de drup komen** tomber de Charybde en Scylla; **er zit ~ in de lucht** le temps est à la pluie; **zware, tropische ~s** pluies torrentielles
***re·gen-** de pluie; **regenwater** de l'eau de pluie
re·gen·ach·tig *adj* pluvieux; **het ziet er ~ uit** le temps est à la pluie
re·gen|boog *nm (-bogen)* arc-en-ciel
re·gen·boog|vlies *het (-vliezen) (biol.)* iris
re·gen·bui *de (-en)* averse
re·ge·nen *vb impers (h. geregend)* pleuvoir; **het regent dat het giet** il pleut à verse; *(fig.)* **als het daar regent, druppelt het hier** il y en a pour tout le monde
re·gen·jas *de (-sen)* (manteau) imperméable
re·gen·man·tel *nm (-s)* → **regenjas**
re·gen·pak *het (-ken)* ensemble pour cyclistes
re·gen·pijp *de (-en)* (tuyau de) descente
re·gent·schap *het (-pen) (pol.)* régence
re·gen·val *nm* (chutes de) pluie
re·gen|vlaag *de (-vlagen)* rafale de pluie
re·gen|worm, -wurm *nm (-en)* ver de terre
re·gen·woud *het (-en)* forêt tropicale
re·ge·ren *vti (h. geregeerd)* régner (sur), gouverner
re·ge·ring *nf (-en)* **1** gouvernement; **de ~ aanvaarden** prendre la tête du gouvernement **2** règne *(d'un roi)*
***re·ge·rings-** gouvernemental; **het regeringsbeleid** la politique gouvernementale
re·ge·rings·func·ti·o·na·ris *nm (-sen)* fonctionnaire d'Etat
re·ge·rings·lei·der *nm (-s)* chef de, du gouvernement
re·ge·rings·pe·ri·o·de *nf (-n, -s)* durée d'un gouvernement
re·ge·rings·stel·sel *het (-s) (pol.)* régime
re·ge·rings·we·ge ♦ **van ~** à l'initiative du gouvernement
re·ge·rings·zij·de *de* → **regeringswege**
re·gie [reʒi, reχi] *nf (-s)* **1** mise en scène **2** *(Belg.)* régie *(entreprise)*
re·gio *de (-'s)* **1** région **2** *(plur.)* couches **3** *(plur.; fig.)* sphères; **in hogere ~nen zijn** être dans les nuages
re·gis·se·ren *vti (h. geregisseerd)* mettre en scène
re·gis|seur *nm (-s),* **-seuse** *nf (-s)* metteur en scène
re·gis·ter *het (-s)* **1** registre *(aussi mus.); (fig.)* **een ander ~ kiezen** changer de style; **alle ~s opentrekken** *(mus.)* tirer tous les registres, *(fig.)* jouer le grand jeu **2** index
re·gi·stra·tie *nf (-s)* enregistrement
re·gi·stra·tie·num·mer *het (-s)* **1** numéro (d'enregistrement) **2** numéro d'immatriculation **3** *(milit.)* (numéro) matricule **4** numéro d'inscription
re·gi·stre·ren *vti (h. geregistreerd)* enregistrer
re·gle·men·tair *adj, adv* réglementaire(ment); **dat is ~ niet geoorloofd** ce n'est pas régulier; **iets ~ vaststellen** arrêter qch par règlement
re·gu·le·ren *vt (h. gereguleerd)* régulariser
rei *de (-en)* **1** chœur; *(fig.)* **de ~ aanvoeren** donner le ton **2** ronde *(danse)* **3** *(Belg.)* canal **4** *(Belg.)* quai
rei·ger *nm (-s)* héron; *(vulg.)* **schijten als een ~** avoir la chiasse
rei·ken *vti (h. gereikt)* **1** tendre la main (vers); **ik kan zo ver niet ~** c'est hors de ma portée **2** aller (jusqu'à); **ver ~de**

doelstellingen objectifs qui visent loin; **hij reikt tot mijn schouder** il m'arrive à l'épaule
reik·hal·zen *vi* **(naar)** aspirer (à); **iets ~d tegemoet zien** attendre qch avec impatience
reik·hoog·te *nf* ♦ **de doos stond op** ~ la boîte était à portée (de la main)
reik·wijd·te *nf* portée
rei·len *vi* ♦ **het ~ en zeilen van zijn huishouden** le train(-train) de son ménage; **zoals het reilt en zeilt** tel(le) quel(le)
rein *adj, adv* **1** *(form.)* propre(ment) **2** pur(ement) ♦ *(relig.)* **~e dieren** animaux kascher; **in het ~e komen** s'arranger; **een zaak weer in het ~e brengen** tirer une affaire au clair; **met zichzelf nog niet in het ~e zijn** ne pas s'être réconcilié avec soi-même
rei·ni·gen *vt (h. gereinigd)* **1** nettoyer; **chemisch** ~ nettoyer à sec **2** *(fig.)* purifier
rei·ni·gend *adj* détergent
rei·ni·ging *nf* **1** nettoyage **2** (service de) voirie **3** *(relig.)* purification
rei·ni·gings·crème *de (-s)* crème démaquillante
rei·ni·gings·mid·del *het (-en)* détergent
reis *de (reizen)* voyage; **enkele** ~ aller (simple); **waar gaat de ~ heen?** quelle est votre destination?; **onze Griekse** ~ notre voyage en Grèce; *(Belg.)* **van een kale ~ thuiskomen** revenir bredouille; **op ~ gaan** partir en voyage; **dat is handig voor op** ~ c'est pratique pour le voyage; **een geheel verzorgde** ~ un voyage organisé
***reis-** de voyage; **het reisverslag** le compte rendu de voyage
reis·apo|theek *nf (-theken)* pharmacie portative
reis·bu·reau [rɛizbyro] *het (-s)* agence de voyages
reis·cheque *nm (-s)* traveller's chèque
reis·ge|noot *nm (-noten)*, **-note** *nf (-s, -n)* compagnon, compagne de voyage
reis·ge·zel·schap *het (-pen)* **1** groupe de touristes; **met een ~ op vakantie gaan** partir en voyage organisé **2** compagnon, compagne de voyage
reis·gids *nm (-en)* **1** brochure touristique **2** guide touristique
reis·kaart·je *het (-s) (Belg.)* billet (de chemin de fer)
reis·kos·ten *plur* frais de déplacement
reis|lei·der *nm (-s)*, **-leidster** *nf (-s)* guide
reis·lust *nm* amour des voyages
reis·tijd *nm (-en)* durée du voyage
reis·vaar·dig *adj* prêt à partir; **zich ~ maken** boucher ses valises
reis·we·zen *het* voyages
rei·zen *vi (h./i. gereisd)* voyager; **op en neer** ~ faire la navette; **via Parijs** ~ passer par Paris; **voor zaken** ~ faire un voyage d'affaires
rei·zend *adj* **1** en voyage **2** itinérant
rei|zi·ger *nm (-s)*, **-zigster** *nf (-s)* **1** voyageur, -euse **2** touriste
rek[1] *het (-ken)* **1** étagère **2** *(sports)* barre fixe
rek[2] *nm (-ken)* élasticité; *(fig.)* **de ~ is er uit** il, elle a perdu son élasticité, *(finances)* nous n'avons plus de marge de manœuvre
rek|baar *adj (-baarder, -baarst)* élastique; *(fig.)* **een rekbare bepaling** un arrêté qui permet une interprétation assez large
re·kel *nm (-s)* vaurien; **brutale ~!** petit effronté!
re·ke·na·rij *nf (péj.)* ± casse-tête; **dat is een hele** ~ c'est tout un calcul
re·ken·cen|trum *het (-tra)* centre informatique
re·ken·een|heid *nf (-heden)* unité de compte
re·ke·nen[1] *vi (h. gerekend)* **1** calculer; **ik heb even zitten ~, maar het wordt een heel bedrag** j'ai fait quelques (petits) calculs, mais ça va faire une grosse somme **2** compter; **naar zich toe** ~ faire le compte à son propre avantage **3** *(+ op)* tenir compte (de); **daar mag je wel op ~!** je t'en donne! **4** *(+ op)* compter (sur)
re·ke·nen[2] *vt (h. gerekend)* **1** compter; **alles bij elkaar gerekend** tout compte fait **2** demander (pour qch) *(prix)* **3** *(+ tot, + onder)* compter (parmi, au nombre de) **4** estimer **5** considérer; **reken maar!** je t'en donne!; **je moet ~ dat ...** n'oublie pas que ... **6** admettre
re·ken·fout *de (-en)* erreur de calcul, *(fig.)* mécompte
Re·ken·hof *het (Belg.)* Cour des comptes
re·ke·ning *nf (-en)* **1** note; **een hoge** ~ une note salée; **ober, mag ik de ~?** garçon, l'addition s'il vous plaît; **iem de ~ (voor iets) presenteren** demander des comptes à qn; **een ~ sturen** envoyer une facture **2** compte; **voor eigen** ~ à son propre compte; **in ~ brengen** facturer; **op ~ kopen** acheter à crédit; *(fig.)* **iets op iemands ~ schrijven** mettre qch sur le compte de qn; **dat is voor mijn** ~ c'est moi qui paie, *(fig.)* je m'en charge; *(fig.)* **dat is geheel voor ~ van de schrijver** la responsabilité en revient entièrement à l'auteur **3** calcul ♦ **~ houden met iets, iem** tenir compte de qch, qn; **voor uw ~ en verantwoording** à vos risques et périls
re·ke·ning|hou·der *nm (-s)*, **-houdster** *nf (-s)* titulaire de compte
Re·ken·ka·mer *de* Cour des Comptes
re·ken·kun·de *nf* arithmétique
re·ken·schap *nf* compte; **~ en verantwoording afleggen (aan iem, over iets)** rendre des comptes (à qn, sur qch) ♦ **zich ~ van iets geven** se rendre compte de qch
re·ken·som *de (-men)* problème d'arithmétique ♦ **het is een eenvoudig ~metje** c'est tout simple
re·ken·won·der *het (-s)* surdoué, -ée en calcul
re·kest *het (-en)* requête
rek·ken[1] *vi (h./i. gerekt)* s'étirer

rek·ken² *vt (h./i. gerekt)* **1** étirer **2** faire durer; **het leven van een stervende** ~ prolonger la vie d'un mourant
re·kruut *nm (rekruten)* recrue
rek·stok *nm (-ken) (sports)* barre fixe
rek·ver·band *het (-en) (méd.)* **1** bandage **2** bande Velpeau
re·kwi·siet *het (-en) (dram.)* accessoire
re·kwi·si·tie *nf (-s)* réquisition
rel *nm (-len)* bagarre, *(plur.)* troubles, *(fig.)* scandale; **een** ~ **met de politie** un affrontement avec la police
re·laas *het (relazen)* récit; **een droevig** ~ une histoire triste
re·lais [rəlɛː] *het* relais *(tous les sens); (Belg.)* **uitgesteld** ~ émission en différé
re·la·te·ren *vt (h. gerelateerd)* relier (à)
re·la·tie *nf (-s)* **1** relation *(aussi personne);* **goede ~s hebben** avoir des relations; **in** ~ **tot** en rapport avec; **in** ~ **staan tot, met** être en relation avec **2** liaison (amoureuse)
re·la·tief *adj, adv* relatif, relativement; ~ **gezien** toutes proportions gardées
re·la·tie·ge·schenk *het (-en)* cadeau publicitaire, d'entreprise
re·la·ti·ve·ren *vt (h. gerelativeerd)* relativiser; **kunnen** ~ avoir le sens du relatif
re·lease *de (-s)* sortie (d'un disque, d'un film)
re·le|vant *adj (-vanter, meest r.)* pertinent
re·liek *het/de (-en)* → **relikwie¹**
re·li·gie *nf (-s)* religion
re·li·kwie¹ *nf (-ën) (cathol.; aussi au fig.)* relique
re·li·kwie² *het (-ën)* relique *(objet)*
re·ling *de (-en)* **1** *(mar.)* bastingage; **over de** ~ **hangen** s'appuyer au bastingage **2** parapet
rel|schop·per, -trapper *nm (-s)* provocateur
rem *de (-men)* frein; *(fig.)* **alle ~men losgooien** ne plus se contrôler; **op de** ~ **staan** écraser la pédale de frein; *(fig.)* **aan de** ~ **trekken** mettre un frein (à qch); *(fig.)* **alle ~men vallen weg** il n'y a plus aucune retenue; *(fig.)* **dat was voor mij een** ~ cela m'a freiné
***rem-** de frein; **het, de rempedaal** la pédale de frein
rem·be·krach·ti·ging *nf* servofrein
rem·blok *het (-ken)* garniture (de frein)
rem·bours [rɑmburs] *het (-en)* **1** envoi contre remboursement **2** remboursement **3** couverture *(d'une traite)*
re·me·die *het/de (-s)* remède
rem·geld *het (-en) (Belg.)* ticket modérateur
re·mi·se *nf (-s)* **1** hangar **2** *(échecs; dames)* partie nulle **3** *(fin.)* remise
rem·licht *het (-en)* feu de stop
rem·men *vti (h. geremd)* freiner; *(psycho.)* **door iets geremd worden** être inhibé par qch; **een ~de invloed hebben op iem** *(positif)* avoir une influence modératrice sur qn, *(négatif)* bloquer qn; **een persoon** ~ freiner l'enthousiasme d'une personne
rem·ming *nf (-en)* inhibition
re·mon·strant *nm (-en)* arminien, -ienne
rem|spoor *het (-sporen)* trace de freinage
rem·weg *nm* distance de freinage
ren¹ *nm (-nen)* course
ren² *de (-nen)* parquet d'élevage
ren|baan *de (-banen)* **1** hippodrome **2** vélodrome
ren·da·bel *adj* rentable
ren·de·ren *vi (h. gerendeerd)* **1** rapporter; **een kapitaal ~d maken** rendre un capital productif **2** être rentable
ren·dez-vous [rɑ̃devu] *het* rendez-vous; **iem** ~ **geven** prendre rendez-vous avec qn; **een** ~ **hebben** avoir un rendez-vous amoureux
ren·dier *het (-en) (zool.)* renne
ren·nen *vi (h./i. gerend)* **1** courir; **aan komen** ~ arriver en courant; **hij rende de deur uit** il fonça dehors **2** galoper **3** foncer
ren·sport *de* hippisme
ren·te *de (-n, -s)* **1** rente **2** *(fin.)* intérêt; *(fig.)* **dat brengt dubbele** ~ **op** c'est doublement rentable; *(fig.)* **ik heb het met** ~ **teruggekregen** il me l'a rendu avec intérêt(s)
ren·te·dra·gend, -gevend *adj* **1** productif d'intérêts **2** rentable
ren·te·loos *adj (fin.)* **1** sans intérêt **2** improductif; *(fig.)* ~ **laten liggen** laisser chômer
ren·te·nie·ren *vi (h. gerentenierd)* **1** vivre de ses rentes **2** *(fam.; iron.)* mener une vie de rentier
ren·te·voet *nm* taux d'intérêt
rent·mees·ter *nm (-s)* intendant
rep ♦ **in** ~ **en roer brengen** mettre en émoi
re·pa·tri·ë·ren¹ *vi (h./i. gerepatrieerd)* rentrer (en métropole)
re·pa·tri·ë·ren² *vt (h./i. gerepatrieerd)* rapatrier
re·per·toi·re [repɛrtwar] *het (-s) (arts, mus.)* répertoire; **dat staat niet op zijn** ~ ce n'est pas dans ses cordes, il n'en a pas la moindre intention
re·pe·te·ren¹ *vi (h. gerepeteerd)* **1** répéter **2** se répéter
re·pe·te·ren² *vt (h. gerepeteerd)* **1** répéter; **de les** ~ réviser la leçon **2** donner des répétitions
re·pe·ti·tie *nf (-s)* **1** répétition *(aussi fig. de rhétorique)* **2** interrogation écrite
re·pli·ca *de (-'s)* réplique
re·pliek *nf (-en)* réplique; **iem van** ~ **dienen** répondre à qn du tac au tac
rep·pen¹ *vi (h. gerept)* ♦ **met geen woord** ~ **over** ne pas souffler mot de
rep·pen² *vpr (zich ~; h. zich gerept)* se hâter; **rep je wat!** dépêche-toi!
re·pro *de (-'s)* reproduction
re·pro·du·ce·ren¹ *vt (h. gereproduceerd)* reproduire
re·pro·du·ce·ren² *vpr (zich ~; h. zich gereproduceerd) (biol.)* se reproduire
re·pu·bliek *nf (-en)* république

re·pu·bli·kein *nm (-en)* républicain, -aine
re·pu·ta·tie *nf (-s)* réputation; **een café met een slechte ~** un café mal famé; **dat is hij aan zijn ~ verplicht** sa réputation l'y oblige
re·search [risʌːrtʃ] *nm (sc.)* recherche(s)
re·sel *nm (Belg.)* série
re·ser|vaat *het (-vaten)* réserve *(pour animaux, Indiens)*
re·ser·ve *de (-s)* **1** réserve; **hij heeft nog niet al zijn ~s aangesproken** il a de la ressource; **zijn ~s aanspreken** entamer ses réserves; **enige ~ is hierbij geboden** ceci exige une certaine réserve **2** remplaçant, -ante **3** *(milit.)* réserviste
***re·ser·ve-** de réserve
re·ser·ve·bank *de (-en) (sports)* banc des joueurs de réserve
re·ser·ve·on·der|deel *het (-delen)* pièce de rechange
re·ser·vist *nm (-en)* **1** réserviste **2** remplaçant, -ante
re·si·den·tie *nf (-s)* résidence *(d'un chef d'Etat)*
re·si·sten·tie *nf (sc.)* résistance
re·so·ci·a·li·se·ren *vt (h. geresocialiseerd)* réinsérer dans la société
re·so|luut *adj, adv (-luter, meest r.)* résolu(ment); **het is een resolute kerel** c'est un type décidé; **~ optreden** agir avec fermeté
re·so·nan·tie *nf (-s)* **1** résonance **2** *(fig.)* écho
re·so·ne·ren *vi (h. geresoneerd)* **1** résonner **2** trouver des échos
res·pect *het* respect; **~ afdwingen** imposer le respect; **daar heb ik ~ voor** je respecte cela; **met ~** respectueusement; **met alle ~** soit dit sans offense; **uit ~ voor hun gevoelens** par égard pour leurs sentiments; **zonder ~** irrespectueusement
res·pec·ta·bel *adj, adv* **1** estimable, honorablement; **~e voorstellen** propositions honorables **2** (de façon) respectable
res·pec·tie·ve·lijk *adj, adv* respectif, respectivement
res·pect·vol *adj, adv* respectueux, respectueusement
res·pijt *het* **1** délai; **~ vragen** demander un sursis **2** répit
res·pons *het/de* **1** réaction **2** *(relig.)* répons
res·sor·te·ren *vi (h. geressorteerd) (+ onder)* ressortir (à)
rest *de (-en)* reste; **de ~ kun je wel raden** tu devines la suite; **de ~ laat zich raden** cela en dit long; **ik spreek nog niet eens over de ~!** j'en passe et des meilleures!; **de stoffelijke ~en** la dépouille mortelle; **voor de ~ geen nieuws** à part ça, rien de neuf
res·tant *het (-en)* restant; **het ~ van de oplage** le reste du tirage; **opruiming van ~en** soldes de fins de séries
res·tau·rant|hou·der *nm (-s)*, **-houdster** *nf (-s)* restaurateur, -trice
res·tau·ra·tie [rɛstora(t)si] *nf (-s)* **1** *(archit.; arts; pol.)* restauration **2** buffet (de gare) **3** wagon-restaurant
rest·be·voegd·he·den *plur (Belg.)* pouvoirs résiduaires
res·ten *vi (h. gerest)* rester; **nu rest mij nog te verklaren ...** il me reste encore à annoncer ...
res·te·ren *vi (i. geresteerd)* rester
res·ti·tu·e·ren *vt (h. gerestitueerd)* rembourser
rest·waar·de *nf (-n) (écon.)* valeur résiduelle
re·sul|taat *het (-taten)* résultat; **de onderhandelingen hebben niet tot ~ geleid** les pourparlers n'ont pas abouti; **zich zonder ~ inspannen** se dépenser en vain
re·sul·te·ren *vi (h. geresulteerd)* ♦ **hieruit resulteert dat ...** il en résulte que ...; **~ in iets** aboutir à qch
re·to·ri·ca *nf* rhétorique *(aussi enseign.)*
re·to·riek *nf* rhétorique
re·to·risch *adj, adv* **1** oratoire, avec rhétorique; **~e figuren** figures de rhétorique; **een ~e vraag** une question rhétorique **2** emphatique, avec emphase
re·tour[1] [rətur] *het (-s)* (billet d')aller (et) retour
re·tour[2] [rətur] *adv* ♦ **~ afzender** retour à l'expéditeur; **hierbij gaat het boek ~** veuillez trouver ci-joint le livre que je vous retourne; **iets ~ sturen** renvoyer qch
re·tour·en·ve·lop·pe *de (-n)* enveloppe-réponse
re·tour·kaart·je *het (-s)* → **retour**[1]
re·tour·vlucht *de (-en) (aviat.)* **1** vol de retour **2** vol aller (et) retour
ret·tich *nm (-s) (cuis.)* raifort
re·turn [ritʌːrn] *nm (-s) (sports)* **1** renvoi (de la balle) **2** match retour
reu *nm (-en)* chien (mâle)
reuk *nm (-en)* **1** odorat; **een scherpe, fijne ~ hebben** avoir l'odorat fin, avoir du flair **2** odeur; *(fig.)* **de ~ van iets hebben** avoir vent de qch **3** réputation; **in een slechte, kwade, kwalijke ~ staan** avoir mauvaise réputation, être mal famé
***reuk-** olfactif
reuk·loos *adj, adv* **1** dépourvu d'odorat **2** inodore, sans dégager d'odeur
reuk·of·fer *het (-s)* oblation de parfums; **de goden een ~ brengen** brûler de l'encens aux dieux
reuk·wa·ter *het (-s)* eau de senteur
reuk·zin *nm* → **reuk 1**
reu·ma *het (méd.)* rhumatisme
reu·ma·tiek *nf* → **reuma**
reu·ma·tisch *adj (méd.)* **1** rhumatismal **2** rhumatisant
re·ü·nie *nf (-s)* réunion *(d'anciens combattants, d'anciens élèves etc.)*
reus *nm (reuzen)* **1** *(myth.)* géant; **Klein Duimpje en de ~** l'ogre et le Petit Poucet **2** ogre **3** mastodonte
reus·ach·tig[1] *adj* **1** gigantesque; **een ~e**

gestalte une stature colossale **2** prodigieux
reus·ach·tig[2] *adv* énormément
reut *nm (fam.)* ♦ **de hele** ~ tout le tremblement, toute la bande
reu·te·len *vi (h. gereuteld)* râler
reu·te·me·teut *nm (fam.)* → **reut**
reu·ze[1] *adj, adv (fam.)* **1** énorme, énormément; ~ **veel** énormément (de) **2** fantastique
reu·ze[2] *interj (fam.)* formidable
***reu·ze-** *(fam.)* énorme; **een reuzeblunder** une gaffe énorme
reu·zel *nm (-s)* **1** panne *(graisse)* **2** saindoux
***reu·zen-** de géant; **een reuzengestalte** une taille de géant
reu·zen·rad *het (-eren)* grande roue *(attraction foraine)*
reu·zen·schild·pad *de (-den) (zool.)* tortue géante
reu·zin *nf (-nen)* géante
re·va·li·da·tie *nf (méd.)* rééducation
re·va·li·de·ren[1] *vi (h./i. gerevalideerd) (méd.)* faire de la rééducation
re·va·li·de·ren[2] *vt (h./i. gerevalideerd) (méd.)* rééduquer
re·van·che·ren [revɑ̃ʃerə(n)] *vpr (zich ~; h. zich gerevancheerd)* prendre sa revanche; **zich voor iets op iem** ~ se venger sur qn de qch
re·veil [revɛi] *het,* **reveille** *de* réveil *(abstr.);* **het** ~ **blazen** sonner le réveil; *(mouvement politique)* **ethisch** ~ ± nouvel élan moral
re·ven *vti (h. gereefd) (mar.)* ariser
re·vol·ver·held *nm (-en) (iron.)* as de la gâchette
re·vue [rəvy] *de (-s)* revue *(tous les sens); (fig.)* **iets de** ~ **laten passeren** passer qch en revue; **de** ~ **passeren** être passé en revue *(aussi au fig.)*
Ri·agg *het Regionaal Instituut voor de Ambulante Geestelijke Gezondheidszorg* institut régional pour l'assistance ambulatoire (secteur psychiatrique), *(Belg.)* centre de santé mentale ambulatoire
ri·ant *adj, adv (rianter, meest r.)* **1** agréable(ment) **2** spacieux, confortablement; **een** ~ **inkomen** un revenu confortable **3** très favorable(ment); **de bungalow is** ~ **gelegen** le bungalow est très bien situé
rib *de (ribben)* **1** *(biol., viande)* côte; **de korte, de zwevende** ~**ben** les côtes flottantes **2** *(math.)* arête ♦ **dat is een** ~ **uit je lijf** c'est une sacrée ponction
rib·bel *de (-s)* côte *(partie saillante d'un objet);* **de** ~**s op de rand van munten** les stries sur le listel de pièces de monnaie
rib·be·lig *adj* nervuré
rib·ben·kast *de (-en) (fam.)* coffre; **je kunt zijn hele** ~ **zien** on lui compterait les côtes
ri·bes *nm (bot.)* ribésiée
rib·flu·weel *het* velours côtelé
ri·chel *de (-s)* **1** rebord **2** latte
rich·ten[1] *vt (h. gericht)* **1** aligner **2** diriger; **gericht zijn op iets** viser à qch **3** adresser
rich·ten[2] *vti (h. gericht)* **1** placer **2** *(armes à feu)* viser; **scherp** ~ viser bien
rich·ten[3] *vpr (zich ~; h. zich gericht)* **1** s'adresser (à qn) **2** se régler (sur qn) **3** se concentrer (sur)
rich·ter *nm (-en) (Bible)* juge
rich·ting *nf (-en)* **1** direction; **de** ~ **aangeven** mettre son clignotant; **zij gingen** ~ **Amsterdam** ils allaient en direction d'Amsterdam; **in tegenovergestelde** ~ en sens inverse; **welke** ~ **is hij uitgegaan?** de quel côté est-il allé? **2** tendance **3** orientation
rich·ting·aan·wij·zer *nm (-s)* clignotant
richt·lijn *de (-en)* **1** directive *(aussi jur.)* **2** cordeau
richt|prijs *nm (-prijzen)* prix indicatif
richt·snoer *het (-en)* **1** cordeau **2** ligne directrice **3** exemple (à suivre); **iets tot** ~ **nemen** prendre qch en exemple
rid·der *nm (-s)* **1** chevalier; **iem tot** ~ **slaan** armer qn chevalier **2** chevalier servant
rid·de·ren *vt (h. geridderd)* **1** recevoir (qn) chevalier **2** décorer
rid·der|lijk *adj, adv (-lijker, meest r.)* **1** (de façon) chevaleresque **2** d'un chevalier **3** carrément
rid·der·or·de *de (-n, -s)* décoration
rid·der·ro·man *nm (-s)* roman de chevalerie
rid·der·schap *het* chevalerie
rid·der|zaal *de (-zalen)* grande salle *(château (fort))*
ried, rieden → **(aan-, af)raden** *(etc.)*
rie·del *nm (-s)* **1** *(mus.)* ritournelle **2** slogan
riek *nm (-en)* fourche (à fumier)
rie·ken[1] *vi (h. geroken) (form.) (+ naar)* sentir *(fig., donner l'impression de)*
rie·ken[2] *vt (h. geroken) (Belg.)* sentir *(odeur)* ♦ **iem niet kunnen** ~ ne pas pouvoir souffrir qn
riem *nm (-en)* **1** ceinture **2** courroie **3** lanière **4** laisse **5** *(pour porter qch)* bretelle **6** *(souvent pluriel)* ceinture (de sécurité) **7** rame; **met zijn eigen** ~**en roeien** voler de ses propres ailes; *(prov)* **men moet roeien met de** ~**en die men heeft** quand on n'a pas ce que l'on aime, il faut aimer ce que l'on a
riep, riepen → **(af-, weg)roepen** *(etc.)*
riet *het* **1** roseau; *(fig.)* **iets in het** ~ **sturen** faire rater qch; *(fig.)* **iets in het** ~ **laten lopen** laisser aller qch à vau-l'eau **2** canne; **beven als een** ~ trembler comme une feuille **3** *(mus.)* anche **4** canne à sucre
rie·ten *adj* de roseau; **een** ~ **zitting** un siège canné
riet·je *het (-s)* paille
riet·sten·gel *nm (-s)* hampe de roseau
riet·sui·ker *nm* sucre de canne
rif *het (-fen)* récif
rij *de (-en)* **1** rangée; **in de** ~ **staan** faire la queue; **in de** ~ **gaan staan** prendre la queue, s'aligner; **een** ~ **maken (om iets**

door te geven) faire la chaîne; **ze zitten op een ~tje** ils sont assis en rang d'oignons; **de ~ sluiten** fermer la marche; **de ~en sluiten** serrer les rangs *(aussi au fig.)*; **een ~ stoelen** un rang de chaises; **een ~ wachtenden** une file d'attente **2** suite; **op de ~ af** à tour de rôle; **alles nog eens op een ~tje zetten** faire le point; *(fig.)* **hij heeft ze niet allemaal op een ~tje** il lui manque une case **3** série

rij|baan *de (-banen)* chaussée

rij·be|wijs *het (-wijzen)* permis (de conduire); **z'n ~ halen** passer son permis

rij·den[1] *vi (h. gereden)* **1** *(véhicule)* rouler; **auto's die te dicht op elkaar ~** voitures qui se suivent de trop près; **op elkaar ~** entrer en collision **2** conduire **3** *(sports)* patiner **4** se balancer

rij·den[2] *vt (h. gereden)* transporter

rij·den[3] *vti (h. gereden)* **1** monter **2** conduire; **verboden in te ~** sens interdit; **honderd kilometer per uur ~** faire cent kilomètres à l'heure; **het is twee uur ~** c'est à deux heures de route **3** renverser (qn, qch); **iem ondersteboven ~** renverser qn

rij·dend *adj* **1** ambulant **2** en marche **3** à cheval

rij·der *nm (-s)*, **rijdster** *nf (-s)* **1** conducteur, -trice **2** cavalier, -ière **3** patineur, -euse

rij·dier *het (-en)* monture *(animal)*

rij·exa·men *het (-s)* examen pour le permis (de conduire)

rij·gen *vti (h. geregen)* **1** enfiler *(passer par un fil)* **2** faufiler *(couture)* **3** lacer

rij·hoog·te *nf (-n, -s) (circul.)* hauteur maximum

rij·in·struc|teur *nm (-s)*, **-trice** *nf (-s)* moniteur, -trice (d'auto-école)

rijk[1] *het (-en)* **1** empire **2** royaume *(aussi au fig.)* **3** Etat (souverain); **het Derde Rijk** le troisième Reich; **het heilige Roomse Rijk** le Saint Empire Romain germanique **4** domaine; **iets naar het ~ der fabelen verwijzen** considérer qch comme pur produit de l'imagination; **het ~ der kleuren** le monde des couleurs ♦ **het ~ alleen hebben** avoir le champ libre; **zijn ~ zal niet lang duren** son règne ne durera pas longtemps

rijk[2] *adj, adv* **1** riche(ment); **het gaat er ~ toe** tout y est cher; **de natuur heeft hem ~ bedeeld** la nature l'a pourvu de tous les dons; **de mogelijkheden die de taal ~ is** les ressources d'une langue; **stinkend ~ zijn** être pourri de fric; **~ worden** faire fortune **2** magnifique ♦ **~ in bloei staan** être complètement en fleur; **iets ~ zijn** posséder qch

rijk·aard *nm (-s) (péj.)* richard

rijk·dom *nm (-men)* richesse

rij·ke·lijk *adj, adv* **1** généreux, généreusement **2** abondant, abondamment; **een ~ maal** un repas copieux **3** trop (de); **dat is ~ laat!** ce n'est pas trop tôt!

rij·ke·lui *plur (fam.)* richards

rij·ke·luis·wens *nm (-en) (fam.)* caprice de riches

***rijks-** national; **het rijksarchief** les archives nationales

rijks·be·trek·king *nf (-en)* fonction publique *(poste)*

rijks·bij·dra·ge *de (-n)* → **rijkssubsidie**

rijks|deel *het (-delen)* partie du Royaume

rijks·dienst *nm (-en)* **1** fonction publique *(collectif)*; **ambtenaar in ~** fonctionnaire de l'Etat **2** service de l'Etat

rijks·ge·bouw *het (-en)* bâtiment de l'Etat

rijks·on·der·wijs *het (Belg.)* enseignement de l'Etat

rijks·over|heid *nf (-heden)* administration d'Etat

rijks·sub·si·die *het/de (-s)* subvention de l'Etat

rijks·uni·ver·si·teit *nf (-en)* université d'Etat

rijks·voor·lich·tings·dienst *nm* service d'information et de diffusion du gouvernement

rijks·wacht *de (Belg.)* gendarmerie

rijks·wa·ter·staat *nm* Ponts et Chaussées

rijks·weg *nm (-en)* (route) nationale

rijks·we·ge ♦ **van ~** de par l'Etat

rij·kunst *nf (sports)* équitation

rijm *het (-en) (litt.)* **1** rime; **afwisselend ~** rime alternée; **gepaard ~** rime plate **2** vers **3** comptine

rij·men[1] *vi (h. gerijmd)* **1** rimer; **deze woorden ~ op elkaar** ces mots riment **2** *(fig.; + met)* correspondre (à) **3** faire des vers

rij·men[2] *vt (h. gerijmd)* concilier; **dat viel niet te ~ met ...** il était impossible de concilier cela avec ...

rijm·pje *het (-s)* → **rijm 3**

rijn|aak *de (-aken) (mar.)* chaland

rijp[1] *nm* **1** *(météo.)* givre **2** *(bot.)* pruine

rijp[2] *adj* mûr; **zij is ~ voor het gekkenhuis** elle est bonne à enfermer

rij·pen *vti, vb impers (h./i. gerijpt)* mûrir; **~ tot iets** devenir mûr pour qch ♦ **het heeft gerijpt** il y a de la gelée blanche

rijp·heid *nf* maturité; **tot ~ komen** mûrir

rij·ping *nf (-en)* **1** *(bot.)* maturation **2** adolescence

rij·rich·ting *nf (-en)* sens de la marche, de la circulation

rij|school *de (-scholen)* **1** auto-école **2** manège

Rij·sel *het* Lille

rij·sport *de (sports)* équitation

rijst *nm* riz

rijs·te·brij *nm (cuis.)* riz au lait

rijs·te·brij·berg *nm* ♦ *(fig.)* **eerst moet je je door een ~ heen eten** il faut d'abord vaincre de nombreuses difficultés

rijs·te·pap *de* → **rijstebrij**

rijst·pap *de (Belg.)* → **rijstebrij**

rij·strook *de (circul.)* voie

rijst·wa·fel *de* galette de riz

rij·taks *nm et nf (Belg.)* vignette (automobile)

rij·ten *vt (h. gereten) (form.)* déchirer; **iem**

de kleren van het lichaam ~ arracher ses vêtements à qn
rij·tjes|huis *het (-huizen)* maison dans une rangée
rij·tuig *het (-en)* **1** voiture **2** wagon
rij·vaar·dig·heid *nf* habilité à conduire; **geneesmiddelen die de ~ beïnvloeden** médicaments qui diminuent la vigilance au volant
rij·ver·bod *het* interdiction de conduire; **hier geldt een ~** ici la circulation est interdite
rij·weg *nm (-en)* route
rij·wiel *het (-en) (form.)* cycle
rij·wiel·pad *het (-en)* piste cyclable
rij·zen *vi (i. gerezen)* **1** se dresser **2** se lever **3** monter; **in aanzien ~** croître en considération **4** lever; **~de kaas** fromage qui fermente **5** surgir; **de vraag rijst, of ...** la question qui se présente est (celle) de savoir si ...
rij·zig *adj* élancé
rik·ke·tik[1] *nm (-ken) (fam.)* palpitant ♦ **in zijn ~ zitten** avoir la frousse
rik·ke·tik[2] *interj* ♦ **zijn hartje gaat van ~** il a le cœur qui bat la chamade, il a la frousse
ril·len *vi (h. gerild)* frissonner; **van koorts ~** grelotter de fièvre; **het is om van te ~** cela donne le frisson
ril·le·rig *adj* frissonnant
ril·ling *nf (-en)* frisson; **koude ~en hebben** *(sens pr.; fig.)* avoir des frissons; **er liep een ~ over mijn rug** cela m'a fait froid dans le dos
rim·boe *de (-s)* **1** brousse **2** trou perdu
rim·pel *nm (-s)* ride; **~s in het voorhoofd trekken** plisser le front; *(fig.)* **iemands ~s wegstrijken** dérider qn
rim·pe·len[1] *vi (h./i. gerimpeld)* **1** se rider **2** se plisser
rim·pe·len[2] *vt (h./i. gerimpeld)* **1** rider **2** plisser
rim·pe·lig *adj* ridé
rim·pel·loos *adj* **1** sans ride **2** *(fig.)* lisse; **een ~ bestaan** une existence uniforme
ring *nm (-en)* **1** anneau; **de ~en van een ketting** les maillons d'une chaîne **2** bague **3** cercle; **de ~en van een boom** les cernes d'un arbre **4** arène **5** *(Belg.)* (boulevard) périphérique ♦ **eruitzien om door een ~etje te halen** être tiré à quatre épingles
ring|baan *de (-banen) (circul.)* **1** *(trains, les trams)* ligne périphérique **2** (boulevard) périphérique
ring·band *nm (-en)* classeur à anneaux
rin·gel·oren *vt (h. geringeloord)* ♦ **zich laten ~** se laisser mener par le bout du nez
ring·vaart *de (-en)* canal de ceinture
ring·vin·ger *nm (-s)* annulaire
ring·vor·mig *adj* en forme d'anneau
ring·weg *nm (-en)* (boulevard) périphérique
ring·worm *nm (-en)* **1** *(zool.)* annélide **2** *(méd.)* herpès circiné
rin·ke·len *vi (h. gerinkeld)* tinter; **kassa rinkelt!** passez la monnaie!; **de telefoon rinkelde** le téléphone sonna
rins *adj (rinser, meest r.)* aigrelet
ri·o·le·ring *nf (-en)* (réseau d')égouts
ri·ool *het/de (riolen)* égout; *(fig.)* **het deksel van het ~ lichten** découvrir le pot aux roses; *(fig.)* **een open ~** ± une décharge publique
***ri·ool-** d'égout; **het rioolwater** les eaux d'égout
ri·ool·jour·na·lis·tiek *nf* presse à scandales
ri·si·co *het/de (-'s)* risque; **~ dragen** assumer des responsabilités financières; **op eigen ~** à mes, tes, ses (etc.) risques et périls; **dat blijft voor uw, voor eigen ~** c'est à vos risques et périls
ri·si·co·dra·gend *adj* à risque(s)
ri·si·co·groep *de (-en)* groupe à haut risque
ris|kant *adj (-kanter, meest r.)* risqué
ris·ke·ren *vt (h. geriskeerd)* risquer
ris·sen *vt (h. gerist)* → **risten**
ris·ten *vt (h. gerist) (des fruits, des céréales)* égrener
rit *nm (-ten)* **1** promenade (à cheval, à vélo, en voiture) **2** trajet; **de laatste ~ is om twaalf uur** le dernier train, autobus, tram (etc.) part à minuit; *(fig.)* **de ~ uitzitten** tenir (le coup) jusqu'au bout **3** *(sports)* étape
rit·me *het (-s)* rythme *(aussi mus., litt.)*
rit·miek *nf* **1** rythmique **2** rythmicité
rit·misch *adj, adv* **1** rythmique **2** rythmé, rythmiquement
rits *de (-en)* **1** fermeture éclair® **2** série
rit·se·laar *nm (-s) (fam.)* débrouillard
rit·se·len[1] *vi (h. geritseld)* bruire; **de wind ritselt in de bomen** le vent murmure dans les arbres; **~ met een papiertje** faire crisser du papier
rit·se·len[2] *vt (h. geritseld)* arranger
rit·se·len[3] *vb impers* grouiller
rits·slui·ting *nf (-en)* → **rits 1**
ri·tus *nm (-sen)* rite
ri·vier *de (-en)* rivière, fleuve; *(iron.)* **alle ~en lopen in de zee** ± Lapalisse n'aurait pas dit mieux
***ri·vier-** de rivière; **de rivierbedding** le lit de rivière
Ri·viè·ra *de* Côte d'Azur
ri·vier|baars *nm (-baarzen) (zool.)* perche
ri·vier·ha·ven *de (-s)* port fluvial
ri·vier·kreeft *de (-en) (zool.)* écrevisse
rob *nm (-ben) (zool.)* phoque
rob·be|does *nm (-doezen)* enfant turbulent(e)
ro·bijn *adj* rubis
ro·chel *nm (-s)* **1** crachat **2** *(méd.)* râle
ro·che·len *vi (h. gerocheld)* **1** crachoter **2** cracher (des glaires) **3** *(méd.)* râler
ro·co·co *het* **1** *(arts)* (style) rococo **2** *(hist.)* période rococo **3** (motifs du style) rocaille
rod·del *nm (-s)* **1** ragot **2** bavardages; **de nieuwste ~s uit de showwereld** les derniers potins du monde du spectacle

rod·de|laar *nm (-s),* **-laarster** *nf (-s)* mauvaise langue
rod·del·blad *het (-en)* presse people
rod·de·len *vi (h. geroddeld)* faire des ragots (sur); **daar zal over geroddeld worden** ça va faire jaser
rod·del·pers *de* presse à scandales
rod·del·praat *nm* ragots; **bang zijn voor ~jes** avoir peur du qu'en-dira-t-on
ro·de *nm (-n)* **1** roux **2** *(pol.)* rouge
ro·de·hond *nm (méd.)* **1** rubéole **2** *(Belg.)* scarlatine
ro·de|kool *de (-kolen) (cuis.)* chou rouge
roe·bel *nm (-s) (monnaie)* rouble
roe·de *de (-n)* **1** verge *(pour frapper)* **2** tringle *(tige métallique)*
roe·del *het (-s) (animaux)* harde
roei|boot *de (-boten)* canot (à rames)
roei·en¹ *vti (h./i. geroeid)* ramer; **naar de overkant** ~ ramer vers la rive opposée
roei·en² *vt (h./i. geroeid)* transporter en canot
roei·en³ *vi (h./i. geroeid)* **1** faire de l'aviron **2** battre (des ailes)
roei|riem *nm (-en),* **-spaan** *de (-spanen)* aviron
roei·sport *de (sports)* aviron
roe·ke|loos *adj, adv (-lozer, meest r.)* téméraire, imprudemment; **roekeloze daden** actes irréfléchis
Roe·land ♦ **een razende roeland** un enragé
roem *nm* gloire; *(prov)* **eigen ~ stinkt** qui se loue, s'emboue
roe·men *vti (h. geroemd)* être élogieux; **daar valt niet op te ~, het is niet om over te** ~ il n'y a pas de quoi être fier
Roe·me·nië *het* Roumanie
roem|loos *adj (-lozer, meest r.)* sans gloire
roem·rijk *adj, adv* glorieux, glorieusement
roem|rucht *adj (-ruchter, meest r.) (form.)* célèbre
roep *nm* **1** appel, *(animaux)* cri **2** revendication **3** bruit **4** réputation
roe·pen *vti (h. geroepen)* **1** crier **2** appeler; **je komt als geroepen** tu tombes à pic; **de dokter laten** ~ envoyer chercher le médecin; **dat roept om wraak** cela crie vengeance; **daar voel ik mij niet toe geroepen** ça ne m'attire pas spécialement ♦ **ik zal je om zeven uur** ~ je te réveillerai à sept heures
roe·ping *nf (-en)* vocation
roep|naam *nm (-namen)* (prénom) usuel
roep|zaal *de (-zalen) (Belg.)* salle de ventes
roer *het (-en)* gouvernail; **aan het ~ staan, zitten** tenir la barre *(aussi au fig.)*; **het ~ naar rechts gooien** donner un coup de barre à droite; **het ~ in handen hebben** tenir la barre *(aussi au fig.)*; *(fig.)* **hou je ~ recht** essaye de marcher droit; *(fig.)* **het ~ in handen houden** rester à la barre, *(fig.)* ne pas passer les commandes; *(fig.)* **het ~ is van het schip** c'est la pagaille; *(fig.)* **het ~ omgooien** renverser la vapeur
roer·bak·ken *vt (h. geroerbakt) (cuis.)* faire cuire en touillant
roer·ei *het (-eren) (cuis.)* œuf brouillé
roe·ren¹ *vi (h. geroerd) (+ in)* remuer (qch)
roe·ren² *vt (h. geroerd)* **1** remuer (qch); **de soep** ~ mélanger la soupe **2** toucher; **iem tot tranen toe** ~ toucher qn jusqu'aux larmes
roe·ren³ *vpr (zich ~; h. zich geroerd)* bouger; **zich niet kunnen** ~ ne pas arriver à bouger, *(fig.)* être à sec
roe·rend *adj, adv* **1** (d'une façon) touchant(e) **2** meuble ♦ **ik ben het ~ met hem eens** je suis tout à fait d'accord avec lui
roe·rig *adj* **1** remuant **2** désordonné; **een ~ leven** une vie mouvementée **3** turbulent
roer·loos *adj, adv* immobile, sans bouger
roer·sel *het (-en)* mouvement (de l'âme)
roer|spaan *de (-spanen),* **-staaf** *de (-staven)* spatule
roes *nm (roezen)* ivresse; **zich in een ~ bevinden** être euphorique; **zijn ~ uitslapen** cuver son vin
roest *het/de (-en)* **1** rouille **2** oxydation ♦ **een hoop oud** ~ un tas de ferraille
roest·bruin *adj* rouille
roes·ten *vi (h./i. geroest)* **1** rouiller **2** s'incruster
roes·tig *adj* rouillé
roest·vrij *adj* inoxydable
roest·we·rend *adj* antirouille
roet *het* suie; ~ **in het eten gooien** tout gâcher
roet·ach·tig *adj, adv* (comme) de (la) suie
roet·mop *nm (-pen)* moricaud, -aude *(injure)*
roet·sjen *vi (h./i. geroetsjt)* dévaler (de)
roet·zwart *adj* **1** noir comme du charbon **2** crasseux
roe·ze·moe·zen *vi (h. geroezemoesd)* **1** faire du tapage **2** faire du remue-ménage
rof·fel *nm (-s)* roulement de tambour
rof·fe·len *vi (h. geroffeld)* **1** battre le tambour **2** résonner *(d'un tambour)* **3** tambouriner
rog *nm (-gen) (zool.)* raie
rog·ge *de* seigle
rok *nm (-ken)* **1** jupe; **aan moeders ~ken hangen** être dans les jupes de sa mère **2** habit ♦ **achter de ~ken lopen** courir le jupon
ro·ka·de *nf (-s) (sports)* roque
ro·ken *vti (h. gerookt)* fumer; ~ **als een schoorsteen** fumer comme un sapeur; **het (passief)** ~ le tabagisme (passif); *(avion; train)* ~ **of niet ~?** fumeurs ou non-fumeurs?
ro·ke·rig *adj* **1** fumeux **2** enfumé **3** ayant un goût de fumée **4** noirci de fumée
ro·ke·rij *nf (-en)* fumoir *(pour les aliments)*
rok·ken·ja·ger *nm (-s)* coureur (de jupons)

rok·kos·tuum *het (-s)* → **rok 2**
rol[1] *de (-len)* **1** rôle; **geld speelt geen** ~ l'argent ne compte pas; **een** ~ **spelen** *(dram.)* interpréter un rôle, *(fig.)* jouer un rôle, être important; *(fig.)* **uit zijn** ~ **vallen** sortir de son rôle; **de** ~ **vervullen van** faire fonction de **2** rouleau
rol[2] *nm* ♦ *(fig.)* **aan de** ~ **gaan, zijn** faire la bombe
rol·be·ves·ti·gend *adj* qui confirme les rôles sociaux traditionnels
rol·door·bre·kend *adj* qui s'attaque aux rôles sociaux traditionnels
rol·ge·drag *het* comportement dicté par le rôle social
rol·gor·dijn *het/de (-en)* store
rol·la·de *nf (-s) (cuis.)* roulade
rol·la·tor *nm* déambulateur à roues
rol·len[1] *vi (h./i. gerold)* **1** rouler; *(fig.)* **de zaak aan het** ~ **brengen** déclencher une affaire; *(fig.)* **hij zal er wel door(heen)** ~ il va s'en tirer; **ik ben er vanzelf in gerold** je me suis retrouvé dans cette situation par un pur hasard; *(fig.)* **de zaak moet** ~ l'entreprise doit continuer à tourner **2** se rouler **3** tomber; **van de trap** ~ dégringoler dans l'escalier **4** résonner
rol·len[2] *vt (h./i. gerold)* **1** rouler **2** escamoter
rol·len·spel *het* jeu de rôle
rol·le·tje *het (-s)* ♦ **alles loopt op ~s** tout va comme sur des roulettes
rol·pa|troon *het (-tronen)* schéma de comportement dicté par le rôle social
rol·prent *de (-en) (cin.)* film
rol·schaats *de (-en)* patin à roulettes
rol·schaat·sen *vi (h. gerolschaatst)* faire du skating
rol·stoel *nm (-en)* fauteuil roulant
rol·trap *nm (-pen)* escalator
ro·maans *adj (archit.)* roman
ro·ma·nis·tiek *nf (ling.)* philologie romane
ro·man·ne·tje *het (-s)* **1** *(péj.)* roman de quatre sous **2** roman d'amour
ro·man·ti|cus *nm (-ci) (litt.)* romantique
ro·man·tiek *nf (litt.)* romantisme
ro·man|tisch *adj, adv (-tischer, meest r.)* **1** romanesque **2** romantique(ment)
ro·man·ti·se·ren *vt (h. geromantiseerd)* romancer
Ro·meins *adj* romain
ro·men *vt (h. geroomd)* écrémer
ro·mig *adj* crémeux
rom·mel *nm* **1** bric-à-brac **2** pagaille; **let maar niet op de** ~ ne fais pas attention au désordre **3** camelote
rom·me·len *vi (h. gerommeld)* **1** gronder *(son);* **het rommelt in zijn buik** son ventre gargouille **2** farfouiller (dans qch) **3** cafouiller **4** arranger (qch)
rom·me·lig *adj, adv* (d'une façon) désordonné(e)
rom·mel·ka·mer *de (-s)* débarras *(pièce)*
rom·mel·kot *het (-ten) (Belg.)* → **rommelkamer**
rom·mel·markt *de (-en)* vide-grenier
romp *nm (-en)* **1** *(qn, un animal)* tronc **2** *(qch)* carcasse **3** coque *(d'un navire, d'un avion)*
romp·slomp *nm* tracas; **papieren** ~ de la paperasserie
rond[1] *adj, adv* **1** (en) rond; **zich** ~ **eten** se remplir le ventre **2** complet; **de zaak is** ~ l'affaire est conclue; **het hele jaar** ~ l'année entière **3** global(ement) **4** approximatif, environ **5** ouvert, rondement; ~ **voor zijn mening uitkomen** afficher ses opinions **6** faisant le tour (de); **ik ben het eiland** ~ **geweest** j'ai fait le tour de l'île **7** *(son)* plein ♦ **hij keek angstig in het** ~ il regardait anxieusement autour de lui; **de schijf draait eenmaal per seconde in het** ~ le disque fait un tour par seconde
rond[2] *prép* **1** autour de; **hij is** ~ **de dertig** il a la trentaine **2** vers
rond·ba·zui·nen *vt (h. rondgebazuind)* claironner *(fig.)*
rond·bor|stig *adj, adv (-stiger, meest r.)* franc, franchement; ~ **zijn, voor iets uitkomen** dire les choses telles qu'elles sont
rond·bren·gen *vt (h. rondgebracht)* distribuer (à domicile)
rond·cir·ke·len *vi (h. rondgecirkeld)* tournoyer
rond·dan·sen *vi (h. rondgedanst)* **1** danser en rond **2** sautiller
rond·de·len *vt (h. rondgedeeld)* distribuer
rond·do·len *vi (h. rondgedoold)* → **ronddwalen**
rond·draai·en[1] *vi (h./i. rondgedraaid)* **1** tourner; ~**de beweging** mouvement giratoire **2** tourner autour (de)
rond·draai·en[2] *vt (h./i. rondgedraaid)* faire tourner
rond·dwa·len *vi (h. rondgedwaald)* errer; **haar ogen dwaalden het vertrek rond** ses yeux faisaient la tour de la pièce
ron·de *de (-n)* **1** ronde **2** tour; **het gerucht doet de** ~ le bruit court **3** *(sports)* manche **4** *(élections, une épreuve cycliste)* tour; **twee ~n voor liggen** avoir deux tours d'avance **5** *(Belg.)* environs **6** *(Belg.)* tournée
ron·de·dans *nm (-en) (danse)* ronde
ron·den *vt (h. gerond)* **1** *(mar.)* doubler **2** arrondir
rond·gaan *vi (i. rondgegaan)* **1** faire le tour (de) **2** circuler; **zijn ogen gingen rond** il promenait ses regards
rond·gang *nm (-en)* **1** mouvement circulaire **2** *(voyage professionnel)* tournée **3** tour *(circuit)* **4** quête
rond·han·gen *vi (h. rondgehangen)* traîner
ron·ding *nf (-en)* rondeur
rond·je *het (-s)* **1** rond *(objet rond)* **2** tour *(jeux de cartes, promenade);* **een** ~ **lopen** faire un tour **3** tournée *(dans un café);* **een** ~ **van de zaak** une tournée du patron
rond·kij·ken *vi (h. rondgekeken)* **1** regarder autour de soi; **de kamer** ~ promener son regard dans la pièce **2** (re)chercher; **naar een huis** ~ chercher une maison
rond·ko·men *vi (i. rondgekomen)* s'en sortir *(argent)*

rond·lei·den *vt (h. rondgeleid)* **1** faire visiter **2** guider *(servir de guide)*
rond·lei·ding *nf (-en)* visite guidée
rond·lo·pen *vi (h./i. rondgelopen)* se promener; **de grootste gek die op twee benen rondloopt** le plus grand imbécile qui soit; **met een plan** ~ avoir un projet en tête; **verloren** ~ errer comme une âme en peine
rond·neu·zen *vi (h. rondgeneusd)* fureter (dans)
rond·om[1] *adv* autour; **een plein,** ~ **beplant met bomen** une place entourée d'arbres
rond·om[2] *prép* autour de
rond|reis *de (-reizen)* tour
rond·rei·zen *vi (h./i. rondgereisd)* **1** voyager; **een ~d circus** un cirque ambulant **2** faire la tournée (de)
rond·rij·den[1] *vi (h./i. rondgereden)* **1** faire un tour **2** faire un tour (en voiture) **3** faire le tour (de)
rond·rij·den[2] *vt (h./i. rondgereden)* promener qn (en voiture)
rond·rit *nm (-ten)* tour
rond·schar·re·len *vi (h. rondgescharreld)* **1** bricoler **2** traîner **3** fureter (dans)
rond·schrij·ven *vt (h. rondgeschreven)* écrire (à chacun); **een** ~ une circulaire
rond·slin·ge·ren[1] *vi (h. rondgeslingerd)* traîner *(en désordre)*
rond·slin·ge·ren[2] *vt (h. rondgeslingerd)* envoyer dinguer
rond·sprin·gen *vi (h. rondgesprongen)* sautiller
rond·stu·ren *vt (h. rondgestuurd)* envoyer *(des circulaires, des invitations etc.)*
rond·te *nf (-n, -s)* ronde ♦ **hij sprong in de** ~ il sautait dans tous les sens
rond·toe·ren *vi (h. rondgetoerd)* → **rondrijden**[1] **2**
rond·tol·len *vti (h. rondgetold)* → **ronddraaien**[1]
rond·trek·ken *vi (h./i. rondgetrokken)* → **rondreizen**
rond·uit *adv* franchement; **je kunt** ~ **spreken** tu peux parler à cœur ouvert; ~ **weigeren** refuser net; **iem iets** ~ **zeggen** dire qch à qn en face
rond·vaart|boot *de (-boten)* bateau-mouche
rond·ver·tel·len *vt (h. rondverteld)* répandre *(nouvelles, calomnies)*
rond·vlie·gen *vi (h./i. rondgevlogen)* **1** tournoyer **2** voler dans tous les sens, de ci de là **3** voler **4** courir (çà et là)
rond·vraag *de* tour de table
rond·weg[1] *nm (-en)* boulevard périphérique
rond·weg[2] *adv* → **ronduit**
rond·zwer·ven *vi (h. rondgezworven)* **1** errer **2** traîner
ron·ken *vi (h. geronkt)* **1** ronfler **2** dormir à poings fermés **3** *(Belg.)* bourdonner *(insectes)*
ron·se·len *vt (h. geronseld)* recruter *(implique l'usage de la ruse ou de la violence)*
rönt·gen·ap·pa|raat [rʌntχə(n)ɑparat] *het (-raten)* appareil à rayons X
rönt·gen·fo·to [rʌntχə(n)foto] *de (-'s)* radiographie
rönt·gen·on·der·zoek [rʌntχənɔndərzuk] *het* examen radiologique
rönt·gen·stra·len [rʌntχə(n)stralə(n)] *plur* rayons X
rood *adj (roder, roodst)* rouge; ~ **aanlopend** rougissant; ~ **haar** des cheveux roux; ~ **vlees** viande saignante; ~ **worden tot achter de oren** rougir jusqu'à la racine des cheveux ♦ ~ **staan** être dans le rouge
rood·borst·je *het (-s)* rouge-gorge
rood·gloei·end *adj* chauffé au rouge; **de telefoon staat** ~ le téléphone n'arrête pas (de sonner)
rood·ha·rig *adj* roux
Rood·kap·je *het* le petit Chaperon Rouge
rood·vonk[1] *de* scarlatine
rood·vonk[2] *het (Belg.)* rubéole
roof *nm (roven)* vol
roof·bouw *nm* **1** *(agric.)* déprédation **2** abus; ~ **plegen op zijn talent** miner son talent
roof·dier *het (-en)* carnivore
roof·moord *de (-en)* meurtre pour vol
roof·over·val *nm (-len)* attaque à main armée
roof·tocht *nm (-en)* ♦ **op** ~ **gaan** aller piller
roof·vo·gel *nm (-s)* rapace
roof·zuch·tig *adj* rapace
rooie *nm (-n)* → **rode**
rooi·en *vt (h. gerooid)* **1** arracher **2** en finir avec; **hij kan het amper** ~ il peut à peine s'en sortir
rook[1]**, roken** → **ruiken**[1]
rook[2] *nm* fumée; **in** ~ **opgaan** se consumer, *(fig.)* partir en fumée; *(fig.)* **onder de** ~ **van de stad wonen** habiter aux portes de la ville
rook·ar·ti·ke·len *plur* articles de fumeur
rook·cou·pé *nm (-s)* compartiment fumeurs
rook·gor·dijn *het (-en)* rideau de fumée; *(aussi au fig.)* **een** ~ **leggen** brouiller les pistes
rook·hol *het (-en)* tabagie
rook·ver·bod *het* interdiction de fumer
rook·vlees *het* viande fumée
rook·vrij *adj* sans fumée
rook·worst *de (-en)* saucisse fumée
room *nm* crème; **geslagen** ~ crème fouettée
room·bo·ter *de* beurre
room·ijs *het* crème glacée
room|kaas *nm (-kazen)* fromage à la crème
rooms *adj (roomser, meest r.)* catholique
rooms-ka·tho·liek *adj* catholique
roos *de (rozen)* **1** rosier; *(fig.)* **op rozen zitten** être dans une position très confortable; *(fig.)* **zijn weg gaat niet over rozen** il n'a pas la vie toute rose; *(fig.)* **rozen op iemands pad strooien** rendre la vie agréa-

ble à qn **2** rose **3** rosette **4** mille *(cible)* **5** *(sans art. ni plur.)* pellicules ♦ **slapen als een** ~ dormir comme un ange
roos·kleu·rig *adj, adv (fig.)* (en) rose; **hij weet alles** ~ **voor te stellen** il présente toujours les choses sous un jour favorable; **de toekomst ziet er niet** ~ **uit** l'avenir n'est pas brillant
roos·ter *het/de (-s)* **1** grille **2** gril; *(fig.; Belg.)* **iem op het** ~ **leggen** mettre qn sur la sellette **3** schéma **4** emploi du temps
roos·te·ren[1] *vt (h. geroosterd)* **1** rôtir **2** griller *(pain, viandes etc.)*
roos·te·ren[2] *vi (h. geroosterd)* se faire rôtir
ros[1] *het (-sen)* **1** *(form.)* coursier; **het stalen** ~ ± la petite reine **2** *(Belg.)* canasson
ros[2] *adj* roux ♦ **de** ~**se buurt** le quartier chaud
ros·bief *nm* rosbif
ros·sen *vi (h. gerost)* rouler comme un fou
ros·sig *adj* roussâtre
rot[1] *de (-ten)* ♦ **een oude** ~ **in het vak zijn** être un vieux routier
rot[2] *adj* **1** pourri; **een** ~**te kies** une dent cariée **2** *(fam.)* sale; **doe niet zo** ~ ne sois pas si vache; **zich** ~ **lachen** se tordre (de rire); **zich** ~ **vervelen** s'emmerder; **zich** ~ **voelen** avoir le cafard; **zich** ~ **werken** trimer
ro·tan *adj* en rotin
ro·te·ren *vi (h. geroteerd) (technol.)* tourner; **een** ~**de beweging** un mouvement de rotation
rot·gang *nm (fam.)* ♦ **met een** ~ en quatrième vitesse
rot·hu·meur *het (fam.)* humeur massacrante
rot·je *het (-s)* pétard ♦ **zich een** ~ **lachen** se tordre comme une baleine
rot·joch *het (-ies) (fam.)* garnement
rot·meid *nf (-en) (fam.)* garce *(fille)*
ro·ton·de *de (-s)* rond-point
rot·op·mer·king *nf (-en) (fam.)* vacherie; ~**en maken** dire des vacheries
rots *de (-en)* rocher; *(fig.)* **een** ~ **in de branding** un port dans la tempête
rots·ach·tig *adj* rocheux
rots·blok *het (-ken)* rocher
rot·sig *adj* → **rotsachtig**
rots|kloof *de (-kloven)* crevasse
rots·par·tij *nf (-en)* **1** massif rocheux **2** rocaille
rot|streek *de (-streken) (fam.)* tour de cochon
rots·vast *adj, adv* inébranlable(ment)
rots·wand *nm (-en)* paroi rocheuse
rot·ten *vi (h./i. gerot)* pourrir ♦ **liggen te** ~ **in zijn bed** ne pas décoller de son lit
rot·tig *adj (fam.)* **1** emmerdant; ~ **tegen iem doen** être vache avec qn **2** infect
rot·tig·heid *nf* **1** cochonnerie **2** emmerdement
rot·vent *nm (-en) (fam.)* → **rotzak**
rot·weer *het (fam.)* fichu temps
rot·wijf *het (-wijven) (fam.)* garce *(femme)*
rot·zak *nm (-ken) (fam.)* salaud, salope
rot·zooi *de* **1** *(fam.)* saleté **2** pagaille
rot·zooi·en *vi (h. gerotzooid) (fam.)* **1** faire des cochonneries **2** frauder **3** cafouiller **4** fricoter *(relations sexuelles)*
rot·zorg *de (fam.)* ♦ **dat zal mij een** ~ **zijn** je m'en fiche et je m'en contrefiche
rou·la·tie [rula(t)si] *nf* circulation
rou·le·ren [rulerə(n)] *vi (h. gerouleerd)* **1** être en circulation **2** se relayer; **het voorzitterschap rouleert** la présidence est assurée par roulement
rou·te [rutə] *de (-s)* itinéraire; **dat ligt niet op onze** ~ ce n'est pas sur notre chemin
rou·ti·ne·ma·tig *adj* routinier, de façon routinière
rou·ti·neus *adj, adv (fam.)* routinier, de façon routinière
rou·ti·ne·werk *het* **1** travail de routine **2** travail routinier
rouw[1] *nm* deuil
rouw[2] *adj* rude; ~**e klanten** de rudes gaillards
***rouw-** de deuil
rouw|brief *nm (-brieven)* faire-part de décès
rouw·dienst *nm (-en)* service funèbre
rou·wen *vi (h. gerouwd)* **1** *(+ om)* pleurer (qn) **2** *(+ om)* être en deuil (de qn) ♦ **dat zal hem** ~ il s'en repentira
rou·wig *adj* affligé (de)
rouw·mis *de (-sen)* messe de requiem
rouw·pro·ces *het* travail du deuil
rouw·rand *nm (-en)* bord noir *(deuil)*
rouw·stoet *nm (-en)* cortège (funèbre)
rouw·tijd *nm* deuil *(période)*
ro·ven[1] *vt (h. geroofd)* **1** voler **2** enlever
ro·ven[2] *vi (h. geroofd)* pirater
ro·ver *nm (-s)* brigand
roy|aal *adj, adv (-aler, -aalst)* **1** généreux, généreusement; ~ **met geld omspringen** avoir l'argent facile; **te** ~ **leven** vivre sur un trop grand pied **2** large (d'esprit), sans étroitesse (d'esprit) **3** vaste
roy·al·ty's *plur* **1** royalties **2** *(édit.)* droits d'auteur
roy·e·ren [rojerə(n), rwɑjerə(n)] *vt (h. geroyeerd)* radier
ro·ze *adj* rose *(couleur formée de rouge et de blanc)*
ro·ze·ma·rijn *nm* romarin
***ro·zen-** de rose; **de rozenknop** le bouton de rose
ro·zen·bot·tel *de (-s)* gratte-cul
ro·zen·geur *nm* odeur de roses; **het is niet altijd** ~ **en maneschijn** tout n'est pas rose dans la vie
ro·zen·krans *nm (-en)* **1** *(relig.)* rosaire **2** *(relig.)* chapelet
ro·zet *de (-ten)* rosette
ro·zig *adj* **1** rose *(de la couleur des roses)* **2** béat
ro·zijn *de (-en)* raisin sec
RPS *de Rijkspostspaarbank* ⟨*Caisse nationale d'Epargne de la Poste*⟩
RSI *de (abrév.) repetitive strain injury* TMS
RSZ *nf (Belg.) Rijksdienst voor Sociale Zekerheid* ONSS

rub·ber *adj* en caoutchouc
rub·ber|boot *de (-boten)* canot pneumatique
rub·ber|zool *de (-zolen)* semelle de crêpe
ru·bri·ce·ren *vt (h. gerubriceerd)* **1** catégoriser **2** classer
ru·briek *nf (-en)* **1** rubrique **2** magazine *(programme de radio, de télévision)*
rucht·baar *adj* notoire; **iets ~ maken** divulguer qch; ~ **worden** s'ébruiter
rucht·baar·heid *nf* notoriété; **~ aan iets geven** donner de la publicité à qch
rück·sichts·los *adj, adv* impitoyable(ment)
rug *nm (-gen)* dos; **dat is weer achter de ~** voilà qui est fait; **de zestig al achter de ~ hebben** avoir dépassé les soixante ans; **een moeilijke tijd achter de ~ hebben** venir de passer une période difficile; **hij heeft een brede ~** on lui met tout sur le dos, il a bon dos; **een hoge ~ (op)zetten** *(chat)* faire le gros dos; *(fig.)* **een duwtje in de ~** un coup de pouce; **met de ~ tegen de muur staan** être au pied du mur; **met de ~ tegen iets aan zitten** être adossé à qch; *(fam.)* **je kunt mijn ~ op!** tu peux te fouiller!; **een open ~** *(méd.)* un spina-bifida; **iem de ~ toekeren** tourner le dos à qn *(aussi au fig.)*
rug·dek·king *nf* protection (dans le dos)
rug·ge·lings[1] *adv* **1** dos à dos **2** à la renverse **3** à l'envers **4** sur le dos
rug·ge·lings[2] *adj* en arrière
rug·gen|graat *de (-graten)* **1** colonne vertébrale **2** *(fig.)* énergie; **iem met ~** qn qui a du caractère
rug·gen·merg *het (méd.)* moelle épinière
rug·gen·prik *nm (-ken) (méd.)* ponction lombaire
rug·gen·steun *nm* soutien
rug·ge·spraak *de* concertation; ~ **met iem houden** se concerter
rug·kant *nm* → **rugzijde 1**
rug·klach·ten *plur* douleurs dans le dos
rug·leu·ning *nf (-en)* dossier *(d'un siège)*
rug·slag *nm* nage sur le dos
rug·zak *nm (-ken)* sac à dos
rug·zij·de *de (-n)* **1** côté dorsal **2** dos
rui *nm (zool.)* mue; **de kippen zijn in de ~** les poules muent
ruif *de (ruiven)* râtelier
ruig *adj, adv* **1** rugueux **2** rude(ment); **een ~ feest** une fête à tout casser
rui·ken[1] *vi (h. geroken)* sentir; **aan iets ~** sentir qch, renifler qch; *(fig.)* **aan iets geroken hebben** avoir une (vague) idée de qch; **hij ruikt naar jenever** il sent le genièvre; **het ruikt niet** ça n'a pas d'odeur; **hij ruikt uit zijn mond** il a mauvaise haleine
rui·ken[2] *vt (h. geroken)* **1** sentir **2** *(fig.)* sentir; **hoe kon ik dat nu ~!** comment est-ce que j'aurais pu savoir ça!; **onraad ~** flairer le danger
rui·ker *nm (-s)* bouquet
ruil *nm (-en)* échange; **een goede ~ doen** gagner au change; **in ~ voor** en échange de
rui·len[1] *vti (h. geruild)* échanger; **zullen we ~?** on change?
rui·len[2] *vi (h. geruild)* changer (avec)
ruil·han·del *nm* troc
ruil·ver·ka·ve·ling *nf* remembrement
ruim[1] *het (-en) (mar.)* cale
ruim[2] *adj, adv* **1** (de manière) étendu(e); **~ kunnen ademhalen** pouvoir bien respirer, *(fig.)* avoir les coudées franches **2** spacieux, au large **3** large(ment); **de dingen ~ zien** avoir l'esprit large **4** large, généreux; **een ~e gift** un don généreux **5** un peu plus de; ~ **een kilo** un bon kilo
ruim·den|kend *adj (-kender, meest r.)* large d'esprit
rui·men *vt (h. geruimd)* **1** débarrasser **2** nettoyer **3** balayer **4** quitter
ruim·schoots *adv* largement; ~ **geven** donner généreusement
ruim·te *nf (-n, -s)* **1** espace; **het vliegtuig biedt ~ aan tien personen** l'avion peut accueillir dix personnes; **iem de ~ geven** laisser passer qn, *(fig.)* donner les coudées franches à qn; **in de ~ staren** regarder dans le vide; **~ maken (voor)** faire place; **dat neemt veel ~ in** cela prend beaucoup de place; **te weinig ~ hebben** être à l'étroit **2** pièce
***ruim·te-** spatial; **de ruimtevlucht** le vol spatial
ruim·te·ge·brek *het* manque de place
ruim·te·lijk *adj, adv* **1** (de manière) spatial(e) **2** spatial, dans l'espace
ruim·te·on·der·zoek *het (-en)* exploration spatiale
ruim·te|schip *het (-schepen)* → **ruimtevaartuig**
ruim·te·vaar·der *nm (-s)* cosmonaute
ruim·te·vaart *de* navigation spatiale
ruim·te·vaar·tuig *het (-en)* engin spatial
ruim·te|veer *het (-veren)* navette spatiale
ruim·te·wa·gen *nm* monospace
ruis *nm* **1** bruit léger **2** froissement **3** *(radio, télé)* bruit de fond
rui·sen *vi (h. geruist)* **1** faire un bruit léger; **het ~ van de zee** le murmure de la mer **2** froisser
ruit *de (-en)* **1** vitre; *(fig.)* **zijn eigen ~en ingooien** scier la branche sur laquelle on est assis **2** carreau *(forme)* **3** losange
rui·ten *adj* à carreaux
***rui·ten-** *(jeux de cartes)* de carreau
rui·ten·sproei·er *nm (-s)* lave-glace
rui·ten·wis·ser *nm (-s)* **1** essuie-glace **2** raclette *(instrument d'un laveur de vitres)*
rui·ter *nm (-s)* cavalier
rui·ter·lijk *adj, adv* franc, franchement
ruit·jes·pa·pier *het* papier quadrillé
ruk *nm (-ken)* **1** coup; **hij gaf een ~ aan de bel** avec énergie, il donna un coup de sonnette; **met een ~ vloog hij overeind** il sursauta **2** coup de vent **3** trotte *(distance)* **4** bout de temps; **hij werkte aan één ~ door** il travailla d'une traite
ruk·ken[1] *vi (h./i. gerukt)* **1** tirer fort; **aan de**

bel ~ donner un grand coup de sonnette **2** *(vulg.)* se branler

ruk·ken² *vt (h./i. gerukt)* arracher; *(fig.)* **de woorden uit hun verband** ~ isoler les mots de leur contexte

ruk·wind *nm (-en)* coup de vent

rul *adj* meuble; **het ~le zand** le sable où les pieds s'enfoncent

rum|boon *de (-bonen)* chocolat au rhum

rum·mi·kub *het (-s) (sports)* rommé

ru·moer *het (-en)* bruit

ru·moe·rig *adj* **1** bruyant **2** agité **3** tumultueux

run *nm (-s)* **1** ruée **2** *(inform.)* exécution

rund *het (-eren)* **1** bœuf **2** âne; **een ~ van een vent** un véritable âne bâté

***run·der-** de bœuf; **een runderlap** un morceau de bœuf

rund·vee *het* bovins; **een stuk ~** un bovin

run·nen *vt (h. gerund) (fam.)* gérer

rups *de (-en) (zool.)* chenille

rups·band *nm (-en)* chenille *(courroie)*

Rus·land *het* Russie

rust *de* **1** repos; **zich geen ~ gunnen** ne pas s'accorder de répit; **iem geen ~ gunnen** tenir qn en haleine; **hij is in diepe ~** il dort profondément; *(Belg.)* **op ~ gaan** prendre sa retraite; *(prov)* **~ roest** la rouille ronge le fer, l'écurie use plus que la course **2** calme; **~ noch duur hebben** n'avoir ni paix ni trêve; **in ~ en vrede leven** mener une vie paisible; **iem/iets met ~ laten** laisser qn, qch tranquille **3** tranquillité **4** *(sports)* mi-temps

***rust-** de repos; **de rustdag** le jour de repos

rus·te|loos *adj, adv (-lozer, -loost)* **1** toujours en mouvement, sans arrêt; **~ de nacht doorbrengen** passer une nuit blanche **2** agité, avec fébrilité

rus·ten *vi (h. gerust)* **1** se reposer; **niet ~ voor ...** n'avoir pas de cesse que ... ne **2** reposer *(dans la tombe)* **3** avoir l'esprit tranquille; **niet kunnen ~ voor ...** ne pas avoir l'âme tranquille tant que ... **4** ne pas être utilisé; **ik zal de zaak nu laten ~** je n'aborderai plus cette affaire pour l'instant **5** reposer (sur) **6** peser; **op die onderneming rust geen zegen** cette entreprise est maudite **7** être posé ♦ **een ~d predikant** un pasteur en retraite

rust·ge·vend *adj* **1** reposant; **een ~e gedachte** une pensée apaisante **2** calmant

rus|tiek *adj (-tieker, meest r.)* **1** champêtre **2** rustique

rus·tig *adj, adv* tranquille(ment); **hij gaat ~ zijn gang** il suit tranquillement son petit bonhomme de chemin; **alles is ~** tout est calme; **~e kleuren** couleurs reposantes; **het hart klopt ~** le cœur bat régulièrement; **~ sterven** mourir paisiblement

rust·plaats *de (-en)* **1** tombe; **de laatste ~** la dernière demeure **2** halte **3** aire de repos

ruw *adj, adv* **1** rugueux **2** rêche, avec des inégalités **3** brut; **~e suiker** du sucre non raffiné **4** à l'état naturel **5** grossier, grossièrement; **~ geschat** approximatif, approximativement **6** sans précaution **7** rude(ment) **8** rigoureux, rudement; **een ~e wind** un vent âpre

ruw|heid *nf (-heden)* **1** rugosité **2** dureté **3** grossièreté **4** brutalité

ruw·weg *adv* grossièrement

ru·zie *nf (-s)* dispute; **een ~ bijleggen** se réconcilier; **een huiselijke ~** une querelle domestique; **~ krijgen met iem** (commencer à) se disputer avec qn; **~ maken (met iem)** se disputer (avec qn); **~ schoppen** se quereller; **slaande ~ hebben** se manger le nez

ru·zie·ach·tig *adj* **1** agressif **2** querelleur

ru·zie|ma·ker *nm (-s),* **-maakster** *nf (-s)* querelleur, -euse

ru·zi·ën *vi (h. geruzied) (form.)* se disputer

RVA *nm (Belg.) Rijksdienst voor Arbeidsvoorziening* ONEM

RVD *nm Rijksvoorlichtingsdienst ⟨service porte-parole du gouvernement⟩*

S

saai *adj, adv* ennuyeux, d'une manière ennuyeuse; **wat een ~e boel is 't hier!** qu'est-ce qu'on s'ennuie ici!; **een ~e wijk** un quartier monotone
saam·ho·rig *adj, adv* solidaire(ment)
sab·be·len *vi (h. gesabbeld)* suçoter; **op een potlood** ~ mâchouiller un crayon
sa·bel *nm (-s)* sabre
sa·dist *nm (-en),* **sadiste** *nf (-s, -n)* sadique
safe[1] [sef] *nm (-s)* coffre-fort
safe[2] [sef] *adj* sûr; **op ~ spelen** ne prendre aucun risque; **zich niet ~ voelen** ne pas être sûr de soi, ne pas se sentir en sécurité
sa·ge *de (-n)* légende
Sa·ha·ra *nm* **1** Sahara **2** *(fig.)* désert
sak·ker·loot *interj* saperlotte!
Sak·sisch *adj* saxon
sa·la·ri·ë·ring *nf* rémunération
sa·la·ris *het (-sen)* salaire; **verlof met behoud van** ~ congés sans perte de rémunération
sal·do *het (saldi)* solde; **per** ~ en solde, *(fig.)* tout compte fait
sal·do·te·goed *het (-en)* solde positif
sal·do·te·kort *het (-en)* découvert
sa·lie *de* sauge
sal·mi·ak *nm* sel ammoniac
sa·lon *het/de (-s) (Belg.)* foire
sa·lon·mu·ziek *nf* musique d'ambiance
sal·to *nm (-'s)* saut; ~ **mortale** saut de la mort, *(fig.)* saut dans le vide
sal·vo *het (-'s)* salve
sam·bal *nm (cuisine asiatique)* pâte de piment
sa·men *adv* **1** ensemble; **zich ~ verzetten tegen iets, iem** faire bloc contre qch, qn; **nu wij hier ~ zijn, wil ik ...** maintenant que nous sommes réunis, j'aimerais ... **2** au total **3** à deux ♦ **~ uit, ~ thuis** ± on ne laisse pas tomber les copains (en cours de route)
sa·men·bal·len[1] *vt (h./i. samengebald)* agglomérer
sa·men·bal·len[2] *vi (h./i. samengebald)* **1** se mettre en boule **2** se réunir
sa·men·bin·den *vt (h. samengebonden)* lier
sa·men·bren·gen *vt (h. samengebracht)* **1** rassembler **2** assembler *(objets)*
sa·men·bun·de·len *vt (h. samengebundeld)* **1** unir **2** faire un paquet de
sa·men·drom·men *vi (i. samengedromd)* se masser
sa·men·druk·ken *vt (h. samengedrukt)* **1** serrer **2** comprimer
sa·men·gaan *vi (h./i. samengegaan)* **1** aller de pair **2** s'accorder (avec); **niet ~ met** être incompatible avec
sa·men·ge·steld *adj* composé
sa·men·hang *nm* **1** cohérence **2** contexte **3** lien; **de ~ van de gebeurtenissen** la relation entre les événements; **iets in ~ zien met** considérer qch en fonction de **4** *(phys.)* cohésion
sa·men·han·gen *vi (h. samengehangen)* être lié (à); **~d met** en liaison avec
sa·men·han·gend *adj, adv* (d'une façon) cohérent(e)
sa·men·hok·ken *vi (h. samengehokt)* **1** vivre les uns sur les autres **2** vivre à la colle
sa·men·klank *nm* harmonie
sa·men·klem·men *vt (h. samengeklemd)* serrer
sa·men·klin·ken *vi (h. samengeklonken)* **1** retentir ensemble **2** s'harmoniser
sa·men·klon·te·ren *vi (i. samengeklonterd)* s'agglutiner
sa·men·knij·pen *vt (h. samengeknepen)* **1** presser **2** pincer **3** plisser *(yeux)*
sa·men·ko·men *vi (i. samengekomen)* **1** se rencontrer **2** converger
sa·men·komst *nf (-en)* **1** rencontre **2** réunion
sa·men·le·ving *nf* **1** société **2** vie en commun
sa·men·loop *nm* **1** coïncidence; **een ~ van omstandigheden** un concours de circonstances **2** jonction **3** rencontre **4** affluence
sa·men·lo·pen *vi (h./i. samengelopen)* **1** converger **2** confluer **3** affluer **4** concourir

sa·men·pak·ken[1] *vt (h./i. samengepakt)* faire un paquet de
sa·men·pak·ken[2] *vpr (zich ~; h. zich samengepakt)* s'amonceler
sa·men·per·sen *vt (h. samengeperst)* comprimer
sa·men·raap·sel *het (-s) (péj.)* **1** ramassis **2** bric-à-brac
sa·men·roe·pen *vt (h. samengeroepen)* convoquer
sa·men·scho·len *vi (h./i. samengeschoold)* s'attrouper
sa·men·smel·ten[1] *vi (h./i. samengesmolten)* **1** fondre **2** *(fig.)* s'unir
sa·men·smel·ten[2] *vt (h./i. samengesmolten)* (faire) fondre (ensemble)
sa·men·span·nen *vi (h./i. samengespannen)* → **samenzweren**
sa·men·spel *het* jeu d'ensemble; *(fig.)* **het ~ tussen twee organisaties** la collaboration entre deux organisations
sa·men|spraak *de (-spraken)* dialogue
sa·men·stel *het* système
sa·men·stel·len *vt (h. samengesteld)* **1** composer; **een machine ~** construire une machine; **samengesteld zijn uit** se composer de **2** rédiger
sa·men·stel·ling *nf (-en)* **1** composition *(action, manière)* **2** rédaction *(d'un texte)* **3** *(ling.)* composé
sa·men·stro·men *vi (i. samengestroomd)* **1** affluer **2** confluer
sa·men·trek·ken[1] *vt (h./i. samengetrokken)* **1** (res)serrer **2** *(milit.)* concentrer ♦ *(ling.)* **twee lettergrepen ~** contracter deux syllabes
sa·men·trek·ken[2] *vi (h./i. samengetrokken)* se contracter
sa·men·trek·king *nf (-en)* contraction *(tous les sens)*
sa·men·val·len *vi (i. samengevallen)* **1** se confondre **2** converger **3** coïncider (avec); **die twee feesten vielen samen** ces deux fêtes tombaient le même jour
sa·men·vat·ten *vt (h. samengevat)* résumer
sa·men·vloei·en *vi (i. samengevloeid)* **1** confluer **2** se confondre
sa·men·voe·gen *vt (h. samengevoegd)* **1** (ré)unir **2** fusionner
sa·men·vou·wen *vt (h. samengevouwen)* plier; **de handen ~** joindre les mains
sa·men·wer·ken *vi (h. samengewerkt)* **1** collaborer **2** concourir
sa·men·wer·king *nf* collaboration; **een geest van ~** un esprit de coopération
sa·men·wer·kings·ver·band *het (-en)* **1** accord de coopération **2** groupement
sa·men·wo·nen *vi (h. samengewoond)* **1** cohabiter *(couple)* **2** habiter ensemble
sa·men·zijn *het* réunion; **een gezellig ~** ± une réunion intime
sa·men·zwe·ren *vi (h. samengezworen)* comploter (contre); *(fig.)* **alles schijnt wel tegen mij samen te zweren** tout semble conspirer à mon malheur
sa·men·zwe·ring *nf (-en)* **1** conspiration **2** complot
sam·sam *adv (fam.)* moitié-moitié
sand·wich *nm (-es) (Belg.)* petit pain
sa·ne·ren *vt (h. gesaneerd)* **1** ± restaurer *(dentition)* **2** assainir *(finances)* **3** réhabiliter *(maisons)*
Sans·kriet *het* sanscrit; **dat is ~ voor hem** pour lui, c'est du chinois
sant *nm (-en)* ♦ *(Belg.) (prov)* **niemand is ~ in eigen land** nul n'est prophète en son pays
sap *het (-pen)* jus
sap·je *het (-s)* jus de fruits
sap·pig *adj* **1** juteux; **~ vlees** de la viande très tendre **2** truculent; **iets ~ vertellen** faire le récit savoureux de qch
sar·cast *nm (-en)* personne sarcastique
Sar·di·nië *nf* Sardaigne
sar·ren *vt (h. gesard)* faire enrager
sas *het* ♦ **(niet) in zijn ~ zijn** (ne pas) avoir le sourire
sa·tans *adj, adv* démoniaque, diablement
sa·té [sate] *de* brochette *(avec de la viande à l'indonésienne)*
sa·ter *nm (-s)* satyre
sa·tijn *het (-en)* satin; **zo zacht als ~** doux comme de la soie
Sa·tur·nus *nm* Saturne
sau|cijs [sosɛis, sausɛis] *de (-cijzen)* saucisse
sau·cij·zen·brood·je *het (-s)* friand *(à la viande)*
Sa·u·di-Ara·bië *het* Arabie saoudite
saus *de (sauzen)* sauce; *(fig.)* **de ~ is beter dan de vis** la sauce fait passer le poisson
sau·sen[1] *vt (h. gesaust)* badigeonner
sau·sen[2] *vb impers (h. gesaust)* pleuvoir à verse
sa·vooie|kool *de (-kolen)* chou de Milan
sax *nm (-en) (mus.)* saxo
sca·la *de (-'s)* gamme
scan [skɛn, skɑn] *nm (-s) (méd.)* scanning
Scan·di·na|vi·ër *nm (-s)*, **-vische** *nf (-n)* Scandinave
scene [siːn] *de* monde
scep·sis [sɛpsɪs, skɛpsɪs] *nf* scepticisme
scep·ter [sɛptər, skɛptər] *nm (-s)* sceptre; *(fig.)* **de ~ zwaaien** tenir le sceptre
schaaf *de (schaven)* **1** rabot **2** râpe
schaaf·wond *de (-en)* écorchure
schaak[1] *het* (jeu d')échecs
schaak[2] *adj* échec; *(fig.)* **iem ~ zetten** tenir qn en échec
schaak[3] *interj* échec (au roi)!
***schaak-** d'échecs; **het schaakstuk** la pièce d'échecs
schaak·bord *het (-en)* échiquier
schaak·mat *adj* échec et mat; *(fig.)* **iem ~ zetten** coincer qn
schaal *de (schalen)* **1** échelle; *(fig.)* **op bescheiden ~** modestement; *(fig.)* **op ruime ~** largement **2** plat *(récipient)* **3** coque *(coquille)* **4** *(zool.)* carapace ♦ **de ~ slaat door** la balance penche *(aussi au fig.)*
schaal·dier *het (-en)* crustacé
schaal·ver·de·ling *nf (-en)* graduation
schaam|deel *het (-delen)* sexe

schaam|haar *het (-haren)* poils du pubis
schaam·lip·pen *plur* lèvres de la vulve
schaam·rood *het* rouge de la honte
schaam·te *nf* honte; **alle ~ afgelegd hebben** avoir perdu toute réserve; **geen ~ kennen** être effronté; **plaatsvervangende ~ voelen** avoir honte pour qn; **van ~ door de grond gaan** mourir de honte
schaam·te|loos *adj, adv (-lozer, -loost)* (d'une manière) éhonté(e); **schaamteloze taal** propos impudents
schaam·te·loos·heid *nf* effronterie
schaap *het (schapen)* **1** mouton; **zijn ~jes op het droge hebben** *(fig.)* avoir du foin dans ses bottes; *(prov)* **er gaan veel makke schapen in een hok** à doux moutons bon parcage; *(fig.)* **de schapen van de bokken scheiden** ne pas mélanger les torchons et les serviettes; **het verloren ~** la brebis égarée; *(fig.)* **het zwarte ~ zijn** être la brebis galeuse; *(prov)* **als er één ~ over de dam is, volgen er meer** un mouton en suit un autre **2** ouailles **3** nigaud, -aude ♦ **arm ~!** pauvre chat(te)!
schaap·ach·tig *adj, adv* (d'un air) niais; **iem ~ aankijken** regarder qn d'un air stupide; **er ~ bij staan kijken** rester tout sot; **er ~ uitzien** avoir l'air d'un mouton, *(fig.)* avoir l'air bête
schaar *de (scharen)* **1** (paire de) ciseaux; **de ~ in iets zetten** commencer à couper qch **2** pince
schaars *adj, adv* **1** rare **2** pauvre(ment); **~ beloond worden** être chichement récompensé; **slechts ~ bezocht worden** être très peu fréquenté; **~ verlicht** mal éclairé
schaars·te *nf* pénurie; **de ~ aan levensmiddelen** le manque de produits alimentaires
schaats *de (-en)* patin; *(fig.)* **een scheve ~ rijden** se comporter d'une façon incongrue
schaat·sen *vi (h. geschaatst),* **schaatsenrijden** *vi* patiner
schacht *de (-en)* **1** puits **2** cage **3** *(fam.; Belg.)* bleu *(bizut; novice)*
scha·de *de (-n)* **1** dommage; **~ berokkenen aan** porter préjudice à; **zijn ~ inhalen** se rattraper; **hij is door ~ en schande wijs geworden** l'expérience l'a rendu sage; *(prov)* **door ~ en schande wordt men wijs** dommage rend sage; **iem ~ toebrengen** nuire à qn; **iets tot zijn ~ ondervinden** faire la triste expérience de qch **2** dégât; *(fam.; iron.)* **hoeveel is de ~?** combien ça coûte?; **de ~ opmaken** faire l'inventaire des dégâts; **~ opnemen** faire une expertise; **~ aan iets toebrengen** endommager qch; **wij zijn er zonder ~ afgekomen** nous en sommes sortis indemnes
scha·de·lijk *adj, adv* **1** (d'une manière) nuisible; **~ zijn voor** nuire à **2** désavantageux, désavantageusement
scha·de·loos *adj, adv* **1** intact **2** inoffensif **3** indemne
scha·de·loos·stel·len *vt (h. schadeloosgesteld)* dédommager
scha·den *vti (h. geschaad)* nuire à
scha·duw *de (-en)* ombre; *(fig.)* **niet in iemands ~ kunnen staan** ne pas arriver à la cheville de qn
scha·du·wen *vt (h. geschaduwd)* **1** filer **2** *(sports)* marquer
scha·duw·ka·bi·net *het (-ten)* gouvernement fantôme
scha·duw·kant *nm (-en)* → **schaduwzijde**
scha·duw·re·ge·ring *nf (-en)* → **schaduwkabinet**
scha·duw·rijk *adj* **1** qui donne beaucoup d'ombre **2** ombragé
scha·duw·ver·kie·zin·gen *plur* élections simulées
scha·duw·zij·de *de (-n)* **1** côté situé à l'ombre **2** *(fig.)* envers; **die zaak heeft een ~** le revers de la médaille dans cette affaire, c'est …
schaf·ten *vi (h. geschaft)* casser la croûte ♦ **ik heb hier niets te ~** je n'ai rien à foutre ici; *(fam.)* **ik wil niets met hem te ~ hebben** je ne veux rien avoir à faire avec lui
scha·kel *de (-s)* maillon
scha·ke·laar *nm (-s)* interrupteur
scha·ke·len *vti (h. geschakeld)* **1** enchaîner **2** *(électricité)* connecter **3** passer ses vitesses
scha·ken[1] *vi (h. geschaakt)* jouer aux échecs
scha·ken[2] *vt (h. geschaakt)* ravir
scha·ke·ren *vt (h. geschakeerd)* **1** varier les couleurs de **2** varier
scha·ke·ring *nf (-en)* **1** agencement de couleurs différentes **2** variété de couleurs **3** nuances **4** diversité; **de verschillende ~en in levensopvatting** les diverses conceptions de la vie
scha·lie *nf (-s) (Belg.)* ardoise
schalks *adj, adv* malicieux, malicieusement
schal·len *vi (h. geschald)* retentir
scha·mel *adj, adv* **1** pauvre(ment) **2** pitoyable(ment)
scha·men *vpr (zich ~; h. zich geschaamd)* avoir honte; **zich dood ~** mourir de honte; **foei, schaam je om zoiets te zeggen** tu n'as pas honte de dire une chose pareille?
scham·pen *vi (h./i. geschampt)* érafler *(v.trans.)*
scham|per *adj, adv (-perder, -perst)* narquois(ement)
schan|daal *het (-dalen)* scandale; **zijn gedrag is een ~** son comportement est scandaleux
schan·da·lig *adj, adv* scandaleux, scandaleusement
schan·de *de* **1** honte; **iem te ~ maken** faire honte à qn **2** scandale; **~ van iets spreken** crier au scandale à propos de qch
schan·de·lijk *adj, adv* scandaleux, scandaleusement; **een ~e leugen** un mensonge éhonté; **een kind ~ verwennen** pourrir un enfant
schand|paal *nm (-palen)* pilori

schans *de (-en)* **1** fortification **2** *(ski)* tremplin
schap *het/de (-pen)* étagère
schap·pe·lijk *adj, adv* raisonnable(ment)
scha·re *de (-n) (form.)* armée
scha·ren *vt (h. geschaard)* ranger; **ze stonden om hem heen geschaard** ils s'étaient réunis autour de lui
schar·la·ken *adj* écarlate
schar·min·kel *het/de (-s)* **1** squelette *(personne maigre)* **2** pauvre bête
schar·nier *het (-en)* charnière
schar·rel *nm (-s) (fam.)* flirt; **aan de ~ zijn** courir les filles, les garçons
schar·re·laar *nm (-s)* **1** bricoleur *(personne qui gagne sa vie en faisant toutes sortes de petites besognes)* **2** coureur
schar·re·len *vti (h./i. gescharreld)* **1** *(+ in)* bricoler *(en faisant toutes sortes de petites besognes)* **2** *(+ met)* flirter (avec) ♦ **wat geld bij elkaar** ~ gratter quelques sous; **hij scharrelt de hele dag in de tuin** il travaillote toute la journée dans le jardin
schar·rel·kip *nf (-pen)* poulet élevé au sol
schat *nm (-ten)* **1** trésor; **een ~ aan gegevens** quantité de renseignements **2** fortune; **~ten aan iets verdienen** faire des affaires d'or **3** chéri, -ie; **lieve** ~ mon chéri; **een ~ van een vrouw** un amour de femme
scha·te·ren *vi (h. geschaterd)* rire aux éclats; ~ **van het lachen** pousser des éclats de rire
scha·ter·lach *nm* éclat de rire
schat·kist *de (-en)* **1** coffre **2** Trésor *(administration)*
schat·rijk *adj* richissime
schat·te·bout *nm (-en) (fam.)* → **schat 3**
schat·ten *vt (h. geschat)* **1** évaluer; **hoe oud schat je hem?** quel âge lui donnes-tu? **2** estimer; **iem niet hoog** ~ avoir une piètre opinion de qn
schat·tig *adj, adv* adorable, d'une manière exquise
schat·ting *nf (-en)* évaluation; **naar** ~ d'après les estimations
scha·ven *vt (h. geschaafd)* **1** raboter **2** *(fig.)* perfectionner; **aan die jongen valt nog heel wat te** ~ ce garçon est encore mal dégrossi **3** écorcher
scha·vot *het (-ten)* échafaud; **iem op het ~ brengen** envoyer qn à l'échafaud, *(fig.)* faire courir qn à sa perte
scha·vuit *nm (-en)* coquin, -ine
sche·de *de (-n, -s)* **1** étui **2** vagin
sche·del *nm (-s)* crâne; *(fig.)* **een harde ~ hebben** avoir la tête dure
scheed → **uitscheiden**[1]
scheef *adj, adv (schever, scheefst)* **1** oblique(ment); **scheve hoeken** angles qui ne sont pas droits; **een kopje ~ houden** tenir une tasse inclinée; **iets ~ snijden** ne pas couper droit qch; **de tafel staat** ~ la table n'est pas d'aplomb **2** tordu, de travers **3** faux, mal; **de zaak gaat** ~ l'affaire tourne mal; **dat geeft een scheve verhouding** cela fausse les proportions
scheef·lo·pen *vi (h. scheefgelopen)* ♦ **dat loopt scheef** ça va tourner mal
scheef·trek·ken[1] *vt (h. scheefgetrokken)* **1** déformer **2** *(fig.)* fausser
scheef·trek·ken[2] *vi (h. scheefgetrokken)* se gauchir
scheel *adj, adv (scheler, scheelst)* affecté de strabisme; **hij ziet** ~ il louche
scheen[1], **schenen** → **(toe)schijnen**
scheen[2] *de (schenen),* **scheenbeen** *het (-benen)* tibia; **iem tegen de schenen schoppen** envoyer à qn des coups de pied dans les tibias, *(fig.)* tirer dans les jambes de qn
scheeps·bouw *nm* construction navale
scheeps·ramp *de (-en)* catastrophe maritime
scheeps·recht *het* droit maritime; *(prov)* **driemaal is** ~ jamais deux sans trois
scheeps|werf *de (-werven)* chantier naval
scheep·vaart *de* navigation
***scheer-** à raser
scheer·ap·pa|raat *het (-raten)* rasoir électrique
scheer·lings *adv (Belg.)* ♦ ~ **langsgaan** frôler; **hij liep mij ~ voorbij** il me dépassa en me frôlant
scheer·mes *het (-sen)* rasoir à main
scheer·mes·je *het (-s)* lame de rasoir
scheer·wol *de* laine vierge
scheet[1], **scheten** → **(uit)schijten**
scheet[2] *nm (scheten) (fam.)* **1** pet; *(fig.)* **om een ~ lachen** rire pour un rien; **een ~ laten** péter **2** *(terme d'affection)* bouchon ♦ **een ~ van een kind** un enfant mignon, à croquer
schei·den[1] *vt (h./i. gescheiden)* **1** séparer; **twee begrippen van elkaar** ~ distinguer une notion d'une autre; **een kamer door schotten in tweeën** ~ diviser une pièce en deux par des cloisons; **die begrippen zijn niet scherp van elkaar te** ~ ces deux notions sont difficilement dissociables **2** prononcer le divorce de; **zich laten** ~ divorcer
schei·den[2] *vi (h./i. gescheiden)* **1** *(+ van)* se séparer (de) **2** *(+ van)* divorcer (d'avec qn)
schei·ding *nf (-en)* **1** séparation; **de ~ tussen de standen** la séparation des classes sociales **2** divorce; *(fam.)* **in ~ liggen** être en instance de divorce; **~ van tafel en bed** séparation de corps **3** raie *(des cheveux)*
scheids·rech·ter *nm (-s)* arbitre
schei·kun·de *nf* chimie
schei·kun·dig *adj, adv* chimique(ment); **de ~e** le, la chimiste
schel[1] *de (-len)* ♦ **de ~len zijn hem van de ogen gevallen** les écailles lui sont tombées des yeux
schel[2] *adj, adv* **1** aigu **2** cru, crûment; **het licht is** ~ la lumière est aveuglante
Schel·de *nf* Escaut
schel·den *vi (h. gescholden)* **1** jurer

(contre); ~ **en tieren** jurer et tempêter; ~ **doet geen zeer (slaan zoveel te meer)** les cris font moins mal que les coups **2** pester (contre)
scheld|naam *nm (-namen)* injure
scheld·par·tij *nf (-en)* prise de bec
scheld·woord *het (-en)* insulte
sche·le *nm (-n)* bigleux, -euse
sche·len *vi (h. gescheeld)* **1** faire une différence; **dat scheelt!** ah mais ça change tout!; **zij scheelt een hoofd met hem** elle a une tête de plus que lui, elle a une tête de moins que lui; **zij ~ niet veel in leeftijd** il n'y a pas une grande différence d'âge entre eux; **het scheelt weinig** ça ne fait pas une grande différence **2** importer (à qn); **het kan mij niets ~** je m'en fiche; **het kan mij weinig ~** peu m'importe **3** manquer; **het scheelde niet veel (maar weinig) of ik was gekomen** j'ai (bien) failli venir; **dat scheelt maar weinig** il s'en faut de peu **4** ne pas aller; **wat scheelt er aan dat boek?** qu'est-ce que tu lui reproches, à ce livre?; **er scheelt altijd iets aan (bij hem)** il n'est jamais content; **wat scheelt je?** il y a quelque chose qui ne va pas?
schelm *nm (-en)* **1** gredin **2** garnement
schel·men·ro·man *nm (-s)* roman picaresque
schelp *de (-en)* **1** coquille **2** pavillon *(de l'oreille)*
schelp·die·ren *plur* coquillages
schelp·vor·mig *adj* en forme de coquille
schel·vis *nm (-sen)* aiglefin
sche·ma *het (-'s)* **1** schéma; **volgens ~ te werk gaan** programmer ses activités; **alles verliep volgens ~** tout s'est déroulé comme prévu **2** programme; **op ~ liggen** ne pas avoir de retard sur le planning; **we liggen weer op ~** nous avons rattrapé le temps perdu
sche·mer *nm,* **schemerdonker** *het,* **schemerduister** *het* → **schemering**
sche·me·ren *vi (h. geschemerd)* commencer à faire jour, nuit; **het schemert al** le soir tombe; **het schemert nog** il ne fait pas encore tout à fait jour ♦ *(fig.)* **er schemerde iets van door haar verhaal heen** on en percevait des traces dans son récit
sche·me·rig *adj, adv* **1** crépusculaire(ment); **een ~ licht** *(le jour)* une lumière crépusculaire, *(la lumière en général)* une lumière voilée; **het wordt al ~** le soir tombe **2** plongé dans la pénombre
sche·me·ring *nf (-en)* crépuscule; **in de ~** au crépuscule, à l'aube, dans la pénombre; **de ~ valt** le jour baisse
sche·mer·lamp *de (-en)* lampe d'ambiance
sche·mer·licht *het* → **schemering**
sche·mer·toe·stand *nm (-en)* état second
schen·den *vt (h. geschonden)* **1** mutiler; *(livres)* **een geschonden exemplaar** un exemplaire abîmé **2** porter atteinte à; **iemands goede naam ~** ternir la réputation de qn **3** violer; **een wet ~** transgresser une loi
schen·ken *vt (h. geschonken)* **1** verser *(d'un récipient)*; **de kopjes halfvol ~** remplir les tasses à moitié **2** servir **3** offrir; **iem kinderen ~** donner des enfants à qn **4** accorder **5** faire grâce de
schen·king *nf (-en)* don
schen·nis *nf* violation; **~ plegen** violer
schep[1] *de (-pen)* pelle
schep[2] *nm (-pen)* **1** cuiller **2** pelletée **3** *(fam.; sans prép.)* tas
sche·pen *nm (-en) (Belg.)* échevin *(Belg.)*
schep·ijs *het* glace en boules
schep·je *het (-s)* ♦ *(fam.; fig.)* **er een ~ bovenop doen** accélérer, renchérir, en remettre
schep·pen[1] *vt (h. geschapen)* créer
schep·pen[2] *vt (h. geschept)* **1** prendre; **een voetganger ~** faucher un piéton **2** puiser; **aardappelen in een zak ~** mettre des pommes de terre dans un sac *(à l'aide d'une pelle)*; **groente op een bord ~** mettre des légumes dans une assiette *(à la cuiller)*; **een kruiwagen vol ~** remplir une brouette *(à l'aide d'une pelle)*
schep·per *nm (-s),* **schepster** *nf (-s)* créateur, -trice
schep·ping *nf (-en)* création
schep·sel *het (-en, -s)* créature
sche·ren[1] *vt (h. geschoren)* **1** raser; **zich glad ~** se raser de près **2** tondre
sche·ren[2] *vi (h. geschoren)* raser; **de zwaluwen ~ door de lucht** les hirondelles fendent l'air; **~ langs iets** effleurer qch; **het vliegtuig scheerde over de huizen** l'avion volait en rase-mottes au-dessus des maisons
scherf *de (scherven)* éclat; **scherven brengen geluk** ± à quelque chose malheur est bon; **in scherven vallen** tomber en morceaux
sche·ring *nf (-en)* ♦ **dat is ~ en inslag** c'est monnaie courante
scherm *het (-en)* **1** écran **2** rideau; **achter de ~en blijven** rester dans la coulisse *(aussi au fig.)*
***scherm-** *(sports)* d'escrime
scher·men *vi (h. geschermd)* **1** faire de l'escrime **2** *(+ met)* agiter (qch) ♦ *(fig.)* **met iets ~** faire grand cas de qch
scher·mut·se·ling *nf (-en)* accrochage
scherp[1] *het* **1** tranchant; *(fig.)* **op het ~ van de snede** sur le fil du rasoir **2** balles *(projectile)*; **op ~ staan** être armé *(arme à feu)*, être sur la détente
scherp[2] *adj, adv* **1** aigu **2** pointu; **~e doorns** épines piquantes; **~e trekken** traits en lame de couteau **3** piquant *(goût)*; **~e mosterd** moutarde forte **4** brusque, extrêmement **5** mordant, avec virulence; **een ~e daling van de koersen** une chute des cours; **~ gekant zijn tegen** être fortement hostile à; **~ reageren** réagir avec véhémence **6** net, avec netteté **7** fin(ement); **~ horen** avoir l'oreille fine; **~ luisteren** tendre l'oreille **8** sévère(ment) **9** serré; **~ concurreren** faire une

concurrence acharnée; **een bocht ~ nemen** prendre un virage à la corde **10** à balles *(projectiles)*

scher·pen *vt (h./i. gescherpt)* aiguiser *(aussi au fig.)*; **het geheugen** ~ exercer sa mémoire

scher·per *nm (-s) (Belg.)* taille-crayon

scherp|heid *nf (-heden)* → **scherpte**

scherp·om·lijnd *adj* à contours nets

scherp·schut·ter *nm (-s)* tireur d'élite

scherp·te *nf (-n, -s)* **1** tranchant **2** acuité **3** âpreté **4** mordant **5** netteté **6** finesse **7** sévérité **8** rigueur

scherp·zin·nig *adj, adv* **1** pénétrant, avec finesse **2** subtil(ement)

scherts *de* plaisanterie

schert·sen *vi (h. geschertst)* **1** plaisanter **2** *(+ met)* se moquer (de)

schert·send *adj, adv* badin, pour rire; ~ **antwoorden** répondre en riant

scherts·ver·to·ning *nf (-en)* comédie

schets *de (-en)* **1** esquisse **2** aperçu; ~ **van een roman** projet de roman

schets·blok *het* carnet de croquis

schet·sen *vt (h. geschetst)* esquisser; **een beeld van de situatie** ~ brosser un tableau de la situation; **iets in grote lijnen** ~ esquisser qch *(aussi au fig.)*

schet·te·ren *vi (h. geschetterd)* claironner; **hij loopt altijd te** ~ c'est un braillard

scheur *de (-en)* **1** crevasse; **een ~ in het hout** une fente dans le bois; **het schilderwerk vertoont kleine ~tjes** la peinture se fendille **2** déchirure; **een ~ in zijn jas krijgen** déchirer son manteau **3** *(fam.)* gueule; **zijn ~ opentrekken** ouvrir une grande gueule

scheur·buik *het/de (méd.)* scorbut

scheu·ren[1] *vt (h./i. gescheurd)* **1** déchirer **2** arracher **3** *(bot.)* multiplier par division

scheu·ren[2] *vi (h./i. gescheurd)* **1** se déchirer; **uit zijn jasje** ~ craquer sa veste **2** se fissurer **3** *(fam.)* rouler plein gaz

scheur·ka·len·der *nm (-s)* calendrier à effeuiller

scheur·mand *de (-en) (Belg.)* corbeille à papier

scheut *nm (-en)* **1** *(méd.)* élancement **2** *(bot.)* pousse **3** *(boissons alcoolisés)* coup (de), *(lait)* nuage (de)

scheu·tig *adj* **(met) 1** généreux; **niet ~ met iets** avare de qch **2** empressé (à) ♦ *(Belg.)* ~ **op iets zijn** être désireux de qch

schich·tig *adj, adv* peureux, peureusement; ~ **worden** s'effaroucher

schie·lijk *adj, adv* précipité, précipitamment

schiep, schiepen → **scheppen**[1]

schier *adv (form.)* quasi

schier·ei·land *het (-en)* presqu'île

***schiet-** de tir

schie·ten[1] *vi (h./i. geschoten)* **1** tirer; **een humeur om op te ~ hebben** être d'une humeur de chien **2** faire du tir **3** *(plantes)* pousser **4** s'élancer; **door de voorruit** ~ être projeté à travers le pare-brise; **de pijn schiet door zijn been** des élancements lui traversent la jambe; **de prijzen ~ omhoog** les prix montent en flèche **5** *(+ laten)* lâcher; **laat hem** ~ laisse-le partir, laisse-le tomber; *(fig.)* **iets laten** ~ abandonner qch **6** tomber **7** venir à l'esprit; **er schiet mij iets te binnen** qch me revient, une idée me traverse l'esprit

schie·ten[2] *vt (h./i. geschoten)* **1** tirer *(à l'aide de projectiles)*; **ik zou hem wel kunnen** ~ je le tuerais; **iem overhoop** ~ abattre qn **2** toucher *(en tirant)* ♦ **een huis plat** ~ raser une maison

schie·ten[3] *vti (h./i. geschoten) (sports)* tirer

schiet·ge·bed *het (-en)* courte prière *(en cas de détresse)*

schiet·par·tij *nf (-en)* fusillade

schif·ten[1] *vt (h./i. geschift)* trier

schif·ten[2] *vi (h./i. geschift)* tourner *(lait)*

schif·ting *nf (-en)* tri; *(Belg.; sports)* **de ~en** les éliminatoires

schif·tings|vraag *de (-vragen) (Belg.)* question subsidiaire

schijf *de (schijven)* **1** disque **2** *(cuis.)* tranche; **een ~je citroen** une rondelle de citron **3** cible

schijn *nm* **1** apparence; **het heeft er alle ~ van dat ...** tout porte à croire que; **~ bedriegt** il ne faut pas se fier aux apparences; **naar alle** ~ selon toute apparence; **op de uiterlijke ~ afgaan** juger sur les apparences; **men moet zelfs de ~ vermijden** il ne faut même pas éveiller les soupçons; **voor de schone** ~ pour la façade **2** lueur ♦ **je hebt geen ~ van kans** tu n'as pas la moindre chance

schijn·baar *adj, adv* **1** apparent, en apparence; **een ~ onverschillige houding** un air faussement indifférent **2** apparemment

schijn·be·we·ging *nf (-en)* feinte

schij·nen *vi (h. geschenen)* **1** briller **2** transparaître **3** paraître; **het schijnt mij dat ...** il me semble que ...; **naar het schijnt** à ce qu'il paraît; **er schijnt iets mis te zijn** il semble y avoir un problème

schijn·hei·lig *adj, adv* hypocrite(ment); **met een ~ gezicht** hypocritement

schijn·hu·we·lijk *het (-en)* mariage blanc

schijn·op·los·sing *nf (-en)* semblant de solution

schijn·sel *het (-s)* lueur

schijn·tje *het (-s)* soupçon; **ik kocht het voor een** ~ je l'ai acheté pour une bouchée de pain

schijn·ver·to·ning *nf (-en)* comédie

schijn·wer·per *nm (-s)* projecteur; *(fig.)* **iem in de ~s zetten** mettre pleins feux sur qn

schijn·zwan·ger·schap *nf (-pen)* grossesse nerveuse

schijt *het/de (vulg.)* **1** merde **2** chiasse; **aan de ~ zijn** avoir la chiasse; *(fig.)* **ik heb er ~ aan** je m'en branle; *(fig.)* **ik heb ~ aan die mensen** je n'ai rien à cirer de ces gens

schij·ten *vti (h. gescheten) (vulg.)* chier;

(fig.) **in, op iets, iem** ~ se contrefoutre de qch, de qn
schij·terd *nm (-s) (fam.)* trouillard
schij·te·rig *adj, adv (fam.)* (de façon) trouillard(e)
schij·te·rij *nf (fam.)* **1** chiasse **2** trouille
schik *nm (fam.)* plaisir ♦ **ik ben ermee in mijn** ~ j'en suis ravi
schik·go·din *nf (-nen)* Parque
schik·ken[1] *vt (h. geschikt)* arranger
schik·ken[2] *vpr (zich ~; h. zich geschikt)* **1** s'installer **2** *(+ naar)* s'accommoder (de); **zich naar iem** ~ s'adapter à qn **3** *(+ in)* se résigner (à); **hij schikt zich in alles** il s'accommode de tout
schik·ken[3] *vi (h. geschikt)* convenir
schik·king *nf (-en)* **1** arrangement; **een gerechtelijke** ~ un règlement judiciaire; **een minnelijke** ~ **treffen** s'arranger à l'amiable; **de ~ van de figuren op een schilderij** la disposition des personnages d'un tableau; **tot een** ~ **komen** arriver à un accord **2** *(Belg.)* mesure
schil *de (-len)* peau, épluchures, *(citron, melon etc.)* écorce
schild *het (-en)* **1** bouclier **2** écu *(blason)* **3** panneau ♦ **iets in zijn** ~ **voeren** avoir des desseins secrets; **ik weet niet, wat hij in zijn** ~ **voert** je ne sais pas ce qu'il trafique; **het** ~ **van een schildpad** la carapace d'une tortue
schil|der *nm (-s),* **-deres** *nf (-sen)* **1** peintre (en bâtiment(s)) **2** artiste peintre
schil·der·ach·tig *adj, adv* (d'une manière) pittoresque
schil·de·ren *vti (h. geschilderd)* **1** peindre; **iem zwart** ~ dire du mal de qn **2** dépeindre
schil·de·rij *het/de (-en)* tableau
schil·de·ring *nf (-en)* peinture *(tableau)*
schil·der·kunst *nf* peinture *(l'art)*
***schil·ders-** **1** de peintre; **een schildersatelier** un atelier de peintre **2** de peinture; **de schildersschool** l'école de peinture
schild·klier *de (-en) (méd.)* thyroïde
schild|knaap *nm (-knapen)* écuyer *(gentilhomme)*
schild·pad *de (-den)* tortue
schild·wacht *nm (-en)* sentinelle
schil·fer *nm (-s)* écaille *(parcelle qui se détache)*; **~s op het hoofd** pellicules
schil·fe·ren *vi (h./i. geschilferd)* **1** s'écailler **2** écailler
schil·len *vt (h. geschild)* **1** éplucher; **appels** ~ peler des pommes **2** décortiquer
schim *de (-men)* ombre; **hij ziet eruit als een** ~ il n'est plus que l'ombre de lui-même
schim·mel *nm (-s)* **1** moisissure **2** *(méd.)* mycose **3** *(zool.)* cheval blanc
schim·me·len *vi (i. geschimmeld)* (se) moisir
schim·mel|kaas *nm (-kazen)* fromage fermenté
schim·men·spel *het* **1** théâtre d'ombres **2** fantasmagorie
schim·mig *adj* fantomatique
schimp·scheut *nm (-en)* trait; **iem ~en geven** décocher des flèches
schip *het (schepen)* **1** bateau; **schoon** ~ **maken** faire place nette; **schoon** ~ **maken met iets** rejeter qch, faire table rase de qch; *(fig.)* **het** ~ **van staat** le char de l'Etat; *(fig.)* **zijn schepen achter zich verbranden** brûler les ponts derrière soi **2** *(archit.)* nef ♦ **in het** ~ **zitten** être coincé; **voor 1000 euro het** ~ **in gaan** en être de sa poche pour 1000 euros
schip·breuk *de (-en)* naufrage; ~ **lijden** faire naufrage *(aussi au fig.)*
schip·per *nm (-s)* **1** commandant **2** batelier
schip·pe·ren *vi (h. geschipperd)* biaiser; **je moet een beetje weten te** ~ il faut savoir louvoyer un peu
schip·pers·trui *de (-en)* pull marin
schit·te·ren *vi (h. geschitterd)* briller
schit·te·rend *adj, adv* brillant, brillamment; **een ~e prestatie** une action d'éclat; ~ **zingen** chanter à ravir ♦ **~!** parfait!
schit·te·ring *nf (-en)* éclat
schla·ger [ʃlagər] *nm (-s) (musique allemande ou de carnaval)* tube
schle·miel [ʃləmil] *nm (-en) (fam.)* **1** chiffe (molle) **2** déveinard, -arde
schmink [ʃmiŋk, ʃmɪŋk] *nm* fard
schmin·ken [ʃmiŋkə(n), ʃmɪŋkə(n)] *vt (h. geschminkt)* grimer
schnab·bel [ʃnɑbəl] *nm (-s)* à-côté
schnit·zel [ʃnitsəl] *nm (-s)* escalope
schoei·sel *het* chaussure *(nom collectif)*
schoen *nm (-en)* **1** chaussure; *(fig.)* **stevig in zijn ~en staan** être ferme sur ses étriers; *(fig.)* **iem iets in de ~en schuiven** mettre qch sur le dos de qn; *(fig.)* **ik zou niet graag in zijn ~en willen staan** je ne voudrais pas être dans sa peau; *(fig.)* **op zijn laatste ~en lopen** être à sec; *(Belg.)* **zijn lichte ~en aandoen** faire diligence; **met loden ~en** à contrecœur; *(fig.)* **naast zijn ~en lopen** ne pas se moucher du pied; *(prov)* **men moet geen oude ~en weggooien eer men nieuwe heeft** ± il ne faut pas lâcher la proie pour l'ombre; *(prov)* **wie de** ~ **past, trekke hem aan** que celui à qui le bonnet fait, le mette; *(fig.)* **de stoute ~en aantrekken** prendre son courage à deux mains; *(fig.)* **daar wringt bij u de** ~ voilà où le bât vous blesse; *(enfants)* **de** ~ **zetten** mettre son soulier dans la cheminée *(en attendant un cadeau de Saint-Nicolas)* **2** *(technol.)* patin
schoen|maat *de (-maten)* pointure
schoen·ma·ker *nm (-s)* cordonnier; *(prov)* **~, blijf bij je leest** (à) chacun son métier, les vaches seront bien gardées
schof·fe·len *vti (h. geschoffeld)* sarcler
schoft *nm (-en)* salaud
schof·ten|streek *de (-streken)* vacherie
schof·te·rig *adj, adv* dégueulasse, comme un salaud
schok *nm (-ken)* **1** choc; **de ~ken van een aardbeving** les secousses d'un tremblement de terre; **er ging een** ~ **door hem heen** il eut un soubresaut; **met ~ken**

par à-coups **2** décharge **3** commotion ♦ *(Belg.)* **op** ~ **gaan** aller en vadrouille

schok·ken[1] *vi (h. geschokt)* **1** ballotter **2** cahoter ♦ **het** ~ **van een motor** la trépidation d'un moteur; ~ **van het huilen** être secoué par des pleurs

schok·ken[2] *vt (h. geschokt)* choquer; **iemands vertrouwen** ~ ébranler la confiance de qn

schoks·ge·wijs *adv* par à-coups

schol[1] *nm (-len)* plie

schol[2] *interj (Belg.)* à votre santé!

schold, scholden → **(kwijt-, uit)schelden**

scho·len *vt (h. geschoold)* former; **de arbeiders moeten opnieuw geschoold worden** les ouvriers doivent être recyclés

scho·len·ge·meen·schap *nf (-pen)* groupe scolaire

scho|lier *nm (-en)*, **-liere** *nf (-s, -n)* **1** écolier, -ière **2** lycéen, -enne

scho·ling *nf* formation; **een man met weinig** ~ un homme peu instruit

schom·mel *de (-s)* balançoire

schom·me·len *vi (h. geschommeld)* **1** balancer **2** se balancer **3** osciller; **de prijzen** ~ les prix fluctuent **4** bercer

schom·me·ling *nf (-en)* oscillation

scho·ne *nf (-n)* beauté

schonk, schonken → **(in-, vol)schenken**

schoof, schoven → **(aan)schuiven** *(etc.)*

schooi·er *nm (-s)* **1** vagabond, -onde **2** va-nu-pieds **3** arsouille **4** mendiant, -ante

school[1], **scholen** → **(weg)schuilen**

school[2] *de (scholen)* **1** école; **een bijzondere** ~ une école libre; **een christelijke** ~ une école protestante; **gemengde** ~ école mixte, école pluraliste; **de Haagse** ~ l'école de La Haye; **lagere** ~ école primaire; **middelbare** ~ (école d') enseignement secondaire; **uit** ~ **komen** revenir de l'école; **(de)** ~ **verzuimen** manquer l'école **2** classe; **de** ~ **gaat aan** la classe commence **3** *(poissons)* banc ♦ **uit de** ~ **klappen** parler *(dévoiler un secret)*

***school-** scolaire; **de schoolvakantie** les vacances scolaires

school·bank *de (-en)* banc d'école; **met iem in de ~en gezeten hebben** avoir usé ensemble ses fonds de culotte sur les bancs de l'école

school·bord *het (-en)* tableau (noir)

school·dag *nm (-en)* jour de classe

school·gaan *vi (i. schoolgegaan)* aller en classe, à l'école

school·gaand *adj* d'âge scolaire

school·geld *het (-en)* frais de scolarité

school|jaar *het (-jaren)* année scolaire ♦ **tijdens zijn schooljaren** au cours de sa scolarité

school·jeugd *de* scolaires

school·jon·gen *nm (-s)* écolier; **iem als een** ~ **behandelen** traiter qn comme un enfant; *(fig.)* **hij is nog een echte** ~ c'est encore un enfant

school·kind *het (-eren)* → **scholier 1**

school·mees·ter *nm (-s)* **1** maître d'école **2** cuistre

school·meis·je *het (-s)* écolière

school·on·der·zoek *het (-en) (enseign.)* contrôle continu des connaissances *(en terminale du secondaire)*

school·plein *het (-en)* cour de récréation

school·plicht *de* obligation scolaire

school·plich·tig *adj* scolarisable

school·reis·je *het* sortie scolaire

school·rijp *adj* scolarisable

schools *adj, adv (schoolser, meest s.)* ♦ **een methode** ~ **navolgen** suivre servilement une méthode

school·tas *de (-sen)* cartable

school·tijd *nm (-en)* **1** classe **2** (années de) scolarité

school·ver·band *het* ♦ **buiten** ~ périscolaire; **een sporttoernooi in** ~ un tournoi scolaire

school·ver|la·ter *nm (-s)*, **-laatster** *nf (-s)* ⟨*jeune diplômé(e) arrivant sur le marché du travail*⟩

school·voor·beeld *het (-en)* exemple classique; **dit is een** ~ **van hoe het niet moet** c'est l'exemple type de ce qu'il ne faut pas faire

schoon *adj, adv (schoner, schoonst)* **1** (de façon à être) propre **2** *(form.)* beau, bien; **het vrouwelijk** ~ les femmes, les beautés **3** net *(après déduction des frais)* **4** bien; **ergens** ~ **genoeg van hebben** en avoir vraiment marre de qch

schoon|heid *nf (-heden)* beauté *(esthétique; belle femme)*; **de verheerlijking van de** ~ le culte du beau

***schoon·heids-** de beauté

schoon·heids·fout *de (-en)* (petit) défaut

schoon·heids·spe·ci·a·lis·te *nf (-s)* esthéticienne

schoon·hou·den *vt (h. schoongehouden)* **1** entretenir **2** nettoyer

schoon·maak *nm* ménage; ~ **houden** faire le nettoyage

schoon·maak·beurt *de (-en)* nettoyage

schoon·ma·ken *vti (h. schoongemaakt)* **1** nettoyer **2** essuyer

schoon·schrift *het (-en)* calligraphie

schoon·spoe·len *vt (h. schoongespoeld)* rincer

schoon·sprin·gen *het* plongeon acrobatique *(discipline sportive)*

schoon·ve·gen *vt (h. schoongeveegd)* nettoyer *(à l'aide d'une brosse, d'un balai etc.)*; *(fig.)* **de straat** ~ dégager la rue *(action de police)*

schoor, schoren → **(af)scheren**

schoor|steen *nm (-stenen)* cheminée; **hij rookt als een** ~ il fume comme un pompier; *(fig.)* **daar kan de** ~ **niet van roken** ce n'est pas ça qui fera bouillir la marmite; **de** ~ **vegen** ramoner la cheminée

schoor·voe·tend *adj, adv* hésitant, à contrecœur

schoot[1], **schoten** → **(neer-, op)schieten** *(etc.)*

schoot[2] *nm (schoten)* **1** giron; *(fig.)* **de ~ van de aarde** les entrailles de la terre; **in de ~ van het gezin terugkeren** rentrer au foyer; **toen hij zich nog in de ~ van zijn moeder bevond** quand il n'était pas encore né **2** genoux; *(fig.)* **het wordt hem zo maar in de ~ geworpen** tout lui réussit; *(fig.)* **bij elkaar op ~ zitten** être les uns sur les autres
schoot·hond·je *het (-s)* bichon, -onne
schop[1] *nm (-pen)* coup de pied; **iem een ~ onder zijn kont geven** botter les fesses à qn; **iem een ~ verkopen** envoyer un coup de pied à qn; *(sports)* **een vrije ~** un coup franc
schop[2] *de (-pen)* pelle
schop·pen[1] *de (schoppen) (jeux de cartes)* pique
schop·pen[2] *vti (h. geschopt)* **1** donner un coup de pied (à); *(fig.)* **tegen iem ~** se révolter contre qn **2** lancer; **iem buiten de deur ~** flanquer qn à la porte; *(fig.)* **kinderen in de wereld ~** pondre des gosses ♦ **het ver ~** aller loin
schop·stoel *nm (-en)* siège éjectable ♦ **op de ~ zitten** être sur le point d'être renvoyé, être dans l'incertitude
schor *adj, adv (schorder, schorst)* (d'une voix) enroué(e)
scho·rem *het* racaille
schor·pi·oen *nm (-en)* scorpion
schors *de (-en)* écorce
schor·sen *vt (h. geschorst)* suspendre *(destituer provisoirement)*
schor·se|neer *de (-neren) (bot.; cuis.)* scorsonère
schort *het/de (-en)* tablier
schor·ten *vi (h. geschort)* manquer; **wat schort eraan?** qu'est-ce qui ne va pas?
schot *het (-en)* **1** coup (de feu); **een ~ in de roos** un coup dans le mille *(aussi au fig.)*; **een ~ voor de boeg** un coup de semonce *(aussi au fig.)* **2** *(sports)* tir **3** progression; **er kwam ~ in de opgedrongen menigte** la foule commença à bouger **4** cloison ♦ *(fig.)* **buiten ~ blijven** rester hors d'atteinte; **iem onder ~ hebben** coucher qn en joue
scho·tel *de (-s)* **1** plat *(récipient; mets)* **2** soucoupe **3** antenne parabolique
Schot·land *het* Ecosse
schots[1] *de (-en)* glaçon *(morceau de glace naturelle)*
schots[2] *adv* ♦ **~ en scheef** tout de travers
schou·der *nm (-s)* épaule; **~ aan ~** coude à coude; **afzakkende ~s** épaules tombantes; *(fig.)* **hij heeft brede ~s** il a bon dos; **iem op zijn ~ kloppen** approuver qn, encourager qn; **de ~s ophalen** hausser les épaules *(aussi au fig.)*; *(fig.)* **een last van iemands ~s nemen** débarrasser qn d'un poids; *(fig.)* **zijn ~s onder iets zetten** se battre pour qch
***schou·der-** d'épaule; **de schouderham** le jambon d'épaule
schou·der·band *nm (-en)* **1** bretelle *(d'un vêtement)* **2** bandoulière
schou·der·blad *het (-en)* omoplate
schou·der·klop·je *het (-s)* **1** tape dans le dos **2** *(fig.)* marque d'estime
schou·der·tas *de (-sen)* sac à bandoulière
schouw *de (-en)* cheminée
schouw·burg *nm (-en)* théâtre
schouw·spel *het (-en)* spectacle
schraal *adj, adv (schraler, schraalst)* **1** maigre(ment); **het ~ hebben** être dans la gêne; **dat is schrale kost** c'est un repas bien frugal **2** aride **3** rigoureux, rigoureusement **4** rêche
schraal·tjes *adv* maigrement; **hij ziet er ~ uit** il est tout maigrichon; **~ in de kleren zitten** être habillé pauvrement
schram *de (-men)* égratignure
schran|der *adj, adv (-derder, -derst)* intelligent, intelligemment
schran·sen *vi (h. geschranst)* faire bombance
schrans·par·tij *nf (-en)* bombance
schrap *adv* ♦ **~ staan** ne pas lâcher pied, être prêt (à); **zet je ~!** cramponne-toi!
schra·pen *vti (h. geschraapt)* **1** gratter **2** racler *(la gorge)* **3** amasser; **geld bij elkaar ~** entasser de l'argent
schrap·pen *vt (h. geschrapt)* **1** gratter **2** rayer; **een woord uit zijn vocabulaire ~** bannir un mot de son vocabulaire; **een post van een begroting ~** supprimer un poste d'un budget
schre·de *de (-n) (form.)* pas; *(fig.)* **zijn eerste ~n zetten** débuter (dans); **met rasse ~n gaan** aller à grands pas
schreed, schreden → **(voort)schrijden**
schreef[1]**, schreven** → **(over-, voor)schrijven** *(etc.)*
schreef[2] *de (schreven) (Belg.)* bornes ♦ **over de ~ gaan** dépasser les bornes
schreeuw *nm (-en)* cri; **een harde ~ geven** pousser un grand cri
schreeu·wen[1] *vti (h. geschreeuwd)* crier
schreeu·wen[2] *vi (h. geschreeuwd)* **1** crier **2** *(+ om)* réclamer (qch) **3** hurler **4** brailler *(chanter)*
schreeu·wend[1] *adj* **1** flagrant **2** criant; **~e kleuren** couleurs criardes
schreeu·wend[2] *adv* extrêmement
schreeu·we·rig *adj* **1** criard; **een ~ kind** un enfant piailleur **2** tapageur
schreeuw·le·lijk *nm (-en)* criailleur, -euse
schrei·en *vti (h. geschreid) (form.)* pleurer
schriel *adj, adv* **1** maigre **2** chiche(ment)
schrift *het (-en)* **1** écrit; **ik heb het op ~** je l'ai noir sur blanc **2** écriture **3** cahier
schrif·te·lijk *adj, adv* (par) écrit; *(enseign.)* **het ~** l'épreuve écrite; **~ onderwijs** enseignement par correspondance; **~ oproepen** convoquer par lettre
schrift·ge·leer·de *nm (-n)* exégète
schrij·den *vi (h./i. geschreden) (form.)* marcher (à pas comptés)
schrijf·fout *de (-en)* faute d'orthographe *(dans un texte manuscrit)*

schrijf·ster *nf (-s)* auteur.
schrijf·taal *de* langue écrite
schrijf·ta·fel *de (-s)* bureau
schrijf·trant *nm* style scripturaire
schrijf·vaar·dig·heid *nf* expression écrite
schrijf·wij·ze *de (-n)* orthographe
schrij·lings *adv* à califourchon
schrijn *het/de (-en)* châsse
schrij·nen *vi (h. geschrijnd)* brûler; **een ~d gebrek aan** un manque total de, une pénurie totale de; **een ~de herinnering** un souvenir poignant; **een ~de wind** un vent mordant
schrijn·wer·ker *nm (-s) (Belg.)* menuisier
schrij·ven *vti (h. geschreven)* écrire; *(form.)* **een ~** une missive; **op een advertentie ~** répondre à une annonce; *(subst.)* **in antwoord op uw ~ van 3 mei** en réponse à votre lettre du 3 mai; **een vriend ~** écrire à un ami
schrij·ver *nm (-s)* écrivain, auteur
schrik *nm (-ken)* **1** peur; **iem ~ aanjagen** effrayer qn; **van de ~ bekomen** se remettre de sa frayeur; **iem de ~ op het lijf jagen** faire une peur bleue à qn; **hij kreeg de ~ van zijn leven** il eut une peur bleue; **iets met ~ en beven tegemoet zien** trembler à la perspective de qch; *(fig.)* **de ~ sloeg ons om het hart** la peur nous saisit; **de ~ zit erin** ils ont bien peur maintenant **2** terreur *(qui inspire la peur)*
schrik·aan·ja·gend *adj* effrayant
schrik·ach·tig *adj, adv* → **schrikkerig**
schrik·ba·rend *adj, adv* effrayant, terriblement
schrik·beeld *het (-en)* cauchemar
schrik·be·wind *het (-en) (pol.)* (régime de) terreur; **een waar ~ voeren** régner par la terreur
schrik|draad *nm (-draden)* fil électrisé
schrik·kel·dag *nm (-en)* jour intercalaire
schrik·kel|jaar *het (-jaren)* année bissextile
schrik·ken *vi (i. geschrokken)* avoir peur; **iem aan het ~ maken** faire peur à qn; **ik schrok me kapot, dood** j'ai eu une peur bleue; **iem laten ~** faire peur à qn; **ik schrik me een ongeluk!** j'ai eu une de ces peurs!; **wakker ~** se réveiller en sursaut
schrik·ke·rig *adj, adv* peureux, peureusement
schrik·wek·kend *adj* effrayant
schril *adj, adv* **1** aigu **2** criard; **in ~le tegenstelling met iets staan** contraster violemment avec qch
schrob·ben *vti (h. geschrobd)* frotter
schroef *de (schroeven)* **1** vis; **de ~ van een kurkentrekker** la spirale d'un tire-bouchon; *(fig.)* **alles staat (weer) op losse schroeven** tout est remis en question **2** hélice
schroei·en *vti (h./i. geschroeid)* flamber; **zijn kleren ~** roussir ses vêtements; **het vlees is geschroeid** le rôti a pris un coup de feu
schroe·ven *vt (h. geschroefd)* visser; **iets uit elkaar ~** dévisser qch
schroe·ven·draai·er *nm (-s)* tournevis
schrok, schrokken → **(op-, terug)schrikken** *(etc.)*
schrok·ken *vti (h. geschrokt)* manger goulûment
schrok·ke·rig *adj, adv* glouton(nement)
schrok·op *nm (-pen)* glouton, -onne
schro·me·lijk *adj, adv* énorme, énormément
schro·men *vti (h. geschroomd)* hésiter
schrom·pe·len *vi (i. geschrompeld)* se rider
schroom *nm* hésitation
schroot[1] *het* ferraille
schroot[2] *nm* frisette
schroot|hoop *nm (-hopen)* (tas de) ferraille; **op de ~ gooien** jeter à la ferraille, *(fig.)* jeter au rebut; **deze auto is rijp voor de ~** cette voiture est bonne pour la casse
schub *de (-ben) (zool.)* écaille
schuch|ter *adj, adv (-terder, -terst)* timide(ment)
schud·den[1] *vti (h. geschud)* secouer; **de kaarten ~** battre les cartes; **nee ~ (met het hoofd)** faire non de la tête; **~ voor gebruik** agiter avant de servir; **iem door elkaar ~** secouer qn comme un prunier ♦ *(fam.)* **dat kun je wel ~** tu peux toujours courir
schud·den[2] *vi (h. geschud)* être secoué, ébranlé; **doen ~** ébranler; **~ op zijn grondvesten** trembler sur ses fondements
schuif *de (schuiven)* **1** targette **2** panneau coulissant **3** *(Belg.)* tiroir
schui·fe·len *vi (h./i. geschuifeld)* avancer à petits pas
schui·len *vi (h. geschuild/gescholen)* **1** se cacher; **daar schuilt iets achter** il y a qch là-dessous **2** s'abriter ♦ **de oorzaak daarvan schuilt in ...** il faut en attribuer la cause à ...
schuil·gaan *vi (i. schuilgegaan)* se cacher
schuil·hou·den *vpr (zich ~; h. zich schuilgehouden)* **1** se cacher **2** se tenir à l'écart
schuil|naam *nm (-namen)* pseudonyme
schuil·plaats *de (-en)* **1** cachette; **iem een ~ verlenen** donner asile à qn; **een ~ zoeken** chercher refuge **2** abri
schuim *het* **1** écume **2** mousse **3** *(cuis.)* meringue
schuim·bek·ken *vi (h. geschuimbekt)* écumer
schui·men *vti (h. geschuimd)* écumer; **het bier schuimt sterk** la bière mousse beaucoup
schui·mend *adj* **1** écumant **2** moussant **3** écumeux **4** mousseux
schui·mer *nm (-s) (Belg.)* parasite *(pique-assiette)*
schui·mig *adj* → **schuimend**
schuim·kop *nm (-pen)* ♦ **~pen op de golven** les moutons des vagues
schuim·pje *het (-s)* → **schuim 3**
schuim|spaan *de (-spanen)* écumoire
schuin *adj, adv* **1** oblique(ment); **een stof ~ afknippen** couper un tissu dans le biais;

~**e letters** (caractères) italiques; *(fig.)* **met een ~ oog kijken naar** jeter des regards envieux sur; **hier ~ tegenover** presque en face; **een ~ vlak** un plan incliné **2** (de façon) grivois(e)
schuins *adj, adv (schuinser, meest s.)* **1** oblique(ment) **2** licencieux
schuins·mar·cheer·der *nm (-s)* noceur
schuit *de (-en)* barque
schuit·je *het (-s)* ♦ *(fig.)* **in hetzelfde ~ zitten** être logé à la même enseigne
schui·ven[1] *vt (h./i. geschoven)* pousser *(en glissant);* **een stoel bij de tafel ~** approcher une chaise de la table; *(fig.)* **iets, iem terzijde ~** écarter qch, qn ♦ **opium ~** fumer de l'opium
schui·ven[2] *vi (h./i. geschoven)* **1** se glisser; **in elkaar ~** s'emboîter **2** se rapprocher; **schuif wat bij elkaar** rapprochez-vous un peu
schuld *de (-en)* **1** dette; **een ~ aangaan** contracter une dette; **diep in de ~en zitten** être criblé de dettes; **zich diep in de ~en steken** se couvrir de dettes **2** faute; **~ bekennen** avouer sa faute; **dood door ~** homicide par imprudence; **vergeef ons onze ~en** pardonnez-nous nos offenses **3** tort; **~ aan iets hebben** y être pour qch; **eigen ~ dikke bult!** c'est bien fait pour toi (lui etc.)!; **iem de ~ van iets geven** accuser qn de qch; **de ~ krijgen** être accusé; **de ~ van iets op zich nemen** assumer la responsabilité de qch; *(fig.)* **de ~ op iem schuiven** faire porter le chapeau à qn; **hem treft geen ~** il n'a aucun tort
schuld·be·ken·te·nis *nf (-sen)* **1** reconnaissance de dette **2** aveu; **een volledige ~ afleggen** faire des aveux complets
schuld·be·lij·de·nis *nf (-sen)* → **schuldbekentenis 2**
schuld·be·sef *het* sentiment de culpabilité
schuld|be·wijs *het (-bewijzen),* **-brief** *nm (-brieven)* → **schuldbekentenis 1**
schuld·com·plex *het (-en)* complexe de culpabilité
schuld|ei·ser *nm (-s),* **-eiseres** *nf (-sen)* créancier, -ière
schuld·ge·voel *het (-ens)* sentiment de culpabilité; **iem een ~ aanpraten** culpabiliser qn
schul·dig *adj* **1** redevable; **het antwoord op een vraag ~ blijven** ne savoir que répondre, rester sans réponse; **iem geld ~ zijn** devoir de l'argent à qn **2** coupable
schulp *de (-en)* coquille; *(fig.)* **in zijn ~ kruipen** rentrer dans sa coquille
schun·nig *adj, adv* cochon, salement; **een ~e streek** un tour de cochon; **~e taal uitslaan** dire des cochonneries
schu·ren[1] *vi (h. geschuurd)* frotter (contre)
schu·ren[2] *vt (h. geschuurd)* **1** poncer **2** frotter; *(Belg.)* **de keuken ~** récurer la cuisine
schurft *het/de* gale; **ik heb de ~ aan dit werk** ce travail me sort par les yeux; **de ~ aan iem hebben** ne pas pouvoir blairer qn; **krijg de ~!** va te faire voir!
schurk *nm (-en)* **1** bandit **2** salaud **3** *(iron.)* filou
schur·ken|streek *de (-streken)* sale tour
schut *het (-ten)* ♦ **voor ~ staan** faire scandale, être là, comme un idiot; **hij loopt voor ~** il fait scandale, ± heureusement que le ridicule ne tue pas; **iem voor ~ zetten** tourner qn en ridicule
schut·blad *het (-en)* **1** page de garde **2** *(bot.)* bractée
schut·kleur *de (-en)* couleur de camouflage
schuts·en·gel *nm (-en)* ange gardien
schuts·pa|troon *nm (-tronen),* **-trones** *nf (-sen)* patron *(saint(e))*
schut·ter *nm (-s)* **1** tireur **2** *(hist.)* milicien *(de la milice bourgeoise)*
schut·te·ren *vi (h. geschutterd)* chipoter; **staan te ~** agir comme un empoté
schut·te·rig *adj, adv* (avec) gauche(rie)
schut·ting *nf (-en)* clôture *(entourant un terrain)*
schut·ting·taal *de* langage grossier; **~ uitslaan** parler grossièrement
schuur *de (schuren)* **1** remise **2** grange
schuur·mid·del *het (-en)* abrasif
schuur·pa·pier *het* papier de verre
schuw *adj, adv* craintif, craintivement; **het kind is ~** l'enfant est sauvage
schu·wen *vt (h. geschuwd)* craindre
schwung [ʃwuŋ] *nm* élan
sco·ren *vti (h. gescoord)* **1** *(sports)* marquer **2** *(fam.)* se piquer *(drogues)*
screen·test [skriːntɛst] *nm (-s) (télé; cin.)* bout d'essai
scrip·tie *nf (-s) (enseign.)* mémoire
scrip·tie·be·ge·lei·der *nm (-s)* directeur de mémoire
scru·pu·le *de (-s)* scrupule; **hij heeft geen last van ~s** il ne s'embarrasse pas de scrupules
sec. *seconde* s.
se·creet *het (secreten)* **1** garce **2** fumier
se·cre·ta·res·se *nf (-s)* secrétaire *(n.f.)*
se·cre·ta·ris *nm (-sen)* secrétaire *(n.m.)*
sec·tie *nf (-s)* **1** section **2** *(méd.)* dissection
sec·tor *nm (-en)* secteur
se|cuur *adj, adv (-cuurder, -cuurst)* **1** minutieux, minutieusement; **~ (zijn) in financiële zaken** (être) scrupuleux dans les questions financières **2** sûr(ement)
se·dert[1] *prép* → **sinds**[1]
se·dert[2] *conj* → **sinds**[2]
se·dert·dien *adv* → **sindsdien**
sef·fens *adv (Belg.)* **1** tout de suite **2** tout à l'heure
seig·neur [sɛɲør] *nm (-s)* ♦ **een vreemde ~** un drôle de coco
sein *het (-en)* signal; **iem een ~tje geven** faire (un) signe à qn *(abstrait)*
***sein-** de signalisation
sei·nen[1] *vi (h. geseind)* **1** faire des signaux; **om hulp ~** faire des signaux de détresse **2** télégraphier

sei·nen[2] *vt (h. geseind)* signaler
sei·zoen *het (-en)* saison; **in het** ~ pendant la saison
***sei·zoen-** saisonnier
sei·zoen·ge·bon·den *adj* saisonnier *(qui dépend de la saison)*
seks *nm* sexe; ~ **bedrijven** faire l'amour; **vrije** ~ amour libre
***seks-** porno(graphique); **het seksblad** la revue porno(graphique)
seks·baas *nm (-bazen)* maquereau
sek·se *nf (-n) (biol.)* sexe *(masculinité ou féminité)*
seks·le·ven *het (-s)* vie sexuelle
seks·lijn *de (-en)* téléphone rose
seks·ma·ni·ak *nm (-ken)* obsédé sexuel
sek·ta|risch *adj, adv (-rischer, meest s.)* (de façon) sectaire
sel·der *nm (-s) (Belg.)* → **selderie**
sel·de·rie *nm* céleri
sel·de·rie·knol *nm (-len)* céleri-rave
sel·de·rij *nm* → **selderie**
se·lect *adj* choisi
se·lec·te·ren *vt (h. geselecteerd)* sélectionner
se·lec·tie *nf (-s)* sélection
self·sup·por·ting *adj* **1** autonome **2** financièrement indépendant
sel·lo·tape *nm* scotch
se·mi·nar [sɛminər, seminɑr] *het (-s)* séminaire
se·ni·or *nm (-en)* **1** aîné; **Verhoeven** ~ Verhoeven père **2** *(sports)* senior
se·ni·o·ren|kaart *de (-en)*, **-pas** *nm (-sen)* carte du troisième âge *(pour tram et bus)*
sen·sa·tie *nf (-s)* sensation; **op** ~ **belust** sensationnaliste
***sen·sa·tie-** à sensation; **de sensatiepers** la presse à sensation
sen·sor *nm (-en)* détecteur
sen·ti·ment *het (-en) (souvent péj.)* sentiment; **vals** ~ sentimentalisme
sen·ti·men|teel *adj, adv (-teler, -teelst)* sentimental(ement); ~ **doen** faire du sentiment
se·pa·raat *adj* séparé
se·po·ne·ren *vt (h. geseponeerd) (jur.)* classer (sans suite)
se|reen *adj, adv (-rener, -reenst)* serein(ement)
se·rie *nf (-s)* **1** série; **een incomplete** ~ une collection dépareillée **2** feuilleton **3** suite
***se·rie-** en série
se|ri·eus *adj, adv (-rieuzer, -rieust)* sérieux, sérieusement; **ik meen het** ~ c'est sérieux; **dat meen je niet ~!** tu rigoles!; **een zaak** ~ **opnemen** prendre une affaire au sérieux
se·ring *de (-en) (bot.)* lilas
ser·re [sɛːrə] *de (-s)* **1** véranda **2** serre *(pour les plantes)*
ser|veer·der *nm (-s)*, **-veerster** *nf (-s)* serveur, -euse
ser·ve·ren *vti (h. geserveerd)* servir *(aussi sports)*
ser·vet *het (-ten)* serviette (de table); *(fig.)* **te groot voor** ~ **en te klein voor tafellaken** entre nappe et serviette
Ser·vië *het* Serbie
ser|vies *het (-viezen)* service *(vaisselle)*
ser·vies·goed *het (-eren)* vaisselle *(ensemble des récipients)*
Ser·vo-Kro·a·tisch *adj* serbo-croate
set *nm (-s)* **1** *(sports)* manche **2** jeu **3** *(cin.)* plateau
set·te·len *vpr (zich ~; h. zich gesetteld)* s'installer
sex·tet *het (-ten) (mus.)* sextuor
sfeer *de (sferen)* **1** ambiance *(aussi au fig.)*; **er hangt hier een bedompte** ~ l'air est irrespirable; **een stad met een heel eigen** ~ une ville avec une atmosphère bien particulière; **een** ~ **uitademen van ...** respirer une atmosphère de ... **2** sphère; **in hogere sferen zijn** être dans les hautes sphères, *(iron.)* être dans les nuages; **hij zei iets in de** ~ **van ...** il a dit qch dans le goût de ...; **iets in de persoonlijke** ~ **trekken** porter qch sur le plan personnel
sfeer|loos *adj (-lozer, meest s.)* sans ambiance
sfeer·vol *adj* où il y a de l'ambiance
's-Gra·ven·ha·ge *het* La Haye
shag [ʃɛk] *nm* tabac (à rouler)
sheet [ʃiːt] *de (-s)* transparent *(rétroprojecteur)*
sher·ry [ʃɛri] *nm (-'s)* xérès
shift [ʃɪft] *nm (-s) (Belg.)* équipe
shirt [ʃʌːrt] *het (-s)* **1** chemise **2** *(sports)* maillot
shit[1] [ʃɪt] *nm (fam.)* **1** merde **2** shit *(drogue)*
shit[2] [ʃɪt] *interj (fam.)* merde!
shock [ʃɔk] *nm (-s) (méd.)* choc
shock·the·ra·pie *nf (-ën) (méd.; fig.)* traitement de choc
shot [ʃɔt] *nm (-s)* **1** *(phot.)* photo, *(cin.)* prise de vue **2** shoot *(drogues)*
show [ʃo] *nm (-s)* **1** présentation *(dans une foire etc.)* **2** *(dram., télé)* spectacle (de variétés); *(fig.)* **dat is allemaal** ~ c'est du cinéma; *(fig.)* **een** ~ **opvoeren** faire un numéro; *(fig.)* **de** ~ **stelen** être la vedette; **dat is alleen maar voor de** ~ c'est seulement pour la galerie
show·bink *nm (-en)* fanfaron
sho·wen [ʃowə(n)] *vti (h. geshowd)* présenter
show·room [ʃorum] *nm* salle d'exposition
shut·tle [ʃʌtəl] *nm (-s)* **1** *(sports)* volant **2** navette (spatiale)
Si·a·mees *adj* siamois ♦ **Siamese tweelingen** frères siamois, sœurs siamoises *(aussi au fig.)*
Si·be·risch *adj, adv* (à la) sibérien(ne); **het laat mij siberisch** cela me laisse froid
sick *adj* ♦ **een** ~ **joke** une plaisanterie macabre
sid·de·ren *vti (h. gesidderd)* trembler
sier *de* parure ♦ **goede** ~ **maken (met iets)** se donner du bon temps (en faisant qch), faire bombance (en mangeant qch)

***sier-** décoratif
sie|raad *het (-raden)* bijou
sie·ren *vt (h. gesierd)* honorer
sier·lijk *adj, adv* gracieux, gracieusement
si|gaar *de (-garen)* cigare; **onder een ~ iets bespreken** discuter de qch en fumant un cigare ♦ *(Belg.)* **een ~ krijgen** recevoir un bon savon; **de ~ zijn** être chocolat, porter le chapeau
si·ga·ret *de (-ten)* cigarette
sig·na|tuur [sɪɲatyr] *nf (-turen)* **1** signature **2** *(fig.)* tendance
sig·ni·fi·cant *adj, adv* significatif, de façon significative
sij·pe·len *vi (h./i. gesijpeld)* suinter
sik *de (-ken)* barbiche ♦ *(fam.)* **er een ~ van krijgen** en avoir ras le bol
sik·kel *de (-s)* **1** faucille **2** faux **3** croissant (de lune)
sik·ke·neu·rig *adj, adv (fam.)* grognon, de manière bougonne
sik·ke·pit *de* brin; **het is geen ~ waard** ça ne vaut pas un clou; **er geen ~ van begrijpen** n'y comprendre goutte
sim·pel *adj, adv* simple(ment); **dat is toch zo ~ als wat** c'est pourtant simple comme bonjour
sim·pel·weg *adv* (tout) simplement
si·mu|lant *nm (-en)*, **-lante** *nf (-s, -n)* simulateur, -trice *(personne qui fait semblant d'être malade)*
si·mul·taan *adj, adv* simultané(ment)
si·naas·ap·pel *nm (-en, -s)* orange
si·nas *nm* orangeade
sinds[1] *prép* depuis
sinds[2] *conj* depuis que
sinds·dien *adv* depuis lors
sin·gel *nm (-s)* **1** canal *(de ceinture)* **2** rue *(longeant un canal)*
sin·gle [sɪŋgəl] *nm (-s)* **1** *(sports)* simple **2** célibataire
Sink·sen *nm (Belg.)* Pentecôte
sint *nm (-en)* saint, sainte; **de goede ~** Saint-Nicolas
Sin·ter·klaas *nm* **1** Saint-Nicolas *(saint); (fig.)* **voor ~ spelen** jouer au père Noël **2** Saint-Nicolas *(fête célébrée en famille, la veille du 6 décembre)*
sin·ter·klaas·avond *nm (-en)* veille de la Saint-Nicolas
sint-jut·te·mis *de* ♦ **met ~** à la saint-glinglin; **iets tot ~ uitstellen** renvoyer qch aux calendes grecques
sip *adj (fam.)* déconfit; **~ kijken** faire triste mine
sis·sen[1] *vi (h. gesist)* **1** siffler **2** grésiller
sis·sen[2] *vt (h. gesist)* siffler *(dire d'une voix sifflante)*
sis·ser *nm (-s)* ♦ **met een ~ aflopen** se terminer en queue de poisson
si·sy·fus·ar·beid *nm* travail de Sisyphe
site *de* site (Internet)
si·tu·a·tie *nf (-s)* **1** situation **2** circonstances; **de ~ meester zijn** être maître de la situation
si·tu·e·ring *nf* localisation
sjaal *nm (-s)* châle
sja·che·ren *vi (h. gesjacherd)* **1** traficoter *(vendre occasionnellement de la mauvaise qualité ou des marchandises suspectes)* **2** marchander
sja·lot *de (-ten)* échalote
sjans *de* ♦ **~ hebben** faire une touche
sjan·sen *vi (h. gesjanst) (fam.)* flirter
sjees *de (sjezen)* **1** *(fam.)* tapée **2** cabriolet **3** *(fam.)* bagnole
sjeik·dom *het (-men)* territoire d'un cheik
sjek·kie *het (-s) (fam.)* sèche
sjerp *nm (-en)* écharpe
sje·zen *vi (h./i. gesjeesd)* **1** *(fam.)* foncer **2** être collé ♦ **een gesjeesd student** ± un dropé
sjiek → **chic**[1]
sjil·pen *vi (h. gesjilpt)* gazouiller
sjir·pen *vi (h. gesjirpt)* chanter; **het ~ van de krekels** le cri-cri des cigales
sjoe·ge *nm (fam.)* ♦ **geen ~ geven** ne pas broncher; **ergens geen ~ van hebben** ne rien piger à qch
sjoel·bak·ken *vi (h. gesjoelbakt)*, **sjoelen** *vi (h. gesjoeld)* ± jouer au palet
sjoe·me·len *vi (h. gesjoemeld) (fam.)* fricoter
sjo·fel *adj, adv* minable(ment)
sjok·ken *vi (h./i. gesjokt)* traîner les pieds; **voorbij ~** passer en traînant les pieds
sjor·ren *vti (h. gesjord)* **1** traîner *(avec beaucoup d'effort)* **2** attacher *(solidement avec une corde)*
sjouw *nm (-en)* travail pénible ♦ **op ~ zijn** être en vadrouille
sjou·wen[1] *vt (h. gesjouwd)* coltiner
sjou·wen[2] *vi (h. gesjouwd)* **1** *(+ met)* trimballer (qch) **2** peiner **3** *(fam.)* se trimballer; **trap op, trap af ~** se crever à monter et à descendre les escaliers
skee·ler *nm (-s)* roller
ske·let *het (-ten)* squelette
skel·ter *nm (-s) (sports)* kart
sla *de* salade *(mets; plante)*
slaaf *nm (slaven)*, **slavin** *nf (-nen)* esclave
slaafs *adj, adv (slaafser, meest s.)* servile(ment)
slaag *nm* ♦ **iem (een pak) ~ geven** donner une correction à qn, faire prendre la piquette à qn; **een pak ~ krijgen** prendre une raclée, prendre une piquette
slaags *adv* ♦ **~ raken** en venir aux mains
slaan[1] *vt (h. geslagen)* **1** battre; **niet van iem af te ~ zijn** *(fig.)* être toujours pendu aux basques de qn; *(sports)* **een paar balletjes ~** faire quelques balles; *(monnaies)* **het ~** la frappe; **iem in elkaar ~** mettre qn en bouillie; **alles kort en klein ~** tout démolir; **de bal over het hek ~** envoyer le ballon par-dessus la grille; **een spijker in de muur ~** enfoncer un clou dans le mur; **stof van zijn jas ~** secouer la poussière de son manteau; *(fig.)* **ergens niet weg te ~ zijn** ne pouvoir être délogé de qp; *(fig.)* **zich er doorheen ~** s'en tirer; *(fig.)* **zich door het werk heen ~** venir à bout de son travail **2** gifler (qn) **3** jeter *(regards etc.)*;

zijn arm om iem heen ~ enlacer qn; **iem een mantel om het lichaam** ~ envelopper qn dans un manteau; **de armen over elkaar** ~ croiser les bras **4** prendre *(une pièce, un pion)* *⟨pour les expressions non mentionnées voir les substantifs concernés⟩*
slaan² *vi (h. geslagen)* **1** frapper; **met de armen en benen** ~ se démener; **er flink op los** ~ ne pas y aller de main morte; **er maar op los ~, in het wilde weg** ~ taper dans le tas **2** battre *(pouls, porte etc.)*; **het schip slaat aan stukken** le navire se brise; **de regen slaat tegen de ruit** la pluie fouette contre la vitre **3** sonner *(sonnerie d'horloge etc.)* **4** *(+ op)* concerner (qch); **dat slaat op mij** c'est de moi qu'il s'agit; **dat slaat nergens op** ça ne rime à rien **5** se mettre (à faire qch) ♦ **de angst slaat hem om het hart** l'angoisse le paralyse; **de rook slaat me op de adem** la fumée me suffoque; **overboord** ~ passer par-dessus bord; **tegen de grond** ~ tomber par terre; **de vlammen sloegen uit het dak** les flammes jaillissaient du toit
slaap *nm* **1** sommeil; **in** ~ **vallen** s'endormir, *(involontairement)* succomber au sommeil; **in** ~ **sukkelen** s'assoupir; *(euph.)* **iem in** ~ **brengen** endormir qn; **een kind in** ~ **wiegen** bercer un enfant pour l'endormir; **over zijn** ~ **heen zijn** ne plus avoir sommeil; **de** ~ **der rechtvaardigen slapen** dormir du sommeil du juste; **iem uit de** ~ **houden** empêcher qn de dormir; **de** ~ **niet kunnen vatten** ne pas arriver à s'endormir **2** tempe **3** chassie; **de** ~ **uit zijn ogen wrijven** se nettoyer le coin des yeux
slaap·bank *de (-en)* canapé-lit
slaap·dron·ken *adj, adv* (tout) engourdi de sommeil, dans un demi-sommeil
slaap·ge·le·gen|heid *nf (-heden)* endroit où passer la nuit
slaap·je¹ *het (-s)* (petit) somme
slaap·je², slapie *het (-s)* **1** voisin, -ine de lit **2** camarade de chambre
slaap·ka·mer *de (-s)* chambre (à coucher)
slaap·kop *nm (-pen)* **1** dormeur, -euse **2** endormi, -ie
slaap·lied·je *het (-s)* berceuse
slaap·mid·del *het (-en)* somnifère
slaap·muts·je *het (-s)* coup de l'étrier *(dernier (petit) verre avant de se coucher)*
slaap·pil *de (-len)* → **slaapmiddel**
slaap·plaats *de (-en)* **1** lit **2** endroit où passer la nuit
slaap|stad *de (-steden)* ville-dortoir
slaap·ster *nf (-s)* ♦ **de Schone Slaapster** la Belle au bois dormant
slaap·ver·wek·kend *adj* soporifique
slaap·wan·de·len *vi (h. geslaapwandeld)* être somnambule
slaap|zaal *de (-zalen)* dortoir
slaap·zak *nm (-ken)* sac de couchage
slaatje *het (-s)* salade ♦ **een** ~ **uit iets slaan** faire son profit de qch
slab *de (-ben)* bavoir
slacht·bank *de (-en)* **1** *(découpe d'animaux)* billot **2** *(fig.)* abattoir
slach·ten *vt (h. geslacht)* **1** *(animaux)* abattre **2** *(personnes)* massacrer
slacht|huis *het (-huizen)* abattoir
slach·ting *nf (-en)* **1** abattage *(d'animaux)* **2** boucherie
slacht·of·fer *het (-s)* victime
slacht·par·tij *nf (-en)* → **slachting 2**
slag¹ *nm (-en)* **1** coup; *(sports)* **aan** ~ **zijn** être au service, être à l'attaque; *(fig.)* **het was een** ~ **in zijn gezicht** ça lui a fait l'effet d'une gifle; *(fig.)* **een** ~ **in de lucht** un coup d'épée dans l'eau; *(fig.)* **van** ~ **zijn** être désemparé; **mijn pendule is van** ~ ma pendule décompte *(avance, retarde)*; **zonder** ~ **of stoot** sans coup férir; **hij viel met een zware** ~ **tegen de grond** il est tombé lourdement sur le sol **2** coup de poing; **een** ~ **afweren** parer un coup **3** *(milit.)* bataille; *(Belg.)* **zich uit de** ~ **trekken** se tirer d'affaire **4** ondulation *(de cheveux)* **5** battement *(du cœur, du pouls, des ailes)* **6** tour de main; **de** ~ **van iets kwijtraken** perdre la main (pour faire qch); **de** ~ **te pakken krijgen** prendre le coup **7** *(jeux de cartes)* pli; *(fig.)* **die** ~ **is voor jou** un-zéro **8** *(jeu de dames)* prise **9** *(sports)* nage **10** *(sports)* coup de rame **11** *(patinage)* enjambée **12** tour; **iets een halve** ~ **omdraaien** faire faire un demi-tour à qch ♦ **aan de** ~ **gaan** se mettre au travail; **iets met de Franse** ~ **doen** faire qch à la va-vite; **een** ~ **om de arm houden** se ménager une porte de sortie; **hij was op** ~ **dood** il est mort sur le coup; **zijn** ~ **slaan** réussir son coup; **een** ~ **naar iets slaan** deviner qch
slag² *het (-en)* espèce; **een raar** ~ **volk** de drôles de gens ♦ **een** ~ **groter** un peu plus grand
slag·ader *de (-s)* artère; **de grote** ~ l'aorte
slag|boom *nm (-bomen)* barrière
sla·gen *vi (i. geslaagd)* réussir (à); ~ **in, met iets** réussir qch; **in een winkel (kunnen)** ~ trouver ce que l'on cherche dans un magasin; **hij is voor zijn Frans geslaagd** il a réussi son examen de français
sla·ger *nm (-s)* boucher, -ère
slag·in·stru·ment *het (-en) (mus.)* instrument à percussion
slag·re·gen *nm (-s)* pluie battante
slag·room *nm* crème fraîche
slag|schip *het (-schepen) (mar.)* cuirassé
slag·tand *nm (-en)* défense *(d'éléphant, de sanglier)*
slag·vaar·dig *adj, adv* **1** prompt à la riposte, avec à-propos **2** résolu
slag·vaar·dig·heid *nf* **1** esprit d'à-propos **2** esprit de décision
slag·veld *het (-en)* champ de bataille; *(fig.)* **het** ~ **betreden** descendre dans l'arène
slag·werk *het (-en) (mus.)* instruments à percussion
slag·zin *nm (-nen)* slogan
slak *de (-ken)* **1** escargot **2** *(indus.)* sco-

ries ♦ **op alle ~ken zout leggen** chercher la petite bête

sla·ken *vt (h. geslaakt)* pousser *(des cris, soupirs etc.)*

slak·ken·gang *nm* allure de tortue; **alles gaat hier met een ~(etje)** tout traîne en longueur ici

slak·ken|huis *het (-huizen)* coquille d'escargot

slang[1] [slɑŋ] *de (-en)* **1** serpent; **listig als een ~** rusé comme une fouine **2** tuyau **3** vipère *(fig.)*

slang[2] [slɛŋ] *het* argot

***slan·gen-** de serpent; **de slangenbeet** la morsure de serpent

slank *adj* mince; *(vêtement)* **~ afkleden** amincir; **~e benen hebben** avoir des jambes fines; **een ~e toren** une tour élancée

sla·olie *de* huile de table

slap *adj, adv* **1** lâche **2** souple **3** faible; **de huid wordt ~** la peau se distend **4** mou **5** *(liquide)* léger **6** (d'une façon) insignifiant(e)

sla·pe·loos *adj, adv* sans sommeil, sans (pouvoir) dormir; **dat bezorgt me slapeloze nachten** cela m'empêche de dormir

sla·pe·loos·heid *nf* insomnie

sla·pen *vti (h. geslapen)* **1** dormir; **bij iem blijven ~** passer la nuit chez qn; **ik ben door al het lawaai heen geslapen** le bruit ne m'a pas réveillé du tout; **ik slaap licht** j'ai le sommeil léger; **(een nachtje) over iets ~** attendre le lendemain pour prendre sa décision; **vast, diep ~** dormir profondément **2** *(+ met)* coucher (avec qn) *(relations sexuelles)* **3** être engourdi **4** reposer *(morts)*

sla·pend *adj* **1** endormi; **zich ~ houden** faire semblant de dormir; **iets ~e kunnen vinden** pouvoir trouver qch les yeux fermés **2** dormant *(choses)*

sla·pen·gaan *het* coucher

sla·pe·rig *adj, adv* **1** somnolent; **~ kijken** avoir les yeux lourds de sommeil; **iem ~ maken** endormir qn **2** (d'un air) ensommeillé **3** endormi

slap·ja·nus *nm (-sen) (fam.)* chiffe molle

slap·jes *adj, adv* **1** faible(ment) **2** mou, mollement

slap·pe·ling *nm (-en)* → **slapjanus**

sla|saus *de (-sausen, -sauzen)* vinaigrette

sla·ven·ar·beid *nm* **1** travail d'esclave **2** travail pénible

sla·ven·drij·ver *nm (-s) (fig.)* négrier

sla·ver·nij *nf* esclavage

sla·vin *nf (-nen)* → **slaaf**

sla·vink *de (-en) (cuis.)* paupiette

Sla·visch *adj* slave

slecht *adj, adv* **1** mauvais, mal; **~ aangeschreven staan (bij)** être mal vu (par); **de ~ste van de klas** le dernier de la classe; **het gaat hem ~** il va mal, ses affaires vont mal; **hoe langer hoe ~er** de plus en plus mal; **het loopt nog eens ~ met je af** tu finiras mal; **een ~ mens** un méchant homme; **~e omstandigheden** circonstances défavorables; **~ kunnen rekenen** être faible en calcul; **~er worden** se détériorer; **dat ziet er ~ uit** cela s'annonce mal; **er ~ aan toe zijn** être dans de mauvais draps, être mal en point **2** faible; **de zieke wordt ~er** l'état du malade empire; **hij ziet er ~ uit** il a mauvaise mine **3** difficilement

slech·ten *vt (h. geslecht)* aplanir

slech·te·rik *nm (-en) (fam.)* méchant homme

slecht·ge·hu·meurd *adj* de mauvaise humeur

slecht·ge·ma·nierd *adj* sans manières

slecht·ge·zind *adj* **1** mal disposé (envers qn); **iem ~ zijn** vouloir du mal à qn, être défavorable à qn **2** *(Belg.)* de mauvaise humeur

slecht·ho·rend *adj* dur d'oreille; **de ~en** les malentendants

slechts *adv* seulement; **je hebt ~ te gehoorzamen** tu n'as qu'à obéir; **er is ~ een klein beetje nodig** il suffit d'un rien; **nog ~** ne ... plus que; **in ~ enkele gevallen** dans de rares cas

slecht·ziend *adj* malvoyant

slee *de (-ën)* **1** traîneau **2** *(fam.)* tank; **een dure ~** une grosse bagnole

slee·ën *vi (h./i. gesleed)* faire de la luge; **de kinderen sleeden naar beneden** les enfants descendaient en luge

sleep[1], **slepen** → **(af)slijpen** *(etc.)*

sleep[2] *nm (slepen)* **1** traîne *(d'une robe)* **2** suite; **hij heeft een ~ kinderen** il a une ribambelle d'enfants

sleep·touw *het (-en)* (câble de) remorque; *(fig.)* **iem op ~ nemen** entraîner qn, trimbaler qn

sleet, sleten → **(af-, uit)slijten**

slen·te·ren *vi (h./i. geslenterd)* flâner; **op straat ~** traîner les rues

sle·pen[1] *vt (h. gesleept)* **1** traîner; **iem door een examen ~** aider qn à réussir à un examen; **ze sleepte er een goed cijfer uit** elle a réussi à décrocher une bonne note; **hij sleept zijn vrouw overal heen** il trimbale sa femme partout **2** remorquer

sle·pen[2] *vi (h. gesleept)* traîner; **met iets ~** traîner qch; **de uren ~ voort** les heures n'en finissent pas

slet *nf (-ten)* traînée

sleuf *de (sleuven)* **1** fente **2** rainure

sleur *nm* train-train; **de ~ (door)breken** sortir de l'ornière

sleu·ren *vti (h. gesleurd)* traîner; **iem uit zijn bed ~** tirer qn de son lit

sleu·tel *nm (-s)* clef *(aussi au fig.; mus.)*; **de ~ in het slot steken** introduire la clef dans la serrure

***sleu·tel-** -clé; **de sleutelfiguur** le personnage-clé

sleu·tel·been *het (-deren) (méd.)* clavicule

sleu·te·len *vi (h. gesleuteld) (fam.)* bricoler (qch)

sleu·tel·gat *het (-en)* trou de serrure; **aan het ~ luisteren** écouter aux portes

sleu·tel|han·ger *nm (-s)*, **-ring** *nm (-en)* porte-clefs (en forme d'anneau)

sleu·tel·ro·man *nm (-s)* roman à clef
slib *het* **1** vase **2** dépôt
sliep, sliepen → **(uit)slapen** *(etc.)*
sliert *nm (-en)* **1** file **2** kyrielle; **een hele** ~ toute une ribambelle **3** perche ♦ **een** ~ **haar** une mèche qui pendouille; **~en rook** volutes de fumée
slijk *het* **1** boue; **iemands naam door het** ~ **halen, sleuren** traîner qn dans la boue; *(fig.)* **zich in het** ~ **wentelen** se vautrer dans la boue **2** vase ♦ **het** ~ **der aarde** le vil argent
slijm *het/de (-en) (biol.)* **1** glaire **2** bave
slijm|bal *nm (-len)*, **-jurk** *de (-en)*, **slijmerd** *nm (-s) (fam.)* lécheur, -euse
slij·men *vi (h. geslijmd) (fam.)* faire de la lèche (à qn)
slij·me·rig *adj* **1** glaireux **2** visqueux **3** *(fig.)* mielleux
slijm|vlies *het (-vliezen) (méd.)* muqueuse
slij·pen *vt (h. geslepen)* **1** polir **2** aiguiser *(aussi au fig.)* **3** tailler
slij·ta·ge [slɛitaʒə] *nf* usure; **aan** ~ **onderhevig** altérable; **tekenen van** ~ **vertonen** commencer à s'user
slij·ta·ge·slag *nm (-en) (fig.)* guerre d'usure
slij·ten[1] *vt (h. gesleten)* **1** user; **een gat in zijn schoenen** ~ faire un trou à ses chaussures **2** passer *(du temps)* **3** débiter
slij·ten[2] *vi (h. gesleten)* s'user
slij·ter *nm (-s)* débitant de boissons
slik[1] *het/de* **1** boue **2** vase
slik[2] *nm* déglutition
slik·ken *vti (h. geslikt)* avaler; **je hebt het maar te** ~ tu ne peux qu'accepter; **ze moest een paar keer** ~ **voor ze kon spreken** elle a dû respirer un bon coup avant de pouvoir parler
slim *adj, adv* **1** (d'un air) malin; **niet een van de ~sten zijn** ne pas être une lumière; *(iron.)* **hij is ook een ~me!** quel dégourdi!; **de ~me jongen uithangen** faire le malin; **een** ~ **me kerel** un gars intelligent; **iem te** ~ **af zijn** mettre qn dans sa poche; **iem te** ~ **af willen zijn** jouer au plus fin avec qn **2** mauvais, fâcheusement
slim·heid, -migheid *nf* **1** finesse **2** truc; **hij wist zich er door een ~je uit te redden** il s'en est sorti avec une pirouette
slim|merd *nm (-s)*, **-merik** *nm (-en)* malin, -igne
slin·ger *nm (-s)* **1** oscillation; *(fig.)* **ergens een (andere)** ~ **aan geven** présenter qch sous un autre jour **2** guirlande **3** sinuosité **4** fronde **5** pendule
slin·ge·ren[1] *vi (h./i. geslingerd)* **1** osciller **2** zigzaguer; **hij slingert als iem die dronken is** il titube comme un ivrogne **3** balancer **4** traîner *(en désordre)* **5** serpenter; **een ~de weg** un chemin sinueux
slin·ge·ren[2] *vt (h./i. geslingerd)* **1** lancer; *(fig.)* **tussen vrees en hoop heen en weer geslingerd worden** osciller entre la crainte et l'espoir **2** agiter **3** enrouler **4** lancer avec une fronde
slin·ge·ren[3] *vpr (zich ~; h. zich geslingerd)* **1** serpenter **2** *(+ om)* s'enrouler
slin·ken *vi (i. geslonken)* diminuer; **vlees slinkt bij het aanbraden** la viande réduit quand on la saisit
slinks *adj, adv (slinkser, meest s.)* sournois(ement); **~e streken** des subterfuges; **op ~e wijze** par des voies détournées
slinks|heid *nf (-heden)* **1** sournoiserie **2** subterfuge
slip[1] *de (-pen)* **1** pan **2** *(circul.)* dérapage **3** erreur; *(langue orale)* ~ **of the tongue** lapsus (linguae)
slip[2] *nm (-pen)* slip
slip·je *het (-s)* → **slip**[2]
slip-over *nm (-s)* débardeur
slip·pen *vi (h./i. geslipt)* **1** glisser; *(fig.)* **het geld slipt door z'n vingers** l'argent file entre ses doigts; **laat deze goede gelegenheid maar niet** ~ ne laisse pas échapper cette bonne occasion **2** déraper **3** se glisser; **er doorheen** ~ passer au travers
slip·per *nm (-s)* pantoufle
slip·per·tje *het (-s)* ♦ **een** ~ **maken** donner un coup de canif dans le contrat
slip·ton·ge·tjes *plur (cuis.)* solettes
slis·sen *vi (h. geslist)* avoir un cheveu sur la langue
slob·be·ren[1] *vi (h. geslobberd)* flotter *(vêtement)*
slob·be·ren[2] *vti (h. geslobberd)* avaler bruyamment
slob·be·rig *adj, adv* **1** flottant *(vêtement)* **2** (dans une tenue) débraillé(e)
slod·der·vos *nm (-sen)* négligent, -ente
sloe·ber *nm (-s)* **1** *(Belg.)* glouton, -onne **2** *(Belg.)* coquin, -ine ♦ **een arme** ~ un pauvre bougre
sloeg, sloegen → **(af-, terug)slaan** *(etc.)*
sloep *de (-en)* **1** chaloupe **2** chalutier
sloe·rie *nf (-s)* salope
slof *nm (-fen)* **1** savate; *(fig.)* **iets op zijn ~fen af kunnen** faire qch les doigts dans le nez **2** cartouche (de cigarettes) ♦ **in de** ~ **blijven** ne pas se réaliser; **uit zijn** ~ **schieten** sortir de ses gonds, se laisser aller
slof·fen *vi (h./i. gesloft)* **1** traîner les pieds **2** négliger; **hij laat alles maar** ~ il se fiche de tout
slok *nm (-ken)* **1** gorgée; **grote ~ken nemen** boire à longs traits; **dat scheelt een** ~ **op een borrel** ça fait une sacrée différence **2** (petit) coup
slok·darm *nm (-en)* œsophage
slok·ken *vti (h. geslokt)* engloutir
slok·op *nm (-pen)* goinfre
slo·me *nm (-n)* mollasson
slonk, slonken → **slinken**
slons *nf (slonzen)* souillon
slon·zig *adj, adv* débraillé, négligemment
sloof *nf (sloven) (péj.)* bobonne
sloom *adj, adv (slomer, sloomst)* lent(ement); ~ **kijken** regarder comme une vache qui voit passer un train
sloop[1], **slopen** → **(weg)sluipen** *(etc.)*
sloop[2] *het/de (slopen)* taie (d'oreiller)

sloop[3] *nm (slopen)* (chantier de) démolition
sloot[1], **sloten** → **(aan-, kort)sluiten** *(etc.)*
sloot[2] *de (sloten)* **1** fossé; *(fig.)* **niet in zeven sloten tegelijk lopen** savoir se débrouiller **2** *(grande quantité)* mer
sloot·wa·ter *het* **1** eau d'un fossé **2** *(fig.)* lavasse
slop *het (-pen)* **1** ruelle **2** impasse; *(fig.)* **in het ~ raken** être dans une impasse
slo·pen *vt (h. gesloopt)* **1** démolir **2** démonter **3** récupérer **4** épuiser
slop·pen·wijk *de (-en)* bidonville
slor·dig *adj, adv* **1** débraillé, sans soin **2** négligent, avec négligence; **~ schrijven** avoir une écriture peu soignée; **dat staat zo ~** ça fait vraiment négligé; **een ~e stijl** un style confus **3** environ
slor·dig|heid *nf (-heden)* **1** négligence **2** incorrection
slot *het (-en)* **1** serrure; **iets achter ~ houden** garder qch sous clef; **iem achter ~ en grendel zetten** mettre qn sous les verrous; **het ~je van een halsketting** le fermoir d'un collier; **een deur op ~ doen** fermer une porte à clef; **een fiets op ~ zetten** mettre l'antivol à sa bicyclette; **je kunt hem geen ~ op de mond doen** on ne peut pas lui mettre un bâillon; **de deur is van het ~** la porte n'est pas fermée **2** fin; *(fig.)* **per ~ van rekening** en fin de compte; **ten ~te** enfin, finalement, à la fin; **tot ~** pour finir **3** château (fort) **4** *(commerce)* clôture
***slot-** final; **de slotfase** la phase finale
slot·ak·te *de (-s, -n)* **1** *(dram.)* dernier acte **2** *(pol.)* accords
slot·som *de* conclusion *(d'un raisonnement)*
slot·woord *het (-en)* **1** épilogue **2** allocution de clôture
slo·ven *vi (h. gesloofd)* peiner
Slo·wa·kije *het* Slovaquie
slui·er *nm (-s)* voile *(m.)*
slui·er·be·wol·king *nf (météo.)* nébulosité légère, faible
slui·e·ren *vt (h. gesluierd)* voiler
sluik *adj* raide *(cheveux)*
slui·me·ren *vi (h. gesluimerd)* **1** somnoler **2** *(fig.)* sommeiller; **de ~de twisten laaiden weer op** les disputes latentes se sont rallumées
slui·pen *vi (h./i. geslopen)* se glisser; **stiekem naar binnen ~** entrer furtivement
slui·pend *adj* furtif; **een ~e ziekte** une maladie insidieuse
sluip·moord *de (-en)* ± assassinat
sluip·rou·te *de (-s)* → **sluipweg 1**
sluip·schut·ter *nm (-s)* tireur (d'élite) embusqué
sluip·weg *nm (-en)* **1** ⟨*chemin que l'on prend pour éviter les encombrements, les contrôles de police*⟩ **2** biais; **zijn doel via ~en trachten te bereiken** essayer d'atteindre son but par des voies détournées
sluis *de (sluizen)* écluse
slui·ten[1] *vt (h. gesloten)* **1** fermer **2** enfermer **3** fermer à; **iem buiten de deur ~** fermer sa porte à qn **4** serrer *(sans laisser d'espace)* **5** conclure *(un accord etc.)*; **een lening ~** contracter un emprunt **6** arrêter; **de stoet ~** fermer la marche; **een vergadering ~** clôturer une réunion
slui·ten[2] *vi (h. gesloten)* **1** fermer **2** (se) fermer; **engsluitend** très collant **3** s'accorder *(former un tout harmonieux)*; **die redenering sluit niet** ce raisonnement est boiteux **4** fermer (à clef) **5** se terminer **6** se solder (en, par) ♦ **een ~de begroting** un budget en équilibre
slui·ten[3] *vpr (zich ~; h. zich gesloten)* (se) fermer
slui·ting *nf (-en)* **1** fermeture **2** clôture **3** fermoir
sluit·post *nm (-en)* compte de résultat; *(fig.)* **als ~ op de begroting dienen** ± servir de bouche-trou *(budget)*
sluit·spier *de (-en)* sphincter
slui·zen *vt (h. gesluisd)* écluser
slun·gel *nm (-s)* grande perche
slun·ge|lig *adj, adv,* **slungelach|tig** *adj* (de façon) dégingandé(e); **een ~ figuur** un grand flandrin
slurf *de (slurven)* **1** trompe *(d'un animal)* **2** tuyau **3** passerelle télescopique *(d'un avion)* **4** boudin *(fig.)*
slurp *nm (-en)* gorgée
slur·pen[1] *vi (h. geslurpt)* faire du bruit en buvant
slur·pen[2] *vt (h. geslurpt)* boire en faisant du bruit ♦ **zo'n auto slurpt benzine** ce genre de voiture est très gourmand
sluw *adj, adv* rusé, avec ruse; **de ~e vos** le fin renard
smaad *nm* diffamation; **iem met ~ bejegenen** injurier qn
smaak *nm (smaken)* **1** goût; **een fijne ~ hebben** avoir un sens gustatif très développé; **in de ~ vallen bij ...** plaire à ...; **naar mijn ~** à mon goût; **kruiden naar ~ toevoegen** assaisonner à volonté; **iets op ~ brengen** assaisonner qch; **de ~ van iets te pakken krijgen** prendre goût à qch; **smaken verschillen** tous les goûts sont dans la nature; *(fig.)* **van iets een vieze ~ in de mond krijgen** être dégoûté par qch; *(prov)* **over ~ valt niet te twisten** des goûts et des couleurs on ne dispute point **2** appétit; **iets met (veel) ~ nuttigen** manger qch de bon appétit
smaak·je *het (-s)* **1** (petit) goût; **er zit een ~ aan dat vlees** cette viande a un (petit) goût **2** aromatisant
smaak·loos *adj* sans goût
smaak·ma·ker *nm (-s)* **1** aromatisant **2** lanceur, -euse de modes
smaak·stof *de (-fen)* aromatisant
smaak·vol *adj, adv* de goût, avec (beaucoup de) goût
smach·ten *vi (h. gesmacht) (+ naar)* désirer ardemment; **naar gezelschap ~** avoir un intense besoin de compagnie ♦ **van honger of dorst ~** mourir de faim ou de soif
smach·tend *adj, adv* **1** langoureux,

langoureusement **2** (d'une manière) languissant(e)
sma·de·lijk *adj, adv* **1** (d'une manière) infamant(e) **2** (d'une manière) méprisable; **een ~e aftocht** une retraite honteuse
smak *nm (-ken)* **1** lourde chute **2** fracas **3** bruit de bouche **4** tas (de)
sma·ke·lijk *adj, adv* **1** délicieux, délicieusement; **eet ~!** bon appétit! *(aussi iron.);* **het ziet er ~ uit** c'est appétissant **2** *(fig.)* savoureux, savoureusement; **~ lachen** rire de bon cœur
sma·ke·loos *adj, adv* de mauvais goût, sans goût
sma·ke·loos|heid *nf (-heden)* manque de goût
sma·ken[1] *vi (h. gesmaakt)* **1** avoir le goût (de); **hij liet zich het eten goed ~** il mangea de bon appétit; **hoe smaakt het?** c'est bon?; **naar iets ~** avoir le goût de qch; **dat smaakt naar meer** ça a un goût de revenez-y **2** être bon; **het begint haar weer te ~** l'appétit lui revient; **dat zal ~!** ça promet!; **de koffie scheen hem niet te ~** le café ne semblait pas lui plaire **3** sentir (qch)
sma·ken[2] *vt (h. gesmaakt) (form.)* goûter
smak·ken[1] *vi (h. gesmakt)* **1** faire du bruit en mangeant **2** *(fam.)* tomber lourdement
smak·ken[2] *vt (h. gesmakt)* balancer
smak·ker *nm (-s)* **1** personne qui mange bruyamment **2** *(fam.)* bise (sonore)
smal *adj* étroit; **een ~ gezichtje** une petite figure; **Holland op zijn ~st** la mesquinerie typiquement hollandaise
sma·lend *adj, adv* condescendant, avec condescendance
sma·ragd[1] *nm (-en)* émeraude *(pierre)*
sma·ragd[2] *het* émeraude *(matière)*
smart *nf (-en)* **1** *(form.)* douleur; *(prov)* **gedeelde ~ is halve ~** au malheureux fait confort avoir compagnie dans son sort **2** impatience fébrile
smar·te·lijk *adj, adv* **1** douloureux, douloureusement **2** plein d'impatience, avec impatience
smar·ten·geld *het (-en)* réparation pour préjudice moral
smart·lap *nm (-pen)* chanson mélo
sme·den[1] *vt (h. gesmeed)* **1** forger; **aan elkaar ~** souder **2** fabriquer **3** tramer
sme·den[2] *vi (h. gesmeed)* travailler le métal chaud
smeed·ijzer *het (-s)* fer forgé
smeek·be·de *de (-n)* supplication
smeek·schrift *het (-en)* supplique
smeer *het/de* **1** graisse **2** crasse **3** cambouis ♦ *(prov)* **omwille van de ~ likt de kat de kandeleer** pour l'amour du saint, on baise les reliques
smeer·baar *adj* facile à étaler
smeer·boel *nm* saleté
smeer·geld *het (-en)* pot-de-vin
smeer|kaas *nm (-kazen)* fromage fondu
smeer|kees *nm (-kezen)* → **smeerlap 1**
smeer·lap *nm (-pen)* **1** cochon *(fig.)* **2** salaud
smeer·mid·del *het (-en)* lubrifiant
smeer|olie *de (-oliën)* huile lubrifiante
smeer·poets *nm (-en)* → **smeerlap 1**
smeer·sel *het (-s)* pommade
smeer·worst *de (-en)* saucisse à tartiner
smeet, smeten → **(weg)smijten** *(etc.)*
sme·ken *vi (h. gesmeekt)* supplier (qn de faire qch); **iem om hulp ~** implorer l'aide de qn
smel·ten[1] *vi (h. gesmolten)* **1** fondre; *(fig.)* **~ van de hitte** étouffer de chaleur **2** se dissoudre; **die perziken ~ op de tong** ces pêches fondent dans la bouche **3** se fondre *(se réunir en un tout)* ♦ **iemands hart doen ~** faire fondre qn; **een hart dat smelt van medelijden** un cœur rempli de pitié
smel·ten[2] *vt (h. gesmolten)* (faire) fondre
smelt|kroes *nm (-kroezen)* creuset
smelt·punt *het (-en)* point de fusion
sme·ren[1] *vt (h./i. gesmeerd)* **1** graisser; **het loopt (als) gesmeerd** ça marche comme sur des roulettes **2** beurrer **3** étaler ♦ **'m ~** décamper, caleter; **nou, ik smeer 'm maar** eh bien, je file
sme·ren[2] *vi (h./i. gesmeerd)* **1** s'étaler **2** salir (tout)
sme·rig *adj, adv* **1** sale(ment); **iem ~ behandelen** traiter qn comme un chien; **~ weer** temps infect; **een ~ werk** un travail salissant; **een ~ zaakje** une affaire qui pue **2** (d'une façon) obscène; **~e taal uitslaan** dire des cochonneries
sme·ris *nm (-sen) (fam.)* flic
smet *de (-ten)* tache *(aussi au fig.);* **iem, iemands naam van alle ~ten zuiveren** blanchir qn; **dit werpt een ~ op zijn naam** cela entache sa réputation
smet·te|loos *adj, adv (-lozer, meest s.)* propre, sans tache(s); **~ wit** d'un blanc impeccable
smeu·ïg *adj, adv* **1** crémeux **2** savoureux, d'une façon savoureuse
smeu·len *vi (h. gesmeuld)* **1** couver sous la cendre **2** *(fig.)* couver
smid *nm (smeden)* forgeron
smie·zen *plur (fam.)* ♦ **dat loopt in de ~** ça se voit comme le nez au milieu de la figure; **iets in de ~ hebben** piger qch; **iem in de ~ hebben** avoir qn dans son collimateur; **iem in de ~ houden** tenir qn à l'œil
smij·ten *vti (h. gesmeten)* flanquer; **met de deuren ~** faire claquer les portes
smik·ke·len *vti (h. gesmikkeld)* se régaler (de)
smoel[1] *nm (-en) (fam.)* **1** gueule; **een grote ~ opzetten** gueuler; **houd je ~!** ta gueule! **2** grimace; **~en trekken** faire des grimaces
smoel[2] *het/de (-en) (fam.)* gueule
smoel·tje *het (-s) (fam.)* frimousse
smoel·werk *het (-en) (fam.)* → **smoel**[1]
smoes *de (smoezen)* prétexte; **je moet mij geen ~jes verkopen** ce n'est pas à moi qu'il faut raconter tes salades
smoe·ze·lig *adj* souillé

smoe·zen *vi (h. gesmoesd)* **1** raconter des histoires *(fig.)* **2** chuchoter
smok·kel *nm* contrebande
smok·ke·laar *nm (-s)* contrebandier
smok·ke·len *vti (h. gesmokkeld)* **1** passer (des marchandises) en fraude **2** escamoter
smolt, smolten → **(samen-, weg)smelten**
smoor *nm* ♦ **er de ~ inhebben** râler
smoor·heet *adj* suffocant
smoor·ver·liefd *adj* amoureux fou (de)
smo·ren *vti (h./i. gesmoord)* **1** étouffer **2** s'enfoncer **3** *(cuis.)* mijoter
smout·bol, smoutebol *nm (-len) (Belg.)* beignet soufflé, *(Belg.)* croustillon
sms *(abrév.) short message service* SMS, texto
smul·len *vi (h. gesmuld)* se régaler
smul|paap *nm (-papen)* gourmand, -ande
smul·par·tij *nf (-en)* festin
smurf *nm (-en)* schtroumpf
smur·rie *de* crasse
snaak *nm (snaken)* **1** loustic; **een vrolijke ~** un gai luron **2** type; **een rare, een vreemde ~** un drôle de zèbre
snaar *de (snaren) (mus.; sports)* **1** corde; *(fig.)* **die ~ moet men niet aanroeren** il ne faut pas aborder ce sujet; *(fig.)* **een gevoelige, tere ~ bij iem aanraken, treffen** toucher la corde sensible de qn **2** courroie
snak·ken *vi (h. gesnakt)* **1** haleter; **naar lucht ~** être à bout de souffle **2** *(+ naar)* aspirer (à); **~ naar een koud biertje** mourir d'envie de boire une bière fraîche
snap·pen[1] *vi (h. gesnapt)* happer (qch)
snap·pen[2] *vt (h. gesnapt)* **1** *(fam.)* piger; **hij snapt niet waar het om gaat** il ne comprend pas de quoi il s'agit; *(iron.)* **gesnopen?** comprendu? **2** piquer
snars *nm* ♦ **dat is geen ~ waard** ça ne vaut pas un clou; **hij weet er geen ~ van** il n'en sait pas un traître mot; **hij trekt zich er geen ~ van aan** il s'en fout complètement
sna·ter *nm (-s) (fam.)* bec; **hou je ~!** la ferme!; **zijn ~ roeren** bavarder
sna·te·ren *vi (h. gesnaterd)* **1** criailler **2** jacasser
snauw *nm (-en)* coup de bec *(fig.)*; **iem ~en en grauwen geven** rudoyer qn
snau·wen[1] *vi (h. gesnauwd) (+ tegen)* rudoyer (qn)
snau·wen[2] *vt (h. gesnauwd)* dire d'un ton hargneux
sna·vel *nm (-s)* bec *(de l'animal; fam. de l'homme)*; *(fam.)* **hou je ~!** la ferme!; *(fam.)* **zijn ~ roeren** faire marcher le moulin à paroles
sne·dig *adj, adv* prompt(ement); **een ~ antwoord** une riposte
snee *de (-ën)* **1** incision **2** tranche **3** coupure **4** coupe *(action de couper)* **5** tranchant
sneed, sneden → **(aan)snijden** *(etc.)*
sneer *nm (sneren)* coup de bec *(fig.)*; **iets met een ~ zeggen** dire qch en ricanant
sneeuw *de* neige; *(Belg.)* **zwarte ~ zien** être sur la paille
***sneeuw-** de neige; **de sneeuwstorm** la tempête de neige
sneeu·wen *vb impers (h. gesneeuwd)* neiger
sneeuw·klok·je *het (-s)* perce-neige
sneeuw·man *nm (-nen)* **1** bonhomme de neige **2** (abominable) homme des neiges
sneeuw·pop *de (-pen)* → **sneeuwman 1**
Sneeuw·wit·je Blanche-Neige
snel *adj, adv* **1** rapide(ment); **op zijn ~st** au plus vite; **~ van begrip zijn** avoir l'esprit vif **2** branché, à la page **3** bientôt
snel·bin·der *nm (-s)* tendeur
snel|heid *nf (-heden)* vitesse; **op volle ~** à toute vitesse
***snel·heids-** de vitesse; **de snelheidsbeperking** la limitation de vitesse
snel·kook·pan *de (-nen)* cocotte-minute®
snel·len *vi (i./h. gesneld)* **1** accourir; **iem tegemoet ~** courir au devant de qn **2** courir à toute vitesse
snel·trein·vaart *de* ♦ **iets in ~ bespreken** traiter une affaire en deux coups de cuiller à pot; **hij kwam in een ~ de hoek om** il a passé le coin à toute allure
snel·wan·de·len *vi (sports)* faire de la marche (athlétique)
snel·weg *nm (-en)* autoroute *(aussi inform.)*
snel·wer·kend *adj (remède, un poison)* (à effet) rapide
sner·pen *vi (h. gesnerpt)* cingler
snert *de* **1** soupe aux pois **2** balivernes **3** camelote
***snert-** **1** dégueulasse **2** tout petit
snert·weer *het* sale temps
sneu *adj, adv* fâcheux, fâcheusement; **hoe ~!, wat ~!** quelle pitié!
sneu·ve·len *vi (i. gesneuveld)* **1** mourir à la guerre **2** se briser; *(fig.)* **er sneuvelden weer enige records** quelques records sont de nouveau tombés
snib·big *adj, adv* hargneux, hargneusement
snij|boon *de (-bonen)* **1** haricot sabre, *(Belg.)* haricot à couper **2** oiseau; **een rare ~** un drôle de coco
snij·den *vti (h. gesneden)* **1** couper; *(fig.)* **flink in de uitgaven ~** faire une coupe sombre dans les dépenses; **iets klein ~** couper qch en petits morceaux **2** découper **3** tailler **4** rouler **5** *(circul.)* faire une queue de poisson à **6** *(météo.)* cingler **7** se couper **8** *(jeux de cartes)* couper
snij·dend *adj* **1** coupant **2** aigu *(sons, une douleur)*; **op ~e toon** d'un ton cinglant **3** âpre
snij·kant *nm (-en)* tranchant
snij·koek *nm (-en)* pain d'épice
snij·lijn *de (-en) (math.)* **1** sécante **2** ligne d'intersection **3** ligne de coupe
snij·punt *het (-en)* **1** point d'intersection **2** *(fig.)* carrefour
snij·tand *nm (-en)* incisive

snij·vlak *het (-ken)* **1** tranchant **2** section **3** *(math.)* plan coupant
snij·wond *de (-en)* coupure *(blessure)*
snik[1] *nm (-ken)* **1** soupir; **de laatste ~ geven** rendre son dernier soupir **2** sanglot
snik[2] *adj (fam.)* ♦ **niet goed** ~ toqué
snik·heet *adj* affreusement chaud
snik·ken *vi (h. gesnikt)* **1** sangloter **2** dire en sanglotant
snip *de (-pen)* bécasse *(oiseau)*
snip·per *nm (-s)* **1** rognure **2** *(tissu)* recoupe **3** miette
snip·per·dag *nm (-en)* jour à disposition
snip·pe·ren *vi (h. gesnipperd) (fam.)* prendre un jour de congé
snip·ver·kou·den *adj* ♦ ~ **zijn** avoir un rhume carabiné
snit *de (couture)* coupe; **het is naar de laatste** ~ c'est le dernier cri
***snoei-** *(fam.)* vachement
snoei·en *vti (h. gesnoeid)* **1** tailler *(des arbres, arbustes)* **2** couper
snoek *nm (-en) (zool.)* brochet
snoek|duik, -sprong *nm (-en)* saut de carpe
snoep *nm* bonbons
snoe·pen *vti (h. gesnoept)* **1** manger des bonbons **2** *(+ van)* manger (qch) en cachette
snoe·per *nm (-s)* **1** amateur de sucreries **2** coureur de jupons
snoep·goed *het* → **snoep**
snoep·je *het (-s)* **1** bonbon **2** trésor *(terme d'affection)*
snoep·lust *nm* gourmandise
snoep·reis·je *het (-s)* court voyage d'agrément
snoer *het (-en)* **1** cordon **2** *(pêche)* ligne **3** fil électrique **4** collier
snoe·ren *vt (h. gesnoerd)* attacher (avec un cordon)
snoer·loos *adj* sans fil
snoes *nm (snoezen)* chou *(terme d'affection);* **je bent een** ~ tu es un amour
snoes|haan *nm (-hanen)* **1** fanfaron, -onne **2** *(fam.)* hurluberlu; **een rare, een vreemde** ~ un drôle de pistolet
snoet *nm (-en)* **1** museau **2** *(fam.)* bec; **iem op zijn ~ geven** flanquer une baffe à qn **3** *(généralement 'snoetje')* frimousse; **een aardige** ~ une bonne tête; **zij heeft een leuk ~je** elle est mignonne **4** *(terme d'affection)* chou
snoe·ven *vi (h. gesnoefd)* fanfaronner
snoe·ze|poes *de (-poezen)* → **snoes**
snoe·zig *adj, adv* mignon; **zij ziet er ~ uit** elle est jolie comme un cœur
snol *nf (-len) (vulg.)* pute
snood *adj, adv (snoder, snoodst)* (de façon) infâme
snood·aard *nm (-s) (form.)* coquin
snoof, snoven → **snuiven**
snoot, snoten → **snuiten**
snor *de (-ren),* **snorhaar** *het (-haren)* **1** *(personne)* moustache; **zijn ~ laten staan** se laisser pousser la moustache **2** *(animal)* moustaches ♦ *(fam.)* **zijn ~ drukken** s'esquiver; **dat zit (wel)** ~ c'est réglé
snor·fiets *de (-en)* cyclomoteur
snor·kel *nm (-s) (sports)* tuba
snor·ren *vi (h./i. gesnord)* **1** ronfler **2** rouler comme un bolide **3** *(fam.)* fouiner
snot *het/de* morve
snot|aap *nm (-apen)* morveux, -euse
snot·jon·gen *nm (-s)* morveux; **iem als een ~ behandelen** traiter qn par-dessous la jambe
snot|neus *nm (-neuzen)* **1** nez qui coule **2** morveux, -euse
snot·te·bel *de (-len) (fam.)* chandelle
snot·te·ren *vi (h. gesnotterd)* **1** avoir le nez qui coule **2** renifler **3** pleurnicher
snot·ver·kou·den *adj* → **snipverkouden**
snuf·fe·len *vi (h. gesnuffeld)* **1** flairer (qch) **2** fureter; **hij snuffelt altijd in de boeken** il a toujours le nez dans les livres
snuf·ferd *nm (-s) (fam.)* **1** pif; *(fig.)* **steek je ~ er niet in** ne fourre pas ton nez là-dedans **2** figure
snuf·je *het (-s)* **1** gadget; **die keuken is van alle ~s voorzien** cette cuisine est équipée de tous les agencements modernes; **het laatste, nieuwste** ~ la dernière trouvaille **2** pincée
snug|ger *adj, adv (-gerder, -gerst)* malin, intelligemment; *(euph.)* **hij is niet erg** ~ il n'a pas inventé la poudre
snuif·je *het (-s)* **1** prise (de tabac, de cocaïne, d'héroïne) **2** pincée
snuis·te·ren *vi (h. gesnuisterd) (Belg.)* fouiner
snuis·te·rij *nf (-en)* bibelot
snuit *nm (-en)* → **snoet 1-3**
snui·ten *vt (h. gesnoten)* moucher
snui·ter *nm (-s)* hurluberlu; **een rare** ~ un drôle de coco
snui·ven *vti (h. gesnoven)* **1** respirer bruyamment; **~d van woede** fulminant de colère **2** renifler **3** snifer
snul *nm (-len) (fam.; Belg.)* nigaud, -aude
snur·ken *vi (h. gesnurkt)* ronfler
soa *nf (-'s) seksueel overdraagbare aandoening* MST
soap [sop] *de (-s),* **soapopera** *de (-'s),* **-serie** *de (-s)* feuilleton mélo
so|ber *adj, adv (-berder, -berst)* **1** sobre(ment); **in ~e bewoordingen** en peu de paroles **2** frugal(ement) **3** maigre(ment); **een ~ bestaan leiden** vivre petitement
so·ber·heid *nf* **1** sobriété **2** dépouillement **3** frugalité
so|ci·aal *adj, adv (-cialer, -ciaalst)* social; **dat is niet erg ~ gedacht** ça ne témoigne pas d'une grande solidarité sociale; **een ~ mens** ± une personne tournée vers les autres
so·ci·a·li·sa·tie *nf* **1** *(socio.; écon.)* acculturation **2** socialisation
so·ci·ë·teit *nf (-en)* **1** cercle **2** société
so·ci·e·ty [sosɑjəti] *nf* haute société
so·da *nm* **1** soude **2** eau gazeuse
so·de·ju *interj* mince (alors)!
so·de·mie·ter *nm (-s)* **1** *(fam.)* salopard **2** *(vulg.; corps)* viande ♦ **er geen ~ van snappen** (ne) rien y piger; **dat gaat je geen ~ aan** t'en as rien à foutre

so·de·mie·te·ren¹ *vi (h./i. gesodemieterd) (vulg.)* **1** se casser la gueule; **pas op dat je niet uit het raam sodemietert** fais gaffe de pas passer par la fenêtre **2** faire le con
so·de·mie·te·ren² *vt (h./i. gesodemieterd) (vulg.)* envoyer; **je kunt het hier wel naar beneden** ~ tu peux le balancer en bas; **iem de deur uit** ~ foutre qn à la porte
soe·bat·ten *vi (h. gesoebat)* quémander (qch)
soe·laas *het* **1** soulagement **2** consolation
soep *de (-en)* potage; **daar lust ik wel ~ van!** je ne crache pas dessus!; *(prov)* **de ~ wordt nooit zo heet gegeten als ze wordt opgediend** toutes les fois qu'il tonne le tonnerre ne tombe pas ♦ **in de ~ vallen** tomber à l'eau; **in de ~ zitten** être dans le pétrin; **z'n auto in de ~ rijden** bousiller sa voiture; **het is niet veel ~s** ce ne vaut pas grand-chose
soe·pel *adj, adv* **1** souple, avec souplesse; **zich ~ opstellen** faire preuve de souplesse (d'esprit) **2** aisé(ment); **een ~e samenwerking** une collaboration harmonieuse
soep·jurk *de (-en)* robe sac
soes *de (soezen)* chou (à la crème)
soe·sa *nm* tintouin
soe·zen *vi (h. gesoesd)* **1** somnoler **2** rêvasser
sof *nm* fiasco
so·fi·num·mer *het (-s)* ⟨*numéro d'identification sociale et fiscale*⟩
soft [sɔft] *adj (softer, meest s.) (fam.)* mollasse
soft·drink [sɔvdrɪŋk] *nm (-s)* boisson rafraîchissante
soft·drug [sɔvdrʌg, sɔvdrʌχ] *de (-s)* drogue douce
soft·ice [sɔftɑjs], **softijs** *het (cuis.)* glace à l'italienne
sok¹ *nm (-ken)* manchon
sok² *de (-ken)* **1** chaussette; **oude ~** bas de laine *(fig.)* **2** vieille barbe ♦ **iem van de ~ken rijden** tailler un short à qn; **er de ~ken in zetten** accélérer le pas, courir à toutes jambes
sok·kel *nm (-s)* **1** socle **2** pied *(base)*
sol|daat *nm (-daten)* soldat ♦ **iets ~ maken** s'envoyer qch; **een fles ~ maken** faire un sort à une bouteille; *(Belg.)* **~ zijn** être rond
sol·de·ren *vt (h. gesoldeerd) (technol.)* **1** souder **2** ressouder
sol·dij *nf (milit.)* solde
so·list *nm (-en),* **soliste** *nf (-s, -n)* **1** *(mus.)* soliste **2** individualiste
so·lis·tisch *adj, adv* (en) soliste; **~ optreden** se produire en soliste, *(fig.)* agir en solo
sol·len *vi (h. gesold)* ♦ **(niet) met zich laten ~** (ne pas) se laisser faire
sol·li·ci|tant *nm (-en),* **-tante** *nf (-s, -n)* postulant, -ante *(emploi)*
sol·li·ci·ta·tie *nf (-s)* **1** candidature **2** lettre de candidature
sol·li·ci·ta·tie·ge·sprek *het (-ken)* entretien d'embauche
sol·li·ci·te·ren *vi (h. gesolliciteerd)* **1** postuler *(emploi);* **naar een leraarsbetrekking ~** poser sa candidature à un poste d'enseignant **2** *(+ naar)* tout faire pour
so·lo·toer *nm (fam.)* ♦ **op de ~ gaan** agir en solitaire
som *de (-men)* **1** somme; **een lief ~metje** une coquette somme **2** *(math.)* problème
som|ber *adj, adv (-berder, -berst) (aussi au fig.)* sombre(ment); **~ gestemd zijn over iets** être pessimiste sur qch; *(fig.)* **iets ~ voorstellen** noircir qch
som·ber·heid *nf* **1** obscurité **2** morosité
som·mi·ge *indéf* **1** quelques **2** *(subst.)* quelques-uns
soms *adv* **1** parfois **2** peut-être; **mocht zij ~ niet thuis komen, dan ...** au cas où elle ne rentrerait pas à la maison ...; **weet je dat ~ niet?** tu le sais aussi bien que moi
soort *het/de (-en)* espèce; **~ bij ~** par genre; **in zijn ~** en son genre; **die is enig in zijn ~** il n'a pas son pareil; **ik heb ze in alle ~en en maten** j'en ai de toutes (les) sortes et dans toutes les tailles; **Frankrijk heeft veel ~en kaas** la France a de nombreuses variétés de fromage; **ons ~ mensen** les gens comme nous; *(prov)* **~ zoekt ~** qui se ressemble, s'assemble
soor·te·lijk *adj, adv* spécifique(ment)
soor·te·ment *het (fam.)* espèce
soort·ge·lijk *adj* similaire
soort·ge|noot *nm (-noten),* **-note** *nf (-s, -n)* congénère
soort|naam *nm (-namen)* **1** *(biol.)* nom générique **2** *(ling.)* terme générique
sop *het (-pen)* **1** eau savonneuse; **het (nog) een ~je geven** (re)passer qch à l'eau savonneuse **2** lessive ♦ *(fig.)* **iem in zijn eigen ~ gaar laten koken** laisser qn mijoter dans son jus; **het ruime ~ kiezen** gagner le large
sop·pen *vti (h. gesopt)* **1** *(cuis.)* tremper **2** passer à l'eau savonneuse **3** lessiver
so·res [sorəs] *plur* embêtements; **in de ~ zitten** être dans le pétrin
sor·ry *interj* pardon
sor·te·ren *vt (h. gesorteerd)* **1** trier **2** calibrer **3** router
sor·te·ring *nf (-en)* **1** triage **2** choix *(variété)*
sou [su] *nm (-s)* ♦ **hij heeft geen ~ meer** il n'a plus un rond
sou·ter·rain [sutərɛ̃] *het (-s)* sous-sol
***Sov·jet-** *(hist.)* soviétique
Sov·jet-Unie *nf (hist.)* Union soviétique
so·wie·so [sowizo] *adv* de toute manière
spaak¹ *de (spaken)* rayon *(roue); (fig.)* **(iem) een ~ in het wiel steken** mettre des bâtons dans les roues (à qn)
spaak² *adv* ♦ **dat huwelijk is toen ~ gelopen** ce mariage a alors mal tourné; **zo loopt de boel helemaal ~** comme ça, rien ne va plus; **het loopt ~ op een onbenul-**

ligheid ça va tomber à l'eau pour une futilité

spaan *de (spanen)* **1** copeau; **er bleef geen ~ van heel** il n'en resta pas une miette, *(fig.)* il s'est fait complètement démolir **2** éclat de bois **3** *(cuis.)* spatule

spaan·der *nm (-s)* copeau; *(prov)* **waar gehakt wordt, vallen ~s** on ne fait pas d'omelette(s) sans casser des œufs ♦ **de ~s vlogen eraf** on en a mis un coup

spaan|plaat *de (-platen)* (panneau d')aggloméré

Spaans *adj, adv* espagnol ♦ **ik had het ~ benauwd** j'étais drôlement inquiet; **het ging er ~ (aan) toe** ça a bardé

***spaar-** d'épargne; **de spaarpremie** la prime d'épargne

spaar·bank *de (-en)* caisse d'épargne

spaar·cen·ten *plur* économies

spaar·geld *het (-en)* → **spaarcenten**

spaar·lamp *de (-en)* lampe fluocompacte

spaar·pot *nm (-ten)* **1** tirelire **2** économies; **zij heeft een vette ~** elle a un joli magot

spaar·var·ken *het (-s)* grenouille *(tirelire)*

spaar|zaam *adj, adv (-zamer, -zaamst)* **1** (de façon) économe; **hij is ~ met (zijn) lof** il ne prodigue pas les éloges **2** rare(ment); **spaarzame verlichting** lumière indigente

spal·ken *vt (h. gespalkt)* éclisser

spam *de* spam

span *het (-nen)* **1** attelage **2** équipe; **een aardig ~** un beau couple **3** paire ♦ **een ~ne tijds** un laps de temps

span·doek *het/de (-en)* banderole

Span·je *het* Espagne

span·nen[1] *vt (h. gespannen)* **1** tendre **2** armer *(appareil)* **3** atteler ♦ **haar verwachtingen waren te hoog gespannen** elle avait visé trop loin

span·nen[2] *vi (h. gespannen)* coller

span·nen[3] *vb impers* être (tout) juste; **het zal erom ~ wie er wint** le vainqueur l'emportera de justesse

span·nend *adj* **1** captivant; **de zaak wordt ~** l'affaire se corse **2** *(Belg.)* collant

span·ning *nf (-en)* **1** tension; **in ~ zitten** être anxieux; **iem in ~ houden** tenir qn en haleine; **in ~ iets afwachten** attendre qch avec impatience; **onder voortdurende ~ staan** être sur les nerfs; **op het lichtnet staat ~** il y a du courant sur le réseau **2** suspense; **hij houdt van ~ en sensatie** il aime le sensationnel

span·nings·veld *het (-en)* **1** champ électrique **2** *(fig.)* zone de tension

spar *nm (-ren)* sapin

spa·ren *vti (h. gespaard)* **1** économiser; **bij elkaar ~** amasser; **spaar me de details** fais-moi grâce des détails **2** ménager; **de kritiek werd niet gespaard** la critique allait bon train **3** collectionner **4** épargner

Spar·taans *adj, adv* (à la) spartiate

spar·te·len *vi (h. gesparteld)* **1** remuer **2** barboter

spas·misch, -tisch *adj, adv* (de manière) spastique ♦ **je moet niet zo ~ doen!** décontracte-toi un peu!

spat *de (-ten)* éclaboussure ♦ *(fam.)* **er is geen ~ van waar** il n'y a pas une miette de vérité dans tout ça; *(fam.)* **zij is geen ~ veranderd** elle n'a pas changé d'un grain

spat·ader *de (-en) (méd.)* varice

spat·bord *het (-en)* **1** garde-boue **2** aile *(voiture)*

spa·tel *de (-s)* spatule

spa·tie *nf (-s)* espace

spat·ten[1] *vi (h./i. gespat)* gicler; **vonken ~ in het rond** des étincelles jaillissent alentour; **uit elkaar ~** éclater

spat·ten[2] *vti (h./i. gespat)* **1** éclabousser **2** tacher **3** lancer (des éclats, étincelles)

spea·ker [spi:kər] *nm (-s)* **1** haut-parleur **2** speaker ♦ *(ling.)* **native ~** locuteur natif

spe·ce·rij *nf (-en)* épice

specht *nm (-en) (zool.)* pic

spe|ci·aal *adj, adv (-cialer, -ciaalst)* spécial(ement)

spe·ci·a·li·sa·tie *nf (-s)* **1** spécialisation **2** spécialité *(connaissances)*

spe·ci·a·lis·me *het (-n)* → **specialisatie 2**

spe·cie *nf (-s)* espèces *(argent)*

spe·ci·fiek *adj, adv* **1** spécifique(ment) **2** (de manière) spécifié(e) **3** expressément

spec|trum *het (-tra)* spectre *(couleurs; aussi au fig.)*; **een breed ~ van mogelijkheden** une gamme étendue de possibilités; **het politieke ~** l'éventail politique

spe·cu·laas *het/de,* **speculaasje** *het (-s)* spéculoos

spe·cu|lant *nm (-en),* **-lante** *nf (-s, -n)* spéculateur, -trice

speech [spi:tʃ] *nm (-es)* discours; **een ~ afsteken** prononcer un discours

speed|boot *nm (-boten)* canot automobile de course

speek·sel *het* salive

speel·au·to|maat *nm (-maten)* machine à sous

speel·baar *adj* jouable

speel·bal *nm (-len)* **1** balle **2** *(fig.)* jouet

speel|doos *de (-dozen)* **1** boîte à musique **2** boîte à jouets

speel·film *nm (-s)* film *(œuvre)*

speel·goed *het* jouets; **een stuk ~** un jouet

speel·helft *de (-en) (sports)* **1** moitié du terrain **2** mi-temps

speel·kwar·tier *het (-en)* récréation

speel|plaats *de (-en),* **-plein** *het (-en)* **1** terrain de jeu **2** cour de récréation

speel·ruim·te *nf (-n, -s)* **1** *(technol.)* jeu **2** *(fig.)* marge; **~ geven** donner du champ **3** salle de jeu

speels *adj, adv (speelser, meest s.)* **1** joueur **2** léger, par jeu; **een ~e aanpak** une approche ludique **3** capricieux, capricieusement; **~e versieringen** décorations pleines de fantaisie

speel·ster *nf (-s)* → **speler**

speel·tje *het (-s) (fam.)* joujou

speel·tuin *nm (-en)* jardin pour enfants

speel·veld *het (-en)* **1** terrain de sport **2** terrain de jeu
speel·vo·gel *nm (-s) (Belg.)* enfant joueur
speen *de (spenen)* **1** tétine **2** *(Belg.)* hémorroïdes
speen·var·ken *het (-s)* cochon de lait; **schreeuwen, brullen als een mager ~** crier comme un veau qu'on égorge
speer *de (speren)* lance; *(fig.)* **lopen als een ~** baigner dans l'huile
speer·punt *de (-en)* fer de lance *(aussi au fig.)*
speer·wer·pen *vi* lancer le javelot
speet, speten → **spijten**
spek *het* **1** lard; *(Belg.)* **het ~ aan z'n been hebben** être chocolat; **eieren met ~** œufs au bacon; **het ~ van de walvissen** la graisse des baleines **2** *(enf.)* guimauve ♦ **voor ~ en bonen meedoen** compter pour du beurre; **met ~ schieten** se vanter
spek·glad *adj* très glissant
spek·je *het (-s)* ♦ **dat is ~ voor je bekje** voilà ce qu'il te faut; **dat is geen ~ voor je bekje** c'est trop bien pour toi, ce n'est pas pour toi
spek·ken *vt (h. gespekt)* **1** remplir les poches de (qn) **2** remplir *(pourvoir d'argent)*
spek·kie *het (-s)* → **spek 2**
spek·ta·kel *het (-s)* **1** *(souvent iron.)* spectacle **2** tumulte; **~ maken** tempêter
spek|zool *de (-zolen)* semelle de crêpe
spel *het (-en, -len)* **1** jeu; **gewaagd, grof, hoog ~ spelen** jouer gros (jeu); **het ~ heeft nu wel lang genoeg geduurd** le manège a assez duré; **hij maakt van alles een ~** il prend tout à la légère; **iets op het ~ zetten** mettre qch en jeu *(aussi au fig.)*; *(fig.)* **een ~ met iem spelen** se payer la tête de qn; **vals ~** tricherie; **iem vrij ~ laten** laisser le champ libre à qn; **zijn verbeelding vrij ~ laten** donner libre cours à son imagination **2** *(sports)* partie; **het ~ gewonnen geven** abandonner la partie; **het ~ in handen hebben** *(sens pr. et fig.)* mener le jeu; *(fig.)* **het ~ is uit** la plaisanterie est finie **3** *(théâtre)* pièce ♦ **buiten ~ blijven** rester sur la touche; **er is een vergissing in het ~** il y a (un) malentendu; **alles op het ~ zetten** risquer le tout pour le tout; **uw toekomst staat op het ~** il y va de votre avenir
spel|bre·ker *nm (-s),* **-breekster** *nf (-s)* **1** personne qui sabote le jeu **2** *(fig.)* trouble-fête
speld *de (-en)* **1** épingle; **daar is geen ~ tussen te krijgen** tout se tient, on ne peut pas placer un mot; *(fig.)* **men kon er een ~ horen vallen** on aurait entendu voler une mouche; *(fig.)* **een ~ in een hooiberg zoeken** chercher une aiguille dans une botte de foin **2** broche *(bijou)* **3** barrette *(cheveux)*
spel·den·knop *nm (-pen)* **1** tête d'épingle **2** *(fig.)* pointe d'épingle
spel·den·prik *nm (-ken)* **1** piqûre d'épingle **2** *(fig.)* pique **3** *(fig.)* escarmouche
speld·je *het (-s)* **1** insigne **2** badge
spe·len *vti (h. gespeeld)* **1** jouer; **het speelt me door de geest** cela me trotte dans la tête; **hij laat niet met zich ~** il ne se laisse pas marcher sur les pieds; **op iemands ijdelheid ~** spéculer sur la vanité de qn; **hij heeft het slecht gespeeld** il s'y est mal pris **2** jouer (à); **om geld ~** jouer pour de l'argent; **vals ~** tricher **3** *(mus.)* jouer (de); **vals ~** jouer faux **4** se passer ♦ **met de gedachte ~ om ...** songer à ...
spe·len·der·wijs *adv* en jouant
spe·ler *nm (-s),* **speelster** *nf (-s)* **1** joueur, -euse **2** acteur, -trice **3** musicien, -ienne
spel·fout *de (-en)* faute d'orthographe
spe·ling *nf (-en)* **1** jeu *(du destin, du sort; aussi corde)*; **een ~ van de natuur** un caprice de la nature **2** *(fig.)* marge
spel·len *vt (h. gespeld)* **1** épeler; **hoe spelt hij zijn naam?** comment s'écrit son nom? **2** *(fig.)* éplucher *(un journal, une lettre)*
spel·le·tje *het (-s)* **1** jeu; **hij maakt er een ~ van om steeds te laat te komen** on dirait que ça l'amuse d'être toujours en retard; *(fig.)* **een ~ spelen met iem** se payer la tête de qn **2** partie; **doe je ook een ~ mee?** tu joues avec nous?
spel·ling *nf (-en)* orthographe
spe·lonk *de (-en)* caverne
spel·re·gel *nm (-s)* **1** règle du jeu **2** règle d'orthographe
spen·de·ren *vt (h. gespendeerd)* consacrer (à)
spe·nen *vt (h. gespeend)* sevrer ♦ **van iets gespeend zijn** manquer de qch
sper|vuur *het (-vuren) (aussi au fig.)* feu nourri; **hij stond onder een ~ van vragen** il était mitraillé de questions
sper·wer *nm (-s)* épervier
sper·zie|boon *de (-bonen)* haricot vert
spet·ter *nm (-s)* **1** éclaboussure **2** *(fam.)* beau gosse, jolie môme
spet·te·ren *vi (h. gespetterd)* **1** éclater **2** éclabousser
speu·ren *vti (h. gespeurd)* **1** *(+ naar)* chercher **2** enquêter
speur|neus *nm (-neuzen)* ✝ nez fin **2** limier
speur·tocht *nm (-en)* recherches
speur·werk *het* recherches
spich·tig *adj* effilé; **~e benen** jambes comme des fils de fer
spie·den *vi (h. gespied)* épier; **in het rond ~** promener un regard fureteur
spie·gel *nm (-s)* **1** miroir; **in de ~ kijken** se regarder dans la glace **2** exemple **3** *(méd.)* taux
spie·gel·beeld *het (-en)* **1** image **2** image inverse; **in ~ schrijven** écrire à l'envers
spie·gel·ei *het (-eren) (cuis.)* œuf sur le plat
spie·ge·len[1] *vi (h. gespiegeld)* **1** réfléchir; **het ~d ijs** la glace brillante comme un miroir **2** faire réfléchir **3** être lustré
spie·ge·len[2] *vpr (zich ~; h. zich gespiegeld)* **1** se refléter **2** *(+ aan)* s'inspirer (de); *(prov)* **wie zich aan een ander spiegelt,**

spiegelt zich zacht bien se châtie qui par autrui se châtie
spie·ge·ling *nf (-en)* **1** reflet **2** *(math.)* retournement
spie·gel·re·flex·ca·me·ra *de (-'s)* appareil reflex
spiek·brief·je *het (-s)* petit papier
spie·ken *vi (h. gespiekt)* copier; **even ~** que je jette un coup d'œil sur mes notes
spiek·pa·pier·tje *het (-s)* → **spiekbriefje**
spier *de (-en)* muscle; **de ~en losmaken** s'échauffer les muscles; **zonder een ~ te vertrekken** sans sourciller
***spier-** musculaire; **het spierstelsel** le système musculaire
spier·bal *nm (-len)* biceps
spie·ring *nm (-en)* éperlan; **een ~ uitgooien om een kabeljauw te vangen** donner un œuf pour avoir un bœuf
spier·naakt *adj* nu comme un ver
spier·pijn *de (-en)* courbatures
spier·wit *adj* blanc comme neige
spies *de (spiezen)* **1** épieu **2** *(gril)* brochette
spiet·sen *vt (h. gespietst)* empaler
spij·be·len *vi (h. gespijbeld)* sécher un cours
spij·ker *nm (-s)* clou; *(fig.)* **een ~ in zijn kop hebben** avoir la gueule de bois; *(fig.)* **~s met koppen slaan** ne pas prendre de demi-mesures; *(fig.)* **de ~ op de kop slaan** mettre le doigt dessus; *(fig.)* **~s op laag water zoeken** couper les cheveux en quatre
spij·ker·broek *de (-en)* jean
spij·ker·hard *adj* **1** dur comme fer **2** impitoyable
spij·ker·schrift *het* écriture cunéiforme
spijl *de (-en)* barreau
spijs *de (spijzen)* **1** mets **2** *(cuis.)* pâte
spijs|kaart, -lijst *de (-en)* carte *(au restaurant)*
spijs·ver·te·ring *nf* digestion
spijt *de* **1** regret; **~ van iets hebben** regretter qch; **~ van iets hebben als haren op zijn hoofd** se mordre les doigts de qch **2** chagrin
spij·ten *vi (h. gespeten)* regretter; **het spijt me dat ik u stoor** je suis désolé de vous déranger
spij·tig *adj, adv* (de façon) regrettable
spik·kel *nm (-s)* tache
spik·splin·ter·nieuw *adj (fam.)* → **splinternieuw**
spil *de (-len)* **1** axe **2** *(technol.)* arbre **3** essieu **4** *(fig.)* pivot **5** *(archit.)* noyau
spil·le|been[1] *het (-benen)* allumette
spil·le|been[2] *nm (-benen)* ± personne qui a des jambes comme des allumettes
spin[1] *de (-nen)* **1** araignée; **nijdig als een ~** exaspéré **2** tendeur multiple *(dispositif)*
spin[2] *nm (-s)* rotation
spi·na·zie *de* épinards
spi·net *het (-ten) (mus.)* épinette
spin·nen[1] *vti (h. gesponnen)* filer; **een verhaal uit iets ~** broder une histoire à partir de qch
spin·nen[2] *vi (h. gesponnen)* ronronner *(chats)*
spin·nen·kop *de (-pen)* **1** araignée **2** petite teigne *(d'une personne)*
spin·nen·web *het (-ben)* toile d'araignée; **een ~ van straatjes** un dédale de petites rues
spin·rag *het* → **spinnenweb**
spi·on *nm (-nen),* **spionne** *nf (-s, -n)* espion, -onne
spi|raal *de (-ralen)* **1** spirale **2** hélice **3** ressort **4** sommier métallique
spi·raal·tje *het (-s) (méd.)* stérilet
spi·rit [spɪrɪt] *nm* dynamisme; **~ hebben** avoir du sang dans les veines
spi·ri·tus *nm* alcool à brûler
spit[1] *het (-ten)* **1** broche *(gril)* **2** bêche
spit[2] *het/de (méd.)* lumbago
spits[1] *de (-en)* **1** pointe; **de ~ van een toren** la flèche d'une tour **2** heures de pointe; **in de ~ zitten** se trouver en pleine heure de pointe **3** avant-garde ♦ **de, het ~ afbijten** essuyer les plâtres; **iets op de ~ drijven** pousser qch à outrance; **iem op de ~ drijven** pousser qn à bout
spits[2] *nm (-en) (sports)* avant de pointe
spits[3] *adj, adv* **1** pointu, en pointe; **~ toelopen** se terminer en pointe **2** sagace, avec sagacité; **een ~ antwoord** une réponse caustique
spits·heid *nf* acuité
spits·von·dig *adj, adv* ingénieux, subtilement
spits·von·dig|heid *nf (-heden)* **1** ingéniosité **2** argutie
spit·ten *vti (h. gespit)* bêcher; **in een stapel papier ~** trifouiller dans un tas de papiers
spit·zen [ʃpitsə(n)] *plur (danse)* chaussons à pointes
spleet[1], **spleten** → **splijten**[1]
spleet[2] *de (spleten)* fente
spleet|oog[1] *het (-ogen)* œil bridé
spleet|oog[2] *nm (-ogen) (péj.)* chinetoque
splij·ten[1] *vt (h. gespleten)* **1** fendre **2** fissionner
splij·ten[2] *vi (h. gespleten)* se fendre; **een gespleten tong** une langue bifide
splin·ter *nm (-s)* écharde; **iets aan ~s slaan** casser qch en mille morceaux; **de ~ in een anders oog zien en niet de balk in zijn eigen** voir la paille dans l'œil de son voisin et ne pas voir la poutre dans le sien; **een ~ van een projectiel** un éclat de projectile
splin·te·ren *vi (h. gesplinterd)* éclater
splin·ter·groe·pe·ring *de (-en)* groupuscule
splin·ter·nieuw *adj* flambant neuf
splin·ter·par·tij *nf (-en)* → **splintergroepering**
split[1] *het (-ten)* fente *(jupe, robe)*
split[2] *de (-ten) (sports)* grand écart
split·erwt *de (-en)* pois cassé
split·sen[1] *vt (h./i. gesplitst)* **1** diviser **2** fissionner
split·sen[2] *vpr (zich ~; h. zich gesplitst)* se di-

viser; **daar splitst de weg zich** c'est là que la route bifurque
split·sing *nf (-en)* **1** division **2** fission **3** bifurcation **4** scission
spoed *nm* hâte; **er is ~ bij** c'est urgent; *(prov)* **haastige ~ is zelden goed** la hâte est mère de l'échec; **~ maken** se hâter; **met ~** en hâte; **ergens ~ achter zetten** se hâter de faire qch
***spoed-** d'urgence; **een spoedoperatie** une opération d'urgence
spoed·cur·sus *nm (-sen)* cours intensif
spoed·ei·send *adj* urgent
spoed·ge·val *het (-len)* **1** cas urgent **2** *(méd.)* urgence
spoe·dig *adj, adv* **1** prochain, bientôt **2** rapide(ment); **zo ~ mogelijk** dès que possible
spoed·stuk *het (-ken)* **1** document urgent **2** *(P. et T.)* exprès
spoel *de (-en)* **1** bobine **2** canette
spoel·bak *nm (-ken)* évier
spoe·len[1] *vti (h./i. gespoeld)* **1** rincer **2** bobiner
spoe·len[2] *vi (h./i. gespoeld)* **1** être emporté *(par l'eau)*; **aan land ~** échouer **2** couler *(fleuve)*
spo·ken *vi, vb impers (h. gespookt)* **1** hanter (un lieu) **2** rôder **3** hanter (qn) *(idées)* **4** être hanté; **het spookt in dat kasteel** ce château est hanté
spo·ke·rij *nf (-en)* apparition de fantômes; **ik geloof niet in ~** je ne crois pas aux histoires de fantômes
spon, sponnen → **spinnen**[1]
spons *de (sponzen)* éponge
spon|taan *adj, adv (-taner, -taanst)* spontané(ment)
spook *het (spoken)* **1** fantôme **2** vision; **overal spoken zien** avoir des visions **3** spectre *(menace)* **4** chipie
spook·ach·tig *adj, adv* **1** fantomatique, comme un fantôme **2** (d'une façon) terrifiant(e)
spook·beeld *het (-en)* → **spook 2**
spook|huis *het (-huizen)* **1** maison hantée **2** palais de l'horreur
spook|rij·der *nm (-s)*, **-rijdster** *nf (-s)* fantôme *(voiture, conducteur, -trice roulant à contresens sur une autoroute)*
spoor[1] *de (sporen)* **1** éperon *(cheval)*; *(fig.)* **zijn sporen verdiend hebben** avoir fait ses preuves **2** *(biol.)* spore
spoor[2] *het (sporen)* **1** trace; **het ~ bijster zijn** *(chasse)* avoir perdu la trace, s'être égaré, être dérouté; *(fig.)* **iem op het ~ komen** dépister qn; **iets, iem op het ~ zijn** être sur la trace de qch, de qn; **sporen vertonen van iets** porter les traces de qch **2** piste **3** voie; **iem op het goede ~ brengen** mettre qn sur la voie; **het rechte ~** la bonne voie; **iem op een verkeerd ~ brengen** induire qn en erreur **4** voie ferrée; **op een dood ~ zitten** être sur une voie de garage **5** chemins de fer **6** chemin de fer ♦ **geen ~ van ...** pas l'ombre de ...
spoor|baan *de (-banen)* → **spoorlijn 2**
spoor·boek·je *het (-s)* indicateur des chemins de fer
spoor|boom *nm (-bomen)* barrière de passage à niveau
spoor·lijn *de (-en)* **1** ligne de chemin de fer **2** voie ferrée
spoor·loos *adj* sans traces; **mijn bril is ~** mes lunettes ont disparu; **~ verdwijnen** disparaître sans laisser de traces
spoor·slags *adv* à bride abattue
spoor·weg *nm (-en)* **1** voie ferrée **2** *(plur.)* chemins de fer
***spoor·weg-** des chemins de fer
spoor·zoe·ken *vi* relever des signes de piste
spoot, spoten → **(in)spuiten** *(etc.)*
spo·ren[1] *vi (h./i. gespoord) (aussi au fig.)* suivre l'ornière; **het beleid spoort niet met de maatschappelijke ontwikkelingen** la politique adoptée ne va pas dans le sens de l'évolution sociale
spo·ren[2] *vt (h./i. gespoord)* éperonner *(cheval)*
sport *de (-en)* **1** sport; **veel aan ~ doen** être sportif **2** *(aussi au fig.)* échelon; **op de onderste ~ staan** occuper le dernier échelon
***sport-** sportif; **de sportuitslagen** les résultats sportifs
spor·ten *vi (h. gesport)* faire du sport
spor|tief *adj, adv (-tiever, -tiefst)* **1** sportif, d'une manière sportive **2** sportif *(esprit)*, sportivement
spor·tie·ve|ling *nm (-en)*, **-linge** *nf (-s, -n)* *(fam.)* fana du sport
spot *nm (-s)* **1** spot *(petite lampe; aussi message publicitaire)* **2** moquerie; **de ~ drijven met iets, iem** se moquer de qch, de qn
spot·goed·koop *adj, adv* très bon marché
spot·lust *nm* esprit moqueur
spot|naam *nm (-namen)* sobriquet
spot·prent *de (-en)* caricature
spot|prijs *nm (-prijzen)* prix dérisoire; **voor een ~** pour rien
spot·ten *vi (h. gespot)* **1** railler **2** *(+ met)* se moquer (de qn, qch); **hij laat niet met zich ~** on ne se moque pas de lui impunément; **met dergelijke zaken moet je niet ~** on ne plaisante pas avec ces choses-là; **ja, spot er maar mee!** tu peux bien rire!
spot·ziek *adj* moqueur
spraak *de* **1** parole **2** (façon de) parler
spraak·ge·brek *het (-en)* défaut de prononciation
spraak·ge·bruik *het* usage *(langage)*; **die uitdrukking behoort tot het algemene ~** c'est une expression usuelle
spraak·kunst *nf* grammaire
spraak·ma·kend *adj (-er, meest s.)* qui fait beaucoup parler (de) ♦ **de ~e gemeente** la communauté linguistique
spraak·ver·mo·gen *het* usage de la parole
spraak·ver·war·ring *nf (-en)* confusion des langues; **er heerste een babylonische ~** c'était une véritable tour de Babel

spraak|zaam *adj (-zamer, -zaamst)* loquace
sprak, spraken → **(af-, tegen)spreken** *(etc.)*
spra·ke *nf* ♦ **er is geen ~ van** il n'en est pas question; **er is hier ~ van ...** il s'agit ici de ...; **ter ~ komen** être évoqué; **iets ter ~ brengen** mettre qch sur le tapis
spra·ke·loos *adj, adv* muet, sans pouvoir proférer une parole; **ik sta ~** les bras m'en tombent; **~ zijn** avoir perdu la parole, rester interdit
spran·ke·len *vi (h. gesprankeld)* étinceler *(surtout au fig.)*; **een ~de geest** un esprit brillant
sprank·je *het (-s)* ♦ **een ~ hoop** une lueur d'espoir
spreek·beurt *de (-en)* **1** conférence **2** *(enseign.)* exposé
spreek|buis *de (-buizen) (fig.)* porte-parole
spreek·ge·stoel·te *het (-n, -s)* tribune
spreek·ka·mer *de (-s)* cabinet (de consultation)
spreek·ster *nf (-s)* → **spreker**
spreek·taal *de* langue parlée
spreek|uur *het (-uren)* consultation *(d'un médecin etc.)*; **~ houden** recevoir, donner des consultations
spreek·vaar·dig·heid *nf* élocution
spreek·ver·bod *het (-en)* interdiction de parler en public
spreek·woord *het (-en)* proverbe
spreek·woor·de·lijk *adj, adv* proverbial(ement); **zijn verstrooidheid is ~** sa distraction est légendaire
spreeuw *de (-en)* étourneau
sprei *de (-en)* couvre-lit
sprei·den *vt (h. gespreid)* **1** étendre **2** étaler (sur); **de macht ~** répartir le pouvoir **3** écarter *(jambes)*
sprei·ding *nf* **1** étalement **2** décentralisation **3** *(math.)* dispersion
spre·ken *vti (h. gesproken)* **1** parler; **je spreekt nu heel anders** ce n'est pas ce que tu disais (avant); **deze cijfers ~ (voor zich)** ces chiffres sont éloquents; **alleen de feiten laten ~** se baser uniquement sur les faits; **met wie spreek ik?** qui est à l'appareil?; **er valt met hem niet te ~** il est impossible de discuter avec lui; **iem te na ~** dire du mal de qn; **ik spreek je nader** nous en reparlerons, *(menaçant)* tu auras de mes nouvelles; **om met mevrouw C. te ~** comme l'a dit madame C.; **over iem/iets ~** parler de qn, qch; **ik ben voor niemand te ~** je n'y suis pour personne; **niet tegen elkaar ~** ne pas se parler; **om niet te ~ van ...** sans parler de ...; **het spreekt vanzelf** cela va de soi; **~ voor iets** parler en faveur de qch; **dit geval spreekt voor zich** ce cas se passe de commentaire; **een paar ~de voorbeelden** quelques exemples frappants; **in zichzelf ~** parler tout seul **2** *(+ uit)* (se) manifester; **er sprak argwaan uit zijn stem** sa voix dénotait la méfiance ♦ **slecht te ~ zijn** être de mauvaise humeur; **niet te ~ zijn over iets** ne pas être content de qch
spre·kend[1] *adj* **1** parlant; **een ~e gelijkenis** une ressemblance frappante; **~e kleuren** couleurs vives **2** éloquent; **een ~ bewijs** une preuve évidente **3** expressif
spre·kend[2] *adv* exactement; **zij is ~ haar moeder** c'est tout le portrait de sa mère
spre·ker *nm (-s)*, **spreekster** *nf (-s)* **1** orateur, -trice; **een geboren ~ zijn** avoir le don de la parole **2** locuteur, -trice
spren·ke·len *vti (h. gesprenkeld)* **1** répandre **2** humecter
spreuk *de (-en)* dicton; **een ~ uit de Bijbel** un proverbe de la Bible
spriet *nm (-en)* **1** *(bot.)* brin **2** *(zool.)* antenne **3** *(péj.)* perche **4** mèche folle
sprin·gen *vi (h./i. gesprongen)* **1** sauter; **de band is gesprongen** le pneu a crevé; *(fig.)* **eruit ~** rentrer dans ses frais, ne pas passer inaperçu; **het glas is gesprongen** le verre a éclaté; **je kunt hoog of laag ~, het moet toch gebeuren** on aura beau faire des pieds et des mains, on n'y changera rien; *(fam.)* **op ~ staan** être à bout de nerfs, être pressé, *(besoins naturels)* ne plus pouvoir se retenir; **het verkeerslicht sprong op groen** le feu est passé au vert; **er is een snaar gesprongen** une corde a pété; *(fig.)* **staan te ~** sauter d'impatience; **hij staat te ~ om weg te komen** il brûle d'envie de partir; *(fig.)* **zitten te ~ om iem/iets** attendre fébrilement qn, qch **2** rebondir *(ballon)* **3** jaillir **4** faire faillite
sprin·ge·rig *adj, adv* (en) sautillant; **~ haar** cheveux rebelles
spring·la·ding *nf (-en)* charge explosive
spring·le·vend *adj* bien vivant
spring·stof *de (-fen)* explosif
spring·tij *het (-en)* → **springvloed 1**
spring·tuig *het (-en) (Belg.)* explosif
spring|uur *het (-uren) (Belg.; enseign.)* heure creuse, *(Belg.)* fourche
spring|veer *de (-veren)* ressort
spring·vloed *nm (-en)* **1** marée d'équinoxe **2** raz-de-marée
sprink|haan *nm (-hanen)* sauterelle; **zo mager als een ~** maigre comme un clou
sprits *de (-en) (cuis.)* sablé
sproei·en *vti (h. gesproeid)* arroser
sproei·er *nm (-s)* **1** arroseur **2** pulvérisateur **3** *(technol.)* buse **4** pomme (d'arrosoir) **5** gicleur *(du carburateur)*
sproet *de (-en)* tache de rousseur
sprok·ke·len *vti (h. gesprokkeld)* **1** ramasser du bois mort **2** *(fig.)* glaner
sprong[1], **sprongen** → **(open)springen** *(etc.)*
sprong[2] *nm (-en)* saut; *(fig.)* **een grote ~ doen** faire son chemin en peu de temps; **hoge ~en maken** *(sens pr.)* faire de grands bonds, *(sports)* sauter haut, *(fig.)* courir d'énormes risques; *(fig.)* **een ~ in het duister** un saut dans l'inconnu; **een ontwikkeling met ~en** un développement par à-coups; **met een ~ belandde zij in de tuin** d'un bond elle a atterri dans le jardin; *(fig.)* **de ~ wagen** faire le saut

sprongs·ge·wijs *adv* par bonds
spr<u>oo</u>k·je *het (-s)* **1** conte de fées; **het ~ van Roodkapje** l'histoire du petit Chaperon rouge **2** rêve; **eruitzien als een ~** être d'une beauté éblouissante; **iets voor een ~ houden** considérer qch comme une fable
spr<u>oo</u>k·jes·ach·tig *adj, adv* féerique(ment)
spr<u>oo</u>k·jes·we·reld *de* monde féerique
sprot *nm (-ten) (zool.)* sprat
spruit[1] *nm (-en)* rejeton *(enfant)*; **de jongste ~** le bébé
spruit[2] *de (-en)* **1** *(bot.)* pousse **2** chou de Bruxelles, *(Belg.)* petit chou; **~jes** choux de Bruxelles
spr<u>ui</u>·ten *vi (h./i. gesproten)* **1** résulter **2** descendre (de)
sp<u>u</u>·gen *vti (h. gespogen, h. gespuugd)* **1** cracher **2** vomir; **de boel onder ~** vomir partout
sp<u>ui</u>·en *vti (h. gespuid)* **1** déverser **2** *(fig.)* exprimer (qch); **hij moet even ~** il a besoin de s'exprimer
sp<u>ui</u>·gat *het (-en)* ♦ **dat loopt de ~en uit** cela dépasse les bornes
spuit *de (-en)* **1** lance (d'incendie) **2** tuyau (d'arrosage) **3** *(peinture)* pistolet **4** seringue **5** *(méd.)* piqûre; **een ~(je) geven** faire une piqûre (à qn) **6** *(fam.)* shoot *(drogue)*; **aan de ~ zijn** se shooter **7** *(fam.)* courante; **aan de ~ zijn** avoir la courante
sp<u>ui</u>t·bus *nm (-sen)* bombe
sp<u>ui</u>·ten[1] *vti (h./i. gespoten)* **1** arroser **2** *(parfum; agric.)* pulvériser **3** peindre au pistolet **4** *(méd.)* piquer; **iem plat ~** bourrer qn de calmants **5** *(fam.)* se shooter *(drogue)* ♦ **een slagroomrand ~** faire une bordure de chantilly à l'aide d'une douille
sp<u>ui</u>·ten[2] *vi (h./i. gespoten)* jaillir
sp<u>ui</u>t·wa·ter *het* eau gazeuse
spul *het (-len)* **1** affaires **2** marchandise; **dat is raar ~** c'est un drôle de truc ♦ **zijn ~len voor elkaar hebben** être bien renseigné, avoir bien réglé ses affaires
spurt *nm (-s)* sprint
sp<u>u</u>t·te·ren *vi (h. gesputterd)* **1** rouspéter; **tegen iets ~** râler contre qch **2** crépiter
spuug *het (fam.)* salive
spuug·l<u>e</u>·lijk *adj* laid à faire peur
spuug·z<u>a</u>t *adj* ♦ **iets ~ zijn** en avoir ras le bol de qch
sp<u>u</u>·wen *vti (h. gespuwd)* **1** cracher **2** vomir
squ<u>a</u>·dron *het (-s)* escadron
sr. *senior* père
sst[1] *nm (Belg.) supersnelle trein* TGV
sst[2] *interj* chut!
staaf *de (staven)* barre; **glazen ~jes** tiges de verre; **de staven van een rooster** les barreaux d'une grille
st<u>aa</u>f·mixer *nm (-s)* mixeur, batteur plongeur
staak *nm (staken)* **1** perche **2** *(iron.)* allumette **3** poteau **4** *(fig.)* échalas
staakt-het-v<u>u</u>·ren *het* cessez-le-feu
staal *het* **1** acier; **een sterk ~tje** un exploit **2** échantillon; **~tjes van iets kunnen vertellen** pouvoir donner des exemples frappants de qch ♦ *(méd.)* **~ innemen** prendre du fer
***staal-** d'acier; **de, het staaldraad** le fil d'acier
st<u>aa</u>l·bor·stel *nm (-s)* brosse métallique
st<u>aa</u>l·con·struc·tie *nf (-s)* charpente métallique
st<u>aa</u>l·pil *de (-len)* comprimé de fer
st<u>aa</u>l·wol *de* paille de fer
staan *vi (h. gestaan)* **1** être debout; *(fig.)* **achter iets ~** soutenir qch; **ik kan niet lezen wat daar staat** je ne peux pas lire ce qui est écrit; **gaan ~** se lever; **ergens aan gaan ~** attaquer qch; **ergens onverwacht voor komen te ~** se trouver subitement confronté à qch; **iem laten ~** laisser qn debout; **je staat op mijn tenen** tu me marches sur le pied; **die gebeurtenis staat geheel op zichzelf** cet événement est totalement isolé; **rechtop ~** se tenir droit; **voor zijn mening ~** défendre son opinion; *(fig.)* **ergens alleen voor ~** être seul face à qch **2** se trouver; **hiermee staat of valt de zaak** c'est cela qui sera décisif **3** être; **hoog aangeschreven ~** être bien vu; **er goed bij ~** prospérer; *(fig.)* **hij staat er goed voor** ça marche bien (pour lui); **zoals de zaken ervoor ~** au point où en sont les choses; **de tranen ~ hem in de ogen** il a les larmes aux yeux; **leeg ~** être inoccupé *(logements)*; **ergens middenin ~** participer activement à qch; **de bloemen ~ er mooi bij** les fleurs sont belles; *(fig.)* **iem na ~** être proche de qn; **onder iem ~** être sous les ordres de qn; **ergens sceptisch tegenover ~** être sceptique à l'égard de qch; **7 staat tot 14 als 8 staat tot 16** 7 est à 14 ce que 8 est à 16 **4** aller (à qn); **dat stáát** ça fait bien **5** figurer; **geld op de bank hebben ~** avoir de l'argent à la banque **6** *(+ op; + inf.)* être sur le point (de) **7** être dirigé (vers); **de zon staat 's middags op deze kamer** l'après-midi, le soleil donne dans cette pièce **8** être en train (de); **ergens van ~ kijken** être très étonné par qch **9** être passible (de); **er staat 10 jaar gevangenisstraf op** c'est passible de 10 ans de prison **10** rester immobile; **blijven ~** s'arrêter; **sta of ik schiet!** halte ou je tire!; **(iets) tot ~ brengen** arrêter (qch) **11** rester intact; **laat ~ dat ...** sans parler de ...; **zijn eten laten ~** ne pas toucher à son repas; **zijn baard laten ~** se laisser pousser la barbe **12** résister (à); **ervoor ~** être prêt à affronter qch; **zij staat voor niets** elle ne recule devant rien **13** convenir **14** exiger (que); **Jan staat erop dat ...** Jan exige que ...; **hij staat op goede manieren** il exige de bonnes manières ♦ **het staat te bezien** cela reste à voir; **er staat hem wat te wachten** *(fig.)* ça va être sa fête; **zij ziet hem niet ~** il n'existe pas pour elle
staand *adj* ♦ *(fig.)* **~e blijven** ne pas céder; **zich ~e houden** se maintenir; **iets ~e houden** soutenir qch *(aussi au fig.)*; **iem ~e houden** arrêter qn

staan·de *prép (form.)* pendant; **~ de vergadering** séance tenante
staan·der *nm (-s)* montant *(pièce verticale)*
staan·plaats *de (-en)* **1** place debout **2** emplacement
staar *de (méd.)* cataracte
staart *nm (-en)* **1** queue; **het haar in ~jes dragen** avoir des couettes; **daar krijg ik een ~ van** j'en ai par-dessus la tête; *(fig.; iron.)* **'m op zijn ~ trappen** appuyer à fond sur le champignon **2** *(fig.)* suites **3** restant
staart·de·ling *nf (-en) (math.)* division
staat *nm (staten)* **1** état; **een grootse ~ voeren** mener grand train; **tot alles in ~ zijn** être capable de tout; **iem in ~ stellen (om) te ...** permettre à qn de ...; **zij is niet in ~ iem te bedriegen** elle est incapable de tromper qn; **in kennelijke ~ verkeren** se trouver en état d'ébriété; **iets weer in zijn vroegere ~ terugbrengen** remettre qch en état **2** Etat; **de Kerkelijke Staat** les Etats pontificaux ♦ **Gedeputeerde Staten** administration de la province; **~ maken op** compter sur
staat·kun·de *nf* (science) politique
staat·lo·ze *nm (-n)* apatride
***staats-** d'Etat; **het staatsgeheim** le secret d'Etat
staats·be·dien·de *nm (-n, -s) (Belg.)* fonctionnaire (d'Etat)
staats·be·stel *het (-len) (pol.)* régime
Staats·blad *het (-en)* Journal officiel
staats·bos·be·heer *het* les Eaux et Forêts
Staats·cou·rant *de (-en)* → **Staatsblad**
staats·dienst *nm* **1** service de l'Etat **2** fonction publique
staats·ei·gen·dom *het (-men)* bien public
staats|greep *nm (-grepen)* coup d'Etat
staats·hoofd *het (-en)* chef d'Etat
staat·sie *nf (-s)* pompe
staats·in·rich·ting *nf (-en)* **1** organisation de l'Etat **2** instruction civique
staats·kas *de (-sen)* trésor public
staats·lo·te·rij *nf (-en)* loterie nationale
staats·recht *het (-en)* droit constitutionnel
staats·vei·lig·heid *nf* sécurité nationale
staats·vorm *nm (-en)* régime (politique)
staats·we·ge ♦ **van ~** émanant de l'Etat
sta·biel *adj* stable
sta·ca·ra·van *nm (-s)* mobile-home
stad *de (steden)* ville; **~ en land aflopen** courir le pays
stad|huis *het (-huizen)* mairie
sta·di·on *het (-s) (sports)* stade
sta·di·um *het (stadia)* stade; **een ~ doorlopen** franchir un stade
stads *adj* **1** urbain; **~e manieren** manières citadines **2** (originaire) de la ville
***stads-** urbain
stads·beeld *het* paysage urbain
stads·be|stuur *het (-sturen)* **1** administration (de la ville) **2** municipalité
stads|deel *het (-delen)* quartier *(d'une ville)*
stads·kern *de (-en)* centre-ville
stads·licht *het (-en)* feu de stationnement
stads·mens *nm (-en)* citadin, -ine
stads·schouw·burg *nm (-en)* théâtre municipal
staf *nm (staven)* **1** bâton *(servant d'appui)* **2** direction; **de redactionele ~ van een dagblad** la rédaction générale d'un quotidien; **de wetenschappelijke ~ van een universiteit** le corps universitaire **3** baguette (magique) **4** *(milit.)* état-major; **de generale ~** *(France)* l'état-major de l'armée **5** sceptre ♦ **de ~ breken over iem** casser du sucre sur le dos de qn
staf|lid *het (-leden)* cadre (supérieur)
sta-in-de-weg *nm* **1** gêneur, -euse **2** obstacle
stak, staken → **(aan-, dood)steken** *(etc.)*
sta·ken[1] *vt (h. gestaakt)* arrêter; **het ~ van de vijandelijkheden** la cessation des hostilités
sta·ken[2] *vi (h. gestaakt)* faire grève
sta·king *nf (-en)* **1** grève; **in ~ gaan** se mettre en grève **2** arrêt **3** partage *(des voix)*
***sta·kings-** de grève
sta·kings·aan·zeg·ging *nf (-en) (Belg.)* mot d'ordre de grève
sta·kings·op·roep *nm (-en)* ordre de grève
sta·kings·post *nm (-en) (Belg.)* piquet de grève
stak·ker *nm (-s)* malheureux, -euse
stal[1], **stalen** → **stelen**
stal[2] *nm (-len)* **1** étable; **de ~ van Bethlehem** la Crèche; *(fig.)* **iem op ~ zetten** caser qn; *(fig.)* **iets van ~ halen** ressortir qch **2** *(sports)* écurie
sta·len[1] *adj* d'acier
sta·len[2] *vt (h. gestaald)* **1** *(technol.)* tremper **2** *(fig.)* endurcir
stal·len *vt (h. gestald)* rentrer *(des animaux, des véhicules etc.)*
stal·le·tje *het (-s)* **1** *(cathol.)* crèche **2** étal; **aan een ~ kopen** acheter à l'étalage
stal·ling *nf (-en)* **1** remise **2** mise à l'écurie **3** garage
stam *nm (-men)* **1** tronc *(d'un arbre)* **2** lignée **3** tribu **4** *(ling.)* racine *(d'un mot)*, radical *(d'un verbe)*
stam|boom *nm (-bomen)* **1** *(d'une personne)* généalogie, *(d'un animal)* pedigree **2** arbre généalogique
stam·ca·fé *het (-s)* café habituel
sta·me·len *vti (h. gestameld)* balbutier
stam·gast *nm (-en)* habitué, -ée *(d'un café etc.)*
stam·hou·der *nm (-s)* héritier du nom
stam·kroeg *de (-en)* → **stamcafé**
stam·men *vi (i. gestamd)* **1** *(+ uit)* provenir (de); **hij stamt uit een oud geslacht** il descend d'une vieille famille **2** *(ling.; + uit)* dériver (de)
stamp *nm (-en)* **1** trépignement **2** coup de pied; **een ~ op de grond geven** frap-

per le sol du pied **3** *(mar.)* tangage **4** *(Belg.)* coup; **iem een ~ geven** pousser qn
stam·pen[1] *vi (h. gestampt)* **1** taper du pied; ~ **van woede** trépigner de colère **2** trépider **3** *(mar.)* tanguer **4** donner un coup de pied
stam·pen[2] *vt (h. gestampt)* **1** écraser **2** tasser
stam·per *nm (-s)* **1** pilon **2** *(bot.)* pistil
stam·pij *nf* tapage; ~ **maken (over iets)** faire du tapage autour d'une affaire
stamp·pot *nm (-ten)* purée de légumes
stamp·voe·ten *vi (h. gestampvoet)* → **stampen**[1] **1**
stamp·vol *adj* bourré
stam·va·der *nm (-s)* aïeul
stand[1] [stɑnt] *nm (-en)* **1** position; **de ~ van de hemel** la position des étoiles; **de ~ van het water** le niveau de l'eau **2** état; **bij deze ~ van zaken** dans l'état actuel des choses **3** *(sports)* marque; **de ~ is 2-1** le score est de 2 à 1 **4** condition; **boven zijn ~ leven** vivre au-dessus de ses moyens; *(hist.)* **de derde ~** le tiers état; **de geestelijke ~** le clergé; **de gegoede ~** les milieux aisés; **de hogere ~en** les classes supérieures; **zijn ~ ophouden** garder son rang **5** emplacement; **op ~ wonen** vivre dans un beau quartier ♦ **iets in ~ houden** conserver qch; **tot ~ komen** se faire; **iets tot ~ brengen** réaliser qch
stand[2] [stɛnt, stɑnt] *nm (-s)* stand *(d'une exposition)*
stan·daard[1] *nm (-s)* **1** support; **de ~ van een fiets** la béquille d'une bicyclette **2** étalon *(unité de mesure)* **3** norme; **een bepaalde ~ bereiken** atteindre un certain niveau; **tot ~ verheffen** prendre pour norme
stan·daard[2] *adj, adv* standard, normalement
***stan·daard-** standard; **de standaardafmeting** la dimension standard
stan·daard·werk *het (-en)* ouvrage de base
stand·beeld *het (-en)* statue
stand·hou·den *vi (h. standgehouden)* **1** résister **2** subsister *(persister)*
stand·je *het (-s)* **1** position **2** réprimande; **een ~ geven** réprimander (qn) **3** attroupement **4** excité, -ée; **een opgewonden ~** une soupe au lait *(fig.)*
stand·plaats *de (-en)* **1** place **2** poste *(fonction)*
stand·punt *het (-en)* point de vue; **bij zijn ~ blijven** rester sur ses positions; **een ~ innemen** adopter un point de vue, avoir un point de vue
stands·ver·schil *het (-len)* différence de classe (sociale)
stand·vas·tig *adj, adv* tenace, avec ténacité; **een ~e liefde** un amour durable
stand·vas·tig|heid *nf (-heden)* ténacité *(constance)*
stang *de (-en)* barre ♦ **iem op ~ jagen** faire mousser qn
stan·gen *vti (h. gestangd) (fam.)* faire mousser (qn)
stank *nm (-en)* mauvaise odeur; **een ondraaglijke ~** une odeur pestilentielle; **het huis is vergeven van de ~** la maison est empestée; ~ **voor dank geven** payer qn d'ingratitude
stan·te pe·de [stɑntəpedə] *adv* sur-le-champ
stap *nm (-pen)* **1** pas; *(fig.)* **geen ~ meer kunnen verzetten** ne plus pouvoir mettre un pied devant l'autre; *(fig.)* **ergens geen ~ voor verzetten** ne pas remuer le petit doigt pour qch; *(fig.)* **daarmee komen we geen ~ vooruit** cela ne nous avance pas d'un pouce; *(fig.)* **een ~(je) terugdoen** se contenter de moins; ~ **voor ~** pas à pas **2** *(fig.)* démarche; **het is een hele ~** c'est un grand pas à franchir; **de (grote) ~ wagen** franchir le pas ♦ **op ~ gaan** sortir *(pour se distraire)*
sta·pel[1] *nm (-s)* **1** pile; **een ~ hout** un tas de bois **2** *(mar.)* cale; **op ~ staan** *(sens pr.)* être en construction, *(fig.)* être imminent; *(fig.)* **te hard van ~ lopen** aller trop vite; *(fig.)* **die onderneming liep goed van ~** cette entreprise marchait bien **3** âme *(d'un violon)*
sta·pel[2] *adj* → **stapelgek**
sta·pel·bed *het (-den)* lits superposés
sta·pe·len *vt (h. gestapeld)* empiler; **tegenslagen die zich op elkaar ~** échecs qui se multiplient
sta·pel·gek *adj, adv* **1** fou à lier **2** fou (de)
sta·pel|huis *het (-huizen) (Belg.)* entrepôt
sta·pel·ver·liefd *adj* → **stapelgek 2**
sta·pel·wolk *de (-en)* cumulus
sta·plaats *de (-en)* → **staanplaats 1**
stap·pen *vi (h./i. gestapt)* **1** marcher; **in een lift ~** monter dans un ascenseur; **op iem af ~** se diriger vers qn; **uit de auto ~** descendre de voiture **2** *(chevaux)* aller au pas **3** sortir *(pour se distraire)*; **gaan ~** faire une virée ♦ *(fig.)* **eruit ~** quitter (qch), *(euph.; se suicider)* quitter la scène; *(fig.)* **wij zullen er maar overheen ~** n'en parlons plus
stap·per *nm (-s) (fam.)* godillot
staps·ge·wijs *adv* pas à pas
stap·voets *adv* au pas
star *adj, adv* **1** fixe(ment) **2** rigide, avec rigidité
sta·ren *vi (h. gestaard)* **1** regarder dans le vide; **doelloos voor zich uit ~** avoir les yeux perdus dans le vague **2** fixer (qn, qch)
start *nm (-s)* départ; **van ~ gaan** prendre le départ
***start-** de, du départ
start|baan *de (-banen)* piste d'envol
start·blok *het (-ken) (sports)* starting-block; *(fig.)* **in de ~ken staan** être prêt à démarrer; *(fig.)* **uit de ~ken zijn** avoir démarré; *(fig.)* **slecht uit de ~ken komen** prendre un mauvais départ
star·ten *vti (h./i. gestart)* **1** démarrer **2** mettre en marche
start·geld *het (-en) (sports)* prime de participation

start·klaar *adj* prêt à partir
start·num·mer *het (-s) (sports)* dossard
sta·te·loos *adj* apatride
Sta·ten-Ge·ne·raal *plur* **1** Parlement **2** *(hist.)* Etats-Généraux
sta·tie *nf (-s)* **1** station *(de la Croix)* **2** *(Belg.)* gare
sta|tief *het (-tieven)* support
sta·tie·geld *het* consigne
sta·tig *adj, adv* **1** digne(ment) **2** solennel(lement) **3** majestueux, majestueusement
sta·ti·on *het (-s)* **1** gare **2** station *(scientifique, radiophonique)*
sta·tion·car [steʃənkɑːr] *nm (-s)* break
sta·ti·o·ne·ren¹ *vt (h./i. gestationeerd)* **1** placer; **waar is die ambtenaar gestationeerd?** où ce fonctionnaire est-il en poste? **2** *(Belg.)* garer
sta·ti·o·ne·ren² *vi (h./i. gestationeerd)* **1** être placé **2** stationner
***sta·ti·ons-** de (la) gare
sta·tus *nm* **1** standing; **mijn ~ vereist dat ik eerste klas reis** vu ma position sociale, je me dois de voyager en première classe **2** statut
sta·tus·sym|bool *het (-bolen)* symbole de prestige
sta·ven *vt (h. gestaafd)* **1** appuyer **2** étayer
ste·de·lijk *adj* **1** municipal **2** urbain
ste·de|ling *nm (-en),* **-linge** *nf (-s, -n)* citadin, -ine
ste·den·bouw *nm* urbanisme
ste·den·bouw·kun·dig *adj* urbaniste
steeds *adj, adv* **1** toujours; **iem ~ aankijken** regarder qn tout le temps; **~ meer** de plus en plus; **het regent nog ~** il pleut toujours; **hij begint ~ opnieuw** il recommence sans cesse **2** de la ville, comme à la ville
steeg¹, stegen → **(op-, uit)stijgen** *(etc.)*
steeg² *de (stegen)* ruelle; **een blinde ~** une impasse
steek *nm (steken)* **1** coup; *(fig.)* **dat was een ~ door mijn hart** cela m'a fendu le cœur; *(fig.)* **iem een ~ onder water geven** lancer une pointe à qn **2** piqûre **3** point, élancement **4** *(couture)* point; **een ~ laten vallen** laisser tomber une maille, *(fig.)* faire une gaffe; *(fig.)* **aan hem is een ~je los** il lui manque une case; *(fig.)* **iets met zaterdagse steken maken** faire qch à la va-vite ♦ **geen ~** rien du tout; **~ houden** tenir (debout); **iem in de ~ laten** laisser tomber qn; **zijn geheugen liet hem in de ~** il a eu un trou de mémoire
steek·hou·dend *adj* fondé; **een ~e opmerking** une remarque qui tient debout
steek·par·tij *nf (-en)* rixe
steek·pen·nin·gen *plur* pots-de-vin
steek|proef *de (-proeven)* **1** sondage **2** échantillon *(de personnes)*
steek·spel *het (-en)* joute
steek·vlam *de (-men)* immense flamme
steek·wa·pen *het (-s)* arme blanche
steek·wond *de (-en)* blessure (occasionnée par un objet pointu)
steel *nm (stelen)* **1** tige **2** manche *(m.)*
steel·pan *de (-nen)* casserole
steels *adj, adv* furtif, furtivement
steen¹ *het/de* pierre; **koud als ~** glacé ♦ **~ en been klagen** se répandre en lamentations
steen² *nm* **1** pierre; *(fig.)* **een ~ des aanstoots** une source de scandale; **als een ~ op de maag liggen** peser sur l'estomac; *(fig.)* **een ~ in een vijver gooien** jeter un pavé dans la mare; **er is me een ~ van het hart gevallen** me voilà soulagé d'un grand poids; *(fig.)* **de onderste ~ moet boven komen** l'affaire doit être tirée au clair à tout prix **2** pierre précieuse **3** *(méd.)* calcul **4** *(sports)* dé **5** *(sports)* domino **6** *(sports)* pion **7** grêlon **8** dalle ♦ **de ~ der wijzen zoeken** chercher la pierre philosophale *(aussi au fig.)*
steen³ *het (Belg.)* forteresse
steen·bok *nm (-ken) (zool.)* bouquetin
Steen·bok *nm (-ken) (astrol.)* Capricorne
steen·dood *adj (Belg.)* raide mort
steen·eik *nm (-en)* yeuse
steen·ezel *nm (-s) (fam.; Belg.)* **1** âne (bâté) **2** tête de mule
steen·goed *adj, adv* terrible(ment bien)
steen·groe·ve *de (-n)* carrière *(de pierres)*
steen·hard *adj, adv* **1** dur comme la pierre, durement **2** *(fig.)* de pierre
steen·hou·wer *nm (-s)* **1** carrier **2** tailleur de pierre(s)
steen·ko·len *plur* charbon
steen·kool *de* houille; **~ stoken** brûler du charbon
steen·koud *adj* **1** glacé; **het is ~ buiten** il fait un froid de canard dehors **2** de marbre
steen·puist *de (-en) (méd.)* furoncle
steen·rijk *adj (fam.)* richissime
steen·slag *het* gravillon
steen|tijd *nm,* **-tijdperk** *het* âge de la pierre
steen·tje *het (-s)* ♦ **zijn, haar, een ~ bijdragen** apporter sa pierre à l'édifice, apporter son obole à qch
steen·weg *nm (-en) (Belg.)* chaussée
steen·wol *de* laine de roche
stee·vast *adj, adv* habituel, toujours; **een ~ gebruik** une habitude immuable
stei·ger *nm (-s)* **1** *(mar.)* appontement **2** échafaudage; **in de ~s staan** être entouré d'échafaudages, *(fig.)* être en chantier
stei·ge·ren *vi (h. gesteigerd) (personnes, des chevaux)* se cabrer
steil *adj, adv* **1** (en pente) raide; **een ~e daling** une descente à pic; *(fig.)* **ergens ~ van achterover slaan** tomber à la renverse en apprenant qch **2** (de façon) rigide; **een ~ calvinist** un calviniste rigoriste
stek *nm (-ken)* **1** bouture **2** plant **3** coin préféré; *(fig.)* **hij heeft zijn ~(je) gevonden** il a fait son trou; **een vaste ~ hebben** avoir un coin à soi
ste·ke·blind *adj* complètement aveugle

ste·kel *nm (-s)* piquant; *(fig.)* **zijn ~s opzetten** se hérisser
ste·kel|baars *nm (-baarzen) (zool.)* épinoche
ste·kel·haar *het* cheveux en brosse
ste·ke·lig *adj* **1** piquant **2** *(fig.)* acerbe; **een ~e opmerking** une pique
ste·ke·lig·heid *nf* **1** causticité **2** pique
ste·kel·var·ken *het (-s)* porc-épic
ste·ken[1] *vti (h. gestoken)* **1** piquer; **hij had de agent een mes in de rug gestoken** il avait planté un couteau dans le dos de l'agent **2** blesser (avec un objet pointu) **3** blesser; **dat steekt hem** cela le contrarie, cela le rend jaloux **4** mettre; **zich in het zwart ~** s'habiller en noir; **iets in elkaar ~** monter qch ♦ **alle banden waren lek gestoken** tous les pneus avaient été crevés
ste·ken[2] *vi (h. gestoken)* **1** être coincé; **ergens blijven ~** rester en panne qp; **ergens in blijven ~** être coincé qp **2** se trouver; **daar steekt iets achter** il y a qch là-dessous; **er steekt een schrijver in hem** il a l'étoffe d'un écrivain; **uit de toren stak een vlag** il y avait un drapeau sur la tour **3** lancer des regards méchants; **haar ogen staken van boosaardigheid** elle avait une lueur méchante dans son regard
ste·kend *adj, adv* **1** piquant **2** (d'un air) méchant **3** (de façon) lancinant(e) **4** (de façon) blessant(e)
stek·ken *vti (h. gestekt)* bouturer
stek·ker *nm (-s)* fiche; **de ~ in het stopcontact steken** brancher la prise ♦ *(fam.)* **balen als een ~** en avoir plein le dos
stek·kie *het (-s) (fam.)* coin (favori)
stel *het (-len)* **1** série; **een heel ~ boeken** pas mal de livres; **hij heeft een goed ~ hersens** il a la tête solide; **een ~ kaarten** un jeu de cartes; **een leuk ~ kinderen** des enfants charmants; *(iron.)* **dat is ook een mooi ~ bij elkaar!** quelle bande ils forment! **2** couple **3** réchaud ♦ **op ~ zijn** être en ordre; **op ~ en sprong** sur-le-champ
ste·len *vti (h. gestolen)* voler (qch à qn); *(Belg.)* **iets niet gestolen hebben** avoir bien mérité qch; **hij kan me gestolen worden** le diable l'emporte; **dat is om te ~** c'est à croquer
stel·la·ge [stɛlaʒə] *nf (-s)* **1** estrade **2** rayonnage **3** charpente
stel·len *vt (h. gesteld)* **1** mettre **2** régler **3** faire **4** supposer (que) **5** affirmer **6** *(+ op)* estimer (à) ⟨*pour les expressions non mentionnées ici voir les substantifs et adjectifs concernés*⟩ ♦ **het goed ~** aller bien; **ik kan het hier niet alleen ~** je n'y arriverai pas tout seul; **het niet kunnen ~ zonder iem/iets** ne pas pouvoir se passer de qn, de qch; **zijn eigen belang hoger ~ dan dat van een ander** faire passer ses propres intérêts avant ceux des autres; **het is er lelijk mee gesteld** ça ne promet rien de bon; **het is niet zo best met hem gesteld** ça ne va pas très bien pour lui; **veel te ~ hebben met iem/iets** avoir fort à faire avec qn, qch; *(Belg.)* **zich in iets ~** se résigner à qch
stel·le·tje *het (-s)* **1** *(péj.)* bande **2** couple
stel·lig *adj, adv* **1** réel(lement) **2** catégorique(ment); **ik geloof het ~** je le crois fermement; **iets ten ~ste verzekeren** garantir qch formellement; **een ~e wens** un vœu ardent **3** certainement
stel·lig|heid *nf (-heden)* **1** fermeté **2** affirmation catégorique
stel·ling *nf (-en)* **1** position; **de ~ van het probleem is onjuist** le problème est mal posé **2** échafaudage; **in de ~en staan** être entouré d'échafaudages **3** rayonnage **4** thèse **5** *(math.)* théorème
stel·ling·na·me *de* prise de position
stel·pen *vt (h. gestelpt)* étancher
stel·re·gel *nm (-s)* règle de conduite; **ik hanteer de ~ dat ...** je pars du principe que ...
stel·sel *het (-s)* système; **een parlementair ~** un régime parlementaire
stel·sel·ma·tig *adj, adv* systématique(ment)
stelt *de (-en)* échasse; *(fam.; fig.)* **lange ~en hebben** être monté sur des échasses ♦ **het hele huis stond op ~en** toute la maison était sens dessus dessous; **de boel op ~en brengen, zetten** tout chambarder
stem *de (-men)* voix; **met algemene, eenparige ~men** à l'unanimité (des voix); **goed bij ~ zijn** être en voix; **naar de ~ van de kiezers dingen** briguer les suffrages des électeurs; **met gedempte ~** à mi-voix; **de meeste ~men gelden** la majorité (des voix) l'emporte; **met omfloerste ~** d'une voix voilée; **de ~men staken** il y a partage de voix; **zijn ~ stokte in zijn keel** la voix lui manqua; **zijn ~ op iem uitbrengen** voter pour qn; *(fig.)* **zijn ~ verheffen tegen** élever des protestations (contre qch); **de ~men zijn verdeeld** les avis sont partagés
stem·band *nm (-en)* corde vocale
stem·bui·ging *nf (-en)* intonation
stem·bus *de (-sen)* **1** urne *(pour les bulletins de vote)*; **naar de ~ gaan** aller aux urnes **2** scrutin
stem·ge·drag *het* comportement électoral
stem·ge·rech·tigd *adj* ♦ **de ~e** le, la votant(e); **de ~e leeftijd hebben** avoir l'âge de voter; **~ zijn** avoir le droit de vote
stem·heb·bend *adj* sonore
stem·loos *adj* aphone
stem·men[1] *vti (h. gestemd) (mus.)* accorder
stem·men[2] *vi (h. gestemd)* voter; **op wie stemt zij?** pour qui vote-t-elle?; **~ over een voorstel** voter une proposition ♦ **iem gunstig ~** disposer favorablement qn; **tot tevredenheid ~** rendre content; **dat stemt mij treurig** cela m'attriste
stem·mig *adj, adv* **1** sobre(ment) **2** *(Belg.)* agréable(ment)
stem·ming *nf (-en)* **1** humeur; **de ~ is goed, slecht** le moral est bon, bas; **in de**

~ **zijn om ...** être d'humeur à ...; **de ~ zit erin** il y a de l'ambiance **2** disposition **3** vote; **een hoofdelijke** ~ un vote par appel nominal; **in ~ brengen** mettre aux voix **4** *(mus.)* accord
stem·ming·ma·ke·rij *nf* ♦ **zich schuldig maken aan** ~ se rendre coupable de manipulation de l'opinion publique
stem·pel[1] *nm (-s)* tampon *(timbre)*
stem·pel[2] *het/de (-s)* cachet; **iemands ~ dragen** porter la griffe de qn; **zijn ~ op iem drukken** marquer qn de son empreinte; **iem het ~ opdrukken van** étiqueter qn comme ♦ **van de oude** ~ comme on n'en fait plus; **iem van de oude** ~ qn de la vieille école
stem·pe·laar *nm (-s),* **-ster** *nf (-s) (Belg.)* chômeur, -euse
stem·pe·len[1] *vt (h. gestempeld)* **1** tamponner **2** *(fig.)* marquer
stem·pe·len[2] *vi (h. gestempeld) (Belg.)* pointer *(chômeurs)*
stem·pel·geld *het (Belg.)* allocation de chômage
stem·pel·kaart *de (-en) (Belg.)* carte de chômeur, de pointage
stem·plicht *de* vote obligatoire
stem·recht *het* droit de vote; **het algemeen** ~ le suffrage universel
stem·ron·de *de (-n) (Belg.)* tour de scrutin
stem·vork *de (-en) (mus.)* diapason
sten·cil *het/de (-s)* **1** stencil **2** polycopié
ste·nen *adj* de pierre, de briques; **een ~ vloer** un carrelage
sten·gel *nm (-s)* tige *(d'une plante)*
ste·ni·gen *vt (h. gestenigd)* lapider
sten·nis *nm (fam.)* ♦ ~ **maken, schoppen** faire du boucan
step *nm (-pen)* trottinette
ster *de (-ren)* **1** étoile; *(Belg.)* **het hoog in zijn ~ hebben** se croire sorti de la cuisse de Jupiter; **het staat in de ~ren** c'est écrit dans le ciel; *(fig.)* **de ~ren van de hemel spelen** jouer comme un dieu; **een vallende** ~ une étoile filante **2** vedette ♦ *(fam.; Belg.)* **tegen de ~ren op** effroyablement
ster·al·lu·res *plur* vedettariat; **hij heeft** ~ il joue les vedettes
ste·reo-in·stal·la·tie *nf (-s)* chaîne stéréo
ste·re·o·tiep *adj, adv* (d'une façon) stéréotypé(e)
ste·reo·to·ren *nm (-s)* rack stéréo
sterf·bed *het (-den)* lit de mort
sterf·dag *nm (-en)* **1** jour du décès (de qn) **2** anniversaire de la mort
sterf·da·tum *nm (-data)* date de, du décès
ster·fe·lijk *adj* mortel
ster·fe·lijk·heid *nf* condition mortelle
sterf·ge·val *het (-len)* décès
sterf·jaar *het* année de (la) mort
sterf·te *nf* **1** mort **2** mortalité *(taux)*
sterf·te·cij·fer *het (-s)* (taux de) mortalité
ste·riel *adj, adv* **1** (de façon) stérile **2** morne
ste·ri·li·se·ren *vt (h. gesteriliseerd)* **1** stériliser **2** *(Belg.)* mettre en conserve
sterk *adj, adv* **1** fort(ement); **dat is ~!** ça c'est (un peu) fort!; *(fig.)* **zich ~ maken voor iem** prendre fait et cause pour qn; **~er nog ...** le plus fort c'est que ...; **zij zijn numeriek ~er** ils sont supérieurs en nombre; **een ~e parfum** un parfum capiteux **2** solide(ment); **een ~ gezondheid hebben** avoir une santé robuste ♦ **ik maak mij ~ dat ...** je doute fort que; **zij staat (nogal) ~** ses arguments sont très solides
ster·ke·drank *nm* boissons spiritueuses
ster·ken *vt (h. gesterkt)* **1** fortifier **2** conforter
sterk·te *nf (-n, -s)* **1** force; **de ~ van een leger** la puissance d'une armée; **de ~ van een elektrische stroom** l'intensité d'un courant électrique; **iem ~ wensen** souhaiter bon courage à qn **2** solidité
ster·ren·beeld *het (-en)* **1** *(astron.)* constellation **2** *(astrol.)* signe
ster·ren·kij·ker *nm (-s)* télescope
ster·ren·kun·de *nf* astronomie
ster·ren·wacht *de (-en) (astron.)* observatoire
ster·ren·wi·che·laar *nm (-s)* astrologue
ster·re·tje *het (-s)* **1** bougie magique *(feu d'artifice)* **2** astérisque ♦ **~s zien** en voir trente-six chandelles
ster·ve|ling *nm (-en),* **-linge** *nf (-n)* mortel, -elle; **er was geen ~ te bekennen** il n'y avait âme qui vive; **de gewone** ~ le commun des mortels
ster·ven *vti, vb impers (i. gestorven)* mourir (de) *(aussi au fig.);* **op ~ liggen** agoniser ♦ **het sterft hier van de vliegen** c'est plein de mouches ici
ster·vor·mig *adj* en (forme d')étoile
steun *nm (-en)* **1** appui; **de ~ aan de ontwikkelingslanden** l'aide aux pays en voie de développement; ~ **hebben aan iets, iem** pouvoir s'appuyer sur qch, qn; *(fig.)* **een ~tje in de rug** un soutien; **iemands ~ en toeverlaat zijn** être la providence de qn; **iem tot ~ zijn** servir d'appui à qn **2** *(fam.)* allocation de chômage; ~ **trekken** recevoir une allocation de chômage
steu·nen[1] *vt (h. gesteund) (aussi au fig.)* appuyer; **elkaar** ~ s'épauler; **iem met raad en daad** ~ soutenir qn de son aide et de ses conseils
steu·nen[2] *vi (h. gesteund)* **1** *(+ op)* (s')appuyer (sur) **2** gémir
steun·punt *het (-en)* **1** point d'appui **2** *(fig.)* base; **een van de ~en van zijn betoog** un des points-clés de son argumentation **3** point service
steun|zool *de (-zolen)* semelle orthopédique
steur *nm (-en) (zool.)* esturgeon
ste·ven *nm (-s) (mar.)* **1** étrave; **de ~ wenden** changer de cap **2** étambot
ste·ve·nen *vi (i. gestevend)* **1** aller d'un pas décidé (vers) **2** *(mar.)* cingler (vers)
ste·vig *adj, adv* **1** substantiel **2** gros **3** sacré; **een ~e borrelaar** un fameux buveur

4 solide(ment); **een ~ pak slaag** une bonne raclée; *(fig.)* **niet erg ~ in zijn schoenen staan** ne pas être très sûr de son affaire; **iem ~ onder handen nemen** dire ses quatre vérités à qn **5** fort(ement) **6** beaucoup; **~ aanpakken** ne pas ménager ses efforts; **~ doorstappen** presser le pas
stich·te·lijk *adj, adv* **1** (de manière) édifiant(e) **2** pieux, pieusement
stich·ten *vti (h. gesticht)* **1** fonder **2** *(relig.)* édifier **3** causer; **vrede ~** rétablir la paix
stich·ting *nf (-en)* fondation *(aussi institution (d'utilité publique))*
stic·ker *nm (-s)* autocollant
stic·kie *het (-s) (fam.)* joint *(drogue)*
stief·broer *nm (-s)* fils du beau-père
stief·doch·ter *nf (-s)* belle-fille
stief·kind *het (-eren)* **1** beau-fils, belle-fille **2** *(fig.)* parent pauvre
stief·moe·der *nf (-s)* **1** belle-mère **2** *(péj.)* marâtre
stief·moe·der·lijk *adj, adv* dur(ement); **ze werden maar ~ behandeld** ils furent traités en parents pauvres
stie·kem *adj, adv (fam.)* **1** sournois(ement) **2** secret, en cachette
stie·kem·pjes *adv (fam.)* en douce
stiel *nm (-en) (Belg.)* métier
stier *nm (-en)* taureau; **snuiven als een ~** souffler comme un bœuf ♦ *(fam.)* **balen als een ~** en avoir plein le dos
stie·ren·ge·vecht *het (-en)* corrida
stie·ren·vech·ter *nm (-s)* torero
stierf, stierven → **(af-, uit)sterven**
stier·lijk *adv (fam.)* drôlement; **dat is ~ vervelend** c'est terriblement ennuyeux
stift *de (-en)* **1** pointe **2** *(stylo etc.)* mine **3** (crayon) feutre
stig·ma *het (-'s)* stigmate
stijf *adj, adv (stijver, stijfst)* **1** raide *(aussi au fig.)*, avec raideur; **wat een stijve hark!** il, elle est raide comme un échalas, quel(le) empoté(e)!; **stijve manieren** manières guindées; **een stijve rug** des courbatures dans le dos; *(fig.)* **iem ~ schelden, vloeken** engueuler qn un bon coup; **~ van angst** paralysé par la peur; **~ van de kou** engourdi par le froid **2** épais; **eiwit ~ kloppen** monter des blancs d'œuf en neige; *(cuis.)* **~ laten worden** laisser prendre **3** plein (de); *(fig.)* **hij staat ~ van de drugs** il est drogué à mort **4** *(fig.)* maladroit(ement) **5** bien tendu, fixement; *(fig.)* **iets ~ en strak, star staande houden** soutenir qch mordicus ♦ **een stijve bries** une forte brise
stijf|heid *nf (-heden)* **1** raideur **2** réserve **3** consistance
stijf·hoof·dig *adj, adv* obstiné(ment)
stijf·jes *adj, adv* (d'un air) compassé
stijf·klop·pen *vt (h. stijfgeklopt) (cuis.)* battre en neige
stijf·kop *nm (-pen)* entêté, -ée
stijf·sel *het/de* amidon
stijg·beu·gel *nm (-s)* étrier
stij·gen *vi (i. gestegen)* monter; **een ~de lijn** une ligne ascendante; **de lonen ~** les salaires augmentent; **~de tendens** tendance à la hausse ♦ **van het paard ~** descendre de cheval
stij·ging *nf (-en)* **1** hausse **2** crue
stijl *nm (-en)* **1** style; **dat is geen ~** ça ne se fait pas; **~ hebben** avoir de l'allure; **met, in ~** avec allure; **het onderwijs nieuwe ~** l'enseignement nouvelle formule **2** montant *(pièce verticale)*
***stijl-** de style; **de stijlfiguur** la figure de style
stijl·bloem·pje *het (-s)* élégance
stijl·dan·sen *het* danse de salon
stijl·leer *de* stylistique
stijl|loos *adj, adv (-lozer, meest s.)* **1** dénué de style (propre), sans style (propre) **2** incorrect, d'une façon inconvenante; **wat je gedaan hebt is ~** tu devrais avoir honte
stijl·vol *adj, adv* de (bon) goût, avec élégance
stij·ve *nm (-n)* érection; **een ~ krijgen** bander
stik *interj (fam.)* zut!
stik·don·ker *adj* tout à fait noir
stik·heet *adj (fam.)* étouffant
stik·ken[1] *vi, vb impers (h./i. gestikt)* **1** étouffer; **in iets ~** s'étouffer en mangeant qch; **hij stikte bijna in zijn woorden** sa voix s'étrangla **2** *(fam.)* avoir en surabondance; **~ in het werk** être débordé de travail ♦ *(fam.)* **je kunt voor mijn part ~!, stik jij toch!** va te faire foutre!; *(fam.)* **iem laten ~** laisser tomber qn; *(fam.)* **~ van de warmte** crever de chaleur; *(fam.)* **het stikt hier van de restaurantjes** il y a plein de petits restaurants dans le coin
stik·ken[2] *vti (h./i. gestikt) (couture)* piquer
stik·stof *de (chim.)* azote
stik·stof·hou·dend *adj* azoté
stik·vol *adj (fam.)* bourré
stil *adj, adv* **1** silencieux, silencieusement; **zo ~ als een muis, als het graf** très silencieux; **het was er zo ~, dat men een speld kon horen vallen** le silence y était tel qu'on aurait entendu une mouche voler; **hij is er ~ van** il en reste muet; *(Belg.)* **~ spreken** parler doucement; **~!** silence! **2** tranquille(ment); **een ~le zee** une mer calme; **~ blijven zitten** rester assis sans bouger **3** (en) secret; **~le armoede** misère cachée
stil·aan *adv* peu à peu
sti·le·ren *vt (h. gestileerd)* **1** styliser **2** bien formuler
sti·let·to *nm (-'s)* couteau à cran d'arrêt
stil·hou·den[1] *vt (h. stilgehouden)* **1** tenir tranquille; **hou je stil!** tais-toi! **2** tenir secret
stil·hou·den[2] *vi (h. stilgehouden)* s'arrêter
stil·le *nm (-n)* **1** taciturne **2** *(fam.)* condé
stil·leg·gen *vt (h. stilgelegd)* arrêter; **een bedrijf ~** paralyser une entreprise
stil·len *vt (h. gestild)* assouvir
stil·le·tjes *adv* **1** tranquillement; **~ verdwijnen** s'esquiver **2** secrètement; **hij stak haar ~ wat geld toe** il lui passa discrètement de l'argent

stil·le·ven *het (-s) (arts)* nature morte
stil·lig·gen *vi (h. stilgelegen)* **1** être couché tranquillement **2** être immobilisé **3** être paralysé
stil·staan *vi (h. stilgestaan)* **1** rester immobile **2** s'arrêter; *(fig.)* **ergens bij** ~ s'attarder sur qch **3** ne pas évoluer **4** être arrêté; **daar staat mijn verstand bij stil** je n'y comprends rien
stil·stand *nm* **1** immobilité **2** arrêt; **tot ~ brengen** arrêter; *(prov)* **~ is achteruitgang** qui n'avance pas recule
stil·te *nf* **1** silence; **een doodse** ~ un silence lugubre; **hij is in alle ~ begraven** il a été enterré dans la plus stricte intimité; **een ogenblik ~ in acht nemen, in ~ bidden** se recueillir; **er viel een** ~ il y eut un silence **2** calme
stil·val·len *vi (i. stilgevallen)* s'arrêter
stil·zet·ten *vt (h. stilgezet)* arrêter
stil·zit·ten *vi (h. stilgezeten)* **1** ne pas bouger (sur sa chaise) **2** rester inactif
stil·zwij·gen *het* silence; **er het ~ toe doen** se taire
stil·zwij·gend *adj, adv* **1** silencieux, sans mot dire **2** tacite(ment); **~ bedoelen** sous-entendre
sti·mu·lans *nm (-en)* stimulant
stink·dier *het (-en) (zool.)* mouffette
stin·ken *vi (h. gestonken)* puer; **uit de mond** ~ avoir mauvaise haleine; **een uur in de wind** ~ puer à des kilomètres à la ronde; *(fig.)* **die zaak stinkt** cette affaire-là sent mauvais ♦ *(fam.)* **erin** ~ se faire pincer, se faire avoir
stin·kend *adj, adv* **1** puant **2** infect, horriblement
stin·kerd *nm (-s)* ♦ *(fam.)* **rijke ~s** rupins
stip *de (-pen),* **stippel** *de (-s)* point; *(mus.)* **een hit met** ~ un tube qui grimpe au hit-parade
sti·pen|di·um *het (-diums, -dia)* bourse (d'études)
stip·pe·len *vt (h. gestippeld)* pointiller
stipt *adj, adv* **1** ponctuel(lement); **hij is altijd ~ op tijd** il vient toujours à l'heure exacte **2** rigoureux, rigoureusement
stipt·heids·ac·tie *nf (-s)* grève du zèle
stoe·fen *vi (h. gestoeft) (Belg.)* frimer
stoei·en *vi (h. gestoeid)* folâtrer
stoei·par·tij *nf (-en)* batifolage
stoel *nm (-en)* chaise; **een luie, gemakkelijke** ~ un fauteuil; *(fig.)* **de poten onder iemands ~ wegzagen** couler qn; *(fig.)* **iets niet onder ~en of banken steken** ne pas faire mystère de qch; *(fig.)* **op het puntje van zijn ~ zitten** être assis sur la pointe des fesses; *(Belg.; fig.)* **van zijn ~ vallen** se casser le nez; *(fig.)* **van verbazing van zijn ~ vallen** tomber à la renverse; **voor ~en en banken praten** parler dans le vide ♦ **de Heilige Stoel** le Saint-Siège
stoe·len *vi (h. gestoeld) (+ op)* reposer (sur)
stoel·gang *nm* selles
stoep *de (-en)* **1** trottoir **2** perron; **onverwachts op de ~ staan bij iem** se pointer chez qn à l'improviste ♦ *(prov)* **ieder moet zijn eigen ~ (schoon)vegen** chacun doit balayer devant sa porte
stoer *adj (stoerder, stoerst)* robuste; *(fam.; iron.)* **~ doen** faire le mariolle; **de ~e jongen uithangen** jouer au petit soldat
stoet *nm (-en)* cortège
stoet·has·pel *nm (-s)* **1** empoté, -ée **2** type
stof[1] *het* poussière; *(fig.)* **veel ~ doen opwaaien** faire beaucoup de bruit; *(fig.)* **voor iem in het ~ buigen** se mettre à plat ventre devant qn
stof[2] *de (-fen)* **1** matière **2** *(pas de plur.)* sujet; **~ opleveren voor** fournir matière à; **de verplichte ~ voor een examen** le programme d'un examen **3** étoffe ♦ **kort van ~ zijn** être peu loquace
stof·boel *nm* ♦ **wat een ~!** quelle poussière!
stof·deel·tje *het (-s)* **1** *(phys.)* corpuscule **2** (grain de) poussière
stof·doek *nm (-en)* chiffon à poussière
stof·fe·lijk *adj* matériel
stof·fen[1] *adj* en tissu
stof·fen[2] *vti (h. gestoft)* ôter la poussière; **de kamer** ~ ôter la poussière dans le salon
stof·fer *nm (-s)* balayette; **~ en blik** balayette et pelle
stof·fe·ren *vt (h. gestoffeerd)* recouvrir; **een stoel** ~ tapisser un fauteuil ♦ **een gestoffeerde kamer** une pièce garnie de rideaux et de moquette
stof·fe·ring *nf (-en)* **1** ± tissu d'ameublement **2** ± ameublement
stof·fig *adj* poussiéreux; *(fig.)* **het is hier een ~e boel** c'est vraiment mort ici
stof·je *het (-s)* → **stofdeeltje 2**
stof·lon·gen *plur (méd.)* silicose
stof·vod *het (-den) (Belg.)* → **stofdoek**
stof·vrij *adj* sans poussière
stof·wis·se·ling *nf (biol.)* métabolisme
stof·zui·gen *vti (h. gestofzuigd)* passer l'aspirateur
stof·zui·ger *nm (-s)* aspirateur
sto·ï·cijn *nm (-en)* **1** stoïque **2** *(philo.)* stoïcien, -ienne
stok *nm (-ken)* bâton; *(fig.)* **het aan de ~ krijgen met iem** avoir maille à partir avec qn; *(fig.)* **een ~ achter de deur nodig hebben** avoir besoin d'une épée dans les reins (pour faire qch); *(fig.)* **dat is een mooie ~ achter de deur** c'est un bon moyen de pression; *(fig.)* **iem een ~ tussen de benen gooien** mettre des bâtons dans les roues à qn; **hij is met geen ~ hierheen te krijgen** il n'y a pas moyen de le faire venir; *(prov)* **men moet niet verder springen dan zijn ~ lang is** qui trop embrasse, mal étreint
stok|brood *het (-broden)* baguette *(pain)*
stok·dood *adj (Belg.)* → **steendood**
stok·doof *adj* sourd comme un pot
sto·ken[1] *vt (h. gestookt)* **1** entretenir (un feu); **een vuurtje** ~ faire un feu **2** se chauffer (à) **3** attiser; **ruzie** ~ semer la discorde **4** distiller ♦ **zijn tanden** ~ se curer les dents

sto·ken² *vi (h. gestookt)* **1** faire du feu **2** intriguer
stok·je *het (-s)* ♦ *(fig.)* **ergens een ~ voor steken** mettre le holà à qch; **van zijn ~ gaan** tomber dans les pommes
stok·ken *vi (i. gestokt)* manquer (à qn)
stok·oud *adj* vieux comme Mathusalem
stok·paard·je *het (-s)* cheval de bataille *(fig.)*
stok·stijf *adj, adv* **1** raide comme un piquet; **~ blijven staan** rester rivé sur place **2** obstiné(ment)
stok·vis *nm (-sen)* morue séchée
sto·la *de (-'s)* étole
stol·len *vi (i. gestold)* se coaguler; **doen ~** coaguler
stolp *de (-en)* **1** cloche **2** bouchon de verre
stol·sel *het (-s)* **1** caillot **2** grumeau
stom *adj, adv* **1** bête(ment); **~me ezel dat je bent!** triple idiot!; **een ~me streek uithalen** faire une bêtise; *(fig.)* **te ~ zijn om voor de duvel te dansen** être bête à manger du foin; **dat vind ik ~ van je** je ne trouve pas ça malin de ta part **2** muet; **geen ~ woord zeggen** ne pas dire un traître mot **3** ennuyeux
stom·dron·ken *adj* ivre mort
sto·men¹ *vi (h./i. gestoomd)* **1** faire de la vapeur **2** naviguer
sto·men² *vt (h./i. gestoomd)* **1** étuver **2** nettoyer à sec
sto·me·rij *nf (-en)* pressing
stom|heid *nf (-heden)* **1** mutité; **met ~ geslagen zijn** être frappé de stupeur **2** bêtise
stom·kop *nm (-pen)* → **stommeling**
stom·me·len *vi (h. gestommeld)* **1** cogner **2** faire du bruit, un bruit sourd
stom|me·ling *nm (-en)*, **-merd** *nm (-s)*, **-merik** *nm (-en)* imbécile
stom·me·tje ♦ **~ spelen** faire le muet, la muette
stom·mi·teit *nf (-en)* bêtise
stomp¹ *nm (-en)* **1** bout **2** coup (de poing)
stomp² *adj* **1** obtus **2** émoussé
stom·pen *vt (h. gestompt)* donner des coups de poing à
stomp·zin·nig *adj, adv* (d'une façon) stupide
stom·toe·val·lig *adj, adv* tout à fait par hasard
stom·ver·baasd *adj, adv* muet d'étonnement, avec stupéfaction
stom·ver·ve·lend *adj* assommant
stom·weg *adv* (tout) bêtement
stond, stonden → **(af-, klaar)staan** *(etc.)*
stonk, stonken → **(in)stinken**
stoof¹, stoven → **(op)stuiven** *(etc.)*
stoof² *de (stoven)* **1** chauffe-pieds **2** étuveur, étuveuse **3** *(Belg.)* poêle *(m.)*
stoof·pan *de (-nen)* → **stoofpot 2**
stoof|peer *de (-peren)* poire à cuire
stoof·pot *nm (-ten)* **1** daube **2** cocotte
stoof·vlees *het (Belg.)* viande en daube, à l'étuve
stook·kos·ten *plur* frais de chauffage
stook|olie *de (-oliën)* mazout
stoom *nm* vapeur; *(fig.)* **~ afblazen** libérer le trop-plein
***stoom-** à vapeur
stoom·bad *het (-en)* bain de vapeur
stoom·cur·sus *nm (-sen)* cours accéléré
stoor·nis *nf (-sen)* **1** dérangement **2** trouble
stoor·zen·der *nm (-s)* **1** brouilleur *(émetteur)* **2** *(fig.)* perturbateur, -trice
stoot¹ *nm (stoten)* **1** coup; *(fig.)* **de ~ tot iets geven** prendre l'initiative de qch; **een ~ onder de gordel** *(boxe; fig.)* un coup bas **2** *(fam.)* cargaison; **een ~ volk** une cohue **3** à-coup
stoot² *nf (stoten) (vulg.)* beau châssis
stoot·je *het (-s)* ♦ *(fig.)* **wel tegen een ~ kunnen** avoir les reins solides, être dur au mal
stoots·ge·wijs *adj, adv* saccadé, par à-coups
stoot·vast *adj* antichoc
stop¹ *nm (-pen)* **1** bouchon **2** plomb; **de ~pen slaan door** les plombs sautent, il (elle) est en train de craquer **3** reprise **4** arrêt ♦ **voor enkele studierichtingen is een ~ ingesteld** il y a un numerus clausus pour quelques branches
stop² *interj* stop!
stop·bord *het (-en) (circul.)* stop
stop·con·tact *het (-en)* prise (de courant); **de stekker in het ~ steken** brancher la prise
stop·licht *het (-en)* **1** feu; **door een ~ rijden** brûler un feu rouge **2** (signal de) stop
stop·pel *nm (-s)* **1** chaume **2** poil (de la barbe)
stop·pel·baard *nm (-en)* barbe de deux jours
stop·pen¹ *vt (h./i. gestopt)* **1** boucher; **een lek ~** colmater une fuite **2** mettre; **een kind onder de wol ~** mettre un enfant au lit **3** arrêter; **hij was niet te ~** il n'y avait pas moyen de l'arrêter
stop·pen² *vi (h./i. gestopt)* s'arrêter (de)
stop·pen³ *vti (h./i. gestopt)* **1** repriser **2** constiper
stop·trein *nm (-en)* train omnibus
stop·verf *de* mastic
stop·watch [stɔpwɔtʃ] *het/de (-es)* chronomètre
stop·woord *het (-en)* tic de langage; **'weet je' is zijn ~** 'tu sais' est son expression favorite
stop·zet·ten *vt (h. stopgezet)* arrêter; **subsidie ~** couper les subventions
sto·ren *vti (h. gestoord)* déranger ♦ **zich niet ~ aan** se moquer de; **zich aan niets of niemand ~** ne tenir compte de rien ni de personne
sto·rend *adj, adv* (d'une façon) gênant(e)
sto·ring *nf (-en)* **1** interruption; **technische ~** incident technique **2** *(com.)* brouillage **3** *(météo.)* perturbation
storm *nm (-en)* tempête *(aussi au fig.)*;

(fig.) **een** ~ **bezweren** calmer une tempête; *(fig.)* **een** ~ **ontketenen** déchaîner un ouragan ♦ **het loopt** ~ il y a foule

storm·aan·val *nm (-len)* → **stormloop**

storm·ach·tig *adj, adv* (d'une façon) agité(e); **een** ~ **applaus** un tonnerre d'applaudissements; **het bleef** ~ la tempête persistait

stor·men *vi, vb impers (h./i. gestormd)* **1** y avoir de la tempête **2** s'élancer

stor·men·der·hand *adv* d'assaut; **het publiek** ~ **veroveren** conquérir d'emblée son public

storm·kracht *de* tempête

storm·loop *nm* **1** assaut **2** ruée

storm·lo·pen *vb impers (h. stormgelopen)* ♦ **het loopt storm** c'est la bousculade

storm·troep *nm (-en) (milit.)* troupe d'assaut

storm·vloed *nm (-en)* grande marée

storm·vloed·ke·ring *nf (-en)* barrage antitempêtes

stort·bad *het (-en)* douche

stort·bak *nm (-ken)* **1** réservoir de la chasse **2** cuve

stort·bui *de (-en)* averse

stor·ten[1] *vi (h./i. gestort)* tomber; **de regen stort naar beneden** il pleut à verse

stor·ten[2] *vt (h./i. gestort)* (dé)verser; **beton** ~ couler du béton

stor·ten[3] *vpr (zich ~; h. zich gestort)* se jeter; **zich in de politiek** ~ se lancer dans la politique

stor·ting *nf (-en)* **1** versement **2** déversement

stort·ko·ker *nm (-s)* vide-ordures

stort·plaats *de (-en)* décharge, déchetterie

stort·re·gen *nm (-s)* averse

stort·vloed *nm (-en)* **1** raz-de-marée **2** *(fig.)* torrent; **een** ~ **van protesten** une vague de protestations

sto·ten[1] *vi (h./i. gestoten)* **1** heurter (qch), se heurter (à) **2** tressauter

sto·ten[2] *vt (h./i. gestoten)* **1** bousculer **2** (se) cogner; *(fig.)* **zijn hoofd** ~ se casser le nez

sto·ten[3] *vti (h./i. gestoten)* **1** *(poids et haltères)* faire un épaulé-jeté **2** *(billard)* jouer à la bande

sto·ten[4] *vpr (zich ~; h. zich gestoten)* **(aan) 1** se heurter (contre) **2** être choqué (par)

sto·tend *adj* **1** choquant **2** heurté

stot·te·ren *vti (h. gestotterd)* bégayer

stout *adj, adv* **1** *(enfant)* (comme un) vilain **2** audacieux, audacieusement; **Karel de Stoute** Charles le Téméraire; **het overtreft mijn ~ste verwachtingen** cela dépasse toutes mes attentes

stou|terd *nm (-s)*, **-terik** *nm (-en)* (petit(e)) vilain, -aine

stout·moe·dig *adj, adv* audacieux, audacieusement

sto·ven *vti (h./i. gestoofd) (cuis.)* mijoter; *(fig.)* **de zonaanbidders lagen te** ~ **op het strand** les amoureux du soleil se rôtissaient sur la plage

sto·ve·rij *de (-en) (Belg.)* carbonnades (flamandes)

straal[1] *de (stralen)* **1** rayon; *(fig.)* **er is geen ~tje hoop meer** il n'y a plus une lueur d'espoir **2** jet; **een** ~ **bloed** un flot de sang

straal[2] *adv* **1** tout droit **2** *(fam.)* totalement; **iem** ~ **voorbij lopen** dépasser qn sans se retourner

straal·be·zo·pen *adj (fam.)* complètement bourré

straal·ja·ger *nm (-s) (aviat.)* chasseur à réaction

straal·ka·chel *de (-s)* radiateur électrique

straat *de (straten)* **1** rue; **een doodlopende** ~ une impasse; **op** ~ **staan** être à la rue, être sur le pavé; *(fig.)* **de** ~ **op gaan** descendre dans la rue; **iem op** ~ **zetten** jeter qn à la rue, mettre qn à la porte; **je kunt zo niet over** ~ **gaan** tu ne peux pas sortir comme ça **2** détroit

straat·arm *adj* très pauvre

straat·beeld *het (-en)* aspect de la rue

straat·hond *nm (-en)* **1** chien errant **2** (chien) bâtard

straat·je *het (-s)* ♦ *(fig.)* **dat was precies in zijn** ~ cela faisait parfaitement son affaire; **een** ~ **omlopen** faire un (petit) tour; *(fig.)* **het is een** ~ **zonder end** cela n'en finit pas

straat·jon·gen *nm (-s)* **1** gamin des rues **2** voyou

straat·or·gel *het (-s)* orgue de barbarie

straat|steen *nm (-stenen)* pavé; **een product aan de straatstenen niet kwijt kunnen** ne pas trouver le moindre acquéreur pour un produit

straat·ver·bod *het (-en)* ⟨*interdiction de se trouver dans une certaine zone*⟩

straf[1] *nf (-fen)* **1** punition; **een** ~ **kwijtschelden** lever une punition **2** *(jur.)* peine; **op ~fe van** sous peine de; **zijn** ~ **uitzitten** purger sa peine (en prison); **een zware** ~ une peine sévère

straf[2] *adj, adv* **1** sévère(ment) **2** fort(ement) **3** raide

straf|baar *adj (-baarder, -baarst)* **1** coupable **2** punissable; **een** ~ **feit** fait délictueux; **dat is** ~ cela tombe sous le coup de la loi

straf·baar·heid *nf (jur.)* pénalité

straf·bank *de* **1** banc des accusés; *(fig.)* **op het ~je zitten** être sur la sellette **2** *(sports)* banc de pénalité

straf·be·pa·ling *nf (-en) (jur.)* clause pénale

straf·blad *het (jur.)* casier judiciaire

straf·fe·loos *adj, adv* impuni, impunément

straf·fen *vti (h. gestraft)* punir; **met een boete** ~ infliger une amende

straf·in·rich·ting *nf (-en)* établissement pénitentiaire

straf·kamp *het (-en)* camp de travail

straf·maat·re·gel *nm (-en)* sanction

straf·punt *het (-en) (sports)* point de pénalisation

straf·recht *het (jur.)* droit pénal
straf·rech·te·lijk *adj, adv (jur.)* (au) pénal
straf·re·gis·ter *het (-s)* → **strafblad**
straf·schop *nm (-pen) (sports)* penalty
straf·tijd *nm* **1** *(jur.)* durée de sa peine; **zijn ~ uitzitten** purger sa peine **2** *(sports)* exclusion
straf·ver·vol·ging *nf (jur.)* poursuite judiciaire
straf·vor·de·ring *nf (jur.)* procédure pénale
straf·werk *het* travail supplémentaire
straf·wet *de (-ten) (jur.)* loi pénale
straf|zaak *de (-zaken) (jur.)* affaire criminelle
strak *adj, adv* **1** raide, avec raideur; **een ~ke bouwstijl** une architecture austère; *(fig.)* **iem ~ houden** serrer la vis à qn; **een touw ~ houden** tendre une corde; **de snaren ~ker spannen** resserrer les cordes; **de broek zit daar te ~** le pantalon est trop étroit ici **2** fixe(ment) **3** impassible(ment) **4** ferme(ment); **~ gespannen aandacht** attention soutenue; **~ aan iets vasthouden** s'obstiner dans qch **5** *(langage des jeunes)* super, grave
strak·blauw *adj* bleu azur
strak·jes *adv* → **straks**
straks *adv* tout à l'heure
stra·len *vi (h./i. gestraald)* **1** briller; **~ van vreugde** rayonner de joie **2** *(fam.)* être collé
stra·lend *adj* **1** lumineux; *(fig.)* **een ~ witte was** un linge d'un blanc éclatant; **een ~e zon** un soleil resplendissant **2** qui dégage de la chaleur **3** rayonnant; **~ weer** temps splendide
stra·len|krans *nm (-en)*, **-kroon** *de (-kronen)* auréole
stra·ling *nf (-en)* rayonnement; **radioactieve ~** radioactivité
stra·lings·ge·vaar *het* risque d'irradiation
stram *adj, adv* raide, avec raideur
stra·mien *het* trame; **volgens een vast ~** toujours selon le même scénario
strand *het (-en)* **1** plage **2** *(form.)* rivage
stran·den *vi (i. gestrand)* échouer *(aussi mar.)*; **al mijn pogingen strandden op zijn onverzettelijkheid** toutes mes tentatives se sont brisées sur son intransigeance
strand·jut·ten *vi* piller des épaves
strand·weer *het* (beau) temps pour aller à la plage
strap·less [strɛpləs] *adj* sans bretelles
stre·ber [strebər, ʃtrebər] *nm (-s)* jeune loup *(fig.)*
streed, streden → **strijden**
streef|da·tum *nm (-data)* date limite
streek[1], **streken** → **(af-, glad)strijken** *(etc.)*
streek[2] *de (streken)* **1** tour; **we zullen hem die streken wel afleren** on va lui faire passer l'envie de recommencer; **een stomme ~ begaan** faire une bêtise; **iem een vuile ~ leveren** jouer un vilain tour à qn; **zijn streken thuis krijgen** recevoir la monnaie de sa pièce **2** région **3** touche ♦ *(fig.)* **op ~ zijn** être en train; *(fig.)* **weer op ~ komen** se remettre; *(fig.)* **van ~ zijn** *(personnes)* être bouleversé, *(choses)* être perturbé
***streek-** régional; **het streekblad** le journal régional
streeks·ge·wijs *adj, adv* régional(ement)
streep *de (strepen)* **1** ligne; *(fig.)* **een ~ door de rekening** un mécompte; **een ~ door iets halen** barrer qch, faire une croix sur qch *(fig.)*; *(Belg.; fig.)* **een ~ onder iets trekken** tirer un trait sur qch **2** bande; **een stof met blauwe en witte strepen** un tissu à rayures bleues et blanches; *(fig.)* **iem over de ~ trekken** gagner qn (à une cause)
streep·je *het (-s)* **1** trait; **de thermometer is vier ~s gezakt** le thermomètre est descendu de quatre degrés; *(fig.)* **een ~ voor hebben** être dans les petits papiers (de qn) **2** tiret **3** trait d'union **4** rayures
streep·jes·co·de *nm (-s)* code-barres
strek·ken[1] *vi (h. gestrekt)* **1** s'étendre; **mijn verplichtingen ~ niet verder** mes obligations s'arrêtent là **2** être suffisant; **zolang de voorraad strekt** jusqu'à épuisement du stock **3** *(+ tot)* servir (à)
strek·ken[2] *vt (h. gestrekt)* allonger; **even de benen ~** se dégourdir les jambes; **zijn ledematen ~** s'étirer ♦ **(per) ~de meter** (au) mètre courant
strek·king *nf (-en)* portée; **woorden van gelijke ~** mots de même signification
stre·len *vt (h. gestreeld)* **1** caresser **2** flatter
strem·men[1] *vti (h./i. gestremd)* (se) cailler
strem·men[2] *vt (h./i. gestremd)* gêner; **de scheepvaart was tijdelijk gestremd** la navigation était temporairement interrompue
strem·ming *nf (-en)* **1** arrêt; **de ~ van het verkeer** l'interruption de la circulation **2** caillage *(du lait)*
streng[1] *de (-en)* **1** écheveau **2** torsade **3** cordon ♦ **een ~ knoflook** une tresse d'ails
streng[2] *adj, adv* **1** rigoureux **2** sévère(ment); **de ~e schoonheid van romaanse kerken** l'austère beauté des églises romanes; **dat is ten ~ste verboden** c'est formellement interdit **3** strict(ement); **een gevangene ~ bewaken** surveiller étroitement un prisonnier
stret·cher [strɛtʃər] *nm (-s)* lit de camp
streu·vel·haar *het (Belg.)* tignasse hirsute
stre·ven[1] *het* **1** effort **2** aspiration; **een nobel ~** une noble ambition
stre·ven[2] *vi (h. gestreefd) (+ naar)* aspirer (à); **ernaar ~ de orde te handhaven** s'efforcer de maintenir l'ordre ♦ **je doel voorbij ~** dépasser son but
striem *de (-en)* **1** marque **2** coup
strie·men *vti (h. gestriemd)* cingler; **in de ~de regen lopen** marcher sous une pluie battante

strijd *nm* **1** lutte; **de ~ aanbinden (tegen)** engager la lutte (contre); **de ~ om de macht** la course au pouvoir; **de ~ om de kwartfinales** la lutte pour l'accession aux quarts de finale; **~ op leven en dood** lutte à mort; **ten ~e trekken (tegen)** marcher au combat, *(fig.)* partir en guerre (contre); **gehavend uit de ~ (vandaan) komen** *(sens pr.)* revenir en piteux état, *(fig.)* y laisser des plumes; **~ voeren, leveren** livrer combat; **een zware ~** un violent combat **2** dispute; **daar is, bestaat ~ over** cela fait l'objet d'une controverse **3** contradiction
strijd·bijl *de (-en)* hache de guerre
strij·den *vi (h. gestreden)* **1** lutter (pour, contre qch) **2** débattre (de); **daarover valt niet te ~** c'est indiscutable **3** être contraire (à)
strij·der *nm (-s),* **strijdster** *nf (-s)* **1** combattant, -ante **2** lutteur
strijd·ge·woel *het* mêlée *(combat)*
strij·dig *adj (+ met)* contraire (à)
strij·dig|heid *nf (-heden)* opposition; **de ~ van de gevoelens** le conflit des sentiments; *(jur.)* **de ~ van vonnissen** la contrariété de jugements; **wegens ~ met de wet** parce qu'en violation de la loi
strijd·krach·ten *plur* forces armées
strijd|kreet *nm (-kreten)* cri de guerre
strijd·lus·tig *adj* combatif
strijd·macht *de (-en)* force armée
strijd·perk *het (-en)* champ de bataille; **met iem in het ~ treden** se mesurer avec qn
strijd·vaar·dig *adj* **1** combatif **2** prêt au combat
strijd|vraag *de (-vragen)* question en litige
strijk *nm (Belg.)* → **strijkgoed**
strij·ken[1] *vi (h./i. gestreken)* **1** se repasser **2** raser; **de zwaluwen ~ over het water** les hirondelles volent au ras de l'eau ♦ **met de prijs gaan ~** remporter le prix
strij·ken[2] *vti (h./i. gestreken)* **1** effleurer; **iem over de haren ~** caresser les cheveux de qn **2** repasser (qch)
strij·ken[3] *vt (h./i. gestreken)* **1** étaler **2** (a)baisser; **de vlag ~** amener le drapeau **3** frotter ♦ **geld naar zich toe ~** ramasser de l'argent; **de haren uit zijn gezicht ~** écarter les cheveux de son visage
strij·ker *nm (-s),* **strijkster** *nf (-s) (mus.)* musicien, -ienne qui joue d'un instrument à cordes
strijk·goed *het* linge à repasser
strijk·in·stru·ment *het (-en) (mus.)* instrument à cordes (frottées)
strijk·je *het (-s) (mus.)* (petit) orchestre à cordes
strijk·kwar·tet *het (-ten) (mus.)* quatuor à cordes
strijk·stok *nm (-ken) (mus.)* archet ♦ **er blijft veel aan de ~ hangen** il y a beaucoup d'argent qui disparaît dans les poches
strik *nm (-ken)* **1** nœud **2** collet; **iem een ~ spannen** tendre un piège à qn
strik·je *het (-s)* nœud (papillon)
strik·ken *vti (h. gestrikt)* nouer; **een schoen ~** lacer un soulier ♦ **iem ~ voor een karweitje** trouver une victime pour une corvée
strikt *adj, adv* strict(ement); **onder ~e geheimhouding** dans le plus grand secret; **~ genomen** strictement parlant
strik|vraag *de (-vragen)* question piège
strin·gent *adj* péremptoire; **een ~e voorwaarde** une condition contraignante
strip *nm (-s, -pen)* **1** bande **2** bande dessinée **3** plaquette *(de pilules etc.)*
strip·fi|guur *de (-guren)* personnage de bande dessinée
strip·pen *vi (h. gestript)* faire du striptease
strip·pen·kaart *de (-en) (circul.)* carte multiple (pour les transports en commun), *(Belg.)* carte de zone
strip·ver|haal *het (-halen)* bande dessinée
stro *het* paille; *(Belg.)* **gekapt ~ zijn** être décousu, être incohérent
*__stro-__ de paille
stro·bloem *de (-en)* immortelle
stro·breed *het* ♦ **geen ~ wijken** ne pas céder d'un pouce; *(fig.)* **iem geen ~ in de weg leggen** ne pas faire la moindre difficulté à qn
stroef *adj, adv (stroever, stroefst)* **1** rude (au toucher) **2** *(technol.)* grippé, péniblement; **dit slot gaat erg ~** cette serrure a besoin d'être huilée **3** heurté, péniblement **4** (d'une manière) revêche; **een ~ antwoord** une réponse sèche
stro·halm *nm (-en)* brin de paille; *(fig.)* **zich aan een (laatste) ~ vastklampen** se cramponner à un dernier espoir
stro·ken *vi (h. gestrookt) (+ met)* cadrer (avec); **dat strookt niet met elkaar** ça ne va pas ensemble
stro·kleu·rig *adj* (couleur) paille
stro·men *vi (h./i. gestroomd)* **1** couler; **de rivier stroomt in zee** le fleuve se jette dans la mer; **~de regen** pluie torrentielle **2** affluer (vers); **het licht stroomt de kamer in** la lumière inonde la pièce; **uit iedere trein ~ drommen reizigers** chaque train déverse un flot de passagers
stro·ming *nf (-en)* **1** courant *(mer, un fleuve)* **2** flux
strom·pe·len *vi (h./i. gestrompeld)* avancer péniblement
stronk *nm (-en)* **1** souche *(d'un arbre)* **2** trognon
stront *nm (vulg.)* merde; *(fig.)* **er is ~ aan de knikker** il y a de la merde après la rampe; *(fig.)* **iem door de ~ halen** traîner qn dans la merde; *(péj.)* **eigenwijs stuk ~** morveux ♦ **iem uit de ~ helpen** tirer qn du merdier
stront·ei·gen·wijs *adj (fam.)* ♦ **~ zijn** avoir une tête de cochon
stront·ver·ve·lend *adj (fam.)* emmerdant
stront·zat *adj (fam.)* complètement bourré ♦ **ik ben het ~** j'en ai plein le cul
strooi·bus *de (-sen)* saupoudreuse
strooi·en[1] *adj* de, en paille

strooi·en² *vti (h. gestrooid)* répandre; **met geld ~** dépenser sans compter
strook *de (stroken)* bande; **het ~je van een postwissel** le talon d'un mandat postal
stroom *nm (stromen)* **1** courant *(eau, l'électricité)*; **veel ~ gebruiken** consommer beaucoup d'électricité; **tegen de ~ in lopen** aller à contre-courant; *(fig.)* **tegen de ~ oproeien** remonter le courant; **~ uitschakelen** couper le courant; **de ~ valt uit** il y a une panne de courant **2** *(grande quantité)* flot; **in, bij stromen** à flots; **met de ~ meegaan** suivre le mouvement **3** tension (électrique); **onder ~ staan** être sous tension; **er staat ~ op die draad** ce fil est sous tension **4** cours d'eau
***stroom-** de courant; **de stroombesparing** l'économie de courant
stroom·af·waarts *adv* en aval; **in ~e richting** dans le sens du courant
stroom·ge·bied *het (-en)* bassin
stroom·lij·nen *vt (h./i. gestroomlijnd)* **1** caréner; **een gestroomlijnde auto** une voiture aérodynamique **2** *(fig.)* huiler
stroom·op·waarts *adv* en amont; **~ gaan** remonter le courant
stroom·sterk·te *nf (-n, -s)* **1** intensité du courant *(électricité)* **2** force du courant *(eau)*
stroom·ver·snel·ling *nf (-en)* **1** *(cours d'eau)* rapide **2** *(fig.)* accélération; **het conflict is in een ~ geraakt** le conflit a redoublé d'intensité
stroom·voor·zie·ning *nf* distribution d'électricité
stroop *de (stropen)* mélasse; *(fig.)* **~ (om iemands mond) smeren** passer de la pommade à qn
stroop·ach·tig *adj* sirupeux
stroop|lik·ker *nm (-s)*, **-likster** *nf (-s)*, **-smeerder** *nm (-s)*, **-smeerster** *nf (-s)* lèche-botte
stroop·tocht *nm (-en)* pillage
stroop·wa·fel *de (-s)* gaufrette à la mélasse
strootje *het (-s)* **1** brin de paille; **~ trekken** tirer à la courte paille **2** roulée *(cigarette)* **3** cigarillo
strop *de (-pen)* **1** corde; **een dier in een ~ vangen** prendre un animal au lacet; *(fig.)* **iem de ~ om de hals doen** perdre qn **2** tuile; **een ~ hebben** essuyer une perte **3** cravate
strop·das *de (-sen)* → **strop 3**
stro·pen¹ *vti (h. gestroopt)* braconner
stro·pen² *vt (h. gestroopt)* **1** retrousser *(relever)* **2** dépouiller *(du gibier etc.)* **3** éplucher **4** *(Belg.)* plumer *(fig.)*
stro·pen³ *vi (h. gestroopt)* piller
stro·per *nm (-s)* **1** braconnier **2** pillard
stro·pe·rig *adj* **1** sirupeux **2** mielleux, mielleusement
strot *de (-ten)* **1** gosier; **iem bij de ~ grijpen** saisir qn à la gorge; *(fam.)* **ik krijg het niet door mijn ~** ça ne passe pas, ça me reste en travers du gosier, je n'arrive pas à le dire; *(fam.)* **het komt me de ~ uit** j'en ai ras le bol; **iem naar de ~ vliegen** sauter à la gorge de qn **2** larynx
strot·ten·hoofd *het (-en)* → **strot 2**
strub·be·ling *nf (-en)* **1** friction; **politieke ~en** perturbations politiques **2** anicroche; **zonder ~en** sans heurts
struc|tuur *nf (-turen)* structure; **een ~ geven** structurer
struc·tuur|verf *de (-verven)* peinture à (texture en) relief
struik *nm (-en)* buisson
struik·ach·tig *adj* buissonneux
strui·kel·blok *het (-ken)* handicap
strui·ke·len *vi (h./i. gestruikeld)* **1** trébucher; **het team is in de halve finale gestruikeld** l'équipe s'est fait battre en demi-finale **2** *(fig.)* faire un faux pas ♦ *(fam.)* **in Rome struikel je over de beeldhouwwerken** à Rome, il y a des sculptures partout
struik·ge·was *het (-sen)* **1** buissons **2** broussailles
struik·ro·ver *nm (-s)* brigand
strui·nen *vi (h. gestruind)* fureter
struis *adj* robuste
struis·vo·gel *nm (-s)* autruche
stru·ma *het/de (méd.)* goitre
stuc·werk *het* stucage
stu·deer|ka·mer *de (-s)*, **-vertrek** *het (-ken)* bureau *(pièce)*
stu|dent *nm (-en)*, **-dente** *nf (-s, -n)* étudiant, -ante; **zich laten inschrijven als ~** s'inscrire à la Faculté
stu·den·ten|corps *het (-corpora)* association d'étudiants
stu·den·ten·de|caan *nm (-canen)* conseiller, -ère d'orientation *(pour étudiants)*
stu·den·ten·ha·ver *de* les (quatre) mendiants *(dessert)*
stu·den·ten|stad *de (-steden)* ville universitaire
stu·den·ten·stop *nm (-s)* numerus clausus
stu·den·ten·tijd *nm (-en)* années d'études
stu·den·ti|koos *adj, adv (-kozer, -koost)* (de façon) estudiantin(e)
stu·de·ren *vti (h. gestudeerd)* **1** étudier; **medicijnen ~** faire des études de médecine; **verder ~** poursuivre ses études; **voor ingenieur ~** faire des études d'ingénieur; **~ voor een tentamen** préparer un examen (universitaire); **wat studeert zij?** quelles études fait-elle? **2** *(+ op)* réfléchir (sur)
stu·die *nf (-s)* **1** étude(s); **aan de ~ zijn** étudier; **in ~ zijn** faire l'objet d'une étude; **iets in ~ nemen** mettre qch à l'étude **2** études **3** application
***stu·die-** d'études; **studiekosten** frais d'études
stu·die·fi·nan·cie·ring *nf* système d'allocation de bourses
stu·die·ge|noot *nm (-noten)*, **-note** *nf (-s, -n)* camarade d'études
stu·die·gids *nm (-en)* guide de l'étudiant

stu·die·hoofd *het (-en)* intellectuel, -elle; **hij is geen** ~ il n'est pas doué pour les études
stu·die|jaar *het (-jaren)* **1** année universitaire **2** année d'étude **3** promotion *(enseign.)*
stu·die·punt *het/de (-en)* ± unité de valeur
stu·die·rich·ting *nf (-en)* discipline
stu·die·tijd *nm* (années d')études
stu·die·ver|lof *het (-loven)* congé-formation
stuf *het* gomme
stuff [stʌf] *nm* schnouf *(drogue)*
stug *adj* **1** raide **2** revêche **3** fort *(affirmation, un récit etc.)*; **dat lijkt me** ~ ça m'a l'air fort **4** acharné, avec acharnement
stuif·meel *het (bot.)* pollen
stuif·sneeuw *de* (neige) poudreuse
stuif·zand *het* sable très fin
stuip *de (-en)* **1** *(méd.)* convulsion; *(fig.)* **iem de ~en op het lijf jagen** flanquer la frousse à qn; *(fig.)* **een ~ krijgen van angst** bleuir de peur **2** caprice
stuip·trek·ken *vi (h. gestuiptrekt)* avoir des convulsions
stuip·trek·king *nf (-en)* convulsion; *(fig.)* **de laatste ~en van de revolutie** les derniers soubresauts de la révolution
stuit[1] *de (-en)* coccyx
stuit[2] *nm (-en)* bond
stuit·been *het (-deren)* → **stuit**[1]
stui·ten[1] *vi (h./i. gestuit)* **1** s'arrêter **2** *(fig.; + op)* se heurter (à) **3** *(+ op)* rencontrer (qch) **4** rebuter **5** rebondir
stui·ten[2] *vt (h./i. gestuit)* **1** arrêter **2** *(fig.)* réprimer
stui·tend *adj, adv* (de manière) repoussant(e)
stui·ter *nm (-s)* calot *(bille)*
stuit·lig·ging *nf (méd.)* (présentation par le) siège
stui·ven[1] *vi (h./i. gestoven)* **1** voler **2** partir comme une flèche; **zij stoof de deur uit** elle est sortie en trombe; **de wielrenners stoven ons voorbij** les coureurs cyclistes nous ont dépassés à toute vitesse; **uit elkaar** ~ se disperser
stui·ven[2] *vb impers* poudroyer; **het stuift hier verschrikkelijk** il y a énormément de poussière dans l'air ♦ *(Belg.)* **het zal er ~!** ça va chauffer!
stui·ver *nm (-s)* **1** ⟨*pièce de cinq cents*⟩ **2** sou; **daar is een aardige ~ mee te verdienen** en faisant cela, on peut gagner une somme rondelette
stui·vers·ro·man *nm (-s)* roman de quatre sous
stui·ver·tje-wis·se·len *vi* **1** jouer aux quatre coins **2** échanger (un emploi etc.)
stuk[1] *het (-ken)* **1** morceau; *(fig.)* **een man uit één** ~ un homme tout d'une pièce; **aan één ~ doorpraten** parler sans interruption; **een pond biefstuk aan één** ~ une livre de bifteck en un seul morceau; **in, aan, bij ~ken en brokken** fait de pièces et de morceaux; *(Belg.)* **dat kost ~ken van mensen** ça coûte les yeux de la tête; **een ~ met iem meelopen** faire un bout de chemin avec qn; **een ~ uit een boek voorlezen** lire un passage d'un livre; **een ~ van haar leven** une partie de sa vie; **werken dat de ~ken er af vliegen** travailler d'arrache-pied **2** (grande) quantité; **een ~ beter** beaucoup mieux; **een ~ onvrede** une certaine dose d'insatisfaction; **op geen ~ken na** en aucune manière **3** exemplaire; **een ~ gereedschap** un outil; **een ~ of tien appels** une dizaine de pommes; **geef me maar een ~ of wat schroeven** donne-moi quelques vis; **twee euro per** ~ deux euros pièce; **een ~ speelgoed** un jouet; **het zijn ~ voor ~ deugnieten** ce sont des vauriens, tous tant qu'ils sont; **~ voor ~ werden de onderdelen vervangen** les pièces ont été remplacées l'une après l'autre **4** envoi postal; **een aangetekend** ~ un recommandé **5** *(fam.)* (beau) morceau *(personne attirante)*; **een lekker** ~ un beau morceau **6** écrit; **de ingezonden ~ken** le courrier des lecteurs **7** document; **de ingekomen ~ken** le courrier 'arrivée' **8** œuvre **9** pièce (de théâtre) **10** *(mus.)* morceau **11** empiècement **12** taille; **klein van** ~ de petite taille **13** pièce (d'artillerie) ♦ **een ~ chagrijn** un(e) pisse-vinaigre; **een ~ verdriet** un vrai poison; **op zijn ~ staan** rester ferme dans son opinion; **van zijn ~ raken** se démonter; **iem van zijn ~ brengen** déconcerter qn
stuk[2] *adj* **1** cassé; **de machine ging** ~ la machine est tombée en panne; **de klok is** ~ la pendule ne marche plus; **een boek ~ lezen** abîmer un livre (à force de le lire) **2** *(fam.)* bouleversé
stu·ka·door *nm (-s)* plâtrier
stuk·gaan *vi (i. stukgegaan)* se casser
stuk·goed *het (-eren)* marchandise isolée
stuk·gooi·en *vt (h. stukgegooid)* mettre en pièces
stuk·je *het (-s)* article ♦ **een ~ mee-eten** manger un morceau avec qn; **een ~ meelopen** faire un bout de chemin avec qn; **een stout** ~ une prouesse; **~ bij beetje** petit à petit
stuk·lo·pen[1] *vt (h./i. stukgelopen)* user (en marchant); **zijn voeten** ~ s'abîmer les pieds (en marchant)
stuk·lo·pen[2] *vi (h./i. stukgelopen)* échouer *(fig.)*
stuk·ma·ken *vt (h. stukgemaakt)* casser
stuks·ge·wijs *adj, adv* **1** par parties **2** pièce par pièce
stuk·slaan[1] *vi (h./i. stukgeslagen)* se briser
stuk·slaan[2] *vt (h./i. stukgeslagen)* briser; *(fig.)* **veel geld** ~ claquer beaucoup d'argent
stuk·trap·pen *vt (h. stukgetrapt)* piétiner
stuk·val·len *vi (i. stukgevallen)* tomber en morceaux
stum·per *nm (-s)* **1** pauvre type **2** mauviette **3** empoté, -ée

stum·pe·rig *adj, adv* empoté, gauchement
stunt *nm (-s)* **1** exploit **2** truc publicitaire
stun·te·len *vi (h. gestunteld)* **1** s'y prendre gauchement **2** bafouiller
stun·te·lig *adj, adv* (de manière) godiche
stunt·man *nm (-nen)* cascadeur
stunt|prijs *nm (-prijzen)* prix choc
stunt·vlie·gen *vi* faire de la haute voltige
stu·ren[1] *vt (h. gestuurd)* **1** envoyer; **iem naar huis** ~ renvoyer qn à la maison; **iem om een boodschap** ~ envoyer qn faire une commission; **een speler van het veld** ~ faire sortir un joueur du terrain **2** commander
stu·ren[2] *vti (h. gestuurd)* conduire
stut *nm (-ten)* **1** support **2** étai
stuur *het (sturen)* volant ♦ **het** ~ **nemen** *(voiture)* prendre le volant, *(fig.)* prendre les choses en main; *(fig.)* **het** ~ **kwijt zijn** avoir perdu les pédales
stuur·boord *het (mar.)* tribord
stuur·groep *de (-en)* groupe directeur
stuur·loos *adj, adv* indirigeable, à la dérive
stuur|man *nm (-lui)*, **-vrouw** *nf (-en)* **1** homme de barre; *(prov)* **de beste stuurlui staan aan wal** la critique est aisée, mais l'art est difficile **2** capitaine en second
stuurs *adj, adv (stuurser, meest s.)* (d'un air) renfrogné
stuw *nm (-en)* → **stuwdam**
stuw·dam *nm (-men)* barrage
stu·wen *vt (h. gestuwd)* **1** pousser **2** retenir *(de l'eau)*
stuw·kracht *de (-en)* **1** force de propulsion **2** dynamisme
stuw|meer *het (-meren)* lac artificiel
SU *nf (hist.) Sovjet-Unie* URSS
sub *prép* sous
***sub-** sous-
sub·fa·cul·teit *nf (-en)* faculté
su·biet *adj, adv* **1** immédiat(ement) **2** inévitable(ment) **3** subit(ement)
sub·ject *het (-en)* sujet
su·bliem *adj, adv* **1** (de manière) sublime **2** *(fam.)* divin(ement)
sub·si·die *het/de (-s)* subvention
sub·stan·tie *nf (-s)* substance
sub·sti|tuut[1] *nm (-tuten)* adjoint, -ointe
sub·sti|tuut[2] *het (-tuten)* substitut
sub·to·taal *het (-talen)* total partiel
sub·tro·pen *plur* régions subtropicales
suc·ces *het (-sen)* succès; **een aardig** ~ un beau coup; **ik vind dat gedicht niet zo'n** ~ je ne trouve pas ce poème très réussi; **iem** ~ **wensen** souhaiter bonne chance à qn
suc·ces·sie·ve·lijk *adv* successivement
suc·ces·vol *adj, adv* réussi, avec succès
sud·de·ren *vi (h. gesudderd)* mijoter; **iets gaar laten** ~ laisser mijoter qch
sud·der·lap *nm (-pen) (cuis.)* morceau de bœuf à mijoter

suf *adj, adv* **1** (l'air) abruti; **zich** ~ **peinzen** se creuser (la tête); **zich** ~ **zoeken** chercher comme un(e) dingue **2** (d'un air) bête **3** (de manière) abrutissant(e)
suf·fen *vi (h. gesuft)* **1** se sentir abruti **2** rêvasser **3** se creuser la tête
suf·ferd *nm (-s)* abruti, -ie
suf·fig *adj, adv* (à moitié) abruti, d'un air abruti
sug·ges·tie *nf (-s)* suggestion; **de** ~ **wekken dat ...** suggérer que ...
sui·ker *nm (-s)* **1** sucre; **bruine** ~ de la cassonade **2** diabète
sui·ker|boon *de (-bonen) (Belg.)* dragée
sui·ker|brood *het (-broden)* pain au sucre
sui·ker·goed *het* sucreries
sui·ker·hou·dend *adj* qui contient du sucre
sui·ker·klont·je *het (-s)* (morceau de) sucre
sui·ker·me·loen *de (-en) (cuis.)* sucrin *(melon)*
sui·ker·oom *nm (-s)* oncle d'Amérique *(fig.)*
sui·ker·pa|tiënt *nm (-en)*, **-tiënte** *nf (-s, -n) (méd.)* diabétique
sui·ker·spin *de (-nen)* barbe à papa
sui·ker·stroop *de* **1** sirop de sucre **2** mélasse
sui·ker·tan·te *nf (-s)* tante à héritage
sui·ker·vrij *adj* sans sucre
sui·ker·werk *het (-en)* → **suikergoed**
sui·ker·ziek·te *nf (méd.)* diabète
sui·ker·zoet *adj, adv* doucereux, d'une manière doucereuse
sui·te [switə] *de (-s)* **1** enfilade **2** suite
sui·zen *vi (h./i. gesuisd)* **1** murmurer *(arbres, l'eau etc.)*; **mijn oren** ~ j'ai les oreilles qui sifflent **2** filer à toute vitesse; **in ~de vaart** à toute allure
su·jet [syʒɛt] *het (-ten)* individu
su·ka·de *de (cuis.)* cédrat confit
suk·kel *nm (-s)* **1** andouille **2** pauvre type ♦ **hij is erg aan de** ~ il est patraque, il n'a pas de chance (ces derniers temps)
suk·kel·draf·je *het (cheval)* petit trot, *(personne)* petit (train-)train
suk·ke·len *vi (h./i. gesukkeld)* **1** avoir des problèmes; **hij sukkelt met zijn eindscriptie** son mémoire n'avance pas **2** (se) traîner
suk·kel·gan·ge·tje *het* petit (train-)train; **het gaat met een** ~ cela traîne en longueur
suk·kel·straat·je *het (-s) (Belg.)* ♦ **in het** ~ **zijn** être dans de mauvais draps
sul *nm (-len)* **1** bonne poire **2** nigaud, -aude
sul·lig *adj, adv* (d'un air, d'un ton) bonasse
sum·mier *adj, adv* sommaire(ment)
su·per·de·luxe *adj (fam.)* super(-luxe)
su·pe·ri·eur *adj, adv* **1** arrogant, d'un air supérieur **2** supérieur(ement)
sup·poost *nm (-en)* gardien
sur·fen *vi (h. gesurft)* **1** faire de la planche à voile **2** *(inform.)* naviguer

sur·pri·se *nf (-s)* ⟨*cadeau sous forme de surprise qui s'offre à la Saint-Nicolas*⟩
sur·ro|gaat *het (-gaten)* succédané
sus·sen *vti (h. gesust)* apaiser
swit·chen [swɪtʃə(n)] *vi (h. geswitcht)* **1** changer **2** *(sports)* changer de place
syl·la|bus *nm (-bi)* ⟨cours⟩ polycopié
sym·bo·liek *nf (-en)* symbolisme
sym·pa·thie *nf (-ën)* sympathie; **dat plan heeft mijn volle** ~ ce plan a mon entière adhésion
sy·no·niem *adj* synonyme
syn·taxis *nf (ling.)* syntaxe
sy|steem *het (-stemen)* système; **het kapitalistische** ~ le régime capitaliste; **in een** ~ **onderbrengen** systématiser; **daar zit geen** ~ **in** cela manque de système
sy·steem·ana|list *nm (-en)*, **-liste** *nf (-s, -n) (inform.)* analyste fonctionnel
sy·steem·be·heer·der *nm (-s) (inform.)* opérateur de système
sy·steem·bouw *nm (archit.)* préfabrication
sy·steem·loos *adj, adv* sans méthode
sy·steem·ont·wer·per *nm (-s)* → **systeemanalist**
sy·ste·ma·tiek *nf* **1** systématique **2** aspect systématique

t

taai *adj, adv* **1** dur(ement) **2** endurant, avec ténacité; **een ouwe ~e** un vieux coriace; **houd je** ~ porte-toi bien, tiens bon; **zich ~ houden** ne pas céder; **een ~ volk** un peuple tenace **3** ennuyeux, ennuyeusement **4** *(liquides)* visqueux
taai·pop *de (-pen)* bonhomme de pain d'épice *(friandise)*
taai·taai *het/de* ± pain d'épice *(friandise)*
taak *de (taken)* **1** tâche; **het is mijn ~ dit te doen** il m'appartient de le faire; **tot ~ hebben** avoir pour tâche; **zich iets tot ~ stellen** s'imposer qch; **niet voor zijn ~ berekend zijn** ne pas être à la hauteur de sa tâche **2** *(enseign.)* ± cahier de vacances
taak·leer·kracht *de (-en) (Belg.)* chargé d'enseignement de soutien
taal *nm (talen)* **1** langue; **mijn eigen** ~ ma langue maternelle; **gore ~ uitslaan** avoir un langage ordurier; **deze scholier heeft een zes voor** ~ cet élève a obtenu un six (sur dix) en langue maternelle; **vreemde talen** langues étrangères **2** langage; **de cijfers spreken duidelijke** ~ les chiffres sont éloquents; **in alle talen zwijgen** rester bouche cousue; **~ noch teken geven** ne pas donner signe de vie; **wat is dat voor een ~?** qu'est-ce que c'est que cette façon de parler?
***taal-** linguistique, de (la) langue; **de taalstrijd** la querelle linguistique
taal|arm *adj (-armer, meest t.)* dont le langage est pauvre
taal·be·heer·sing *nf* **1** connaissances de la langue **2** *(branche)* langue **3** (acquisition de la) langue
taal·ei·gen *het* idiome
taal·fout *de (-en)* faute de langage
taal·ge·bied *het (-en)* **1** région linguistique; **het Franse** ~ les pays francophones **2** domaine linguistique *(ce qui concerne la langue, le langage)*
taal·ge·bruik *het* langage; **het correcte** ~ le bon usage; **het mondeling** ~ la langue parlée
taal·ge·leer·de *nm (-n)* linguiste
taal·ge·voel *het* sens de la langue
taal·gids *nm (-en)* guide de la conversation
taal·kun·de *nf* linguistique *(d'une langue déterminée)*; **Nederlandse taal- en letterkunde** langue et littérature néerlandaises
taal·kun·dig *adj, adv* (du point de vue) linguistique; **de ~e** le, la linguiste; **een zin ~ ontleden** faire une analyse grammaticale d'une phrase
taal·kwes·tie *nf (-s)* **1** question de linguistique **2** problème linguistique
taal·on·der·wijs *het* enseignement d'une langue, des langues
taal·schat *nm* lexique
taal·stu·die *nf* étude d'une langue, de langues
taal·vaar·dig·heid *nf* → **taalbeheersing**
taal·ver·mo·gen *het* compétence linguistique
taal·ver·wer·ving *nf* acquisition d'une langue
taal·we·ten·schap *nf* linguistique (générale)
taart *de (-en)* **1** gâteau **2** (petit) gâteau **3** (vieille) tarte
taart·je *het (-s)* **1** gâteau **2** petit gâteau
ta·bak *nm* tabac; *(fig.)* **dat is andere** ~ c'est tout autre chose; **lichte** ~ tabac blond ♦ *(fam.)* **er ~ van hebben** en avoir ras le bol
ta·baks·ar·ti·kel *het (-en)* article pour fumeurs
ta·baks·ver·gun·ning *nf (-en)* licence de débit de tabac
ta·bee *interj (fam.)* salut!
ta·bel *de (-len)* tableau
ta·ber·na·kel *het/de (-s)* **1** *(Bible)* tabernacle; *(fig.)* **ergens zijn ~en opslaan, bouwen** fixer ses pénates qp **2** *(fig.)* sanctuaire
ta·bleau [tablo] *het (-s)* **1** plateau *(plat)* **2** tableau
ta·blet *het/de (-ten)* **1** tablette **2** *(pharmacie)* comprimé **3** *(cuis.)* cube
ta·blet·vorm *nm* ♦ **medicijnen in** ~ (médicaments en) comprimés
ta·boe *adj* **1** tabou; **er rust een ~ op** c'est tabou **2** sacré
ta·boe·sfeer *de* domaine des tabous

tach·tig *card* quatre-vingts; **in de ~ zijn** être octogénaire; **in ~ ben ik verhuisd** j'ai déménagé en 1980; **mijn oma is twee en ~ jaar oud** ma grand-mère a quatre-vingt-deux ans; **wij waren met zijn ~en** nous étions quatre-vingts
tach·ti·ger *nm (-s)* octogénaire
Tach·ti·ger *nm (-s) (litt.)* écrivain du mouvement de 1880
tach·tig·ja·rig *adj* âgé de quatre-vingts ans ♦ **de Tachtigjarige Oorlog** la guerre de quatre-vingts ans
tach·tig·ste *adj* quatre-vingtième
tact *nm* tact; *(iron.)* **de ~ van een olifant hebben** n'avoir aucun tact
tac·tiek *nf* tactique
tac|tisch *adj, adv (-tischer, meest t.)* diplomatique, avec tact
tact|loos *adj, adv (-lozer, meest t.)* sans tact
tact·vol *adj, adv* plein de tact, avec tact
ta·fel *de (-s)* table; **aan ~ gaan (zitten)** passer à table; **scheiden van ~ en bed** se séparer de corps; **de ~ dekken** mettre la table; **een inklapbare ~** une table pliante; *(fig.)* **om de ~ gaan zitten** entamer la concertation; *(fig.)* **een bedrag onder ~** un dessous-de-table; **iem onder ~ drinken** faire rouler qn sous la table; **bezwaren onder de ~ schuiven, van ~ vegen** balayer des objections; *(Bible)* **de stenen ~en** les Tables de la Loi; **een voorstel ter ~ brengen** mettre un projet sur le tapis; **van ~ gaan, opstaan** quitter la table; **een voorstel van ~ vegen** rejeter une proposition ♦ **de ~s doen dansen** faire tourner les tables
***ta·fel-** de table; **de tafelpoot** le pied de table
ta·fel·blad *het (-en)* dessus d'une table
ta·fel·da·me *nf (-s)* voisine de table
ta·fel·dans *nm (-en)* tables tournantes *(spiritisme)*
ta·fel·dek·ken *vi* mettre la table
ta·fe·len *vi (h. getafeld)* être à table
ta·fel·ge|noot *nm (-noten)*, **-note** *nf (-s, -n)* convive
ta·fel·ge·rei *het* vaisselle et couverts
ta·fel·ge·zel·schap *het* table
ta·fel|kleed *het (-kleden)* **1** tapis de table **2** nappe
ta·fel·la·ken *het (-s)* → **tafelkleed 2**
ta·fel·ma·nie·ren *plur* bonnes manières *(à table)*
ta·fel·ron·de *de* Table Ronde
ta·fel·tje-dek-je *het* ± table magique
ta·fel·zil·ver *het* argenterie
ta·fe|reel *het (-relen)* **1** scène **2** tableau
ta·hoe *nm* tofu
tai chi *de (sports)* taï chi
tail·le·ren [tɑjerə(n)] *vt (h. getailleerd)* cintrer
tak *nm (-ken)* **1** branche; **dorre ~ken** branches mortes **2** *(conduites)* branchement **3** affluent **4** branche, discipline; **een ~ van sport** une discipline sportive **5** *(enseign.)* département ♦ *(zool.)* **de wandelende ~** le phasme
ta·kel *het/de (-s)* palan
ta·kel·au·to *nm (-'s)* → **takelwagen**
ta·ke·len *vti (h. getakeld) (mar.; technol.)* hisser
ta·kel·wa·gen *nm (-s)* dépanneuse
tak·ken·bos *nm (-sen)* fagot
taks *de (-en)* **1** portion; **aan zijn ~ zijn** être gavé; **vier boterhammen is mijn ~** quatre tartines, c'est ma ration **2** *(Belg.)* taxe **3** *(Belg.)* surtaxe (postale)
tal *het* (grand) nombre; **~ van voorbeelden** une multitude d'exemples
ta·len *vi (h. getaald)* **1** *(+ naar; souvent avec une négation)* se soucier (de) **2** *(+ naar; souvent avec une négation)* aspirer (à)
ta·len·ken·nis *nf* connaissance des langues
ta·len·knob·bel *nm* don des langues
ta·len·prac·ti|cum *het (-ca)* laboratoire de langues
ta·lent *het (-en)* talent; **jong ~** de jeunes espoirs
ta·lent·vol *adj, adv* talentueux, talentueusement
talg *nm* → **talk**
talg·klier *de (-en)* glande sébacée
talk *nm* talc
tal·loos *adj, adv* innombrable, en nombre infini; **~ veel** énormément (de)
tal·men *vi (h. getalmd) (form.)* faire traîner les choses en longueur
tal·rijk *adj, adv* nombreux, en grand nombre
tam *adj, adv* **1** domestique; **een ~me vos** un renard apprivoisé **2** *(bot.)* cultivé **3** doux **4** sans vigueur
ta·me·lijk *adv* **1** assez; **ze is ~ knap** elle est plutôt jolie; **~ veel bezoekers** pas mal de visiteurs **2** assez bien
tam·tam *nm (-s)* tam-tam; **met veel ~** à grand renfort de publicité
tand *nm (-en)* **1** dent; *(fig.)* **iem aan de ~ voelen** mettre qn sur la sellette; **een ~ krijgen** avoir une dent qui pousse; **met lange ~en eten** manger du bout des dents; **een losse ~** une dent qui branle; *(fig.)* **op zijn ~en bijten** serrer les dents; **zijn ~en poetsen** se brosser les dents; **~en wisselen** perdre ses dents de lait; **zijn ~en in iets zetten** planter ses dents dans qch, *(fig.)* s'attaquer à qch **2** marque, empreinte de dent; **zijn ~en staan in mijn hand** ma main porte la marque de ses dents
***tand-** dentaire; **de tandplak** la plaque dentaire
tand·arts *nm (-en)* dentiste
tand·be·derf *het* carie (dentaire)
tan·de·loos *adj* édenté *(qn)*
tan·den·bor·stel *nm (-s)* brosse à dents
tan·den·sto·ker *nm (-s)* cure-dent
tand·heel·kun·de *nf* médecine dentaire
tand·heel·kun·dig *adj, adv* dentaire; **~e behandeling** soins dentaires; **de ~e** le, la dentiste
tand·kas *de (-sen)* alvéole (dentaire)
tand·pas·ta *het/de (-'s)* (pâte) dentifrice
tand·rad *het (-eren)* pignon *(d'une roue)*

tand·rad|baan *de (-banen)* chemin de fer à crémaillère
tand·re·gu·la·tie *nf* orthodontie
tand·steen *het/de* tartre *(dents)*
tand·vlees *het* gencive; *(fig.)* **hij loopt op zijn ~** il est sur les genoux, il est raide comme un passe-lacet
tand·wiel *het (-en)* → **tandrad**
tand·zij·de *de* fil dentaire
ta·nen *vi (h./i. getaand)* **1** décliner; **~de belangstelling** intérêt qui commence à faiblir **2** pâlir
tang *de (-en)* pince(s); **dat slaat als een ~ op een varken** cela ne rime à rien; *(fig.)* **iem in de ~ nemen** ± mettre le couteau sous la gorge à qn ♦ *(fam.)* **het is een ~ van een wijf** c'est une vraie chipie
tan·gens *de (-en, tangenten)* tangente
tang·ver·los·sing *nf (-en)* accouchement au forceps
ta·nig *adj* tanné
tank [tɛŋk, tɑŋk] *nm (-s)* **1** réservoir *(véhicule)*; **een ~ leegrijden** mettre à sec le réservoir d'essence; *(fam.)* **de ~ volgooien** faire le plein **2** citerne **3** bidon **4** char d'assaut
tank·au·to *nm (-'s)* camion-citerne
tank·di·vi·sie *nf (-s)* division blindée
tan·ken [tɛŋkə(n), tɑŋkə(n)] *vti (h. getankt)* prendre de l'essence
tank·sta·ti·on *het (-s)* station-service
tank·wa·gen *nm (-s)* → **tankauto**
tan·te *nf (-s)* **1** tante *(parente)* **2** *(vocatif)* tata ♦ *(fam.)* **geen gemakkelijke ~** une enquiquineuse; **je ~!** et ta sœur?; *(fam.)* **een stevige ~** une grosse dondon; *(fam.)* **een uitgekookte ~** une roublarde
tap *nm (-pen)* **1** tampon **2** robinet; **bier van de ~** bière pression **3** *(vin, la bière)* tirage; **wijn bij de ~ verkopen** vendre du vin au détail **4** comptoir
t.a.p. *ter aangehaalder plaatse* loc. cit.
tap·bier *het (-en)* bière (à la) pression
tap·dans [tɛbdɑns, tɑbdɑns] *nm (-en)* claquettes *(danse)*
tape [tep] *nm (-s)* **1** scotch® **2** bande magnétique
tape·re·cor·der [teprikɔːrdər] *nm (-s)* magnétophone
ta·pijt *het (-en)* tapis *(revêtement de sol)*; **een kamerbreed ~** de la moquette grande largeur; **een Perzisch ~** un tapis de Perse
tap·je *het (-s) (fam.)* pression *(bière)*
tap·kast *de (-en)* comptoir
tap·pen *vt (h. getapt)* **1** tirer *(un liquide)* **2** raconter *(des blagues)* ♦ **getapt zijn** avoir la cote
taps *adj, adv* conique, en cône
tap·te·melk *de* lait écrémé
tap·toe *nm (-s)* défilé de fanfares militaires
tap·ver·bod *het (-en)* interdiction de servir des boissons alcoolisées
tap·ver·gun·ning *nf (-en)* licence de débit de boisson(s)
tar·bot *nm (-ten)* turbot
ta·rief *het (tarieven)* tarif
tar·ra *de* tare *(poids de l'emballage)*
tar·taar *nm* (steak) tartare
tar·ten *vt (h. getart)* **1** affronter **2** agacer **3** défier **4** dépasser
tar·we *de* **1** froment **2** (grains de) blé **3** pain de froment
***tar·we-** de blé; **de tarwekiem** le germe de blé
tar·we·bloem *de* (fine) fleur de farine
tar·we|brood *het (-broden)* pain de froment
tas *de (-sen)* **1** sac **2** *(Belg.)* tasse
tas·je *het (-s)* sac à main
tas·jes|dief *nm (-dieven)* voleur à l'arraché
tast *nm* toucher *(sens)* ♦ *(fig.)* **op de ~** à l'aveuglette; **op de ~ lopen** avancer à tâtons
tast|baar *adj, adv (-baarder, -baarst)* **1** (d'une manière) tangible **2** manifeste, clairement; **tastbare voordelen** avantages réels
tas·ten[1] *vt (h. getast)* **1** tâter **2** toucher
tas·ten[2] *vi (h. getast)* **1** tâtonner; **als men dieper tast, merkt men ...** un examen plus approfondi révélera ... **2** mettre la main à
tast·or|gaan *het (-ganen) (biol.)* récepteur tactile
tast·zin *nm* (sens du) toucher
ta·ter *nm (-s) (fam.)* clapet *(bouche)*; **zijn ~ staat nooit stil** c'est un vrai moulin à paroles
ta·te·ren *vi (h. getaterd) (Belg.)* **1** *(qn)* jacasser **2** papoter
tau·gé [tɑuge] *de* germes de soja
t.a.v. **1** *ten aanzien van* à l'égard de **2** *ter attentie van* à l'attention de
taxa|teur *nm (-s)*, **-trice** *nf (-s) (jur.)* **1** expert **2** commissaire-priseur
taxa·tie *nf (-s)* **1** estimation **2** expertise **3** évaluation
taxe·ren *vt (h. getaxeerd)* **1** expertiser; **te hoog ~** surévaluer **2** estimer; **een ~de blik** un regard scrutateur
taxi·ën *vi (h./i. getaxied) (aviat.)* rouler
tbc *nf tuberculose* tuberculose
T-bil·jet *het (-ten)* ⟨*formulaire pour demander la restitution d'impôts sur le revenu*⟩
tbs *nf terbeschikkingstelling* mise sous la sauvegarde de la justice
t.b.v. *ten behoeve van, ten bate van* au profit de
te[1] *(placé devant un infinitif)* **1** *(après 'hangen, liggen, lopen, staan, zitten') (ne se traduit pas)*; **zij ligt te slapen** elle dort **2** *(but, destination; infinitives)* à; **te kennen geven** faire savoir; **trachten te** essayer de; **zo te zien** à première vue **3** *(qch à venir)* à; **er is veel te doen** il y a beaucoup à faire
te[2] *adv* **1** trop; **te veel** trop; **dat gaat me te ver** ça dépasse les bornes; **te is nooit goed** l'excès en tout est un défaut **2** d'autant; **zoveel te meer (omdat)** d'autant plus (que)
te[3] *prép (contractions avec l'article: ter, ten)* à *(situation; moment; finalité)*; **het Rijksmu-**

seum te Amsterdam le Rijksmuseum d'Amsterdam; **te land, ter zee en in de lucht** sur terre, sur mer et dans l'air
teak [tik] *het* te(c)k
team [ti:m] *het (-s)* équipe
team·ge|noot *nm (-noten),* **-note** *nf (-s, -n)* (co)équipier, -ière
team·ver·band *het* équipe
team·work [timwʌ:rk] *het* travail d'équipe
tea·room [tirum] *nm (-s)* salon de thé
tech·neut *nm (-en) (iron.)* ± technicien *(étudiant dans une branche de la technique; bricoleur; ingénieur)*
tech·ni|cus *nm (-ci)* technicien, -ienne
tech·niek *nf (-en)* **1** technique **2** outillage
tech·nisch *adj, adv* technique(ment); **een ~ bureau** un bureau d'études; **hij is niet erg ~** la technique n'est pas son fort
tec·tyl® *nm* pâte antirouille *(voitures)*
ted·dy|beer *nm (-beren)* ours en peluche
te|der *adj, adv (-derder, -derst)* tendre(ment)
te·der|heid *nf (-heden)* tendresse
teef *nf (teven)* chienne
teek *de (teken)* tique
teel·aar·de *de* terre franche
teel·bal *nm (-len)* testicule
teelt *nf (-en)* **1** *(agric.)* culture **2** élevage ♦ **eigen ~** produit(s) du jardin
teen *de (tenen)* **1** orteil; *(fig.)* **lange tenen hebben** prendre tout de travers; **op zijn tenen lopen** marcher sur la pointe des pieds, *(fig.)* ± (essayer de) se maintenir la tête hors de l'eau; **op z'n tenen gaan staan** se dresser sur la pointe des pieds; **iem op de tenen trappen** rudoyer qn, piquer qn au vif; *(fig.)* **gauw op zijn ~tjes getrapt zijn** se piquer pour un rien **2** pointe *(d'une chaussette, d'un bas, d'une chaussure)* ♦ **een ~tje knoflook** une gousse d'ail
teen·slip·per *nm (-s)* tong
teer[1] *het/de* goudron
teer[2] *adj, adv (teerder, teerst)* **1** fragile **2** délicat
teer·har·tig *adj (form.) (qn)* sensible
teer·ling *nm (-en)* ♦ **de ~ is geworpen** le sort en est jeté, les dés sont jetés
tee·vee *de (-s),* **teeveetoestel** *het (-len)* télé
te·gel *nm (-s)* **1** carreau *(pour les sols, les murs)*; **een met ~s beklede badkamer** une salle de bain carrelée **2** dalle *(tapis etc.)*
te·ge·lijk *adv* **1** en même temps; *(iron.)* **niet allemaal ~!** pas tous à la fois!; **hij is dokter en ~ apotheker** il est à la fois médecin et pharmacien; **laat slechts één persoon ~ binnen** ne faites entrer qu'une personne à la fois **2** ensemble
te·ge·lij·ker·tijd *adv* en même temps
te·ge·moet *adv* à la rencontre de; **ik ben hem een eind ~ gegaan** je suis allé à sa rencontre; **iets ~ zien** (s')attendre (à) qch, envisager qch
te·ge·moet·ko·mend *adj* **1** conciliant **2** en sens inverse; **~ verkeer** circulation venant en sens inverse
te·ge·moet·ko·ming *nf (-en)* **1** concession **2** participation aux frais; **iem een ~ in de kosten verstrekken** intervenir dans les frais de qn; **een ~ van het rijk** une aide financière de l'Etat
te·gen[1] *adv* contre *(exprime le contact; l'opposition à qn, qch)*; **iem ~ hebben** avoir qn comme ennemi; **ergens iets (op) ~ hebben** avoir qch contre qch; *(subst.)* **alles heeft zijn voor en ~** il y a du pour et du contre à toute chose ♦ **(zich) iets ~ eten** manger qch jusqu'au dégoût
te·gen[2] *prép* **1** contre; **hebt u er iets (op) ~?** y voyez-vous un inconvénient?; **~ een muur opklimmen** escalader un mur; **iets ~ iem zeggen** dire qch à qn **2** envers **3** contraire à **4** vers; **~ dat hij thuiskomt** juste avant qu'il (ne) rentre; **het is ~ elven** il est près de onze heures **5** moyennant; **~ betaling van** moyennant; **een lening ~ 7,5% (rente)** un emprunt à 7,5% **6** *(Belg.)* près de
***te·gen-** contre-; **het tegenoffensief** la contre-offensive
te·gen·aan *adv* contre *(à proximité de; en contact avec)*; **het andere huis staat er vlak ~** l'autre maison est tout à côté; *(fig.)* **er flink, stevig ~ gaan** y mettre le paquet
te·gen·ar·gu·ment *het (-en)* argument contraire; **~en aanvoeren** opposer des arguments
te·gen·be·richt *het (-en)* avis contraire
te·gen·be|wijs *het (-wijzen)* preuve contraire
te·gen·be·zoek *het (-en)* ♦ **een ~ afleggen bij iem** rendre sa visite à qn
te·gen·bod *het* surenchère *(lors d'une vente)*
te·gen·deel *het* contraire; **het ~ is waar** c'est justement l'inverse
te·gen·doel·punt *het (-en) (sports)* but pour la partie adverse
te·gen|draads *adj, adv (-draadser, meest t.)* contrariant; **altijd ~ zijn** avoir l'esprit de contradiction
te·gen·een *adv (Belg.)* l'un contre l'autre; **~ spreken** se parler
te·gen·ef·fect *het* effet contraire
te·gen·gaan *vti (h./i. tegengegaan)* **1** combattre **2** aller à la rencontre de
te·gen·gas *het* ♦ **~ geven** donner un coup de frein (à qch)
te·gen·ge·steld *adj, adv* contraire, en sens inverse; **~e getallen** nombres opposés; **hij is het ~e van zijn broer** il est l'opposé de son frère
te·gen·gif *het* antidote
te·gen·han·ger *nm (-s)* **1** pendant *(chose égale, symétrique à une autre)* **2** homologue
te·gen·heb·ben *vt (h. tegengehad)* **1** être desservi par **2** se heurter à l'opposition de
te·gen·hou·den *vt (h. tegengehouden)* **1** arrêter **2** empêcher

te·gen·in *adv* ♦ **ergens ~ gaan** combattre qch, s'inscrire en faux contre qch
te·gen·kan·di|daat *nm (-daten),* **-date** *nf (-s, -n)* **1** candidat, -ate du parti adverse **2** concurrent, -ente (au sein du parti); **een ~ stellen** présenter un second candidat
te·gen·ko·men *vt (i. tegengekomen)* **1** rencontrer; *(fig.)* **zichzelf ~** être confronté à ses propres limites **2** *(fam.)* tomber sur *(qch)* ♦ *(Belg.)* **komt dat tegen!** ça alors!, ça, par exemple!
te·gen·licht *het* contre-jour
te·gen·lig·ger *nm (-s)* véhicule venant en sens inverse
te·gen·lo·pen *vi (i. tegengelopen)* marcher mal; **het loopt allemaal een beetje tegen bij haar** rien ne lui réussit vraiment
te·gen·na·tuur·lijk *adj, adv* (d'une façon) contre nature
te·gen·op *adv* ♦ **daar kan ik niet ~** c'est au-dessus de mes forces; **ik kan er niet meer ~** je n'en peux plus; **daar kan ik niet ~ bieden** je déclare forfait; **niemand kon tegen hem op** il était le plus fort; **daar moeten we ~** il va falloir grimper
te·gen·over *prép* **1** en face de; *(fig.)* **je zult merken wie je ~ je hebt!** tu vas trouver à qui parler!; **de afbeelding ~ pagina drie** l'image à côté de la page trois **2** contrairement à; **zij staan lijnrecht ~ elkaar (in hun mening)** ils ont une opinion diamétralement opposée; **daar staat ~ dat je ...** en revanche, tu ...; **hier moet ik ~ stellen dat ...** en revanche, je dirai que ... **3** comparé à **4** à l'égard de; **~ mij is hij altijd beleefd** il est toujours poli avec moi; **sympathiek ~ iets staan** être favorable à qch ♦ **staat er nog iets ~?** y a-t-il qch en échange?
te·gen·over·ge·steld *adj* **1** opposé; **in ~e richting** en sens inverse **2** *(fig.)* (diamétralement) opposé; **in het ~e geval** dans le cas contraire
te·gen·over·lig·gend, -staand *adj* opposé
te·gen·over·stel·len *vt (h. tegenovergesteld)* proposer en contrepartie
te·gen·par·tij *nf (-en)* **1** partie adverse **2** *(mus.)* seconde partie
te·gen|pool *de (-polen) (phys.)* pôle opposé ♦ *(fig.)* **ze zijn elkaars tegenpolen** ils sont à l'opposé l'un de l'autre
te·gen·pres·ta·tie *nf (-s)* contrepartie
te·gen·slag *nm (-en)* contretemps
te·gen·spar·te·len *vi (h. tegengesparteld)* **1** se débattre **2** regimber
te·gen·spel *het (-en)* ♦ **~ bieden** bien jouer contre l'adversaire; *(fig.)* **~ geven** donner la réplique
te·gen|spe·ler *nm (-s),* **-speelster** *nf (-s)* **1** *(au théâtre)* partenaire **2** adversaire
te·gen·spoed *nm* malchance
te·gen·spraak *nf* **1** objection; **zonder ~** certainement **2** contradiction; **lijnrecht in ~ met ...** en opposition totale avec ...
te·gen·spre·ken *vt (h. tegengesproken)* **1** contredire; **het één spreekt het ander tegen** les deux choses sont contradictoires **2** contester; **dat gerucht is door niemand tegengesproken** cette rumeur n'a été démentie par personne; **ik moet u ~** je dois contester ce que vous dites
te·gen·sput·te·ren *vi (h. tegengesputterd) (fam.)* rouspéter
te·gen·staan *vi (h. tegengestaan)* **1** répugner (à qn) **2** *(Belg.)* être entrouvert
te·gen·stand *nm* résistance; **~ bieden (aan)** résister (à); **~ ondervinden, ontmoeten** rencontrer de l'opposition
te·gen|stan·der *nm (-s),* **-standster** *nf (-s)* adversaire; **de ~s van een plan** les opposants à un projet; **~ van iets zijn** être opposé à qch
te·gen·ste·ken *vi (h. tegengestoken) (Belg.; fam.)* → **tegenstaan 1**
te·gen·stel·ling *nf (-en)* **1** opposition; **er bestonden grote ~en binnen de partij** il y avait de profondes dissensions au sein du parti **2** contraste; **in ~ met, tot** contrairement à; **een schrille ~** un contraste violent
te·gen·stem·men *vi (h. tegengestemd)* voter contre
te·gen·strib·be·len *vi (h. tegengestribbeld)* **1** résister mollement; **~ helpt hier niet** toute résistance est inutile **2** regimber
te·gen·strij·dig *adj, adv* (de façon) contradictoire; **~e belangen** intérêts opposés
te·gen·stu·ren *vi (h. tegengestuurd)* contrebraquer
te·gen·val·len *vi (i. tegengevallen)* décevoir; **dat valt mij van je tegen** (là,) tu me déçois; **de rekening is vies tegengevallen** la note était drôlement salée
te·gen·val·ler *nm (-s)* contretemps
te·gen·wer·ken *vti (h. tegengewerkt)* contrarier
te·gen·wer·king *nf (-en)* opposition *(action, fait de s'opposer)*
te·gen·wer·pen *vt (h. tegengeworpen)* objecter
te·gen·wicht *het (-en)* **1** contrepoids **2** *(fig.)* compensation; **een goed ~ vormen tegen iets** équilibrer qch
te·gen·wind *nm (-en)* **1** vent contraire **2** *(fig.)* contrariétés
te·gen·woor·dig *adj, adv* **1** présent *(non absent)*; **de jeugd van ~** la jeunesse actuelle **2** actuel(lement)
te·gen·woor·dig·heid *nf* présence
te·gen·zet *nm (-ten)* riposte
te·gen·zin *nm* répugnance; **hij doet alles met ~** il fait tout à contrecœur
te·gen·zit·ten *vi (h. tegengezeten)* **1** être contraire; **het weer zat lelijk tegen** on a vraiment eu mauvais temps **2** ne pas être facile *(action)*
te·goed *het (-en)* crédit
te·goed·bon *nm (-nen)* avoir *(papier attestant une dette)*
te|huis *het (-huizen)* **1** maison *(lieu où l'on est chez soi)* **2** foyer *(local de réunion)*; **een ~ voor daklozen** un refuge pour sans-abri

teil *de (-en)* bassine
teis·te·ren *vt (h. geteisterd)* **1** ravager **2** tourmenter
te·keer·gaan *vi (i. tekeergegaan)* **(tegen)** se démener; **hoor die hond eens** ~ écoute ce chien aboyer comme un fou
te·ken *het (-s)* signe; **dat is een** ~ **aan de wand** cela ne présage rien de bon; **onze tijd staat in het** ~ **van de computer** notre époque est placée sous le signe de l'ordinateur; **ten** ~ **van rouw** en signe de deuil; **dit is een veeg** ~ c'est de mauvais augure
***te·ken-** à dessin
te·ke|naar *nm (-s)*, **-nares** *nf (-sen)* dessinateur, -trice; **technisch** ~ dessinateur industriel
te·ken·blok *het (-ken)* bloc de papier à dessin
te·ke·nen[1] *vt (h. getekend)* **1** signer; **ik teken ervoor altijd zulk weer te hebben** avoir toujours un temps pareil, je ne serais pas contre; **iets voor gezien** ~ viser qch **2** dessiner; **vanmiddag hebben we** ~ cet après-midi nous avons dessin **3** (dé)peindre **4** marquer; **dat antwoord tekent de man** cette réponse caractérise le personnage ♦ **dat tekent hem helemaal!** c'est bien lui!
te·ke·nen[2] *vi (h. getekend)* ♦ **hij zag er slecht uit, maar hij tekent altijd gauw** il avait mauvaise mine, mais il a vite les traits tirés
te·ke·nend *adj* **(voor)** caractéristique (de)
te·ken·film *nm (-s)* dessin animé
te·ke·ning *nf (-en)* **1** dessin; **er komt** ~ **in (de zaak)** cela commence à prendre tournure; **volgens** ~ d'après le(s) plan(s) **2** signature; **ter** ~ **liggen** être à la signature **3** peinture
te·ken·le|raar *nm (-raren)*, **-rares** *nf (-sen)* professeur de dessin
te·ken·schrift *het (-en)* **1** cahier de dessin **2** notation
te·kort *het (-en)* **1** déficit; **een** ~ **dekken** combler un déficit **2** *(+ aan)* manque (de); **in een** ~ **voorzien** combler une lacune
te·kort·ko·ming *nf (-en)* faute
te·kort·schie·ten *vi (i. tekortgeschoten) (+ in)* manquer (à)
tekst *nm (-en)* **1** texte; **bij de** ~ **blijven** rester sur ses positions, ne pas s'écarter de son sujet; **iem** ~ **en uitleg geven (over iets)** expliquer (qch) en détail à qn; **iem van zijn** ~ **brengen** faire perdre le fil à qn **2** légende *(accompagnant une image)*
tekst·boek·je *het (-s) (mus.)* livret
tekst|schrij·ver *nm (-s)*, **-schrijfster** *nf (-s)* **1** parolier, -ière **2** scénariste **3** rédacteur, -trice publicitaire
tekst·ver·kla·ring *nf (-en) (enseign.)* commentaire de texte
tekst·ver·wer·ker *nm (-s)* machine de traitement de texte(s)
tel *nm* **1** compte *(fait de compter)*; **ik was de** ~ **kwijt** *(fig.)* je m'étais embrouillé, je m'étais trompé en comptant **2** seconde; **in één** ~ **had hij hem doorzien** il avait deviné son jeu en moins de rien ♦ *(Belg.)* **van geen** ~ **zijn** ne pas compter; **op zijn** ~**len passen** faire attention
Te·le·ac *nf Televisieacademie* ⟨*organisme de radiotélévision diffusant des programmes éducatifs*⟩
te·le·ban·kie·ren *vi (h. getelebankierd) (inform.)* ⟨*régler ses affaires financières par ordinateur*⟩
te·le·fo·na·de *nf (-s) (iron.)* interminable coup de fil
te·le·fo·ne·ren *vti (h. getelefoneerd)* téléphoner; **met iem** ~ téléphoner à qn
te·le·foon *nm (-s)* **1** téléphone; **de** ~ **gaat (over)** le téléphone sonne **2** appel téléphonique, coup de fil; **de** ~ **aannemen** répondre au téléphone; **er is** ~ **voor u** on vous demande au téléphone
te·le·foon·aan·slui·ting *nf (-en)* branchement du téléphone
te·le·foon·boek *het (-en)* annuaire du téléphone
te·le·foon·tje *het (-s)* coup de fil
te·le·foon·toe·stel *het (-len)* → **telefoon 1**
te·le·gram·stijl *nm* style télégraphique
te·le|lens *de (-lenzen)* téléobjectif
te·len *vt (h. geteeld)* **1** *(agric.)* cultiver **2** *(zool.)* élever
te·leur·gang *nm (Belg.)* déclin
te·leur·stel·len *vti (h. teleurgesteld)* décevoir
te·leur·stel·ling *nf (-en)* déception; **een bittere** ~ une cruelle déception
te·le·vi·sie *nf (-s)* **1** télévision **2** téléviseur
te·le·vi·sie|kij·ker *nm (-s)*, **-kijkster** *nf (-s)* téléspectateur, -trice
te·le·vi·sie·toe·stel *het (-len)* → **televisie 2**
tel·fout *de (-en)* erreur de calcul
telg *de (-en)* **1** descendant **2** rejeton
tel·kens *adv* **1** chaque fois; ~ **en** ~ **weer** perpétuellement **2** constamment
tel·len *vti (h. geteld)* compter; **(iets) bij iets** ~ ajouter (qch) à qch; **hij staat daar alsof hij niet tot tien kan** ~ il est là comme une poule qui a trouvé un couteau ♦ **op zijn** ~ **passen** faire attention
tel·ler *nm (-s)* **1** *(math.)* numérateur **2** compteur
tel·ling *nf (-en)* compte *(fait de compter, d'être compté)*
tel|raam *het (-ramen)* boulier
tel·woord *het (-en) (ling.)* numéral
te·meer *adv* ♦ **dat verheugt mij** ~ **daar ...** cela me réjouit d'autant plus que ...
tem·men *vt (h. getemd)* **1** dompter **2** dresser
tem·pel *nm (-s) (relig.; aussi au fig.)* temple *(ne s'applique pas au temple protestant)*
tem·pe·ra·ment *het (-en)* tempérament; **een rustig** ~ une nature tranquille
tem·pe·ra·ment·vol *adj, adv* exubérant, avec exubérance
tem·pe·ra·tu·ren *vti (h. getemperatuurd)* prendre la température de (qn)

tem·pe·ra|tuur *nf (-turen)* température; **op ~ brengen** *(pièce)* réchauffer, chambrer; *(fig.)* **op ~ moeten komen** devoir s'acclimater
***tem·pe·ra·tuur-** de (la) température; **de temperatuurstijging** la hausse de la température
tempo *het (-'s)* **1** rythme **2** *(mus.)* tempo **3** allure, vitesse; **een hels ~** une cadence infernale; **~ maken** faire vite; **in razend ~** en quatrième vitesse; **~! ~!** plus vite!
tem·po·beurs *de (-beurzen)* ⟨*bourse qui est modifiée en prêt si l'étudiant n'obtient pas assez de résultats*⟩
ten·dens *de (-en)* tendance
ten·den|ti·eus *adj, adv (-tieuzer, meest t.)* tendancieux, tendancieusement
ten·de·ren *vi (h. getendeerd) (form.) (+ naar)* tendre (à, vers)
ten·ein·de *conj* afin de
te·nen *adj* en osier
te·neur *nm* portée
ten·gel *nm (-s) (fam.)* patte; **blijf er met je ~s af!** bas les pattes!
ten·ger *adj (tengerder, tengerst)* **1** gracile **2** délicat
te·niet·doen *vt (h. tenietgedaan)* annuler; **een beschuldiging ~** réduire une accusation à néant
ten·min·ste *adv* du moins; **dat is ~ iets** c'est toujours ça
ten·nis·arm *nm (méd.)* tennis-elbow
ten·nis|baan *de (-banen) (sports)* **1** court **2** (club de) tennis
ten·slot·te *adv* **1** en somme; **~ is zij nog maar een kind** somme toute elle n'est encore qu'une enfant **2** enfin
tent *de (-en)* **1** tente *(abri provisoire)*; *(milit.)* **ergens zijn ~en opslaan** établir un bivouac qp, *(fig.)* s'établir qp; *(fig.)* **iem uit zijn ~ lokken** provoquer qn **2** baraque **3** *(fam.)* boîte *(discothèque; lieu où l'on travaille)*; *(fig.)* **het publiek brak de ~ af** le public était en délire
ten·ta·kel *nm (-s)* tentacule
ten·ta·men *het (-s)* (examen) partiel
ten·ten·kamp *het (-en)* campement
ten·toon·sprei·den *vt (h. tentoongespreid)* étaler
ten·toon·stel·len *vt (h. tentoongesteld)* exposer; **waren ~** exposer des marchandises
ten·toon·stel·ling *nf (-en)* exposition
tent·stok *nm (-ken)* mât (de tente)
tent·zeil *het (-en)* toile (de tente)
te·nue [tәny] *het/de (-s)* **1** tenue **2** costume
ten·uit·voer·leg·ging *nf (-en)* (mise à) exécution
ten·wa·re *conj (Belg.)* → **tenzij**
ten·zij *conj* à moins que … ne
te·pel *nm (-s)* bout du sein
ter·aar·de·be·stel·ling *nf (-en) (form.)* inhumation
ter·de·ge *adv* **1** dûment **2** à fond; **er ~ van langs krijgen** en prendre pour son grade
te·recht[1] *adv* **1** à sa place; **ben ik hier ~ bij dr. A?** je suis bien chez le docteur A?; **hij kan nergens meer ~** toutes les portes lui sont fermées **2** retrouvé **3** à juste titre, justement; **~ of ten onrechte** à tort ou à raison
te·recht[2] *adj* juste; **een ~e opmerking** une remarque pertinente
te·recht·bren·gen *vt (h. terechtgebracht)* retrouver ♦ **hij heeft er niets van terechtgebracht** il ne s'en est pas très bien sorti
te·recht·ko·men *vi (i. terechtgekomen)* **1** arriver **2** tomber; **lelijk ~** se faire mal en tombant **3** trouver **4** être retrouvé **5** s'arranger; **hij is ten slotte nog goed terechtgekomen** il a fini par faire son chemin; **er komt niets van terecht** c'est raté d'avance; **wat is er van hem terechtgekomen?** qu'est-il devenu?
te·recht·staan *vi (h. terechtgestaan)* être prévenu
te·recht·stel·len *vt (h. terechtgesteld)* exécuter *(personne)*
te·recht·wij·zen *vt (h. terechtgewezen)* reprendre
te·recht·wij·zing *nf (-en)* **1** réprimande **2** observation
te·ren[1] *vi (h. geteerd) (+ op)* vivre (de); **op kosten van anderen ~** vivre aux crochets des autres; **op dat succes kan hij nog jaren ~** il peut encore se reposer sur ses lauriers pendant des années
te·ren[2] *vt (h. geteerd)* goudronner
ter·gen *vt (h. getergd)* agacer
ter·gend *adj, adv* **1** (d'une manière) provocant(e) **2** (d'une façon) exaspérant(e)
te·ring *nf (-en)* **1** dépenses; **de ~ naar de nering zetten** vivre selon ses moyens **2** phtisie; **krijg de ~!** va te faire foutre!; **vliegende ~** phtisie galopante
ter·loops *adj, adv* (fait) en passant
term *nm (-en)* terme; **in bedekte ~en iets meedelen** annoncer qch à mots couverts; **de geijkte ~** l'expression consacrée
ter·mijn *nm (-en)* **1** délai; **in twee ~en betalen** payer en deux fois **2** terme; **in ~en te voldoen** payable par versements échelonnés; **uiterste ~** terme de rigueur; **na het vervallen van de ~** à terme échu
ter·nau·wer·nood *adv* de justesse; **het beeld was ~ herkenbaar** la statue était à peine reconnaissable
ter·neer·ge·sla·gen *adj* abattu
terp *nm (-en)* tertre (artificiel) *(en Frise)*
ter·pen·tijn, -tine *de* essence de térébenthine
ter·pen·ti·ne *nf* white spirit
ter·ra·cot·ta *adj* **1** en terre cuite **2** d'un brun rougeâtre
ter·ras *het (-sen)* terrasse; **op een ~je zitten** être assis à une terrasse
ter·rein *het (-en)* **1** terrain; **eigen ~** domaine privé; **verboden ~** domaine privé, chantier interdit **2** *(fig.)* domaine; **zich op bekend, vertrouwd ~ bevinden** être en pays de connaissance; **die activiteiten vallen buiten ons ~** ces activités ne sont

pas de notre domaine; ~ **prijsgeven** céder du terrain
ter·rein·ver·ken·ning *nf* **1** étude exploratoire **2** reconnaissance de terrain
ter·rein·wa·gen *nm* quatre-quatre
ter·ri·to|ri·um *het (-ria)* territoire
ter·sluiks *adv* furtivement
ter·stond *adv* **1** aussitôt **2** dans un instant
terts *de (-en) (mus.)* tierce; **grote** ~ tierce majeure; **c kleine** ~ do mineur
te·rug *adv* **1** en arrière; *(fig.)* **niet (meer)** ~ **kunnen** ne pas pouvoir faire marche arrière **2** de retour; **ik ben zo** ~ je reviens dans une minute; **hij wil zijn fiets** ~ **(hebben)** il veut récupérer son vélo; ~ **hebben van 25 euro** pouvoir rendre la monnaie de 25 euros; **heen en** ~ aller et retour; ~ **in de tijd** en remontant le cours du temps; **wij moeten** ~ nous devons faire demi-tour, nous devons rentrer; ~ **naar af** retour à la case départ; ~ **van weg geweest** de retour **3** il y a *(dans le passé)*; **enige jaren** ~ il y a quelques années **4** *(Belg.)* de nouveau ♦ **daar heeft hij niet van** ~ cela lui cloue le bec, cela dépasse ses possibilités; **na zoveel jaar ken je haar niet meer** ~ après tant d'années elle est méconnaissable
te·rug·bel·len *vti (h. teruggebeld)* rappeler (qn) *(par téléphone)*
te·rug·be·ta·len *vti (h. terugbetaald)* **1** rembourser **2** rendre
te·rug·be·zor·gen *vt (h. terugbezorgd)* → **terugbrengen 1**
te·rug·blik *nm* (vue) rétrospective
te·rug·bren·gen *vt (h. teruggebracht)* **1** ramener; **een geleend boek** ~ rapporter un livre emprunté **2** ramener *(dans un état antérieur)*; **iem van een voornemen** ~ détourner qn d'un projet **3** réduire
te·rug·dein·zen *vi (i. teruggedeinsd) (+ voor)* reculer (devant)
te·rug·den·ken *vi (h. teruggedacht) (+ aan)* se reporter (à); **dat doet ons** ~ **aan de tijd dat ...** cela nous rappelle l'époque où ...
te·rug·doen *vt (h. teruggedaan)* **1** remettre **2** faire en retour; **doe hem de groeten terug** rendez-lui son bonjour **3** ramener
te·rug·draai·en *vt (h. teruggedraaid)* **1** faire tourner dans le sens opposé **2** annuler
te·rug·drin·gen *vt (h. teruggedrongen)* **1** repousser **2** réduire
te·rug·ei·sen *vt (h. teruggeëist)* revendiquer
te·rug·gaan *vi (i. teruggegaan)* **1** reculer **2** retourner; **naar huis** ~ rentrer (chez soi); **weer** ~ repartir **3** remonter *(dans le temps)*
te·rug·gang *nm* **1** recul **2** retour
te·rug·ga·ve *de* restitution
te·rug·ge·trok·ken *adj* solitaire
te·rug·ge·ven *vt (h. teruggegeven)* rendre
te·rug·grij·pen *vi (h. teruggegrepen) (+ op)* se baser (sur)
te·rug·ha·len *vt (h. teruggehaald)* **1** récupérer **2** ramener **3** retirer **4** se rappeler
te·rug·hou·dend *adj* réservé
te·rug·kaat·sen[1] *vti (h./i. teruggekaatst)* (se) réfléchir
te·rug·kaat·sen[2] *vt (h./i. teruggekaatst)* renvoyer (la balle)
te·rug·keer *nm* retour
te·rug·ke·ren *vi (i. teruggekeerd)* **1** retourner; **naar huis** ~ rentrer (chez soi) **2** revenir
te·rug·kij·ken *vi (h. teruggekeken)* **1** répondre au regard de **2** revoir (qch)
te·rug·ko·men *vi (i. teruggekomen)* revenir *(aussi au fig.)*; ~ **van kantoor** rentrer du bureau; ~ **van een besluit** revenir sur une décision
te·rug·komst *nf* retour
te·rug·krab·be·len *vi (i. teruggekrabbeld)* reculer
te·rug·krij·gen *vt (h. teruggekregen)* **1** récupérer **2** recevoir en retour; **u krijgt nog 1 euro van mij terug** je vous dois encore 1 euro
te·rug·loop *nm* recul
te·rug·lo·pen *vi (h./i. teruggelopen)* **1** reculer **2** *(fig.)* baisser; **het aantal leerlingen loopt terug** le nombre d'élèves diminue **3** retourner (à pied)
te·rug·ne·men *vt (h. teruggenomen)* **1** retirer **2** reprendre
te·rug|reis *de (-reizen)* retour *(voyage)*; **de** ~ **aanvaarden** (re)prendre le chemin du retour
te·rug·rij·den *vi (i. teruggereden)* → **teruggaan 2**
te·rug·roe·pen *vt (h. teruggeroepen)* **1** rappeler; *(fig.)* **iets in het geheugen** ~ rappeler qch **2** répondre (en criant)
te·rug·schrik·ken *vi (i. teruggeschrikt, -geschrokken)* **1** reculer (de frayeur) **2** *(fig.)* reculer devant; **nergens voor** ~ ne craindre ni Dieu ni diable
te·rug·slaan *vti (h./i. teruggeslagen)* **1** rendre les coups (à) **2** *(fig.; + op)* renvoyer (à) ♦ **een aanval** ~ parer une attaque; **de bal** ~ renvoyer la balle; **de vijand** ~ repousser l'ennemi
te·rug·slag *nm* **1** choc en retour; **een** ~ **krijgen** *(maladie)* avoir une rechute **2** *(fig.)* contrecoup; **de economische** ~ **van de jaren dertig** la récession des années trente; ~ **hebben op** se répercuter sur
te·rug·stu·ren *vt (h. teruggestuurd)* renvoyer
te·rug·tocht *nm* **1** (chemin du) retour; **de** ~ **aanvaarden** prendre le chemin du retour **2** *(milit.)* retraite; *(aussi au fig.)* **de** ~ **blazen** sonner la retraite
te·rug·trap·rem *de (-men)* frein à rétropédalage
te·rug·tre·den *vi (i. teruggetreden)* se retirer; **de koningin treedt terug ten gunste van haar dochter** la reine abdique en faveur de sa fille
te·rug·tre·ding *nf* démission
te·rug·trek·ken[1] *vi (h./i. teruggetrokken)* **1** se retirer **2** reculer

te·rug·trek·ken² *vt (h./i. teruggetrokken)* **1** retirer; **troepen** ~ replier des troupes **2** ramener **3** tirer à nouveau
te·rug·trek·ken³ *vpr (zich ~; h. zich teruggetrokken)* se retirer; **zich bij, voor een sollicitatie** ~ retirer sa candidature à un poste
te·rug·val *nm* **1** retour **2** rechute *(maladie, péché)*
te·rug·val·len *vi (i. teruggevallen)* **1** retomber **2** *(+ op)* se raccrocher (à); ~ **op een uitkering** devoir se contenter d'une allocation; **op zijn oude baan** ~ revenir à son ancien emploi
te·rug·ver·die·nen *vt (h. terugverdiend)* récupérer
te·rug·ver·lan·gen¹ *vi (h. terugverlangd) (+ naar)* regretter (qch); **naar huis** ~ vouloir être à la maison
te·rug·ver·lan·gen² *vt (h. terugverlangd)* réclamer
te·rug·vin·den *vt (h. teruggevonden)* retrouver
te·rug·voe·ren *vt (h. teruggevoerd)* **1** ramener (à) **2** attribuer (à)
te·rug·vra·gen *vt (h. teruggevraagd)* **1** redemander **2** inviter à son tour
te·rug·wed·strijd *nm (-en) (Belg.; sports)* match retour
te·rug·weg *nm (-en)* (route du) retour; **een andere** ~ **nemen** prendre une autre route pour retourner; *(fig.)* **de** ~ **is afgesneden** on a atteint le point de non-retour; **de** ~ **viel hem langer dan de heenweg** le retour lui parut plus long que l'aller
te·rug·win·nen *vt (h. teruggewonnen)* → **terugkrijgen 1**
te·rug·zak·ken *vi (i. teruggezakt)* **1** s'affaisser de nouveau **2** *(fig.)* retomber
te·rug·zet·ten *vt (h. teruggezet)* **1** reculer **2** remettre à sa place **3** dégrader
te·rug·zien¹ *vi (h. teruggezien) (+ op)* se remémorer (qch); **op zijn vroegere leven** ~ passer en revue sa vie passée
te·rug·zien² *vt (h. teruggezien)* revoir
ter·wijl *conj* **1** tandis que **2** alors que
ter·zij·de *adv* **1** de côté; **dit** ~ soit dit en passant; **iem** ~ **nemen, roepen** prendre qn à part; **iets** ~ **schuiven** refuser qch, essayer d'oublier qch; **iem** ~ **staan** assister qn, être aux côtés de qn **2** à côté
test *nm (-s)* test; **iem een** ~ **afnemen** faire passer un test à qn
tes·ta·ment *het (-en)* testament *(jur.; Bible; pol.)*; **het Oude en Nieuwe Testament** l'Ancien et le Nouveau Testament
test·beeld *het (-en)* mire *(de la télévision)*
tes·ti·kel *nm (-s)* testicule
test·pi|loot *nm (-loten) (aviat.)* pilote d'essai
te·ta·nus *nm (méd.)* tétanos
tet·te·ren *vi (h. getetterd) (fam.)* **1** jacasser **2** pinter **3** trompeter
teug *de (-en)* **1** gorgée; **met lange ~en drinken** boire à longs traits; **met volle ~en van iets genieten** savourer qch pleinement **2** bouffée; **hij ademde de vrije lucht met volle ~en in** il aspirait l'air libre à pleins poumons **3** goulée
teu·gel *nm (-s)* rêne; **een paard de** ~ **aandoen** brider un cheval; *(fig.)* **(iem) de ~s aanhalen** serrer la vis (à qn); *(fig.)* **de ~(s) afwerpen** s'affranchir; *(fig.)* **de** ~ **kort houden** être très strict; **de ~(s) laten vieren** lâcher la bride *(aussi au fig.)*; *(fig.)* **de ~s van de regering in handen hebben** être aux leviers de commande du gouvernement; **iem de vrije** ~ **laten** laisser la bride sur le cou à qn
teu·gel|loos *adj, adv (-lozer, -loost)* **1** débridé, sans bride **2** *(fig.)* effréné, sans frein
teut¹ *nm (-en) (péj.)* **1** lambin, -ine **2** rabâcheur, -euse
teut² *adj (fam.)* pompette; **half** ~ éméché
teu·ten *vi (h. geteut)* **1** lambiner **2** rabâcher
te·veel *het* excès
te·vens *adv* **1** aussi **2** en même temps **3** *(ensemble)* à la fois
te·ver·geefs¹ *adj, adv* (en) vain
te·ver·geefs² *interj* peine perdue!
te·voor·schijn *adv* au jour; ~ **brengen** mettre au jour; **zijn zakdoek** ~ **halen** sortir son mouchoir; ~ **komen, treden** apparaître; **als overwinnaar uit de strijd** ~ **komen** sortir vainqueur du match
te·vo·ren *adv* avant; **het jaar** ~ l'année précédente; **van** ~ d'avance, à l'avance; **iem iets** ~ **zeggen** prévenir qn de qch
te·vre·den *adj* content (de); ~ **met zijn baan** satisfait de son emploi; **zij is snel** ~ elle se contente de peu
te·vre·den·heid *nf* satisfaction
te·vre·den·stel·len *vt (h. tevredengesteld)* contenter; **zich** ~ **met** se contenter de
te·wa·ter·la·ting *nf (-en)* mise à l'eau
te·weeg·bren·gen *vt (h. teweeggebracht)* provoquer; **onrust** ~ semer le trouble; **een grote verandering** ~ amener un changement profond
te·werk·stel·len *vt (h. tewerkgesteld)* embaucher
te·werk·stel·ling *nf* **1** emploi **2** embauchage
tex·tiel¹ *het/de* textile *(tissu)*
tex·tiel² *de* (industrie) textile
te·za·men *adv (form.)* ensemble; **alles** ~ **genomen** somme toute; ~ **komen** se rassembler
tgov. *tegenover* vs
t.g.v. *ten gevolge van* à la suite de
TH *de (-'s) Technische Hogeschool* ⟨*école supérieure d'ingénieurs*⟩
thans *adv (form.)* à présent
the·a·ter *het (-s)* **1** théâtre; **die film draait in verschillende ~s** on donne ce film dans plusieurs salles **2** *(fig.)* cinéma
thee *nm* thé; **een geneeskrachtige** ~ une infusion médicinale; ~ **laten trekken** laisser infuser du thé; **op de** ~ **komen (bij iem)** venir prendre le thé (chez qn); **slappe** ~ thé léger
***thee-** **1** de thé; **een theekop(je)** une tas-

se à thé; **het theezakje** le sachet de thé **2** à thé
thee·doek *nm (-en) (vaisselle)* torchon
thee·krans·je *het (-s)* ⟨*personnes qui se réunissent pour prendre le thé et pour converser*⟩
thee·le·pel·tje *het (-s)* **1** cuillère à thé **2** *(cuis.)* petite cuillère
thee·leut *nm (-en) (fam.)* grand buveur, grande buveuse
thee·licht·je *het (-s)* chauffe-théière
thee·muts *de (-en)* couvre-théière
thee·pot *nm (-ten)* théière
thee·vi·si·te *de (-s)* thé *(collation; réunion)*; **op ~ komen** venir prendre le thé
thee·wa·ter *het* eau pour le thé; **het ~ opzetten** faire chauffer l'eau pour le thé ♦ **boven zijn ~ zijn** être pompette
the·ma *het (-'s)* thème
the·ma·num·mer *het (-s)* numéro spécial *(d'un magazine)*
the·ma·tisch *adj, adv* thématique, par sujet
the·o|loog *nm (-logen)*, **-loge** *nf (-n, -s)* **1** théologien, -enne **2** étudiant, -ante en théologie
the·o·re·ti|cus *nm (-ci)*, **-ca** *nf (-'s)* théoricien, -enne
the·o·re·tisch *adj, adv* théorique
the·o·rie *nf (-ën)* théorie; **een ~ opstellen** formuler une théorie
the·ra·pie *nf (-ën)* thérapie ♦ **in ~ zijn** suivre une psychothérapie
ther·mos·kan *de (-nen)* carafe isolante
the·sis *nf (theses)* **1** thèse (de doctorat) **2** *(fam.; Belg.)* mémoire *(m.)*
Tho·mas *nm* ♦ **het is een ongelovige thomas** il nierait la lumière en plein midi
thuis[1] *het* chez-soi; **van ~ weggaan** quitter le logis familial; *(fig.)* **niet ~ zijn** être aux abonnés absents
thuis[2] *adv* à la maison; **vanmiddag ben ik ~** cet après-midi, je suis chez moi; **voor jou ben ik altijd ~** pour toi, je suis toujours là; **doe maar of je ~ bent** fais comme chez toi; **niet ~ geven** *(sens pr.)* n'y être pour personne, *(fig.)* (se) refuser (à); **zich in een omgeving niet ~ voelen** ne pas se sentir à l'aise qp; **hij woont nog ~** il habite encore chez ses parents; *(fig.)* **ergens ~ zijn** se sentir à l'aise qp ♦ *(fig.)* **in iets (goed) ~ zijn** s'y connaître en qch
***thuis-** à domicile; **thuisbezorgen** livrer à domicile
thuis·ban·kie·ren *vi (h. thuisgebankierd) (fin.)* ⟨*régler ses affaires bancaires à la maison*⟩
thuis·blij·ven *vi (i. thuisgebleven)* rester à la maison; *(fig.)* **hij kan wel ~** il peut s'épargner le déplacement
thuis·bren·gen *vt (h. thuisgebracht)* **1** (r)amener (qn) chez lui; **de boodschappen ~** apporter les commissions à la maison **2** situer; **iets, iem niet thuis kunnen brengen** ne pas pouvoir remettre qch, qn
thuis·club *de (-s)* club jouant sur son (propre) terrain
thuis·front *het* ♦ **overleggen met het ~** se concerter avec les siens; **nieuws van het ~** nouvelles de la famille
thuis·ha·ven *de (-s)* port d'attache
thuis·ho·ren *vi (h. thuisgehoord)* avoir sa place
thuis·hou·den *vt (h. thuisgehouden)* garder à la maison
thuis·ko·men *vi (i. thuisgekomen)* rentrer (chez soi)
thuis·komst *nf* retour
thuis·land *het (-en) (Afrique du Sud)* homeland
thuis|reis *de (-reizen)* → **terugreis**
thuis·ver·ple·ging *nf (méd.)* soins à domicile
thuis·wed·strijd *nm (-en)* match à domicile; *(fig.)* **een ~ spelen** parler devant un public acquis d'avance
thuis|wer·ker *nm (-s)*, **-werkster** *nf (-s)* travailleur, -euse à domicile
thuis·zit·ten *vi (h. thuisgezeten)* rester chez soi
thuis·zorg *de (méd.)* hospitalisation à domicile
ti *de (-'s) (mus.)* si
tic *nm (-s)* tic; **zij heeft een ~ om alles te bewaren** elle a la manie de tout garder
tien *card* dix; **een ~ voor Engels** un dix (sur dix) en anglais, *(en France)* vingt sur vingt en anglais; **in negen van de ~ gevallen** neuf fois sur dix; **wij waren met ons ~en** nous étions (à) dix; **het is ~ over ~** il est dix heures dix; **een stuk of ~** une dizaine; **~ tegen één (dat)** il y a gros à parier (que); **hij ziet eruit of hij niet tot ~ kan tellen** il n'a pas inventé l'eau chaude; **het is ~ voor** il est moins dix
tien·de *adj* dixième; **Karel de Tiende** Charles X; **de ~ september** le dix septembre
tien·dui·zend *card* dix mille; **~en vogels** des dizaines de milliers d'oiseaux
tie·ner *nm (-s)* teenager
tien·ja·rig *adj* de dix ans; **het ~ bestaan vieren** célébrer le dixième anniversaire
tien·kamp *nm (-en)* décathlon
tien·tal *het (-len)* dizaine
tien·tal·lig *adj* décimal
tien·tje *het (-s)* 10 euros
tie·re·lan·tijn *nm (-en)* **1** fioriture **2** histoire
tie·ren *vi (h. getierd)* **1** faire du tapage; **de wind raast en tiert** le vent rugit **2** hurler **3** prospérer; **welig ~** prospérer
tie·rig *adj, adv* **1** prospère, vigoureusement **2** vif, avec vivacité
tiet *de (-en) (fam.)* néné; **het kind een ~ geven** donner la gougoutte à l'enfant ♦ **lopen als een ~** marcher comme sur des roulettes; **een hele ~ geld** tout un paquet d'argent
tig *card (fam.)* ♦ **ik heb het al ~ keer gezegd** je l'ai déjà dit cent fois
tij *het (-en)* marée; *(fig.)* **gunstig ~** moment favorable; **het ~ keert, kentert** la marée perd, *(fig.)* il y a un renversement de la si-

tuation; *(fig.)* **het ~ laten verlopen** laisser passer l'occasion

tijd *nm (-en)* **1** temps *(sauf conditions atmosphériques)*; **binnen afzienbare ~** sous peu; **in de baas zijn ~** aux frais du patron; **bij de ~ zijn** ne pas être né d'hier; **waar blijft de ~?** où passe le temps?; **niemand weet wat de ~ ons brengen zal** personne ne sait ce que l'avenir nous réserve; **het zal mijn ~ wel duren!** après moi le déluge!; **de eerste ~** les premiers temps; **een flinke ~** un bon bout de temps; **de ~ gaat nu in!** top, chrono!; **in minder dan geen ~** en moins de deux; *(qch)* **zijn (beste) ~ gehad hebben** avoir fait son temps; **te gelegener, rechter ~** en temps opportun; **geruime ~** assez longtemps; **waar is de goede oude ~ gebleven?** où sont les neiges d'antan?; **iem de ~ gunnen** donner du temps à qn; **zich de ~ niet gunnen (om)** ne pas prendre le temps (de); **~ te over hebben** avoir du temps en trop; **de ~ aan zichzelf hebben** avoir du temps devant soi; **we hebben onze familie een ~ niet gezien** il y a longtemps que nous n'avons pas vu notre famille; **dat heeft nog de ~** cela ne presse pas; **dat heeft ~ tot morgen** cela peut attendre demain; *(prov)* **de ~ heelt alle wonden** le temps est le meilleur médecin, le temps guérit les douleurs (et les querelles); **een hele ~ geleden** il y a bien longtemps; **het is hoog ~ om** il est (grand) temps de, que; **het heeft in ~en niet zo geregend** il y a bien longtemps qu'il n'a pas plu ainsi; **als het mijn ~ is** quand je devrai partir, quand mon heure viendra; **het is er de ~ niet naar om te** ce n'est pas le moment de; **in een jaar ~** en un an; *(prov)* **komt ~, komt raad** qui vivra, verra; **in korte ~** en peu de temps; **na kortere of langere ~** tôt ou tard; **de laatste ~** ces derniers temps; **iem geen ~ laten** presser qn; **met zijn ~ meegaan** vivre avec son temps; **in een paar minuten ~** en l'espace de quelques minutes; **hij heeft een moeilijke ~ gehad** il a eu une période difficile; **dat moet (zijn) ~ hebben** cela demande du temps; **vorig jaar om dezelfde ~** l'année dernière à pareille époque; **voor onbeperkte ~** pour une durée illimitée; **onvoltooid verleden ~** imparfait; **onvoltooid verleden toekomende ~** futur du passé; **onvoltooid tegenwoordig toekomende ~** futur simple; *(Belg.)* **op ~ en stond** en temps utile; **alles op zijn ~** il y a un moment pour chaque chose; **ik kon op ~ remmen** j'ai pu freiner à temps; **dat komt juist op ~** cela tombe bien; **we hebben de trein net op ~ gehaald** nous avons attrapé le train de justesse; **de oude ~** les temps anciens; **zij is over ~** elle a du retard *(menstruation)*; **~ rekken** chercher à gagner du temps; **de ~ is rijp** la poire est mûre; **het zijn slechte ~en** les temps sont difficiles; **een stille ~** une période creuse; **te allen ~e** à tout moment; **te zijner ~** en temps voulu; **tegen die ~ zullen we wel zien** d'ici-là, on verra bien; **ten ~e van** à l'époque de; **terzelfder ~** en même temps; **uit de ~** démodé; **uit de ~ raken** passer de mode; **zijn ~ uitzitten** faire son temps, purger sa peine; **de ~ valt mij te lang** le temps me dure; **de ~ verdrijven** faire passer le temps; **dat is allemaal verleden ~!** tout ça, c'est du passé!; **zijn ~ verpraten** perdre son temps à bavarder; **binnen de voorgeschreven ~** dans les délais prescrits; **in vroegere ~en** au temps jadis; **u heeft een week de ~ om** vous avez une semaine pour; **eindelijk! het werd ~** ce n'est pas trop tôt; *(prov)* **de ~ zal het leren** qui vivra, verra; **mijn ~ zit erop** j'ai fait mon temps; **een ~je** un moment **2** heure; **bij ~ en wijle** de temps en temps; **om de hoeveel ~ komt de bus langs?** tous les combien passe le car?; **op ~ vertrekken** partir à temps, partir à l'heure; **het wordt ~ voor school** c'est l'heure d'aller à l'école **3** saison; **de slappe ~** la saison morte

***tijd-** de temps; **het tijdverlies** la perte de temps

tijd·bom *de (-men) (aussi au fig.)* bombe à retardement

tij·de·lijk *adj, adv* **1** temporaire(ment); **~ personeel** personnel intérimaire; **een ~e verblijfplaats** un domicile provisoire **2** temporel(lement); **het ~e met het eeuwige verwisselen** passer de vie à trépas

tij·dens *prép* pendant; **~ zijn leven** de son vivant; **~ Napoleon** sous Napoléon

tijd·ge·bon·den *adj* lié à son époque

tijd·geest *nm* esprit du siècle

tijd·ge|noot *nm (-noten)*, **-note** *nf (-n, -s)* contemporain, -aine

tij·dig *adj, adv* opportun, à temps; **~e geboorte** naissance à terme

tij·ding *nf (-en)* nouvelle

tijd·klok *de (-ken)* temporisateur

tijd·lang *adv* ♦ **een ~** pendant un certain temps

tijd·loos *adj, adv* intemporel(lement)

tijd·nood *nm* manque de temps; **in ~ zijn** être pressé par le temps; **in ~ komen** ne plus avoir assez de temps

tijd·perk *het (-en)* ère; **het stenen ~** l'âge de (la) pierre

tijd·rek·ken *vi* tirer les choses en longueur

tijd·rit *nm (-ten) (sports)* (étape) contre la montre

tijd·ro·vend *adj* qui prend du temps

tijds·beeld *het (-en)* **1** conjoncture d'une époque **2** image d'une époque

tijds·be·spa·rend *adj* permettant une économie de temps

tijds·be·stek *het* laps de temps; **in een kort ~** en très peu de temps

tijd·sche·ma *het (-'s)* horaire; **een strak ~** un emploi du temps serré

tijd·schrift *het (-en)* périodique; **~en voor taalstudie** revues de linguistique

tijds·duur *nm* durée

tijd·sein *het (-en)* signal horaire

tijds·li·miet *de (-en)* limite de temps; **aan het ultimatum was een ~ verbonden**

l'ultimatum comprenait un délai d'expiration
tijd·span·ne *de (form.)* → **tijdsbestek**
tijd·stip *het (-pen)* moment; **iets tot een later ~ uitstellen** remettre qch à plus tard
tijds·ver·schil *het (-len)* décalage horaire
tijd·vak *het (-ken)* période
tijd·ver·drijf *het* amusement
tijd·ver·schijn·sel *het (-en)* signe du temps
tijd·ver·slin·dend *adj* → **tijdrovend**
tij|ger *nm (-s),* **-gerin** *nf (-nen)* tigre, tigresse
tijm *nm* thym
tik[1] → **tic**
tik[2] *nm (-ken)* tape; **iem een ~ om de oren geven** donner une gifle à qn; **een ~ op de deur** un petit coup à la porte; *(fig.)* **een ~ van de molen hebben** travailler du chapeau
tik[3] *interj* **1** toc! **2** *(jeux d'enfants)* touché!
tik·fout *de (-en)* → **typefout**
tik·je *het (-s)* brin (de); **zij is een ~ bleek** elle est un peu pâle; **hij heeft een ~ weg van ...** il a un petit qch de ...
tik·kel·tje *het* brin (de); **een ~ alcohol** une goutte d'alcool; **een ~ overdreven** un tantinet exagéré
tik·ken *vti (h. getikt)* taper; **de wekker tikte niet meer** le réveil ne faisait plus tic-tac
tik·ker·tje *het (sports)* ♦ **~ spelen** jouer au chat (perché)
til[1] *nm* soulèvement ♦ **op ~ zijn** se préparer
til[2] *de (-len)* pigeonnier
til·len[1] *vi (h. getild)* **(aan)** (sou)lever (qch); *(fig.)* **zwaar ~ aan** faire grand cas de
til·len[2] *vt (h. getild)* **1** (sou)lever **2** *(fig.)* rouler
tilt *nm* ♦ **op ~ slaan** *(flipper)* faire tilt, devenir fou de rage
time [tɑjm] *de (Belg.; sports)* mi-temps
ti·men [tɑjmə(n)] *vt (h. getimed)* **1** chronométrer **2** programmer
time-out [tɑjmɑut] *nm (sports)* temps mort
tim·me·ren[1] *vi (h. getimmerd)* cogner; **erop los ~** cogner dur; **de hele boel in elkaar ~** tout casser
tim·me·ren[2] *vt (h. getimmerd) (menuiserie, charpentes)* construire
tim·mer|man *nm (-lieden, -lui)* **1** menuisier **2** charpentier
tin *het* **1** étain **2** boîte (en fer-blanc)
tinc|tuur *de (-turen)* teinture
tin·nen *adj* d'étain
tint *de (-en)* ton; **iets een feestelijk ~je geven** donner à qch un air de fête; **een gelige ~ hebben** avoir un teint jaunâtre; *(fig.)* **een socialistisch ~je** une touche socialiste
tin·te·len *vi (h. getinteld)* **1** avoir des picotements **2** scintiller; **haar ogen ~ van vreugde** ses yeux brillent de joie **3** *(fig.)* pétiller
tin·ten *vt (h. getint)* teindre; **het artikel is sterk communistisch getint** cet article est nettement communisant
tip *nm (-s)* **1** pointe; **een ~je van de sluier oplichten** soulever un coin du voile *(aussi au fig.)* **2** pourboire **3** tuyau **4** petite tape
tip|ge·ver *nm (-s),* **-geefster** *nf (-s)* tuyauteur, -euse
tip·pe·len *vi (h. getippeld)* **1** trotter; *(fam.; fig.)* **erin ~** tomber dans le panneau **2** faire le trottoir
tip·pen[1] *vi (h. getipt)* ♦ **aan iem niet kunnen ~** ne pas arriver à la cheville de qn
tip·pen[2] *vti (h. getipt)* **1** tuyauter **2** donner un pourboire à **3** donner favori
tip·top *adj, adv* de premier ordre, on ne peut mieux; **~ gekleed zijn** être bien sapé; **~ in orde** parfait(ement)
tis·sue [tɪʃu] *nf (-s)* **1** Kleenex **2** ouate de cellulose
ti·tel *nm (-s)* titre
ti·tel·blad *het (-en)* (page de) titre
ti·tel|hou·der *nm (-s),* **-houdster** *nf (-s)* tenant, -ante du titre
ti·tu·la·ris *nm (-sen)* **1** titulaire **2** *(Belg.)* professeur principal
tja *interj* ma foi!; **~, wat nu?** eh bien, que faire maintenant?
tjee *interj* Jésus!
tjil·pen *vi (h. getjilpt)* piailler
tjok·vol *adj* bourré
tjon·ge *interj* eh bien! *(étonnement admiratif)*
tl-buis *de (tl-buizen)* tube fluorescent
t/m *tot en met* jusqu'à ... (inclus)
TNO *het Toegepast Natuurwetenschappelijk Onderzoek* ⟨*institut de recherches appliquées dans les sciences expérimentales*⟩
t.n.v. *ten name van* au nom de
toast *nm (-s)* toast
tob·be *de (-s)* baquet
tob·ben *vi (h. getobd)* **1** se faire du mauvais sang **2** travailler dur **3** avoir des problèmes
toch *adv* **1** cependant; **ik doe het (lekker) ~** je le ferai quand même **2** au fond **3** effectivement; **~ maar goed dat hij met hem is meegegaan** effectivement, c'est heureux qu'il l'ait accompagné **4** *(étonnement, impatience)* donc; **zij had me ~ een wagen!** elle avait une de ces voitures!; **jongen ~, hoe kan je dat nou doen!** mais enfin, comment peux-tu faire une chose pareille! **5** de toute façon; **het wordt ~ niks** cela ne donnera rien de toute façon **6** non?; **dat is ~ belachelijk?** mais c'est se moquer du monde!; **ja ~?** non?; **nee ~?** c'est pas vrai! **7** en fin de compte; **dat pand is ~ nog verkocht** finalement, cet immeuble a été vendu
tocht *nm (-en)* **1** courant d'air; **op de ~ (komen te) staan** (aller,) être dans un courant d'air, *(fig.)* (aller,) être dans une situation critique **2** voyage; **een ~ langs alle kroegen** la tournée des bistrots
toch·ten *vi, vb impers (h. getocht)* faire un courant d'air

toch·tig *adj* **1** très exposé aux courants d'air **2** faisant courant d'air
tocht·je *het (-s)* → **tocht 2**
tocht·strip *nm (-s)* bourrelet (autocollant)
tocht·vrij *adj* à l'abri du courant d'air
toe[1] *adv* **1** vers; *(fig.)* **ergens naartoe willen** vouloir en venir à qch **2** en plus; **al kreeg ik geld** ~ même si on me donnait de l'argent; **hopjesvla** ~ de la crème au caramel comme dessert **3** fermé ♦ **aan vakantie** ~ **zijn** avoir vraiment besoin de vacances; **er (na) aan** ~ **zijn om ...** en être arrivé au point de ..., être sur le point de ...; **ik was blij** ~ **dat het eerder afgelopen was** j'étais drôlement soulagé que ce soit fini plus tôt; **waar dient dat ~?** à quoi cela sert-il?; **er het zwijgen** ~ **doen** préférer se taire; **dat doet er niet(s)** ~ cela n'a aucun rapport; **aan iets** ~ **komen** en arriver à qch; **er slecht aan** ~ **zijn** vivre dans la misère, être mal en point
toe[2] *interj* **1** allons! **2** je t'en supplie, je vous en supplie **3** pas vrai! **4** allons, allons ♦ ~ **maar** ho! ho!
toe·be·de·len *vt (h. toebedeeld)* attribuer
toe·be·ho·ren[1] *het* accessoires
toe·be·ho·ren[2] *vi (h. toebehoord)* **(aan)** appartenir (à)
toe·be·rei·den *vt (h. toebereid) (form.)* préparer
toe·be·reid·se·len *plur* préparatifs
toe·bren·gen *vt (h. toegebracht)* ♦ **iem een slag** ~ porter un coup à qn
toe·dek·ken *vt (h. toegedekt)* border *(qn)*
toe·dich·ten *vt (h. toegedicht)* attribuer (qch à qn)
toe·die·nen *vt (h. toegediend)* administrer
toe·doen[1] *het* intervention; **buiten zijn** ~ sans qu'il y soit pour rien; **door** ~ **van** à cause de
toe·doen[2] *vt (h. toegedaan)* **1** ajouter; **wat doet het er toe!** qu'importe!; **dat doet er niets toe** ça n'a aucune importance **2** fermer
toe·dracht *de* circonstances; **de ware** ~ **vertellen** raconter la vérité sur ce qui s'est passé
toe-ei·ge·nen *vpr (zich ~; h. zich toegeëigend)* s'approprier
toe·gaan *vi, vb impers (i. toegegaan)* **1** se passer; **het gaat er daar vreemd aan toe** il s'y passe des choses bizarres **2** être fermé
toe·gang *nm (-en)* accès; **een bewijs van** ~ un billet d'entrée; **verboden** ~ entrée interdite; **zich** ~ **verschaffen** s'introduire
toe·gangs|be·wijs *het (-bewijzen),* **-kaartje** *het (-s)* billet d'entrée
toe·gangs·poort *de (-en)* **1** porte d'entrée **2** *(fig.)* voie d'accès (vers)
toe·gangs|prijs *nm (-prijzen)* (prix d')entrée
toe·gan·ke·lijk *adj* **1** accessible; **de literatuur over dit onderwerp is moeilijk** ~ il est difficile d'accéder à la littérature sur ce sujet **2** *(fig.)* ouvert (à)
toe·ge·daan *adj* **1** attaché à **2** partisan de; **ik ben deze mening** ~ j'ai cette opinion
toe·geef·lijk *adj, adv* indulgent, avec indulgence
toe·ge·ne|gen *adj, adv (-gener, meest t.) (form.)* affectionné, affectueusement
toe·ge·ven[1] *vi (h. toegegeven)* **1** céder (à) **2** avouer
toe·ge·ven[2] *vt (h. toegegeven)* **1** admettre **2** donner en plus
toe·ge·vend *adj, adv* → **toegeeflijk**
toe·ge·ving *nf (-en)* concession
toe·ge·voegd *adj* **1** adjoint **2** ajouté **3** (commis) d'office
toe·ge|wijd *adj, adv (-wijder, meest t.)* dévoué, avec dévouement
toe·gift *de (-en)* **1** *(mus.)* morceau donné en supplément (de programme) **2** extra
toe·hap·pen *vi (h. toegehapt)* **1** accepter avec plaisir **2** mordre à l'hameçon
toe·hoor|der *nm (-s),* **-ster** *nf (-s)* **1** auditeur, -trice **2** *(enseign.)* auditeur libre
toe·jui·chen *vt (h. toegejuicht)* **1** acclamer **2** *(fig.)* applaudir à
toe·ken·nen *vt (h. toegekend)* **(aan)** attribuer (à)
toe·ke·ren *vt (h. toegekeerd)* tourner vers
toe·kij·ken *vi (h. toegekeken)* **1** être spectateur **2** devoir se contenter de regarder; **de kinderen mogen** ~ les enfants ne peuvent que regarder sans rien faire, on ne donne rien aux enfants
toe·knik·ken *vi (h. toegeknikt)* faire un signe de tête (à qn)
toe·ko·men *vi (i. toegekomen)* **1** revenir (à) **2** s'approcher (de); **niet aan ontspanning** ~ ne pas arriver à trouver un moment de détente **3** joindre les deux bouts **4** *(form.)* faire parvenir (à) **5** *(Belg.)* arriver
toe·ko·mend *adj* prochain ♦ *(ling.)* **de ~e tijd** le futur
toe·komst *nf* avenir; **in de nabije, naaste** ~ dans un proche avenir
toe·komst·beeld *het (-en)* vision de l'avenir
toe·kom·stig *adj* futur; **een ~e verhoging** une augmentation à venir
toe·komst·mo·ge·lijk·he·den *plur* **1** perspectives d'avenir **2** débouchés
toe·komst·mu·ziek *nf* beaux projets
toe·komst·per·spec|tief *het (-tieven)* → **toekomstmogelijkheden**
toe·komst·plan·nen *plur* projets (d'avenir)
toe·komst·ver·wach·ting *nf (-en)* expectative
toe·laat·baar *adj* **1** admissible **2** permis
toe·la·chen *vt (h. toegelachen)* sourire à
toe·la·ge *de (-n)* **1** allocation **2** sursalaire
toe·la·ten *vt (h. toegelaten)* **1** permettre **2** laisser entrer **3** admettre; **iem tot een**

examen ~ autoriser qn à présenter un examen
toe·la·ting *nf (-en)* **1** accord **2** admission
toe·leg·gen[1] *vt (h. toegelegd)* **1** ajouter **2** viser (à)
toe·leg·gen[2] *vpr (zich ~; h. zich toegelegd) (+ op)* se consacrer (à)
toe·lich·ten *vt (h. toegelicht)* commenter; **iets nader** ~ apporter des précisions sur qch
toe·lich·ting *nf (-en)* **1** commentaire; **een ~ bij iets geven** joindre une explication à qch; **ter ~ van zijn betoog** pour illustrer son exposé **2** texte explicatif
toe·loop *nm* affluence
toe·lo·pen *vi (i. toegelopen)* **1** avancer (vers) **2** affluer (vers) **3** finir (en); **spits** ~ se terminer en pointe
toe·maat·je *het (-s) (Belg.)* **1** extra **2** dessert
toen[1] *adv* **1** autrefois **2** alors
toen[2] *conj* lorsque; **juist** ~ comme
toe|naam *nm (-namen)* surnom
toe·na·de·ring *nf (-en)* rapprochement
toe·na·me *de (-n)* augmentation
toe·ne·men *vi (i. toegenomen)* **1** augmenter; **een ~de goddeloosheid** un athéisme croissant; **in omvang** ~ prendre de l'ampleur **2** s'intensifier
toen·maals *adv* à l'époque
toen·ma·lig *adj* de l'époque
toen·ter·tijd *adv* à l'époque
toe·pas·baar *adj* applicable
toe·pas·se·lijk *adj* **1** approprié (à) **2** applicable
toe·pas·sen *vt (h. toegepast)* **(op)** appliquer (à); **in de praktijk** ~ mettre en pratique
toe·pas·sing *nf (-en)* application; **in ~ brengen** mettre en pratique; **van ~ zijn (op)** s'appliquer (à); **doorhalen wat niet van ~ is** biffer la mention inutile; **~ vinden** être utilisé
toer *nm (-en)* **1** tour; **op ~en komen** atteindre le régime de fonctionnement; *(fig.)* **over zijn ~en zijn** être dans tous ses états; **iem over zijn ~en jagen** pousser qn à bout; **op volle ~en** à plein régime; **op volle ~en draaien** donner à plein **2** tour (d'adresse) **3** tour de force; **het invullen van die formulieren is een hele** ~ c'est toute une affaire de remplir ces formulaires **4** *(Belg.)* tour *(succession)* ♦ **op de lollige ~ gaan** faire le rigolo
toer·beurt *de (-en)* tour *(succession)*; **bij** ~ à tour de rôle
toe·rei·kend *adj* suffisant (pour)
toe·re·ke·nings·vat·baar *adj (jur.)* responsable *(de ses actes)*
toe·ren *vi (h. getoerd)* **1** faire un tour; **een eindje** ~ faire une promenade en voiture **2** faire des voyages
toe·ren·tal *het (-len)* régime *(d'un moteur)*
***toe·ris·ten-** touristique
toe·ris|tisch *adj (-tischer, meest t.)* touristique; **die streek is mij te** ~ je trouve qu'il y a trop de touristes dans cette région
toer·nooi *het (-en)* tournoi
toe·roe·pen *vt (h. toegeroepen)* crier (qch à qn)
toe·rus·ting *nf (-en)* équipement
toe·schie·te·lijk *adj* bien disposé
toe·schie·ten *vi (i. toegeschoten)* accourir
toe·schij·nen *vi (h. toegeschenen)* sembler
toe|schou·wer *nm (-s)*, **-schouwster** *nf (-s)* spectateur, -trice; **voor de opmerkzame ~ was dit geen geheim** ceci n'était pas un secret pour l'observateur attentif
toe·schreeu·wen *vt (h. toegeschreeuwd)* crier
toe·schrij·ven *vt (h. toegeschreven)* **1** imputer **2** attribuer
toe·slaan[1] *vi (h./i. toegeslagen)* **1** toucher (au but) **2** frapper; **bij zo'n mooi aanbod moet je snel** ~ devant une si belle offre, il faut vite saisir sa chance **3** se fermer brusquement
toe·slaan[2] *vt (h./i. toegeslagen)* **1** claquer **2** lancer **3** fermer
toe·slag *nm (-en)* supplément
toe·snau·wen *vt (h. toegesnauwd)* lancer *(des reproches etc. à la figure de qn)*
toe·snel·len *vi (i. toegesneld)* accourir
toe·speld *de (-en) (Belg.)* épingle de sûreté
toe·spe·len *vt (h. toegespeeld) (aussi au fig.)* envoyer; **ze speelden elkaar de voordeligste baantjes toe** ils se procuraient mutuellement les meilleurs jobs
toe·spe·ling *nf (-en)* allusion; **een bedekte** ~ un sous-entendu
toe|spijs *de (-spijzen) (Belg.)* garniture *(pour tartines)*
toe·spit·sen *vt (h. toegespitst)* **1** *(fig.)* intensifier **2** *(+ op)* diriger (sur); **zich ~ op** se concentrer sur **3** appointer; **haar mondje spitste zich venijnig toe** elle fit une moue haineuse
toe|spraak *de (-spraken)* discours; **een ~ houden** prononcer un discours
toe·spre·ken *vt (h. toegesproken)* s'adresser à
toe·staan *vt (h. toegestaan)* **1** permettre **2** accorder
toe·stand *nm (-en)* **1** situation; **de ~ van de wegen** l'état des routes **2** confusion; **~en maken** faire des histoires; **wat een ~!** quelle histoire!
toe·ste·ken *vt (h. toegestoken)* tendre (qch à qn)
toe·stel *het (-len)* appareil
toe·stem·men *vi (h. toegestemd)* **(in)** consentir; **erin ~ dat, om ...** consentir à ce que, à ...
toe·stem·ming *nf (-en)* permission
toe·stop·pen *vt (h. toegestopt)* **1** glisser **2** emmitoufler **3** *(ouverture)* boucher
toe·stro·men *vi (i. toegestroomd)* affluer
toe·stu·ren *vt (h. toegestuurd)* expédier
toet *nm (-en) (fam.)* frimousse; **een ~ trekken** faire la grimace

toe·ta·ke·len *vt (h. toegetakeld)* **1** amocher **2** accoutrer
toe·tas·ten *vi (h. toegetast)* se servir
toe·ten *vi (h. getoet)* ♦ **van ~ noch blazen weten** ne savoir rien de rien
toe·ter[1] *nm (-s)* **1** corne *(instrument; jouet); (fig.)* **met allerlei ~s en bellen** en grand tralala **2** klaxon®
toe·ter[2] *adj (fam.)* → **toeterzat**
toe·te·ren[1] *vi (h. getoeterd)* **1** klaxonner **2** corner
toe·te·ren[2] *vt (h. getoeterd)* corner
toe·ter·zat *adj (fam.)* complètement beurré
toe·tje *het (-s) (fam.)* dessert
toe·tre·den *vi (i. toegetreden)* **(tot) 1** s'approcher (de) **2** s'affilier (à); **~ tot een vereniging** devenir membre d'une association
toe·tre·ding *nf (-en)* affiliation
toets *nm (-en)* **1** épreuve **2** touche *(mus.; arts)*
toet·sen *vt (h. getoetst)* mettre à l'épreuve; **zijn idealen ~ aan de werkelijkheid** confronter ses idéaux à la réalité; **(iemands) kennis ~** contrôler les connaissances (de qn)
toet·sen·bord *het (-en)* clavier
toet·sing *nf (-en)* contrôle
toe·val[1] *het/de (-len)* crise (épileptique); **een ~ krijgen** être frappé d'une attaque d'épilepsie
toe·val[2] *het (-len)* hasard; **een gelukkig ~** un coup de chance; **stom ~** pur hasard
toe·val·len *vi (i. toegevallen)* **1** échoir (à) *(héritage etc.)* **2** se fermer *(en tombant)*
toe·val·lig *adj, adv* fortuit, par hasard; **~ heb ik daar geen zin in** il se trouve que je n'en ai pas envie
toe·val·lig|heid *nf (-heden)* **1** hasard; **een samenloop van toevalligheden** un concours de circonstances **2** caractère fortuit
toe·vals·tref·fer *nm (-s)* hasard
toe·ven *vi (h. getoefd) (form.)* ♦ **het is daar goed ~** on y est bien
toe·ver·trou·wen *vt (h. toevertrouwd)* confier; **dat is hem wel toevertrouwd** pour cela on peut lui faire confiance; **zich aan iem ~** s'en remettre à qn
toe·vloed *nm* afflux
toe·vlucht *de* **1** recours **2** refuge; **~ zoeken bij iem** se réfugier dans les bras de qn
toe·vluchts·oord *het (-en)* → **toevlucht 2**
toe·voe·gen *vt (h. toegevoegd)* **(aan)** ajouter; **iets aan de discussie ~** apporter un nouvel élément à la discussion
toe·voe·ging *nf (-en)* **1** addition **2** additif
toe·voer *nm* amenée
toe·wen·den *vt (h. toegewend)* → **toekeren**
toe·wen·sen *vt (h. toegewenst)* souhaiter (qch à qn)
toe·wij·den *vt (h. toegewijd)* dévouer
toe·wij·ding *nf* **1** dévouement **2** application **3** dévotion
toe·wij·zen *vt (h. toegewezen)* **1** admettre; **een kind aan de vader ~** attribuer la garde d'un enfant au père **2** attribuer; **een bedrag ~ aan iem** allouer une somme à qn
toe·wij·zing *nf (-en)* **1** attribution **2** allocation
toe·zeg·gen *vt (h. toegezegd)* promettre
toe·zen·den *vt (h. toegezonden) (form.)* → **toesturen**
toe·zicht *het* surveillance; **~ houden op (over) (iem/iets)** surveiller (qn, qch); **onder ~ staan** être sous surveillance, être en liberté surveillée
toe·zien *vi (h. toegezien)* **1** regarder; **machteloos ~** être impuissant (devant qch); **ik mocht ~** je n'étais que spectateur **2** surveiller (qch) **3** prendre garde (à)
tof *adj, adv (fam.)* **1** chic **2** terrible, du tonnerre
tof·fee *nm (-s)* caramel mou
to·foe *de (cuis.)* tofu
to·ga *de (-'s)* **1** toge **2** soutane
toi·let [twalɛt] *het (-ten)* **1** toilettes **2** toilette *(vêtements)*
***toi·let-** de toilette; **de toiletzeep** le savon de toilette
toi·let·juf·frouw *nf (-en)* dame des lavabos
toi·let·rei·ni·ger *nm (-s)* détergent pour toilettes
toi·let·rol *de (-len)* rouleau de papier toilette
toi·let·tas *de (-sen)* trousse de toilette
tok·kel·in·stru·ment *het (-en)* instrument à cordes pincées
tol *nm (-len)* **1** toupie; **mijn hoofd draait als een ~** la tête me tourne **2** péage; *(fig.)* **ergens ~ voor moeten betalen** payer (cher) qch; **de vooruitgang eist zijn ~** c'est la rançon du progrès; **~ heffen** percevoir le péage
to·le·ran·tie *nf* tolérance
tol·geld *het (-en)* péage *(montant; argent)*
tolk *nm (-en)* interprète
tol·ken *vi (h. getolkt)* servir d'interprète *(traduire)*; **simultaan ~** faire de l'interprétation, de la traduction simultanée
tol·len *vi (h./i. getold)* **1** jouer à la toupie **2** tourner (comme une toupie); **zij stond te ~ van de slaap** elle tombait de sommeil
tol·vrij *adj* exempt de péage
to|maat *de (-maten)* tomate; **gevulde tomaten** tomates farcies
to·ma·ten·pu·ree *nf* concentré de tomates
tom·be *de (-s, -n)* tombeau
to·me|loos *adj, adv (-lozer, -loost)* démesuré(ment); **~ geweld** une violence déchaînée
ton *de (-nen)* **1** tonneau; **zo rond als een ~** gros comme une barrique, *(nourriture)* plein comme une barrique; **een ~ wijn** un fût de vin **2** cent mille euros; **dat huis kost ~nen** cette maison coûte une fortune **3** tonne
to·neel *het (tonelen)* **1** scène *(aussi par-*

tie d'une pièce); **het ~ betreden** entrer en scène; **op het ~ komen** *(aussi au fig.)* entrer en scène, monter sur la scène; **iets ten tonele voeren** mettre qch en scène **2** théâtre *(art; profession; lieu de l'événement);* **het absurdistisch ~** le théâtre de l'absurde; **bij het ~ gaan** devenir acteur, actrice **3** *(fig.)* comédie
***to·neel-** théâtral; **de toneelvoorstelling** la représentation théâtrale
to·neel|ge·zel·schap *het (-pen),* **-groep** *de (-en)* troupe (théâtrale)
to·neel·kij·ker *nm (-s)* jumelles *(de spectacle)*
to·neel·mees·ter *nm (-s)* régisseur
to·neel|school *de (-scholen)* école d'art dramatique
to·neel|schrij·ver *nm (-s),* **-schrijfster** *nf (-s)* auteur dramatique
to·neel·spel *het (-en)* **1** pièce (de théâtre) **2** *(péj.)* comédie **3** jeu *(de l'acteur)*
to·neel·spe·len *vi (h. toneelgespeeld)* **1** faire du théâtre **2** *(péj.)* jouer la comédie
to·neel|spe·ler *nm (-s),* **-speelster** *nf (-s)* **1** acteur, -trice **2** *(péj.)* comédien, -ienne
to·neel·stuk *het (-ken)* pièce de théâtre; **een ~ brengen** donner une pièce de théâtre
to·neel·ver·eni·ging *nf (-en)* cercle dramatique
to·neel|zaal *de (-zalen)* salle de spectacle
to·nen[1] *vt (h. getoond)* **1** montrer; **zijn ware aard ~** se montrer sous son vrai jour **2** manifester
to·nen[2] *vi (h. getoond)* donner une impression; **die jurk toont aardig** cette robe est du plus bel effet
to·nen[3] *vpr (zich ~; h. zich getoond)* se montrer
tong *de (-en)* **1** langue *(organe); (fig.)* **het achterste van zijn ~ laten zien** se mettre à table *(fig.),* dévoiler ses batteries; **met een dikke, dubbele ~ spreken** avoir la langue acérée; **een dubbele ~ hebben** tenir un double langage; **een gladde ~ hebben** n'avoir pas sa langue dans sa poche; *(fig.)* **zijn ~ hing hem op de schoenen** il était sur les genoux; **de ~en komen los** les langues se dénouent; **een losse ~ hebben** ne pas savoir tenir sa langue; **met de ~ op de schoenen** à bout de forces; **het hart ligt hem op de ~** il a son franc-parler; *(Belg.)* **niet op zijn ~ gevallen zijn** avoir la langue bien pendue; **over de ~ gaan** faire les frais de la conversation; **over zijn ~ struikelen** trébucher sur ses mots; **iem over de ~ halen** casser du sucre sur le dos de qn; **zijn ~ roeren** bavarder; **een scherpe ~ hebben** avoir la langue bien affilée; **de ~ strelen** flatter le palais; **zijn ~ uitsteken tegen iem** tirer la langue à qn; **rad, rap van ~ zijn** avoir la langue bien pendue **2** sole *(poisson)*
tong·kus *nm (-sen)* baiser profond; **iem een ~ geven** donner un baiser langue en bouche à qn
tong·val *nm (-len)* **1** *(ling.)* accent **2** dialecte
tong·zoen *nm (-en)* → **tongkus**
to·nijn *nm (-en)* thon
toog *nm (togen)* **1** soutane **2** comptoir *(d'un café)* **3** *(Belg.)* comptoir *(d'un magasin)*
tooi *nm (-en)* parure
tooi·en *vt (h. getooid)* **(met)** parer
toom *nm (tomen)* **1** bride; *(fig.)* **in ~ houden** contenir **2** groupe *(d'animaux)*
toon *nm (tonen)* **1** ton; *(aussi au fig.)* **de ~ aangeven** donner le ton; **een andere ~ aanslaan** changer de ton; **op gedempte ~** à mi-voix; **de goede ~ te pakken hebben** être dans le ton; **hoge ~** son aigu; **iets op hoge ~ eisen** revendiquer qch d'un ton arrogant; **de juiste ~ aanslaan** être dans le ton; **op de tonen van** aux sons de; **uit de ~ vallen** détonner; **volle ~** son nourri **2** ambiance **3** timbre *(voix, instrument)*
toon·aan·ge·vend *adj* qui donne(nt) le ton
toon·aard *nm (-en)* tonalité; **in alle ~en** sur tous les tons
toon·baar *adj* présentable
toon·bank *de (-en)* comptoir *(de magasin);* **(van) onder de ~ verkopen** vendre sous le manteau; **daar gaat heel wat over de ~** tout s'y vend comme des petits pains
toon·beeld *het (-en)* modèle
toon·der *nm (-s) (jur.)* porteur
toon·kunst *nf* art musical
toon·lad·der *de (-s) (mus.)* gamme
toon·loos *adj* **1** sourd; **een toonloze stem** une voix éteinte **2** inaccentué
toon·soort *de (-en)* → **toonaard**
toon·tje *het (-s)* ♦ **dat ~ van jou bevalt mij niet!** je n'aime pas que tu me parles sur ce ton-là!; **een ~ lager zingen** baisser le ton
toon|zaal *de (-zalen)* salle d'exposition *(d'un commerçant)*
toorn *nm (form.)* courroux; **de dag des ~s** le jour de colère; **de ~ Gods** l'ire de Dieu
toorts *de (-en)* flambeau
toost *nm (-s)* toast; **een ~ op iem uitbrengen** porter un toast à qn
toos·ten *vi (h. getoost)* **(op)** porter un toast (à)
top *nm (-pen)* **1** sommet; *(Belg.)* **hoge ~pen scheren** obtenir des succès; **ten ~ stijgen** arriver à son comble; **iem van ~ tot teen opnemen** toiser qn (des pieds à la tête) **2** bout **3** élite; **de ~ van een bedrijf** la direction d'une entreprise; **zijn weg naar de ~** son ascension **4** (conférence au) sommet
***top-** record; **een topjaar** une année record
to·paas *nm* **1** topaze **2** couleur topaze
top·amb·te|naar *nm (-naren)* haut fonctionnaire
top·at|leet *nm (-leten),* **-lete** *nf (-n, -s)* athlète de niveau international

top·con·di·tie *nf* superforme
top·fi|guur *nm (-guren)* sommité
top·func·tie *nf (-s)* haute fonction
top·hit *nm (-s)* tube
to·pic *de (-s)* sujet
top·je *het (-s)* **1** sommet; **het ~ van de ijsberg** la partie visible de l'iceberg **2** bustier
top·klas·se *nf (-n)* classe supérieure
top·less *adj* seins nus; **~ zwemkleding** monokini
top·man *nm (-nen)* grand patron
top·per *nm (-s)* **1** sommet **2** *(mus.; arts etc.)* succès **3** match vedette **4** sommité
top·po·si·tie *nf* **1** position de tête **2** haute position *(fonction)*
top·pres·ta·tie *nf (-s)* performance
top·punt *het (-en)* **1** sommet; **het ~ bereiken** arriver à son comble; **dat is het ~!** c'est le comble! **2** paroxysme **3** apogée
top·snel|heid *nf (-heden)* vitesse de pointe
top|spe·ler *nm (-s)*, **-speelster** *nf (-s)* joueur vedette, joueuse vedette
top·sport *de* sport de haut niveau
top·vorm *nm* → **topconditie**
tor *de (-ren)* coléoptère; **zo zat als een ~** soûl comme un âne
to·re·a·dor [torejadɔːr] *nm (-es)* torero
to·ren *nm (-s)* tour *(f.)*; **ik hoor de ~** j'entends le clocher; **hoog van de ~ blazen** se donner des grands airs, être exigeant
to·ren·hoog *adj* haut comme une tour
to·ren·spits *de (-en)* flèche (de clocher)
tor·nen[1] *vi (h./i. getornd)* se découdre ♦ **ergens aan ~** chercher à changer qch; **daar valt niet aan te ~** il n'y a pas à y revenir
tor·nen[2] *vt (h./i. getornd)* découdre
tor·pe·de·ren *vt (h. getorpedeerd)* torpiller
tor·pe·do *de (-'s)* torpille
tor·sen *vt (h. getorst)* **1** porter avec effort **2** être accablé par; **een niet te ~ leed** une douleur insupportable
tor·so *nm (-'s)*, **tors** *nm (-en)* torse
tor·tel|duif *de (-duiven)* **1** tourterelle **2** *(fig.; plur.)* tourtereaux
tos·sen *vi (h. getost) (sports)* jouer à pile ou face
tos·ti *nm (-'s)* croque-monsieur
tot[1] *prép* **1** jusque, jusqu'à; **dat is ~ daar aan toe** passe encore; **~ dusver** jusqu'ici; **het zit me ~ hier!** j'en ai jusque-là!; **van huis ~ huis gaan** aller de maison en maison; **~ nu toe** jusqu'ici; **~ op de cent** au centime près; **~ voor drie maanden** il y a trois mois encore; **~ drie maal toe** par trois fois; **~ en met pagina 8** jusqu'à la page 8 incluse; **~ en met 31 december** jusqu'au 31 décembre (inclus) **2** à; **~ mijn verwondering** à mon étonnement **3** *(préposition fixe, exprimée en français par:)* de, à; **het teken ~ de aanval** le signal de l'attaque **4** comme; **~ antwoord geven** donner comme réponse
tot[2] *conj* jusqu'à ce que
to·taal *adj, adv* total(ement); **ik ben ~ op** je suis à bout; **ik ben ~ vergeten te betalen** j'ai complètement oublié de payer; *(substantivé)* **in ~** au total; **~ niet** pas … du tout
to·taal·beeld, -overzicht *het* vue d'ensemble
to·taal·wei·ge·raar *nm (-s)* insoumis *(service militaire)*
to·tal loss [totəllɔs] *adj* bon pour la casse; **een auto ~ rijden** faire une perte totale
tot·dat *conj* → **tot**[2]
to·tem|paal *nm (-palen)* mât totémique
tot-en-met *adv (fam.)* au plus haut degré; **hij is gierig ~** il est l'avarice même
to·to *nm* **1** loto sportif **2** pari mutuel
tot·stand·ko·ming *nf* réalisation
tou·pet [tupɛt] *nm (-ten)* postiche
tour [tur] *nm (-s)* tour *(m.)*; *(fam.)* **een ~ bouwen** faire des siennes
touw *het (-en)* corde; **het ~ laten vieren** *(sens pr.)* détendre la corde, *(fig.)* se détendre; **daar is geen ~ aan vast te knopen** cela n'a ni queue ni tête; **ik kan er geen ~ aan vastknopen** je n'y comprends rien ♦ **voortdurend in ~ zijn** être toujours sur la brèche; **iets op ~ zetten** mettre qch sur pied
touw·tje *het (-s)* ficelle; *(fig.)* **de ~s in handen hebben** tenir les rênes
touw·trek·ken *het* **1** *(sports)* lutte à la corde **2** *(fig.)* tiraillements
t.o.v. 1 *ten opzichte van* à l'égard de **2** *ten overstaan van* en présence de
to·ve|naar *nm (-s)*, **-nares** *nf (-sen)* **1** sorcier, -ière **2** *(fig.)* magicien, -ienne
to·ve·na·rij *nf (-en)* → **toverkunst 1**
***to·ver-** magique; **de toverstaf** la baguette magique
to·ver·ach·tig *adj, adv* **1** féerique, magiquement **2** magique(ment); **dat klinkt ~** ça paraît miraculeux
to·ve·ren[1] *vi (h. getoverd)* **1** exercer la magie; *(fig.)* **ik kan niet ~, hoor!** je ne fais pas de miracles! **2** faire des tours de passe-passe **3** *(fig.)* être magicien, -ienne
to·ve·ren[2] *vt (h. getoverd)* faire par enchantement; **een konijn uit een hoed ~** faire sortir un lapin d'un chapeau; **(iem) iets voor ogen ~** faire miroiter qch (à qn)
to·ver·fluit *de (-en)* flûte enchantée
to·ve·rij *nf (-en)* → **toverkunst 1**
to·ver·kunst *nf (-en)* **1** magie **2** tour de magie
to·ver·slag *nm* coup de baguette (magique); **als bij ~** comme par magie
traag *adj, adv (trager, traagst)* lent(ement); **~ van begrip zijn** avoir l'esprit lent; **~ op gang komen** être lent à se mettre en train
traan[1] *de (tranen)* larme; **geen ~ om iets laten** regarder qch d'un œil sec; **geen ~ om iem laten** ne pas verser une larme sur qn; **in tranen uitbarsten** fondre en larmes; **ze kreeg tranen in de ogen** les larmes lui montèrent aux yeux; **tranen met tuiten huilen** pleurer comme une Madeleine; **de tranen schoten, sprongen hem in de ogen; z'n ogen schoten vol tranen** ses yeux se sont remplis de larmes;

een ~ **wegpinken** essuyer une larme; **z'n tranen de vrije loop laten** laisser couler ses larmes
traan[2] *nm* ± huile *(p.ex. de foie de morue)*
traan·gas *het* gaz lacrymogène
traan·klier *de (-en)* glande lacrymale
traan|oog *het (-ogen)* œil larmoyant
traan·vocht *het* larmes
tra·ce·ren *vt (h. getraceerd)* **1** *(tr.pub.)* tracer **2** rechercher les traces de
trach·ten *vt (h. getracht) (form.)* tâcher (de); ~ **vooruit te komen** tenter d'avancer; **iets gedaan ~ te krijgen** chercher à obtenir qch
track [trɛk] *de (-s)* **1** plage *(d'un disque)* **2** *(inform.)* piste
trac·tor [trɑktɔr, trɛktɔr] *nm (-s)* tracteur
trad, traden → **(af-, terug)treden** *(etc.)*
tra·di·tie *nf (-s)* tradition; **een ~ in ere houden** maintenir une tradition; **daar is een lange ~ aan verbonden** cela est le fruit d'une longue tradition
tra·di·tie·ge·trouw *adj, adv* → **traditioneel**
tra·di·ti·o|neel *adj, adv (-neler, -neelst)* traditionnel(lement); **ze trouwen heel** ~ ils se marieront très conventionnellement
tra·giek *nf* tragique; **de ~ van het geval** le côté tragique du cas
tra|gisch *adj, adv (-gischer, meest t.)* tragique(ment); **doe niet zo ~!** n'en fais pas un drame!
trai·nen[1] [trenə(n), trɛːnə(n)] *vi (h. getraind)* s'entraîner
trai·nen[2] [trenə(n), trɛːnə(n)] *vt (h. getraind)* entraîner
trai·ne·ren [trɛːnerə(n)] *vti (h. getraineerd)* **1** traîner **2** traîner (en longueur)
trai·ning [trenıŋ, trɛːnıŋ] *nf (-en)* entraînement
trai·nings·pak *het (-ken)* survêtement
tra·ject *het (-en)* trajet
trak|taat *het (-taten)* traité *(accord; écrit)*
trak·ta·tie *nf (-s)* friandise; **dat is een ~ voor mij** c'est un régal pour moi
trak·te·ren *vti (h. getrakteerd)* **1** offrir des friandises; ~ **op gebakjes** offrir des pâtisseries **2** payer un verre (à qn), payer un repas (à qn); **iem ~ op een bioscoopje** inviter qn au cinéma; **ik trakteer** c'est moi qui paye
tra·lie *nf (-s)* barreau *(barre)*
tra·lie·werk *het* grillage
tram·me·lant *het (fam.)* histoires; **ze hebben weer ~ gehad** ils se sont engueulés une fois de plus; **daar krijg je ~ mee** ça va t'attirer des ennuis; ~ **schoppen** engueuler tout le monde
trance [trɑ̃s, trɑ̃s(ə)] *de (-s)* transe; **in ~ raken** entrer en transe
tra·nen *vi (h. getraand)* larmoyer
tran·quil·li·zer [trɛŋkilɑjzər, trɛŋkwılɑjzər] *nm (-s)* tranquillisant; *(fam.)* **onder de ~s zitten** être bourré de tranquillisants
trans·ac·tie *nf (-s)* transaction; **een ~ aangaan** conclure un marché
trans·plan·te·ren *vt (h. getransplanteerd)* greffer
trans·port *het (-en)* transport *(fait, manière de déplacer)*; **op ~ stellen (naar)** diriger (sur, vers)
trant *nm* **1** manière **2** genre
trap *nm (-pen)* **1** escalier; **op één ~ wonen** habiter sur le même palier **2** coup de pied; *(fig.)* **iem een ~ nageven** donner le coup de pied de l'âne à qn; **vrije ~** coup franc **3** coup de pédale; **het was een hele ~** on a pédalé sec **4** degré; **een hoge ~ van ontwikkeling** un haut niveau de civilisation; **de overtreffende ~** le superlatif; **de vergrotende, vergelijkende ~** le comparatif **5** *(fig.)* marche
***trap-** d'escalier; **de traptrede** la marche d'escalier
tra·pe·zi·um *het (-s) (math.)* trapèze
trap·gat *het (-en)* **1** jour d'escalier **2** cage d'escalier
trap·ge·vel *nm (-s)* pignon à redans
trap|leer *de (-leren)* échelle *(dispositif à marches)*
trap·leu·ning *nf (-en)* rampe *(d'escalier)*
trap·loos *adj* en continu
trap·pe·len *vi (h. getrappeld)* **1** trépigner; **met de voeten ~** piétiner **2** gigoter; **de baby ligt te ~** le bébé remue ses jambes
trap·pen[1] *vti (h./i. getrapt)* **1** *(+ in, op)* marcher (dans, sur); *(fig.)* **ergens niet in ~** ne pas gober qch; *(fig.)* **ergens in ~** tomber dans le panneau **2** *(+ op)* appuyer le pied (sur) **3** *(+ tegen)* donner des coups de pied (à) **4** *(fam.)* pédaler
trap·pen[2] *vt (h./i. getrapt)* écraser *(à coups de pied)*; **hij is eruit getrapt** il s'est fait mettre à la porte; **een stuk hout in de grond ~** enfoncer un bout de bois dans le sol à coups de pied
trap·pen|huis *het (-huizen)* → **trapgat 2**
trap·per *nm (-s)* **1** pédale *(de vélo)* **2** *(fam.)* godasse
trap·por|taal *het (-talen)* palier
traps·ge·wijs *adj, adv* graduel(lement)
trap|zaal *de (-zalen) (Belg.)* cage d'escalier
trau·ma *het/de (-'s)* **1** *(psycho.)* traumatisme **2** lésion
tra·ves·tie *nf (-ën)* travestissement
tra·ves·tiet *nm (-en)* travesti
tra·want *nm (-en) (péj.)* acolyte
traw·ler [trɔːlər] *nm (-s)* chalutier *(navire)*
trech·ter *nm (-s)* entonnoir
trech·ter·vor·mig *adj* en entonnoir
tred *nm (-en)* pas; **gelijke ~ (met iem) houden** marcher du même pas (que qn), *(fig.)* être au même niveau; **met vaste ~** d'un pas assuré; **zijn ~ versnellen** presser le pas
tre·de *de (-n)* **1** marche *(aussi au fig.)*; **de hoogste ~ op de maatschappelijke ladder** le plus haut degré de l'échelle sociale **2** marchepied **3** *(form.)* pas
tre·den[1] *vi (h./i. getreden) (form.)* aller; **in de plaats ~ van** succéder à (qn), remplacer (qn); **in onderhandeling ~** entrer en pourparlers; **naar voren ~** avancer, se

manifester; **iem tegemoet** ~ aller au-devant de qn *(aussi au fig.)*; **uit de regering** ~ quitter le gouvernement

tre·den[2] *vt (h./i. getreden)* fouler

tred·mo·len *nm (-s)* manège *(appareil)*; *(fig.)* **in de** ~ **lopen** traîner son collier de misère

tree·plank *de (-en)* marchepied

tref *nm* chance

tref·cen|trum *het (-tra)* lieu de rencontre

tref·fe·lijk *adj, adv (Belg.)* correct(ement)

tref·fen[1] *het* rencontre

tref·fen[2] *vt (h. getroffen)* **1** toucher; **de getroffene** la victime; **het schot trof doel** le coup atteignit la cible; **door een kogel getroffen** atteint d'une balle; **het getroffen gebied** la région sinistrée **2** rencontrer; **iem thuis** ~ trouver qn chez lui **3** frapper **4** émouvoir ♦ **dat treft goed** ça tombe bien; **je treft het goed** tu as de la chance; **zij hebben het met elkaar getroffen** ils ont eu de la chance de se rencontrer, ils sont très heureux ensemble

tref·fend *adj, adv* **1** (d'une manière) frappant(e); **iets** ~ **karakteriseren** donner une définition juste de qch; **een** ~**e vergelijking** une comparaison parlante **2** (d'une manière) touchant(e)

tref·fer *nm (-s)* **1** bon tir **2** coup de chance **3** *(inform.)* réponse

tref·punt *het (-en)* point de rencontre

tref·woord *het (-en)* **1** entrée **2** mot clef

tref·ze·ker *adj, adv* (d'une manière) précis(e) *(qui va droit au but)*; **een** ~**e bal** un tir bien assuré

trein *nm (-en) (chemins de fer)* train; **dat loopt als een** ~ ça marche comme sur des roulettes, ça se vend comme des petits pains; **de** ~ **halen** avoir son train; *(Belg.)* **klokvaste** ~ train à horaire cadencé; **iem op de** ~ **zetten** mettre qn dans le train; **iem van de** ~ **gaan halen** aller chercher qn à la gare; **zich voor de** ~ **gooien** se jeter sous le train

***trein-** des chemins de fer; **de treinconducteur** le contrôleur des chemins de fer

trei·nen *vi (h. getreind)* aller en train

trein·stel *het (-len) (wagons)* rame *(de voitures)*

trein·taxi *nm (-'s)* ⟨*taxi pour usager du rail*⟩

trein·ver·bin·ding *nf (-en)* communication ferroviaire; **dat dorp heeft geen** ~ le chemin de fer ne dessert pas ce village

trei·te·ren *vti (h. getreiterd)* faire enrager (qn); **zijn kleine broertje** ~ embêter son petit frère

trei·te·rig *adj, adv* méchant, méchamment

trek *nm (-ken)* **1** traction **2** coup *(action de tirer une fois)* **3** trait; **dat is een mooi** ~**je van haar** ça fait partie de ses qualités; **onsympathieke** ~**ken hebben** avoir des côtés antipathiques **4** *(plur.)* traits *(du visage)*; **een spottende** ~ **om de mond** des plis railleurs autour de la bouche **5** bouffée *(de fumée)* **6** faim; **niet aan zijn** ~**ken komen** rester sur sa faim; **ergens** ~ **in hebben** avoir envie de (manger) qch; **als je er** ~ **in hebt** si le cœur vous en dit **7** migration; **de** ~ **naar de stad** l'exode rural ♦ **in** ~ **zijn** être recherché; **hij zal zijn** ~**ken thuis krijgen** il recevra la monnaie de sa pièce

trek·dier *het (-en)* **1** bête de trait **2** *(zool.)* migrateur

trek|haak *nm (-haken)* attache-remorque

trek·har·mo·ni·ca *nf (-'s)* accordéon

trek·ke·bek·ken *vi (h. getrekkebekt)* faire des grimaces

trek·ken[1] *vi (h./i. getrokken)* **1** tirer; *(fig.)* **er hard aan** ~ travailler d'arrache-pied; **de politie moest** ~ **om iets uit hem te krijgen** la police a dû lui tirer les vers du nez **2** s'en aller; **door Frankrijk** ~ parcourir la France; **in een huis** ~ s'installer dans une maison; **de zwaluwen** ~ **al** les hirondelles commencent déjà leur migration; **de wijde wereld in** ~ partir à la conquête du monde **3** *(+ met)* traîner (qch) *(la jambe)* **4** *(+ met)* avoir un tic (nerveux) (à) **5** *(+ naar)* être attiré (par); **die jas trekt onder de oksel** ce manteau serre sous l'aisselle; **krom** ~ se déformer; **de kinderen** ~ **nogal naar hun vader** les enfants tiennent plutôt de leur père **6** être absorbé (par) **7** *(+ naar, op)* tirer (sur); *(Belg.)* **dat trekt op niets** cela ne ressemble à rien

trek·ken[2] *vti (h./i. getrokken)* **1** tirer; **een kies** ~ arracher une dent; **loten** ~ tirer des lots au sort **2** attirer; **die stad blijft** ~ cette ville garde son attrait; **volle zalen** ~ remplir les salles **3** *(argent)* toucher

trek·ken[3] *vt (h./i. getrokken)* **1** tirer; **de deur in het slot** ~ fermer la porte; **iets omver** ~ renverser qch; **iets stuk** ~ déchirer qch; *(fig.)* **iets naar zich toe** ~ s'occuper intensivement de qch **2** attirer **3** faire infuser; **bouillon** ~ faire un bouillon **4** *(dessin)* tracer **5** prendre (dans) **6** *(Belg.; phot.)* prendre ♦ **iets in het belachelijke** ~ tourner qch en dérision; **rimpels** ~ faire des rides

trek·ker *nm (-s)* **1** personne qui tire (qch) **2** campeur, -euse **3** prestataire **4** *(W.-C.)* chaîne **5** gâchette; **de** ~ **overhalen** presser sur la détente **6** tracteur **7** attraction

trek·king *nf (-en)* tirage

trek·pleis·ter *de (-s)* (pôle d')attraction

trek·schuit *de (-en)* coche d'eau

trek·tang *de (-en) (Belg.)* tenaille(s)

trek·tocht *nm (-en)* randonnée

trek·vo·gel *nm (-s)* oiseau migrateur

trek|zalf *de (-zalven)* pommade désinfectante

trend *nm (-s)* **1** tendance **2** (nouvelle) mode

trend·ge·voe·lig *adj* sensible aux tendances de la mode

trend·set·ter *nm (-s)* locomotive *(fig.)*

trend|vol·ger *nm (-s)*, **-volgster** *nf (-s)*

1 assimilé fonctionnaire (au niveau du traitement) **2** personne qui suit la mode *(du moment)*
tren·dy [trɛndi] *adj* à la mode
treur·dicht *het (-en) (litt.)* élégie
treu·ren *vi (h. getreurd)* **(om) 1** être triste; **daarom niet getreurd** ne nous laissons pas abattre pour autant **2** pleurer (qch) **3** *(plantes)* languir
treu·rig *adj, adv* **1** triste(ment); ~ **gestemd zijn** être d'humeur chagrine; **een ~ ongeval** un accident malheureux; **er ~ aan toe zijn** être dans une triste situation **2** déplorable(ment); **het ziet er ~ voor ons uit** cela ne nous promet rien de bon
treu·rig·heid *nf* **1** tristesse **2** ennui **3** mélancolie
treur·mu·ziek *nf* musique funèbre
treur·spel *het (-en)* tragédie
treur·wilg *nm (-en)* saule pleureur
treur·zang *nm (-en)* **1** complainte **2** récit funèbre
treu·ze·len *vi (h. getreuzeld)* lambiner
tri·bu·ne *de (-s)* tribune *(dans une salle, église; pour un orateur; sports); (fig.)* **voor de publieke ~ spreken** faire appel à l'opinion publique
tric·ky *adj* délicat *(périlleux)*
triest *adj, adv (triester, meest t.)* triste(ment); **het is diep ~** c'est lamentable
tries·tig *adj, adv* triste(ment)
tril·jard *het (-en)* mille trillions
tril·joen *het (-en)* trillion
tril·len *vi (h. getrild)* trembler; **ik sta te ~ op mijn benen** je flageole sur mes jambes; **de lucht trilt van de hitte** la chaleur fait vibrer l'air
tril·ler *nm (-s) (mus.)* trille
tril·ling *nf (-en)* **1** tremblement **2** vibration
trim|baan *de (-banen)* parcours-santé
trim·men[1] *vi (h. getrimd)* faire son parcours de santé
trim·men[2] *vt (h. getrimd) (chien, cheval)* toiletter
trim·schoen *nf (-en)* training *(chaussure)*
trim·toe·stel *het (-len)* appareil de gymnastique
trio *het (-'s)* **1** trio *(groupe de 3 personnes; mus.)* **2** tiercé *(dans l'ordre)* **3** partouze à trois
tri·omf *nm (-en)* triomphe; **de ~ behalen** remporter la victoire; **~en vieren** remporter des triomphes
tri·om·fan·te·lijk *adj, adv* triomphant, triomphalement
tri·omf|boog *nm (-bogen),* **-poort** *de (-en)* arc de triomphe
tri·omf·tocht *nm (-en)* marche triomphale
trip *nm (-s)* **1** excursion **2** trip
tri·plex *adj* en contreplaqué
trip·pe·len *vi (h./i. getrippeld)* trottiner
trip·pen *vi (h. getript)* **1** trottiner **2** *(drogues)* faire un trip; **hij tript op hardrockmuziek** pour lui, le hard rock c'est le pied
trip·tiek *nf (-en)* triptyque
troe·bel *adj* trouble; **een ~e sfeer** une ambiance équivoque
troe·bel·heid *nf* **1** (état) trouble **2** confusion
troef *de (troeven),* **troefkaart** *de (-en)* atout; *(fig.)* **zijn laatste ~ uitspelen** jouer sa dernière carte; *(fig.)* **zijn troeven openleggen** jouer cartes sur table
troel *nf (-en) (fam.)* **1** *(terme d'affection)* poulette; **lekkere ~** ma poulette **2** pépée
troep *nm (-en)* **1** troupe; *(Belg.)* **bij de ~ zijn** être à l'armée; **een ~ nieuwsgierigen** une bande de curieux **2** pagaille; **ik lust die ~ niet** c'est dégueulasse; **~ maken** faire du désordre; **wat een saaie ~!** quelle barbe!; **hij slikt heel wat ~** il avale des tas de saletés
troe·pen·macht *de (-en)* forces militaires
troe·tel·dier *het (-en)* nounours *(jouet)*
troe·te·len *vt (h. getroeteld)* dorloter
troe·tel·kind·je *het (-s)* préféré, -ée *(enfant)*
troe·tel|naam *nm (-namen)* surnom d'affection
troe·tel·woord *het (-en)* terme d'affection
troe·ven[1] *vi (h. getroefd) (jeux de cartes)* jouer (un) atout
troe·ven[2] *vti (h. getroefd) (jeux de cartes)* couper
trof, troffen → **(aan)treffen**
trog *nm (-gen)* auge *(mangeoire)*
trok, trokken → **(aan-, samen)trekken** *(etc.)*
trom *de (-men)* tambour; **met stille ~ vertrekken** partir sans tambour ni trompette
trom·mel *de (-s)* **1** tambour **2** boîte *(en metal, à couvercle)* **3** *(méd.)* caisse du tympan
trom·me·len[1] *vi (h. getrommeld)* **1** battre le tambour **2** tapoter
trom·me·len[2] *vt (h. getrommeld)* tambouriner ♦ *(fam.)* **een groep mensen bij elkaar ~** mobiliser des gens
trom·mel|vlies *het (-vliezen) (méd.)* tympan
trom·pet·ge·schal *het* son des trompettes; **met veel ~** à son de trompe
tro·nen *vi (h. getroond)* ♦ **iem ergens heen ~** entraîner qn qp
tro·nie *nf (-s)* trogne
troon *nm (tronen)* trône; **tot de ~ geroepen worden** être appelé à régner; **iem van de ~ stoten** chasser qn de son trône; **afstand doen van de ~** abdiquer
troon·op|vol·ger *nm (-s),* **-volgster** *nf (-s)* **1** héritier, -ière de la couronne **2** *(fig.)* dauphin
troon·re·de *de (-s)* discours du trône
troons·af·stand *nm* abdication
troons·be·stij·ging *nf* avènement
troost *nm* consolation; **iem ~ bieden** consoler qn; **dat is een schrale ~** c'est une piètre consolation
troos·te|loos *adj, adv (-lozer, -loost)* **1** triste(ment); **troosteloze eenzaamheid**

solitude désolante; **een ~ leven** une vie morne; **in een troosteloze toestand** dans un état déplorable **2** inconsolable, désespérément
troos·te·loos·heid *nf* désolation
troos·ten *vt (h. getroost)* consoler; **een ~d woord** une parole consolatrice; **hij troostte zich met de gedachte dat ...** il trouva de la consolation à penser que ...
tro·pen *plur* tropiques; **in de ~** sous les tropiques
tro·pen·ja·ren *plur* années passées sous les tropiques, dans les colonies
tro·pen·roos·ter *het (-s)* ⟨*ajustement des horaires de travail en fonction de la canicule*⟩
tro·pisch *adj, adv* tropical; **een ~ aquarium** un aquarium de poissons exotiques; **het is hier ~** il fait une chaleur tropicale
tros *nm (-sen)* **1** grappe **2** régime *(de bananes)* **3** câble; **de ~sen losgooien** larguer les amarres
trots[1] *nm* **1** fierté **2** orgueil
trots[2] *adj, adv* **1** fier (de), avec fierté; **ergens ~ op (mogen) zijn** pouvoir être fier de qch **2** fier, d'un air hautain; **zo ~ als een aap** fier comme Artaban **3** superbe(ment)
trot·se·ren *vt (h. getrotseerd)* braver
trouw[1] *de* fidélité; **te goeder ~ zijn** être de bonne foi; **te kwader ~** de mauvaise foi
trouw[2] *nm* mariage
trouw[3] *adj, adv* **1** fidèle(ment) **2** régulier, régulièrement
***trouw- 1** de mariage; **de trouwakte** l'acte de mariage **2** des mariages; **de trouwzaal** la salle des mariages
trouw·boek·je *het (-s)* livret de famille
trouw·dag *nm (-en)* **1** (jour du) mariage **2** anniversaire de mariage
trou·we|loos *adj, adv (-lozer, -loost)* **1** infidèle(ment); **een ~ karakter** un caractère déloyal **2** perfide(ment)
trou·wen[1] *vi (i./h. getrouwd)* se marier; *(fig.)* **ik ben er niet mee getrouwd** ce n'est pas pour la vie
trou·wen[2] *vt (i./h. getrouwd)* **1** épouser **2** unir par les liens du mariage
trou·wens *adv* d'ailleurs; **hij moest ~ naar huis** de toute façon, il devait rentrer
trou·we·rij *nf (-en),* **trouwfeest** *het (-en) (fam.)* → **trouwpartij 1**
trouw·par·tij *nf (-en)* mariage
trouw·plan·nen *plur* ♦ **~ hebben** avoir des projets de mariage
trouw·ring *nm (-en)* alliance *(anneau)*
truc *nm (-s)* **1** tour *(m.)* **2** truc; **met die ~jes moet je bij mij niet aankomen** ces trucs-là ne prennent pas avec moi; **~s op de film** trucages de cinéma
truck [trʌk] *nm (-s)* **1** camion-remorque **2** camion à plate-forme
truc·op·na·me *de (-s, -n) (cin.)* trucage
truf·fel *de (-s)* truffe *(champignon; confiserie)*
trui *de (-en)* **1** pull; **ze droeg een strak ~tje** elle portait un pull moulant **2** *(cyclisme)* maillot
tru·ken|doos *de (-dozen)* ♦ **zijn ~ opengooien, opentrekken** puiser dans sa boîte à malice
trut *de (-ten) (fam.)* **1** conne; **een stijve ~** une petite-bourgeoise; **stomme ~!** pauvre conne! **2** con *(vagin)*
trut·te·bol *nf (-len) (fam.)* gourde *(femme)*
trut·tig *adj, adv (fam.)* **1** lent(ement) **2** empoté; **die jurk staat ~** cette robe fait ringard
try-out [trajaut] *de (-s)* **1** (répétition) générale **2** essai
tsaar *nm (tsaren),* **tsarina** *nf (-'s)* tsar, tsarine
Tsjaad *het* Tchad
Tsje·chië *het* République tchèque
Tsje·cho-Slo·wa·kije *het (hist.)* Tchécoslovaquie
tso *het (Belg.; enseign.) technisch secundair onderwijs* EST
t.t.z. *(Belg.) 't is te zeggen* c.-à-d.
tucht *de* **1** discipline **2** règles
tucht·col·le·ge *het (-s)* conseil de discipline
tucht·com·mis·sie *nf (-s) (sports)* conseil de discipline
tuch·te·loos·heid *nf* **1** manque de discipline **2** insubordination
tucht|huis *het (-huizen)* **1** maison de correction **2** prison
tucht|raad *nm (-raden)* → **tuchtcollege**
tucht|school *de (-scholen)* → **tuchthuis 1**
tuf·fen *vi (h./i. getuft)* **1** faire teuf-teuf **2** faire de la voiture, rouler pépère
tuig *het (-en)* **1** harnais **2** canaille; **wat is dat voor ~ (van de richel)?** qu'est-ce que c'est que cette racaille? **3** *(mar.)* gréement
tuig·je *het (-s)* harnais de sécurité
tui·me·laar *nm (-s)* **1** flacon verseur **2** culbuteur
tui·me·len *vi (i. getuimeld)* **1** faire la culbute; **uit een raam ~** tomber de la fenêtre; **van de trap ~** dégringoler dans l'escalier **2** basculer
tuin *nm (-en)* jardin; *(fig.)* **een ~ van Eden** un jardin de délices ♦ **iem om de ~ leiden** faire marcher qn
***tuin-** de jardin; **een tuinkabouter** un nain de jardin
tuin·aar·de *de* terreau
tuin|boon *de (-bonen)* fève (des marais)
tuin·bouw *nm* horticulture
tuin·bouw·be|drijf *het (-drijven)* → **tuinderij 2**
tuin·broek *de (-en)* salopette
tuin·cen|trum *het (-tra)* jardinerie
tuin·der *nm (-s)* maraîcher
tuin·de·rij *nf (-en)* **1** culture maraîchère **2** exploitation maraîchère
tui·nen *vi (h. getuind) (fam.)* ♦ **erin ~** se faire avoir
tuin·ge·reed·schap *het* outils de jardinage
tuin·grond *nm* → **tuinaarde**

tuin·hek *het (-ken)* grille (autour du jardin)
tuin|huis *het (-huizen)* gloriette
tui·nier *nm (-s)* **1** jardinier **2** amateur de jardinage
tui·nie·ren *vi (h. getuinierd)* **1** entretenir des jardins **2** jardiner
tuin·kers *de* cresson (alénois)
tuin·krui·den *plur* (fines) herbes
tuin|man *nm (-lieden)* → **tuinier 1**
tuin·schaar *de (-scharen)* sécateur
tuin·slang *de (-en)* tuyau d'arrosage
tuin·sproei·er *nm (-s)* tourniquet (de jardinier)
tuit *de (-en)* **1** bec verseur **2** pointe **3** cornet
tui·ten *vi (h. getuit)* corner
tuk[1] *nm (-ken)* somme *(repos)*; **een ~je doen** faire un petit somme ♦ **iem ~ hebben** avoir qn *(le rouler)*
tuk[2] *adj (+ op)* friand (de)
tul·band *nm (-en)* **1** turban **2** kouglof alsacien
tulp *de (-en)* tulipe
tu·mor *nm (-en) (méd.)* tumeur
tune [cu:n] *nm (-s)* indicatif *(médias)*
Tu·ne·sië *het* Tunisie
tu·niek *nf (-en)* tunique
tun·nel *nm (-s)* **1** *(tr.pub.)* tunnel **2** passage souterrain
tur·bo·taal *de (iron.)* langage très mode
tu·re·luurs *adj* ♦ **het is om ~ te worden** c'est à devenir dingue
tu·ren *vi (h. getuurd)* ♦ **in de verte ~** scruter l'horizon; **naar iets ~** regarder fixement qch; **zitten ~** regarder dans le vague
turf *nm (turven)* **1** tourbe; **~ steken** extraire la tourbe **2** motte (de tourbe séchée) *(combustible)*; *(fig.)* **toen hij nog maar drie turven hoog was** quand il n'était pas plus haut que trois pommes; *(fig.)* **een kleine ~** un petit bonhomme
Tur·kije *het* Turquie
tur·koois[1] *nm* turquoise *(pierre)*
tur·koois[2] *het* turquoise *(matière, couleur)*
tur·nen *vi (h. geturnd)* faire de la gymnastique
tur·ven *vi (h. geturfd)* cocher *(pour compter)*
tus·sen[1] *adv* ♦ **er lelijk ~ zitten** être dans une mauvaise posture; **als er niets ~ komt** sauf empêchement; **als er maar niets ~ komt** pourvu qu'il n'y ait aucun problème; *(fam.)* **er niet van ~ kunnen** ne pas y couper
tus·sen[2] *prép* **1** entre; **zijn vinger ~ de deur klemmen** se prendre le doigt dans la porte **2** dans
***tus·sen-** intermédiaire; **de tussenoplossing** la solution intermédiaire
tus·sen·bei·de *adv* ♦ **(voor iem) ~ komen** intervenir (en faveur de qn)
tus·sen·deur *de (-en)* porte de communication
tus·sen·door *adv* **1** entre; **een apart verhaal dat daar ~ loopt** un autre récit qui s'y insère **2** *(fam.)* entre(-)temps
tus·sen·door·tje *het (-s)* coupe-faim; **een ~ eten** grignoter qch entre les repas
tus·sen·ge·le·gen *adj* situé au milieu
tus·sen·han·del *nm* commerce de demi-gros
tus·sen·in *adv* entre les deux
tus·sen·ko·men *vi (i. tussengekomen) (Belg.)* intervenir
tus·sen·komst *nf* **1** intervention; **iemands ~ inroepen** faire appel à la médiation de qn **2** *(Belg.)* contribution *(financière)* **3** *(Belg.)* intervention *(dans un débat)*
tus·sen·lan·ding *nf (-en) (aviat.)* escale
tus·sen·lig·gend *adj* intermédiaire
tus·sen|muur *nm (-muren)* **1** mur de refend **2** mur mitoyen
tus·sen|poos *de (-pozen)* ♦ **met lange tussenpozen** à longs intervalles; **zonder tussenpozen** sans répit
tus·sen·ruim·te *nf (-n, -s)* **1** intervalle **2** interligne
tus·sen·schot *het (-ten)* cloison
tus·sen·sprint *nm (-s) (sports)* sprint de bonification
tus·sen·stand *nm (-en)* score provisoire
tus·sen·tijd *nm (-en)* intervalle *(temps)*
tus·sen·tijds *adj, adv* intérimaire, entre(-)temps; **~e verkiezingen** élections partielles
tus·sen·uit *adv* ♦ **je moet er eens ~** tu as besoin d'un changement d'air; **daar steekt een papier ~** il y a un papier qui dépasse
tus·sen|uur *het (-uren)* heure creuse
tus·sen·ver·die·ping *nf (-en)* entresol
tus·sen·voe·gen *vt (h. tussengevoegd)* intercaler
tus·sen·wand *nm (-en)* → **tussenmuur 1**
tus·sen·weg *nm (-en)* moyen terme; **een ~ is er niet** aucun compromis n'est possible
tus·sen·werp·sel *het (-s) (ling.)* interjection
tut *nf (-ten)*, **tuttebel** *nm (-len)* cloche
tut·tig *adj (fam.)* **1** cloche **2** cucu(l)
tv *nf (-'s) televisie* télé
t.w. *te weten* à savoir
twaalf *card* douze; **met ~ tegelijk** par douzaines; **het is ~ uur 's nachts** il est minuit; **het is ~ uur 's middags** il est midi; *(fig.)* **het is vijf voor ~** il est grand temps
twaalf·de *adj* douzième; **de ~ mei** le douze mai
twaalf·ja·rig *adj* de douze ans
twaalf·tal *het (-len)* douzaine
twaalf·uur·tje *het (-s)* déjeuner *(froid)*
twee *card* deux; **~ aan ~** deux par deux; **~ boezemvrienden** une paire d'amis; *(voiture)* **in z'n ~ zetten** passer la seconde; **hij deed het in ~ën** il l'a fait en deux fois; **zij waren met hun ~ën** ils étaient deux; **om ~ redenen** à double titre
twee·de *adj* deuxième; **een ~ baan** un travail d'appoint; **Willem de Tweede** Guillaume deux; **de ~ december** le deux décembre; **drie ~** trois demis; **in**

de ~ klas zitten *(enseign. primaire)* être en cours élémentaire (CE 1), *(enseign. secondaire)* ± être en cinquième; **in, op de ~ plaats** deuxièmement; **ten ~** deuxièmement; **hij is een ~ Vondel** c'est un nouveau Molière
twee·de·graads·be·voegd·heid *nf* ♦ **hij heeft een ~** il est capésien
twee·de·hands *adj* d'occasion
twee·de·jaars *adj* de deuxième année; **de ~** le, la étudiant(e) de deuxième année
Twee·de Ka·mer|lid *het (-leden)* député
twee·de·kans·on·der·wijs *het* ⟨*enseignement pour adultes désireux de reprendre leurs études*⟩
twee·de·klas·ser *de (-s)* **1** *(enseign. primaire)* élève de cours élémentaire (CE 1) **2** *(enseign. secondaire)* élève de cinquième
twee·de·lig *adj* binaire ♦ **een ~ woordenboek** un dictionnaire en deux volumes
twee·de·rangs *adj* de second ordre; *(fig.)* **~ plaats** strapontin
twee·dracht *de* discorde; **in ~ leven** vivre dans la désunion
twee·ei·ig *adj* bivitellin
twee·ër·lei *adj* de deux sortes
twee·fa·se·struc|tuur *nf (-turen)* ⟨*organisation de l'enseignement universitaire en deux cycles*⟩
twee·ge·sprek *het (-ken)* → **tweespraak**
twee·ge·vecht *het (-en)* duel
twee·han·dig *adj, adv* bimane, des deux mains
twee·hoog *adv* au deuxième (étage)
twee·ja·rig *adj* **1** (âgé) de deux ans **2** biennal **3** bisannuel
twee·kamp *nm (-en)* **1** tournoi **2** *(form.)* duel
twee·klank *nm (-en) (ling.)* diphtongue
twee·le·dig *adj, adv* **1** double(ment) **2** ambigu(ment)
twee·ling *nm (-en)* jumeau, -elle; **een ~ krijgen** avoir des jumeaux
Twee·ling *nm (-en) (astrol.)* Gémeaux
Twee·lin·gen *plur (astrol.)* Gémeaux
twee·maal *adv* deux fois
twee·maan·de·lijks *adj* bimestriel
twee·per·soons·ka·mer *de (-s)* chambre à deux lits
twee·slach·tig *adj* **1** bisexué **2** ambivalent **3** *(zool.)* amphibie
twee·slach·tig·heid *nf* **1** ambivalence **2** hermaphrodisme
twee·spalt *de* → **tweedracht**
twee|spraak *de (-spraken)* dialogue
twee·sprong *nm (-en)* bifurcation; *(fig.)* **op de ~ van zijn leven** à la croisée des chemins
twee·stem·mig *adj, adv* à deux voix
twee·strijd *nm* **1** duel **2** *(fig.)* débat intérieur; **in ~ staan** être dans l'indécision
twee·tal *het (-len)* paire; **een ~ oplossingen** deux, trois solutions
twee·ta·lig *adj* bilingue
twee·tal·lig *adj* binaire
twee·tjes *card* ♦ **met z'n, met ons ~** tous, toutes les deux; **wij ~** nous deux
twee·ver·die·ners *plur* ménage à double revenu
twee·voud *het (-en)* nombre pair ♦ **in ~** en deux exemplaires
twee·vou·dig *adj, adv* double(ment)
twee·woonst *nf (-en) (Belg.)* maison jumelée
twee·zij·dig *adj, adv* bilatéral(ement)
twee·zits·bank *de (-en),* **tweezitter** *nm (-s)* canapé à deux places
twij·fel *nm (-s)* doute; **aan ~ onderhevig zijn** être sujet à caution; **boven (alle) ~ verheven zijn** être hors de doute; **~ doen rijzen** introduire le doute; **in ~ staan** hésiter; **iets in ~ trekken** mettre qch en doute; **geen ~ lijden** ne faire aucun doute; **~ uitspreken** faire des restrictions; **zonder ~** sans aucun doute
twij·fe·laar *nm (-s)* **1** sceptique; **hij is een echte ~** il doute de tout **2** lit de 120 (cm)
twij·fel·ach·tig *adj, adv* **1** (d'une manière) incertain(e); **het is ~ of ...** il est douteux que ... **2** douteux, douteusement; **de ~e eer hebben om ...** avoir le triste privilège de ...; **~e smaak** goût discutable
twij·fe·len *vi (h. getwijfeld)* **1** hésiter; **~ of men iets zal doen** hésiter à faire qch; **staan te ~** être indécis **2** *(+ aan)* douter (de); **ik twijfel niet, of ...** je ne doute pas que
twij·fel·ge·val *het (-len)* cas douteux
twijg *de (-en)* rameau
twin·ke·len *vi (h. getwinkeld)* scintiller
twin·tig *card* vingt; **hij is in de ~** il a entre vingt et trente ans; **ik heb je dat al ~ keer gezegd** je te l'ai déjà dit cent fois
twin·tig·ste *adj* vingtième; **de ~ november** le vingt novembre
twin·tig·tal *het (-len)* vingtaine
twist *nm (-en)* **1** querelle; **huiselijke ~en** scènes de ménage; **~ krijgen** se prendre de querelle (avec qn); **~ zaaien** semer la zizanie **2** twist *(danse)*
twis·ten *vi (h. getwist)* **1** argumenter; **daarover valt te ~** c'est discutable **2** twister **3** se quereller
twist·ge·sprek *het (-ken)* discussion
twist·punt *het (-en)* point litigieux
twist|vraag *de (-vragen)* question controversée
t.w.v. *ter waarde van* d'une valeur de
ty·fus *nm (méd.)* (fièvre) typhoïde
ty·pe *het/de (-s)* type; **hij is een ~ hoor!** c'est un original!; **hij is mijn ~ niet** ce n'est pas mon genre; **een onguur ~** un individu louche; **een raar ~** un drôle de type; **een vlot ~** qn du genre décontracté; **een zuidelijk ~** qn du type méditerranéen
type·fout *de (-en)* faute de frappe
type·ma·chi·ne *nf (-s)* machine à écrire
ty·pen *vti (h. getypt)* taper à la machine
ty·pe·ren *vt (h. getypeerd)* caractériser; **dat typeert hem** c'est typiquement lui; **een ~de uitlating (voor)** une déclaration significative (de)
ty|pisch *adj, adv (-pischer, meest t.)* **1** typi-

que(ment); **~e verschijnselen** phénomènes caractéristiques **2** curieux, curieusement; **een ~e vent** un drôle de type; **wat ~!** comme c'est curieux!
ty·pist *nm (-en),* **typiste** *nf (-s)* dactylo
ty·po·script *het (-en) (imprim.)* tapuscrit
t.z.t. *te zijner tijd* en temps voulu

u

u *pers* vous *(forme de politesse);* **dank u zeer** merci beaucoup; **is dit van u?** c'est à vous?; **u tegen iem zeggen** vouvoyer qn; *(fig.)* **een machine waar je U tegen zegt** une machine impressionnante
UB *nf universiteitsbibliotheek* BU
über·haupt [ybərhaupt] *adv* absolument
ufo *nm (-'s) unidentified flying object* ovni
ui *nm (-en)* oignon
ui·er *nm (-s)* mamelle
uil *nm (-en)* **1** hibou; *(prov)* **elk meent zijn ~ een valk te zijn** l'aigle d'une maison n'est qu'un sot dans une autre **2** *(fam.)* buse *(qn)*
ui·len·bal *nm (-len)* **1** *(hiboux)* pelote **2** *(fam.)* tête d'œuf
uils·kui·ken *het (-s) (fam.)* buse *(qn)*
uil·tje *het (-s)* ♦ **een ~ knappen** piquer un roupillon
uit[1] *adv* ♦ *(Belg.)* **daar kan ik niet aan ~** j'en suis de ma poche, je ne m'en sors pas; *(fig.; qn)* **er ~ stappen** se supprimer; **ik ben er helemaal ~** (ça y est,) je m'en suis sorti; **ik kan er niet over ~** je n'en reviens pas; **er even helemaal ~ zijn** être loin des problèmes quotidiens; **ik zou er graag eens ~ willen zijn** je voudrais bien être débarrassé de tout cela; **mijn huis ~!** dehors!; **voor zich ~ kijken** regarder dans le vide; **voor zich ~ praten** parler tout seul
uit[2] *adj* **1** sorti **2** fini; **het is ~ tussen hen** tout est fini entre eux; **het is ~ met de pret!** finie la belle vie!; **dat moet nu eens ~ zijn** il faut en finir une bonne fois pour toutes; **~! en daarmee ~!** un point c'est tout **3** éteint *(qui ne brûle pas)* **4** out *(démodé)* ♦ **het boek is ~** *(sur le marché)* le livre est sorti; **op iets ~ zijn** viser qch, être à l'affût de qch
uit[3] *prép* **1** de; **je hoorde hem boven alle anderen ~** on n'entendait que lui; **~ een fles schenken** servir à boire d'une bouteille **2** par *(au moyen de; en raison de)*; **~ uw brief vernam ik ...** j'ai appris par votre lettre (que) ... ♦ **~ elkaar gaan** se séparer, rompre; **~ eten gaan** dîner dehors
uit·ade·men[1] *vi (h. uitgeademd)* expirer *(souffler)*
uit·ade·men[2] *vt (h. uitgeademd)* exhaler; **het bos ademde een sfeer uit van rust** le bois respirait la tranquillité
uit·ba·lan·ce·ren *vt (h. uitgebalanceerd)* ♦ **een uitgebalanceerd dieet** un régime (alimentaire) équilibré
uit·ban·nen *vt (h. uitgebannen)* bannir; **een duivel ~** exorciser un démon
uit·bar·sten *vi (i. uitgebarsten)* exploser
uit·bar·sting *nf (-en)* **1** explosion; **tot een ~ komen** finir par exploser **2** éclat *(de rire)* **3** *(géo.)* éruption
uit·ba·ten *vt (h. uitgebaat) (Belg.)* exploiter
uit·beel·den *vt (h. uitgebeeld)* représenter
uit·be·nen *vt (h. uitgebeend)* désosser
uit·be·ste·den *vt (h. uitbesteed)* **1** mettre en pension; **de kinderen een week ~** confier les enfants à qn pendant une semaine **2** faire appel à un sous-traitant
uit·be·ta·len *vti (h. uitbetaald)* payer
uit·bij·ten *vt (h. uitgebeten)* corroder
uit·bla·zen *vti (h. uitgeblazen)* souffler
uit·blij·ven *vi (i. uitgebleven)* **1** ne pas venir **2** ne pas se produire; **de gevolgen bleven niet uit** les conséquences ne se sont pas fait attendre; **dat kon niet ~** ça ne pouvait pas manquer (d'arriver)
uit·blin·ken *vi (h. uitgeblonken)* exceller
uit|blin·ker *nm (-s)*, **-blinkster** *nf (-s)* as
uit·bloei·en *vi (i. uitgebloeid)* se faner
uit·blus·sen[1] *vt (h./i. uitgeblust)* éteindre *(feu; aussi au fig.)*
uit·blus·sen[2] *vi (h./i. uitgeblust)* s'éteindre; **haar levenslust is uitgeblust** elle a perdu le goût de vivre
uit·bouw *nm (-en)* **1** *(archit.)* avancée **2** *(fig.)* développement
uit·bou·wen *vt (h. uitgebouwd)* **1** *(archit.)* agrandir; **een uitgebouwde vleugel** une aile rajoutée **2** développer
uit·braak *de* évasion *(fuite)*
uit·bra·ken *vt (h. uitgebraakt)* vomir; **zijn gal (tegen iem) ~** décharger sa bile contre qn

uit·bran·den *vi (h./i. uitgebrand)* **1** s'éteindre *(qch qui brûle)* **2** brûler
uit·bran·der *nm (-s)* savon *(fig.)*; **iem een ~ geven** passer un savon à qn
uit·brei·den[1] *vt (h. uitgebreid)* étendre; **de contacten ~** multiplier les contacts; **zijn kennis ~** développer ses connaissances; **het onderzoek verder ~** élargir le champ des recherches; **het aantal leden ~ tot acht** augmenter le nombre des membres à huit; **zijn woordenschat ~** enrichir son vocabulaire; **een ziekenhuis ~** agrandir un hôpital
uit·brei·den[2] *vpr (zich ~; h. zich uitgebreid)* s'étendre
uit·brei·ding *nf (-en)* **1** extension **2** propagation *(feu, maladie)*
uit·bre·ken[1] *vi (h./i. uitgebroken)* **1** s'évader **2** apparaître; **het angstzweet brak hem uit** il fut inondé d'une sueur froide **3** éclater; **de brand is uitgebroken in de kelder** le feu a pris à la cave
uit·bre·ken[2] *vt (h./i. uitgebroken)* enlever *(en cassant)*; **de kamer ~** abattre un mur dans une pièce
uit·bren·gen *vt (h. uitgebracht)* **1** émettre **2** mettre dans le commerce; **boeken ~** sortir des livres
uit·broe·den *vt (h. uitgebroed)* **1** *(zool.)* faire éclore **2** *(fig.)* couver **3** *(iron.)* concocter
uit·brul·len *vt (h. uitgebruld)* hurler
uit·bui·ten *vt (h. uitgebuit) (péj.)* exploiter
uit·bun·dig *adj, adv* exubérant, avec exubérance; **iem ~ prijzen** exalter (les mérites de) qn
uit·chec·ken *vi (h. uitgecheckt) (aviat.)* passer le contrôle (de sortie)
uit·da·gen *vt (h. uitgedaagd)* provoquer; **iem tot een wedstrijd om de titel ~** défier qn dans un championnat
uit·da·gend *adj, adv* (d'une manière) provocant(e); **iem ~ aankijken** lancer un regard de défi à qn
uit·da·ging *nf (-en)* défi; **die nieuwe baan is voor haar een ~** son nouvel emploi constitue une gageure pour elle
uit·de·len *vt (h. uitgedeeld)* distribuer
uit·den·ken *vti (h. uitgedacht)* concevoir ♦ **men raakt daar niet over uitgedacht** la question reste en suspens
uit·deu·ken *vt (h. uitgedeukt)* décabosser
uit·die·pen *vt (h. uitgediept)* creuser *(aussi au fig.)*
uit·dij·en *vi (i. uitgedijd)* **1** gonfler **2** *(qn)* grossir
uit·doen *vt (h. uitgedaan)* **1** enlever **2** éteindre **3** *(Belg.)* enlever; **een fout ~** effacer une faute **4** *(Belg.)* arracher ♦ *(Belg.)* **de school ~** terminer ses études
uit·dok·te·ren *vt (h. uitgedokterd) (fam.)* concocter
uit·dos·sen *vt (h. uitgedost)* **1** habiller (comme) pour un jour de fête **2** accoutrer
uit·do·ven *vti (h./i. uitgedoofd)* → **uitblussen[1]**
uit·draai *nm (-en) (inform.)* imprimé, listage
uit·draai·en[1] *vi (h./i. uitgedraaid)* ♦ **het zal wel weer op niets ~** une fois de plus, ça ne va sûrement rien donner; **waar moet dat op ~?** comment cela va-t-il finir?
uit·draai·en[2] *vt (h./i. uitgedraaid)* **1** dévisser **2** éteindre **3** *(inform.)* imprimer
uit·dra·gen *vt (h. uitgedragen)* répandre; **het geloof ~** propager la foi
uit·drij·ven *vt (h./i. uitgedreven)* **1** chasser **2** exorciser
uit·drin·ken *vt (h. uitgedronken)* vider *(en buvant)*
uit·dro·gen *vi (h./i. uitgedroogd)* **1** s'assécher **2** se tarir **3** se déshydrater
uit·drui·pen *vi (h./i. uitgedropen)* (s')égoutter
uit·druk·ke·lijk *adj, adv* formel(lement); **op de ~e voorwaarde dat ...** à la condition expresse que ...
uit·druk·ken *vt (h. uitgedrukt)* exprimer; **iets juist ~** bien exprimer une chose; **een onbeholpen manier van ~** une gaucherie d'expression; **als ik mij zo mag ~** si j'ose dire; **dat is sterk uitgedrukt** *(paroles, un écrit)* c'est exagéré
uit·druk·king *nf (-en)* expression; **~ geven aan iets** exprimer qch; **tot ~ komen** s'exprimer; **dat komt niet in haar brief tot ~** cela n'apparaît pas dans sa lettre; **een vaste ~** une locution figée; **een verwilderde ~ in zijn ogen hebben** avoir l'air hagard
uit·druk·kings|loos *adj, adv (-lozer, -loost)* inexpressif, d'une manière inexpressive
uit·dun·nen[1] *vt (h. uitgedund)* **1** élaguer **2** désépaissir
uit·dun·nen[2] *vi (h. uitgedund)* s'éclaircir
uit·een *adv* séparément
uit·een·gaan *vi (i. uiteengegaan)* se séparer
uit·een·lo·pen *vi (i. uiteengelopen)* diverger
uit·een·lo·pend *adj* divergent; **~e berichten** nouvelles contradictoires; **een ~ gezelschap** une société hétéroclite
uit·een·val·len *vi (i. uiteengevallen)* se décomposer; **een gezin uiteen doen vallen** démembrer une famille; **het ~ van een partij** l'éclatement d'un parti; **de stoet viel uiteen** le cortège s'est dissous
uit·een·zet·ten *vt (h. uiteengezet)* **1** séparer **2** exposer; **een plan ~** présenter un projet
uit·een·zet·ting *nf (-en)* exposé
uit·ein·de *het (-n)* bout ♦ **iem een zalig ~ wensen** souhaiter une bonne fin d'année à qn
uit·ein·de·lijk *adj, adv* final(ement); **~ moet hij beslissen** en fin de compte, c'est à lui de décider; **het ~ uit te keren bedrag** le total à verser
ui·ten[1] *vt (h. geuit)* exprimer; **zij uitte geen woord** elle ne souffla mot
ui·ten[2] *vpr (zich ~; h. zich geuit)* s'expri-

mer; **zich vrij ~ tegenover iem** parler à cœur ouvert (à qn)
uit-en-ter-na *adv* **1** mille fois **2** à fond
ui·ten·treu·ren *adv* sempiternellement
ui·ter·aard *adv* naturellement
ui·ter·lijk[1] *het* **1** apparence **2** apparence(s); **dat is alleen maar voor het ~** c'est uniquement pour la forme
ui·ter·lijk[2] *adj, adv* **1** extérieur, apparemment; **~ scheen hij kalm** il donnait l'impression d'être calme; **op de ~e schijn afgaan** juger sur les apparences **2** au plus tard
ui·ter·ma·te *adv* extrêmement; **~ geschikt** hautement qualifié (pour)
ui·terst *adj, adv* **1** extrême(ment); **zijn ~e best doen** faire tout son possible **2** dernier; **~e datum** date limite
ui·ter·ste *het (-n)* extrême; **tot ~n vervallen** tomber dans l'excès ♦ **tot het ~ doorgaan** aller jusqu'au bout; **iem tot het ~ brengen, drijven** pousser qn à bout; **het ~ wagen** tenter le tout pour le tout
ui·ter·waard *de (-en) (géo.)* laisse
uit·fil·te·ren *vt (h. uitgefilterd)* filtrer
uit·flap·pen *vt (h. uitgeflapt)* ♦ **er alles ~** lâcher le morceau, vendre la mèche
uit·floe·pen *vi (i. uitgefloept)* **1** s'éteindre brusquement *(flamme)* **2** s'échapper (de)
uit·flui·ten *vt (h. uitgefloten)* siffler
uit·foe·te·ren *vt (h. uitgefoeterd)* sonner les cloches à (qn)
uit·gaan *vi (i. uitgegaan)* **1** sortir (de) *(aussi pour se distraire)*; **het huis ~** quitter la maison; **op verkenning ~** aller en reconnaissance **2** s'éteindre *(cesser de brûler)* **3** *(+ van)* partir (de); **ervan ~de dat ...** partant du principe que ...; **laten we ~ van een gezin van 4 personen** prenons une famille de 4 personnes **4** *(+ van)* émaner (de); **er gaat niets van hem uit** il ne fait preuve d'aucune initiative **5** *(+ van)* être organisé (par) **6** *(ling.; + op)* se terminer (par, en) ♦ **de bioscoop gaat uit** c'est la sortie du cinéma
uit·gaans·cen|trum *het (-tra)* **1** quartier animé **2** centre de distractions
uit·gaans·le·ven *het* possibilités de sortie
uit·gaans·ver·bod *het (-en)* couvre-feu
uit·gang *nm (-en)* **1** sortie *(endroit par où l'on sort)* **2** terminaison
uit·gangs|po·si·tie *nf (-s)*, **-punt** *het (-en)* point de départ
uit·ga·ve *de (-n)* **1** dépense; **als ~n boeken** porter en dépense **2** édition ♦ **hij is een verkleinde ~ van zijn vader** c'est le portrait de son père en plus petit
uit·ge·blust *adj* crevé
uit·ge·breid *adj, adv* **1** étendu; **~ repertoire** répertoire varié **2** (d'une manière) détaillé(e); **~e bibliotheek** bibliothèque bien garnie; **~ dineren** faire un repas copieux
uit·ge·hon·gerd *adj* affamé
uit·ge·kiend, uitgekookt *adj* astucieux
uit·ge·la|ten *adj, adv (-tener, meest u.)* très gai, avec beaucoup de gaieté
uit·ge·lei·de *het* ♦ **iem ~ doen** raccompagner qn jusqu'à la sortie, raccompagner qn un bout de chemin
uit·ge·le|zen *adj (-zener, meest u.)* **1** de choix; **~ gerechten** mets délicats **2** choisi
uit·ge·luld *adj (fam.)* ♦ **~ zijn** n'avoir plus rien à dire
uit·ge·maakt *adj* décidé *(choses)*; **dit is een ~e zaak** l'affaire est entendue
uit·ge·mer·geld *adj* famélique
uit·ge·put *adj* **1** épuisé **2** à bout *(choses)*; **ons geduld raakt ~** notre patience est à bout
uit·ge·re·kend[1] *adj* calculateur, -trice; **een ~e tante** une (petite) roublarde
uit·ge·re·kend[2] *adv* précisément; **~ hem moest dat weer treffen!** il a fallu que ça tombe sur lui!; **~ nu!** c'est bien le moment!
uit·ge·sche·den → **uitscheiden**[1]
uit·ge·sla|pen *adj (-pener, meest u.)* **1** malin **2** (bien) reposé
uit·ge·slo·ten *adj* exclu; **iets ~ achten** exclure toute possibilité de faire qch
uit·ge·spro·ken *adj, adv* net(tement); **met de ~ bedoeling (om) te ...** dans l'intention délibérée de; **hij is ~ lelijk** il est franchement laid
uit·ge·stor·ven *adj* **1** désert **2** disparu
uit·ge·stre·ken *adj* impassible
uit·ge·strekt *adj* étendu
uit·ge·teld *adj* **1** fourbu **2** à terme *(grossesse)*; **zij is ~ op 13 augustus** l'accouchement est prévu pour le 13 août **3** *(boxe)* knock-out
uit·ge·ven[1] *vt (h. uitgegeven)* **1** dépenser **2** émettre *(mettre en circulation)* **3** publier **4** *(+ voor)* faire passer (pour)
uit·ge·ven[2] *vi (h. uitgegeven) (Belg.) (+ op, in)* donner sur
uit|ge·ver *nm (-s)*, **-geefster** *nf (-s)* éditeur, -trice
uit·ge·ve·rij *nf (-en)* maison d'édition
uit·ge·vloerd *adj* **1** *(sports)* knock-out **2** *(fam.)* vidé
uit·ge·we·ke·ne *nm (-n)* réfugié, -ée
uit·ge·werkt *adj* **1** élaboré **2** qui n'a plus d'effet
uit·ge·woond *adj* en piteux état *(habitation)*
uit·ge·zakt *adj* avachi *(personne)*; **~ in een luie stoel zitten** être affalé dans un fauteuil
uit·ge·zocht *adj* de choix; **een ~e gelegenheid** une occasion unique
uit·ge·zon·derd *prép* sauf
uit·gie·ren *vt (h. uitgegierd)* crier; **zij gierden het uit van pret** ils riaient à gorge déployée
uit·gie·ten *vt (h. uitgegoten)* déverser
uit·gif·te *nf (-n)* **1** *(écon.)* distribution **2** *(écon.)* émission **3** *(jur.)* publication
uit·gil·len *vt (h. uitgegild)* crier; **hij gilde het uit van de pijn** il cria de douleur

uit·glij·den *vi (i. uitgegleden)* **1** glisser **2** *(fig.)* faire un faux pas
uit|glij·der *nm (-s),* **-glijer** *nm (-s) (fam.)* faux pas *(fig.)*
uit·gooi·en *vt (h. uitgegooid)* **1** jeter *(vers l'extérieur);* **zijn kleren** ~ enlever ses vêtements à la hâte **2** flanquer dehors **3** *(sports)* remettre en jeu
uit·gra·ven *vt (h. uitgegraven)* **1** exhumer (qch) **2** creuser
uit·groei·en *vi (i. uitgegroeid)* **1** se développer **2** *(fig.)* s'élever (au-dessus de)
uit·gum·men *vt (h. uitgegumd)* gommer
uit|haal *nm (-halen)* **1** coup *(bras, jambe)* **2** *(sports)* extension **3** coup de griffe *(animal)* **4** tenue *(son)*
uit·hak·ken *vt (h. uitgehakt)* **1** creuser **2** tailler
uit·ha·len[1] *vt (h. uitgehaald)* **1** enlever **2** vider **3** faire ♦ **het haalt niets uit** cela n'avance à rien
uit·ha·len[2] *vi (h. uitgehaald)* **1** étendre *(la jambe, le bras);* **de kat haalde naar hem uit** le chat lui donna un coup de patte **2** déblatérer (contre)
uit·hang·bord *het (-en)* enseigne; *(iron.)* **mijn arm is geen** ~ mon bras n'est pas un porte-manteau
uit·han·gen[1] *vi (h./i. uitgehangen)* **1** être mis **2** *(fam.)* se cacher; **waar heb jij uitgehangen?** où étais-tu fourré?
uit·han·gen[2] *vt (h./i. uitgehangen)* **1** mettre dehors **2** pendre **3** *(fam.)* faire le; **het slachtoffer** ~ jouer les victimes
uit·heems *adj* étranger; ~**e planten** plantes exotiques
uit·hoek *nm (-en)* coin perdu; **tot in alle** ~**en van de wereld** aux quatre coins du monde; **in een** ~ **wonen** *(fig.)* habiter au bout du monde; **tot in de verste** ~**en van het land** jusqu'au fin fond du pays
uit·hol·len[1] *vt (h./i. uitgehold)* **1** évider **2** *(fig.)* miner
uit·hol·len[2] *vi (h./i. uitgehold)* sortir en courant
uit·hol·ling *nf (-en)* **1** évidement **2** *(fig.)* érosion **3** cavité
uit·hon·ge·ren *vt (h. uitgehongerd)* affamer
uit·ho·ren *vt (h. uitgehoord)* interroger
uit·hou·den *vt (h. uitgehouden)* supporter; **niet om uit te houden** insupportable ♦ **het ergens lang** ~ tenir le coup longtemps qp; **het niet langer kunnen** ~ ne plus y tenir
uit·hou·dings·ver·mo·gen *het* endurance
uit·hui·len *vi (h. uitgehuild)* pleurer tout son soûl; **bij iem gaan** ~ aller pleurer dans le gilet de qn; ~ **en opnieuw beginnen** pleurer un bon coup et repartir à zéro
uit·huis·plaat·sing *nf (-en) (jur.)* placement de l'enfant hors de sa famille
uit·hui·zig *adj* ♦ **hij is nogal** ~ il n'est pas souvent chez lui
uit·hu·we·lij·ken *vt (h. uitgehuwelijkt)* marier
ui·ting *nf (-en)* expression *(d'une pensée, d'un sentiment);* ~ **geven aan zijn tevredenheid** exprimer sa satisfaction; **tot** ~ **komen (in, door)** s'exprimer (dans, par)
ui·tje[1] *het (-s)* petit oignon
uit·je[2] *het (-s) (fam.)* sortie; **een** ~ **hebben** sortir
uit·joe·len *vt (h. uitgejoeld),* **uitjouwen** *vt (h. uitgejouwd)* huer
uit·kaf·fe·ren *vt (h. uitgekafferd)* engueuler
uit·kam·men *vt (h. uitgekamd)* **1** *(région)* ratisser **2** peigner; **wol** ~ démêler de la laine
uit·ke·ren *vt (h. uitgekeerd) (fin.)* verser
uit·ke·ring *nf (-en)* **1** versement **2** allocation; **een eenmalige** ~ une prestation unique
uit·ke·rings·frau·de *de (-s)* fraude concernant les prestations sociales
uit·ke·rings·ge·rech·tigd *adj* ayant droit à une allocation
uit·ke·rings·trek·ker *nm (-s)* allocataire
uit·kie·nen *vt (h. uitgekiend) (fam.)* goupiller
uit·kie·zen *vt (h. uitgekozen)* choisir; **je hebt het maar voor het** ~ on a l'embarras du choix
uit·kijk *nm (-en)* **1** vue *(le fait de pouvoir contempler qch)* **2** poste d'observation; **op de** ~ **zetten** poster *(à un endroit)* ♦ **op de** ~ **staan** faire le guet
uit·kij·ken *vi (h./i. uitgekeken)* **1** faire attention; **ik kijk wel (linker) uit** tu peux toujours courir **2** *(+ op)* avoir vue (sur); **deze kamer kijkt uit op de zee** cette pièce donne sur la mer **3** *(+ naar)* guetter; **naar de vakantie** ~ aspirer aux vacances; **naar een andere baan** ~ être à la recherche d'un autre emploi ♦ **gauw uitgekeken zijn op iets, iem** en avoir vite assez de qch, qn
uit·kijk·to·ren *nm (-s)* mirador
uit·klap·baar *adj* pliant; **een** ~ **stoeltje** un strapontin
uit·klap·pen[1] *vt (h. uitgeklapt)* déplier
uit·klap·pen[2] *vi (h. uitgeklapt)* se déplier
uit·kla·ren *vt (h. uitgeklaard)* dédouaner
uit·kla·ring *nf (-en)* **1** dédouanement **2** acquit de douane
uit·kle·den *vt (h. uitgekleed)* **1** déshabiller; **een voorstel** ~ supprimer l'essentiel d'une proposition **2** dépouiller
uit·klop·pen *vt (h. uitgeklopt)* battre *(pour nettoyer)*
uit·knij·pen *vt (h./i. uitgeknepen)* **1** presser *(pour vider de son contenu)* **2** éteindre
uit·knip·pen *vt (h. uitgeknipt)* **1** découper *(avec des ciseaux)* **2** éteindre *(la lumière etc.)*
uit·knob·be·len *vt (h. uitgeknobbeld) (fam.)* → **uitkienen**
uit·ko·ken *vt (h./i. uitgekookt)* faire bouillir
uit·ko·men *vi (i. uitgekomen)* **1** arriver; **ik kom er wel uit** je trouverai (bien) la sortie **2** *(+ op)* donner (sur); **het pad komt op**

een weg uit le sentier débouche sur une route **3** sortir; **de bladeren komen uit** les feuilles s'ouvrent; **de bloemen komen uit** les fleurs éclosent **4** s'ébruiter **5** *(+ voor)* reconnaître; **voor zijn mening** ~ exprimer son opinion **6** être exact **7** *(sports)* participer; **Ajax komt uit met drie buitenlandse spelers** Ajax aligne trois joueurs étrangers; **wedstrijd waarin twee teams tegen elkaar** ~ match qui oppose deux équipes **8** *(édit.)* paraître **9** s'en sortir **10** ressortir (sur); **boven het lawaai** ~ dominer le tumulte; *(vêtement)* **het figuur goed laten** ~ mettre en valeur les formes du corps; **iets goed laten** ~ bien faire ressortir qch ♦ **er niet meer** ~ ne plus s'en sortir; **dat komt goed uit** cela tombe bien; **dat komt mij net goed uit** cela m'arrange; **dat komt goedkoper uit** cela revient moins cher; **op hetzelfde** ~ revenir au même; **een voorspelling zien** ~ voir s'accomplir une prédiction

uit·komst *nf (-en)* **1** résultat **2** *(math.)* quotient **3** *(math.)* produit **4** solution; **geen** ~ **meer zien** ne plus voir d'issue **5** *(bridge)* entame

uit·ko·pen *vt (h. uitgekocht)* désintéresser; **zich** ~ payer un dédit

uit·kot·sen *vt (h. uitgekotst) (fam.)* dégobiller; **alles** ~ rendre tripes et boyaux ♦ **iem** ~ vomir qn

uit·krab·ben *vt (h. uitgekrabd)* arracher (en grattant)

uit·kra·men *vt (h. uitgekraamd)* débiter *(p.ex. des bêtises)*

uit·krij·gen *vt (h. uitgekregen)* **1** parvenir à enlever **2** finir *(de lire)* **3** venir à bout (de)

uit·kris·tal·li·se·ren *vi (i. uitgekristalliseerd)* se cristalliser

uit|laat *nm (-laten)* **1** échappement *(liquides, gaz)* **2** tuyau d'échappement **3** *(fig.)* exutoire

uit·laat·klep *de (-pen)* **1** soupape d'échappement **2** *(fig.)* soupape de sûreté

uit·la·chen *vt (h. uitgelachen)* se moquer de

uit·la·den *vt (h. uitgeladen)* décharger *(des marchandises etc.)*

uit·la·ten[1] *vt (h. uitgelaten)* **1** (laisser, faire) sortir **2** accompagner jusqu'à la porte **3** ne pas mettre *(vêtement)* **4** *(poêle)* ne pas allumer

uit·la·ten[2] *vpr (zich ~; h. zich uitgelaten) (+ over)* se prononcer (sur); **zich lovend over iem** ~ parler de qn en termes laudatifs

uit·la·ting *nf (-en)* déclaration

uit·leen·ter·mijn *nm (-en)* durée du prêt

uit·leg *nm* explication

uit·leg·gen *vt (h. uitgelegd)* **1** expliquer; **hoe moet ik dat nu ~?** comment dire?; **iets ten kwade** ~ interpréter qch en mal **2** interpréter *(donner un sens à)* **3** élargir **4** allonger **5** étaler

uit·lek·ken *vi (i. uitgelekt)* **1** transpirer; **het plan is uitgelekt** il y a eu des fuites au sujet du projet **2** s'égoutter

uit·le·nen *vt (h. uitgeleend)* prêter *(donner en prêt)*

uit·le·pe·len *vt (h. uitgelepeld)* vider à la cuiller

uit·le·ven *vpr (zich ~; h. zich uitgeleefd)* se défouler

uit·le·ve·ren *vt (h. uitgeleverd)* extrader

uit·le·zen *vt (h. uitgelezen)* finir *(de lire)*

uit·lich·ten *vt (h. uitgelicht)* ♦ **een passage** ~ **uit een geschrift** relever un passage d'un écrit

uit·lik·ken *vt (h. uitgelikt)* lécher

uit·log·gen *vi (h. uitgelogd) (inform.)* se déconnecter

uit·lok·ken *vt (h. uitgelokt)* provoquer; **een besluit** ~ forcer une décision; **een discussie** ~ soulever une discussion

uit·loop *nm* **1** marge **2** possibilité de prolongation **3** *(sports)* recul

uit·lo·pen[1] *vi (h./i. uitgelopen)* **1** sortir de *(en marchant, en courant)*; **het hele dorp was uitgelopen** tout le village était là; **bij iem in- en** ~ être un familier de la maison; **je moet deze straat helemaal** ~ il faut suivre cette rue jusqu'au bout **2** ralentir **3** *(bot.)* bourgeonner **4** déboucher (sur, dans) **5** *(+ op)* aboutir (à); **dat loopt op een ramp uit** cela va tourner en catastrophe; **waar moet dat op ~?** comment cela finira-t-il? **6** *(sports)* prendre une avance; **verder** ~ **op het peloton** augmenter son avance sur le peloton **7** se prolonger *(dans le temps)* **8** couler *(liquide)*; **de inkt is uitgelopen** l'encre a bavoché ♦ **deze schoenen moeten nog** ~ ces chaussures doivent encore se faire au pied; **een japon met ~de mouwen** une robe aux manches évasées

uit·lo·pen[2] *vt (h./i. uitgelopen)* **1** suivre jusqu'au bout; **een wedstrijd** ~ terminer une course **2** assouplir à l'usage

uit·lo·per *nm (-s)* **1** *(géo.)* contrefort **2** *(bot.)* pousse

uit·lo·ten *vt (i. uitgeloot)* **1** exclure par tirage au sort **2** tirer au sort

uit·lo·ven *vt (h. uitgeloofd)* promettre *(un prix, une récompense)*

uit·lui·den *vt (h. uitgeluid)* **1** sonner la fin de **2** enterrer **3** conduire (qn) jusqu'à sa dernière demeure **4** ± faire l'éloge de

uit·ma·ken *vt (h. uitgemaakt)* **1** rompre *(mettre un terme à)* **2** former **3** avoir de l'importance; **dat maakt niets uit** ça n'a pas d'importance **4** décider; **dat is moeilijk uit te maken** c'est difficile à déterminer; **ik kan niet** ~ **wat daar staat** je ne vois pas ce qui est marqué là; **het is een uitgemaakte zaak (dat)** c'est un fait établi (que) **5** *(+ voor)* traiter (de) *(qualifier (de))*; **iem** ~ **voor alles wat lelijk is** traiter qn de tous les noms **6** éteindre

uit·mel·ken *vt (h. uitgemolken)* ♦ **iem** ~ plumer qn, saigner qn à blanc, tirer les vers du nez à qn; **een onderwerp** ~ épuiser un sujet

uit·mer·ge·len *vt (h. uitgemergeld)* **1** épuiser *(sol)* **2** décharner
uit·mes·ten *vt (h. uitgemest) (fam.)* nettoyer à fond
uit·me·ten *vt (h. uitgemeten)* **1** s'étendre sur *(en parlant)* **2** mesurer
uit·mik·ken *vt (h. uitgemikt) (fam.)* **1** mesurer; **ik kon het niet zo precies** ~ j'ai dû le faire au pifomètre **2** arranger
uit·mon·den *vi (h./i. uitgemond)* **1** *(+ in)* se jeter (dans) *(rivière)* **2** *(fig.; + op)* se terminer (en, par)
uit·mon·ste·ren *vt (h. uitgemonsterd)* **1** pomponner; **vreemd uitgemonsterd** bizarrement accoutré; **zich** ~ se parer **2** *(qn)* équiper (de)
uit·moor·den *vt (h. uitgemoord)* massacrer
uit·mun·ten *vi (h. uitgemunt)* exceller (dans, en qch); **hij munt uit door zijn bekwaamheid** il se distingue par ses capacités
uit·mun·tend *adj, adv* excellent, brillamment
uit·neem·baar *adj* **1** amovible **2** démontable
uit·ne·men *vt (h. uitgenomen)* enlever
uit·ne·mend *adj, adv* → **uitmuntend**
uit·no·di·gen *vt (h. uitgenodigd)* inviter (à qch, à faire qch)
uit·no·di·ging *nf (-en)* invitation; **een** ~ **afslaan** décliner une invitation
uit·oe·fe·nen *vt (h. uitgeoefend)* exercer; **kritiek** ~ **op iets** critiquer qch
uit·pak·ken[1] *vt (h./i. uitgepakt)* **1** *(sens pr.)* déballer **2** vider
uit·pak·ken[2] *vi (h./i. uitgepakt)* **1** se terminer; **goed** ~ s'arranger; **verkeerd** ~ tourner mal **2** se mettre en frais **3** vider son sac; **hij kan behoorlijk** ~ quand ça le prend, il déballe tout ce qu'il a sur le cœur; **tegen iem** ~ lâcher son paquet à qn ♦ *(Belg.)* **met iets** ~ exhiber qch
uit·per·sen *vt (h. uitgeperst)* **1** presser *(citron etc.)* **2** *(fig.)* pressurer
uit·peu·te·ren *vt (h. uitgepeuterd)* ♦ **z'n oren** ~ se curer les oreilles
uit·pik·ken *vt (h. uitgepikt)* **1** *(fam.)* choisir **2** prendre au hasard ♦ **de ogen** ~ crever les yeux (à qn)
uit·plui·zen *vt (h. uitgeplozen)* **1** *(fig.)* éplucher **2** effilocher
uit·poe·pen *vi (h. uitgepoept)* ♦ *(fig.)* **uitgepoept zijn** être vidé
uit·pra·ten[1] *vi (h./i. uitgepraat)* parler jusqu'au bout; **niet uitgepraat raken over een onderwerp** être intarissable sur un sujet; **uitgepraat zijn** n'avoir plus rien à dire, n'être plus dans la course
uit·pra·ten[2] *vt (h./i. uitgepraat)* régler (par la discussion); **we hebben het uitgepraat** nous nous sommes expliqués
uit·prin·ten *vt (h. uitgeprint) (inform.)* imprimer
uit·pro·be·ren *vt (h./i. uitgeprobeerd) (fam.)* mettre à l'essai
uit·proes·ten *vt (h. uitgeproest)* pouffer (de rire)
uit·puf·fen *vi (h. uitgepuft) (fam.)* souffler
uit·pui·len *vi (h./i. uitgepuild)* **1** saillir; **hij had ~de ogen** il avait les yeux qui lui sortaient de la tête **2** *(fig.)* être plein à craquer (de)
uit·put·ten *vt (h. uitgeput)* épuiser; **de voorraad raakt uitgeput** le stock s'épuise; **zich** ~ **in verontschuldigingen** se répandre en excuses
uit·put·tings·slag *nm (-en)* guerre d'usure
uit·puz·ze·len *vt (h. uitgepuzzeld) (fam.)* tirer au clair
uit·ra·fe·len[1] *vi (h./i. uitgerafeld)* s'effilocher
uit·ra·fe·len[2] *vt (h./i. uitgerafeld)* effilocher
uit·ran·ge·ren *vt (h. uitgerangeerd)* **1** mettre sur une voie de garage **2** *(fig.)* écarter
uit·ra·zen *vi (h./i. uitgeraasd)* se calmer; **de jeugd moet** ~ il faut que jeunesse se passe
uit·rei·ken *vt (h. uitgereikt)* remettre
uit·reis|vi·sum *het (-visa)* visa de sortie
uit·re·ke·nen *vt (h./i. uitgerekend)* calculer ♦ **zij is begin maart uitgerekend** son accouchement est prévu pour le début du mois de mars
uit·rek·ken[1] *vt (h./i. uitgerekt)* étirer; **zijn armen** ~ étendre les bras
uit·rek·ken[2] *vi (h./i. uitgerekt)* s'étirer
uit·rich·ten *vt (h. uitgericht)* faire; **niet veel goeds** ~ ne faire rien qui vaille; **er is niets met hem uit te richten** il n'est bon à rien
uit·rij·den[1] *vi (h./i. uitgereden)* aller jusqu'au bout *(en roulant)*
uit·rij·den[2] *vt (h./i. uitgereden)* suivre jusqu'au bout; **een wielerwedstrijd** ~ terminer une course cycliste
uit·rij·zen *vi (i. uitgerezen) (+ boven)* s'élever (au-dessus de)
uit·rit *nm (-ten) (circul.)* sortie; ~ **vrijhouden s.v.p.** défense de stationner, sortie de véhicules
uit·roei·en *vt (h./i. uitgeroeid) (zool.)* exterminer
uit·roei·ing *nf (-en)* **1** extermination **2** *(méd.)* éradication
uit·roep *nm (-en)* exclamation
uit·roe·pen *vt (h. uitgeroepen)* **1** s'exclamer **2** proclamer
uit·roep·te·ken *het (-s)* point d'exclamation
uit·rol·len *vt (h./i. uitgerold)* **1** dérouler **2** étendre *(avec un rouleau)*
uit·rui·men *vt (h. uitgeruimd)* vider *(pour nettoyer)*
uit·ruk·ken[1] *vt (h./i. uitgerukt)* arracher
uit·ruk·ken[2] *vi (h./i. uitgerukt)* se mettre en branle *(pompiers etc.)*; **de brandweer rukte uit** les pompiers se sont rendus sur les lieux
uit·rus·ten[1] *vi (h./i. uitgerust)* se reposer; ~ **van de vermoeienissen van de reis** se remettre des fatigues du voyage

uit·rus·ten² *vt (h./i. uitgerust)* équiper (de)
uit·rus·ting *nf (-en)* équipement
uit·scha·ke·len *vt (h. uitgeschakeld)* **1** débrancher **2** *(fig.)* éliminer
uit·scha·te·ren *vt (h./i. uitgeschaterd)* s'esclaffer
uit·schei·den¹ *vt (h. uitgescheiden)* **1** isoler **2** sécréter
uit·schei·den² *vi (h. uitgescheiden) (fam.)* (s')arrêter (de faire qch)
uit·schei·ding *nf* excrétion
uit·schel·den *vt (h. uitgescholden)* insulter; **iem ~ voor ...** traiter qn de ...
uit·schen·ken *vt (h. uitgeschonken)* **1** vider *(en servant)* **2** verser *(en servant)*
uit·scheu·ren¹ *vt (h./i. uitgescheurd)* arracher
uit·scheu·ren² *vi (h./i. uitgescheurd)* se déchirer
uit·schie·ten¹ *vi (h./i. uitgeschoten)* **1** glisser **2** exploser; **tegen iem ~** fulminer contre qn ♦ **de aardappels schieten uit** les pommes de terre germent
uit·schie·ten² *vti (h./i. uitgeschoten) (sports)* remettre (le ballon) en jeu
uit·schie·ter *nm (-s)* pointe *(maximum d'intensité)* ♦ **hij is een ~** c'est un as
uit·schij·nen *vi (Belg.)* ♦ **iets laten ~** laisser entendre qch
uit·schij·ten *vt (h./i. uitgescheten) (vulg.)* **1** chier **2** n'avoir rien à foutre de **3** ne pas pouvoir blairer
uit·schot *het* déchet; *(fig.)* **al dat ~** toute cette racaille
uit·schra·pen *vt (h. uitgeschraapt)* gratter
uit·schreeu·wen *vt (h. uitgeschreeuwd)* hurler
uit·schrij·ven *vt (h. uitgeschreven)* **1** écrire **2** annoncer; **een lening ~** émettre un emprunt; **een prijsvraag ~** organiser un concours; **een vergadering ~** convoquer une assemblée **3** rayer; **zich laten ~ uit Oldenzaal** notifier à l'état civil son départ d'Oldenzaal **4** rédiger
uit·schud·den *vt (h. uitgeschud)* secouer; **zich ~** s'ébrouer
uit·schuif·baar *adj* coulissant
uit·schuif·ta·fel *de (-s)* table à rallonge(s)
uit·schui·ven *vt (h. uitgeschoven)* **1** pousser **2** tirer
uit·slaan¹ *vt (h./i. uitgeslagen)* **1** étendre *(bras etc.)* **2** faire sortir (par des coups); **iem een tand ~** casser une dent à qn **3** secouer **4** déplier **5** débiter ♦ *(sports)* **een bal ~** faire sortir la balle; **een deuk ~** redresser une tôle cabossée
uit·slaan² *vi (h./i. uitgeslagen)* **1** jaillir; **een ~de brand** un incendie violent **2** suinter **3** moisir; **dat boek is groen uitgeslagen** ce livre est couvert d'une couche de moisissure **4** dévier *(aiguilles)*
uit·slag *nm (-en)* **1** moisissure **2** suintement; **koorts met ~** fièvre éruptive **3** boutons **4** résultat **5** déplacement *(aiguille)*
uit·sla·pen *vi (h./i. uitgeslapen)* faire la grasse matinée; **goed uitgeslapen zijn** être bien reposé, être dégourdi, futé
uit·slij·ten¹ *vi (h./i. uitgesleten)* s'user *(par frottements)*
uit·slij·ten² *vt (h./i. uitgesleten)* user
uit·slo·ven *vpr (zich ~; h. zich uitgesloofd)* **1** faire du zèle **2** se donner du mal; **zich voor iem ~** se mettre en quatre pour qn
uit|slo·ver *nm (-s)*, **-sloofster** *nf (-s)* personne qui fait du zèle
uit·slui·ten *vt (h. uitgesloten)* **1** exclure **2** excepter
uit·slui·tend *adj, adv* **1** unique(ment) **2** exclusif, exclusivement
uit·slui·ting *nf (-en)* **1** exclusion **2** exception; **met ~ van** à l'exclusion de
uit·sluit·sel *het* réponse définitive
uit·sme·ren *vt (h. uitgesmeerd)* étaler *(aussi au fig.)*
uit·smij·ten *vt (h. uitgesmeten) (fam.)* ficher dehors; **iem de deur ~** ficher qn à la porte
uit·smij·ter *nm (-s)* **1** videur *(dans un cabaret)* **2** ⟨*pain avec œufs sur le plat, et fromage, jambon, ou rosbif*⟩ **3** bouquet *(numéro final)*
uit·snij·den *vt (h./i. uitgesneden)* **1** couper **2** échancrer **3** découper
uit·span·nen *vt (h. uitgespannen)* dételer
uit·span·ning *nf (-en)* **1** distraction **2** café
uit·span·sel *het (form.)* firmament
uit·spa·ren *vt (h. uitgespaard)* **1** économiser; **ruimte ~** gagner de la place **2** laisser en blanc
uit·spa·ring *nf (-en)* **1** économie **2** évidement
uit·spat·ten *vi (h./i. uitgespat)* **1** voler en éclats **2** faire la noce **3** jaillir
uit·spat·ting *nf (-en)* débauche
uit·spe·len *vt (h. uitgespeeld)* **1** terminer (un jeu) **2** jouer; **iets ~ tegen iem** utiliser qch contre qn; **mensen tegen elkaar ~** monter des gens les uns contre les autres **3** *(sports)* déjouer
uit·spit·ten *vt (h. uitgespit)* **1** extraire à la bêche **2** *(fam.; fig.)* fouiller
uit·split·sen *vt (h. uitgesplitst)* **1** détordre *(en divisant)* **2** ventiler *(répartir en plusieurs groupes)*
uit·spoe·len *vt (h. uitgespoeld)* rincer
uit·spo·ken *vt (h. uitgespookt) (fam.)* fabriquer
uit|spraak *de (-spraken)* **1** *(ling.)* prononciation **2** jugement; **~ doen** prononcer un jugement; **ergens geen ~ over kunnen doen** ne pouvoir se prononcer sur qch **3** paroles; **een bekende ~** un mot célèbre; **een ~ van Pascal** une pensée de Pascal
uit·sprei·den *vt (h. uitgespreid)* **1** étendre **2** étaler **3** écarter
uit·spre·ken¹ *vti (h./i. uitgesproken)* **1** prononcer **2** exprimer **3** finir (sa phrase)
uit·spre·ken² *vpr (zich ~; h. zich uitgesproken)* se prononcer (en faveur de qch, contre qch)
uit·sprin·gen *vi (h./i. uitgesprongen)* **1** déborder **2** sortir *(en sautant)*; **ergens mooi**

~ bien s'en sortir ♦ **zij is er bij de selectie uitgesprongen** elle s'est distinguée dans la sélection
uit·sprui·ten *vi (i. uitgesproten) (bot.)* pousser
uit·spu·gen *vt (h. uitgespogen/uitgespuugd)* → **uitspuwen**
uit·spui·ten *vt (h. uitgespoten)* faire gicler; **zijn oren** ~ se déboucher les oreilles avec une poire
uit·spu·wen *vt (h. uitgespuwd)* **1** cracher **2** vomir
uit·staan¹ *vi (h. uitgestaan)* **1** faire saillie; ~**de oren** oreilles décollées **2** être placé *(de l'argent)*; ~**de schulden** dettes en souffrance **3** être tendu *(piège)* **4** avoir à faire (avec); **dat heeft er niets mee uit te staan** cela n'a aucun rapport
uit·staan² *vt (h. uitgestaan)* supporter; **iem niet kunnen** ~ ne pas pouvoir souffrir qn
uit·stal·len *vt (h. uitgestald)* étaler
uit·stap·je *het (-s)* excursion ♦ **een** ~ **buiten zijn vakgebied maken** faire une incursion dans un domaine qui n'est pas le sien
uit·stap·pen *vi (i. uitgestapt)* **1** descendre **2** *(fam.)* se laisser glisser
uit·steek·sel *het (-s)* saillie
uit·stek *het (-ken)* ♦ **bij** ~ par excellence
uit·ste·ken¹ *vi (h. uitgestoken)* dépasser; **de toren steekt boven de huizen uit** la tour domine les maisons; ~**de jukbeenderen** pommettes saillantes
uit·ste·ken² *vt (h. uitgestoken)* **1** (é)tendre **2** creuser **3** éborgner **4** *(Belg.)* jouer un tour; **wat heeft hij nu weer uitgestoken?** qu'est-ce qu'il a encore fait?
uit·ste·kend *adj, adv* excellent, à la perfection; ~! parfait!
uit·stel *het* délai; ~ **van militaire dienst** sursis d'appel; *(fig.)* **het is** ~ **van executie** c'est reculer pour mieux sauter; *(prov)* **van** ~ **komt afstel** partie remise, partie manquée
uit·stel·len *vt (h. uitgesteld)* remettre; **tot nadere datum** ~ renvoyer à une date ultérieure
uit·ster·ven *vi (i. uitgestorven) (lignée; zool.)* s'éteindre; ~**de dieren** animaux en voie de disparition
uit·stij·gen *vi (i. uitgestegen)* **1** *(form.)* descendre *(d'un véhicule)* **2** *(+ boven)* dépasser
uit·stip·pe·len *vt (h. uitgestippeld)* jalonner; **een plan** ~ définir un projet
uit|stoot *nm (-stoten)* **1** fumées **2** déchets
uit·stor·ten *vt (h./i. uitgestort)* **1** déverser **2** épancher
uit·stor·ting *nf (-en)* **1** déversement **2** *(méd.)* hémorragie
uit·sto·ten *vt (h. uitgestoten)* **1** expulser; **verbrandingsgassen** ~ évacuer des gaz de combustion **2** excommunier **3** pousser *(cris)*; **onverstaanbare klanken** ~ proférer des sons inintelligibles
uit·stra·len¹ *vt (h./i. uitgestraald)* **1** émettre *(projeter hors de soi)* **2** *(fig.)* respirer
uit·stra·len² *vi (h./i. uitgestraald)* rayonner
uit·stra·ling *nf (-en)* **1** rayonnement; **een enorme** ~ **hebben** avoir beaucoup de présence **2** radiation
uit·strek·ken¹ *vt (h. uitgestrekt)* tendre; **zijn macht verder** ~ étendre son pouvoir
uit·strek·ken² *vpr (zich ~; h. zich uitgestrekt)* s'étendre (sur) *(surface)*
uit·strij·ken *vt (h./i. uitgestreken)* étaler
uit·strijk·je *het (-s) (méd.)* frottis
uit·stro·men *vi (h./i. uitgestroomd)* **1** s'écouler; **de hele stad stroomde uit naar het plein** toute la ville afflua vers la place **2** se jeter (dans)
uit·strooi·en *vt (h. uitgestrooid)* **1** éparpiller **2** répandre
uit·stuf·fen *vt (h. uitgestuft)* gommer
uit·stul·pen *vi (i. uitgestulpt)* se boursoufler
uit·stul·ping *nf (-en)* renflement
uit·stu·ren *vt (h. uitgestuurd)* envoyer; **iem op iets** ~ envoyer qn aux nouvelles
uit·te·ke·nen *vt (h. uitgetekend)* dessiner, *(fig.)* décrire; **ik kan die plaats wel** ~ je connais cette ville comme ma poche
uit·tel·len *vt (h./i. uitgeteld)* **1** *(boxe)* compter jusqu'à dix **2** compter *(jusqu'au bout)* ♦ **ze is in september uitgeteld** elle doit accoucher en septembre; **tel uit je winst!** regarde ce que cela te coûte!; **uitgeteld zijn** *(fig.)* ne plus être dans la course
uit·tes·ten *vt (h. uitgetest)* tester
uit·tik·ken *vt (h. uitgetikt)* taper (à la machine)
uit·til·len *vt (h. uitgetild)* **1** soulever **2** relever le niveau de; **zichzelf** ~ **boven zijn medestudenten** s'élever au-dessus de ses condisciples
uit·tocht *nm (-en)* exode
uit·to·re·nen *vi (h. uitgetorend)* dominer *(avoir au-dessous de soi)*; *(fig.)* **hoog boven iem** ~ laisser qn loin derrière soi
uit·trap·pen¹ *vt (h. uitgetrapt)* **1** quitter d'un coup de pied; **zijn schoenen** ~ se déchausser d'un coup de pied **2** éteindre avec le pied
uit·trap·pen² *vti (h. uitgetrapt) (football)* **1** remettre (le ballon) en jeu **2** taper, botter (le ballon) en touche
uit·tre·den *vi (h./i. uitgetreden)* **1** démissionner; **vervroegd** ~ prendre une retraite anticipée **2** se désaffilier **3** se défroquer
uit·trek·baar *adj* ♦ **een tafel met** ~ **blad** une table à rallonge(s)
uit·trek·ken¹ *vt (h./i. uitgetrokken)* **1** enlever **2** arracher **3** *(+ voor)* réserver; **een bedrag voor iets** ~ affecter un montant à qch **4** extraire *(d'un livre, d'un écrit)*; **een boek** ~ résumer un livre **5** défaire **6** tirer *(vers soi)*; **een uitschuiftafel** ~ mettre les rallonges à une table **7** étirer
uit·trek·ken² *vi (h./i. uitgetrokken)* partir
uit·trek·sel *het (-s)* extrait; **een** ~ **uit het**

bevolkingsregister un bulletin d'état civil
uit·ty·pen *vt (h. uitgetypt)* → **uittikken**
uit·vaag·sel *het (-s)* → **uitschot**
uit·vaar·di·gen *vt (h. uitgevaardigd)* **1** décréter **2** promulguer **3** lancer
uit·vaar·di·ging *nf (-en)* proclamation
uit·vaart *de (-en)* obsèques
uit·vaart|cen·trum *het (-centra)* funérarium
uit·vaart·dienst *nm (-en)* office des morts
uit·vaart·mis *de (-sen)* service funèbre
uit·vaart·plech·tig|heid *nf (-heden)* → **uitvaart**
uit·vaart·stoet *nm (-en)* cortège funèbre
uit·val *nm (-len)* **1** sortie; **een vinnige** ~ un coup de bec **2** chute *(cheveux, les poils etc.)* **3** *(milit.)* percée
uit·val·len *vi (i. uitgevallen)* **1** éclater *(personne)* **2** tomber *(en se détachant)*; **zijn haren vallen uit** il perd ses cheveux **3** abandonner; **de stroom is uitgevallen** il y a une panne de courant; **die trein is uitgevallen** ce train a été supprimé **4** *(milit.)* faire une percée ♦ **die tekening is goed uitgevallen** ce dessin est réussi; **in iemands voordeel** ~ tourner à l'avantage de qn
uit·vals·weg *nm (-en) (circul.)* route de sortie
uit·va·ren *vi (h./i. uitgevaren)* **1** *(+ tegen)* fulminer (contre) **2** *(mar.)* appareiller
uit·vech·ten *vt (h. uitgevochten)* **1** décider par les armes **2** *(fig.)* vider (une querelle)
uit·ve·gen *vt (h. uitgeveegd)* **1** balayer; **een kast** ~ nettoyer une armoire **2** effacer *(en frottant)*
uit·ver·gro·ten *vt (h. uitvergroot)* agrandir
uit·ver·kie·zen *vt (h. uitverkoren, uitverkozen) (form.)* **1** élire **2** *(relig.)* prédestiner
uit·ver·kocht[1] → **uitverkopen**
uit·ver·kocht[2] *adj* **1** épuisé *(stock)*; **wij zijn totaal** ~ notre stock est épuisé **2** comble *(cinéma, théâtre)*
uit·ver·koop *nm* solde; ~ **houden** liquider
uit·ver·ko·pen *vt (h. uitverkocht)* solder
uit·ver·ko·ren *adj* **1** élu; **zijn** ~ **plekje** son coin de prédilection **2** *(relig.)* prédestiné
uit·ver·ko·re·ne *nm (-n)* **1** élu, -ue; **de ~n** les Prédestinés **2** favori, -ite; **hij is haar** ~ c'est l'élu de son cœur
uit·ver·ko·zen → **uitverkiezen**
uit·vin·den *vt (h. uitgevonden)* **1** inventer **2** découvrir
uit|vin·der *nm (-s)*, **-vindster** *nf (-s)* inventeur, -trice
uit·vin·ding *nf (-en)* invention
uit·vis·sen *vt (h. uitgevist) (fam.)* découvrir; **je moet zien uit te vissen hoe dat in elkaar zit** débrouille-toi pour tirer cela au clair
uit·vlak·ken *vt (h. uitgevlakt) (fam.)* ♦ *(fig.)* **dat moet je niet** ~ ce n'est pas rien
uit·vlie·gen *vi (i. uitgevlogen)* **1** s'envoler **2** *(fig.)* quitter le nid
uit·vloei·en *vi (i. uitgevloeid)* **1** s'épandre **2** s'écouler
uit·vloei·sel *het (-s) (form.)* conséquence
uit·vloe·ken *vt (h. uitgevloekt)* injurier
uit·vlooi·en *vt (h. uitgevlooid) (fam.)* → **uitpluizen 1**
uit·vlucht *de (-en)* prétexte; **~en zoeken** chercher des excuses
uit·voer *nm (-en)* **1** exportation **2** exécution *(fait d'effectuer)*; **ten** ~ **brengen, leggen** mettre à exécution **3** *(inform.)* sortie
***uit·voer-** d'exportation; **de uitvoerhandel** le commerce d'exportation
uit·voer·baar *adj* **1** réalisable **2** exportable
uit·voer·baar·heid *nf* **1** *(fig.)* viabilité **2** *(technol.)* faisabilité
uit·voer|der *nm (-s)*, **-ster** *nf (-s)* exécutant, -ante
uit·voe·ren *vt (h. uitgevoerd)* **1** exporter **2** exécuter; **herstelwerkzaamheden** ~ effectuer des travaux de restauration; **hij voert niets uit** il se croise les bras; **wat voer je daar uit?** qu'est-ce que tu fabriques là? **3** accomplir ♦ **dat boek is goed uitgevoerd** ce livre est bien fait; **een sieraad in goud** ~ réaliser un bijou en or
uit·voe·rend *adj* exécutif
uit·voe·rig *adj, adv* détaillé, en détail; **~e voorbereidselen** préparatifs minutieux
uit·voe·ring *nf (-en)* **1** exécution; ~ **geven aan een plan** mettre un projet à exécution; **de** ~ **van een bouwwerk** la réalisation d'une construction **2** fabrication; **normale** ~ modèle courant
uit·vo·ge·len *vt (h. uitgevogeld) (fam.)* dégoter une combine pour
uit·vou·wen *vt (h. uitgevouwen)* déplier
uit·vra·gen *vti (h./i. uitgevraagd)* interroger ♦ **ik ben nu uitgevraagd** je n'ai plus de questions
uit·vre·ten *vt (h. uitgevreten) (fam.)* **1** fabriquer **2** vivre aux crochets (de qn)
uit·vre·ter *nm (-s)* pique-assiette
uit·waai·en[1] *vi (h./i. uitgewaaid)* **1** prendre un bol d'air **2** se déployer *(par le vent)* ♦ **de vlam woei uit** la flamme a été soufflée (par le vent); **de wind is uitgewaaid** le vent s'est calmé
uit·waai·en[2] *vt (h./i. uitgewaaid)* éteindre *(par le vent)*
uit·waai·e·ren *vi (h. uitgewaaierd)* rayonner
uit·was *het/de (-sen)* **1** excès **2** excroissance
uit·wa·se·men[1] *vi (h. uitgewasemd)* se dégager
uit·wa·se·men[2] *vt (h. uitgewasemd)* dégager
uit·was·sen *vt (h. uitgewassen)* **1** laver **2** enlever (à l'eau)
uit·wed·strijd *nm (-en)* (match en) déplacement
uit·weg *nm (-en)* issue; **het water moet een** ~ **hebben** l'eau doit pouvoir s'écou-

ler; **een ~ zoeken** chercher un expédient

uit·wei·den *vi (h. uitgeweid) (+ over)* s'étendre (sur)

uit·wei·ding *nf (-en)* digression

uit·wen·dig *adj, adv* extérieur(ement); **de ~e gehoorgang** le conduit auditif externe

uit·wer·ken[1] *vt (h./i. uitgewerkt)* **1** développer; **zijn aantekeningen ~** mettre ses notes au net **2** résoudre **3** effectuer

uit·wer·ken[2] *vi (h./i. uitgewerkt)* faire son effet; **een geneesmiddel laten ~** laisser à un médicament le temps d'agir; **de verdoving is uitgewerkt** l'anesthésie n'agit plus

uit·wer·king *nf (-en)* **1** effet; **dat zal zijn ~ niet missen** cela produira son effet **2** développement **3** calcul

uit·wer·pen *vti (h. uitgeworpen)* **1** jeter **2** rejeter **3** *(sports)* remettre (le ballon) en jeu

uit·werp·sel *het (-en)* excrément

uit·wij·ke·ling *nm (-en) (Belg.)* émigré

uit·wij·ken *vi (i. uitgeweken)* **1** s'écarter *(d'un chemin, d'une trajectoire);* **voor een slag ~** esquiver un coup **2** s'exiler **3** *(Belg.)* émigrer

uit·wijk·ma·noeu·vre *het/de (-s)* crochet (pour éviter un obstacle)

uit·wijk·mo·ge·lijk|heid *nf (-heden)* **1** solution de remplacement **2** échappatoire

uit·wij·zen *vt (h. uitgewezen)* **1** montrer; **de tijd zal het ~** le temps en décidera; **dat zal zich spoedig ~** on le verra bientôt **2** expulser (qn)

uit·wij·zing *nf (-en)* expulsion *(réfugié etc.)*

uit·wis·sel·baar *adj* interchangeable

uit·wis·se·len *vt (h. uitgewisseld)* échanger

uit·wis·se·ling *nf (-en)* échange

uit·wis·sen *vt (h. uitgewist)* effacer

uit·woe·den *vi (h./i. uitgewoed)* se calmer

uit·wo·nend *adj* ♦ **twee studerende, ~e dochters** deux filles étudiantes qui n'habitent plus chez leurs parents

uit·worp *nm (-en)* **1** *(sports)* remise en jeu (par le gardien de but) **2** déchets

uit·wrij·ven *vt (h. uitgewreven)* astiquer; **zijn ogen ~** se frotter les yeux; *(fig.)* **zich de ogen ~** ouvrir de grands yeux; **de schoenen ~** faire briller les chaussures

uit·wrin·gen *vt (h. uitgewrongen)* essorer; *(iron.)* **je kunt hem wel ~!** il est trempé comme une soupe!

uit·wui·ven *vt (h. uitgewuifd)* accompagner (qn qui part)

uit·zaai·en *vpr (zich ~; h. zich uitgezaaid) (méd.)* se généraliser

uit·zaai·ing *nf (-en) (méd.)* dissémination

uit·za·gen *vt (h. uitgezaagd)* découper (à la scie)

uit·zak·ken *vi (zakte uit, is uitgezakt)* **1** *(méd.)* descendre **2** se déformer; **een uitgezakt lichaam** un corps avachi

uit·zei·len *vi (h./i. uitgezeild) (mar.)* partir

uit·zend·bu·reau *het (-s)* agence de travail intérimaire

uit·zen·den *vti (h. uitgezonden)* **1** *(com.)* émettre; **een concert ~** diffuser un concert **2** envoyer

uit·zen·ding *nf (-en)* **1** *(com.)* émission **2** *(com.)* diffusion; **hij zit in de ~** il est sur l'antenne

uit·zend·kracht *nm (-en)* (personnel) intérimaire

uit·zet *het/de (-ten)* **1** layette **2** trousseau *(d'une mariée)*

uit·zet·ten[1] *vt (h./i. uitgezet)* **1** expulser **2** tendre *(déployer)* **3** disposer **4** *(de l'argent)* placer **5** arrêter; **het gas ~** couper le gaz **6** tracer

uit·zet·ten[2] *vi (h./i. uitgezet)* se dilater; **haar buik begint uit te zetten** son ventre commence à s'arrondir

uit·zet·ting *nf (-en)* **1** expulsion **2** gonflement **3** expansion

uit·zicht *het (-en)* **1** vue **2** perspective *(éventualité);* **~ geven op** promettre

uit·zicht|loos *adj (-lozer, -loost)* sans issue; **een uitzichtloze liefde** un amour sans espoir

uit·zie·ken *vi (h./i. uitgeziekt) (méd.)* laisser la maladie suivre son cours; **je moet ~ voordat je weer aan het werk gaat** tu ne peux pas reprendre le travail avant de t'être complètement remis

uit·zien *vi (h. uitgezien)* **1** *(+ naar)* guetter (qch); **~ naar de vakantie** aspirer aux vacances **2** *(+ naar)* être à la recherche (de); **naar een gelegenheid ~** attendre une occasion **3** *(+ op)* donner (sur)

uit·zin·gen *vt (h. uitgezongen) (fam.)* tenir jusqu'au bout *(personne);* **hij kan het een paar jaar ~** il a de quoi durer quelques années ♦ **een lied ~** chanter une chanson en entier

uit·zin·nig *adj, adv* (comme un) forcené; **een ~e menigte** une foule en délire; **~ van verdriet** fou de chagrin

uit·zit·ten *vt (h. uitgezeten)* ♦ **het oude jaar ~** fêter la Saint-Sylvestre; **ik heb de vergadering niet helemaal uitgezeten** je suis parti avant la fin de la réunion

uit·zoe·ken *vt (h. uitgezocht)* **1** choisir **2** trier **3** tirer au clair; **dat moeten zij zelf maar ~!** qu'ils se débrouillent!; **ze zoeken het maar uit!** je m'en moque éperdument!

uit·zon·de·ren *vt (h. uitgezonderd)* excepter

uit·zon·de·ring *nf (-en)* exception; **bij ~** exceptionnellement; **met ~ van** à l'exception de

***uit·zon·de·rings-** d'exception; **een uitzonderingsmaatregel** une mesure d'exception

uit·zon·der·lijk *adj, adv* exceptionnel(lement)

uit·zui·gen *vt (h. uitgezogen)* sucer; **het volk ~** sucer le sang du peuple

uit|zui·ger *nm (-s),* **-zuigster** *nf (-s)* profiteur, -euse

uit·zwaai·en *vt (h. uitgezwaaid)* → **uitwuiven**
uit·zwer·men *vi (i. uitgezwermd)* **1** essaimer **2** se disperser
uit·zwe·ten *vt (h. uitgezweet)* **1** guérir en transpirant **2** suer; **de mens zweet per dag ongeveer 600 g vocht uit** l'homme élimine environ 600 g de liquide par jour
uk, ukkepuk *nm (-ken)* mouflet, -ette
una·niem *adj, adv* unanime, à l'unanimité
un·der·co·ver·agent *nm (-en)* agent secret
un·der·dog [ʌndərdɔg] *nm (-s)* ♦ **de ~s van de maatschappij** les plus défavorisés de la société; **het team startte in de rol van ~** avant la rencontre, l'équipe faisait figure d'outsider
un·fair [ʌnfɛːr] *adj, adv* injuste(ment)
uni·cum *het (-s)* **1** chose unique; **dit is een ~ in de geschiedenis** c'est un cas unique dans l'histoire **2** exemplaire unique
unie *nf (-s)* union *(groupement)*
unief *nf (Belg.)* fac
uniek *adj, adv* (en exemplaire) unique; **~ in zijn soort zijn** n'avoir point d'égal
uni·for·me·ren *vt (h. geüniformeerd)* uniformiser
uni·for·mi·teit *nf* uniformité; **de ~ van de verklaringen** la conformité des déclarations
unit [junɪt] *de (-s)* unité
uni·ver·si·teit *nf (-en)* université
***uni·ver·si·teits-** universitaire
uni·ver·si·teits·gids *nm (-en)* guide de l'étudiant
uni·ver·sum *het* univers
UNO *nf United Nations Organization* ONU
up·da·ten [ʌbdetə(n)] *vi* mettre à jour
up·per ten *plur* élite
up·pie *het (fam.)* ♦ **in z'n ~** tout seul
ups-and-downs [ʌpsɛndɑuns] *plur* hauts et bas
up-to-date [ʌptudet] *adj* **1** à la page **2** à jour
ure *de (form.)* ♦ **te(r) elfder ~** au dernier moment
uren·lang *adj, adv* qui dure des heures, pendant des heures
ur·gen·tie *nf* urgence
ur·gen·tie·ver·kla·ring *nf (-en)* certificat attestant un cas d'urgence
uri·ne|buis *de (-buizen) (méd.)* urètre
USSR *nf Unie van Socialistische Sovjet-Republieken* URSS
uur *het (uren)* heure; **het is 12 ~ geweest** il est midi sonné; **uren en uren zat hij voor zijn werktafel** il restait assis à son bureau des heures durant; *(fig.)* **een ~ van geluk** un moment de bonheur; **om het half ~ gaat er een trein** il y a un train toutes les demi-heures; **op het halve ~** à la demie; **op het hele ~** à l'heure; **ze stonken een ~ in de wind** ils empestaient à une lieue à la ronde; **nog maar een ~tje** plus qu'une petite heure; **uren maken** faire de longues heures; **het nachtelijk ~** la nuit; **over een ~** dans une heure; **het is een ~ rijden** c'est à une heure de route; **uren in de rondte wist men ervan** à des lieues à la ronde, on était au courant; **ruim een ~** une bonne heure; **wij geven op deze school uren van 45 minuten** dans notre lycée nous donnons des cours de 45 minutes; **een vol ~** une heure entière; **het ~ U** l'heure H; **een ~ of twee** environ deux heures; **rond een ~ of twee** vers deux heures ♦ **in de kleine ~tjes, in de vroege uren thuiskomen** rentrer au petit matin
***uur-** horaire; **het uurtarief** le tarif horaire
uur·do|cent *nm (-en),* **-cente** *nf (-s, -n)* enseignant, -ante à temps partiel
uur|loon *het (-lonen)* salaire horaire ♦ **zij werkt op ~** elle est payée à l'heure
uur·roos·ter *het (-s) (Belg.)* **1** *(enseign.)* emploi du temps **2** horaire
uur·ver·schil *het* décalage horaire
uur·werk *het (-en)* **1** horloge **2** mécanisme **3** *(Belg.)* montre
U-vor·mig *adj, adv* en U
uw *poss* votre, vos; **de uwen** les vôtres
uwer·zijds *adv* de votre part

v

v. **1** *vide* v. **2** *vrouwelijk* f. **3** *vers* v.
vaag *adj, adv (vager, vaagst)* vague(ment); **een ~ glimlachje** une ébauche de sourire; **ik heb zo'n ~ vermoeden dat ...** j'ai la vague impression que ...
vaak *adv (vaker, vaakst)* souvent; **dat gebeurt niet ~** c'est plutôt rare; **hoe ~ heb ik het (je) niet gezegd?** combien de fois faudra-t-il que je (te) le dise?
vaal *adj (valer, vaalst)* **1** terne **2** blême
***vaal-** sale; **vaalbruin** (d'un) brun sale
vaal·bleek *adj* → **vaal 2**
vaan·del *het (-s)* **1** drapeau; *(fig.)* **zich onder iemands ~ scharen** se ranger sous la bannière de qn **2** étendard **3** enseigne ♦ **iets in zijn ~ schrijven** inscrire qch à son programme; **iets hoog in het ~ hebben (staan)** avoir un profond respect pour qch; **iem hoog in het ~ hebben (staan)** tenir qn en haute estime
vaan·drig *nm (-s) (milit.)* ± aspirant
vaan·tje *het (-s)* fanion ♦ *(Belg.)* **naar de ~s zijn** être fichu
vaar·dig *adj, adv (form.)* **1** habile (à), habilement; **~ zijn met de pen** avoir la plume facile **2** disposé (à)
vaar·dig|heid *nf (-heden) (form.)* **1** habileté; **de ~ kwijtraken** perdre la main **2** aptitude
vaart *de (-en)* **1** allure; **~ geven** donner de la vitesse; **veel ~ hebben** aller à grande vitesse; **de ~ erin houden** ne pas laisser traîner les choses; **het zal zo'n ~ niet lopen** cela n'ira pas jusque-là; **~ maken** filer bon train; **~ minderen** ralentir; **in vliegende ~** à fond de train; **in volle ~** à toute allure; **ergens ~ achter zetten** activer les choses **2** navigation **3** canal
vaart·je *het (-s)* bonne allure
vaar·tuig *het (-en)* bateau
vaart·ver·min·de·ring *nf* ralentissement
vaar·wa·ter *het (-s, -en) (mar.)* **1** eaux navigables; *(fig.)* **(een) gevaarlijk ~** une affaire épineuse; **in iemands ~ komen, zitten** marcher sur les brisées de qn, se mettre sur le chemin de qn; **blijf uit mijn ~** ne me mets pas de bâtons dans les roues **2** voie navigable
vaar·wel[1] *het (form.)* adieu
vaar·wel[2] *interj* adieu!
vaar·wel·zeg·gen *vt (h. vaarwelgezegd)* **1** faire ses adieux à **2** renoncer à
vaas *de (vazen)* vase
vaat *de* vaisselle
***vaat-** *(biol.; méd.)* vasculaire; **het vaatstelsel** le système vasculaire
vaat·doek *nm (-en)* torchon; **hij is, voelt zich zo slap als een ~** il a les jambes en coton
vaat·je *het (-s)* tonnelet ♦ *(fig.)* **uit een ander ~ tappen** changer de ton; **'t is een ~ buskruit** il (elle) est vif (vive) comme la poudre
vaat·ver·kal·king *nf (méd.)* artériosclérose
vaat·ver·nau·wing *nf (-en) (méd.)* vasoconstriction
vaat·ver·wij·ding *nf (-en) (méd.)* vasodilatation
vaat|was·ma·chi·ne *nf (-s),* **-wasser** *nm (-s)* lave-vaisselle
vaat·werk *het* vaisselle
vaat·ziek·te *nf (-n, -s)* **1** *(méd.)* angiopathie *(maladie des vaisseaux)* **2** *(bot.)* maladie vasculaire
va·ca·tu·re *nf (-s)* **1** poste vacant; **aangeboden ~s** offres d'emploi **2** vacance
va·ca·tu·re·bank *de (-en)* bourse de l'emploi
va·ca·tu·re·stop *nm (-s)* arrêt de l'embauchage
vacht *de (-en)* **1** toison *(d'un mouton)* **2** poil **3** fourrure *(pelage)*
va·cu·üm *het (-s)* vide
***va·cu·üm-** à vide
va·cu·üm·ver·pak·king *nf (-en)* emballage sous vide
va·dem *nm (-en, -s)* **1** toise **2** brasse *(mesure de longueur)*
va·der *nm (-s)* père; **daar helpt geen lieve ~ of moeder aan** il n'y a pas à rechigner; **~tje en moedertje spelen** jouer au papa et à la maman; **onze Vader** Dieu le Père, *(prière)* pater; **Vadertje Staat** l'Etat-provi-

dence; **van ~ op zoon** de père en fils; **hoe gaat het ~tje?** comment ça va, pépé?
***va·der-** paternel; **de vaderliefde** l'amour paternel
va·der·beeld *het (-en) (psycho.)* image du père
Va·der·dag *nm* fête des pères
va·de·ren *plur* aïeux ♦ **de vroede ~** les édiles
va·der·fi|guur *de (-guren)* figure du père
va·der·land *het (-en)* patrie; **een tweede ~** une patrie d'adoption; **hij vindt overal zijn ~** il se sent chez lui dans chaque pays
va·der·lan·der *nm (-s)* patriote
va·der·lands *adj* national; **de ~e grond** le territoire national
va·der·lands·lief·de *nf* patriotisme
va·der·lands·lie·vend *adj, adv* **1** *(qn)* (en) patriote **2** *(qch)* patriotique(ment)
va·der·lijk *adj, adv* paternel(lement); **een ~e vriend** un ami qui est comme un père
va·der·loos *adj* **1** naturel **2** orphelin; **die kinderen zijn ~** ces enfants ont perdu leur père
va·der·moord *de (-en)* parricide
va·der·schap *het* paternité
va·ders·kind *het (-eren)* **1** préféré, -ée du père **2** enfant très attaché(e) à son père
vad·sig *adj, adv* indolent, avec indolence
VAE *plur Verenigde Arabische Emiraten* EAU
va·ge·bond *nm (-en)* vagabond
va·ge·lijk *adv* vaguement
va·ge·vuur *het* purgatoire
va·gi·na *de (-'s)* vagin
vak *het (-ken)* **1** compartiment; **de ~ken van een schaakbord** les cases d'un jeu d'échecs; *(péj.)* **~ken vullen** faire un travail simple comme bonjour **2** métier **3** discipline; **acht ~ken in zijn pakket hebben** avoir un programme scolaire de huit matières
va·kan·tie *nf (-s)* vacances; **doorbetaalde ~** congés payés; **met, op ~ gaan** partir en vacances
***va·kan·tie-** de vacances; **het vakantiewerk** le travail de vacances
va·kan·tie·dag *nm (-en)* **1** jour, journée de vacances **2** jour de congé
va·kan·tie·gan·ger *nm (-s)* vacancier
va·kan·tie·geld *het (-en)* indemnité de congé, de vacances
va·kan·tie·oord *het (-en)* **1** villégiature **2** lieu touristique
va·kan·tie·park *het (-en)* village de vacances
va·kan·tie·tijd *nm (-en)* **1** temps des vacances **2** période des vacances
va·kan·tie·toe·slag *de (-en)* → **vakantiegeld**
vak·ar·bei·der *nm (-s)* ouvrier qualifié
vak·be|kwaam *adj (-kwamer, -kwaamst)* qualifié
vak·be·kwaam·heid *nf* compétence professionnelle
vak·be·we·ging *nf* syndicalisme
vak·blad *het (-en)* revue professionnelle
vak·bond *nm (-en)* **1** syndicat **2** centrale syndicale
vak·broe·der *nm (-s) (form.)* → **vakgenoot**
vak·di·plo·ma *het (-'s)* certificat d'aptitude professionnelle
va·ke *nm (-s) (Belg.; enf.)* papa
vak·ge·bied *het (-en)* spécialité *(branche)*
vak·ge|noot *nm (-noten),* **-note** *nf (-s, -n)* collègue
vak·groep *de (-en)* unité d'enseignement et de recherche
vak·ken·nis *nf* connaissances professionnelles
vak·ken·pak·ket *het (-ten)* ensemble des matières choisies
vak·ken·vul·ler *nm (-s)* gondolier *(dans un magasin)*
vak·kring *nm (-en)* ♦ **in ~en** dans les milieux professionnels, la profession
vak·kun·dig *adj, adv* compétent, avec compétence ♦ **~e explicaties** explications émanant d'experts
vak·li·te·ra·tuur *nf* littérature (spécialisée)
vak|man *nm (-lui, -lieden, -mannen, -mensen)* spécialiste
vak·man·schap *het* métier *(habileté technique)*
vak·on·der·wijs *het* enseignement technique
vak·op·lei·ding *nf (-en)* formation professionnelle
vak·or|gaan *het (-ganen)* → **vakblad**
vak·or·ga·ni·sa·tie *nf (-s)* → **vakvereniging**
vak·pers *de* presse spécialisée
vak|school *de (-scholen)* école professionnelle
vak|taal *de (-talen)* vocabulaire technique
vak·tech·nisch *adj* spécialisé
vak·term *nm (-en)* terme technique
vak·tijd·schrift *het (-en)* → **vakblad**
vak·ver·bond *het (-en)* → **vakbond 2**
vak·ver·eni·ging *nf (-en)* **1** syndicat **2** syndicat patronal
vak·werk *het* travail de professionnel; **dat zijn knappe staaltjes ~** c'est du beau travail de professionnel
val[1] *nm* **1** chute; **ten ~ komen** faire une chute; *(fig.)* **ten ~ komen** tomber en disgrâce; **ten ~ brengen** faire tomber; **de regering ten ~ brengen** renverser le gouvernement **2** pli
val[2] *de (-len)* **1** piège; **in de ~ lopen** tomber dans le panneau **2** *(Belg.)* trappe
val·avond *nm (Belg.)* crépuscule; **bij, met, in, tegen ~** à la nuit tombante
val·bijl *de (-en)* guillotine
val·brug *de (-gen)* pont-levis
val·helm *nm (-en)* casque
va·li·de *adj* valide
va|lies *het (-liezen)* valise
valk *de (-en)* faucon
val·kuil *nm (-en)* **1** trappe **2** *(fig.)* piège
val·lei *de (-en)* vallée

val·len *vi (i. gevallen)* **1** tomber; **een gat in zijn knie** ~ s'ouvrir le genou en tombant; **hij laat alles** ~ tout lui glisse des mains; **zijn beste vriend laten** ~ lâcher son meilleur ami; **op, over een woord** ~ tiquer sur un mot; **de verantwoordelijkheid valt op ...** la responsabilité incombe à ...; *(fig.)* **met** ~ **en opstaan** avec des hauts et des bas; **over een steen** ~ trébucher sur une pierre; **er valt sneeuw** il neige; **voor het vaderland** ~ mourir pour la patrie **2** (re)tomber **3** avoir un faible pour; **ze** ~ **niet op elkaar** ils ne sont pas faits l'un pour l'autre ♦ **het besluit viel om in te grijpen** on prit la décision d'intervenir; **er vielen doden** il y eut des morts; **wat valt er te doen?** qu'est-ce qu'il y a à faire?; **een kandidaat laten** ~ faire échouer un candidat; **iets laten** ~ **van de prijs** rabattre un peu du prix; **hij liet de aanklacht** ~ il a retiré sa plainte; ~ **onder** être du ressort de; **er viel niet aan te tornen** il n'y eut rien à faire; **al naar het valt** suivant le cas

val·luik *het (-en)* trappe

val·par·tij *nf (-en)* chutes en série

val|reep *nm (-repen)* ♦ **op de** ~ à la toute dernière minute

vals *adj, adv (valser, meest v.)* **1** faux *(aussi mus.)*, faussement; **iets in een** ~ **(dag)licht stellen** présenter qch sous un faux jour; ~ **getuigen** porter un faux témoignage; **een ~e piano** un piano désaccordé; ~ **spelen** tricher, *(mus.)* jouer faux **2** mauvais, avec méchanceté; **een** ~ **beest** une bête méchante

val·scherm *het (-en)* parachute

val·se·lijk *adv (form.)* faussement

val·se·mun·ter *nm (-s)* faux-monnayeur

val·se·rik *nm (-en)* faux jeton

vals|heid *nf (-heden)* fausseté ♦ ~ **in geschrifte (plegen)** (faire des) faux en écriture

val·strik *nm (-ken)* piège

va·lu·ta *de (-'s) (écon.)* **1** monnaie **2** cours **3** devises

va·lu·ta·koers *nm (-en) (écon.)* taux de change

vam·pier *nm (-s)* vampire

van *prép* **1** de; **daar niet** ~ il ne s'agit pas de ça; **drie** ~ **de vier** trois sur quatre; ~ **een bord eten** manger dans une assiette; **sigaren** ~ **vijf euro** cigares à cinq euros; ~ **wie is dit boek? het is** ~ **Orwell** de qui est ce livre? il est d'Orwell **2** *(temporel)* dès; ~ **toen af** à partir de ce moment-là; ~ **voren af aan** dès le début **3** *(matériau)* en **4** *(exprimant la possession)* à; ~ **wie is dit boek? het is** ~ **mij** à qui appartient ce livre? il est à moi ♦ **ik geloof** ~ **niet** je ne (le) crois pas; **het lijkt** ~ **wel** ça en a tout l'air; **ik verzeker u** ~ **wel** je vous assure que si; **een jas met** ~ **die koperen knopen** un de ces manteaux à boutons de cuivre

van·ach·ter *adv* **1** de derrière; **zij komt** ~ **uit de tuin** elle vient du fond du jardin **2** *(Belg.)* derrière

van·af *prép (fam.)* depuis; ~ **hier moeten we klimmen** à partir d'ici nous devrons grimper; ~ **volgend jaar** à partir de l'année prochaine

van·avond *adv* ce soir

van·bin·nen *adv* à l'intérieur; **het zit** ~ c'est interne, *(psycho.)* c'est dans la tête

van·bo·ven *adv* **1** dessus **2** d'en haut

van·bui·ten *adv* **1** de l'extérieur **2** à l'extérieur ♦ **iets** ~ **leren** apprendre qch par cœur

van·daag *adv* aujourd'hui; **wat is het ~?** quel jour sommes-nous?; **van** ~ **op morgen** du jour au lendemain; **dat is niet van** ~ **of gisteren** c'est un fait établi de longue date; **beter, liever** ~ **dan morgen** le plus tôt sera le mieux ♦ ~ **of morgen** un de ces jours

van|daal *nm (-dalen)* vandale

van·daan *adv* **1** en; **ze gingen om twaalf uur bij mij** ~ ils sont partis de chez moi à midi **2** de; **waar haal je dat ~?** d'où tiens-tu cela?; **is Amsterdam hier ver ~?** est-ce que Amsterdam est loin d'ici?

van·daar *adv* de là(-bas) ♦ ~ **dat ...** c'est pourquoi ...; **o ~!** ah! voilà!

van·da·lis·tisch *adj, adv* de, en vandale

van·door *adv* ♦ **er snel** ~ **gaan** partir en flèche; **ik moet er weer** ~ il faut que je m'en aille; **hij is er met de vrouw van een ander** ~ il est parti avec la femme d'un autre

van·een *adj (Belg.)* séparé; **Marc en Nathalie zijn** ~ Marc et Nathalie se sont séparés

van·gen[1] *vt (h. gevangen)* **1** attraper; **iemands blik** ~ accrocher le regard de qn **2** *(fam.)* toucher

van·gen[2] *vi (h. gevangen) (Belg.)* être cinglé

vang·hek *het (-ken)* garde-fou

vang·net *het (-ten)* **1** filet **2** filet de sécurité *(pour des personnes)*

vang·rail *de (-s)* glissière de sécurité

vangst *nf (-en)* prise; **de** ~ **van zalm** la pêche au saumon ♦ **de heroïnebrigade deed een goede** ~ la brigade des stupéfiants a fait un formidable coup de filet

vang·zeil *het (-en)* toile de sauvetage *(incendie)*

van·hier *adv* d'ici

va·nil·le·stok·je *het (-s)* gousse de vanille

va·nil·le·sui·ker *nm* sucre vanillé

van·je·wel·ste d'importance; **krijsen** ~ crier comme un sourd

van·mid·dag *adv* cet après-midi

van·mor·gen, vanochtend *adv* ce matin

van·nacht *adv* cette nuit

van·on·der *adv* de dessous

van·ouds *adv* depuis longtemps; **als** ~ comme toujours

van·uit *prép* **1** de *(lieu)* **2** à partir de

van·waar *adv* **1** d'où **2** pourquoi

van·we·ge *prép* **1** par **2** au nom de **3** à cause de

van·zelf *adv* **1** de son plein gré **2** automatiquement; **dat spreekt** ~ cela va de soi **3** naturellement

van·zelf·spre·kend *adj, adv* évident, évidemment
va·ren¹ *de (-s)* fougère
va·ren² *vi (h./i. gevaren)* **1** naviguer; **op de Oost** ~ assurer la liaison maritime avec les Indes Orientales; *(fig.)* **op één kompas** ~ suivre une voie déterminée **2** aller *(en bateau)* ♦ *(Belg.)* **het zal hem** ~ il ne sait pas ce qui l'attend; **ergens wel bij** ~ se trouver bien de qch
va·ria *plur* mélanges
va·ri·ant *de (-en)* variante
va·ri·a·tie *nf (-s)* **1** variation **2** variété; **ergens** ~ **in brengen** varier qch; **voor de** ~ pour changer
va·ri·é·té *het (-s)* spectacle de variétés
va·ri·ë·teit *nf (-en)* **1** variété **2** *(biol.)* variation
va·ri·é·té·pro·gram·ma *het (-'s)* → **variété**
var·ken *het (-s)* **1** porc; *(fig.)* **het** ~ **is op een oor na gevild** le gros de l'ouvrage est fait; **een lui** ~ **zijn** être paresseux comme un loir; **schreeuwen als een mager** ~ crier comme un putois; *(prov)* **veel ~s maken de spoeling dun** les étourneaux sont maigres, parce qu'ils vont en troupe; *(prov)* **vieze ~s worden niet vet** chat ganté n'a jamais pris de souris; *(fig.)* **wij zullen dat ~(tje) wel wassen** on s'en occupe **2** tirelire *(contenant de l'argent)*
***var·kens-** de porc; **een varkenshaasje** un filet de porc
vast *adj, adv (vaster, meest v.)* **1** fixe(ment); **aan iets** ~ **zitten** être accroché à qch, ne pouvoir se libérer; **daar zit meer aan** ~ **dan je denkt** c'est plus compliqué qu'on ne le pense; **een ~e slaap** un sommeil profond; **de deur zit** ~ la porte est coincée **2** ferme(ment); **een** ~ **besluit** une résolution inébranlable **3** solide(ment); **een ~e massa** une masse compacte **4** sûr(ement); **dat staat zo** ~ **als een rots** c'est sûr et certain; **voor** ~ pour sûr; ~ **wel** sûrement; ~ **en zeker** sans aucun doute; **u heeft** ~ **dorst** je parie que vous avez soif **5** déjà; **hier heb je** ~ **een euro** en attendant, voilà un euro ♦ **voor** ~ pour de bon
vast·bak·ken *vi (i. vastgebakken) (cuis.)* attacher ♦ **vastgebakken zitten aan** ne (pas) pouvoir se libérer de
vast·be·ra|den *adj, adv (-dener, meest v.)* ferme, avec fermeté
vast·be·slo|ten *adj (-tener, meest v.)* résolu; ~ **zijn om** être bien résolu à
vast·bij·ten *vpr (zich ~; h. zich vastgebeten) (+ in)* s'accrocher (à)
vast·bin·den *vt (h. vastgebonden)* attacher
vast·draai·en *vt (h. vastgedraaid)* serrer
vast·druk·ken *vt (h. vastgedrukt)* serrer
vas·te·land *het* **1** continent **2** terre ferme
vas·ten¹ *nm* **1** jeûne **2** carême
vas·ten² *vi (h. gevast)* jeûner; ~ **op water en brood** se mettre au pain et à l'eau
Vas·ten·avond *nm (-en)* mardi gras
vas·ten·tijd *nm* → **vasten**¹ **2**
vast·ges·pen *vt (h. vastgegespt)* boucler
vast·goed *het* immobilier
vast·grij·pen *vt (h. vastgegrepen)* saisir; **zich aan een tak** ~ se rattraper à une branche
vast·hech·ten *vt (h. vastgehecht)* attacher
vast·heid *nf* **1** consistance **2** fermeté; ~ **van hand** sûreté de la main
vast·hou·den¹ *vt (h. vastgehouden)* **1** tenir; **iemands aandacht** ~ retenir l'attention de qn; *(fig.)* **hou je vast!** tiens-toi bien! **2** *(sports)* bloquer **3** garder; **hou dat voor mij vast** réservez cela pour moi **4** maintenir
vast·hou·den² *vi (h. vastgehouden)* **1** *(+ aan)* tenir (à) **2** *(fig.; + aan)* persister (dans)
vast·hou·dend *adj* **1** persévérant **2** conservateur
vas·tig|heid *nf (-heden) (fam.)* sécurité
vast·ke·te·nen *vt (h. vastgeketend)* enchaîner *(sens pr.)*
vast·klam·pen *vpr (zich ~; h. zich vastgeklampt)* → **vastklemmen**²
vast·klem·men¹ *vt (h. vastgeklemd)* serrer
vast·klem·men² *vpr (zich ~; h. zich vastgeklemd)* se cramponner (à)
vast·kle·ven *vti (h./i. vastgekleefd)* → **vastplakken**
vast·kno·pen *vt (h. vastgeknoopt)* **1** boutonner **2** nouer **3** attacher avec une corde **4** *(fig.)* relier ♦ **er een dagje aan** ~ rester un jour de plus
vast·koe·ken *vi (i. vastgekoekt)* → **vastbakken**
vast·leg·gen *vt (h. vastgelegd)* **1** attacher **2** *(fin.)* immobiliser **3** enregistrer **4** fixer; **beginselen** ~ poser des principes; **in het contract werd vastgelegd dat ...** il a été stipulé dans le contrat que ...
vast·lig·gen *vi (h. vastgelegen)* **1** être attaché **2** être immobilisé **3** être fixé; **hun lot ligt vast** leur sort est réglé
vast·lo·pen *vi (i. vastgelopen)* **1** s'échouer; **met een auto in de modder** ~ embourber sa voiture; **de machine is vastgelopen** la machine a grippé **2** *(fig.)* être dans une impasse
vast·ma·ken *vt (h. vastgemaakt)* **1** attacher **2** *(Belg.)* fermer
vast·na·ge·len *vt (h. vastgenageld)* clouer
vast·nie·ten *vt (h. vastgeniet)* agrafer *(fixer des agrafes)*
vast·om·lijnd *adj* bien défini
vast·pak·ken *vt (h. vastgepakt)* saisir
vast·pin·nen *vt (h. vastgepind) (technol.)* goupiller; *(fig.)* **iem op een uitspraak** ~ forcer qn à respecter ses engagements
vast·plak·ken *vti (h./i. vastgeplakt)* coller (à)
vast·pra·ten *vt (h. vastgepraat)* ♦ **hij praatte zich volledig vast** il s'enferra complètement dans ses explications
vast·prik·ken *vt (h. vastgeprikt)* épingler

vast·roes·ten *vi (i. vastgeroest)* se coincer, *(fig.)* s'encroûter
vast·schroe·ven *vt (h. vastgeschroefd)* visser
vast·spel·den *vt (h. vastgespeld)* épingler
vast·spij·ke·ren *vt (h. vastgespijkerd)* → **vastnagelen**
vast·staan *vi (h. vastgestaan)* **1** être d'aplomb **2** être certain **3** être ferme
vast·staand *adj* **1** acquis **2** arrêté; **~e prijzen** prix fixes **3** permanent
vast·stel·len *vt (h. vastgesteld)* **1** fixer **2** arrêter **3** constater
vast·stel·ling *nf (-en)* **1** décision **2** constatation
vast·vrie·zen *vi (i. vastgevroren)* être pris dans la glace
vast·zet·ten *vt (h. vastgezet)* **1** fixer **2** *(fin.)* déposer **3** mettre en prison **4** *(échecs, jeu de dames)* coincer
vast·zit·ten *vi (h. vastgezeten)* **1** être coincé **2** être fixé; *(fig.)* **daar zit heel wat aan vast** cette affaire est complexe; **die spijker zit behoorlijk vast** ce clou est bien planté **3** être en prison **4** être engagé; **aan die belofte zat hij nu eenmaal vast** il était tenu, lié par cette promesse
vat[1] *nm* prise; *(fig.)* ~ **op iem krijgen** avoir prise sur qn; **geen ~ op iem hebben** n'avoir aucune prise sur qn, ne pas avoir d'ascendant, d'emprise sur qn
vat[2] *het* **1** tonneau; *(prov)* **holle ~en klinken het hardst** les tonneaux vides (sont ceux qui) font le plus de bruit; *(fig.)* **hij heeft bij mij nog iets in het** ~ il me doit encore qch; *(prov)* **wat in het ~ is, verzuurt niet** ± ce qui est différé n'est pas perdu; **een pils van het** ~ un demi pression **2** *(phys.)* vase **3** *(biol.)* vaisseau ♦ *(fig.)* **ik weet niet in welk ~ ik het zal gieten** je ne sais pas comment je dois m'y prendre; **een ~ vol tegenstrijdigheden** un abîme de contradictions
vat|baar *adj (-baarder, -baarst)* **1** sensible (à) **2** *(+ voor)* accessible (à) **3** *(+ voor)* susceptible (de)
Va·ti·caan·stad *de* cité du Vatican
vat·ten *vt (h. gevat)* **1** attraper; **iem bij de hand** ~ prendre qn par la main; *(fam.)* **er eentje** ~ prendre un verre **2** comprendre **3** encadrer ♦ **dat is niet in woorden te** ~ c'est inexprimable
va·zal *nm (-len)* vassal
va·zal|staat *nm (-staten)* (pays) satellite
VBO *het (Belg.) Verbond van Belgische Ondernemingen* FEB
v.Chr. *voor Christus* av. J.-C.
v.d. *van de* du, de l', de la, des
v.e. *van een* d'un(e)
vech·ten *vi (h. gevochten)* se battre; **tegen de slaap** ~ lutter contre le sommeil; **tegen, met iem** ~ se battre avec qn; **voor dat ideaal heeft zij altijd gevochten** elle a toujours lutté pour cet idéal
vech·ter *nm (-s),* **vechtster** *nf (-s)* **1** lutteur, -euse **2** combattant, -ante
vech·ters|baas *nm (-bazen),* **vechtjas** *nm (-sen)* bagarreur
vecht·lust *nm* combativité
vecht·par·tij *nf (-en)* bagarre
vecht·sport *de (-en)* sport de combat
vec·tor *nm (-en)* vecteur
ve·der·licht *adj* léger comme une plume
vee *het* bétail; **een stuk** ~ une tête de bétail
***vee-** de bestiaux; **de veehandelaar** le marchand de bestiaux
vee·arts *nm (-en)* vétérinaire
veeg *de (vegen)* **1** coup de balai; **een ~(je) verf** un coup de pinceau **2** claque **3** trace ♦ **een ~ uit de pan krijgen** recevoir un coup de patte
vee|hou·der *nm (-s),* **-houdster** *nf (-s)* éleveur, -euse
vee·hou·de·rij *nf (-en)* élevage
veel[1] *adv (meer, meest)* beaucoup; **je moet niet zo ~ lopen** il ne faut pas marcher autant
veel[2] *indéf* beaucoup (de); **het heeft er ~ van dat ...** il semble bien que ...; **te** ~ trop; **dat was haar te** ~ c'en était trop pour elle; **dat is niet ~ zaaks** ce n'est pas grand-chose; *(iron.)* **jij hebt ook niet ~ meer nodig!** ça ne va pas mieux, toi!
veel·al *adv* **1** d'ordinaire **2** pour la plupart
veel·be·lo·vend *adj, adv* prometteur, de façon prometteuse; **dat ziet er ~ uit** cela promet
veel·be·spro·ken *adj* dont on parle beaucoup
veel·be·te·ke·nend *adj, adv* significatif, d'une manière significative; **een ~ zwijgen** un silence éloquent
veel·be·wo·gen *adj* mouvementé
veel·eer *adv (form.)* plutôt; **hij is ~ zwak dan slecht** il est plus faible que mauvais
veel·ei|send *adj (-sender, meest v.)* exigeant
veel·ge·vraagd *adj* très demandé
veel|heid *nf (-heden)* multiplicité
veel·hoek *nm (-en) (math.)* polygone
veel·kleu·rig *adj* multicolore
veel·kop·pig *adj* **1** polycéphale **2** nombreux
veel·om·vat·tend *adj* **1** vaste **2** complexe
veel·soor·tig *adj* multiple
veel·stem·mig *adj (mus.)* polyphonique
veel·ta·lig *adj* multilingue
veel·voud *het (-en)* multiple; **dat kost een ~ van het oorspronkelijke bedrag** cela coûte beaucoup plus cher que prévu
veel·vou·dig *adj, adv* **1** multiple **2** fréquent, fréquemment **3** multiple, diversement
veel|vraat *nm (-vraten)* goinfre
veel·vul·dig *adj, adv* multiple, fréquemment
veel·zeg·gend *adj* éloquent; **dat is** ~ cela en dit long
veel·zij·dig *adj* **1** multiple; **een ~e geest**

un esprit universel; **~e kennis** de vastes connaissances **2** *(math.)* polygonal
veel·zij·dig·heid *nf* universalité
veen *het (venen)* **1** tourbe **2** tourbière
veen·bes *de (-sen)* canneberge *(baie rouge)*
vee·pest *de* peste bovine
veer[1] *de (veren)* **1** plume; *(fig.)* **iem achter de veren zitten** pourchasser qn; *(fig.)* **elkaar in de veren zitten** se voler dans les plumes; *(fig.)* **iem een ~ op de hoed steken** louer qn **2** plume d'oie **3** ressort ♦ **onder de veren duiken** se mettre au plumard; **vroeg uit de veren** levé de bonne heure
veer[2] *het (veren) (mar.)* **1** passage **2** bac
veer|boot *de (-boten)* → **veer**[2] **2**
veer·dienst *nm (-en) (mar.)* service de bac
veer·kracht *de* **1** *(phys.)* élasticité **2** *(fig.)* ressort
veer·krach·tig *adj* **1** élastique; **met ~e tred** d'un pas souple **2** *(fig.)* énergique
veer|man *nm (-lieden, -lui)* passeur
veer·pont *de (-en)* → **veer**[2] **2**
veer·tien *card* quatorze; **dinsdag over ~ dagen** mardi en quinze; **een dag of ~** une quinzaine de jours
veer·tien·daags *adj* **1** bimensuel **2** de quinze jours
veer·tien·de *adj* quatorzième; **Lodewijk de Veertiende** Louis quatorze
veer·tig *card* quarante; **over de ~ zijn** avoir dépassé la quarantaine; *(fromage)* **~ plus** fromage à quarante pour cent de matières grasses
veer·ti·ger *adj* ♦ **de ~** le, la quadragénaire; **hij is een goede ~** il a une bonne quarantaine d'années; **de ~ jaren** les années quarante
veer·tig·ja·rig *adj* **1** de quarante ans **2** qui revient tous les quarante ans
veer·tig·ste *adj* quarantième
veer·tig·tal *het (-len)* quarantaine
vee·sta·pel *nm (-s)* cheptel
vee·teelt *de* élevage
vee·wa·gen *nm (-s) (fourgon automobile)* bétaillère
ve·ga·nist *nm (-en)* végétalien, -lienne
ve·gen[1] *vti (h. geveegd)* **1** balayer; *(fig.)* **de straat schoon ~** dégager la rue **2** essuyer **3** draguer *(des mines)*
ve·gen[2] *vi (h. geveegd)* passer *(la main (sur))*
ve·ger *nm (-s)* **1** (balai-)brosse; **~ en blik** balayette et pelle **2** balayeur, -euse
ve·ge·ta·ri·ër *nm (-s)* végétarien, -enne
ve·ge·ta·risch *adj, adv* (de façon) végétarien(ne)
ve·ge·te·ren *vi (h. gevegeteerd)* végéter; **op iem ~** vivre aux crochets de qn
ve·hi·kel *het (-s)* **1** tacot **2** clou *(vélo)*
vei·len *vt (h. geveild)* vendre aux enchères
vei·lig *adj, adv* **1** sûr, en (toute) sécurité; **iets ~ opbergen** mettre qch en lieu sûr; **~ thuiskomen** bien rentrer (à la maison); **niets is voor hem ~** il est touche-à-tout **2** sûr, sans risque **3** sûr, *(route)* libre; *(fig.)* **het sein op ~ stellen** donner le feu vert
vei·lig|heid *nf (-heden)* sécurité; **iets in ~ brengen** mettre qch en lieu sûr; **voor de ~** pour plus de sûreté
***vei·lig·heids-** de sécurité; **de veiligheidsgordel** la ceinture de sécurité
vei·lig·heids·be·amb·te *nm (-n, -s)* employé d'un service de sécurité
vei·lig·heids·hal·ve *adv* par mesure de sécurité
vei·lig·heids·over·we·ging *nf (-en)* ♦ **uit ~en** par mesure de sécurité
vei·lig·heids·speld *de (-en)* épingle de nourrice
vei·ling *nf (-en)* **1** vente aux enchères; **openbare ~** vente publique **2** vente à la criée **3** salle des ventes
vei·ling·mees·ter *nm (-s)* commissaire-priseur
vein·zen *vti (h. geveinsd)* feindre; **~ te slapen** faire semblant de dormir
vein·ze·rij *nf (-en)* simulation
vel *het (-len)* **1** peau; **(van woede) uit zijn ~ springen** sortir de ses gonds; **~ over been zijn** n'avoir que la peau et les os; **iem het ~ over de oren halen, trekken** faire chanter qn, saigner qn à blanc **2** pellicule **3** feuille
veld *het (-en)* **1** champ; **op het ~ werken** travailler aux champs; **tegen iets te ~e trekken** se mettre en campagne contre qch; **in geen ~en of wegen was er iem te zien** on n'apercevait âme qui vive **2** campagne; **in het open ~ wandelen** se promener dans la campagne **3** *(sports)* terrain; **in het ~ zijn** être sur le terrain; **het ~ ruimen** abandonner le terrain, *(fig.)* lever le camp; *(fig.)* **de mensen uit het ~** les gens qui travaillent sur le terrain **4** *(sports)* participants **5** *(échecs)* case ♦ **uit het ~ slaan** décontenancer, dérouter
veld·bed *het (-den)* lit de camp
veld·boe·ket *het/de (-ten)* bouquet de fleurs des champs
veld·fles *de (-sen)* gourde
veld|heer *nm (-heren) (milit.)* **1** commandant **2** stratège
veld·hoc·key *het* hockey sur gazon
veld·hos·pi|taal *het (-talen) (milit.)* hôpital mobile
veld|loop *nm (-lopen) (sports)* cross(-country)
veld·maar·schalk *nm (-en) (milit.)* maréchal de France
veld·sla *de (bot.)* mâche
veld·slag *nm (-en)* bataille
veld·sport *de (-en)* sport de plein air
veld·tocht *nm (-en) (milit.)* campagne *(aussi au fig.)*
veld·werk *het* **1** recherches sur le terrain **2** travaux des champs
ve·len *vt (h. geveeld) (form.)* supporter
ve·ler·han·de, -lei *adj* toutes sortes de; **op ~ gebied** dans des domaines variés
velg *de (-en)* jante
vel·len *vt (h. geveld)* **1** abattre **2** prononcer; **het vonnis is geveld** la cause est entendue

ven *het (-nen)* marais
ven·du *het/de (-'s)* → **veiling**
ve·ne·risch *adj* vénérien
Ve·ne·tië *het* Venise
ve·nijn *het* venin; *(fig.)* **een stuk** ~ une vipère
ve·nij·nig *adj, adv* (sur un ton) venimeux; **een ~e opmerking** un coup de griffe ♦ **het is ~ koud** il fait un froid de canard; **dat kan zo ~ zeer doen** ça peut faire atrocement mal
ven·kel *de* fenouil
ven|noot *nm (-noten),* **-note** *nf (-s, -n)* associé, -ée
ven·noot·schap *nf (-pen)* **1** association **2** société
ven·ster *het (-s)* **1** fenêtre **2** vitre **3** ouverture
ven·ster·bank *de (-en)* rebord d'une fenêtre; **in de** ~ sur le rebord de la fenêtre
vent *nm (-en)* **1** bonhomme; **een gemene** ~ un sale type; **dat is nog eens een ~!** ça, c'est un homme!; **wees een ~!** montre que tu es un homme!; **een ~ van niets** un minable **2** *(fam.)* jules
ven·ten *vti (h. gevent)* colporter
ven·tiel *het (-en)* **1** valve **2** piston *(instruments à vent)*
ven·ti·la·tor *nm (-s, -en)* ventilateur
ven·ti·le·ren *vti (h. geventileerd)* **1** aérer **2** *(fig.)* exprimer (qch)
vent·weg *nm (-en)* contre-allée
ver *adj, adv (verder, verst)* **1** loin(tain); **hij is ~ boven de vijftig** il a largement dépassé la cinquantaine; ~ **gevorderd zijn** avoir bien progressé; **hoe ~ bent u?** où en êtes-vous?; **hoe ~ is het nog?** c'est encore loin?; **dat is ~ gezocht** c'est tiré par les cheveux; ~ **komen** aller loin; ~ **met iets komen** bien avancer qch; *(fig.)* **dat gaat te ~!** c'est trop fort!; ~ **uit, van elkaar liggen** être éloignés; *(prov)* **wat men van ~ haalt, is lekker** vache de loin a assez de lait; ~ **weg** loin; **nog (altijd) even ~ zijn** ne pas être plus avancé (qu'auparavant); **zo ~ zijn we nog niet** on n'en est pas encore là; **zo ~ reikt mijn macht niet** mon pouvoir ne s'étend pas jusque-là; **de vrede is nog ~ te zoeken** la paix n'est pas pour demain **2** de loin; *(fig.)* ~ **heen zijn** être bien parti, être à peine conscient, être au plus mal **3** long **4** éloigné *(parent)* ♦ **het ~ brengen** aller loin; **dat het zo ~ met iem kan komen** que l'on puisse tomber si bas!
ver·aan·ge·na·men *vt (h. veraangenaamd)* rendre plus agréable
ver·ach·te·lijk *adj, adv* **1** méprisant, avec mépris **2** méprisable, indignement
ver·ach·ten *vt (h. veracht)* mépriser
ver·ade·ming *nf* soulagement
ver·af *adv* loin
ver·af·ge·le·gen *adj* éloigné
ver·af·go·den *vt (h. verafgood)* idolâtrer
ver·af·schu·wen *vt (h. verafschuwd)* avoir en horreur
ver·al·ge·me·nen *vt (h. veralgemeend),* **veralgemeniseren** *vt (h. veralgemeniseerd)* généraliser
ver·an·de·ren *vti (h./i. veranderd)* **1** transformer; **de wereld** ~ refaire le monde **2** (se) changer
ver·an·de·ring *nf (-en)* changement; *(prov)* ~ **van spijs doet eten** changement de corbillon fait trouver le pain bon; **voor de** ~ pour changer
ver·an·der·lijk *adj* variable; **niets is ~er dan een mens** rien n'est plus changeant que l'homme
ver·an·ke·ren *vt (h. verankerd)* ancrer
ver·ant·woord *adj* raisonnable
ver·ant·woor·de·lijk *adj* **1** responsable; **zich ~ stellen** engager sa responsabilité **2** qui engendre des responsabilités
ver·ant·woor·de·lijk|heid *nf (-heden)* responsabilité; **de ~ niet aankunnen** ne pas pouvoir assumer ses responsabilités; **eigen** ~ responsabilité individuelle; **de ~ voor een aanslag opeisen** revendiquer un attentat; **de ~ voor de kinderen hebben** avoir la charge des enfants ♦ **op eigen** ~ à ses risques et périls
ver·ant·woor·den[1] *vt (h. verantwoord)* justifier
ver·ant·woor·den[2] *vpr (zich ~; h. zich verantwoord)* se justifier
ver·ant·woor·ding *nf (-en)* **1** justification; ~ **afleggen (voor iets)** justifier (qch); **iem ter ~ roepen** demander des comptes à qn **2** responsabilité; **op jouw** ~ à tes risques et périls; **niemand ~ schuldig zijn** n'avoir de comptes à rendre à personne
ver·ar·men[1] *vi (h./i. verarmd)* s'appauvrir
ver·ar·men[2] *vt (h./i. verarmd)* appauvrir
ver·as·sen *vt (h. verast)* incinérer
ver·baal *adj, adv* verbal(ement)
ver|baasd *adj (-baasder, meest v.)* étonné (de)
ver·band *het (-en)* **1** bandage **2** assemblage **3** rapport; **in Europees** ~ dans le contexte européen; **in deze zaak houdt alles ~ met elkaar** dans cette affaire, tout est lié; **in ~ met** en rapport avec, à cause de; **in geen ~ staan met** être sans rapport avec; **in welk ~ werd dat gezegd?** à quel propos a-t-on dit cela?; **in dit ~ wil ik nog opmerken ...** dans cet ordre d'idées, j'ajouterai ...; **een vraag met een andere in ~ brengen** rattacher une question à une autre; **uit z'n ~ raken** se désarticuler; **iets uit zijn ~ rukken** isoler qch de son contexte **4** engagement **5** serviette hygiénique
ver·band|doos *de (-dozen),* **-trommel** *nm (-s)* boîte à pansements
ver·ban·nen *vt (h. verband)* bannir
ver·ban·ning *nf (-en)* **1** bannissement **2** exil
ver·bas·te·ren[1] *vi (h./i. verbasterd)* s'altérer
ver·bas·te·ren[2] *vt (h./i. verbasterd)* altérer
ver·ba·zen[1] *vt (h. verbaasd)* étonner; **dat hoeft je niet te ~** cela n'a rien d'étonnant
ver·ba·zen[2] *vpr (zich ~; h. zich verbaasd)* *(+ over)* s'étonner (de)

ver·ba·zend *adj, adv* étonnant, étonnamment
ver·ba·zing *nf* étonnement; **wie schetst mijn** ~ quel n'était pas mon étonnement; **tot ieders** ~ à la surprise générale; **omvallen van** ~ baver d'étonnement, en rester comme deux ronds de flan; **van de ene** ~ **in de andere vallen** aller de surprise en surprise
ver·ba·zing·wek·kend *adj* → **verbazend**
ver·beel·den[1] *vpr (zich ~; h. zich verbeeld)* s'imaginer; **dat verbeeld je je maar** tu te fais des idées; **verbeeld je!** tu te rends compte!; **hij verbeeldt zich heel wat** il se croit qch
ver·beel·den[2] *vt (h. verbeeld)* représenter
ver·beel·ding *nf* **1** imagination; **dat is maar** ~ ce n'est qu'illusion; **dat spreekt tot de** ~ cela frappe l'imagination **2** fatuité; ~ **hebben** se croire qch **3** *(form.)* représentation
ver·beel·dings·kracht *de* imagination
ver·beet, verbeten → **verbijten**[1]
ver·ber·gen *vt (h. verborgen)* cacher; *(fig.)* **zich achter iem** ~ s'abriter derrière qn; **zich** ~ **voor iem** se cacher de qn
ver·be·ten *adj* **1** contenu; **met** ~ **woede** la rage au cœur **2** acharné; **met** ~ **gezicht** le visage crispé
ver·be·te·ren[1] *vt (h./i. verbeterd)* **1** améliorer **2** corriger ♦ **het iem** ~ faire mieux que qn
ver·be·te·ren[2] *vi (h./i. verbeterd)* s'améliorer
ver·be·te·ring *nf (-en)* **1** amélioration; **dat is een hele** ~ c'est une nette amélioration **2** correction
ver·be·te·rings·ge·sticht *het (-en) (Belg.)* maison d'éducation
ver·beurd·ver·kla·ren *vt (h. verbeurdverklaard)* confisquer
ver·beu·ren *vt (h. verbeurd)* perdre
ver·beu·ze·len *vt (h. verbeuzeld)* gaspiller
ver·bie·den *vt (h. verboden)* interdire; **verboden toegang** entrée interdite
ver·bijs·te·ren *vt (h. verbijsterd)* stupéfier
ver·bijs·te·ring *nf* stupéfaction
ver·bij·ten[1] *vt (h. verbeten)* réprimer
ver·bij·ten[2] *vpr (zich ~; h. zich verbeten)* se contenir; **zij stond zich te** ~ **van woede** elle se mordait les lèvres de colère
ver·bin·den[1] *vt (h. verbonden)* **1** unir **2** rattacher; **aan de proefles zijn geen kosten verbonden** la leçon d'essai est gratuite; **zijn naam aan iets** ~ associer son nom à qch **3** panser **4** mettre en communication; **ik ben verkeerd verbonden** j'ai fait un faux numéro
ver·bin·den[2] *vpr (zich ~; h. zich verbonden)* **1** s'engager; **zich tot iets** ~ s'engager à faire qch **2** *(chim.)* se combiner
ver·bin·ding *nf (-en)* **1** union; **een vaste** ~ une expression toute faite; **een** ~ **tot stand brengen** établir une liaison **2** contact; **een** ~ **leggen met ...** se mettre en contact avec ... **3** liaison; **een directe** ~ une communication en direct, une route directe; **een geregelde** ~ une ligne régulière **4** *(chim.)* combinaison **5** *(Belg.; circul.)* correspondance **6** communication *(téléphone)*
ver·bin·dings·stuk *het (-ken)* raccord
ver·bin·dings·te·ken *het (-s)* trait d'union
ver·bin·te·nis *nf (-sen)* **1** engagement **2** contrat **3** union
ver·bit|terd *adj, adv (-terder, meest v.)* amer, amèrement
ver·bit·te·ring *nf* amertume
ver·bleef, verbleven → **verblijven**
ver·ble·ken *vi (i. verbleekt)* **1** blêmir **2** passer *(couleurs)* **3** *(fig.)* (se) ternir; **iets doen** ~ ternir qch **4** *(fig.)* s'estomper; ~ **bij iets** faire pâle figure à côté de qch
ver·blij·den[1] *vt (h. verblijd)* réjouir; **iem met iets** ~ faire à qn la surprise de qch
ver·blij·den[2] *vpr (zich ~; h. zich verblijd) (form.)* se réjouir
ver|blijf *het (-blijven)* **1** séjour; **ergens** ~ **houden** séjourner qp **2** résidence; **zijn** ~ **hebben, houden** demeurer; **zijn** ~ **nemen** s'installer
***ver·blijf-** de séjour; **de verblijfkosten** les frais de séjour
ver·blijf·plaats *de (-en)* domicile
ver·blij·ven *vi (h./i. verbleven)* **1** séjourner **2** *(+ bij)* demeurer ♦ **inmiddels verblijf ik, hoogachtend ...** en attendant, je vous prie d'agréer, Monsieur (Madame), l'expression de mes sentiments distingués
ver·blin·den *vt (h. verblind)* aveugler *(aussi au fig.)*; **een ~de schoonheid** une beauté éblouissante
ver·blin·ding *nf* **1** éblouissement **2** *(fig.)* aveuglement
ver·bloe·men *vt (h. verbloemd)* **1** cacher **2** déguiser **3** enjoliver
ver·bluf·fend *adj, adv* stupéfiant
ver|bluft *adj (-blufter, meest v.)* stupéfait
ver·bod *het (-en)* interdiction; **een** ~ **op het gebruik van alcohol** une prohibition de la consommation de l'alcool; **een** ~ **uitvaardigen om** interdire de
ver·bol|gen *adj (-gener, meest v.) (form.)* en colère
ver·bond[1], **verbonden** → **verbinden**[1]
ver·bond[2] *het (-en)* **1** alliance **2** union
ver·bon·den *adj* **1** tenu (à) **2** allié **3** pansé **4** uni; **de daaraan** ~ **risico's** les risques que cela comporte
ver·bon·den·heid *nf* solidarité
ver·bood, verboden → **verbieden**
ver·boog, verbogen → **verbuigen**
ver·borg, verborgen → **verbergen**
ver·bou·wen *vt (h. verbouwd)* **1** *(agric.)* cultiver **2** transformer
ver·bou·we|reerd *adj (-reerder, meest v.)* ahuri
ver·bou·wing *nf (-en)* (travaux de) transformation
ver·brak, verbraken → **verbreken**
ver·bran·den[1] *vt (h./i. verbrand)* brûler; **zijn gezicht is door de zon verbrand** son

visage est brûlé par le soleil, son visage est bronzé
ver·bran·den[2] *vi (h./i. verbrand)* **1** être brûlé; **mijn moeder is erg verbrand** ma mère a pris un bon coup de soleil **2** brûler
ver·bran·ding *nf (-en)* **1** destruction par le feu **2** brûlure **3** *(chim.)* combustion **4** métabolisme
ver·bras·sen *vt (h. verbrast)* dilapider
ver·bre·den[1] *vt (h./i. verbreed)* élargir; **zijn kennis** ~ étendre le champ de ses connaissances
ver·bre·den[2] *vpr (zich ~; h. zich verbreed)* **1** s'élargir **2** *(fig.)* s'étendre
ver·brei·den *vt (h. verbreid)* répandre; **die planten ~ zich steeds meer** ces plantes se propagent de plus en plus
ver·brei·ding *nf* **1** propagation **2** extension; **de algemene ~ van deze denkbeelden** la généralisation de ces idées
ver·bre·ken *vt (h. verbroken)* **1** briser **2** rompre; **de verbinding werd verbroken** la communication a été coupée **3** déroger à **4** annuler
ver·brij·ze·len *vt (h. verbrijzeld)* broyer
ver·broe·de·ren[1] *vti (h./i. verbroederd)* unir; **zich met iem** ~ fraterniser avec qn
ver·broe·de·ren[2] *vi (h./i. verbroederd)* fraterniser
ver·bro·ken → **verbreken**
ver·brok·ke·len[1] *vt (h./i. verbrokkeld)* morceler; **de aandacht** ~ disperser l'attention
ver·brok·ke·len[2] *vi (h./i. verbrokkeld)* s'effriter
ver·brui·en *vt (h. verbruid)* gâcher; **hij heeft het bij mij verbruid** je n'ai plus aucune confiance en lui
ver·bruik *het* consommation
ver·brui·ken *vt (h. verbruikt)* **1** consommer **2** gaspiller
ver|brui·ker *nm (-s),* **-bruikster** *nf (-s)* consommateur, -trice
***ver·bruiks-** de consommation; **de verbruiksgoederen** les biens de consommation
ver·bui·gen *vt (h. verbogen)* **1** tordre **2** *(ling.)* décliner
ver·bui·ging *nf (-en)* déclinaison
ver·bur·ger·lij·ken[1] *vi (h./i. verburgerlijkt)* s'embourgeoiser
ver·bur·ger·lij·ken[2] *vt (h./i. verburgerlijkt)* embourgeoiser
ver·chro·men *vt (h. verchroomd)* chromer
ver·com·mer·ci·a·li·se·ren[1] *vi (h./i. vercommercialiseerd)* se commercialiser
ver·com·mer·ci·a·li·se·ren[2] *vt (h./i. vercommercialiseerd)* commercialiser
ver·daan → **verdoen**
ver·dacht[1], **verdachten** → **verdenken**
ver|dacht[2] *adj, adv (-dachter, meest v.)* **1** suspect, étrangement; **een ~e zaak** une affaire louche **2** *(+ op)* préparé (à)
ver·dacht·ma·king *nf (-en)* insinuation
ver·da·gen *vt (h. verdaagd)* ajourner; **een zitting** ~ suspendre une séance
ver·dam·pen[1] *vi (h./i. verdampt)* s'évaporer
ver·dam·pen[2] *vt (h./i. verdampt)* faire évaporer
ver·de·dig·baar *adj* défendable; **uw gedrag is niet** ~ votre comportement est injustifiable; **een zeer verdedigbare opvatting** une opinion tout à fait soutenable
ver·de·di·gen *vt (h. verdedigd)* défendre; **een proefschrift** ~ soutenir une thèse de doctorat
ver·de·di·gend *adj, adv* défensif, défensivement
ver·de|di·ger *nm (-s),* **-digster** *nf (-s)* **1** défenseur **2** *(sports)* arrière
ver·de·di·ging *nf (-en)* défense; *(sports)* **in de ~ gaan** jouer la défense; **in zijn ~ sprak hij over ...** dans son plaidoyer, il a évoqué ...; **de ~ van een proefschrift** la soutenance d'une thèse
ver·deed, verdeden → **verdoen**
ver·deeld[1] *adj* **1** partagé **2** divisé
ver·deeld[2] *adv* différemment; **daar wordt nog ~ over gedacht** les opinions sur ce sujet restent partagées
ver·deeld·heid *nf* division; **~ zaaien** semer la discorde
ver·dekt *adj* dissimulé; **zich ~ opstellen** se mettre en embuscade
ver·de·len[1] *vt (h. verdeeld)* **1** diviser **2** répartir; **de buit** ~ partager le butin; **we zullen het werk onder elkaar** ~ nous allons nous partager le travail; **de rollen** ~ distribuer les rôles **3** désunir
ver·de·len[2] *vpr (zich ~; h. zich verdeeld)* se diviser
ver·de·ler *nm (Belg.)* concessionnaire
ver·del·gen *vt (h. verdelgd)* détruire
ver·de·ling *nf (-en)* **1** division; **de hoofdelijke** ~ le partage par tête **2** distribution
ver·den·ken *vt (h. verdacht)* soupçonner
ver·den·king *nf (-en)* suspicion; **boven (iedere) ~ verheven zijn** être au-dessus de tout soupçon; **de ~ op zich laden** faire peser des soupçons sur soi; **onder ~ staan** faire l'objet de soupçons; **iem in hechtenis nemen op ~ van moord** arrêter une personne suspectée de meurtre; **de ~ op iem werpen** faire porter les soupçons sur qn
ver·der[1] *adj* **1** qui reste de; **de ~e middag** le reste de l'après-midi **2** autre; **iemands ~e bevelen afwachten** attendre de nouveaux ordres de qn
ver·der[2] *adv* **1** plus loin; **daar kom ik niet ~ mee** cela ne m'avance pas; **niet ~ komen dan iets** en rester à qch **2** ensuite; **hoe ging het ~?** qu'est-ce qui s'est passé ensuite? **3** de plus **4** pour le reste; **zonder zich ~ zorgen te maken** sans plus se soucier de rien **5** davantage; **~ lezen** continuer à lire ♦ **veel plezier ~!** amusez-vous bien!; *(péj.)* **iets ~ vertellen** répéter qch
ver·derf *het* perte; **iem in het ~ storten** mener qn à sa perte; **de plaats des ~s** le lieu de perdition
ver·der·fe·lijk *adj* malsain; **~e lectuur** lecture pernicieuse

ver·der·op *adv* **1** plus loin **2** ci-après
ver·dich·ten[1] *vt (h./i. verdicht) (phys.)* condenser
ver·dich·ten[2] *vi, aussi vpr (h./i. verdicht) (phys.; chim.)* se condenser
ver·diend *adj, adv* mérité, à juste titre; **zijn ~e loon krijgen** n'avoir que ce qu'on mérite
ver·die·nen[1] *vt (h. verdiend)* **1** gagner; **er iets aan** ~ y gagner qch; **een goed salaris** ~ avoir un bon salaire **2** mériter; *(iron.)* **dat heeft hij niet aan haar verdiend** il n'a pas mérité qu'elle lui fasse une chose pareille; **dat voorbeeld verdient geen navolging** ce n'est pas un exemple à suivre
ver·die·nen[2] *vi (h. verdiend)* **1** gagner sa vie **2** rapporter; **dat baantje verdient slecht** ce job ne paie pas
ver·dien·ste *nf (-n)* **1** salaire **2** mérite
ver·dien·ste·lijk *adj, adv* (de façon) méritoire; **zich ~ maken** se rendre utile; **een ~e poging** un effort louable; **een ~ schilder** un peintre qui n'est pas sans mérite
ver·diep *het (-en) (Belg.)* → **verdieping**
ver·die·pen[1] *vpr (zich ~; h. zich verdiept) (+ in)* se plonger (dans)
ver·die·pen[2] *vt (h. verdiept)* approfondir
ver·die·ping *nf (-en)* **1** étage **2** approfondissement
ver·dier·lij·ken[1] *vt (h./i. verdierlijkt)* abrutir
ver·dier·lij·ken[2] *vi (h./i. verdierlijkt)* s'abrutir
ver·dik·ke·me *interj* zut!
ver·dik·ken[1] *vi (h./i. verdikt)* **1** épaissir **2** *(Belg.)* grossir
ver·dik·ken[2] *vt (h./i. verdikt)* (faire) épaissir
ver·dik·king *nf (-en)* **1** enflure **2** épaississement
ver·dis·con·te·ren *vt (h. verdisconteerd)* escompter *(aussi commerce)*; **dat is erin verdisconteerd** on en a tenu compte
ver·dob·be·len *vt (h. verdobbeld)* **1** perdre aux dés **2** jouer aux dés
ver·doemd *adj* damné *(aussi relig.)*
ver·doe·men *vt (h. verdoemd)* **1** damner; **tot de hel verdoemd** condamné à l'enfer **2** maudire
ver·doe·me·nis *nf* damnation; **hij kan naar de ~ lopen** qu'il aille au diable
ver·doen *vt (h. verdaan)* gaspiller
ver·doe·ze·len[1] *vt (h. verdoezeld)* dissimuler
ver·doe·ze·len[2] *vi (h. verdoezeld)* s'estomper
ver·domd[1] *adj, adv (fam.)* **1** sacré, rudement; **die ~e rotjongens** ces maudits garnements **2** sacrément ♦ **~ als het niet waar is** ma tête à couper si ce n'est pas vrai
ver·domd[2] *interj (fam.)* merde!; **~ nog aan toe!** sacré nom d'un chien!
ver·dom·hoek·je *het (fam.)* ♦ **ik zit bij hem in het** ~ il m'a pris en grippe, avec lui, c'est toujours moi qui trinque
ver·dom·me *interj (fam.)* **1** merde! **2** nom de Dieu!
ver·dom·men *vt (h. verdomd) (fam.)* ♦ **dat verdom ik te enenmale!** je ne marche pas, ça non!; **m'n auto verdomt 't!** ma fichue voiture ne marche pas!; **'t kan me niks ~!** je m'en balance!
ver·dom·me·nis *nf (fam.)* ♦ **loop naar de ~!** va te faire voir!; **iets naar de ~ helpen** bousiller qch; **iem naar de ~ helpen** mettre qn sur la paille, descendre qn
ver·don·ke·re·ma·nen *vt (h. verdonkeremaand)* détourner
ver·doofd *adj* abruti
ver·dord *adj* desséché; **~e bladeren** feuilles mortes
ver·do·rie *interj (fam.)* flûte!; **dat is me ~ wat moois!** eh ben, c'est du beau!
ver·dor·ren *vti (h./i. verdord)* sécher
ver·dor|ven *adj (-vener, meest v.)* corrompu; **zijn geest was** ~ son esprit était perverti; **~ maatschappij** société pourrie
ver·dor·ven|heid *nf (-heden)* **1** corruption **2** perversité *(action perverse)*
ver·do·ven *vt (h./i. verdoofd)* insensibiliser; **plaatselijk** ~ anesthésier localement; **het verdriet verdoofde hem** il était hébété de chagrin
ver·do·ving *nf (-en)* **1** anesthésie **2** engourdissement **3** anesthésique; **de ~ is uitgewerkt** l'anesthésique n'agit plus
ver·draag·lijk *adj (form.)* supportable
ver·draag|zaam *adj (-zamer, -zaamst)* tolérant; **verdraagzame ouders** parents indulgents
ver·draaid[1] *adj* **1** *(fam.)* sacré **2** fou **3** de travers **4** contrefait
ver·draaid[2] *adv* rudement
ver·draaid[3] *interj (fam.)* nom d'un chien!; **wel ~!** bon sang de bon sang!
ver·draai·en *vt (h./i. verdraaid)* **1** tourner **2** tordre; **zij verdraaide haar pols** elle s'est fait une entorse au poignet **3** déformer; **de wet** ~ donner une entorse à la loi
ver·drag *het (-en)* traité
ver·dra·gen *vt (h. verdragen)* supporter; **honger en dorst moeten** ~ devoir endurer la faim et la soif; **kool verdraag ik niet** je ne digère pas le chou; **te** ~ supportable
ver·dra·gend *adj* **1** à longue portée **2** qui porte loin
ver·dreef, verdreven → **verdrijven**
ver·driet *het* chagrin; **iem ~ doen** causer du chagrin à qn
ver·drie·tig *adj* triste
ver·drie·vou·di·gen *vti (h./i. verdrievoudigd)* tripler
ver·drij·ven *vt (h. verdreven)* chasser; **de tijd** ~ tuer le temps
ver·drin·gen[1] *vt (h. verdrongen)* **1** bousculer **2** supplanter; **een concurrent** ~ éliminer un concurrent; **hij verdrong zijn rivaal van de eerste plaats** il a détrôné son rival **3** refouler
ver·drin·gen[2] *vpr (zich ~; h. zich verdrongen)* se bousculer
ver·drin·ken[1] *vi (h./i. verdronken)* se noyer ♦ **hij verdrinkt in die jas** il nage dans ce

manteau; ~ **in het materiaal** être submergé de données
ver·drin·ken² *vt (h./i. verdronken)* noyer
ver·droeg, verdroegen → **verdragen**
ver·dro·gen *vti (h./i. verdroogd)* sécher
ver·drong, verdrongen → **verdringen¹**
ver·dronk, verdronken → **verdrinken¹**
ver·druk·ken *vt (h. verdrukt)* opprimer
ver·druk·king *nf (-en)* oppression; *(fig.)* **tegen de** ~ **in** malgré tout ♦ **in de** ~ **raken** être négligé
ver·dub·be·len *vti (h./i. verdubbeld)* (re)doubler
ver·duft *adj (Belg.)* **1** qui sent le renfermé **2** qui a un goût de moisi **3** ennuyeux
ver·dui·de·lij·ken *vt (h. verduidelijkt)* préciser
ver·dui·de·lij·king *nf (-en)* éclaircissement
ver·duis·te·ren¹ *vt (h./i. verduisterd)* **1** assombrir **2** détourner *(de l'argent)*
ver·duis·te·ren² *vi (h./i. verduisterd)* s'assombrir, *(astron.)* s'éclipser
ver·duis·te·ren³ *vti (h./i. verduisterd)* obscurcir totalement
ver·duis·te·ring *nf (-en)* **1** obscurcissement **2** *(astron.)* éclipse **3** détournement
ver·dui·veld! *interj (fam.)* nom d'une pipe!
ver·dui·veld¹ *adj (fam.)* satané
ver·dui·veld² *adv (fam.)* drôlement
ver·dui·zend·vou·di·gen¹ *vt (h./i. verduizendvoudigd)* **1** multiplier par mille **2** multiplier à l'infini
ver·dui·zend·vou·di·gen² *vi (h./i. verduizendvoudigd)* **1** se multiplier par mille **2** se multiplier à l'infini
ver·dun·nen¹ *vt (h./i. verdund)* **1** amenuiser **2** diluer; **een saus** ~ allonger une sauce; **wijn** ~ couper du vin **3** raréfier
ver·dun·nen² *vi (h./i. verdund)* **1** se raréfier **2** s'amenuiser
ver·du·ren *vt (h./i. verduurd)* endurer; **het zwaar te** ~ **hebben** endurer de terribles privations, encaisser des injures; **heel wat moeten** ~ ne pas être à la fête *(fig.)*
ver·du·veld *adj, adv (fam.)* → **verduiveld¹**
ver|dwaasd *adj (-dwaasder, meest v.)* égaré
ver·dwa·len *vi (i. verdwaald)* s'égarer ♦ **hoe komt dat boek hier verdwaald?** comment ce livre a-t-il atterri ici?
ver·dwa·zing *nf* égarement
ver·dween, verdwenen → **verdwijnen**
ver·dwij·nen *vi (i. verdwenen)* disparaître; **stilletjes** ~ s'éclipser; **verdwijn!** va-t'en!
ver·ede·len *vt (h. veredeld)* améliorer
ver·eelt *adj* **1** calleux **2** *(fig.)* endurci
ver·een·vou·di·gen *vt (h. vereenvoudigd)* simplifier
ver·een·za·men *vi (i. vereenzaamd)* devenir de plus en plus seul
ver·een·zel·vi·gen *vt (h. vereenzelvigd)* identifier; **twee begrippen** ~ assimiler deux notions
ver·eer·der *nm (-s)* admirateur
ver·eeu·wi·gen *vt (h. vereeuwigd)* immortaliser; *(iron.)* **zich laten** ~ poser pour la postérité
ver·ef·fe·nen *vt (h. vereffend)* **1** acquitter **2** régler
ver·ei·sen *vt (h. vereist)* exiger; **dat vereist veel tijd** cela demande beaucoup de temps; **de vereiste zorg aan iets besteden** consacrer l'attention nécessaire à qch
ver·eis·te *het/de (-n)* exigence; **dat is een eerste** ~ c'est la première condition
ve·ren¹ *adj* de plumes
ve·ren² *vi (h. geveerd)* **1** faire ressort; ~**de kussens** coussins moelleux **2** être souple **3** se redresser; **overeind** ~ se redresser en sursaut
ver·en·gen *vt (h./i. verengd)* rétrécir
ver·enig·baar *adj* compatible; **dat is niet** ~ **met zijn principes** cela est inconciliable avec ses principes
Ver·enig·de Ara·bi·sche Emi·ra·ten *plur* Emirats arabes unis
Ver·enig·de Na·ties *plur* Organisation des Nations Unies
Ver·enig·de Sta·ten *plur* Etats-Unis
ver·eni·gen¹ *vi (h./i. verenigd)* se réunir
ver·eni·gen² *vt (h./i. verenigd)* **1** réunir **2** *(+ met)* concilier
ver·eni·ging *nf (-en)* **1** association **2** réunion; **het recht van** ~ **en vergadering** le droit de rassemblement et de réunion
ver·eren *vt (h. vereerd)* **1** adorer **2** honorer; **zeer vereerd!** enchanté!
ver·er·ge·ren¹ *vt (h./i. verergerd)* aggraver
ver·er·ge·ren² *vi (h./i. verergerd)* s'aggraver
ver·ering *nf (-en)* vénération; **de** ~ **van Maria** le culte de la vierge
verf *de (verven)* peinture; **de deur staat in de** ~ la porte vient d'être (re)peinte; **het huis zit nog goed in de** ~ la peinture de la maison est encore en bon état ♦ **niet uit de** ~ **komen** ne pas ressortir
verf|doos *de (-dozen)* boîte de couleurs
ver·fij·nen *vt (h. verfijnd)* raffiner
ver·fil·men *vt (h. verfilmd)* porter à l'écran
ver·fil·ming *nf (-en)* **1** tournage **2** adaptation cinématographique
ver·flau·wen *vi (i. verflauwd)* faiblir
ver·foei·en *vt (h. verfoeid)* exécrer
ver·foei·lijk *adj, adv* exécrable(ment)
ver·fom·faai·en¹ *vt (h./i. verfomfaaid)* chiffonner
ver·fom·faai·en² *vi (h./i. verfomfaaid)* être chiffonné
ver·fraai·en *vt (h. verfraaid)* embellir
ver·fris·sen *vt (h. verfrist)* **1** rafraîchir **2** renouveler
ver·fris·sing *nf (-en)* rafraîchissement
ver·from·me·len *vt (h. verfrommeld)* froisser
verf·stof *de (-fen)* colorant
ver·gaan *vi (i. vergaan)* **1** passer; **horen en zien vergaat je erbij** il y fait un bruit infernal **2** se décomposer **3** périr; **de wereld vergaat binnenkort volgens sommigen** la fin du monde est proche selon certains

4 *(+ van)* mourir (de) ♦ **hoe is het jou ~?** comment ça s'est passé pour toi?; **het zal hem slecht** ~ mal lui en prendra
ver·gaand *adj* extrême
ver·gaar·bak *nm (-ken)* **1** bac collecteur **2** *(fig.)* réceptacle, *(péj.)* dépotoir
ver·ga·de·ren *vi (h./i. vergaderd)* se réunir; **hij heeft de hele ochtend vergaderd** il a passé toute la matinée en réunion
ver·ga·de·ring *nf (-en)* réunion; **in ~ bijeen zijn** être réunis en assemblée; **staande de ~** séance tenante
ver·ga·der|zaal *de (-zalen)* salle de réunion
ver·gaf, vergaven → **vergeven**
ver·gal·len *vt (h. vergald)* empoisonner
ver·ga·lop·pe·ren *vpr (zich ~; h. zich vergaloppeerd) (fig.)* **1** se trahir **2** agir sans réfléchir; **hij heeft zich aan die zaak vergaloppeerd** il est allé trop vite en besogne
ver·gan·ke·lijk *adj* éphémère
ver·gan·ke·lijk·heid *nf* précarité
ver·ga·pen *vpr (zich ~; h. zich vergaapt) (+ aan)* se pâmer (d'admiration); *(fig.)* **zich ~ aan de schijn** se laisser éblouir par les apparences
ver·ga·ren *vt (h. vergaard)* amasser
ver·gas·sen[1] *vi (h./i. vergast)* se gazéifier
ver·gas·sen[2] *vt (h./i. vergast)* **1** gazer **2** gazéifier
ver·gas·ten *vt (h. vergast) (+ op)* régaler
ver·gat, vergaten → **vergeten**[1]
ver·geef·lijk *adj* **1** pardonnable **2** indulgent
ver·geefs *adj, adv* vain(ement)
ver·geet·ach·tig *adj* à la mémoire courte; **~ zijn** ne pas avoir de mémoire
ver·geet·boek *het* ♦ **in het ~ raken** sombrer dans l'oubli; **in het ~ doen raken** jeter aux oubliettes
ver·geet-mij-niet *de (-en) (bot.)* myosotis
ver·gel·den *vt (h. vergolden)* payer
ver·gel·ding *nf (-en)* **1** rémunération **2** représailles
ver·ge·leek, vergeleken → **vergelijken**
ver·ge·len *vi (i. vergeeld)* jaunir
ver·ge·lijk *het (-en)* arrangement; **tot een ~ komen** parvenir à un compromis
ver·ge·lijk·baar *adj (+ met)* comparable
ver·ge·lij·ken *vt (h. vergeleken)* comparer; **vergelijk artikel 12** confer article 12; **vergeleken met** par rapport à; **te ~ met** comparable à
ver·ge·lij·kend *adj* comparatif, *(sc.)* comparé
ver·ge·lij·ken·der·wijs *adv* par comparaison
ver·ge·lij·king *nf (-en)* **1** comparaison; **in ~ met** en comparaison de; **een ~ trekken** établir une comparaison; **een ~ tussen Caesar en Napoleon** un parallèle entre César et Napoléon **2** *(math.; chim.)* équation
ver·ge·mak·ke·lij·ken *vt (h. vergemakkelijkt)* faciliter
ver·gen *vt (h. gevergd)* exiger
ver·ge·noe·gen *vt (h. vergenoegd)* satisfaire; **zich ~ met** se contenter de
ver·ge·tel·heid *nf* oubli; **iets aan de ~ ontrukken, onttrekken** tirer qch de l'oubli; **in de ~ geraken** tomber dans l'oubli
ver·ge·ten[1] *vt (h./i. vergeten)* oublier; **vergeet het maar!** détrompez-vous!; **dat is al lang ~** c'est de l'histoire ancienne; **dat is om nooit te ~!** c'est inoubliable!; **alles is ~ en vergeven** c'est une histoire enterrée; **dat kun je wel ~!** tu peux toujours courir!
ver·ge·ten[2] *vpr (zich ~; h. zich vergeten)* s'oublier
ver·ge·ven *vt (h. vergeven)* **1** pardonner **2** empoisonner; **het is hier ~ van de muggen** cet endroit est infesté de moustiques **3** distribuer
ver·ge·ving *nf* pardon; **iem ~ schenken** pardonner à qn; **de ~ van de zonden** la rémission des péchés
ver·ge·vings·ge·zind *adj* indulgent
ver·ge·vor·derd *adj* avancé
ver·ge·wis·sen *vt (h. vergewist) (form.)* ♦ **zich ervan ~ dat ...** s'assurer que ...
ver·ge·zel·len *vt (h. vergezeld)* accompagner; **dat ging van veel plichtplegingen vergezeld** cela s'assortit de multiples obligations
ver·ge·zicht *het (-en)* panorama
ver·ge·zocht *adj* forcé; **ik vind dat nogal ~** je trouve cela un peu tiré par les cheveux
ver·giet *het/de (-en)* passoire
ver·gie·ten *vt (h. vergoten)* verser
ver·gif *het (-fen)* poison; **dat smaakt als ~** c'est infect; **daar kun je ~ op nemen** j'en donnerais ma tête à couper; **een stuk ~** un poison
ver·gif·fe·nis *nf* pardon; **iem ~ schenken** pardonner à qn; **de ~ van zonden** la rémission des péchés
ver·gif·tig *adj* **1** venimeux **2** vénéneux **3** toxique
ver·gif·ti·gen *vt (h. vergiftigd)* empoisonner
ver·gif·ti·ging *nf (-en)* empoisonnement; **een ~ van het bloed** une intoxication du sang
ver·ging, vergingen → **vergaan**
ver·gis·sen *vpr (zich ~; h. zich vergist)* se tromper; **daarin vergist u zich** c'est ce qui vous trompe; **zich in de persoon ~** se tromper de personne; **zich lelijk ~** se mettre le doigt dans l'œil; **vergis je niet!** ne te trompe pas!, ne t'y trompe pas!
ver·gis·sing *nf (-en)* erreur; **iets bij, per ~ doen** faire qch par mégarde
ver·gleed, vergleden → **verglijden**
ver·glij·den *vi (i. vergleden)* filer; **het ~ van de tijd** la fuite des jours
ver·goe·den *vt (h. vergoed)* **1** rembourser; **iem een verlies ~** dédommager qn d'une perte **2** compenser; **dat vergoedt veel** cela compense **3** rémunérer
ver·goe·ding *nf (-en)* **1** indemnisation; **~ van geleden oorlogsschade** indemnités pour dommages de guerre **2** indem-

nité; **tegen een geringe** ~ moyennant rémunération modeste; **vaste** ~ indemnité forfaitaire

ver·goe·lij·ken *vt (h. vergoelijkt)* excuser

ver·gok·ken *vt (h. vergokt)* perdre au jeu

ver·gold, vergolden → **vergelden**

ver·gooi·en *vt (h. vergooid)* gâcher; **zijn eer** ~ galvauder son honneur; *(fig.)* **zich** ~ s'avilir, se mésallier

ver·goot, vergoten → **vergieten**

ver·greep, vergrepen → **vergrijpen**

ver·gren·de·len *vt (h. vergrendeld)* verrouiller; **een pistool** ~ mettre un pistolet à la sûreté

ver·grijp *het (-en)* délit; **een licht, gering** ~ un délit mineur

ver·grij·pen *vpr (zich ~; h. zich vergrepen) (+ aan)* attenter (à); **zich aan iem** ~ violer qn; **hij vergreep zich aan onze rechten** il a porté atteinte à nos droits

ver·grij·zen *vi (i. vergrijsd)* grisonner; **Nederland vergrijst** la population des Pays-Bas vieillit

ver·grij·zing *nf* vieillissement

ver·groei·en *vi (i. vergroeid)* **1** se souder; **met zijn omgeving vergroeid zijn** s'identifier avec son milieu **2** se déformer **3** disparaître **4** se cicatriser

ver·groot|glas *het (-glazen)* loupe; *(fig.)* **iets met een** ~ **bekijken** examiner qch à la loupe

ver·gro·ten *vti (h. vergroot)* **1** augmenter **2** grossir; **foto's** ~ agrandir des photos

ver·gro·ting *nf (-en)* **1** augmentation **2** grossissement; **de** ~ **van het park** l'agrandissement du parc

ver·grui·zen[1] *vi (h./i. vergruisd)* se désagréger

ver·grui·zen[2] *vt (h./i. vergruisd)* broyer

ver·gui·zen *vt (h. verguisd)* vilipender

ver·gul·den *vt (h. verguld)* **1** dorer **2** *(form.)* ravir

ver·guld·sel *het (-s)* dorure

ver·gun·nen *vt (h. vergund) (form.)* permettre; **het was hem niet vergund de overwinning mee te maken** il ne lui fut pas donné d'assister à la victoire

ver·gun·ning *nf (-en)* **1** autorisation; *(droit, un privilège)* ~ **verlenen** accorder une concession **2** permis; **iem een** ~ **geven voor, tot** autoriser qn à

ver|haal *het (-halen)* **1** histoire; **zijn** ~ **doen** débiter son histoire; **dat** ~ **ken ik intussen wel!** je connais la chanson!; **om een lang** ~ **kort te maken** (enfin) bref; **een onwaarschijnlijk** ~ un récit invraisemblable; **sterke verhalen** histoires à dormir debout; **het** ~ **wil, gaat dat ...** on raconte que ... **2** nouvelle **3** recours; ~ **halen (op)** avoir recours (à); ~ **op iem krijgen** obtenir gain de cause contre qn ♦ **laat me nou even op** ~ **komen** laisse-moi me remettre un peu

ver·haal·baar *adj* recouvrable

ver·ha·len[1] *vi (h. verhaald)* conter; **over, van vroeger** ~ raconter des histoires d'autrefois; **~de poëzie** poésie narrative

ver·ha·len[2] *vt (h. verhaald) (+ op)* se dédommager (sur); **de schade op iem** ~ se faire rembourser les dommages par qn

ver·han·del·baar *adj* négociable

ver·han·de·len *vt (h. verhandeld)* négocier

ver·han·de·ling *nf (-en)* **1** négociation **2** essai; **zij hield een hele** ~ elle a tenu tout un discours **3** *(Belg.; enseign.)* dissertation

ver·han·gen[1] *vt (h. verhangen)* déplacer

ver·han·gen[2] *vpr (zich ~; h. zich verhangen)* se pendre

ver·hap·stuk·ken *vt (h. verhapstukt) (fam.)* faire; **ik heb met jou nog iets te** ~ j'ai encore un compte à régler avec toi

ver·har·den[1] *vi (h./i. verhard)* **1** durcir **2** *(fig.)* s'endurcir

ver·har·den[2] *vt (h./i. verhard)* **1** durcir **2** *(route)* revêtir **3** *(fig.)* endurcir

ver·har·ding *nf (-en)* **1** durcissement **2** endroit dur

ver·ha·ren *vi (i./h. verhaard)* **1** perdre ses poils **2** *(Belg.)* devenir rugueux

ver·has·pe·len *vt (h. verhaspeld)* déformer *(en parlant)*

ver·heer·lij·ken *vt (h. verheerlijkt)* **1** glorifier **2** ravir

ver·heer·lij·king *nf* glorification

ver·hef·fen *vt (h. verheven) (form.)* **1** lever **2** élever; **iets tot principe** ~ ériger qch en principe

ver·hef|fend *adj (-fender, meest v.)* édifiant

ver·hef·fing *nf (-en)* élévation

ver·hei·me·lij·ken *vt (h. verheimelijkt)* dissimuler

ver·hel·de·ren *vt (h./i. verhelderd)* éclaircir; **een ~d antwoord** une réponse clarifiante

ver·he·len *vt (h. verheeld) (form.)* cacher; **iets** ~ **voor iem** cacher qch à qn

ver·hel·pen *vt (h. verholpen)* remédier à; **dat is te** ~ on peut y remédier

ver·he·mel·te *het (-n, -s)* palais *(bouche)*; **gespleten** ~ fente de la voûte du palais; **het harde** ~ la voûte du palais; **het zachte** ~ le voile du palais

ver|heugd *adj (-heugder, meest v.)* réjoui; **over iets** ~ **zijn** se réjouir de qch

ver·heu·gen[1] *vpr (zich ~; h. zich verheugd)* se réjouir; **zich op iets** ~ se réjouir à l'idée de qch

ver·heu·gen[2] *vt (h. verheugd)* réjouir

ver·he|ven *adj (-vener, meest v.)* élevé; ~ **bedoelingen hebben** avoir de nobles objectifs

ver·he·vi·gen[1] *vt (h./i. verhevigd)* intensifier

ver·he·vi·gen[2] *vi (h./i. verhevigd)* s'intensifier

ver·hief, verhieven → **verheffen**

ver·hield (zich), verhielden (zich) → **verhouden (zich)**

ver·hielp, verhielpen → **verhelpen**

ver·hin·de·ren *vt (h. verhinderd)* empêcher; **verhinderd zijn** avoir un empêchement

ver·hin·de·ring *nf (-en)* empêchement

ver·hing, verhingen → **verhangen**[1]
ver·hip *interj (fam.)* mince!
ver·hip·pen *vi (h./i. verhipt) (fam.)* ♦ **we verhipten in dat zaaltje van de kou** on caillait dans cette petite salle
ver|hit *adj (-hitter, meest v.)* échauffé; **~te discussies** discussions enflammées; **het gesprek raakte** ~ la conversation s'animait; **het gaat er ~ aan toe** ça chauffe
ver·hit·ten *vt (h. verhit)* **1** chauffer **2** *(fig.)* échauffer; **door de drank verhit** excité par l'alcool
ver·hoe·den *vt (h. verhoed) (form.)* prévenir; **God verhoede dat je ziek wordt** Dieu te préserve de tomber malade
ver·ho·gen *vt (h. verhoogd)* **1** surélever **2** augmenter **3** *(mus.)* hausser **4** relever
ver·ho·ging *nf (-en)* **1** surélévation **2** hauteur; **de spreker stond op een** ~ l'orateur se tenait sur une estrade **3** augmentation; **een ~ van de tarieven** un relèvement des tarifs **4** température; **ik had wat** ~ je faisais un peu de température
ver·ho·len *adj* **1** dissimulé **2** furtif
ver·hol·pen → **verhelpen**
ver·hon·derd·vou·di·gen *vti (h./i. verhonderdvoudigd)* centupler
ver·hon·ge·ren[1] *vi (h./i. verhongerd)* mourir de faim; **zijn kinderen laten** ~ laisser ses enfants souffrir de la faim
ver·hon·ge·ren[2] *vt (h./i. verhongerd)* faire mourir de faim
ver·hoogd *adj* **1** accru **2** surélevé
ver|hoor *het (-horen)* interrogatoire; **iem een ~ afnemen** soumettre qn à un interrogatoire; **iem in ~ nemen** interroger qn
ver·ho·ren *vt (h. verhoord)* **1** interroger; **getuigen** ~ entendre des témoins **2** exaucer
ver·hou·den *vpr (zich ~; h. zich verhouden)* être dans un rapport (de … à)
ver·hou·ding *nf (-en)* **1** rapport; **dat moet je in (zijn) ~(en) zien** il faut le voir par rapport au reste **2** relation **3** liaison (amoureuse) **4** proportion; **in ~ brengen** proportionner; **in ~ tot** en proportion de; **naar** ~ proportionnellement; **naar ~ is dat duur** c'est relativement cher
ver·hou·dings·ge·wijs *adv* proportionnellement
***ver·huis-** de déménagement; **de verhuiskosten** les frais de déménagement
ver·huis|kaart *de (-en)*, **-bericht** *het (-en)* avis de changement d'adresse
ver·hui·zen *vti (h./i. verhuisd)* **1** déménager; **iem** ~ faire le déménagement de qn; **wij zijn uit Parijs verhuisd in 1975** nous avons quitté Paris en 1975 **2** changer de place; **dit bureau moet ~ naar de kamer hiernaast** il faut mettre ce bureau dans la pièce voisine
ver·hul·len *vt (h. verhuld) (form.)* masquer; **in verhulde termen** en termes voilés; **de waarheid** ~ déguiser la vérité
ver·hu·ren[1] *vt (h. verhuurd)* louer
ver·hu·ren[2] *vpr (zich ~; h. zich verhuurd)* se louer
ver·huur *nm* location
ver·huur|der *nm (-s)*, **-ster** *nf (-s)* loueur, -euse
ve·ri·fi·eer·baar *adj* vérifiable
ver·ij·de·len *vt (h. verijdeld)* **1** déjouer **2** décevoir
ve·ring *nf (-en)* **1** suspension *(d'une voiture)* **2** sommier *(d'un lit)*
ver·jaard *adj* prescrit
ver·jaar·dag *nm (-en)* anniversaire; **gefeliciteerd met je ~!** bon anniversaire!; **iem met zijn ~ gelukwensen** souhaiter un bon anniversaire à qn
***ver·jaars-** d'anniversaire
ver·ja·gen *vt (h. verjaagd)* chasser
ver·ja·ren *vi (h./i. verjaard)* **1** *(form.)* avoir son anniversaire **2** *(jur.)* se prescrire
ver·ja·rings·ter·mijn *nm (-en)* délai de prescription
ver·joeg, verjoegen → **verjagen**
ver·jon·gen *vti (h./i. verjongd)* rajeunir
ver·jon·gings|kuur *de (-kuren)* cure de rajeunissement; *(fig.)* **een ~ ondergaan hebben** avoir fait peau neuve
ver·kal·ken *vi (i. verkalkt)* **1** se calcifier **2** s'entartrer **3** *(aussi au fig.)* se scléroser
ver·kapt *adj* (de manière) déguisé(e)
ver·kas·sen *vi (i. verkast) (fam.)* changer de crémerie
ver·ka·ve·len *vt (h. verkaveld)* lotir
ver·keek, verkeken → **verkijken**
ver·keer *het* **1** circulation; *(sur un panneau de signalisation)* **doorgaand** ~ toutes directions; **handel en** ~ commerce et transports; **het doorgaand ~ is gestremd** la circulation est interrompue; **veilig** ~ sécurité routière; **zwaar** ~ poids lourds **2** relations; **seksueel** ~ rapports sexuels **3** communications *(téléphone)*
ver|keerd *adj, adv (-keerder, meest v.)* mauvais, mal; **het ~ aanpakken** s'y prendre mal; **iem ~ aanpakken** prendre qn à rebrousse-poil; **zijn kousen ~ aantrekken** mettre ses chaussettes à l'envers; **een ~e beweging** un faux mouvement; **de ~e voorhebben** se tromper de personne; **er ~ aan doen te** avoir tort de; **als er iets ~ gaat** en cas de malheur; **zijn handen staan** ~ il n'est pas adroit de ses mains; **je hoed staat** ~ ton chapeau est de travers; **~ verbonden zijn** s'être trompé de numéro; **iets ~ verstaan** comprendre qch de travers; **hij was in de oorlog** ~ il était de mauvais bord pendant la guerre
ver·keers·ader *de (-s) (circul.)* artère
ver·keers·bord *het (-en) (circul.)* panneau de signalisation
ver·keers·di·plo·ma *het (-'s) (enseign.)* diplôme de code de la route
ver·keers·do·de *nm (-n)* mort de la route
ver·keers·drem·pel *nm (-s) (circul.)* ralentisseur (de vitesse)
ver·keers·druk·te *nf* intensité de la circulation
ver·keers·lei·der *nm (-s) (aviat.)* aiguilleur du ciel
ver·keers·licht *het (-en)* feu (de signalisation)

ver·keers·on·ge·val *het (-len),* **-ongeluk** *het (-ken)* accident de la route

ver·keers·over·tre·ding *nf (-en)* infraction au code de la route

ver·keers·plein *het (-en)* rond-point

ver·keers|re·gels *plur,* **-reglement** *het (-en)* code de la route

ver·keers·to·ren *nm (-s) (aviat.)* tour de contrôle

ver·keers·vei·lig·heid *nf* sécurité routière

ver·keers·vlieg·tuig *het (-en)* avion de ligne

ver·keers·wis·se·laar *nm (-s) (Belg.)* échangeur

ver·keers·zuil *de (-en)* borne (de signalisation)

ver·ken·nen *vt (h. verkend)* explorer

ver·ken·ner *nm (-s)* **1** observateur, -trice **2** scout

ver·ken·ning *nf (-en)* **1** exploration; **op ~ uitgaan** aller reconnaître le terrain, *(fig.)* tâter le terrain **2** *(milit.)* reconnaissance

*__ver·ken·nings-__ de reconnaissance; **de verkenningstocht** la mission de reconnaissance

ver·ke·ren *vi (h./i. verkeerd)* **1** être **2** *(+ in)* fréquenter (qch) ♦ **het kan ~** la chance peut tourner

ver·ke·ring *nf (-en)* ♦ **~ hebben (met iem)** sortir avec qn, avoir un(e) petit(e) ami(e); **de ~ is uit** ils ont rompu; **vaste ~** une relation durable

ver·ket·te·ren *vt (h. verketterd)* jeter l'anathème sur

ver·kies·baar *adj* éligible; **zich niet meer ~ stellen** ne plus se présenter aux élections

ver·kies·lijk *adj (form.)* préférable

ver·kie·zen *vt (h. verkozen) (form.)* **1** préférer; **te ~ zijn boven** être préférable à **2** élire

ver·kie·zing *nf (-en)* élection; **de geheime ~** le scrutin secret; **de getrapte ~** le suffrage indirect; **~en houden** procéder à des élections; **tussentijdse ~en** élections partielles

*__ver·kie·zings-__ électoral; **de verkiezingsstrijd** la bataille électorale

ver·kie·zings·ron·de *de (-s, -n)* tour (de scrutin)

ver·kij·ken *vpr (zich ~; h. zich verkeken)* **1** mal voir **2** se tromper; **ik heb me op de afstand verkeken** j'ai mal évalué la distance

ver·kik·kerd *adj (fam.)* toqué (de qn); **~ op iem zijn** en pincer pour qn; **~ raken op iem** se toquer de qn

ver·kil·len[1] *vi (h./i. verkild)* se refroidir

ver·kil·len[2] *vt (h./i. verkild)* refroidir

ver·klaar|baar *adj (-baarder, -baarst)* **1** explicable; **dat is nogal ~** cela s'explique facilement **2** interprétable

ver·klap·pen *vt (h. verklapt)* trahir; **dat mag ik u niet ~** je ne peux pas vous le révéler

ver·kla·ren[1] *vt (h./i. verklaard)* **1** expliquer; **een raadsel ~** élucider une énigme; **een ~d woordenboek** un dictionnaire explicatif **2** interpréter **3** déclarer; **iem schuldig ~** reconnaître qn coupable

ver·kla·ren[2] *vpr (zich ~; h. zich verklaard)* **1** se déclarer **2** s'expliquer

ver·kla·ring *nf (-en)* **1** explication; **ik ben u een ~ schuldig** je vous dois des explications **2** interprétation **3** déclaration; **een ~ afleggen** faire une déclaration **4** certificat

ver·kle·den[1] *vpr (zich ~; h. zich verkleed)* **1** se changer **2** se déguiser

ver·kle·den[2] *vt (h. verkleed)* **1** changer *(vêtements)* **2** déguiser

ver·kleed·par·tij *nf (-en)* **1** déguisement **2** bal masqué

ver·klei·nen *vt (h. verkleind)* **1** réduire; **deze bril verkleint** ces lunettes rapetissent les objets **2** diminuer

ver·klein·woord *het (-en)* diminutif

ver·klet·sen[1] *vt (h. verkletst)* ♦ **zijn tijd ~** perdre son temps en bavardages

ver·klet·sen[2] *vpr (zich ~; h. zich verkletst)* en dire trop

ver·kleu·men *vi (i. verkleumd)* être transi; **we stonden, zaten daar te ~** nous étions là, transis de froid

ver·kleu·ren[1] *vi (i. verkleurd)* **1** se décolorer **2** changer de couleur

ver·kleu·ren[2] *vt (i. verkleurd)* décolorer

ver·klik·ken *vt (h. verklikt)* dénoncer

ver·klik·ker[1] *nm (-s)* dénonciateur

ver·klik·ker[2] *nm (-s)* détecteur

ver·klun·ge·len *vt (h. verklungeld)* ♦ **zijn tijd ~** gaspiller son temps

ver·knal·len *vt (h. verknald) (fam.)* bousiller; **een kans ~** gâcher une occasion ♦ **in één avond hebben we toen 500 euro verknald** en une soirée nous avons fait péter pour 500 euros de feu d'artifice

ver·kneu·ke·len *vpr (zich ~; h. zich verkneukeld)* **1** jubiler; **zich in iets ~** se réjouir vivement de qch **2** se frotter les mains

ver·knip·pen *vt (h. verknipt)* **1** découper **2** abîmer en coupant

ver|knipt *adj (-knipter, meest v.) (fam.)* piqué

ver·knocht *adj (meer v., meest v.) (+ aan)* attaché (à)

ver·knoei·en *vt (h. verknoeid)* **1** gâcher **2** gaspiller

ver·kocht, verkochten → **verkopen**[1]

ver·koe·len[1] *vi (h./i. verkoeld)* se refroidir

ver·koe·len[2] *vt (h./i. verkoeld)* refroidir; **~de dranken** boissons rafraîchissantes

ver·ko·len[1] *vi (h./i. verkoold)* se carboniser

ver·ko·len[2] *vt (h./i. verkoold)* carboniser

ver·kom·me·ren *vi (i. verkommerd)* dépérir

ver·kon·di·gen *vt (h. verkondigd)* proclamer; **nu verkondig je grote onzin** ce que tu avances là ne tient pas debout; **een stelling ~** avancer une thèse; **het woord Gods ~** prêcher la bonne parole

ver·kon·di·ging *nf (-en)* **1** promulgation **2** *(relig.)* prédication

ver|koop *nm (-kopen)* vente; **in de ~ brengen** mettre en vente
***ver·koop-** de vente; **de verkoopdatum** la date de vente
ver·koop·baar *adj* **1** vendable **2** acceptable; **deze maatregel is niet ~ aan onze achterban** nous ne pourrons pas faire avaler cette mesure à notre base
ver·koop·praat·je *het (-s)* ♦ **~s houden** pousser à la vente
ver·koop·ster *nf (-s)* → **verkoper**
ver·koop·truc *nm (-s)* ♦ **dit is een ~** c'est un truc pour faire acheter
ver·koos, verkozen → **verkiezen**
ver·ko·pen[1] *vi (h. verkocht)* se vendre
ver·ko·pen[2] *vt (h. verkocht)* **1** vendre **2** *(fam.)* administrer; **iem een dreun ~** envoyer un coup à qn **3** débiter; **onzin ~** dire des bêtises **4** faire accepter; **zichzelf weten te ~** savoir se mettre en valeur
ver|ko·per *nm (-s),* **-koopster** *nf (-s)* vendeur, -euse
ver·kort *adj* **1** raccourci; **een ~ overzicht** un résumé **2** simplifié **3** réduit
ver·kor·ten *vt (h./i. verkort)* **1** raccourcir; **een boek ~** résumer un livre **2** écourter; **zijn leven ~** abréger sa vie
ver·kor·ting *nf (-en)* **1** raccourcissement **2** *(ling.)* abréviation
ver·kou·den *adj* enrhumé; **~ worden** s'enrhumer
ver·koud|heid *nf (-heden)* rhume
ver·krach·ten *vt (h. verkracht)* violer
ver|krampt *adj (-krampter, meest v.)* crispé; **een ~e schrijfstijl** un style forcé
ver·kreeg, verkregen → **verkrijgen**
ver·kreu·ke·len[1] *vi (h./i. verkreukeld)* se froisser
ver·kreu·ke·len[2] *vt (h./i. verkreukeld)* froisser
ver·krijg·baar *adj* en vente; **niet meer ~** épuisé
ver·krij·gen *vt (h. verkregen)* obtenir; **die boeken kun je hier ~** ces livres sont en vente ici; **een betere positie ~** acquérir une meilleure position
ver·krop·pen *vt (h. verkropt)* ♦ **iets niet kunnen ~** ne pas pouvoir garder qch, ne pas pouvoir avaler qch
ver·krui·me·len[1] *vi (h./i. verkruimeld)* s'émietter
ver·krui·me·len[2] *vt (h./i. verkruimeld)* émietter
ver·kwan·se·len *vt (h. verkwanseld)* **1** brader; **zijn reputatie ~** galvauder sa réputation **2** gaspiller
ver·kwik·ken *vt (h. verkwikt)* rafraîchir
ver·kwik·kend *adj* **1** rafraîchissant **2** *(fig.)* bienfaisant
ver·kwis·ten *vt (h. verkwist)* gaspiller
ver·kwis|tend *adj (-tender, meest v.)* **1** dépensier **2** gaspilleur
ver·la·gen *vt (h. verlaagd)* **1** baisser; **iets in prijs ~** baisser le prix de qch; **iem in rang ~** rétrograder, dégrader qn; **een munt ~** dévaloriser une monnaie; **de salarissen ~** diminuer les salaires **2** avilir; **zich ~ tot iets** s'abaisser à qch
ver·la·ging *nf (-en)* **1** abaissement **2** avilissement **3** dévalorisation
ver·lak·ke·rij *nf (-en)* duperie
ver·lam·men[1] *vi (h./i. verlamd)* devenir paralysé
ver·lam·men[2] *vt (h./i. verlamd)* paralyser
ver·lan·gen[1] *het (-s)* désir; **iets met ~ tegemoet zien** attendre qch avec impatience
ver·lan·gen[2] *vi (h. verlangd) (+ naar)* désirer (qch); **ik verlang ernaar je te zien** je suis impatient de te voir; **naar huis ~** désirer rentrer
ver·lan·gen[3] *vt (h. verlangd)* **1** désirer **2** réclamer
ver|lan·gend *adj, adv (-langender, meest v.)* désireux (de), avec impatience
ver·lang·lijst *de (-en)* liste (des objets désirés)
ver·la·ten[1] *vt (h. verlaten)* **1** quitter **2** abandonner; **een ~ buurt** un quartier désert; **van God ~ zijn** *(personnes)* s'abandonner au vice, *(lieux)* être abandonné
ver·la·ten[2] *vpr (zich ~; h. zich verlaten)* se mettre en retard ♦ **zich ~ op** s'en remettre à, compter sur
ver·la·ten·heid *nf* solitude
ver·le·den[1] *het* passé; **dat behoort tot het ~** c'est du passé; **teruggaan in het ~** remonter dans le temps; **het jongste ~** le passé récent; **het ~ laten rusten** laisser le passé pour ce qu'il est
ver·le·den[2] *adj* passé
ver·le|gen *adj, adv (-gener, meest v.)* **1** timide(ment); **iem ~ maken** intimider qn **2** *(+ met)* (d'un air) embarrassé ♦ **ergens om ~ zitten** avoir besoin de qch; **nooit om een antwoord ~ zijn** avoir réponse à tout
ver·le·gen·heid *nf* **1** timidité **2** embarras; **iem in ~ brengen** embarrasser qn
ver·leg·gen *vt (h. verlegd)* déplacer; **de aandacht ~** porter son attention sur autre chose
ver·lei·de·lijk *adj, adv* (d'une façon) séduisant(e)
ver·lei·den *vt (h. verleid)* tenter; **zich door mooie beloften laten ~** se laisser séduire par de belles promesses; **zich tot een wandelingetje laten ~** se laisser tenter par une petite promenade
ver|lei·der *nm (-s),* **-leidster** *nf (-s)* séducteur, -trice
ver·lei·ding *nf (-en)* tentation; **in de ~ komen (om)** être tenté (de)
ver·lek·kerd *adj* gourmand; **~ zijn op iets** être friand de qch
ver·le·nen *vt (h. verleend)* **1** accorder **2** *(form.)* donner
ver·leng·de *het* prolongement
ver·len·gen *vt (h. verlengd)* prolonger
ver·len·ging *nf (-en)* **1** prolongement **2** prolongation; **~ van een paspoort aanvragen** demander le renouvellement d'un passeport
ver·leng·snoer *het (-en)* rallonge *(cordon électrique)*
ver·leng·stuk *het (-ken)* (r)allonge
ver|lept *adj (-lepter, meest v.)* fané

ver·le·ren *vt (h./i. verleerd)* oublier
ver·leu·te·ren *vt (h. verleuterd)* perdre (son temps) en bavardages
ver·le·ven·di·gen[1] *vt (h./i. verlevendigd)* animer
ver·le·ven·di·gen[2] *vi (h./i. verlevendigd)* s'animer; **de handel is verlevendigd** le commerce a refleuri
ver·lich·ten *vt (h. verlicht)* **1** éclairer; **verlicht denken** être un esprit éclairé **2** soulager; **iem het werk** ~ faciliter le travail à qn
ver·lich·ting *nf (-en)* **1** lumière **2** soulagement **3** éclairage ♦ **de eeuw van de** ~ le Siècle des Lumières; **een** ~ **van straf** une atténuation de peine
ver|liefd *adj, adv (-liefder, meest v.)* amoureux, amoureusement; **iem** ~ **aankijken** faire les yeux doux à qn; ~ **worden op iem** tomber amoureux de qn
ver·liefd|heid *nf (-heden)* amour; **een kortstondige** ~ un feu de paille; **zijn** ~ **was van korte duur** il n'a pas été longtemps amoureux
ver·liep, verliepen → **verlopen**
ver|lies *het (-liezen)* perte; **het** ~ **van de burgerrechten** la privation des droits civiques; **zijn** ~ **erkennen** s'avouer vaincu; ~ **lijden** subir une perte; **niet tegen (zijn)** ~ **kunnen** être mauvais joueur
ver·lies·ge·vend *adj* déficitaire
ver·lies·la·tend *adj (Belg.)* → **verliesgevend**
ver·lies·post *nm (-en)* poste déficitaire
ver·liet, verlieten → **verlaten**[1]
ver·lie·zen[1] *vti (h. verloren)* perdre
ver·lie·zen[2] *vpr (zich ~; h. zich verloren) (+ in)* se noyer (dans)
ver·lie·zer *nm (-s)* perdant, -ante; **een goede** ~ un beau joueur
ver·lin·ken *vt (h. verlinkt) (fam.)* donner
ver·loe·de·ren *vi (i. verloederd)* **1** se clochardiser **2** se dégrader
ver|lof *het (-loven)* **1** permission; ~ **geven om te ...** donner la permission de ... **2** congé; **buitengewoon** ~ congé spécial; **educatief** ~ congé-formation; **met groot** ~ **gaan** être démobilisé; **met** ~ **gaan** partir en congé, *(milit.)* partir en permission; *(Belg.)* ~ **zonder wedde** congé sans solde
ver·lok·ken *vt (h. verlokt) (form.)* tenter; **zich laten** ~ **tot iets** se laisser tenter par qch
ver·loo·che·nen *vt (h. verloochend)* renier; **zijn aard verloochent zich niet** il reste fidèle à sa nature
ver·loofd *adj* fiancé
ver·loop *het* **1** déroulement; **een grillig** ~ une progression en dents de scie; **na** ~ **van tijd** au bout d'un certain temps; **het** ~ **van een ziekte** l'évolution d'une maladie **2** mouvement; **er is veel** ~ **bij dat bedrijf** il y a un grand renouvellement de personnel dans cette entreprise; **het natuurlijk** ~ la rotation naturelle du personnel
ver·loor, verloren → **verliezen**[1]
ver·lo·pen *vi (i. verlopen)* **1** passer; **een** ~ **termijn** un délai révolu **2** expirer; **mijn paspoort is** ~ mon passeport est périmé **3** se dérouler ♦ **een** ~ **kerel** un (type) débauché
ver·lo·ren *adj* perdu *(tous les sens)*; **in de menigte** ~ **gaan** se perdre dans la foule; **geen tijd** ~ **laten gaan** ne pas perdre de temps; *(Belg.)* ~ **lopen** s'égarer; ~ **raken** s'égarer; ~ **ronddwalen** errer comme une âme en peine; ~ **in een hoekje zitten** être assis seul dans un coin
ver·los·kun·di·ge *nm (-n)* accoucheur, -euse
ver·los·sen *vt (h./i. verlost)* **1** délivrer **2** accoucher
Ver·los·ser *nm* Rédempteur
ver·los·sing *nf (-en)* **1** libération **2** *(relig.)* rédemption **3** accouchement
ver·lo·ten *vt (h. verloot)* mettre en loterie
ver·lo·ven *vpr (zich ~; h. zich verloofd)* se fiancer
ver·lo·ving *nf (-en)* fiançailles
ver·luch·ten *vt (h. verlucht) (Belg.)* aérer
ver·lui·den *vti (h./i. verluid)* ♦ **naar verluidt** d'après ce qu'on dit
ver·lum·me·len *vt (h. verlummeld)* ♦ **zijn tijd** ~ flemmarder
ver·lus·ti·gen *vt (h. verlustigd) (form.)* égayer; **zich** ~ **in** se délecter à, de
ver|maak *het (-maken)* divertissement; ~ **hebben** s'amuser; ~ **vinden (in)** prendre plaisir à
ver|maard *adj (-maarder, meest v.) (form.)* célèbre
ver·ma·ge·ren *vti (h./i. vermagerd)* maigrir
ver·ma·ge·rings|kuur *de (-kuren)* régime (amaigrissant)
ver·ma·ke·lijk *adj, adv* (d'une façon) amusant(e)
ver·ma·ke·lijk|heid *nf (-heden)* **1** caractère amusant **2** amusement
ver·ma·ken *vt (h. vermaakt)* **1** amuser **2** léguer **3** refaire; **een pak laten** ~ faire retailler un costume
ver·ma·le·dijd *adj (form.)* maudit
ver·ma·len *vt (h. vermalen)* broyer; **koren tot meel** ~ moudre du blé en farine
ver·ma·nen *vt (h. vermaand)* faire des remontrances à (qn); **een lastige leerling** ~ chapitrer un élève difficile
ver·ma·ning *nf (-en)* remontrance
ver·man·nen *vpr (zich ~; h. zich vermand)* se ressaisir
ver·me·den → **vermijden**
ver·meend *adj (form.)* prétendu; **de ~e erfgenaam** l'héritier présomptif
ver·meer·de·ren *vti (h./i. vermeerderd)* augmenter; **zijn kennis** ~ étendre ses connaissances
ver·mel·den *vt (h. vermeld)* mentionner
ver·mel·dens·waar|dig *adj (-diger, meest v.)* digne de mention
ver·mel·ding *nf (-en)* mention
ver·men·gen[1] *vt (h. vermengd)* mélanger
ver·men·gen[2] *vpr (zich ~; h. zich vermengd)* se mêler
ver·me·nig·vul·di·gen[1] *vt (h./i. verme-*

nigvuldigd) multiplier; **een werk (door de drukpers)** ~ reproduire une œuvre

ver·me·nig·vul·di·gen[2] *vpr (zich ~; h. zich vermenigvuldigd)* se multiplier

ver·men·se·lij·ken *vi (h./i. vermenselijkt)* s'humaniser

ver·me·tel *adj, adv (form.)* téméraire(ment)

ver·me·tel·heid *nf (form.)* audace

ver·mi·cel·li *nm* vermicelle

ver·mij·den *vt (h. vermeden)* éviter; **men moet zien te ~ dat ...** il faut éviter que ...

ver·min·de·ren *vti (h./i. verminderd)* diminuer; **de druk ~** faire descendre la pression; **in prijs ~** baisser

ver·min·de·ring *nf (-en)* diminution; **~ van straf** remise de peine

ver·min·de·rings·kaart *de (-en) (Belg.)* carte de réduction

ver·min·ken *vt (h. verminkt)* mutiler; **een naam ~** écorcher un nom

ver·mis·sen *vt (h. vermist)* ne pas retrouver; **iem als vermist opgeven** porter qn disparu; **er wordt tien miljoen vermist na de overval** dix millions ont disparu à la suite du hold-up

ver·mis·sing *nf (-en)* disparition

ver·mis·te *nm (-n)* disparu, -ue

ver·mits *conj (form.; Belg.)* comme

ver·mocht, vermochten → **vermogen**[1]

ver·moe·de·lijk *adj, adv* probable(ment); **de ~e erfgenaam** l'héritier présomptif

ver·moe·den[1] *het (-s)* **1** supposition **2** soupçon; **ik had er geen flauw ~ van** je n'avais pas le moindre soupçon; **ik had al zo'n ~** j'en avais le pressentiment; **een kwaad ~ hebben** avoir des soupçons

ver·moe·den[2] *vt (h. vermoed)* **1** supposer **2** soupçonner; **kwaad ~** pressentir le mal

ver·moeid *adj* fatigué; **dodelijk ~** harassé

ver·moeid·heid *nf* fatigue

ver·moei·en *vt (h. vermoeid)* fatiguer

ver·moei·e·nis *nf (-sen)* fatigue

ver·mo·gen[1] *het (-s)* **1** fortune; **het eigen ~** *(qn)* la fortune personnelle, *(entreprise)* les fonds propres; **naar ~ bijdragen** contribuer selon ses moyens **2** puissance **3** pouvoir; **naar mijn beste ~** de mon mieux; **doen wat in zijn ~ is** faire tout son possible; **het ~ om te denken** la faculté de penser; **haar ~ tot relativeren** sa capacité de relativiser; **de verstandelijke ~s** les facultés intellectuelles

ver·mo·gen[2] *vt (h. vermocht) (form.)* ♦ **God vermag alles** Dieu est tout-puissant; **tegen hem vermag ik niets** je suis impuissant face à lui

ver·mo·gend *adj* **1** fortuné **2** puissant

ver·mol·men *vi (i. vermolmd)* devenir vermoulu

ver·mom·men *vt (h. vermomd)* déguiser; **zich ~ als** se déguiser en

ver·mom·ming *nf (-en)* déguisement, *(fig.)* camouflage; **in deze ~** sous ce déguisement

ver·moor·den *vt (h. vermoord)* assassiner; *(fig.)* **je hebt haar vermoord** tu as causé sa mort; **als je dat doet, vermoord ik je** si tu fais ça, je te tue

ver·mor·ze·len *vt (h. vermorzeld)* **1** écraser **2** *(fig.)* pulvériser

ver·mur·wen *vt (h./i. vermurwd)* apitoyer; **hij was niet te ~** il demeura inflexible

ver·na·che·len *vt (h. vernacheld) (fam.)* avoir

ver·nam, vernamen → **vernemen**

ver·nau·wen[1] *vt (h./i. vernauwd)* rétrécir

ver·nau·wen[2] *vi (h./i. vernauwd)* se rétrécir

ver·nau·wing *nf (-en)* **1** resserrement; **een ~ van de bloedvaten** une constriction des vaisseaux sanguins **2** étranglement *(endroit resserré)*

ver·ne·de·ren *vt (h. vernederd)* humilier

ver·ne·men *vt (h. vernomen)* **1** percevoir **2** apprendre; **naar wij ~** nous apprenons que; **iets van iem ~** apprendre qch par qn

ver·neu·ken *vt (h. verneukt) (fam.)* baiser

ver·neu·ke·ra|tief *adj, adv (-tiever, -tiefst) (fam.)* d'arnaque, par l'arnaque

ver·nie·len *vt (h. vernield)* ravager

ver·nie·ling *nf (-en)* **1** destruction; **in de ~ gaan** être démoli; **geestelijk in de ~ raken** sombrer dans la déprime; *(fig.)* **ze ligt volkomen in de ~** elle est à ramasser à la petite cuiller **2** dégât

ver·niel·zucht *de* vandalisme

ver·nie·ti·gen *vt (h. vernietigd)* **1** détruire **2** exterminer **3** annuler

ver·nie·ti·gend *adj, adv* destructeur, d'une manière destructrice; **iem ~ aankijken** fusiller qn du regard; **een ~e oorlog** une guerre dévastatrice

ver·nie·ti·ging *nf (-en)* **1** destruction **2** extermination **3** annulation

ver·nie·ti·gings·kamp *het (-en)* camp d'extermination

ver·nieu·wen *vt (h. vernieuwd)* **1** rénover; **een ~de geest** un esprit novateur **2** remplacer; **met vernieuwde kracht** avec des forces nouvelles; **een overeenkomst ~** renouveler une convention

ver·nieu·wing *nf (-en)* **1** rénovation **2** remplacement **3** innovation; **allerlei ~en aanbrengen** apporter toutes sortes de modifications; **~en invoeren** innover

ver·nik·ke·len[1] *vt (h./i. vernikkeld)* nickeler

ver·nik·ke·len[2] *vi (h./i. vernikkeld) (fam.)* se cailler (de froid)

ver·nis *het/de (-sen)* vernis *(aussi au fig.)*; **iets een ~je geven** vernir qch, *(fig.)* enjoliver qch

ver·nis·sen *vt (h. gevernist)* vernir

ver·noe·men *vt (h. vernoemd) (+ naar)* donner le même nom que (qn, qch) (à qn, à qch); **vernoemd zijn naar iem** porter le nom de qn

ver·no·men → **vernemen**

ver·nuft *het (-en)* génie; **iem met ~** qn d'ingénieux

ver·nuf·tig *adj, adv* ingénieux, ingénieusement

ver·on·aan·ge·na·men *vt (h. veronaangenaamd)* rendre désagréable; **iem het leven** ~ rendre la vie dure à qn
ver·on·acht·za·men *vt (h. veronachtzaamd)* négliger
ver·on·der·stel·len *vt (h. verondersteld)* supposer; **veronderstelt u dat ...?** pensez-vous que ...?; **veronderstel eens dat ...** admettons que ...; **alles doet ~ dat ...** tout porte à croire que ...
ver·on·der·stel·ling *nf (-en)* supposition; **in de ~ dat ...** en supposant que ...; **in de ~ verkeren dat ...** supposer que ...; **een uit de lucht gegrepen** ~ une supposition gratuite
ver·on·ge·lijkt *adj, adv* (d'un air) dépité
ver·on·ge·luk·ken *vi (i. verongelukt)* **1** mourir victime d'un accident **2** s'écraser
ver·ont·rei·ni·gen *vt (h. verontreinigd)* polluer
ver·ont·rus·ten *vt (h. verontrust)* inquiéter; **de bevolking door geruchten** ~ alarmer la population par des rumeurs; **het verontrust me (dat)** je suis préoccupé (par le fait que); **zich ~ over iets** s'inquiéter (à cause) de qch
ver·ont·rus·ting *nf (-en)* préoccupation
ver·ont·schul·di·gen[1] *vt (h. verontschuldigd)* excuser; **haar gedrag is niet te** ~ son comportement est inexcusable
ver·ont·schul·di·gen[2] *vpr (zich ~; h. zich verontschuldigd)* s'excuser; **zich ~ voor iets** s'excuser de qch
ver·ont·schul·di·ging *nf (-en)* **1** fait d'excuser (qn); **ter ~ voerde hij aan ...** à sa décharge, il a avancé ... **2** fait de s'excuser **3** excuse; **~en aanbieden** présenter des excuses; **iets als ~ aanvoeren** avancer qch comme excuse
ver·ont·waar·digd *adj, adv* indigné, avec indignation; **hij is ~ over hetgeen ik doe** il s'indigne de ce que je fais; **erover ~ zijn dat ...** être indigné que ...
ver·ont·waar·di·gen *vt (h. verontwaardigd)* indigner; **zich ~ over iets** s'indigner de qch
ver·ont·waar·di·ging *nf* indignation; **een storm van** ~ un tollé de protestations
ver·oor·deel·de *nm (-n)* condamné, -damnée
ver·oor·de·len *vt (h. veroordeeld)* condamner; **iemands gedrag** ~ désapprouver (le comportement de) qn; *(fig.)* **iem tot de reservebank** ~ reléguer qn parmi les remplaçants
ver·oor·lo·ven *vt (h. veroorloofd)* permettre; **het is veroorloofd (om) ...** il est permis de ...; **zich veel** ~ prendre beaucoup de libertés; **zich de weelde van iets** ~ se payer le luxe de qch; **zich vrijheden tegenover iem** ~ prendre des libertés avec qn
ver·oor·za·ken *vt (h. veroorzaakt)* causer; **dat veroorzaakt veel verdriet** cela suscite beaucoup de chagrin
ver·or·be·ren *vt (h. verorberd)* **1** savourer **2** avaler
ver·or·de·nen *vt (h. verordend)* décréter; **de wet verordent niets daaromtrent** la loi ne stipule rien à ce sujet
ver·or·de·ning *nf (-en)* règlement; **een ~ uitvaardigen** prendre un arrêté
ver·ou·de·ren[1] *vt (h./i. verouderd)* vieillir
ver·ou·de·ren[2] *vi (h./i. verouderd)* **1** tomber en désuétude **2** être dépassé **3** vieillir
ver·ove|raar *nm (-s),* **-raarster** *nf (-s)* **1** conquérant, -ante **2** séducteur, -trice
ver·ove·ren *vt (h. veroverd)* conquérir; **land op de zee** ~ gagner des terres sur la mer; **de eerste plaats ~ in de wedstrijd** enlever (la victoire dans) une course; **een goed plaatsje weten te** ~ réussir à occuper une position stratégique
ver·ove·ring *nf (-en)* conquête
ver·pach·ten *vt (h. verpacht)* donner à ferme
ver·pak·ken *vt (h. verpakt)* emballer; **zijn kritiek in milde termen** ~ enrober ses critiques
ver·pak·king *nf (-en)* emballage
ver·pan·den *vt (h. verpand)* mettre en gage
ver·pat·sen *vt (h. verpatst) (fam.)* bazarder
ver·pau·pe·ren *vi (i. verpauperd)* s'appauvrir
ver·per·soon·lij·king *nf* personnification
ver·pes·ten *vt (h. verpest) (fam.)* **1** gâcher; **mijn hele avond is verpest** toute ma soirée est foutue; **ik heb het bij hem verpest** je me suis fait mal voir de lui; **zo verpest je die jongen** en agissant comme ça, tu pourris ce garçon **2** empester
ver·pie·te·ren *vi (i. verpieterd)* **1** cuire trop longtemps **2** dépérir; **verpieterde bloemen** fleurs fanées; *(fam.)* **er verpieterd uitzien** ne pas payer de mine
ver·pin·ken *vi (h. verpinkt) (Belg.)* ♦ **zonder** ~ sans sourciller
ver·plaats·baar *adj* transportable
ver·plaat·sen[1] *vt (h. verplaatst)* déplacer; **het tijdstip van aanvang een half uur** ~ décaler l'heure du début d'une demi-heure
ver·plaat·sen[2] *vpr (zich ~; h. zich verplaatst)* **1** se déplacer **2** *(+ in)* se mettre à la place (de qn); **zich ~ in iemands toestand** se mettre à la place de qn
ver·plaat·sing *nf (-en)* **1** déplacement **2** *(Belg.)* déplacement (de service) **3** *(Belg.)* mutation ♦ *(Belg.)* **op ~ spelen** jouer (un match) en déplacement
ver·plan·ten *vt (h. verplant)* transplanter *(arbres, plantes)*
ver·pleeg|huis *het (-huizen)* ⟨*maison de soins pour malades de longue durée*⟩
ver·pleeg·hulp *nm (-en)* aide-soignant, aide-soignante
ver·pleeg·kos·ten *plur* → **verplegingskosten**
ver·pleeg·kun·di·ge *nm (-n),* **verpleger** *nm (-s),* **verpleegster** *nf (-s)* infirmier, -ière

ver·ple·gen *vt (h. verpleegd)* soigner
ver·ple·ging *nf* **1** soins; **een goede ~ genieten** être bien soigné **2** personnel soignant ♦ **zij gaat in de ~** elle va faire des études d'infirmière
ver·ple·gings·kos·ten *plur* frais d'hospitalisation
ver·plet·te·ren *vt (h. verpletterd)* **1** écraser **2** *(fig.)* accabler
ver·plicht *adj, adv* **1** *(+ tot)* obligé (de); **ergens toe ~ zijn** être tenu à qch **2** obligatoire(ment); **iets aan iem ~ zijn** devoir qch à qn; **aan zichzelf ~ zijn (iets te doen)** se devoir de **3** *(form.)* obligé
ver·plich·ten *vt (h. verplicht) (+ tot)* obliger (à); **iem (aan zich) ~** obliger qn; **dat verplicht u tot niets** cela ne vous engage à rien; **zich ~ tot** s'engager à
ver·plich·ting *nf (-en)* obligation; **zijn ~en nakomen** faire face à ses obligations; **een ~ om iets te doen op zich nemen** s'engager à faire qch
ver·po·ten *vt (h. verpoot)* → **verplanten**
ver·pot·ten *vt (h. verpot)* rempoter
ver·po·zen *vpr (zich ~; h. zich verpoosd) (form.)* faire halte; **zich met lezen ~** se délasser en lisant
ver·prut·sen *vt (h. verprutst)* gâcher; **zijn tijd ~** gaspiller son temps
ver·pul·ve·ren *vti (h./i. verpulverd)* (se) pulvériser
ver·raad *het* trahison; **~ plegen aan iets** trahir qch
ver·ra·den *vt (h. verraden)* trahir
ver·ra·der·lijk *adj, adv* **1** traître, traîtreusement **2** révélateur
ver·ras·sen *vt (h. verrast)* surprendre; **iem met een geschenk ~** faire une surprise à qn; **een stad ~** attaquer une ville par surprise
ver·ras·sing *nf (-en)* surprise
ver·re *adv* **1** loin de; **hij is ~ van knap** il est loin d'être beau **2** de loin; **~ de voorkeur verdienen boven** être de loin préférable à
ver·recht·sen *vi (i. verrechtst) (pol.)* virer à droite; **het ~ van Europa** la montée de la droite en Europe
ver·reed, verreden → **verrijden**
ver·rees, verrezen → **verrijzen**
ver·re·gaand *adj, adv* extrême(ment); **in ~e staat van ontbinding** en état de putréfaction avancée
ver·re·ge·nen *vi (i. verregend)* être abîmé par la pluie; **het feest is verregend** la fête a été gâchée par la pluie
ver·rei|kend *adj (-kender, meest v.)* **1** à longue portée **2** *(fig.)* d'une grande portée; **~e ambities** de vastes ambitions; **dat heeft ~e gevolgen** c'est lourd, gros de conséquences
ver·rek *interj (fam.)* **1** zut! **2** mince!
ver·re·ke·nen[1] *vt (h. verrekend)* régler
ver·re·ke·nen[2] *vpr (zich ~; h. zich verrekend)* se tromper dans ses calculs
ver·re·kij·ker *nm (-s)* **1** jumelles **2** lunette **3** télescope
ver·rek·ken[1] *vt (h./i. verrekt)* se fouler; **een spier ~** se froisser un muscle
ver·rek·ken[2] *vi (h./i. verrekt) (fam.)* crever ♦ **het kan me niet(s) ~** je m'en contrefous
ver·rekt *adj, adv* **1** foulé **2** *(fam.)* sacré, vachement
ver·re·weg *adv* de loin; **~ de meeste** la grande majorité; **~ het grootste deel** la majeure partie
ver·rich·ten *vt (h. verricht)* exécuter; **goede diensten ~** rendre de bons services; **reparatiewerkzaamheden ~** effectuer des réparations; **iets naar behoren ~** faire qch comme il convient
ver·rich·ting *nf (-en)* **1** exécution **2** activité
ver·rij·den *vt (h. verreden)* **1** déplacer *(en roulant)* **2** dépenser en frais de déplacement
ver·rij·ken *vt (h. verrijkt)* enrichir
ver·rij·zen *vi (i. verrezen)* **1** se lever **2** *(relig.)* ressusciter **3** surgir
ver·rij·ze·nis *nf* résurrection
ver·roe·ren *vt (h. verroerd)* bouger
ver·roest *interj (fam.)* mince alors!
ver·roes·ten *vi (i. verroest)* **1** rouiller **2** se rouiller ♦ *(fam.)* **hij kan ~** il peut courir
ver|rot[1] *adj (-rotter, meest v.)* **1** pourri *(en mauvais état)*; **iem ~ slaan** casser la figure à qn **2** *(fam.; fig.)* misérable
ver|rot[2] *adv (-rotter, meest v.) (fam.)* drôlement
ver·rot·ten *vi (i. verrot)* pourrir ♦ *(vulg.)* **het kan mij niet(s) ~** je m'en fous
ver·rui·len *vt (h. verruild)* **1** changer **2** échanger
ver·rui·men *vti (h./i. verruimd)* élargir; **de mogelijkheden ~** étendre les possibilités
ver·ruk·ke·lijk *adj, adv* délicieux, délicieusement
ver·ruk·king *nf (-en)* **1** ravissement **2** délice
ver|rukt *adj (-rukter, meest v.) (+ over)* ravi (de)
ver·ru·wing *nf* détérioration
vers[1] *het (verzen)* **1** vers *(ligne, genre littéraire); (Bible)* **Lucas 6, ~ 10** Luc, (chapitre) 6, (verset) 10 **2** couplet; *(fig.)* **dat is ~ twee** c'est une autre chanson **3** poème
vers[2] *adj, adv* **1** frais *(qui vient d'être fait etc.)*, fraîchement; **~ van de pers** qui vient de paraître **2** nouveau, nouvellement **3** récent, récemment; **nog ~ in het geheugen liggen** être encore présent à la mémoire
ver·schaf·fen *vt (h. verschaft)* procurer; **wat verschaft mij het genoegen?** qu'est-ce qui me vaut le plaisir?; **zich toegang ~** s'introduire
ver·scha·len *vi (i. verschaald)* s'éventer; **verschaald bier** bière plate
ver·schal·ken *vt (h. verschalkt)* **1** avaler **2** attraper; **de keeper ~** tromper le gardien (de but)
ver·schan·sen *vpr (zich ~; h. zich verschanst)* se retrancher
ver·schan·sing *nf (-en)* fortification

ver·scheen, verschenen → **verschijnen**
ver·schei·den *card* plusieurs
ver·schei·den|heid *nf (-heden)* diversité; **een grote ~ van prijzen** une grande variété de prix
ver·sche·pen *vt (h. verscheept)* **1** transborder **2** expédier par bateau
ver·scher·pen[1] *vt (h./i. verscherpt)* aiguiser
ver·scher·pen[2] *vi (h./i. verscherpt)* s'aggraver
ver·scheurd·heid *nf* déchirement
ver·scheu·ren *vt (h. verscheurd)* déchirer
ver·scheu·rend *adj* carnassier *(animaux)*
ver·schiet *het (-en)* **1** horizon; **in het ~** à l'horizon **2** perspective; **er ligt voor haar een mooie toekomst in het ~** elle a un bel avenir en perspective
ver·schie·ten[1] *vt (h./i. verschoten)* épuiser ses munitions
ver·schie·ten[2] *vi (h./i. verschoten)* **1** passer; **zijn jas is verschoten** son manteau est passé de ton **2** pâlir **3** *(Belg.)* sursauter
ver·schij·nen *vi (i. verschenen)* **1** apparaître **2** se présenter; **voor de rechter ~** comparaître devant le juge **3** paraître
ver·schij·ning *nf (-en)* **1** apparition **2** parution ♦ **een sympathieke ~** une personne sympathique
ver·schij·nings·vorm *nm (-en)* manifestation *(manière de se manifester)*
ver·schijn·sel *het (-en)* phénomène; **het ~ doet zich voor, dat ...** il se produit que ...; **~en van verrotting vertonen** montrer des signes de putréfaction
ver·schil *het (-len)* différence; **een ~ van hemel en aarde** une différence du tout au tout; **~ van mening** divergence d'opinions; **met dit ~ dat ...** à la différence que ...
ver·schil·len *vi (h. verschild)* différer; **dat verschilt** ça dépend; **in aard ~** être de nature différente; **in leeftijd ~** présenter une différence d'âge
ver·schil·lend[1] *adj, adv* différent, différemment; **dat is erg ~** cela varie; **hierover wordt ~ gedacht** les avis sont partagés sur ce point
ver·schil·lend[2] *card* différents; **~e toehoorders verlieten de zaal** plusieurs auditeurs quittèrent la salle
ver·scho·len *adj* caché
ver·scho·nen *vt (h. verschoond)* **1** changer *(mettre du linge propre à)*; **de bedden ~** changer les draps **2** *(form.)* épargner
ver·scho·ning *nf (-en)* **1** fait de se changer, de changer de linge **2** (linge de) rechange **3** *(form.)* pardon
ver·schoof, verschoven → **verschuiven**[1]
ver·school, verscholen → **verschuilen**
ver·schoot, verschoten → **verschieten**[1]
ver·schop·pe|ling *nm (-en)*, **-linge** *nf (-n)* paria
ver·schot *het (-ten) (Belg.)* lumbago
ver·schra·len[1] *vi (h./i. verschraald)* **1** s'altérer **2** *(météo.)* se détériorer
ver·schra·len[2] *vt (h./i. verschraald)* diminuer
ver·schrik·ke·lijk *adj, adv* terrible(ment); **hij brulde ~** il hurlait affreusement; **~ lekker** diablement bon; **een ~e moord** un assassinat horrible; **hij is ~ slechtgehumeurd** il est d'une humeur exécrable
ver·schrik·king *nf (-en)* horreur
ver·schroei·en[1] *vt (h./i. verschroeid)* brûler; **het linnengoed bij het strijken ~** roussir le linge en le repassant
ver·schroei·en[2] *vi (h./i. verschroeid)* être brûlé
ver·schrom·pe·len *vi (h./i. verschrompeld)* **1** se rabougrir **2** se ratatiner
ver·schui·len *vpr (zich ~; h. zich verscholen)* se cacher
ver·schui·ven[1] *vt (h./i. verschoven)* **1** déplacer **2** remettre
ver·schui·ven[2] *vi (h./i. verschoven)* se déplacer
ver·schui·ving *nf (-en)* **1** déplacement; **de ~ van de aardkorst** le glissement de l'écorce terrestre **2** ajournement **3** *(géo.)* faille
ver·schul·digd *adj* **1** dû; **de jongen was zijn voogd veel ~** le garçon devait beaucoup à son tuteur **2** obligé
vers·heid *nf* fraîcheur *(état de ce qui vient d'être produit etc.)*
ver·sie *nf (-s)* version *(ook Belg.)*
ver·sier|der *nm (-s)*, **-ster** *nf (-s)* séducteur, -trice
ver·sie·ren *vt (h. versierd)* **1** décorer **2** orner **3** *(fam.)* arranger **4** *(fam.)* séduire; **een meisje ~** se trouver une petite amie, draguer une jeune fille ♦ **valt er nog wat te ~?** qu'est-ce qu'on peut faire?, c'est intéressant?
ver·sier·sel *het (-en)* ornement
ver·sier·toer *nm (fam.)* ♦ **op de ~ zijn** draguer
ver·sja·che·ren *vt (h. versjacherd)* bazarder
ver·sjou·wen *vt (h. versjouwd)* coltiner
ver|slaafd *adj (-slaafder, meest v.)* intoxiqué; **aan de drank ~ zijn** être alcoolique; **aan het roken ~ zijn** être tabacomane; **de ~e** le, la drogué(e), l'intoxiqué(e); **hij is eraan ~** il ne peut pas s'en passer
ver·slaafd·heid *nf* dépendance *(drogues)*
ver·slaan *vt (h./i. verslagen)* **1** battre **2** faire un compte rendu de
ver·slag *het (-en)* rapport; **~ uitbrengen** faire un compte rendu
ver·sla·gen[1] → **verslaan**
ver·sla|gen[2] *adj (-gener, meest v.)* **1** vaincu **2** abattu; **~ gezicht** mine déconfite
ver·sla·gen·heid *nf* abattement
ver·slag|ge·ver *nm (-s)*, **-geefster** *nf*

(-s) reporter; **een speciale** ~ un envoyé spécial
ver·slag·leg·ging *nf* rapport *(compte rendu)*
ver·sla·pen[1] *vpr (zich ~; h. zich verslapen)* se lever trop tard; **hij had zich drie uur** ~ il s'était levé avec trois heures de retard
ver·sla·pen[2] *vt (h. verslapen)* faire passer en dormant ♦ **zijn tijd** ~ passer son temps à dormir
ver·slap·pen[1] *vt (h./i. verslapt)* **1** détendre **2** ramollir
ver·slap·pen[2] *vi (h./i. verslapt)* se relâcher; **de pols verslapt** le pouls faiblit
ver·sla·ven *vpr (zich ~; h. zich verslaafd)* *(+ aan)* s'adonner (à)
ver·sla·vend *adj, adv* qui engendre une dépendance; **videospelletjes werkten** ~ **op hem** les jeux vidéo avaient sur lui l'effet d'une drogue
ver·sla·ving *nf* accoutumance; **de** ~ **aan verdovende middelen** la toxicomanie
ver·slech·te·ren *vi (i. verslechterd)* s'aggraver
ver·slech·te·ring *nf* aggravation; **de** ~ **van de internationale situatie** la dégradation de la situation internationale
ver·sleet, versleten → **verslijten**[1]
ver·sle·pen *vt (h. versleept)* traîner; **een auto** ~ remorquer une voiture
ver·sle·ten *adj (meer v., meest v.)* usé
ver·sliep, versliepen → **verslapen**[1]
ver·slij·ten[1] *vt (h./i. versleten)* **1** user; *(iron.)* **hij had al drie echtgenotes versleten** il avait déjà épuisé trois épouses **2** *(+ voor)* prendre (pour)
ver·slij·ten[2] *vi (h./i. versleten)* s'user
ver·slik·ken *vpr (zich ~; h. zich verslikt)* **1** avaler de travers; **hij verslikte zich in zijn woorden** les mots s'étranglaient dans sa gorge **2** *(+ in)* se méprendre (sur qch)
ver·slin·den *vt (h. verslonden)* dévorer
ver·slin·gerd *adj (fam.) (+ aan)* fou (de); ~ **zijn aan iets** être entiché de qch; **hij raakte aan het gokken** ~ il s'est pris de passion pour le jeu
ver·sloeg, versloegen → **verslaan**
ver·slof·fen *vi (h. versloft)* aller à vau-l'eau
ver·slond, verslonden → **verslinden**
ver·slon·zen *vt (h. verslonsd)* négliger
ver·slui·e·ren *vt (h. versluierd)* voiler *(fig.)*; **in ~de taal** en termes voilés
vers|maat *de (-maten)* mètre *(en prosodie)*
ver·smach·ten *vi (i. versmacht)* **1** mourir (de) **2** dépérir **3** *(Belg.)* étouffer
ver·sma·den *vt (h. versmaad)* **1** refuser; **dat is niet te** ~ cela ne se refuse pas **2** dédaigner
ver·smal·len[1] *vt (h./i. versmald)* rétrécir
ver·smal·len[2] *vi, aussi vpr (h./i. versmald)* se rétrécir
ver·smel·ten[1] *vt (h./i. versmolten)* **1** fondre **2** fuser
ver·smel·ten[2] *vi (h./i. versmolten)* **1** se fondre **2** fondre
ver·smolt, versmolten → **versmelten**[1]
ver·sna·pe·ring *nf (-en)* friandise
ver·sneed, versneden → **versnijden**
ver·snel·len[1] *vti (h./i. versneld)* accélérer; **de bloedsomloop** ~ activer la circulation du sang
ver·snel·len[2] *vpr (zich ~; h. zich versneld)* s'accélérer
ver·snel·ling *nf (-en)* **1** accélération **2** changement de vitesse; **naar de derde** ~ **schakelen** passer la troisième vitesse; **een fiets met** ~ une bicyclette avec un dérailleur
ver·snij·den *vt (h. versneden)* **1** découper **2** couper
ver·snip·pe·ren[1] *vt (h./i. versnipperd)* **1** couper en petits morceaux **2** éparpiller; **zijn aandacht** ~ disperser son attention
ver·snip·pe·ren[2] *vi (h./i. versnipperd)* s'éparpiller; **het rijk versnipperde** l'empire se démembra
ver·snip·pe·ring *nf* **1** fragmentation **2** éparpillement **3** morcellement
ver·snoe·pen *vt (h. versnoept)* ♦ **hij heeft al zijn zakgeld versnoept** il a dépensé tout son argent de poche en friandises
ver·so·be·ren *vi (h./i. versoberd)* devenir plus sobre ♦ **zij moesten** ~ ils devaient restreindre leurs dépenses
ver·so·be·ring *nf (-en)* ♦ **streven naar** ~ aspirer à une plus grande sobriété, *(pol.; écon.)* préconiser une politique d'austérité
ver·soe·pe·len[1] *vt (h./i. versoepeld)* assouplir
ver·soe·pe·len[2] *vi (h./i. versoepeld)* s'assouplir
ver·som·be·ren[1] *vt (h./i. versomberd)* assombrir
ver·som·be·ren[2] *vi (h./i. versomberd)* s'assombrir
ver·spe·len *vt (h. verspeeld)* jouer ♦ **die jongen verspeelt zijn tijd** ce garçon passe son temps à jouer
ver·spe·nen *vt (h. verspeend) (bot.)* repiquer
ver·sper·ren *vt (h. versperd)* barrer
ver·spil·len *vt (h. verspild)* gaspiller; **zijn erfdeel** ~ dilapider son héritage
ver·splin·te·ren[1] *vt (h./i. versplinterd)* faire éclater
ver·splin·te·ren[2] *vi (h./i. versplinterd)* éclater
ver·splin·te·ring *nf (fig.)* fractionnement
ver·sprak, verspraken → **verspreken**
ver·spreid *adj (meer v., meest v.)* dispersé; **over de hele aarde** ~ **zijn** être répandu partout dans le monde
ver·sprei·den[1] *vt (h. verspreid)* **1** répandre; **een leer** ~ propager une doctrine **2** distribuer **3** disperser
ver·sprei·den[2] *vpr (zich ~; h. zich verspreid)* **1** se répandre **2** se disperser
ver·sprei·ding *nf* **1** diffusion **2** distribution
ver·spre·ken *vpr (zich ~; h. zich verspro-*

ken) **1** se tromper; **ik heb me versproken** la langue m'a fourché **2** se trahir

ver·spre·king *nf (-en)* lapsus

ver·sprin·gen[1] *vi (i./h. versprongen)* **1** se déplacer (brusquement) **2** être décalé ♦ **het paasfeest verspringt elk jaar** la date de la fête de Pâques change tous les ans

ver·sprin·gen[2] *vi (h. vergesprongen) (sports)* sauter en longueur

ver·sprong, versprongen → **verspringen**[1]

vers·re·gel *nm (-s)* → **vers**[1] **1**

verst *adj, adv* plus éloigné, plus loin; **het ~e punt** le point le plus éloigné

ver·staan[1] *vt (h./i. verstaan)* **1** comprendre *(ce qui est bien articulé, bien distinct)*; **te ~ geven** donner à entendre **2** *(+ onder)* entendre; **wat verstaat men onder die uitdrukking?** qu'entend-on par cette expression? ♦ **hij verstaat 't** il s'y connaît

ver·staan[2] *vpr (zich ~; h. zich verstaan)* s'entendre (avec qn)

ver·staan|baar *adj, adv (-baarder, -baarst)* **1** distinct(ement) **2** clair(ement); **verstaanbare taal** langage intelligible

ver·staan·baar·heid *nf* **1** netteté *(langage)* **2** compréhensibilité

ver·staan·der *nm (-s)* ♦ *(prov)* **een goed ~ heeft maar een half woord nodig** à bon entendeur, salut!

ver·stand *het* **1** intelligence; **hij is niet goed bij zijn ~** il n'a plus toute sa tête; **(nog) bij zijn (volle) ~ zijn** avoir toute sa raison; **iem iets aan het ~ brengen** faire comprendre qch à qn; **gebruik toch je ~!** réfléchis!; **gezond ~** du bon sens; **praten naar men ~ heeft** parler de ce que l'on connaît; *(prov)* **het ~ komt met de jaren** avec l'âge on devient sage; **zijn ~ verliezen** perdre la raison; **dat gaat mijn ~ te boven** cela me dépasse **2** jugement; **hij heeft er geen ~ van** il n'y connaît rien; **~ hebben van iets** s'entendre à qch **3** entendement; **met dien ~e dat ...** étant (bien) entendu que ...

ver·stan·de·lijk *adj, adv* intellectuel(lement); **iets ~ beredeneren** parler rationnellement de qch; **een ~ type** un type cérébral; **~e vermogens** facultés intellectuelles

ver·stand·hou·ding *nf (-en)* entente; **een teken van ~** un signe d'intelligence

ver·stan·dig *adj, adv* **1** raisonnable(ment); **iets ~ aanpakken** s'y prendre intelligemment **2** judicieux

ver·stands·hu·we·lijk *het (-en)* mariage de raison

ver·stands|kies *de (-kiezen)* dent de sagesse

ver·stands·ver·bijs·te·ring *nf* aliénation mentale

ver·star·ren[1] *vt (h./i. verstard)* figer; **~d werken op iem** paralyser qn

ver·star·ren[2] *vi (h./i. verstard)* se figer

ver·star·ring *nf (fig.)* sclérose

ver·ste·de·lij·king *nf* urbanisation

ver·stek *het (-ken)* ♦ **bij ~ veroordelen** condamner par contumace; **~ laten gaan** ne pas se présenter

ver·ste·ke|ling *nm (-en)*, **-linge** *nf (-n)* (passager) clandestin

ver·stel·baar *adj* réglable

ver·steld *adj* ahuri; **iem ~ doen staan** confondre qn; **ik sta er ~ van** les bras m'en tombent

ver·stel·len *vt (h. versteld)* **1** régler **2** réparer; **een overhemd ~** repriser une chemise

ver·ste·nen[1] *vi (h./i. versteend)* **1** se pétrifier; **versteende dieren** animaux fossilisés; **~ van schrik** être paralysé par la peur; **versteend van de kou** transi (de froid) **2** *(fig.)* s'endurcir

ver·ste·nen[2] *vt (h./i. versteend)* **1** pétrifier **2** *(fig.)* endurcir

ver·ster·ken *vt (h./i. versterkt)* **1** renforcer; **geluid ~** amplifier un son **2** fortifier

ver·ster·ker *nm (-s)* ampli(ficateur)

ver·ster·king *nf (-en)* **1** renforcement **2** fortifiant **3** *(milit.)* renfort **4** amplification **5** fortification

ver·ste·vi·gen[1] *vt (h./i. verstevigd)* renforcer; **zijn positie ~** consolider sa position

ver·ste·vi·gen[2] *vpr (zich ~; h. zich verstevigd)* se renforcer

ver·ste·vi·ging *nf (-en)* **1** renforcement **2** renfort

ver·stij·ven *vi (h./i. verstijfd)* se raidir; **~ van kou** être transi (de froid); **~ van schrik** être paralysé par la peur

ver·stik·ken *vt (h./i. verstikt)* étouffer

ver·stik·kings·dood *nm* mort par asphyxie

ver·sto·ken[1] *adj* ♦ **van iets ~ zijn** être privé de qch

ver·sto·ken[2] *vt (h. verstookt)* **1** brûler *(des combustibles)* **2** dépenser pour le chauffage

ver|stokt *adj (-stokter, meest v.)* endurci; **een ~e dronkaard** un buveur invétéré

ver·stomd *adj* ♦ **~ staan** ne pas en croire ses yeux

ver·stom·men[1] *vi (h./i. verstomd)* devenir muet; **plotseling verstomde hij** il se tut ♦ **het gesprek verstomde bij mijn aankomst** la conversation s'interrompit à mon arrivée

ver·stom·men[2] *vt (h./i. verstomd)* rendre muet

ver·stond, verstonden → **verstaan**[1]

ver·stoof, verstoven → **verstuiven**[1]

ver|stoord *adj (-stoorder, meest v.)* irrité

ver·stop·pen *vt (h. verstopt)* **1** cacher **2** constiper

ver·stop·per·tje *het* ♦ **~ spelen** jouer à cache-cache; *(fig.)* **geen ~ spelen** ne pas y aller par quatre chemins, de main morte

ver·stop·ping *nf (-en)* **1** obstruction **2** *(circul.)* embouteillage **3** *(méd.)* constipation

ver·stopt *adj* **1** bouché; **~ raken** se boucher **2** *(circul.)* encombré **3** *(méd.)* constipé

ver·sto·ren *vt (h. verstoord)* troubler; **het**

evenwicht ~ rompre l'équilibre; **plannen** ~ déranger des projets
ver·sto·ring *nf (-en)* perturbation; **de ~ van zijn innerlijk evenwicht** la rupture de son équilibre intérieur
ver·sto·te·ling *nm (-en)* → **verschoppeling**
ver·sto·ten *vt (h. verstoten)* repousser; **een kind** ~ abandonner un enfant
ver·stou·wen *vt (h. verstouwd) (fam.)* digérer; **heel wat kunnen** ~ engouffrer, *(fig.)* pouvoir en encaisser de toutes sortes
ver·strak·ken *vi (h./i. verstrakt)* se durcir *(expression du visage)*
ver·streek, verstreken → **verstrijken**
ver·strek·ken *vt (h. verstrekt)* fournir; **wat verstrekt mij de eer?** qu'est-ce qui me vaut l'honneur?; **iem de nodige gelden** ~ procurer à qn les fonds nécessaires
ver·strek·kend *adj* lourd, gros de conséquences; **dat heeft ~e gevolgen** cela a des conséquences énormes
ver·strek·king *nf (-en)* distribution
ver·stren·ge·len *vt (h. verstrengeld)* emmêler
ver·stren·ge·ling *nf* entrelacement
ver·strij·ken *vi (i. verstreken)* **1** expirer **2** s'écouler
ver·strik·ken *vt (h. verstrikt)* **1** prendre au piège **2** empêtrer; **in iets verstrikt raken** s'empêtrer dans qch *(aussi au fig.)*
ver|strooid *adj, adv (-strooider, meest v.)* **1** éparpillé **2** distrait(ement)
ver·strooid|heid *nf (-heden)* distraction
ver·strooi·en *vt (h. verstrooid)* **1** distraire **2** éparpiller
ver·strooi·ing *nf (-en)* **1** distraction; **ter** ~ pour se distraire **2** éparpillement
ver·stui·ken *vt (h. verstuikt)* ♦ **z'n enkel** ~ se fouler la cheville
ver·stui·king *nf (-en)* entorse
ver·stui·ven¹ *vi (h./i. verstoven)* **1** s'en aller en poussière **2** s'envoler
ver·stui·ven² *vt (h./i. verstoven)* pulvériser
ver·stu·ren *vt (h. verstuurd)* envoyer
ver·suf·fen¹ *vi (h./i. versuft)* s'abrutir
ver·suf·fen² *vt (h./i. versuft)* abrutir
ver|suft *adj (-sufter, meest v.)* abruti; ~ **raken** s'engourdir; ~ **rondstaren** promener un regard hébété autour de soi
ver·suk·ke·ling *nf* ♦ **in de ~ raken** décliner, être en perte de vitesse
vers·voet *nm (-en)* pied *(en prosodie)*
vers·vorm *nm (-en)* **1** vers **2** forme de versification
ver·taal·bu·reau *het (-s)* bureau de traduction
ver·taal·werk *het* traductions
ver·tak·ken¹ *vt (h. vertakt)* ramifier
ver·tak·ken² *vpr (zich ~; h. zich vertakt)* se ramifier
ver·ta·len *vt (h. vertaald)* **1** traduire; ~ **met** traduire par **2** exprimer
ver|ta·ler *nm (-s),* **-taalster** *nf (-s)* traducteur, -trice
ver·ta·ling *nf (-en)* traduction
ver·te *nf (-n, -s)* lointain; **het lijkt er in de ~ op** cela y ressemble de loin; **uit de** ~ de loin; **ik denk er in de verste ~ niet aan** je n'y pense pas le moins du monde
ver·te·de·ren¹ *vt (h./i. vertederd)* attendrir
ver·te·de·ren² *vi (h./i. vertederd)* s'attendrir
ver·teer·baar *adj* digestible; **licht ~ voedsel** aliment facile à digérer; *(fig.)* **dat is voor de vakbond niet** ~ ce n'est pas acceptable pour le syndicat
ver·te·gen·woor·di·gen *vt (h. vertegenwoordigd)* représenter
ver·te·gen·woor·di·ging *nf (-en)* représentation *(délégation)*
ver·te·ke·nen *vti (h./i. vertekend)* déformer
ver·tel·len¹ *vti (h. verteld)* **1** dire; **dat kan ik je wél ~!** c'est moi qui te le dis!; **je kunt me nog meer ~!** (raconte cela) à d'autres!; **iets verder ~ aan anderen** répéter qch; **zal ik je eens wat ~?** tu veux que je te dise? **2** raconter; **hij kan leuk** ~ c'est un excellent conteur; **iem iets uit en te na** ~ rebattre les oreilles à qn de qch ♦ **niet veel te ~ hebben** ne pas avoir voix au chapitre, ne pas avoir grand-chose à dire
ver·tel·len² *vpr (zich ~; h. zich verteld)* se tromper en comptant
ver·tel|ler *nm (-s),* **-ster** *nf (-s)* **1** conteur, -euse **2** *(ling.)* narrateur, -trice
ver·tel·ling *nf (-en)* **1** conte **2** récit
ver·tel·sel *het (-s)* conte; *(fig.)* **dat zijn allemaal ~tjes** ce sont des contes à dormir debout
ver·te·ren¹ *vt (h./i. verteerd)* **1** digérer; **ik heb dat nooit verteerd** cela m'est resté sur l'estomac **2** dépenser **3** ronger; **door verdriet verteerd worden** être consumé par le chagrin
ver·te·ren² *vi (h./i. verteerd)* **1** se digérer **2** se décomposer **3** consommer *(dans un café, restaurant)*
ver·tien·vou·di·gen *vti (h./i. vertienvoudigd)* décupler
ver·tier *het* distraction; **hij moet wat ~ hebben** il a besoin de distractions; **er is hier veel** ~ il y a beaucoup d'animation ici
ver·tik·ken *vt (h. vertikt) (fam.)* refuser; **hij vertikt het** il ne veut rien savoir
ver·til·len *vpr (zich ~; h. zich vertild)* ♦ **zich aan iets** ~ se donner un tour de reins en soulevant qch, *(fig.)* ± se surestimer en entreprenant qch
ver·tim·me·ren *vt (h. vertimmerd)* ♦ **veel geld aan een huis** ~ dépenser beaucoup d'argent pour la transformation d'une maison
ver·toe·ven *vi (h. vertoefd)* séjourner (qp)
ver·tol·ken *vt (h. vertolkt)* **1** exprimer **2** *(mus.; dram.)* interpréter
ver|tol·ker *nm (-s),* **-tolkster** *nf (-s) (mus.; dram.)* interprète
ver·tol·king *nf (-en) (mus.; dram.)* interprétation
ver·to·nen¹ *vt (h. vertoond)* présenter; **dat**

is nog nooit vertoond c'est de l'inédit; **hij vertoonde geen spoor van verbazing** il ne montrait aucun signe d'étonnement
ver·to·nen² *vpr (zich ~; h. zich vertoond)* se montrer; **ik durf me daar niet meer te** ~ je n'ose plus y retourner; **zich even** ~ faire acte de présence
ver·to·ning *nf (-en)* **1** représentation **2** spectacle; **het was een ~!** c'était tout un cinéma!
ver·toon *het* présentation *(action de présenter)* ♦ **met veel** ~ avec ostentation
ver·toor·nen *vt (h. vertoornd) (form.)* fâcher
ver·tra·gen¹ *vt (h./i. vertraagd)* **1** ralentir **2** retarder
ver·tra·gen² *vi (h./i. vertraagd)* ralentir; **de snelheid vertraagde** la vitesse diminua
ver·tra·ging *nf (-en)* **1** ralentissement **2** retard; ~ **ondervinden** prendre du retard
ver·trap·pen *vt (h. vertrapt)* **1** piétiner **2** opprimer
ver·trek *het (-ken)* **1** départ; **op het punt van ~ staan** être sur le départ **2** pièce *(local)*
ver·trek·ken¹ *vi (h./i. vertrokken)* **1** partir; **op het punt staan te** ~ être sur le départ **2** *(+ uit)* quitter **3** *(Belg.)* prendre pour point de départ; ~ **van een veronderstelling** partir d'une hypothèse ♦ *(fam.)* **..., dan ben ik gauw vertrokken** ..., je m'endors à la minute
ver·trek·ken² *vt (h./i. vertrokken)* ♦ **het gezicht van pijn** ~ grimacer de douleur; **de mond tot een grijns** ~ tordre la bouche en faisant une grimace
ver·troe·be·len¹ *vt (h. vertroebeld)* troubler
ver·troe·be·len² *vi (h. vertroebeld)* se troubler
ver·troe·be·ling *nf (-en)* **1** opacification **2** *(fig.)* embrouillement
ver·troe·te·len *vt (h. vertroeteld)* dorloter
ver·troos·ting *nf (-en)* consolation
ver|trouwd *adj (-trouwder, meest v.)* **1** intime; **een ~ persoon** une personne de confiance **2** *(+ met)* familier; ~ **raken met** se familiariser avec; ~ **met iets zijn** bien connaître qch **3** sûr
ver·trou·we·lijk *adj, adv* **1** intime(ment); **met iem ~ omgaan** être intime avec qn **2** confidentiel(lement); ~ **praten** parler en confidence
ver·trou·we·lijk|heid *nf (-heden)* **1** familiarité **2** caractère confidentiel
ver·trou·we|ling *nm (-en)*, **-linge** *nf (-n)* confident, -ente
ver·trou·wen¹ *het* confiance; **iem in ~ nemen** mettre qn dans la confidence; **iem iets in ~ zeggen** confier qch à qn; **iem zijn ~ schenken, ~ stellen in iem** faire confiance à qn; **goed van ~ zijn** être d'un naturel confiant; **met het volste** ~ en toute confiance; ~ **wekken** inspirer confiance
ver·trou·wen² *vti (h. vertrouwd)* avoir confiance (en); **iem blindelings** ~ avoir une confiance absolue en qn; **ik vertrouw erop dat het in orde komt** j'ose espérer que ça s'arrangera; **hij is niet te** ~ on ne peut pas lui faire confiance; **iets niet** ~ se méfier de qch; **op zijn geluk** ~ avoir confiance en sa bonne étoile; **op zijn intuïtie** ~ se fier à son intuition
***ver·trou·wens-** de confiance; **een vertrouwenskwestie** une question de confiance
ver·trou·wen·wek·kend *adj (-kender, -kendst)* qui inspire confiance
ver·twij·feld *adj, adv* désespéré(ment)
ver·twij·fe·ling *nf (-en)* désespoir
ver·uit *adv* de loin
ver·vaar·di·gen *vt (h. vervaardigd)* fabriquer; **met de hand vervaardigd** fait main
ver·vaar·lijk *adj, adv* redoutable, épouvantablement; **een ~ geschreeuw** des cris horribles; ~ **tekeergaan** se déchaîner
ver·va·gen¹ *vi (h./i. vervaagd)* s'estomper; **zijn schoolkennis is al lang vervaagd** il a pratiquement oublié ce qu'il a appris à l'école
ver·va·gen² *vt (h./i. vervaagd)* estomper
ver·val *het* **1** déclin; **in ~ raken** tomber en ruine; **het ~ van de goede zeden** la dépravation des mœurs **2** pente
ver·val|dag *nm (-en)*, **-datum** *nm (-data, -s)* échéance *(date)*
ver·val|len¹ *adj (-lener, meest v.)* **1** délabré **2** chétif **3** aboli **4** expiré; **na het ~ van de termijn** à terme échu
ver·val·len² *vi (i. vervallen)* **1** tomber en ruine **2** (re)tomber (dans); **tot armoede** ~ être réduit à la pauvreté; **van het ene uiterste in het andere** ~ passer d'un extrême à l'autre **3** expirer **4** *(+ aan)* revenir (à) **5** tomber; **die mogelijkheid vervalt** cette possibilité est éliminée; **die plannen** ~ ces projets sont abandonnés; **de vergadering vervalt** la réunion est supprimée
ver·val·sen *vt (h. vervalst)* **1** falsifier; **een handtekening** ~ contrefaire une signature; **schilderijen** ~ peindre de faux tableaux **2** trafiquer; **een paspoort** ~ maquiller un passeport; **iemands woorden** ~ dénaturer les paroles de qn
ver·val·sing *nf (-en)* **1** falsification **2** contrefaçon
ver·vang·baar *adj* remplaçable
ver·van·gen *vt (h. vervangen)* remplacer
ver·van·ging *nf (-en)* remplacement; **ter ~ van** en remplacement de
ver·vat·ten *vt* ♦ **zijn oordeel was in deze bewoordingen vervat** son jugement était ainsi conçu
ver·ve *de* verve
ver|veeld *adj (-veelder, meest v.)* ♦ **hij keek ~ toe** l'ennui se lisait dans son regard; *(Belg.)* **ik zit ermee** ~ ça m'empoisonne
ver·ve·len¹ *vti (h. verveeld)* ennuyer; **dat zal gauw** ~ on en aura vite assez; **tot ~s toe** à satiété
ver·ve·len² *vpr (zich ~; h. zich verveeld)* s'ennuyer

ver·ve·lend *adj, adv* **1** ennuyeux, d'une manière ennuyeuse; **wat een ~e vent!** quel type assommant!; **wees nu niet zo ~!** ne sois pas si assommant! **2** embarrassant; **een ~e geschiedenis** une histoire fâcheuse **3** désagréable; **zich ~ voelen** se sentir mal à l'aise, éprouver un (léger) malaise
ver·ve·ling *nf* ennui
ver·vel·len *vi (i. verveld)* peler
ver·ven[1] *vt (h. geverfd)* **1** peindre **2** teindre
ver·ven[2] *vi (h. geverfd)* faire de la peinture; **pas op! geverfd!** attention! peinture fraîche!
ver·ver·sen *vt (h. ververst)* **1** rafraîchir **2** renouveler
ver·viel, vervielen → **vervallen**[1]
ver·vier·vou·di·gen *vti (h. verviervoudigd)* quadrupler
ver·vil·ten *vti (h./i. vervilt)* feutrer
ver·ving, vervingen → **vervangen**
ver·vlaam·sen *vti (h./i. vervlaamst) (Belg.)* flamandiser
ver·vlak·ken[1] *vt (h./i. vervlakt)* **1** niveler **2** abrutir **3** émousser
ver·vlak·ken[2] *vi (h./i. vervlakt)* **1** se niveler **2** s'abrutir **3** s'émousser
ver·vlie·gen *vi (i. vervlogen)* **1** s'écouler; **lang vervlogen jaren** années lointaines **2** s'évaporer **3** *(fig.)* s'envoler; **een vervlogen hoop** un espoir déçu; **vervlogen illusies** illusions perdues
ver·vloe·ken *vt (h. vervloekt)* maudire
ver·vloe·king *nf (-en)* **1** malédiction **2** juron
ver·vloekt[1] *adj* abominable
ver·vloekt[2] *adv* bigrement
ver·vloekt[3] *interj* diable!
ver·vloog, vervlogen → **vervliegen**
ver·vluch·ti·gen *vi (i. vervluchtigd)* **1** s'évaporer **2** se perdre
ver·voe·gen[1] *vt (h. vervoegd) (ling.)* conjuguer
ver·voe·gen[2] *vpr (zich ~; h. zich vervoegd)* ♦ **zich ~ bij iem** se rendre auprès de qn, s'adresser à qn
ver·voe·ging *nf (-en)* conjugaison
ver·voer *het* **1** transport; **het openbaar ~** les transports en commun **2** moyen de transport
***ver·voer-** de transport; **het vervoermiddel** le moyen de transport
ver·voer·baar *adj* transportable
ver·voer|der *nm (-s)*, **-ster** *nf (-s)* transporteur
ver·voe·ren *vt (h. vervoerd)* **1** transporter **2** exalter; **zich door woede laten ~** se laisser emporter par la colère
ver·voe·ring *nf* exaltation; **in ~ raken** s'exalter; **in ~ brengen** jeter dans l'ivresse
ver·volg *het (-en)* suite; **als ~ op uw brief** suite à votre lettre; **in het ~** désormais
ver·volg·cur·sus *nm (-sen)* cours complémentaire
ver·vol·gen *vt (h. vervolgd)* **1** poursuivre; **de reis ~** continuer le voyage; **iem vanwege zijn geloof ~** persécuter qn pour sa foi; **wordt vervolgd** à suivre **2** poursuivre en justice
ver·vol·gens *adv* ensuite
ver·vol·ging *nf (-en)* **1** poursuite **2** persécution **3** poursuites (judiciaires)
ver·vol·gings·waan·zin *nm* délire de (la) persécution
ver·volg·op·lei·ding *nf (-en)* formation complémentaire
ver·volg·se·rie *nf (-s)* feuilleton
ver·vol·le·di·gen *vt (h. vervolledigd)* compléter
ver·vol·ma·ken *vt (h. vervolmaakt) (form.)* perfectionner
ver·vor·men[1] *vi (h./i. vervormd)* **1** se transformer **2** se distordre *(de sons)*
ver·vor·men[2] *vt (h./i. vervormd)* **1** transformer **2** distordre *(de sons)*
ver·vreem·den[1] *vt (h./i. vervreemd)* aliéner; **zich ~ van** s'éloigner de
ver·vreem·den[2] *vi (h./i. vervreemd) (+ van)* devenir étranger (à)
ver·vroe·gen *vt (h. vervroegd)* avancer
ver·vui·len[1] *vi (h./i. vervuild)* s'encrasser; **de Rijn vervuilt** le Rhin est de plus en plus pollué
ver·vui·len[2] *vti (h./i. vervuild)* polluer
ver·vui·ling *nf* pollution
ver·vul·len *vt (h. vervuld)* **1** remplir **2** réaliser; **beloften ~** tenir des promesses; **de dienstplicht ~** accomplir son service militaire **3** exercer
ver·vul·ling *nf* réalisation; **uw wens gaat in ~** votre vœu se réalise
ver·waaid *adj* emporté par le vent, *(cheveux)* ébouriffé
ver·waand *adj, adv* présomptueux, présomptueusement; **een ~e kwast** un m'as-tu-vu; **~ spreken** parler avec arrogance; **~ zijn jegens iem** prendre de grands airs avec qn
ver·waar·di·gen *vt (h. verwaardigd)* ♦ **zich ~** daigner
ver·waar·lo·zen *vt (h. verwaarloosd)* négliger; **een niet te ~ factor** un facteur non négligeable
ver·wach·ten *vt (h. verwacht)* s'attendre (à); **bericht ~** attendre des nouvelles; **lang verwacht** longtemps attendu; **het verwachte resultaat** le résultat escompté; **veel van iem ~** espérer beaucoup de qn; **dat kunt u niet van ons ~** vous ne pouvez pas nous demander cela; **het was te ~** il fallait s'y attendre; **men kan niet te veel van hem ~** il ne faut pas lui en demander trop ♦ **een baby ~** attendre un bébé
ver·wach·ting *nf (-en)* **1** attente; **in ~ zijn** être enceinte **2** espoirs; **buiten ~** contre toute attente; **geen enkele ~ hebben van iets, iem** ne rien attendre de qch, qn; **hoge ~en** de grands espoirs; **naar ~** comme prévu **3** *(écon.; météo.)* prévision
ver·wach·tings·pa|troon *het (-tronen)* attentes
ver·wach·tings·vol *adj* plein d'espoir
ver·want *adj* **1** *(+ aan)* parent (de); **nauw ~ zijn** être proches parents **2** *(+ aan, met)*

proche; **zich aan iem ~ voelen** se sentir proche de qn

ver·want·schap *nf* **1** parenté **2** analogie; **daartussen bestaat geen ~** il n'y a pas de rapport (entre ces deux choses)

ver·ward *adj, adv* **1** emmêlé, pêle-mêle; **een ~ geschreeuw** des cris chaotiques **2** confus, confusément; **~ spreken** tenir des propos sans suite **3** embarrassé, avec embarras

ver·ward·heid *nf* **1** désordre **2** incohérence **3** embarras

ver·war·men *vt (h. verwarmd)* (ré)chauffer

ver·war·ming *nf (-en)* chauffage

ver·war·ren *vt (h. verward)* **1** embrouiller; **in iets verward raken** s'empêtrer dans qch **2** *(fig.)* troubler **3** confondre, embarrasser

ver·war·ring *nf (-en)* confusion; **in ~ raken** se troubler; **iem in ~ brengen** troubler qn

ver·wa·te·ren[1] *vi (h./i. verwaterd)* **1** se diluer **2** *(fig.)* s'effriter

ver·wa·te·ren[2] *vt (h./i. verwaterd)* **1** diluer **2** *(fig.)* délayer

ver·wed·den *vt (h. verwed)* parier ♦ **hij heeft al zijn geld verwed** il a perdu tout son argent (au jeu, aux courses etc.)

ver|weer *het (-weren)* défense; **geen ~ hebben** être sans défense

ver·weerd *adj* altéré par les intempéries; **een ~ gezicht** un visage buriné, marqué; **een oude, ~e muur** un vieux mur décrépit

ver·weer·schrift *het (-en)* apologie

ver·wees, verwezen → **verwijzen**

ver·weet, verweten → **verwijten**

ver·we·ken *vi (i. verweekt)* se ramollir

ver·wek·ken *vt (h. verwekt)* engendrer; **angst ~** causer de l'angoisse; **kinderen ~** faire des enfants

ver|wek·ker *nm (-s)*, **-wekster** *nf (-s)* **1** géniteur, -trice **2** auteur; **de bacterie die de ~ is van de cholera** la bactérie qui est l'agent du choléra

ver·wel·ken *vi (i. verwelkt)* **1** se faner **2** *(fig.)* se flétrir

ver·wel·ko·men *vt (h. verwelkomd) (form.)* accueillir

ver·wen·nen *vt (h. verwend)* gâter; **een verwend publiek** un public exigeant; **zichzelf ~** se dorloter

ver·wen·sen *vt (h. verwenst)* maudire (qn, qch)

ver·wen·sing *nf (-en)* **1** malédiction **2** juron

ver·we·ren[1] *vi (h./i. verweerd)* **1** être rongé par les intempéries **2** devenir calleux

ver·we·ren[2] *vpr (zich ~; h. zich verweerd)* se défendre

ver·wer·ke·lij·ken *vti (h./i. verwerkelijkt)* → **verwezenlijken**[1]

ver·wer·ken *vt (h. verwerkt)* **1** traiter **2** *(+ tot)* transformer (en) **3** *(+ in)* incorporer; **het geleerde moet men ~** il faut assimiler ce que l'on a appris **4** accepter; **ik heb tijd nodig om dat te ~** il me faut du temps pour mettre de l'ordre dans tout cela

ver·wer·pe·lijk *adj* condamnable

ver·wer·pen *vt (h. verworpen)* **1** repousser; **een gedachte onmiddellijk weer ~** écarter immédiatement une pensée **2** répudier

ver·wer·ven *vt (h. verworven)* obtenir; **een reputatie ~** se faire une réputation; **zich iets ~** acquérir qch *(de l'expérience etc.)*

ver·wer·ving *nf* acquisition *(d'expérience etc.)*

ver·we·ven *vt (h. verweven)* **1** tisser **2** *(fig.)* mêler; **die zaken zijn nauw ~** ces affaires sont étroitement imbriquées

ver·we·zen *adj* hagard

ver·we·zen·lij·ken[1] *vi (h. verwezenlijkt)* se réaliser

ver·we·zen·lij·ken[2] *vt (h. verwezenlijkt)* réaliser; **dat is niet te ~** ce n'est pas réalisable

ver·wierf, verwierven → **verwerven**

ver·wierp, verwierpen → **verwerpen**

ver·wij·den *vt (h. verwijd)* élargir

ver·wij·derd *adj (meer v., meest v.)* lointain

ver·wij·de·ren *vt (h. verwijderd)* **1** éloigner; **deze boeken worden uit de bibliotheek verwijderd** ces livres sont retirés de la bibliothèque; **dit voorval heeft die jongens zeer van elkaar verwijderd** cet incident a jeté un grand froid entre ces garçons **2** enlever; **iem uit de klas ~** renvoyer qn de la classe; **iem uit zijn huis ~** expulser qn de sa maison

ver·wij·de·ring *nf (-en)* **1** éloignement **2** *(fig.)* distance

ver·wijfd *adj* efféminé

ver·wijs·brief·je *het (-s)* lettre d'introduction *(auprès d'un médecin spécialiste, de la part du médecin de famille)*

ver·wijt *het (-en)* reproche; **iem een ~ maken over iets** faire reproche à qn de qch; **zich ergens een ~ over maken** se reprocher de *(+ inf.)*; **ons treft geen ~** nous n'avons rien à nous reprocher

ver·wij·ten *vt (h. verweten)* reprocher; **iem ~d aankijken** regarder qn d'un air de reproche; **~de blikken** regards réprobateurs; **zij hebben elkaar niets te ~** ils n'ont rien à se reprocher (mutuellement), ils se valent

ver·wij·zen *vt (h. verwezen)* renvoyer

ver·wik·ke·len *vt (h. verwikkeld)* impliquer; **in iets verwikkeld raken** se trouver mêlé à qch

ver·wik·ke·ling *nf (-en)* **1** implication **2** complication **3** *(litt.)* intrigue

ver·wil·derd *adj* **1** (laissé) à l'abandon, *(enfant)* indiscipliné, *(animal)* redevenu sauvage **2** ébouriffé **3** hagard

ver·wil·de·ren[1] *vi (h./i. verwilderd)* **1** retourner à l'état sauvage **2** se dépraver

ver·wil·de·ren[2] *vt (h./i. verwilderd)* abrutir

ver·wis·sel·baar *adj* interchangeable

ver·wis·se·len *vt (h./i. verwisseld)* **1** changer **2** échanger **3** confondre
ver·wit·ti·gen *vt (h. verwittigd) (form.; Belg. niet form.)* **1** *(+ van)* informer (qn de qch) **2** avertir
ver·woed *adj, adv* **1** furieux, furieusement; **een ~ gevecht** un combat acharné **2** enragé, passionnément; **een ~ liefhebber van schaatsenrijden** un fervent du patinage
ver·woes·ten *vt (h. verwoest)* détruire
ver·woes·ting *nf (-en)* destruction; **~en aanrichten** faire des ravages
ver·won·den *vt (h. verwond)* blesser
ver·won·de·ren[1] *vt (h. verwonderd)* étonner
ver·won·de·ren[2] *vpr (zich ~; h. zich verwonderd)* s'étonner (de); **dat is niet te ~** rien d'étonnant à cela
ver·won·de·ring *nf* étonnement; **tot mijn grote ~** à ma grande surprise
ver·won·der·lijk *adj, adv* étonnant, étonnamment
ver·won·ding *nf (-en)* blessure
ver·woor·den *vt (h. verwoord)* exprimer (par des paroles)
ver·wor·den *vi (i. verworden) (form.)* **1** changer **2** dégénérer
ver·wor·pen → **verwerpen**
ver·wor·pe·ne *nm (-n)* → **verschoppeling**
ver·wor·ven → **verwerven**
ver·wor·ven|heid *nf (-heden)* acquis
ver·wrin·gen *vt (h. verwrongen)* tordre; **verwrongen stijl** style contourné
ver·wrong, verwrongen → **verwringen**
ver·zach·ten *vt (h. verzacht)* **1** atténuer; **een straf ~** commuer une peine **2** adoucir; **~de middelen** remèdes lénitifs
ver·za·di·gen *vt (h. verzadigd)* **1** rassasier; **hij was niet te ~** il était insatiable **2** *(phys.; chim.)* saturer
ver·za·ken *vt (h. verzaakt)* renier
ver·zak·ken *vi (i. verzakt)* s'affaisser; **verzakte gevel** façade tassée
ver·zak·king *nf (-en)* **1** effondrement; **de ~ van de zeedijk** l'affaissement de la digue de mer **2** *(méd.)* descente de l'utérus
ver·za|ligd *adj, adv (-ligder, meest v.)* béat(ement)
ver·za·mel|laar *nm (-s)*, **-laarster** *nf (-s)* collectionneur, -euse
ver·za·me·len[1] *vt (h./i. verzameld)* **1** rassembler; **informatie ~** réunir des informations **2** collectionner
ver·za·me·len[2] *vti (h./i. verzameld)* se rassembler
ver·za·me·ling *nf (-en)* **1** rassemblement *(fait de (se) rassembler)*; **de ~ van gegevens** la compilation de données, la collecte de renseignements **2** collection **3** *(math.)* ensemble
ver·za·mel|naam *nm (-namen)* **1** *(ling.)* (nom) collectif **2** dénomination commune
ver·za·mel·woe·de *nf* manie de la collection
ver·zan·den *vi (i. verzand)* **1** *(fig.)* s'enliser **2** s'ensabler
ver·ze·ge·len *vt (h. verzegeld)* cacheter; **een woning ~** apposer les scellés sur une demeure
ver·ze·ge·ling *nf (-en)* **1** cachetage **2** cachet *(de cire)*
ver·zei·len *vi (h./i. verzeild)* ♦ **in een gevaarlijke situatie verzeild raken** se trouver embarqué dans une situation dangereuse; **ergens verzeild raken** échouer qp; **wie weet waar hij nog verzeilt** qui sait ce qu'il adviendra de lui
ver·ze·ke·raar *nm (-s)* assureur
ver·ze·kerd *adj* assuré; **van iets ~ zijn** être sûr de qch
ver·ze·ke·ren[1] *vt (h. verzekerd)* **1** assurer **2** garantir **3** assurer, garantir par contrat d'assurance; **zijn leven ~** contracter une assurance vie; **ik ben voor 100.000 euro verzekerd** je suis assuré jusqu'à concurrence de 100.000 euros
ver·ze·ke·ren[2] *vpr (zich ~; h. zich verzekerd)* s'assurer (de qch)
ver·ze·ke·ring *nf (-en)* **1** assurance *(aussi garantie)*; **een ~ afsluiten** s'assurer **2** compagnie d'assurances; **dat krijgt hij terug van de ~** l'assurance le lui remboursera
***ver·ze·ke·rings-** d'assurances
ver·ze·ke·rings·maat·schap·pij *nf (-en)* → **verzekering 2**
ver·zen·den *vt (h. verzonden)* expédier
ver·zen·ding *nf (-en)* **1** expédition **2** envoi
ver·zend·kos·ten *plur* frais d'expédition
ver·zen·gen *vti (h./i. verzengd) (form.)* roussir; **een ~de hitte** une chaleur torride; **een ~de zon** un soleil de plomb
ver·zet *het* **1** résistance; **~ bieden, plegen** résister (à); **het heimelijk ~ tegen de Duitse bezetting** la résistance clandestine à l'occupation allemande; **in ~ komen (tegen)** s'insurger (contre); **een ~ tegen het gezag** une opposition au pouvoir **2** délassement **3** (mouvement de) résistance; **in het ~ gaan** prendre le maquis
ver·zet·je *het (-s)* ♦ **een ~ nemen** prendre du bon temps; **hij heeft een ~ nodig** il a besoin de souffler un coup
ver·zets|strij·der *nm (-s)*, **-strijdster** *nf (-s)*, **-man** *nm (-lui, -lieden)* résistant, -ante
ver·zet·ten[1] *vt (h. verzet)* **1** déplacer **2** *(form.)* distraire; **zoiets verzet de zinnen** ça change les idées
ver·zet·ten[2] *vpr (zich ~; h. zich verzet)* s'opposer; **zich niet ~** se laisser faire
ver·zie·ken[1] *vi (h./i. verziekt)* dépérir; **de verziekte politiek** la politique pourrie
ver·zie·ken[2] *vt (h./i. verziekt) (fam.)* gâcher; **een verziekte sfeer** une atmosphère pourrie
ver·ziend *adj* presbyte
ver·zil·ve·ren *vt (h. verzilverd)* **1** argenter **2** encaisser **3** *(fin.)* réaliser
ver·zin·ken *vi (h./i. verzonken)* **1** sombrer **2** plonger *(fig.)*

ver·zin·nen *vt (h. verzonnen)* **1** inventer; **een middel ~ om** trouver un moyen pour; **ik zal er iets op ~** je trouverai bien une solution **2** *(péj.)* fabuler; **een verzonnen verhaal** une histoire inventée de toutes pièces
ver·zin·sel *het (-s)* invention, *(péj.)* fable
ver·zit·ten *vi (h. verzeten)* ♦ **gaan ~** changer de position, changer de place
ver·zocht, verzochten → **verzoeken**
ver·zoek *het (-en)* **1** demande; **ik heb een ~ aan u** j'ai une demande à vous adresser; **een dringend ~** une prière instante; **op dringend ~ van** sur les instances de; **een ~ inwilligen** accéder à une demande; **een ~ om gratie** un recours en grâce; **op ~ van** sur la demande de; **vriendelijk ~** demande à titre d'ami **2** requête
ver·zoe·ken *vti (h. verzocht)* **1** prier; **ik verzoek om stilte** je vous demande le silence **2** *(+ om)* inviter (à); **mag ik u ~ (om) ...?** auriez-vous l'obligeance (de) ...? **3** tenter
ver·zoe·king *nf (-en) (form.)* tentation; *(Bible)* **leid ons niet in ~** ne nous induis pas en tentation; **in de ~ komen (iets te doen)** être tenté (de faire qch)
ver·zoek·num·mer *het (-s)* numéro demandé par le public, à la demande générale
ver·zoek·schrift *het (-en)* requête; **een ~ indienen** introduire une demande
ver·zoe·nen *vt (h. verzoend)* **1** apaiser; **ik kan mij er best mee ~** cela ne me dérange pas; **~d optreden** jouer un rôle de conciliateur; **met een idee verzoend raken** se faire à une idée **2** (ré)concilier
ver·zoe·ning *nf (-en)* **1** apaisement; **partijen tot ~ brengen** (ré)concilier les (deux) parties **2** (ré)conciliation
ver·zon, verzonnen → **verzinnen**
ver·zond, verzonden → **verzenden**
ver·zonk, verzonken → **verzinken**[1]
ver·zoop, verzopen → **verzuipen**[1]
ver·zorgd *adj* soigné
ver·zor·gen *vt (h. verzorgd)* **1** soigner; **de kinderen ~** prendre soin des enfants **2** entretenir; **zich (goed) ~** prendre soin de sa personne
ver·zor·ging *nf* soins; **medische ~** assistance médicale
ver·zor·gings·flat *nm (-s)* résidence du troisième âge
ver·zor·gings·staat *nm* Etat-providence
ver·zor·gings·te|huis *het (-huizen)* hospice de vieillards
ver|zot *adj (-zotter, meest v.)* fou (de); **~ zijn op iets** raffoler de qch
ver·zuch·ten *vt (h. verzucht)* soupirer
ver·zui·ling *nf* compartimentage
ver·zuim *het (-en)* **1** omission; **een ernstig ~** une faute grave; **een ~ herstellen** réparer un oubli **2** absentéisme
ver·zui·men *vti (h. verzuimd)* **1** négliger **2** manquer; **hij verzuimt zelden** il manque rarement à l'appel
ver·zui·pen[1] *vi (h./i. verzopen) (fam.)* se noyer; **zij verzuipt in het werk** elle a du travail par-dessus la tête; **het is zwemmen of ~!** (c'est) marche ou crève!
ver·zui·pen[2] *vt (h./i. verzopen) (fam.)* **1** noyer *(aussi moteur)* **2** boire
ver·zu·ren[1] *vi (i./h. verzuurd)* s'acidifier
ver·zu·ren[2] *vt (i./h. verzuurd)* acidifier
ver·zwak·ken[1] *vt (h./i. verzwakt)* affaiblir
ver·zwak·ken[2] *vi (h./i. verzwakt)* faiblir
ver·zwa·ren[1] *vt (h./i. verzwaard)* alourdir; **een dijk ~** renforcer une digue
ver·zwa·ren[2] *vi (h./i. verzwaard)* s'alourdir; **het onweer verzwaart** l'orage s'intensifie
ver·zweeg, verzwegen → **verzwijgen**
ver·zwel·gen *vt (h. verzwolgen)* **1** avaler **2** absorber; **de zee heeft heel wat schepen verzwolgen** la mer a englouti pas mal de navires
ver·zwij·gen *vt (h. verzwegen)* taire; **niets te ~ hebben** n'avoir rien à cacher
ver·zwik·ken *vt (h. verzwikt)* fouler
ver·zwolg, verzwolgen → **verzwelgen**
ves·per *de (-s) (cathol.)* vêpres
vest *het (-en)* **1** gilet; **iem op zijn ~je spuwen** dire ses quatre vérités à qn **2** cardigan **3** *(Belg.)* veston
ves·te *de (-n)* **1** *(plur.)* remparts **2** forteresse
ves·ti·gen *vt (h. gevestigd)* **1** *(+ op)* fixer; **zijn hoop op iem ~** mettre son espoir en qn **2** fonder **3** établir; **zijn naam ~** se faire une réputation
ves·ti·ging *nf (-en)* **1** fondation **2** succursale **3** établissement
ves·ting *nf (-en)* forteresse; **Naarden is een oude ~** N. est une ancienne ville forte
vet[1] *het (-ten)* **1** graisse; **zich met zijn eigen ~ bedruipen** se suffire à soi-même; *(fig.)* **laat hem in zijn eigen ~ gaar worden, smoren** laisse-le mijoter dans son jus; **iets in het ~ zetten** graisser qch **2** matière grasse **3** *(langage des jeunes)* grave, vachement ♦ **iem zijn ~ geven** dire son fait à qn; **hij krijgt zijn ~** il se fait sonner les cloches
vet[2] *adj, adv* **1** gras; *(fig.)* **hij is ~** il est beurré **2** lucratif; **het is er niet ~** ce n'est pas le pérou; *(iron.)* **daar zal ik ~ van worden!** ça me fait une belle jambe! **3** graisseux; **~te vingers op het papier** empreintes grasses sur le papier **4** bien garni **5** *(langage des jeunes)* grave; *(fig.)* **een ~ schandaal** un gros scandale
vet·arm *adj* maigre
vet·bult *nm (-en)* boule de graisse
ve·te *de (-s)* rancune; **er bestond een oude ~ tussen hun families** de vieilles haines opposaient leurs familles
ve·ter *nm (-s)* lacet; **zijn ~s strikken, vastmaken** nouer ses lacets; **je ~ zit los!** ton lacet est défait!
ve·te|raan *nm (-ranen)* vétéran; **een ~ in het vak** un vieux de la veille
ve·te·ra·nen·ziek·te *nf* ± légionellose
vet·ge·hal·te *het (-s, -n)* teneur en matiè-

res grasses; **een ~ van 40%** 40% de matières grasses
vet·hou·dend *adj* gras
vet·kaars *de (-en)* bougie de suif
vet|kuif *de (-kuiven)* banane *(coiffure)*
vet·mes·ten *vt (h. vetgemest)* engraisser
ve·to *het (-'s)* veto *(interdiction)*; **zijn ~ over iets uitspreken** mettre son veto à qch
vet·plant *de (-en)* plante grasse
vet·pot *nm* ♦ *(fig.)* **het is geen ~** ce n'est pas le pérou
vet·puist·je *het (-s)* bouton d'acné
vet·rijk *adj* gras
vet·rol *de (-len)* bourrelet *(pli de graisse)*
vet·tig *adj, adv* gras
vet·tig|heid *nf (-heden)* graisse
vet·vrij *adj* sans matières grasses ♦ **~ papier** papier sulfurisé
vet·zak *nm (-ken) (péj.)* gros lard
vet·zucht *de* obésité
vet|zuur *het (-zuren)* acide gras
veu·len *het (-s)* **1** poulain **2** jeune chien *(enfant étourdi, folâtre)*
ve·zel *de (-s)* fibre
ve·ze·lig *adj* fibreux
ve·zel|plaat *de (-platen)* panneau de fibres
ve·zel·rijk *adj* riche en fibres
ve·zel·stof *de (-fen)* **1** *(biol.)* tissu fibreux **2** fibre
vgl. *vergelijk* cf.
v.h. *van het* du, de l', de la
V-hals *nm (V-halzen)* décolleté en V
via *prép* **1** via **2** par; **~ ~** en passant par des intermédiaires
vi·bre·ren[1] *vi (h. gevibreerd)* vibrer
vi·bre·ren[2] *vt (h. gevibreerd)* faire vibrer
vic·to·ri·aans *adj* victorien
vic·to·rie *nf (-s)* victoire
vi·dé *nm (Belg.)* vol-au-vent
vi·deo *de (-'s)* **1** vidéo **2** magnétoscope **3** bande vidéo
vief *adj, adv (viever, viefst)* vif, vivement
viel, vielen → **(aan-, flauw)vallen** *(etc.)*
vier *card* quatre; **(een auto) in z'n ~ zetten** mettre (une voiture) en quatrième; **met ons, z'n, jullie, hun ~en** à quatre; **na ~en** après quatre heures ♦ *(subst.)* **met veel ~en en vijven** à contrecœur; *(subst.)* **veel ~en en vijven (hebben)** (faire) beaucoup de chichis
vier·de *ord* quatrième; **Hendrik de Vierde** Henri IV; **het is vandaag de ~** nous sommes le quatre; **de ~ juni** le quatre juin; **in de ~ klas zitten** *(enseign. primaire)* être en cours moyen (CM 1), *(enseign. secondaire)* ± être en troisième; **ten ~** quatrièmement; **twee ~** les deux quarts
vie·ren *vt (h. gevierd)* **1** fêter; **de sabbat ~** observer le sabbat; **veel triomfen ~** remporter de nombreux triomphes **2** célébrer **3** filer *(voile)*; **een zeil ~** larguer une voile
vier·hoek *nm (-en)* quadrilatère
vier·hoe·kig *adj* quadrangulaire
vie·ring *nf (-en)* célébration
vier·ja·rig *adj* **1** de quatre ans **2** quadriennal
vier·kant[1] *adj* carré; *(subst.)* **de kamer meet drie meter in het ~** la pièce fait trois mètres sur trois
vier·kant[2] *adv* carrément
vier·kant·je *het (-s)* case
vier·klau·wens *adv (Belg.)* quatre à quatre
vier·kwarts|maat *de (-maten)* mesure à quatre temps
vier·ling *nm (-en)* **1** quadruplés, -ées **2** un des quadruplés
vier·span *het (-nen)* **1** attelage à quatre **2** voiture attelée à quatre
vier·sprong *nm (-en)* carrefour; **op de ~ van het leven staan** être à la croisée des chemins
vier·tal *het (-len)* quatre; **een ~ jaren** trois, quatre ans
vier·uur·tje *het (-s) (Belg.)* goûter
vier·voe·ter *nm (-s)* quadrupède
vier·voud *het (-en)* quadruple
vies *adj, adv (viezer, viest)* **1** sale(ment); **een vieze bende** une écurie; **een ~ drankje** une boisson dégoûtante; **een vieze lucht** une mauvaise odeur **2** obscène, grossièrement; **vieze praatjes** saletés; **zij zijn tegen alles wat ~ en voos is** ils combattent tout ce qu'ils considèrent comme immoral **3** difficile(ment); **ergens ~ van zijn** détester qch; **ergens niet ~ van zijn** ne pas cracher sur qch **4** *(Belg.)* de mauvaise humeur ♦ **er ~ bij zijn** ± se faire coincer; **dat valt me ~ van je tegen** ça me déçoit terriblement de ta part
vies·peuk *nm (-en)* cochon, -onne
Viet·na·mees *adj* vietnamien
vieux *nm* brandy *(de fabrication hollandaise)*
vie·ze·rik *nm (-en)* **1** cochon **2** dégoûtant
vie·zig|heid *nf (-heden)* saleté; **je leest die ~ toch niet?** tu ne lis quand même pas ces cochonneries?
vij|and *nm (-en)*, **-andin** *nf (-nen)* ennemi, -ie; **naar de ~ overlopen** passer à l'ennemi
vij·an·de·lijk *adj, adv* (en) ennemi; **op ~e bodem** en pays ennemi; **~ tegen iem optreden** se poser en ennemi de qn
vij·an·de·lijk|heid *nf (-heden)* hostilité *(acte de guerre)*
vij·an·dig *adj, adv* (de façon) hostile; **~ gestemd** hostile; **iem ~ gezind zijn** être hostile à qn; **~ tegenover iets staan** être hostile à qch
vij·an·dig|heid *nf (-heden)* **1** hostilité **2** acte d'hostilité
vij·and·schap *nf (-pen)* hostilité *(état d'un ennemi, des ennemis)*
vijf *card* cinq; **~ aan ~** cinq par cinq; **~ december** le cinq décembre *(la veille de la Saint-Nicolas)*; **een ~ krijgen** avoir un cinq (sur dix); *(subst.; fam.)* **geef mij de ~!** serre-moi la pince!; **(een auto) in z'n ~ zetten** mettre (une voiture) en cinquième; **met z'n vijven** à cinq; **om de ~ minuten** toutes les cinq minutes; **het is over vijven** il est cinq heures passées; **het is ~ over ~** il est

cinq heures cinq; **de trein vertrekt om ~ over 't heel** le train part à cinq ♦ **ze alle ~ bij elkaar hebben** avoir du bon sens; *(subst.)* **na veel vijven en zessen** après toutes sortes d'objections
vijf·de *ord* cinquième; **Karel de Vijfde** Charles-Quint; **het is vandaag de ~** c'est aujourd'hui le cinq; **in de ~ klas zitten** être en avant-dernière année *(élèves de 11 ou de 17 ans);* **ten ~** cinquièmement
vijf·en·zes·tig·plus·ser *nm (-s)* ♦ **de ~s** les plus de 65 ans, le troisième âge
vijf·hoek *nm (-en)* pentagone
vijf·ja·ren·plan *het (-nen)* plan quinquennal
vijf·ja·rig *adj* **1** de cinq ans **2** quinquennal
vijf·je *het (-s)* ⟨*billet, pièce de cinq (florins)*⟩
vijf·kamp *nm* pentathlon
vijf·ling *nm (-en)* **1** quintuplés, -ées **2** un des quintuplés
vijf·tal *het (-len)* cinq; **een ~ personen** cinq, six personnes
vijf·tien *card* quinze; **met z'n ~en** à quinze; **een man of ~** environ quinze personnes
vijf·tien·de *ord* quinzième
vijf·tig *card* cinquante; **wij waren met ons ~en** nous étions cinquante; **over de ~ zijn** avoir passé la cinquantaine; **tegen de ~ lopen** aller sur ses cinquante ans
vijf·ti·ger *nm (-s)* quinquagénaire
Vijf·ti·ger *nm (-s) (litt.)* poète du mouvement des années 50
vijf·tig·tal *het* cinquantaine
vijf·voud *het (-en)* quintuple
vijg[1] *de (-en)* **1** figue; *(Belg.)* **zo plat als een ~** plat comme une galette **2** crottin
vijg[2] *nm (-en)* figuier; *(Belg.)* **~en na Pasen zijn** arriver trop tard
vijl *de (-en)* lime; *(fig.)* **de ~ erover halen** y donner un dernier coup de lime
vijs *de (vijzen) (Belg.)* vis; **een ~ los hebben** être toqué
vij·ver *nm (-s)* étang
vij·zel[1] *nm (-s)* mortier
vij·zel[2] *de (-s)* vérin
vij·zen *vt (h. gevezen) (Belg.)* visser
vil·len *vt (h. gevild)* écorcher; *(iron.)* **ik zal je ~!** je te mangerai tout cru!; **iem wel kunnen ~** être d'humeur à écorcher qn vif
vilt *het* **1** feutre *(étoffe)* **2** morceau de feutre
vilt·je *het (-s)* carton *(dessous-de-verre)*
vim *het/de* poudre abrasive
vin *de (-nen)* **1** *(zool.)* nageoire; **geen ~ verroeren** ne pas faire un mouvement **2** *(mar.)* aileron
vin·den *vt (h. gevonden)* **1** trouver; **daar zullen ze ook wel iets op ~** ils trouveront bien une solution; **nergens te ~ zijn** être introuvable; **ergens te ~ zijn** se trouver qp; **ergens voor te ~ zijn** vouloir bien *(+ inf.);* **ik zal hem weten te ~** je ne le manquerai pas **2** estimer; **elkaar aardig ~** se plaire; **ik vind niet dat je moet gaan** à mon avis, tu ne devrais pas y aller; **iets goed ~** approuver qch; **als u het tenminste goed vindt** du moins, si vous le permettez; **hoe vind je haar? ik vind er niet veel aan** comment la trouves-tu? je la trouve assez quelconque; **ik vind het jammer** je le regrette; **ik vind het vandaag koud** je trouve qu'il fait froid aujourd'hui; **vind je ook niet?** n'est-ce pas?; **wat vind jij van haar voorstel?** que penses-tu de sa proposition?; **ik vind het vervelend voor hem** j'en suis désolé pour lui; **zich wel (bij, met iets) ~** se trouver bien de qch **3** inventer
vin·der *nm (-s),* **vindster** *nf (-s)* ♦ **de eerlijke ~** la personne qui a trouvé
vin·ding *nf (-en)* **1** découverte **2** invention; **is dat iets van eigen ~?** c'est de votre invention?
vin·ding·rijk *adj* inventif; **een ~e oplossing** une solution ingénieuse
vind·plaats *de (-en)* ⟨*endroit où l'on trouve ...*⟩
ving, vingen → **(aan-, op)vangen** *(etc.)*
vin·ger *nm (-s)* doigt; **een ~ aan de pols houden** suivre de près les développements d'une affaire; **zij heeft er aan elke ~ één!** ce ne sont pas les admirateurs qui lui manquent!; **dat is iets om je ~s bij af te likken** c'est jouissif; **een ~ dik** d'un doigt d'épaisseur; **iets door de ~s zien** fermer les yeux sur qch; **geen ~ voor iets of iem uitsteken** ne pas remuer le petit doigt pour qch ou qn; *(fig.)* **groene ~s hebben** avoir les pouces verts; **een ~ in de pap hebben** avoir son mot à dire; **pas op als ik je in mijn ~s krijg!** gare à toi si je te mets la main dessus!; *(fig.)* **kromme, lange ~s hebben** avoir les doigts crochus; *(prov)* **lekker is maar één ~ lang** morceau avalé n'a plus de goût; **met de ~ wijzen** montrer du doigt; **met de ~s knippen** faire claquer ses doigts; **blijf eraf met je ~s!** touche pas!; **iem met de ~(s) nawijzen** montrer qn du doigt; **met zijn ~ tussen de deur komen** se prendre le doigt dans la porte; *(fig.)* **met de natte ~** au jugé; *(fig.)* **met een natte ~ te lijmen zijn** se laisser facilement convaincre; *(fig.)* **zij kan hem om haar ~ winden** elle en fait ce qu'elle veut; *(fig.)* **iem op de ~s tikken** rappeler qn à l'ordre; *(fig.)* **iets op zijn ~s kunnen natellen** être facile à comprendre; **ergens de ~s voor durven opsteken** mettre sa main au feu que qch est vrai; **zich in de ~s snijden** se couper le doigt, *(fig.)* se brûler les doigts; **er staan vuile ~s op** il y a des marques (de doigts) dessus; *(fig.)* **je zult er je ~s niet aan vuilmaken** tu n'en mourras pas ♦ **een lange ~** un boudoir *(biscuit)*
vin·ger·af·druk *nm (-ken)* empreinte digitale
vin·ger·hoed *nm (-en)* dé à coudre
vin·ger·hoeds·kruid *het (bot.)* digitale
vin·ger·koot·je *het (-s)* phalange *(d'un doigt)*
vin·ger·oe·fe·ning *nf (-en)* **1** *(mus.)* exercice de doigté, de vélocité **2** *(fig.)* préparation
vin·ger·top *nm (-pen)* bout du doigt; *(fig.)*

iets in de ~pen hebben avoir qch dans les doigts; *(fig.)* **tot in zijn ~pen** jusqu'au bout des ongles
vin·ger·vlug *adj* **1** qui est adroit, agile de ses doigts **2** *(péj.)* chapardeur
vin·ger·wij·zing *nf (-en)* indication
vink *de (-en)* pinson ♦ **een blinde** ~ une paupiette; **doorslaan als een blinde** ~ raisonner comme un panier percé
vin·ken·slag *de (-en) (Belg.)* ♦ **op** ~ **liggen** guetter sa chance
vin·ken·touw *het* ♦ **op het** ~ **zitten** guetter sa chance
vin·nig *adj, adv* **1** aigre(ment); ~ **kijken** lancer un regard noir; **een ~e opmerking** une remarque blessante **2** *(Belg.)* vif, vivement ♦ ~ **op iets zijn** être âpre à qch
vi·o|list *nm (-en)*, **-liste** *nf (-s)* violoniste; **de eerste** ~ le premier violon
vi·ool *de (violen)* violon; *(fig.)* **de eerste** ~ **spelen** tenir la vedette; *(fig.)* **op de grote** ~ **spelen** faire l'important; *(fig.)* **dat heb ik nog nooit op de** ~ **horen spelen** je n'ai jamais entendu dire des bêtises pareilles
vi·ool·bou·wer *nm (-s)* luthier
vi·ool·kist *de (-en)* étui à violon
vi·ool·mu·ziek *nf* musique pour violon ♦ **ik hoor** ~ j'entends du violon
vi·ool·sleu·tel *nm* clef de sol
vi·ool·tje *het (-s)* violette; **maarts** ~ violette odorante
vi·riel *adj* viril
vir|tu·oos *adj, adv (-tuozer, meest v.)* virtuose, avec virtuosité; **hij is een** ~ **in het verzinnen van uitvluchten** il excelle dans l'art de se trouver des excuses
vi·rus·in·fec·tie *nf (-s)* infection virale
vi·rus·ziek·te *nf (-n, -s)* maladie virale
vis *nm (-sen)* poisson; **hij is zo gezond als een** ~ il se porte comme un charme; **zich voelen als een** ~ **op het droge** être comme le poisson hors de l'eau; *(fig.)* **de** ~ **wordt duur betaald** c'est chèrement payé
Vis *nm (-sen) (astrol.)* Poissons
vis·ak·te *de (-n, -s)* permis de pêche
vis|boer *nm (-en)*, **-vrouw** *nf (-en)* poissonnier, -ière
vis|graat *de (-graten)* **1** arête *(de poisson)* **2** chevrons **3** étoffe, tissu à chevrons
vis|haak *nm (-haken)* hameçon
vi·sie *nf (-s)* point de vue
vi·si·oen *het (-en)* vision
vi·si·te *de (-s)* visite *(fait d'aller voir qn, qch; visiteur)*; **~s afleggen** rendre des visites; **bij iem op** ~ **gaan** rendre visite à qn
vi·si·te·kaart·je *het (-s)* **1** carte de visite; *(fig.; iron.)* **met ~s smijten** lancer des insultes **2** *(fig.)* image de marque, *(personne)* ambassadeur, -drice
vis·kom *de (-men)* bocal à poissons
vis·net *het (-ten)* filet de pêche
vis·rijk *adj* poissonneux
vis·scho·tel *nm (-s)* **1** (plat de) poisson **2** plat à poisson
vis·sei·zoen *het* (saison de la) pêche
vis·sen[1] *vi (h. gevist)* **1** *(+ op)* pêcher **2** *(+ naar)* repêcher **3** *(+ naar)* chercher à savoir; **bij iem naar iets** ~ chercher à apprendre qch de qn
vis·sen[2] *vt (h. gevist)* **1** pêcher **2** (re)pêcher
Vis·sen *plur (astrol.)* Poissons
vis·ser *nm (-s)* pêcheur
vis·se·rij *nf (-en)* pêche *(activité économique)*
vis·sers|boot *de (-boten)* bateau de pêche
vis·sers·la·tijn *het* exagération
vis·tuig *het (-en)* engins de pêche
vi·sum *het (visa)* visa
vis·vangst *nf* pêche *(prise; activité économique)*
vis·ver·gun·ning *nf (-en)* → **visakte**
vis·vrouw *nf (-en)* → **visboer**
vis·wa·ter *het (-s, -en)* pêcherie *(eaux)*
vis|wijf *het (-wijven) (péj.)* harengère
vi|taal *adj (-taler, -taalst)* **1** vif **2** vital
vit·ten *vi (h. gevit)* chicaner (sur)
vi·zier *het (-s)* **1** visière; **iets, iem in het** ~ **hebben** surveiller qch, qn; **iets, iem in het** ~ **krijgen** repérer qch, qn; **een geweer met** ~ un fusil à lunette; *(fig.)* **iem met open** ~ **bestrijden** combattre qn à visage découvert **2** viseur
vla *de (-'s)* **1** crème *(dessert à la vanille, au chocolat etc.)* **2** tarte (aux fruits) *(spécialité du Limbourg néerlandais)*
vlaag *de (vlagen)* **1** coup de vent **2** accès; **in een** ~ **van verstandsverbijstering** dans un moment d'aberration
vlaai *de (-en)* tarte (aux fruits) *(spécialité du Limbourg néerlandais)*
Vlaams *adj* flamand; *(subst.)* **op zijn** ~ à la flamande ♦ **een ~e gaai** un geai
Vlaams·ge·zind *adj* flamingant
Vlaan·de·ren *het* Flandre
vlag *de (-gen)* drapeau; **dat staat als een** ~ **op een modderschuit** ça (lui) va comme un tablier à une vache; *(fig.)* **die** ~ **dekt de lading niet** cela ne correspond pas à la réalité; *(mar.)* **onder de Franse** ~ **varen** battre pavillon français; *(fig.)* **de** ~ **voor iem (moeten) strijken** (devoir) baisser pavillon devant qn; **de** ~ **uitsteken** pavoiser (pour une fête); *(fig.)* **onder valse** ~ **varen** se faire passer pour qn d'autre; *(fig.)* **welke** ~ **voert hij?** quelle est sa couleur?; *(fig.)* **met** ~ **en wimpel (slagen)** (réussir) haut la main
vlag·gen *vi (h. gevlagd)* ♦ ~ **voor buitenspel** faire signe qu'il y a hors-jeu; *(iron.)* **je vlagt** ton jupon dépasse
vlag·gen·mast *nm (-en)* mât de pavillon
vlag·gen|schip *het (-schepen)* navire-amiral
vlag·gen·stok *nm (-ken)* manche d'un drapeau
vlag·ge·tjes·dag *nm* ⟨*fête à l'occasion du départ pour la pêche au hareng*⟩
vlak[1] *het (-ken)* **1** face; **het** ~ **van de hand** le plat de la main **2** plan; **dat ligt op een ander** ~ il s'agit d'un autre domaine; *(fig.)* **op een hellend** ~ **raken** être sur la mauvaise pente
vlak[2] *adj* **1** plat; **iets** ~ **maken** aplanir

qch, lisser qch; **het ~ke veld** la rase campagne **2** terne
vlak[3] *adv* **1** à plat **2** juste; ~ **bij de school** tout près de l'école; ~ **na iem aankomen** arriver sur les pas de qn; **hier ~ om de hoek** à deux pas d'ici
vlak·af *adv (Belg.)* carrément
vlak·bij *adv* (tout) près
vlak·gom *het/de* gomme (à effacer)
vlak·ken *vt (h. gevlakt),* **vlakmaken** *vt (h. vlakgemaakt)* aplanir
vlak·te *nf (-n, -s)* plaine; **een kale ~** une plaine aride; *(fig.)* **zich op de ~ houden** rester dans le vague; **tegen de ~ gaan** tomber dans les pommes, être jeté à terre; *(bâtiment)* **tegen de ~ liggen** être démoli; **iem tegen de ~ slaan** jeter qn à terre
vlam *de (-men)* flamme; **in ~ raken** prendre feu; **in ~ staan** flamber; **in ~men opgaan** être dévoré par les flammes; *(fig.)* **iemands hart in ~ zetten** embraser le cœur de qn; *(fig.)* **de ~ is in de pan** le torchon brûle; **een oude ~ van mij** l'une de mes anciennes amours; **haar ogen schoten ~men** ses yeux lançaient des éclairs; **de ~men slaan me uit** le feu me monte au visage; **de ~ sloeg in de pan** la poêle a pris feu; **de ~men sloegen uit het dak** les flammes jaillissaient du toit; **~ vatten** prendre feu *(aussi au fig.)*
Vla·ming *nm (-en),* **Vlaamse** *nf (-n)* Flamand, -ande
vlam·men *vi (h./i. gevlamd)* **1** flamber **2** *(fig.)* flamboyer
vlam·mend *adj* **1** flambant **2** flamboyant **3** enflammé
vlam·men·zee *de* mer de feu
vlas *het* **1** lin **2** filasse (de lin)
***vlas-** de lin; **een vlasdraad** un fil de lin
vlas·blond *adj* blond filasse
vlas·kleu·rig *adj* filasse
vlas·sen *vi (h. gevlast) (+ op)* désirer (qch) ardemment
vlas·sig *adj* filasse
VLD *plur (Belg.) Vlaamse Liberalen en Demokraten ⟨Libéraux et Démocrates Flamands⟩*
vlecht *de (-en)* tresse
vlech·ten *vt (h. gevlochten)* **1** tresser **2** (entre)mêler
vlecht·werk *het* travaux de tressage; **een ~ van rails** un enchevêtrement de rails
vleer|muis *de (-muizen)* chauve-souris
vlees *het* **1** viande; *(fig.)* **het ~ (goed) onder de pekel houden** se rincer la dalle; *(fig.)* **in eigen ~ snijden** se faire du tort; **weten wat voor ~ men in de kuip heeft** savoir à quoi on a affaire, savoir à qui on a affaire **2** chair; **mijn eigen ~ en bloed** la chair de ma chair **3** pulpe
***vlees-** de viande; **een vleesballetje** une boulette de viande
vlees|boom *nm (-bomen) (méd.)* myome
vlees·etend *adj* carnivore
vlees·eter *nm (-s)* carnivore
vlees·fon·due *de (-s)* fondue bourguignonne
vlees·ge·wor·den *adj* incarné
vlees·kleu·rig *adj* couleur (de) chair
vlees·pen *de (-nen)* **1** brochette **2** broche
vlees·scho·tel *nm (-s)* **1** plat à viande **2** plat de viande
vlees·ver·wer·kend *adj* ♦ **~e industrie** industrie de transformation de la viande
vlees·wa·ren *plur* charcuterie
vlees·wor·ding *nf* incarnation
vleet *de* ♦ **hij heeft geld bij de ~** il a de l'argent à foison, il a de l'argent à mac
vle·gel *nm (-s)* **1** rustre **2** gamin
vlei·en[1] *vti (h. gevleid)* **1** flatter **2** cajoler
vlei·en[2] *vpr (zich ~; h. zich gevleid)* s'illusionner
vlei·end *adj, adv* flatteur, flatteusement; **~ iets vragen** demander qch sur un ton câlin
vlei|er *nm (-s),* **-ster** *nf (-s)* flatteur, -euse
vlei·e·rij *nf (-en)* flatterie; **zonder ~** sans compliment
vlek *de (-ken)* tache; **~ken in het gezicht** des marques sur le visage
vlek·ke·loos *adj* **1** impeccable **2** immaculé; **~ wit papier** papier immaculé
vlek·ken *vi (h. gevlekt)* **1** tacher **2** se tacher
vlek·ken|mid·del *het (-en),* **-water** *het (-s)* détachant
vlek·ke·rig *adj, adv* **1** taché **2** salissant
vlerk[1] *nm (-en)* rustre
vlerk[2] *de (-en)* **1** aile **2** *(fam.)* patte; **blijf er met je ~en af!** bas les pattes! ♦ **iem bij zijn ~en pakken** mettre le grappin sur qn
vle·se·lijk *adj, adv* **1** en chair et en os **2** charnel(lement); **de ~e gemeenschap** l'union charnelle **3** de sa chair; **mijn ~e broeders** mes frères de sang
vleu·gel *nm (-s)* **1** aile; **een vogel de ~s korten** rogner les ailes à un oiseau, *(fig.)* rogner les ailes à qn; **de ~s laten hangen** baisser l'oreille; **met de ~s klappen** battre des ailes; **de ~s uitslaan** déployer les ailes, *(fig.)* prendre son vol **2** piano à queue
vleu·gel·lam *adj* qui bat de l'aile; **iem ~ maken** rogner les ailes à qn
vleug·je *het (-s)* **1** lueur; **er is geen ~ wind** il n'y a pas un souffle de vent **2** bouffée
vle·zig *adj* charnu
vlg. *volgend(e)* suiv.
vlieg *de (-en)* mouche; **iem een ~ afvangen** couper l'herbe sous les pieds de qn; **twee ~en in één klap slaan** faire d'une pierre deux coups; **ik ben hier niet om ~en te vangen** je ne suis pas ici pour enfiler des perles
vlieg·angst *nm* phobie de l'avion
vlieg|ba·sis *nf (-bases)* base aérienne (d'aviation)
vlieg·bre·vet *het (-ten)* brevet de pilote *(d'avion)*
vlieg·dek *het (-ken)* pont d'envol
vlieg·dek|schip *het (-schepen)* porte-avions

vlie·gen[1] *vi (h./i. gevlogen)* **1** voler; *(fig.)* **eruit** ~ être mis à la porte; **hoger (willen)** ~ **dan men kan** dépenser plus que ce qu'on a; *(fig.)* **hoog (willen)** ~ chercher à s'élever; **van hot naar haar** ~ courir à droite et à gauche; **zijn ogen vlogen over de regels** ses yeux glissaient sur les lignes; **de bijl vloog van de steel** la hache s'est détachée du manche **2** s'envoler; **de dagen** ~ **(om)** les jours passent vite; **het** ~ l'aviation ♦ *(fig.)* **erin** ~ se faire avoir; **hij ziet ze ~!** il a des visions, la berlue!; **de lucht in** ~ sauter

vlie·gen[2] *vt (h./i. gevlogen)* **1** transporter en avion **2** piloter

vlie·ge·nier *nm (-s)* aviateur

vlie·gen·mep·per *nm (-s)* tapette *(pour tuer les mouches)*

vlie·gen|raam *het (-ramen) (Belg.)* moustiquaire

vlie·gens·vlug *adj, adv* ultrarapide, au galop

vlie·gen·van·ger *nm (-s)* **1** attrape-mouche **2** gobe-mouche

vlie·ger *nm (-s)* **1** cerf-volant; **die** ~ **gaat niet op** cela ne prend pas; **een** ~ **oplaten** lancer un cerf-volant, *(fig.)* lancer un ballon d'essai **2** pilote *(d'avion)* ♦ **meeuwen zijn uitstekende ~s** la mouette est le voilier par excellence

vlie·ge·ren *vi (h. gevliegerd)* jouer au cerf-volant

vlieg·ha·ven *de (-s) (Belg.)* → **vliegveld**

vlieg·ramp *de (-en)* catastrophe aérienne

vlieg|reis *de (-reizen)* voyage en avion

vlieg·tuig *het (-en)* avion

vlieg·va·kan·tie *nf (-s)* vacances par avion

vlieg·veld *het (-en)* aéroport

vlieg·ver·keer *het* trafic aérien

vlier *nm (-en) (bot.)* sureau

vlie·ring *de (-en)* soupente; *(fig.)* **het spookt bij hem op de** ~ il a une araignée au plafond

vlies *het (vliezen)* **1** peau **2** *(biol.)* membrane; **het breken van de vliezen** la rupture de la poche des eaux ♦ **(de orde van) het Gulden Vlies** (l'ordre de) la Toison d'or

vlies·dun *adj* mince comme une pellicule

vliet *nm (-en)* **1** cours d'eau **2** ruisseau

vlij·en *vt (h. gevlijd)* **1** (ar)ranger **2** coucher délicatement

vlijm·scherp *adj* **1** tranchant comme une lame de rasoir **2** *(fig.)* incisif; **een** ~ **vernuft** une intelligence aiguë; **~e woorden** propos acerbes

vlijt *nf* zèle

vlij·tig *adj, adv* **1** zélé, avec zèle; **een ~e leerling** un élève appliqué **2** assidu, avec application

vlin·der *nm (-s)* papillon; *(fig.)* **ik heb ~s in mijn buik** ± j'ai des envies

vlin·der·das *de (-sen)* nœud papillon

vlin·der·slag *nm* brasse papillon

v.l.n.r. *van links naar rechts* de g. à dr.

vlo *de (vlooien)* puce; **onder de vlooien zitten** être couvert de puces

v.l.o. *het (Belg.; enseign.) vernieuwd lager onderwijs* EPR

vlocht, vlochten → **vlechten**

vloed *nm (-en)* **1** marée haute; **de** ~ **keert** la marée change; **de** ~ **komt opzetten** l'eau monte **2** flot; **een** ~ **van scheldwoorden** une bordée d'injures; **een** ~ **van tranen** un torrent de larmes **3** *(méd.)* pertes

vloed|golf *de (-golven)* **1** marée montante **2** raz-de-marée

vloei *het* **1** papier de soie **2** papier à cigarettes **3** (papier) buvard

vloei|baar *adj (-baarder, -baarst)* liquide; **in vloeibare toestand** à l'état liquide

vloei·en *vi (h./i. gevloeid)* **1** couler; **in elkaar** ~ se fondre **2** *(fam.)* avoir des pertes (de sang)

vloei·end *adj, adv* **1** fluide, avec fluidité; **~e kleuren** couleurs fondues **2** coulant, couramment; **een ~e lijn** une ligne souple

vloei·pa·pier *het* **1** (papier) buvard **2** papier de soie

vloei·stof *de (-fen)* liquide

vloei·tje *het (-s)* (feuille de) papier à cigarettes

vloek *nm (-en)* **1** malédiction; **een** ~ **uitspreken (over iem/iets)** maudire (qn, qch) **2** juron; *(fig.)* **in een** ~ **en een zucht** en un tour de main

vloe·ken *vi (h. gevloekt)* **1** jurer **2** *(+ op)* maudire (qn, qch)

vloer *nm (-en)* **1** sol; *(fig.)* **met iem de** ~ **(aan)vegen, aandweilen** ridiculiser qn; **ik dacht dat ik door de** ~ **ging** j'aurais voulu disparaître sous terre; **een** ~ **leggen** poser un plancher; **op de** ~ **slapen** dormir par terre; **veel mensen over de** ~ **hebben** avoir la maison pleine, avoir toujours beaucoup de monde chez soi; **hij komt daar (vaak) over de** ~ il y va régulièrement (souvent); **voetje van de** ~ **doen** jouer à chat perché **2** partie inférieure

vloer·be·dek·king *nf (-en)* revêtement de sol; **vaste** ~ moquette

vloe·ren *vt (h. gevloerd)* envoyer (qn) à terre

vlok *de (-ken)* **1** touffe **2** flocon

vlon·der *nm (-s)* **1** caillebotis **2** palette *(pour le transport de marchandises)* **3** passerelle

vloog, vlogen → **(op-, weg)vliegen** *(etc.)*

vlooi·en *vti (h. gevlooid)* épucer

vlooi·en·band *nm (-en)* collier antipuces

vlooi·en|beet *nm (-beten)* piqûre de puce

vlooi·en·markt *de (-en)* marché aux puces

vlooi·en·spel *het (-len)* jeu de puce

vloot *nm (vloten)* flotte *(bateaux; avions)*; **bij de** ~ **dienen** servir dans la marine

vlot[1] *het (-ten)* **1** radeau **2** bateau de sauvetage pneumatique

vlot[2] *adj, adv* **1** facile(ment); **een ~te babbel hebben** avoir du bagout; ~ **spreken**

parler avec aisance; **een ~te stijl** un style coulant **2** rapide(ment); **een ~ verloop hebben** se dérouler sans encombre **3** affable, avec affabilité **4** joli(ment); **een ~ hoedje** un petit chapeau coquet; **hij is wat ~ter geworden** il s'est dégourdi un peu **5** renfloué; **een schip ~ trekken** renflouer un navire

vlot·ten *vi (h. gevlot)* marcher *(se dérouler comme il faut)*; **het gesprek vlotte niet erg** la conversation manquait d'entrain; **de onderhandelingen ~ nogal** les négociations vont bon train

vlucht *de (-en)* **1** fuite; **op de ~ slaan** prendre la fuite, battre en retraite; **voor de politie op de ~ zijn** fuir la police; **op de ~ drijven, jagen** mettre en fuite **2** vol; *(fig.)* **een hoge ~ nemen** prendre son envol ♦ *(Belg.)* **in volle ~** en toute hâte

***vlucht-** *(aviat.)* de vol; **de vluchtleider** le directeur de vol

vluch·te|ling *nm (-en)*, **-linge** *nf (-n)* **1** réfugié, -ée **2** fuyard, -arde

vluch·ten *vi (i. gevlucht)* **1** fuir; **~ naar** fuir (qp); **~ uit een brandend huis** se sauver d'une maison en flammes **2** se réfugier (qp)

vlucht·ha·ven *de (-s)* port de refuge

vlucht·heu·vel *nm (-s)* refuge *(pour piétons)*

vluch·tig *adj, adv* **1** passager, passagèrement; **iets ~ behandelen** traiter qch sommairement; **een ~e blik op iets slaan** jeter un coup d'œil (rapide) sur qch; **iets ~ doorlezen** lire qch en diagonale; **een ~ gebaar maken** esquisser un geste; **een ~e indruk krijgen** recueillir une impression superficielle; **een ~ onderzoek** un examen sommaire **2** volatil **3** éphémère, fugitivement

vlucht·mis·drijf *het (Belg.)* délit de fuite

vlucht·oord *het (-en)* refuge

vlucht·po·ging *nf (-en)* tentative d'évasion

vlucht|strook *de (-stroken)* bande d'arrêt d'urgence

vlucht·weg *nm (-en)* sortie de secours *(chemin à suivre)*

vlug *adj, adv* **1** rapide, vite; **~ ter been zijn** être ingambe; **je moet er ~ bij zijn** il faut se dépêcher (pour ...); **~ wat!** au trot!; **iem te ~ af zijn** prendre qn de vitesse **2** prompt, sans délai **3** éveillé, avec vivacité

vlug·ger·tje *het (-s)* **1** *(sports)* blitz **2** *(fam.)* coup; **een ~ maken** tirer un coup

vlug·schrift *het (-en)* tract

vlug·zout *het* sel volatil

VN *plur Verenigde Naties* ONU

vnl. *voornamelijk* principalement

vnw. *(ling.) voornaamwoord* pron.

vo·ca|list *nm (-en)*, **-liste** *nf (-s, -n)* chanteur, -euse

vocht[1], **vochten** → **(uit)vechten**

vocht[2] *het* liquide; **er komt nog ~ uit de wond** la blessure suinte encore

vocht[3] *het/de* humidité

vocht·ge·hal·te *het* teneur en humidité

voch·tig *adj* humide; **iets ~ maken** mouiller qch; **een ~e warmte** une chaleur moite

voch·tig·heid *nf* humidité

voch·tig·heids·graad *nm* humidité relative

vocht·vrij *adj* ♦ **~ bewaren** conserver à l'abri de l'humidité, craint l'humidité

vod *het/de (-den)* **1** chiffon **2** torchon *(fig.)*; **hij heeft me als een ~ behandeld** il m'a traité comme le dernier venu **3** *(Belg.)* chiffon (à poussière) **4** *(Belg.)* torchon *(non fig.)* ♦ **iem achter de ~den zitten** être toujours derrière (le dos de) qn; **iem bij zijn ~den pakken** prendre qn au collet

voe·den[1] *vt (h. gevoed)* **1** nourrir; **zich ~ met** se nourrir de **2** allaiter; **gevoed worden** recevoir le sein **3** alimenter

voe·den[2] *vi (h. gevoed)* être nourrissant

voe·de·ren *vt (h. gevoederd)* → **voeren**[1]

voe·ding *nf (-en)* **1** alimentation **2** tétée

***voe·dings-** alimentaire; **de voedingsgewoonte** l'habitude alimentaire

voe·dings·bo·dem *nm (-s)* bouillon de culture

voe·dings·leer *de* diététique

voe·dings·mid·del *het (-en)* produit alimentaire

voe·dings·pa|troon *het (-tronen)* habitudes alimentaires

voe·dings·stof *de (-fen)* substance alimentaire

voe·dings·waar·de *nf* valeur nutritive

voed·sel *het* nourriture; **dat gaf zijn jaloezie nieuw ~** cela a nourri sa jalousie

voed·sel·bank *de (-en)* banque alimentaire

voed·sel·hulp *de* aide alimentaire

voed·sel·pak·ket *het (-ten)* **1** colis de vivres **2** assortiment d'aliments

voed·sel·schaars·te *de* manque de vivres

voed·sel·ver·gif·ti·ging *nf* intoxication alimentaire

voed·sel·voor·zie·ning *nf* ravitaillement

voed|zaam *adj (-zamer, -zaamst)* nourrissant; **voedzame spijzen** aliments nutritifs

voeg *de (-en)* **1** joint *(en construction)* **2** jointure; **uit zijn ~en rukken** disloquer

voe·ge *de (form.)* ♦ **in ~ dat** de (telle) sorte que; **in dier ~** de la sorte; *(Belg.)* **in ~ zijn** être en usage, être en vigueur

voe·gen[1] *vt (h. gevoegd)* **1** joindre; **planken aan elkaar ~** assembler des planches; **zich bij iem ~** rejoindre qn **2** *(+ bij)* ajouter

voe·gen[2] *vpr (zich ~; h. zich gevoegd)* **1** *(+ naar)* s'adapter (à) **2** *(Belg.)* se conduire

voeg·woord *het (-en)* conjonction

voel|baar *adj, adv (-baarder, -baarst)* sensible(ment); *(fig.)* **iets ~ maken** rendre qch perceptible

voe·len[1] *vt (h. gevoeld)* **1** sentir **2** éprouver; **zoiets moet je ~** qch comme ça, il faut pouvoir le sentir **3** comprendre; **ik**

voel wel waar hij heen wil je devine où il veut en venir

voe·len[2] *vpr (zich ~; h. zich gevoeld)* se sentir; **voel je je wel lekker?** tu es sûr que ça va?; **zich ergens thuis** ~ se sentir qp comme chez soi ♦ **hij voelt zich (heel wat, een hele piet)** il ne se croit pas rien

voe·len[3] *vi (h. gevoeld)* **1** être (au toucher) **2** *(+ voor)* être attiré par; **veel voor elkaar** ~ éprouver de l'attrait l'un pour l'autre; **ik voel er niet veel voor** ça ne me tente pas trop; **voel je wat voor een weekendje Parijs?** un week-end à Paris, ça te dit?; **er veel voor** ~ **om naar huis te gaan** avoir grande envie de rentrer (à la maison)

voel·hoorn *nm (-s)* antenne; *(fig.)* **zijn ~s uitsteken** tâter le terrain

voe·ling *nf* contact

voel·spriet *nm (-en)* → **voelhoorn**

voer[1], **voeren** → **(over-, uit)varen** *(etc.)*

voer[2] *het* nourriture *(donnée au bétail)*

voe·ren[1] *vti (h. gevoerd)* mener; **het pad voerde de berg af** le sentier descendait de la montagne; **wat voert u hierheen?** qu'est-ce qui vous amène ici?

voe·ren[2] *vt (h. gevoerd)* **1** porter **2** commander; **het bevel** ~ commander **3** nourrir *(ceux qui ne peuvent se nourrir eux-mêmes)*; **iem dronken** ~ enivrer qn; **de kippen** ~ donner à manger aux poules **4** doubler **5** *(fam.)* charrier

voe·ring *nf (-en)* doublure

voer|man *nm (-lieden, -lui)* charretier

voer|taal *de (-talen)* langue véhiculaire

voer·tuig *het (-en)* véhicule

voet *nm (-en)* **1** pied; **geen ~ wijken** ne pas céder d'un pouce; **geen ~ aan de grond krijgen** ne pas réussir à prendre pied; **geen ~ buiten de deur zetten** ne pas mettre le nez dehors; **ik zet daar geen ~ meer in huis** je ne mettrai plus les pieds chez eux; **ik kan geen ~ verzetten of hij bemoeit zich er mee** je ne peux pas bouger le petit doigt sans qu'il s'en mêle; **op gelijke ~ stellen** mettre sur le même plan; **op ~ van gelijkheid met iem omgaan** traiter qn d'égal à égal; **ze staan op gespannen ~** leurs rapports sont tendus; **zij staan op goede ~ met elkaar** ils sont en bons termes; *(Belg.)* **het hangt m'n ~en uit** j'en ai marre; *(fig.)* **een ~ in de stijgbeugel hebben** avoir fait le premier pas; *(fig.)* **dat heeft heel wat ~en in de aarde** c'est toute une affaire; *(fig.)* **ergens (vaste) ~ krijgen** avoir un pied dans la place; *(Belg.)* **met iemands ~en spelen** se ficher de qn; **onder de ~ gelopen worden** être piétiné; **de grond wordt mij te heet onder de ~en** le pavé me brûle les pieds; **op ~ van vrede** en paix; **iem op de ~ volgen** emboîter le pas à qn; **op de oude, dezelfde ~ voortgaan** continuer de la même façon; **de gebeurtenissen op de ~ volgen** suivre les événements de près; **op staande ~** sur-le-champ; *(fig.)* **dat is hem ten ~en uit** c'est lui tout craché; **zich uit de ~en maken** décamper; **met iets uit de ~en kunnen** être dépanné par qch; *(Belg.)* **hij veegt er zijn ~en aan** il ne fiche rien; **op vertrouwelijke ~ staan met iem** être intime avec qn; ~ **voor** ~ pas à pas; **iem voor de ~en lopen** être dans les jambes de qn; *(fig.)* **iem iets voor de ~en gooien, werpen** jeter qch à la tête de qn; **iem op vrije ~en stellen** mettre qn en liberté; *(Belg.)* **ergens met de vuile ~en doorgaan** ne pas y aller de main morte; **iem de ~ dwars zetten** mettre des bâtons dans les roues à qn; ~ **bij stuk houden** tenir bon **2** pas *(trace laissée par un pied humain)* ♦ **belastingvrije** ~ abattement à la base; *(Belg.)* **alle vijf ~en** toutes les cinq minutes

voet·an·gel *nm (-s)* piège *(destiné à attraper qn par le pied et le lui blesser)*; *(fig.)* **vol ~s en klemmen** plein de pièges

voet·bal[1] *nm (-len)* ballon de football

voet·bal[2] *het* football; **het betaald** ~ le football professionnel

*__voet·bal-__ de football; **het voetbalveld** le terrain de football

voet·bal·ge·weld, -vandalisme *het* violence autour des stades de football

voet·bal·knie *de (-ën)* lésion du ménisque

voet·bal·len *vi (h. gevoetbald)* **1** jouer au foot(ball) **2** donner des coups (de pied)

voet·bal·van|daal *nm (-dalen) (sports)* hooligan

voet·bank *de (-en)* tabouret

voet·breed *het* ♦ **hij wijkt geen** ~ il ne recule pas d'une semelle

voe·ten·eind *het (-en)* pied (d'un lit)

voet|gan·ger *nm (-s)*, **-gangster** *nf (-s)* piéton, -onne

*__voet·gan·gers-__ piéton; **het voetgangersgebied, de voetgangerszone** la zone piétonne

voet·je *het (-s)* ♦ ~ **voor** ~ pas à pas; ~ **vrijen (met iem)** faire du pied (à qn); **een wit ~ bij iem proberen te halen** s'insinuer dans les bonnes grâces de qn

voet·licht *het (-en)* (feux de la) rampe; **voor het ~ komen** monter sur les planches, *(fig.)* se produire; *(fig.)* **iets voor het ~ brengen** braquer les projecteurs sur qch

voet|noot *de (-noten)* **1** note (en bas de page) **2** note en marge

voet·pad *het (-en)* **1** sentier (piétonnier) **2** *(Belg.)* trottoir

voet|reis *de (-reizen)* voyage à pied

voet|spoor *het (-sporen)* trace; **in het ~ van** dans le sillage de (qn); **in iemands voetsporen treden** marcher sur les traces de qn

voet·stap *nm (-pen)* pas; *(fig.)* **in iemands ~pen treden** suivre les brisées de qn

voet·stoots *adv* tel quel; **ik kan dat niet ~ aanvaarden** je ne peux pas prendre ça pour argent comptant

voet·stuk *het (-ken)* socle; **iem op een ~ plaatsen** mettre qn sur un piédestal

voet·tocht *nm (-en)* randonnée pédestre

voet·val *nm (-len)* prosternation; *(fig.)* **voor iem een ~ doen** se jeter aux pieds de qn

voet|veeg *de (-vegen)* ♦ **iemands ~ zijn** être le paillasson de qn
voet·volk *het* **1** infanterie **2** piétaille
voet·zoe·ker *nm (-s)* pétard
vo·gel *nm (-s)* oiseau; **zo vrij als een ~(tje) (in de lucht)** libre comme l'air; *(prov)* **beter één ~ in de hand dan tien in de lucht** un tiens vaut mieux que deux tu l'auras; **een gladde ~ zijn** glisser entre les doigts comme une anguille; **een hippe ~** un type branché; **het is een slimme ~** c'est une fine mouche; *(fig.)* **~s van diverse pluimage** des gens de tous poils; *(fig.)* **een ~ voor de kat zijn** ± être fichu; **een vrije ~ zijn** mener une vie indépendante; **een vroege ~** un(e) lève tôt
vo·gel·bek·dier *het (-en)* ornithorynque
vo·gel·griep *de* grippe aviaire
vo·gel·pik *nm (Belg.)* jeu de fléchettes
vo·gel·tje *het (-s)* ♦ **kijk eens naar het ~!** attention, le petit oiseau va sortir!; *(prov)* **ieder ~ zingt zoals het gebekt is** chaque oiseau chante sa propre chanson
vo·gel·trek *nm* migration des oiseaux
vo·gel·ver·schrik·ker *nm (-s)* épouvantail; **je ziet eruit als een ~** tu es ficelé comme un sac
vo·gel·vlucht *de (-en)* vol d'oiseau; *(fig.)* **iets in ~ behandelen** traiter qch sommairement
vo·gel·vrij *adj* hors-la-loi
vo·gel·vrij·ver·klaar·de *nm (-n)* proscrit, -ite
Vo·ge·zen *plur* Vosges
vol *adj, adv (sans prép.)* plein (de), pleinement; **een ~le dagtaak** toute une journée de travail; **zich ~ eten** manger à satiété; *(fig.)* **hij zit ~ gekheid** il a toujours le mot pour rire; *(fig.)* **de hele stad is er ~ van** on ne parle que de ça; **de tafel ligt ~ boeken** la table est couverte de livres; **de kranten staan er ~ van** les journaux ne tarissent pas là-dessus; **~ stoppen** bourrer; **ten ~le** pleinement; *(fig.)* **~ van iets zijn** être obsédé par qch; **het was er ~** il y avait beaucoup de monde; **een ~le zaal** une salle comble; **ik zit ~** je suis gavé; **~ zitten met** être couvert de
vol·bloed *adj* **1** de race (pure) **2** de pur sang **3** de race
vol·bracht, volbrachten → **volbrengen**
vol·bren·gen *vt (h. volbracht)* **1** accomplir; **een taak ~** s'acquitter d'une tâche **2** exécuter
vol·daan[1] → **voldoen**[1]
vol|daan[2] *adj (-daner, -daanst)* **1** *(+ over)* satisfait (de); **een ~ gevoel** un sentiment de satisfaction **2** acquitté **3** rassasié
vol·deed, voldeden → **voldoen**[1]
vol·doen[1] *vt (h. voldaan)* payer
vol·doen[2] *vi (h. voldaan)* **1** *(+ aan)* accomplir (qch); **aan een voorwaarde ~** remplir une condition **2** *(+ aan)* répondre (à); **deze machine voldoet niet** cette machine ne donne pas satisfaction
vol·doen·de *adj, adv* suffisant, suffisamment; **een ~ antwoord** une réponse satisfaisante; **de ~** la note passable; **een ~ halen voor** avoir la moyenne en; **~ grond zien om ...** entrevoir des raisons suffisantes pour ...; **dat is ~** c'est assez; **één blik op hem is ~ om ...** on peut voir au premier coup d'œil que ...; **~ reden hebben om ...** avoir de bonnes raisons de ...; **ruim ~ zijn** suffire amplement; **dat moet ~ zijn** cela devrait suffire
vol·doe·ning *nf* satisfaction; **dat stemt tot ~** ± ça fait plaisir
vol·dra·gen *adj* ♦ **een ~ kind** un enfant né à terme
volg·au·to *nm (-'s)* **1** voiture d'escorte **2** voiture de suiveur
vol·ge·boekt *adj* complet *(n'ayant plus de place)* ♦ **mijn agenda is ~** mon carnet de rendez-vous est plein; **die popgroep is ~ tot volgend jaar** ce groupe pop est engagé pour toute la saison
vol·ge|ling *nm (-en),* **-linge** *nf (-n)* disciple
vol·gen *vti (h./i. gevolgd)* **1** suivre *(aussi au fig.)*; **als volgt ...** de la façon suivante; **daaruit volgt dat ...** il s'ensuit que ...; **zij liet er dadelijk op ~ dat ...** elle ajouta tout de suite que ...; **op elkaar ~** se suivre; **de nacht volgt op de dag** la nuit succède au jour; **wie volgt?** au suivant? **2** observer
vol·gend *adj* **1** suivant; **het gaat om het ~e** il s'agit de ceci; **daar heb ik het ~e op gevonden** voici ce que j'ai trouvé; **een ~e keer** une autre fois; *(par plaisanterie)* **de ~e patiënt** la personne suivante **2** ultérieur
vol·gens *prép* suivant; **~ het boekje** comme prévu; **~ hem** selon lui
volg·num·mer *het (-s)* numéro d'ordre
vol·gooi·en *vt (h. volgegooid)* remplir; *(fam.; à la station-service)* **gooi maar vol** le plein
volg·or·de *de (-n, -s)* ordre (de succession); **in ~ van binnenkomst** par ordre d'arrivée; **op ~ leggen** classer
vol·groeid *adj* adulte *(animal, arbre, plante)*
volg|zaam *adj (-zamer, -zaamst)* docile
vol·har·den *vi (h. volhard)* persévérer; **in een weigering ~** persister dans son refus
vol·heid *nf* plénitude
vol·hou·den *vti (h. volgehouden)* **1** continuer (à); **dit is niet vol te houden** c'est insoutenable; **ik kan het niet ~** je ne tiens pas le coup; **tot het uiterste ~** tenir jusqu'au bout **2** maintenir; **hardnekkig ~** s'obstiner
vol|hou·der *nm (-s),* **-houdster** *nf (-s)* accrocheur, -euse
volk *het (-en, -eren)* **1** peuple; **goed ~** braves gens **2** foule; **er is veel ~ op de been** il y a foule ♦ **er is ~ binnen** il y a du monde; **(goed) ~!** il y a quelqu'un?
Vol·ken·bond *nm (hist.)* Société des Nations
vol·ken·kun·de *nf* anthropologie (culturelle)
vol·ken·recht *het* droit international public
vol·ko·men *adj, adv* **1** complet, complè-

tement; **wij zijn ~ bereid (om ...)** nous sommes tout disposés (à ...); **ik ben het ~ met u eens** je suis tout à fait de votre avis; **u hebt ~ gelijk** vous avez parfaitement raison **2** parfait
vol·ko·ren·brood *het* pain complet
volks *adj* populaire *(du peuple)*; **een ~e vrouw** une femme du peuple
***volks- 1** populaire *(du peuple)*; **de volksbuurt** le quartier populaire **2** national; **de volksaard, het volkskarakter** le caractère national
volks·be·we·ging *nf (-en)* **1** mouvement populaire *(du peuple)* **2** troubles
volks·dans *nm (-en)* danse folklorique
volks|deel *het (-delen)* fraction de la population; **het katholieke ~ in Nederland** les catholiques des Pays-Bas
volks·ge·loof *het* **1** croyance populaire **2** religion nationale
volks·ge·meen·schap *nf (-pen)* **1** communauté nationale **2** ethnie
volks·ge·zond·heid *nf* santé publique
volks·huis·ves·ting *nf* **1** logement **2** service d'attribution des logements **3** (conditions de) logement
volks·lied *het (-eren)* hymne national
volks·men·ner *nm (-s) (péj.)* démagogue
volks·mond *nm* ♦ **in de ~** populairement
volks|naam *nm (-namen)* nom vulgaire
volks·stam *nm (-men)* **1** tribu **2** flopée; **er zijn hele ~men die dat nooit leren** il y a un tas de gens qui n'arriveront jamais à l'apprendre
volks·tel·ling *nf (-en)* recensement
volks·tuin *nm (-en)* jardin ouvrier
Volks·unie *nf (Belg.)* ⟨*Parti populaire*⟩
volks·ver·hui·zing *nf (-en)* **1** migration; *(hist.)* **de grote Volksverhuizing** les grandes invasions **2** grandes migrations
volks·ver·lak·ke·rij *nf* ± tromperie
volks·ver·te·gen·woor·di·ger *nm (-s)* parlementaire; *(Belg.)* **de Kamer van Volksvertegenwoordigers** la Chambre des représentants
volks·ver·te·gen·woor·di·ging *nf (-en)* parlement
volks·ver·ze·ke·ring *nf (-en)* assurance sociale pour toute la population
volks·vij·and *nm (-en)* fléau *(fig.)*; **kanker is een belangrijke ~** le cancer est une importante cause de mortalité
volks·ziek·te *nf (-s, -n)* maladie très répandue
vol·le·dig *adj, adv* complet, complètement; **een ~e beschrijving** une description exhaustive
vol·le·dig·heids·hal·ve *adv* pour être complet
vol·leerd *adj* **1** ayant une formation complète **2** *(fig.)* accompli
vol·le·maan *de* pleine lune; *(fig.)* **het is bij hem ~** il est chauve comme un œuf
vol·ley *de (-s)* volée *(tennis, football)*
vol·ley·bal[1] [vɔlibɑl] *nm (-len)* ballon de volley(-ball)
vol·ley·bal[2] [vɔlibɑl] *het* volley(-ball)
vol·lo·pen *vi (i. volgelopen)* se remplir; **zich laten ~** boire comme un trou
vol·maakt *adj, adv* parfait(ement); **een ~e stilte** un silence absolu
vol·maakt·heid *nf* perfection
vol·macht *de (-en)* procuration; **~ hebben** avoir les pleins pouvoirs
vol·mon·dig *adj, adv* franc, franchement; **~ iets toegeven** reconnaître qch sans réserve
vol·op *adv* en abondance; **het is ~ zomer** c'est le plein été
vol·pen·si·on *het* pension complète
vol·prop·pen *vt (h. volgepropt)* bourrer; **volgepropte trams** trams bondés; **zich ~** s'empiffrer
vol·schen·ken *vt (h. volgeschonken)* remplir
vol·sla·gen *adj, adv* complet, complètement; **~ anarchie** anarchie totale; **~ belachelijk** tout à fait ridicule; **een ~ idioot** un triple idiot; **~ onzin** bêtise sans nom
vol·slank *adj* bien en chair
vol·staan *vi (h. volstaan)* suffire
vol·stond, volstonden → **volstaan**
vol·stop·pen *vt (h. volgestopt)* → **volproppen**
vol·strekt *adj, adv* absolu(ment)
vol·tal·lig *adj (form.)* complet; **de ~e vergadering** l'assemblée plénière
vol·te *nf* foule
vol·tooi·en *vt (h. voltooid)* achever; *(ling.)* **de voltooide tijden** les temps composés
vol·tref·fer *nm (-s)* coup au but
vol·trek·ken[1] *vt (h. voltrokken)* exécuter, *(mariage)* célébrer
vol·trek·ken[2] *vpr (zich ~; h. zich voltrokken)* se dérouler; **er zal zich een ramp ~** une catastrophe va avoir lieu
vol·trok, voltrokken → **voltrekken**[1]
vol·uit *adv* entièrement; **zijn naam ~ schrijven** écrire son nom en toutes lettres; **~ zingen** chanter à pleine voix
vol·vet *adj* double crème *(fromage)*
vol·voe·ren *vt (h. volvoerd) (form.)* exécuter; **de opdracht is volvoerd** mission accomplie
vol·waar·dig *adj* complet; **een ~e arbeidsplaats** un poste à part entière
vol·was|sen *adj, adv (-sener, meest v.)* (comme un) adulte
vol·was·se·nen·edu·ca·tie *nf* éducation permanente
vol·was·se·nen·on·der·wijs *het* enseignement pour adultes
vol·was·sen·heid *nf* âge adulte
vol·zet *adj (Belg.)* complet
vol·zin *nm (-nen)* phrase; **spreken in (prachtige) ~nen** parler en phrases bien tournées
vond, vonden → **(terug-, uit)vinden** *(etc.)*
von·de|ling *nm (-en)*, **-linge** *nf (-n)* enfant trouvé(e); **een kind te ~ leggen** abandonner un enfant
vondst *nf (-en)* **1** trouvaille **2** découverte
vonk *de (-en)* étincelle; **zijn ogen schoten**

~en ses yeux étincelaient; **de ~ sloeg over** il a su nous enthousiasmer
von·ken *vi (h. gevonkt)* jeter des étincelles
von·nis *het (-sen)* **1** jugement; *(fig.)* **hij heeft zijn ~ getekend** il a signé son arrêt de mort; **een ~ vellen** prononcer une sentence **2** condamnation
voogd *nm (-en),* **voogdes** *nf (-sen)* tuteur, -trice; **toeziend ~** subrogé(-)tuteur
voog·dij *nf (-en)* tutelle
voog·dij·kind *het (-eren)* pupille
voog·dij|raad *nm (-raden)* Assistance éducative
voog·dij·schap *het (-pen)* tutelle
voor[1] *het (-s)* pour
voor[2] *de (voren)* sillon
voor[3] *adv* **1** devant; **hij is ~ in de dertig** il a dépassé de peu la trentaine; **de auto staat ~** l'auto se trouve devant la porte, la voiture est avancée **2** avant; **het is meneer ~ en meneer na** c'est monsieur par-ci, monsieur par-là; **zij zijn ons ~ geweest** ils nous ont devancés **3** pour **4** de plus ♦ **~ geweest zijn** avoir comparu en justice
voor[4] *prép* **1** pour; **dat is goed ~ de koorts** c'est bon contre la fièvre; **dat is net iets ~ hem** c'est tout à fait ce qu'il lui faut, c'est bien lui; **dat is niets ~ mij** cela ne m'intéresse pas; **~ een wet stemmen** voter une loi; **~ de minister stemmen** voter en faveur du ministre; **waar doet hij het ~?** qu'est-ce que ça lui apporte?; **wat is dat ~ een ding?** qu'est-ce que c'est que ce truc-là? **2** devant; **~ een vergadering spreken** s'adresser à une assemblée **3** avant; **~ een paar dagen** il y a quelques jours; **tien ~ zeven** sept heures moins dix ♦ *(choses)* **~ elkaar komen** s'arranger; **ik ~ mij** quant à moi
voor[5] *conj* avant que; **~ hij vertrok, was ik al weg** j'étais déjà parti avant son départ; **~ ik vertrok, heb ik alles opgeruimd** j'ai tout rangé avant de partir
voor·aan *adv* en avant; **hij is ~ in de veertig** il a juste la quarantaine, il a dépassé de peu la quarantaine; **~ zitten** être assis aux premiers rangs
voor·aan·staand *adj* éminent; **een ~e figuur** un personnage en vue
voor·aan·zicht *het* vue de face
voor·af *adv* d'abord; **~ betalen** payer d'avance; **een verklaring ~** une déclaration préliminaire; **wilt u iets ~?** prendrez-vous un apéritif?, prendrez-vous un hors-d'œuvre?; **dat had je ~ moeten zeggen** il fallait le dire avant
voor·af·gaan *vi (i. voorafgegaan)* précéder; **al wat aan de oorlog is voorafgegaan** tout ce qui a précédé la guerre
voor·af·gaand *adj* précédent; **de ~e bepalingen** les prémisses; **de ~e gesprekken** les entretiens préliminaires
voor·af·je *het (-s)* hors-d'œuvre
voor·al *adv* **1** surtout; *(iron.)* **dat moet je ~ doen!** ne te gêne surtout pas! **2** en particulier
voor·als·nog *adv* pour le moment
voor·ar·rest *het* détention préventive
voor·avond *nm (-en)* **1** veille **2** début de (la) soirée
voor·baat *de* ♦ **bij ~ dank** merci d'avance
voor·bak·ken *vt (h. voorgebakken)* précuire
voor·bank *de (-en)* siège avant
voor·ba·rig *adj, adv* **1** prématuré(ment); **~ spreken** en dire trop **2** inconsidéré(ment)
voor·beeld *het (-en)* exemple; *(prov)* **goed ~ doet goed volgen** qui prêche l'exemple, prêche au cœur; **tekenen naar een ~** dessiner d'après un modèle; **naar het ~ van ...** à l'image de ...; **aan iem een ~ nemen** prendre exemple sur qn; **een ~ stellen** faire un exemple; **ten ~ gesteld worden** être cité en exemple; **dat is zonder ~** cela est sans précédent
voor·beel·dig *adj, adv* (d'une façon) exemplaire; **een ~ echtgenoot** un mari modèle
voor·be·hoed·mid·del *het (-en)* contraceptif
voor·be·houd *het* réserve; **zonder ~** sans réserves
voor·be·hou·den *vt (h. voorbehouden)* réserver *(conserver pour l'avenir le droit ou la possibilité de faire qch)*; **hem was de eer ~ ...** c'est à lui que revenait l'honneur de ... ♦ **onvoorziene omstandigheden ~** sauf imprévu
voor·be·rei·den *vt (h. voorbereid)* préparer (à); **ik was daarop voorbereid** je m'y attendais
voor·be·rei·dend *adj* préparatoire
voor·be·rei·ding *nf (-en)* préparation (de, à); **ter ~ (dienen) op, voor** (servir) de préparation à, pour; **~en treffen** faire des préparatifs
voor·be·reid·se·len *plur* préparatifs; **~ treffen voor een reis** faire des préparatifs de départ
voor·be·schik·ken *vt (h. voorbeschikt)* → **voorbestemmen**
voor·be·schou·wing *nf (-en)* pronostic
voor·be·speeld *adj* préenregistré
voor·be·spre·king *nf (-en)* **1** discussion préalable **2** critique *(d'un livre)*
voor·be·stem·men *vt (h. voorbestemd)* prédestiner
voor·bij[1] *adj* passé; **de herfst is ~** c'est la fin de l'automne; **~e tijden** temps révolus
voor·bij[2] *adv* **1** devant; **laat me ~** laisse-moi passer **2** passé; **je bent er al ~** tu es déjà trop loin, tu l'as déjà dépassé
voor·bij[3] *prép* **1** plus loin (que) **2** devant; **jullie zijn er ~ gekomen** vous êtes passés devant
voor·bij·gaan *vi (i. voorbijgegaan)* **1** passer; **wat er gezegd wordt gaat volkomen aan hem voorbij** tout ce qu'on dit lui échappe complètement; **in het ~** en passant; **met ~ van** en négligeant **2** dépasser ♦ **stilzwijgend ~ aan** passer sur (qch)
voor·bij·gaand *adj* passager

voor·bij|gan·ger *nm (-s),* **-gangster** *nf (-s)* passant, -ante
voor·bij·ko·men *vi (i. voorbijgekomen)* passer
voor·bij·lo·pen *vi (i. voorbijgelopen)* passer devant
voor·bij·rij·den *vti (h./i. voorbijgereden)* dépasser *(en roulant)*
voor·bij·schie·ten *vi (i. voorbijgeschoten)* dépasser *(passer vite)*
voor·bij·snel·len *vti (h./i. voorbijgesneld)* passer vite
voor·bij·stre·ven *vt (i. voorbijgestreefd)* dépasser; *(Belg.)* **voorbijgestreefd zijn** être périmé
voor·bij·trek·ken *vi (i. voorbijgetrokken)* passer
voor·bij·vlie·gen *vi (i. voorbijgevlogen)* **1** fuir *(passer vite)* **2** passer en coup de vent
voor·bin·den *vt (h. voorgebonden)* → **voordoen[1] 2**
voor·bo·de *nm (-s)* signe avant-coureur; **de zwaluwen zijn de ~n van de lente** les hirondelles annoncent le printemps
voor·dat *conj* avant que; ~ **je betaalt, moet je alles goed natellen** vérifie avant de payer
voor|deel *het (-delen)* **1** bénéfice; *(fam.)* **~tjes behalen** faire de la gratte; **zijn ~ met iets doen** faire son profit de qch; ~ **hebben bij** avoir avantage à; **de tijd werkt in ons** ~ le temps travaille pour nous; *(sports)* **3-0 in het ~ van Nederland** 3-0 pour les Pays-Bas; **ten voordele van** au profit de; **ik zie daar geen ~ in** je n'y vois aucun intérêt **2** avantage; **de voor- en nadelen afwegen** peser le pour et le contre; **op ~ staan** avoir l'avantage
voor·de·lig *adj, adv* avantageux, avantageusement; ~ **in het gebruik** économique à l'usage; **er ~ uitzien** être à son avantage; **op ~e voorwaarden** à des conditions intéressantes; **~er zijn** coûter moins cher
voor·deur *de (-en)* porte d'entrée
voor·deur·de·lers *plur* co-domiciliés *(personnes qui occupent une même habitation sans former un 'ménage', concernant le fisc et les allocations)*
voor·dien *adv* auparavant
voor·doen[1] *vt (h. voorgedaan)* **1** montrer **2** mettre
voor·doen[2] *vpr (zich ~; h. zich voorgedaan)* **1** arriver; **als die omstandigheden zich ~** si ces circonstances se présentent **2** se faire passer (pour); **zich anders ~ dan men is** jouer un rôle
voor·dracht *de (-en)* **1** conférence; **een ~ houden over** donner une conférence sur **2** sketch **3** diction **4** liste de candidats **5** proposition
voor·drachts·kunst *nf* déclamation
voor·dra·gen *vti (h. voorgedragen)* **1** réciter **2** proposer *(une personne)*
voor·drin·gen *vi (i. voorgedrongen)* passer avant son tour
voor·eerst *adv* pour le moment
voor·film *nm (-s)* court métrage
voor·gaan *vi (i. voorgegaan)* **1** précéder; **dames gaan voor** honneur aux dames; **iem in het goede ~** donner le bon exemple à qn; **iem laten ~** laisser passer qn; **gaat u voor!** après vous! **2** passer avant **3** avancer *(horloge, montre)*
voor·gaand *adj* précédent; **een ~e bepaling** une stipulation antérieure
voor|gan·ger *nm (-s),* **-gangster** *nf (-s)* **1** prédécesseur **2** guide **3** *(relig.)* pasteur
voor·ge·kookt *adj* précuit; *(fig.)* **het was allemaal ~** tout avait été manigancé
voor·ge·lei·den *vt (h. voorgeleid)* amener
voor·ge·no·men *adj* projeté; **de ~ maatregelen** les mesures prévues
voor·ge·recht *het (-en)* entrée *(plat)*
voor·ge·schie·de·nis *nf* **1** origines; **zijn ~** ses antécédents **2** préhistoire
voor·ge·schre·ven *adj* prescrit
voor·ge·slacht *het (-en)* ancêtres
voor·ge·vel *nm (-s)* **1** façade **2** devanture **3** *(fam.)* balcon *(poitrine)* **4** *(fam.)* pif *(nez)*
voor·ge·ven *vti (h. voorgegeven)* prétendre; *(subst.)* **volgens zijn ~ ...** d'après ses dires ...
voor·ge·voel *het (-ens)* pressentiment
voor·ge·wend *adj* prétendu
voor·goed *adv* définitivement; **zij gaat nu ~ weg** elle part pour toujours; **dat is nu ~ uit** c'est fini et bien fini
voor·grond *nm (-en)* premier plan; *(fig.)* **dat staat bij mij op de ~** c'est pour moi la chose principale; *(fig.)* **op de ~ treden, zich op de ~ plaatsen** se mettre en avant
voor·hand *de (-en)* ♦ **aan de ~ zijn, zitten** *(jeux de cartes)* avoir la main, *(fig.)* avoir la priorité; **op ~** d'avance
voor·han·den *adj* disponible; **niet meer ~** épuisé; **er was nog wat geld ~** il y avait encore un peu d'argent
voor·heb·ben *vt (h. voorgehad)* **1** porter **2** avoir devant soi; **de verkeerde ~** faire erreur sur la personne; **je vergeet wie je voorhebt** tu oublies à qui tu t'adresses **3** avoir un avantage **4** projeter; **het goed met iem ~** vouloir du bien à qn; **wat heeft hij met hem voor?** qu'est-ce qu'il veut?
voor·heen *adv* autrefois
voor·his·to·risch *adj* préhistorique
voor·hoe·de *de (-s)* **1** *(sports)* (ligne d')avants **2** *(milit.)* avant-garde
voor·hoofd *het (-en)* front
voor·hoofds·hol·te *nf (-n, -s) (méd.)* sinus frontal
voor·hou·den *vt (h. voorgehouden)* **1** tendre **2** montrer; **iem zijn slechte gedrag ~** rappeler à qn sa mauvaise conduite
voor·huid *de (-en) (méd.)* prépuce
voor·in *adv* à l'avant; **kom ~** viens devant
voor·in·ge·no|men *adj (-mener, meest v.)* partial; **~ zijn tegen iem** avoir un parti pris contre qn
voor|jaar *het (-jaren)* printemps; **heb je**

het ~ in het hoofd? ± c'est le printemps qui te travaille?
voor·kant *nm (-en)* avant; **aan de** ~ sur le devant
voor·kau·wen *vt (h. voorgekauwd)* mâcher
voor·ken·nis *nf* connaissance préalable; **dat gebeurde buiten mijn** ~ c'est arrivé à mon insu; **dat gebeurde met mijn** ~ j'étais au courant de cela
voor·keur *de* préférence; **bij** ~ de préférence; **dit heeft de ~ boven dat** ceci est préférable à cela; **als ik het huis verkoop, heeft hij de** ~ si je vends la maison, il aura la priorité
voor·keur·spel·ling *nf (-en)* orthographe recommandée
voor·ko·men[1] *het* aspect; **hij heeft een gunstig** ~ il présente bien
voor·ko·men[2] *vt (h. voorkomen)* prévenir; **om misverstanden te** ~ pour éviter tout malentendu
voor·ko·men[3] *vi (i. voorgekomen)* **1** devancer **2** arriver **3** se trouver **4** *(jur.)* comparaître; **vandaag komt de zaak van V. voor** aujourd'hui l'affaire de V. est plaidée **5** paraître; **dat komt mij bekend voor** cela me dit qch; **het laten ~ alsof ...** faire croire que ...; **het komt mij voor, dat ...** il me semble que ...
voor·ko·mend[1] *adj, adv* prévenant, avec (des) égards; **een ~ man** un homme attentionné
voor·ko·mend[2] *adj* éventuel; **in ~e gevallen** le cas échéant; **een veel ~ probleem** un problème courant
voor·ko·ming *nf* prévention; **ter ~ van ongelukken** pour prévenir les accidents
voor·kwam, voorkwamen → **voorkomen**[1]
voor·laatst *adj* avant-dernier
voor·land *het (-en)* destinée
voor·leg·gen *vt (h. voorgelegd)* **1** mettre sous les yeux; **een document** ~ produire un document; **een stuk ter tekening** ~ donner un papier à signer **2** soumettre
voor·lei·den *vt (h. voorgeleid)* **1** faire avancer **2** *(jur.)* amener
voor·let·ter *de (-s)* initiale
voor·le·zen *vti (h. voorgelezen)* lire (à haute voix); **iem iets** ~ lire qch à qn
voor·lich·ten *vt (h. voorgelicht)* **1** informer **2** faire l'éducation sexuelle de
voor·lich·ting *nf (-en)* information; **seksuele** ~ éducation sexuelle
voor·lief·de *nf* prédilection
voor·lie·gen *vti (h. voorgelogen)* ♦ **iem (wat)** ~ mentir à qn
voor·lig·ger *nm (-s)* voiture (qui précède)
voor·lo·pen *vi (h./i. voorgelopen)* **1** marcher devant **2** avancer *(horloge, montre)*
voor·lo·per *nm (-s)* précurseur; **dit zijn ~s van een latere periode** ce sont des signes avant-coureurs d'une période plus tardive
voor·lo·pig *adj, adv* **1** provisoire(ment) **2** pour le moment
voor·ma·lig *adj* ancien; **een ~e officier** un ex-officier
voor·man *nm (-nen)* **1** contremaître **2** voisin de devant **3** chef de file
voor·mid·dag *nm (-en)* **1** matin **2** début de l'après-midi
voor|naam[1] *nm (-namen)* prénom
voor|naam[2] *adj (-namer, -naamst)* **1** distingué; **een voorname buurt** un quartier chic; **voorname lieden** notables **2** important; **het ~ste** l'essentiel
voor·naam·woord *het (-en) (ling.)* pronom; **aanwijzend** ~ pronom démonstratif; **onbepaald** ~ pronom indéfini
voor·na·me·lijk *adv* principalement
voor·ne·men[1] *het (-s)* **1** intention **2** résolution
voor·ne·men[2] *vpr (zich ~; h. zich voorgenomen)* se proposer de; **hij had het zich vast, heilig voorgenomen** il s'était juré de le faire
voor·ne·mens *adv* dans l'intention de; **~ zijn** avoir l'intention de
voor·noemd *adj* précité
voor·on·der *het (-s) (mar.)* cale avant
voor·on·der·stel·len *vt (h. voorondersteld)* supposer
voor·on·der·zoek *het (-en)* enquête préliminaire; *(jur.)* **een gerechtelijk** ~ une instruction (judiciaire)
voor·oor|deel *het (-delen)* préjugé
voor·oor·logs *adj* d'avant-guerre
voor·op *adv* **1** sur le devant **2** devant **3** d'abord; **~ staat, dat ...** une chose est certaine, c'est que ...
voor·op·gaan *vi (i. vooropgegaan)* **1** marcher en tête **2** précéder
voor·op·lei·ding *nf (-en)* formation (préparatoire)
voor·op·lo·pen *vi (h. vooropgelopen)* **1** marcher en tête **2** donner l'exemple
voor·op·stel·len *vt (h. vooropgesteld),* **vooropzetten** *vt (h. vooropgezet)* poser comme principe; **vooropgesteld, dat ...** à supposer que ...
voor·ou·ders *plur* ancêtres
voor·over *adv* en avant; **met het gezicht ~ liggen** être étendu, le visage tourné vers le sol
voor·over·leg *het* concertation préalable
voor·pa·gi·na *de (-'s)* première page; **de ~ halen** faire la une
voor·pa·gi·na·nieuws *het* nouvelle sensationnelle
voor|poot *nm (-poten)* patte de devant, *(d'un meuble)* pied de devant
voor·por|taal *het (-talen)* **1** porche *(d'une église)*; **het leven is voor hem een ~ van de hel** il fait son purgatoire sur terre **2** vestibule
voor·pret *de* joie anticipée
voor·proef·je *het (-s)* avant-goût
voor·pro·gram·me·ren *vt (h. voorgeprogrammeerd)* **1** *(inform.)* préprogrammer **2** *(fig.)* programmer
voor|raad *nm (-raden)* **1** stock; **niet meer in ~ zijn** être épuisé; **zo lang de ~ strekt**

jusqu'à épuisement des stocks **2** provisions; **we zijn door onze ~ heen** nos réserves sont épuisées; ~ **inslaan voor de winter** faire des provisions pour l'hiver **3** réserve
voor·ra·dig *adj* en stock
voor·rang *nm* priorité; **iem ~ geven** céder le passage à qn
voor·rangs·weg *nm (-en)* voie prioritaire
voor·recht *het (-en)* privilège
voor·re·ke·nen *vt (h. voorgerekend)* faire le compte de (qch) (devant qn)
voor·rij·den *vi (h./i. voorgereden)* **1** arriver (en voiture) devant la porte **2** rouler en tête ♦ **de auto** ~ avancer la voiture; **(het)** ~ les frais de déplacement *(réparations à domicile)*
voor·ron·de *de (-n, -s)* éliminatoire
voor·ruit *de (-en)* pare-brise
voor·schie·ten *vt (h. voorgeschoten)* avancer
voor·schot *het (-ten) (fin.)* avance; **een renteloos** ~ un prêt sans intérêt
voor·scho·te·len *vt (h. voorgeschoteld)* servir *(un plat)*
voor·schrift *het (-en)* prescription; **een dwingend** ~ une règle impérative; **volgens** ~ réglementairement
voor·schrij·ven *vt (h. voorgeschreven)* prescrire; **wij laten ons niets** ~ personne ne nous dira ce que nous devons faire; **rust** ~ ordonner du repos
voor·se·lec·tie *nf (-s)* présélection
voors·hands *adv (form.)* pour l'instant
voor·sor·te·ren *vi (h. voorgesorteerd) (circul.)* déboîter (pour changer de direction); **links** ~ serrer à gauche
voor·spel *het (-en)* **1** prologue **2** *(mus.)* prélude ♦ **het ~ van de oorlog** les prémices de la guerre
voor·spel|baar *adj (-baarder, -baarst)* prévisible
voor·spe·len *vti (h. voorgespeeld)* **1** *(sports)* jouer à l'avant **2** jouer (en guise d'exemple)
voor·spel·len *vt (h. voorspeld)* **1** prédire **2** prévoir; **ik heb het u wel voorspeld** je vous l'avais dit **3** présager
voor·spel|ler *nm (-s)*, **-ster** *nf (-s)* pronostiqueur, -euse
voor·spel·ling *nf (-en)* **1** prédiction; **een uitgekomen** ~ une prédiction qui s'est réalisée **2** prévision
voor·spie·ge·len *vt (h. voorgespiegeld)* faire miroiter
voor·spoed *nm* succès; **in voor- en tegenspoed** pour le meilleur et pour le pire; **een tijd van** ~ une ère de prospérité
voor·spoe·dig *adj, adv* heureux, sans problèmes; **een ~e reis** un bon voyage; **alles verliep** ~ tout se passa bien
voor|spraak *de (-spraken)* **1** intervention; ~ **van, aan iem hebben** avoir qn comme défenseur **2** défenseur
voor·sprong *nm (-en)* avance; **een ~ op iem nemen** devancer qn
voorst *adj* premier
voor·staan[1] *vi (h. voorgestaan)* **1** être devant **2** être présent à l'esprit; **er staat mij zoiets van voor** j'ai souvenance de qch de ce genre ♦ **er goed** ~ se présenter bien; **zich op zijn geld laten** ~ tirer vanité de son argent
voor·staan[2] *vt (h. voorgestaan)* préconiser; **iemands belangen, iem** ~ défendre les intérêts de qn
voor|stad *de (-steden)* banlieue
voor|stan·der *nm (-s)*, **-standster** *nf (-s)* partisan, -ane; **er zijn voor- en tegenstanders** les avis sont partagés
voor·ste·ken *vt (h./i. voorgestoken) (Belg.)* dépasser
voor·stel *het (-len)* proposition; **een ~ aanhouden** ne pas se prononcer sur une proposition
voor·stel·baar *adj* concevable
voor·stel·len[1] *vt (h. voorgesteld)* **1** présenter *(qn)* **2** proposer **3** représenter; **wat moet dat ~?** qu'est-ce que cela représente?, *(fig.)* qu'est-ce que cela signifie?!
voor·stel·len[2] *vpr (zich ~; h. zich voorgesteld)* **1** se représenter; **ik kan me goed ~ dat ...** je comprends que ...; **ik kan mij zijn gezicht niet meer** ~ je ne peux pas me rappeler son visage; **zich iets levendig kunnen** ~ pouvoir très bien s'imaginer qch; **stel je voor!** penses-tu!; **stel je daar maar niet te veel van voor** ne te fais pas trop d'illusions **2** se proposer (de)
voor·stel·ling *nf (-en)* **1** représentation; **de eerste** ~ la première séance, la première représentation **2** image; **iem een ~ van iets geven** donner une idée de qch à qn; **verkeerde ~en van iets hebben** avoir une idée fausse de qch **3** présentation
voor·stel·lings·ver·mo·gen *het* imagination
voor·ste·ven *nm (-s)* proue
voor·stu·die *nf (-s)* **1** étude préparatoire **2** *(arts)* étude
voort[1] *adv* **1** en avant; **ik kan niet** ~ je suis bloqué **2** plus loin
voort[2] *interj* en avant!
voort·aan *adv* dorénavant
voor·tand *nm (-en)* incisive
voort·be·staan *het* **1** survie **2** continuité
voort·be·we·gen[1] *vt (h. voortbewogen)* propulser
voort·be·we·gen[2] *vpr (zich ~; h. zich voortbewogen)* avancer
voort·bren·gen *vt (h. voortgebracht)* **1** produire **2** créer **3** *(fig.)* engendrer
voort·breng·sel *het (-en)* produit
voort·drij·ven *vt (h./i. voortgedreven)* **1** pousser **2** propulser
voort·du·ren *vi (h. voortgeduurd)* continuer; **doen** ~ prolonger
voort·du·rend *adj, adv* continuel(lement); **een ~e dreiging** une menace permanente
voor·te·ken *het (-s, -en)* présage
voor·tent *de (-en)* auvent
voort·gaan *vi (i. voortgegaan)* **1** avancer; **een ~de beweging** un mouvement

en avant **2** *(+ met)* continuer (qch); ~ **met werken** continuer à travailler
voort·gang *nm* **1** progression; ~ **boeken** avancer; ~ **met iets maken** faire avancer qch **2** évolution **3** continuation
voort·hel·pen *vt (h. voortgeholpen)* aider; **iem in de wereld** ~ soutenir qn
voort·hol·len *vi (i. voortgehold)* courir toujours
voor·tij·dig *adj, adv* prématuré(ment)
voort·ko·men *vi (i. voortgekomen)* **1** *(+ uit)* résulter (de); **het een komt uit het ander voort** une chose en entraîne une autre **2** *(+ uit)* être issu (de) **3** *(+ uit)* provenir (de)
voort·le·ven *vi (h. voortgeleefd)* **1** survivre (dans) **2** *(fig.)* se perpétuer (dans)
voort·ma·ken *vi (h. voortgemaakt)* se dépêcher
voor·touw *het* ♦ **het** ~ **nemen** prendre l'initiative
voort·plan·ten[1] *vpr (zich ~; h. zich voortgeplant)* **1** *(biol.)* se reproduire **2** *(phys.)* se propager
voort·plan·ten[2] *vt (h. voortgeplant)* **1** *(biol.)* transmettre **2** *(fig.)* propager
voort·plan·ting *nf* **1** *(biol.)* reproduction **2** *(zool.)* multiplication **3** *(phys.)* transmission
voor·tref·fe·lijk *adj, adv* excellent, remarquablement
voor·trek·ken *vt (h. voorgetrokken)* préférer
voor·trek·ker *nm (-s)* **1** pionnier **2** chef de file
voorts *adv* ensuite; **en zo** ~ et ainsi de suite
voort·schrij·den *vi (i. voortgeschreden) (form.)* avancer
voort·sle·pen[1] *vt (h. voortgesleept)* traîner
voort·sle·pen[2] *vpr (zich ~; h. zich voortgesleept)* traîner
voort·snel·len *vi (i. voortgesneld) (form.)* courir
voort·sprui·ten *vi (i. voortgesproten) (form.)* être issu (de); **daar kan niets dan ongeluk uit** ~ il n'en résultera rien de bon
voort·stu·wen *vt (h. voortgestuwd)* propulser
voort·suk·ke·len *vi (h./i. voortgesukkeld)* **1** aller cahin-caha **2** lambiner
voor·tuin *nm (-en)* jardin devant la maison
voort·va·rend *adj, adv* énergique(ment)
voort·va·rend·heid *nf* dynamisme
voort·vloei·en *vi (i. voortgevloeid) (+ uit)* résulter (de)
voort·vluch·tig *adj* en fuite; **de ~e** le fuyard, le fugitif, la fugitive; **hij is nog** ~ il court encore
voort·woe·ke·ren *vi (h./i. voortgewoekerd)* proliférer
voort·zeg·gen *vt (h. voortgezegd)* répandre *(nouvelle)*; **zeg het voort!** qu'on se le dise!
voort·zet·ten *vt (h. voortgezet)* continuer; **een traditie** ~ perpétuer une tradition; **de zitting wordt voortgezet** la séance continue
voor·uit[1] *adv* **1** en avant; **hij is ons een heel eind** ~ il a une belle avance sur nous; **recht** ~ tout droit **2** d'avance; **zijn tijd** ~ **zijn** être en avance sur son temps
voor·uit[2] *interj* en avant!; **~! aan je werk!** allons! au travail!; **~, de kamer uit!** ouste, hors d'ici!; **nou,** ~ **dan maar!** va pour cette fois!
***voor·uit-** **1** en avant **2** d'avance
voor·uit·be·ta·ling *nf (-en)* paiement anticipé; **bij** ~ **te voldoen** à payer d'avance
voor·uit·blik *nm (-ken)* pronostic; **een** ~ **op het volgende seizoen werpen** pronostiquer la nouvelle saison
voor·uit·den·ken *vi (h. vooruitgedacht)* prévoir
voor·uit·gaan *vi (i. vooruitgegaan)* **1** précéder **2** partir à l'avance **3** avancer **4** progresser; **er financieel op** ~ y gagner financièrement
voor·uit·gang[1] *nm* **1** progrès; ~ **boeken** faire des progrès; **er is** ~ **te bespeuren in de toestand van de zieke** on peut constater que l'état du malade s'améliore **2** progression
voor·uit·gang[2] *nm (-en)* sortie principale
voor·uit·hel·pen *vt (h. vooruitgeholpen)* aider
voor·uit·kij·ken *vi (h. vooruitgekeken)* **1** regarder devant soi **2** prévoir
voor·uit·ko·men *vi (i. vooruitgekomen)* **1** avancer; **in de wereld, de maatschappij** ~ réussir (socialement) **2** devancer **3** s'avancer
voor·uit·lo·pen *vi (i. vooruitgelopen)* **1** précéder **2** *(+ op)* anticiper (sur) **3** prendre les devants **4** partir en avant
voor·uit·rij·den *vi (i. vooruitgereden)* **1** précéder *(les autres)* **2** voyager dans le sens de la marche
voor·uit·ste·ken *vti (h./i. vooruitgestoken)* avancer; **~de jukbeenderen** pommettes saillantes
voor·uit·stre·vend *adj* progressiste; **~e techniek** technique de pointe
voor·uit·zicht *het (-en)* perspective; **in het** ~ en perspective; **iem iets in het** ~ **stellen** promettre qch à qn; **het** ~ **op iets hebben** avoir qch en vue
voor·uit·zien[1] *vi (h. vooruitgezien)* **1** regarder devant soi **2** voir loin; **een ~de blik hebben** être prévoyant
voor·uit·zien[2] *vt (h. vooruitgezien)* prévoir
voor·va·der *nm (-en)* ancêtre
voor·val *het (-len)* incident
voor·val·len *vi (i. voorgevallen)* se produire
voor|vech·ter *nm (-s)*, **-vechtster** *nf (-s)* champion, -onne
voor·ver·kie·zing *nf (-en)* préélection
voor·ver·koop *nm* location *(de billets)*
voor·ver·ko·pen *vt (h. voorverkocht)* **1** vendre en location **2** vendre à l'avance

voor·ver·pakt *adj* pré(-)emballé
voor·ver·war·men *vt (h. voorverwarmd)* préchauffer
voor·voeg·sel *het (-s) (ling.)* préfixe
voor·voe·len *vt (h. voorvoeld)* pressentir
voor·waar *adv (form.)* en vérité; **dat is ~ geen gering bedrag** ce n'est certainement pas une petite somme
voor·waar·de *nf (-n)* condition; **onder ~ (van)** sous réserve (de); **op ~ dat** à condition de, à (la) condition que; **(zijn) ~n stellen** poser ses conditions
voor·waar·de·lijk *adj, adv* conditionnel(lement); **~ iets beloven** promettre qch sous condition; **hij heeft drie jaar ~** il a eu trois ans de prison avec sursis
voor·waarts[1] *adj, adv* en avant; **een ~e beweging** un mouvement en avant, *(fig.)* un progrès; **in ~e richting** en avant
voor·waarts[2] *interj* en avant!
voor·was *nm* prélavage
voor·was·mid·del *het (-en)* produit de prélavage
voor·wen·den *vt (h. voorgewend)* **1** simuler; **een voorgewende naam** un faux nom; **voorgewende verbazing** étonnement feint **2** prétexter
voor·wend·sel *het (-s)* prétexte
voor·we·reld·lijk *adj* antédiluvien; **~e dieren** animaux préhistoriques
voor·werk *het (-en)* **1** *(édit.)* pages liminaires **2** préparatifs
voor·werp *het (-en)* **1** objet **2** *(ling.)* complément d'objet; *(Belg.)* **het handelend ~** le complément d'agent; **het lijdend ~** le complément d'objet direct; **het meewerkend ~** le complément d'objet indirect
voor·woord *het (-en)* préface
voor·zag, voorzagen → **voorzien**[1]
voor·zan·ger *nm (-s)* **1** chantre **2** ministre officiant *(religion juive)*
voor·zeg·gen *vti (h. voorgezegd)* **1** souffler **2** faire répéter (qch à qn)
voor·ze·ker *adv (form.)* certes
voor·zet *nm (-ten) (sports)* **1** centre **2** *(échecs)* trait
voor·zet·sel *het (-s) (ling.)* préposition
voor·zet·ten[1] *vt (h. voorgezet)* **1** mettre (devant); **iem iets ~** servir qch à qn **2** avancer
voor·zet·ten[2] *vi (h. voorgezet) (sports)* centrer (le ballon)
voor·zich·tig *adj, adv* prudent, prudemment; **iem ~ aanpakken** prendre des gants avec qn; **~ naar iets informeren** se renseigner discrètement sur qch; **~ lopen** avancer avec précaution; **~ zijn** faire attention; **~ te werk gaan** y aller doucement
voor·zich·tig·heid *nf* prudence; **de uiterste ~ betrachten** observer la plus grande prudence; *(prov)* **~ is de moeder van de porseleinkast** prudence est mère de sûreté
voor·zich·tig·heids·hal·ve *adv* par prudence
voor·zien[1] *adj* pourvu (de); **goed ~ zijn** être bien fourni, *(magasin)* être bien assorti; **van alle gemakken ~ zijn** avoir tout le confort; **wij zijn al ~** nous avons déjà tout ce qu'il nous faut
voor·zien[2] *vt (h. voorzien)* **1** prévoir **2** *(+ in)* pourvoir (à); **wij zullen daarin ~** nous allons remédier à cela; **daarin heeft de wet ~** ce cas est prévu par la loi **3** *(+ van)* pourvoir (de); **iem van geld ~** fournir de l'argent à qn; **zich ~ van** se munir de ♦ **het op iem ~ hebben** avoir une dent contre qn
voor·zie·nig·heid *nf* providence
voor·zie·ning *nf (-en)* **1** disposition; **een huis met alle ~en** une maison avec toutes les commodités; **sociale ~en** acquis sociaux, sécurité sociale; **een tijdelijke ~** une solution provisoire; **~en treffen** prendre des dispositions **2** équipement **3** approvisionnement
voor·zij·de *de (-n)* **1** devant; **aan de ~** devant **2** façade **3** endroit *(papier)* **4** face *(monnaie)*
voor·zin·gen *vti (h. voorgezongen)* **1** chanter (qch à qn) **2** auditionner
voor·zit·ten *vti (h. voorgezeten)* présider
voor·zit|ter *nm (-s)*, **-ster** *nf (-s)* président, -ente
voor·zit·ter·schap *het* présidence
voor·zit·ters·ha·mer *nm (-s)* marteau du président; **de ~ hanteren** occuper le fauteuil de président
voor·zorg *de (-en)* précaution; *(Belg.)* **het ministerie van Sociale Voorzorg** le ministère de la prévoyance sociale; **uit ~ iets doen** faire qch par mesure de prudence
voor·zorgs·maat·re·gel *nm (-en)* (mesure de) précaution; **~en nemen, treffen** prendre des mesures de précaution
voos *adj (vozer, voost)* **1** spongieux **2** creux **3** pourri
vor·de·ren[1] *vi (h./i. gevorderd)* avancer
vor·de·ren[2] *vt (h./i. gevorderd)* **1** exiger **2** réquisitionner
vor·de·ring *nf (-en)* **1** progrès **2** exigence; **een ~ indienen** intenter une action **3** créance **4** réquisition **5** bien réquisitionné
vo·ren *adv* avant; **naar ~ komen** s'avancer, *(fig.)* se manifester; **iets naar ~ brengen** avancer qch *(aussi au fig.)*; **een stap naar ~ doen** faire un pas en avant; **van ~** de face; **van ~ af aan** à nouveau; **hij weet van ~ niet dat hij van achteren leeft** il est bête à manger du foin
vo·rig *adj* **1** dernier; **de ~e dag** la veille **2** précédent
vork *de (-en)* **1** fourche; **weten hoe de ~ in de steel zit** savoir de quoi il retourne **2** fourchette; **met mes en ~ eten** manger avec un couvert
vorm *nm (-en)* **1** forme *(aussi condition (physique))*; *(fig.)* **iets in een andere ~ gieten** changer la forme de qch; *(ling.)* **de bedrijvende en de lijdende ~ van een werkwoord** les voix active et passive d'un verbe; **~ geven aan een gedachte** formuler une idée; **in de ~ van een brief** sous forme de lettre; **in de ~ van een hoefijzer** en

forme de fer à cheval; *(sports)* **weer in ~, uit ~ raken** retrouver, perdre sa forme; **~ en inhoud** le fond et la forme; **naar, in de ~** dans les règles; **uit de ~ raken** se déformer **2** moule
vor·me·lijk *adj, adv* **1** formel(lement); **~e kleding** tenue stricte **2** conventionnel(lement); **hij is altijd zo ~** il est toujours si cérémonieux
vor·men *vt (h. gevormd)* **1** former; **zich een denkbeeld ~** se faire une idée; **een beeld uit klei ~** modeler une statue en glaise **2** mouler **3** éduquer **4** *(cathol.)* confirmer
vor·mend *adj* **1** éducateur **2** éducatif
vorm|ge·ver *nm (-s),* **-geefster** *nf (-s)* designer
vorm·ge·ving *nf* **1** façonnement **2** esthétique
vor·ming *nf (-en)* formation; **de algemene ~** la culture générale; **~ buiten schoolverband** formation extrascolaire
vor·mings·werk *het* action socioéducative
vorm·leer *de (ling.)* morphologie
vorm|loos *adj (-lozer, meest v.)* **1** informe **2** *(phys.)* amorphe **3** déformé
vorm|vast *adj (-vaster, meest v.)* indéformable
vor·sen *vi (h. gevorst)* faire des recherches; **naar iets ~** rechercher qch ♦ **een ~de blik** un regard scrutateur
vorst[1] *nm* gelée; **bij ~** en cas de gel; **vier graden ~** quatre degrés au-dessous de zéro; **we krijgen ~** il va geler
vorst[2] *nm (-en),* **vorstin** *nf (-nen)* souverain, -aine; **de ~ van de duisternis** le prince des ténèbres; **een inlands ~** un roi indigène
vor·ste·lijk *adj, adv* princier, princièrement; **een ~e gift** un cadeau royal; **~ paleis** palais du souverain; **je zit daar ~** on y est installé comme des rois
vor·sten·dom *het (-men)* principauté
vor·sten|huis *het (-huizen)* dynastie; **het Nederlandse ~** la famille royale des Pays-Bas
vor·stin *nf (-nen)* → **vorst**[2]
vorst·vrij *adj* ♦ **op een ~e plaats** à l'abri du gel
vos *nm (-sen)* renard *(animal et fourrure);* **Reinaert de Vos** Renard; *(prov)* **een ~ verliest wel zijn haren, maar niet zijn streken** le loup (renard) change de poil, mais non de naturel
vo·tum *het (vota, -s)* **1** vœu **2** vote
vouw *de (-en)* pli; **een ~ in iets slaan** plier qch; **de ~en uit iets strijken** déplisser qch
***vouw-** pliant; **de vouwfiets** le vélo pliant
vouw·baar *adj* pliable
vouw·blad *het (-en)* dépliant
vouw·deur *de (-en)* porte accordéon
vou·wen[1] *vi (h. gevouwen)* se plier
vou·wen[2] *vt (h. gevouwen)* plier; **een schuitje ~** faire un bateau en papier
vr.[1] *vrouwelijk* f.
vr.[2] *(ling.) vragend* interrog.
vraag *de (vragen)* **1** question; **vragen op iem afvuren** bombarder qn de questions; *(ling.)* **directe ~** interrogation directe; **dat is zeer de ~** c'est ce qui reste à savoir; **dat is ook een ~!** quelle question!; **het is nog de ~, of ...** reste à savoir si ...; **op die ~ moet ik het antwoord schuldig blijven** je n'ai pas de réponse à cette question; **dat blijft een open ~** la question reste entière; **vragen stellen** poser des questions; **voor jou een ~, voor mij een weet** je sais ce que je sais; **ik stond voor de ~ wat er verder moest gebeuren** je devais décider ce qu'il convenait de faire **2** *(écon.)* demande; **er is veel ~ naar ...** il y a une forte demande de ...
vraag|baak *de (-baken)* **1** encyclopédie vivante **2** encyclopédie
vraag·ge·sprek *het (-ken)* interview
vraag|prijs *nm (-prijzen)* prix demandé
vraag·stel·ling *nf (-en)* **1** façon de formuler la question **2** problématique
vraag·stuk *het (-ken)* problème
vraag·te·ken *het (-s)* point d'interrogation; **een ~ plaatsen, zetten bij iets** mettre qch en doute
vraag·woord *het (-en)* interrogatif
vraag·zin *nm (-nen) (ling.)* interrogative
vraat·zucht *de* gloutonnerie
vracht *de (-en)* **1** charge; **onder de ~ bezwijken** crouler sous le poids; **een ~ zand** un chargement de sable **2** *(form.)* quantité (de); **hij heeft een ~ boeken** il a une quantité impressionnante de livres **3** frais de transport
vracht·au·to *nm (-'s)* → **vrachtwagen**
vracht|boot *nm (-boten)* → **vrachtschip**
vracht|brief *nm (-brieven)* lettre de voiture
vracht·geld *het (-en)* → **vracht 3**
vracht·goed *het (-eren)* marchandises
vracht·rij·der *nm (-s)* camionneur
vracht·ruim·te *nf (mar.; aviat.)* soute
vracht|schip *het (-schepen)* cargo
vracht·ver·keer *het (uniquement sing.)* poids lourds *(plur.)*
vracht·ver·voer *het* transport de marchandises
vracht·vlieg·tuig *het (-en)* avion-cargo
vracht·wa·gen *nm (-s)* camion
vra·gen *vti (h. gevraagd)* **1** demander; **als je het mij vraagt** à mon avis; **dat hoef je niet te ~!** quelle question!; **nu vraag ik je!** je vous demande un peu!; **daar vraag je (me) wat!** là, tu m'en demandes trop!; **naar iem ~** demander qn; **daar wordt niet naar gevraagd** ça ne compte pas, là n'est pas la question; **naar iemands gezondheid ~** s'informer de la santé de qn; **hij vraagt je om te komen** il te demande de venir; **hoge prijzen ~** vendre cher; **het lichaam vraagt rust** le corps a besoin de repos; **dat mag ik niet van u ~** je ne peux exiger cela de vous; **veel gevraagd** très demandé **2** interroger; **wat wordt er gevraagd?** quelle est la question? **3** inviter **4** *(+ om)* chercher (qch)

vragend *adj, adv* interrogatif; **iem ~ aanzien** interroger qn du regard; **~e blikken** regards interrogateurs
vragenlijst *de (-en)* questionnaire
vragenuurtje *het (-s)* **1** *(pol.)* questions au Gouvernement, d'actualité **2** *(enseign.)* séance réservée aux questions (des étudiants sur la matière des cours)
vrat, vraten → **(uit-, op)vreten** *(etc.)*
vrede *de* **1** paix; **~ met iets hebben** se résigner à qch, acquiescer à qch; **de ~ van Munster** le traité de Munster; **~ stichten** faire la paix; **de Nobelprijs voor de Vrede** le prix Nobel de la Paix; **ter wille van de (lieve) ~, om des ~s wille** pour avoir la paix **2** calme; **iem met ~ laten** laisser qn tranquille
vredelievend *adj, adv* pacifique(ment)
***vredes-** de paix; **het vredesverdrag** le traité de paix
vredesactivist *nm (-en)*, **-viste** *nf (-s, -n)* pacifiste
vredesbeweging *nf (-en)* mouvement pour la paix
vredesconferentie *nf (-s)* **1** conférence de paix **2** conférence pour la paix
vredesdemonstratie *nf (-s)* manifestation en faveur de la paix
vredesmacht *de* force de maintien de la paix
vredesnaam ♦ **in ~ dan maar** bon, puisqu'on ne peut pas faire autrement; **kom in ~ hier!** pour l'amour de Dieu, viens ici!; **hoe is het in ~ mogelijk?** mais enfin, comment est-ce possible?
Vredespaleis *het* palais de la Paix
vredespijp *de (-en)* calumet de la paix
vredespolitiek *nf* politique de pacification
vrede|stichter *nm (-s)*, **-stichtster** *nf (-s)* réconciliateur, -trice
vredig *adj, adv* paisible(ment); **~ leven** vivre tranquillement; **een ~ oord** un havre de paix
vree, vreeën → **vrijen**
vreed|zaam *adj, adv (-zamer, -zaamst)* **1** pacifique(ment) **2** paisible(ment); **hij zat heel ~ zijn pijpje te roken** il fumait tranquillement sa pipe
vreemd *adj, adv* **1** étranger; **in den ~e** à l'étranger; **zij is hier ~** elle n'est pas d'ici; **~e kinderen opvoeden** élever les enfants des autres; **~e planten** plantes exotiques; **dat ziet er ~ uit** cela a l'air tout à fait bizarre **2** étrange(ment); **~ doen** se comporter d'une façon étrange; **~ genoeg** curieusement; **het ~e is, dat ...** ce qui est curieux c'est que ... **3** inconnu; **daar ben ik ~ aan** je n'y suis pour rien; **hij voelt zich hier ~** il se sent dépaysé ici ♦ **~ tegen iets aankijken** ne pas être habitué à qch; **~ opkijken (van iets)** ouvrir de grands yeux (à cause de qch); **dat heeft ze van niemand ~** elle a de qui tenir
vreemde|ling *nm (-en)*, **-linge** *nf (-n)* **1** étranger, -ère; **hij is een ~ in zijn eigen land** il ne connaît pas son propre pays **2** profane
vreemdelingenhaat *nm* xénophobie
vreemdelingenverkeer *het* tourisme
vreemdsoortig *adj* curieux
vreemdtalig *adj* en langue(s) étrangère(s)
vrees *de (vrezen) (form.)* **1** peur; **iem ~ aanjagen** faire peur à qn; **de vreze des Heren** la crainte de Dieu; **~ koesteren (voor iets)** avoir peur (de qch); **uit ~ te vallen** de peur de tomber; **zonder ~ of blaam** sans peur et sans reproche **2** phobie
vreesaanjagend *adj, adv* → **vreeswekkend**
vreesachtig *adj, adv* craintif, craintivement
vreeswekkend *adj, adv* (d'une façon) terrifiant(e)
vreetpartij *nf (-en) (vulg.)* grande bouffe
vreetzak *nm (-ken) (vulg.)* bâfreur, -euse
vrek *nm (-ken)* avare
vrekkig *adj, adv* (comme un) avare
vreselijk[1] *adj, adv* terrible(ment); **~e dingen zeggen** dire des choses horribles; **het is ~ gezellig** ± il y a une ambiance du tonnerre; **een ~ gezicht** un spectacle effroyable; **we hebben ~ gelachen** on a ri comme des fous; **een ~e moord** un meurtre atroce
vreselijk[2] *interj* fichtre!
vreten[1] *het* **1** pâture **2** *(vulg.)* bouffe ♦ **een raar stuk ~** un drôle de zigoto
vreten[2] *vti (h. gevreten)* **1** *(vulg.)* bâfrer; **dat is niet te ~!** c'est dégueulasse!; **krijgen we nog iets te ~?** la bectance et que ça saute! **2** manger *(animal)*
vreten[3] *vt (h. gevreten)* dévorer *(énergie, électricité etc.)*
vreten[4] *vi (h. gevreten)* dévorer (qn)
vreugde *nf (-n)* joie; **de ~ over dit weerzien** la joie de cette rencontre; **uitgelaten ~** joie débordante; **buiten zichzelf raken van ~** être fou de joie; **de stad was vol ~** la ville était en liesse
***vreugde-** de joie; **de vreugdekreet** le cri de joie
vreugdebetoon *het* manifestations de joie
vreugde|loos *adj, adv (-lozer, meest v.)* sans joie
vreugdevol *adj* plein de joie
vrezen *vti (h. gevreesd)* craindre; **hij vreesde ervoor, dat** il avait peur que; **het gevreesde ogenblik nadert** le moment tant redouté approche; **voor zijn leven wordt gevreesd** on craint pour sa vie; **ik vrees u te moeten teleurstellen** je crains de vous décevoir
vriend *nm (-en)*, **vriendin** *nf (-nen)* **1** ami, amie; **ik ben geen ~ van dikdoenerij** je n'aime pas les chichis; **even goede ~en** sans rancune; **weer goede ~en worden** se réconcilier; **kwade ~en zijn** être brouillés; **een ~ van mij** un de mes amis; **neen, ~, dat gaat zo niet!** non, mon cher,

cela ne marchera pas comme ça!; **van je ~en moet je het maar hebben!** fiez-vous donc aux amis! **2** amoureux, -euse; **ze heeft een ~(je)** elle a un petit ami ♦ **iem te ~ houden** ménager les susceptibilités de qn

vrien·de·lijk *adj, adv* **1** aimable(ment); **dat is erg ~ van u** vous êtes très aimable; **zij was zo ~ mij thuis te brengen** elle a eu la gentillesse de me ramener; **wees zo ~ om ...** faites-moi le plaisir de ... **2** agréable(ment); **een ~ huisje** une charmante petite maison

vrien·de·lijk|heid *nf (-heden)* gentillesse; **uit ~** par bonté

vrien·din *nf (-nen)* → **vriend**

vriend·jes·po·li·tiek *nf* népotisme

vriend·schap *nf (-pen)* amitié; **~ aanknopen, sluiten met** se lier d'amitié avec; **de ene ~ is de andere waard** c'est un prêté pour un rendu

vriend·schap·pe·lijk *adj, adv* amical(ement); **~ met elkaar omgaan** entretenir des rapports amicaux

vriend·schaps·band *nm (-en)* lien d'amitié; **~en aanknopen** établir des liens d'amitié

vries·kast *de (-en)* surgélateur

vries·kist *de (-en)* congélateur

vries·kou *nf* froid glacial

vries·punt *het* point de congélation; **temperaturen rond het ~** températures autour de zéro degré

vries·vak *het (-ken)* freezer

vries·weer *het* (temps de) gel

vrie·zen *vi, vb impers (h. gevroren)* geler; **het vriest dat het kraakt** il gèle à pierre fendre; *(fig.)* **het kan ~ en het kan dooien** peut-être bien qu'oui, peut-être bien que non; **het vriest 5 graden** il fait moins 5 (degrés)

vrie·zer *de (-s)* congélateur

vrij *adj, adv* **1** libre(ment); **we konden weer ~ ademhalen** nous pouvions à nouveau respirer; **een al te ~ gebruik van iets maken** abuser de qch; **vandaag heb ik ~** je suis libre aujourd'hui, je n'ai pas classe aujourd'hui; **een ~e hemel** un ciel dégagé; *(subst.)* **de motor in zijn ~ zetten** mettre le moteur au point mort; **een ~e jongen** un garçon à marier, un garçon (qui a des manières) trop libre(s); **~ naar Shakespeare** inspiré de Shakespeare; **niet te ~, hè!** pas trop de libertés, hein!; **dat staat u ~** libre à vous (de); **~ van dienst zijn** ne pas être de service; **mag ik zo ~ zijn?** vous permettez? **2** gratuit(ement) **3** assez **4** *(+ van)* exempt (de); **~ van zorgen** à l'abri des soucis

vrij·af *adj* ♦ **~ geven** accorder un congé

vrij·a·ge *nf (-s)* amours

vrij·blij·vend *adj, adv* sans engagement; **een ~ gesprek** une conversation informelle

vrij|brief *nm (-brieven)* laissez-passer ♦ **iem een ~ geven** donner les pleins pouvoirs à qn; **dat geeft je nog geen ~ voor allerlei willekeur** cela ne veut pas dire que tu peux te croire tout permis

vrij·bui·ter *nm (-s)* **1** flibustier **2** *(fig.; péj.)* aventurier

vrij·dag *nm (-en)* vendredi; **~ de dertiende** vendredi treize; **Goede Vrijdag** vendredi saint

vrij·dags *adj, adv* du, le vendredi

vrij|den·ker *nm (-s)*, **-denkster** *nf (-s)* libre penseur, -euse

vrij·e·lijk *adv* librement

vrij·en *vi (h. gevrijd, gevreeën)* **1** flirter; **een ~d paartje** un couple d'amoureux **2** faire l'amour ♦ **zij vrijt met de buurjongen** elle sort avec le fils des voisins

vrij|er *nm (-s)*, **-ster** *nf (-s) (fam.)* amoureux ♦ **een oude vrijster** une vieille fille

vrij·e·rij *nf (-en)* ♦ **aan de ~ zijn** avoir un amoureux, une petite amie

vrije·tijds·be·ste·ding *nf* organisation des loisirs

vrije·tijds·kle·ding *nf* vêtements de sport

vrij·ge·lei·de *het (-n, -s)* **1** sauf-conduit **2** escorte

vrij·ge·lei·de|brief *nm (-brieven)* → **vrijgeleide 1**

vrij·ge·ven[1] *vi (h. vrijgegeven)* accorder un congé (à)

vrij·ge·ven[2] *vt (h. vrijgegeven)* **1** débloquer *(marchandises, argent)*; **de buitgemaakte schepen ~** lever l'embargo sur les navires capturés **2** autoriser; **de piste ~** ouvrir la piste; **iets voor publicatie ~** autoriser la publication de qch

vrij·ge·vig *adj, adv* généreux, généreusement

vrij·ge·voch·ten *adj* ♦ **het is een ~ kind** c'est un enfant indiscipliné; **een ~ land** un pays livré à l'anarchie

vrij·ge|zel *nm (-len)*, **-zellin** *nf (-nen)* célibataire

vrij·ge·zel·len·avond *nm (-en)* **1** soirée où l'on enterre sa vie de garçon **2** soirée pour célibataires

vrij·han·del *nm* libre-échange

vrij·ha·ven *de (-s)* port franc

vrij·heid *nf* **1** liberté; **~, blijheid!** vive la liberté!; **dichterlijke ~** licence poétique; **veel ~ genieten** avoir beaucoup de liberté; **~ van godsdienst(oefening)** liberté religieuse; **~ van handeling** liberté d'action; **~ van meningsuiting** liberté d'expression; **persoonlijke ~** liberté individuelle; *(jur.)* **voorwaardelijk in ~ stellen** libérer sur parole **2** *(plur.)* familiarités ♦ **de vrijheden van de adel** les privilèges de la noblesse

vrij·heid·lie·vend *adj* épris de liberté

vrij·heids·beeld *het* statue de la liberté

vrij·heids·be·ro·ving *nf* privation de liberté

vrij·heids·oor·log *nm (-en)* guerre de libération

vrij·hou·den *vt (h. vrijgehouden)* ♦ **een plaats ~** réserver une place; **~ van** préserver de

vrij·kaart *de (-en)* billet de faveur

vrij·ko·men *vi (i. vrijgekomen)* **1** être libéré, *(poste, emploi)* se libérer **2** se dégager
vrij·ko·pen *vt (h. vrijgekocht)* racheter; **zich** ~ payer une rançon, *(hypothèque p.ex.)* se libérer (de qch)
vrij·kous *nm (-en) (fam.)* câlin
vrij·la·ten *vt (h. vrijgelaten)* **1** libérer **2** laisser (entièrement) libre; **deze ruimte** ~ **s.v.p.** prière de ne pas remplir cet espace
vrij·la·ting *nf* mise en liberté
vrij·loop *nm* point mort
vrij·ma·ken *vt (h. vrijgemaakt)* **1** libérer *(d'une charge, d'une obligation)* **2** dégager
vrij·met·se·laar *nm (-s)* franc-maçon
vrij·moe·dig *adj, adv* **1** franc, franchement **2** assuré, avec assurance; **een ~e kerel** un type désinvolte; ~ **spreken** s'exprimer avec aisance
vrij·plaats *de (-en)* asile *(fig.)*
vrij·plei·ten *vt (h. vrijgepleit)* disculper
vrij·pos·tig *adj, adv* impertinent, avec impertinence; **een ~e jongen** un insolent
vrij·spraak *de (jur.)* acquittement
vrij·spre·ken *vt (h. vrijgesproken) (jur.)* acquitter
vrij·staand *adj* indépendant
vrij·stel·len *vt (h. vrijgesteld)* dispenser; **iem van belasting** ~ exempter qn d'impôts
vrij·stel·ling *nf (-en)* dispense; **iem** ~ **verlenen** dispenser qn (de qch)
vrij·uit *adv* franchement; ~ **spreken** parler librement ♦ ~ **gaan** être mis hors de cause, s'en tirer impunément
vrij·ver·kla·ren *vt (h. vrijverklaard)* **1** acquitter **2** émanciper
vrij·wa·ren *vt (h. gevrijwaard) (+ tegen, voor)* garantir (de); **gevrijwaard tegen** à l'abri de; **iem voor iets** ~ préserver qn de qch, *(fig.)* immuniser qn contre qch
vrij·wel *adv* pratiquement
vrij·wil·lig *adj, adv* volontaire(ment); **een ~e bijdrage** une contribution bénévole; ~ **of niet** de gré ou de force
vrij·wil|li·ger *nm (-s)*, **-ligster** *nf (-s)* volontaire
vrij·wil·li·gers·werk *het* bénévolat; ~ **doen** travailler bénévolement
vrij·zin·nig *adj, adv* **1** libéral(ement); ~ **denken** avoir des idées libérales **2** *(Belg.)* incroyant
vrij·zin·nig·heid *nf* **1** libéralisme **2** *(relig.; hist.)* tolérantisme
v.r.n.l. *van rechts naar links* de dr. à g.
vroed·vrouw *nf (-en)* sage-femme
vroeg[1], **vroegen** → **(aan-, na)vragen** *(etc.)*
vroeg[2] *adj, adv* **1** (à une heure) matinal(e); ~ **op de ochtend** au début de la matinée **2** tôt; **hij is te** ~ il est en avance; **hij kan op zijn ~st om zeven uur hier zijn** il pourra être ici à sept heures au plus tôt **3** précoce(ment); **~e aardbeien** fraises hâtives; **een te** ~ **geboren kind** un enfant né avant terme; ~ **sterven** mourir jeune ♦ **de ~e, ~ste kinderjaren** la petite enfance; ~ **oud** vieilli avant l'âge; *(prov)* ~ **rijp,** ~ **rot** vite mûr, vite pourri; **de ~ste tijden** les temps les plus reculés; **ik heb een ~e trein genomen** j'ai pris le train le matin de bonne heure; **het ~ste werk van de schilder** les œuvres de la première période du peintre
vroe·ger *adj, adv* **1** antérieur, plus tôt; **in** ~ **dagen** autrefois; **zijn ~e leven** son passé **2** ancien; **zijn ~e verloofde** son ex-fiancée **3** autrefois; *(subst.)* **van** ~ **vertellen** raconter des souvenirs d'autrefois
vroe·ger·tje *het* ♦ **we hebben een** ~ **vandaag** on a fini de bonne heure aujourd'hui; **het was een** ~ **vanochtend** on a commencé de bonne heure ce matin
vroeg·mis *de (cathol.)* première messe
vroeg·rijp *adj* précoce, *(agric.)* hâtif
vroeg·te *nf* ♦ **in de** ~ au petit matin; **in alle** ~ de grand matin
vroeg·tij·dig *adj, adv* → **vroeg**[2] **2-3**
vro·lijk *adj, adv* **1** gai(ement); *(fam.)* **even (zo)** ~ comme si de rien n'était; ~ **gestemd zijn** être d'humeur joyeuse; **zich over iets** ~ **maken** s'amuser de qch; *(iron.)* ~ **worden** avoir le vin gai **2** animé
vro·lijk·heid *nf* **1** gaieté **2** hilarité
VROM *de (pol.) Volkshuisvesting, Ruimtelijke Ordening en Milieubeheer* ⟨*Logement, Aménagement du Territoire et Gestion de l'Environnement*⟩
vro·me *nm (-n)* dévot; **Lodewijk de Vrome** Louis le Pieux
vroom *adj, adv (vromer, vroomst)* dévot, pieusement ♦ **een** ~ **bedrog** un pieux mensonge; **vrome wensen** douces illusions
vroor, vroren → **(dood)vriezen** *(etc.)*
vrouw *nf (-en)* **1** femme *(aussi épouse)*; **de** ~ **des huizes** la maîtresse de maison; **hij kijkt te veel naar de ~tjes** il s'intéresse trop aux femmes; **Onze-Lieve-Vrouw** la Sainte Vierge **2** *(jeux de cartes)* dame **3** (la) mère *(+ nom propre)* **4** *(s'adressant à un chat, un chien)* mémère ♦ **Vrouwe Justitia** la Justice
vrou·we·lijk *adj* féminin; **een ~e arts** une femme médecin; **iets ~s** qch de féminin; **een ~e kat** une chatte; **het** ~ **lichaam** le corps de la femme
***vrou·wen-** féminin; **het vrouwenblad** le magazine féminin
vrou·wen·arts *nm (-en)* gynécologue
vrou·wen·be·we·ging *nf* mouvement féministe
vrou·wen·eman·ci·pa·tie *nf* émancipation de la femme
vrou·wen·gek *nm (-ken)* coureur de jupons
vrou·wen·groep *de (-en)* **1** groupement féministe **2** association de femmes
vrou·wen·haat *nm* misogynie *(mépris pour les femmes)*
vrou·wen·han·del *nm* traite des blanches
vrou·wen·ha·ter *nm (-s)* misogyne *(homme qui méprise les femmes)*

vrou·wen|huis *het (-huizen)* foyer des femmes
vrou·wen·ja·ger *nm (-s)* → **vrouwengek**
vrou·wen·kies·recht *het (hist.)* (droit de) vote des femmes
vrou·wen|kwaal *de (-kwalen)* **1** maladie gynécologique **2** *(fig.)* manie de femme
vrou·wen·li·te·ra·tuur *nf* **1** littérature féminine **2** littérature féministe
vrou·wen·strijd *nm* lutte féministe
vrou·wen·za·ken *plur* ♦ **de staatssecretaris voor Vrouwenzaken** le secrétaire d'Etat à la Condition féminine
vrou·wen·ziek·te *nf (-n, -s)* maladie gynécologique
vrouw·mens *het (péj.)* bonne femme
vrouw·on·vrien·de·lijk *adj, adv* défavorable à l'égalité de la femme, en défaveur de l'égalité de la femme
vrouws·per|soon *het (-sonen)* femme, *(péj.)* créature
vrouw·tje *het (-s),* **vrouwtjesdier** *het (-en)* femelle
vrouw·vij·an·dig *adj* hostile à l'égalité des femmes
vrouw·volk *het* bonnes femmes; **het ~ nalopen** courir le(s) jupon(s)
vrouw·vrien·de·lijk *adj, adv* favorable à l'égalité de la femme, en faveur de l'égalité de la femme
vrucht *de (-en)* **1** *(bot.; aussi au fig.)* fruit; **het kapitaal begint ~ af te werpen** le capital commence à fructifier; *(fig.)* **~ dragen** être couronné de succès; **goede ~en van iets plukken** retirer de substantiels bénéfices de qch; **met ~ iets aanwenden** utiliser qch avec succès; **zonder ~** infructueux **2** fœtus; **onvoldragen ~** fœtus expulsé
vrucht·af·drij·ving *nf (-en)* avortement
vrucht|baar *adj (-baarder, -baarst)* fertile; **~ maken** fertiliser; **een ~ schrijver** un auteur fécond
vrucht·baar·heid *nf* fécondité
vruch·te|loos *adj, adv (-lozer, -loost) (fig.)* infructueux, inutilement; **vruchteloze moeite** peine perdue
vruch·ten·ijs *het* glace aux fruits
vruch·ten·taart *de (-en)* tarte aux fruits
vrucht·ge·bruik, -genot *het* usufruit; **iets in ~ hebben** avoir l'usufruit de qch
vrucht|vlies *het (-vliezen) (méd.)* amnios
vrucht·wa·ter *het (méd.)* liquide amniotique
vrucht·wa·ter·punc·tie *nf (-s) (méd.)* amniocentèse
vs. 1 *vers* v. **2** *versus* vs
VS *plur Verenigde Staten* E.-U.
V-snaar *de (V-snaren)* courroie de ventilateur *(d'une voiture)*
vso *het (Belg.) vernieuwd secundair onderwijs* ESR
vuil[1] *het* **1** ordures; *(fig.)* **met ~ gooien naar iem** noircir qn; **ergens voor oud ~ liggen** être abandonné de tous; **iem behandelen als een stuk ~** traiter qn comme un chien **2** impuretés
vuil[2] *adj* **1** sale **2** obscène; **~ in de mond zijn** être ordurier **3** vilain; **iem ~ aankijken** jeter un regard noir à qn; *(fig.)* **een ~ gezicht zetten** prendre un air hargneux; **~e schooier!** salaud!; **het ~e werk opknappen** faire le sale boulot **4** pollué **5** gâté; *(sports)* **~ spelen** faire de l'antijeu; **~e vis** du poisson pourri **6** salissant ♦ *(fam.)* **zijn salaris ~ in handen krijgen** toucher le brut
vui·lak *nm (-ken) (fam.)* salopard
vuil·bek·ken *vi (h. gevuilbekt)* dire des obscénités
vui·lig|heid *nf (-heden)* **1** saleté **2** excréments **3** obscénités
vuil·ma·ken *vt (h. vuilgemaakt)* salir
vuil·nis *het/de* ordures
vuil·nis·au·to *nm (-'s)* benne à ordures
vuil·nis·bak *nm (-ken)* poubelle
vuil·nis·belt *de (-en)* décharge publique
vuil·nis·em·mer *nm (-s)* → **vuilnisbak**
vuil·nis·man *nm (-nen)* éboueur
vuil·nis·wa·gen *nm (-s)* → **vuilnisauto**
vuil·nis·zak *nm (-ken)* sac poubelle
vuil·stort·plaats *de (-en)* → **vuilnisbelt**
vuil·tje *het (-s)* ♦ **er is geen ~ aan de lucht** tout va pour le mieux (dans le meilleur des mondes); **doen alsof er geen ~ aan de lucht was** faire comme si de rien n'était
vuist *de (-en)* poing; **met gebalde ~en** les poings serrés; **met ijzeren ~ regeren** diriger d'une main de fer; **een ~ maken tegen** faire front contre; **op de ~ gaan** en venir aux mains ♦ **in zijn ~je lachen** rire sous cape; *(fig.)* **uit het ~je eten** manger sur le pouce; **voor de ~ (weg)** à l'improviste; *(Belg.)* **recht voor de ~** sans ambages
vuist·re·gel *nm (-s)* règle empirique
vul·ga·ri·teit *nf* **1** vulgarité **2** chose vulgaire
vul|kaan *nm (-kanen)* volcan; **uitgedoofde, uitgewerkte vulkanen** volcans éteints; **werkende vulkanen** volcans en activité
vul·len *vt (h. gevuld)* **1** remplir; **het eten vult ontzettend** la nourriture bourre terriblement; **een kip met gehakt ~** farcir un poulet de viande hachée; **een goed gevulde portemonnee** un portefeuille bien garni; **de wind vult de zeilen** le vent gonfle les voiles **2** plomber *(dents)*
vul·ling *nf (-en)* **1** remplissage, *(nourriture)* farce; **bonbons met een ~ van fondant** chocolats fourrés au fondant **2** plombage *(dents)* **3** recharge *(arme);* **een losse ~** une cartouche
vul·pen *de (-nen)* stylo (à plume)
vul·pot|lood *het (-loden)* porte-mine
vul·sel *het (-s)* remplissage
vuns, vunzig *adj* **1** moisi **2** sale; **een vunze opmerking** une remarque triviale
vu·ren *vi (h. gevuurd)* **1** faire feu; **staakt het ~!** cessez le feu!; **op de vijand ~** tirer sur l'ennemi **2** étinceler
vu·ren·hout *het* épicéa
vu·rig *adj, adv* **1** enflammé **2** étincelant; **~e ogen** yeux qui lancent des éclairs **3** ardent, ardemment; **~e paarden** chevaux fougueux
vu·rig·heid *nf* **1** feu **2** rougeur *(peau)*

VUT *nf vervroegde uittreding* préretraite
vut·ten *vi (h. gevut)* prendre sa retraite anticipée
vut·ter *nm (-s)* préretraité, -ée
vuur *het (vuren)* **1** feu *(aussi au fig.)*; **als een lopend ~tje rondgaan** se répandre comme une traînée de poudre; *(fig.)* **voor iem door het ~ gaan** se jeter au feu pour qn; **ik heb wel voor heter vuren gestaan** j'en ai vu d'autres; **in ~ opgaan** être consumé par le feu; **het huis staat in ~ en vlam** la maison est en flammes; **op een laag, zacht ~tje** à feu doux; **iem het ~ na aan de schenen leggen** harceler qn de questions, mettre qn au pied du mur; **het ~ uit zijn sloffen lopen** faire feu des quatre fers; **mag ik wat ~?** auriez-vous du feu?; **iets met ~ verdedigen** défendre qch avec passion; **de vijand onder ~ nemen** ouvrir le feu sur l'ennemi; **haar ogen schoten ~** ses yeux lançaient des éclairs; **een ~tje stoken** allumer un feu (de bois), *(fig.)* mettre le feu aux poudres; *(fig.)* **iets te ~ en te zwaard verdedigen** défendre qch à feu et à sang; **een land te ~ en te zwaard veroveren** conquérir un pays par le fer et par le feu; **iets uit het ~ slepen** se démener pour obtenir qch; **~ vatten** prendre feu; *(fig.)* **in ~ en vlam zetten** échauffer (les esprits) **2** *(méd.)* gangrène; **heet ~** gangrène (foudroyante)
***vuur-** de feu; **de vuurlinie** la ligne de feu
vuur·be·sten·dig *adj* → **vuurvast**
vuur·dood *nm* **1** mort par le feu **2** supplice du feu
vuur·doorn *nm (-s) (bot.)* buisson ardent
vuur·ge·vecht *het (-en)* **1** fusillade **2** mitraillade
vuur·pe·lo·ton *het (-s)* peloton d'exécution
vuur·pijl *nm (-en)* fusée *(pièce de feu d'artifice)*
vuur|proef *de (-proeven)* **1** *(milit.)* épreuve du feu **2** *(hist.; fig.)* épreuve par le feu; *(fig.)* **de ~ doorstaan** soutenir une rude épreuve
vuur·re·gen *nm (-s)* **1** pluie de feu **2** pluie de balles
vuur·spu·wend *adj* ignivome
vuur|steen[1] *nm (-stenen)* pierre à feu
vuur|steen[2] *het/de (-stenen)* silex
vuur·tje *het (-s)* → **vuur**
vuur·to·ren *nm (-s)* **1** phare **2** rouquin
vuur·vast *adj* **1** ininflammable **2** résistant au feu **3** réfractaire *(poterie etc.)*
vuur·vlieg·je *het (-s) (zool.)* luciole
vuur·vre·ter *nm (-s)* **1** mangeur de feu **2** sabreur *(soldat)*
vuur·wa·pen *het (-s)* arme à feu
vuur·werk *het* feu d'artifice
VVD *nf (pol.) Volkspartij voor Vrijheid en Democratie* ⟨*Parti populaire pour la Liberté et la Démocratie*⟩
V-vor·mig *adj, adv* en V.
VVV *nf Vereniging voor Vreemdelingen Verkeer* SI
vwo *het voorbereidend wetenschappelijk onderwijs* ⟨*enseignement (long) du second degré*⟩
vz. *voorzitter* Prés., Présid.
v.z.m. *voor zover mogelijk* si poss.
vzw *nf (-'s) (Belg.) vereniging zonder winstoogmerk* a.s.b.l.

W

W. 1 *west(en)* O **2** *wetboek* C.
waag|hals *nm (-halzen)* casse-cou
waag|schaal *de (-schalen)* ♦ **alles in de ~ stellen** risquer le tout pour le tout
waag·stuk *het (-ken)* gageure
waai·en *vi, vb impers (h. gewaaid)* **1** faire du vent; **het waait hard** le vent souffle fort **2** être emporté par le vent ♦ **laat maar ~!** laisse tomber!
waai·er *nm (-s)* éventail
waai·er·vor·mig *adj* en éventail
waak·hond *nm (-en)* chien de garde
waaks *adj (waakser, meest w.)* vigilant
waak·vlam *de (-men)* veilleuse
waak|zaam *adj, adv (-zamer, -zaamst)* vigilant, avec vigilance
Waal *nm (Walen),* **Waalse** *nf (-n)* Wallon, -onne
waan *nm* **1** erreur; **in de ~ brengen** faire croire (qch à qn); **in de ~ verkeren dat ...** s'imaginer que ...; **(iem) uit de ~ helpen** détromper (qn) **2** illusion
waan|denk·beeld *het (-den),* **-idee** *het (-ën)* illusion
waan·voor·stel·ling *nf (-en)* hallucination
waan·zin *nm* folie
waan·zin·nig *adj, adv* fou, follement; **het was er ~ druk** il y avait un monde fou; **~ veel van iem houden** aimer qn à la folie
waan·zin·nig·heid *nf* → **waanzin**
waar¹ *de (waren)* marchandise; *(prov)* **alle ~ is naar zijn geld** qui bon l'achète, bon le boit, chaque chose a son prix; **~ voor zijn geld krijgen, willen** en avoir, vouloir pour son argent
waar² *adj (waarder, waarst)* vrai; **een ~ beeld geven van iets** donner une représentation fidèle de qch; **eerlijk ~!** (ma) parole (d'honneur)!; **dat is ~ ook** au fait, ah oui, c'est vrai; **de ware oorzaak** la cause réelle; **zo ~ (als) ik leef, (als) ik hier sta** aussi vrai que je m'appelle X ♦ **hij is (voor haar) de ware (jakob)** c'est l'homme de sa vie
waar³ *adv (waarder, waarst)* où; **~ (dan) ook** où que ce soit; **een probleem ~ hij niet aan gedacht had** un problème auquel il n'avait pas pensé; **~ kom je vandaan?** d'où viens-tu?
waar·aan *adv* **1** *(interrogatif; indéfini)* à quoi; **~ heb ik dit te danken?** qu'est-ce qui me vaut cet honneur? **2** *(relatif)* auquel
waar·ach·ter *adv* **1** *(interrogatif)* derrière quoi **2** *(relatif)* derrière lequel
waar·ach·tig¹ *adj, adv* vrai(ment)
waar·ach·tig² *interj (iron.)* (par) ma foi!
waar·bij *adv* **1** *(interrogatif)* près de quoi **2** *(relatif)* près duquel
waar·borg *nm (-en)* **1** garantie **2** garant, -ante
waar·bor·gen *vt (h. gewaarborgd)* garantir
waar·bo·ven *adv* **1** *(interrogatif)* au-dessus de quoi **2** *(relatif)* au-dessus duquel
waard¹ *nm (-en)* aubergiste; **buiten de ~ rekenen** faire un mauvais calcul; *(prov)* **zoals de ~ is, vertrouwt hij zijn gasten** on mesure les autres à son aune
waard² *adj* **1** important **2** *(form.; interpellatif)* cher ♦ **je bent niet ~ dat ...** tu ne mérites pas que ...; **hij is haar niet ~** elle est trop bien pour lui; **dat is zijn geld niet ~** cela ne vaut pas la dépense; *(prov)* **wie geeft wat hij heeft, is ~ dat hij leeft** ± la plus belle fille (du monde) ne peut donner que ce qu'elle a; **het geld wordt minder ~** la monnaie se déprécie; **dit is het vermelden ~** cela mérite d'être signalé; **~ zijn** valoir
waar·de *nf (-n)* valeur; **van gelijke ~** équivalent; **veel ~ aan iets hechten** tenir beaucoup à qch; **iem in zijn ~ laten** ne pas humilier qn; **naar ~ schatten** estimer à sa juste valeur; **van onschatbare ~ zijn** n'avoir pas de prix; **ter ~ van** d'une valeur de; **van nul en generlei ~** sans aucune valeur
waar·de·bon *nm (-nen)* bon
waar·de|loos *adj (-lozer, meest w.)* sans valeur; **een ~ boek** un livre nul; **dat is ~** ça ne vaut rien; **~!** c'est nul!
waar·de·pa·pier *het (-en)* papiers de commerce
waar·de·ren *vt (h. gewaardeerd)* appré-

cier; **iem ten zeerste** ~ tenir qn en haute estime; **iets** ~ **op** estimer qch à

waar·de·rend *adj, adv* élogieux, élogieusement

waar·de·ring *nf (-en)* **1** appréciation; ~ **voor iets hebben** apprécier qch; **uit** ~ **voor** par estime pour **2** notation

waar·de·vast *adj* (de valeur) stable; ~ **maken** indexer

waar·de·vol *adj* précieux

waar·dig *adj, adv* digne (de), dignement; **hij keurde haar geen antwoord** ~ il ne daigna pas lui répondre ♦ **iem** ~ **ontvangen** recevoir qn avec les honneurs dus à son rang

waar·dig|heid *nf (-heden)* dignité; **iets beneden zijn** ~ **rekenen, achten** ne pas daigner faire qch

waar·door *adv* **1** *(interrogatif)* par quel moyen; ~ **werd hij ziek?** qu'est-ce qui l'a rendu malade? **2** *(relatif)* par lequel; **ik weet** ~ **het komt** je sais à quoi cela est dû ♦ ~ **het ook komt** quelle qu'en soit la cause

waar·heen *adv* où; ~ **men zich ook wendt** de quelque côté qu'on se tourne

waar|heid *nf (-heden)* vérité; **een** ~ **als een koe** une vérité de la Palice; **naar** ~ conformément à la vérité; **de volle** ~ toute la vérité; **iem (flink, terdege, ongezouten) de** ~ **zeggen** dire ses (quatre) vérités à qn; *(prov)* **de** ~ **ligt in het midden** toute médaille a son revers

waar·heids·ge|trouw *adj, adv (-trouwer, meest w.)* véridique(ment)

waar·in *adv* où; **zeg mij** ~ **ik gefaald heb** dis-moi en quoi j'ai failli

waar·langs *adv* par où

waar·lijk *adv (form.)* vraiment

waar·ma·ken[1] *vt (h. waargemaakt)* **1** prouver **2** accomplir (qch); **zijn beloften** ~ réaliser ses promesses

waar·ma·ken[2] *vpr (zich ~; h. zich waargemaakt)* faire ses preuves

waar·mee *adv* **1** *(interrogatif)* avec quoi; ~ **kan ik u dienen?** en quoi puis-je vous être utile? **2** *(relatif)* avec lequel

waar·merk *het (-en)* **1** estampille; **het** ~ **van echtheid** la garantie d'authenticité **2** marque **3** empreinte

waar·na *adv* **1** *(interrogatif)* après quoi **2** *(relatif)* après lequel

waar·naar *adv* **1** *(interrogatif)* vers quoi; ~ **kijk je?** que regardes-tu?; ~ **smaakt dat?** quel goût cela a-t-il? **2** *(relatif)* vers lequel; **het doel** ~ **hij streeft** le but qu'il vise

waar·neem·baar *adj, adv* observable, sensiblement; **het waarneembare** le sensible

waar·ne·men *vti (h. waargenomen)* **1** remplacer (qn); **een artsenpraktijk** ~ assurer le remplacement dans un cabinet médical **2** *(form.)* exercer (une fonction) **3** (a)percevoir

waar·ne·mend *adj* intérimaire

waar|ne·mer *nm (-s)*, **-neemster** *nf (-s)* **1** observateur, -trice **2** intérimaire

waar·ne·ming *nf (-en)* **1** perception **2** observation **3** remplacement

waar·om *adv* pourquoi

waar·om·heen *adv* autour de quoi

waar·on·der *adv* **1** *(interrogatif)* sous quoi **2** *(relatif)* sous lequel **3** parmi lesquels

waar·op *adv* **1** sur quoi **2** *(relatif)* sur lequel; **de datum** ~ ... la date à laquelle ...; **de manier** ~ ... la manière dont ... **3** à quoi

waar·over *adv* **1** *(interrogatif)* de, sur quoi **2** *(relatif)* dont

waar·schijn·lijk *adj, adv* probable(ment)

waar·schijn·lijk|heid *nf (-heden)* probabilité; **naar alle** ~ selon toute probabilité

waar·schu·wen *vt (h. gewaarschuwd)* prévenir; **ik waarschuw je voor de laatste maal** c'est la dernière fois que je te le répète; **iem voor een gevaar** ~ avertir qn d'un danger; **men heeft mij voor hem gewaarschuwd** on m'a mis en garde contre lui

waar·schu·wing *nf (-en)* avertissement

waar·te·gen *adv* **1** *(interrogatif)* contre quoi **2** *(relatif)* contre lequel

waar·toe *adv* à quoi; **de bekentenis** ~ **ik je gedwongen heb** l'aveu auquel je t'ai contraint

waar·tus·sen *adv* **1** *(interrogatif)* entre quoi **2** *(relatif)* entre, parmi lesquels

waar·uit *adv* d'où

waar·van *adv* **1** *(interrogatif)* de quoi **2** *(relatif)* dont; **op grond** ~ en vertu de quoi; **naar aanleiding** ~? à propos de quoi?

waar·van·daan *adv* d'où

waar·voor *adv* **1** *(interrogatif)* à quoi? **2** *(fam., interrogatif)* pourquoi **3** *(relatif)* pour lequel

waar·zeg·gen *vti (h. gewaarzegd, waargezegd)* prédire l'avenir (à qn)

waar·zeg|ger *nm (-s)*, **-ster** *nf (-s)* diseur, -euse de bonne aventure

waar·zeg·ge·rij *nf (-en)* divination

waar·zo *adv (fam.)* où ça?

waas *het* voile

wacht[1] *de* garde; **(de)** ~ **houden** être de garde; **op** ~ **staan** être de quart ♦ **iets in de** ~ **slepen** *(réussir à obtenir)* décrocher qch

wacht[2] *nm (-en)* gardien

***wacht-** **1** de garde; **de wachtdienst** le service de garde **2** d'attente; **de wachtlijst** la liste d'attente

wach·ten[1] *vti (h. gewacht)* attendre; **als je denkt dat ..., dan kun je lang** ~ si tu penses que ..., tu peux toujours courir; ~ **met eten** attendre pour manger; **op iem** ~ attendre qn; **op zich laten** ~ se faire attendre

wach·ten[2] *vpr (zich ~; h. zich gewacht) (+ voor)* prendre garde (à); **zich ervoor** ~ **te** se garder de

wach·ter *nm (-s)* gardien, -ienne

wacht·geld *het (-en)* (traitement de) disponibilité

wacht·mees·ter *nm (-s)* **1** *(milit.)* maréchal des logis **2** brigadier

wacht·post *nm (-en)* **1** poste de garde **2** garde
wacht·woord *het (-en)* mot de passe; **het ~ doorgeven** passer la consigne
wad *het (-den)* gué
wa·den *vi (h./i. gewaad)* passer à gué
wa·fel *de (-s)* **1** gaufre **2** *(fam.)* bec; **hou je ~!** la ferme!
wa·fel·ijzer·po·li·tiek *nf (Belg.)* politique du gaufrier
waf·fel *de (-s) (fam.)* → **wafel 2**
wa·gen[1] *nm (-s)* voiture; *(prov)* **krakende ~s lopen het langst** pot fêlé dure longtemps; *(Belg.)* **met de ~ komen** venir en voiture; *(fam.)* **een mooi ~tje** une belle bagnole
wa·gen[2] *vt, vpr ((zich) ~; h. (zich) gewaagd)* risquer; **waag het eens!** ose un peu!; **het erop ~** tenter le coup; **een gewaagde japon** une robe osée; *(prov)* **wie niet waagt, die niet wint** qui ne risque rien n'a rien; **de poging ~** tenter l'expérience; **een gewaagde stelling** une thèse audacieuse ♦ **aan elkaar gewaagd zijn** se valoir; **zich op het ijs ~** s'aventurer sur la glace
wa·gen·wijd *adv* ♦ **~ open** grand ouvert
wa·gen·ziek *adj* qui a le mal de la route
wag·ge·len *vi (h./i. gewaggeld)* **1** tituber **2** vaciller
wak *het (-ken)* trou *(dans la glace)*
wa·ken *vi (h. gewaakt)* veiller
wa·ker *nm (-s)* gardien
wak|ker *adj, adv (-kerder, -kerst)* réveillé; **ergens niet ~ van liggen** ne pas en perdre le sommeil; **iem ~ maken** réveiller qn; **iets bij iem ~ maken** éveiller qch chez, en qn; **~ schrikken** se réveiller en sursaut
wal *nm (-len)* **1** mur (de terre); **van twee ~letjes eten** manger à tous les râteliers **2** quai; **van ~ steken** *(fig.)* démarrer; **van de ~ in de sloot raken** tomber de Charybde en Scylla; **iem van de ~ in de sloot helpen** desservir qn **3** terre (ferme); **aan ~ gaan** débarquer ♦ **de Amsterdamse ~letjes** le quartier rose d'Amsterdam; **~len onder de ogen hebben** avoir des poches sous les yeux
Wales *het* pays de Galles
wal·ge·lijk *adj, adv* (de manière) dégoûtant(e)
wal·gen *vi (h. gewalgd)* être dégoûté (de); **doen ~** écœurer; **tot ~s (toe)** jusqu'au dégoût; **ik walg van je** tu me dégoûtes
wal·ging *nf* dégoût
wal·hal·la *het* paradis
wal·le·bak·ken *vi (h. gewallebakt) (fam.; Belg.)* faire la noce
wal·le·tjes *plur* le district rose d'Amsterdam
walm *nm (-en)* fumée (épaisse), *(odeur)* relent
wal·men *vi (h. gewalmd)* fumer
wal|noot[1] *nm (-noten)* noyer *(arbre; bois)*
wal|noot[2] *de (-noten)* noix
wal·rus *nm (-sen) (zool.)* morse
wals *de (-en)* **1** *(mus.)* valse **2** *(indus.)* rouleau (compresseur) **3** *(indus.)* laminoir
wal·sen[1] *vi (h. gewalst)* valser ♦ *(sports)* **over de tegenstander heen ~** écraser l'adversaire
wal·sen[2] *vt (h. gewalst)* laminer
wal·vis *nm (-sen)* baleine
wal·vis·vangst *nf* pêche à la baleine
wan·be·grip *het (-pen)* incompréhension
wan·be·heer, wanbeleid *het* mauvaise gestion
wan·be·ta·ler *nm (-s)* mauvais payeur
wand *nm (-en)* paroi
***wand-** mural; **de wandbekleding** le revêtement mural
wan|daad *de (-daden)* méfait
wan·del *nm* ♦ **hij is aan de ~** il se promène; **dat is nog een hele ~** il y a encore une fameuse trotte
wan·de|laar *nm (-s)*, **-laarster** *nf (-s)* promeneur, -euse; **zij zijn geen grote ~s** ce ne sont pas de grands marcheurs
wan·de·len *vi (h. gewandeld)* **1** se promener; **een eindje ~** faire une petite promenade **2** *(sports)* faire de la marche (à pied) **3** faire des randonnées (pédestres)
wan·de·lend *adj* ambulant; **de Wandelende Jood** le Juif errant
wan·del·gang *nm (-en)* ♦ **iets in de ~en horen** apprendre qch dans les couloirs
wan·de·ling *nf (-en)* **1** promenade **2** trajet ♦ **in de ~** dans la vie de tous les jours
wan·del·kaart *de (-en)* carte des chemins pédestres
wan·del·pad *het (-en)* sentier (de promenade)
wan·del·pier *nm (-en)* jetée
wan·del·rou·te *de (-s)* circuit pédestre
wan·del·schoen *nm (-en)* chaussure de marche
wan·del·stok *nm (-ken)* canne *(bâton, roseau)*
wan·del·wa·gen *nm (-s)* poussette
wand|kleed *het (-kleden)* → **wandtapijt**
wand·rek *het (-ken)* **1** espalier **2** étagère
wand·ta·pijt *het (-en)* tapisserie
wa·nen *vt (h. gewaand) (form.)* croire
wang *de (-en)* joue
wan|ge·drag *het (-gedragingen)* mauvaise conduite
wan·hoop *de* désespoir; **de ~ nabij zijn** être au bord du désespoir
wan·ho·pen *vi (h. gewanhoopt)* désespérer (de)
wan·ho·pig *adj, adv* désespéré(ment); **~ worden** se désespérer
wan·kel *adj, adv* **1** chancelant; **~ staan** ne pas être stable, *(fig.)* ne pas avoir ses arrières assurés **2** *(fig.)* (d'une façon) incertain(e); **het ~e geluk** le bonheur fragile; **een ~e gezondheid** une santé précaire
wan·ke·len *vi (h./i. gewankeld)* **1** chanceler; **aan het ~ brengen** faire vaciller; **mijn principes zijn aan het ~ gebracht** mes principes sont ébranlés **2** tituber
wan·kel·moe·dig *adj, adv* (d'une façon) hésitant(e), indécis(e)

wan·klank *nm (-en)* fausse note
wan·neer¹ *adv* quand
wan·neer² *conj* **1** quand **2** si
wan·or·de *de* désordre
wan·or·de·lijk *adj, adv* désordonné, en désordre
wan·smaak *nm* mauvais goût
wan·stal·tig *adj* affreux
want¹ *de (-en)* moufle *(sorte de gant)*
want² *het (mar.)* manœuvres (dormantes)
want³ *conj* parce que
wan·ten *vi* ♦ **hij weet van** ~ il s'y connaît
wan·toe·stand *nm (-en)* situation intolérable
wan·trou·wen¹ *het* méfiance
wan·trou·wen² *vt (h. gewantrouwd)* se méfier de
wan|trou·wend *adj, adv,* **wan|trouwig** *adj, adv* méfiant, avec méfiance
wan·trou·wig·heid *nf* → **wantrouwen¹**
wan·ver·hou·ding *nf (-en)* disproportion
WAO *de Wet op de Arbeidsongeschiktheidsverzekering* loi sur l'assurance incapacité de travail
wa·pen *het (-s)* arme *(aussi au fig.);* **onder de ~en roepen** appeler sous les drapeaux; **iem de ~s uit handen slaan** ôter à qn tout moyen de défense; **te ~!** aux armes! ♦ **het Nederlandse** ~ les armes des Pays-Bas
***wa·pen-** d'armes
wa·pen·be·per·king *nf* limitation des armements
wa·pen·broe·der *nm (-s)* compagnon d'armes
wa·pen·em·bar·go *het (-'s)* embargo sur l'exportation d'armes
wa·pe·nen *vt (h. gewapend)* armer
wa·pen·feit *het (-en)* **1** fait d'armes **2** exploit
wa·pen·ge·klet·ter *het* menace de guerre
wa·pe·ning *nf (-en)* **1** armement **2** armature
wa·pen·kun·de *nf* (science) héraldique
wa·pen·rus·ting *nf (-en)* armure
wa·pen·schild *het (-en)* écu(sson)
wa·pen·stil·stand *nm (-en)* armistice
wa·pen·tuig *het* armement
wa·pen·ver·gun·ning *nf (-en)* permis de port d'armes
wa·pen·wed·loop *nm* course aux armements
wap·pe·ren *vi (h. gewapperd)* flotter (au vent)
war *de* ♦ **in de ~ zijn** tout mélanger; **in de ~ raken** *(aussi au fig.)* s'embrouiller; **iem in de ~ brengen** dérouter qn, mettre qn dans l'embarras; *(euph.)* **hij is een beetje in de** ~ il a la tête à l'envers; **iets in de ~ sturen, schoppen** embrouiller qch
wa·ran·da *de (-'s)* véranda
war·boel *nm* fouillis
wa·rem·pel *interj (fam.)* pardi!
wa·ren¹ → **(bijeen)zijn**
wa·ren² *vi (h. gewaard) (form.)* vaguer
wa·ren|huis *het (-huizen)* grand magasin
war·hoofd *het (-en)* esprit brouillon
warm *adj, adv* **1** chaud(ement); **het is ~ (weer)** il fait chaud; **het ~ krijgen** commencer à avoir chaud; **~ lopen voor iets** se passionner pour qch; **iets ~ maken** (faire) chauffer qch; **iem voor iets ~ maken** intéresser qn à qch **2** chaleureux, chaleureusement; **iem iets ~ aanbevelen** recommander vivement qch à qn ♦ **je bent ~!** tu brûles! *(dans un jeu);* **het ging er ~ (aan) toe** cela a chauffé
warm·bloe·dig *adj* **1** *(biol.)* à sang chaud **2** *(fig.)* ardent
warm·draai·en *vti (h./i. warmgedraaid)* **1** faire tourner *(moteur)* **2** *(fig.)* se préparer
war·men *vt (h./i. gewarmd)* chauffer; **zich ~** se réchauffer
warm·lo·pen *vi (i. warmgelopen)* **1** chauffer **2** *(fam.)* s'emballer
warm·pjes *adv* chaudement; **er ~ bij zitten** avoir du foin dans ses bottes
warm·te *nf* **1** chaleur **2** sympathie
***warm·te-** thermique
warm·te·bron *de (-nen)* source de chaleur
war·re·len *vi (h. gewarreld)* tourbillonner
war·rig *adj* embrouillé; **een ~ mens** un esprit brouillon
wars *adj (+ van)* ennemi (de); **~ van vleierij zijn** avoir horreur de la flatterie
War·schau *het* Varsovie
war·taal *de* charabia; **(er) ~ uitslaan** déraisonner
war·win·kel *nm* chaos
was¹ → **(bijeen)zijn**
was² *nm* **1** lessive; **iets in de ~ doen** mettre qch au lavage **2** linge; **de bonte ~** le linge de couleur; **je moet je vuile ~ niet buiten hangen** il faut laver son linge sale en famille
was³ *het/de* cire; **meubels in de ~ zetten** encaustiquer des meubles ♦ **goed in de slappe ~ zitten** avoir du foin dans ses bottes
was·au·to|maat *nm (-maten)* → **wasmachine**
was·baar *adj* lavable
was·bak *nm (-ken)* → **wastafel**
was|beer *nm (-beren) (zool.)* raton laveur
was·ben·zi·ne *de* benzine
was·beurt *de (-en)* → **was²**
was·dom *nm (form.)* croissance; **tot ~ komen** s'épanouir
was·echt *adj* grand teint
wa·sem *nm (-s)* buée
wa·se·men *vi (h. gewasemd)* dégager de la buée
was·ge·le·gen|heid *nf (-heden)* cabinet de toilette
was·goed *het* → **was²**
was·hand·je *het (-s)* gant de toilette
was·lijst *de (-en)* **1** carnet de blanchissage **2** série; **ze had een hele ~ (met) verwijten** elle avait toute une kyrielle de reproches
was·ma·chi·ne *nf (-s)* machine à laver

was·mid·del *het (-en)* lessive
was·poe·der *het/de (-s)* poudre à laver
was·sen[1] *adj* de cire
was·sen[2] *vt (h. gewassen)* **1** laver; ~ **en knippen** une coupe et un shampooing; *(fig.)* **zich schoon** ~ se disculper **2** rincer
was·sen[3] *vi (i. gewassen)* croître *(eaux, la lune)*; **het ~de water** les eaux en crue
was·se·ret·te *nf (-s)* laverie automatique
was·speld *de (-en) (Belg.)* pince à linge
was·ta·fel *de (-s)* lavabo
was·voor·schrift *het (-en)* instructions de lavage
wat[1] *adv* **1** un peu **2** très; **Luc was zo opgewonden als** ~ Luc était excité comme tout **3** *(étonnement)* comme; ~ **duur!** comme c'est cher! **4** pourquoi; ~ **lacht hij toch?** qu'est-ce qu'il a à rire?
wat[2] *rel* (ce) que, (ce) qui; ~ **mij aangaat** quant à moi; ~ **dit betreft** quant à cela ♦ ~ **hij ook doet, ...** quoi qu'il fasse ...; ~ **ik ook zei, het hielp niet** j'ai eu beau dire, ça n'a servi à rien
wat[3] *interr* **1** (qu'est-ce) que; ~ **zou dat?** et alors? **2** quel; ~ **voor soorten?** quelles sortes?
wat[4] *indéf* quelque chose; **ik kreeg er ~ van, van dat gezeur!** ce qu'il (elle) me cassait les pieds avec ses histoires!; ~ **er ook gebeurt, blijf kalm** quoi qu'il arrive, restez calme; **voor ~ hoort ~** donnant, donnant; **hij wil ook** ~ il en veut aussi
wat[5] *pron (exclamatif)* comme; ~ **nu weer!** qu'est-ce qu'il y a encore?; ~ **een weer!** quel temps!
wat[6] *card* un peu de; ~ **meer** un peu plus ♦ **heel ~ boeken** beaucoup de livres; **dat verschilt heel** ~ cela fait une grande différence
wat[7] *interj* quoi!
wa·ter *het (-en)* **1** eau; *(fig.)* **ik voel het aan mijn** ~ c'est mon petit doigt qui me le dit; **zo vlug als** ~ vif comme un écureuil, futé; *(fig.)* **boven ~ komen** refaire surface; **hij is bang zich aan (koud) ~ te branden** il a peur de se mouiller; **de planten ~ geven** arroser les plantes; **hard** ~ eau calcaire; **het heilige** ~ l'eau bénite; *(iron.)* **hoog ~ hebben** avoir un besoin pressant; **het ~ liep hem langs de rug** il était en nage; **het ~ loopt mij ervan in de mond** j'en ai l'eau à la bouche *(aussi au fig.)*; **er moet nog veel ~ door de Rijn stromen voor ...** il passera de l'eau sous les ponts avant que ...; **onder ~ staan** être inondé; **onder ~ zetten** inonder; **open** ~ eau(x) libre(s); **het ~ staat mij aan de lippen** je suis dans les difficultés jusqu'au cou; *(prov)* **stille ~en hebben diepe gronden** il n'est pire eau que l'eau qui dort; **stromend** ~ *(robinet)* eau courante, *(rivière)* l'eau qui coule; **een schip te ~ laten** lancer un navire; *(fig.)* ~ **en vuur zijn** être comme chien et chat; **hij keek of hij ~ zag branden** il avait l'air de tomber des nues; **dat kan al het ~ van de zee niet afwassen** rien ne pourra (jamais) laver cette faute **2** cours d'eau

***wa·ter-** **1** d'eau; **de waterdruppel** la goutte d'eau **2** aquatique; **de waterplant** la plante aquatique
wa·ter·af·sto·tend *adj* imperméable
wa·ter·be·sten·dig *adj* résistant à l'eau
wa·ter·bouw·kun·de *nf* **1** hydraulique **2** architecture hydraulique
wa·ter·damp *nm* buée *(eau)*
wa·ter·dicht *adj* **1** étanche **2** sans faille
wa·te·ren *vi (h. gewaterd) (form.)* uriner
wa·ter·fiets *de (-en)* pédalo®
wa·ter|geus *nm (-geuzen) (hist.)* Gueux de mer
wa·ter|golf *de (-golven)* mise en plis
wa·ter·hoen·tje *het (-s)* poule d'eau
wa·ter·hoofd *het (-en)* **1** *(méd.)* hydrocéphale **2** *(fam.; péj.)* grosse tête
wa·ter·hou·dend *adj* aqueux
wa·ter·huis·hou·ding *nf* **1** circulation de l'eau dans les végétaux **2** régime des eaux souterraines
wa·te·rig *adj* **1** aqueux **2** fade
wa·ter·ijs *het* sorbet
wa·ter·ijs·je *het* glace à l'eau
wa·ter·kans *de (-en) (Belg.)* petite chance
wa·ter·kant *nm (-en)* berge
wa·ter·ke·ring *nf (-en)* barrage (réteneur)
wa·ter·kers *de (-en)* cresson de fontaine
wa·ter·ko·ker *nm (-s)* bouilloire (électrique)
wa·ter·kracht *de* énergie hydraulique
wa·ter·kracht·cen·tra·le *de (-s)* centrale hydro-électrique
wa·ter·lan·ders *plur (form.)* larmes
wa·ter·lei·ding *nf (-en)* **1** conduite d'eau **2** canalisation (d'eau)
wa·ter·le·lie *de (-s)* nénuphar
wa·ter·loop *nm* → **water 2**
Wa·ter·man *nm (-nen) (astrol.)* Verseau
wa·ter·me·loen *nm (-en)* pastèque
wa·ter·merk *het (-en)* filigrane
wa·ter·nimf *nf (-en) (myth.)* naïade
wa·ter·ont·har·der *nm (-s)* (produit) anticalcaire
wa·ter·op·per·vlak *het (-ken)* → **wateroppervlakte 1**
wa·ter·op·per·vlak·te *nf (-n, -s)* **1** surface de l'eau **2** étendue d'eau
wa·ter·or·gel *het (-s)* orgue hydraulique
wa·ter·over·last *nm* problèmes causés par l'eau
wa·ter·pas[1] *het (-sen)* niveau
wa·ter·pas[2] *adj, adv* horizontal(ement); ~ **maken** mettre de niveau
wa·ter·pok·ken *plur* varicelle
wa·ter·po·li·tie *nf* police fluviale
wa·ter·pomp·tang *de (-en)* pince multiprise
wa·ter·rijk *adj* **1** riche en eau **2** riche en cours d'eau
wa·ter·scha·de *de* dégâts causés par l'eau
wa·ter·schei·ding *nf (-en)* ligne de partage des eaux

wa·ter·schild·pad *de* tortue marine
wa·ter·ski *nm (-'s)* ski nautique
wa·ter·slang *de (-en)* **1** tuyau d'arrosage **2** *(zool.)* hydrophis
wa·ters·nood *nm* inondations
wa·ters·nood·ramp *de (-en)* grandes inondations
wa·ter·sport *de (-en)* sport nautique
wa·ter·staat *nm* Ponts et Chaussées
wa·ter·stand *nm (-en)* niveau des eaux
wa·ter·stof *de* hydrogène
wa·ter·stof·per·oxi·de *het* eau oxygénée
wa·ter·tan·den *vi (h. gewatertand)* avoir l'eau à la bouche
wa·ter·trap·pen *vi* nager debout
wa·ter·val *nm (-len)* cascade
wa·ter|verf *de (-verven)* aquarelle
wa·ter·vlieg·tuig *het (-en)* hydravion
wa·ter·vlug *adj* rapide comme l'éclair
wa·ter·voor·zie·ning *nf* alimentation en eau
wa·ter·vrees *de* peur de l'eau, *(méd.)* hydrophobie
wa·ter·weg *nm (-en)* voie navigable
wa·ter·zucht *de (méd.)* hydropisie
wa·ter·zui·ve·ring *nf* épuration des eaux
wa·ter·zui·ve·rings·in·stal·la·tie *nf (-s)* station d'épuration
wat·je *het (-s)* tampon d'ouate; **~s in z'n oren hebben** avoir du coton dans les oreilles; *(fig.)* **heb je soms ~s in je oren?** tu es sourd(e) ou quoi?
wat·ten[1] *plur* ouate; **een kind in de ~ leggen** élever un enfant dans du coton
wat·ten[2] *adj* de coton
wat·ten·schijf·je *het (-s)* coton à démaquiller
wat·ten·staaf·je *het (-s)* coton-tige®
wat·te·ren *vt (h. gewatteerd)* ouater
wau·we·len *vi (h. gewauweld)* radoter
wave [wef] *de (-s)* houle humaine
waxi·ne·licht·je *het (-s)* bougie pour chauffe-plats
wa·zig *adj, adv* vague(ment); **hij keek ~ uit zijn ogen** il avait les yeux dans le vague; **alles ~ zien** avoir un brouillard devant les yeux
wc *nm (-'s)* **1** w.-c. **2** cuvette
wc-bor·stel *nm (-s)* balayette
wc-pa·pier *het* papier hygiénique
wc-pot *nm (-ten)* cuvette *(des toilettes)*
we *pers* nous
web *het (-ben)* **1** toile (d'araignée) **2** web
web·log *het/nm (-s) (inform.)* joueb
web·mas·ter *nm (inform.)* webmestre
web·shop *nm (-s) (inform.)* boutique en ligne
web·site *de (-s) (inform.)* site web
wec·ken *vti (h. geweckt)* mettre (qch) en conserve
wed. *weduwe* Vve.
we·de *de (-n) (form.)* salaire
wed·den *vti (h. gewed)* parier; **ik wed dat je niet beter kunt** je te mets au défi de faire mieux; **op een paard ~** miser sur un cheval; **ik wed van wel!** je parie que si!
wed·den·schap *nf (-pen)* pari; **een ~ aangaan** faire un pari
we·der·dienst *nm (-en)* service en retour; **iem een ~ bewijzen** revaloir qch à qn
we·der·ge·boor·te *nf (-n)* **1** réincarnation **2** renaissance
we·der·helft *de (-en)* époux, -ouse
we·der·ke·rend *adj (ling.)* réfléchi
we·der·ke·rig *adj, adv* réciproque(ment)
we·der·om *adv* de nouveau
we·der·op·bloei *nm* reprise
we·der·op·bouw *nm* reconstruction
we·der·op·stan·ding *nf (form.)* résurrection
we·der·rech·te·lijk *adj, adv (form.)* illégal(ement)
we·der·va·ren *vi (h./i. wedervaren) (form.)* survenir; **iem recht doen ~** faire droit à qn
we·der|vraag *de (-vragen)* question en retour
we·der·waar·dig·he·den *plur* péripéties
we·der·zijds *adj, adv* **1** réciproque(ment) **2** respectif
wed·ijver *nm* rivalité
wed·ijve·ren *vi (h. gewedijverd)* **1** rivaliser **2** lutter
wed|loop *nm (-lopen) (form.)* course (à pied)
wed·strijd *nm (-en)* **1** match **2** course **3** concours
wed·strijd|lei·der *nm (-s)*, **-leidster** *nf (-s)* arbitre
wed·strijd·sport *de (-en)* sport de compétition
we·du·we *nf (-n)* veuve
we·du·we·pen·si·oen *het (-en)* allocation veuvage
we·duw|naar *nm (-naars, -naren)* veuf
wee[1] *de (-ën)* contraction *(accouchement)*
wee[2] *het (-ën)* douleur
wee[3] *adj* douceâtre; **die pap is ~** cette bouillie est fade ♦ **~ om het hart worden** avoir mal au cœur; **je wordt ~ van dat gezeur** ces rabâchages sont assommants
wee[4] *interj* **1** aïe!; **o ~!** oh là là! **2** malheur!
weed *de (fam.)* herbe *(drogue)*
weef·ge·touw *het (-en)* métier (à tisser)
weef·sel *het (-s)* tissu
weegs *nm* ♦ **een eind ~** un bout de chemin; **zijns ~ gaan** aller son chemin
weeg|schaal *de (-schalen)* balance
Weeg|schaal *de (-schalen) (astrol.)* Balance
week[1], **weken** → **(af-, uit)wijken** *(etc.)*
week[2] *de (weken)* **1** semaine; **de goede, de stille ~** la semaine sainte; **in, door de ~** en semaine; **~ in, ~ uit** de semaine en semaine; **om de (andere) ~** une semaine sur deux; **volgende ~** la semaine prochaine **2** trempage *(linge)*; **erwten in de ~ zetten** mettre des pois à tremper
week[3] *adj (weker, weekst)* **1** mou; **een ~ gestel** une constitution délicate **2** tendre

***week-** hebdomadaire; **het weekabonnement** l'abonnement hebdomadaire
week·dag *nm (-en)* jour de (la) semaine
week·dier *het (-en)* mollusque
week·end·dienst *nm (-en)* service de permanence; ~ **hebben** être de permanence
week·end·huis·je *het (-s)* maison de campagne
week·end·re·tour *het (-s)* billet fin de semaine
week·har·tig *adj (form.)* sensible
week·heid *nf* **1** mollesse **2** sensibilité
wee·klacht *de (-en)* lamentation
wee·kla·gen *vi (h. geweeklaagd) (form.)* se lamenter
week·over·zicht *het (-en)* revue (des événements) de la semaine
weel·de *de* **1** luxe **2** profusion **3** luxuriance ♦ **hij kent zijn eigen ~ niet** il ne connaît pas son bonheur
weel·de·rig *adj, adv* **1** luxuriant, avec abondance; **~e vormen** formes opulentes **2** luxueux, luxueusement
weel·de·rig·heid *nf* → **weelde**
wee·moed *nm* mélancolie
wee·moe·dig *adj, adv* mélancolique(ment)
Weens *adj* viennois
weer[1] *het* temps; **het wordt (weer) mooi ~** le temps se (re)met au beau; **~ of geen ~** qu'il pleuve ou qu'il vente; **het is slecht ~** il fait mauvais; **zijn gezicht staat op slecht ~** sa figure est à l'orage; *(fig.)* **tegen ~ en wind** contre vents et marées; **in ~ en wind eropuit trekken** sortir par tous les temps ♦ **mooi ~ spelen** ± ne faire semblant de rien; **mooi ~ spelen tegen iem** être tout sucre tout miel avec qn; **mooi ~ spelen met andermans geld** dépenser allègrement l'argent des autres
weer[2] *de* ♦ **druk in de ~ zijn** s'activer; **vroeg in de ~ zijn** être matinal; **hij is altijd in de ~** il a toujours qch à faire
weer[3] *het/de (Belg.)* nœud
weer[4] *adv* **1** de nouveau; **we gaan ~ eens opstappen** on va y aller **2** de retour; **heen en ~ gaan** faire un aller retour, faire la navette; **heen en ~ lopen voor een huis** faire les cent pas devant une maison; **die tijd komt nooit ~** cette époque est révolue ♦ **hoe heette hij ook ~?** comment s'appelait-il déjà?
weer|baar *adj (-baarder, -baarst)* capable de se défendre
weer·baar·heid *nf* résistance morale
weer·bar·stig *adj, adv* **1** (d'une façon) récalcitrant(e) **2** rigide
weer·be·richt *het (-en)* bulletin météorologique
weer·ga *de* pareil ♦ **als de ~!** illico!
weer·gal·men *vi (h. weergalmd) (form.)* résonner
weer·ga|loos *adj, adv (-lozer, meest w.)* inégalable, infiniment
weer·ga·ve *de (-n)* reproduction
weer·ge·ven *vt (h. weergegeven)* **1** rendre; **hij gaf de gevoelens van de vergadering weer toen hij zei ...** il traduisait les sentiments de l'assemblée, en disant ... **2** reproduire
weer·god *nm (-en)* ♦ **de ~en waren ons niet gunstig gezind** les éléments étaient contre nous
weer|haak *nm (-haken)* barbelure
weer|haan *nm (-hanen)* girouette
weer·hield, weerhielden → **weerhouden**
weer·hou·den *vt (h. weerhouden)* retenir; **iem van iets ~** empêcher qn de faire qch; *(Belg.)* **~ zijn** avoir un empêchement
weer·kaart *de (-en)* carte météorologique
weer·kaat·sen[1] *vt (h./i. weerkaatst)* renvoyer
weer·kaat·sen[2] *vi (h./i. weerkaatst)* être renvoyé
weer·kaat·sing *nf (-en)* **1** réflexion **2** reflet **3** écho
weer·ke·ren *vi (i. weergekeerd)* **1** retourner **2** revenir
weer·klank *nm* écho *(aussi au fig.)*; **zijn woorden vonden ~** ses paroles ont reçu un accueil favorable
weer·klin·ken *vi (h. weerklonken)* retentir; **bij het ~ van het volkslied** au(x) son(s) de l'hymne national
weer·klonk, weerklonken → **weerklinken**
weer·kun·dig *adj* météorologique
weer·leg·baar *adj* réfutable
weer·leg·gen *vt (h. weerlegd)* réfuter
weer·licht[1] *het/de* éclair (de chaleur)
weer·licht[2] *nm* ♦ **als de ~ iets doen** faire qch en quatrième vitesse
weer|loos *adj (-lozer, -loost)* sans défense
weer·man *nm (-nen)* ♦ **de ~** Monsieur Météo
weer·om *adv* → **weer**[2]
weer·om·stuit *nm* ♦ **van de ~** par contrecoup
weer·over·zicht *het (-en)* → **weerbericht**
weer·praat·je *het (-s)* météo
weer·schijn *nm* reflets
weer·schij·nen *vi (h. weerschenen)* refléter la lumière
weers·ge·steld|heid *nf (-heden)* → **weersomstandigheden**
weers·kan·ten *plur* ♦ **van, aan ~** des deux côtés
weer·slag *nm (-en)* incidence
weers·om·stan·dig·he·den *plur* conditions atmosphériques
weer·span·nig *adj, adv* (en) rebelle
weer·spie·ge·len *vt (h. weerspiegeld)* refléter; **iets getrouw ~** donner une image fidèle de qch
weer·sprak, weerspraken → **weerspreken**
weer·spre·ken *vt (h. weersproken) (form.)* contredire
weer·staan *vt (h. weerstaan)* résister à; **de vijand ~** tenir tête à l'ennemi
weer·stand *nm (-en)* **1** résistance; **~ bie-**

den résister à **2** répugnance **3** endurance

weer·stands·ver·mo·gen *het* endurance

weer·sta·ti·on *het (-s)* station météorologique

weer·stond, weerstonden → **weerstaan**

weers|ver·wach·ting, -voorspelling *nf (-en)* prévisions météorologiques

weers·zij·den *plur* → **weerskanten**

weer·vin·den *vt (h. weergevonden) (form.)* retrouver

weer·wil *nm (form.)* ♦ **in ~ van** en dépit de

weer|wolf *nm (-wolven)* loup-garou

weer·woord *het (-en) (form.)* réponse

weer·zien *vt (h. weergezien)* revoir; **tot ~s!** au revoir!

weer·zin *nm* répugnance; **de ~ opwekken van** provoquer l'aversion de

weer·zin·wek·kend *adj, adv* (d'une manière) répugnant(e)

wees[1], wezen → **(aan-, toe)wijzen** *(etc.)*

wees[2] *nm (wezen)* orphelin, -ine

wees·ge·groet·je *het (-s)* Ave

wees|huis *het (-huizen)* orphelinat

wees·kind *het (-eren)* → **wees[1]**

weet[1], weten → **wijten**

weet[2] *de* ♦ **iets aan de ~ komen** apprendre qch; **het is maar een ~** il suffit de le savoir; **ergens geen ~ van hebben** ne pas se rendre compte de qch, ne pas souffrir de qch, ignorer qch

weet·al *nm (-len) (form.)* pédant

weet·gie·rig *adj, adv (form.)* curieux, avec curiosité; **een ~ kind** un enfant avide d'apprendre

weet·gie·rig·heid *nf* curiosité (intellectuelle)

weet·je *het (-s)* ♦ **zijn ~ wel weten** ne pas être bête

weg[1] *nm (-en)* **1** route; **aan de ~ naar Delft** au bord de la route de Delft; *(fig.)* **hij timmert flink aan de ~** c'est un carriériste; *(prov)* **wie aan de ~ timmert, heeft veel bekijks** qui édifie en grande place, fait maison trop haute ou trop basse; *(fig.)* **naar de bekende ~ vragen** faire l'ignorant; *(fig.)* **de ~ effenen voor iem** préparer le terrain pour qn; **eigen ~** chemin privé; **zijn eigen ~ gaan** suivre sa propre voie; **zo oud als de ~ naar Kralingen, Rome** vieux comme le monde; *(prov)* **de ~ naar de hemel is geplaveid met goede voornemens** l'enfer est pavé de bonnes intentions; **op ~ gaan (naar)** se mettre en route (pour); *(fig.)* **iem op ~ helpen** mettre qn sur la (bonne) voie; *(fig.)* **op dezelfde ~ voortgaan** continuer de la même façon; **hij is op ~ beroemd te worden** il est en passe de devenir célèbre; *(fig.)* **de rechte ~** la bonne voie; **op de verkeerde ~ zijn** faire fausse route *(aussi au fig.)* **2** voie; **langs deze onsympathieke ~** par ce moyen peu sympathique; **langs vreedzame ~** par la négociation **3** chemin; **zich een ~ banen** se frayer un chemin; **dat zit me in de ~** ça m'irrite; **iem in de ~ lopen** être dans les jambes de qn; **iem in de ~ staan** gêner qn; **iem iets in de ~ leggen** mettre des bâtons dans les roues à qn; **nog een lange ~ te gaan hebben** avoir encore un bon bout de chemin à faire; **uit de ~!** laisse(z)-moi passer!; **uit de ~ kunnen** savoir comment s'y prendre (avec qn, qch); **iem uit de ~ gaan** éviter qn; **iem uit de ~ ruimen** liquider qn; **problemen uit de ~ ruimen** résoudre des problèmes; **met zijn geld geen ~ weten** ne pas savoir que faire de son argent

weg[2] *adv* **1** parti; **maak dat je ~ komt!** sauve-toi!, fiche-moi le camp!; **~ met ...!** à bas ...! **2** disparu **3** *(fam.; + van)* fou *(de qch, qn)* **4** loin; **een heel eind ~** très loin ♦ **als dat gebeurt ben je ~** dans ce cas-là, tu seras fichu; **iets ~ hebben van** ressembler un peu à; **dat is nooit ~** cela peut toujours servir, *(imprévu agréable)* ce qui ne gâte rien; *(Belg.)* **met iets ~ zijn** avoir pigé qch; **in het wilde ~ schieten** tirer au hasard

weg·be·rei·der *nm (-s)* précurseur

weg·ber·gen *vt (h. weggeborgen)* **1** ranger **2** coffrer **3** enfermer

weg·bla·zen *vt (h. weggeblazen)* souffler

weg·blij·ven *vi (i. weggebleven)* ne pas venir; **~ van iets** ne pas se montrer à qch; **dat woord kan beter ~** il vaut mieux supprimer ce mot

weg·bran·den *vt (h. weggebrand)* brûler *(faire disparaître en brûlant); (fig.; iron.)* **die man is niet weg te bránden** pas moyen de faire décoller çet homme

weg·bren·gen *vt (h. weggebracht)* **1** porter **2** accompagner; **een bezoeker een eindje ~** faire un bout de chemin avec un visiteur

weg·cij·fe·ren *vt (h. weggecijferd)* faire abstraction de; **zichzelf ~** s'effacer

weg·dek *het (-ken)* revêtement *(route)*; **een glad ~** une chaussée glissante

weg·den·ken *vt (h. weggedacht)* faire abstraction de; **de computer is niet meer uit onze maatschappij weg te denken** notre société est inconcevable sans ordinateur

weg·doen *vt (h. weggedaan)* **1** se défaire de **2** ranger; **doe dat mes weg!** pose ce couteau!

weg·dra·gen *vt (h. weggedragen)* **1** emmener **2** remporter

weg·drij·ven[1] *vi (h./i. weggedreven)* être emporté par le courant; **de wolken drijven weg** les nuages s'éloignent

weg·drij·ven[2] *vt (h./i. weggedreven)* chasser

weg·druk·ken *vt (h. weggedrukt)* refouler

weg·dui·ken *vi (i. weggedoken)* se tapir

weg·du·wen *vt (h. weggeduwd)* repousser

weg·eb·ben *vi (i. weggeëbd)* décroître; **het geluid ebde weg** le son s'affaiblissait

we·gel *nm (-s) (Belg.)* sentier

we·gen *vti (h. gewogen)* peser; *(fig.)* **laten ~** prendre en considération; *(fig.)* **zwaar bij iem ~** compter beaucoup pour qn

we·gen- routier; **de wegenkaart** la carte routière
we·gen·aan·leg *nm* construction de routes
we·gen·be·las·ting *nf* vignette (automobile)
we·gen·bouw *nm* → **wegenaanleg**
we·gens *prép* à cause de
we·gen·wacht *nm (-en)* patrouilleur, -euse de l'assistance routière
We·gen·wacht *de* assistance routière (du Touring Club néerlandais)
weg·gaan *vi (i. weggegaan)* **1** s'en aller; **mijn geld gaat weg aan boeken** je dépense tout mon argent en livres; ~ **bij een firma** quitter une maison; *(fig.)* ~ **tegen een lage prijs** être vendu à bas prix; **hij is van ons weggegaan** il nous a quittés; **ga weg!** va-t'en!, *(étonnement)* c'est pas vrai! **2** partir
weg·ge·drag *het* **1** comportement (de l'automobiliste) au volant **2** tenue de route
weg·ge·ven *vt (h. weggegeven)* **1** donner **2** exécuter *(p.ex. un morceau de musique)*
weg·glij·den *vi (i. weggegleden)* glisser
weg·glip·pen *vi (i. weggeglipt)* s'esquiver
weg·gooi·en *vt (h. weggegooid)* jeter; **geld (aan iets)** ~ gaspiller son argent (en faisant qch)
weg·ha·len *vt (h. weggehaald)* **1** enlever **2** dérober
weg·helft *de (-en)* côté de la route, de la chaussée
weg·hol·len *vi (i. weggehold)* → **wegrennen**
weg·hou·den *vt (h. weggehouden)* **1** cacher **2** tenir à l'écart
weg·ja·gen *vt (h. weggejaagd)* **1** chasser **2** effrayer
weg·ka·pen *vt (h. weggekaapt) (fam.)* chaparder
weg·knip·pen *vt (h. weggeknipt)* couper
weg·ko·men *vi (i. weggekomen)* réussir à sortir; *(fig.)* **goed** ~ bien s'en sortir; **niet van iem kunnen** ~ ne pas réussir à se débarrasser de qn; **maak dat je wegkomt!** fiche le camp!
weg·krui·pen *vi (i. weggekropen)* **1** s'éloigner (en rampant) **2** se cacher; **achter iets** ~ se cacher derrière qch, *(fig.)* prendre qch comme prétexte
weg·kwij·nen *vi (i. weggekwijnd)* dépérir
weg·la·ten *vt (h. weggelaten)* sauter
weg·la·ting *nf* omission
weg·leg·gen *vt (h. weggelegd)* **1** (dé)poser **2** ranger **3** mettre de côté **4** réserver; **dat was niet voor ons weggelegd** le sort en a décidé autrement
weg·lei·den *vt (h. weggeleid)* emmener
weg·lig·ging *nf* tenue de route
weg·loop|huis *het (-huizen)* maison d'accueil pour fugueurs
weg·lo·pen *vi (i. weggelopen)* **1** s'en aller; **hard** ~ partir en courant; **dat loopt niet weg** cela ne presse pas **2** s'enfuir **3** couler **4** *(+ met)* être entiché (de)
weg·maai·en *vt (h. weggemaaid)* couper
weg·ma·ken *vt (h. weggemaakt)* **1** égarer **2** enlever **3** *(fam.)* endormir *(anesthésie)*
weg·mof·fe·len *vt (h. weggemoffeld)* escamoter
weg·ne·men *vt (h. weggenomen)* **1** enlever **2** prendre (qch à qn) **3** dissiper ♦ **dit neemt niet weg, dat ...** cela n'empêche (pas) que ...
weg·om·leg·ging *nf (-en)* déviation
weg·pak·ken *vt (h. weggepakt)* prendre
weg·pes·ten *vt (h. weggepest)* faire partir (qn) par des tracasseries
weg·pik·ken *vt (h. weggepikt) (fam.)* chiper
weg·pi|raat *nm (-raten)* chauffard
weg·pro·mo·ve·ren *vt (h. weggepromoveerd)* se débarrasser de qn sous le couvert d'un avancement
weg·ra·ken *vi (i. weggeraakt)* **1** s'évanouir **2** s'égarer
weg·ren·nen *vi (i. weggerend)* partir en courant
weg·res·tau·rant *het (-s)* restauroute
weg·rij·den *vi (h./i. weggereden)* partir *(en roulant)*
weg·roe·pen *vt (h. weggeroepen)* appeler ailleurs
weg·rot·ten *vi (i. weggerot)* pourrir
weg·sche·ren *vpr (zich ~; h. zich weggescheerd)* ♦ **scheer je weg!** ôte-toi de là, de devant moi!
weg·schop·pen *vt (h. weggeschopt)* donner un coup de pied à (qch)
weg·schui·len *vi (i. weggescholen) (+ achter)* s'abriter (derrière)
weg·schui·ven *vti (h. weggeschoven)* glisser
weg·slaan *vt (h. weggeslagen)* chasser (à coups de poing); *(fig.)* **ergens niet (van) weg te slaan zijn** avoir pris racine qp
weg·sle·pen *vt (h. weggesleept)* entraîner; **een auto (laten)** ~ (faire) remorquer une voiture
weg·slik·ken *vt (h. weggeslikt)* ♦ **ik moest even iets** ~ j'avais du mal à maîtriser mes émotions
weg·slui·pen *vi (i. weggeslopen)* partir sur la pointe des pieds
weg·smel·ten *vi (i. weggesmolten)* (se) fondre
weg·smij·ten *vt (h. weggesmeten) (fam.)* jeter *(se défaire de)*; **zijn geld** ~ jeter son argent par les fenêtres
weg·spoe·len[1] *vt (h./i. weggespoeld)* **1** emporter *(par l'eau)* **2** nettoyer à l'eau; **zijn eten** ~ faire descendre son repas en buvant; **zijn zorgen** ~ noyer ses soucis dans l'alcool
weg·spoe·len[2] *vi (h./i. weggespoeld)* être emporté (par l'eau, par le courant)
weg·ster·ven *vi (i. weggestorven)* **1** mourir *(sons)* **2** s'éteindre *(malade)*
weg·stop·pen *vt (h. weggestopt)* **1** cacher **2** refouler
weg·stu·ren *vt (h. weggestuurd)* **1** renvoyer **2** envoyer
weg·te·ren *vi (i. weggeteerd)* se consumer

weg·to·ve·ren *vt (h. weggetoverd)* faire disparaître d'un coup de baguette magique
weg·trap·pen *vt (h. weggetrapt)* donner un coup de pied (à)
weg·trek·ken¹ *vi (i. weggetrokken)* **1** partir **2** se retirer ♦ **een wit weggetrokken gezicht** un visage blême
weg·trek·ken² *vt (h. weggetrokken)* **1** tirer **2** attirer
weg·va·gen *vt (h. weggevaagd)* balayer *(fig.)*
weg·val·len *vi (i. weggevallen)* **1** tomber **2** ne plus être disponible ♦ **deze zender valt telkens weg** il y a des coupures d'émetteur
weg·ve·gen *vt (h. weggeveegd)* **1** balayer **2** essuyer
weg·vlie·gen *vi (i. weggevlogen)* **1** s'envoler **2** partir (très vite); **mijn geld vliegt weg** l'argent me coule entre les doigts **3** se vendre comme des petits pains
weg·vloei·en *vi (i. weggevloeid)* s'écouler; *(fig.)* **het geld vloeit weg naar het buitenland** l'argent est drainé vers l'étranger
weg·voe·ren *vt (h. weggevoerd)* **1** emmener **2** déporter
weg·waai·en *vi (h./i. weggewaaid)* s'envoler
weg·wer·ken *vt (h. weggewerkt)* évincer ♦ **snel z'n eten** ~ vider son assiette en un clin d'œil; **een schuld** ~ éponger une dette; **een tekort** ~ combler un déficit
*__weg·werp-__ jetable; **het wegwerpartikel** l'article jetable
weg·wer·pen *vt (h. weggeworpen)* jeter
weg·werp·fles *de (-sen)* bouteille non consignée
weg·werp·maat·schap·pij *nf* société du prêt-à-jeter
weg·werp·ver·pak·king *nf (-en)* emballage perdu
weg·we·zen *vi (i. weggeweest)* filer; ~**!** allez, ouste!
weg·wijs *adj* ♦ **iem** ~ **maken in iets** mettre qn au courant de qch
weg·wij·zer *nm (-s)* **1** (poteau) indicateur **2** guide *(livre)*
weg·wui·ven *vt (h. weggewuifd)* écarter d'un geste de la main *(objections etc.)*
weg·zak·ken *vi (i. weggezakt)* **1** s'enfoncer **2** s'affaisser **3** baisser **4** s'assoupir
weg·zen·den *vt (h. weggezonden)* → **wegsturen**
weg·zet·ten *vt (h. weggezet)* **1** mettre de côté **2** ranger
weg·zin·ken *vi (i. weggezonken)* → **wegzakken 1**
wei·de *de (-n)*, **wei** *de (-den)* prairie; **de** ~ **in gestuurd worden** être mis au vert, être mis à la porte, devoir se débrouiller tout seul
wei·den¹ *vi (h. geweid)* paître
wei·den² *vt (h. geweid)* faire paître
weids *adj (weidser, meest w.)* somptueux; **een** ~ **uitzicht** une vue panoramique magnifique
wei·fe·laar *nm (-s)* indécis
wei·fel·ach·tig *adj* indécis
wei·fe·len *vi (h. geweifeld)* **1** hésiter; **na enig** ~ **...** après quelques hésitations ... **2** vaciller
wei·ge·ren *vti (h. geweigerd)* refuser ♦ **de motor weigert** le moteur se bloque
wei·land *het (-en)* → **weide**
wei·nig¹ *indéf (minder, minst)* peu (de); **hij weet er** ~ **van** il n'y connaît pas grand-chose; **ook al is het nog zo** ~ si peu que ce soit
wei·nig² *adv* peu; ~ **om iets geven** faire peu de cas de qch; **hoe** ~ **ook** si peu que ce soit
we·ke·lijks *adj, adv* hebdomadaire, par semaine; ~ **samenkomen** se réunir une fois par semaine
we·ken¹ *vi (h./i. geweekt)* tremper
we·ken² *vt (h./i. geweekt)* faire tremper
we·ken·lang *adj, adv* de plusieurs semaines, pendant des semaines
wek·ken *vt (h. gewekt)* **1** réveiller **2** éveiller; **ongenoegen** ~ provoquer le mécontentement
wek·ker *nm (-s)* réveille-matin; **door de** ~ **heen slapen** ne pas entendre le réveil
wel¹ *adj, adv* **1** bien; ~ **degelijk** absolument; **hij durft** ~ il ne manque pas de toupet; **'hoe is het ermee?' 'het gaat ~'** 'comment ça va?' 'couci-couça'; **dat zit** ~ **goed** c'est du solide, *(fig.)* ne vous inquiétez pas; **als ik het** ~ **heb** si je ne me trompe; **dat kan** ~ cela se peut; **u kunt** ~ **gaan** vous pouvez disposer; **je lijkt** ~ **gek** tu n'es pas un peu fou, non?; **ik hoop van** ~ j'espère (bien); **ik wil best** ~ je ne dis pas non; **zeg dat** ~**!** à qui le dis-tu!; **dat zal** ~ **niet** sans doute que non; **niet(es)! wél(les)** non! si!; **je zult** ~ **denken ...** tu dois te demander ce que cela signifie; **het kan er** ~ **mee door** ça peut aller; **wij vermaken ons** ~ **hoor!** on s'amuse, ne vous en faites pas!; **wat moet dat** ~ **niet kosten** ça ne doit pas être pour rien **2** *(affirmatif)* si; **het is wél waar** (mais) si **3** il est vrai que; **dát** ~ ça oui; **hij is** ~ **rijk, maar niet gelukkig** s'il est riche, il n'en est pas heureux pour autant ♦ **dat dacht ik** ~ je m'en doutais; **dat was me het dagje** ~**!** quelle journée!; **nee, wat denk je** ~**!** non, mais des fois!; **die minuut leek** ~ **een uur** cette minute a duré une heure; **wat een rotweer, we treffen het** ~ quel sale temps, on n'a pas de veine!; **zie je nu** ~ (tu vois,) je te l'avais bien dit; **dank u** ~ merci (bien); **zo is het** ~ **genoeg!** en voilà assez!
wel² *interj* eh (bien)!; **welwel!** tiens, tiens!
wel·aan *interj* allons!
wel·be·gre·pen *adj* bien compris
wel·be·ha·gen *het* bien-être
wel·be·kend *adj* bien connu
wel·be·schouwd *adv* somme toute
wel·be|spraakt *adj (-spraakter, meest w.)* éloquent
wel·be·steed *adj* bien employé, *(vie)* bien rempli
wel·be·wust *adj, adv* (bien) conscient,

sciemment; **een ~e keuze** un choix fait en connaissance de cause
wel|daad *de (-daden)* bienfait
wel·da·dig *adj* bienfaisant
wel·den·kend *adj* bien pensant
wel·doen *vi (h. welgedaan)* faire le bien, la charité
wel·doe·ner *nm (-s)* bienfaiteur
wel·door·dacht *adj* (longuement) mûri
wel·door·voed *adj* bien en chair
wel·dra *adv (form.)* bientôt
Wel·ed. *Weledele* M., Mme
wel·edel, weledelgeboren, weledelgestreng *adj (form.)* ♦ **~e heer** Monsieur
Wel·edel·geb. *Weledelgeboren* M., Mme
wel·eens *adv* parfois; **dat gebeurt ~** ça arrive parfois ♦ **dat wil ~ gebeuren** ce sont des choses qui arrivent; **heb je ~ Japans gegeten?** est-ce que tu as déjà mangé japonais?
wel·eer *het (form.)* ♦ **de tijden van ~** le temps passé; **de vrienden van ~** les amis d'antan
wel·ge·ko·men *adj (Belg.)* bienvenu
wel·ge·ko·zen *adj* bien choisi
wel·ge·ma·nierd *adj* bien élevé
wel·ge·meend *adj* **1** sincère **2** bien intentionné
wel·ge·scha·pen *adj* bien conformé
wel·ge|steld *adj (-stelder, meest w.)* aisé; **zij zijn zeer ~** ils sont très fortunés
wel·ge·teld *adv* en tout (et pour tout)
wel·ge·val·len *vi* ♦ **ik laat me dat niet ~!** je ne vais pas avaler ça!; **zich iets laten ~** trouver bon que
wel·ge·val·lig *adj (form.)* agréable
wel·ge·vormd *adj* bien fait; **een ~e mond** une bouche bien dessinée
wel·ge|zind *adj (-zinder, meest w.)* **1** bien intentionné **2** favorable
wel·haast *adv (form.)* presque
we·lig *adj, adv* abondant, abondamment; **~e akkers** champs fertiles; **een ~e plantengroei** une végétation luxuriante
wel·in·ge·licht *adj (form.)* bien informé
wel·is·waar *adv* il est vrai
welk[1] *interr* **1** *(purement interrogatif)* (le)quel **2** *(exclamatif; form.)* quel
welk[2] *rel (form.)* **1** *(pronom)* qui, que **2** *(adjectif)* lequel
welk[3] *indéf (+ aussi)* quel que; **~ voornemen je ook hebt ...** quels que soient tes projets ...
wel·kom[1] *het* accueil
wel·kom[2] *adj* bienvenu; **een bezoeker ~ heten** souhaiter la bienvenue à un visiteur; **ergens niet ~ zijn** être indésirable qp
wel·kom[3] *interj* ♦ **~ thuis!** sois, soyez le bienvenu!
wel·len[1] *vt (h./i. geweld)* faire frémir
wel·len[2] *vi (h./i. geweld)* jaillir
wel·les *interj (fam.)* ± si
wel·le·tjes *adj (fam.)* ♦ **'t is zo ~!** (il) y en a marre!
wel·le·vend·heid *nf* politesse
wel·licht *adv (form.)* peut-être
wel·lui·dend *adj, adv* harmonieux
wel·lust *nm (-en)* volupté
wel·lus·te·ling *nm (-en)* voluptueux
wel·lus·tig *adj, adv* voluptueux, voluptueusement
wel·ne·men *het* ♦ **met uw ~** si vous êtes d'accord
wel·nu *interj* eh bien!
wel·om·lijnd, welomschreven *adj* bien déterminé
wel·op·ge·voed *adj* bien élevé
wel·over·wo·gen *adj, adv* **1** (d'une façon) réfléchi(e) **2** délibéré(ment)
welp[1] *het/de (-en)* petit *(animaux)*
welp[2] *nm (-en) (scoutisme)* louveteau
wel·sla·gen *het (form.)* succès
wel·spre·kend *adj* éloquent; **~e argumenten** arguments convaincants
wel·stand *nm (form.)* **1** (bonne) santé **2** bien-être; **leven in ~** vivre dans l'aisance
wel·stel·lend *adj (Belg.)* → **welgesteld**
wel·te·rus·ten *interj* bonne nuit
wel·te·ver·staan *adv (form.)* bien entendu
wel·vaart *de* prospérité; **in ~ leven** vivre dans l'abondance
wel·vaarts·maat·schap·pij *nf* société d'abondance
wel·vaarts·staat *nm* Etat-providence
wel·va·ren *het (form.)* (bonne) santé; **er uitzien als Hollands ~** respirer la santé
wel·va·rend *adj* **1** prospère **2** en bonne santé
wel·ven *vpr (zich ~; h. zich gewelfd) (form.)* se voûter
wel·ver·diend *adj* bien mérité
wel·ving *nf (-en) (form.)* courbe
wel·voor·zien *adj* bien pourvu; **een ~e dis** un repas copieux
wel·wil·lend *adj, adv* bienveillant, avec bienveillance
wel·zijn *het* **1** bien-être; **het algemeen ~** le bien commun **2** *(form.)* santé
wel·zijns·sec·tor *nm (-en)* secteur de l'aide sociale
wel·zijns·werk *het* aide sociale
wel·zijns·zorg *de* aide sociale
we·me·len *vi (h. gewemeld) (+ van)* fourmiller (de); **het wemelt ervan** il y en a partout
wend|baar *adj (-baarder, -baarst)* manœuvrable
wen·den[1] *vt (h. gewend) (form.)* tourner; **hoe je het ook wendt of keert** tu peux retourner l'affaire comme tu voudras; **hoe men zich ook wendt of keert** de quelque côté qu'on se tourne
wen·den[2] *vpr (zich ~; h. zich gewend) (+ tot)* s'adresser (à)
wen·ding *nf (-en)* **1** action de tourner **2** tour **3** *(fig.)* tournure; **een geheel andere ~** un revirement; **een andere ~ geven aan iets** infléchir qch; **het gesprek een andere ~ geven** détourner la conversation; **een goede ~ geven aan iets** donner une bonne direction à qch
we·nen *vti (h. geweend) (form.)* pleurer

We·nen *het* Vienne
wenk *nm (-en)* **1** signe *(de la tête, de la main)*; **op zijn ~en bediend worden** être servi au doigt et à l'œil **2** indication; **een stille ~** une invite discrète
wenk·brauw *de (-en)* sourcil; **met opgetrokken ~en** avec un haussement des sourcils
we·nken *vti (h. gewenkt)* faire signe à
we·nnen[1] *vt (h./i. gewend)* habituer (à)
we·nnen[2] *vi (h./i. gewend)* **1** s'habituer (à); **alles went** on se fait à tout; **dat zal wel ~** tu t'y feras **2** s'adapter
wens *nm (-en)* **1** désir; **alles gaat naar ~** tout marche à souhait; **een onvervulbare ~** un souhait irréalisable; **tegen de ~ van zijn moeder** contre la volonté de sa mère; **heb je nog ~en voor je verjaardag?** qu'est-ce que tu voudrais (avoir) pour ton anniversaire?; **een vrome ~** une illusion; *(prov)* **de ~ is de vader van de gedachte** chacun croit aisément ce qu'il désire **2** vœu
wens|droom *nm (-dromen)* chimère
wen·se·lijk *adj, adv* (de façon) souhaitable
wen·sen *vt (h. gewenst)* **1** désirer; **het niet gewenst achten te ...** estimer qu'il n'est pas souhaitable de ...; **dat is te ~!** espérons-le!; **dat laat aan duidelijkheid niets te ~ over** cela ne laisse subsister aucune équivoque; **op ieder gewenst ogenblik** à tout moment **2** vouloir (que) **3** souhaiter (qch à qn)
wen·te·len *vti (h./i. gewenteld)* tourner *(faire un mouvement de rotation)*
wen·tel·teef·jes *plur (cuis.)* pain perdu
wen·tel·trap *nm (-pen)* escalier à vis
werd, werden → **(gewaar)worden**
we·reld *de (-en)* monde; **de derde ~** le tiers-monde; **er ging een ~ voor hem open** un monde nouveau s'ouvrit à lui; **hij kan de hele ~ aan** il veut tout avaler; **midden in de ~ staan** vivre dans le monde; **hoe is het in de ~ mogelijk!** comment est-ce Dieu possible!; **degene die dat gerucht de ~ in heeft gestuurd** l'inventeur de ce bruit; **de (wijde) ~ intrekken** parcourir le (vaste) monde; **iem naar de andere ~ helpen, zenden** expédier qn dans l'autre monde; **de Oude ~** l'Ancien Monde; **over de hele ~** dans le monde entier; **de ~ staat voor ons open** le monde s'offre à nous; **een misverstand uit de ~ helpen** dissiper un malentendu; **van de hele ~** mondial; **de beste man van de ~** la crème des hommes; *(iron.)* **hij is niet van deze ~** il se perd dans les nuages; **hij heeft heel wat van de ~ gezien** il a couru le monde, *(fig.)* il connaît le monde; **daar ligt een ~ van verschil tussen** il y a un monde entre (telle et telle chose); **het was een lawaai of de ~ verging** cela faisait un bruit d'enfer
***we·reld-** mondial; **de wereldbevolking** la population mondiale
we·reld·beeld *het* vision du monde
we·reld·be·roemd *adj* célèbre dans le monde entier
we·reld·be·schou·wing *nf (-en)* conception du monde
we·reld·bol *nm (-len)* globe (terrestre)
we·reld·bur·ger *nm (-s)* **1** être humain; *(iron.)* **de nieuwe ~** le nouveau-né **2** citoyen du monde
we·reld|deel *het (-delen)* continent; **het zwarte ~** le continent africain
we·reld·ge·beu·ren *het* actualité mondiale
we·reld·ge·schie·de·nis *nf* histoire universelle
we·reld·han·del *nm* **1** échanges internationaux **2** commerce mondial
we·reld·her·vor·mer *nm (-s)* réformateur du monde
we·reld·je *het* petit monde; **ze leeft in een klein ~** son univers est restreint; **het politieke ~** la classe politique; **zich in z'n eigen ~ terugtrekken** rentrer dans sa coquille ♦ **het is me het ~ wel!** quelle vie, ici-bas!; **mooi ~ waar we in leven** quel monde que le nôtre!
we·reld·kaart *de (-en)* carte universelle
we·reld·kun·dig *adj* ♦ **iets ~ maken** rendre qch public
we·reld·lijk *adj* séculier
we·reld·li·te·ra·tuur *nf* littérature universelle
we·reld·macht *de (-en)* superpuissance
we·reld·naam *nm* ♦ **een geleerde van ~** un savant de réputation mondiale
we·reld·nieuws *het* actualité internationale
we·reld·om·vat·tend *adj* (d'intérêt) mondial
we·reld·ont·van·ger *nm (-s) (com.)* récepteur universel
we·reld·oor·log *nm (-en)* guerre mondiale; **de Eerste Wereldoorlog** la Grande Guerre; **het Europa van voor de ~** l'Europe d'avant-guerre
we·reld·reis *de (-reizen)* tour du monde
we·reld·rei|zi·ger *nm (-s)* globe-trotter
we·relds *adj* **1** temporel **2** mondain **3** séculier; **~e muziek** musique profane **4** du monde
we·reld·schok·kend *adj* bouleversant; **dat is niet zo ~** ça n'a rien de spécial
we·reld|stad *de (-steden)* métropole
we·reld|taal *de (-talen)* langue universelle
we·reld·ten·toon·stel·ling *nf (-en)* exposition universelle
we·reld·vre·de *de* paix universelle
we·reld|vreemd *adj (-vreemder, meest w.)* étranger à ce monde
we·reld·wijd *adj, adv* mondial(ement)
we·reld·win·kel *nm (-s)* magasin du tiers-monde
we·reld·won·der *het (-en)* merveille du monde
we·reld·zee *de (-ën)* océan
we·ren[1] *vt (h. geweerd)* repousser
we·ren[2] *vpr (zich ~; h. zich geweerd)* **1** *(+ tegen)* se défendre (contre) **2** se démener
werf *de (werven)* chantier (naval)

werk *het (-en)* **1** travail; **aan het ~ gaan** se mettre au travail; **aan het ~ zijn** travailler; **er is ~ aan de winkel** il y a du pain sur la planche; **dat was afgesproken ~** c'était un coup monté; **dat is het betere ~** voilà du beau travail; **cultureel ~** animation culturelle; **geen half ~ doen** ne pas faire les choses à demi; **niet lang ~ meer hebben** ne plus en avoir pour longtemps; **hij heeft nog wel even ~** il en a pour un bon moment; **iem van zijn ~ houden** empêcher qn de travailler; **~ in uitvoering!** travaux!; **hij kan het ~ niet aan** il est débordé de travail, il n'est pas à la hauteur de sa tâche; **lang ~ hebben** mettre du temps (à); **het maatschappelijk ~** l'assistance sociale; **het is onbegonnen ~** c'est un travail de Sisyphe; **het ~ staken, platleggen** cesser le travail, se mettre en grève; **een goed stuk ~** un beau travail; **te ~ gaan** agir; **te ~ stellen** employer; **voorzichtig te ~ gaan** y aller doucement **2** emploi; **iem aan ~ helpen** aider qn à trouver du travail **3** tâche **4** œuvre; **het volledige ~ van X, de verzamelde ~en van X** les œuvres complètes de X **5** *(Belg.; plur.)* travaux ♦ **dat is geen ~** ça ne se fait pas; **'t is geen aangenomen ~** il n'y a pas le feu; **~ van iets maken** s'occuper sérieusement de qch, s'occuper de qch; **~ van iem maken** faire la cour à qn

***werk-** de travail; **een werkbijeenkomst** une réunion de travail

werk·baar *adj (-baarder, -baarst)* utilisable ♦ **een werkbare atmosfeer, omgeving** de bonnes conditions de travail

werk·balk *nm* barre d'outils

werk·bij *de (-en)* (abeille) ouvrière

werk·col·le·ge *het (-s)* travaux pratiques

werk·dag *nm (-en)* jour ouvré; **een achturige ~** une journée de huit heures

wer·ke·lijk *adj, adv* réel(lement); **de ~e reden** la véritable raison; **ik weet het ~ niet** honnêtement, je ne le sais pas; **~?** *(étonnement)* ah oui?

wer·ke·lijk·heid *nf* réalité; **in ~** en fait; **tot de ~ terugkeren** revenir sur terre; **~ worden** se réaliser; **de ~ onder ogen zien** voir les choses en face

wer·ken *vti (h. gewerkt)* **1** travailler; **aan zichzelf ~** chercher à se connaître (mieux); **er wordt aan gewerkt** on s'en occupe; **voor niets ~** travailler pour le roi de Prusse; **zich omhoog ~** se hisser à la force des poignets **2** marcher; **zo werkt dat niet** ce n'est pas comme ça que ça fonctionne **3** agir; **de maatregel werkte nog lang na** les effets de cette mesure se sont fait longtemps ressentir ♦ **een ongewenst iem eruit ~** éliminer un indésirable; **iets naar binnen ~** avaler qch

wer·kend *adj* actif

wer·ker *nm (-s)* travailleur; **hij is een harde ~** c'est un bourreau de travail; **een maatschappelijk ~** un assistant social

werk·ezel *nm (-s) (fig.)* cheval de labour

werk·ge·bied *het (-en)* → **werkterrein 2**

werk·ge·le·gen·heid *nf* emploi; **het ministerie van Sociale Zaken en Werkgelegenheid** le ministère du travail

werk|ge·ver *nm (-s)*, **-geefster** *nf (-s)* employeur, -euse

wer·king *nf (-en)* **1** fonctionnement; **buiten ~** hors (de) service; **buiten ~ treden** cesser ses effets, ne plus fonctionner; **iets in ~ stellen** mettre qch en service; **een toestel in ~ brengen** mettre un appareil en marche; **de wet treedt 1 januari in ~** la loi entre en vigueur le 1er janvier **2** effet

werk·kli|maat *het (-maten)* ambiance (de travail)

werk·kracht *de (-en)* employé, -ée

werk·kring *nm (-en)* emploi

werk·last *nm* ampleur de la tâche

werk·loos *adj* **1** inactif; **zijn tijd ~ doorbrengen** passer son temps à ne rien faire; **~ toezien** rester les bras croisés **2** en chômage; **werkloze jongeren** jeunes sans-travail

werk·loos·heid *nf* **1** inaction **2** chômage; **verborgen ~** chômage déguisé

werk·loos·heids·cij·fer *het (-s)* taux de chômage

werk·lo·ze *nm (-n)* chômeur, -euse

werk·lust *nm* ardeur au travail

werk|man *nm (-lui)* ouvrier

werk|ne·mer *nm (-s)*, **-neemster** *nf (-s)* salarié, -ée; **de buitenlandse ~s** les travailleurs immigrés

werk·ne·mers·or·ga·ni·sa·tie *nf (-s)* syndicat (ouvrier)

werk·plaats *de (-en)* atelier; **sociale ~en** ateliers pour handicapés

werk·ruim·te *nf (-n, -s)* lieu de travail; **woon- en ~** living et cabinet de travail

werk·si·tu·a·tie *nf (-s)* conditions de travail

werk·ster *nf (-s)* **1** travailleuse; **een maatschappelijk ~** une assistante sociale **2** femme de ménage

werk·stu|dent *nm (-en)*, **-dente** *nf (-n, -s)* étudiant salarié

werk·stuk *het (-ken)* **1** œuvre **2** travail écrit

werk·ter·rein *het (-en)* **1** chantier **2** domaine

werk·tijd *nm (-en)* durée du travail; **glijdende ~en** horaires mobiles; **voor de halve ~ in dienst zijn** être employé à mitemps; **een lange ~ hebben** faire de longues journées; **ongeregelde ~en** horaires irréguliers; **verkorting van de ~en** réduction des journées de travail

werk·tuig *het (-en)* outil; **een ~ in iemands hand zijn** devenir l'outil de qn

werk·tuig·bouw·kun·de, -kunde *nf* mécanique

werk·tuig·kun·dig *adj* mécanicien

werk·tuig·lijk *adj, adv* machinal(ement)

werk·ver·schaf·fing *nf* assistance par le travail; *(fig.)* **dit is puur ~** c'est du travail inutile

werk·vloer *nm* ♦ **op de ~ leeft de ge-**

dachte dat ... les travailleurs sont d'avis que ...
werk·vorm *nm (-en)* ♦ **textiele ~en** ± couture, éducation manuelle et technique
werk·vrouw *nf (-en)* → **werkster 2**
werk|week *de (-weken)* **1** semaine de travail; **veertigurige ~** semaine de quarante heures **2** semaine d'étude
werk·wij·ze *de (-n)* méthode (de travail)
werk·wil·li·ge *nm (-n)* non-gréviste
werk·woord *het (-en) (ling.)* verbe
werk|zaam *adj, adv (-zamer, -zaamst)* **1** actif; **dat zal een ~ middel zijn om** voilà un moyen efficace pour **2** travailleur, activement ♦ **hij is ~ bij het onderwijs** il est dans l'enseignement
werk·zaam·he·den *plur* activités
werk·zaam·heid *nf* efficacité
werk·zoe·ken·de *nm (-n)* demandeur d'emploi
wer·pen *vti (h. geworpen)* **1** jeter **2** mettre bas
wer·vel *nm (-s)* vertèbre
***wer·vel-** vertébral; **de wervelkolom** la colonne vertébrale
wer·ve·lend *adj* tourbillonnant; **een ~e show** un spectacle étourdissant
wer·vel·storm *nm (-en)* cyclone
wer·vel·wind *nm (-en)* tourbillon; **als een ~** en trombe
wer·ven *vt (h. geworven)* recruter
wesp *de (-en)* guêpe
wes·pen·nest *het (-en)* guêpier; **zich in een ~ steken** se fourrer dans un guêpier
west[1] *het/de* ouest
west[2] *adj* de l'ouest
west[3] *adv* vers l'ouest
West-Duits·land *het (hist.)* Allemagne de l'Ouest
wes·te·lijk *adj, adv* **1** de l'ouest **2** vers l'ouest **3** de l'ouest, à l'est; **de ~e Jordaanoever** la rive ouest du Jourdain **4** occidental
wes·ten *het* ouest; **kamers op het ~** chambres orientées à l'ouest; **Wageningen ligt ten ~ van Arnhem** Wageningen est à l'ouest d'Arnhem; **het vrije ~** le monde libre; **het wilde Westen** le Far West ♦ **buiten ~** sans connaissance
wes·ten·wind *nm (-en)* vent d'ouest
wes·ter·leng·te *nf* longitude ouest
wes·ter|ling *nm (-en)*, **-linge** *nf (-n)* occidental
wes·ters *adj, adv* (à l') occidental(e); **de ~e Kerk** l'Eglise d'Occident
West-Eu·ro·pa *het* Europe occidentale
West-In·dië *het* Indes occidentales
west·kust *de (-en)* côte occidentale
West-Vlaan·de·ren *het* Flandre occidentale
west·waarts *adv* vers l'ouest
wet *de (-ten)* loi; **een ~ aannemen** voter une loi; **de ~ is aangenomen** la loi a passé; *(prov)* **~ is ~** la loi est dure, mais c'est la loi; **dat is geen ~ van Meden en Perzen** ce n'est pas une règle absolue; **een ongeschreven ~** une loi coutumière; **een stalen ~** une loi implacable; **voor de ~ trouwen** contracter un mariage civil; **iem de ~ voorschrijven** faire la loi à qn
wet·boek *het (-en)* code (législatif); **Burgerlijk Wetboek** Code civil; **Wetboek van Strafrecht** code pénal
we·ten[1] *het* ♦ **tegen beter ~ (in)** contre toute logique; **bij mijn ~** à ma connaissance; **buiten mijn ~** à mon insu; **iets naar zijn beste ~ doen** faire qch de son mieux
we·ten[2] *vt (h. geweten)* **1** savoir; **alles van iets ~** s'y connaître; **als je dat maar weet!** maintenant, te voilà prévenu!; **als je maar weet dat ...** sache bien que ...; **hij weet wel beter** il est plus malin que ça; **zij ~ niet beter** il ne faut pas leur en vouloir, ils n'y peuvent rien; **hij weet niet beter of het hoort zo** il est persuadé que c'est la coutume; **hij weet ervan** il est au courant; **hij kan het ~** il est payé pour le savoir; **dat weet zelfs een kind!** c'est élémentaire!; **je moest beter ~** cela m'étonne de ta part; **ik weet z'n naam niet** je ne connais pas son nom; **ik zou het niet ~** je ne saurais vous le dire; *(iron.)* **dat zal jij niet ~!** ne fais pas l'innocent!; **hij wist niet hoe gauw hij weg moest komen** il n'avait qu'une hâte, s'enfuir; *(prov)* **wat niet weet, wat niet deert** ce que les yeux ne voient pas, ne fait pas mal au cœur; **hij wist niet beter of ik was vertrokken** pour lui je devais être parti; **ergens iets op ~** avoir une idée; **iets te ~ komen** apprendre qch; **hij wist te vertellen dat ...** il a pu nous raconter que ...; **ik weet van niks** je n'en sais rien; **weet je wat ...** écoute, ...; **weet je wel** tu sais; **je weet wie het zegt** prends-le pour ce que ça vaut; **hij wil (graag) ~ dat hij rijk is** il ne cache pas qu'il est riche; **iets niet willen ~** refuser d'admettre qch; **niets van iets willen ~** ne rien vouloir entendre de qch; **er het zijne van willen ~** vouloir en avoir le cœur net; **zeker ~!** pour sûr!; **je moet het zelf (maar) ~** fais comme tu voudras; **voor zover ik weet** pour autant que je sache; **weet je nog?** tu t'en souviens?; **weet ik veel!** qu'est-ce que je sais, moi!; **er heel wat van af ~** en savoir long; **~ wat men aan iem heeft** être fixé sur le compte de qn **2** *(+ te)* réussir (à); **niets ~ te zeggen** ne plus savoir quoi dire ♦ **je weet wel beter** tu n'en penses pas un mot; **zij weet het altijd beter** elle veut toujours avoir le dernier mot; **ze hebben het geweten** ça leur a coûté cher, ils s'en sont mordu les doigts; **voor je het weet, ben je er** tu y seras en moins de rien; **je weet ('t) maar nooit** on ne sait jamais; **zij weet van geen ophouden** elle ne sait pas s'arrêter
we·tens *adv (Belg.)* → **willens**
we·ten·schap *nf (-pen)* **1** science **2** connaissance *(le fait de savoir qch)*; **in de ~ dat hij afwezig was** sachant qu'il était absent; **met die ~ ging zij ...** en connaissance de cause, elle alla ...
we·ten·schap·pe·lijk *adj, adv* scientifique(ment)
we·ten·schap·per *nm (-s)* homme, femme de science

we·tens·waar·dig *adj* intéressant
we·tens·waar·dig|heid *nf (-heden)* curiosité *(fait intéressant)*
we·te·ring *nf (-en)* cours d'eau
wet·ge·vend *adj* législatif
wet·ge·ver *nm (-s)* législateur
wet·ge·ving *nf (-en)* législation
wet·hou·der *nm (-s)* adjoint (au maire), *(Pays-Bas, Belg.)* échevin
wet·ma·tig *adj, adv* conforme, conformément aux lois (de la science)
wet·ma·tig|heid *nf (-heden)* **1** conformité aux lois (de la science) **2** phénomène récursif
***wets-** de loi; **het wetsvoorstel** la proposition de loi
wets·be·pa·ling *nf (-en)* disposition (légale, législative)
wets·dok·ter *nm (-s) (Belg.)* médecin légiste
wets·ont·werp *het (-en)* projet de loi
wets·over·tre·ding *nf (-en)* infraction à la loi
wets·wij·zi·ging *nf (-en)* révision d'une loi, de la loi
wets·win·kel *nm (-s)* boutique de droit *(agence d'information et de soutien juridiques)*
wet·te·lijk *adj, adv* légal(ement); **dat is ~ voorgeschreven** c'est prescrit par la loi
wet·te·loos *adj, adv (fig.)* anarchique(ment)
wet·tig *adj, adv* légal(ement); **een ~ kind** un enfant légitime; **een ~ paspoort** un passeport valide; **een ~ vonnis** un jugement régulier
wet·ti·gen *vt (h. gewettigd)* **1** légaliser **2** légitimer
WEU *nf West-Europese Unie* UEO
we·ven *vti (h. geweven)* tisser *(aussi au fig.)*
we·zel *de (-s)* belette; **zo bang als een ~** peureux comme un lièvre
we·zen[1] *het (-s)* **1** être; **een bovenaards ~** un(e) supraterrestre; **levende ~s** créatures vivantes **2** essence; **in zijn diepste ~** au plus profond de lui-même; **in ~** au fond
we·zen[2] *vi, copule (i. geweest) (fam.)* **1** être; **laten we wél ~** ne nous racontons pas d'histoires; **hij mag er ~** il se pose là, il n'est pas mal (de sa personne); **waar moet ik ~ om ...?** où dois-je m'adresser pour ...? **2** être allé
we·zen·lijk *adj, adv* **1** essentiel(lement); **een ~ onderdeel uitmaken van** faire partie intégrante de **2** réel(lement)
we·zen|loos *adj, adv (-lozer, -loost)* **1** (avec un regard) égaré; *(fam.)* **zich ~ schrijven** écrire jusqu'à l'épuisement; *(fam.)* **zich ~ schrikken** être mort de peur **2** (de façon) irréel(le)
whirl·pool [wʌːrlpul] *de (-s)* bain à remous
wi·che·laar *nm (-s)*, **-ster** *nf (-s)* augure
wi·che·la·rij *nf (-en)* divination
wi·chel·roe·de *de (-n)* baguette de sourcier
wicht *het (-en)* **1** bambin **2** *(péj.)* bêcheuse
wie[1] *interr* qui, qui est-ce qui, qui est-ce que
wie[2] *rel* **1** qui, dont, que, lequel; **de man ~ns dood door ieder betreurd wordt** l'homme dont tout le monde déplore la mort **2** celui qui
wie[3] *indéf* quiconque; **~ er ook komt** qui que ce soit qui vienne
wie·be·len *vi (h. gewiebeld)* **1** vaciller **2** s'agiter (sur sa chaise)
wie·den *vti (h. gewied)* arracher les mauvaises herbes
wie·des *adj (fam.)* ♦ **dat is nogal ~!** ça crève les yeux!
wie·de·weer·ga *de (fam.)* ♦ **als de ~** illico presto
wieg *de (-en)* berceau; **iets in de ~ smoren** étouffer qch dans l'œuf; **in de ~ gelegd zijn voor ...** être très doué pour ...
wie·gen[1] *vt (h. gewiegd)* bercer
wie·gen[2] *vi (h. gewiegd)* se balancer
wiek *de (-en)* aile *(aussi moulin); (fig.)* **op eigen ~en drijven** voler de ses propres ailes; **in zijn ~ geschoten zijn** être blessé dans son amour-propre; **iemands ~en korten** rogner les ailes à qn
wiel *het (-en)* roue; **aan een ~ draaien** faire tourner une roue; **iem in de ~en rijden** mettre des bâtons dans les roues à qn
wie·ler|baan *de (-banen)* piste
wie·ler·ron·de *de (-n)* tour cycliste
wie·ler·sport *de* cyclisme
wiel·klem *de (-men)* sabot de Denver
wiel·ren·nen *vi* pratiquer le cyclisme
wie·ner·schnit·zel *nm (-s)* escalope panée
wiens *rel* dont, duquel
wier[1] *rel* dont, de laquelle
wier[2] *het* algues
wierf, wierven → **(aan)werven**
wie·rook *nm* **1** encens **2** fumée de l'encens
wie·rook·vat *het (-en)* encensoir
wierp, wierpen → **(neer-, omver)werpen** *(etc.)*
wiet *nm* → **weed**
wig *de (-gen) (technol.)* coin; *(fig.)* **een ~ drijven tussen ...** semer la discorde entre ...
wij *pers* nous
wijd *adj, adv* large(ment); **~e kleren dragen** porter des vêtements amples; **zijn ogen ~ opendoen** écarquiller les yeux; **een ~e vlakte** une vaste plaine; **~ en zijd** en tous lieux
wijd·beens *adv* les jambes écartées
wij·den[1] *vt (h. gewijd)* consacrer (à); **een gewijde plaats** un lieu sacré; **iem tot priester ~** ordonner qn prêtre; **een vorst ~** sacrer un souverain
wij·den[2] *vpr (zich ~; h. zich gewijd) (+ aan)* se consacrer (à)
wijd·te *nf (-n, -s)* **1** espace **2** ampleur **3** largeur
wijd·ver·breid *adj* (largement) répandu
wijf *het (fam.)* **1** bonne femme; **een lekker**

~ une belle nana; **een oud** ~ une vieille bique; *(fig.; péj.)* **hij is een oud** ~ quelle scie!, quelle poule mouillée!; **al regent het oude wijven** même s'il pleut des hallebardes; **wat een ~!** *(péj.)* quelle peste!, *(admiratif)* quelle nana! **2** salope
wijf·je *het* femelle
wijk *de (-en)* **1** quartier **2** secteur **3** *(form.)* fuite
***wijk-** de quartier
wijk·cen|trum *het (-tra)* foyer socioculturel
wij·ken *vi (i. geweken)* **1** céder; **van geen ~ weten** ne pas vouloir céder; **voor iem ~** céder la place à qn, s'incliner devant qn **2** *(form.)* fuir; **het gevaar is geweken** le danger est écarté **3** être fuyant; **de muren ~** les murs ne sont plus d'aplomb
wijk·plaats *de (-en) (form.)* asile
wijk·ver·ple·ging *nf* soins médicaux à domicile
wij·len *adj* défunt; *(iron.)* **hij is ~** il a rendu l'âme; ~ **mijn vader** feu mon père; **hij is kassie ~** il a cassé sa pipe
wijn *nm (-en)* **1** vin; *(prov)* **goede ~ behoeft geen krans** à bon vin, point d'enseigne; *(fig.)* **klare ~ schenken** jouer franc jeu; *(prov)* **als de ~ is in de man, is de wijsheid in de kan** quand le vin entre, la raison sort **2** vigne
***wijn-** de vin; **een wijnvlek** une tache de vin *(aussi méd.)*
wijn·boer *nm (-en)* → **wijnbouwer**
wijn·bouw *nm* viticulture
wijn·bou·wer *nm (-s)* vigneron
wijn·fles *de (-sen)* bouteille à, de vin
wijn·gaard *nm (-en)* vignoble
wijn·ge·bied *het (-en)* → **wijnstreek**
wijn|glas *het (-glazen)* verre à vin
wijn·oogst *nm (-en)* vendange
wijn·proe·ve·rij *nf (-en)* dégustation de vin
wijn·rank *de (-en)* pampre
wijn·rek *het (-ken)* porte-bouteilles
wijn·rood *adj* lie-de-vin
wijn·soort *de (-en)* variété de vin
wijn·stok *nm (-ken)* (cep de) vigne
wijn|streek *de (-streken)* pays de vignobles
wijn·teelt *de* → **wijnbouw**
wijn·vat *het (-en)* fût
wijs[1]**, wijze** *de (wijzen)* **1** façon; **bij wijze van afscheid** en signe d'adieu; **bij wijze van spreken** pour ainsi dire; **bij wijze van uitzondering** à titre exceptionnel; **op Franse wijze** à la française; **op onverklaarbare wijze** inexplicablement; **op welke wijze dan ook** de toute façon; **op de een of andere wijze** d'une façon ou d'une autre; **dat gebeurde op deze wijze** cela se passa de cette manière; **bij wijze van represaille** par représailles; **je laat je door niets van de ~ brengen** rien ne peut t'entamer **2** *(mus.)* air; **geen ~ kunnen houden** ne pas être capable de garder le ton; **van de ~ raken** *(fig.)* perdre contenance; **iem van de ~ brengen** *(fig.)* déconcerter qn **3** *(ling.)* mode; **de aantonende** ~ l'indicatif; **de aanvoegende** ~ le subjonctif
wijs[2] *adj, adv (wijzer, wijst)* sage, avec sagesse; **ben je niet (goed) ~?** tu te sens bien?; **niet goed** ~ timbré; **je kunt je wijze lessen wel voor je houden** je vous dispense de vos leçons de morale; **het kind is ~ voor zijn leeftijd** cet enfant est raisonnable pour son âge; **dat is een ~ woord** c'est une parole sensée; **de ~te zijn** céder *(personne)*; **zo ~ zijn om ...** avoir la sagesse de ... ♦ **uit iets ~ kunnen worden** comprendre une chose; **uit iets niet ~ kunnen worden** ne pas s'y reconnaître
wijs·be·geer·te *nf (-n)* philosophie
wij·se·lijk *adv* sagement; **hij hield ~ zijn mond** il eut la sagesse de se taire
wijs|geer *nm (-geren)* philosophe
wijs·ge·rig *adj, adv* philosophique(ment)
wijs|heid *nf (-heden)* **1** sagesse; *(iron.)* **waar heb je die ~ vandaan?** d'où tiens-tu toute cette science?; **hij meent de ~ in pacht te hebben** il s'imagine avoir la science infuse **2** pensée profonde; *(iron.)* **wijsheden verkopen** dire des vérités premières
wijs·je *het (-s)* air
wijs·ma·ken *vt (h. wijsgemaakt)* **1** faire croire; **maak dat anderen wijs!** à d'autres!; **hij laat zich niets ~** il ne s'en laisse pas conter; **ze hebben je wat wijsgemaakt!** ils t'ont raconté des histoires!; **hij maakte zichzelf wijs dat hij de beste speler was** il se figurait être le meilleur joueur **2** faire comprendre
wijs|neus *nm (-neuzen)* **1** pédant **2** enfant précoce
wijs·vin·ger *nm (-s)* index
wij·ten *vt (h. geweten) (+ aan)* attribuer; **dat heb je aan jezelf te ~** c'est à toi qu'il faut t'en prendre; **het ongeluk was aan onvoorzichtigheid te ~** l'accident était dû à une imprudence
wij·ting *nm (-en)* merlan
wij·wa·ter *het* eau bénite
wij·ze[1] *de* → **wijs**[1]
wij·ze[2] *nm (-n)* sage; **de steen der ~n** la pierre philosophale; **de ~n uit het Oosten** les Rois mages
wij·zen[1] *vi (h. gewezen)* **1** indiquer (qch); **alles wijst erop dat ...** tout porte à croire que ...; **niets wijst erop dat ...** rien ne prouve que ...; **de pijl wijst die kant uit** la flèche est dirigée de ce côté-là; **niet ~!** il ne faut pas montrer du doigt! **2** *(+ op)* attirer l'attention (sur); **iem ~ op iets** signaler qch à qn; **dat wijst op een nieraandoening** ce sont les symptômes d'une affection rénale
wij·zen[2] *vt (h. gewezen)* **1** indiquer **2** prononcer *(jugement)*
wij·zen[3] *vpr (zich ~; h. zich gewezen)* se montrer; **dat wijst zich vanzelf** impossible de se tromper!
wij·zer *nm (-s)* aiguille; **met de ~s van de klok mee** dans le sens des aiguilles d'une montre; **tegen de ~s van de klok in** dans

le sens inverse des aiguilles d'une montre; **de ~, het ~tje rond slapen** faire le tour du cadran
wij·zer|plaat *de (-platen)* cadran
wij·zi·gen *vt (h. gewijzigd)* modifier; **de grondwet ~** remanier la constitution; **niets in zijn plannen ~** ne rien changer à ses projets
wij·zi·ging *nf (-en)* modification; **een ~ in het programma** un changement de programme; **voor ~ vatbaar** modifiable; **~en voorbehouden** sous réserve de modifications
wik·kel *nm (-s)* emballage; **de ~ om een reep chocola** la bande de papier qui entoure une barre de chocolat
wik·ke·len *vt (h. gewikkeld)* enrouler; **een krant om iets ~** envelopper qch dans un journal ♦ **in een gesprek gewikkeld zijn** être engagé dans une conversation
wik·ken *vt (h. gewikt)* peser *(bien réfléchir sur)*; **iets ~ en wegen** peser le pour et le contre (de qch)
wil *nm* volonté(s); **het gebeurde buiten zijn ~ (om)** cela arriva malgré lui; **tegen ~ en dank** à son corps défendant; **zij heeft een eigen ~** elle sait ce qu'elle veut; **uw ~ geschiede** que ta volonté soit faite; **moeders ~ is wet** ± ce que femme veut, Dieu le veut; **een sterke ~ hebben** avoir de la volonté; **iets tegen zijn ~ doen** faire qch contre son gré; **iets tegen iemands ~ doen** passer outre à la volonté de qn; **ter ~le van** pour l'amour de; **iem ter ~le zijn** contenter qn, faire une faveur à qn; **iets uit (eigen) vrije ~ doen** faire qch de son plein gré; *(prov)* **waar een ~ is, is een weg** vouloir c'est pouvoir; **(voor) elk wat ~s** il y en a pour tous les goûts
wild[1] *het* **1** gibier; **vliegend ~** gibier à plumes **2** état sauvage; **in het ~ voorkomen** exister à l'état sauvage; **in het ~ levende dieren** animaux sauvages
wild[2] *adj, adv* **1** sauvage; **als een ~e tekeergaan** se démener comme un forcené **2** fougueux, avec fougue; **~ enthousiast zijn** être follement enthousiaste (pour); **~e hartstochten** passions déchaînées; **~e ideeën aandragen** avoir des idées folles; **een ~ kind** un petit diable; **~ op iets zijn** être fou de qch; **zich ~ schrikken** avoir une peur bleue; **hij vertelt de meest ~e verhalen** il raconte des histoires à dormir debout; **het paard wordt ~** le cheval s'emballe **3** (de façon) incontrôlé(e)
wild·braad *het* gibier
wil·de *nm (-n)* **1** sauvage **2** enfant turbulent
wil·de·bras *nm (-sen)* → **wilde 2**
wil·der·nis *nf (-sen)* jungle; *(fig.)* **iem de ~ insturen** laisser patauger qn
wild·groei *nm* prolifération
wild|park *het (-en)*, **-reservaat** *het (-vaten)* parc zoologique
wild·vreemd *adj* (tout à fait) inconnu; **een ~e** un étranger, une étrangère
wild·west·film *nm (-s)* western
wilg *nm (-en)* saule; *(fig.)* **iets aan de ~en hangen** raccrocher (qch)
wil·le·keur *de* arbitraire; **uit ~ handelen** agir par caprice; **naar ~** à votre gré; **aan iemands ~ overgeleverd zijn** être à la merci de qn
wil·le·keu·rig *adj, adv* arbitraire(ment); **een ~ getal** n'importe quel nombre; **neem een ~e steen** prends une pierre au hasard
wil·len *vti (h. gewild)* vouloir; **een gewild artikel** un article très demandé; **graag ~ dat ...** avoir envie que ...; **iets dolgraag ~ hebben** mourir d'envie d'avoir qch; **je hebt niets te ~** il n'y a pas de 'je veux' qui tienne!; **ik wil er niets meer over horen** je ne veux plus en entendre parler; **liever ~** aimer mieux; **ik wil niets liever** je ne demande pas mieux; **dat mocht je ~!** ça ne te déplairait pas, hein!; **ik wil niets liever dan rust** je n'aspire qu'au repos; **ik begrijp wel waar je heen wilt** je vois où tu veux en venir; **ik wilde net weggaan** je m'apprêtais à partir; **niets van iem ~ weten** ne plus vouloir entendre parler de qn; **of je wilt of niet** que tu le veuilles ou non ♦ **ik wou dat ik een fiets had!** si seulement j'avais un vélo!; **dat ding wil niet** ce machin ne veut pas fonctionner; **het gerucht wil, dat ...** on dit que ...; **het wil niet lukken** ça ne marche pas; **dat wil zeggen** c'est-à-dire; **hij wil 's avonds nog weleens thuis zijn** il lui arrive de rester chez lui, le soir; **zijn naam wil me niet te binnen schieten** je n'arrive pas à retrouver son nom
wil·lens *adv* ♦ **~ en wetens** sciemment
wil·lig *adj, adv* **1** docile(ment) **2** de bonne volonté; **een ~ meisje** une fille facile
wil|loos *adj, adv (-lozer, -loost)* apathique, avec apathie
wils·be·schik·king *nf* volonté *(décès)*
wils·kracht *de* volonté *(énergie)*
wils·krach·tig *adj, adv* volontaire, énergiquement
wils·on·be·kwaam *adj* ⟨*incapable d'exprimer ce qu'il (elle) veut*⟩
wim·pel *nm (-s)* banderole
wim·per *de (-s)* cil
wind *nm (-en)* vent; **er waait een frisse ~ sinds zij er werkt** une bouffée d'air frais est entrée avec elle; **een frisse ~ door zijn hoofd laten waaien** se changer les idées; **de ~ gaat liggen** le vent tombe; **een advies in de ~ slaan** rejeter un bon conseil; *(fig.)* **de ~ van voren krijgen** en prendre pour son grade; **de ~ mee hebben** avoir le vent dans le dos *(aussi au fig.)*; **met alle ~en (mee)waaien, (mee)draaien** tourner à tous les vents; **iem de ~ uit de zeilen nemen** couper l'herbe sous le pied de qn; **~ tegen** vent de face; **uit de ~ zitten** être assis à l'abri du vent, *(fig.)* être à couvert; *(prov)* **men kan van de ~ niet leven** on ne peut pas vivre de l'air du temps; *(fig.)* **het gaat hem voor de ~** il a le vent en poupe; **zoals de ~ waait, waait zijn jasje** ± tour-

ner à tous les vents ♦ **de ~ er onder hebben** imposer le respect
***wind-** du vent; **de windsnelheid** la vitesse du vent
wind·ei *het (-eren)* ♦ **dat zal hem geen ~eren leggen** avec ça il va faire son beurre
win·den *vt (h. gewonden)* enrouler
wind·ener·gie *nf* → **windkracht 2**
win·de·rig *adj* **1** venteux **2** péteur
wind·hond *nm (-en)* lévrier, levrette
wind|hoos *de (-hozen)* tourbillon (de vent)
wind·jack *het (-s)* anorak
wind·kracht *de* **1** force du vent **2** énergie éolienne
wind·mo·len *nm (-s)* **1** moulin à vent **2** éolienne
wind·pok·ken *plur (Belg.)* varicelle
wind·rich·ting *nf (-en)* direction du vent; **in alle ~en** aux quatre vents
wind·scherm *het (-en)* **1** pare-brise **2** pare-vent
wind·stil *adj* **1** calme **2** à l'abri du vent
wind|streek *de (-streken)* aire de vent; **in alle windstreken** en tous lieux; **de vier windstreken** les quatre points cardinaux
wind·sur·fen *vi (h. gewindsurft)* faire de la planche à voile
wind·wij·zer *nm (-s)* girouette
win·gerd *nm (-s, -en)* vigne
win·kel *nm (-s)* magasin; **een ~ hebben** tenir un commerce; **in een ~ staan** travailler dans un magasin; *(fig.)* **op de ~ passen** (se contenter de) faire tourner la boutique
***win·kel-** de magasin; **het winkelpersoneel** les employés de magasin
win·kel·cen|trum *het (-tra)* centre commercial
win·kel|dief *nm (-dieven)* voleur *(dans un magasin)*
win·ke·len *vi (h. gewinkeld)* **1** faire des courses **2** faire du lèche-vitrines
win·kel|haak *nm (-haken)* **1** accroc *(dans un vêtement)* **2** équerre *(outil et instrument)*
win·ke|lier *nm (-s)*, **-lierster** *nf (-s)* commerçant, -ante
win·kel·juf·frouw *nf (-en)* vendeuse
win·kel|prijs *nm (-prijzen)* prix de vente en magasin
win·kel|straat *de (-straten)* rue commerçante
win·kel·waar·de *nf* prix normal dans le commerce
win·kel·wa·gen *nm (-s)* **1** camion supérette **2** caddie® *(chariot)*
win|naar *nm (-s)*, **-nares** *nf (-sen)* gagnant, -ante
win·nen *vti (h. gewonnen)* **1** gagner; **zich gewonnen geven** s'avouer vaincu; **van iem ~** battre qn; **iem voor zich ~** gagner qn à sa cause; *(prov)* **zo gewonnen, zo geronnen** ce qui vient de la flûte s'en retourne au tambour **2** extraire *(une matière première)*; **land ~** gagner des terres (par endiguement)
win·ning *nf* extraction

winst *nf (-en)* **1** bénéfice; **flinke ~ opleveren** rapporter gros; **met de ~ gaan strijken** se retirer sur son gain; **tel uit je ~** cela rapporte gros; **zuivere ~** bénéfice net, *(fig.)* c'est tout bénéfice **2** gain; **op ~ staan** être en train de gagner
winst·be·jag *het* appât du gain; **zonder ~** sans but lucratif
winst·ge·vend *adj* rentable
winst·oog·merk *het* but lucratif
winst·punt *het (-en)* **1** point (de) gagné **2** *(fig.)* acquis
win·ter *nm (-s)* hiver; **pik in, 't is ~** c'est toujours ça de pris; **een strenge ~** un hiver dur; **van de ~** cet hiver; **'s ~s** l'hiver
***win·ter-** d'hiver; **het winterlandschap** le paysage d'hiver
win·ter·han·den *plur* ♦ **~ hebben** avoir des engelures aux mains
win·ter·hard *adj (bot.)* vivace
win·ter·ko·nin·kje *het (-s)* troglodyte mignon
win·ters *adj, adv* hivernal; **wat zie jij er ~ uit!** tu es habillé comme en hiver!
win·ter·slaap *nm* **1** *(biol.)* hibernation; **een ~ houden** hiberner **2** *(fig.)* sommeil hibernal
win·ter·spe·len *plur* jeux olympiques d'hiver
win·ter·sport *de (-en)* **1** sport d'hiver **2** station de sports d'hiver **3** vacances de neige
win·ter·sport·cen|trum *het (-tra)* → **wintersport 2**
win·ter·stop *nm (-pen) (sports)* trêve hivernale
win·ter·te·nen *plur* ♦ **~ hebben** avoir des engelures aux orteils
win·ter·tijd *nm* **1** saison d'hiver **2** heure d'hiver
win·ter·wor·tel *nm (-s)* carotte *(variété grosse)*
wip[1] *nm* **1** bond; *(fig.)* **op de ~ zitten** être comme l'oiseau sur la branche **2** instant; **in een ~** en un clin d'œil
wip[2] *de (-pen)* balançoire
wip|neus *nm (-neuzen)* nez retroussé
wip·pen[1] *vi (h. gewipt)* **1** sautiller **2** passer rapidement; **even bij iem langs ~** faire un saut chez qn; **er even tussenuit ~** s'éclipser **3** *(fam.)* baiser **4** faire de la balançoire **5** branler
wip·pen[2] *vt (h. gewipt)* faire sauter; **iem ~** balancer qn *(se débarrasser de lui)*
wir·war *nm* enchevêtrement
wis *adj, adv* certain(ement); **~ en waarachtig** à coup sûr
wis·kun·de *nf* mathématiques; **hij geeft ~** il est professeur de mathématiques
wis·kun·dig *adj, adv* mathématique(ment)
wis·pel·tu·rig *adj, adv* **1** capricieux, capricieusement **2** changeant
wis·sel *nm (-s)* **1** *(fin.)* lettre de change; *(fig.)* **een ~ op iem trekken** tirer sur qn **2** changement
wis·sel·au·to|maat *nm (-maten)* changeur d'argent

wis·sel·bad *het (-en)* bains alternants
wis·sel·be·ker *nm (-s)* challenge *(coupe)*
wis·sel·dienst *nm (-en)* travail par relais
wis·se·len *vti (h. gewisseld)* **1** échanger **2** changer *(argent)*; **kunt u ~?** vous avez de la monnaie? ♦ **de prijzen ~ nogal** les prix présentent de grandes différences
wis·se·lend *adj* changeant; *(météo.)* **~ bewolkt** temps variable; **met ~ succes** avec un succès inégal
wis·sel·geld *het* (petite) monnaie ♦ **~ betalen** donner une monnaie d'échange
wis·se·ling *nf (-en)* changement; **bij de ~ van het jaar** au nouvel an; **de ~ van de wacht** la relève de la garde *(aussi au fig.)*
wis·sel·kan|toor *het (-toren)* bureau de change
wis·sel·koers *nm (-en) (écon.)* change
wis·sel·spe·ler *nm (-s) (sports)* remplaçant
wis·sel·stroom *nm (technol.)* courant alternatif
wis·sel·stuk *het (-ken) (Belg.)* pièce de rechange
wis·sel·val·lig *adj* changeant; **~ weer** temps variable
wis·sel·wer·king *nf (-en)* interaction
wis·sen *vt (h. gewist)* effacer *(aussi inform.)*
wis·ser *nm (-s)* brosse
wis·se·was·je *het (-s)* rien
wist, wisten → **(af)weten**
wit[1] *het* blanc; **een half ~** ± un demi-pain de mie blanc
wit[2] *adj* blanc; *(fig.)* **zwart geld ~ maken** blanchir de l'argent gagné au noir; **~ worden van woede** blêmir de rage
wit|brood *het (-broden)* pain blanc
wit·heet *adj* **1** chauffé à blanc **2** furieux
wit·jes *adj* pâlot; **~ om de neus zien** être un peu pâle
wit·lof *het, (Belg.)* **witloof** *het* endive, *(Belg.)* chicon
Wit-Rus·land *het* Biélorussie
wit·te|brood *het (-broden)* pain blanc
wit·te·broods·we·ken *plur* lune de miel
wit·te|kool *de (-kolen)* chou cabus blanc
wit·ten *vti (h. gewit)* blanchir
wit·was·sen *vt (h. witgewassen)* blanchir *(argent)*
W.L. *westerlengte* long. O
w.o. *waaronder* parmi lesquels
wod·ka *nm* vodka
woe·de *de* fureur; **een aanval van ~ krijgen** piquer une (crise de) colère; **zijn ~ is bekoeld** sa colère est tombée; **in blinde ~ ontsteken** entrer dans une rage folle; **in ~ uitbarsten** éclater; **uit ~ (over)** par colère (contre); **buiten zichzelf van ~ zijn** être dans une colère noire
woe·den *vi (h. gewoed)* faire rage; **toen de cholera woedde** lorsque sévissait le choléra
woe·dend *adj, adv* **1** furieux (contre), furieusement; **in een ~e bui** dans une crise de colère **2** déchaîné, avec rage
woei, woeien → **(om-, uit)waaien** *(etc.)*
woe·ke·raar *nm (-s)* usurier
woe·ke·ren *vi (h. gewoekerd)* **1** pratiquer l'usure **2** *(+ met)* mettre à profit **3** proliférer *(mauvaises herbes, une tumeur)*
woe·ker|prijs *nm (-prijzen)* prix abusif
woe·len *vti (h. gewoeld)* **1** fourmiller; **allerlei gedachten woelden door zijn hoofd** toutes sortes de pensées tournaient dans sa tête; **~de mensenmenigte** foule grouillante **2** fouiller (le sol) ♦ **zij lag maar te ~ en kon de slaap niet vatten** elle se tournait et se retournait dans son lit sans pouvoir s'endormir
woe·lig *adj, adv* **1** agité, avec agitation; **~e tijden** une époque mouvementée **2** animé, avec animation
woel·wa·ter *nm (-s)* enfant turbulent
woens·dag *nm (-en)* mercredi; **'s ~s** le mercredi
woens·dags *adj* du mercredi
woest *adj, adv (woester, meest w.)* **1** sauvage(ment); **een ~e baard** une barbe en broussaille; **de ~e golven** les flots déchaînés; **een ~e hond** un chien féroce **2** rude(ment) **3** furieux, furieusement
woes·te·ling *nm (-en)* brute
woes·te·nij *nf (-en) (form.)* désert *(au fig.)*
woes·tijn *de (-en)* désert
woes·tijn·ach·tig *adj* désertique
wol *de* laine; **door de ~ geverfd zijn** être roué; **onder de ~ gaan** aller se coucher
wol·ach·tig *adj* laineux
wolf *nm (wolven)* **1** loup; **de boze ~** le grand méchant loup; *(péj.)* **hij is een ~ in schaapskleren** il fait patte de velours; **iem voor de wolven gooien** offrir qn en pâture aux fauves, jeter qn dans l'arène **2** carie (dentaire)
wolk *de (-en)* nuage; *(fig.)* **er is geen ~je aan de lucht** tout va pour le mieux; **donkere ~en** nuages noirs *(aussi au fig.)*; **in de ~en zijn** être aux anges; **met het hoofd in de ~en lopen** être dans les nuages, être aux anges; *(Belg.)* **uit de ~en vallen** tomber des nues
wolk·breuk *de (-en)* pluie torrentielle
wol·ke·loos *adj (aussi au fig.)* sans nuage(s)
wol·ken·dek *het* couche de nuages
wol·ken·krab·ber *nm (-s)* gratte-ciel
wol·ken·veld *het (-en)* forte nébulosité
wol·len *adj* de laine
wol·lig *adj, adv* **1** laineux, comme de la laine **2** vague(ment)
wol·merk *het* (label de garantie) Woolmark
wol·vin *nf (-nen)* louve
won, wonnen → **(in-, terug)winnen**
wond[1], **wonden** → **(op)winden** *(etc.)*
wond[2] *de (-en)* blessure; **een gapende ~** une plaie béante; *(fig.)* **zijn ~en likken na een nederlaag** panser ses plaies après une défaite; **open die oude ~ niet** ne ravivez pas cette blessure oubliée; *(prov)* **zachte heelmeesters maken stinkende ~en** aux grands maux, les grands remèdes
won·der[1] *het (-en)* miracle; **geen ~** (ce

n'est) pas étonnant; **de ~en van de natuur** les prodiges de la nature; *(prov)* **de ~en zijn de wereld nog niet uit** on ne sait jamais, tout peut arriver ♦ ~ **boven** ~ par miracle

won·der[2] *adj, adv (form.)* étonnant, étonnamment ♦ **ik dacht dat hij mij ~ wat te vertellen had** je croyais qu'il avait beaucoup de choses à me dire

won·der|baar *adj, adv (-baarder, -baarst)* miraculeux, miraculeusement; **het is toch ~** c'est quand même extraordinaire

won·der·baar·lijk *adj, adv* singulier, singulièrement; **een ~e redding** un sauvetage inexplicable

won·der·dok·ter *nm (-s)* charlatan

won·der·kind *het (-eren)* (enfant) prodige

won·der·lamp *de* lampe magique

won·der·land *het* pays des merveilles

won·der·lijk *adj, adv* **1** miraculeux, miraculeusement **2** curieux; **ik vind het nogal ~** je trouve cela assez bizarre

won·der·mid·del *het (-en)* remède miracle

won·der·olie *de* huile de ricin

won·der·schoon *adj, adv (form.)* de toute beauté, à merveille

won·der·wel *adv* parfaitement

wond·koorts *de (-en)* fièvre traumatique

wond·poe·der *het/de* (poudre) vulnéraire

wo·nen *vi (h. gewoond)* habiter; **op kamers ~** vivre en garni; **ruimer gaan ~** emménager dans une plus grande maison

wo·ning *nf (-en)* logement; **de echtelijke ~** le domicile conjugal; **een vrijstaande ~** une habitation indépendante

wo·ning·bu·reau *het (-s)* agence immobilière

wo·ning·in·rich·ting *nf* **1** décoration *(maison)* **2** aménagement intérieur

wo·ning·nood *nm* crise du logement

woog, wogen → **(af-, op)wegen** *(etc.)*

***woon-** d'habitation; **de woonlasten** les charges d'habitation

woon·ach·tig *adj* domicilié

woon|boot *de (-boten)* maison flottante

woon·een|heid *nf (-heden)* bloc d'habitations

woon|erf *het (-erven)* **1** terrain *(sur lequel la maison est construite)* **2** clos résidentiel

woon·ka·mer *de (-s)* (salle de) séjour

woon·keu·ken *de (-s)* cuisine-séjour

woon·om·ge·ving *nf* environnement

woon·plaats *de (-en)* domicile

woon·ruim·te *nf (-n, -s)* logement

woon·sec·tor *nm (-en)* zone urbanisée

woonst *nf (-en) (Belg.)* → **woning**

woon·ver·gun·ning *nf (-en)* certificat d'inscription *(dans une commune; il autorise d'occuper un certain logement)*

woon·wa·gen *nm (-s)* roulotte

woon-werk·ver·keer *het* migration pendulaire

woord *het (-en)* **1** mot; **met andere ~en** autrement dit; **het blijft bij ~en** ce sont des paroles en l'air; **het niet (alleen) bij ~en laten** ne pas se contenter de belles paroles; *(Belg.)* **hij zei geen gebenedijd ~** il n'a pas ouvert la bouche; **geen ~en voor iets hebben** ne pas avoir de mot pour qualifier qch, *(fig.)* être stupéfait devant qch; **daar is geen ~ van aan, waar** il n'y a pas un (traître) mot de vrai; **met geen ~ over iets spreken** ne pas souffler mot de qch; **geen ~ meer met elkaar spreken** ne plus s'adresser la parole; **er geen ~ tussen kunnen krijgen** ne pas pouvoir placer un mot; **er is weleens een ~ gevallen** ils ont eu des mots de temps en temps; **gevleugelde ~en** mots historiques; **het goddelijk Woord** le Verbe (de Dieu); **geen goed ~ voor iets over hebben** condamner ouvertement qch; **geen goed ~ voor iem over hebben** être sans pitié pour qn; **aan een half ~ genoeg hebben** savoir ce que parler veut dire; **het hoge ~ moest eruit** il fallait que le grand mot fût lâché; **hoge ~en met iem hebben** avoir une violente dispute avec qn; **een kort ~ spreken** prendre brièvement la parole; **met zoveel ~en** mot pour mot; **iets onder ~en brengen** formuler qch; **zijn ~en terugnemen** se rétracter; **met twee ~en spreken** répondre poliment; **niet uit zijn ~en kunnen komen** s'embrouiller (dans ses phrases); **je haalt me de ~en uit de mond** j'allais le dire; **iem de ~en uit de mond kijken** être suspendu aux lèvres de qn; **een ~ vooraf** un avant-propos; **niet veel ~en over iets vuilmaken, aan iets verspillen** ne pas perdre sa salive à qch; **een man van weinig ~en** un homme avare de paroles; **het Woord is Vlees geworden** le Verbe s'est fait chair **2** parole; **aan het ~ zijn** avoir la parole; **iem aan het ~ laten** laisser parler qn; **zij kan goed haar ~ doen** elle parle bien; **het hoogste ~ voeren** tenir le crachoir; **iem te ~ staan** recevoir qn; **het ~ voeren** avoir la parole **3** parole d'honneur; **bij zijn ~ blijven** tenir parole; **zijn ~ breken** manquer à sa parole; **iem aan zijn ~ houden** prendre qn au mot; **zijn ~ nakomen** tenir parole; **zijn ~ verpanden** engager sa parole; **een man van zijn ~** un homme d'honneur

***woord-** de mots; **een woordgroep** un groupe de mots

woord·blind *adj* dyslexique

woord·breuk *de* rupture de promesse

woor·de·lijk *adj, adv* **1** mot pour mot **2** mot à mot; **dat moet je niet ~ opnemen** il ne faut pas le prendre à la lettre

woor·den·boek *het (-en)* dictionnaire; *(fig.)* **dat staat niet in zijn ~** cela ne fait pas partie de son vocabulaire

woor·den·ken·nis *nf* (connaissance du) vocabulaire

woor·den·lijst *de (-en)* vocabulaire *(liste)*

woor·den·schat *nm* vocabulaire *(mots qu'on utilise)*

woor·den·strijd, -twist *nm* dispute

woor·den·vloed *nm* flux de paroles

woor·den·wis·se·ling *nf (-en)* **1** discussion **2** altercation
woord·je *het (-s)* ♦ **een goed ~ doen voor iem** parler en faveur de qn; **een hartig ~ spreken (met iem)** dire ses quatre vérités (à qn); **zijn ~ kunnen doen** ne pas avoir sa langue dans sa poche
woord·soort *de (-en)* catégorie grammaticale
woord·spe·ling *nf (-en)* jeu de mots; **~en maken** jouer sur les mots
woord·voer|der *nm (-s)*, **-ster** *nf (-s)* **1** porte-parole **2** orateur, -trice
wor·den¹ *copule* devenir; **de zieke wordt al beter** le malade commence à se rétablir; **het wordt koud** le temps se rafraîchit; **het wordt laat** il se fait tard; **minister ~** être nommé ministre; **dat wordt niets** cela ne donnera rien; **hoe oud is je vader geworden?** quel âge est-ce que ton père a eu?, quel âge avait ton père?; **het slachtoffer ~ van** être (la) victime de; **wat is er van hem geworden?** qu'est-il devenu?; **ziek ~** tomber malade; **ik word volgende week twintig** j'aurai vingt ans la semaine prochaine
wor·den² *aux (pour les formes du passif au présent et à l'imparfait)* être; **er werd gedanst** on a dansé
wor·den³ *vi (i. geworden)* faire *(coûter)*
wor·ding *nf (form.)* naissance; **een stad in ~** une ville à l'état embryonnaire
wor·dings·ge·schie·de·nis *nf (form.)* historique
wor·dings·pro·ces *het (form.)* évolution
work·a·ho·lic [wʌːrkəhɔlɪk] *nm (-s)* bourreau de travail
work·shop [wʌːrkʃɔp] *nm (-s)* atelier *(groupe de travail)*
worm *nm (-en)* **1** ver **2** asticot
worm·ste·kig *adj* véreux
worp *nm (-en)* **1** jet **2** *(zool.)* portée *(ensemble de petits)*
worst *de (-en)* saucisse; **of je ~ lust!** tu as les portugaises ensablées? ♦ *(fam.)* **dat zal mij ~ zijn** je m'en fiche comme de l'an quarante
wor·ste·len *vi (h. geworsteld)* **1** *(sports)* lutter **2** *(sports)* catcher **3** lutter (contre); **zich erdoor ~** arriver à s'en sortir; **met zichzelf ~** être en conflit avec soi-même
wor·ste·ling *nf (-en)* lutte
wor·sten·brood·je *het (-s)* ± friand à la viande hachée
wor·tel *nm (-s)* **1** racine; **hebzucht is de ~ van alle kwaad** l'amour de l'argent est à l'origine de tous les maux; **~ schieten** *(sens pr. et fig.)* s'enraciner, *(fig.; iron.)* prendre racine; **de ~ uit een getal trekken** extraire la racine (carrée) d'un nombre **2** carotte
wor·te·len *vi (h./i. geworteld)* **1** être enraciné **2** s'enraciner
wor·tel·te·ken *het (-s) (math.)* radical
woud *het (-en) (form.)* forêt
would-be [wudbi] *adj* soi-disant; **een ~ gentleman** un prétendu gentleman
wraak *de* vengeance; **~ nemen (op)** se venger (de); **op ~ broeden** ruminer sa vengeance
wraak·ac·tie *nf (-s)* représailles
wraak·lust *nm* → **wraakzucht**
wraak·ne·ming *nf (-en)* → **wraak**
wraak·zucht *de* soif de vengeance
wraak·zuch·tig *adj* vindicatif
wrak¹ *het (-ken)* épave *(aussi au fig.)*; **zich een ~ voelen** se sentir comme une loque
wrak² *adj* délabré
wra·ken *vt (h. gewraakt)* **1** rejeter **2** *(jur.)* récuser
wrak·stuk *het (-ken)* épave
wrang *adj, adv* âpre(ment) *(aussi au fig.)*; **~e appels** pommes acides
wrat *de (-ten)* verrue
wreed *adj, adv (wreder, wreedst)* cruel(lement)
wreed·aard *nm (-s)* (homme) cruel
wreed·aar·dig *adj* → **wreed**
wreef¹, wreven → **(fijn-, uit)wrijven** *(etc.)*
wreef² *de (wreven)* cou-de-pied
wre·ken *vt (h. gewroken)* venger; **dat zal zich ~** cela se paiera
wre·vel *nm* ressentiment; **zijn ~ spuien** vider son sac
wre·ve·lig *adj, adv* **1** (d'un air) maussade; **dat maakt hem ~** cela le contrarie **2** grincheux, avec dépit
wrie·me·len *vi (h. gewriemeld)* **1** grouiller **2** *(+ op, in)* démanger **3** *(+ aan)* tripoter (qch)
wrij·ven¹ *vi (h. gewreven)* frotter; **met de hand langs, over iets ~** passer la main sur qch
wrij·ven² *vt (h. gewreven)* **1** étendre; **de slaap uit zijn ogen ~** ± se frotter les yeux pour se réveiller **2** frotter
wrij·ving *nf (-en)* frottement; **~ veroorzaken** provoquer des frictions
wrik·ken *vti (h. gewrikt)* faire bouger (en tirant); **aan die voorschriften valt niet te ~** ces préceptes sont inébranlables
wrin·gen¹ *vti (h. gewrongen)* **1** tordre **2** essorer
wrin·gen² *vt (h. gewrongen)* **1** tordre; **zich door een opening ~** passer par une ouverture en se tortillant; **zich door de menigte ~** jouer des coudes dans la foule **2** arracher ♦ **iets kapot ~** casser qch en le tordant; **zich los ~** se libérer (en se tortillant)
wrin·gen³ *vi (h. gewrongen)* serrer; *(fig.)* **het wringt** il y a des frictions
wroe·ging *nf (-en)* remords
wroe·ten¹ *vi (h. gewroet)* fouiller
wroe·ten² *vt (h. gewroet)* creuser
wrok *nm* rancune
wrok·kig *adj, adv* rancunier, avec rancune
wrong¹, wrongen → **(los-, uit)wringen**
wrong² *nm (-en)* **1** chignon **2** turban
wron·gel *de* caillebotte
wuft *adj, adv (form.)* frivole, avec légèreté; **een ~ type** qn de superficiel
wui·ven *vi (h. gewuifd)* **1** *(+ met (iets))* agiter (qch); **het ~de koren** les blés ondu-

lants **2** *(+ naar)* faire signe (à) **3** *(+ naar (iem))* saluer (qn) de la main
wulp *nm (-en) (zool.)* courlis
wulps *adj, adv* **1** voluptueux, voluptueusement **2** leste(ment)
wulps·heid *nf (form.)* sensualité
wur·gen *vt (h. gewurgd)* étrangler
wurm[1] *het (-en)* môme
wurm[2] *nm (-en) (fam.)* ver
wur·men *vt (h. gewurmd)* ♦ **zich eruit** ~ s'extraire de là; **ik kon mij er nog net in** ~ je suis tout juste arrivé avec bien du mal à m'y glisser; **ergens een draad tussen** ~ insérer un fil qp
WvS *het Wetboek van Strafrecht* C. pén.
WW *de Werkloosheidswet* loi sur l'assurance chômage; **in de WW lopen** être au chômage

X

xan·tip·pe *nf (-s)* mégère
X-be·nen *plur* jambes cagneuses
x-stra·len *plur* rayons X
xtc [ɛkstəsi] *nf* ecstasy
xy·lo·foon *nm (-s)* xylophone

y

yes [jɛs] ♦ **reken maar van ~!** et comment (donc)!
yog·hurt [jɔχʌrt] *nm* yaourt
yup [jʌp] *nm (-s),* **yuppie** *nm (-s)* yuppie

Z

Z. *zuid(en)* S.
zaad *het (zaden)* **1** graine; *(fig.)* **op zwart ~ zitten** être à sec **2** semence; **het ~ van de tweedracht** le ferment de la discorde **3** sperme; **zijn ~ storten** éjaculer ♦ **Abrahams ~** la descendance d'Abraham
zaad·bal *nm (-len)* testicule
zaad·cel *de (-len)* spermatozoïde
zaad·do·dend *adj* sperm(at)icide
zaad·lo·zing *nf (-en)* éjaculation
zaag *de (zagen)* scie; **een zingende ~** une scie musicale
zaag·sel *het* sciure (de bois); *(fig.)* **~ in zijn kop hebben** être bête à manger du foin
zaai·bed *het (-den)* semis
zaai·en *vt (h. gezaaid)* semer; *(aussi au fig.)* **dun gezaaid** clairsemé
zaai·goed *het* → **zaad 2**
zaai·land *het (-en)* champ à semer
zaak *de (zaken)* **1** affaire; **het ministerie van Binnenlandse Zaken** le ministère de l'Intérieur; **zaken met iem doen** être en relation d'affaires avec qn; *(prov)* **zaken gaan voor het meisje** le travail d'abord, le plaisir ensuite; *(prov)* **gedane zaken nemen geen keer** ce qui est fait est fait; **gemene ~ maken met iem** faire des affaires louches avec qn; **z'n ~jes goed geregeld, voor elkaar hebben** bien mener sa barque; **de goede ~** la bonne cause; *(Belg.)* **je hebt er geen zaken mee** ça ne te regarde pas; **het hele ~je** tout le bazar; **de ~ is dat ...** le fait est que ...; **het is ~ dat, om** il importe que, de; **dat is jouw ~ niet** cela ne te regarde pas; **de zaken nemen zoals zij zijn** prendre les choses comme elles viennent; **onverrichter zake terugkeren** revenir bredouille; **een ~ openen, oprichten** ouvrir un commerce; **hoe staan de zaken?** comment ça va?; **zoals de zaken nu staan** au point où en sont les choses; **een man van zaken** un homme d'affaires, un homme à poigne; **het fijne van de ~ weten** savoir le fin mot de l'affaire; **iemands ~ verdedigen** plaider la cause de qn; **iem voor z'n ~ winnen** gagner qn à sa cause; **een voordelige ~** une bonne affaire; **iemands zaken waarnemen, behartigen** gérer les affaires de qn; **een ~ winnen** obtenir gain de cause **2** chose **3** question; **ter zake (komen)** (en venir) au fait; **dat doet niets ter zake** cela est hors de propos; **dat is een uitgemaakte ~** c'est un point acquis; **in zake van** en matière de; **zeker zijn van zijn ~** être sûr de son fait ♦ **de ~ is deze ...** voilà de quoi il s'agit ...; **hij stond met z'n ~je te kijk** il était dans le plus simple appareil; **niet veel ~s zijn** n'être pas fameux
zaak·ge·las·tig·de *nm (-n)* chargé d'affaires
zaak·re·gis·ter *het (-s)* index des sujets
zaak·voer·der *nm (-s)* **1** gérant (d'affaires) **2** *(Belg.)* administrateur délégué
zaak·waar·ne·mer *nm (-s)* → **zaakvoerder 1**
zaal *de (zalen)* salle; *(fig.)* **het publiek brak de ~ af** le public était déchaîné; **een stampvolle ~** une salle comble; **een volle ~ trekken** faire salle comble
***zaal-** *(sports)* en salle
zacht *adj, adv* **1** doux, doucement; **op zijn ~st gezegd, genomen, uitgedrukt** le moins qu'on puisse en dire; **rust ~** repose(z) en paix; **slaap ~** dors bien; *(prov)* **wie zich aan een ander spiegelt, spiegelt zich ~** bien se châtie qui par autrui se châtie; **~er (gaan) spreken** baisser la voix; **met ~e stem** à voix basse **2** mou, mollement; **~ hout** du bois tendre; **~ potlood** crayon gras
zacht·aar·dig *adj, adv* doux, avec douceur
zacht·ge·kookt *adj* mollet *(œufs)*
zacht·heid *nf* douceur
zacht·jes *adv* doucement; **~ spreken** parler à voix basse
zacht·moe·dig *adj, adv* → **zachtzinnig**
zacht·zin·nig *adj, adv* doux, avec douceur; **allesbehalve ~ optreden** n'être pas tendre
za·del *het (-s)* selle; *(fig.)* **vast in het ~ zitten** être bien en selle; *(fig.)* **iem in het ~ helpen** mettre qn en selle
za·del·pijn *de* ± courbature *(provoquée par une selle de vélo non adaptée)*

za·del·vast *adj* bien en selle; **niet ~ zijn** n'être pas bien en selle, *(fig.)* manquer de fermeté
zag, zagen → **(eruit)zien** *(etc.)*
za·ge·meel *het (Belg.)* → **zaagsel**
za·gen[1] *vti (h. gezaagd)* scier; **figuren ~** découper des figures
za·gen[2] *vi (h. gezaagd) (fam.)* **1** ronfler **2** rabâcher ♦ **op de viool ~** racler du violon
zak *nm (-ken)* **1** sac; *(fam.)* **iem de ~ geven** virer qn; *(fig.; Belg.)* **iem in de ~ steken** embobiner qn; **een ~ patat, friet** un cornet de frites **2** poche; **iem in zijn ~ hebben** ne faire qu'une bouchée de qn; *(remarque)* **die kun je in je ~ steken!** attrape ça!; **geld op ~ hebben** avoir de l'argent en poche; **diep in de ~ tasten** ouvrir tout grand sa bourse **3** bourse; *(fig.)* **op andermans ~ teren** vivre aux crochets de qn **4** *(fam.)* con **5** *(fam.)* bourses *(scrotum)* ♦ **het kan hem geen ~ schelen** il s'en bat l'œil; **in ~ en as zitten** être au désespoir
***zak-** de poche
zak·cent·je *het (-s)* → **zakgeld**
zak·doek *nm (-en)* mouchoir
za·ke·lijk *adj, adv* **1** qui concerne les affaires, sur le plan des affaires; **iets ~ benaderen** aborder qch avec objectivité **2** impersonnel(lement); **~ blijven** s'en tenir aux faits **3** rationnel(lement); **een ~e stijl van schrijven** un style précis
za·ke·lijk·heid *nf* **1** sens pratique **2** objectivité **3** sens des affaires
***za·ken-** d'affaires; **de zakenlunch** un déjeuner d'affaires
za·ken·le·ven *het* (monde des) affaires
zak·geld *het* argent de poche
zak·ja·pan·ner *nm (-s) (fam.)* calculette (japonaise)
zak·ken *vi (i. gezakt)* **1** descendre; *(fig.)* **iem laten ~** laisser tomber qn; **het eten laten ~** digérer un peu; **in elkaar ~** s'effondrer **2** baisser; **de hoofdpijn is gezakt** le mal de tête a diminué; *(mus.)* **een noot ~** baisser d'un ton **3** échouer
zak·ken·rol·ler *nm (-s)* pickpocket
zak·ke·rig *adj, adv (fam.)* → **zakkig 2**
zak·kig *adj, adv* **1** informe, comme un sac **2** *(fam.)* con, comme un(e) con(ne)
zak·lan·taarn *de (-s)* lampe de poche
zak·lo·pen *vi* faire une course en sac
zak·te·le·foon *nm (-s)* téléphone portatif
zalf *de (zalven)* pommade; **een ~je op de wond** du baume sur la plaie
za·lig *adj, adv* **1** délicieux, délicieusement; *(prov)* **het is ~er te geven dan te ontvangen** il y a plus de bonheur à donner qu'à recevoir **2** heureux, bien **3** *(relig.)* bienheureux, saintement; **iem ~ verklaren** béatifier qn
za·li·ger *adj* feu
za·lig|heid *nf (-heden)* **1** *(relig.)* béatitude; **de eeuwige ~** le salut éternel **2** félicité; **wat een ~ hier!** on est divinement bien ici! **3** délice ♦ *(Belg.)* **iem zijn ~ geven** dire ses quatre vérités à qn
za·lig·ma·kend *adj* qui assure le salut béatifique; *(fig.)* **geld is niet ~** il n'y a pas que l'argent dans la vie; *(fig.)* **die partij is ook niet ~** ce parti n'est pas non plus l'idéal
Za·lig·ma·ker *nm* (le) Sauveur
zalm *nm (-en)* saumon
zalm·fo·rel *de (-len)* truite saumonée
zalm·kleu·rig *adj* saumon
zal·ven *vt (h. gezalfd)* oindre
zal·vend *adj, adv* **1** onctueux, onctueusement **2** lénifiant
zand *het* **1** sable *(matière); (fig.)* **als droog, los ~ aan elkaar hangen, aaneenhangen** être décousu; *(fig.)* **~ erover** passons (l'éponge) là-dessus; *(fig.)* **in 't ~ bijten** mordre la poussière; *(fig.)* **in het ~ liggen** être quatre pieds sous terre; *(fig.)* **op los ~ bouwen** bâtir sur le sable; *(fig.)* **iem ~ in de ogen strooien** jeter de la poudre aux yeux de qn **2** banc de sable **3** sables *(désert)*
***zand-** de sable; **de zandkorrel** le grain de sable
zand·ach·tig *adj* sableux
zand·bak *nm (-ken)* bac à sable
zan·de·rig *adj* → **zandachtig**
zand·ge·bak *het* sablé *(pâtisserie)*
zand·grond *nm (-en)* **1** sable **2** région sableuse
zan·dig *adj* → **zandachtig**
zand·kleu·rig *adj* (couleur de) sable
zand·koek·je *het (-s)* sablé *(biscuit)*
zand·lo·per *nm (-s)* sablier
zand·steen *het/de* **1** grès **2** grès artificiel
zand·taart·je *het (-s)* **1** (petit) sablé *(pâtisserie)* **2** pâté de sable
zand·ver·stui·ving *nf (-en)* **1** soulèvement du sable (par le vent) **2** sables mouvants *(plaine où les sables (secs) sont déplacés par le vent)*
zang *nm (-en)* chant
***zang-** de chant
zan·ger *nm (-s),* **zangeres** *nf (-sen)* **1** chanteur, -euse **2** chantre *(poète)*
zan·ge·rig *adj* chantant; **een ~e taal** une langue mélodieuse
zang·lijs·ter *de (-s)* grive musicienne
zang·par·tij *nf (-en)* → **zangstem 2**
zang·stem *de (-men)* **1** voix musicale **2** partie chantée
zang·vo·gel *nm (-s)* oiseau chanteur
zang·zaad *het* mélange complet de graines pour serins, canaris
za·nik *nm (-en)* scie *(personne)*
za·ni·ken *vi (h. gezanikt)* **1** *(+ tegen (iem))* enquiquiner (qn); **lig toch niet te ~** tu me (nous) fatigues **2** geindre **3** râler
za·nik·pot *nm (-ten)* → **zanik**
zat[1], **zaten** → **(achterna-, vast)zitten** *(etc.)*
zat[2] *adj (fam.; péj.)* bourré ♦ **ik ben dat gepraat ~** j'en ai plein le dos de ces histoires; **zich aan iets ~ eten** s'en mettre plein la lampe
zat[3] *adv* **1** *(fam.)* à revendre; **hij was rijk ~** il était plein aux as; **je hebt nog tijd ~** tu as

un temps fou devant toi; **ik heb ~ werk** j'ai du travail par-dessus la tête **2** souvent
za·ter·dag *nm (-en)* samedi; **je houdt al vroeg** ~ ton week-end commence tôt; **'s ~s** le samedi
za·ter·dags[1] *adv* le samedi
za·ter·dags[2] *adj* du samedi
zat|lad·der *nm (-s)*, **-lap** *nm (-pen) (péj.)* poivrot
Z.B. *zuiderbreedte* lat. S.
ze *pers, indéf* **1** *(3ième pers. f. sing.; sujet, objet direct, objet indirect)* elle, la, l' **2** *(3ième pers. plur.; sujet, objet direct, objet indirect)* ils, elles, les, leur **3** on; **ze zeggen** on dit ♦ *(fam.)* **eet ze** bon appétit; *(fam.)* **maf ze** dors bien
ze·bra *nm (-'s)* **1** zèbre **2** passage pour piétons
ze·bra·pad *het (-en)* → **zebra 2**
ze·de *de (-n)* **1** *(form.)* coutume; **~n en gewoonten** us et coutumes **2** *(plur.)* mœurs; **rein van ~n zijn** avoir une moralité irréprochable
ze·de·lijk *adj, adv* moral(ement); **een ~ leven leiden** mener une vie vertueuse; **het ~ verval** la décadence des mœurs
ze·de·lijk·heid *nf* moralité; **in strijd met de ~ zijn** être contraire aux mœurs
ze·de|loos *adj, adv (-lozer, -loost)* immoral(ement); **een ~ leven leiden** mener une vie dissolue
ze·den·de·lict *het (-en)* **1** attentat aux mœurs **2** crime sexuel
ze·den·kun·dig *adj, adv* moral(ement)
ze·den·leer *de* **1** morale **2** éthique
ze·den·les *de* **1** (leçon de) morale; **iem een ~ geven** faire la morale à qn **2** moralité *(d'une fable)*
ze·den·mees·ter *nm (-s)* moraliste
ze·den·mis|drijf *het (-drijven)* → **zedendelict 2**
ze·den|preek *de (-preken)* sermon (moralisateur); **een ~ (tegen iem) houden** faire la morale (à qn)
ze·den·wet *de (-ten)* loi morale
ze·dig *adj, adv* décent, décemment; **~ de ogen neerslaan** baisser les yeux pudiquement
zee *de (-ën)* mer; **aan ~** au bord de la mer; *(fig.)* **in ~ gaan** se lancer; **met iem in ~ gaan** s'engager dans une affaire; **~ kiezen** gagner le large; **een ~ van licht** un flot de lumière; **een ~ van mensen** une marée humaine; **de Middellandse Zee** la (mer) Méditerranée; **over ~** outre-mer; **in volle, open ~** en pleine mer; **wassende, opkomende ~** marée montante; **de zeven ~ën bevaren hebben** avoir roulé sa bosse; *(fig.)* **recht door ~ gaan** aller droit au but ♦ **geen ~ gaat hem te hoog** il ne recule devant rien
***zee-** de mer
zee|baars *nm (-baarzen)* loup *(poisson)*
zee·ban·ket *het* fruits de mer
zee·be·nen *plur* ♦ **~ hebben** avoir le pied marin
zee·be·ving *nf (-en)* séisme sous-marin
zee·dui·vel *nm (-s)* lotte de mer
zee·egel *nm (-s)* oursin
zeef *de (zeven)* **1** crible; **zo lek als een ~** qui fuit de partout; **zo dicht als een ~ zijn** être percé comme une passoire, ne pas savoir tenir sa langue **2** passoire
zeef·druk *nm (-ken)* sérigraphie *((procédé d')impression sur bois, verre etc.)*
zee·gat *het (-en) (mar.)* passe
zee·ge·vecht *het (-en)* combat naval
zee·ge·zicht *het (-en)* **1** vue sur la mer **2** *(arts)* marine
zee·ha·ven *de (-s)* port maritime
zee·hond *nm (-en)* phoque
zee·hon·den·crè·che *de (-s)* refuge pour phoques
zee·kaart *de (-en)* carte marine
zee·kant *nm (-en)* **1** côte *(littoral)* **2** côté de la mer **3** bord de la mer
zee·kli·maat *het* climat maritime
zee·lie·den, zeelui *plur* gens de mer
zee·lucht *de* air marin; **de zilte ~** l'air salin de la mer
zeem[1] *het* chamois
zeem[2] *het/de* peau de chamois
zee·macht *de* **1** forces navales **2** puissance maritime
zee|man *nm (-lieden, -lui)* marin
zee·man·schap *het* art de la navigation
zee·meer·min *nf (-nen) (myth.)* sirène
zee·meeuw *de (-en)* **1** goéland **2** mouette
zee·mijl *nm (-en)* mille (marin)
zeem|lap *nm (-pen)*, **-leer** *het (-leren)* → **zeem**[2]
zee·mo·gend|heid *nf (-heden)* → **zeemacht 2**
zeem·zoet *adj, adv (Belg.)* doucereux, d'une manière doucereuse
zee·nimf *nf (-en)* néréide *(nymphe)*
zee·oor·log *nm (-en)* guerre navale
zeep *de (zepen)* savon; **groene ~** savon noir ♦ **om ~ gaan** passer l'arme à gauche; **om ~ helpen, brengen** *(qn)* liquider, *(qch)* bousiller
zeep·ach·tig *adj* savonneux
zeep·bel *de (-len)* bulle de savon; **al zijn plannetjes bleken ~len te zijn** tous ses projets ont tourné en eau de boudin
zeep|doos *de (-dozen)* boîte à savon
zeep·sop *het* eau savonneuse; *(fig.)* **het lijkt wel ~** on dirait de l'eau de vaisselle
zeer[1] *het* **1** mal **2** blessure *(surtout au fig.)*; *(fig.)* **oud ~** ancienne blessure encore douloureuse
zeer[2] *adj (zeerder, zeerst)* douloureux; **zere ogen** yeux irrités
zeer[3] *adv (zeerder, zeerst)* très; **al te ~** beaucoup trop; **zij hebben ~ genoten** ils se sont beaucoup amusés; **het is ~ de vraag of ...** il n'est pas du tout certain que ...
zee·recht *het* droit maritime
zeer·ge·leerd *adj* ♦ **aan de ~e heer X** Monsieur X *(en adressant une lettre au porteur d'un doctorat)*
zee·ro·ver *nm (-s)* pirate

zeerst *adv* ♦ **het spijt mij ten ~e** je suis profondément désolé
zeeslag *nm (-en)* → **zeegevecht**
zeespiegel *nm (-s)* niveau de la mer
Zeeuws *adj* zélandais
zeevaarder *nm (-s)* navigateur
zeevaart *de* **1** navigation (maritime) **2** art de la navigation
zeevaartkunde *nf* science nautique
zeevarend *adj* navigateur
zeeverbinding *nf (-en)* liaison maritime
zeewaardig *adj, adv* ♦ **~ zijn** tenir la mer
zeewaarts *adv* **1** du côté de la mer **2** vers le large
zeeweg *nm* **1** voie maritime **2** chemin de la mer
zeewering *nf (-en)* digue de mer
zeewezen *het* marine
zee|ziek *adj (-zieker, meest z.)* qui souffre du mal de mer; **~ zijn** avoir le mal de mer
zeezout *het* sel marin
zeg *interj (fam.)* dis (donc)!; **nou, ~!** eh bien!
zege *de (-s) (form.)* victoire
zegel¹ *nm (-s)* timbre *(à coller)*
zegel² *het (-s)* **1** sceau **2** scellé **3** timbre *(taxe)*
zegelbewaarder *nm (-s)* garde des sceaux
zegelen *vt (h. gezegeld)* sceller
zegelring *nm (-en)* chevalière *(anneau)*
zegen *nm* **1** bénédiction; **hierop rust geen ~** cette affaire semble maudite; **dat is een ~ voor de mensheid** c'est un bienfait pour l'humanité **2** salut
zegenen *vt (h. gezegend)* **1** bénir; **een kerk ~** consacrer une église **2** gratifier; *(iron.)* **je zult ermee gezegend zijn!** ce n'est pas un cadeau!; **iem ~ met iets** gratifier qn de qch; **met aardse goederen gezegend zijn** être largement pourvu de biens matériels; *(iron.)* **gezegend ben je!** te voilà beau, belle!
zegening *nf (-en)* **1** bénédiction **2** bienfait
zegenrijk *adj* bénéfique; **een ~ jaar** une année faste
zege|praal *de (-pralen)* **1** triomphe **2** victoire
zegerijk *adj* triomphant
zegetocht *nm (-en)* marche triomphale
zegevieren *vi (h. gezegevierd)* l'emporter (sur), *(aussi au fig.)* triompher (de)
zegevierend *adj, adv* **1** triomphal(ement) **2** triomphant, triomphalement
zegge *interj* en (toutes) lettres ♦ **hij heeft er ~ en schrijve drie uur over gedaan** ça lui a pris en tout et pour tout trois heures, ça lui a pris pas moins de trois heures
zeggen¹ *het* dires; **volgens ~** à ce qu'on dit
zeggen² *vt (h. gezegd)* dire; **bij zichzelf ~** se dire; *(prov)* **~ en doen is twee** il y a loin du dire au faire; **eerlijk gezegd** à vrai dire; **het zijne ervan ~** exprimer son avis; **onder ons gezegd en gezwegen** (soit dit) entre nous; **het zal je maar gezegd zijn!** *(iron.)* ça fait toujours plaisir à entendre!; **zich iets niet laten ~** ne pas encaisser qch; **hij is dom, liever (beter) gezegd stom** il est bête, ou plutôt idiot; *(iron.)* **ik zeg maar zo, ik zeg maar niks** comme dit l'autre: pas de commentaire!; **dat zegt niets** ça ne prouve rien; **oom tegen iem ~** être le neveu, la nièce de qn; **hij heeft op alles wat te ~** il a à redire à tout; **ronduit gezegd: neen!** pour être tout à fait clair: non!; **het voor het ~ hebben** être le patron; **daar valt veel voor te ~** on peut avancer beaucoup d'arguments en faveur de cela; **zeg dat wel!** à qui le dites-vous!; **zal ik maar ~** pour ainsi dire; **al zeg ik het zelf** sans me vanter; **dat is toch zo, zeg nou zelf** c'est vrai, avoue-le; **daar zeg je zoiets** ce que tu dis là n'est pas idiot; **eens gezegd, blijft gezegd** ce qui est dit est dit
zeggenschap *het/de* ♦ **~ over iets hebben, krijgen** avoir son mot à dire sur qch
zeggingskracht *de* éloquence
zegje *het* ♦ **ieder wil zijn ~ zeggen, doen, hebben** chacun veut placer son topo
zegs|man *nm (-lieden),* **-vrouw** *nf (-en)* informateur, -trice; **wie is uw ~?** qui vous l'a appris?
zegswijze *de (-n)* expression
zei, zeiden → **(af-, voor)zeggen** *(etc.)*
zeik *nm (vulg.)* pisse; **iem in de ~ zetten, nemen** se foutre de la gueule de qn
zeiken *vi (h. gezeikt, h. gezeken) (vulg.)* **1** emmerder son monde **2** pisser **3** pleuvoir comme vache qui pisse
zeikerd *nm (-s) (vulg.)* **1** emmerdeur **2** dégonflé
zeikerig *adj, adv (vulg.) (qn)* (d'une façon) emmerdant(e)
zeiknat *adj (vulg.)* trempé comme une soupe
zeik|straal *nm (-stralen) (vulg.)* → **zeikerd**
zeikweer *nf (vulg.)* temps de merde
zeil *het (-en)* **1** *(mar.)* voile; **alle ~en bijzetten** mettre toutes voiles dehors *(aussi au fig.)*; **onder ~ gaan** *(mar.)* mettre les voiles, *(fig.)* s'endormir **2** linoléum **3** bâche; **het ~ van een tent** la toile d'une tente **4** toile cirée
zeil|boot *de (-boten)* voilier
zeildoek *het/de* **1** toile à voile **2** toile cirée **3** toile de tente
zeilen *vi (h./i. gezeild)* **1** naviguer **2** faire de la voile ♦ **die dronkaard zeilt over straat** l'ivrogne marche en zigzaguant dans la rue
zeiljacht *het (-en)* voilier
zeilkamp *het (-en)* stage de voile
zeilplank *de (-en)* planche à voile
zeil|schip *het (-schepen)* → **zeilboot**
zeilsport *de* voile
zeilvliegen *vi* faire du deltaplane
zeis *de (-en)* faux; *(fig.)* **de man met de ~** la faucheuse

ze|ker[1] *adj, adv (-kerder, -kerst)* **1** sûr, en sécurité; **het ~e voor het onzekere nemen** ne pas lâcher la proie pour l'ombre; **(op) ~ spelen** jouer sur du velours **2** sûr(ement); **~ weten!** pour sûr!; **iets ~ weten** être certain de qch **3** assuré, avec assurance **4** probable(ment) **5** tranquille(ment); **zijn leven niet ~ zijn** courir un très grand risque
ze·ker[2] *indéf* certain; **op ~e dag** un jour
ze·ker[3] *interj* ♦ **wel ~!** certainement!
ze·ker|heid *nf (-heden)* **1** sûreté; **iets in ~ brengen, stellen** mettre qch en lieu sûr; **voor alle ~** à tout hasard **2** certitude; **de sociale ~** la sécurité sociale
ze·ker·heids·hal·ve *adv* pour plus de sûreté
ze·ker·heid·stel·ling *nf* garantie
ze·ke·ring *nf (-en)* fusible; **de ~en zijn doorgeslagen** les plombs ont sauté, *(colère)* il, elle a explosé, *(crise de nerfs)* il, elle a craqué
zel·den *adv* rarement; **het gebeurt ~, het komt ~ voor dat ...** il est rare que
zeld|zaam *adj, adv (-zamer, -zaamst)* **1** rare(ment); **~ mooi** d'une rare beauté **2** curieux, curieusement **3** extraordinaire(ment)
zeld·zaam|heid *nf (-heden)* **1** rareté **2** objet rare **3** singularité
zelf *dém* **1** même; **dat moet u ~ beslissen** c'est à vous seul d'en décider; **zeg nou ~** ce n'est pas ton avis?; **ik wil het ~ zien** je veux le voir de mes propres yeux **2** soi-même
zelf·be·die·ning *nf*, **zelfbedieningswinkel** *nm (-s)* libre-service *(système; magasin)*
zelf|be·drog *het*, **-begoocheling** *nf (-en)* illusion
zelf·be·heer·sing *nf* maîtrise de soi; **geen ~ hebben** ne pas savoir se maîtriser; **zijn ~ terugvinden, hervinden** se ressaisir; **zijn ~ verliezen** perdre son sang-froid
zelf·be·houd *het* conservation (de soi-même)
zelf·be·klag *het* ♦ **zich aan ~ overgeven** s'apitoyer sur son sort
zelf·be·schik·king *nf* autodétermination
zelf·be·schul·di·ging *nf (-en)* autoaccusation
zelf·be·stui·ving *nf* autofécondation
zelf·be·stuur *het* autonomie
zelf·be·ves·ti·ging *nf* affirmation de soi
zelf·be·vre·di·ging *nf* **1** masturbation **2** autosatisfaction
zelf·be|wust *adj, adv (-wuster, meest z.)* **1** assuré, avec assurance; **~ zijn** être sûr de soi **2** conscient
zelf·be·wust·zijn *het* conscience (de soi)
zelf·cen·suur *nf* autocensure
zelf·de *adj* même; **eenzelfde ervaring** une pareille expérience
zelf·dis·ci·pli·ne *nf* autodiscipline
zelf·do·ding *nf (-en)* mort volontaire
zelf·ge·maakt *adj* (fait à la) maison
zelf·ge·noeg|zaam *adj (-zamer, -zaamst)* **1** content de soi **2** *(péj.)* suffisant
zelf·hulp·groep *de (-en)* groupe d'entraide
zelf·in·ge·no·men *adj (meer z., meest z.)* prétentieux
zelf·kant *nm (-en)* **1** *(en couture)* lisière **2** marge *(fig.)*
zelf·kas·tij·ding *nf (-en)* mortification
zelf·ken·nis *nf* connaissance de soi; **~ bezitten** se connaître
zelf·kle·vend *adj* autocollant
zelf·kri·tiek *nf* autocritique
zelf·me·de·lij·den *het* pitié de soi-même
zelf·moord *de (-en)* suicide; **~ plegen** se suicider
zelf·moord|bri·ga·de *nf (-s)*, **-commando** *het (-'s)* commando-suicide
zelf·on·der·zoek *het* introspection
zelf·ont·plooi·ing *nf* épanouissement *(fig.)*
zelf·ont·span·ner *nm (-s)* déclencheur automatique
zelf·ont·ste·king *nf* autoallumage
zelf·op·of·fe·ring *nf (-en)* sacrifice
zelf·over·schat·ting *nf* présomption
zelf·over·win·ning *nf (-en)* victoire sur soi-même
zelf·por·tret *het (-ten)* autoportrait
zelf·recht·vaar·di·ging *nf (-en)* justification de soi
zelf·rei·ni·gend *adj* autonettoyant
zelf·res·pect *het* respect de soi
zelfs *adv* même
zelf·spot *nm* ironie (envers soi-même)
zelf·stan·dig *adj, adv* indépendant, librement; *(subst.)* **als ~e gaan werken** s'établir à son compte; **een ~ begrip** une notion autonome; **~ denken** penser par soi-même; **~ handelen** être son propre maître; *(subst.)* **een kleine ~e** un petit commerçant; *(ling.)* **het ~ naamwoord** le substantif
zelf·stan·dig|heid *nf (-heden)* indépendance; **de ~ van een land** l'autonomie d'un pays
zelf·stu·die *nf (-s)* **1** autoapprentissage **2** analyse de soi-même
zelf·tank·sta·ti·on *het (-s)* station libre-service
zelf·ver·bran·ding *nf* ♦ **tot ~ overgaan** s'immoler par le feu
zelf·ver·de·di·ging *nf* **1** autodéfense **2** légitime défense; **uit ~ handelen** agir en état de légitime défense
zelf·ver·heer·lij·king *nf* glorification de soi
zelf·ver·loo·che·ning *nf* abnégation
zelf·ver·nie·ti·ging *nf* autodestruction
zelf·ver·trou·wen *het* assurance; **dat is goed voor het ~** cela donne confiance en soi; **~ hebben** avoir confiance en soi
zelf·ver·wijt *het (-en)* remords; **zich ~en maken** se faire des reproches
zelf·ver·ze·kerd *adj, adv* sûr de soi, avec assurance

zelf·vol|daan *adj, adv (-daner, -daanst)* satisfait de soi-même, avec satisfaction
zelf·vol·doe·ning *nf* satisfaction *(de soi-même)*
zelf·werk·zaam·heid *nf* activité autonome
zelf·zucht *de (form.)* égoïsme
ze·mel *de (-en)* **1** son **2** radoteur
ze·me·laar *nm (-s),* **-ster** *nf (-s)* → **zemel 2**
ze·me·len *vi (h. gezemeld)* ennuyer les gens
ze·me·lig *adj* **1** plein de son *(nourriture)* **2** rabâcheur
ze·men[1] *adj* en peau de chamois
ze·men[2] *vt (h. gezeemd)* nettoyer avec une peau de chamois
zend·ap·pa·ra·tuur *nf* → **zender 1**
zen·de|ling *nm (-en),* **-linge** *nf (-n)* missionnaire
zen·den[1] *vi (h. gezonden) (com.)* émettre
zen·den[2] *vt (h. gezonden)* envoyer
zen·der *nm (-s)* **1** (poste) émetteur **2** expéditeur
zen·ding *nf (-en)* **1** envoi **2** mission
zend·in·stal·la·tie *nf (-s)* → **zender 1**
zend·mast *nm (-en)* **1** pylône d'antenne **2** aérien
zend·sta·ti·on *het (-s)* station d'émission
zend·tijd *nm (-en)* temps d'antenne
zen·gen[1] *vi (h. gezengd) (form.)* roussir
zen·gen[2] *vt (h. gezengd)* flamber
ze·nuw *de (-en)* nerf; **de ~en gieren door mijn keel** j'ai la gorge qui se noue; **krijg de ~en!** va te faire voir!; **de ~en krijgen, hebben** avoir les nerfs en pelote; **op iemands ~en werken** taper sur les nerfs de qn; **sterke, stalen ~en hebben** avoir des nerfs d'acier; **ze was óp van de ~en** elle était à bout de nerfs ♦ **in de ~en zitten** être sur des charbons ardents
***ze·nuw-** nerveux; **het zenuwgestel, zenuwstelsel** le système nerveux; **een zenuwinzinking** une dépression nerveuse
ze·nuw·aan·doe·ning *nf (-en)* **1** névrite **2** maladie de nerfs
ze·nuw·ach·tig *adj, adv* **1** nerveux, nerveusement; **~ spreken** parler avec excitation **2** énervé, nerveusement; **~ zijn voor het examen** avoir le trac avant de passer son examen
ze·nuw·arts *nm (-en)* neurologue
ze·nuw·be·han·de·ling *nf (-en)* dévitalisation
ze·nuw·cel *de (-len)* neurone
ze·nuw·gas *het (-sen)* cyanogène
ze·nuw·in·rich·ting *nf (-en)* hôpital psychiatrique
ze·nuw|lij·der *nm (-s),* **-lijdster** *nf (-s) (méd.)* névrosé, -ée
ze·nuw·lij·er *nm (-s)* **1** nerveux, -euse **2** *(fam.)* cinglé, -ée
ze·nuw·ont·ste·king *nf (-en) (méd.)* névrite
ze·nuw·oor·log *nm (-en)* guerre des nerfs
ze·nuw·pa·tiënt *nm (-en)* → **zenuwlijder**
ze·nuw|pees *nm (-pezen) (fam.)* paquet de nerfs
ze·nuw·pijn *de (-en) (méd.)* névralgie
ze·nuw·slo·pend *adj* exaspérant
ze·nuw·toe·val *nm (-len)* crise de nerfs
ze·nuw·trek·king *nf (-en)* tic (nerveux)
ze·nuw·ziek *adj (méd.)* névrosé
zerk *de (-en)* pierre tombale
zerp *adj (Belg.)* aigre
zes *card* six; *(fig.)* **dubbel ~ gooien** jouer de bonheur; **met z'n ~sen** à six; *(fig.)* **hij is van ~sen klaar** il sait tout faire, il a réponse à tout
zes·de *adj* sixième; **de ~ april** le six avril; **in de ~ klas zitten** ± être en dernière année de l'enseignement primaire, *(enseign. secondaire)* être en terminale; **Karel de Zesde** Charles six
zes·hoek *nm (-en) (math.)* hexagone
zes·tal *het (-len)* **1** demi-douzaine; **een ~ dagen** six, sept jours **2** équipe de six
zes·tien *card* seize
zes·tien·de *adj* seizième; **Lodewijk de Zestiende** Louis seize
zes·tig *card* soixante; **diep in de ~ zijn** approcher les soixante-dix ans; **voor in de ~ zijn** avoir soixante ans révolus; **over de ~ zijn** avoir passé la soixantaine; **tegen de ~ lopen** friser la soixantaine
zes·ti·ger *nm (-s)* sexagénaire; **ze zal een goeie ~ zijn** elle doit avoir soixante ans bien sonnés
zet *nm (-ten)* **1** coup; **u bent aan ~** à vous de jouer; *(échecs, dames)* **een ~ doen** poser une pièce, un pion; **een domme ~** une gaffe; **~ en tegenzet** l'attaque et la riposte **2** bourrade; **iem een ~ geven** pousser qn **3** mot (d'esprit); **een geestige ~** un trait d'esprit; **dat was een goede ~!** c'était bien envoyé!
ze·tel *nm (-s)* **1** siège **2** *(d'une autorité, d'une société; place à pourvoir par élection)* siège; **een ~ in het bestuur hebben** siéger au conseil d'administration; **de koninklijke ~ bekleden** occuper le trône
ze·te·len *vi (h. gezeteld)* **1** avoir son siège **2** *(form.)* être assis
zet·fout *de (-en) (imprim.)* coquille
zet·je *het (-s)* petit coup de pouce
zet·ma·chi·ne *nf (-s) (imprim.)* machine à composer
zet·meel *het* amidon
zet·pil *de (-len)* suppositoire
zet·ten *vt (h. gezet)* **1** asseoir **2** mettre; **iem eruit ~** expulser qn; **iem gevangen ~** écrouer qn; **iets in elkaar ~** monter qch; **iets op zijn plaats ~** ranger qch; **geld op zijn rekening ~** verser de l'argent sur son compte; *(fig.)* **zich over iets heen ~** digérer qch; **geld vast ~** bloquer une somme d'argent; **de muziek zachter ~** baisser le son de la musique **3** prendre *(air, attitude etc.)*; **een verbaasd gezicht ~** prendre un air étonné **4** préparer **5** remettre (en place); **het ~ van een breuk** la réduction d'une fracture **6** *(imprim.)* composer **7** miser ♦ **iem niet kunnen ~** ne pas pouvoir sentir qn; **alles op alles ~** faire l'impossi-

ble (pour que); **het op een lopen** ~ prendre ses jambes à son cou; **het op een huilen** ~ se mettre à pleurer
zet·te·rij *nf (-en) (imprim.)* atelier de composition
zet·ting *nf (-en)* **1** *(mus.)* arrangement **2** sertissage *(des pièces précieuses)*
zet·werk *het (imprim.)* composition
zeug *nf (-en)* truie
zeu·len *vti (h. gezeuld)* traîner (qch); **met die kinderen** ~ trimballer ces petits monstres
zeur *nm (-en)* **1** casse-pieds **2** geignard **3** rabâcheur
zeur·de·rig *adj, adv* **1** (d'une manière) assommant(e) **2** (d'un ton) geignard **3** en rabâchant
zeu·ren *vi (h. gezeurd)* **1** assommer (qn); **wil je niet zo aan mijn kop ~!** tu as fini de me casser les pieds! **2** geindre **3** rabâcher **4** *(Belg.)* tricher ♦ **een ~de pijn** ± une douleur lancinante
zeur|kous *de (-en),* **-piet** *nm (-en)* → **zeur**
ze·ven[1] *card* sept; *(fig.)* **zijn das hing op half** ~ sa cravate était toute de travers; **zij waren met hun ~en** ils étaient sept
ze·ven[2] *vt (h. gezeefd)* tamiser; **melk** ~ passer du lait
ze·ven·de *adj* septième; **de** ~ **april** le sept avril
ze·ven·tal *het (-len)* **1** sept ou huit **2** équipe de sept
ze·ven·tien *card* dix-sept; **zij waren met hun ~en** ils étaient dix-sept
ze·ven·tien·de *adj* dix-septième; **de ~ januari** le dix-sept janvier
ze·ven·tig *card* soixante-dix
ze·ven·ti·ger *nm (-s)* septuagénaire; **een goede** ~ **zijn** avoir soixante-dix ans bien sonnés
ze·ven·voud *het (-en)* septuple
ze·ver *nm (-s) (fam.)* **1** *(Belg.)* fadaises **2** radoteur, -euse **3** *(Belg.)* salive
ze·ve·raar *nm (-s)* → **zever 2**
ze·ve·ren *vi (h. gezeverd)* **1** radoter **2** *(Belg.)* crachiner
Z.Exc. *Zijne Excellentie* S.E.
zgn. → **zogenaamd**
Z.H. **1** *Zijne Heiligheid* S.S. **2** *Zijne Hoogheid* S.A.(R.)
zich *réfl* **1** soi, se; **geld bij** ~ **hebben** avoir de l'argent sur soi; **iem bij** ~ **hebben** être accompagné de qn; **op** ~ **is dat niet af te keuren** en soi, cela n'est pas blâmable **2** vous
zicht *het* vue; **iets aan het** ~ **onttrekken** masquer qch à la vue; **het einde is in** ~ la fin est proche; **in het** ~ **van de haven stranden** *(aussi au fig.)* échouer près du port; ~ **hebben op promotie** avoir une promotion en perspective; **zij hebben geen** ~ **op zulke kwesties** ils n'ont aucune notion de ce type de problèmes; **slecht** ~ **door mist** mauvaise visibilité à cause du brouillard
zicht|baar *adj, adv (-baarder, -baarst)* visible(ment); **een** ~ **verschil** une différence manifeste; ~ **worden** (ap)paraître
zich·zelf *réfl* soi-même, lui-même, euxmêmes, elle(s)-même(s); **bij** ~ **overleggen** s'interroger; **hij is buiten** ~ il est hors de lui; **in** ~ **praten** soliloquer; **op** ~ **wonen** habiter seul; **op** ~ **staand** indépendant; **op** ~ **is dat niets nieuws** en soi, cela n'a rien de nouveau; **tot** ~ **komen** reprendre ses esprits; **uit** ~ spontanément; **voor** ~ **beginnen** s'installer à son compte
zie·daar *interj (form.)* voilà
zie·dend *adj, adv* **1** (en) tourbillonnant **2** furibond, avec colère
zie·hier *interj* voici
ziek *adj* **1** malade; *(fig.)* **hij is altijd** ~ **of onderweg** avec lui il y a toujours qch qui ne va pas; **zich** ~ **lachen** se tordre (de rire); *(fig.)* **iem** ~ **maken** assommer qn; **ongeneeslijk** ~ atteint d'une maladie incurable; ~ **worden** tomber malade; ~ **van iemands gezeur worden** en avoir ras le bol des histoires de qn **2** malsain
ziek·bed *het* **1** lit (de malade) **2** maladie
zie·ke·lijk *adj, adv* maladif, maladivement; **een ~e kleur hebben** avoir un teint blafard; **~e neigingen** impulsions morbides; ~ **zijn** avoir une santé délicate
zie·ken *vi (h. geziekt) (fam.)* empoisonner (qn)
zie·ken·au·to *nm (-'s)* → **ziekenwagen**
zie·ken·be·zoek *het (-en)* visite à un malade
zie·ken·boeg *nm (-en) (milit.; mar.)* infirmerie
zie·ken·boek·je *het (-s) (Belg.)* carnet de la mutuelle
zie·ken·broe·der *nm (-s)* infirmier
zie·ken·fonds *het (-en)* caisse d'assurance maladie; *(Pays-Bas)* **ik zit verplicht in het** ~ je suis au régime obligatoire de l'assurance maladie
zie·ken·geld *het (-en)* indemnité de maladie
zie·ken|huis *het (-huizen)* hôpital; **het academisch** ~ le centre hospitalo-universitaire; **iem uit het** ~ **ontslaan** renvoyer qn de l'hôpital; **iem in het** ~ **opnemen** hospitaliser qn
zie·ken·ver·ple·ging *nf (-en)* soins infirmiers
zie·ken·ver|zor·ger *nm (-s),* **-zorgster** *nf (-s)* aide soignant(e)
zie·ken·wa·gen *nm (-s)* ambulance
zie·ken|zaal *de (-zalen)* salle commune
zie·ken·zorg *de* soins dispensés aux malades
ziek·mel·ding *nf (-en)* ± fait de se porter malade
ziek·te *nf (-n, -s)* maladie; *(fig.)* **hij zuipt als de** ~ il boit comme un trou; **Engelse** ~ rachitisme; **een** ~ **onder de leden hebben** couver une maladie; **Hollandse** ~ pacifisme; **de** ~ **van Pfeiffer** la mononucléose infectieuse; **slepende** ~ maladie chronique; **slopende** ~ maladie foudroyante; **vallende** ~ épilepsie; *(fig.)* **ergens de** ~ **over in hebben** en avoir marre de qch
ziek·te·beeld *het (-en) (méd.)* syndrome

ziek·te·geld *het (-en)* indemnité de maladie
ziek·te·kiem *de (-en) (méd.)* germe pathogène
ziek·te·kos·ten *plur* frais médicaux
ziek·te·ver·wek·ker *nm (-s) (méd.)* agent pathogène
ziek·te·ver·zuim *het* absentéisme pour cause de maladie
ziek·te·wet *de (-ten)* loi sur l'assurance maladie des salariés; **in de ~ lopen** toucher une indemnité de maladie
ziel *nf (-en)* **1** âme; **zijn hele ~ leggen in** s'investir dans; **met zijn ~ onder de arm lopen** ne savoir que faire; *(fig.)* **iem op zijn ~ geven** donner une raclée à qn, passer un savon à qn; *(fig.)* **iem op zijn ~ trappen** vexer qn; **ter ~e zijn** avoir rendu l'âme; **twee ~en, één gedachte** c'est de la télépathie; **een verwante ~** une âme sœur; **~tjes winnen** faire du prosélytisme; **hij heeft zijn ~ en zaligheid daarvoor over** il vendrait son âme pour cela **2** personne; **(arme) ~** le, la pauvre; **geen levende ~** pas un chat; *(prov)* **hoe meer ~en, hoe meer vreugd** plus on est de fous, plus on rit; **een simpele ~** un simple d'esprit ♦ **dat snijdt door mijn ~** cela me fend le cœur
zie·len·heil *het* salut de l'âme
zie·len·le·ven *het* vie intérieure
zie·len|piet *nm (-en)*, **-poot** *nm (-poten) (fam.)* pauvre malheureux, -euse
zie·len·rust *de* **1** paix de l'âme **2** repos éternel
zie·lig *adj, adv* **1** malheureux, misérablement; **'t is ~** cela fait pitié; **een ~ hoopje mens** un pauvre malheureux; **er ~ uitzien** faire pitié; **een ~e vertoning** un spectacle désolant; **hij zit er zo ~ alleen!** le pauvre, il est tout seul! **2** *(fam.)* mesquin(ement)
ziels·be·droefd *adj* profondément affligé
ziels·blij, -gelukkig *adj* ravi
ziels·veel *adv* de toute son âme
ziels·ver·want *nm* âme sœur
ziel·to·gen *vi (h. gezieltoogd)* agoniser
ziel·zorg *de* travail pastoral
zien[1] *vi (h. gezien)* **1** voir; **scheel ~** loucher; **slecht ~** avoir la vue faible **2** regarder **3** avoir l'air (de); **bleek ~** être pâle; **zo te ~ gaat het nog niet zo best** ça n'a pas l'air d'aller mieux; **het ziet zwart van de mensen** c'est noir de monde **4** *(+ op)* donner (sur)
zien[2] *vt (h. gezien)* voir; **dat zie ik niet** je vois les choses autrement, je (ne) vois pas; **ik zie hem liever gaan dan komen** moins je le vois, mieux je me porte; *(Belg.)* **iem graag ~** aimer qn; **bij het ~ van hem** à sa vue; *(fig.)* **iem niet kunnen ~** ne pas pouvoir souffrir qn; **iets laten ~** montrer qch; **dat moet ik nog ~** c'est à voir; **tot ~s** au revoir; **iets voor zich ~** s'imaginer qch; **waar ziet u me voor aan?** pour qui me prenez-vous?; **ik zie die baan zitten** j'ai envie de ce job; **het niet meer ~ zitten** ne plus savoir à quoi s'en tenir; **ik zie het niet zitten om dat te doen** ça ne me dit rien de faire ça; **zo zie je maar weer!** et voilà!; **we zullen ~** on verra; **er vanaf ~** s'abstenir de qch; **mij niet gezien** à d'autres ♦ *(Belg.)* **je bent gezien** tu t'es fait avoir; **graag ~ dat ...** aimer que ...; **er tegenop ~ om ...** appréhender de *(+ inf.)*; **zie het maar klaar te spelen!** tâche donc d'y parvenir!
zien·de *adj* ♦ **iem weer ~ maken** rendre la vue à qn
zien·der·ogen *adv* à vue d'œil
zie|ner *nm (-s)*, **-neres** *nf (-sen)* **1** voyant, -ante **2** devin, devineresse
ziens·wij·ze *de (-n)* manière de voir, de penser
zier *de (fam.)* soupçon *(très petite quantité)*; **ik voel er geen ~ voor** je n'en ai pas la moindre envie; **het kan mij geen ~ schelen** je m'en bats l'œil
zie·zo *interj* (et) voilà!
zi·geu|ner *nm (-s)*, **-nerin** *nf (-nen)* tzigane
zij[1] *de* → **zijde**
zij[2] *pers* **1** elle **2** ils, elles; **~ hebben het gedaan** ce sont eux, elles qui l'ont fait
***zij-** latéral; **de zijingang** l'entrée latérale
zij·aan·zicht *het (-en)* vue de côté
zij·de *de (-n)*, **zij** *de (-den)* **1** côté; **aan beide ~n is schuld** la faute est des deux côtés; **het recht aan zijn ~ hebben** avoir la loi pour soi; **het is ons van bevoegde ~ medegedeeld** nous avons été informés par une personne autorisée; **de ~n van een heuvel** les flancs d'une colline; **de handen in de zij** les poings sur les hanches; **iem in de zij stompen** frapper qn au flanc; **iemands ~ kiezen** prendre le parti de qn; **van officiële ~** de source officielle; **hij week niet van mijn ~** il resta à côté de moi; **iets van alle ~n bekijken** considérer qch sous tous ses aspects; *(fig.)* **de zaak van alle ~n bekijken** bien peser le pour et le contre **2** soie
zij·de·ach·tig *adj* soyeux
zij·de·lings *adj, adv* latéral, de côté; **een ~e blik** un coup d'œil oblique; **een ~e toespeling** une allusion indirecte
zij·deur *de (-en)* porte latérale; *(fig.)* **een ~tje openhouden** se ménager une (porte de) sortie
zij·ka·mer *de (-s)* (pièce) annexe
zij·kant *nm (-en)* côté; **aan de ~** sur le côté
zij·lijn *de (-en)* **1** ligne d'embranchement **2** *(sports)* (ligne de) touche
zijn[1] *vi, aux, copule (was, is geweest)* **1** être, avoir *(v.auxil., copule)*; **hij is 20** il a 20 ans; **bang ~** avoir peur **2** être; **als het ware** pour ainsi dire; **zij het dat ...** bien que ...; **dat is te doen** c'est faisable; **er was eens een koning ...** il était une fois un roi ...; **het is maar dat je het weet** à titre d'information; **hoe was dat ook weer?** comment était-ce encore?; **dat kan wel (zo) ~** c'est bien possible; **dat boek is overal te krijgen** ce livre se trouve partout; **hij mag er ~** *(comportement)* il en impose, *(corpulence)* il se porte bien; **die man is er geweest** cet

homme ne va pas s'en tirer, cet homme n'est plus; *(prov)* **wat niet is, kan nog komen** il ne faut jurer de rien; **hoe ver ben je?** où en es-tu?; **daar is niets van waar** il n'y a pas un mot de vrai là-dedans; *(p.ex. dans un café)* **wat zal het ~?** et pour Monsieur, Madame?; **ben ik?** c'est à moi? **3** y avoir; **er ~ mensen die ...** il y a des gens qui ... **4** arriver; **het kan ~ dat ...** il se peut que; **wat is er?** qu'est-ce qu'il y a?; **het zij zo** soit **5** *(+ van)* être (à, de) **6** être en train de; **hij is lopen** il est en train de se promener **7** s'élever (à); **dat is dan 8 euro** cela fait donc 8 euros **8** faire *(temps)*; **het is mooi weer** il fait beau ♦ **wij ~ met de trein** nous sommes venus en train

zijn[2] *poss* **1** son, sa, ses; *(fam.)* **vader ~ hoed** le chapeau de papa; **te ~er tijd** en temps utile **2** le sien, la sienne ♦ **het ~e ervan zeggen** donner son avis; **hij heeft het ~e gedaan** il a fait sa part; **hij wilde er het ~e van weten** il voulut en avoir le cœur net

zij·pad *het (-en)* sentier de traverse; *(fig.)* **~en opgaan** prendre des chemins détournés

zij·span *het/de (-nen)* side-car

zij·spie·gel *nm (-s)* rétroviseur extérieur

zij|spoor *het (-sporen)* ♦ **iem op een ~ zetten** mettre qn sur une voie de garage

zij·sprong *nm (-en)* saut de côté

zij|straat *de (-straten)* rue transversale

zij·vleu·gel *nm (-s)* **1** aile *(d'un bâtiment)* **2** volet

zij·waarts *adj, adv* latéral, de, à côté

zij·weg *nm (-en)* chemin de traverse; *(fig.)* **~en bewandelen** prendre des chemins détournés

zil·ver *het* **1** argent **2** argenterie **3** monnaie d'argent **4** *(sports)* médaille d'argent

***zil·ver-** d'argent

zil·ver·ach·tig *adj* **1** argenté **2** argentin *(son)*

zil·ve·ren *adj* **1** d'argent **2** argenté **3** *(son)* argentin ♦ **een ~ feest** une fête à l'occasion du vingt-cinquième anniversaire *(de qch)*

zil·ver·kleu·rig *adj* → **zilveren 2**

zil·ver·meeuw *de (-en) (zool.)* goéland argenté

zil·ver·poets *het/de* poudre à polir (l'argenterie)

zil·ver|smid *nm (-smeden)* orfèvre

zil·ver·ui·tje *het (-s)* petit oignon

zil·ver·vlies·rijst *nm* riz complet

zil·ver·werk *het* → **zilver 2**

zin *nm (-nen)* **1** sens; **het heeft geen, weinig ~ om** il ne sert à rien, à peu de chose de; **in de ruimste ~ (van het woord)** au sens le plus large (du terme); **in zekere ~ klopt het wel** en un sens c'est juste **2** *(plur.)* (bon) sens; **bij ~nen komen** revenir à soi; **hij is niet goed bij (zijn) ~nen** il a perdu la tête; **buiten ~nen van woede** fou furieux; **van zijn ~nen beroofd zijn** avoir perdu connaissance, avoir perdu la raison; **zijn ~nen bij elkaar houden** rester maître de soi **3** *(form.)* humeur; **kwaaie ~ hebben** être de mauvaise humeur **4** projet; **niet veel goeds in de ~ hebben** nourrir de noirs desseins; **zijn ~nen op iets stellen, zetten** se mettre en tête de faire qch; **van ~s zijn om** avoir l'intention de **5** désir; **iemands ~ doen** satisfaire le désir de qn; **zijn (eigen) ~ doordrijven** imposer sa volonté; **zijn eigen ~ doen** n'en faire qu'à sa tête; **iem zijn ~ geven** donner satisfaction à qn; **heb je nu je ~?** te voilà servi?; **ontzettende ~ hebben (om) iets te doen** avoir très envie de faire qch; **er geen ~ in hebben om ...** ne pas avoir envie de; **naar m'n ~** à mon gré; **het iem naar de ~ maken** faire plaisir à qn; **tegen zijn ~** à contrecœur **6** *(ling.; mus.)* phrase

zin·de·lijk *adj, adv* **1** propre(ment) **2** *(fig.)* sain(ement)

zin·gen *vti (h. gezongen)* chanter; **iem in slaap ~** chanter pour endormir qn, *(fig.)* endormir la vigilance de qn; *(fig.)* **hij zingt altijd hetzelfde liedje** il ne change pas souvent de disque; **zuiver ~** chanter juste

zink *het* zinc

zin·ken *vi (i. gezonken)* **1** couler dans l'eau; *(fig.)* **het ~de schip verlaten** quitter le navire à la dérive **2** s'enfoncer; *(fig.)* **diep gezonken zijn** être tombé bien bas; *(fig.)* **bij iem in het niet ~** être totalement éclipsé par qn; **de moed laten ~** perdre courage

zin|loos *adj, adv (-lozer, meest z.)* **1** vide de sens, sans aucun sens **2** inutile(ment)

zin·ne·beeld *het (-en) (form.)* symbole

zin·ne·lijk *adj, adv (form.)* **1** physique(ment) **2** sensuel(lement) **3** sensoriel, par les sens **4** charnel(lement)

zin·ne·lijk·heid *nf (form.)* sensualité

zin·nen *vi (h. gezonnen)* **1** *(+ op)* songer (à) **2** plaire à

zin·nen·prik·ke·lend *adj* érotique

zin·nig *adj* sensé

zins ♦ **iets van ~ zijn** avoir l'intention de faire qch

zins·be·goo·che·ling *nf (-en)* illusion

zins|bouw *nm*, **-constructie** *nf (-s)* construction de la phrase

zins|deel *het (-delen) (ling.)* syntagme

zin·sne·de *de (-n) (ling.)* proposition

zins·ont·le·ding *nf (-en) (ling.)* analyse logique

zin·spe·len *vi (h. gezinspeeld) (+ op)* faire allusion (à)

zin·spreuk *de (-en)* **1** maxime **2** devise

zins·ver·band *het* ♦ **dit citaat is uit het ~ gerukt** cette citation a été extraite de son contexte

zins·wen·ding *nf (-en) (ling.)* tournure

zin·tuig *het (-en)* (un des cinq) sens

zin·tuig·lijk *adj, adv* sensoriel, par les sens

zin·vol *adj* sensé

zit *nm (Belg.; enseign.; form.)* session ♦ **deze stoel heeft een gemakkelijke ~** cette chaise est confortable; **dat was een hele**

~ c'était une longue séance; *(fam.)* **neem een** ~ assieds-toi

zit·hoek *nm (-en)* coin salon

zi̱t·je *het (-s)* **1** siège **2** endroit **3** table et chaises

zit·ka·mer *de (-s)* salon

zi̱t·kuil *nm (-en)* fosse salon

zi̱t·plaats *de (-en)* **1** place assise **2** siège

zi̱t·ten *vi (h./i. gezeten)* **1** être; **aan de koffie** ~ être en train de prendre le café; *(sports)* **de bal zit** but!; **het blijft niet** ~ cela ne tient pas; *(fig.)* **ik zit al een uur boven mijn opstel** cela fait déjà une heure que je travaille à ma rédaction; **hoe zit dat in elkaar?** qu'est-ce qu'il en est exactement?, comment est-ce que cela fonctionne?; *(fig.)* **er zit iets achter** il y a qch là-dessous; **het zit er (dik) in** il y a (bien) des chances; **er zit niets anders op dan ...** il n'y a rien d'autre à faire que de ...; *(fig.)* **er zit niet veel bij die jongen** ce garçon manque d'étoffe; *(fig.)* **eruit halen wat erin zit** exploiter toutes les possibilités; *(fig.)* **ernaast** ~ se tromper; **er eens voor gaan** ~ s'y mettre, prendre son temps (pour); **dat zit wel goed** pas de problèmes; **dat zit hem hoog** il en a plein le dos, ça ne le lâche pas; **in het bestuur** ~ être membre du comité; **het zit los** cela ne tient pas; **onder de verf** ~ être couvert de peinture; **op school** ~ aller à l'école; **op een kantoor** ~ travailler dans un bureau; **er zit een vlek op je jurk** il y a une tache sur ta robe; **zit stil!** ne bouge pas!; *(avec un geste de la main)* **het zit me tot hier** j'en ai jusque-là; **ergens vol mee** ~ être rempli de qch, être couvert de qch; **zit!** assis!; **die stoel zit lekker** cette chaise est confortable **2** *(+ inf.)* être en train de; **zit niet zo te zaniken** arrête donc de rouspéter; **het zit eraan te komen** ça vient **3** aller *(vêtements)* **4** *(+ op)* faire (de qch) **5** *(fam.)* faire de la taule ♦ **aan iets** ~ toucher à qch; **achter iem/iets aan** ~ courir après qn, qch; **op school blijven** ~ redoubler une classe; **ergens mee blijven** ~ ne pas arriver à se débarrasser de qch; **wij zijn (hier) blijven** ~ nous sommes restés ici; **daar zit wat in** il y a du vrai là-dedans; **daar zit het hem niet in** ce n'est pas ça; *(fig.)* **en als dat gebeurt, dan zit je** et si cela arrive, te voilà dans le pétrin; **die zit!** c'est bien envoyé!; **het zit erop** voilà une bonne chose de faite!; *(Belg.)* **het zit erop** il y a du grabuge; **de vakantie zit erop** les vacances sont terminées; **dat zal hem niet glad** ~ il le payera cher; *(fig.)* **laat maar** ~ laisse(z) tomber, garde(z) la monnaie; *(fig.)* **het er niet bij laten** ~ s'occuper de qch, exprimer sa gratitude; **iets niet op zich laten** ~ ne pas accepter qch; **hij heeft zijn vrouw laten** ~ il a abandonné sa femme; **dat idee zit mij niet lekker** cette idée ne me plaît pas; **het zit dat meisje niet mee** cette fille n'a pas de chance; *(fig.)* **met iets** ~ ne pas savoir que faire de qch; **hoe zit het dan met ...?** qu'en est-il de ...?; **waar zit het hem in?** à quoi cela tient-il?

zi̱t·ten|blij·ver *nm (-s)*, **-blijfster** *nf (-s)* redoublant, -ante

zi̱t·tend *adj* **1** assis **2** sédentaire **3** en exercice; **de ~e bestuursleden** les membres du bureau

zi̱t·tijd *nm (-en) (Belg.)* → **zitting 3**

zi̱t·ting *nf (-en)* **1** fond *(d'une chaise)* **2** séance **3** session ♦ ~ **hebben in** faire partie de; ~ **nemen in de raad** faire son entrée au conseil

zi̱t·vlak *het (-ken)* **1** derrière **2** fond

zi̱t·vlees *het* ♦ **geen** ~ **hebben** ne pas être capable de rester assis longtemps, *(fig.)* ne pas avoir beaucoup de patience

Ẕ-kaart *de (-en) (Belg.)* carte de zone

Z.K.H. *Zijne Koninklijke, Keizerlijke Hoogheid* S.A.R., S.A.I.

Z.M. *Zijne Majesteit* S.M.

zo[1] *adv* **1** ainsi; **o, gaat dat zo** ah! c'est comme ça qu'on fait!; **het heeft zo moeten zijn** le destin l'a voulu ainsi; **zo iem** une personne pareille; **dat is zo** c'est effectivement le cas; **een jaar of zo** à peu près un an; **en zo verder** et ainsi de suite **2** aussi; **om zo en zo laat** à telle heure; **dit stuk is net zo groot** ce morceau est tout aussi grand; **zo groot is hij nu ook weer niet!** il n'est pas si grand que ça!; **hij is zo oud als ik** il a le même âge que moi; **hij is zo verstandig geweest om ...** il a eu la sagesse de ..., il a été assez sage pour ... **3** bientôt; **ik ben zo thuis** je serai bientôt rentré; **het is zo gebeurd** ce sera fait en un instant **4** si; *(avec un geste de la main)* **die vrouw is zó!** cette femme est fantastique

zo[2] *conj* si; **zo niet, dan ...** sinon ...

zo[3] *interj* **1** tiens!; **hoe zo?** comment cela?; **o zo** tu parles! **2** bien!; **zo, dat is dat!** voilà! c'est fait! ♦ **het was maar zozo** c'était comme ci comme ça

Z.O. *zuidoost(en)* S.E.

zoab *het (abrév.) zeer open asfalt beton* enrobé drainant

zo·a̱l *adv* entre autres (choses)

zo·a̱ls[1] *adv* comment

zo·a̱ls[2] *conj* comme; ~ **gewoonlijk** comme d'habitude

zocht, zochten → **(af)zoeken** *(etc.)*

zo̱·da·nig[1] *dém* tel; **als** ~ en tant que tel

zo̱·da·nig[2] *adv* tellement; ~ **dat** de manière à ce que

zo·da̱t *conj* **1** de (telle) sorte que **2** de manière (à ce) que

zo̱·de *de (-n)* ♦ **onder de groene ~n liggen** être mort et enterré; **dat zet geen ~n aan de dijk** cela ne fait pas avancer les choses

zo·doe̱n·de *adv* ainsi; **ik was de weg kwijt, ~!** je me suis égaré, voilà!

zo·dra̱ *conj* dès que; ~ **hij was vertrokken, kwam de andere** aussitôt qu'il fut parti, l'autre arriva

zoek[1] ♦ **op** ~ **zijn naar** être à la recherche de

zoek[2] *adj* **1** introuvable **2** absent

zoe̱k·ac·tie *nf (-s)* recherches *(de la police)*

zoek·bren·gen *vt (h. zoekgebracht)* ♦ **zijn tijd** ~ **met** perdre son temps à
zoe·ken *vt, avec préposition aussi vi (h. gezocht)* **1** (re)chercher; *(fig.)* **ze wist niet meer waar ze het** ~ **moest** elle ne savait plus quoi faire; **naar gas** ~ chercher du gaz; **u hebt hier niets te** ~ vous n'avez rien à faire ici; **dat is ver gezocht** c'est tiré par les cheveux; **de definitieve oplossing is nog ver te** ~ la solution définitive n'est pas pour demain **2** chercher à ♦ **achter alles iets** ~ voir malice à tout; **iets niet achter iem** ~ ne pas croire qn capable de (faire) qch
zoe·ker *nm (-s)* **1** chercheur, -euse **2** *(phot.; astron.)* viseur
zoek·licht *het (-en)* projecteur
zoek·ma·chi·ne *nf* moteur de recherche
zoek·ma·ken *vt (h. zoekgemaakt)* **1** égarer **2** perdre
zoek·plaat·je *het (-s)* devinette
zoek·tocht *nm (-en)* quête *(recherche)*
zoel *adj (météo.)* **1** tiède **2** lourd
zoe·men *vi (h. gezoemd)* bourdonner; **de koelkast zoemt** le frigo ronronne
zoe·mer *nm (-s)* ronfleur *(vibreur)*
zoem|toon *nm (-tonen)* signal sonore
zoen *nm (-en)* baiser; **iem een dikke** ~ **geven** faire une grosse bise à qn
zoe·nen[1] *vt (h. gezoend)* embrasser; **dat is om te** ~**!** c'est mignon, ça!; **zij ziet eruit om te** ~ elle est à croquer
zoe·nen[2] *vi (h. gezoend)* s'embrasser
zoen·of·fer *het (-s)* **1** sacrifice expiatoire **2** victime expiatoire
zoet *adj, adv* **1** sucré; *(subst.)* ~ **in iets doen** sucrer qch; *(subst.)* **niet van** ~ **houden** ne pas aimer le sucré **2** doux, avec douceur **3** sage(ment); ~**e hond** brave chien; **de kinderen** ~ **houden** occuper les enfants; **iem** ~ **houden met beloften** endormir qn avec des promesses
zoe·te·kauw *nm (-en)* amateur de sucreries
zoet|heid *nf (-heden)* **1** goût sucré **2** douceur **3** *(form.)* joie
zoet·hou·der·tje *het (-s)* os à ronger *(fig.)*
zoet·hout *het* ♦ **een stuk, een pijpje** ~ un bâton de réglisse
zoe·tig *adj* douceâtre
zoe·tig|heid *nf (-heden)* sucreries
zoet·je *het (-s)* sucrette
zoet·jes, zoetjesaan *adv (fam.)* doucement
zoet·sap·pig *adj, adv* **1** doucereux, doucereusement **2** (de manière) insipide
zoet·stof *de (-fen)* édulcorant
zoet·zuur[1] *het* pickles
zoet·zuur[2] *adj* **1** aigre-doux **2** macéré (au vinaigre aromatisé)
zoe·ven *vi (h. gezoefd)* filer; **de auto's zoefden voorbij** les voitures passaient en trombe
zo-e·ven *adv* → **zojuist**
zog *het* ♦ *(fig.)* **in iemands** ~ **varen** être dans le sillage de qn

zo·ge·he·ten *adj* → **zogenaamd 1**
zo·gen *vt (h. gezoogd)* allaiter
zo·ge·naamd *adj, adv* **1** dit **2** prétendu, soi-disant
zo·ge·zegd *adv* **1** pour ainsi dire **2** pratiquement
zo·iets *pron* une chose pareille; ~ **moois** qch de si beau; **ik zoek** ~ je cherche qch comme ça
zo·juist *adv* tout à l'heure; **dit boek is** ~ **verschenen** ce livre vient de paraître
zo·lang[1] *adv* en attendant
zo·lang[2] *conj* tant que; ~ **de voorraad strekt** jusqu'à épuisement des stocks
zol·der *nm (-s)* grenier
zol·der·eta·ge *nf (-s)* étage mansardé
zol·de·ring *nf (-en)* plafond
zol·der·ka·mer *de (-s)* mansarde
zo·maar *adv* **1** comme ça; **dat heeft hij, zij** ~ **gezegd** il, elle a dit ça sans réfléchir; **kan dat hier allemaal** ~**?** alors, on se croit tout permis, ici? **2** à tort et à travers
zo·men *vt (h. gezoomd)* ourler
zo·mer *nm (-s)* été; **des** ~**s, 's** ~**s** en été; **in de** ~ en été; **van de** ~ cet été
***zo·mer-** d'été
zo·mer|huis *het (-huizen)* maison de vacances
zo|mers *adj (-merser, meest z.)* d'été; **op zijn** ~ **gekleed** en tenue d'été
zo·mer·sproe·ten *plur* taches de rousseur
zo·mer·tijd *nm* **1** (saison d')été **2** heure d'été
zo·min *adv (form.)* ♦ **net** ~ **als** pas plus que
zon[1]**, zonnen** → **zinnen**
zon[2] *de (-nen)* soleil; **de** ~ **breekt door** le soleil perce, ça commence à s'arranger, la bonne humeur revient; *(prov)* **voor niets gaat de** ~ **op** (on n'a) rien pour rien; **in de** ~ **gaan zitten** s'asseoir au soleil; **een huis met (veel)** ~ une maison (bien) ensoleillée; **het land van de rijzende** ~ l'Empire du soleil levant; *(fig.)* **de** ~ **niet in het water kunnen zien schijnen** crever de jalousie; **de bloemen uit de** ~ **zetten** mettre les fleurs à l'abri du soleil ♦ **zijn** ~ **is ondergegaan** son étoile a pâli
zo'n *dém* **1** tel; *(iron.)* **op** ~ **manier!** alors, c'est ça!; **op** ~ **manier dat** de telle façon que; **hij had** ~ **pijn dat hij moest opgeven** il avait si mal qu'il dut abandonner **2** pareil; **hij heeft net** ~ **jas** il a un manteau tout pareil **3** un de ces ...; **het is toch** ~ **schatje** il, elle est tellement mignon(ne) **4** quelque ♦ ~ **beetje** à peu près; *(avec un geste de la main)* **ik vind 't** ~ **meid!** je trouve que c'est une fille super
zond, zonden → **(toe-, weg)zenden** *(etc.)*
zon|daar *nm (-s)*, **-dares** *nf (-sen) (relig.)* pécheur, -eresse
zon·dag *nm (-en)* dimanche; **des** ~**s, 's** ~**s** le dimanche; **op** ~ le dimanche; *(fig.)* **hij is op** ~ **geboren** il est né coiffé; **(de)** ~ **vieren** observer le dimanche

zon·dags[1] *adj* de, du dimanche; **op zijn ~ gekleed** endimanché
zon·dags[2] *adv* le dimanche
***zon·dags-** du dimanche; **een zondagsblad** un journal du dimanche
zon·dags·kind *het (-eren)* enfant né coiffé
zon·de *de (-n)* péché; **een dagelijkse ~** un péché véniel; *(iron.)* **hij zit zijn ~n te overdenken** il pense à la prise de la Bastille; **de ~ wel waard zijn** ± avoir un petit goût de fruit défendu; **~!** dommage! ♦ **het is eeuwig ~** c'est vraiment très dommage; **het is ~ dat ik het zeg, maar ...** c'est triste à dire, mais ...
zon·de·bok *nm (-ken)* bouc émissaire
zon·der *prép* sans; **~ aanleiding** sans raison; **dit gebeurt ~ dat hij het weet** ceci se passe à son insu; **niet ~ (iets) kunnen** ne pouvoir se passer de (qch)
zon·der·ling *adj* bizarre; **een ~ mens** un excentrique
zon·de·val *nm (Bible)* chute
zon·dig *adj, adv* ♦ **~e gedachten** pensées coupables; **~ leven** vivre dans le péché; **een ~ mens** un pécheur, une pécheresse
zon·di·gen *vi (h. gezondigd)* pécher; **tegen de verkeersregels ~** contrevenir au code de la route
zond·vloed *nm* déluge
zo·net *adv* → **zojuist**
zong, zongen → **(mee-, voor)zingen**
zonk, zonken → **(weg)zinken**
zon·licht *het* lumière du soleil; **iets in het ~ houden** tenir qch au jour
***zon·ne-** solaire; **het zonnestelsel** le système solaire
zon·ne·bad *het (-en)* **1** bain de soleil **2** solarium
zon·ne·bloem *de (-en)* tournesol
zon·ne·brand *nm* **1** coup de soleil **2** produit solaire
zon·ne·brand·olie *de* huile solaire
zon·ne·bril *nm (-len)* lunettes de soleil
zon·ne·glo·ren *het* ♦ **bij het eerste ~** à la pointe du jour
zon·ne·god *nm* (dieu du) Soleil
zon·ne·he·mel *nm (-s)* plafonnier solarium
zon·ne·hoed *nm (-en)* chapeau de soleil
zon·ne·ka·non *het (-nen)* banc solaire (à) haute pression
zon·ne·klaar *adj* clair comme le jour
zon·ne·klep *de (-pen)* pare-soleil
zon·ne·klop·per *nm (-s) (Belg.)* **1** fana du soleil **2** fainéant
zon·ne·ko·ning *nm (hist.)* (le) Roi-Soleil
zon·nen *vi (h. gezond)* faire bronzette
zon·ne·scherm *het (-en)* **1** marquise **2** parasol
zon·ne·schijn *nm* (lumière du) soleil
zon·ne·slag *nm (-en) (Belg.)* → **zonnesteek**
zon·ne|steek *nm (-steken)* insolation
zon·ne|straal *de (-stralen)* rayon de soleil
zon·ne·tje *het (-s)* ♦ **iem in het ~ zetten** se payer la tête de qn, faire fête à qn; **ze is het ~ in huis** elle est notre rayon de soleil
zon·ne·wij·zer *nm (-s)* cadran solaire
zon·nig *adj* **1** ensoleillé; **het is ~ weer** il fait du soleil **2** *(fig.)* radieux; **een ~ karakter** un caractère heureux; **een ~e toekomst** un avenir souriant
zon·over·go·ten *adj* inondé de soleil
zons·on·der·gang *nm (-en)* coucher du soleil
zons·op·gang *nm (-en)* lever du soleil; **bij ~** au lever du soleil
zon·we·ring *nf* store
zon·zij·de *de* **1** côté (exposé) au soleil **2** *(fig.)* beau côté (des choses)
zoog, zogen → **(op)zuigen** *(etc.)*
zoog·dier *het (-en)* mammifère
zooi *de (-en) (fam.)* **1** tas **2** pagaïe; **en de hele ~** et tout le saint-frusquin; **wat een ~tje!** quelle pagaïe!
zool *de (zolen)* **1** plante (du pied) **2** semelle; *(fig.)* **de zolen van zijn schoenen lopen** remuer ciel et terre (pour qch)
zo·ö|loog *nm (-logen),* **-loge** *nf (-n, -s)* zoologiste
zoom *nm (zomen)* **1** ourlet **2** lisière
zoo·men *vi (h. gezoomd) (phot.; cin.; télé)* photographier avec un zoom
zoon *nm (zonen, -s)* fils; *(Bible)* **de verloren ~** le Fils prodigue
zoon·lief *nm (souvent iron.)* fiston
zoop, zopen → **zuipen**
zoot·je *het (-s) (fam.)* **1** tas **2** bazar; **hij kon met zijn (hele) ~ inpakken** il n'avait qu'à se tirer avec tout son barda **3** bande; **een ~ ongeregeld** une bande de voyous
zo·pas *adv* venir de; **~ werd er gebeld** on vient de sonner
zorg *de (-en)* **1** soin; **een voorwerp van aanhoudende ~ zijn** faire l'objet d'une attention permanente; **~ voor iets dragen** prendre soin de qch; **de ~ voor iets, iem op zich nemen** prendre qch, qn en charge **2** souci; **zijn toestand baart ~en** son état est alarmant; **dat is een grote ~ voor hem** ça lui donne beaucoup de souci; **in de ~(en) zitten** se faire du souci; **dat is van later ~** on verra plus tard; **zich ~en maken over** se faire du souci à cause de; **de ~ staat op haar gezicht te lezen** l'inquiétude se lit sur son visage; **wij zijn nog niet uit de ~en** nous ne sommes pas encore tirés d'affaire; *(fam.; iron.)* **'t zal mij een ~ zijn!** je m'en bats l'œil!
zor·ge·lijk *adj, adv* **1** inquiétant; **de toestand is ~** la situation est préoccupante **2** soucieux, d'un air préoccupé; **een ~ gezicht zetten** prendre un air préoccupé
zor·ge|loos *adj, adv (-lozer, meest z.)* **1** (de manière) insouciant(e) **2** nonchalant, nonchalamment
zor·gen *vi (h. gezorgd)* s'occuper (de); **er voor ~ dat** faire en sorte que; **zorg dat je niet te laat komt** arrange-toi pour ne pas arriver en retard; **voor het geld ~** pourvoir à l'argent; **voor zichzelf kunnen ~** pourvoir à ses (propres) besoins; **de ou-**

ders ~ voor hun kinderen les parents ont la charge de leurs enfants
zor·gen·kind *het (-eren)* **1** enfant à problèmes **2** *(fig.)* gros souci
zorg·sec·tor *nm* secteur de l'assistance sociale
zorg·ver·ze·ke·raar *nm (-s)* assureur maladie
zorg·vul·dig *adj, adv* **1** soigneux, soigneusement; **~ op iets zijn** être soigneux de qch **2** soigné, soigneusement
zorg·vul·dig·heid *nf* **1** soin; **de nodige ~ in acht nemen** apporter l'attention nécessaire **2** minutie
zorg·wek·kend *adj* inquiétant
zorg|zaam *adj, adv (-zamer, -zaamst)* attentif (à), attentivement
zot *adj, adv* **1** sot(tement); **dat is toch al te ~!** c'est trop fort! **2** (de manière) cocasse
zot|huis *het (-huizen) (Belg.; fam.)* **1** asile de fous **2** *(fig.)* maison de fous
zou, zouden → **zullen**
zout[1] *het (-en)* sel; **~ in een open wond wrijven** retourner le couteau dans la plaie; **het ~ in de pap niet verdienen** gagner des clopinettes, ne pas valoir tripette; **dat is nu juist het ~ in de pap** c'est justement ce qui fait l'intérêt de la chose; **~ strooien** sabler (les routes)
zout[2] *adj* salé; *(fig.)* **zó ~ heb ik het nog nooit gegeten!** j'ai rarement été à pareilles noces!
***zout-** de sel; **de zoutkorrel** un grain de sel
zout·arm *adj* pauvre en sel
zou·te·loos *adj* insipide
zou·ten *vt (h. gezouten)* saler
zout·je *het (-s)* biscuit salé
zout·loos *adj* sans sel
zout·op·los·sing *nf (-en)* solution salée
zout·pi|laar *nm (-laren)* colonne de sel, *(Bible)* statue de sel
zout·vaat·je *het (-s)* salière
zout·zak *nm (-ken)* ♦ **hij zakte als een ~ in elkaar** il s'affaissa comme une masse
zout·zuur *het* acide chlorhydrique
zo·veel *card* autant; **honderd en ~ euro** cent et quelques euros; **~ geef ik er niet om** je n'y tiens pas particulièrement; **~ mogelijk** le plus possible; **~ werk** tant de travail; **het staat er niet met ~ woorden** ce n'est pas explicite ♦ **~ betekenen als** équivaloir à; **hij is ~ als stuurman** il est bel et bien pilote; **dat betekent ~ als niets** c'est insignifiant; **~ te meer** d'autant plus; **~ is zeker** toujours est-il que …
zo·veel·ste *adj* tantième; **de ~** le tant; **voor de ~ keer** pour la nième fois
zo·ver[1] *adv* ♦ **ben je ~?** tu es prêt?; **~ ben ik nog niet** je n'en suis pas encore là; *(fig.)* **in ~re zijn we het eens, dat …** ce sur quoi nous sommes d'accord, c'est que …; **voor het ~ is …** d'ici là …; **~ zal het toch eens moeten komen** il faudra bien en arriver là; **voor ~ mogelijk** dans la mesure du possible
zo·ver[2] *conj* aussi loin que; **voor ~ onze middelen het toestaan** dans la limite de nos moyens; **(voor) ~ ik weet** (pour) autant que je sache
zo·waar *adv* effectivement
zo·wat *adv (fam.)* à peu près; **dat kost ~ 10 euro** ça coûte environ 10 euros
zo·wel *adv* ♦ **~ de mannen als de vrouwen** les hommes comme les femmes; **het één ~ als het ander** l'un et l'autre; **het is ~ onbillijk als onjuist** c'est à la fois injuste et faux
z.o.z. *zie ommezijde* t.s.v.p.
zo·zeer *adv* tant; **~ dat …** à telle(s) enseigne(s) que …; **dat niet ~** pas spécialement
zo·zo *adv* ♦ **het is maar ~** ce n'est pas terrible
z.s.m. *zo spoedig mogelijk* dès que possible
zucht[1] *de* **1** appétit; **~ naar vrijheid** (l')amour de la liberté; **de ~ naar avontuur** le goût de l'aventure; **~ tot zelfbehoud** instinct de conservation **2** obsession
zucht[2] *nm (-en)* soupir
zuch·ten *vi (h. gezucht)* **1** soupirer; **~ en steunen** gémir **2** aspirer (à)
zucht·je *het (-s)* souffle
zuid[1] *het/de* sud
zuid[2] *de* Sud
zuid[3] *adj* du sud
zuid[4] *adv* vers le sud
***zuid-** sud; **de zuidkust** la côte sud
Zuid-Afri·ka *het* Afrique du Sud
Zuid-Ame·ri·ka *het* Amérique du Sud
zui·de·lijk *adj, adv* méridional; **een ~e wind** un vent du sud
zui·den *het* sud; **ten ~ (van)** au sud de
zui·den·wind *nm (-en)* vent du sud
zui·der·breed·te *nf* latitude sud
zui·der|buur *nm (-buren)* voisin du sud
zui·der|ling *nm (-en),* **-linge** *nf (-n)* **1** Européen du sud **2** habitant du sud des Pays-Bas
zui·ders *adj (Belg.)* du sud
Zuid-Eu·ro·pa *het* Europe du Sud
Zuid-Hol·land *het* Hollande méridionale
Zuid-Ko·rea *het* Corée du Sud
Zuid-Ne·der·lands *adj* flamand
zuid·oost[1] *adv* (vers le) sud-est
zuid·oost[2] *adj* du sud-est
zuid·oos·te·lijk[1] *adv* (vers le) sud-est
zuid·oos·te·lijk[2] *adj* (du) sud-est
zuid·oos·ten *het* sud-est
zuid·oos·ten·wind *nm (-en)* vent du sud-est
zuid·pool·cir·kel *nm* cercle polaire antarctique
Zuid-Viet·nam *het* Vietnam du Sud
zuid·vrucht *de (-en)* fruit subtropical
zuid·waarts *adj, adv* vers le sud; **in ~e richting** vers le sud
zuid·wes·te·lijk[1] *adv* (vers le) sud-ouest
zuid·wes·te·lijk[2] *adj* (du) sud-ouest
zuid·wes·ten *het* sud-ouest
zuid·wes·ten·wind *nm (-en)* vent du sud-ouest

Zuid·zee *de* ♦ **de stille** ~ l'océan Pacifique
zui·ge·ling *nm (-en)* nourrisson
zui·ge·lin·gen·sterf·te *nf* mortalité néonatale
zui·gen *vti (h. gezogen)* **1** aspirer **2** sucer; **de baby laten** ~ donner à téter au bébé; **op een snoepje** ~ sucer un bonbon **3** passer à l'aspirateur **4** *(fam.)* pousser (qn) à bout **5** absorber
zui·ger *nm (-s) (technol.)* piston
zuig·fles *de (-sen)* biberon
zuig·kracht *de* **1** force aspiratrice **2** attirance
zuig·lam *het (-meren)* agneau de lait
zuig·nap *nm (-pen)* ventouse
zuig·ta·blet *het/de (-ten)* pastille à sucer
zuig·zoen *nm (-en)* suçon
zuil *de (-en)* colonne ♦ **de ~en in ons omroepbestel** ± les sociétés de radio-télévision
zui·len|ga·le·rij *nf (-en)*, **-gang** *nm (-en)* colonnade
zui·nig *adj, adv* **1** économe (de), économiquement; *(fig.)* **hij is niet (bepaald) ~ geweest** il n'y est pas allé de main morte; ~ **leven** être économe; ~ **met zijn woorden zijn** être chiche de ses paroles; ~ **op iets zijn** ménager qch; ~ **zijn** regarder à la dépense **2** économique(ment) **3** pincé ♦ **hij kreeg op zijn falie en niet zo ~ ook!** on lui a passé un savon et un bon!, il a reçu une raclée et une bonne!
zui·nig·heid *nf* économie; ~ **betrachten** être économe; *(prov)* ~ **met vlijt bouwt huizen als kastelen** la main des diligents enrichit
zui·nig·jes *adv* petitement
zui·pen *vti (h. gezopen) (fam.)* **1** pomper **2** se soûler; **het op een ~ zetten** se soûler la gueule; **iem onder de tafel** ~ soûler qn **3** *(fig.)* bouffer
zui·per *nm (-s)*, **zuiplap** *nm (-pen) (fam.)* poivrot
zuip·par·tij *nf (-en) (fam.)* soûlerie
zuip·schuit *nm (-en) (fam.)* → **zuiper**
zui·vel *het/de* produits laitiers
zui·vel·han·del *nm (-s)* **1** commerce des produits laitiers **2** crémerie
zui·vel·pro·duct *het (-en)* produit laitier
zui|ver *adj, adv (-verder, -verst)* **1** pur(ement); ~ **en alleen** purement et simplement **2** correct(ement); ~ **zingen** chanter juste **3** propre(ment) **4** net
zui·ve·ren *vt (h. gezuiverd)* **1** épurer; **het bloed** ~ dépurer le sang **2** nettoyer **3** laver (qn de qch); **de verdachte van blaam** ~ innocenter le suspect
zui·ver·heid *nf* pureté
zui·ve·rings·in·stal·la·tie *nf (-s)* station d'épuration
zui·ve·rings·zout *het* bicarbonate de soude
zulk[1] *adv* si; **het zijn ~e lieve mensen** ce sont des gens si gentils
zulk[2] *dém* **1** tel; *(subst.)* **~e zijn er ook** il y en a de pareils **2** (grand) comme ça
zul·len *vi, aux (zal, zou, zouden)* **1** *(obligation)* devoir *(verbe au futur de l'indicatif);* **gij zult niet stelen** tu ne voleras pas **2** *(fait à venir)* devoir *(verbe au futur de l'indicatif);* **wat ~ we nu beginnen?** que faire?; **je zult er eens spijt van hebben** tu le regretteras un jour; *(menace)* **wacht maar, ik zal je!** ne t'en fais pas, je t'aurai!; **ik heb beloofd te ~ komen** j'ai promis de venir; **ik zal het je vertellen** je vais te le raconter **3** *(convention; probabilité; possibilité; fatalité)* devoir *(verbe au conditionnel);* **zou je denken?** vraiment?; **als ik het kon, zou ik het doen** si je pouvais, je le ferais; **zou je niet eens naar bed gaan?** et si tu allais te coucher?; **het zal je gebeuren!** je ne te le souhaite pas!; **hij zal je niet gehoord hebben** il n'a pas dû t'entendre; **hij zou malversaties gepleegd hebben** il se serait livré à des malversations; **men zou menen (dat)** on croirait que; **hij zou zijn ouders niet meer terugzien** il ne devait jamais revoir ses parents; **de trein zou juist vertrekken** le train allait partir; *(fam.)* **wat zou dat?** et alors?; **dat zal wel** probablement, *(iron.)* mon œil!; **het zal je kind maar wezen!** on est verni avec un gosse pareil!; **zou je ze niet?** il y a des gifles qui se perdent!
zult *nm* fromage de tête; **zure** ~ museau au vinaigre
zu·rig *adj* aigrelet
zu·rig|heid *nf (-heden)* acidité
zu·ring *de* **1** *(bot.)* rumex **2** oseille
zur·kel *de (Belg.; bot.)* oseille
zus[1] *nf (-sen)* → **zuster 1**
zus[2] *adv* ainsi; **de een wil het ~, de andere zo (hebben)** l'un le veut comme ceci, l'autre comme cela; **mijnheer ~ of zo** monsieur Untel
zus·ter *nf (-s)* **1** sœur; **je zal je ~ bedoelen!** ± et ta sœur!; **je ~ (op een houtvlot)!** tu peux toujours attendre! **2** infirmière
***zus·ter-** sœur
zus·ter|huis *het (-huizen)* **1** pavillon des religieuses **2** pavillon des infirmières
zus·ter·lief·de *nf* affection entre sœurs
zus·ter·lijk *adj, adv* entre sœurs, comme des sœurs
zuur[1] *het (zuren)* **1** acide; **haring in het** ~ hareng mariné; **augurken in het** ~ cornichons au vinaigre; **inleggen in het** ~ confire (dans du vinaigre) **2** aigreurs; *(fig.)* **het ~ van iets, iem krijgen** avoir qch en horreur, ne pas pouvoir sentir qn
zuur[2] *adj, adv (zuurder, zuurst)* **1** (de manière) acide; **de melk is** ~ le lait a tourné; **dat zal hem ~ opbreken** il lui en cuira **2** dur(ement); **iem het leven ~ maken** mener la vie dure à qn **3** (d'un air) renfrogné; ~ **kijken** prendre un air pincé
zuur|deeg *het*, **-desem** *nm* levain
zuur|graad *nm (-graden)* (taux d')acidité
zuur·kool *de* choucroute
zuur·pruim *nm (-en)* pisse-vinaigre
zuur·stof *de* oxygène
zuur·stof·ap·pa|raat *het (-raten)* oxygénateur
zuur·stof·mas·ker *het (-s)* **1** *(méd.)* mas-

que à oxygène **2** *(aviat.)* inhalateur d'oxygène
zuur·stok *nm (-ken)* sucre d'orge
zuur·tje *het (-s)* bonbon acidulé
zuur·zoet *adj* aigre-doux
Z.W. *zuidwest(en)* S-O
zwaai *nm (-en)* tour *(mouvement)*
zwaai·en[1] *vti (h. gezwaaid)* **1** agiter; **met vlaggen** ~ brandir des drapeaux **2** agiter la main; **iem gedag** ~ faire des signes d'adieu à qn ♦ **er zal wat** ~ les punitions vont tomber
zwaai·en[2] *vi (h. gezwaaid)* **1** s'agiter **2** tourner **3** tituber
zwaai·licht *het (-en)* gyrophare
zwaan *de (zwanen)* cygne
zwaan·tje *het (Belg.; iron.)* motard
zwaar *adj, adv (zwaarder, zwaarst)* **1** lourd(ement); *(prov)* **wat het ~st is, moet het ~st wegen** ± il faut ce qu'il faut; **hoe ~ is deze machine?** combien pèse cette machine?; ~ **maken** alourdir; ~ **wegen** peser lourd, *(fig.)* peser (lourd) dans la balance **2** massif, massivement **3** fort; ~ **weer** gros temps **4** pénible(ment); **een ~ examen** un examen dur; *(fig.)* **hij heeft het ~** il n'a pas la vie facile; **iem ~ straffen** punir qn sévèrement; **een zware strijd** un difficile combat; **de tocht viel hem ~** il a trouvé la randonnée pénible ♦ **iem iets ~ aanrekenen** tenir rigueur de qch à qn; *(fig.)* **zware jongens** des truands, des huiles; **een zware misdaad** un crime grave; **het ~ te verduren hebben** en voir de toutes les couleurs; **een zware verkoudheid** un gros rhume; **het ~ te pakken hebben** être bien malade, avoir un rhume carabiné, être amoureux fou
zwaard *het (-en)* **1** épée; **het ~ der gerechtigheid** le glaive de la justice; *(fig.)* **naar het ~ grijpen** tirer l'épée; *(fig.)* **het ~ in de schede steken** remettre l'épée en fourreau **2** *(mar.)* dérive latérale **3** *(Belg.)* couenne
zwaard·vis *nm (-sen) (zool.)* espadon
zwaar·ge·bouwd *adj* de forte carrure
zwaar·ge·wond *adj* grièvement blessé
zwaar·ge·won·de *nm (-n)* grand blessé
zwaar·lij·vig *adj* obèse; *(fig.)* **een ~ boekdeel** un gros volume
zwaar·moe·dig *adj, adv* sombre(ment)
zwaar·moe·dig·heid *nf* mélancolie
zwaar·te *nf* **1** lourdeur **2** gravité, *(peine)* sévérité; **de ~ van schulden** le poids des dettes **3** pesanteur
zwaar·te·kracht *de* pesanteur
zwaar·te·punt *het* **1** *(phys.)* centre de gravité **2** centre *(de l'économie)* **3** point principal
zwaar·til·lend *adj* sombre
zwaar·we·gend *adj* de poids
zwaar·wich·tig *adj, adv (fig.)* pédant, avec componction
zwab·ber *nm (-s)* balai à franges ♦ **aan de ~ zijn** faire la noce
zwab·be·ren[1] *vt (h. gezwabberd)* nettoyer avec un balai à franges
zwab·be·ren[2] *vi (h. gezwabberd)* faire la noce
zwach·tel *nm (-s)* bande (Velpeau)
zwa·ger *nm (-s)* beau-frère
zwak[1] *het (-ken)* **1** point faible; **iem in zijn ~ tasten** prendre qn par son point faible **2** faible
zwak[2] *adj, adv* faible(ment); **een ~ geheugen** une mauvaise mémoire; **een ~ke helling** une pente douce; **een ~ke maag hebben** avoir l'estomac délicat; ~ **maken** affaiblir; **in een ~ ogenblik** dans un moment de faiblesse; ~ **worden** s'affaiblir
zwak·be·gaafd *adj* peu doué
zwak·jes *adj, adv* plutôt faible, faiblement; ~ **protesteren** élever de molles protestations
zwak·ke|ling *nm (-en)*, **-linge** *nf (-n)* faible
zwak·te *nf* faiblesse
zwak·te·bod *het (-en)* signe de faiblesse
zwak·zin·nig *adj* handicapé mental
zwak·zin·nig·heid *nf* débilité mentale
zwal·ken *vi (h. gezwalkt)* **1** rouler sa bosse **2** battre le pavé
zwa·luw *de (-en)* hirondelle; *(prov)* **één ~ maakt nog geen zomer** une hirondelle ne fait pas le printemps
zwam *nf (-men) (bot.)* champignon
zwam·men *vi (h. gezwamd) (fam.)* radoter
zwam|neus *nm (-neuzen) (fam.)* radoteur, -euse
zwa·nen|hals *nm (-halzen)* **1** cou de cygne **2** col-de-cygne
zwang *nm* ♦ **in ~ zijn** être à la mode
zwan·ger *adj* enceinte; ~ **raken** tomber enceinte; **van iets ~ zijn** être plein de qch
zwan·ger·schap *nf (-pen)* grossesse
zwan·ger·schaps·gym·nas·tiek *nf* gymnastique prénatale
zwan·ger·schaps·ver|lof *het (-loven)* congé de maternité
zwart[1] *het (-en)* noir; **in het ~** en noir
zwart[2] *adj, adv* **1** (en) noir; **iem/iets ~ maken** noircir qn, qch; **~e prijzen** prix au noir; **men schildert hem ~er af dan hij is** on le fait plus méchant qu'il n'est; **het zag er ~ van de mensen** c'était noir de monde; **liegen dat men ~ ziet** mentir comme un arracheur de dents **2** renfrogné, d'un air maussade
zwart|brood *het (-broden)* pain de seigle
zwar·te *nm (-n)* **1** Noir, Noire **2** *(Belg.)* collabo
zwar·te·kou·sen·kerk *de* ⟨*Eglise protestante très orthodoxe*⟩
zwar·te·piet *nm (-en)* ♦ **iem de ~ toespelen** ± faire porter le chapeau à qn
zwart·gal·lig *adj* noir
zwart·han·de|laar *nm (-laars, -laren)* trafiquant (du marché noir)
zwart·kij·ken *vi (h. zwartgekeken)* ne pas payer la redevance de télévision
zwart|kij·ker *nm (-s)*, **-kijkster** *nf (-s)*

1 broyeur, -euse de noir **2** téléspectateur, -trice clandestin(e)
zwart·ma·ken *vt (h. zwartgemaakt) (fig.)* dénigrer
zwart·rij·den *vi (h. zwartgereden)* **1** conduire sans vignette **2** resquiller *(transports en commun)*
zwart·sel *het* noir *(colorant)*
zwart·wer·ken *vi (h. zwartgewerkt)* travailler au noir
zwart-wit *adv* **1** catégorique; **om het probleem ~ te stellen ...** abstraction faite de toutes nuances ... **2** *(phot.)* en noir et blanc
zwa·vel *nm* soufre
***zwa·vel-** sulfureux
zwa·vel·stok·je *het (-s)* allumette soufrée; **het meisje met de ~s** La Petite Marchande d'allumettes
zwa·vel·zuur *het* acide sulfurique
Zwe·den *het* Suède
zweef·mo·len *nm (-s)* manège d'avions
zweef·vlie·gen *vi (h. gezweefvliegd)* faire du vol à voile
zweef·vlieg·tuig *het (-en)* planeur
zweeg, zwegen → **(dood)zwijgen**
zweem *nm* trace; **met een ~ van ernst** avec un brin de sérieux; **zonder een ~ van twijfel** sans l'ombre d'un doute
zweep *de (zwepen)* fouet; **de ~ erover leggen** fouetter *(aussi au fig.)*; **een paard de ~ geven** donner des coups de fouet à un cheval; *(fig.)* **het klappen van de ~ kennen** connaître la musique
zweer *de (zweren) (méd.)* ulcère
zweet *het* **1** sueur; **in het ~ des aanschijns** à la sueur de son front; **zich in het ~ werken** travailler dur; **het ~ in de handen hebben staan** en avoir des sueurs froides; *(fig.)* **het klamme ~ breekt me uit** cela me donne des sueurs froides; **~ kosten** faire transpirer; *(fig.)* **het luie ~ komt eruit** pour une fois, il prend une suée **2** suintement
zweet·band *nm (-en)* bandeau *(front, tête)*
zweet·han·den *plur* mains moites
zweet·voe·ten *plur* ♦ **hij heeft ~** il transpire des pieds
zwel·gen[1] *vi (h. gezwolgen) (+ in)* se vautrer (dans)
zwel·gen[2] *vti (h. gezwolgen)* avaler gloutonnement
zwel·ge·rij *nf,* **zwelgpartij** *nf (-en)* orgie
zwel·len[1] *vi (h./i. gezwollen)* **1** enfler; **mijn hart zwelt van vreugde** mon cœur se gonfle de joie **2** s'amplifier
zwel·len[2] *vt (h./i. gezwollen)* gonfler
zwel·ling *nf (-en)* enflure
***zwem-** de natation; **het zwemdiploma** le brevet de natation
zwem·abon·ne·ment *het (-en)* abonnement à la piscine
zwem|bad *het (-en),* **-bassin** *het (-s)* piscine
zwem·band *nm (-en)* ceinture de natation
zwem·band·je *het (-s) (plaisant.)* poignée d'amour
zwem·broek *de (-en)* maillot de bain
zwe·men *vi (h. gezweemd) (+ naar)* tirer (sur)
zwem·men *vi (h./i. gezwommen)* **1** nager; *(fig.)* **in het geld ~** être cousu d'or; *(fig.)* **haar ogen zwommen in tranen** ses yeux étaient baignés de larmes **2** se baigner
zwem·pak *het (-ken)* maillot de bain
zwem·pa·ra·dijs *het* parc aquatique
zwem·slag *nm (-en) (sports)* **1** mouvement **2** nage
zwem·sport *de* natation
zwem·vest *het (-en)* gilet de sauvetage
zwem|vlies *het (-vliezen)* **1** *(zool.)* membrane natatoire **2** palme (de natation, de plongée)
zwem·vo·gel *nm (-s)* (oiseau) palmipède
zwen·del *nm* escroquerie
zwen·de|laar *nm (-s),* **-laarster** *nf (-s)* escroc
zwen·de·len *vi (h. gezwendeld)* trafiquer
zwen·gel *nm (-s)* bras
zwen·ken[1] *vi (h./i. gezwenkt)* **1** virer **2** faire volte-face
zwen·ken[2] *vt (h./i. gezwenkt)* faire tourner *(faire changer de direction)*
zwe·ren[1] *vi (h. gezworen)* **1** jurer (par); **~ bij alles wat heilig is** jurer par tous les saints; **ik zou er niet op durven ~** je n'en jurerais pas **2** suppurer; **de wond zweert** la plaie s'infecte
zwe·ren[2] *vt (h. gezworen)* jurer; **het zijn gezworen kameraden** ils sont amis pour la vie
zwerf·jon·ge·re *nm (-n)* jeune sans-abri
zwerf·kat *de (-ten)* chat errant
zwerf·kei *nm (-en)* bloc erratique
zwerf·kind *het (-eren)* enfant abandonné
zwerf·tocht *nm (-en)* périple
zwerf·vuil *het* détritus non ramassés
zwerm *nm (-en)* volée; **een ~ sprinkhanen** une nuée de sauterelles
zwer·men *vi (h. gezwermd)* essaimer; **tal van aanbidders zwermden om het meisje** de nombreux adorateurs s'empressaient autour de la jeune fille
zwer·ven *vi (h. gezworven)* **1** vagabonder; **op zee ~** courir les mers; **z'n kinderen op straat laten ~** laisser ses enfants courir les rues **2** traîner
zwer·ver *nm (-s),* **zwerfster** *nf (-s)* **1** rôdeur, -euse **2** vagabond, -onde
zwe·ten *vti (h. gezweet)* **1** transpirer; **ik zweet ervan** ça me fait transpirer **2** suinter
zwe·te·rig *adj* moite
zwet·sen *vi (h. gezwetst)* **1** radoter **2** se vanter
zwe·ven *vi (h./i. gezweefd)* **1** flotter **2** planer
zwe·ve·rig *adj* nébuleux ♦ **ik voel me ~** la tête me tourne
zwe·ze·rik *nm (-en) (cuis.)* ris
zwich·ten *vi (h./i. gezwicht) (+ voor)* céder

(à); **zij zwicht voor niemand** rien ni personne ne peut la faire céder
zwie·pen[1] *vi (h. gezwiept)* **1** balancer **2** fouetter
zwie·pen[2] *vt (h. gezwiept) (fam.)* lancer
zwier *nm* **1** changement de direction **2** grâce **3** parure ♦ **aan de ~ gaan** faire une virée
zwie·ren *vi (h. gezwierd)* **1** (se) balancer; **over straat ~** battre le pavé **2** tourner; **een rok laten ~** faire valser une jupe **3** faire la noce
zwierf, zwierven → **(rond)zwerven**
zwie·rig *adj, adv* élégant, avec élégance; **met een ~ gebaar** d'un geste gracieux
zwij·gen[1] *het* silence; **er het ~ toe doen** préférer se taire; **iem het ~ opleggen** couper la parole à qn, *(fig.)* réduire qn au silence
zwij·gen[2] *vi (h. gezwegen)* **1** se taire; **iem tot ~ brengen** réduire qn au silence; *(prov)* **wie zwijgt, stemt toe** qui ne dit mot consent **2** taire; **over iets ~** passer qch sous silence; **om nog te ~ van ...** sans parler de ...
zwij·gend *adj, adv* silencieux, silencieusement; **~ zijn toestemming verlenen** consentir tacitement
zwij·ger *nm (-s)* homme taciturne; *(hist.)* **Willem de Zwijger** Guillaume le Taciturne
zwijg·geld *het (-en)* prix du silence; **iem ~ geven** acheter le silence de qn
zwijg·plicht *de* loi du silence
zwijg|zaam *adj (-zamer, -zaamst)* silencieux
zwijm *nm* ♦ **in ~ liggen** être toqué (de); **in ~ vallen** s'évanouir
zwij·me·len *vi (h. gezwijmeld)* **1** être (tombé) en pâmoison **2** *(Belg.)* tituber
zwijn *het (-en)* **1** porc *(aussi d'un homme);* **een wild ~** un sanglier **2** *(fam.)* coup de pot
zwij·nen·stal *nm (-len)* **1** porcherie **2** *(fam.)* bordel
zwij·ne·rij *nf (-en)* cochonnerie
zwik *nm (-ken) (fam.)* **1** barda **2** boutique *(parties génitales de l'homme)* **3** bande
zwik·ken *vi (h./i. gezwikt)* se tordre *(le pied etc.)*
Zwit·ser·land *het* Suisse
zwoe·gen *vi (h. gezwoegd)* peiner; **~ van de vroege morgen tot de late avond** trimer du matin au soir
zwoel *adj* **1** lourd; **een ~e lucht** une atmosphère étouffante **2** sensuel
zwoer, zwoeren → **(samen)zweren**
zwoerd *het (-en)* couenne
zwol, zwollen → **(aan-, op)zwellen**
zwom, zwommen → **(droog-, over)zwemmen**
Z.Z.O. *zuidzuidoost(en)* S-S-E
Z.Z.W. *zuidzuidwest(en)* S-S-O